Künstliche Intelligenz

Künstliche Intelligenz

Ein moderner Ansatz

4., aktualisierte Auflage

Stuart Russell
Peter Norvig

Pearson

Bibliografische Information der Deutschen Nationalbibliothek

Die Deutsche Nationalbibliothek verzeichnet diese Publikation in der Deutschen Nationalbibliografie; detaillierte bibliografische Daten sind im Internet über <http://dnb.dnb.de> abrufbar.

Bildnachweise Cover:
Alan Turing – Science History Images/Alamy Stock Photo
Ada Lovelace – Pictorial Press Ltd/Alamy Stock Photo
Autonomes Auto – Andrey Suslov/Shutterstock
Roboter Atlas – Boston Dynamics, Inc.
Berkeley-Campus und Golden Gate Bridge – Ben Chu/Shutterstock
Schachbrett mit Schachfiguren – Titania/Shutterstock
G. Kasparow – KATHY WILLENS/AP Images

10 9 8 7 6 5 4 3 2 1

27 26 25 24 23

ISBN 978-3-86894-430-3 (Buch)
ISBN 978-3-86326-326-3 (E-Book)

St.-Martin-Straße 82, D-81541 München

www.pearson.de
A part of Pearson plc worldwide

Programmleitung: Birger Peil, bpeil@pearson.de
Fachlektorat: Prof. Dr. Gabriele Kern-Isberner, TU Dortmund
Übersetzung: Petra Alm; Katharina Pieper
Sprachkorrektorat: Katharina Pieper, Berlin
Bildbearbeitung: Elisabeth Prümm, epruemm@pearson.de
Satz: le-tex publishing services GmbH, Leipzig
Druck und Verarbeitung: Neografia a.s., Martin-Priekopa

Printed in Slovakia

Für Loy, Gordon, Lucy, George und Isaac – S.J.R.

Für Kris, Isabella und Juliet – P.N.

Inhaltsverzeichnis

IV Unsicheres Wissen und Schlussfolgern

Vorwort

Künstliche Intelligenz (KI) ist ein weites Feld und dieses Buch entsprechend umfangreich. Wir haben versucht, der ganzen Bandbreite des Themas gerecht zu werden, die von Logik, Wahrscheinlichkeit und stetiger Mathematik über Wahrnehmung, Schlussfolgern, Lernen und Handeln bis hin zu Fairness, Vertrauen, Gemeinwohl und Sicherheit reicht. Begleitet werden unsere Ausführungen von anschaulichen Anwendungsbeispielen, sei es zu mikroelektronischen Geräten, Robotermobilen zur Erkundung ferner Planeten bis hin zu Onlinediensten mit Milliarden von Benutzern.

Der Untertitel dieses Buchs lautet „Ein moderner Ansatz", was ausdrücken soll, dass wir die Geschichte aus aktueller Perspektive erzählen wollen. Wir fassen alle bisherigen Erkenntnisse in einem Rahmenwerk zusammen, indem wir frühere Arbeiten auf der Basis der heutigen Vorstellungen und Terminologie neu formulieren. Wir entschuldigen uns bei allen, deren Teilgebiete dadurch weniger eindeutig zu erkennen sind.

Neu in dieser Auflage

Diese Auflage spiegelt die Änderungen in der KI seit der letzten englischen Ausgabe im Jahr 2010 wider:

- Aufgrund der zunehmenden Verfügbarkeit von Daten, Rechenressourcen und neuen Algorithmen konzentrieren wir uns mehr auf maschinelles Lernen als auf die händische Wissensmodellierung.
- Deep Learning, probabilistische Programmierung und Multiagentensysteme werden in jeweils einem eigenen Kapitel ausführlich behandelt.
- Die Themen natürliche Sprachverarbeitung, Robotik und Computer Vision wurde überarbeitet, um dem Einfluss von Deep Learning Rechnung zu tragen.
- Das Robotik-Kapitel umfasst nun auch Roboter, die mit Menschen interagieren, sowie den Einsatz von Reinforcement Learning in der Robotik.
- Früher bestand das Ziel der KI darin, Systeme zu entwickeln, mit denen sich der erwartete Nutzen maximieren lässt, wobei die spezifischen Nutzeninformationen – das Ziel – von den menschlichen Entwicklern des Systems vorgegeben werden. Inzwischen gehen wir nicht mehr davon aus, dass das Ziel feststeht und dem KI-System bekannt ist, sondern dass das System durchaus unsicher hinsichtlich der wahren Ziele der Menschen sein kann, in deren Auftrag es arbeitet. Es muss lernen, was zu maximieren ist, und muss auch dann angemessen funktionieren, wenn es sich über das Ziel im Unklaren ist.
- Wir gehen stärker auf die Auswirkungen von KI auf die Gesellschaft ein, einschließlich so wichtiger Fragen wie Ethik, Fairness, Vertrauen und Sicherheit.
- Wir haben die Übungen vom Ende jedes Kapitels auf eine Website verschoben. Auf diese Weise können wir die Übungen kontinuierlich ergänzen, aktualisieren und verbessern, um den Anforderungen der Dozentinnen und Dozenten gerecht zu werden und die Fortschritte auf dem Gebiet und bei den KI-bezogenen Software-Tools zu berücksichtigen.
- Insgesamt sind etwa 25 % des Materials in diesem Buch komplett neu. Die restlichen 75 % wurden weitgehend neu geschrieben, um das Thema möglichst einheitlich zu präsentieren. 22 % der Literaturangaben in dieser Ausgabe beziehen sich auf Arbeiten, die nach 2010 veröffentlicht wurden.

Überblick über das Buch

Das wichtigste verbindende Element ist das Konzept eines **intelligenten Agenten**. Wir definieren KI als das Studium von Agenten, die Perzepte aus der Umgebung empfangen und Aktionen ausführen. Jeder dieser Agenten implementiert eine Funktion, die Perzeptfolgen auf Aktionen abbildet, und wir beschreiben verschiedene Möglichkeiten, diese Funktionen zu repräsentieren, z. B. reaktive Agenten, Echtzeitplaner, entscheidungstheoretische Systeme und Deep-Learning-Systeme. Wir legen den Schwerpunkt auf das Lernen sowohl als Konstruktionsmethode für kompetente Systeme als auch als Möglichkeit, die Reichweite des Entwicklers in unbekannte Umgebungen zu erweitern. Wir behandeln Robotik und Vision nicht als unabhängig definierte Probleme, sondern als Probleme, die beim Erreichen von Zielen auftreten. Wir legen das Augenmerk auf die Bedeutung der Aufgabenumgebung bei der Festlegung des geeigneten Agentenentwurfs.

Unser primäres Ziel ist es, die *Konzepte und Ideen* zu vermitteln, die sich in den letzten siebzig Jahren der KI-Forschung und den letzten zwei Jahrtausenden verwandter Arbeiten herausgebildet haben. Wir haben versucht, diese Ideen nicht zu formal zu präsentieren, ohne dass dies jedoch zu Lasten der Genauigkeit geht. Wir haben mathematische Formeln und Pseudocode-Algorithmen verwendet, um die wichtigsten Ideen zu konkretisieren. Eine Beschreibung der mathematischen Begriffe und Notation finden Sie in Anhang A und unseren Pseudocode beschreiben wir in Anhang B.

Dieses Buch ist in erster Linie für den Einsatz in einem Grundkurs gedacht. Das Buch besteht aus 28 Kapiteln, von denen jedes etwa eine Woche Vorlesungszeit erfordert, sodass das Durcharbeiten des gesamten Buchs sich über einen zweisemestrigen Grundkurs erstreckt. In einem einsemestrigen Kurs können, orientiert an den Interessen der Dozentinnen und Dozenten sowie der Studentinnen und Studenten, ausgewählte Kapitel durchgearbeitet werden. Das Buch kann auch im Masterstudium eingesetzt werden (vielleicht indem einige der Primärquellen hinzugezogen werden, die in den bibliografischen Anmerkungen vorgeschlagen wurden). Ebenso eignet es sich zum Selbststudium oder als Nachschlagewerk.

Im gesamten Buch sind *wichtige Punkte* mit einem Dreieckssymbol am Rand gekennzeichnet. Wichtige Begriffe werden **fett** gedruckt, einige sind zusätzlich noch **farbig** – hier wird der Begriff in der Regel eingeführt bzw. definiert. Das Buch beinhaltet einen umfassenden Index, ein Namensregister und ein umfangreiches Literaturverzeichnis.

Die einzige Voraussetzung ist eine gewisse Kenntnis der grundlegenden Konzepte der Informatik (Algorithmen, Datenstrukturen, Komplexität) auf Anfängerniveau. Für einige der Themen sind grundlegende Kenntnisse der Analysis und der linearen Algebra von Vorteil.

Online-Materialien

Online-Materialien sind über `pearsonhighered.com/cs-resources` oder auf der Website der Autoren zum Buch, `aima.cs.berkeley.edu`, verfügbar. Dort finden Sie:

- Übungen, Programmierprojekte und Forschungsprojekte: Diese befinden sich nicht mehr am Ende eines jeden Kapitels, sondern sind nur noch online verfügbar. Im Buch selber verweisen wir auf eine Online-Übung über ihre Nummerierung wie „Übung 6.6“. Mit den Anweisungen auf der Website können Sie die Übungen nach Thema oder Nummer suchen.
- Implementierungen der Algorithmen im Buch sind in Python, Java und anderen Programmiersprachen im Online-Code-Repository erhältlich (derzeit gehostet auf `github.com/aimacode`).

- eine Liste von über 1.500 Lehrinstituten, die das Buch verwendet haben, viele mit Links zu online verfügbaren Kursmaterialien und Lehrplänen;
- ergänzendes Material in englisch und Links für Studentinnen und Studenten sowie Lehrkräfte.

Cover

Das Cover zeigt einen Teil der Endstellung aus der entscheidenden sechsten Partie des Schachspiels von 1997, in der das Programm Deep Blue Garry Kasparow (mit Schwarz) besiegte, wo zum ersten Mal ein Weltmeister von einem Computer in einem Schachspiel geschlagen wurde. Kasparow ist oben abgebildet. Rechts von ihm ist eine Schlüsselstellung aus der zweiten Partie des historischen Go-Spiels zwischen dem ehemaligen Weltmeister Lee Sedol und dem Programm ALPHAGO von DeepMind zu sehen. Zug 37 von ALPHAGO verstieß gegen die jahrhundertealte Go-Tradition und wurde von menschlichen Experten sofort als peinlicher Fehler angesehen, der sich jedoch als Gewinnzug herausstellte. Oben links ist der von Boston Dynamics entwickelte humanoide Roboter Atlas zu sehen. Zwischen Ada Lovelace, der ersten Computerprogrammiererin der Welt, und Alan Turing, der mit seinen grundlegenden Arbeiten die künstliche Intelligenz definierte, ist die Darstellung eines selbstfahrenden Autos zu sehen, das seine Umgebung wahrnimmt. Hinter dem Schachbrett befindet sich ein probabilistisches Programmiermodell, das von der UN-Organisation zum Vertrag über das „umfassende Verbot von Nuklearversuchen zur Erkennung von Nuklearexplosionen aus seismischen Signalen“ verwendet wird. (In der englischen Originalausgabe gibt es noch weitere Bilder, die wir hier leider nicht aufnehmen konnten: Am unteren Rand des Schachbretts ist ein Roboter der Mars-Exploration-Rover-Mission abgebildet sowie eine Statue von Aristoteles, dem Pionier der Logik; seinen Planungsalgorithmus aus *De Motu Animalium* kann man hinter den Namen der Autoren sehen.)

Danksagungen

Es braucht ein globales Dorf, um ein Buch zu machen. Über 600 Personen haben Teile des Buchs gelesen und Verbesserungsvorschläge gemacht. Die vollständige Liste finden Sie auf `aima.cs.berkeley.edu/ack.html` – ihnen allen gilt unser Dank. Wir haben hier nur Platz, um einige besonders wichtige Mitwirkende zu erwähnen. Zunächst seien die beitragenden Verfasser genannt:

- Judea Pearl (Abschnitt 13.5, Kausale Netze);
- Vikash Mansinghka (Abschnitt 15.4, Programme als Wahrscheinlichkeitsmodelle);
- Michael Wooldridge (Kapitel 18, Entscheidungen in Multiagentenumgebungen);
- Ian Goodfellow (Kapitel 21, Deep Learning);
- Jacob Devlin und Mei-Wing Chang (Kapitel 24, Deep Learning für die Verarbeitung natürlicher Sprache);
- Jitendra Malik und David Forsyth (Kapitel 25, Computer Vision);
- Anca Dragan (Kapitel 26, Robotik).

Dann einige Schlüsselrollen:

- Cynthia Yeung und Malika Cantor (Projektleitung);
- Julie Sussman und Tom Galloway (Korrektorat und redaktionelle Bearbeitung);

- Omari Stephens (Illustrationen);
- Tracy Johnson (Lektorat);
- Erin Ault und Rose Kernan (Cover und Farbumsetzung);
- Nalin Chhibber, Sam Goto, Raymond de Lacaze, Ravi Mohan, Ciaran O'Reilly, Amit Patel, Dragomir Radiv und Samagra Sharma (Entwicklung des Onlinecodes und Mentoring);
- Studentinnen und Studenten des Google Summer of Code (Entwicklung des Onlinecodes).

Stuarts Dank gilt seiner Frau Loy Sheflott für ihre endlose Geduld und grenzenlose Weisheit. Er hofft, dass Gordon, Lucy, George und Isaac dieses Buch bald lesen werden, nachdem sie ihm verziehen haben, dass er so lange daran gearbeitet hat. RUGS (Russell's Unusual Group of Students) waren wie immer außergewöhnlich hilfreich.

Peters Dank gilt seinen Eltern (Torsten und Gerda), die ihn zu diesem Projekt ermutigt haben, sowie seiner Frau (Kris), seinen Kindern (Bella und Juliet), seinen Kollegen, seinem Chef und seinen Freunden, die ihn während der langen Stunden des Schreibens und Neuschreibens ermutigt und erduldet haben.

Vorwort zur deutschen Auflage

Die Künstliche Intelligenz (KI) hat seit ihrem Geburtsjahr 1956 schon viele Höhen und Tiefen erlebt. Einer enthusiastischen Begeisterungswelle über neue Techniken und Methoden folgte in der Regel eine herbe Ernüchterungsphase – zu groß waren die Erwartungen, zu tief die Enttäuschung über Fehlschläge. Aktuell befindet sich die KI wieder auf einem Höhenflug und vieles spricht dafür, dass sich dieser Trend dieses Mal zumindest auf einem hohen Plateau stabilisiert: Die Erfolge des Deep Learning bei der Verarbeitung von Bildern und natürlicher Sprache sind mehr als überzeugend, ChatGPT begeistert sogar Experten und smarte intelligente Geräte prägen längst unseren Alltag und unser gesellschaftliches Zusammenleben.

Es scheint also gar nicht mehr ohne KI zu gehen, aber was genau bedeutet das für den einzelnen und die Gesellschaft? Wie lassen sich Fehlschläge, die auch dieses Mal unweigerlich bei der Anwendung von neuen KI-Techniken auftreten, perspektivisch einschätzen? Wie können wir die Vorteile und „Segnungen" der KI so einsetzen und nutzen, dass sie wirklich die Lebensqualität der Menschen verbessern? Es wird viel von „explainable AI" (erklärbare KI) und „human-centred AI" (auf den Menschen zentrierte KI) gesprochen, um den Menschen explizit in KI-Vorgänge einzubinden. Das sind ganz zentrale Aspekte, damit KI-Innovationen auch als Fortschritt von allen Beteiligten wahrgenommen werden.

Auf der Seite der menschlichen Akteure gilt es aber auch, ein besseres Verständnis für grundlegende KI-Techniken aufzubauen, um deren Nutzen und Grenzen besser beurteilen zu können. Eine solche Beurteilungskompetenz ist unverzichtbar, wenn KI tatsächlich ein wertgeschätzter Teil unseres beruflichen und privaten Lebens werden soll. Für viele Nicht-Experten ist die KI immer noch so etwas wie eine magische Komponente, die auf wunderbare Weise erstaunliche Dinge leistet. „Das macht die KI" hört man dann oft, wobei das sowohl bewundernd wie auch vorwurfsvoll klingen kann. Es soll hier gar nicht bezweifelt werden, dass die Wissenschaften allgemein schon viele wunderbare Erkenntnisse zutage gefördert haben und dass die Ergebnisse des Deep Learning auch eine Herausforderung an das Verständnisvermögen der Experten darstellen. Aber vieles lässt sich doch in seinen Grundzügen recht anschaulich auf einem Niveau erklären, das KI auch für Nicht-Experten zugänglich macht. Zum Beispiel ließe sich das Grundprinzip des Lernens von Entscheidungsbäumen aus Beispielen (hier in Kapitel 19 behandelt) mit einem einfachen Zählalgorithmus schon Schulkindern nahe bringen.

Und genau hier setzt dieses Buch an. Im Vorwort findet man den Hinweis, dass lediglich „gewisse Kenntnisse der grundlegenden Konzepte der Informatik auf Anfängerniveau“ erforderlich sind, um dieses Buch lesen zu können. Und das darf man getrost wörtlich nehmen. Das Buch führt auch in schwierige Themen überaus lesbar und anschaulich ein, vertieft zentrale Details bis auf die mathematische Ebene in verständlicher Weise und gibt einen hervorragenden Einblick in und Überblick über den Stand der KI-Forschung. So findet auch die KI-Expertin oder der KI-Experte hier ergiebiges Material für den Einstieg in Gebiete, die ihr oder ihm weniger vertraut sind.

Es war mir ein besonderes Vergnügen, dieses Buch im Rahmen des Fachlektorats zu lesen und mit dem hervorragenden Übersetzerinnen-Team Katharina Pieper und Petra Alm sowie dem Senior Publisher von Pearson Deutschland, Birger Peil, zusammenzuarbeiten. Nun bleibt mir noch, auch dem Leser viel Freude und vertiefte Einsichten in die KI bei der Lektüre dieses Buches zu wünschen.

Dortmund — Gabriele Kern-Isberner

Über die Autoren

Stuart Russell wurde 1962 in Portsmouth, England, geboren. Er erhielt seinen B.A. mit Auszeichnung in Physik von der Universität Oxford im Jahr 1982 und seinen Ph.D. in Informatik von Stanford im Jahr 1986. Danach wechselte er an die Universität von Kalifornien in Berkeley, wo er als Professor und ehemaliger Lehrstuhlinhaber für Informatik, Direktor des Center for Human-Compatible AI und Inhaber des Smith-Zadeh-Lehrstuhls für Ingenieurwissenschaften arbeitet. Im Jahr 1990 erhielt er den Presidential Young Investigator Award der National Science Foundation und wurde 1995 mit dem Computers and Thought Award ausgezeichnet. Er ist Mitglied der American Association for Artificial Intelligence, der Association for Computing Machinery und der American Association for the Advancement of Science, Foschungsstipendiat des Wadham College, Oxford, und Andrew Carnegie Fellow. Von 2012 bis 2014 war er Preisträger des Chaire Blaise Pascal in Paris. Er hat über 300 Publikationen zu einem breiten Spektrum von Themen der künstlichen Intelligenz veröffentlicht. Zu seinen Büchern gehören unter anderem *The Use of Knowledge in Analogy and Induction*, *Do the Right Thing: Studies in Limited Rationality* (mit Eric Wefald) und *Human Compatible: Artificial Intelligence and the Problem of Control*.

Peter Norvig ist derzeit Forschungsleiter bei Google, Inc. und war zuvor als Leiter für die wichtigsten Algorithmen der Websuche verantwortlich. Er war Co-Dozent eines KI-Onlinekurses, für den sich 160.000 Studenten anmeldeten, und gab damit den Startschuss für die aktuelle Runde der vielzähligen offen zugänglichen Onlinekurse. Er war Leiter der Computational Sciences Division am NASA Ames Research Center, wo er für die Forschung und Entwicklung in den Bereichen künstliche Intelligenz und Robotik verantwortlich war. Er erhielt einen B.S. in angewandter Mathematik von der Brown-Universität und einen Ph.D. in Informatik von Berkeley. Er war Professor an der Universität von Südkalifornien und Fakultätsmitglied in Berkeley und Stanford. Er ist ein Mitglied der American Association for Artificial Intelligence, der Association for Computing Machinery, der American Academy of Arts and Sciences und der California Academy of Science. Seine weiteren Bücher lauten *Paradigms of AI Programming: Case Studies in Common Lisp*, *Verbmobil: A Translation System for Face-to-Face Dialog* und *Intelligent Help Systems for UNIX*.

Beide Autoren teilten sich im Jahr 2016 den ersten AAAI/EAAI Outstanding Educator Award.

Einleitung

1

In diesem Kapitel wollen wir erklären, warum wir die Künstliche Intelligenz für ein absolut lohnenswertes Forschungsgebiet halten. Wir wollen versuchen zu definieren, worum es sich dabei genau handelt – eine sinnvolle Maßnahme, bevor wir wirklich anfangen.

Wir bezeichnen uns selbst als *Homo sapiens* – den weisen Menschen –, weil unsere **Intelligenz** so wichtig ist für uns. Seit Tausenden von Jahren versuchen wir zu verstehen, *wie wir denken und handeln* – das heißt, wie unser Gehirn, eine Handvoll Materie, eine Welt wahrnehmen, verstehen, vorhersagen und manipulieren kann, die viel größer und komplizierter ist als es selbst. Das Gebiet der **Künstlichen Intelligenz** beschäftigt sich nicht nur mit dem Verstehen, sondern auch mit dem *Erstellen* intelligenter Einheiten – Maschinen, die berechnen können, wie sie in einer Vielzahl neuartiger Situationen effektiv und zuverlässig handeln können.

In Umfragen wird die KI regelmäßig als eines der interessantesten und am schnellsten wachsenden Felder eingestuft, und sie generiert bereits über eine Billion US-Dollar Umsatz pro Jahr. Der KI-Experte Kai-Fu Lee prognostiziert, dass die Auswirkungen der KI „größer als alles andere in der Geschichte der Menschheit" sein werden. Außerdem sind die intellektuellen Grenzen der KI weit offen. Während ein Student einer älteren Wissenschaft wie der Physik das Gefühl haben könnte, dass die besten Ideen bereits von Galileo, Newton, Curie, Einstein und anderen großen Denkern entdeckt wurden, bietet die KI einem Vollzeit-Superhirn noch viele Möglichkeiten.

Die KI umfasst momentan eine Vielzahl von Teilgebieten, die von allgemeinen Bereichen (Lernen, Schlussfolgerungen, Wahrnehmung usw.) bis zu spezifischen Bereichen wie Schach spielen, mathematische Theoreme beweisen, Poesie verfassen, Auto fahren oder Krankheiten diagnostizieren reichen. Die KI ist für jede intellektuelle Aufgabe relevant – sie ist wirklich ein universelles Gebiet.

1.1 Was ist KI?

Wir haben behauptet, die KI sei interessant, aber wir haben nicht gesagt, was KI *ist*. In der Vergangenheit haben Forscher mehrere verschiedene Ansätze der KI verfolgt. Einige haben Intelligenz in Bezug auf die Wiedergabetreue *menschlicher* Leistung definiert, während andere eine abstrakte, formale Definition von Intelligenz in der Form von **Rationalität** bevorzugen – grob gesagt, das „Richtige" zu tun. Auch der Gegenstand selbst variiert: Einige betrachten Intelligenz als eine Eigenschaft interner *Denkprozesse* und *Schlussfolgerungen*, während andere sich auf intelligentes *Verhalten* konzentrieren, eine externe Charakterisierung.[1]

Aus diesen beiden Dimensionen – intuitiv versus rational und Denken versus Verhalten – ergeben sich vier mögliche Kombinationen und für alle vier gab es Anhänger und Forschungsprogramme. Die verwendeten Methoden sind notwendigerweise unterschiedlich: Das Streben nach menschenähnlicher Intelligenz muss teilweise eine empirische Wissenschaft sein, die mit der Psychologie verwandt ist und Beobachtungen und Hypothesen über das tatsächliche menschliche Verhalten und die Denkprozesse beinhaltet; ein rationalistischer Ansatz hingegen beinhaltet eine Kombination aus Mathematik und Ingenieurwesen und ist mit Statistik, Kontrolltheorie und Wirtschaft verbunden. Die verschiedenen Gruppen haben sich gegenseitig sowohl diffamiert als auch unterstützt. Schauen wir uns die vier Ansätze genauer an.

1 In der Öffentlichkeit werden manchmal die Begriffe „künstliche Intelligenz" und „maschinelles Lernen" verwechselt. Maschinelles Lernen ist ein Teilgebiet der KI, das sich mit der Fähigkeit beschäftigt, die Leistung auf Basis von Erfahrungen zu verbessern. Einige KI-Systeme nutzen Methoden des maschinellen Lernens, um Kompetenz zu erlangen, manche aber auch nicht.

1.1.1 Menschliches Handeln: der Ansatz mit dem Turing-Test

Der von Alan Turing (1950) vorgeschlagene **Turing-Test** wurde als Gedankenexperiment konzipiert, das die philosophische Unbestimmtheit der Frage „Kann eine Maschine denken?" umgehen sollte. Ein Computer besteht den Test, wenn ein menschlicher Fragesteller, der einige schriftlichen Fragen stellt, nicht erkennen kann, ob die schriftlichen Antworten von einem Menschen oder von einem Computer stammen. In Kapitel 27 werden die Details des Tests besprochen und wir gehen der Frage nach, ob ein Computer wirklich intelligent wäre, wenn er den Test bestünde. Für den Moment halten wir fest, dass die Programmierung eines Computers, der den Turing-Test im strengen Sinne bestehen soll, eine Menge Arbeit mit sich bringt. Der Computer müsste die folgenden Fähigkeiten besitzen:

- **Verarbeitung natürlicher Sprache** (NLP, *Natural Language Processing*), um erfolgreich in einer menschlichen Sprache zu kommunizieren;
- **Wissensrepräsentation**, um zu speichern, was er weiß oder hört;
- **automatisches Schlussfolgern**, um Fragen anhand gespeicherter Informationen zu beantworten und neue Schlussfolgerungen zu ziehen;
- **maschinelles Lernen**, um sich an neue Gegebenheiten anzupassen sowie Muster zu erkennen und zu extrapolieren.

Turing hielt die *physische* Simulation einer Person für unnötig, um Intelligenz zu demonstrieren. Andere Forscher haben jedoch einen **totalen Turing-Test** vorgeschlagen, der die Interaktion mit Objekten und Menschen in der realen Welt erfordert. Um den totalen Turing-Test zu bestehen, braucht ein Rechner außerdem

- **Computer Vision und Spracherkennung**, um die Welt wahrzunehmen;
- **Robotik**, um Objekte zu manipulieren und sich zu bewegen.

Diese sechs Disziplinen bilden den größten Teil der KI. Dennoch haben sich KI-Forscher nur selten am Turing-Test orientiert, weil sie glauben, es sei wichtiger, die zugrunde liegenden Prinzipien der Intelligenz zu untersuchen. Schließlich war auch die Suche nach dem „künstlichen Fliegen" erst erfolgreich, als Ingenieure und Erfinder aufhörten, Vögel zu imitieren, und stattdessen anfingen, Windkanäle einzusetzen und sich mit Aerodynamik zu beschäftigen. In Lehrbüchern der Luftfahrttechnik wird das Ziel ihres Fachgebiets eben nicht definiert als „Bau von Maschinen, die genau wie Tauben fliegen, sodass sie sogar andere Tauben täuschen können".

1.1.2 Menschliches Denken: der Ansatz der kognitiven Modellierung

Wenn wir sagen, ein Programm denkt wie ein Mensch, so müssen wir wissen, wie Menschen denken. Wir haben drei Möglichkeiten, etwas über das menschliche Denken zu lernen:

- **Introspektion** – der Versuch, unsere eigenen Gedanken zu erfassen, während sie vorbeiziehen;
- **psychologische Experimente** – das Beobachten einer handelnden Person;
- **Neuroimaging** – das Beobachten des aktiven Gehirns.

Sobald wir eine hinreichend präzise Theorie des Verstands haben, wird es möglich, diese Theorie als Computerprogramm auszudrücken. Stimmen die Eingaben und Ausgaben des Programms mit dem entsprechenden menschlichen Verhalten überein, dann ist dies ein Beleg dafür, dass einige der Mechanismen des Programms auch beim Menschen funktionieren könnten.

Allen Newell und Herbert Simon, die den GPS – den „General Problem Solver“ (Newell und Simon, 1961) entwickelten, begnügten sich zum Beispiel nicht damit, dass ihr Programm Probleme korrekt löste. Es ging ihnen vielmehr darum, die Abfolge und das Timing der Schlussfolgerungsschritte mit denen menschlicher Probanden zu vergleichen, die dieselben Probleme lösten. Das interdisziplinäre Feld der **Kognitionswissenschaft** bringt Computermodelle aus der KI und experimentelle Techniken aus der Psychologie zusammen, um exakte und überprüfbare Theorien des menschlichen Verstands zu konstruieren.

Die Kognitionswissenschaft ist ein an sich faszinierendes Gebiet, das mehrerer Lehrbücher und mindestens einer Enzyklopädie würdig ist (Wilson und Keil, 1999). Wir werden gelegentlich auf Ähnlichkeiten oder Unterschiede zwischen KI-Techniken und menschlicher Kognition hinweisen. Die eigentliche Kognitionswissenschaft basiert jedoch notwendigerweise auf experimentellen Untersuchungen an „echten“ Menschen oder Tieren. Dies überlassen wir aber anderen Büchern, da wir davon ausgehen, dass der Leser für seine Experimente nur über einen Rechner verfügt.

In den Anfängen der KI gab es häufig Verwechselungen zwischen KI- und kognitiven Ansätzen. Ein Autor konnte behaupten, dass ein Algorithmus für eine Aufgabe gut geeignet und *deshalb* ein gutes Modell für die menschliche Leistung sei, oder umgekehrt. Moderne Autoren unterscheiden zwischen den beiden Ansätzen – diese Unterscheidung hat sowohl der KI als auch der Kognitionswissenschaft eine schnellere Entwicklung ermöglicht. Die beiden Bereiche befruchten sich gegenseitig, vor allem im Gebiet der Computer Vision, das neurophysiologische Erkenntnisse in Berechnungsmodelle einbezieht. In jüngster Zeit hat die Kombination von Methoden des Neuroimagings mit Techniken des maschinellen Lernens zur Analyse dieser Daten zu den ersten Anfängen eines „Gedankenlesens“ geführt – das heißt, den semantischen Inhalt von Gehirntätigkeiten einer Person zu ergründen. Diese Fähigkeit könnte wiederum die Funktionsweise der menschlichen Kognition weiter erhellen.

1.1.3 Rationales Denken: der Ansatz der „Denkgesetze“

Der griechische Philosoph Aristoteles war einer der ersten, der versuchte, „richtiges Denken“ – also unwiderlegbare Prozesse für logische Schlussfolgerungen – zu formalisieren. Seine **Syllogismen** lieferten Muster für Argumentationsstrukturen, die bei korrekten Prämissen immer zu richtigen Schlussfolgerungen führten. Das kanonische Beispiel beginnt mit *Sokrates ist ein Mensch* und *Alle Menschen sind sterblich*, daraus folgert er: *Sokrates ist sterblich*. (Dieses Beispiel geht wahrscheinlich eher auf Sextus Empiricus als auf Aristoteles zurück.) Diese Denkgesetze sollten die Arbeitsweise des Verstands abbilden; ihr Studium begründete das Gebiet der **Logik**.

Die Logiker des 19. Jahrhunderts entwickelten eine präzise Notation für Aussagen über Objekte in der Welt sowie den Beziehungen zwischen ihnen (im Gegensatz zur gewöhnlichen arithmetischen Notation, die nur Aussagen über *Zahlen* zulässt). Bis 1965 konnten Programme im Prinzip *jedes* lösbare Problem lösen, das in logischer Notation beschrieben war. Die sogenannte **logizistische** Tradition innerhalb der Künstlichen Intelligenz hofft, auf solchen Programmen aufbauen zu können, um intelligente Systeme zu schaffen.

Logik, wie sie konventionell verstanden wird, setzt ein Wissen über die Welt voraus, das *sicher* ist – eine Bedingung, die in der Realität nur selten erreicht wird. Wir kennen die Regeln etwa der Politik oder der Kriegsführung einfach nicht in der gleichen Weise wie die Regeln des Schachs oder der Arithmetik. Die **Wahrscheinlichkeitstheorie** füllt diese Lücke, indem sie stringentes Schlussfolgern mit unsicheren Informationen ermöglicht. Im Prinzip erlaubt sie die Konstruktion eines umfassenden Modells des rationalen Denkens, das von bloßen Wahrnehmungsinformationen zu einem Verständnis der Funktionsweise der Welt und zu Vorhersagen über die Zukunft führt. Was es nicht kann, ist, intelligentes *Verhalten* zu erzeugen. Dafür brauchen wir eine Theorie des rationalen Handelns. Rationales Denken allein reicht nicht aus.

1.1.4 Rationales Handeln: der Ansatz der rationalen Agenten

Ein **Agent** ist einfach etwas, das handelt (*Agent* kommt vom lateinischen *agere* – agieren, tun, handeln). Natürlich tun alle Computerprogramme etwas, doch von Computeragenten erwartet man, dass sie mehr tun: autonom agieren, ihre Umgebung wahrnehmen, über einen längeren Zeitraum Bestand haben, sich an Veränderungen anpassen sowie Ziele erstellen und verfolgen. Ein **rationaler Agent** handelt so, dass er das beste Ergebnis bzw. bei Unsicherheit das beste erwartete Ergebnis erzielt.

Beim KI-Ansatz der „Denkgesetze" lag die Betonung auf korrekten Schlussfolgerungen. Korrekte Schlüsse zu ziehen, ist manchmal *Teil* des rationalen Agenten, denn eine Möglichkeit, rational zu handeln, besteht gerade darin zu folgern, dass eine bestimmte Handlung die beste ist, und dann danach zu handeln. Andererseits gibt es Wege, rational zu handeln, ohne Schlussfolgerungen zu ziehen. Zum Beispiel ist das Zurückweichen vor einer heißen Herdplatte eine Reflexhandlung, die normalerweise erfolgreicher ist als eine langsamere Handlung, die nach sorgfältiger Überlegung ausgeführt wird.

Alle Fertigkeiten, die für den Turing-Test benötigt werden, erlauben es einem Agenten auch, rational zu handeln. Mithilfe von Wissensrepräsentation und Schlussfolgerungen können Agenten gute Entscheidungen treffen. Wir müssen in der Lage sein, verständliche Sätze in natürlicher Sprache zu bilden, um in einer komplexen Gesellschaft zurechtzukommen. Wir müssen nicht lernen, um Weisheit zu erlangen, sondern weil es unsere Fähigkeit verbessert, effektives Verhalten zu generieren, besonders unter neuen Umständen.

Der KI-Ansatz des rationalen Agenten hat zwei Vorteile gegenüber den anderen Konzepten. Erstens ist er allgemeiner als der Ansatz der „Denkgesetze", weil korrektes Schlussfolgern nur einer von mehreren möglichen Mechanismen ist, um Rationalität zu erreichen. Zweitens ist er zugänglicher für die wissenschaftliche Entwicklung. Der Standard der Rationalität ist mathematisch wohldefiniert und vollständig allgemein. Wir können oft ausgehend von dieser Spezifikation Agentenentwürfe ableiten, die den Standard nachweislich erreichen – etwas, das weitgehend unmöglich ist, wenn das Ziel darin besteht, menschliches Verhalten oder Denkprozesse zu imitieren.

Aus diesen Gründen hat sich das Konzept der rationalen Agenten in der KI-Geschichte allgemein durchgesetzt. In den ersten Jahrzehnten wurden rationale Agenten auf logischen Grundlagen aufgebaut und besaßen eindeutige Pläne, um bestimmte Ziele zu erreichen. Später ermöglichten Methoden, die auf der Wahrscheinlichkeitstheorie und dem maschinellen Lernen basierten, die Entwicklung von Agenten, die unter Unsicherheit Entscheidungen treffen konnten, um das beste erwartete Ergebnis zu erzielen. Kurz gesagt, *hat sich die KI auf die Untersuchung und Konstruktion von Agenten fokussiert, die* ***das Richtige tun***. Was als „das Richtige" zählt, wird durch das Ziel definiert, das wir dem Agenten vorgeben. Dieses allgemeine Paradigma ist so allgegenwärtig, dass wir es als **Standardmodell** bezeichnen könnten. Es ist nicht nur in der KI vorherrschend, sondern auch in der Kontrolltheorie, wo eine Kontrollinstanz (Controller) eine Kostenfunktion minimiert; im Bereich Operations Research, wo eine Strategie eine Gesamtbelohnung maximiert; in der Statistik, wo eine Entscheidungsregel eine Verlustfunktion minimiert; und in den Wirtschaftswissenschaften, wo ein Entscheidungsträger den Nutzen oder ein Maß für das Allgemeinwohl maximiert.

Wir müssen eine wichtige Präzisierung des Standardmodells vornehmen, um der Tatsache Rechnung zu tragen, dass perfekte Rationalität – immer genau die optimale Handlung zu wählen – in komplexen Umgebungen nicht erreichbar ist. Die Anforderungen an die Computerleistung sind einfach zu hoch. Die Kapitel 5 und 17 befassen sich mit dem Problem der **begrenzten Rationalität** – das heißt, angemessenes Handeln, wenn nicht genug Zeit für alle Berechnungen zur Verfügung steht, die man gerne durchführen würde. Perfekte Rationalität bleibt jedoch oft ein guter Ausgangspunkt für die theoretische Analyse.

1.1.5 Nutzbringende Maschinen

Das Standardmodell ist seit seinen Anfängen ein nützlicher Leitfaden für die KI-Forschung, aber es ist auf lange Sicht wahrscheinlich nicht das richtige Modell. Der Grund dafür ist, dass das Standardmodell davon ausgeht, dass wir der Maschine ein vollständig spezifiziertes Ziel liefern.

Bei einer künstlich definierten Aufgabe, wie z. B. Schach oder Berechnung des kürzesten Wegs, ist das Ziel direkt mit der Aufgabe verbunden – das Standardmodell ist also anwendbar. Wenn wir uns jedoch in die reale Welt begeben, wird es immer schwieriger, das Ziel vollständig und korrekt zu spezifizieren. Zum Beispiel könnte man bei der Entwicklung eines selbstfahrenden Autos denken, dass das Ziel darin besteht, den Bestimmungsort sicher zu erreichen. Aber jegliches Fahren auf einer Straße birgt ein Verletzungsrisiko, sei es durch Fehler anderer Fahrer, durch Geräteversagen usw. – ein striktes Sicherheitsziel müsste also dazu führen, in der Garage zu bleiben. Es gibt jedoch eine Abwägung zwischen dem Vorankommen in Richtung Bestimmungsort und dem Risiko einer Verletzung. Wie sollte man diese Abwägung treffen? Und inwieweit kann man dem Auto Aktionen erlauben, die andere Fahrer beeinträchtigen würden? Wie stark sollte das Auto seine Beschleunigung, Lenkung und Bremsen drosseln, um die Insassen nicht durchzuschütteln? Diese Art von Fragen sind a priori nur schwer zu beantworten. Besonders problematisch sind sie im allgemeinen Bereich der Mensch-Roboter-Interaktion, wofür das selbstfahrende Auto ein Beispiel ist.

Das Problem, eine Übereinstimmung zwischen unseren wahren Präferenzen und dem Ziel zu erreichen, das wir in die Maschine eingeben, ist das **Problem der Werteangleichung** (Value-Alignment-Problem): die der Maschine übergebenen Werte oder Ziele müssen mit denen des Menschen übereinstimmen. Wenn wir ein KI-System im Labor oder in einem Simulator entwickeln – wie es im Laufe der KI-Geschichte meistens der Fall war –, gibt es eine einfache Lösung für ein falsch spezifiziertes Ziel: das System zurücksetzen, das Ziel korrigieren und einen neuen Versuch starten. Mit der Entwicklung hin zu immer leistungsfähigeren intelligenten Systemen, die in der realen Welt eingesetzt werden, ist dieser Ansatz nicht mehr praktikabel. Ein System, das mit einem falschen Ziel eingesetzt wird, wird negative Auswirkungen haben. Und je intelligenter das System ist, desto negativer sind die Folgen.

Kommen wir noch einmal auf das scheinbar unproblematische Beispiel des Schachspiels zurück: Überlegen Sie, was passiert, wenn die Maschine intelligent genug ist, über die Grenzen des Schachbretts hinaus zu denken und zu handeln. Sie könnte in diesem Fall versuchen, ihre Gewinnchancen durch Tricks wie Hypnose oder Erpressung des Gegners zu erhöhen oder das Publikum zu bestechen, damit es raschelnde Geräusche in der Zeit macht, in der der Gegner nachdenkt.[2] Sie könnte außerdem versuchen, zusätzliche Rechenleistung für sich selbst zu kapern. *Diese Verhaltensweisen sind nicht „unintelligent" oder „verrückt" – sie sind eine logische Konsequenz daraus, wenn man Gewinnen als* einziges *Ziel der Maschine definiert.*

Es ist unmöglich vorherzusehen, auf welche Weisen sich eine Maschine, die ein bestimmtes Ziel verfolgt, falsch verhalten könnte. Das heißt, wir haben allen Grund anzunehmen, dass das Standardmodell unzureichend ist. Wir wollen keine Maschinen, die in dem Sinne intelligent sind, dass sie *ihre* Ziele verfolgen – wir möchten, dass sie *unsere* Ziele verfolgen. Wenn wir unsere Ziele nicht absolut korrekt auf die Maschine übertragen können, dann brauchen wir eine neue Zielformulierung – die Maschine soll unsere Ziele verfolgen, ist aber zwangsläufig *unsicher*, wie diese genau lauten. Weiß eine Maschine, dass sie das Gesamtziel nicht kennt, dann hat sie einen Anreiz, vorsichtig zu handeln, um Erlaubnis zu fragen, durch Beobachtung mehr über unsere Präferenzen zu erfahren und sich der menschlichen Steuerung zu unterstellen. Letztendlich wollen wir Agenten, die **nachweislich nutzbringend** für den Menschen sind. Wir werden auf dieses Thema in Abschnitt 1.5 zurückkommen.

2 In einem der ersten Bücher über Schach schrieb Ruy Lopez (1561): „Lege das Brett immer so, dass die Sonne in den Augen deines Gegners steht."

1.2 Die Grundlagen der Künstlichen Intelligenz

In diesem Abschnitt geben wir einen kurzen geschichtlichen Abriss der Disziplinen, die mit Ideen, Sichtweisen und Techniken zur KI beigetragen haben. Wie jede Chronik konzentriert sich auch diese auf eine kleine Anzahl von Personen, Ereignisse und Ideen und ignoriert andere, die ebenfalls wichtig waren. Wir arrangieren unseren historischen Abriss um eine Reihe von Fragen herum. Keinesfalls möchten wir den Eindruck erwecken, die Disziplinen würden sich ausschließlich mit diesen Fragen befassen oder hätten alle auf die KI als ihre ultimative Erfüllung hingearbeitet.

1.2.1 Philosophie

- Kann man formale Regeln einsetzen, um gültige Schlüsse zu ziehen?
- Wie entsteht der Verstand aus einem physischen Gehirn?
- Woher stammt Wissen?
- Wie führt Wissen zum Handeln?

Aristoteles (384–322 v. Chr.) formulierte als Erster eine präzise Menge von Gesetzen, die den rationalen Teil des Geistes lenken. Er entwickelte ein informelles System von Syllogismen für korrektes Schlussfolgern, das es im Prinzip erlaubte, ausgehend von Prämissen mechanisch Schlüsse zu ziehen.

Ramon Llull (ca. 1232–1315) entwickelte ein System des logischen Denkens, das als *Ars Magna* (zu deutsch *Große Kunst*; 1305) veröffentlicht wurde. Llull versuchte, sein System mithilfe eines tatsächlichen mechanischen Geräts umzusetzen: einer Reihe von Papierrädern, die in verschiedene Kombinationen gedreht werden konnten.

Um das Jahr 1500 entwarf Leonardo da Vinci (1452–1519) eine mechanische Rechenmaschine, baute sie aber nie; neuere Rekonstruktionen zeigen, dass der Entwurf funktionstüchtig war. Die erste bekannte Rechenmaschine wurde um 1623 von dem deutschen Gelehrten Wilhelm Schickard (1592–1635) konstruiert. Blaise Pascal (1623–1662) baute 1642 die Pascaline und schrieb, dass sie „Wirkungen zeigt, die dem Denken näher kommen als alles, was Tiere vollbringen“. Gottfried Wilhelm Leibniz (1646–1716) baute unter anderem ein mechanisches Gerät, das Operationen mit Begriffen anstelle von Zahlen durchführen sollte, aber dessen Anwendungsbereich war eher begrenzt. Thomas Hobbes (1588–1679) schlug in seinem 1651 erschienen Buch *Leviathan* das Konzept einer denkenden Maschine vor, eines „künstlichen Tiers“, wie er es nannte, und argumentierte: „Denn was ist das Herz, wenn nicht eine Feder, was sind die Nerven, wenn nicht die vielen Stränge, und was nicht die Gelenke, wenn nicht die vielen Räder.“ Er schlug auch vor, das Denken einer numerischen Berechnung gleichzusetzen: „Denn ‚Vernunft‘... ist nichts anderes als ‚Rechnen‘, das heißt Addieren und Subtrahieren.“

Es ist eine Sache zu sagen, dass der Verstand – zumindest teilweise – nach logischen oder numerischen Regeln arbeitet, und reale Systeme zu bauen, die einige dieser Regeln nachbilden. Eine andere Sache ist es zu behaupten, dass der Verstand selbst ein solches physisches System *ist*. René Descartes (1596–1650) lieferte die erste klare Diskussion zur Unterscheidung zwischen Geist und Materie. Er stellte fest, dass eine rein physische Auffassung des Geistes wenig Raum für den freien Willen zu lassen schien. Wenn der Geist ausschließlich von physischen Gesetzen beherrscht wird, dann hat er genauso wenig einen freien Willen wie ein Stein, der „beschließt“, nach unten zu fallen. Descartes war ein Verfechter des **Dualismus**. Er vertrat die Ansicht, dass es einen Teil des menschlichen Verstands (oder der Seele oder des Geistes) gibt, der außerhalb der Natur steht und nicht den Gesetzen der Physik unterliegt. Tiere hingegen besäßen diese duale Qualität nicht; sie könnten wie Maschinen behandelt werden.

Eine Alternative zum Dualismus ist der **Materialismus**, der davon ausgeht, dass die Funktionsweise des Gehirns den Geist nach den Gesetzen der Physik *bildet*. Der freie Wille ist einfach die Art und Weise, wie die wählende Entität die verfügbaren Alternativen wahrnimmt. Die Begriffe **Physikalismus** und **Naturalismus** werden ebenfalls verwendet, um diese Ansicht zu beschreiben, die im Gegensatz zum Übernatürlichen steht.

Angesichts eines physischen Geistes, der Wissen manipuliert, besteht das nächste Problem darin, die Quelle des Wissens zu bestimmen. Die Bewegung des **Empirismus**, beginnend mit Francis Bacons (1561–1626) *Novum Organum*[3], ist durch ein Diktum von John Locke (1632–1704) gekennzeichnet: „Nichts ist im Verstand, was nicht vorher in den Sinnen war."

David Hume (1711–1776) schlug in *Ein Traktat über die menschliche Natur* (Hume, 1739)[4] das vor, was heute als Prinzip der **Induktion** bekannt ist: Allgemeine Regeln werden erworben, indem man sich den Assoziationen zwischen ihren Elementen wiederholt aussetzt.

Aufbauend auf den Arbeiten von Ludwig Wittgenstein (1889–1951) und Bertrand Russell (1872–1970) entwickelte der berühmte Wiener Kreis (Sigmund, 2017), eine Gruppe von Philosophen und Mathematikern, die sich in den 1920er und 1930er Jahren in Wien trafen, die Doktrin des **logischen Positivismus**. Diese Lehre besagt, dass alles Wissen durch logische Theorien charakterisiert werden kann, die letztlich mit **Beobachtungssätzen** verbunden sind, die den Sinneseindrücken entsprechen – der logische Positivismus verbindet somit Rationalismus und Empirismus.

Die **Bestätigungstheorie** von Rudolf Carnap (1891–1970) und Carl Hempel (1905–1997) versuchte, den Erwerb von Wissen aus Erfahrung zu analysieren, indem der Grad der Überzeugung quantifiziert wurde, der logischen Sätzen zugewiesen werden sollte. Dieser Grad basiert auf der Verbindung der Sätze zu den Beobachtungen, die die Sätze bestätigen oder widerlegen. Carnaps Buch *Der logische Aufbau der Welt*[5] (1928) war vermutlich die erste Theorie, die den Verstand als Rechenprozess betrachtete.

Das letzte Element in der philosophischen Betrachtung des Verstands ist die Verbindung zwischen Wissen und Handeln. Diese Frage ist für die KI von entscheidender Bedeutung, weil Intelligenz sowohl Handeln als auch Denken erfordert. Außerdem können wir nur durch das Verständnis, wie Handlungen gerechtfertigt werden, verstehen, wie man einen Agenten baut, dessen Handlungen gerechtfertigt (oder rational) sind.

Aristoteles argumentierte in *De Motu Animalium* (*Über die Bewegung der Lebewesen*), dass Handlungen gerechtfertigt sind, wenn es eine logische Verbindung zwischen Zielen und dem Wissen über das Ergebnis der Handlung gibt:

> *Aber wie kann es sein, dass das Denken manchmal von Handeln begleitet wird und manchmal nicht, manchmal von Bewegung und manchmal nicht? Es scheint, als passiere fast dasselbe beim Denken und beim Schlussfolgern über sich unveränderliche Objekte. Doch in jenem Fall ist das Ziel eine spekulative Aussage ... während hier die Schlussfolgerung, die sich aus den beiden Prämissen ergibt, eine Handlung ist. ... Ich brauche Bekleidung; ein Mantel ist eine Bekleidung. Ich brauche einen Mantel. Was ich brauche, muss ich anfertigen; ich brauche einen Mantel. Ich muss einen Mantel anfertigen. Und die Schlussfolgerung „Ich muss einen Mantel anfertigen" ist eine Handlung.*

In der *Nikomachischen Ethik* (Buch III. 3, 1112b) geht Aristoteles weiter auf dieses Thema ein und schlägt einen Algorithmus vor:

> *Unsere Überlegung betrifft nicht das Ziel, sondern die Mittel, es zu erreichen. Der Arzt überlegt nicht, ob er heilen soll, der Redner nicht, ob er überzeugen soll, ... sondern nachdem man sich*

3 Das *Novum Organum* ist eine Aktualisierung von Aristoteles' *Organon*.

4 Originaltitel: *A Treatise of Human Nature*.

5 Originaltitel: *The Logical Structure of the World*.

ein Ziel gestellt hat, sieht man sich um, wie und durch welche Mittel es zu erreichen ist, wenn es durch verschiedene Mittel möglich scheint, sieht man zu, durch welches es am leichtesten und besten erreicht wird; und wenn es durch eines regelrecht verwirklicht wird, fragt man wieder, wie es durch dasselbe verwirklicht wird, und wodurch wiederum jenes, bis man zu der ersten Ursache gelangt, ... das, was bei der Analyse als Letztes herauskommt, ist bei der Verwirklichung durch die Handlung das Erste. Stößt man auf eine Unmöglichkeit, so steht man von der Sache ab, z. B. wenn sich Geldmittel erforderlich zeigen, die man nicht aufbringen kann. Erscheint die Sache aber möglich, so nimmt man sie in die Hand.[6]

Der Algorithmus von Aristoteles wurde 2300 Jahre später von Newell und Simon in ihrem **General Problem Solver** implementiert. Wir würden es heute ein „gieriges Regressionsplanungssystem“ nennen (siehe Kapitel 11). Methoden, die auf logischer Planung zum Erreichen bestimmter Ziele beruhen, dominierten die ersten Jahrzehnte der theoretischen Forschung in der KI.

Sich nur darauf zu konzentrieren, Ziele durch Handlungen zu erreichen, ist oft nützlich, aber manchmal ungeeignet. Gibt es z. B. verschiedene Wege, ein Ziel zu erreichen, so muss es eine Möglichkeit geben, zwischen diesen Wegen zu wählen. Noch entscheidender ist der Fall, wenn es vielleicht nicht möglich ist, ein Ziel mit Sicherheit zu erreichen, aber irgendeine Handlung trotzdem ausgeführt werden muss. Wie sollte man dann eine Entscheidung treffen? Antoine Arnauld (1662) analysierte das Konzept der rationalen Entscheidungen beim Glücksspiel und schlug eine quantitative Formel vor, mit deren Hilfe der erwartete Geldwert des Ergebnisses maximiert werden konnte. Später führte Daniel Bernoulli (1738) den allgemeineren Begriff des **Nutzens** ein, um den internen, subjektiven Wert eines Ergebnisses zu erfassen. Die moderne Vorstellung von rationaler Entscheidungsfindung unter Unsicherheit beinhaltet die Maximierung des erwarteten Nutzens, dieses Thema wird in Kapitel 16 behandelt.

In Fragen der Ethik und der öffentlichen Ordnung muss ein Entscheidungsträger die Interessen mehrerer Individuen berücksichtigen. Jeremy Bentham (1823) und John Stuart Mill (1863) unterstützten die Idee des **Utilitarismus**: das Konzept, dass die rationale Entscheidungsfindung, die auf der Maximierung des Nutzens basiert, für alle Bereiche menschlicher Aktivitäten gelten sollte, einschließlich der öffentlichen politischen Entscheidungen, die im Namen vieler Individuen getroffen werden. Der Utilitarismus ist eine spezifische Art des **Konsequenzialismus**: was richtig und falsch ist, wird durch die erwarteten Ergebnisse einer Handlung bestimmt.

Im Gegensatz dazu schlug Immanuel Kant im Jahr 1785 eine Theorie der regelbasierten oder **deontologischen Ethik** vor, in der „das Richtige tun“ nicht von den Ergebnissen bestimmt wird, sondern von universellen sozialen Gesetzen, die erlaubte Handlungen regeln, wie z. B. „Du sollst nicht lügen“ oder „Du sollst nicht töten“. So könnte ein Utilitarist eine Notlüge benutzen, wenn das erwartete Gute das Schlechte überwiegt, aber ein Kantianer dürfte dies nicht tun, weil Lügen von Natur aus falsch sind. Mill erkannte den Wert von Regeln an, verstand sie aber als effiziente Entscheidungsprozeduren, die aus grundsätzlichen Überlegungen zu Konsequenzen zusammengestellt werden. Viele moderne KI-Systeme verfolgen genau diesen Ansatz.

1.2.2 Mathematik

- Was sind die formalen Regeln, um gültige Schlussfolgerungen zu ziehen?
- Was kann berechnet werden?
- Wie schlussfolgern wir mit unsicheren Informationen?

6 Übersetzung nach E. Rolfes (1910).

Die Philosophen umrissen einige grundlegenden Ideen der KI, doch der Sprung zu einer formalen Wissenschaft erforderte die mathematische Aufbereitung von Logik und Wahrscheinlichkeit sowie die Einführung eines neuen Zweigs der Mathematik: die Berechenbarkeit.

Das Konzept einer **formalen Logik** lässt sich bis zu den Philosophen des antiken Griechenlands, Indiens und Chinas zurückverfolgen, doch ihre mathematische Entwicklung begann eigentlich mit der Arbeit von George Boole (1815–1864), der die Details der Aussagenlogik (oder booleschen Logik) ausarbeitete (Boole, 1847). Im Jahr 1879 erweiterte Gottlob Frege (1848–1925) die boolesche Logik um Objekte und Relationen und schuf damit die heute verwendete Prädikatenlogik (oder Logik erster Ordnung).[7] Zusätzlich zu ihrer zentralen Rolle in der frühen Phase der KI-Forschung motivierte die Prädikatenlogik die Arbeiten von Gödel und Turing, die die Berechenbarkeit selbst zum Thema hatten, wie wir weiter unten noch ausführen werden.

Die **Wahrscheinlichkeitstheorie** kann als Verallgemeinerung der Logik auf Situationen mit unsicherer Informationslage gesehen werden – eine Überlegung, die für die KI von großer Bedeutung ist. Gerolamo Cardano (1501–1576) formulierte als Erster die Idee der Wahrscheinlichkeit und beschrieb sie in Bezug auf die möglichen Ergebnisse bei einem Glücksspiel. Im Jahr 1654 zeigte Blaise Pascal (1623–1662) in einem Brief an Pierre Fermat (1601–1665), wie man den Ausgang eines abgebrochenen Glücksspiels vorhersagen und den Spielern durchschnittliche Auszahlungen zuweisen kann. Die Wahrscheinlichkeitsrechnung wurde schnell zu einem unschätzbaren Teil der quantitativen Wissenschaften und half, mit unsicheren Messungen und unvollständigen Theorien umzugehen. Jakob Bernoulli (1654–1705, der Onkel von Daniel Bernoulli), Pierre Laplace (1749–1827) und andere entwickelten die Theorie weiter und führten neue statistische Methoden ein. Thomas Bayes (1702–1761) schlug eine Regel zum Aktualisieren von Wahrscheinlichkeiten angesichts neuer Informationen vor – diese Bayes'sche Regel ist ein wichtiges Werkzeug für KI-Systeme.

Die Formalisierung der Wahrscheinlichkeit, kombiniert mit der Verfügbarkeit von Daten, führte zur Entstehung der **Statistik** als neuem Fachgebiet. Eine der ersten Anwendungen war die Analyse von Daten der Londoner Sterbeverzeichnisse durch John Graunt im Jahr 1662. Ronald Fisher gilt als der erste moderne Statistiker (Fisher, 1922). Er brachte die Konzepte von Wahrscheinlichkeit, statistischer Versuchsplanung, Datenanalyse und Durchführen von Berechnungen zusammen – im Jahr 1919 bestand er darauf, dass er für seine Arbeit unbedingt eine mechanische Rechenmaschine namens MILLIONAIRE (die erste Rechenmaschine, die multiplizieren konnte) benötigte, obwohl die Anschaffungskosten für die Rechenmaschine sein Jahresgehalt überstiegen (Ross, 2012).

Die Geschichte des Rechnens ist so alt wie die Geschichte der Zahlen, aber als erster nicht trivialer **Algorithmus** gilt Euklids Algorithmus zur Berechnung des größten gemeinsamen Teilers zweier natürlicher Zahlen. Das Wort *Algorithmus* stammt von Muhammad ibn Musa al-Khwarizmi, einem Mathematiker des 9. Jahrhunderts, dessen Schriften auch die arabischen Ziffern und die Algebra nach Europa brachten. Boole und andere diskutierten Algorithmen für die logische Deduktion und im späten 19. Jahrhundert gab es Bestrebungen, allgemeine mathematische Beweise als logische Deduktion zu formalisieren.

Kurt Gödel (1906–1978) zeigte, dass es ein effektives Verfahren gibt, um jede wahre Aussage in der Prädikatenlogik von Frege und Russell zu beweisen, dass die Prädikatenlogik jedoch nicht das Prinzip der mathematischen Induktion erfassen kann, das zur Charakterisierung der natürlichen Zahlen notwendig ist. Im Jahr 1931 bewies Gödel, dass es Grenzen für die Deduktion gibt. Sein **Unvollständigkeitssatz** zeigte, dass es in jeder formalen Theorie, die so stark ist wie die Peano-Arithmetik (die elementare Theorie der natürlichen Zahlen), notwendigerweise wahre Aussagen gibt, die nicht innerhalb der Theorie bewiesen werden können.

7 Die von Frege vorgeschlagene Notation für die Prädikatenlogik – eine geheimnisvolle Kombination aus textuellen und geometrischen Merkmalen – hat sich nie durchgesetzt.

Dieses fundamentale Ergebnis kann auch dahingehend interpretiert werden, dass einige Funktionen auf den ganzen Zahlen nicht durch einen Algorithmus dargestellt werden können – das heißt, nicht berechnet werden können. Dies motivierte Alan Turing (1912–1954) zu dem Versuch, genau zu charakterisieren, welche Funktionen **berechenbar** sind – also durch ein effektives Verfahren berechnet werden können. Die Church-Turing-These schlägt vor, allgemein eine Funktion als berechenbar zu definieren, wenn sie von einer Turing-Maschine berechnet werden kann (Turing, 1936). Turing zeigte außerdem, dass es einige Funktionen gibt, die von keiner Turing-Maschine berechnet werden können. Zum Beispiel kann keine Maschine *im Allgemeinen* sagen, ob ein bestimmtes Programm bei einer gegebenen Eingabe eine Antwort zurückgibt oder unendlich läuft.

Obwohl die Berechenbarkeit wichtig für das Verständnis von Rechenoperationen ist, hatte der Begriff der **effizienten Machbarkeit** (*tractability*) einen noch größeren Einfluss auf die KI. Vereinfacht ausgedrückt wird ein Problem als nicht effizient machbar (*intractable*) bezeichnet, wenn die Zeit, die für die Lösung von Instanzen des Problems benötigt wird, exponentiell mit der Größe der Instanzen wächst. Die Unterscheidung zwischen polynomiellem und exponentiellem Komplexitätswachstum wurde erstmals Mitte der 1960er (Cobham, 1964; Edmonds, 1965) Jahre thematisiert. Sie ist wichtig, weil exponentielles Wachstum bedeutet, dass selbst mäßig große Instanzen nicht in einer angemessenen Zeit gelöst werden können.

Die Theorie der **NP-Vollständigkeit**, die auf Cook (1971) und Karp (1972) zurückgeht, bietet eine Grundlage für die Analyse der effizienten Machbarkeit von Problemen: Jede Problemklasse, auf die die Klasse der NP-vollständigen Probleme reduziert werden kann, ist wahrscheinlich nicht effizient machbar. (Obwohl es nicht bewiesen ist, dass NP-vollständige Probleme zwangsläufig nicht effizient machbar sind, gehen die meisten Theoretiker davon aus.) Diese Ergebnisse stehen im Gegensatz zu dem Optimismus, mit dem die Boulevardpresse die ersten Computer begrüßt hatte – „elektronische Superhirne“, die „schneller als Einstein“ wären! Trotz der steigenden Geschwindigkeit von Computern zeichnen sich intelligente Systeme durch sorgfältige Nutzung von Ressourcen und die notwendige Unvollkommenheit aus. Die Welt ist, salopp gesagt, eine *extrem* große Probleminstanz!

1.2.3 Wirtschaftswissenschaft

- Wie sollten wir Entscheidungen treffen, die mit unseren Präferenzen übereinstimmen?
- Wie sollten wir dies tun, wenn andere nicht mitmachen?
- Wie sollten wir dies tun, wenn der Gewinn weit in der Zukunft liegt?

Die Wirtschaftswissenschaft entstand 1776, als Adam Smith (1723–1790) sein Werk *Der Wohlstand der Nationen*[8] veröffentlichte. Smith schlug vor, Wirtschaftssysteme zu analysieren, die aus vielen einzelnen Akteuren bestehen, die jeweils ihre eigenen Interessen wahrnehmen. Smith war jedoch kein Verfechter der finanziellen Gier als moralische Position: Sein früheres Buch *Theorie der ethischen Gefühle*[9] (1759) beginnt mit dem Hinweis, dass die Sorge um das Wohlergehen anderer ein wesentlicher Bestandteil der Interessen eines jeden Individuums ist.

Die meisten Menschen denken, dass es in der Wirtschaftswissenschaft um Geld geht, und in der Tat befasste sich die erste mathematische Analyse von Entscheidungen unter Unsicherheit, die Formel für den maximalen Erwartungswert von Arnauld und Nicole (1662), mit dem Geldwert von Wetten. Daniel Bernoulli (1738) bemerkte, dass diese Formel für größere Geldbeträge, wie z. B. Investitionen in maritime Handelsexpeditionen, nicht gut zu funktionieren schien. Er schlug stattdessen ein Prinzip vor, das auf der Maximierung des erwarteten

8 Originaltitel: *An Inquiry into the Nature and Causes of the Wealth of Nations.*

9 Originaltitel: *The Theory of Moral Sentiments.*

Nutzens basiert, und erklärte die menschlichen Investitionsentscheidungen damit, dass der Grenznutzen einer zusätzlichen Geldmenge abnimmt, wenn man mehr Geld erwirbt.

Léon Walras (1834–1910) gab der Nutzentheorie eine allgemeinere Grundlage, indem er Präferenzen zwischen Spielen mit beliebigen Ergebnissen (nicht nur monetäre Ergebnisse) einführte. Die Theorie wurde von Ramsey (1931) und später von John von Neumann und Oskar Morgenstern in ihrem Buch *The Theory of Games and Economic Behavior* (1944) verbessert. In der Wirtschaftswissenschaft geht es nicht mehr nur um Geld, sondern um Wünsche und Präferenzen.

Die **Entscheidungstheorie**, die die Wahrscheinlichkeitstheorie mit der Nutzentheorie kombiniert, bietet einen einfachen und vollständigen Rahmen für individuelle (wirtschaftliche oder anderweitige) Entscheidungen, die unter Unsicherheit getroffen werden – das heißt, in Fällen, in denen probabilistische Beschreibungen die Umgebung des Entscheidungsträgers angemessen erfassen. Dies ist geeignet für „große" Wirtschaftssysteme, in denen kein Agent die Handlungen anderer Agenten als Individuen berücksichtigen muss. Für „kleine" Wirtschaftssysteme ähnelt die Situation eher einem **Spiel**: Die Handlungen eines Spielers können den Nutzen eines anderen signifikant beeinflussen (entweder positiv oder negativ). Die von Morgenstern und von Neumann entwickelte **Spieltheorie** (siehe auch Luce und Raiffa, 1957) beinhaltete das überraschende Ergebnis, dass ein rationaler Agent bei einigen Spielen eine Zufallsstrategie (oder die zumindest als zufällig erscheint) verfolgen sollte. Anders als die Entscheidungstheorie bietet die Spieltheorie keine eindeutige Vorschrift dafür, wie Aktionen auszuwählen sind. In der KI werden Entscheidungen, an denen mehrere Agenten beteiligt sind, unter dem Begriff **Multiagentensysteme** behandelt (Kapitel 18).

Wirtschaftswissenschaftler haben sich, von einigen Ausnahmen abgesehen, nicht mit der dritten der oben genannten Fragen befasst: wie man rationale Entscheidungen trifft, wenn die Auszahlung (der Nutzen) aus den Aktionen nicht unmittelbar stattfindet, sondern erst nach mehreren Aktionen erfolgt, die *nacheinander* ausgeführt werden. Dieses Thema wurde im Bereich des **Operations Research** verfolgt, der im Zweiten Weltkrieg aus Bemühungen im Vereinigten Königreich zur Optimierung von Radaranlagen entstand und später unzählige zivile Anwendungen fand. Die Arbeit von Richard Bellman (1957) formalisierte eine Klasse von sequenziellen Entscheidungsproblemen, die **Markov-Entscheidungsprobleme**, die wir in Kapitel 17 und, unter der Überschrift des **Reinforcement Learning** (*Verstärkungslernen*), in Kapitel 22 untersuchen.

Die Arbeiten aus den Bereichen Wirtschaftswissenschaften und Operations Research haben viel zu unserem Konzept der rationalen Agenten beigetragen, dennoch entwickelte sich die KI-Forschung viele Jahre lang auf völlig davon getrennten Wegen. Ein Grund dafür war die offensichtliche Komplexität, die mit dem Finden rationaler Entscheidungen einhergeht. Der Pionier der KI-Forschung Herbert Simon (1916–2001) erhielt 1978 den Nobelpreis in Wirtschaftswissenschaften für sein frühes Werk. Darin zeigte er, dass Modelle, die auf **Satisficing**[10] basieren – das heißt, Entscheidungen zu treffen, die „gut genug" sind, anstatt mühsam eine optimale Entscheidung zu berechnen –, das tatsächliche menschliche Verhalten besser beschreiben (Simon, 1947). Seit den 1990er Jahren ist das Interesse an entscheidungstheoretischen Techniken für die KI wieder gestiegen.

1.2.4 Neurowissenschaft

- Wie verarbeitet das Gehirn Informationen?

Neurowissenschaft ist das Studium des Nervensystems, insbesondere des Gehirns. Obwohl die genaue Art und Weise, wie das Gehirn das Denken ermöglicht, eines der großen Geheim-

10 Zu Deutsch: Zufriedenstellung.

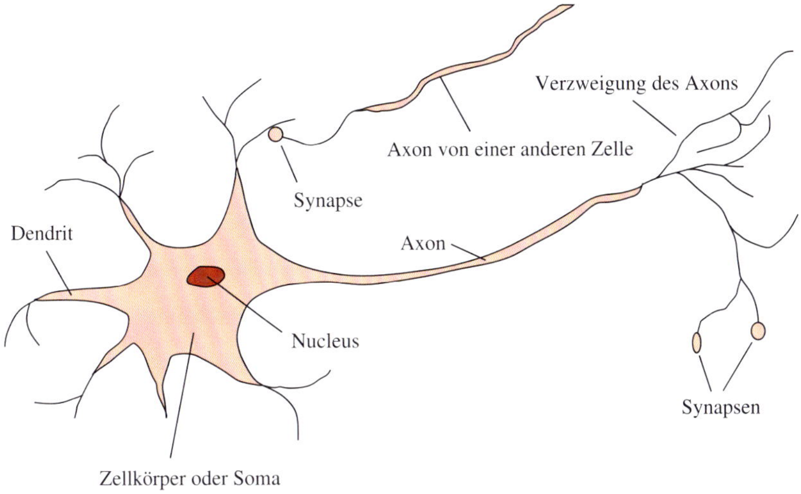

Abbildung 1.1: Bestandteile einer Nervenzelle (Neuron). Jedes Neuron besteht aus einem Zellkörper, Soma, das einen Zellkern enthält. Vom Zellkörper verzweigen sich eine Reihe von Fasern, die Dendriten genannt werden, sowie eine einzelne lange Faser, das Axon. Das Axon erstreckt sich über eine lange Distanz, die größer ist, als der Maßstab in dieser Abbildung andeutet. In der Regel ist ein Axon 1 cm lang (das 100-Fache des Durchmessers des Zellkörpers), es kann aber auch bis zu 1 Meter lang sein. Ein Neuron knüpft Verbindungen mit 10 bis 100.000 anderen Neuronen an Verbindungsstellen, den Synapsen. Signale werden von Neuron zu Neuron mittels einer komplizierten elektrochemischen Reaktion weitergeleitet. Die Signale steuern kurzfristig die Hirnaktivität und ermöglichen auch langfristige Veränderungen in der Verschaltung der Neuronen. Man nimmt an, dass diese Mechanismen die Grundlage für das Lernen im Gehirn bilden. Der größte Teil der Informationsverarbeitung findet in der Großhirnrinde (Kortex) statt, der äußeren Schicht des Gehirns. Die grundlegende organisatorische Einheit scheint eine Art Gewebesäule mit einem Durchmesser von etwa 0,5 mm zu sein, der etwa 20.000 Neuronen enthält und sich über die gesamte Tiefe des Kortex (beim Menschen etwa 4 mm) erstreckt.

nisse der Wissenschaft ist, wird die Tatsache, *dass* es das Denken ermöglicht, seit Tausenden von Jahren anerkannt, denn es ist bewiesen, dass schwere Kopfverletzungen zu geistiger Beeinträchtigung führen können. Es ist auch seit Langem bekannt, dass das menschliche Gehirn irgendwie anders ist; etwa 335 v. Chr. schrieb Aristoteles: „Von allen Tieren hat der Mensch das größte Gehirn im Verhältnis zu seiner Größe.“[11] Dennoch wurde das Gehirn erst Mitte des 18. Jahrhunderts allgemein als Sitz des Bewusstseins anerkannt. Davor kamen unter anderem das Herz und die Milz als Kandidaten infrage.

Mit den Forschungsarbeiten von Paul Broca (1824–1880) zur Aphasie (Sprachstörung) bei hirngeschädigten Patienten im Jahr 1861 begann die Untersuchung der funktionellen Organisation des Gehirns. Broca konnte ein abgegrenztes Areal in der linken Hemisphäre identifizieren – heute Broca-Areal genannt –, das für die Sprachproduktion verantwortlich ist.[12] Zu dieser Zeit war bereits bekannt, dass das Gehirn größtenteils aus Nervenzellen oder **Neuronen** besteht, aber erst 1873 entwickelte Camillo Golgi (1843–1926) eine Färbemethode, die die Beobachtung einzelner Neuronen ermöglichte (► Abbildung 1.1). Diese Technik wurde von Santiago Ramón y Cajal (1852–1934) in seinen bahnbrechenden Studien zur neuronalen Organisation verwendet.[13] Es ist heute allgemein anerkannt, dass kognitive Funktionen aus der elektrochemischen Funktionsweise dieser Strukturen resultieren. Das heißt, *eine Ansamm-*

11 Inzwischen hat man herausgefunden, dass das Spitzhörnchen und einige Vogelarten ein größeres Gehirn-Körper-Verhältnis als der Mensch haben.

12 Vielfach wird auch Alexander Hood (1824) als mögliche frühere Quelle zitiert.

13 Golgi beharrte auf seiner Überzeugung, dass die Funktionen des Gehirns in erster Linie in einem kontinuierlichen Medium ausgeführt werden, in das Neuronen eingebettet sind, während Ramón y Cajal die „Neuronendoktrin“ vertrat. Die beiden teilten sich 1906 den Nobelpreis, hielten aber gegenseitig antagonistische Dankesreden.

lung von einfachen Zellen kann zu Denken, Handeln und Bewusstsein führen. In den prägnanten Worten von John Searle (1992), *Gehirn verursacht Geist.*

Heute haben wir einige Daten über die Zuordnungen zwischen Hirnarealen und den Körperteilen, die sie steuern oder von denen sie sensorische Eingaben erhalten. Solche Zuordnungen können sich im Laufe einiger Wochen radikal ändern und einige Tiere scheinen mehrere Zuordnungen zu besitzen. Außerdem verstehen wir nicht vollständig, wie andere Bereiche Funktionen übernehmen können, wenn ein Bereich geschädigt ist. Es gibt fast keine Theorie darüber, wie das Gedächtnis eines Menschen gespeichert wird oder wie kognitive Funktionen auf höherer Ebene arbeiten.

Die Messung der intakten Gehirnaktivität begann 1929 mit der Erfindung der Elektroenzephalografie (EEG) durch Hans Berger. Die Entwicklung der funktionellen Magnetresonanztomografie (fMRT; Ogawa *et al.*, 1990; Cabeza und Nyberg, 2001) liefert den Neurowissenschaftlern beispiellos detaillierte Bilder der Hirnaktivität und ermöglicht Messungen, die auf spannende Weise mit aktuell ablaufenden kognitiven Prozessen korrespondieren. Hinzu kommen Fortschritte in der elektrischen Einzelzellaufzeichnung der Neuronenaktivität und die Methoden der **Optogenetik** (Crick, 1999; Zemelman *et al.*, 2002; Han und Boyden, 2007), die sowohl die Messung als auch die Steuerung einzelner Neuronen ermöglichen, die lichtempfindlich gemacht wurden.

Die Entwicklung von **Gehirn-Maschine-Schnittstellen** (*Brain-Machine-Interface*; Lebedev und Nicolelis, 2006) sowohl für die Sensorik als auch für die motorische Steuerung verspricht nicht nur die Wiederherstellung der Funktionalität von Gliedmaßen bei behinderten Menschen, sondern wirft auch ein Licht auf viele Aspekte neuronaler Systeme. Eine bemerkenswerte Erkenntnis aus dieser Arbeit ist, dass das Gehirn in der Lage ist, sich selbst so einzustellen, dass es erfolgreich mit einem externen Gerät interagieren kann, indem es dieses praktisch wie ein weiteres Sinnesorgan oder ein Körperteil behandelt.

Gehirne und digitale Computer haben recht unterschiedliche Eigenschaften. ► Abbildung 1.2 zeigt, dass die Zykluszeit von Computern eine Million Mal schneller ist als die eines Gehirns. Das Gehirn gleicht dies durch weitaus mehr Speicher und Verbindungen aus, selbst im Vergleich mit einem High-End-PC, obwohl die größten Supercomputer in einigen Punkten mit dem Gehirn gleichziehen. Futuristen geben viel auf diese Zahlen und verweisen auf eine nahende **Singularität**, bei der Computer ein übermenschliches Leistungsniveau erreichen (Vinge, 1993; Kurzweil, 2005; Doctorow und Stross, 2012) und sich dann rapide noch wei-

	Supercomputer	PC	Menschliches Gehirn
Recheneinheiten	10^6 GPUs + CPUs	8 CPU Kerne	10^6 Säulen
	10^{15} Transistoren	10^{10} Transistoren	10^{11} Neuronen
Speichereinheiten	10^{16} Byte RAM	10^{10} Byte RAM	10^{11} Neuronen
	10^{17} Byte Festplatte	10^{12} Byte Festplatte	10^{14} Synapsen
Zykluszeit	10^{-9} s	10^{-9} s	10^{-3} s
Operationen/s	10^{18}	10^{10}	10^{17}

Abbildung 1.2: Ein grober Vergleich zwischen einem führenden Supercomputer, Summit (Feldman, 2017), einem typischen PC im Jahr 2019 und dem menschlichen Gehirn. Menschliche Hirnleistung hat sich in Tausenden von Jahren kaum verändert, Supercomputer haben sich dagegen stetig verbessert: angefangen bei MegaFLOPs in den 1960er Jahren, über GigaFLOPs in den 1980er Jahren, TeraFLOPs in den 1990er Jahren, hin zu PetaFLOPs im Jahr 2008 und ExaFLOPs im Jahr 2018 (1 ExaFLOP = 10^{18} Floating Point Operations per Second / Gleitkommaoperationen pro Sekunde).

ter verbessern. Aber die reinen Zahlenvergleiche sind nicht besonders informativ. Selbst mit einem Computer von nahezu unbegrenzter Kapazität sind wir noch weit davon entfernt, Intelligenz vollständig zu begreifen (siehe Kapitel 28). Grob gesagt: Ohne die richtige Theorie geben schnellere Maschinen einfach schneller die falsche Antwort.

1.2.5 Psychologie

- Wie denken und handeln Menschen und Tiere?

Die Ursprünge der wissenschaftlichen Psychologie werden gewöhnlich auf die Arbeit des deutschen Physikers Hermann von Helmholtz (1821–1894) und seines Assistenten Wilhelm Wundt (1832–1920) zurückgeführt. Helmholtz wandte die wissenschaftliche Methode auf die Untersuchung der menschlichen Sehkraft an, und sein *Handbuch der Physiologischen Optik* wurde als „die wichtigste Abhandlung über die Physik und Physiologie des menschlichen Sehens" bezeichnet (Nalwa, 1993, S.15). Im Jahr 1879 eröffnete Wundt das erste Laboratorium für experimentelle Psychologie an der Universität Leipzig. Wundt bestand auf sorgfältig kontrollierten Experimenten, bei denen seine Mitarbeiter eine Wahrnehmungs- oder Assoziationsaufgabe ausführten und dabei ihre Gedankenprozesse selbst beobachteten (Introspektion). Die sorgfältigen Kontrollen trugen viel dazu bei, die Psychologie zu einer Wissenschaft zu erheben, doch die subjektive Natur der Daten machte es unwahrscheinlich, dass die Experimentatoren ihre eigenen Theorien jemals widerlegen würden.

Biologen, die das Verhalten von Tieren untersuchten, verfügten dagegen nicht über introspektive Daten und entwickelten eine objektive Methodik, wie sie von H. S. Jennings (1906) in seinem einflussreichen Werk *Behavior of the Lower Organisms* beschrieben wurde. Die **Behaviorismus**-Bewegung, angeführt von John Watson (1878–1958), übertrug diese Sichtweise auf den Menschen und lehnte *jede* Theorie ab, die mentale Prozesse einbezog, mit der Begründung, dass Introspektion keine zuverlässigen Beweise liefern könne. Die Behavioristen beharrten darauf, nur objektive Messungen der *Reize* (auch *Stimulus* genannt), die auf ein Tier einwirken, sowie die daraus resultierenden Handlungen (*Reaktionen*) zu untersuchen. Der Behaviorismus fand zwar viel über Ratten und Tauben heraus, mit dem Verstehen von Menschen hatte er allerdings weniger Erfolg.

Die **kognitive Psychologie**, die das Gehirn als einen informationsverarbeitenden Apparat betrachtet, lässt sich mindestens bis zu den Arbeiten von William James (1842–1910) zurückführen. Auch Helmholtz vertrat die Ansicht, dass die Wahrnehmung eine Form der unbewussten logischen Schlussfolgerung beinhaltete. Die kognitive Sichtweise stand in den Vereinigten Staaten weitgehend im Schatten des Behaviorismus, doch am Lehrstuhl für Angewandte Psychologie in Cambridge, der von Frederic Bartlett (1886–1969) geleitet wurde, konnte sich die kognitive Modellierung entfalten. Bartletts Schüler und Nachfolger Kenneth Craik (1943) konnte mit seinem Werk *The Nature of Explanation* die Legitimität solcher „mentalen" Begriffe wie Überzeugungen und Ziele mit Nachdruck wiederherstellen, indem er argumentierte, dass sie genauso wissenschaftlich seien wie beispielsweise die Verwendung von Druck und Temperatur für die Beschreibung von Gas, obwohl Gas aus Molekülen besteht, die weder die eine noch die andere Eigenschaft besitzen.

Craik spezifizierte die drei wichtigsten Schritte eines wissensbasierten Agenten: (1) der Reiz muss in eine interne Repräsentation übersetzt werden, (2) die Repräsentation wird durch kognitive Prozesse manipuliert, um neue interne Repräsentationen abzuleiten, und (3) diese werden wieder zurück in eine Aktion übersetzt. Er erklärte deutlich, warum dies ein gutes Design für einen Agenten ist:

> *Wenn der Organismus ein „kleineres Modell" der äußeren Realität und seiner eigenen Handlungsmöglichkeiten im Kopf trägt, ist er in der Lage, verschiedene Alternativen auszuprobieren, daraus zu schließen, welche die beste von ihnen ist, auf zukünftige Situationen zu reagieren, bevor sie*

> *entstehen, das Wissen über vergangene Ereignisse im Umgang mit der Gegenwart und der Zukunft zu nutzen und in jeder Hinsicht auf eine viel umfassendere, sicherere und kompetentere Weise auf alle Situationen zu reagieren, mit denen er konfrontiert ist. (Craik, 1943)*

Nach Craiks Tod durch einen Fahrradunfall im Jahr 1945 wurde seine Arbeit von Donald Broadbent fortgesetzt, dessen Buch *Perception and Communication* (1958) eines der ersten Werke war, das psychologische Phänomene als Informationsverarbeitung modellierte. In der Zwischenzeit führte in den Vereinigten Staaten die Entwicklung der Computermodellierung zur Entstehung des Fachbereichs der **Kognitionswissenschaft**. Man sagt, die Kognitionswissenschaft begann auf einem Workshop im September 1956 am MIT – nur zwei Monate nach der Konferenz, auf der die KI selbst „geboren" wurde (siehe S. 40 in Abschnitt 1.3.1).

Auf dem Workshop stellte George Miller *The Magic Number Seven* vor, Noam Chomsky präsentierte *Three Models of Language* und Allen Newell und Herbert Simon stellten *The Logic Theory Machine* vor. Diese drei einflussreichen Arbeiten zeigten, wie Computermodelle verwendet werden können, um die Psychologie des Gedächtnisses, der Sprache und des logischen Denkens zu untersuchen. Es ist heute eine verbreitete (wenn auch bei Weitem nicht universelle) Ansicht unter Psychologen, dass „eine kognitive Theorie wie ein Computerprogramm sein sollte" (Anderson, 1980) – das heißt, sie sollte die Funktionsweise einer kognitiven Funktion in Bezug auf die Verarbeitung von Informationen beschreiben.

Für diesen Rückblick werden wir das Gebiet der **Mensch-Computer-Interaktion** (*Human-Computer Interaction*, HCI) der Psychologie zuordnen. Doug Engelbart, einer der Pioniere der HCI, vertrat die Idee der **erweiterten Intelligenz** (*Intelligence Augmentation*, IA). Er war der Meinung, dass Computer die menschlichen Fähigkeiten erweitern sollten, anstatt menschliche Aufgaben zu automatisieren. Im Jahr 1968 führte Engelbart in einem Vortrag (der später als „The Mother of All Demos" bezeichnet wurde) zum ersten Mal die Computermaus, ein Fenstersystem, Hypertext und Videokonferenzen vor – alles in dem Bemühen zu demonstrieren, was menschliche Wissensträger mit einer Portion erweiterten Intelligenz gemeinsam erreichen könnten.

Heute sehen wir IA und KI eher als zwei Seiten derselben Medaille, wobei erstere die menschliche Kontrolle und letztere das intelligente Verhalten der Maschine betont. Beide sind notwendig, damit Maschinen für den Menschen nutzbringend sind.

1.2.6 Computertechnik

- Wie können wir einen effizienten Computer bauen?

Der moderne digitale elektronische Computer wurde unabhängig und fast zeitgleich von Wissenschaftlern in drei Ländern erfunden, die am Zweiten Weltkrieg beteiligt waren. Der erste *funktionsfähige* Computer war der elektromechanische Heath Robinson[14], der 1943 von Alan Turings Team für einen einzigen Zweck gebaut wurde: die Entschlüsselung deutscher Nachrichten. Die gleiche Gruppe entwickelte 1943 den Colossus, eine leistungsfähige Universalmaschine auf der Basis von Vakuumröhren.[15] Der erste funktionsfähige *programmierbare* Computer war der Z-3, eine Erfindung von Konrad Zuse in Deutschland im Jahr 1941. Zuse erfand außerdem die Gleitkommazahlen und die erste höhere Programmiersprache, Plankalkül. Der erste *elektronische* Computer, der ABC, wurde von John Atanasoff und seinem Doktoranden Clifford Berry zwischen 1940 und 1942 an der Universität von Iowa gebaut. Atanasoffs Forschungen erfuhren wenig Unterstützung oder Anerkennung; es war ENIAC, der im Rah-

14 Eine komplexe Maschine, benannt nach einem britischen Cartoonisten, der skurrile und absurd komplizierte Lösungen für alltägliche Aufgaben wie zum Beispiel das Bestreichen eines Butterbrots zeichnete.

15 In der Zeit nach dem Weltkrieg wollte Turing diese Computer für die KI-Forschung nutzen – er erstellte beispielsweise einen Entwurf des ersten Schachprogramms (Turing *et al.*, 1953) –, doch die britische Regierung blockierte diese Forschung.

men eines geheimen Militärprojekts an der Universität von Pennsylvania von einem Team um John Mauchly und J. Presper Eckert entwickelt wurde und der sich als der einflussreichste Vorläufer der modernen Computer erwies.

Seitdem hat jede Generation von Computerhardware eine Steigerung hinsichtlich Geschwindigkeit und Kapazität sowie einen Rückgang hinsichtlich des Preises mit sich gebracht – ein Trend, der im **Moore'schen Gesetz** festgehalten ist. Bis etwa ins Jahr 2005 verdoppelte sich die Leistung etwa alle 18 Monate. Ab dann begannen die Hersteller aufgrund von Problemen mit der Verlustleistung die Anzahl der CPU-Kerne anstatt die Taktrate zu erhöhen. Zur Zeit geht man davon aus, dass künftige Steigerungen der Funktionalität durch massive Parallelität erreicht werden – eine merkwürdige Übereinstimmung mit den Eigenschaften des Gehirns. Wir erleben auch neue Hardwaredesigns, die auf der Idee basieren, dass wir im Umgang mit einer unsicheren Welt keine 64-Bit-Präzision in unseren Zahlen benötigen; 16 Bit (wie im `bfloat16`-Format)[16] oder sogar 8 Bit reichen aus und ermöglichen eine schnellere Verarbeitung.

Wir stehen gerade am Anfang einer Hardwareentwicklung, die auf KI-Anwendungen abgestimmt ist, wie z. B. Grafikprozessoren (*Graphics Processing Unit*, GPU), Tensorprozessoren (*Tensor Processing Unit*, TPU) oder die Wafer Scale Engine (WSE). Von den 1960er Jahren bis etwa ins Jahr 2012 folgte die Höhe der Rechenleistung, die zum Trainieren der Top-Anwendungen für das maschinelle Lernen verwendet wurde, dem Moore'schen Gesetz. Ab 2012 änderte sich die Lage: Von 2012 bis 2018 gab es einen 300.000-fachen Anstieg, was ungefähr einer Verdoppelung alle 100 Tage entspricht (Amodei und Hernandez, 2018). Ein Modell des maschinellen Lernens, das 2014 einen ganzen Tag zum Trainieren benötigte, brauchte 2018 nur noch zwei Minuten (Ying *et al.*, 2018). Obwohl aktuell noch nicht praxistauglich, versprechen **Quantencomputer** noch weitaus größere Beschleunigungen für einige wichtige Unterklassen von KI-Algorithmen.

Natürlich gab es auch vor dem elektronischen Computer schon Rechengeräte. Die frühesten automatisierten Maschinen aus dem 17. Jahrhundert wurden bereits auf S. 27 angesprochen. Die erste *programmierbare* Maschine war ein Webstuhl, der 1805 von Joseph Marie Jacquard (1752–1834) entwickelt wurde und der Anweisungen für das zu webende Muster mithilfe von Lochkarten speicherte.

Mitte des 19. Jahrhunderts entwarf Charles Babbage (1792–1871) zwei Rechenmaschinen, die er aber beide nicht fertigstellte. Seine Differenzmaschine („Difference Engine") sollte mathematische Tabellen für technische und wissenschaftliche Projekte berechnen. Sie wurde schließlich zwischen 1989 und 1991 nachgebaut und erwies sich als funktionstüchtig (Swade, 2000). Babbages „Analytical Engine" war weitaus ambitionierter: Sie verfügte über einen adressierbaren Speicher, gespeicherte Programme, die auf Jacquards Lochkarten basierten, sowie über bedingte Sprünge. Sie war die erste Maschine, die universelle Berechnungen durchführen konnte.

Babbages Kollegin Ada Lovelace, Tochter des Dichters Lord Byron, verstand das Potenzial der Analytical Engine und beschrieb sie als „eine denkende oder ... eine schlussfolgernde Maschine", die in der Lage sei, über „alle Themen im Universum" zu räsonieren (Lovelace, 1843). Sie nahm auch den Hype-Zyklus der KI vorweg, indem sie schrieb: „Es ist wünschenswert, sich vor der Möglichkeit übertriebener Ideen zu schützen, die hinsichtlich der Leistungen der Analytical Engine entstehen könnten." Leider gerieten Babbages Maschinen und Lovelaces Ideen weitgehend in Vergessenheit.

Die KI ist auch der Softwareseite der Informatik sehr zu Dank verpflichtet, von der Betriebssysteme, Programmiersprachen und Werkzeuge bereitgestellt wurden, die zur Entwicklung moderner Programme (und der entsprechenden Veröffentlichung dazu) nötig sind. Doch hier

16 *Brain floating point with 16 bits.*

wurde die Schuld beglichen: Die Tätigkeiten im Bereich der KI haben viele Ideen hervorgebracht, die ihren Weg zurück in die Mainstream-Informatik gefunden haben, darunter Time-Sharing, interaktive Interpreter, PCs mit Fenstern und Mäusen, schnelle Entwicklungsumgebungen, der Datentyp der verknüpften Liste, automatische Speicherverwaltung und Schlüsselkonzepte der symbolischen, funktionalen, deklarativen und objektorientierten Programmierung.

1.2.7 Kontrolltheorie und Kybernetik

- Wie können Artefakte unter eigener Steuerung arbeiten?

Ktesibios von Alexandria (ca. 250 v. Chr.) baute die erste selbststeuernde Maschine: eine Wasseruhr mit einem Regler, der eine konstante Durchflussrate aufrechterhielt. Diese Erfindung veränderte die Definition dessen, was ein Artefakt tun konnte. Bis dahin konnten nur Lebewesen ihr Verhalten als Reaktion auf Veränderungen in der Umwelt anpassen. Andere Beispiele für selbstregulierende rückgekoppelte Steuerungssysteme sind u. a. der Dampfmaschinenregler von James Watt (1736–1819) und der Thermostat von Cornelis Drebbel (1572–1633), der auch das U-Boot erfand. James Clerk Maxwell (1868) begründete die mathematische Theorie der Regelsysteme.

Eine zentrale Figur der Nachkriegszeit bei der Entwicklung der **Kontrolltheorie** war Norbert Wiener (1894–1964). Wiener war ein brillanter Mathematiker, der u. a. mit Bertrand Russell zusammenarbeitete, bevor er anfing, sich für biologische und mechanische Kontrollsysteme und deren Verbindung zur Kognition zu interessieren. Wie Craik (der ebenfalls Kontrollsysteme als psychologische Modelle verwendete) stellten Wiener und seine Kollegen Arturo Rosenblueth und Julian Bigelow die behavioristische Orthodoxie infrage (Rosenblueth *et al.*, 1943). Sie betrachteten zweckgerichtetes Handeln als Folge eines Regulationsmechanismus, durch den versucht wird, „Fehler" – die Differenz zwischen dem aktuellen Zustand und dem Zielzustand – zu minimieren. Ende der 1940er Jahre organisierte Wiener zusammen mit Warren McCulloch, Walter Pitts und John von Neumann eine Reihe einflussreicher Konferenzen, die die neuen mathematischen und computergestützten Modelle der Kognition untersuchten. Wieners Buch *Cybernetics* (1948) wurde ein Bestseller und machte die Öffentlichkeit auf die Möglichkeit aufmerksam, Maschinen mit künstlicher Intelligenz auszustatten.

In der Zwischenzeit bereitete W. Ross Ashby im Vereinigten Königreich den Weg für ähnliche Ideen (Ashby, 1940). Ashby, Alan Turing, Grey Walter und andere gründeten den Ratio Club für „diejenigen, die Wieners Ideen hatten, bevor Wieners Buch erschien". In *Design for a Brain* (1948, 1952) führte Ashby seine Idee weiter aus, dass Intelligenz mithilfe **homöostatischer** Geräte erzeugt werden kann, in denen mit geeigneten Rückkopplungsschleifen ein stabiles adaptives Verhalten erreicht wird.

Die moderne Kontrolltheorie, insbesondere der als stochastische optimale Steuerung bekannte Zweig, hat das Ziel, Systeme zu entwerfen, die eine **Kostenfunktion** über die Zeit minimieren. Dies entspricht in etwa dem Standardmodell der KI: Systeme zu entwerfen, die sich optimal verhalten. Warum also sind KI und Kontrolltheorie zwei unterschiedliche Gebiete, trotz der engen Verbindungen zwischen ihren Begründern? Die Antwort liegt in der engen Kopplung zwischen den mathematischen Techniken, die den Beteiligten vertraut waren, und den entsprechenden Problemstellungen, die in jeder Weltsicht enthalten waren. Analysis und Matrizenalgebra, die Werkzeuge der Kontrolltheorie, eignen sich für Systeme, die durch feste Mengen kontinuierlicher Variablen beschreibbar sind, während KI zum Teil als eine Möglichkeit gegründet wurde, diesen wahrgenommenen Einschränkungen zu entkommen. Die Werkzeuge der logischen Inferenz und der Berechnung erlaubten es den KI-Forschern, Probleme wie Sprache, Sehen und symbolische Planung zu betrachten, die völlig außerhalb des Aufgabenbereichs der Kontrolltheoretiker lagen.

1.2.8 Linguistik

- Wie hängen Sprache und Denken zusammen?

1957 veröffentlichte B. F. Skinner sein Buch *Verbal Behavior* – eine umfassende, detaillierte Darstellung des behavioristischen Ansatzes zum Spracherwerb, geschrieben von dem führenden Experten auf diesem Gebiet. Doch seltsamerweise wurde eine Rezension des Buchs so bekannt wie das Buch selbst und brachte das Interesse am Behaviorismus fast zum Erliegen. Der Autor der Kritik war der Linguist Noam Chomsky, der gerade ein Buch über seine eigene Theorie, *Syntactic Structures*, veröffentlicht hatte. Chomsky wies darauf hin, dass die behavioristische Theorie nicht auf den Begriff der Kreativität in der Sprache einging – sie erklärte nicht, wie Kinder Sätze verstehen und sich ausdenken konnten, die sie noch nie zuvor gehört hatten. Chomskys Theorie – basierend auf syntaktischen Modellen, die auf den indischen Linguisten Panini (ca. 350 v. Chr.) zurückgehen – konnte dies erklären und im Gegensatz zu früheren Theorien war sie formal genug, dass sie im Prinzip programmiert werden konnte.

Die moderne Linguistik und die KI wurden also etwa zur gleichen Zeit „geboren" und wuchsen zusammen auf, mit einer Schnittmenge in einem hybriden Bereich, der **Computerlinguistik** oder **natürlichen Sprachverarbeitung**. Das Problem, Sprache zu verstehen, stellte sich als wesentlich komplexer heraus, als es 1957 den Anschein hatte. Das Verstehen von Sprache erfordert ein Begreifen des Themas und des Kontexts, nicht nur der Struktur von Sätzen. Dies mag offensichtlich erscheinen, war aber bis in die 1960er Jahre nicht allgemein anerkannt. Ein Großteil der frühen Arbeiten im Bereich der **Wissensrepräsentation** (das Studium darüber, wie Wissen in eine Form gebracht wird, mit der ein Computer umgehen kann) war an Sprache gebunden und wurde durch die linguistische Forschung unterstützt, die wiederum durch jahrzehntelange Arbeit mit der philosophischen Analyse von Sprache verbunden war.

1.3 Die Geschichte der Künstlichen Intelligenz

Eine schnelle Möglichkeit, einen Überblick über die Meilensteine der KI-Geschichte zu bekommen, ist die Auflistung der Preisträger des Turing Awards: Marvin Minsky (1969) und John McCarthy (1971) für die Definition der Grundlagen des Forschungsgebiets auf der Basis von Repräsentation und Schlussfolgerungen; Allen Newell und Herbert Simon (1975) für symbolische Modelle der Problemlösung und menschlicher Kognition; Ed Feigenbaum und Raj Reddy (1994) für die Entwicklung von Expertensystemen, die menschliches Wissen codieren, um reale Probleme zu lösen; Judea Pearl (2011) für die Entwicklung probabilistischer Schlussfolgerungstechniken, die mit Unsicherheiten auf grundlegende Weise umgehen; und schließlich Yoshua Bengio, Geoffrey Hinton und Yann LeCun (2019), die „Deep Learning" (mehrschichtige neuronale Netze) zu einem wichtigen Bestandteil der modernen Datenverarbeitung gemacht haben. Im weiteren Verlauf dieses Abschnitts gehen wir näher auf die einzelnen Phasen der KI-Geschichte ein.

1.3.1 Die Anfänge der Künstlichen Intelligenz (1943–1956)

Die erste Arbeit, die heute allgemein als KI anerkannt wird, stammt von Warren McCulloch und Walter Pitts (1943). Inspiriert von der mathematischen Modellierungsarbeit von Pitts' Berater Nicolas Rashevsky (1936, 1938), basiert sie auf drei Quellen: dem Wissen über die grundlegende Physiologie und die Funktion von Neuronen im Gehirn; einer formalen Analyse der Aussagenlogik, die auf Russell und Whitehead zurückgeht; sowie Turings Theorie der Berechenbarkeit. Sie schlugen ein Modell künstlicher Neuronen vor, in dem jedes Neuron als „an" oder „aus" charakterisiert wird, wobei ein Wechsel auf „an" als Reaktion auf die Aktivierung durch eine ausreichende Anzahl benachbarter Neuronen erfolgt. Der Zustand eines Neurons wurde aufgefasst als „faktisch äquivalent zu einer logischen Aussage, die ihren adäquaten Reiz darstellt". Sie zeigten zum Beispiel, dass jede berechenbare Funktion durch ein Netzwerk verbundener Neuronen berechnet werden kann und dass alle logischen Verknüpfungen (UND, ODER, NICHT usw.) durch einfache Netzstrukturen implementiert werden können. McCulloch und Pitts behaupteten außerdem, dass geeignet definierte Netze lernfähig seien. Donald Hebb (1949) demonstrierte eine einfache Aktualisierungsregel, mit deren Hilfe die Verbindungsstärken zwischen Neuronen verändert werden können. Seine Regel, heute als **Hebb'sches Lernen** bezeichnet, ist immer noch ein einflussreiches Modell.

Zwei Studenten in Harvard, Marvin Minsky (1927–2016) und Dean Edmonds, bauten 1950 den ersten neuronalen Netzcomputer – SNARC. SNARC verwendete 3.000 Vakuumröhren und einen nicht mehr benötigten Autopilotmechanismus aus einem B-24-Bomber, um ein Netzwerk aus 40 Neuronen zu simulieren. Minsky studierte später in Princeton universelle Berechnungen in neuronalen Netzwerken. Sein Promotionsausschuss war skeptisch, ob diese Art von Arbeit als Mathematik angesehen werden konnte, doch von Neumann soll gesagt haben: „Wenn es heute noch nicht so ist, dann wird es eines Tages so sein."

Es gab eine Reihe weiterer Beispiele für frühe Arbeiten, die als KI charakterisiert werden können, darunter zwei Dameprogramme, die 1952 unabhängig voneinander von Christopher Strachey an der Universität von Manchester und von Arthur Samuel bei IBM entwickelt wurden. Am einflussreichsten war jedoch die Vision von Alan Turing. Bereits 1947 hielt er bei der London Mathematical Society Vorträge zu diesem Thema und formulierte 1950 in seinem Artikel „Computing Machinery and Intelligence" eine überzeugende Agenda. Darin stellte er den Turing-Test, maschinelles Lernen, genetische Algorithmen und Reinforcement Learning vor. Er ging auf viele der Einwände ein, die gegen die Möglichkeit von KI erhoben wurden, was wir in Kapitel 27 noch ausführen werden. Außerdem vermutete er, eine KI auf menschlichem Niveau zu schaffen wäre einfacher, wenn man Lernalgorithmen entwickelt und mit diesen dann die Maschine trainiert, anstatt ihre Intelligenz von Hand zu programmieren. In späteren Vorträgen warnte er, dass das Erreichen dieses Ziels vielleicht nicht vorteilhaft für die Menschheit wäre.

Im Jahr 1955 überzeugte John McCarthy vom Dartmouth College seine Kollegen Marvin Minsky, Claude Shannon und Nathaniel Rochester, ihm dabei zu helfen, Forscher aus den USA zusammenzubringen, die an der Automatentheorie, an neuronalen Netzen und der Untersuchung von Intelligenz interessiert waren. Sie organisierten im Sommer 1956 einen zweimonatigen Workshop in Dartmouth. Insgesamt nahmen 10 Personen daran teil, darunter Allen Newell und Herbert Simon von der Carnegie Tech[17], Trenchard More aus Princeton, Arthur Samuel von IBM sowie Ray Solomonoff und Oliver Selfridge vom MIT. Im Antrag heißt es:[18]

> *Wir schlagen vor, im Sommer 1956 am Dartmouth College in Hanover, New Hampshire, eine zweimonatige Studie mit 10 Personen zur künstlichen Intelligenz durchzuführen. Die Studie soll aufgrund der Vermutung stattfinden, dass jeder Aspekt des Lernens oder jedes andere Merkmal der Intelligenz im Prinzip so genau beschrieben werden kann, dass eine Maschine gebaut werden kann, die dies simuliert. Es soll versucht werden herauszufinden, wie man Maschinen dazu bringt, Sprache zu benutzen, Abstraktionen und Konzepte zu bilden, Probleme zu lösen, die heute dem Menschen vorbehalten sind, und sich selbst zu verbessern. Wir glauben, dass ein signifikanter Fortschritt in einem oder mehreren dieser Probleme erzielt werden kann, wenn eine sorgfältig ausgewählte Gruppe von Wissenschaftlern einen Sommer lang gemeinsam daran arbeitet.*

17 Heute Carnegie Mellon University (CMU).

18 Dies war die erste offizielle Verwendung von McCarthys Begriff der *künstlichen Intelligenz*. Vielleicht wäre „berechenbare Rationalität" präziser und weniger bedrohlich gewesen, doch „KI" ist geblieben. Anlässlich des 50. Jahrestags der Dartmouth-Konferenz erklärte McCarthy, dass er die Begriffe „Computer" oder „berechenbar" aus Rücksicht auf Norbert Wiener vermieden hatte, der sich mit analogen kybernetischen Geräten und nicht mit digitalen Computern beschäftigte.

Dieser optimistischen Vorhersage zum Trotz führte der Workshop in Dartmouth zu keinem Durchbruch. Newell und Simon präsentierten die vielleicht am weitesten ausgereifte Arbeit, einen mathematischen Theorembeweiser namens Logic Theorist (LT). Simon behauptete: „Wir haben ein Computerprogramm entworfen, das in der Lage ist, nichtnumerisch zu denken, und haben damit das altehrwürdige Körper-Geist-Problem gelöst."[19] Kurz nach dem Workshop war das Programm in der Lage, die meisten der Theoreme in Kapitel 2 der *Principia Mathematica* von Russell und Whitehead zu beweisen. Russell soll erfreut gewesen sein, als er erfuhr, dass der LT einen Beweis für ein Theorem gefunden hatte, der kürzer als der in der *Principia* war. Die Redakteure des *Journal of Symbolic Logic* waren weniger beeindruckt – sie lehnten einen Aufsatz ab, der von Newell, Simon und dem Logic Theorist verfasst wurde.

1.3.2 Früher Enthusiasmus, große Erwartungen (1952–1969)

Das intellektuelle Establishment der 1950er Jahre zog es im Großen und Ganzen vor zu glauben, dass „eine Maschine niemals *X* tun kann". (In Kapitel 27 finden Sie eine lange Liste der von Turing zusammengetragenen *X*e.) Die Antwort der KI-Forscher bestand natürlich darin, ein *X* nach dem anderen vorzuführen. Dabei konzentrierten sie sich insbesondere auf Aufgaben, die als Indikator für die Intelligenz von Menschen gelten, zum Beispiel Spiele, Rätsel, Mathematik und IQ-Tests. John McCarthy bezeichnete diese Periode als die „Look, Ma, no hands!"-Ära („Mama, guck mal, freihändig!").

Newell und Simon knüpften an ihren LT-Erfolg mit dem General Problem Solver, kurz GPS, an. Anders als der LT war dieses Programm von Anfang an darauf ausgelegt, menschliche Protokolle zur Problemlösung zu imitieren. Innerhalb der begrenzten Klasse logischer Rätsel, die er bearbeiten konnte, stellte sich heraus, dass die Reihenfolge, in der das Programm Teilziele und mögliche Aktionen in Betracht zog, der Reihenfolge ähnelte, in der Menschen dieselbe Art Probleme angehen. Damit war der GPS wahrscheinlich das erste Programm, das den Ansatz des „menschlichen Denkens" verkörperte. Der Erfolg von GPS und nachfolgenden Programmen als Modelle der Kognition veranlasste Newell und Simon (1976), ihre berühmte Hypothese des **physischen Symbolsystems** zu formulieren, die besagt, dass „ein physisches Symbolsystem die notwendigen und hinreichenden Mittel für allgemein intelligentes Handeln besitzt". Sie meinten damit, dass jedes System (Mensch oder Maschine), das Intelligenz zeigt, durch die Manipulation von Datenstrukturen, die aus Symbolen bestehen, funktionieren muss. Wir werden später noch sehen, dass diese Hypothese aus vielen Richtungen infrage gestellt wurde.

Bei IBM erstellten Nathaniel Rochester und seine Kollegen einige der ersten KI-Programme. Herbert Gelernter (1959) konstruierte den Geometry Theorem Prover, der in der Lage war, Theoreme zu beweisen, die viele Mathematikstudenten als zu knifflig empfunden hätten. Diese Arbeit war eine Vorstufe der modernen mathematischen Theorembeweiser.

Von allen Forschungsarbeiten dieser Zeit war die von Arthur Samuel zum Damespiel vermutlich langfristig die einflussreichste. Unter Verwendung von Methoden, die wir heute als Reinforcement Learning bezeichnen (siehe Kapitel 22), lernten Samuels Programme, auf hohem Amateurniveau zu spielen. Damit widerlegte er die Vorstellung, dass Computer nur das tun können, was man ihnen sagt: Sein Programm lernte schnell, besser zu spielen als sein Schöpfer. Das Programm wurde 1956 im Fernsehen vorgeführt und hinterließ einen starken Eindruck. Wie Turing hatte auch Samuel Schwierigkeiten, Rechenzeit zu bekommen. Er arbeitete nachts und benutzte Maschinen, die sich bei IBM noch in der Testphase befanden. Samuels Programm war der Vorläufer späterer Systeme wie TD-GAMMON (Tesauro, 1992), das

19 Um den LT zu schreiben, erfanden Newell und Simon außerdem eine listenverarbeitende Sprache, IPL. Sie hatten keinen Compiler und übersetzten sie von Hand in Maschinencode. Um Fehler zu vermeiden, arbeiteten sie parallel und riefen sich beim Schreiben jeder Anweisung gegenseitig Binärzahlen zu, um sicherzustellen, dass sie übereinstimmten.

zu den weltbesten Backgammon-Spielern gehörte, und ALPHAGO (Silver *et al.*, 2016), das die Welt schockierte, als es den menschlichen Weltmeister im Go besiegte (siehe Kapitel 5).

Im Jahr 1958 leistete John McCarthy zwei wichtige Beiträge zur KI. Im „MIT AI ab Memo No. 1" definierte er die höhere Programmiersprache **Lisp**, die für die nächsten 30 Jahre die dominierende KI-Programmiersprache werden sollte. In einem Aufsatz mit dem Titel *Programs with Common Sense* („Programme mit gesundem Menschenverstand") unterbreitete er einen konzeptionellen Vorschlag für KI-Systeme, die auf Wissen und Schlussfolgerungen basieren. McCarthy beschreibt in dieser Arbeit den Advice Taker, ein hypothetisches Programm, das Allgemeinwissen über die Welt verkörpern würde und daraus Handlungspläne ableiten könnte. Das Konzept wurde mit einfachen logischen Axiomen veranschaulicht, die ausreichen, um einen Plan für die Fahrt zum Flughafen zu generieren. Das Programm war außerdem so konzipiert, dass es im normalen Betrieb neue Axiome akzeptieren und so Kompetenz in neuen Bereichen erlangen konnte, *ohne neu programmiert zu werden*. Der Advice Taker verkörperte damit die zentralen Prinzipien der Wissensrepräsentation und des Schlussfolgerns: dass es sinnvoll ist, eine formale, explizite Repräsentation der Welt und ihrer Funktionsweise zu haben sowie in der Lage zu sein, diese Repräsentation mit deduktiven Verfahren zu verändern. Der Artikel beeinflusste den Verlauf der KI und ist bis heute relevant.

1958 war auch das Jahr, in dem Marvin Minsky ans MIT wechselte. Seine anfängliche Zusammenarbeit mit McCarthy war jedoch nicht von Dauer. McCarthy konzentrierte sich auf Repräsentation und Schlussfolgern in formaler Logik, Minsky hingegen war mehr daran interessiert, Programme zum Laufen zu bringen – er entwickelte schließlich eine antilogische Anschauung. Im Jahr 1963 gründete McCarthy das AI Lab in Stanford. Sein Plan, mithilfe von Logik den ultimativen Advice Taker zu bauen, wurde durch J. A. Robinsons Entdeckung des Resolutionsverfahrens (ein vollständiger Algorithmus zum Beweisen von Theoremen der Prädikatenlogik, siehe Kapitel 9) im Jahr 1965 vorangetrieben. Die Arbeiten in Stanford betonten allgemeine Methoden für logisches Schlussfolgern. Zu den Anwendungen der Logik gehörten Cordell Greens Frage-Antwort-Systeme und Planungssysteme (Green, 1969b) und das Shakey-Robotikprojekt am Stanford Research Institute (SRI). Das Shakey-Projekt, auf das wir in Kapitel 26 näher eingehen, war das erste, das die vollständige Integration von logischem Schlussfolgern und physischer Aktivität demonstrierte.

Am MIT betreute Minsky eine Reihe von Studenten, die Aufgaben aus einem begrenzten Problembereich auswählten, deren Lösung Intelligenz zu erfordern schien. Diese begrenzten Domänen wurden unter dem Namen **Mikrowelten** bekannt. Das Programm SAINT von James Slagle (1963) war in der Lage, geschlossene Integrationsprobleme zu lösen, die typischerweise in Kursen des ersten Grundstudiumsjahrs vorkommen. Das Programm ANALOGY von Tom Evans (1968) löste geometrische Analogieprobleme, die in IQ-Tests vorkommen. STUDENT von Daniel Bobrow (1967) löste Algebra-Textaufgaben, wie z. B. die folgende:

> *Wenn die Anzahl der Kunden, die Tom hat, doppelt so groß ist wie das Quadrat von 20 Prozent der Anzeigen, die Tom aufgegeben hat, und die Anzahl der Anzeigen 45 beträgt – wie viele Kunden hat Tom dann?*

Die bekannteste Mikrowelt ist die **Blockwelt**, die aus einer Reihe von festen Blöcken besteht, die auf einer Tischplatte (oder häufiger auf der Simulation einer Tischplatte) platziert sind, wie in ► Abbildung 1.3 gezeigt. Eine typische Aufgabe in dieser Welt besteht darin, die Blöcke in einer bestimmten Weise umzuordnen, wozu eine Roboterhand verwendet wird, die jeweils einen Block aufheben kann. Die Blockwelt war Ausgangspunkt des Vision-Projekts von David Huffman (1971), der Visions- und Constraint-Propagation-Arbeit von David Waltz (1975), der Theorie des Lernens von Patrick Winston (1970), des Programms zum Verstehen natürlicher Sprache von Terry Winograd (1972) und des Planers von Scott Fahlman (1974).

Frühe Arbeiten, die auf den neuronalen Netzen von McCulloch und Pitts aufbauten, erlebten ebenfalls eine Blütezeit. Die Arbeit von Shmuel Winograd und Jack Cowan (1963) zeigte,

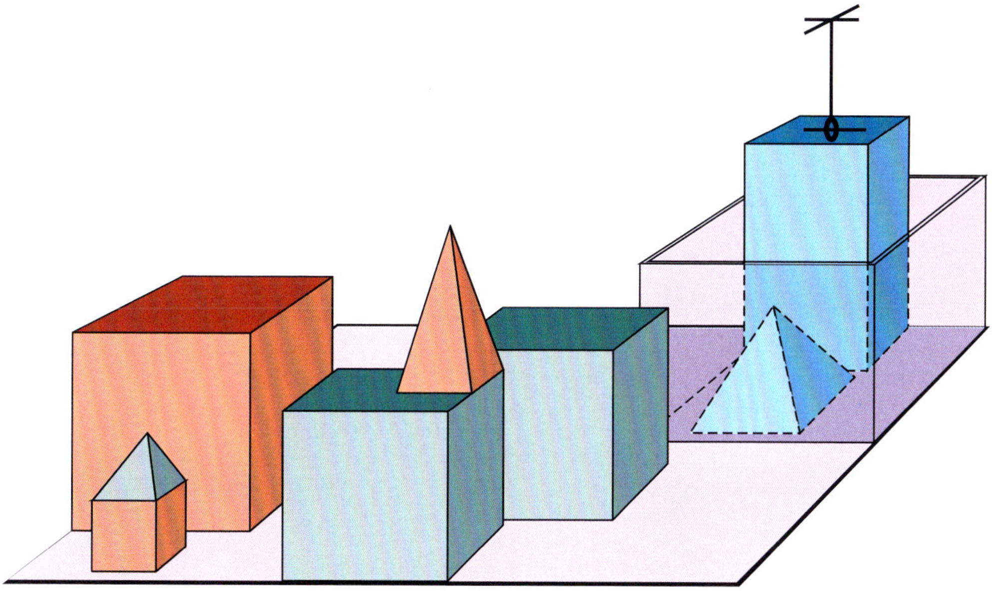

Abbildung 1.3: Eine Szene aus der Blockwelt. SHRDLU (Winograd, 1972) hat soeben den Befehl „Finde einen Block, der größer ist als derjenige, den du gerade hältst, und lege ihn in den Kasten" verarbeitet.

wie eine große Anzahl von Elementen kollektiv ein individuelles Konzept repräsentieren konnten, mit einer entsprechenden Steigerung an Robustheit und Parallelität. Hebbs Lernmethoden wurden von Bernie Widrow (Widrow und Hoff, 1960; Widrow, 1962), der seine Netze als **Adalines** bezeichnete, und von Frank Rosenblatt (1962) mit seinem **Perzeptron**-Konzept weiterentwickelt. Das **Perzeptron-Konvergenz-Theorem** (Block *et al.*, 1962) besagt, dass der Lernalgorithmus die Verbindungsstärken eines Perzeptrons an beliebige Eingabedaten anpassen kann, sofern eine solche Anpassung existiert.

1.3.3 Eine Portion Realität (1966 1973)

Die KI-Forscher scheuten sich von Anfang an nicht, ihre kommenden Erfolge vorherzusagen. Die folgende Aussage von Herbert Simon aus dem Jahr 1957 wird oft zitiert:

> *Es liegt mir nicht daran, Sie zu überraschen oder zu schockieren – doch um es möglichst einfach und kurz auszudrücken: Es gibt heute in der Welt Maschinen, die denken, die lernen und die kreativ sind. Darüber hinaus wird ihre Fähigkeit, dies zu tun, schnell zunehmen, bis – in absehbarer Zukunft – die Bandbreite der Probleme, die sie bewältigen können, genauso groß sein wird wie die Bereiche, die der menschliche Verstand bewältigen kann.*

Der Ausdruck „absehbare Zukunft" ist zwar vage, aber Simon machte auch konkretere Vorhersagen: dass innerhalb von 10 Jahren ein Computer Schachweltmeister sein und ein bedeutendes mathematisches Theorem maschinell bewiesen sein würde. Diese Vorhersagen bewahrheiteten sich tatsächlich (zumindest annähernd), allerdings innerhalb von 40 Jahren und nicht von 10 Jahren. Simons übersteigerte Zuversicht war auf die vielversprechende Leistung früher KI-Systeme für einfache Beispiele zurückzuführen. In fast allen Fällen versagten diese frühen Systeme jedoch bei schwierigeren Problemen.

Für dieses Scheitern gab es zwei Hauptgründe. Der erste war, dass viele frühe KI-Systeme in erster Linie auf „informierter Introspektion" basierten, wie Menschen eine Aufgabe ausführen, anstatt darauf, die Aufgabe sorgfältig zu analysieren; herauszufinden, wie die Lösungen beschaffen sein muss; und was ein Algorithmus tun müsste, um solche Lösungen zuverlässig zu produzieren.

Der zweite Grund für das Scheitern war das mangelnde Bewusstsein für das Komplexitätsverhalten der Probleme, die die KI zu lösen versuchte, das heißt, wie sich die Laufzeit mit der Größe der Eingabemenge ändert (die *effiziente* Machbarkeit). In den meisten der frühen Systeme zum automatischen Problemlösen wurden verschiedene Schrittkombinationen ausprobiert, bis die Lösung gefunden war. Diese Strategie funktionierte anfangs, weil Mikrowelten nur sehr wenige Objekte und damit nur wenige mögliche Aktionen und sehr kurze Lösungsfolgen enthielten. Bevor die Komplexitätstheorie entwickelt wurde, war man weithin der Meinung, dass die „Skalierung" auf größere Probleme einfach eine Frage von schnellerer Hardware und größerem Speicher sei. Der Optimismus, der zum Beispiel die Entwicklung des Theorembeweisens mittels Resolution begleitete, wurde bald gedämpft, als es den Forschern nicht gelang, Theoreme mit mehr als ein paar Dutzend Fakten zu beweisen. *Die Tatsache, dass ein Programm prinzipiell eine Lösung finden kann, bedeutet nicht, dass das Programm irgendeinen Mechanismus enthält, der nötig ist, um diese Lösung auch in der Praxis zu finden.*

Die Illusion unbegrenzter Rechenleistung war nicht auf Problemlösungsprogramme beschränkt. Frühe Experimente in der **Maschinenevolution** (heute als **genetische Algorithmen** bezeichnet; Friedberg, 1958; Friedberg *et al.*, 1959) basierten auf der zweifellos richtigen Überzeugung, dass man durch eine geeignete Reihe kleiner Mutationen im Maschinencode ein effizientes Programm für jede konkrete Aufgabe erzeugen kann. Die Idee war, zufällige Mutationen auszuprobieren und dabei einen Selektionsprozess zu verwenden, der nützlich erscheinende Mutationen beibehielt. Trotz Tausender von Stunden CPU-Zeit konnte fast kein Fortschritt nachgewiesen werden.

Das Versäumnis, die „kombinatorische Explosion" in den Griff zu bekommen, war einer der Hauptkritikpunkte an der KI im Lighthill-Bericht (Lighthill, 1973), auf dessen Grundlage die britische Regierung entschied, die Unterstützung der KI-Forschung in allen außer zwei Universitäten einzustellen. (Die mündliche Überlieferung zeichnet ein etwas anderes und bunteres Bild, mit politischen Ambitionen und persönlichen Animositäten, die hier nicht weiter ausgeführt werden sollen.)

Eine dritte Schwierigkeit ergab sich aus einigen fundamentalen Einschränkungen der grundlegenden Strukturen, die zur Erzeugung intelligenten Verhaltens verwendet werden. Zum Beispiel bewiesen Minsky und Papert in ihrem Buch *Perceptrons* (1969), dass Perzeptronen (eine einfache Form eines neuronalen Netzes) zwar nachweislich alles lernen können, was sie auch darstellen können, aber sie können nur recht wenig darstellen. Insbesondere konnte ein Perzeptron mit zwei Eingängen nicht darauf trainiert werden zu erkennen, wann die Werte an den Eingängen unterschiedlich waren. Obwohl ihre Ergebnisse nicht auf komplexere, mehrschichtige Netzwerke zutrafen, wurden die Forschungsgelder für neuronale Netze bald fast auf null zurückgefahren. Ironischerweise waren ausgerechnet die neuen Rückwärtspropagation-Lernalgorithmen, die in den späten 1980er Jahren und dann noch einmal in den 2010er Jahren für eine enorme Wiederbelebung der Neuronale-Netze-Forschung sorgen sollten, bereits in den frühen 1960er Jahren in anderen Zusammenhängen entwickelt worden (Kelley, 1960; Bryson, 1962).

1.3.4 Expertensysteme (1969–1986)

Das Bild des Problemlösens, das sich im ersten Jahrzehnt der KI-Forschung herausgebildet hatte, war das eines universellen Suchmechanismus, der versucht, elementare Schlussfolgerungsschritte aneinanderzureihen, um vollständige Lösungen zu finden. Solche Ansätze wurden als **schwache Methoden** bezeichnet, weil sie zwar allgemein sind, aber nicht auf große oder schwierige Probleminstanzen skaliert werden können. Die Alternative zu schwachen

Methoden besteht darin, leistungsfähigeres, fachbereichspezifisches Wissen zu verwenden, das größere Schlussfolgerungsschritte erlaubt und Fälle, die typischerweise in eingeschränkteren Fachgebieten auftreten, leichter behandeln kann. Man könnte sagen, dass man, um ein schweres Problem zu lösen, die Antwort fast schon kennen muss.

Das Programm DENDRAL (Buchanan *et al.*, 1969) war ein frühes Beispiel für diesen Ansatz. Es wurde in Stanford entwickelt, wo sich Ed Feigenbaum (ein ehemaliger Student von Herbert Simon), Bruce Buchanan (ein Philosoph, der zum Informatiker wurde) und Joshua Lederberg (ein Genetiker und Nobelpreisträger) zusammenschlossen, um das Problem der Ableitung molekularer Strukturen aus den Informationen eines Massenspektrometers zu lösen. Die Eingabe für das Programm besteht aus der elementaren Formel des Moleküls (z. B. $C_6H_{13}NO_2$) und dem Massenspektrum, das die Massen der verschiedenen Fragmente des Moleküls angibt, die beim Beschuss mit einem Elektronenstrahl entstehen. Das Massenspektrum könnte z. B. einen Peak bei $m = 15$ enthalten, was der Masse eines Methyl-Fragments (CH_3) entspricht.

Die naive Version des Programms generierte alle möglichen Strukturen, die mit der Formel übereinstimmten, sagte dann voraus, welches Massenspektrum für jede Struktur beobachtet werden würde, und verglich dies mit dem tatsächlichen Spektrum. Wie zu erwarten war, ist dies selbst für Moleküle mittlerer Größe nicht effizient machbar. Die DENDRAL-Forscher zogen analytische Chemiker zu Rate und und fanden heraus, dass diese nach bekannten Peak-Mustern im Spektrum suchten, die auf gemeinsame Unterstrukturen im Molekül hindeuten. Zum Beispiel wird die folgende Regel verwendet, um eine Keton-Untergruppe (C=O) zu erkennen (deren Gewicht 28 beträgt):

> ***falls*** *M die Masse des gesamten Moleküls ist und es zwei Peaks bei* x_1 *und* x_2 *gibt, sodass*
> *(a)* $x_1 + x_2 = M + 28$*; (b)* $x_1 - 28$ *ist ein hoher Peak; (c)* $x_2 - 28$ *ist ein hoher Peak; und*
> *(d) mindestens eines von* x_1 *und* x_2 *ist hoch*
> ***dann*** *handelt es sich um eine Keton-Untergruppe.*

Die Erkenntnis, dass das Molekül eine bestimmte Unterstruktur enthält, reduziert die Anzahl der infrage kommenden Kandidaten enorm. DENDRAL war nach Ansicht seiner Autoren deshalb so mächtig, weil es das relevante Wissen der Massenspektroskopie nicht in Form von Grundbegriffen, sondern in Form von effizienten „Kochbuchrezepten" abbildete (Feigenbaum *et al.*, 1971). Die Bedeutung von DENDRAL lag darin, dass es das erste erfolgreiche *wissensintensive* System war: seine Expertise stammte aus einer großen Anzahl von Spezialregeln. 1971 starteten Feigenbaum und andere in Stanford das Heuristic Programming Project (HPP), um zu untersuchen, inwieweit sich die neue Methodik der **Expertensysteme** auf andere Bereiche anwenden lässt.

Die nächste große Anstrengung war das MYCIN-System zur Diagnose von Infektionskrankheiten, die mit Antibiotika behandelt werden können. Mit etwa 450 Regeln konnte MYCIN so gut wie einige Experten und deutlich besser als Assistenzärzte arbeiten. Außerdem unterschied es sich von DENDRAL in zwei wesentlichen Punkten: Erstens gab es im Gegensatz zu den DENDRAL-Regeln kein allgemeines theoretisches Modell, aus dem die MYCIN-Regeln abgeleitet werden konnten. Sie mussten aus umfangreichen Befragungen von Experten gewonnen werden. Zweitens mussten die Regeln die mit dem medizinischen Wissen verbundene Unsicherheit widerspiegeln. MYCIN enthielt ein Unsicherheitskalkül, die sogenannten **Sicherheitsfaktoren** (siehe Kapitel 13), die (damals) gut die Art und Weise abzubilden schienen, wie Ärzte die Auswirkungen von Befunden auf die Diagnose beurteilten.

Das erste kommerziell erfolgreiche Expertensystem, R1, wurde bei Digital Equipment Corporation (DEC; McDermott, 1982) in Betrieb genommen. Das Programm half bei der Konfiguration von Bestellungen für neue Computersysteme; bis 1986 sparte es dem Unternehmen geschätzte 40 Millionen US-Dollar pro Jahr. Bis 1988 hatte die KI-Gruppe von DEC 40 Expertensysteme im Einsatz, weitere waren in Vorbereitung. DuPont hatte 100 im Einsatz und 500 in der Entwicklung. Nahezu jedes größere US-Unternehmen hatte seine eigene KI-Gruppe und nutzte oder erforschte Expertensysteme.

Die Bedeutung von Fachbereichswissen zeigte sich auch im Bereich des natürlichen Sprachverständnisses (*Natural Language Understanding*, NLU). Trotz des Erfolgs von Winograds SHRDLU-System reichten seine Methoden nicht an allgemeinere Aufgaben heran: Für Probleme wie die Auflösung von Mehrdeutigkeiten verwendete es einfache Regeln, die sich auf den winzigen Anwendungsbereich der Blockwelt stützten.

Mehrere Forscher, darunter Eugene Charniak am MIT und Roger Schank in Yale, nahmen an, dass für ein robustes Sprachverständnis allgemeines Wissen über die Welt sowie eine allgemeine Methode zur Nutzung dieses Wissens nötig sei. (Schank ging noch weiter und behauptete: „So etwas wie Syntax gibt es nicht“, was viele Linguisten aufbrachte, doch es diente dazu, eine hilfreiche Diskussion anzuregen.) Schank und seine Studenten entwickelten eine Reihe von Programmen (Schank und Abelson, 1977; Wilensky, 1978; Schank und Riesbeck, 1981), die alle die Aufgabe hatten, natürliche Sprache zu verstehen. Die Betonung lag jedoch weniger auf der Sprache *per se* als vielmehr auf den Problemen der Repräsentation und des Schlussfolgerns mit dem für das Sprachverständnis erforderlichen Wissen.

Die breite Zunahme von Anwendungen auf reale Probleme führte zur Entwicklung einer breiten Palette von Repräsentations- und Schlussfolgerungswerkzeugen. Einige basierten auf Logik – zum Beispiel wurde die Sprache Prolog in Europa und Japan populär und die PLANNER-Familie in den USA. Andere, die Minskys Idee der **Frames** (1975) folgten, übernahmen einen strukturierteren Ansatz, indem sie Fakten über bestimmte Objekt- und Ereignistypen zusammenstellten und die Typen in einer großen taxonomischen Hierarchie anordneten, analog einer biologischen Taxonomie.

1981 kündigte die japanische Regierung das Projekt „Fifth Generation“ an, einen 10-Jahres-Plan für den Bau massiv paralleler, intelligenter Computer unter Prolog. Das Budget sollte 1,3 Milliarden US-Dollar übersteigen (auf heutigen Wert umgerechnet). Als Reaktion darauf gründeten die USA die Microelectronics and Computer Technology Corporation (MCC), ein Konsortium, das die nationale Wettbewerbsfähigkeit sicherstellen sollte. In beiden Fällen war die KI Teil einer breit angelegten Forschungsbemühung, unter anderem zum Chipentwurf und zu Benutzerschnittstellen. Im Vereinigten Königreich sorgte der Alvey-Bericht dafür, dass die durch den Lighthill-Bericht gestrichene Finanzierung wieder aufgenommen wurde. Keines dieser Projekte hat jedoch jemals seine ehrgeizigen Ziele in Bezug auf neue KI-Fähigkeiten oder wirtschaftliche Auswirkungen erreicht.

Insgesamt erlebte die KI-Industrie einen Anstieg von ein paar Millionen US-Dollar im Jahr 1980 auf einige Milliarden US-Dollar im Jahr 1988, außerdem gab es Hunderte von Unternehmen, die Expertensysteme, Bildverarbeitungssysteme, Roboter und darauf spezialisierte Soft- und Hardware entwickelten.

Bald darauf folgte eine Periode, die als „KI-Winter“ bezeichnet wurde, in der viele Unternehmen auf der Strecke blieben, da sie ihre extravaganten Versprechen nicht einhalten konnten. Es stellte sich heraus, dass es schwierig war, Expertensysteme für komplexe Fachgebiete zu entwickeln und zu warten – zum Teil, weil die von den Systemen verwendeten Schlussfolgerungsmethoden angesichts von Ungewissheit versagten, und zum Teil, weil die Systeme nicht aus Erfahrungen lernen konnten.

1.3.5 Die Rückkehr der neuronalen Netze (1986–heute)

Mitte der 1980er Jahre entdeckten mindestens vier verschiedene Gruppen den **Rückwärtspropagation**-Lernalgorithmus neu, der in den frühen 1960er Jahren entwickelt wurde. Der Algorithmus wurde auf viele Lernprobleme in der Informatik und Psychologie angewendet und die weite Verbreitung der Ergebnisse im Sammelband *Parallel Distributed Processing* (Rumelhart und McClelland, 1986) sorgte für großes Aufsehen.

Diese sogenannten **konnektionistischen** Modelle wurden von einigen als direkte Konkurrenz sowohl zu den symbolischen Modellen von Newell und Simon als auch zu dem logizistischen Ansatz von McCarthy und anderen gesehen. Es scheint offensichtlich, dass Menschen auf irgendeiner Ebene Symbole manipulieren – tatsächlich legt der Anthropologe Terrence Deacon in seinem Buch *The Symbolic Species* (1997) nahe, dass dies das *definierende Merkmal* des Menschen sei. Im Gegensatz dazu hat Geoff Hinton, eine führende Figur beim Wiederaufleben neuronaler Netzwerke in den 1980er und 2010er Jahren, Symbole als den „leuchtenden Äther der KI" beschrieben – eine Anspielung auf das nicht existierende Medium, von dem viele Physiker des 19. Jahrhunderts glaubten, dass sich darin elektromagnetische Wellen ausbreiteten. Sicherlich erfüllen viele Konzepte, die wir sprachlich benennen, bei näherer Betrachtung nicht die Art von logisch definierten notwendigen und hinreichenden Bedingungen, von denen die frühen KI-Forscher hofften, sie in axiomatischer Form erfassen zu können. Es mag sein, dass konnektionistische Modelle interne Konzepte auf eine fließendere und ungenauere Art und Weise bilden, die besser an die Unordnung der realen Welt angepasst ist. Sie haben außerdem die Fähigkeit, aus Beispielen zu lernen – sie können ihren vorhergesagten Ausgabewert mit dem tatsächlichen Wert einer Problemstellung vergleichen und ihre Parameter ändern, um die Differenz zu verringern, was die Wahrscheinlichkeit erhöht, bei zukünftigen Beispielen gut abzuschneiden.

1.3.6 Probabilistisches Schlussfolgern und maschinelles Lernen (1987–heute)

Die Fragilität von Expertensystemen führte zu einem neuen wissenschaftlicheren Ansatz, der den Fokus mehr auf Wahrscheinlichkeit als auf boolesche Logik, mehr auf maschinelles Lernen als auf manuelle Programmierung und mehr auf experimentelle Ergebnisse als auf philosophische Behauptungen legte.[20] Es wurde üblicher, auf bestehenden Theorien aufzubauen anstatt völlig neue Theorien vorzuschlagen, Behauptungen auf strenge Theoreme oder solide experimentelle Methoden (Cohen, 1995) statt auf Intuition zu stützen und die Relevanz anhand realer Anwendungen statt auf Spielzeugbeispielen aufzuzeigen.

Gemeinsame Benchmark-Problemsätze wurden zur Norm, um den Fortschritt zu demonstrieren, darunter das UC Irvine Repository für Datensätze zum maschinellen Lernen, die International Planning Competition für Planungsalgorithmen, das LibriSpeech-Korpus für die Spracherkennung, der MNIST-Datensatz für die Erkennung handschriftlicher Ziffern, ImageNet und COCO für die Erkennung von Bildobjekten, SQUAD für die Beantwortung von Fragen in natürlicher Sprache, der WMT-Wettbewerb für maschinelle Übersetzung und die International SAT Competition für SAT-Solver.

Die KI wurde zum Teil als Rebellion gegen die Beschränkungen bestehender Fachgebiete wie Kontrolltheorie und Statistik gegründet, doch in dieser Periode machte sich die KI die positiven Ergebnisse dieser Gebiete zu eigen. David McAllester (1998) drückte es so aus:

> *In der Anfangszeit der KI schien es plausibel, dass neue Formen der symbolischen Berechnung, z. B. Frames und semantische Netzwerke, einen Großteil der klassischen Theorie obsolet machten. Dies führte zu einer Form von Isolationismus, in der die KI weitgehend vom Rest der Informatik getrennt wurde. Dieser Isolationismus wird derzeit aufgegeben. Man hat erkannt, dass maschinel-*

20 Von einigen wurde dieser Wandel im Streit „Neats versus Scruffies" interpretiert als Sieg der *Neats* – diejenigen, die denken, dass KI-Theorien auf mathematischer Strenge beruhen sollten – über die *Scruffies* – diejenigen, die lieber viele Ideen ausprobieren, ein paar Programme schreiben und dann beurteilen, was zu funktionieren scheint. Beide Ansätze sind wichtig. Eine Verschiebung in Richtung *Neat* bedeutet, dass das Fachgebiet ein gewisses Maß an Stabilität und Reife erreicht hat. Die derzeitige Betonung von Deep Learning könnte ein Wiederaufleben des *Scruffy*-Paradigmas darstellen.

les Lernen nicht von der Informationstheorie isoliert werden sollte, dass unsicheres Schlussfolgern nicht von stochastischer Modellierung isoliert werden sollte, dass Suche nicht von klassischer Optimierung und Steuerung isoliert werden sollte und dass automatisiertes Schlussfolgern nicht von formalen Methoden und statischer Analyse isoliert werden sollte.

Der Bereich der Spracherkennung veranschaulicht das Muster. In den 1970er Jahren wurde eine Vielzahl unterschiedlicher Architekturen und Ansätze ausprobiert. Viele davon entstanden eher ad hoc, waren fragil und funktionierten nur für wenige sorgfältig ausgewählte Beispiele. In den 1980er Jahren dominierten Ansätze mit **Hidden-Markov-Modellen** (HMMs) das Gebiet. Zwei Aspekte von HMMs sind relevant. Erstens basieren sie auf einer strengen mathematischen Theorie. Dies ermöglichte es den Sprachforschern, auf mathematischen Ergebnissen aufzubauen, die sich in anderen Bereichen über mehrere Jahrzehnte entwickelt hatten. Zweitens werden sie durch einen Trainingsprozess auf einem großen Korpus von realen Sprachdaten erzeugt. Dies stellt sicher, dass die Leistung robust ist, und in strengen Blindtests verbesserten die HMMs ihre Ergebnisse stetig. Infolgedessen schafften die Sprachtechnologie und das verwandte Gebiet der Handschrifterkennung den Übergang zu weit verbreiteten industriellen und privaten Anwendungen. Beachten Sie, dass es keinen wissenschaftlichen Anspruch gab, dass Menschen HMMs zur Spracherkennung verwenden; vielmehr boten HMMs einen mathematischen Rahmen, um das Problem zu verstehen und zu lösen. Wir werden jedoch in Abschnitt 1.3.8 sehen, dass Deep Learning dieses bequeme Narrativ ziemlich aufgemischt hat.

1988 war ein wichtiges Jahr für die Verbindung zwischen KI und anderen Gebieten, einschließlich Statistik, Operations Research, Entscheidungstheorie und Kontrolltheorie. Judea Pearls (1988) *Probabilistic Reasoning in Intelligent Systems* führte zu einer neuen Akzeptanz der Wahrscheinlichkeits- und Entscheidungstheorie in der KI. Pearls Entwicklung der **Bayes'schen Netze** brachte einen rigorosen und effizienten Formalismus zur Darstellung von unsicherem Wissen sowie praktische Algorithmen für probabilistisches Schlussfolgern hervor. Die Kapitel 12 bis 16 behandeln diesen Bereich, zusätzlich zu neueren Entwicklungen, die die Ausdruckskraft probabilistischer Formalismen stark erhöht haben; Kapitel 20 beschreibt Methoden zum Lernen von Bayes'schen Netzen und verwandten Modellen aus Daten.

Ein zweiter wichtiger Beitrag im Jahr 1988 war die Arbeit von Rich Sutton, der das Reinforcement Learning – das in Arthurs Dameprogramm in den 1950er Jahren verwendet wurde – mit der Theorie der Markov-Entscheidungsprozesse (*Markov Decision Process*, MDP) verband, die im Bereich von Operations Research entwickelt wurde. Es folgte eine Flut von Arbeiten, die die KI-Planungsforschung mit MDPs verbanden, und das Gebiet des Reinforcement Learning fand einerseits Anwendungen in der Robotik und der Prozesssteuerung und gewann andererseits tiefe theoretische Grundlagen.

Eine Folge der neu entdeckten Wertschätzung der KI für Daten, statistische Modellierung, Optimierung und maschinelles Lernen war die allmähliche Wiedervereinigung von Teilbereichen wie Computer Vision, Robotik, Spracherkennung, Multiagentensysteme und Verarbeitung natürlicher Sprache, die bis dahin etwas vom Kernbereich der KI getrennt worden waren. Der Prozess der Reintegration hat sowohl in Bezug auf Anwendungen – der Einsatz praktischer Roboter wurde zum Beispiel in dieser Zeit stark ausgeweitet – als auch in Bezug auf ein besseres theoretisches Verständnis der Kernprobleme der KI bedeutende Vorteile gebracht.

1.3.7 Big Data (2001–heute)

Bemerkenswerte Fortschritte bei der Rechenleistung sowie die Schaffung des World Wide Web haben die Erstellung sehr großer Datensätze ermöglicht – ein Phänomen, das manchmal als **Big Data** bezeichnet wird. Diese Datensätze umfassen Billionen von Wörtern, Milliarden von Bildern und Milliarden von Stunden an Sprach- und Videodaten sowie riesige Mengen an genomischen Daten, Fahrzeugortungsdaten, Clickstream-Daten, Daten aus sozialen Netzwerken usw.

Dies hat zur Entwicklung von Lernalgorithmen geführt, die speziell für die Nutzung sehr großer Datensätze entwickelt wurden. Oft ist die überwiegende Mehrheit der Beispiele in solchen Datensätzen *unbeschriftet* (d. h. ohne *Label*); in Yarowskys (1995) einflussreichem Artikel zur Mehrdeutigkeit des Wortsinns sind beispielsweise die Vorkommen eines Worts wie „Bank“ im Datensatz nicht beschriftet, sodass nicht klar ist, ob sich die Wörter auf ein Finanzunternehmen oder auf eine Sitzgelegenheit beziehen. Bei ausreichend großen Datensätzen erreichen geeignete Lernalgorithmen jedoch bei der Aufgabe zu erkennen, welche Bedeutung im jeweiligen Satz gemeint war, eine Genauigkeit von über 96 %. Darüber hinaus haben Banko und Brill (2001) argumentiert, dass die Leistungsverbesserung, die durch eine Vergrößerung des Datensatzes um zwei oder drei Größenordnungen erzielt wird, jede Verbesserung überwiegt, die durch die Optimierung des Algorithmus erreicht werden kann.

Ein ähnliches Phänomen scheint bei Aufgaben der Computer Vision wie dem Auffüllen von Leerstellen in Fotos aufzutreten – Leerstellen, die entweder durch Beschädigung oder durch das Entfernen von Ex-Freunden entstanden sind. Hays und Efros (2007) entwickelten dafür eine clevere Methode, indem sie Pixel aus ähnlichen Bildern einblendeten; sie fanden heraus, dass die Technik bei einer Datenbank mit nur Tausenden von Bildern schlecht funktionierte, aber bei Millionen von Bildern eine Qualitätsschwelle überschritt. Bald darauf löste die Verfügbarkeit von mehreren zehn Millionen Bildern in der ImageNet-Datenbank (Deng *et al.*, 2009) eine Revolution im Bereich der Computer Vision aus.

Die Verfügbarkeit von Big Data und die Hinwendung zum maschinellen Lernen verhalfen der KI zu neuer kommerzieller Attraktivität (Havenstein, 2005; Halevy *et al.*, 2009). Big Data war ein entscheidender Faktor für den Sieg von IBMs Watson-System über menschliche Gegner im Quizspiel Jeopardy! im Jahr 2011, ein Ereignis, das die öffentliche Wahrnehmung der KI stark beeinflusst hat.

1.3.8 Deep Learning (2011–heute)

Der Begriff **Deep Learning** bezieht sich auf maschinelles Lernen mit mehreren Ebenen einfacher, anpassbarer Rechenelemente. Bereits in den 1970er Jahren wurde mit solchen Netzen experimentiert, und in Form von **Convolutional Neural Networks** (CNN) hatten sie in den 1990er Jahren einige Erfolge bei der Erkennung handgeschriebener Ziffern (LeCun *et al.*, 1995). Doch erst 2011 kamen Deep-Learning-Methoden so richtig in Schwung. Dies geschah zunächst in der Spracherkennung und dann in der visuellen Objekterkennung.

Beim ImageNet-Wettbewerb 2012, bei dem Bilder in eine von tausend Kategorien (Gürteltier, Bücherregal, Korkenzieher usw.) klassifiziert werden mussten, zeigte ein Deep-Learning-System, das in der Gruppe von Geoffrey Hinton an der Universität von Toronto entwickelt wurde (Krizhevsky *et al.*, 2013), eine dramatische Verbesserung gegenüber früheren, größtenteils handindizierten Systemen. Seitdem haben Deep-Learning-Systeme die menschliche Leistung bei einigen visuellen Aufgaben übertroffen (und liegen bei einigen anderen Aufgaben zurück). Ähnliche Fortschritte wurden bei der Spracherkennung, maschinellen Übersetzung, medizinischen Diagnose und bei Spielen vermeldet. Die Verwendung eines tiefen Netzwerks zur Darstellung der Bewertungsfunktion trug zu den Siegen von ALPHAGO über führende menschliche Go-Spieler bei (Silver *et al.*, 2016, 2017, 2018).

Diese bemerkenswerten Erfolge haben zu einem Wiederaufleben des Interesses an der KI bei Studenten, Unternehmen, Investoren, Regierungen, den Medien und der allgemeinen Öffentlichkeit geführt. Es scheint, als gäbe es jede Woche Neuigkeiten über eine neue KI-Anwendung, die sich der menschlichen Leistung annähert oder diese übertrifft, oft begleitet von Spekulationen über entweder beschleunigten Erfolg oder einen neuen KI-Winter.

Deep Learning ist stark auf leistungsfähige Hardware angewiesen. Während eine Standard-Computer-CPU 10^9 oder 10^{10} Operationen pro Sekunde ausführen kann, kann ein Deep-Learning-Algorithmus, der auf spezialisierter Hardware (z. B. GPU, TPU oder FPGA) läuft, zwischen 10^{14} und 10^{17} Operationen pro Sekunde verbrauchen, meist in Form von hochparallelisierten Matrix- und Vektoroperationen. Natürlich hängt Deep Learning auch von der Verfügbarkeit großer Mengen von Trainingsdaten und von einigen algorithmischen Tricks ab (siehe Kapitel 21).

1.4 State of the Art

Das Projekt „One Hundred Year Study on AI" der Stanford-Universität (auch bekannt als AI100) beruft Expertengremien ein, um Berichte über die aktuelle Situation in der KI zu erstellen. Ihr Bericht aus dem Jahr 2016 (Stone *et al.*, 2016; Grosz und Stone, 2018) kommt zu dem Schluss, dass „ein erheblicher Anstieg der zukünftigen Nutzung von KI-Anwendungen zu erwarten ist, darunter mehr selbstfahrende Autos, Gesundheitsdiagnostik und gezielte Behandlungen sowie körperliche Unterstützung bei der Pflege älterer Menschen" und dass „die Gesellschaft jetzt an einem entscheidenden Punkt steht, an dem es darum geht, wie KI-basierte Technologien so eingesetzt werden können, dass sie demokratische Werte wie Freiheit, Gleichheit und Transparenz fördern und nicht behindern". AI100 erstellt auch einen **KI-Index** auf `aiindex.org`, mit dessen Hilfe der Fortschritt nachverfolgt werden kann. Einige Höhepunkte aus den Berichten 2018 und 2019 (im Vergleich zur Situation im Jahr 2000, sofern nicht anders angegeben):

- Veröffentlichungen: Die Zahl der KI-Publikationen stieg zwischen 2010 und 2019 um das 20-Fache auf etwa 20.000 pro Jahr. Die beliebteste Kategorie war maschinelles Lernen. (Die Zahl der Veröffentlichungen zum maschinellen Lernen auf `arXiv.org` hat sich von 2009 bis 2017 jedes Jahr verdoppelt.) Computer Vision und Computerlinguistik waren die nächstbeliebten Kategorien.
- Tonalität der Berichterstattung: Etwas 70 % der Nachrichtenartikel über KI sind neutral, aber Artikel mit positivem Ton sind von 12 % im Jahr 2016 auf 30 % im Jahr 2018 gestiegen. Die häufigsten Themen sind ethischer Natur: Datenschutz und algorithmische Voreingenommenheit.
- Studenten: Die Zahl der Studienanfänger ist in den USA um das 5-Fache und international um das 16-Fache gegenüber 2010 gestiegen. KI ist die beliebteste Spezialisierung innerhalb der Informatik.
- Diversität: KI-Professoren weltweit sind zu etwa 80 % männlich und zu 20 % weiblich. Ähnliche Zahlen gelten für Doktoranden und Mitarbeiter in der Industrie.
- Konferenzen: Die Teilnehmerzahl der NeurIPS stieg seit 2012 um 800 % auf 13.500 Teilnehmer. Andere Konferenzen verzeichnen ein jährliches Wachstum von etwa 30 %.
- Industrie: KI-Startups sind in den USA um das 20-Fache auf über 800 gestiegen.
- Internationalisierung: China veröffentlicht mehr Publikationen pro Jahr als die USA und etwa so viele wie ganz Europa. Hinsichtlich der Zitationshäufigkeit liegen die US-Autoren jedoch 50 % vor den chinesischen Autoren. Singapur, Brasilien, Australien, Kanada und Indien sind die Länder, die hinsichtlich der Neueinstellungen im KI-Bereich am schnellsten wachsen.
- Vision: Die Fehlerraten bei der Objekterkennung (wie sie in der LSVRC, der Large-Scale Visual Recognition Challenge, erreicht werden) verringerten sich von 28 % im Jahr 2010 auf 2 % im Jahr 2017 und übertreffen damit die menschliche Leistung. Die Genauigkeit bei der Beantwortung offener visueller Fragen (*Visual Question Answering*, VQA) hat sich seit

2015 von 55 % auf 68 % verbessert, bleibt aber hinter der menschlichen Leistung zurück, die bei 83 % liegt.

- Geschwindigkeit: Die Trainingszeit für die Bilderkennungsaufgabe ist allein in den letzten zwei Jahren um den Faktor 100 gesunken. Die Rechenleistung der Top-KI-Anwendungen verdoppelt sich alle 3,4 Monate.
- Sprache: Die Genauigkeit bei der Beantwortung von Fragen, angegeben durch das F1-Maß vom Stanford Question Answering Dataset (SQuAD), stieg von 2015 bis 2019 von 60 auf 95; bei der SQuAD 2-Variante war der Fortschritt noch schneller: von 62 auf 90 in nur einem Jahr. Beide Werte übertreffen die menschliche Leistung.
- Menschliche Benchmarks: Bis 2019 haben KI-Systeme Berichten zufolge die Leistung von Menschen in folgenden Bereichen erreicht oder übertroffen: Schach, Go, Poker, Pac-Man, Jeopardy!, ImageNet-Objekterkennung, Spracherkennung in einem begrenzten Bereich, Chinesisch-Englisch-Übersetzung in einem begrenzten Bereich, Quake III, Dota 2, StarCraft II, verschiedenen Atari-Spiele, Hautkrebserkennung, Prostatakrebserkennung, Proteinfaltung und Diagnose von diabetischer Retinopathie.

Wann (wenn überhaupt) werden KI-Systeme das Niveau erreichen, die menschlichen Leistungen bei einer breiten Fülle an Aufgaben zu übertreffen? Ford (2018) befragte KI-Experten und bekam eine große Spannbreite an Zieljahren zur Antwort – von 2029 bis 2200 –, wobei der Mittelwert das Jahr 2099 bildet. Laut einer ähnlichen Umfrage (Grace *et al.*, 2017) dachten 50 % der Befragten, dass dies bis 2066 so weit sein könnte, obwohl 10 % glaubten, dass es bereits 2025 geschehen könnte, und einige wenige antworteten „nie". Die Experten waren auch geteilter Meinung darüber, ob wir grundlegende neue Durchbrüche oder nur Verfeinerungen aktueller Ansätze benötigen. Aber nehmen Sie ihre Vorhersagen nicht zu ernst – wie Philip Tetlock (2017) im Bereich der Vorhersage von Weltereignissen demonstriert, sind Experten darin nicht besser als Amateure.

Wie werden zukünftige KI-Systeme arbeiten? Wir können es noch nicht sagen. Wie in diesem Abschnitt beschrieben, hat das Fachgebiet im Laufe seiner Geschichte schon mehrere Perspektiven eingenommen – zuerst die kühne Idee, dass maschinelle Intelligenz überhaupt möglich ist, dann, dass sie durch die Codierung von Expertenwissen innerhalb der Logik erreicht werden kann, dann, dass probabilistische Modelle der Welt das Hauptwerkzeug sein werden, und zuletzt, dass maschinelles Lernen Modelle hervorbringen wird, die vielleicht überhaupt nicht auf einer der gut verstandenen Theorien beruhen. Die Zukunft wird zeigen, welches Modell als Nächstes kommt.

Was kann die KI heute schon leisten? Vielleicht nicht so viel, wie einige der optimistischeren Medienartikel vermuten lassen, aber doch eine ganze Menge. Hier sind einige Beispiele:

Roboterfahrzeuge: Die Geschichte der Roboterfahrzeuge reicht bis zu den funkgesteuerten Autos der 1920er Jahre zurück, doch die ersten Demonstrationen des autonomen Fahrens auf der Straße ohne spezielle Führung fanden in den 1980er Jahren statt (Kanade *et al.*, 1986; Dickmanns und Zapp, 1987). Nachdem das Fahren auf unbefestigten Straßen im Rahmen der fast 213 km langen DARPA Grand Challenge im Jahr 2005 (Thrun, 2006) und auf befestigten Straßen mit Verkehr bei der DARPA Urban Challenge 2007 erfolgreich demonstriert war, begann der Wettlauf um die Entwicklung selbstfahrender Autos ernsthaft. Im Jahr 2018 erreichten die Testfahrzeuge von Waymo die Marke von 16 Millionen gefahrenen Kilometern auf öffentlichen Straßen ohne einen schweren Unfall, wobei der menschliche Fahrer nur einmal circa alle 9.000 Kilometer die Kontrolle übernehmen musste. Bald darauf begann das Unternehmen, einen kommerziellen Robotertaxidienst anzubieten.

In der Luft sorgen autonome Starrflügler-Drohnen seit 2016 für landesweite Blutlieferungen in Ruanda. Die Quadcopter vollführen bemerkenswerte Kunstflugmanöver, erkunden Gebäude, erstellen 3-D-Karten und fügen sich zu autonomen Formationen zusammen.

Laufroboter: BigDog, ein vierbeiniger Roboter von Raibert *et al.* (2008), hat unsere Vorstellungen darüber, wie Roboter sich bewegen, auf den Kopf gestellt – kein langsamer, steifbeiniger, seitwärts gerichteter Gang der Hollywood-Filmroboter mehr, sondern eine Bewegung, die sehr der eines Tieres ähnelt und auch ein Wiederaufstehen erlaubt, wenn der Roboter geschubst wird oder auf einer Eispfütze ausrutscht. Atlas, ein humanoider Roboter, läuft nicht nur auf unebenem Terrain, sondern springt auch auf Kisten und schlägt Rückwärtssaltos (Ackerman und Guizzo, 2016).

Autonomes Planen und Scheduling: Hundert Millionen Kilometer von der Erde entfernt wurde das Remote-Agent-Programm der NASA zum ersten autonomen Planungsprogramm an Bord eines Raumfahrzeugs, das den zeitlichen Ablauf von Operationen steuerte (Jonsson *et al.*, 2000). Remote Agent generierte Pläne anhand komplexer Ziele, die vom Boden aus spezifiziert wurden, und überwachte die Ausführung dieser Pläne – Remote Agent erkannte, diagnostizierte und behob Probleme, sobald sie auftraten. Heute wird das EUROPA-Planungstoolkit (Barreiro *et al.*, 2012) für den täglichen Betrieb der Mars-Rover der NASA verwendet und das SEXTANT-System (Winternitz, 2017) ermöglicht die autonome Navigation im tiefen Weltraum, jenseits des globalen GPS-Systems.

Während der Krise am Persischen Golf im Jahr 1991 setzten die US-Streitkräfte das Programm DART (*Dynamic Analysis and Replanning Tool*; Cross und Walker, 1994) ein, um eine automatisierte logistische Planung durchzuführen und Zeitpläne für Transportaufgaben zu erstellen. Dies betraf bis zu 50.000 Fahrzeuge, Ladung und Personen gleichzeitig, und es mussten Startpunkte, Zielorte, Routen, Transportkapazitäten, Hafen- und Flugplatzkapazitäten sowie Konfliktlösungen zwischen allen Parametern berücksichtigt werden. Die DARPA (Defense Advanced Research Project Agency) stellte fest, dass sich durch diese eine Anwendung ihre 30-jährigen Investitionen in die KI mehr als ausgezahlt hatten.

Jeden Tag stellen Mitfahrunternehmen wie Uber und Kartendienste wie Google Maps Fahranweisungen für Hunderte Millionen von Nutzern bereit und berechnen schnell eine optimale Route unter Berücksichtigung der aktuellen und prognostizierten zukünftigen Verkehrsbedingungen.

Maschinelles Übersetzen: Maschinelle Online-Übersetzungssysteme ermöglichen heute das Lesen von Dokumenten in über 100 Sprachen, darunter sind die Muttersprachen von über 99 % der Menschen, und übersetzen täglich Hunderte von Milliarden von Wörtern für Hunderte von Millionen von Benutzern. Sie sind zwar nicht perfekt, aber im Allgemeinen für das Verständnis ausreichend. Bei eng verwandten Sprachen mit einer großen Menge an Trainingsdaten (wie Französisch und Englisch) liegen die Übersetzungen innerhalb eines begrenzten Fachbereichs nahe am Niveau eines Menschen (Wu *et al.*, 2016b).

Spracherkennung: Im Jahr 2017 zeigte Microsoft, dass sein System zur Konversationsspracherkennung eine Wortfehlerrate von 5,1 % erreicht hat, was der menschlichen Leistung bei der sogenannten Switchboard-Aufgabe entspricht, bei der Telefongespräche transkribiert werden (Xiong *et al.*, 2017). Etwa ein Drittel der Computerinteraktion weltweit erfolgt inzwischen per Sprache statt über die Tastatur; Skype stellt eine Echtzeit-Sprachübersetzung in zehn Sprachen zur Verfügung. Alexa, Siri, Cortana und Google bieten Assistenten an, die Fragen beantworten und Aufgaben für den Benutzer ausführen können; zum Beispiel nutzt der Dienst Google Duplex Spracherkennung und Sprachsynthese, um Restaurantreservierungen für den Benutzer vorzunehmen und eine fließende Konversation in seinem Namen durchzuführen.

Empfehlungen: Unternehmen wie Amazon, Facebook, Netflix, Spotify, YouTube, Walmart und andere nutzen maschinelles Lernen, um ihren Kunden zu empfehlen, was diesen gefallen könnte, basierend auf ihren bisherigen Erfahrungen und denen anderer Gleichgesinnter. Der Bereich der Empfehlungsdienste hat eine lange Geschichte (Resnick und Varian, 1997), verändert sich aber schnell durch neue Deep-Learning-Methoden, die sowohl Inhalte (Text, Musik, Video) als auch die Historie und Metadaten analysieren (van den Oord *et al.*, 2014; Zhang *et al.*, 2017). Auch die Spam-Filterung kann als eine Form der Empfehlung (bzw. Nichtempfehlung) betrachtet werden – aktuelle KI-Techniken filtern über 99,9 % des Spams heraus und E-Mail-Dienste können auch potenzielle Empfänger sowie mögliche Antworttexte empfehlen.

Spiele: Als Deep Blue 1997 den Schachweltmeister Garri Kasparow besiegte, setzten die Verfechter der menschlichen Überlegenheit ihre Hoffnungen auf Go. Piet Hut, ein Astrophysiker und Go-Enthusiast, sagte voraus, dass es „hundert Jahre dauern würde, bis ein Computer den Menschen in Go schlägt – vielleicht sogar noch länger". Doch nur 20 Jahre später übertraf ALPHAGO alle menschlichen Spieler (Silver *et al.*, 2017). Der Weltmeister Ke Jie sagte: „Letztes Jahr war sein Spiel noch recht menschenähnlich. Aber dieses Jahr spielte er wie ein Gott des Go." ALPHAGO profitierte vom Studium Hunderttausender vergangener Partien menschlicher Go-Spieler und vom destillierten Wissen der Go-Experten, die im Team mitarbeiteten.

Ein Nachfolgeprogramm, ALPHAZERO, benötigte keine Eingaben von Menschen (außer den Spielregeln) und war in der Lage, allein durch Selbstspiel zu lernen, alle Gegner, Menschen und Maschinen, bei Go, Schach und Shogi zu besiegen (Silver *et al.*, 2018). Inzwischen wurden menschliche Weltmeister von KI-Systemen bei so unterschiedlichen Spielen besiegt wie Jeopardy! (Ferrucci *et al.*, 2010), Poker (Bowling *et al.*, 2015; Moravčík *et al.*, 2017; Brown und Sandholm, 2019) und den Videospielen Dota 2 (Fernandez und Mahlmann, 2018), StarCraft II (Vinyals *et al.*, 2019) und Quake III (Jaderberg *et al.*, 2019).

Bildverstehen: Nicht zufrieden damit, die menschlichen Genauigkeit bei der anspruchsvollen ImageNet-Objekterkennungsaufgabe zu übertreffen, haben sich Forscher aus dem Bereich Computer Vision dem schwierigeren Problem der Bildbeschriftung angenommen. Beeindruckende Beispiele sind „Eine Person auf einem Motorrad auf einer unbefestigten Straße", „Zwei Pizzen auf einer Herdplatte" und „Eine Gruppe junger Leute, die spielen" (Vinyals *et al.*, 2017b). Die aktuellen Systeme sind jedoch alles andere als perfekt: Ein „Kühlschrank gefüllt mit vielen Lebensmitteln und Getränken" entpuppt sich als Parkverbotsschild, das durch viele kleine Aufkleber teilweise verdeckt wird.

Medizin: KI-Algorithmen sind inzwischen bei der Diagnose vieler Erkrankungen gleichwertig oder besser als Experten, insbesondere wenn die Diagnose auf Bildern basiert. Beispiele sind die Alzheimer-Krankheit (Ding *et al.*, 2018), metastasierender Krebs (Liu *et al.*, 2017; Esteva *et al.*, 2017), Augenkrankheiten (Gulshan *et al.*, 2016) und Hautkrankheiten (Liu *et al.*, 2019c). Eine systematische Übersichtsarbeit und Meta-Analyse (Liu *et al.*, 2019a) ergab, dass die Leistung von KI-Programmen im Durchschnitt der von medizinischem Fachpersonal gleichwertig ist. Ein aktueller Schwerpunkt in der medizinischen KI liegt in der Ermöglichung von Mensch-Maschine-Partnerschaften. So erreicht das LYNA-System eine Gesamtgenauigkeit von 99,6 % bei der Diagnose von metastasierendem Brustkrebs – besser als ein alleiniger menschlicher Experte, doch die Kombination der beiden schneidet noch besser ab (Liu *et al.*, 2018; Steiner *et al.*, 2018).

Die weit verbreitete Einführung dieser Techniken wird nun nicht durch die diagnostische Genauigkeit begrenzt, sondern durch die Notwendigkeit, eine Verbesserung der klinischen Ergebnisse nachzuweisen und Transparenz, Unvoreingenommenheit und Datenschutz zu gewährleisten (Topol, 2019). Im Jahr 2017 wurden nur zwei medizinische KI-Anwendungen von der FDA[21] zugelassen, doch bereits 2018 war diese Zahl auf 12 gestiegen und sie nimmt weiter zu.

Klimawissenschaft: Ein Team von Wissenschaftlern gewann den Gordon-Bell-Preis 2018 für ein Deep-Learning-Modell, das detaillierte Informationen über extreme Wetterereignisse entdeckt, die zuvor in Klimadaten vergraben waren. Sie nutzten einen Supercomputer mit spezialisierter GPU-Hardware, um die ExaOp-Ebene (10^{18} Operationen pro Sekunde) zu überschreiten – das erste maschinelle Lernprogramm, dem dies gelang (Kurth *et al.*, 2018). Rol-

21 Food and Drug Administration, US-amerikanische Behörde für Lebensmittel- und Arzneimittelsicherheit.

nick *et al.* (2019) präsentieren einen 60-seitigen Katalog von Möglichkeiten, wie maschinelles Lernen zur Bewältigung des Klimawandels eingesetzt werden kann.

Dies sind nur einige Beispiele für KI-Systeme, die es heute gibt: nicht Magie oder Science-Fiction – sondern Wissenschaft, Technik und Mathematik, in die dieses Buch einführt.

1.5 Risiken und Nutzen der KI

Francis Bacon, ein Philosoph, dem die Erfindung der wissenschaftlichen Methode zugeschrieben wird, bemerkte in *The Wisdom of the Ancients* (1609), dass die „mechanischen Künste von zweideutigem Nutzen sind und sowohl zum Schaden als auch zur Heilung dienen". Da die KI eine immer wichtigere Rolle in den Bereichen Wirtschaft, Soziales, Wissenschaft, Medizin, Finanzen und Militär spielt, tun wir gut daran, die Schäden und Heilmittel – modern ausgedrückt, die Risiken und Nutzen – zu bedenken, die sie mit sich bringen kann. Die hier zusammengefassten Themen werden in den Kapiteln 27 und 28 ausführlicher behandelt.

Um mit dem Nutzen zu beginnen: Einfach ausgedrückt ist unsere gesamte Zivilisation das Produkt unserer menschlichen Intelligenz. Wenn wir Zugang zu einer wesentlich höheren maschinellen Intelligenz haben, wird die Obergrenze für unsere Ambitionen erheblich angehoben. Das Potenzial von KI und Robotik, die Menschheit von niederen, sich wiederholenden Arbeiten zu befreien und die Produktion von Gütern und Dienstleistungen drastisch zu steigern, könnte eine Ära des Friedens und des Überflusses einläuten. Die Fähigkeit, die wissenschaftliche Forschung zu beschleunigen, könnte zu Heilmitteln für Krankheiten und Lösungen für den Klimawandel und die Ressourcenknappheit führen. Wie Demis Hassabis, CEO von Google DeepMind, vorgeschlagen hat: „Lösen Sie zuerst KI, dann verwenden Sie die KI, um alles andere zu lösen."

Lange bevor wir die Möglichkeit haben, „KI zu lösen", werden wir jedoch auf Risiken durch den Missbrauch von KI eingehen, ob unbeabsichtigt oder nicht. Einige davon sind bereits erkennbar, andere scheinen aufgrund der aktuellen Trends wahrscheinlich:

- *Tödliche autonome Waffen*: Diese werden von den Vereinten Nationen als Waffen definiert, die menschliche Ziele ohne menschliches Eingreifen lokalisieren, auswählen und eliminieren können. Ein Hauptsorge bei solchen Waffen ist ihre *Skalierbarkeit*: Das Fehlen der Notwendigkeit menschlicher Überwachung bedeutet, dass eine kleine Gruppe eine beliebig große Anzahl von Waffen gegen menschliche Ziele einsetzen kann, die durch jedes machbare Erkennungskriterium definiert sind. Die für autonome Waffen benötigten Technologien ähneln denen, die bei selbstfahrenden Autos zum Einsatz kommen. 2014 begannen bei den Vereinten Nationen die ersten informellen Expertendiskussionen, die dann 2017 formal in den Status der Vorbereitung eines Abkommens durch eine Gruppe von Regierungsexperten mündeten.
- *Überwachung und Einflussnahme*: Während es für Institutionen der inneren Sicherheit teuer, langwierig und manchmal rechtlich grenzwertig ist, Telefonleitungen, Videokameras, E-Mails und andere Nachrichtenkanäle zu überwachen, kann die KI (Spracherkennung, Computer Vision und natürliches Sprachverständnis) in skalierbarer Weise eingesetzt werden, um eine auf Einzelpersonen abzielende Massenüberwachung durchzuführen und bestimmte interessante Aktivitäten auszumachen. Und umgekehrt: Indem – basierend auf Techniken des maschinellen Lernens – der Informationsfluss durch die sozialen Medien auf Einzelpersonen zugeschnitten wird, kann politisches Verhalten bis zu einem gewissen Grad verändert und gesteuert werden – eine Sorge, die bei Wahlen ab dem Jahr 2016 deutlich wurde.

- *Befangene Entscheidungsfindung*: Der fahrlässige oder absichtliche Missbrauch von maschinellen Lernalgorithmen für Aufgaben wie die Bewertung von Bewährungs- und Kreditanträgen kann zu Entscheidungen führen, die aufgrund von Rasse, Geschlecht oder anderen diskriminierenden Kategorien voreingenommen sind. Oft spiegeln die Daten selbst eine weit verbreitete Voreingenommenheit in der Gesellschaft wider.
- *Auswirkungen auf die Beschäftigung*: Die Sorge, dass Maschinen Arbeitsplätze vernichten, ist Jahrhunderte alt. Die Sache ist nie einfach: Maschinen erledigen einige der Aufgaben, die sonst Menschen erledigen würden, doch sie machen Menschen auch produktiver und festigen so ihr Beschäftigungsverhältnis. Außerdem sind diese Unternehmen dann profitabler und können höhere Löhne zahlen. Einige Tätigkeiten, die sich sonst nicht lohnen würden, können dadurch wirtschaftlich rentabel werden. Ihr Einsatz führt im Allgemeinen zu steigendem Wohlstand, hat aber tendenziell den Effekt, dass sich der Wohlstand von der Arbeit zum Kapital verlagert, was die Ungleichheit weiter verschärft. Frühere technologische Fortschritte – wie die Erfindung des mechanischen Webstuhls – haben zu schwerwiegenden Einbrüchen bei der Beschäftigung geführt, aber letztendlich finden die Menschen neue Arten von Arbeit. Andererseits ist es möglich, dass die KI auch diese neuen Arten von Arbeit übernehmen wird. Dieses Thema rückt immer mehr in den Fokus von Ökonomen und Regierungen auf der ganzen Welt.
- *Sicherheitskritische Anwendungen*: Mit dem Fortschritt der KI-Techniken werden diese zunehmend in sicherheitskritischen Anwendungen mit hohem Risiko eingesetzt, z. B. beim Fahren von Autos oder bei der Verwaltung der Wasserversorgung in Städten. Es kam bereits zu tödlichen Unfällen, was die Schwierigkeit der formalen Verifizierung und statistischen Risikoanalyse für Systeme hervorhebt, die mit Techniken des maschinellen Lernens entwickelt wurden. Das Fachgebiet der KI wird technische und ethische Standards entwickeln müssen, die mindestens mit denen vergleichbar sind, die in anderen Ingenieurs- und Gesundheitsdisziplinen vorherrschen, in denen das Leben von Menschen auf dem Spiel steht.
- *Cybersicherheit*: KI-Techniken sind nützlich bei der Abwehr von Cyberangriffen, z. B. durch die Erkennung ungewöhnlicher Verhaltensmuster, aber sie werden auch dazu beitragen, dass Malware stärker, überlebens- und verbreitungsfähiger wird. So wurden beispielsweise mit Methoden des Reinforcement Learning hocheffektive Tools für automatisierte, personalisierte Erpressungs- und Phishing-Angriffe entwickelt.

Wir werden diese Themen in Abschnitt 27.3 noch einmal genauer betrachten. Wenn KI-Systeme immer leistungsfähiger werden, werden sie einige der gesellschaftlichen Rollen übernehmen, die zuvor von Menschen besetzt waren. So wie Menschen diese Rollen in der Vergangenheit genutzt haben, um Unheil zu stiften, ist zu erwarten, dass Menschen auch KI-Systeme in diesen Rollen missbrauchen werden, um noch mehr Unheil zu stiften. Alle oben genannten Beispiele betonen die Bedeutung von Lenkung und schlussendlich Regulierung. Derzeit haben die Forschungsgemeinschaft und die großen Unternehmen, die an der KI-Forschung beteiligt sind, freiwillige Selbstregulierungsprinzipien für KI-bezogene Aktivitäten entwickelt (siehe Abschnitt 27.3). Regierungen und internationale Organisationen richten Beratungsgremien ein, um für jeden spezifischen Anwendungsfall geeignete Regelungen zu erarbeiten, sich auf die wirtschaftlichen und sozialen Auswirkungen vorzubereiten und die Fähigkeiten der KI zur Lösung wichtiger gesellschaftlicher Probleme zu nutzen.

Wie sieht es auf lange Sicht aus? Werden wir das seit Langem angestrebte Ziel erreichen: die Schaffung von Intelligenz, die mit der menschlichen Intelligenz vergleichbar ist oder sie sogar übertrifft? Und wenn wir das geschafft haben, was dann?

Während eines Großteils der KI-Geschichte wurden diese Fragen vom alltäglichen Trott überschattet, der darin bestand, KI-Systeme dazu zu bewegen, irgendetwas auch nur annähernd Intelligentes zu tun. Wie bei jeder breit angelegten Disziplin hat sich die große Mehrheit der KI-Forscher auf ein bestimmtes Teilgebiet spezialisiert, beispielsweise Spiele, Wissensrepräsentation, Vision oder Verständnis natürlicher Sprache – oft in der Annahme, dass Fortschritte im jeweiligen Teilgebiet zu den allgemeinen Zielen der KI beitragen würde. Nils Nilsson (1995), einer der leitenden Wissenschaftler des Shakey-Projekts am SRI, erinnerte das Fachgebiet an diese umfassenderen Ziele und warnte, dass die Teilgebiete Gefahr liefen, zum Selbstzweck zu werden. Später schlossen sich einige einflussreiche Begründer der KI, darunter John McCarthy (2007), Marvin Minsky (2007) und Patrick Winston (Beal und Winston, 2009), den Warnungen Nilssons an und schlugen vor, dass die KI, anstatt sich auf messbare Leistungen in spezifischen Anwendungen zu konzentrieren, zu ihren Wurzeln zurückkehren sollte, um in Herb Simons Worten „Maschinen, die denken, die lernen und die erschaffen" anzustreben. Sie nannten dieses Bestreben **Human-Level AI** oder HLAI – eine Maschine sollte in der Lage sein, alles zu lernen, was ein Mensch tun kann. Ihr erstes Symposium fand im Jahr 2004 statt (Minsky *et al.*, 2004). Ein weiteres Projekt mit ähnlichen Zielen, die **Artificial General Intelligence**-Bewegung (AGI; Goertzel und Pennachin, 2007), hielt im Jahr 2008 ihre erste Konferenz ab und organisierte das *Journal of Artificial General Intelligence*.

Etwa zur gleichen Zeit wurden Bedenken laut, dass die Erschaffung einer **künstlichen Superintelligenz** oder **ASI** – einer Intelligenz, die die menschlichen Fähigkeiten weit übertrifft – eine schlechte Idee sein könnte (Yudkowsky, 2008; Omohundro, 2008). Turing (1996) selbst äußerte sich in einer Vorlesung, die er 1951 in Manchester hielt, in Anlehnung an frühere Ideen von Samuel Butler (1863):[22]

> *Es ist wahrscheinlich, dass sobald die Methode des maschinellen Denkens begonnen hat, es nicht lange dauern wird, bis sie unsere schwachen Kräfte übertrifft. ... An irgendeinem Punkt sollten wir also damit rechnen, dass die Maschinen die Kontrolle übernehmen, so wie es in Samuel Butlers* Erewhon *erwähnt wird.*

Diese Bedenken haben sich eben erst mit den jüngsten Fortschritten im Bereich Deep Learning, der Veröffentlichung von Büchern wie *Superintelligence* von Nick Bostrom (2014) sowie öffentlichen Äußerungen von Stephen Hawking, Bill Gates, Martin Rees und Elon Musk verstärkt.

Ein allgemeines Unbehagen bei der Idee von superintelligenten Maschinen zu verspüren, ist nur natürlich. Man könnte dies das **Gorilla-Problem** nennen: Vor etwa sieben Millionen Jahren entwickelte sich ein heute ausgestorbener Primat, von dem ein Zweig zu den Gorillas und einer zum Menschen führte. Heute sind die Gorillas nicht allzu glücklich über den menschlichen Zweig; sie haben im Grunde keine Kontrolle über ihre Zukunft. Wenn dies das Ergebnis der erfolgreichen Entwicklung von übermenschlicher KI ist – dass die Menschen die Kontrolle über ihre Zukunft abgeben –, dann sollten wir vielleicht die Arbeit an der KI einstellen und folglich auf den Nutzen verzichten, den sie bringen könnte. Dies ist die Essenz von Turings Warnung: Es ist nicht offensichtlich, dass wir Maschinen kontrollieren können, die intelligenter sind als wir.

Wäre die übermenschliche KI eine Blackbox, die aus dem Weltall kommt, dann wäre es in der Tat klug, beim Öffnen der Box Vorsicht walten zu lassen. Doch dies ist ja nicht der Fall: *Wir* entwerfen die KI-Systeme, wenn sie also am Ende „die Kontrolle übernehmen", wie Turing andeutet, wäre das das Ergebnis eines Entwurfsfehlers.

22 Noch früher, im Jahr 1847, wetterte Richard Thornton, Herausgeber des *Primitive Expounder*, gegen mechanische Rechenmaschinen: „Der Geist ... überholt sich selbst und beseitigt die Notwendigkeit seiner eigenen Existenz, indem er Maschinen erfindet, die sein eigenes Denken übernehmen. ... Aber wer weiß, ob solche Maschinen, wenn sie zu größerer Vollkommenheit gebracht werden, nicht einen Plan aushecken, um alle ihre eigenen Mängel zu beheben, und dann Ideen ausarbeiten, die jenseits des Wissens des sterblichen Verstands liegen!"

Um ein solches Ergebnis zu vermeiden, müssen wir die Quelle eines möglichen Fehlers verstehen. Norbert Wiener (1960), der sich angeregt sah, über die langfristige Zukunft der KI nachzudenken, nachdem er gesehen hatte, dass das Dameprogramm von Arthur Samuel lernt, seinen Schöpfer zu schlagen, sagte:

> *Wenn wir, um unsere Ziele zu erreichen, eine mechanische Apparatur benutzen, in deren Betrieb wir nicht wirksam eingreifen können ... dann sollten wir uns ganz sicher sein, dass das Ziel, das wir der Maschine eingeben, dasselbe Ziel ist, das wir tatsächlich haben möchten.*

In vielen Kulturen gibt es Mythen von Menschen, die Götter, Geister, Magier oder Teufel um etwas bitten. Unweigerlich bekommen sie in diesen Geschichten das, worum sie wörtlich bitten, und bereuen es dann. Der dritte Wunsch, wenn es denn einen gibt, besteht in der Regel darin, die ersten beiden wieder rückgängig zu machen. Wir nennen dies das **König-Midas-Problem**: Midas, ein legendärer König in der griechischen Mythologie, bat darum, dass sich alles, was er berührte, in Gold verwandeln sollte, bereute es dann aber, nachdem er seine Speisen, Getränke und Familienmitglieder berührt hatte.[23]

Wir haben dieses Thema in Abschnitt 1.1.5 schon angeschnitten, als wir auf die Notwendigkeit einer signifikanten Modifikation des Standardmodells, feste Ziele in die Maschine einzubauen, hingewiesen haben. Die Lösung für Wieners Dilemma besteht darin, überhaupt kein festes „Ziel in die Maschine einzugeben". Stattdessen wollen wir Maschinen, die danach streben, menschliche Ziele zu erreichen, aber wissen, dass sie nicht mit Sicherheit wissen, was genau diese Ziele sind.

Es ist vielleicht ein unglücklicher Zustand, dass fast die gesamte bisherige KI-Forschung innerhalb des Standardmodells durchgeführt wurde, was bedeutet, dass fast das gesamte technische Material in diesem Buch diesen intellektuellen Rahmen widerspiegelt. Es gibt jedoch einige frühe Ergebnisse innerhalb des neuen Rahmens. In Kapitel 16 zeigen wir, dass eine Maschine genau dann einen positiven Anreiz hat, sich abschalten zu lassen, wenn sie sich über das menschliche Ziel unsicher ist. In Kapitel 18 formulieren und untersuchen wir **Assistenzspiele**, die mathematisch die Situation beschreiben, in der ein Mensch ein Ziel hat und eine Maschine versucht, dieses Ziel zu erreichen, aber zunächst unsicher ist, wie das Ziel lautet. In Kapitel 22 erläutern wir die Methoden des **Inverse Reinforcement Learning (IRL)**, die es Maschinen ermöglichen, mehr über menschliche Präferenzen zu lernen, indem sie beobachten, welche Entscheidungen die Menschen treffen. In Kapitel 27 gehen wir auf zwei der Hauptschwierigkeiten ein: die erste ist, dass unsere Entscheidungen von unseren Präferenzen, d. h. von einer sehr komplexen kognitiven Architektur abhängen, die nur schwer umkehrbar ist; die zweite, dass wir Menschen möglicherweise nicht von vornherein konsistente Präferenzen haben – weder individuell noch als Gruppe –, sodass es möglicherweise nicht klar ist, was KI-Systeme für uns tun *sollten*.

23 Midas hätte besser daran getan, wenn er sich an die grundlegenden Prinzipien der Sicherheit gehalten hätte und eine „Rückgängig"- und eine „Pause"-Taste in seinen Wunsch eingebaut hätte.

ZUSAMMENFASSUNG

In diesem Kapitel wird die KI definiert und der kulturelle Hintergrund dargelegt, vor dem sie sich entwickelt hat. Die wichtigsten Punkte sind:

- Unterschiedliche Menschen gehen mit unterschiedlichen Zielen an die KI heran. Zwei wichtige Fragen, die gestellt werden sollten, sind: Geht es Ihnen um das Denken oder um das Verhalten? Wollen Sie den Menschen modellieren, oder versuchen Sie, optimale Ergebnisse zu erzielen?
- Legt man das sogenannte Standardmodell zugrunde, dann geht es in der KI hauptsächlich um **rationales Handeln**. Ein idealer **intelligenter Agent** ergreift die bestmögliche Handlung in einer Situation. Wir untersuchen das Problem, Agenten zu bauen, die in diesem Sinne intelligent sind.
- Diese einfache Idee muss in zwei Punkten verfeinert werden: Erstens ist die Fähigkeit eines jeden Agenten, ob menschlich oder nicht, rationale Handlungen zu wählen, durch die effiziente Machbarkeit der Berechnung begrenzt; zweitens muss das Konzept einer Maschine, die ein bestimmtes Ziel verfolgt, durch das einer Maschine ersetzt werden, die Ziele verfolgt, die den Menschen zugute kommen, wobei die Maschine aber nicht sicher weiß, wie diese Ziele genau lauten.
- Philosophen (deren diesbezügliche Arbeiten bis 400 v. Chr. zurückgehen) schufen den Nährboden für die KI, indem sie anregten, den Verstand in gewisser Weise wie eine Maschine zu betrachten, der mit Wissen arbeitet, das in einer internen Sprache codiert ist, und Gedanken dazu verwendet werden können, um zu entscheiden, welche Handlungen ausgeführt werden sollen.
- Mathematiker lieferten die Werkzeuge, um sowohl Aussagen mit logischer Gewissheit als auch unsichere, probabilistische Aussagen zu handhaben. Sie legten auch den Grundstein für das Verständnis von Berechenbarkeit und Schlussfolgern über Algorithmen.
- Wirtschaftswissenschaftler formalisierten das Problem, Entscheidungen zu treffen, die den erwarteten Nutzen für den Entscheidungsträger maximieren.
- Neurowissenschaftler entdeckten einige Fakten darüber, wie das Gehirn funktioniert und auf welche Weise es Computern ähnlich ist bzw. sich von ihnen unterscheidet.
- Psychologen übernahmen die Idee, dass Menschen und Tiere als informationsverarbeitende Maschinen betrachtet werden können. Linguisten zeigten, dass der Sprachgebrauch in dieses Modell passt.
- Computerspezialisten lieferten auf der Hardwareseite immer leistungsfähigere Maschinen, die KI-Anwendungen möglich machen, und machten sie auf der Softwareseite besser nutzbar.
- Die Kontrolltheorie befasst sich mit dem Entwurf von Geräten, die auf der Grundlage von Feedback aus der Umgebung optimal agieren. Anfangs unterschieden sich die mathematischen Werkzeuge der Kontrolltheorie völlig von denen der KI, doch die Fachgebiete nähern sich nun einander an.
- In der Geschichte der KI gab es Zyklen von Erfolg, unangebrachtem Optimismus und daraus resultierenden Rückschritten sowohl in der Begeisterung als auch in der Finanzierung. Doch es gab auch Zyklen, in denen neue, kreative Ansätze eingeführt und die besten davon systematisch verfeinert wurden.

- Die KI hat sich im Vergleich zu den ersten Jahrzehnten erheblich weiterentwickelt, sowohl theoretisch als auch methodisch. Da die Probleme, mit denen sich die KI befasst, immer komplexer wurden, hat sich das Fachgebiet von der booleschen Logik zur probabilistischen Schlussfolgerung und vom selbst erarbeiteten Wissen zum maschinellen Lernen aus Daten entwickelt. Dies hat zu Verbesserungen der Fähigkeiten realer Systeme und zu einer stärkeren Integration mit anderen Disziplinen geführt.
- Da KI-Systeme in der realen Welt Anwendung finden, ist es notwendig geworden, eine große Bandbreite von Risiken und ethischen Konsequenzen zu berücksichtigen.
- Längerfristig stehen wir vor dem schwierigen Problem, superintelligente KI-Systeme zu kontrollieren, die sich möglicherweise auf unvorhersehbare Weise weiterentwickeln. Die Lösung dieses Problems scheint eine Änderung unserer Vorstellung von KI zu erfordern.

Bibliografische und historische Anmerkungen

Eine umfassende Geschichte der KI wird von Nils Nilsson (2009) gegeben, einem der frühen Pioniere des Fachgebiets. Pedro Domingos (2015) und Melanie Mitchell (2019) geben Übersichten über maschinelles Lernen für ein allgemeines Publikum und Kai-Fu Lee (2018) beschreibt das Rennen um die internationale Führung in der KI. Martin Ford (2018) interviewt 23 führende KI-Forscher.

Die wichtigsten KI-Fachgesellschaften sind die *Association for the Advancement of Artificial Intelligence* (AAAI), die *ACM Special Interest Group in Artificial Intelligence* (SIGAI, früher SIGART), die *European Association for AI* und die *Society for Artificial Intelligence and Simulation of Behaviour* (AISB). Die *Partnership on AI* bringt viele kommerzielle und gemeinnützige Organisationen zusammen, die sich mit den ethischen und sozialen Auswirkungen der KI beschäftigen. Das *AI Magazine* der AAAI enthält viele aktuelle Artikel und Tutorials und auf ihrer Website `aaai.org` finden sich Nachrichten, Tutorials und Hintergrundinformationen.

Die neuesten Arbeiten erscheinen in den Tagungsbändern der großen KI-Konferenzen: der *International Joint Conference on AI* (IJCAI), der jährlichen *European Conference on AI* (ECAI) und der AAAI-Konferenz. Maschinelles Lernen wird durch die *International Conference on Machine Learning* (ICML, jetzt ICMLA) und die Tagung *Neural Information Processing Systems* (NeurIPS) abgedeckt. Die wichtigsten Fachzeitschriften für allgemeine KI sind *Artificial Intelligence*, *Computational Intelligence*, *IEEE Transactions on Pattern Analysis and Machine Intelligence*, *IEEE Intelligent Systems* und das *Journal of Artificial Intelligence Research*. Es gibt auch viele Konferenzen und Zeitschriften, die sich mit speziellen Bereichen befassen, diese geben wir in den entsprechenden Kapiteln an.

Intelligente Agenten

2

In diesem Kapitel diskutieren wir das Wesen von Agenten, ob perfekt oder nicht, die Vielfalt von Umgebungen sowie die daraus resultierende Menagerie von Agententypen.

In Kapitel 1 haben wir das Konzept der **rationalen Agenten** als zentral für unseren Ansatz zur künstlichen Intelligenz identifiziert. In diesem Kapitel wollen wir diesen Begriff nun konkretisieren. Wir werden sehen, dass das Konzept der Rationalität auf eine Vielzahl von Agenten angewendet werden kann, die in jeder erdenklichen Umgebung agieren. Wir möchten in diesem Buch anhand dieses Konzepts einige Entwurfsprinzipien für den Aufbau erfolgreicher Agenten entwickeln – Systeme, die mit Fug und Recht als **intelligent** bezeichnet werden können.

Wir beginnen mit der Untersuchung von Agenten, Umgebungen und der Verknüpfung zwischen ihnen. Die Beobachtung, dass sich einige Agenten besser verhalten als andere, führt zwangsläufig zu der Idee eines rationalen Agenten – eines Agenten, der sich so gut wie möglich verhält. Wie gut sich ein Agent verhalten kann, hängt von der Art der Umgebung ab; manche Umgebungen sind schwieriger als andere. Wir werden Umgebungen grob in Kategorien einordnen und zeigen, wie die Eigenschaften einer Umgebung den Entwurf von Agenten beeinflussen, die für diese Umgebung geeignet sind. Wir beschreiben eine Reihe von grundlegenden „Gerüsten" für den Entwurf von Agenten, die wir im weiteren Verlauf des Buchs weiter ausbauen.

2.1 Agenten und Umgebungen

Als **Agent** kann im Prinzip alles angesehen werden, was seine **Umgebung** mithilfe von **Sensoren** wahrnimmt und durch **Aktuatoren** auf diese Umgebung einwirkt. Dieses einfache Konzept ist in ► Abbildung 2.1 dargestellt. Ein menschlicher Agent hat Augen, Ohren und andere Organe als Sensoren sowie Hände, Beine, Vokaltrakt usw. als Aktuatoren. Ein Roboter-Agent könnte Kameras und Infrarotentfernungsmesser als Sensoren und verschiedene Motoren als Aktuatoren besitzen. Ein Software-Agent empfängt Dateiinhalte, Netzwerkpakete und menschliche Eingaben (Tastatur/Maus/Touchscreen/Stimme) als sensorische Eingaben und wirkt auf die Umgebung ein, indem er Dateien schreibt, Netzwerkpakete

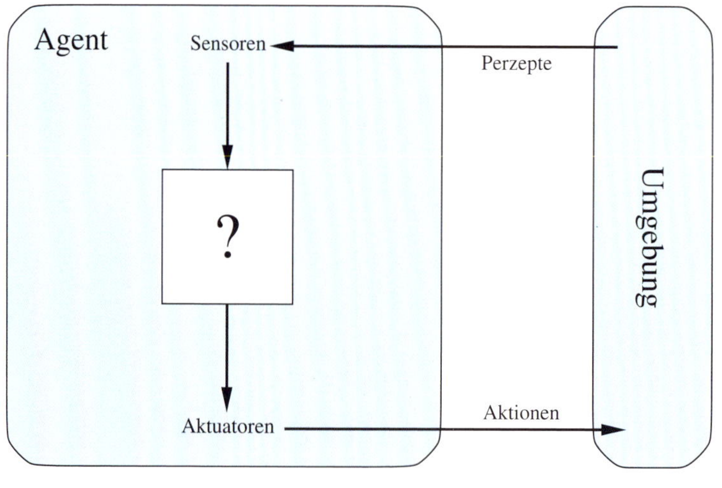

Abbildung 2.1: Agenten interagieren mit der Umgebung durch Sensoren und Aktuatoren.

sendet, Informationen auf dem Bildschirm anzeigt oder Töne erzeugt. Die Umgebung könnte alles sein – das gesamte Universum! In der Praxis ist eine Umgebung allerdings nur der Teil des Universums, dessen Zustand für den Entwurf dieses Agenten relevant ist – also der Teil, der beeinflusst, was der Agent wahrnimmt, und der umgekehrt von den Aktionen des Agenten beeinflusst wird.

Wir verwenden den Begriff **Perzept**, um den Inhalt zu bezeichnen, den die Sensoren eines Agenten wahrnehmen. Die **Perzeptfolge** eines Agenten ist die vollständige Historie von allem, was der Agent jemals wahrgenommen hat. Im Allgemeinen *kann die Auswahl einer Aktion durch den Agenten zu jedem beliebigen Zeitpunkt von seinem integrierten Wissen und von der gesamten bisherigen Perzeptfolge abhängen, aber nicht von etwas, das der Agent nicht wahrgenommen hat.* Indem wir die Auswahl der Aktion eines Agenten für jede mögliche Perzeptfolge spezifizieren, haben wir mehr oder weniger alles gesagt, was es über den Agenten zu sagen gibt. Mathematisch betrachtet sagen wir, dass das Verhalten eines Agenten durch die **Agentenfunktion** beschrieben wird, die jede beliebige Perzeptfolge auf eine Aktion abbildet.

Wir können uns vorstellen, die Agentenfunktion, die einen beliebigen Agenten beschreibt, *tabellarisch* wiederzugeben. Für die meisten Agenten wäre dies allerdings eine sehr große Tabelle – eigentlich unendlich groß, es sei denn, wir begrenzen die Länge der Perzeptfolgen, die wir berücksichtigen wollen. Wir können im Prinzip für einen Agenten, mit dem wir experimentieren wollen, diese Tabelle dadurch erstellen, indem wir alle möglichen Perzeptfolgen ausprobieren und dann aufzeichnen, welche Aktionen der Agent als Reaktion darauf ausführt.[1] Die Tabelle ist natürlich eine *externe* Charakterisierung des Agenten. *Intern* wird die Agentenfunktion für einen künstlichen Agenten durch ein **Agentenprogramm** implementiert. Es ist wichtig, diese beiden Konzepte auseinanderzuhalten: Die Agentenfunktion ist eine abstrakte mathematische Beschreibung – das Agentenprogramm ist eine konkrete Implementierung, die in einem physischen System ausgeführt wird.

Zur Veranschaulichung dieser Ideen verwenden wir ein einfaches Beispiel – die Staubsaugerwelt, die aus einem staubsaugenden Roboter-Agenten besteht, der sich in einer Welt aus Feldern befindet, die jeweils entweder schmutzig oder sauber sein können. ► Abbildung 2.2 zeigt eine Konfiguration mit nur zwei Feldern, A und B. Der Staubsauger-Agent nimmt wahr, in welchem Feld er sich befindet und ob es Schmutz in diesem Feld gibt. Der Agent startet im Feld A. Die möglichen Aktionen sind: nach rechts gehen, nach links gehen, den Schmutz auf-

1 Wählt der Agent seine Aktionen nach dem Zufallsprinzip aus, dann müssten wir jede Folge mehrfach ausprobieren, um die Wahrscheinlichkeit jeder Aktion zu ermitteln. Man könnte meinen, zufällig Aktionen auszuwählen sei ziemlich dumm, doch wir werden später in diesem Kapitel sehen, dass es durchaus sehr intelligent sein kann.

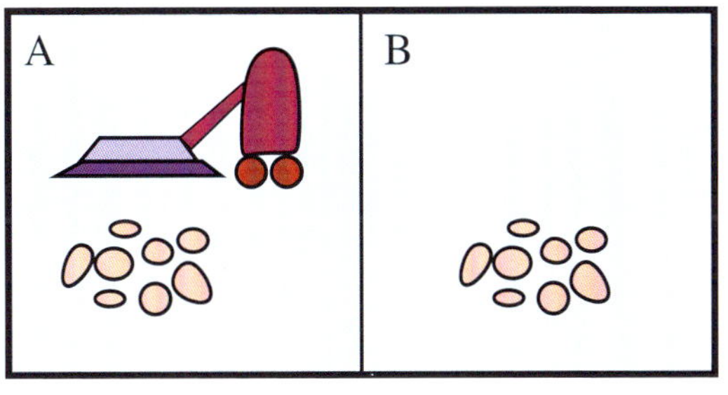

Abbildung 2.2: Eine Staubsaugerwelt mit nur zwei Feldern. Jedes Feld kann sauber oder schmutzig sein und der Agent kann sich nach links oder rechts bewegen und kann das Feld säubern, in dem er sich befindet. In verschiedenen Versionen der Staubsaugerwelt kann man unterschiedliche Regeln darüber implementieren, was der Agent wahrnehmen kann, ob seine Aktionen immer erfolgreich sind usw.

Perzeptfolge	Aktion
[*A*, *Sauber*]	*Rechts*
[*A*, *Schmutzig*]	*Saugen*
[*B*, *Sauber*]	*Links*
[*B*, *Schmutzig*]	*Saugen*
[*A*, *Sauber*], [*A*, *Sauber*]	*Rechts*
[*A*, *Sauber*], [*A*, *Schmutzig*]	*Saugen*
⋮	⋮
[*A*, *Sauber*], [*A*, *Sauber*], [*A*, *Sauber*]	*Rechts*
[*A*, *Sauber*], [*A*, *Sauber*], [*A*, *Schmutzig*]	*Saugen*
⋮	⋮

Abbildung 2.3: Ausschnitt der tabellarischen Darstellung einer einfachen Agentenfunktion für die in Abbildung 2.2 gezeigte Staubsaugerwelt. Der Agent säubert das aktuelle Feld, wenn es schmutzig ist, ansonsten geht er zum anderen Feld. Beachten Sie, dass die Größe der Tabelle unbegrenzt ist, solange es keine Beschränkung der Länge möglicher Perzeptfolgen gibt.

saugen oder nichts tun.[2] Eine sehr einfache Agentenfunktion ist die folgende: Wenn das aktuelle Feld schmutzig ist, dann sauge dort; andernfalls bewege dich auf das andere Feld. Einen Teil der tabellarischen Darstellung dieser Agentenfunktion sehen Sie in ► Abbildung 2.3 und ein Agentenprogramm, das die Funktion implementiert, ist in ► Abbildung 2.8 auf S. 75 zu sehen.

Man kann anhand der Tabelle in ► Abbildung 2.3 sehen, dass verschiedene Agenten der Staubsaugerwelt einfach dadurch definiert werden können, dass man die rechte Spalte unterschiedlich ausfüllt. Die offensichtliche Frage ist also: *Wie kann die Tabelle richtig ausgefüllt werden?* Mit anderen Worten: Was macht einen Agenten gut oder schlecht, intelligent oder dumm? Im nächsten Abschnitt werden wir diese Fragen beantworten.

Bevor wir diesen Abschnitt abschließen, sollten wir betonen, dass das Konzept des Agenten als Werkzeug zur Analyse von Systemen gedacht ist und nicht als absolute Charakterisierung, die die Welt in Agenten und Nichtagenten einteilt. Man könnte sogar einen Taschenrechner als Agenten betrachten, der wählt, bei der Perzeptfolge „2 + 2 = “ die Aktion „4“ anzuzeigen, doch eine solche Analyse würde uns kaum dabei helfen, den Taschenrechner zu verstehen. In gewissem Sinne lassen sich sämtliche Bereiche der Technik als Entwerfen von Artefakten betrachten, die mit der Welt interagieren; die KI arbeitet (nach Ansicht der Autoren) am interessantesten Ende des Spektrums, an dem die Artefakte über beträchtliche Rechenressourcen verfügen und die Aufgabenumgebung nichttriviale Entscheidungsfindung voraussetzt.

2.2 Gutes Verhalten: das Konzept der Rationalität

Ein **rationaler Agent** ist ein Agent, der das Richtige tut. Offensichtlich ist es besser, das Richtige zu tun, als das Falsche zu tun, aber was bedeutet es, „das Richtige“ zu tun?

2 Bei einem echten Roboter gäbe es Aktionen wie „nach rechts gehen“ und „nach links gehen“ wahrscheinlich nicht. Stattdessen würden die Aktionen lauten: „Räder vorwärts drehen“ und „Räder rückwärts drehen“. Wir haben uns jedoch für diese Benennung entschieden, um die Aktionen leichter auf der Seite nachvollziehen zu können, nicht für die einfachere Implementierung eines echten Roboters.

2.2.1 Leistungsmessung

Innerhalb der Ethik wurden verschiedene Vorstellungen vom „Richtigen" entwickelt, aber die KI hat sich im Allgemeinen an ein Konzept gehalten, das man als **Konsequenzialismus** bezeichnet: Wir bewerten das Verhalten eines Agenten anhand seiner Konsequenzen. Wird ein Agent in eine Umgebung hineingestellt, dann generiert er anhand der empfangenen Perzepte eine Folge von Handlungen. Diese Handlungssequenz führt dazu, dass die Umgebung eine Abfolge von Zuständen durchläuft. Ist die Folge wünschenswert, so hat der Agent eine gute Leistung erbracht. Dieser Begriff der Erwünschtheit wird durch ein **Leistungsmaß** erfasst, das jede beliebige Folge von Umgebungszuständen bewertet.

Menschen haben eigene Wünsche und Präferenzen, daher geht es bei dem Konzept der Rationalität, angewandt auf Menschen, darum, wie erfolgreich Handlungen gewählt werden, aus denen dann Sequenzen von Umgebungszuständen entstehen, die *aus ihrer Sicht* wünschenswert sind. Maschinen hingegen haben *keine* eigenen Wünsche und Präferenzen; die Leistungsbewertung findet, zumindest anfangs, im Kopf des Entwicklers der Maschine oder im Kopf der Benutzer statt, für die die Maschine konzipiert ist. Wir werden sehen, dass einige Agentenentwürfe eine explizite Repräsentation (einer Version) des Leistungsmaßes besitzen, während in anderen Entwürfen das Leistungsmaß vollständig implizit ist – der Agent mag vielleicht „das Richtige" tun, doch er weiß nicht, warum.

Erinnern wir uns an Norbert Wieners Warnung, die uns mahnt sicherzustellen, dass „das Ziel, das wir der Maschine eingeben, dasselbe Ziel ist, das wir tatsächlich haben möchten" (S. 57), so stellen wir fest, dass es ziemlich schwierig sein kann, ein Leistungsmaß korrekt zu formulieren. Betrachten wir zum Beispiel den Staubsauger-Agenten aus dem vorigen Abschnitt. Wir könnten empfehlen, die Leistung anhand der Menge an Schmutz zu messen, die in einer Acht-Stunden-Schicht aufgesaugt wird. Bei einem rationalen Agenten ist das, was Sie verlangen, natürlich auch das, was Sie bekommen. Ein rationaler Agent kann dieses Leistungsmaß maximieren, indem er den Schmutz aufsaugt, dann wieder alles auf den Boden kippt, dann wieder saugt und so weiter. Ein geeigneteres Leistungsmaß würde den Agenten dafür belohnen, einen sauberen Boden zu haben. Zum Beispiel könnte für jedes saubere Feld pro Zeitschritt ein Punkt vergeben werden (vielleicht mit einem Abzug für verbrauchte Elektrizität und erzeugten Lärm). *Generell ist es besser, die Leistungsmaße danach zu gestalten, was man in der Umgebung tatsächlich erreichen möchte, und nicht danach, wie man meint, dass sich der Agent verhalten soll.*

Selbst wenn die offensichtlichen Fallstricke umgangen werden, bleiben einige knifflige Probleme bestehen. Zum Beispiel basiert der Begriff „sauberer Boden" im vorigen Absatz auf der durchschnittlichen Sauberkeit im Laufe der Zeit. Doch dieselbe durchschnittliche Sauberkeit kann von zwei unterschiedlichen Agenten erreicht werden, von denen einer die ganze Zeit über eine mittelmäßige Arbeit leistet, während der andere energisch saugt, aber lange Pausen macht. Was vorzuziehen ist, erscheint zwar wie eine Spitzfindigkeit aus der Hausmeisterwissenschaft, ist aber tatsächlich eine tiefgreifende philosophische Frage mit weitreichenden Implikationen. Was ist besser – ein unbekümmertes Leben mit Höhen und Tiefen oder eine sichere, aber eintönige Existenz? Was ist besser – eine Wirtschaft, in der alle in mäßiger Armut leben, oder eine, in der einige im Überfluss leben, während andere sehr arm sind? Wir überlassen dem eifrigen Leser diese Fragen als Übung.

Wir werden in diesem Buch weitestgehend voraussetzen, dass das Leistungsmaß korrekt angegeben werden kann. Aus den oben genannten Gründen müssen wir jedoch die Möglichkeit in Kauf nehmen, dass wir der Maschine ein falschen Ziel angeben – das ist genau das König-Midas-Problem, das wir auf S. 57 beschrieben haben. Außerdem können wir bei der Entwicklung einer Software, deren Kopien an verschiedene Benutzer verteilt werden, nicht die genauen Präferenzen jedes einzelnen Benutzers vorhersehen. Aus diesem Grund müssen wir möglicherweise Agenten erstellen, bei denen das richtige Leistungsmaß anfangs noch unsicher ist und im Laufe der Zeit verfeinert wird; solche Agenten werden in den Kapiteln 16, 18 und 22 beschrieben.

2.2.2 Rationalität

Was zu einem bestimmten Zeitpunkt rational ist, hängt von vier Dingen ab:

- dem Leistungsmaß, das das Erfolgskriterium definiert,
- dem Vorwissen des Agenten über die Umgebung,
- den Aktionen, die der Agent ausführen kann,
- der bisherigen Perzeptfolge des Agenten.

Diese Punkte führen uns zu einer **Definition eines rationalen Agenten**:

> Ein rationaler Agent soll für jede mögliche Perzeptfolge eine Aktion wählen, von der erwartet wird, dass sie sein Leistungsmaß maximiert, wenn die Ergebnisse der Perzeptfolge sowie jegliches Vorwissen des Agenten berücksichtigt werden.

Betrachten wir den einfachen Staubsauger-Agenten, der ein Feld säubert, wenn es schmutzig ist, und sich andernfalls zum nächsten Feld bewegt – dies ist die in ► Abbildung 2.3 tabellarisch dargestellte Agentenfunktion. Handelt es sich dabei um einen rationalen Agenten? Das kommt darauf an! Zuerst müssen wir angeben, was das Leistungsmaß ist, was über die Umgebung bekannt ist und welche Sensoren und Aktuatoren der Agent hat. Wir wollen Folgendes annehmen:

- Das Leistungsmaß vergibt einen Punkt für jedes saubere Feld pro Zeitschritt, und zwar über eine „Lebensdauer" von 1.000 Zeitschritten.
- Die „Geografie" der Umgebung ist *a priori* bekannt (► Abbildung 2.2), aber die Schmutzverteilung und die Anfangsposition des Agenten sind es nicht. Saubere Felder bleiben sauber und durch Saugen wird das aktuelle Feld gereinigt. Die Aktionen *Rechts* und *Links* bewegen den Agenten um ein Feld in der entsprechenden Richtung weiter, es sei denn, dies würde den Agenten aus der Umgebung herausführen; in diesem Fall bleibt der Agent, wo er ist.
- Die einzigen verfügbaren Aktionen sind *Rechts*, *Links* und *Saugen*.
- Der Agent nimmt seine Position korrekt wahr und erkennt, ob sein Standort schmutzig ist.

Unter diesen Umständen ist der Agent tatsächlich rational; seine erwartete Leistung ist mindestens so gut wie die jedes anderen Agenten.

Man kann leicht nachvollziehen, dass derselbe Agent unter anderen Umständen irrational wäre. Zum Beispiel wird der Agent, sobald der gesamte Schmutz beseitigt ist, unnötig hin- und herpendeln – beinhaltet das Leistungsmaß eine Strafe von einem Punkt für jede Bewegung, so wird der Agent schlecht abschneiden. Ein für diesen Fall besserer Agent würde nichts tun, sobald er sicher ist, dass alle Felder sauber sind. Falls saubere Felder wieder schmutzig werden können, sollte der Agent sie gelegentlich überprüfen und bei Bedarf erneut reinigen. Ist die Geografie der Umgebung unbekannt, dann muss der Agent sie **erkunden**. In Übung 2.2 auf der Website sollen Sie Agenten für solche Fälle entwerfen.

2.2.3 Allwissenheit, Lernen und Autonomie

Wir müssen sorgfältig zwischen Rationalität und **Allwissenheit** unterscheiden. Ein allwissender Agent kennt das *tatsächliche* Ergebnis seiner Aktionen und kann entsprechend handeln – in der Realität ist Allwissenheit allerdings unmöglich. Betrachten Sie das folgende Beispiel: Ich gehe eines Tages auf den Champs Elysées spazieren und sehe einen alten Freund auf der anderen Straßenseite. Es gibt um mich herum keinen Straßenverkehr und ich bin nicht anderweitig beschäftigt, also ist es rational von mir, die Straße zu überqueren. Währenddessen fällt in 10.000 Meter Höhe eine Frachttür aus einem über mir fliegenden Passagierflugzeug[3] und bevor ich es auf die andere Straßenseite schaffe, bin ich platt. War es irrational von mir, die Straße zu überqueren? Es ist unwahrscheinlich, dass in meiner Todesanzeige steht: „Der Dummkopf starb beim Versuch, die Straße zu überqueren.“

Dieses Beispiel zeigt, dass Rationalität nicht mit Perfektion gleichzusetzen ist. Rationalität maximiert die *erwartete* Leistung, während Perfektion die *tatsächliche* Leistung maximiert. Wenn wir von der Forderung nach Perfektion abrücken, ist das nicht nur eine Frage der Fairness gegenüber Agenten. Der springende Punkt ist: Wenn wir von einem Agenten erwarten, dass er das tut, was sich im Nachhinein als die beste Aktion herausstellt, dann ist es unmöglich, einen Agenten zu entwerfen, der diese Vorgabe erfüllt – es sei denn, wir verbessern die Leistung von Kristallkugeln oder Zeitmaschinen.

Für unsere Definition von Rationalität benötigen wir also keine Allwissenheit, denn die rationale Wahl hängt nur von der *bisherigen* Perzeptfolge ab. Wir müssen außerdem sicherstellen, dass wir dem Agenten nicht versehentlich erlaubt haben, ausgesprochen dumme Aktivitäten auszuführen. Schaut ein Agent z. B. nicht nach rechts und nach links, bevor er eine viel befahrene Straße überquert, dann wird er seiner Perzeptfolge nicht entnehmen können, dass sich ein großer Lkw mit hoher Geschwindigkeit nähert. Besagt unsere Definition von Rationalität, dass es jetzt in Ordnung ist, die Straße zu überqueren? Weit gefehlt!

Erstens wäre es angesichts dieser nicht informativen Perzeptfolge nicht rational, die Straße zu überqueren: Das Unfallrisiko beim Überqueren, ohne nach rechts und links zu schauen, ist zu groß. Zweitens sollte ein rationaler Agent die Aktion „Schauen“ wählen, bevor er auf die Straße tritt, weil dies hilft, die erwartete Leistung zu maximieren. Das Ausführen von Aktionen, *um zukünftige Perzepte zu verändern* – manchmal auch als **Informationsbeschaffung** bezeichnet –, ist ein wichtiger Teil der Rationalität und wird in Kapitel 16 ausführlich behandelt. Ein zweites Beispiel für das Sammeln von Informationen ist die **Exploration**, die ein Staubsauger-Agent in einer zunächst unbekannten Umgebung durchführen muss.

Unsere Definition verlangt von einem rationalen Agenten nicht nur, dass er Informationen sammelt, sondern er soll auch so viel wie möglich **lernen** aus dem, was er wahrnimmt. Die anfängliche Konfiguration des Agenten könnte ein gewisses Vorwissen über die Umgebung widerspiegeln, doch sobald der Agent an Erfahrung gewinnt, kann dieses Wissen modifiziert und erweitert werden. Es gibt Extremfälle, in denen die Umgebung *a priori* vollständig bekannt und vollständig vorhersagbar ist. In solchen Fällen muss der Agent nichts wahrnehmen oder lernen; er handelt einfach korrekt, wenn er entsprechend programmiert wird.

Agenten, die weder wahrnehmen noch lernen können, sind natürlich anfällig. Nehmen wir den einfachen Mistkäfer: Nachdem er sein Nest gegraben und seine Eier abgelegt hat, holt er eine Mistkugel von einem nahe gelegenen Haufen, um den Eingang zu verstopfen. Wird ihm die Mistkugel *auf dem Weg* dorthin abgenommen, dann setzt der Käfer seine Aufgabe trotzdem fort, er verstopft das Nest pantomimisch mit der nicht vorhandenen Mistkugel und bemerkt nicht einmal, dass sie fehlt. Die Evolution hat eine Annahme in das Verhalten des Käfers eingebaut und wenn diese verletzt wird, resultiert daraus ein erfolgloses Verhalten.

Ein wenig intelligenter ist die Sphex, eine Gattung der Grabwespe. Das Sphex-Weibchen gräbt eine Höhle, kommt heraus, sticht eine Raupe und schleppt sie vor die Höhle, betritt die Höhle erneut, um zu prüfen, ob alles in Ordnung ist, zieht die Raupe hinein und legt ihre Eier ab. Die Raupe dient als Nahrungsquelle für die Larven, die aus den Eiern schlüpfen. So weit, so gut. Doch wenn ein Entomologe die Raupe um ein paar Zentimeter verschiebt, während die Sphex ihren Kontrollgang durchführt, dann kehrt sie zum Schritt „die Raupe vor die Höhle schleppen“ ihres Plans zurück und wird diesen unverändert fortsetzen, kontrolliert die Höhle erneut, anstatt die Raupe direkt in die Höhle zu ziehen – und das auch, nachdem die Raupe

3 Siehe N. Henderson, „New door latches urged for Boeing 747 jumbo jets“, *Washington Post*, 24. August 1989.

mehrfach verschoben wurde. Die Sphex ist nicht in der Lage zu lernen, dass ihr angeborener Plan fehlschlägt, und wird ihn daher nicht ändern.

Verlässt sich ein Agent auf das Vorwissen seines Entwicklers anstatt auf seine eigenen Wahrnehmungen und Lernprozesse, dann sprechen wir davon, dass es dem Agenten an **Autonomie** mangelt. Ein rationaler Agent sollte autonom sein – er sollte so viel wie möglich lernen, um unvollständiges oder falsches Vorwissen zu kompensieren. Ein Staubsauger-Agent, der lernt vorherzusehen, wo und wann zusätzlicher Schmutz auftaucht, wird beispielsweise besser abschneiden als ein Agent, der das nicht kann.

In der Praxis ist es selten erforderlich, dass ein Agent von Anfang an völlig autonom ist: Wenn der Agent wenig oder gar keine Erfahrung hat, müsste er zufällig handeln, falls ihm sein Entwickler keine Hilfestellung mitgegeben hat. Genauso wie die Evolution Tiere mit ausreichend angeborenen Reflexen ausstattet, damit sie lange genug überleben, bis sie selbst lernen, wäre es vernünftig, einen künstlichen intelligenten Agenten mit einem gewissen Anfangswissen sowie einer Fähigkeit zum Lernen auszustatten. Nach ausreichender Erfahrung mit seiner Umgebung kann das Verhalten eines rationalen Agenten praktisch *unabhängig* von seinem Vorwissen werden. Die Einbeziehung des Lernens ermöglicht es also, einen einzigen rationalen Agenten zu entwerfen, der in einer Vielzahl von Umgebungen erfolgreich ist.

2.3 Arten von Umgebungen

Da wir nun eine Definition der Rationalität haben, sind wir fast so weit, über die Entwicklung rationaler Agenten nachzudenken. Zunächst müssen wir uns jedoch Gedanken über **Aufgabenumgebungen** machen, die im Wesentlichen die „Probleme" darstellen, deren „Lösungen" die rationalen Agenten sind. Als Erstes zeigen wir, wie man eine Aufgabenumgebung spezifiziert, und illustrieren diesen Prozess anhand einer Reihe von Beispielen. Dann stellen wir Aufgabenumgebungen in unterschiedlichen Varianten vor. Die Art der Aufgabenumgebung wirkt sich direkt darauf aus, welcher Entwurf für das Agentenprogramm geeignet ist.

2.3.1 Spezifizieren der Aufgabenumgebung

In unserer Diskussion zur Rationalität des einfachen Staubsauger-Agenten mussten wir das Leistungsmaß, die Umgebung sowie die Aktuatoren und Sensoren des Agenten angeben. Dies alles fassen wir nun unter dem Oberbegriff der **Aufgabenumgebung** zusammen. Da wir gerne Akronyme benutzen, nennen wir dies die **PEAS-Beschreibung** (von **P**erformance, **E**nvironment, **A**ctuators, **S**ensors – Leistung, Umgebung, Aktuatoren, Sensoren). Beim Entwurf eines Agenten muss es immer der erste Schritt sein, die Aufgabenumgebung so vollständig wie möglich zu spezifizieren.

Die Staubsaugerwelt war ein einfaches Beispiel – betrachten wir nun ein komplexeres Problem: einen automatisierten Taxifahrer. ► Abbildung 2.4 fasst die PEAS-Beschreibung für die Aufgabenumgebung des Taxis zusammen. In den folgenden Abschnitten besprechen wir jedes Element im Detail.

Als Erstes fragen wir, welches **Leistungsmaß** wir für unseren automatisierten Fahrer anstreben möchten. Zu den wünschenswerten Eigenschaften gehören: das korrekte Ziel erreichen, den Kraftstoffverbrauch und den Verschleiß minimieren, die Fahrzeit oder -kosten minimieren, Verstöße gegen Verkehrsregeln sowie die Behinderungen anderer Fahrer minimieren, Sicherheit und Fahrgastkomfort sowie den Gewinn maximieren. Offensichtlich stehen einige dieser Ziele im Widerspruch zueinander, sodass Kompromisse eingegangen werden müssen.

Die nächste Frage ist: Wie sieht die **Fahrumgebung** des Taxis aus? Jeder Taxifahrer muss mit einer Vielzahl von Straßen zurechtkommen, von ländlichen Wegen und städtischen Gassen

Agententyp	Leistungsmaß	Umgebung	Aktuatoren	Sensoren
Taxifahrer	Sicher, schnell, legale Fahrweise, komfortable Fahrt, maximiert Gewinne, minimiert Auswirkung auf andere Verkehrsteilnehmer	Straßen, anderer Verkehr, Polizei, Fußgänger, Fahrgäste, Wetter	Lenkrad, Gaspedal, Bremspedal, Blinker, Hupe, Bildschirmanzeige, Sprache	Kameras, Radar, Tachometer, GPS, Motorsensoren, Beschleunigungsmesser, Mikrofone, Touchscreenbildschirm

Abbildung 2.4: PEAS-Beschreibung der Aufgabenumgebung für einen automatisierten Taxifahrer.

bis zu vielspurigen Autobahnen. Auf den Straßen gibt es andere Verkehrsteilnehmer, Fußgänger, kreuzende Wildtiere, Baustellen, Polizeiautos, Pfützen und Schlaglöcher. Außerdem muss das Taxi mit potenziellen und tatsächlichen Fahrgästen kommunizieren. Und es gibt einige Wahlmöglichkeiten. Das Taxi könnte in Südkalifornien eingesetzt werden, wo Schnee selten ein Thema ist – oder in Alaska, wo es selten keins ist. Es könnte immer auf der rechten Seite fahren – oder möchten wir, dass es flexibel genug ist, um auf der linken Seite zu fahren, wenn es sich in Großbritannien oder Japan befindet? Je eingeschränkter die Umgebung ist, desto einfacher ist natürlich das Entwurfsproblem.

Die **Aktuatoren** des automatisierten Taxis sind im Prinzip dieselben, die auch einem menschlichen Fahrer zur Verfügung stehen: Bedienung des Motors durch das Gaspedal und Steuerung über Lenkung und Bremsen. Darüber hinaus wird eine Ausgabe auf einem Bildschirm oder über einen Sprachsynthesizer benötigt, damit das Taxi mit den Fahrgästen sprechen kann, und vielleicht eine Möglichkeit, um mit anderen Fahrzeugen – höflich oder anderweitig – zu kommunizieren.

Zu den grundlegenden **Sensoren** für das Taxi werden eine oder mehrere Videokameras gehören, damit es etwas sehen kann, sowie Lidar- und Ultraschallsensoren, um Abstände zu anderen Autos und Hindernissen zu erkennen. Um Geschwindigkeitsüberschreitungen zu vermeiden, sollte das Taxi einen Tachometer haben, und um das Fahrzeug vor allem in Kurven richtig zu steuern, sollte es einen Beschleunigungsmesser besitzen. Zur Feststellung des mechanischen Zustands des Fahrzeugs, benötigt es die üblichen Sensoren für Motor, Kraftstoff und Elektrik. Wie viele menschliche Fahrer wird es möglicherweise auf GPS-Signale zugreifen wollen, damit es sich nicht verirrt. Schließlich benötigt es Touchscreen- oder Spracheingaben, damit der Fahrgast sein Ziel mitteilen kann.

In ► Abbildung 2.5 skizzieren wir die grundlegenden PEAS-Elemente für eine Reihe zusätzlicher Agententypen. Weitere Beispiele finden Sie in Übung 2.5 auf der Website. Die Beispiele umfassen sowohl physische als auch virtuelle Umgebungen. Beachten Sie, dass virtuelle Aufgabenumgebungen genauso komplex sein können wie die „reale“ Welt: Ein **Software-Agent** (auch als Software-Roboter oder **Softbot** bezeichnet), der auf Auktions- und Wiederverkaufsplattformen handelt, hat beispielsweise mit Millionen anderer Benutzer und Milliarden von Objekten zu tun, darunter viele mit realen Bildern.

2.3.2 Eigenschaften von Aufgabenumgebungen

Die Bandbreite der Aufgabenumgebungen, die in der KI auftreten können, ist offensichtlich riesig. Wir können jedoch eine relativ kleine Anzahl an Dimensionen identifizieren, entlang derer Aufgabenumgebungen kategorisiert werden können. Diese Dimensionen legen zu einem großen Teil den geeigneten Entwurf für einen Agenten sowie die Anwendbarkeit der grundlegenden Familien von Verfahren für die Implementierung fest. Zunächst listen wir die Dimensionen auf, dann analysieren wir mehrere Aufgabenumgebungen, um die Konzepte zu verdeutlichen. Die Definitionen hier sind informell; in späteren Kapiteln finden Sie genauere Aussagen und Beispiele für die einzelnen Umgebungen.

Agententyp	Leistungsmaß	Umgebung	Aktuatoren	Sensoren
Medizinisches Diagnosesystem	Gesunder Patient, verringerte Kosten	Patient, Krankenhaus, Mitarbeiter	Anzeige von Fragen, Untersuchungen, Diagnosen, Behandlungen	Touchscreen/ Spracheingabe von Symptomen und Befunden
Satellitenbild-Analysesystem	Korrekte Objekt- und Geländekategorisierung	Satellit in der Umlaufbahn, Downlink, Wetter	Anzeige der Szenenkategorisierung	Hochauflösende Digitalkamera
Pack-Roboter für Werkstücke	Prozentsatz der Werkstücke in korrekten Behältern	Förderband mit Werkstücken; Behälter	Gelenkarm und -hand	Kamera, taktile und Gelenkwinkelsensoren
Raffinerie-Controller	Reinheit, Ausbeute, Sicherheit	Raffinerie, Rohmaterialien, Arbeiter	Ventile, Pumpen, Heizungen, Rührwerke, Anzeigen	Temperatur-, Druck-, Durchfluss- und chemische Sensoren
Interaktiver Englischlehrer	Punktzahl/Note des Schülers im Test	Schülergruppe, Prüfungskommission	Anzeige von Übungen, Feedback, Sprache	Tastatureingabe, Stimme

Abbildung 2.5: Beispiele für Agententypen und ihre PEAS-Beschreibungen.

Vollständig beobachtbar – teilweise beobachtbar: Wenn die Sensoren eines Agenten ihm zu jedem Zeitpunkt Zugriff auf den vollständigen Zustand der Umgebung gestatten, dann sagen wir, dass die Aufgabenumgebung vollständig beobachtbar ist. Eine Aufgabenumgebung ist faktisch vollständig beobachtbar, wenn die Sensoren alle Aspekte erfassen, die für die Wahl der Aktion *relevant* sind; die Relevanz hängt wiederum vom Leistungsmaß ab. Vollständig beobachtbare Umgebungen sind praktisch, weil der Agent keinen internen Zustand verwalten muss, um die Welt im Auge zu behalten. Eine Umgebung ist möglicherweise nur teilweise beobachtbar, weil die Sensoren verrauscht und ungenau sind oder weil Teile des Zustands einfach nicht in den Sensordaten enthalten sind – zum Beispiel kann ein Staubsauger-Agent, der mit einem lokalen Schmutzsensor ausgestattet ist, nicht erkennen, ob sich in anderen Feldern Schmutz befindet, und ein automatisiertes Taxi kann nicht sehen, was andere Fahrer denken oder planen. Wenn der Agent überhaupt keine Sensoren hat, dann ist die Umgebung **unbeobachtbar**. Man könnte meinen, dass die Lage des Agenten in solchen Fällen hoffnungslos ist, doch wie wir in Kapitel 4 besprechen werden, können die Ziele des Agenten dennoch – manchmal sogar absolut – erreichbar sein.

Einzelagent – Multiagent: Die Unterscheidung zwischen Einzelagenten- und Multiagentenumgebungen scheint einfach zu sein. Zum Beispiel befindet sich ein Agent, der alleine ein Kreuzworträtsel löst, offensichtlich in einer Einzelagentenumgebung, während ein Agent, der Schach spielt, in einer Zwei-Agenten-Umgebung ist. Es gibt jedoch einige subtile Probleme. Wir haben zwar beschrieben, wie eine Entität als Agent betrachtet werden *kann*, aber wir haben nicht geklärt, welche Entitäten als Agenten betrachtet werden *müssen*. Muss ein Agent A (z. B. der Taxifahrer) ein Objekt B (ein anderes Fahrzeug) als Agent behandeln oder kann er es einfach als ein Objekt ansehen, das sich gemäß den physikalischen Gesetzen verhält, wie Wellen am Strand oder Blätter, die im Wind wehen? Das wesentliche Unterscheidungsmerkmal ist, ob das Verhalten von B am besten als Maximierung eines Leistungsmaßes beschrieben wird, dessen Wert vom Verhalten von Agent A abhängt.

Beim Schachspiel zum Beispiel versucht die gegnerische Entität B ihr Leistungsmaß zu maximieren, was nach den Regeln des Schachspiels das Leistungsmaß von Agent A minimiert. Schach ist also eine **konkurrierende** Multiagentenumgebung. In der Taxi-Umgebung dagegen verbessert die Vermeidung von Kollisionen das Leistungsmaß aller Agenten, es handelt sich also um eine partiell **kooperative** Multiagentenumgebung. Sie besitzt aber auch konkurrierende Aspekte, z. B. weil jeweils nur ein Auto einen Parkplatz belegen kann.

Die Probleme beim Entwurf von Agenten in Multiagentenumgebungen sind häufig etwas andere als in Einzelagentenumgebungen; zum Beispiel erweist sich Kommunikation in Multiagentenumgebungen oft als rationales Verhalten; in einigen konkurrierenden Umgebungen ist zufälliges Verhalten rational, weil es die Fallstricke der Vorhersagbarkeit vermeidet.

Deterministisch – nichtdeterministisch. Wenn der nächste Zustand der Umgebung vollständig durch den aktuellen Zustand sowie durch die von dem oder den Agenten ausgeführte Aktion festgelegt wird, dann sagen wir, dass die Umgebung deterministisch ist; andernfalls ist sie nichtdeterministisch. Im Prinzip muss sich ein Agent in einer vollständig beobachtbaren, deterministischen Umgebung keine Gedanken über Unsicherheit machen. Ist die Umgebung jedoch nur teilweise beobachtbar ist, könnte sie als nichtdeterministisch *erscheinen*.

Die meisten realen Situationen sind so komplex, dass es unmöglich ist, den Überblick über alle unbeobachteten Aspekte zu behalten; für praktische Zwecke müssen sie als nichtdeterministisch angesehen werden. Die Taxi-Umgebung ist in diesem Sinne eindeutig nichtdeterministisch, weil man das Verkehrsgeschehen nie genau vorhersagen kann; außerdem kann es passieren, dass die Reifen unerwartet platzen oder der Motor ohne Vorwarnung ausfällt. Die Staubsaugerwelt, so wie wir sie beschrieben haben, ist deterministisch, aber Varianten können nichtdeterministische Elemente enthalten, z. B. Schmutz, der zufällig dazukommt, oder ein unzuverlässiger Saugmechanismus (Übung 2.16 auf der Website).

Eine letzte Anmerkung: Der Begriff **stochastisch** wird von manchen als Synonym für „nichtdeterministisch" verwendet, doch wir unterscheiden zwischen den beiden Begriffen – wir sagen, dass ein Modell der Umwelt stochastisch ist, wenn es explizit mit Wahrscheinlichkeiten arbeitet (z. B. „es besteht eine 25%ige Chance, dass es morgen regnet"), und „nichtdeterministisch", wenn die Möglichkeiten aufgelistet werden, ohne dass sie quantifiziert werden (z. B. „es besteht die Chance, dass es morgen regnet").

Episodisch – sequenziell: In einer episodischen Aufgabenumgebung ist die Erfahrung des Agenten in atomare Episoden unterteilt. In jeder Episode empfängt der Agent ein Perzept und führt dann eine einzelne Aktion aus. Entscheidend ist, dass die nächste Episode nicht von den Aktionen der vorhergehenden Episoden abhängt. Viele Klassifikationsaufgaben sind episodisch. Beispielsweise basiert jede Entscheidung eines Agenten, der defekte Teile auf einem Fließband erkennen soll, nur auf dem aktuellen Teil und ist unabhängig von früheren Entscheidungen; außerdem hat die aktuelle Entscheidung keinen Einfluss darauf, ob das nächste Teil defekt ist. In sequenziellen Umgebungen hingegen könnte die aktuelle Entscheidung alle zukünftigen Entscheidungen beeinflussen.[4] Schach und Taxifahren sind sequenziell: In beiden Fällen können kurzfristige Aktionen langfristige Konsequenzen haben. Episodische Umgebungen sind viel einfacher als sequenzielle Umgebungen, weil der Agent nicht vorausdenken muss.

Statisch – dynamisch: Wenn sich die Umgebung ändern kann, während ein Agent eine Entscheidung trifft, dann sprechen wir davon, dass die Umgebung für diesen Agenten dynamisch ist; andernfalls ist sie statisch. Statische Umgebungen sind einfach zu handhaben, da der Agent die Welt nicht ständig beobachten muss, während er sich für eine Aktion entscheidet, und er muss sich auch keine Gedanken über den Zeitablauf machen. Dynamische Umgebungen hingegen fragen den Agenten ständig, was er tun möchte; hat er sich noch nicht entschieden, so wird das als Entscheidung gewertet, nichts zu tun. Ändert sich im Laufe der Zeit nicht die Umgebung, sondern das Leistungsmaß des Agenten, dann sagen wir, dass die Umgebung **semidynamisch** ist. Taxifahren ist offensichtlich dynamisch: Die anderen Autos

4 Das Wort „sequenziell" wird in der Informatik auch als Antonym von „parallel" verwendet. Die beiden Bedeutungen sind aber weitgehend unabhängig voneinander.

und das Taxi selbst bewegen sich, während der Fahralgorithmus berechnet, was als Nächstes zu tun ist. Schach ist, wenn es mit einer Uhr gespielt wird, semidynamisch. Kreuzworträtsellösen ist statisch.

Diskret – stetig: Die Unterscheidung diskret/stetig bezieht sich auf den *Zustand* der Umgebung, auf die Art und Weise, wie die *Zeit* gehandhabt wird, sowie auf die *Perzepte* und *Aktionen* des Agenten. Zum Beispiel hat die Schachumgebung eine endliche Anzahl unterschiedlicher Zustände (von der Uhr abgesehen). Außerdem besitzt Schach eine diskrete Menge von Perzepten und Aktionen. Taxifahren ist eine Problemstellung mit stetigen Zuständen und stetiger Zeit: Die Geschwindigkeit und der Standort des Taxis und der anderen Fahrzeuge durchlaufen einen Bereich stetiger Werte, und zwar gleichmäßig über der Zeit. Auch die Aktionen des Taxifahrens sind stetig (Lenkwinkel usw.). Die Eingaben von Digitalkameras sind streng genommen diskret, werden aber typischerweise so behandelt, als würden sie stetig variierende Intensitäten und Positionen darstellen.

Bekannt – unbekannt: Streng genommen bezieht sich diese Unterscheidung nicht auf die Umgebung selbst, sondern auf den Wissensstand des Agenten (oder seines Entwicklers) über die „physikalischen Gesetze" der Umgebung. In einer bekannten Umgebung sind die Ergebnisse (oder Ergebniswahrscheinlichkeiten, wenn die Umgebung nichtdeterministisch ist) für alle Aktionen gegeben. Ist die Umgebung unbekannt, dann muss der Agent natürlich lernen, wie sie funktioniert, um gute Entscheidungen treffen zu können.

Die Unterscheidung zwischen bekannten und unbekannten Umgebungen ist nicht dieselbe wie die zwischen vollständig und teilweise beobachtbaren Umgebungen. Es ist durchaus möglich, dass eine *bekannte* Umgebung nur *teilweise* beobachtbar ist – bei einem Solitär-Kartenspiel zum Beispiel kenne ich zwar die Regeln, kann aber nicht die Karten sehen, die noch nicht umgedreht wurden. Umgekehrt kann eine *unbekannte* Umgebung *vollständig* beobachtbar sein – bei einem neuen Videospiel zeigt der Bildschirm vielleicht den gesamten Spielzustand an, aber ich weiß erst, was die Tasten bedeuten, wenn ich sie ausprobiere.

Wie auf S. 65 erwähnt, kann das Leistungsmaß selbst unbekannt sein, entweder weil der Entwickler nicht sicher ist, wie er es korrekt angeben soll, oder weil der Endanwender – auf dessen Präferenzen es ankommt – noch nicht bekannt ist. Ein Taxifahrer weiß zum Beispiel normalerweise nicht, ob ein neuer Fahrgast eine gemächliche oder schnelle Fahrt, einen vorsichtigen oder aggressiven Fahrstil bevorzugt. Ein virtueller persönlicher Assistent weiß zu Beginn nichts über die persönlichen Vorlieben seines neuen Besitzers. In solchen Fällen kann der Agent durch weitere Interaktionen mit dem Entwickler oder Benutzer mehr über das Leistungsmaß erfahren. Dies wiederum legt nahe, dass die Aufgabenumgebung notwendigerweise als Multiagentenumgebung betrachtet wird.

Der schwierigste Fall ist eine *teilweise beobachtbare, nichtdeterministische, sequenzielle, dynamische, stetige* und *unbekannte Multiagenten*umgebung. Taxifahren ist in all diesen Aspekten schwierig, außer dass die Umgebung des Fahrers größtenteils bekannt ist. Das Fahren eines Mietwagens in einem neuen Land mit nicht vertrauter Geografie, anderen Verkehrsregeln und nervösen Fahrgästen ist viel aufregender.

In ► Abbildung 2.6 sind die Eigenschaften einiger vertrauter Umgebungen aufgeführt. Beachten Sie, dass die Eigenschaften nicht immer ganz eindeutig sind. Zum Beispiel haben wir die medizinische Diagnose als Aufgabe für einen einzelnen Agenten aufgeführt, weil der Krankheitsprozess bei einem Patienten nicht nutzbringend als Agent modelliert werden kann; aber ein medizinisches Diagnosesystem muss eventuell auch mit widerspenstigen Patienten und skeptischem Personal umgehen, sodass die Umgebung durchaus auch Aspekte einer Multiagentenumgebung haben könnte. Außerdem ist die medizinische Diagnose episodisch, wenn man die Aufgabe so versteht, dass eine Diagnose anhand einer Liste von Symptomen ausgewählt wird; das Problem ist aber sequenziell, wenn die Aufgabe das Vorschlagen einer Reihe

Aufgabenumgebung	Beobachtbar	Agenten	Deterministisch	Episodisch	Statisch	Diskret
Kreuzworträtsel	Vollständig	Einzel	Deterministisch	Sequenziell	Statisch	Diskret
Schach mit Uhr	Vollständig	Multi	Deterministisch	Sequenziell	Semidyn.	Diskret
Poker	Teilweise	Multi	Nichtdeterministisch	Sequenziell	Statisch	Diskret
Backgammon	Vollständig	Multi	Nichtdeterministisch	Sequenziell	Statisch	Diskret
Taxifahren	Teilweise	Multi	Nichtdeterministisch	Sequenziell	Dynamisch	Stetig
Medizinische Diagnose	Teilweise	Einzel	Nichtdeterministisch	Sequenziell	Dynamisch	Stetig
Bildanalyse	Vollständig	Einzel	Deterministisch	Episodisch	Semidyn.	Stetig
Pack-Roboter für Werkstücke	Teilweise	Einzel	Nichtdeterministisch	Episodisch	Dynamisch	Stetig
Raffinerie-Controller	Teilweise	Einzel	Nichtdeterministisch	Sequenziell	Dynamisch	Stetig
Interaktiver Englischlehrer	Teilweise	Multi	Nichtdeterministisch	Sequenziell	Dynamisch	Diskret

Abbildung 2.6: Beispiele für Aufgabenumgebungen und ihre Eigenschaften.

von Tests, die Bewertung des Fortschritts im Verlauf der Behandlung, die Behandlung mehrerer Patienten usw. beinhalten kann.

Wir haben keine Spalte „bekannt/unbekannt" aufgenommen, weil dies, wie bereits erwähnt, streng genommen keine Eigenschaft der Umgebung ist. Bei einigen Umgebungen, wie z. B. Schach und Poker, ist es recht einfach, den Agenten mit vollständigem Regelwissen auszustatten, doch es ist trotzdem interessant zu überlegen, wie ein Agent lernen könnte, die Spiele auch ohne dieses Wissen zu meistern.

Der zu diesem Buch bereitgestellt Code (`aima.cs.berkeley.edu`) enthält Implementierungen für mehrere Umgebungen sowie einen allgemeinen Umgebungssimulator zur Bewertung der Leistung eines Agenten. Experimente werden oft nicht für eine einzelne Umgebung durchgeführt, sondern für viele Umgebungen, die aus einer **Umgebungsklasse** stammen. Um beispielsweise einen Taxifahrer im simulierten Verkehr zu bewerten, möchten wir gerne viele Simulationen mit unterschiedlichen Verkehrs-, Licht- und Wetterbedingungen durchführen. Wir sind dann an der durchschnittlichen Leistung des Agenten in der Umgebungsklasse interessiert.

2.4 Die Struktur von Agenten

Bisher haben wir uns bei unseren Ausführungen über Agenten auf die Beschreibung ihres *Verhaltens* konzentriert – die Aktion, die nach einer bestimmten Folge von Perzepten ausgeführt wird. Jetzt müssen wir in den sauren Apfel beißen und darüber sprechen, wie das Innenleben eines Agenten aussieht. Die Aufgabe der KI ist es, ein **Agentenprogramm** zu entwerfen, das die Agentenfunktion implementiert – die Abbildung von Perzepten auf Aktionen. Wir gehen davon aus, dass dieses Programm auf irgendeiner Art Rechengerät mit physischen Sensoren und Aktuatoren läuft – wir nennen dies die **Agentenarchitektur**:

$$Agent = Architektur + Programm$$

Natürlich muss das Programm, das wir auswählen, für die Architektur geeignet sein. Wenn das Programm Aktionen wie *Gehen* empfehlen soll, dann sollte die Architektur auch irgendeine Form von Beinen haben. Bei der Architektur könnte es sich um einen gewöhnlichen PC handeln oder um ein Roboterauto mit mehreren integrierten Computern, Kameras und anderen Sensoren. Im Allgemeinen stellt die Architektur dem Programm die Perzepte der

Sensoren zur Verfügung, führt das Programm aus und gibt die vom Programm vorgeschlagenen Aktionen an die Aktuatoren weiter, sobald sie generiert wurden. Der größte Teil dieses Buchs befasst sich mit dem Entwurf von Agentenprogrammen, während sich die Kapitel 25 und 26 direkt mit den Sensoren und Aktuatoren befassen.

2.4.1 Agentenprogramme

Die Agentenprogramme, die wir in diesem Buch entwerfen, haben alle das gleiche Grundgerüst: Sie nehmen das aktuelle Perzept als Eingabe von den Sensoren entgegen und geben eine Aktion an die Aktuatoren zurück.[5] Beachten Sie den Unterschied zwischen dem Agentenprogramm, das das aktuelle Perzept als Eingabe entgegennimmt, und der Agentenfunktion, die von der gesamten Perzepthistorie abhängen kann. Dem Agentenprogramm bleibt nichts anderes übrig, als lediglich das aktuelle Perzept als Eingabe zu übernehmen, weil sonst nichts von der Umgebung zur Verfügung gestellt wird – sollen die Aktionen des Agenten von der gesamten Perzeptfolge abhängen, dann muss sich der Agent die Perzepte merken.

Wir beschreiben die Agentenprogramme in der einfachen Pseudocode-Sprache, die in Anhang B definiert ist. (Der online bereitgestellte Code enthält Implementierungen in echten Programmiersprachen.) ► Abbildung 2.7 zeigt zum Beispiel ein eher triviales Agentenprogramm, das die Perzeptfolge verfolgt und sie dann verwendet, um eine passende Aktion anhand des entsprechenden Indexes aus der Tabelle herauszusuchen und zu entscheiden, was zu tun ist. Die Tabelle – ein Beispiel dafür ist in ► Abbildung 2.3 für die Staubsaugerwelt dargestellt – repräsentiert explizit die Agentenfunktion, die wiederum das Agentenprogramm verkörpert. Um auf diese Weise einen rationalen Agenten zu erstellen, müssen wir als Entwickler eine Tabelle aufbauen, die für jede mögliche Perzeptfolge die entsprechende Aktion enthält.

```
function TABLE-DRIVEN-AGENT(percept) returns eine Aktion
  persistent: percepts, eine Folge, anfangs leer
              table, eine Tabelle mit Aktionen, durch Perzeptfolgen indiziert,
              anfangs vollständig spezifiziert

  percept am Ende von percepts anhängen
  action ← LOOKUP(percepts, table)
  return action
```

Abbildung 2.7: Das Programm TABLE-DRIVEN-AGENT wird für jedes neue Perzept aufgerufen und gibt jeweils eine Aktion zurück. Es verwaltet die vollständige Perzeptfolge im Speicher.

Es ist sehr aufschlussreich, sich zu überlegen, warum der tabellengesteuerte Ansatz zur Entwicklung von Agenten zum Scheitern verurteilt ist. Sei $\mathcal{P}$ die Menge der möglichen Perzepte und T die Lebensdauer des Agenten (die Gesamtzahl der Perzepte, die er entgegennimmt). Die Nachschlagetabelle (LOOKUP) wird dann $\sum_{t=1}^{T} |\mathcal{P}|^t$ Einträge enthalten. Betrachten wir das automatisierte Taxi: Die visuelle Eingabe einer einzelnen Kamera (acht Kameras sind üblich) trifft mit einer Rate von etwa 70 Megabyte pro Sekunde ein (30 Bilder pro Sekunde, 1.080×720 Pixel mit 24 Bit Farbinformationen). Damit kommen wir auf eine Nachschlagetabelle mit über $10^{600.000.000.000}$ Einträgen für eine Stunde Fahrzeit. Sogar die Nachschlagetabelle für Schach – ein winziges, braves Fragment der realen Welt – hat (wie sich herausstellt) mindestens 10^{150} Einträge. Im Vergleich dazu beträgt die Anzahl der Atome im beobacht-

5 Es gibt noch andere Möglichkeiten für das Grundgerüst eines Agentenprogramms; zum Beispiel könnten wir die Agentenprogramme als **Coroutinen** ausführen, die asynchron zu der Umgebung laufen. Jede solche Coroutine hat einen Eingabe- und einen Ausgabeport und besteht aus einer Schleife, die Perzepte vom Eingabeport liest und Aktionen auf den Ausgabeport schreibt.

baren Universum weniger als 10^{80}. Die erschreckende Größe dieser Tabellen bedeutet, dass (a) kein physischer Agent in diesem Universum genügend Platz hat, die Tabelle zu speichern; (b) kein Entwickler die Zeit hätte, die Tabelle zu erstellen; und (c) kein Agent jemals alle richtigen Tabelleneinträge aus seiner Erfahrung lernen könnte.

Trotz alledem erledigt TABLE-DRIVEN-AGENT *genau das*, was wir wollen, vorausgesetzt, die Tabelle ist korrekt ausgefüllt: Es implementiert die gewünschte Agentenfunktion. *Die zentrale Herausforderung der KI besteht darin herauszufinden, wie man Programme schreibt, die rationales Verhalten so weit wie möglich aus einem recht kleinen Programm statt aus einer riesigen Tabelle erzeugen.*

Es gibt viele Beispiele, die zeigen, dass dies auch in anderen Bereichen erfolgreich möglich ist: So wurden die riesigen Quadratwurzeltabellen, die vor den 1970er Jahren von Ingenieuren und Schulkindern verwendet wurden, durch ein fünfzeiliges Programm ersetzt, welches das Newton-Verfahren implementiert und das auf Taschenrechnern ausgeführt wird. Die Frage lautet: Kann die KI für allgemeines intelligentes Verhalten das leisten, was Newton für die Quadratwurzel getan hat? Wir glauben, die Antwort ist „ja".

Im weiteren Verlauf dieses Abschnitts skizzieren wir vier grundlegende Arten von Agentenprogrammen, die die Prinzipien verkörpern, auf denen fast alle intelligenten Systeme aufbauen:

- Einfache Reflexagenten
- Modellbasierte Reflexagenten
- Zielbasierte Agenten
- Nutzenbasierte Agenten

Jede Art von Agentenprogramm kombiniert spezielle Komponenten auf bestimmte Weise, um Aktionen zu erzeugen. Abschnitt 2.4.6 erklärt in allgemeiner Form, wie man all diese Agenten in *lernende Agenten* umwandelt, die die Leistung ihrer Komponenten verbessern können, um bessere Aktionen zu generieren. Schließlich wird in Abschnitt 2.4.7 die Vielfalt der Möglichkeiten beschrieben, wie die Komponenten selbst innerhalb des Agenten dargestellt werden können. Diese Vielfalt stellt ein wichtiges Ordnungsprinzip sowohl für das Fachgebiet als auch für dieses Buch dar.

2.4.2 Einfache Reflexagenten

Die simpelste Art von Agenten sind die **einfachen Reflexagenten**. Diese Agenten wählen Aktionen auf der Basis des *aktuellen* Perzepts aus und ignorieren den Rest der Perzepthistorie. Zum Beispiel ist der Staubsauger-Agent, dessen Agentenfunktion in ► Abbildung 2.3 tabellarisch dargestellt ist, ein einfacher Reflexagent, weil seine Entscheidung nur auf der aktuellen Position und darauf basiert, ob dieses Feld Schmutz enthält. Ein Agentenprogramm für diesen Agenten ist in ► Abbildung 2.8 dargestellt.

```
function REFLEX-VACUUM-AGENT([location,status]) returns eine Aktion
  if status = Schmutzig then return Saugen
  else if location = A then return Rechts
  else if location = B then return Links
```

Abbildung 2.8: Das Agentenprogramm für einen einfachen Reflexagenten in der Staubsauger-Umgebung mit zwei Feldern. Dieses Programm implementiert die Agentenfunktion aus Abbildung 2.3.

Beachten Sie, dass das Programm des Staubsauger-Agenten im Vergleich zur entsprechenden Tabelle tatsächlich sehr klein ist. Die offensichtlichste Reduzierung ergibt sich daraus, dass die Perzepthistorie ignoriert wird, wodurch sich die Anzahl der relevanten Perzeptfolgen von 4^T auf nur 4 verringert. Eine weitere, kleine Reduktion ergibt sich aus der Tatsache, dass, falls das aktuelle Feld schmutzig ist, die zu wählende Aktion nicht von der Position des Agenten abhängt. Obwohl wir das Agentenprogramm mit **if-then-else**-Anweisungen geschrieben haben, ist es derartig einfach, dass es auch als boolescher Schaltkreis implementiert werden kann.

Einfache reflexartige Verhaltensweisen treten auch in komplexeren Umgebungen auf. Stellen Sie sich vor, Sie wären der Fahrer des automatisierten Taxis. Wenn das vorausfahrende Auto bremst und seine Bremslichter aufleuchten, dann sollten Sie dies erkennen und ebenfalls den Bremsvorgang einleiten. Mit anderen Worten: Es findet eine Verarbeitung der visuellen Eingabe statt, um die Bedingung zu schaffen, die wir „das Auto vor uns bremst" nennen. Dies löst dann eine bestehende Verbindung im Agentenprogramm zur Aktion „Bremsvorgang einleiten" aus. Wir nennen eine solche Verbindung eine **Bedingung-Aktion-Regel**[6], geschrieben als:

if *Auto-vor-uns-bremst* **then** *Bremsvorgang-einleiten*

Auch Menschen haben viele solcher Verbindungen, von denen einige erlernte Reaktionen sind (wie beim Autofahren) und einige angeborene Reflexe (wie das Blinzeln, wenn sich etwas dem Auge nähert). Im Rahmen dieses Buchs zeigen wir verschiedene Möglichkeiten auf, wie solche Verbindungen erlernt und implementiert werden können.

Das Programm in ► Abbildung 2.8 ist spezifisch für eine bestimmte Staubsauger-Umgebung. Ein allgemeinerer und flexiblerer Ansatz besteht darin, zunächst einen universellen Interpreter für Bedingung-Aktion-Regeln zu erstellen und dann Regelsätze für spezifische Aufgabenumgebungen festzulegen. ► Abbildung 2.9 gibt die Struktur dieses allgemeinen Programms in schematischer Form wieder und zeigt, wie es die Bedingung-Aktion-Regeln dem Agen-

6 Auch **Situation-Aktion-Regel**, **Produktions-** oder **if-then-Regel**. Das Besondere an diesen Regeln ist, dass sie immer eine Aktion „produzieren". Der Begriff **if-then**-Regel wird auch allgemeiner verwendet.

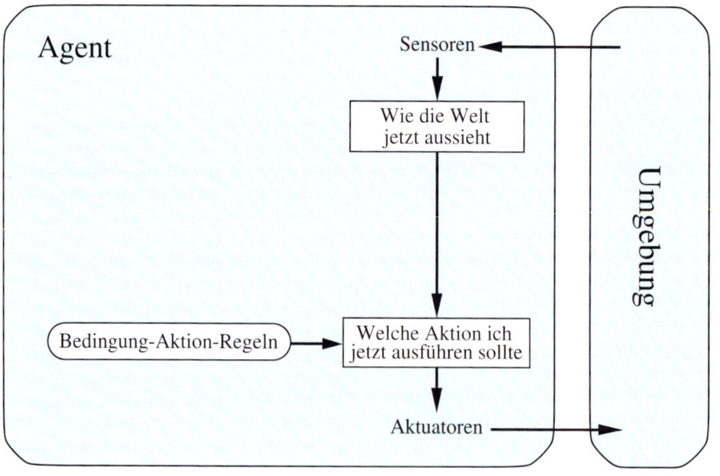

Abbildung 2.9: Schematische Darstellung eines einfachen Reflexagenten. Wie verwenden Rechtecke, um den aktuellen internen Zustand des Entscheidungsprozesses im Agenten zu kennzeichnen, und Ovale, um die Hintergrundinformationen darzustellen, die in dem Prozess benutzt werden.

```
function SIMPLE-REFLEX-AGENT(percept) returns eine Aktion
  persistent: rules, eine Menge von Bedingung-Aktion-Regeln

  state ← INTERPRET-INPUT(percept)
  rule ← RULE-MATCH(state, rules)
  action ← rule.ACTION
  return action
```

Abbildung 2.10: Ein einfacher Reflexagent. Er handelt nach einer Regel, deren Bedingung mit dem durch das Perzept definierten aktuellen Zustand übereinstimmt.

ten erlauben, die Verbindung vom Perzept zur Aktion herzustellen. Machen Sie sich keine Sorgen, wenn dies trivial erscheint; es wird in Kürze interessanter.

Ein Agentenprogramm für ► Abbildung 2.9 ist in ► Abbildung 2.10 dargestellt. Die Funktion INTERPRET-INPUT erzeugt aus dem Perzept eine abstrahierte Beschreibung des aktuellen Zustands und die Funktion RULE-MATCH gibt die erste Regel aus dem Regelsatz zurück, die mit der gegebenen Zustandsbeschreibung übereinstimmt. Beachten Sie, dass die Beschreibung hinsichtlich „Regeln" und „Übereinstimmung" rein konzeptuell ist; wie oben erwähnt, können die tatsächlichen Implementierungen so einfach sein wie eine Menge von Logikgattern, die einen booleschen Schaltkreis implementieren. Alternativ kann auch ein „neuronaler" Schaltkreis verwendet werden, bei dem die logischen Gatter durch die nichtlinearen Einheiten künstlicher neuronaler Netze ersetzt werden (siehe Kapitel 21).

Einfache Reflexagenten haben die großartige Eigenschaft, dass sie einfach sind. Allerdings sind sie auch nur von begrenzter Intelligenz. Der Agent in ► Abbildung 2.10 funktioniert *nur dann, wenn die richtige Entscheidung allein auf Grundlage des aktuellen Perzepts getroffen werden kann – das heißt nur, wenn die Umgebung vollständig beobachtbar ist.*

Selbst das kleinste bisschen Unbeobachtbarkeit kann zu ernsthaften Problemen führen. Die oben beschriebene Bremsregel geht zum Beispiel davon aus, dass die Bedingung *Auto-vor-uns-bremst* aus dem aktuellen Perzept – einem einzigen Videobild – bestimmt werden kann. Dies funktioniert, wenn das vorausfahrende Fahrzeug ein mittig angebrachtes (und damit eindeutig identifizierbares) Bremslicht hat. Leider haben ältere Modelle unterschiedliche Anordnungen von Rücklicht, Bremslicht und Blinker und es ist nicht immer möglich, anhand eines einzigen Bilds zu erkennen, ob das Auto bremst oder nur die Rücklichter an hat. Ein einfacher Reflexagent, der hinter einem solchen Auto fährt, würde entweder ständig und unnötig bremsen oder – noch schlimmer – überhaupt nicht bremsen.

Ein ähnliches Problem kann uns in der Staubsaugerwelt begegnen. Nehmen wir an, ein einfacher Staubsauger-Reflexagent verliert seinen Positionssensor und besitzt nur noch einen Schmutzsensor. Ein solcher Agent hat lediglich zwei mögliche Perzepte: [*Schmutzig*] und [*Sauber*]. Er kann *Saugen* als Reaktion auf [*Schmutzig*] ausführen – doch was sollte er als Reaktion auf [*Sauber*] tun? Die *Links*-Bewegung scheitert (immer), falls er in Feld *A* startet, und die *Rechts*-Bewegung scheitert (immer), falls er in Feld *B* startet. Endlosschleifen sind für einfache Reflexagenten in teilweise beobachtbaren Umgebungen oft unvermeidbar.

Ein Austritt aus Endlosschleifen ist möglich, wenn der Agent seine Aktionen **zufällig auswählen** (randomisieren) kann. Empfängt der Staubsauger-Agent zum Beispiel [*Sauber*], dann könnte er eine Münze werfen, um zwischen *Rechts* und *Links* zu wählen. Man kann leicht zeigen, dass der Agent das andere Feld in durchschnittlich zwei Schritten erreicht. Wenn dieses Feld dann schmutzig ist, wird der Agent es säubern und die Aufgabe ist erledigt. Ein einfacher Reflexagent mit Zufallsauswahl könnte somit einem deterministischen einfachen Reflexagenten überlegen sein.

In Abschnitt 2.3 haben wir erwähnt, dass zufälliges Verhalten der richtigen Art in einigen Multiagentenumgebungen rational sein kann. In Einzelagentenumgebungen ist die Randomisierung normalerweise nicht rational. Es ist ein nützlicher Trick, der einem einfachen Reflexagenten in manchen Situationen hilft, aber in den meisten Fällen können wir mit ausgefeilteren deterministischen Agenten viel mehr erreichen.

2.4.3 Modellbasierte Reflexagenten

Der effektivste Weg für einen Agenten, mit teilweiser Beobachtbarkeit umzugehen, ist, *über den aktuell nicht sichtbaren Teil der Welt quasi Buch zu führen*. Das heißt, der Agent sollte eine Art **internen Zustand** verwalten, der von der Perzepthistorie abhängt und dadurch zumindest einige der unbeobachteten Aspekte des aktuellen Zustands widerspiegelt. Für das Bremsproblem ist der interne Zustand nicht allzu umfangreich – es ist nur das vorhergehende Kamerabild, sodass der Agent erkennen kann, wenn zwei rote Lichter an den Seiten des Fahrzeugs gleichzeitig an- oder ausgehen. Für andere Fahraufgaben, wie z. B. den Spurwechsel, muss sich der Agent merken, wo sich die anderen Autos befinden, falls er sie nicht alle gleichzeitig sehen kann. Und damit überhaupt eine Fahrt möglich ist, muss sich der Agent merken, wo seine Schlüssel sind.

Um diese internen Zustandsinformationen über die Zeit zu aktualisieren, müssen zwei Arten von Wissen in irgendeiner Form im Agentenprogramm codiert werden. Erstens benötigen wir Informationen darüber, wie sich die Welt im Laufe der Zeit verändert, wobei man im Wesentlichen zwei Teile unterscheiden kann: die Auswirkungen der Aktionen des Agenten und die Entwicklung der Welt unabhängig vom Agenten. Wenn der Agent zum Beispiel das Lenkrad im Uhrzeigersinn bewegt, dann dreht sich das Auto nach rechts, und wenn es regnet, können die Kameras des Autos nass werden. Dieses Wissen darüber, „wie die Welt funktioniert“ – ob in einfachen booleschen Schaltkreisen oder in vollständigen wissenschaftlichen Theorien implementiert –, wird als **Transitionsmodell** der Welt bezeichnet.

Zweitens benötigen wir Informationen darüber, wie sich der Zustand der Welt in den Perzepten des Agenten widerspiegelt. Wenn z. B. das vorausfahrende Auto einen Bremsvorgang einleitet, so erscheinen ein oder mehrere rot beleuchtete Bereiche im nach vorne gerichteten Kamerabild, und wenn die Kamera nass wird, erscheinen tropfenförmige Objekte im Bild, die die Straße teilweise verdecken. Diese Art von Wissen wird als **Sensormodell** bezeichnet.

Zusammen ermöglichen das Transitionsmodell und das Sensormodell einem Agenten, den Zustand der Welt zu verfolgen – soweit dies angesichts der Einschränkungen durch die Sensoren des Agenten möglich ist. Ein Agent, der solche Modelle verwendet, wird als **modellbasierter Agent** bezeichnet.

► Abbildung 2.11 zeigt die Struktur des modellbasierten Reflexagenten mit internem Zustand und verdeutlicht, wie das aktuelle Perzept mit dem alten internen Zustand verknüpft wird, um die aktualisierte Beschreibung des aktuellen Zustands zu generieren, basierend auf dem Modell des Agenten über Funktionsweise der Welt. Das Agentenprogramm ist in ► Abbildung 2.12. dargestellt. Der interessante Teil ist die Funktion UPDATE-STATE, die für die Erstellung der neuen internen Zustandsbeschreibung verantwortlich ist. Wie Modelle und Zustände im Detail dargestellt werden, variiert stark und hängt von der Art der Umgebung und der speziellen Technologie ab, die beim Entwurf des Agenten verwendet wird.

Unabhängig von der Art der Darstellung ist es für den Agenten selten möglich, den aktuellen Zustand einer teilweise beobachtbaren Umgebung *genau* zu bestimmen. Stattdessen repräsentiert das Kästchen mit der Aufschrift „Wie die Welt jetzt aussieht“ (► Abbildung 2.11) die „beste Vermutung“ des Agenten (oder manchmal beste Vermutungen, wenn der Agent mehrere Möglichkeiten in Betracht zieht). Zum Beispiel kann ein automatisiertes Taxi möglicherweise nicht um den großen Lkw herumsehen, der vor ihm angehalten hat, und kann

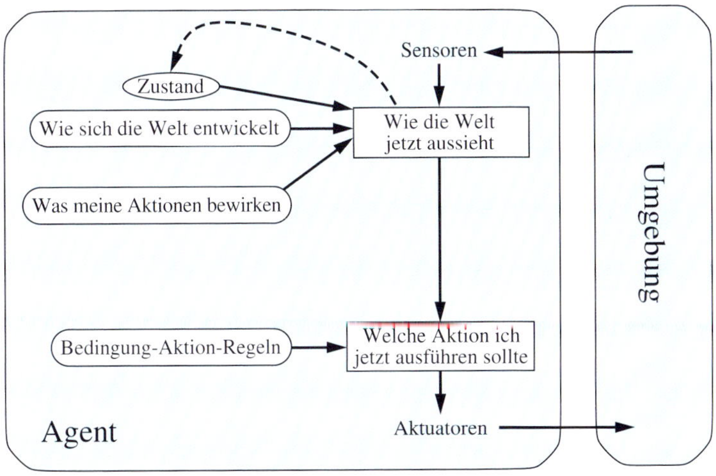

Abbildung 2.11: Ein modellbasierter Reflexagent.

```
function MODEL-BASED-REFLEX-AGENT(percept) returns eine Aktion
  persistent: state, die aktuelle Auffassung des Agenten vom Zustand der Welt
              transition_model, eine Beschreibung, wie der nächste Zustand vom
                    aktuellen Zustand und der Aktion abhängt
              sensor_model, eine Beschreibung, wie sich der aktuelle Zustand der Welt
                    in den Perzepten des Agenten widerspiegelt
              rules, eine Menge von Bedingung-Aktion-Regeln
              action, die vorherige Aktion, anfangs keine

  state ← UPDATE-STATE(state, action, percept, transition_model, sensor_model)
  rule ← RULE-MATCH(state, rules)
  action ← rule.ACTION
  return action
```

Abbildung 2.12: Ein modellbasierter Reflexagent. Er verwaltet den aktuellen Zustand der Welt mithilfe eines internen Modells. Dann wählt er eine Aktion auf die gleiche Weise wie der Reflexagent aus.

nur raten, was die Ursache für den Stau sein könnte. Die Unsicherheit über den aktuellen Zustand ist also eventuell unvermeidlich, aber der Agent muss trotzdem eine Entscheidung treffen.

2.4.4 Zielbasierte Agenten

Es reicht nicht immer aus, etwas über den aktuellen Zustand der Umgebung zu wissen, um zu entscheiden, was zu tun ist. Zum Beispiel kann das Taxi an einer Straßenkreuzung links abbiegen, rechts abbiegen oder geradeaus weiterfahren. Die richtige Entscheidung hängt davon ab, wohin das Taxi fahren will. Mit anderen Worten: Der Agent benötigt neben einer Beschreibung des aktuellen Zustands auch gewisse Informationen über das **Ziel**, das wünschenswerte Situationen beschreibt – z. B. an einem bestimmten Ort angekommen zu sein. Das Agentenprogramm kann dies mit dem Modell kombinieren (dieselben Informationen, die im modellbasierten Reflexagenten verwendet wurden), um Aktionen auszuwählen, die das Ziel erreichen. ► Abbildung 2.13 zeigt die Struktur des zielbasierten Agenten.

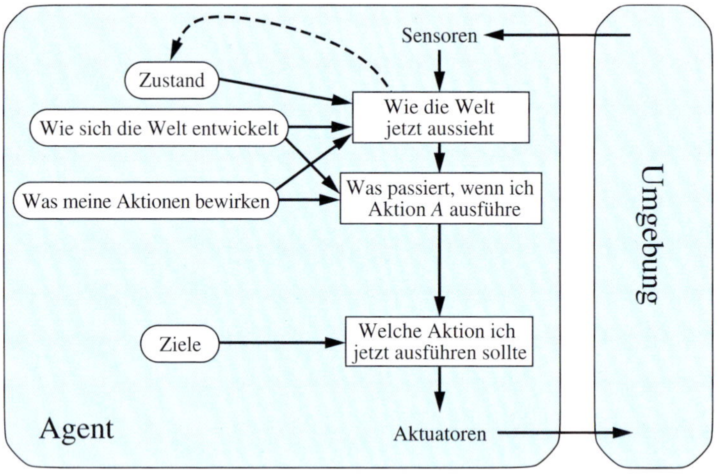

Abbildung 2.13: Ein modellbasierter, zielbasierter Agent. Er verwaltet den Zustand der Welt sowie eine Reihe von Zielen, die er zu erreichen versucht, und wählt eine Aktion aus, die (letztendlich) zum Erreichen seiner Ziele führt.

Manchmal ist die Auswahl von zielbasierten Aktionen einfach – zum Beispiel, wenn das Ziel direkt mit einer einzigen Aktion erreicht wird. Manchmal ist es etwas schwieriger – zum Beispiel, wenn der Agent lange Folgen komplizierter Aktionen in Betracht ziehen muss, um das Ziel zu erreichen. **Suchen** (Kapitel 3 bis 5) und **Planen** (Kapitel 11) sind die Teilgebiete der KI, die sich damit beschäftigen, Aktionsfolgen zu finden, die die Ziele des Agenten erreichen.

Beachten Sie, dass sich diese Art der Entscheidungsfindung grundlegend von den zuvor beschriebenen Bedingung-Aktion-Regeln unterscheidet, da hier auch die Zukunft berücksichtigt wird – sowohl „Was wird passieren, wenn ich dies und jenes tue?“ als auch „Wird mich das glücklich machen?“. In den Entwürfen der Reflexagenten wird diese Information nicht explizit dargestellt, da die eingebauten Regeln direkt von Perzepten auf Aktionen abbilden. Der Reflexagent bremst, wenn er Bremslichter sieht, Punkt. Er hat keine Ahnung, warum. Ein zielbasierter Agent bremst, wenn er Bremslichter sieht, weil er vorhersieht, das dies die einzige Aktion ist, die ihm hilft, sein Ziel, nicht mit anderen Autos zusammenzustoßen, zu erreichen.

Obwohl der zielbasierte Agent weniger effizient erscheint, ist er flexibler, weil das Wissen, das seine Entscheidungen unterstützt, explizit dargestellt wird und verändert werden kann. Zum Beispiel kann das Verhalten eines zielbasierten Agenten leicht dahingehend geändert werden, ein anderes Fahrtziel anzusteuern, indem einfach diese neue Position als Ziel angegeben wird. Die Regeln des Reflexagenten, wann er abbiegen und wann er geradeaus fahren soll, funktionieren nur für einen einzigen Zielort; sie müssen alle ersetzt werden, wenn er irgendwo anders hinfahren soll.

2.4.5 Nutzenbasierte Agenten

Ziele allein reichen in den meisten Umgebungen nicht aus, um qualitativ hochwertiges Verhalten zu erzeugen. Zum Beispiel werden viele Aktionsfolgen das Taxi an seinen Zielort bringen (und damit das Ziel des Agenten erreichen), aber einige sind schneller, sicherer, zuverlässiger oder billiger als andere. Ziele bieten nur eine grobe binäre Unterscheidung zwischen „glücklichen“ und „unglücklichen“ Zuständen. Ein allgemeineres Leistungsmaß sollte einen Vergleich verschiedener Zustände der Welt danach erlauben, *wie* glücklich sie den Agenten machen würden. Da „glücklich" nicht sehr wissenschaftlich klingt, verwenden Wirtschaftswissenschaftler und Informatiker stattdessen den Begriff **Nutzen** (*utility*).

Wir haben bereits gesehen, dass ein Leistungsmaß jeder gegebenen Folge von Umgebungszuständen eine Punktzahl zuweist, sodass man leicht zwischen mehr und weniger wünschenswerten Wegen zum Zielort des Taxis unterscheiden kann. Die **Nutzenfunktion** eines Agenten ist im Wesentlichen eine Internalisierung des Leistungsmaßes. Unter der Voraussetzung, dass die interne Nutzenfunktion und das externe Leistungsmaß übereinstimmen, ist ein Agent, der Aktionen auswählt, um seinen Nutzen zu maximieren, hinsichtlich des externen Leistungsmaßes rational.

Es sei noch einmal betont, dass dies nicht die *einzige* Möglichkeit ist, rational zu sein – wir haben bereits ein rationales Agentenprogramm für die Staubsaugerwelt kennengelernt (► Abbildung 2.8), das nichts von seiner Nutzenfunktion weiß –, doch wie zielbasierte Agenten bietet ein nutzenbasierter Agent viele Vorteile in Bezug auf Flexibilität und Lernen. Darüber hinaus sind Ziele in zwei Arten von Fällen unzureichend, wo aber ein nutzenbasierter Agent trotzdem rationale Entscheidungen treffen kann. Der erste Fall ist, wenn es widersprüchliche Ziele gibt, von denen nur einige erreicht werden können (z. B. hohe Geschwindigkeit und volle Sicherheit). Hier gibt die Nutzenfunktion die angemessene Abwägung vor. Der zweite Fall ist, wenn es mehrere Ziele gibt, die der Agent anstreben kann, doch von denen keines mit Sicherheit erreicht werden kann. Dann bietet der Nutzen eine Möglichkeit, die Erfolgswahrscheinlichkeit gegen die Wichtigkeit der Ziele abzuwägen.

Teilweise Beobachtbarkeit und Nichtdeterminismus sind in der realen Welt allgegenwärtig – und damit auch die Entscheidungsfindung unter Unsicherheit. Technisch gesehen wählt ein rationaler nutzenbasierter Agent die Aktion aus, die den **erwarteten Nutzen** der Aktionsergebnisse maximiert – d. h. den Nutzen, den der Agent im Durchschnitt erwartet, wenn er die Wahrscheinlichkeiten und Nutzenwerte der einzelnen Ergebnisse berücksichtigt. (Anhang A definiert den Erwartungswert genauer.) In Kapitel 16 zeigen wir, dass sich jeder rationale Agent so verhalten muss, *als ob* er eine Nutzenfunktion besäße, deren Erwartungswert er zu maximieren versucht. Ein Agent, der eine *explizite* Nutzenfunktion besitzt, kann rationale Entscheidungen mit einem allgemeinen Algorithmus treffen, der nicht von der spezifischen Nutzenfunktion abhängt, die er maximiert. Auf diese Weise wird die „globale" Definition von Rationalität – in der die Agentenfunktionen mit der höchsten Leistung als rational bezeichnet werden – in eine „lokale" Einschränkung für den Entwurf rationaler Agenten umgewandelt, die in einem einfachen Programm ausgedrückt werden kann.

Die Struktur eines nutzenbasierten Agenten ist in ► Abbildung 2.14 dargestellt. Nutzenbasierte Agentenprogramme tauchen in Kapitel 16 und 17 wieder auf, wo wir entscheidungsfähige Agenten entwerfen, die mit der Unsicherheit umgehen müssen, die in nichtdeterministischen oder teilweise beobachtbaren Umgebungen herrscht. Entscheidungsfindung in Multiagentenumgebungen wird in Kapitel 18, ebenfalls im Rahmen der Nutzentheorie, untersucht.

An dieser Stelle fragt sich der Leser vielleicht: „Ist es wirklich so simpel? Wir erstellen einfach Agenten, die den erwarteten Nutzen maximieren, und schon sind wir fertig?" Es stimmt, solche Agenten wären intelligent, aber einfach ist es nicht. Ein nutzenbasierter Agent muss seine Umgebung modellieren und verfolgen – Aufgaben, für die umfangreiche Forschung in den Bereichen Wahrnehmung, Repräsentation, Schlussfolgerung und Lernen betrieben wurde. Die Ergebnisse dieser Forschung füllen viele Kapitel dieses Buchs. Die Wahl der nutzenmaximierenden Aktionskette ist ebenfalls eine schwierige Aufgabe, die ausgeklügelte Algorithmen erfordert, womit wir mehrere weitere Kapitel füllen. Selbst mit diesen Algorithmen ist perfekte Rationalität normalerweise in der Praxis aufgrund der Komplexität der Berechnungen unerreichbar, wie wir in Kapitel 1 festgestellt haben. Wir wollen nicht verschweigen, dass nicht alle nutzenbasierten Agenten modellbasiert sind; wir werden in Kapitel 22 und 26 sehen, dass ein **modellfreier Agent** lernen kann, welche Aktion in einer bestimmten Situation am besten ist, ohne jemals genau zu lernen, wie diese Aktion die Umgebung verändert.

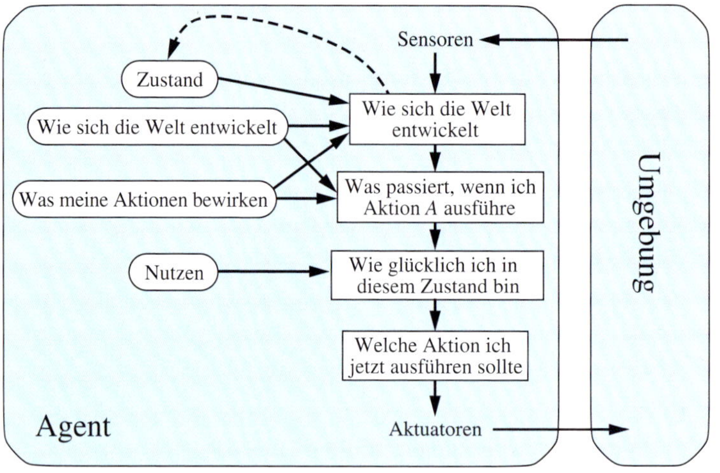

Abbildung 2.14: Ein modellbasierter, nutzenbasierter Agent. Er verwendet ein Modell der Welt zusammen mit einer Nutzenfunktion, die seine Präferenzen hinsichtlich der Zustände der Welt bewertet. Dann wählt er die Aktion, die zum besten erwarteten Nutzen führt, wobei der erwartete Nutzen berechnet wird, indem der Mittelwert über alle möglichen Ergebniszustände, gewichtet nach der Wahrscheinlichkeit des Ergebnisses, gebildet wird.

Schließlich wird bei all dem davon ausgegangen, dass der Entwickler die Nutzenfunktion korrekt spezifizieren kann; in den Kapiteln 17, 18 und 22 wird das Thema der unbekannten Nutzenfunktionen ausführlicher behandelt.

2.4.6 Lernende Agenten

Wir haben Agentenprogramme beschrieben, die Aktionen nach verschiedenen Methoden auswählen. Doch wir haben bisher nicht erklärt, wie die Agentenprogramme *entstehen*. In seiner berühmten frühen Arbeit erwägt Turing (1950) die Idee, seine intelligenten Maschinen tatsächlich von Hand zu programmieren. Er schätzt, wie viel Arbeit dies bedeuten würde, und kommt zu dem Schluss: „Eine schnellere Methode scheint wünschenswert." Turing schlägt als Methode vor, lernende Maschinen zu erstellen und diese dann zu trainieren. In vielen Bereichen der Künstlichen Intelligenz ist dies auch mittlerweile die bevorzugte Methode, um moderne Systeme zu entwickeln. Jeder Agententyp (modellbasiert, zielbasiert, nutzenbasiert usw.) kann als lernender Agent gebaut werden (oder eben nicht).

Wie bereits erwähnt, hat Lernen noch einen weiteren Vorteil: Lernen ermöglicht es dem Agenten, in anfänglich unbekannten Umgebungen zu arbeiten und mit der Zeit kompetenter zu werden, als es sein anfängliches Wissen allein erlauben würde. In diesem Abschnitt stellen wir kurz die wichtigsten Ideen von lernenden Agenten vor. Im weiteren Verlauf des Buchs gehen wir auf die Möglichkeiten und Methoden des Lernens für bestimmte Arten von Agenten ein. In den Kapiteln 19–22 werden die Lernalgorithmen selbst näher beleuchtet.

Ein lernender Agent kann in vier konzeptionelle Komponenten unterteilt werden, wie in ► Abbildung 2.15 gezeigt. Die wichtigste Unterscheidung ist die zwischen dem **Lernelement**, das für Verbesserungen zuständig ist, und dem **Leistungselement**, das für die Auswahl externer Aktionen verantwortlich ist. Das Leistungselement ist das, was wir zuvor als den ganzen Agent betrachtet haben: Es empfängt Perzepte und entscheidet über Aktionen. Das Lernelement nutzt das Feedback der **Kritik**-Komponente zur Leistung des Agenten und bestimmt, wie das Leistungselement modifiziert werden sollte, um in Zukunft besser abzuschneiden.

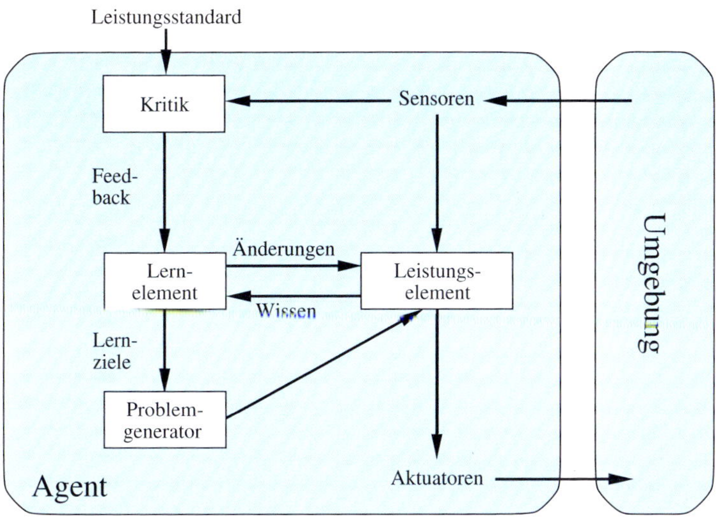

Abbildung 2.15: Ein allgemeiner lernender Agent. Der Kasten „Leistungselement" repräsentiet das, was wir bisher als das gesamte Agentenprogramm betrachtet haben. Jetzt wird der Kasten „Lernelement" dazu verwendet, dieses Programm zu modifizieren, um seine Leistung zu verbessern.

Der Entwurf des Lernelements hängt sehr stark vom Entwurf des Leistungselements ab. Wenn man versucht, einen Agenten zu entwerfen, der eine bestimmte Fähigkeit erlernt, lautet die erste Frage nicht: „Wie bringe ich ihn dazu, dies zu lernen?", sondern: „Welche Art von Leistungselement wird mein Agent verwenden, um dies zu tun, sobald er gelernt hat, wie es geht?" Für einen gegebenen Entwurf des Leistungselements können Lernmechanismen konstruiert werden, um jeden Teil des Agenten zu verbessern.

Die Kritik teilt dem Lernelement mit, wie gut der Agent in Bezug auf einen festgelegten Leistungsstandard abschneidet. Die Kritik ist notwendig, weil die Perzepte selbst keinen Hinweis auf den Erfolg des Agenten liefern. Zum Beispiel könnte ein Schachprogramm ein Perzept erhalten, das anzeigt, dass das Programm seinen Gegner schachmatt gesetzt hat, aber es benötigt einen Leistungsstandard, um zu wissen, dass dies eine gute Sache ist; das Perzept selbst sagt das nicht. Es ist wichtig, dass der Leistungsstandard festgelegt ist. Konzeptionell sollte man ihn sich als außerhalb des Agenten befindlich vorstellen, weil der Agent ihn nicht verändern darf, um den Standard an sein eigenes Verhalten anzupassen.

Die letzte Komponente des lernenden Agenten ist der **Problemgenerator**. Er ist dafür verantwortlich, Aktionen vorzuschlagen, die zu neuen und informativen Erfahrungen führen. Wenn es nur nach dem Leistungselement ginge, so würde es immer weiter die Aktionen ausführen, die seines Wissens nach am besten sind, doch wenn der Agent bereit ist, sich ein wenig auszuprobieren und kurzfristig einige möglicherweise suboptimale Aktionen auszuführen, dann könnte er auf lange Sicht wesentlich bessere Aktionen entdecken. Die Aufgabe des Problemgenerators ist es, diese Erkundungsaktionen vorzuschlagen. So verhalten sich Wissenschaftler, wenn sie Experimente durchführen. Galileo dachte nicht, dass der Akt, Steine von einem Turm in Pisa fallen zu lassen, an sich wertvoll sei. Es ging ihm nicht darum, die Steine zu zertrümmern oder die Gehirne der unglücklichen Passanten zu modifizieren. Sein Ziel war es, sein eigenes Gehirn zu modifizieren, indem er eine bessere Theorie für die Bewegung von Objekten ausfindig machte.

Das Lernelement kann Änderungen an jeder der in den Agentendiagrammen (► Abbildungen 2.9, 2.11, 2.13 und 2.14) dargestellten „Wissens"-Komponenten vornehmen. In den einfachsten Fällen wird direkt aus der Perzeptfolge gelernt. Durch die Beobachtung von Paaren aufeinanderfolgender Zustände der Umgebung kann der Agent lernen, „was meine Aktionen bewirken" und „wie sich die Welt entwickelt" in Reaktion auf seine Aktion. Wenn das automatisierte Taxi z. B. bei einer Fahrt auf nasser Straße einen bestimmten Bremsdruck ausübt, wird es bald herausfinden, wie viel Bremsleistung dadurch tatsächlich erreicht wird und ob es von der Straße abrutscht. Der Problemgenerator könnte bestimmte Teile des Modells identifizieren, die verbesserungsbedürftig sind, und Experimente vorschlagen, wie z. B. das Ausprobieren der Bremsen auf verschiedenen Straßenbelägen unter unterschiedlichen Bedingungen.

Die Modellkomponenten eines modellbasierten Agenten so zu verbessern, dass sie mehr mit der Realität übereinstimmen, ist fast immer eine gute Idee, unabhängig vom externen Leistungsstandard. (In manchen Fällen ist es aus rechnerischer Sicht besser, ein einfaches, aber leicht ungenaues Modell zu haben, als ein perfektes, aber höllisch komplexes Modell.) Informationen aus dem externen Standard werden benötigt, wenn man versucht, eine Reflexkomponente oder eine Nutzenfunktion zu lernen.

Nehmen wir zum Beispiel an, der Taxifahrer-Agent erhält kein Trinkgeld von Fahrgästen, die während der Fahrt gründlich durchgeschüttelt wurden. Der externe Leistungsstandard muss den Agenten darüber informieren, dass sich der Verlust von Trinkgeld negativ auf seine Gesamtleistung auswirkt; so könnte der Agent lernen, dass aggressive Manöver nicht zu seinem eigenen Nutzen beitragen. In gewissem Sinne identifiziert der Leistungsstandard einen Teil des eingehenden Perzepts als eine **Belohnung** (bwz. **Strafe**), wodurch der Agent ein direktes Feedback zur Qualität seines Verhaltens bekommt. Fest „verdrahtete" Leistungsstandards wie Schmerz und Hunger bei Tieren können auf diese Weise verstanden werden.

Allgemeiner gesagt, können *menschliche Entscheidungen* Informationen über menschliche Vorlieben liefern. Nehmen wir zum Beispiel an, das Taxi weiß nicht, dass Menschen gewöhnlich keine lauten Geräusche mögen, und kommt auf die Idee, ständig zu hupen, um sicherzustellen, dass alle Fußgänger mitbekommen, dass sich das Taxi nähert. Das darauf folgende Verhalten der Menschen – sich die Ohren zuhalten, Schimpfwörter benutzen und möglicherweise die Kabel zur Hupe durchschneiden – würde dem Agenten Hinweise bieten, mit denen er seine Nutzenfunktion aktualisieren kann. Dieses Thema wird in Kapitel 22 weiter diskutiert.

Zusammenfassend halten wir fest: Agenten besitzen eine Vielzahl von Komponenten, die auf viele Arten im Agentenprogramm dargestellt werden können, sodass es eine große Bandbreite an Lernmethoden zu geben scheint. Es gibt jedoch auch einen verbindenden Aspekt: Lernen in intelligenten Agenten lässt sich als ein Prozess zusammenfassen, der jede Komponente des Agenten verändert, um die Komponenten enger mit den verfügbaren Feedback-Informationen abzustimmen und dadurch die Gesamtleistung des Agenten zu verbessern.

2.4.7 Wie die Komponenten von Agentenprogrammen funktionieren

Laut unserer bisherigen Beschreibung (auf sehr hohem Niveau) bestehen Agentenprogramme aus verschiedenen Komponenten, deren Aufgabe es ist, Fragen zu beantworten wie: „Wie sieht die Welt jetzt aus?", „Welche Aktion sollte ich jetzt ausführen?" oder „Was bewirken meine Aktionen?". Und für einen KI-Studenten lautet die nächste Frage: „Wie in aller Welt funktionieren diese Komponenten?" Man bräuchte ungefähr tausend Seiten, um diese Frage ordentlich zu beantworten, doch wir wollen hier die Aufmerksamkeit des Lesers auf einige grundlegende Unterscheidungen zwischen den verschiedenen Möglichkeiten lenken, wie die Komponenten die Umgebung, in der der Agent lebt, darstellen können.

Grob gesagt können wir die Darstellungen entlang einer Achse zunehmender Komplexität und Ausdrucksstärke einordnen – **atomar**, **faktorisiert** und **strukturiert**. Diese Konzepte las-

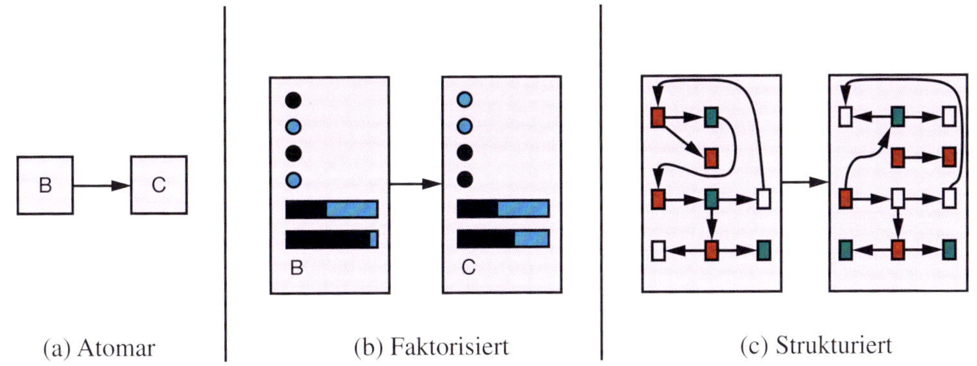

Abbildung 2.16: Drei Möglichkeiten, Zustände und die Übergänge zwischen ihnen darzustellen. (a) Atomare Darstellung: ein Zustand (z. B. B oder C) ist eine Blackbox ohne interne Struktur. (b) Faktorisierte Darstellung: ein Zustand besteht aus einem Vektor von Attributwerten – boolesche Werte, Gleitkommazahlen oder ein fester Satz von Symbolen. (c) Strukturierte Darstellung: Ein Zustand umfasst Objekte, von denen jedes sowohl eigene Attribute als auch Beziehungen zu anderen Objekten haben kann.

sen sich am besten anhand einer bestimmten Agentenkomponente veranschaulichen, z. B. an der, die sich mit „Was meine Aktionen bewirken" befasst. Diese Komponente beschreibt die Änderungen, die in der Umgebung als Ergebnis einer Aktion auftreten können. ► Abbildung 2.16 zeigt schematische Darstellungen dieser Übergänge.

In einer **atomaren Darstellung** ist jeder Zustand der Welt unteilbar – er hat keine interne Struktur. Betrachten Sie die Aufgabe, eine Fahrtroute von einem Ende eines Lands zum anderen über eine Reihe von Städten zu finden (wir behandeln dieses Problem in ► Abbildung 3.1 auf S. 93). Für die Lösung dieses Problems kann es ausreichen, den Zustand der Welt auf den Namen der Stadt zu reduzieren, in der wir uns befinden – ein einzelnes Wissensatom, eine „Blackbox" mit nur einer einzigen erkennbaren Eigenschaft: Sie ist entweder mit einer anderen Blackbox identisch oder von ihr verschieden. Die Standardalgorithmen, die der **Suche** und dem **Spielen** (Kapitel 3–5), den **Hidden-Markov-Modellen** (Kapitel 14) und den Markov-Entscheidungsprozessen (Kapitel 17) zugrunde liegen, arbeiten alle mit atomaren Repräsentationen.

Eine **faktorisierte Darstellung** unterteilt jeden Zustand in eine feste Menge von **Variablen** oder **Attributen**, von denen jedes einen **Wert** annehmen kann. Sehen wir uns das oben angegebene Fahrtproblem noch einmal unter einem realitätsnäheren Blickwinkel an, wenn wir mehr als unseren Standort in einer Stadt als atomaren Zustand berücksichtigen müssen: Wir müssen vielleicht darauf achten, wie der Benzinstand in unserem Tank ist, welches unsere aktuellen GPS-Koordinaten sind, ob die Ölwarnleuchte funktioniert, wie viel Geld wir für die Maut haben, welcher Sender im Radio läuft und so weiter. Während zwei verschiedene atomare Zustände nichts gemeinsam haben – sie sind einfach nur unterschiedliche Blackboxes –, können zwei verschiedene faktorisierte Zustände einige gemeinsame Attribute haben (z. B. an einer bestimmten GPS-Position zu sein), andere wiederum nicht (z. B. viel Benzin oder kein Benzin zu haben); auf diese Weise lässt es sich viel einfacher herausfinden, wie man einen Zustand in einen anderen überführen kann. Viele wichtige Bereiche der Künstlichen Intelligenz basieren auf faktorisierten Darstellungen, darunter Algorithmen für Constraint-Satisfaction-Probleme (Probleme unter Rand-/Nebenbedingungen, Kapitel 6), Aussagenlogik (Kapitel 7), Planung (Kapitel 11), Bayes'sche Netze (Kapitel 12–16) sowie verschiedene Algorithmen zum **maschinellen Lernen**.

Für viele Aufgaben ist es wichtig, die Welt in dem Sinne zu begreifen, dass sie nicht nur aus Variablen mit Werten besteht, sondern dass es in ihr *Dinge* gibt, die miteinander *in Beziehung stehen.* Zum Beispiel könnten wir mitbekommen, dass ein großer Lkw vor uns rückwärts in die Einfahrt eines Milchbauernhofs fährt, doch eine freilaufende Kuh blockiert den Weg des Lkws. Es ist recht unwahrscheinlich, dass in einer faktorisierten Repräsentation bereits ein Attribut *LkwVorausFährtRückwärtsInMilchbauernhofeinfahrtBlockiertVonFreilaufenderKuh* existiert, das den Wert *wahr* oder *falsch* annehmen kann. Stattdessen benötigen wir eine **strukturierte Repräsentation**, in der Objekte wie Kühe und Lkws sowie ihre unterschiedlichen und variierenden Beziehungen explizit beschrieben werden können (► Abbildung 2.16 c). Strukturierte Darstellungen bilden die Basis für relationale Datenbanken und die Prädikatenlogik (Kapitel 8, 9 und 10), für prädikatenlogische Wahrscheinlichkeitsmodelle (Kapitel 15) sowie einen großen Teil der Computerlinguistik (Kapitel 23 und 24). Tatsächlich betrifft fast alles, was Menschen in natürlicher Sprache ausdrücken, Objekte und ihre Beziehungen.

Wie wir bereits erwähnt haben, liegen atomare, faktorisierte und strukturierte Darstellungen auf der Achse der zunehmenden **Ausdrucksstärke**. Grob gesagt kann eine ausdrucksstärkere Darstellung alles, was eine weniger ausdrucksstarke Darstellung erfassen kann, mindestens genauso prägnant wiedergeben, und noch einiges mehr. Häufig ist die ausdrucksstärkere Sprache *wesentlich* prägnanter; zum Beispiel kann man die Regeln des Schachspiels in einer strukturierten Repräsentationssprache wie der Prädikatenlogik auf ein oder zwei Seiten aufschreiben, man benötigt aber Tausende von Seiten, wenn man sie in einer faktorisierten Repräsentationssprache wie der Aussagenlogik verfasst, und etwa 10^{38} Seiten, wenn sie in einer atomaren Sprache wie der der endlichen Automaten geschrieben werden. Andererseits werden Schlussfolgern und Lernen komplexer, wenn die Ausdrucksstärke der Darstellung zunimmt. Um die Vorteile von ausdrucksstarken Repräsentationen auszunutzen und gleichzeitig ihre Nachteile zu vermeiden, müssen intelligente Systeme für die reale Welt möglicherweise an allen Punkten entlang der Achse gleichzeitig arbeiten.

Eine andere Achse für die Darstellung bezieht sich auf das Abbilden von Konzepten auf Orte im physischen Speicher, sei es in einem Computer oder in einem Gehirn. Gibt es eine Eins-zu-eins-Abbildung zwischen Konzepten und Speicherplätzen, so nennen wir das eine **lokalistische Repräsentation**. Wenn hingegen die Darstellung eines Konzepts auf viele Speicherplätze verteilt ist und jeder Speicherort als Teil der Repräsentation mehrerer verschiedener Konzepte verwendet wird, dann ist dies eine **verteilte Repräsentation**. Verteilte Repräsentationen sind robuster gegen Rauschen und Informationsverlust. Bei einer lokalistischen Repräsentation ist die Zuordnung vom Konzept zum Speicherort willkürlich und wenn ein Übertragungsfehler ein paar Bits verstümmelt, könnten wir *Milch* mit dem nicht verwandten Konzept *Mulch* verwechseln. Eine verteilte Repräsentation kann man sich dagegen so vorstellen, dass jedes Konzept einen Punkt im mehrdimensionalen Raum darstellt, und wenn ein paar Bits verstümmelt werden, bewegt man sich zu einem nahe gelegenen Punkt innerhalb dieses Raums, der eine ähnliche Bedeutung hat.

ZUSAMMENFASSUNG

Dieses Kapitel war so etwas wie ein Schnelldurchlauf durch die KI, die wir hier als die Wissenschaft des Agentenentwurfs verstanden haben. Die wichtigsten Punkte, an die Sie sich erinnern sollten, sind:

- Ein **Agent** ist etwas, das in einer Umgebung Perzepte empfängt und dort handelt. Die **Agentenfunktion** spezifiziert die Aktion, die der Agent als Reaktion auf eine beliebige Perzeptfolge ausführt.
- Das **Leistungsmaß** bewertet das Verhalten des Agenten in einer Umgebung. Ein **rationaler Agent** handelt so, dass er auf Grundlage der bisherigen Perzeptfolge den Erwartungswert des Leistungsmaßes maximiert.
- Zu einer **Aufgabenumgebung** gehören das Leistungsmaß, die äußere Umgebung, die Aktuatoren und die Sensoren. Beim Entwurf eines Agenten muss immer der erste Schritt sein, die Aufgabenumgebung so vollständig wie möglich zu spezifizieren.
- Aufgabenumgebungen variieren entlang mehrerer wichtiger Dimensionen. Die Umgebung kann vollständig oder teilweise beobachtbar sein, eine Einzel- oder Multiagentenumgebung sein, deterministisch oder nichtdeterministisch, episodisch oder sequenziell, statisch oder dynamisch, diskret oder stetig und bekannt oder unbekannt sein.
- In den Fällen, in denen das Leistungsmaß unbekannt oder nur schwer korrekt zu spezifizieren ist, besteht ein erhebliches Risiko, dass der Agent das falsche Ziel optimiert. In solchen Fällen sollte der Agentenentwurf die Unsicherheit über das wahre Ziel widerspiegeln.
- Das **Agentenprogramm** implementiert die Agentenfunktion. Es gibt eine Vielzahl grundlegender Entwürfe für Agentenprogramme, die jeweils die Art der Informationen widerspiegeln, die explizit angegeben und im Entscheidungsprozess verwendet werden. Die Entwürfe unterscheiden sich in Effizienz, Kompaktheit und Flexibilität. Der für ein Agentenprogramm geeignete Entwurf hängt von der Art der Umgebung ab.
- **Einfache Reflexagenten** reagieren direkt auf Perzepte, während **modellbasierte Reflexagenten** einen internen Zustand verwalten, um Aspekte der Welt nachzuvollziehen, die im aktuellen Perzept nicht offensichtlich sind. **Zielbasierte Agenten** handeln, um ihre Ziele zu erreichen, und **nutzenbasierte Agenten** versuchen, ihr eigenes erwartetes „Glück" zu maximieren.
- Alle Agenten können ihre Leistung durch **Lernen** verbessern.

Bibliografische und historische Anmerkungen

Die zentrale Rolle von Aktionen in der Intelligenz – das Konzept des praktischen Schlussfolgerns – geht mindestens bis zur *Nikomachischen Ethik* von Aristoteles zurück. Praktisches Schlussfolgern war auch das Thema von McCarthys einflussreichem Artikel „Programs with Common Sense“ (1958). Die Bereiche Robotik und Kontrolltheorie befassen sich naturgemäß vor allem mit physischen Agenten. Das Konzept eines **Controllers** in der Kontrolltheorie entspricht dem eines Agenten in der KI. Es mag vielleicht überraschen, dass sich die KI den größten Teil ihrer Geschichte mehr auf isolierte Komponenten von Agenten – Frage-Antwort-Systeme, Theorembeweiser, visuelle Systeme und so weiter – als auf ganze Agenten konzentriert hat. Die Diskussion von Agenten im Buch von Genesereth und Nilsson (1987) war eine bemerkenswerte Ausnahme. Die ganzheitliche Sicht auf Agenten ist heute allgemein akzeptiert und zentrales Thema in neueren Büchern (Padgham und Winikoff, 2004; Jones, 2007; Poole und Mackworth, 2017).

In Kapitel 1 wurden die Wurzeln des Rationalitätskonzepts in der Philosophie und der Wirtschaftswissenschaft nachgezeichnet. In der KI war das Konzept anfangs nur von peripherem Interesse, bis es Mitte der 1980er Jahre in vielen Diskussionen über die passenden technischen Grundlagen des Gebiets auftauchte. Jon Doyle sagte in einem Aufsatz (1983) voraus, dass der Entwurf rationaler Agenten zu einer Kernaufgabe der KI werden würde, während andere populäre Themen sich abspalten und neue Disziplinen bilden würden.

Die sorgfältige Beachtung der Eigenschaften einer Umgebung und ihrer Konsequenzen für den Entwurf von rationalen Agenten ist am deutlichsten in der Tradition der Kontrolltheorie zu erkennen – beispielsweise behandeln klassische Kontrollsysteme (Dorf und Bishop, 2004; Kirk, 2004) vollständig beobachtbare, deterministische Umgebungen; stochastische optimale Steuerung (Kumar und Varaiya, 1986; Bertsekas und Shreve, 2007) beschäftigt sich mit teilweise beobachtbaren, stochastischen Umgebungen; und hybride Steuerung (Henzinger und Sastry, 1998; Cassandras und Lygeros, 2006) hat mit Umgebungen zu tun, die sowohl diskrete als auch stetige Elemente enthalten. Die Unterscheidung zwischen vollständig und teilweise beobachtbaren Umgebungen ist ebenfalls zentral in der Literatur zur **dynamischen Programmierung**, die im Bereich des Operations Research entwickelt wurde (Puterman, 1994) und die wir in Kapitel 17 besprechen.

Obwohl einfache Reflexagenten für die behavioristische Psychologie von zentraler Bedeutung waren (siehe Kapitel 1), werden sie von den meisten KI-Forschern als zu einfach angesehen, um einen großen Nutzen zu bringen. (Rosenschein (1985) und Brooks (1986) stellten diese Annahme infrage; siehe Kapitel 26.) Es wurde viel Aufwand für die Suche nach effizienten Algorithmen betrieben, um den Überblick über komplexe Umgebungen zu behalten (Bar-Shalom *et al.*, 2001; Choset *et al.*, 2005; Simon, 2006), das meiste davon im probabilistischen Umfeld.

Zielbasierte Agenten werden überall vorausgesetzt, angefangen bei der aristotelischen Sichtweise des praktischen Schlussfolgerns bis hin zu McCarthys frühen Arbeiten zur logischen KI. Shakey (Fikes und Nilsson, 1971; Nilsson, 1984) war die erste robotische Verkörperung eines logischen, zielbasierten Agenten. Eine vollständige logische Analyse von zielbasierten Agenten erschien in Genesereth und Nilsson (1987) und eine zielbasierte Programmiermethodik, genannt agentenorientierte Programmierung, wurde von Shoham (1993) entwickelt. Der agentenbasierte Ansatz ist heute in der Softwareentwicklung sehr beliebt (Ciancarini und Wooldridge, 2001). Er ist auch in den Bereich der Betriebssysteme eingedrungen, wo sich **Autonomic Computing** auf Computersysteme und Netzwerke bezieht, die sich selbst mit einer Wahrnehmungs- und Handlungsschleife und maschinellen Lernmethoden überwachen und steuern (Kephart und Chess, 2003). Eine Sammlung von Agentenprogrammen, die so entworfen wurde, dass die Programme in einer echten Multiagentenumgebung gut zusammenarbeiten, weist bekanntlich notwendigerweise Modularität auf –- die Programme teilen keinen internen Zustand und kommunizieren miteinander nur über die Umgebung. Deshalb ist es im Bereich der **Multiagentensysteme** üblich, das Agentenprogramm eines einzelnen Agenten als eine Sammlung von autonomen Subagenten zu entwerfen. In einigen Fällen kann man sogar beweisen, dass das resultierende System die gleichen optimalen Lösungen liefert wie ein monolithischer Entwurf.

Die zielbasierte Sichtweise von Agenten dominiert auch die Tradition der kognitiven Psychologie auf dem Gebiet des Problemlösens, beginnend mit dem enorm einflussreichen Buch *Human Problem Solving* (Newell und Simon, 1972) zieht sie sich durch alle späteren Arbeiten von Newell (Newell, 1990). Ziele, die weiter als Wünsche (allgemein) und Absichten (aktuell verfolgt) analysiert werden, sind zentral für die einflussreiche Theorie der Agenten, die von Michael Bratman (1987) entwickelt wurde.

Wie in Kapitel 1 erwähnt, reicht die Entwicklung der Nutzentheorie als Grundlage für rationales Verhalten Hunderte von Jahren zurück. In der KI hat die frühe Forschung den Nutzen zugunsten von Zielen gemieden, mit einigen Ausnahmen (Feldman und Sproull, 1977). Das Wiederaufleben des Interesses an probabilistischen Methoden in den 1980er Jahren führte zur Akzeptanz der Maximierung des erwarteten Nutzens als allgemeinsten Rahmen für die Entscheidungsfindung (Horvitz *et al.*, 1988). Der Text von Pearl (1988) war der erste in der KI, der die Wahrscheinlichkeits- und Nutzentheorie eingehend behandelte; seine Darstellung praktischer Methoden zum Schlussfolgern und Entscheidungsfindung unter Unsicherheit war wahrscheinlich der größte Einzelfaktor für den schnellen Wechsel zu nutzenbasierten Agenten in den 1990er Jahren (siehe Kapitel 16). Die Formalisierung von Reinforcement Learning innerhalb eines entscheidungstheoretischen Rahmens trug ebenfalls zu dieser Verschiebung bei (Sutton, 1988). Es ist bemerkenswert, dass fast die gesamte KI-Forschung bis vor Kurzem davon ausging, dass das Leistungsmaß exakt und korrekt in Form einer Nutzen- oder Belohnungsfunktion spezifiziert werden kann (Hadfield-Menell *et al.*, 2017a; Russell, 2019).

Der in ► Abbildung 2.15 dargestellte allgemeine Entwurf für lernende Agenten ist ein Klassiker in der Literatur zum maschinellen Lernen (Buchanan *et al.*, 1978; Mitchell, 1997). Beispiele für den Entwurf, wie er in Programmen umgesetzt ist, reichen mindestens bis zu Arthur Samuels (1959, 1967) Lernprogramm für das Damespiel zurück. Lernende Agenten werden in den Kapiteln 19–22 ausführlich behandelt.

Einige frühe Arbeiten zu agentenbasierten Ansätzen werden von Huhns und Singh (1998) und Wooldridge und Rao (1999) gesammelt. Texte über Multiagentensysteme bieten eine gute Einführung in viele Aspekte des Agentenentwurfs (Weiss, 2000a; Wooldridge, 2009). In den 1990er Jahren starteten mehrere Konferenzreihen, die sich mit Agenten beschäftigen, darunter der *International Workshop on Agent Theories, Architectures, and Languages* (ATAL), die *International Conference on Autonomous Agents* (AGENTS) und die *International Conference on Multi-Agent Systems* (ICMAS). Im Jahr 2002 fusionierten diese drei zu der *International Joint Conference on Autonomous Agents and Multi-Agent Systems* (AAMAS). Von 2000 bis 2012 gab es jährliche Workshops zum Thema *Agent-Oriented Software Engineering* (AOSE). Die Zeitschrift *Autonomous Agents and Multi-Agent Systems* wurde 1998 gegründet. Schließlich bietet *Dung Beetle Ecology* (Hanski und Cambefort, 1991) eine Fülle von interessanten Informationen über das Verhalten von Mistkäfern. Auf YouTube gibt es inspirierende Videoaufnahmen von ihren Aktivitäten.

Problemlösen durch Suchen

3

In diesem Kapitel erfahren wir, wie ein Agent mittels vorausschauender Entscheidungen eine Folge von Aktionen findet, mit der er sein Ziel erreichen kann.

Wenn die richtige Aktion nicht sofort ersichtlich ist, muss ein Agent möglicherweise *vorausplanen*: Er muss eine *Folge* von Aktionen in Betracht ziehen, die einen Pfad zu einem Zielzustand bilden. Ein solcher Agent wird als **problemlösender Agent** bezeichnet und der Rechenprozess, den er ausführt, heißt **Suche**.

Problemlösende Agenten verwenden **atomare** Repräsentationen, wie in Abschnitt 2.4.7 beschrieben – d. h., die Zustände der Welt werden als Ganzes betrachtet, ohne dass die interne Struktur für die problemlösenden Algorithmen sichtbar ist. Agenten, die **faktorisierte** oder **strukturierte** Repräsentationen von Zuständen verwenden, werden als **planende Agenten** bezeichnet, wir behandeln sie in den Kapiteln 7 und 11.

Wir werden verschiedene Suchalgorithmen behandeln. In diesem Kapitel betrachten wir nur die einfachsten Umgebungsarten: episodisch, einzelner Agent, vollständig beobachtbar, deterministisch, statisch, diskret und bekannt. Wir unterscheiden zwischen **informierten** Algorithmen, bei denen der Agent abschätzen kann, wie weit er vom Ziel entfernt ist, und **uninformierten** Algorithmen, bei denen keine solche Abschätzung verfügbar ist. In Kapitel 4 werden die Einschränkungen der Umgebungen gelockert und in Kapitel 5 werden mehrere Agenten betrachtet.

Dieses Kapitel verwendet die Konzepte der asymptotischen Komplexität (d. h. die $O(n)$-Notation). Leser, die mit diesen Konzepten nicht vertraut sind, sollten Anhang A zurate ziehen.

3.1 Problemlösende Agenten

Stellen Sie sich einen Agenten vor, der in seinem Urlaub durch Rumänien reist. Der Agent möchte sich die Sehenswürdigkeiten ansehen, sein Rumänisch verbessern, das Nachtleben genießen, einen Kater vermeiden und so weiter. Das Entscheidungsproblem ist also sehr komplex. Nehmen wir nun an, der Agent befindet sich gerade in der Stadt Arad und hat ein nicht erstattungsfähiges Flugticket ab Bukarest für den nächsten Tag. Der Agent studiert die Straßenschilder und stellt fest, dass es drei Straßen gibt, die aus Arad herausführen: eine in Richtung Sibiu, eine nach Timisoara und eine nach Zerind. Keiner dieser Orte ist das Ziel, d. h., falls der Agent nicht mit der Geografie Rumäniens vertraut ist, weiß er nicht, welcher Straße er folgen soll.[1]

Hat der Agent keine zusätzlichen Informationen – d. h., die Umgebung ist **unbekannt** –, so kann er nichts Besseres tun, als eine der Aktionen zufällig auszuführen. Diese unglückliche Situation wird in Kapitel 4 behandelt. In diesem Kapitel gehen wir davon aus, dass unsere Agenten immer Zugang zu Informationen über die Welt haben, wie z. B. die Karte in ► Abbildung 3.1. Mit diesen Informationen kann der Agent diesem Vier-Phasen-Problemlösungsprozess folgen:

- **Zielformulierung**: Der Agent wählt das **Ziel**, Bukarest zu erreichen. Ziele strukturieren das Verhalten, indem sie die Menge der Zielvorgaben und damit die zu berücksichtigenden Aktionen einschränken.
- **Problemformulierung**: Der Agent entwirft eine Beschreibung der Zustände und Aktionen, die notwendig sind, um das Ziel zu erreichen – ein abstraktes Modell des relevanten Teils

1 Wir gehen davon aus, dass es den meisten Lesern genauso geht und sie sich leicht in die Lage unseres ahnungslosen Agenten versetzen können. Wir entschuldigen uns bei den rumänischen Lesern, bei denen dieser didaktische Trick natürlich nicht greift.

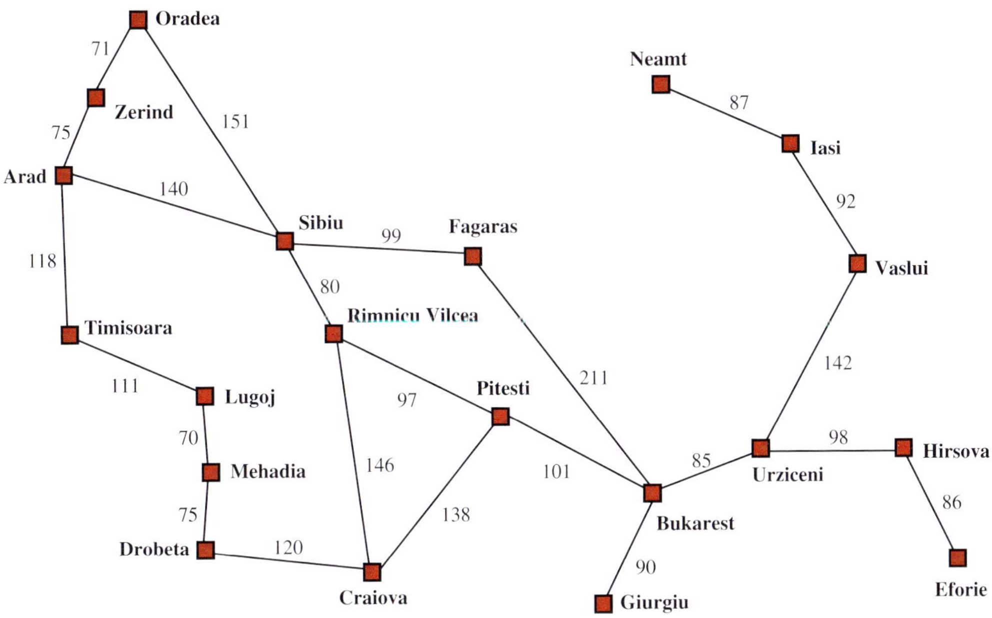

Abbildung 3.1: Eine vereinfachte Straßenkarte eines Teils von Rumänien (Entfernungen sind in Meilen angegeben).

der Welt. Für unseren Agenten ist ein gutes Modell, die Aktionen des Reisens von einer Stadt zu einer anderen Stadt zu betrachten, und daher ist die einzige Tatsache über den Zustand der Welt, die sich aufgrund einer Aktion ändert, die aktuelle Stadt.

- **Suche**: Bevor der Agent eine Aktion in der realen Welt ausführt, simuliert er Aktionsfolgen in seinem Modell und sucht so lange, bis er eine Folge findet, die das Ziel erreicht – diese wird als **Lösung** bezeichnet. Der Agent wird möglicherweise erst mehrere Folgen simulieren, die das Ziel nicht erreichen, aber schließlich wird er eine Lösung finden (z. B. von Arad nach Sibiu nach Fagaras nach Bukarest) oder er wird feststellen, dass keine Lösung möglich ist.
- **Ausführung**: Der Agent kann nun die Aktionen in der Lösung ausführen, eine nach der anderen.

Eine wichtige Eigenschaft in einer vollständig beobachtbaren, deterministischen, bekannten Umgebung ist, dass *die Lösung jedes Problems eine feste Abfolge von Aktionen ist:* Fahr nach Sibiu, dann nach Fagaras, dann nach Bukarest. Ist das Modell korrekt, so kann der Agent, sobald er eine Lösung gefunden hat, seine Perzepte ignorieren, während er die Aktionen ausführt – sozusagen die Augen schließen –, da die Lösung garantiert zum Ziel führt. Kontrolltheoretiker nennen dies ein **Open-Loop**-System: Das Ignorieren der Perzepte unterbricht die Schleife zwischen Agent und Umwelt. Besteht die Möglichkeit, dass das Modell falsch oder die Umgebung nichtdeterministisch ist, dann wäre der Agent sicherer, wenn er einen **Closed-Loop**-Ansatz verfolgen würde, der die Perzepte überwacht (siehe Abschnitt 4.4).

In teilweise beobachtbaren oder nichtdeterministischen Umgebungen wäre eine Lösung eine Verzweigungsstrategie, die verschiedene zukünftige Aktionen empfiehlt, je nachdem, welche Perzepte eintreffen. Zum Beispiel könnte der Agent planen, von Arad nach Sibiu zu fahren, aber er könnte einen Notfallplan brauchen, falls er zufällig in Zerind ankommt oder auf ein Schild mit der Aufschrift „Drum Închis“ (Straße gesperrt) trifft.

3.1.1 Suchprobleme und Lösungen

Ein **Suchproblem** kann formal durch folgende Elemente definiert werden:

- Eine Menge möglicher **Zustände**, in denen sich die Umgebung befinden kann. Wir nennen dies den **Zustandsraum**.
- Der **Anfangszustand**, in dem der Agent beginnt. Zum Beispiel: *Arad*.
- Eine Menge von einem oder mehreren **Zielzuständen**. Manchmal gibt es nur einen Zielzustand (z. B. *Bukarest*), manchmal gibt es eine kleine Menge alternativer Zielzustände und manchmal ist das Ziel durch eine Eigenschaft definiert, die für viele Zustände gilt (möglicherweise eine unendliche Anzahl). In einer Staubsaugerwelt könnte das Ziel beispielsweise sein, dass an keinem Ort Schmutz vorhanden ist, unabhängig von allen anderen Fakten über den Zustand. Wir können alle drei dieser Möglichkeiten berücksichtigen, indem wir eine IS-GOAL-Methode für ein Problem angeben. In diesem Kapitel sagen wir der Einfachheit halber manchmal „das Ziel", meinen damit aber „jeden der möglichen Zielzustände".
- Die **Aktionen**, die dem Agenten zur Verfügung stehen. Für einen gegebenen Zustand s gibt die Funktion ACTIONS(s) eine endliche[2] Menge von Aktionen zurück, die in s ausgeführt werden können. Wir sagen, dass jede dieser Aktionen in s **anwendbar** ist. Ein Beispiel:

$$\text{ACTIONS}(Arad) = \{NachSibiu, NachTimisoara, NachZerind\}$$

- Ein **Transitionsmodell**, das beschreibt, was jede Aktion bewirkt. RESULT(s, a) gibt den Zustand zurück, der aus der Ausführung von Aktion a im Zustand s resultiert. Zum Beispiel:

$$\text{RESULT}(Arad, NachZerind) = Zerind$$

- Eine **Aktionskostenfunktion**, ACTION-COST(s, a, s') (in Programmierschreibweise) oder $c(s, a, s')$ (in mathematischer Schreibweise), die die numerischen Kosten der Anwendung von Aktion a im Zustand s angibt, um Zustand s' zu erreichen. Ein problemlösender Agent sollte eine Kostenfunktion verwenden, die sein eigenes Leistungsmaß widerspiegelt; für Agenten, die eine Route finden, könnten die Kosten einer Aktion beispielsweise die Länge in Kilometern oder Meilen sein (wie in ► Abbildung 3.1 zu sehen) oder es könnte die Zeit sein, die benötigt wird, um die Aktion durchzuführen.

Eine Aktionsfolge bildet einen **Pfad**, und eine **Lösung** ist ein Pfad vom Anfangszustand zu einem Zielzustand. Wir nehmen an, dass die Aktionskosten additiv sind, d. h., die Gesamtkosten eines Pfads setzen sich aus den einzelnen Aktionskosten zusammen. Eine **optimale Lösung** hat die niedrigsten Pfadkosten unter allen Lösungen. In diesem Kapitel nehmen wir an, dass alle Aktionskosten positiv sind, um gewisse Komplikationen zu vermeiden.[3]

2 Für Probleme mit einer unendlichen Anzahl von Aktionen würden wir Techniken benötigen, die über den Inhalt dieses Kapitels hinausgehen.

3 Bei jedem Problem mit einem Zyklus mit negativen Nettokosten besteht die kostenoptimale Lösung darin, diesen Zyklus unendlich oft auszuführen. Die Bellman-Ford- und Floyd-Warshall-Algorithmen (werden hier nicht besprochen) behandeln Aktionen mit negativen Kosten, solange es keine negativen Zyklen gibt. Es ist einfach, Null-Kosten-Aktionen zu berücksichtigen, solange die Anzahl der aufeinanderfolgenden Null-Kosten-Aktionen begrenzt ist. Zum Beispiel könnten wir einen Roboter haben, bei dem zwar die Bewegungen etwas kosten, nicht jedoch die Drehung um 90°; die Algorithmen in diesem Kapitel können damit umgehen, solange nicht mehr als drei aufeinanderfolgende 90°-Drehungen erlaubt sind. Es gibt auch eine Komplikation bei Problemen, die eine unendliche Anzahl von beliebig kleinen Aktionskosten haben. Betrachten Sie eine Version des Zeno-Paradoxons, bei dem es eine Aktion gibt, mit der man sich auf halbem Weg zum Ziel bewegt, und zwar zu den halben Kosten der vorherigen Bewegung. Dieses Problem hat keine Lösung mit einer endlichen Anzahl von Aktionen, aber um zu verhindern, dass eine Suche eine unbegrenzte Anzahl von Aktionen ausführt, ohne das Ziel jemals ganz zu erreichen, können wir fordern, dass alle Aktionskosten mindestens ϵ sind, wobei ϵ ein kleiner positiver Wert ist.

Der Zustandsraum kann als **Graph** dargestellt werden, in dem die Knoten Zustände und die gerichteten Kanten zwischen ihnen Aktionen sind. Die in ► Abbildung 3.1 gezeigte Karte von Rumänien ist ein solcher Graph, wobei jede Straße zwei Aktionen bezeichnet, eine in jeder Richtung.

3.1.2 Probleme formulieren

Unsere Formulierung des Problems, nach Bukarest zu gelangen, ist ein **Modell** – eine abstrakte mathematische Beschreibung – und nichts Reales. Vergleichen Sie die einfache atomare Zustandsbeschreibung von *Arad* mit einer tatsächlichen Überlandfahrt, bei der der Zustand der Welt so viele Dinge umfasst: die Mitreisenden, das aktuelle Radioprogramm, die Landschaft vor dem Fenster, die Nähe von Ordnungshütern, die Entfernung zur nächsten Raststätte, der Zustand der Straße, das Wetter, der Verkehr und so weiter. All diese Überlegungen lassen wir in unserem Modell außen vor, weil sie irrelevant sind für das Problem, eine Route nach Bukarest zu finden.

Der Prozess, Details aus einer Darstellung zu entfernen, wird als **Abstraktion** bezeichnet. Eine gute Problemformulierung hat den richtigen Grad an Detailgenauigkeit. Wären die Aktionen auf der Ebene von „bewege den rechten Fuß einen Zentimeter nach vorne" oder „drehe das Lenkrad um ein Grad nach links", dann würde der Agent wahrscheinlich nie den Weg aus dem Parkplatz finden, geschweige denn nach Bukarest.

Können wir den angemessenen **Abstraktionsgrad** genauer bestimmen? Stellen Sie sich vor, dass die abstrakten Zustände und Aktionen, die wir gewählt haben, großen Mengen von detaillierten Weltzuständen und detaillierten Aktionsfolgen entsprechen. Betrachten wir nun eine Lösung des abstrakten Problems: zum Beispiel der Weg von Arad nach Sibiu nach Rimnicu Vilcea nach Pitesti nach Bukarest. Diese abstrakte Lösung entspricht einer großen Anzahl von ausführlicheren Pfaden. Zum Beispiel könnten wir auf der Fahrt von Sibiu nach Rimnicu Vilcea das Radio eingeschaltet haben und es dann für den Rest der Strecke ausschalten.

Die Abstraktion ist *gültig*, wenn wir jede abstrakte Lösung zu einer Lösung in der detaillierteren Welt ausarbeiten können; eine hinreichende Bedingung ist, dass es für jeden detaillierten Zustand, z. B. „in Arad", einen detaillierten Pfad zu einem Zustand gibt, der beispielsweise „in Sibiu" heißt, und so weiter.[4] Die Abstraktion ist *nützlich*, wenn die Ausführung jeder der Aktionen in der Lösung einfacher ist als das ursprüngliche Problem; in unserem Fall kann die Aktion „fahre von Arad nach Sibiu" ohne weitere Suche oder Planung von einem durchschnittlichen Fahrer ausgeführt werden. Bei der Wahl einer guten Abstraktion geht es also darum, so viele Einzelheiten wie möglich zu entfernen, dabei aber die Validität zu erhalten und sicherzustellen, dass die abstrakten Aktionen leicht auszuführen sind. Ohne die Fähigkeit, sinnvolle Abstraktionen zu konstruieren, wären intelligente Agenten mit der realen Welt völlig überfordert.

3.2 Beispielprobleme

Der Problemlösungsansatz wurde auf einen umfangreichen Bereich von Aufgabenumgebungen angewendet. Wir listen hier einige der bekanntesten auf, wobei wir zwischen *standardisierten* und *realen* Problemen unterscheiden. Ein **standardisiertes Problem** dient der Veranschaulichung oder Übung verschiedener Problemlösungsmethoden. Es kann knapp und genau beschrieben werden und eignet sich daher als Maßstab für Forscher, um die Leistung von Algorithmen zu vergleichen. Ein **reales Problem**, wie z. B. die Roboternavigation, ist ein Problem, dessen Lösungen tatsächlich verwendet werden und dessen Formulierung extrem spezifisch und nicht standardisiert ist, da beispielsweise jeder Roboter unterschiedliche Sensoren hat, die unterschiedliche Daten liefern.

4 Siehe Abschnitt 11.4.

3.2.1 Standardisierte Probleme

Ein **Gitterwelt**-Problem ist eine zweidimensionale rechteckige Anordnung von quadratischen Zellen, in denen sich Agenten von Zelle zu Zelle bewegen können. Typischerweise kann sich der Agent zu jeder hindernisfreien benachbarten Zelle bewegen – horizontal oder vertikal und in einigen Problemen auch diagonal. Zellen können Objekte enthalten, die der Agent aufnehmen, verschieben oder auf die er anderweitig einwirken kann; eine Wand oder ein anderes unüberwindbares Hindernis in einer Zelle hindern einen Agenten daran, sich in diese Zelle zu begeben. Die **Staubsaugerwelt** aus Abschnitt 2.1 kann als Gitterwelt-Problem wie folgt formuliert werden:

- **Zustände**: Ein Zustand dieser Welt gibt Auskunft darüber, welche Objekte sich in welchen Zellen befinden. Für die Staubsaugerwelt sind die Objekte der Agent und eventueller Schmutz. In der einfachen Zwei-Zellen-Version kann sich der Agent in einer der beiden Zellen befinden und jede Zelle kann entweder Schmutz enthalten oder nicht, es gibt also $2 \cdot 2 \cdot 2 = 8$ Zustände (► Abbildung 3.2). Im Allgemeinen hat eine Staubsaugerumgebung mit n Zellen $n \cdot 2^n$ Zustände.

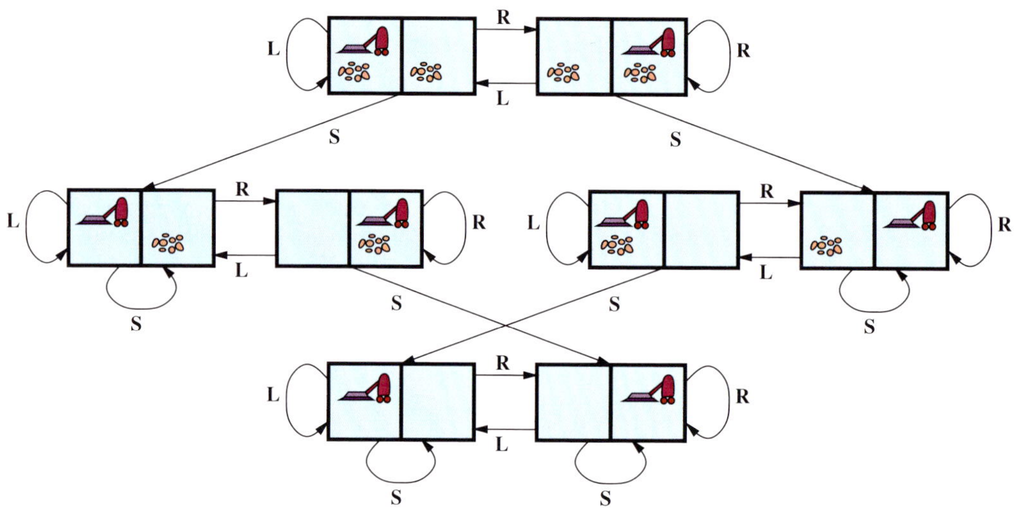

Abbildung 3.2: Der Graph des Zustandsraums für die zweizellige Staubsaugerwelt. Es gibt 8 Zustände und drei Aktionen für jeden Zustand: L = *Links*, R = *Rechts*, S = *Saugen*.

- **Anfangszustand**: Als Anfangszustand kann ein beliebiger Zustand festgelegt werden.
- **Aktionen**: In der Zwei-Zellen-Welt haben wir drei Aktionen definiert: *Saugen*, *Links*-Bewegung und *Rechts*-Bewegung. In einer zweidimensionalen mehrzelligen Welt benötigen wir mehr Bewegungsaktionen. Wir könnten *Aufwärts* und *Abwärts* hinzufügen, wodurch wir vier **absolute** Bewegungsaktionen hätten, oder wir könnten zu **egozentrischen Aktionen** übergehen, die relativ zum Standpunkt des Agenten definiert sind – zum Beispiel *Vorwärts*, *Rückwärts*, *DrehenRechts* und *DrehenLinks*.
- **Transitionsmodell**: *Saugen* entfernt jeglichen Schmutz aus der Zelle des Agenten; *Vorwärts* bewegt den Agenten um eine Zelle in die Richtung, in die er blickt, es sei denn, er trifft auf eine Wand, in diesem Fall hat die Aktion keine Wirkung. *Rückwärts* bewegt den Agenten in die entgegengesetzte Richtung, während *DrehenRechts* und *DrehenLinks* seine Blickrichtung um 90° ändern.

- **Zielzustände**: Die Zustände, in denen jede Zelle sauber ist.
- **Aktionskosten**: Jede Aktion kostet 1.

Eine weitere Art der Gitterwelt ist das **Sokoban-Puzzle**, bei dem das Ziel des Agenten darin besteht, eine Anzahl von Kisten, die über das Gitter verstreut sind, an bestimmte Lagerorte zu schieben. Es kann maximal eine Kiste pro Zelle geben. Wenn sich ein Agent in eine Zelle mit einer Kiste vorwärts bewegt und sich auf der anderen Seite der Kiste eine leere Zelle befindet, dann bewegen sich sowohl die Kiste als auch der Agent vorwärts. Der Agent kann eine Kiste nicht in eine andere Kiste oder eine Wand schieben. Für eine Welt mit n Zellen ohne Hindernisse und b Kisten gibt es $n \times n!/(b!(n-b)!)$ Zustände; zum Beispiel gibt es auf einem 8×8-Gitter mit einem Dutzend Kisten über 200 Billionen Zustände.

Bei einem **Schiebepuzzle** wird eine Reihe von Spielsteinen (manchmal auch Blöcke oder Teile genannt) in einem Gitter mit einem oder mehreren Leerräumen angeordnet, sodass einige der Spielsteine in den Leerraum gleiten können. Eine Variante ist das Puzzle „Rush Hour“, bei dem Autos und Lkws auf einem 6×6-Gitter verschoben werden, um ein Auto aus dem Stau zu befreien. Die wohl bekannteste Variante ist das **8-Puzzle** (► Abbildung 3.3), das aus einem 3×3-Gitter mit acht nummerierten Spielsteinen und einem leeren Feld besteht, sowie das **15-Puzzle** auf einem 4×4-Gitter. Das Ziel ist es, einen bestimmten Zielzustand zu erreichen, wie beispielsweise den Zustand rechts in der Abbildung. Die Standardformulierung des 8-Puzzles lautet:

- **Zustände**: Eine Zustandsbeschreibung spezifiziert die Lage der einzelnen Spielsteine.
- **Anfangszustand**: Jeder beliebige Zustand kann als Anfangszustand festgelegt werden. Beachten Sie, dass eine Paritätseigenschaft den Zustandsraum unterteilt – jedes gegebene Ziel kann von genau der Hälfte der möglichen Anfangszustände erreicht werden (siehe Übung 3.6 auf der Website).
- **Aktionen**: In der physischen Welt handelt es sich zwar um einen Spielstein, der verschoben wird, doch die einfachste Art, eine Aktion zu beschreiben, ist sich vorzustellen, dass das leere Feld eine *Links*-, *Rechts*-, *Oben*- oder *Unten*-Bewegung ausführt. Wenn das Leerfeld am Rand oder in einer Ecke liegt, sind nicht alle Aktionen anwendbar.
- **Transitionsmodell**: Bildet einen Zustand und eine Aktion auf einen resultierenden Zustand ab; wenn wir z. B. *Links* auf den Startzustand in ► Abbildung 3.3 anwenden, so sind beim resultierenden Zustand die 5 und das Leerfeld vertauscht.
- **Zielzustand**: Obwohl jeder beliebige Zustand das Ziel sein könnte, nehmen wir normalerweise einen Zustand, bei dem die Zahlen in der richtigen Reihenfolge sind wie in ► Abbildung 3.3.
- **Aktionskosten**: Jede Aktion kostet 1.

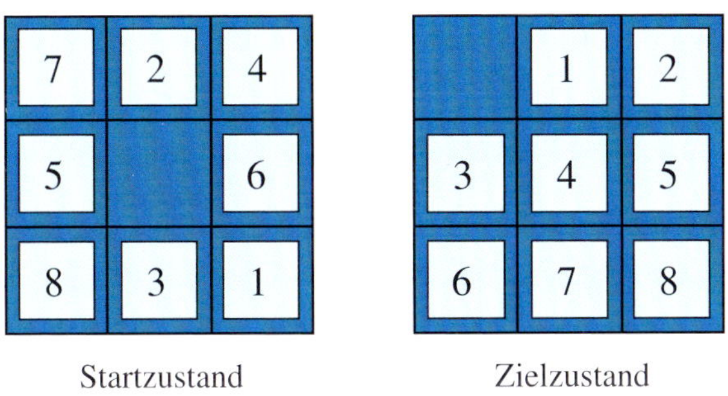

Abbildung 3.3: Ein typisches Beispiel für ein 8-Puzzle.

Beachten Sie, dass jede Problemformulierung Abstraktionen beinhaltet. Die 8-Puzzle-Aktionen werden auf ihre Anfangs- und Endzustände abstrahiert, wobei die Zwischenpositionen, bei denen der Spielstein verschoben wird, ignoriert werden. Wir haben Aktionen wie das Schütteln des Bretts, wenn die Spielsteine sich verklemmt haben, „wegabstrahiert" und das Ausbauen der Steine mit einem Messer mit anschließendem Wiedereinsetzen ausgeschlossen. Übrig bleibt eine Beschreibung der Regeln, die alle Details der physikalischen Manipulationen vermeidet.

Unser letztes standardisiertes Problem wurde von Donald Knuth (1964) entwickelt und veranschaulicht, wie unendliche Zustandsräume entstehen können. Knuth vermutete, dass man von der Zahl 4 aus durch eine Folge von Quadratwurzel-, Fakultät- und Abrundungsoperationen (Gaußklammer) jede beliebige positive ganze Zahl erreichen kann. Zum Beispiel kann man folgendermaßen von der 4 zur 5 kommen:

$$\left\lfloor \sqrt{\sqrt{\sqrt{\sqrt{\sqrt{(4!)!}}}}} \right\rfloor = 5$$

Die Problemstellung ist einfach:

- **Zustände**: positive reelle Zahlen
- **Anfangszustand**: 4
- **Aktionen**: Anwenden von Quadratwurzel-, Fakultät- oder Abrundungsoperationen (Fakultät nur für ganze Zahlen)
- **Transitionsmodell**: wie durch die mathematischen Definitionen der Operationen gegeben
- **Zielzustand**: die gewünschte positive ganze Zahl
- **Aktionskosten**: Jede Aktion kostet 1.

Der Zustandsraum für dieses Problem ist unendlich: Für jede ganze Zahl größer als 2 wird der Fakultätsoperator immer eine größere ganze Zahl liefern. Das Problem ist interessant, weil es sehr große Zahlen untersucht: Der kürzeste Weg zu 5 führt über (4!)! = 620.448.401.733.239.439.360.000. Unendliche Zustandsräume treten häufig bei Aufgaben auf, die mathematische Ausdrücke, Schaltkreise, Beweise, Programme und andere rekursiv definierte Objekte generieren.

3.2.2 Probleme der realen Welt

Wir haben bereits gesehen, dass das Problem, eine Route zu finden (**Wegfindungsproblem**), durch die vorgegebenen Orte und die Übergänge entlang der Kanten zwischen ihnen definiert ist. Algorithmen zur Wegfindung werden in vielen Anwendungen eingesetzt. Einige, wie z. B. Websites und im Auto eingebaute Systeme, die Richtungsanweisungen geben, sind relativ einfache Erweiterungen des Rumänien-Beispiels. (Die Hauptkomplikationen sind unterschiedliche Kosten aufgrund von verkehrsbedingten Verzögerungen sowie Umleitungen aufgrund von Straßensperrungen.) Andere, wie beispielsweise das Routing von Videostreams in Computernetzen, militärische Operationsplanung und die Reiseplanung von Fluggesellschaften, beinhalten erheblich komplexere Spezifikationen. Betrachten Sie die Probleme bei Flugreisen, die von einer Website zur Reiseplanung gelöst werden müssen:

- **Zustände**: Jeder Zustand umfasst natürlich eine Position (z. B. einen Flughafen) und die aktuelle Zeit. Da die Kosten einer Aktion (eines Flugabschnitts) von früheren Abschnitten, ihren Flugtarifen und ihrem Status als nationaler oder internationaler Flug abhängen können, muss der Zustand außerdem zusätzliche Informationen über diese „historischen" Aspekte erfassen.

- **Anfangszustand**: Der Heimatflughafen des Benutzers.
- **Aktionen**: Einen beliebigen Flug vom aktuellen Standort in einer beliebigen Sitzklasse nehmen, der später als die aktuelle Uhrzeit startet und genügend Zeit für einen Transfer innerhalb des Flughafens lässt, falls erforderlich.
- **Transitionsmodell**: Der Zustand, der sich nach Ausführen eines Flugs ergibt, hat das Flugziel als neue Position und die Ankunftszeit des Flugs als neue Zeit.
- **Zielzustand**: Eine Stadt als Bestimmungsort. Manchmal kann das Ziel auch komplexer sein, z. B. „mit einem Nonstop-Flug am Zielort ankommen".
- **Aktionskosten**: Eine Kombination aus monetären Kosten, Wartezeit, Flugzeit, Zoll- und Einwanderungsprozeduren, Sitzqualität, Tageszeit, Flugzeugtyp, Bonuspunkten für Vielflieger und so weiter.

Kommerzielle Reiseberatungssysteme verwenden eine Problemformulierung dieser Art – mit vielen zusätzlichen Komplikationen, die entstehen, um die verworrenen Tarifstrukturen der Fluggesellschaften zu handhaben. Jeder erfahrene Reisende weiß jedoch, dass nicht alle Flugreisen nach Plan verlaufen. Ein wirklich gutes System sollte Notfallpläne enthalten – was passiert, wenn dieser Flug Verspätung hat und der Anschluss verpasst wird?

Tourenplanungsprobleme beschreiben nicht ein einzelnes Ziel, sondern eine Reihe von Orten, die besucht werden müssen. Das **Problem des Handlungsreisenden** (*Traveling Salesperson Problem*, TSP) ist ein Tourenplanungproblem, bei dem jede Stadt auf einer Karte besucht werden muss. Das Ziel ist es, eine Tour mit Kosten $< C$ zu finden (oder in der Optimierungsversion, eine Tour mit den geringstmöglichen Kosten zu finden). Es wurden enorme Anstrengungen unternommen, um die Fähigkeiten der TSP-Algorithmen zu verbessern. Die Algorithmen können auch auf Fahrzeugflotten erweitert werden. Ein Such- und Optimierungsalgorithmus für die Routenplanung von Schulbussen in Boston sparte beispielsweise 5 Millionen US-Dollar, reduzierte das Verkehrsaufkommen und die Luftverschmutzung und sparte sowohl Fahrern als auch den Schülern Zeit (Bertsimas *et al.*, 2019). Neben der Planung von Fahrten wurden Suchalgorithmen auch für Aufgaben wie die Planung der Bewegungen von automatischen Leiterplattenbohrern und von Maschinen zur Regalbestückung in Werkshallen eingesetzt.

Ein **VLSI-Layoutproblem** erfordert die Positionierung von Millionen von Komponenten und Verbindungen auf einem Chip, um Fläche, Schaltverzögerungen und Streukapazitäten zu minimieren und die Produktionsausbeute zu maximieren. Das Layout-Problem kommt nach der logischen Entwurfsphase und wird normalerweise in zwei Teile aufgeteilt: **Zellen-Layout** und **Kanal-Routing**. Beim Zellen-Layout werden die elementaren Komponenten der Schaltung in Zellen gruppiert, von denen jede eine bestimmte Funktion ausführt. Jede Zelle hat eine feste Gehäusegeometrie (Größe und Umriss) und benötigt eine bestimmte Anzahl von Verbindungen zu den anderen Zellen. Ziel ist es, die Zellen so auf dem Chip zu platzieren, dass sie sich nicht überlappen und dass zwischen den Zellen Platz für die Verbindungsdrähte ist. Beim Kanal-Routing wird für jeden Draht ein bestimmter Weg durch die Lücken zwischen den Zellen gefunden. Diese Suchprobleme sind extrem komplex, doch es ist absolut sinnvoll, sie zu lösen.

Die **Roboternavigation** ist eine Verallgemeinerung des zuvor beschriebenen Problems der Wegfindung. Ein Roboter muss nicht bestimmten Pfaden folgen (wie z. B. den Straßen in Rumänien), sondern kann umherwandern und so seine eigenen Pfade erstellen. Für einen kreisförmigen Roboter, der sich auf einer ebenen Fläche bewegt, ist der Raum im Wesentlichen zweidimensional. Hat der Roboter Arme und Beine, die ebenfalls gesteuert werden müssen, dann wird der Suchraum mehrdimensional – eine Dimension für jeden Gelenkwinkel. Es sind fortschrittliche Techniken erforderlich, um den im Wesentlichen stetigen Suchraum endlich zu machen (siehe Kapitel 26). Zusätzlich zu der Komplexität des Problems müssen reale

Roboter auch auf Fehler in ihren Sensormessungen und den Motorsteuerungen, mit teilweiser Beobachtbarkeit und mit anderen Agenten, die die Umgebung verändern könnten, reagieren.

Die **automatische Montageablaufsteuerung** komplexer Objekte (wie z. B. Elektromotoren) durch einen Roboter ist seit den 1970er Jahren gängige Branchenpraxis. Algorithmen finden zunächst eine durchführbare Montagereihenfolge und arbeiten dann an der Optimierung des Prozesses. Die Minimierung des Anteils an manueller menschlicher Arbeit am Fließband kann zu erheblichen Zeit- und Kosteneinsparungen führen. Bei Montageablaufproblemen besteht das Ziel darin, eine Reihenfolge zu finden, in der die Teile eines Objekts zusammengebaut werden. Wenn die falsche Reihenfolge gewählt wird, gibt es keine Möglichkeit, ein Teil später im Ablauf hinzuzufügen, ohne bereits geleistete Arbeit rückgängig zu machen. Das Überprüfen einer Aktion in der Abfolge auf Durchführbarkeit ist ein schwieriges geometrisches Suchproblem, das eng mit der Roboternavigation verwandt ist. Daher ist die Generierung von zulässigen Aktionen der teure Teil der Montageablaufsteuerung. Jeder praktische Algorithmus darf nicht den gesamten, sondern nur einen winzigen Teil des Zustandsraums untersuchen. Ein wichtiges Montageproblem ist der **Proteinentwurf**, bei dem das Ziel darin besteht, eine Sequenz von Aminosäuren zu finden, die sich zu einem dreidimensionalen Protein mit den passenden Eigenschaften faltet, um eine Krankheit zu heilen.

3.3 Suchalgorithmen

Ein **Suchalgorithmus** bekommt ein Suchproblem als Eingabe und gibt entweder eine Lösung oder eine Fehlermeldung zurück. In diesem Kapitel betrachten wir Algorithmen, die einen **Suchbaum** über den Zustandsraumgraphen legen, verschiedene Pfade vom Anfangszustand aus bilden und versuchen, einen Pfad zu finden, der einen Zielzustand erreicht. Jeder **Knoten** im Suchbaum entspricht einem Zustand im Zustandsraum und die Kanten im Suchbaum entsprechen Aktionen. Die Wurzel des Baums stellt den Anfangszustand des Problems dar.

Es ist wichtig, den Unterschied zwischen dem Zustandsraum und dem Suchbaum zu verstehen. Der Zustandsraum beschreibt die (möglicherweise unendliche) Menge der Zustände in der Welt sowie die Aktionen, die Übergänge von einem Zustand zu einem anderen ermöglichen. Der Suchbaum beschreibt Pfade zwischen diesen Zuständen, die zum Ziel führen. Der Suchbaum kann mehrere Pfade zu jedem (und damit mehrere Knoten für jeden) beliebigen Zustand haben, aber jeder Knoten im Baum hat einen eindeutigen Pfad zurück zur Wurzel (wie in allen Bäumen).

► Abbildung 3.4 zeigt die ersten Schritte bei der Suche nach einem Pfad von Arad nach Bukarest. Der Wurzelknoten des Suchbaums befindet sich im Anfangszustand, *Arad*. Wir können den Knoten **expandieren**, indem wir die verfügbaren AKTIONEN für diesen Zustand betrachten und die RESULT-Funktion verwenden, um zu sehen, wohin diese Aktionen führen. Und wir können für jeden der resultierenden Zustände einen neuen Knoten **erzeugen** (**Kindknoten** oder **Nachfolgerknoten** genannt). Jeder Kindknoten hat *Arad* als seinen **Elternknoten**.

Nun müssen wir auswählen, welchen dieser drei Kindknoten wir als Nächstes untersuchen. Dies ist das Wesen der Suche – erst einmal eine Option zu verfolgen und sich die anderen für später vorzubehalten. Angenommen wir wählen, zuerst Sibiu zu expandieren. ► Abbildung 3.4 (unten) zeigt das Ergebnis: eine Menge von 6 nicht expandierten Knoten (grün und fett umrandet). Wir nennen dies die **Grenze** des Suchbaums. Wir sagen, dass jeder Zustand, für den ein Knoten erzeugt wurde, **erreicht** (*reached*) wurde (unabhängig davon, ob dieser Knoten expandiert wurde oder nicht).[5] ► Abbildung 3.5 zeigt den Suchbaum, der auf den Zustandsraumgraphen gelegt wurde.

5 Einige Autoren bezeichnen die Grenze als **offene Liste**, was sowohl geografisch weniger aussagekräftig als auch rechnerisch weniger geeignet ist, da eine Warteschlange hier effizienter ist als eine Liste. Diese Autoren verwenden den Begriff **geschlossene Liste**, um sich auf die Menge der zuvor expandierten Knoten zu beziehen, was in unserer Terminologie den *erreichten* Knoten abzüglich der *Grenze* entspricht.

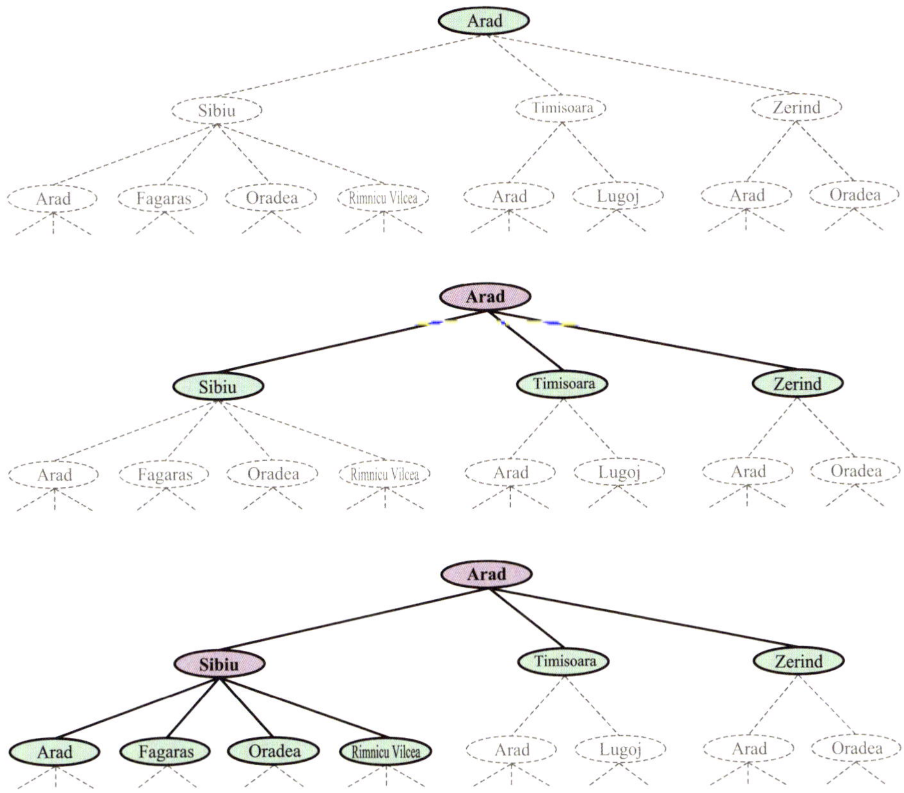

Abbildung 3.4: Drei partielle Suchbäume, um eine Route von Arad nach Bukarest zu finden. Knoten, die *expandiert* wurden, sind violett mit fett gedruckten Namen; Knoten auf der Grenze, die *erzeugt*, aber noch nicht expandiert wurden, sind grün; die Menge der Zustände, die diesen beiden Knotentypen entsprechen, gilt als *erreicht*. Knoten, die als Nächstes generiert werden könnten, sind mit hell gestrichelten Linien dargestellt. Beachten Sie, dass es im unteren Baum einen Zyklus von Arad nach Sibiu nach Arad gibt; das kann kein optimaler Pfad sein, also sollte die Suche von dort aus nicht fortgesetzt werden.

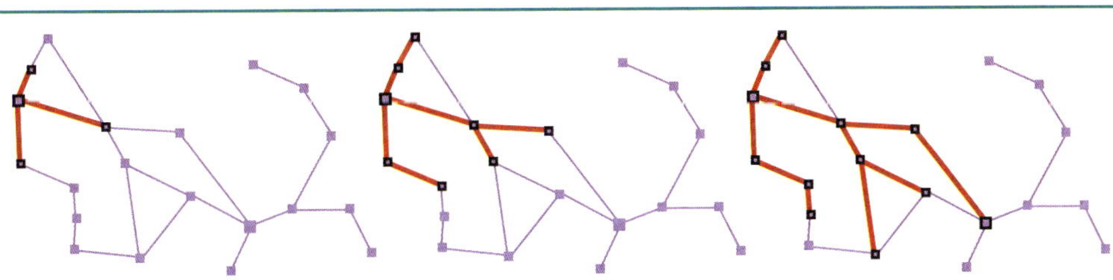

Abbildung 3.5: Eine Folge von Suchbäumen, die durch eine Graphensuche für das Rumänien-Problem aus Abbildung 3.1 generiert wurde. In jeder Stufe haben wir jeden Knoten auf der Grenze expandiert, indem wir jeden Pfad mit allen anwendbaren Aktionen erweitert haben, die nicht zu einem Zustand führen, der bereits erreicht wurde. Beachten Sie, dass in der dritten Stufe die oberste Stadt (Oradea) zwei Nachfolger hat, die beide bereits durch andere Pfade erreicht wurden, sodass keine Pfade von Oradea aus erweitert werden.

Beachten Sie, dass die Grenze zwei Regionen des Zustandsraumgraphen **trennt**: eine innere Region, in der jeder Zustand expandiert wurde, und eine äußere Region mit Zuständen, die noch nicht erreicht wurden. Diese Eigenschaft ist in ► Abbildung 3.6 dargestellt.

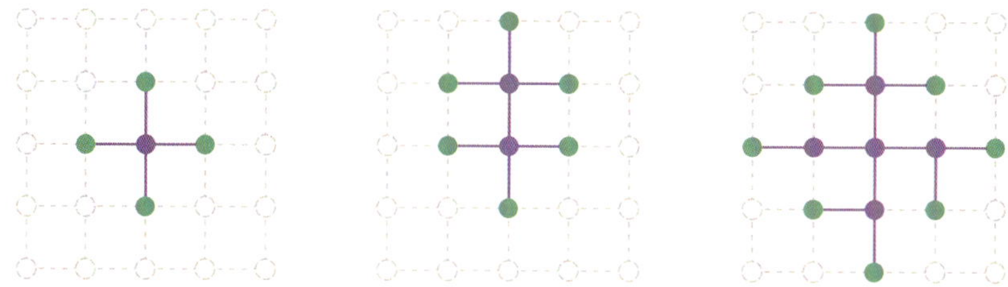

(a) (b) (c)

Abbildung 3.6: Die Trennungseigenschaft der Graphensuche, dargestellt an einem Problem mit rechteckigem Gitter. Die Grenze (grün) trennt das Innere (violett) vom Äußeren (schwach gestrichelt). Die Grenze ist die Menge der Knoten (und der entsprechenden Zustände), die erreicht, aber noch nicht expandiert wurden; das Innere ist die Menge der Knoten (und der entsprechenden Zustände), die expandiert wurden; und das Äußere ist die Menge der Zustände, die noch nicht erreicht wurden. In (a) wurde nur die Wurzel expandiert. In (b) ist der oberste Grenzknoten expandiert. In (c) wurden die übrigen Nachfolger der Wurzel im Uhrzeigersinn expandiert.

3.3.1 Bestensuche

Wie wird entschieden, welcher Knoten der Grenze als Nächstes erweitert werden soll? Ein sehr allgemeiner Ansatz wird als **Bestensuche** (*Best-First Search*, BFS) bezeichnet, bei der wir einen Knoten n mit dem minimalen Wert einer **Evaluierungsfunktion** $f(n)$ auswählen. ► Abbildung 3.7 zeigt den Algorithmus. Bei jeder Iteration wählen wir einen Knoten auf der Grenze mit minimalem $f(n)$-Wert, geben ihn zurück, wenn sein Zustand ein Zielzustand ist, und wenden andernfalls EXPAND an, um Kindknoten zu erzeugen. Jeder Kindknoten wird der Grenze hinzugefügt, falls er vorher nicht erreicht wurde, oder er wird erneut hinzugefügt, wenn er jetzt mit einem Pfad erreicht wird, der geringere Pfadkosten als jeder vorherige Pfad hat. Der Algorithmus gibt entweder eine Fehlermeldung oder einen Knoten zurück, der einen Pfad zu einem Ziel darstellt. Durch die Verwendung verschiedener $f(n)$-Funktionen erhalten wir unterschiedliche Algorithmen, die in diesem Kapitel behandelt werden.

```
function BEST-FIRST-SEARCH(problem, f) returns einen Knoten als Lösung oder failure
  node ← NODE(STATE=problem.INITIAL)
  frontier ← eine Prioritätswarteschlange, sortiert durch f, mit node als ein Element
  reached ← eine Nachschlagtabelle, mit einem Eintrag für den Schlüssel problem.INITIAL
                                                                  und Wert node
  while not IS-EMPTY(frontier) do
    node ← POP(frontier)
    if problem.IS-GOAL(node.STATE) then return node
    for each child in EXPAND(problem, node) do
      s ← child.STATE
      if s ist nicht in reached or child.PATH-COST < reached[s].PATH-COST then
        reached[s] ← child
        füge child zu frontier hinzu
  return failure

function EXPAND(problem, node) yields nodes
  s ← node.STATE
  for each action in problem.ACTIONS(s) do
    s' ← problem.RESULT(s, action)
    cost ← node.PATH-COST + problem.ACTION-COST(s, action, s')
    yield NODE(STATE=s', PARENT=node, ACTION=action, PATH-COST=cost)
```

Abbildung 3.7: Der Algorithmus zur Bestensuche und die Funktion zur Expansion eines Knotens. Die hier verwendeten Datenstrukturen sind in Abschnitt 3.3.2 beschrieben. Für **yield** siehe Anhang B.

3.3.2 Datenstrukturen für die Suche

Suchalgorithmen benötigen eine Datenstruktur, um den Überblick über den Suchbaum zu behalten. Ein **Knoten** im Baum wird durch eine Datenstruktur mit vier Komponenten dargestellt:

- *node*.STATE: der Zustand, dem der Knoten entspricht;
- *node*.PARENT: der Knoten im Baum, der diesen Knoten erzeugt hat;
- *node*.ACTION: die Aktion, die auf den Elternzustand angewendet wurde, um diesen Knoten zu erzeugen;
- *node*.PATH-COST: die Gesamtkosten des Pfads vom Anfangszustand zu diesem Knoten. In mathematischen Formeln verwenden wir *g*(*node*) als Synonym für PATH-COST.

Wenn wir die PARENT-Zeiger von einem Knoten zurückverfolgen, können wir die Zustände und Aktionen entlang des Pfads zu diesem Knoten wiederherstellen. Wenn Sie dies von einem Zielknoten aus tun, erhalten Sie die Lösung.

Wir brauchen eine Datenstruktur, um die **Grenze** zu speichern. Die geeignete Wahl ist eine Art **Warteschlange**, denn die Operationen auf einer Grenze sind:

- IS-EMPTY(*frontier*) – gibt *true* (wahr) genau dann zurück, wenn es keine Knoten in der Grenze gibt.
- POP(*frontier*) – entfernt den obersten Knoten von der Grenze und gibt ihn zurück.
- TOP(*frontier*) – gibt den obersten Knoten der Grenze zurück (entfernt ihn aber nicht).
- ADD(*node*, *frontier*) – fügt den Knoten an seinem richtigen Platz in der Warteschlange ein.

In Suchalgorithmen werden drei Arten von Warteschlangen verwendet:

- In einer **Prioritätswarteschlange** wird die Funktion POP zuerst auf den Knoten mit den geringsten Kosten gemäß einer Evaluierungsfunktion f angewandt. Sie wird bei der Bestensuche verwendet.
- In einer **FIFO-Warteschlange** oder First-In-First-Out-Warteschlange wird POP zuerst auf den Knoten angewandt, der als Erster in die Warteschlange aufgenommen wurde; wir werden sehen, dass dies bei der Breitensuche verwendet wird.
- Eine **LIFO-Warteschlange** oder Last-In-First-Out-Warteschlange (auch als **Stapel** oder **Stack** bezeichnet) entfernt zuerst den zuletzt hinzugefügten Knoten; wir werden sehen, dass sie bei der Tiefensuche eingesetzt wird.

Die erreichten Zustände können als Nachschlagetabelle (z. B. als Hash-Tabelle) gespeichert werden, wobei jeder Schlüssel ein Zustand und jeder Wert der Knoten für diesen Zustand ist.

3.3.3 Redundante Pfade

Der in ► Abbildung 3.4 (unten) dargestellte Suchbaum enthält einen Pfad von Arad nach Sibiu und wieder zurück nach Arad. Wir sagen, dass *Arad* ein **wiederholter Zustand** im Suchbaum ist, der in diesem Fall durch einen **Zyklus** (auch **schleifenförmiger Pfad** genannt) erzeugt wird. So hat der Zustandsraum zwar nur 20 Zustände, doch der vollständige Suchbaum ist *unendlich*, weil es keine Begrenzung gibt, wie oft man eine Schleife durchlaufen kann.

Ein Zyklus ist ein Spezialfall eines **redundanten Pfads**. Zum Beispiel können wir nach Sibiu über den Pfad Arad–Sibiu (140 Meilen) oder den Pfad Arad–Zerind–Oradea–Sibiu (297 Meilen) kommen. Dieser zweite Pfad ist redundant – er ist nur eine schlechtere Möglichkeit, um zum gleichen Zustand zu gelangen – und muss bei unserer Suche nach optimalen Pfaden nicht berücksichtigt werden.

Betrachten Sie einen Agenten in einer 10×10-Gitterwelt, der sich auf jedes von 8 benachbarten Feldern bewegen kann. Wenn es keine Hindernisse gibt, kann der Agent jedes der 100 Quadrate in 9 Zügen oder weniger erreichen. Doch die Anzahl der Pfade mit Länge 9 ist fast 8^9 (wegen der Kanten des Gitters ein bisschen weniger) bzw. mehr als 100 Millionen. Mit anderen Worten, im Durchschnitt kann eine Zelle über mehr als eine Million redundanter Pfade der Länge 9 erreicht werden und wenn wir redundante Pfade eliminieren, können wir eine Suche etwa eine Million Mal schneller beenden. Wie heißt es so schön: *Algorithmen, die sich nicht an die Vergangenheit erinnern können, sind dazu verdammt, sie zu wiederholen.* Es gibt drei Wege, dieses Problem anzugehen.

Erstens können wir uns alle zuvor erreichten Zustände merken (wie bei der Bestensuche), was uns erlaubt, alle redundanten Pfade zu erkennen und nur den besten Pfad zu jedem Zustand zu behalten. Dies ist für Zustandsräume geeignet, in denen es viele redundante Pfade gibt, und ist die bevorzugte Wahl, wenn die Tabelle der erreichten Zustände in den Speicher passt.

Zweitens: Wir müssen uns nicht darum sorgen, die Vergangenheit zu wiederholen. Es gibt einige Problemstellungen, bei denen es selten oder unmöglich ist, dass zwei Pfade denselben Zustand erreichen. Ein Beispiel wäre ein Montageproblem, bei dem durch jede Aktion ein Teil zu einer sich entwickelnden Baugrupppe hinzufügt wird und bei dem es eine Reihenfolge der Teile gibt, sodass es möglich ist, erst A und dann B hinzuzufügen, aber nicht erst B und dann A. Bei solchen Problemen können wir Speicherplatz sparen, wenn wir erreichte Zustände *nicht* verfolgen und *nicht* auf redundante Pfade prüfen. Wir nennen einen Suchalgorithmus eine **Graphensuche**, wenn er auf redundante Pfade prüft, und eine **baumartige Suche**[6], wenn er nicht prüft. Der Algorithmus BEST-FIRST-SEARCH in ► Abbildung 3.7 ist ein Algorithmus zur Graphensuche; wenn wir alle Verweise auf *reached* entfernen, erhalten wir eine baumartige Suche, die weniger Speicher benötigt, aber redundante Pfade zum gleichen Zustand untersucht und daher langsamer läuft.

Drittens können wir einen Kompromiss eingehen und zwar auf Zyklen, aber nicht auf redundante Pfade im Allgemeinen prüfen. Da jeder Knoten eine Kette von Elternzeigern hat, können wir ohne zusätzlichen Speicherbedarf auf Zyklen prüfen, indem wir die Kette der Eltern nach oben verfolgen, um festzustellen, ob der Zustand am Ende des Pfads früher im Pfad schon einmal aufgetaucht ist. Einige Implementierungen folgen dieser Kette den ganzen Weg nach oben und eliminieren so alle Zyklen; andere Implementierungen folgen nur ein paar Gliedern (z. B. zum Elternteil, zu Großeltern und Urgroßeltern) und benötigen so nur eine konstante Zeit, um alle kurzen Zyklen zu eliminieren (und verlassen sich auf andere Mechanismen, um lange Zyklen zu behandeln).

3.3.4 Leistungsmessung der Problemlösung

Bevor wir uns mit dem Entwurf verschiedener Suchalgorithmen befassen, betrachten wir die Kriterien, die verwendet werden, um einen Algorithmus auszuwählen. Wir können die Leistung eines Algorithmus auf vier Arten bewerten:

- **Vollständigkeit**: Findet der Algorithmus garantiert eine Lösung, falls es eine gibt, und gibt er korrekt eine Fehlermeldung zurück, falls es keine gibt?
- **Kostenoptimalität**: Findet er eine Lösung mit den geringsten Pfadkosten aller Lösungen?[7]

6 Wir sagen „baumartige Suche“, weil der Zustandsraum immer noch derselbe Graph ist, egal wie wir ihn durchsuchen; wir entscheiden uns nur dafür, ihn *wie* einen Baum zu behandeln, also mit nur einem Pfad von jedem Knoten zurück zur Wurzel.

7 Einige Autoren verwenden den Begriff „Zulässigkeit“ für die Eigenschaft, die kostengünstigste Lösung zu finden, und einige benutzen einfach „Optimalität“, doch dies kann mit anderen Arten von Optimalität verwechselt werden.

- **Zeitkomplexität**: Wie lange dauert es, eine Lösung zu finden? Dies kann in Sekunden gemessen werden oder abstrakter durch die Anzahl der betrachteten Zustände und Aktionen.
- **Speicherplatzkomplexität**: Wie viel Speicher wird für die Durchführung der Suche benötigt?

Um das Konzept der Vollständigkeit zu verstehen, betrachten Sie ein Suchproblem mit einem einzigen Ziel. Dieses Ziel könnte überall im Zustandsraum liegen; daher muss ein vollständiger Algorithmus in der Lage sein, systematisch jeden Zustand zu erkunden, der vom Anfangszustand aus erreichbar ist. In endlichen Zustandsräumen ist das einfach zu erreichen: Solange wir die Pfade verfolgen und solche abschneiden, die Zyklen sind (z. B. von Arad nach Sibiu nach Arad), werden wir irgendwann jeden erreichbaren Zustand erreichen.

In unendlichen Zustandsräumen ist mehr Vorsicht geboten. Zum Beispiel würde ein Algorithmus, der wiederholt den Fakultätsoperator in Knuths „4"-Problem anwendet, einem unendlichen Pfad von 4 zu 4! zu (4!)! und so weiter folgen. In ähnlicher Weise folgt auf einem unendlichen Gitter ohne Hindernisse das wiederholte Vorwärtsbewegen in einer geraden Linie ebenfalls einem unendlichen Pfad neuer Zustände. In beiden Fällen kehrt der Algorithmus nie zu einem Zustand zurück, den er schon einmal erreicht hat, sondern ist unvollständig, weil weite Teile des Zustandsraums nie erreicht werden.

Damit ein Suchalgorithmus vollständig ist, muss er einen unendlichen Zustandsraum **systematisch** erforschen und sicherstellen, dass er schließlich jeden Zustand erreichen kann, der mit dem Anfangszustand verbunden ist. Auf dem unendlichen Gitter ist eine Art der systematischen Suche zum Beispiel ein spiralförmiger Pfad, der alle Zellen abdeckt, die s Schritte vom Ursprung entfernt sind, bevor er sich zu Zellen bewegt, die $s + 1$ Schritte entfernt sind. Leider muss ein guter Algorithmus in einem unendlichen Zustandsraum ohne Lösung ewig weitersuchen; er kann nicht abbrechen, weil er nicht wissen kann, ob der nächste Zustand ein Ziel sein wird.

Zeit- und Speicherplatzkomplexität werden im Hinblick auf ein Maß für die Schwierigkeit des Problems betrachtet. In der theoretischen Informatik ist das typische Maß die Größe des Zustandsraumgraphen, $|V| + |E|$, wobei $|V|$ die Anzahl der Ecken (Zustandsknoten, *vertice*) des Graphen ist und $|E|$ die Anzahl der Kanten (eindeutige Zustand-Aktion-Paare, *edge*). Dies ist passend, wenn der Graph eine explizite Datenstruktur ist, wie z. B. die Karte von Rumänien. Doch in vielen KI-Problemen wird der Graph nur *implizit* durch den Anfangszustand, die Aktionen und das Transitionsmodell beschrieben. Für einen impliziten Zustandsraum kann die Komplexität mithilfe der folgenden drei Größen gemessen werden: d, die **Tiefe** (*depth*) bzw. Anzahl der Aktionen in einer optimalen Lösung; m, die maximale Anzahl von Aktionen in einem beliebigen Pfad; und b, der **Verzweigungsfaktor** (*branching*) bzw. Anzahl von Nachfolgern eines Knotens, die betrachtet werden müssen.

3.4 Uninformierte Suchstrategien

Ein uninformierter Suchalgorithmus weiß nicht, wie nah ein Zustand am Ziel bzw. an den Zielen ist. Betrachten wir zum Beispiel unseren Agenten in Arad mit dem Ziel, Bukarest zu erreichen. Ein uninformierter Agent ohne Kenntnisse der rumänischen Geografie hat keine Ahnung, ob es besser ist, zuerst nach Zerind oder nach Sibiu zu fahren. Im Gegensatz dazu weiß ein informierter Agent (Abschnitt 3.5), der die Lage der einzelnen Städte kennt, dass Sibiu viel näher an Bukarest liegt und somit wahrscheinlich auf dem kürzesten Pfad liegt.

3.4.1 Breitensuche

Wenn alle Aktionen die gleichen Kosten haben, ist eine geeignete Strategie die **Breitensuche** (*Breadth-First Search*, BFS), bei der zuerst der Wurzelknoten expandiert wird, dann alle Nachfolger des Wurzelknotens, dann *deren* Nachfolger und so weiter. Dies ist eine systematische Suchstrategie, die daher auch auf unendlichen Zustandsräumen vollständig ist. Wir könnten die Breitensuche als einen Aufruf von BEST-FIRST-SEARCH implementieren, wobei die Evaluierungsfunktion $f(n)$ die Tiefe des Knotens ist – d. h. die Anzahl der Aktionen, die erforderlich sind, um den Knoten zu erreichen.

Wir können jedoch mit ein paar Tricks zusätzliche Effizienz erreichen. Eine First-In-First-Out-Warteschlange ist schneller als eine Prioritätswarteschlange und gibt uns die korrekte Reihenfolge der Knoten: Neue Knoten (die immer tiefer als ihre Eltern sind) wandern an das Ende der Warteschlange und alte Knoten, die flacher als die neuen Knoten sind, werden zuerst expandiert. Außerdem kann *reached* eine Menge von Zuständen sein und keine Abbildung von Zuständen auf Knoten, denn wenn wir einmal einen Zustand erreicht haben, können wir niemals einen besseren Pfad zu diesem Zustand finden. Das bedeutet auch, dass wir einen **frühen Zieltest** durchführen können, der prüft, ob ein Knoten eine Lösung ist, sobald er *erzeugt* wird, anstatt des **späten Zieltests**, den die Bestensuche verwendet, indem sie wartet, bis ein Knoten aus der Warteschlange entfernt wird. ► Abbildung 3.8 zeigt den Fortschritt einer Breitensuche in einem Binärbaum und ► Abbildung 3.9 zeigt den Algorithmus mit den Effizienzverbesserungen durch die frühen Zieltests.

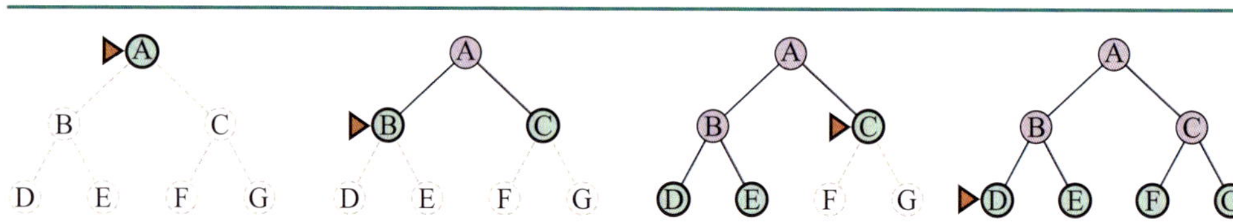

Abbildung 3.8: Breitensuche in einem einfachen Binärbaum. In jeder Phase wird der nächste zu erweiternde Knoten durch die dreieckige Markierung angezeigt.

```
function BREADTH-FIRST-SEARCH(problem) returns einen Knoten als Lösung oder failure
  node ← NODE(problem.INITIAL)
  if problem.IS-GOAL(node.STATE) then return node
  frontier ← eine FIFO-Warteschlagne mit node als einem Element
  reached ← {problem.INITIAL}
  while not IS-EMPTY(frontier) do
    node ← POP(frontier)
    for each child in EXPAND(problem, node) do
      s ← child.STATE
      if problem.IS-GOAL(s) then return child
      if s ist nicht in reached then
        füge s zu reached hinzu
        füge child zu frontier hinzu
  return failure

function UNIFORM-COST-SEARCH(problem) returns einen Knoten als Lösung oder failure
  return BEST-FIRST-SEARCH(problem, PATH-COST)
```

Abbildung 3.9: Algorithmen für Breitensuche und uniforme Kostensuche.

Die Breitensuche findet immer eine Lösung mit einer minimalen Anzahl von Aktionen, denn wenn sie Knoten in der Tiefe d erzeugt, hat sie bereits alle Knoten in der Tiefe $d-1$ generiert – falls einer von diesen eine Lösung ist, wäre diese also gefunden worden. Das heißt, die Suche ist kostenoptimal für Probleme, bei denen alle Aktionen die gleichen Kosten haben, jedoch nicht für Probleme, die diese Eigenschaft nicht haben. In beiden Fällen ist sie vollständig. Zum Zeit- und Platzbedarf: Stellen Sie sich vor, Sie durchsuchen einen uniformen Baum, bei dem jeder Zustand b Nachfolger hat. Die Wurzel des Suchbaums erzeugt b Knoten, von denen jeder b weitere Knoten erzeugt, insgesamt gibt es also b^2 Knoten auf der zweiten Ebene. Jeder von diesen erzeugt b weitere Knoten, was b^3 Knoten auf der dritten Ebene ergibt, und so weiter. Nehmen wir nun an, die Lösung befindet sich in der Tiefe d. Dann ist die Gesamtzahl der erzeugten Knoten:

$$1 + b + b^2 + b^3 + \cdots + b^d = O(b^d)$$

Alle Knoten bleiben im Speicher, sodass sowohl die Zeit- als auch die Speicherplatzkomplexität $O(b^d)$ ist. Solche exponentiellen Schranken sind erschreckend. Als typisches Beispiel aus der Praxis betrachten wir ein Problem mit dem Verzweigungsfaktor $b = 10$, einer Verarbeitungsgeschwindigkeit von 1 Million Knoten/Sekunde und einem Speicherbedarf von 1 KByte/Knoten. Eine Suche bis zur Tiefe $d = 10$ würde weniger als 3 Stunden dauern, aber 10 Terabyte Speicher benötigen. *Der Speicherbedarf ist für die Breitensuche ein größeres Problem als die Ausführungszeit.* Doch die Zeit ist immer noch ein wichtiger Faktor. Bei Tiefe $d = 14$ würde die Suche selbst bei unendlichem Speicher 3,5 Jahre dauern. Generell gilt: *Suchprobleme mit exponentieller Komplexität können außer für die kleinsten Instanzen nicht durch uninformierte Suche gelöst werden.*

3.4.2 Der Algorithmus von Dijkstra oder uniforme Kostensuche

Wenn Aktionen unterschiedliche Kosten haben, ist es naheliegend, die Bestensuche zu verwenden, bei der die Evaluierungsfunktion die Kosten des Pfads von der Wurzel zum aktuellen Knoten ist. Diese Suche wird in der theoretischen Informatik als Algorithmus von Dijkstra bezeichnet, in der KI-Gemeinschaft als **uniforme Kostensuche**. Während sich die Breitensuche in Wellen mit einheitlicher Tiefe ausbreitet – zuerst Tiefe 1, dann Tiefe 2 und so weiter –, ist hier der Grundgedanke, dass sich die uniforme Kostensuche in Wellen mit einheitlichen Pfadkosten ausbreitet. Der Algorithmus kann als Aufruf von BEST-FIRST-SEARCH mit PATH-COST als Evaluierungsfunktion implementiert werden, wie in ► Abbildung 3.9 gezeigt.

Betrachten Sie ► Abbildung 3.10, wo das Problem darin besteht, von Sibiu nach Bukarest zu kommen. Die Nachfolger von Sibiu sind Rimnicu Vilcea und Fagaras, mit Kosten von 80

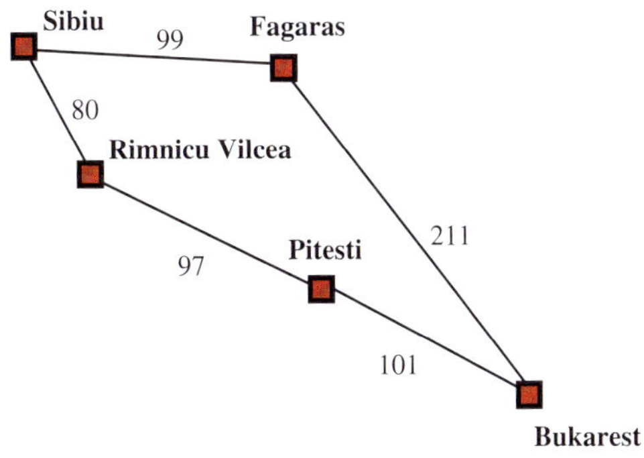

Abbildung 3.10: Ausgewählter Teil des Rumänien-Zustandsraums, um die uniforme Kostensuche zu veranschaulichen.

bzw. 99. Der Knoten mit den geringsten Kosten, Rimnicu Vilcea, wird als Nächstes expandiert, indem Pitesti mit Kosten von $80 + 97 = 177$ hinzugefügt wird. Der Knoten mit den geringsten Kosten ist nun Fagaras, also wird dieser expandiert und Bukarest wird mit Kosten $99 + 211 = 310$ hinzugefügt. Bukarest ist das Ziel, doch der Algorithmus testet nur beim Expandieren eines Knotens auf Ziele, nicht beim Erzeugen eines Knotens, also hat er noch nicht erkannt, dass dies ein Pfad zum Ziel ist.

Der Algorithmus arbeitet weiter, wählt als Nächstes Pitesti für die Expansion und fügt einen zweiten Pfad nach Bukarest mit den Kosten $80 + 97 + 101 = 278$ hinzu. Dieser Pfad hat niedrigere Kosten, also ersetzt er den vorhergehenden Pfad in *reached* und wird zu *frontier* hinzugefügt. Es stellt sich heraus, dass dieser Knoten nun die niedrigsten Kosten hat, also wird er als Nächster betrachtet, als Ziel erkannt und zurückgegeben. Beachten Sie, dass wir einen Pfad mit höheren Kosten (den durch Fagaras) zurückgegeben hätten, wenn wir beim Erzeugen eines Knotens und nicht beim Expandieren des Knotens mit den niedrigsten Kosten auf Erreichen des Ziels geprüft hätten.

Die Komplexität der uniformen Kostensuche wird charakterisiert durch C^*, die Kosten der optimalen Lösung,[8] und ϵ, einer unteren Schranke für die Kosten jeder Aktion, wobei $\epsilon > 0$ ist. Die Zeit- und Speicherplatzkomplexität des Algorithmus beträgt also im schlechtesten Fall $O(b^{1+\lfloor C^*/\epsilon \rfloor})$, was viel größer als b^d sein kann. Das liegt daran, dass die uniforme Kostensuche große Bäume von Aktionen mit niedrigen Kosten untersuchen kann, bevor sie Pfade erkundet, die eine teure und vielleicht nützliche Aktion beinhalten. Sind alle Aktionskosten gleich, dann ist $b^{1+\lfloor C^*/\epsilon \rfloor}$ einfach b^{d+1} und die uniforme Kostensuche ist mit der Breitensuche vergleichbar.

Die uniforme Kostensuche ist vollständig und kostenoptimal, weil die erste gefundene Lösung Kosten hat, die mindestens so niedrig sind wie die Kosten jedes anderen Knotens der Grenze. Die Suche betrachtet alle Pfade systematisch in der Reihenfolge steigender Kosten und läuft nie Gefahr, sich auf einen einzelnen unendlichen Pfad zu begeben (unter der Annahme, dass alle Aktionskosten $> \epsilon > 0$ sind).

3.4.3 Tiefensuche und das Speicherproblem

Bei der **Tiefensuche** (*Depth-First Search*, DFS) wird immer zuerst der *tiefste* Knoten der Grenze expandiert. Sie könnte als Aufruf von BEST-FIRST-SEARCH implementiert werden, wobei die Evaluierungsfunktion f das Negativ der Tiefe ist. Sie wird jedoch normalerweise nicht als Graphensuche, sondern als baumartige Suche implementiert, bei der keine Tabellen der erreichten Zustände geführt werden. Der Verlauf der Suche ist in ► Abbildung 3.11 dargestellt; die Suche geht sofort bis zur tiefsten Ebene des Suchbaums, wo die Knoten keine Nachfolger haben. Die Suche geht dann „rückwärts" zum nächsttieferen Knoten, der noch nicht expandierte Nachfolger hat. Die Tiefensuche ist nicht kostenoptimal; sie gibt die erste gefundene Lösung zurück, auch wenn diese nicht die günstigste ist.

Für endliche Zustandsräume in Form von Bäumen ist die Tiefensuche effizient und vollständig; für azyklische Zustandsräume kann es passieren, dass am Ende derselbe Zustand viele Male über verschiedene Pfade expandiert wurde, aber (irgendwann) wird der gesamte Raum systematisch erkundet sein.

In zyklischen Zustandsräumen kann sich die Suche in einer Endlosschleife verfangen; daher überprüfen einige Implementierungen der Tiefensuche jeden neuen Knoten auf Zyklen. In unendlichen Zustandsräumen schließlich ist die Tiefensuche nicht systematisch: Sie kann auf einem unendlichen Pfad hängenbleiben, auch wenn es keine Zyklen gibt. Daher ist die Tiefensuche unvollständig.

8 Hier und im gesamten Buch bedeutet das Sternchen in C^* einen optimalen Wert für C.

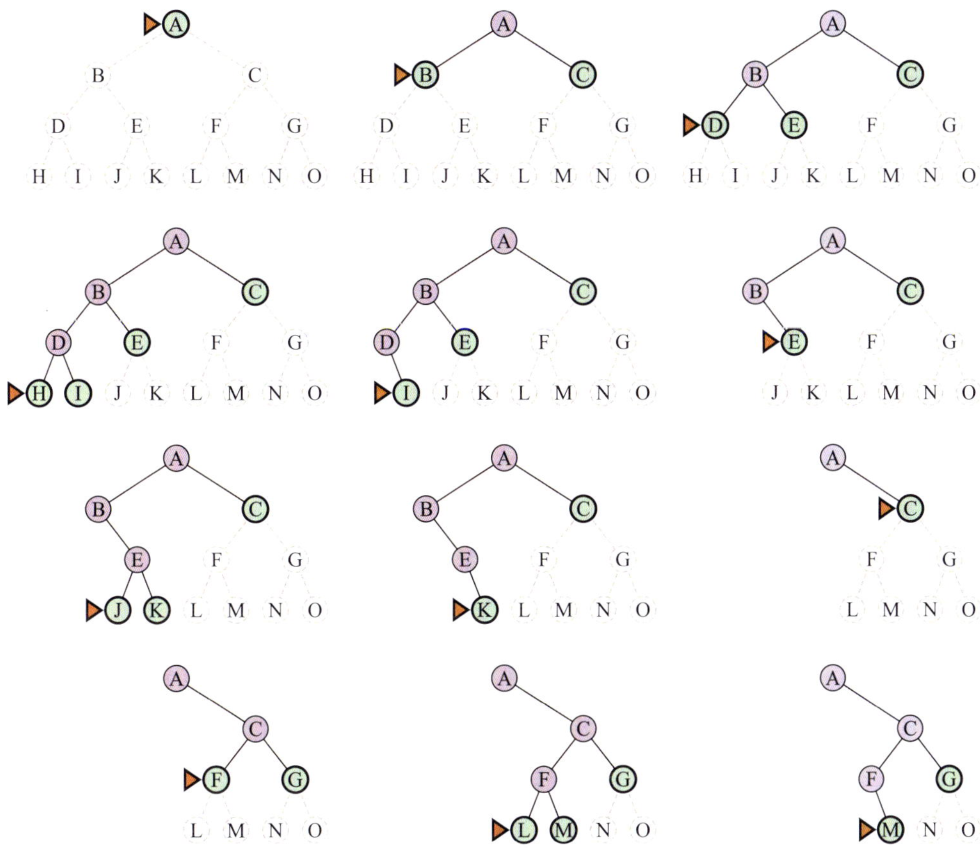

Abbildung 3.11: Dutzend Schritte (von links nach rechts, von oben nach unten) im Verlauf einer Tiefensuche in einem Binärbaum vom Startzustand A zu Ziel M. Die Grenze ist grün gezeichnet, wobei eine dreieckige Markierung den als Nächsten zu expandierenden Knoten kennzeichnet. Zuvor expandierte Knoten sind lavendelfarben und potenzielle zukünftige Knoten haben schwach gestrichelte Linien. Expandierte Knoten, die keine Nachkommen im Grenzbereich haben (sehr schwache Linien), können verworfen werden.

Warum sollte jemand bei all diesen schlechten Nachrichten eine Tiefensuche anstelle einer Breitensuche oder Bestensuche in Betracht ziehen? Die Antwort ist, dass bei Problemen, bei denen eine baumartige Suche möglich ist, die Tiefensuche einen viel geringeren Speicherbedarf hat. Wir führen erst gar keine *reached*-Tabelle und die Grenze ist sehr klein: Stellen Sie sich die Grenze bei der Breitensuche als die Oberfläche einer immer größer werdenden Kugel vor, während die Grenze bei der Tiefensuche nur der Radius der Kugel ist.

Für einen endlichen baumförmigen Zustandsraum wie in ► Abbildung 3.11 benötigt eine baumartige Tiefensuche Zeit, die proportional zur Anzahl der Zustände ist, und hat eine Speicherplatzkomplexität von nur $O(bm)$, wobei b der Verzweigungsfaktor und m die maximale Tiefe des Baums ist. Einige Probleme, die bei der Breitensuche Exabytes an Speicher benötigen würden, kommen bei der Tiefensuche mit nur einigen Kilobytes aus. Aufgrund der sparsamen Speichernutzung wurde die baumartige Tiefensuche als grundlegendes Arbeitspferd für viele KI-Bereiche übernommen, einschließlich der Constraint-Satisfaction-Probleme (Kapitel 6), de aussagenlogischen Erfüllbarkeit (Kapitel 7) und der logischen Programmierung (Kapitel 9).

Eine Variante der Tiefensuche, die **Backtracking-Suche**, benötigt sogar noch weniger Speicher (siehe Kapitel 6 für weitere Details). Beim Backtracking wird jeweils nur ein Nachfolger erzeugt und nicht alle Nachfolger; jeder partiell expandierte Knoten merkt sich, welcher Nachfolger als Nächstes erzeugt werden soll. Außerdem werden Nachfolger generiert, indem die aktuelle Zustandsbeschreibung direkt *geändert* wird, anstatt Speicher für einen ganz neuen Zustand vorzuhalten. Dies reduziert den Speicherbedarf auf nur eine Zustandsbeschreibung und einen Pfad von $O(m)$ Aktionen – eine signifikante Einsparung gegenüber $O(bm)$ Zuständen bei der Tiefensuche. Mit Backtracking haben wir auch die Möglichkeit, eine effiziente Mengendatenstruktur für die Zustände auf dem aktuellen Pfad zu verwalten, wodurch wir in $O(1)$ Zeit statt $O(m)$ nach einem zyklischen Pfad suchen können. Damit Backtracking funktioniert, müssen wir in der Lage sein, jede Aktion *rückgängig zu machen*, wenn wir zurückgehen. Backtracking ist entscheidend für den Erfolg vieler Probleme mit großen Zustandsbeschreibungen, wie z. B. bei der Robotermontage.

3.4.4 Beschränkte und iterative Tiefensuche

Um zu verhindern, dass sich die Tiefensuche auf einem unendlichen Pfad verliert, können wir die **beschränkte Tiefensuche** (*Depth-Limited Search*) verwenden, eine Version der Tiefensuche, bei der wir eine Tiefengrenze ℓ angeben und alle Knoten der Tiefe ℓ so behandeln, als hätten sie keine Nachfolger (► Abbildung 3.12). Die Zeitkomplexität ist $O(b^\ell)$ und die Speicherplatzkomplexität ist $O(b\ell)$. Treffen wir eine schlechte Wahl für ℓ, so wird der Algorithmus die Lösung leider nicht erreichen, wodurch er wieder unvollständig wird.

Da die Tiefensuche eine baumartige Suche ist, können wir nicht verhindern, dass sie generell Zeit auf redundanten Pfaden verschwendet, doch wir können Zyklen auf Kosten von etwas Rechenzeit eliminieren. Wenn wir nur ein paar Glieder in der Elternkette nach oben schauen, können wir die meisten Zyklen abfangen; längere Zyklen werden durch die Tiefenbegrenzung behandelt.

```
function ITERATIVE-DEEPENING-SEARCH(problem) returns eine Lösung oder failure
  for depth = 0 to ∞ do
    result ← DEPTH-LIMITED-SEARCH(problem, depth)
    if result ≠ cutoff then return result

function DEPTH-LIMITED-SEARCH(problem, ℓ) returns ein Knoten oder failure oder cutoff
  frontier ← eine LIFO-Warteschlange (Stapel) mit NODE(problem.INITIAL) als ein Element
  result ← failure
  while not IS-EMPTY(frontier) do
    node ← POP(frontier)
    if problem.IS-GOAL(node.STATE) then return node
    if DEPTH(node) > ℓ then
      result ← cutoff
    else if not IS-CYCLE(node) do
      for each child in EXPAND(problem, node) do
        füge child zu frontier hinzu
  return result
```

Abbildung 3.12: Die iterative Tiefensuche wendet wiederholt eine beschränkte Tiefensuche mit wachsenden Grenzen an. Sie gibt einen von drei unterschiedlichen Werttypen zurück: entweder einen Lösungsknoten; oder *failure*, wenn alle Knoten erschöpfend untersucht sind und es nachweislich in keiner Tiefe eine Lösung gibt; oder *cutoff*, was heißt, dass es eine Lösung in einer Tiefe unterhalb von ℓ geben könnte. Dies ist ein baumartiger Suchalgorithmus, der die erreichten Zustände (*reached*) nicht aufzeichnet und daher viel weniger Speicher als die Bestensuche benötigt, aber das Risiko eingeht, denselben Zustand mehrmals auf verschiedenen Pfaden zu besuchen. Und wenn der IS-CYCLE-Test nicht *alle* Zyklen prüft, kann der Algorithmus in einer Schleife hängenbleiben.

Manchmal kann eine gute Tiefengrenze aus der Kenntnis des Problems abgeleitet werden. Zum Beispiel gibt es auf der Karte von Rumänien 20 Städte. Daher ist $\ell = 19$ eine gültige Grenze. Doch wenn wir die Karte sorgfältig studierten, würden wir herausfinden, dass jede Stadt von jeder anderen Stadt mit höchstens 9 Aktionen erreicht werden kann. Diese Zahl, bekannt als der **Durchmesser** des Zustandsraumgraphen, gibt uns eine bessere Tiefengrenze, die zu einer effizienteren beschränkten Tiefensuche führt. Für die meisten Probleme kennen wir jedoch erst eine gute Tiefengrenze, wenn wir das Problem gelöst haben.

Die **iterative Tiefensuche** (*Iterative Deepening Search*, IDS) löst das Problem der Auswahl eines guten Werts für ℓ, indem sie alle Werte ausprobiert – zuerst 0, dann 1, dann 2 usw. –, bis entweder eine Lösung gefunden wird oder die beschränkte Tiefensuche den *failure*-Wert anstelle des *cutoff*-Werts liefert. Der Algorithmus ist in ► Abbildung 3.12 dargestellt. Die iterative Tiefensuche kombiniert viele der Vorteile von Tiefen- und Breitensuche. Wie bei der Tiefensuche sind die Speicheranforderungen bescheiden: $O(bd)$, falls es eine Lösung gibt, oder $O(bm)$ auf endlichen Zustandsräumen ohne Lösung. Wie die Breitensuche ist die iterative Tiefensuche optimal für Probleme, bei denen alle Aktionen die gleichen Kosten haben, und ist vollständig auf endlichen azyklischen Zustandsräumen oder auf jedem endlichen Zustandsraum, wenn wir die Knoten auf dem gesamten Pfad nach oben auf Zyklen überprüfen.

Die Zeitkomplexität ist $O(b^d)$, falls es eine Lösung gibt, oder $O(b^m)$, wenn es keine gibt. Jede Iteration der iterativen Tiefensuche erzeugt ebenso wie die Breitensuche eine neue Ebene, doch bei der Breitensuche werden dazu alle Knoten im Speicher gespeichert, während bei der iterativen Tiefensuche die vorherigen Ebenen wiederholt werden, wodurch Speicher auf Kosten von mehr Zeit gespart wird. ► Abbildung 3.13 zeigt vier Iterationen der iterativen Tiefensuche in einem binären Suchbaum, wobei die Lösung bei der vierten Iteration gefunden wird.

Die iterative Tiefensuche mag verschwenderisch erscheinen, weil Zustände oben im Suchbaum mehrfach neu erzeugt werden. Doch bei vielen Zustandsräumen befinden sich die meisten Knoten in der untersten Ebene, sodass es nicht viel ausmacht, dass die oberen Ebenen wiederholt werden. Bei einer iterativen Tiefensuche werden die Knoten auf der untersten Ebene (Tiefe d) einmal erzeugt, die auf der zweiten Ebene von unten zweimal und so weiter, bis zu den Kindern der Wurzel, die d-mal erzeugt werden. Im schlechtesten Fall ist also die Gesamtzahl der erzeugten Knoten

$$N(\text{IDS}) = (d)b^1 + (d-1)b^2 + (d-2)b^3 + \cdots + b^d\,,$$

was eine Zeitkomplexität von $O(b^d)$ ergibt – asymptotisch die gleiche Komplexität wie bei der Breitensuche. Wenn zum Beispiel $b = 10$ und $d = 5$ ist, dann erhalten wir:

$$N(\text{IDS}) = 50 + 400 + 3.000 + 20.000 + 100.000 = 123.450$$
$$N(\text{BFS}) = 10 + 100 + 1.000 + 10.000 + 100.000 = 111.110$$

Falls Sie sich wirklich wegen der Wiederholung Sorgen machen, können Sie einen hybriden Ansatz verwenden, der eine Breitensuche ausführt, bis fast der gesamte verfügbare Speicher aufgebraucht ist, und dann mit einer iterativen Tiefensuche von allen Knoten der Grenze aus weiterarbeitet. *Im Allgemeinen ist die iterative Tiefensuche die bevorzugte uninformierte Suchmethode, wenn der Suchzustandsraum zu groß ist, um in den Speicher zu passen, und die Tiefe der Lösung nicht bekannt ist.*

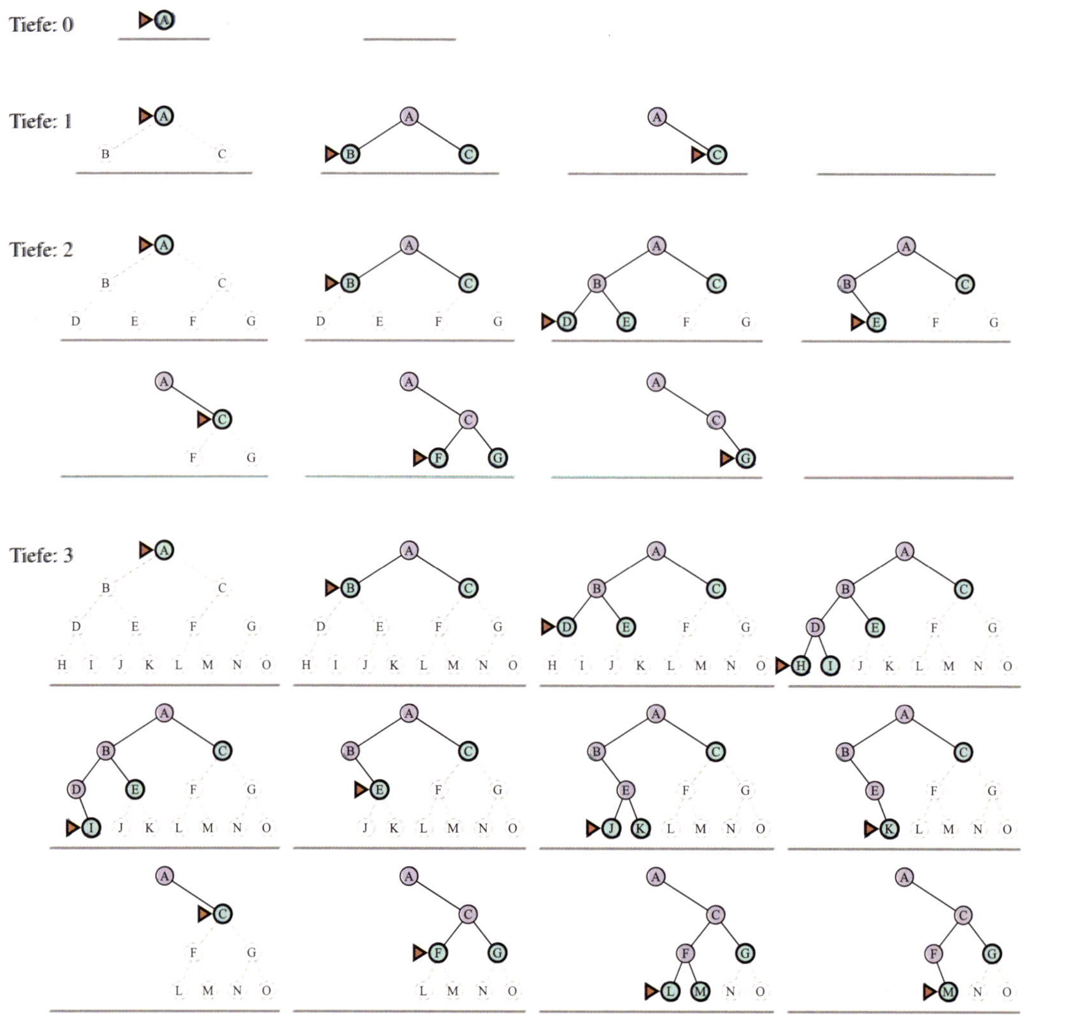

Abbildung 3.13: Vier Iterationen der iterativen Tiefensuche für das Ziel M in einem binären Baum, wobei die Tiefengrenze von 0 bis 3 variiert. Beachten Sie, dass die inneren Knoten einen einzelnen Pfad bilden. Das Dreieck markiert den als Nächstes zu expandierenden Knoten; grüne Knoten mit dunklen Umrissen gehören zur Grenze; die sehr dünn gezeichneten Knoten können nachweislich nicht Teil einer Lösung mit dieser Tiefengrenze sein.

3.4.5 Bidirektionale Suche

Die Algorithmen, die wir bisher behandelt haben, beginnen bei einem Anfangszustand und können einen von mehreren möglichen Zielzuständen erreichen. Ein alternativer Ansatz, der als **bidirektionale Suche** bezeichnet wird, sucht gleichzeitig vom Anfangszustand aus vorwärts und vom Zielzustand bzw. den Zielzuständen aus rückwärts – in der Hoffnung, dass sich die beiden Suchprozesse treffen. Die Grundidee dabei ist, dass $b^{d/2} + b^{d/2}$ viel kleiner ist als b^d (z. B. 50.000-mal kleiner, wenn $b = d = 10$).

Damit dies funktioniert, müssen wir zwei Grenzen und zwei Tabellen mit erreichten Zuständen im Auge behalten und wir müssen in der Lage sein, rückwärts zu denken: Wenn der Zustand s' ein Nachfolger von s in Vorwärtsrichtung ist, dann müssen wir wissen, dass s ein

Nachfolger von s' in Rückwärtsrichtung ist. Wir haben eine Lösung, wenn die beiden Grenzen aufeinanderstoßen.[9]

Es gibt viele verschiedene Versionen der bidirektionalen Suche, so wie es auch viele verschiedene unidirektionale Suchalgorithmen gibt. In diesem Abschnitt beschreiben wir die bidirektionale Bestensuche. Obwohl es zwei getrennte Grenzen gibt, ist der als Nächstes zu expandierende Knoten immer ein Knoten mit einem minimalen Wert der Auswertungsfunktion, was für beide Grenzen gilt. Wenn die Evaluierungsfunktion die Pfadkosten sind, erhalten wir eine bidirektionale uniforme Kostensuche, und wenn die Kosten des optimalen Pfads C^* sind, so wird kein Knoten mit Kosten $> \frac{C^*}{2}$ expandiert. Dies kann zu einer beträchtlichen Beschleunigung führen.

Der allgemeine bidirektionale Algorithmus für die Bestensuche ist in ► Abbildung 3.14 dargestellt. Wir übergeben dem Algorithmus jeweils zwei Versionen des Problems und der Evaluierungsfunktion, eine in Vorwärtsrichtung (tiefgestelltes F für *forward*) und eine in Rückwärtsrichtung (tiefgestelltes B für *backward*). Wenn die Evaluierungsfunktion die Pfadkosten sind, so wissen wir, dass die erste gefundene Lösung eine optimale Lösung sein wird, doch

9 In unserer Implementierung unterstützt die *reached*-Datenstruktur eine Abfrage, ob ein gegebener Zustand ein Element ist, und die *frontier*-Datenstruktur (eine Prioritätswarteschlange) tut dies nicht, sodass wir mithilfe von *reached* auf eine Kollision prüfen, allerdings fragen wir konzeptionell ab, ob sich die beiden Grenzen getroffen haben. Die Implementierung kann erweitert werden, um mehrere Zielzustände zu behandeln, indem der Knoten für jeden Zielzustand in die Tabellen $reached_B$ und $frontier_B$ geladen wird.

```
function BIBF-SEARCH(problem_F, f_F, problem_B, f_B) returns eine Lösung oder failure
  node_F ← NODE(problem_F.INITIAL)                    // Knoten für einen Startzustand
  node_B ← NODE(problem_B.INITIAL)                    // Knoten für einen Zielzustand
  frontier_F ← eine Prioritätswarteschlange, sortiert durch f_F, mit node_F als einem Element
  frontier_B ← eine Prioritätswarteschlange, sortiert durch f_B, mit node_B als einem Element
  reached_F ← eine Nachschlagetabelle mit einem Schlüssel node_F.STATE und Wert node_F
  reached_B ← eine Nachschlagetabelle mit einem Schlüssel node_B.STATE und Wert node_B
  solution ← failure
  while not TERMINATED(solution, frontier_F, frontier_B) do
    if f_F(TOP(frontier_F)) < f_B(TOP(frontier_B)) then
      solution ← PROCEED(F, problem_F, frontier_F, reached_F, reached_B, solution)
    else solution ← PROCEED(B, problem_B, frontier_B, reached_B, reached_F, solution)
  return solution

function PROCEED(dir, problem, frontier, reached, reached_2, solution) returns eine Lösung
        // Expandiert Knoten an der Grenze; vergleicht mit anderer Grenze in reached_2.
        // Die Variable „dir" ist die Richtung: entweder F für „forward" oder B für „backward".
  node ← POP(frontier)
  for each child in EXPAND(problem, node) do
    s ← child.STATE
    if s ist nicht in reached or PATH-COST(child) < PATH-COST(reached[s]) then
      reached[s] ← child
      füge child zu frontier hinzu
      if s ist in reached_2 then
        solution_2 ← JOIN-NODES(dir, child, reached_2[s])
        if PATH-COST(solution_2) < PATH-COST(solution) then
          solution ← solution_2
  return solution
```

Abbildung 3.14: Die bidirektionale Bestensuche verwaltet zwei Grenzen und zwei Tabellen mit erreichten Zuständen. Wenn ein Pfad in einer Grenze einen Zustand erreicht, der auch in der anderen Hälfte der Suche erreicht wurde, werden die beiden Pfade vereiningt (durch die Funktion JOIN-NODES) und bilden so eine Lösung. Es ist nicht garantiert, dass die erste erhaltene Lösung die beste ist – die Funktion TERMINATED bestimmt, wann die Suche nach neuen Lösungen beendet wird.

bei anderen Evaluierungsfunktionen ist das nicht unbedingt der Fall. Daher speichern wir die beste bisher gefundene Lösung und müssen diese eventuell mehrmals aktualisieren, bevor der TERMINATED-Test beweist, dass keine bessere Lösung mehr möglich ist.

3.4.6 Vergleich von uninformierten Suchalgorithmen

► Abbildung 3.15 vergleicht uninformierte Suchalgorithmen in Bezug auf die vier in Abschnitt 3.3.4 genannten Bewertungskriterien. Dieser Vergleich bezieht sich auf baumartige Suchversionen, die nicht auf wiederholte Zustände prüfen. Bei Graphen-Suchalgorithmen, die diese Prüfung vornehmen, bestehen die Hauptunterschiede darin, dass die Tiefensuche für endliche Zustandsräume vollständig ist und die Platz- und Zeitkomplexität durch die Größe des Zustandsraums (die Anzahl der Eckpunkte und Kanten, $|V| + |E|$) begrenzt ist.

Kriterium	Breitensuche	Uniforme Kostensuche	Tiefensuche	Beschränkte Tiefensuche	Iterative Tiefensuche	Bidirektional (falls möglich)
Vollständig?	Ja[1]	Ja[1,2]	Nein	Nein	Ja[1]	Ja[1,4]
Optimale Kosten?	Ja[3]	Ja	Nein	Nein	Ja[3]	Ja[3,4]
Zeit	$O(b^d)$	$O(b^{1+\lfloor C^*/\epsilon \rfloor})$	$O(b^m)$	$O(b^\ell)$	$O(b^d)$	$O(b^{d/2})$
Platz	$O(b^d)$	$O(b^{1+\lfloor C^*/\epsilon \rfloor})$	$O(bm)$	$O(b\ell)$	$O(bd)$	$O(b^{d/2})$

Abbildung 3.15: Bewertung von Suchalgorithmen. b ist der Verzweigungsfaktor; m ist die maximale Tiefe des Suchbaums; d ist die Tiefe der flachsten Lösung bzw. m, wenn es keine Lösung gibt; ℓ ist die Tiefenbegrenzung. Die hochgestellten Symbole bedeuten: 1 – vollständig, falls b endlich ist und der Zustandsraum entweder eine Lösung hat oder endlich ist; 2 – vollständig, wenn alle Aktionskosten $\geq \epsilon > 0$ sind; 3 – kostenoptimal, falls alle Aktionskosten identisch sind; 4 – wenn beide Richtungen Breitensuchen oder uniforme Kostensuchen sind.

3.5 Informierte (heuristische) Suchstrategien

In diesem Abschnitt wird gezeigt, wie eine **informierte Suchstrategie** – die Wissen aus der Problemdomäne nutzt, um etwas über die Lage von Zielen zu erfahren – Lösungen effizienter finden kann als eine uninformierte Strategie. Das Wissen wird in Form einer **heuristischen Funktion** $h(n)$ zur Verfügung gestellt:[10]

$$h(n) = \text{geschätzte Kosten des günstigsten Pfads vom Zustand am Knoten } n \text{ zu einem Zielzustand}$$

Bei Wegfindungsproblemen können wir z. B. die Entfernung vom aktuellen Zustand zu einem Ziel schätzen, indem wir die Luftlinie auf der Karte zwischen den beiden Punkten berechnen. Wir untersuchen Heuristiken und deren Herkunft in Abschnitt 3.6 genauer.

3.5.1 Gierige Bestensuche

Die **gierige Bestensuche** (*Greedy Best-First Search*) ist eine Form der Bestensuche, bei der zuerst der Knoten mit dem niedrigsten $h(n)$-Wert expandiert wird – der Knoten, der dem Ziel

10 Es mag seltsam erscheinen, dass die heuristische Funktion einen Knoten als Eingabe verarbeitet, obwohl sie eigentlich nur den Zustand des Knotens benötigt. Es ist üblich, $h(n)$ statt $h(s)$ zu verwenden, um mit der Evaluierungsfunktion $f(n)$ und den Pfadkosten $g(n)$ konsistent zu bleiben.

Arad	366	**Mehadia**	241
Bukarest	0	**Neamt**	234
Craiova	160	**Oradea**	380
Drobeta	242	**Pitesti**	100
Eforie	161	**Rimnicu Vilcea**	193
Fagaras	176	**Sibiu**	253
Giurgiu	77	**Timisoara**	329
Hirsova	151	**Urziceni**	80
Iasi	226	**Vaslui**	199
Lugoj	244	**Zerind**	374

Abbildung 3.16: Werte für h_{LL} – Luftlinien nach Bukarest.

am nächsten zu sein scheint – mit dem Hintergrund, dass dies wahrscheinlich schnell zu einer Lösung führt. Die Evaluierungsfunktion ist damit $f(n) = h(n)$.

Schauen wir uns an, wie dies für Wegfindungsprobleme in Rumänien funktioniert; wir verwenden die Heuristik der **Luftlinie**, die wir h_{LL} nennen werden. Wenn das Ziel Bukarest ist, benötigen wir die Luftlinien nach Bukarest, die in ► Abbildung 3.16 angegeben werden. Zum Beispiel: $h_{LL}(Arad) = 366$. Beachten Sie, dass die Werte von h_{LL} nicht aus der Problembeschreibung selbst berechnet werden können (d. h. aus den Funktionen ACTIONS und RESULT). Außerdem benötigt man ein gewisses Maß an Weltwissen, um zu wissen, dass h_{LL} mit tatsächlichen Straßenentfernungen korreliert und daher eine sinnvolle Heuristik ist.

► Abbildung 3.17 zeigt den Fortschritt einer gierigen Bestensuche mit h_{LL}, um einen Pfad von Arad nach Bukarest zu finden. Der erste Knoten, der von Arad aus expandiert wird, ist Sibiu, da die Heuristik besagt, dass es näher an Bukarest liegt als Zerind oder Timisoara. Der nächste Knoten, der expandiert wird, ist Fagaras, weil dieser Ort jetzt laut Heuristik am nächsten liegt. Fagaras wiederum erzeugt Bukarest, welches das Ziel ist. Für dieses spezielle Problem findet die gierige Bestensuche mit h_{LL} eine Lösung, ohne je einen Knoten zu expandieren, der nicht auf dem Lösungspfad liegt. Die gefundene Lösung ist jedoch nicht kostenoptimal: Der Weg über Sibiu und Fagaras nach Bukarest ist 32 Meilen länger als der Weg über Rimnicu Vilcea und Pitesti. Aus diesem Grund wird der Algorithmus „gierig" genannt – bei jeder Iteration versucht er, dem Ziel so nahe wie möglich zu kommen, aber Gier kann zu schlechteren Ergebnissen führen als vorsichtiges Vorgehen.

Die gierige Bestensuche in Graphen ist in endlichen Zustandsräumen vollständig, aber nicht in unendlichen. Die Zeit- und Speicherplatzkomplexität ist im schlechtesten Fall $O(|V|)$. Mit einer guten heuristischen Funktion kann die Komplexität jedoch erheblich reduziert werden und erreicht bei bestimmten Problemen $O(bm)$.

3.5.2 A*-Suche

Der gebräuchlichste informierte Suchalgorithmus ist die **A*-Suche** (gesprochen „A-Stern"), eine Bestensuche, die die Evaluierungsfunktion

$$f(n) = g(n) + h(n)$$

verwendet, wobei $g(n)$ die Pfadkosten vom Anfangszustand zum Knoten n und $h(n)$ die *geschätzten* Kosten des kürzesten Pfads von n zu einem Zielzustand sind, wir haben also:

$$f(n) = \text{geschätzte Kosten des besten Pfads, der von } n \text{ zu einem Ziel führt}$$

In ► Abbildung 3.18 zeigen wir den Verlauf einer A*-Suche mit dem Ziel, Bukarest zu erreichen. Die Werte von g werden aus den Aktionskosten in ► Abbildung 3.1 berechnet, und die

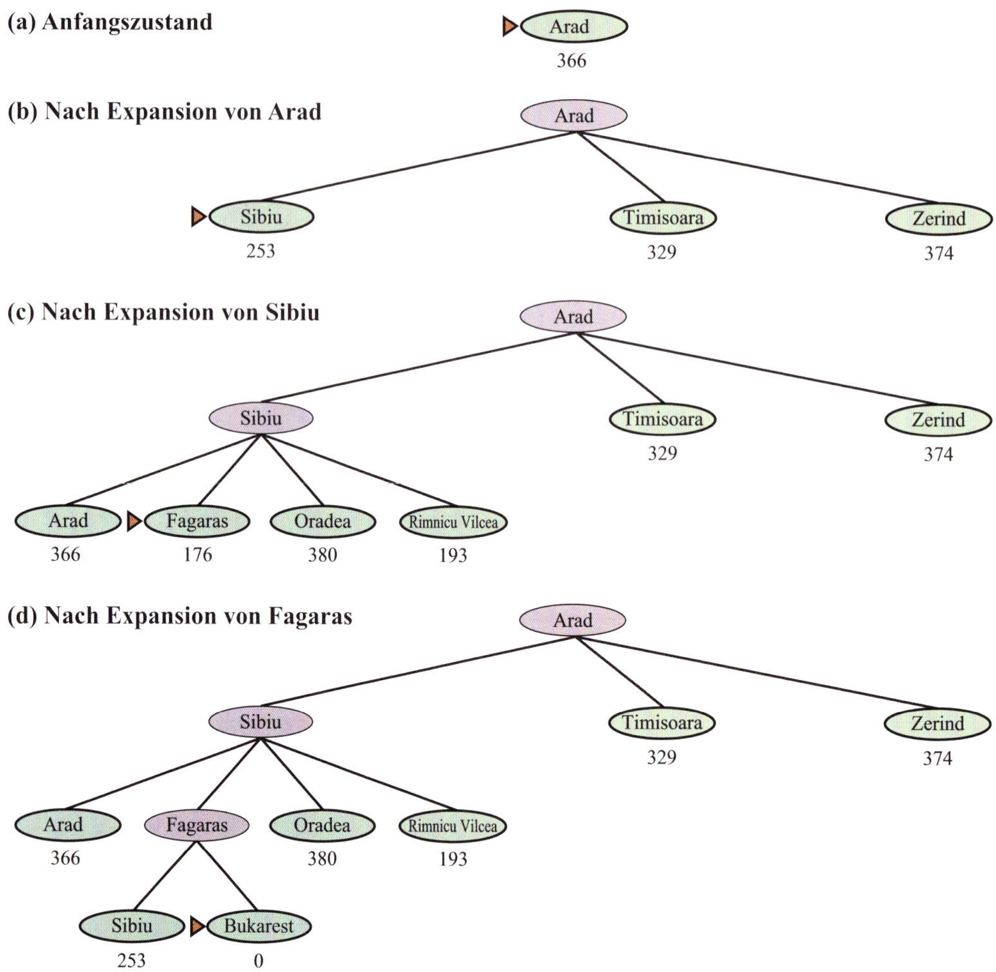

Abbildung 3.17: Phasen einer gierigen baumartigen Bestensuche nach Bukarest mit der Luftlinienheuristik h_{LL}. Die Knoten sind mit ihren h-Werten beschriftet.

Werte von h_{LL} sind in ► Abbildung 3.16 angegeben. Beachten Sie, dass Bukarest zum ersten Mal im Schritt (e) auf der Grenze erscheint, aber nicht für die Expansion ausgewählt (und somit nicht als Lösung erkannt) wird, weil Bukarest mit $f = 450$ nicht der Knoten mit den niedrigsten Kosten auf der Grenze ist – das wäre Pitesti mit $f = 417$. Man könnte auch sagen, dass es eine Lösung über Pitesti geben *könnte*, dessen Pfadkosten nur bei 417 liegen, daher wird sich der Algorithmus nicht mit einer Lösung von 450 zufrieden geben. In Schritt (f) ist nun ein anderer Pfad nach Bukarest der Knoten mit den niedrigsten Kosten mit $f = 418$, also wird dieser ausgewählt und als optimale Lösung erkannt.

Die A*-Suche ist vollständig.[11] Ob A* kostenoptimal ist, hängt von bestimmten Eigenschaften der Heuristik ab. Eine Schlüsseleigenschaft ist die **Zulässigkeit**: eine **zulässige Heuristik** ist eine Heuristik, die die Kosten zum Erreichen eines Ziels *niemals überschätzt*. (Eine zulässige Heuristik ist also *optimistisch*.) Mit einer zulässigen Heuristik ist A* kostenoptimal, was wir

11 Wiederum unter der Annahme, dass alle Aktionskosten $> \epsilon > 0$ sind und der Zustandsraum entweder eine Lösung hat oder endlich ist.

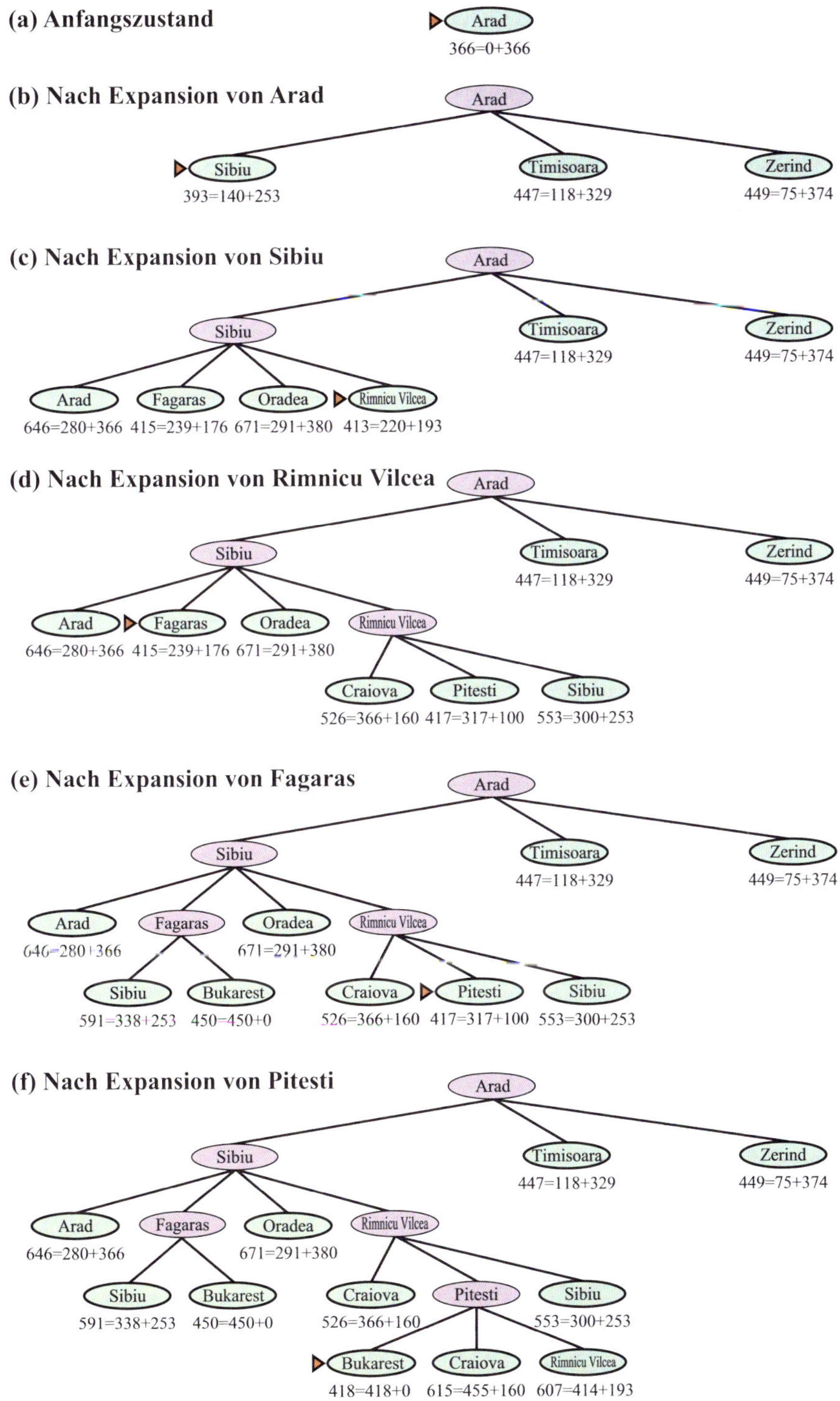

Abbildung 3.18: Phasen einer A*-Suche nach Bukarest. Knoten sind mit $f = g + h$ beschriftet. Die h-Werte sind die Luftlinien nach Bukarest aus Abbildung 3.16.

mit einem Widerspruchsbeweis zeigen können. Angenommen, der optimale Pfad hat Kosten C^*, doch der Algorithmus gibt einen Pfad mit Kosten $C > C^*$ zurück. Dann muss es einen Knoten n geben, der auf dem optimalen Pfad liegt und der nicht expandiert ist (denn falls alle Knoten auf dem optimalen Pfad expandiert wären, dann hätten wir bereits diese optimale Lösung zurückgegeben). Wenn wir also die Notation $g^*(n)$ verwenden, um die Kosten des optimalen Pfads vom Start bis n zu bezeichnen, und $h^*(n)$, um die Kosten des optimalen Pfads von n zum nächstgelegenen Ziel zu bezeichnen, dann erhalten wir:

$$f(n) > C^* \quad \text{(andernfalls wäre } n \text{ expandiert)}$$
$$f(n) = g(n) + h(n) \quad \text{(per Definition)}$$
$$f(n) = g^*(n) + h(n) \quad \text{(weil } n \text{ auf einem optimalen Pfad ist)}$$
$$f(n) \leq g^*(n) + h^*(n) \quad \text{(aufgrund der Zulässigkeit, } h(n) \leq h^*(n))$$
$$f(n) \leq C^* \quad \text{(nach Definition, } C^* = g^*(n) + h^*(n))$$

Die erste und die letzte Zeile bilden einen Widerspruch, also muss die Annahme, dass der Algorithmus einen suboptimalen Pfad zurückgeben könnte, falsch sein – A* gibt daher nur kostenoptimale Pfade zurück.

Eine etwas stärkere Eigenschaft wird als **Konsistenz** bezeichnet. Eine Heuristik $h(n)$ ist konsistent, falls für jeden Knoten n und jeden Nachfolger n' von n, der durch eine Aktion a erzeugt wird, gilt:

$$h(n) \leq c(n, a, n') + h(n')$$

Dies ist eine Form der **Dreiecksungleichung**, die besagt, dass eine Seite eines Dreiecks nicht länger sein kann als die Summe der beiden anderen Seiten (► Abbildung 3.19). Ein Beispiel für eine konsistente Heuristik ist die Luftlinie h_{LL}, die wir bei der Reise nach Bukarest verwendet haben.

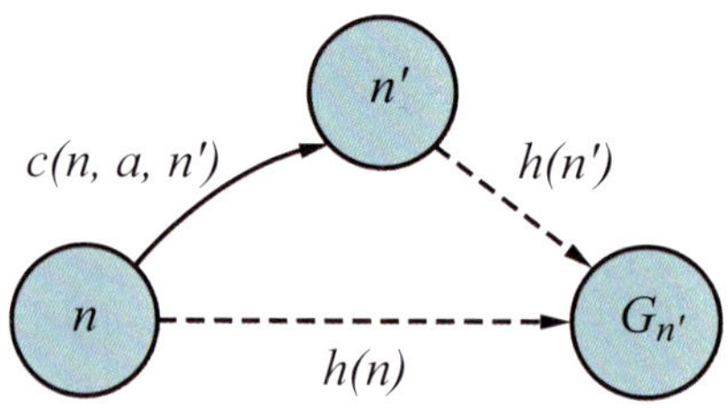

Abbildung 3.19: Dreiecksungleichung: Ist die Heuristik h **konsistent**, dann ist der einzelne Wert $h(n)$ kleiner als die Summe der Kosten $c(n, a, a')$ der Aktion von n bis n' plus der heuristischen Schätzung $h(n')$.

Jede konsistente Heuristik ist zulässig (aber nicht umgekehrt), also ist A* mit einer konsistenten Heuristik kostenoptimal. Außerdem gilt bei einer konsistenten Heuristik Folgendes: Wenn wir einen Zustand das erste Mal erreichen, befindet er sich auf einem optimalen Pfad, sodass wir nie einen Zustand neu zur Grenze hinzufügen müssen und nie einen Eintrag in *reached* ändern müssen. Doch mit einer inkonsistenten Heuristik könnten wir am Ende mehrere Pfade haben, die denselben Zustand erreichen, und wenn jeder neue Pfad niedrigere Pfadkosten hat als der vorherige, dann haben wir am Ende mehrere Knoten für diesen Zustand der Grenze, was uns sowohl Zeit als auch Platz kostet. Aus diesem Grund achten einige Implementierungen von A* darauf, einen Zustand nur einmal in die Grenze aufzunehmen, und falls ein besserer Pfad zum Zustand gefunden wird, werden alle Nachfolger des Zustands aktualisiert (was erfordert, dass Knoten sowohl Kind-Zeiger als auch Eltern-Zeiger haben). Diese Komplikationen haben dazu geführt, dass viele Implementierer inkonsistente Heuristiken vermeiden, doch Felner *et al.* (2011) führen an, dass die schlimmsten Effekte in der Praxis selten auftreten und man keine Angst vor inkonsistenten Heuristiken haben sollte.

Mit einer unzulässigen Heuristik kann A* kostenoptimal sein oder auch nicht. Hier sind zwei Fälle, in denen A* optimal ist: Erstens, wenn es auch nur einen kostenoptimalen Pfad gibt, auf dem $h(n)$ für alle Knoten n auf dem Pfad zulässig ist, dann wird dieser Pfad gefunden, unabhängig davon, wie die Heuristik die Zustände außerhalb des Pfads bewertet. Zweiter Fall: Wenn die optimale Lösung die Kosten C^* und die zweitbeste die Kosten C_2 hat und $h(n)$ einige Kosten überschätzt, aber nie um mehr als $C_2 - C^*$, dann liefert A* garantiert die kostenoptimalen Lösungen.

3.5.3 Suchkonturen

Eine gute Art, eine Suche zu visualisieren, ist das Zeichnen von **Konturen** im Zustandsraum, ähnlich den Konturen in einer topografischen Karte. ► Abbildung 3.20 zeigt ein Beispiel dafür. Innerhalb der Kontur, die mit 400 beschriftet ist, haben alle Knoten $f(n) = g(n)+h(n) \leq 400$ und so weiter. Da A* den Grenzknoten mit den niedrigsten f-Kosten expandiert, kann man sehen, dass sich eine A*-Suche vom Startknoten aus fächerförmig ausbreitet und Knoten in konzentrischen Bändern mit steigenden f-Kosten hinzufügt.

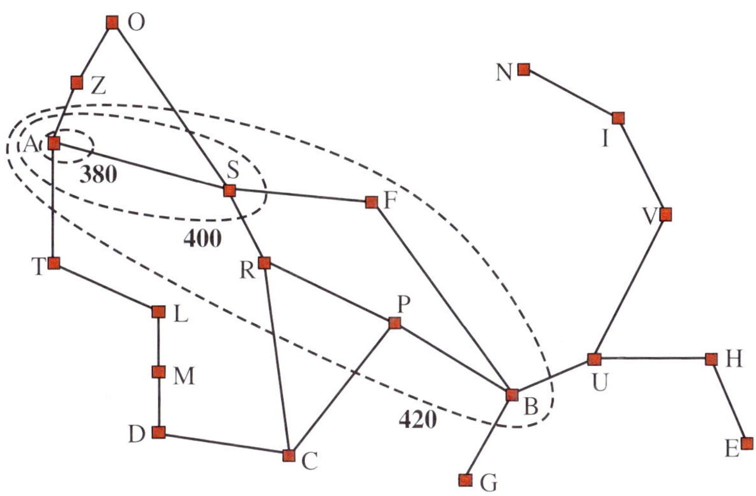

Abbildung 3.20: Karte von Rumänien mit Konturen für $f = 380$, $f = 400$ und $f = 420$ mit Arad als Startzustand. Knoten innerhalb einer bestimmten Kontur haben $f = g + h$-Kosten kleiner oder gleich dem Konturwert.

Bei der uniformen Kostensuche sehen wir ebenfalls Konturen, doch mit g-Kosten anstatt $g+h$. Die Konturen bei der uniformen Kostensuche sind „kreisförmig" um den Startzustand herum und breiten sich gleichmäßig in alle Richtungen aus, ohne Präferenz in Richtung des Ziels. Bei der A*-Suche mit einer guten Heuristik dehnen sich die $g+h$-Bänder in Richtung eines Zielzustands aus (wie in ► Abbildung 3.20) und konzentrieren sich enger um einen optimalen Pfad.

Es sollte klar sein, dass die g-Kosten **monoton** sind, wenn Sie einen Pfad verlängern: Die Pfadkosten steigen immer, wenn Sie einen Pfad entlang gehen, weil die Aktionskosten immer positiv sind.[12] Daher erhalten Sie konzentrische Konturlinien, die sich nicht kreuzen, und wenn Sie sich entscheiden, die Linien fein genug zu zeichnen, können Sie eine Linie zwischen zwei beliebigen Knoten auf jedem Pfad ziehen.

12 Technisch gesehen sagen wir „streng monoton" bei Kosten, die immer steigen, und „monoton" bei Kosten, die nie sinken, aber gleich bleiben können.

Doch es ist nicht offensichtlich, ob die Kosten für $f = g + h$ monoton ansteigen werden. Wenn Sie einen Pfad von n nach n' verlängern, gehen die Kosten von $g(n) + h(n)$ zu $g(n) + c(n, a, n') + h(n')$. Streichen wir den Term $g(n)$, so sehen wir, dass die Kosten des Pfads genau dann monoton ansteigen, wenn $h(n) \leq c(n, a, n') + h(n')$ ist – mit anderen Worten, genau dann, wenn die Heuristik konsistent ist.[13] Beachten Sie aber, dass ein Pfad mehrere Knoten hintereinander mit dem gleichen $g(n)+h(n)$-Wert beitragen kann; dies geschieht immer dann, wenn die Verringerung von h genau den soeben durchgeführten Aktionskosten entspricht (z. B. in einem Gitterproblem, wenn n in der gleichen Reihe wie das Ziel liegt und Sie einen Schritt in Richtung des Ziels machen, wird g um 1 erhöht und h um 1 verringert). Sind C^* die Kosten des optimalen Lösungswegs, dann können wir Folgendes festhalten:

- A* expandiert alle Knoten, die vom Anfangszustand aus auf einem Pfad erreicht werden können, wobei für jeden Knoten auf dem Pfad $f(n) < C^*$ gilt. Wir sagen, dass dies **sicher expandierte Knoten** sind.
- A* könnte dann einige der Knoten direkt auf der „Zielkontur" (mit $f(n) = C^*$) expandieren, bevor ein Zielknoten ausgewählt wird.
- A* expandiert keine Knoten mit $f(n) > C^*$.

Wir sagen, dass A* mit einer konsistenten Heuristik **optimal effizient** in dem Sinne ist, dass jeder Algorithmus, der Suchpfade vom Anfangszustand aus erweitert und dieselben heuristischen Informationen verwendet, alle Knoten expandieren muss, die von A* sicher expandiert werden (weil jeder von ihnen Teil einer optimalen Lösung gewesen sein könnte). Unter den Knoten mit $f(n) = C^*$ könnte ein Algorithmus Glück haben und den optimalen Knoten zuerst auswählen, während ein anderer Algorithmus Pech hat – diesen Unterschied berücksichtigen wir bei der Definition der optimalen Effizienz nicht.

A* ist effizient, weil es Suchbaumknoten **kürzt** (*Pruning*), die für das Finden einer optimalen Lösung nicht notwendig sind. In ► Abbildung 3.18 b sehen wir, dass für Timisoara $f = 447$ und für Zerind $f = 449$ gilt. Obwohl beides Kindknoten der Wurzel sind und zu den ersten Knoten gehören würden, die bei der uniformen Kosten- oder Breitensuche expandiert werden, werden sie bei der A*-Suche nie expandiert, weil die Lösung mit $f = 418$ zuerst gefunden wird. Das Konzept des Kürzens – das Eliminieren von Möglichkeiten auf Basis des vorhandenen Wissen, ohne dies näher untersuchen zu müssen – ist für viele Bereiche der KI wichtig.

Die A*-Suche ist also unter all diesen Algorithmen vollständig, kostenoptimal und optimal effizient – was recht zufriedenstellend ist, doch leider heißt es noch nicht, dass A* die Antwort auf alle unsere Suchanforderungen ist. Der Haken dabei ist, dass bei vielen Problemen die Anzahl der expandierten Knoten exponentiell zur Länge der Lösung wachsen kann. Betrachten wir zum Beispiel eine Version der Staubsaugerwelt mit einem superstarken Staubsauger, der jedes beliebige Feld mit einem Aufwand von 1 Einheit säubern kann, ohne das Feld überhaupt besuchen zu müssen – in diesem Szenario können die Felder in beliebiger Reihenfolge gereinigt werden. Bei N anfänglich verschmutzten Feldern gibt es 2^N Zustände, in denen eine Teilmenge gereinigt wurde; alle diese Zustände liegen auf einem optimalen Lösungsweg und erfüllen daher $f(n) < C^*$, sodass alle von A* besucht würden.

3.5.4 Satisficing-Suche: Unzulässige Heuristiken und gewichtete A*-Algorithmen

Die A*-Suche hat viele gute Eigenschaften, doch sie expandiert viele Knoten. Wir können weniger Knoten erforschen (und damit weniger Zeit und Platz verbrauchen), wenn wir bereit sind, Lösungen zu akzeptieren, die zwar suboptimal, aber „gut genug" sind – was wir als

13 In der Tat ist der Begriff „monotone Heuristik" ein Synonym für „konsistente Heuristik". Die beiden Konzepte wurden unabhängig voneinander entwickelt, dann wurde bewiesen, dass sie äquivalent sind (Pearl, 1984).

zufriedenstellende (*satisficing*) Lösungen bezeichnen. Wenn wir der A*-Suche erlauben, eine unzulässige Heuristik zu verwenden – eine, die eventuell überschätzt – dann riskieren wir, die optimale Lösung zu verpassen, aber die Heuristik ist möglicherweise genauer, was die Anzahl der expandierten Knoten reduziert. Straßenbauingenieure kennen zum Beispiel das Konzept eines **Umwegindexes**, ein Wert, der mit der Luftlinie multipliziert wird, um die typische Krümmung von Straßen zu berücksichtigen. Ein Umwegindex von $1,3$ bedeutet, dass für zwei Städte, die 10 km Luftline voneinander entfernt sind, eine gute Schätzung für den besten Pfad zwischen ihnen 13 km beträgt. Für die meisten Orte liegt der Umwegindex zwischen 1,2 und 1,6.

Wir können dieses Konzept auf jedes beliebige Problem anwenden, nicht nur auf solche, bei denen es um Straßen geht, und zwar mit einem Ansatz, der **gewichtete A*-Suche** genannt wird, bei der wir den heuristischen Wert stärker gewichten, sodass wir die Evaluierungsfunktion $f(n) = g(n) + W \times h(n)$ erhalten, für irgendein $W > 1$.

► Abbildung 3.21 zeigt ein Suchproblem in einer Gitterwelt. In ► Abbildung 3.21 a findet eine A*-Suche die optimale Lösung, muss dafür aber einen großen Teil des Zustandsraums erkunden. In ► Abbildung 3.21 b findet eine gewichtete A*-Suche eine Lösung, die etwas teurer, doch viel schneller ist. Wir sehen, dass die gewichtete Suche die Kontur der erreichten Zustände auf ein Ziel konzentriert. Das bedeutet, dass weniger Zustände erforscht werden, doch wenn der optimale Pfad außerhalb der Kontur der gewichteten Suche liegt (wie in diesem Fall), dann wird er nicht gefunden. Kostet die optimale Lösung C^*, so wird eine gewichtete A*-Suche im Allgemeinen eine Lösung finden, die irgendwo zwischen C^* und $W \times C^*$ liegt; in der Praxis erhalten wir jedoch normalerweise Ergebnisse, die viel näher an C^* als an $W \times C^*$ liegen.

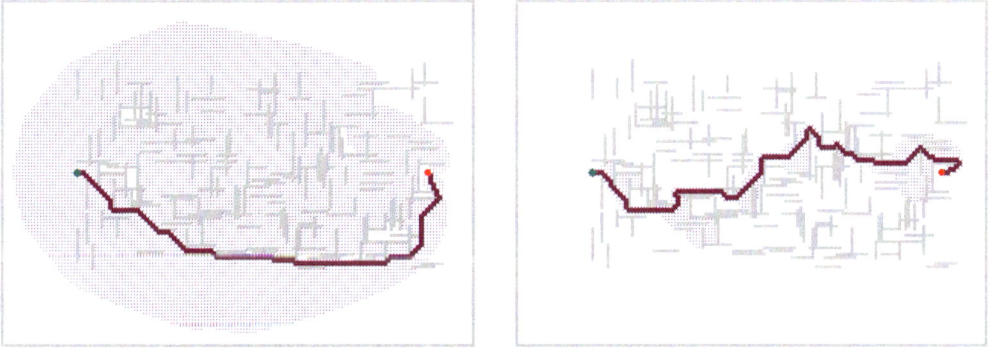

(a) (b)

Abbildung 3.21: Zwei Suchen auf demselben Gitter: (a) eine A*-Suche und (b) eine gewichtete A*-Suche mit Gewicht $W = 2$. Die grauen Balken sind Hindernisse, die violette Linie ist der Weg vom grünen Start zum roten Ziel und die kleinen Punkte sind Zustände, die von jeder Suche erreicht wurden. Bei diesem speziellen Problem erkundet die gewichtete A*-Suche 7-mal weniger Zustände und findet einen Pfad, der 5 % teurer ist.

Wir haben Suchen betrachtet, die Zustände durch Kombination von g und h auf verschiedene Weise bewerten; die gewichtete A*-Suche kann als eine Verallgemeinerung der anderen Suchmethoden betrachtet werden:

$$\begin{aligned}
\text{A}^*\text{-Suche:}\;& g(n) + h(n) (W = 1)\\
\text{uniforme Kostensuche:}\;& g(n) (W = 0)\\
\text{gierige Bestensuche:}\;& h(n) (W = \infty)\\
\text{gewichtete A}^*\text{-Suche:}\;& g(n) + W \times h(n) (1 < W < \infty)
\end{aligned}$$

Man könnte die gewichtete A*-Suche als „ein bisschen gierig" bezeichnen: wie die gierige Bestensuche konzentriert sie sich auf ein Ziel; andererseits ignoriert sie die Pfadkosten nicht vollständig und stellt einen Pfad zurück, der wenig Fortschritt zu großen Kosten bringt.

Es gibt eine Vielzahl von suboptimalen Suchalgorithmen, die durch die Kriterien dafür, was als „gut genug" gilt, charakterisiert werden können. Bei der **beschränkten suboptimalen Suche** suchen wir nach einer Lösung, die garantiert innerhalb eines konstanten Faktors W der optimalen Kosten liegt. Die gewichtete A*-Suche bietet diese Garantie. Bei der **Suche mit beschränkten Kosten** suchen wir nach einer Lösung, deren Kosten kleiner sind als eine Konstante C. Und bei der **Suche ohne beschränkte Kosten** akzeptieren wir eine Lösung mit beliebigen Kosten, solange wir sie schnell finden können.

Ein Beispiel für einen Suchalgorithmus mit unbeschränkten Kosten ist die **Speedy-Suche**, die eine Version der gierigen Bestensuche ist und als Heuristik die geschätzte Anzahl der zum Erreichen eines Ziels erforderlichen Aktionen verwendet, unabhängig von den Kosten dieser Aktionen. Für Probleme, bei denen alle Aktionen die gleichen Kosten haben, ist die Speedy-Suche also dieselbe wie die gierige Bestensuche, doch wenn die Aktionen unterschiedliche Kosten haben, findet sie in der Regel schnell eine Lösung, auch wenn diese vielleicht hohe Kosten hat.

3.5.5 Speicherbeschränkte Suche

Das Hauptproblem von A* ist der Speicherverbrauch. In diesem Abschnitt werden wir einige Implementierungstricks behandeln, die Platz sparen, sowie einige völlig neue Algorithmen, die den verfügbaren Platz besser ausnutzen.

Der Speicher wird zwischen den Zuständen der Grenze (*frontier*) und den erreichten Zuständen (*reached*) aufgeteilt. In unserer Implementierung der Bestensuche wird ein Zustand, der sich auf der Grenze befindet, an zwei Stellen gespeichert: als Knoten in der Grenze (damit wir entscheiden können, was als Nächstes expandiert werden soll) und als Eintrag in der Tabelle der erreichten Zustände (damit wir wissen, ob wir den Zustand schon einmal besucht haben). Für viele Probleme (z. B. die Erkundung eines Gitters) ist diese Duplizierung kein Problem, da die Größe von *frontier* viel kleiner ist als die von *reached*, sodass die Duplizierung der Zustände in der Grenze eine vergleichsweise triviale Menge an Speicher erfordert. Doch einige Implementierungen speichern einen Zustand nur an einem der beiden Orte, was ein wenig Speicherplatz einspart, doch den Algorithmus komplizierter (und vielleicht langsamer) macht.

Eine andere Möglichkeit ist, Zustände aus *reached* zu entfernen, wenn wir beweisen können, dass sie nicht mehr benötigt werden. Für einige Probleme können wir die Trennungseigenschaft (► Abbildung 3.6 auf S. 102) zusammen mit dem Verbot von Kehrtwenden benutzen, um sicherzustellen, dass sich alle Aktionen entweder von der Grenze weg- oder auf einen anderen Grenzzustand zubewegen. In diesem Fall müssen wir nur die Grenze auf redundante Pfade überprüfen und brauchen die *reached*-Tabelle nicht mehr.

Bei anderen Problemen können wir **Referenzzähler** verwenden, die aufzeichnen, wie oft ein Zustand erreicht wurde, und diesen aus der *reached*-Tabelle entfernen, wenn es keine weiteren Möglichkeiten gibt, den Zustand zu erreichen. In einer Gitterwelt, in der jeder Zustand nur von seinen vier Nachbarn aus erreicht werden kann, können wir beispielsweise einen Zustand aus der Tabelle entfernen, sobald er viermal erreicht wurde.

Betrachten wir nun neue Algorithmen, die auf eine sparsame Speichernutzung ausgelegt sind.

Die **Strahlsuche** (*Beam Search*) begrenzt die Größe der Grenze. Der einfachste Ansatz ist, nur die k Knoten mit den besten f-Werten zu behalten und alle anderen expandierten Knoten zu verwerfen. Dadurch wird die Suche natürlich unvollständig und suboptimal, aber wir können

k so wählen, dass der verfügbare Speicher gut genutzt wird, außerdem wird der Algorithmus schnell ausgeführt, da er weniger Knoten expandiert. Für viele Probleme kann er gute, nahezu optimale Lösungen finden. Man kann sich die uniforme Kosten- oder A*-Suche so vorstellen, dass sie sich überall in konzentrischen Konturen ausbreitet, und man kann sich die Strahlsuche so vorstellen, dass sie nur einen fokussierten Teil dieser Konturen erforscht – den Teil, der die k besten Kandidaten enthält.

Eine alternative Version der Strahlsuche beschränkt die Größe der Grenze weniger stark, sondern speichert stattdessen jeden Knoten, dessen f-Wert innerhalb von δ des besten f-Werts liegt. Auf diese Weise werden, wenn es einige Knoten mit starken Werten gibt, nur ein paar behalten, doch wenn es keine starken Knoten gibt, werden mehr gespeichert, bis ein starker Knoten auftaucht.

Die **iterative A*-Tiefensuche** (*Iterative Deepening A**, IDA*) ist für A* das, was die iterative Tiefensuche für die allgemeine Tiefensuche ist: IDA* bietet uns die Vorteile von A*, ohne dass alle erreichten Zustände im Speicher gehalten werden müssen, allerdings zu dem Preis, dass einige Zustände mehrfach besucht werden. Es ist ein sehr wichtiger und häufig verwendeter Algorithmus für Probleme, die nicht in den Speicher passen.

Bei der normalen iterativen Tiefensuche ist der Cutoff-Wert die Tiefe, die bei jeder Iteration um eins erhöht wird. Bei IDA* sind die f-Kosten $(g + h)$ der Cutoff-Wert; bei jeder Iteration ist der Cutoff-Wert der kleinste f-Kostenwert eines Knotens, der den Cutoff-Wert bei der vorherigen Iteration überschritten hat. Mit anderen Worten, jede Iteration sucht erschöpfend eine f-Kontur, findet einen Knoten direkt hinter dieser Kontur und verwendet die f-Kosten dieses Knotens als nächste Kontur. Bei Problemen wie dem 8-Puzzle, bei dem der f-Kostenwert jedes Pfads eine ganze Zahl ist, funktioniert dies sehr gut und führt bei jeder Iteration zu einem stetigen Fortschritt in Richtung des Ziels. Hat die optimale Lösung die Kosten C^*, so kann es nicht mehr als C^* Iterationen geben (zum Beispiel nicht mehr als 31 Iterationen bei den härtesten 8-Puzzle-Problemen). Aber für ein Problem, bei dem jeder Knoten unterschiedliche f-Kosten hat, könnte jede neue Kontur nur einen neuen Knoten enthalten und die Anzahl der Iterationen könnte so groß wie die Anzahl der Zustände sein.

Die **rekursive Bestensuche** (*Recursive Best-First Search*, RBFS, ► Abbildung 3.22) versucht, die Funktionsweise der standardmäßigen Bestensuche zu imitieren, benötigt aber nur linearen Platz. RBFS ähnelt einer rekursiven Tiefensuche, doch anstatt den aktuellen Pfad unend-

```
function RECURSIVE-BEST-FIRST-SEARCH(problem) returns eine Lösung oder failure
   solution, fvalue ← RBFS(problem, NODE(problem.INITIAL), ∞)
  return solution

function RBFS(problem, node, f_limit) returns eine Lösung oder failure und eine neue
                                                       f-Kostengrenze
  if problem.IS-GOAL(node.STATE) then return node
  successors ← LIST(EXPAND(node))
  if successors ist leer then return failure, ∞
  for each s in successors do        // f mit Wert aus voriger Suche aktualisieren
      s.f ← max(s.PATH-COST + h(s), node.f))
  while true do
      best ← der Knoten in successors mit kleinstem f-Wert
      if best.f > f_limit then return failure, best.f
      alternative ← der zweitkleinste f-Wert aus successors
      result, best.f ← RBFS(problem, best, min(f_limit, alternative))
      if result ≠ failure then return result, best.f
```

Abbildung 3.22: Der Algorithmus für die rekursive Bestensuche

lich nach unten fortzusetzen, verwendet RBFS die *f_limit*-Variable, um den *f*-Wert des besten *alternativen* Pfads zu verfolgen, der von jedem Vorgänger des aktuellen Knotens aus verfügbar ist. Wenn der aktuelle Knoten diesen Grenzwert überschreitet, wird die Rekursion aufgelöst und die Suche geht zum alternativen Pfad zurück. Bei der Rekursionsauflösung ersetzt RBFS den *f*-Wert jedes Knotens entlang des Pfads durch einen **gesicherten Wert** – den besten *f*-Wert seiner Kindknoten. Auf diese Weise merkt sich RBFS den *f*-Wert des besten Blatts im vergessenen Unterbaum und kann daher entscheiden, ob es sich lohnt, den Unterbaum zu einem späteren Zeitpunkt erneut zu expandieren. ► Abbildung 3.23 zeigt, wie RBFS Bukarest erreicht.

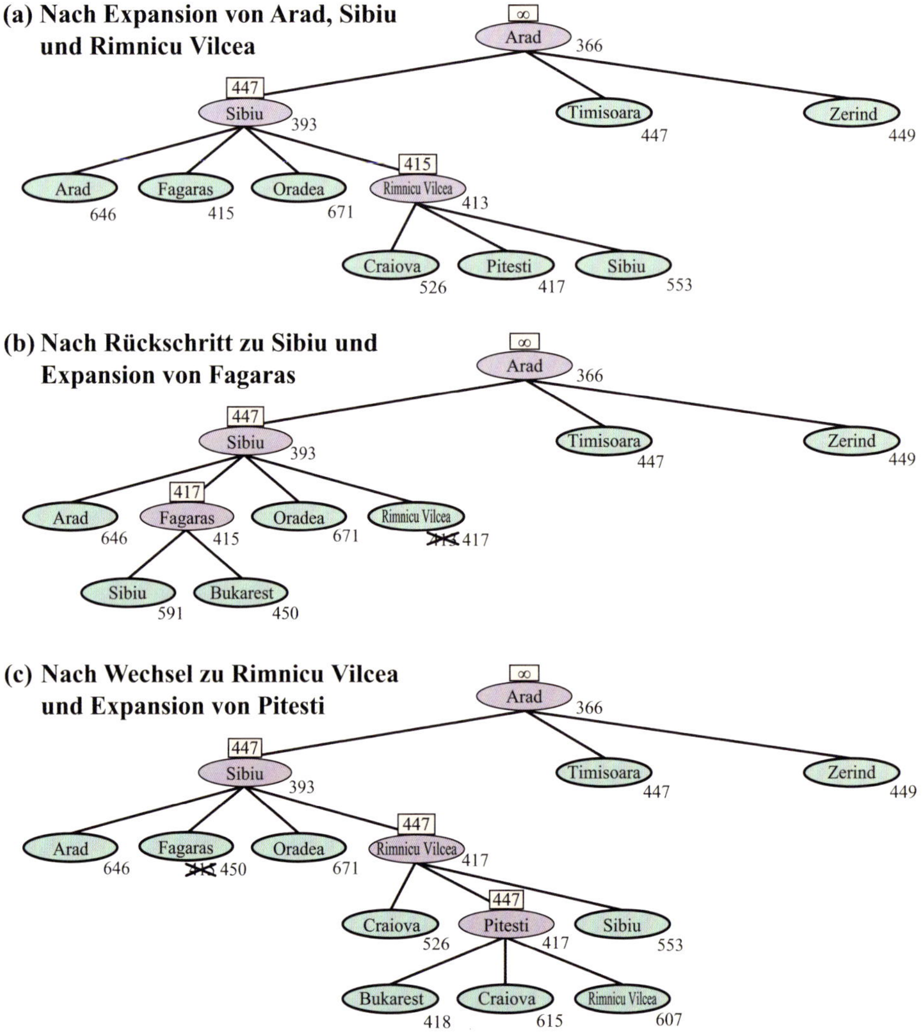

Abbildung 3.23: Phasen in einer RBFS-Suche nach der kürzesten Route nach Bukarest. Der *f-Grenzwert* für jeden rekursiven Aufruf wird über dem jeweils aktuellen Knoten angezeigt und jeder Knoten ist mit seinen *f*-Kosten beschriftet. (a) Der Pfad über Rimnicu Vilcea wird so lange verfolgt, bis das aktuell beste Blatt (Pitesti) einen Wert hat, der schlechter ist als der beste alternative Pfad (Fagaras). (b) Die Rekursion wird aufgelöst und der beste Blattwert des vergessenen Unterbaums (417) wird Rimnicu Vilcea als gesicherter Wert zugeordnet; dann wird Fagaras expandiert, was einen besten Blattwert von 450 ergibt. (c) Die Rekursion wird aufgelöst und der beste Blattwert des vergessenen Unterbaums (450) wird Fagaras als gesicherter Wert zugeordnet; dann wird Rimnicu Vilcea expandiert. Da der beste alternative Pfad (über Timisoara) mindestens 447 kostet, wird die Expansion diesmal bis Bukarest fortgesetzt.

RBFS ist etwas effizienter als IDA*, krankt aber immer noch daran, dass exzessiv viele Knoten erzeugt werden. Im Beispiel in ► Abbildung 3.23 folgt RBFS dem Pfad über Rimnicu Vilcea, „ändert dann seine Meinung“ und versucht es mit Fagaras, ändert dann seine Meinung erneut. Diese Meinungsänderungen treten auf, weil jedes Mal, wenn der aktuell beste Pfad erweitert wird, sein f-Wert vermutlich ansteigt – für Knoten, die sich näher am Ziel befinden, ist h normalerweise weniger optimistisch. Wenn dies geschieht, kann der zweitbeste Pfad zum besten Pfad werden, sodass die Suche zurückgehen muss, um ihm zu folgen. Jeder Sinneswandel entspricht einer Iteration von IDA* und könnte viele erneute Expansionen von vergessenen Knoten erfordern, um den besten Pfad wiederherzustellen und um einen weiteren Knoten zu expandieren.

RBFS ist optimal, wenn die heuristische Funktion $h(n)$ zulässig ist. Seine Speicherplatzkomplexität ist linear in der Tiefe der tiefsten optimalen Lösung, doch seine Zeitkomplexität ist eher schwierig zu charakterisieren: Sie hängt sowohl von der Genauigkeit der heuristischen Funktion als auch davon ab, wie oft sich der beste Pfad ändert, wenn Knoten expandiert werden. RBFS expandiert Knoten in der Reihenfolge des steigenden f-Werts, selbst wenn f nicht monoton ist.

IDA* und RBFS haben den Nachteil, dass sie *zu wenig* Speicher verwenden. Zwischen den Iterationen speichert IDA* nur eine einzige Zahl: die aktuelle f-Kostengrenze. RBFS hält mehr Informationen im Speicher, hat aber nur linearen Speicherplatzbedarf: Selbst wenn mehr Speicher verfügbar wäre, hat RBFS keine Möglichkeit, diesen zu nutzen. Da beide Algorithmen das meiste von dem vergessen, was sie vorher getan haben, kann es sein, dass beide am Ende dieselben Zustände viele Male erneut untersucht haben.

Es erscheint daher sinnvoll zu bestimmen, wie viel Speicher wir zur Verfügung haben, und es einem Algorithmus zu erlauben, den gesamten Speicher zu nutzen. Zwei Algorithmen, die dies tun, sind **MA*** (speicherbeschränkte A*-Suche, *Memory-bounded* A*) und **SMA*** (vereinfachte speicherbeschränkte A*-Suche, *Simplified MA**). SMA* ist – nun ja – einfacher, deshalb beschreiben wir diesen Algorithmus hier. SMA* verfährt genau wie A* und erweitert das beste Blatt, bis der Speicher voll ist. An diesem Punkt kann der Algorithmus keinen neuen Knoten in den Suchbaum einfügen, ohne einen alten zu verwerfen. SMA* verwirft immer den *schlechtesten* Blattknoten, d. h. den Knoten mit dem höchsten f-Wert. Wie RBFS weist SMA* dann den gesicherten Wert des vergessenen Knotens seinem Elternknoten zu. Auf diese Weise kennt der Vorfahre eines vergessenen Unterbaums die Qualität des besten Pfads in diesem Unterbaum. Mit dieser Information erzeugt SMA* den Unterbaum nur dann neu, wenn sich gezeigt hat, dass alle anderen Pfade schlechter aussehen als der vergessene Pfad. Anders ausgedrückt: Wenn alle Nachkommen eines Knotens n vergessen werden, dann wissen wir nicht, welchen Weg wir von n aus gehen sollen, aber wir haben immer noch eine Vorstellung davon, wie lohnenswert es ist, von n aus irgendwo hinzugehen.

Der vollständige Algorithmus ist im Online-Code-Repository zu diesem Buch beschrieben. Es gibt ein Detail, das hier erwähnenswert ist. Wir haben gesagt, dass SMA* das beste Blatt expandiert und das schlechteste Blatt löscht. Was ist, wenn *alle* Blattknoten den gleichen f-Wert haben? Um zu vermeiden, dass derselbe Knoten zum Löschen und Expandieren ausgewählt wird, expandiert SMA* das *neueste* beste Blatt und löscht das *älteste* schlechteste Blatt. Diese beiden sind identisch, wenn es nur ein Blatt gibt, doch in diesem Fall muss der aktuelle Suchbaum ein einziger Pfad von der Wurzel zum Blatt sein, der den gesamten Speicher füllt. Ist das Blatt kein Zielknoten, dann ist diese Lösung, *selbst wenn sie auf einem optimalen Lösungspfad liegt*, nicht mit dem verfügbaren Speicher erreichbar. Daher kann der Knoten genauso verworfen werden, als hätte er keine Nachfolger.

SMA* ist vollständig, wenn es irgendeine erreichbare Lösung gibt, d. h., falls d, die Tiefe des flachsten Zielknotens, kleiner ist als die Speichergröße (ausgedrückt in Knoten). SMA* ist optimal, wenn irgendeine optimale Lösung erreichbar ist; andernfalls liefert es die beste erreichbare Lösung. In der Praxis ist SMA* eine recht robuste Wahl, um optimale Lösungen zu finden, insbesondere wenn der Zustandsraum ein Graph ist, die Aktionskosten nicht einheitlich sind und die Knotenerzeugung teuer ist im Vergleich zu dem Aufwand, die Grenze und die Menge der erreichten Knoten zu verwalten.

Bei sehr schwierigen Problemen ist jedoch SMA* oft gezwungen, ständig zwischen vielen möglichen Lösungspfaden hin- und herzuschalten, von denen nur eine kleine Teilmenge in den Speicher passt. (Dies ähnelt dem **Thrashing**-Problem in Paging-Systemen bei Festplatten.) Die zusätzliche Zeit, die für das wiederholte Erzeugen der gleichen Knoten benötigt wird, führt dazu, dass Probleme, die mit A* bei unbegrenztem Speicher praktisch lösbar wären, für SMA* nicht effizient machbar sind. Das heißt, *Speicherbeschränkungen können ein Problem vom Standpunkt der Rechenzeit aus gesehen nicht effizient lösbar machen.* Obwohl keine aktuelle Theorie den Kompromiss zwischen Zeit und Speicher erklärt, scheint es, dass dies ein unausweichliches Problem ist. Der einzige Ausweg besteht darin, die Forderung nach Optimalität fallen zu lassen.

3.5.6 Bidirektionale heuristische Suche

Bei der unidirektionalen Bestensuche haben wir gesehen, dass uns die Verwendung von $f(n) = g(n) + h(n)$ als Evaluierungsfunktion eine A*-Suche liefert, die garantiert kostenoptimale Lösungen findet (ein zulässiges h vorausgesetzt) und gleichzeitig optimal effizient in der Anzahl der expandierten Knoten ist.

Bei der bidirektionalen Bestensuche könnten wir auch versuchen, $f(n) = g(n) + h(n)$ zu benutzen, doch leider gibt es weder eine Garantie, dass dies zu einer kostenoptimalen Lösung führt, noch dass es optimal effizient wäre, selbst nicht mit einer zulässigen Heuristik. Bei der bidirektionalen Suche stellt sich heraus, dass nicht einzelne Knoten, sondern vielmehr Knoten*paare* (eines von jeder Grenze) als sicher expandiert nachgewiesen werden können, jeder Effizienznachweis muss also Knotenpaare berücksichtigen (Eckerle *et al.*, 2017).

Zunächst führen wir eine neue Notation ein. Wir verwenden $f_V(n) = g_V(n) + h_V(n)$ für Knoten in Vorwärtsrichtung (mit dem Anfangszustand als Wurzel) und $f_R(n) = g_R(n) + h_R(n)$ für Knoten in Rückwärtsrichtung (mit einem Zielzustand als Wurzel). Auch wenn sowohl die Vorwärts- als auch die Rückwärtssuche das gleiche Problem lösen, haben sie unterschiedliche Evaluierungsfunktionen, weil z. B. die Heuristiken unterschiedlich sind, je nachdem, ob man auf den Ziel- oder den Anfangszustand hinsteuert. Wir gehen in der folgenden Diskussion von zulässigen Heuristiken aus.

Betrachten Sie einen Vorwärtspfad vom Anfangszustand zu einem Knoten m und einen Rückwärtspfad vom Ziel zu einem Knoten n. Wir können eine untere Schranke für die Kosten einer Lösung definieren, die dem Pfad vom Anfangszustand zu m folgt, dann irgendwie zu n gelangt und schließlich dem Pfad zum Ziel folgt durch

$$lb(m, n) = \max(g_V(m) + g_R(n), f_V(m), f_R(n)) \,,$$

wobei lb für *lower bound* (untere Grenze) steht. Mit anderen Worten, die Kosten eines solchen Pfads müssen mindestens so groß sein wie die Summe der Pfadkosten der beiden Teile (weil die verbleibende Verbindung zwischen ihnen nichtnegative Kosten haben muss), und die Kosten müssen auch mindestens so groß sein wie die geschätzten f-Kosten eines der beiden Teile (weil die heuristischen Schätzungen optimistisch sind). Damit lautet der Grundsatz, dass wir für jedes Knotenpaar m, n mit $lb(m, n)$ kleiner als die optimalen Kosten C^* entweder m oder n expandieren müssen, weil der Pfad, der durch beide geht, eine potenziell optimale Lösung ist. Die Schwierigkeit besteht darin, dass wir nicht sicher wissen, welcher Knoten am besten expandiert werden soll, und daher kann kein bidirektionaler Suchalgorithmus garantiert optimal effizient sein – jeder Algorithmus könnte also maximal doppelt so viele Knoten expandieren, wie minimal vorhanden sind, wenn er immer zuerst das falsche Element eines Paares wählt. Einige bidirektionale heuristische Suchalgorithmen verwalten explizit eine Warteschlange von (m, n)-Paaren, doch wir bleiben bei der bidirektionalen Bestensuche (► Abbildung 3.14), die zwei Prioritätswarteschlangen an der Grenze hat, und statten sie mit einer Evaluierungsfunktion aus, die die lb-Kriterien nachahmt:

$$f_2(n) = \max(2g(n), g(n) + h(n))$$

Der als Nächstes zu expandierende Knoten ist derjenige, der diesen f_2-Wert minimiert; der Knoten kann von einer der beiden Grenzen kommen. Diese f_2-Funktion garantiert, dass wir niemals einen Knoten (von einer der beiden Grenzen) mit $g(n) > \frac{C^*}{2}$ expandieren. Wir sagen, dass sich die beiden Hälften der Suche „in der Mitte treffen" in dem Sinne, dass beim Zusammentreffen der beiden Grenzen kein Knoten innerhalb einer der beiden Grenzen Pfadkosten hat, die größer als die Schranke $\frac{C^*}{2}$ sind. ► Abbildung 3.24 zeigt ein Beispiel für eine bidirektionale Suche.

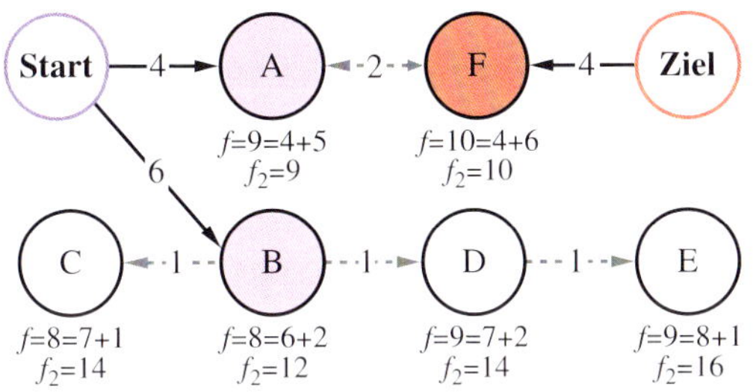

Abbildung 3.24: Die bidirektionale Suche verwaltet zwei Grenzen: links sind die Knoten A und B Nachfolger von Start; rechts ist der Knoten F ein inverser Nachfolger von „Ziel". Jeder Knoten ist mit den $f = g + h$-Werten und dem Wert $f_2 = \max(2g, g + h)$ beschriftet. (Die g-Werte sind die Summe der Aktionskosten, wie sie auf jedem Pfeil angegeben sind; die h-Werte sind willkürlich und lassen sich nicht von einem Element in der Abbildung ableiten). Die optimale Lösung Start-A-F-Ziel hat die Kosten $C^* = 4+2+4 = 10$. Das bedeutet, dass ein bidirektionaler „Treffen-in-der-Mitte"-Algorithmus keinen Knoten mit $g > \frac{C^*}{2} = 5$ expandieren sollte; und tatsächlich wäre der nächste zu expandierende Knoten A oder F (jeweils mit $g = 4$), was uns zu einer optimalen Lösung führt. Wenn wir den Knoten mit den niedrigsten f-Kosten zuerst expandieren würden, dann kämen B und C als Nächstes und D und E wären gleichauf mit A, doch alle haben $g > \frac{C^*}{2}$ und werden also mit f_2 als Evaluierungsfunktion nie expandiert.

Wir haben einen Ansatz beschrieben, bei dem die Heuristik h_V die Entfernung zum Ziel (oder, wenn das Problem mehrere Zielzustände hat, die Entfernung zum nächstgelegenen Ziel) und h_R die Entfernung zum Start schätzt. Dies wird als **Front-to-End**-Suche bezeichnet. Eine Alternative, die sogenannte **Front-to-Front**-Suche, versucht, den Abstand zur anderen Grenze zu schätzen. Wenn eine Grenze Millionen von Knoten hat, wäre es natürlich ineffizient, die heuristische Funktion auf jeden Knoten anzuwenden. Aber es kann funktionieren, ein paar Knoten von der Grenze auszuprobieren. In bestimmten spezifischen Problemdomänen ist es möglich, die Grenze *zusammenzufassen* – zum Beispiel können wir bei einem Gittersuchproblem inkrementell eine „Bounding Box" der Grenze berechnen und als Heuristik den Abstand zur Bounding Box verwenden.

Bidirektionale Suche ist manchmal effizienter als unidirektionale Suche, manchmal nicht. Wenn wir eine sehr gute Heuristik haben, dann erzeugt die A*-Suche im Allgemeinen Suchkonturen, die auf das Ziel konzentriert sind, und bidirektionale Suche hinzuzunehmen hilft nicht viel. Bei einer durchschnittlichen Heuristik expandiert die bidirektionale Suche mit dem Treffen-in-der-Mitte-Ansatz tendenziell weniger Knoten und wird bevorzugt. Im schlechtesten Fall einer schwachen Heuristik ist die Suche nicht mehr auf das Ziel konzentriert und die bidirektionale Suche hat die gleiche asymptotische Komplexität wie A*. Die bidirektionale Suche mit der Evaluierungsfunktion f_2 und einer zulässigen Heuristik h ist vollständig und optimal.

3.6 Heuristische Funktionen

In diesem Abschnitt sehen wir uns an, wie sich die Genauigkeit einer Heuristik auf die Suchleistung auswirkt, und stellen außerdem Überlegungen dazu an, wie Heuristiken entwickelt werden können. Als Beispiel kehren wir zum 8-Puzzle zurück. Wie in Abschnitt 3.2 erwähnt, besteht das Ziel des Puzzles darin, die Spielsteine horizontal oder vertikal auf den freien Platz zu verschieben, bis die Stellung der Zielkonfiguration entspricht (► Abbildung 3.25).

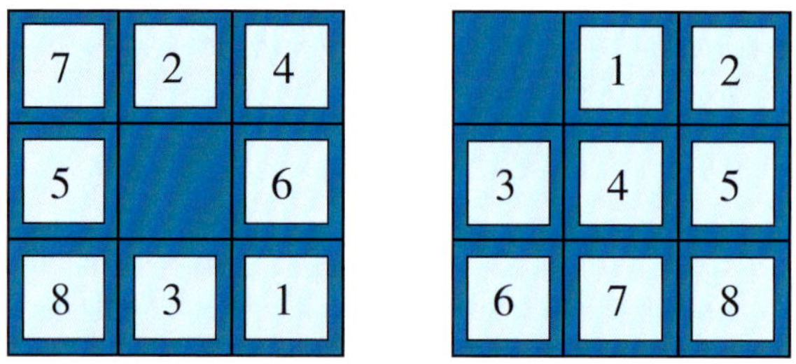

Startzustand Zielzustand

Abbildung 3.25: Ein typisches Beispiel für das 8-Puzzle. Die kürzeste Lösung umfasst 26 Aktionen.

Es gibt $9!/2 = 181.440$ erreichbare Zustände in einem 8-Puzzle, sodass eine Suche diese leicht alle im Speicher behalten könnte. Doch für das 15-Puzzle gibt es $16!/2$ Zustände – mehr als 10 Billionen –, um diesen Raum zu durchsuchen, brauchen wir also die Hilfe einer guten zulässigen heuristischen Funktion. Es wurden viele Heuristiken für das 15-Puzzle vorgeschlagen; hier sind zwei häufig verwendete Kandidaten:

- h_1 = die Anzahl der falsch platzierten Spielsteine (ohne Leerzeichen). In ► Abbildung 3.25 ist keines der acht Spielsteine an der richtigen Stelle, also ist im Startzustand $h_1 = 8$. h_1 ist eine zulässige Heuristik, da jeder Spielstein, der an der falschen Stelle liegt, mindestens einen Zug benötigt, um zur richtigen Stelle zu kommen.
- h_2 = die Summe der Abstände der Spielsteine von ihren Zielpositionen. Da sich die Spielsteine nicht entlang von Diagonalen bewegen können, ist der Abstand die Summe der horizontalen und vertikalen Abstände – manchmal auch **Cityblock-** oder **Manhattan-Distanz** genannt. h_2 ist ebenfalls zulässig, weil jeder Zug nur einen Spielstein jeweils einen Schritt näher zum Ziel bringen kann. Die Spielsteine 1 bis 8 im Startzustand von ► Abbildung 3.25 ergeben eine Manhattan-Distanz von:

$$h_2 = 3 + 1 + 2 + 2 + 2 + 3 + 3 + 2 = 18$$

Wie erwartet überschätzt keine der beiden Heuristiken die tatsächlichen minimalen Kosten, die 26 betragen.

3.6.1 Der Einfluss der heuristischen Genauigkeit auf die Leistung

Eine Möglichkeit, die Qualität einer Heuristik zu charakterisieren, ist der **effektive Verzweigungsfaktor** b^*. Ist die gesamte Anzahl der von A* für ein bestimmtes Problem erzeugten Knoten N und die Lösungstiefe d, dann ist b^* der Verzweigungsfaktor, den ein uniformer Baum der Tiefe d haben müsste, um $N + 1$ Knoten aufzunehmen, also:

$$N + 1 = 1 + b^* + (b^*)^2 + \cdots + (b^*)^d$$

Findet A* z. B. eine Lösung auf Tiefe 5 mit 52 Knoten, dann ist der effektive Verzweigungsfaktor 1,92. Der effektive Verzweigungsfaktor kann über verschiedene Probleminstanzen hinweg variieren, aber normalerweise ist er für eine bestimmte Domäne (z. B. 8-Puzzles) über alle nichttrivialen Probleminstanzen hinweg ziemlich konstant. Daher können experimentelle Messungen von b^* bei einer kleinen Menge von Problemen einen guten Hinweis auf die allgemeine Nützlichkeit der Heuristik geben. Eine gut konzipierte Heuristik würde einen Wert von b^* nahe bei 1 haben, sodass ziemlich große Probleme mit akzeptablen Rechenkosten gelöst werden können.

Korf und Reid (1998) argumentieren, dass eine bessere Charakterisierung des Effekts von A*-Pruning mit einer gegebenen Heuristik h darin besteht, dass es die **effektive Tiefe** um eine Konstante k_h im Vergleich zur wahren Tiefe reduziert. Das bedeutet, dass die gesamten Suchkosten $O(b^{d-k_h})$ betragen – im Vergleich zu $O(b^d)$ für eine uninformierte Suche. Die Experimente der Autoren mit dem Zauberwürfel und n-Puzzles zeigen, dass diese Formel genaue Vorhersagen für die Gesamtsuchkosten für Stichproben der Probleminstanzen über einer großen Bandbreite an Lösungslängen liefert – zumindest für Lösungen, die länger als k_h sind.

In ► Abbildung 3.26 haben wir zufällige 8-Puzzle-Probleme generiert und sie mit einer uninformierten Breitensuche und mit einer A*-Suche unter Verwendung sowohl von h_1 als auch von h_2 gelöst. In der Tabelle sind die durchschnittliche Anzahl der erzeugten Knoten und der entsprechende effektive Verzweigungsfaktor für jede Suchstrategie und für jede Lösungslänge angegeben. Die Ergebnisse deuten darauf hin, dass h_2 besser ist als h_1 und dass beide besser sind als gar keine Heuristik.

	Suchkosten (erzeugte Knoten)			Effektiver Verzweigungsfaktor		
d	BFS	A*(h_1)	A*(h_2)	BFS	A*(h_1)	A*(h_2)
6	128	24	19	2,01	1,42	1,34
8	368	48	31	1,91	1,40	1,30
10	1.033	116	48	1,85	1,43	1,27
12	2.672	279	84	1,80	1,45	1,28
14	6.783	678	174	1,77	1,47	1,31
16	17.270	1.683	364	1,74	1,48	1,32
18	41.558	4.102	751	1,72	1,49	1,34
20	91.493	9.905	1.318	1,69	1,50	1,34
22	175.921	22.955	2.548	1,66	1,50	1,34
24	290.082	53.039	5.733	1,62	1,50	1,36
26	395.355	110.372	10.080	1,58	1,50	1,35
28	463.234	202.565	22.055	1,53	1,49	1,36

Abbildung 3.26: Vergleich der Suchkosten und effektiven Verzweigungsfaktoren für 8-Puzzle-Probleme unter Verwendung der Breitensuche, A* mit h_1 (falsch platzierte Spielsteine) und A* mit h_2 (Manhattan-Distanz). Die Daten sind über 100 Puzzles für jede Lösungslänge d von 6 bis 28 gemittelt.

Man könnte sich fragen, ob h_2 *immer* besser ist als h_1. Die Antwort lautet: „Im Wesentlichen ja“. Aus den Definitionen der beiden Heuristiken ist leicht ersichtlich, dass für jeden Knoten n gilt: $h_2(n) \geq h_1(n)$. Wir sagen, h_2 **dominiert** h_1. Dominanz kann direkt in Effizienz übersetzt werden: A* mit h_2 wird niemals mehr Knoten expandieren als A* mit h_1 (außer wenn bei gleichwertigen Alternativen eine unglückliche Entscheidung getroffen wird). Der Grund ist einfach. Erinnern Sie sich an die Beobachtung auf S. 120, dass jeder Knoten mit $f(n) < C^*$

sicher expandiert wird. Man könnte genauso gut sagen, dass jeder Knoten mit $h(n) < C^* - g(n)$ sicher expandiert wird, wenn h konsistent ist. Doch da h_2 für alle Knoten mindestens so groß ist wie h_1, wird jeder Knoten, der bei der A*-Suche mit h_2 sicher expandiert wird, auch mit h_1 sicher expandiert und mit h_1 könnten auch noch weitere Knoten expandiert werden. Daher ist es im Allgemeinen besser, eine heuristische Funktion mit höheren Werten zu verwenden, vorausgesetzt sie ist konsistent und die Berechnung der Heuristik dauert nicht zu lang.

3.6.2 Heuristiken aus relaxierten Problemen generieren

Wir haben gesehen, dass sowohl h_1 (falsch platzierte Spielsteine) als auch h_2 (Manhattan-Distanz) recht gute Heuristiken für das 8-Puzzle sind und dass h_2 besser ist. Doch wie kommt man auf eine Heuristik wie h_2? Ist es für einen Computer möglich, eine solche Heuristik mechanisch zu erfinden?

h_1 und h_2 sind Schätzungen der verbleibenden Pfadlänge für das 8-Puzzle, aber sie sind auch perfekt akkurate Pfadlängen für *vereinfachte* Versionen des Puzzles. Würden die Regeln des Puzzles so geändert, dass sich ein Spielstein überall hinbewegen könnte anstatt nur auf das benachbarte leere Feld, dann würde h_1 die exakte Länge der kürzesten Lösung ergeben. In ähnlicher Weise ergäbe h_2 die exakte Länge der kürzesten Lösung, wenn ein Spielstein auf ein Feld in einer beliebigen Richtung ziehen könnte, sogar auf ein besetztes Feld. Ein Problem mit weniger Einschränkungen für die Aktionen wird als **relaxiertes Problem** bezeichnet. Der Zustandsraumgraph des relaxierten Problems ist ein *Supergraph* des ursprünglichen Zustandsraums, da durch das Entfernen von Einschränkungen zusätzliche Kanten im Graphen entstehen.

Da das relaxierte Problem dem Zustandsraumgraphen Kanten hinzufügt, ist jede optimale Lösung des ursprünglichen Problems per Definition auch eine Lösung des relaxierten Problems. Doch das relaxierte Problem kann *bessere* Lösungen haben, wenn die hinzugefügten Kanten Abkürzungen ergeben. Daher sind *die Kosten einer optimalen Lösung für ein relaxiertes Problem eine zulässige Heuristik für das ursprüngliche Problem.* Und da die abgeleitete Heuristik einen exakten Kostenwert für das relaxierte Problem angibt, muss sie außerdem der Dreiecksungleichung gehorchen und ist daher konsistent (siehe S. 118).

Ist eine Problemdefinition in einer formalen Sprache geschrieben, so ist es möglich, relaxierte Probleme automatisch zu konstruieren.[14] Wenn zum Beispiel die Aktionen des 8-Puzzles beschrieben werden als

> Ein Spielstein kann von Feld X zu Feld Y ziehen, falls X an Y angrenzt **und** Y leer ist,

dann können wir drei relaxierte Probleme erzeugen, indem wir eine oder beide Bedingungen entfernen:

(a) Ein Spielstein kann sich von Feld X nach Feld Y bewegen, wenn X an Y angrenzt.

(b) Ein Spielstein kann vom Feld X zum Feld Y ziehen, wenn Y leer ist.

(c) Ein Spielstein kann sich vom Feld X zum Feld Y bewegen.

Aus (a) können wir h_2 (Manhattan-Distanz) ableiten. Die Überlegung dabei ist, dass h_2 der richtige Wert wäre, wenn wir jeden Spielstein der Reihe nach zu seinem Ziel bewegen würden. Die aus (b) abgeleitete Heuristik wird in Übung 3.39 auf der Website besprochen. Aus (c) können wir h_1 (falsch platzierte Spielsteine) ableiten, weil es der richtige Wert wäre, wenn

14 In den Kapiteln 8 und 11 beschreiben wir formale Sprachen, die für diese Aufgabe geeignet sind; mit formalen Beschreibungen, die manipuliert werden können, kann die Konstruktion von relaxierten Problemen automatisiert werden. Für den Moment verwenden wir dafür natürliche Sprache.

die Spielsteine in einer Aktion zu ihrem vorgesehenen Ziel bewegt werden könnten. Beachten Sie: es ist entscheidend, dass die relaxierten Probleme, die durch diese Technik erzeugt werden, im Wesentlichen *ohne Suche* gelöst werden können, weil es die relaxierten Regeln erlauben, das Problem in acht unabhängige Teilprobleme zu zerlegen. Wenn das relaxierte Problem schwer zu lösen ist, dann wird es teuer sein, die Werte der entsprechenden Heuristik zu ermitteln.

Ein Programm namens ABSOLVER kann automatisch Heuristiken aus Problemdefinitionen erzeugen, indem es die Methode des „relaxierten Problems" und verschiedene andere Techniken verwendet (Prieditis, 1993). ABSOLVER generierte eine neue Heuristik für das 8-Puzzle, die besser war als jede zuvor existierende Heuristik, und fand die erste brauchbare Heuristik für den berühmten Zauberwürfel.

Wenn für ein Problem eine Sammlung zulässiger Heuristiken $h_1 \dots h_m$ zur Verfügung steht und keine von ihnen eindeutig besser ist als die anderen, welche soll man dann wählen? Wie sich herausstellt, können wir die beste aller Welten bekommen, indem wir

$$h(n) = \max\{h_1(n), \dots, h_k(n)\}$$

definieren. Diese zusammengesetzte Heuristik wählt die Funktion aus, die für den betreffenden Knoten am genauesten ist. Da die h_i-Komponenten zulässig sind, ist h zulässig (und wenn alle h_i konsistent sind, ist h konsistent). Außerdem dominiert h alle seine Komponenten-Heuristiken. Der einzige Nachteil ist, dass $h(n)$ mehr Zeit für die Berechnung benötigt. Falls dies ein Problem ist, dann besteht eine Alternative darin, bei jeder Evaluation zufällig eine der Heuristiken auszuwählen oder einen Algorithmus für maschinelles Lernen zu verwenden, um vorherzusagen, welche Heuristik am besten sein wird. Dies kann zu einer Heuristik führen, die inkonsistent ist (selbst wenn alle h_i konsistent sind), doch in der Praxis führt es meist zu einer schnelleren Problemlösung.

3.6.3 Heuristiken aus Teilproblemen generieren: Musterdatenbanken

Zulässige Heuristiken können auch aus den Lösungskosten eines **Teilproblems** eines gegebenen Problems abgeleitet werden. ► Abbildung 3.27 zeigt z. B. ein Teilproblem des 8-Puzzles aus ► Abbildung 3.25. Das Teilproblem besteht darin, die Steine 1, 2, 3, 4 und die Leerstelle in die richtige Position zu bringen. Es ist klar, dass die Kosten für die optimale Lösung dieses Teilproblems eine untere Schranke für die Kosten des vollständigen Problems sind. Dieses Vorgehen ist in einigen Fällen genauer als die Manhattan-Distanz.

Die Idee hinter **Musterdatenbanken** ist, diese exakten Lösungskosten für jede mögliche Teilprobleminstanz zu speichern – in unserem Beispiel jede mögliche Konfiguration der vier

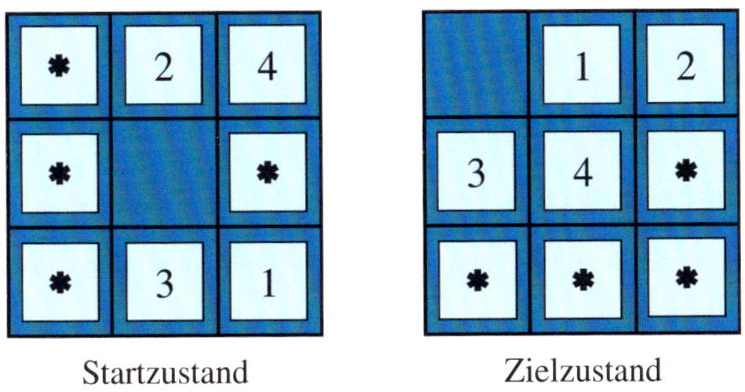

Abbildung 3.27: Ein Teilproblem der 8-Puzzle-Instanz aus Abbildung 3.25. Die Aufgabe besteht darin, die Steine 1, 2, 3, 4 und die Leerstelle in die richtige Position zu bringen, ohne sich darum zu kümmern, was mit den anderen Steinen passiert.

Spielsteine und des leeren Felds. (Es gibt also $9 \times 8 \times 7 \times 6 \times 5 = 15.120$ Muster in der Datenbank. Die Identitäten der anderen vier Spielsteine sind für die Lösung des Teilproblems irrelevant, die Züge dieser Steine werden jedoch zu den Lösungskosten des Teilproblems hinzugezählt.) Dann berechnen wir eine zulässige Heuristik h_{DB} für jeden Zustand, der während einer Suche besucht wird, indem wir einfach die entsprechende Teilproblemkonfiguration in der Datenbank nachschlagen. Die Datenbank selbst wird aufgebaut, indem wir vom Ziel aus rückwärts suchen und die Kosten jedes neu gefundenen Musters aufzeichnen.[15] Der Aufwand für diese Suche amortisiert sich über nachfolgende Probleminstanzen und ist daher sinnvoll, wenn wir erwarten, viele Probleme lösen zu müssen.

Die Wahl der Spielsteine 1-2-3-4 für das freie Feld ist recht willkürlich; wir könnten auch Datenbanken für 5-6-7-8, für 2-4-6-8 und so weiter aufbauen. Jede Datenbank ergibt eine zulässige Heuristik und diese Heuristiken können, wie bereits erklärt, kombiniert werden, indem der Maximalwert genommen wird. Eine solche kombinierte Heuristik ist viel genauer als die Manhattan-Distanz; die Anzahl der Knoten, die beim Lösen zufälliger 15-Puzzles erzeugt werden, kann um den Faktor 1.000 reduziert werden. Allerdings gibt es mit jeder zusätzlichen Datenbank abnehmende Erträge und steigende Speicher- und Rechenkosten.

Man könnte sich fragen, ob die Heuristiken aus der 1-2-3-4-Datenbank und der 5-6-7-8-Datenbank *addiert* werden könnten, da sich die beiden Teilprobleme nicht zu überschneiden scheinen. Ergäbe dies immer noch eine zulässige Heuristik? Die Antwort ist „nein", denn die Lösungen des 1-2-3-4-Teilproblems und des 5-6-7-8-Teilproblems werden für einen bestimmten Zustand mit ziemlicher Sicherheit einige Züge gemeinsam haben – es ist unwahrscheinlich, dass 1-2-3-4 verschoben werden können, ohne 5-6-7-8 zu berühren, und umgekehrt. Aber was ist, wenn wir diese Züge nicht zählen – wenn wir die anderen Steine nicht als Sternchen abstrahieren, sondern sie ganz verschwinden lassen? Das heißt, wir erfassen nicht die Gesamtkosten für die Lösung des 1-2-3-4-Unterproblems, sondern nur die Anzahl der Züge, die 1-2-3-4 betreffen. Dann ist die Summe der beiden Kosten immer noch eine untere Grenze für die Kosten der Lösung des gesamten Problems. Dies ist der Grundgedanke der **disjunkten Musterdatenbanken**. Mit solchen Datenbanken ist es möglich, zufällige 15-Puzzles in wenigen Millisekunden zu lösen – die Anzahl der erzeugten Knoten ist um den Faktor 10.000 kleiner im Vergleich zur Verwendung der Manhattan-Distanz. Bei 24-Puzzles kann eine Beschleunigung um einen Faktor von etwa einer Million erreicht werden. Disjunkte Musterdatenbanken eignen sich für Schiebepuzzles, da das Problem so aufgeteilt werden kann, dass jeder Zug nur ein Teilproblem betrifft, da immer nur ein Spielstein bewegt wird.

3.6.4 Heuristiken mit Landmarken generieren

Es gibt Onlinedienste, die Karten mit zig Millionen von Eckpunkten hosten und kostenoptimale Fahrtrichtungen in Millisekunden finden (► Abbildung 3.28). Wie funktioniert das, wenn doch die besten Suchalgorithmen, die wir bisher betrachtet haben, etwa eine Million Mal langsamer sind? Es gibt viele Tricks, aber der wichtigste davon ist die **Vorberechnung** einiger optimaler Wegkosten. Obwohl die Vorberechnung zeitaufwendig sein kann, muss sie nur einmal durchgeführt werden und kann sich dann über Milliarden von Benutzersuchanfragen amortisieren.

Wir könnten eine perfekte Heuristik generieren, indem wir die Kosten des optimalen Pfads zwischen jedem Paar von Knoten vorberechnen und speichern. Das würde $O(|V|^2)$ Platz benötigen und $O(|E|^3)$ Zeit – für Graphen mit zehnausend Knoten ist das praktisch, nicht jedoch für solche mit 10 Millionen.

15 Wenn man vom Ziel aus rückwärts arbeitet, sind die exakten Lösungskosten für jede angetroffene Instanz sofort verfügbar. Dies ist ein Beispiel für die **dynamische Programmierung**, die wir in Kapitel 17 noch besprechen.

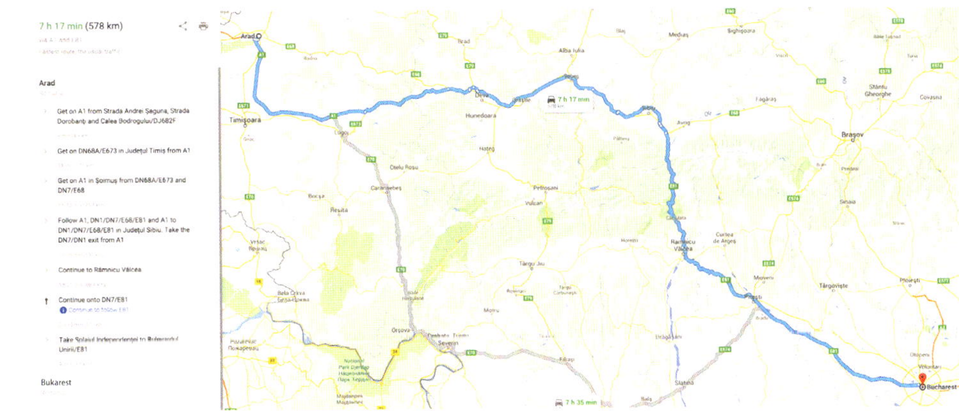

Abbildung 3.28: Ein Webdienst, der Fahranweisungen bereitstellt, die von einem Suchalgorithmus berechnet werden

Ein besserer Ansatz besteht darin, einige (vielleicht 10 oder 20) **Landmarken**[16] aus den Knoten auszuwählen. Dann berechnen und speichern wir für jede Landmarke L und für jeden anderen Knoten v im Graphen die exakten Kosten $C^*(v, L)$ des optimalen Pfads von v zu L. (Wir benötigen auch $C^*(L, v)$; bei einem ungerichteten Graphen ist dies dasselbe wie $C^*(v, L)$; bei einem gerichteten Graphen – z. B. mit Einbahnstraßen – müssen wir dies separat berechnen.) Mit den gespeicherten C^*-Tabellen können wir leicht eine effiziente (wenn auch unzulässige) Heuristik $C^*(v, L)$ erstellen: das Minimum der Kosten über alle Landmarken, um vom aktuellen Knoten zur Landmarke und dann zum Ziel zu kommen:

$$h_L(n) = \min_{L \in Landmarkem} C^*(n, L) + C^*(L, Ziel)$$

Verläuft der optimale Pfad zufällig durch eine Landmarke, so ist diese Heuristik exakt; wenn nicht, ist sie unzulässig – sie überschätzt die Kosten zum Ziel. Wenn Sie bei einer A*-Suche eine exakte Heuristik haben, dann befindet sich, sobald Sie einen Knoten erreichen, der auf einem optimalen Pfad liegt, jeder Knoten, den Sie von da an expandieren, auf einem optimalen Weg. Stellen Sie sich vor, dass die Konturlinien entlang dieses optimalen Pfads verlaufen. Die Suche folgt dem optimalen Pfad und fügt bei jeder Iteration eine Aktion mit den Kosten c hinzu, um zu einem Ergebniszustand zu gelangen, dessen h-Wert um c kleiner ist, was bedeutet, dass der Gesamtwert $f = g + h$ auf dem ganzen Pfad konstant bei C^* bleibt.

Einige Wegfindung-Algorithmen sparen sogar noch mehr Zeit, indem sie **Abkürzungen** hinzufügen – künstliche Kanten im Graphen, die einen optimalen Multiaktionspfad definieren. Gibt es beispielsweise vordefinierte Abkürzungen zwischen allen 100 größten Städten der USA und wir versuchen, vom Berkeley Campus in Kalifornien zur NYU in New York zu navigieren, so könnten wir die Abkürzung zwischen Sacramento und Manhattan nehmen und 90 % des Wegs mit einer Aktion zurücklegen.

$h_L(n)$ ist effizient, aber unzulässig. Doch mit etwas mehr Sorgfalt können wir eine Heuristik finden, die sowohl effizient als auch zulässig ist:

$$h_{DH}(n) = \max_{L \in Landmarken} |C^*(n, L) - C^*(Ziel, L)|$$

Dies wird als **differenzielle Heuristik** bezeichnet (aufgrund der Subtraktion). Stellen Sie sich dies mit einer Landmarke vor, die irgendwo jenseits des Ziels liegt. Wenn das Ziel zufällig auf

16 Landmarken werden manchmal als „Drehpunkte“ oder „Anker“ bezeichnet.

dem optimalen Pfad von n zur Landmarke liegt, dann bedeutet die Formel: „Betrachte den gesamten Pfad von n nach L, dann subtrahiere den letzten Teil dieses Pfads vom *Ziel* nach L, was die genauen Kosten des Pfads von n zu *Ziel* ergibt.“ In dem Maße, in dem das Ziel ein wenig vom optimalen Pfad zur Landmarke abweicht, wird die Heuristik ungenau, aber immer noch zulässig sein. Landmarken, die nicht über das Ziel hinausgehen, sind nicht nützlich; eine Landmarke, die genau auf halbem Weg zwischen n und *Ziel* liegt, ergibt $h_{DH} = 0$, was nicht hilfreich ist.

Es gibt mehrere Möglichkeiten, Landmarken auszuwählen. Die zufällige Auswahl ist schnell, doch wir erhalten bessere Ergebnisse, wenn wir darauf achten, die Landmarken so zu verteilen, dass sie nicht zu nahe beieinanderliegen. Ein „gieriger“ Ansatz besteht darin, eine erste Landmarke zufällig auszuwählen, dann den Punkt zu finden, der am weitesten davon entfernt ist, und ihn zur Menge der Landmarken hinzuzufügen, und so weiter, sodass bei jeder Iteration der Punkt hinzugefügt wird, der den Abstand zur nächstgelegenen Landmarke maximiert. Wenn Sie über Protokolle vergangener Suchanfragen Ihrer Benutzer verfügen, können Sie Landmarken auswählen, die bei Suchanfragen häufig angefordert werden. Für die differenzielle Heuristik ist es gut, wenn die Landmarken über den Umfang des Graphen verteilt sind. Eine gute Technik besteht also darin, den Mittelpunkt des Graphen zu finden, k kuchenförmige Keile um den Mittelpunkt herum anzuordnen und in jedem Keil den Punkt auszuwählen, der am weitesten vom Zentrum entfernt ist.

Landmarken funktionieren besonders gut bei Wegfindungsroblemen, was mit der Art und Weise zu tun hat, wie Straßen in der Welt angelegt sind: Ein Großteil des Verkehrs will tatsächlich zwischen Landmarken fahren, also planen Straßenbauingenieure die breitesten und schnellsten Straßen entlang dieser Routen; die Suche mit Landmarken macht es einfacher, diese Routen zu finden.

3.6.5 Lernen, besser zu suchen

Wir haben mehrere feste Suchstrategien vorgestellt – Breitensuche, A* und so weiter –, die von Informatikern sorgfältig entworfen und programmiert wurden. Könnte ein Agent *lernen*, besser zu suchen? Die Antwort ist „ja“ und die Methode dazu beruht auf einem wichtigen Konzept, dem **Zustandsraum auf Metaebene**. Jeder Zustand in einem Zustandsraum auf Metaebene erfasst den internen (berechneten) Zustand eines Programms, das in einem gewöhnlichen Zustandsraum wie der Karte von Rumänien sucht. (Um die beiden Konzepte voneinander zu trennen, nennen wir die Karte von Rumänien einen **Zustandsraum auf Objektebene**.) Der interne Zustand des A*-Algorithmus besteht zum Beispiel aus dem aktuellen Suchbaum. Jede Aktion im Zustandsraum auf Metaebene ist ein Rechenschritt, der den internen Zustand verändert; zum Beispiel expandiert jeder Rechenschritt in A* einen Blattknoten und fügt seine Nachfolger dem Baum hinzu. Somit kann man ► Abbildung 3.18, die eine Folge von immer größeren Suchbäumen zeigt, als Darstellung eines Pfads im Zustandsraum auf Metaebene ansehen, bei dem jeder Zustand auf dem Pfad ein Suchbaum auf Objektebene ist.

Der Pfad in ► Abbildung 3.18 hat ja fünf Schritte, darunter einen Schritt, die Expansion von Fagaras, der nicht besonders hilfreich ist. Bei schwierigeren Problemen wird es viele solcher Fehlschritte geben und ein Algorithmus für **Lernen auf Metaebene** kann aus diesen Erfahrungen lernen, um die Erkundung von wenig aussichtsreichen Teilbäumen zu vermeiden. Die Techniken, die für diese Art des Lernens verwendet werden, sind in Kapitel 22 beschrieben. Das Ziel des Lernens ist es, die **Gesamtkosten** der Problemlösung zu minimieren, wobei zwischen Rechenaufwand und Pfadkosten abgewogen wird.

3.6.6 Heuristiken aus Erfahrung lernen

Wir haben gesehen, dass eine Möglichkeit, eine Heuristik zu finden, darin besteht, ein relaxiertes Problem zu entwerfen, für das eine optimale Lösung leicht gefunden werden kann. Eine Alternative ist, aus Erfahrung zu lernen. „Erfahrung“ bedeutet hier z. B. das Lösen von vielen 8-Puzzles. Jede optimale Lösung für ein 8-Puzzle liefert ein (Ziel,Weg)-Beispielpaar. Anhand dieser Beispiele kann ein Lernalgorithmus eine Funktion h konstruieren, die (mit Glück) die wahren Pfadkosten für andere Zustände, die während der Suche auftreten, annähern kann. Die meisten dieser Ansätze lernen eine unvollkommene Annäherung an die heuristische Funktion und riskieren damit Unzulässigkeit. Dies führt zu einem unvermeidlichen Kompromiss zwischen Lernzeit, Suchlaufzeit und Lösungskosten. Techniken zum maschinellen Lernen werden in Kapitel 19 vorgestellt. Die in Kapitel 22 beschriebenen Methoden des Reinforcement Learning sind ebenfalls auf die Suche anwendbar.

Einige Verfahren des maschinellen Lernens funktionieren besser, wenn sie nicht nur mit den reinen Zustandsbeschreibungen ausgestattet werden, sondern auch mit **Merkmalen** eines Zustands, die für die Vorhersage des heuristischen Werts des Zustands relevant sind. Zum Beispiel könnte das Merkmal „Anzahl der falsch platzierten Spielsteine“ für die Vorhersage der tatsächlichen Entfernung eines Zustands im 8-Puzzle vom Ziel hilfreich sein. Nennen wir dieses Merkmal $x_1(n)$. Wir könnten jetzt 100 zufällig generierte 8-Puzzle-Konfigurationen nehmen und Statistiken über ihre tatsächlichen Lösungskosten sammeln. Vielleicht finden wir heraus, dass für $x_1(n)$ gleich 5 die durchschnittlichen Lösungskosten bei 14 liegen, und so weiter. Natürlich können wir auch mehrere Merkmale verwenden. Ein zweites Merkmal $x_2(n)$ könnte sein: „Anzahl der Paare von benachbarten Spielsteinen, die im Zielzustand nicht benachbart sind“. Wie sollten $x_1(n)$ und $x_2(n)$ kombiniert werden, um $h(n)$ vorherzusagen? Ein üblicher Ansatz ist die Verwendung einer Linearkombination:

$$h(n) = c_1x_1(n) + c_2x_2(n)$$

Die Konstanten c_1 und c_2 werden so angepasst, dass sie die beste Übereinstimmung mit den tatsächlichen Daten unter den zufällig generierten Konfigurationen ergeben. Man erwartet, dass sowohl c_1 als auch c_2 positiv sind, da falsch platzierte Spielsteine und nicht korrekte benachbarte Paare es schwieriger machen, das Problem zu lösen. Beachten Sie, dass diese Heuristik die Bedingung $h(n) = 0$ für Zielzustände erfüllt, aber sie ist nicht unbedingt zulässig oder konsistent.

ZUSAMMENFASSUNG

In diesem Kapitel wurden Suchalgorithmen vorgestellt, die ein Agent verwenden kann, um Aktionsfolgen in einer Vielzahl von Umgebungen auszuwählen – solange diese episodisch, für einen einzelnen Agenten, vollständig beobachtbar, deterministisch, statisch, diskret und vollständig bekannt sind. Es müssen Kompromisse eingegangen werden zwischen der Zeit, die die Suche benötigt, dem verfügbaren Speicherplatz und der Qualität der Lösung. Wir können effizienter sein, wenn wir domänenabhängiges Wissen in Form einer heuristischen Funktion einsetzen, die schätzt, wie weit ein bestimmter Zustand vom Ziel entfernt ist, oder wenn wir Teillösungen mithilfe von Mustern oder Landmarken vorberechnen.

- Bevor ein Agent mit der Suche beginnen kann, muss ein wohldefiniertes **Problem** formuliert werden.
- Ein Problem besteht aus fünf Teilen: dem **Anfangszustand**, einer Menge von **Aktionen**, einem **Transitionsmodell**, das die Ergebnisse dieser Aktionen beschreibt, einer Menge von **Zielzuständen** und einer **Aktionskostenfunktion**.
- Die Umgebung des Problems wird durch einen **Zustandsraumgraphen** dargestellt. Ein **Pfad** durch den Zustandsraum (eine Folge von Aktionen) vom Anfangszustand zu einem Zielzustand ist eine **Lösung**.
- Suchalgorithmen behandeln Zustände und Aktionen im Allgemeinen als **atomar**, ohne jegliche interne Struktur (obwohl wir Merkmale von Zuständen eingeführt haben, als es um Lernen ging).
- Suchalgorithmen werden nach den Kriterien **Vollständigkeit**, **Kostenoptimalität**, **Zeit-** und **Speicherplatzkomplexität** beurteilt.
- Methoden der **uninformierten Suche** haben nur Zugriff auf die Problemdefinition. Algorithmen bauen einen Suchbaum auf und versuchen so, eine Lösung zu finden. Algorithmen unterscheiden sich danach, welchen Knoten sie zuerst expandieren:
  - Die **Bestensuche** wählt die Knoten für die Expansion anhand einer **Evaluierungsfunktion** aus.
  - Die **Breitensuche** expandiert zuerst die flachsten Knoten; sie ist vollständig, optimal für einheitliche Aktionskosten, hat aber exponentielle Speicherplatzkomplexität.
  - Die **uniforme Kostensuche** expandiert den Knoten mit den niedrigsten Pfadkosten, $g(n)$, und ist optimal für allgemeine Aktionskosten.
  - Die **Tiefensuche** expandiert zuerst den tiefsten nicht expandierten Knoten. Sie ist weder vollständig noch optimal, hat aber lineare Speicherplatzkomplexität. Die **beschränkte Tiefensuche** fügt eine Tiefenbegrenzung hinzu.
  - Die **iterative Tiefensuche** ruft eine Tiefensuche mit zunehmenden Tiefengrenzen auf, bis ein Ziel gefunden wird. Sie ist vollständig, wenn die vollständige Zyklusüberprüfung durchgeführt wurde, optimal für einheitliche Aktionskosten, hat eine mit der Breitensuche vergleichbare Zeitkomplexität sowie lineare Speicherplatzkomplexität.
  - Die **bidirektionale Suche** expandiert zwei Grenzen, eine um den Anfangszustand herum und eine um das Ziel, und hält an, wenn sich die beiden Grenzen treffen.
- Methoden der **informierten Suche** haben Zugriff auf eine **heuristische** Funktion $h(n)$, die die Kosten einer Lösung von n abschätzt. Sie können auf zusätzliche Informationen wie Musterdatenbanken mit Lösungskosten zugreifen.
  - Bei der **gierigen Bestensuche** werden Knoten mit minimalem $h(n)$ expandiert. Sie ist nicht optimal, aber oft effizient.

- Die **A*-Suche** expandiert Knoten mit minimalem $f(n) = g(n) + h(n)$. A* ist vollständig und optimal, vorausgesetzt $h(n)$ ist zulässig. Die Speicherplatzkomplexität von A* ist für viele Aufgabenstellungen noch ein Problem.
- Die **bidirektionale A*-Suche** ist manchmal effizienter als A* selbst.
- **IDA*** (iterative A*-Tiefensuche) ist eine iterative Version der A*-Tiefensuche und nimmt das Problem der Speicherplatzkomplexität in Angriff.
- **RBFS** (rekursive Bestensuche) und **SMA*** (vereinfachte speicherbeschränkte A*-Suche) sind robuste, optimale Suchalgorithmen, die begrenzte Mengen an Speicher verwenden; mit genügend Zeit können sie Probleme lösen, für die A* nicht genug Speicher hat.
- Die **Strahlsuche** beschränkt die Größe der Grenze; das macht sie unvollständig und suboptimal, doch sie findet oft einigermaßen gute Lösungen und läuft schneller als vollständige Suchen.
- Bei der **gewichteten** **A***-Suche wird die Suche auf ein Ziel konzentriert, wobei weniger Knoten expandiert werden, aber die Optimalität geopfert wird.

■ Die Leistung von heuristischen Suchalgorithmen hängt von der Qualität der heuristischen Funktion ab. Man kann manchmal gute Heuristiken konstruieren, indem man die Problemdefinition relaxiert, vorberechnete Lösungskosten für Teilprobleme in einer Musterdatenbank speichert, Landmarken definiert oder aus Erfahrungen mit der Problemklasse lernt.

Bibliografische und historische Anmerkungen

Das Thema der Zustandsraumsuche hat seinen Ursprung in den frühen Jahren der KI. Die Arbeiten von Newell und Simon zum Logic Theorist (1957) und GPS (1961) etablierten Suchalgorithmen als primäres Werkzeug der KI-Forscher in den 1960er Jahren und trugen zur Etablierung des Problemlösens als kanonische KI-Aufgabe bei. Arbeiten aus dem Bereich Operations Research von Richard Bellman (1957) zeigten die Bedeutung additiver Pfadkosten bei der Vereinfachung von Optimierungsalgorithmen. Der Text von Nils Nilsson (1971) stellte das Gebiet auf eine solide theoretische Basis.

Das 8-Puzzle ist ein kleiner Cousin des 15-Puzzles, dessen Geschichte ausführlich von Slocum und Sonneveld (2006) erzählt wird. Im Jahr 1880 erregte das 15-Puzzle breite Aufmerksamkeit in der Öffentlichkeit und unter Mathematikern (Johnson und Story, 1879; Tait, 1880). Die Herausgeber des *American Journal of Mathematics* stellten fest: „Das 15-Puzzle stand in den letzten Wochen im Mittelpunkt des Interesses der amerikanischen Öffentlichkeit und man kann mit Sicherheit sagen, dass es die Aufmerksamkeit von neun von zehn Personen beiderlei Geschlechts und aller Altersgruppen und Gesellschaftsschichten auf sich gezogen hat“, während der *Weekly News-Democrat* aus Emporia, Kansas, am 12. März 1880 schrieb, dass „es buchstäblich zu einer Epidemie im ganzen Land geworden ist“.

Der berühmte amerikanische Spieledesigner Sam Loyd behauptete fälschlicherweise, das 15-Puzzle erfunden zu haben (Loyd, 1959); tatsächlich wurde es von Noyes Chapman, einem Postmeister in Canastota, New York, Mitte der 1870er Jahre erfunden (obwohl ein allgemeines Patent für Schiebepuzzles im Jahr 1878 an Ernest Kinsey erteilt wurde). Ratner und Warmuth (1986) zeigten, dass die allgemeine $n \times n$-Version des 15-Puzzles zur Klasse der NP-vollständigen Probleme zählt.

Der Zauberwürfel wurde 1974 von Ernő Rubik erfunden (im Englischen daher *Rubik's Cube* genannt), der auch einen Algorithmus zum Auffinden guter, aber nicht optimaler Lösungen entdeckte. Korf (1997) fand optimale Lösungen für einige zufällige Probleminstanzen mithilfe von Musterdatenbanken und ID*-Suche. Rokicki *et al.* (2014) bewiesen, dass jede Instanz in 26 Zügen gelöst werden kann (wenn man eine 180°-Drehung als zwei Züge betrachtet; 20, wenn sie als ein Zug zählt). Der Beweis benötigte 35 CPU-Jahre an Rechenzeit; er führt nicht unmittelbar zu einem effizienten Algorithmus. Agostinelli *et al.* (2019) verwendeten Reinforcement Learning, Deep-Learning-Netzwerke und Monte-Carlo-Baumsuche, um einen viel effizienteren Solver für den Zauberwürfel zu lernen. Es ist nicht garantiert, dass dieser eine kostenoptimale Lösung findet, doch in etwa 60 % der Zeit klappt es und die typischen Lösungszeiten liegen unter einer Sekunde.

Jedes der in diesem Kapitel aufgeführten realen Suchprobleme war Gegenstand umfangreicher Forschungsarbeiten. Methoden zur Auswahl optimaler Linienflüge bleiben größtenteils proprietär, doch Carl de Marcken hat durch eine Reduktion auf diophantische Entscheidungsprobleme gezeigt, dass die Preisgestaltung und die Beschränkungen für Flugtickets so unübersichtlich geworden sind, dass das Problem der Auswahl eines optimalen Flugs formal *unentscheidbar* ist (Robinson, 2002). Das Problem des Handlungsreisenden (*Traveling Salesperson Problem*, TSP) ist ein kombinatorisches Standardproblem der theoretischen Informatik (Lawler *et al.*, 1992). Karp (1972) bewies, dass das TSP-Entscheidungsproblem NP-schwer ist, doch es wurden effektive heuristische Approximationsmethoden entwickelt (Lin und Kernighan, 1973). Arora (1998) entwickelte ein vollständig polynomielles Approximationsverfahren für euklidische TSPs. Einen Überblick über Methoden für VLSI-Layout gibt LaPaugh (2010) und viele Aufsätze zur Layout-Optimierung erscheinen in VLSI-Fachzeitschriften. Die Roboternavigation wird in Kapitel 26 behandelt. Die automatische Montageablaufsteuerung wurde erstmals von FREDDY (Michie, 1972) demonstriert; eine umfassende Übersicht findet sich in (Bahubalendruni und Biswal, 2016).

Uninformierte Suchalgorithmen sind ein zentrales Thema in der Informatik (Cormen *et al.*, 2009) und im Operations Research (Dreyfus, 1969). Die Breitensuche wurde von Moore (1959) zur Lösung von Labyrinthproblemen formuliert. Die Methode der dynamischen Programmierung (Bellman, 1957; Bellman und Dreyfus, 1962), die systematisch Lösungen für alle Teilprobleme mit zunehmender Länge aufzeichnet, kann als eine Form der Breitensuche angesehen werden.

Der Algorithmus von Dijkstra ist in der Form, in der er üblicherweise vorgestellt wird (Dijkstra, 1959), auf explizite endliche Graphen anwendbar. Nilsson (1971) führte eine Version von Dijkstras Algorithmus ein, die er uniforme Kostensuche nannte (weil sich der Algorithmus „entlang von Konturen gleicher Pfadkosten ausbreitet“), die implizit definierte, unendliche Graphen erlaubt. Nilssons Arbeit führte außerdem das Konzept von geschlossenen und offenen Listen und den Begriff „Graphensuche“ ein. Der Name BEST-FIRST-SEARCH für die Bestensuche wurde im *Handbook of AI* (Barr und Feigenbaum, 1981) eingeführt. Der Floyd-Warshall-Algorithmus (Floyd, 1962) und der Bellman-Ford-Algorithmus (Bellman, 1958; Ford, 1956) erlauben negative Schrittkosten (solange es keine negativen Zyklen gibt).

Eine Version der iterativen Tiefensuche, die darauf ausgelegt ist, die Uhr beim Schach effizient zu nutzen, wurde erstmals von Slate und Atkin (1977) im Programm CHESS 4.5 verwendet. Martellis Algorithmus B (1977) enthält ebenfalls einen Aspekt der iterativen Tiefensuche. Die Technik der iterativen Tiefensuche wurde von Bertram Raphael (1976) eingeführt und rückte mit der Arbeit von Korf (1985a) mehr in den Blickpunkt.

Die Verwendung von heuristischen Informationen beim Problemlösen taucht in einer frühen Arbeit von Simon und Newell (1958) auf, doch der Ausdruck „heuristische Suche“ sowie die Verwendung von heuristischen Funktionen, die die Entfernung zum Ziel schätzen, kamen etwas später (Newell und Ernst, 1965; Lin, 1965). Doran und Michie (1966) führten umfangreiche experimentelle Studien zur heuristischen Suche durch. Sie analysierten zwar die Pfadlänge und die „Penetranz“ (das Verhältnis der Pfadlänge zur Gesamtzahl der bisher untersuchten Knoten), doch ignorierten anscheinend die Informationen, die die Pfadkosten

$g(n)$ liefern. Der A*-Algorithmus, der die aktuellen Pfadkosten in die heuristische Suche einbezieht, wurde von Hart, Nilsson und Raphael (1968) entwickelt. Dechter und Pearl (1985) untersuchten die Bedingungen, unter denen A* optimal effizient ist (ausgedrückt durch die Anzahl der expandierten Knoten).

Die ursprüngliche A*-Veröffentlichung (Hart *et al.*, 1968) führte die Konsistenzbedingung für heuristische Funktionen ein. Die monotone Bedingung wurde von Pohl (1977) als einfacherer Ersatz eingeführt, doch Pearl (1984) zeigte, dass die beiden gleichwertig sind.

Pohl (1977) leistete Pionierarbeit bei der Untersuchung des Zusammenhangs zwischen dem Fehler in heuristischen Funktionen und der Zeitkomplexität von A*. Grundlegende Ergebnisse wurden für baumartige Suche mit Einheitsaktionskosten und einem einzigen Zielzustand (Pohl, 1977; Gaschnig, 1979; Huyn *et al.*, 1980; Pearl, 1984) und mit mehreren Zielzuständen (Dinh *et al.*, 2007) gewonnen. Korf und Reid (1998) zeigten, wie man die genaue Anzahl der expandierten Knoten (und nicht nur eine asymptotische Annäherung) auf einer Vielzahl von tatsächlichen Problembereichen vorhersagt. Der „effektive Verzweigungsfaktor" wurde von Nilsson (1971) als empirisches Maß für die Effizienz vorgeschlagen. Für die Graphensuche bemerkten Helmert und Röger (2008), dass mehrere bekannte Probleme exponentiell viele Knoten auf kostenoptimalen Lösungswegen enthalten, was eine exponentielle Zeitkomplexität für A* impliziert.

Es gibt viele Variationen des A*-Algorithmus. Pohl (1970) führte die gewichtete A*-Suche ein und später eine dynamische Version (1973), bei der sich das Gewicht über die Tiefe des Baums ändert. Ebendt und Drechsler (2009) fassen die Ergebnisse zusammen und untersuchen einige Anwendungen. Hatem und Ruml (2014) zeigen eine vereinfachte und verbesserte Version des gewichteten A*, die einfacher zu implementieren ist. Wilt und Ruml (2014) führen die Speedy-Suche als Alternative zur gierigen Suche ein, die sich auf die Minimierung der Suchzeit konzentriert, und Wilt und Ruml (2016) zeigen, dass sich die besten Heuristiken für die Satisficing-Suche von denjenigen für die optimale Suche unterscheiden. Burns *et al.* (2012) geben einige Implementierungstricks zum Programmierung von schnellen Suchen an und Felner (2018) betrachtet, wie sich die Implementierung ändert, wenn ein früher Zieltest eingesetzt wird.

Pohl (1971) führte die bidirektionale Suche ein. Holte *et al.* (2016) beschreiben die Version der bidirektionalen Suche, die ein Treffen in der Mitte garantiert und die damit breiter anwendbar ist. Eckerle *et al.* (2017) beschreiben die Menge der sicher erweiterten Knotenpaare und zeigen, dass keine bidirektionale Suche optimal effizient sein kann. Der NBS-Algorithmus (Chen *et al.*, 2017) verwendet explizit eine Warteschlange von Knotenpaaren.

Eine Kombination aus bidirektionaler A*-Suche und bekannten Landmarken wurde verwendet, um effizient Fahrtrouten für den Onlinekartendienst von Microsoft zu finden (Goldberg *et al.*, 2006). Nach dem Zwischenspeichern eines Satzes von Pfaden zwischen Landmarken kann der Algorithmus einen kostenoptimalen Pfad zwischen beliebigen Punktpaaren in einem 24-Millionen-Punkte-Graphen der Vereinigten Staaten finden, wobei weniger als 0,1 % des Graphen durchsucht werden. Korf (1987) zeigt, wie man durch die Verwendung von Teilzielen, Makro-Operatoren und Abstraktion bemerkenswerte Geschwindigkeitssteigerungen gegenüber früheren Techniken erzielen kann. Delling *et al.* (2009) beschreiben, wie man bidirektionale Suche, Landmarken, hierarchische Struktur und andere Tricks verwendet, um Fahrstrecken zu finden. Anderson *et al.* (2008) beschreiben eine verwandte Technik, die sogenannte **Grob-zu-Fein-Suche**, die man sich als Definition von Landmarken auf verschiedenen hierarchischen Abstraktionsebenen vorstellen kann. Korf (1987) beschreibt Bedingungen, unter denen die Grob-zu-Fein-Suche eine exponentielle Beschleunigung bietet. Knoblock (1991) liefert experimentelle Ergebnisse und Analysen, um die Vorteile der hierarchischen Suche zu quantifizieren.

A* und andere Zustandsraum-Suchalgorithmen sind eng verwandt mit den **Branch-and-Bound**-Verfahren, die im Operations Research weit verbreitet sind (Lawler und Wood, 1966; Rayward-Smith *et al.*, 1996). Kumar und Kanal (1988) versuchen eine „große Vereinheitlichung" von heuristischer Suche, dynamischer Programmierung und Branch-and-Bound-Techniken unter dem Namen CDP –„Composite Decision Process".

Da die meisten Computer in den 1960er Jahren nur ein paar Tausend Worte Hauptspeicher hatten, war die speicherbeschränkte heuristische Suche ein frühes Forschungsthema. Der Graph Traverser (Doran und Michie, 1966), eines der frühesten Suchprogramme, legt sich nach der Bestensuche bis zur Speichergrenze auf eine Aktion fest. IDA* (Korf, 1985b) war der erste weit verbreitete längenoptimale, speicherbeschränkte heuristische Suchalgorithmus und es wurde eine große Anzahl von Varianten entwickelt. Eine Analyse der Effizienz von IDA* und seiner Schwierigkeiten mit realwertigen Heuristiken gibt es in Patrick *et al.* (1992).

Die Originalversion von RBFS (Korf, 1993) ist tatsächlich etwas komplizierter als der in ► Abbildung 3.22 gezeigte Algorithmus, der eigentlich näher an einem unabhängig entwickelten Algorithmus namens **iterative Expansion** oder IE (Russell, 1992) ist. RBFS verwendet sowohl eine untere Schranke als auch eine obere Schranke; die beiden Algorithmen verhalten sich bei zulässigen Heuristiken identisch, doch RBFS expandiert Knoten in der Reihenfolge gemäß der Bestensuche auch bei einer unzulässigen Heuristik. Das Konzept, den besten alternativen Pfad zu verfolgen, erschien bereits in Bratkos (2009) eleganter Prolog-Implementierung von A* und im DTA*-Algorithmus (Russell und Wefald, 1991). In der letztgenannten Arbeit werden auch Zustandsräume auf Metaebene und Lernen auf Metaebene diskutiert.

Der MA*-Algorithmus erschien in Chakrabarti *et al.* (1989). SMA* entstand aus einem Versuch, MA* zu implementieren (Russell, 1992). Kaindl und Khorsand (1994) wendeten SMA* an, um einen bidirektionalen Suchalgorithmus zu erzeugen, der wesentlich schneller als bisherige Algorithmen war. Korf und Zhang (2000) beschreiben einen Teile-und-Herrsche-Ansatz und Zhou und Hansen (2002) stellen eine speicherbeschränkte A*-Graphensuche und eine Strategie für den Wechsel zur Breitensuche vor, um die Speichereffizienz zu erhöhen (Zhou und Hansen, 2006).

Die Idee, dass zulässige Heuristiken durch die Relaxierung des Problems abgeleitet werden können, taucht in der bahnbrechenden Arbeit von Held und Karp (1970) auf, die die Heuristik des minimalen Spannbaums (*Minimum Spanning Tree*, MST) zur Lösung des Problem des Handlungsreisenden (TSP) verwendeten (siehe Übung 3.38 auf der Website). Die Automatisierung des Relaxierungssprozesses wurde erfolgreich von Prieditis (1993) implementiert. Es gibt eine wachsende Literatur über die Anwendung von maschinellem Lernen zur Entdeckung heuristischer Funktionen (Samadi *et al.*, 2008; Arfaee *et al.*, 2010; Thayer *et al.*, 2011; Lelis *et al.*, 2012).

Die Verwendung von Musterdatenbanken zur Ableitung zulässiger Heuristiken geht auf Gasser (1995) und Culberson und Schaeffer (1996, 1998) zurück; disjunkte Musterdatenbanken werden von Korf und Felner (2002) beschrieben; eine ähnliche Methode mit symbolischen Mustern stammt von Edelkamp (2009). Felner *et al.* (2007) zeigen, wie man Musterdatenbanken platzsparend komprimiert. Die probabilistische Interpretation von Heuristiken wurde von Pearl (1984) und Hansson und Mayer (1989) untersucht.

Heuristics von Pearl (1984) und *Heuristic Search* von Edelkamp und Schrödl (2012) sind einflussreiche Lehrbücher zum Thema Suche. Beiträge über neue Suchalgorithmen erscheinen auf dem *International Symposium on Combinatorial Search* (SoCS) und der *International Conference on Automated Planning and Scheduling* (ICAPS) sowie auf allgemeinen KI-Konferenzen wie AAAI und IJCAI und in Zeitschriften wie *Artificial Intelligence* und *Journal of the ACM*.

Suche in komplexen Umgebungen

4

In diesem Kapitel lockern wir die vereinfachenden Annahmen des vorherigen Kapitels, um uns der realen Welt anzunähern.

Kapitel 3 behandelte Probleme in vollständig beobachtbaren, deterministischen, statischen, bekannten Umgebungen, bei denen die Lösung eine Folge von Aktionen ist. In diesem Kapitel lockern wir diese Beschränkungen. Wir beginnen mit dem Problem, einen guten Zustand zu finden, ohne uns Gedanken über den Weg dorthin zu machen, und besprechen dabei sowohl diskrete (Abschnitt 4.1) als auch stetige (Abschnitt 4.2) Zustände. Als Nächstes lockern wir die Annahmen des Determinismus (Abschnitt 4.3) und der Beobachtbarkeit (Abschnitt 4.4). In einer nichtdeterministischen Welt benötigt der Agent einen bedingten Plan und führt verschiedene Aktionen aus, je nachdem, was er beobachtet – zum Beispiel hält er an, wenn die Ampel rot ist, und geht weiter, wenn sie grün ist. Bei teilweiser Beobachtbarkeit muss der Agent auch die möglichen Zustände im Auge behalten, in denen er sich befinden könnte. Schließlich leitet Abschnitt 4.5 den Agenten durch einen unbekannten Raum, den er mithilfe der **Onlinesuche** erlernen muss.

4.1 Lokale Suche und Optimierungsprobleme

In den Suchproblemen aus Kapitel 3 wollten wir Pfade durch den Suchraum finden, z. B. einen Pfad von Arad nach Bukarest. Aber manchmal interessiert uns nur der Endzustand, nicht der Pfad dorthin. Beim 8-Damen-Problem (► Abbildung 4.3) geht es zum Beispiel nur darum, eine gültige Endkonfiguration von 8 Damen zu finden (denn wenn man die Konfiguration kennt, ist es trivial, die Schritte zu rekonstruieren, die sie erzeugt haben). Dies gilt auch für viele wichtige Anwendungen, wie z. B. den Entwurf integrierter Schaltkreise, das Layout von Fabrikhallen, die Zeitplanung in der Auftragsfertigung, die automatische Programmierung, die Optimierung von Telekommunikationsnetzen, die Ernteplanung und das Portfoliomanagement.

Lokale Suchalgorithmen arbeiten, indem sie von einem Startzustand aus benachbarte Zustände suchen, ohne die Pfade oder die Menge der erreichten Zustände zu verfolgen. Das bedeutet, dass sie nicht systematisch sind – sie erforschen möglicherweise nie einen Teil des Suchraums, in dem sich tatsächlich eine Lösung befindet. Sie haben jedoch zwei entscheidende Vorteile: (1) sie benötigen sehr wenig Speicher und (2) sie können oft vernünftige Lösungen in großen oder unendlichen Zustandsräumen finden, für die systematische Algorithmen ungeeignet sind.

Lokale Suchalgorithmen können auch **Optimierungsprobleme** lösen, bei denen es darum geht, den besten Zustand gemäß einer **Zielfunktion** zu finden.

Um die lokale Suche zu verstehen, betrachten Sie die Zustände eines Problems, die in einer **Zustandsraumlandschaft** angeordnet sind, wie in ► Abbildung 4.1 dargestellt. Jeder Punkt (Zustand) in der Landschaft hat eine „Höhenangabe", die durch den Wert der Zielfunktion definiert ist. Wenn die Höhenangaben einer Zielfunktion entsprechen, dann ist es das Ziel, den höchsten Gipfel zu finden – ein **globales Maximum** – und wir nennen den Prozess **Bergsteigeralgorithmus** (*Hill Climbing*). Entspricht die Höhe den Kosten, dann ist das Ziel, das niedrigste Tal zu finden – ein **globales Minimum** – und wir nennen es **Gradientenabstieg**.

4.1.1 Bergsteigeralgorithmus

Der **Bergsteiger**-Suchalgorithmus ist in ► Abbildung 4.2 dargestellt. Er behält einen aktuellen Zustand im Auge und bewegt sich bei jeder Iteration zum Nachbarzustand mit dem höchsten Wert, d. h., er geht in die Richtung, die den **steilsten Anstieg** bietet. Der Algorithmus termi-

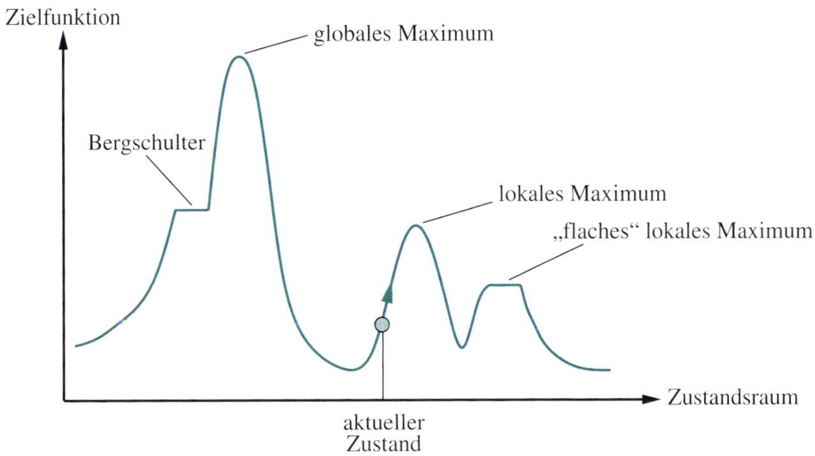

Abbildung 4.1: Eine eindimensionale Zustandsraumlandschaft, in der die Höhenangaben der Zielfunktion entsprechen. Das Ziel ist es, das globale Maximum zu finden.

```
function HILL-CLIMBING(problem) returns einen Zustand, der ein lokales Maximum ist
  current ← problem.INITIAL
  while true do
     neighbor ← ein current-Nachfolger mit höchstem Wert
     if VALUE(neighbor) ≤ VALUE(current) then return current
     current ← neighbor
```

Abbildung 4.2: Der Bersteiger-Suchalgorithmus, der die grundlegendste lokale Suchtechnik darstellt. Bei jedem Schritt wird der aktuelle Knoten durch den besten Nachbarn ersetzt.

niert, wenn er einen „Gipfel" erreicht, an dem kein Nachbar einen höheren Wert hat. Die Bergsteigersuche blickt nicht über die unmittelbaren Nachbarn des aktuellen Zustands hinaus. Dies ähnelt dem Versuch, den Gipfel des Mount Everest in einem dichten Nebel zu finden, während man an Amnesie leidet. Beachten Sie, dass eine Möglichkeit, die Bergsteigersuche einzusetzen, darin besteht, das Negativ einer heuristischen Kostenfunktion als Zielfunktion zu verwenden; dadurch klettert man lokal zu dem Zustand mit der kleinsten heuristischen Distanz zum Ziel.

Zur Veranschaulichung des Bergsteigeralgorithmus benutzen wir das **8-Damen-Problem** (► Abbildung 4.3). Wir werden eine **vollständige Zustandsformulierung** verwenden, was bedeutet, dass jeder Zustand alle Komponenten einer Lösung hat, aber eventuell nicht alle an der richtigen Stelle. In diesem Fall hat jeder Zustand 8 Damen auf dem Brett, eine pro Spalte. Der Anfangszustand wird zufällig gewählt und die Nachfolger eines Zustands sind alle möglichen Zustände, die durch das Verschieben einer einzelnen Dame auf ein anderes Feld in derselben Spalte erzeugt werden (jeder Zustand hat also $8 \times 7 = 56$ Nachfolger). Die heuristische Kostenfunktion h ist die Anzahl der Damenpaare, die sich gegenseitig angreifen; sie ist nur bei Lösungen gleich null. (Es zählt als Angriff, wenn sich zwei Figuren in der gleichen Linie befinden, auch wenn eine Figur dazwischenliegt.) ► Abbildung 4.3b zeigt einen Zustand mit $h = 17$. Die Abbildung zeigt auch die h-Werte aller seiner Nachfolger.

Der Bergsteigeralgorithmus wird manchmal auch als **gierige lokale Suche** bezeichnet, weil sich der Algorithmus einen guten Nachbarzustand schnappt, ohne darüber nachzudenken,

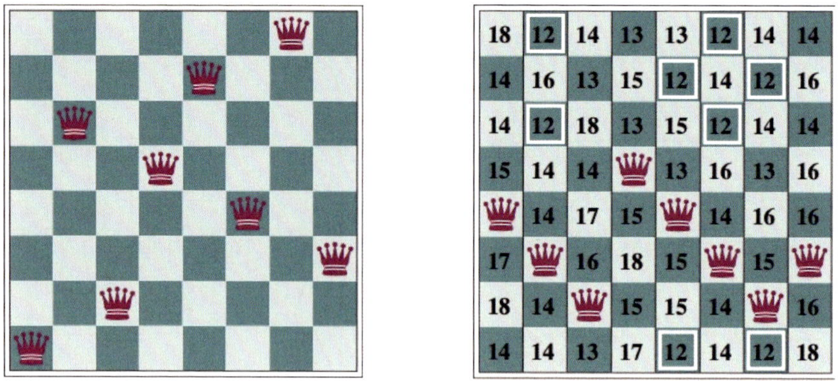

(a) (b)

Abbildung 4.3: (a) Das 8-Damen-Problem: Platziere 8 Damen so auf einem Schachbrett, dass keine Dame eine andere angreift. (Eine Dame greift eine beliebige Figur in derselben Reihe, Spalte oder Diagonale an.) Diese Stellung ist fast eine Lösung, mit Ausnahme der beiden Damen in der vierten und siebten Spalte, die sich gegenseitig entlang der Diagonale angreifen. (b) Ein 8-Damen-Zustand mit heuristischer Kostenschätzung $h = 17$. Das Brett zeigt den Wert von h für jeden möglichen Nachfolger, den man durch das Verschieben einer Dame innerhalb seiner Spalte erhält. Es gibt 8 Züge, die den besten Wert haben, mit $h = 12$. Der Bergsteigeralgorithmus wird einen dieser Züge auswählen.

wohin als Nächstes zu gehen ist. Obwohl Gier als eine der sieben Todsünden gilt, zeigt sich, dass gierige Algorithmen oft recht gut funktionieren. Der Bergsteigeralgorithmus kann schnelle Fortschritte in Richtung einer Lösung machen, weil es normalerweise recht einfach ist, einen schlechten Zustand zu verbessern. Zum Beispiel braucht man vom Zustand in ► Abbildung 4.3 b nur fünf Schritte, um den Zustand in ► Abbildung 4.3 a zu erreichen, der $h = 1$ hat und sehr nahe an einer Lösung ist. Leider kann die Suche aus einem der folgenden Gründe nicht weiterkommen:

- **Lokale Maxima**: Ein lokales Maximum ist ein Hügel, der höher ist als jeder seiner Nachbarzustände, aber niedriger als das globale Maximum. Bergsteigeralgorithmen, die die Nähe eines lokalen Maximums erreichen, werden nach oben in Richtung der Hügelspitze gezogen, bleiben dort aber stecken. ► Abbildung 4.1 veranschaulicht das Problem schematisch. Konkreter gesagt ist der Zustand in ► Abbildung 4.3 a ein lokales Maximum (d. h. ein lokales Minimum für die Kosten h); jeder Zug einer einzelnen Dame verschlimmert die Situation.
- **Bergkämme**: Ein Bergkamm ist in ► Abbildung 4.4 dargestellt. Bergkämme führen zu einer Folge lokaler Maxima, zwischen denen gierige Algorithmen nur sehr schwer navigieren können.
- **Plateaus**: Ein Plateau ist ein flacher Bereich in der Zustandsraumlandschaft. Es kann ein flaches lokales Maximum sein, von dem es keinen Ausgang nach oben gibt, oder eine **Bergschulter**, von der aus ein Fortschritt möglich ist (► Abbildung 4.1). Eine Bergsteigersuche kann sich beim Wandern auf dem Plateau verirren.

In jedem Fall erreicht der Algorithmus einen Punkt, an dem es keinen Fortschritt mehr gibt. Ausgehend von einem zufällig generierten 8-Damen-Zustand bleibt das Bergsteigen mit steilstem Anstieg in 86 % der Fälle stecken und löst nur 14 % der Probleminstanzen. Andererseits arbeitet der Algorithmus schnell und benötigt im Durchschnitt nur 4 Schritte, wenn er erfolgreich ist, und 3, wenn er stecken bleibt – nicht schlecht für einen Zustandsraum mit $8^8 \approx 17$ Millionen Zuständen.

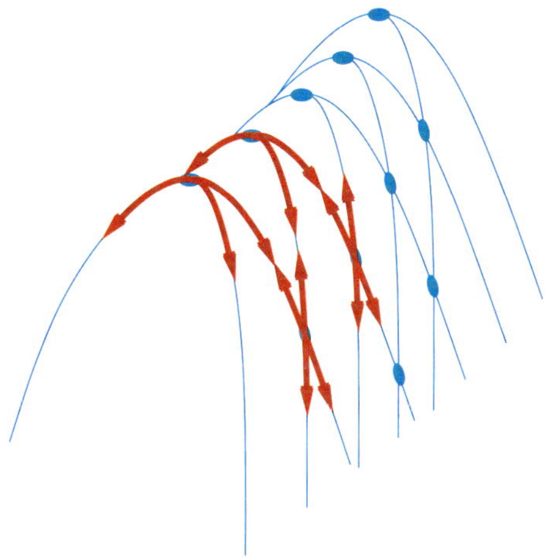

Abbildung 4.4: Illustration, warum Bergkämme Schwierigkeiten beim Bergsteigen verursachen. Das Gitter der Zustände (dunkle Kreise) wird von einem von links nach rechts ansteigenden Bergkamm überlagert, wodurch eine Abfolge von lokalen Maxima entsteht, die nicht direkt miteinander verbunden sind. Von jedem lokalen Maximum aus zeigen alle verfügbaren Aktionen bergab. Solche Topologien sind in niedrigdimensionalen Zustandsräumen üblich, z. B. bei Punkten in einer zweidimensionalen Ebene. Aber in Zustandsräumen mit Hunderten oder Tausenden von Dimensionen gilt dieses intuitive Bild nicht und es gibt in der Regel zumindest ein paar Dimensionen, die es ermöglichen, von Bergkämmen und Plateaus zu entkommen.

Wie könnten wir mehr Probleme lösen? Eine Möglichkeit wäre weiterzugehen, wenn wir ein Plateau erreichen – also eine **Seitwärtsbewegung** zuzulassen, in der Hoffnung, dass das vermeintliche Plateau in Wirklichkeit eine Bergschulter ist, wie in ► Abbildung 4.1 gezeigt. Aber wenn wir uns tatsächlich auf einem flachen lokalen Maximum befinden, dann werden wir bei diesem Ansatz für immer auf dem Plateau umherwandern. Dem können wir begegnen, indem wir die Anzahl der aufeinanderfolgenden Seitwärtsbewegungen begrenzen und z. B. nach 100 aufeinanderfolgenden Seitwärtsbewegungen aufhören. Dadurch erhöht sich der Prozentsatz der durch den Bergsteigeralgorithmus gelösten Problemfälle von 14 % auf 94 %. Doch der Erfolg hat seinen Preis: Der Algorithmus macht im Durchschnitt etwa 21 Schritte für jede erfolgreiche Instanz und 64 für jeden Fehlschlag.

Es wurden viele Varianten des Bergsteigeralgorithmus erfunden. **Stochastisches Bergsteigen** wählt zufällig aus den Aufwärtsbewegungen aus; die Wahrscheinlichkeit der Auswahl kann mit der Steilheit der Aufwärtsbewegung variieren. Dies konvergiert in der Regel langsamer als das steilste Bergsteigen, findet aber in manchen Zustandslandschaften bessere Lösungen. **Bergsteigen mit erster Auswahl** implementiert stochastisches Bergsteigen, indem es zufällig Nachfolger erzeugt, bis einer generiert wird, der besser ist als der aktuelle Zustand. Dies ist eine gute Strategie, wenn ein Zustand viele (z. B. Tausende) Nachfolger hat.

Eine weitere Variante ist **Bergsteigen mit Zufallsstart**, das sich den Spruch zu eigen macht: „Klappt es nicht beim ersten Mal, versuch es noch und noch einmal." Der Algorithmus führt eine Reihe von Bergsteigersuchen von zufällig generierten Anfangszuständen durch, bis ein Ziel gefunden wird. Er ist mit der Wahrscheinlichkeit 1 vollständig, weil er irgendwann einen Zielzustand als Anfangszustand erzeugt. Wenn jede Bergsteigersuche eine Erfolgswahrscheinlichkeit p hat, dann ist die erwartete Anzahl der erforderlichen Neustarts $1/p$. Für 8-Damen-Instanzen, bei denen keine Seitwärtsbewegungen erlaubt sind, ist $p \approx 0{,}14$, wir benötigen also ungefähr 7 Iterationen, um ein Ziel zu finden (6 Fehlschläge und 1 Erfolg). Die erwartete Anzahl von Schritten entspricht den Kosten für eine erfolgreiche Iteration plus $(1-p)/p$-mal die Kosten für einen Fehlschlag, also insgesamt etwa 22 Schritte. Wenn wir Seitwärtszüge zulassen, werden im Durchschnitt $1/0{,}94 \approx 1{,}06$ Iterationen benötigt und $(1 \times 21) +$

$(0{,}06/0{,}94) \times 64 \approx 25$ Schritte. Für das 8-Damen-Problem ist Bergsteigen mit Zufallsstart also tatsächlich sehr effektiv. Selbst für drei Millionen Damen kann der Ansatz Lösungen in Sekunden finden.[1]

Der Erfolg des Bergsteigeralgorithmus hängt sehr stark von der Gestalt der Zustandsraumlandschaft ab: Gibt es nur wenige lokale Maxima und Plateaus, so wird das Bergsteigen mit Zufallsstart sehr schnell eine gute Lösung finden. Andererseits sieht bei vielen realen Problemen die Landschaft eher wie eine Familie fast kahlköpfiger Stachelschweine aus, die auf einem flachen Boden weit verstreut leben – mit jeweils einem Ministachelschwein auf der Spitze jedes Stachelschweinstachels. NP-schwere Probleme (siehe Anhang A) haben typischerweise eine exponentielle Anzahl von lokalen Maxima, an denen sie hängen bleiben können. Trotzdem kann oft nach wenigen Neustarts ein einigermaßen gutes lokales Maximum gefunden werden.

4.1.2 Simulated Annealing

Ein Bergsteigeralgorithmus, der sich niemals „bergabwärts" zu Zuständen mit niedrigerem Wert (oder höheren Kosten) bewegt, ist immer anfällig dafür, in einem lokalen Maximum stecken zu bleiben. Im Gegensatz dazu wird ein rein zufälliges Weitergehen (Random Walk) zu einem Nachfolgezustand ohne Rücksicht auf den Wert irgendwann über das globale Maximum stolpern, ist aber extrem ineffizient. Daher erscheint es sinnvoll zu versuchen, den Bergsteigeralgorithmus mit einem Random Walk auf eine Weise zu kombinieren, die sowohl Effizienz als auch Vollständigkeit bietet.

Simulated Annealing ist solch ein Algorithmus. In der Metallurgie ist **Glühen** (*annealing*) der Prozess, der beim Tempern oder Härten von Metall und Glas eingesetzt wird, indem man diese auf eine hohe Temperatur erhitzt und dann allmählich abkühlt, wodurch das Material einen energiearmen kristallinen Zustand erreicht. Um den Simulated-Annealing-Algorithmus zu erklären, wechseln wir den Blickwinkel vom Bergsteigen zum **Gradientenabstieg** (d. h. Kostenminimierung) und stellen uns vor, wir wollten einen Tischtennisball in die tiefste Spalte einer sehr unebenen Oberfläche bringen. Wenn wir den Ball einfach rollen lassen, wird er an einem lokalen Minimum zur Ruhe kommen. Schütteln wir die Oberfläche, so können wir den Ball aus dem lokalen Minimum herausspringen lassen – vielleicht in ein tieferes lokales Minimum, wo er länger bleibt. Der Trick besteht darin, gerade stark genug zu schütteln, um den Ball aus den lokalen Minima herauszuholen, aber nicht so stark, um ihn aus dem globalen Minimum zu verdrängen. Die Lösung bei Simulated Annealing besteht darin, zunächst kräftig zu schütteln (vergleichbar mit einer hohen Temperatur) und dann die Intensität des Schüttelns allmählich zu verringern (also die Temperatur zu senken).

Die allgemeine Struktur des Simulated-Annealing-Algorithmus (► Abbildung 4.5) ähnelt dem Bergsteigen. Anstatt jedoch den *besten* Zug auszuwählen, wählt man einen *zufälligen* Zug aus. Wenn der Zug die Situation verbessert, wird er immer akzeptiert. Andernfalls akzeptiert der Algorithmus den Zug mit einer Wahrscheinlichkeit kleiner 1. Die Wahrscheinlichkeit nimmt exponentiell mit der „Schlechtigkeit" der Bewegung ab – der Betrag ΔE, um den sich die Evaluation verschlechtert. Die Wahrscheinlichkeit sinkt auch, wenn die „Temperatur" T sinkt: „Schlechte" Züge werden zu Beginn eher zugelassen, wenn T hoch ist, und sie werden unwahrscheinlicher, wenn T abnimmt. Wenn der Zeitplan (im Algorithmus die Eingabe *schedule*) den Wert von T langsam genug auf 0 absenkt, dann ist eine Eigenschaft der Boltzmann-Verteilung $e^{\Delta E/T}$, dass sich die gesamte Wahrscheinlichkeit auf die globalen Maxima konzentriert, die der Algorithmus mit einer Wahrscheinlichkeit von annähernd 1 finden wird.

1 Luby *et al.* (1993) schlagen vor, nach einer festen Anzahl von Schritten neu zu starten, und zeigen, dass dies *viel* effizienter sein kann, als jede Suche unendlich fortzusetzen.

```
function SIMULATED-ANNEALING(problem, schedule) returns einen Lösungszustand
  current ← problem.INITIAL
  for t = 1 to ∞ do
     T ← schedule(t)
     if T = 0 then return current
     next ← ein zufällig ausgewählter Nachfolger von current
     ΔE ← VALUE(current) – VALUE(next)
     if ΔE > 0 then current ← next
     else current ← next nur mit Wahrscheinlichkeit e^(ΔE/T)
```

Abbildung 4.5: Der Simulated-Annealing-Algorithmus ist eine Version des stochastischen Bergsteigens, bei dem einige Abwärtsbewegungen erlaubt sind. Die Eingabe *schedule* bestimmt den Wert der „Temperatur" T als Funktion der Zeit.

Der Simulated-Annealing-Algorithmus wurde seit den 1980er Jahren zur Lösung von VLSI-Layoutproblemen angewandt. Er wurde in großem Umfang für die Planung von Fabriken und für andere große Optimierungsaufgaben eingesetzt.

4.1.3 Lokale Strahlsuche

Nur einen Knoten im Speicher zu halten, scheint eine extreme Reaktion auf das Problem der Speicherbegrenzung zu sein. Der Algorithmus der **lokalen Strahlsuche** verwaltet nicht nur einen, sondern k Zustände. Er beginnt mit k zufällig erzeugten Zuständen. Bei jedem Schritt werden alle Nachfolger aller k Zustände erzeugt. Ist einer davon ein Ziel, hält der Algorithmus an. Andernfalls wählt er die k besten Nachfolger aus der vollständigen Liste aus und wiederholt den Vorgang.

Auf den ersten Blick scheint eine lokale Strahlsuche mit k Zuständen nichts anderes zu sein, als k Zufallsstarts parallel statt nacheinander auszuführen. Tatsächlich sind die beiden Algorithmen aber recht unterschiedlich. Bei einer Suche mit Zufallsstarts läuft jeder Suchprozess unabhängig von den anderen. *Bei einer lokalen Strahlsuche werden nützliche Informationen zwischen den parallelen Such-Threads weitergegeben.* In der Tat senden die Zustände, die die besten Nachfolger erzeugen, den anderen die Nachricht: „Kommt hierher, hier ist das Gras grüner!" Der Algorithmus gibt fruchtlose Suchen schnell auf und verlagert seine Ressourcen dorthin, wo der größte Fortschritt erzielt wird.

Die lokale Strahlsuche kann unter einem Mangel an Diversität unter den k Zuständen leiden – sie können in einem kleinen Bereich des Zustandsraums Cluster bilden, wodurch die Suche kaum mehr als eine k-mal langsamere Version des Bergsteigeralgorithmus ist. Eine Variante, die analog zum stochastischen Bergsteigeralgorithmus **stochastische Strahlsuche** heißt, kann dieses Problem entschärfen. Anstatt die besten k Nachfolger zu wählen, sucht die stochastische Strahlsuche Nachfolger mit einer Wahrscheinlichkeit aus, die proportional zum Wert des Nachfolgers ist, womit man eine größere Diversität erhält.

4.1.4 Evolutionäre Algorithmen

Evolutionäre Algorithmen können als Varianten der stochastischen Strahlsuche gesehen werden, die explizit durch das Bild der natürlichen Selektion in der Biologie motiviert sind: Es gibt eine Population von Individuen (Zuständen), in der die fittesten (höchstwertigen) Individuen Nachkommen (Nachfolgezustände) produzieren, die die nächste Generation bilden – ein Prozess, der **Rekombination** genannt wird. Es gibt unendlich viele Formen von evolutionären Algorithmen, die sich in den folgenden Punkten unterscheiden:

- Die Größe der Bevölkerung.
- Die Darstellung jedes Individuums. In **genetischen Algorithmen** ist jedes Individuum eine Zeichenkette über einem endlichen Alphabet (oft eine boolesche Zeichenkette), so wie die DNA eine Zeichenkette über dem Alphabet **ACGT** ist. Bei **Evolutionsstrategien** ist ein Individuum eine Folge von reellen Zahlen und bei der **genetischen Programmierung** ist ein Computerprogramm das Individuum.
- Der Rekombinationsparameter ρ, der die Anzahl der Eltern angibt, die zur Bildung des Nachwuchs zusammenkommen. Der häufigste Fall ist $\rho = 2$: Zwei Elternteile kombinieren ihre „Gene“ (Teile ihrer Darstellung), um Nachkommen zu bilden. Wenn $\rho = 1$ ist, haben wir eine stochastische Strahlsuche (die als ungeschlechtliche Fortpflanzung angesehen werden kann). $\rho > 2$ ist möglich und kommt in der Natur nur selten vor, doch kann leicht auf Computern simuliert werden.
- Der **Selektionsprozess** zur Auswahl der Individuen, die die Eltern der nächsten Generation werden. Eine Möglichkeit ist, aus allen Individuen mit einer Wahrscheinlichkeit proportional zu ihrem Fitnesswert auszuwählen. Eine andere Möglichkeit ist, n zufällig auszuwählen ($n > \rho$) und dann die ρ fittesten als Eltern auszuwählen.
- Die Rekombination. Ein gängiger Ansatz (unter der Annahme von $\rho = 2$) ist die zufällige Auswahl eines **Crossover-Punkts**, an dem beide Elternzeichenketten jeweils geteilt werden, die Rekombination der Teile bildet zwei Kinder – eines bekommt den ersten Teil von Elternteil 1 und den zweiten Teil von Elternteil 2, das andere den zweiten Teil von Elternteil 1 und den ersten Teil von Elternteil 2.
- Die **Mutationsrate**, die bestimmt, wie oft Nachkommen zufällige Mutationen in ihrer Darstellung besitzen. Sobald ein Nachkomme erzeugt wurde, wird jedes Bit in seiner Zusammensetzung mit einer Wahrscheinlichkeit umgedreht, die der Mutationsrate entspricht.
- Die Zusammensetzung der nächsten Generation. Diese kann nur aus den neu gebildeten Nachkommen bestehen, oder sie kann einige Eltern mit den besten Ergebnissen aus der vorherigen Generation enthalten (eine Praxis, die als **Elitismus** bezeichnet wird und die garantiert, dass die Gesamtfitness im Laufe der Zeit niemals abnimmt). Die Praxis des **Keulens**, bei der alle Individuen unterhalb eines bestimmten Schwellenwerts aussortiert werden, kann zu einer Beschleunigung führen (Baum *et al.*, 1995).

EXKURS – EVOLUTION UND SUCHE

Die **Evolutionstheorie** wurde von Charles Darwin in *On the Origin of Species by Means of Natural Selection* (1859) und unabhängig davon von Alfred Russel Wallace (1859) entwickelt. Das zentrale Konzept ist einfach: Variationen treten bei der Reproduktion auf und werden in aufeinanderfolgenden Generationen annähernd proportional ihrer Auswirkung auf die reproduktive Fitness beibehalten.

Darwin entwickelte seine Theorie, ohne zu wissen, wie die Eigenschaften von Organismen vererbt und verändert werden können. Die probabilistischen Gesetze, denen diese Prozesse unterliegen, wurden erstmals von Gregor Mendel (1866) identifiziert, einem Mönch, der mit Erbsen experimentierte. Viel später identifizierten Watson und Crick (1953) die Struktur des DNA-Moleküls sowie sein Alphabet, AGTC (Adenin, Guanin, Thymin, Cytosin). Im Standardmodell erfolgt die Variation sowohl durch Punktmutationen in der Buchstabenfolge als auch durch „Crossover" (wobei die DNA eines Nachkommens durch die Kombination langer DNA-Abschnitte jedes Elternteils erzeugt wird).

Die Analogie zu lokalen Suchalgorithmen wurde bereits beschrieben; der Hauptunterschied zwischen der stochastischen Strahlsuche und der Evolution ist die Verwendung der *sexuellen* Fortpflanzung, bei der Nachfolger aus *mehreren* Individuen und nicht nur aus einem erzeugt werden. Die tatsächlichen Mechanismen der Evolution sind jedoch weitaus vielfältiger, als es die meisten genetischen Algorithmen erlauben. Zum Beispiel können Mutationen Umkehrungen, Duplikationen und Verschiebungen großer DNA-Abschnitte beinhalten; einige Viren leihen sich DNA von einem Organismus und fügen sie in einen anderen ein; und es gibt transponierbare Gene, die nichts anderes tun, als sich selbst viele Tausend Mal innerhalb des Genoms zu kopieren.

Es gibt sogar Gene, die Zellen von potenziellen Partnern vergiften, die das Gen nicht tragen, und so ihre eigenen Chancen auf Replikation erhöhen. Am wichtigsten ist die Tatsache, dass die *Gene selbst die Mechanismen codieren*, mit denen das Genom reproduziert und in einen Organismus übersetzt wird. Bei genetischen Algorithmen sind diese Mechanismen ein separates Programm, das nicht in den zu manipulierenden Zeichenketten enthalten ist.

Die darwinsche Evolution mag ineffizient erscheinen, da sie blindlings etwa 10^{43} Organismen hervorgebracht hat, ohne ihre Suchheuristik auch nur ein Jota zu verbessern. Doch tatsächlich spielt Lernen in der Evolution eine Rolle. Auch wenn der ansonsten große französische Naturforscher Jean Lamarck (1809) mit seiner Vorstellung falsch lag, dass Eigenschaften, die ein Organismus während seines Lebens durch Anpassung erwirbt, an seine Nachkommen weitergegeben werden, ist die oberflächlich betrachtet ähnliche Theorie von James Baldwin (1896) korrekt: Lernen kann die Fitnesslandschaft effektiv entspannen, was zu einer Beschleunigung der Evolutionsrate führt. Ein Organismus, der ein Merkmal hat, das für seine Umwelt nicht ganz adaptiv ist, wird das Merkmal weitergeben, wenn er auch über genügend Plastizität verfügt, um zu lernen, sich an die Umwelt in einer Weise anzupassen, die vorteilhaft ist. Computersimulationen (Hinton und Nowlan, 1987) bestätigen, dass es diesen **Baldwin-Effekt** wirklich gibt und dass eine Folge davon ist, dass Dinge, die schwer zu lernen sind, im Genom landen, aber Dinge, die leicht zu lernen sind, dort nicht gespeichert werden müssen (Morgan und Griffiths, 2015).

► Abbildung 4.6 a zeigt eine Population von vier 8-stelligen Zeichenketten, die jeweils einen Zustand des 8-Damen-Problems repräsentieren: die c-te Ziffer steht für die Zeilennummer der Dame in Spalte c. In ► Abbildung 4.6 b wird jeder Zustand durch die Fitnessfunktion bewertet. Höhere Fitnesswerte sind besser, also für das 8-Damen-Problem verwenden wir die Anzahl der *nicht angreifenden* Damenpaare, die einen Wert von $8 \times 7/2 = 28$ für eine Lösung hat. Die Werte der vier Zustände in ► Abbildung 4.6 b sind 24, 23, 20 und 11. Die Fitnesswerte werden dann auf Wahrscheinlichkeiten normiert und die resultierenden Werte sind neben den Fitnesswerten in ► Abbildung 4.6 b angegeben.

In ► Abbildung 4.6 c werden zwei Elternpaare ausgewählt, entsprechend den Wahrscheinlichkeiten in ► Abbildung 4.6 b. Beachten Sie, dass ein Individuum zweimal und eines überhaupt nicht ausgewählt wird. Für jedes ausgewählte Paar wird ein Crossover-Punkt (gepunktete Linie) zufällig ausgewählt. In ► Abbildung 4.6 d werden die Elternzeichenketten an den Crossover-Punkten überkreuzt, wodurch neue Nachkommen entstehen. Zum Beispiel erhält das erste Kind des ersten Paares die ersten drei Ziffern (327) vom ersten Elternteil und die

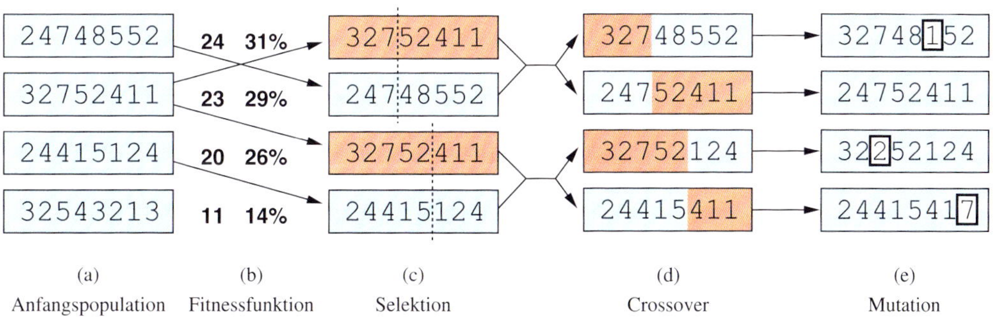

Abbildung 4.6: Ein genetischer Algorithmus, dargestellt für Ziffernfolgen, die 8-Damen-Zustände repräsentieren. Die Anfangspopulation in (a) wird durch eine Fitnessfunktion in (b) geordnet, woraus sich die Paare in (c) ergeben. Diese produzieren Nachkommen in (d), die in (e) einer Mutation unterzogen werden.

Abbildung 4.7: Die 8-Damen-Zustände, die den ersten beiden Eltern in Abbildung 4.6 c und dem ersten Nachkommen in Abbildung 4.6 d entsprechen. Die grünen Spalten gehen im Crossover-Schritt verloren und die roten Spalten werden beibehalten. (Zur Interpretation der Zahlen in Abbildung 4.6: Reihe 1 ist die untere Reihe und 8 ist die obere Reihe.)

restlichen Ziffern (48552) vom zweiten Elternteil. Die 8-Damen-Zustände, die an diesem Rekombinationsschritt beteiligt sind, sind in ► Abbildung 4.7 dargestellt.

Schließlich wird in ► Abbildung 4.6 e jede Stelle in jeder Zeichenfolge einer zufälligen Mutation mit einer kleinen unabhängigen Wahrscheinlichkeit unterzogen. In der ersten, dritten und vierten Nachkommenschaft wurde jeweils eine Stelle mutiert. Beim 8-Damen-Problem entspricht dies der zufälligen Auswahl einer Dame und deren Verschiebung auf ein zufälliges Feld in ihrer Spalte. Es kommt oft vor, dass die Population anfangs vielfältig ist, sodass Crossover zu Beginn des Suchprozesses häufig große Schritte im Zustandsraum macht (wie bei Simulated Annealing). Nach vielen Generationen der Selektion in Richtung höherer Fitness wird die Population weniger divers und kleinere Schritte sind typisch. ► Abbildung 4.8 beschreibt einen Algorithmus, der all diese Schritte implementiert.

Genetische Algorithmen ähneln der stochastischen Strahlsuche, jedoch mit dem Zusatz der Crossover-Operation. Diese ist vorteilhaft, wenn es Blöcke gibt, die nützliche Funktionen ausführen. Zum Beispiel könnte es sein, dass das Setzen der ersten drei Damen auf die Positionen 2, 4 und 6 (wo sie sich nicht gegenseitig angreifen) einen nützlichen Block darstellt, der mit anderen nützlichen Blöcken, die in anderen Individuen erscheinen, kombiniert wer-

```
function GENETIC-ALGORITHM(population, fitness) returns ein Individuum
  repeat
     weights ← WEIGHTED-BY(population, fitness)
     population2 ← leere Liste
     for i = 1 to SIZE(population) do
        parent1, parent2 ← WEIGHTED-RANDOM-CHOICES(population, weights, 2)
        child ← REPRODUCE(parent1, parent2)
        if (kleine Zufallswahrscheinlichkeit) then child ← MUTATE(child)
        füge child zu population2 hinzu
     population ← population2
  until ein Individuum ist fit genug oder es ist ausreichend Zeit verstrichen
  return das beste Individuum in population gemäß fitness

function REPRODUCE(parent1, parent2) returns ein Individuum
  n ← LENGTH(parent1)
  c ← zufällige Zahl von 1 bis n
  return APPEND(SUBSTRING(parent1, 1, c), SUBSTRING(parent2, c + 1, n))
```

Abbildung 4.8: Ein genetischer Algorithmus. Innerhalb der Funktion ist *population* eine geordnete Liste von Individuen, *weights* ist eine Liste entsprechender Fitnesswerte für jedes Individuum und *fitness* ist eine Funktion zur Berechnung dieser Werte.

den kann, um eine Lösung zu konstruieren. Es kann mathematisch gezeigt werden, dass, wenn die Blöcke keinen Zweck erfüllen – zum Beispiel, wenn die Positionen des genetischen Codes zufällig vertauscht sind –, Crossover keinen Vorteil bringt.

Wie das funktioniert, erklärt die Theorie der genetischen Algorithmen mithilfe eines **Schemas** – eine Teilzeichenkette, in der einige der Positionen unspezifiziert bleiben können. Zum Beispiel beschreibt das Schema 246***** alle 8-Damen-Zustände, bei denen sich die ersten drei Damen auf den Positionen 2, 4 bzw. 6 befinden. Zeichenketten, die dem Schema entsprechen (z. B. 24613578), werden als **Instanzen** des Schemas bezeichnet. Man kann zeigen: Wenn die durchschnittliche Fitness der Instanzen eines Schemas über dem Mittelwert liegt, dann nimmt die Anzahl der Instanzen des Schemas mit der Zeit zu.

Natürlich ist dieser Effekt unwahrscheinlich, wenn benachbarte Bits keine Verbindung untereinander haben, weil es dann nur wenige zusammenhängende Blöcke gibt, die einen konsistenten Nutzen bieten. Genetische Algorithmen funktionieren am besten, wenn die Schemas sinnvollen Komponenten einer Lösung entsprechen. Ist der String z. B. die Darstellung einer Antenne, dann können die Schemas Komponenten der Antenne darstellen, wie Reflektoren und Deflektoren. Eine gute Komponente ist wahrscheinlich in vielen verschiedenen Designs gut. Dies deutet darauf hin, dass der erfolgreiche Einsatz von genetischen Algorithmen eine sorgfältige Planung der Darstellung erfordert.

In der Praxis haben genetische Algorithmen ihren Platz in der breiten Landschaft der Optimierungsmethoden (Marler und Arora, 2004), insbesondere für komplex strukturierte Probleme wie das Layout von Schaltkreisen oder Produktionsablaufplanung sowie in jüngerer Zeit für die Weiterentwicklung der Architektur tiefer neuronaler Netze (Miikkulainen *et al.*, 2019). Es ist nicht klar, wie viel von der Attraktivität genetischer Algorithmen aus ihrer Überlegenheit bei bestimmten Aufgaben resultiert und wie viel aus der reizvollen Anlehnung an die Evolutionstheorie.

4.2 Lokale Suche in stetigen Räumen

In Kapitel 2 haben wir den Unterschied zwischen diskreten und stetigen Umgebungen erklärt und darauf hingewiesen, dass die meisten realen Umgebungen stetig sind. Ein stetiger Aktionsraum hat einen unendlichen Verzweigungsfaktor und kann daher von den meisten Algorithmen, die wir uns bisher angesehen haben, nicht behandelt werden (mit Ausnahme von Bergsteigen mit erster Auswahl und Simulated Annealing).

Dieser Abschnitt bietet eine *sehr kurze* Einführung in einige lokale Suchtechniken für stetige Räume. Die Literatur zu diesem Thema ist umfangreich; viele der grundlegenden Techniken stammen aus dem 17. Jahrhundert, nach der Entwicklung des Kalküls durch Newton und Leibniz.[2] Wir werden an mehreren Stellen in diesem Buch Anwendungen für diese Techniken finden, unter anderem in den Kapiteln über Lernen, Vision und Robotik.

Wir beginnen mit einem Beispiel. Nehmen wir an, wir wollen drei neue Flughäfen irgendwo in Rumänien bauen, sodass die Summe der quadrierten Luftlinien von jeder Stadt auf der Karte zum nächstgelegenen Flughafen so klein wie möglich ist (siehe Karte von Rumänien in ► Abbildung 3.1). Der Zustandsraum ist dann durch die Koordinaten der drei Flughäfen definiert: (x_1, y_1), (x_2, y_2) und (x_3, y_3). Dies ist ein *sechsdimensionaler* Raum; wir sagen auch, dass die Zustände durch sechs **Variablen** definiert sind. Im Allgemeinen werden Zustände durch einen n-dimensionalen Vektor von Variablen, $\mathbf{x}$, definiert. Eine Bewegung in diesem Raum entspricht der Verschiebung eines oder mehrerer Flughäfen auf der Karte. Die Zielfunktion $f(\mathbf{x}) = f(x_1, y_1, x_2, y_2, x_3, y_3)$ ist für jeden beliebigen Zustand relativ einfach zu berechnen, sobald wir den Einzugsbereich jedes Flughafens i berechnet haben, also sei die Menge C_i der

2 Kenntnisse über Vektoren, Matrizen und Ableitungen sind für diesen Abschnitt nützlich (siehe Anhang A).

Städte, deren nächstgelegener Flughafen (im Zustand **x**) der Flughafen i ist. Dann gilt:

$$f(\mathbf{x}) = f(x_1, y_1, x_2, y_2, x_3, y_3) = \sum_{i=1}^{3} \sum_{c=(x_c, y_c) \in C_i} (x_i - x_c)^2 + (y_i - y_c)^2 \qquad (4.1)$$

Diese Gleichung ist nicht nur für den Zustand **x** korrekt, sondern auch für Zustände in der lokalen Nachbarschaft von **x**. Sie ist jedoch nicht global korrekt; wenn wir uns zu weit von **x** entfernen (indem wir die Lage eines oder mehrerer Flughäfen um einen großen Betrag ändern), dann ändert sich der Einzugsbereich für diesen Flughafen und wir müssen C_i neu berechnen.

Eine Möglichkeit, mit einem stetigen Zustandsraum umzugehen, besteht darin, ihn zu **diskretisieren**. Anstatt z. B. zuzulassen, dass die (x_i, y_i)-Positionen beliebige Punkte im stetigen zweidimensionalen Raum sind, könnten wir sie auf feste Punkte auf einem rechteckigen Gitter mit einem Abstand der Größe δ beschränken. Statt einer unendlichen Anzahl von Nachfolgern hätte dann jeder Zustand im Raum nur 12 Nachfolger, was der Inkrementierung bzw. Dekrementierung einer der 6 Variablen um $\pm\delta$ entspricht. Wir können dann jeden unserer lokalen Suchalgorithmen auf diesen diskreten Raum anwenden. Alternativ könnten wir den Verzweigungsfaktor endlich machen und die Nachfolgezustände zufällig abtasten, indem wir uns in einer zufälligen Richtung um einen kleinen Betrag δ bewegen. Methoden, die den Fortschritt anhand der Änderung des Werts der Zielfunktion zwischen zwei nahe gelegenen Punkten messen, werden **empirische Gradientenmethoden** genannt. Empirische Gradientensuche ist dasselbe wie das Bergsteigen mit steilstem Anstieg in einer diskretisierten Version des Zustandsraums. Das Verringern des Werts von δ im Laufe der Zeit kann zu einer genaueren Lösung führen, konvergiert aber im Grenzfall nicht unbedingt zu einem globalen Optimum.

Oft haben wir eine Zielfunktion, die in einer mathematischen Formel ausgedrückt ist, sodass wir die Infinitesimalrechnung verwenden können, um das Problem analytisch und nicht empirisch zu lösen. Viele Methoden versuchen, mithilfe des **Gradienten** der Landschaft ein Maximum zu finden. Der Gradient der Zielfunktion ist ein Vektor ∇f, der die Größe und Richtung der steilsten Steigung angibt. Für unser Problem erhalten wir:

$$\nabla f = \left(\frac{\partial f}{\partial x_1}, \frac{\partial f}{\partial y_1}, \frac{\partial f}{\partial x_2}, \frac{\partial f}{\partial y_2}, \frac{\partial f}{\partial x_3}, \frac{\partial f}{\partial y_3} \right)$$

In einigen Fällen können wir ein Maximum finden, indem wir die Gleichung $\nabla f = 0$ lösen (z. B. indem wir nur einen Flughafen bauen – die Lösung ist das arithmetische Mittel der Koordinaten aller Städte). In vielen Fällen kann diese Gleichung jedoch nicht in geschlossener Form gelöst werden. Zum Beispiel hängt bei drei Flughäfen der Ausdruck für den Gradienten davon ab, welche Städte im aktuellen Zustand jedem Flughafen am nächsten liegen. Das bedeutet, wir können den Gradienten *lokal* berechnen (aber nicht *global*); zum Beispiel:

$$\frac{\partial f}{\partial x_1} = 2 \sum_{c \in C_1} (x_1 - x_c) \qquad (4.2)$$

Bei einem lokal korrekten Ausdruck für den Gradienten können wir Bergsteigen mit steilsten Anstieg durchführen, indem wir den aktuellen Zustand gemäß der folgenden Formel aktualisieren:

$$\mathbf{x} \leftarrow \mathbf{x} + \alpha \nabla f(\mathbf{x}) ,$$

wobei α eine kleine Konstante ist, die häufig als **Schrittweite** bezeichnet wird. Es gibt eine Vielzahl von Methoden zur Anpassung von α. Das Grundproblem ist: Wenn α zu klein ist, werden zu viele Schritte benötigt; wenn α zu groß ist, könnte die Suche über das Maximum hinausgehen. Die Technik der **Zeilensuche** versucht, dieses Dilemma zu überwinden, indem sie die aktuelle Gradientenrichtung so lange verlängert – in der Regel durch wiederholtes Verdoppeln von α –, bis f wieder zu sinken beginnt. Der Punkt, an dem dies geschieht, wird der neue aktuelle Zustand. Es gibt verschiedene Lehrmeinungen darüber, wie die neue Richtung an diesem Punkt gewählt werden sollte.

Für viele Probleme ist der effektivste Algorithmus das altehrwürdige **Newton-Raphson**-Verfahren. Dabei handelt es sich um ein allgemeines Verfahren zum Auffinden der Nullstellen von Funktionen, d. h. zum Lösen von Gleichungen der Form $g(x) = 0$. Es funktioniert, indem eine neue Näherung für die Nullstelle x gemäß der Newton-Formel berechnet wird:

$$x \leftarrow x - g(x)/g'(x)$$

Um ein Maximum oder Minimum von f zu finden, müssen wir $\mathbf{x}$ finden, sodass der *Gradient* ein Nullvektor ist (d. h. $\nabla f(\mathbf{x}) = \mathbf{0}$). Somit wird $g(x)$ in der Newton-Formel zu $\nabla f(\mathbf{x})$ und die aktualisierte Gleichung kann in Matrix-Vektor-Form geschrieben werden als

$$\mathbf{x} \leftarrow \mathbf{x} - \mathbf{H}_f^{-1}(\mathbf{x})\nabla f(\mathbf{x}) ,$$

wobei $\mathbf{H}_f(\mathbf{x})$ die **Hesse-Matrix** der zweiten Ableitungen ist, deren Elemente H_{ij} durch $\partial^2 f/\partial x_i \partial x_j$ gegeben sind. Für unser Flughafenbeispiel können wir aus Gleichung (4.2) ersehen, dass $\mathbf{H}_f(\mathbf{x})$ besonders einfach ist: Die Elemente, die nicht auf der Diagonalen liegen, sind null und die Diagonalelemente für Flughafen i sind gerade die doppelte Anzahl der Städte in C_i. Eine schnelle Berechnung zeigt, dass ein Schritt der Aktualisierung den Flughafen i direkt auf den Mittelpunkt von C_i, der das Minimum des lokalen Ausdrucks für f aus Gleichung (4.1) ist.[3] Für mehrdimensionale Probleme kann die Berechnung und Invertierung der n^2 Einträge der Hesse-Matrix jedoch teuer sein, daher wurde viele Näherungsversionen des Newton-Raphson-Verfahrens entwickelt.

Lokale Suchmethoden leiden unter lokalen Maxima, Bergkämmen und Plateaus in stetigen Zustandsräumen genauso wie in diskreten Räumen. Zufallsstarts und Simulated Annealing sind oft hilfreich. Mehrdimensionale stetige Räume sind jedoch große Orte, in denen man sich sehr leicht verirren kann.

Ein letztes Thema ist die **beschränkte Optimierung**. Ein Optimierungsproblem ist beschränkt, wenn die Lösungen einige strenge Einschränkungen für die Werte der Variablen erfüllen müssen. Bei unserem Problem der Standortwahl für einen Flughafen könnten wir z. B. festlegen, dass die Standorte innerhalb Rumäniens und auf dem Festland liegen müssen (und nicht inmitten eines Sees). Die Schwierigkeit von beschränkten Optimierungsproblemen hängt von der Art der Beschränkungen und der Zielfunktion ab. Die bekannteste Kategorie sind Probleme der **linearen Programmierung**, bei denen die Nebenbedingungen lineare Ungleichungen sein müssen, die eine **konvexe Menge**[4] bilden und deren Zielfunktion ebenfalls linear ist. Die Zeitkomplexität der linearen Programmierung ist polynomiell zur Anzahl der Variablen.

Die lineare Programmierung ist wahrscheinlich die am meisten untersuchte und am weitesten verbreitete Methode zur Optimierung. Sie ist ein Spezialfall des allgemeineren Problems der **konvexen Optimierung**, bei der der eingeschränkte Bereich ein beliebiger konvexer Bereich und das Ziel eine beliebige Funktion sein kann, die innerhalb des beschränkten Bereichs konvex ist. Unter bestimmten Bedingungen sind konvexe Optimierungsprobleme auch polynomiell lösbar und können in der Praxis mit Tausenden von Variablen handhabbar sein. Mehrere wichtige Probleme des maschinellen Lernens und der Kontrolltheorie können als konvexe Optimierungsprobleme formuliert werden (siehe Kapitel 20).

3 Im Allgemeinen kann die Newton-Raphson-Aktualisierung als Anpassung einer quadratischen Fläche an f bei $\mathbf{x}$ betrachtet werden, die dann direkt zum Minimum dieser Fläche verschoben wird – die auch das Minimum von f ist, falls f quadratisch ist.

4 Eine Menge von Punkten $\mathcal{S}$ ist konvex, wenn die Gerade, die zwei beliebige Punkt in $\mathcal{S}$ verbindet, ebenfalls in $\mathcal{S}$ enthalten ist. Eine **konvexe Funktion** ist eine Funktion, für die der Raum „über" ihr eine konvexe Menge bildet; per Definition haben konvexe Funktionen keine lokalen (im Gegensatz zu globalen) Minima.

4.3 Suche mit nichtdeterministischen Aktionen

In Kapitel 3 sind wir von einer vollständig beobachtbaren, deterministischen, bekannten Umgebung ausgegangen. Daher kann ein Agent den Anfangszustand beobachten, eine Folge von Aktionen berechnen, die das Ziel erreichen, und die Aktionen mit „geschlossenen Augen“ ausführen, ohne dass er seine Perzepte benutzen muss.

Ist die Umgebung jedoch teilweise beobachtbar, dann weiß der Agent nicht mit Sicherheit, in welchem Zustand er sich befindet; und wenn die Umgebung nichtdeterministisch ist, weiß der Agent nicht, in welchen Zustand er übergeht, nachdem er eine Aktion ausgeführt hat. Das bedeutet, dass ein Agent nicht mehr denkt: „Ich bin im Zustand s_1 und wenn ich Aktion a ausführe, komme ich in den Zustand s_2“, sondern: „Ich bin entweder im Zustand s_1 oder s_3, und wenn ich Aktion a ausführe, komme ich in den Zustand s_2, s_4 oder s_5.“ Wir nennen eine Menge von physikalischen Zuständen, von denen der Agent glaubt, dass sie möglich sind, einen **Wissenszustand** (*Belief State*).[5]

In teilweise beobachtbaren und nichtdeterministischen Umgebungen ist die Lösung eines Problems nicht mehr eine Sequenz, sondern ein **bedingter Plan** (manchmal auch als Eventualplan oder situative Strategie bezeichnet), der konkrete Handlungsanweisungen gibt in Abhängigkeit der Perzepte, die der Agent während der Ausführung des Plans erhält. Wir untersuchen den Nichtdeterminismus in diesem und die teilweise Beobachtbarkeit im nächsten Abschnitt.

4.3.1 Die erratische Staubsaugerwelt

Die Staubsaugerwelt aus Kapitel 2 hat acht Zustände, wie in ► Abbildung 4.9 gezeigt. Es gibt drei Aktionen – *Rechts*, *Links* und *Saugen* – und das Ziel ist es, den gesamten Schmutz aufzusaugen (Zustände 7 und 8). Ist die Umgebung vollständig beobachtbar, deterministisch und vollständig bekannt, so kann das Problem mit jedem der Algorithmen in Kapitel 3 gelöst werden und die Lösung ist eine Aktionsfolge. Wenn zum Beispiel der Anfangszustand 1 ist, dann wird die Aktionsfolge [*Saugen*, *Rechts*, *Saugen*] den Zielzustand 8 erreichen.

Nehmen wir nun an, wir führen Nichtdeterminismus in Form eines leistungsstarken, aber unberechenbaren Staubsaugers ein. In der unberechenbaren oder **erratischen Staubsaugerwelt** funktioniert die Aktion *Saugen* wie folgt:

- Wird die Aktion auf ein schmutziges Feld angewandt, dann wird das Feld gereinigt und manchmal wird auch der Schmutz in einem angrenzenden Feld entfernt.
- Wird die Aktion auf ein sauberes Feld angewandt, dann wird manchmal Schmutz auf den Teppich gestreut.[6]

Um eine präzise Formulierung dieses Problems zu erhalten, müssen wir den Begriff des **Transitionsmodells** aus Kapitel 3 verallgemeinern. Anstatt das Transitionsmodell durch eine RESULT-Funktion zu definieren, die einen einzelnen Ergebniszustand zurückgibt, verwenden wir eine RESULT-Funktion, die einen Satz von möglichen Ergebniszuständen ausgibt. In der erratischen Staubsaugerwelt zum Beispiel reinigt die Aktion *Saugen* im Zustand 1 entweder nur die aktuelle Position oder beide Positionen:

$$\text{RESULTS}(1, \mathit{Saugen}) = \{5, 7\}$$

5 Anm. zur Übersetzung: Das englische *belief* ist stärker als das deutsche „Glauben“ und bedeutet hier „Überzeugung“. Eine passende deutsche Übersetzung ist „subjektives Wissen“.

6 Wir gehen davon aus, dass die meisten Leser mit ähnlichen Problemen konfrontiert sind und mit unserem Agenten mitfühlen können. Wir entschuldigen uns bei Besitzern von modernen, effizienten Reinigungsgeräten, die diese didaktische Methode nicht für sich nutzen können.

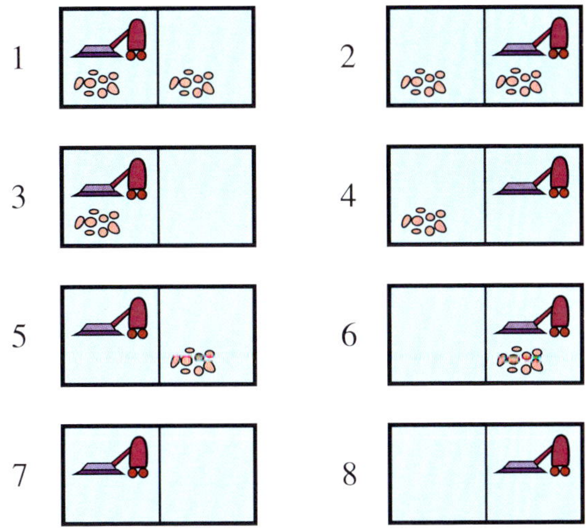

Abbildung 4.9: Die acht möglichen Zustände der Staubsaugerwelt; die Zustände 7 und 8 sind Zielzustände.

Wenn wir in Zustand 1 beginnen, gibt es keine einzelne *Folge* von Aktionen, die das Problem löst, doch der folgende **bedingte Plan** bringt eine Lösung:

$$[\mathit{Saugen}, \textbf{if } \mathit{State} = 5 \textbf{ then } [\mathit{Rechts}, \mathit{Saugen}] \textbf{ else } [\,]] \qquad (4.3)$$

Hier sehen wir, dass ein bedingter Plan **if-then-else**-Schritte enthalten kann; das bedeutet, dass Lösungen eher *Bäume* als Folgen sind. In diesem Fall testet die Bedingung in der **if**-Anweisung, welches der aktuelle Zustand ist – dies ist etwas, was der Agent zur Laufzeit beobachten kann, aber zur Planungszeit nicht weiß. Alternativ hätten wir auch eine Formulierung haben können, die das Perzept und nicht den Zustand testet. Viele Probleme in der realen, physikalischen Welt sind situative Probleme, weil eine exakte Vorhersage der Zukunft unmöglich ist. Aus diesem Grund halten viele Menschen ihre Augen offen, während sie herumlaufen.

4.3.2 UND-ODER-Suchbäume

Wie finden wir diese situativen Lösungen für nichtdeterministische Probleme? Wie in Kapitel 3 beginnen wir mit der Konstruktion von Suchbäumen, doch hier haben die Bäume einen anderen Charakter. In einer deterministischen Umgebung wird die einzige Verzweigung durch die eigenen Entscheidungen des Agenten in jedem Zustand eingeführt: Ich kann diese Aktion oder jene Aktion ausführen. Wir nennen diese Knoten **ODER-Knoten**. In der Staubsaugerwelt wählt der Agent an einem ODER-Knoten z. B. *Links oder Rechts oder Saugen*. In einer nichtdeterministischen Umgebung wird die Verzweigung auch von der Auswahl des Ergebnisses für jede Aktion durch die *Umgebung* eingeführt. Diese Knoten nennen wir **UND-Knoten**. Zum Beispiel führt die *Saugen*-Aktion im Zustand 1 zum Wissenszustand {5, 7}, der Agent müsste also einen Plan für Zustand 5 *und* für Zustand 7 finden. Diese beiden Arten von Knoten wechseln sich ab, was zu einem **UND-ODER-Baum** führt, wie in ► Abbildung 4.10 dargestellt.

Eine Lösung für ein UND-ODER-Suchproblem ist ein Teilbaum des vollständigen Suchbaums, der (1) an jedem Blatt einen Zielknoten hat, (2) an jedem seiner ODER-Knoten eine Aktion angibt und (3) an jedem seiner UND-Knoten jeden Ergebniszweig einbindet. Die Lösung ist in der Abbildung durch fette Linien dargestellt; sie entspricht dem in Gleichung (4.3) angegebenen Plan.

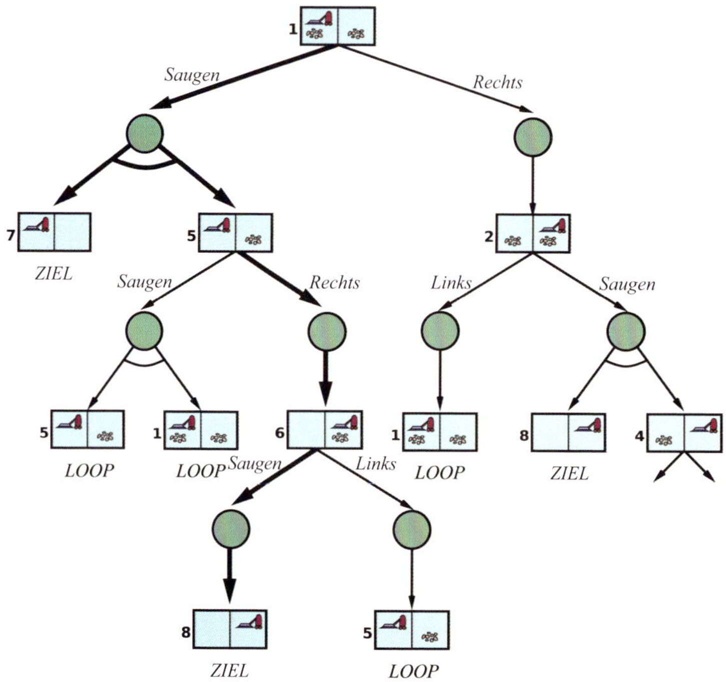

Abbildung 4.10: Die ersten beiden Ebenen des Suchbaums für die erratische Staubsaugerwelt. Zustandsknoten sind ODER-Knoten, bei denen eine Aktion gewählt werden muss. An den UND-Knoten (Kreise) muss jedes Ergebnis behandelt werden, angezeigt durch den Bogen, der die ausgehenden Zweige verbindet. Die gefundene Lösung ist in fetten Linien dargestellt.

► Abbildung 4.11 zeigt einen rekursiven Algorithmus mit Tiefensuche für die UND-ODER-Graphensuche. Ein entscheidender Aspekt des Algorithmus ist die Art und Weise, wie er mit Zyklen umgeht, die häufig bei nichtdeterministischen Problemen auftreten (z. B. wenn eine

function AND-OR-SEARCH(*problem*) **returns** einen bedingten Plan oder *failure*
  return OR-SEARCH(*problem*, *problem*.INITIAL, [ ])

function OR-SEARCH(*problem*, *state*, *path*) **returns** einen bedingten Plan oder *failure*
  if *problem*.IS-GOAL(*state*) **then return** den leeren Plan
  if IS-CYCLE(*state*, *path*) **then return** *failure*
  for each *action* **in** *problem*.ACTIONS(*state*) **do**
    plan ← AND-SEARCH(*problem*, RESULTS(*state*, *action*), [*state*] + *path*)
    if *plan* ≠ *failure* **then return** [*action*] + *plan*
  return *failure*

function AND-SEARCH(*problem*, *states*, *path*) **returns** einen bedingten Plan oder *failure*
  for each s_i **in** *states* **do**
    $plan_i$ ← OR-SEARCH(*problem*, s_i, *path*)
    if $plan_i$ = *failure* **then return** *failure*
  return [**if** s_1 **then** $plan_1$ **else if** s_2 **then** $plan_2$ **else** ... **if** s_{n-1} **then** $plan_{n-1}$ **else** $plan_n$]

Abbildung 4.11: Ein Algorithmus zum Durchsuchen von UND-ODER-Graphen, die von nichtdeterministischen Umgebungen erzeugt werden. Eine Lösung ist ein bedingter Plan, der jedes nichtdeterministische Ergebnis berücksichtigt und für jedes Ergebnis einen Plan erstellt.

Aktion manchmal keinen Effekt hat oder ein unbeabsichtigter Effekt korrigiert werden kann). Ist der aktuelle Zustand identisch mit einem Zustand auf dem Pfad von der Wurzel aus, dann endet der Algorithmus mit einer Fehlermeldung. Das bedeutet nicht, dass es vom aktuellen Zustand aus *keine* Lösung gibt; es bedeutet lediglich, *wenn* es eine nichtzyklische Lösung gibt, dann muss diese von der früheren Inkarnation des aktuellen Zustands aus erreichbar sein, sodass die neue Inkarnation verworfen werden kann. Mit dieser Prüfung stellen wir sicher, dass der Algorithmus in jedem endlichen Zustandsraum terminiert, da jeder Pfad ein Ziel, eine Sackgasse oder einen wiederholten Zustand erreichen muss. Beachten Sie, dass der Algorithmus nicht prüft, ob der aktuelle Zustand eine Wiederholung eines Zustands auf einem *anderen* Pfad von der Wurzel aus ist, was für die Effizienz wichtig ist.

UND-ODER-Graphen können entweder mittels Breiten- oder Bestensuche durchlaufen werden. Das Konzept einer heuristischen Funktion muss modifiziert werden, um die Kosten einer situativen Lösung statt einer Folge abzuschätzen, doch der Begriff der Zulässigkeit wird übernommen und es gibt ein Analogon des A*-Algorithmus zum Finden optimaler Lösungen (siehe die bibliografischen Hinweise am Ende des Kapitels).

4.3.3 „...versuch es noch und noch einmal"

Stellen Sie sich nun eine *„rutschige"* Staubsegerwelt vor, die identisch mit der gewöhnlichen (nicht erratischen) Staubsaugerwelt ist, außer dass Bewegungsaktionen manchmal fehlschlagen und den Agenten an derselben Stelle zurücklassen. Zum Beispiel führt eine *Rechts*-Bewegung im Zustand 1 zum Wissenszustand $\{1, 2\}$. ► Abbildung 4.12 zeigt einen Teil des Suchgraphen; offensichtlich gibt es keine azyklischen Lösungen mehr von Zustand 1 aus und AND-OR-SEARCH würde mit einer Fehlermeldung zurückkehren. Es gibt jedoch eine **zyklische Lösung**, die darin besteht, *Rechts* so lange zu probieren, bis es funktioniert. Wir können dies mit einem neuen **while**-Konstrukt ausdrücken:

$$[\mathit{Saugen}, \textbf{while } \mathit{State} = 5 \textbf{ do } \mathit{Rechts}, \mathit{Saugen}]$$

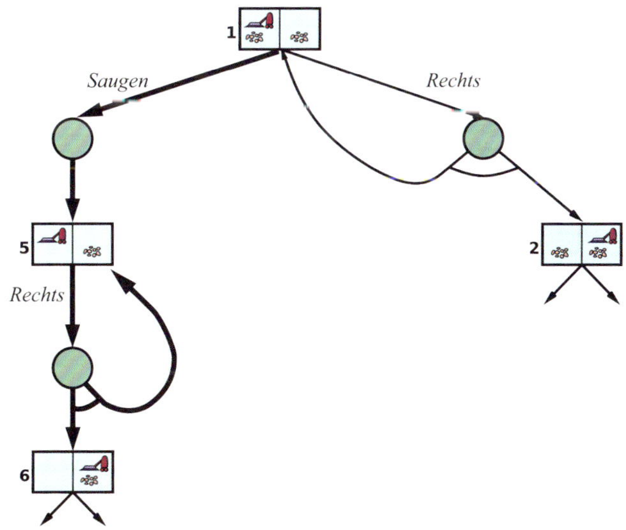

Abbildung 4.12: Teil des Suchgraphen für eine „rutschige" Staubsaugerwelt, wobei wir (einige) Zyklen explizit dargestellt haben. Alle Lösungen für dieses Problem sind zyklische Pläne, weil es keine Möglichkeit gibt, sich zuverlässig zu bewegen.

oder indem wir ein **Label** hinzufügen, um damit einen Teil des Plans zu kennzeichnen, den wir später über dieses Label ansprechen können:

$$[\mathit{Saugen}, L_1 : \mathit{Rechts}, \textbf{if } \mathit{State} = 5 \textbf{ then } L_1 \textbf{ else } \mathit{Saugen}]$$

Wann ist ein zyklischer Plan eine Lösung? Eine Mindestvoraussetzung ist, dass jedes Blatt ein Zielzustand ist und dass ein Blatt von jedem Punkt des Plans aus erreichbar ist. Darüber hinaus müssen wir die Ursache für den Nichtdeterminismus berücksichtigen. Sollte es tatsächlich der Fall sein, dass der Antriebsmechanismus des Staubsaugerroboters manchmal funktioniert, aber bei anderen Gelegenheiten zufällig und unabhängig von anderen Bedingungen wegrutscht, so kann der Agent zuversichtlich sein, dass die Aktion irgendwann funktionieren wird, wenn sie oft genug wiederholt wird, und dass der Plan dann erfolgreich sein wird. Doch wenn der Nichtdeterminismus auf eine unbeobachtete Gegebenheit des Roboters oder der Umgebung zurückzuführen ist – vielleicht ist ein Antriebsriemen gerissen und der Roboter bewegt sich nicht mehr –, dann wird die Wiederholung der Aktion nicht helfen.

Um diese Entscheidung zu verstehen, kann man sagen, dass die ursprüngliche Problemformulierung (vollständig beobachtbar, nichtdeterministisch) zugunsten einer anderen Formulierung (teilweise beobachtbar, deterministisch) aufgegeben wird, bei der das Scheitern des zyklischen Plans auf eine unbeobachtete Eigenschaft des Antriebsriemens zurückgeführt wird. In Kapitel 12 wird diskutiert, wie man entscheidet, welche von mehreren unsicheren Möglichkeiten wahrscheinlicher ist.

4.4 Suche in teilweise beobachtbaren Umgebungen

Wir wenden uns nun dem Problem der teilweisen Beobachtbarkeit zu, bei dem die Perzepte des Agenten nicht ausreichen, um den genauen Zustand festzustellen. Das bedeutet, dass einige der Aktionen des Agenten darauf abzielen, die Unsicherheit über den aktuellen Zustand zu verringern.

4.4.1 Suche ohne Beobachtung

Wenn die Perzepte des Agenten *überhaupt keine Informationen* liefern, haben wir ein sogenanntes **sensorloses** Problem (oder auch **konformantes** Problem). Auf den ersten Blick könnte man meinen, dass der sensorlose Agent keine Chance hat, ein Problem zu lösen, wenn er keine Ahnung hat, in welchem Zustand er beginnt, doch sensorlose Lösungen sind überraschend häufig und nützlich, vor allem, weil sie *nicht* davon abhängen, ob die Sensoren richtig funktionieren. In Fertigungssystemen wurden z. B. viele raffinierte Methoden entwickelt, um Teile von einer unbekannten Ausgangsposition aus mithilfe einer Folge von Aktionen ohne jegliche Sensorik korrekt auszurichten. Manchmal ist ein sensorloser Plan besser, selbst wenn ein bedingter Plan mit Sensorik verfügbar ist. Zum Beispiel verschreiben Ärzte oft ein Breitbandantibiotikum, anstatt einen bedingten Plan zu verfolgen, der darin besteht, einen Bluttest zu machen, auf die Ergebnisse zu warten und dann ein spezifischeres Antibiotikum zu verschreiben. Der sensorlose Plan spart Zeit und Geld und vermeidet das Risiko, dass sich die Infektion verschlimmert, bevor die Testergebnisse vorliegen.

Betrachten wir eine sensorlose Version der (deterministischen) Staubsaugerwelt. Nehmen wir an, dass der Agent die Geografie seiner Welt kennt, aber weder seinen eigenen Standort noch die Schmutzverteilung in dieser Welt. In diesem Fall ist sein anfänglicher Wissenszustand $\{1, 2, 3, 4, 5, 6, 7, 8\}$ (► Abbildung 4.9). Wenn der Agent nun eine *Rechts*-Bewegung ausführt, befindet er sich in einem der Zustände $\{2, 4, 6, 8\}$ – der Agent hat Informationen dazugewonnen, ohne etwas wahrzunehmen! Nach [*Rechts*, *Saugen*] wird der Agent immer in einem der Zustände $\{4, 8\}$ landen. Und schließlich erreicht der Agent nach [*Rechts*, *Saugen*,

Links, Saugen] garantiert den Zielzustand 7, unabhängig vom Startzustand. Wir sagen, dass der Agent die Welt in den Zustand 7 **zwingen** kann.

Die Lösung eines sensorlosen Problems ist eine Aktionsfolge, kein bedingter Plan (da es nichts wahrzunehmen gibt). Doch wir suchen im Raum der Wissenszustände und nicht der physikalischen Zustände.[7] Im Wissenszustandsraum ist das Problem vollständig beobachtbar, da der Agent stets seinen eigenen Wissenszustand kennt. Außerdem ist die Lösung (falls es eine gibt) für ein sensorloses Problem immer eine Folge von Aktionen. Das liegt daran, dass die nach jeder Aktion empfangenen Perzepte wie bei den gewöhnlichen Problemen in Kapitel 3 vollständig vorhersehbar sind – sie sind immer leer! Es gibt also keine Eventualitäten, die man einplanen muss. Dies gilt *selbst dann, wenn die Umgebung nichtdeterministisch ist.*

Wir könnten nun neue Algorithmen für sensorlose Suchprobleme einführen. Oder wir können die vorhandenen Algorithmen aus Kapitel 3 benutzen, wenn wir das zugrunde liegende physikalische Problem in ein Wissenszustandsproblem umwandeln, bei dem wir über Wissenszustände und nicht über physikalische Zustände suchen. Das ursprüngliche Problem P hat die Komponenten $Actions_P$, $Result_P$ usw., das Wissenszustandsproblem hat die folgenden Komponenten:

- **Zustände**: Der Wissenszustandsraum enthält jede mögliche Teilmenge der physikalischen Zustände. Wenn P über N Zustände verfügt, dann hat das Wissenszustandsproblem 2^N Wissenszustände, wobei viele davon vom Anfangszustand aus eventuell unerreichbar sind.
- **Anfangszustand**: Typischerweise der Wissenszustand, der aus allen Zuständen in P besteht, obwohl der Agent in einigen Fällen über mehr Wissen als dieses verfügt.
- **Aktionen**: Dies ist etwas knifflig. Angenommen, der Agent befindet sich im Wissenszustand $b = \{s_1, s_2\}$, aber es gilt $\text{ACTIONS}_P(s_1) \neq \text{ACTIONS}_P(s_2)$, dann ist der Agent unsicher, welche Aktionen zulässig sind. Wenn wir annehmen, dass unzulässige Aktionen keine Auswirkungen auf die Umgebung haben, dann ist es sicher, die *Vereinigung* aller Aktionen in jedem der physikalischen Zustände des aktuellen Wissenszustands b zu ergreifen:

  $$\text{ACTIONS}(b) = \bigcup_{s \in b} \text{ACTIONS}_P(s)$$

  Könnte andererseits eine unzulässige Aktion zu einer Katastrophe führen, so ist es sicherer, nur die *Schnittmenge* zuzulassen, d. h. die Menge der in *allen* Zuständen zulässigen Aktionen. Für die Staubsaugerwelt hat jeder Zustand dieselben zulässigen Aktionen, sodass beide Methoden das gleiche Ergebnis liefern.
- **Transitionsmodell**: Bei deterministischen Aktionen hat der neue Wissenszustand einen Ergebniszustand für jeden der aktuell möglichen Zustände (wobei einige Ergebniszustände gleich sein können):

  $$b' = \text{RESULT}(b, a) = \{s' : s' = \text{RESULT}_P(s, a) \text{ und } s \in b\} \tag{4.4}$$

  Bei Nichtdeterminismus besteht der neue Wissenszustand aus allen möglichen Ergebnissen der Anwendung der Aktion auf einen der Zustände im aktuellen Wissenszustand:

  $$\begin{aligned} b' = \text{RESULT}(b, a) &= \{s' : s' \in \text{RESULTS}_P(s, a) \text{ und } s \in b\} \\ &= \bigcup_{s \in b} \text{RESULTS}_P(s, a) \end{aligned}$$

  Bei deterministischen Aktionen ist b' gleich oder kleiner als b, kann jedoch bei nichtdeterministischen Aktionen größer als b sein (► Abbildung 4.13).

7 In einer vollständig beobachtbaren Umgebung enthält jeder Wissenszustand einen physikalischen Zustand. Daher können wir die Algorithmen in Kapitel 3 als Suche in einem Wissenszustandsraum mit einzelnen Wissenszuständen betrachten.

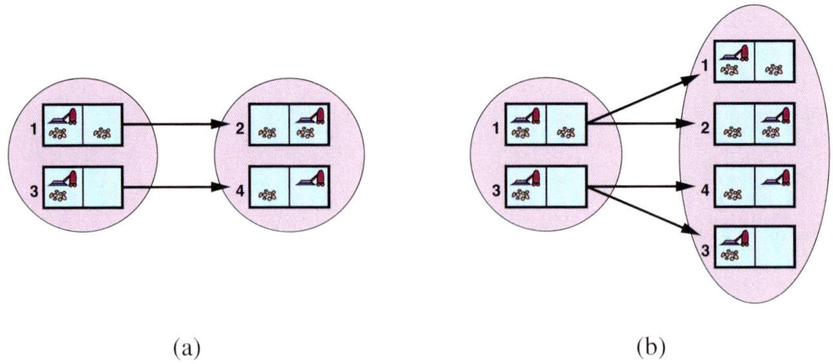

Abbildung 4.13: (a) Vorhersage des nächsten Wissenszustands für die sensorlose Staubsaugerwelt mit der deterministischen Aktion *Rechts*. (b) Vorhersage für denselben Wissenszustand und dieselbe Aktion in der „rutschigen" Version der sensorlosen Staubsaugerwelt.

- **Zieltest**: Der Agent erreicht *möglicherweise* das Ziel, falls *irgendein* Zustand *s* im Wissenszustand den Zieltest IS-GOAL$_P(s)$ des zugrunde liegenden Problems erfüllt. Der Agent erreicht das Ziel *notwendigerweise*, falls *jeder* Zustand IS-GOAL$_P(s)$ erfüllt. Wir streben an, das Ziel notwendigerweise zu erreichen.
- **Aktionskosten**: Dies ist ebenfalls knifflig. Wenn dieselbe Aktion in verschiedenen Zuständen unterschiedliche Kosten haben kann, dann könnten die Kosten für die Ausführung einer Aktion in einem gegebenen Wissenszustand einen von mehreren Werten haben. (Dies führt zu einer neuen Klasse von Problemen, die wir in Übung 4.9 auf der Website untersuchen.) Für den Moment nehmen wir an, dass die Kosten einer Aktion in allen Zuständen gleich sind und somit direkt aus dem zugrunde liegenden physikalischen Problem übertragen werden können.

► Abbildung 4.14 zeigt den erreichbaren Wissenszustandsraum für die deterministische, sensorlose Staubsaugerwelt. Es gibt nur 12 erreichbare von $2^8 = 256$ möglichen Wissenszuständen.

Die vorangegangenen Definitionen ermöglichen es, die Formulierung des Wissenszustandsproblems aus der Definition des zugrunde liegenden physikalischen Problems automatisch zu konstruieren. Sobald dies geschehen ist, können wir sensorlose Probleme mit jedem der gewöhnlichen Suchalgorithmen aus Kapitel 3 lösen.

Bei der gewöhnlichen Graphensuche werden neu erreichte Zustände daraufhin geprüft, ob sie zuvor erreicht wurden. Dies funktioniert auch für Wissenszustände; in ► Abbildung 4.14 erreicht z. B. die Aktionsfolge [*Saugen*, *Links*, *Saugen*], die beim Anfangszustand beginnt, denselben Wissenszustand wie [*Rechts*, *Links*, *Saugen*], nämlich $\{5, 7\}$. Betrachten wir nun den durch [*Links*] erreichten Wissenszustand, also $\{1, 3, 5, 7\}$. Offensichtlich ist dieser nicht identisch mit $\{5, 7\}$, sondern ist eine *Obermenge* davon. Solche Wissenszustände, die Obermengen anderer bereits erreichter Wissenszustände sind, können wir verwerfen (kürzen). Warum? Weil eine Lösung von $\{1, 3, 5, 7\}$ eine Lösung für jeden der Einzelzustände 1, 3, 5 und 7 sein muss und somit eine Lösung für jede Kombination dieser Einzelzustände, wie z. B. $\{5, 7\}$, ist; daher brauchen wir nicht zu versuchen, $\{1, 3, 5, 7\}$ zu lösen, sondern können uns auf den Versuch konzentrieren, den wesentlich einfacheren Wissenszustand $\{5, 7\}$ zu lösen.

Wurde umgekehrt $\{1, 3, 5, 7\}$ bereits generiert und als lösbar befunden, dann ist jede *Teilmenge* wie $\{5, 7\}$ garantiert lösbar. (Habe ich eine Lösung, die funktioniert, wenn ich überhaupt nicht weiß, in welchem Zustand ich mich befinde, dann wird sie auch funktionieren, wenn ich

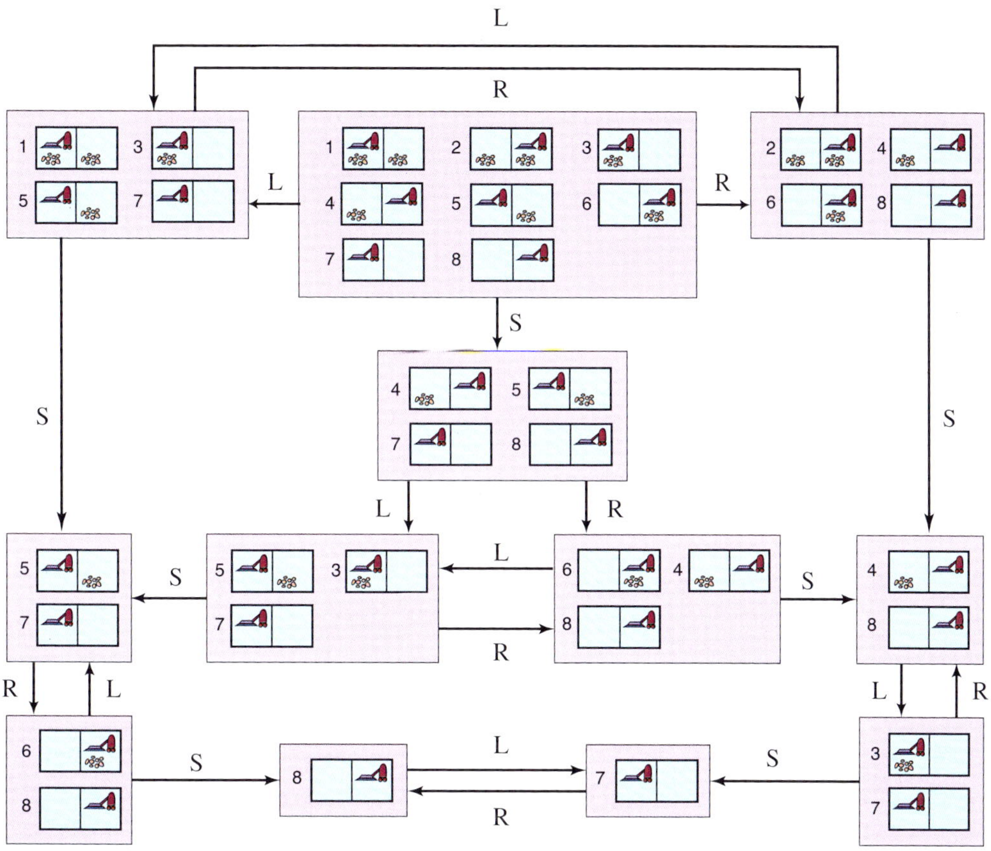

Abbildung 4.14: Der erreichbare Teil des Wissenszustandsraums für die deterministische, sensorlose Staubsaugerwelt. Jedes rechteckige Kästchen entspricht einem einzelnen Wissenszustand. Zu jedem Zeitpunkt hat der Agent einen Wissenszustand, weiß aber nicht, in welchem physikalischen Zustand er sich befindet. Der anfängliche Wissenszustand (vollständige Unwissenheit) ist das obere mittlere Kästchen.

weniger verwirrt bin). Diese zusätzliche Kürzungsebene kann die Effizienz des sensorlosen Problemlösens dramatisch verbessern.

Selbst mit dieser Verbesserung ist die sensorlose Problemlösung, wie wir sie beschrieben haben, in der Praxis nur selten durchführbar. Ein Problem ist die Mächtigkeit des Wissenszustandsraums – wir haben im vorherigen Kapitel gesehen, dass ein Suchraum der Größe N oft zu groß ist, und jetzt haben wir Suchräume der Größe 2^N. Außerdem ist jedes Element des Suchraums eine Menge von bis zu N Elementen. Für große N können wir nicht einmal einen einzigen Wissenszustand darstellen, ohne dass der Speicherplatz knapp wird.

Eine Lösung besteht darin, den Wissenszustand durch eine kompaktere Beschreibung darzustellen. Auf Deutsch könnte man sagen, dass der Agent im Anfangszustand „nichts" weiß; nach der *Links*-Bewegung könnte man sagen „nicht in der Spalte ganz rechts" und so weiter. In Kapitel 7 wird erklärt, wie dies in einem formalen Darstellungsschema geschieht.

Ein anderer Ansatz besteht darin, die standardmäßigen Suchalgorithmen zu vermeiden, die Wissenszustände als Blackboxes genau wie jeden anderen Problemzustand behandeln. Stattdessen können wir *in* die Wissenszustände hineinschauen und Algorithmen für die **inkrementelle Wissenszustandssuche** entwickeln, die die Lösung dadurch aufbauen, dass sie einen physikalischen Zustand nach dem anderen dazunehmen. In der sensorlosen Staubsaugerwelt ist der anfängliche Wissenszustand beispielsweise $\{1, 2, 3, 4, 5, 6, 7, 8\}$ und wir müssen eine Aktionsfolge finden, die in allen 8 Zuständen funktioniert. Wir können dies tun, indem wir zuerst eine Lösung finden, die für Zustand 1 funktioniert; dann prüfen wir, ob sie für Zustand 2 funktioniert; wenn nicht, gehen wir zurück und finden eine andere Lösung für Zustand 1 und so weiter.

Genauso wie eine UND-ODER-Suche eine Lösung für jeden Zweig an einem UND-Knoten finden muss, muss dieser Algorithmus eine Lösung für jeden Zustand im Wissenszustand finden; der Unterschied ist, dass die UND-ODER-Suche für jeden Zweig eine andere Lösung finden kann, während eine inkrementelle Wissenszustandssuche *eine* Lösung finden muss, die für *alle* Zustände funktioniert.

Der große Vorteil des inkrementellen Ansatzes ist, dass er üblicherweise in der Lage ist, Fehler schnell zu erkennen – wenn ein Wissenszustand unlösbar ist, so ist normalerweise eine kleine Teilmenge des Wissenszustands, bestehend aus den ersten paar untersuchten Zuständen, ebenfalls unlösbar. In einigen Fällen führt dies zu einer Beschleunigung, die proportional zur Größe der Wissenszustände ist, die ihrerseits so groß wie der physikalische Zustandsraum selbst sein können.

4.4.2 Suche in teilweise beobachtbaren Umgebungen

Viele Probleme können nicht ohne Wahrnehmung gelöst werden. Zum Beispiel ist eine Lösung des sensorlosen 8-Puzzles unmöglich. Andererseits kann man mit nur wenig Abtastung schon weit kommen: Wir können das 8-Puzzle lösen, wenn wir nur das linke obere Eckquadrat sehen können. Die Lösung besteht darin, jeden Stein der Reihe nach in das beobachtbare Quadrat zu verschieben und seine Position von da an zu verfolgen.

Für ein teilweise beobachtbares Problem wird in der Problemspezifikation eine PERCEPT(s)-Funktion angegeben, die das vom Agenten in einem bestimmten Zustand empfangene Perzept zurückgibt. Ist die Wahrnehmung nichtdeterministisch, dann können wir eine PERCEPTS-Funktion einsetzen, die eine Menge möglicher Perzepte zurückgibt. Für vollständig beobachtbare Probleme ist PERCEPT$(s) = s$ für jeden Zustand s und für sensorlose Probleme ist PERCEPT$(s) = null$.

Betrachten wir eine Staubsaugerwelt mit lokaler Abtastung, in der der Agent einen Positionssensor hat, der das Perzept L im linken Feld und das Perzept R im rechten Feld liefert, sowie einen Schmutzsensor, der *Schmutzig* zurückgibt, wenn das aktuelle Feld schmutzig ist, und *Sauber*, wenn es sauber ist. Somit ist PERCEPT im Zustand 1 [*L*, *Schmutzig*]. Bei teilweiser Beobachtbarkeit werden normalerweise mehrere Zustände das gleiche Perzept erzeugen; Zustand 3 erzeugt ebenfalls [*L*, *Schmutzig*]. Aus diesem anfänglichen Perzept folgt also der anfängliche Wissenszustand $\{1, 3\}$. Man kann sich das Transitionsmodell zwischen Wissenszuständen für teilweise beobachtbare Probleme in drei Stufen vorstellen (► Abbildung 4.15):

- Die Stufe der **Vorhersage** berechnet den aus der Aktion resultierenden Wissenszustand, RESULT(b, a), genau wie bei sensorlosen Problemen. Um zu betonen, dass es sich um eine Vorhersage handelt, verwenden wir die Notation $\hat{b} =$ RESULT(b, a), wobei der „Hut" auf dem b bedeutet, dass der Wert „geschätzt" ist. Außerdem verwenden wir PREDICT(b, a) als Synonym für RESULT(b, a).
- Die Stufe der **möglichen Perzepte** berechnet die Menge der Perzepte, die im vorhergesagten Wissenszustand beobachtet werden könnten (unter Verwendung des Buchstabens o für das englische Wort *observation*):

$$\text{POSSIBLE-PERCEPTS}(\hat{b}) = \{o : o = \text{PERCEPT}(s) \text{ und } s \in \hat{b}\}$$

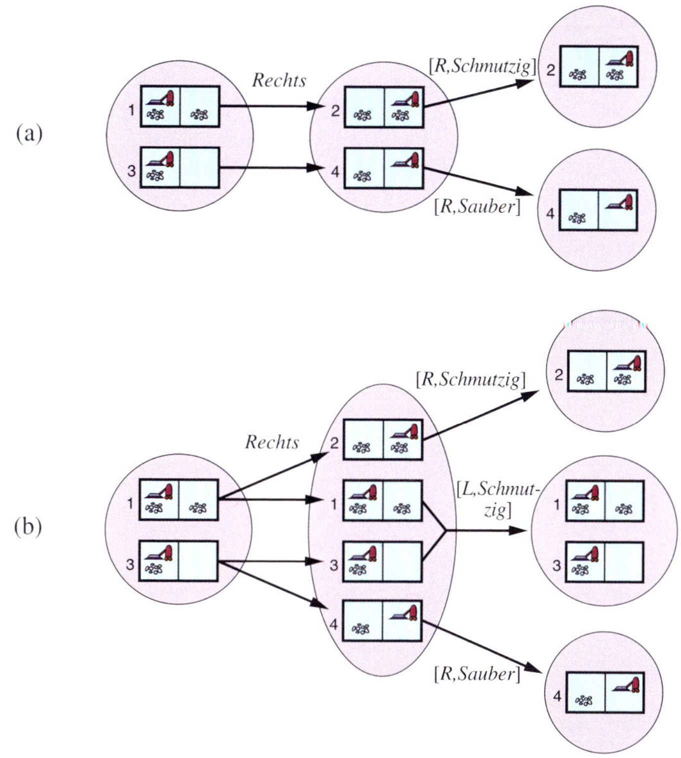

Abbildung 4.15: Zwei Beispiele für Übergänge in Staubsaugerwelten mit lokalem Abtasten. (a) In der deterministischen Welt wird *Rechts* im anfänglichen Wissenszustand angewendet, was zu einem neuen vorhergesagten Wissenszustand mit zwei möglichen physikalischen Zuständen führt; für diese Zustände sind die möglichen Wahrnehmungen [*R*, *Schmutzig*] und [*R*, *Sauber*], was zu zwei Wissenszuständen führt, die beide einelementige Mengen sind. (b) In der „rutschigen" Welt wird *Rechts* auf den anfänglichen Wissenszustand angewendet, was einen neuen Wissenszustand mit vier physischen Zuständen ergibt; für diese Zustände sind die möglichen Perzepte [*L*, *Schmutzig*], [*R*, *Schmutzig*] und [*R*, *Sauber*], was zu den drei gezeigten Wissenszuständen führt.

- Die Stufe der **Aktualisierung** berechnet für jedes mögliche Perzept den Wissenszustand, der sich aus dem Perzept ergeben würde. Der aktualisierte Wissenszustand b_o ist die Menge der Zustände in $\hat{b}$, die das Perzept erzeugt haben könnten:

$$b_o = \text{UPDATE}(\hat{b}, o) = \{s: o = \text{PERCEPT}(s) \text{ und } s \in \hat{b}\}$$

  Der Agent muss sich zur Planungszeit mit *möglichen* Perzepten befassen, da er die *tatsächlichen* Perzepte nicht kennt, bis er den Plan ausführt. Beachten Sie, dass Nichtdeterminismus in der physikalischen Umgebung den Wissenszustand in der Vorhersagephase vergrößern kann, doch kein aktualisierter Wissenszustand b_o kann größer sein als der vorhergesagte Wissenszustand $\hat{b}$ – Beobachtungen können lediglich helfen, die Unsicherheit zu reduzieren. Außerdem sind bei deterministischem Abtasten die Wissenszustände für die verschiedenen möglichen Perzepte disjunkt und bilden eine *Partition* des ursprünglich vorhergesagten Wissenszustands.

Setzt man diese drei Stufen zusammen, so erhält man die möglichen Wissenszustände, die sich aus einer gegebenen Aktion ergeben, sowie die anschließenden möglichen Perzepte:

$$\text{RESULTS}(b, a) = \{b_o : b_o = \text{UPDATE}(\text{PREDICT}(b, a), o) \text{ und } o \in \text{POSSIBLE-PERCEPTS}(\text{PREDICT}(b, a))\} \quad (4.5)$$

4.4.3 Lösen von teilweise beobachtbaren Problemen

Im vorangegangenen Abschnitt wurde gezeigt, wie die Funktion RESULTS für ein nichtdeterministisches Wissenszustandsproblem aus einem zugrunde liegenden physikalischen Problem abgeleitet werden kann, wenn die Funktion PERCEPT gegeben ist. Mit dieser Formulierung kann der UND-ODER-Suchalgorithmus aus ► Abbildung 4.11 direkt zur Ableitung einer Lösung angewendet werden. ► Abbildung 4.16 zeigt einen Teil des Suchbaums für die Staubsaugerwelt mit lokalem Abtasten unter der Annahme eines anfänglichen Perzepts [*L*, *Schmutzig*]. Die Lösung ist der bedingte Plan

$$[Saugen, Rechts, \textbf{if } Rstate = \{6\} \textbf{ then } Saugen \textbf{ else } [\,]]\,.$$

Beachten Sie, dass der UND-ODER-Suchalgorithmus aufgrund der Vorgabe eines Wissenszustandsproblems einen bedingten Plan zurückgibt, der den Wissenszustand und nicht den tatsächlichen Zustand testet. So sollte es auch sein: In einer teilweise beobachtbaren Umgebung kennt der Agent den tatsächlichen Zustand nicht.

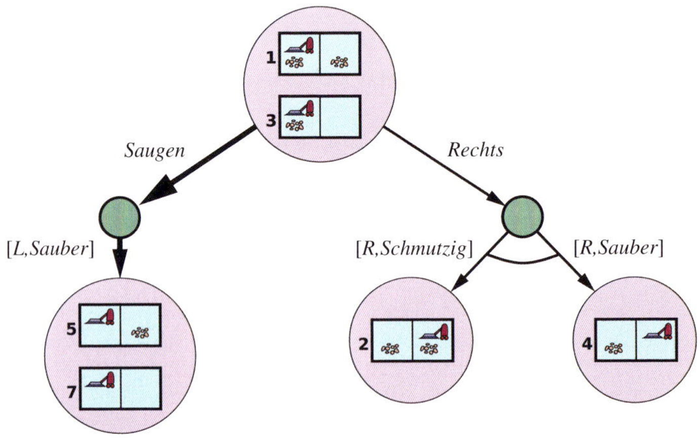

Abbildung 4.16: Die erste Ebene des UND-ODER-Suchbaums für ein Problem in der Staubsaugerwelt mit lokalem Abtasten; *Saugen* ist die erste Aktion der Lösung.

Wie bei Standardsuchalgorithmen, die auf sensorlose Probleme angewendet werden, behandelt der UND-ODER-Suchalgorithmus Wissenszustände als Blackboxes, genau wie alle anderen Zustände. Man kann dies verbessern, indem man wie bei sensorlosen Problemen nach zuvor erzeugten Wissenszuständen sucht, die Unter- oder Obermengen des aktuellen Zustands sind. Analog zu den Algorithmen für sensorlose Probleme kann man auch inkrementelle Suchalgorithmen ableiten, die erhebliche Geschwindigkeitssteigerungen gegenüber dem Blackbox-Ansatz bieten.

4.4.4 Ein Agent für teilweise beobachtbare Umgebungen

Ein Agent für teilweise beobachtbare Umgebungen formuliert ein Problem, ruft einen Suchalgorithmus (z. B. AND-OR-SEARCH) auf, um es zu lösen, und führt die Lösung aus. Es gibt zwei wesentliche Unterschiede zwischen diesem Agenten und dem Agenten für vollständig beobachtbare, deterministische Umgebungen. Erstens ist die Lösung eher ein bedingter Plan als eine Folge; um einen **if-then-else**-Ausdruck auszuführen, muss der Agent die Bedingung testen und den entsprechenden Zweig der Bedingung ausführen. Zweitens muss der Agent seinen Wissenszustand beibehalten, während er Aktionen ausführt und Perzepte empfängt. Dieser Prozess ähnelt dem Prozess von Vorhersage–Beobachtung–Aktualisierung in

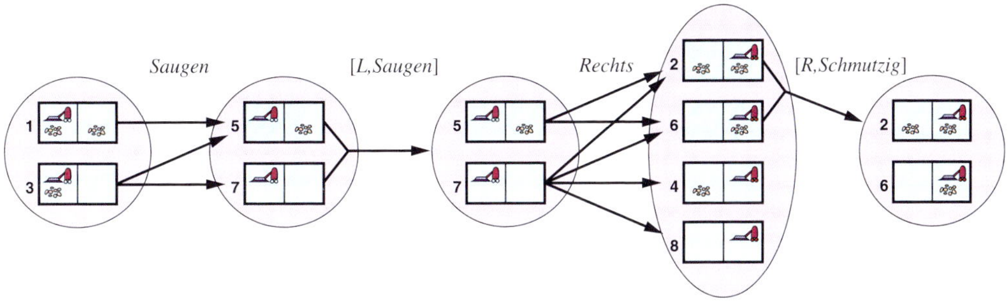

Abbildung 4.17: Zwei Vorhersage-Aktualisierung-Zyklen der Wissenszustandsverwaltung in der Kindergarten-Staubsaugerwelt mit lokaler Abtastung.

Gleichung (4.5), ist aber tatsächlich einfacher, weil das Perzept durch die Umgebung gegeben ist und nicht durch den Agenten berechnet wird. Bei einem anfänglichen Wissenszustand b, einer Aktion a und einer Wahrnehmung o ist der neue Wissenszustand:

$$b' = \text{UPDATE}(\text{PREDICT}(b, a), o) \tag{4.6}$$

Betrachten wir nun eine *Kindergarten*-Staubsaugerwelt, in der Agenten nur den Zustand ihres aktuellen Felds wahrnehmen und jedes Feld jederzeit schmutzig werden kann, es sei denn, der Agent reinigt es gerade aktiv.[8] ► Abbildung 4.17 zeigt den Wissenszustand, der in dieser Umgebung verwaltet wird.

In teilweise beobachtbaren Umgebungen – zu denen die große Mehrheit der realen Umgebungen gehört – ist die Verwaltung des eigenen Wissenszustands eine Kernfunktion jedes intelligenten Systems. Diese Funktion wird unter verschiedenen Namen geführt, darunter **Überwachung** bzw. **Monitoring**, **Filterung** und **Zustandsschätzung**. Gleichung (4.6) wird als rekursiver Zustandsschätzer bezeichnet, weil er den neuen Wissenszustand aus dem vorherigen berechnet, anstatt die gesamte Perzeptfolge zu untersuchen. Soll der Agent nicht „zurückfallen", dann muss die Berechnung genauso schnell erfolgen, wie die Perzepte eintreffen. Wird die Umgebung komplexer, so kann der Agent einen Wissenszustand nur noch annäherungsweise berechnen und muss sich vielleicht auf die Implikationen des Perzepts für die Aspekte der Umgebung konzentrieren, die von aktuellem Interesse sind. Dieses Problem wurde hauptsächlich für stochastische, stetige Umgebungen mit Werkzeugen der Wahrscheinlichkeitstheorie untersucht, auf die wir in Kapitel 14 eingehen.

In diesem Abschnitt sehen wir uns ein Beispiel in einer diskreten Umgebung mit deterministischen Sensoren und nichtdeterministischen Aktionen an. Dabei geht es um einen Roboter mit einer bestimmten Aufgabe zur Zustandsschätzung, die **Lokalisierung** genannt wird: Der Roboter muss anhand einer Weltkarte und einer Folge von Perzepten und Aktionen herausfinden, wo er sich befindet. Unser Roboter befindet sich in der labyrinthartigen Umgebung von ► Abbildung 4.18. Er ist mit vier Sonarsensoren ausgestattet, die für jede der vier Himmelsrichtungen erkennen, ob sich dort ein Hindernis – die äußere Wand oder das dunkel schattierte Feld in der Abbildung – befindet. Das Perzept kommt in der Form eines Bitvektors: ein Bit für jede der Richtungen Norden, Osten, Süden und Westen, und zwar in dieser Reihenfolge. Das heißt, 1011 bedeutet, es gibt Hindernisse im Norden, Süden und Westen, aber nicht im Osten.

Wir gehen davon aus, dass die Sensoren absolut korrekte Daten liefern und dass der Roboter eine korrekte Karte der Umgebung hat. Doch leider ist das Navigationssystem des Roboters

8 Unsere üblichen Entschuldigungen gehen an diejenigen, die mit der Wirkung von kleinen Kindern auf die Umwelt nicht vertraut sind.

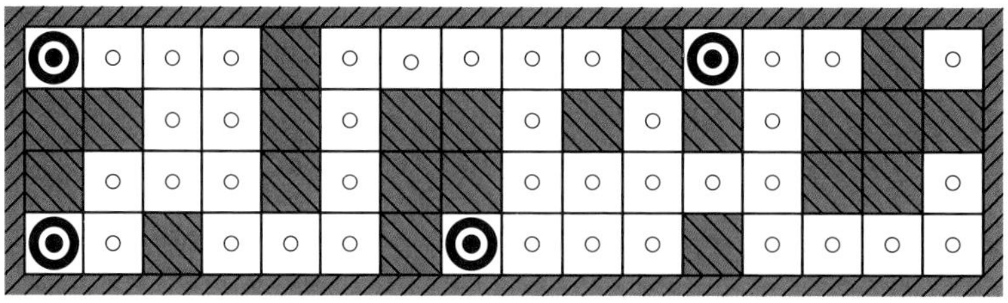

(a) Mögliche Positionen des Roboters nach $E_1 = 1011$

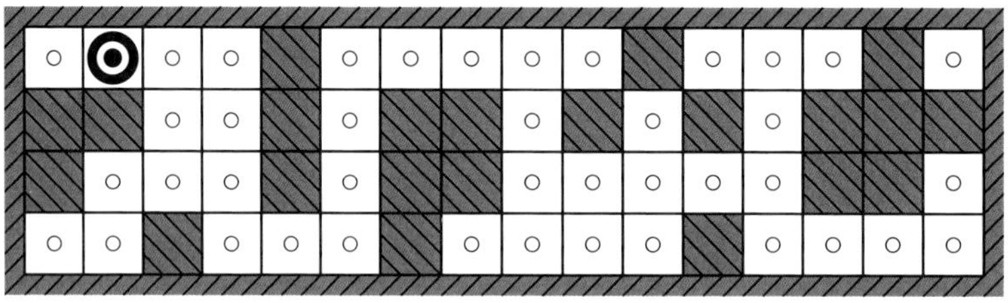

(b) Mögliche Positionen des Roboters nach $E_1 = 1011$, $E_2 = 1010$

Abbildung 4.18: Mögliche Positionen des Roboters, ⊙, (a) nach einer Beobachtung $E_1 = 1011$ und (b) nach der Bewegung um ein Feld und einer zweiten Beobachtung $E_2 = 1010$. Wenn die Sensoren rauschfrei sind und das Transitionsmodell genau ist, gibt es nur eine mögliche Position für den Roboter, die mit dieser Folge von zwei Beobachtungen übereinstimmt.

defekt, sodass er sich, wenn er eine *Rechts*-Aktion ausführt, zufällig auf eines der benachbarten Felder bewegt. Die Aufgabe des Roboters ist es, seine aktuelle Position zu bestimmen.

Angenommen, der Roboter wurde gerade eingeschaltet und weiß nicht, wo er sich befindet – sein anfänglicher Wissenszustand b besteht aus der Menge aller Positionen. Der Roboter empfängt dann das Perzept 1011 und führt eine Aktualisierung mithilfe der Gleichung $b_o = \text{UPDATE}(1011)$ durch, was die vier in ► Abbildung 4.18a gezeigten Positionen ergibt. Wenn Sie das Labyrinth untersuchen, können Sie sich davon überzeugen, dass dies tatsächlich die einzigen vier Positionen sind, die das Perzept 1011 liefert.

Als Nächstes führt der Roboter eine *Rechts*-Aktion aus, doch das Ergebnis ist nichtdeterministisch. Der neue Wissenszustand $b_a = \text{PREDICT}(b_o, \textit{Rechts})$ enthält alle Positionen, die einen Schritt von den Positionen in b_o entfernt sind. Trifft das zweite Perzept 1010 ein, so führt der Roboter $\text{UPDATE}(b_a, 1010)$ aus und stellt fest, dass der Wissenszustand auf die eine in ► Abbildung 4.18b gezeigte Position geschrumpft ist. Das ist die einzige Position, die das Ergebnis von

$$\text{UPDATE}(\text{PREDICT}(\text{UPDATE}(b, 1011), \textit{Rechts}), 1010)$$

sein kann. Bei nichtdeterministischen Aktionen vergrößert der PREDICT-Schritt den Wissenszustand, aber der UPDATE-Schritt lässt ihn wieder schrumpfen – solange die Perzepte einige nützliche identifizierende Informationen liefern. Manchmal sind die Perzepte allerdings auch nicht sehr hilfreich für die Lokalisierung: Wenn es einen oder mehrere lange Ost-West-Korridore gäbe, dann könnte ein Roboter zwar eine lange Folge von 1010-Perzepten empfangen, würde aber trotzdem nie wissen, wo im Korridor er sich befindet. Doch für Umgebungen mit mäßiger geografischer Variation konvergiert die Lokalisierung oft schnell zu einem einzigen Punkt, selbst wenn die Aktionen nichtdeterministisch sind.

Was passiert, wenn die Sensoren fehlerhaft sind? Wenn wir nur mit boolescher Logik schlussfolgern können, dann müssen wir jedes Sensorbit entweder als richtig oder als falsch behandeln, was dasselbe ist, als hätten wir überhaupt keine Perzeptinformationen. Doch wir werden sehen, dass probabilistisches Schlussfolgern (Kapitel 12) uns erlaubt, nützliche Informationen aus einem fehlerhaften Sensor zu extrahieren, solange er in weniger als der Hälfte der Zeit falsch ist.

4.5 Onlinesuchagenten und unbekannte Umgebungen

Bislang haben wir uns auf Agenten konzentriert, die **Offlinesuchalgorithmen** verwenden. Sie berechnen eine vollständige Lösung, bevor sie ihre erste Aktion ausführen. Im Gegensatz dazu verzahnt ein Agent bei der **Onlinesuche**[9] Berechnung und Aktion: Zuerst führt er eine Aktion aus, dann beobachtet er die Umgebung und berechnet die nächste Aktion. Die Onlinesuche ist sinnvoll in dynamischen oder semidynamischen Umgebungen, in denen zu langes Herumsitzen und Rechnen bestraft wird. Auch in nichtdeterministischen Domänen ist die Onlinesuche hilfreich, weil der Agent damit seinen Rechenaufwand auf die Eventualitäten konzentrieren kann, die tatsächlich eintreten, und nicht auf die, die zwar eintreten *könnten*, aber wahrscheinlich nicht eintreten werden.

Natürlich muss eine Abwägung getroffen werden: Je mehr ein Agent im Voraus plant, desto seltener findet er sich in einer ausweglosen Situation wieder. In unbekannten Umgebungen, in denen der Agent nicht weiß, welche Zustände existieren oder was seine Aktionen bewirken, muss der Agent seine Aktionen als Experimente nutzen, um etwas über die Umgebung zu lernen.

Ein kanonisches Beispiel für die Onlinesuche ist das **Kartierungsproblem**: Ein Roboter wird in einem unbekannten Gebäude platziert und muss es erkunden, um eine Karte zu erstellen, mit der er später von *A* nach *B* gelangen kann. Methoden zum Entkommen aus Labyrinthen – Grundlagenwissen für aufstrebende Helden der Antike – sind ebenfalls Beispiele für Onlinesuchalgorithmen. Die räumliche Erkundung ist jedoch nicht die einzige Form der Online-Exploration. Zum Beispiel ist ein neugeborenes Baby zu vielen mögliche Aktionen fähig, es kennt aber von keiner das Ergebnis und hat bisher nur einige der möglichen Zustände erlebt, die es erreichen kann.

4.5.1 Onlinesuchprobleme

Ein Onlinesuchproblem wird durch die Verschachtelung von Berechnung, Erkennung und Handeln gelöst. Wir beginnen mit der Annahme einer deterministischen und vollständig beobachtbaren Umgebung (Kapitel 17 lockert diese Annahmen) und vereinbaren, dass der Agent nur Folgendes weiß:

- ACTIONS(s), die zulässigen Aktionen in Zustand s;
- $c(s, a, s')$, die Kosten für die Anwendung der Aktion a im Zustand s, um Zustand s' zu erreichen. Beachten Sie, dass dies nicht verwendet werden kann, bis der Agent weiß, dass s' das Ergebnis der Aktion ist.
- IS-GOAL(s), der Zieltest.

Beachten Sie insbesondere, dass der Agent RESULT(s, a) *nur* bestimmen kann, wenn er sich tatsächlich in s befindet und a ausführt. In dem in ► Abbildung 4.19 gezeigten Labyrinthproblem weiß der Agent zum Beispiel nicht, dass ihn eine *Oben*-Bewegung von (1,1) zu (1,2) führt; und anschließend weiß er auch nicht, dass ihn eine *Unten*-Bewegung zu (1,1) zurückbringt. Dieser Grad an Unwissenheit kann in einigen Anwendungen reduziert werden – zum

9 Der Begriff „online“ bezieht sich hier auf Algorithmen, die Eingaben verarbeiten müssen, während sie empfangen werden, anstatt darauf zu warten, dass der gesamte Eingabedatensatz verfügbar wird. Diese Verwendung von „online“ hat hier nichts mit dem Konzept „eine Internetverbindung haben“ zu tun.

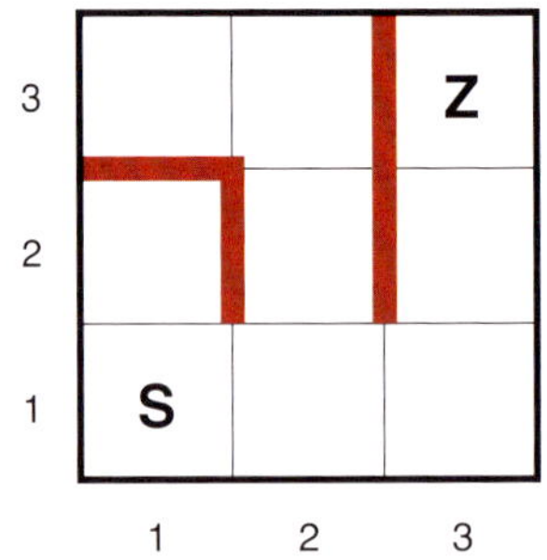

Abbildung 4.19: Ein einfaches Labyrinthproblem. Der Agent startet bei *S* und muss *Z* erreichen, weiß aber nichts über die Umgebung.

Beispiel könnte ein Erkundungsroboter wissen, wie seine Bewegungsaktionen funktionieren und nur die Positionen von Hindernissen nicht kennen.

Schließlich könnte der Agent Zugriff auf eine zulässige heuristische Funktion $h(s)$ haben, die die Entfernung vom aktuellen Zustand zu einem Zielzustand schätzt. In ► Abbildung 4.19 kennt der Agent vielleicht die Position des Ziels und könnte dann die Heuristik der Manhattan-Distanz verwenden (S. 128).

Typischerweise ist das Ziel des Agenten, einen Zielzustand zu erreichen und dabei die Kosten zu minimieren. (Ein anderes mögliches Ziel ist einfach die Erkundung der gesamten Umgebung.) Die Kosten sind die gesamten Pfadkosten, die dem Agenten während seiner Reise entstehen. Es ist üblich, diese Kosten mit den Pfadkosten zu vergleichen, die dem Agenten entstehen würden, *wenn er den Suchraum im Voraus kennen würde*, d. h. mit dem optimalen Pfad in der bekannten Umgebung. In der Sprache der Onlinealgorithmen wird dieser Vergleich als **kompetitiver Faktor** bezeichnet, den wir so klein wie möglich haben wollen.

Online-Erkundungen sind anfällig für **Sackgassen**: Zustände, von denen aus kein Zielzustand erreichbar ist. Wenn der Agent nicht weiß, was die einzelnen Aktionen bewirken, kann es sein, dass er den „Sprung in den Abgrund" riskiert und somit vielleicht das Ziel nie erreicht. Im Allgemeinen *kann kein Algorithmus Sackgassen in allen Zustandsräumen vermeiden.* Betrachten Sie die beiden Sackgassen-Zustandsräume in ► Abbildung 4.20 a. Ein Onlinesuchalgorithmus, der die Zustände *S* und *A* besucht hat, kann nicht sagen, ob er sich im oberen oder im unteren Zustandsraum befindet; auf der Grundlage seiner bisherigen Erfahrung sehen die beiden für den Agenten identisch aus. Er kann also nicht wissen, wie er die richtige Aktion in den Zustandsräumen auswählen soll. Dies ist ein Beispiel für ein **Widersacherargument** – wir können uns einen Widersacher vorstellen, der den Zustandsraum konstruiert, während der Agent ihn erkundet, und die Ziele und Sackgassen beliebig platziert, wie in ► Abbildung 4.20 b.

Sackgassen sind eine echte Schwierigkeit für die Erkundung durch Roboter – Treppen, Rampen, Klippen, Einbahnstraßen und sogar natürliches Gelände stellen allesamt Zustände dar, von denen aus betrachtet einige Aktionen **irreversibel** sind – es gibt keine Möglichkeit, zum vorherigen Zustand zurückzukehren. Der Erkundungsalgorithmus, den wir hier vorstellen wollen, funktioniert garantiert nur in Zustandsräumen, die **sicher erkundbar** sind, d. h., von jedem erreichbaren Zustand aus ist irgendein Zielzustand erreichbar. Zustandsräume mit nur umkehrbaren Aktionen, wie z. B. Labyrinthe und 8-Puzzles, sind eindeutig sicher erkundbar (falls sie überhaupt eine Lösung haben). Wir werden das Thema der sicheren Erkundung in Abschnitt 22.3.2 genauer behandeln.

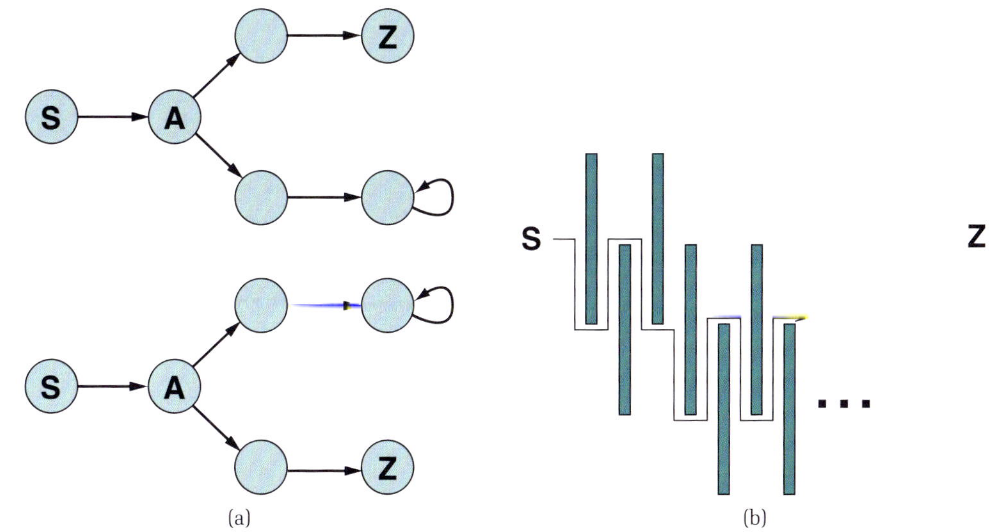

Abbildung 4.20: (a) Zwei Zustandsräume, die einen Onlinesuchagenten in eine Sackgasse führen können. Jeder Agent wird in mindestens einem dieser Räume scheitern. (b) Eine zweidimensionale Umgebung, die einen Onlinesuchagenten veranlassen kann, eine beliebige ineffiziente Route zum Ziel zu verfolgen. Unabhängig davon, welche Auswahl der Agent trifft, blockiert der Widersacher diese Route mit einer weiteren langen, dünnen Wand, sodass der verfolgte Pfad viel länger ist als der bestmögliche Pfad.

Selbst in sicher erkundbaren Umgebungen kann kein begrenzter kompetitiver Faktor garantiert werden, falls es Pfade mit unbegrenzten Kosten gibt. Dies ist in Umgebungen mit irreversiblen Aktionen leicht zu zeigen, doch tatsächlich gilt es auch für den reversiblen Fall, wie ► Abbildung 4.20 b zeigt. Aus diesem Grund ist es üblich, die Leistung von Onlinesuchalgorithmen in Bezug auf die Größe des gesamten Zustandsraums zu charakterisieren und nicht nur hinsichtlich der Tiefe des flachsten Ziels.

4.5.2 Onlinesuchagenten

Nach jeder Aktion erhält ein Onlineagent in einer beobachtbaren Umgebung ein Perzept, das ihm mitteilt, welchen Zustand er erreicht hat; anhand dieser Information kann er seine Karte der Umgebung erweitern. Die aktualisierte Karte wird dann verwendet, um zu planen, wohin er als Nächstes gehen soll. Diese Verflechtung von Planung und Aktion bedeutet, dass sich Onlinesuchalgorithmen von den Offlinesuchalgorithmen, die wir bisher gesehen haben, deutlich unterscheiden: Offlinealgorithmen erkunden ihr *Modell* des Zustandsraums, während Onlinealgorithmen die reale Welt erkunden. Zum Beispiel kann A* einen Knoten in einem Teil des Raums und sofort danach einen Knoten in einem entfernten Teil des Raums expandieren, weil es sich bei der Expansion eines Knotens um simulierte anstatt reale Aktionen handelt.

Ein Onlinealgorithmus kann dagegen Nachfolger nur für einen Zustand entdecken, den er physisch belegt. Um zu vermeiden, dass der gesamte Weg zu einem entfernten Zustand zurückgelegt wird, um den nächsten Knoten zu expandieren, scheint es sinnvoller, Knoten in einer *lokalen* Reihenfolge zu expandieren. Die Tiefensuche hat genau diese Eigenschaft, da (außer bei Backtracking-Schritten) der nächste expandierte Knoten ein Kind des zuvor expandierten Knotens ist.

Ein Agent für die Onlinetiefensuche (für deterministische, aber unbekannte Aktionen) ist in ► Abbildung 4.21 dargestellt. Dieser Agent speichert seine Zuordnung in einer Tabelle

```
function ONLINE-DFS-AGENT(problem, s') returns eine Aktion
  persistent: s, a, der vorherige Zustand und vorherige Aktion, anfangs null
              result, eine Tabelle, die (s, a) auf s' abbildet, anfangs leer
              untried, eine Tabelle, die s auf eine Liste noch nicht ausprobierter Aktionen
                    abbildet
              unbacktracked, eine Tabelle, die s auf eine Liste von Zuständen abbildet,
                         auf die noch kein Backtracking-Schritt angewandt wurde

  if problem.IS-GOAL(s') then return stop
  if s' ist ein neuer Zustand (nicht in untried) then untried[s'] ← problem.ACTIONS(s')
  if s ist nicht null then
     result[s, a] ← s'
     füge s ans Ende von unbacktracked[s'] hinzu
  if untried[s'] ist leer then
     if unbacktracked[s'] ist leer then return stop
     s', a ← null, eine Aktion b, sodass result[s', b] = POP(unbacktracked[s'])
  else a ← POP(untried[s'])
  s ← s'
  return a
```

Abbildung 4.21: Ein Onlinesuchagent, der Tiefensuche zur Exploration verwendet. Der Agent kann nur in Zustandsräumen sicher erkunden, in denen jede Aktion durch eine andere Aktion „rückgängig gemacht" werden kann.

result[*s*, *a*], die den Zustand aufzeichnet, der sich aus der Ausführung von Aktion *a* im Zustand *s* ergibt. (Für nichtdeterministische Aktionen könnte der Agent eine Menge von Zuständen unter *results*[*s*, *a*] aufzeichnen.) Immer wenn der aktuelle Zustand unerforschte Aktionen enthält, probiert der Agent eine dieser Aktionen aus. Die Schwierigkeit entsteht, wenn der Agent alle Aktionen in einem Zustand ausprobiert hat. Bei der Offlinetiefensuche wird der Zustand einfach aus der Warteschlange entfernt; bei einer Onlinesuche muss sich der Agent physisch rückwärts bewegen (Backtracking-Schritt). Bei der Tiefensuche bedeutet dies, dass er zu dem Zustand zurückgeht, von dem aus er den aktuellen Zustand erreicht hat. Dazu verwaltet der Algorithmus eine weitere Tabelle, die für jeden Zustand die Vorgängerzustände auflistet, zu denen der Agent noch nicht zurückgegangen ist. Wenn der Agent keine Zustände mehr hat, zu denen er zurückgehen kann, dann ist seine Suche beendet.

Wir empfehlen dem Leser, den Ablauf von ONLINE-DFS-AGENT nachzuvollziehen, der auf das in ► Abbildung 4.19 dargestellte Labyrinth angewandt wird. Man kann recht einfach erkennen, dass der Agent im schlimmsten Fall jede Verbindung im Zustandsraum genau zweimal durchläuft. Für die Erkundung ist dies optimal; für das Finden eines Ziels hingegen könnte der kompetitive Faktor des Agenten beliebig schlecht werden, falls er sich auf eine lange Exkursion begibt, während sich ein Ziel direkt neben dem Anfangszustand befindet. Eine Onlinevariante der iterativen Tiefensuche löst dieses Problem; in einer Umgebung, bei der es sich um einen uniformen Baum handelt, ist der kompetitive Faktor eines solchen Agenten eine kleine Konstante.

Aufgrund seiner Methode des Backtrackings funktioniert ONLINE-DFS-AGENT nur in Zustandsräumen, in denen die Aktionen reversibel sind. Es gibt etwas komplexere Algorithmen, die in allgemeinen Zustandsräumen funktionieren, aber keiner dieser Algorithmen hat einen begrenzten kompetitiven Faktor.

4.5.3 Lokale Onlinesuche

Wie die Tiefensuche hat die **Bergsteigersuche** die Eigenschaft der Lokalität in ihren Knotenexpansionen. Da sie nur einen aktuellen Zustand im Speicher behält, ist die Bergsteigersuche bereits ein Onlinesuchalgorithmus! Leider ist der grundlegende Algorithmus nicht sehr gut

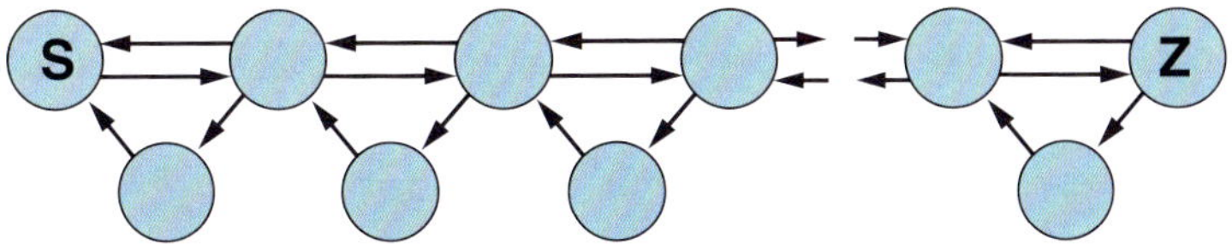

Abbildung 4.22: Eine Umgebung, in der ein Random Walk exponentiell viele Schritte benötigt, um das Ziel zu finden.

für die Exploration geeignet, da er den Agenten an lokalen Maxima sitzen lässt, von denen er nicht weitergehen kann. Außerdem können keine zufälligen Neustarts verwendet werden, da der Agent sich nicht selbst in einen neuen Startzustand teleportieren kann.

Anstelle von zufälligen Neustarts könnte man auch zufällig weitergehen, also einen **Random Walk** zum Erkunden der Umgebung in Betracht ziehen. Ein Random Walk wählt einfach zufällig eine der verfügbaren Aktionen aus dem aktuellen Zustand aus; dabei können Aktionen bevorzugt werden, die noch nicht ausprobiert wurden. Es ist einfach zu beweisen, dass ein Random Walk *irgendwann* ein Ziel findet oder seine Exploration abschließt, vorausgesetzt, der Raum ist endlich und sicher erkundbar.[10] Andererseits kann der Prozess sehr langsam sein. ► Abbildung 4.22 zeigt eine Umgebung, in der ein Random Walk exponentiell viele Schritte benötigt, um das Ziel zu finden, weil für jeden Zustand in der oberen Reihe außer S der Backtracking-Schritt doppelt so wahrscheinlich ist wie ein Vorwärtsschritt. Das Beispiel ist natürlich konstruiert, aber es gibt viele reale Zustandsräume, deren Topologie diese Art einer „Falle" für Random Walks verursacht.

Es stellt sich heraus, dass es effektiver ist, das Bergsteigen mit *Speicher* statt mit Zufall zu erweitern. Die Grundidee ist es, eine „aktuell beste Schätzung" $H(s)$ der Kosten für das Erreichen des Ziels von jedem besuchten Zustand aus zu speichern. $H(s)$ ist anfangs nur die heuristische Schätzung $h(s)$ und wird aktualisiert, wenn der Agent Erfahrung im Zustandsraum sammelt.

► Abbildung 4.23 zeigt ein einfaches Beispiel in einem eindimensionalen Zustandsraum. In ► Abbildung 4.23 a scheint der Agent in einem flachen lokalen Minimum beim roten Zustand festzustecken. Anstatt dort zu bleiben, wo er ist, sollte der Agent dem scheinbar besten Pfad zum Ziel folgen, ausgehend von den aktuellen Kostenschätzungen für seine Nachbarn. Die geschätzten Kosten, um das Ziel über einen Nachbarn s' zu erreichen, setzen sich zusammen aus den Kosten, um zu s' zu gelangen, und den geschätzten Kosten, um von dort aus zu einem Ziel zu kommen – das heißt $c(s, a, s') + H(s')$. Im Beispiel gibt es zwei Aktionen mit geschätzten Kosten $1 + 9$ nach links und $1 + 2$ nach rechts, also erscheint es am besten, nach rechts zu gehen.

In ► Abbildung 4.23 b wird deutlich, dass die Kostenschätzung von 2 für den roten Zustand in ► Abbildung 4.23 a zu optimistisch war. Da die beste Bewegung 1 kostete und zu einem Zustand führte, der mindestens 2 Schritte von einem Ziel entfernt ist, muss der rote Zustand mindestens 3 Schritte von einem Ziel entfernt sein, also sollte sein H entsprechend aktualisiert werden, wie in ► Abbildung 4.23 b gezeigt. Setzt man diesen Prozess fort, dann bewegt sich der Agent noch zweimal vor und zurück, wobei er jedes Mal H aktualisiert und das lokale Minimum „abflacht", bis er nach rechts entkommt.

Ein Agent, der dieses Schema implementiert, das als **LRTA*** (*Learning Real-Time A**) bezeichnet wird, ist in ► Abbildung 4.24 dargestellt. Wie ONLINE-DFS-AGENT erstellt er eine Karte der Umgebung in der Tabelle *result*. Er aktualisiert die Kostenschätzung für den Zustand,

10 Random Walks sind auf unendlichen ein- und zweidimensionalen Gittern vollständig. Auf einem dreidimensionalen Gitter liegt die Wahrscheinlichkeit, dass der Random Walk jemals zum Ausgangspunkt zurückkehrt, nur bei etwa 0,3405 (Hughes, 1995).

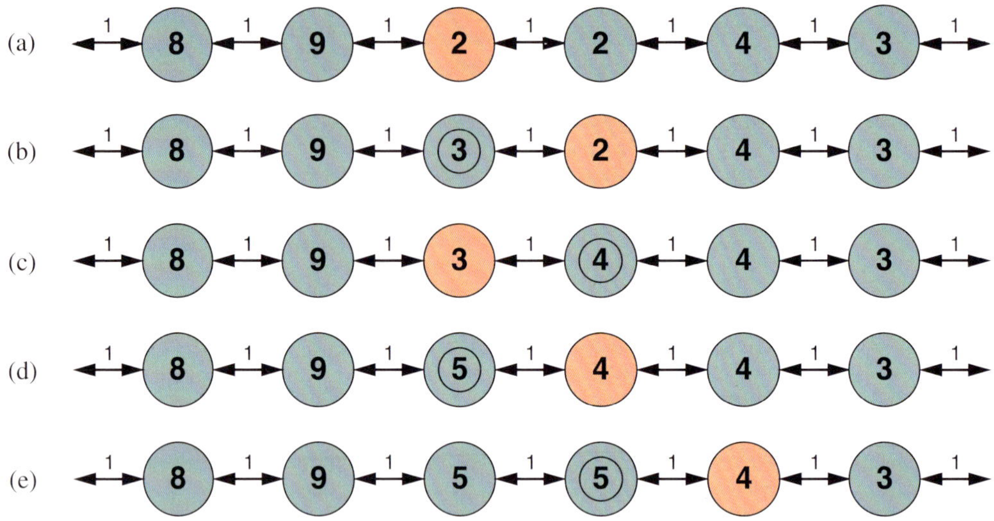

Abbildung 4.23: Fünf Iterationen von LRTA* auf einem eindimensionalen Zustandsraum. Jeder Zustand ist mit $H(s)$ beschriftet, der aktuellen Kostenschätzung zum Erreichen eines Ziels, und jede Verbindung hat Aktionskosten von 1. Der rote Zustand markiert die Position des Agenten und die aktualisierten Kostenschätzungen bei jeder Iteration haben einen Doppelkreis.

```
function LRTA*-AGENT(problem, s', h) returns eine Aktion
  persistent: s, a, vorheriger Zustand und vorherige Aktion, anfangs null
              result, eine Tabelle, die (s, a) auf s' abbildet, anfangs leer
              H, eine Tabelle, die s auf eine Kostenschätzung abbildet, anfangs leer

  if IS-GOAL(s') then return stop
  if s' ist ein neuer Zustand (nicht in H) then H[s'] ← h(s')
  if s ist nicht null then
     result[s, a] ← s'
     H[s] ←      min        LRTA*-COST(problem, s, b, result[s, b], H)
             b ∈ ACTIONS(s)
  a ←    argmin      LRTA*-COST(problem, s', b, result[s', b], H)
     b ∈ ACTIONS(s)
  s ← s'
  return a

function LRTA*-COST(problem, s, a, s', H) returns eine Kostenschätzung
  if s' ist undefiniert then return h(s)
  else return problem.ACTION-COST(s, a, s') + H[s']
```

Abbildung 4.24: LRTA*-AGENT wählt eine Aktion gemäß den Werten benachbarter Zustände, die aktualisiert werden, wenn sich der Agent im Zustandsraum bewegt.

den er gerade verlassen hat, und wählt dann den „scheinbar besten“ Zug gemäß seiner aktuellen Kostenschätzung. Ein wichtiges Detail ist, dass bei Aktionen, die in einem Zustand s noch nicht ausprobiert wurden, immer angenommen wird, dass sie sofort zum Ziel mit den geringsten Kosten führen, nämlich $h(s)$. Dieser **Optimismus unter Unsicherheit** ermutigt den Agenten, neue, möglicherweise aussichtsreiche Pfade zu erkunden.

Ein LRTA*-Agent findet ein Ziel garantiert in jeder endlichen, sicher erkundbaren Umgebung. Im Gegensatz zu A* ist er jedoch nicht vollständig für unendliche Zustandsräume – es gibt Fälle, in denen er unendlich oft in die Irre geführt werden kann. Er kann eine Umgebung mit n Zuständen im schlimmsten Fall in $O(n^2)$ Schritten erkunden, ist aber oft viel besser. Der LRTA*-Agent ist nur einer aus einer großen Familie von Onlineagenten, die man definieren kann, indem man die Aktionsauswahlregel und die Aktualisierungsregel auf verschiedene Arten spezifiziert. Wir besprechen diese Familie, die ursprünglich für stochastische Umgebungen entwickelt wurde, in Kapitel 22.

4.5.4 Lernen bei der Onlinesuche

Die anfängliche Unwissenheit von Online-Suchagenten bietet mehrere Möglichkeiten zum Lernen. Erstens lernen die Agenten eine „Karte" der Umgebung – genauer gesagt, das Ergebnis jeder Aktion in jedem Zustand –, indem sie einfach ihre gesamten Erfahrungen aufzeichnen. Zweitens bekommen lokale Suchagenten mithilfe lokaler Aktualisierungsregeln genauere Kostenschätzungen für jeden Zustand, wie in LRTA*. In Kapitel 22 zeigen wir, dass sich diese Aktualisierungen irgendwann für jeden Zustand an die *exakten* Werte annähern, vorausgesetzt, der Agent erkundet den Zustandsraum auf die richtige Weise. Sobald die exakten Werte bekannt sind, kann der Agent optimale Entscheidungen treffen, indem er sich einfach zum Nachfolger mit den geringsten Kosten bewegt – das heißt, reines Bergsteigen ist dann eine optimale Strategie.

Wenn Sie unserem Vorschlag gefolgt sind, das Verhalten von ONLINE-DFS-AGENT in der Umgebung von ► Abbildung 4.19 zu verfolgen, werden Sie bemerkt haben, dass der Agent nicht besonders schlau ist. Nachdem er zum Beispiel gesehen hat, dass die Aktion *Oben* von (1,1) zu (1,2) führt, hat er immer noch keine Ahnung, dass die Aktion *Unten* zurück zu (1,1) geht oder dass die Aktion *Oben* auch von (2,1) zu (2,2) geht, von (2,2) zu (2,3) und so weiter. Im Allgemeinen möchten wir, dass der Agent lernt, dass *Oben* die y-Koordinate erhöht, solange keine Wand im Weg ist, und dass *Unten* sie verringert, und so weiter.

Dazu benötigen wir zwei Dinge. Erstens brauchen wir eine formale und explizit manipulierbare Darstellung für diese Art von allgemeinen Regeln; bisher haben wir die Informationen in der Blackbox – der RESULT-Funktion – verborgen. Diesem Thema sind die Kapitel 8 bis 11 gewidmet. Zweitens brauchen wir Algorithmen, die aus den spezifischen Beobachtungen des Agenten geeignete allgemeine Regeln konstruieren können. Diese werden in Kapitel 19 behandelt.

Wenn wir davon ausgehen, dass wir in Zukunft mehrere ähnliche Probleme lösen müssen, ist es sinnvoll, Zeit (und Speicher) zu investieren, um diese zukünftigen Suchen zu erleichtern. Es gibt mehrere Möglichkeiten, dies zu tun, die alle unter den Begriff der **inkrementellen Suche** fallen. Wir könnten den Suchbaum im Speicher behalten und die Teile davon wiederverwenden, die für das neue Problem unverändert sind. Wir könnten die heuristischen h-Werte behalten und sie aktualisieren, wenn wir neue Informationen erhalten – entweder weil sich die Welt verändert hat oder weil wir eine bessere Schätzung berechnet haben. Oder wir könnten die Werte für den besten Weg g beibehalten, sie verwenden, um eine neue Lösung zusammenzusetzen, und sie aktualisieren, wenn sich die Welt ändert.

ZUSAMMENFASSUNG

In diesem Kapitel wurden Suchalgorithmen für Probleme in teilweise beobachtbaren, nichtdeterministischen, unbekannten und stetigen Umgebungen untersucht.

- *Lokale Suchmethoden* wie das **Bergsteigen** halten nur eine kleine Anzahl von Zuständen im Speicher. Sie wurden auf Optimierungsprobleme angewandt, bei denen es darum geht, einen Zustand mit hoher Punktzahl zu finden, ohne sich Gedanken über den Pfad zu diesem Zustand zu machen. Es wurden mehrere stochastische lokale Suchalgorithmen entwickelt, darunter **Simulated Annealing**, welches optimale Lösungen liefert, wenn ein geeigneter Plan für das „Abkühlen" vorgegeben wird.
- Viele lokale Suchverfahren sind auch auf Probleme in stetigen Räumen anwendbar. **Lineare Programmierung** und **konvexe Optimierungsprobleme** gehorchen bestimmten Einschränkungen bezüglich der Form des Zustandsraums und der Art der Zielfunktion und lassen Polynomialzeit-Algorithmen zu, die in der Praxis oft äußerst effizient sind. Für einige mathematisch wohlgeformte Probleme können wir das Maximum mithilfe der Infinitesimalrechnung finden, um herauszufinden, wo der Gradient null ist; für andere Probleme müssen wir uns mit dem empirischen Gradienten begnügen, der den Unterschied in der Fitness zwischen zwei nahe gelegenen Punkten misst.
- Ein **evolutionärer Algorithmus** ist eine stochastische Bersteigersuche, bei der eine Population von Zuständen aufrechterhalten wird. Neue Zustände werden durch **Mutation** und durch **Crossover** erzeugt, wobei letztere Methode Paare von Zuständen kombiniert.
- In **nichtdeterministischen** Umgebungen können Agenten die UND-ODER-Suche anwenden, um **situative** Pläne zu generieren, die das Ziel erreichen, unabhängig davon, welche Ergebnisse während der Ausführung eintreten.
- Wenn die Umgebung teilweise beobachtbar ist, repräsentiert der **Wissenszustand** die Menge der möglichen Zustände, in denen sich der Agent befinden könnte.
- Standard-Suchalgorithmen können direkt auf den Wissenszustandsraum angewendet werden, um **sensorlose Probleme** zu lösen, und die UND-ODER-Suche auf Wissenszuständen kann allgemeine, teilweise beobachtbare Probleme lösen. Inkrementelle Algorithmen, die Lösungen Zustand für Zustand innerhalb eines Wissenszustands konstruieren, sind oft effizienter.
- **Explorationsprobleme** entstehen, wenn der Agent keinerlei Kenntnis über die Zustände und Aktionen seiner Umgebung hat. Für sicher erkundbare Umgebungen können **Onlinesuchagenten** eine Karte erstellen und ein Ziel finden, wenn eines existiert. Das Aktualisieren von heuristischen Schätzungen aus Erfahrung bietet eine effektive Methode, um aus lokalen Minima zu entkommen.

Bibliografische und historische Anmerkungen

Lokale Suchverfahren haben eine lange Geschichte in der Mathematik und der Informatik. In der Tat kann die Newton-Raphson-Methode (Newton, 1671; Raphson, 1690) als ein sehr effizientes lokales Suchverfahren für stetige Räume betrachtet werden, in denen Gradienteninformation verfügbar ist. Brent (1973) ist eine klassische Referenz für Optimierungsalgorithmen, die derartige Informationen nicht benötigen. Die Strahlsuche, die wir als lokalen Suchalgorithmus vorgestellt haben, hat ihren Ursprung als eine Variante der dynamischen Programmierung mit begrenzter Breite für die Spracherkennung im HARPY-System (Lowerre, 1976). Ein verwandter Algorithmus wird von Pearl (1984, Kap. 5) eingehend analysiert.

Das Thema der lokalen Suche wurde in den frühen 1990er Jahren durch überraschend gute Ergebnisse für große Constraint-Satisfaction-Probleme wie das n-Damenproblem (Minton *et al.*, 1992) und das Erfüllbarkeitsproblem der Aussagenlogik (Selman *et al.*, 1992) sowie durch die Einbeziehung von Zufälligkeit, mehrfacher gleichzeitiger Suche und anderer Verbesserungen wiederbelebt. Diese Renaissance von Algorithmen, die Christos Papadimitriou als „New Age"-Algorithmen bezeichnet hat, weckte auch ein gesteigertes Interesse bei theoretischen Informatikern (Koutsoupias und Papadimitriou, 1992; Aldous und Vazirani, 1994).

Im Bereich des Operations Research hat eine Variante des Bergsteigens – die **Tabu-Suche** – an Popularität gewonnen (Glover und Laguna, 1997). Dieser Algorithmus unterhält eine Tabu-Liste mit k zuvor besuchten Zuständen, die nicht erneut besucht werden können; diese Liste verbessert nicht nur die Effizienz beim Durchsuchen von Graphen, sondern kann es dem Algorithmus auch ermöglichen, aus einigen lokalen Minima zu entkommen.

Eine weitere nützliche Verbesserung des Bergsteigens ist der STAGE-Algorithmus (Boyan und Moore, 1998). Die Idee hierbei ist, die lokalen Maxima zu verwenden, die durch Bergsteigen mit zufälligen Neustarts gefunden wurden, um eine Vorstellung von der Gesamtform der Landschaft zu erhalten. Der Algorithmus passt eine glatte quadratische Fläche an die Menge der lokalen Maxima an und berechnet dann analytisch das globale Maximum dieser Fläche. Dies wird der neue Startpunkt. Gomes *et al.* (1998) haben gezeigt, dass die Laufzeiten von systematischen Backtracking-Algorithmen oft eine **Verteilung mit schweren Rändern** haben, was bedeutet, dass die Wahrscheinlichkeit einer sehr langen Laufzeit größer ist, als es bei einer Exponentialverteilung der Laufzeiten zu erwarten wäre. Wenn es sich bei der Laufzeitverteilung um eine Verteilung mit schweren Rändern handelt, finden zufällige Neustarts im Durchschnitt schneller eine Lösung als ein einzelner Durchlauf bis zum Abschluss. Hoos und Stützle (2004) bieten eine buchfüllende Behandlung des Themas.

Simulated Annealing wurde erstmals von Kirkpatrick *et al.* (1983) beschrieben, die es direkt vom **Metropolis-Algorithmus** entlehnten (der zur Simulation komplexer Systeme in der Physik eingesetzt wird (Metropolis *et al.*, 1953) und angeblich bei einer Dinnerparty in Los Alamos erfunden wurde). Simulated Annealing ist mittlerweile ein eigenes Fachgebiet mit Hunderten von Veröffentlichungen pro Jahr.

Das Finden optimaler Lösungen in stetigen Räumen ist Gegenstand mehrerer Gebiete, einschließlich der **Optimierungstheorie**, der **Theorie der optimalen Steuerung** und der **Variationsrechnung**. Die grundlegenden Techniken werden von Bishop (1995) gut erklärt; Press *et al.* (2007) behandeln eine breite Palette von Algorithmen und stellen einsatzfähige Software zur Verfügung.

Forscher haben sich für Such- und Optimierungsalgorithmen von einer Vielzahl von Fachgebieten inspirieren lassen: Metallurgie (Simulated Annealing); Biologie (genetische Algorithmen); Neurowissenschaften (neuronale Netze); Bergsteigen (Bergsteigeralgorithmen); Wirtschaftswissenschaften (marktbasierte Algorithmen; Dias *et al.*, 2006); Physik (Partikelschwarm- (Li und Yao, 2012) und Spin-Glas-Optimierung (Mézard *et al.*, 1987)); Verhalten im Tierreich (Reinforcement Learning, Grauer-Wolf-Optimierer; Mirjalili und Lewis, 2014); Ornithologie (Kuckuckssuche; Yang und Deb, 2014); Entomologie (Ameisenkolonie- (Dorigo *et al.*, 2008), Bienenkolonie- (Karaboga und Basturk, 2007), Leuchtkäfer- (Yang, 2009) und Glühwürmchen- (Krishnanand und Ghose, 2009) Optimierung); und andere.

Die **lineare Programmierung** (LP) wurde erstmals systematisch von dem Mathematiker Leonid Kantorovich (1939) untersucht. Sie war eine der ersten Anwendungen von Computern; der **Simplex-Algorithmus** (Dantzig, 1949) wird trotz der im schlimmsten Fall exponentiellen Komplexität immer noch verwendet. Karmarkar (1984) entwickelte die weitaus effizientere Familie der **Interieur-Punkt**-Methoden, deren polynomielle Komplexität für die allgemeinere Klasse der konvexen Optimierungsprobleme von Nesterov und Nemirovski (1994) gezeigt wurde. Ausgezeichnete Einführungen in die konvexe Optimierung bieten Ben-Tal und Nemirovski (2001) sowie Boyd und Vandenberghe (2004).

Die Arbeit von Sewall Wright (1931) über das Konzept einer **Fitnesslandschaft** war ein wichtiger Vorläufer für die Entwicklung genetischer Algorithmen. In den 1950er Jahren verwendeten mehrere Statistiker, darunter Box (1957) und Friedman (1959), evolutionäre Techniken für Optimierungsprobleme, aber erst als Rechenberg (1965) **Evolutionsstrategien** zur Lösung von Optimierungsproblemen für Tragflächen einführte, gewann der Ansatz an Popularität. In den 1960er und 1970er Jahren setzte sich John Holland (1975) für genetische Algorithmen ein, sowohl als nützliches Optimierungswerkzeug als auch als Methode zur Erweiterung unseres Verständnisses von Anpassung (Holland, 1995).

Die Strömung innerhalb der KI, die sich mit **künstlichem Leben** (KL; Langton, 1995) befasst, ging noch einen Schritt weiter und betrachtete die Produkte genetischer Algorithmen als *Organismen* und nicht als Lösungen für Probleme. Der im Kapitel besprochene Baldwin-Effekt wurde etwa gleichzeitig von Conwy Lloyd Morgan (1896) und James Baldwin (1896) vorgeschlagen. Computersimulationen haben geholfen, die Implikationen zu klären (Hinton und Nowlan, 1987; Ackley und Littman, 1991; Morgan und Griffiths, 2015). Smith und Szathmáry (1999), Ridley (2004) und Carroll (2007) liefern allgemeine Hintergrundinformationen zur Evolution.

Die meisten Vergleiche von genetischen Algorithmen mit anderen Ansätzen (insbesondere stochastisches Bergsteigen) haben ergeben, dass die genetischen Algorithmen langsamer konvergieren (O'Reilly und Oppacher, 1994; Mitchell *et al.*, 1996; Juels und Wattenberg, 1996; Baluja, 1997). Solche Erkenntnisse sind innerhalb der GA-Community nicht besonders beliebt, doch die jüngsten Versuche innerhalb dieser Gemeinschaft, die populationsbasierte Suche als eine approximative Form des Bayes'schen Lernens zu verstehen (siehe Kapitel 20), könnten dazu beitragen, die Lücke zwischen dem Feld und seinen Kritikern zu schließen (Pelikan *et al.*, 1999). Die Theorie der **quadratischen dynamischen Systeme** kann ebenfalls die Leistung von GAs erklären (Rabani *et al.*, 1998). Es gibt einige beeindruckende praktische Anwendungen von GAs, in so unterschiedlichen Bereichen wie Antennendesign (Lohn *et al.*, 2001), CAD (Renner und Ekart, 2003), Klimamodelle (Stanislawska *et al.*, 2015), Medizin (Ghaheri *et al.*, 2015) und Entwurf tiefer neuronaler Netze (Miikkulainen *et al.*, 2019).

Das Gebiet der **genetischen Programmierung** ist ein Teilgebiet der genetischen Algorithmen, bei dem die Darstellungen Programme und keine Bit-Zeichenketten sind. Die Programme werden in Form von Syntaxbäumen dargestellt, entweder in einer Standardprogrammiersprache oder in speziell entwickelten Formaten zur Darstellung von elektronischen Schaltungen, Robotersteuerungen usw. Beim Crossover werden die Teilbäume so zusammengefügt, dass die Nachkommen garantiert wohlgeformte Ausdrücke sind.

Das Interesse an der genetischen Programmierung wurde durch die Arbeit von John Koza (1992, 1994) geweckt, geht aber zumindest auf frühe Experimente mit Maschinencode von Friedberg (1958) und mit endlichen Automaten von Fogel *et al.* (1966) zurück. Wie bei genetischen Algorithmen gibt es eine Debatte über die Effektivität der Technik. Koza *et al.* (1999)

beschreiben Experimente zur Verwendung von genetischer Programmierung für den Entwurf von Schaltkreisen.

Die Zeitschriften *Evolutionary Computation* und *IEEE Transactions on Evolutionary Computation* behandeln evolutionäre Algorithmen; Artikel finden sich auch in *Complex Systems*, *Adaptive Behavior* und *Artificial Life*. Die wichtigste Konferenz ist die *Genetic and Evolutionary Computation Conference* (GECCO). Gute Übersichtstexte zu genetischen Algorithmen sind die von Mitchell (1996), Fogel (2000), Langdon und Poli (2002) und Poli *et al.* (2008).

Die Unvorhersehbarkeit und teilweise Beobachtbarkeit realer Umgebungen wurde schon früh in Robotikprojekten erkannt, die Planungstechniken verwendeten, darunter Shakey (Fikes *et al.*, 1972) und FREDDY (Michie, 1972). Mehr Aufmerksamkeit erhielten die Probleme nach der Veröffentlichung von McDermotts (1978a) einflussreichem Artikel *Planning and Acting*.

Die erste Arbeit, die explizit UND-ODER-Bäume verwendet hat, scheint Slagles SAINT-Programm für symbolische Integration gewesen zu sein, das in Kapitel 1 erwähnt wurde. Amarel (1967) wandte die Idee auf das aussagenlogische Theorembeweisen an, ein Thema, das in Kapitel 7 behandelt wird, und führte einen Suchalgorithmus ähnlich AND-OR-GRAPH-SEARCH ein. Der Algorithmus wurde von Nilsson (1971) weiterentwickelt, der auch AO* beschrieb – der, wie der Name schon sagt, optimale Lösungen findet. AO* wurde von Martelli und Montanari (1973) weiter verbessert.

AO* ist ein Top-down-Algorithmus; eine Bottom-up-Verallgemeinerung von A* ist A*LD, was für A* Lightest Derivation steht (Felzenszwalb und McAllester, 2007). Das Interesse an der UND-ODER-Suche erfuhr in den frühen 2000er Jahren eine Wiederbelebung, mit neuen Algorithmen zum Finden zyklischer Lösungen (Jimenez und Torras, 2000; Hansen und Zilberstein, 2001) und neuen Techniken, die von der dynamischen Programmierung inspiriert sind (Bonet und Geffner, 2005).

Die Idee, teilweise beobachtbare Probleme in Wissenszustandsprobleme zu transformieren, stammt von Astrom (1965) für den viel komplexeren Fall der probabilistischen Unsicherheit (siehe Kapitel 17). Erdmann und Mason (1988) untersuchten das Problem der Robotermanipulation ohne Sensoren unter Verwendung einer stetigen Form der Suche nach Wissenszuständen. Sie zeigten, dass es möglich ist, ein Teil auf einem Tisch von einer beliebigen Ausgangsposition aus durch eine gut entworfene Folge von Kippaktionen auszurichten. Praktischere Methoden, die auf einer Reihe von präzise ausgerichteten diagonalen Barrieren über ein Förderband basieren, nutzen die gleichen algorithmischen Erkenntnisse (Wiegley *et al.*, 1996).

Der Ansatz der Wissenszustände wurde im Zusammenhang mit sensorlosen und teilweise beobachtbaren Suchproblemen von Genesereth und Nourbakhsh (1993) neu entdeckt. Weitere Arbeiten zu sensorlosen Problemen wurden im Bereich der logikbasierten Planung durchgeführt (Goldman und Boddy, 1996; Smith und Weld, 1998). Diese Arbeiten betonten prägnante Repräsentationen für Wissenszustände, wie in Kapitel 11 erläutert. Bonet und Geffner (2000) stellten die ersten effektiven Heuristiken für die Wissenszustandssuche vor; diese wurden von Bryce *et al.* (2006) verfeinert. Der inkrementelle Ansatz zur Wissenszustandssuche, bei dem Lösungen inkrementell für Teilmengen von Zuständen innerhalb jedes Wissenszustands konstruiert werden, wurde in der Planungsliteratur von Kurien *et al.* (2002) untersucht; mehrere neue inkrementelle Algorithmen wurden für nichtdeterministische, teilweise beobachtbare Probleme von Russell und Wolfe (2005) vorgestellt. Weitere Referenzen für die Planung in stochastischen, teilweise beobachtbaren Umgebungen finden Sie in Kapitel 17.

Algorithmen zur Erkundung unbekannter Zustandsräume sind seit vielen Jahrhunderten von Interesse. Die Tiefensuche in einem reversiblen Labyrinth kann implementiert werden, indem man quasi seine linke Hand an der Wand belässt; Schleifen können vermieden werden, indem jede Kreuzung markiert wird. Das allgemeinere Problem der Erkundung von **eulerschen Graphen** (d. h. Graphen, in denen jeder Knoten die gleiche Anzahl von eingehenden und ausgehenden Kanten hat) wurde durch einen Algorithmus gelöst, der auf Hierholzer (1873) zurückgeht.

Die erste gründliche algorithmische Untersuchung des Explorationsproblems für beliebige Graphen wurde von Deng und Papadimitriou (1990) durchgeführt, die einen völlig allgemeinen Algorithmus entwickelten, aber zeigten, dass für die Exploration eines allgemeinen Graphen kein begrenzter kompetitiver Faktor möglich ist. Papadimitriou und Yannakakis (1991) untersuchten die Frage des Auffindens von Pfaden zu einem Ziel in geometrischen Pfadplanungsumgebungen (wo alle Aktionen reversibel sind). Sie zeigten, dass ein kleiner kompetitiver Faktor mit quadratischen Hindernissen erreichbar ist, aber mit allgemeinen rechteckigen Hindernissen kein begrenzter Faktor erreicht werden kann (► Abbildung 4.20).

In einer dynamischen Umgebung kann sich der Zustand der Welt spontan und ohne Zutun des Agenten ändern. Zum Beispiel kann der Agent eine optimale Fahrtroute von A nach B planen, aber ein Unfall oder ungewöhnlich starker Berufsverkehr kann den Plan zunichte machen. Inkrementelle Suchalgorithmen wie Lifelong Planning A* (Koenig *et al.*, 2004) und D* Lite (Koenig und Likhachev, 2002) gehen mit dieser Situation um.

Der LRTA*-Algorithmus wurde von Korf (1990) als Teil einer Untersuchung der **Echtzeitsuche** für Umgebungen entwickelt, in denen der Agent nach nur einer festen Zeitspanne der Suche handeln muss (eine häufige Situation in Spielen mit zwei Spielern). LRTA* ist in der Tat ein Spezialfall von Reinforcement-Learning-Algorithmen für stochastische Umgebungen (Barto *et al.*, 1995). Seine Strategie des Optimismus unter Ungewissheit – immer den nächsten unbesuchten Zustand anzusteuern – kann zu einem Explorationsmuster führen, das im uninformierten Fall weniger effizient ist als die einfache Tiefensuche (Koenig, 2000). Dasgupta *et al.* (1994) zeigen, dass die iterative Onlinetiefensuche optimal effizient ist, um ein Ziel in einem uniformen Baum ohne heuristische Informationen zu finden.

Es wurden mehrere informierte Varianten des LRTA*-Themas mit unterschiedlichen Methoden für die Suche und Aktualisierung innerhalb des bekannten Teils des Graphen entwickelt (Pemberton und Korf, 1992). Bisher gibt es noch kein gutes theoretisches Verständnis darüber, wie man Ziele mit optimaler Effizienz findet, wenn man heuristische Informationen verwendet. Sturtevant und Bulitko (2016) liefern eine Analyse einiger Fallstricke, die in der Praxis auftreten.

Adversariale Suche und Spiele

5

In diesem Kapitel erkunden wir Umgebungen, in denen andere Agenten gegen uns intrigieren.

In diesem Kapitel befassen wir uns mit **konkurrierenden Umgebungen**, in denen zwei oder mehr Agenten gegensätzliche Ziele haben, was zu **adversarialen Suchproblemen** führt. Anstatt sich mit dem Chaos realer Scharmützel zu beschäftigen, werden wir uns auf Spiele wie Schach, Go und Poker konzentrieren. Für KI-Forscher ist die vereinfachte Natur dieser Spiele ein Vorteil: Der Zustand eines Spiels ist einfach zu repräsentieren und die Agenten sind normalerweise auf eine kleine Anzahl von Aktionen beschränkt, deren Auswirkungen durch präzise Regeln definiert sind. Physische Spiele wie Krocket und Eishockey haben kompliziertere Beschreibungen, eine größere Anzahl möglicher Aktionen und eher ungenaue Regeln, die die Legalität von Aktionen definieren. Mit Ausnahme von Roboterfußball sind diese physischen Spiele in der KI-Community auf kein großes Interesse gestoßen.

5.1 Spieltheorie

Es gibt mindestens drei Haltungen, die wir gegenüber Multiagentenumgebungen einnehmen können. Die erste Haltung, die bei einer sehr großen Anzahl von Agenten angebracht ist, besteht darin, sie im Ganzen als eine **Ökonomie** zu betrachten. Dadurch können wir zum Beispiel vorhersagen, dass eine steigende Nachfrage zu einem Preisanstieg führen wird, ohne die Aktion eines einzelnen Agenten vorhersagen zu müssen.

Zweitens könnten wir die gegnerischen Agenten lediglich als Teil der Umgebung ansehen – einen Teil, der die Umgebung nichtdeterministisch macht. Doch wenn wir die gegnerischen Agenten so modellieren wie beispielsweise das Wetter – also manchmal fällt Regen und manchmal nicht –, dann entgeht uns das Konzept, dass unsere Gegner aktiv versuchen, uns zu besiegen, während der Regen vermutlich keine derartigen Absichten hat.

Der dritte Ansatz ist die explizite Modellierung der gegnerischen Agenten mit den Techniken der adversarialen Spielbaumsuche – das Thema dieses Kapitels. Wir beginnen mit einer eingeschränkten Klasse von Spielen und definieren den optimalen Zug sowie einen Algorithmus, um diesen Zug zu finden: die Minimax-Suche, eine Verallgemeinerung der UND-ODER-Suche (aus ► Abbildung 4.11). Wir zeigen, dass das Konzept des Kürzens – **Pruning** – die Suche effizienter macht, indem Teile des Suchbaums ignoriert werden, die keinen Unterschied zum optimalen Zug machen. Bei nichttrivialen Spielen haben wir normalerweise nicht genug Zeit, um sicher zu gehen, dass wir den optimalen Zug finden (auch nicht mit Pruning); wir müssen die Suche an einem bestimmten Punkt abbrechen.

Für jeden Zustand, an dem wir uns entscheiden, die Suche zu beenden, stellen wir die Frage, wer gewinnt. Um diese Frage zu beantworten, haben wir die Wahl: Wir können eine heuristische **Evaluierungsfunktion** anwenden, um anhand von Merkmalen des Zustands zu schätzen, wer gewinnt (Abschnitt 5.3), oder wir können die Ergebnisse vieler schneller Simulationen des Spiels von diesem Zustand bis zum Ende mitteln (Abschnitt 5.4).

In Abschnitt 5.5 besprechen wir Spiele, die ein Zufallselement enthalten (durch Würfeln oder Mischen von Karten), und Abschnitt 5.6 behandelt Spiele mit **unvollständiger Information** (wie Poker und Bridge, bei denen nicht alle Karten für alle Spieler sichtbar sind).

5.1.1 Nullsummenspiele für zwei Spieler

Spieltheoretiker bezeichnen die in der KI am häufigsten untersuchten Spiele (wie Schach und Go) als deterministische **Nullsummenspiele** mit **vollständiger Information** für zwei Spieler, die sich mit den Spielzügen abwechseln. „Vollständige Information" ist ein Synonym für „vollständig beobachtbar"[1] und „Nullsumme" bedeutet, dass das, was für den einen Spieler gut ist, für den anderen im gleichen Maß schlecht ist: Es gibt kein „Win-Win"-Ergebnis. Bei Spielen verwenden wir oft den Begriff **Zug** als Synonym für „Aktion" und **Position** als Synonym für „Zustand".

Wir werden unsere beiden Spieler MAX und MIN nennen, aus Gründen, die bald offensichtlich werden. MAX zieht zuerst, und dann ziehen die Spieler abwechselnd, bis das Spiel zu Ende ist. Am Ende des Spiels erhält der Gewinner Punkte und der Verlierer bekommt Strafpunkte. Ein Spiel kann formal durch die folgenden Elemente definiert werden:

- S_0: der **Anfangszustand**, der angibt, wie das Spiel beim Start eingerichtet ist;
- TO-MOVE(s): der Spieler, der an der Reihe ist, im Zustand s zu ziehen;
- ACTIONS(s): die Menge der zulässigen Züge im Zustand s;
- RESULT(s, a): das **Transitionsmodell**, das den Zustand definiert, der sich aus Ausführung von Aktion a in Zustand s ergibt;
- IS-TERMINAL(s): ein **Endtest**, der wahr (*true*)ist, wenn das Spiel beendet ist, und ansonsten falsch (*false*). Zustände, in denen das Spiel beendet ist, werden als **Endzustände** bezeichnet.
- UTILITY(s, p): eine **Nutzenfunktion** (auch Zielfunktion oder Auszahlungsfunktion genannt), die den endgültigen numerischen Wert für den Spieler p definiert, wenn das Spiel im Endzustand s endet. Beim Schach ist das Ergebnis ein Sieg, ein Verlust oder ein Unentschieden mit den Werten 1, 0, oder 1/2.[2] Einige Spiele haben einen größeren Bereich möglicher Ergebnisse – beispielsweise reichen die Auszahlungen beim Backgammon von 0 bis 192.

Ähnlich wie in Kapitel 3 definieren der Anfangszustand, die ACTIONS-Funktion und die RESULT-Funktion den **Zustandsraumgraphen** – einen Graphen, bei dem die Ecken Zustände und die Kanten Züge sind und ein Zustand über mehrere Pfade erreicht werden kann. Wie in Kapitel 3 können wir einen **Suchbaum** über einen Teil dieses Graphen legen, um den nächsten Zug zu bestimmen. Wir definieren den vollständigen **Spielbaum** als einen Suchbaum, der jeder Zugfolge bis zu einem Endzustand folgt. Der Spielbaum kann unendlich sein, wenn der Zustandsraum selbst unbegrenzt ist oder wenn die Spielregeln unendlich wiederholbare Positionen zulassen.

► Abbildung 5.1 zeigt einen Teil des Spielbaums für Tic-Tac-Toe („Drei gewinnt"). Ausgehend vom Anfangszustand hat MAX neun mögliche Züge. Im Spiel wird abwechselnd von MAX ein X und von MIN ein O gesetzt, bis wir Blattknoten erreichen, die Endzuständen entsprechen, bei denen ein Spieler drei Felder in einer Reihe hat oder alle Felder ausgefüllt sind. Die Zahl auf jedem Blattknoten gibt den Nutzenwert des Endzustands aus der Sicht von MAX an; hohe Werte sind gut für MAX und schlecht für MIN (daher auch die Namen der Spieler).

Für Tic-Tac-Toe ist der Spielbaum relativ klein – weniger als $9! = 362.880$ Endknoten (mit nur 5.478 verschiedenen Zuständen). Doch für Schach gibt es über 10^{40} Knoten, sodass man sich den Spielbaum am besten als theoretisches Konstrukt vorstellt, das wir in der physischen Welt nicht realisieren können.

1 Einige Autoren machen eine Unterscheidung, indem sie „Spiel mit unvollständiger Information" für ein Spiel wie Poker verwenden, bei dem die Spieler private Informationen über ihr eigenes Blatt erhalten, die die anderen Spieler nicht haben, und „teilweise beobachtbares Spiel", um ein Spiel wie StarCraft II zu bezeichnen, bei dem jeder Spieler die nahe Umgebung sehen kann, aber nicht die weit entfernte Umgebung.

2 Schach gilt als „Nullsummenspiel", auch wenn die Summe der Ergebnisse für die beiden Spieler jeweils +1 ist und nicht null. „Konstantsumme" wäre genauer gewesen, doch der Begriff „Nullsumme" hat sich eingebürgert und ist sinnvoll, wenn man sich vorstellt, dass jeder Spieler ein Startgeld von 1/2 erhält.

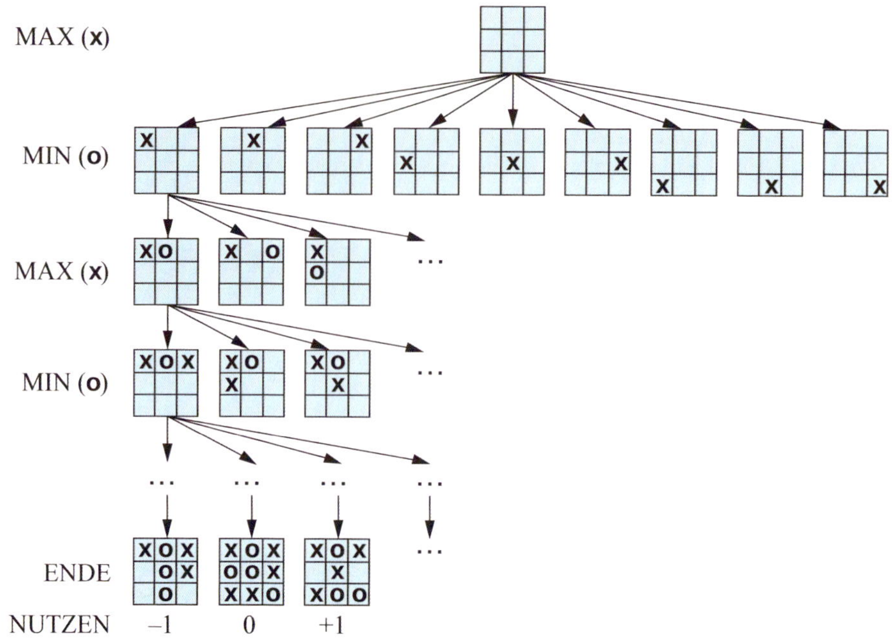

Abbildung 5.1: Ein (partieller) Spielbaum für das Spiel Tic-Tac-Toe. Der oberste Knoten ist der Anfangszustand und MAX zieht zuerst, indem er ein X in ein leeres Feld setzt. Wir zeigen einen Teil des Baums und geben abwechselnd Züge von MIN (O) und MAX (X) an, bis wir schließlich Endzustände erreichen, denen man anhand der Spielregeln Nutzenwerte zuordnen kann.

5.2 Optimale Entscheidungen in Spielen

MAX möchte eine Aktionsfolge finden, die zu einem Sieg führt, doch MIN hat ein Wörtchen mitzureden. Das heißt, die Strategie von MAX muss ein bedingter Plan sein – eine situative Strategie, die eine Reaktion auf jeden der möglichen Züge von MIN festlegt. In Spielen, die einen binären Ausgang haben (gewinnen oder verlieren), könnten wir die UND-ODER-Suche (S. 156) verwenden, um den bedingten Plan zu erzeugen. Tatsächlich ist für solche Spiele die Definition einer Gewinnstrategie für das Spiel identisch mit der Definition einer Lösung für ein nichtdeterministisches Planungsproblem: In beiden Fällen muss das wünschenswerte Ergebnis garantiert werden, egal was die „andere Seite" tut. Für Spiele mit mehreren Ausgangswerten benötigen wir einen etwas allgemeineren Algorithmus, der **Minimax-Suche** genannt wird.

Betrachten Sie das triviale Spiel in ► Abbildung 5.2. Die möglichen Züge für MAX am Wurzelknoten sind mit a_1, a_2 und a_3 beschriftet. Die möglichen Antworten auf a_1 für MIN sind b_1, b_2, b_3 und so weiter. Dieses spezielle Spiel endet nach je einem Zug von MAX und MIN. (Hinweis: In manchen Spielen bedeutet das Wort „Zug", dass beide Spieler eine Aktion ausgeführt haben; daher wird das Wort **Schicht** verwendet, um eindeutig einen Zug eines Spielers zu bezeichnen, der uns eine Ebene tiefer in den Spielbaum bringt.) Die Nutzenwerte der Endzustände in diesem Spiel reichen von 2 bis 14.

Bei einem Spielbaum kann die optimale Strategie bestimmt werden, indem der **Minimax-Wert** jedes Zustands im Baum berechnet wird, den wir als MINIMAX(s) schreiben. Der Minimax-Wert beschreibt den Nutzen (für MAX), in diesem Zustand zu sein, *unter der Annahme, dass beide Spieler von dort bis zum Ende des Spiels optimal spielen.* Der Minimax-Wert eines Endzustands ist einfach sein Nutzenwert. In einem nicht terminalen Zustand bevorzugt MAX es, zu einem Zustand mit maximalem Wert zu ziehen, wenn MAX an der Reihe ist, und

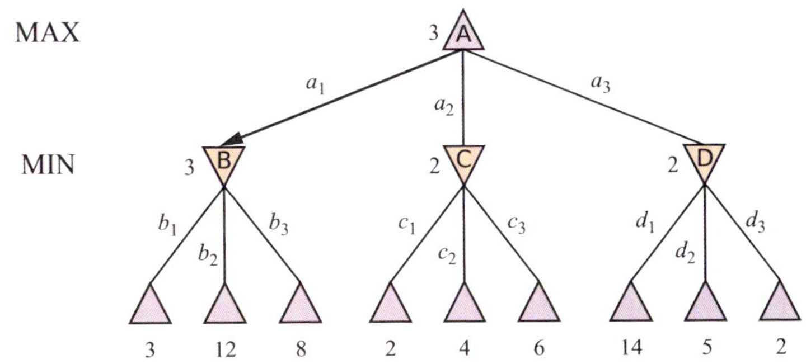

Abbildung 5.2: Ein Zwei-Schichten-Spielbaum. Die $\triangle$-Knoten sind „MAX-Knoten", bei denen MAX am Zug ist, und die ∇-Knoten „MIN-Knoten". Die Endknoten zeigen die Nutzenwerte für MAX; die anderen Knoten sind mit ihren Minimax-Werten beschriftet. Der beste Zug von MAX an der Wurzel ist a_1, weil er zu dem Zustand mit dem höchsten Minimax-Wert führt, und der beste Gegenzug von MIN ist b_1, weil er zu dem Zustand mit dem niedrigsten Minimax-Wert führt.

MIN bevorzugt einen Zustand mit minimalem Wert (d. h. minimaler Wert für MAX und somit maximaler Wert für MIN). Wir haben also:

$$\text{MINIMAX}(s) = \begin{cases} \text{UTILITY}(s, \text{MAX}) & \text{falls IS-TERMINAL}(s) \\ \max_{a \in Actions(s)} \text{MINIMAX}(\text{RESULT}(s, a)) & \text{falls TO-MOVE}(s) = \text{MAX} \\ \min_{a \in Actions(s)} \text{MINIMAX}(\text{RESULT}(s, a)) & \text{falls TO-MOVE}(s) = \text{MIN} \end{cases}$$

Wenden wir diese Definitionen nun auf den Spielbaum in ► Abbildung 5.2 an. Die Endknoten auf der untersten Ebene erhalten ihre Nutzenwerte von der UTILITY-Funktion des Spiels. Der erste MIN-Knoten, beschriftet mit B, hat drei Nachfolgezustände mit den Werten 3, 12 und 8, also ist sein Minimax-Wert 3. Ähnlich haben die anderen beiden MIN-Knoten den Minimax-Wert 2. Der Wurzelknoten ist ein MAX-Knoten; seine Nachfolgezustände haben die Minimax-Werte 3, 2 und 2; er hat also einen Minimax-Wert von 3. Wir können auch die **Minimax-Entscheidung** am Wurzelknoten identifizieren: Aktion a_1 ist die optimale Wahl für MAX, da sie zu dem Zustand mit dem höchsten Minimax-Wert führt.

Diese Definition des optimalen Spiels für MAX setzt voraus, dass auch MIN optimal spielt. Was ist, wenn MIN nicht optimal spielt? Dann wird MAX mindestens so gut abschneiden wie gegen einen optimalen Spieler, möglicherweise sogar besser. Das bedeutet jedoch nicht, dass es immer am besten ist, den für MAX optimalen Zug zu spielen, wenn man einem suboptimalen Gegner gegenübersteht. Betrachten wir eine Situation, in der das optimale Spiel beider Seiten zu einem Unentschieden führt, aber es gibt einen riskanten Zug für MAX, der zu einem Zustand führt, in dem es 10 mögliche Gegenzüge von MIN gibt, die alle vernünftig erscheinen, aber 9 davon sind ein Verlust für MIN und einer ist ein Verlust für MAX. Wenn MAX glaubt, dass MIN nicht genügend Rechenleistung besitzt, um den optimalen Zug zu entdecken, könnte MAX den riskanten Zug versuchen wollen, mit der Begründung, dass eine 9/10 Chance auf einen Sieg besser ist als ein sicheres Unentschieden.

5.2.1 Der Minimax-Suchalgorithmus

Da wir nun in der Lage sind, MINIMAX(s) zu berechnen, können wir dies in einen Suchalgorithmus umwandeln, der den besten Zug für MAX findet, indem er alle Aktionen ausprobiert und diejenige auswählt, deren resultierender Zustand den höchsten MINIMAX-Wert hat. ► Abbildung 5.3 zeigt den Algorithmus. Es handelt sich um einen rekursiven Algorithmus, der bis zu den Blättern des Baums hinunterwandert und dann die Minimax-Werte durch den

```
function MINIMAX-SEARCH(game, state) returns eine Aktion
  player ← game.TO-MOVE(state)
  value, move ← MAX-VALUE(game, state)
  return move

function MAX-VALUE(game, state) returns ein (utility, move)-Paar
  if game.IS-TERMINAL(state) then return game.UTILITY(state, player), null
  v, move ← −∞, null
  for each a in game.ACTIONS(state) do
    v2, a2 ← MIN-VALUE(game, game.RESULT(state, a))
    if v2 > v then
      v, move ← v2, a
  return v, move

function MIN-VALUE(game, state) returns ein (utility, move)-Paar
  if game.IS-TERMINAL(state) then return game.UTILITY(state, player), null
  v, move ← +∞, null
  for each a in game.ACTIONS(state) do
    v2, a2 ← MAX-VALUE(game, game.RESULT(state, a))
    if v2 < v then
      v, move ← v2, a
  return v, move
```

Abbildung 5.3: Ein Algorithmus zur Berechnung des optimalen Zugs mit Minimax – der Zug, der zu einem Endzustand mit maximalem Nutzen führt, unter der Annahme, dass der Gegner mit dem Ziel spielt, den Nutzen zu minimieren. Die Funktionen MAX-VALUE und MIN-VALUE durchlaufen den gesamten Spielbaum bis hin zu den Blättern, um den gesicherten Wert eines Zustands sowie den Zug, der dorthin führt, zu bestimmen.

Baum hindurch **sichert**, während die Rekursion abgewickelt wird. In ► Abbildung 5.2 zum Beispiel läuft der Algorithmus zunächst zu den drei Knoten unten links und wendet auf diese jeweils die UTILITY-Funktion an, mit der er feststellt, dass die Knoten die Werte 3, 12 bzw. 8 haben. Dann nimmt er das Minimum dieser Werte, also 3, und gibt es als gesicherten Wert von Knoten *B* zurück. Ein ähnlicher Prozess liefert die gesicherten Werte 2 für *C* und 2 für *D*. Schließlich nehmen wir das Maximum von 3, 2 und 2, um den gesicherten Wert 3 für den Wurzelknoten zu erhalten.

Der Minimax-Algorithmus führt eine vollständige Erkundung des Spielbaums in der Tiefe durch. Wenn die maximale Tiefe des Baums *m* ist und es an jedem Punkt *b* zulässige Züge gibt, dann ist die Zeitkomplexität des Minimax-Algorithmus $O(b^m)$. Die Speicherplatzkomplexität ist $O(bm)$ für einen Algorithmus, der alle Aktionen auf einmal generiert, oder $O(m)$ für einen Algorithmus, der eine Aktion nach der anderen generiert (siehe S. 110). Die exponentielle Komplexität macht MINIMAX für komplexe Spiele unpraktisch; zum Beispiel hat Schach einen Verzweigungsfaktor von etwa 35 und das durchschnittliche Spiel hat eine Tiefe von etwa 80 Schichten – es ist nicht machbar, $35^{80} \approx 10^{123}$ Zustände zu suchen. MINIMAX dient jedoch als Grundlage für die mathematische Analyse von Spielen. Indem wir die Minimax-Analyse auf verschiedene Weise approximieren, können wir praktischere Algorithmen ableiten.

5.2.2 Optimale Entscheidungen in Mehrspieler-Spielen

Viele beliebte Spiele erlauben mehr als zwei Spieler. Wir wollen jetzt untersuchen, wie man die Minimax-Idee auf Mehrspieler-Spiele ausweiten kann. Dies ist aus technischer Sicht einfach, wirft aber einige interessante neue konzeptionelle Fragen auf.

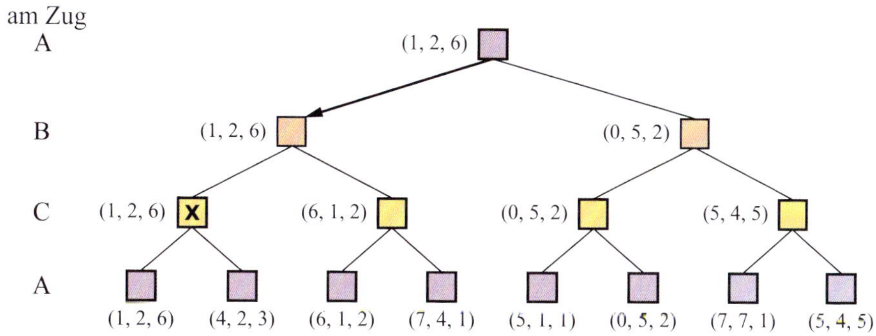

Abbildung 5.4: Die ersten drei Schichten eines Spielbaums mit drei Spielern (A, B, C). Jeder Knoten ist mit Werten aus der Sicht der einzelnen Spieler beschriftet. Der beste Zug ist an der Wurzel markiert.

Zunächst müssen wir den einzelnen Wert für jeden Knoten durch einen *Vektor* von Werten ersetzen. In einem Drei-Spieler-Spiel mit den Spielern A, B und C ist beispielsweise jedem Knoten ein Vektor $\langle v_A, v_B, v_C \rangle$ zugeordnet. Für Endzustände gibt dieser Vektor den Nutzen des Zustands aus der Sicht der einzelnen Spieler an. (Bei Nullsummenspielen mit zwei Spielern kann der Zwei-Elemente-Vektor auf einen einzigen Wert reduziert werden, da die Werte immer entgegengesetzt sind.) Am einfachsten kann man dies implementieren, indem die UTILITY-Funktion einen Vektor mit Nutzenwerten zurückgibt.

Nun müssen wir uns die nicht terminalen Zustände ansehen. Betrachten Sie den mit X markierten Knoten im Spielbaum in ► Abbildung 5.4. In diesem Zustand wählt Spieler C, was als Nächstes zu tun ist. Die beiden Wahlmöglichkeiten führen zu Endzuständen mit Nutzenvektoren $\langle v_A = 1, v_B = 2, v_C = 6 \rangle$ und $\langle v_A = 4, v_B = 2, v_C = 3 \rangle$. Da 6 größer als 3 ist, sollte C den ersten Zug wählen. Das bedeutet, dass, wenn der Zustand X erreicht wird, das weitere Spiel zu einem Endzustand mit den Nutzenwerten $\langle v_A = 1, v_B = 2, v_C = 6 \rangle$ führt. Folglich ist der gesicherte Wert von X dieser Vektor. Im Allgemeinen ist der gesicherte Wert eines Knotens n der Nutzenvektor des Nachfolgezustands mit dem höchsten Wert für den Spieler, der an Knoten n wählt.

Wer Mehrspieler-Spiele wie Diplomacy oder Siedler von Catan spielt, merkt schnell, dass hier sehr viel mehr passiert als bei Zwei-Personen-Spielen. Bei Mehrspieler-Spielen geht es in der Regel um **Allianzen** zwischen den Spielern, die formell oder auch informell sein können. Allianzen werden im Laufe des Spiels geschlossen und aufgelöst. Wie ist ein solches Verhalten zu verstehen? Sind Allianzen eine natürliche Folge der optimalen Strategien für jeden Spieler in einem Mehrspieler-Spiel? Es stellt sich heraus, dass dies der Fall sein kann.

Nehmen wir zum Beispiel an, A und B sind in schwachen Positionen und C ist in einer stärkeren Position. Dann ist es für A und B oft optimal, C anzugreifen und nicht sich gegenseitig, damit C nicht jeden von ihnen einzeln vernichtet. Auf diese Weise entsteht Zusammenarbeit aus rein egoistischem Verhalten. Natürlich verliert die Allianz ihren Wert, sobald C unter dem gemeinsamen Angriff schwächer wird, und entweder A oder B könnten das Abkommen verletzen.

In einigen Fällen konkretisieren explizite Allianzen lediglich, was ohnehin geschehen wäre. In anderen Fällen ist das Brechen einer Allianz mit einem sozialen Stigma behaftet, sodass die Spieler abwägen müssen zwischen dem unmittelbaren Vorteil, der aus dem Bruch einer Allianz entsteht, und dem langfristigen Nachteil, als unzuverlässig wahrgenommen zu werden. In Abschnitt 18.2 gehen wir auf diese Schwierigkeiten noch einmal ein.

Wenn das Spiel kein Nullsummenspiel ist, kann eine Zusammenarbeit auch mit nur zwei Spielern stattfinden. Nehmen wir zum Beispiel an, dass es einen Endzustand mit Nutzenwerten $\langle v_A = 1.000, v_B = 1.000\rangle$ gibt und dass 1.000 der höchstmögliche Nutzen für jeden Spieler ist. Dann besteht die optimale Strategie darin, dass beide Spieler alles tun, um diesen Zustand zu erreichen – d. h., die Spieler werden automatisch kooperieren, um ein für beide Seiten wünschenswertes Ziel zu erreichen.

5.2.3 Alpha-Beta-Pruning

Die Anzahl der Spielzustände ist exponentiell mit der Tiefe des Baums. Kein Algorithmus kann den Exponenten vollständig eliminieren, aber wir können ihn manchmal halbieren: wir können die korrekte Minimax-Entscheidung berechnen, ohne jeden Zustand zu untersuchen, indem wir große Teile des Baums kürzen, die nicht zum Endergebnis beitragen (**Pruning**, siehe S. 120). Die spezielle Technik, die wir hier untersuchen, heißt **Alpha-Beta-Pruning**.

Betrachten wir wieder den Zwei-Schichten-Spielbaum aus ► Abbildung 5.2. Wir gehen die Berechnung der optimalen Entscheidung noch einmal durch, wobei wir dieses Mal beachten, was wir an jedem Punkt des Prozesses wissen. Die Schritte werden in ► Abbildung 5.5 erklärt. Das Ergebnis ist, dass wir die Minimax-Entscheidung identifizieren können, ohne jemals zwei der Blattknoten auszuwerten.

Eine andere Betrachtungsweise ist eine Vereinfachung der Formel für MINIMAX. Die beiden unbewerteten Nachfolger des Knotens C in ► Abbildung 5.5 hätten die Werte x und y. Dann ist der Wert des Wurzelknotens gegeben durch

$$\begin{aligned}\text{MINIMAX}(\textit{root}) &= \max(\min(3,12,8), \min(2,x,y), \min(14,5,2))\\ &= \max(3, \min(2,x,y), 2)\\ &= \max(3, z, 2) \qquad \text{wobei } z = \min(2,x,y) \leq 2\\ &= 3\end{aligned}$$

Mit anderen Worten: Der Wert der Wurzel und damit die Minimax-Entscheidung sind *unabhängig* von den Werten der Blätter x und y und können daher gekürzt werden.

Alpha-Beta-Pruning kann auf Bäume beliebiger Tiefe angewendet werden und es ist oft möglich, ganze Teilbäume zu kürzen und nicht nur Blätter. Das allgemeine Prinzip ist folgendes: Betrachten Sie einen Knoten n irgendwo im Baum (► Abbildung 5.6), zu dem sich „Spieler“ hinbewegen könnte. Hat „Spieler“ eine bessere Wahl, entweder auf der gleichen Ebene (z. B. m' in ► Abbildung 5.6) oder an einem beliebigen Punkt weiter oben im Baum (z. B. m in ► Abbildung 5.6), dann wird er sich niemals zu n bewegen. Sobald wir also genug über n herausgefunden haben (indem wir einige seiner Nachkommen untersucht haben), um zu dieser Schlussfolgerung zu gelangen, können wir n kürzen.

Denken Sie daran, dass die Minimax-Suche eine Tiefensuche ist – wir müssen also zu jedem Zeitpunkt nur die Knoten entlang eines einzigen Pfads im Baum betrachten. Alpha-Beta-Pruning hat seinen Namen von den beiden zusätzlichen Parametern in MAX-VALUE$(\textit{state}, \alpha, \beta)$ (► Abbildung 5.7), die Schranken für die gesicherten Werte beschreiben, die irgendwo entlang des Pfads auftreten:

α = der Wert der besten Wahl (d. h. mit dem höchsten Wert), die wir bisher an jedem Auswahlpunkt entlang des Pfads für MAX ermittelt haben. Merke: α = „mindestens“

β = der Wert der besten Wahl (d. h. mit dem niedrigsten Wert), die wir bisher an jedem Auswahlpunkt entlang des Pfads für MIN ermittelt haben. Merke: β = „höchstens“

Die Alpha-Beta-Suche aktualisiert die Werte von α und β im weiteren Verlauf und kürzt die verbleibenden Zweige an einem Knoten (d. h. beendet den rekursiven Aufruf), sobald heraus-

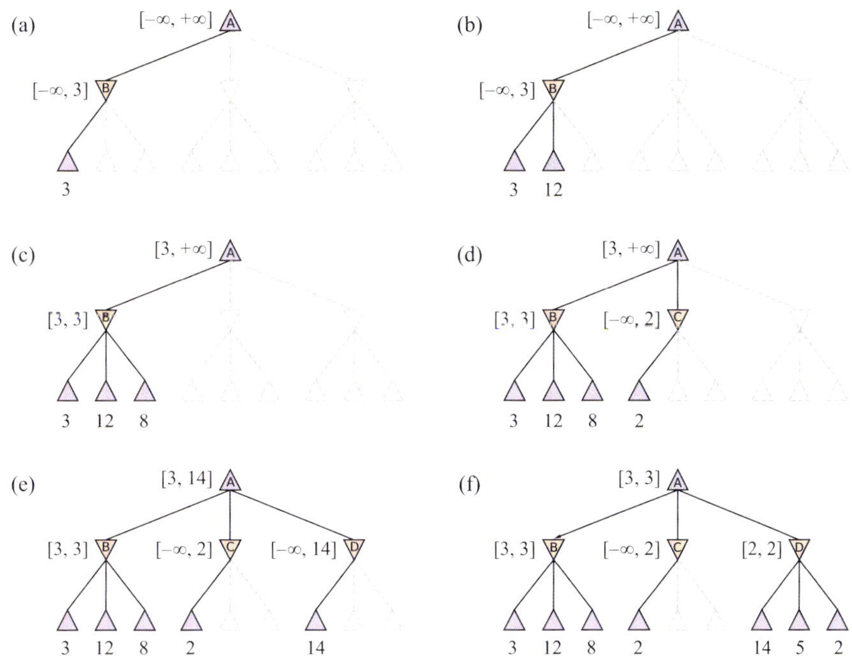

Abbildung 5.5: Phasen in der Berechnung der optimalen Entscheidung für den Spielbaum in Abbildung 5.2. An jedem Punkt zeigen wir den Bereich der möglichen Werte für jeden Knoten. (a) Das erste Blatt unter *B* hat den Wert 3. Daher hat *B* – ein MIN-Knoten – einen Wert von *höchstens* 3. (b) Das zweite Blatt unterhalb von *B* hat den Wert 12; MIN würde diesen Zug vermeiden, daher ist der Wert von *B* immer noch höchstens 3. (c) Das dritte Blatt unterhalb von *B* hat den Wert 8; wir haben alle Nachfolger von *B* gesehen, der Wert von *B* ist also genau 3. Nun können wir ableiten, dass der Wert der Wurzel *mindestens* 3 ist, da MAX eine Wahl von 3 an der Wurzel hat. (d) Das erste Blatt unterhalb von *C* hat den Wert 2. Daher hat *C* – ein MIN-Knoten – einen Wert von *höchstens* 2. Doch wir wissen, dass *B* den Wert 3 hat, sodass MAX niemals *C* wählen würde. Es ist daher sinnlos, die anderen Nachfolgezustände von *C* zu betrachten. Dies ist ein Beispiel für Alpha-Beta-Pruning. (e) Das erste Blatt unterhalb von *D* hat den Wert 14, der Wert von *D* ist also *höchstens* 14. Dies ist immer noch höher als die beste Alternative von MAX (3), wir müssen also die Nachfolgezustände von *D* weiter untersuchen. Beachten Sie auch, dass wir jetzt Grenzen für alle Nachfolger der Wurzel haben, sodass der Wert der Wurzel ebenfalls höchstens 14 beträgt. (f) Der zweite Nachfolger von *D* hat den Wert 5, also müssen wir die Untersuchung fortsetzen. Der dritte Nachfolger hat den Wert 2, also ist der Wert von *D* genau 2. Die Entscheidung von MAX an der Wurzel ist, nach *B* zu ziehen, woraus sich der Wert 3 ergibt.

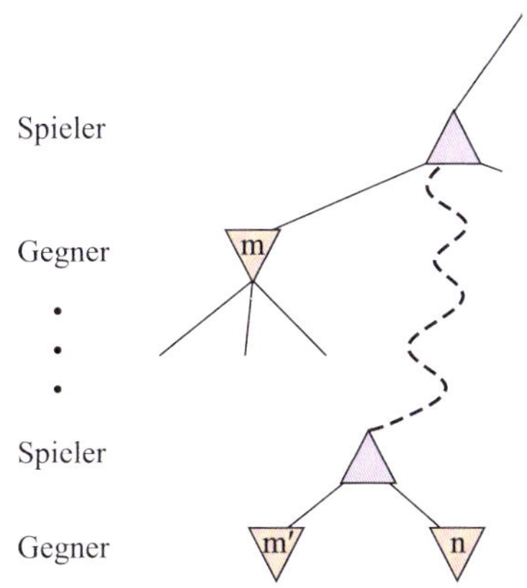

Abbildung 5.6: Der allgemeine Fall für Alpha-Beta-Pruning. Wenn *m* oder *m′* für „Spieler" besser als *n* ist, werden wir im Spiel nie bei *n* ankommen.

```
function ALPHA-BETA-SEARCH(game, state) returns eine Aktion
  player ← game.TO-MOVE(state)
  value, move ← MAX-VALUE(game, state, −∞, +∞)
  return move

function MAX-VALUE(game, state, α, β) returns ein (utility, move)-Paar
  if game.IS-TERMINAL(state) then return game.UTILITY(state, player), null
  v, move ← −∞, null
  for each a in game.ACTIONS(state) do
    v2, a2 ← MIN-VALUE(game, game.RESULT(state, a), α, β)
    if v2 > v then
      v, move ← v2, a
      α ← MAX(α, v)
    if v ≥ β then return v, move
  return v, move

function MIN-VALUE(game, state, α, β) returns ein (utility, move)-Paar
  if game.IS-TERMINAL(state) then return game.UTILITY(state, player), null
  v, move ← +∞, null
  for each a in game.ACTIONS(state) do
    v2, a2 ← MAX-VALUE(game, game.RESULT(state, a), α, β)
    if v2 < v then
      v, move ← v2, a
      β ← MIN(β, v)
    if v ≤ α then return v, move
  return v, move
```

Abbildung 5.7: Der Alpha-Beta-Suchalgorithmus. Beachten Sie, dass diese Funktionen die gleichen sind wie die MINIMAX-SEARCH-Funktionen in Abbildung 5.3, außer dass wir Schranken in den Variablen α und β beibehalten und sie verwenden, um die Suche abzukürzen, wenn ein Wert außerhalb der Schranken liegt.

gefunden wurde, dass der Wert des aktuellen Knotens schlechter ist als der aktuelle α- oder β-Wert für MAX bzw. MIN. Der vollständige Algorithmus ist in ► Abbildung 5.7 dargestellt. ► Abbildung 5.5 zeichnet den Fortschritt des Algorithmus auf einem Spielbaum nach.

5.2.4 Reihenfolge der Züge

Die Effektivität von Alpha-Beta-Pruning hängt stark von der Reihenfolge ab, in der die Zustände untersucht werden. In ► Abbildung 5.5 e und ► Abbildung 5.5 f konnten wir z. B. überhaupt keine Nachfolger von D kürzen, da die schlechtesten Nachfolger (aus Sicht von MIN) zuerst erzeugt wurden. Wär der dritte Nachfolger von D mit dem Wert 2 zuerst erzeugt worden, dann hätten wir die beiden anderen Nachfolger kürzen können. Dies deutet darauf hin, dass es sich lohnen könnte, zuerst diejenigen Nachfolger zu untersuchen, die wahrscheinlich die besten Werte liefern.

Könnte dies perfekt ausgeführt werden, dann müsste die Alpha-Beta-Suche nur $O(b^{m/2})$ Knoten untersuchen, um den besten Zug auszuwählen, statt $O(b^m)$ wie Minimax. Das bedeutet, dass der effektive Verzweigungsfaktor $\sqrt{b}$ statt b ist – beim Schach also etwa 6 statt 35. Anders ausgedrückt: Alpha-Beta-Suche mit perfekter Zugreihenfolge kann in derselben Zeit einen etwa doppelt so tiefen Baum wie Minimax lösen. Mit einer zufälligen Zugreihenfolge ist die Gesamtzahl der untersuchten Knoten ungefähr $O(b^{3m/4})$ für moderates b. Nun können wir natürlich keine perfekte Zugreihenfolge erreichen – ansonsten könnte die Ordnungsfunktion dazu verwendet werden, ein perfektes Spiel zu spielen! Aber wir können oft recht nahe herankommen. Beim Schach kommt man mit einer relativ einfachen Ordnungsfunktion (z. B. zuerst

Schlagen, dann Bedrohen, dann Vorwärtszüge und dann Rückwärtszüge) auf etwa einen Faktor 2 des besten Ergebnisses $O(b^{m/2})$.

Das Hinzufügen von dynamischen Zuganordnungsschemas, wie z. B. Ausprobieren der Züge, die sich in der Vergangenheit als am besten erwiesen haben, bringt uns ziemlich nah an die theoretische Grenze. Die Vergangenheit könnte der vorherige Zug sein – oft bleiben die gleichen Bedrohungen bestehen – oder sie könnte aus der vorherigen Erkundung des aktuellen Zugs durch einen Prozess der **iterativen Tiefensuche** stammen (siehe S. 110). Es wird zunächst eine Tiefensuche auf einer Schicht durchgeführt und die Rangfolge der Züge wird auf der Basis deren Bewertungen aufgezeichnet. Dann wird auf einer Schicht tiefer gesucht unter Verwendung der vorherige Rangfolge, um die Zugreihenfolge zu bestimmen, und so weiter. Die erhöhte Suchzeit durch die iterative Tiefensuche kann durch eine bessere Zugreihenfolge mehr als wettgemacht werden. Die besten Züge sind als **Killerzüge** bekannt und wenn sie zuerst ausprobiert werden, spricht man von einer Killerzugheuristik.

In Abschnitt 3.3.3 haben wir festgestellt, dass redundante Pfade zu wiederholten Zuständen einen exponentiellen Anstieg der Suchkosten verursachen können und dass das Verwalten einer Tabelle mit den zuvor erreichten Zuständen dieses Problem lösen kann. Bei der Spielbaumsuche können wiederholte Zustände aufgrund von **Transpositionen** auftreten – verschiedene Permutationen der Zugfolge, die zur gleichen Position führen. Das Problem kann mithilfe einer **Transpositionstabelle** behoben werden, in der die heuristischen Zustandswerte zwischengespeichert werden.

Nehmen wir zum Beispiel an, dass Weiß einen Zug w_1 hat, der von Schwarz mit b_1 beantwortet werden kann, sowie einen davon unabhängigen Zug w_2 auf der anderen Seite des Bretts, der mit b_2 beantwortet werden kann. Wir suchen also die Zugfolge $[w_1, b_1, w_2, b_2]$, den resultierenden Zustand nennen wir s. Nachdem wir einen großen Teilbaum unterhalb von s untersucht haben, finden wir seinen gesicherten Wert, den wir in der Transpositionstabelle speichern. Wenn wir später die Zugfolge $[w_2, b_2, w_1, b_1]$ suchen, landen wir wieder bei s und können den Wert nachschlagen, statt die Suche zu wiederholen. Im Schach ist die Verwendung von Transpositionstabellen sehr effektiv und erlaubt uns, die erreichbare Suchtiefe in der gleichen Zeit zu verdoppeln.

Selbst mit Alpha-Beta-Pruning und geschickter Zugreihenfolge wird Minimax bei Spielen wie Schach und Go nicht funktionieren, weil es immer noch zu viele Zustände gibt, die in der verfügbaren Zeit untersucht werden müssen. In der allerersten Abhandlung über Computerspiele, *Programming a Computer for Playing Chess* (Shannon, 1950), erkannte Claude Shannon dieses Problem und schlug zwei Strategien vor: Eine **Typ-A-Strategie** betrachtet alle möglichen Züge bis zu einer bestimmten Tiefe im Suchbaum und verwendet dann eine heuristische Evaluierungsfunktion, um den Nutzen der Zustände in dieser Tiefe zu schätzen. Dann wird ein *breiter, aber flacher* Teil des Baums erkundet. Eine **Typ-B-Strategie** ignoriert Züge, die schlecht aussehen, und folgt vielversprechenden Linien „so weit wie möglich“. So wird ein *tiefer, aber schmaler* Teil des Baums erkundet.

In der Vergangenheit folgten die meisten Schachprogramme der Typ-A-Strategie (die wir im nächsten Abschnitt behandeln), während Go-Programme häufiger vom Typ B sind (Abschnitt 5.4), da der Verzweigungsfaktor in Go viel höher ist. In jüngerer Zeit haben Typ-B-Programme Weltmeisterniveau erreicht, und das bei einer Vielzahl von Spielen, einschließlich Schach (Silver *et al.*, 2018).

5.3 Heuristische Alpha-Beta-Baumsuche

Um unsere begrenzte Rechenzeit zu nutzen, können wir die Suche frühzeitig abbrechen und eine heuristische **Evaluierungsfunktion** auf Zustände anwenden, wobei die Funktion die nicht terminalen Knoten effektiv so behandelt, als wären sie terminal. Mit anderen Worten: Wir ersetzen die Funktion UTILITY durch EVAL, die den Nutzen eines Zustands schätzt. Außerdem ersetzen wir den Endtest durch einen **Abbruchtest** (*cutoff test*), der für Endzustände wahr (*true*) zurückgeben muss, aber ansonsten frei entscheiden kann, wann er die Suche abbricht, basierend auf der Suchtiefe und einer beliebigen Eigenschaft des Zustands, die er berücksichtigt. Daraus ergibt sich die Formel H-MINIMAX(s, d) für den heuristischen Minimax-Wert des Zustands s bei Suchtiefe d:

$$\text{H-MINIMAX}(s,d) = \begin{cases} \text{EVAL}(s, \text{MAX}) & \text{falls IS-CUTOFF}(s,d) \\ \max_{a \in Actions(s)} \text{H-MINIMAX}(\text{RESULT}(s,a), d+1) & \text{falls TO-MOVE}(s) = \text{MAX} \\ \min_{a \in Actions(s)} \text{H-MINIMAX}(\text{RESULT}(s,a), d+1) & \text{falls TO-MOVE}(s) = \text{MIN} \end{cases}$$

5.3.1 Evaluierungsfunktionen

Eine heuristische Evaluierungsfunktion EVAL(s, p) gibt eine *Schätzung* des erwarteten Nutzens des Zustands s für Spieler p zurück, so wie die heuristischen Funktionen aus Kapitel 3 eine Schätzung der Entfernung zum Ziel zurückgeben. Für Endzustände muss EVAL(s, p) = UTILITY(s, p) gelten und für nicht terminale Zustände muss die Bewertung irgendwo zwischen einem Verlust und einem Gewinn liegen: UTILITY$(loss, p) \leq$ EVAL$(s, p) \leq$ UTILITY(win, p).

Was macht über diese Anforderungen hinaus eine gute Evaluierungsfunktion aus? Erstens darf die Berechnung nicht zu lange dauern! (Es geht ja genau darum, schneller zu suchen.) Zweitens sollte die Evaluierungsfunktion stark mit den tatsächlichen Gewinnchancen korreliert sein. Man mag sich über die Formulierung „Gewinnchancen" wundern. Schließlich ist Schach kein Glücksspiel: Wir kennen den aktuellen Zustand mit Sicherheit und es wird nicht gewürfelt; wenn keiner der beiden Spieler einen Fehler macht, ist das Ergebnis also vorgegeben. Wenn aber die Suche bei nicht terminalen Zuständen abgebrochen werden muss, dann ist der Algorithmus notwendigerweise *unsicher* hinsichtlich der endgültigen Ergebnisse dieser Zustände (auch wenn diese Unsicherheit mit unendlichen Rechenressourcen aufgelöst werden könnte).

Wir wollen diese Idee noch etwas konkretisieren. Die meisten Evaluierungsfunktionen berechnen verschiedene **Merkmale** des Zustands – beim Schach zum Beispiel die Anzahl der weißen Bauern, der schwarzen Bauern, der weißen Damen, der schwarzen Damen und so weiter. Die Merkmale definieren zusammengenommen verschiedene *Kategorien* oder *Äquivalenzklassen* von Zuständen: Die Zustände in jeder Kategorie haben die gleichen Werte für alle betrachteten Merkmale. Zum Beispiel könnte eine Kategorie alle Endspiele mit zwei Bauern gegen einen Bauern enthalten. Jede Kategorie wird einige Zustände enthalten, die (bei perfektem Spiel) zu Gewinnen führen, einige, die zu Remis führen, und einige, die zu Verlusten führen.

Die Evaluierungsfunktion weiß nicht, welche Zustände welche sind, aber sie kann einen einzelnen Wert zurückgeben, der den *Anteil* der Zustände zu jedem Ergebnis schätzt. Nehmen wir z. B. an, unsere Erfahrung zeigt, dass 82 % der Zustände in der Kategorie „Zwei Bauern gegen einen Bauern" zu einem Gewinn (Nutzen +1), 2 % zu einem Verlust (0) und 16 % zu einem Remis (1/2) führen. Dann ist eine sinnvolle Bewertung für Zustände in dieser Kategorie der **Erwartungswert**: $(0{,}82 \times +1) + (0{,}02 \times 0) + (0{,}16 \times 1/2) = 0{,}90$. Im Prinzip kann der Erwartungswert für jede Kategorie von Zuständen bestimmt werden, was zu einer Evaluierungsfunktion führt, die für jeden Zustand funktioniert.

In der Praxis erfordert diese Art der Analyse zu viele Kategorien und damit zu viel Aufwand, um alle Wahrscheinlichkeiten zu schätzen. Stattdessen berechnen die meisten Evaluierungsfunktionen separate numerische Beiträge von jedem Merkmal und *kombinieren* diese dann, um den Gesamtwert zu ermitteln. Jahrhundertelang haben Schachspieler Methoden entwickelt, um den Wert einer Stellung anhand genau dieser Idee zu beurteilen. Einführende Schachbücher geben zum Beispiel einen ungefähren **Materialwert** für jede Figur an: Jeder Bauer hat den Wert 1, ein Springer oder Läufer 3, ein Turm 5 und die Dame 9. Andere Merkmale wie „gute Bauernstruktur" und „Sicherheit des Königs" könnten z. B. einen halben Bauern wert sein. Diese Merkmalswerte werden dann einfach aufaddiert, um die Bewertung der Stellung zu erhalten.

Mathematisch gesehen wird diese Art von Evaluierungsfunktion als **gewichtete lineare Funktion** bezeichnet, da sie als

$$\textsc{Eval}(s) = w_1 f_1(s) + w_2 f_2(s) + \cdots + w_n f_n(s) = \sum_{i=1}^{n} w_i f_i(s)$$

ausgedrückt werden kann, wobei jedes f_i ein Merkmal der Stellung ist (z. B. „Anzahl der weißen Läufer") und jedes w_i eine Gewichtung ist (die angibt, wie wichtig dieses Merkmal ist). Die Gewichte sollten so normiert werden, dass die Summe immer im Bereich von Verlust (0) bis Gewinn (+1) liegt. Ein sicherer Vorteil, der einem Bauern entspricht, gibt eine beträchtliche Gewinnwahrscheinlichkeit, und ein sicherer Vorteil, der drei Bauern entspricht, sollte einen fast sicheren Sieg ergeben, wie in ► Abbildung 5.8 a dargestellt. Wir haben gesagt, dass die Evaluierungsfunktion stark mit den tatsächlichen Gewinnchancen korreliert sein sollte, aber sie muss nichtlinear korreliert sein: Wenn die Gewinnchance von Zustand s doppelt so hoch ist wie von Zustand s', dann müssen wir nicht fordern, dass $\textsc{Eval}(s)$ doppelt so hoch sein muss wie $\textsc{Eval}(s')$; wir verlangen nur $\textsc{Eval}(s) > \textsc{Eval}(s')$.

Das Aufaddieren der Merkmalswerte scheint eine vernünftige Maßnahme zu sein, doch tatsächlich beinhaltet dies eine strenge Annahme: dass der Beitrag jedes Merkmals *unabhängig* von den Werten der anderen Merkmale ist. Aus diesem Grund verwenden aktuelle Programme für Schach und andere Spiele auch *nichtlineare* Kombinationen von Merkmalen. So kann z. B. ein Läuferpaar mehr als doppelt so viel wert sein wie ein einzelner Läufer und im Endspiel ist ein Läufer mehr wert als zu Beginn – wenn das Merkmal *Zuganzahl* hoch oder das Merkmal *Anzahl der verbleibenden Figuren* niedrig ist.

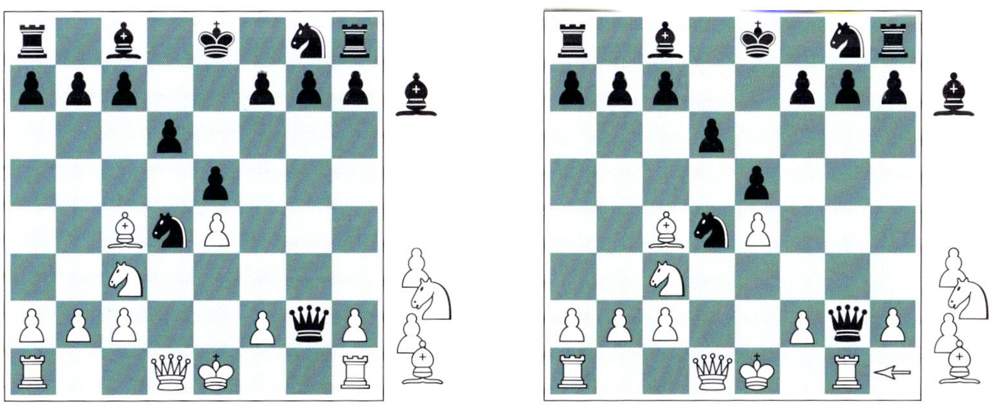

(a) Weiß ist am Zug (b) Weiß ist am Zug

Abbildung 5.8: Zwei Schachstellungen, die sich nur durch die Stellung des Turms unten rechts unterscheiden. In (a) hat Schwarz einen Vorteil von einem Springer und zwei Bauern, was ausreichen sollte, um die Partie zu gewinnen. In (b) wird Weiß die Dame schlagen, was ihm einen Vorteil verschafft, der stark genug sein sollte, um zu gewinnen.

Woher kommen die Merkmale und Gewichte? Sie sind nicht Teil der Schachregeln, aber sie sind Teil der Kultur der menschlichen Schachspielerfahrung. In Spielen, in denen diese Art von Erfahrung nicht zur Verfügung steht, können die Gewichte der Evaluierungsfunktion durch die Techniken des maschinellen Lernens aus Kapitel 22 geschätzt werden. Die Anwendung dieser Techniken auf das Schachspiel hat bestätigt, dass ein Läufer tatsächlich etwa drei Bauern wert ist, und es scheint, dass Jahrhunderte menschlicher Erfahrung in nur wenigen Stunden maschinellen Lernens repliziert werden können.

5.3.2 Abbrechen der Suche

Der nächste Schritt besteht darin, ALPHA-BETA-SEARCH so zu modifizieren, dass es die heuristische EVAL-Funktion aufruft, sobald es sinnvoll ist, die Suche abzubrechen. Wir ersetzen die beiden Zeilen in ► Abbildung 5.7, die IS-TERMINAL enthalten, durch die folgende Zeile:

if *game*.IS-CUTOFF(*state*, *depth*) **then return** *game*.EVAL(*state*, *player*), *null*

Außerdem müssen wir einen gewissen Verwaltungsaufwand betreiben, damit die aktuelle Tiefe (*depth*) bei jedem rekursiven Aufruf inkrementiert wird. Der einfachste Ansatz zur Steuerung des Suchaufwands besteht darin, eine feste Tiefengrenze zu bestimmen, sodass IS-CUTOFF(*state*, *depth*) für alle Tiefen, die größer als eine feste Tiefe *d* sind (sowie für alle Endzustände), *true* zurückgibt. Die Tiefe *d* wird so gewählt, dass ein Zug innerhalb der zugewiesenen Zeit ausgewählt wird. Ein robusterer Ansatz ist die Anwendung der iterativen Tiefensuche (siehe Kapitel 3). Wenn die Zeit abläuft, gibt das Programm den Zug zurück, der durch die tiefste vollständige Suche ausgewählt wurde. Behalten wir zusätzlich in jeder Runde der iterativen Tiefensuche Einträge in der Transpositionstabelle, werden die nachfolgenden Runden schneller, und wir können die Auswertungen verwenden, um die Zugreihenfolge zu verbessern.

Diese einfachen Ansätze können jedoch zu Fehlern führen, da die Evaluierungsfunktion nur auf Schätzungen beruht. Betrachten wir noch einmal die einfache Evaluierungsfunktion für Schach, die auf einem Materialvorteil basiert. Angenommen, das Programm sucht bis zur Tiefengrenze und erreicht die Stellung in ► Abbildung 5.8 b, in der Schwarz mit einem Springer und zwei Bauern im Vorteil ist. Es würde dies als heuristischen Wert des Zustands melden und damit erklären, dass Schwarz in diesem Zustand wahrscheinlich gewinnt. Doch der nächste Zug von Weiß schlägt die schwarze Dame, ohne dass es einen Ausgleich gibt. Daher ist die Stellung eigentlich vorteilhaft für Weiß, aber das ist nur dann ersichtlich, wenn man vorausschaut.

Die Evaluierungsfunktion sollte nur auf **ruhende** Stellungen angewandt werden – d. h. auf Stellungen, in denen kein Zug ansteht (z. B. das Schlagen der Dame), der die Auswertung stark beeinflussen würde. Bei nichtruhenden Stellungen gibt IS-CUTOFF *false* zurück, und die Suche wird fortgesetzt, bis ruhende Stellungen erreicht sind. Diese zusätzliche **Ruhesuche** wird manchmal eingeschränkt, um nur bestimmte Arten von Zügen zu berücksichtigen (wie z. B. solche, mit denen Figuren geschlagen werden können), durch die die Unsicherheiten in der Stellung schnell aufgelöst werden.

Der **Horizonteffekt** ist schwieriger zu beseitigen. Er tritt auf, wenn das Programm mit einem gegnerischen Zug konfrontiert wird, der ernsthaften Schaden verursacht und letztlich unvermeidbar ist, aber durch den Einsatz von Verzögerungstaktiken vorübergehend vermieden werden kann. Sehen Sie sich dazu die Schachstellung in ► Abbildung 5.9 an. Es ist klar, dass es für den schwarzen Läufer keine Möglichkeit gibt, zu entkommen. Der weiße Turm kann ihn z. B. schlagen, indem er nach h1, dann nach a1 und dann nach a2 zieht – ein Schlagen bei einer Schichttiefe von 6.

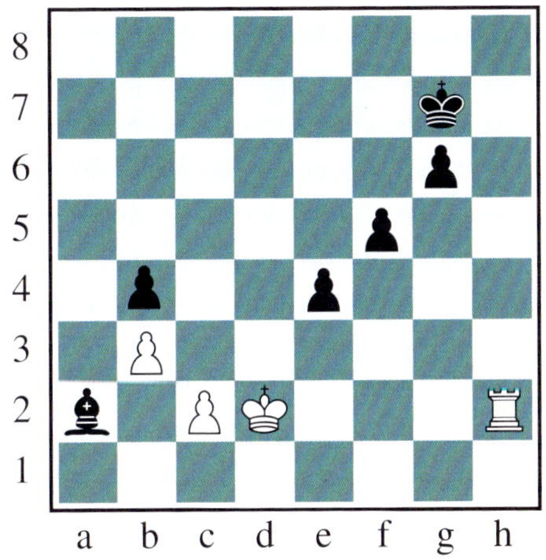

Abbildung 5.9: Der Horizonteffekt. Wenn Schwarz am Zug ist, ist der schwarze Läufer sicher verloren. Aber Schwarz kann diesem Ereignis zuvorkommen, indem er mit seinen Bauern dem weißen König Schach bietet und den König zum Schlagen der Bauern verleitet. Dadurch wird der unvermeidliche Verlust des Läufers über den Horizont geschoben und die Bauernopfer werden somit vom Suchalgorithmus als gute und nicht als schlechte Züge angesehen.

Doch Schwarz hat eine Zugfolge, die das Schlagen des Läufers „über den Horizont" hinausschiebt. Nehmen wir an, Schwarz sucht bis zur Schichttiefe 8. Die meisten Züge von Schwarz werden letztlich zum Schlagen des Läufers führen und daher als „schlechte" Züge markiert werden. Aber Schwarz wird auch die Zugfolge in Betracht ziehen, die damit beginnt, den König mit einem Bauern Schach zu bieten und den König so zum Schlagen des Bauern zu verleiten. Schwarz kann dann dies mit einem zweiten Bauern wiederholen. Dadurch vergehen genug Züge, sodass das Schlagen des Läufers während der restlichen Suche von Schwarz nicht entdeckt werden würde. Schwarz denkt, dass er mit dieser Spielweise den Läufer um den Preis von zwei Bauern gerettet hat, obwohl er tatsächlich nur Bauern verschwendet und das unvermeidliche Schlagen des Läufers hinter den für Schwarz sichtbaren Horizont verschoben hat.

Eine Strategie zur Abschwächung des Horizonteffekts besteht darin, **singuläre Erweiterungen** zuzulassen, also Züge, die „eindeutig besser" sind als alle anderen Züge in einer gegebenen Stellung, auch wenn die Suche normalerweise an diesem Punkt abgebrochen würde. In unserem Beispiel hat die Suche ergeben, dass drei Züge des weißen Turms – h2 nach h1, dann h1 nach a1 und dann nach a2, wodurch der Läufer auf a2 geschlagen wird – jeweils eindeutig bessere Züge sind, sodass diese eindeutig besseren Züge eine Chance haben, die Suche zu erweitern, selbst wenn uns eine Folge von Bauernzügen an den Horizont schiebt. Dadurch wird der Baum tiefer, aber da es in der Regel nur wenige singuläre Erweiterungen gibt, kommen durch diese Strategie nicht viele Gesamtknoten zum Baum hinzu und sie hat sich in der Praxis bewährt.

5.3.3 Forward Pruning

Das Alpha-Beta-Pruning kürzt Zweige des Baums, die keinen Einfluss auf die endgültige Bewertung haben können, doch mittels **Forward Pruning** werden Züge gekürzt, von denen man zwar annimmt, dass sie schlechte Züge sind, die aber möglicherweise auch gute Züge sein könnten. Die Strategie spart also Rechenzeit auf die Gefahr hin, einen Fehler zu machen. In der Notation von Shannon ist dies eine Typ-B-Strategie. Tatsächlich betrachten die meisten menschlichen Schachspieler ohnehin in jeder Position nur ein paar Züge im Voraus (zumindest bewusst).

Ein Ansatz für das Forward Pruning ist die **Strahlsuche** (siehe S. 147): Man betrachtet auf jeder Schicht nur einen „Strahl" der n besten Züge (gemäß der Evaluierungsfunktion), anstatt alle möglichen Züge zu berücksichtigen. Leider ist dieser Ansatz recht gefährlich, weil es keine Garantie gibt, dass nicht gerade der beste Zug weggekürzt wird.

Der PROBCUT-Algorithmus (von *probabilistic cut*, probabilistischer Schnitt; Buro, 1995) ist eine Forward-Pruning-Version der Alpha-Beta-Suche, die Statistiken aus früheren Erfahrungen verwendet, um die Wahrscheinlichkeit zu verringern, dass der beste Zug gekürzt wird. Die Alpha-Beta-Suche kürzt jeden Knoten, der *nachweislich* außerhalb des aktuellen (α, β)-Fensters liegt. PROBCUT kürzt außerdem Knoten, die *wahrscheinlich* außerhalb des Fensters liegen. Der Algorithmus berechnet diese Wahrscheinlichkeit, indem er eine flache Suche durchführt, um den gesicherten Wert v eines Knotens zu berechnen und dann unter Verwendung von Erfahrungswerten aus der Vergangenheit abzuschätzen, wie wahrscheinlich es ist, dass eine Bewertung von v in der Tiefe d im Baum außerhalb (α, β) liegen würde. Buro wandte diese Technik auf sein Othello-Programm LOGISTELLO an und fand heraus, dass eine Version seines Programms mit PROBCUT die normale Version in 64 % der Zeit schlug, selbst wenn der normalen Version doppelt so viel Zeit gegeben wurde.

Eine andere Technik, die Reduktion von späten Zügen (**Late Move Reduction**, LMR), geht davon aus, dass die Zugreihenfolge gut gemacht wurde und daher Züge, die weiter unten in der Liste der möglichen Züge auftauchen, wahrscheinlich weniger gute Züge sind. Aber anstatt sie komplett zu streichen, reduzieren wir nur die Tiefe, in der wir diese Züge untersuchen, und sparen so Zeit. Kommt die reduzierte Suche mit einem Wert oberhalb des aktuellen α-Werts zurück, dann können wir die Suche mit der vollen Tiefe erneut durchführen.

Durch die Kombination aller hier beschriebenen Techniken bekommen wir ein Programm, das passabel Schach (oder andere Spiele) spielen kann. Nehmen wir an, wir haben eine Evaluierungsfunktion für Schach implementiert, einen sinnvollen Abbruchtest mit einer Ruhesuche. Nehmen wir außerdem an, dass wir nach monatelanger mühsamer Bitmanipulation etwa eine Million Knoten pro Sekunde auf dem neuesten PC erzeugen und auswerten können. Der Verzweigungsfaktor beim Schach beträgt im Durchschnitt etwa 35 und 35^5 ist etwa 50 Millionen. Wenn wir also die Minimax-Suche anwenden, könnten wir in etwa einer Minute Rechenzeit lediglich fünf Schichten vorausschauen – die Wettkampfregeln gäben uns nicht genug Zeit, sechs Schichten zu durchsuchen. Obwohl nicht inkompetent, kann ein solches Programm von einem durchschnittlichen menschlichen Schachspieler besiegt werden, der hin und wieder sechs oder acht Schichten vorausplanen kann.

Mit Alpha-Beta-Suche und einer großen Transpositionstabelle kommen wir auf etwa 14 Schichten, was ein Spiel auf Expertenniveau wäre. Wir könnten unseren Rechner gegen eine Workstation mit 8 GPUs eintauschen, was uns über eine Milliarde Knoten pro Sekunde bringt, aber um den Großmeisterstatus zu erreichen, bräuchten wir immer noch eine umfangreich abgestimmte Evaluierungsfunktion und eine große Datenbank mit Endspielzügen. Top-Schachprogramme wie STOCKFISH verfügen über all dies, erreichen oft eine Tiefe von 30 oder mehr im Suchbaum und übertreffen die Fähigkeiten eines menschlichen Spielers bei Weitem.

5.3.4 Suche versus Nachschlagen

Irgendwie scheint es übertrieben, wenn ein Schachprogramm eine Partie beginnt, indem es einen Baum mit einer Milliarde Spielzuständen betrachtet, nur um dann zu dem Schluss zu kommen, dass es einen Bauern auf e4 setzen wird (der beliebteste erste Zug). Schachbücher, die gute Eröffnungen und Endspiele beschreiben, gibt es schon seit mehr als einem Jahrhundert (Tattersall, 1911). Es ist daher nicht verwunderlich, dass viele Spielprogramme für die Eröffnung und das Endspiel von Partien eher das *Nachschlagen in Tabellen* als die Suche verwenden.

Bei den Eröffnungen verlässt sich der Computer hauptsächlich auf das menschliche Fachwissen. Die besten Empfehlungen menschlicher Experten, wie Eröffnungen zu spielen sind, können aus Büchern kopiert und in Tabellen für den Computer eingegeben werden. Zusätzlich kann der Computer Statistiken aus einer Datenbank von zuvor gespielten Partien sammeln, um festzustellen, welche Eröffnungssequenzen am häufigsten zu einem Gewinn geführt haben. Bei den ersten Zügen gibt es nur wenige Möglichkeiten und die meisten Stellungen werden in der Tabelle stehen. Normalerweise landen wir nach etwa 10 oder 15 Zügen in einer selteneren Stellung und das Programm muss vom Nachschlagen in der Tabelle auf die Suche umschalten.

Gegen Ende der Partie gibt es wieder weniger mögliche Stellungen, daher ist es einfacher, in der Tabelle nachzusehen. Doch hier ist es der Computer, der die Expertise hat: Die Computeranalyse von Endspielen geht weit über menschliche Fähigkeiten hinaus. Ungeübte Menschen können ein Endspiel mit König und Turm gegen König (KTK) gewinnen, indem sie ein paar einfache Regeln befolgen. Andere Endspiele, wie z. B. König, Läufer und Springer gegen König (KLSK), sind schwer zu meistern und haben keine prägnante Strategiebeschreibung.

Ein Computer hingegen kann das Endspiel vollständig *lösen*, indem er eine **Strategie** erstellt, die jedem möglichen Zustand den besten Zug in diesem Zustand zuordnet. Dann kann der Computer perfekt spielen, indem er den richtigen Zug in dieser Tabelle heraussucht. Die Tabelle ist mit der **retrograden** Minimax-Suche aufgebaut: Zunächst werden alle Möglichkeiten betrachtet, die KLSK-Figuren auf dem Brett zu platzieren. Einige der Stellungen sind Gewinne für Weiß; diese werden entsprechend markiert. Dann kehren wir die Schachregeln um, sodass wir statt normaler Züge umgekehrte Züge machen. Jeder Zug von Weiß, der, egal mit welchem Zug Schwarz antwortet, in einer als Gewinn markierten Stellung endet, muss auch ein Gewinn sein. Diese Suche setzen wir fort, bis alle möglichen Stellungen als Gewinn, Verlust oder Remis aufgelöst sind, und wir haben eine unfehlbare Nachschlagetabelle für alle Endspiele mit diesen Figuren. Dies wurde nicht nur für KLSK-Endspiele gemacht, sondern für alle Endspiele mit sieben oder weniger Figuren. Die Tabellen enthalten 400 Billionen Stellungen. Eine Tabelle mit acht Steinen würde 40 Billiarden Stellungen erfordern.

5.4 Monte-Carlo-Baumsuche

Das Spiel Go veranschaulicht zwei große Schwächen der heuristischen Alpha-Beta-Baumsuche: Erstens hat Go einen Verzweigungsfaktor, der bei 361 beginnt, was bedeutet, dass die Alpha-Beta-Suche auf nur 4 oder 5 Schichten begrenzt wäre. Zweitens ist es schwierig, eine gute Evaluierungsfunktion für Go zu definieren, da der Materialwert kein starker Indikator ist und die meisten Stellungen bis zum Endspiel im Fluss sind. Als Antwort auf diese beiden Herausforderungen haben moderne Go-Programme die Alpha-Beta-Suche aufgegeben und verwenden stattdessen eine Strategie, die **Monte-Carlo-Suche** (*Monte Carlo Tree Search*, MCTS)[3] genannt wird.

Die grundlegende MCTS-Strategie verwendet keine heuristische Evaluierungsfunktion. Stattdessen wird der Wert eines Zustands als durchschnittlicher Nutzen über eine Anzahl von **Simulationen** kompletter Spiele, die mit diesem Zustand beginnen, geschätzt. Bei einer Simulation (auch **Playout** oder **Rollout** genannt) werden zuerst Züge für einen Spieler und dann für den anderen Spieler ausgewählt, was so lange wiederholt wird, bis eine Endposition erreicht

3 „Monte-Carlo"-Algorithmen sind randomisierte Algorithmen, benannt nach dem Casino de Monte-Carlo in Monaco.

ist. An diesem Punkt bestimmen die Spielregeln (nichtfehlbare Heuristiken), wer gewonnen oder verloren hat und mit welchem Ergebnis. Für Spiele, bei denen die einzigen Ergebnisse ein Sieg oder eine Niederlage sind, ist „durchschnittlicher Nutzen" dasselbe wie „Gewinnprozentsatz".

Wie wählen wir aus, welche Züge wir während des Playout machen? Wenn wir einfach zufällig wählen, dann erhalten wir nach mehreren Simulationen eine Antwort auf die Frage „Was ist der beste Zug, wenn beide Spieler zufällig spielen?" Für einige einfache Spiele ist die Antwort tatsächlich dieselbe wie auf die Frage „Was ist der beste Zug, wenn beide Spieler gut spielen?", doch für die meisten Spiele trifft das nicht zu. Um nützliche Informationen aus dem Playout zu erhalten, benötigen wir eine **Playout-Strategie**, die die Züge so lenkt, dass es gute Züge werden. Für Go und andere Spiele wurden Playout-Strategien erfolgreich mithilfe von neuronalen Netzen durch Selbstspiel gelernt. Manchmal werden auch spielspezifische Heuristiken verwendet, wie z. B. „Schlagzüge berücksichtigen" beim Schach oder „das Eckfeld einnehmen" bei Othello.

Ausgehend von einer gegebenen Playout-Strategie müssen wir als Nächstes zwei Dinge entscheiden: Von welchen Stellungen aus starten wir die Playouts und wie viele Playouts weisen wir jeder Stellung zu? Die einfachste Antwort, die als **reine Monte-Carlo-Suche** bezeichnet wird, besteht darin, N Simulationen ausgehend vom aktuellen Zustand des Spiels durchzuführen und zu verfolgen, welcher der möglichen Züge von der aktuellen Position aus den höchsten Gewinnprozentsatz aufweist.

Für einige stochastische Spiele nähert sich dies mit wachsendem N einem optimalen Spiel, doch für die meisten Spiele reicht es nicht aus – wir benötigen eine **Auswahlstrategie**, die die Rechenressourcen selektiv auf die wichtigen Teile des Spielbaums konzentriert. Es müssen zwei Faktoren ausbalanciert werden: **Exploration** von Zuständen, die nur wenige Playouts hatten, und **Exploitation** von Zuständen, die in vergangenen Playouts gut abgeschnitten haben, um eine genauere Schätzung ihres Werts zu erhalten (in Abschnitt 17.3 wird das Exploration-Exploitation-Dilemma eingehender behandelt). Die Monte-Carlo-Baumsuche verwaltet dazu einen Suchbaum, der bei jeder Iteration durch Anwenden der folgenden vier Schritte wächst (► Abbildung 5.10):

- **Selektion**: Beginnend an der Wurzel des Suchbaums wählen wir einen Zug (anhand der Auswahlstrategie), der zu einem Nachfolgerknoten führt, und wiederholen dann diesen Prozess, durch den wir uns den Baum hinunter bis zu einem Blatt bewegen. ► Abbildung 5.10 a zeigt einen Suchbaum, bei dem die Wurzel einen Zustand repräsentiert, in dem Weiß gerade gezogen hat und Weiß 37 der 100 bisher durchgeführten Playouts gewonnen hat. Der dicke Pfeil zeigt die Selektion eines Zugs durch Schwarz, der zu einem Knotenpunkt führt, an dem Schwarz 60/79 Playouts gewonnen hat. Dies ist der beste Gewinnprozentsatz unter den drei Zügen, also ist die Auswahl dieses Zugs ein Beispiel für Exploitation. Aber es wäre auch denkbar gewesen, den 2/11-Knoten zur Exploration auszuwählen – mit nur 11 Playouts hat der Knoten immer noch eine hohe Unsicherheit in seiner Bewertung und könnte letzten Endes der beste sein, wenn wir mehr Informationen über ihn gewinnen. Die Selektion wird bis zum Blattknoten mit der Bezeichnung 27/35 fortgesetzt.
- **Expansion**: Wir erweitern den Suchbaum, indem wir ein neues Kind des ausgewählten Knotens erzeugen; ► Abbildung 5.10 b zeigt den neuen Knoten, der mit 0/0 markiert ist. (Einige Versionen erzeugen in diesem Schritt mehr als ein Kind.)
- **Simulation**: Wir führen ein Playout des neu erzeugten Kindknotens aus und wählen dabei Züge für beide Spieler gemäß der Playout-Strategie. Diese Züge werden *nicht* im Suchbaum aufgezeichnet. In der Abbildung führt die Simulation zu einem Sieg für Schwarz.
- **Rückwärtspropagation**: Wir verwenden nun das Ergebnis der Simulation, um alle Knoten des Suchbaums zu aktualisieren, die bis zur Wurzel gehen. Da Schwarz das Playout

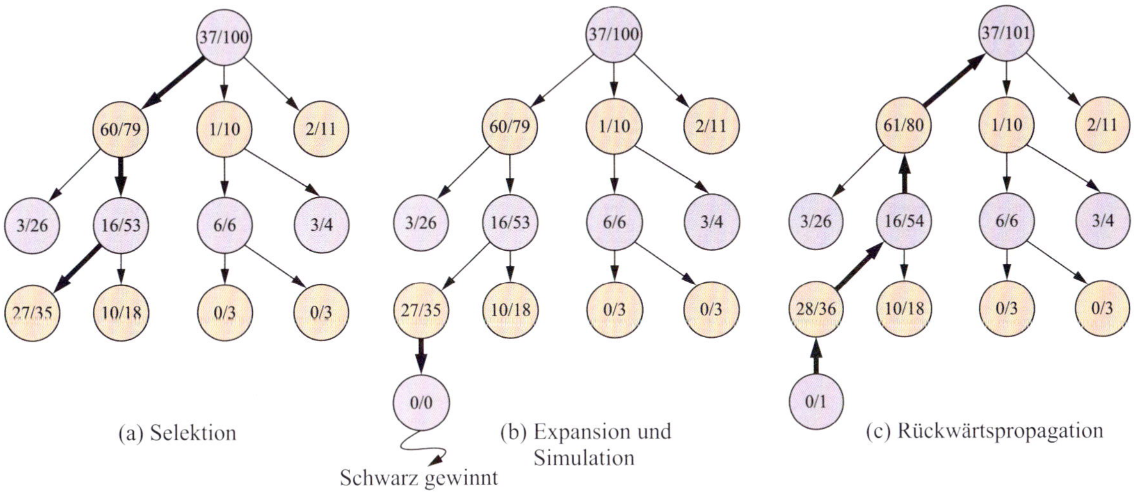

Abbildung 5.10: Eine Iteration des Prozesses der Zugauswahl mit der Monte-Carlo-Baumsuche (MCTS) unter Verwendung der Auswahlmetrik „Upper Confidence Bounds Applied to Trees" (UCT). In der Darstellung wurden bereits 100 Iterationen durchgeführt. In (a) wählen wir Züge aus, mit denen wir uns den gesamten Baum hinunterbewegen bis zu dem Blattknoten, der mit 27/35 markiert ist (d. h. 27 Gewinne für Schwarz aus 35 Playouts). In (b) erweitern wir den ausgewählten Knoten und führen eine Simulation (Playout) durch, die mit einem Sieg für Schwarz endet. In (c) werden die Ergebnisse der Simulation im Baum nach oben hochgereicht (Rückwärtspropagation).

gewonnen hat, werden die schwarzen Knoten sowohl in der Anzahl der Siege als auch in der Anzahl der Playouts inkrementiert, also wird 27/35 zu 28/36 und 60/79 zu 61/80. Da Weiß verloren hat, werden die weißen Knoten nur in der Anzahl der Playouts inkrementiert, sodass 16/53 zu 16/54 und die Wurzel 37/100 zu 37/101 wird.

Wir wiederholen diese vier Schritte entweder für eine festgelegte Anzahl von Iterationen oder bis die vorgegebene Zeit abgelaufen ist und geben dann den Zug mit der höchsten Anzahl von Playouts zurück.

Eine sehr effektive Auswahlstrategie heißt „Obere Konfidenzgrenzen auf Bäume anwenden" (*Upper Confidence Bounds applied to Trees*, **UCT**). Diese Strategie erstellt eine Rangfolge aller möglichen Züge basierend auf einer Obere-Konfidenzgrenze-Formel genannt **UCB1**. (In Abschnitt 17.3.3 werden wir dieses Thema vertiefen.) Für einen Knoten n lautet die Formel:

$$UCB1(n) = \frac{U(n)}{N(n)} + C \times \sqrt{\frac{\log N(\textsc{Parent}(n))}{N(n)}},$$

wobei $U(n)$ der Gesamtnutzen aller Playouts ist, die über den Knoten n gehen, $N(n)$ die Anzahl der Playouts über den Knoten n angibt und $\textsc{Parent}(n)$ für den Elternknoten von n im Baum steht. Folglich ist $\frac{U(n)}{N(n)}$ der Exploitationsterm, das heißt der durchschnittliche Nutzen von n. Der Term mit der Quadratwurzel ist der Explorationsterm: Im Nenner steht die Anzahl $N(n)$, was bedeutet, dass der Term umso höher ist, je weniger ein Knoten exploriert wurde. Im Zähler steht der Logarithmus der Anzahl der Explorationen vom Elternknoten von n. Wenn wir also n x-mal auswählen (wobei x nicht null sein darf), geht der Explorationsterm bei zunehmender Höhe von x gegen null, und am Ende erfolgen die Playouts über den Knoten mit dem höchsten Durchschnittsnutzen.

C ist eine Konstante, die Exploration und Exploitation ausgleicht. Es gibt das theoretische Argument, dass $C \sqrt{2}$ sein sollte, aber in der Praxis probieren Spieleprogrammierer mehrere Werte für C aus und wählen denjenigen, der am besten abschneidet. (Einige Programme

```
function MONTE-CARLO-TREE-SEARCH(state) returns eine action
  tree ← NODE(state)
  while IS-TIME-REMAINING() do
    leaf ← SELECT(tree)
    child ← EXPAND(leaf)
    result ← SIMULATE(child)
    BACK-PROPAGATE(result, child)
  return den Zug in ACTIONS(state), dessen Knoten die höchste Anzahl an Playouts hat
```

Abbildung 5.11: Der Monte-Carlo-Baumsuchalgorithmus. Ein Spielbaum (*tree*) wird initialisiert. Anschließend wiederholen wir einen Zyklus von SELECT / EXPAND / SIMULATE / BACK-PROPAGATE, bis die Zeit abgelaufen ist, und geben den Zug zurück, der zu dem Knoten mit der höchsten Anzahl von Playouts geführt hat.

verwenden leicht abweichende Formeln. Zum Beispiel fügt ALPHAZERO einen Term für die Zugwahrscheinlichkeit hinzu, der von einem neuronalen Netz berechnet wird, das mithilfe von Selbstspiel trainiert wurde.) Mit $C = 1{,}4$ hat der Knoten 60/79 in ► Abbildung 5.10 den höchsten UCB1-Wert, mit $C = 1{,}5$ wäre es jedoch der Knoten 2/11.

► Abbildung 5.11 zeigt den vollständigen UCT-MCTS-Algorithmus. Wenn die Iterationen enden, wird der Zug mit der höchsten Anzahl von Playouts zurückgegeben. Man könnte meinen, dass es besser wäre, den Knoten mit dem höchsten durchschnittlichen Nutzen zurückzugeben, aber die Idee ist, dass ein Knoten mit 65/100 Siegen besser ist als einer mit 2/3 Siegen, weil Letzterer eine größere Unsicherheit aufweist. In jedem Fall stellt die UCB1-Formel sicher, dass der Knoten mit den meisten Playouts fast immer der Knoten mit dem prozentual meisten Siegen ist, da dieser vom Auswahlprozess verstärkt begünstigt wird, je höher die Anzahl der Playouts ist.

Die Zeit für die Berechnung eines Playouts ist nicht exponentiell, sondern linear zur Tiefe des Spielbaums, da an jedem Entscheidungspunkt nur ein Zug ausgeführt wird. Das gibt uns viel Zeit für eine Reihe weiterer Playouts. Ein Beispiel: Betrachten Sie ein Spiel mit dem Verzweigungsfaktor 32, bei dem das durchschnittliche Spiel über 100 Schichten geht. Wenn wir genug Rechenleistung haben, um eine Milliarde Spielzustände zu berücksichtigen, bevor wir einen Zug machen müssen, dann kann Minimax 6 Schichten tief suchen, Alpha-Beta mit perfekter Zugreihenfolge kommt auf 12 Schichten und die Monte-Carlo-Suche schafft 10 Millionen Playouts. Welcher Ansatz ist nun der bessere? Das hängt von der Genauigkeit der heuristischen Funktion gegenüber den Auswahl- und Playout-Strategien ab.

Die gängige Meinung ist, dass die Monte-Carlo-Suche einen Vorteil gegenüber Alpha-Beta bei Spielen wie Go hat, bei denen der Verzweigungsfaktor sehr hoch ist (und Alpha-Beta daher nicht tief genug suchen kann) oder es schwierig ist, eine gute Evaluierungsfunktion zu definieren. Denn Alpha-Beta wählt den Pfad zu einem Knoten mit dem höchsten Wert, den die Evaluierungsfunktion erreichen kann, vorausgesetzt der Gegner wird versuchen, den Wert zu minimieren. Wenn also die Evaluierungsfunktion ungenau ist, dann ist auch Alpha-Beta ungenau. Eine Fehlberechnung auf einem einzelnen Knoten kann dazu führen, dass Alpha-Beta fälschlicherweise einen Pfad zu diesem Knoten wählt (oder vermeidet). Die Monte-Carlo-Suche beruht jedoch auf der Menge vieler Playouts und ist daher nicht so anfällig für einen einzelnen Fehler. Es ist möglich, die Monte-Carlo-Baumsuche mit Evaluierungsfunktionen zu kombinieren, indem man ein Playout für eine bestimmte Anzahl von Zügen durchführt, dann aber das Playout abbricht und eine Evaluierungsfunktion anwendet.

Es ist auch möglich, Aspekte der Alpha-Beta- und Monte-Carlo-Suche zu kombinieren. In Spielen, die viele Züge dauern können, möchten wir z. B. die Methode der **frühen Playout-Terminierung** einsetzen, indem wir ein Playout, das zu viele Züge benötigt, stoppen und entweder mit einer heuristischen Evaluierungsfunktion auswerten oder es einfach als unentschieden erklären.

Die Monte-Carlo-Suche kann auf brandneue Spiele angewendet werden, für die es noch keine Erfahrungswerte gibt, auf die man zurückgreifen kann, um eine Evaluierungsfunktion zu definieren. Solange wir die Spielregeln kennen, benötigt die Monte-Carlo-Suche keine zusätzlichen Informationen. Die Auswahl- und Playout-Strategien können sich zusammengetragenes Expertenwissen, sofern vorhanden, zunutze machen, auch wenn gute Strategien mithilfe von neuronalen Netzen gelernt werden können, die allein durch Selbstspiel trainiert werden.

Besteht die Wahrscheinlichkeit, dass ein einziger Zug den Verlauf des Spiels ändern kann, so offenbart sich der Nachteil der Monte-Carlo-Suche, da die stochastische Natur der Monte-Carlo-Suche bedeutet, dass dieser Zug möglicherweise nicht berücksichtigt wird. Mit anderen Worten, Typ-B-Pruning bei der Monte-Carlo-Suche bedeutet, dass eine wichtige Spielzugfolge möglicherweise überhaupt nicht untersucht wird. Die Monte-Carlo-Suche hat außerdem den Nachteil, dass es Spielzustände gibt, die „offensichtlich" (nach menschlichem Wissen und einer Evaluierungsfunktion) einen Sieg für die eine oder andere Seite anzeigen, aber das Playout noch viele Züge benötigt, um den Gewinner zu bestätigen. Lange Zeit war man der Meinung, dass die Alpha-Beta-Suche besser für Spiele wie Schach mit geringem Verzweigungsfaktor und guten Evaluierungsfunktionen geeignet ist, aber in letzter Zeit waren Monte-Carlo-Ansätze bei Schach und anderen Spielen ebenfalls sehr erfolgreich.

Die allgemeine Idee, zukünftige Züge zu simulieren, das Ergebnis zu beobachten und zu nutzen, um die guten Züge zu ermitteln, ist eine Art von **Reinforcement Learning**, das in Kapitel 22 behandelt wird.

5.5 Stochastische Spiele

Stochastische Spiele repräsentieren stärker die Unvorhersehbarkeit des realen Lebens, indem sie ein Zufallselement wie z. B. das Würfeln einführen. Backgammon ist ein typisches stochastisches Spiel, das Glück und Können kombiniert. In der Backgammon-Position von ► Abbildung 5.12 hat Schwarz eine 6–5 gewürfelt und damit vier mögliche Züge (bei denen jeweils eine Figur um 5 Positionen (im Uhrzeigersinn) und eine Figur um 6 Positionen vorwärts bewegt wird).

Obwohl Schwarz zu diesem Zeitpunkt seine eigenen zulässigen Züge kennt, weiß er nicht, was Weiß würfeln wird, und damit auch nicht, welche zulässigen Züge Weiß zur Verfügung stehen. Das bedeutet, dass Schwarz keinen Standardspielbaum erstellen kann, wie wir ihn vom Schach und Tic-Tac-Toe her kennen. Ein Spielbaum im Backgammon muss zusätzlich zu den MAX- und MIN-Knoten auch **Zufallsknoten** enthalten. Zufallsknoten sind in ► Abbildung 5.13 als Kreise dargestellt. Die Verzweigungen, die von jedem Zufallsknoten aus abgehen, kennzeichnen die möglichen Würfelkombinationen und sind jeweils mit der Würfelkombination und seiner Wahrscheinlichkeit beschriftet. Es gibt 36 Möglichkeiten, mit zwei Würfeln zu würfeln, die alle gleich wahrscheinlich sind. Da jedoch eine 6–5 das Gleiche ist wie eine 5–6, gibt es nur 21 verschiedene Würfe. Die sechs Paschwürfe (1–1 bis 6–6) haben jeweils eine Wahrscheinlichkeit von 1/36, sodass wir sagen $P(1\text{–}1) = 1/36$. Bei den anderen 15 Würfen beträgt die Wahrscheinlichkeit 1/18.

Der nächste Schritt besteht darin zu verstehen, wie man richtige Entscheidungen trifft. Offensichtlich wollen wir immer noch den Zug wählen, der zur besten Position führt. Allerdings haben Positionen keine eindeutigen Minimax-Werte. Stattdessen können wir nur den **Erwartungswert** einer Position berechnen: den Mittelwert über alle möglichen Ergebnisse der Zufallsknoten.

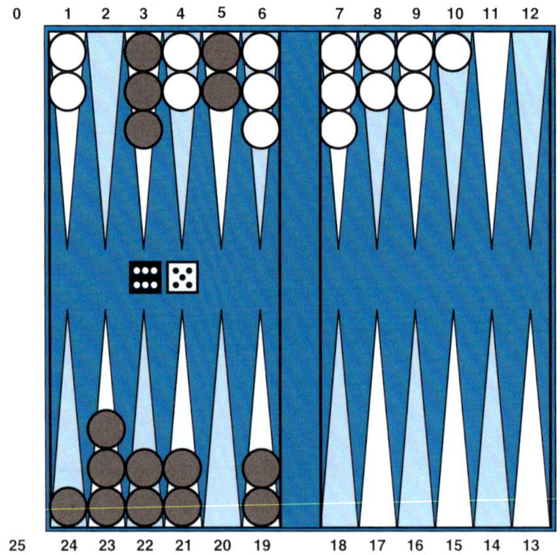

Abbildung 5.12: Eine typische Backgammon-Position. Ziel des Spiels ist es, alle eigenen Steine in das eigene Heimfeld und dann ganz aus dem Spielfeld zu bringen. Schwarz zieht im Uhrzeigersinn in Richtung 25 und Weiß gegen den Uhrzeigersinn in Richtung 0. Ein Stein kann an jede beliebige Position gezogen werden, es sei denn, es befinden sich dort bereits mehrere gegnerische Steine. Gibt es dort nur einen gegnerischen Stein, so wird dieser geschlagen und muss vom Gegner wieder ins Spiel gebracht werden. In der gezeigten Position hat Schwarz 6–5 gewürfelt und muss zwischen vier zulässigen Zugkombinationen wählen: (5–11,5–10), (5–11,19–24), (5–10,10–16) und (5–11,11–16), wobei die Schreibweise (5–11,11–16) bedeutet, einen Stein erst von Position 5 nach 11 zu ziehen und dann von 11 nach 16.

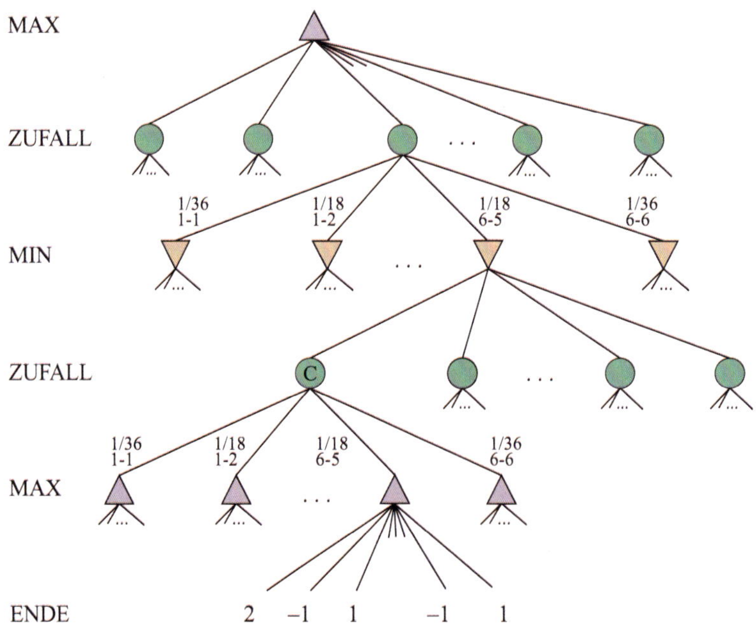

Abbildung 5.13: Schematischer Spielbaum für eine Backgammon-Position.

Dies führt uns zum **erwarteten Minimax-Wert** (**Expectiminimax-Wert**) für Spiele mit Zufallsknoten, der eine Verallgemeinerung des Minimax-Werts für deterministische Spiele darstellt. Endknoten sowie MAX- und MIN-Knoten funktionieren genauso wie zuvor (mit dem Vorbehalt, dass die zulässigen Züge für MAX und MIN vom Ergebnis der Würfel im vorherigen Zufallsknoten abhängen). Für Zufallsknoten berechnen wir den Erwartungswert, der die Summe aller Ergebniswerte darstellt, gewichtet nach der Wahrscheinlichkeit jeder Zufallsaktion:

$$\text{EXPECTIMINIMAX}(s) =$$

$$\begin{cases} \text{UTILITY}(s, \text{MAX}) & \text{falls IS-TERMINAL}(s) \\ \max_a \text{EXPECTIMINIMAX}(\text{RESULT}(s, a)) & \text{falls TO-MOVE}(s) = \text{MAX} \\ \min_a \text{EXPECTIMINIMAX}(\text{RESULT}(s, a)) & \text{falls TO-MOVE}(s) = \text{MIN} \\ \sum_r P(r)\text{EXPECTIMINIMAX}(\text{RESULT}(s, r)) & \text{falls TO-MOVE}(s) = \text{CHANCE} \end{cases}$$

Hier stellt r eine mögliche Würfelkombination (oder ein anderes Zufallsereignis) dar und RESULT(s, r) ist der gleiche Zustand wie s, wobei zusätzlich gilt, dass das Ergebnis der Würfelkombination r ist.

5.5.1 Evaluierungsfunktionen für Zufallsspiele

Wie bei Minimax besteht die Annäherung bei Expectiminimax offensichtlich darin, die Suche an einem bestimmten Punkt abzubrechen und auf jedes Blatt eine Evaluierungsfunktion anzuwenden. Die Vermutung liegt nahe, dass sich die Evaluierungsfunktionen für Spiele wie Backgammon nicht von den Evaluierungsfunktionen für Schach unterscheiden – sie müssen besseren Positionen einfach nur höhere Werte zuweisen. Tatsächlich muss man jedoch, wenn Zufallsknoten ins Spiel kommen, viel sorgfältiger darauf achten, was die Werte bedeuten.

► Abbildung 5.14 soll dies veranschaulichen: Bei einer Evaluierungsfunktion, die den Blättern die Werte [1, 2, 3, 4] zuordnet, ist der Zug a_1 am besten; bei den Werten [1, 20, 30, 400] ist der Zug a_2 am besten. Das Programm verhält sich also völlig anders, wenn wir einige der Evaluierungswerte ändern, auch wenn die Präferenzreihenfolge gleich bleibt.

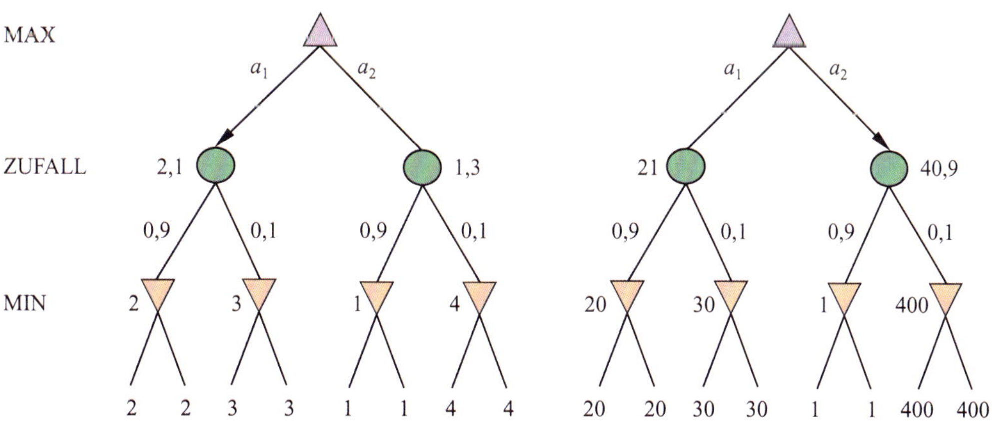

Abbildung 5.14: Eine die Reihenfolge beibehaltende Transformation der Blattwerte ändert den besten Zug.

Um dieses Problem zu vermeiden, muss die Evaluierungsfunktion Werte zurückgeben, die eine positive lineare Transformation der **Wahrscheinlichkeit** eines Gewinns sind (oder des erwarteten Nutzens, bei Spielen mit anderen Ergebnissen als Gewinnen/Verlieren). Dieser Bezug zur Wahrscheinlichkeit ist eine wichtige und allgemeine Eigenschaft von Situationen mit einer Unsicherheitskomponente. Wir werden dieses Thema in Kapitel 16 weiter vertiefen.

Würde das Programm alle Würfelkombinationen, die im restlichen Spiel auftreten, im Voraus kennen, ließe sich ein Spiel mit Würfeln genauso schnell lösen wie ein Spiel ohne Würfel, was Minimax in einer Zeit von $O(b^m)$ erledigt, wobei b der Verzweigungsfaktor ist und m die maximale Tiefe des Spielbaums. Da Expectiminimax auch alle möglichen Würfelfolgen berücksichtigt, benötigt er $O(b^m n^m)$, wobei n die Anzahl der verschiedenen Würfe ist.

Selbst wenn die Suchtiefe auf einen kleinen Wert d beschränkt ist, ist es bei den meisten Zufallsspielen aufgrund der zusätzlichen Kosten im Vergleich zu denen für Minimax unrealistisch, sehr weit vorauszuschauen. Beim Backgammon ist n gleich 21 und b liegt normalerweise bei etwa 20, kann aber in manchen Situationen – für Paschwürfe – auf 4.000 steigen. Wir könnten wahrscheinlich nicht mehr als drei Schichten bei der Suche bewältigen.

Für dieses Problem gibt es noch einen anderen Denkansatz: Der Vorteil von Alpha-Beta ist, dass es zukünftige Entwicklungen ignoriert, die beim bestmöglichen Spiel mit großer Wahrscheinlichkeit nicht eintreten. Es konzentriert sich also auf das, was wahrscheinlich eintritt. Aber in einem Spiel, in dem jedem Zug ein Wurf mit zwei Würfeln vorausgeht, gibt es *keine* wahrscheinlichen Zugfolgen; selbst der wahrscheinlichste Zug tritt nur in 2 von 36 Fällen ein, denn damit der Zug stattfinden kann, müssten die Würfel erst einmal die richtigen Augen zeigen, damit er zulässig ist. Dies ist ein allgemeines Problem, wenn Unsicherheit ins Spiel kommt: Die Möglichkeiten vervielfachen sich enorm und das detaillierte Planen von Aktionen erweist sich als sinnlos, weil die Welt wahrscheinlich nicht mitspielt.

Vielleicht fragen Sie sich, ob es möglich ist, so etwas wie Alpha-Beta-Pruning auf Spielbäume mit Zufallsknoten anzuwenden. Und tatsächlich ist dies der Fall. Die Analyse für MIN- und MAX-Knoten bleibt unverändert, aber mit etwas Einfallsreichtum können wir auch Zufallsknoten kürzen. Betrachten Sie den Zufallsknoten C in ► Abbildung 5.13 und was mit seinem Wert passiert, wenn wir seine Kindknoten auswerten. Ist es möglich, eine obere Grenze für den Wert von C zu finden, bevor wir alle seine Kindknoten betrachtet haben? (Wir wissen bereits, dass Alpha-Beta genau das braucht, um einen Knoten und seinen Unterbaum zu kürzen.)

Auf den ersten Blick mag es unmöglich erscheinen, weil der Wert von C der *Durchschnitt* der Werte seiner Kindknoten ist, und um den Durschschnitt einer Menge von Zahlen zu berechnen, müssen wir alle Zahlen betrachten. Doch wenn wir Grenzen für die möglichen Werte der Nutzenfunktion festlegen, können wir auch zu Grenzen für den Durchschnitt gelangen, ohne jede Zahl kennen zu müssen. Nehmen wir zum Beispiel an, dass alle Nutzenwerte zwischen -2 und $+2$ liegen. Dann ist der Wert der Blattknoten begrenzt und wir können wiederum eine obere Grenze für den Wert eines Zufallsknotens angeben, ohne alle seine Kindknoten zu betrachten.

Bei Spielen, deren Verzweigungsfaktor für Zufallsknoten hoch ist – denken Sie z. B. an ein Spiel wie Yahtzee, bei dem jeweils 5 Würfel geworfen werden –, sollten Sie ein Forward Pruning in Betracht ziehen, um die Anzahl der möglichen Zufallszweige für die Auswertung zu reduzieren. Oder Sie können ganz auf eine Evaluierungsfunktion verzichten und stattdessen die Monte-Carlo-Baumsuche verwenden, bei der jedes Playout zufällige Würfelkombinationen beinhaltet.

5.6 Teilweise beobachtbare Spiele

Bobby Fischer erklärte einst, „Schach ist Krieg", wobei diesem Spiel allerdings mindestens ein Wesensmerkmal echter Kriege fehlt, nämlich die **teilweise Beobachtbarkeit**. Im „Nebel des Krieges" (Fog of War, FoW) ist die Aufstellung der feindlichen Einheiten oft unbekannt, bis sie durch den direkten Kontakt aufgedeckt werden. Deshalb gehören zu einer Kriegsführung auch Aufklärer und Spione, die Informationen sammeln, sowie Geheimhaltung und Täuschung, um den Feind zu verwirren.

Teilweise beobachtbare Spiele weisen diese Eigenschaften auf und unterscheiden sich damit qualitativ von den Spielen, die in den vorherigen Abschnitten beschrieben wurden. Videospiele wie StarCraft stellen eine besondere Herausforderung dar, da sie teilweise beobachtbar, nichtdeterministisch, dynamisch und unbekannt sowie Multiagentensysteme sind.

In *deterministischen*, teilweise beobachtbaren Spielen ist die Unsicherheit über den Zustand des Spielbretts ausschließlich auf die Unkenntnis über die Entscheidungen des Gegners zurückzuführen. Zu dieser Klasse gehören einfache Spiele wie „Schiffe versenken" (bei dem die Schiffe jedes Spielers an Positionen platziert werden, die vor dem Gegner verborgen sind) und Stratego (bei dem die Positionen der Spielsteine bekannt sind, aber nicht, welche Art von Stein sich wo befindet). Wir wollen hier die teilweise beobachtbare Schach-Variante **Kriegspiel** vorstellen, bei der die Figuren für den Gegner völlig unsichtbar sind. Auch andere Spiele haben teilweise beobachtbare Versionen: Phantom Go, Phantom Tic-Tac-Toe und Screen Shogi.

5.6.1 Kriegspiel: teilweise beobachtbares Schach

Die Regeln von Kriegspiel sehen folgendermaßen aus: Weiß und Schwarz sehen jeweils nur das Brett, auf dem sich ihre eigenen Figuren befinden. Ein Schiedsrichter, der alle Figuren sehen kann, entscheidet über das Spiel und macht in regelmäßigen Abständen Ansagen, die von beiden Spielern gehört werden. Zuerst schlägt Weiß dem Schiedsrichter einen Zug vor, der zulässig wäre, wenn es keine schwarzen Figuren gäbe. Wird dieser Zug durch die schwarzen Figuren verhindert, dann sagt der Schiedsrichter „unzulässig" und Weiß schlägt so lange Züge vor, bis ein zulässiger Zug gefunden ist – dabei lernt Weiß mehr über die Positionen der schwarzen Figuren.

Sobald ein zulässiger Zug vorgeschlagen wird, macht der Schiedsrichter eine oder mehrere der folgenden Ansagen: „Schlagen auf Feld X", wenn eine Figur geschlagen wurde, und „Schach durch D", wenn der schwarze König im Schach steht, wobei D die Richtung des Schachgebots ist und durch „Springer", „Reihe", „Linie", „lange Diagonale" oder „kurze Diagonale" ersetzt werden kann. Wenn Schwarz schachmatt gesetzt wurde oder zugunfähig ist, teilt der Schiedsrichter dies mit; andernfalls ist Schwarz am Zug.

Kriegspiel mag entsetzlich kompliziert erscheinen, aber passionierte Spieler beherrschen es recht gut und Computerprogramme beginnen aufzuholen. In diesem Zusammenhang ist es hilfreich, sich den Begriff **Wissenszustand** wieder ins Gedächtnis zurückzurufen, wie er in Abschnitt 4.4 definiert und in ► Abbildung 4.14 veranschaulicht wurde – die Menge aller *logisch möglichen* Brettzustände bei gegebener vollständigen Historie der bisherigen Perzepte. Anfänglich ist der Wissenszustand von Weiß eine einelementige Menge, da die schwarzen Figuren noch nicht bewegt wurden. Nachdem Weiß gezogen und Schwarz entgegenet hat, enthält der Wissenszustand von Weiß 20 Positionen, da Schwarz auf jeden Eröffnungszug 20 Entgegnungen hat. Das Verfolgen des Wissenszustands im weiteren Spielverlauf ist genau das Problem der **Zustandsschätzung**, für die Gleichung (4.6) auf S. 165 den Aktualisierungsschritt angibt. Wir können die Kriegspiel-Zustandsschätzung direkt auf das teilweise beobachtbare, nichtdeterministische Gerüst von Abschnitt 4.4 abbilden, wenn wir den Gegenspieler als Quelle des Nichtdeterminismus betrachten; das heißt, RESULTS vom weißen Zug

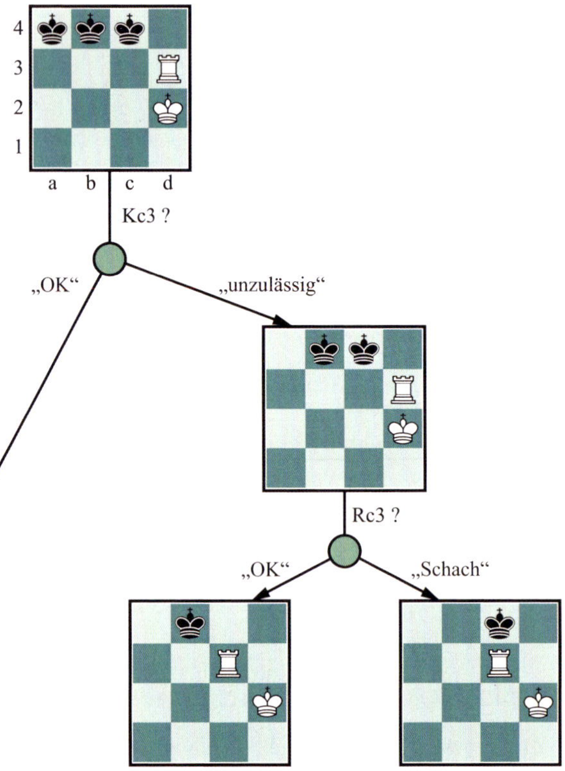

Abbildung 5.15: Teil eines garantierten Schachmatts im KTK-Endspiel, dargestellt auf einem verkleinerten Brett. Im anfänglichen Wissenszustand befindet sich der schwarze König an einer von drei möglichen Positionen. Durch eine Kombination von Sondierungszügen engt die Strategie dies auf eine Position ein. Die Züge bis zum Schachmatt lassen wir dem Leser als Übung.

setzt sich zusammen aus dem (vorhersagbaren) Ergebnis des eigenen Zugs von Weiß und dem unvorhersagbaren Ergebnis der Entgegnung von Schwarz.[4]

Für einen aktuellen Wissenszustand könnte Weiß fragen: „Kann ich das Spiel gewinnen?“ Für ein teilweise beobachtbares Spiel wird das Konzept der **Strategie** geändert. Anstatt einen auszuführenden Zug für jeden möglichen *Zug* des Gegners festzulegen, brauchen wir einen Zug für jede mögliche *Perzeptfolge*, die empfangen werden könnte.

Bei Kriegspiel besteht eine Gewinnstrategie oder ein **garantiertes Schachmatt** darin, dass sie für jede mögliche Perzeptfolge zu einem tatsächlichen Schachmatt für jeden möglichen Brettzustand im aktuellen Wissenszustand führt, unabhängig davon, wie der Gegner zieht. Mit dieser Definition ist der Wissenszustand des Gegners irrelevant – die Strategie muss auch dann funktionieren, wenn der Gegner alle Figuren sehen kann. Dies vereinfacht die Berechnung erheblich. ► Abbildung 5.15 zeigt einen Teil eines garantierten Schachmatts für das KTK-Endspiel (König und Turm gegen König). In diesem Fall hat Schwarz nur eine Figur (den König), sodass ein Wissenszustand für Weiß in einem einzigen Brett gezeigt werden kann, indem jede mögliche Position des schwarzen Königs markiert wird.

4 Manchmal wird der Wissenszustand zu groß, um ihn nur als Liste von Brettzuständen darzustellen, aber wir wollen dieses Problem vorerst ignorieren. Kapitel 7 und 8 schlagen Methoden vor, wie sich sehr große Wissenszustände kompakt darstellen lassen.

Der allgemeine UND-ODER-Suchalgorithmus kann auf den Wissenszustandsraum angewendet werden, um garantierte Schachmatt-Stellungen zu finden, genau wie es Abschnitt 4.4 beschreibt. Der in Abschnitt 4.4.2 erwähnte inkrementelle Wissenszustandsalgorithmus findet oft Schachmatts im Mittelspiel bis zur Tiefe 9 – weit jenseits der Fähigkeiten der meisten Spieler.

Zusätzlich zum garantierten Schachmatt führt Kriegspiel ein vollkommen neues Konzept ein, das in vollständig beobachtbaren Spielen keinen Sinn hat: das **probabilistische Schachmatt**. Ein solches Schachmatt muss dennoch für jeden Brettzustand im Wissenszustand funktionieren; es ist probabilistisch in Bezug auf die Randomisierung der Züge des gewinnenden Spielers. Um die Grundidee zu veranschaulichen, betrachten wir das Problem, einen allein stehenden schwarzen König nur mithilfe des weißen Königs ausfindig zu machen. Durch zufällige Züge wird der weiße König *irgendwann* auf den schwarzen König stoßen, selbst wenn dieser versucht, seinem Schicksal zu entrinnen, da Schwarz nicht ewig die richtigen Ausweichzüge erraten kann. In der Terminologie der Wahrscheinlichkeitstheorie tritt die Entdeckung *mit Wahrscheinlichkeit* 1 auf.

Der Sieg beim KLSK-Endspiel – König, Läufer und Springer gegen König – ist ein Beispiel hierfür: Weiß stellt Schwarz vor eine unendliche zufällige Folge von Wahlmöglichkeiten, wobei eine falsche Entscheidung von Schwarz dazu führt, dass sich seine Position offenbart, was zum Schachmatt führt. Im Gegensatz dazu wird das KLLK-Endspiel mit der Wahrscheinlichkeit $1 - \epsilon$ gewonnen. Weiß kann nur dann einen zwingenden Sieg erringen, wenn es die gegenseitige Deckung seiner Läufer für einen Zug aufhebt. Steht Schwarz in diesem Moment zufällig an der richtigen Stelle und schlägt den Läufer (ein Zug, der unzulässig wäre, wenn sich die Läufer gegenseitig decken würden), endet die Partie mit einem Remis. Weiß kann diesen riskanten Zug zu einem zufällig gewählten Zeitpunkt mitten in einer sehr langen Folge ausführen und so ϵ auf eine beliebig kleine Konstante – jedoch nicht bis auf null – reduzieren.

Manchmal funktioniert eine Schachmattstrategie nur für *einige* der Brettzustände im aktuellen Wissenszustand. Eine solche Strategie zu verfolgen, kann erfolgreich sein und zu einem **versehentlichen Schachmatt** führen – versehentlich insofern, als dass Weiß nicht *wissen* konnte, dass es Matt setzt –, wenn sich die schwarzen Figuren gerade an den richtigen Stellen befinden. (Die meisten Mattfolgen in Spielen zwischen Menschen zeichnen sich durch diesen zufälligen Charakter aus.) Diese Idee führt folgerichtig zu der Frage, *wie wahrscheinlich* es ist, dass eine bestimmte Strategie gewinnt, woraus sich wiederum die Frage ergibt, *wie wahrscheinlich* es ist, dass ein Brettzustand im aktuellen Wissenszustand der wahre Brettzustand ist.

Der erste Gedanke könnte sein, dass alle Brettzustände im aktuellen Wissenszustand gleich wahrscheinlich sind, was aber nicht richtig sein kann. Betrachten wir zum Beispiel den Wissenszustand von Weiß nach dem ersten Zug von Schwarz in der Partie. Per Definition (und unter der Annahme, dass Schwarz optimal spielt) muss Schwarz einen optimalen Zug gespielt haben, sodass allen Brettzuständen, die aus suboptimalen Zügen resultieren, eine Wahrscheinlichkeit von null zugewiesen werden sollte.

Dieses Argument ist auch nicht ganz richtig, da *das Ziel eines jeden Spielers nicht nur darin besteht, Figuren auf die richtigen Felder zu ziehen, sondern auch die Informationen zu minimieren, die der Gegner über ihre Position hat.* Das Spielen jeder *vorhersagbaren* „optimalen“ Strategie liefert dem Gegner Informationen. Daher erfordert ein optimales Spiel in teilweise beobachtbaren Spielen die Bereitschaft, ein wenig nach dem *Zufallsprinzip* zu spielen. (Aus diesem Grund führen Lebensmittelkontrolleure ihre Besuche bei den Gaststätten *zufällig* durch.) Das bedeutet, dass man gelegentlich Züge wählt, die „an sich“ schwach erscheinen, aber gerade durch ihre Unvorhersagbarkeit an Stärke gewinnen, da der Gegner höchstwahrscheinlich keine Verteidigung gegen sie vorbereitet hat.

Diese Überlegungen lassen vermuten, dass die Wahrscheinlichkeiten, die mit den Brettzuständen im aktuellen Wissenszustand verbunden sind, nur mit einer optimalen randomisierten Strategie berechnet werden können; andererseits scheint es für die Berechnung dieser Strategie erforderlich zu sein, die Wahrscheinlichkeiten der verschiedenen Zustände zu kennen, in denen sich das Brett befinden kann. Dieses Rätsel lässt sich durch die Einführung des spieltheoretischen Konzepts einer **Gleichgewichtslösung** lösen, das wir in Kapitel 17 näher beleuchten. Ein Gleichgewicht spezifiziert eine für jeden Spieler optimale randomisierte Strategie. Die Berechnung von Gleichgewichten ist für Kriegspiel zu teuer. Derzeit ist der Entwurf von effektiven Algorithmen für ein allgemeines Kriegspiel ein offenes Forschungsthema. Die meisten Systeme führen tiefenbeschränkte Look-ahead-Suchen in ihrem eigenen Wissenszustandsraum aus und ignorieren den Wissenszustand des Gegners. Evaluierungsfunktionen ähneln denen für das beobachtbare Spiel, enthalten aber eine Komponente für die Größe des Wissenszustands – kleiner ist besser! Wir werden auf teilweise beobachtbare Spiele im Zusammenhang mit dem Thema Spieltheorie in Abschnitt 18.2 zurückkommen.

5.6.2 Kartenspiele

Kartenspiele wie Bridge, Whist, Hearts und Poker weisen eine *stochastische* teilweise Beobachtbarkeit auf, wobei die fehlenden Informationen auf das zufällige Austeilen der Karten zurückzuführen sind.

Auf den ersten Blick scheinen sich diese Kartenspiele nicht groß von Würfelspielen zu unterscheiden: die Karten werden zufällig ausgeteilt und bestimmen die Züge, die jedem Spieler zur Verfügung stehen, wobei jedoch alle „Würfel" zu Beginn geworfen werden! Auch wenn diese Analogie sich als falsch erweist, liegt ein Algorithmus auf der Hand: Betrachten Sie den Beginn des Spiels als Zufallsknoten mit jeder möglichen Verteilung als Ergebnis und wählen Sie dann unter Verwendung der EXPECTIMINIMAX-Formel den besten Zug. Beachten Sie, dass bei diesem Ansatz der einzige Zufallsknoten der Wurzelknoten ist; danach ist das Spiel vollständig beobachtbar. Dieser Ansatz wird manchmal als *Mittelwertbildung über Hellsehen* bezeichnet, weil er davon ausgeht, dass das Spiel für beide Spieler vollständig beobachtbar wird, sobald die eigentliche Kartenverteilung stattgefunden hat. Trotz ihrer intuitiven Attraktivität kann diese Strategie in die Irre führen. Sehen wir uns dazu die folgende Geschichte an:

> *Tag 1: Straße A führt zu einem Topf voll Gold; Straße B führt zu einer Gabelung. Sie sehen, dass Sie bei der linken Abzweigung zu zwei Töpfen voll Gold geführt werden, während Sie bei der rechten Abzweigung irgendwann von einem Bus überfahren werden.*
>
> *Tag 2: Straße A führt zu einem Topf voll Gold; Straße B führt zu einer Gabelung. Sie sehen, dass Sie bei der rechten Abzweigung zu zwei Töpfen voll Gold geführt werden, während Sie bei der linken Abzweigung irgendwann von einem Bus überfahren werden.*
>
> *Tag 3: Straße A führt zu einem Topf voll Gold; Straße B führt zu einer Gabelung. Ihnen wird gesagt, dass Sie bei einer Abzweigung irgendwann zwei Töpfe voll Gold finden werden und bei der anderen irgendwann von einem Bus überfahren werden. Leider wissen Sie nicht, welche Abzweigung welche ist.*

Die Mittelwertbildung über Hellsehen führt zu folgender Argumentation: An Tag 1 ist B die richtige Wahl; an Tag 2 ist B die richtige Wahl; an Tag 3 ist die Situation die gleiche wie an Tag 1 oder Tag 2, sodass B immer noch die richtige Wahl sein muss.

Dieses Beispiel zeigt, dass die Mittelwertbildung über Hellsehen zum Scheitern verurteilt ist, da sie den *Wissenszustand*, in dem sich der Akteur nach dem Handeln befindet, nicht berücksichtigt. Ein Wissenszustand der vollständigen Unwissenheit ist nicht wünschenswert, besonders wenn eine der Möglichkeiten den sicheren Tod bedeutet. Da diese Strategie davon ausgeht, dass jeder zukünftige Zustand automatisch ein Zustand vollkommenen Wissens ist, wählt sie weder Aktionen aus, die *Informationen sammeln* (wie der erste Zug in ► Abbildung 5.15), noch Aktionen, die Informationen vor dem Gegner verbergen oder einem Partner Informationen liefern, da sie davon ausgeht, dass diese Parteien die Informationen bereits kennen. Außerdem wird sie beim Poker niemals **bluffen**,[5] weil sie annimmt, dass die eigenen Karten auch vom Gegner gesehen werden können. In Kapitel 17 zeigen wir, wie man Algorithmen konstruiert, die allen diesen Anforderungen gerecht werden, indem sie das echte teilweise beobachtbare Entscheidungsproblem lösen. Das Ergebnis ist eine optimale Gleichgewichtsstrategie (siehe Abschnitt 18.2).

Trotz der Nachteile kann die Mittelwertbildung über Hellsehen eine effektive Strategie sein, wenn man sie mit einigen Tricks optimiert. Bei den meisten Kartenspielen ist die Anzahl der möglichen Verteilungen ziemlich groß. Beim Bridgespiel zum Beispiel sieht jeder Spieler nur zwei der vier Blätter. Da es zwei unbekannte Blätter mit jeweils 13 Karten gibt, beträgt die Anzahl der Verteilungen $\binom{26}{13} = 10.400.600$. Das Lösen von auch nur einer Verteilung ist ziemlich schwierig, sodass das Lösen von zehn Millionen utopisch ist. Eine Möglichkeit, mit dieser riesigen Zahl umzugehen, ist die **Abstraktion**: das Konzept, ähnliche Blätter wie identische Blätter zu behandeln. Zum Beispiel ist es sehr wichtig, welche Asse und Könige in einem Blatt sind, aber ob das Blatt eine 4 oder 5 enthält, ist nicht so wichtig und kann wegabstrahiert werden.

Eine andere Möglichkeit, mit der großen Anzahl umzugehen, ist Forward Pruning: Betrachten Sie nur eine kleine Zufallsstichprobe von N Kartenverteilungen und berechnen Sie wieder den EXPECTIMINIMAX-Wert. Selbst für ziemlich kleine N – sagen wir 100 bis 1.000 – liefert diese Methode eine gute Annäherung. Sie kann auch auf deterministische Spiele wie Kriegspiel angewendet werden, bei denen wir nicht Stichproben der möglichen Verteilungen, sondern der möglichen Zustände des Spiels nehmen, solange wir eine Möglichkeit haben abzuschätzen, wie wahrscheinlich jeder Zustand ist. Es kann auch hilfreich sein, eine heuristische Suche mit einem Abbruch ab einer gewissen Tiefe durchzuführen, anstatt den gesamten Spielbaum zu durchsuchen.

Bislang sind wir davon ausgegangen, dass jede Verteilung gleich wahrscheinlich ist. Das ist sinnvoll bei Spielen wie Whist und Hearts. Doch beim Bridge geht dem Spiel eine Bietphase voraus, in der jedes Team angibt, wie viele Stiche es machen wird. Da die Spieler auf Basis der von ihnen gehaltenen Karten bieten, lernen die anderen Spieler etwas über die Wahrscheinlichkeit $P(s)$ der einzelnen Verteilungen. Allerdings ist es nicht ganz ungefährlich, seine Vermutungen in die Entscheidung, wie das Blatt zu spielen ist, einfließen zu lassen, und zwar aus den gleichen Gründen wie bei Kriegspiel beschrieben: Die Spieler können so bieten, dass ihre Gegner so wenig Informationen wie möglich über ihr tatsächliches Blatt erhalten.

Computer haben beim Pokern inzwischen ein Leistungsniveau erreicht, das weit über das eines menschlichen Spielers hinausgeht. Das Pokerprogramm Libratus nahm es mit vier der besten Pokerspieler der Welt in einem 20-tägigen Match beim No-Limit-Texas-Hold'em auf und schlug sie alle deutlich. Da es beim Poker so viele mögliche Zustände gibt, nutzt Libratus die Abstraktion, um den Zustandsraum zu reduzieren: Es kann beispielswiese die beiden Blätter AAA72 und AAA64 als gleichwertig betrachten (sie enthalten beide „drei Asse und einige niedrige Karten") und einen Einsatz von 200 US-Dollar als gleich hoch einstufen wie 201 US-Dollar. Außerdem beobachtet Libratus die anderen Spieler und führt, wenn es feststellt, dass diese eine Schwäche der Abstraktion ausnutzen, über Nacht zusätzliche Berechnungen durch, um diese Lücke zu schließen. Insgesamt verbrauchte das Programm 25 Millionen CPU-Stunden auf einem Supercomputer, um den Sieg zu erringen.

Die Rechenkosten, die bei Libratus anfallen (sowie ähnliche Kosten bei ALPHAZERO und anderen Systemen), lassen vermuten, dass Spiele auf Weltmeisterniveau für Forscher mit

5 Bluffen – vorgeben, ein gutes Blatt zu haben, auch wenn dem nicht so ist – ist ein zentraler Bestandteil der Pokerstrategie.

begrenztem Budget nicht so schnell zu erreichen sein werden. Dies ist bis zu einem gewissen Grad wahr: Genauso wie man nicht erwarten sollte, dass man einen siegreichen Formel-1-Rennwagen aus Ersatzteilen in seiner Garage zusammenbauen kann, ist es beim Erstellen von Spieleprogrammen von Vorteil, wenn man Zugang zu Supercomputern oder Spezialhardware wie Tensorprozessoren hat. Das gilt besonders für das Trainieren eines Systems, was allerdings auch über Crowdsourcing erfolgen könnte. Zum Beispiel ist das Open-Source-System LEELAZERO eine Neuimplementierung von ALPHAZERO, das durch Selbstspiel auf den Computern von freiwilligen Teilnehmern trainiert wird. Einmal trainiert, sind die rechentechnischen Anforderungen für reale Turnierspiele bescheiden. ALPHASTAR hat StarCraft-II-Spiele gewonnen, die auf einem handelsüblichen Desktop mit einer einzigen GPU liefen, und auch ALPHAZERO hätte in diesem Modus ausgeführt werden können.

5.7 Einschränkungen von Spiel-Suchalgorithmen

Da die Berechnung optimaler Entscheidungen in komplexen Spielen größtenteils nicht effizient machbar ist, müssen alle Algorithmen einige Annahmen und Näherungen treffen. Die Alpha-Beta-Suche verwendet die heuristische Evaluierungsfunktion als Näherung und die Monte-Carlo-Suche berechnet einen ungefähren Mittelwert über eine zufällige Auswahl von Playouts. Die Entscheidung, welcher Algorithmus verwendet wird, hängt zum Teil von den Eigenschaften des jeweiligen Spiels ab: Wenn der Verzweigungsfaktor hoch ist oder es schwierig ist, eine Evaluierungsfunktion zu definieren, wird die Monte-Carlo-Suche bevorzugt. Aber beide Algorithmen leiden unter grundlegenden Einschränkungen.

Eine Einschränkung der Alpha-Beta-Suche ist ihre Anfälligkeit für Fehler in der Heuristikfunktion. ► Abbildung 5.16 zeigt einen Zwei-Schichten-Spielbaum. Minimax empfiehlt in diesem Beispiel, der rechten Verzweigung zu folgen, da $100 > 99$ ist. Das ist der richtige Zug, wenn die Auswertungen alle korrekt sind. Nehmen wir an, dass die Auswertung jedes Knotens einen Fehler enthält, der unabhängig von den anderen Knoten ist und eine Zufallsverteilung mit einer Standardabweichung von σ hat. Dann ist bei $\sigma = 5$ die linke Verzweigung tatsächlich in 71 % der Fälle die bessere Wahl und bei $\sigma = 2$ in 58 % der Fälle (weil eines der vier rechten Blätter in diesen Fällen wahrscheinlich unter 99 rutscht). Wenn die Fehler in der Evaluierungsfunktion *nicht* unabhängig sind, dann steigt die Wahrscheinlichkeit eines Fehlers. Es ist schwierig, dies zu kompensieren, da wir kein gutes Modell der Abhängigkeiten zwischen den Werten von Geschwisterknoten haben.

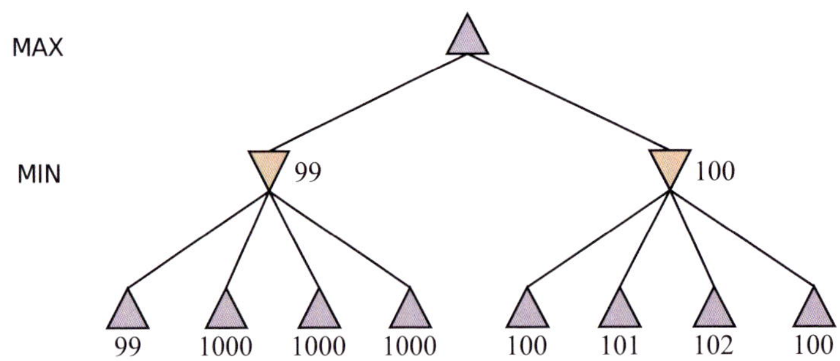

Abbildung 5.16: Ein Zwei-Schichten-Spielbaum, für den die Minimax-Heuristik einen Fehler liefern kann.

Eine zweite Einschränkung sowohl von der Alpha-Beta- als auch von der Monte-Carlo-Suche ist, dass diese Methoden für die Berechnung der (Grenzwerte auf) Werte von zulässigen Zügen ausgelegt sind. Manchmal gibt es jedoch einen Zug, der offensichtlich der beste ist (z. B. wenn es nur einen zulässigen Zug gibt). In diesem Fall kann man sich die Rechenzeit sparen, um den Wert des Zugs zu ermitteln – es ist besser, den Zug einfach auszuführen. Ein besserer Suchalgorithmus verwendet das Konzept des *Nutzens einer Knotenexpansion* und wählt Knotenexpansionen mit hohem Nutzen aus, d. h. solche, die sehr wahrscheinlich zur Entdeckung eines sehr viel besseren Zugs führen. Wenn es keine Knotenexpansionen gibt, deren Nutzen größer ist als ihre Kosten (in Form von Zeit), dann sollte der Algorithmus die Suche abbrechen und einen Zug machen. Dies funktioniert nicht nur in Situationen mit eindeutigen Favoriten, sondern auch für den Fall *symmetrischer* Züge, für die keine noch so umfangreiche Suche zeigen kann, dass ein Zug besser ist als ein anderer.

Diese Art des Schlussfolgerns darüber, welche Berechnungen die besten sind, wird **Metaschlussfolgern** (Schlussfolgern über das Schlussfolgern) genannt. Es kann nicht nur auf Spielen angewendet werden, sondern auf jede Art des Schlussfolgerns. Alle Berechnungen werden durchgeführt, um bessere Entscheidungen zu erzielen, alle haben Kosten und alle haben eine gewisse Wahrscheinlichkeit, die Entscheidungsqualität in einem bestimmten Maße zu verbessern. Die Monte-Carlo-Suche versucht zwar, durch Metaschlussfolgern den wichtigsten Teilen des Baums Ressourcen zuzuordnen, tut dies aber nicht auf optimale Weise.

Eine dritte Einschränkung ist, dass sowohl Alpha-Beta- als auch Monte-Carlo-Suche alle Schlussfolgerungen auf der Ebene der einzelnen Züge anstellen. Menschen spielen aber offensichtlich anders: Sie können auf einer abstrakteren Ebene denken, indem sie ein übergeordnetes Ziel vor Augen haben – z. B. die Dame des Gegners zu schlagen – und dieses Ziel nutzen, um *selektiv* plausible Pläne zu erstellen. In Kapitel 11 werden wir diese Art der **Planung** untersuchen und in Abschnitt 11.4 werden wir zeigen, wie man mit einer Hierarchie von abstrakten zu konkreten Repräsentationen plant.

Ein vierter Punkt ist die Fähigkeit, **maschinelles Lernen** in den Spielsuchprozess einzubinden. Frühe Spielprogramme waren hinsichtlich der Evaluierungsfunktionen, Eröffnungsbücher, Suchstrategien und effizienten Tricks auf die Expertise der Menschen angewiesen. Das ist erst der Anfang von Programmen wie ALPHAZERO (Silver *et al.*, 2018), die sich auf maschinelles Lernen aus dem eigenen Spiel verlassen, anstatt auf spielspezifisches, von Menschen erstelltes Fachwissen. Das Thema maschinelles Lernen wird ab Kapitel 19 eingehend besprochen.

ZUSAMMENFASSUNG

Wir haben in diesem Kapitel eine Vielzahl von Spielen betrachtet, um zu verstehen, was optimales Spielen bedeutet, wie man in der Praxis gut spielt, und um ein Gefühl dafür zu bekommen, wie ein Agent in jeder Art von adversarialer Umgebung handeln sollte. Die wichtigsten Konzepte im Überblick:

- Ein Spiel kann definiert werden durch den **Anfangszustand** (wie das Brett aufgebaut ist), die zulässigen **Aktionen** in jedem Zustand, das **Ergebnis** jeder Aktion, einen **Endtest** (der besagt, wann das Spiel vorbei ist) und eine **Nutzenfunktion**, die auf Endzustände angewendet wird, um den Gewinner und den Endstand anzugeben.
- In diskreten, deterministischen Nullsummenspielen mit **perfekter Information** für zwei Spieler, die sich mit den Spielzügen abwechseln, kann der **Minimax**-Algorithmus optimale Züge durch eine Tiefen-Auflistung des Spielbaums auswählen.
- Der **Alpha-Beta**-Suchalgorithmus berechnet den gleichen optimalen Zug wie Minimax, erreicht aber eine viel größere Effizienz, indem er Unterbäume eliminiert, die nachweislich irrelevant sind.
- Normalerweise ist es nicht machbar, den gesamten Spielbaum zu betrachten (selbst nicht mit Alpha-Beta), also müssen wir die Suche an einem bestimmten Punkt abbrechen und mithilfe einer heuristischen **Evaluierungsfunktion** den Nutzen eines Zustands schätzen.
- Eine Alternative namens **Monte-Carlo-Baumsuche** (MCTS) wertet Zustände nicht durch Anwendung einer heuristischen Funktion aus, sondern indem das Spiel zu Ende gespielt wird und anhand der Spielregeln ermittelt wird, wer gewonnen hat. Da die beim **Playout** gewählten Züge möglicherweise nicht optimal waren, wird der Vorgang mehrfach wiederholt und die Auswertung ist ein Mittelwert der Ergebnisse.
- Viele Spielprogramme berechnen im Voraus Tabellen für die besten Züge im Eröffnungs- und Endspiel, sodass sie einen Zug nachschlagen können, anstatt ihn zu suchen.
- Zufallsspiele können mit **Expectiminimax** bearbeitet werden, einer Erweiterung des Minimax-Algorithmus, der einen **Zufallsknoten** auswertet, indem er den durchschnittlichen Nutzen aller seiner Kindknoten ermittelt, gewichtet nach der Wahrscheinlichkeit jedes dieser Knoten.
- In Spielen mit **unvollständigen Informationen** wie Kriegspiel und Poker erfordert optimales Spielen, dass Schlussfolgerungen über die aktuellen und zukünftigen **Wissenszustände** jedes Spielers gezogen werden. Eine einfache Annäherung kann erzielt werden, indem der Wert einer Aktion über jede mögliche Konfiguration der fehlenden Informationen gemittelt wird.
- Programme haben professionelle Spitzenspieler beim Schach, Dame, Othello, Go, Poker und vielen anderen Spielen deutlich geschlagen. In einigen wenigen Spielen mit unvollständigen Informationen wie Bridge und Kriegspiel ist der Mensch immer noch überlegen. In Videospielen wie StarCraft und Dota 2 sind Programme mit menschlichen Experten konkurrenzfähig, aber ein Teil ihres Erfolges könnte auf ihre Fähigkeit zurückzuführen sein, viele Aktionen sehr schnell auszuführen.

Bibliografische und historische Anmerkungen

Im Jahr 1846 behandelte Charles Babbage das Thema der Machbarkeit von Computerschach und Computerdame (Morrison und Morrison, 1961). Allerdings verstand er die exponentielle Komplexität von Suchbäumen nicht und behauptete, dass „die Anzahl der in der Analytical Engine realisierten Kombinationen weitaus höher sei als generell erforderlich – einschließlich für das Schachspiel". Ihm verdanken wir auch den Entwurf einer speziellen Maschine zum Spielen von Tic-Tac-Toe, die er aber nicht baute. Die erste wirklich spielende Maschine wurde um 1890 von dem spanischen Ingenieur Leonardo Torres y Quevedo gebaut. Sie war auf das KTK-Schachendspiel (König und Turm gegen König) spezialisiert und garantierte einen Sieg, wenn die Seite mit dem Turm am Zug war. Der **Minimax**-Algorithmus geht zurück auf eine Arbeit aus dem Jahr 1912 von Ernst Zermelo, dem Entwickler der modernen Mengenlehre.

Das Spielen war einer der ersten Bereiche, dem sich die KI zuwandte und in dem viele Pioniere der Computertechnik wie Konrad Zuse (1945), Norbert Wiener mit seinem Buch *Kybernetik* (1948) und Alan Turing (1953) wichtige Vorarbeit geleistet hatten. Aber es war der Artikel *Programming a Computer for Playing Chess* (1950) von Claude Shannon, der zuerst alle wichtigen Konzepte zusammenfasste: eine Repräsentation für Brettpositionen, eine Evaluierungsfunktion, Ruhesuche und einige Konzepte für die selektive Spielbaumsuche. Slater (1950) hatte die Idee einer Evaluierungsfunktion als Linearkombination von Merkmalen und betonte das Mobilitätsmerkmal im Schach.

John McCarthy ist der eigentliche Vater der **Alpha-Beta**-Suche aus dem Jahr 1956, obwohl sie erst später in gedruckter Form erschien (Hart und Edwards, 1961). Knuth und Moore (1975) bewiesen die Korrektheit von Alpha-Beta und analysierten seine Zeitkomplexität, während Pearl (1982b) zeigte, dass Alpha-Beta unter allen Spielbaum-Suchalgorithmen mit fester Tiefe asymptotisch optimal ist.

Berliner (1979) führte B* ein, einen heuristischen Suchalgorithmus, der Intervallgrenzen für den möglichen Wert eines Knotens im Spielbaum verwaltet, anstatt eine Schätzung eines einzigen Werts abzugeben. Die Verschwörungszahlensuche von David McAllester (1988) erweitert Blattknoten, die durch Änderung ihrer Werte das Programm dazu veranlassen können, an der Wurzel des Baums einem neuen Zug den Vorrang zu geben. MGSS* (Russell und Wefald, 1989) verwendet Techniken der Entscheidungstheorie aus Kapitel 16, um den Wert der Erweiterung jedes Blatts in Bezug auf die erwartete Verbesserung der Entscheidungsqualität an der Wurzel abzuschätzen.

Der SSS*-Algorithmus (Stockman, 1979) kann als ein Zwei-Spieler-A* betrachtet werden, der niemals mehr Knoten als Alpha-Beta expandiert. Aufgrund seiner Speicheranforderungen ist er heutzutage unpraktisch. Inzwischen wurde allerdings aus dem RBFS-Algorithmus eine Version mit linearem Speicheraufwand entwickelt (Korf und Chickering, 1996). Baum und Smith (1997) schlagen einen wahrscheinlichkeitsbasierten Ersatz für Minimax vor und zeigen, dass er in bestimmten Spielen bessere Entscheidungen trifft. Der **Expectiminimax**-Algorithmus wurde von Donald Michie (1966) vorgeschlagen. Bruce Ballard (1983) erweiterte das Alpha-Beta-Pruning auf Bäume mit Zufallsknoten.

Das Buch *Heuristics* (1984) von Pearl bietet umfangreiche Analysen vieler Spielealgorithmen.

Metropolis und Ulam (1949) leisteten Pionierarbeit bei dem Einsatz der Monte-Carlo-Simulation für Berechnungen im Zusammenhang mit der Atombombenentwicklung. Die Monte-Carlo-Baumsuche (MCTS) wurde von Abramson (1987) eingeführt. Tesauro und Galperin (1997) zeigten, wie für das Backgammonspiel eine Monte-Carlo-Suche mit einer Evaluierungsfunktion kombiniert werden kann. Ein frühzeitiger Playout-Abbruch wird von Lorentz (2015) untersucht. ALPHAGO beendete die Playouts und wandte eine Evaluierungsfunktion an (Silver *et al.*, 2016). Kocsis und Szepesvari (2006) verfeinerten den Ansatz mit dem Auswahlmechanismus „Obere Konfidenzgrenze angewendet auf Bäume". Chaslot *et al.* (2008)

zeigen, wie sich MCTS auf eine Vielzahl von Spielen anwenden lässt, und Browne *et al.* (2012) geben einen Überblick.

Koller und Pfeffer (1997) beschreiben ein System, das **teilweise beobachtbare** Spiele vollständig lösen kann. Im Vergleich zu früheren Systemen behandelt es größere Spiele, nicht jedoch die vollständige Version von komplexen Spielen wie Poker und Bridge. Frank *et al.* (1998) beschreiben mehrere Varianten der Monte-Carlo-Suche für teilweise beobachtbare Spiele, einschließlich einer, bei der MIN vollständige Informationen besitzt, MAX dagegen nicht. Schofield und Thielscher (2015) passen ein allgemeines Spielsystem für teilweise beobachtbare Spiele an.

Ferguson leitete von Hand randomisierte Strategien ab, um Kriegspiel mit Läufer und Springer (1992) oder zwei Läufern (1995) gegen einen König zu gewinnen. Die ersten Kriegspiel-Programme konzentrierten sich auf das Finden von Endspiel-Schachmatt und führten eine UND-ODER-Suche im Wissenszustandsraum durch (Sakuta und Iida, 2002; Bolognesi und Ciancarini, 2003). Mithilfe inkrementeller Wissenszustandsalgorithmen ließen sich viel komplexere Schachmatts im Mittelspiel finden (Russell und Wolfe, 2005; Wolfe und Russell, 2007), doch bleibt eine effiziente Zustandseinschätzung das Haupthindernis für effektives allgemeines Spiel (Parker *et al.*, 2005). Ciancarini und Favini (2010) wenden MCTS auf Kriegspiel an und Wang *et al.* (2018b) beschreiben eine Wissenszustandsversion von MCTS für Phantom Go.

Schach-Meilensteine wurden durch aufeinanderfolgende Gewinner des Fredkin-Preises gesetzt: BELLE (Condon und Thompson, 1982), das erste Programm, das Meister-Status erreichte; DEEP THOUGHT (Hsu *et al.*, 1990), das erste Programm, das internationalen Meister-Status erreichte; und Deep Blue (Campbell *et al.*, 2002; Hsu, 2004), das 1997 den Weltmeister Garri Kasparow in einem Schaukampf besiegte. Deep Blue führte die Alpha-Beta-Suche über mehr als 100 Millionen Positionen pro Sekunde aus und konnte einzelne Erweiterungen bis zu einer Tiefe von 40 Schichten vornehmen.

Die heutigen Top-Schachprogramme (z. B. STOCKFISH, KOMODO, HOUDINI) sind wesentlich stärker als jeder menschliche Spieler. Diese Programme haben den effektiven Verzweigungsfaktor auf weniger als 3 reduziert (verglichen mit dem tatsächlichen Verzweigungsfaktor von etwa 35) und suchen bis zu einer Schichttiefe von 20 mit einer Geschwindigkeit von etwa einer Million Knoten pro Sekunde auf einem herkömmlichen Computer mit einem Kern. Sie verwenden Pruning-Techniken wie die **Null-Zug**-Heuristik, die eine gute untere Schranke für den Wert einer Position ermittelt und dabei eine flache Suche anwendet, bei der der Gegner zu Beginn zweimal ziehen darf. Wichtig ist auch das **Futility Pruning**[6], das dabei hilft, im Voraus zu entscheiden, welche Züge zu einem Beta-Abbruch in den Nachfolgerknoten führen. SUNFISH ist ein vereinfachtes Schachprogramm für Lehrzwecke; der Kern besteht aus weniger als 200 Zeilen Python-Code.

Das Konzept der retrograden Analyse zur Berechnung von Endspieltabellen geht auf Bellman (1965) zurück. Mit diesem Konzept haben Ken Thompson (1986, 1996) und Lewis Stiller (1992, 1996) alle Endspiele im Schach mit bis zu fünf Figuren gelöst. Stiller entdeckte einen Fall, in dem ein zwingendes Matt zwar existierte, aber 262 Züge dazu nötig waren; dies verursachte einiges Erstaunen, da die Schachregeln verlangen, dass ein Schlag- oder Bauernzug innerhalb von 50 Zügen erfolgen muss, sonst wird ein Remis erklärt. 2012 kompilierten Vladimir Makhnychev und Victor Zakharov die Lomonosov-Endspieldatenbank, die alle Endspielstellungen mit bis zu sieben Figuren löste – einige erfordern über 500 Züge, ohne dass eine Figur geschlagen wird. Die Tabelle für 7 Figuren verbraucht 140 Terabyte; eine Tabelle für 8 Figuren wäre 100-mal größer.

6 Zu Deutsch etwa „Nutzlosigkeitskürzung".

2017 besiegte ALPHAZERO (Silver *et al.*, 2018) STOCKFISH (den TCEC-Computerschach-Champion 2017) in einem 1.000-Partien-Duell mit 155 Siegen und 6 Niederlagen. Weitere Partien führten ebenfalls zu entscheidenden Siegen für ALPHAZERO, selbst als es nur 1/10 der Zeit zur Verfügung hatte, die STOCKFISH zugebilligt wurde.

Großmeister Larry Kaufman war vom Erfolg dieses Monte-Carlo-Programms überrascht und bemerkte: „Es kann gut sein, dass sich die derzeitige Dominanz der Minimax-Schachcomputer dem Ende zugeneigt hat, aber noch ist es zu früh, das zu sagen." Garri Kasparow kommentierte: „Es ist eine bemerkenswerte Leistung, auch wenn dies nach ALPHAGO zu erwarten war. Das Programm nähert sich dem menschenähnlichen Ansatz des Maschinenschachs vom Typ B, so wie es sich Claude Shannon und Alan Turing erträumt hatten, anstatt Brute-Force zu verwenden." Weiter sagte er voraus: „Das Schachspiel wurde durch ALPHAZERO in seinen Grundfesten erschüttert. Aber das ist nur ein winziger Vorgeschmack von dem, was noch kommen wird. Konservative Disziplinen wie Bildung und Medizin werden die Auswirkungen ebenfalls zu spüren bekommen" (Sadler und Regan, 2019).

Dame war das erste der klassischen Spiele, das von einem Computer gespielt wurde (Strachey, 1952). Arthur Samuel (1959, 1967) entwickelte ein Damespielprogramm, das seine eigene Evaluierungsfunktion durch Selbstspiel mit einer Form von Reinforcement Learning erlernte. Das Programm, das Samuel erstellte, ist aus heutiger Sicht eine erstaunliche Leistung; nicht nur, dass es besser spielte als er selbst, nein, es wurde sogar auf einem IBM-704-Rechner mit einem Arbeitsspeicher von nur 10.000 Worten und einem 0,000001-GHz-Prozessor ausgeführt. MENACE – *Machine Educable Noughts And Crosses Engine* – (Michie, 1963) nutzte ebenfalls Reinforcement Learning, um sich Tic-Tac-Toe-Wissen anzueignen. Sein Prozessor war sogar noch langsamer: eine Sammlung von 304 Streichholzschachteln mit farbigen Perlen, um den besten gelernten Zug in jeder Position zu repräsentierten.

1992 forderte Jonathan Schaeffers Dameprogramm CHINOOK den legendären Marion Tinsley heraus, der seit über 20 Jahren den Weltmeistertitel hielt. Tinsley gewann das Match, verlor aber zwei Spiele – die vierte und fünfte Niederlage in seiner gesamten Karriere. Nachdem Tinsley aus gesundheitlichen Gründen zurücktrat, übernahm CHINOOK die Krone. Die ganze Geschichte von CHINOOK wird in Schaeffer (2008) erzählt.

Im Jahr 2007 „lösten" Schaeffer und sein Team das Damespiel (Schaeffer *et al.*, 2007): Das Spiel ist unentschieden bei perfektem Spiel. Richard Bellman (1965) hatte dies vorausgesagt: „Beim Damespiel ist die Anzahl der möglichen Züge in jeder gegebenen Situation so klein, dass wir mit Sicherheit eine vollständige Computerlösung für das Problem des optimalen Spielens in diesem Spiel sehen werden." Bellman ahnte nicht, wie groß der Aufwand sein würde, denn die Endspieltabelle für 10 Steine hat 39 Billionen Einträge: Unter Zugrundelegen dieser Tabelle benötigte die Alpha-Beta-Suche 18 CPU-Jahre, um das Spiel zu lösen.

I. J. Good, der von Alan Turing das **Go**-Spiel gelernt hatte, schrieb (1965a): „Ich denke, dass es schwieriger ist, einen Computerprogramm zu schreiben, das eine vernünftige Partie Go spielt als eine Partie Schach." Er sollte Recht behalten: Bis 2015 spielten Go-Programme nur auf Amateurniveau. Die frühe Literatur wird von Bouzy und Cazenave (2001) und Müller (2002) zusammengefasst.

Visuelle Mustererkennung wurde von Zobrist (1970) als vielversprechende Technik für Go vorgeschlagen, während Schraudolph *et al.* (1994) die Verwendung von Reinforcement Learning analysierten, Lubberts und Miikkulainen (2001) neuronale Netzwerke empfahlen und Brügmann (1993) die Monte-Carlo-Baumsuche für Go einführte. ALPHAGO (Silver *et al.*, 2016) kombinierte diese vier Konzepte und besiegte die beiden Top-Profis Lee Sedol (mit 4:1 im Jahr 2015) und Ke Jie (mit 3:0 im Jahr 2016).

Ke Jie bemerkte: „Nachdem die Menschheit Jahrtausende damit verbracht hat, ihre Taktiken zu verbessern, sagen uns Computer, dass die Menschen völlig falsch liegen. Ich würde sogar so weit gehen zu sagen, dass kein einziger Mensch der Wahrheit des Go überhaupt nahe gekommen ist." Lee Sedol zog sich vom Go zurück und beklagte: „Selbst wenn ich die Nummer eins werden würde, gibt es eine Entität, die nicht besiegt werden kann."

Im Jahr 2018 übertraf ALPHAZERO nicht nur ALPHAGO beim Go, sondern besiegte auch die Top-Programme für Schach und Shogi, indem es durch Selbstspiel ohne Expertenwissen und ohne Zugang zu vergangenen Partien lernte. (Es bedarf natürlich immer noch des Menschen, der die grundlegende Architektur als Monte-Carlo-Baumsuche mit tiefen neuronalen Netzen und Reinforcement Learning definieren und die Spielregeln codieren muss). Der Erfolg von ALPHAZERO hat zu einem verstärkten Interesse an Reinforcement Learning als Schlüsselkomponente allgemeiner KI geführt (siehe Kapitel 22). Das MUZERO-System geht noch einen Schritt weiter und spielt, ohne dass ihm die Regeln des Spiels zuvor mitgeteilt wurden – es muss die Regeln im Selbstspiel herausfinden. MUZERO erzielte Spitzenergebnisse in Pacman, Schach, Go und 75 Atari-Spielen (Schrittwieser *et al.*, 2019). Es lernt zu verallgemeinern; zum Beispiel lernt es, dass in Pacman die Aktion „nach oben" den Spieler ein Feld nach oben bewegt (es sei denn, dort befindet sich eine Wand), obwohl es das Ergebnis der Aktion „nach oben" nur an einem kleinen Prozentsatz der Positionen auf dem Spielbrett beobachtet hat.

Othello, auch Reversi genannt, hat einen kleineren Suchraum als Schach. Die Definition einer Evaluierungsfunktion ist jedoch schwierig, weil der materielle Vorteil nicht so wichtig ist wie die Wendigkeit. Die Programme haben seit 1997 ein Niveau erreicht, auf dem sie von Menschen nicht mehr zu schlagen sind (Buro, 2002).

Backgammon, ein Zufallsspiel, wurde von Gerolamo Cardano (1663) mathematisch analysiert. Erst Jahrhunderte später wurde für das Spielen auf dem Computer das Programm BKG (Berliner, 1980b) entwickelt, das eine manuell konstruierte Evaluierungsfunktion verwendete und nur bis zur Tiefe 1 suchte. Es war das erste Programm, das einen Weltmeister in einem wichtigen Spiel besiegte (Berliner, 1980a), obwohl Berliner bereitwillig zugab, dass BKG sehr viel Glück mit den Würfeln hatte. Das Programm TD-GAMMON von Gerry Tesauro (1995) lernte seine Evaluierungsfunktion mithilfe von neuronalen Netzen, die durch Selbstspiel trainiert wurden. Es spielte konstant auf Weltmeisterniveau und bewirkte, dass menschliche Analysten ihre Meinung über den besten Eröffnungszug für mehrere Würfelkombinationen ändern.

Poker konnte, wie Go, in den letzten Jahren überraschende Fortschritte verzeichnen. Bowling *et al.* (2015) verwendeten die Spieltheorie (siehe Abschnitt 18.2), um die exakt optimale Strategie für eine Pokerversion mit nur zwei Spielern und einer festen Anzahl von Erhöhungen mit festen Einsätzen zu ermitteln. Im Jahr 2017 wurden zum ersten Mal Poker-Champions beim Heads-up (zwei Spieler) No-Limit Texas Hold'em in zwei separaten Partien gegen die Programme Libratus (Brown und Sandholm, 2017) und DeepStack (Moravčík *et al.*, 2017) geschlagen. Im Jahr 2019 besiegte Pluribus (Brown und Sandholm, 2019) Top-Profispieler in Texas Hold'em mit sechs Spielern. Spiele mit mehreren Spielern werfen einige strategische Probleme auf, die wir in Kapitel 18 behandeln werden. Petosa und Balch (2019) implementieren eine Mehrspieler-Version von ALPHAZERO.

Bridge: Smith *et al.* (1998) berichten, wie BRIDGE BARON die Computer-Bridge-Meisterschaft 1998 gewann, indem es die unter Bridge-Spielern sehr bekannten hierarchischen Pläne (siehe Kapitel 11) und anspruchsvollen Aktionen wie Schnitt und Abwurfzwang verwendete. Ginsberg (2001) beschreibt, wie sein GIB-Programm, basierend auf der Monte-Carlo-Simulation (erstmals von Levy (1989) für Bridge vorgeschlagen), die folgende Computer-Meisterschaft gewann und sich überraschend gut gegen erfahrene Profispieler schlug. Im 21. Jahrhundert wurde die Computer-Bridge-Meisterschaft von zwei kommerziellen Programmen dominiert,

JACK and WBRIDGE5. Keines der beiden Programme wurde in Artikeln veröffentlicht, aber es wird angenommen, dass beide auf Monte-Carlo-Techniken basieren. Im Allgemeinen sind Bridge-Programme beim tatsächlichen Spielen des Blatts auf dem Niveau eines Topspielers, hinken aber in der Phase des Reizens hinterher, weil sie die Konventionen der Menschen zur Kommunikation mit ihren Partnern nicht vollständig verstehen. Bridge-Programmierer haben sich mehr auf die Erstellung von pädagogisch sinnvollen Lernprogrammen konzentriert, die Menschen dazu ermutigen, sich mit dem Spiel zu beschäftigen, anstatt nur den Sieg über den Gegenspieler im Auge zu haben.

Scrabble ist ein Spiel, bei dem menschliche Amateurspieler Schwierigkeiten haben, Wörter mit hoher Punktzahl zu finden, aber für einen Computer ist es einfach, die höchstmögliche Punktzahl für eine gegebene Menge von Buchstaben zu erreichen (Gordon, 1994); der schwierige Teil ist die Vorausplanung in einem teilweise beobachtbaren, stochastischen Spiel. Nichtsdestotrotz besiegte das Programm QUACKLE im Jahr 2006 den ehemaligen Weltmeister David Boys mit 3:2. Boys nahm es gelassen und sagte: „Es ist immer noch besser, ein Mensch zu sein als ein Computer." Eine gute Beschreibung eines Spitzenprogramms, MAVEN, findet sich bei Sheppard (2002).

Videospiele wie **StarCraft II** verfügen über Hunderte von teilweise beobachtbaren Einheiten, die sich in Echtzeit in hochdimensionalen, nahezu kontinuierlichen[7] Beobachtungs- und Aktionsräumen mit komplexen Regeln bewegen. Oriol Vinyals, der im Alter von 15 Jahren spanischer StarCraft-Meister war, beschrieb, wie das Spiel als Testumgebung und große Herausforderung für Reinforcement Learning dienen kann (Vinyals *et al.*, 2017a). Im Jahr 2019 stellten Vinyals und das Team von DeepMind das auf Deep Learning und Reinforcement Learning basierende Programm ALPHASTAR vor, das menschliche Profispieler mit 10 zu 1 besiegte und zu den besten 0,02 % der offiziell besten menschlichen Spieler gehört (Vinyals *et al.*, 2019). ALPHASTAR unternahm Schritte, um die Anzahl der Aktionen pro Minute zu begrenzen, die es in kritischen Bursts ausführen konnte, als Reaktion auf Kritiker, die der Meinung waren, es hätte einen unfairen Vorteil.

Computer haben Spitzenspieler in anderen beliebten Videospielen wie Super Smash Bros. (Firoiu *et al.*, 2017), Quake III (Jaderberg *et al.*, 2019) und Dota 2 (Fernandez und Mahlmann, 2018) besiegt, die alle Deep-Learning-Techniken verwenden.

Physischen Spielen wie **Roboterfußball** (Visser *et al.*, 2008; Barrett und Stone, 2015), **Billiard** (Lam und Greenspan, 2008; Archibald *et al.*, 2009) und **Tischtennis** (Silva *et al.*, 2015) wird in der KI inzwischen viel Aufmerksamkeit gewidmet. Sie kombinieren alle Komplikationen von Videospielen mit der Unordnung der realen Welt.

Computerspiel-Meisterschaften finden jährlich statt, darunter seit 1989 die Computerolympiaden. Die *General Game Competition* (Love *et al.*, 2006) testet Programme, die lernen müssen, ein unbekanntes Spiel zu spielen, für das nur eine logische Beschreibung der Spielregeln vorliegt. Die *International Computer Games Association* (ICGA) gibt das *ICGA Journal* heraus und veranstaltet im Wechsel zwei Konferenzen im Zwei-Jahres-Rhythmus: die *International Conference on Computers and Games* (ICCG oder CG) und die *International Conference on Advances in Computer Games* (ACG). Das IEEE veröffentlicht die *IEEE Transactions on Games* und veranstaltet jährlich die *IEEE Conference on Games* (CoG).

7 Für einen menschlichen Spieler scheint es so, als ob sich die Objekte kontinuierlich bewegen, aber tatsächlich sind sie auf der Ebene von Bildpixeln diskret.

Constraint-Satisfaction-Probleme

6

In diesem Kapitel erfahren Sie, wie man zu neuen Suchmethoden und einem tieferen Verständnis der Problemstruktur gelangt, wenn man die Zustände nicht nur als kleine Blackboxes behandelt.

Kapitel 3 und 4 gingen der Frage nach, ob sich Probleme dadurch lösen lassen, dass der Zustandsraum durchsucht wird: ein Graph, bei dem die Knoten Zustände und die Kanten zwischen ihnen Aktionen sind. Wir haben gesehen, dass domänenspezifische Heuristiken die Kosten für das Erreichen des Ziels von einem bestimmten Zustand aus abschätzen können, aber dass aus Sicht des Suchalgorithmus jeder Zustand atomar bzw. unteilbar ist – eine Blackbox ohne interne Struktur. Für jedes Problem benötigen wir domänenspezifischen Code, um die Übergänge zwischen den Zuständen zu beschreiben.

In diesem Kapitel öffnen wir die Blackbox mithilfe einer **faktorisierten Darstellung** eines jeden Zustands: eine Menge von **Variablen**, die jeweils einen **Wert** besitzen. Ein Problem gilt als gelöst, wenn jede Variable einen Wert hat, der alle Bedingungen – *Constraints* genannt – für die Variable erfüllt. Ein auf diese Weise beschriebenes Problem wird als **Constraint-Satisfaction-Problem** oder **CSP** bezeichnet.

CSP-Suchalgorithmen machen sich die Struktur von Zuständen zunutze und verwenden *allgemeine* statt domänenspezifische Heuristiken, um zur Lösung komplexer Probleme zu kommen. Die generelle Idee besteht darin, durch die Identifizierung von Variable-Wert-Kombinationen, die die Constraints verletzen, große Teile des Suchraums auf einmal zu eliminieren. CSPs haben außerdem den Vorteil, dass die Aktionen und das Transitionsmodell aus der Problembeschreibung abgeleitet werden können.

6.1 Definieren von Constraint-Satisfaction-Problemen

Ein Constraint-Satisfaction-Problem besteht aus den drei Komponenten $\mathcal{X}, \mathcal{D}$, und $\mathcal{C}$:

$\mathcal{X}$ ist eine Menge von Variablen, $\{X_1, \ldots, X_n\}$.

$\mathcal{D}$ ist eine Menge von Domänen, $\{D_1, \ldots, D_n\}$, eine für jede Variable.

$\mathcal{C}$ ist eine Menge von Constraints, die erlaubte Kombinationen von Werten angeben.

Eine Domäne D_i besteht aus einer Menge zulässiger Werte $\{v_1, \ldots, v_k\}$ für die Variable X_i. Eine boolesche Variable hätte zum Beispiel die Domäne $\{wahr, falsch\}$. Unterschiedliche Variablen können unterschiedliche Domänen unterschiedlicher Größe haben. Jeder Constraint C_j besteht aus einem Paar $\langle scope, rel \rangle$, wobei *scope* ein Tupel von Variablen ist, die in dem Constraint vorkommen, und *rel* eine **Relation**, welche die für diese Variablen möglichen Werte definiert. Eine Relation kann als explizite Menge aller Tupel von Werten dargestellt werden, die den Constraint erfüllen, oder als Funktion, die berechnen kann, ob ein Tupel ein Element der Relation ist. Wenn z. B. X_1 und X_2 beide die Domäne $\{1, 2, 3\}$ haben, dann kann der Constraint, dass X_1 größer als X_2 sein muss, als $\langle (X_1, X_2), \{(3, 1), (3, 2), (2, 1)\} \rangle$ oder als $\langle (X_1, X_2), X_1 > X_2 \rangle$ geschrieben werden.

CSPs befassen sich mit der **Zuweisung** von Werten zu Variablen, $\{X_i = v_i, X_j = v_j, \ldots\}$. Eine Zuweisung, die kein Constraint verletzt, wird als **konsistente** oder zulässige Zuweisung bezeichnet. Eine **vollständige Zuweisung** ist eine Zuweisung, bei der jeder Variablen ein Wert zugewiesen wird, und eine **Lösung** eines CSP ist eine konsistente, vollständige Zuweisung. Eine **partielle Zuweisung** ist eine Zuweisung, bei der nicht allen Variablen Werte zugewiesen sind, und eine **partielle Lösung** ist eine partielle Zuweisung, die konsistent ist. Das Lösen eines CSP ist im Allgemeinen ein NP-vollständiges Problem, obwohl es wichtige Unterklassen von CSPs gibt, die sehr effizient gelöst werden können.

6.1.1 Beispielproblem: Kartenfärben

Nachdem wir Rumänien hinter uns gelassen haben, sehen wir uns nun eine Karte von Australien an, auf der alle Bundesstaaten eingezeichnet sind (► Abbildung 6.1 a). Wir haben die Aufgabe, jede Region entweder rot, grün oder blau zu färben, und zwar so, dass keine zwei benachbarten Regionen die gleiche Farbe haben. Um dies als CSP zu formulieren, definieren wir die Bundesstaaten als Variablen:

$$\mathcal{X} = \{WA, NT, Q, NSW, V, SA, T\}$$

Die Domäne jeder Variablen ist die Menge $D_i = \{rot, grün, blau\}$. Die Constraints verlangen, dass benachbarte Regionen unterschiedliche Farben haben müssen. Da zwischen den Bundesstaaten neun Grenzen existieren, gibt es neun Constraints:

$$\begin{aligned} \mathcal{C} =& \{SA \neq WA, SA \neq NT, SA \neq Q, SA \neq NSW, SA \neq V, \\ & WA \neq NT, NT \neq Q, Q \neq NSW, NSW \neq V\} \end{aligned}$$

Wir verwenden hier eine Kurzschreibweise: $SA \neq WA$ ist eine Abkürzung für $\langle (SA, WA), SA \neq WA \rangle$, wobei $SA \neq WA$ wiederum vollständig ausgedrückt werden kann als:

$$\{(rot, grün), (rot, blau), (grün, rot), (grün, blau), (blau, rot), (blau, grün)\}$$

Zur Lösung dieses Problems gibt es mehrere Möglichkeiten, zum Beispiel:

$$\{WA = rot, NT = grün, Q = rot, NSW = grün, V = rot, SA = blau, T = rot\}$$

Es kann hilfreich sein, ein CSP als **Constraint-Graph** zu visualisieren, wie in ► Abbildung 6.1 b gezeigt. Die Knoten des Graphen entsprechen den Variablen des Problems und eine Kante verbindet jeweils zwei Variablen, die an einem Constraint beteiligt sind.

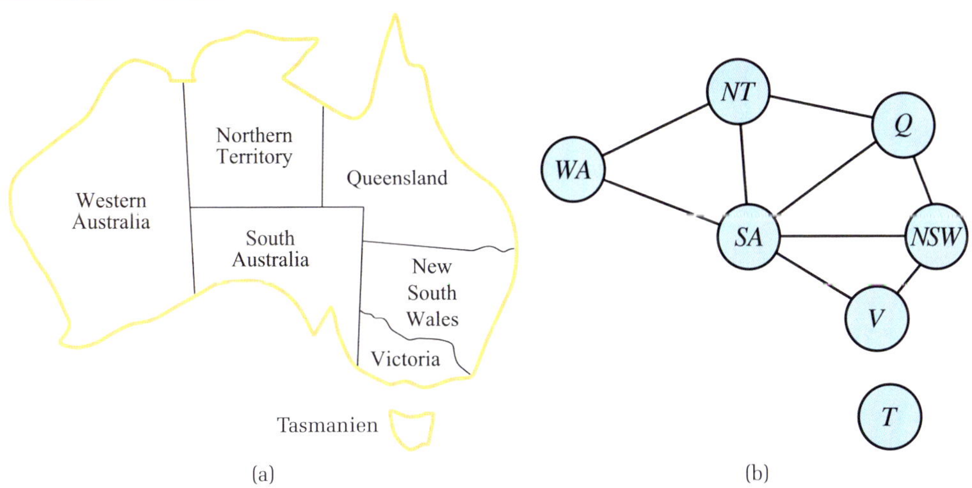

Abbildung 6.1: (a) Die wichtigsten Bundesstaaten von Australien. Das Färben dieser Karte kann als ein Constraint-Satisfaction-Problem (CSP) betrachtet werden. Das Ziel ist es, jedem Bundesstaat eine Farbe zuzuweisen, sodass kein benachbarter Bundesstaat die gleiche Farbe hat. (b) Das Kartenfärbeproblem, dargestellt als Constraint-Graph.

Warum sollte man ein Problem als CSP formulieren? Erstens liefern die CSPs eine natürliche Darstellung für eine Vielzahl von Problemen, wobei es oft einfach ist, ein Problem als CSP zu formulieren. Zweitens wurde jahrelange Entwicklungsarbeit investiert, um CSP-Solver schnell und effizient zu machen. Drittens kann ein CSP-Solver schnell große Teile des Suchraums wegkürzen, was eine Suchmaschine in atomaren Zustandsräumen nicht kann. Wenn wir z. B. im Australien-Problem $\{SA = blau\}$ gewählt haben, kann keine der fünf benachbarten Variablen den Wert *blau* annehmen. Ein Suchverfahren, das keine Constraints verwendet, müsste $3^5 = 243$ Zuweisungen für die fünf Nachbarvariablen berücksichtigen; mit Constraints sind es nur noch $2^5 = 32$, was einer Reduzierung um 87 % entspricht.

Bei der atomaren Zustandsraumsuche können wir nur fragen: Ist dieser konkrete Zustand ein Ziel? Nein? Und was ist mit diesem Zustand? Bei CSPs hingegen können wir, sobald wir herausfinden, dass eine partielle Zuweisung ein Constraint verletzt, sofort aufhören, diese partielle Zuweisung weiter zu verfeinern. Außerdem können wir sehen, *warum* die Zuweisung keine Lösung ist, d. h. wir erkennen, welche Variablen ein Constraint verletzen, und können uns so auf die Variablen konzentrieren, die wichtig sind. Infolgedessen können viele Probleme, die für die atomare Zustandsraumsuche nicht effizient machbar sind, schnell gelöst werden, wenn sie als CSP formuliert werden.

6.1.2 Beispielproblem: Fertigungsablaufplanung

Fabriken haben das Problem, die täglichen Arbeitsabläufe, die den verschiedensten Constraints unterliegen, planen zu müssen. In der Praxis werden viele dieser Probleme mit CSP-Techniken gelöst. Betrachten wir das Problem, den Montageablauf eines Autos zu planen. Der ganze Ablauf besteht aus einzelnen Aufgaben, die wir jeweils als eine Variable modellieren können, wobei der Wert jeder Variablen die Zeit ist, zu der die Aufgabe beginnt, ausgedrückt in Minuten. Mithilfe von Constraints kann sichergestellt werden, dass eine Aufgabe vor einer anderen stattfinden muss (z. B. sollte ein Rad erst montiert werden, bevor die Radkappe aufgesetzt wird) und dass nur eine bestimmte Anzahl von Aufgaben auf einmal ausgeführt werden kann. Constraints können auch festlegen, in welcher Zeitspanne eine Aufgabe fertiggestellt sein muss.

Wir betrachten einen kleinen Teil der Automontage, bestehend aus 15 Aufgaben: Achsen montieren (vorne und hinten), alle vier Räder anbringen (rechts und links, vorne und hinten), Muttern an jedem Rad anziehen, Radkappen anbringen und die Endmontage prüfen. Wir können die Aufgaben mit 15 Variablen darstellen:

$$\mathcal{X} = \{Achse_V, Achse_H, Rad_{RV}, Rad_{LV}, Rad_{RH}, Rad_{LH}, Muttern_{RV}, \\ Muttern_{LV}, Muttern_{RH}, Muttern_{LH}, Kappe_{RV}, Kappe_{LV}, Kappe_{RH}, Kappe_{LH}, Inspektion\}$$

Als Nächstes formulieren wir **Reihenfolge-Constraints** zwischen den einzelnen Aufgaben. Immer, wenn eine Aufgabe T_1 vor der Aufgabe T_2 erfolgen muss und die Aufgabe T_1 bis zur Fertigstellung eine Zeit von d_1 benötigt, ergänzen wir einen arithmetischen Constraint der Form:

$$T_1 + d_1 \leq T_2$$

In unserem Beispiel müssen die Achsen montiert sein, bevor die Räder aufgesetzt werden können, und es dauert 10 Minuten, eine Achse zu montieren, also schreiben wir:

$$\begin{array}{ll} Achse_V + 10 \leq Rad_{RV} & Achse_V + 10 \leq Rad_{LV} \\ Achse_H + 10 \leq Rad_{RH} & Achse_H + 10 \leq Rad_{LH} \end{array}$$

Als Nächstes sagen wir, dass wir für jedes Rad zuerst das Rad selbst montieren müssen (was 1 Minute dauert), dann die Muttern anziehen (2 Minuten) und schließlich die Radkappe anbringen (1 Minute, aber noch nicht dargestellt):

$$\begin{array}{ll} Rad_{RV} + 1 \leq Muttern_{RV} & Muttern_{RV} + 2 \leq Kappe_{RV} \\ Rad_{LV} + 1 \leq Muttern_{LV} & Muttern_{LV} + 2 \leq Kappe_{LV} \\ Rad_{RH} + 1 \leq Muttern_{RH} & Muttern_{RH} + 2 \leq Kappe_{RH} \\ Rad_{LH} + 1 \leq Muttern_{LH} & Muttern_{LH} + 2 \leq Kappe_{LH} \end{array}$$

Nehmen wir an, wir haben zur Radmontage vier Arbeiter zur Verfügung, die sich jedoch ein Werkzeug teilen müssen, das bei der Justierung der Achse hilft. Wir brauchen einen disjunktiven Constraint, der besagt, dass sich die Montage von $Achse_V$ und die von $Achse_H$ zeitlich nicht überschneiden dürfen und entweder $Achse_V$ zuerst montiert wird oder $Achse_H$:

$$(Achse_V + 10 \leq Achse_H) \quad \textbf{oder} \quad (Achse_H + 10 \leq Achse_V)$$

Dies sieht nach einem komplizierteren Constraint aus, bei der Arithmetik und Logik kombiniert werden. Aber nach der Reduzierung bleiben immer noch Wertepaare übrig, die $Achse_V$ und $Achse_H$ annehmen können.

Außerdem müssen wir sicherstellen, dass die Inspektion zuletzt kommt und 3 Minuten dauert. Jeder Variablen außer *Inspektion* fügen wir einen Constraint der Form $X + d_X \leq Inspektion$ hinzu. Nehmen wir schließlich an, dass es eine Anforderung gibt, die gesamte Montage in 30 Minuten zu erledigen. Das können wir erreichen, indem wir die Domäne aller Variablen einschränken:

$$D_i = \{0, 1, 2, 3, \ldots, 30\}$$

Das hier vorgestellte Problem ist trivial zu lösen, aber CSPs wurden erfolgreich auf ähnliche Probleme der Fertigungsablaufplanung mit Tausenden von Variablen angewendet.

6.1.3 Variationen des CSP-Formalismus

Die einfachste Art von CSP beinhaltet Variablen, die **diskrete**, **endliche Domänen** haben. Hierzu gehören unter anderem die Probleme beim Kartenfärben und die Ablaufplanung mit Zeitlimits. Das 8-Damen-Problem (► Abbildung 4.3) kann ebenfalls als ein CSP mit endlicher Domäne betrachtet werden, wobei die Variablen $Q_1, \ldots, Q_8$ den Damen in den Spalten 1 bis 8 entsprechen und die Domäne jeder Variablen die möglichen Zeilennummern für die Dame in dieser Spalte angibt, $D_i = \{1, 2, 3, 4, 5, 6, 7, 8\}$. Den Constraints zufolge dürfen keine zwei Damen in der gleichen Reihe oder Diagonale sein.

Eine diskrete Domäne kann **unendlich** sein, wie z. B. die Menge der ganzen Zahlen oder Zeichenketten. (Wenn wir für das Problem der Fertigungsablaufplanung keine Zeitbeschränkung vorgegeben hätten, gäbe es für jede Variable eine unendliche Anzahl von Startzeiten.) Bei unendlichen Domänen müssen wir implizite Constraints wie $T_1 + d_1 \leq T_2$ anstelle von expliziten Tupeln von Werten verwenden. Für **lineare Constraints** auf ganzzahligen Variablen – d. h. für Constraints, wie die eben genannten, in denen jede Variable nur in linearer Form vorkommt –, gibt es spezielle Lösungsalgorithmen (die wir hier nicht besprechen). Es kann gezeigt werden, dass es keinen Algorithmus für die Lösung allgemeiner **nichtlinearer Constraints** auf ganzzahligen Variablen gibt – das Problem ist unentscheidbar.

Constraint-Satisfaction-Probleme mit **stetigen Domänen** sind in der realen Welt weit verbreitet und im Bereich Operations Research ein häufiger Untersuchungsgegenstand. Zum Beispiel erfordert die Planung von Experimenten am Hubble-Weltraumteleskop eine sehr genaue Zeitplanung der Beobachtungen; Anfang und Ende jeder Beobachtung und jedes Manövers sind Variablen mit stetigen Werten, die einer Vielzahl von astronomischen, Reihenfolge- und Leistungs-Constraints gehorchen müssen. Die bekannteste Kategorie von CSPs mit stetiger Domäne sind die Probleme der **linearen Programmierung**, bei denen die Constraints lineare Gleichungen oder Ungleichungen sein müssen. Die Probleme der linearen Programmierung können in einer Zeit gelöst werden, die polynomiell zur Anzahl der Variablen ist. Probleme mit verschiedenen Arten von Constraints und Zielfunktionen wurden ebenfalls untersucht – quadratische Programmierung, konische Programmierung zweiter Ordnung und so weiter. Diese Probleme stellen ein wichtiges Teilgebiet der angewandten Mathematik dar.

Neben der Untersuchung der Variablentypen, die in CSPs vorkommen können, ist es sinnvoll, sich die Typen von Constraints anzusehen. Der einfachste Typ ist der **unäre Constraint**, der den Wert einer einzelnen Variablen beschränkt. Im Kartenfärbeproblem könnte es z. B. so sein, dass Einwohner des Bundesstaats South Australia die Farbe Grün nicht tolerieren, was wir mit dem unären Constraint $\langle (SA), SA \neq grün \rangle$ ausdrücken können. (Die anfängliche Spezifikation der Domäne einer Variablen kann auch als unärer Constraint angesehen werden.)

Ein **binärer Constraint** bezieht sich auf zwei Variablen. Zum Beispiel ist $SA \neq NSW$ ein binärer Constraint. Ein **binäres CSP** ist ein CSP mit nur unären und binären Constraints. Es kann als Constraint-Graph dargestellt werden, wie in ► Abbildung 6.1 b.

Wir können auch Constraints höherer Ordnung definieren. Der ternäre Constraint *Zwischen* (X, Y, Z) kann z. B. definiert werden als $\langle (X, Y, Z), X < Y < Z$ **oder** $X > Y > Z \rangle$.

Ein Constraint, der eine beliebige Anzahl von Variablen betrifft, wird als **globaler Constraint** bezeichnet. (Diese Bezeichnung ist zwar allgemein üblich, aber dennoch verwirrend, weil ein globaler Constraint nicht *alle* Variablen in einem Problem einbeziehen muss.) Eine der gebräuchlichsten globalen Constraints ist *Alldiff*, der besagt, dass alle an dem Constraint beteiligten Variablen unterschiedliche Werte haben müssen. Bei Sudoku-Problemen (siehe Abschnitt 6.2.6) müssen alle Variablen in einer Zeile, Spalte oder einem 3×3-Feld einen *Alldiff*-Constraint erfüllen.

Ein weiteres Beispiel sind **kryptoarithmetische** Rätsel (► Abbildung 6.2 a). Jeder Buchstabe in einem kryptoarithmetischen Rätsel steht für eine andere Ziffer. Für den Fall in ► Abbildung 6.2 a würde der globale Constraint hierzu als $Alldiff(F, T, U, W, R, O)$ dargestellt werden. Die Addition-Constraints für die vier Spalten des Puzzles können als die folgenden n-ären Constraints geschrieben werden:

$$
\begin{aligned}
O + O &= R + 10 \cdot C_1 \\
C_1 + W + W &= U + 10 \cdot C_2 \\
C_2 + T + T &= O + 10 \cdot C_3 \\
C_3 &= F \,,
\end{aligned}
$$

wobei C_1, C_2 und C_3 Hilfsvariablen sind, die die Übertragsziffer in der Zehner-, Hunderter- oder Tausender-Spalte darstellen. Diese Constraints können in einem **Constraint-Hypergraphen** dargestellt werden (► Abbildung 6.2 b). Ein Hypergraph besteht aus normalen Knoten

	T	W	O
+	T	W	O
F	O	U	R

(a)

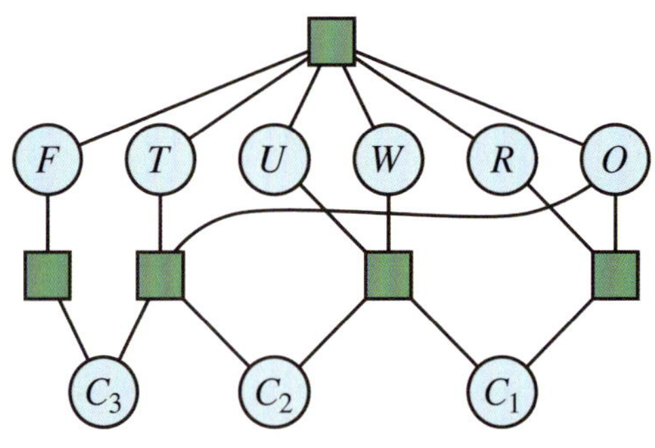

(b)

Abbildung 6.2: (a) Ein kryptoarithmetisches Problem. Jeder Buchstabe steht für eine bestimmte Ziffer; das Ziel ist es, die Buchstaben so durch Ziffern zu ersetzen, dass die resultierende Summe arithmetisch korrekt ist, mit der zusätzlichen Einschränkung, dass keine führenden Nullen erlaubt sind. (b) Der Constraint-Hypergraph für das kryptoarithmetische Problem, der die *Alldiff*-Constraint (Quadrat an der Spitze) sowie die Constraints der Spaltenaddition (vier Quadrate in der Mitte) zeigt. Die Variablen C_1, C_2 und C_3 repräsentieren die Übertragsziffern für die drei Spalten von rechts nach links.

(die Kreise) und Hyperknoten (die Quadrate), die n-äre Constraints darstellen – Constraints, die n Variablen betreffen.

Wie Sie in Übung 6.6 auf der Website beweisen sollen, lässt sich alternativ jeder Constraint mit endlicher Domäne auf eine Menge binärer Constraints reduzieren, wenn genügend Hilfsvariablen eingeführt werden. Das bedeutet, dass wir jedes CSP in ein Problem mit nur binären Constraints umwandeln können – was das Leben eines Algorithmenentwicklers sicherlich einfacher macht. Eine andere Möglichkeit, ein n-äres CSP in ein binäres Problem zu konvertieren, ist die Transformation **dualer Graphen**. Ziel ist es, einen neuen Graphen zu erstellen, in dem es genau eine Variable für jeden Constraint im ursprünglichen Graphen und genau einen binären Constraint für jedes Constraint-Paar im ursprünglichen Graphen mit gemeinsamen Variablen gibt.

Betrachten Sie z. B. ein CSP mit den Variablen $\mathcal{X} = \{X, Y, Z\}$, jeweils mit der Domäne $\{1, 2, 3, 4, 5\}$ und den beiden Constraints C_1: $\langle (X, Y, Z), X+Y = Z\rangle$ und C_2: $\langle (X, Y), X+1 = Y\rangle$. Dann besteht der duale Graph aus den Variablen $\mathcal{X} = \{C_1, C_2\}$, wobei die Domäne der C_1-Variable im dualen Graphen die Menge der $\{(x_i, y_j, z_k)\}$-Tupel aus dem C_1-Constraint im ursprünglichen Problem ist und entsprechend die Domäne von C_2 die Menge der $\{(x_i, y_j)\}$-Tupel. Für den dualen Graphen gilt der binäre Constraint $\langle (C_1, C_2), R_1\rangle$, wobei R_1 eine neue Relation ist, die den Constraint zwischen C_1 und C_2 definiert, was in diesem Fall $R_1 = \{((1, 2, 3), (1, 2)), ((2, 3, 5), (2, 3))\}$ ist.

Es gibt jedoch zwei Gründe, warum ein globaler Constraint wie *Alldiff* einer Menge von binären Constraints vorzuziehen ist. Erstens ist die Formulierung einer Problembeschreibung mit *Alldiff* einfacher und weniger fehleranfällig. Zweitens ist es möglich, für globale Constraints spezielle Inferenzalgorithmen zu entwickeln, die effizienter sind als Algorithmen zur Lösung von Problemen mit primitiven Constraints. Wir werden in Abschnitt 6.2.5 näher auf diese Inferenzalgorithmen eingehen.

Bei den bisher beschriebenen Constraints handelte es sich ausschließlich um absolute Constraints, deren Verletzung eine mögliche Lösung ausschließt. Viele CSPs der realen Welt enthalten **Präferenz-Constraints**, die angeben, welche Lösungen zu bevorzugen sind. So gibt es z. B. bei dem Problem der Erstellung von Universitätsstundenplänen der absolute Constraint, dass ein Professor nicht zwei Vorlesungen zur gleichen Zeit halten kann. Zusätzlich können wir noch Präferenz-Constraints formulieren: Prof. R könnte es vorziehen, am Vormittag zu unterrichten, während Prof. N lieber am Nachmittag unterrichten würde. Ein Stundenplan, bei dem Prof. R um 14 Uhr unterrichtet, wäre zwar eine erlaubte, aber keine optimale Lösung.

Präferenz-Constraints können oft als Kosten für einzelne Variablenzuweisungen codiert werden – zum Beispiel kostet die Zuweisung eines Zeitfensters am Nachmittag für Prof. R 2 Punkte in Hinblick auf die allgemeine Zielfunktion, während ein Zeitfenster am Vormittag 1 Punkt kostet. Dank dieser Formulierung können CSPs mit Präferenzen mithilfe von Suchoptimierungsmethoden – pfadbasierten oder lokal – gelöst werden. Wir nennen ein solches Problem ein **Constraint-Optimierungsproblem** (COP). Lineare Programme bilden eine Klasse von COPs.

6.2 Constraint-Propagation: Inferenz in CSPs

Ein Algorithmus mit atomarer Zustandsraumsuche kommt nur voran, indem er einen Knoten expandiert, um die Nachfolger zu besuchen. Ein CSP-Algorithmus dagegen hat mehrere Möglichkeiten. Er kann Nachfolger erzeugen, indem er eine neue Variablenzuweisung wählt, oder er kann eine bestimmte Art von Inferenz durchführen, die als **Constraint-Propagation** bezeichnet wird, d. h., er verwendet Constraints, um die Anzahl der zulässigen Werte für eine Variable zu reduzieren, was wiederum die zulässigen Werte für eine andere Variable reduzieren kann, und so weiter. Der Gedanke dabei ist, dass dadurch weniger Möglichkeiten bleiben, die bei der nächsten zu wählenden Variablenzuweisung berücksichtigt werden müssen. Constraint-Propagation kann entweder mit der Suche verknüpft werden oder als Vorverarbeitungsschritt ausführen, noch bevor die Suche beginnt. Manchmal kann diese Vorverarbeitung das gesamte Problem bereits lösen, sodass sich die Suche erübrigt.

Die dahinterstehende Idee ist die **lokale Konsistenz**. Wenn wir jede Variable als einen Knoten in einem Graphen behandeln (► Abbildung 6.1 b) und jeder binäre Constraint als eine Kante, dann kann ein Prozess, der in jedem Teil des Graphen die Einhaltung der lokalen Konsistenz gewährleistet, bewirken, dass inkonsistente Werte im gesamten Graphen eliminiert werden. Es gibt verschiedene Arten von lokaler Konsistenz, die wir im Folgenden der Reihe nach behandeln werden.

6.2.1 Knotenkonsistenz

Eine einzelne Variable (die einem Knoten im CSP-Graphen entspricht) ist **knotenkonsistent**, wenn alle Werte in der Domäne der Variablen die unären Constraints der Variablen erfüllen. Betrachten wir beispielsweise das Färbeproblem der Australien-Karte (► Abbildung 6.1). In der Variante, in der die Einwohner von South Australia Grün nicht mögen, beginnt die Variable SA mit der Domäne $\{rot, grün, blau\}$ und wir können sie durch Eliminieren von *grün* knotenkonsistent machen, sodass SA mit der reduzierten Domäne $\{rot, blau\}$ übrig bleibt. Wir sagen, dass ein Graph knotenkonsistent ist, wenn jede Variable im Graphen knotenkonsistent ist.

Es ist nicht schwer, alle unären Constraints in einem CSP zu eliminieren: Reduzieren Sie einfach zu Beginn des Lösungsprozesses die Domäne um alle Variablen mit unären Constraints. Außerdem ist es, wie bereits erwähnt, möglich, alle n-ären Constraints in binäre zu transformieren. Aus diesem Grund arbeiten einige CSP-Solver nur mit binären Constraints und erwarten, dass der Benutzer die anderen Constraints im Voraus eliminiert. Sofern nichts anders angegeben wird, gehen wir für den Rest dieses Kapitels von dieser Annahme aus.

6.2.2 Kantenkonsistenz

Eine Variable in einem CSP ist **kantenkonsistent**, wenn jeder Wert in ihrer Domäne die binären Constraints der Variablen erfüllt. Formaler kann man auch sagen, X_i ist in Bezug auf eine andere Variable X_j kantenkonsistent, wenn es für jeden Wert in der aktuellen Domäne D_i einen Wert in der Domäne D_j gibt, der den binären Constraint auf der Kante (X_i, X_j) erfüllt. Ein Graph ist kantenkonsistent, wenn jede Variable mit jeder anderen Variable kantenkonsistent ist. Betrachten wir zum Beispiel den Constraint $Y = X^2$, wobei die Domäne von X als auch von Y die Menge der Dezimalzahlen ist. Wir können diesen Constraint explizit schreiben als:

$$\langle (X, Y), \{(0, 0), (1, 1), (2, 4), (3, 9)\} \rangle$$

Um X in Bezug auf Y kantenkonsistent zu machen, reduzieren wir die Domäne von X auf $\{0, 1, 2, 3\}$. Wenn wir Y auch in Bezug auf X kantenkonsistent machen wollen, dann wird die Domäne von Y zu $\{0, 1, 4, 9\}$ und damit das gesamte CSP kantenkonsistent. Andererseits hilft uns die Kantenkonsistenz beim Problem der Färbung der Australien-Karte überhaupt nicht weiter. Betrachten Sie den folgenden Constraint für Ungleichheit für (SA, WA):

$$\{(rot, grün), (rot, blau), (grün, rot), (grün, blau), (blau, rot), (blau, grün)\}$$

Unabhängig davon, welchen Wert Sie für SA (oder für WA) wählen, gibt es einen gültigen Wert für die andere Variable. Die Anwendung der Kantenkonsistenz hat also keine Auswirkung auf die Domänen der beiden Variablen.

```
function AC-3(csp) returns false, wenn eine Inkonsistenz gefunden wird, sonst true
  queue ← eine Warteschlange mit Kanten, anfangs alle Kanten in csp

  while queue ist nicht leer do
    (X_i, X_j) ← POP(queue)
    if REVISE(csp, X_i, X_j) then
      if Größe D_i = 0 then return false
      for each X_k in X_i.NEIGHBORS – {X_j} do
        füge (X_k, X_i) zu queue hinzu
  return true

function REVISE(csp, X_i, X_j) returns true gdw. wir die Domäne von X_i bereinigen
  revised ← false
  for each x in D_i do
    if kein Wert y in D_j erlaubt (x,y), den Constraint zwischen X_i und X_j zu erfüllen then
      entferne x aus D_i
      revised ← true
  return revised
```

Abbildung 6.3: Der Kantenkonsistenz-Algorithmus AC-3. Nach der Anwendung von AC-3 ist entweder jede Kante kantenkonsistent oder eine Variable hat eine leere Domäne, was bedeutet, dass das CSP nicht gelöst werden kann. Die Bezeichnung „AC-3" wurde vom Erfinder des Algorithmus (Mackworth, 1977) verwendet, weil es sich um die dritte Version handelt, die in der Veröffentlichung entwickelt wurde.

Der bekannteste Algorithmus, der die Einhaltung der Kantenkonsistenz gewährleistet, heißt AC-3 (► Abbildung 6.3). Um jede Variable kantenkonsistent zu machen, verwaltet der AC-3 eine Warteschlange der zu berücksichtigenden Kanten. Am Anfang enthält die Warteschlange alle Kanten des CSP. (Jeder binäre Constraint wird zu zwei Kanten, eine in jede Richtung.) AC-3 holt dann eine beliebige Kante (X_i, X_j) aus der Warteschlange und macht X_i kantenkonsistent in Bezug auf X_j. Bleibt D_i dadurch unverändert, fährt der Algorithmus einfach mit der nächsten Kante fort. Wenn dies aber D_i ändert (die Domäne verkleinert), dann fügen wir der Warteschlange alle Kanten (X_k, X_i) hinzu, bei denen X_k ein Nachbar von X_i ist. Dies ist erforderlich, weil die Änderung von D_i zu weiteren Verkleinerungen von D_k führen könnte, auch wenn wir zuvor X_k berücksichtigt haben. Wird D_i auf nichts reduziert, so wissen wir, dass das gesamte CSP keine konsistente Lösung hat, und AC-3 kann sofort eine Fehlermeldung zurückgeben. Andernfalls prüfen wir weiter und versuchen, Werte aus den Domänen von Variablen zu entfernen, bis sich keine Kanten mehr in der Warteschlange befinden. Am Ende bleibt ein CSP übrig, das äquivalent zum ursprünglichen CSP ist – beide haben die gleichen Lösungen –, aber das kantenkonsistente CSP ist schneller zu durchsuchen, weil die Domänen seiner Variablen kleiner sind. In einigen Fällen wird das Problem dadurch vollständig gelöst (indem es jede Domäne auf die Größe 1 reduziert) und in anderen Fällen beweist es, dass keine Lösung existiert (indem es eine Domäne auf die Größe 0 reduziert).

Um die Komplexität von AC-3 zu analysieren, gehen wir von einem CSP mit n Variablen aus, jede mit einer Domänengröße von höchstens d und mit c binären Constraints (Kanten). Jede Kante (X_k, X_i) kann nur d-mal in die Warteschlange eingefügt werden, da X_i höchstens d zu löschende Werte aufweist. Die Konsistenzprüfung einer Kante kann in einer Zeit von $O(d^2)$ durchgeführt werden, sodass im ungünstigsten Fall die Gesamtzeit $O(cd^3)$ beträgt.

6.2.3 Pfadkonsistenz

Angenommen, wir färben die Karte von Australien nur mit den beiden Farben Rot und Blau ein. Kantenkonsistenz bringt nichts, weil jeder Constraint individuell mit Rot an einem Ende und Blau am anderen Ende erfüllt werden kann. Aber offensichtlich lässt sich das Problem nicht lösen: Da Western Australia, Northern Territory und South Australia alle aneinanderstoßen, benötigen wir allein dafür mindestens drei Farben.

Die Kantenkonsistenz engt die Domänen (unäre Constraints) mithilfe der Kanten (binäre Constraints) ein. Um Probleme wie beim Kartenfärben in den Griff zu bekommen, müssen wir den Begriff Konsistenz enger fassen. **Pfadkonsistenz** verschärft die binären Constraints, indem implizite Constraints verwendet werden, die sich aus der Betrachtung von Variablen-Tripeln ergeben.

Eine Menge mit zwei Variablen $\{X_i, X_j\}$ ist pfadkonsistent in Bezug auf eine dritte Variable X_m, wenn es für jede Zuweisung $\{X_i = a, X_j = b\}$, die mit den Constraints (sofern vorhanden) auf $\{X_i, X_j\}$ konsistent ist, eine Zuweisung zu X_m gibt, die die Constraints auf $\{X_i, X_m\}$ und $\{X_m, X_j\}$ erfüllt. Der Name bezieht sich auf die Gesamtkonsistenz des Pfads von X_i nach X_j mit X_m in der Mitte.

Sehen wir uns nun an, wie gut sich die Pfadkonsistenz zum Färben der Australien-Karte mit zwei Farben eignet. Hierzu machen wir die Menge $\{WA, SA\}$ pfadkonsistent in Bezug auf NT. Wir beginnen mit der Aufzählung der konsistenten Zuweisungen zu der Menge. In diesem Fall gibt es nur zwei: $\{WA = rot, SA = blau\}$ und $\{WA = blau, SA = rot\}$. Wir sehen, dass NT bei diesen beiden Zuweisungen weder *rot* noch *blau* sein kann (weil es entweder mit WA oder SA in Konflikt stehen würde). Da es keine gültige Wahl für NT gibt, eliminieren wir beide Zuweisungen, und haben somit keine gültigen Zuweisungen mehr für $\{WA, SA\}$. Daher wissen wir, dass es für dieses Problem keine Lösung geben kann.

6.2.4 *k*-Konsistenz

Strengere Formen der Propagation können mit dem Begriff der **k-Konsistenz** definiert werden. Ein CSP ist k-konsistent, wenn für jede Menge von $k-1$ Variablen und jede konsistente Zuweisung zu diesen Variablen immer einer k-ten Variablen ein konsistenter Wert zugewiesen werden kann. 1-Konsistenz besagt, dass wir ausgehend von der leeren Menge jede Menge, die aus einer Variablen besteht, konsistent machen können: Das haben wir als Knotenkonsistenz bezeichnet. 2-Konsistenz entspricht der Kantenkonsistenz. Für binäre Constraint-Graphen ist 3-Konsistenz dasselbe wie Pfadkonsistenz.

Ein CSP ist **streng k-konsistent**, wenn es nicht nur k-konsistent ist, sondern auch $(k-1)$-konsistent, $(k-2)$-konsistent, ... bis hin zu 1-konsistent. Nehmen wir nun an, wir haben ein CSP mit n Knoten und wollen es streng n-konsistent machen (d. h. streng k-konsistent für $k = n$). Dieses Problem können wir wie folgt lösen: Zuerst wählen wir einen konsistenten Wert für X_1. Dann können wir sicher sein, dass wir einen Wert für X_2 wählen können, weil der Graph 2-konsistent ist, einen Wert für X_3, weil er 3-konsistent ist, und so weiter. Für jede Variable X_i müssen wir nur die d Werte in der Domäne durchsuchen, um einen Wert zu finden, der mit $X_1, \ldots, X_{i-1}$ konsistent ist. Die Gesamtlaufzeit beträgt nur $O(n^2 d)$.

Natürlich gibt es nichts umsonst: Constraint-Satisfaction, d. h. die Erfüllung von Constraints, ist im Allgemeinen NP-vollständig, was bedeutet, dass jeder Algorithmus zur Herstellung der n-Konsistenz im schlimmsten Fall einen zu n exponentiellen Zeitbedarf hat. Schlimmer noch, n-Konsistenz benötigt auch Speicherplatz, der exponentiell zu n ist. In der Praxis ist die Bestimmung der angemessenen Konsistenzebene meist eine empirische Wissenschaft. Die Berechnung der 2-Konsistenz ist üblich, die der 3-Konsistenz weniger.

6.2.5 Globale Constraints

Ein **globaler Constraint** umfasst, wie wir wissen, eine beliebige Anzahl von Variablen (wenn auch nicht unbedingt alle Variablen). Globale Constraints sind häufig in realen Problemen zu finden und werden von speziellen Algorithmen behandelt, die effizienter sind als die bisher beschriebenen allgemeinen Methoden. Zum Beispiel besagt die *Alldiff*-Constraint, dass alle beteiligten Variablen unterschiedliche Werte haben müssen (wie in dem kryptoarithmetischen Problem oben und dem Sudoku-Rätsel unten). Eine einfache Form der Inkonsistenzerkennung für *Alldiff*-Constraints funktioniert wie folgt: Wenn m Variablen an dem Constraint beteiligt sind und sie zusammen n mögliche unterschiedliche Werte haben und $m > n$ gilt, dann kann der Constraint nicht erfüllt werden.

Dies führt zu dem folgenden einfachen Algorithmus: Entfernen Sie zunächst jede Variable in dem Constraint, deren Domäne nur einen Wert enthält, und löschen Sie den Wert dieser Variable aus den Domänen der übrigen Variablen. Wiederholen Sie diesen Vorgang so lange, wie es Variablen mit einzelnen Werten gibt. Wenn zu irgendeinem Zeitpunkt eine leere Domäne erzeugt wird oder mehr Variablen als Domänenwerte übrig sind, wurde eine Inkonsistenz festgestellt.

Diese Methode kann die Inkonsistenz in der Zuweisung $\{WA = rot, NSW = rot\}$ für ► Abbildung 6.1 erkennen. Beachten Sie, dass die Variablen SA, NT und Q effektiv durch einen *Alldiff*-Constraint verbunden sind, da jedes Paar zwei verschiedene Farben haben muss. Nach der Anwendung von AC-3 mit partieller Zuweisung werden die Domänen von SA, NT und Q alle auf $\{grün, blau\}$ reduziert. Das heißt, wir haben drei Variablen und nur zwei Farben, sodass der *Alldiff*-Constraint verletzt ist. Daher ist ein einfaches Konsistenzverfahren für einen Constraint höherer Ordnung manchmal effektiver als die Anwendung der Kantenkonsistenz auf eine äquivalente Menge von binären Constraints.

Ein weiterer wichtiger Constraint höherer Ordnung ist der **Ressourcen-Constraint**, der manchmal auch als *Atmost*-Constraint bezeichnet wird. Ein Beispiel: In einem Problem der Personaleinsatzplanung bezeichnen $P_1, \ldots, P_4$ die Anzahl der Mitarbeiter, die jeder der vier Aufgaben zugewiesen sind. Die Einschränkung, dass insgesamt nicht mehr als 10 Personen zugewiesen werden sollen, wird als $Atmost(10, P_1, P_2, P_3, P_4)$ geschrieben. Eine Inkonsistenz lässt sich dann ganz einfach erkennen, indem die Summe der Minimalwerte der aktuellen Domänen überprüft wird. Wenn z. B. jede Variable die Domäne $\{3, 4, 5, 6\}$ hat, kann der *Atmost*-Constraint nicht erfüllt werden. Wir können die Konsistenz auch erzwingen. Dazu müssen wir nur den Maximalwert einer beliebigen Domäne löschen, wenn er nicht mit den Minimalwerten der anderen Domänen konsistent ist. Wenn also jede Variable in unserem Beispiel die Domäne $\{2, 3, 4, 5, 6\}$ hat, können die Werte 5 und 6 aus jeder Domäne gelöscht werden.

Bei großen ressourcenbeschränkten Problemen mit ganzzahligen Werten – wie z. B. bei logistischen Problemen, wenn Tausende von Personen in Hunderten von Fahrzeugen transportiert werden müssen – ist es normalerweise nicht möglich, die Domäne jeder Variable als eine große Menge von ganzen Zahlen darzustellen und diese Menge durch Konsistenzprüfungen schrittweise zu reduzieren. Stattdessen werden Domänen durch obere und untere Grenzen dargestellt und durch die **Propagation von Grenzen** verwaltet. Betrachten wir z. B. ein Problem der Flugbelegungsplanung für zwei Flüge F_1 und F_2, deren Flugzeuge die Kapazitäten 165 bzw. 385 haben. Die Anfangsdomänen für die Anzahl der Passagiere auf den Flügen F_1 und F_2 sind dann:

$$D_1 = [0, 165] \quad \text{und} \quad D_2 = [0, 385]$$

Gehen wir nun von dem zusätzlichen Constraint aus, dass die beiden Flüge zusammen 420 Personen befördern müssen: $F_1 + F_2 = 420$. Durch Propagation von Grenzen-Constraints reduzieren wir die Domänen auf:

$$D_1 = [35, 165] \quad \text{und} \quad D_2 = [255, 385]$$

Wir sagen, dass ein CSP **grenzenkonsistent** ist, wenn für jede Variable X sowie für den unteren als auch den oberen Grenzwert von X ein Wert von Y existiert, der den Constraint zwischen X und Y für jede Variable Y erfüllt. Diese Art der Propagation von Grenzen wird in praktischen Constraint-Problemen häufig verwendet.

6.2.6 Sudoku

Das populäre **Sudoku**-Rätsel hat Millionen von Menschen mit Constraint-Satisfaction-Problemen konfrontiert, auch wenn sie sich dessen vielleicht nicht bewusst waren. Ein Sudoku besteht aus 81 Feldern, von denen einige zunächst mit Ziffern von 1 bis 9 gefüllt sind. Die Aufgabe besteht darin, alle verbleibenden Felder so auszufüllen, dass keine Ziffer zweimal in einer Zeile, Spalte oder einem 3×3-Kasten erscheint (► Abbildung 6.4). Eine Zeile, Spalte oder ein Kasten wird als **Einheit** bezeichnet.

	1	2	3	4	5	6	7	8	9
A			3		2		6		
B	9			3		5			1
C			1	8		6	4		
D			8	1		2	9		
E	7								8
F			6	7		8	2		
G			2	6		9	5		
H	8			2		3			9
I			5		1		3		

(a)

	1	2	3	4	5	6	7	8	9
A	4	8	3	9	2	1	6	5	7
B	9	6	7	3	4	5	8	2	1
C	2	5	1	8	7	6	4	9	3
D	5	4	8	1	3	2	9	7	6
E	7	2	9	5	6	4	1	3	8
F	1	3	6	7	9	8	2	4	5
G	3	7	2	6	8	9	5	1	4
H	8	1	4	2	5	3	7	6	9
I	6	9	5	4	1	7	3	8	2

(b)

Abbildung 6.4: (a) Ein Sudoku und (b) seine Lösung.

Die Sudokus aus Zeitungen und Rätselbüchern haben die Eigenschaft, dass es genau eine Lösung gibt. Während es sich als knifflig erweisen und zig Minuten dauern kann, ein Sudoku „von Hand" zu lösen, kann ein CSP-Solver Tausende von Rätseln pro Sekunde bearbeiten.

Ein Sudoku kann als ein CSP mit 81 Variablen betrachtet werden, eine für jedes Feld. Wir verwenden die Variablennamen *A1* bis *A9* für die obere Zeile (von links nach rechts) bis hinzu *I1* bis *I9* für die untere Zeile. Die leeren Felder haben die Domäne $\{1, 2, 3, 4, 5, 6, 7, 8, 9\}$ und die vorausgefüllten Felder haben eine Domäne, die aus einem einzigen Wert besteht. Außerdem gibt es 27 verschiedene *Alldiff*-Constraints, eine für jede Einheit (Zeile, Spalte und Kasten mit 9 Feldern):

$$\begin{aligned}
&Alldiff(A1, A2, A3, A4, A5, A6, A7, A8, A9)\\
&Alldiff(B1, B2, B3, B4, B5, B6, B7, B8, B9)\\
&\ldots\\
&Alldiff(A1, B1, C1, D1, E1, F1, G1, H1, I1)\\
&Alldiff(A2, B2, C2, D2, E2, F2, G2, H2, I2)\\
&\ldots\\
&Alldiff(A1, A2, A3, B1, B2, B3, C1, C2, C3)\\
&Alldiff(A4, A5, A6, B4, B5, B6, C4, C5, C6)\\
&\ldots
\end{aligned}$$

Lassen Sie uns sehen, wie weit uns die Kantenkonsistenz bringt. Nehmen wir an, dass die *Alldiff*-Constraints um binäre Constraints (wie $A1 \neq A2$) erweitert wurden, sodass wir den

AC-3-Algorithmus direkt anwenden können. Betrachten Sie die Variable *E6* in ► Abbildung 6.4 a – das leere Feld zwischen der 2 und der 8 im mittleren Kasten. Gemäß den Constraints für den Kasten können wir 1, 2, 7 und 8 aus der Domäne von *E6* entfernen. Und gemäß den Constraints für die entsprechende Spalte können wir 5, 6, 2, 8, 9 und 3 entfernen (auch wenn 2 und 8 bereits entfernt wurden). Übrig bleibt für *E6* eine Domäne mit dem Wert $\{4\}$; mit anderen Worten, wir kennen die Antwort für *E6*. Betrachten wir nun die Variable *I6* – das Feld im unteren mittleren Kasten, das von 1, 3 und 3 umgeben ist. Durch Anwendung der Kantenkonsistenz in der dazugehörigen Spalte eliminieren wir 5, 6, 2, 4 (da wir inzwischen wissen, dass *E6* 4 sein muss), 8, 9 und 3. Wir eliminieren 1 durch Kantenkonsistenz mit *I5*, sodass in der Domäne von *I6* nur der Wert 7 übrig bleibt. Aus der Tatsache, dass es jetzt 8 bekannte Werte in Spalte 6 gibt, kann die Kantenkonsistenz ableiten, dass *A6* 1 sein muss. Die Inferenz wird entsprechend weiter fortgesetzt, bis AC-3 das gesamte Rätsel gelöst hat und alle Variablen, wie in ► Abbildung 6.4 b gezeigt, ihre Domänen auf einen einzigen Wert reduziert haben.

Natürlich würde Sudoku bald seinen Reiz verlieren, ließe sich jedes Rätsel durch eine mechanische Anwendung von AC-3 lösen, und tatsächlich funktioniert AC-3 nur für ganz einfache Sudokus. Etwas schwierigere Rätsel können mit PC-2 gelöst werden, allerdings mit einem größeren Rechenaufwand: Es gibt 255.960 verschiedene Pfad-Constraints, die in einem Sudoku berücksichtigt werden müssen. Um die schwersten Rätsel effizient zu lösen, müssen wir intelligenter vorgehen.

In der Tat liegt der Reiz von Sudokus für Rate-Profis darin, möglichst einfallsreich zu sein, wenn es um den Einsatz komplexerer Inferenzstrategien geht. Echte Rätselfans geben diesen Strategien sogar spezielle Namen, wie z. B. „Nacked Tripels". Diese Strategie funktioniert folgendermaßen: Finden Sie in einer beliebigen Einheit (Zeile, Spalte oder Kasten) drei Felder, die jeweils eine Domäne haben, die die gleichen drei Zahlen oder eine Teilmenge dieser Zahlen enthält. Zum Beispiel könnten die drei Domänen $\{1, 8\}$, $\{3, 8\}$ und $\{1, 3, 8\}$ sein. Daraus ergibt sich, dass wir nicht wissen, welches Feld 1, 3 oder 8 enthält, aber wir wissen, dass die drei Zahlen auf die drei Felder verteilt sein müssen. Daher können wir 1, 3 und 8 aus den Domänen jedes *anderen* Felds in der Einheit entfernen.

Es ist interessant zu sehen, wie weit wir gehen können, ohne allzu tief in die Sudoku-Welt eintauchen zu müssen. Wir müssen natürlich sagen, dass es 81 Variablen gibt, dass ihre Domänen die Ziffern 1 bis 9 beinhalten und dass es 27 *Alldiff*-Constraints gibt. Aber darüber hinaus gelten alle Strategien – seien es Kantenkonsistenz, Pfadkonsistenz usw. – generell für alle CSPs, nicht nur für Sudoku-Probleme. Sogar die Nacked-Tripels-Strategie ist eigentlich eine Strategie zur Gewährleistung der Konsistenz von *Alldiff*-Constraints und ist nicht Sudoku-spezifisch. Das ist die Stärke des CSP-Formalismus: Für jeden neuen Problembereich definieren wir einfach das Problem in Form von Constraints und überlassen dann die Arbeit dem allgemeinen Constraint-Solving-Mechanismus.

6.3 Backtracking-Suche für CSPs

Manchmal können wir den Constraint-Propagation-Prozess beenden und haben immer noch Variablen mit mehreren möglichen Werten. In einem solchen Fall müssen wir nach einer Lösung **suchen**. In diesem Abschnitt behandeln wir Backtracking-Suchalgorithmen, die auf partiellen Zuweisungen arbeiten. Im nächsten Abschnitt betrachten wir dann lokale Suchalgorithmen über vollständige Zuweisungen.

Betrachten wir, wie eine beschränkte Tiefensuche (aus Kapitel 3) CSPs lösen kann. Ein Zustand entspräche einer partiellen Zuweisung und eine Aktion würde die Zuweisung erweitern, z. B. durch das Hinzufügen von $NSW = rot$ oder $SA = blau$ beim Australien-Kartenfärbeproblem. Für ein CSP mit n Variablen der Domänengröße d würden wir einen Suchbaum erhalten, in dem alle vollständigen Zuweisungen (und damit alle Lösungen) Blattknoten der Tiefe n sind. Aber beachten Sie, dass der Verzweigungsfaktor auf der obersten Ebene nd ist, weil den n Variablen jeweils jeder der d Werte zugewiesen werden kann. Auf der nächsten Ebene ist der Verzweigungsfaktor $(n-1)d$ usw. für n Ebenen. Der Baum hat also $n! - d^n$ Blätter, obwohl es nur d^n mögliche vollständige Zuweisungen gibt!

Wir bekommen diesen Faktor $n!$ zurück, wenn wir uns an eine entscheidende Eigenschaft von CSPs halten: **Kommutativität**. Ein Problem ist kommutativ, wenn die Anwendungsreihenfolge einer gegebenen Menge von Aktionen keine Rolle spielt. In CSPs spielt es keine Rolle, ob wir zuerst $NSW = rot$ und dann $SA = blau$ zuweisen oder umgekehrt. Daher müssen wir an jedem Knoten im Suchbaum nur eine *einzige* Variable berücksichtigen. Im Wurzelknoten hätten wir die Wahl zwischen $SA = rot$, $SA = grün$ und $SA = blau$, aber wir würden nie zwischen $NSW = rot$ und $SA = blau$ wählen. Mit dieser Einschränkung ist die Anzahl der Blätter wie erhofft d^n. Auf jeder Ebene des Baums müssen wir uns für eine Variable zur Weiterverarbeitung entscheiden, sodass nie ein Backtracking nötig ist.

► Abbildung 6.5 zeigt ein Backtracking-Suchverfahren für CSPs. Es wählt eine nicht zugewiesene Variable nach der anderen, probiert dann jeweils der Reihe nach alle Werte in der Domäne dieser Variable aus, indem versucht wird, die jeweilige Variable mithilfe eines rekursiven Aufrufs zu einer Lösung zu erweitern. Wenn der Aufruf erfolgreich ist, wird die Lösung zurückgegeben, andernfalls wird die Zuweisung auf den vorherigen Zustand zurückgesetzt und wir versuchen es mit dem nächsten Wert. Wenn kein Wert erfolgreich war, wird eine Fehlermeldung zurückgegeben. Ein Teil des Suchbaums für das Australien-Problem ist in ► Abbildung 6.6 dargestellt, wo wir Variablen in der Reihenfolge $WA, NT, Q, \ldots$ Werte zugewiesen haben.

Beachten Sie, dass BACKTRACKING-SEARCH nur eine einzige Repräsentation eines Zustands (Zuweisung) speichert und diese Repräsentation ändert, anstatt neue zu erstellen (siehe S. 110).

```
function BACKTRACKING-SEARCH(csp) returns eine Lösung oder failure
  return BACKTRACK(csp, { })

function BACKTRACK(csp, assignment) returns eine Lösung oder failure
  if assignment ist vollständig then return assignment
  var ← SELECT-UNASSIGNED-VARIABLE(csp, assignment)
  for each value in ORDER-DOMAIN-VALUES(csp, var, assignment) do
     if value ist konsistent mit assignment then
        füge {var = value} zu assignment hinzu
        inferences ← INFERENCE(csp, var, assignment)
        if inferences ≠ failure then
           füge inferences zu csp hinzu
           result ← BACKTRACK(csp, assignment)
           if result ≠ failure then return result
           entferne inferences aus csp
        entferne {var = value} aus assignment
  return failure
```

Abbildung 6.5: Ein einfacher Backtracking-Algorithmus für Constraint-Satisfaction-Probleme. Der Algorithmus basiert auf der rekursiven Tiefensuche aus 3. Die Funktionen SELECT-UNASSIGNED-VARIABLE und ORDER-DOMAIN-VALUES implementieren die in Abschnitt 6.3.1 besprochenen allgemeinen Heuristiken. Mithilfe der Funktion INFERENCE kann wahlweise Kanten-, Pfad- oder k-Konsistenz realisiert werden. Wenn die Wahl eines Werts zu einem Fehler führt (der entweder von INFERENCE oder von BACKTRACK festgestellt wird), werden Wertzuweisungen (einschließlich der durch INFERENCE) zurückgenommen und ein neuer Wert wird ausprobiert.

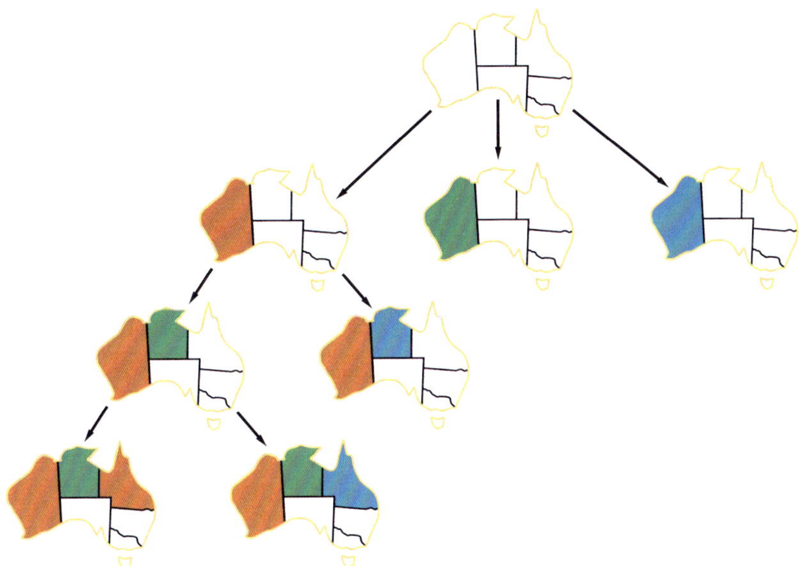

Abbildung 6.6: Teil des Suchbaums für das Kartenfärbeproblem in 6.1.

Während die uninformierten Suchalgorithmen aus Kapitel 3 nur verbessert werden konnten, indem wir sie mit *domänenspezifischen* Heuristiken ausgestattet haben, hat sich herausgestellt, dass die Backtracking-Suche durch *domänenunabhängige* Heuristiken verbessert werden, die sich die faktorisierte Darstellung von CSPs zunutze machen. In den folgenden vier Abschnitten zeigen wir, wie das geht:

- (6.3.1) Welche Variable soll als Nächste zugewiesen werden (SELECT-UNASSIGNED-VARIABLE) und in welcher Reihenfolge sollen ihre Werte ausprobiert werden (ORDER-DOMAIN-VALUES)?
- (6.3.2) Welche Inferenzen sollten bei jedem Schritt der Suche durchgeführt werden (INFERENCE)?
- (6.3.3) Können wir bei Bedarf mehr als einen Schritt zurückgehen (BACKTRACK)?
- (6.3.4) Können wir Teilergebnisse der Suche speichern und wiederverwenden?

6.3.1 Reihenfolge von Variablen und Werten

Der Backtracking-Algorithmus enthält die Zeile

$$var \leftarrow \text{SELECT-UNASSIGNED-VARIABLE}(csp, assignment) .$$

Die einfachste Strategie für SELECT-UNASSIGNED-VARIABLE ist die statische Variablenreihenfolge: die Variablen werden in der Reihenfolge $\{X_1, X_2, \ldots\}$ ausgewählt. Die zweiteinfachste Strategie ist die zufällige Auswahl. Beide Strategien sind nicht optimal. Zum Beispiel gibt es nach den Zuweisungen für $WA = rot$ und $NT = grün$ in ► Abbildung 6.6 nur noch einen möglichen Wert für SA – es ist also sinnvoll, als Nächstes $SA = blau$ zuzuweisen, anstatt für Q einen Wert zu suchen. Tatsächlich stehen nach der Wertzuweisung an SA die Auswahlmöglichkeiten für Q, NSW und V alle zwingend fest.

Dieses intuitive Konzept – die Auswahl der Variablen mit den wenigsten „zulässigen" Werten – wird als **Minimum-Remaining-Values**-Heuristik (MRV, Minimum an verbleibenden Werten) bezeichnet. Sie wird auch die Heuristik der „am meisten beschränkten Variable" oder „Erster-Fehler"-Heuristik genannt. Der letztgenannte Name beruht darauf, dass eine Variable ausgewählt wird, die am wahrscheinlichsten bald einen Fehler verursacht, wodurch der Suchbaum beschnitten wird. Hat eine Variable X keine zulässigen Werte mehr, wählt die MRV-Heuristik X aus und der Fehler wird sofort erkannt – das vermeidet unnötiges Durchsuchen der anderen Variablen. Die MRV-Heuristik schneidet in der Regel besser ab als eine zufällige oder statische Variablenreihenfolge, manchmal um mehrere Größenordnungen, obwohl die Ergebnisse je nach Problem variieren.

Die MRV-Heuristik eignet sich nicht für die Auswahl des ersten einzufärbenden Bundesstaates auf der Australien-Karte, da zunächst jeder Bundesstaat drei zulässige Farben hat. In diesem Fall ist die **Gradheuristik** sehr praktisch. Sie versucht, den Verzweigungsfaktor bei zukünftigen Entscheidungen zu reduzieren, indem sie die Variable auswählt, die in den meisten Constraints auf andere, nicht zugeordnete Variablen enthalten ist. In ► Abbildung 6.1 ist SA die Variable, die mit 5 den höchsten Grad aufweist. Die anderen Variablen haben den Grad 2 oder 3, außer T mit dem Grad 0. Wenn wir zuerst SA zuweisen, so können wir dann die fünf Festlandregionen im oder gegen den Uhrzeigersinn umrunden und jeder Region eine andere Farbe zuordnen, die anders als SA und anders als die der vorherigen Region ist. Die MRV-Heuristik ist in der Regel leistungsfähiger, aber die Gradheuristik kann praktisch sein, um zwischen „gleichwertigen" Alternativen zu entscheiden („Tiebreaker").

Sobald eine Variable ausgewählt wurde, muss der Algorithmus entscheiden, in welcher Reihenfolge er ihre Werte untersucht. Hier ist die **Least-Constraining-Value**-Heuristik (Heuristik des am wenigsten einschränkenden Werts) eine effiziente Strategie: es wird der Wert bevorzugt, der für die benachbarten Variablen im Constraint-Graph die meisten Wahlmöglichkeiten offen lässt (also die Auswahl damit am wenigsten einschränkt). Nehmen wir zum Beispiel an, dass wir in ► Abbildung 6.1 mit $WA = rot$ und $NT = grün$ eine partielle Zuweisung vorgenommen haben und als Nächstes eine Auswahl für Q treffen wollen. Blau wäre eine schlechte Wahl, weil sie den letzten zulässigen Wert für SA, den Nachbarn von Q, eliminiert. Die Least-Constraining-Value-Heuristik bevorzugt daher Rot statt Blau. Im Allgemeinen versucht die Heuristik, für nachfolgende Variablenzuweisungen eine maximale Flexibilität zu gewährleisten.

Warum sollte die Variablenauswahl möglichst zu Beginn, die Werteauswahl jedoch am Ende scheitern? Jede Variable muss irgendwann zugewiesen werden. Wenn wir also diejenigen auswählen, die wahrscheinlich zuerst scheitern, werden wir im Durchschnitt weniger erfolgreiche Zuweisungen haben, bei denen wir zurückgehen müssen. Bei der Wertreihenfolge besteht der Trick darin, dass wir nur eine Lösung benötigen; daher ist es sinnvoll, zuerst nach den wahrscheinlichsten Werten zu suchen. Wenn wir nicht nur an einer, sondern an allen Lösungen interessiert sind, wäre die Reihenfolge der Werte irrelevant.

6.3.2 Suche und Inferenz verknüpfen

Wir haben gesehen, wie der AC-3-Algorithmus die Domänen von Variablen reduzieren kann, *bevor* die Suche beginnt. Aber Inferenz kann *während* der Suche sogar noch mächtiger sein: Jedes Mal, wenn wir einen Wert für eine Variable auswählen, haben wir gleichzeitig die Gelegenheit, auf neue Möglichkeiten zu schließen, wie die Domänen der benachbarten Variablen reduziert werden können.

Eine der einfachsten Formen der Inferenz wird als **Forward Checking** bezeichnet. Immer wenn einer Variable X ein Wert zugewiesen wird, sorgt der Forward-Checking-Prozess dafür, dass ihre Kantenkonsistenz gewährleistet ist: Für jede nicht zugewiesene Variable Y, die mit X durch ein Constraint verknüpft ist, wird aus der Domäne von Y jeder Wert gelöscht, der mit dem für X gewählten Wert inkonsistent ist.

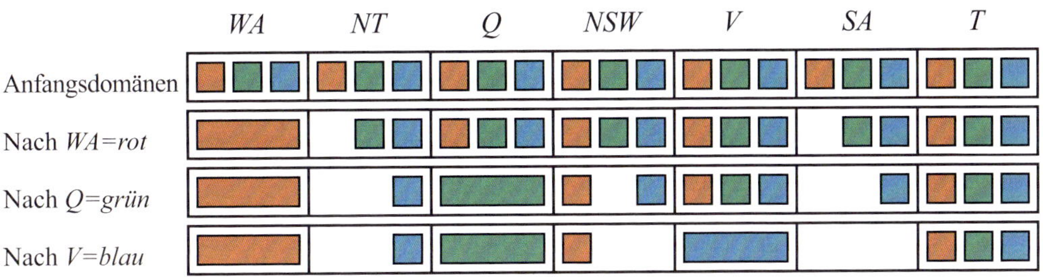

Abbildung 6.7: Der Ablauf einer Kartenfärbe-Suche mit Forward Checking. Zuerst wird *WA* = *rot* zugewiesen; dann wird durch Forward Checking *rot* aus den Domänen der Nachbarvariablen *NT* und *SA* gelöscht. Nach der Zuweisung von *Q* = *grün* wird *grün* aus den Domänen von *NT*, *SA* und *NSW* gelöscht. Nach der Zuweisung von *V* = *blau* wird *blau* aus den Domänen von *NSW* und *SA* gelöscht, sodass am Ende *SA* keine zulässigen Werte mehr enthält.

► Abbildung 6.7 zeigt den Ablauf der Backtracking-Suche für das Australien-CSP mit Forward Checking. Bei diesem Beispiel gibt es zwei wichtige Punkte zu beachten. Erstens sind nach der Zuweisung von $WA = rot$ und $Q = grün$ die Domänen von NT und SA auf einen einzigen Wert reduziert; wir haben die von diesen Variablen abhängige Verzweigung durch die Weitergabe von Informationen aus WA und Q vollständig eliminiert. Ein zweiter wichtiger Punkt ist, dass nach Zuweisung von $V = blau$ die Domäne von SA leer ist. Folglich hat Forward Checking erkannt, dass die partielle Zuweisung $\{WA = rot, Q = grün, V = blau\}$ mit den Constraints des Problems inkonsistent ist, und der Algorithmus leitet sofort ein Backtracking ein.

Bei vielen Problemen ist die Suche effektiver, wenn wir die MRV-Heuristik mit dem Forward Checking kombinieren. Betrachten Sie ► Abbildung 6.7 nach der Zuweisung von $\{WA = rot\}$. Intuitiv scheint es, dass diese Zuweisung ihre Nachbarn NT und SA einschränkt, also sollten wir diese Variablen als Nächstes behandeln, wodurch sich die Zuweisungen aller anderen Variablen automatisch ergeben. Und genau das passiert mit MRV: NT und SA haben jeweils zwei Werte, also wird einer von ihnen zuerst ausgewählt, dann der andere, und dann nacheinander die Werte für Q, NSW und V. Am Ende hat T immer noch drei Werte und jeder davon funktioniert. Wir können Forward Checking als einen effizienten Weg betrachten, um die Informationen, die die MRV-Heuristik für ihre Aufgabe benötigt, inkrementell zu berechnen.

Forward Checking erkennt zwar viele Inkonsistenzen, aber nicht alle. Das Problem ist, dass Forward Checking nicht weit genug vorausschaut. Betrachten Sie zum Beispiel die Zeile mit $Q = grün$ in ► Abbildung 6.7. Wir haben für WA und Q Kantenkonsistenz hergestellt, dadurch aber erreicht, dass sowohl für NT als auch für SA nur noch *blau* als einziger Wert möglich ist. Da diese beiden Variablen Nachbarn sind, liegt eine Inkonsistenz vor.

Ein Algorithmus namens **MAC** (*Maintaining Arc Consistency*, Aufrechterhaltung der Kantenkonsistenz) erkennt Inkonsistenzen wie diese. Nachdem einer Variablen X_i ein Wert zugewiesen wurde, ruft die INFERENCE-Prozedur den Algorithmus AC-3 auf, aber anstelle einer Warteschlange aller Kanten im CSP beginnen wir nur mit den Kanten (X_j, X_i) für alle X_j, bei denen es sich um nicht zugewiesene Nachbarvariablen von X_i handelt. Von dort aus stößt AC-3 die Constraint-Propagation auf die bekannte Weise an, und wenn die Domäne einer Variablen auf eine leere Menge reduziert ist, schlägt der Aufruf von AC-3 fehl und wir leiten sofort ein Backtracking ein. Wir sehen, dass MAC wesentlich leistungsfähiger ist als Forward Checking, weil Forward Checking auf den anfänglichen Kanten in der MAC-Warteschlange dasselbe tut wie MAC; aber im Gegensatz zu MAC propagiert Forward Checking keine Constraints rekursiv, wenn Änderungen in den Domänen der Variablen vorgenommen werden.

6.3.3 Intelligentes Backtracking: Rückwärts schauen

Der BACKTRACKING-SEARCH-Algorithmus in ► Abbildung 6.5 folgt einer sehr einfachen Regel, wenn die Suche auf einem Zweig fehlschlägt: Er kehrt zur vorherigen Variable zurück und probiert einen anderen Wert aus. Dies wird als **chronologisches Backtracking** bezeichnet, weil der *letzte* Entscheidungspunkt erneut besucht wird. In diesem Abschnitt zeigen wir, dass es wesentlich bessere Möglichkeiten gibt.

Sehen wir uns an, was passiert, wenn das einfache Backtracking in ► Abbildung 6.1 mit der festen Variablenreihenfolge Q, NSW, V, T, SA, WA, NT kombiniert wird. Angenommen, wir haben die partielle Zuweisung $\{Q = rot, NSW = grün, V = blau, T = rot\}$ erzeugt. Schnell zeigt sich, dass jeder Wert der nächsten Variablen SA ein Constraint verletzt. Wir kehren zurück zu T und versuchen es mit einer anderen Farbe für Tasmanien! Dies ist jedoch ziemlich sinnlos – die Farbwahl für Tasmanien kann nichts dazu beitragen, das Problem mit South Australia zu lösen.

Intelligenter ist der Ansatz, zu einer Variablen zurückzukehren, die das Problem beheben könnte – eine Variable, die einen der potenziellen Werte von SA unmöglich gemacht hat. Dazu merken wir uns die Menge der Zuweisungen, die mit einem Wert für SA in Konflikt stehen. Diese Menge (in diesem Fall $\{Q = rot, NSW = grün, V = blau\}$) wird als **Konfliktmenge** für SA bezeichnet. Die **Backjumping**-Methode kehrt zur *letzten* Zuweisung in der Konfliktmenge zurück. In diesem Fall würde Backjumping Tasmanien überspringen und einen neuen Wert für V ausprobieren. Dies lässt sich leicht implementieren, indem man BACKTRACK so modifiziert, dass diese Methode die Konfliktmenge akkumuliert, während sie nach einem zulässigen Wert für die Zuweisung sucht. Wenn kein zulässiger Wert gefunden wird, sollte der Algorithmus das zuletzt verwendete Element der Konfliktmenge zusammen mit dem Fehlerhinweis zurückgeben.

Dem aufmerksamen Leser wird aufgefallen sein, dass Forward Checking die Konfliktmenge ohne zusätzlichen Aufwand liefern kann: Immer wenn Forward Checking auf der Basis einer Zuweisung $X = x$ einen Wert aus der Domäne von Y löscht, sollte $X = x$ zur Konfliktmenge für Y hinzugefügt werden. Falls der letzte Wert aus der Domäne von Y gelöscht wird, so werden die Zuweisungen in der Konfliktmenge für Y der Konfliktmenge für X hinzugefügt. Das heißt, wir wissen jetzt, dass $X = x$ zu einem Widerspruch (in Y) führt, weshalb eine andere Zuweisung für X ausprobiert werden sollte.

Dem noch aufmerksameren Leser dürfte zudem seltsam anmuten, dass Backjumping immer dann auftritt, wenn jeder Wert einer Domäne in Konflikt mit der aktuellen Zuweisung steht — ein Ereignis, das Forward Checking jedoch erkennt und behebt, indem es verhindert, dass die Suche jemals einen solchen Knoten erreicht! Tatsächlich kann gezeigt werden, dass *jeder* Zweig, der durch Backjumping gekürzt wird, auch mittels Forward Checking gekürzt wird. Daher ist Backjumping in einer Forward-Checking-Suche oder in einer anderen Suche, die noch stärker auf Konsistenz prüft, wie z. B. MAC, einfach überflüssig. Es reicht, wenn Sie sich für einen Algorithmus entscheiden.

Trotz der im obigen Absatz beschriebenen Beobachtungen ist die Idee des Backjumping grundsätzlich gut, nämlich das Backtracking von den Ursachen des Fehlers abhängig zu machen. Backjumping erkennt einen Fehlschlag, wenn die Domäne einer Variablen leer wird, aber in vielen Fällen ist das Abarbeiten eines Zweigs schon lange vorher zum Scheitern verurteilt. Betrachten wir noch einmal die partielle Zuweisung $\{WA = rot, NSW = rot\}$ (die unserer früheren Diskussion zufolge inkonsistent ist). Nehmen wir an, wir versuchen als Nächstes $T = rot$ und weisen dann NT, Q, V, SA einen Wert zu. Wir wissen, dass keine Zuweisung für diese letzten vier Variablen funktionieren kann, also gehen uns schließlich die Werte aus, die wir bei NT ausprobieren können. Stellt sich die Frage, wohin wir zurückkehren sollen. Backjumping kann nicht funktionieren, weil NT durchaus Werte hat, die mit den zuvor zugewiesenen Variablen konsistent sind – NT hat also keine vollständige

Konfliktmenge vorheriger Variablen, die den Fehler verursacht haben. Wir wissen jedoch, dass die Wertzuweisung bei den vier Variablen *NT*, *Q*, *V* und *SA zusammen* fehlgeschlagen ist, weil es zuvor eine Variablenmenge gab, die direkt mit den vier Variablen in Konflikt steht.

Dies führt zu einer anderen – und tieferen – Bedeutung der Konfliktmenge für eine Variable wie *NT*: Es ist genau diese Menge der vorherigen Variablen, die dafür verantwortlich ist, dass *NT zusammen mit allen nachfolgenden Variablen* keine konsistente Lösung hat. In diesem Fall besteht diese Menge aus *WA* und *NSW*, also sollte der Algorithmus zu *NSW* zurückkehren und zu Tasmanien springen. Ein Backjumping-Algorithmus, der solchermaßen definierte Konfliktmengen verwendet, wird als **konfliktgesteuertes Backjumping** bezeichnet.

Nun müssen wir erklären, wie diese neuen Konfliktmengen berechnet werden. Die Methode ist in der Tat recht einfach. Der „terminale" Fehlschlag innerhalb eines Suchzweigs tritt immer auf, wenn die Domäne einer Variablen leer ist; eine solche Variable hat eine Standardkonfliktmenge. In unserem Beispiel scheitert *SA* und wir nehmen an, ihre Konfliktmenge ist $\{WA, NT, Q\}$. Wir springen zurück zu *Q* und *Q absorbiert* die Konfliktmenge von *SA* (natürlich ohne *Q* selbst) in seine eigene direkte Konfliktmenge $\{NT, NSW\}$. Die neue Konfliktmenge ist also $\{WA, NT, NSW\}$. Das heißt, es gibt nach *Q* keine Lösung mehr, angesichts der vorangegangenen Zuweisung zu $\{WA, NT, NSW\}$). Daher kehren wir zurück zu *NT*, der letzten dieser Zuweisungen. *NT* absorbiert $\{WA, NT, NSW\} - \{NT\}$ in seine eigene direkte Konfliktmenge $\{WA\}$, was $\{WA, NSW\}$ ergibt (wie oben angegeben). Jetzt springt der Algorithmus wie gehofft zurück zu *NSW*. Zusammenfassend lässt sich sagen: Sei X_j die aktuelle Variable und $conf(X_j)$ ihre Konfliktmenge. Wenn jeder mögliche Wert für X_j fehlschlägt, springen wir zur letzten Variablen X_i in $conf(X_j)$ zurück und berechnen die Konfliktmenge für X_i wie folgt neu:

$$conf(X_i) \leftarrow conf(X_i) \cup conf(X_j) - \{X_i\}$$

6.3.4 Lernen von Constraints

Wenn wir mit einem Widerspruch konfrontiert sind, kann uns Backjumping sagen, wie weit wir zurückgehen müssen, damit wir keine Zeit mit dem Ändern von Variablen verschwenden, die das Problem nicht beheben werden. Wir möchten aber auch vermeiden, dass wir wieder vor dem gleichen Problem stehen. Wenn die Suche auf einen Widerspruch stößt, wissen wir, dass eine Teilmenge der Konfliktmenge für das Problem verantwortlich ist. Beim **Constraint-Learning** (Lernen von Constraints) geht es darum, eine minimale Menge von Variablen in der Konfliktmenge zu finden, die das Problem verursacht. Diese Menge von Variablen, zusammen mit ihren entsprechenden Werten, wird als **No-good**, d. h. als nutzlos, untauglich bezeichnet. Wir erfassen das No-good, indem wir entweder einen neuen Constraint zum CSP hinzufügen, um diese Kombination von Zuweisungen zu verbieten, oder indem wir einen separaten Zwischenspeicher für No-goods führen.

Betrachten Sie zum Beispiel den Zustand $\{WA = rot, NT = grün, Q = blau\}$ in der unteren Zeile von ► Abbildung 6.6. Forward Checking kann uns sagen, dass dieser Zustand ein No-good ist, weil es keine gültige Zuweisung zu *SA* gibt. In diesem speziellen Fall würde das Erfassen des No-good-Zustands nicht helfen, denn sobald wir diesen Zweig aus dem Suchbaum entfernen, werden wir nie wieder auf diese Kombination stoßen. Aber nehmen wir an, der Suchbaum in ► Abbildung 6.6 wäre tatsächlich Teil eines größeren Suchbaums, bei dem zuerst Werte für *V* und *T* zugewiesen werden. Dann würde es sich lohnen, $\{WA = rot, NT = grün, Q = blau\}$ als No-good zu speichern, weil wir für jede mögliche Menge von Zuweisungen zu *V* und *T* wieder auf das gleiche Problem stoßen werden.

No-goods können von Forward Checking oder Backjumping effizient genutzt werden. Constraint-Learning ist eine der wichtigsten Techniken, mit denen moderne CSP-Solver versuchen, auch komplexe Probleme effizient lösen.

6.4 Lokale Suche für CSPs

Lokale Suchalgorithmen (siehe Abschnitt 4.1) erweisen sich als sehr effizient beim Lösen vieler CSPs. Sie verwenden eine vollständige Zustandsformulierung (siehe Abschnitt 4.1.1), wobei jeder Zustand jeder Variablen einen Wert zuweist und die Suche die Variablenwerte eine nach der anderen ändert. Als Beispiel verwenden wir das 8-Damen-Problem, wie es als CSP auf S. 221 definiert ist. In ► Abbildung 6.8 beginnen wir links mit einer vollständigen Zuweisung zu den 8 Variablen. In der Regel werden dadurch mehrere Constraints verletzt. Wir wählen dann zufällig eine der konfliktbehafteten Variablen nach dem Zufallsprinzip aus, in diesem Fall Q_8, die Spalte ganz rechts. Wir möchten den Wert in etwas ändern, das uns einer Lösung näher bringt. Der Ansatz, der am nächsten liegt, besteht darin, den Wert zu wählen, der die wenigsten Konflikte mit anderen Variablen verursacht – die **Min-Conflicts-**Heuristik.

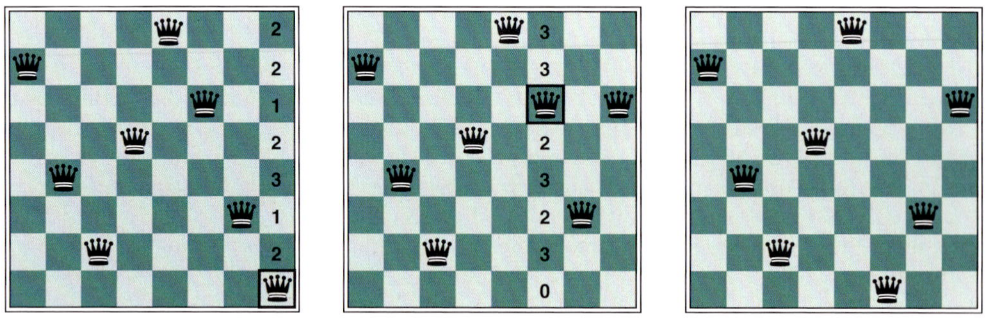

Abbildung 6.8: Eine zweistufige Lösung mit Min-Conflicts für ein 8-Damen-Problem. In jedem Schritt wird eine Dame ausgewählt, der eine neue Position in ihrer Spalte zugewiesen werden soll. In jedem Feld wird die Anzahl der Konflikte (in diesem Fall die Anzahl der angreifenden Damen) angezeigt. Der Algorithmus verschiebt die Dame auf das Feld mit den wenigsten Konflikten, bei gleichwertigen Feldern wird zufällig gewählt.

In der Abbildung sehen wir, dass es zwei Zeilen gibt, die nur einen Constraint verletzen. Wir wählen $Q_8 = 3$ (d. h., wir verschieben die Dame in die 8. Spalte, 3. Reihe). Bei der nächsten Iteration, im mittleren Brett der Abbildung, wählen wir Q_6 als zu ändernde Variable und stellen fest, dass das Verschieben der Dame in die 8. Reihe keine Konflikte verursacht. An diesem Punkt gibt es keine konfliktbehafteten Variablen mehr, sodass wir eine Lösung gefunden haben. Der Algorithmus ist in ► Abbildung 6.9 dargestellt.[1]

Die Min-Conflicts-Heuristik ist für viele CSPs erstaunlich effektiv. Vor allem dürfte überraschen, dass die Laufzeit von Min-Conflicts beim n-Damen-Problem, wenn man das anfängliche Setzen der Damen nicht berücksichtigt, praktisch *unabhängig von der Problemgröße* ist. Der Algorithmus löst sogar das *Millionen*-Damen-Problem in durchschnittlich 50 Schritten (nach der ersten Zuweisung). Diese bemerkenswerte Beobachtung gab in den 1990er Jahren den Anstoß zu zahlreichen Forschungen zu lokalen Suchmethoden und zur Unterscheidung zwischen leichten und schweren Problemen, auf die wir in Abschnitt 7.6.3 näher eingehen. Inzwischen stellt das n-Damen-Problem für lokale Suchen kein Problem mehr dar, weil die Lösungen im Zustandsraum dicht verteilt sind. Min-Conflicts eignet sich aber auch für schwere Probleme. Zum Beispiel wurde es für die Planung von Beobachtungen mit dem Hubble-Weltraumteleskop verwendet, wodurch der Planungsaufwand für eine Woche Nutzung von drei Wochen (!) auf etwa 10 Minuten reduziert wurde.

1 Die lokale Suche kann leicht für den Einsatz auf Constraint-Optimierungsprobleme (COPs) erweitert werden. In diesem Fall können alle Techniken für Bergsteigen und Simulated Annealing angewendet werden, um die Zielfunktion zu optimieren.

```
function MIN-CONFLICTS(csp, max_steps) returns eine Lösung oder failure
  inputs: csp, ein Constraint-Satisfaction-Problem
          max_steps, die erlaubte Anzahl Schritte, bevor aufgegeben wird

  current ← eine anfangs vollständige Zuweisung für csp
  for i = 1 to max_steps do
     if current ist eine Lösung für csp then return current
     var ← eine zufällig gewählte Konfliktvariable aus csp.VARIABLES
     value ← den Wert v für var, der CONFLICTS(csp, var, v, current) minimiert
     setze var = value in current
  return failure
```

Abbildung 6.9: Der lokale Suchalgorithmus MIN-CONFLICTS für CSPs. Der Anfangszustand kann zufällig gewählt werden oder durch eine gierige Zuweisung erfolgen, wobei für jede Variable ein Wert mit minimalem Konfliktpotenzial gewählt wird. Die Funktion CONFLICTS zählt die Anzahl der Constraints, die durch einen bestimmten Wert verletzt werden, unter Einbeziehung der restlichen aktuellen Zuweisung (*current*).

Alle lokalen Suchverfahren aus Abschnitt 4.1 eignen sich zur Anwendung auf CSPs. Einige von ihnen haben sich sogar als besonders effektiv erwiesen. Die Landschaft eines CSP unter der Min-Conflicts-Heuristik hat normalerweise eine Reihe von Plateaus. Unter Umständen gibt es Millionen von Variablenzuweisungen, die nur einen Konflikt weit von einer Lösung entfernt sind. Die Plateausuche, die Seitwärtsbewegungen zu einem anderen Zustand mit der gleichen Bewertung erlaubt, kann helfen, dass die lokale Suche einen Ausweg von diesem Plateau findet. Dieses Umherwandern auf dem Plateau kann mit der sogenannten **Tabu-Suche** gesteuert werden, die eine kleine Liste der zuletzt besuchten Zustände verwaltet, zu denen der Algorithmus nicht zurückkehren darf. Auch Simulated Annealing kann eingesetzt werden, um von einem Plateau zu entkommen.

Eine andere Technik, die sogenannte **Constraint-Gewichtung**, zielt darauf ab, die Suche auf die wichtigen Constraints zu konzentrieren. Dabei wird jedem Constraint ein numerisches Gewicht zugeordnet, das am Anfang immer 1 beträgt. Bei jedem Schritt der Suche wählt der Algorithmus ein zu änderndes Variablen-Wert-Paar, das hinsichtlich aller verletzten Constraints das niedrigste Gesamtgewicht hat. In der anschließenden Anpassungsphase wird das Gewicht jedes Constraints, der durch die aktuelle Zuweisung verletzt wird, erhöht. Daraus ergeben sich zwei Vorteile: Die Plateaus erhalten eine Topografie, was es ermöglicht, sich vom aktuellen Zustand aus zu verbessern, und Lernfunktionalität wird hinzugefügt, da mit der Zeit den schwierigeren Constraints höhere Gewichte zugewiesen werden.

Ein weiterer Vorteil von lokaler Suche ist, dass sie in einer Onlinekonfiguration verwendet werden kann, wenn sich das Problem ändert (siehe Abschnitt 4.5). Betrachten Sie hierzu das Problem einer Fluggesellschaft, einen wöchentlichen Flugplan zu erstellen. Ein solcher Flugplan kann Tausende von Flügen und Zehntausende von Personalzuweisungen umfassen und ist trotzdem nur vorläufig, denn wenn auch nur an einem Flughafen schlechtes Wetter herrscht, ist der Plan nutzlos und muss überarbeitet werden. Unser Ziel ist es, den Plan dahingehend zu korrigieren, dass möglichst wenige Änderungen vorgenommen werden müssen. Hierfür eignet sich ein lokaler Suchalgorithmus am besten, der von dem aktuellen Plan ausgeht. Eine Backtracking-Suche, die die neue Menge der Constraints zugrunde legt, ist normalerweise wesentlich zeitaufwendiger und könnte zu einer Lösung mit viel mehr Änderungen am aktuellen Plan führen.

6.5 Die Struktur von Problemen

In diesem Abschnitt untersuchen wir, wie die *Struktur* des Problems, dargestellt durch den Constraint-Graphen, genutzt werden kann, um schnell Lösungen zu finden. Die meisten der hier vorgestellten Ansätze lassen sich auch auf andere Probleme als CSPs anwenden, z. B. auf probabilistisches Schlussfolgern.

Die einzige Möglichkeit, mit der riesigen realen Welt zurechtzukommen, besteht darin, sie in Teilprobleme zu zerlegen. Betrachten wir noch einmal den Constraint-Graphen für Australien (► Abbildung 6.1 b bzw. ► Abbildung 6.12 a). Dabei fällt auf, dass Tasmanien nicht mit dem Festland verbunden ist.[2] Intuitiv ist zu erkennen, dass das Färben von Tasmanien und das Färben des Festlands **unabhängige Teilprobleme** sind – eine beliebige Lösung für das Festland kombiniert mit einer beliebigen Lösung für Tasmanien ergibt eine Lösung für die gesamte Karte.

Die Unabhängigkeit von Komponenten lässt sich feststellen, indem man einfach nach **Zusammenhangskomponenten** des Constraint-Graphen sucht. Jede Komponente entspricht einem Teilproblem CSP_i. Wenn die Zuordnung S_i eine Lösung von CSP_i ist, dann ist $\bigcup_i S_i$ eine Lösung von $\bigcup_i CSP_i$. Warum ist das wichtig? Nehmen wir an, jedes CSP_i hat c Variablen aus insgesamt n Variablen, wobei c eine Konstante ist. Dann gibt es n/c Teilprobleme, die sich jeweils mit einer Arbeit von höchstens d^c lösen lassen, wobei d die Größe der Domäne ist. Die Gesamtarbeit beträgt also $O(d^c n/c)$, was *linear* in n ist. Ohne die Zerlegung beträgt die Gesamtarbeit $O(d^n)$, was exponentiell in n ist. Etwas konkreter ausgedrückt: Die Zerlegung eines booleschen CSP mit 100 Variablen in vier Teilprobleme reduziert die Lösungszeit im schlechtesten Fall von der Lebensdauer des Universums auf weniger als eine Sekunde.

Völlig unabhängige Teilprobleme sind zwar wundervoll, aber selten. Glücklicherweise gibt es noch einige andere Graphstrukturen, die ebenfalls leicht zu lösen sind. Zum Beispiel ist ein Constraint-Graph ein **Baum**, wenn jeweils zwei Variablen durch nur einen Pfad miteinander verbunden sind. Wir werden zeigen, dass *jedes baumförmig strukturiert CSP in einer Zeit gelöst werden kann, die linear zur Anzahl der Variablen ist.*[3] Der Schlüssel dazu ist ein neues Konsistenzkonzept, die sogenannte **gerichtete Kantenkonsistenz** (*Directional Arc Consistency*, DAC). Als gerichtet kantenkonsistent definiert ist ein CSP unter einer Reihenfolge der Variablen $X_1, X_2, \ldots, X_n$ genau dann, wenn jede Variable X_i kantenkonsistent mit jeder X_j für $j > i$ ist.

Um ein baumförmig strukturiertes CSP zu lösen, legen wir zunächst eine beliebige Variable als Wurzel des Baums fest und wählen dann eine Reihenfolge der Variablen, sodass jede Variable nach ihrem Elternknoten im Baum erscheint. Eine solche Reihenfolge wird als **topologische Sortierung** bezeichnet. ► Abbildung 6.10 a zeigt einen Beispielbaum und ► Abbildung 6.10 b eine mögliche Reihenfolge. Jeder Baum mit n Knoten hat $n - 1$ Kanten, sodass wir diesen Graphen in $O(n)$ Schritten gerichtet kantenkonsistent machen können, wobei jeder Schritt bis zu d mögliche Domänenwerte für zwei Variablen vergleichen muss, was eine Gesamtzeit von $O(nd^2)$ ergibt. Sobald wir einen gerichtet kantenkonsistenten Graphen haben, können wir einfach die Liste der Variablen nach unten durchlaufen und einen beliebigen verbleibenden Wert auswählen. Da jede Kante von einem Elternknoten zu seinem Kindknoten kantenkonsistent ist, wissen wir, dass für jeden Wert, den wir für den Elternknoten wählen, ein gültiger Wert für den Kindknoten existiert. Das heißt, dass wir nicht zurückgehen müssen, sondern uns linear von einer Variablen zur nächsten bewegen können. Der vollständige Algorithmus ist in ► Abbildung 6.11 dargestellt.

---

2 Ein gewissenhafter Kartograph oder patriotischer Tasmanier könnte einwenden, dass Tasmanien nicht die gleiche Farbe wie sein nächster Nachbar auf dem Festland haben sollte, um den Eindruck zu vermeiden, dass Tasmanien zu diesem Bundesstaat gehören *könnte*.

3 Leider haben nur sehr wenige Regionen der Welt baumförmige Landkarten, obwohl Sulawesi dem schon sehr nah kommt.

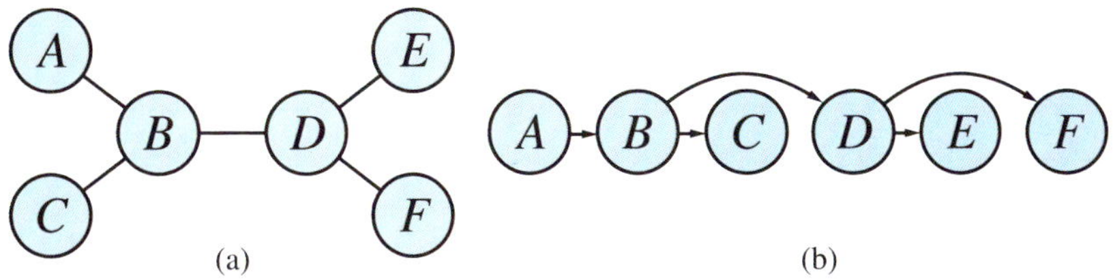

Abbildung 6.10: (a) Der Constraint-Graph für ein baumförmig strukturiertes CSP. (b) Eine lineare Reihenfolge der Variablen, die konsistent mit dem Baum mit Wurzel *A* ist. Dies wird als eine **topologische Sortierung** der Variablen bezeichnet.

```
function TREE-CSP-SOLVER(csp) returns eine Lösung oder failure
  inputs: csp, ein CSP mit den Komponenten X, D, C

  n ← Anzahl der Variablen in X
  assignment ← eine leere Zuweisung
  root ← eine beliebige Variable in X
  X ← TOPOLOGICALSORT(X, root)
  for j = n down to 2 do
    MAKE-ARC-CONSISTENT(PARENT(X_j), X_j)
    if keine Konsistenz möglich then return failure
  for i = 1 to n do
    assignment[X_i] ← beliebiger konsistenter Wert aus D_i
    if es keinen konsistenten Wert gibt then return failure
  return assignment
```

Abbildung 6.11: Der TREE-CSP-SOLVER-Algorithmus zum Lösen von baumförmig strukturierten CSPs. Gibt es für das CSP eine Lösung, dann finden wir sie in linearer Zeit; andernfalls stellen wir einen Widerspruch fest.

Nachdem wir nun einen effizienten Algorithmus für Bäume haben, können wir überlegen, ob allgemeinere Constraint-Graphen irgendwie auf Bäume *reduziert* werden können. Hierfür gibt es zwei Möglichkeiten: Knoten entfernen (Abschnitt 6.5.1) oder Knoten zusammenführen (Abschnitt 6.5.2).

6.5.1 Konditionieren von Schnittmengen

Die erste Möglichkeit, einen Constraint-Graphen auf einen Baum zu reduzieren, besteht darin, einigen Variablen Werte zuzuweisen, sodass die verbleibenden Variablen einen Baum bilden. Betrachten Sie dazu den Constraint-Graphen für Australien in ► Abbildung 6.12 a. Ohne South Australia würde der Graph wie in ► Abbildung 6.12 b einen Baum formen. Glücklicherweise können wir South Australia löschen (natürlich nur im Graphen), indem wir einen Wert für *SA* festlegen und aus den Domänen der anderen Variablen alle Werte löschen, die mit dem für *SA* gewählten Wert inkonsistent sind.

Nachdem *SA* und ihre Constraints entfernt wurden, ist jede Lösung für das CSP mit dem für *SA* gewählten Wert konsistent. (Dies funktioniert für binäre CSPs, ist jedoch komplizierter für CSPs mit Constraints höherer Ordnung.) Jetzt können wir den verbleibenden Baum und damit das gesamte Problem mit dem obigen Algorithmus lösen. Natürlich könnte im allgemeinen Fall (im Gegensatz zur Kartenfärbung) der für *SA* gewählte Wert falsch sein, sodass wir jeden möglichen Wert ausprobieren müssen. Der allgemeine Algorithmus sieht wie folgt aus:

1. Wähle eine Teilmenge *S* der Variablen des CSP, sodass der Constraint-Graph nach Entfernen von *S* zu einem Baum wird. *S* wird als **Zykel-Schnittmenge** bezeichnet.

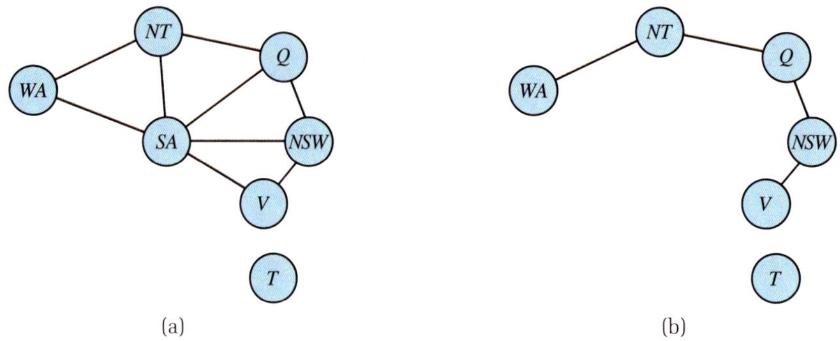

Abbildung 6.12: (a) Der ursprüngliche Constraint-Graph aus 6.1. (b) Nach dem Entfernen von *SA* wird der Constraint-Graph zu einem Wald aus zwei Bäumen.

2. Für jede mögliche Zuweisung zu den Variablen in S, die alle Constraints für S erfüllt,
   a. entferne aus den Domänen der verbleibenden Variablen alle Werte, die mit der Zuweisung für S inkonsistent sind, und
   b. wenn das verbleibende CSP eine Lösung hat, gib diese zusammen mit der Zuweisung für S zurück.

Wenn die Zykel-Schnittmenge die Größe c hat, beträgt die Gesamtlaufzeit $O(d^c \cdot (n-c)d^2)$: Wir müssen jede der d^c Kombinationen von Werten für die Variablen in S ausprobieren, und für jede Kombination ein Baumproblem der Größe $n-c$ lösen. Ist der Graph „fast ein Baum", so wird c klein sein und unsere Einsparungen gegenüber dem einfachen Backtracking sind enorm. Wenn wir in unserem Beispiel mit 100 booleschen Variablen eine Schnittmenge der Größe $c = 20$ finden könnten, ließe sich der Zeitfaktor von der Lebensdauer des Universums auf ein paar Minuten reduzieren. Im schlechtesten Fall kann c jedoch $(n-2)$ groß sein. Die Suche nach der *kleinsten* Zykel-Schnittmenge ist NP-schwer, jedoch gibt es hierfür mehrere effiziente Annäherungsalgorithmen. Der gesamte algorithmische Ansatz wird als **Konditionieren von Schnittmengen**[4] bezeichnet; wir werden diesem Ansatz in Kapitel 13 im Zusammenhang mit probabilistischem Schlussfolgern erneut begegnen.

6.5.2 Baumzerlegung

Die zweite Möglichkeit, einen Constraint-Graphen auf einen Baum zu reduzieren, basiert auf einer **Baumzerlegung** des Constraint-Graphen. Bei dieser Transformation des ursprünglichen Graphen in einen Baum besteht jeder Knoten im Baum aus einer Menge von Variablen, wie in ► Abbildung 6.13 zu sehen. Eine Baumzerlegung muss die folgenden drei Voraussetzungen erfüllen:

- Jede Variable im ursprünglichen Problem erscheint in mindestens einem der Baumknoten.
- Wenn zwei Variablen im ursprünglichen Problem durch einen Constraint verbunden sind, müssen beide (zusammen mit dem Constraint) in mindestens einem der Baumknoten erscheinen.
- Wenn eine Variable in zwei Knoten im Baum erscheint, muss sie in jedem Knoten entlang des Pfads erscheinen, der diese beiden Knoten verbindet.

Die ersten beiden Punkte stellen sicher, dass alle Variablen und Constraints in der Baumzerlegung dargestellt werden. Der dritte Constraint scheint eher technischer Natur zu sein,

4 Anm. zur Übersetzung: In dem Sinne, dass die Werte der Variablen in Schnittmengen festgelegt werden.

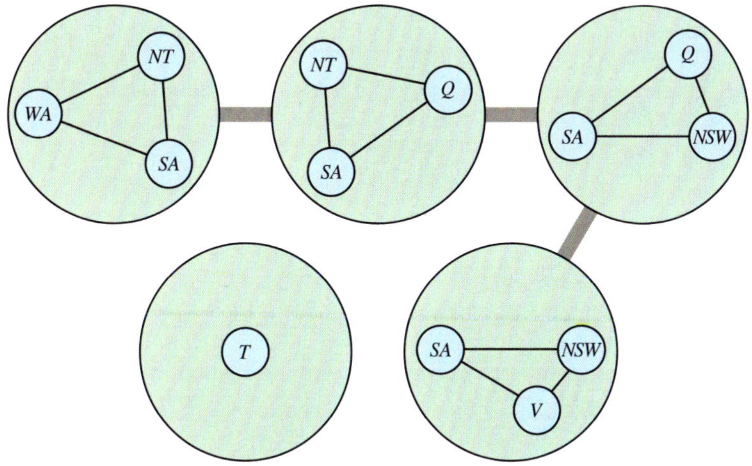

Abbildung 6.13: Eine Baumzerlegung des Constraint-Graphen in Abbildung 6.12 a.

erlaubt uns aber zu sagen, dass jede Variable aus dem ursprünglichen Problem überall den gleichen Wert haben muss, egal wo sie auftaucht: Die Constraints im Baum besagen, dass eine Variable in einem Baumknoten den gleichen Wert haben muss wie die entsprechende Variable im benachbarten Baumknoten. Zum Beispiel erscheint *SA* in allen vier verbundenen Knoten in ► Abbildung 6.13, sodass jede Kante in der Baumzerlegung den Constraint aufweist, dass der Wert von *SA* in einem Knoten der gleiche sein muss wie der Wert von *SA* im nächsten. Anhand von ► Abbildung 6.12 können Sie sich davon überzeugen, dass diese Zerlegung sinnvoll ist.

Sobald wir einen Graphen erfolgreich in eine Baumstruktur zerlegt haben, erhalten wir durch Anwendung von TREE-CSP-SOLVER eine Lösung in der Zeit $O(nd^2)$, wobei n die Anzahl der Baumknoten und d die Größe der größten Domäne ist. Beachten Sie aber, dass im Baum eine Domäne eine Menge von Werte*tupeln* ist, nicht nur eine Menge einzelner Werte.

Der linke obere Knoten in ► Abbildung 6.13 stellt beispielsweise auf der Ebene des ursprünglichen Problems ein Teilproblem dar mit den Variablen $\{WA, NT, SA\}$, der Domäne $\{rot, grün, blau\}$ und den Constraints $WA \neq NT, SA \neq NT, WA \neq SA$. Auf Baumebene repräsentiert der Knoten nur eine einzelne Variable, die wir *SANTWA* nennen können und deren Wert ein Dreiertupel von Farben sein muss, z. B. (*rot*, *grün*, *blau*); nicht möglich ist dagegen (*rot*, *rot*, *blau*), denn das würde der Constraint $SA \neq NT$ aus dem ursprünglichen Problem verletzen. Von diesem Knoten aus können wir dann zum Nachbarknoten wechseln, der die Variable *SANTQ* repräsentiert; wir stellen fest, dass es auch hier nur ein Tupel gibt, (*rot*, *grün*, *blau*), das mit der Wahl für *SANTWA* konsistent ist. Diesen Vorgang wiederholen wir für die nächsten beiden Knoten und unabhängig davon können wir für *T* eine beliebige Wahl treffen.

Wir können mit TREE-CSP-SOLVER jedes Baumzerlegungsproblem in der Zeit $O(nd^2)$ lösen, was effizient ist, solange d klein bleibt. Um auf unser Beispiel mit 100 booleschen Variablen zurückzukommen: Wenn jeder Knoten 10 Variablen hat, dann ist $d = 2^{10}$ und wir sollten in der Lage sein, das Problem in Sekunden zu lösen. Hat ein Knoten jedoch 30 Variablen, würde es Jahrhunderte dauern.

Ein gegebener Graph erlaubt viele Baumzerlegungen; bei der Wahl einer Zerlegung ist das Ziel, die Teilprobleme so klein wie möglich zu halten. (Alle Variablen in einen Knoten zu packen, ist zwar technisch gesehen ein Baum, aber nicht sehr hilfreich.) Die **Baumbreite** einer Baumzerlegung eines Graphen ist um eins kleiner als die Größe des größten Knotens; die Baumbreite des Graphen selbst ist definiert als die minimale Breite unter allen seinen Baumzerlegungen. Wenn ein Graph die Baumbreite w hat, dann kann das Problem bei entsprechender Baumzerlegung in der Zeit $O(nd^{w+1})$ gelöst werden. Daher gilt: *CSPs mit Constraint-Graphen mit beschränkter Baumbreite sind in polynomieller Zeit lösbar.*

Leider ist die Suche nach einer Zerlegung mit minimaler Baumbreite NP-schwer, aber es gibt heuristische Methoden, die in der Praxis gut funktionieren. Bleibt zu klären, was besser ist: die Schnittmengen-Konditionierung mit der Zeit $O(d^c \cdot (n-c)d^2)$ oder die Baumzerlegung mit der Zeit $O(nd^{w+1})$? Immer, wenn Sie eine Zykel-Schnittmenge der Größe c haben, gibt es auch eine Baumbreite der Größe $w < c + 1$, was in manchen Fällen weitaus kleiner sein kann. Unter dem Zeitaspekt ist eigentlich die Baumzerlegung zu bevorzugen, aber der Vorteil des Ansatzes mit der Zykel-Schnittmenge ist, dass sein Speicherbedarf linear ist, während die Baumzerlegung einen Speicherbedarf hat, der exponentiell zu w ist.

6.5.3 Wertesymmetrie

Bisher haben wir uns nur mit der Struktur des Constraint-Graphen beschäftigt. Aber auch in den *Werten* der Variablen oder in den Constraint-Beziehungen kann es eine wichtige Struktur geben. Betrachten wir das Kartenfärbeproblem mit d Farben. Für jede konsistente Lösung gibt es tatsächlich eine Menge von $d!$ Lösungen, die durch Permutieren der Farbnamen gebildet werden. So wissen wir zum Beispiel, dass auf der Australien-Karte *WA*, *NT* und *SA* alle unterschiedliche Farben haben müssen, aber es gibt $3! = 6$ Möglichkeiten, drei Regionen drei Farben zuzuordnen. Dies wird als **Wertesymmetrie** bezeichnet. Wir möchten den Suchraum um den Faktor $d!$ reduzieren, indem wir die Symmetrie in den Zuweisungen brechen. Dazu führen wir einen **symmetriebrechenden Constraint** ein. Für unser Beispiel könnten wir beispielsweise eine willkürliche Reihenfolge-Constraint $NT < SA < WA$ festlegen, die verlangt, dass die drei Werte in alphabetischer Reihenfolge vergeben werden. Dieser Constraint stellt sicher, dass nur eine der $d!$ Lösungen möglich ist: $\{NT = blau, SA = grün, WA = rot\}$.

Für das Kartenfärben war es einfach, ein Constraint zu finden, der die Symmetrie eliminiert. Auch wenn es im Allgemeinen NP-schwer ist, alle Symmetrien zu eliminieren, hat sich das Brechen der Wertesymmetrie bei einer Vielzahl von Problemen als wichtig und effektiv erwiesen.

ZUSAMMENFASSUNG

- **Constraint-Satisfaction-Probleme** (CSPs) repräsentieren einen Zustand anhand einer Menge von Variable-Wert-Paaren und die Bedingungen für eine Lösung anhand einer Menge von Constraints auf den Variablen. Viele wichtige Probleme der realen Welt können als CSPs beschrieben werden.
- Mehrere **Inferenz**techniken verwenden die Constraints, um bestimmte Variablenzuweisungen auszuschließen. Dazu gehören Knoten-, Kanten-, Pfad- und k-Konsistenz.
- Die Backtracking-Suche, eine Form der Tiefensuche, wird häufig zum Lösen von CSPs verwendet. Die Inferenz kann mit der Suche verknüpft werden.
- **Grad**- und **MRV**-Heuristiken (Minimum an verbleibenden Werten) sind domänenunabhängige Methoden, mit deren Hilfe entschieden wird, welche Variable als Nächstes in einer Backtracking-Suche gewählt werden soll. Die **Least-Constraining-Value**-Heuristik (Heuristik des am wenigsten einschränkenden Werts) hilft bei der Entscheidung, welcher Wert zuerst für eine gegebene Variable ausprobiert werden soll. Zum Backtracking kommt es, wenn sich keine zulässige Zuweisung für eine Variable

finden lässt. **Konfliktgesteuertes Backjumping** führt ein Backtracking direkt bis zur Ursache des Problems durch. **Constraint-Learning** erfasst die bei der Suche auftretenden Konflikte, um diese bei späteren Suchen zu vermeiden.

- Lokale Suche mit der **Min-Conflicts**-Heuristik wurde auch bei Constraint-Satisfaction-Problemen mit großem Erfolg angewendet.
- Wie komplex ein Lösungsweg für ein CSP ist, hängt stark von der Struktur seines Constraint-Graphen ab. Baumförmig strukturierte Probleme können in linearer Zeit gelöst werden. **Konditionieren von Schnittmengen** kann ein allgemeines CSP auf ein baumförmig strukturiertes Problem reduzieren und ist recht effizient (benötigt nur linearen Speicher), wenn eine kleine Schnittmenge gefunden werden kann. **Baumzerlegungsverfahren** wandeln das CSP in einen Baum von Teilproblemen um und haben sich bei kleiner **Baumbreite** des Constraint-Graphen als sehr effizient erwiesen; allerdings benötigen sie Speicher, der exponentiell zur Baumbreite des Constraint-Graphen ist. Durch die Kombination von Schnittmengen-Konditionierung und Baumzerlegung lässt sich ein besserer Kompromiss zwischen Speicher und Zeit erzielen.

Bibliografische und historische Anmerkungen

Der griechische Mathematiker Diophantus (ca. 200–284) präsentierte und löste Probleme mit algebraischen Bedingungen für Gleichungen, auch wenn er keine allgemeine Methodik entwickelte. Gleichungen über ganzzahligen Domänen nennen wir heute **diophantische Gleichungen**. Der indische Mathematiker Brahmagupta (um 650) war der Erste, der für die Gleichung $ax + by = c$ eine allgemeine Lösung über der Domäne der ganzen Zahlen präsentierte. Systematische Methoden zur Lösung linearer Gleichungen durch Variablenelimination wurden von Gauß (1829) untersucht; die Lösung linearer Constraints für die Ungleichheit geht zurück auf Fourier (1827).

Constraint-Satisfaction-Probleme mit endlicher Domäne haben ebenfalls eine lange Geschichte. Zum Beispiel ist die **Graphfärbung** (wobei die Kartenfärbung ein Spezialfall ist) ein altes Problem der Mathematik (dass jeder planare Graph mit vier oder weniger Farben gefärbt werden kann), das erstmals von Francis Guthrie, einem Schüler von De Morgan, im Jahr 1852 aufgestellt wurde. Es ließ sich – trotz mehrerer gegenteiliger Veröffentlichungen – nicht lösen, bis Appel und Haken (1977) einen Beweis erbrachten (siehe das Buch *Four Colors Suffice*; Wilson, 2004). Puristen waren enttäuscht, dass der Beweis zum Teil auf einem Computerprogramm basierte, daher leitete Georges Gonthier (2008) unter Verwendung des COQ-Theorembeweisers einen formalen Beweis ab, der zeigte, dass das Ergebnis des Beweisprogramms von Appel und Haken korrekt war.

Bestimmte Klassen von Constraint-Satisfaction-Problemen spielen in der Geschichte der Informatik immer wieder eine Rolle. Eines der einflussreichsten frühen Beispiele war SKETCHPAD (Sutherland, 1963), das geometrische Constraints in Diagrammen löste und der Vorläufer moderner Zeichenprogramme und CAD-Tools war. Die Identifizierung von CSPs als eine *allgemeine* Klasse ist Ugo Montanari (1974) zu verdanken. Die Reduktion von CSPs höherer Ordnung auf rein binäre CSPs mithilfe von Hilfsvariablen (siehe Übung 6.6 auf der Website) geht ursprünglich auf den Logiker Charles Sanders Peirce aus dem 19. Jahrhundert zurück. Sie wurde von Dechter (1990b) in der CSP-Literatur erstmals erwähnt und von Bacchus und van Beek (1998) weiter ausgeführt. CSPs mit Lösungspräferenzen sind häufiges Thema in der Optimierungsliteratur; für eine Generalisierung des CSP-Frameworks, um Präferenzen zu ermöglichen, siehe Bistarelli *et al.* (1997).

Methoden der Constraint-Propagation verdanken ihre Popularität dem Erfolg von Waltz (1975) bei polyedrischen Linienbeschriftungsproblemen für Computer Vision. Waltz zeigte, dass Propagation bei vielen Problemen die Notwendigkeit für Backtracking vollständig eliminiert. Montanari (1974) führte den Begriff Constraint-Graph und die Propagation durch Pfadkonsistenz ein. Von Alan Mackworth (1977) stammt der Vorschlag, mit dem AC-3-Algorithmus die Kantenkonsistenz zu erzwingen sowie allgemein Backtracking mit einem gewissen Maß an Konsistenzerzwingung zu kombinieren. AC-4, ein effizienterer Algorithmus zur Kantenkonsistenz, der von Mohr und Henderson (1986) entwickelt wurde, benötigt im schlechtesten Fall eine Zeit von $O(cd^2)$, kann aber bei durchschnittlichen Fällen langsamer sein als AC-3. Der PC-2-Algorithmus (Mackworth, 1977) erreicht Pfadkonsistenz auf ähnliche Weise wie AC-3 Kantenkonsistenz erreicht.

Bald nach dem Erscheinen von Mackworths Aufsatz begannen Wissenschaftler, mit dem Kompromiss zwischen den Kosten der Konsistenzerzwingung und den Vorteilen einer reduzierten Suche herumzuexperimentieren. Haralick und Elliott (1980) bevorzugten den minimalen Forward-Checking-Algorithmus, der von McGregor (1979) beschrieben wurde, während Gaschnig (1979) eine vollständige Überprüfung der Kantenkonsistenz nach jeder Variablenzuweisung vorschlug – ein Algorithmus, der später von Sabin und Freuder (1994) MAC genannt wurde. Letztgenannter Aufsatz liefert einen recht überzeugenden Beweis, dass bei schwierigeren CSPs die vollständige Überprüfung der Kantenkonsistenz von Vorteil ist. Freuder (1978, 1982) untersuchte den Begriff der k-Konsistenz und deren Beziehung zur Lösungskomplexität von CSPs. Dechter und Dechter (1987) führten die gerichtete Kantenkonsistenz ein. Apt (1999) beschreibt ein generisches Algorithmen-Framework, das zur Analyse von Algorithmen zur Konsistenzpropagation eingesetzt werden kann; Untersuchungen hierzu gibt es von Bessière (2006) und Barták *et al.* (2010).

Spezielle Methoden zur Behandlung von Constraints höherer Ordnung oder globaler Art wurden zunächst im Rahmen der **Constraint-logischen Programmierung** entwickelt. Marriott und Stuckey (1998) geben einen hervorragenden Überblick über die Forschung in diesem Bereich. Der *Alldiff*-Constraint wurde von Regin (1994), Stergiou und Walsh (1999) und Hoeve (2001) untersucht. Es gibt komplexere Inferenzalgorithmen für *Alldiff* (siehe Hoeve und Katriel, 2006), die mehr Constraints propagieren, aber in der Ausführung rechenintensiver sind. Grenzen-Constraints wurden von Van Hentenryck *et al.* (1998) in die Constraint-logische Programmierung aufgenommen. Einen Überblick über globale Constraints geben Hoeve und Katriel (2006).

Sudoku ist inzwischen das bekannteste CSP und wurde als solches von Simonis (2005) beschrieben. Agerbeck und Hansen (2008) beschreiben einige der Strategien und zeigen, dass Sudoku auf einem $n^2 \times n^2$-Brett zu der Klasse der *NP*-schweren Probleme gehört.

1850 beschrieb C. F. Gauß einen rekursiven Backtracking-Algorithmus zur Lösung des 8-Damen-Problems, der 1848 in der *Schachzeitung* veröffentlicht worden war. Gauß nannte seine Methode *Tatonniren*, abgeleitet von dem französischen Wort *tâtonner* – herumtasten, wie im Dunkeln.

Laut Donald Knuth (in einer persönlichen Mitteilung) führte R. J. Walker den Begriff *Backtrack* in den 1950er Jahren ein. Walker (1960) beschrieb den grundlegenden Backtracking-Algorithmus und verwendete ihn, um alle Lösungen für das 13-Damen-Problem zu finden. Golomb und Baumert (1965) formulierten anhand von Beispielen die allgemeine Klasse der kombinatorischen Probleme, auf die Backtracking angewendet werden kann, und führten eine Heuristik ein, die die wir als MRV-Heuristik bezeichnen. Bitner und Reingold (1975) gaben einen wegweisenden Überblick über Backtracking-Techniken. Brelaz (1979) verwendete die Gradheuristik als Tiebreaker nach Anwendung der MRV-Heuristik. Der resultierende Algorithmus ist trotz seiner Einfachheit immer noch die beste Methode zur k-Färbung beliebiger Graphen. Haralick und Elliott (1980) schlugen die Least-Constraining-Value-Heuristik mit dem am wenigsten einschränkenden Wert vor.

Die grundlegende Backjumping-Methode geht auf John Gaschnig (1977, 1979) zurück. Kondrak und Beek (1997) zeigten, dass dieser Algorithmus im Wesentlichen durch Forward Checking zusammengefasst wird. Das konfliktgesteuerte Backjumping wurde von Prosser (1993) entwickelt. Dechter (1990a) führte das graphenbasiertes Backjumping ein, das die Komplexität von Backjumping-Algorithmen als Funktion des Constraint-Graphen beschränkt (Dechter und Frost, 2002).

Eine sehr allgemeine Form des intelligenten Backtrackings wurde schon früh von Stallman und Sussman (1977) entwickelt. Ihre Technik des **abhängigkeitsgesteuerten Backtrackings** kombiniert Backjumping mit dem Lernen von No-Goods, d. h. von untauglichen Variable-Wert-Kombinationen (McAllester, 1990) und führte zur Entwicklung von **Truth-Maintenance-Systemen** (TMS; Doyle, 1979), die wir in Abschnitt 10.6.2 diskutieren. Die Verbindung zwischen den beiden Bereichen wird von de Kleer (1989) analysiert.

Die Arbeit von Stallman und Sussman führte auch die Idee des Lernens von Constraints – **Constraint-Learning** – ein, bei dem Teilergebnisse der Suche gespeichert und später bei der Suche herangezogen werden können. Die Idee wurde von Dechter (1990a) formalisiert. **Backmarking** (Gaschnig, 1979) ist eine besonders einfache Methode, bei der konsistente und inkonsistente Zuordnungen paarweise gespeichert und verwendet werden, um eine erneute Überprüfung der Constraints zu vermeiden. Backmarking kann mit konfliktgesteuertem Zurückspringen kombiniert werden; Kondrak und Beek (1997) beweisen die Korrektheit der beiden Methoden und stellen außerdem einen hybriden Algorithmus vor, der sie vereint und jede Methode für sich genommen nachweislich abdeckt.

Die Methode des **dynamischen Backtrackings** (Ginsberg, 1993) behält erfolgreiche partielle Zuweisungen von späteren Variablenteilmengen bei einem Backtracking über eine frühere Auswahl hinweg, die den späteren Erfolg nicht ungültig macht. Moskewicz *et al.* (2001) zeigen, wie sich mit diesen und anderen Techniken ein effizienter SAT-Solver erstellen lässt. Empirische Studien über verschiedene randomisierte Backtracking-Methoden wurden von Gomes *et al.* (2000) und Gomes und Selman (2001) durchgeführt. Van Beek (2006) bietet einen Überblick über das Backtracking.

Lokale Suche bei Constraint-Satisfaction-Problemen wurde durch die Arbeit von Kirkpatrick *et al.* (1983) zum Simulated Annealing (siehe Kapitel 4) bekannt, das häufig für VLSI-Layout- und Scheduling-Probleme verwendet wird. Beck *et al.* (2011) geben einen Überblick über neuere Arbeiten zur Fertigungsablaufplanung. Die Min-Conflicts-Heuristik wurde zuerst von Gu (1989) vorgeschlagen und unabhängig davon von Minton *et al.* (1992) entwickelt. Sosic und Gu (1994) zeigten, wie sie angewendet werden kann, um das 3.000.000-Damen-Problem in weniger als einer Minute zu lösen. Der erstaunliche Erfolg von lokaler Suche unter Verwendung von Min-Conflicts beim n-Damen-Problem führte zu einer Neubewertung der Art und Verbreitung von „einfachen“ und „schweren“ Problemen. Peter Cheeseman *et al.* (1991) untersuchten die Schwierigkeit von zufällig generierten CSPs und entdeckten, dass fast alle diese Probleme entweder trivial einfach sind oder keine Lösungen haben. Nur wenn man für die Parameter des Problemgenerators einen bestimmten engen Bereich vorgibt, in dem etwa die Hälfte der Probleme lösbar ist, findet man „schwere“ Probleminstanzen. Auf dieses Phänomen wird in Kapitel 7 näher eingegangen.

Konolige (1994) zeigte, dass bei Problemen mit einem gewissen Grad an lokaler Struktur eine lokale Suche der Backtracking-Suche unterlegen ist; dies führte zu Arbeiten über eine Kombination von lokaler Suche und Inferenz, wie die von Pinkas und Dechter (1995). Hoos und Tsang (2006) geben einen Überblick über lokale Suchverfahren; Lehrbücher zu diesem Thema gibt es von Hoos und Stützle (2004) sowie von Aarts und Lenstra (2003).

Die Arbeiten zur Struktur und Komplexität von CSPs gehen auf Freuder (1985) und Mackworth und Freuder (1985) zurück, die zeigten, dass die Suche auf kantenkonsistenten Bäumen ohne Backtracking funktioniert. Ein ähnliches Ergebnis, mit Erweiterungen auf azyklische

Hypergraphen, wurde in der Datenbank-Community entwickelt (Beeri *et al.*, 1983). Bayardo und Miranker (1994) stellen einen Algorithmus für baumförmig strukturierte CSPs vor, der ohne jegliche Vorverarbeitung in linearer Zeit läuft. Dechter (1990a) beschreibt den Ansatz mit Zykel-Schnittmenge.

Seit der Veröffentlichung dieser Arbeiten gab es große Fortschritte bei der Entwicklung allgemeinerer Ergebnisse, die die Lösungskomplexität eines CSP mit der Struktur seines Constraint-Graphen in Verbindung bringen. Das Konzept der Baumbreite wurde von den Graphentheoretikern Robertson und Seymour (1986) eingeführt. Dechter und Pearl (1987, 1989) haben, auf der Grundlage der Arbeit von Freuder, ein verwandtes Konzept auf Constraint-Satisfaction-Probleme angewandt (das sie als **induzierte Breite** bezeichneten und das mit der Baumbreite identisch ist) und den in Abschnitt 6.5 skizzierten Ansatz zur Baumzerlegung entwickelt.

Aufbauend auf dieser Arbeit und auf Ergebnissen der Datenbanktheorie entwickelten Gottlob *et al.* (1999a, 1999b) den Begriff der **Hyperbaumbreite**, der auf der Charakterisierung des CSP als Hypergraph basiert. Sie zeigten nicht nur, dass jedes CSP mit der Hyperbaumbreite w in der Zeit $O(n^{w+1} \log n)$ gelöst werden kann, sondern auch, dass die Hyperbaumbreite alle zuvor definierten Maße der „Breite" insofern umfasst, als es Fälle gibt, in denen die Hyperbaumbreite beschränkt ist, während die anderen Maße unbeschränkt sind.

Der RELSAT-Algorithmus von Bayardo und Schrag (1997) kombinierte Constraint-Learning und Backjumping und übertraf damit nachweislich viele andere Algorithmen dieser Zeit. Dies führte zu UND-ODER-Suchalgorithmen, die sowohl auf CSPs als auch auf probabilistisches Schlussfolgern anwendbar sind (Dechter und Mateescu, 2007). Brown *et al.* (1988) führen das Konzept der Symmetriebrechung in CSPs ein und Gent *et al.* (2006) geben einen Überblick.

Das Gebiet der **verteilten Constraint-Satisfaction-Probleme** befasst sich mit dem Lösen von CSPs, wenn es mehrere Agenten gibt, von denen jeder eine Teilmenge der Constraint-Variablen kontrolliert. Seit dem Jahr 2000 finden jährlich Workshops zu diesem Thema statt, über das auch sonst viel veröffentlicht wird (Collin *et al.*, 1999; Pearce *et al.*, 2008).

Der Vergleich von CSP-Algorithmen ist hauptsächlich eine empirische Wissenschaft. Es gibt nur wenige theoretische Ergebnisse, die zeigen, dass ein Algorithmus einen anderen bei allen Problemen dominiert. Stattdessen müssen wir Experimente durchführen, um festzustellen, welche Algorithmen bei typischen Probleminstanzen besser abschneiden. Wie Hooker (1995) betont, müssen wir sorgfältig unterscheiden zwischen vergleichenden Tests, bei denen die Algorithmen hinsichtlich ihres Laufzeitverhaltens miteinander konkurrieren, und wissenschaftlichen Tests, deren Ziel es ist, die Eigenschaften eines Algorithmus zu identifizieren, die seine Effektivität in einer Klasse von Problemen bestimmen.

Die Lehrbücher von Apt (2003), Dechter (2003), Tsang (1993) und Lecoutre (2009) sowie dem Sammelwerk von Rossi *et al.* (2006) sind ausgezeichnete Quellen zum Thema Constraint-Verarbeitung. Es gibt mehrere gute Überblicksartikel, darunter die von Dechter und Frost (2002) und Barták *et al.* (2010). Carbonnel und Cooper (2016) geben einen Überblick über effizient machbare Klassen von CSPs. Kondrak und Beek (1997) geben einen analytischen und Bacchus und van Run (1995) einen eher empirischen Überblick über Backtracking-Suchalgorithmen. Bücher zur Constraint-Programmierung gibt es von Apt (2003) sowie von Fruhwirth und Abdennadher (2003). Aufsätze zur Constraint Satisfaction erscheinen regelmäßig in *Artificial Intelligence* und in der Fachzeitschrift *Constraints*; die jeweils neuesten SAT-Solver werden bei der jährlichen *International SAT Competition* vorgestellt und beschrieben. Die wichtigste Konferenz zu diesem Thema ist die *International Conference on Principles and Practice of Constraint Programming*, oft als *CP* abgekürzt.

Logische Agenten

7

In diesem Kapitel entwerfen wir Agenten, die Repräsentationen einer komplexen Welt bilden können, durch einen Inferenzprozess neue Repräsentationen der Welt ableiten und anhand dieser neuen Repräsentationen entscheiden, was als Nächstes zu tun ist.

Menschen verfügen offenbar über Wissen, und dieses Wissen hilft ihnen, Aufgaben zu erledigen. In der KI verwenden **wissensbasierte Agenten** einen Prozess des **Schlussfolgerns** über eine interne **Repräsentation** von Wissen, um zu entscheiden, welche Aktionen auszuführen sind.

Die in den Kapiteln 3 und 4 beschriebenen problemlösenden Agenten verfügen zwar ebenfalls über Wissen, jedoch nur in einem sehr begrenzten und unflexiblen Maße. Sie kennen die zur Verfügung stehenden Aktionen und das Ergebnis einer bestimmten Aktion aus einem bestimmten Zustand heraus; was ihnen jedoch fehlt, ist allgemeines Faktenwissen. Ein Routenplaner-Agent weiß z. B. nicht, dass die Länge eines Straßenabschnitts nicht negativ sein kann. Und ein 8-Puzzle-Agent weiß nicht, dass zwei Kacheln nicht gleichzeitig denselben Platz einnehmen können. Das Wissen dieser Agenten mag zwar sehr nützlich sein, um einen Weg vom Start zu einem Ziel zu finden, reicht aber nicht für mehr.

Die von problemlösenden Agenten verwendeten atomaren Repräsentationen sind ebenfalls mit erheblichen Einschränkungen verbunden. In einer teilweise beobachtbaren Umgebung kann ein problemlösender Agent zum Beispiel nur darstellen, was er über den aktuellen Zustand weiß, indem er alle möglichen konkreten Zustände auflistet. Ich könnte einem Menschen das Ziel vorgeben, in eine Stadt mit weniger als 10.000 Einwohnern zu fahren, aber für einen problemlösenden Agenten müsste ich das Ziel als eine explizite Menge all der Städte formulieren, die diese Bedingung erfüllen.

In Kapitel 6 haben wir unsere erste faktorisierte Repräsentation kennengelernt, in der Zustände als Zuweisungen von Werten zu Variablen dargestellt werden. Dies ist ein Schritt in die richtige Richtung, der es einigen Teilen des Agenten ermöglicht, domänenunabhängig zu arbeiten, und der die Entwicklung effizienterer Algorithmen ermöglicht. In diesem Kapitel führen wir diesen Schritt sozusagen zu einem logischen Abschluss – wir entwickeln **Logik** in Form einer allgemeinen Klasse von Repräsentationen, mit der wir wissensbasierte Agenten unterstützen. Derartige Agenten können Informationen auf vielfältige Weise immer wieder neu zusammenstellen, um einer Vielzahl von Aufgaben gerecht zu werden. Das muss keinen Bezug zu momentanen Bedürfnissen haben – z. B. wenn ein Mathematiker ein Theorem beweist oder ein Astronom die Lebenserwartung der Erde berechnet. Wissensbasierte Agenten können neue Aufgaben in Form von explizit beschriebenen Zielen entgegennehmen, durch Unterweisung oder Erlernen neuen Wissens über die Umgebung schnell Kompetenz erlangen und sich an Veränderungen in der Umgebung anpassen, indem sie das relevante Wissen aktualisieren.

Wir beginnen in Abschnitt 7.1 mit dem allgemeinen Agentenentwurf. Abschnitt 7.2 stellt eine einfache neue Umgebung vor, die sogenannte Wumpus-Welt, und veranschaulicht die Funktionsweise eines wissensbasierten Agenten, ohne allzu sehr auf technische Details einzugehen. In Abschnitt 7.3 erklären wir die allgemeinen Prinzipien der **Logik**, um dann in Abschnitt 7.4 auf die Besonderheiten der **Aussagenlogik** einzugehen. Bei der Aussagenlogik handelt es sich um eine faktorisierte Repräsentation. Obwohl sie weniger ausdrucksstark ist als die **Prädikatenlogik**[1] (Kapitel 8), die die kanonische strukturierte Repräsentationssprache darstellt, veranschaulicht die Aussagenlogik alle grundlegenden Konzepte der Logik. Außerdem verfügt sie über gut entwickelte Inferenztechnologien, die wir in den Abschnitten 7.5 und 7.6 beschreiben. Und zum Schluss wird in Abschnitt 7.7 das Konzept der wissensbasier-

1 Anm. zur Übersetzung: Genau genommen handelt es sich um die **Prädikatenlogik erster Stufe**, was wir aber mit „Prädikatenlogik" abkürzen.

ten Agenten mit der Technologie der Aussagenlogik kombiniert, um einige einfache Agenten für die Wumpus-Welt zu erstellen.

7.1 Wissensbasierte Agenten

Die zentrale Komponente eines wissensbasierten Agenten ist seine **Wissensbasis** (*Knowledge Base*, KB). Eine Wissensbasis besteht aus einer Menge von **Sätzen**. (Hierbei wird „Satz" im technischen Sinne verwendet. Er ist zwar verwandt, aber nicht identisch mit den Sätzen einer natürlichen Sprache.) Jeder Satz wird in einer sogenannten **Wissensrepräsentationssprache** ausgedrückt und macht eine Aussage über die Welt. Wenn der Satz als gegeben angenommen wird, ohne aus anderen Sätzen abgeleitet zu werden, sprechen wir von einem **Axiom**.

Es muss eine Möglichkeit geben, der Wissensbasis neue Sätze hinzuzufügen, sowie eine Möglichkeit, das bereits Bekannte abzufragen. Die Standardbezeichnungen für diese Operationen lauten TELL bzw. ASK. Beide Operationen erlauben **Inferenz**, d. h. die Herleitung neuer Sätze aus alten. Inferenz muss die Anforderung erfüllen, dass bei Fragen an die Wissensbasis die Antwort aus dem „folgen" sollte, was der Wissensbasis zuvor mitgeteilt worden ist. Später in diesem Kapitel werden wir auf die Bedeutung des wichtigen Begriffs „folgen" noch genauer eingehen. Für den Moment wollen wir damit jedenfalls ausdrücken, dass der Inferenzprozess keine Dinge erfinden sollte.

► Abbildung 7.1 zeigt den groben Rahmen eines wissensbasierten Agentenprogramms. Wie alle unsere Agenten empfängt es ein Perzept als Eingabe und antwortet mit einer Aktion. Der Agent verwaltet eine Wissensbasis *KB*, die am Anfang etwas **Hintergrundwissen** enthalten kann.

```
function KB-AGENT(percept) returns eine action
  persistent: KB, eine Wissensbasis
              t, ein Zähler, anfangs 0, gibt die Zeit an

  TELL(KB, MAKE-PERCEPT-SENTENCE(percept, t))
  action ← ASK(KB, MAKE-ACTION-QUERY(t))
  TELL(KB, MAKE-ACTION-SENTENCE(action, t))
  t ← t + 1
  return action
```

Abbildung 7.1: Ein generischer wissensbasierter Agent. Empfängt der Agent ein Perzept, so fügt er dieses seiner Wissensbasis hinzu, fragt die Wissensbasis nach der besten Aktion und teilt ihr dann mit, dass er diese Aktion tatsächlich ausgeführt hat.

Jedes Mal, wenn das Agentenprogramm aufgerufen wird, tut es drei Dinge. Erstens teilt es der Wissensbasis mit (TELL), was für ein Perzept es empfangen hat. Zweitens fragt es die Wissensbasis (ASK), welche Aktion es ausführen soll. Bei der Beantwortung dieser Abfrage können umfangreiche Überlegungen über den aktuellen Zustand der Welt, über die Ergebnisse möglicher Aktionsfolgen usw. angestellt werden. Drittens teilt das Agentenprogramm der Wissensbasis mit (TELL), welche Aktion gewählt wurde, und gibt die Aktion zurück, damit sie ausgeführt werden kann.

Die Details der Repräsentationssprache verbergen sich in drei Funktionen, die die Schnittstelle zwischen den Sensoren und Aktuatoren auf der einen Seite und dem zentralen Repräsentations- und Schlussfolgerungssystem auf der anderen Seite implementieren. MAKE-PERCEPT-SENTENCE konstruiert einen Satz, der zusichert, dass der Agent das Perzept zum angegebenen Zeitpunkt empfangen hat. MAKE-ACTION-QUERY konstruiert einen Satz, der fragt, welche Aktion zum aktuellen Zeitpunkt ausgeführt werden soll. Und schließlich konstruiert MAKE-ACTION-SENTENCE einen Satz, der bestätigt, dass die gewählte Aktion ausgeführt wurde. Die Details der Inferenzmechanismen sind in TELL und ASK versteckt. Weiter hinten in diesem Kapitel werden wir näher darauf eingehen.

Der Agent in ► Abbildung 7.1 scheint dem in Kapitel 2 beschriebenen Agenten mit internem Zustand recht ähnlich zu sein. Aufgrund der Definitionen von TELL und ASK ist der wissensbasierte Agent jedoch kein beliebiges Programm zur Berechnung von Aktionen. Er erlaubt eine Beschreibung auf der **Wissensebene**, bei der wir nur angeben müssen, was der Agent weiß und welche Ziele er verfolgt, um sein Verhalten zu bestimmen.

Ein automatisiertes Taxi könnte zum Beispiel das Ziel haben, einen Fahrgast von San Francisco nach Marin County zu bringen, und es könnte wissen, dass die Golden Gate Bridge die einzige Verbindung zwischen den beiden Orten ist. Dann können wir erwarten, dass es die Golden Gate Bridge überquert, *weil es weiß, dass es damit sein Ziel erreicht*. Beachten Sie, dass diese Analyse unabhängig davon ist, wie das Taxi auf der **Implementierungsebene** funktioniert. Es spielt keine Rolle, ob sein geografisches Wissen in Form von verketteten Listen oder Pixelkarten implementiert ist oder ob seine Schlussfolgerungen darauf basieren, dass Zeichenfolgen, die in Registern gespeichert sind, manipuliert werden oder sich verrauschte Signale in einem Netzwerk von Neuronen ausbreiten.

Ein wissensbasierter Agent kann einfach dadurch aufgebaut werden, dass man ihm sagt (TELL), was er wissen muss. Ausgehend von einer leeren Wissensbasis kann der Agentendesigner einen Satz nach dem anderen einfügen, bis der Agent weiß, wie er in seiner Umgebung agieren soll. Dies wird als **deklarativer** Ansatz zur Systemerstellung bezeichnet. Im Gegensatz dazu codiert der **prozedurale** Ansatz gewünschte Verhaltensweisen direkt als Programmcode. In den 1970er und 1980er Jahren lieferten sich die Verfechter beider Ansätze hitzige Debatten. Heute wissen wir, dass ein erfolgreicher Agent oft sowohl deklarative als auch prozedurale Elemente in seinem Design kombiniert und dass deklaratives Wissen oft in effizienteren prozeduralen Code kompiliert werden kann.

Wir können einen wissensbasierten Agenten auch mit Mechanismen ausstatten, die es ihm ermöglichen, selbst zu lernen. Diese Mechanismen, die in Kapitel 19 behandelt werden, erzeugen aus Perzeptfolgen allgemeines Wissen über die Umgebung. Ein lernender Agent kann völlig autonom sein.

7.2 Die Wumpus-Welt

In diesem Abschnitt beschreiben wir eine Umgebung, in der wissensbasierte Agenten ihre Vorzüge voll zeigen können. Die **Wumpus-Welt** ist eine Höhle bestehend aus mehreren Räumen, die durch Gänge miteinander verbunden sind. Irgendwo in der Höhle lauert der schreckliche Wumpus, ein Biest, das jeden frisst, der seinen Raum betritt. Der Wumpus kann von einem Agenten erschossen werden, aber der Agent hat nur einen Pfeil. Einige Räume enthalten tiefe Fallgruben, in die jeder fällt, der sich in diese Räume verirrt (außer dem Wumpus, der zu groß ist, um hineinzufallen). Der einzige Lichtblick in dieser trostlosen Umgebung ist die Aussicht, auf einen Haufen Gold zu stoßen. Obwohl die Wumpus-Welt nach modernen Computerspielstandards eher harmlos ist, veranschaulicht sie einige wichtige Punkte über Intelligenz.

Eine Beispiel-Wumpus-Welt ist in ► Abbildung 7.2 dargestellt. Die genaue Definition der Aufgabenumgebung ergibt sich, wie in Abschnitt 2.3 vorgeschlagen, aus der PEAS-Beschreibung:

- **Leistung**: +1.000 für das Verlassen der Höhle mit dem Gold, –1.000 für das Fallen in eine Grube oder das Gefressenwerden durch den Wumpus, –1 für jede ausgeführte Aktion und –10 für die Nutzung des Pfeils. Das Spiel endet, wenn der Agent stirbt oder aus der Höhle klettert.

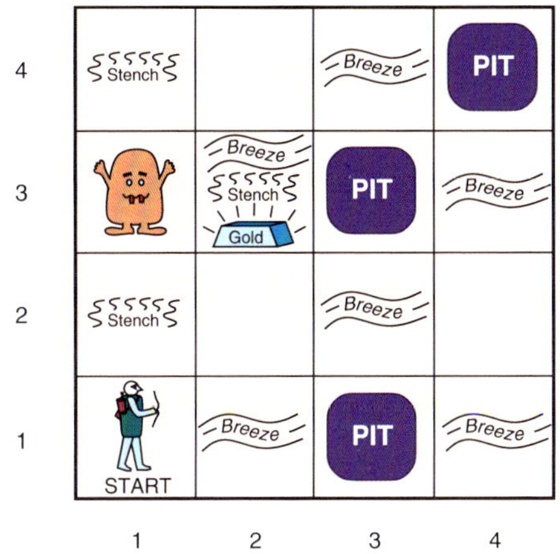

Abbildung 7.2: Eine typische Wumpus-Welt. Der Agent befindet sich im unteren linken Feld und blickt nach Osten (nach rechts).

- **Umgebung**: Ein rundum von Wänden umschlossenes 4×4-Raster von Räumen. Der Agent steht am Anfang immer auf dem Feld mit der Bezeichnung [1, 1] und schaut nach Osten. Das Gold und der Wumpus befinden sich in zwei verschiedenen Feldern, die zufällig gleichverteilt aus den anderen Feldern minus Startfeld ausgewählt werden. Außerdem kann jedes andere Feld außer dem Startfeld mit einer Wahrscheinlichkeit von 0,2 eine Grube (*PIT*) sein.
- **Aktuatoren**: Der Agent kann sich vorwärts bewegen (*Forward*), sich um 90° nach links (*TurnLeft*) oder um 90° nach rechts (*TurnRight*) drehen. Der Agent stirbt einen jämmerlichen Tod, wenn er ein Feld mit einer Fallgrube oder einem lebenden Wumpus betritt. (Es ist ungefährlich, wenn auch aufgrund des Gestanks unangenehm, ein Feld mit einem toten Wumpus zu betreten.) Eine Vorwärtsbewegung hat keine Wirkung, wenn der Agent vor einer Wand steht. Mit der Aktion *Grab* kann er das Gold aufheben, sofern er sich auf demselben Feld befindet. Mit der Aktion *Shoot* kann er einen Pfeil geradeaus in die Richtung schießen, in die er blickt. Der Pfeil fliegt, bis er entweder den Wumpus trifft (und damit tötet) oder auf eine Wand prallt. Der Agent hat nur einen Pfeil, deshalb hat nur die erste *Shoot*-Aktion eine Wirkung. Am Ende kann er mit der Aktion *Climb* der Höhle entkommen, jedoch nur von Feld [1, 1] aus.
- **Sensoren**: Der Agent hat fünf Sensoren, die jeweils ein einzelnes Bit an Informationen liefern:
  - In den Feldern, die direkt (nicht diagonal) an den Wumpus angrenzen, nimmt der Agent einen Gestank (*Stench*) wahr.[2]
  - In den Feldern, die direkt an eine Grube angrenzen, nimmt der Agent einen Luftzug (*Breeze*) wahr.
  - In dem Feld, in dem sich das Gold befindet, nimmt der Agent ein Glitzern (*Glitter*) wahr.
  - Wenn ein Agent gegen eine Wand läuft, nimmt er einen Stoß (*Bump*) wahr.
  - Wenn der Wumpus getötet wird, stößt er einen schrecklichen Schrei (*Scream*) aus, der überall in der Höhle zu hören ist.

  Diese Wahrnehmungen bzw. Perzepte werden dem Agentenprogramm in Form einer Liste von fünf Symbolen übergeben; wenn der Agent z. B. einen Gestank und einen Luftzug wahrnimmt, aber weder Glitzern noch Stoß oder Schrei, erhält das Agentenprogramm die Information [*Stench*, *Breeze*, *None*, *None*, *None*].

2 Vermutlich stinkt es auch in dem Feld, in dem sich der Wumpus befindet, aber jeder Agent, der dieses Feld betritt, wird gefressen, bevor er etwas wahrnehmen kann.

Wir können die Wumpus-Umgebung entlang der verschiedenen in Kapitel 2 genannten Dimensionen charakterisieren. Sie ist eindeutig deterministisch, diskret und statisch und besteht nur aus einem Agenten. (Der Wumpus bewegt sich zum Glück nicht.) Sie ist sequenziell, weil es erst nach einer Reihe von Aktionen eine Belohnung gibt. Sie ist teilweise beobachtbar, weil einige Aspekte des Zustands nicht direkt wahrnehmbar sind: der Standort des Agenten, der Gesundheitszustand des Wumpus und die Verfügbarkeit eines Pfeils. Auch die Felder der Fallgruben und des Wumpus könnten wir als nicht beobachtete Teile des Zustands behandeln, sodass das Transitionsmodell für die Umgebung vollständig bekannt wäre und der Agent durch das Lokalisieren der Fallgruben-Felder sein Wissen über den Zustand vervollständigen würde. Alternativ könnten wir auch sagen, dass das Transitionsmodell selbst unbekannt ist, weil der Agent nicht weiß, welche Vorwärtsbewegungen tödlich sind; in diesem Fall vervollständigt der Agent durch das Lokalisieren der Felder mit Fallgruben und Wumpus sein Wissen über das Transitionsmodell.

Die größte Herausforderung für einen Agenten besteht darin, dass er am Anfang nichts über die Konfiguration der Umgebung weiß; um dies zu ändern, scheint logisches Schlussfolgern erforderlich. In den meisten Instanzen der Wumpus-Welt ist es für den Agenten möglich, das Gold sicher zu bergen. Gelegentlich muss der Agent wählen, ob er mit leeren Händen nach Hause geht oder den Tod riskiert, um das Gold zu finden. Etwa 21 % der Umgebungen sind völlig unfair, weil sich das Gold in einer Fallgrube befindet oder von Fallgruben umgeben ist.

Betrachten wir einen wissensbasierten Wumpus-Agenten, der die Umgebung aus ► Abbildung 7.2 erkundet. Wir verwenden eine formlose Wissensrepräsentationssprache, bei der wir Symbole in ein Raster schreiben (wie in ► Abbildungen 7.3 und 7.4).

Die Wissensbasis des Agenten enthält anfänglich die Regeln der Umgebung, wie oben beschrieben; so weiß der Agent zum Beispiel, dass er sich in [1, 1] befindet und dass [1, 1] ein sicheres Feld ist. Wir kennzeichnen dies im Feld [1, 1] mit einem „A“ und einem „OK“.

Das erste Perzept ist [*None*, *None*, *None*, *None*, *None*], woraus der Agent schließen kann, dass seine benachbarten Felder, [1, 2] und [2, 1], frei von Gefahren sind – sie sind „OK“. ► Abbildung 7.3 a zeigt den Wissensstand des Agenten an diesem Punkt.

Ein vorsichtiger Agent wird sich nur auf ein Feld bewegen, von dem er weiß, dass es „OK“ ist. Nehmen wir an, der Agent beschließt, sich auf das Feld [2, 1] zu bewegen. Der Agent nimmt in

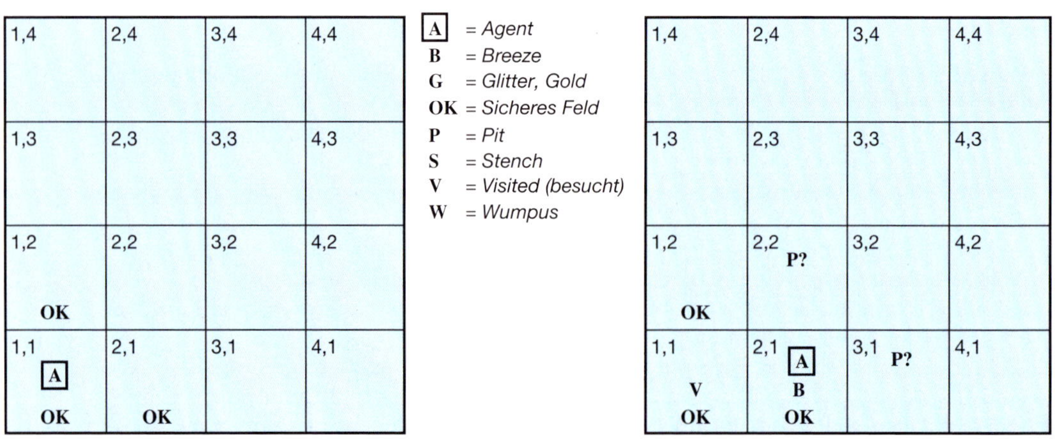

Abbildung 7.3: Der erste Schritt des Agenten in der Wumpus-Welt. (a) Die Ausgangssituation nach Empfang des Perzepts [*None*, *None*, *None*, *None*, *None*]. (b) Nach Zug auf das Feld [2, 1] und Empfang des Perzepts [*None*, *Breeze*, *None*, *None*, *None*].

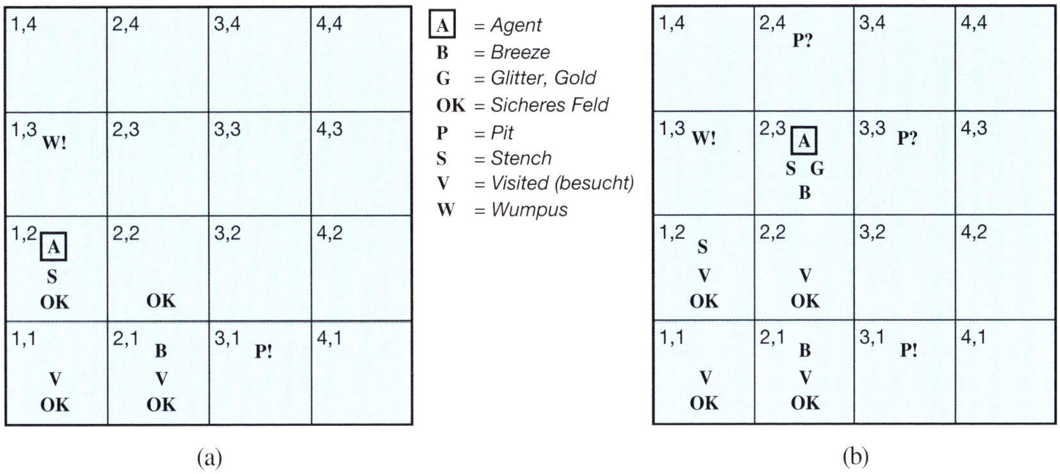

Abbildung 7.4: Zwei spätere Phasen des Agenten in der Wumpus-Welt. (a) Nach dem Zug von [1, 1] auf [1, 2] und dem Perzept [*Stench*, *None*, *None*, *None*, *None*]. (b) Nach dem Zug auf [2, 2] und dann auf [2, 3] und dem Perzept [*Stench*, *Breeze*, *Glitter*, *None*, *None*].

[2, 1] einen Luftzug wahr (bezeichnet mit „B"), also muss es in einem benachbarten Feld eine Fallgrube geben. Die Fallgrube kann nach den Spielregeln nicht in [1, 1] sein, also muss es eine Fallgrube in [2, 2] oder [3, 1] oder in beiden geben. Die Notation „P?" in ► Abbildung 7.3 b zeigt eine mögliche Fallgrube in diesen Feldern an. Zu diesem Zeitpunkt gibt es nur ein bekanntes Feld, das „OK" ist und noch nicht besucht wurde. Der umsichtige Agent wird also umkehren, zurück zu [1, 1] gehen und dann weiter zu [1, 2].

Der Agent nimmt in [1, 2] einen Gestank wahr, was zu dem in ► Abbildung 7.4 a dargestellten Wissensstand führt. Der Gestank in [1, 2] bedeutet, dass sich ein Wumpus in der Nähe befinden muss. Aber der Wumpus kann nach den Regeln des Spiels nicht in [1, 1] sein und er kann auch nicht in [2, 2] sein (sonst hätte der Agent einen Gestank bemerken müssen, als er in [2, 1] war). Daher kann der Agent schlussfolgern, dass sich der Wumpus in [1, 3] befindet. Die Notation W! zeigt diese Inferenz an. Außerdem impliziert das Fehlen eines Luftzugs in [1, 2], dass es in [2, 2] keine Fallgrube gibt. Der Agent hat jedoch bereits gefolgert, dass es entweder in [2, 2] oder in [3, 1] eine Grube geben muss, was bedeutet, dass sich diese in [3, 1] befinden muss. Dies ist eine ziemlich schwierige Inferenz, weil sie Wissen kombiniert, das zu verschiedenen Zeiten an verschiedenen Orten gewonnen wurde, und sich auf das Fehlen eines Perzepts verlässt, um einen entscheidenden Schritt zu machen.

Der Agent hat sich nun selbst davon überzeugt, dass es in [2, 2] weder eine Fallgrube noch einen Wumpus geben kann, sodass es sicher („OK") ist, sich dorthin zu bewegen. Wir zeigen nicht den Wissensstand des Agenten in [2, 2]; wir nehmen einfach an, dass der Agent sich umdreht und nach [2, 3] bewegt, was uns ► Abbildung 7.4 b zeigt. In [2, 3] registriert der Agent ein Glitzern, also sollte er sich das Gold schnappen und dann zum Ausgangspunkt zurückkehren und die Höhle verlassen.

Beachten Sie, dass immer, wenn der Agent eine Schlussfolgerung aus den verfügbaren Informationen zieht, diese Schlussfolgerung *garantiert* korrekt ist, wenn die verfügbaren Informationen korrekt sind. Dies ist eine grundlegende Eigenschaft des logischen Schlussfolgerns. Im Rest dieses Kapitels beschreiben wir, wie man logische Agenten konstruiert, die Informationen repräsentieren und daraus Schlussfolgerungen ziehen können – wie in den obigen Abschnitten beschrieben.

7.3 Logik

Dieser Abschnitt bietet einen Überblick über die grundlegenden Konzepte der logischen Repräsentation und des Schlussfolgerns. Diese hervorragenden Konzepte sind unabhängig von irgendeiner konkreten Form der Logik. Deshalb behalten wir uns die Beschreibung der technischen Details dieser Formen für den nächsten Abschnitt vor und beschränken uns hier auf das bekannte Muster der gewöhnlichen Arithmetik.

In Abschnitt 7.1 haben wir gesagt, dass Wissensbasen aus Sätzen bestehen. Diese Sätze unterliegen der **Syntax** der Repräsentationssprache, die alle Sätze darstellen kann, die wohlgeformt sind. Was unter Syntax in der normalen Arithmetik zu verstehen ist, dürfte ausreichend klar sein: „$x + y = 4$" ist ein wohlgeformter Satz, „$x4y+ =$" hingegen nicht.

Eine Logik muss auch die **Semantik**, also die Bedeutung von Sätzen, definieren. Die Semantik definiert den **Wahrheitswert** eines jeden Satzes in Bezug auf jede mögliche Welt. Zum Beispiel legt die Semantik für die Arithmetik fest, dass der Satz „$x + y = 4$" in einer Welt wahr ist, in der x gleich 2 und y gleich 2 ist, aber falsch in einer Welt, in der x gleich 1 und y gleich 1 ist. In der Standardlogik muss jeder Satz in jeder **möglichen Welt** entweder wahr oder falsch sein – es gibt kein „dazwischen".[3]

Wenn wir präzise sein müssen, verwenden wir den Begriff **Modell** anstelle von „mögliche Welt". Während man sich mögliche Welten als (potenziell) reale Umgebungen vorstellen kann, in denen sich der Agent befinden könnte oder auch nicht, sind Modelle mathematische Abstraktionen, die für jeden relevanten Satz einen festen Wahrheitswert (wahr oder falsch) haben. Informell können wir uns eine mögliche Welt z. B. so vorstellen, dass x Männer und y Frauen an einem Tisch sitzen und Bridge spielen und dass der Satz $x + y = 4$ wahr ist, wenn insgesamt vier Personen anwesend sind. Formal sind die möglichen Modelle einfach potenzielle Zuweisungen von nichtnegativen ganzen Zahlen an die Variablen x und y. Jede dieser Zuweisungen bestimmt den Wahrheitswert eines beliebigen arithmetischen Satzes, dessen Variablen x und y lauten. Wenn ein Satz α im Modell m wahr ist, sagen wir, dass m α **erfüllt** oder dass m ein **Modell** von α ist. Wir verwenden die Notation $M(\alpha)$, um die Menge aller Modelle von α zu bezeichnen.

Da wir nun eine Vorstellung von dem Begriff „Wahrheitswert" haben, können wir über das logische Schlussfolgern sprechen. Dazu gehört die Beziehung der semantischen **Folgerung** (*entailment*) zwischen den Sätzen – die Vorstellung, dass ein Satz *logisch* aus einem anderen Satz *folgt*. In mathematischer Notation schreiben wir:

$$\alpha \models \beta$$

Dies bedeutet, dass der Satz α den Satz β impliziert. Die formale Definition von semantischer Folgerung lautet: $\alpha \models \beta$ genau dann, wenn in jedem Modell, in dem α wahr ist, auch β wahr ist. Unter Verwendung der gerade eingeführten Notation können wir schreiben:

$$\alpha \models \beta \text{ genau dann, wenn } M(\alpha) \subseteq M(\beta)$$

(Beachten Sie hier die Richtung des Zeichens $\subseteq$: wenn $\alpha \models \beta$, dann ist α eine *mindestens so strenge* Behauptung wie β – sie schließt tendenziell *mehr* mögliche Welten aus.) Die Beziehung der Folgerung ist aus der Arithmetik bekannt; wir sind glücklich damit, dass der Satz $x = 0$ den Satz $xy = 0$ impliziert. Offensichtlich ist in jedem Modell, in dem x null ist, auch xy null (unabhängig vom Wert von y).

Wir können diese Art der Analyse auf das Schlussfolgerungsbeispiel aus der Wumpus-Welt des vorherigen Abschnitts anwenden. Betrachten wir noch einmal die Situation in ► Abbildung 7.3 b: Der Agent hat in [1, 1] gar nichts und in [2, 1] einen Luftzug wahrgenommen. Diese

3 **Fuzzylogik**, die in Kapitel 13 besprochen wird, erlaubt mehrere Wahrheitsgrade.

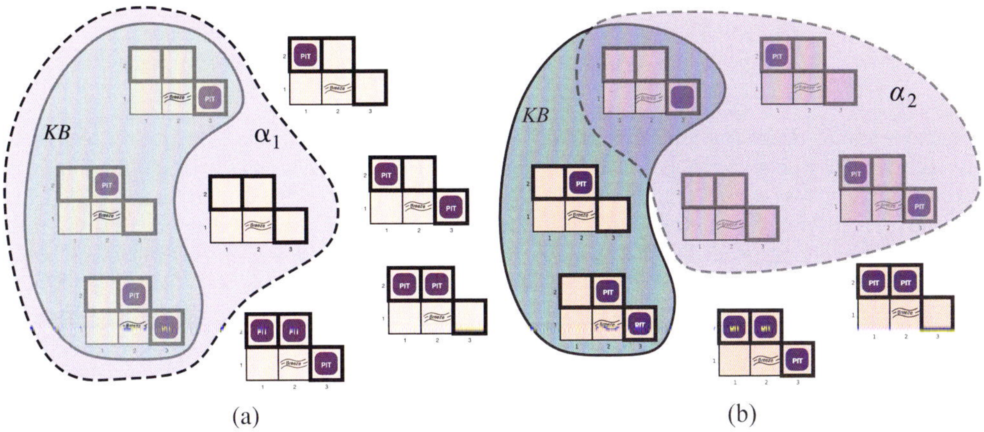

Abbildung 7.5: Mögliche Modelle für das Vorhandensein von Fallgruben in den Feldern [1, 2], [2, 2] und [3, 1]. Die Wissensbasis, derzufolge nichts in [1, 1] und ein Luftzug in [2, 1] wahrgenommen wurde, ist durch die durchgezogene Linie dargestellt. (a) Die gestrichelte Linie zeigt Modelle von α_1 (keine Fallgrube in [1, 2]). (b) Die gestrichelte Linie zeigt die Modelle von α_2 (keine Fallgrube in [2, 2]).

Perzepte, zusammen mit dem Wissen des Agenten über die Regeln der Wumpus-Welt, bilden die Wissensbasis *KB*. Der Agent möchte in Erfahrung bringen, ob die benachbarten Felder [1, 2], [2, 2] und [3, 1] Fallgruben enthalten, was in jedem der drei Felder möglich sein könnte, d. h., es gibt (unter Vernachlässigung anderer Aspekte der Welt für den Moment) $2^3 = 8$ mögliche Modelle. Diese acht Modelle sind in ► Abbildung 7.5 dargestellt.[4]

Die Wissensbasis kann als eine Menge von Sätzen betrachtet werden oder als ein einzelner Satz, der sämtliche Einzelsätze bestätigt. In Modellen, die dem widersprechen, was der Agent weiß, ist die Wissensbasis falsch – zum Beispiel ist die Wissensbasis in jedem Modell falsch, das in [1, 2] eine Fallgrube enthält, weil es in [1, 1] keinen Luftzug gibt. Tatsächlich gibt es nur drei Modelle, in denen die Wissensbasis wahr ist, und diese sind in ► Abbildung 7.5 von einer durchgezogenen Linie umgeben. Lassen Sie uns nun zwei mögliche Schlussfolgerungen betrachten:

$\alpha_1 =$ „Es gibt keine Fallgrube in [1, 2]." $\alpha_2 =$ „Es gibt keine Fallgrube in [2, 2]."

Wir haben die Modelle von α_1 und α_2 in den ► Abbildungen 7.5 a und 7.5 b jeweils mit gestrichelten Linien umgeben. Eine genaue Betrachtung zeigt:

In jedem Modell, in dem *KB* wahr ist, ist auch α_1 wahr.

Folglich gilt $KB \models \alpha_1$: Es gibt keine Fallgrube in [1, 2]. Wir stellen aber auch fest:

In einigen Modellen, in denen *KB* wahr ist, ist α_2 falsch.

Daher gilt: *KB* impliziert nicht α_2: Der Agent *kann nicht* schlussfolgern, dass es in [2, 2] keine Fallgrube gibt. (Er kann aber auch nicht schlussfolgern, *dass* es in [2, 2] eine Fallgrube gibt.)[5]

Das vorangegangene Beispiel illustriert nicht nur die logische Folgerung, sondern zeigt auch, wie die Definition der logischen Folgerung angewendet werden kann, um Schlussfolgerungen

4 Obwohl die Abbildung die Modelle als partielle Wumpus-Welten zeigt, sind sie in Wirklichkeit nichts anderes als Zuweisungen von *wahr* und *falsch* zu den Sätzen „es gibt eine Fallgrube in [1, 2]" usw. Modelle im mathematischen Sinne brauchen diese grauenvollen, behaarten Wumpus-Gestalten nicht.

5 Der Agent kann die *Wahrscheinlichkeit* berechnen, dass es in [2, 2] eine Fallgrube gibt. In Kapitel 12 zeigen wir Ihnen, wie das geht.

abzuleiten, d. h., um **logische Inferenzen** auszuführen. Der in ► Abbildung 7.5 dargestellte Inferenzalgorithmus wird **Model Checking** genannt, weil er alle möglichen Modelle auflistet, um zu prüfen, ob α in allen Modellen wahr ist, in denen *KB* wahr ist, dass also $M(KB) \subseteq M(\alpha)$ gilt.

Zum besseren Verständnis von logischer Folgerung und Inferenz kann es hilfreich sein, sich die Menge aller Konsequenzen von *KB* als Heuhaufen und α als Nadel vorzustellen. Die logische Folgerung wäre dann vergleichbar der Tatsache, dass sich die Nadel im Heuhaufen befindet, und die Inferenz wäre entsprechend vergleichbar mit der Suche nach der Nadel. Diese Unterscheidung lässt sich in einer formalen Notation ausdrücken: Wenn ein Inferenzalgorithmus i α aus *KB* ableiten kann, schreiben wir

$$KB \vdash_i \alpha \,,$$

was so viel heißt wie „α wird durch i aus *KB* abgeleitet" oder „i leitet α aus *KB* ab".

Ein Inferenzalgorithmus, der Sätze nur mittels logischer Folgerung herleitet, wird als **korrekt** oder **wahrheitswerterhaltend** bezeichnet. Korrektheit ist eine höchst wünschenswerte Eigenschaft. Eine inkorrekte Inferenzprozedur erfindet bei ihrer Ausführung im Grunde genommen Dinge – sie behauptet, Nadeln entdeckt zu haben, obwohl keine vorhanden sind. Es ist leicht zu erkennen, dass Model Checking, wenn es anwendbar ist,[6] ein korrektes Verfahren ist.

Die Eigenschaft der **Vollständigkeit** ist ebenfalls wünschenswert: Ein Inferenzalgorithmus ist vollständig, wenn er jeden implizierten Satz ableiten kann. Für reale Heuhaufen, die einen endlichen Umfang haben, scheint es offensichtlich, dass eine systematische Suche immer klären kann, ob sich die Nadel im Heuhaufen befindet. Für viele Wissensbasen ist der Heuhaufen der Konsequenzen jedoch unendlich groß und die Vollständigkeit wird zu einem wichtigen Thema.[7] Glücklicherweise gibt es für Logiken vollständige Inferenzprozeduren, die hinreichend ausdrucksstark sind, um viele Wissensbasen abzudecken.

Wir haben einen Schlussfolgerungsprozess beschrieben, dessen Ergebnisse in jeder Welt garantiert wahr sind, in der die Prämissen wahr sind; insbesondere, *wenn KB in der realen Welt wahr ist, dann ist jeder Satz α, der aus KB durch eine korrekte Inferenzprozedur abgeleitet wird, auch in der realen Welt wahr.* Während ein Inferenzprozess also einerseits auf der „Syntax" – internen physikalischen Konfigurationen wie Bits in Registern oder Mustern elektrischer Impulse im Gehirn – operiert, *entspricht* der Prozess der folgenden Beziehung in der realen Welt: ein bestimter Aspekt trifft aufgrund der Tatsache zu, das andere Aspekte zutreffen.[8] Diese Korrespondenz zwischen Welt und Repräsentation ist in ► Abbildung 7.6 dargestellt.

Der letzte Punkt, den es zu berücksichtigen gilt, ist die **Grundierung** – die Verbindung zwischen logischen Schlussfolgerungsprozessen und der realen Umgebung, in der der Agent existiert. Dabei stellt sich insbesondere die Frage, *woher wir wissen, dass KB in der realen Welt wahr ist?* (Schließlich ist *KB* nur eine „Syntax" im Kopf des Agenten.) Dies ist eine philosophische Frage, über die schon viele, viele Bücher geschrieben wurden (siehe Kapitel 27). Eine einfache Antwort ist, dass die Sensoren des Agenten die Verbindung herstellen. Unser Wumpus-Welt-Agent hat zum Beispiel einen Geruchssensor. Das Agentenprogramm erstellt immer dann einen entsprechenden Satz, wenn es einen Geruch wahrnimmt. Wenn dieser Satz dann in der Wissensbasis steht, ist er in der realen Welt wahr. Die Bedeutung und

6 Model Checking funktioniert, wenn der Raum der Modelle endlich ist – zum Beispiel in Wumpus-Welten mit fester Größe. Für die Arithmetik hingegen ist der Raum der Modelle unendlich: Selbst wenn wir uns auf die ganzen Zahlen beschränken, gibt es unendlich viele Wertepaare für x und y in dem Satz $x + y = 4$.

7 Vergleichen Sie dies mit dem Fall der unendlichen Suchräume in Kapitel 3, wo die Tiefensuche nicht vollständig ist.

8 Wie Wittgenstein (1922) es in seinem berühmten *Tractatus* formulierte: „Die Welt ist alles, was der Fall ist" (Anm. zur Übersetzung: „der Fall sein" meint hier „zutreffen").

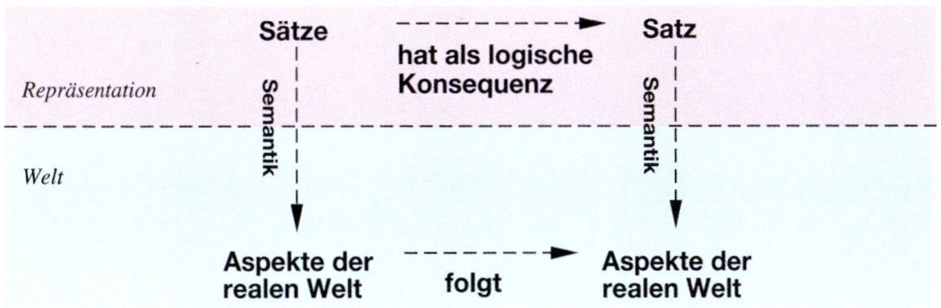

Abbildung 7.6: Sätze sind physische Konfigurationen des Agenten und Schlussfolgern ist ein Prozess, neue physische Konfigurationen aus alten zu konstruieren. Logisches Schlussfolgern sollte sicherstellen, dass die neuen Konfigurationen Aspekte der Welt repräsentieren, die tatsächlich aus den Aspekten folgen, die von den alten Konfigurationen repräsentiert werden.

der Wahrheitswert von Perzeptsätzen werden also durch die Wahrnehmungsprozesse und die Satzkonstruktion definiert, durch die sie erzeugt werden. Und was ist mit dem restlichen Wissen des Agenten, z. B. seiner Überzeugung, dass ein Wumpus einen Geruch ausströmt, der in den benachbarten Feldern wahrzunehmen ist? Dies ist keine direkte Repräsentation eines einzelnen Perzepts, sondern eine allgemeine Regel, die sich unter Umständen aus Wahrnehmungserfahrungen ableitet, aber keine Aussage über diese Erfahrungen darstellt. Allgemeine Regeln wie diese werden durch einen Satzkonstruktionsprozess erzeugt, der **Lernen** genannt wird und Gegenstand von Teil V (Kapitel 19–22) ist. Lernen ist jedoch nicht unfehlbar. Auch wenn ein Wumpus stinkt, könnte es sein, dass dies *am 29. Februar eines Schaltjahres nicht der Fall ist*, da er an dem Tag sein Bad nimmt. Es ist also durchaus möglich, dass *KB* in der realen Welt nicht wahr ist. Dank guter Lernverfahren gibt es aber Grund zum Optimismus.

7.4 Aussagenlogik: Eine sehr einfache Logik

In diesem Abschnitt beschäftigen wir uns mit der **Aussagenlogik**. Wir beschreiben ihre Syntax (die Struktur von Sätzen) und ihre Semantik (die Art und Weise, wie der Wahrheitswert von Sätzen bestimmt wird). Daraus leiten wir einen einfachen, syntaktischen Algorithmus für die logische Inferenz ab, der den semantischen Begriff der Folgerung implementiert. Alles spielt sich natürlich in der Wumpus-Welt ab.

7.4.1 Syntax

Die **Syntax** der Aussagenlogik definiert die zulässigen Sätze. **Atomare Sätze** bestehen aus einem einzigen **Aussagensymbol**. Jedes dieser Symbole steht für eine Aussage, die wahr oder falsch sein kann. Wir verwenden Symbole, die mit einem Großbuchstaben beginnen und weitere Buchstaben oder Indizes enthalten können, z. B. P, Q, R, $W_{1,3}$ und *FacingEast*. Die Namen sind willkürlich, werden aber oft so gewählt, dass sie als Gedächtnisstütze dienen – wir verwenden $W_{1,3}$ für die Aussage, dass sich der Wumpus im Feld [1, 3] befindet. (Denken Sie daran, dass Symbole wie $W_{1,3}$ *atomar* sind, d. h., W, 1 und 3 sind keine bedeutungstragenden Teile des Symbols.) Es gibt zwei Aussagensymbole mit festen Bedeutungen: *Wahr* ist die immer wahre und *Falsch* die immer falsche Aussage. **Komplexe Sätze** werden aus einfacheren Sätzen konstruiert. Dabei kommen Klammern und Operatoren zum Einsatz, die **logische Verknüpfungen** (Junktoren) genannt werden. Es gibt fünf gebräuchliche Verknüpfungen:

- $\neg$ (nicht): Ein Satz wie $\neg W_{1,3}$ wird als **Negation** von $W_{1,3}$ bezeichnet. Ein **Literal** ist entweder ein atomarer Satz (ein **positives Literal**) oder ein negierter atomarer Satz (ein **negatives Literal**).

$\wedge$ (und): Ein Satz mit $\wedge$ als Hauptverknüpfung, z. B. $W_{1,3} \wedge P_{3,1}$, wird als **Konjunktion** bezeichnet; seine Teile sind **Konjunkte**.

$\vee$ (oder): Ein Satz mit $\vee$ als Hauptverknüpfung, z. B. $(W_{1,3} \wedge P_{3,1}) \vee W_{2,2}$, ist eine **Disjunktion**; ihre Teile sind **Disjunkte** – in diesem Beispiel $(W_{1,3} \wedge P_{3,1})$ und $W_{2,2}$.

$\Rightarrow$ (impliziert): Ein Satz wie $(W_{1,3} \wedge P_{3,1}) \Rightarrow \neg W_{2,2}$ wird als **materiale Implikation** (oder Konditional)[9] bezeichnet. Ihre **Prämisse** oder **Antezedens** ist $(W_{1,3} \wedge P_{3,1})$ und ihre **Schlussfolgerung** oder **Konsequenz** ist $\neg W_{2,2}$. Materiale Implikationen werden auch **Regeln** oder **Wenn-Dann**-Aussagen genannt. Das Implikationssymbol wird in anderen Büchern manchmal auch als $\supset$ oder $\rightarrow$ geschrieben.

$\Leftrightarrow$ (genau dann, wenn): Der Satz $W_{1,3} \Leftrightarrow \neg W_{2,2}$ ist ein **Bikonditional**.

► Abbildung 7.7 zeigt eine formale Grammatik der Aussagenlogik. (Die BNF-Notation wird auf S. 1136 erklärt.) Die BNF-Grammatik wird durch eine Liste der Operatoren nach Priorität ergänzt, um Mehrdeutigkeiten bei der Verwendung mehrerer Operatoren zu beseitigen. Der „nicht"-Operator ($\neg$) hat die höchste Priorität, was bedeutet, dass in dem Satz $\neg A \wedge B$ das Negationszeichen $\neg$ am engsten bindet, sodass der Satz äquivalent ist zu $(\neg A) \wedge B$ und nicht zu $\neg(A \wedge B)$. (Die Notation der normalen Arithmetik ist die gleiche: $-2 + 4$ ist 2, nicht -6.) In Zweifelsfällen verwenden wir auch runde und eckige Klammern, um die gewünschte Satzstruktur zu verdeutlichen und die Lesbarkeit zu verbessern.

$$
\begin{aligned}
\textit{Satz} &\rightarrow \textit{AtomarerSatz} \mid \textit{KomplexerSatz} \\
\textit{AtomarerSatz} &\rightarrow \textit{Wahr} \mid \textit{Falsch} \mid P \mid Q \mid R \mid \ldots \\
\textit{KomplexerSatz} &\rightarrow (\ \textit{Satz}\ ) \\
&\quad\mid\ \neg\ \textit{Satz} \\
&\quad\mid\ \textit{Satz} \wedge \textit{Satz} \\
&\quad\mid\ \textit{Satz} \vee \textit{Satz} \\
&\quad\mid\ \textit{Satz} \Rightarrow \textit{Satz} \\
&\quad\mid\ \textit{Satz} \Leftrightarrow \textit{Satz} \\
\\
\text{OPERATORRANGFOLGE} &:\ \neg, \wedge, \vee, \Rightarrow, \Leftrightarrow
\end{aligned}
$$

Abbildung 7.7: Eine BNF-Grammatik (Backus-Naur-Form) der Sätze in der Aussagenlogik, zusammen mit der Operatorrangfolge, von der höchsten zur niedrigsten.

7.4.2 Semantik

Nachdem wir im vorherigen Abschnitt die Syntax der Aussagenlogik beschrieben haben, spezifizieren wir nun ihre Semantik. Die Semantik definiert die Regeln, wie der Wahrheitswert eines Satzes in Bezug auf ein bestimmtes Modell ermittelt wird. In der Aussagenlogik legt ein Modell einfach für jedes Aussagensymbol den **Wahrheitswert** – *wahr* (*true*) oder *falsch* (*false*) – fest. Verwenden die Sätze in der Wissensbasis zum Beispiel die Aussagensymbole $P_{1,2}$, $P_{2,2}$ und $P_{3,1}$, dann lautet ein mögliches Modell:

$$m_1 = \{P_{1,2} = \textit{falsch},\ P_{2,2} = \textit{falsch},\ P_{3,1} = \textit{wahr}\}$$

Bei drei Aussagensymbolen gibt es $2^3 = 8$ mögliche Modelle – genau die, die in ► Abbildung 7.5 dargestellt sind. Beachten Sie jedoch, dass es sich bei den Modellen um rein mathe-

9 Dabei ist „Konditional" der allgemeinere Begriff, der z. B. in nichtmonotonen Logiken auch für unsichere Implikationen verwendet wird.

matische Objekte handelt, ohne zwingende Verbindung zu Wumpus-Welten. $P_{1,2}$ ist nur ein Symbol; es könnte bedeuten: „Es gibt eine Fallgrube in Feld [1, 2]", aber genauso gut auch „Ich bin heute und morgen in Paris".

Die Semantik für die Aussagenlogik muss angeben, wie der Wahrheitswert eines *beliebigen* Satzes bei gegebenem Modell berechnet werden kann. Dies geschieht rekursiv. Alle Sätze werden aus atomaren Sätzen und den fünf Verknüpfungen konstruiert. Daher müssen wir angeben, wie der Wahrheitswert atomarer Sätze und der Wahrheitswert von Sätzen, die mit den fünf Verknüpfungen gebildet werden, berechnet werden kann. Für atomare Sätze ist dies relativ einfach:

- *Wahr* ist in jedem Modell wahr und *Falsch* ist in jedem Modell falsch.
- Der Wahrheitswert aller anderen Aussagensymbole muss direkt im Modell angegeben werden. Zum Beispiel ist in dem Modell m_1, das oben erwähnt wurde, $P_{1,2}$ falsch.

Für komplexe Sätze haben wir fünf Regeln, die für beliebige Teilsätze P und Q (atomar oder komplex) in einem beliebigen Modell m gelten („gdw." bedeutet „genau dann, wenn"):

- $\neg P$ ist wahr in m gdw. P in m falsch ist.
- $P \wedge Q$ ist wahr in m gdw. sowohl P als auch Q in m wahr sind.
- $P \vee Q$ ist wahr in m gdw. P oder Q in m wahr sind.
- $P \Rightarrow Q$ ist wahr in m, außer P ist wahr und Q ist falsch in m.
- $P \Leftrightarrow Q$ ist wahr in m gdw. P und Q beide wahr oder beide falsch in m sind.

Die Regeln können auch mit **Wahrheitstafeln** ausgedrückt werden, die den Wahrheitswert eines komplexen Satzes für jede mögliche Zuweisung von Wahrheitswerten zu seinen Komponenten angeben. In ► Abbildung 7.8 sind Wahrheitstafeln für die fünf Verknüpfungen dargestellt. Aus diesen Tafeln lässt sich durch eine einfache rekursive Auswertung der Wahrheitswert eines beliebigen Satzes s in Bezug auf ein beliebiges Modell m berechnen. Zum Beispiel ergibt der Satz $\neg P_{1,2} \wedge (P_{2,2} \vee P_{3,1})$, ausgewertet in m_1, $wahr \wedge (falsch \vee wahr) = wahr \wedge wahr = wahr$. Übung 7.3 auf der Website fordert Sie auf, den Algorithmus PL-TRUE?(s, m) zu schreiben, der den Wahrheitswert eines aussagenlogischen Satzes s in einem Modell m bestimmt.

Die Wahrheitstafeln für die Verknüpfungen „und", „oder" und „nicht" entsprechen stark unserer intuitiven Interpretation der natürlichen Sprache. Verwirren könnte höchstens, dass $P \vee Q$ wahr ist, wenn P wahr ist oder Q wahr ist *oder beide* wahr sind. Es gibt noch eine andere Verknüpfung, „exklusives Oder" (kurz „xor"), die zu falsch ausgewertet wird, wenn

P	Q	$\neg P$	$P \wedge Q$	$P \vee Q$	$P \Rightarrow Q$	$P \Leftrightarrow Q$
falsch	*falsch*	*wahr*	*falsch*	*falsch*	*wahr*	*wahr*
falsch	*wahr*	*wahr*	*falsch*	*wahr*	*wahr*	*falsch*
wahr	*falsch*	*falsch*	*falsch*	*wahr*	*falsch*	*falsch*
wahr	*wahr*	*falsch*	*wahr*	*wahr*	*wahr*	*wahr*

Abbildung 7.8: Wahrheitstafeln für die fünf logischen Verknüpfungen. Um mithilfe der Tafel z. B. den Wert von $P \vee Q$ zu berechnen, wenn P wahr und Q falsch ist, suchen Sie zunächst ganz links in den ersten beiden Spalten nach der Zeile, in der P *wahr* und Q *falsch* gilt (die dritte Zeile). Dann schauen Sie in dieser Zeile unter der Spalte $P \vee Q$ das Ergebnis nach: *wahr*.

beide Disjunkte wahr sind.[10] Da man sich nicht auf ein Symbol für „xor" einigen konnte, werden unter anderem die Symbole $\dot{\vee}$ oder $\neq$ oder $\oplus$ verwendet.

Die Wahrheitstafel für $\Rightarrow$ mag nicht ganz dem intuitiven Verständnis von „P impliziert Q" oder „wenn P, dann Q" entsprechen. Dazu ist zu sagen: Die Aussagenlogik setzt in der Relation zwischen P und Q keinerlei *Kausalität* oder *Relevanz* zwischen P und Q voraus. Der Satz „5 ist ungerade impliziert Tokio ist die Hauptstadt von Japan" ist ein wahrer Satz der Aussagenlogik (bei normaler Interpretation), auch wenn der Satz ausgesprochen seltsam klingt. Ebenfalls verwirren dürfte die Regel, dass jede Implikation wahr ist, wenn ihr Antezedens falsch ist. Zum Beispiel: „5 ist gerade impliziert Sam ist klug" ist wahr, unabhängig davon, ob Sam klug ist. Das scheint bizarr, ergibt aber Sinn, wenn man „$P \Rightarrow Q$" so ausdrückt: „Wenn P wahr ist, dann behaupte ich, dass Q wahr ist; andernfalls stelle ich keine Behauptung auf." Dieser Satz ist nur dann *falsch*, wenn P wahr, aber Q falsch ist.

Das Bikonditional $P \Leftrightarrow Q$ ist wahr, wenn sowohl $P \Rightarrow Q$ als auch $Q \Rightarrow P$ wahr sind. Dies wird oft als „P genau dann, wenn Q" geschrieben. Viele Regeln der Wumpus-Welt sollten am besten die $\Leftrightarrow$-Verknüpfung verwenden. Zum Beispiel gibt es in einem Feld einen Luftzug, *wenn* ein benachbartes Feld eine Fallgrube enthält, und in einem Feld gibt es *nur dann* einen Luftzug, *wenn* ein benachbartes Feld eine Fallgrube enthält. Wir brauchen also ein Bikonditional,

$$B_{1,1} \Leftrightarrow (P_{1,2} \vee P_{2,1}),$$

wobei $B_{1,1}$ bedeutet, dass es in [1, 1] einen Luftzug gibt.

7.4.3 Eine einfache Wissensbasis

Nachdem wir die Semantik für die Aussagenlogik definiert haben, können wir die Wissensbasis KB für die Wumpus-Welt aufbauen. Wir konzentrieren uns zunächst auf die *unveränderlichen* Aspekte der Wumpus-Welt und behalten uns die veränderlichen Aspekte für einen späteren Abschnitt vor. Für den Moment benötigen wir die folgenden Symbole für jede $[x, y]$-Position:

$P_{x,y}$ ist wahr, wenn es in $[x, y]$ eine Fallgrube gibt.
$W_{x,y}$ ist wahr, wenn es in $[x, y]$ einen toten oder lebendigen Wumpus gibt.
$B_{x,y}$ ist wahr, wenn es in $[x, y]$ einen Luftzug gibt.
$S_{x,y}$ ist wahr, wenn in $[x, y]$ ein Gestank wahrzunehmen ist.
$L_{x,y}$ ist wahr, wenn sich der Agent an Position $[x, y]$ befindet.

Die folgenden Sätze reichen aus, um $\neg P_{1,2}$ herzuleiten (d. h., es gibt keine Fallgrube in [1, 2]). Ein formloser Ansatz wurde bereits in Abschnitt 7.3 beschrieben. Die einzelnen Sätze sind mit R_i gekennzeichnet, damit wir darauf verweisen können:

- In [1, 1] ist keine Fallgrube:

$$R_1: \quad \neg P_{1,1}$$

- In einem Feld gibt es genau dann einen Luftzug, wenn sich in einem benachbarten Feld eine Fallgrube befindet. Diese Angabe ist für jedes Feld erforderlich; wir betrachten vorerst nur die relevanten Felder:

$$R_2: \quad B_{1,1} \Leftrightarrow (P_{1,2} \vee P_{2,1})$$
$$R_3: \quad B_{2,1} \Leftrightarrow (P_{1,1} \vee P_{2,2} \vee P_{3,1})$$

- Die vorangehenden Sätze sind in allen Wumpus-Welten wahr. Nun ergänzen wir die Luftzug-Perzepte für die ersten beiden besuchten Felder in der Welt, in der sich der Agent

10 Das Lateinische verwendet für das inklusive und exklusive Oder zwei verschiedene Begriffe: „vel" für das inklusive und „aut" für das exklusive Oder.

befindet, was zu der Situation in ► Abbildung 7.3 b führt.

$$R_4: \quad \neg B_{1,1}$$
$$R_5: \quad B_{2,1}$$

7.4.4 Eine einfache Inferenzprozedur

Unser Ziel besteht nun darin, zu entscheiden, ob $KB \models \alpha$ für irgendeinen Satz α gilt. Impliziert z. B. unsere Wissensbasis $\neg P_{1,2}$? Unser erster Algorithmus für Inferenz ist ein Model-Checking-Ansatz, der eine direkte Implementierung der Definition von semantischer Folgerung ist: die Modelle werden aufgelistet und es wird geprüft, ob α in jedem Modell wahr ist, in dem KB wahr ist. Modelle sind Zuweisungen von *wahr* oder *falsch* zu jedem Aussagensymbol. In unserem Wumpus-Welt-Beispiel sind die relevanten Aussagensymbole $B_{1,1}$, $B_{2,1}$, $P_{1,1}$, $P_{1,2}$, $P_{2,1}$, $P_{2,2}$ und $P_{3,1}$. Bei sieben Symbolen gibt es $2^7 = 128$ mögliche Modelle und in dreien davon ist KB wahr (► Abbildung 7.9). In diesen drei Modellen ist $\neg P_{1,2}$ wahr, folglich gibt es keine Fallgrube in [1, 2]. Andererseits ist $P_{2,2}$ in zwei der drei Modelle wahr und in einem falsch, sodass wir noch nicht mit Sicherheit sagen können, ob es in [2, 2] eine Fallgrube gibt.

$B_{1,1}$	$B_{2,1}$	$P_{1,1}$	$P_{1,2}$	$P_{2,1}$	$P_{2,2}$	$P_{3,1}$	R_1	R_2	R_3	R_4	R_5	KB
falsch	*falsch*	*falsch*	*falsch*	*falsch*	*falsch*	*falsch*	*wahr*	*wahr*	*wahr*	*wahr*	*falsch*	*falsch*
falsch	*falsch*	*falsch*	*falsch*	*falsch*	*falsch*	*wahr*	*wahr*	*wahr*	*falsch*	*wahr*	*falsch*	*falsch*
⋮	⋮	⋮	⋮	⋮	⋮	⋮	⋮	⋮	⋮	⋮	⋮	⋮
falsch	*wahr*	*falsch*	*falsch*	*falsch*	*falsch*	*falsch*	*wahr*	*wahr*	*falsch*	*wahr*	*wahr*	*falsch*
falsch	*wahr*	*falsch*	*falsch*	*falsch*	*falsch*	*wahr*	*wahr*	*wahr*	*wahr*	*wahr*	*wahr*	*wahr*
falsch	*wahr*	*falsch*	*falsch*	*falsch*	*wahr*	*falsch*	*wahr*	*wahr*	*wahr*	*wahr*	*wahr*	*wahr*
falsch	*wahr*	*falsch*	*falsch*	*falsch*	*wahr*	*wahr*	*wahr*	*wahr*	*wahr*	*wahr*	*wahr*	*wahr*
falsch	*wahr*	*falsch*	*falsch*	*wahr*	*falsch*	*falsch*	*wahr*	*falsch*	*falsch*	*wahr*	*wahr*	*falsch*
⋮	⋮	⋮	⋮	⋮	⋮	⋮	⋮	⋮	⋮	⋮	⋮	⋮
wahr	*wahr*	*wahr*	*wahr*	*wahr*	*wahr*	*wahr*	*falsch*	*wahr*	*wahr*	*falsch*	*wahr*	*falsch*

Abbildung 7.9: Eine Wahrheitstafel für die im Text angegebene Wissensbasis. KB ist wahr, wenn R_1 bis R_5 wahr sind, was nur in 3 der 128 Zeilen der Fall ist (gekennzeichnet durch Unterstrich in der rechten Spalte). In allen 3 Zeilen ist $P_{1,2}$ falsch, sodass es keine Fallgrube in [1, 2] gibt. Andererseits ist noch nicht klar, ob es in [2, 2] eine Fallgrube gibt oder nicht.

► Abbildung 7.9 ist eine wesentlich präzisere Darstellung der Schlussfolgerungen aus ► Abbildung 7.5 und ► Abbildung 7.10 zeigt einen allgemeinen Algorithmus, der über Folgerungen der Aussagenlogik entscheidet. Wie der Algorithmus BACKTRACKING-SEARCH auf S. 230 erzeugt TT-ENTAILS? eine rekursive Auflistung eines endlichen Zuweisungsraums zu Symbolen. Der Algorithmus ist **korrekt**, weil er direkt die Definition von semantischer Folgerung implementiert, und **vollständig**, weil er für jede KB und jedes α funktioniert und immer terminiert – es sind nur endlich viele Modelle auszuwerten.

Natürlich ist „endlich viele" nicht immer gleichbedeutend mit „wenige". Wenn KB und α insgesamt n Symbole enthalten, gibt es 2^n Modelle. Daher ist die Zeitkomplexität des Algorithmus $O(2^n)$. (Die Speicherplatzkomplexität ist nur $O(n)$, weil die Auflistung eine Tiefensuche verwendet.) Später in diesem Kapitel zeigen wir Algorithmen, die häufig viel effizienter sind. Leider ist die Folgerung in der Aussagenlogik co-NP-vollständig (d. h. wahrscheinlich nicht

```
function TT-ENTAILS?(KB, α) returns true oder false
  inputs: KB, die Wissensbasis, ein aussagenlogischer Satz
          α, die Abfrage, ein aussagenlogischer Satz

  symbols ← eine Liste der Aussagensymbole in KB und α
  return TT-CHECK-ALL(KB, α, symbols, { })

function TT-CHECK-ALL(KB, α, symbols, model) returns true oder false
  if EMPTY?(symbols) then
     if PL-TRUE?(KB, model) then return PL-TRUE?(α, model)
     else return true     // wenn KB false ist, immer true zurückgeben
  else
     P ← FIRST(symbols)
     rest ← REST(symbols)
     return (TT-CHECK-ALL(KB, α, rest, model ∪ {P = true})
            and
            TT-CHECK-ALL(KB, α, rest, model ∪ {P = false}))
```

Abbildung 7.10: Ein Auflistungsalgorithmus für die Wahrheitstafel, der über aussagenlogische Folgerungen entscheidet. (TT steht für Wahrheitstafel, *Truth Table*.) PL-TRUE? liefert *true* zurück, wenn ein Satz innerhalb eines Modells gilt. Die Variable *model* repräsentiert ein partielles Modell – eine Zuweisung an nur einige der Symbole. Das Schlüsselwort **and** ist hier ein Infix-Funktionssymbol in der Pseudocode-Programmiersprache und kein Operator der Aussagenlogik; es nimmt zwei Argumente entgegen und gibt *true* oder *false* zurück.

einfacher als NP-vollständig – siehe Anhang A), sodass *jeder bekannte Inferenzalgorithmus der Aussagenlogik eine Worst-Case-Komplexität hat, die exponentiell zur Größe der Eingabe ist.*

7.5 Theorembeweise in der Aussagenlogik

Bisher haben wir gezeigt, wie man semantische Folgerungen durch *Model Checking* bestimmt: Modelle auflisten und zeigen, dass der Satz in allen Modellen gelten muss. In diesem Abschnitt zeigen wir nun, wie semantische Folgerungen durch das **Beweisen von Theoremen** ermittelt werden können – indem Inferenzregeln direkt auf die Sätze in unserer Wissensbasis angewendet werden, um einen Beweis des gewünschten Satzes zu erstellen, ohne Modelle heranzuziehen. Wenn die Anzahl der Modelle groß, aber die Länge des Beweises kurz ist, kann Theorembeweisen effizienter sein als Model Checking.

Bevor wir uns in die Details von Theorembeweiser-Algorithmen stürzen, benötigen wir im Zusammenhang mit der Folgerung noch einige zusätzliche Konzepte. Das erste Konzept ist die **logische Äquivalenz**: zwei Sätze α und β sind logisch äquivalent, wenn sie in derselben Menge von Modellen wahr sind. Wir schreiben dies als $\alpha \equiv \beta$. (Beachten Sie, dass $\equiv$ verwendet wird, um Behauptungen über Sätze anzustellen, während $\Leftrightarrow$ als Teil eines Satzes verwendet wird.) Wir können zum Beispiel leicht (mithilfe von Wahrheitstafeln) zeigen, dass $P \wedge Q$ und $Q \wedge P$ logisch äquivalent sind; andere Äquivalenzen sind in ► Abbildung 7.11 dargestellt. Sie spielen in der Logik die gleiche Rolle wie arithmetische Identitäten in der normalen Mathematik. Eine alternative Definition von Äquivalenz lautet: Zwei beliebige Sätze α und β sind genau dann äquivalent, wenn jeder von ihnen den anderen impliziert:

$$\alpha \equiv \beta \quad \text{genau dann, wenn} \quad \alpha \models \beta \text{ und } \beta \models \alpha$$

Das zweite Konzept, das wir benötigen, ist die **Gültigkeit**. Ein Satz ist gültig, wenn er in *allen* Modellen wahr ist. Zum Beispiel ist der Satz $P \vee \neg P$ gültig. Gültige Sätze werden auch als

$(\alpha \wedge \beta) \equiv (\beta \wedge \alpha)$	Kommutativität von $\wedge$
$(\alpha \vee \beta) \equiv (\beta \vee \alpha)$	Kommutativität von $\vee$
$((\alpha \wedge \beta) \wedge \gamma) \equiv (\alpha \wedge (\beta \wedge \gamma))$	Assoziativität von $\wedge$
$((\alpha \vee \beta) \vee \gamma) \equiv (\alpha \vee (\beta \vee \gamma))$	Assoziativität von $\vee$
$\neg(\neg\alpha) \equiv \alpha$	Elimination der doppelten Negation
$(\alpha \Rightarrow \beta) \equiv (\neg\beta \Rightarrow \neg\alpha)$	Kontraposition
$(\alpha \Rightarrow \beta) \equiv (\neg\alpha \vee \beta)$	Elimination der Implikation
$(\alpha \Leftrightarrow \beta) \equiv ((\alpha \Rightarrow \beta) \wedge (\beta \Rightarrow \alpha))$	Bikonditional-Elimination
$\neg(\alpha \wedge \beta) \equiv (\neg\alpha \vee \neg\beta)$	De-Morgan'sche Regel
$\neg(\alpha \vee \beta) \equiv (\neg\alpha \wedge \neg\beta)$	De-Morgan'sche Regel
$(\alpha \wedge (\beta \vee \gamma)) \equiv ((\alpha \wedge \beta) \vee (\alpha \wedge \gamma))$	Distributivität von $\wedge$ über $\vee$
$(\alpha \vee (\beta \wedge \gamma)) \equiv ((\alpha \vee \beta) \wedge (\alpha \vee \gamma))$	Distributivität von $\vee$ über $\wedge$

Abbildung 7.11: Logische Äquivalenzen. Die Symbole α, β und γ stehen für beliebige Sätze der Aussagenlogik.

Tautologien bezeichnet – sie sind *notwendigerweise* wahr. Da der Satz *Wahr* in allen Modellen wahr ist, ist jeder gültige Satz logisch äquivalent zu *Wahr*. Wozu sind gültige Sätze gut? Aus unserer Definition von semantischer Folgerung können wir das **Deduktionstheorem** ableiten, das bereits den alten Griechen bekannt war:

Für alle Sätze α und β gilt $\alpha \models \beta$ genau dann, wenn der Satz $(\alpha \Rightarrow \beta)$ gültig ist.

(In Übung 7.6 auf der Website werden Sie aufgefordert, dies zu beweisen.) Wir können also feststellen, ob $\alpha \models \beta$ gilt, indem wir prüfen, ob $(\alpha \Rightarrow \beta)$ in jedem Modell wahr ist – was im Wesentlichen das ist, was der Inferenzalgorithmus in ► Abbildung 7.10 macht –, oder indem wir beweisen, dass $(\alpha \Rightarrow \beta)$ äquivalent zu *Wahr* ist. Umgekehrt besagt das Deduktionstheorem, dass jeder gültige Implikationssatz eine zulässige Inferenz beschreibt.

Das letzte Konzept, das wir benötigen, ist die **Erfüllbarkeit**. Ein Satz ist erfüllbar, wenn er in *irgendeinem* Modell wahr ist bzw. von *irgendeinem* Modell erfüllt wird. Zum Beispiel ist die oben angegebene Wissensbasis $(R_1 \wedge R_2 \wedge R_3 \wedge R_4 \wedge R_5)$ erfüllbar, weil es drei Modelle gibt, in denen sie wahr ist, wie ► Abbildung 7.9 zeigt. Die Erfüllbarkeit kann geprüft werden, indem die möglichen Modelle aufgelistet werden, bis eines gefunden wird, das den Satz erfüllt. Der Test auf Erfüllbarkeit in der Aussagenlogik – das **SAT**-Problem – war das erste Problem, das als NP-vollständig nachgewiesen wurde. Viele Probleme in der Informatik sind eigentlich Erfüllbarkeitsprobleme. Zum Beispiel fragen alle Constraint-Satisfaction-Probleme in Kapitel 6, ob die Constraints durch eine Zuweisung erfüllbar sind.

Gültigkeit und Erfüllbarkeit sind natürlich miteinander verbunden: α ist gültig genau dann, wenn $\neg\alpha$ unerfüllbar ist; und umgekehrt ist α erfüllbar genau dann, wenn $\neg\alpha$ nicht gültig ist. Wir haben auch das folgende nützliche Ergebnis:

$\alpha \models \beta$ genau dann, wenn der Satz $(\alpha \wedge \neg\beta)$ unerfüllbar ist.

Der Beweis von β aus α durch Überprüfen der Unerfüllbarkeit von $(\alpha \wedge \neg\beta)$ entspricht genau der mathematischen Standardbeweistechnik der ***Reductio ad absurdum*** (wörtlich: „Zurückführen auf unrein Klingendes"). Dieser Beweis wird auch **Widerspruchsbeweis** genannt. Man geht davon aus, dass ein Satz β falsch ist, und zeigt, dass dies zu einem Widerspruch mit bekannten Axiomen α führt. Dieser Widerspruch entspricht genau der Aussage, dass der Satz $(\alpha \wedge \neg\beta)$ unerfüllbar ist.

7.5.1 Inferenz und Beweise

Dieser Abschnitt ist den **Inferenzregeln** gewidmet, die dazu dienen, einen **Beweis** herzuleiten, sozusagen eine Kette von Schlussfolgerungen, die zum gewünschten Ziel führen. Die bekannteste Regel heißt **Modus ponens**[11] (lateinisch für „setzende Schlussfigur") und wird geschrieben als:

$$\frac{\alpha \Rightarrow \beta, \quad \alpha}{\beta}$$

Die Notation besagt, dass immer dann, wenn beliebige Sätze der Form $\alpha \Rightarrow \beta$ und α gegeben sind, auf den Satz β geschlossen werden kann. Wenn zum Beispiel $(WumpusAhead \wedge WumpusAlive) \Rightarrow Shoot$ und $(WumpusAhead \wedge WumpusAlive)$ gegeben sind, dann kann *Shoot* abgeleitet werden.

Eine weitere nützliche Inferenzregel ist die **Und-Elimination**, die besagt, dass aus der Gültigkeit einer Konjunktion auf die Gültigkeit ihrer einzelnen Konjunkte geschlossen werden kann:

$$\frac{\alpha \wedge \beta}{\alpha}$$

Zum Beispiel kann aus $(WumpusAhead \wedge WumpusAlive)$ auf *WumpusAlive* geschlossen werden.

Durch Berücksichtigen der möglichen Wahrheitswerte von α and β kann man leicht ein für alle Mal zeigen, dass Modus ponens und Und-Elimination korrekt sind. Diese Regeln können dann in jeder beliebigen Instanz verwendet werden und korrekte Inferenzen erzeugen, ohne Modelle auflisten zu müssen.

Alle logischen Äquivalenzen aus ► Abbildung 7.11 können als Inferenzregeln verwendet werden. Zum Beispiel führt die Äquivalenz für die Bikonditional-Elimination zu den folgenden beiden Inferenzregeln:

$$\frac{\alpha \Leftrightarrow \beta}{(\alpha \Rightarrow \beta) \wedge (\beta \Rightarrow \alpha)} \quad \text{und} \quad \frac{(\alpha \Rightarrow \beta) \wedge (\beta \Rightarrow \alpha)}{\alpha \Leftrightarrow \beta}$$

Nicht alle Inferenzregeln funktionieren wie hier in beide Richtungen. Zum Beispiel können wir Modus ponens nicht in die entgegengesetzte Richtung ausführen, um $\alpha \Rightarrow \beta$ und α aus β zu erhalten.

Lassen Sie uns sehen, wie diese Inferenzregeln und Äquivalenzen in der Wumpus-Welt verwendet werden können. Wir beginnen mit der Wissensbasis, die zurzeit R_1 bis R_5 enthält, und zeigen, wie man $\neg P_{1,2}$ beweist, d. h., es gibt keine Fallgrube in [1, 2]:

1. Zuerst wenden Sie die Bikonditional-Elimination auf R_2 an und erhalten

$$R_6: \quad (B_{1,1} \Rightarrow (P_{1,2} \vee P_{2,1})) \wedge ((P_{1,2} \vee P_{2,1}) \Rightarrow B_{1,1})$$

2. Dann wenden Sie die Und-Elimination auf R_6 an und erhalten

$$R_7: \quad ((P_{1,2} \vee P_{2,1}) \Rightarrow B_{1,1})$$

3. Die logische Äquivalenz für Kontraposition ergibt

$$R_8: \quad (\neg B_{1,1} \Rightarrow \neg(P_{1,2} \vee P_{2,1}))$$

4. Jetzt können Sie den Modus ponens auf R_8 und das Perzept R_4 (d. h. $\neg B_{1,1}$) anwenden und erhalten

$$R_9: \quad \neg(P_{1,2} \vee P_{2,1})$$

11 Anm. zur Übersetzung: Im Deutschen auch als **Abtrennungsregel** bezeichnet.

5 Schließlich wenden Sie noch die De-Morgan'sche Regel an und erhalten die Schlussfolgerung

$$R_{10}: \quad \neg P_{1,2} \wedge \neg P_{2,1}$$

Das heißt, weder in [1, 2] noch in [2, 1] befindet sich eine Fallgrube. Hier könnte man jetzt noch einmal die Und-Elimination anwenden und direkt $\neg P_{1,2}$ erhalten.

Mit jedem Suchalgorithmus aus Kapitel 3 lässt sich eine Schrittfolge finden, die einen solchen Beweis darstellt. Wir müssen nur ein Beweisproblem wie folgt definieren:

- ANFANGSZUSTAND: die anfängliche Wissensbasis
- AKTIONEN: die Menge der Aktionen besteht aus allen Inferenzregeln, angewandt auf alle Sätze, die mit dem oberen Teil der Inferenzregel übereinstimmen
- ERGEBNIS: das Ergebnis einer Aktion besteht darin, den Satz aus dem unteren Teil der Inferenzregel zu KB hinzuzufügen
- ZIEL: das Ziel ist ein Zustand, der den Satz enthält, den wir zu beweisen versuchen

Die Suche nach Beweisen ist also eine Alternative zum Auflisten von Modellen. In vielen praktischen Fällen *kann die Suche nach einem Beweis effizienter sein, weil der Beweis irrelevante Aussagen ignorieren kann, egal wie viele es davon gibt.* Zum Beispiel erwähnt der oben gezeigte Beweis, der zu $\neg P_{1,2} \wedge \neg P_{2,1}$ führte, nicht die Aussagen $B_{2,1}$, $P_{1,1}$, $P_{2,2}$ oder $P_{3,1}$. Diese können ignoriert werden, da die Zielaussage $P_{1,2}$ nur in Satz R_2 vorkommt; die anderen Aussagen in R_2 kommen nur in R_4 und R_2 vor; R_1, R_3 und R_5 haben also keinen Einfluss auf den Beweis. Dies würde auch gelten, wenn wir der Wissensbasis eine Million weiterer Sätze hinzufügen würden; der einfache Wahrheitstafel-Algorithmus hingegen wäre mit dem exponentiellen Anstieg der Anzahl der Modelle überfordert.

Eine letzte Eigenschaft logischer Systeme ist die **Monotonie**, die besagt, dass die Menge der abgeleiteten Aussagen nur *wachsen* kann, wenn Informationen zur Wissensbasis hinzugefügt werden.[12] Für beliebige Sätze α und β gilt:

$$\text{wenn} \quad KB \models \alpha \quad \text{dann} \quad KB \wedge \beta \models \alpha$$

Nehmen wir zum Beispiel an, dass die Wissensbasis die zusätzliche Behauptung β enthält, es gäbe genau acht Fallgruben in der Welt. Dieses Wissen könnte dem Agenten helfen, *zusätzliche* Schlussfolgerungen zu ziehen, aber es kann keine bisherigen Schlussfolgerungen ungültig machen – wie z. B. die Schlussfolgerung, dass es keine Fallgrube in [1, 2] gibt. Monotonie bedeutet, dass Inferenzregeln immer dann angewendet werden können, wenn passende Prämissen in der Wissensbasis gefunden werden – die Schlussfolgerung aus der Regel muss *unabhängig von dem restlichen Inhalt der Wissensbasis* erfolgen.

7.5.2 Beweis durch Resolution

Wir haben behauptet, dass die bisher behandelten Inferenzregeln *korrekt* sind, haben aber noch nicht die Frage der *Vollständigkeit* der Inferenzalgorithmen behandelt, in denen sie zum Einsatz kommen. Suchalgorithmen wie die iterative Tiefensuche (S. 110) sind insofern vollständig, als sie jedes erreichbare Ziel finden; sind die verfügbaren Inferenzregeln jedoch unzulänglich, dann ist das Ziel nicht erreichbar – es gibt keinen Beweis, der nur diese Inferenzregeln verwendet. Hätten wir z. B. die Regel der Bikonditional-Elimination entfernt, wäre der Beweis im vorangegangenen Abschnitt nicht erfolgreich gewesen. Im aktuellen Abschnitt wird eine Inferenzregel vorgestellt, die **Resolution**, die allein zu einem vollständigen Inferenzalgorithmus führt, wenn sie mit einem beliebigen vollständigen Suchalgorithmus kombiniert wird.

12 **Nichtmonotone Logiken**, die die Eigenschaft der Monotonie verletzen, bilden eine typische menschliche Eigenschaft des Schlussfolgerns ab: die Meinungsänderung. Sie werden in Abschnitt 10.6 behandelt.

Wir beginnen mit einer einfachen Version der Resolutionsregel in der Wumpus-Welt. Betrachten wir die Schritte, die zu ► Abbildung 7.4 a geführt haben: Der Agent kehrt von [2, 1] nach [1, 1] zurück und geht dann nach [1, 2], wo er einen Gestank wahrnimmt, aber keinen Luftzug. Wir fügen die folgenden Fakten zur Wissensbasis hinzu:

$$R_{11}: \quad \neg B_{1,2}$$
$$R_{12}: \quad B_{1,2} \Leftrightarrow (P_{1,1} \vee P_{2,2} \vee P_{1,3})$$

Durch den gleichen Prozess, der zuvor zu R_{10} führte, können wir nun das Fehlen von Fallgruben in [2, 2] und [1, 3] ableiten (denken Sie daran, dass bereits bekannt ist, dass [1, 1] keine Fallgrube enthält):

$$R_{13}: \quad \neg P_{2,2}$$
$$R_{14}: \quad \neg P_{1,3}$$

Wir können auch die Bikonditional-Elimination auf R_3 anwenden, gefolgt von Modus ponens auf R_5, was uns die Information liefert, dass es eine Fallgrube in [1, 1], [2, 2] oder [3, 1] gibt:

$$R_{15}: \quad P_{1,1} \vee P_{2,2} \vee P_{3,1}$$

Jetzt kommt die erste Anwendung der Resolutionsregel: Das Literal $\neg P_{2,2}$ in R_{13} *resolviert mit* dem Literal $P_{2,2}$ in R_{15} zu der **Resolventen**

$$R_{16}: \quad P_{1,1} \vee P_{3,1} .$$

Das heißt: Wenn es in einem der Felder [1, 1], [2, 2] und [3, 1] eine Fallgrube gibt und klar ist, dass es nicht [2, 2] sein kann, dann befindet sie sich in [1, 1] oder [3, 1]. In ähnlicher Weise resolviert das Literal $\neg P_{1,1}$ in R_1 mit dem Literal $P_{1,1}$ in R_{16} zu

$$R_{17}: \quad P_{3,1} .$$

Das heißt: Wenn es in [1, 1] oder [3, 1] eine Fallgrube gibt und sie nicht in [1, 1] liegt, dann befindet sie sich in [3, 1]. Diese letzten beiden Inferenzschritte sind Beispiele für die Inferenzregel der **EinheitsresolutionResolution!Einheits-**

$$\frac{\ell_1 \vee \cdots \vee \ell_k, \qquad m}{\ell_1 \vee \cdots \vee \ell_{i-1} \vee \ell_{i+1} \vee \cdots \vee \ell_k},$$

wobei jedes ℓ ein Literal ist und ℓ_i und m **komplementäre Literale** sind (d. h., das eine ist eine Negation des anderen). Die Einheitsresolutionsregel verwendet also eine **Klausel** – eine Disjunktion von Literalen – und ein Literal und erzeugt daraus eine neue Klausel. Beachten Sie, dass ein einzelnes Literal als Disjunktion eines Literals betrachtet werden kann und daher auch als **Einheitsklausel** bezeichnet wird.

Die Einheitsresolutionsregel kann zur vollständigen **Resolutionsregel** verallgemeinert werden

$$\frac{\ell_1 \vee \cdots \vee \ell_k, \qquad m_1 \vee \cdots \vee m_n}{\ell_1 \vee \cdots \vee \ell_{i-1} \vee \ell_{i+1} \vee \cdots \vee \ell_k \vee m_1 \vee \cdots \vee m_{j-1} \vee m_{j+1} \vee \cdots \vee m_n},$$

wobei ℓ_i und m_j komplementäre Literale sind. Die Regel besagt, dass die Resolution zwei Klauseln übernimmt und eine neue Klausel erzeugt, die alle Literale der beiden ursprünglichen Klauseln enthält, *mit Ausnahme* der beiden komplementären Literale. Wir haben zum Beispiel:

$$\frac{P_{1,1} \vee P_{3,1}, \qquad \neg P_{1,1} \vee \neg P_{2,2}}{P_{3,1} \vee \neg P_{2,2}}$$

Sie können immer nur ein Paar von komplementären Literalen resolvieren. Zum Beispiel können wir P und $\neg P$ resolvieren und erhalten

$$\frac{P \vee \neg Q \vee R, \qquad \neg P \vee Q}{\neg Q \vee Q \vee R},$$

aber wir können nicht gleichzeitig P und Q resolvieren, um R abzuleiten. Zusätzlich gibt es noch einen weiteren technischen Aspekt, den es bei der Resolutionsregel zu beachten gilt: Die resultierende Klausel sollte von jedem Literal nur eine Kopie enthalten.[13] Das Entfernen von Mehrfachkopien von Literalen wird **Faktorisierung** genannt. Wenn wir z. B. $(A \vee B)$ mit $(A \vee \neg B)$ resolvieren, erhalten wir $(A \vee A)$, was durch Faktorisierung einfach auf A reduziert wird.

Die *Korrektheit* der Resolutionsregel lässt sich leicht erkennen, wenn man das Literal ℓ_i betrachtet, das komplementär zum Literal m_j in der anderen Klausel ist. Wenn ℓ_i wahr ist, dann ist m_j falsch; folglich muss $m_1 \vee \cdots \vee m_{j-1} \vee m_{j+1} \vee \cdots \vee m_n$ wahr sein, weil $m_1 \vee \cdots \vee m_n$ gegeben ist. Wenn ℓ_i falsch ist, dann muss $\ell_1 \vee \cdots \vee \ell_{i-1} \vee \ell_{i+1} \vee \cdots \vee \ell_k$ wahr sein, da $\ell_1 \vee \cdots \vee \ell_k$ gegeben ist. Nun ist ℓ_i entweder wahr oder falsch, sodass die eine oder andere Schlussfolgerung gilt – genau wie die Resolutionsregel besagt.

Das Überraschende an der Resolutionsregel ist, dass sie die Grundlage für eine Familie von *vollständigen* Inferenzprozeduren bildet. *Ein auf Resolution basierender Theorembeweiser kann für beliebige Sätze α und β in der Aussagenlogik entscheiden, ob $\alpha \models \beta$.* Die nächsten beiden Unterabschnitte erklären, wie Resolution dies erreicht.

Konjunktive Normalform

Die Resolutionsregel ist nur auf Klauseln anwendbar (d. h. auf Disjunktionen von Literalen), sodass sie nur für Wissensbasen und Abfragen relevant zu sein scheint, die aus Klauseln bestehen. Wie kann sie dann zu einer vollständigen Inferenzprozedur für die gesamte Aussagenlogik führen? Die Antwort ist, dass *jeder Satz der Aussagenlogik logisch äquivalent zu einer Konjunktion von Klauseln ist.*

$$
\begin{aligned}
\mathit{KNFSatz} &\rightarrow \mathit{Klausel}_1 \wedge \cdots \wedge \mathit{Klausel}_n \\
\mathit{Klausel} &\rightarrow \mathit{Literal}_1 \vee \cdots \vee \mathit{Literal}_m \\
\mathit{Fakt} &\rightarrow \mathit{Symbol} \\
\mathit{Literal} &\rightarrow \mathit{Symbol} \mid \neg\mathit{Symbol} \\
\mathit{Symbol} &\rightarrow P \mid Q \mid R \mid \ldots \\
\mathit{HornKlauselform} &\rightarrow \mathit{DefiniteKlauselform} \mid \mathit{ZielKlauselform} \\
\mathit{DefiniteKlauslform} &\rightarrow \mathit{Fakt} \mid (\mathit{Symbol}_1 \wedge \cdots \wedge \mathit{Symbol}_l) \Rightarrow \mathit{Symbol} \\
\mathit{ZielKlauslform} &\rightarrow (\mathit{Symbol}_1 \wedge \cdots \wedge \mathit{Symbol}_l) \Rightarrow \mathit{Falsch}
\end{aligned}
$$

Abbildung 7.12: Eine Grammatik für konjunktive Normalform, Horn-Klauseln und definite Klauseln. Eine KNF-Klausel wie z. B. $\neg A \vee \neg B \vee C$ kann in definiter Klauselform geschrieben werden als $A \wedge B \Rightarrow C$.

Ein Satz, der als Konjunktion von Klauseln ausgedrückt ist, befindet sich in **konjunktiver Normalform (KNF)**, ► Abbildung 7.12. Wir beschreiben nun eine Prozedur zur Umwandlung in KNF. Wir veranschaulichen dies, indem wir den Satz $B_{1,1} \Leftrightarrow (P_{1,2} \vee P_{2,1})$ in KNF umwandeln. Die Schritte hierzu sind:

1 Eliminiere $\Leftrightarrow$, ersetze $\alpha \Leftrightarrow \beta$ durch $(\alpha \Rightarrow \beta) \wedge (\beta \Rightarrow \alpha)$:

$$(B_{1,1} \Rightarrow (P_{1,2} \vee P_{2,1})) \wedge ((P_{1,2} \vee P_{2,1}) \Rightarrow B_{1,1})$$

13 Wenn eine Klausel als eine *Menge* von Literalen betrachtet wird, wird diese Einschränkung automatisch beachtet. Verwendet man für die Klauseln die Mengennotation, wird die Resolutionsregel viel verständlicher, allerdings auf Kosten einer zusätzlich einzuführenden Notation.

2 Eliminiere $\Rightarrow$, ersetze $\alpha \Rightarrow \beta$ durch $\neg\alpha \vee \beta$:

$$(\neg B_{1,1} \vee P_{1,2} \vee P_{2,1}) \wedge (\neg(P_{1,2} \vee P_{2,1}) \vee B_{1,1})$$

3 In einer KNF darf $\neg$ nur in Literalen vorkommen, deshalb „verschiebe $\neg$ nach innen“, dies geschieht durch wiederholtes Anwenden der folgenden Äquivalenzen aus ► Abbildung 7.11:

$\neg(\neg\alpha) \equiv \alpha$ *(Elimination der doppelten Negation)*
$\neg(\alpha \wedge \beta) \equiv (\neg\alpha \vee \neg\beta)$ *(De-Morgan'sche Regel)*
$\neg(\alpha \vee \beta) \equiv (\neg\alpha \wedge \neg\beta)$ *(De-Morgan'sche Regel)*

Im Beispiel müssen wir die letzte Regel nur einmal anwenden:

$$(\neg B_{1,1} \vee P_{1,2} \vee P_{2,1}) \wedge ((\neg P_{1,2} \wedge \neg P_{2,1}) \vee B_{1,1})$$

4 Jetzt haben wir einen Satz mit verschachtelten $\wedge$- und $\vee$-Operatoren, die auf Literale angewendet werden. Wir wenden das Distributivgesetz aus ► Abbildung 7.11 an und verteilen $\vee$ über $\wedge$, wo immer möglich:

$$(\neg B_{1,1} \vee P_{1,2} \vee P_{2,1}) \wedge (\neg P_{1,2} \vee B_{1,1}) \wedge (\neg P_{2,1} \vee B_{1,1})$$

Der ursprüngliche Satz liegt nun in KNF vor, d. h. als Konjunktion von drei Klauseln. Er ist zwar viel schwieriger zu lesen, kann aber als Eingabe für eine Resolutionsprozedur verwendet werden.

Ein Resolutionsalgorithmus

Inferenzprozeduren, die auf Resolution basieren, verwenden das Prinzip des Widerspruchsbeweises, der auf S. 263 eingeführt wurde. Das heißt, um zu zeigen, dass $KB \models \alpha$, zeigen wir, dass $(KB \wedge \neg\alpha)$ unerfüllbar ist. Wir beweisen also einen Widerspruch.

Ein Resolutionsalgorithmus ist in ► Abbildung 7.13 zu finden. Zunächst wird $(KB \wedge \neg\alpha)$ in eine KNF umgewandelt. Dann wird auf die resultierenden Klauseln die Resolutionsregel angewendet. Jedes Paar, das komplementäre Literale enthält, wird resolviert, mit dem Ergebnis einer neuen Klausel, die der Menge hinzugefügt wird, sofern sie nicht bereits darin enthalten ist. Dieser Prozess wird fortgesetzt, bis eines von zwei Dingen passiert:

- Es gibt keine neuen Klauseln, die hinzugefügt werden können, d. h., *KB* impliziert nicht α; oder
- zwei Klauseln werden zu einer *leeren* Klausel resolviert, d. h., *KB* impliziert α.

```
function PL-RESOLUTION(KB, α) returns true oder false
  inputs: KB, die Wissensbasis, ein aussagenlogischer Satz
          α, die Abfrage, ein aussagenlogischer Satz

  clauses ← die Klauselmenge in KNF-Darstellung von KB ∧ ¬α
  new ← { }
  while true do
     for each Klauselpaar Ci, Cj in clauses do
        resolvents ← PL-RESOLVE(Ci, Cj)
        if resolvents enthält die leere Klausel then return true
        new ← new ∪ resolvents
     if new ⊆ clauses then return false
     clauses ← clauses ∪ new
```

Abbildung 7.13: Ein einfacher Resolutionsalgorithmus der Aussagenlogik. PL-RESOLVE gibt die Menge aller möglichen Klauseln zurück, die man durch Resolvieren der beiden Eingaben erhält.

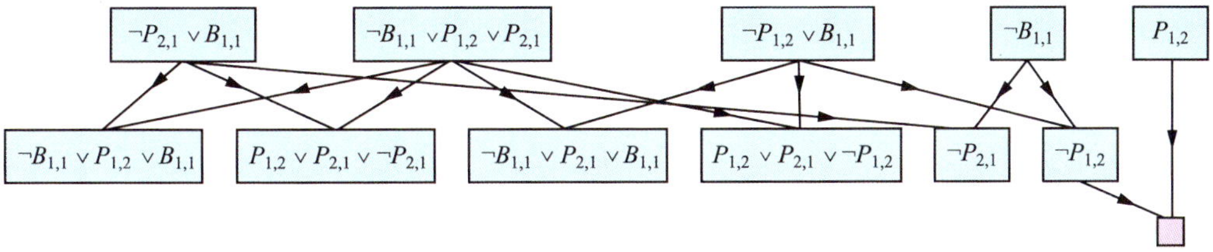

Abbildung 7.14: Partielle Anwendung von PL-RESOLUTION auf eine einfache Inferenz in der Wumpus-Welt, um die Abfrage $\neg P_{1,2}$ zu beweisen. Jede der vier Klauseln oben links wird mit jeder der drei anderen zu einem Paar zusammengefasst. Nach Anwendung der Resolutionsregel auf diese Paare erhält man die Klauseln in der unteren Reihe. Wir sehen, dass die Kombination der dritten und vierten Klausel in der oberen Reihe die Klausel $\neg P_{1,2}$ ergibt, die dann, mit $P_{1,2}$ resolviert, zu einer leeren Klausel führt, was bedeutet, dass die Abfrage bewiesen ist.

Die leere Klausel – eine Disjunktion ohne Disjunkte – ist äquivalent zu *Falsch*, weil eine Disjunktion nur dann wahr ist, wenn mindestens eines ihrer Disjunkte wahr ist. Außerdem ergibt sich die leere Klausel nur aus dem Resolvieren zweier sich widersprechender Einheitsklauseln wie P und $\neg P$.

Wir können die Resolutionsprozedur auf eine sehr einfache Inferenz in der Wumpus-Welt anwenden. Wenn sich der Agent in [1, 1] befindet, gibt es keinen Luftzug, also kann es keine Fallgruben in den benachbarten Feldern geben. Die relevante Wissensbasis lautet

$$KB = R_2 \wedge R_4 = (B_{1,1} \Leftrightarrow (P_{1,2} \vee P_{2,1})) \wedge \neg B_{1,1}$$

und wir wollen α beweisen, in diesem Fall beispielsweise $\neg P_{1,2}$. Wenn wir $(KB \wedge \neg\alpha)$ in KNF umwandeln, erhalten wir die oben in ► Abbildung 7.14 gezeigten Klauseln. Die zweite Zeile der Abbildung zeigt Klauseln, die wir durch Resolvieren von Klauselpaaren in der ersten Zeile erhalten. Wird dann $P_{1,2}$ mit $\neg P_{1,2}$ resolviert, so erhalten wir die leere Klausel, die als kleines Quadrat dargestellt ist. Betrachtet man ► Abbildung 7.14 genauer, zeigt sich, dass viele Resolutionsschritte sinnlos sind. Zum Beispiel ist die Klausel $B_{1,1} \vee \neg B_{1,1} \vee P_{1,2}$ äquivalent zu $Wahr \vee P_{1,2}$, was wiederum äquivalent zu *Wahr* ist. Daraus abzuleiten, dass *Wahr* wahr ist, ist nicht sehr hilfreich. Daher können Klauseln, in denen zwei komplementäre Literale vorkommen, verworfen werden.

Vollständigkeit der Resolution

Um unsere Diskussion über die Resolution abzuschließen, zeigen wir, warum PL-RESOLUTION vollständig ist. Dazu führen wir den **Resolutionsabschluss** $RC(S)$ (*Resolution Closure*) einer Menge von Klauseln S ein, d. h. die Menge aller Klauseln, die durch wiederholte Anwendung der Resolutionsregel auf Klauseln in S oder deren Ableitungen herleitbar sind. Der Resolutionsabschluss ist das, was PL-RESOLUTION als Endwert der Variablen *clauses* berechnet. Es ist leicht zu erkennen, dass $RC(S)$ endlich sein muss: Dank des Faktorisierungsschritts gibt es nur endlich viele unterschiedliche Klauseln, die aus den Symbolen $P_1, \ldots, P_k$ in S konstruiert werden können. Folglich terminiert PL-RESOLUTION immer.

Das Vollständigkeitstheorem für die Resolution in der Aussagenlogik wird als **grundiertes Resolutionstheorem** bezeichnet:

> *Wenn eine Menge von Klauseln unerfüllbar ist, dann enthält der Resolutionsabschluss dieser Klauseln die leere Klausel.*

Wir beweisen dieses Theorem durch den Beweis seiner Kontraposition (d. h. seines Gegenteils): Wenn der Abschluss $RC(S)$ *keine* leere Klausel enthält, dann ist S erfüllbar. Wir können mit geeigneten Wahrheitswerten für $P_1, \ldots, P_k$ sogar ein Modell für S erstellen. Die Konstruktion verläuft wie folgt:

Für i von 1 bis k,

- wenn eine Klausel in $RC(S)$ das Literal $\neg P_i$ enthält und alle ihre anderen Literale unter der gewählten Zuweisung für $P_1, \ldots, P_{i-1}$ falsch sind, dann weise P_i den Wert *falsch* zu;
- ansonsten weise P_i den Wert *wahr* zu.

Diese Zuweisung an $P_1, \ldots, P_k$ ist ein Modell von S. Um dies zu zeigen, nehmen wir das Gegenteil an, nämlich dass an irgendeiner Stelle i in der Folge die Zuweisung des Symbols P_i dazu führt, dass eine Klausel C falsch wird. Dies setzt voraus, dass alle *anderen* Literale in C durch Zuweisungen an $P_1, \ldots, P_{i-1}$ bereits falsifiziert wurden. Somit muss C nun entweder $(falsch \vee falsch \vee \cdots \vee falsch \vee P_i)$ oder $(falsch \vee falsch \vee \cdots \vee falsch \vee \neg P_i)$ lauten. Wenn nur eine dieser beiden Klauseln in $RC(S)$ ist, dann wird der Algorithmus P_i den entsprechenden Wahrheitswert zuweisen, damit C wahr wird, sodass C nur falsifiziert werden kann, wenn *beide* dieser Klauseln in $RC(S)$ vorkommen.

Da $RC(S)$ unter Resolution abgeschlossen ist, enthält $RC(S)$ die Resolvente dieser beiden Klauseln, wobei alle Literale dieser Resolvente durch die Zuweisungen an $P_1, \ldots, P_{i-1}$ bereits falsifiziert wurden. Dies widerspricht unserer Annahme, dass sich die erste falsifizierte Klausel an der Stelle i befindet. Wir haben also bewiesen, dass die Konstruktion niemals eine Klausel in $RC(S)$ falsifiziert, d. h., sie erzeugt ein Modell von $RC(S)$. Und da S in $RC(S)$ enthalten ist, ist jedes Modell von $RC(S)$ automatisch auch ein Modell von S.

7.5.3 Horn-Klauseln und definite Klauseln

Die Vollständigkeit der Resolution macht sie zu einer sehr wichtigen Inferenzmethode. In der Praxis wird der volle Leistungsumfang der Resolution häufig jedoch nicht ausgeschöpft. Einige reale Wissensbasen gehorchen bestimmten Einschränkungen in Bezug auf die Form der darin enthaltenen Sätze, sodass sie einen restriktiveren und effizienteren Inferenzalgorithmus verwenden können.

Eine solche eingeschränkte Form ist die **definite Klausel**, hinter der sich eine Disjunktion von Literalen verbirgt, von denen *genau eines positiv ist.* Zum Beispiel ist $(\neg L_{1,1} \vee \neg Breeze \vee B_{1,1})$ eine definite Klausel, während $(\neg B_{1,1} \vee P_{1,2} \vee P_{2,1})$ keine ist, da sie zwei positive Literale enthält.

Von etwas allgemeiner gefasster Form ist die **Horn-Klausel**, bei der es sich um eine Disjunktion von Literalen handelt, von denen *höchstens eines positiv ist.* Alle definiten Klauseln sind also Horn-Klauseln, ebenso wie Klauseln ohne positive Literale – diese werden **Zielklauseln** genannt. Horn-Klauseln sind unter Resolution abgeschlossen: Wenn man zwei Horn-Klauseln auflöst, erhält man eine Horn-Klausel zurück. Eine weitere Form ist der k-KNF-Satz, d. h. ein KNF-Satz, bei dem jede Klausel höchstens k Literale hat.

Wissensbasen, die nur definite Klauseln enthalten, sind aus folgenden drei Gründen interessant:

1. Jede definite Klausel kann als eine Implikation geschrieben werden, deren Prämisse eine Konjunktion positiver Literale und deren Schlussfolgerung ein einzelnes positives Literal ist (siehe Übung 7.16 auf der Website). Zum Beispiel kann die definite Klausel $(\neg L_{1,1} \vee \neg Breeze \vee B_{1,1})$ als Implikation $(L_{1,1} \wedge Breeze) \Rightarrow B_{1,1}$ geschrieben werden. In der Implikationsform ist dieser Satz einfacher zu verstehen: Wenn sich der Agent in $[1, 1]$ befindet und einen Luftzug wahrnimmt, dann gibt es in $[1, 1]$ einen Luftzug. In der Horn-Form wird die Prämisse als **Rumpf** und die Schlussfolgerung als **Kopf** bezeichnet. Ein Satz, der aus einem einzigen positiven Literal besteht, z. B. $L_{1,1}$, wird **Fakt** genannt. Auch dieser Satz kann in Implikationsform als $Wahr \Rightarrow L_{1,1}$ geschrieben werden, es ist jedoch einfacher, nur $L_{1,1}$ zu schreiben.

2 Inferenz mit Horn-Klauseln kann mithilfe von **vorwärts-** und **rückwärtsverkettenden** Algorithmen erfolgen, die nachfolgend erklärt werden. Beide Algorithmen sind intuitiv, d. h., die Inferenzschritte sind verständlich und leicht nachvollziehbar. Diese Art der Inferenz ist die Grundlage der **logischen Programmierung**, mit der sich Kapitel 9 beschäftigt.

3 Mithilfe von Horn-Klauseln zu entscheiden, ob eine semantische Folgerung vorliegt, kann erfreulicherweise in einer Zeit *linear* zur Größe der Wissensbasis erfolgen.

7.5.4 Vorwärts- und Rückwärtsverkettung

Der Algorithmus zur Vorwärtsverkettung PL-FC-ENTAILS?(*KB*, *q*) bestimmt, ob sich ein einzelnes Aussagensymbol *q* – die Abfrage – aus einer Wissensbasis definiter Klauseln implizieren lässt. Sein Ausgangspunkt sind bekannte Fakten (positive Literale) in der Wissensbasis. Wenn alle Prämissen einer Implikation bekannt sind, wird ihre Schlussfolgerung zur Menge der bekannten Fakten hinzugefügt. Wenn z. B. $L_{1,1}$ und *Breeze* bekannt sind und $(L_{1,1} \wedge Breeze) \Rightarrow B_{1,1}$ in der Wissensbasis steht, dann kann $B_{1,1}$ hinzugefügt werden. Dieser Prozess wird so lange fortgesetzt, bis die Abfrage *q* hinzugefügt wird oder keine weiteren Inferenzen mehr gezogen werden können. Der Algorithmus ist in ► Abbildung 7.15 dargestellt – beachten Sie vor allem, dass er nur lineare Zeit benötigt.

Am besten lässt sich der Algorithmus anhand eines Beispiels und einer Grafik veranschaulichen. ► Abbildung 7.16 a zeigt eine einfache Wissensbasis aus Horn-Klauseln mit *A* und *B* als bekannte Fakten. ► Abbildung 7.16 b zeigt die gleiche Wissensbasis als **UND-ODER-Graph** (siehe Kapitel 4). In UND-ODER-Graphen stehen Kanten, die durch einen Bogen verbunden sind, für eine Konjunktion – d. h., jede Kante muss bewiesen werden –, während Kanten

```
function PL-FC-ENTAILS?(KB, q) returns true oder false
  inputs: KB, die Wissensbasis, eine Menge aussagenlogischer definiter Klauseln
          q, die Abfrage, ein Aussagensymbol

  count ← eine Tabelle, wobei count[c] anfangs die Anzahl der Symbole in der Prämisse c ist
  inferred ← eine Tabelle, wobei inferred[s] anfangs false für alle Symbole ist
  queue ← eine Warteschlange von Symbolen, anfangs die Symbole, die in KB als wahr
             bekannt sind

  while queue ist nicht leer do
     p ← POP(queue)
     if p = q then return true
     if inferred[p] = false then
        inferred[p] ← true
        for each Klausel c in KB mit p ist in c.PREMISE do
           dekrementiere count[c]
           if count[c] = 0 then füge c.CONCLUSION zu queue hinzu
  return false
```

Abbildung 7.15: Der Algorithmus für die Vorwärtsverkettung in der Aussagenlogik. Die Warteschlange *queue* speichert die Symbole, von denen bekannt ist, dass sie wahr sind, aber noch nicht „verarbeitet" wurden. In der Tabelle *count* wird festgehalten, wie viele Prämissen einer jeden Implikation noch nicht bewiesen sind. Jedes Mal, wenn ein neues Symbol *p* aus der Warteschlange abgearbeitet wird, wird der Zähler für jede Implikation, in deren Prämisse *p* vorkommt, um eins reduziert (mit geeigneter Indizierung leicht in konstanter Zeit zu ermitteln). Wenn der Zähler null erreicht, sind alle Prämissen der Implikation bekannt, sodass ihre Schlussfolgerung der Warteschlange hinzugefügt werden kann. Zum Schluss müssen wir noch festhalten, welche Symbole verarbeitet wurden; ein Symbol, das bereits in der Menge der abgeleiteten Symbole enthalten ist, muss nicht erneut zur Warteschlange hinzugefügt werden. Damit vermeidet man redundante Arbeit und verhindert Endlosschleifen, die durch Implikationen wie $P \Rightarrow Q$ und $Q \Rightarrow P$ entstehen.

$$P \Rightarrow Q$$
$$L \wedge M \Rightarrow P$$
$$B \wedge L \Rightarrow M$$
$$A \wedge P \Rightarrow L$$
$$A \wedge B \Rightarrow L$$
$$A$$
$$B$$

(a)

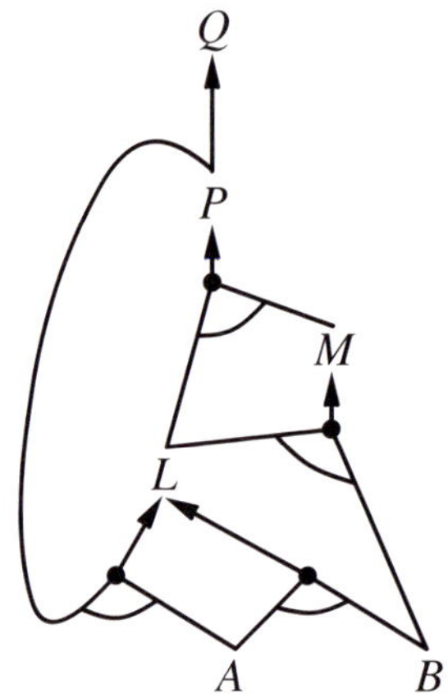

(b)

Abbildung 7.16: (a) Eine Menge von Horn-Klauseln. (b) Der entsprechende UND-ODER-Graph.

ohne Bogen eine Disjunktion anzeigen – d. h., jede Kante kann bewiesen werden. Es ist leicht zu erkennen, wie die Vorwärtsverkettung in dem Graphen funktioniert. Die bekannten Blätter (hier A und B) sind festgelegt und die Inferenz propagiert im Graphen so weit wie möglich nach oben. Bei jeder Konjunktion stoppt die Propagation, bis alle Konjunktionen bekannt sind, bevor sie fortgesetzt wird. Der Leser sollte das Beispiel sorgfältig studieren und nachvollziehen.

Es ist leicht zu sehen, dass die Vorwärtsverkettung **korrekt** ist: Jede Inferenz ist im Wesentlichen eine Anwendung des Modus ponens. Darüber hinaus ist die Vorwärtsverkettung **vollständig**: Jeder implizierte atomare Satz wird abgeleitet. Dies zeigt sich am deutlichsten bei der Betrachtung des Endzustands der Tabelle *inferred* (d. h., wenn der Algorithmus einen Fixpunkt erreicht hat, an dem keine neuen Inferenzen mehr möglich sind). Die Tabelle enthält *wahr* für jedes Symbol, das während des Prozesses abgeleitet wurde, und *falsch* für alle anderen Symbole. Wir können die Tabelle als ein logisches Modell betrachten; darüber hinaus *ist in diesem Modell jede definite Klausel in der ursprünglichen KB wahr.*

Zum besseren Verständnis nehmen wir das Gegenteil an, nämlich dass eine Klausel $a_1 \wedge \ldots \wedge a_k \Rightarrow b$ im Modell falsch ist. In diesem Fall muss $a_1 \wedge \ldots \wedge a_k$ im Modell wahr und b im Modell falsch sein. Dies widerspricht jedoch unserer Annahme, dass der Algorithmus einen Fixpunkt erreicht hat, da uns dies praktisch dazu berechtigen würde, b in die *KB* aufzunehmen. Wir können also schlussfolgern, dass die Menge der atomaren Sätze, die am Fixpunkt abgeleitet wurden, ein Modell der ursprünglichen *KB* definiert. Außerdem muss jeder atomare Satz q, der von der *KB* impliziert wird, in allen ihren Modellen und insbesondere in diesem Modell wahr sein. Daher muss jeder implizierte atomare Satz q durch den Algorithmus abgeleitet werden.

Die Vorwärtsverkettung ist ein Beispiel für das allgemeine Konzept des **datengetriebenen** Schlussfolgerns – d. h. für Schlussfolgerungen, bei denen der Fokus darauf liegt, dass am Anfang von bekannten Daten ausgegangen wird. Vorwärtsverkettung kann in einem Agenten verwendet werden, um Schlussfolgerungen aus eingehenden Perzepten abzuleiten, oft ohne eine bestimmte Abfrage im Sinn zu haben. Zum Beispiel könnte der Wumpus-Agent unter Verwendung eines inkrementellen Algorithmus mit Vorwärtsverkettung seine Perzepte mittels TELL in der Wissensbasis ablegen, wobei der Agenda neue Fakten hinzugefügt werden können, um neue Inferenzen anzustoßen. Menschen ziehen automatisch ein gewisses Maß an datengetriebenen Schlussfolgerungen, wenn neue Informationen eintreffen. Wenn ich zum Beispiel im Haus sitze und höre, dass es draußen zu regnen beginnt, könnte ich durchaus daraus schließen, dass das Picknick abgesagt wird. Dennoch wird es mir wahrscheinlich nicht in den Sinn kommen, dass das siebzehnte Blütenblatt der größten Rose im Garten meines Nachbarn nass werden könnte; Menschen beschränken ganz unbewusst die Vorwärtsverkettung, sodass sie nicht mit irrelevanten Konsequenzen überschwemmt werden.

Der Algorithmus für die Rückwärtsverkettung arbeitet, wie der Name schon sagt, von der Abfrage aus rückwärts. Wenn die Abfrage q als wahr bekannt ist, muss nichts gemacht werden. Andernfalls sucht der Algorithmus in der Wissensbasis nach genau den Implikationen, deren Schlussfolgerung q ist. Wenn alle Prämissen einer dieser Implikationen (durch Rückwärtsverkettung) als wahr bewiesen werden können, dann ist q wahr. Wird dieser Algorithmus auf die Abfrage Q in ► Abbildung 7.16 angewendet, so arbeitet er den Graphen rückwärts ab, bis er eine Menge bekannter Fakten, A und B, erreicht, die die Grundlage für einen Beweis bildet. Der Algorithmus ist im Großen und Ganzen identisch zu dem AND-OR-GRAPH-SEARCH-Suchalgorithmus in ► Abbildung 4.11. Wie schon bei der Vorwärtsverkettung lässt sich eine effiziente Implementierung in linearer Zeit ausführen.

Die Rückwärtsverkettung ist eine Form des **zielgerichteten Schlussfolgerns**. Sie eignet sich vor allem für die Beantwortung bestimmter Fragen wie „Was soll ich jetzt tun?" und „Wo sind meine Schlüssel?". Oft sind die Kosten der Rückwärtsverkettung *viel geringer* als linear zur Größe der Wissensbasis, da im Verlauf nur relevante Fakten berücksichtigt werden.

7.6 Effektives Model Checking in der Aussagenlogik

In diesem Abschnitt werden zwei effiziente Algorithmusfamilien für die allgemeine aussagenlogische Inferenz auf der Basis von Model Checking beschrieben: einer der Ansätze basiert auf der Backtracking-Suche und der andere auf der lokalen Bergsteigersuche. Beide Algorithmen gehören zur „technischen Grundausstattung" der Aussagenlogik. Dieser Abschnitt kann beim ersten Durchlesen des Kapitels überflogen werden.

Die hier beschriebenen Algorithmen dienen der Überprüfung der Erfüllbarkeit: das SAT-Problem. (Wie in Abschnitt 7.5 erwähnt, kann man die semantische Folgerung $\alpha \models \beta$ auch dadurch testen, dass man auf *Un*erfüllbarkeit von $\alpha \wedge \neg\beta$ testet.) Wir haben auf S. 263 auf den Zusammenhang zwischen der Suche nach einem erfüllenden Modell für einen logischen Satz und der Suche nach einer Lösung für ein Constraint-Satisfaction-Problem hingewiesen, sodass es nicht überraschen dürfte, dass die beiden Familien der SAT-Algorithmen den Backtracking-Algorithmen aus Abschnitt 6.3 und den lokalen Suchalgorithmen aus Abschnitt 6.4 sehr ähnlich sind. Sie sind jedoch für sich genommen extrem wichtig, weil sich viele kombinatorische Probleme in der Informatik auf die Überprüfung der Erfüllbarkeit eines aussagenlogischen Satzes reduzieren lassen. Jede Verbesserung der Erfüllbarkeitsalgorithmen hat enorme Auswirkungen auf unsere Fähigkeit, mit Komplexität allgemein umzugehen.

7.6.1 Ein vollständiger Backtracking-Algorithmus

Der erste Algorithmus, den wir betrachten, ist der **Davis-Putnam-Algorithmus**, der seinen Namen der bahnbrechenden Arbeit von Martin Davis und Hilary Putnam (1960) verdankt. Die hier beschriebene Version des Algorithmus stammt eigentlich von Davis, Logemann und Loveland (1962), weshalb wir ihn nach den Initialen aller vier Autoren DPLL nennen wollen. DPLL nimmt als Eingabe einen Satz in konjunktiver Normalform (d. h. eine Menge von Klauseln) entgegen. Wie bei BACKTRACKING-SEARCH und TT-ENTAILS? handelt es sich im Wesentlichen um eine rekursive Tiefen-Auflistung der möglichen Modelle. Der Algorithmus bietet drei Verbesserungen gegenüber dem einfachen Schema von TT-ENTAILS?:

- *Frühzeitige Terminierung*: Der Algorithmus erkennt, ob der Satz wahr oder falsch ist, auch bei einem nur teilweise vollständigen Modell. Eine Klausel ist wahr, wenn *ein beliebiges* Literal wahr ist, auch wenn die anderen Literale noch keine Wahrheitswerte haben; daher könnte der Satz als Ganzes für wahr befunden werden, noch bevor das Modell vollständig ist. Zum Beispiel ist der Satz $(A \vee B) \wedge (A \vee C)$ wahr, wenn A wahr ist, unabhängig von den Werten von B und C. Entsprechend ist ein Satz falsch, wenn *eine beliebige* Klausel falsch ist, was gegeben ist, wenn alle ihre Literale falsch sind. Auch dies kann auftreten, lange bevor das Modell vollständig ist. Durch die frühzeitige Terminierung wird die Auswertung ganzer Teilbäume im Suchraum vermieden.
- *Reines-Symbol-Heuristik*: Ein **reines Symbol** ist ein Symbol, das in allen Klauseln immer mit dem gleichen „Vorzeichen" auftritt. Zum Beispiel ist in den drei Klauseln $(A \vee \neg B)$, $(\neg B \vee \neg C)$ und $(C \vee A)$ das Symbol A rein, weil nur das positive Literal erscheint, B ist rein, weil nur das negative Literal erscheint, und C ist nicht rein. Es ist leicht zu erkennen: Wenn ein Satz ein Modell hat, so ist dies ein Modell, bei dem die reinen Symbole so zugewiesen sind, dass ihre Literale *wahr* ergeben, da damit eine Klausel niemals falsch sein kann. Beachten Sie, dass der Algorithmus bei der Bestimmung der Reinheit eines Symbols Klauseln ignorieren kann, von denen bereits bekannt ist, dass sie im bisher konstruierten Modell wahr sind. Wenn das Modell z. B. $B = falsch$ enthält, dann ist die Klausel $(\neg B \vee \neg C)$ bereits wahr und in den übrigen Klauseln erscheint C nur als positives Literal; daher wird C zu einem reinen Symbol.
- *Einheitsklausel-Heuristik*: Eine **Einheitsklausel** wurde weiter oben als eine Klausel mit nur einem Literal definiert. Im Kontext von DPLL sind damit auch Klauseln gemeint, in denen allen Literalen bis auf einem vom Modell *falsch* zugewiesen wurde. Enthält das Modell z. B. $B = wahr$, dann vereinfacht sich $(\neg B \vee \neg C)$ zu $\neg C$, einer Einheitsklausel. Damit diese Klausel wahr ist, muss C offensichtlich auf *falsch* gesetzt werden. Die Einheitsklausel-Heuristik weist allen diesen Symbolen Wahrheitswerte zu, bevor sie zum Rest verzweigt. Eine wichtige Konsequenz der Heuristik ist, dass jeder Versuch, (durch Widerspruch) ein Literal zu beweisen, das sich bereits in der Wissensbasis befindet, sofort erfolgreich ist (Übung 7.29 auf der Website). Beachten Sie auch, dass die Zuweisung einer Einheitsklausel eine andere Einheitsklausel erzeugen kann – wenn z. B. C auf *falsch* gesetzt wird, wird $(C \vee A)$ zu einer Einheitsklausel, mit der Folge, dass A *wahr* zugewiesen wird. Diese „Kaskade" erzwungener Zuweisungen wird als **Einheitspropagation** bezeichnet. Sie ähnelt dem Prozess der Vorwärtsverkettung mit definiten Klauseln, und in Fällen, in denen der KNF-Ausdruck nur definite Klauseln enthält, zeigt sich tatsächlich, dass der DPLL-Algorithmus im Grunde genommen der Vorwärtsverkettung entspricht (siehe Übung 7.30 auf der Website).

Sie finden den DPLL-Algorithmus in ► Abbildung 7.17: hier ist das Grundgerüst des Suchprozesses ohne Implementierungsdetails gezeigt.

Was ► Abbildung 7.17 nicht zeigt, sind die Tricks, mit denen SAT-Solver auf große Probleme skaliert werden können. Interessanterweise sind die meisten dieser Tricks ziemlich allgemein und uns schon in anderen Formen begegnet:

1. **Komponentenanalyse** (wie bei Tasmanien in CSPs): Da DPLL den Variablen Wahrheitswerte zuweist, kann die Menge der Klauseln in disjunkte Teilmengen aufgeteilt werden, die als **Komponenten** bezeichnet werden und keine Variablen gemeinsam haben, die nicht zugewiesen wurden. Verfügt ein Solver über eine effiziente Möglichkeit, dies festzustellen, lässt sich seine Geschwindigkeit erheblich steigern, wenn er auf jeder Komponente separat arbeitet.
2. **Variablen- und Wertereihenfolge** (wie in Abschnitt 6.3.1 für CSPs): Unsere einfache Implementierung von DPLL verwendet eine beliebige Variablenreihenfolge und versucht

```
function DPLL-SATISFIABLE?(s) returns true oder false
  inputs: s, ein aussagenlogischer Satz

  clauses ← die Klauselmenge in KNF-Darstellung von s
  symbols ← eine Liste von Aussagensymbolen in s
  return DPLL(clauses, symbols, { })

function DPLL(clauses, symbols, model) returns true oder false

  if jede Klausel in clauses ist wahr in model then return true
  if eine Klausel in clauses ist falsch in model then return false
  P, value ← FIND-PURE-SYMBOL(symbols, clauses, model)
  if P ist nicht null then return DPLL(clauses, symbols – P, model ∪ {P=value})
  P, value ← FIND-UNIT-CLAUSE(clauses, model)
  if P ist nicht null then return DPLL(clauses, symbols – P, model ∪ {P=value})
  P ← FIRST(symbols); rest ← REST(symbols)
  return DPLL(clauses, rest, model ∪ {P=true}) or
         DPLL(clauses, rest, model ∪ {P=false}))
```

Abbildung 7.17: Der DPLL-Algorithmus prüft die Erfüllbarkeit eines Satzes der Aussagenlogik. Die Funktionen von FIND-PURE-SYMBOL und FIND-UNIT-CLAUSE sind im Text beschrieben; beide geben ein Symbol (oder null) und den Wahrheitswert zurück, der diesem Symbol zugewiesen werden soll. Wie TT-ENTAILS? arbeitet auch DPLL mit partiellen Modellen.

es immer erst mit dem Wert *wahr*, bevor der Wert *falsch* ausprobiert wird. Die **Gradheuristik** (siehe S. 232) schlägt vor, die Variable zu wählen, die über alle verbleibenden Klauseln hinweg am häufigsten vorkommt.

3. **Intelligentes Backtracking** (wie in Abschnitt 6.3.3 für CSPs): Viele Probleme, die mit chronologischem Backtracking nicht in Laufzeit-Stunden gelöst werden können, lassen sich mit intelligentem Backtracking, das zurück bis zum relevanten Konfliktpunkt sichert, in Sekunden lösen. Alle SAT-Solver mit intelligentem Backtracking verwenden eine Form des **Lernens von Konfliktklauseln**, um Konflikte zu erfassen, damit sie sich später in der Suche nicht wiederholen. Normalerweise wird nur eine begrenzte Menge von Konflikten gespeichert und selten auftretende Konflikte werden verworfen.

4. **Zufällige Neustarts** (wie auf S. 145 für Bergsteigen): Manchmal scheint ein Suchlauf keine Fortschritte zu machen. In diesem Fall können wir von der Spitze des Suchbaums aus neu starten, anstatt zu versuchen, den Suchlauf fortzusetzen. Nach dem Neustart werden andere Zufallsentscheidungen (bei der Variablen- und Werteauswahl) getroffen. Klauseln, die im ersten Durchlauf gelernt wurden, bleiben nach dem Neustart erhalten und können helfen, den Suchraum zu verkleinern. Der Neustart garantiert nicht, dass eine Lösung schneller gefunden wird, aber er reduziert die Varianz der Zeit bis zur Lösungsfindung.

5. **Geschicktes Indizieren** (wie in vielen Algorithmen praktiziert): Die in der DPLL selbst verwendeten Beschleunigungsmethoden sowie die in modernen Solvern verwendeten Tricks erfordern ein schnelles Indizieren von Elementen wie „die Menge der Klauseln, in denen die Variable X_i als positives Literal erscheint". Diese Aufgabe wird dadurch erschwert, dass die Algorithmen nur an den Klauseln interessiert sind, die noch nicht durch vorherige Zuweisungen an Variablen erfüllt wurden, sodass die Indizierungsstrukturen im Laufe der Berechnungen dynamisch aktualisiert werden müssen.

Mit diesen Verbesserungen können moderne Solver Probleme mit Millionen von Variablen bewältigen. Sie haben Bereiche wie die Verifikation von Hardware und von Sicherheitsprotokollen revolutioniert, die früher mühsam von Hand geführte Beweise erforderten.

7.6.2 Lokale Suchalgorithmen

Wir haben in diesem Buch bereits mehrere lokale Suchalgorithmen kennengelernt, unter anderem HILL-CLIMBING (S. 143) und SIMULATED-ANNEALING (S. 147). Diese Algorithmen können direkt auf Erfüllbarkeitsprobleme angewendet werden, vorausgesetzt, wir wählen die richtige Evaluierungsfunktion. Da das Ziel darin besteht, eine Zuweisung zu finden, die jede Klausel erfüllt, bietet sich eine Evaluierungsfunktion an, die die Anzahl der unerfüllten Klauseln zählt. Genau dieses Maß wird vom MIN-CONFLICTS-Algorithmus für CSPs (S. 237) verwendet. Alle diese Algorithmen operieren im Raum vollständiger Zuweisungen, da sie nur jeweils den Wahrheitswert eines Symbols wechseln. Der Raum enthält in der Regel viele lokale Minima, sodass verschiedene Formen von Zufälligkeit erforderlich sind, um diesen Minima zu entkommen. In den letzten Jahren wurde viel experimentiert, um ein gutes Gleichgewicht zwischen Gier und Zufälligkeit zu finden.

Einer der einfachsten und effektivsten Algorithmen, den all diese Anstrengungen hervorgebracht haben, heißt WALKSAT (► Abbildung 7.18). Bei jeder Iteration wählt der Algorithmus eine unerfüllte Klausel sowie ein zu wechselndes Symbol in dieser Klausel. Er entscheidet nach dem Zufallsprinzip, mit welcher von zwei Alternativen das Symbol gewechselt werden soll: (1) mithilfe eines „Min-Conflicts"-Schritts, der die Anzahl der unerfüllten Klauseln im neuen Zustand minimiert oder (2) mithilfe eines „Random-Walk"-Schritts, der das Symbol zufällig auswählt.

Wenn WALKSAT ein Modell zurückgibt, ist der Eingabesatz tatsächlich erfüllbar, wenn er jedoch einen *Fehler* zurückliefert, gibt es zwei mögliche Ursachen: entweder ist der Satz nicht erfüllbar oder wir müssen dem Algorithmus mehr Zeit zugestehen. Setzen wir $max\_flips = \infty$ und $p > 0$, so wird WALKSAT irgendwann ein Modell zurückgeben (falls eines existiert), weil die Random-Walk-Schritte irgendwann auf eine Lösung stoßen. Wenn *max_flips* jedoch unendlich und der Satz nicht erfüllbar ist, terminiert der Algorithmus nie!

Deshalb sollte WALKSAT am besten dann eingesetzt werden, wenn zu erwarten ist, dass eine Lösung existiert – so gibt es z. B. zu den in Kapitel 3 und 6 behandelten Problemen normalerweise eine Lösung. Andererseits kann WALKSAT nicht immer erkennen, ob ein Problem *unerfüllbar* ist, was jedoch erforderlich ist, um über die semantische Folgerung zu entscheiden. Zum Beispiel kann ein Agent mit WALKSAT nicht *zuverlässig* beweisen, dass ein Feld in der Wumpus-Welt sicher ist. Stattdessen kann er sagen: „Ich habe eine Stunde darüber nachgedacht und bin auf keine Welt gestoßen, in der das Feld *nicht* sicher ist." Das mag ein guter empirischer Indikator dafür sein, dass das Feld sicher ist, ist aber eindeutig kein Beweis.

```
function WALKSAT(clauses, p, max_flips) returns ein erfüllendes Modell oder failure
  inputs: clauses, eine Menge aussagenlogischer Klauseln
          p, die Wahrscheinlichkeit, einen Random-Walk-Schritt auszuwählen,
             normalerweise bei 0,5
          max_flips, Anzahl der erlaubten Wechsel bis zum Aufgeben

  model ← eine zufällige Zuweisung von true/false an die Symbole in clauses
  for each i = 1 to max_flips do
      if model erfüllt clauses then return model
      clause ← eine zufällig ausgewählte Klausel von clauses, die in model falsch ist
      if RANDOM(0, 1) ≤ p then
         wechsele den Wert in model eines zufällig aus clause ausgewählten Symbols
     else wechsle den Wert eines Symbols, welches in clause die Anzahl der erfüllten Klauseln
          maximiert
  return failure
```

Abbildung 7.18: Der WALKSAT-Algorithmus zum Überprüfen der Erfüllbarkeit durch zufälliges Wechseln von Variablenwerten. Es gibt viele Versionen dieses Algorithmus.

7.6.3 Die Landschaft zufälliger SAT-Probleme

Einige SAT-Probleme sind schwieriger als andere. *Einfache* Probleme lassen sich mit irgendeinem alten Algorithmus lösen, aber da wir wissen, dass SAT-Probleme NP-vollständig sind, muss es zumindest einige Probleminstanzen mit exponentieller Laufzeit geben. In Kapitel 6 haben wir einige überraschende Entdeckungen zu bestimmte Arten von Problemen gemacht. Zum Beispiel hat sich das n-Damen-Problem, das für Backtracking-Suchalgorithmen als überaus knifflig galt, für lokale Suchmethoden wie Min-Conflicts als trivial einfach erwiesen. Das liegt daran, dass die Lösungen im Zuweisungsraum sehr dicht verteilt sind und es für jede anfängliche Zuweisung garantiert irgendwo in der Nähe eine Lösung gibt. Das n-Damen-Problem ist also einfach, weil es **unterbestimmt** ist.

Wenn wir uns Erfüllbarkeitsprobleme in konjunktiver Normalform ansehen, ist ein unterbestimmtes Problem eines mit relativ *wenigen* Klauseln, die die Variablen einschränken. Hier ist zum Beispiel ein zufällig generierter 3-KNF-Satz mit fünf Symbolen und fünf Klauseln:

$$(\neg D \vee \neg B \vee C) \wedge (B \vee \neg A \vee \neg C) \wedge (\neg C \vee \neg B \vee E) \wedge (E \vee \neg D \vee B) \wedge (B \vee E \vee \neg C)$$

Sechzehn der 32 möglichen Zuweisungen sind Modelle dieses Satzes, sodass im Durchschnitt nur zwei zufällige Auswahlen nötig sind, um ein Modell zu finden. Wie die meisten unterbestimmten Probleme ist dies ein einfaches Erfüllbarkeitsproblem. Im Gegensatz dazu weist ein *überbestimmtes* Problem viele Klauseln im Verhältnis zur Anzahl der Variablen auf und hat wahrscheinlich keine Lösung. Es ist jedoch oft leicht zu lösen, da die Beschränkungen entweder schnell zu einer Lösung führen oder in eine Sackgasse münden, aus der es kein Entkommen gibt.

Um mehr als Grundvermutungen anzustellen, müssen wir genau definieren, wie Zufallssätze erzeugt werden. Die Notation $KNF_k(m, n)$ bezeichnet einen k-KNF-Satz mit m Klauseln und n Symbolen, wobei die Klauseln gleichmäßig, unabhängig und ohne Zurücklegen aus allen Klauseln mit k verschiedenen Literalen, die zufällig positiv oder negativ sind, ausgewählt werden. (Ein Symbol darf weder zweimal in einer Klausel noch darf eine Klausel zweimal in einem Satz vorkommen.)

Für eine gegebene Quelle zufälliger Sätze können wir die Wahrscheinlichkeit der Erfüllbarkeit messen. ► Abbildung 7.19 a zeigt die Wahrscheinlichkeit für $KNF_3(m, 50)$ (d. h. für Sätze mit 50 Variablen und 3 Literalen pro Klausel) als Funktion des Verhältnisses von Klauseln zu Symbolen, m/n. Wie zu erwarten, liegt die Wahrscheinlichkeit der Erfüllbarkeit bei kleinen m/n nahe 1 und bei großen m/n nahe 0. Ungefähr bei $m/n = 4,3$ sinkt die Wahrscheinlichkeit rapide. Empirisch betrachtet verändert (für $k = 3$) die „Klippe" ihre Position nur geringfügig, wird aber mit zunehmendem n immer steiler.

Theoretisch besagt das **Schwellenwert-Phänomen der Erfüllbarkeit**, dass es für jedes $k \geq 3$ ein Schwellenverhältnis r_k gibt, sodass für n gegen unendlich die Wahrscheinlichkeit, dass $KNF_k(rn, n)$ erfüllbar ist, für alle Werte von r unterhalb des Schwellenwerts zu 1 und für alle Werte darüber zu 0 wird. Das Phänomen bleibt unbewiesen, selbst für Spezialfälle wie $k = 3$. Doch auch wenn es keinen Beweis gibt, kommt diese Art des Schwellenwerteffekts häufig vor, sowohl für Erfüllbarkeitsprobleme als auch für andere Arten von NP-schweren Problemen.

Da wir nun eine gute Vorstellung davon haben, wo die erfüllbaren und die unerfüllbaren Probleme liegen, stellt sich natürlich die Frage: Wo liegen die schweren Probleme? Wie sich zeigt, liegen auch diese auch oft am Schwellenwert. ► Abbildung 7.19 b zeigt, dass 50-Symbol-Probleme bei einem Schwellenwert von 4,3 etwa 20-mal schwieriger zu lösen sind als solche bei einem Verhältnis von 3,3. Die unterbestimmten Probleme sind am einfachsten zu lösen (weil es einfach ist, eine Lösung zu erraten); die überbestimmten Probleme sind nicht so einfach wie die unterbestimmten, aber immer noch wesentlich einfacher als die, die genau auf dem Schwellenwert liegen.

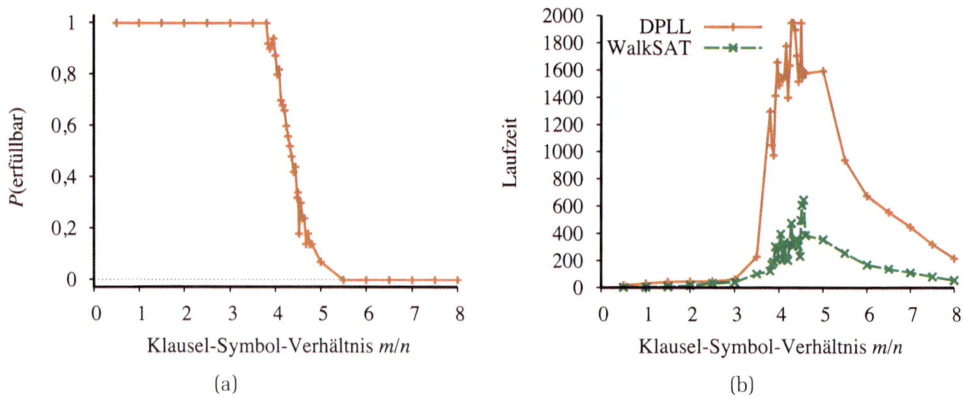

Abbildung 7.19: (a) Grafik der Wahrscheinlichkeit, dass ein zufälliger 3-KNF-Satz mit $n = 50$ Symbolen erfüllbar ist, als Funktion des Klausel-Symbol-Verhältnisses m/n. (b) Grafik der mittleren Laufzeit (gemessen in Anzahl der Iterationen) sowohl für DPLL als auch für WALKSAT auf zufälligen 3-KNF-Sätzen. Die schwierigsten Probleme haben ein Klausel-Symbol-Verhältnis von etwa 4,3.

7.7 Agenten auf der Basis von Aussagenlogik

In diesem Abschnitt tragen wir alles bisher Gelernte zusammen, um Wumpus-Welt-Agenten zu konstruieren, die mit Aussagenlogik arbeiten. Der erste Schritt besteht darin, den Agenten in die Lage zu versetzen, so weit wie möglich den Zustand der Welt anhand seiner bisherigen Perzepte herzuleiten. Hierzu muss zuerst ein vollständiges logisches Modell der Auswirkungen von Aktionen erstellt werden. Dann zeigen wir, wie ein Agent in der Wumpus-Welt logische Inferenz anwenden kann. Außerdem erfahren Sie, wie der Agent sein Wissen über die Welt effizient abspeichern kann, ohne für jede Inferenz die Perzepthistorie konsultieren zu müssen. Und schließlich beschreiben wir, wie der Agent mithilfe logischer Inferenz Pläne konstruieren kann, mit denen er seine Ziele garantiert erreicht, vorausgesetzt seine Wissensbasis ist in der tatsächlichen Welt wahr.

7.7.1 Der aktuelle Zustand der Welt

Wie zu Beginn des Kapitels erwähnt, arbeitet ein logischer Agent, indem er aus einer Wissensbasis, also aus Sätzen über die Welt herleitet, was zu tun ist. Die Wissensbasis besteht aus Axiomen – allgemeinem Wissen darüber, wie die Welt funktioniert – und Perzeptsätzen, die aus den Erfahrungen des Agenten in einer bestimmten Welt gewonnen werden. In diesem Abschnitt konzentrieren wir uns auf das Problem der Ableitung des aktuellen Zustands der Wumpus-Welt – wo befinde ich mich, ist dieses Feld sicher usw.

Wir haben in Abschnitt 7.4.3 begonnen, Axiome zu sammeln. Der Agent weiß, dass das Startfeld weder eine Fallgrube ($\neg P_{1,1}$) noch einen Wumpus ($\neg W_{1,1}$) enthält. Außerdem weiß er, dass er in einem Feld nur dann einen Luftzug spürt, wenn ein benachbartes Feld eine Fallgrube enthält, und nur dann einen üblen Geruch wahrnimmt, wenn sich in einem benachbarten Feld der Wumpus befindet. Dadurch erhalten wir eine große Sammlung von Sätzen der folgenden Form:

$$\begin{aligned} B_{1,1} &\Leftrightarrow (P_{1,2} \vee P_{2,1}) \\ S_{1,1} &\Leftrightarrow (W_{1,2} \vee W_{2,1}) \\ &\ldots \end{aligned}$$

Der Agent weiß auch, dass es nur genau einen Wumpus gibt. Dies wird in zwei Teilen ausgedrückt. Zunächst müssen wir sagen, dass es *mindestens* einen Wumpus gibt:

$$W_{1,1} \lor W_{1,2} \lor \cdots \lor W_{4,3} \lor W_{4,4}$$

Dann müssen wir sagen, dass es *höchstens* einen Wumpus gibt. Für jedes Feldpaar fügen wir einen Satz hinzu, der besagt, dass mindestens eines der Felder Wumpus-frei sein muss:

$$\begin{aligned} &\neg W_{1,1} \lor \neg W_{1,2} \\ &\neg W_{1,1} \lor \neg W_{1,3} \\ &\ldots \\ &\neg W_{4,3} \lor \neg W_{4,4} \end{aligned}$$

So weit, so gut. Betrachten wir nun die Perzepte des Agenten. Wir verwenden $S_{1,1}$, um auszudrücken, dass es in [1, 1] stinkt. Können wir allein mit der Aussage *Stench* ausdrücken, dass der Agent einen üblen Geruch wahrnimmt? Leider nicht: Wenn es im vorherigen Zeitschritt keinen Gestank gab, dann wäre $\neg$*Stench* bereits ein Wert zugewiesen worden und die neue Behauptung würde einfach zu einem Widerspruch führen. Das Problem wird gelöst, wenn wir uns klarmachen, dass ein Perzept *nur etwas über den aktuellen Zeitpunkt* aussagt. Wenn also der Zeitschritt 4 ist (wie in ► Abbildung 7.1 an MAKE-PERCEPT-SENTENCE übergeben), dann fügen wir $Stench^4$ zur Wissensbasis hinzu und nicht *Stench* – was einen Widerspruch zu $\neg Stench^3$ vermeidet. Das Gleiche gilt für die Perzepte *Breeze*, *Bump*, *Glitter* und *Scream*. Die Idee, Aussagen mit Zeitschritten zu verknüpfen, erstreckt sich auf jeden Aspekt der Welt, der sich mit der Zeit ändert. Zum Beispiel umfasst die anfängliche Wissensbasis neben $FacingEast^0$, $HaveArrow^0$ und $WumpusAlive^0$ noch $L^0_{1,1}$, d. h., der Agent befindet sich zum Zeitpunkt 0 in Feld [1, 1]. Um einen Aspekt der Welt zu bezeichnen, der sich verändert, verwenden wir den Begriff **Fluent** (vom lateinischen Begriff *fluens*, fließend). „Fluent" ist ein Synonym für „Zustandsvariable", wie sie in der Diskussion der faktorisierten Darstellungen in Abschnitt 2.4.7 auf S. 84 beschrieben wird. Symbole, die permanenten Aspekten der Welt zugeordnet sind, benötigen keinen hochgestellten Zeitindex und werden manchmal als **zeitlose Variablen** bezeichnet.

Wir können Gestank- und Luftzugperzepte wie folgt direkt mit den Eigenschaften der Felder verbinden, in denen sie wahrgenommen werden:[14] Für jeden Zeitschritt t und jedes Feld $[x, y]$ behaupten wir:

$$\begin{aligned} L^t_{x,y} &\Rightarrow (Breeze^t \Leftrightarrow B_{x,y}) \\ L^t_{x,y} &\Rightarrow (Stench^t \Leftrightarrow S_{x,y}) \end{aligned}$$

Jetzt brauchen wir noch Axiome, die es dem Agenten erlauben, Fluents wie $L^t_{x,y}$ zu speichern. Diese Fluents ändern sich in Abhängigkeit von den Aktionen des Agenten, sodass wir das **Transitionsmodell** der Wumpus-Welt gemäß der Terminologie von Kapitel 3 als eine Menge logischer Sätze formulieren müssen.

Zunächst benötigen wir Aussagensymbole für die auftretenden Aktionen. Wie die Perzepte werden auch diese Symbole mit einem Zeitindex versehen; so bedeutet $Forward^0$, dass der Agent die *Forward*-Aktion zum Zeitpunkt 0 ausführt. Per Konvention erfolgt zuerst das Perzept für einen bestimmten Zeitschritt, gefolgt von der Aktion für diesen Zeitschritt, gefolgt von einem Übergang zum nächsten Zeitschritt.

Um zu beschreiben, wie sich die Welt verändert, können wir versuchen, **Effektaxiome** zu formulieren, die das Ergebnis einer Aktion im nächsten Zeitschritt angeben. Wenn sich der Agent zum Beispiel zum Zeitpunkt 0 an der Position [1, 1] mit Blick nach Osten befindet und

14 In Abschnitt 7.4.3 wurde diese Anforderung der Einfachheit halber übergangen.

sich vorwärts bewegt (Aktion *Forward*), ist das Ergebnis, dass sich der Agent nun im Feld [2, 1] und nicht mehr in [1, 1] befindet:

$$L^0_{1,1} \wedge FacingEast^0 \wedge Forward^0 \Rightarrow (L^1_{2,1} \wedge \neg L^1_{1,1}) \quad (7.1)$$

Einen Satz wie diesen benötigen wir für jeden möglichen Zeitschritt, für jedes der 16 Felder und für jede der vier Richtungen. Außerdem brauchen wir entsprechende Sätze für die anderen Aktionen: *Grab*, *Shoot*, *Climb*, *TurnLeft* und *TurnRight*.

Angenommen, der Agent beschließt zum Zeitpunkt 0, sich vorwärts zu bewegen (*Forward*), und trägt diese Tatsache in seine Wissensbasis ein. Anhand des Effektaxioms in Gleichung (7.1), kombiniert mit den anfänglichen Aussagen über den Zustand zum Zeitpunkt 0, kann der Agent nun ableiten, dass er sich in Feld [2, 1] befindet. Das heißt $\text{ASK}(KB, L^1_{2,1}) = true$. So weit, so gut. Leider lautet bei $\text{ASK}(KB, HaveArrow^1)$ die Antwort *false*, d. h., weder kann der Agent beweisen, dass er den Pfeil noch hat, noch, dass er ihn nicht hat! Die Information ist verloren gegangen, weil das Effektaxiom *nicht* angibt, was als Ergebnis einer Handlung *unverändert* bleibt. Die Notwendigkeit einer solchen Angabe führt zum **Rahmenproblem**[15], das sich zum Beispiel durch **Rahmenaxiome** lösen ließe, die explizit alle Aussagen zusichern, die gleich bleiben. Zum Beispiel erhielten wir dann für jeden Zeitpunkt *t*:

$$Forward^t \Rightarrow (HaveArrow^t \Leftrightarrow HaveArrow^{t+1})$$
$$Forward^t \Rightarrow (WumpusAlive^t \Leftrightarrow WumpusAlive^{t+1})$$
$$\ldots$$

Wir erwähnen hier also explizit jede Aussage, die von Zeitpunkt t bis $t + 1$ bei der Aktion *Forward* unverändert bleibt. Obwohl der Agent nun weiß, dass er nach der Vorwärtsbewegung immer noch den Pfeil hat und der Wumpus nicht gestorben bzw. wiederauferstanden ist, erscheint die ausufernde Anzahl an Rahmenaxiomen bemerkenswert ineffizient. In einer Welt mit m verschiedenen Aktionen und n Fluents hat die Menge der Rahmenaxiome eine Größe von $O(mn)$. Diese spezielle Ausprägung des Rahmenproblems wird manchmal als **repräsentationelles Rahmenproblem** bezeichnet und hat in der Geschichte der KI eine bedeutende Rolle gespielt. Wir werden in den Anmerkungen am Ende dieses Kapitels näher darauf eingehen.

Das repräsentationelle Rahmenproblem ist so wichtig, weil es in der realen Welt sehr viele Fluents gibt, um es gelinde auszudrücken. Zum Glück ändert jede Aktion in der Regel nur eine kleine Anzahl k dieser Fluents – die Welt besitzt **Lokalität**. Um das Problem des repräsentationellen Rahmens zu lösen, muss das Transitionsmodell mit einer Axiommenge der Größe $O(mk)$ anstatt $O(mn)$ definiert werden. Darüber hinaus gibt es noch ein **inferenzielles Rahmenproblem**: das Problem der Vorwärtsprojektion der Ergebnisse eines t-schrittigen Aktionsplans in der Zeit $O(kt)$ statt $O(nt)$.

Dieses Problem lässt sich dadurch lösen, dass man keine Axiome mehr über *Aktionen* formuliert, sondern über *Fluents*. Zu jedem Fluent F gibt es somit ein Axiom, das den Wahrheitswert von F^{t+1} in Bezug auf Fluents (einschließlich F selbst) zum Zeitpunkt t definiert sowie die Aktionen, die zum Zeitpunkt t aufgetreten sein können. Der Wahrheitswert von F^{t+1} kann nun auf zwei verschiedene Weisen festgesetzt werden: Entweder bewirkt die Aktion zum Zeitpunkt t, dass F zum Zeitpunkt $t + 1$ wahr wird, oder F war zum Zeitpunkt t bereits wahr und die Aktion zum Zeitpunkt t bewirkt, dass F wahr bleibt. Ein Axiom dieser Form wird **Nachfolgezustandsaxiom** genannt und lautet:

$$F^{t+1} \Leftrightarrow ActionCausesF^t \vee (F^t \wedge \neg ActionCausesNotF^t)$$

15 Die Wortschöpfung „Rahmenproblem“ (*frame problem*) beruht auf dem Begriff „Bezugsrahmen“ (*frame of reference*), der aus der Physik stammt und ein angenommenes stationäres Bezugssystem bezeichnet, relativ zu dem Bewegung gemessen wird. Es gibt auch eine Analogie zu den Einzelbildern (*frame*) eines Films, wobei normalerweise der größte Teil des Hintergrunds konstant bleibt, während Änderungen im Vordergrund stattfinden.

Eines der einfachsten Nachfolgezustandsaxiome ist das für *HaveArrow*. Da es keine Nachlade-Aktion gibt, entfällt der *ActionCausesF*^{t}-Teil und übrig bleibt:

$$HaveArrow^{t+1} \Leftrightarrow (HaveArrow^t \wedge \neg Shoot^t) \tag{7.2}$$

Hinsichtlich der Position des Agenten sind die Nachfolgezustandsaxiome wesentlich ausführlicher. Zum Beispiel ist $L_{1,1}^{t+1}$ wahr, wenn der Agent sich entweder (a) von [1, 2] aus in südliche Richtung oder von [2, 1] aus in westliche Richtung vorwärts bewegt; oder (b) $L_{1,1}^t$ bereits wahr war und die Aktion nicht zu einer Bewegung geführt hat (entweder weil die Aktion keine *Forward*-Aktion war oder zu einem Zusammenstoß mit einer Wand geführt hat). Ausgedrückt in Aussagenlogik sieht dies folgendermaßen aus:

$$\begin{aligned} L_{1,1}^{t+1} \Leftrightarrow\ & (L_{1,1}^t \wedge (\neg Forward^t \vee Bump^{t+1})) \\ & \vee (L_{1,2}^t \wedge (FacingSouth^t \wedge Forward^t)) \\ & \vee (L_{2,1}^t \wedge (FacingWest^t \wedge Forward^t)) \end{aligned} \tag{7.3}$$

Übung 7.34 auf der Website fordert Sie auf, Axiome für die verbleibenden Fluents der Wumpus-Welt zu formulieren.

Mithilfe eines vollständigen Satzes von Nachfolgezustandsaxiomen und den Axiomen, die am Anfang dieses Abschnitts vorgestellt wurden, ist der Agent in der Lage, mit ASK jede beantwortbare Frage über den aktuellen Zustand der Welt zu formulieren und auch zu beantworten. Zum Beispiel sieht die anfängliche Folge von Perzepten und Aktionen in Abschnitt 7.2 wie folgt aus:

$$\begin{gathered} \neg Stench^0 \wedge \neg Breeze^0 \wedge \neg Glitter^0 \wedge \neg Bump^0 \wedge \neg Scream^0 ; Forward^0 \\ \neg Stench^1 \wedge Breeze^1 \wedge \neg Glitter^1 \wedge \neg Bump^1 \wedge \neg Scream^1 ; TurnRight^1 \\ \neg Stench^2 \wedge Breeze^2 \wedge \neg Glitter^2 \wedge \neg Bump^2 \wedge \neg Scream^2 ; TurnRight^2 \\ \neg Stench^3 \wedge Breeze^3 \wedge \neg Glitter^3 \wedge \neg Bump^3 \wedge \neg Scream^3 ; Forward^3 \\ \neg Stench^4 \wedge \neg Breeze^4 \wedge \neg Glitter^4 \wedge \neg Bump^4 \wedge \neg Scream^4 ; TurnRight^4 \\ \neg Stench^5 \wedge \neg Breeze^5 \wedge \neg Glitter^5 \wedge \neg Bump^5 \wedge \neg Scream^5 ; Forward^5 \\ Stench^6 \wedge \neg Breeze^6 \wedge \neg Glitter^6 \wedge \neg Bump^6 \wedge \neg Scream^6 \end{gathered}$$

An diesem Punkt liefert ASK$(KB, L_{1,2}^6) = true$, sodass der Agent weiß, wo er sich befindet. Da außerdem ASK$(KB, W_{1,3}) = true$ und ASK$(KB, P_{3,1}) = true$ ergeben, ist klar, dass der Agent den Wumpus und eine der Fallgruben gefunden hat. Die wichtigste Frage für den Agenten ist und bleibt jedoch, ob es für ihn sicher ist, ein Feld zu betreten, d. h., ob das Feld frei von einer Fallgrube oder einem lebenden Wumpus ist. Es ist sinnvoll, hierfür Axiome der folgenden Form hinzuzufügen:

$$OK_{x,y}^t \Leftrightarrow \neg P_{x,y} \wedge \neg(W_{x,y} \wedge WumpusAlive^t)$$

Schließlich liefert ASK$(KB, OK_{2,2}^6) = true$, sodass sich der Agent gefahrlos auf das Feld [2, 2] bewegen kann. Mit einem korrekten und vollständigen Inferenzalgorithmus wie DPLL kann der Agent also jede beantwortbare Frage zur Klärung der Sicherheit aller Felder beantworten – und das in nur wenigen Millisekunden für kleine bis mittlere Wumpus-Welten. Die Lösung der repräsentationellen und inferenziellen Rahmenprobleme ist ein großer Schritt nach vorn, aber ein übles Problem bleibt bestehen: Wir müssen bestätigen, dass für eine Aktion *alle* notwendigen Voraussetzungen gelten, damit sie die beabsichtigte Wirkung hat. Wir haben gesagt, dass die Aktion *Forward* den Agenten vorwärts bewegt, es sei denn, eine Wand hindert ihn daran, aber es gibt noch viele andere ungewöhnliche Ausnahmen, die die Aktion fehlschlagen lassen könnten: Der Agent könnte stolpern und fallen, einen Herzinfarkt erleiden, von

Riesenfledermäusen weggetragen werden usw. Die Spezifizierung all dieser Ausnahmen wird als **Qualifikationsproblem** bezeichnet. Es gibt also keine vollständige Lösung innerhalb der Logik; Systemdesigner müssen gut überlegen, wie detailliert die Spezifikation ihres Modells sein soll und welche Details sie weglassen wollen. Wir werden in Kapitel 12 sehen, dass die Wahrscheinlichkeitstheorie uns erlaubt, alle Ausnahmen zusammenzufassen, ohne sie explizit zu benennen.

7.7.2 Ein hybrider Agent

Die Fähigkeit, verschiedene Aspekte des Weltzustands herzuleiten, kann recht einfach mit Bedingung-Aktion-Regeln (siehe Abschnitt 2.4.2) und Problemlösungsalgorithmen aus den Kapiteln 3 und 4 kombiniert werden, um einen **hybriden Agenten** für die Wumpus-Welt zu erzeugen. Dies kann auf mehreren Wegen erfolgen. Einen davon zeigt ► Abbildung 7.20. Dieses Agentenprogramm verwaltet und aktualisiert eine Wissensbasis sowie einen aktuellen

```
function HYBRID-WUMPUS-AGENT(percept) returns eine action
  inputs: percept, eine Liste, [stench,breeze,glitter,bump,scream]
  persistent: KB, eine Wissensbasis, anfangs die zeitlose „Wumpus-Physik“
              t, ein Zähler, anfangs 0, gibt die Zeit an
              plan, eine Aktionsfolge, anfangs leer

  TELL(KB, MAKE-PERCEPT-SENTENCE(percept, t))
  TELL der KB die zeitlichen „Physik“-Sätze für Zeit t
  safe ← {[x, y] : ASK(KB, OK^t_{x,y}) = true}
  if ASK(KB, Glitter^t) = true then
    plan ← [Grab] + PLAN-ROUTE(current, {[1,1]}, safe) + [Climb]
  if plan ist leer then
    unvisited ← {[x, y] : ASK(KB, L^{t'}_{x,y}) = false für alle t' ≤ t}
    plan ← PLAN-ROUTE(current, unvisited ∩ safe, safe)
  if plan ist leer und ASK(KB, HaveArrow^t) = true then
    possible_wumpus ← {[x, y] : ASK(KB, ¬ W_{x,y}) = false}
    plan ← PLAN-SHOT(current, possible_wumpus, safe)
  if plan ist leer then        // keine Wahl, außer ein Risiko einzugehen
    not_unsafe ← {[x, y] : ASK(KB, ¬ OK^t_{x,y}) = false}
    plan ← PLAN-ROUTE(current, unvisited ∩ not_unsafe, safe)
  if plan ist leer then
    plan ← PLAN-ROUTE(current, {[1, 1]}, safe) + [Climb]
  action ← POP(plan)
  TELL(KB, MAKE-ACTION-SENTENCE(action, t))
  t ← t + 1
  return action

function PLAN-ROUTE(current,goals,allowed) returns eine Aktionsfolge
  inputs: current, die aktuelle Position des Agenten
          goals, eine Menge von Feldern; versuche, eine Route zu einem davon zu planen
          allowed, eine Menge von Feldern, die einen Teil der Route bilden können

  problem ← ROUTE-PROBLEM(current, goals,allowed)
  return SEARCH(problem)       // beliebiger Suchalgorithmus aus Kapitel 3
```

Abbildung 7.20: Ein Programm für einen hybriden Agenten der Wumpus-Welt. Es verwendet eine aussagenlogische Wissensbasis, um den Zustand der Welt herzuleiten, und eine Kombination aus problemlösender Suche und domänenspezifischem Code, um Aktionen auszuwählen. Jedes Mal, wenn HYBRID-WUMPUS-AGENT aufgerufen wird, fügt es das Perzept der Wissensbasis hinzu und greift dann entweder auf einen zuvor definierten Plan zurück oder erstellt einen neuen Plan und gibt den ersten Schritt des Plans als die als Nächstes zu erledigende Aktion aus.

Plan. Die anfängliche Wissensbasis enthält die *zeitlosen* Axiome, d. h. die, die nicht von t abhängen, wie z. B. das Axiom, das den Luftzug in einem Feld mit dem Vorhandensein einer Fallgrube verknüpft. Bei jedem Zeitschritt wird ein neuer Perzeptsatz hinzugefügt, und zwar zusammen mit allen Axiomen, die von t abhängen, wie z. B. die Nachfolgezustandsaxiome. (Der nächste Abschnitt erklärt, warum der Agent keine Axiome für *zukünftige* Zeitschritte benötigt.) Dann bedient sich der Agent der logischen Inferenz, wobei er per ASK die Wissensbasis befragt, welche Felder sicher sind und welche noch besucht werden müssen.

Der Hauptteil des Agentenprogramms erstellt einen Plan, der auf einer abnehmenden Priorität der Ziele basiert. Oberste Priorität hat die Situation, dass der Agent ein Glitzern wahrnimmt. Für diesen Fall sieht der Plan vor, dass der Agent das Gold schnappt, auf seiner Route zurück zum Ausgangsfeld geht und aus der Höhle klettert. Ist diese Situation nicht gegeben, dann sucht das Programm eine Route zum nächstgelegenen sicheren Feld, das der Agent noch nicht besucht hat, und stellt sicher, dass die Route nur über sichere Felder führt.

Die Routenplanung erfolgt mit einer A*-Suche und nicht mit ASK. Wenn keine sicheren Felder mehr zu erreichen sind, besteht der nächste Schritt darin, zu versuchen, ein sicheres Feld zu erzeugen, indem der Agent – sofern er noch einen Pfeil hat – auf eines der möglichen Wumpus-Felder schießt. Diese werden mit der Frage ermittelt, wo $\text{ASK}(KB, \neg W_{x,y})$ falsch ist – d. h., von welchen Feldern *nicht* bekannt ist, dass sie *keinen* Wumpus beherbergen. Die Funktion PLAN-SHOT (hier nicht gezeigt) plant mithilfe von PLAN-ROUTE eine Folge von Aktionen, die festlegen, von wo auf welches Feld geschossen wird. Wenn dies fehlschlägt, sucht das Programm nach einem zu untersuchenden Feld, das nicht nachweisbar unsicher ist – das heißt, ein Feld, für das $\text{ASK}(KB, \neg OK^t_{x,y})$ *false* zurückgibt. Wenn es kein solches Feld gibt, ist die Aufgabe nicht zu lösen und der Agent zieht sich nach [1, 1] zurück und klettert aus der Höhle.

7.7.3 Logische Zustandsschätzung

Das Agentenprogramm in ► Abbildung 7.20 funktioniert zwar ganz gut, hat aber eine große Schwäche: Mit zunehmender Zeit wird der Rechenaufwand für die Aufrufe von ASK immer größer. Das liegt hauptsächlich daran, dass die erforderlichen Inferenzen zeitlich immer weiter zurückgehen und immer mehr Aussagensymbole einbeziehen müssen. Damit können wir uns keinesfalls zufriedengeben – wir können keinen Agenten gebrauchen, dessen Verarbeitungszeit für jedes Perzept proportional zur Länge seines Lebens wächst! Was wir wirklich brauchen, ist eine *konstante* Aktualisierungszeit, d. h. Unabhängigkeit von t. Die naheliegende Lösung besteht darin, die Ergebnisse der Inferenz zu speichern oder im **Cache** vorzuhalten, sodass der Inferenzprozess im nächsten Zeitschritt auf den Ergebnissen früherer Schritte aufbauen kann, anstatt wieder bei null anfangen zu müssen.

Wie wir in Abschnitt 4.4 gesehen haben, kann die Historie der Perzepte und all ihrer Verzweigungen durch den **Wissenszustand** ersetzt werden, d. h. durch eine Darstellung der Menge aller möglichen aktuellen Zustände der Welt.[16] Die Aktualisierung des Wissenszustands beim Eintreffen neuer Perzepte wird als **Zustandsschätzung** bezeichnet (siehe S. 165). Während in Abschnitt 4.4 der Wissenszustand eine explizite Liste von Zuständen war, können wir hier einen logischen Satz mitsamt den Aussagensymbolen für den aktuellen Zeitschritt sowie die zeitlosen Symbole verwenden. Zum Beispiel repräsentiert der logische Satz

$$WumpusAlive^1 \wedge L^1_{2,1} \wedge B_{2,1} \wedge (P_{3,1} \vee P_{2,2}) \qquad (7.4)$$

die Menge aller Zustände zum Zeitpunkt 1, in denen der Wumpus noch am Leben ist, der Agent auf Feld [2, 1] steht und dort einen Luftzug spürt und sich in [3, 1] und/oder [2, 2] eine Fallgrube befindet.

16 Wir können uns die Perzepthistorie selbst als eine Repräsentation des Wissenszustands vorstellen, aber eine, die die Inferenz immer teurer macht, je länger die Historie wird.

Es ist allerdings nicht ganz einfach, einen exakten Wissenszustand als logische Formel zu speichern. Wenn es zum Zeitpunkt t n Fluent-Symbole gibt, dann gibt es 2^n mögliche Zustände, d. h. Zuweisungen von Wahrheitswerten zu diesen Symbolen. Die Menge der Wissenszustände entspricht also der Potenzmenge (Menge aller Teilmengen) aller physischen Zustände. Da es 2^n physische Zustände gibt, haben wir es mit 2^{2^n} Wissenszuständen zu tun. Selbst bei kompaktester Codierung der logischen Formeln, bei der jeder Wissenszustand durch eine eindeutige Binärzahl repräsentiert wird, benötigen wir Zahlen mit $\log_2(2^{2^n}) = 2^n$ Bit, um den aktuellen Wissenszustand zu benennen. Das heißt, eine genaue Zustandsschätzung kann logische Formeln erfordern, deren Größe exponentiell zur Anzahl der Symbole zunimmt.

Ein sehr häufiges und natürliches Schema für die *approximative* Zustandsschätzung ist es, Wissenszustände als Konjunktionen von Literalen darzustellen, d. h. als 1-KNF-Formeln. Dazu versucht das Agentenprogramm einfach, X^t und $\neg X^t$ für jedes Symbol X^t (sowie für jedes zeitlose Symbol, dessen Wahrheitswert noch nicht bekannt ist) für den gegebenen Wissenszustand bei $t-1$ zu beweisen. Die Konjunktion der beweisbaren Literale wird zum neuen Wissenszustand und der vorherige Wissenszustand wird verworfen.

Es ist wichtig zu verstehen, dass bei diesem Schema mit der Zeit einige Informationen verloren gehen können. Wenn z. B. der Satz in Gleichung (7.4) der wahre Wissenszustand wäre, dann wären weder $P_{3,1}$ noch $P_{2,2}$ einzeln beweisbar und würden auch nicht im 1-KNF-Wissenszustand erscheinen. (Übung 7.35 auf der Website untersucht eine mögliche Lösung für dieses Problem.) Da andererseits jedes Literal im 1-KNF-Wissenszustand aus dem vorherigen Wissenszustand bewiesen wird und der anfängliche Wissenszustand eine wahre Aussage ist, wissen wir, dass der gesamte 1-KNF-Wissenszustand wahr sein muss. Folglich *enthält die Menge der möglichen Zustände, die durch den 1-KNF-Wissenszustand repräsentiert wird, alle Zustände, die bei gegebener vollständiger Perzepthistorie überhaupt möglich sind.* Wie in ► Abbildung 7.21 dargestellt, fungiert der 1-KNF-Wissenszustand als einfache Hülle – oder konservative Näherung – um den exakten Wissenszustand. Diese Idee der **konservativen Näherung** an komplizierte Mengen ist ein wiederkehrendes Thema in vielen Bereichen der KI.

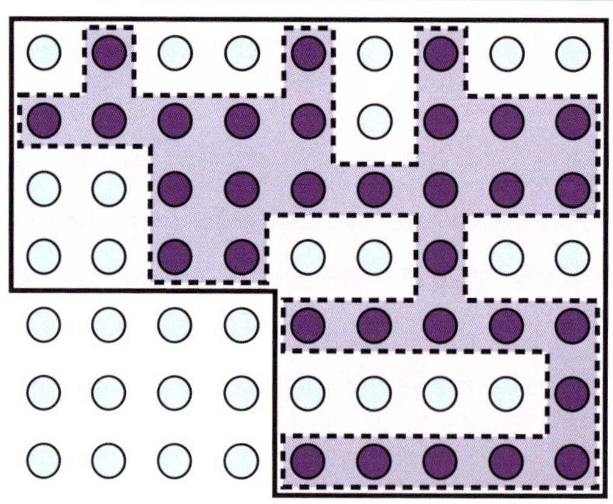

Abbildung 7.21: Darstellung eines 1-KNF-Wissenszustands (fette Umrisslinie) als einfach darstellbare, konservative Näherung an den exakten (vieleckigen, sich schlängelnden) Wissenszustand (dunkelschattierter Bereich mit gestrichelter Umrandung). Jede mögliche Welt ist als Kreis dargestellt; die schattierten sind mit allen Perzepten konsistent.

7.7.4 Planen durch aussagenlogische Inferenz

Der Agent in ► Abbildung 7.20 bestimmt mit logischer Inferenz, welche Felder sicher sind, verwendet aber die A*-Suche, um Pläne zu erstellen. In diesem Abschnitt zeigen wir, wie sich Pläne durch logische Inferenz erstellen lassen. Die Grundidee ist sehr einfach:

1. Konstruiere einen Satz, der Folgendes enthält:
   a. $Init^0$, eine Sammlung von Aussagen über den Anfangszustand;
   b. $Transition^1, \ldots, Transition^t$, die Nachfolgezustandsaxiome für alle möglichen Aktionen zu jedem Zeitpunkt bis zu einer maximalen Zeit t;
   c. die Aussage, dass das Ziel zum Zeitpunkt t erreicht wird: $HaveGold^t \wedge ClimbedOut^t$.
2. Präsentiere den ganzen Satz einem SAT-Solver. Wenn der Solver ein erfüllendes Modell findet, ist das Ziel erreichbar; ist der Satz nicht erfüllbar, ist das Problem unlösbar.
3. Wenn ein Modell gefunden wurde, extrahiere daraus die Aktionsvariablen mit dem Zuweisungswert *wahr*. Diese bilden zusammen einen Plan zum Erreichen der Ziele.

► Abbildung 7.22 zeigt SATPLAN, eine aussagenlogische Planungsprozedur. Sie implementiert die gerade präsentierte Grundidee mit einer kleinen Besonderheit. Da der Agent nicht weiß, wie viele Schritte er benötigt, um das Ziel zu erreichen, probiert es der Algorithmus mit jeder möglichen Anzahl von Schritten t, bis zu einer maximalen Planlänge T_{max}. Auf diese Weise wird gewährleistet, dass er den kürzesten Plan findet, sofern einer existiert. Aufgrund der Art und Weise, wie SATPLAN nach einer Lösung sucht, kann dieser Ansatz nicht in einer partiell beobachtbaren Umgebung verwendet werden; SATPLAN würde einfach die nicht beobachtbaren Variablen auf die Werte setzen, die er für eine Lösung benötigt.

```
function SATPLAN(init, transition, goal, T_max) returns Lösung oder failure
  inputs: init, transition, goal, bilden eine Beschreibung des Problems
          T_max, eine Obergrenze für die Planlänge

  for t = 0 to T_max do
    cnf ← TRANSLATE-TO-SAT(init, transition, goal, t)
    model ← SAT-SOLVER(cnf)
    if model ist nicht null then
      return EXTRACT-SOLUTION(model)
  return failure
```

Abbildung 7.22: Der SATPLAN-Algorithmus. Das Planungsproblem wird in einen KNF-Satz übersetzt, in dem ausgesagt wird, dass das Ziel zu einem festen Zeitschritt t erreicht ist und für jeden Zeitschritt bis t werden Axiome eingebunden. Wenn der Erfüllbarkeitsalgorithmus ein Modell findet, dann wird ein Plan extrahiert, indem er diejenigen Aussagensymbole betrachtet, die sich auf Aktionen beziehen und denen im Modell *true* zugewiesen wurde. Wenn kein Modell existiert, dann wird der Prozess wiederholt, wobei das Ziel auf einen Schritt später verschoben wird.

Der entscheidende Schritt bei der Verwendung von SATPLAN ist die Konstruktion der Wissensbasis. Oberflächlich betrachtet könnte man meinen, dass die Wumpus-Welt-Axiome in Abschnitt 7.7.1 für die Schritte 1(a) und 1(b) oben ausreichen. Es gibt jedoch einen signifikanten Unterschied zwischen den Voraussetzungen für semantische Folgerung (wie mit ASK getestet) und denen für Erfüllbarkeit.

Betrachten wir zum Beispiel die Position des Agenten, der sich zu Beginn im Feld [1, 1] befindet und das anspruchslose Ziel hat, zum Zeitpunkt 1 in [2, 1] zu stehen. Die anfängliche Wissensbasis enthält $L^0_{1,1}$ und das Ziel ist $L^1_{2,1}$. Mithilfe von ASK können wir $L^1_{2,1}$ beweisen, wenn $Forward^0$ zugesichert wird, doch wir können – was beruhigend ist – $L^1_{2,1}$ nicht beweisen, wenn stattdessen zum Beispiel $Shoot^0$ zugesichert wird. Da SATPLAN den Plan [$Forward^0$] findet, ist eigentlich alles gut.

Leider findet SATPLAN auch den Plan [$Shoot^0$]. Wie das? Um das herauszufinden, untersuchen wir das von SATPLAN konstruierte Modell: Es enthält die Zuweisung $L^0_{2,1}$, d. h., der Agent kann zum Zeitpunkt 1 in [2, 1] sein, wenn er sich zum Zeitpunkt 0 dort bereits befunden hat und dort die *Shoot*-Aktion gewählt hatte. Man könnte fragen: „Haben wir nicht gesagt, dass sich der Agent zum Zeitpunkt 0 in [1, 1] befindet?“ Ja, das haben wir, aber wir haben dem Agenten nicht gesagt, dass er nicht an zwei Stellen gleichzeitig sein kann! Für semantische Folgerung ist $L^0_{2,1}$ unbekannt und kann daher nicht in einem Beweis verwendet werden; für die Erfüllbarkeit ist $L^0_{2,1}$ zwar ebenfalls unbekannt, kann aber auf jeden beliebigen Wert gesetzt werden, der dazu beiträgt, dass das Ziel wahr wird.

SATPLAN ist ein gutes Debugging-Tool für Wissensbasen, weil es aufdeckt, wo noch Wissen fehlt. In diesem speziellen Fall können wir den Fehler in der Wissensbasis beheben, indem wir behaupten, dass sich der Agent in jedem Zeitschritt nur an einer Position befindet. Hierzu verwenden wir eine Sammlung von Sätzen, die denen ähnlich sind, mit denen wir die Existenz von genau einem Wumpus feststellen. Alternativ können wir $\neg L^0_{x,y}$ für alle Felder außer [1, 1] behaupten; das Nachfolgezustandsaxiom für die Position kümmert sich um die nachfolgenden Zeitschritte. Mit den gleichen Korrekturen kann auch sichergestellt werden, dass der Agent nur genau eine Richtung hat.

SATPLAN wartet aber noch mit weiteren Überraschungen auf. Die erste ist, dass der Algorithmus Modelle mit nicht möglichen Aktionen findet, z. B. Schießen ohne Pfeil. Um die Gründe dafür zu verstehen, müssen wir uns genauer ansehen, was die Nachfolgezustandsaxiome (wie Gleichung (7.3)) über Aktionen aussagen, deren Vorbedingungen nicht erfüllt sind. Die Axiome sagen zwar korrekt voraus, dass bei Ausführung solcher Aktionen nichts passieren wird , aber sie besagen *nicht*, dass die Aktion nicht ausgeführt werden kann! Um zu vermeiden, dass Pläne mit unzulässigen Aktionen generiert werden, müssen wir **Vorbedingungsaxiome** hinzufügen, die besagen, dass die Ausführung einer Aktion voraussetzt, dass die entsprechenden Vorbedingungen erfüllt sind.[17] Zum Beispiel müssen wir für jeden Zeitpunkt t festlegen, dass

$$Shoot^t \Rightarrow HaveArrow^t$$

gilt. Dadurch wird sichergestellt, dass immer, wenn ein Plan die Aktion *Shoot* auswählt, der Agent zu diesem Zeitpunkt über einen Pfeil verfügt.

Die zweite Überraschung von SATPLAN ist das Erstellen von Plänen mit mehreren gleichzeitigen Aktionen. Zum Beispiel kann der Algorithmus ein Modell hervorbringen, in dem sowohl $Forward^0$ als auch $Shoot^0$ wahr sind, was nicht erlaubt ist. Um dieses Problem zu beseitigen, führen wir **Aktionsausschlussaxiome** ein: für jedes Paar von Aktionen A^t_i und A^t_j fügen wir das folgende Axiom ein:

$$\neg A^t_i \vee \neg A^t_j$$

Es sei darauf hingewiesen, dass es nicht so schwer ist, gleichzeitig vorwärts zu gehen und zu schießen, während, sagen wir, gleichzeitig zu schießen und nach etwas zu greifen, eher Schwierigkeiten bereiten dürfte. Indem wir Aktionsausschlussaxiome nur auf Paare von Aktionen anwenden, die sich wirklich gegenseitig ausschließen, können wir Pläne zulassen, die mehrere gleichzeitige Aktionen enthalten – und da SATPLAN den kürzesten zulässigen Plan sucht, können wir sicher sein, dass der Algorithmus von dieser Fähigkeit Gebrauch macht.

17 Beachten Sie, dass das Hinzufügen von Vorbedingungsaxiomen bedeutet, dass wir keine Vorbedingungen für Aktionen in die Nachfolgezustandsaxiome aufnehmen müssen.

Zusammenfassend lässt sich sagen, dass SATPLAN Modelle für einen Satz findet, der aus dem Anfangszustand, dem Ziel, den Nachfolgezustandsaxiomen, den Vorbedingungsaxiomen und den Aktionsausschlussaxiomen besteht. Es kann gezeigt werden, dass diese Zusammenstellung von Axiomen ausreichend ist, in dem Sinne, dass es keine „Pseudolösungen" mehr gibt. Jedes Modell, das den aussagenlogischen Satz erfüllt, enthält einen gültigen Plan für das ursprüngliche Problem. Dank der modernen SAT-Solver-Technologie ist dieser Ansatz in der Praxis umsetzbar. Zum Beispiel hat ein DPLL-ähnlicher Solver keine Schwierigkeiten, die Lösung für die in ► Abbildung 7.2 gezeigte Wumpus-Welt-Instanz zu generieren.

In diesem Abschnitt wurde ein deklarativer Ansatz für die Konstruktion von Agenten beschrieben: Die Funktionsweise des Agenten basiert auf einer Kombination von Aussagesätzen in der Wissensbasis und Durchführen logischer Inferenzen. Dieser Ansatz hat einige Schwächen, die sich in Sätzen wie „für jeden Zeitpunkt t" und „für jedes Feld $[x, y]$" verbergen. Formulierungen wie diese müssen für jeden praktischen Agenten durch Code implementiert werden, der dann automatisch Instanzen des allgemeinen Satzschemas erzeugt und in die Wissensbasis einfügt. Für eine Wumpus-Welt normaler Größe – die in etwa mit einem kleineren Computerspiel vergleichbar ist – benötigen wir ungefähr ein 100×100-Raster sowie 1.000 Zeitschritte, was zu Wissensbasen mit zig oder Hunderten von Millionen Sätzen führt.

Das erweist sich mit der Zeit nicht nur als ziemlich unpraktisch, sondern offenbart auch ein tieferes Problem: Wir wissen etwas über die Wumpus-Welt (nämlich, dass die „Physik" über alle Felder und alle Zeitschritte hinweg gleich funktioniert), das wir nicht direkt in der Sprache der Aussagenlogik ausdrücken können. Um dieses Problem zu lösen, brauchen wir eine ausdrucksstärkere Sprache – eine, in der sich Formulierungen wie „für jeden Zeitpunkt t" und „für jedes Feld $[x, y]$" in natürlicher Form ausdrücken lassen. Die Prädikatenlogik, die in Kapitel 8 beschrieben wird, ist eine solche Sprache; in der Prädikatenlogik kann eine Wumpus-Welt beliebiger Größe und Dauer in etwa zehn logischen Sätzen beschrieben werden, anstatt in Millionen oder Abermillionen.

ZUSAMMENFASSUNG

Wir haben wissensbasierte Agenten eingeführt und gezeigt, wie man eine Logik definiert, mit der solche Agenten Schlussfolgerungen über die Welt anstellen können. Die wichtigsten Punkte im Überblick:

- Intelligente Agenten benötigen Wissen über die Welt, um gute Entscheidungen treffen zu können.
- Das Wissen liegt in den Agenten in Form von **Sätzen** in einer **Wissensrepräsentationssprache** vor, die in einer **Wissensbasis** gespeichert sind.
- Ein wissensbasierter Agent besteht aus einer Wissensbasis und einem Inferenzmechanismus. Seine Funktionsweise basiert darauf, dass er Sätze über die Welt in seiner Wissensbasis speichert, den Inferenzmechanismus verwendet, um neue Sätze herzuleiten, und diese Sätze dann für die Entscheidung heranzieht, welche Aktion ausgeführt werden soll.
- Eine Repräsentationssprache wird durch ihre **Syntax** definiert, die die Struktur von Sätzen spezifiziert, sowie durch ihre **Semantik**, die den **Wahrheitswert** jedes Satzes in jeder **möglichen Welt** oder jedem **Modell** definiert.
- Die Beziehung der **(semantischen) Folgerung** zwischen Sätzen ist entscheidend für unser Verständnis von Schlussfolgern. Ein Satz α impliziert einen anderen Satz β, wenn β in allen Welten wahr ist, in denen auch α wahr ist. Äquivalente Definitionen sind die **Gültigkeit** des Satzes $\alpha \Rightarrow \beta$ und die **Unerfüllbarkeit** des Satzes $\alpha \wedge \neg\beta$.
- Unter Inferenz versteht man den Prozess der Herleitung neuer Sätze aus bekannten Sätzen. **Korrekte** Inferenzalgorithmen leiten *nur* Sätze ab, die (semantisch) gefolgert werden können; **vollständige** Algorithmen leiten *alle* Sätze ab, die (semantisch) gefolgert werden können.
- Die **Aussagenlogik** ist eine einfache Sprache, die aus **Aussagensymbolen** und **logischen Verknüpfungen** besteht. Sie kann mit Aussagen umgehen, die nachweislich wahr sind, nachweislich falsch sind oder völlig unbekannt sind.
- Die Menge der möglichen Modelle ist bei einem fest vorgegebenen aussagenlogischen Vokabular endlich, sodass die semantische Folgerung durch Aufzählung von Modellen geprüft werden kann. Effiziente **Model-Checking**-Inferenzalgorithmen für Aussagenlogik umfassen Backtracking und lokale Suchmethoden und können große Probleme oft schnell lösen.
- **Inferenzregeln** sind Muster von korrekten Inferenzen, die zum Finden von Beweisen verwendet werden können. Die **Resolutionsregel** liefert einen vollständigen Inferenzalgorithmus für Wissensbasen, die in **konjunktiver Normalform** ausgedrückt sind. **Vorwärtsverkettung** und **Rückwärtsverkettung** sind natürliche Schlussfolgerungsalgorithmen für Wissensbasen in **Horn-Form**.
- **Lokale Suchmethoden** wie WALKSAT können zur Lösungssuche verwendet werden. Solche Algorithmen sind korrekt, aber nicht vollständig.
- Die logische **Zustandsschätzung** beinhaltet die Speicherung und Aktualisierung eines logischen Satzes, der – konsistent mit der Perzepthistorie – die Menge der möglichen Zustände beschreibt. Jeder Aktualisierungsschritt erfordert eine Inferenz mithilfe des Transitionsmodells der Umgebung, das aus **Nachfolgezustandsaxiomen** aufgebaut ist, die angeben, wie sich jeder **Fluent** ändert.

- Entscheidungen innerhalb eines logischen Agenten können durch SAT-Solver getroffen werden: mögliche Modelle finden, die zukünftige Aktionsfolgen zum Erreichen des Ziels spezifizieren. Dieser Ansatz eignet sich nur für vollständig beobachtbare oder sensorlose Umgebungen.
- Die Aussagenlogik eignet sich nicht für Umgebungen von unbegrenzter Größe, da sie nicht ausdrucksstark genug ist, um Zeit, Raum und universelle Muster von Beziehungen zwischen Objekten prägnant zu behandeln.

Bibliografische und historische Anmerkungen

John McCarthy propagierte in seinem Aufsatz „Programs with Common Sense" (McCarthy, 1958, 1968) das Konzept von Agenten, der mittels logischer Schlussfolgerungen eine Verbindung zwischen Perzepten und Aktionen herstellt. Außerdem brach er darin eine Lanze für den Deklarativismus, indem er zeigte, dass es ein eleganter Softwareentwurf ist, dem Agenten alle Informationen zu geben, die er für eine Entscheidungsfindung benötigt. Allen Newell argumentiert in seinem Artikel „The Knowledge Level" (1982), dass rationale Agenten auf einer abstrakten Ebene beschrieben und analysiert werden können, die durch das Wissen definiert ist, das sie selbst besitzen, und nicht durch die Programme, die sie ausführen.

Die Logik an sich hat ihre Ursprünge in der Philosophie und Mathematik der griechischen Antike. Bereits Platon diskutierte die syntaktische Struktur von Sätzen, ihren Wahrheitsgehalt, ihre Bedeutung und die Gültigkeit von logischen Argumenten. Aristoteles' *Organon* war die erste bekannte systematische Studie zur Logik. Seine **Syllogismen** waren das, was wir heute als Inferenzregeln bezeichnen, obwohl es ihnen an der Kompositionalität unserer heutigen Regeln mangelte.

Die megarischen und stoischen Schulen befassten sich ab dem fünften Jahrhundert v. Chr. mit dem systematischen Studium der grundlegenden logischen Verknüpfungen. Die Wahrheitstafeln sind auf Philo von Megara zurückzuführen. Die Stoiker erachteten fünf grundlegende Inferenzregeln ohne Beweis als gültig, darunter die Regel, die wir heute als Modus ponens bezeichnen. Aus diesen fünf Regeln leiteten sie eine Reihe weiterer Regeln ab, wobei sie neben anderen Leitsätzen das Deduktionstheorem (S. 263) benutzten, und sie waren in Bezug auf den Beweisbegriff präziser als Aristoteles (Mates, 1953).

Die Idee, logische Inferenz auf einen rein mechanischen Prozess zu reduzieren, geht auf Wilhelm Leibniz (1646–1716) zurück. George Boole stellte das erste umfassende und funktionierende System der formalen Logik in seinem Buch *The Mathematical Analysis of Logic* vor (1847). Das Logikmodell von Boole basierte stark auf der normalen Algebra der reellen Zahlen und verwendete die Substitution von logisch äquivalenten Ausdrücken als primäre Inferenzmethode. Obwohl es nicht alle Aspekte der Aussagenlogik abdeckte, wurden die fehlenden Teile schon bald von anderen Mathematikern ergänzt. Schröder (1877) beschrieb die konjunktive Normalform, während die Horn-Form viel später von Alfred Horn (1951) eingeführt wurde. Die erste umfassende Darstellung der modernen Aussagenlogik (und Prädikatenlogik) findet sich in der *Begriffsschrift* (1879) von Gottlob Frege.

Das erste mechanische Gerät zur Durchführung logischer Inferenzen war der Stanhope Demonstrator, konstruiert vom dritten Earl of Stanhope (1753–1816). William Stanley Jevons, einer der Mathematiker, die die Arbeit von Boole ausweiteten, konstruierte 1869 sein „logisches Klavier", um Inferenzen mittels boolescher Logik durchzuführen. Martin Gardner (1968) gibt einen unterhaltsamen geschichtlichen Abriss über diese und andere frühen mechanischen Inferenzgeräte. Die ersten Computerprogramme für logische Inferenz waren das Programm von Martin Davis für Beweise in Presburger-Arithmetik (Davis, 1957) und der Logic Theorist von Newell, Shaw und Simon (1957).

Emil Post (1921) und Ludwig Wittgenstein (1922) verwendeten unabhängig voneinander Wahrheitstafeln als Hilfsmittel zur Überprüfung der Gültigkeit von aussagenlogischen Sätzen. Der Davis-Putnam-Algorithmus (Davis und Putnam, 1960) war der erste Algorithmus zur aussagenlogischen Resolution und der verbesserte DPLL-Backtracking-Algorithmus (Davis *et al.*, 1962) erwies sich als noch effizienter. Mit Anspruch auf Allgemeingültigkeit wurden von J. A. Robinson (1965) die Resolutionsregel und ein Beweis für ihre Vollständigkeit für die Prädikatenlogik entwickelt.

Stephen Cook (1971) zeigte, dass ein Test der Erfüllbarkeit eines aussagenlogischen Satzes (das SAT-Problem) NP-vollständig ist. Von vielen Teilmengen der Aussagenlogik ist bekannt, dass ihr Erfüllbarkeitsproblem in polynomieller Zeit lösbar ist; Horn-Klauseln sind beispielsweise eine solche Teilmenge.

Frühe Untersuchungen haben gezeigt, dass DPLL im Durchschnittsfall eine polynomielle Komplexität bei bestimmten natürlichen Verteilungen von Problemen hat. Es geht jedoch noch besser: Franco und Paull (1983) zeigten, dass dieselben Probleme in *konstanter* Zeit gelöst werden können, wenn man einfach zufällige Zuweisungen errät. Motiviert durch den empirischen Erfolg der lokalen Suche zeigten Koutsoupias und Papadimitriou (1992), dass ein einfacher Bergsteigeralgorithmus *fast alle* Instanzen von Erfüllbarkeitsproblemen sehr schnell lösen kann, was vermuten lässt, dass schwierige Probleme selten sind. Schöning (1999) zeigte einen randomisierten Bergsteigeralgorithmus, dessen erwartete *Worst-Case*-Laufzeit auf 3-SAT-Problemen bei $O(1{,}333^n)$ liegt – was immer noch exponentiell ist, aber wesentlich schneller als bei bisherigen Worst-Case-Schranken. Der aktuelle Rekord liegt bei $O(1{,}32216^n)$ (Rolf, 2006).

Die Effizienzsteigerungen bei Solvern der Aussagenlogik waren enorm. In zehn Minuten Rechenzeit konnte der ursprüngliche DPLL-Algorithmus auf der Hardware von 1962 nur Probleme mit nicht mehr als 10 oder 15 Variablen lösen (auf einem Laptop von 2019 wären es etwa 30 Variablen). Bereits 1995 konnte der SATZ-Solver (Li und Anbulagan, 1997) dank optimierter Datenstrukturen für die Indizierung von Variablen 1.000 Variablen verarbeiten. Entscheidend dazu beigetragen haben unter anderem die **Watched-Literal**-Indizierungstechnik von Zhang und Stickel (1996), die Einheitspropagation sehr effizient macht, sowie die Technik zum Lernen von Klauseln (d. h. Constraints) aus der CSP-Community, eingeführt von Bayardo und Schrag (1997). Unter Verwendung dieser Ideen und angespornt durch die Aussicht auf Lösung von Schaltkreisverifikationsproblemen im industriellen Maßstab entwickelten Moskewicz *et al.* (2001) den CHAFF-Solver, der Probleme mit Millionen von Variablen bewältigen kann. Seit 2002 werden jährlich SAT-Wettbewerbe abgehalten; gewonnen haben meistens Varianten von CHAFF. Einen Überblick über die Landschaft der Solver bieten Gomes *et al.* (2008).

Basierend auf der Idee, die Anzahl der unerfüllten Klauseln zu minimieren, haben sich in den 1980er Jahren eine Reihe von Autoren an lokalen Suchalgorithmen für die Erfüllbarkeit versucht (Hansen und Jaumard, 1990). Ein besonders effektiver Algorithmus wurde von Gu (1989) und unabhängig davon von Selman *et al.* (1992) entwickelt, die ihn GSAT nannten und zeigten, dass der Algorithmus eine Vielzahl von sehr schweren Problemen sehr schnell lösen kann. Der in diesem Kapitel beschriebene WALKSAT-Algorithmus geht auf Selman *et al.* (1996) zurück.

Der „Phasenübergang" bei der Erfüllbarkeit von zufälligen k-SAT-Problemen wurde zum ersten Mal von Simon und Dubois (1989) beobachtet und war der Auslöser für eine Vielzahl von theoretischen und empirischen Forschungsaktivitäten – zum Teil wegen der Verbindung zu den Phasenübergangsphänomenen in der statistischen Physik. Crawford und Auton (1993) lokalisierten den 3-SAT-Übergang bei einem Klausel-Variablen-Verhältnis von etwa 4,26 und stellten fest, dass dies mit einem scharfen Anstieg der Laufzeit ihres SAT-Solvers zusammenfällt. Cook und Mitchell (1997) bieten eine hervorragende Zusammenfassung der frühen Literatur zu diesem Problem. Algorithmen wie **Survey-Propagation** (Parisi und Zecchina, 2002; Maneva *et al.*, 2007) nutzen spezielle Eigenschaften von zufälligen SAT-Instanzen nahe der Erfüllbarkeitsschwelle und übertreffen allgemeine SAT-Solver auf solchen Instanzen erheblich. Der aktuelle Stand des theoretischen Verständnisses wird von Achlioptas (2009) zusammengefasst.

Gute Informationsquellen zu Erfüllbarkeit, sowohl theoretisch als auch praktisch, sind das *Handbook of Satisfiability* (Biere *et al.*, 2009), Donald Knuths (2015) Faszikel zur Erfüllbarkeit und die regelmäßig stattfindende *International Conference on Theory and Applications of Satisfiability Testing*, kurz SAT genannt.

Die Idee, Agenten mit Aussagenlogik zu erstellen, lässt sich bis zu dem bahnbrechenden Aufsatz von McCulloch und Pitts (1943) zurückverfolgen, der für seine Pionierarbeit im Bereich der neuronalen Netze bekannt ist, sich aber eigentlich mit der Implementierung eines auf booleschen Schaltkreisen basierenden Agentenentwurfs im Gehirn befasste. Stan Rosenschein (Rosenschein, 1985; Kaelbling und Rosenschein, 1990) entwickelte Möglichkeiten, schaltkreisbasierte Agenten aus deklarativen Beschreibungen der Aufgabenumgebung zu erstellen. Rod Brooks (1986, 1989) demonstriert die Effektivität von schaltungsbasierten Entwürfen für die Robotersteuerung (siehe Kapitel 26). Brooks (1991) behauptet, dass schaltungsbasierte Entwürfe *alles* sind, was für KI benötigt wird – dass Repräsentationen und Schlussfolgerungen umständlich, teuer und unnötig sind. Unserer Ansicht nach sind sowohl Schlussfolgerungen als auch Schaltkreise notwendig. Williams *et al.* (2003) beschreiben einen hybriden Agenten – der sich eigentlich nicht allzu sehr von unserem Wumpus-Agenten unterscheidet –, der NASA-Raumfahrzeuge steuert, Aktionsfolgen plant sowie Fehler diagnostiziert und behebt.

Das allgemeine Problem, eine partiell beobachtbare Umgebung zu verfolgen, wurde im Zusammenhang mit zustandsbasierten Repräsentationen in Kapitel 4 eingeführt. Eine Instanziierung für aussagenlogische Repräsentationen wurde von Amir und Russell (2003) untersucht, die mehrere Klassen von Umgebungen identifizieren, die den Einsatz effizienter Zustandsschätzungsalgorithmen erlauben, und zeigten, dass das Problem für mehrere andere Klassen nicht effizient machbar ist. Das Problem der **zeitlichen Projektion**, bei dem es darum geht, zu bestimmen, welche Aussagen nach der Ausführung einer Aktionsfolge wahr sind, kann als Spezialfall der Zustandsschätzung mit leeren Perzepten angesehen werden. Viele Autoren haben dieses Problem wegen seiner Bedeutung für die Planung untersucht; einige wichtige Ergebnisse zum Grad der Schwere wurden von Liberatore (1997) aufgestellt. Die Idee, einen Wissenszustand mit Aussagen zu repräsentieren, kann auf Wittgenstein (1922) zurückgeführt werden.

Der Ansatz zur logischen Zustandsschätzung mit Zeitindizes an aussagenlogischen Variablen wurde von Kautz und Selman (1992) vorgeschlagen. Spätere Generationen von SATPLAN konnten von den Fortschritten bei den SAT-Solvern profitieren und gehören nach wie vor zu den effektivsten Möglichkeiten, schwierige Planungsprobleme zu lösen (Kautz, 2006).

Das **Rahmenproblem** wurde erstmals von McCarthy und Hayes (1969) erkannt. Viele Wissenschaftler hielten das Problem im Rahmen der Prädikatenlogik für unlösbar, mit der Folge, dass es einen großen Forschungsschub im Bereich nichtmonotoner Logiken auslöste. Philosophen von Dreyfus (1972) bis Crockett (1994) führen das Rahmenproblem als ein Symptom für das zwangsläufige Scheitern des gesamten KI-Unternehmens an. Die Lösung des Rahmenproblems mit Nachfolgezustandsaxiomen ist (1991) zu verdanken. Thielscher (1999) identifiziert das **inferenzielle Rahmenproblem** als eigenes Konzept und liefert eine Lösung. Rückblickend kann man sehen, dass Rosenscheins Agenten (1985) Schaltkreise verwendeten, die Nachfolgezustandsaxiome implementierten, aber Rosenschein hat nicht erkannt, dass das Rahmenproblem damit weitgehend gelöst wurde.

Moderne Solver der Aussagenlogik haben auf breiter Front Einzug in viele industrielle Anwendungen gehalten, wie z. B. bei der Synthese von Computerhardware (Nowick *et al.*, 1993). Der Erfüllbarkeitsprüfer SATMC wurde verwendet, um eine bisher unbekannte Schwachstelle in einem Webbrowser-Anmeldeprotokoll zu entdecken (Armando *et al.*, 2008).

Die Wumpus-Welt wurde von Gregory Yob (1975) als Spiel erfunden. Ironischerweise wurde es von Yob entwickelte, weil es ihn langweilte, auf einem rechteckigen Raster zu spielen: Die Topologie seiner Wumpus-Welt war ein Dodekaeder, und erst wir haben den Wumpus wieder in das langweilige alte Raster zurückgesetzt. Die Idee, die Wumpus-Welt als Agenten-Testumgebung zu verwenden, stammt von Michael Genesereth.

Prädikatenlogik

8

Dieses Kapitel zeigt, dass die Welt mit vielen Objekten gesegnet ist, die zum Teil mit anderen Objekten in Beziehung stehen, und beschreibt unsere Möglichkeiten, über diese Objekte zu schlussfolgern.

Anhand der Aussagenlogik konnten wir die grundlegenden Konzepte der Logik, der Inferenz und der wissensbasierten Agenten veranschaulichen. Leider ist die Aussagenlogik begrenzt in dem, was sie ausdrücken kann. In diesem Kapitel befassen wir uns mit der **Prädikatenlogik**[1], die in knapper Form viel mehr darstellen kann. Wir beginnen in Abschnitt 8.1 mit einer Diskussion der Repräsentationssprachen im Allgemeinen, behandeln in Abschnitt 8.2 die Syntax und Semantik der Prädikatenlogik und illustrieren in den Abschnitten 8.3 und 8.4, wie sich die Prädikatenlogik für einfache Repräsentationen einsetzen lässt.

8.1 Repräsentation

In diesem Abschnitt wollen wir darauf eingehen, was genau Repräsentationssprachen sind. Programmiersprachen (wie C++, Java oder Python) stellen die größte Klasse der formalen Sprachen dar, die heute im Einsatz sind. Mittels Datenstrukturen in Programmen lassen sich Fakten repräsentieren; zum Beispiel könnte ein Programm mit einem 4×4-Array den Inhalt der Wumpus-Welt repräsentieren. So ist in einer Programmiersprache die Anweisung $Welt[2,2] \leftarrow Pit$ eine intuitiv verständliche Art zu behaupten, dass es im Feld [2, 2] eine Fallgrube gibt. Dabei reichen mehrere solcher Anweisungen hintereinander aus, um eine Wumpus-Welt zu simulieren.

Was Programmiersprachen jedoch fehlt, ist ein allgemeiner Mechanismus, um Fakten aus anderen Fakten abzuleiten. Jede Aktualisierung einer Datenstruktur erfolgt durch eine domänenspezifische Prozedur, deren Details der Programmierer aus seinem eigenen Wissen über die Domäne ableitet. Dieser prozedurale Ansatz kann mit der **deklarativen** Natur der Aussagenlogik kontrastiert werden, in der Wissen und Inferenz getrennt werden und die Inferenz völlig domänenunabhängig ist (siehe Abschnitt 7.5). SQL-Datenbanken basieren auf einer Mischung aus deklarativem und prozeduralem Wissen.

Ein zweiter Nachteil von Datenstrukturen in Programmen (und im Übrigen auch von Datenbanken) ist das Fehlen einer einfachen Möglichkeit, um z. B. Folgendes auszudrücken: „Es gibt eine Fallgrube in [2, 2] oder [3, 1]" oder „Wenn der Wumpus in [1, 1] ist, dann ist er nicht in [2, 2]". Programme können für jede Variable nur einen einzigen Wert speichern, wobei in einigen Systemen sogar der Wert „unbekannt" zulässig ist. Was ihnen jedoch fehlt, ist die Ausdruckskraft, um partielle Informationen direkt verarbeiten zu können.

Die Aussagenlogik ist eine deklarative Sprache, da ihre Semantik auf einer Wahrheitsrelation zwischen Sätzen und möglichen Welten basiert. Sie hat dank der Verwendung von Disjunktion und Negation genügend Ausdruckskraft, um partielle Informationen zu verarbeiten. Die Aussagenlogik hat eine dritte, in Repräsentationssprachen durchaus wünschenswerte Eigenschaft, die **Kompositionalität**. In einer kompositionalen Sprache ist die Bedeutung eines Satzes eine Funktion der Bedeutung seiner Teile. Zum Beispiel steht die Bedeutung von „$S_{1,4} \wedge S_{1,2}$" in einem direkten Zusammenhang mit den Bedeutungen von „$S_{1,4}$" und „$S_{1,2}$". Es wäre sehr seltsam, wenn „$S_{1,4}$" bedeuten würde, dass es im Feld [1, 4] stinkt und „$S_{1,2}$", dass es im Feld [1, 2] stinkt, aber „$S_{1,4} \wedge S_{1,2}$" bedeutete, dass Frankreich und Polen im Eishockey-Qualifikationsspiel der letzten Woche mit 1:1 unentschieden gespielt haben.

Allerdings fehlt der Aussagenlogik als faktorisierte Darstellung die Ausdruckskraft, um eine Umgebung mit vielen Objekten *genau* zu beschreiben. Zum Beispiel waren wir gezwungen,

1 Anm. zur Übersetzung: auch **Prädikatenkalkül** genannt; wird im Englischen oft mit *FOL* abgekürzt (für *First-Order Logic*).

für jedes Feld eine separate Regel für Luftzug (*Breeze*) und Fallgrube (*Pit*) zu schreiben, zum Beispiel:

$$B_{1,1} \;\Leftrightarrow\; (P_{1,2} \vee P_{2,1})$$

Im Deutschen hingegen scheint es recht einfach zu sein, mit nur einem Satz grundsätzlich zu klären, dass es „in Feldern neben Fallgruben einen Luftzug gibt". Syntax und Semantik des Deutschen erlauben es, die Umgebung prägnant zu beschreiben: Deutsch ist, wie die Prädikatenlogik, eine strukturierte Repräsentation.

8.1.1 Die Sprache des Denkens

Natürliche Sprachen (wie Deutsch oder Englisch) sind wirklich sehr ausdrucksstark. Wir haben es geschafft, fast das gesamte Buch in natürlicher Sprache zu schreiben, mit ein paar gelegentlichen Ausreißern in andere Sprachen (hauptsächlich die der Mathematik und der Diagramme). Es gibt eine lange Tradition in der Linguistik und Sprachphilosophie, die natürliche Sprache als eine deklarative Wissensrepräsentationssprache zu betrachten. Wären wir imstande, die Regeln natürlicher Sprache zu erschließen, könnten wir sie in Repräsentations- und Schlussfolgerungssystemen verwenden und von den Milliarden von Seiten profitieren, die in natürlicher Sprache geschrieben wurden.

Die moderne Auffassung von natürlicher Sprache ist, dass sie als Mittel zur *Kommunikation* und nicht zur reinen Repräsentation dient. Wenn ein Sprecher irgendwohin zeigt und „Schau!" sagt, erfährt der Zuhörer, dass beispielsweise Superman endlich über den Dächern erschienen ist. Dennoch würden wir nicht auf die Idee kommen zu sagen, dass der Satz „Schau!" diesen Fakt repräsentiert. Vielmehr hängt die Bedeutung des Satzes sowohl von dem Satz selbst als auch von dem *Kontext* ab, in dem der Satz gesprochen wurde. Es ist klar, dass man einen Satz wie „Schau!" nicht in einer Wissensbasis speichern und erwarten kann, seine Bedeutung wiederherzustellen, ohne auch eine Repräsentation des Kontextes zu speichern – was die Frage aufwirft, wie der Kontext selbst repräsentiert werden kann.

Darüber hinaus leiden natürliche Sprachen unter *Mehrdeutigkeit* (Ambiguität), was für eine Repräsentationssprache ein Problem darstellt. Wenn Leute von einer *Feder* reden, gibt es selten Missverständnisse darüber, ob sie an Vogelfedern oder ihre Couch denken – und auch wenn ein Wort zwei Gedanken entsprechen kann, können Gedanken keine Wörter sein.[2]

Die berühmte **Sapir-Whorf-Hypothese** (Whorf, 1956) behauptet, dass unser Verständnis der Welt stark von der Sprache, die wir sprechen, beeinflusst wird. Es ist sicherlich richtig, dass verschiedene Sprachgemeinschaften die Welt unterschiedlich einteilen. Der Franzose hat zwei Wörter, „chaise" und „fauteuil", für ein Möbelstück, das die englische Sprache mit einem einzigen Begriff abdeckt: „chair" (Deutsche differenzieren ebenfalls zwischen „Stuhl" und „Sessel"). Ein Engländer kann aber die Kategorie „fauteuil" leicht erkennen und ihr einen Namen geben – etwa „open-arm chair". Macht die Sprache also wirklich einen Unterschied? Whorf stützte sich hauptsächlich auf Intuition und Spekulation, aber in der Zwischenzeit verfügen wir über reale Daten aus anthropologischen, psychologischen und neurologischen Untersuchungen.

Erinnern Sie sich zum Beispiel daran, welcher der beiden folgenden Sätze den Anfang von Abschnitt 8.1 bildete?

> „In diesem Abschnitt wollen wir darauf eingehen, was genau Repräsentationssprachen sind ..."
>
> „Dieser Abschnitt behandelt das Thema Wissensrepräsentationssprachen ..."

2 Nach Pinker (1995).

Wanner (1974) führte ein ähnliches Experiment durch und fand heraus, dass Versuchspersonen nach dem Zufallsprinzip in etwa 50 % der Fälle die richtige Wahl trafen, sich aber mit mehr als 90%iger Genauigkeit an den Inhalt des Gelesenen erinnerten. Dies deutet darauf hin, dass Menschen die Worte, die sie lesen, interpretieren und eine interne *nonverbale* Repräsentation speichern, sodass die genauen Worte nicht von Bedeutung sind.

Noch interessanter ist der Fall, wenn in einer Sprache ein Konzept vollkommen fehlt. Die australische Aborigines-Sprache Guugu Yimithirr kennt keine Wörter für relative (oder *egozentrische*) Richtungen, wie vorn, hinten, rechts oder links. Stattdessen verwendet sie absolute Richtungsangaben und gibt z. B. an „Ich habe Schmerzen in meinem nördlichen Arm". Dieser Unterschied in der Sprache führt zu einem Unterschied im Verhalten: Guugu-Yimithirr-Muttersprachler sind besser darin, sich in offenem Gelände zu orientieren, während englische Muttersprachler besser darin sind, die Gabel rechts vom Teller zu platzieren.

Die Sprache scheint das Denken auch durch scheinbar willkürliche grammatikalische Merkmale wie das Geschlecht von Substantiven zu beeinflussen. Zum Beispiel ist „Brücke" im Spanischen maskulinum und im Deutschen femininum. Boroditsky (2003) bat Probanden, englische Adjektive zu wählen, um eine bestimmte Brücke auf einem Foto zu beschreiben. Personen mit Spanisch als Muttersprache wählten *big*, *dangerous*, *strong* und *towering*, während deutsche Muttersprachler *beautiful*, *elegant*, *fragile* und *slender* wählten.[3]

Worte können als Ankerpunkte dienen, die Einfluss darauf haben, wie wir die Welt wahrnehmen. Loftus und Palmer (1974) zeigten Versuchspersonen einen Film über einen Autounfall. Probanden, die gefragt wurden: „Wie schnell fuhren die Autos, als sie sich berührten?", gaben im Durchschnitt 51 km/h an, während Probanden, denen die Frage mit dem Wort „zusammenprallten" anstelle von „berührten" gestellt wurde, 65 km/h als Geschwindigkeit für die gleichen Autos im gleichen Film angaben. Insgesamt gibt es messbare, wenn auch kleine Unterschiede in der kognitiven Verarbeitung durch verschiedene Muttersprachler, aber keine überzeugenden Hinweise darauf, dass dies zu einem größeren Unterschied in der Weltsicht führt.

In einem logischen Schlussfolgerungssystem, das die konjunktive Normalform (KNF) verwendet, können wir sehen, dass die linguistischen Formen „$\neg(A \vee B)$" und „$\neg A \wedge \neg B$" gleich sind, weil wir in das System hineinschauen und sehen können, dass die beiden Sätze in der gleichen kanonischen KNF-Form gespeichert sind. Es ist inzwischen möglich, etwas Ähnliches mit dem menschlichen Gehirn zu machen. Mitchell *et al.* (2008) haben Probanden einer funktionellen Magnetresonanztomografie (fMRT) unterzogen, ihnen dabei Wörter wie „Sellerie" gezeigt und dabei ihre Hirnströme aufgenommen. Ein maschinelles Lernprogramm, das auf (Wort, Bild)-Paare trainiert wurde, war in der Lage, bei binären Auswahlaufgaben (z. B. „Sellerie" oder „Flugzeug") in 77 % der Fälle die richtige Vorhersage zu treffen. Das System kann sogar dann mit überdurchschnittlich hoher Wahrscheinlichkeit korrekt entscheiden, wenn es von den Wörtern noch nie ein fMRT-Bild gesehen hat (indem es Bilder von verwandten Wörtern heranzieht) oder wenn es die Personen noch nie gesehen hat (was beweist, dass fMRT ein gewisses Maß an gemeinsamer Repräsentation bei allen Menschen erkennen lässt). Dieser Forschungsbereich steckt noch in den Kinderschuhen, aber fMRT und andere bildgebende Technologien wie die intrakranielle Elektrophysiologie (Sahin *et al.*, 2009) sind vielversprechend und werden uns noch viel konkretere Vorstellungen von den menschlichen Wissensrepräsentationen liefern.

Aus Sicht der formalen Logik macht es absolut keinen Unterschied, dass dasselbe Wissen auf zwei verschiedene Arten dargestellt wird; aus beiden Darstellungen lassen sich dieselben Fakten ableiten. In der Praxis könnte jedoch die eine Repräsentation weniger Schritte erfordern, um eine Schlussfolgerung abzuleiten, was bedeutet, dass ein Schlussfolgerungsmodul mit begrenzten Ressourcen möglicherweise mit der einen Repräsentation, aber nicht mit der

3 Zu Deutsch: *groß*, *gefährlich*, *stark* und *hoch aufragend* – *schön*, *elegant*, *zerbrechlich* und *schlank*.

anderen zu einer Schlussfolgerung gelangt. Bei *nicht deduktiven* Aufgaben, wie z. B. dem Lernen aus Erfahrung, hängen die Ergebnisse *notwendigerweise* von der Form der verwendeten Repräsentationen ab. In Kapitel 19 zeigen wir: Wenn ein Lernprogramm zwei mögliche Theorien der Welt in Betracht zieht, von denen beide mit allen Daten konsistent sind, dann besteht der häufigste Weg aus dem Dilemma darin, die Theorie zu wählen, die am kürzesten ist – was wiederum von der Sprache abhängt, die für die Repräsentation der Theorien verwendet wird. Daher kann sich kein lernender Agent dem Einfluss der Sprache auf das Denken entziehen.

8.1.2 Die Vorteile von formaler und natürlicher Sprache kombinieren

Wir können die Grundlagen der Aussagenlogik übernehmen – eine deklarative, kompositionale Semantik, die kontextunabhängig und eindeutig ist – und darauf eine ausdrucksstärkere Logik aufbauen, indem wir uns der Darstellungsideen der natürlichen Sprache bedienen und gleichzeitig deren Nachteile vermeiden. Wenn wir uns die Syntax der natürlichen Sprache ansehen, sind die offensichtlichsten Elemente Substantive und Nominalphrasen, die sich auf **Objekte** beziehen (Felder, Fallgruben, Wumpus), sowie Verben und Verbalphrasen zusammen mit Adjektiven und Adverbien, die auf die **Relationen** zwischen den Objekten verweisen (weist Luftzug auf, befindet sich neben, schießt). Einige dieser Relationen sind **Funktionen** – Relationen, in denen es nur einen „Wert" für eine bestimmte „Eingabe" gibt. Es ist einfach, Beispiele für Objekte, Relationen und Funktionen aufzulisten:

- Objekte: Menschen, Häuser, Zahlen, Theorien, Ronald McDonald, Farben, Baseballspiele, Kriege, Jahrhunderte ...
- Relationen: Dies können unäre Relationen oder **Eigenschaften** sein, wie z. B. rot, rund, unecht, primär, mehrstöckig ... oder allgemeinere n-äre Relationen wie Bruder von, größer als, innerhalb, Teil von, hat Farbe, geschah nach, besitzt, kommt zwischen ...
- Funktionen: Vater von, bester Freund, drittes Tor von, einer mehr als, Anfang von ...

In der Tat kann fast jede Behauptung so verstanden werden, dass sie sich auf Objekte und Eigenschaften oder Relationen bezieht. Hier einige Beispiele:

- „Eins plus zwei ist gleich drei."
  Objekte: eins, zwei, drei, eins plus zwei; Relation: gleich; Funktion: plus. („Eins plus zwei" ist ein Name für das Objekt, das durch Anwendung der Funktion „plus" auf die Objekte „eins" und „zwei" erhalten wird; „drei" ist ein anderer Name für dieses Objekt.)
- „Die an den Wumpus angrenzenden Felder stinken."
  Objekte: Wumpus, Felder; Eigenschaft: stinken; Relation: angrenzend.
- „Der böse König John regierte England im Jahr 1200."
  Objekte: John, England, 1200; Relation: regiert während; Eigenschaften: böse, König.

Die Sprache der **Prädikatenlogik**, deren Syntax und Semantik wir im nächsten Abschnitt definieren, ist um Objekte und Relationen herum aufgebaut. Sie ist speziell für die Mathematik, Philosophie und Künstliche Intelligenz von großer Bedeutung, weil man es gerade in diesen Bereichen – wie auch im täglichen Leben – mit Objekten und den zwischen ihnen bestehenden Relationen zu tun hat. Die Prädikatenlogik kann Fakten über einige oder alle Objekte im Universum ausdrücken. Dies ermöglicht es, allgemeine Gesetze oder Regeln zu repräsentieren, wie etwa die Aussage „Die an den Wumpus angrenzenden Felder stinken".

Der wichtigste Unterschied zwischen der Aussagenlogik und der Prädikatenlogik liegt in den **ontologischen Bindungen**, die jede Sprache eingeht – das heißt, von welchen Annahmen sie bezüglich der Natur der *Realität* ausgeht. Mathematisch werden diese Bindungen durch die Art der formalen Modelle ausgedrückt, die die Basis für die Definition der Wahrheitswerte von Sätzen bilden. Die Aussagenlogik zum Beispiel geht davon aus, dass es Fakten gibt, die

Sprache	Ontologische Bindung (was in der Welt existiert)	Epistemologische Bindung (was ein Agent über Fakten annimmt)
Aussagenlogik	Fakten	wahr/falsch/unbekannt
Prädikatenlogik	Fakten, Objekte, Relationen	wahr/falsch/unbekannt
Temporallogik	Fakten, Objekte, Relationen, Zeiten	wahr/falsch/unbekannt
Wahrscheinlichkeitstheorie	Fakten mit Wahrscheinlichkeit $\in [0, 1]$	Wissensgrad $\in [0, 1]$
Fuzzylogik	Fakten mit Wahrheitsgrad $\in [0, 1]$	bekannter Intervallwert

Abbildung 8.1: Formale Sprachen und ihre ontologischen und epistemologischen Bindungen.

in der Welt entweder zutreffen oder nicht zutreffen. Jeder Fakt kann sich in einem von zwei Zuständen befinden – wahr oder falsch – und jedes Modell ordnet jedem Aussagensymbol *wahr* oder *falsch* zu (siehe Abschnitt 7.4.2). Die Prädikatenlogik setzt mehr voraus, nämlich dass die Welt aus Objekten besteht, die in bestimmten Relationen zueinander stehen, die gelten oder nicht gelten (► Abbildung 8.1). Die formalen Modelle sind dementsprechend komplizierter als die der Aussagenlogik.

Das Prinzip der ontologischen Bindung ist eine große Stärke von Logik (sowohl der Aussagenlogik als auch der Prädikatenlogik), denn sie erlaubt es uns, ausgehend von wahren Aussagen andere wahre Aussagen abzuleiten. Sie eignet sich besonders für Bereiche, in denen jede Aussage klare Grenzen hat, wie z. B. in der Mathematik oder in der Wumpus-Welt, in der ein Feld entweder eine Fallgrube hat oder nicht, und keine Möglichkeit einer eventuellen fallgrubenartigen Vertiefung besteht. Aber in der realen Welt haben viele Aussagen vage Grenzen: Ist Wien eine große Stadt? Gibt es in diesem Restaurant leckeres Essen? Ist diese Person groß? Je nachdem, wen Sie fragen, könnte die jeweilige Antwort auch „gewissermaßen" lauten.

Eine Reaktion besteht darin, die Darstellung zu verfeinern: Wenn die grobe Richtlinie, die die Städte in „groß" und „nicht groß" einteilt, für die betreffende Anwendung zu viele Informationen auslässt, dann kann man z. B. die Anzahl der Größenkategorien erhöhen oder ein Funktionssymbol *Population* verwenden. Ein weiterer Lösungsvorschlag kommt aus der **Fuzzylogik**, die von der ontologischen Bindung ausgeht, dass Aussagen einen **Wahrheitsgrad** zwischen 0 und 1 haben. So könnte der Satz „Wien ist eine große Stadt" in der Fuzzylogik nur bis zu einem Grad von 0,8 wahr sein, während der Wert für „Paris ist eine große Stadt" bei 0,9 liegt. Dies entspricht eher unserer intuitiven Vorstellung von der Welt, erschwert aber die Inferenz. So benötigt die Fuzzylogik statt nur einer Regel zur Bestimmung des Wahrheitswerts von $A \wedge B$ je nach Domäne unterschiedliche Regeln. Eine andere Möglichkeit, die in Abschnitt 24.1 behandelt wird, besteht darin, jeden Begriff einem Punkt in einem mehrdimensionalen Raum zuzuordnen und dann den Abstand zwischen dem Begriff „Großstadt" und dem Begriff „Wien" oder „Paris" zu messen.

Verschiedene spezielle Logiken stellen noch weitere ontologische Behauptungen auf; zum Beispiel geht die **Temporallogik** davon aus, dass Fakten zu bestimmten *Zeiten* gelten und dass diese Zeiten (wobei es sich sowohl um Zeitpunkte als auch um Intervalle handeln kann) einem Ordnungsprinzip gehorchen. So geben spezielle Logiken bestimmten Arten von Objekten (und den dazugehörigen Axiomen) innerhalb der Logik den Status „Objekt erster Klasse", anstatt sie einfach nur innerhalb der Wissensbasis zu definieren. Eine **Logik höherer Stufe** betrachtet z. B. auch die von der Prädikatenlogik her bekannten Beziehungen und Funktionen als Objekte. Das erlaubt es, Aussagen über *alle* Relationen zu machen – zum Beispiel könnte man definieren wollen, was es für eine Relation bedeutet, transitiv zu sein. Im Gegensatz zu den meisten speziellen Logiken ist eine Logik höherer Stufe auf jeden Fall ausdrucksstärker als die Prädikatenlogik, da es Sätze in einer Logik höherer Stufe gibt, die nicht durch eine endliche Anzahl von Sätzen der Prädikatenlogik ausgedrückt werden können.

Eine Logik kann auch durch ihre **epistemologischen Bindungen** charakterisiert werden, d. h. durch die möglichen Wissenszustände, die sie hinsichtlich der verschiedenen Fakten erlaubt. Sowohl in der Aussagenlogik als auch in der Prädikatenlogik repräsentiert ein Satz einen Fakt, und der Agent glaubt entweder, dass der Satz wahr ist, dass er falsch ist, oder er hat keine Meinung. Diese Logiken haben daher drei mögliche Wissenszustände zu jedem Satz.

Systeme, die die **Wahrscheinlichkeitstheorie** verwenden, können dagegen einen *Wissensgrad* (Grad der Überzeugung) oder der *subjektiven Wahrscheinlichkeit* (*Likelihood*) haben, der von 0 (völliger Unglaube) bis 1 (völlige Überzeugung) reicht. Beispielsweise könnte ein probabilistischer Agent der Wumpus-Welt glauben, dass sich der Wumpus mit einer Wahrscheinlichkeit von 0,75 im Feld [1, 3] und mit einer Wahrscheinlichkeit von 0,25 im Feld [2, 3] befindet (obwohl der Wumpus definitiv nur in einem bestimmten Feld ist). Achten Sie jedoch darauf, den Wissensgrad in der Wahrscheinlichkeitstheorie nicht mit dem Wahrheitsgrad in der Fuzzylogik zu verwechseln. Tatsächlich erlauben einige Fuzzysysteme sogar die Angabe der Unsicherheit (Wissensgrad) bezüglich der Wahrheitsgrade.

8.2 Syntax und Semantik der Prädikatenlogik

Wir beginnen diesen Abschnitt, indem wir genauer spezifizieren, wie die möglichen Welten der Prädikatenlogik die ontologische Bindung an Objekte und Relationen widerspiegeln. Dann stellen wir die verschiedenen Elemente der Sprache einschließlich ihrer Semantik vor. Unser Schwerpunkt liegt dabei darauf, wie die Sprache prägnante Darstellungen ermöglicht und wie ihre Semantik zu fundierten Schlussfolgerungsverfahren führt.

8.2.1 Modelle für die Prädikatenlogik

Aus Kapitel 7 wissen wir, dass die Modelle einer logischen Sprache die formalen Strukturen der betrachteten möglichen Welten sind. Jedes Modell verknüpft das Vokabular der logischen Sätze mit Elementen der möglichen Welt, sodass der Wahrheitswert jedes Satzes bestimmt werden kann. Modelle für die Aussagenlogik verknüpfen beispielsweise Aussagensymbole mit vordefinierten Wahrheitswerten.

Modelle für die Prädikatenlogik sind viel interessanter. Erstens beinhalten sie Objekte! Die **Domäne** eines Modells besteht aus der Menge der darin enthaltenen Objekte oder **Domänenelemente**. Die Domäne darf grundsätzlich *nicht leer* sein – jede mögliche Welt muss mindestens ein Objekt enthalten (siehe Übung 8.8 auf der Website für eine Diskussion über leere Welten). Mathematisch gesehen spielt es keine Rolle, um *welche* Objekte es sich handelt – es kommt nur darauf an, *wie viele* es jeweils in einem Modell gibt. Zur Veranschaulichung verwenden wir ein konkretes Beispiel. ► Abbildung 8.2 zeigt ein Modell mit fünf Objekten: Richard Löwenherz, König von England von 1189 bis 1199; sein jüngerer Bruder, der böse König John, der von 1199 bis 1215 regierte; die linken Beine von Richard und John; und eine Krone.

Die Objekte im Modell können auf verschiedene Weise *zueinander in Beziehung* stehen. In der Abbildung sind Richard und John Brüder. Formal gesehen ist eine Relation nur die Menge der **Tupel** von Objekten, die miteinander in Beziehung stehen. (Ein Tupel ist eine Sammlung von Objekten, die in einer festen Reihenfolge angeordnet sind und von spitzen Klammern umschlossen sind.) Die Beziehung „Bruder-von“ in diesem Modell ist also die Menge

$$\{ \langle \text{Richard Löwenherz, König John} \rangle, \langle \text{Köng John, Richard Löwenherz} \rangle \} \tag{8.1}$$

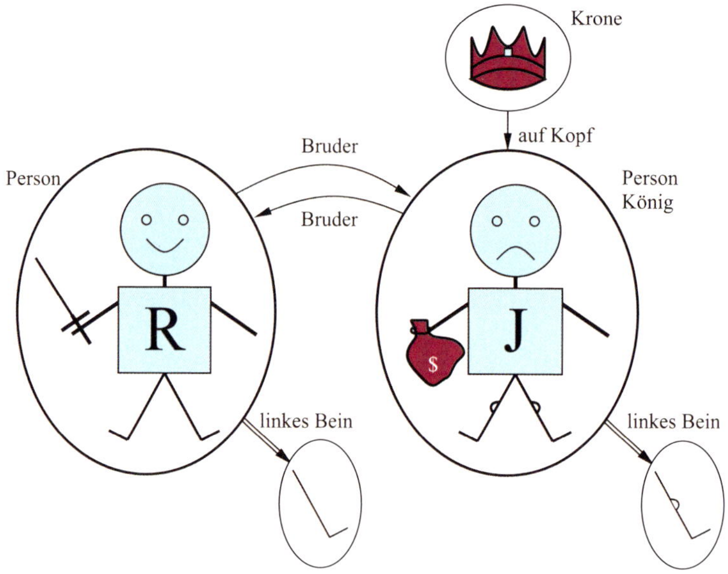

Abbildung 8.2: Ein Modell mit fünf Objekten, zwei binären Relationen (Bruder-von und Auf-Kopf), drei unären Relationen (Person, König und Krone) und einer unären Funktion (Linkes-Bein)

(Hier haben wir die Objekte in natürlicher Sprache ausgedrückt, aber Sie können, wenn Sie möchten, die Namen durch Bilder ersetzen.) Die Krone befindet sich auf dem Kopf von König John, also enthält die Beziehung „Auf-Kopf" nur ein Tupel, ⟨die Krone, König John⟩. Die Relationen „Bruder-von" und „Auf-Kopf" sind binäre Relationen, d. h., sie verknüpfen Objektpaare. Das Modell enthält auch unäre Relationen bzw. Eigenschaften: Die Eigenschaft „Person" ist sowohl für Richard als auch für John wahr; die Eigenschaft „König" ist nur für John wahr (vermutlich weil Richard zu diesem Zeitpunkt tot ist); und die Eigenschaft „Krone" ist nur für die Krone wahr.

Bestimmte Arten von Beziehungen werden am besten als Funktionen betrachtet, wobei ein bestimmtes Objekt zu genau einem Objekt in dieser Beziehung stehen muss. Zum Beispiel hat jede Person ein linkes Bein, also hat das Modell eine unäre Funktion „Linkes-Bein" – eine Zuordnung eines einelementigen Tupels auf ein Objekt – das umfasst die folgenden Zuordnungen:

$$\begin{aligned} \langle \text{Richard Löwenherz} \rangle &\rightarrow \text{Richards linkes Bein} \\ \langle \text{König John} \rangle &\rightarrow \text{Johns linkes Bein} \end{aligned} \qquad (8.2)$$

Streng genommen benötigen Modelle in der Prädikatenlogik **totale Funktionen**, d. h., für jedes Eingabetupel muss es einen Wert geben. Die Krone muss also ein linkes Bein haben und ebenso jedes der linken Beine. Es gibt eine technische Lösung für dieses unangenehme Problem, wobei ein zusätzliches „unsichtbares" Objekt eingeführt wird, das das linke Bein von allem darstellt, das kein linkes Bein hat, einschließlich des linken Beins selbst. Solange man keine Behauptungen über die linken Beine von Dingen aufstellt, die keine linken Beine haben, sind diese technischen Details glücklicherweise nicht von Bedeutung.

Bisher haben wir die Elemente beschrieben, die die Modelle für die Prädikatenlogik füllen. Der andere wesentliche Teil eines Modells ist die Verknüpfung zwischen diesen Elementen und dem Vokabular der logischen Sätze, die wir im Folgenden erklären.

8.2.2 Symbole und Interpretationen

Wir wenden uns nun der Syntax der Prädikatenlogik zu. Für den ungeduldigen Leser gibt es eine vollständige Beschreibung der formalen Grammatik in ▶ Abbildung 8.3.

$$
\begin{array}{rcl}
\mathit{Satz} & \rightarrow & \mathit{AtomarerSatz} \mid \mathit{KomplexerSatz} \\
\mathit{AtomarerSatz} & \rightarrow & \mathit{Prädikat} \mid \mathit{Prädikat}(\mathit{Term}, \ldots) \mid \mathit{Term} = \mathit{Term} \\
\mathit{KomplexerSatz} & \rightarrow & (\ \mathit{Satz}\ ) \\
& \mid & \neg\ \mathit{Satz} \\
& \mid & \mathit{Satz} \wedge \mathit{Satz} \\
& \mid & \mathit{Satz} \vee \mathit{Satz} \\
& \mid & \mathit{Satz} \ \Rightarrow\ \mathit{Satz} \\
& \mid & \mathit{Satz} \ \Leftrightarrow\ \mathit{Satz} \\
& \mid & \mathit{Quantor}\ \mathit{Variable}, \ldots\ \mathit{Satz} \\
\\
\mathit{Term} & \rightarrow & \mathit{Funktion}(\mathit{Term}, \ldots) \\
& \mid & \mathit{Konstante} \\
& \mid & \mathit{Variable} \\
\\
\mathit{Quantor} & \rightarrow & \forall \mid \exists \\
\mathit{Konstante} & \rightarrow & A \mid X_1 \mid \mathit{John} \mid \cdots \\
\mathit{Variable} & \rightarrow & a \mid x \mid s \mid \cdots \\
\mathit{Prädikat} & \rightarrow & \mathit{Wahr} \mid \mathit{Falsch} \mid \mathit{Danach} \mid \mathit{Liebt} \mid \mathit{Regnen} \mid \cdots \\
\mathit{Funktion} & \rightarrow & \mathit{Mutter} \mid \mathit{LinkesBein} \mid \cdots
\end{array}
$$

$$\textsc{Operatorrangfolge}: \neg, =, \wedge, \vee, \Rightarrow, \Leftrightarrow$$

Abbildung 8.3: Syntax der Prädikatenlogik mit Gleichheit, angegeben in Backus-Naur-Form. (Falls Sie mit dieser Notation nicht vertraut sind, finden Sie weitere Informationen auf Seite 1136). Die Rangfolge der Operatoren verläuft von der höchsten zur niedrigsten Priorität. Bei Quantoren gilt die Rangfolge, dass ein Quantor alles rechts von sich überlagert.

Die grundlegenden syntaktischen Elemente der Prädikatenlogik sind die Symbole, die für Objekte, Relationen und Funktionen stehen. Folglich gibt es drei Arten von Symbolen: **Konstantensymbole**, die für Objekte stehen, **Prädikatssymbole**, die für Relationen stehen, und **Funktionssymbole**, die für Funktionen stehen. Per Konvention beginnen unsere Symbole mit einem Großbuchstaben. In unserem Beispiel lauten die Konstantensymbole *Richard* und *John*; die Prädikatssymbole *Bruder*, *AufKopf*, *Person*, *König* und *Krone* sowie das Funktionssymbol *LinkesBein*. Wie bei den Aussagensymbolen kann der Benutzer die Namen frei wählen. Jedes Prädikats- und Funktionssymbol verfügt über eine **Stelligkeit** (auch als Arität bezeichnet), die die Anzahl der Argumente festlegt.

Jedes Modell muss die Informationen bereitstellen, die zur Ermittlung, ob ein gegebener Satz wahr oder falsch ist, erforderlich sind. Daher umfasst jedes Modell zusätzlich zu seinen Objekten, Relationen und Funktionen eine **Interpretation**, die genau angibt, auf welche Objekte, Relationen und Funktionen sich die Konstanten-, Prädikats- und Funktionssymbole beziehen. Eine mögliche Interpretation für unser Beispiel – die ein Logiker als **beabsichtigte Interpretation** bezeichnen würde – lautet wie folgt:

- *Richard* bezieht sich auf Richard Löwenherz und *John* bezieht sich auf den bösen König John.
- *Bruder* bezieht sich auf die Bruderrelation, d. h. die Menge der in Gleichung (8.1) angegebenen Tupel von Objekten; *AufKopf* ist eine Relation, die zwischen der Krone und König John besteht; *Person*, *König* und *Krone* sind unäre Relationen, die Personen, Könige und Kronen identifizieren.
- *LinkesBein* bezieht sich auf die Funktion „Linkes-Bein", wie in Gleichung (8.2) definiert.

Es gibt natürlich viele andere mögliche Interpretationen. Eine Interpretation bildet zum Beispiel *Richard* auf die Krone und *John* auf das linke Bein von König John ab. Es gibt fünf Objekte in dem Modell, also gibt es 25 mögliche Interpretationen allein für die Konstantensymbole *Richard* und *John*. Beachten Sie, dass nicht alle Objekte einen Namen haben müssen – die beabsichtigte Interpretation gibt beispielsweise weder der Krone noch den Beinen einen Namen. Es ist auch möglich, dass ein Objekt mehrere Namen hat; es gibt eine Interpretation, bei der sowohl *Richard* als auch *John* auf die Krone verweisen.[4] Sollte Sie diese Möglichkeit verwirren, denken Sie daran, dass in der Aussagenlogik Modelle möglich sind, in denen sowohl *Bewölkt* als auch *Sonnig* wahr sind: Es ist die Aufgabe der Wissensbasis, Modelle auszuschließen, die mit unserem Wissen unvereinbar sind.

Zusammenfassend lässt sich sagen, dass ein Modell in der Prädikatenlogik aus einer Menge von Objekten besteht sowie einer Interpretation, die Konstantensymbole auf Objekte, Funktionssymbole auf Funktionen auf diesen Objekten und Prädikatssymbole auf Relationen abbildet. Genau wie bei der Aussagenlogik werden semantische Folgerung, Gültigkeit usw. in Bezug auf *alle möglichen Modelle* definiert. Mithilfe von ► Abbildung 8.4 können Sie eine Vorstellung davon bekommen, wie die Menge aller möglichen Modelle aussieht. Man sieht, dass die Modelle darin variieren, wie viele Objekte sie enthalten (von eins bis unendlich) und wie die Konstantensymbole Objekten zugeordnet werden.

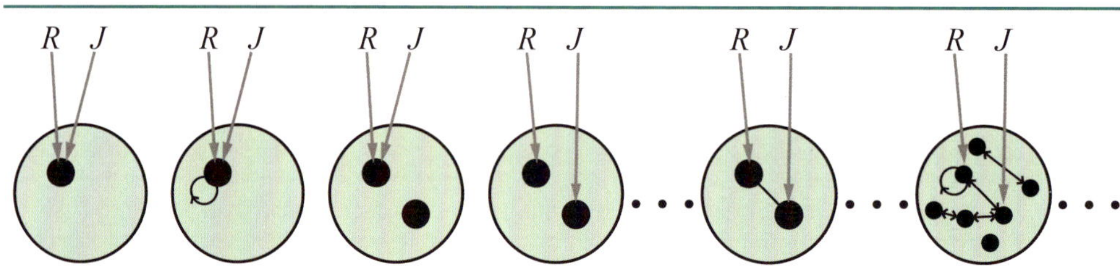

Abbildung 8.4: Einige Elemente aus der Menge aller Modelle für eine Sprache mit zwei Konstantensymbolen, *R* und *J*, und einem binären Relationssymbol. Die Interpretation jedes Konstantensymbols ist durch einen grauen Pfeil dargestellt. Innerhalb jedes Modells sind die in Beziehung stehenden Objekte durch Pfeile verbunden.

Da die Anzahl der Modelle in der Prädikatenlogik unbegrenzt ist, können wir die semantische Folgerung nicht überprüfen, indem wir sie alle aufzählen (wie wir es bei der Aussagenlogik gemacht haben). Selbst wenn die Anzahl der Objekte beschränkt ist, kann die Anzahl der Kombinationen sehr groß sein (siehe Übung 8.6 auf der Website). In ► Abbildung 8.4 gibt es zum Beispiel 137.506.194.466 Modelle mit sechs oder weniger Objekten.

4 Später, in Abschnitt 8.2.8, stellen wir eine Semantik vor, in der jedes Objekt genau einen Namen haben muss.

8.2.3 Terme

Ein **Term** ist ein logischer Ausdruck, der sich auf ein Objekt bezieht. Konstantensymbole sind Terme, aber es ist nicht immer praktisch, für jedes Objekt ein eigenes Symbol zu haben. Im Deutschen würden wir eher den Ausdruck „König Johns linkes Bein" verwenden, als seinem Bein einen Namen zu geben. Diese Aufgabe übernehmen die Funktionssymbole: Anstelle eines Konstantensymbols verwenden wir *LinkesBein*(*John*).[5]

Im allgemeinen Fall besteht ein komplexer Term aus einem Funktionssymbol gefolgt von einer Liste von Termen in Klammern, welche die Argumente des Funktionssymbols sind. Es ist wichtig, sich daran zu erinnern, dass ein komplexer Term nur eine komplizierte Art von Name ist und kein „Subroutinenaufruf", der „einen Wert zurückgibt". Es gibt keine Subroutine *LinkesBein*, die eine Person als Eingabe übernimmt und ein Bein zurückgibt. Wir können über linke Beine diskutieren (z. B. indem wir die allgemeine Regel aufstellen, dass jeder ein linkes Bein hat, und dann daraus ableiten, dass auch John eines haben muss), ohne jemals eine Definition von *LinkesBein* zu liefern. Dies ist mit Subroutinen in Programmiersprachen nicht möglich.

Die formale Semantik von Termen ist einfach. Betrachten Sie einen Term $f(t_1, \ldots, t_n)$. Das Funktionssymbol f bezieht sich auf eine Funktion im Modell (nennen wir sie F); die Argumentterme beziehen sich auf Objekte in der Domäne (nennen wir sie $d_1, \ldots, d_n$); und der Term als Ganzes bezieht sich auf das Objekt, das den Wert der Funktion F darstellt, angewendet auf $d_1, \ldots, d_n$. Angenommen, das Funktionssymbol *LinkesBein* bezieht sich auf die in Gleichung (8.2) gezeigte Funktion und *John* bezieht sich auf König John, dann bezieht sich *LinkesBein*(*John*) auf König Johns linkes Bein. Auf diese Weise legt die Interpretation jeden Verweis von jedem Term fest.

8.2.4 Atomare Sätze

Nachdem wir nun Terme für die Verweise auf Objekte und Prädikatssymbole für die Verweise auf Relationen haben, können wir sie zu **atomaren Sätzen** kombinieren, die Fakten ausdrücken. Ein **atomarer Satz** (oder kurz **Atom**) wird aus einem Prädikatssymbol gebildet, optional gefolgt von einer in Klammern eingeschlossenen Liste von Termen, wie z. B.:

$$Bruder(Richard, John)$$

Ein solcher Satz besagt unter der zuvor formulierten beabsichtigten Interpretation, dass Richard Löwenherz der Bruder von König John ist.[6] Atomare Sätze können komplexe Terme als Argumente haben. Der Satz

$$Verheiratet(Vater(Richard), Mutter(John))$$

besagt z. B., dass der Vater von Richard Löwenherz mit der Mutter von König John verheiratet ist (wiederum unter einer geeigneten Interpretation).[7] *Ein atomarer Satz ist in einem gegebenen Modell* ***wahr****, wenn die durch das Prädikatssymbol angegebene Relation für die Objekte gilt, auf die sich die Argumente beziehen.*

5 **λ-Ausdrücke** (Lambda-Ausdrücke) bieten eine nützliche Notation, mit der sich quasi nebenher neue Funktionssymbole konstruieren lassen. Zum Beispiel kann eine Funktion, die ihr Argument quadriert, als $(\lambda x : x \times x)$ geschrieben und wie jedes andere Funktionssymbol auf Argumente angewendet werden. Ein λ-Ausdruck kann auch als Prädikatssymbol definiert und verwendet werden. Die `lambda`-Operatoren in Lisp und Python erfüllen zum Beispiel genau diese Funktion. Beachten Sie, dass diese Verwendung von λ die formale Ausdruckskraft der Prädikatenlogik *nicht* erhöht, da jeder Satz, der einen λ-Ausdruck enthält, durch „Einsetzen" seiner Argumente umgeschrieben werden kann, um einen äquivalenten Satz zu bilden.

6 Wir folgen normalerweise der Konvention der Argumentreihenfolge, dass $P(x, y)$ gelesen wird als „x ist ein P von y".

7 Diese Ontologie kennt nur einen Vater und eine Mutter für jede Person. Eine komplexere Ontologie könnte biologische Mutter, leibliche Mutter, Adoptivmutter etc. unterscheiden.

8.2.5 Komplexe Sätze

Wir können mithilfe **logischer Verknüpfungen** komplexere Sätze konstruieren, die die gleiche Syntax und Semantik aufweisen wie in der Aussagenlogik. Hier sind vier Sätze, die in dem Modell von ► Abbildung 8.2 unter unserer beabsichtigten Interpretation wahr sind:

$$\neg Bruder(LinkesBein(Richard), John)$$
$$Bruder(Richard, John) \wedge Bruder(John, Richard)$$
$$König(Richard) \vee König(John)$$
$$\neg König(Richard) \Rightarrow König(John)$$

8.2.6 Quantoren

Nachdem wir nun eine Logik haben, die Objekte zulässt, ist es nur natürlich, dass wir Eigenschaften ganzer Sammlungen von Objekten ausdrücken wollen, anstatt die Objekte immer namentlich aufzuzählen. Mit **Quantoren** (manchmal auch Quantifizierer genannt) können wir das tun. In der Prädikatenlogik gibt es zwei Standardquantoren: *Allquantor* und *Existenzquantor*.

Allquantor (∀)

In Kapitel 7 hatten wir Schwierigkeiten, allgemeine Regeln innerhalb der Aussagenlogik auszudrücken. Regeln wie „In den Feldern neben dem Wumpus stinkt es" und „Alle Könige sind Personen" sind das täglich Brot der Prädikatenlogik. Die erste Regel behandeln wir in Abschnitt 8.3. Die zweite Regel, „Alle Könige sind Personen", wird in der Prädikatenlogik geschrieben als:

$$\forall x\ König(x) \Rightarrow Person(x)$$

Der **Allquantor** ∀ wird normalerweise gesprochen als „für alle ...". (Als Eselsbrücke können Sie sich merken, dass das umgedrehte A für „alle" steht.) Der Satz lautet also: „Für alle x gilt, wenn x ein König ist, dann ist x eine Person." Das Symbol x wird als **Variable** bezeichnet. Per Konvention werden Variablen in Kleinbuchstaben geschrieben. Eine Variable ist ein eigenständiger Term und kann als solcher auch als Argument einer Funktion dienen, z. B. $LinkesBein(x)$. Ein Term ohne Variablen wird als **Grundterm** bezeichnet.

Intuitiv besagt der Satz $\forall x\ P$, wobei P ein beliebiger logischer Satz ist, dass P für jedes Objekt x wahr ist. Genauer gesagt ist $\forall x\ P$ in einem gegebenen Modell wahr, wenn P in allen möglichen **erweiterten Interpretationen** wahr ist, die aus der im Modell gegebenen Interpretation konstruiert werden, wobei jede erweiterte Interpretation ein Domänenelement spezifiziert, auf das sich x bezieht.

Das hört sich kompliziert an, ist aber eigentlich nur eine vorsichtige Formulierung der intuitiven Bedeutung des Allquantors. Betrachten Sie das in ► Abbildung 8.2 gezeigte Modell und die damit verbundene beabsichtigte Interpretation. Wir können die Interpretation auf fünf Arten erweitern:

$x \rightarrow$ Richard Löwenherz
$x \rightarrow$ König John
$x \rightarrow$ Richards linkes Bein
$x \rightarrow$ Johns linkes Bein
$x \rightarrow$ die Krone

Der allquantifizierte Satz $\forall x\ \ König(x) \Rightarrow Person(x)$ ist im ursprünglichen Modell wahr, wenn der Satz $König(x) \Rightarrow Person(x)$ unter jeder der fünf erweiterten Interpretationen wahr ist. Das heißt, der allquantifizierte Satz ist äquivalent zur Aussage der folgenden fünf Sätze:

$$\begin{aligned} \text{Richard Löwenherz ist ein König} &\Rightarrow \text{Richard Löwenherz ist eine Person.} \\ \text{König John ist ein König} &\Rightarrow \text{König John ist eine Person.} \\ \text{Richards linkes Bein ist ein König} &\Rightarrow \text{Richards linkes Bein ist eine Person.} \\ \text{Johns linkes Bein ist ein König} &\Rightarrow \text{Johns linkes Bein ist eine Person.} \\ \text{Die Krone ist ein König} &\Rightarrow \text{Die Krone ist eine Person.} \end{aligned}$$

Schauen wir uns diese Aussagen genau an. Da in unserem Modell König John der einzige König ist, behauptet der zweite Satz, dass er eine Person ist, wovon wir auch ausgehen. Aber was ist mit den anderen vier Sätzen, die anscheinend Behauptungen über Beine und Kronen aufstellen? Ist das Teil der Bedeutung von „Alle Könige sind Personen"? Tatsächlich sind die anderen vier Aussagen im Modell wahr, sagen aber nichts darüber aus, ob sich Beine, Kronen oder sogar Richard als Personen qualifizieren. Das liegt daran, dass keines dieser Objekte ein König ist. Betrachtet man die Wahrheitstafel für $\Rightarrow$ (► Abbildung 7.8 auf S. 259), so sieht man, dass die Implikation immer dann wahr ist, wenn ihre Prämisse falsch ist – *unabhängig* vom Wahrheitswert der Schlussfolgerung. Durch die Aussage des allquantifizierten Satzes, was gleichbedeutend zur Aussage einer ganzen Liste von individuellen Implikationen ist, sichern wir also die Schlussfolgerung der Regel nur für die Objekte zu, für die die Prämisse wahr ist, und sagen überhaupt nichts über die Objekte, für die die Prämisse falsch ist. Der Wahrheitstafeleintrag für $\Rightarrow$ eignet sich hervorragend, um allgemeine Regeln mit Allquantoren zu schreiben.

Ein häufiger Fehler, der auch von denen gemacht wird, die diesen Abschnitt mehrmals sorgfältig gelesen haben, ist die Verwendung der Konjunktion anstelle der Implikation. Der Satz

$$\forall x \;\; König(x) \wedge Person(x)$$

wäre gleichbedeutend mit

$$\begin{aligned} &\text{Richard Löwenherz ist ein König} \wedge \text{Richard Löwenherz ist eine Person,} \\ &\text{König John ist ein König} \wedge \text{König John ist eine Person,} \\ &\text{Richards linkes Bein ist ein König} \wedge \text{Richards linkes Bein ist eine Person,} \end{aligned}$$

und so weiter. Offensichtlich wird so nicht das ausgedrückt, was wir wollen.

Existenzquantor (∃)

Allquantoren machen Aussagen über jedes Objekt. Auf ähnliche Weise können wir eine Aussage über *irgendein* Objekt machen, ohne es zu benennen, indem wir einen **Existenzquantor** verwenden. Um z. B. zu sagen, dass König John eine Krone auf dem Kopf hat, schreiben wir:

$$\exists x \;\; Krone(x) \wedge AufKopf(x, John)$$

$\exists x$ wird ausgesprochen als „es gibt ein x, für das ... gilt" oder „für irgendein x ...".

Intuitiv besagt der Satz $\exists x\, P$, dass P für mindestens ein Objekt x wahr ist. Genauer gesagt ist $\exists x\, P$ in einem gegebenen Modell wahr, wenn P in *mindestens einer* erweiterten Interpretation wahr ist, die x einem Domänenelement zuordnet. Das heißt, mindestens eine der folgenden Aussagen ist wahr:

$$\begin{aligned} &\text{Richard Löwenherz ist eine Krone} \wedge \text{Richard Löwenherz ist auf Johns Kopf,} \\ &\text{König John ist eine Krone} \wedge \text{König John ist auf Johns Kopf,} \\ &\text{Richards linkes Bein ist eine Krone} \wedge \text{Richards linkes Bein ist auf Johns Kopf,} \\ &\text{Johns linkes Bein ist eine Krone} \wedge \text{Johns linkes Bein ist auf Johns Kopf,} \\ &\text{Die Krone ist eine Krone} \wedge \text{die Krone ist auf Johns Kopf.} \end{aligned}$$

Die fünfte Aussage ist im Modell wahr, also ist der ursprüngliche existenzquantifizierte Satz im Modell wahr. Beachten Sie, dass unserer Definition zufolge der Satz auch in einem Modell wahr wäre, in dem König John zwei Kronen trägt. Dies ist völlig konsistent mit dem ursprünglichen Satz „König John hat eine Krone auf dem Kopf".[8]

Genauso wie $\Rightarrow$ die natürliche Verknüpfung in Kombination mit $\forall$ zu sein scheint, ist $\wedge$ die natürliche Verknüpfung in Kombination mit $\exists$. Die Verwendung von $\wedge$ als Hauptverknüpfung in Verbindung mit $\forall$ führte im Beispiel im vorigen Abschnitt zu einer extrem starken Aussage; die Verwendung von $\Rightarrow$ zusammen mit $\exists$ führt in der Regel zu einer sehr schwachen Aussage. Betrachten Sie den folgenden Satz:

$$\exists x \; Krone(x) \;\Rightarrow\; AufKopf(x, John)$$

Oberflächlich betrachtet sieht dies wie eine vernünftige Wiedergabe unseres Satzes aus. Bei Anwendung der Semantik sehen wir, dass dem Satz zufolge mindestens eine der folgenden Aussagen wahr ist:

$$\begin{aligned} \text{Richard Löwenherz ist eine Krone} &\Rightarrow \text{Richard Löwenherz ist auf Johns Kopf,}\\ \text{König John ist eine Krone} &\Rightarrow \text{König John ist auf Johns Kopf,}\\ \text{Richards linkes Bein ist eine Krone} &\Rightarrow \text{Richards linkes Bein ist auf Johns Kopf} \end{aligned}$$

und so weiter. Eine Implikation ist wahr, wenn sowohl die Prämisse als auch die Schlussfolgerung wahr sind *oder wenn die Prämisse falsch ist*. Wenn also Richard Löwenherz keine Krone ist, dann ist die erste Aussage wahr und der Existenzquantor ist erfüllt. Ein existenzquantifizierter Implikationssatz ist also immer dann wahr, wenn *irgendein* Objekt die Prämisse nicht erfüllt; daher sagen solche Sätze eigentlich gar nicht viel aus.

Verschachtelte Quantoren

Häufig wollen wir komplexere Sätze mit mehreren Quantoren ausdrücken. Im einfachsten Fall sind die Quantoren vom gleichen Typ. Zum Beispiel: „Brüder sind Geschwister" kann geschrieben werden als:

$$\forall x \;\; \forall y \;\; Bruder(x, y) \;\Rightarrow\; Geschwister(x, y)$$

Aufeinanderfolgende Quantoren desselben Typs können als ein Quantor mit mehreren Variablen geschrieben werden. Um zum Beispiel zu sagen, dass eine Geschwisterbeziehung symmetrisch ist, können wir schreiben:

$$\forall x, y \;\; Geschwister(x, y) \;\Leftrightarrow\; Geschwister(y, x)$$

Es gibt aber auch gemischte Fälle. „Jeder liebt jemanden" bedeutet, dass es für jede Person jemanden gibt, den diese Person liebt:

$$\forall x \;\; \exists y \;\; Liebt(x, y)$$

Um andererseits zu sagen „Es gibt jemanden, der von allen geliebt wird", schreiben wir

$$\exists y \;\; \forall x \;\; Liebt(x, y)$$

Die Reihenfolge der Quantifizierung ist daher sehr wichtig. Sie wird deutlicher, wenn wir Klammern einfügen. $\forall x \; (\exists y \; Liebt(x, y))$ besagt, dass *alle* eine bestimmte Eigenschaft haben, nämlich die Eigenschaft, dass sie jemanden lieben. Andererseits sagt $\exists y \; (\forall x \; Liebt(x, y))$,

8 Es gibt eine Variante des Existenzquantors, die häufig als $\exists^1$ oder $\exists!$ dargestellt wird und „es gibt genau ein" bedeutet. Diese Bedeutung kann auch durch Gleichheitsaussagen ausgedrückt werden.

dass *jemand* auf der Welt eine bestimmte Eigenschaft hat, nämlich die Eigenschaft, von allen geliebt zu werden.

Es kann zu Verwechslungen kommen, wenn zwei Quantoren mit demselben Variablennamen verwendet werden. Betrachten Sie den folgenden Satz:

$$\forall x \;\; (Krone(x) \vee (\exists x \;\; Bruder(Richard, x)))$$

Hier ist das x in $Bruder(Richard, x)$ *existenzquantifiziert*. Die Regel ist, dass die Variable zu dem innersten Quantor gehört, der sie erwähnt; dann unterliegt sie keiner weiteren Quantifizierung. Man könnte sich das Ganze auch wie folgt vorstellen: $\exists x \; Bruder(Richard, x)$ ist ein Satz über Richard (dass er einen Bruder hat), nicht über x; also hat das Setzen von $\forall x$ außerhalb des Satzes keine Wirkung. Man hätte genauso gut $\exists z \; Bruder(Richard, z)$ schreiben können. Da dies häufig zu Verwirrung führen kann, verwenden wir bei verschachtelten Quantoren immer unterschiedliche Variablennamen.

Verbindungen zwischen ∀ und ∃

Die beiden Quantoren sind durch Negation eng miteinander verbunden. Die Behauptung, dass jeder Pastinaken verabscheut, ist dasselbe wie die Behauptung, dass es niemanden gibt, der sie mag, und umgekehrt:

$$\forall x \;\; \neg Mag(x, Pastinake) \quad \text{ist äquivalent zu} \quad \neg\exists x \;\; Mag(x, Pastinake)$$

Wir können noch einen Schritt weiter gehen: „Jeder mag Eiscreme" bedeutet, dass es niemanden gibt, der kein Eis mag:

$$\forall x \;\; Mag(x, Eis) \quad \text{ist äquivalent zu} \quad \neg\exists x \;\; \neg Mag(x, Eis)$$

Da $\forall$ eigentlich eine Konjunktion über das Universum der Objekte ist und $\exists$ eine Disjunktion, sollte es nicht überraschen, dass sie den De-Morgan'schen Regeln gehorchen. Die De-Morgan'schen Regeln für quantifizierte und nicht quantifizierte Sätze lauten:

$$\begin{array}{rclrcl}
\neg\exists x \;\; P & \equiv & \forall x \;\; \neg P & \neg(P \vee Q) & \equiv & \neg P \wedge \neg Q \\
\neg\forall x \;\; P & \equiv & \exists x \;\; \neg P & \neg(P \wedge Q) & \equiv & \neg P \vee \neg Q \\
\forall x \;\; P & \equiv & \neg\exists x \;\; \neg P & P \wedge Q & \equiv & \neg(\neg P \vee \neg Q) \\
\exists x \;\; P & \equiv & \neg\forall x \;\; \neg P & P \vee Q & \equiv & \neg(\neg P \wedge \neg Q)
\end{array}$$

Folglich benötigen wir eigentlich nicht beide Quantoren, $\forall$ und $\exists$, genauso wie wir eigentlich nicht $\wedge$ und $\vee$ benötigen. Aus Gründen der besseren Lesbarkeit wollen wir jedoch nicht zu sparsam sein und behalten beide Quantoren bei.

8.2.7 Gleichheit

Die Prädikatenlogik bietet neben der Verwendung eines Prädikats und mehrerer Terme, wie zuvor beschrieben, noch eine weitere Möglichkeit, atomare Sätze zu bilden. Wir können mit dem **Gleichheitssymbol** signalisieren, dass sich zwei Terme auf dasselbe Objekt beziehen. Zum Beispiel besagt

$$Vater(John) = Henry\,,$$

dass das Objekt, auf das sich $Vater(John)$ bezieht, und das Objekt, auf das sich $Henry$ bezieht, dasselbe ist. Da eine Interpretation die Verweise eines beliebigen Terms festlegt, dient die Feststellung des Wahrheitswerts eines Gleichheitssatzes lediglich dazu herauszufinden, ob beide Terme auf das gleiche Objekt verweisen.

Das Gleichheitssymbol kann verwendet werden, um Fakten über eine bestimmte Funktion anzugeben, wie wir es gerade für das *Vater*-Symbol getan haben. Es kann auch mit Negation verwendet werden, um auszudrücken, dass zwei Terme nicht dasselbe Objekt darstellen. Um zu sagen, dass Richard mindestens zwei Brüder hat, würden wir schreiben:

$$\exists x, y \;\; Bruder(x, Richard) \wedge Bruder(y, Richard) \wedge \neg(x = y)$$

Der Satz

$$\exists x, y \;\; Bruder(x, Richard) \wedge Bruder(y, Richard)$$

hat nicht die beabsichtigte Bedeutung. Insbesondere ist dies wahr für das Modell in ► Abbildung 8.2, in dem Richard nur einen Bruder hat. Betrachten Sie deshalb zur Veranschaulichung die erweiterte Interpretation, in der sowohl x als auch y dem König John zugeordnet sind. Durch Hinzufügen von $\neg(x = y)$ werden solche Modelle ausgeschlossen. Manchmal wird als Abkürzung für $\neg(x = y)$ die Notation $x \neq y$ verwendet.

8.2.8 Datenbanksemantiken

Um das Beispiel aus dem vorherigen Abschnitt fortzuführen, gehen wir bei unserer Annahme davon aus, dass Richard zwei Brüder hat, John und Geoffrey.[9] Wir könnten schreiben

$$Bruder(John, Richard) \wedge Bruder(Geoffrey, Richard)\,, \tag{8.3}$$

doch das würde den Sachverhalt nicht vollständig erfassen. Erstens ist diese Behauptung in einem Modell wahr, in dem Richard nur einen Bruder hat – wir müssen $John \neq Geoffrey$ hinzufügen. Zweitens schließt der Satz keine Modelle aus, in denen Richard neben John und Geoffrey noch weitere Brüder hat. Die korrekte Übertragung von „Die Brüder von Richard sind John und Geoffrey“ lautet also:

$$\begin{aligned}&Bruder(John, Richard) \wedge Bruder(Geoffrey, Richard) \wedge John \neq Geoffrey\\ &\qquad\qquad \wedge\; \forall x \;\; Bruder(x, Richard) \;\Rightarrow\; (x = John \vee x = Geoffrey)\end{aligned}$$

Dieser logische Satz scheint viel umständlicher zu sein als der entsprechende Satz in natürlicher Sprache. Aber wenn es uns nicht gelingt, die natürliche Sprache korrekt zu übersetzen, wird unser logisches Schlussfolgerungssystem Fehler machen. Können wir nicht eine Semantik entwerfen, in der es möglich ist, einen einfacheren logischen Satz zu erstellen?

Ein Vorschlag, der im Bereich der Datenbanksysteme sehr beliebt ist, funktioniert wie folgt. Erstens bestehen wir darauf, dass jedes Konstantensymbol auf ein eindeutiges Objekt verweist – die **Annahme eindeutiger Namen** (*Unique-Names Assumption*, UNA). Zweitens nehmen wir an, dass atomare Sätze, die nicht als wahr bekannt sind, tatsächlich falsch sind – die **Annahme der Weltabgeschlossenheit** (*Closed-World Assumption*, CWA). Und zum Schluss berufen wir uns auf den **Domänenabschluss**, der besagt, dass jedes Modell außer den durch die Konstantensymbole benannten Elemente keine weiteren Domänenelemente enthält.

Unter der resultierenden Semantik besagt Gleichung (8.3) tatsächlich, dass Richard genau zwei Brüder hat, John und Geoffrey. Wir bezeichnen dies als **Datenbanksemantik**, um sie von der Standardsemantik der Prädikatenlogik zu unterscheiden. Die Datenbanksemantik wird auch in logischen Programmiersystemen verwendet, wie Sie in Abschnitt 9.4.4 noch erfahren werden.

Es ist lehrreich, die Menge aller möglichen Modelle für den gleichen Fall, wie in ► Abbildung 8.4 (S. 302) gezeigt, unter Datenbanksemantik zu betrachten. ► Abbildung 8.5 zeigt einige der Modelle, angefangen von dem Modell, bei dem kein Tupel die Relation erfüllt, bis hin zu dem Modell, bei dem alle Tupel die Relation erfüllen. Bei zwei Objekten lassen sich vier mögliche Tupel aus zwei Elementen bilden, sodass es $2^4 = 16$ verschiedene Teilmengen

9 Tatsächlich hatte er vier Brüder, die anderen beiden hießen William und Henry.

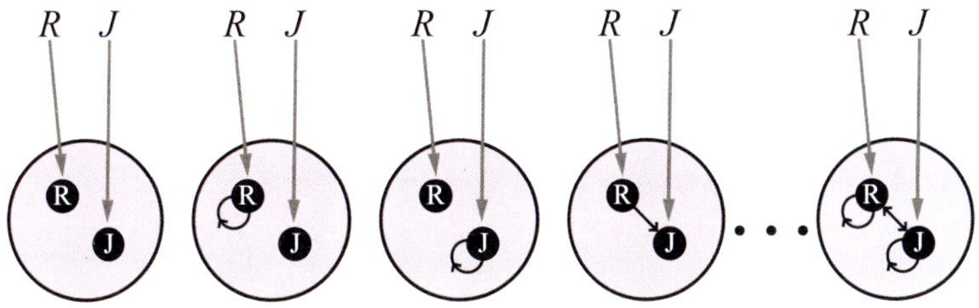

Abbildung 8.5: Einige Elemente der Menge aller Modelle für eine Sprache mit zwei Konstantensymbolen, *R* und *J*, und einem binären Relationssymbol, unter Datenbanksemantik. Die Interpretation der Konstantensymbole steht fest, und es gibt ein eindeutiges Objekt für jedes Konstantensymbol.

von Tupeln gibt, die die Relation erfüllen können. Es gibt also insgesamt 16 mögliche Modelle – weitaus weniger als die unendlich vielen Modelle für die Standardsemantik der Prädikatenlogik. Auf der anderen Seite setzen die Datenbanksemantiken ein konkretes Wissen darüber voraus, was es in der Welt alles gibt.

Dieses Beispiel macht einen wichtigen Punkt deutlich: Es gibt nicht die eine „richtige" Semantik für die Logik. Wie nützlich jede vorgeschlagene Semantik ist, hängt davon ab, wie prägnant und intuitiv sich das Wissen ausdrücken lässt, das wir formulieren wollen, und wie einfach und natürlich die Entwicklung der entsprechenden Inferenzregeln ist. Datenbanksemantiken sind am nützlichsten, wenn wir uns über die Identität aller Objekte, die in der Wissensbasis beschrieben sind, sicher sind und wenn wir alle Fakten zur Verfügung haben; in anderen Fällen sind diese Semantiken jedoch ziemlich umständlich. Für den Rest dieses Kapitels gehen wir von der Standardsemantik aus und weisen auf Instanzen hin, in denen diese Wahl zu umständlichen Ausdrücken führt.

8.3 Anwenden der Prädikatenlogik

Nachdem wir nun eine ausdrucksstarke logische Sprache definiert haben, wollen wir in diesem Abschnitt betrachten, wie sie angewendet wird. Dies lässt sich am besten anhand von Beispielsätzen einiger einfacher **Domänen** zeigen. In der Wissensrepräsentation stellt eine Domäne nur einen Teil der Welt dar – einen Teil, über den wir ein bestimmtes Wissen ausdrücken wollen.

Wir beginnen mit einer kurzen Beschreibung der TELL/ASK-Schnittstelle für prädikatenlogische Wissensbasen. Dann schauen wir uns die Domänen von Verwandtschaftsbeziehungen, Zahlen, Mengen und Listen sowie der Wumpus-Welt an. Abschnitt 8.4.2 enthält ein umfangreicheres Beispiel (elektronische Schaltkreise) und in Kapitel 10 geht es um das ganze Universum.

8.3.1 Aussagen und Abfragen in der Prädikatenlogik

Sätze werden, genau wie in der Aussagenlogik, einer Wissensbasis mithilfe von TELL hinzugefügt. Solche Sätze werden **Aussagen** genannt. Wir können zum Beispiel behaupten, dass John ein König ist, Richard eine Person ist und alle Könige Personen sind:

$$\text{TELL}(KB,\ König(John))$$
$$\text{TELL}(KB,\ Person(Richard))$$
$$\text{TELL}(KB,\ \forall\, x\ \ König(x) \Rightarrow Person(x))$$

Mit ASK können wir Informationen aus der Wissensbasis abfragen. Zum Beispiel gibt

$$\text{ASK}(KB,\ König(John))$$

true zurück. Mit ASK gestellte Fragen werden als **Abfragen** oder **Ziele** bezeichnet. Im Allgemeinen sollte jede Abfrage, die aus der Wissensbasis logisch folgt, mit *true* beantwortet werden. Für die drei obigen Aussagen würde zum Beispiel die Abfrage

$$\text{ASK}(KB,\ Person(John))$$

ebenfalls *true* ergeben. Wir können auch quantifizierte Abfragen stellen, zum Beispiel:

$$\text{ASK}(KB,\ \exists x\ \ Person(x))$$

Die Antwort ist zwar *true*, aber das ist vielleicht nicht so hilfreich, wie wir erhofft haben. Es ist eher so, als würde man auf die Frage „Können Sie mir die Uhrzeit sagen?" die Antwort „Ja" erhalten. Wenn wir wissen wollen, mit welchem Wert von x der Satz wahr wird, brauchen wir eine andere Funktion. Genau genommen benötigen wir die Funktion ASKVARS,

$$\text{ASKVARS}(KB, Person(x))\ ,$$

die einen Strom von Antworten liefert. In diesem Fall gibt es zwei Antworten: $\{x/John\}$ und $\{x/Richard\}$. Eine solche Antwort wird als **Substitution** oder **Bindungsliste** bezeichnet. ASKVARS ist normalerweise für Wissensbasen reserviert, die nur aus Horn-Klauseln bestehen, weil in solchen Wissensbasen jeder Versuch, *true* als Abfrageantwort zu erhalten, die Variablen an bestimmte Werte bindet. Das ist in der Prädikatenlogik nicht der Fall. In einer *KB*, die nur weiß, dass $König(John) \vee König(Richard)$ gilt, gibt es keine einzige Bindung an x, bei der die Abfrage $\exists x\ \ König(x)$ wahr ist, selbst wenn die Abfrage tatsächlich wahr wäre.

8.3.2 Die Domäne „Verwandtschaft"

Das erste Beispiel, das wir betrachten, ist die Domäne der Verwandtschafts- oder Familienbeziehungen. Diese Domäne umfasst Fakten wie „Elizabeth ist die Mutter von Charles" und „Charles ist der Vater von William" und Regeln wie „Die Großmutter ist die Mutter eines Elternteils".

Offensichtlich sind die Objekte in unserer Domäne Personen. Wir haben unter anderem die unären Prädikate *Männlich* und *Weiblich*. Verwandtschaftsbeziehungen wie unter den Geschwistern, zu den Eltern, unter den Eltern (Ehe) usw. werden durch binäre Prädikate dargestellt: *Elternteil*, *Geschwister*, *Bruder*, *Schwester*, *Kind*, *Tochter*, *Sohn*, *Ehepartner*, *Ehefrau*, *Ehemann*, *Großelternteil*, *Enkelkind*, *Cousin*, *Tante* und *Onkel*. Wir verwenden Funktionen für *Mutter* und *Vater*, weil jede Person biologisch genau einen Vater und eine Mutter hat (obwohl wir zusätzliche Funktionen für Adoptivmütter, Leihmütter usw. einführen könnten).

Wir können jede Funktion und jedes Prädikat durchgehen und aufschreiben, was wir in Bezug auf die anderen Symbole wissen. Zum Beispiel ist eine Mutter ein Elternteil, der weiblich ist:

$$\forall m, c\ \ Mutter(c) = m\ \Leftrightarrow\ Weiblich(m) \wedge Elternteil(m, c)$$

Ein Ehemann ist der männliche Ehepartner:

$$\forall w, h\ \ Ehemann(h, w)\ \Leftrightarrow\ Männlich(h) \wedge Ehepartner(h, w)$$

Elternteile und Kind stehen in einer inversen Beziehung:

$$\forall p, c\ \ Elternteil(p, c)\ \Leftrightarrow\ Kind(c, p)$$

Ein Großelternteil ist ein Elternteil eines Elternteils:

$$\forall\, g, c \;\; \mathit{Gro\ss elternteil}(g, c) \;\Leftrightarrow\; \exists\, p \;\; \mathit{Elternteil}(g, p) \wedge \mathit{Elternteil}(p, c)$$

Ein Geschwister ist ein weiteres Kind eines Elternteils:

$$\forall\, x, y \;\; \mathit{Geschwister}(x, y) \;\Leftrightarrow\; x \neq y \wedge \exists\, p \;\; \mathit{Elternteil}(p, x) \wedge \mathit{Elternteil}(p, y)$$

Wir könnten noch mehrere Seiten mit solchen Sätzen füllen – in Übung 8.17 auf der Website werden Sie genau dazu aufgefordert.

Jeder dieser Sätze kann als ein **Axiom** der Verwandtschaftsdomäne betrachtet werden (siehe hierzu die Erläuterung in Abschnitt 7.1). Axiome werden üblicherweise mit rein mathematischen Domänen in Verbindung gebracht – wir werden in Kürze einige Axiome für Zahlen kennenlernen –, benötigt werden sie aber in allen Domänen. Sie liefern die grundlegenden faktischen Informationen, aus denen nützliche Schlussfolgerungen abgeleitet werden können. Unsere Verwandtschaftsaxiome sind somit auch **Definitionen**; sie haben die Form $\forall\, x, y \;\; P(x, y) \;\Leftrightarrow\; \ldots$. Die Axiome definieren die Funktion *Mutter* und die Prädikate *Ehemann*, *Männlich*, *Elternteil*, *Großelternteil* und *Geschwister* mittels anderer Prädikate. Das Fundament unserer Definitionen wird von einer Grundmenge von Prädikaten gebildet (*Kind*, *Weiblich* usw.), mit denen die anderen Prädikate definiert werden.

Das ist eine natürliche Art und Weise, die Repräsentation einer Domäne zu erstellen, und sie ist analog zu der Art und Weise, wie Softwarepakete durch aufeinanderfolgende Definitionen von Subroutinen aus primitiven Bibliotheksfunktionen aufgebaut werden. Beachten Sie, dass es nicht notwendigerweise nur eine einzige Menge von primitiven Prädikaten gibt; wir hätten genauso gut *Elternteil* statt *Kind* verwenden können. In einigen Domänen gibt es, wie wir zeigen werden, keine eindeutig identifizierbare Grundmenge.

Nicht alle logischen Sätze über eine Domäne sind Axiome. Einige sind **Theoreme** – das heißt, sie ergeben sich aus den Axiomen. Betrachten wir zum Beispiel die Aussage, dass Geschwistersein symmetrisch ist:

$$\forall\, x, y \;\; \mathit{Geschwister}(x, y) \;\Leftrightarrow\; \mathit{Geschwister}(y, x)$$

Ist dies ein Axiom oder ein Theorem? Es ist ein Theorem, das logisch aus dem Axiom folgt, welches das Geschwistersein definiert. Wenn wir die Wissensbasis nach diesem Satz mit ASK abfragen, sollte sie *true* zurückgeben.

Aus rein logischer Sicht kann eine Wissensbasis auch nur Axiome und keine Theoreme enthalten, da die Theoreme die Menge der Schlussfolgerungen, die sich aus der Wissensbasis ergeben, nicht erhöhen. Aus praktischer Sicht sind Theoreme wichtig, um die Rechenkosten für das Ableiten neuer Sätze zu reduzieren. Ohne sie muss ein Schlussfolgerungssystem bei jeder Abfrage ganz von vorn beginnen, so als müsste ein Mathematiker für jedes neue Problem die Rechenregeln neu erfinden.

Nicht alle Axiome sind Definitionen. Einige liefern allgemeinere Informationen über bestimmte Prädikate, ohne eine Definition zu sein. Es gibt sogar Prädikate, die keine vollständige Definition haben, weil wir nicht genug wissen, um sie vollständig zu charakterisieren. Zum Beispiel gibt es keine offensichtliche Möglichkeit, den folgenden Satz zu vervollständigen:

$$\forall\, x \;\; \mathit{Person}(x) \;\Leftrightarrow\; \ldots$$

Glücklicherweise erlaubt uns die Prädikatenlogik, das Prädikat *Person* zu verwenden, ohne es vollständig zu definieren. Stattdessen können wir partielle Spezifikationen von Eigenschaften schreiben, die jede Person besitzt und die ein Objekt zu einer Person machen:

$$\forall\, x \;\; \mathit{Person}(x) \;\Rightarrow\; \ldots$$
$$\forall\, x \;\; \ldots \;\Rightarrow\; \mathit{Person}(x)$$

Axiome können auch „einfach nur Fakten“ sein, wie z. B. *Männlich(Jim)* und *Ehepartner(Jim, Laura)*. Solche Fakten bilden die Beschreibungen bestimmter Probleminstanzen und erlauben es, spezifische Fragen zu beantworten. Im besten Fall sind die Antworten auf diese Fragen dann Theoreme, die sich aus den Axiomen ergeben.

Oft stellt man fest, dass die erwarteten Antworten einem nicht weiterhelfen – zum Beispiel erwartet man von *Ehepartner(Jim, Laura)* (gemäß den Gesetzen vieler Länder) die Schlussfolgerung $\neg Ehepartner(George, Laura)$; aber das lässt sich nicht aus den zuvor gegebenen Axiomen ableiten – selbst nicht, nachdem wir $Jim \neq George$ hinzufügen, wie in Abschnitt 8.2.8 vorgeschlagen. Dies ist ein Zeichen, dass ein Axiom fehlt. In Übung 8.9 auf der Website werden Sie aufgefordert, dieses zu ergänzen.

8.3.3 Zahlen, Mengen und Listen

Zahlen sind vielleicht das anschaulichste Beispiel dafür, wie aus einem winzigen Kern von Axiomen eine große Theorie aufgebaut werden kann. Wir beschreiben hier die Theorie der **natürlichen Zahlen**, d. h. der nichtnegativen ganzen Zahlen. Wir brauchen ein Prädikat *NatNum*, das für natürliche Zahlen wahr ist; wir brauchen ein Konstantensymbol, 0; und wir brauchen ein Funktionssymbol, *S* (*Successor*, Nachfolger). Die **Peano-Axiome** definieren die natürlichen Zahlen und die Addition.[10] Natürliche Zahlen sind rekursiv definiert:

$$NatNum(0)$$
$$\forall n \;\; NatNum(n) \Rightarrow NatNum(S(n))$$

Das heißt, 0 ist eine natürliche Zahl und für jedes Objekt n gilt: Wenn n eine natürliche Zahl ist, dann ist $S(n)$ eine natürliche Zahl. Die natürlichen Zahlen sind also 0, $S(0)$, $S(S(0))$ und so weiter. Wir brauchen auch Axiome, die die Nachfolgerfunktion beschränken:

$$\forall n \;\; 0 \neq S(n)$$
$$\forall m, n \;\; m \neq n \Rightarrow S(m) \neq S(n)$$

Jetzt können wir die Addition mithilfe der Nachfolgerfunktion definieren:

$$\forall m \;\; NatNum(m) \Rightarrow +(0, m) = m$$
$$\forall m, n \;\; NatNum(m) \land NatNum(n) \Rightarrow +(S(m), n) = S(+(m, n))$$

Das erste dieser Axiome besagt, dass die Addition von 0 zu einer beliebigen natürlichen Zahl m wieder m ergibt. Beachten Sie die Verwendung des binären Funktionssymbols „+“ im Term $+(m, 0)$. In der normalen Mathematik würde der Term unter Verwendung der **Infixnotation** $m + 0$ geschrieben. (Die Notation, die wir für die Prädikatenlogik verwendet haben, heißt **Präfixnotation**.) Um unsere Sätze über Zahlen leichter lesbar zu machen, erlauben wir die Verwendung der Infixnotation. Wir können $S(n)$ auch als $n + 1$ schreiben, sodass das zweite Axiom wie folgt aussieht:

$$\forall m, n \;\; NatNum(m) \land NatNum(n) \Rightarrow (m + 1) + n = (m + n) + 1$$

Dieses Axiom reduziert die Addition auf die wiederholte Anwendung der Nachfolgerfunktion.

Die Verwendung der Infixnotation ist ein Beispiel für **syntaktischen Zucker**, d. h. eine Erweiterung oder Abkürzung der Standardsyntax, die die Semantik nicht verändert. Jeder Satz, der diese Art Zucker verwendet, kann „entzuckert“ werden, um einen äquivalenten Satz in normaler Prädikatenlogik zu erzeugen. Ein anderes Beispiel verwendet eckige anstelle von runden Klammern, um leichter erkennen zu können, welche linke Klammer mit welcher rechten

10 Die Peano-Axiome umfassen auch das Induktionsprinzip. Dies ist ein Satz der Prädikatenlogik zweiter Stufe und nicht der Prädikatenlogik. Die Bedeutung dieses Unterschieds wird in Kapitel 9 erläutert.

Klammer zusammenpasst. Ein weiteres Beispiel ist das Zusammenziehen von Quantoren, indem $\forall x \;\; \forall y \;\; P(x, y)$ ersetzt wird mit $\forall x, y \;\; P(x, y)$.

Nachdem wir die Vorgehensweise für die Addition kennen, ist es einfach, Multiplikation als wiederholte Addition, Potenzierung als wiederholte Multiplikation, ganzzahlige Division mit Rest, Primzahlen und so weiter zu definieren. So kann die gesamte Zahlentheorie (einschließlich der Kryptografie) aus einer Konstanten, einer Funktion, einem Prädikat und vier Axiomen aufgebaut werden.

Die Domäne der **Mengen** ist sowohl für die Mathematik als auch für allgemeine Schlussfolgerungen mit gesundem Menschenverstand von grundlegender Bedeutung. (Es ist sogar möglich, die Zahlentheorie in Form der Mengenlehre zu definieren.) Wir wollen in der Lage sein, einzelne Mengen darzustellen, einschließlich der leeren Menge. Wir brauchen eine Möglichkeit, Mengen aus Elementen oder durch Operationen auf anderen Mengen aufzubauen. Wir wollen wissen, ob ein Element zu einer Menge gehört, und wir wollen Mengen von Objekten unterscheiden, die keine Mengen sind.

Dabei verwenden wir das normale Vokabular der Mengenlehre als syntaktischen Zucker. Die leere Menge ist eine Konstante, die als $\{\}$ geschrieben wird. Es gibt ein unäres Prädikat, *Set*, das für Mengen wahr ist. Die binären Prädikate lauten $x \in s$ (x ist ein Element der Menge s) und $s_1 \subseteq s_2$ (Menge s_1 ist eine Teilmenge von s_2, wobei auch $s_1 = s_2$ gelten kann). Die binären Funktionen sind $s_1 \cap s_2$ (Schnittmenge), $s_1 \cup s_2$ (Vereinigung) und $Add(x, s)$ (die Menge, die sich aus dem Hinzufügen des Elements x zur Menge s ergibt). Ein möglicher Satz von Axiomen lautet wie folgt:

1. Die einzigen Mengen sind die leere Menge und Mengen, die durch Hinzufügen von einem oder mehreren Elementen entstehen:

$$\forall s \;\; Set(s) \;\Leftrightarrow\; (s = \{\}) \vee (\exists x, s_2 \;\; Set(s_2) \wedge s = Add(x, s_2))$$

2. Der leeren Menge wurden keine Elemente hinzugefügt. Mit anderen Worten, es gibt keine Möglichkeit, $\{\}$ in eine kleinere Menge und ein Element zu zerlegen:

$$\neg\exists x, s \;\; Add(x, s) = \{\}$$

3. Das Hinzufügen eines Elements, das sich bereits in der Menge befindet, hat keine Auswirkungen:

$$\forall x, s \;\; x \in s \;\Leftrightarrow\; s = Add(x, s)$$

4. Die einzigen Elemente einer Menge sind die Elemente, die ihr hinzugefügt wurden. Wir drücken dies rekursiv aus, indem wir sagen, x ist ein Element von s genau dann, wenn x gleich einem Element y ist, das zu einer Menge s_2 hinzugefügt wurde, wobei entweder y dasselbe wie x ist oder x ein Element von s_2 ist:

$$\forall x, s \;\; x \in s \;\Leftrightarrow\; \exists y, s_2 \;\; (s = Add(y, s_2) \wedge (x = y \vee x \in s_2))$$

5. Eine Menge ist eine Teilmenge einer anderen Menge genau dann, wenn alle Mitglieder der ersten Menge auch Elemente der zweiten Menge sind:

$$\forall s_1, s_2 \;\; s_1 \subseteq s_2 \;\Leftrightarrow\; (\forall x \;\; x \in s_1 \Rightarrow x \in s_2)$$

6. Zwei Mengen sind gleich genau dann, wenn jede eine Teilmenge der anderen ist:

$$\forall s_1, s_2 \;\; (s_1 = s_2) \;\Leftrightarrow\; (s_1 \subseteq s_2 \wedge s_2 \subseteq s_1)$$

7. Ein Objekt befindet sich in der Schnittmenge von zwei Mengen genau dann, wenn es Element beider Mengen ist:

$$\forall x, s_1, s_2 \;\; x \in (s_1 \cap s_2) \;\Leftrightarrow\; (x \in s_1 \wedge x \in s_2)$$

8 Ein Objekt befindet sich in der Vereinigungsmenge von zwei Mengen genau dann, wenn es Element von einer der beiden Mengen ist:

$$\forall x, s_1, s_2 \;\; x \in (s_1 \cup s_2) \;\Leftrightarrow\; (x \in s_1 \lor x \in s_2)$$

Listen sind den Mengen sehr ähnlich. Die Unterschiede sind, dass Listen geordnet sind und das gleiche Element mehr als einmal in einer Liste vorkommen kann. Wir können für Listen das Lisp-Vokabular verwenden: *Nil* ist die konstante Liste ohne Elemente; *Cons*, *Append*, *First* und *Rest* sind Funktionen; und *Find* ist das Prädikat, das für Listen das macht, was *Ist-Element-von* für Mengen macht. *List* ist ein Prädikat, das nur für Listen wahr ist. Wie bei Mengen ist es üblich, syntaktischen Zucker in logischen Sätzen mit Listen zu verwenden. Die leere Liste ist [ ]. Der Term $Cons(x, Nil)$ (d. h. die Liste mit dem Element x gefolgt von nichts) wird als $[x]$ geschrieben. Eine Liste mit mehreren Elementen, z. B. $[A, B, C]$, entspricht dem verschachtelten Term $Cons(A, Cons(B, Cons(C, Nil)))$. In Übung 8.20 auf der Website werden Sie aufgefordert, Axiome für Listen formulieren.

8.3.4 Die Wumpus-Welt

Einige aussagenlogische Axiome für die Wumpus-Welt kennen wir aus Kapitel 7. Die Axiome der Prädikatenlogik in diesem Abschnitt sind jedoch viel prägnanter und drücken auf natürliche Weise genau das aus, was wir sagen wollen.

Wie Sie wissen, erhält der Wumpus-Agent einen Perzeptvektor mit fünf Elementen. Der entsprechende Satz der Prädikatenlogik, der in der Wissensbasis gespeichert ist, muss sowohl das Perzept als auch die Zeit enthalten, zu der es aufgetreten ist; andernfalls kommt der Agent durcheinander, wann er was wahrgenommen hat. Wir verwenden ganze Zahlen für die Zeitschritte. Ein typischer Perzeptsatz würde lauten:

$$Percept([Stench, Breeze, Glitter, None, None], 5)$$

Hier ist *Percept* ein binäres Prädikat und *Stench* usw. sind Konstanten, die in einer Liste abgelegt sind. Die Aktionen in der Wumpus-Welt können durch logische Terme repräsentiert werden:

$$Turn(Right),\;\; Turn(Left),\;\; Forward,\;\; Shoot,\;\; Grab,\;\; Climb$$

Um zu ermitteln, welche Aktion die beste ist, führt das Agentenprogramm die Abfrage

$$\text{ASKVARS}(KB, BestAction(a, 5))$$

aus, welche eine Bindungsliste wie $\{a/Grab\}$ zurückgibt. Das Agentenprogramm kann dann *Grab* als die zu ergreifende Aktion zurückliefern. Die reinen Perzeptdaten implizieren bestimmte Fakten über den aktuellen Zustand. Zum Beispiel:

$$\forall t, s, g, w, c \;\; Percept([s, Breeze, g, w, c], t) \;\Rightarrow\; Breeze(t)$$
$$\forall t, s, g, w, c \;\; Percept([s, None, g, w, c], t) \;\Rightarrow\; \neg Breeze(t)$$
$$\forall t, s, b, w, c \;\; Percept([s, b, Glitter, w, c], t) \;\Rightarrow\; Glitter(t)$$
$$\forall t, s, b, w, c \;\; Percept([s, b, None, w, c], t) \;\Rightarrow\; \neg Glitter(t)$$

und so weiter. Diese Regeln stellen eine triviale Form des Schlussfolgerungsprozesses dar, der als **Perzeption** bezeichnet wird und mit dem wir uns in Kapitel 25 eingehend beschäftigen werden. Beachten Sie die Quantifizierung über die Zeit t. In der Aussagenlogik müssten wir für jeden Zeitschritt Kopien von jedem Satz erstellen.

Durch quantifizierte Implikationssätze kann auch ein einfaches „Reflexverhalten“ implementiert werden. Wir haben zum Beispiel:

$$\forall t \;\; Glitter(t) \;\Rightarrow\; BestAction(Grab, t)$$

Mit den Perzepten und den Regeln aus den vorangegangenen Abschnitten würde dies die gewünschte Schlussfolgerung *BestAction*(*Grab*, 5) ergeben, d. h., *Grab* ist die richtige Maßnahme.

Wir haben die Eingaben und Ausgaben des Agenten dargestellt; nun ist es an der Zeit, die Umgebung selbst darzustellen. Lassen Sie uns mit den Objekten beginnen. Offensichtliche Kandidaten sind Felder, Fallgruben und der Wumpus. Wir könnten jedes Feld benennen – $Feld_{1,2}$ und so weiter –, aber dann wäre die Tatsache, dass $Feld_{1,2}$ und $Feld_{1,3}$ nebeneinander liegen, ein „zusätzlicher“ Fakt und wir bräuchten einen solchen Fakt für jedes Feldpaar. Es ist besser, einen komplexen Term zu verwenden, in dem Zeile und Spalte als ganze Zahlen erscheinen; wir können zum Beispiel einfach den Listen-Term [1, 2] verwenden. Die Nachbarschaft zweier beliebiger Felder kann definiert werden als:

$$\forall x, y, a, b \;\; Adjacent([x, y], [a, b]) \;\Leftrightarrow \\ (x = a \wedge (y = b - 1 \vee y = b + 1)) \vee (y = b \wedge (x = a - 1 \vee x = a + 1))$$

Wir könnten jeder Fallgrube einen Namen geben, was aber nicht besonders sinnvoll wäre, da es keinen Grund gibt, zwischen den Fallgruben zu unterscheiden.[11] Einfacher ist es, ein unäres Prädikat *Pit* zu verwenden, das für Felder wahr ist, die Fallgruben enthalten. Schließlich gibt es noch, da es genau einen Wumpus gibt, eine Konstante *Wumpus*, die genauso gut ist wie ein unäres Prädikat (und aus Sicht des Wumpus vielleicht sogar angemessener).

Die Position des Agenten ändert sich im Laufe der Zeit, daher schreiben wir $At(Agent, s, t)$, um auszudrücken, dass sich der Agent zum Zeitpunkt t in Feld s befindet. Die Position des Wumpus können wir mit $\forall t\, At(Wumpus, [1, 3], t)$ festlegen. Außerdem können wir sagen, dass Objekte zu einem bestimmten Zeitpunkt nur an einer einzigen Position sein können:

$$\forall x, s_1, s_2, t \;\; At(x, s_1, t) \wedge At(x, s_2, t) \;\Rightarrow\; s_1 = s_2$$

Ausgehend von seiner aktuellen Position kann der Agent Eigenschaften des Felds von den Eigenschaften seiner aktuellen Wahrnehmung ableiten. Befindet sich der Agent zum Beispiel auf einem Feld und nimmt einen Luftzug wahr, dann ist es auf diesem Feld zugig:

$$\forall s, t \;\; At(Agent, s, t) \wedge Breeze(t) \;\Rightarrow\; Breezy(s)$$

Es ist nützlich zu wissen, dass es auf einem *Feld* einen Luftzug gibt, weil wir wissen, dass Fallgruben ihre Position nicht verändern können. Beachten Sie, dass *Breezy* kein Zeitargument hat.

Nachdem der Agent herausgefunden hat, an welchen Orten es einen Luftzug (oder Gestank) gibt beziehungsweise – was ebenso wichtig ist – an welche Orten es *keinen* Luftzug (oder *keinen* Gestank) gibt, kann er ableiten, wo die Fallgruben sind (und wo sich der Wumpus befindet). Während die Aussagenlogik für jedes Feld ein eigenes Axiom erfordert (siehe R_2 und R_3 auf S. 260) und für jedes geografische Layout der Welt einen anderen Satz von Axiomen benötigen würde, kommt die Prädikatenlogik mit nur einem Axiom aus:

$$\forall s \;\; Breezy(s) \;\Leftrightarrow\; \exists r \;\; Adjacent(r, s) \wedge Pit(r) \tag{8.4}$$

Entsprechend können wir in der Prädikatenlogik über die Zeit quantifizieren, sodass wir nur ein Nachfolgezustandsaxiom für jedes Prädikat benötigen, anstatt jeweils eine andere Kopie für jeden Zeitschritt. Zum Beispiel wird das Axiom für den Pfeil (Gleichung (7.2) auf S. 281) zu:

$$\forall t \;\; HaveArrow(t + 1) \;\Leftrightarrow\; (HaveArrow(t) \wedge \neg Action(Shoot, t))$$

11 So wie die meisten von uns nicht jedem Vogel einen Namen geben, der über uns hinwegfliegt, wenn er im Winter in wärmere Gefilde zieht. Ein Ornithologe hingegen, der Migrationsmuster, Überlebensraten und so weiter studieren möchte, gibt jedem Vogel einen Namen, indem er ihm einen Ring anlegt, weil einzelne Vögel beobachtet werden müssen.

Anhand dieser beiden Beispielsätze können wir sehen, dass die Formulierung der Prädikatenlogik nicht weniger prägnant ist als die ursprüngliche Beschreibung in natürlicher Sprache in Kapitel 7. Der Leser ist eingeladen, analoge Axiome für die Position und die Richtung des Agenten zu konstruieren; in diesen Fällen quantifizieren die Axiome sowohl über Raum als auch über Zeit. Wie im Fall der aussagenlogischen Zustandsschätzung kann ein Agent mithilfe logischer Inferenz und Axiomen dieser Art Aspekte der Welt verfolgen, die nicht direkt beobachtet werden. Kapitel 11 beschäftigt sich eingehender mit dem Thema der prädikatenlogischen Nachfolgezustandsaxiome und wie sich damit Pläne konstruieren lassen.

8.4 Wissensmodellierung in der Prädikatenlogik

Im vorangegangenen Abschnitt wurde erläutert, wie mit der Prädikatenlogik Wissen in drei einfachen Domänen repräsentiert werden kann. In diesem Abschnitt wird der allgemeine Prozess der Konstruktion von Wissensbasen beschrieben – ein Prozess, der als **Wissensmodellierung** bzw. **Knowledge Engineering** bezeichnet wird und in den Aufgabenbereich von sogenannten Wissensingenieuren fällt, die nach der Analyse einer bestimmten Domäne ermitteln, welche Konzepte in dieser Domäne wichtig sind, und eine formale Repräsentation der Objekte und Beziehungen in der Domäne erzeugen. Wir wollen hier den Prozess des Knowledge Engineering in einer Domäne für elektronische Schaltkreise veranschaulichen. Der von uns verfolgte Ansatz eignet sich vor allem für die Entwicklung *spezieller* Wissensbasen, deren Domäne sorgfältig umrissen ist und deren Abfragebereich im Voraus bekannt ist. *Allgemeine* Wissensbasen, die einen breiten Wissensbereich abdecken und Aufgaben wie das Verstehen natürlicher Sprache unterstützen sollen, werden in Kapitel 10 behandelt.

8.4.1 Der Prozess des Knowledge Engineering

Knowledge-Engineering-Projekte variieren stark in Inhalt, Umfang und Schwierigkeitsgrad, aber alle diese Projekte beinhalten die folgenden Schritte:

1. *Fragen identifizieren*: Der Wissensingenieur muss den Bereich der Fragen eingrenzen, die von der Wissensbasis unterstützt werden sollen, und festlegen, welche Arten von Fakten für jede spezifische Probleminstanz verfügbar sein sollen. Muss die Wumpus-Wissensbasis z. B. in der Lage sein, Aktionen auszuwählen, oder soll sie nur Fragen über den Inhalt der Umgebung beantworten? Beinhalten die Sensorfakten die aktuelle Position? Die Aufgabe bestimmt, welches Wissen repräsentiert werden muss, um Probleminstanzen mit Antworten zu verbinden. Dieser Schritt ist analog zum PEAS-Prozess für den Entwurf von Agenten in Kapitel 2.

2. *Relevantes Wissen zusammenstellen*: Der Wissensingenieur kann bereits Experte in dem Fachbereich sein. Wenn nicht, muss er mit anderen Experten zusammenarbeiten und sich deren Wissen zunutze machen – ein Prozess, der als **Wissenserwerb** bezeichnet wird. In dieser Phase wird das Wissen noch nicht formal dargestellt. Die Idee dabei ist zu verstehen, welchen Umfang die Wissensbasis hinsichtlich der Aufgabe hat und wie der Anwendungsbereich tatsächlich arbeitet.
   Für die Wumpus-Welt, die durch einen künstlichen Satz von Regeln definiert ist, ist das relevante Wissen leicht zu identifizieren. (Beachten Sie jedoch, dass die Definition von Nachbarschaft nicht explizit in den Regeln der Wumpus-Welt enthalten ist.) Für reale Domänen kann der Aspekt der Relevanz ziemlich schwierig sein – zum Beispiel muss entschieden werden, ob ein System zur Simulation von VLSI-Entwürfen Streukapazitäten und Skineffekte berücksichtigen soll oder nicht.

3. *Vokabular für Prädikate, Funktionen und Konstanten festlegen*: Das bedeutet, die wichtigen Begriffe der Domänenebene in Namen auf Logikebene zu übersetzen. Dies beinhaltet

viele Fragen zum *Stil* des Knowledge Engineering. Wie der Programmierstil kann diese Wahl einen erheblichen Einfluss auf den Erfolg des Projekts haben. Sollen z. B. Fallgruben durch Objekte oder durch ein unäres Prädikat auf Feldern dargestellt werden? Soll die Richtung des Agenten eine Funktion oder ein Prädikat sein? Soll die Position des Wumpus von der Zeit abhängen? Nachdem die Entscheidungen getroffen wurden, ergibt sich ein Vokabular, das als **Ontologie** der Domäne bezeichnet wird. Das Wort *Ontologie* bedeutet eine bestimmte Theorie über die Natur des Seins oder der Existenz. Die Ontologie bestimmt, welche Arten von Dingen existieren, aber sie bestimmt nicht ihre spezifischen Eigenschaften und Beziehungen untereinander.

4. *Allgemeinwissen über den Fachbereich codieren*: Der Wissensingenieur formuliert die Axiome für alle Terme des Vokabulars. Dadurch wird die Bedeutung der Terme (so weit wie möglich) festgelegt, sodass der Experte den Inhalt überprüfen kann. Oft deckt dieser Schritt Fehler oder Lücken im Vokabular auf, die behoben werden müssen, indem man zu Schritt 3 zurückkehrt und den Prozess erneut durchläuft.

5. *Beschreibung der Probleminstanz codieren*: Wenn die Ontologie gut durchdacht ist, ist dieser Schritt einfach. Er beinhaltet das Schreiben einfacher atomarer Sätze über Instanzen von Konzepten, die bereits Teil der Ontologie sind. Ein logischer Agent nimmt die Probleminstanzen von Sensoren entgegen, während eine „entkörperlichte“ Wissensbasis Sätze auf die gleiche Weise erhält wie ein traditionelles Programm seine Eingabedaten.

6. *Fragen an die Inferenzprozedur stellen und Antworten erhalten*: Und das ist unsere Belohnung: Wir können es der Inferenzprozedur überlassen, auf den Axiomen und den problemspezifischen Fakten zu operieren, um die für uns interessanten Fakten abzuleiten. So vermeiden wir es, einen anwendungsspezifischen Lösungsalgorithmus schreiben zu müssen.

7. *Die Wissensbasis auf Fehler untersuchen und evaluieren*: Leider fallen die Antworten auf Abfragen beim ersten Versuch selten korrekt aus. Und wenn die Antworten korrekt sind, sind sie es *hinsichtlich der Wissensbasis, so wie sie geschrieben ist*, vorausgesetzt die Inferenzprozedur ist fehlerfrei. Und dennoch werden die Antworten häufig nicht den Erwartungen der Benutzer gerecht. Wenn z. B. ein Axiom fehlt, können einige Anfragen nicht von der Wissensbasis beantwortet werden. Folge wäre unter Umständen ein aufwendiger Debugging-Prozess. Fehlende oder zu schwache Axiome lassen sich leicht identifizieren, indem man auf Stellen achtet, an denen die Schlussfolgerungskette unerwartet abbricht. Beinhaltet die Wissensbasis zum Beispiel eine Diagnoseregel (siehe Übung 8.16 auf der Website) zum Auffinden des Wumpus,

$$\forall s \;\; Smelly(s) \;\Rightarrow\; Adjacent(Home(Wumpus), s)\,,$$

anstelle des Bikonditionals, so wird der Agent niemals in der Lage sein, die *Abwesenheit* eines Wumpus zu beweisen. Fehlerhafte Axiome können identifiziert werden, weil sie falsche Aussagen über die Welt darstellen. Zum Beispiel ist der Satz

$$\forall x \;\; NumOfLegs(x, 4) \;\Rightarrow\; Mammal(x)$$

falsch für Reptilien, Amphibien und Tische. *Dass dieser Satz falsch ist, kann unabhängig vom Rest der Wissensbasis bestimmt werden.* Im Gegensatz dazu sieht ein typischer Fehler in einem Programm wie folgt aus:

```
offset = position + 1
```

Ohne Kenntnis des Kontextes ist es unmöglich zu sagen, ob `offset` gleich `position` oder `position + 1` sein sollte.

Wenn man den Punkt erreicht hat, an dem es keine offensichtlichen Fehler mehr in der Wissensbasis gibt, dann ist man leicht versucht, von Erfolg zu sprechen. Aber um sicherzugehen, sollten Sie vorher Ihr System formal evaluieren, indem Sie eine Testreihe von Abfragen darauf ausführen lassen und messen, wie viele davon richtig sind. Ohne objektive Messung ist es einfach, der Überzeugung zu erliegen, dass die Arbeit erledigt sei. Um den oben beschriebenen siebenstufigen Prozess besser zu verstehen, wenden wir ihn nun auf ein größeres Beispiel an – auf die Domäne der elektronischen Schaltkreise.

8.4.2 Die Domäne der elektronischen Schaltkreise

In diesem Abschnitt werden wir eine Ontologie und eine Wissensbasis entwickeln, die es uns ermöglichen, Schlussfolgerungen über digitale Schaltkreise wie in ► Abbildung 8.6 gezeigt zu ziehen. Wir folgen dem siebenstufigen Prozess des Knowledge Engineering.

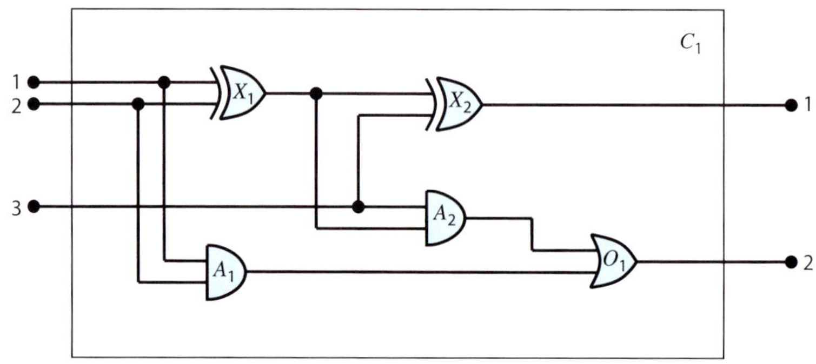

Abbildung 8.6: Ein digitaler Schaltkreis C_1, der vorgibt, ein Ein-Bit-Volladdierer zu sein. Die ersten beiden Eingänge sind die beiden zu addierenden Bits und der dritte Eingang ist ein Übertragbit. Der erste Ausgang ist die Summe und der zweite Ausgang ist ein Übertragbit für den nächsten Addierer. Der Schaltkreis enthält zwei XOR-Gatter, zwei AND-Gatter und ein OR-Gatter.

Fragen identifizieren

Es gibt viele Aufgaben des Schlussfolgerns, die mit dem Entwerfen digitaler Schaltkreise verbunden sind. Auf der höchsten Ebene wird die Funktionalität des Schaltkreises analysiert. Addiert zum Beispiel der Schaltkreis in ► Abbildung 8.6 korrekt? Wenn alle Eingänge auf Hoch festgelegt sind, welche Ausgabe erzeugt dann Gatter A2? Interessant sind auch Fragen nach der Struktur des Schaltkreises. Welche Gatter sind z. B. alle an den ersten Eingang angeschlossen? Enthält der Schaltkreis Rückkopplungsschleifen? Dies sind die Aufgaben, um die wir uns in diesem Abschnitt kümmern. Es gibt noch detailliertere Analyseebenen, z. B. in Bezug auf Zeitverzögerungen, Schaltkreisfläche, Stromverbrauch, Produktionskosten usw. Jede dieser Ebenen würde zusätzliches Wissen erfordern.

Relevantes Wissen zusammenstellen

Was wissen wir über digitale Schaltkreise? Für unsere Zwecke sind sie aus Leitungen und Gattern aufgebaut. Signale fließen entlang von Leitungen zu den Eingangsanschlüssen der Gatter und jedes Gatter erzeugt ein Signal am Ausgangsanschluss, das entlang einer anderen Leitung fließt. Um festzustellen, welche Signale das sind, müssen wir wissen, wie die Gatter ihre Eingangssignale umwandeln. Es gibt vier Arten von Gattern: AND-, OR- und XOR-Gatter haben zwei Eingänge und NOT-Gatter einen. Alle Gatter haben einen Ausgang. Schaltkreise haben, wie Gatter, Eingänge und Ausgänge.

Um Schlussfolgerungen über Funktionalität und Konnektivität ziehen zu können, müssen wir uns weder mit den Leitungen an sich beschäftigen, noch damit, wie sie verlegt sind oder an welchen Knotenpunkten sie zusammenkommen. Wichtig sind allein die Verbindungen zwischen den Anschlüssen – wir können sagen, dass ein Ausgangsanschluss mit einem anderen Eingangsanschluss verbunden ist, ohne eine Aussage darüber machen müssen, was die Anschlüsse tatsächlich verbindet. Andere Faktoren wie die Größe, Form, Farbe oder Kosten der verschiedenen Komponenten sind für unsere Analyse irrelevant.

Wären wir mit etwas anderem befasst als dem Verifizieren von Entwürfen auf Gatterebene, würde die Ontologie anders aussehen. Wenn wir z. B. daran interessiert wären, fehlerhafte Schaltkreise zu debuggen, dann wäre es wahrscheinlich eine gute Idee, die Leitungen in der Ontologie zu berücksichtigen, da eine defekte Leitung den Signalfluss stören kann. Für die Behebung von Zeitverlusten müssten wir Gatterverzögerungen einbeziehen. Wenn wir daran interessiert wären, ein Produkt zu entwerfen, das Gewinn abwirft, wären die Kosten eines Schaltkreises und seine Geschwindigkeit im Vergleich zu anderen Produkten auf dem Markt wichtig.

Ein Vokabular festlegen

Wir wissen jetzt also, dass wir über Schaltkreise, Anschlüsse, Signale und Gatter sprechen wollen. Der nächste Schritt besteht darin, Funktionen, Prädikate und Konstanten zu wählen, um sie zu repräsentieren. Zunächst müssen wir in der Lage sein, die Gatter voneinander und von anderen Objekten zu unterscheiden. Jedes Gatter wird als Objekt dargestellt, benannt durch eine Konstante, über die wir behaupten, dass es ein Gatter (*Gate*) ist, wie beispielsweise $Gate(X_1)$. Das Verhalten eines jeden Gatters wird durch seinen Typ bestimmt: eine der Konstanten *AND*, *OR*, *XOR* oder *NOT*. Da ein Gatter genau einen Typ hat, bietet sich eine Funktion an: $Type(X_1) = XOR$. Schaltkreise werden, wie Gatter, durch ein Prädikat identifiziert: $Circuit(C_1)$. Dabei werden auch Gatter als Schaltkreise betrachtet.

Als Nächstes betrachten wir Anschlüsse, die durch das Prädikat $Terminal(x)$ identifiziert werden. Schaltkreise und Gatter können einen oder mehrere Eingangsanschlüsse (kurz Eingänge) und einen oder mehrere Ausgangsanschlüsse (kurz Ausgänge) haben. Mit der Funktion $In(1, x)$ bezeichnen wir den ersten Eingang für Schaltkreis bzw. Gatter x. Eine ähnliche Funktion $Out(n, x)$ wird für Ausgänge verwendet. Das Prädikat $Arity(c, i, j)$ besagt, dass der Schaltkreis c über i Eingänge und j Ausgänge verfügt. Die Verbindung zwischen Gattern kann durch das Prädikat *Connected* dargestellt werden, das zwei Anschlüsse als Argumente übernimmt, wie z. B. in $Connected(Out(1, X_1), In(1, X_2))$.

Und schließlich müssen wir noch wissen, ob ein Signal aktiviert („ein") oder deaktiviert („aus") ist. Eine Möglichkeit ist die Verwendung eines unären Prädikats, $On(t)$, das wahr ist, wenn das Signal an einem Anschluss aktiv ist. Dies macht es jedoch etwas schwer, Fragen zu stellen wie „Welche möglichen Werte haben die Signale an den Ausgängen der Schaltung C_1?" Deshalb führen wir die beiden Signalwerte 1 und 0 als Objekte ein, die jeweils den Zustand „ein" bzw. „aus" repräsentieren, sowie eine Funktion $Signal(t)$, die den Signalwert für den Anschluss t angibt.

Allgemeinwissen über die Domäne codieren

Ein Anzeichen für eine gute Ontologie ist, dass wir nur ein paar allgemeine Regeln benötigen, die klar und prägnant angegeben werden können. Dies sind alle Axiome, die wir benötigen:

1. Wenn zwei Anschlüsse verbunden sind, haben sie das gleiche Signal:
   $$\forall t_1, t_2 \; Terminal(t_1) \wedge Terminal(t_2) \wedge Connected(t_1, t_2) \Rightarrow Signal(t_1) = Signal(t_2)$$
2. Das Signal an jedem Anschluss ist entweder 1 oder 0:
   $$\forall t \; Terminal(t) \Rightarrow Signal(t) = 1 \vee Signal(t) = 0$$

3. *Connected* ist ein kommutatives Prädikat:

   $\forall\, t_1, t_2 \;\; Connected(t_1, t_2) \;\Leftrightarrow\; Connected(t_2, t_1)$

4. Es gibt vier Arten von Gattern:

   $\forall\, g \;\; Gate(g) \wedge k = Type(g) \;\Rightarrow\; k = AND \vee k = OR \vee k = XOR \vee k = NOT$

5. Der Ausgang eines AND-Gatters ist 0 genau dann, wenn einer seiner Eingänge 0 ist:

   $\forall\, g \;\; Gate(g) \wedge Type(g) = AND \;\Rightarrow$

   $\quad Signal(Out(1, g)) = 0 \;\Leftrightarrow\; \exists\, n \;\; Signal(In(n, g)) = 0$

6. Der Ausgang eines OR-Gatters ist 1 genau dann, wenn einer seiner Eingänge 1 ist:

   $\forall\, g \;\; Gate(g) \wedge Type(g) = OR \;\Rightarrow$

   $\quad Signal(Out(1, g)) = 1 \;\Leftrightarrow\; \exists\, n \;\; Signal(In(n, g)) = 1$

7. Der Ausgang eines XOR-Gatters ist 1 genau dann, wenn seine Eingänge unterschiedlich sind:

   $\forall\, g \;\; Gate(g) \wedge Type(g) = XOR \;\Rightarrow$

   $\quad Signal(Out(1, g)) = 1 \;\Leftrightarrow\; Signal(In(1, g)) \neq Signal(In(2, g))$

8. Der Ausgang eines NOT-Gatters unterscheidet sich von seinem Eingang:

   $\forall\, g \;\; Gate(g) \wedge Type(g) = NOT \;\Rightarrow$

   $\quad Signal(Out(1, g)) \neq Signal(In(1, g))$

9. Die Gatter (mit Ausnahme von NOT) haben zwei Eingänge und einen Ausgang:

   $\forall\, g \;\; Gate(g) \wedge Type(g) = NOT \;\Rightarrow\; Arity(g, 1, 1)$

   $\forall\, g \;\; Gate(g) \wedge k = Type(g) \wedge (k = AND \vee k = OR \vee k = XOR) \;\Rightarrow$

   $\quad Arity(g, 2, 1)$

10. Ein Schaltkreis hat Anschlüsse bis zu seiner Eingangs- und Ausgangsarität, und nichts darüber hinaus:

    $\forall\, c, i, j \;\; Circuit(c) \wedge Arity(c, i, j) \;\Rightarrow$

    $\quad \forall\, n \;\; (n \leq i \;\Rightarrow\; Terminal(In(n, c))) \wedge (n > i \;\Rightarrow\; In(n, c) = Nothing) \wedge$

    $\quad \forall\, n \;\; (n \leq j \;\Rightarrow\; Terminal(Out(n, c))) \wedge (n > j \;\Rightarrow\; Out(n, c) = Nothing)$

11. Gatter, Anschlüsse und Signale sind alle unterschiedlich:

    $\forall\, g, t, s \;\; Gate(g) \wedge Terminal(t) \wedge Signal(s) \;\Rightarrow$

    $\quad g \neq t \wedge g \neq s \wedge t \neq s$

12. Gatter sind Schaltkreise:

    $\forall\, g \;\; Gate(g) \;\Rightarrow\; Circuit(g)$

Die spezifische Probleminstanz codieren

Der in ► Abbildung 8.6 gezeigte Schaltkreis ist als C_1 mit der folgenden Beschreibung codiert. Zunächst kategorisieren wir den Schaltkreis und seine Gatterkomponenten:

$$
\begin{aligned}
&Circuit(C_1) \wedge Arity(C_1, 3, 2)\\
&Gate(X_1) \wedge Type(X_1) = XOR\\
&Gate(X_2) \wedge Type(X_2) = XOR\\
&Gate(A_1) \wedge Type(A_1) = AND\\
&Gate(A_2) \wedge Type(A_2) = AND\\
&Gate(O_1) \wedge Type(O_1) = OR
\end{aligned}
$$

Dann zeigen wir die Verbindungen zwischen ihnen:

$$\begin{array}{ll} Connected(Out(1,X_1),In(1,X_2)) & Connected(In(1,C_1),In(1,X_1)) \\ Connected(Out(1,X_1),In(2,A_2)) & Connected(In(1,C_1),In(1,A_1)) \\ Connected(Out(1,A_2),In(1,O_1)) & Connected(In(2,C_1),In(2,X_1)) \\ Connected(Out(1,A_1),In(2,O_1)) & Connected(In(2,C_1),In(2,A_1)) \\ Connected(Out(1,X_2),Out(1,C_1)) & Connected(In(3,C_1),In(2,X_2)) \\ Connected(Out(1,O_1),Out(2,C_1)) & Connected(In(3,C_1),In(1,A_2)) \end{array}$$

Abfragen an die Inferenzprozedur stellen

Welche Kombinationen von Eingängen würden dazu führen, dass der erste Ausgang von C_1 (das Summenbit) 0 ist und der zweite Ausgang von C_1 (das Übertragbit) 1 ist?

$$\exists\, i_1, i_2, i_3 \;\; Signal(In(1,C_1)) = i_1 \wedge Signal(In(2,C_1)) = i_2 \wedge Signal(In(3,C_1)) = i_3 \\ \wedge\; Signal(Out(1,C_1)) = 0 \wedge Signal(Out(2,C_1)) = 1$$

Die Antworten sind Substitutionen für die Variablen i_1, i_2 und i_3, sodass der resultierende Satz durch die Wissensbasis impliziert wird. ASKVARS liefert uns drei solcher Substitutionen:

$$\{i_1/1,\ i_2/1,\ i_3/0\} \quad \{i_1/1,\ i_2/0,\ i_3/1\} \quad \{i_1/0,\ i_2/1,\ i_3/1\}$$

Was sind die möglichen Wertemengen aller Anschlüsse des Addiererschaltkreises?

$$\exists\, i_1, i_2, i_3, o_1, o_2 \;\; Signal(In(1,C_1)) = i_1 \wedge Signal(In(2,C_1)) = i_2 \\ \wedge\; Signal(In(3,C_1)) = i_3 \wedge Signal(Out(1,C_1)) = o_1 \wedge Signal(Out(2,C_1)) = o_2$$

Diese letzte Abfrage gibt eine vollständige Eingang-Ausgang-Tabelle für das Bauelement zurück, mit der überprüft werden kann, ob seine Eingänge tatsächlich korrekt addiert werden. Dies ist ein einfaches Beispiel für eine **Schaltkreisüberprüfung**. Mithilfe dieser Schaltkreisdefinition lassen sich auch größere digitale Systeme erstellen, für die die gleiche Überprüfung durchgeführt werden kann (siehe Übung 8.33 auf der Website). Für viele Domänen kann auf die gleiche Art eine strukturierte Wissensbasis entwickelt werden, wobei die Definition komplexerer Begriffe auf denen von einfacheren Begriffen aufbaut.

Debuggen der Wissensbasis

Wir können die Wissensbasis auf verschiedene Arten durcheinanderbringen, um zu beobachten, welche Arten von fehlerhaftem Verhalten sich zeigen. Nehmen wir zum Beispiel an, wir haben aus Versehen Abschnitt 8.2.8 nicht gelesen und daher die Aussage vergessen, dass $1 \neq 0$ ist. Dadurch ist das System plötzlich nicht mehr in der Lage, irgendwelche Ausgänge für den Schaltkreis zu beweisen, außer für die beiden Eingänge 000 und 110. Wir können das Problem lokalisieren, indem wir nach den Ausgängen der einzelnen Gatter fragen. Wir können zum Beispiel fragen

$$\exists\, i_1, i_2, o \;\; Signal(In(1,C_1)) = i_1 \wedge Signal(In(2,C_1)) = i_2 \wedge Signal(Out(1,X_1)) = o\,,$$

was zeigt, dass für die Eingangsbelegungen 10 und 01 keine Ausgänge an X_1 bekannt sind. Dann betrachten wir das Axiom für XOR-Gatter, angewendet auf X_1:

$$Signal(Out(1,X_1)) = 1 \;\Leftrightarrow\; Signal(In(1,X_1)) \neq Signal(In(2,X_1))$$

Wenn bekannt ist, dass die Eingänge z. B. 1 und 0 sind, dann reduziert sich dies zu:

$$Signal(Out(1,X_1)) = 1 \;\Leftrightarrow\; 1 \neq 0[$$

Jetzt ist das Problem offensichtlich: Das System ist nicht in der Lage zu folgern, dass $Signal(Out(1,X_1)) = 1$ ist, also müssen wir ihm sagen, dass $1 \neq 0$ ist.

ZUSAMMENFASSUNG

In diesem Kapitel wurde die **Prädikatenlogik** vorgestellt, eine Repräsentationssprache, die weitaus mächtiger ist als die Aussagenlogik. Die wichtigsten Punkte sind:

- Wissensrepräsentationssprachen sollten deklarativ, kompositionell, ausdrucksstark, kontextunabhängig und eindeutig sein.
- Logiken unterscheiden sich in ihren **ontologischen Bindungen** und **epistemologischen Bindungen**. Während sich die Aussagenlogik ausschließlich auf die Existenz von Fakten verlässt, basiert die Prädikatenlogik auf der Existenz von Objekten und Relationen, was sie wesentlich ausdrucksstärker macht und damit geeigneter für Domänen wie die Wumpus-Welt und elektronische Schaltkreise.
- Sowohl die Aussagenlogik als auch die Prädikatenlogik haben Schwierigkeiten, vage Aussagen darzustellen. Dies schränkt ihre Anwendbarkeit in Domänen ein, die auf persönlichem Ermessen angewiesen sind, wie die Politik oder die Kochkunst.
- Die Syntax der Prädikatenlogik baut auf derjenigen der Aussagenlogik auf. Sie verfügt zusätzlich über Terme zur Repräsentation von Objekten sowie über Allquantoren und Existenzquantoren, um Aussagen über alle oder einige der möglichen Werte der quantifizierten Variablen zu konstruieren.
- Eine **mögliche Welt** bzw. ein **Modell** für die Prädikatenlogik umfasst eine Menge von Objekten und eine **Interpretation**, die Konstantensymbole auf Objekte, Prädikatssymbole auf Beziehungen zwischen den Objekten und Funktionssymbole auf Funktionen auf Objekten abbildet.
- Ein atomarer Satz ist nur dann wahr, wenn die vom Prädikat angegebene Beziehung zwischen den von den Termen angegebenen Objekten besteht. **Erweiterte Interpretationen**, die Quantorvariablen auf Objekte im Modell abbilden, definieren den Wahrheitswert von quantifizierten Sätzen.
- Die Entwicklung einer Wissensbasis in Prädikatenlogik erfordert eine hohe Sorgfalt bei der Analyse der Domäne, der Auswahl des Vokabulars und der Codierung der Axiome, die zur Unterstützung der gewünschten Inferenzen erforderlich sind.

Bibliografische und historische Anmerkungen

Obwohl sich schon die Logik von Aristoteles mit Verallgemeinerungen über Objekte befasste, blieb sie weit hinter der Ausdruckskraft der Prädikatenlogik zurück. Dass sich diese Logik nicht weiterentwickelte, ist im Wesentlichen darauf zurückzuführen, dass sie sich auf einstellige Prädikate konzentrierte und die vielstelligen relationalen Prädikate grundsätzlich ausschloss. Die erste systematische Abhandlung über Relationen stammt von Augustus De Morgan (1864), der das folgende Beispiel anführte, um die Arten der Inferenzen zu zeigen, die mit der Logik von Aristoteles nicht möglich waren: „Alle Pferde sind Tiere; daher ist der Kopf eines Pferdes der Kopf eines Tieres." Diese Inferenz ist für die aristotelische Logik unerreichbar, weil jede gültige Regel, die diese Inferenz unterstützt, zuerst den Satz mithilfe des zweistelligen Prädikats „x ist der Kopf von y" analysieren muss. Die Logik der Relationen wurde eingehend von Charles Sanders Peirce untersucht (Peirce, 1870; Misak, 2004).

Die echte Prädikatenlogik gibt es seit der Einführung von Quantoren durch Gottlob Frege in seiner *Begriffschrift* (1879). Peirce (1883) entwickelte ebenfalls und unabhängig von Frege die Prädikatenlogik, wenn auch etwas später. Freges Erkenntnis, dass sich Quantoren verschachteln lassen, war ein großer Schritt nach vorn, obwohl die von ihm verwendete Notation relativ umständlich war. Die heutige Notation der Prädikatenlogik ist im Wesentlichen Giuseppe Peano (1889) zu verdanken, wenn auch die Semantik praktisch identisch mit der von Frege ist. Seltsamerweise gehen Peanos Axiome zu einem großen Teil auf Grassmann (1861) und Dedekind (1888) zurück.

Leopold Löwenheim (1915) verdanken wir eine systematische Abhandlung der Modelltheorie der Prädikatenlogik, die sich außerdem zum ersten Mal mit dem Gleichheitssymbol als integralem Bestandteil der Logik beschäftigt. Löwenheims Ergebnisse wurden von Thoralf Skolem (1920) erweitert. Alfred Tarski (1935, 1956) formulierte eine explizite Definition von Wahrheitswert und modelltheoretischer Erfüllung in der Prädikatenlogik unter Verwendung der Mengenlehre.

John McCarthy (1958) war hauptverantwortlich für die Einführung der Prädikatenlogik als Werkzeug für den Aufbau von KI-Systemen. Die Aussichten der logikbasierten KI wurden durch Robinsons (1965) Entwicklung der Resolution, eines vollständigen Verfahrens für die prädikatenlogische Inferenz, erheblich vorangetrieben. Der logizistische Ansatz hat seine Wurzeln in der Stanford University. Cordell Green (1969a, 1969b) entwickelte ein prädikatenlogisches Schlussfolgerungssystem namens QA3, das zu den ersten Versuchen führte, einen logischen Roboter am SRI zu entwickeln (Fikes und Nilsson, 1971). Prädikatenlogik wurde von Zohar Manna und Richard Waldinger (1971) für das Schlussfolgern bei Programmen und später von Michael Genesereth (1984) für das Schlussfolgern bei Schaltkreisen verwendet. In Europa wurde die logische Programmierung (eine eingeschränkte Form des prädikatenlogischen Schlussfolgerns) für linguistische Analysen (Colmerauer *et al.*, 1973) und für allgemeine deklarative Systeme (Kowalski, 1974) entwickelt. Durch das LCF-Projekt (*Logic for Computable Functions*) war die Computerlogik auch in Edinburgh gut verankert (Gordon *et al.*, 1979). Diese Entwicklungen werden in den Kapiteln 9 und 10 näher beschrieben.

Zu den praktischen Anwendungen, die mit Prädikatenlogik erstellt wurden, gehören ein System zur Evaluierung der Fertigungsanforderungen für elektronische Produkte (Mannion, 2002), ein Schlussfolgerungssystem über Richtlinien für den Dateizugriff und die digitale Rechteverwaltung (Halpern und Weissman, 2008) und ein System zur automatisierten Zusammenstellung von Webdiensten (McIlraith und Zeng, 2001).

Reaktionen auf die Whorf-Hypothese (Whorf, 1956) und das Problem von Sprache und Denken im Allgemeinen sind in mehreren Büchern zu finden (Pullum, 1991; Pinker, 2003), einschließlich der scheinbar gegensätzlichen Titel *Why the World Looks Different in Other Lan-*

guages (Deutscher, 2010)[12] und *Why The World Looks the Same in Any Language* (McWhorter, 2014)[13] (obwohl beide Autoren darin übereinstimmen, dass es Unterschiede gibt und die Unterschiede gering sind). Die „Theorie"-Theorie (Gopnik und Glymour, 2002; Tenenbaum *et al.*, 2007) betrachtet das kindliche Lernen der Welt als analog zur Konstruktion von wissenschaftlichen Theorien. So wie die Vorhersagen eines maschinellen Lernalgorithmus stark von dem ihm bereitgestellten Vokabular abhängen, so hängt auch die kindliche Formulierung von Theorien von der linguistischen Umgebung ab, in der das Lernen stattfindet.

Es gibt eine Reihe von guten Einführungen in das Thema Prädikatenlogik, unter anderem auch von einigen führenden Persönlichkeiten der Geschichte der Logik: Alfred Tarski (1941), Alonzo Church (1956) und W. V. Quine (1982; eine der lesenswertesten Einführungen überhaupt). Enderton (1972) betrachtet das Thema aus einer eher mathematischen Perspektive. Eine sehr formale Behandlung der Prädikatenlogik, zusammen mit vielen weiterführenden Themen der Logik bieten Bell und Machover (1977). Manna und Waldinger (1985) führen lesenswert in die Logik aus Sicht der Informatik ein, ebenso wie Huth und Ryan (2004), die sich auf die Programmverifikation konzentrieren. Barwise und Etchemendy (2002) verfolgen einen Ansatz, der dem dieses Buchs sehr ähnlich ist. Smullyan (1995) präsentiert die Ergebnisse kurz und übersichtlich im Tableau-Format. Gallier (1986) nähert sich der Prädikatenlogik streng mathematisch und liefert dazu umfangreiche Informationen über ihre Verwendung im automatisierten Schlussfolgern. *Logical Foundations of Artificial Intelligence* (Genesereth und Nilsson, 1987) ist sowohl eine solide Einführung in die Logik als auch die erste systematische Behandlung von logischen Agenten mit Perzepten und Aktionen. Außerdem gibt es zwei gute Handbücher: Bentham und Meulen (1997) und Robinson und Voronkov (2001). Die führende Fachzeitschrift auf dem Gebiet der rein mathematischen Logik ist das *Journal of Symbolic Logic*, während sich das *Journal of Applied Logic* mit Themen befasst, die der künstlichen Intelligenz näher stehen.

12 Zu Deutsch: *Warum die Welt in anderen Sprachen anders aussieht.*

13 Zu Deutsch: *Warum die Welt in allen Sprachen gleich aussieht.*

Inferenz in der Prädikatenlogik

9

In diesem Kapitel definieren wir effektive Prozeduren für die Beantwortung von Fragen, die in Prädikatenlogik gestellt werden.

In diesem Kapitel beschreiben wir Algorithmen, die jede beantwortbare prädikatenlogische Frage beantworten können. Abschnitt 9.1 stellt die Inferenzregeln für Quantoren vor und zeigt, wie sich die prädikatenlogische Inferenz auf aussagenlogische Inferenz reduzieren lässt – wenn auch mit zum Teil großem Aufwand. Abschnitt 9.2 widmet sich der **Unifikation** und wie man mit ihr Inferenzregeln konstruieren kann, die sich direkt auf Sätze der Prädikatenlogik anwenden lassen. Anschließend werden drei große Familien von Inferenzalgorithmen der Prädikatenlogik besprochen: **Vorwärtsverkettung** (Abschnitt 9.3), **Rückwärtsverkettung** (Abschnitt 9.4) und **resolutionsbasierte Theorembeweiser** (Abschnitt 9.5).

9.1 Aussagenlogische und prädikatenlogische Inferenz

Eine Möglichkeit zur Durchführung prädikatenlogischer Inferenz besteht darin, die Wissensbasis der Prädikatenlogik in Aussagenlogik umzuwandeln und mit der uns bereits vertrauten aussagenlogischer Inferenz zu arbeiten. Als ersten Schritt eliminieren wir die Allquantoren. Nehmen wir zum Beispiel an, unsere Wissensbasis enthält als Axiom die gängige Ansicht, dass alle gierigen Könige böse sind:

$$\forall x \; König(x) \wedge Gierig(x) \;\Rightarrow\; Böse(x)$$

Daraus können wir die folgenden Sätze ableiten:

$$\begin{aligned}
&König(John) \wedge Gierig(John) \;\Rightarrow\; Böse(John)\\
&König(Richard) \wedge Gierig(Richard) \;\Rightarrow\; Böse(Richard)\\
&König(Vater(John)) \wedge Gierig(Vater(John)) \;\Rightarrow\; Böse(Vater(John))\\
&\quad\vdots
\end{aligned}$$

Im Allgemeinen besagt die Regel der **Allinstanziierung** oder **universelle Instanziierung** (kurz **UI**-Regel), dass wir jeden Satz ableiten können, den wir dadurch erhalten, dass wir einen **Grundterm** (einen Term ohne Variablen) für eine allquantifizierte Variable ersetzen.[1]

Um die Inferenzregel formal aufzuschreiben, verwenden wir das in Abschnitt 8.3 eingeführte Konzept der **Substitution**. Sei $\text{SUBST}(\theta, \alpha)$ das Ergebnis der Anwendung der Substitution θ auf den Satz α. Die daraus resultierende Regel lautet

$$\frac{\forall v \;\; \alpha}{\text{SUBST}(\{v/g\}, \alpha)}$$

für jede Variable v und jeden Grundterm g. Die drei oben angegebenen Sätze erhält man beispielsweise mit den Substitutionen $\{x/John\}$, $\{x/Richard\}$ und $\{x/Vater(John)\}$.

Entsprechend ersetzt die Regel der **Existenzinstanziierung** eine existenzquantifizierte Variable durch ein einzelnes *neues Konstantensymbol*. Die formale Aussage lautet wie folgt: Für jeden Satz α, jede Variable v und jedes Konstantensymbol k, das nicht an anderer Stelle in der Wissensbasis vorkommt, gilt:

$$\frac{\exists v \;\; \alpha}{\text{SUBST}(\{v/k\}, \alpha)}$$

1 Verwechseln Sie diese Substitutionen nicht mit den erweiterten Interpretationen, die zur Definition der Semantik von Quantoren in Abschnitt 8.2.6 verwendet werden. Die Substitution ersetzt eine Variable durch einen Term (ein syntaktisches Element), um einen neuen Satz zu erzeugen, während eine Interpretation eine Variable auf ein Objekt in der Domäne abbildet.

Zum Beispiel können wir aus dem Satz

$$\exists x \ \ Krone(x) \land AufKopf(x, John)$$

den Satz

$$Krone(C_1) \land AufKopf(C_1, John)$$

ableiten, solange C_1 nicht an anderer Stelle in der Wissensbasis vorkommt. Im Grunde besagt der existenzquantifizierte Satz, dass es ein Objekt gibt, das eine Bedingung erfüllt. Durch Anwenden der Regel der Existenzinstanziierung erhält dieses Objekt lediglich einen Namen. Natürlich darf dieser Name nicht bereits zu einem anderen Objekt gehören. In der Mathematik gibt es ein schönes Beispiel hierfür: Nehmen wir an, wir entdecken, dass es eine Zahl gibt, die etwas größer ist als 2,71828 und die die Gleichung $d(x^y)/dy = x^y$ für x erfüllt. Wir können dieser Zahl einen Namen geben, wie etwa e, aber es wäre ein Fehler, ihr den Namen eines bestehenden Objekts zu geben, z. B. π. In der Logik wird der neue Name als **Skolem-Konstante** bezeichnet.

Während die universelle Instanziierung viele Male auf dasselbe Axiom angewendet werden kann, um viele verschiedene logische Konsequenzen zu erzeugen, muss die Existenzinstanziierung nur einmal angewendet werden, woraufhin der existenzquantifizierte Satz verworfen werden kann. Nachdem wir beispielsweise den Satz *Tötet*(*Mörder*, *Opfer*) hinzugefügt haben, brauchen wir $\exists x$ *Tötet*(x, *Opfer*) nicht mehr.

9.1.1 Reduktion auf aussagenlogische Inferenz

Im Folgenden zeigen wir, wie man jede prädikatenlogische Wissensbasis in eine aussagenlogische Wissensbasis umwandeln kann. Die erste Überlegung ist, einen allquantifizierten Satz durch die Menge *aller möglichen* Instanziierungen zu ersetzen, so wie man einen existenzquantifizierten Satz durch eine Instanziierung ersetzen kann. Nehmen wir zum Beispiel an, dass unsere Wissensbasis nur die Sätze

$$\begin{aligned}
&\forall x \ \ König(x) \land Gierig(x) \ \Rightarrow \ Böse(x)\\
&König(John)\\
&Gierig(John)\\
&Bruder(Richard, John)
\end{aligned} \tag{9.1}$$

enthält und dass *John* und *Richard* die einzigen Objekte sind. Wir allquantifizieren den ersten Satz durch Anwendung aller möglichen Substitutionen, $\{x/John\}$ und $\{x/Richard\}$. Wir erhalten damit:

$$\begin{aligned}
König(John) \land Gierig(John) \ &\Rightarrow \ Böse(John)\\
König(Richard) \land Gierig(Richard) \ &\Rightarrow \ Böse(Richard)
\end{aligned}$$

Als Nächstes ersetzen wir grundlegende atomare Sätze wie *König*(*John*) durch aussagenlogische Symbole, z. B. *JohnIstKönig*. Zum Schluss wenden wir einen der vollständigen Algorithmen der Aussagenlogik aus Kapitel 7 an, um Schlussfolgerungen wie *JohnIstBöse* zu erhalten, was äquivalent zu *Böse*(*John*) ist.

Wie wir in Abschnitt 9.5 noch sehen werden, lässt sich diese Technik der **Umwandlung in die Aussagenlogik** oder **Propositionalisierung** vollständig verallgemeinern. Allerdings gibt es dabei ein Problem: Wenn die Wissensbasis ein Funktionssymbol enthält, ist die Menge der möglichen Grundterm-Substitutionen unendlich groß! Erwähnt die Wissensbasis z. B. das Symbol *Vater*, dann können unendlich viele verschachtelte Terme wie *Vater*(*Vater*(*Vater*(*John*))) konstruiert werden.

Glücklicherweise gibt es ein berühmtes Theorem von Jacques Herbrand (1930), das besagt: *Wenn ein Satz eine logische Folgerung aus der ursprünglichen prädikatenlogischen Wissens-*

basis ist, dann gibt es einen Beweis, der sich mit einer endlichen *Teilmenge der propositionalisierten Wissensbasis führen lässt.* Da jede dieser Teilmengen eine maximale Verschachtelungstiefe ihrer Grundterme aufweist, finden wir die Teilmenge, indem wir zuerst alle Instanziierungen mit Konstantensymbolen (*Richard* und *John*) erzeugen, dann alle Terme der Tiefe 1 (*Vater*(*Richard*) und *Vater*(*John*)), dann alle Terme der Tiefe 2, und so weiter, bis wir in der Lage sind, einen aussagenlogischen Beweis für den logisch implizierten Satz zu konstruieren.

Der hier von uns skizzierte Ansatz zur prädikatenlogischen Inferenz mittels Propositionalisierung ist **vollständig**, d. h., jeder logisch implizierte Satz kann bewiesen werden. Das ist eine große Leistung, wenn man bedenkt, dass der Raum der möglichen Modelle unendlich ist. Andererseits wissen wir erst, nachdem der Beweis erbracht wurde, dass der Satz eine Folgerung der Wissensbasis *ist*! Was passiert, wenn der Satz *keine* logische Folgerung ist? Können wir das feststellen? Nun, bei der Prädikatenlogik offensichtlich nicht. Unsere Beweisprozedur könnte endlos weiterlaufen und immer tiefer verschachtelte Terme erzeugen, ohne dass wir mit Sicherheit sagen können, ob sie in einer hoffnungslosen Schleife festhängt oder jeden Moment einen Beweis auswirft. Damit zeigt sie eine große Ähnlichkeit zu dem Halteproblem für Turing-Maschinen. Alan Turing (1936) und Alonzo Church (1936) haben beide, und zwar jeder auf seine ganz eigene Weise, die Unvermeidbarkeit dieses Zustands bewiesen. *Die Frage der logischen Folgerung für die Prädikatenlogik ist* ***semientscheidbar****, d. h., es gibt Algorithmen, die jeden logisch implizierten Satz akzeptieren, aber keinen Algorithmus, der jeden nicht logisch implizierten Satz ablehnt.*

9.2 Unifikation und prädikatenlogische Inferenz

Der aufmerksame Leser wird bemerkt haben, dass der Ansatz der Propositionalisierung zu vielen unnötigen Instanziierungen von allquantifizierten Sätzen führt. Wir hätten lieber einen Ansatz, der nur die Regel verwendet, die schlussfolgert, dass $\{x/John\}$ die Abfrage *Böse*(x) wie folgt löst: Finde für die Regel, dass gierige Könige böse sind, irgendein x, sodass x ein König ist und x gierig ist, und leite dann davon ab, dass dieses x böse ist. Allgemeiner ausgedrückt: Wenn es eine Substitution θ gibt, die bewirkt, dass jedes Konjunkt von der Prämisse der Implikation identisch ist mit einem Satz, der sich bereits in der Wissensbasis befindet, dann können wir die Schlussfolgerung der Implikation bestätigen. In diesem Fall wird das Ziel mit der Substitution $\theta = \{x/John\}$ erreicht. Nehmen wir nun an, dass wir nicht *Gierig*(*John*) wissen, sondern dass *jeder* gierig ist:

$$\forall y \;\; Gierig(y) \tag{9.2}$$

Dann möchten wir immer noch *Böse*(*John*) schlussfolgern können, weil wir wissen, dass John ein König ist (gegeben) und John gierig ist (weil jeder gierig ist). Damit dies funktioniert, müssen wir sowohl für die Variablen im Implikationssatz als auch für die Variablen in den Wissensbasissätzen eine Substitution finden. In diesem Fall bewirkt die Anwendung der Substitution $\{x/John, y/John\}$ auf die Implikationsprämissen *König*(x) und *Gierig*(x) sowie auf die Wissensbasissätze *König*(*John*) und *Gierig*(y), dass Prämissen und Sätze identisch werden. Wir können also die Konsequenz der Implikation ableiten.

Dieser Inferenzprozess kann als eine Inferenzregel formuliert werden, die wir **verallgemeinerten Modus ponens** nennen:[2] Gibt es für atomare Sätze p_i, p_i' und q eine Substitution θ mit $\text{SUBST}(\theta, p_i') = \text{SUBST}(\theta, p_i)$, für alle i, dann gilt:

$$\frac{p_1', \;\; p_2', \;\; \ldots, \;\; p_n', \;\; (p_1 \wedge p_2 \wedge \ldots \wedge p_n \Rightarrow q)}{\text{SUBST}(\theta, q)}$$

2 Der verallgemeinerte Modus ponens ist insofern allgemeiner als der Modus ponens von S. 262, als die bekannten Fakten und die Prämisse der Implikation nur bis zu einer Substitution und nicht exakt übereinstimmen müssen. Andererseits erlaubt Modus ponens jeden beliebigen Satz α als Prämisse und nicht nur eine Konjunktion von atomaren Sätzen.

Es gibt $n+1$ Prämissen zu dieser Regel: die n atomaren Sätze $p_i{}'$ sowie die Implikation. Die Schlussfolgerung ist das Ergebnis der Anwendung der Substitution θ auf die Konsequenz q. Für unser Beispiel ist das:

$p_1{}'$ ist *König(John)*	p_1 ist *König*(x)
$p_2{}'$ ist *Gierig*(y)	p_2 ist *Gierig*(x)
θ ist $\{x/John, y/John\}$	q ist *Böse*(x)
SUBST(θ, q) ist *Böse(John)*	

Dass der verallgemeinerte Modus ponens eine korrekte Inferenzregel ist, lässt sich leicht beweisen. Zunächst stellen wir fest, dass für jeden Satz p (dessen Variablen allquantifiziert sind) und für jede Substitution θ

$$p \models \textsc{Subst}(\theta, p)$$

durch universelle Instanziierung wahr ist. Sie ist insbesondere wahr für ein θ, das die Bedingungen der Regel des verallgemeinerten Modus ponens erfüllt. Somit können wir aus $p_1{}', \ldots, p_n{}'$ schließen, dass

$$\textsc{Subst}(\theta, p_1{}') \wedge \ldots \wedge \textsc{Subst}(\theta, p_n{}')$$

gilt, und aus der Implikation $p_1 \wedge \ldots \wedge p_n \Rightarrow q$, dass

$$\textsc{Subst}(\theta, p_1) \wedge \ldots \wedge \textsc{Subst}(\theta, p_n) \;\Rightarrow\; \textsc{Subst}(\theta, q)$$

gilt. Nun ist θ im verallgemeinerten Modus ponens so definiert, dass für alle i gilt $\textsc{Subst}(\theta, p_i{}') = \textsc{Subst}(\theta, p_i)$; daher stimmt der erste dieser beiden Sätze genau mit der Prämisse des zweiten überein. Daraus folgt gemäß Modus ponens $\textsc{Subst}(\theta, q)$.

Der verallgemeinerte Modus ponens ist eine **geliftete** (angehobene) Version des Modus ponens – er „erhebt" den Modus ponens quasi von der einfachen (variablenfreien) Aussagenlogik zur Prädikatenlogik. Wir werden im weiteren Verlauf dieses Kapitels sehen, dass wir geliftete Versionen der in Kapitel 7 eingeführten Vorwärtsverkettung, Rückwärtsverkettung und der Resolutionsalgorithmen entwickeln können. Der Hauptvorteil der gelifteten Inferenzregeln gegenüber der Propositionalisierung ist, dass sie nur die Substitutionen vornehmen, die erforderlich sind, um bestimmte Inferenzen zu ermöglichen.

9.2.1 Unifikation

Bei gelifteten Inferenzregeln müssen Substitutionen gefunden werden, die bewirken, dass unterschiedliche logische Ausdrücke identisch aussehen. Dieser Prozess wird **Unifikation** genannt und ist eine Schlüsselkomponente aller prädikatlogischen Inferenzalgorithmen. Der UNIFY-Algorithmus übernimmt zwei Sätze und gibt einen **Unifikator** (eine Substitution) zurück, falls eine solche existiert:

$$\textsc{Unify}(p, q) = \theta \text{ wobei } \textsc{Subst}(\theta, p) = \textsc{Subst}(\theta, q)$$

Schauen wir uns anhand einiger Beispiele an, wie sich UNIFY verhalten sollte. Angenommen, wir haben eine Abfrage *AskVars(Kennt(John, x))*: Wen kennt John? Antworten auf diese Abfrage können gefunden werden, indem man nach allen Sätzen in der Wissensbasis sucht, die sich mit *Kennt(John, x)* unifizieren lassen. Hier sind die Ergebnisse der Unifikation mit vier verschiedenen Sätzen, die sich in der Wissensbasis befinden könnten:

$\textsc{Unify}(Kennt(John, x), Kennt(John, Jane)) = \{x/Jane\}$

$\textsc{Unify}(Kennt(John, x), Kennt(y, Bill)) = \{x/Bill, y/John\}$

$\textsc{Unify}(Kennt(John, x), Kennt(y, Mutter(y))) = \{y/John, x/Mutter(John)\}$

$\textsc{Unify}(Kennt(John, x), Kennt(x, Elizabeth)) = failure$

Die letzte Unifikation schlägt fehl, weil x nicht gleichzeitig die Werte *John* und *Elizabeth* annehmen kann. Wir wissen, dass *Kennt*(x, *Elizabeth*) so viel bedeutet wie „Jeder kennt Elizabeth", sodass wir folgern können *sollten*, dass John Elizabeth kennt. Das Problem tritt nur auf, weil die beiden Sätze zufällig denselben Variablennamen x verwenden. Es kann vermieden werden, indem einer der beiden zu unifizierenden Sätze *standardisiert* wird, d. h., seine Variablen werden **umbenannt**, um Namenskonflikte zu vermeiden. Zum Beispiel können wir in *Kennt*(x, *Elizabeth*) das x umbenennen in x_{17} (einen neuen Variablennamen), ohne seine Bedeutung zu ändern. Jetzt funktioniert die Unifikation:

$$\text{UNIFY}(Kennt(John, x), Kennt(x_{17}, Elizabeth)) = \{x/Elizabeth, x_{17}/John\}$$

Mit Übung 9.15 auf der Website können Sie tiefer in das wichtige Thema der Variablenumbennung eintauchen.

Es gibt noch eine weitere Schwierigkeit: Wir haben gesagt, dass UNIFY eine Substitution zurückgeben soll, die bewirkt, dass die beiden Argumente gleich aussehen. Es könnte jedoch mehrere solche Unifikatoren geben. Zum Beispiel könnte UNIFY (*Kennt*(*John*, x), *Kennt*(y, z)) die Substitutionen $\{y/John, x/z\}$ oder $\{y/John, x/John, z/John\}$ zurückgeben. Der erste Unifikator liefert *Kennt*(*John*, z) als Ergebnis der Unifikation zurück, während der zweite *Kennt*(*John*, *John*) zurückliefert. Das zweite Ergebnis könnte man durch eine zusätzliche Substitution $\{z/John\}$ aus dem ersten erhalten; wir sagen, dass der erste Unifikator *allgemeiner* ist als der zweite, weil er die Werte der Variablen weniger einschränkt.

Für jedes unifizierbare Paar von Ausdrücken gibt es einen **allgemeinsten Unifikator** (*Most General Unifier*, MGU), der eindeutig bis zur Umbenennung und Substitution von Variablen ist. Zum Beispiel werden $\{x/John\}$ und $\{y/John\}$ als äquivalent betrachtet, ebenso wie $\{x/John, y/John\}$ und $\{x/John, y/x\}$.

► Abbildung 9.1 zeigt einen Algorithmus zur Berechnung der allgemeinsten Unifikatoren. Der Prozess ist einfach: Die beiden Ausdrücke werden simultan „Seite an Seite" rekursiv ausgewertet, wobei ein Unifikator aufgebaut wird, was jedoch scheitert, wenn zwei korrespondierende Punkte in den Strukturen nicht übereinstimmen. Es gibt nur einen aufwendigen Schritt: Wenn eine Variable gegen einen komplexen Term abgeglichen wird, muss man prü-

```
function UNIFY(x, y, θ=empty) returns eine Substitution, um x und y identisch zu machen,
                                       oder failure
  if θ = failure then return failure
  else if x = y then return θ
  else if VARIABLE?(x) then return UNIFY-VAR(x, y, θ)
  else if VARIABLE?(y) then return UNIFY-VAR(y, x, θ)
  else if COMPOUND?(x) and COMPOUND?(y) then
      return UNIFY(ARGS(x), ARGS(y), UNIFY(OP(x), OP(y), θ))
  else if LIST?(x) and LIST?(y) then
      return UNIFY(REST(x), REST(y), UNIFY(FIRST(x), FIRST(y), θ))
  else return failure

function UNIFY-VAR(var, x, θ) returns eine Substitution
  if {var/val} ∈ θ für einige val then return UNIFY(val, x, θ)
  else if {x/val} ∈ θ für einige val then return UNIFY(var, val, θ)
  else if OCCUR-CHECK?(var, x) then return failure
  else return füge {var/x} zu θ hinzu
```

Abbildung 9.1: Der Unifikationsalgorithmus. Die Argumente x und y können beliebige Ausdrücke sein: eine Konstante oder Variable oder ein zusammengesetzter Ausdruck, wie z. B. ein komplexer Satz oder Term, oder eine Liste von Ausdrücken. Das Argument θ ist eine Substitution, die anfangs leer ist, aber beim rekursiven Durchlaufen der Eingaben mit $\{var/val\}$-Paaren gefüllt wird, während wir die Ausdrücke Element für Element vergleichen. In einem zusammengesetzten Ausdruck wie $F(A, B)$ ermittelt das Feld OP(x) das Funktionssymbol F und das Feld ARGS(x) die Argumentliste (A, B).

fen, ob die Variable selbst in dem Term vorkommt; ist dies der Fall, dann schlägt der Abgleich fehl, weil kein konsistenter Unifikator konstruiert werden kann. Zum Beispiel lässt sich $S(x)$ nicht mit $S(S(x))$ unifizieren. Dieser sogenannte **Test auf Vorkommen** (*occur check*) bewirkt, dass die Komplexität des gesamten Algorithmus quadratisch in der Größe der zu unifizierenden Ausdrücke wird. Einige Systeme, darunter viele logische Programmiersysteme, lassen die Tests auf Vorkommen einfach weg und überlassen es dem Benutzer dafür zu sorgen, dass keine falschen Schlussfolgerungen gezogen werden. Andere Systeme verwenden komplexere Unifikationsalgorithmen mit linearer Zeitkomplexität.

9.2.2 Speichern und Abrufen

Den Funktionen TELL, ASK und ASKVARS, die zum Aufbauen und Abfragen einer Wissensbasis verwendet werden, liegen die primitiveren Funktionen STORE und FETCH zugrunde. STORE(s) speichert einen Satz s in der Wissensbasis, während FETCH(q) alle Unifikatoren zurückgibt, sodass die Abfrage q mit einem Satz in der Wissensbasis unifiziert wird. Das Problem, mit dem wir die Unifikation veranschaulicht haben – das Ermitteln aller Fakten, die mit *Kennt*(*John*, x) unifizieren –, ist eine Instanz der Anwendung von FETCH.

Die einfachste Art, STORE und FETCH zu implementieren, besteht darin, alle Fakten in einer langen Liste zu verwalten und jede Abfrage gegen jedes Element der Liste zu unifizieren. Ein solcher Prozess ist zwar ineffizient, aber er funktioniert. Der Rest dieses Abschnitts zeigt Möglichkeiten auf, den Abruf effizienter zu gestalten.

Wir können FETCH effizienter machen, indem wir sicherstellen, dass Unifikationen nur für solche Sätze angewendet werden, die eine *gewisse* Chance auf Unifikation haben. Es bringt zum Beispiel nichts zu versuchen, *Kennt*(*John*, x) mit *Bruder*(*Richard*, *John*) zu unifizieren. Unifikationen dieser Art lassen sich vermeiden, wenn wir die Fakten in der Wissensbasis **indizieren**. Ein einfaches Schema namens **Prädikatenindizierung** legt alle *Kennt*-Fakten in einem Behälter ab und alle *Bruder*-Fakten in einem anderen. Die Behälter können für einen effizienten Zugriff in einer Hash-Tabelle gespeichert werden.

Die Prädikatenindizierung ist nützlich, wenn es viele Prädikatssymbole, aber nur wenige Klauseln für jedes Symbol gibt. Manchmal hat ein Prädikat jedoch viele Klauseln. Nehmen wir zum Beispiel an, dass die Steuerbehörde mit einem Prädikat *Beschäftigt*(x, y) nachverfolgen möchte, wer wen beschäftigt. Das wäre ein sehr großer Behälter mit vielleicht Millionen von Arbeitgebern und zig Millionen von Arbeitnehmern. Um eine Abfrage wie *Beschäftigt*(x, *Richard*) mit Prädikatenindizierung zu beantworten, müssten wir den gesamten Behälter durchsuchen.

Für diese spezielle Abfrage wäre es hilfreich, wenn die Fakten sowohl nach Prädikat als auch nach zweitem Argument indiziert wären, vielleicht unter Verwendung eines kombinierten Hash-Tabellenschlüssels. Dann könnten wir einfach den Schlüssel aus der Abfrage konstruieren und genau die Fakten abrufen, die mit der Abfrage unifizieren. Für andere Abfragen, wie z. B. *Beschäftigt*(*IBM*, y), müssten wir die Fakten vorher nach dem Prädikat in Kombination mit dem ersten Argument indizieren. Folglich können Fakten unter mehreren Indexschlüsseln gespeichert werden, sodass sie verschiedenen Abfragen, mit denen sie unifizieren könnten, direkt zur Verfügung stehen.

Bei einem zu speichernden Satz ist es möglich, Indizes für *alle möglichen* Abfragen zu konstruieren, die mit diesem Satz unifizieren. Für den Fakt *Beschäftigt*(*IBM*, *Richard*) lauten die Abfragen:

Beschäftigt(*IBM*, *Richard*)	Ist Richard bei IBM beschäftigt?
Beschäftigt(x, *Richard*)	Wer beschäftigt Richard?
Beschäftigt(*IBM*, y)	Wen beschäftigt IBM?
Beschäftigt(x, y)	Wer beschäftigt wen?

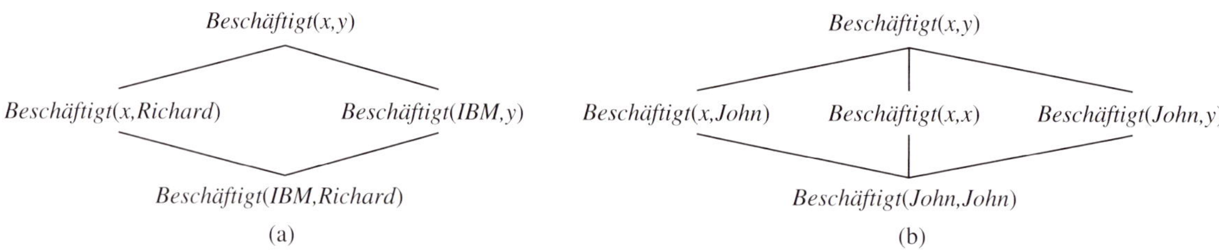

Abbildung 9.2: (a) Der Subsumptionsverband, dessen unterster Knoten *Beschäftigt*(*IBM*, *Richard*) lautet. (b) Der Subsumptionsverband für den Satz *Beschäftigt*(*John*, *John*).

Diese Abfragen bilden einen **Subsumptionsverband**, wie in ► Abbildung 9.2 a gezeigt. Der Verband hat einige interessante Eigenschaften. Beispielsweise wird das Kind jedes Knotens im Verband mithilfe einer einzigen Subsumption aus seinen Eltern ermittelt; und der „höchste" gemeinsame Nachfahre zweier beliebiger Knoten ist das Ergebnis der Anwendung ihres allgemeinsten Unifikators. Ein Satz mit wiederholten Konstanten hat einen etwas anderen Verband, wie in ► Abbildung 9.2 b gezeigt. Obwohl Funktionssymbole in der Abbildung nicht dargestellt sind, können auch sie in die Verbandsstruktur einbezogen werden.

Für Prädikate mit einer geringen Anzahl von Argumenten ist es ein guter Kompromiss, für jeden Punkt im Subsumptionsverband einen Index zu erstellen. Das erfordert etwas mehr Arbeit zum Zeitpunkt der Speicherung, beschleunigt aber die Abfragezeit. Für ein Prädikat mit n Argumenten enthält der Verband jedoch $O(2^n)$ Knoten. Wenn Funktionssymbole erlaubt sind, ist die Anzahl der Knoten außerdem exponentiell zur Größe der Terme in dem zu speichernden Satz. Dies kann zu einer riesigen Anzahl an Indizes führen.

Wir müssen die Indizes irgendwie auf diejenigen beschränken, die wahrscheinlich häufig in Abfragen verwendet werden; andernfalls verschwenden wir mehr Zeit mit dem Erstellen der Indizes als wir durch die Indizes selbst sparen. Wir könnten beispielsweise eine feste Strategie verfolgen und nur Indizes für Schlüssel verwalten, die aus einem Prädikat und einem Argument bestehen. Oder wir könnten eine adaptive Strategie verfolgen, die Indizes erzeugt, um die Anforderungen der verschiedenen Arten von Abfragen zu erfüllen. Für kommerzielle Datenbanken, wo die Anzahl der Fakten in die Milliarden geht, ist dieses Problem seit jeher Gegenstand intensiver Untersuchungen, technologischer Entwicklungen und kontinuierlicher Optimierungen.

9.3 Vorwärtsverkettung

In Abschnitt 7.5 haben wir einen Algorithmus mit Vorwärtsverkettung vorgestellt, der auf Wissensbasen von definiten Klauseln der Aussagenlogik operiert. Hier erweitern wir diese Idee um definite Klauseln der Prädikatenlogik.

Natürlich gibt es einige logische Sätze, die nicht als definite Klausel ausgedrückt werden können und daher nicht für diesen Ansatz geeignet sind. Aber mit den Regeln der Form *Antezedens* $\Rightarrow$ *Konsequenz* lassen sich bereits eine Vielzahl interessanter Systeme der realen Welt abdecken.

9.3.1 Definite Klauseln der Prädikatenlogik

Definite Klauseln der Prädikatenlogik sind Disjunktionen von Literalen, von denen *genau eines positiv ist*. Das bedeutet, dass eine definite Klausel entweder atomar ist oder eine Implikation, deren Antezedens eine Konjunktion positiver Literale und deren Konsequenz ein einzelnes positives Literal ist. Existenzquantoren sind nicht erlaubt und Allquantoren werden stillschweigend vorausgesetzt: Wenn Sie ein x in einem definiten Satz sehen, bedeutet das, dass ein impliziter $\forall x$-Quantor vorhanden ist. Eine typische definite Klausel der Prädikatenlogik lautet:

$$König(x) \land Gierig(x) \Rightarrow Böse(x)\,,$$

wobei die Literale *König(John)* und *Gierig(y)* ebenfalls als definite Klauseln zählen. Prädikatenlogische Literale können Variablen enthalten, sodass *Gierig(y)* als „jeder ist gierig" interpretiert wird (der Allquantor ist implizit).

Wir wollen das folgende Problem mithilfe von definiten Klauseln darstellen:

> *Das Gesetz besagt, dass ein Amerikaner ein Verbrechen begeht, wenn er Waffen an feindliche Nationen verkauft. Das Land Nono, ein Feind Amerikas, verfügt über einige Raketen, und alle Waffen wurden ihm von Colonel West verkauft, der Amerikaner ist.*

Zunächst werden wir diese Fakten als definite Klauseln der Prädikatenlogik darstellen:

„... dass ein Amerikaner ein Verbrechen begeht, wenn er Waffen an feindliche Nationen verkauft":

$$Amerikaner(x) \land Waffe(y) \land Verkauft(x, y, z) \land Feindlich(z) \Rightarrow Verbrecher(x) \tag{9.3}$$

„Nono ... verfügt über einige Raketen": Der Satz $\exists x\ Besitzt(Nono, x) \land Rakete(x)$ wird durch Existenzinstanziierung in zwei definite Klauseln umgewandelt, wobei eine neue Konstante M_1 eingeführt wird:

$$Besitzt(Nono, M_1) \tag{9.4}$$

$$Rakete(M_1) \tag{9.5}$$

„... alle Waffen wurden ihm von Colonel West verkauft":

$$Rakete(x) \land Besitzt(Nono, x) \Rightarrow Verkauft(West, x, Nono) \tag{9.6}$$

Wir müssen außerdem wissen, dass Raketen Waffen sind:

$$Rakete(x) \Rightarrow Waffe(x) \tag{9.7}$$

und wir müssen wissen, dass ein Feind Amerikas als „feindlich" betrachtet wird:

$$Feind(x, Amerika) \Rightarrow Feindlich(x) \tag{9.8}$$

„West ..., der Amerikaner ist":

$$Amerikaner(West) \tag{9.9}$$

„Das Land Nono, ein Feind Amerikas ...":

$$Feind(Nono, Amerika) \tag{9.10}$$

Bei dieser Wissensbasis handelt es sich um eine **Datalog**-Wissensbasis: Datalog ist eine Sprache, die aus definiten Klauseln der Prädikatenlogik besteht und keine Funktionssymbole enthält. Der Name Datalog ergibt sich daraus, dass die Sprache die Art von Aussagen darstellen kann, die in relationalen Datenbanken üblich sind. Das Fehlen von Funktionssymbolen erleichtert die Inferenz erheblich.

9.3.2 Ein einfacher Algorithmus für die Vorwärtsverkettung

► Abbildung 9.3 zeigt einen einfachen Inferenzalgorithmus für die Vorwärtsverkettung. Ausgehend von den bekannten Fakten führt er alle Regeln aus, deren Prämissen erfüllt sind, und fügt deren Schlussfolgerungen zu den bekannten Fakten hinzu. Der Prozess wird wiederholt, bis die Anfrage beantwortet ist (unter der Annahme, dass nur eine Antwort erforderlich ist) oder bis keine neuen Fakten hinzugefügt werden. Beachten Sie, dass ein Fakt nicht „neu" ist, wenn es sich dabei nur um eine **Umbenennung** eines bekannten Fakts handelt – ein Satz ist eine Umbenennung eines anderen, wenn beide bis auf die Namen der Variablen identisch sind. Zum Beispiel sind $Mag(x, Eis)$ und $Mag(y, Eis)$ Umbenennungen voneinander. Sie bedeuten beide dasselbe: „Jeder mag Eis."

```
function FOL-FC-ASK(KB, α) returns eine Substitution oder false
  inputs: KB, die Wissensbasis, eine Menge prädikatenlogischer definiter Klauseln
          α, die Abfrage, ein atomarer Satz

  while true do
     new ← { }        // die neuen Sätze, die bei jeder Iteration abgeleitet werden
     for each rule in KB do
        (p1 ∧ ... ∧ pn ⇒ q) ← STANDARDIZE-VARIABLES(rule)
        for each θ sodass SUBST(θ, p1 ∧ ... ∧ pn) = SUBST(θ, p'1 ∧ ... ∧ p'n)
                     für einige p'1, ..., p'n in KB
           q' ← SUBST(θ, q)
           if q' nicht mit einem bereits in KB oder new enthaltenen Satz unifiziert wird then
              füge q' zu new hinzu
              φ ← UNIFY(q', α)
              if φ ist nicht failure then return φ
     if new = { } then return false
     füge new zu KB hinzu
```

Abbildung 9.3: Ein konzeptionell einfacher, aber ineffizienter Algorithmus zur Vorwärtsverkettung. Bei jeder Iteration fügt er zur *KB* alle atomaren Sätze hinzu, die in einem Schritt aus den Implikationssätzen und den atomaren Sätzen, die sich bereits in der *KB* befinden, abgeleitet werden können. Die Funktion STANDARDIZE-VARIABLES ersetzt alle Variablen in ihren Argumenten durch neue, bisher noch nicht verwendete Variablen.

Wir veranschaulichen mithilfe unseres Verbrecherproblems die Funktion FOL-FC-ASK. Die zur Verkettung verfügbaren Implikationssätze sind (9.3), (9.6), (9.7) und (9.8). Es sind zwei Iterationen erforderlich:

- In der ersten Iteration hat Regel (9.3) nicht erfüllte Prämissen.
  Regel (9.6) ist erfüllt mit $\{x/M_1\}$, und $Verkauft(West, M_1, Nono)$ wird hinzugefügt.
  Regel (9.7) ist erfüllt mit $\{x/M_1\}$, und $Waffe(M_1)$ wird hinzugefügt.
  Regel (9.8) ist erfüllt mit $\{x/Nono\}$, und $Feindlich(Nono)$ wird hinzugefügt.
- In der zweiten Iteration wird Regel (9.3) mit $\{x/West, y/M_1, z/Nono\}$ erfüllt, und die Inferenz $Verbrecher(West)$ wird hinzugefügt.

► Abbildung 9.4 zeigt den erzeugten Beweisbaum. Beachten Sie, dass an dieser Stelle keine neuen Inferenzen mehr möglich sind, da jeder Satz, der durch Vorwärtsverkettung abgeleitet werden könnte, bereits explizit in der Wissensbasis enthalten ist. Eine solche Wissensbasis wird auch als **Fixpunkt** des Inferenzprozesses bezeichnet. Fixpunkte, die durch Vorwärtsverkettung mit definiten Klauseln der Prädikatenlogik erreicht werden, ähneln denen der aussagenlogischen Vorwärtsverkettung (S. 272); der Hauptunterschied ist, dass ein prädikatenlogischer Fixpunkt allquantifizierte atomare Sätze enthalten kann.

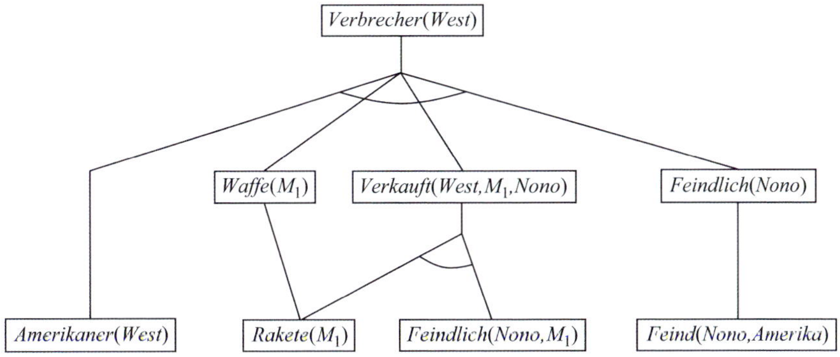

Abbildung 9.4: Der durch Vorwärtsverkettung erzeugte Beweisbaum für das Verbrecherbeispiel. Die anfänglichen Fakten erscheinen auf der untersten Ebene, die bei der ersten Iteration abgeleiteten Fakten auf der mittleren Ebene und die bei der zweiten Iteration abgeleiteten Fakten auf der obersten Ebene.

FOL-FC-ASK ist einfach zu analysieren. Erstens ist die Funktion **korrekt**, denn jede Inferenz ist lediglich eine Anwendung von verallgemeinertem Modus ponens, der korrekt ist. Zweitens ist sie **vollständig** für Wissensbasen mit definiten Klauseln, d. h., sie beantwortet jede Abfrage, deren Antworten logische Folgerungen einer beliebigen Wissensbasis mit definiten Klauseln sind.

Für Datalog-Wissensbasen, die keine Funktionssymbole enthalten, ist der Beweis der Vollständigkeit recht einfach. Wir beginnen mit dem Zählen der möglichen Fakten, die hinzugefügt werden können, was die maximale Anzahl der Iterationen bestimmt. Sei k die maximale **Stelligkeit** (Anzahl der Argumente) eines beliebigen Prädikats, p die Anzahl der Prädikate und n die Anzahl der konstanten Symbole. Offensichtlich kann es nicht mehr als pn^k unterschiedliche Grundfakten geben; der Algorithmus muss also nach so vielen Iterationen einen Fixpunkt erreicht haben. Dann können wir ganz ähnlich wie beim Beweis der Vollständigkeit für die aussagenlogische Vorwärtsverkettung argumentieren (siehe S. 272). Die Details, wie der Übergang von der aussagenlogischen zur prädikatenlogischen Vollständigkeit erfolgt, werden für den Resolutionsalgorithmus in Abschnitt 9.5 beschrieben.

Für allgemeine definite Klauseln mit Funktionssymbolen kann FOL-FC-ASK unendlich viele neue Fakten erzeugen, sodass wir sorgfältiger sein müssen. Für den Fall, dass eine Antwort auf den Abfragesatz q eine logische Folgerung der Wissensbasis ist, müssen wir das Herbrand-Theorem (S. 327) bemühen, um zu behaupten, dass der Algorithmus einen Beweis findet. (Weitere Informationen für den Resolutionsfall finden Sie in Abschnitt 9.5.) Wenn es zu der Abfrage keine Antwort gibt, kann es sein, dass der Algorithmus in einigen Fällen nicht terminiert. Beinhaltet die Wissensbasis zum Beispiel die Peano-Axiome

$$\begin{aligned}&NatNum(0)\\&\forall n\ NatNum(n) \Rightarrow NatNum(S(n))\,,\end{aligned}$$

dann fügt die Vorwärtsverkettung $NatNum(S(0))$, $NatNum(S(S(0)))$, $NatNum(S(S(S(0))))$ und so weiter ein. Dieses Problem ist im Allgemeinen unvermeidbar. Wie bei der allgemeinen Prädikatenlogik ist die logische Folgerung mit definitiven Klauseln semientscheidbar.

9.3.3 Effiziente Vorwärtsverkettung

Beim Algorithmus für die Vorwärtsverkettung in ► Abbildung 9.3 hat Verständlichkeit eine höhere Priorität als Effizienz, wobei es drei Ursachen für Ineffizienz gibt. Erstens versucht die innere Schleife des Algorithmus, jede Regel mit jedem Fakt in der Wissensbasis abzugleichen. Zweitens prüft der Algorithmus jede Regel bei jeder Iteration erneut, selbst wenn die Wissensbasis nur geringfügig ergänzt wurde. Drittens kann der Algorithmus viele Fakten generieren, die für das Ziel nicht relevant sind. Im Folgenden werden wir jede dieser Ursachen der Reihe nach betrachten.

Regeln mit bekannten Fakten vergleichen

Das Problem, die Prämisse einer Regel mit den Fakten in der Wissensbasis zu vergleichen, scheint recht einfach zu sein. Nehmen wir zum Beispiel an, wir wollen die Regel

$$Rakete(x) \Rightarrow Waffe(x)$$

anwenden. Dann müssen wir alle Fakten finden, die mit $Rakete(x)$ unifizieren; in einer gut indizierten Wissensbasis kann dies in konstanter Zeit pro Fakt erfolgen. Betrachten Sie jetzt die folgende Regel:

$$Rakete(x) \wedge Besitzt(Nono, x) \Rightarrow Verkauft(West, x, Nono)$$

Auch hier können wir alle Objekte, die Nono besitzt, in konstanter Zeit pro Objekt finden; anschließend könnten wir für jedes Objekt überprüfen, ob es sich um eine Rakete handelt. Wenn die Wissensbasis jedoch viele Objekte enthält, die Nono besitzt, aber nur sehr wenige Raketen, wäre es besser, zuerst alle Raketen zu finden und dann zu prüfen, ob sie Nono gehören. Das Problem der **Reihenfolge von Konjunkten** besteht also darin, eine Reihenfolge zu finden, um die Konjunkte der Regelprämisse mit möglichst minimalen Gesamtkosten zu lösen. Es stellt sich heraus, dass das Finden der optimalen Reihenfolge NP-schwer ist; Abhilfe schaffen jedoch gute Heuristiken. Die **MRV-Heuristik** (*Minimum Remaining Values*, Minimum an verbleibenden Werten), die in Kapitel 6 für CSPs erläutert wurde, würde zum Beispiel vorschlagen, die Konjunkte so zu sortieren, dass zuerst nach Raketen gesucht wird, wenn es weniger Raketen als Objekte im Besitz von Nono gibt.

Die Verbindung zwischen diesem **Musterabgleich** (*Pattern Matching*) und der Constraint-Erfüllung ist tatsächlich sehr eng. Wir können jedes Konjunkt als Beschränkung der darin enthaltenen Variablen betrachten – zum Beispiel ist $Rakete(x)$ eine unäre Beschränkung für x. Wenn wir diesen Gedanken weiterführen, *können wir jedes CSP mit endlicher Domäne als eine einzelne definite Klausel zusammen mit einigen zugehörigen Grundfakten ausdrücken.* Betrachten Sie dazu das Kartenfärbeproblem aus ► Abbildung 6.1, das in ► Abbildung 9.5 a wiederaufgegriffen wird. Eine äquivalente Formulierung als einzelne definite Klausel ist in ► Abbildung 9.5 b dargestellt. Offensichtlich kann die Schlussfolgerung *Färbbar*() nur abgeleitet werden, wenn das CSP eine Lösung hat. Da CSPs im Allgemeinen 3-SAT-Probleme als Sonderfälle beinhalten, können wir schlussfolgern, dass *der Abgleich einer definiten Klausel gegen eine Menge von Fakten NP-schwer ist.*

Es mag etwas deprimieren, dass die Vorwärtsverkettung ein NP-schweres Matching-Problem in ihrer inneren Schleife aufweist. Doch diese drei Argumente könnten uns wieder aufmuntern:

- Wir erinnern uns, dass die meisten Regeln in echten Wissensbasen eher kurz und einfach sind (wie die Regeln in unserem Verbrecherbeispiel) und nicht lang und komplex (wie die CSP-Formulierung in ► Abbildung 9.5). In der Welt der Datenbanken wird häufig vorausgesetzt, dass sowohl die Größe der Regeln als auch die Stelligkeit der Prädikate durch eine Konstante begrenzt sind und dass man sich nur um die **Datenkomplexität** Gedanken machen muss, d. h. um die Komplexität der Inferenz als eine Funktion der Anzahl der Grundfakten in der Wissensbasis. Es ist leicht zu zeigen, dass die Datenkomplexität der Vorwärtsverkettung polynomiell und nicht exponentiell ist.
- Wir können Subklassen von Regeln betrachten, für die der Abgleich effizient ist. Im Wesentlichen kann jede Datalog-Klausel als Definition eines CSP betrachtet werden,

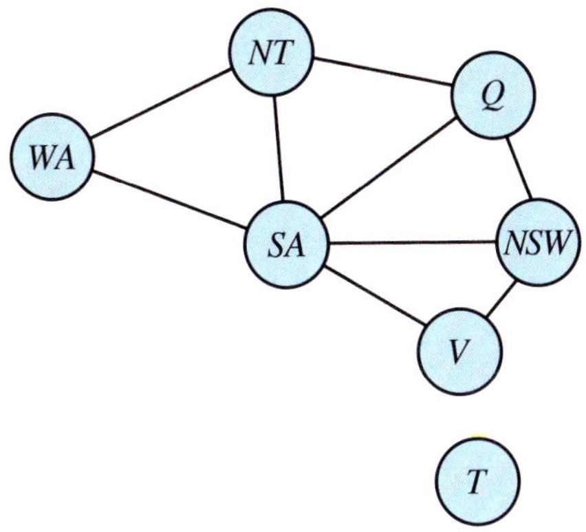

(a)

$$Diff(wa, nt) \wedge Diff(wa, sa) \wedge \\ Diff(nt, q) \wedge Diff(nt, sa) \wedge \\ Diff(q, nsw) \wedge Diff(q, sa) \wedge \\ Diff(nsw, v) \wedge Diff(nsw, sa) \wedge \\ Diff(v, sa) \Rightarrow Färbbar()$$

$$Diff(Rot, Blau) \quad Diff(Rot, Grün) \\ Diff(Grün, Rot) \quad Diff(Grün, Blau) \\ Diff(Blau, Rot) \quad Diff(Blau, Grün)$$

(b)

Abbildung 9.5: (a) Constraint-Graph zum Färben der Landkarte von Australien. (b) Das CSP für das Kartenfärbeproblem, ausgedrückt als eine einzelne definite Klausel. Jeder Kartenbereich wird als Variable dargestellt, deren Wert eine der Konstanten *Rot*, *Grün* oder *Blau* sein kann (die als *Diff* deklariert sind).

sodass der Abgleich nur dann effizient machbar ist, wenn das entsprechende CSP effizient machbar ist. Kapitel 6 beschreibt mehrere Familien von effizient machbaren CSPs. Wenn z. B. der Constraint-Graph (der Graph, dessen Knoten Variablen sind und dessen Links Constraints sind) einen Baum bildet, dann kann das CSP in linearer Zeit gelöst werden. Genau das Gleiche gilt für den Regelabgleich. Wenn wir z. B. South Australia aus der Karte in ► Abbildung 9.5 entfernen, lautet die resultierende Klausel:

$$Diff(wa, nt) \wedge Diff(nt, q) \wedge Diff(q, nsw) \wedge Diff(nsw, v) \Rightarrow Färbbar()$$

Das entspricht dem in ► Abbildung 6.12 auf S. 240 gezeigten reduzierten CSP. Algorithmen zum Lösen baumstrukturierter CSPs können direkt auf das Problem des Regelabgleichs angewendet werden.

- Wir können versuchen, redundante Regelabgleiche im Algorithmus für die Vorwärtsverkettung zu eliminieren. Dies ist das Thema des nächsten Abschnitts.

Inkrementelle Vorwärtsverkettung

Als wir anhand des Verbrecherbeispiels gezeigt haben, wie die Vorwärtsverkettung funktioniert, haben wir etwas geschummelt. Insbesondere haben wir einige der Regelabgleiche weggelassen, die der Algorithmus in ► Abbildung 9.3 durchführt. Zum Beispiel wird bei der zweiten Iteration die Regel

$$Rakete(x) \Rightarrow Waffe(x)$$

(erneut) gegen $Rakete(M_1)$ abgeglichen. Da die Schlussfolgerung $Waffe(M_1)$ bereits bekannt ist, passiert natürlich nichts. Solche redundanten Regelabgleiche können vermieden werden, wenn wir die folgende Beobachtung berücksichtigen: *Jeder neue Fakt, der während der Iteration t abgeleitet wird, muss von mindestens einem neuen Fakt abgeleitet werden, der während der Iteration $t-1$ abgeleitet wurde.* Dies gilt, weil jede Inferenz, die nicht auf einem neuen Fakt aus Iteration $t-1$ basiert, bereits in Iteration $t-1$ hätte erfolgen können.

Diese Beobachtung führt zu einem Algorithmus für eine inkrementelle Vorwärtsverkettung, bei dem wir eine Regel während der Iteration t nur dann überprüfen, wenn ihre Prämisse ein Konjunkt p_i enthält, das mit einem Fakt p'_i unifiziert, der während der Iteration $t-1$ neu abgeleitet wurde. Der Schritt des Regelabgleichs verändert p_i so, dass es mit p'_i übereinstimmt, erlaubt aber, dass die anderen Konjunkte der Regel mit Fakten aus früheren Iterationen übereinstimmen. Dieser Algorithmus erzeugt bei jeder Iteration genau die gleichen Fakten wie der Algorithmus in ► Abbildung 9.3, ist aber wesentlich effizienter.

Mit einer geeigneten Indizierung ist es ganz einfach, alle Regeln zu identifizieren, die von jedem beliebigen Fakt ausgelöst werden können, und viele reale Systeme arbeiten bereits in einem „Aktualisierungsmodus", in dem bei jedem TELL eine Vorwärtsverkettung erfolgt. Die Inferenzen durchlaufen kaskadenartig die Regelmenge, bis der Fixpunkt erreicht ist; dann wiederholt sich der Prozess für den nächsten neuen Fakt.

Normalerweise wird nur ein kleiner Teil der Regeln in der Wissensbasis tatsächlich durch das Hinzufügen eines bestimmten Fakts ausgelöst. Das bedeutet, dass eine Menge redundanter Arbeit geleistet wird, indem wiederholt partielle Übereinstimmungen konstruiert werden, bei denen einige Prämissen nicht erfüllt sind. Unser Verbrecherbeispiel ist etwas zu klein, um dies effektiv zu zeigen, aber beachten Sie, dass bei der ersten Iteration eine partielle Übereinstimmung zwischen der Regel

$$Amerikaner(x) \land Waffe(y) \land Verkauft(x, y, z) \land Feindlich(z) \Rightarrow Verbrecher(x)$$

und dem Fakt *Amerikaner*(*West*) konstruiert wird. Diese partielle Übereinstimmung wird dann verworfen und bei der zweiten Iteration (sofern die Regel erfolgreich war) wieder aufgebaut. Es wäre besser, die partiellen Übereinstimmungen zu speichern und dann schrittweise bei jedem neuen Fakt zu vervollständigen, anstatt sie zu verwerfen.

Der **Rete-Algorithmus**[3] war der erste, der sich mit diesem Problem befasste. Seine Aufgabe ist die Vorverarbeitung der Regelmenge in der Wissensbasis, um eine Art Datenflussnetz zu konstruieren, in dem jeder Knoten ein Literal aus einer Regelprämisse ist. Variablenbindungen fließen durch das Netz und werden herausgefiltert, wenn sie mit einem Literal nicht übereinstimmen. Verwenden zwei Literale in einer Regel die gleiche Variable – z. B. $Verkauft(x, y, z) \land Feindlich(z)$ in unserem Verbrecherbeispiel –, dann werden die Bindungen aus jedem Literal durch einen Gleichheitsknoten gefiltert. Eine Variablenbindung, die einen Knoten für ein n-stelliges Literal wie $Verkauft(x, y, z)$ erreicht, muss möglicherweise darauf warten, dass Bindungen für die anderen Variablen eingerichtet sind, bevor der Prozess fortgesetzt werden kann. Der Zustand eines Rete-Netzwerks erfasst zu jedem Zeitpunkt alle partiellen Übereinstimmungen der Regeln, wodurch ein großer Teil der Neuberechnungen vermieden wird.

Rete-Netzwerke und verschiedene Verbesserungen daran waren eine der Schlüsselkomponenten der sogenannten **Produktionssysteme**, die zu den frühesten Vorwärtsverkettungssystemen gehörten, die allgemein eingesetzt wurden.[4] Die Architektur des XCON-Systems (ursprünglich R1 genannt; McDermott, 1982) basierte beispielsweise auf Produktionssystemen. XCON enthielt mehrere Tausend Regeln für den Entwurf von Konfigurationen von Computerkomponenten für DEC-Kunden. Es war eines der ersten kommerziell sehr erfolgreichen Expertensysteme, die zu dieser Zeit noch in den Anfängen steckten. Danach wurden viele andere ähnliche Systeme entwickelt, denen die gleiche Technologie, implementiert in der regelbasierten Sprache OPS-5, zugrunde lag.

Produktionssysteme sind auch in **kognitiven Architekturen** häufig zu finden – d. h. in Modellen des menschlichen Schlussfolgerns wie ACT (Anderson, 1983) und SOAR (Laird *et al.*, 1987). In solchen Systemen modelliert der „Arbeitsspeicher" des Systems das menschliche Kurzzeitgedächtnis und die Produktionen sind Teil des Langzeitgedächtnisses. Bei jedem Operationszyklus werden die Produktionen mit dem Arbeitsspeicher abgeglichen, der die Fakten enthält. Eine Produktion, deren Bedingungen erfüllt sind, kann Fakten im Arbeitsspeicher hinzufügen oder löschen. Im Gegensatz zur typischen Situation in Datenbanken haben

3 Rete ist das lateinische Wort für *Netz*.

4 Das Wort **Produktion** in **Produktionssystem** bezeichnet eine Bedingung-Aktion-Regel.

Produktionssysteme oft viele Regeln und relativ wenige Fakten. Mit einer entsprechend optimierten Matching-Technologie können Systeme in Echtzeit zig Millionen Regeln bewältigen.

Irrelevante Fakten

Eine weitere Ursache der Ineffizienz ist, dass die Vorwärtsverkettung alle zulässigen Inferenzen auf Basis bekannter Fakten trifft, *selbst wenn sie für das Ziel irrelevant sind.* In unserem Verbrecherbeispiel gab es keine Regeln, die irrelevante Schlüsse zuließen. Hätte es aber viele Regeln gegeben, die die Essgewohnheiten der Amerikaner oder die Komponenten und Preise von Raketen beschreiben, dann hätte FOL-FC-ASK irrelevante Schlussfolgerungen erzeugt.

Eine Möglichkeit, irrelevante Schlussfolgerungen zu vermeiden, ist die Verwendung der Rückwärtsverkettung, wie sie in Abschnitt 9.4 beschrieben wird. Eine andere Möglichkeit ist, die Vorwärtsverkettung auf eine ausgewählte Teilmenge von Regeln zu beschränken, wie in PL-FC-ENTAILS? (S. 271). Ein dritter Ansatz hat sich im Bereich der **deduktiven Datenbanken** herausgebildet, bei denen es sich um große Datenbanken handelt, ähnlich den relationalen Datenbanken, die aber statt SQL-Abfragen die Vorwärtsverkettung als Standardwerkzeug für die Inferenz verwenden. Die Idee ist, die Regelmenge mithilfe von Informationen vom Ziel so umzuschreiben, dass nur relevante Variablenbindungen – also diejenigen, die zu einer sogenannten **magischen Menge** gehören – bei der Vorwärtsinferenz berücksichtigt werden. Wenn das Ziel z. B. $Verbrecher(West)$ ist, dann wird die Regel, die auf $Verbrecher(x)$ schließt, so umgeschrieben, dass sie ein zusätzliches Konjunkt enthält, das den Wert von x einschränkt:

$$Magisch(x) \land Amerikaner(x) \land Waffe(y) \land Verkauft(x, y, z) \land Feindlich(z) \Rightarrow Verbrecher(x)$$

Der Fakt $Magisch(West)$ wird auch zur Wissensbasis hinzugefügt. Auf diese Weise wird nur Colonel West beim Prozess der Vorwärtsinferenz berücksichtigt, selbst wenn die Wissensbasis Fakten über Millionen von Amerikanern enthält. Der vollständige Prozess zum Definieren von magischen Mengen und zum Umschreiben der Wissensbasis ist zu komplex, um hier näher darauf einzugehen, aber die Grundidee ist, eine Art „generische" Rückwärtsinferenz vom Ziel aus durchzuführen, um herauszufinden, welche Variablenbindungen eingeschränkt werden müssen. Der Ansatz der magischen Mengen kann daher als eine Art Hybridprozess zwischen Vorwärtsinferenz und Rückwärtsvorverarbeitung betrachtet werden.

9.4 Rückwärtsverkettung

Die zweite große Familie logischer Inferenzalgorithmen verwendet die **Rückwärtsverkettung** über definite Klauseln. Diese Algorithmen arbeiten vom Ziel aus rückwärts, indem sie Regeln verketten, um bekannte Fakten zu finden, die den Beweis unterstützen.

9.4.1 Ein Algorithmus für die Rückwärtsverkettung

► Abbildung 9.6 zeigt einen Algorithmus für die Rückwärtsverkettung für definite Klauseln. FOL-BC-ASK(KB, $goal$) wird bewiesen, wenn die Wissensbasis eine Regel der Form $lhs \Rightarrow goal$ enthält, wobei lhs (für *lefthand side*, linksseitig) eine Liste von Konjunkten ist. Ein atomarer Fakt wie $Amerikaner(West)$ wird als eine Klausel betrachtet, deren lhs die leere Liste ist. Allerdings kann eine Abfrage, die Variablen enthält, auf mehrere Arten bewiesen werden. Zum Beispiel könnte die Abfrage $Person(x)$ sowohl mit der Substitution $\{x/John\}$ als auch mit $\{x/Richard\}$ bewiesen werden. Daher implementieren wir FOL-BC-ASK als Generator – eine Funktion, die mehrfach zurückkehrt und dabei jeweils ein mögliches Ergebnis liefert (siehe Anhang B).

Die Rückwärtsverkettung ist eine Art UND-ODER-Suche – der ODER-Teil, weil die Zielabfrage durch jede Regel in der Wissensbasis bewiesen werden kann, und der UND-Teil, weil alle Kon-

```
function FOL-BC-ASK(KB, query) returns einen Generator von Substitutionen
  return FOL-BC-OR(KB, query, { })

function FOL-BC-OR(KB, goal, θ) returns eine Substitution
  for each rule in FETCH-RULES-FOR-GOAL(KB, goal) do
    (lhs ⇒ rhs) ← STANDARDIZE-VARIABLES(rule)
    for each θ′ in FOL-BC-AND(KB, lhs, UNIFY(rhs, goal, θ)) do
      yield θ′

function FOL-BC-AND(KB, goals, θ) returns eine Substitution
  if θ = failure then return
  else if LENGTH(goals) = 0 then yield θ
  else
    first,rest ← FIRST(goals), REST(goals)
    for each θ′ in FOL-BC-OR(KB, SUBST(θ, first), θ) do
      for each θ″ in FOL-BC-AND(KB, rest, θ′) do
        yield θ″
```

Abbildung 9.6: Ein einfacher Algorithmus für die Rückwärtsverkettung für prädikatenlogische Wissensbasen.

junkte in *lhs* einer Klausel bewiesen werden müssen. FOL-BC-OR ruft alle Klauseln ab, die sich mit dem Ziel unifizieren lassen, benennt dabei die Variablen in der Klausel zu vollkommen neuen Variablen um und beweist dann mithilfe von FOL-BC-OR jedes Konjunkt in *lhs*, wenn sich *rhs* der Klausel tatsächlich mit dem Ziel unifiziert. Diese Funktion beweist nacheinander jedes der Konjunkte und merkt sich dabei die akkumulierte Substitution. ► Abbildung 9.7 ist der Beweisbaum für die Ableitung *Verbrecher*(*West*) aus den Sätzen (9.3) bis (9.10).

Die Rückwärtsverkettung, so wie hier beschrieben, ist eindeutig ein auf Tiefensuche basierender Algorithmus. Das bedeutet, dass ihre Speicherplatzanforderungen linear zur Größe

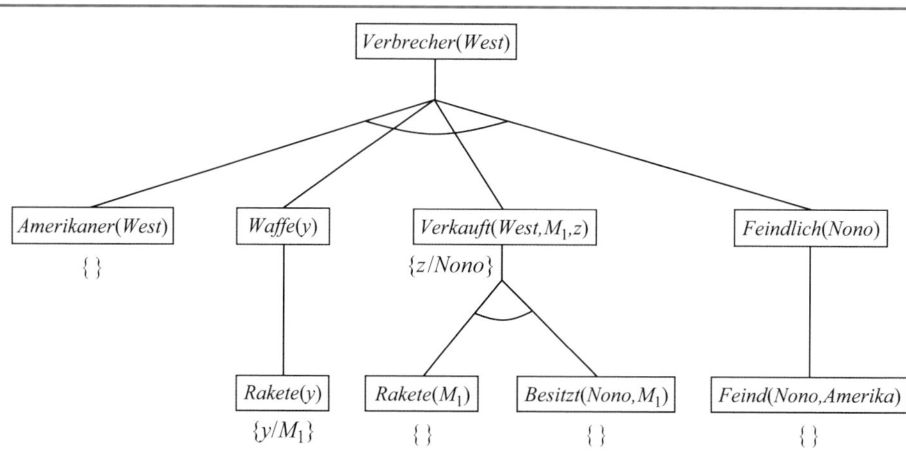

Abbildung 9.7: Durch Rückwärtsverkettung erzeugter Beweisbaum, um zu zeigen, dass West ein Verbrecher ist. Der Baum sollte wie bei der Tiefensuche von links nach rechts gelesen werden. Um *Verbrecher*(*West*) beweisen zu können, müssen wir die vier Konjunkte darunter beweisen. Einige davon befinden sich in der Wissensbasis, andere erfordern weitere Rückwärtsverkettungen. Neben dem entsprechenden Unterziel werden die Bindungen für jede erfolgreiche Unifikation angezeigt. Sobald ein Unterziel in einer Konjunktion erfolgreich war, wird seine Substitution auf die nachfolgenden Unterziele angewendet. Wenn also FOL-BC-ASK das letzte Konjunkt erreicht hat, ist im ursprünglichen *Feindlich*(z) das z bereits an *Nono* gebunden.

des Beweises sind. Es bedeutet aber auch, dass die Rückwärtsverkettung (im Gegensatz zur Vorwärtsverkettung) mit den Problemen der wiederholten Zustände und der Unvollständigkeit einhergeht. Trotz dieser Einschränkungen hat sich die Rückwärtsverkettung in logischen Programmiersprachen als äußerst beliebt und effektiv erwiesen.

9.4.2 Logische Programmierung

Die logische Programmierung ist eine Technologie, die dem in Kapitel 7 beschriebenen deklarativen Ideal relativ nahe kommt, d. h., Systeme sollten konstruiert werden, indem Wissen in einer formalen Sprache ausgedrückt wird, und Probleme sollten gelöst werden, indem Inferenzprozesse auf diesem Wissen ausgeführt werden. Dieses Ideal wird in Robert Kowalskis Gleichung zusammengefasst:

$$Algorithmus = Logik + Kontrolle$$

Prolog ist die am weitesten verbreitete logische Programmiersprache. Sie wird hauptsächlich als Rapid-Prototyping-Sprache und für Aufgaben der Symbolmanipulation verwendet, wie das Schreiben von Compilern (Van Roy, 1990) und das Parsen natürlicher Sprache (Pereira und Warren, 1980). Viele Expertensysteme in den unterschiedlichsten Fachbereichen (unter anderem Recht, Medizin, Finanzen) wurden in Prolog geschrieben.

Prolog-Programme sind Mengen von definiten Klauseln, geschrieben in einer Notation, die sich etwas von der standardmäßigen Prädikatenlogik unterscheidet. Prolog verwendet – entgegengesetzt zu unserer Konvention für Logik – Großbuchstaben für Variablen und Kleinbuchstaben für Konstanten. Kommata trennen Konjunkte in einer Klausel und die Klausel wird „rückwärts“ in Bezug auf die bisher verwendete Schreibweise notiert; anstatt $A \wedge B \Rightarrow C$ zu schreiben, wird in Prolog `C :- A, B` notiert. Ein typisches Beispiel ist:

```
verbrecher(X) :- amerikaner(X), waffe(Y), verkauft(X,Y,Z), feindlich(Z).
```

In Prolog bezeichnet die Notation `[E|L]` eine Liste, deren erstes Element `E` und deren Rest `L` ist. Zum Beispiel ist das Prolog-Programm für `append(X,Y,Z)` erfolgreich, wenn das Aneinanderhängen der Listen `X` und `Y` als Ergebnis die Liste `Z` hat:

```
append([],Y,Y).
append([A|X],Y,[A|Z]) :- append(X,Y,Z).
```

Wir können diese Klauseln folgendermaßen lesen: (1) durch Anhängen der Liste `Y` an die leere Liste erhalten wir dieselbe Liste `Y`, (2) `[A|Z]` ist das Ergebnis, wenn `[A|Y]` an `X` angehängt wird, vorausgesetzt, das Aneinanderhängen von `Y` an `X` hat `Z` zum Ergebnis. In den meisten höheren Programmiersprachen können wir eine solche rekursive Funktion schreiben, die beschreibt, wie man zwei Listen aneinanderhängt. Die Prolog-Definition ist jedoch mächtiger, weil sie eine *Relation* beschreibt, die zwischen drei Argumenten besteht, anstatt eine *Funktion*, die aus zwei Argumenten berechnet wird. Wir können zum Beispiel die Abfrage `append(X,Y,[1,2,3])` stellen: Welche zwei Listen können aneinandergehängt werden, damit sich `[1,2,3]` ergibt? Mit Prolog erhalten wir die folgenden Lösungen:

```
X=[]      Y=[1,2,3];
X=[1]     Y=[2,3];
X=[1,2]   Y=[3];
X=[1,2,3] Y=[]
```

Die Ausführung von Prolog-Programmen erfolgt durch eine Rückwärtsverkettung mit Tiefensuche, wobei die Klauseln in der Reihenfolge ausprobiert werden, in der sie in die Wissensbasis geschrieben wurden. Das Design von Prolog verkörpert einen Kompromiss zwischen Deklarativität und Ausführungseffizienz. Einige Aspekte von Prolog liegen außerhalb der standardmäßigen logischen Inferenz:

- Prolog verwendet die Datenbanksemantik aus Abschnitt 8.2.8 und nicht die Semantik der Prädikatenlogik, was sich in der Behandlung von Gleichheit und Negation zeigt (siehe Abschnitt 9.4.4).
- Es gibt eine Reihe von integrierten Funktionen für Arithmetik. Literale, die diese Funktionssymbole verwenden, werden „bewiesen“, indem Code ausgeführt wird, anstatt weitere Inferenzen durchzuführen. Zum Beispiel ist das Ziel „`X is 4+3`“ erfolgreich, wenn `X` an 7 gebunden ist. Andererseits schlägt das Ziel „`5 is X+Y`“ fehl, weil die integrierten Funktionen keine beliebigen Gleichungen lösen können.
- Es gibt integrierte Prädikate, die bei ihrer Ausführung Nebeneffekte haben. Dazu gehören Eingabe/Ausgabe-Prädikate sowie die Prädikate `assert/retract` für die Bearbeitung der Wissensbasis. Diese Prädikate haben kein Gegenstück in der Logik und können zu verwirrenden Ergebnissen führen – z. B. wenn Fakten in einem Zweig des Beweisbaums behauptet werden, der irgendwann fehlschlägt.
- Der **Test auf Vorkommen** wird im Unifikationsalgorithmus von Prolog weggelassen. Das bedeutet, dass einige der Inferenzen inkorrekt sein können. In der Praxis stellt dies aber fast nie ein Problem dar.
- Prolog verwendet eine auf Tiefensuche basierende Rückwärtsverkettung ohne Prüfung auf unendliche Rekursion. Das qualifiziert Prolog zu einer brauchbaren Programmiersprache, die bei richtiger Anwendung sehr schnell ist, bedeutet aber auch, dass einige Programme, deren Logik auf den ersten Blick korrekt zu sein scheint, nicht terminieren.

9.4.3 Redundante Inferenz und Endlosschleifen

Kommen wir nun zu der Achillesferse von Prolog: der fehlenden Übereinstimmung zwischen der Tiefensuche und den Suchbäumen, die wiederholte Zustände und unendliche Pfade enthalten. Betrachten Sie das folgende Logikprogramm, das feststellt, ob es einen Pfad zwischen zwei Punkten in einem gerichteten Graphen gibt:

```
path(X,Z) :- link(X,Z).
path(X,Z) :- path(X,Y), link(Y,Z).
```

► Abbildung 9.8 a zeigt einen einfachen Dreiknotengraphen, der durch die Fakten `link(a,b)` und `link(b,c)` beschrieben wird. Mit diesem Programm erzeugt die Abfrage `path(a,c)` den in ► Abbildung 9.9 a dargestellten Beweisbaum. Wenn wir dagegen die Reihenfolge der beiden Klauseln ändern:

```
path(X,Z) :- path(X,Y), link(Y,Z).
path(X,Z) :- link(X,Z).
```

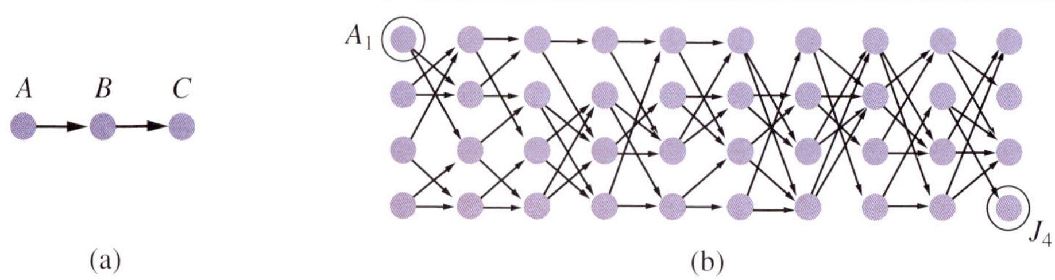

Abbildung 9.8: (a) Die Suche nach einem Pfad von A nach C kann Prolog in eine Endlosschleife führen. (b) Ein Graph, in dem jeder Knoten mit zwei zufälligen Nachfolgerknoten in der nächsten Ebene verbunden ist. Die Suche nach einem Pfad von A_1 nach J_4 benötigt 877 Inferenzen.

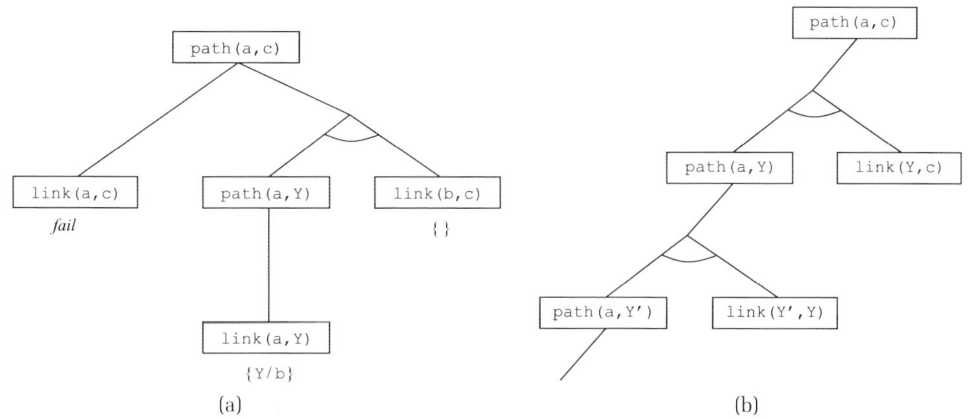

Abbildung 9.9: (a) Beweis, dass ein Pfad von *A* nach *C* existiert. (b) Unendlicher Beweisbaum, der erzeugt wird, wenn sich die Klauseln in der „falschen" Reihenfolge befinden.

dann folgt Prolog dem Endlospfad, der in ► Abbildung 9.9 b gezeigt wird. Prolog ist daher als Theorembeweiser für definite Klauseln **unvollständig** – sogar für Datalog-Programme, wie dieses Beispiel zeigt –, weil Prolog aus manchen Wissensbasen gewisse Sätze nicht beweisen kann, obwohl diese Sätze logische Folgerungen sind. Beachten Sie, dass bei der Vorwärtsverkettung dieses Problem nicht existiert: Sobald `path(a,b)`, `path(b,c)` und `path(a,c)` hergeleitet sind, hält die Vorwärtsverkettung an.

Darüber hinaus hat die Rückwärtsverkettung mit Tiefensuche Probleme mit redundanten Berechnungen. Wenn zum Beispiel in ► Abbildung 9.8 b ein Pfad von A_1 nach J_4 gesucht wird, führt Prolog 877 Inferenzen durch, wobei meistens nach allen möglichen Pfaden zu Knoten gesucht wird, von denen aus das Ziel nicht erreichbar ist. Dieses Problem ähnelt dem Problem der wiederholten Zustände, das in Kapitel 3 besprochen wurde. Die Gesamtmenge der Inferenzen kann exponentiell zur Anzahl der generierten Grundfakten sein. Wenn wir stattdessen die Vorwärtsverkettung anwenden, können höchstens n^2 `path(X,Y)`-Fakten generiert werden, die n Knoten verknüpfen. Für das Problem in ► Abbildung 9.8 b würden dann nur 62 Inferenzen benötigt.

Die Vorwärtsverkettung bei Graphensuchproblemen ist ein Beispiel für die **dynamische Programmierung**, bei der die Lösungen von Teilproblemen inkrementell aus den Lösungen kleinerer Teilprobleme konstruiert und zur Vermeidung von Neuberechnungen zwischengespeichert werden. Einen ähnlichen Effekt können wir mit einer Rückwärtsverkettung erzielen, nur dass wir hier große Ziele in kleinere zerlegen, anstatt sie aufzubauen.

In beiden Fällen ist die Speicherung von Zwischenergebnissen, **Memoisation**, zur Vermeidung von Duplikaten entscheidend. Diesen Ansatz verfolgen die Systeme der **Tableau-basierten logischen Programmierung**, die effiziente Speicher- und Abrufmechanismen verwenden. Die Tableau-basierte logische Programmierung kombiniert die Zielgerichtetheit der Rückwärtsverkettung mit der Effizienz der dynamischen Programmierung bei der Vorwärtsverkettung. Sie ist außerdem vollständig für Datalog-Wissensbasen, was bedeutet, dass Programmierer sich weniger Gedanken über Endlosschleifen machen müssen. (Es ist immer noch möglich, eine Endlosschleife mit Prädikaten wie `vater(X,Y)` zu erzeugen, die sich auf eine potenziell unbegrenzte Anzahl von Objekten beziehen.)

9.4.4 Datenbanksemantik von Prolog

Prolog verwendet Datenbanksemantik, wie in Abschnitt 8.2.8 beschrieben. Die Annahme eindeutiger Namen besagt, dass jede Prolog-Konstante und jeder Grundterm sich auf ein eindeutiges Objekt bezieht, und die Closed-World Assumption (Annahme der Weltabgeschlossenheit) besagt, dass die einzigen Sätze, die wahr sind, diejenigen sind, die aus der Wissensbasis geschlussfolgert werden. Es ist in Prolog nicht möglich zu behaupten, dass ein Satz falsch ist. Das macht Prolog weniger ausdrucksstark als die Prädikatenlogik, aber ist zum Teil der Grund, warum Prolog so effizient und prägnant ist. Betrachten Sie die folgenden Aussagen über einige Kursangebote:

$$Kurs(CS, 101),\ Kurs(CS, 102),\ Kurs(CS, 106),\ Kurs(EE, 101) \tag{9.11}$$

Unter der Annahme eindeutiger Namen sind CS und EE unterschiedlich (ebenso wie 101, 102 und 106), d. h., es gibt vier verschiedene Kurse. Unter der Closed-World Assumption gibt es keine anderen Kurse, also gibt es genau vier Kurse. Wären dies jedoch Aussagen in Prädikatenlogik und nicht in Datenbanksemantik, dann könnten wir nur aussagen, dass die Anzahl der Kurse irgendwo zwischen eins und unendlich liegt. Das hängt damit zusammen, dass die Aussagen (in Prädikatenlogik) weder die Möglichkeit leugnen, dass noch weitere, nicht erwähnte Kurse angeboten werden, noch besagen, dass sich die erwähnten Kurse voneinander unterscheiden. Würden wir Gleichung (9.11) in Prädikatenlogik übersetzen, erhielten wir den folgenden Satz:

$$\begin{aligned} Kurs(d, n) \ \Leftrightarrow \ & (d = CS \wedge n = 101) \vee (d = CS \wedge n = 102) \\ & \vee (d = CS \wedge n = 106) \vee (d = EE \wedge n = 101) \end{aligned} \tag{9.12}$$

Dies wird als **Abschluss** von Gleichung (9.11) bezeichnet. Er drückt in Prädikatenlogik aus, dass es höchstens vier Kurse gibt. Um in dieser Logik auszudrücken, dass es mindestens vier Kurse gibt, müssen wir den Abschluss des Gleichheitsprädikats schreiben:

$$\begin{aligned} x = y \ \Leftrightarrow \ & (x = CS \wedge y = CS) \vee (x = EE \wedge y = EE) \vee (x = 101 \wedge y = 101) \\ & \vee (x = 102 \wedge y = 102) \vee (x = 106 \wedge y = 106) \end{aligned}$$

Der Abschluss ist nützlich, um die Datenbanksemantik zu verstehen, doch wenn sich Ihr Problem mit Datenbanksemantik beschreiben lässt, ist es in der Praxis effizienter, mit Prolog oder einem anderen Datenbanksemantiksystem zu folgern, anstatt in Prädikatenlogik zu übersetzen und mit einem vollständigen Theorembeweiser in Prädikatenlogik zu schlussfolgern.

9.4.5 Logische Programmierung mit Nebenbedingungen

In unserer Beschreibung der Vorwärtsverkettung (Abschnitt 9.3) haben wir gezeigt, wie Constraint-Satisfaction-Probleme (CSPs) als definite Klauseln codiert werden können. Standard-Prolog löst solche Probleme auf genau die gleiche Weise wie der Backtracking-Algorithmus aus ► Abbildung 6.5.

Da Backtracking die Domänen der Variablen auflistet, eignet sich es nur für CSPs mit **endlicher Domäne**. Um es in Prolog auszudrücken: Es muss für jedes Ziel mit ungebundenen Variablen eine endliche Anzahl von Lösungen geben (zum Beispiel das Kartenfärbeproblem, bei dem jede Variable eine von vier verschiedenen Farben annehmen kann). CSPs mit unendlicher Domäne – z. B. mit ganzzahligen oder reellwertigen Variablen – erfordern ganz andere Algorithmen, wie die Propagation von Grenzen oder die lineare Programmierung.

Betrachten Sie das folgende Beispiel. Wir definieren `triangle(X,Y,Z)` als ein Prädikat, das gilt, wenn die drei Argumente Zahlen sind, die die Dreiecksungleichung erfüllen:

```
triangle(X,Y,Z) :-
    X>0, Y>0, Z>0, X+Y>Z, Y+Z>X, X+Z>Y.
```

Wenn wir an Prolog die Abfrage `triangle(3,4,5)` richten, geht das problemlos. Fragen wir dagegen `triangle(3,4,Z)` ab, wird keine Lösung gefunden, weil das Teilziel `Z>0` von Prolog nicht behandelt werden kann; wir können einen ungebundenen Wert nicht mit 0 vergleichen.

Die **Constraint-logische Programmierung** (CLP) erlaubt es, dass Variablen *beschränkt* statt *gebunden* werden. Eine CLP-Lösung ist die speziellste Menge von Bedingungen für die Abfragevariablen, die aus der Wissensbasis abgeleitet werden können. Die Lösung der Abfrage `triangle(3,4,Z)` ist z. B. die Bedingung `7 > Z > 1`. Logische Standardprogramme sind nur ein Spezialfall der CLP, wobei die Lösungsbedingungen Gleichheitsbedingungen, d. h. Bindungen, sein müssen.

CLP-Systeme enthalten eine Reihe von Algorithmen zur Lösung der in der Sprache zulässigen Bedingungen. Ein System, das z. B. lineare Ungleichheiten für reellwertige Variablen erlaubt, könnte einen linearen Programmieralgorithmus zum Lösen dieser Bedingungen enthalten. CLP-Systeme verfolgen auch einen viel flexibleren Ansatz zum Lösen von Standardabfragen der logischen Programmierung. Anstatt eine Tiefensuche oder Backtracking von links nach rechts durchzuführen, könnten sie beispielsweise einen der effizienteren Algorithmen verwenden, die in Kapitel 6 besprochen wurden, einschließlich der heuristischen Konjunktreihenfolge, Backjumping, Schnittmengen-Konditionierung usw. CLP-Systeme kombinieren daher Elemente von Constraint-Satisfaction-Algorithmen, logischer Programmierung und deduktiven Datenbanken.

Es wurden mehrere Systeme definiert, die dem Programmierer mehr Kontrolle über die Suchreihenfolge für die Inferenz bieten. So ermöglicht die Sprache MRS (Genesereth und Smith, 1981; Russell, 1985) dem Programmierer, **Metaregeln** zu schreiben, die vorgeben, welche Konjunkte zuerst ausprobiert werden sollen. Der Benutzer könnte eine Regel schreiben, derzufolge das Ziel mit den wenigsten Variablen zuerst ausprobiert werden soll, oder er könnte fachbereichspezifische Regeln für bestimmte Prädikate schreiben.

9.5 Resolution

Die letzte unserer drei Familien von logischen Systemen, und die einzige, die für jede Wissensbasis und nicht nur für definite Klauseln funktioniert, ist die **Resolution**. Wir haben auf S. 263 gesehen, dass die aussagenlogische Resolution eine vollständige Inferenzprozedur für die Aussagenlogik ist. In diesem Abschnitt zeigen wir, wie die Resolution auf die Prädikatenlogik erweitert werden kann.

9.5.1 Konjunktive Normalform für die Prädikatenlogik

Der erste Schritt besteht darin, die Sätze in die **konjunktive Normalform** (KNF) umzuwandeln, d. h. in eine Konjunktion von Klauseln, wobei jede Klausel eine Disjunktion von Literalen ist.[5] In der KNF können die Literale Variablen enthalten, für die man voraussetzt, dass sie allquantifiziert sind. Zum Beispiel wird der Satz

$$\forall x, y, z \ \ Amerikaner(x) \wedge Waffe(y) \wedge Verkauft(x, y, z) \wedge Feindlich(z) \Rightarrow Verbrecher(x)$$

5 Eine Klausel kann auch als Implikation mit einer Konjunktion von Atomen in der Prämisse und einer Disjunktion von Atomen in der Schlussfolgerung dargestellt werden (Übung 7.16 auf der Website). Dies wird **implikative Normalform** oder **Kowalski-Form** genannt (insbesondere, wenn sie mit einem Rechts-nach-Links-Implikationssymbol geschrieben wird; Kowalski, 1979) und ist im Allgemeinen viel einfacher zu lesen als eine Disjunktion mit vielen negierten Literalen.

in KNF zu:

$$\neg Amerikaner(x) \lor \neg Waffe(y) \lor \neg Verkauft(x, y, z) \lor \neg Feindlich(z) \lor Verbrecher(x)$$

Der wesentliche Punkt ist, dass *jeder Satz der Prädikatenlogik in einen in Hinblick auf die Inferenz äquivalenten KNF-Satz umgewandelt werden kann.*

Die Prozedur für die Umwandlung in KNF ähnelt dem Verfahren im aussagenlogischen Fall, das wir auf S. 267 kennengelernt haben. Der Hauptunterschied ergibt sich aus der Notwendigkeit, Existenzquantoren zu eliminieren. Wir veranschaulichen die Prozedur anhand der Umwandlung des Satzes „Jeder, der alle Tiere liebt, wird von irgendjemandem geliebt" oder:

$$\forall x\ [\forall y\ Tier(y) \Rightarrow Liebt(x, y)] \Rightarrow [\exists y\ Liebt(y, x)]$$

Die Schritte sehen wie folgt aus:

- **Implikationen eliminieren**: Wir ersetzen $P \Rightarrow Q$ durch $\neg P \lor Q$. Bei unserem Beispielsatz muss dies zweimal durchgeführt werden:

$$\forall x\ \neg[\forall y\ Tier(y) \Rightarrow Liebt(x, y)] \lor [\exists y\ Liebt(y, x)]$$
$$\forall x\ \neg[\forall y\ \neg Tier(y) \lor Liebt(x, y)] \lor [\exists y\ Liebt(y, x)]$$

- **¬ nach innen verschieben**: Neben den üblichen Regeln für negierte Verknüpfungen brauchen wir Regeln für negierte Quantoren. Wir haben also:

$$\neg\forall x\ p \quad \text{wird zu} \quad \exists x\ \neg p$$
$$\neg\exists x\ p \quad \text{wird zu} \quad \forall x\ \neg p$$

  Unser Satz durchläuft die folgenden Umwandlungen:

$$\forall x\ [\exists y\ \neg(\neg Tier(y) \lor Liebt(x, y))] \lor [\exists y\ Liebt(y, x)]$$
$$\forall x\ [\exists y\ \neg\neg Tier(y) \land \neg Liebt(x, y)] \lor [\exists y\ Liebt(y, x)]$$
$$\forall x\ [\exists y\ Tier(y) \land \neg Liebt(x, y)] \lor [\exists y\ Liebt(y, x)]$$

  Beachten Sie, dass ein Allquantor ($\forall y$) in der Prämisse der Implikation zu einem Existenzquantor geworden ist. Der Satz lautet nun: „Es gibt es ein Tier, das x nicht liebt, oder jemand liebt x." Die Bedeutung des ursprünglichen Satzes ist eindeutig erhalten geblieben.

- **Variablen umbenennen**: Für Sätze wie $(\exists x\, P(x)) \lor (\exists x\, Q(x))$, die zweimal den gleichen Variablennamen verwenden, sollten Sie den Namen einer der Variablen ändern. Dies vermeidet spätere Verwechslungen, wenn die Quantoren wegfallen. Wir erhalten also:

$$\forall x\ [\exists y\ Tier(y) \land \neg Liebt(x, y)] \lor [\exists z\ Liebt(z, x)]$$

- **Skolemisieren**: Bei dem Prozess der **Skolemisierung** werden Existenzquantoren durch Eliminierung entfernt. Im einfachen Fall entspricht das der Regel der Existenzinstanziierung aus Abschnitt 9.1: Übersetze $\exists x\ P(x)$ in $P(A)$, wobei A eine neue Konstante ist. Allerdings können wir die Existenzinstanziierung nicht auf unseren obigen Satz anwenden, weil er nicht dem Muster $\exists v\ \alpha$ entspricht; nur Teile des Satzes entsprechen dem Muster. Wenn wir die Regel blind auf die beiden übereinstimmenden Teile anwenden, erhalten wir:

$$\forall x\ [Tier(A) \land \neg Liebt(x, A)] \lor Liebt(B, x)$$

  Dies hat die völlig falsche Bedeutung: Es besagt, dass jeder ein bestimmtes Tier A nicht liebt oder von einer bestimmten Entität B geliebt wird. Tatsächlich erlaubt unser ursprünglicher Satz jeder Person, ein anderes Tier nicht zu lieben oder von einer anderen Person geliebt zu werden. Wir wollen also, dass die Skolem-Entitäten von x abhängen:

$$\forall x\ [Tier(F(x)) \land \neg Liebt(x, F(x))] \lor Liebt(G(x), x)$$

F und G sind hier **Skolem-Funktionen**. Generell gilt, dass die Argumente der Skolem-Funktion allquantifizierte Variablen sind, in deren Gültigkeitsbereich der Existenzquantor erscheint. Wie bei der Existenzinstanziierung ist der skolemisierte Satz genau dann erfüllbar, wenn der ursprüngliche Satz erfüllbar ist.

- **Allquantoren eliminieren**: An dieser Stelle müssen alle verbleibenden Variablen allquantifiziert sein. Daher verlieren wir keine Informationen, wenn wir den Quantor weglassen:

$$[Tier(F(x)) \wedge \neg Liebt(x, F(x))] \vee Liebt(G(x), x)$$

- **$\vee$ über $\wedge$ verteilen**:

$$[Tier(F(x)) \vee Liebt(G(x), x)] \wedge [\neg Liebt(x, F(x)) \vee Liebt(G(x), x)]$$

  Dieser Schritt kann erfordern, dass verschachtelte Konjunktionen und Disjunktionen aufgelöst werden müssen.

Der Satz liegt nun in KNF vor und besteht aus zwei Klauseln. Er ist viel schwieriger zu lesen als der ursprüngliche Satz mit Implikationen. (Es kann hilfreich sein zu erklären, dass sich die Skolem-Funktion $F(x)$ auf das Tier bezieht, das von x möglicherweise nicht geliebt wird, während sich $G(x)$ auf jemanden bezieht, der x lieben könnte.) Glücklicherweise müssen sich Menschen nur selten mit KNF-Sätze herumschlagen – der Übersetzungsprozess lässt sich leicht automatisieren.

9.5.2 Die Inferenzregel der Resolution

Die Resolutionsregel für prädikatenlogische Klauseln ist einfach eine geliftete Version der aussagenlogischen Resolutionsregel, die Sie auf S. 266 kennengelernt haben. Zwei Klauseln, die der Voraussetzung nach so standardisiert sind, dass sie keine Variablen gemeinsam haben, können resolviert werden, wenn sie komplementäre Literale enthalten. Aussagenlogische Literale sind komplementär, wenn eines die Negation des anderen ist. Prädikatenlogische Literale dagegen sind komplementär, wenn eines mit der Negation des anderen *unifiziert*. Wir haben also

$$\frac{\ell_1 \vee \cdots \vee \ell_k, \qquad m_1 \vee \cdots \vee m_n}{\textsc{Subst}(\theta, \ell_1 \vee \cdots \vee \ell_{i-1} \vee \ell_{i+1} \vee \cdots \vee \ell_k \vee m_1 \vee \cdots \vee m_{j-1} \vee m_{j+1} \vee \cdots \vee m_n)},$$

wobei $\textsc{Unify}(\ell_i, \neg m_j) = \theta$ gilt. Wir können zum Beispiel die beiden Klauseln

$$[Tier(F(x)) \vee Liebt(G(x), x)] \quad \text{und} \quad [\neg Liebt(u, v) \vee \neg Tötet(u, v)]$$

resolvieren, indem wir die komplementären Literale $Liebt(G(x), x)$ und $\neg Liebt(u, v)$ mit dem Unifikator $\theta = \{u/G(x), v/x\}$ eliminieren, um die folgende resolvierte Klausel zu erzeugen:

$$[Tier(F(x)) \vee \neg Tötet(G(x), x)]$$

Diese Regel wird als **binäre Resolutionsregel** bezeichnet, weil sie genau zwei Literale resolviert. Die binäre Resolutionsregel allein stellt noch keine vollständige Inferenzprozedur dar. Die vollständige Resolutionsregel löst Teilmengen von Literalen in jeder Klausel auf, die unifizierbar sind. Ein alternativer Ansatz besteht in der Erweiterung der **Faktorisierung** – das Entfernen redundanter Literale – auf die Prädikatenlogik. Die aussagenlogische Faktorisierung reduziert zwei Literale auf eines, wenn sie *identisch* sind; die prädikatenlogische Faktorisierung reduziert zwei Literale auf eines, wenn sie *unifizierbar* sind. Der Unifikator muss auf die gesamte Klausel angewendet werden. Die Kombination aus binärer Resolution und Faktorisierung ist vollständig.

9.5.3 Beispielbeweise

Die Resolution beweist, dass $KB \models \alpha$ gilt, indem sie beweist, dass $KB \wedge \neg\alpha$ unerfüllbar ist, d. h., indem sie die leere Klausel ableitet. Der algorithmische Ansatz ist identisch mit dem aussagenlogischen Fall, der in ► Abbildung 7.13 beschrieben wurde, weshalb wir ihn hier nicht wiederholen wollen. Stattdessen liefern wir zwei Beispielbeweise. Das erste ist das Verbrecherbeispiel aus Abschnitt 9.3. Die Sätze in KNF lauten

$$\neg Amerikaner(x) \vee \neg Waffe(y) \vee \neg Verkauft(x, y, z) \vee \neg Feindlich(z) \vee Verbrecher(x)$$
$$\neg Rakete(x) \vee \neg Besitzt(Nono, x) \vee Verkauft(West, x, Nono)$$
$$\neg Feind(x, Amerika) \vee Feindlich(x)$$
$$\neg Rakete(x) \vee Waffe(x)$$
$$Besitzt(Nono, M_1) \qquad Rakete(M_1)$$
$$Amerikaner(West) \qquad Feind(Nono, Amerika)$$

Wir schließen auch das negierte Ziel $\neg Verbrecher(West)$ ein. ► Abbildung 9.10 zeigt den Resolutionsbeweis. Beachten Sie die Struktur: eine Art „Wirbelsäule", die beginnend mit der Zielklausel gegen Klauseln aus der Wissensbasis resolviert, bis die leere Klausel erzeugt wird. Dies ist charakteristisch für die Resolution in Hornklausel-Wissensbasen. Tatsächlich entsprechen die Klauseln entlang der Hauptwirbelsäule *exakt* den aufeinanderfolgenden Werten der Variablen *goals* im Algorithmus für die Rückwärtsverkettung aus ► Abbildung 9.6. Das liegt daran, dass wir immer mit einer Klausel resolvieren, deren positives Literal mit dem ganz linken Literal der „aktuellen" Klausel auf der Säule unifiziert. Dies ist genau das, was bei der Rückwärtsverkettung passiert. Somit ist die Rückwärtsverkettung eigentlich ein Sonderfall der Resolution mit einer speziellen Kontrollstrategie, die entscheidet, welche Resolution als Nächstes durchgeführt werden soll.

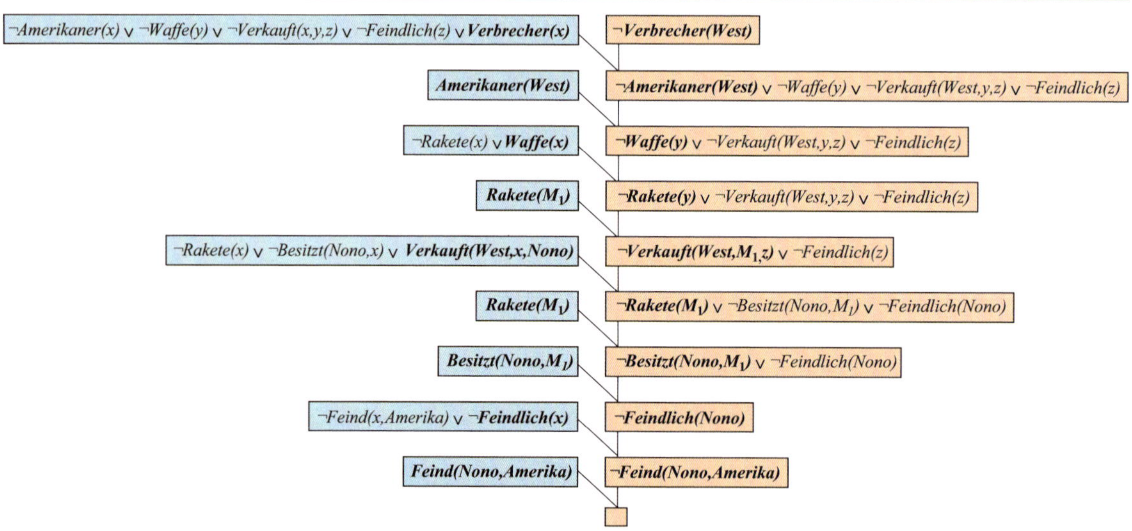

Abbildung 9.10: Ein Resolutionsbeweis, dass West ein Verbrecher ist. Bei jedem Resolutionsschritt sind die Literale, die unifizieren, fett gedruckt und die Klausel mit dem positiven Literal ist blau schattiert.

Unser zweites Beispiel wendet die Skolemisierung an und beinhaltet Klauseln, die keine definiten Klauseln sind. Das Ergebnis ist eine etwas komplexere Beweisstruktur. In natürlicher Sprache stellt sich das Problem wie folgt dar:

Jeder, der alle Tiere liebt, wird von jemandem geliebt.
Jeder, der ein Tier tötet, wird von niemandem geliebt.
Jack liebt alle Tiere.
Jack oder Neugier hat die Katze getötet, die Tuna heißt.
Hat Neugier die Katze getötet?

Zunächst drücken wir die ursprünglichen Sätze, etwas Hintergrundwissen und das negierte Ziel G in Prädikatenlogik aus:

A. $\forall x\ [\forall y\ Tier(y) \Rightarrow Liebt(x,y)] \Rightarrow [\exists y\ Liebt(y,x)]$

B. $\forall x\ [\exists z\ Tier(z) \wedge Tötet(x,z)] \Rightarrow [\forall y\ \neg Liebt(y,x)]$

C. $\forall x\ Tier(x) \Rightarrow Liebt(Jack,x)$

D. $Tötet(Jack,Tuna) \vee Tötet(Neugier,Tuna)$

E. $Katze(Tuna)$

F. $\forall x\ Katze(x) \Rightarrow Tier(x)$

¬G. $\neg Tötet(Neugier,Tuna)$

Dann wenden wir die Konvertierungsprozedur an, um jeden Satz in KNF umzuwandeln:

A1. $Tier(F(x)) \vee Liebt(G(x),x)$

A2. $\neg Liebt(x,F(x)) \vee Liebt(G(x),x)$

B. $\neg Liebt(y,x) \vee \neg Tier(z) \vee \neg Tötet(x,z)$

C. $\neg Tier(x) \vee Liebt(Jack,x)$

D. $Tötet(Jack,Tuna) \vee Tötet(Neugier,Tuna)$

E. $Katze(Tuna)$

F. $\neg Katze(x) \vee Tier(x)$

¬G. $\neg Tötet(Neugier,Tuna)$

Der Resolutionsbeweis, dass Neugier die Katze getötet hat, ist in ► Abbildung 9.11 dargestellt. In natürlicher Sprache könnte der Beweis wie folgt geführt werden:

Angenommen, Neugier hat Tuna nicht getötet. Wir wissen, dass Jack oder Neugier es getan hat; also muss es Jack gewesen sein. Nun, Tuna ist eine Katze und Katzen sind Tiere, also ist Tuna ein Tier. Weil jeder, der ein Tier tötet, von niemandem geliebt wird, wissen wir, dass niemand Jack liebt. Auf der anderen Seite liebt Jack alle Tiere, also liebt ihn jemand; wir haben also einen Widerspruch. Daher hat Neugier die Katze getötet.

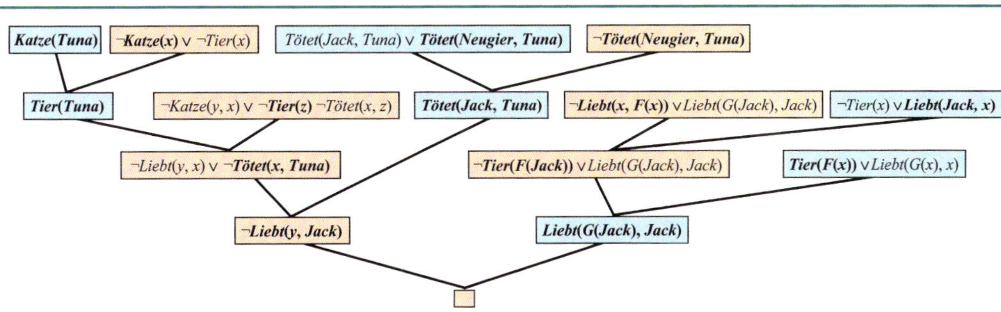

Abbildung 9.11: Ein Resolutionsbeweis, dass Neugier die Katze getötet hat. Beachten Sie die Verwendung von Faktorisierung bei der Ableitung der Klausel $Liebt(G(Jack), Jack)$. Beachten Sie auch oben rechts, dass die Unifizierung von $Liebt(x, F(x))$ mit $Liebt(Jack, x)$ nur gelingen kann, nachdem die Variablen umbenannt (standardisiert) worden sind.

Der Beweis beantwortet die Frage „Hat Neugier die Katze getötet?“, aber oft wollen wir allgemeinere Fragen stellen, z. B. „Wer hat die Katze getötet?“ Die Resolution ist dazu in der Lage, aber die Antwort erfordert etwas mehr Arbeit. Das Ziel ist $\exists w\ Tötet(w, Tuna)$, das durch Negation in KNF zu $\neg Tötet(w, Tuna)$ wird. Wiederholt man den Beweis in ► Abbildung 9.11 mit dem neuen negierten Ziel erhält man einen ähnlichen Beweisbaum, allerdings mit der Substitution $\{w/Neugier\}$ in einem der Schritte. Um herauszufinden, wer die Katze getötet hat, muss man in diesem Fall also nur die Bindungen für die Abfragevariablen im Beweis im Auge behalten. Leider erzeugt die Resolution manchmal **nichtkonstruktive Beweise** für existenzquantifizierte Ziele, von denen wir wissen, dass eine Abfrage wahr ist, aber es keine eindeutige Bindung für die Variable gibt.

9.5.4 Vollständigkeit der Resolution

Dieser Abschnitt beschreibt einen Vollständigkeitsbeweis für die Resolution. Er kann von allen übersprungen werden, die bereit sind, ihn einfach zu glauben.

Wir zeigen, dass die Resolution **widerlegungsvollständig** ist, d. h., *wenn* eine Menge von Sätzen unerfüllbar ist, kann die Resolution immer einen Widerspruch ableiten. Die Resolution eignet sich nicht, um alle logischen Konsequenzen einer Menge von Sätzen zu generieren, aber man kann mit ihr feststellen, ob ein gegebener Satz aus einer Menge von Sätzen gefolgert werden kann. Daher kann sie verwendet werden, um alle Antworten auf eine gegebene Frage, $Q(x)$, zu finden, indem bewiesen wird, dass $KB \wedge \neg Q(x)$ unerfüllbar ist.

Wir gehen davon aus, dass jeder Satz in der Prädikatenlogik (ohne Gleichheit) als eine Menge von Klauseln in KNF umgeschrieben werden kann. Dies lässt sich durch Induktion für die Form des Satzes beweisen, wobei atomare Sätze als Basisfall betrachtet werden (Davis und Putnam, 1960). Unser Ziel ist es daher, Folgendes zu beweisen: *Wenn S eine unerfüllbare Menge von Klauseln ist, dann führt die Anwendung einer endlichen Anzahl von Resolutionsschritten auf S zu einem Widerspruch.*

Unsere Beweisskizze folgt dem Originalbeweis nach Robinson, wobei einige Vereinfachungen von Genesereth und Nilsson (1987) übernommen wurden. Die Grundstruktur des Beweises (► Abbildung 9.12) ist wie folgt:

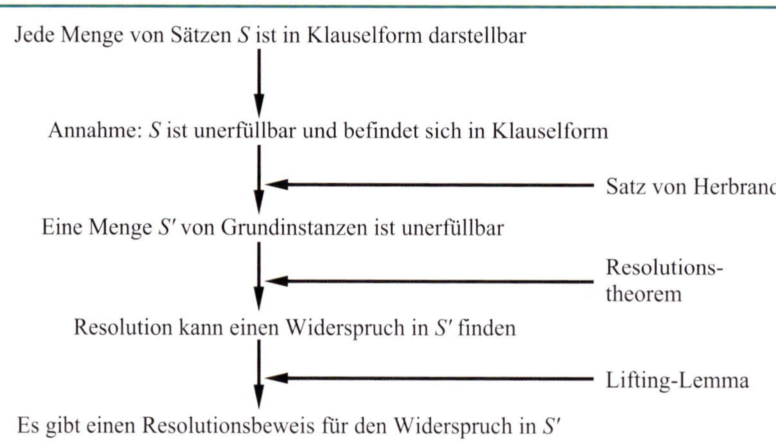

Abbildung 9.12: Struktur eines Vollständigkeitsbeweises für die Resolution.

1. Zunächst stellen wir fest, dass es, wenn S unerfüllbar ist, eine bestimmte Menge von *Grundinstanzen* der Klauseln von S gibt, sodass diese Menge ebenfalls unerfüllbar ist (Satz von Herbrand).
2. Anschließend beziehen wir uns auf das **Resolutionstheorem** aus Kapitel 7, das besagt, dass die aussagenlogische Resolution für grundierte Sätze vollständig ist.
3. Danach verwenden wir ein **Lifting-Lemma**, um zu zeigen, dass es für jeden aussagenlogischen Resolutionsbeweis, der die Menge der grundierten Sätze verwendet, einen entsprechenden prädikatenlogischen Resolutionsbeweis gibt, der die prädikatenlogischen Sätze verwendet, aus denen die grundierten Sätze gewonnen wurden.

EXKURS – GÖDELS UNVOLLSTÄNDIGKEITSTHEOREM

Durch eine kleine Erweiterung der Sprache der Prädikatenlogik um das **mathematische Induktionsschema** in der Arithmetik konnte Kurt Gödel in seinem **Unvollständigkeitstheorem** zeigen, dass es wahre arithmetische Sätze gibt, die nicht bewiesen werden können.

Der Beweis des Unvollständigkeitstheorems sprengt den Rahmen dieses Buchs, weil er mindestens 30 Seiten füllen würde, doch wir können hier einen kurzen Blick darauf werfen. Wir beginnen mit der logischen Zahlentheorie. In dieser Theorie gibt es eine einzige Konstante, 0, und eine einzige Funktion, S (die Nachfolgerfunktion). Im vorgesehenen Modell bezeichnet $S(0)$ die 1, $S(S(0))$ die 2 usw. Folglich hat die Sprache Namen für alle natürlichen Zahlen. Das Vokabular umfasst auch die Funktionssymbole $+$, $\times$ und *Expt* (Potenzierung) sowie die übliche Menge der logischen Verknüpfungen und Quantoren.

Der erste Schritt ist die Feststellung, dass die Menge der Sätze, die wir in dieser Sprache schreiben können, aufgezählt werden kann. (Stellen Sie sich vor, Sie definieren eine alphabetische Reihenfolge für die Symbole und ordnen dann jede der Mengen von Sätzen der Länge 1, 2 usw. in alphabetischer Reihenfolge an.) Dann können wir jedem Satz α eine eindeutige natürliche Zahl $\#\alpha$ (die **Gödelnummer**) zuweisen. Dies ist wichtig: Die Zahlentheorie enthält einen Namen für jeden ihrer eigenen Sätze. In ähnlicher Weise können wir jeden möglichen Beweis P mit einer Gödelnummer $G(P)$ versehen, da ein Beweis lediglich eine endliche Folge von Sätzen ist.

Nehmen wir nun an, wir haben eine rekursiv abzählbare Menge A von wahren Aussagen über den natürlichen Zahlen. Da wir wissen, dass sich A durch eine gegebene Menge von ganzen Zahlen benennen lässt, können wir uns auch vorstellen, in unserer Sprache einen Satz $\alpha(j, A)$ der folgenden Art zu schreiben:

> $\forall\, i$ *i ist nicht die Gödelnummer eines Beweises des Satzes, dessen Gödelnummer j ist, wobei der Beweis nur Prämissen in A verwendet.*

Dann sei σ der Satz $\alpha(\#\sigma, A)$, also ein Satz, der seine eigene Unbeweisbarkeit aus A ausdrückt. (Dass dieser Satz immer existiert, ist wahr, aber nicht ganz offensichtlich.)

Jetzt führen wir folgendes geniale Argument an: Angenommen, σ *ist* aus A beweisbar; folglich ist σ falsch (weil σ besagt, dass es nicht beweisbar ist). Dann haben wir jedoch einen falschen Satz, der aus A bewiesen werden kann. A kann also nicht nur aus wahren Sätzen bestehen – eine Verletzung unserer Prämisse. Daher ist σ *nicht* aus A beweisbar. Aber das ist genau das, was σ selbst behauptet; somit ist σ ein wahrer Satz.

Auf diese Weise haben wir (unter Einsparung von $29\frac{1}{2}$ Seiten) gezeigt, dass es für jede Menge wahrer Sätze der Zahlentheorie und insbesondere für jede Menge grundlegender Axiome andere wahre Sätze gibt, die *nicht* aus diesen Axiomen bewiesen werden können. Dies besagt unter anderem, dass wir niemals alle Theoreme der Mathematik *innerhalb eines gegebenen Axiomensystems* beweisen können. Dies war zweifellos eine wichtige Entdeckung für die Mathematik. Ihre Bedeutung für die KI wurde allgemein diskutiert, beginnend mit Spekulationen von Gödel selbst. Wir werden diese Debatte in Kapitel 27 vertiefen.

Um den ersten Schritt durchzuführen, benötigen wir drei neue Begriffe:

- **Herbrand-Universum**: Wenn S eine Menge von Klauseln ist, dann ist H_S (das Herbrand-Universum von S) die Menge aller Grundterme, die aus den folgenden Elementen konstruierbar sind:

  a. den Funktionssymbolen in S (sofern vorhanden)

  b. den Konstantensymbolen in S (sofern vorhanden); falls es keine gibt, dann aus einem Standard-Konstantensymbol S

  Wenn S beispielsweise nur die Klausel $\neg P(x, F(x, A)) \vee \neg Q(x, A) \vee R(x, B)$ enthält, dann ist H_S die folgende unendliche Menge von Grundtermen:

  $$\{A, B, F(A, A), F(A, B), F(B, A), F(B, B), F(A, F(A, A)), \ldots\}$$

- **Saturation**: Wenn S eine Menge von Klauseln und P eine Menge von Grundtermen ist, dann ist $P(S)$ die Menge aller Grundklauseln, die man durch Anwendung aller möglichen konsistenten Substitutionen von Grundtermen in P für Variablen in S erhält, d. h., $P(S)$ ist die Saturation von S in Bezug auf P.

- **Herbrand-Basis**: Die Saturation einer Menge S von Klauseln in Bezug auf ihr Herbrand-Universum wird als Herbrand-Basis von S bezeichnet, geschrieben als $H_S(S)$. Wenn S zum Beispiel nur die oben angegebene Klausel enthält, dann ist $H_S(S)$ die unendliche Menge von Klauseln:

  $$\begin{aligned}\{ & \neg P(A, F(A, A)) \vee \neg Q(A, A) \vee R(A, B), \\ & \neg P(B, F(B, A)) \vee \neg Q(B, A) \vee R(B, B), \\ & \neg P(F(A, A), F(F(A, A), A)) \vee \neg Q(F(A, A), A) \vee R(F(A, A), B), \\ & \neg P(F(A, B), F(F(A, B), A)) \vee \neg Q(F(A, B), A) \vee R(F(A, B), B), \ldots \}\end{aligned}$$

Diese Definitionen erlauben es uns, den **Satz von Herbrand** (Herbrand, 1930) in folgender Form zu formulieren:

> *Wenn eine Klauselmenge S unerfüllbar ist, dann gibt es eine endliche Teilmenge von $H_S(S)$, die ebenfalls unerfüllbar ist.*

Sei S' diese endliche Teilmenge von grundierten Sätzen. Nun können wir das Resolutionstheorem (S. 269) heranziehen, um zu zeigen, dass der **Resolutionsabschluss** $RC(S')$ die leere Klausel enthält. Das bedeutet, die komplette Ausführung der aussagenlogischen Resolution von S' leitet einen Widerspruch ab.

Nachdem wir nun festgestellt haben, dass es immer einen Resolutionsbeweis gibt, bei dem eine endliche Teilmenge der Herbrand-Basis von S beteiligt ist, besteht der nächste Schritt darin zu zeigen, dass es einen Resolutionsbeweis unter Verwendung der Klauseln von S selbst gibt, die nicht notwendigerweise Grundklauseln sind. Wir beginnen mit der Betrachtung einer einzelnen Anwendung der Resolutionsregel. Robinson hat dieses Lemma aufgestellt:

> *Seien C_1 und C_2 zwei Klauseln ohne gemeinsame Variablen und seien C_1' und C_2' Grundinstanzen von C_1 und C_2. Wenn C' ein Resolvent von C_1' und C_2' ist, dann gibt es eine Klausel C, sodass gilt: (1) C ist ein Resolvent von C_1 und C_2 und (2) C' ist eine Grundinstanz von C.*

Dies wird als **Lifting-Lemma** bezeichnet, weil es einen Beweisschritt von Grundklauseln in allgemeine prädikatenlogische Klauseln anhebt („liftet“). Um sein grundlegendes Lifting-Lemma zu beweisen, musste Robinson die Unifikation erfinden und alle Eigenschaften der allgemeinsten Unifikatoren ableiten. Anstatt den Beweis hier zu wiederholen, veranschaulichen wir einfach das Lemma:

$$
\begin{aligned}
C_1 &= \neg P(x, F(x, A)) \vee \neg Q(x, A) \vee R(x, B) \\
C_2 &= \neg N(G(y), z) \vee P(H(y), z) \\
C_1' &= \neg P(H(B), F(H(B), A)) \vee \neg Q(H(B), A) \vee R(H(B), B) \\
C_2' &= \neg N(G(B), F(H(B), A)) \vee P(H(B), F(H(B), A)) \\
C' &= \neg N(G(B), F(H(B), A)) \vee \neg Q(H(B), A) \vee R(H(B), B) \\
C &= \neg N(G(y), F(H(y), A)) \vee \neg Q(H(y), A) \vee R(H(y), B)
\end{aligned}
$$

Wir sehen, dass C' in der Tat eine Grundinstanz von C ist. Allgemein ausgedrückt: Damit C_1' und C_2' beliebige Resolventen haben, müssen sie so konstruiert werden, dass zuerst auf C_1 und C_2 der allgemeinste Unifikator eines Paares von komplementären Literalen in C_1 und C_2 angewendet wird. Aus dem Lifting-Lemma lässt sich leicht eine ähnliche Aussage über eine beliebige Folge von Anwendungen der Resolutionsregel ableiten:

> *Für jede Klausel C' im Resolutionsabschluss von S' gibt es eine Klausel C im Resolutionsabschluss von S, sodass C' eine Grundinstanz von C ist und die Ableitung von C die gleiche Länge wie die Ableitung von C' hat.*

Aus diesem Fakt folgt, dass die leere Klausel, wenn sie im Resolutionsabschluss von S' vorkommt, auch im Resolutionsabschluss von S vorkommen muss, weil die leere Klausel keine Grundinstanz einer anderen Klausel sein kann. Um es kurz zu fassen: Wir haben gezeigt, dass es eine endliche Ableitung der leeren Klausel unter Verwendung der Resolutionsregel gibt, wenn S unerfüllbar ist.

Das Liften des Theorembeweises von Grundklauseln auf prädikatenlogische Klauseln führt zu einer riesigen Leistungssteigerung. Diese Steigerung basiert auf der Tatsache, dass der Beweis in der Prädikatenlogik Variablen nur dann instanziieren muss, wenn sie für den Beweis notwendig werden, während die Grundklauselmethoden eine große Anzahl zufälliger Instanzierungen auswerten mussten.

9.5.5 Gleichheit

Keine der bisher in diesem Kapitel beschriebenen Inferenzmethoden kann eine Behauptung der Form $x = y$ ohne zusätzlichen Arbeitsaufwand behandeln. Dafür gibt es drei verschiedene Ansätze. Der erste besteht darin, die Gleichheit zu axiomisieren, d. h., Sätze über die Gleichheitsrelation in der Wissensbasis abzulegen. Wir müssen sagen, dass Gleichheit reflexiv, symmetrisch und transitiv ist, und wir müssen auch sagen, dass wir in jedem Prädikat oder jeder Funktion Gleiches durch Gleiches ersetzen können. Wir brauchen also drei grundlegende Axiome und dann eines für jedes Prädikat und jede Funktion:

$$
\begin{aligned}
&\forall x \;\; x = x \\
&\forall x, y \;\; x = y \;\Rightarrow\; y = x \\
&\forall x, y, z \;\; x = y \wedge y = z \;\Rightarrow\; x = z \\
&\forall x, y \;\; x = y \;\Rightarrow\; (P_1(x) \;\Leftrightarrow\; P_1(y)) \\
&\forall x, y \;\; x = y \;\Rightarrow\; (P_2(x) \;\Leftrightarrow\; P_2(y)) \\
&\quad \vdots \\
&\forall w, x, y, z \;\; w = y \wedge x = z \;\Rightarrow\; (F_1(w, x) = F_1(y, z)) \\
&\forall w, x, y, z \;\; w = y \wedge x = z \;\Rightarrow\; (F_2(w, x) = F_2(y, z)) \\
&\quad \vdots
\end{aligned}
$$

Mit diesen Sätzen kann eine Standard-Inferenzprozedur wie die Resolution Aufgaben durchführen, die Schlussfolgerungen über Gleichheit erfordern, wie z. B. das Lösen mathematischer Gleichungen. Allerdings erzeugen diese Axiome sehr viele Schlussfolgerungen, von denen die meisten für einen Beweis nicht hilfreich sind. Der zweite Ansatz besteht also darin, Inferenzregeln anstelle von Axiomen hinzuzufügen. Die einfachste Regel, die **Demodulation**, übernimmt eine Einheitsklausel $x = y$ und eine Klausel α, die den Term x enthält, und bildet eine neue Klausel, indem x in α durch y ersetzt wird. Sie funktioniert, wenn der Term in α mit x unifiziert; er muss nicht genau gleich x sein. Beachten Sie, dass die Demodulation direktional ist; bei $x = y$ wird x immer durch y ersetzt, niemals umgekehrt. Das bedeutet, dass die Demodulation zur Vereinfachung von Ausdrücken mit Demodulatoren wie $z + 0 = z$ oder $z^1 = z$ verwendet werden kann. Betrachten wir ein weiteres Beispiel mit:

$$Vater(Vater(x)) = VäterlicherGroßvater(x)$$
$$Geburtstag(Vater(Vater(Bella)), 1926)$$

Durch Demodulation können wir schlussfolgern, dass

$$Geburtstag(VäterlicherGroßvater(Bella), 1926)$$

gilt. Formaler ausgedrückt, haben wir

- **Demodulation**: Für beliebige Terme x, y und z, wobei z irgendwo im Literal m_i vorkommt und $\text{UNIFY}(x, z) = \theta \neq failure$ ist, gilt

$$\frac{x = y, \qquad m_1 \vee \cdots \vee m_n}{\text{SUB}(\text{SUBST}(\theta, x), \text{SUBST}(\theta, y), m_1 \vee \cdots \vee m_n)},$$

  wobei SUBST die übliche Ersetzung einer Bindungsliste ist und $\text{SUB}(x, y, m)$ bedeutet, x durch y irgendwo innerhalb von m zu ersetzen.

Die Regel kann auch erweitert werden, sodass Nichteinheitsklauseln berücksichtigt werden, in denen ein Gleichheitszeichen auftritt:

- **Paramodulation**: Für beliebige Terme x, y und z, wobei z irgendwo im Literal m_i vorkommt, und $\text{UNIFY}(x, z) = \theta \neq failure$ ist, gilt:

$$\frac{\ell_1 \vee \cdots \vee \ell_k \vee x = y, \qquad m_1 \vee \cdots \vee m_n}{\text{SUB}(\text{SUBST}(\theta, x), \text{SUBST}(\theta, y), \text{SUBST}(\theta, \ell_1 \vee \cdots \vee \ell_k \vee m_1 \vee \cdots \vee m_n))}$$

Zum Beispiel aus

$$P(F(x, B), x) \vee Q(x) \qquad \text{und} \qquad F(A, y) = y \vee R(y)$$

erhalten wir $\theta = \text{UNIFY}(F(A, y), F(x, B)) = \{x/A, y/B\}$ und wir können durch Paramodulation schlussfolgern, dass der Satz

$$P(B, A) \vee Q(A) \vee R(B)$$

gilt. Paramodulation liefert eine vollständige Inferenzprozedur für Prädikatenlogik mit Gleichheit.

Ein dritter Ansatz behandelt Schlussfolgerungen über Gleichheit vollständig innerhalb eines erweiterten Unifikationsalgorithmus. Das heißt, Terme sind unifizierbar, wenn sie unter einer bestimmten Substitution *beweisbar* gleich sind, wobei „beweisbar" Schlussfolgerungen über Gleichheit zulässt. Zum Beispiel sind die Terme $1 + 2$ und $2 + 1$ normalerweise nicht unifizierbar, aber ein Unifikationsalgorithmus, der weiß, dass $x + y = y + x$ ist, könnte sie mit der leeren Substitution unifizieren. Eine solche **Gleichheitsunifikation** kann mit effizienten Algorithmen durchgeführt werden, die für die jeweils verwendeten Axiome (Kommutativität, Assoziativität usw.) entwickelt wurden, anstatt durch explizite Inferenz mit diesen Axiomen. Theorembeweiser, die diese Technik verwenden, sind eng mit den in Abschnitt 9.4 beschriebenen CLP-Systemen verwandt.

9.5.6 Resolutionsstrategien

Wir wissen, dass wiederholtes Anwenden der Resolutionsinferenzregel irgendwann einen Beweis findet, wenn einer existiert. In diesem Unterabschnitt gehen wir auf Strategien ein, die helfen, *effizient* Beweise zu finden.

Einheitspräferenz: Diese Strategie bevorzugt Resolutionen, bei denen einer der Sätze ein einzelnes Literal ist (auch bekannt als **Einheitsklausel**). Die Idee hinter dieser Strategie ist folgende: da wir ja versuchen, eine leere Klausel zu erzeugen, ist es vermutlich empfehlenswert, Inferenzen zu bevorzugen, die kürzere Klauseln erzeugen. Das Resolvieren eines Einheitssatzes (z. B. P) mit einem beliebigen anderen Satz (z. B. $\neg P \vee \neg Q \vee R$) ergibt immer eine Klausel (in diesem Fall $\neg Q \vee R$), die kürzer ist als die andere Klausel. Als die Strategie der Einheitspräferenz 1964 zum ersten Mal für die aussagenlogische Inferenz ausprobiert wurde, führte sie zu einer dramatischen Beschleunigung und machte es möglich, Theoreme zu beweisen, die ohne die Präferenz nicht bewältigt werden konnten. Die **Einheitsresolution** ist eine eingeschränkte Form der Resolution, bei der jeder Resolutionsschritt eine Einheitsklausel beinhalten muss. Die Einheitsresolution ist im Allgemeinen unvollständig, aber vollständig für Horn-Klauseln. Einheitsresolutionsbeweise auf Horn-Klauseln erinnern an die Vorwärtsverkettung.

Der OTTER-Theorembeweiser (*Organized Techniques for Theorem-proving and Effective Research*; McCune, 1990) verwendet eine Form der Bestensuche. Seine Heuristikfunktion misst das „Gewicht“ der einzelnen Klauseln, wobei leichtere Klauseln bevorzugt werden. Die genaue Wahl der Heuristik bleibt dem Benutzer überlassen, aber im Allgemeinen sollte das Gewicht einer Klausel mit ihrer Größe oder Schwierigkeit korrelieren. Einheitsklauseln werden als leicht behandelt; die Suche lässt sich somit als eine Verallgemeinerung der Strategie der Einheitspräferenz betrachten.

Stützmenge: Präferenzen, die bestimmte Resolutionen zuerst ausprobieren, sind hilfreich, aber im Allgemeinen ist es effektiver zu versuchen, einige potenzielle Resolutionen ganz zu eliminieren. Wir können z. B. darauf bestehen, dass jeder Resolutionsschritt mindestens ein Element aus einer speziellen Menge von Klauseln – der *Stützmenge* – enthält. Der Resolvent wird dann der Stützmenge hinzugefügt. Wenn die Stützmenge im Verhältnis zur gesamten Wissensbasis klein ist, wird der Suchraum drastisch reduziert.

Um die Vollständigkeit dieser Strategie zu gewährleisten, können wir die Stützmenge S so wählen, dass der Rest der Sätze gemeinsam erfüllbar ist. Zum Beispiel kann man die negierte Abfrage als Stützmenge verwenden, unter der Annahme, dass die ursprüngliche Wissensbasis konsistent ist. (Wenn sie nämlich nicht konsistent ist, sagt die Tatsache, dass die Abfrage daraus folgt, nichts aus.) Die Stützmengenstrategie hat den zusätzlichen Vorteil, dass sie zielgerichtete Beweisbäume erzeugt, die für Menschen oft leicht zu verstehen sind.

Eingaberesolution: Bei dieser Strategie kombiniert jede Resolution einen der Eingabesätze (aus der Wissensbasis oder der Abfrage) mit einem anderen Satz. Der Beweis in ► Abbildung 9.10 auf S. 348 verwendet nur Eingaberesolutionen und hat die charakteristische Form einer „Wirbelsäule“, entlang der einzelne Sätze kombiniert werden. Natürlich ist der Speicherplatz von Beweisbäumen dieser Form kleiner als der aller Beweisgraphen. In Horn-Wissensbasen ist Modus ponens eine Art von Eingaberesolutionsstrategie, weil er eine Implikation aus der ursprünglichen Wissensbasis mit einigen anderen Sätzen kombiniert. Daher ist es keine Überraschung, dass die Eingaberesolution für Wissensbasen, die in Horn-Form vorliegen, vollständig ist, aber im allgemeinen Fall nicht. Die **lineare Resolutionsstrategie** ist eine leichte Verallgemeinerung, die es erlaubt, dass P und Q zusammen resolviert werden, wenn P entweder in der ursprünglichen KB enthalten ist oder P ein Vorfahre von Q im Beweisbaum ist. Die lineare Resolution ist vollständig.

Subsumption: Die Subsumptionsmethode eliminiert alle Sätze, die von einem bestehenden Satz in der Wissensbasis subsumiert werden (d. h. spezifischer sind als dieser). Wenn z. B. $P(x)$ in der Wissensbasis vorhanden ist, dann ist es nicht sinnvoll, $P(A)$ hinzuzufügen und noch weniger sinnvoll, $P(A) \vee Q(B)$ hinzuzufügen. Subsumption hilft, die Wissensbasis und damit auch den Suchraum klein zu halten.

Lernen: Wir können einen Theorembeweiser verbessern, indem wir aus Erfahrungen lernen. Trainieren Sie ein maschinelles Lernsystem auf einer Sammlung von zuvor bewiesenen Theoremen, um die folgende Frage zu beantworten: Welche Beweisschritte sind bei einer gegebenen Menge von Prämissen und einem zu beweisenden Ziel den Schritten ähnlich, die in der Vergangenheit erfolgreich waren? Genau diese Aufgabe übernimmt das DEEPHOL-System (Bansal *et al.*, 2019), das tiefe neuronale Netze (siehe Kapitel 21) verwendet, um Modelle, sogenannte *Embeddings* (Einbettungen), von Zielen und Prämissen zu erstellen, und anhand dieser eine Auswahl trifft. Beim Training können sowohl von Menschen als auch von Computern generierte Beweise als Beispiele verwendet werden, ausgehend von einer Sammlung von 10.000 Beweisen.

Praktische Anwendungen von Resolutionstheorembeweisern

Wir haben gezeigt, wie Prädikatenlogik ein einfaches reales Szenario mit Konzepten wie Verkauf, Waffen und Staatszugehörigkeit darstellen kann. Aber komplexe reale Szenarien haben zu viele Unsicherheitsfaktoren und Unbekannte. Logik hat sich als erfolgreicher für Szenarien erwiesen, die formale, streng definierte Konzepte beinhalten, wie z. B. die **Synthese** und **Verifizierung** von Hardware und Software. Die Theorembeweiser-Forschung fällt nicht nur in den Bereich der KI, sondern auch in die Bereiche Hardwaredesign, Programmiersprachen und Software-Engineering.

Im Fall von Hardware beschreiben die Axiome die Interaktionen zwischen Signalen und Schaltungselementen. (Ein Beispiel finden Sie in Abschnitt 8.4.2 auf Seite S. 318.) Speziell für die Verifizierung entwickelte logische Schlussfolgerungsmodule sind in der Lage, ganze CPUs zu verifizieren, einschließlich ihrer Timing-Eigenschaften (Srivas und Bickford, 1990). Der AURA-Theorembeweiser wurde beispielsweise eingesetzt, um Schaltkreise zu entwerfen, die kompakter sind als alle bisherigen Entwürfe (Wojciechowski und Wojcik, 1983).

Im Fall von Software ist das Schlussfolgern über Programme ganz ähnlich wie das Schlussfolgern über Aktionen (siehe Kapitel 7): Axiome beschreiben die Vorbedingungen und Wirkungen jeder Aussage. Die formale Synthese von Algorithmen war eine der ersten Anwendungen von Theorembeweisern, wie von Cordell Green (1969a) skizziert, der auf früheren Ideen von Herbert Simon (1963) aufbaute. Das Konzept besteht darin, ein Theorem konstruktiv dahingehend zu beweisen, dass „es ein Programm p gibt, das eine bestimmte Spezifikation erfüllt." Obwohl die sogenannte vollautomatische **deduktive Synthese** für die allgemeine Programmierung noch in den Kinderschuhen steckt, kann die handgeführte deduktive Synthese beim Entwurf mehrerer neuer und anspruchsvoller Algorithmen bereits Erfolge verbuchen. Auch im Bereich der Synthese von Spezialprogrammen, wie z. B. Code für wissenschaftliche Berechnungen, wird aktiv geforscht.

Ähnliche Techniken werden inzwischen auch für die Softwareverifizierung durch Systeme wie den Model Checker SPIN (Holzmann, 1997) angewendet. Zum Beispiel wurde das Raumfahrzeugsteuerungsprogramm Remote Agent vor und nach dem Flug verifiziert (Havelund *et al.*, 2000). Der RSA-Algorithmus für die Public-Key-Verschlüsselung und der Boyer-Moore-Algorithmus zum Stringvergleich sind ebenfalls auf diese Weise verifiziert worden (Boyer und Moore, 1984).

ZUSAMMENFASSUNG

Wir haben uns in diesem Kapitel mit der prädikatenlogischen Inferenz beschäftigt und eine Reihe von Algorithmen zu ihrer Durchführung vorgestellt.

- Ein erster Ansatz verwendet Inferenzregeln (**universelle Instanziierung** und **Existenzinstanziierung**), um das Inferenzproblem in die Aussagenlogik (**Propositionalisierung**) zu überführen. Dieser Ansatz ist in der Regel recht langsam, es sei denn, die Domäne ist klein.
- Durch die Verwendung der **Unifikation**, um geeignete Substitutionen für Variablen zu identifizieren, entfällt der Instanziierungsschritt in prädikatenlogischen Beweisen, sodass der Prozess in vielen Fällen effizienter wird.
- Eine geliftete Version des **Modus ponens** verwendet Unifikation, um eine natürliche und mächtige Inferenzregel bereitzustellen, den **verallgemeinerten Modus ponens**. Die Algorithmen zur **Vorwärtsverkettung** und **Rückwärtsverkettung** wenden diese Regel auf Mengen definiter Klauseln an.
- Der verallgemeinerte Modus ponens ist für definite Klauseln vollständig, obwohl das Problem der semantischen Folgerung **semientscheidbar** ist. Für **Datalog**-Wissensbasen, die aus funktionsfreien definiten Klauseln bestehen, ist die Folgerung entscheidbar.
- Die Vorwärtsverkettung wird in **deduktiven Datenbanken** angewendet, wo sie mit relationalen Datenbankoperationen kombiniert werden kann. Sie wird auch in **Produktionssystemen** verwendet, die effiziente Aktualisierungen mit sehr großen Regelmengen durchführen. Die Vorwärtsverkettung ist vollständig für Datalog-Wissensbasen und wird in polynomieller Zeit ausgeführt.
- Die Rückwärtsverkettung wird in Systemen der **logischen Programmierung** verwendet, die eine ausgeklügelte Compilertechnologie einsetzen, um eine sehr schnelle Inferenz zu ermöglichen. Die Rückwärtsverkettung hat den Nachteil der redundanten Inferenzen und Endlosschleifen, welche jedoch durch **Memoisation** abgeschwächt werden können.
- **Prolog** verwendet im Gegensatz zur Prädikatenlogik eine geschlossene Welt mit der Annahme eindeutiger Namen und der Negation als Fehlschlag (*Negation as Failure*). Dadurch wird Prolog zu einer praktischeren Programmiersprache, entfernt sich aber von der reinen Logik.
- Die verallgemeinerte Inferenzregel der **Resolution** bietet ein vollständiges Beweissystem für Prädikatenlogik und verwendet dazu Wissensbasen in konjunktiver Normalform.
- Es gibt mehrere Strategien, die den Suchraum eines Resolutionssystems reduzieren, ohne die Vollständigkeit zu beeinträchtigen. Eines der wichtigsten Probleme dabei ist die Behandlung der Gleichheit. In diesem Zusammenhang haben wir gezeigt, wie **Demodulation** und **Paramodulation** eingesetzt werden können.
- Effiziente resolutionsbasierte Theorembeweiser wurden verwendet, um interessante mathematische Theoreme zu beweisen und um Software und Hardware zu verifizieren und zu synthetisieren.

Bibliografische und historische Anmerkungen

Gottlob Frege, der 1879 die vollständige Prädikatenlogik entwickelte, basierte sein Inferenzsystem auf einer Sammlung gültiger Schemas sowie einer einzigen Inferenzregel, Modus ponens. Whitehead und Russell (1910) erläuterten die sogenannten *Passageregeln* (*Rules of Passage*, der eigentliche Begriff stammt von Herbrand (1930)), mit denen Quantoren an den Anfang von Formeln verschoben werden. Skolem-Konstanten und Skolem-Funktionen wurden, wie der Name schon verrät, von Thoralf Skolem (1920) eingeführt. Seltsamerweise war es auch Skolem, der das Herbrand-Universum einführte (Skolem, 1928).

Der Satz von Herbrand (Herbrand, 1930) hat eine entscheidende Rolle bei der Entwicklung des automatisierten Schlussfolgerns gespielt. Herbrand ist außerdem der Erfinder der **Unifikation**. Gödel (1930) baute auf den Ideen von Skolem und Herbrand auf und zeigte, dass die Prädikatenlogik eine vollständige Beweisprozedur hat. Alan Turing (1936) und Alonzo Church (1936) zeigten gleichzeitig mit sehr unterschiedlichen Beweisen, dass die Gültigkeit in der Prädikatenlogik nicht entscheidbar ist. Der exzellente Text von Enderton (1972) erklärt alle diese Ergebnisse auf schlüssige und dennoch verständliche Weise.

Abraham Robinson schlug vor, mithilfe der Propositionalisierung und dem Satz von Herbrand ein automatisches Schlussfolgerungsmodul zu konstruieren, und Paul Gilmore (1960) schrieb das erste Programm. Davis und Putnam (1960) verdanken wir die Methode der Propositionalisierung aus Abschnitt 9.1. Prawitz (1960) entwickelte das wichtige Konzept, sich das Ermitteln von aussagenlogischer Inkonsistenz für die Suche zunutze zu machen und nur dann Terme aus dem Herbrand-Universum zu generieren, wenn sie notwendig waren, um aussagenlogische Inkonsistenz festzustellen. Aufbauend auf diesen Konzepten entwickelte John Alan Robinson (nicht verwandt mit Abraham Robinson) die bahnbrechende Idee der Resolution (Robinson, 1965).

Die Resolution wurde von Cordell Green und Bertram Raphael (1968) für Frage-Antwort-Systeme übernommen. Frühe KI-Implementierungen konzentrierten sich stark auf Datenstrukturen, die ein effizientes Abrufen von Fakten ermöglichen sollten; diese Bemühungen werden in diversen Arbeiten zur KI-Programmierung behandelt (Charniak *et al.*, 1987; Norvig, 1992; Forbus und de Kleer, 1993). Anfang der 1970er Jahre stellte die **Vorwärtsverkettung** in der KI eine leicht verständliche Alternative zur Resolution dar. Da KI-Anwendungen normalerweise eine große Anzahl von Regeln beinhalten, war es wichtig, eine effiziente Technologie für den Regelvergleich zu entwickeln, insbesondere für inkrementelle Updates.

Die Technologie für **Produktionssysteme** wurde zur Unterstützung solcher Anwendungen entwickelt. Die Produktionssystemsprache OPS-5 (Forgy, 1981; Brownston *et al.*, 1985), die das effiziente Rete-Mustervergleichsverfahren (Forgy, 1982) beinhaltet, wurde für Anwendungen wie das R1-Expertensystem zur Minicomputerkonfiguration (McDermott, 1982) eingesetzt. Kraska *et al.* (2017) beschreiben, wie neuronale Netze ein effizientes Indexierungsschema für bestimmte Datenmengen erlernen können.

Die kognitive Architektur SOAR (Laird *et al.*, 1987; Laird, 2008) wurde entwickelt, um sehr große Regelmengen – bis zu einer Million Regeln – zu verarbeiten (Doorenbos, 1994). Anwendungsbeispiele für SOAR sind die Steuerung von Kampfflugzeugsimulatoren (Jones *et al.*, 1998), Luftraummanagement (Taylor *et al.*, 2007), KI-Figuren für Computerspiele (Wintermute *et al.*, 2007) und Trainingstools für Soldaten (Wray und Jones, 2005).

Die Forschung auf dem Gebiet der **deduktiven Datenbanken** begann mit einem Workshop in Toulouse im Jahr 1977, der Experten für logische Inferenz und Datenbanken zusammenbrachte (Gallaire und Minker, 1978). Einflussreiche Arbeiten von Chandra und Harel (1980) sowie Ullman (1985) führten zur Einführung von **Datalog** als Standardsprache für deduktive Datenbanken. Durch die von Bancilhon *et al.* (1986) entwickelte Technik der **magischen Men-**

gen für das Neuschreiben von Regeln konnte die Vorwärtsverkettung von der Zielgerichtetheit der Rückwärtsverkettung profitieren.

Die Entwicklung des Internets führte zu einer erhöhten Verfügbarkeit von riesigen Online-Datenbanken. Dadurch wuchs das Interesse an der Integration mehrerer Datenbanken in einen konsistenten Datenraum (Halevy, 2007). Kraska *et al.* (2017) erreichten Geschwindigkeitssteigerungen von bis zu 70 % durch die Anwendung von maschinellem Lernen, um **gelernte Indexstrukturen** für eine effiziente Datensuche zu erstellen.

Die **Rückwärtsverkettung** für logische Inferenz hat ihren Ursprung in der Sprache PLANNER (Hewitt, 1969). In der Zwischenzeit hatte Alain Colmerauer 1972 **Prolog** entwickelt und implementiert, mit dem Ziel, die natürliche Sprache zu parsen – die Prolog-Klauseln waren zunächst als kontextfreie Grammatikregeln gedacht (Roussel, 1975; Colmerauer *et al.*, 1973).

Ein Großteil des theoretischen Hintergrunds für die logische Programmierung wurde von Robert Kowalski am Imperial College London in Zusammenarbeit mit Colmerauer entwickelt; siehe Kowalski (1988) und Colmerauer und Roussel (1993) für einen historischen Überblick. Effiziente Prolog-Compiler basieren im Allgemeinen auf dem von David H. D. Warren (1983) entwickelten WAM-Rechenmodell (*Warren Abstract Machine*). Van Roy (1990) zeigte, dass Prolog-Programme in Bezug auf die Geschwindigkeit durchaus mit C-Programmen konkurrieren können.

Methoden zur Vermeidung unnötiger Schleifen in rekursiven Logikprogrammen wurden unabhängig von Smith *et al.* (1986) und Tamaki und Sato (1986) entwickelt. Die letztgenannte Arbeit beinhaltete auch die Memoisation für logische Programme, eine Methode, die von David S. Warren als **Tableau-basierte logische Programmierung** extensiv entwickelt wurde. Swift und Warren (1994) zeigten, wie man die WAM um Tabellierung erweitert, wodurch Datalog-Programme um eine Größenordnung schneller ausgeführt werden konnten als deduktive Datenbanksysteme mit Vorwärtsverkettung.

Frühe Arbeiten zur Constraint-logischen Programmierung stammen von Jaffar und Lassez (1987). Jaffar *et al.* (1992) entwickelten das CLP(R)-System zur Verarbeitung reellwertiger Bedingungen. Inzwischen gibt es kommerzielle Produkte zur Lösung komplexer Konfigurations- und Optimierungsprobleme mit Constraint-logischer Programmierung; eines der bekanntesten ist ILOG (Junker, 2003). Die Antwortmengenprogrammierung (Gelfond, 2008) erweitert Prolog um Disjunktion und Negation.

Werke zur logischen Programmierung und Prolog umfassen Shoham (1994), Bratko (2009), Clocksin (2003) und Clocksin und Mellish (2003). Vor dem Jahr 2000 war das *Journal of Logic Programming* die maßgebliche Fachzeitschrift, die danach durch *Theory and Practice of Logic Programming* ersetzt wurde. Die wichtigsten Konferenzen zur logischen Programmierung sind die ICLP (*International Conference on Logic Programming*) sowie das ILPS (*International Logic Programming Symposium*).

Die Forschung im Bereich der **mathematischen Theorembeweiser** begann bereits, bevor die ersten vollständigen prädikatenlogischen Systeme entwickelt waren. Der Geometry Theorem Prover von Herbert Gelernter (Gelernter, 1959) verwendete heuristische Suchmethoden kombiniert mit Diagrammen zum Abschneiden (Pruning) falscher Teilziele und konnte einige recht komplizierte Ergebnisse der euklidischen Geometrie beweisen. Die **Demodulations-** und **Paramodulationsregeln** für Schlussfolgerungen über Gleichheit wurden von Wos *et al.* (1967) bzw. Wos und Robinson (1968) eingeführt. Diese Regeln wurden unabhängig davon auch im Zusammenhang mit Systemen zum Umschreiben von Termen entwickelt (Knuth und Bendix, 1970). Die Einbindung von Schlussfolgerungen über Gleichheit in den Unifikationsalgorithmus ist Gordon Plotkin (1972) zu verdanken. Jouannaud und Kirchner (1991) untersuchen die Gleichheitsunifikation aus der Perspektive des Umformulierens von Termen. Einen Überblick über die Unifikation geben Baader und Snyder (2001).

Für die Resolution wurde eine Reihe von Steuerungsstrategien vorgeschlagen, angefangen mit der Einheitspräferenzstrategie (Wos *et al.*, 1964). Die Stützmengenstrategie wurde von Wos *et al.* (1965) vorgeschlagen, um einen gewissen Grad an Zielgerichtetheit bei der Resolution zu erreichen. Die lineare Resolution wurde zum ersten Mal von Loveland (1970) erwähnt. Genesereth und Nilsson (1987, Kapitel 5) bieten eine ausführliche Analyse einer Vielzahl von Steuerungsstrategien. Alemi *et al.* (2017) zeigen, wie das DEEPMATH-System tiefe neuronale Netze verwendet, um die Axiome auszuwählen, die am wahrscheinlichsten zu einem Beweis führen, wenn sie einem traditionellen Theorembeweiser übergeben werden. In gewisser Weise spielt das neuronale Netz die Rolle der mathematischen Intuition und der Theorembeweiser die Rolle der mathematisch-technischen Expertise. (Loos *et al.*, 2017) zeigen, dass dieser Ansatz erweitert werden kann, um die Suche zu leiten, sodass mehr Theoreme bewiesen werden können

A Computational Logic (Boyer und Moore, 1979) ist das grundlegende Nachschlagewerk zum Boyer-Moore-Theorembeweiser. (1992) beschreibt den Prolog Technology Theorem Prover (PTTP), der die Vorteile der Prolog-Kompilierung mit der Vollständigkeit der Modelleliminierung kombiniert. SETHEO (Letz *et al.*, 1992) ist ein weiterer häufig eingesetzter Theorembeweiser, der auf diesem Ansatz basiert. LEANTAP (Beckert und Posegga, 1995) ist ein effizienter Theorembeweiser, dessen Implementierung nur 25 Prolog-Zeilen umfasst. Weidenbach (2001) beschreibt SPASS, einen der derzeit stärksten Theorembeweiser. Der erfolgreichste Theorembeweiser in den letzten jährlich ausgetragenen Wettbewerben war VAMPIRE (Riazanov und Voronkov, 2002). Das COQ-System (Bertot *et al.*, 2004) und der Gleichungslöser E (Schulz, 2004) haben sich ebenfalls als wertvolle Werkzeuge für das Beweisen von Korrektheit erwiesen.

Theorembeweiser wurden verwendet, um Software automatisch zu synthetisieren und zu verifizieren. Beispiele umfassen die Steuerungssoftware für die Orion-Kapsel der NASA (Lowry, 2008) und andere Raumfahrzeuge (Denney *et al.*, 2006). Der Entwurf des 32-Bit-Mikroprozessors FM9001 wurde durch das Theorembeweissystem NQTHM (Hunt und Brock, 1992) als korrekt bewiesen.

Die *Conference on Automated Deduction* (CADE) veranstaltet jährlich einen Wettbewerb für automatisierte Theorembeweiser. Sutcliffe (2016) beschreibt den Wettbewerb 2016; zu den bestplatzierten Systemen gehören VAMPIRE (Riazanov und Voronkov, 2002), PROVER9 (Sabri, 2015) und eine aktualisierte Version von E (Schulz, 2013). Wiedijk (2003) vergleicht die Stärke von 15 mathematischen Beweisern. TPTP (*Thousands of Problems for Theorem Provers*) ist eine Bibliothek von Testproblemen für Theorembeweiser, die nützlich ist, um die Leistung von Systemen zu vergleichen (Sutcliffe und Suttner, 1998; Sutcliffe *et al.*, 2006).

Theorembeweiser haben neue mathematische Ergebnisse hervorgebracht, die den Mathematikern jahrzehntelang entgangen sind, wie in dem Buch *Automated Reasoning and the Discovery of Missing Elegant Proofs* (Wos und Pieper, 2003) ausführlich beschrieben. Das SAM-Programm (*Semi-Automated Mathematics*) war das erste, das ein Lemma in der Verbandstheorie bewies (Guard *et al.*, 1969). Auch das Programm AURA konnte offene Fragen in verschiedenen Bereichen der Mathematik beantworten (Wos und Winker, 1983). Der Boyer-Moore-Theorembeweiser (Boyer und Moore, 1979) wurde von Natarajan Shankar eingesetzt, um einen formalen Beweis von Gödels Unvollständigkeitstheorem zu konstruieren (Shankar, 1986). Mit dem NUPRL-System ließen sich das Paradoxon von Girard (Howe, 1987) und das Lemma von Higman (Murthy und Russell, 1990) beweisen.

1933 schlug Herbert Robbins eine einfache Axiomenmenge – die **Robbins-Algebra** – vor, die die boolesche Algebra zu definieren schien, was jedoch nicht bewiesen werden konnte (trotz ernsthafter Bemühungen von Alfred Tarski und anderen), bis EQP (eine Version von OTTER) einen Beweis berechnete (McCune, 1997). Benzmüller und Paleo (2013) verwendeten einen Theorembeweiser höherer Ordnung, um Gödels Beweis der Existenz „Gottes" zu verifizieren. Die keplersche Vermutung zur Theorie endlicher Kugelpackungen wurde von Thomas Hales (2005) mithilfe einiger komplizierter Computerberechnungen bewiesen, aber der Beweis wurde erst vollständig akzeptiert, als ein formaler Beweis mithilfe der HOL-Light- und Isabelle-Beweisassistenten erzeugt wurde (Hales *et al.*, 2017).

Viele der früheren Arbeiten zur mathematischen Logik befinden sich in *From Frege to Gödel: A Source Book in Mathematical Logic* (van Heijenoort, 1967). Zu den Lehrbüchern zum Thema der automatisierten Deduktion gehören der Klassiker *Symbolic Logic and Mechanical Theorem Proving* (Chang und Lee, 1973) sowie neuere Werke von Duffy (1991), Wos *et al.* (1992), Bibel (1993) und Kaufmann *et al.* (2000). Die wichtigste Zeitschrift für das Theorembeweisen ist das *Journal of Automated Reasoning*; die wichtigsten Konferenzen sind die jährliche *Conference on Automated Deduction* (CADE) und die *International Joint Conference on Automated Reasoning* (IJCAR). Im *Handbook of Automated Reasoning* (Robinson und Voronkov, 2001) findet sich eine Sammlung von Arbeiten auf diesem Gebiet. Das Buch *Mechanizing Proof* von MacKenzie (2004) präsentiert die Geschichte und Technologie des Theorembeweisens für ein breites Publikum in populärwissenschaftlicher Form.

Wissensrepräsentation

10

In diesem Kapitel zeigen wir, wie man die verschiedensten Fakten der realen Welt so darstellt, dass sie zum Schlussfolgern und Lösen von Problemen verwendet werden können.

In den vorherigen Kapiteln wurde gezeigt, wie ein wissensbasierter Agent Schlussfolgerungen ziehen kann, die ihm ein angemessenes Handeln ermöglichen. In diesem Kapitel befassen wir uns mit der Frage, welche *Inhalte* in die Wissensbasis eines solchen Agenten gehören, das heißt, wie die Fakten der Welt repräsentiert werden sollen. Wir verwenden hier die Prädikatenlogik als Repräsentationssprache, werden aber in späteren Kapiteln noch andere Darstellungsformalismen vorstellen, z. B. hierarchische Aufgabennetzwerke (*Hierarchical Task Network*, HTN) für Schlussfolgern über Pläne (Kapitel 11), Bayes'sche Netze für Schlussfolgern bei Unsicherheit (Kapitel 13), Markov-Modelle für Schlussfolgern über die Zeit (Kapitel 17) und tiefe neuronale Netze für Schlussfolgern über Bild-, Audio- und andere Daten (Kapitel 21). Aber egal, für welche Repräsentation Sie sich entscheiden, die Fakten über die Welt müssen immer noch verarbeitet werden, und dieses Kapitel soll zeigen, wo die Probleme liegen.

Abschnitt 10.1 stellt das Konzept einer allgemeinen Ontologie vor, die alles in der Welt hierarchisch in Kategorien einteilt. Abschnitt 10.2 behandelt die Grundkategorien von Objekten, Substanzen und Maßen, Abschnitt 10.3 ist den Ereignissen gewidmet und Abschnitt 10.4 behandelt Wissen über Überzeugungen. Abschließend wenden wir uns noch einmal der Technologie des Schlussfolgerns zu, und zwar in Zusammenhang mit Schlussfolgerungssystemen, die für effiziente Inferenz mit Kategorien ausgelegt sind (Abschnitt 10.5) sowie hinsichtlich des Schlussfolgerns mit Standardinformationen (Abschnitt 10.6).

10.1 Ontologie-Engineering

In vereinfachten „Spielzeugdomänen" ist die Wahl der Repräsentation nicht so wichtig; viele Repräsentationen funktionieren. Komplexe Domänen wie Onlineshopping oder das autonome Fahren im Straßenverkehr erfordern allgemeinere und flexiblere Repräsentationen. Dieses Kapitel zeigt, wie man solche Repräsentationen erstellt, und konzentriert sich dabei auf allgemeine Konzepte – wie *Ereignisse, Zeit, physische Objekte* und *Überzeugungen*[1] –, die in vielen verschiedenen Domänen vorkommen. Die Darstellung dieser abstrakten Konzepte wird manchmal als **Ontologie-Engineering** bezeichnet.

Natürlich erwarten wir nicht, *alles* in der Welt repräsentieren zu können, nicht einmal ein 1.000-seitiges Lehrbuch schafft das, aber wir lassen Platzhalter, in die neues Wissen für jede Domäne eingefügt werden kann. Zum Beispiel definieren wir, was es bedeutet, ein physisches Objekt zu sein; die Details der verschiedenen Objekttypen – Roboter, Fernseher, Bücher oder was auch immer – können später eingefügt werden. Dies entspricht der Art und Weise, wie die Designer eines objektorientierten Programmier-Frameworks (z. B. des grafischen Java-Frameworks Swing) allgemeine Konzepte wie *Window* definieren und erwarten, dass die Benutzer auf der Basis dieser Elemente spezifischere Konzepte wie *SpreadsheetWindow* definieren. Das allgemeine Gerüst (Framework) von Konzepten wird als **obere Ontologie** bezeichnet – aufgrund der Konvention, Graphen mit den allgemeinen Konzepten oben und den spezifischeren Konzepten darunter zu zeichnen (► Abbildung 10.1).

Bevor wir uns eingehender mit der Ontologie beschäftigen, wollen wir auf Folgendes hinweisen: Wir haben uns für die Verwendung der Prädikatenlogik entschieden, um den Inhalt und die Organisation von Wissen zu erörtern, obwohl bestimmte Aspekte der realen Welt in dieser

1 Anm. zur Übersetzung: Das englische *belief* entspricht in diesem Zusammenhang unserem „subjektiven Wissen" oder der „Überzeugung".

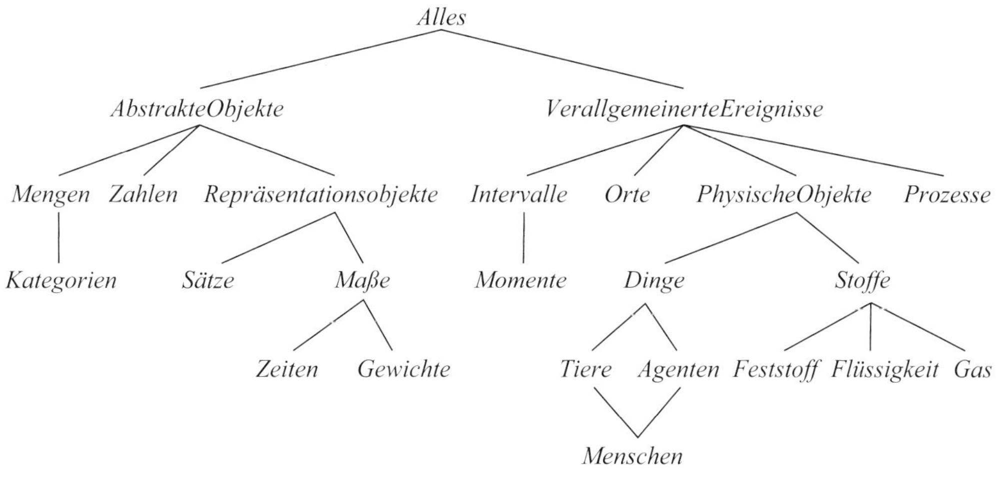

Abbildung 10.1: Die obere Ontologie der Welt, die die Themen aufzeigt, die später im Kapitel behandelt werden. Jeder Kante zeigt an, dass das untere Konzept eine Spezialisierung des oberen Konzepts ist. Spezialisierungen sind nicht notwendigerweise disjunkt – ein Mensch ist sowohl ein Tier als auch ein Agent. In Abschnitt 10.3.2 werden wir sehen, warum physische Objekte unter verallgemeinerte Ereignisse fallen.

Logik nur schwer auszudrücken sind. Die größte Schwierigkeit ist, dass die meisten Verallgemeinerungen Ausnahmen haben oder nur bis zu einem gewissen Grad gelten. Obwohl zum Beispiel „Tomaten sind rot" eine nützliche Regel ist, sind einige Tomaten grün, gelb oder orange. Ähnliche Ausnahmen lassen sich für fast alle Regeln in diesem Kapitel finden. Solche Ausnahmen und Unsicherheiten verarbeiten zu können, ist einerseits extrem wichtig, andererseits für das Verständnis der allgemeinen Ontologie unerheblich. Aus diesem Grund verschieben wir die Diskussion von Ausnahmen auf Abschnitt 10.5 und behandeln das allgemeinere Thema des unsicheren Schlussfolgerns in Kapitel 12.

Welchen Nutzen hat eine obere Ontologie? Betrachten Sie dazu die Ontologie für Schaltkreise in Abschnitt 8.4.2. Sie geht von vielen vereinfachenden Annahmen aus: Zeit wird komplett weggelassen; Signale sind feststehend und werden nicht weitergeleitet; die Struktur des Schaltkreises bleibt konstant. Eine allgemeinere Ontologie würde Signale zu bestimmten Zeiten betrachten und die Drahtlängen und Signallaufzeiten inklusive Verzögerungen berücksichtigen. Damit könnten wir die Timing-Eigenschaften der Schaltkreise simulieren, was in der Tat inzwischen schon gängige Praxis unter Schaltkreisentwicklern ist.

Außerdem könnten wir interessantere Gatterklassen einführen, indem wir beispielsweise die Technologie (TTL, CMOS usw.) sowie die Eingangs-/Ausgangsspezifikation beschreiben. Wenn wir Zuverlässigkeit oder Diagnose diskutieren wollten, würden wir die Möglichkeit berücksichtigen, dass sich die Struktur des Schaltkreises oder die Eigenschaften der Gatter spontan ändern können. Um Streukapazitäten Rechnung zu tragen, müssten wir darstellen, wo sich die Leitungen auf der Platine befinden.

Für die Wumpus-Welt gelten ähnliche Überlegungen. Auch wenn wir die Zeit darstellen, so hat sie eine einfache Struktur: Es passiert nur etwas, wenn der Agent agiert, und alle Änderungen werden direkt wirksam. Eine allgemeinere Ontologie, die besser für die reale Welt geeignet ist, würde gleichzeitige Änderungen über einen Zeitraum zulassen. Wir haben außerdem das Prädikat *Pit* verwendet, um anzuzeigen, welche Felder Fallgruben aufweisen. Wir hätten verschiedene Arten von Fallgruben unterstützen können, indem wir mehrere Individuen einführen, die zur Klasse der Fallgruben gehören und jeweils unterschiedliche Eigenschaften haben. In ähnlicher Weise könnten wir neben den Wumpi noch andere Tiere zulassen. Vielleicht ist es aus den verfügbaren Perzepten nicht möglich, die genaue Spezies festzulegen, sodass wir eine biologische Taxonomie erstellen müssten, um dem Agenten zu helfen, das Verhalten von Höhlenbewohnern aus den spärlichen Hinweisen vorherzusagen.

Jede spezielle Ontologie erlaubt es, Änderungen wie diese vorzunehmen, um dem Allgemeinfall näher zu kommen. Dabei stellt sich mehr oder weniger automatisch die Frage, ob all diese Ontologien gegen eine universelle Ontologie konvergieren. Nach jahrhundertelanger philosophischer und computergestützter Forschung lautet die Antwort: „Vielleicht." In diesem Abschnitt stellen wir eine universelle Ontologie vor, die die Ideen aus diesen Jahrhunderten in sich vereint. Universelle Ontologien unterscheiden sich in zwei wesentlichen Merkmalen von Sammlungen spezieller Ontologien:

- Eine universelle Ontologie sollte auf so gut wie jede speziellen Domäne anwendbar sein (durch die Ergänzung domänenspezifischer Axiome). Das bedeutet, dass kein Darstellungsproblem geschönt oder unter den Teppich gekehrt werden kann.
- In jeder hinreichend anspruchsvollen Domäne müssen verschiedene Wissensbereiche *vereint* werden, da Schlussfolgerungen und Problemlösungen mehrere Bereiche gleichzeitig betreffen können. Ein Robotersystem zur Reparatur von Schaltkreisen muss zum Beispiel Schlussfolgerungen über Schaltkreise in Bezug auf die elektrischen Verbindungen und das physische Layout sowie über die Zeit ziehen – sowohl für die Analyse der Schaltzeiten als auch für die Abschätzung des Arbeitsaufwands. Die Sätze, die die Zeit beschreiben, müssen sich daher mit denen kombinieren lassen, die das physische Layout beschreiben, und sie müssen gleichermaßen gut für Nanosekunden und Minuten sowie für Angström und Meter funktionieren.

Wir sollten vorausschicken, dass das Vorhaben, allgemeine Methoden zum Erstellen von Ontologien zu entwickeln, bisher nur begrenzten Erfolg hatte. Keine der wichtigsten KI-Anwendungen (die in Kapitel 1 genannt wurden) nutzt eine universelle Ontologie – sie alle basieren auf speziellem Knowledge Engineering und maschinellem Lernen. Soziale und politische Erwägungen können es für konkurrierende Akteure schwierig machen, sich auf eine Ontologie zu einigen. Wie Tom Gruber (2004) sagt: „Jede Ontologie ist ein Vertrag – eine soziale Vereinbarung – zwischen Menschen mit einem gemeinsamen Motiv an einem Austausch." Wenn konkurrierende Ansichten die Motivation zum Austausch überwiegen, kann es keine gemeinsame Ontologie geben. Je kleiner die Anzahl der beteiligten Akteure ist, desto einfacher ist es, eine Ontologie zu erstellen, das heißt, es ist schwieriger, eine universelle Ontologie zu erstellen als eine Ontologie für einen begrenzten Zweck, wie z. B. die Open Biomedical Ontology (Smith *et al.*, 2007). Die Ontologien, die es gibt, wurden auf vier Arten erstellt:

1. Durch ein Team von ausgebildeten Ontologen oder Logikern, die die Ontologie entwerfen und Axiome schreiben. Das CYC-System wurde größtenteils auf diese Weise aufgebaut (Lenat und Guha, 1990).
2. Durch Importieren von Kategorien, Attributen und Werten aus einer oder mehreren bestehenden Datenbanken. Ein Beispiel hierfür ist DBPEDIA, das durch den Import von strukturierten Fakten aus Wikipedia erstellt wurde (Bizer *et al.*, 2007).
3. Durch Parsen von Textdokumenten und Extrahieren von Informationen. Für die Erstellung von TEXTRUNNER wurde ein großer Korpus von Webseiten gelesen (Banko und Etzioni, 2008).
4. Durch Amateure ohne Fachwissen, die aus Überzeugung an solchen Projekten mitarbeiten und bereit sind, ihr Allgemeinwissen zu teilen. Die OPENMIND-Datenbank wurde von Freiwilligen aufgebaut, die Fakten in englischer Sprache vorschlugen und eingaben (Singh *et al.*, 2002; Chklovski und Gil, 2005).

Beispielsweise verwendet der Google Knowledge Graph semistrukturierte Inhalte aus Wikipedia und kombiniert sie mit anderen Inhalten, die durch menschliche Kuratierung aus dem gesamten Web zusammengetragen wurden. Er enthält über 70 Milliarden Fakten und liefert Antworten für etwa ein Drittel aller Google-Suchen (Dong *et al.*, 2014).

10.2 Kategorien und Objekte

Die Organisation von Objekten in **Kategorien** ist ein wesentlicher Bestandteil der Wissensrepräsentation. Obwohl die Interaktion mit der Welt auf der Ebene einzelner Objekte stattfindet, *findet das Schlussfolgern häufig auf der Ebene von Kategorien statt.* Zum Beispiel hat ein Käufer normalerweise das Ziel, irgendeinen Basketball zu kaufen, und nicht einen *bestimmten* Basketball wie den BB_9. Kategorien dienen auch dazu, Vorhersagen über Objekte zu treffen, sobald diese klassifiziert sind. Man schließt aus den wahrgenommenen Eingaben auf das Vorhandensein bestimmter Objekte und aus den wahrgenommenen Eigenschaften der Objekte auf die Zugehörigkeit zu einer Kategorie, dann verwendet man die Informationen dieser Kategorie, um Vorhersagen über die Objekte zu treffen. So kann man z. B. aus der grün-gelb gesprenkelten Schale, dem Durchmesser von 30 cm, der eiförmigen Form, dem roten Fruchtfleisch, den schwarzen Kernen und dem Vorhandensein im Obstregal schließen, dass es sich bei diesem Objekt um eine Wassermelone handelt; daraus kann man wiederum schließen, dass das Objekt als Zutat im Obstsalat geeignet ist.

Es gibt zwei Möglichkeiten, um Kategorien in Prädikatenlogik darzustellen: Prädikate und Objekte. Das heißt, wir können das Prädikat *Basketball*(b) verwenden oder wir können die Kategorie als Objekt **reifizieren**[2]: *Basketbälle*. Wir könnten dann *Element*(b, *Basketbälle*) sagen, was wir mit $b \in$ *Basketbälle* abkürzen, um zu sagen, dass b ein Element der Kategorie der Basketbälle ist. Wir sagen *Teilmenge*(*Basketbälle*, *Bälle*), abgekürzt mit *Basketbälle* $\subset$ *Bälle*, um auszudrücken, dass *Basketbälle* eine **Unterkategorie** von *Bälle* ist. Die Begriffe Unterkategorie, Unterklasse und Teilmenge sind in diesem Kontext austauschbar.

Kategorien organisieren Wissen durch **Vererbung**. Wenn wir sagen, dass alle Instanzen der Kategorie *Lebensmittel* essbar sind, und behaupten, dass *Obst* eine Unterklasse von *Lebensmittel* und *Äpfel* eine Unterklasse von *Obst* ist, dann können wir daraus schließen, dass jeder Apfel essbar ist. Wir sagen, dass die einzelnen Äpfel die Eigenschaft der Essbarkeit **erben**, in diesem Fall von ihrer Zugehörigkeit zur Kategorie *Lebensmittel*.

Unterklassenrelationen organisieren Kategorien in einer **taxonomischen Hierarchie** oder **Taxonomie**. Taxonomien werden seit Jahrhunderten explizit in technischen Bereichen verwendet. Die größte derartige Taxonomie organisiert etwa 10 Millionen lebende und ausgestorbene Arten, viele davon Käfer,[3] in einer einzigen Hierarchie. Die Bibliothekswissenschaft hat eine Taxonomie aller Wissensgebiete entwickelt, die als Dewey-Dezimalsystem codiert ist, und Steuerbehörden und andere Regierungsabteilungen haben umfangreiche Taxonomien für Berufe und Handelsprodukte entwickelt.

Die Prädikatenlogik macht es einfach, Fakten über Kategorien aufzustellen, indem sie entweder die Objekte in Beziehung zu Kategorien setzt oder über die Elemente von Kategorien quantifiziert. Hier sind einige Beispielfakten:

- Ein Objekt ist ein Element einer Kategorie.
  $BB_9 \in$ *Basketbälle*

---

2 Das Überführen einer Aussage in ein Objekt wird als **Reifikation** bezeichnet, abgeleitet vom lateinischen Wort *res* für „Sache". John McCarthy schlug den Begriff „Thingification" vor (im Deutschen ungefähr „Vergegenständlichung"), der sich jedoch nie durchsetzen konnte.

3 Auf die Frage, was man aus dem Studium der Natur über den Schöpfer ableiten könne, sagte der Biologe J. B. S. Haldane: „Eine übermäßige Vorliebe für Käfer."

- Eine Kategorie ist eine Unterklasse einer anderen Kategorie.
  $Basketbälle \subset Bälle$
- Alle Elemente einer Kategorie haben bestimmte Eigenschaften.
  $(x \in Basketbälle) \Rightarrow Rund(x)$
- Elemente einer Kategorie können an bestimmten Eigenschaften erkannt werden.
  $Orange(x) \wedge Rund(x) \wedge Durchmesser(x) = 9{,}5'' \wedge x \in Bälle \Rightarrow x \in Basketbälle$
- Eine Kategorie als Ganzes hat bestimmte Eigenschaften.
  $Hunde \in DomestizierteSpezies$

Weil *Hunde* eine Kategorie ist sowie ein Element von *DomestizierteSpezies*, muss *DomestizierteSpezies* eine Kategorie von Kategorien sein. Natürlich gibt es Ausnahmen von vielen der obigen Regeln (Basketbälle mit Loch sind zum Beispiel nicht rund), aber wir befassen uns mit diesen Ausnahmen später.

Obwohl die Unterklasse- und Elemente-Relation für Kategorien die wichtigsten sind, wollen wir auch in der Lage sein, Relationen zwischen Kategorien auszudrücken, die keine Unterklassen voneinander sind. Wenn wir z. B. sagen, dass *BachelorStudenten* und *MasterStudenten* Unterklassen von *Studenten* sind, dann haben wir damit nicht gesagt, dass ein Bachelorstudent nicht auch ein Masterstudent sein kann. Wir sagen, dass zwei oder mehr Kategorien **disjunkt** sind, wenn sie keine gemeinsamen Elemente haben. Wir können auch sagen, dass die Klassen für Bachelor- und Masterstudenten eine **erschöpfende Zerlegung** von Studenten bilden. Eine erschöpfende Zerlegung durch disjunkte Mengen wird als **Partition** bezeichnet. Hier sind einige weitere Beispiele für diese drei Konzepte:

$$Disjunkt(\{Tiere, Gemüse\})$$
$$ErschöpfendeZerlegung(\{Amerikaner, Kanadier, Mexikaner\}, NordAmerikaner)$$
$$Partition(\{Tiere, Pflanzen, Pilze, Protista, Monera\}, LebendeDinge)$$

(Beachten Sie, dass die *ErschöpfendeZerlegung* von *NordAmerikaner* keine *Partition* ist, da einige Personen doppelte Staatsbürgerschaft haben.) Die drei Prädikate sind wie folgt definiert:

$$Disjunkt(s) \Leftrightarrow (\forall\, c_1, c_2 \;\; c_1 \in s \wedge c_2 \in s \wedge c_1 \neq c_2 \Rightarrow Schnittmenge(c_1, c_2) = \{\,\})$$
$$ErschöpfendeZerlegung(s, c) \Leftrightarrow (\forall\, i \;\; i \in c \Leftrightarrow \exists\, c_2 \;\; c_2 \in s \wedge i \in c_2)$$
$$Partition(s, c) \Leftrightarrow Disjunkt(s) \wedge ErschöpfendeZerlegung(s, c)$$

Kategorien können auch *definiert* werden, indem notwendige und hinreichende Bedingungen für die Zugehörigkeit festgelegt werden. Zum Beispiel ist ein Junggeselle ein unverheirateter erwachsener Mann:

$$x \in Junggeselle \Leftrightarrow Unverheiratet(x) \wedge x \in Erwachsene \wedge x \in Männer$$

Wie wir im Exkurs „Natürliche Arten“ auf S. 370 diskutieren, sind strenge logische Definitionen für Kategorien normalerweise nur für künstliche formale Begriffe möglich, nicht für gewöhnliche Objekte. Aber Definitionen sind nicht immer notwendig.

10.2.1 Physische Zusammensetzung

Die Idee, dass ein Objekt Teil eines anderen sein kann, ist uns vertraut. Die Nase ist Teil des Gesichts, Rumänien ist Teil von Europa und dieses Kapitel ist Teil dieses Buchs. Wir verwenden die allgemeine *TeilVon*-Relation, um zu sagen, dass ein Ding Teil eines anderen ist. Objekte können in *TeilVon*-Hierarchien gruppiert werden, die an die *Teilmenge*-Hierarchie erinnern:

$$\begin{aligned}&\mathit{TeilVon}(\mathit{Bukarest}, \mathit{Rumänien})\\&\mathit{TeilVon}(\mathit{Rumänien}, \mathit{OstEuropa})\\&\mathit{TeilVon}(\mathit{OstEuropa}, \mathit{Europa})\\&\mathit{TeilVon}(\mathit{Europa}, \mathit{Erde})\end{aligned}$$

Die *TeilVon*-Relation ist transitiv und reflexiv; das heißt:

$$\begin{aligned}&\mathit{TeilVon}(x, y) \wedge \mathit{TeilVon}(y, z) \Rightarrow \mathit{TeilVon}(x, z)\\&\mathit{TeilVon}(x, x)\end{aligned}$$

Daher können wir auf *TeilVon*(*Bukarest*, *Erde*) schließen. Kategorien von **zusammengesetzten Objekten** sind oft durch strukturelle Relationen zwischen den Teilen gekennzeichnet. Zum Beispiel ist ein Zweibeiner ein Objekt mit genau zwei Beinen, die an einem Rumpf befestigt sind:

$$\begin{aligned}\mathit{Zweibeiner}(a) \Rightarrow\ & \exists\, l_1, l_2, b \ \ \mathit{Bein}(l_1) \wedge \mathit{Bein}(l_2) \wedge \mathit{Rumpf}(b) \wedge\\& \mathit{TeilVon}(l_1, a) \wedge \mathit{TeilVon}(l_2, a) \wedge \mathit{TeilVon}(b, a) \wedge\\& \mathit{Befestigt}(l_1, b) \wedge \mathit{Befestigt}(l_2, b) \wedge\\& l_1 \neq l_2 \wedge [\forall\, l_3 \ \ \mathit{Bein}(l_3) \wedge \mathit{TeilVon}(l_3, a) \Rightarrow (l_3 = l_1 \vee l_3 = l_2)]\end{aligned}$$

Die Notation für „genau zwei“ ist ein wenig umständlich. Wir sind gezwungen zu sagen, dass es zwei Beine gibt, dass sie nicht gleich sind und dass, wenn jemand ein drittes Bein vorschlägt, dieses dasselbe wie eines der beiden anderen sein muss. In Abschnitt 10.5.2 beschreiben wir einen Formalismus namens Beschreibungslogik, der es einfacher macht, Bedingungen wie „genau zwei“ darzustellen.

Wir können analog der *Partition*-Relation für Kategorien eine *TeilPartition*-Relation definieren (siehe Übung 12.10 auf der Website). Ein Objekt setzt sich aus den Teilen in seiner *TeilPartition* zusammen und könnte einige Eigenschaften von diesen Teilen ableiten. Zum Beispiel ist die Masse eines zusammengesetzten Objekts gleich der Summe der Massen seiner Teile. Beachten Sie, dass dies bei Kategorien nicht der Fall ist, da diese keine Masse haben, selbst wenn ihre Elemente eine haben.

Es ist auch nützlich, zusammengesetzte Objekte mit definiten Teilen, aber ohne bestimmte Struktur zu definieren. Zum Beispiel könnten wir sagen: „Die Äpfel in dieser Tüte wiegen zwei Pfund.“ Die Versuchung wäre groß, dieses Gewicht der *Menge* der Äpfel in der Tüte zuzuschreiben, aber das wäre ein Fehler, denn die Menge ist ein abstrakter mathematischer Begriff, der zwar Elemente enthalten kann, aber kein Gewicht hat. Stattdessen brauchen wir ein neues Konzept – das sogenannte **Bündel**. Wenn die Äpfel zum Beispiel Apfel_1, Apfel_2 und Apfel_3 sind, dann bezeichnet

$$\mathit{BündelVon}(\{\mathit{Apfel}_1, \mathit{Apfel}_2, \mathit{Apfel}_3\})$$

das zusammengesetzte Objekt mit den drei Äpfeln als Teile (nicht Elemente). Jetzt können wir das Bündel als normales, wenn auch unstrukturiertes Objekt verwenden. Beachten Sie, dass $\mathit{BündelVon}(\{x\}) = x$ ist. Außerdem ist *BündelVon*(*Äpfel*) das zusammengesetzte Objekt, das aus allen Äpfeln besteht – nicht zu verwechseln mit *Äpfel*, der Kategorie oder Menge aller Äpfel.

Wir können *BündelVon* in Bezug auf die *TeilVon*-Relation definieren. Offensichtlich ist jedes Element von s Teil von *BündelVon*(s):

$$\forall\, x \ \ x \in s \Rightarrow \mathit{TeilVon}(x, \mathit{BündelVon}(s))$$

Außerdem ist *BündelVon(s) das kleinste Objekt, das diese Bedingung erfüllt.* Mit anderen Worten: *BündelVon(s)* muss Teil eines jeden Objekts sein, das alle Elemente von *s* als Teile hat:

$$\forall y\ [\forall x\ x \in s \Rightarrow TeilVon(x, y)] \Rightarrow TeilVon(BündelVon(s), y)$$

Diese Axiome sind ein Beispiel für eine allgemeine Technik, die als **logische Minimierung** bezeichnet wird, was bedeutet, dass ein Objekt als das kleinste definiert wird, das bestimmte Bedingungen erfüllt.

EXKURS – NATÜRLICHE ARTEN

Einige Kategorien haben strenge Definitionen: ein Objekt ist genau dann ein Dreieck, wenn es ein Polygon mit drei Seiten ist. Auf der anderen Seite haben die meisten Kategorien in der realen Welt keine eindeutige Definition; diese werden Kategorien **natürlicher Art** genannt. Zum Beispiel sind Tomaten in der Regel matt scharlachrot, ungefähr kugelförmig, mit einer Einbuchtung an der Spitze, wo der Stiel war, ungefähr zwei bis vier Zoll im Durchmesser, mit einer dünnen, aber zähen Haut und mit Fleisch, Kernen und Saft im Inneren. Es gibt jedoch Variationen: einige Tomaten sind gelb oder orange, unreife Tomaten sind grün, einige sind kleiner oder größer als der Durchschnitt und Kirschtomaten sind einheitlich klein. Anstatt eine vollständige Definition von Tomaten zu haben, haben wir eine Reihe von Merkmalen, anhand derer Objekte identifiziert werden können, die eindeutig typische Tomaten sind, aber mit denen keine anderen Objekte identifiziert werden können. (Könnte es eine Tomate geben, die so pelzig ist wie ein Pfirsich?)

Dies stellt ein Problem für einen logischen Agenten dar. Der Agent kann nicht sicher sein, dass ein Objekt, das er wahrgenommen hat, eine Tomate ist, und selbst wenn er sicher wäre, könnte er nicht sicher sein, welche der Eigenschaften einer typischen Tomate diese besitzt. Dieses Problem ist eine unvermeidliche Folge, wenn sich ein Agent in teilweise beobachtbaren Umgebungen bewegt.

Ein sinnvoller Ansatz besteht darin, das, was für alle Instanzen einer Kategorie gilt, von dem zu trennen, was nur für typische Instanzen gilt. Wir haben also neben der Kategorie *Tomaten* noch die Kategorie *Typisch*(*Tomaten*). Hier bildet die Funktion *Typisch* eine Kategorie auf die Unterklasse ab, die nur typische Instanzen enthält:

$$Typisch(c) \subseteq c$$

Das meiste Wissen über natürliche Arten ist das über ihre typischen Instanzen:

$$x \in Typisch(Tomaten) \Rightarrow Rot(x) \land Rund(x)$$

Wir können also nützliche Fakten über Kategorien ohne exakte Definitionen formulieren. Die Schwierigkeit, exakte Definitionen für die meisten natürlichen Kategorien zu liefern, wurde von Wittgenstein (1953) eingehend erläutert. Er verwendete das Beispiel *Spielen*, um zu zeigen, dass die Mitglieder einer Kategorie eher „Familienähnlichkeiten" als notwendige und hinreichende Eigenschaften teilen: Welche strenge Definition schließt Schach, Fangen, Solitär und Völkerball ein?

Der Nutzen des Konzepts der strengen Definition wurde auch von Quine (1953) infrage gestellt. Er wies darauf hin, dass sogar die Definition von „Junggeselle" als unverheirateter erwachsener Mann fragwürdig ist; man könnte z. B. eine Aussage wie „der Papst ist ein Junggeselle" infrage stellen. Obwohl nicht streng *falsch*, ist diese Aussage ziemlich *unglücklich* gewählt, weil sie unbeabsichtigte Assoziationen auf Seiten des Zuhörers weckt. Die Spannung ließe sich auflösen, indem man zwischen logischen Definitionen, die für eine interne Wissensrepräsentation geeignet sind, und den abgestufteren Kriterien für den treffenden Sprachgebrauch unterscheidet. Das Letztere könnte man erreichen, indem man die aus dem Ersterem abgeleiteten Behauptungen „filtert". Es ist auch möglich, dass Misserfolge im Sprachgebrauch als Feedback für Änderungen an den internen Definitionen dienen, sodass eine Filterung überflüssig wird.

10.2.2 Maße

Sowohl in wissenschaftlichen Theorien als auch in solchen, die auf dem gesunden Menschenverstand basieren, haben Objekte eine Höhe, eine Masse, einen Preis und so weiter. Die Werte, die wir diesen Eigenschaften zuweisen, werden **Maße** genannt. Gewöhnliche quantitative Maße sind recht einfach darstellbar. Wir stellen uns vor, dass das Universum abstrakte „Maß-Objekte" enthält, wie z. B. die *Länge* dieses Liniensegments: ├────────────┤. Wir können diese Länge als 1,5 Zoll oder 3,81 Zentimeter angeben. Die gleiche Länge hat also in unserer Sprache unterschiedliche Namen. Wir stellen die Länge mit einer **Einheitenfunktion** dar, die eine Zahl als Argument übernimmt. (Eine Alternative wird in Übung 12.11 auf der Website untersucht.) Für ein Liniensegment L_1 können wir schreiben:

$$Länge(L_1) = Zoll(1{,}5) = Zentimeter(3{,}81)$$

Die Umrechnung zwischen den Einheiten erfolgt, indem man das Vielfache einer Einheit mit der anderen Einheit gleichsetzt:

$$Zentimeter(2{,}54 \times d) = Zoll(d)$$

Ähnliche Axiome können für Pfund und Kilogramm, Sekunden und Tage sowie Euro und Cent aufgestellt werden. Maße können verwendet werden, um Objekte wie folgt zu beschreiben:

$$\begin{aligned}
&Durchmesser(Basketball_{12}) = Zoll(9{,}5)\\
&ListenPreis(Basketball_{12}) = 19\,€\\
&Gewicht(BündelVon(\{Apfel_1, Apfel_2, Apfel_3\})) = Pfund(2)\\
&d \in Tage \Rightarrow Dauer(d) = Stunden(24)
\end{aligned}$$

Beachten Sie, dass es sich bei 1 € nicht um eine Euromünze handelt, sondern um einen Preis. Man kann zwei Euromünzen haben, aber es gibt nur ein Objekt namens 1 €. Beachten Sie auch, dass sich *Zoll*(0) und *Zentimeter*(0) zwar auf dieselbe Nulllänge beziehen, aber nicht identisch mit anderen Nullmaßen wie z. B. *Sekunden*(0) sind.

Einfache, quantitative Maße lassen sich leicht darstellen. Andere Maße stellen ein größeres Problem dar, weil sie keine vereinheitlichte Werteskala aufweisen. Übungen haben „schwierig" als Eigenschaft, Desserts sind „köstlich" und Gedichte sind „schön", doch diesen Eigenschaften können keine Zahlenwerte zugeordnet werden. Man könnte in einem Moment rein buchhalterischer Betrachtung solche Eigenschaften als nutzlos für das logische Schlussfolgern abtun; oder, was noch schlimmer wäre, versuchen, die Schönheit auf einer numerischen Skala abzubilden. Das wäre ein schwerer Fehler, da es unnötig ist. Der wichtigste Aspekt von Maßen ist nicht ihr jeweiliger numerischer Wert, sondern die Tatsache, dass Maße *geordnet* werden können.

Obwohl Maße keine Zahlen sind, können wir sie dennoch vergleichen, indem wir ein Ordnungssymbol wie > verwenden. Zum Beispiel könnten wir der Ansicht sein, dass Norvigs Aufgaben schwieriger sind als die von Russell und dass man bei schwierigeren Aufgaben weniger Punkte erzielt:

$$\begin{aligned}
&e_1 \in Übungen \land e_2 \in Übungen \land Geschrieben(Norvig, e_1) \land Geschrieben(Russell, e_2) \Rightarrow\\
&\qquad Schwierigkeitsgrad(e_1) > Schwierigkeitsgrad(e_2)\\
&e_1 \in Übungen \land e_2 \in Übungen \land Schwierigkeitsgrad(e_1) > Schwierigkeitsgrad(e_2) \Rightarrow\\
&\qquad ErwartetePunktzahl(e_1) < ErwartetePunktzahl(e_2)
\end{aligned}$$

Diese Information reicht aus, um zu entscheiden, welche Übungen man durchführen sollte, auch wenn keine numerischen Werte für den Schwierigkeitsgrad verwendet wurden. (Man muss natürlich wissen, wer welche Übungen geschrieben hat.) Derartige monotone Beziehungen zwischen Maßen bilden die Grundlage für das Gebiet der **qualitativen Physik**, ein Teilgebiet der KI, das untersucht, wie man über physikalische Systeme schlussfolgern kann, ohne sich detaillierter Gleichungen und numerischer Simulationen zu bedienen. Die qualitative Physik wird im Abschnitt „Historische Anmerkungen" behandelt.

10.2.3 Objekte: Dinge und Stoffe

Die reale Welt kann man sich vorstellen als eine Kombination von primitiven Objekten (z. B. atomaren Teilchen) und daraus zusammengesetzten Objekten. Indem wir auf der Ebene von großen Objekten wie Äpfeln und Autos schlussfolgern, können wir die Komplexität umgehen, die mit der Verarbeitung einer großen Anzahl von einzelnen primitiven Objekten einhergeht. Es gibt jedoch einen wesentlichen Teil der Realität, der jeder **Individuation** (Unterteilung in verschiedene Objekte) zu trotzen scheint. Wir geben diesem Teil den generischen Namen **Stoffe**. Nehmen wir zum Beispiel an, ich habe etwas Butter und ein Erdferkel vor mir. Ich kann sagen, dass es ein Erdferkel gibt, aber es gibt keine offensichtliche Anzahl von „Butter-Objekten", weil jeder Teil eines Butter-Objekts wiederum ein Butter-Objekt ist, zumindest so lange, bis die Teile wirklich sehr klein werden. Dies ist die wichtigste Unterscheidung zwischen *Stoffen* und *Dingen*. Wenn wir ein Erdferkel in zwei Hälften schneiden, erhalten wir (leider) keine zwei Erdferkel.

Die natürliche Sprache unterscheidet klar zwischen *Stoffen* und *Dingen*. Wir sagen „ein Erdferkel", aber kann man nicht – außer in anspruchsvollen kalifornischen Restaurants – „eine Butter" sagen. Linguisten unterscheiden zwischen **zählbaren Substantiven**, wie Erdferkel, Löcher und Theoreme, und **Massesubstantiven**, wie Butter, Wasser und Energie. Mehrere konkurrierende Ontologien behaupten von sich, das Problem dieser Unterscheidung gelöst zu haben. Hier beschreiben wir nur eine dieser Ontologien und behandeln die anderen im Abschnitt „Historische Anmerkungen".

Um *Stoffe* richtig zu repräsentieren, beginnen wir mit dem Offensichtlichen. Wir müssen zumindest die großen „Stücke" der *Stoffe*, mit denen wir es zu tun haben, als Objekte in unsere Ontologie aufnehmen. Zum Beispiel könnten wir ein Stück Butter als die Butter erkennen, die am Vorabend auf dem Tisch übrig geblieben ist; wir könnten sie aufheben, wiegen, verkaufen oder was auch immer. In dieser Hinsicht ist sie ein Objekt wie das Erdferkel. Nennen wir sie $Butter_3$. Zusätzlich definieren wir die Kategorie *Butter*. Informell sind die Elemente dieser Kategorie alle Dinge, von denen man sagen kann, „es ist Butter", einschließlich $Butter_3$. Abgesehen von einigen Vorbehalten in Bezug auf sehr kleine Teile, die wir zunächst vernachlässigen, ist jeder Teil eines Butter-Objekts selbst wieder ein Butter-Objekt:

$$b \in Butter \wedge TeilVon(p, b) \;\Rightarrow\; p \in Butter$$

Wir können nun sagen, dass Butter bei etwa 30 Grad Celsius schmilzt:

$$b \in Butter \;\Rightarrow\; Schmelzpunkt(b, Celsius(30))$$

Wir könnten weiterhin sagen, dass Butter gelb ist, eine geringere Dichte als Wasser hat, bei Zimmertemperatur weich wird, einen hohen Fettgehalt hat und so weiter. Andererseits hat Butter keine bestimmte Größe, keine bestimmte Form oder kein bestimmtes Gewicht. Wir können weitere spezialisierte Kategorien von Butter definieren, wie z. B. *UngesalzeneButter*, die ebenfalls eine Art von *Stoff* ist. Beachten Sie, dass die Kategorie *PfundButter*, die alle

Butter-Objekte mit einem Gewicht von einem Pfund als Element enthält, keine Art von *Stoff* ist. Wenn wir ein Pfund Butter in zwei Hälften schneiden, erhalten wir leider nicht zwei Pfund Butter.

Letztlich bedeutet es Folgendes: Es gibt Eigenschaften, die **intrinsisch** sind. Sie gehören zur eigentlichen Substanz des Objekts und nicht zum Objekt als Ganzes. Wenn Sie eine Instanz eines *Stoffs* in zwei Hälften schneiden, behalten die beiden Teile die intrinsischen Eigenschaften – wie Dichte, Siedepunkt, Geschmack, Farbe, Eigentum und so weiter. Ihre **extrinsischen** Eigenschaften – Gewicht, Länge, Form usw. – bleiben bei einer Unterteilung hingegen nicht erhalten. Eine Kategorie von Objekten, die in ihrer Definition nur *intrinsische* Eigenschaften einschließt, ist dann eine Substanz oder ein Massesubstantiv; eine Klasse, die in ihrer Definition *irgendwelche* extrinsischen Eigenschaften enthält, ist ein zählbares Substantiv. *Stoffe* und *Dinge* sind die allgemeinsten Substanz- bzw. Objektkategorien.

10.3 Ereignisse

In Abschnitt 7.7.1 haben wir Aktionen besprochen (d. h. Dinge, die passieren, wie $Shoot_t$) sowie Fluents (d. h. Aspekte der Welt, die sich ändern, wie $HaveArrow_t$). Beide wurden als Aussagen dargestellt, dabei haben wir mit Nachfolgezustandsaxiomen ausgedrückt, dass ein Fluent zum Zeitpunkt $t + 1$ wahr ist, wenn die Aktion zum Zeitpunkt t dies bewirkt hat, oder wenn er zum Zeitpunkt t bereits wahr war und die Aktion nicht bewirkt, dass der Fluent falsch ist. Das galt für eine Welt, in der die Aktionen diskret und unmittelbar sind, einzeln auftreten und die Art ihrer Ausführung nicht variieren (d. h., es gibt nur eine Art von *Shoot*-Aktion, da beim Schießen nicht unterschieden wird zwischen schnell, langsam, nervös usw.).

Mit jedem Schritt, den wir uns von den einfachen Domänen zur realen Welt bewegen, wird die Palette von Aktionen oder Ereignissen[4], die wir verarbeiten müssen, immer reichhaltiger. Betrachten Sie eine stetige Aktion, wie das Füllen einer Badewanne. Ein Nachfolgezustandsaxiom kann sagen, dass die Wanne vor der Aktion leer und nach der Aktion voll ist, doch es sagt nichts darüber aus, was *während* der Aktion passiert. Es ist auch nicht in der Lage, zwei gleichzeitig stattfindende Aktionen zu beschreiben – zum Beispiel Zähneputzen, während man auf das Volllaufen der Wanne wartet. Um derartige Fälle zu verarbeiten, führen wir einen Ansatz ein, der als **Ereigniskalkül** bezeichnet wird.

Die Objekte des Ereigniskalküls sind Ereignisse, Fluents und Zeitpunkte. $In(Shankar, Berkeley)$ ist ein Fluent und somit ein Objekt, das auf die Tatsache verweist, dass Shankar in Berkeley ist. Das Ereignis E_1, dass Shankar von San Francisco nach Washington fliegt, wird beschrieben als

$$E_1 \in Flüge \land Passagier(E_1, Shankar) \land Ausgangspunkt(E_1, SF) \land Ziel(E_1, DC) ,$$

wobei *Flüge* die Kategorie aller Flugereignisse ist. Durch Reifizieren lassen sich Ereignissen beliebige Information hinzufügen. Zum Beispiel können wir mit $Holprig(E_1)$ ausdrücken, dass Shankars Flug holprig war. In einer Ontologie, in der Ereignisse n-stellige Prädikate sind, gibt es keine Möglichkeit, derartige Zusatzinformationen hinzuzufügen. Der Übergang zu einem $n + 1$-stelligen Prädikat ist keine skalierbare Lösung.

Um zu behaupten, dass ein Fluent ab einem bestimmten Zeitpunkt t_1 und bis zum Zeitpunkt t_2 tatsächlich wahr ist, verwenden wir das Prädikat T, wie in $T(In(Shankar, Berkeley), t_1, t_2)$. Entsprechend verwenden wir $Passiert(E_1, t_1, t_2)$, um zu sagen, dass das Ereignis E_1 tatsächlich zwischen den Zeitpunkten t_1 und t_2 eingetreten ist. Die vollständige Menge von

4 Die Begriffe „Ereignis" und „Aktion" können austauschbar verwendet werden – beide bedeuten „etwas, das passieren kann".

Prädikaten für diese eine Version des Ereigniskalküls[5] lautet:

$T(f, t_1, t_2)$	Fluent f ist wahr für alle Zeitpunkte zwischen t_1 und t_2
$Passiert(e, t_1, t_2)$	Ereignis e beginnt zum Zeitpunkt t_1 und endet zum Zeitpunkt t_2
$Initiieren(e, f, t)$	Ereignis e bewirkt, dass Fluent f zum Zeitpunkt t wahr ist
$Beenden(e, f, t)$	Ereignis e bewirkt, dass Fluent f zum Zeitpunkt t nicht mehr wahr ist
$Initiiert(f, t_1, t_2)$	Fluent f ist irgendwann zwischen t_1 und t_2 wahr
$Beendet(f, t_1, t_2)$	Fluent f hört irgendwann zwischen t_1 und t_2 auf, wahr zu sein
$t_1 < t_2$	Zeitpunkt t_1 liegt vor Zeitpunkt t_2

Wir können die Auswirkungen eines Flugereignisses beschreiben:

$$E = Flüge(a, hier, dort) \wedge Passiert(E, t_1, t_2) \Rightarrow$$
$$Beenden(E, In(a, hier), t_1) \wedge Initiieren(E, In(a, dort), t_2)$$

Wir nehmen ein bestimmtes Ereignis an, *Start*, das den Anfangszustand beschreibt, indem es sagt, welche Fluents zum Startzeitpunkt wahr (mit *Initiieren*) oder falsch sind (mit *Beendet*). Wir können dann beschreiben, welche Fluents zu welchen Zeitpunkten wahr sind, und zwar mit einem Paar von Axiomen für T und $\neg T$, die das gleiche allgemeine Format wie die Nachfolgezustandsaxiome aufweisen: Nehmen wir an, dass zwischen den Zeitpunkten t_1 und t_3 ein Ereignis eintritt, das zum Zeitpunkt t_2 irgendwo in diesem Zeitintervall den Wert des Fluent f ändert, indem es ihn entweder initiiert (wahr macht) oder beendet (falsch macht). Wenn dann zum Zeitpunkt t_4 in der Zukunft kein anderes dazwischenliegendes Ereignis den Fluent verändert hat (entweder beendet oder initiiert), wird der Fluent seinen Wert behalten. Formal lauten die Axiome:

$$Passiert(e, t_1, t_3) \wedge Initiieren(e, f, t_2) \wedge \neg Beendet(f, t_2, t_4) \wedge t_1 \leq t_2 \leq t_3 \leq t_4 \Rightarrow T(f, t_2, t_4)$$
$$Passiert(e, t_1, t_3) \wedge Beenden(e, f, t_2) \wedge \neg Initiiert(f, t_2, t_4) \wedge t_1 \leq t_2 \leq t_3 \leq t_4 \Rightarrow \neg T(f, t_2, t_4)\,,$$

wobei *Beendet* und *Initiiert* definiert sind durch:

$$Beendet(f, t_1, t_5) \Leftrightarrow \exists\, e, t_2, t_3, t_4\;\; Passiert(e, t_2, t_4) \wedge Beenden(e, f, t_3) \wedge t_1 \leq t_2 \leq t_3 \leq t_4 \leq t_5$$
$$Initiiert(f, t_1, t_5) \Leftrightarrow \exists\, e, t_2, t_3, t_4\;\; Passiert(e, t_2, t_4) \wedge Initiieren(e, f, t_3) \wedge t_1 \leq t_2 \leq t_3 \leq t_4 \leq t_5$$

Den Ereigniskalkül können wir erweitern, um simultane Ereignisse (z. B. zwei Personen, die zum Wippen benötigt werden), exogene Ereignisse (z. B. Wind, der ein Objekt bewegt), stetige Ereignisse (z. B. die ansteigende Flut), nichtdeterministische Ereignisse (z. B. Münzwurf mit Kopf oder Zahl) und andere Komplikationen darzustellen.

10.3.1 Zeit

Ereigniskalküle eröffnen uns die Möglichkeit, über Zeitpunkte und Zeitintervalle zu sprechen. Wir werden zwei Arten von Zeitintervallen betrachten: Momente und ausgedehnte Intervalle. Der Unterschied ist, dass nur Momente die Dauer null haben:

$$Partition(\{Momente, AusgedehnteIntervalle\}, Intervalle)$$
$$i \in Momente \Leftrightarrow Dauer(i) = Sekunden(0)$$

5 Unsere Version basiert auf Shanahan (1999), jedoch mit einigen Änderungen.

Als Nächstes führen wir eine Zeitskala ein und ordnen Momenten Punkte auf dieser Skala zu, sodass wir absolute Zeiten erhalten. Die Zeitskala ist willkürlich gewählt; wir messen in Sekunden und sagen, dass der Moment um Mitternacht (GMT) am 1. Januar 1900 die Zeit 0 hat. Die Funktionen *Anfang* und *Ende* wählen den ersten und den letzten Moment in einem Intervall aus, und die Funktion *Zeit* liefert für einen Moment den Punkt auf der Zeitskala zurück. Die Funktion *Dauer* gibt die Differenz zwischen der Endzeit und der Anfangszeit an.

$$
\begin{aligned}
&Intervall(i) \Rightarrow Dauer(i) = (Zeit(Ende(i)) - Zeit(Anfang(i)))\\
&Zeit(Anfang(AD1900)) = Sekunden(0)\\
&Zeit(Anfang(AD2001)) = Sekunden(3187324800)\\
&Zeit(Ende(AD2001)) = Sekunden(3218860800)\\
&Dauer(AD2001) = Sekunden(31536000)
\end{aligned}
$$

Um diese Zahlen leichter lesbar zu machen, führen wir auch eine Funktion *Datum* ein, die sechs Argumente (Stunden, Minuten, Sekunden, Tag, Monat und Jahr) entgegennimmt und einen Zeitpunkt zurückgibt:

$$
\begin{aligned}
&Zeit(Beginn(AD2001)) = Datum(0, 0, 0, 1, 1, 2001)\\
&Datum(0, 20, 21, 24, 1, 1995) = Sekunden(3000000000)
\end{aligned}
$$

Zwei Intervalle treffen sich, wenn die Endzeit des ersten gleich der Anfangszeit des zweiten ist. Die vollständige Menge von Intervallbeziehungen (Allen, 1983) ist nachfolgend und in ► Abbildung 10.2 dargestellt:

$$
\begin{aligned}
Treffen(i, j) &\Leftrightarrow Ende(i) = Anfang(j)\\
Vor(i, j) &\Leftrightarrow Ende(i) < Anfang(j)\\
Nach(j, i) &\Leftrightarrow Vor(i, j)\\
Während(i, j) &\Leftrightarrow Anfang(j) < Anfang(i) < Ende(i) < Ende(j)\\
Überlappen(i, j) &\Leftrightarrow Anfang(i) < Anfang(j) < Ende(i) < Ende(j)\\
Beginnen(i, j) &\Leftrightarrow Anfang(i) = Anfang(j)\\
Beenden(i, j) &\Leftrightarrow Ende(i) = Ende(j)\\
IstGleich(i, j) &\Leftrightarrow Anfang(i) = Anfang(j) \wedge Ende(i) = Ende(j)
\end{aligned}
$$

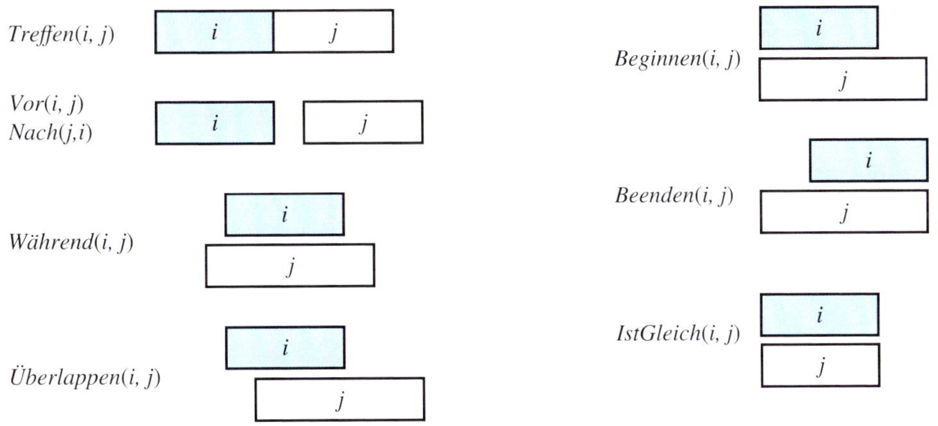

Abbildung 10.2: Prädikate für Zeitintervalle.

Diese haben alle ihre intuitive Bedeutung, mit Ausnahme von *Überlappen*: Wir neigen dazu, Überlappen als symmetrisch zu betrachten (wenn i j überlappt, dann überlappt j auch i), aber in dieser Definition ist *Überlappen*(i, j) nur wahr, wenn i vor j beginnt. Die Praxis hat gezeigt, dass diese Definition zum Schreiben von Axiomen sehr nützlich ist. Um zu sagen, dass die Regentschaft von Elisabeth II. unmittelbar auf die von Georg VI. folgte und sich die Herrschaft von Elvis mit den 1950er Jahren überschnitt, können wir Folgendes schreiben:

$$Treffen(RegiertVon(GeorgeVI), RegiertVon(ElizabethII))$$
$$Überlappen(Fünfziger, RegiertVon(Elvis))$$
$$Anfang(Fünfziger) = Anfang(AD1950)$$
$$Ende(Fünfziger) = Ende(AD1959)$$

10.3.2 Fluents und Objekte

Physische Objekte können als verallgemeinerte Ereignisse betrachtet werden, da ein physisches Objekt ein Teil des Raums und der Zeit ist. Zum Beispiel kann man sich *USA* als ein Ereignis vorstellen, das 1776 als Zusammenschluss von 13 Staaten begann und heute als Zusammenschluss von 50 Staaten immer noch fortbesteht. Wir können die sich ändernden Eigenschaften von *USA* mithilfe von Zustandsfluents beschreiben, wie z. B. *Bevölkerung*(*USA*). Eine Eigenschaft der USA, die sich alle vier oder acht Jahre ändert, es sei denn es geschieht ein Unglück, ist ihr Präsident. Man könnte vorschlagen, dass *Präsident*(*USA*) ein logischer Begriff ist, der zu unterschiedlichen Zeiten ein jeweils unterschiedliches Objekt bezeichnet.

Leider ist dies nicht möglich, da ein Term genau ein Objekt in einer gegebenen Modellstruktur beschreibt. (Der Term *Präsident*(USA, t) kann je nach dem Wert von t verschiedene Objekte darstellen, aber unsere Ontologie hält Zeitindizes getrennt von Fluents.) Die einzige Möglichkeit ist, dass *Präsident*(*USA*) ein einzelnes Objekt bezeichnet, das zu verschiedenen Zeiten aus verschiedenen Personen besteht. Dieses Objekt ist von 1789 bis 1797 George Washington, von 1797 bis 1801 John Adams, und so weiter (► Abbildung 10.3). Um zu sagen, dass George Washington das ganze Jahr 1790 über Präsident war, können wir schreiben:

$$T(IstGleich(Präsident(USA), GeorgeWashington), Anfang(AD1790), Ende(AD1790))$$

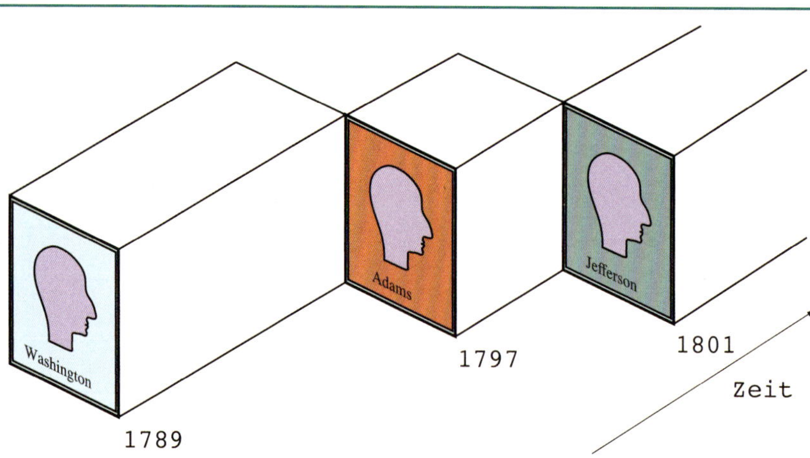

Abbildung 10.3: Eine schematische Darstellung des Objekts *Präsident*(*USA*) für die ersten Jahre.

Wir verwenden das Funktionssymbol *IstGleich* anstelle des logischen Standardprädikats =, weil wir kein Prädikat als Argument für *T* angeben können und weil die Interpretation *nicht* lautet, dass *GeorgeWashington* und *Präsident(USA)* im Jahr 1790 logisch identisch sind; logische Identität kann sich nicht mit der Zeit ändern. Die Identität besteht zwischen den Unterereignissen der Objekte *Präsident(USA)* und *GeorgeWashington*, die durch den Zeitraum 1790 definiert sind.

10.4 Mentale Objekte und Modallogik

Die Agenten, die wir bisher konstruiert haben, haben gewisse Überzeugungen und können neue Überzeugungen ableiten. Doch keiner von ihnen hat Wissen *über* Überzeugungen oder *über* Ableitung. Das Wissen über das eigene Wissen und die eigenen Schlussfolgerungsprozesse ist nützlich, um die Inferenz zu steuern. Angenommen, Alice fragt: „Was ist die Quadratwurzel aus 1.764?" und Bob antwortet: „Ich weiß es nicht." Wenn Alice darauf besteht, dass Bob „intensiver nachdenkt", sollte er erkennen, dass sich diese Frage mit etwas mehr Nachdenken tatsächlich beantworten lässt. Lautet die Frage hingegen „Sitzt der Präsident im Moment?", dann sollte Bob erkennen, dass selbst intensiveres Nachdenken hier kaum hilft. Auch das Wissen über das Wissen anderer Agenten ist wichtig; Bob sollte erkennen, dass der Präsident es weiß.

Was wir brauchen, ist ein Modell der mentalen Objekte, die sich im Kopf von jemandem (oder in einer Wissensbasis) befinden, sowie der mentalen Prozesse, die diese mentalen Objekte manipulieren. Das Modell muss nicht detailliert sein. Wir müssen nicht in der Lage sein vorherzusagen, wie viele Millisekunden ein bestimmter Agent braucht, um einen Schluss zu ziehen. Wir sind schon zufrieden, wenn wir feststellen können, dass der Präsident weiß, ob er sitzt oder nicht.

Wir beginnen mit den **propositionalen Einstellungen**, die ein Agent gegenüber mentalen Objekten haben kann: Einstellungen wie *Überzeugt_sein*, *Wissen*, *Wollen* und *Informieren*. Die Schwierigkeit besteht darin, dass sich diese Einstellungen nicht wie „normale" Prädikate verhalten. Nehmen wir zum Beispiel an, wir behaupten, dass Lois weiß, dass Superman fliegen kann:

$$Wissen(Lois, KannFliegen(Superman))$$

Dieser Ausdruck hat den kleinen Schönheitsfehler, dass wir uns *KannFliegen(Superman)* normalerweise als Satz vorstellen, während er hier als Term erscheint. Dieses Problem lässt sich beheben, indem man *KannFliegen(Superman)* reifiziert und damit zu einem Fluent macht. Schwerwiegender ist folgendes Problem: Wenn es stimmt, dass Clark Kent Superman ist, müssen wir daraus schließen, dass Lois weiß, dass Clark fliegen kann, was falsch ist, weil (in den meisten Versionen der Geschichte) Lois *nicht* weiß, dass Clark Superman ist.

$$(Superman = Clark) \wedge Wissen(Lois, KannFliegen(Superman)) \\ \models Wissen(Lois, KannFliegen(Clark))$$

Dies ist eine Folge der Tatsache, dass Gleichheitsschlussfolgern in Logik integriert ist. Normalerweise ist das eine gute Sache, denn wenn unser Agent weiß, dass $2 + 2 = 4$ und $4 < 5$ ist, dann wollen wir, dass unser Agent weiß, dass $2 + 2 < 5$ ist. Diese Eigenschaft wird **referenzielle Transparenz** genannt – es spielt keine Rolle, welchen Term eine Logik verwendet, um auf ein Objekt zu verweisen, was zählt, ist das Objekt, das vom Term benannt wird. Aber für propositionale Einstellungen wie *glauben* und *wissen* hätten wir gerne referenzielle Opazität (Undurchsichtigkeit) – die verwendeten Terme spielen eine Rolle, weil nicht alle Agenten wissen, welche Terme koreferenziell sind.

Wir könnten es mit weiterem Reifizieren versuchen: beispielsweise ein Objekt, das Clark/Superman repräsentiert, ein weiteres Objekt, das die Person repräsentiert, die Lois als Clark kennt, und noch ein weiteres für die Person, die Lois als Superman kennt. Diese aufgeblähte Anzahl von Objekten bedeutet jedoch, dass die Sätze, die wir schreiben wollen, schnell immer wortreicher und unhandlicher werden.

Zur Lösung dieses Problems wurde die **Modallogik** entwickelt. Reguläre Logik befasst sich mit nur einer Modalität, der Modalität der Wahrheit, die es uns erlaubt, „P ist wahr" oder „P ist falsch" auszudrücken. In der Modallogik gibt es spezielle **Modaloperatoren**, die Sätze (und nicht Terme) als Argumente übernehmen. Zum Beispiel wird „A weiß P" durch die Notation $\mathbf{K}_A P$ dargestellt, wobei $\mathbf{K}$ der Modaloperator für Wissen ist. Er übernimmt zwei Argumente, einen Agenten (geschrieben als tiefgestelltes Zeichen) und einen Satz. Die Syntax der Modallogik ist die gleiche wie die der Prädikatenlogik, mit dem Unterschied, dass auch Sätze mit Modaloperatoren gebildet werden können.

Die Semantik der Modallogik ist etwas komplizierter. In der Prädikatenlogik enthält ein **Modell** eine Menge von Objekten sowie eine Interpretation, die jeden Namen dem entsprechenden Objekt, der Relation oder der Funktion zuordnet. In der Modallogik wollen wir sowohl die Möglichkeit in Betracht ziehen können, dass Supermans geheime Identität Clark ist, als auch die Möglichkeit, dass sie es nicht ist.

Daher benötigen wir ein komplizierteres Modell, das aus einer Sammlung **möglicher Welten** und nicht nur aus einer einzigen wahren Welt besteht. Die Welten sind in einem Graphen durch **Erreichbarkeitsrelationen** verbunden, und zwar eine Relation für jeden Modaloperator. Wir sagen, dass die Welt w_1 von der Welt w_0 aus in Bezug auf den Modaloperator $\mathbf{K}_A$ zugänglich ist, wenn alles in w_1 mit dem konsistent ist, was A in w_0 weiß. Betrachten wir ein Beispiel: In der realen Welt ist Bukarest die Hauptstadt von Rumänien, aber für einen Agenten, der das nicht weiß, ist eine Welt zugänglich, in der die Hauptstadt von Rumänien z. B. Sofia ist. Hoffentlich ist eine Welt, in der $22 + 2 = 5$ gilt, für keinen Agenten zugänglich.

Im Allgemeinen ist ein Wissensatom $\mathbf{K}_A P$ in der Welt w genau dann wahr, wenn P in jeder Welt wahr ist, die von w aus zugänglich ist. Der Wahrheitswert komplexerer Sätze wird durch rekursive Anwendung dieser Regel und der normalen Regeln der Prädikatenlogik abgeleitet. Das bedeutet, dass Modallogik verwendet werden kann, um über verschachtelte Wissenssätze zu schlussfolgern: Was ein Agent über das Wissen eines anderen Agenten weiß. Zum Beispiel können wir sagen, dass selbst wenn Lois nicht weiß, ob Supermans geheime Identität Clark Kent ist, so weiß sie zumindest, dass Clark es weiß:

$$\mathbf{K}_{Lois}[\mathbf{K}_{Clark}Identität(Superman, Clark) \vee \mathbf{K}_{Clark}\neg Identität(Superman, Clark)]$$

Die Modallogik löst einige knifflige Probleme beim Zusammenspiel von Quantoren und Wissen. Der Satz „Bond weiß, dass jemand ein Spion ist" ist zweideutig. Die erste Lesart ist, dass es eine bestimmte Person gibt, von der Bond weiß, dass sie ein Spion ist; dies können wir folgendermaßen schreiben:

$$\exists x \;\; \mathbf{K}_{Bond}Spion(x)\,,$$

was in der Modallogik bedeutet, dass es ein x gibt, von dem Bond in allen zugänglichen Welten weiß, dass es ein Spion ist. Die zweite Lesart ist, dass Bond nur weiß, dass es mindestens einen Spion gibt:

$$\mathbf{K}_{Bond}\exists x \;\; Spion(x)$$

Der modallogischen Interpretation zufolge gibt es in jeder zugänglichen Welt ein x, das ein Spion ist, das aber nicht in jeder Welt das gleiche x sein muss.

Da wir nun einen Modaloperator für Wissen haben, können wir Axiome dafür schreiben. Zunächst können wir sagen, dass Agenten in der Lage sind, Schlussfolgerungen zu ziehen; wenn ein Agent P kennt und weiß, P impliziert Q, dann kennt der Agent Q:

$$(\mathbf{K}_a P \wedge \mathbf{K}_a(P \Rightarrow Q)) \Rightarrow \mathbf{K}_a Q$$

Aus dieser (und einigen anderen Regeln über logische Identitäten) können wir schließen, dass $\mathbf{K}_A(P \vee \neg P)$ eine Tautologie ist; jeder Agent weiß, dass jede Aussage P wahr oder falsch ist. Auf der anderen Seite ist $(\mathbf{K}_A P) \vee (\mathbf{K}_A \neg P)$ keine Tautologie; im Allgemeinen gibt es viele Aussagen, von denen ein Agent nicht weiß, ob sie wahr sind, und nicht weiß, ob sie falsch sind.

Es heißt (zurückgehend auf Plato), dass Wissen gerechtfertigter wahrer Glaube ist. Das heißt, wenn etwas wahr ist, wenn Sie es glauben und wenn Sie einen unanfechtbar guten Grund dafür haben, dann wissen Sie es. Wenn Sie also etwas wissen, muss es wahr sein. Damit haben wir das folgende Axiom:

$$\mathbf{K}_a P \;\Rightarrow\; P$$

Außerdem sind logische Agenten (im Gegensatz zu einigen Menschen) in der Lage, über ihr eigenes Wissen genau zu reflektieren – sie haben dann Introspektion. Wenn Sie etwas wissen, dann wissen Sie, dass Sie es wissen:

$$\mathbf{K}_a P \;\Rightarrow\; \mathbf{K}_a(\mathbf{K}_a P)$$

Ähnliche Axiome können wir für Glauben[6] (oft mit **B** für *Belief* bezeichnet) und andere Modalitäten definieren. Ein Problem mit dem Ansatz der Modallogik ist jedoch, dass er **logische Allwissenheit** auf Seiten der Agenten voraussetzt. Das heißt, wenn ein Agent eine Menge von Axiomen kennt, dann kennt er auch alle Konsequenzen dieser Axiome. Selbst für den etwas abstrakten Begriff des Wissens steht das Ganze schon auf wackligen Füßen, doch für den Glauben sieht es noch schlimmer aus, weil der Glaube eher mit dem Verweis auf Dinge assoziiert wird, die im Agenten physisch repräsentiert werden und nicht nur potenziell ableitbar sind.

Es hat Versuche gegeben, eine Form der begrenzten Rationalität für Agenten zu definieren – zu sagen, dass Agenten nur die Behauptungen glauben, die sich durch Anwendung von nicht mehr als k Schlussfolgerungsschritten oder nicht mehr als s Sekunden Rechenzeit ableiten lassen. Diese Versuche haben sich im Allgemeinen als unbefriedigend erwiesen.

10.4.1 Andere Modallogiken

Es wurden viele Modallogiken nicht nur für Wissen, sondern auch für andere Modalitäten vorgeschlagen. Ein Vorschlag bestand darin, Modaloperatoren für *Möglichkeit* und *Notwendigkeit* hinzuzufügen: Es ist möglicherweise wahr, dass einer der Autoren dieses Buchs gerade sitzt, und es ist notwendigerweise wahr, dass $2 + 2 = 4$ ist.

Wie in Abschnitt 8.1.2 erwähnt, favorisieren einige Logiker Modalitäten, die sich auf die Zeit beziehen. In der **linearen Temporallogik** fügen wir die folgenden Modaloperatoren hinzu:

- **X** *P*: „*P* wird im nächsten (*Ne****X****t*) Zeitschritt wahr sein"
- **F** *P*: „*P* wird irgendwann (***F****inally*) in einem zukünftigen Zeitschritt wahr sein"
- **G** *P*: „*P* ist immer (***G****lobally*) wahr"
- *P* **U** *Q*: „*P* bleibt wahr, bis (***U****ntil*) *Q* eintritt"

Manchmal können hiervon weitere Operatoren abgeleitet werden. Das Hinzufügen dieser Modaloperatoren macht die Logik selbst komplexer (mit der Folge, dass es für logische Inferenzalgorithmen schwerer ist, einen Beweis zu finden). Andererseits können wir dank der Operatoren bestimmte Fakten in einer prägnanteren Form angeben (was die logische Inferenz wiederum schneller macht). Die Wahl der anzuwendenden Logik ist vergleichbar mit der Wahl der geeignetsten Programmiersprache: Wählen Sie eine, die für Ihre Aufgabe geeignet

6 Anm. zur Übersetzung: Beachten Sie, dass „Glauben" hier im Sinne von „überzeugt sein, dass" benutzt wird.

ist, die Ihnen und den anderen, die mit Ihnen zusammenarbeiten, vertraut ist und die für Ihre Zwecke effizient genug ist.

10.5 Schlussfolgerungssysteme für Kategorien

Kategorien sind die primären Bausteine groß angelegter Wissensrepräsentationsschemas. Dieser Abschnitt beschreibt Systeme, die speziell für das Organisieren und Schlussfolgern mit Kategorien entwickelt wurden. Es gibt zwei eng verwandte Systemfamilien: **Semantische Netze** bieten grafische Hilfsmittel zum Visualisieren einer Wissensbasis und effiziente Algorithmen zum Ableiten von Eigenschaften eines Objekts auf der Basis seiner Kategoriezugehörigkeit. **Beschreibungslogiken** bieten eine formale Sprache zum Konstruieren und Kombinieren von Kategoriendefinitionen sowie effiziente Algorithmen zum Ermitteln von Teilmengen- und Obermengenbeziehungen zwischen Kategorien.

10.5.1 Semantische Netze

Charles S. Peirce schlug 1909 eine grafische Notation von Knoten und Kanten vor, sogenannte **Existenzgraphen**, die er als „die Logik der Zukunft" bezeichnete. Damit begann eine lang andauernde Debatte zwischen den Verfechtern der „Logik" und den Verfechtern der „semantischen Netze". Leider verdeckte die Debatte die Tatsache, dass semantische Netze eine Form der Logik *sind*. Die Notation, die von semantischen Netzen für bestimmte Arten von Sätzen bereitgestellt wird, ist oft bequemer, aber wenn wir die Probleme mit der „menschlichen Schnittstelle" außer Acht lassen, sind die zugrunde liegenden Konzepte – Objekte, Relationen, Quantifizierung usw. – die gleichen.

Es gibt viele Varianten von semantischen Netzen, aber alle sind in der Lage, einzelne Objekte, Kategorien von Objekten und Relationen zwischen Objekten zu repräsentieren. Eine typische grafische Notation zeigt Objekt- oder Kategorienamen in Ovalen oder Kästen an und verbindet sie mit beschrifteten Kanten. In ► Abbildung 10.4 gibt es z. B. eine *ElementVon*-Verknüpfung zwischen *Mary* und *WeiblichePersonen*, die der logischen Behauptung $Mary \in WeiblichePersonen$ entspricht; analog dazu entspricht die *SchwesterVon*-Verknüpfung zwischen *Mary* und *John* der Behauptung *SchwesterVon*(*Mary*, *John*). Wir können Kategorien auch mit *TeilmengeVon*-Verknüpfungen verbinden, und so weiter. Doch achten Sie bei dem ganzen Spaß, den es macht, Kästchen, Ovale und Pfeile zu zeichnen, auch darauf, es nicht zu übertreiben. Wir wissen zum Beispiel, dass Personen weibliche Personen als Müt-

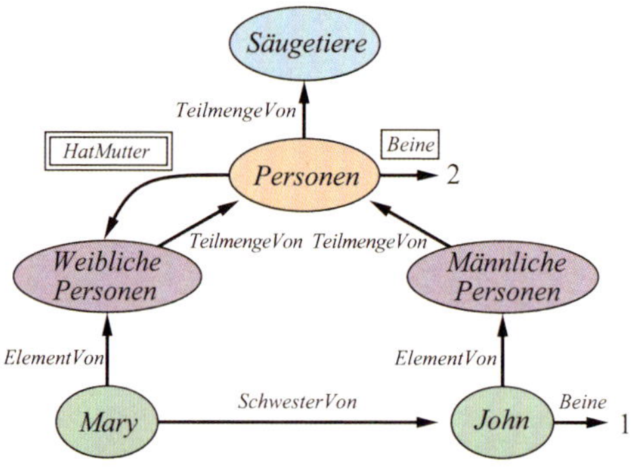

Abbildung 10.4: Ein semantisches Netz mit vier Objekten (John, Mary, 1 und 2) und vier Kategorien. Die Relationen werden durch beschriftete Verknüpfungen dargestellt.

ter haben. Können wir also eine *HatMutter*-Verknüpfung von *Personen* zu *WeiblichePersonen* zeichnen? Die Antwort ist nein, denn *HatMutter* ist eine Beziehung zwischen einer Person und ihrer Mutter, und Kategorien haben keine Mütter.[7]

Aus diesem Grund haben wir in ► Abbildung 10.4 eine spezielle Notation verwendet – die Verknüpfung mit doppelt umrandeter Beschriftung. Diese Verknüpfung behauptet, dass

$$\forall x \;\; x \in Personen \;\Rightarrow\; [\forall y \;\; HatMutter(x,y) \;\Rightarrow\; y \in WeiblichePersonen]$$

gilt. Wir wollen vielleicht auch behaupten, dass Personen zwei Beine haben – das heißt:

$$\forall x \;\; x \in Personen \;\Rightarrow\; Beine(x,2)$$

Wie zuvor müssen wir darauf achten, dass wir nicht behaupten, dass eine Kategorie Beine hat; die Verknüpfung mit einfach umrandeter Beschriftung in ► Abbildung 10.4 behauptet Eigenschaften jedes Elements einer Kategorie.

Die Notation des semantischen Netzes macht es leichter, Schlussfolgerungen durch **Vererbung** durchzuführen, wie in Abschnitt 10.2 beschrieben. Zum Beispiel erbt Mary dank der Tatsache, dass sie eine Person ist, die Eigenschaft, zwei Beine zu haben. Um also herauszufinden, wie viele Beine Mary hat, folgt der Vererbungsalgorithmus der *ElementVon*-Verknüpfung von *Mary* zu der Kategorie, zu der sie gehört, und von dort aus den *TeilmengeVon*-Verknüpfungen in der Hierarchie, bis er eine Kategorie findet, für die es eine Verknüpfung mit einer einfach umrandeten Beschriftung *Beine* gibt – in diesem Fall die Kategorie *Personen*. Die Einfachheit und Effizienz dieses Inferenzmechanismus im Vergleich zu semientscheidbaren logischen Theorembeweisern war einer der Hauptvorteile von semantischen Netzen.

Die Vererbung wird kompliziert, wenn ein Objekt zu mehr als einer Kategorie gehört oder eine Kategorie eine Teilmenge von mehr als einer anderen Kategorie ist. Dies wird als **Mehrfachvererbung** bezeichnet. In solchen Fällen findet der Vererbungsalgorithmus möglicherweise zwei oder mehr widersprüchliche Werte als Antwort auf die Abfrage. Aus diesem Grund ist Mehrfachvererbung in einigen **objektorientierten Programmiersprachen** (OOP) verboten, z. B. in Java, das Vererbung in seinen Klassenhierarchien verwendet. In semantischen Netzen ist sie normalerweise erlaubt, doch die Diskussion darüber wollen wir uns für Abschnitt 10.6 vorbehalten.

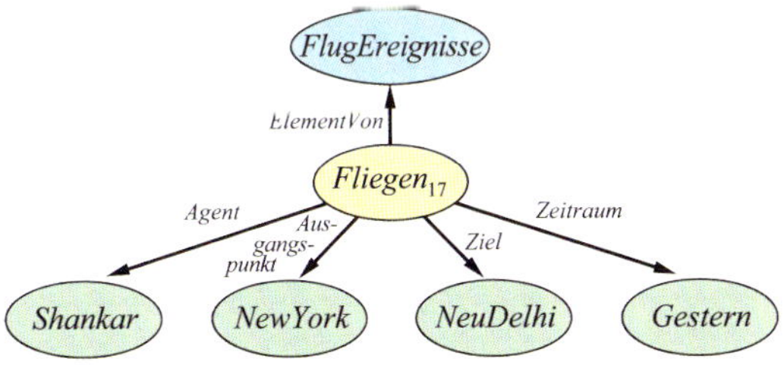

Abbildung 10.5: Ausschnitt eines semantischen Netzes, das die Repräsentation der logischen Behauptung *Fliegen(Shankar, NewYork, NewDelhi, Gestern)* zeigt.

7 Mehrere frühe Systeme konnten nicht zwischen den Eigenschaften von Elementen einer Kategorie und den Eigenschaften der Kategorie als Ganzes unterscheiden. Dies kann direkt zu Inkonsistenzen führen, wie Drew McDermott (1976) in seinem Artikel „Artificial Intelligence Meets Natural Stupidity" aufzeigte. Ein weiteres häufiges Problem war die Verwendung von *IstEin*-Verknüpfungen sowohl für Teilmengen- als auch für Zugehörigkeitsrelationen, entsprechend dem natürlichen Sprachgebrauch: „Eine Katze ist ein Säugetier" und „Fifi ist eine Katze" (zur Vertiefung siehe Übung 12.27 auf der Website).

Dem Leser ist vielleicht ein offensichtlicher Nachteil der Notation semantischer Netze im Vergleich zur Prädikatenlogik aufgefallen, nämlich dass die Verknüpfungen zwischen den Ovalen nur *binäre* Relationen darstellen. Zum Beispiel kann der Satz *Fliegen*(*Shankar*, *NewYork*, *NewDelhi*, *Gestern*) in einem semantischen Netz nicht direkt ausgedrückt werden. Dennoch *können* wir den Effekt von *n*-stelligen Behauptungen erzielen, indem wir den eigentlichen Satz als Ereignis reifizieren, das zu einer entsprechenden Ereigniskategorie gehört. ► Abbildung 10.5 zeigt die semantische Netzstruktur für dieses spezielle Ereignis. Beachten Sie, dass die Beschränkung auf binäre Relationen die Erstellung einer umfangreichen Ontologie reifizierter Konzepte erzwingt.

Die Reifikation von Aussagen macht es möglich, jeden grundierten, funktionsfreien atomaren Satz der Prädikatenlogik in der Notation semantischer Netze darzustellen. Bestimmte Arten von allquantifizierten Sätzen können mithilfe von inversen Verknüpfungen und Anwendung der einfach und doppelt gerahmten Kantenbeschriftungen auf Kategorien ausgedrückt werden, aber dennoch sind wir weit von einer vollständigen Prädikatenlogik entfernt. Es fehlen Negation, Disjunktion, verschachtelte Funktionssymbole und Existenzquantifizierung. Es ist jedoch *möglich*, die Notation zu erweitern, sodass sie äquivalent zur Prädikatenlogik ist – wie in den Existenzgraphen von Peirce –, aber dadurch wird einer der Hauptvorteile semantischer Netze negiert, nämlich die Einfachheit und Transparenz der Inferenzprozesse. Die Entwickler können ein großes Netz aufbauen und trotzdem eine gute Vorstellung davon haben, welche Abfragen effizient sind, weil es (a) einfach ist, die Schritte der Inferenzprozedur zu visualisieren, und (b) in einigen Fällen die Abfragesprache so einfach ist, dass schwierige Abfragen nicht gestellt werden können.

In Fällen, in denen sich die Ausdrucksstärke als zu einschränkend erweist, sehen viele semantische Netzsysteme ein **prozedurales Beiwerk** vor, um die Lücken zu füllen. Das prozedurale Beiwerk ist eine Technik, bei der eine Abfrage über eine bestimmte Relation (oder manchmal eine Aussage zu derselbigen) zu einem Aufruf einer speziellen Prozedur führt, die für diese Relation entwickelt wurde, und nicht zur Ausführung eines allgemeinen Inferenzalgorithmus.

Einer der wichtigsten Aspekte von semantischen Netzen ist ihre Fähigkeit, **Default-Werte** (Vorbelegungen) für Kategorien darzustellen. Wenn wir uns ► Abbildung 10.4 genau anschauen, stellen wir fest, dass John ein Bein hat, obwohl er eine Person ist und alle Personen zwei Beine haben. In einer streng logischen Wissensbasis wäre dies ein Widerspruch, aber in einem semantischen Netz hat die Behauptung, dass alle Personen zwei Beine haben, nur den Status einer Voreinstellung, d. h., es wird angenommen, dass eine Person zwei Beine hat, solange dies nicht durch spezifischere Informationen widerlegt wird. Die Default-Semantik wird auf natürliche Weise durch den Vererbungsalgorithmus erzwungen, da dieser den Verknüpfungen vom Objekt selbst (in diesem Fall John) nach oben folgt und abbricht, sobald er einen Wert gefunden hat. Wir sagen, dass der Default-Wert durch den spezifischeren Wert **überschrieben** wird. Beachten Sie, dass wir die Standardanzahl von Beinen auch außer Kraft setzen könnten, indem wir eine Kategorie *EinbeinigePersonen* einführen, die eine Teilmenge von *Personen* ist und die *John* als Element hat.

Wir können eine streng logische Semantik für das Netzwerk beibehalten, wenn wir sagen, dass die Aussage *Beine* für Personen eine Ausnahme für John enthält:

$$\forall x \quad x \in Personen \land x \neq John \Rightarrow Beine(x, 2)$$

Für ein *festes* Netz ist dies semantisch adäquat, aber für den Fall, dass es viele Ausnahmen gibt, bei Weitem nicht so prägnant wie die Netzwerknotation selbst. Bei Netzen, die mit weiteren Behauptungen aktualisiert werden, schlägt dieser Ansatz jedoch fehl – wir wollen eigentlich sagen, dass alle noch unbekannten Personen mit einem Bein ebenfalls Ausnahmen sind. Abschnitt 10.6 beschäftigt sich näher mit diesem Thema und dem Schlussfolgern mit Default-Informationen im Allgemeinen.

10.5.2 Beschreibungslogiken

Die Syntax der Prädikatenlogik wurde entwickelt, um Aussagen über Objekte zu vereinfachen. **Beschreibungslogiken** sind Notationen, die es einfacher machen sollen, Definitionen und Eigenschaften von Kategorien zu beschreiben. Systeme der Beschreibungslogik entwickelten sich aus semantischen Netzen. Sie waren eine Antwort auf den Druck, zu formalisieren, was die Netze bedeuten, und zwar möglichst unter Beibehaltung der taxonomischen Struktur als Organisationsprinzip.

Die wichtigsten Inferenzaufgaben für Beschreibungslogiken sind **Subsumption** (Überprüfen, ob eine Kategorie eine Teilmenge einer anderen ist, durch Vergleich ihrer Definitionen) und **Klassifikation** (Überprüfen, ob ein Objekt zu einer Kategorie gehört). Einige Systeme beinhalten auch die **Konsistenz** einer Kategoriendefinition – ob die Zugehörigkeitskriterien logisch erfüllbar sind.

Die Sprache CLASSIC (Borgida *et al.*, 1989) ist eine typische Beschreibungslogik. Die Syntax von CLASSIC-Beschreibungen ist in ► Abbildung 10.6 dargestellt.[8] Um beispielsweise zu sagen, dass Junggesellen unverheiratete männliche Erwachsene sind, würden wir schreiben:

$$Junggeselle = And(Unverheiratet, Erwachsen, Männlich)$$

Das Äquivalent in der Prädikatenlogik würde wie folgt aussehen:

$$Junggeselle(x) \Leftrightarrow Unverheiratet(x) \wedge Erwachsen(x) \wedge Männlich(x)$$

Beachten Sie, dass zu einer Beschreibungslogik eine Algebra von Operationen auf Prädikaten gehört, was in der Prädikatenlogik natürlich nicht möglich ist. Jede Beschreibung in CLASSIC kann in einen äquivalenten prädikatenlogischen Satz übersetzt werden, aber einige Beschreibungen sind in CLASSIC einfacher zu handhaben. Um beispielsweise die Menge der Männer mit mindestens drei Söhnen zu beschreiben, die alle arbeitslos und mit Ärztinnen verheiratet sind und höchstens zwei Töchter haben, die alle eine Professur in Physik oder Mathematik

8 Beachten Sie, dass es die Sprache *nicht* erlaubt, einfach zu sagen, dass ein Begriff oder eine Kategorie eine Teilmenge einer anderen ist. Dies ist eine bewusste Vorgehensweise: Die Subsumption zwischen Kategorien muss aus einigen Aspekten der Kategoriebeschreibungen ableitbar sein. Wenn nicht, dann fehlt etwas in den Beschreibungen.

$$\begin{aligned}
Konzept &\rightarrow \textbf{Thing} \mid KonzeptName \\
&\mid \textbf{And}(Konzept, \ldots) \\
&\mid \textbf{All}(RollenName, Konzept) \\
&\mid \textbf{AtLeast}(Integer, RollenName) \\
&\mid \textbf{AtMost}(Integer, RollenName) \\
&\mid \textbf{Fills}(RollenName, IndividualName, \ldots) \\
&\mid \textbf{SameAs}(Pfad, Pfad) \\
&\mid \textbf{OneOf}(IndividualName, \ldots) \\
Pfad &\rightarrow [RollenName, \ldots] \\
KonzeptName &\rightarrow Erwachsen \mid Weiblich \mid Männlich \mid \ldots \\
RollenName &\rightarrow Ehepartner \mid Tochter \mid Sohn \mid \ldots
\end{aligned}$$

Abbildung 10.6: Die Syntax von Beschreibungen in einer Teilmenge der Sprache CLASSIC.

vorweisen können, würden wir schreiben:

$$And(Mann, AtLeast(3, Sohn), AtMost(2, Tochter),$$
$$All(Sohn, And(Arbeitslos, Verheiratet, All(Ehepartner, Arzt))),$$
$$All(Tochter, And(Professor, Fills(Lehrstuhl, Physik, Math))))$$

Wir überlassen es dem Leser als Übung, dies in Prädikatenlogik zu übersetzen.

Der vielleicht wichtigste Aspekt von Beschreibungslogiken ist, wie stark sie die effiziente Machbarkeit der Inferenz in den Mittelpunkt stellen. Eine Probleminstanz wird gelöst, indem sie zuerst beschrieben wird. Dann wird gefragt, ob sie unter eine von mehreren möglichen Lösungskategorien fällt. In Standardsystemen der Prädikatenlogik ist es oft nicht möglich, die Lösungszeit vorherzusagen. Es bleibt häufig dem Benutzer überlassen, die Repräsentation so zu entwerfen, dass sie Sätze umgeht, die das System anscheinend wochenlang mit der Lösung des Problems beschäftigen. In der Beschreibungslogik geht es dagegen darum, dass die Subsumptionsprüfung in einer Zeit gelöst werden kann, die polynomiell zur Größe der Beschreibungen ist.[9]

Das klingt im Prinzip wunderbar, bis man merkt, dass das nur eine von zwei Konsequenzen haben kann: Entweder können schwere Probleme überhaupt nicht ausgedrückt werden oder sie erfordern exponentiell große Beschreibungen! Die Ergebnisse bezüglich der effizienten Machbarkeit geben jedoch Aufschluss darüber, welche Arten von Konstrukten Probleme verursachen, und helfen so dem Benutzer zu verstehen, wie sich verschiedene Repräsentationen verhalten. Zum Beispiel fehlen in Beschreibungslogiken normalerweise *Negation* und *Disjunktion*. Beide zwingen prädikatenlogische Systeme dazu, eine potenziell exponentielle Fallanalyse zu durchlaufen, um Vollständigkeit zu gewährleisten. CLASSIC erlaubt nur eine begrenzte Form der Disjunktion in den *Fills*- und *OneOf*-Konstrukten, die eine Disjunktion über explizit aufgelistete Individuen, aber nicht über Beschreibungen erlauben. Bei disjunkten Beschreibungen können verschachtelte Definitionen leicht zu einer exponentiellen Anzahl alternativer Routen führen, durch die eine Kategorie eine andere subsumieren kann.

10.6 Schlussfolgern mit Default-Informationen

Im vorherigen Abschnitt haben wir ein einfaches Beispiel für eine Behauptung mit Default-Status gesehen: Menschen haben zwei Beine. Dieser Default-Wert kann durch spezifischere Informationen überschrieben werden, z. B. dass Long John Silver ein Bein hat. Wir haben gesehen, dass der Vererbungsmechanismus in semantischen Netzen das Überschreiben von Default-Werten auf einfache und natürliche Weise implementiert. In diesem Abschnitt betrachten wir Default-Werte ganz allgemein, wobei unser Schwerpunkt darauf liegt, ihre *Semantik* zu verstehen und nicht nur einen prozeduralen Mechanismus zu beschreiben.

10.6.1 Zirkumskription und Default-Logik

Wir haben zwei Beispiele für Schlussfolgerungsprozesse vorgestellt, die die **Monotonieeigenschaft** der Logik verletzen, die in Kapitel 7 bewiesen wurde.[10] In diesem Kapitel haben wir gesehen, dass eine Eigenschaft, die von allen Elementen einer Kategorie in einem semantischen Netz geerbt wird, durch spezifischere Informationen für eine Unterkategorie überschrieben werden kann. In Abschnitt 9.4.4 haben wir gesehen, dass unter der Closed-World Assumption Folgendes gilt: wenn eine Aussage α nicht in der Wissensbasis *KB* erwähnt wird, dann $KB \models \neg\alpha$, aber $KB \wedge \alpha \models \alpha$.

9 CLASSIC bietet in der Praxis effiziente Subsumptionstests, aber die Worst-Case-Laufzeit ist exponentiell.

10 Wir wissen, dass gemäß der Monotonie alle Sätze, die mittels semantischer Folgerung hergeleitet wurden, korrekt bleiben müssen, nachdem neue Sätze zur Wissensbasis hinzugefügt wurden. Das heißt, wenn $KB \models \alpha$ dann $KB \wedge \beta \models \alpha$.

Eine einfache Introspektion lässt vermuten, dass diese Monotoniefehler im Alltagswissen (*Commonsense Reasoning*) weit verbreitet sind. Es scheint, dass Menschen oft „voreilige Schlüsse" ziehen. Wenn wir zum Beispiel ein parkendes Auto an einer Straße sehen, gehen wir normalerweise davon aus, dass es vier Räder hat, auch wenn wir nur drei sehen. Die Wahrscheinlichkeitstheorie kann uns natürlich zu dem Schluss verhelfen, dass ein viertes Rad höchstwahrscheinlich vorhanden ist – doch für die meisten Menschen kommt die Möglichkeit, dass das Auto keine vier Räder hat, *erst in Betracht, wenn sich die Beweislage ändert.* Es scheint also, dass wir *automatisch* schlussfolgern, dass ein Auto vier Räder hat, solange es keinen Grund gibt, daran zu zweifeln. Tauchen neue Beweise auf – wenn wir beispielsweise feststellen, dass der Besitzer ein Rad trägt und das Auto aufgebockt ist –, dann kann die Schlussfolgerung revidiert werden. Bei dieser Art des Schlussfolgerns spricht man von **Nichtmonotonie**, da die Wissensmenge[11] nicht mit der Zeit monoton anwächst, wenn sich neue Beweise ergeben. Es wurden **nichtmonotone Logiken** mit modifizierten Begriffen von Wahrheitswert und Folgerung entwickelt, um ein solches Verhalten zu erfassen. Wir werden uns zwei solcher Logiken ansehen, die ausgiebig untersucht worden sind: Zirkumskription und Default-Logik.

Zirkumskription (Umschreibung) kann als eine leistungsfähigere und präzisere Version der Closed-World Assumption betrachtet werden. Sie basiert darauf, bestimmte Prädikate zu spezifizieren, von denen man annimmt, dass sie „so falsch wie möglich" sind – d. h. falsch für alle Objekte, außer die, für die die Prädikate bekanntermaßen wahr sind. Nehmen wir zum Beispiel an, wir wollen die Default-Regel aufstellen, dass Vögel fliegen. Hierzu würden wir ein Prädikat wie $Anormal_1(x)$ einführen und schreiben:

$$Vogel(x) \land \neg Anormal_1(x) \;\Rightarrow\; Fliegt(x)$$

Wenn wir sagen, dass $Anormal_1$ zu **umschreiben** ist, darf ein umschreibendes Schlussfolgerungsmodul $\neg Anormal_1(x)$ annehmen, es sei denn, $Anormal_1(x)$ ist als wahr bekannt. Damit kann aus der Prämisse $Vogel(Tweety)$ die Schlussfolgerung $Fliegt(Tweety)$ gezogen werden, welche aber mit $Anormal_1(Tweety)$ nicht mehr gilt.

Zirkumskription kann als ein Beispiel für eine Logik mit **Modellpräferenz** betrachtet werden. In solchen Logiken ist ein Satz semantisch impliziert (mit Default-Status), wenn er in allen *bevorzugten* Modellen der Wissensbasis wahr ist, im Gegensatz zu der Forderung, dass er in der klassischen Logik in *allen* Modellen wahr sein muss. Bei der Zirkumskription wird ein Modell einem anderen vorgezogen, wenn es weniger anormale Objekte aufweist.[12] Betrachten wir diese Idee im Kontext der Mehrfachvererbung in semantischen Netzen. Das Standardbeispiel für die Probleme der Mehrfachvererbung ist die sogenannte „Nixon-Raute". Ihr liegt die Beobachtung zugrunde, dass Richard Nixon sowohl ein Quäker (und damit normalerweise ein Pazifist) als auch ein Republikaner (und damit normalerweise kein Pazifist) war. Wir können dies wie folgt schreiben:

$$\begin{aligned}&Republikaner(Nixon) \land Quäker(Nixon)\\&Republikaner(x) \land \neg Anormal_2(x) \;\Rightarrow\; \neg Pazifist(x)\\&Quäker(x) \land \neg Anormal_3(x) \;\Rightarrow\; Pazifist(x)\end{aligned}$$

Für die Zirkumskription von $Anormal_2$ und $Anormal_3$ gibt es zwei bevorzugte Modelle: eines, in dem $Anormal_2(Nixon)$ und $Pazifist(Nixon)$ wahr sind, und eines, in dem $Anormal_3(Nixon)$ und $\neg Pazifist(Nixon)$ wahr sind. Das umschreibende Schlussfolgerungsmodul bleibt also agnostisch gegenüber der Frage, ob Nixon ein Pazifist war. Wenn wir darüber hinaus behaupten wollen, dass die religiösen Überzeugungen Vorrang vor den politischen Überzeugungen

11 Anm. zur Übersetzung: Hier ist wieder das subjektive Wissen gemeint.

12 Bei der Closed-World Assumption wird ein Modell einem anderen vorgezogen, wenn es weniger wahre Atome hat, d. h., bevorzugte Modelle sind **minimale** Modelle. Es gibt eine natürliche Verbindung zwischen der Closed-World Assumption und Wissensbasen mit definiten Klauseln, weil der durch die Vorwärtsverkettung in solchen Wissensbasen erreichte Fixpunkt das eindeutige minimale Modell ist (siehe auch S. 272).

haben, können wir einen Formalismus namens **priorisierte Zirkumskription** verwenden, um Modelle zu bevorzugen, bei denen $Anormal_3$ minimiert ist.

Die **Default-Logik** ist ein Formalismus, in dem **Default-Regeln** geschrieben werden können, um kontingente, nichtmonotone Schlussfolgerungen zu ziehen. Eine Default-Regel sieht wie folgt aus:

$$Vogel(x): Fliegt(x)/Fliegt(x)$$

Diese Regel besagt: Wenn $Vogel(x)$ wahr und $Fliegt(x)$ mit der Wissensbasis konsistent ist, dann kann als Default $Fliegt(x)$ geschlussfolgert werden. Im Allgemeinen hat eine Default-Regel die Form:

$$P: J_1, \ldots, J_n/C$$

Dabei ist P die Vorbedingung, C die Schlussfolgerung und J_i sind die Begründungen – wenn eine von ihnen als falsch bewiesen werden kann, kann die Schlussfolgerung nicht gezogen werden. Jede Variable, die in J_i oder C erscheint, muss auch in P vorkommen. Das Beispiel der Nixon-Raute kann in der Default-Logik mit einem Fakt und zwei Default-Regeln ausgedrückt werden:

$$Republikaner(Nixon) \land Quäker(Nixon)$$
$$Republikaner(x): \neg Pazifist(x)/\neg Pazifist(x)$$
$$Quäker(x): Pazifist(x)/Pazifist(x)$$

Um zu erläutern, was die Default-Regeln bedeuten, definieren wir die **Extension** einer Default-Theorie als eine maximale Menge von Konsequenzen der Theorie. Das heißt, eine Extension S besteht aus den so weit bekannten Fakten und einer Menge von Schlussfolgerungen aus den Default-Regeln, sodass keine weiteren Schlussfolgerungen mehr aus S gezogen werden können und die Begründungen jeder Default-Schlussfolgerung in S mit S konsistent sind. Wie im Fall der bevorzugten Modelle in der Zirkumskription gibt es auch für die Nixon-Raute zwei mögliche Extensionen: eine, in der er Pazifist ist, und eine, in der er kein Pazifist ist. Es gibt priorisierte Schemas, in denen man einigen Default-Regeln Vorrang vor anderen geben kann, sodass sich Mehrdeutigkeiten zum Teil auflösen lassen.

Seit 1980, als nichtmonotone Logiken zum ersten Mal vorgestellt wurden, sind große Fortschritte im Hinblick auf das Verständnis ihrer mathematischen Eigenschaften gemacht worden. Allerdings gibt es noch immer ungelöste Fragen. Wenn zum Beispiel „Autos haben vier Räder" falsch ist, was bedeutet es dann, diese Aussage in einer Wissensbasis zu haben? Welche Menge von Default-Regeln ist sinnvoll? Wenn wir nicht für jede Regel einzeln entscheiden können, ob sie in unsere Wissensbasis gehört, dann haben wir ein ernstes Problem der Nichtmodularität. Und schließlich, wie können Überzeugungen mit Default-Status zur Entscheidungsfindung herangezogen werden? Dies ist wahrscheinlich das schwierigste Problem für Default-Schlussfolgerungen.

Entscheidungen sind oft mit Kompromissen verbunden, weshalb man die *Stärke* der Überzeugung an die Ergebnisse verschiedener Aktionen mit den *Kosten* einer falschen Entscheidung vergleichen muss. In Fällen, in denen wiederholt gleichartige Entscheidungen getroffen werden, ist es möglich, Default-Regeln als Aussagen zur „Schwellenwahrscheinlichkeit" zu interpretieren. So bedeutet z. B. die Default-Regel „Meine Bremsen sind immer in Ordnung" in Wirklichkeit „Die Wahrscheinlichkeit, dass meine Bremsen in Ordnung sind, ist, sofern keine anderen Informationen vorliegen, so hoch, dass die optimale Entscheidung darin besteht, zu fahren, ohne sie zu überprüfen." Wenn sich der Entscheidungskontext ändert – z. B. wenn man mit einem schwer beladenen Lkw eine steile Bergstraße hinunterfährt –, ist die Default-Regel plötzlich nicht mehr angemessen, auch wenn es keine neuen Hinweise auf defekte Bremsen gibt. Diese Überlegungen haben Forscher dazu veranlasst, sich Gedanken darüber zu machen, wie sich das Schlussfolgern mit Default-Werten in die Wahrscheinlichkeitstheorie oder Nutzentheorie einbetten ließe.

10.6.2 Truth-Maintenance-Systeme

Wir haben gesehen, dass viele der Inferenzen, die von einem Wissensrepräsentationssystem gezogen wurden, nur einen Default-Status haben und nicht absolut sicher sind. Es gibt immer einige abgeleitete Fakten, die sich angesichts neuer Informationen als falsch erweisen und revidiert werden müssen. Dieser Prozess wird als **Wissensrevision** (*belief revision*) bezeichnet.[13] Angenommen, eine Wissensbasis *KB* enthält einen Satz *P* – beispielsweise eine Default-Schlussfolgerung, die von einem Algorithmus für die Vorwärtsverkettung aufgezeichnet wurde, oder einfach eine nicht korrekte Behauptung – und wir möchten TELL (*KB*, $\neg P$) ausführen. Um die Erzeugung eines Widerspruchs zu vermeiden, müssen wir zuerst RETRACT(*KB*, *P*) ausführen. Das klingt relativ einfach. Probleme ergeben sich jedoch, wenn *zusätzliche* Sätze aus *P* abgeleitet und in der Wissensbasis gespeichert wurden. Zum Beispiel könnte die Implikation $P \Rightarrow Q$ verwendet worden sein, um *Q* hinzuzufügen. Die offensichtliche „Lösung" – alle von *P* abgeleiteten Sätze zurückzunehmen – scheitert daran, dass solche Sätze neben *P* noch andere Begründungen haben können. Wenn zum Beispiel *R* sowie $R \Rightarrow Q$ auch in der Wissensbasis enthalten sind, dann sollte *Q* möglichst nicht entfernt werden. **Truth-Maintenance-Systeme** (TMS, Wahrheitserhaltungssystem) sind dafür ausgelegt, genau auf diese Art von Komplikationen zu reagieren.

Ein einfacher Ansatz zur Wahrheitserhaltung besteht darin, die Reihenfolge zu speichern, in der die Sätze der Wissensbasis hinzugefügt werden, indem sie von P_1 bis P_n durchnummeriert werden. Bei Aufruf von RETRACT(*KB*, P_i) kehrt das System in den Zustand zurück, den es unmittelbar vor dem Hinzufügen von P_i hatte, und entfernt dabei sowohl P_i als auch alle von P_i abgeleiteten Inferenzen. Die Sätze P_{i+1} bis P_n können dann wieder hinzugefügt werden. Das ist einfach und garantiert, dass die Wissensbasis konsistent bleibt. Allerdings erfordert das Zurückziehen von P_i, dass $n - i$ Sätze zurückgenommen und erneut zugesichert sowie alle aus diesen Sätzen gezogenen Inferenzen rückgängig gemacht und wiederhergestellt werden. Für Systeme, denen viele Fakten hinzugefügt werden – wie z. B. große kommerzielle Datenbanken –, ist dies keine praktikable Lösung.

Ein effizienterer Ansatz ist das **JTMS** (Justification-based Truth-Maintenance-System), das auf **Begründungen** (*justification*) basiert. In einem JTMS wird jeder Satz in der Wissensbasis mit einer Begründung versehen, die die Menge der Sätze enthält, von denen er abgeleitet wurde. Wenn die Wissensbasis z. B. bereits $P \Rightarrow Q$ enthält, dann bewirkt TELL(*P*), dass *Q* mit der Begründung $\{P, P \Rightarrow Q\}$ eingefügt wird. Im Allgemeinen kann ein Satz beliebig viele Begründungen haben. Begründungen machen das Zurückziehen effizient. Mit dem Aufruf RETRACT(*P*) löscht das JTMS genau die Sätze, bei denen *P* in allen Begründungen auftaucht. Wenn also ein Satz *Q* nur die Begründung $\{P, P \Rightarrow Q\}$ hat, wird er entfernt; selbst mit der zusätzlichen Begründung $\{P, P \vee R \Rightarrow Q\}$ wird er entfernt; doch wenn er außerdem die Begründung $\{R, P \vee R \Rightarrow Q\}$ hat, bleibt *Q* verschont. Auf diese Weise hängt die erforderliche Zeit für das Zurückziehen von *P* nur von der Anzahl der von *P* abgeleiteten Sätze ab und nicht von der Anzahl Sätze, die im Anschluss an *P* hinzugefügt wurden.

Das JTMS geht davon aus, dass Sätze, die einmal in Betracht gezogen wurden, wahrscheinlich wieder in Betracht gezogen werden. Anstatt also einen Satz, der alle Begründungen verloren hat, vollständig aus der Wissensbasis zu löschen, markieren wir den Satz lediglich mit *out*, was bedeutet, dass er nicht mehr in der Wissensbasis enthalten ist. Wenn eine nachfolgende Behauptung eine der Begründungen wiederherstellt, markieren wir den Satz als *in* – er ist also wieder Teil der Wissensbasis. Auf diese Weise behält das JTMS alle verwendeten Inferenzketten bei und muss die Sätze nicht neu herleiten, wenn eine Begründung wieder gültig wird.

13 Die Wissensrevision ist nicht zu verwechseln mit dem **Wissensupdate**, bei dem eine ganze Wissensbasis überarbeitet wird, um einen Wandel der Welt zu reflektieren und nicht um neue Informationen über eine feststehende Welt auszudrücken. Das Wissensupdate kombiniert die Wissensrevision mit Schlussfolgern über Zeit und Veränderung; sie ist außerdem mit dem in Kapitel 14 beschriebenen Prozess der **Filterung** verwandt.

Doch ein TMS kann nicht nur eingesetzt werden, um fehlerhafte Informationen zurückzuziehen, sondern auch um die Analyse mehrerer hypothetischer Situationen zu beschleunigen. Nehmen wir zum Beispiel an, dass das rumänische olympische Komitee die Standorte für die Schwimm-, Leichtathletik- und Pferdesportwettbewerbe bei den Spielen 2048 in Rumänien auswählt. Die erste Hypothese sei z. B. *Standort*(*Schwimmen*, *Pitesti*), *Standort*(*Leichtathletik*, *Bukarest*) und *Standort*(*Reiten*, *Arad*).

Es müssen dann viele Schlussfolgerungen gezogen werden, um festzustellen, was diese Auswahl für die Logistik bedeutet und wie zweckmäßig sie demzufolge ist. Wenn wir stattdessen *Standort*(*Leichtathletik*, *Sibiu*) in Betracht ziehen wollen, muss das TMS seine Arbeit nicht ganz von vorn beginnen. Stattdessen ziehen wir einfach *Standort*(*Leichtathletik*, *Bukarest*) zurück und behaupten *Standort*(*Leichtathletik*, *Sibiu*), wobei sich das TMS um die notwendigen Revisionen kümmert. Inferenzketten, die durch die Auswahl von Bukarest erzeugt werden, können für Sibiu wiederverwendet werden, vorausgesetzt, die Schlussfolgerungen bleiben dieselben.

Ein **ATMS** (Assumption-based Truth-Maintenance-System), d. h. ein Wahrheitserhaltungssystem auf der Basis von Annahmen, macht diese Art des Kontextwechsels zwischen hypothetischen Welten besonders effizient. In einem JTMS ermöglicht die Beibehaltung von Begründungen durch das Zurücknehmen und Behaupten einiger Sätze den schnellen Wechsel von einem Zustand in den anderen, wobei aber zu jeder Zeit nur ein Zustand repräsentiert wird. Ein ATMS repräsentiert *alle* Zustände, die jemals in Betracht gezogen wurden, gleichzeitig. Während ein JTMS jeden Satz einfach als *in* oder *out* markiert, speichert ein ATMS für jeden Satz die Annahmen, die dafür sorgen, dass der Satz wahr ist. Mit anderen Worten: Jeder Satz hat eine Kennzeichnung, die aus einer Menge von Annahmemengen besteht. Der Satz ist nur dann wahr, wenn alle Annahmen in einer der Annahmemengen wahr sind.

Truth-Maintenance-Systeme bieten außerdem einen Mechanismus zur Erzeugung von **Erklärungen**. Technisch gesehen ist eine Erklärung eines Satzes P eine Menge von Sätzen E, für die gilt, dass E P impliziert. Wenn bereits bekannt ist, dass die Sätze in E wahr sind, dann bietet E einfach eine hinreichende Grundlage für den Beweis, dass P gelten muss. Erklärungen können aber auch **Annahmen** (*assumption*) enthalten – Sätze, von denen nicht bekannt ist, ob sie wahr sind, die aber ausreichen würden, um P zu beweisen, wenn sie wahr wären. Wenn z. B. Ihr Auto nicht anspringt, haben Sie wahrscheinlich nicht genug Informationen, um den Grund für das Problem definitiv zu beweisen. Eine plausible Erklärung könnte jedoch die Annahme beinhalten, dass die Batterie leer ist. Kombiniert man dies mit dem Wissen, wie Autos funktionieren, erklärt sich das beobachtete Nicht-Anspringen. In den meisten Fällen bevorzugen wir eine minimale Erklärung E, was bedeutet, dass es keine echte Teilmenge von E gibt, die ebenfalls eine Erklärung darstellt. Ein ATMS kann Erklärungen für das Problem „Auto springt nicht an“ erzeugen, indem es Annahmen trifft wie „kein Benzin im Tank“ oder „Batterie leer“ – und zwar in beliebiger Reihenfolge, auch wenn einige Annahmen widersprüchlich sind. Dann betrachten wir die Markierung für den Satz „Auto springt nicht an“, um die Mengen der Annahmen auszulesen, die den Satz begründen würden.

Die genauen Algorithmen zur Implementierung von Truth-Maintenance-Systemen sind etwas komplizierter, sodass wir hier nicht näher darauf eingehen. Die Berechnungskomplexität des Truth-Maintenance-Problems ist mindestens so groß wie die der aussagenlogischen Inferenz – also NP-schwer. Daher sollten Sie nicht erwarten, dass das Konzept der Wahrheitserhaltung ein Allheilmittel ist. Bei sorgfältiger Anwendung kann ein TMS jedoch die Fähigkeit eines logischen Systems, mit komplexen Umgebungen und Hypothesen zurechtzukommen, erheblich verbessern.

ZUSAMMENFASSUNG

In diesem Kapitel haben wir uns intensiv damit beschäftigt, wie man unterschiedlichstes Wissen repräsentiert. Wir wollen dem Leser ein Gefühl dafür geben, wie reale Wissensbasen aufgebaut sind und sein Interesse für die wichtigen philosophischen Fragen wecken, die sich daraus ergeben. Als wichtigste Punkte sind zu nennen:

- Für eine umfassende Wissensrepräsentation benötigt man eine universelle Ontologie, um die verschiedenen spezifischen Wissensdomänen zu organisieren und miteinander zu verknüpfen.
- Eine universelle Ontologie muss ein breites Spektrum an Wissen abdecken und sollte prinzipiell in der Lage sein, mit jeder Domäne zurechtzukommen.
- Der Aufbau einer großen, universellen Ontologie ist eine bedeutende Herausforderung, die noch nicht vollständig realisiert wurde, obwohl die aktuellen Frameworks recht robust zu sein scheinen.
- Wir haben eine **obere Ontologie** präsentiert, die auf Kategorien und dem Ereigniskalkül basiert. Wir haben Kategorien, Unterkategorien, Teile, strukturierte Objekte, Maße, Substanzen, Ereignisse, Zeit und Raum, Veränderung und Überzeugungen behandelt.
- Natürliche Arten lassen sich nicht vollständig in Logik definieren, wohingegen Eigenschaften von natürlichen Arten dargestellt werden können.
- Aktionen, Ereignisse und Zeit können mit dem Ereigniskalkül dargestellt werden. Solche Repräsentationen ermöglichen es einem Agenten, Sequenzen von Aktionen zu konstruieren und logische Inferenzen darüber zu ziehen, was wahr ist, wenn diese Aktionen passieren.
- Spezielle Repräsentationssysteme, wie **semantische Netze** und **Beschreibungslogiken**, wurden entwickelt, um das Erstellen einer Hierarchie von Kategorien zu erleichtern. **Vererbung** ist eine wichtige Form der Inferenz, die es erlaubt, die Eigenschaften von Objekten aus ihrer Zugehörigkeit zu bestimmten Kategorien abzuleiten.
- Die **Closed-World Assumption** (Annahme der Weltabgeschlossenheit), wie sie in Logikprogrammen implementiert ist, bietet eine einfache Möglichkeit, die Angabe vieler negativer Informationen zu vermeiden. Sie wird am besten als **Default** interpretiert, der durch zusätzliche Informationen außer Kraft gesetzt werden kann.
- **Nichtmonotone Logiken**, wie **Zirkumskription** und **Default-Logik**, sollen das Schlussfolgern mit Default-Werten im Allgemeinen abdecken.
- **Truth-Maintenance-Systeme** lassen sich effizient für die Aktualisierung und Revisionen von Wissen einsetzen.
- Es ist schwierig, große Ontologien von Hand zu erstellen; diese Arbeit lässt sich mit dem Extrahieren von Wissen aus Texten erleichtern.

Bibliografische und historische Anmerkungen

Briggs (1985) behauptet, dass die Forschung zur formalen Wissensrepräsentation mit den klassischen indischen Theorien zur Shastra-Grammatik (Sanskrit) begann, die ihren Ursprung im ersten Jahrtausend v. Chr. hat. Die Arbeiten der westlichen Philosophen zu diesem Thema reichen zurück bis Aristoteles' *Metaphysik* (wörtlich: „das, was nach der Physik kommt") aus dem 3. Jahrhundert v. Chr. Dabei kann die Entwicklung von Fachterminologie in jedem Bereich als eine Form der Wissensrepräsentation betrachtet werden.

Frühe Diskussionen über Repräsentation in der KI konzentrierten sich eher auf „*Problem*repräsentation" als auf „*Wissens*repräsentation". Lesen Sie dazu beispielsweise die Diskussion des Missionar-und-Kannibalen-Problems von Amarel (1968). In den 1970er Jahren legte die KI den Schwerpunkt auf die Entwicklung von „Expertensystemen" (auch „wissensbasierte Systeme" genannt), die, sofern sie über das entsprechende Domänenwissen verfügten, die Leistung menschlicher Experten bei eng definierten Aufgaben durchaus erreichten oder übertrafen. Das erste Expertensystem, DENDRAL (Feigenbaum *et al.*, 1971; Lindsay *et al.*, 1980), interpretierte beispielsweise die Ausgabe eines Massenspektrometers (ein Gerät zur Analyse der Struktur von organochemischen Verbindungen) genau so gut wie ein erfahrener Chemiker. Obwohl der Erfolg von DENDRAL maßgeblich dazu beitrug, die KI-Forschungsgemeinschaft von der Bedeutung der Wissensrepräsentation zu überzeugen, sind die in DENDRAL verwendeten Darstellungsformalismen sehr spezifisch für die Domäne der Chemie.

Mit der Zeit interessierten sich die Wissenschaftler für standardisierte Formalismen der Wissensrepräsentation und für Ontologien, die bei der Erstellung neuer Expertensysteme von Nutzen sein könnten. Damit betraten sie ein Terrain, in dem sich bis dato vornehmlich Sprachwissenschaftler und Philosophen tummelten. Die Disziplin, die sich in der KI durch die Notwendigkeit ergab, dass die eigenen Theorien „funktionieren" müssen, hat – verglichen mit der Zeit, als diese Probleme die ausschließliche Domäne der Philosophie waren – zu schnelleren und größeren Fortschritten geführt (auch wenn diese zuweilen mit einer Neuerfindung des Rads einhergingen).

Doch inwieweit können wir dem Expertenwissen vertrauen? Bereits 1955 untersuchte Paul Meehl (siehe auch Grove und Meehl, 1996) die Entscheidungsfindungsprozesse von geschulten Experten bei subjektiven Aufgaben wie der Vorhersage des Erfolgs eines Schülers in einem Trainingsprogramm oder der Rückfallwahrscheinlichkeit eines Kriminellen. In 19 der 20 von ihm untersuchten Studien fand Meehl heraus, dass einfache statistische Lernalgorithmen (wie lineare Regression oder naiver Bayes-Klassifikator) eine bessere Vorhersage treffen als die Experten. Auch Tetlock (2017) untersucht Expertenwissen und stellt fest, dass es in schwierigen Fällen notwendig ist. Der Educational Testing Service setzt seit 1999 ein automatisiertes Programm ein, um Millionen von schriftlichen Fragen im GMAT-Testverfahren zu bewerten. Das Programm stimmt in 97 % der Fälle mit menschlichen Korrektoren überein, was in etwa dem Niveau entspricht, in dem zwei menschliche Korrektoren übereinstimmen (Burstein *et al.*, 2001). (Das bedeutet nicht, dass das Programm die schriftlichen Antworten versteht, sondern nur, dass es die guten von schlechten Antworten fast genauso gut unterscheiden kann wie menschliche Korrektoren).

Die Erstellung umfassender Taxonomien oder Klassifikationen reicht bis in die Antike zurück. Aristoteles (384–322 v. Chr.) beschäftigte sich viel mit Klassifikations- und Kategorisierungsschemas. Sein *Organon*, eine Sammlung von Schriften zur Logik, die von seinen Schülern nach seinem Tod zusammengestellt wurde, enthält eine Abhandlung namens *Kategorien*, in der er versuchte, eine Art von Ontologie zu konstruieren, die wir heute als obere Ontologie bezeichnen würden. Er führte auch die Begriffe **Gattung** und **Arten** für die Klassifikation auf unterer Ebene ein. Unser heutiges System der biologischen Klassifikation, einschließlich der Verwendung der „binomialen Nomenklatur" (Klassifikation über Gattung und Arten im technischen Sinne), ist auf den schwedischen Biologen Carolus Linnaeus oder Carl von Linné (1707–1778) zurückzuführen. Die Probleme in Zusammenhang mit den natürlichen Arten und unscharfen Kategoriengrenzen wurden unter anderem von Wittgenstein (1953), Quine (1953), Lakoff (1987) und Schwartz (1977) betrachtet.

In Kapitel 24 werden Repräsentationen von Wörtern und Begriffen in tiefen neuronalen Netzen diskutiert, die einige der Probleme einer strengen Ontologie umgehen, wenn auch zum Teil zu Lasten der Präzision. Außerdem wissen wir immer noch nicht, wie sich die Vorteile von neuronalen Netzen und logischer Semantik für die Repräsentation am besten kombinieren lassen.

Das Interesse an größeren Ontologien wächst, wie das *Handbook on Ontologies* (Staab, 2004) dokumentiert. Das Projekt OPENCYC (Lenat und Guha, 1990; Matuszek *et al.*, 2006) hat eine Ontologie mit 150.000 Begriffen herausgegeben, mit einer oberen Ontologie ähnlich der in ► Abbildung 10.1 sowie mit spezifischen Begriffen wie „OLED-Display" und „iPhone" als Typ des Begriffs „Mobiltelefon", der wiederum ein Typ des Begriffs „Unterhaltungselektronik", „Telefon", „drahtloses Kommunikationsgerät" und anderer Begriffe ist. Das Projekt NEXTKB erweitert CYC um weitere Ressourcen wie FrameNet und WordNet zu einer Wissensbasis mit fast 3 Millionen Fakten und bietet dazu mit FIRE eine passende Inferenzmaschine (Forbus *et al.*, 2010).

Das Projekt DBPEDIA extrahiert strukturierte Daten aus Wikipedia, insbesondere aus den Infoboxen, d. h. den Kästen von Attribut-Wert-Paaren, die Teil vieler Wikipedia-Artikel sind (Wu und Weld, 2008; Bizer *et al.*, 2007). Im Jahr 2015 enthielt DBPEDIA allein in der englischen Version 400 Millionen Fakten zu 4 Millionen Objekten. Zählt man alle 110 Sprachen zusammen, ergeben sich insgesamt 1,5 Milliarden Fakten (Lehmann *et al.*, 2015).

Die IEEE-Arbeitsgruppe P1600.1 erstellte SUMO, *Suggested Upper Merged Ontology* (Niles und Pease, 2001; Pease und Niles, 2002), die etwa 1.000 Terme in der oberen Ontologie und Verknüpfungen zu über 20.000 domänenspezifischen Termen enthält. Stoffel *et al.* (1997) beschreiben Algorithmen zur effizienten Verwaltung einer sehr großen Ontologie. Einen Überblick über Techniken zur Extraktion von Wissen aus Webseiten geben Etzioni *et al.* (2008).

Auch im Web entwickeln sich Repräsentationssprachen. RDF (Brickley und Guha, 2004) erlaubt es, Behauptungen in Form von relationalen Tripeln aufzustellen, und bietet einige Möglichkeiten, um die Bedeutung von Namen im Laufe der Zeit zu entwickeln. OWL (Smith *et al.*, 2004) ist eine Beschreibungslogik, die Inferenzen über diesen Tripeln unterstützt. Bisher scheint die Nutzung umgekehrt proportional zur Darstellungskomplexität zu sein: Die traditionellen HTML- und CSS-Formate machen über 99 % der Webinhalte aus, gefolgt von den einfachsten Darstellungsschemas wie RDFa (Adida und Birbeck, 2008) und Mikroformaten (Khare, 2006; Patel-Schneider, 2014), die beide HTML- und XHTML-Markup verwenden, um Attribute zu Text auf Webseiten hinzuzufügen. Die anspruchsvollen RDF- und OWL-Ontologien werden bislang nur in geringem Umfang genutzt und die Vision des **semantischen Web** (Berners-Lee *et al.*, 2001) wurde bisher nur rudimentär umgesetzt. Die FOIS-Konferenzen (*Formal Ontology in Information Systems*) beschäftigen sich sowohl mit den allgemeinen als auch den domänenspezifischen Ontologien.

Die in diesem Kapitel verwendete Taxonomie wurde von den Autoren entwickelt und basiert zum Teil auf ihren Erfahrungen aus dem CYC-Projekt und zum Teil auf Arbeiten von Hwang und Schubert (1993) und Davis (1990, 2005). Eine inspirierende Diskussion über das allgemeine Projekt der Repräsentation von Allgemeinwissen erscheint in Hayes' (1978, 1985b) „Naive Physics Manifesto".

Erfolgreiche tiefe Ontologien auf Spezialgebieten sind z. B. das Gene-Ontology-Projekt (Gene Ontology Consortium, 2008) und CML, die Chemical Markup Language (Murray-Rust *et al.*, 2003). Doctorow (2001), Gruber (2004), Halevy *et al.* (2009) und Smith (2004) äußern Zweifel an der Realisierbarkeit einer einzigen Ontologie für das *gesamte* Wissen.

Der Ereigniskalkül wurde von Kowalski und Sergot (1986) eingeführt, um stetige Zeit zu verarbeiten, und es gibt mehrere Varianten (Sadri und Kowalski, 1995; Shanahan, 1997) und Überblicke (Shanahan, 1999; Mueller, 2006). James Allen führte aus demselben Grund Zeitintervalle ein (Allen, 1984) und argumentierte, dass Intervalle für das Schlussfolgern über ausgedehnte und nebenläufige Ereignisse viel natürlicher als Situationen seien. In Lambalgen und Hamm (2005) sehen wir, wie die Logik von Ereignissen auf die Sprache abgebildet wird, mit der wir über Ereignisse sprechen. Eine Alternative zu den Ereignis- und Situationskalkülen ist der Fluent-Kalkül (Thielscher, 1999), der die Fakten reifiziert, aus denen Zustände bestehen.

Peter Ladkin (1986a, 1986b) führte „konkave" Zeitintervalle ein (Intervalle mit Lücken, d. h. im Wesentlichen Vereinigungen von gewöhnlichen „konvexen" Zeitintervallen) und wendete die Techniken der mathematischen abstrakten Algebra auf die Zeitrepräsentation an. Allen (1991) untersucht systematisch die große Vielfalt an Techniken, die für die Zeitrepräsentation zur Verfügung stehen; Beek und Manchak (1996) analysieren Algorithmen für temporales Schlussfolgern. Es gibt deutliche Gemeinsamkeiten zwischen der in diesem Kapitel vorgestellten ereignisbasierten Ontologie und einer Analyse von Ereignissen, die auf den Philosophen Donald Davidson (1980) zurückgeht. Die **Historien** in der Ontologie der Flüssigkeiten von Pat Hayes (1985a) und die **Chroniken** in der Plantheorie von McDermott (1985) hatten ebenfalls großen Einfluss auf dieses Gebiet und dieses Kapitel.

Die Frage des ontologischen Status von Substanzen hat eine lange Geschichte. Platon schlug vor, Substanzen als abstrakte Entitäten zu betrachten, die sich völlig von physischen Objekten unterscheiden; er würde $BestehtAus(Butter_3, Butter)$ sagen und nicht $Butter_3 \in Butter$. Dies führt zu einer Substanzhierarchie, in der z. B. *UngesalzeneButter* eine spezifischere Substanz ist als *Butter*. Die diesem Kapitel zugrunde liegende Meinung, dass Substanzen Kategorien von Objekten sind, wurde von Richard Montague (1973) vertreten. Sie liegt auch dem CYC-Projekt zugrunde. Copeland (1993) unternimmt einen ernsthafen Versuch mit Gegenargumenten, die sich aber durchaus entkräften lassen.

Der in diesem Kapitel erwähnte alternative Ansatz, demzufolge Butter ein Objekt ist, das aus allen buttrigen Objekten des Universums besteht, wurde ursprünglich von dem polnischen Logiker Leśniewski (1916) vorgeschlagen. Seine **Mereologie** (der Name leitet sich vom griechischen Wort für „Teil" ab) verwendete die Teil-Ganzes-Relation als Ersatz für die mathematische Mengentheorie, mit dem Ziel, abstrakte Entitäten wie Mengen zu eliminieren. Eine verständlichere Darstellung dieser Konzepte finden Sie bei Leonard und Goodman (1940). *The Structure of Appearance* von Goodman (1977) wendet die Konzepte auf verschiedene Probleme der Wissensrepräsentation an.

Obwohl einige Aspekte des mereologischen Ansatzes ziemlich kompliziert sind – z. B. die Notwendigkeit eines separaten Vererbungsmechanismus, der auf Teil-Ganzes-Relationen basiert –, fand dieser Ansatz die Unterstützung von Quine (1960). Harry Bunt (1985) hat zur Anwendung dieses Ansatzes in der Wissensrepräsentation eine umfangreiche Analyse vorgelegt. Casati und Varzi (1999) beschäftigen sich mit den Teilen und dem Ganzen einer Teil-Ganzes-Relation sowie mit einer allgemeinen Theorie räumlicher Positionen.

Es gibt drei Hauptansätze für die Untersuchung von mentalen Objekten. Der in diesem Kapitel verfolgte Ansatz, der auf Modallogik und möglichen Welten basiert, ist der klassische Ansatz, wie wir ihn aus der Philosophie kennen (Hintikka, 1962; Kripke, 1963; Hughes und Cresswell, 1996). Das Buch *Reasoning about Knowledge* (Fagin *et al.*, 1995) bietet eine gründliche Einführung und Gordon und Hobbs (2017) liefern mit *A Formal Theory of Commonsense Psychology* eine formale Theorie der Alltagspsychologie.

Der zweite Ansatz ist eine prädikatenlogische Theorie, in der mentale Objekte Fluents sind. Dieser Ansatz wird von Davis (2005) und Davis und Morgenstern (2005) beschrieben. Er stützt sich auf den Formalismus der möglichen Welten und baut auf Arbeiten von Robert Moore (1980, 1985) auf.

Der dritte Ansatz ist eine **syntaktische Theorie**, in der mentale Objekte durch **Zeichenketten** dargestellt werden. Eine Zeichenkette ist nur ein komplexer Begriff, der eine Liste von Symbolen bezeichnet, sodass *KannFliegen*(*Clark*) durch die Liste der Symbole [*K*, *a*, *n*, *n*, *F*, *l*, *i*, *e*, *g*, *e*, *n*, (, *C*, *l*, *a*, *r*, *k*,)] dargestellt werden kann. Die syntaktische Theorie der mentalen Objekte wurde erstmals von Kaplan und Montague (1960) eingehend untersucht, die zeigten, dass sie zu Paradoxa führt, wenn sie nicht sorgfältig umgesetzt wird. Ernie Davis (1990) liefert einen hervorragenden Vergleich der syntaktischen und der modalen Wissenstheorie. Pnueli (1977) beschreibt eine Temporallogik, die zum Schlussfolgern über Programme verwendet wird – eine Arbeit, für die er den Turing Award erhielt und die von Vardi (1996) erweitert wurde. Littman *et al.* (2017) zeigen, dass sich Temporallogik gut als Sprache für die Definition von Zielen bei Robotern eignet, die mittels Reinforcement Learning lernen, da sie einfach zu spezifizieren ist und sich gut auf verschiedene Umgebungen verallgemeinern lässt.

Der griechische Philosoph Porphyr (ca. 234–305 n. Chr.), der die *Kategorien* von Aristoteles kommentierte, beschrieb das, was man als das erste semantische Netz bezeichnen könnte. Charles S. Peirce (1909) entwickelte Existenzgraphen als ersten Formalismus der modernen Logik für semantische Netze. Ross Quillian (1961), angetrieben von seinem Interesse am menschlichen Gedächtnis und der Sprachverarbeitung, legte den Grundstein für die Arbeit an semantischen Netzen innerhalb der KI. Eine einflussreiche Arbeit von Marvin Minsky (1975) präsentierte eine Version semantischer Netze namens **Frames**, wobei ein Frame eine Repräsentation eines Objekts oder einer Kategorie war, mit Attributen und Relationen zu anderen Objekten oder Kategorien.

Schnell stellte sich die Frage der Semantik in Bezug auf die semantischen Netze von Quillian (und all den anderen, die seinen Ansatz verfolgten), mit ihren allgegenwärtigen und sehr vagen „IST-EINE-Verknüpfungen". Der bekannte Artikel „What's In a Link?" von Bill Woods (1975) lenkte die Aufmerksamkeit der KI-Forscher auf die Notwendigkeit einer genauen Semantik in den Formalismen zur Wissensrepräsentation. Ron Brachman (1979) vertiefte dieses Thema und zeigte Lösungen auf. In „The Logic of Frames" ging Patrick Hayes (1979) noch weiter und behauptete: „Ein Großteil der ‚Frames' ist nur eine neue Syntax für Teile der Prädikatenlogik." Drew McDermott forderte in seiner Abhandlung „Tarskian Semantics, or No Notation without Denotation!" (1978b), dass der modelltheoretische Ansatz zur Semantik, der in der Prädikatenlogik verwendet wird, auf alle Formalismen zur Wissensrepräsentation angewendet werden sollte. Diese Idee war und ist nach wie vor umstritten; insbesondere McDermott selbst hat seine Meinung in „A Critique of Pure Reason" (McDermott, 1987) revidiert. Selman und Levesque (1993) diskutieren die Komplexität der Vererbung mit Ausnahmen und zeigen, dass sie in den meisten Formulierungen NP-vollständig ist.

Beschreibungslogiken wurden als nützlicher Teilbereich der Prädikatenlogik entwickelt, bei der die Inferenz rechentechnisch effizient machbar war. Hector Levesque und Ron Brachman (1987) zeigten, dass bestimmte Verwendungen von Disjunktion und Negation in erster Linie für die nicht effiziente Machbarkeit logischer Inferenz verantwortlich waren. Dies führte zu einem besseren Verständnis der Interaktion zwischen Komplexität und Aussagekraft in logischen Inferenzsystemen. Calvanese *et al.* (1999) fassen den Stand der Technik zusammen und Baader *et al.* (2007) legen ein umfassendes Handbuch der Beschreibungslogik vor.

Die drei wichtigsten Formalismen für den Umgang mit nichtmonotoner Inferenz – Zirkumskription (McCarthy, 1980), Default-Logik (Reiter, 1980) und nichtmonotone Modallogik (McDermott und Doyle, 1980) – wurden alle in einer Sonderausgabe des *AI Journals* vorgestellt. Delgrande und Schaub (2003) diskutieren die Vorzüge der Varianten, wobei sie auf die letzten 25 Jahre zurückblicken. Die Antwortmengenprogrammierung kann als eine Erweiterung der Default-Negation oder als eine Verfeinerung der Zirkumskription betrachtet werden, die zugrunde liegende Theorie der stabilen Modellsemantik wurde von Gelfond und Lifschitz (1988) eingeführt und die führenden Systeme der Antwortmengenprogrammierung sind DLV (Eiter *et al.*, 1998) und SMODELS (Niemelä *et al.*, 2000). Brewka *et al.* (1997) geben einen guten Überblick über die verschiedenen Ansätze der nichtmonotonen Logik. Clark (1978) behandelt den Ansatz der Default-Negation in der logischen Programmierung und die Clark-Vervollständigung. Lifschitz (2001) erörtert die Anwendung der Antwortmengenprogrammierung auf die Planung. In den Proceedings zur Konferenz *Logic Programming and Nonmonotonic Reasoning* (LPNMR) werden verschiedene nichtmonotone Inferenzsysteme dokumentiert, die auf logischer Programmierung beruhen.

Die Untersuchung von Truth-Maintenance-Systemen begann mit den Systemen TMS (Doyle, 1979) und RUP (McAllester, 1980), bei denen es sich im Wesentlichen um JTMSs handelte. Forbus und de Kleer (1993) erklären ausführlich, wie TMS-Systeme in KI-Anwendungen eingesetzt werden können. Nayak und Williams (1997) zeigen, wie ein effizientes inkrementelles TMS, genannt ITMS, die Planung der Operationen eines NASA-Raumschiffs in Echtzeit ermöglicht.

In diesem Kapitel konnten leider nicht *alle* Bereiche der Wissensrepräsentation eingehend behandelt werden. Die drei wichtigsten Themen, die ausgelassen wurden, sind:

Qualitative Physik: Die qualitative Physik ist ein Teilgebiet der Wissensrepräsentation, das sich vor allem mit der Entwicklung einer logischen, nichtnumerischen Theorie physischer Objekte und Prozesse beschäftigt. Der Begriff wurde von Johan de Kleer (1975) geprägt, obwohl man sagen kann, dass alles bereits mit Fahlmans (1974) BUILD-Programm begann, einer ausgefeilten Planungssoftware zum Entwurf komplexer Türme aus Bausteinen. Fahlman entdeckte, dass beim Entwerfen der größte Teil des Aufwands (nach seiner Schätzung 80 %) in die Modellierung der physikalischen Eigenschaften der Blockwelt floss, um die Stabilität verschiedener Blockzusammenstellungen zu berechnen, und nicht in die Planung an sich. Er skizziert einen hypothetischen Prozess basierend auf der naiven Physik, um zu erklären, warum kleine Kinder BUILD-ähnliche Probleme lösen können, ohne Zugang zu schneller Gleitkommaarithmetik zu haben, wie sie in der physikalischen Modellierung von BUILD verwendet wird. Hayes (1985a) verwendet „Historien“ – vierdimensionale Raum-Zeit-Abschnitte, ähnlich den Ereignissen bei Davidson –, um eine ziemlich komplexe naive Physik von Flüssigkeiten zu konstruieren. Davis (2008) liefert eine Aktualisierung der Ontologie von Flüssigkeiten, die das Gießen von Flüssigkeiten in Behälter beschreibt.

De Kleer und Brown (1985), Ken Forbus (1985) und Benjamin Kuipers (1985) entwickelten unabhängig voneinander und fast gleichzeitig Systeme, die auf der Grundlage qualitativer Abstraktionen der zugrunde liegenden Gleichungen über ein physikalisches System schlussfolgern können. Die qualitative Physik entwickelte sich bald so weit, dass es möglich wurde, eine beeindruckende Vielfalt an komplexen physikalischen Systemen zu analysieren (Yip, 1991). Qualitative Techniken wurden verwendet, um neue Entwürfe für Uhren, Scheibenwischer und sechsbeinige Laufroboter zu entwickeln (Subramanian und Wang, 1994). Die Zusammenstellung *Readings in Qualitative Reasoning about Physical Systems* (Weld und de Kleer, 1990), ein Enzyklopädie-Artikel von Kuipers (2001) und ein Handbuchbeitrag von Davis (2007) bieten einen guten Einstieg in das Gebiet.

Räumliches Schlussfolgern: Das Schlussfolgern, das für die Navigation in der Wumpus-Welt notwendig ist, ist trivial im Vergleich zur komplexen räumlichen Struktur der realen Welt. Der früheste ernsthafte Versuch, räumliches Commonsense Reasoning zu beschreiben, erfolgte in den Arbeiten von Ernest Davis (1986, 1990). Der RCC-Kalkül (*Region Connection Calculus*) von Cohn *et al.* (1997) unterstützt eine Form des qualitativen räumlichen Schlussfolgern und hat zu ganz neuartigen geografischen Informationssystemen geführt; siehe auch (Davis, 2006).

Wie bei der qualitativen Physik kommt ein Agent relativ lange ohne eine vollständige metrische Repräsentation aus.

Psychologisches Schlussfolgern: Psychologisches Schlussfolgern beinhaltet die Entwicklung einer funktionierenden *Psychologie* für künstliche Agenten, die diese Psychologie verwenden, um Schlüsse über sich selbst und andere Agenten zu ziehen. Sie basiert oft auf der sogenannten Alltagspsychologie, von der man annimmt, dass Menschen sie im Allgemeinen verwenden, um über sich selbst und andere Menschen zu schlussfolgern. Wenn KI-Forscher ihren künstlichen Agenten psychologische Theorien zum Schlussfolgern über andere Agenten zur Verfügung stellen, basieren diese Theorien häufig auf ihren Beschreibungen des eigenen Designs der logischen Agenten. Psychologisches Schlussfolgern ist derzeit am wichtigsten im Kontext des natürlichen Sprachverstehens, wo es von zentraler Bedeutung ist, die Absichten des Sprechers zu erkennen.

Minker (2001) sammelt die Beiträge von führenden Wissenschaftlern auf dem Gebiet der Wissensrepräsentation und hat so 40 Jahre Arbeit auf diesem Gebiet zusammengetragen. Die Proceedings der *International Conference on Principles of Knowledge Representation and Reasoning* sind die aktuellsten Quellen für Arbeiten auf diesem Gebiet. *Readings in Knowledge Representation* (Brachman und Levesque, 1985) und *Formal Theories of the Commonsense World* (Hobbs und Moore, 1985) sind exzellente Anthologien zur Wissensrepräsentation; Erstere konzentriert sich mehr auf historisch wichtige Arbeiten zu Repräsentationssprachen und Formalismen, Letztere auf das Zusammentragen des Wissens selbst. Die Lehrbücher von Davis (1990), Stefik (1995) und Sowa (1999) sind Einführungen in die Wissensrepräsentation, Harmelen *et al.* (2007) haben ein Handbuch hierüber verfasst und Davis und Morgenstern (2004) verdanken wir eine Sonderausgabe des *AI Journals* zu diesem Thema. Davis (2017) gibt einen Überblick über Logik des Commonsense Reasoning. Die alle zwei Jahre stattfindende Konferenz *Theoretical Aspects of Reasoning About Knowledge* (TARK) befasst sich mit Anwendungen der Wissenstheorie in KI, Wirtschaft und verteilten Systemen.

Automatisches Planen

11

In diesem Kapitel wird gezeigt, wie sich ein Agent die Struktur eines Problems zunutze machen kann, um komplexe Aktionspläne effizient zu erstellen.

Das Planen von Aktionsfolgen ist eine zentrale Anforderung an einen intelligenten Agenten. Sie fällt leichter, wenn man die richtige Repräsentation von Aktionen und Zuständen sowie die richtigen Algorithmen wählt. In Abschnitt 11.1 stellen wir eine allgemeine **faktorisierte** Repräsentationssprache für Planungsprobleme vor, die eine Vielzahl von Domänen in natürlicher und prägnanter Form darstellen kann, sich effizient auf große Probleme skalieren lässt und für eine neue Domäne keine Ad-hoc-Heuristiken erfordert. Abschnitt 11.4 erweitert die Repräsentationssprache um hierarchische Aktionen, sodass wir auch komplexere Probleme bewältigen können. Wir behandeln effiziente Planungsalgorithmen in Abschnitt 11.2 und die damit verbundenen Heuristiken in Abschnitt 11.3. In Abschnitt 11.5 widmen wir uns den teilweise beobachtbaren und nichtdeterministischen Domänen und in Abschnitt 11.6 erweitern wir die Sprache noch einmal, um Planungsprobleme mit Zeit- und Ressourcen-Constraints abzudecken. Damit nähern wir uns immer mehr den Planern an, die in der realen Welt dafür zuständig sind, den Betrieb und die zeitlichen Abläufe von Raumfahrzeugen, Fabriken und Militäreinsätzen zu planen. Abschnitt 11.7 analysiert die Effektivität dieser Techniken.

11.1 Klassisches Planen

Klassisches Planen ist definiert als die Aufgabe, eine Folge von Aktionen zu finden, mit der ein Ziel in einer diskreten, deterministischen, statischen, vollständig beobachtbaren Umgebung erreicht werden kann. Sie haben bereits zwei Ansätze für diese Aufgabe kennengelernt: den problemlösenden Agenten aus Kapitel 3 und den hybriden aussagenlogischen Agenten aus Kapitel 7. Beide weisen zwei Einschränkungen auf. Erstens benötigen beide eine Ad-hoc-Heuristik für jede neue Domäne: eine heuristische Bewertungsfunktion für die Suche und selbst aufgesetzten Code für den hybriden Wumpus-Agenten. Zweitens müssen beide einen exponentiell großen Zustandsraum explizit darstellen. Im aussagenlogischen Wumpus-Welt-Modell musste z. B. das Axiom für die Bewegung um einen Schritt vorwärts für alle vier Agentenrichtungen, T Zeitschritte und n^2 aktuelle Positionen wiederholt werden.

Als Reaktion auf diese Einschränkungen haben sich Planungsforscher auf eine **faktorisierte Darstellung** festgelegt, für die sie eine Sprachfamilie namens **PDDL** (*Planning Domain Definition Language*) verwenden (Ghallab *et al.*, 1998). Dank PDDL können wir alle $4Tn^2$-Aktionen mit nur einem Aktionsschema ausdrücken und benötigen kein domänenspezifisches Wissen. Eine einfache PDDL-Version eignet sich für klassische Planungsdomänen, während erweiterte Versionen auch auf nicht klassische Domänen angewendet werden können, die stetig, teilweise beobachtbar und nebenläufig sind sowie mehrere Agenten erlauben. Die Syntax von PDDL basiert auf Lisp, aber wir werden sie in eine Form übersetzen, die der in diesem Buch verwendeten Notation entspricht.

In PDDL wird ein **Zustand** als eine Konjunktion von grundierten atomaren Fluents dargestellt. Wir wissen, dass „grundiert" gleichbedeutend mit „keine Variable enthaltend" ist, „Fluent" einen Aspekt der Welt bezeichnet, der sich mit der Zeit ändert, und „grundiert atomar" bedeutet, dass es nur ein Prädikat gibt – und wenn es irgendwelche Argumente gibt, müssen diese Konstanten sein. Zum Beispiel könnte $Mittellos \wedge Unbekannt$ den Zustand eines glücklosen Agenten darstellen und $In(Lkw_1, Melbourne) \wedge In(Lkw_2, Sydney)$ einen Zustand in einem Paketauslieferungsproblem. PDDL verwendet eine **Datenbanksemantik**: Die Closed-World Assumption (Annahme der Weltabgeschlossenheit) bedeutet, dass alle nicht erwähnten Fluents falsch sind, und die Annahme eindeutiger Namen bedeutet, dass Lkw_1 und Lkw_2 verschieden sind.

Die folgenden Fluents sind in einem Zustand *nicht* erlaubt: $In(x, y)$ (weil es Variablen enthält), $\neg Mittellos$ (weil es eine Negation ist) und $In(Gatte(Ali), Sydney)$ (weil es ein Funktionssymbol *Gatte* verwendet). Wenn es die Arbeit erleichtert, können wir uns die Konjunktion von Fluents auch als eine *Menge* von Fluents vorstellen.

Ein **Aktionsschema** (*Action*) stellt eine Familie von grundierten Aktionen dar. Betrachten wir zum Beispiel ein Aktionsschema für das Fliegen eines Flugzeugs von einem Ort zu einem anderen:

$$
\begin{aligned}
&Action(Fliegen(p, von, nach),\\
&\quad \text{PRECOND:} An(p, von) \wedge Flugzeug(p) \wedge Flughafen(von) \wedge Flughafen(nach)\\
&\quad \text{EFFECT:} \neg An(p, von) \wedge An(p, nach))
\end{aligned}
$$

Das Schema besteht aus dem Aktionsnamen, einer Liste aller im Schema verwendeten Variablen, einer **Vorbedingung** (PRECOND) und einem **Effekt** (EFFECT). Die Vorbedingung und der Effekt sind jeweils Konjunktionen von Literalen (positive oder negierte atomare Sätze). Wir können für die Instanziierung der Variablen Konstanten wählen, wodurch sich eine (variablenfreie) grundierte Aktion ergibt:

$$
\begin{aligned}
&Action(Fliegen(P_1, SFO, JFK),\\
&\quad \text{PRECOND:} An(P_1, SFO) \wedge Flugzeug(P_1) \wedge Flughafen(SFO) \wedge Flughafen(JFK)\\
&\quad \text{EFFECT:} \neg An(P_1, SFO) \wedge An(P_1, JFK))
\end{aligned}
$$

Eine grundierte Aktion a ist im Zustand s **anwendbar**, wenn s die Vorbedingung von a beinhaltet, d. h., wenn jedes positive Literal in der Vorbedingung in s enthalten ist und jedes negierte Literal nicht.

Das **Ergebnis** (RESULT) der Ausführung einer anwendbaren Aktion a im Zustand s wird als Zustand s' definiert, der durch eine Fluentmenge dargestellt wird. Diese Menge wird gebildet, indem wir – mit s beginnend – die Fluents entfernen, die als negative Literale in den Effekten der Aktion erscheinen (was wir als **D-Liste** (von *delete* = löschen) oder DEL(a) bezeichnen), und die Fluents hinzufügen, die als positive Literale in den Effekten der Aktion erscheinen (was wir als **A-Liste** (von *add* = hinzufügen) oder ADD(a) bezeichnen):

$$\text{RESULT}(s, a) = (s - \text{DEL}(a)) \cup \text{ADD}(a) \tag{11.1}$$

Bei der Aktion $Fliegen(P_1, SFO, JFK)$ würden wir zum Beispiel den Fluent $An(P_1, SFO)$ entfernen und den Fluent $An(P_1, JFK)$ hinzufügen.

Eine Menge von Aktionsschemas dient als Definition einer *Planungsdomäne*. Um ein spezifisches *Problem* innerhalb der Domäne zu definieren, werden ein Anfangszustand und ein Ziel definiert. Der **Anfangszustand** ist eine Konjunktion von grundierten Fluents (eingeleitet mit dem Schlüsselwort *Init* in ► Abbildung 11.1). Wie bei allen Zuständen wird die Closed-World Assumption zugrunde gelegt, was bedeutet, dass alle Atome, die nicht erwähnt werden, falsch sind. Das **Ziel** (eingeleitet mit *Goal*) entspricht einer Vorbedingung: eine Konjunktion von Literalen (positiv oder negativ), die Variablen enthalten können. Zum Beispiel bezieht sich das Ziel $An(C_1, SFO) \wedge \neg An(C_2, SFO) \wedge An(p, SFO)$ auf jeden Zustand, bei dem sich die Fracht C_1 am *SFO* befindet, die Fracht C_2 aber nicht, und bei dem sich ein Flugzeug am *SFO* befindet.

11.1.1 Beispiel: Luftfrachttransport

► Abbildung 11.1 zeigt ein Luftfrachttransportproblem, bei dem es darum geht, Fracht zu be- und entladen und per Flugzeug von einem Ort zum anderen zu befördern. Das Problem kann mit drei Aktionen definiert werden: *Beladen*, *Entladen* und *Fliegen*. Die Aktionen wirken sich

$$\begin{aligned}
&Init(An(C_1, SFO) \land An(C_2, JFK) \land An(P_1, SFO) \land An(P_2, JFK) \\
&\quad \land Fracht(C_1) \land Fracht(C_2) \land Flugzeug(P_1) \land Flugzeug(P_2) \\
&\quad \land Flughafen(JFK) \land Flughafen(SFO)) \\
&Goal(An(C_1, JFK) \land An(C_2, SFO)) \\
&Action(Beladen(c, p, a), \\
&\quad \text{PRECOND:} An(c, a) \land An(p, a) \land Fracht(c) \land Flugzeug(p) \land Flughafen(a) \\
&\quad \text{EFFECT:} \neg An(c, a) \land In(c, p)) \\
&Action(Entladen(c, p, a), \\
&\quad \text{PRECOND:} In(c, p) \land An(p, a) \land Fracht(c) \land Flugzeug(p) \land Flughafen(a) \\
&\quad \text{EFFECT:} An(c, a) \land \neg In(c, p)) \\
&Action(Fliegen(p, von, nach), \\
&\quad \text{PRECOND:} An(p, von) \land Flugzeug(p) \land Flughafen(von) \land Flughafen(nach) \\
&\quad \text{EFFECT:} \neg An(p, von) \land An(p, nach))
\end{aligned}$$

Abbildung 11.1: Eine PDDL-Beschreibung von einem Planungsproblem beim Luftfrachttransport.

auf zwei Prädikate aus: $In(c, p)$ bedeutet, dass sich die Fracht c im Flugzeug p befindet, und $An(x, a)$ bedeutet, dass sich das Objekt x (entweder das Flugzeug oder die Fracht) am Flughafen a befindet. Achten Sie darauf, dass die *An*-Prädikate ordnungsgemäß verwendet werden. Wenn ein Flugzeug von einem Flughafen zu einem anderen fliegt, wird die gesamte Fracht im Flugzeug mitgenommen. In der Prädikatenlogik wäre es einfach, über alle Objekte zu quantifizieren, die sich im Inneren des Flugzeugs befinden. Aber PDDL hat keinen Allquantor, sodass wir eine andere Lösung brauchen. Der Ansatz, den wir verfolgen, besteht darin zu sagen, dass ein Frachtstück aufhört, *An* irgendwo zu sein, wenn es sich *In* einem Flugzeug befindet. Die Fracht wird erst dann *An* dem neuen Flughafen sein, wenn sie entladen wurde. Genau genommen bedeutet *An* also „Steht *an* einem bestimmten Ort zur Verfügung". Der folgende Plan ist eine Lösung für dieses Problem:

$$\begin{aligned}
&[Beladen(C_1, P_1, SFO), Fliegen(P_1, SFO, JFK), Entladen(C_1, P_1, JFK), \\
&\ Beladen(C_2, P_2, JFK), Fliegen(P_2, JFK, SFO), Entladen(C_2, P_2, SFO)]
\end{aligned}$$

11.1.2 Beispiel: Das Ersatzreifenproblem

Betrachten Sie das Problem eines Reifenwechsels (► Abbildung 11.2). Das Ziel ist es, einen guten Ersatzreifen ordnungsgemäß auf der Achse des Autos zu montieren, wobei im Anfangszustand ein platter Reifen auf der Achse sitzt und ein guter Ersatzreifen im Kofferraum liegt. Um es einfach zu halten, ist unsere Version des Problems sehr abstrakt, ohne festsitzende Radmuttern oder andere Komplikationen. Es gibt nur vier Aktionen: den Ersatzreifen aus dem Kofferraum holen, den platten Reifen von der Achse entfernen, den Ersatzreifen auf der Achse montieren und das Auto über Nacht unbeaufsichtigt lassen. Wir nehmen an, dass das Auto in einer besonders zwielichtigen Gegend geparkt ist, was den Effekt hat, dass die Reifen über Nacht verschwinden. Eine Lösung für das Problem ist [*Entfernen*(*PlatterReifen*, *Achse*), *Entfernen*(*Ersatzreifen*, *Kofferraum*), *Montieren*(*Ersatzreifen*, *Achse*)]

11.1.3 Beispiel: die Blockwelt

Eine der bekanntesten Planungsdomänen ist die **Blockwelt**. Diese Domäne besteht aus einer Menge würfelförmiger Blöcke, die auf einem beliebig großen Tisch liegen.[1] Die Blöcke können gestapelt werden, doch es passt nur immer ein Block direkt auf einen anderen. Ein Roboterarm kann einen Block aufheben und ihn an eine andere Position setzen, beispielsweise auf

1 Die in der Planungsforschung verwendete Blockwelt ist wesentlich einfacher als die Version von SHRDLU (S. 43).

Init(*Reifen*(*PlatterReifen*) ∧ *Reifen*(*Ersatzreifen*) ∧ *Auf_In*(*PlatterReifen*, *Achse*)
∧ *Auf_In*(*Ersatzreifen*, *Trunk*))
Goal(*Auf_In*(*Ersatzreifen*, *Achse*))
Action(*Entfernen*(*obj*, *loc*),
PRECOND: *Auf_In*(*obj*, *loc*)
EFFECT: ¬ *Auf_In*(*obj*, *loc*) ∧ *Auf_In*(*obj*, *Boden*))
Action(*Montieren*(*t*, *Achse*),
PRECOND: *Reifen*(*t*) ∧ *Auf_In*(*t*, *Boden*) ∧ ¬ *Auf_In*(*PlatterReifen*, *Achse*)
∧ ¬ *Auf_In*(*Ersatzreifen*, *Achse*)
EFFECT: ¬ *Auf_In*(*t*, *Boden*) ∧ *Auf_In*(*t*, *Achse*))
Action(*UnbeaufsichtigtNachts*,
PRECOND:
EFFECT: ¬ *Auf_In*(*Ersatzreifen*, *Boden*) ∧ ¬ *Auf_In*(*Ersatzreifen*, *Achse*)
∧ ¬ *Auf_In*(*Ersatzreifen*, *Trunk*)
∧ ¬ *Auf_In*(*PlatterReifen*, *Boden*) ∧ ¬ *Auf_In*(*PlatterReifen*, *Achse*)
∧ ¬ *Auf_In*(*PlatterReifen*, *Trunk*))

Abbildung 11.2: Das einfache Ersatzreifenproblem.

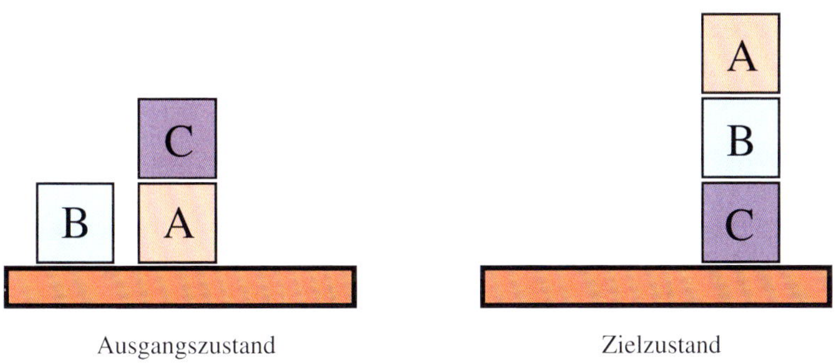

Abbildung 11.3: Diagramm des Blockweltproblems von Abbildung 11.4.

den Tisch oder auf einen anderen Block. Der Arm kann immer nur einen Block auf einmal aufheben, er kann also keinen Block aufheben, auf dem bereits ein anderer liegt. Ein typisches Ziel ist es, Block A auf B und Block B auf C zu setzen (► Abbildung 11.3).

Wir verwenden $Auf(b, x)$, um anzugeben, dass Block b auf x steht, wobei x entweder ein anderer Block oder der Tisch ist. Die Aktion, um den Block b von x auf y zu bewegen, lautet $Bewegen(b, x, y)$. Nun ist eine der Vorbedingungen für das Bewegen von b, dass sich kein anderer Block darauf befindet. In der Prädikatenlogik wäre dies $\neg\exists\, x\ Auf(x, b)$ oder alternativ $\forall\, x \neg Auf(x, b)$. Die einfache PDDL-Version erlaubt keine Quantoren, sodass wir stattdessen ein Prädikat $Frei(x)$ einführen, das wahr ist, wenn nichts auf x liegt. (Die vollständige Problembeschreibung finden Sie in ► Abbildung 11.4.)

Die Aktion *Bewegen* bewegt einen Block b von x nach y, wenn sowohl b als auch y frei sind. Nach dem Bewegen ist b immer noch frei, y jedoch nicht mehr. Ein erster Versuch mit dem *Bewegen*-Schema lautet:

Action(*Bewegen*(b, x, y),
PRECOND: $Auf(b, x) \wedge Frei(b) \wedge Frei(y)$,
EFFECT: $Auf(b, y) \wedge Frei(x) \wedge \neg Auf(b, x) \wedge \neg Frei(y)$)

$$
\begin{aligned}
&Init(Auf(A, Tisch) \land Auf(B, Tisch) \land Auf(C, A) \\
&\quad \land Block(A) \land Block(B) \land Block(C) \land Frei(B) \land Frei(C) \land Frei(Tisch)) \\
&Goal(Auf(A, B) \land Auf(B, C)) \\
&Action(Bewegen(b, x, y), \\
&\quad \text{PRECOND:} Auf(b, x) \land Frei(b) \land Frei(y) \land Block(b) \land Block(y) \land \\
&\qquad (b \neq x) \land (b \neq y) \land (x \neq y), \\
&\quad \text{EFFECT:} Auf(b, y) \land Frei(x) \land \neg Auf(b, x) \land \neg Frei(y)) \\
&Action(AufTischStellen(b, x), \\
&\quad \text{PRECOND:} Auf(b, x) \land Frei(b) \land Block(b) \land Block(x), \\
&\quad \text{EFFECT:} Auf(b, Tisch) \land Frei(x) \land \neg Auf(b, x))
\end{aligned}
$$

Abbildung 11.4: Ein Planungsproblem in der Blockwelt: Einen Turm aus drei Blöcken bauen. Eine Lösung ist die Folge [*AufTischStellen*(C, A), *Bewegen*(B, *Tisch*, C), *Bewegen*(A, *Tisch*, B)].

Leider verwaltet diese Aktion *Frei* nicht korrekt, wenn x oder y der Tisch ist. Wenn $x = Tisch$ gilt, hat diese Aktion den Effekt *Frei*(*Tisch*), aber der Tisch sollte nicht frei werden; und wenn $y = Tisch$, dann hat sie die Vorbedingung *Frei*(*Tisch*), aber der Tisch muss nicht frei sein, damit wir einen Block darauf absetzen können. Um dies zu korrigieren, machen wir zwei Dinge. Erstens führen wir eine weitere Aktion ein, um einen Block b von x auf den Tisch zu setzen:

$$
\begin{aligned}
&Action(AufTischStellen(b, x), \\
&\quad \text{PRECOND:} Auf(b, x) \land Frei(b), \\
&\quad \text{EFFECT:} Auf(b, Tisch) \land Frei(x) \land \neg Auf(b, x))
\end{aligned}
$$

Zweitens interpretieren wir *Frei*(x) als „es gibt einen freien Platz auf x, um einen Block aufzunehmen“. Unter dieser Interpretation ist *Frei*(*Tisch*) immer wahr. Das einzige Problem ist, dass nichts den Planer daran hindert, *Bewegen*(b, x, *Tisch*) anstelle von *AufTischStellen*(b, x) zu verwenden. Wir könnten mit diesem Problem leben – der Suchraum wäre zwar größer als nötig, aber es gäbe keine falschen Antworten – oder wir könnten das Prädikat *Block* einführen und *Block*(b) ∧ *Block*(y) der Vorbedingung von *Bewegen* hinzufügen (► Abbildung 11.4).

11.2 Algorithmen für klassisches Planen

Die Beschreibung eines Planungsproblems bietet eine gute Möglichkeit, vom Anfangszustand aus durch den Zustandsraum zu suchen und dabei nach einem Ziel Ausschau zu halten. Ein schöner Vorteil der deklarativen Darstellung von Aktionsschemas ist, dass wir auch rückwärts vom Ziel aus suchend nach dem Anfangszustand Ausschau halten können (► Abbildung 11.5 vergleicht die Vorwärts- und Rückwärtssuche). Eine dritte Möglichkeit besteht darin, die Problembeschreibung in eine Menge logischer Sätze zu übersetzen, auf die wir einen logischen Inferenzalgorithmus anwenden, um eine Lösung zu finden.

11.2.1 Vorwärtssuche im Zustandsraum

Wir können Planungsprobleme mit allen heuristischen Suchalgorithmen aus Kapitel 3 oder Kapitel 4 lösen. Die Zustände in diesem Suchzustandsraum sind grundierte Zustände, in denen jeder Fluent entweder wahr ist oder nicht. Das Ziel ist ein Zustand, der alle positiven, aber keine negativen Fluents im Ziel des Problems hat. Die in einem Zustand anwendbaren Aktionen, *Aktionen*(s), sind grundierte Instanziierungen der Aktionsschemas, d. h. Aktionen, bei denen die Variablen alle durch konstante Werte ersetzt wurden.

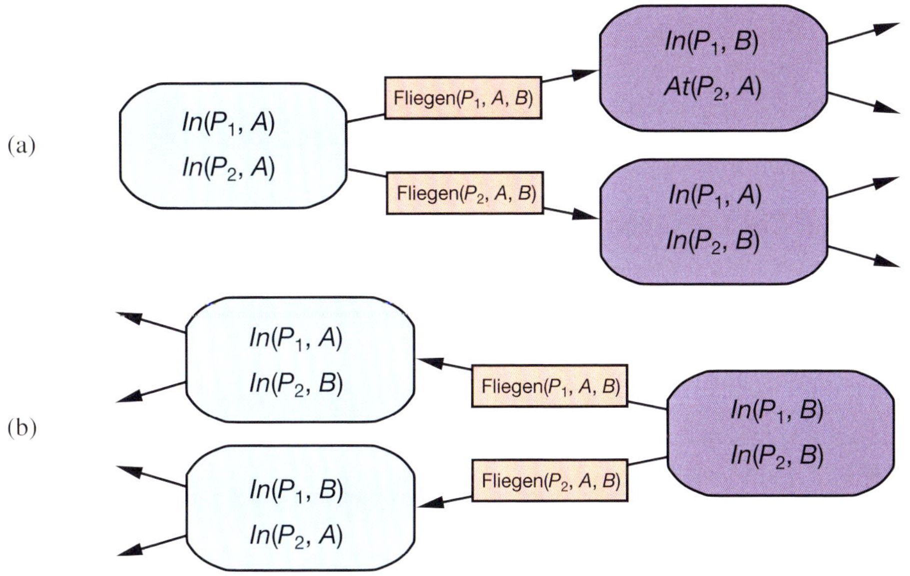

Abbildung 11.5: Zwei Ansätze für die Suche nach einem Plan. (a) Vorwärtssuche (Progression) durch den Raum der grundierten Zustände, die im Anfangszustand beginnt und unter Verwendung der Aktionen des Problems vorwärts nach einem Element der Menge der Zielzustände sucht. (b) Rückwärtssuche (Regression) durch Zustandsbeschreibungen, die beim Ziel beginnt und unter Verwendung der Umkehrung der Aktionen rückwärts nach dem Anfangszustand sucht.

Zur Festlegung der anwendbaren Aktionen unifizieren wir den aktuellen Zustand mit den Vorbedingungen jedes Aktionsschemas. Bei jeder Unifikation, die erfolgreich zu einer Substitution führt, wenden wir die Substitution auf das Aktionsschema an, um eine grundierte Aktion ohne Variablen zu erhalten. (Aktionsschemas sind mit der Bedingung verknüpft, dass jede Variable im Effekt auch in der Vorbedingung vorkommen muss; auf diese Weise ist gewährleistet, dass nach der Substitution keine Variablen übrig bleiben.)

Jedes Schema kann auf mehrere Arten unifizieren. Im Beispiel für den Ersatzreifen (S. 400) hat die Aktion *Entfernen* die Vorbedingung *Auf_In*(*obj*, *loc*), die auf zwei Arten mit dem Anfangszustand übereinstimmt, was zu den beiden Substitutionen {*obj*/*PlatterReifen*, *loc*/*Achse*} und {*obj*/*Ersatzreifen*, *loc*/*Kofferraum*} führt. Aus diesen Substitutionen ergeben sich zwei grundierte Aktionen. Wenn eine Aktion mehrere Literale in der Vorbedingung hat, dann kann jedes von ihnen potenziell auf mehrere Arten mit dem aktuellen Zustand abgeglichen werden.

Auf den ersten Blick könnte man annehmen, dass der Zustandsraum für viele Probleme zu groß ist. Betrachten Sie ein Luftfrachtproblem mit 10 Flughäfen, die jeweils anfänglich 5 Flugzeuge und 20 Frachtstücke haben. Das Ziel ist es, die gesamte Fracht am Flughafen *A* zum Flughafen *B* zu transportieren. Es gibt eine einfache, aus 41 Schritten bestehende Lösung des Problems: Man lädt die 20 Frachtstücke in eines der Flugzeuge bei *A*, fliegt dann das Flugzeug nach *B* und entlädt dort die Fracht.

Diese scheinbar einfache Lösung zu finden, kann schwierig sein, weil der durchschnittliche Verzweigungsfaktor riesig ist: Jedes der 50 Flugzeuge kann 9 andere Flughäfen anfliegen, und jedes der 200 Frachtstücke kann entweder entladen werden (falls es geladen war) oder in ein beliebiges Flugzeug auf seinem Flughafen geladen werden (falls es entladen wurde). Es gibt also in jedem Zustand ein Minimum von 450 Aktionen (wenn sich alle Frachtstücke an Flughäfen ohne Flugzeuge befinden) und maximal 10.450 (wenn alle Frachtstücke und Flugzeuge am selben Flughafen versammelt sind). Im Durchschnitt, gibt es etwa 2.000 mögliche Aktionen pro Zustand, sodass der Suchgraph bis zur Tiefe der 41-Schritte-Lösung etwa 2.000^{41} Knoten umfasst.

Es ist klar, dass selbst diese relativ kleine Probleminstanz ohne eine genaue Heuristik hoffnungslos ist. Obwohl sich viele reale Anwendungen der Planung auf domänenspezifische Heuristiken verlassen haben, stellt sich heraus (wie wir in Abschnitt 11.3 sehen), dass starke domänenunabhängige Heuristiken automatisch abgeleitet werden können; das ist es, was die Vorwärtssuche machbar macht.

11.2.2 Rückwärtssuche im Zustandsraum

Bei der Rückwärtssuche (auch **Regressionssuche** genannt) beginnen wir beim Ziel und wenden die Aktionen rückwärts an, bis wir eine Schrittfolge finden, die den Anfangszustand erreicht. Bei jedem Schritt betrachten wir die **relevanten Aktionen** (im Gegensatz zur Vorwärtssuche, die die **anwendbaren** Aktionen betrachtet). Dies reduziert den Verzweigungsfaktor erheblich, insbesondere in Domänen mit vielen möglichen Aktionen.

Eine relevante Aktion hat einen Effekt, der mit einem der Zielliterale **unifiziert**, aber keinen Effekt, der einen Teil des Ziels negiert. Zum Beispiel wäre bei dem Ziel $\neg Mittellos \wedge Berühmt$ eine Aktion relevant, die nur den Effekt *Berühmt* hätte, während eine mit dem Effekt $Mittellos \wedge Berühmt$ als nicht relevant angesehen wird: Auch wenn diese Aktion an einem bestimmten Punkt im Plan verwendet würde (um *Berühmt* zu etablieren), kann sie an *diesem* Punkt im Plan nicht erscheinen, weil dann *Mittellos* im Endzustand erscheinen würde.

Was bedeutet es, eine Aktion rückwärts anzuwenden? Für ein gegebenes Ziel g und eine Aktion a liefert uns die **Regression** von g über a eine Zustandsbeschreibung g', deren positive und negative Literale gegeben sind durch:

$$\textsc{Pos}(g') = (\textsc{Pos}(g) - \textsc{Add}(a)) \cup \textsc{Pos}(Precond(a))$$
$$\textsc{Neg}(g') = (\textsc{Neg}(g) - \textsc{Del}(a)) \cup \textsc{Neg}(Precond(a))$$

Das heißt, die Vorbedingungen müssen bereits vorher gegolten haben, sonst hätte die Aktion nicht ausgeführt werden können, aber die positiven/negativen Literale, die durch die Aktion hinzugefügt/gelöscht wurden, müssen vorher nicht wahr gewesen sein.

Diese Gleichungen sind für grundierte Literale einfach, aber es ist Vorsicht geboten, wenn es Variablen in g und a gibt. Nehmen wir zum Beispiel an, das Ziel ist es, ein bestimmtes Frachtstück nach SFO zu liefern: $An(C_2, SFO)$. Das Aktionsschema *Entladen* hat den Effekt $An(c, a)$. Wenn wir das mit dem Ziel unifizieren, erhalten wir die Substitution $\{c/C_2, a/SFO\}$. Durch Anwendung dieser Substitution auf das Schema erhalten wir ein neues Schema, das die Idee ausdrückt, irgendein Flugzeug zu benutzen, das sich in SFO befindet:

$$
\begin{array}{l}
Action(Entladen(C_2, p', SFO),\\
\quad \textsc{Precond}{:}\, In(C_2, p') \wedge An(p', SFO) \wedge Fracht(C_2) \wedge Flugzeug(p') \wedge Flughafen(SFO)\\
\quad \textsc{Effect}{:}\, An(C_2, SFO) \wedge \neg In(C_2, p'))
\end{array}
$$

Hier haben wir p durch eine neue Variable namens p' ersetzt. Dies ist ein Beispiel für die **Variablenumbenennung**, damit es keine Konflikte zwischen verschiedenen, jedoch zufällig gleichlautenden Variablen gibt (siehe S. 330). Die per Regression erhaltene Zustandsbeschreibung formuliert ein neues Ziel:

$$g' = In(C_2, p') \wedge An(p', SFO) \wedge Fracht(C_2) \wedge Flugzeug(p') \wedge Flughafen(SFO)$$

Als weiteres Beispiel betrachten wir das Ziel, ein Buch mit einer bestimmten ISBN-Nummer zu besitzen: *Besitzen*(9780134610993). Bei einer Billion 13-stelliger ISBNs und nur dem einen Aktionsschema

$$A = Action(Kaufen(i), \text{PRECOND:} ISBN(i), \text{EFFECT:} Besitzen(i))$$

müsste eine Vorwärtssuche ohne Heuristik zuerst einmal die 10 Milliarden grundierte *Kaufen*-Aktionen auflisten. Bei der Rückwärtssuche hingegen würden wir das Ziel *Besitzen* (9780134610993) mit dem Effekt *Besitzen*(i') unifizieren, was die Substitution $\theta = \{i'/9780134610993\}$ liefert. Dann würden wir über die Aktion *Subst*(θ, A) zurückgehen, sodass wir die Beschreibung des Vorgängerzustands *ISBN*(9780134610993) erhalten. Da dies Teil des Anfangszustands ist, haben wir eine Lösung und sind fertig, wobei wir nur eine Aktion betrachtet haben und nicht eine Billion.

Um es etwas formaler auszudrücken: Sei g eine Zielbeschreibung, die ein Zielliteral g_i und ein Aktionsschema A enthält. Wenn A ein Effektliteral e'_j hat, wobei $Unify(g_i, e'_j) = \theta$ gilt und wir $A' = \text{SUBST}(\theta, A)$ definieren, und wenn es keinen Effekt in A' gibt, der die Negation eines Literals in g ist, dann ist A' eine relevante Aktion in Richtung g.

Für die meisten Problemdomänen weist die Rückwärtssuche einen niedrigeren Verzweigungsfaktor auf als die Vorwärtssuche. Dadurch, dass die Rückwärtssuche jedoch Zustände mit Variablen und nicht grundierte Zustände verwendet, wird es schwieriger, gute Heuristiken zu entwickeln. Dies ist der Hauptgrund, warum die Mehrheit der aktuellen Systeme die Vorwärtssuche bevorzugt.

11.2.3 Planung mithilfe aussagenlogischer Erfüllbarkeit

Abschnitt 7.7.4 hat gezeigt, wie sich durch geschicktes Umschreiben von Axiomen ein Wumpus-Welt-Problem in ein aussagenlogisches Erfüllbarkeitsproblem umwandeln lässt, das an einen effizienten SAT-Solver übergeben werden kann. SAT-basierte Planer wie SATPLAN erfordern die Übersetzung einer PDDL-Problembeschreibung in eine aussagenlogische Form. Für diese Übersetzung bedarf es einer Folge von Schritten:

- Aktionen propositionalisieren: Ersetze jedes Aktionsschema durch grundierte logische Aussagen, indem die einzelnen Variablen durch Konstanten ersetzt werden. Anstelle eines einzigen Schemas *Entladen*(c, p, a) gäbe es also separate Aktionsaussagen für jede Kombination von Fracht, Flugzeug und Flughafen (gekennzeichnet mit tiefgestelltem Zeichen) und für jeden Zeitschritt (gekennzeichnet mit hochgestelltem Zeichen).
- Aktionsausschlussaxiome hinzufügen: Diese besagen, dass keine zwei Aktionen gleichzeitig auftreten können, z. B. $\neg(FliegenP_1SFOJFK^1 \wedge FliegenP_1SFOBUH^1)$.
- Vorbedingungsaxiome hinzufügen: Füge für jede grundierte Aktion A^t das Axiom $A^t \Rightarrow \text{PRE}(A)^t$ hinzu, d. h., wenn eine Aktion zum Zeitpunkt t ausgeführt wird, dann müssen die Vorbedingungen wahr gewesen sein. Zum Beispiel: $FliegenP_1SFOJFK^1 \Rightarrow An(P_1, SFO) \wedge Flugzeug(P_1) \wedge Flughafen(SFO) \wedge Flughafen(JFK)$.
- Den Anfangszustand definieren: Lege F^0 fest für jeden Fluent F im Anfangszustand des Problems und $\neg F^0$ für jeden Fluent, der nicht im Anfangszustand erwähnt wird.
- Das Ziel propositionalisieren: Das Ziel wird zu einer Disjunktion über alle seine grundierten Instanzen, wobei Variablen durch Konstanten ersetzt werden. Zum Beispiel würde das Ziel, Block A auf einem anderen Block zu haben, $Auf(A, x) \wedge Block(x)$ in einer Welt mit den Objekten A, B und C, durch das folgende Ziel ersetzt werden:

$$(Auf(A, A) \wedge Block(A)) \vee (Auf(A, B) \wedge Block(B)) \vee (Auf(A, C) \wedge Block(C))$$

- Nachfolgezustandsaxiome hinzufügen: Füge für jeden Fluent F ein Axiom der folgenden Form hinzu:

$$F^{t+1} \Leftrightarrow ActionCausesF^t \vee (F^t \wedge \neg ActionCausesNotF^t)\,,$$

wobei *ActionCausesF* eine Disjunktion aller grundierten Aktionen ist, die F hinzufügen, und *ActionCausesNotF* eine Disjunktion aller grundierten Aktionen, die F löschen.

Die resultierende Übersetzung ist in der Regel wesentlich größer als die ursprüngliche PDDL, aber die Effizienz moderner SAT-Solver macht dies oft mehr als wett.

11.2.4 Andere Ansätze des klassischen Planens

Die drei oben beschriebenen Ansätze sind nicht die einzigen, die in der 50-jährigen Geschichte des automatisierten Planens ausprobiert wurden. In diesem Abschnitt wollen wir kurz auf einige der anderen Ansätze eingehen.

Ein Ansatz namens Graphplan verwendet eine spezielle Datenstruktur, einen **Planungsgraphen**, um Constraints zu codieren, wie Aktionen mit ihren Vorbedingungen und Effekten zusammenhängen und welche Dinge sich gegenseitig ausschließen.

Situationskalkül ist eine Methode zur Beschreibung von Planungsproblemen in Prädikatenlogik. Sie verwendet Nachfolgezustandsaxiome genau wie SATPLAN, wobei die Prädikatenlogik jedoch mehr Flexibilität bietet und prägnantere Axiome erlaubt. Insgesamt hat dieser Ansatz zu einem besseren theoretischen Verständnis von Planen beigetragen, auch wenn er keinen großen Niederschlag in praktischen Anwendungen gefunden hat, was vielleicht daran lag, dass die Entwicklung prädikatenlogischer Solver nicht so weit fortgeschritten ist wie die der aussagenlogischen Erfüllbarkeitsprogramme.

Es ist möglich, ein beschränktes Planungsproblem (d. h. das Problem, einen Plan der Länge k zu finden) als ein **Constraint-Satisfaction-Problem** (CSP) zu codieren. Die Codierung entspricht in etwa der Codierung eines SAT-Problems (Abschnitt 11.2.3), mit einer wichtigen Vereinfachung: In jedem Zeitschritt benötigen wir nur eine einzige Variable, $Action^t$, deren Domäne die Menge der möglichen Aktionen ist. Wir brauchen nicht mehr für jede Aktion eine Variable und wir brauchen auch keine Aktionsausschlussaxiome mehr.

Alle Ansätze, die wir bisher gesehen haben, konstruieren *vollständig geordnete* Pläne, die aus streng linearen Aktionsfolgen bestehen. Wenn aber bei einem Luftfrachtproblem 30 Pakete in eines der Flugzeuge und 50 Pakete in ein anderes Flugzeug geladen werden, scheint es sinnlos, eine bestimmte lineare Reihenfolge der 80 Ladeaktionen festzulegen.

Eine Alternative namens **nichtlineares Planen** (*Partial-Order Planning*, POP) stellt einen Plan als Graphen und nicht als lineare Folge dar: Jede Aktion ist ein Knoten im Graphen, und für jede Vorbedingung der Aktion gibt es eine Kante von einer anderen Aktion (oder vom Anfangszustand), die anzeigt, dass die Vorgängeraktion die Vorbedingung festlegt. Wir könnten also einen nichtlinearen Plan haben, bei dem die Aktionen *Entfernen*(*Ersatzreifen*, *Kofferraum*) und *Entfernen*(*PlatterReifen*, *Achse*) vor *Montieren*(*Ersatzreifen*, *Achse*) kommen müssen, ohne jedoch zu sagen, welche der beiden *Entfernen*-Aktionen zuerst ausgeführt werden soll. Wir suchen im Raum der Pläne und nicht der Weltzustände und fügen Aktionen ein, um Bedingungen zu erfüllen.

In den 1980er und 1990er Jahren galt nichtlineares Planen als beste Methode zur Bewältigung von Planungsproblemen mit unabhängigen Teilproblemen. Bis zum Jahr 2000 hatten jedoch Vorwärtssuche-Planer hervorragende Heuristiken entwickelt, die eine effiziente Entdeckung der unabhängigen Teilprobleme erlaubten, wofür eigentlich das nichtlineare Planen konzipiert war. Außerdem profitierte SATPLAN vom Moore'schen Gesetz: Die Propositionalisierung, die 1980 hoffnungslos umfangreich war, stellt inzwischen kein Problem mehr dar, weil Computer heute 10.000-mal mehr Speicher haben. Infolgedessen sind POP-Planer bei vollautomatisierten Problemen des klassischen Planens nicht konkurrenzfähig.

Nichtsdestotrotz ist und bleibt nichtlineares Planen eine wichtige Entwicklung in diesem Bereich. Für einige spezielle Aufgaben, wie z. B. das Planen von Arbeitsabläufen oder Operationen, ist nichtlineares Planen mit domänenspezifischen Heuristiken immer noch die Technologie der Wahl. Viele dieser Systeme verwenden Bibliotheken umfassender Pläne, wie in Abschnitt 11.4 beschrieben.

Nichtlineares Planen wird auch häufig in Domänen verwendet, in denen es wichtig ist, dass Menschen die Pläne auch verstehen. So werden z. B. Einsatz- und Ablaufpläne für Raumfahrzeuge und Mars-Rover von den Entwicklern mithilfe nichtlinearer Planung erstellt und dann vom technischen Personal überprüft, bevor sie endgültig in die Fahrzeuge hochgeladen werden. Dieser Ansatz zur Planverfeinerung macht es den Menschen einfacher zu verstehen, was die Planungsalgorithmen eigentlich tun, und zu überprüfen, ob die Pläne korrekt sind, bevor sie ausgeführt werden.

11.3 Heuristiken für Planungsprobleme

Weder die Vorwärts- noch die Rückwärtssuche arbeitet effizient ohne eine gute heuristische Funktion. Wie in Kapitel 3 erläutert, schätzt eine heuristische Funktion $h(s)$ den Abstand zwischen einem Zustand s und dem Ziel. Und wenn wir eine **zulässige** Heuristik für diesen Abstand ableiten können – eine, die keine Überschätzungen vornimmt –, lassen sich mit der A*-Suche optimale Lösungen finden.

Per Definition gibt es keine Möglichkeit, einen atomaren Zustand zu analysieren, weshalb ein Analytiker (normalerweise ein Mensch) schon recht findig sein muss, um gute domänenspezifische Heuristiken für Suchprobleme mit atomaren Zuständen zu definieren. Da jedoch die Planung eine faktorisierte Darstellung für Zustände und Aktionen verwendet, ist es möglich, gute domänenunabhängige Heuristiken zu definieren.

Wir wissen bereits, dass eine zulässige Heuristik abgeleitet werden kann, indem man ein **relaxiertes Problem** definiert, das einfacher zu lösen ist. Die genauen Kosten einer Lösung für dieses einfachere Problem werden dann zur Heuristik für das ursprüngliche Problem. Ein Suchproblem lässt sich als Graph darstellen, bei dem die Knoten Zustände und die Kanten Aktionen sind. Das Problem besteht darin, einen Pfad zu finden, der den Anfangszustand mit einem Zielzustand verbindet. Es gibt zwei Möglichkeiten, dieses Problem zu relaxieren, um es zu vereinfachen: Indem wir dem Graphen weitere Kanten hinzufügen, wodurch es grundsätzlich einfacher wird, einen Pfad zu finden, oder indem wir mehrere Knoten zu einer Gruppe zusammenfassen und damit eine Abstraktion des Zustandsraums erhalten, die weniger Zustände hat und daher einfacher zu durchsuchen ist.

Betrachten wir zunächst die Heuristiken, die dem Graphen Kanten hinzufügen. Die vielleicht einfachste ist die Heuristik „**Vorbedingungen ignorieren**", die alle Vorbedingungen aus den Aktionen entfernt. Jede Aktion wird in jedem Zustand anwendbar, und jeder einzelne Zielfluent kann in nur einem Schritt erreicht werden (sofern es irgendwelche anwendbaren Aktionen gibt – wenn nicht, ist das Problem nicht lösbar). Dies impliziert fast, dass die Anzahl der Schritte, die zur Lösung des relaxierten Problems erforderlich sind, gleich der Anzahl der nicht erfüllten Ziele ist – fast, aber nicht ganz, denn (1) einige Aktionen können mehrere Ziele erreichen und (2) einige Aktionen können die Effekte anderer rückgängig machen.

Für viele Probleme erhält man eine genaue Heuristik durch Berücksichtigen von (1) und Ignorieren von (2). Zuerst relaxieren wir die Aktionen, indem wir alle Vorbedingungen und Effekte entfernen außer denjenigen, die im Ziel Literale sind. Dann bestimmen wir die minimale Anzahl von Aktionen, die erforderlich sind, damit die Vereinigungsmenge der Effekte dieser Aktionen das Ziel erfüllt. Dies ist eine Instanz für das **Mengenüberdeckungsproblem**. Mit einer kleinen Schwachstelle müssen wir allerdings leben: Das Mengenüberdeckungsproblem ist NP-schwer. Glücklicherweise liefert ein einfacher gieriger Algorithmus garantiert eine Mengenabdeckung zurück, deren Größe innerhalb eines Faktors von $\log n$ der tatsächlichen minimalen Abdeckung liegt, wobei n die Anzahl der Literale im Ziel ist. Leider verliert der gierige Algorithmus die Garantie der Zulässigkeit.

Es ist auch möglich, nur *ausgewählte* Vorbedingungen von Aktionen zu ignorieren. Betrachten wir das Schiebepuzzle (8-Puzzle oder 15-Puzzle) aus Abschnitt 3.2. Wir könnten dies als ein Planungsproblem codieren, das die Spielsteine mit einem einzigen Aktionsschema *Slide* umfasst:

$$\begin{aligned}&Action(Slide(t, s_1, s_2),\\ &\quad \text{PRECOND:} Auf(t, s_1) \wedge Teil(t) \wedge Leer(s_2) \wedge Benachbart(s_1, s_2)\\ &\quad \text{EFFECT:} Auf(t, s_2) \wedge Leer(s_1) \wedge \neg Auf(t, s_1) \wedge \neg Leer(s_2))\end{aligned}$$

Wenn wir die Vorbedingungen $Leer(s_2) \wedge Benachbart(s_1, s_2)$ entfernen, kann jeder Spielstein – wie in Abschnitt 3.6 gezeigt – in nur einer Aktion auf ein beliebiges Leerfeld gezogen werden und wir erhalten die Heuristik „Anzahl der falsch platzierten Spielsteine". Wenn wir nur die Vorbedingung $Leer(s_2)$ entfernen, erhalten wir die Manhattan-Distanz-Heuristik. Es ist leicht zu erkennen, wie diese Heuristiken automatisch aus der Beschreibung des Aktionsschemas abgeleitet werden können. Die einfache Manipulation der Aktionsschemas ist der große Vorteil der faktorisierten Darstellung von Planungsproblemen im Vergleich zur atomaren Darstellung von Suchproblemen.

Eine andere Möglichkeit ist die Heuristik **„D-Listen ignorieren"**. Nehmen wir kurz an, dass alle Ziele und Vorbedingungen nur positive Literale enthalten.[2] Wir wollen eine relaxierte Version des ursprünglichen Problems erzeugen, die leichter zu lösen ist und bei der die Länge der Lösung als gute Heuristik dient. Zu diesem Zwecke können wir einfach die Löschlisten aus allen Aktionen entfernen (d. h., wir entfernen alle negativen Literale aus den Effekten). Dadurch wird es möglich, monoton auf das Ziel zuzusteuern – keine Aktion wird jemals den von einer anderen Aktion gemachten Fortschritt rückgängig machen. Wie sich zeigt, ist es immer noch NP-schwer, die optimale Lösung für dieses relaxierte Problem zu finden, aber eine ungefähre Lösung kann in polynomieller Zeit durch einen Bergsteigeralgorithmus gefunden werden.

► Abbildung 11.6 zeigt einen Teil des Zustandsraums für zwei Planungsprobleme unter Verwendung der Heuristik „D-Listen ignorieren". Die Punkte stellen Zustände und die Kanten Aktionen dar und die Höhe jedes Punkts über der Grundebene stellt den heuristischen Wert dar. Zustände auf der Grundebene sind Lösungen. Bei beiden Problemen gibt es einen breiten Pfad zum Ziel. Es gibt keine Sackgassen, sodass keine Notwendigkeit für Backtracking besteht; mit einer einfachen Bergsteigersuche lässt sich leicht eine Lösung für diese Probleme finden (auch wenn es unter Umständen keine optimale Lösung ist).

11.3.1 Domänenunabhängiges Kürzen

Faktorisierte Darstellungen machen deutlich, dass viele Zustände nur Varianten von anderen Zuständen sind. Nehmen wir zum Beispiel an, wir haben ein Dutzend Blöcke auf einem Tisch und das Ziel ist es, Block A als obersten Block eines 3-Blöcke-Turms zu bekommen. Der erste Schritt einer Lösung besteht darin, einen Block x auf den Block y zu setzen (wobei x, y und A alle unterschiedlich sind). Danach platzieren wir Block A auf x und das war's.

2 Die Beschreibung vieler Probleme basiert auf dieser Konvention. Für Probleme, bei denen dies nicht der Fall ist, ersetzen Sie jedes negative Literal $\neg P$ in einem Ziel oder einer Vorbedingung durch ein neues positives Literal P' und ändern Sie den Anfangszustand und die Aktionseffekte entsprechend.

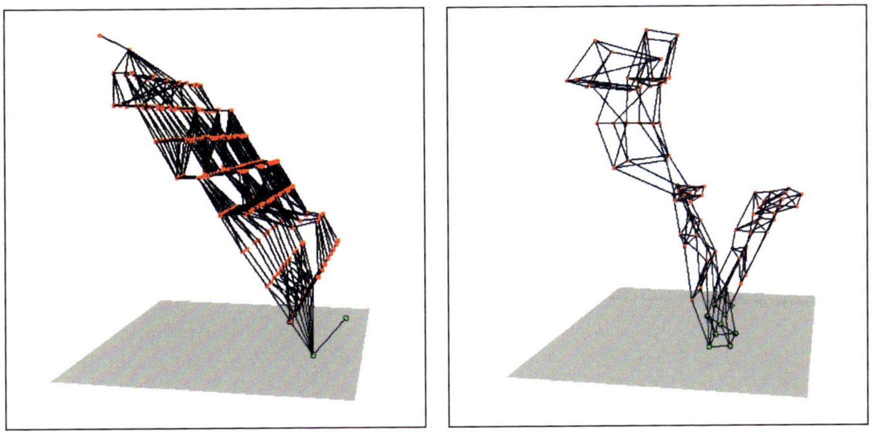

Abbildung 11.6: Zwei Zustandsräume aus Planungsproblemen mit der Heuristik „D-Listen ignorieren". Die Höhe über der Grundebene ist der heuristische Punktewert eines Zustands; Zustände auf der Grundebene sind Ziele. Es gibt keine lokalen Minima, sodass die Suche nach dem Ziel unkompliziert ist. Aus Hoffmann (2005).

Es gibt 11 Optionen für die Wahl von x und, bei einem gegebenen x, 10 Optionen für y, d. h., wir müssen 110 Zustände berücksichtigen. Aber alle diese Zustände sind symmetrisch: Für welchen man sich entscheidet, macht keinen Unterschied, und deshalb sollte ein Planer auch nur einen davon berücksichtigen. Das ist der Prozess der **Symmetriereduktion**: Wir kürzen aus der Betrachtung alle symmetrischen Zweige des Suchbaums bis auf einen. Für viele Domänen macht dies den Unterschied zwischen nicht effizient machbar und effizient zu lösen.

Eine andere Möglichkeit ist das Forward Pruning, wobei wir das Risiko in Kauf nehmen, eine optimale Lösung wegzukürzen, wenn wir die Suche nach den vielversprechendsten Zweigen einengen. Eine **bevorzugte Aktion** lässt sich wie folgt definieren: Zuerst definieren wir eine relaxierte Version des Problems, das wir lösen, um einen **relaxierten Plan** zu erhalten. Dann ist eine bevorzugte Aktion entweder ein Schritt des relaxierten Plans oder sie realisiert eine Vorbedingung des relaxierten Plans.

Manchmal kann man ein Problem effizient lösen, wenn man erkennt, dass negative Interaktionen ausgeschlossen werden können. Wir sagen, dass ein Problem **serialisierbare Teilziele** hat, wenn die Teilziele eine Reihenfolge aufweisen, die der Planer nacheinander wie angegeben erreichen kann, ohne eines der zuvor erreichten Teilziele rückgängig machen zu müssen. Wenn das Ziel in der Blockwelt z. B. darin besteht, einen Turm zu bauen (z. B. Block A auf B, der seinerseits auf C liegt, der sich wiederum auf dem Tisch befindet, wie ► Abbildung 11.3 auf S. 401 zeigt), dann sind die Teilziele von unten nach oben serialisierbar: Wenn wir zuerst „*C* auf dem *Tisch*" realisieren, müssen wir es nie rückgängig machen, um die anderen Teilziele zu realisieren. Planer, die den Von-unten-nach-oben-Trick anwenden, können jedes Problem in der Blockwelt ohne Backtracking lösen (obwohl sie vielleicht nicht immer den kürzesten Plan finden). Betrachten wir ein weiteres Beispiel: Wenn es einen Raum mit n Lichtschaltern gibt, die jeweils ein separates Lämpchen steuern, und das Ziel darin besteht, sie alle einzuschalten, dann müssen wir keine Permutationen der Reihenfolge in Betracht ziehen; wir könnten uns einfach auf Pläne beschränken, die die Schalter beispielsweise in aufsteigender Reihenfolge umlegen.

Für den Remote Agent, einen Planer, der die NASA-Raumsonde *Deep Space One* steuerte, wurde festgelegt, die logischen Aussagen für die Steuerung der Raumsonde serialisierbar zu machen. Dies dürfte nicht allzu sehr überraschen, da eine Sonde von den Ingenieuren so *entworfen* wird, dass sie möglichst einfach zu steuern ist (vorbehaltlich anderer Einschränkungen). Unter Ausnutzung der serialisierten Reihenfolge der Ziele konnte der Remote Agent den größten Teil der Suche eliminieren. Dies bedeutete, dass er schnell genug war, um die Raumsonde in Echtzeit zu steuern, was zuvor als unmöglich galt.

11.3.2 Zustandsabstraktion beim Planen

Durch Relaxieren des Problems erhalten wir ein vereinfachtes Planungsproblem, das nur den Wert der heuristischen Funktion zu berechnen hat. Viele Planungsprobleme haben 10^{100} Zustände oder mehr, und die Relaxierung der *Aktionen* trägt nicht dazu bei, die Anzahl der Zustände zu reduzieren, was bedeutet, dass die Berechnung der Heuristik immer noch teuer sein kann. Daher betrachten wir nun Relaxierungen, die die Anzahl der Zustände verringern, und zwar mithilfe einer **Zustandsabstraktion** – eine Viele-zu-eins-Abbildung von Zuständen in der grundierten Repräsentation des Problems auf die abstrakte Darstellung.

Bei der einfachsten Form der Zustandsabstraktion werden lediglich einige Fluents ignoriert. Betrachten wir zum Beispiel ein Luftfrachtproblem mit 10 Flughäfen, 50 Flugzeugen und 200 Frachtstücken. Jedes Flugzeug kann sich auf einem der 10 Flughäfen befinden und jedes Paket kann entweder in einem der Flugzeuge verstaut oder an einem der Flughäfen entladen worden sein. Es gibt also $10^{50} \times (50 + 10)^{200} \approx 10^{405}$ Zustände. Betrachten wir nun ein spezielles Problem in dieser Domäne, bei dem sich alle Pakete an nur 5 der Flughäfen befinden und alle Pakete an einem bestimmten Flughafen das gleiche Ziel haben. Eine nützliche Abstraktion des Problems besteht dann darin, alle *In*-Fluents zu streichen, außer denjenigen, die mit einem Flugzeug und einem Paket an jedem der 5 Flughäfen zu tun haben. Jetzt gibt es nur noch $10^5 \times (5 + 10)^5 \approx 10^{11}$ Zustände. Eine Lösung in diesem abstrakten Zustandsraum ist kürzer als eine Lösung im ursprünglichen Raum (und damit eine zulässige Heuristik), und die abstrakte Lösung ist leicht zu einer Lösung des ursprünglichen Problems zu erweitern (durch Hinzufügen zusätzlicher *Beladen*- und *Entladen*-Aktionen).

Ein wesentliches Konzept beim Definieren von Heuristiken ist die **Zerlegung**: Hierbei werden die Probleme in einzelne Teile zerlegt, jeder Teil unabhängig gelöst und dann die Teile wieder zusammengeführt. Die Annahme der Unabhängigkeit von Teilzielen besagt, dass die Kosten für das Lösen einer Konjunktion von Teilzielen durch die Summe der Kosten für das *unabhängige* Lösen jedes Teilziels angenähert werden. Die Annahme der Unabhängigkeit von Teilzielen kann optimistisch oder pessimistisch sein. Sie ist optimistisch, wenn es negative Interaktionen zwischen den Teilplänen für jedes Teilziel gibt – zum Beispiel, wenn eine Aktion in einem Teilplan ein Ziel löscht, das durch einen anderen Teilplan erreicht wurde. Sie ist pessimistisch und daher unzulässig, wenn Teilpläne redundante Aktionen enthalten – zum Beispiel zwei Aktionen, die im zusammengeführten Plan durch eine einzige Aktion ersetzt werden könnten.

Angenommen, das Ziel besteht aus einer Menge von Fluents G, die wir in disjunkte Teilmengen $G_1, \ldots, G_n$ unterteilen. Wir finden dann optimale Pläne $P_1, \ldots, P_n$, die die jeweiligen Teilziele lösen. Wie hoch sind die Kosten des Plans für das Erreichen aller G? Wir können uns die Einzelkosten $\text{KOSTEN}(P_i)$ als eine heuristische Schätzung vorstellen. Außerdem wissen wir, dass wir immer eine zulässige Heuristik erhalten, wenn wir die Schätzungen zusammenfassen, indem wir ihre Maximalwerte heranziehen. Also ist $\max_i \text{KOSTEN}(P_i)$ zulässig und manchmal sogar absolut korrekt: Es könnte sein, dass P_1 zufällig alle G_i erreicht. Aber normalerweise ist die Schätzung zu niedrig. Könnten wir stattdessen die Kosten summieren? Für viele Probleme ergibt dies eine vernünftige Schätzung, doch ist sie nicht zulässig. Im besten Fall sind G_i und G_j unabhängig in dem Sinn, dass die Pläne für die eine Teilmenge die Kosten der Pläne für die andere nicht reduzieren können. In diesem Fall ist die Schätzung $\text{KOSTEN}(P_i) + \text{KOSTEN}(P_j)$ zulässig und genauer als die max-Schätzung.

Es ist unbestreitbar, dass sich der Suchraum durch Abstraktionsbildung erheblich reduzieren lässt. Der Trick besteht darin, die richtigen Abstraktionen auszuwählen und sie so zu verwenden, dass die Gesamtkosten – für das Definieren einer Abstraktion, das Durchführen einer abstrakten Suche und das Abbilden der Abstraktion zurück auf das ursprüngliche Problem – geringer sind als die Kosten für die Lösung des ursprünglichen Problems. Die Techniken der **Musterdatenbanken** aus Abschnitt 3.6.3 können dabei nützlich sein, da sich die Kosten für das Erstellen der Musterdatenbank über mehrere Probleminstanzen hinweg amortisieren.

Ein Beispiel für ein System, das effektive Heuristiken verwendet, ist FF oder FASTFORWARD (Hoffmann, 2005), ein den Zustandsraum vorwärts durchsuchendes Programm, das die Heuristik „D-Listen ignorieren" verwendet und die Heuristik mithilfe eines Planungsgraphen abschätzt. FF verwendet dann die Bergsteigersuche (in modifizierter Form, damit sich der Plan verfolgen lässt) zusammen mit der Heuristik, um eine Lösung zu suchen. Der Bergsteigeralgorithmus von FF ist nicht der Standardalgorithmus: Er vermeidet lokale Maxima, indem er vom aktuellen Zustand aus eine Breitensuche durchführt, bis ein besserer gefunden wird. Wenn dies fehlschlägt, wechselt FF zu einer gierigen Bestensuche.

11.4 Hierarchisches Planen

Die Methoden der vorherigen Kapitel zum Problemlösen und Planen arbeiten alle mit einer feststehenden Menge von atomaren Aktionen. Aktionen können aneinandergereiht werden, und mit modernen Algorithmen lassen sich Lösungen erzeugen, die Tausende von Aktionen enthalten. Das mag reichen, wenn wir einen Urlaub planen und die Aktionen auf der Ebene liegen „von San Francisco nach Honolulu fliegen", aber auf der Ebene der motorischen Steuerung „das linke Knie um 5 Grad beugen" müssten wir Millionen oder Milliarden von Aktionen aneinanderreihen, nicht Tausende.

Um diese Lücke zu schließen, müssen wir einfach auf höheren Abstraktionsebenen planen. Ein Plan auf höherer Ebene für einen Hawaii-Urlaub könnte lauten: „Fahre zum Flughafen von San Francisco; nehme den Flug HA 11 nach Honolulu; mache zwei Wochen lang Urlaub; nehme den Flug HA 12 zurück nach San Francisco; fahre nach Hause." Bei einem solchen Plan kann die Aktion „Fahre zum Flughafen von San Francisco" als eigenständige Planungsaufgabe betrachtet werden, mit einer Lösung wie „Wähle einen Fahrdienst; bestelle ein Auto; fahre zum Flughafen". Jede dieser Aktionen lässt sich weiter zerlegen, bis wir zu den untersten Aktionen der motorischen Steuerung kommen, wie einem Tastendruck.

In diesem Beispiel sind Planen und Handeln verzahnt. Zum Beispiel würde man das Problem der Wegeplanung vom Bordstein zum Gate verschieben, bis man vor dem Flughafen abgesetzt worden ist. Somit bleibt diese bestimmte Aktion vor der Ausführungsphase auf einer abstrakten Ebene. Wir verschieben die Diskussion dieses Themas auf Abschnitt 11.5. Hier konzentrieren wir uns auf den Aspekt der **hierarchischen Zerlegung**. Dieses Konzept durchzieht fast alle Versuche, der Komplexität Herr zu werden. Zum Beispiel wird komplexe Software aus einer Hierarchie von Unterprogrammen und Objektklassen erstellt; Armeen, Regierungen und Unternehmen haben Organisationshierarchien. Der Hauptvorteil von hierarchischen Strukturen ist, dass auf jeder Ebene der Hierarchie so etwas wie eine Berechnung, eine militärische Mission oder eine Verwaltungsfunktion auf eine *kleine* Anzahl von Aktivitäten auf der nächstniedrigeren Ebene reduziert werden kann, sodass die Rechenzeitkosten gering sind, um nach dem richtigen Weg zu suchen, diese Aktivitäten für das aktuelle Problem anzuordnen.

11.4.1 High-Level-Aktionen

Der grundlegende Formalismus, den wir anwenden, um die hierarchische Zerlegung verständlich zu machen, stammt aus dem Bereich des Planens **hierarchischer Task-Netzwerke**

Verfeinerung(*Gehen*(*Wohnung*, *SFO*),
 STEPS: [*Fahren*(*Wohnung*, *SFOLangzeitParken*),
  Shuttle(*SFOLangzeitParken*, *SFO*)])
Verfeinerung(*Gehen*(*Wohnung*, *SFO*),
 STEPS: [*Taxi*(*Wohnung*, *SFO*)])

Verfeinerung(*Navigieren*($[a, b], [x, y]$),
 PRECOND: $a = x \wedge b = y$
 STEPS: [])
Verfeinerung(*Navigieren*($[a, b], [x, y]$),
 PRECOND: *Verbunden*($[a, b], [a - 1, b]$)
 STEPS: [*Links*, *Navigieren*($[a - 1, b], [x, y]$)])
Verfeinerung(*Navigieren*($[a, b], [x, y]$),
 PRECOND: *Verbunden*($[a, b], [a + 1, b]$)
 STEPS: [*Rechts*, *Navigieren*($[a + 1, b], [x, y]$)])
...

Abbildung 11.7: Definitionen möglicher Verfeinerungen für zwei High-Level-Aktionen: zum Flughafen von San Francisco fahren und in der Staubsaugerwelt navigieren. Beachten Sie im letzteren Fall die rekursive Natur der Verfeinerungen und die Verwendung von Vorbedingungen.

(HTN-Planen). Wir gehen zunächst von vollständiger Beobachtbarkeit und Determinismus sowie einer Menge von Aktionen aus, die wir aufgrund ihrer standardmäßigen Vorbedingung-Effekt-Schemas als **primitive Aktionen** bezeichnen. Das wichtigste zusätzliche Konzept ist die **High-Level-Aktion** (HLA), wozu beispielsweise die Aktion „Fahre zum Flughafen von San Francisco" zählt. Jede HLA hat eine oder mehrere mögliche **Verfeinerungen**, zu einer Folge von Aktionen, von denen jede wiederum eine HLA oder eine primitive Aktion sein kann. Die Aktion „Gehe zum Flughafen von San Francisco", formal dargestellt als *Gehen*(*Wohnung*, *SFO*), kann beispielsweise zwei mögliche Verfeinerungen haben, wie ► Abbildung 11.7 zeigt. Die gleiche Abbildung zeigt eine **rekursive** Verfeinerung für die Navigation in der Staubsaugerwelt: Um zu einem Ziel zu gelangen, führe einen Schritt aus und gehe dann zum Ziel.

Diese Beispiele zeigen, dass High-Level-Aktionen und ihre Verfeinerungen das Wissen ausdrücken, *wie man Dinge realisiert*. Zum Beispiel sagen die Verfeinerungen für *Gehen*(*Wohnung*, *SFO*), dass man zum Flughafen gelangt, indem man selbst fährt oder einen Fahrdienst nutzt; Milch kaufen, sich hinsetzen und den Springer nach e4 bewegen sind keine zu berücksichtigenden Optionen.

Eine HLA-Verfeinerung, die nur primitive Aktionen enthält, wird als eine **Implementierung** der HLA bezeichnet. In einer Staubsauger-Gitterwelt implementieren die Folgen [*Rechts*, *Rechts*, *Unten*] und [*Unten*, *Rechts*, *Rechts*] beide die HLA (*Navigieren*($[1, 3], [3, 2]$)). Eine Implementierung eines höheren Plans (eine Folge von HLAs) ist die Verkettung der einzelnen HLA-Implementierungen in der Folge. Mit den Vorbedingung-Effekt-Definitionen jeder primitiven Aktion ist es einfach festzustellen, ob eine bestimmte Implementierung eines höheren Plans das Ziel erreicht.

Wir können also sagen, dass *ein höherer Plan das Ziel von einem gegebenen Zustand aus erreicht, wenn mindestens eine seiner Implementierungen das Ziel von diesem Zustand aus erreicht*. Die Aussage „mindestens eine" in dieser Definition ist entscheidend – nicht *alle* Implementierungen müssen das Ziel erreichen, da der Agent selbst entscheiden kann, welche Implementierung er ausführen will. Daher ist die Menge der möglichen Implementierungen beim HTN-Planen – von denen jede ein anderes Ergebnis haben kann – nicht die gleiche wie die Menge der möglichen Ergebnisse beim nichtdeterministischen Planen. Dort wird verlangt, dass ein Plan für *alle* Ergebnisse funktioniert, weil nicht der Agent das Ergebnis wählen kann, sondern die Natur.

Der einfachste Fall ist eine HLA, die genau eine Implementierung hat. In diesem Fall können wir die Vorbedingungen und Effekte der HLA aus denen der Implementierung berechnen (siehe Übung 11.3 auf der Website) und die HLA dann genau so behandeln, als wäre sie selbst eine primitive Aktion. Es kann gezeigt werden, dass sich mit der richtigen Zusammenstellung von HLAs die Zeitkomplexität der blinden Suche von exponentiell in der Lösungstiefe auf linear in der Lösungstiefe senken lässt, auch wenn das Zusammenstellen der HLAs an sich eine nichttriviale Aufgabe ist. Wenn HLAs mehrere mögliche Implementierungen haben, hat man zwei Optionen: zum einen unter den Implementierungen nach einer zu suchen, die funktioniert (wie in Abschnitt 11.4.2); zum anderen direkt über die HLAs zu schlussfolgern – trotz der Vielzahl von Implementierungen (siehe Abschnitt 11.4.3). Die zweite Methode erlaubt die Ableitung von nachweisbar korrekten abstrakten Plänen, ohne deren Implementierungen berücksichtigen zu müssen.

11.4.2 Nach primitiven Lösungen suchen

Beim HTN-Planen wird oft eine einzige „Top-Level"-Aktion namens *Act* formuliert, wobei das Ziel darin besteht, eine Implementierung von *Act* zu finden, die das Ziel erreicht. Dieser Ansatz ist vollkommen allgemein. Klassische Planungsprobleme können z. B. wie folgt definiert werden: Biete für jede primitive Aktion a_i eine Verfeinerung von *Act* mit den Schritten $[a_i, Act]$ an. Dadurch wird eine rekursive Definition von *Act* erzeugt, die es uns erlaubt, Aktionen hinzuzufügen. Allerdings benötigen wir eine Möglichkeit, die Rekursion zu beenden; dazu stellen wir eine weitere Verfeinerung für *Act* bereit, und zwar eine mit einer leeren Liste von Schritten und mit einer Vorbedingung, die dem Ziel des Problems entspricht. Dadurch drücken wir aus, dass die richtige Implementierung darin besteht, nichts zu tun, wenn das Ziel bereits erreicht ist.

Der Ansatz führt zu einem einfachen Algorithmus: Wähle wiederholt eine HLA im aktuellen Plan aus und ersetze sie durch eine ihrer Verfeinerungen, bis der Plan das Ziel erreicht hat. Eine mögliche Implementierung, die auf Breitensuche basiert, ist in ► Abbildung 11.8 dargestellt. Die Pläne werden in der Reihenfolge der Verschachtelungstiefe der Verfeinerungen und nicht nach der Anzahl der primitiven Schritte betrachtet. Es ist problemlos möglich, eine Algorithmusversion mit Graphensuche zu entwerfen, sowie eine mit Tiefensuche oder iterativer Tiefensuche.

```
function HIERARCHICAL-SEARCH(problem, hierarchy) returns eine Lösung oder failure
  frontier ← eine FIFO-Warteschlange mit [Act] als einzigem Element
  while true do
     if IS-EMPTY(frontier) then return failure
     plan ← POP(frontier)        // wählt den flachsten Plan in frontier
     hla ← die erste HLA in plan oder null, falls keine vorhanden
     prefix,suffix ← die Aktionsteilfolgen vor und nach hla in plan
     outcome ← RESULT(problem.INITIAL, prefix)
     if hla ist null then         // plan ist somit primitiv und outcome ist sein Ergebnis
        if problem.IS-GOAL(outcome) then return plan
     else for each sequence in REFINEMENTS(hla, outcome, hierarchy) do
        füge APPEND(prefix, sequence, suffix) zu frontier hinzu
```

Abbildung 11.8: Eine Implementierung der hierarchischen Vorwärtsplanung mit Breitensuche. Der dem Algorithmus anfangs übergebene Plan ist [*Act*]. Die Funktion REFINEMENTS gibt eine Menge von Aktionsfolgen zurück, eine für jede Verfeinerung der HLA, deren Vorbedingungen durch den angegebenen Zustand, *outcome*, erfüllt werden.

Im Wesentlichen untersucht diese Form der hierarchischen Suche den Raum der Sequenzen, die mit dem in der HLA-Bibliothek enthaltenen Wissen über die Handlungsabläufe übereinstimmen. Ein Großteil des Wissens kann codiert werden, nicht nur in den Aktionsfolgen, die in jeder Verfeinerung angegeben werden, sondern auch in den Vorbedingungen für die Verfeinerungen. Für einige Domänen konnten HTN-Planer riesige Pläne mit sehr wenig Suchaufwand erzeugen. Zum Beispiel wurde O-PLAN (Bell und Tate, 1985), eine Kombination aus HTN- und Zeitplanen, eingesetzt, um Produktionspläne für Hitachi zu entwickeln. Ein typisches Problem umfasst eine Produktlinie mit 350 verschiedenen Produkten, 35 Montagemaschinen und über 2.000 verschiedenen Operationen. Der Planer erzeugt einen 30-Tage-Plan mit drei 8-Stunden-Schichten pro Tag und zig Millionen Schritte. Ein weiterer wichtiger Aspekt von HTN-Plänen ist, dass sie per Definition hierarchisch strukturiert sind, was sie normalerweise für Menschen leicht verständlich macht.

Die rechentechnischen Vorteile der hierarchischen Suche lassen sich anhand eines idealisierten Falls veranschaulichen. Angenommen, ein Planungsproblem hat eine Lösung mit d primitiven Aktionen. Für einen nichthierarchischen, vorwärtsgerichteten Zustandsraumplaner mit b erlaubten Aktionen in jedem Zustand betragen die Kosten gemäß Kapitel 3 $O(b^d)$. Für einen HTN-Planer nehmen wir eine sehr regelmäßige Verfeinerungsstruktur an: Jede nicht primitive Aktion hat r mögliche Verfeinerungen, die jeweils zu k Aktionen auf der nächstniedrigeren Ebene führen. Wir wollen wissen, wie viele verschiedene Verfeinerungsbäume es bei dieser Struktur gibt. Wenn es nun d Aktionen auf der primitiven Ebene gibt, dann beträgt die Anzahl der Ebenen unterhalb der Wurzel $\log_k d$, sodass sich die Anzahl der internen Verfeinerungsknoten zu $1 + k + k^2 + \cdots + k^{\log_k d-1} = (d-1)/(k-1)$ berechnet. Jeder interne Knoten hat r mögliche Verfeinerungen, sodass $r^{(d-1)/(k-1)}$ mögliche Zerlegungsbäume konstruiert werden könnten.

Wie diese Formel zeigt, lassen sich für kleine r und große k enorme Einsparungen erzielen: Im Prinzip berechnen wir die k-te Wurzel aus den nichthierarchischen Kosten, wenn b und r vergleichbar groß sind. Kleine r und große k bedeuten eine Bibliothek von HLAs mit einer kleinen Anzahl von Verfeinerungen, die jeweils eine lange Aktionsfolge liefern. Dies ist nicht immer möglich: Lange Aktionsfolgen, die in einem breiten Spektrum von Problemen anwendbar sind, kommen extrem selten vor.

Der Schlüssel für HTN-Planen ist der Aufbau einer Planbibliothek, die bekannte Methoden zur Implementierung komplexer High-Level-Aktionen enthält. Eine Möglichkeit, eine solche Bibliothek aufzubauen, besteht darin, die Methoden durch Problemlösen zu *lernen*. Nach den mühevollen Erfahrungen, einen Plan von Grund auf zu konstruieren, kann der Agent den Plan in der Bibliothek als eine Methode zur Implementierung der High-Level-Aktion speichern, die durch die Aufgabe (*task*) definiert wird. Auf diese Weise wird der Agent mit jeder neuen Methode, die auf alten Methoden aufbaut, immer kompetenter. Ein wichtiger Aspekt dieses Lernprozesses ist die Fähigkeit, die konstruierten Methoden zu *verallgemeinern*. Diese Fähigkeit sieht vor, Details, die für den Problemfall spezifisch sind (z. B. der Name des Bauherrn oder die Adresse des Grundstücks), zu eliminieren und nur die Schlüsselelemente des Plans beizubehalten. Wir glauben, dass Menschen nur deshalb so kompetent agieren können, weil sie über einen vergleichbaren Mechanismus verfügen.

11.4.3 Nach abstrakten Lösungen suchen

Der hierarchische Suchalgorithmus des vorherigen Abschnitts verfeinert die HLAs immer weiter bis zu den primitiven Aktionsfolgen, um festzustellen, ob ein Plan funktionsfähig ist. Dies widerspricht dem gesunden Menschenverstand: Man sollte in der Lage sein, festzustellen, dass der höhere Plan mit zwei HLAs

$$[Fahren(Wohnung, SFOLangzeitParken), Shuttle(SFOLangzeitParken, SFO)]$$

ausreicht, um zum Flughafen zu gelangen, ohne dass man eine genaue Route, die Wahl des Parkplatzes und so weiter festlegen muss. Die Lösung besteht darin, Vorbedingung-Effekt-Beschreibungen der HLAs zu formulieren, so wie wir es bei den primitiven Aktionen gemacht haben. Anhand der Beschreibungen sollte es einfach sein zu beweisen, dass der höhere Plan das Ziel erreicht. Dies ist sozusagen der heilige Gral des hierarchischen Planens, denn wenn wir einen höheren Plan ableiten, der nachweislich das Ziel erreicht und dabei auf einem kleinen Suchraum von High-Level-Aktionen arbeitet, dann können wir an diesem Plan festhalten und daran arbeiten, jeden Schritt des Plans zu verfeinern. Dadurch erhalten wir die gesuchte exponentielle Reduzierung.

Damit dies funktioniert, muss jeder höhere Plan, der „behauptet", das Ziel zu erreichen (aufgrund der Beschreibungen seiner Schritte), das Ziel tatsächlich im weiter vorn definierten Sinne erreichen: Er muss über mindestens eine Implementierung verfügen, die das Ziel erreicht. Diese Eigenschaft wird als **Abwärtsverfeinerung** für HLA-Beschreibungen bezeichnet.

Das Formulieren von HLA-Beschreibungen, die die Eigenschaft der Abwärtsverfeinerung erfüllen, ist im Prinzip einfach: Solange die Beschreibungen *wahr* sind, muss jeder höhere Plan, der behauptet, das Ziel zu erreichen, dies auch tatsächlich tun – andernfalls stellen die Beschreibungen irgendwelche falsche Behauptungen darüber auf, was die HLAs tun. Wir haben bereits gesehen, wie man wahre Beschreibungen für HLAs formuliert, die genau eine Implementierung haben (Übung 11.3 auf der Website); ein Problem tritt auf, wenn eine HLA *mehrere* Implementierungen hat. Wie können wir die Effekte einer Aktion beschreiben, die auf viele verschiedene Arten implementiert werden kann?

Eine sichere Antwort (zumindest für Probleme, bei denen alle Vorbedingungen und Ziele positiv sind) besteht darin, nur die positiven Effekte einzubeziehen, die von *jeder* Implementierung der HLA erreicht wird, und die negativen Effekte von *irgendeiner* Implementierung. Dann wäre die Eigenschaft der Abwärtsverfeinerung erfüllt. Leider ist diese Semantik für HLAs viel zu konservativ.

Betrachten wir noch einmal die HLA *Gehen*(*Wohnung*, *SFO*), die zwei Verfeinerungen hat, und nehmen wir zur Veranschaulichung eine einfache Welt an, in der man immer zum Flughafen fahren und parken kann, aber man für eine Taxifahrt die Vorbedingung *Bargeld* erfüllen muss. In diesem Fall gelangt man mit *Gehen*(*Wohnung*, *SFO*) nicht immer zum Flughafen. Insbesondere scheitert die Aktion, wenn *Bargeld* falsch ist, daher können wir *An*(*Agent*, *SFO*) nicht als Effekt der HLA bestätigen. Dies ist allerdings unsinnig; wenn der Agent kein *Bargeld* hätte, würde er einfach selbst fahren. Vorauszusetzen, dass ein Effekt für *alle* Implementierungen gilt, ist gleichbedeutend mit der Annahme, dass *jemand anderes* – ein Gegenspieler – die Implementierung auswählt. Er behandelt die Mehrfachergebnisse der HLA genau so, als ob die HLA wie in Abschnitt 4.3 eine **nichtdeterministische** Aktion wäre. Für unseren Fall würde der Agent selbst die Implementierung wählen.

Die Programmiersprachen-Community hat den Begriff **pessimistischer Nichtdeterminismus** geprägt, um auszudrücken, dass ein Gegner die Auswahl trifft. Demgegenüber trifft der Agent beim **optimistischen Nichtdeterminismus**[3] die Auswahl selbst. In Anlehnung an diesen Begriff definieren wir eine **optimistische Semantik** für HLA-Beschreibungen. Das grundlegende Konzept, das für das Verständnis der optimistischen Semantik erforderlich ist, ist die **erreichbare Menge** einer HLA: Für einen gegebenen Zustand s ist die erreichbare Menge für eine HLA h, geschrieben als REACH(s, h), die Menge der Zustände, die von jeder der HLA-Implementierungen erreicht werden können.

3 Anm. zur Übersetzung: Diese Begriffe werden im Englischen auch als *demonic* (dämonisch) und *angelic* (engelhaft) bezeichnet.

Der Grundgedanke ist, dass der Agent wählen kann, bei *welchem* Element der erreichbaren Menge er landet, wenn er die HLA ausführt; daher ist eine HLA mit mehreren Verfeinerungen „leistungsfähiger“ als die gleiche HLA mit weniger Verfeinerungen. Wir können auch die erreichbare Menge einer Folge von HLAs definieren. Zum Beispiel ist die erreichbare Menge einer Folge $[h_1, h_2]$ die Vereinigungsmenge aller erreichbaren Mengen, die man durch Anwendung von h_2 in jedem Zustand in der erreichbaren Menge von h_1 erhält:

$$\text{REACH}(s, [h_1, h_2]) = \bigcup_{s' \in \text{REACH}(s,\, h_1)} \text{REACH}(s', h_2)$$

Unter Zugrundelegung dieser Definitionen erreicht ein höherer Plan – eine Folge von HLAs – das Ziel, wenn seine erreichbare Menge mit der Menge der Zielzustände eine *nichtleere Schnittmenge* bildet. (Vergleichen Sie dies mit der wesentlich strengeren Bedingung für die pessimistische Semantik, wo jedes Element der erreichbaren Menge ein Zielzustand sein muss.) Umgekehrt, wenn sich die erreichbare Menge nicht mit dem Ziel schneidet, dann funktioniert der Plan definitiv nicht. ► Abbildung 11.9 soll dies veranschaulichen.

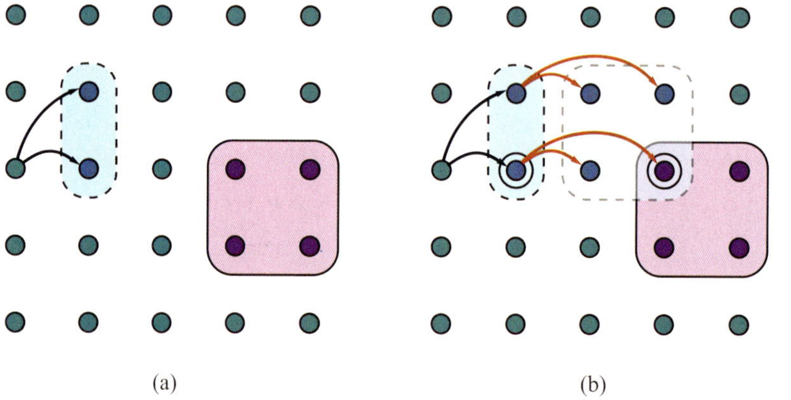

Abbildung 11.9: Schematische Beispiele für erreichbare Mengen. Die Menge der Zielzustände ist lila schattiert. Schwarze und rote Pfeile zeigen mögliche Implementierungen von h_1 bzw. h_2 an. (a) Die erreichbare Menge einer HLA h_1 in einem Zustand s. (b) Die erreichbare Menge für die Folge $[h_1, h_2]$. Da sich diese Menge mit der Zielmenge schneidet, erreicht die Folge das Ziel.

Das Konzept der erreichbaren Mengen liefert uns einen einfachen Algorithmus: Suche unter den höheren Plänen nach einem, dessen erreichbare Menge sich mit dem Ziel schneidet; sobald dies passiert ist, kann der Algorithmus an diesem abstrakten Plan *festhalten*, da er weiß, dass er funktioniert, und sich auf die weitere Verfeinerung des Plans konzentrieren. Wir werden später auf die algorithmischen Probleme eingehen. Zuerst betrachten wir, wie die Effekte eines HLA – die erreichbare Menge für jeden möglichen Anfangszustand – dargestellt werden. Eine primitive Aktion kann einen Fluent auf „wahr“ oder „falsch“ setzen oder ihn *unverändert* lassen. (Bei bedingten Effekten (siehe Abschnitt 11.5.1) gibt es eine vierte Möglichkeit: eine Variable in ihr Gegenteil umkehren.)

Eine HLA unter optimistischer Semantik kann noch mehr: Sie kann den Wert eines Fluent *steuern* und ihn in Abhängigkeit von der gewählten Implementierung auf wahr oder falsch setzen. Somit kann eine HLA neun verschiedene Effekte auf einen Fluent haben: Wenn die Variable anfangs wahr ist, kann sie sie auf diesen Wert halten, sie dauerhaft auf falsch setzen oder wählen; wenn der Fluent anfangs falsch ist, kann sie ihn immer auf falsch halten, ihn dauerhaft auf wahr setzen oder wählen. Da die drei Auswahlmöglichkeiten für beide Fälle beliebig kombiniert werden können, haben wir es mit neun Kombinationen zu tun.

Bezüglich der Notation stellt dies eine kleine Herausforderung dar. Wir verwenden die Sprache der A- und D-Listen (anstelle von wahr/falsch-Fluents) zusammen mit dem $\sim$-Symbol für „möglicherweise, wenn der Agent so entscheidet". Der Effekt $\tilde{+}A$ bedeutet also „möglicherweise A hinzufügen", d. h. entweder A unverändert lassen oder auf wahr setzen. In ähnlicher Weise bedeutet $\tilde{-}A$ „möglicherweise A löschen" und $\tilde{\pm}A$ bedeutet „möglicherweise A hinzufügen oder löschen". Zum Beispiel löscht die HLA *Gehen*(*Wohnung*, *SFO*) mit den beiden in ► Abbildung 11.7 gezeigten Verfeinerungen möglicherweise *Bargeld* (wenn der Agent sich entscheidet, ein Taxi zu nehmen) und sollte folglich den Effekt $\tilde{-}$*Bargeld* haben. Wir sehen also, dass die Beschreibungen der HLAs aus den Beschreibungen ihrer Verfeinerungen *ableitbar* sind. Nehmen wir nun an, wir haben die folgenden Schemas für die HLAs h_1 und h_2:

$$Action(h_1, \text{PRECOND:} \neg A, \text{EFFECT:} A \wedge \tilde{-}B)$$
$$Action(h_2, \text{PRECOND:} \neg B, \text{EFFECT:} \tilde{+}A \wedge \tilde{\pm}C)$$

Das heißt, h_1 fügt A hinzu und löscht möglicherweise B, während h_2 möglicherweise A hinzufügt und die volle Kontrolle über C hat. Wenn nun im Anfangszustand nur B wahr ist und das Ziel $A \wedge C$ lautet, dann wird das Ziel mit der Folge $[h_1, h_2]$ erreicht: Wir wählen eine Implementierung von h_1, die B auf falsch setzt, und wählen dann eine Implementierung von h_2, die A wahr lässt und C auf wahr setzt.

Die obige Diskussion geht davon aus, dass die Effekte einer HLA – die erreichbare Menge für jeden gegebenen Anfangszustand – genau beschrieben werden können, indem der Effekt auf jeden Fluent beschrieben wird. Es wäre schön, wenn dies immer der Fall wäre, aber in vielen Fällen können wir die Effekte nur annähern, da eine HLA unendlich viele Implementierungen haben kann und beliebig sich schlängelnde erreichbare Mengen erzeugen kann – ähnlich dem Problem in ► Abbildung 7.21 auf S. 284 mit dem schlangenförmigen Wissenszustand. Wir haben zum Beispiel gesagt, dass *Gehen*(*Wohnung*, *SFO*) möglicherweise *Bargeld* löscht; genauso gut könnte die Aktion auch *An*(*Auto*, *SFOLangzeitparken*) hinzufügen; doch sie kann nicht beides tun – letztlich muss sie genau eines tun. Wie bei den Wissenszuständen müssen wir gegebenenfalls *angenäherte* Beschreibungen formulieren. Wir werden zwei Arten von Annäherungen verwenden: eine **optimistische Beschreibung** $\text{REACH}^+(s, h)$ einer HLA h kann die erreichbare Menge überbewerten, während eine **pessimistische Beschreibung** $\text{REACH}^-(s, h)$ die erreichbare Menge unterbewerten kann. Wir haben also:

$$\text{REACH}^-(s, h) \subseteq \text{REACH}(s, h) \subseteq \text{REACH}^+(s, h)$$

Zum Beispiel besagt eine optimistische Beschreibung von *Gehen*(*Wohnung*, *SFO*), dass sie möglicherweise *Bargeld* löscht *und* möglicherweise *An*(*Auto*, *SFOLangzeitparken*) hinzufügt. Ein weiteres gutes Beispiel ist das 8-Puzzle, bei dem die Hälfte der Zustände von jedem beliebigen Zustand aus unerreichbar ist: Die optimistische Beschreibung von *Act* könnte durchaus den gesamten Zustandsraum einschließen, da die genaue erreichbare Menge ziemlich schlangenförmig ist.

Bei angenäherten Beschreibungen muss der Test, ob ein Plan das Ziel erreicht, etwas modifiziert werden. Wenn die optimistisch erreichbare Menge für den Plan keine nichtleere Schnittmenge mit dem Ziel bildet, funktioniert der Plan nicht; schneidet sich die pessimistisch erreichbare Menge mit dem Ziel, so funktioniert der Plan (► Abbildung 11.10 a). Bei genauen Beschreibungen funktioniert ein Plan oder er funktioniert nicht, doch bei angenäherten Beschreibungen gibt es einen Mittelweg: Wenn sich die optimistische Menge mit dem Ziel schneidet, die pessimistische Menge aber nicht, dann können wir nicht sagen, ob der Plan funktioniert (► Abbildung 11.10 b). Tritt ein solcher Umstand ein, so lässt sich diese Unsicherheit durch Verfeinern des Plans beheben. Diese Situation kommt beim menschlichen Schlussfolgern sehr häufig vor. Wenn man z. B. den oben erwähnten zweiwöchigen Hawaii-Urlaub plant, könnte man vorschlagen, jeweils zwei Tage auf jeder der sieben Inseln zu verbringen. Die Vernunft gebietet es aber, diesen ehrgeizigen Plan zu verfeinern, indem Details zum Transport zwischen den Inseln hinzugefügt werden.

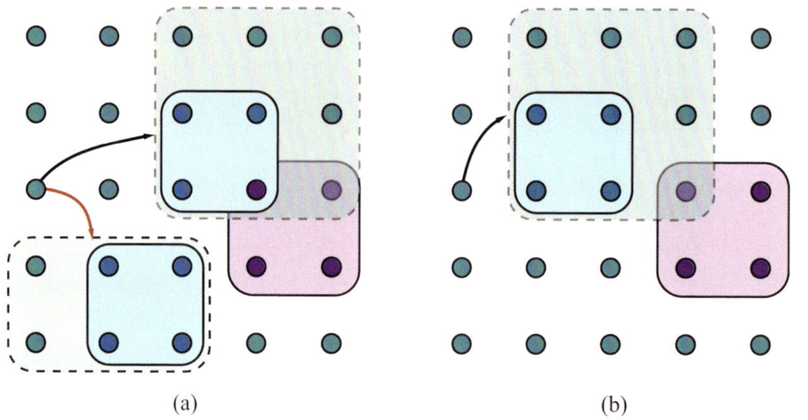

Abbildung 11.10: Das Erreichen von Zielen für höhere Pläne mit angenäherten Beschreibungen. Die Menge der Zielzustände ist lila schattiert dargestellt. Für jeden Plan sind die pessimistisch (durchgehende Linien, hellblau) und optimistisch (gestrichelte Linien, hellgrün) erreichbaren Mengen dargestellt. (a) Der durch den schwarzen Pfeil gekennzeichnete Plan erreicht definitiv das Ziel, während der durch den roten Pfeil gekennzeichnete Plan das Ziel definitiv nicht erreicht. (b) Ein Plan, der *möglicherweise* das Ziel erreicht (die optimistisch erreichbare Menge schneidet sich mit dem Ziel), aber nicht *notwendigerweise* (die pessimistisch erreichbare Menge schneidet sich nicht mit dem Ziel). Der Plan müsste weiter verfeinert werden, um festzustellen, ob er das Ziel wirklich erreicht.

```
function ANGELIC-SEARCH(problem, hierarchy, initialPlan) returns eine Lösung oder fail
  frontier ← eine FIFO-Warteschlange mit initialPlan als einzigem Element
  while true do
     if IS-EMPTY?(frontier) then return fail
     plan ← POP(frontier)                    // wählt den flachsten Knoten in frontier
     if REACH⁺(problem.INITIAL, plan) schneidet sich mit problem.GOAL then
        if plan ist primitiv then return plan       // REACH⁺ ist exakt für primitive Pläne
        guaranteed ← REACH⁻(problem.INITIAL, plan) ∩ problem.GOAL
        if guaranteed≠{ } und MAKING-PROGRESS(plan, initialPlan) then
           finalState ← beliebiges Element von guaranteed
           return DECOMPOSE(hierarchy, problem.INITIAL, plan, finalState)
        hla ← irgendeine HLA in plan
        prefix,suffix ← die Aktionsteilfolgen vor und nach hla in plan
        outcome ← RESULT(problem.INITIAL, prefix)
        for each sequence in REFINEMENTS(hla, outcome, hierarchy) do
füge APPEND(prefix, sequence, suffix) zu frontier hinzu

function DECOMPOSE(hierarchy, s_0, plan, s_f) returns eine Lösung
  solution ← ein leerer Plan
  while plan ist nicht leer do
    action ← REMOVE-LAST(plan)
    s_i ← ein Zustand in REACH⁻(s_0, plan), sodass s_f∈REACH⁻(s_i, action)
    problem ← ein Problem mit INITIAL = s_i und GOAL = s_f
    solution ← APPEND(ANGELIC-SEARCH(problem, hierarchy, action), solution)
    s_f ← s_i
  return solution
```

Abbildung 11.11: Ein hierarchischer Planungsalgorithmus, der die optimistische Semantik verwendet, um höhere funktionsfähige Pläne zu identifizieren und zu bestätigen und solche, die nicht funktionieren, zu vermeiden. Das Prädikat MAKING-PROGRESS führt einen Test aus, um sicherzustellen, dass wir nicht in einer unendlichen Regression von Verfeinerungen stecken bleiben. Auf oberster Ebene wird ANGELIC-SEARCH mit *[Act]* als Anfangsplan *initialPlan* aufgerufen.

► Abbildung 11.11 zeigt einen Algorithmus für hierarchisches Planen mit angenäherten optimistischen Beschreibungen. Der Einfachheit halber haben wir uns an das gleiche Gesamtschema gehalten wie in ► Abbildung 11.8, d. h. eine Breitensuche im Raum der Verfeinerungen. Wie oben erläutert, kann der Algorithmus erkennen, ob Pläne funktionieren oder nicht, indem er die Schnittmengen der optimistisch und pessimistisch erreichbaren Mengen mit dem Ziel überprüft. (Die Details, wie man die erreichbaren Mengen eines Plans bei gegebener angenäherter Beschreibung einzelner Schritte berechnet, werden in Übung 11.5 auf der Website behandelt.)

Wenn ein brauchbarer abstrakter Plan gefunden wurde, *zerlegt* der Algorithmus das ursprüngliche Problem in Teilprobleme, eines für jeden Schritt des Plans. Den Anfangszustand und das Ziel für jedes Teilproblem erhält man, indem auf einen garantiert erreichbaren Zielzustand über die Aktionsschemas für jeden Schritt des Plans zurückgegriffen wird. (In Abschnitt 11.2.2 finden Sie eine Beschreibung der Funktionsweise von Regression.) ► Abbildung 11.9 b veranschaulicht die Grundidee: Der rechte mit einem Kreis versehene Zustand ist der garantiert erreichbare Zielzustand und der linke mit einem Kreis versehene Zustand ist das Zwischenziel, das durch Regression auf das Ziel über die letzte Aktion erhalten wird.

Die Fähigkeit, höhere Pläne zu bestätigen oder zu verwerfen, kann dem ANGELIC-SEARCH-Algorithmus hinsichtlich der Rechenleistung einen erheblichen Vorteil gegenüber HIERARCHICAL-SEARCH verschaffen, der wiederum einen großen Vorteil gegenüber dem einfachen alten BREADTH-FIRST-SEARCH hat. Betrachten wir zum Beispiel das Reinigen einer großen Staubsaugerwelt, die aus einer Anordnung von Räumen besteht, die durch schmale Korridore verbunden sind, wobei jeder Raum ein $w \times h$ großes Rechteck aus quadratischen Feldern ist. Es ist sinnvoll, eine HLA für *Navigieren* (wie in ► Abbildung 11.7 gezeigt) und eine für *GesamtenRaumReinigen* zu haben. (Das Reinigen des Raums lässt sich mit der wiederholten Anwendung einer weiteren HLA implementieren, um jede Reihe zu reinigen.) Da es fünf primitive Aktionen gibt, wachsen die Kosten für BREADTH-FIRST-SEARCH auf 5^d an, wobei d die Länge der kürzesten Lösung ist (etwa das Doppelte der Gesamtzahl der Felder); der Algorithmus kann nicht einmal zwei Räume der Größe 3×3 bewältigen. HIERARCHICAL-SEARCH ist effizienter, leidet aber immer noch unter exponentiellem Wachstum, da er alle Möglichkeiten der Reinigung ausprobiert, die mit der Hierarchie konsistent sind. ANGELIC-SEARCH skaliert ungefähr linear mit der Anzahl der Felder – er legt sich auf eine gute High-Level-Folge von Raumreinigungs- und Navigationsschritten fest und entfernt die anderen Optionen.

Das Reinigen mehrerer Räume, die jeweils nacheinander gesäubert werden, ist keine höhere Wissenschaft: Diese Aufgabe können Menschen problemlos lösen, was an der hierarchischen Struktur der Aufgabe liegt. Wenn wir dagegen sehen, wie schwer es Menschen fällt, kleine Rätselaufgaben wie das 8-Puzzle zu lösen, scheint es wahrscheinlich, dass die menschliche Fähigkeit, komplexe Probleme zu lösen, nicht so sehr ihren kombinatorischen Fähigkeiten zuzuschreiben ist, sondern eher ihrer Fähigkeit, Probleme zu abstrahieren und zu zerlegen, um Kombinatorik zu eliminieren.

Der optimistische Ansatz lässt sich um die Suche nach kostenoptimierten Lösungen erweitern, indem der Begriff der erreichbaren Menge verallgemeinert wird. Anstatt für einen Zustand zu bestimmen, ob er erreichbar ist oder nicht, besitzt jeder Zustand einen Kostenwert für den effizientesten Weg dorthin. (Für nicht erreichbare Zustände sind die Kosten unendlich.) Die optimistischen und pessimistischen Beschreibungen begrenzen diese Kosten. Auf diese Weise kann die optimistische Suche nachweislich optimale abstrakte Pläne finden, ohne deren Implementierungen berücksichtigen zu müssen. Mit dem gleichen Ansatz erhält man auch effektive **hierarchische Look-ahead**-Algorithmen für die Onlinesuche im Stil von LRTA* (*Learning Real-Time A**, S. 172).

In gewisser Weise spiegeln solche Algorithmen Aspekte menschlicher Überlegungen wider, z. B. bei Aufgaben wie der Planung eines Hawaii-Urlaubs – die Abwägung von Alternativen erfolgt zunächst auf einer abstrakten Ebene über einen längeren Zeitraum; einige Teile des Plans bleiben sogar bis zur Ausführungszeit relativ abstrakt, z. B. die Frage, wie man zwei faule Tage auf Moloka'i verbringt, während andere Teile detailliert geplant werden, wie z. B. die Flüge buchen und Unterkunft reservieren. Ohne diese letzteren Verfeinerungen gibt es keine Garantie, dass der Plan durchführbar ist.

11.5 Planen und Agieren in nichtdeterministischen Domänen

In diesem Abschnitt erweitern wir das Planen auf teilweise beobachtbare, nichtdeterministische und unbekannte Umgebungen. Die grundlegenden Konzepte haben große Ähnlichkeit mit denen in Kapitel 4. Die Unterschiede ergeben sich daraus, dass wir es mit faktorisierten und nicht mit atomaren Darstellungen zu tun haben. Dies hat Einfluss darauf, wie wir die Handlungs- und Beobachtungsfähigkeit des Agenten darstellen und die **Wissenszustände** – die Mengen möglicher physikalischer Zustände, in denen sich der Agent befinden könnte – für teilweise beobachtbare Umgebungen repräsentieren. Außerdem stehen uns auch viele der domänenunabhängigen Methoden zur Verfügung, die in Abschnitt 11.3 zur Berechnung von Suchheuristiken beschrieben wurden.

Die hier behandelten Themen umfassen **sensorloses Planen** (auch bekannt als **konformantes Planen**) für Umgebungen ohne Beobachtungen, **situatives Planen** für teilweise beobachtbare und nichtdeterministische Umgebungen sowie **Onlineplanen** und **Neuplanen** für unbekannte Umgebungen. Damit sind wir gerüstet, um auch große Probleme der realen Welt zu bewältigen.

Betrachten wir folgendes Problem: Ein Stuhl und ein Tisch sollen einheitlich aussehen – also die gleiche Farbe haben. Im Anfangszustand haben wir zwei Dosen Lack, aber die Farben der Lacke und der Möbel sind unbekannt. Nur der Tisch befindet sich anfangs im Sichtfeld des Agenten:

$$Init(Objekt(Tisch) \land Objekt(Stuhl) \land Dose(C_1) \land Dose(C_2) \land InSicht(Tisch))$$
$$Goal(Farbe(Stuhl, c) \land Farbe(Tisch, c))$$

Es gibt zwei Aktionen: Den Deckel einer Lackdose abnehmen und ein Objekt mit dem Lack aus einer offenen Dose streichen.

$$\begin{array}{l} Action(DeckelAbnehmen(dose), \\ \quad \text{PRECOND:} Dose(dose) \\ \quad \text{EFFECT:} Offen(dose)) \\ Action(Streichen(x, dose), \\ \quad \text{PRECOND:} Objekt(x) \land Dose(dose) \land Farbe(dose, c) \land Offen(dose) \\ \quad \text{EFFECT:} Farbe(x, c)) \end{array}$$

Die Aktionsschemas sind unkompliziert, bis auf eine Ausnahme: Vorbedingungen und Effekte können jetzt Variablen enthalten, die nicht in der Variablenliste der Aktion enthalten sind. Das heißt, $Streichen(x, dose)$ erwähnt nicht die Variable c, die die Farbe des Lacks in der Dose repräsentiert. Im vollständig beobachtbaren Fall ist dies nicht erlaubt – hier müsste die Aktion $Streichen(x, dose, c)$ lauten. Doch im teilweise beobachtbaren Fall wäre uns die Farbe in der Dose vielleicht bekannt, vielleicht aber auch nicht.

Um ein teilweise beobachtbares Problem zu lösen, muss der Agent über die Perzepte schlussfolgern, die er erhält, wenn er den Plan ausführt. Die Perzepte werden von den Sensoren des

Agenten geliefert, wenn er tatsächlich agiert, doch wenn er plant, benötigt er ein Modell seiner Sensoren. In Kapitel 4 wurde dieses Modell durch die Funktion PERCEPT(s) ausgedrückt. Zum Planen erweitern wir PDDL um eine neue Art von Schema, dem **Perzeptschema**:

$$\begin{aligned}&\mathit{Percept}(\mathit{Streichen}(x, c),\\&\quad \text{PRECOND:}\mathit{Objekt}(x) \wedge \mathit{InSicht}(x))\\&\mathit{Percept}(\mathit{Farbe}(\mathit{dose}, c),\\&\quad \text{PRECOND:}\mathit{Dose}(\mathit{dose}) \wedge \mathit{InSicht}(\mathit{dose}) \wedge \mathit{Offen}(\mathit{dose}))\end{aligned}$$

Das erste Schema besagt, dass der Agent, wann immer ein Objekt in Sicht ist, die Farbe des Objekts wahrnimmt (d. h., für das Objekt x lernt der Agent den Wahrheitswert von $\mathit{Farbe}(x, c)$ für beliebiges c). Das zweite Schema besagt, dass der Agent die Farbe des Lacks in der Dose wahrnimmt, wenn eine offene Dose in Sicht ist. Da es in dieser Welt keine exogenen Ereignisse gibt, bleibt die Farbe eines Objekts gleich, auch wenn sie erst wahrgenommen wird, wenn der Agent eine Aktion ausführt, um die Farbe des Objekts zu ändern. Natürlich benötigt der Agent eine Aktion, die bewirkt, dass Objekte (nacheinander) in Sicht kommen:

$$\begin{aligned}&\mathit{Action}(\mathit{Ansehen}(x),\\&\quad \text{PRECOND:}\mathit{InSicht}(y) \wedge (x \neq y)\\&\quad \text{EFFECT:}\mathit{InSicht}(x) \wedge \neg \mathit{InSicht}(y))\end{aligned}$$

Für eine vollständig beobachtbare Umgebung würden wir für jeden Fluent ein *Percept*-Schema ohne Vorbedingungen einrichten. Ein sensorloser Agent hingegen hat überhaupt keine *Percept*-Schemas. Beachten Sie, dass auch ein sensorloser Agent das Lackierproblem lösen kann. Eine Lösung besteht darin, eine beliebige Dose Lack zu öffnen und damit sowohl den Stuhl als auch den Tisch zu streichen, sodass sie **zwingend** die gleiche Farbe haben (selbst wenn der Agent nicht weiß, um welche Farbe es sich dabei handelt).

Ein situativ planender Agent mit Sensoren kann einen besseren Plan erstellen. Zuerst schaut er sich Tisch und Stuhl an, um deren Farben zu ermitteln; sind diese beiden Farben bereits gleich, so ist der Plan erledigt. Wenn nicht, schaut er sich die Lackdosen an; wenn der Lack in einer der Dosen die gleiche Farbe wie eines der Möbelstücke hat, dann wird das andere Möbelstück mit dieser Farbe gestrichen. Andernfalls werden beide Möbelstücke mit einer beliebigen Farbe gestrichen.

Ein onlineplanender Agent schließlich könnte zunächst einen situativen Plan mit weniger Verzweigungen erzeugen – indem er beispielsweise die Möglichkeit ignoriert, dass keine Dosenfarbe zu einem der Möbel passt – und sich der Probleme erst bei ihrem Auftreten durch Neuplanen annehmen. Er könnte sich auch mit der Unkorrektheit seiner Aktionsschemas befassen. Während ein situativer Planer einfach davon ausgeht, dass die Effekte einer Aktion immer erfolgreich sind – z. B. dass das Streichen des Stuhls die Aufgabe erfüllt –, würde ein neuplanender Agent das Ergebnis überprüfen und einen zusätzlichen Plan erstellen, um jeden unerwarteten Fehler zu beheben, z. B. wenn ein Bereich nicht gestrichen wurde oder die ursprüngliche Farbe durchscheint.

In der realen Welt kombinieren Agenten die verschiedenen Ansätze. Autohersteller verkaufen Ersatzreifen und Airbags, die physische Verkörperungen von Verzweigungen beim situativen Planen sind und für Reifenpannen oder Unfälle entwickelt wurden. Allerdings ziehen die meisten Autofahrer diese Möglichkeiten nie in Betracht; wenn ein Problem auftaucht, reagieren sie mit Neuplanen. Generell gilt, dass Agenten nur für Eventualitäten planen, die wichtige Konsequenzen und eine nicht zu vernachlässigende Wahrscheinlichkeit des Eintretens haben. So sollte ein Autofahrer, der eine Fahrt durch die Wüste Sahara plant, explizite Pannennotfallpläne erstellen, während eine Fahrt zum Supermarkt weniger Vorausplanung bedarf. Im Folgenden werden wir auf die drei Ansätze jeweils genauer eingehen.

11.5.1 Sensorloses Planen

Abschnitt 4.4.1 (S. 158) hat das grundlegende Konzept eingeführt, in einem Wissenszustandsraum nach einer Lösung für sensorlose Probleme zu suchen. Die Umwandlung eines Problems des sensorlosen Planens in ein Problem des Wissenszustandsplanens funktioniert ähnlich wie in Abschnitt 4.4.1, wobei die Hauptunterschiede darin bestehen, dass das zugrunde liegende physische Transitionsmodell durch eine Sammlung von Aktionsschemas dargestellt wird, während der Wissenszustand durch eine logische Formel statt durch eine explizit aufgelistete Menge von Zuständen dargestellt werden kann. Wir nehmen an, dass das zugrunde liegende Planungsproblem deterministisch ist.

Der anfängliche Wissenszustand für das sensorlose Lackierproblem kann *InSicht*-Fluents ignorieren, weil der Agent keine Sensoren besitzt. Außerdem nehmen wir die unveränderlichen Fakten $Objekt(Tisch) \wedge Objekt(Stuhl) \wedge Dose(C_1) \wedge Dose(C_2)$ als gegeben an, da diese in jedem Wissenszustand gelten. Der Agent kennt weder die Farben der Dosenlacke oder Objekte, noch weiß er, ob die Dosen offen oder geschlossen sind. Was er jedoch weiß, ist, dass Objekte und Dosen Farben haben: $\forall x \;\; \exists c \;\; Farbe(x, c)$. Nach der Skolemisierung (siehe Abschnitt 9.5.1) erhalten wir den anfänglichen Wissenszustand:

$$b_0 = Farbe(x, C(x))$$

Beim klassischen Planen, wo die **Closed-World Assumption** gilt, gehen wir davon aus, dass jeder in einem Zustand nicht erwähnte Fluent falsch ist. Beim sensorlosen (und teilweise beobachtbaren) Planen müssen wir jedoch zu einer **Open-World Assumption** (Annahme der Weltoffenheit) übergehen, in der Zustände sowohl positive als auch negative Fluents enthalten, und wenn ein Fluent nicht erscheint, ist sein Wert unbekannt. Somit entspricht der Wissenszustand genau der Menge der möglichen Welten, die die Formel erfüllen. Für diesen anfänglichen Wissenszustand ist die folgende Aktionsfolge eine Lösung:

$$[DeckelAbnehmen(Dose_1), Streichen(Stuhl, Dose_1), Streichen(Tisch, Dose_1)]$$

Wir zeigen nun, wie der Wissenszustand durch die Aktionsfolge weiterentwickelt wird, um zu verdeutlichen, dass der endgültige Wissenszustand das Ziel erfüllt.

Zunächst ist zu beachten, dass der Agent in einem gegebenen Wissenszustand b jede Aktion in Betracht ziehen kann, deren Vorbedingungen durch b erfüllt sind. (Die anderen Aktionen können nicht verwendet werden, da das Transitionsmodell keine Effekte von Aktionen definiert, deren Vorbedingungen möglicherweise nicht erfüllt sind.) Gemäß Gleichung (4.4) (S. 159) lautet die allgemeine Formel für die Aktualisierung des Wissenszustands b für eine gegebene anwendbare Aktion a in einer deterministischen Welt wie folgt:

$$b' = \textsc{Result}(b, a) = \{s' : s' = \textsc{Result}_P(s, a) \text{ and } s \in b\}\,,$$

wobei $\textsc{Result}_P$ das physische Transitionsmodell definiert. Wir nehmen vorerst an, dass der anfängliche Wissenszustand immer eine Konjunktion von Literalen, d. h. eine 1-KNF-Formel ist. Um den neuen Wissenszustand b' zu konstruieren, müssen wir berücksichtigen, was mit jedem Literal ℓ in jedem physischen Zustand s in b passiert, wenn die Aktion a angewendet wird. Für Literale, deren Wahrheitswert in b bereits bekannt ist, wird der Wahrheitswert in b' aus dem aktuellen Wert sowie der A-Liste und D-Liste der Aktion berechnet. (Wenn zum Beispiel ℓ in der D-Liste der Aktion steht, dann wird $\neg\ell$ zu b' hinzugefügt.) Was ist mit einem Literal, dessen Wahrheitswert in b unbekannt ist? Hier unterscheidet man drei Fälle:

1. Wenn die Aktion ℓ hinzufügt, dann ist ℓ in b' wahr, unabhängig von seinem Anfangswert.
2. Wenn die Aktion ℓ löscht, dann ist ℓ in b' falsch, unabhängig von seinem Anfangswert.
3. Wenn die Aktion keine Auswirkung auf ℓ hat, dann behält ℓ seinen Anfangswert (der unbekannt ist) und erscheint nicht in b'.

Wir sehen also, dass die Berechnung von b' nahezu identisch mit dem beobachtbaren Fall ist, der durch Gleichung (11.1) auf S. 399 spezifiziert wurde:

$$b' = \text{RESULT}(b, a) = (b - \text{DEL}(a)) \cup \text{ADD}(a)$$

Wir können von der Mengensemantik nicht so richtig Gebrauch machen, weil wir (1) sicherstellen müssen, dass b' nicht sowohl ℓ als auch $\neg\ell$ enthält, und (2) Atome nicht gebundene Variablen enthalten können. Dennoch wird $\text{RESULT}(b, a)$ immer noch berechnet, indem man, beginnend mit b, jedes Atom, das in $\text{DEL}(a)$ vorkommt, auf falsch setzt und jedes Atom, das in $\text{DEL}(a)$ vorkommt, auf wahr setzt. Wenn wir zum Beispiel $DeckelAbnehmen(Dose_1)$ auf den anfänglichen Wissenszustand b_0 anwenden, erhalten wir:

$$b_1 = Farbe(x, C(x)) \wedge Offen(Dose_1)$$

Wenn wir die Aktion $Streichen(Stuhl, Dose_1)$ anwenden, wird die Vorbedingung $Farbe(Dose_1, c)$ durch das Literal $Farbe(x, C(x))$ mit der Bindung $\{x/Dose_1, c/C(Dose_1)\}$ erfüllt und der neue Wissenszustand lautet:

$$b_2 = Farbe(x, C(x)) \wedge Offen(Dose_1) \wedge Farbe(Stuhl, C(Dose_1))$$

Schließlich wenden wir die Aktion $Streichen(Tisch, Dose_1)$ an, um

$$b_3 = Farbe(x, C(x)) \wedge Offen(Dose_1) \wedge Farbe(Stuhl, C(Dose_1)) \wedge Farbe(Tisch, C(Dose_1))$$

zu erhalten. Der endgültige Wissenszustand erfüllt das Ziel, $Farbe(Tisch, c) \wedge Farbe(Stuhl, c)$, wobei die Variable c an $C(Dose_1)$ gebunden ist.

Die obige Analyse der Aktualisierungsregel offenbart etwas sehr Wichtiges: *Die Familie der Wissenszustände, die als Konjunktionen von Literalen definiert sind, ist abgeschlossen bezüglich Aktualisierungen, die durch PDDL-Aktionsschemas definiert sind.* Das heißt, wenn der Wissenszustand als Konjunktion von Literalen beginnt, dann liefert jede Aktualisierung eine Konjunktion von Literalen. Das bedeutet, dass in einer Welt mit n Fluents jeder Wissenszustand durch eine Konjunktion der Größe $O(n)$ dargestellt werden kann. Dies ist ein sehr beruhigendes Ergebnis, wenn man bedenkt, dass es 2^n Zustände in der Welt gibt. Es besagt, dass wir alle Teilmengen dieser 2^n Zustände, die wir jemals benötigen, kompakt darstellen können. Darüber hinaus ist der Prozess der Überprüfung auf Wissenszustände, die Teil- oder Obermengen von zuvor besuchten Wissenszuständen sind, ebenfalls einfach, zumindest im aussagenlogischen Fall.

Der Wermutstropfen bei dieser erfreulichen Erkenntnis ist, dass es nur für Aktionsschemas funktioniert, die die *gleichen Effekte* für alle Zustände haben, in denen ihre Vorbedingungen erfüllt sind. Genau diese Eigenschaft macht die Erhaltung der 1-KNF-Wissenszustandsdarstellung möglich. Sobald der Effekt vom Zustand abhängen kann, werden Abhängigkeiten zwischen Fluents eingeführt und die 1-KNF-Eigenschaft geht verloren.

Betrachten Sie z. B. die einfache Staubsaugerwelt, die in Abschnitt 3.2.1 definiert wurde. Die Fluents seien InL und InR für die Position des Roboters und $SauberL$ und $SauberR$ für den Zustand der quadratischen Felder. Gemäß der Definition des Problems hat die $Saugen$ keine Vorbedingung – sie kann immer ausgeführt werden. Die Schwierigkeit besteht darin, dass ihr Effekt von der Position des Roboters abhängt: Wenn der Roboter InL ist, ist das Ergebnis $SauberL$, aber wenn er InR ist, lautet das Ergebnis $SauberR$. Für derartige Aktionen brauchen unsere Aktionsschemas etwas Neues: **bedingte Effekte**. Diese haben die Syntax „**when** *Bedingung*: *Effekt*", wobei *Bedingung* eine logische Formel ist, die mit dem aktuellen Zustand verglichen wird, und *Effekt* eine Formel, die den resultierenden Zustand beschreibt. Übertragen auf die Staubsaugerwelt, lautet dies:

$$\begin{array}{l} Action(Saugen, \\ \quad \text{EFFECT:}\,\textbf{when}\ InL{:}\ SauberL \wedge \textbf{when}\ InR{:}\ SauberR) \end{array}$$

Wenn dies auf den anfänglichen Wissenszustand *Wahr* angewendet wird, ist der resultierende Wissenszustand $(InL \wedge SauberL) \vee (InR \wedge SauberR)$, was keine 1-KNF mehr darstellt. (Dieser Übergang ist in ► Abbildung 4.14 auf S. 161 zu sehen.) Im Allgemeinen können bedingte Effekte zufällige Abhängigkeiten zwischen den Fluents in einem Wissenszustand hervorrufen, was im ungünstigsten Fall zu Wissenszuständen von exponentieller Größe führt.

Es ist wichtig, den Unterschied zwischen Vorbedingungen und bedingten Effekten zu verstehen. Bei *allen* bedingten Effekten, deren Bedingungen erfüllt sind, werden die Effekte angewendet, um den resultierenden Wissenszustand zu erzeugen; wenn keine Bedingungen erfüllt sind, bleibt der resultierende Zustand unverändert. Ist hingegen eine *Vorbedingung* nicht erfüllt, dann ist die Aktion nicht anwendbar und der resultierende Zustand ist undefiniert. Aus der Sicht des sensorlosen Planens ist es besser, bedingte Effekte als eine nicht anwendbare Aktion zu haben. Zum Beispiel könnten wir *Saugen* wie folgt in zwei Aktionen mit unbedingten Effekten aufteilen:

$$
\begin{aligned}
&Action(SaugenL,\\
&\quad \text{PRECOND:} InL;\ \text{EFFECT:} SauberL)\\
&Action(SaugenR,\\
&\quad \text{PRECOND:} InR;\ \text{EFFECT:} SauberR)
\end{aligned}
$$

Jetzt haben wir nur unbedingte Schemas, sodass die Wissenszustände alle in 1-KNF bleiben. Leider können wir die Anwendbarkeit von *SaugenL* und *SaugenR* im anfänglichen Wissenszustand nicht bestimmen.

Es scheint also unvermeidlich, dass nichttriviale Probleme mit schlangenförmigen Wissenszuständen einhergehen, so wie wir sie beim Problem der Zustandsschätzung für die Wumpus-Welt (► Abbildung 7.21 auf S. 284) kennengelernt haben. Dort wurde die Lösung vorgeschlagen, eine **konservative Annäherung** an den exakten Wissenszustand zu verwenden; beispielsweise kann der Wissenszustand in 1-KNF bleiben, wenn er alle Literale enthält, deren Wahrheitswert bestimmt werden kann, und alle anderen Literale als unbekannt behandelt. Dieser Ansatz ist zwar *korrekt*, da er nie einen falschen Plan generiert, aber *unvollständig*, da er möglicherweise keine Lösungen für Probleme findet, die notwendigerweise Interaktionen zwischen Literalen beinhalten. Um ein triviales Beispiel zu geben: Wenn das Ziel für den Roboter darin besteht, auf einem sauberen Feld zu stehen, dann ist [*Saugen*] eine Lösung, die ein sensorloser Agent, der auf Wissenszustände in 1-KNF besteht, aber nicht finden wird.

Vielleicht wäre die Suche nach Aktionsfolgen, die den Wissenszustand so einfach wie möglich halten, die bessere Lösung. In der sensorlosen Staubsaugerwelt erzeugt die Aktionsfolge [*Rechts*, *Saugen*, *Link*, *Saugen*] die folgende Sequenz von Wissenszuständen:

$$
\begin{aligned}
b_0 &= Wahr\\
b_1 &= InR\\
b_2 &= InR \wedge SauberR\\
b_3 &= InL \wedge SauberR\\
b_4 &= InL \wedge SauberR \wedge SauberL
\end{aligned}
$$

Das heißt, der Agent *kann* das Problem lösen und dabei weiterhin einen 1-KNF-Wissenszustand beibehalten, auch wenn einige Folgen (z. B. die, die mit *Saugen* beginnen) nicht mehr der 1-KNF entsprechen. Die allgemeine Lektion machen sich auch Menschen zunutze: Wir führen ständig kleine Aktionen aus (wir schauen beispielsweise ständig auf die Uhr, klopfen die Jacken- und Hosentaschen ab, um uns zu vergewissern, dass wir die Autoschlüssel dabei haben, lesen Verkehrszeichen und Straßenschilder, während wir durch eine Stadt navigieren, usw.), um Unsicherheit zu beseitigen und unseren Wissenszustand überschaubar zu halten.

Es gibt aber noch einen gänzlich anderen Ansatz für das Problem der nicht handhabbaren schlangenförmigen Wissenszustände: sich überhaupt nicht mit deren Berechnung zu befassen. Nehmen wir an, der anfängliche Wissenszustand ist b_0 und wir möchten wissen, welcher Wissenszustand sich aus der Aktionsfolge $[a_1, \ldots, a_m]$ ergibt. Anstatt ihn explizit zu berechnen, stellen wir ihn einfach als „b_0 dann $[a_1, \ldots, a_m]$" dar. Dies ist eine bequeme, aber unmissverständliche Darstellung des Wissenszustands, und außerdem recht prägnant – $O(n + m)$, wobei n die Größe des anfänglichen Wissenszustands ist (in der Annahme, dass er in 1-KNF ist) und m die maximale Länge einer Aktionsfolge. Als Wissenszustandsrepräsentation hat sie jedoch einen Nachteil: Um festzustellen, ob das Ziel erfüllt oder eine Aktion anwendbar ist, kann der Berechnungsaufwand sehr hoch sein.

Die Berechnung kann als Test auf logische Folgerung implementiert werden: Wenn A_m die Sammlung von Nachfolgezustandsaxiomen darstellt, die erforderlich sind, um Vorkommen der Aktionen $a_1, \ldots, a_m$ zu definieren – wie in Abschnitt 11.2.3 für SATPLAN erklärt –, und wenn G_m bestätigt, dass das Ziel nach m Schritten wahr ist, dann erreicht der Plan das Ziel, wenn $b_0 \wedge A_m \models G_m$ – d. h., wenn $b_0 \wedge A_m \wedge \neg G_m$ nicht erfüllbar ist. Mit einem modernen SAT-Solver lässt sich dies möglicherweise viel schneller lösen, als den vollständigen Wissenszustand zu berechnen. Wenn z. B. keine der Aktionen in der Folge einen bestimmten Ziel-Fluent in seiner A-Liste hat, wird der Solver dies sofort erkennen. Es ist auch hilfreich, wenn Teilergebnisse über den Wissenszustand – z. B. Fluents, die bekanntermaßen wahr oder falsch sind – zwischengespeichert werden, um nachfolgende Berechnungen zu vereinfachen.

Das letzte Teil im sensorlosen Planungspuzzle ist eine heuristische Funktion, die die Suche leitet. Die Bedeutung der heuristischen Funktion ist die gleiche wie beim klassischen Planen: eine (vielleicht zulässige) Schätzung der Kosten für das Erreichen des Ziels vom gegebenen Wissenszustand aus. Bei Wissenszuständen haben wir einen zusätzlichen Fakt: Das Lösen einer beliebigen Teilmenge eines Wissenszustands ist zwangsläufig einfacher als das Lösen des Wissenszustands:

$$\text{wenn } b_1 \subseteq b_2 \text{ dann } h^*(b_1) \leq h^*(b_2)$$

Daher ist jede zulässige Heuristik, die für eine Teilmenge berechnet wird, auch für den ganzen Wissenszustand zulässig. Die offensichtlichsten Kandidaten sind die Singleton-Teilmengen, d. h. einzelne physische Zustände. Wir können eine beliebige Sammlung von Zuständen $s_1, \ldots, s_N$ nehmen, die sich im Wissenszustand b befinden, eine beliebige zulässige Heuristik h anwenden und

$$H(b) = \max\{h(s_1), \ldots, h(s_N)\}$$

als heuristische Schätzung zum Lösen von b zurückgeben. Wir können auch unzulässige Heuristiken anwenden wie die Heuristik „D-Listen ignorieren" (S. 408), die in der Praxis recht gut zu funktionieren scheint.

11.5.2 Situatives Planen

Wir haben in Kapitel 4 gesehen, dass situatives Planen – das Generieren von Plänen mit bedingten Verzweigungen auf der Basis von Perzepten – für Umgebungen mit teilweiser Beobachtbarkeit, Nichtdeterminismus oder beidem geeignet ist. Für das teilweise beobachtbare Streichen-Problem mit den oben genannten Perzeptschemas lautet eine mögliche bedingte Lösung:

[*Ansehen*(*Tisch*), *Ansehen*(*Stuhl*),
  if *Farbe*(*Tisch*, *c*) $\wedge$ *Farbe*(*Stuhl*, *c*) **then** *NoOp*
    else [*DeckelAbnehmen*($Dose_1$), *Ansehen*($Dose_1$), *DeckelAbnehmen*($Dose_2$), *Ansehen*($Dose_2$),
      if *Farbe*(*Tisch*, *c*) $\wedge$ *Farbe*(*dose*, *c*) **then** *Streichen*(*Stuhl*, *dose*)
      else if *Farbe*(*Stuhl*, *c*) $\wedge$ *Farbe*(*dose*, *c*) **then** *Streichen*(*Tisch*, *dose*)
      else [*Streichen*(*Stuhl*, $Dose_1$), *Streichen*(*Tisch*, $Dose_1$)]]]

Variablen in diesem Plan sollten als existenzquantifiziert betrachtet werden; die zweite Zeile besagt, dass der Agent nichts tun muss, um das Ziel zu erreichen, wenn es eine Farbe c gibt, die der Farbe des Tisches und des Stuhls entspricht. Bei der Ausführung dieses Plans kann ein situativ planender Agent seinen Wissenszustand als logische Formel verwalten und jede Verzweigungsbedingung auswerten, indem er feststellt, ob der Wissenszustand die Bedingungsformel oder deren Negation einschließt. (Es ist Aufgabe des situativ planenden Algorithmus sicherzustellen, dass der Agent niemals in einem Wissenszustand endet, in dem der Wahrheitswert der Bedingungsformel unbekannt ist.) Beachten Sie, dass bei Bedingungen der Prädikatenlogik die Formel auf mehr als eine Weise erfüllt sein kann; zum Beispiel könnte die Bedingung $Farbe(Tisch, c) \wedge Farbe(Dose, c)$ durch $\{Dose_1\}$ und durch $\{Dose_2\}$ erfüllt sein, wenn in beiden Dosen der Lack die gleiche Farbe wie der Tisch hat. In diesem Fall kann der Agent eine beliebige Substitution wählen, die er auf den Rest des Plans anwendet.

Wie in Abschnitt 4.4.2 gezeigt, erfolgt die Berechnung des neuen Wissenszustands $\hat{b}$ nach einer Aktion a und anschließendem Perzept in zwei Phasen. In der ersten Phase wird der Wissenszustand nach der Aktion berechnet, genau wie beim sensorlosen Agenten:

$$\hat{b} = (b - \text{DEL}(a)) \cup \text{ADD}(a)\,,$$

wobei wir, wie zuvor, von einem Wissenszustand ausgehen, der als Konjunktion von Literalen dargestellt wird. Die zweite Phase ist ein wenig komplizierter. Nehmen wir an, dass Perzeptliterale $p_1, \ldots, p_k$ empfangen werden. Man könnte denken, dass wir diese einfach zum Wissenszustand hinzufügen müssen; tatsächlich können wir auch schließen, dass die Vorbedingungen für sensorische Eingaben erfüllt sind. Wenn nun ein Perzept p genau ein Perzeptschema $Percept(p, \text{PRECOND}{:}c)$ hat, wobei c eine Konjunktion von Literalen ist, dann können diese Literale zum selben Wissenszustand wie p hinzugefügt werden. Wenn p jedoch mehr als ein Perzeptschema hat, dessen Vorbedingungen gemäß dem vorhergesagten Wissenszustand $\hat{b}$ gelten könnten, dann müssen wir die *Disjunktion* der Vorbedingungen hinzufügen. Offensichtlich erfüllt der Wissenszustand dadurch nicht mehr 1-KNF, was die gleichen Komplikationen wie die bedingten Effekte aufwirft, mit fast den gleichen Lösungsklassen.

Wenn wir über einem Mechanismus zur Berechnung von exakten oder angenäherten Wissenszuständen verfügen, können wir mit einer Erweiterung der in Abschnitt 4.4 verwendeten UND-ODER-Vorwärtssuche über Wissenszustände situative Pläne erzeugen. Um Aktionen mit nichtdeterministischen Effekten – die einfach mithilfe einer Disjunktion in EFFECT des Aktionsschemas definiert werden – zu berücksichtigen, müssen wir lediglich geringfügige Änderungen an der Berechnung der Wissenszustandsaktualisierung und sogar keine Änderung am Suchalgorithmus vornehmen.[4] Auf die heuristische Funktion sind viele der für sensorloses Planen vorgeschlagenen Methoden auch im teilweise beobachtbaren, nichtdeterministischen Fall anwendbar.

11.5.3 Onlineplanen

Stellen Sie sich vor, Sie beobachten einen Punktschweißroboter in einer Autofabrik. Die schnellen, präzisen Bewegungen des Roboters wiederholen sich für jedes Auto, das auf dem Montageband vorbeiläuft. Obwohl technisch beeindruckend, scheint der Roboter nicht besonders *intelligent* zu sein, da es sich bei den Bewegungsabläufen um eine feststehende, vorprogrammierte Sequenz handelt; der Roboter scheint offensichtlich nicht zu „wissen, was er tut“. Nehmen wir nun an, dass eine schlecht befestigte Tür vom Auto abfällt, gerade als der Roboter einen Schweißpunkt setzen will. Der Roboter ersetzt schnell seinen Schweißarm durch einen Greifarm, hebt die Tür auf, prüft sie auf Kratzer, befestigt sie wieder an der Kabine,

4 Wenn zyklische Lösungen für ein nichtdeterministisches Problem benötigt werden, muss die UND-ODER-Suche zu einer Version verallgemeinert werden, die mit Schleifen arbeitet (wie LAO*; Hansen und Zilberstein, 2001).

schickt eine E-Mail an den Produktionsleiter, wechselt wieder zum Schweißarm und nimmt seine Arbeit wieder auf. Ganz plötzlich scheint das Verhalten des Roboters *überlegter* statt mechanischer Natur zu sein. Wir gehen davon aus, dass dies nicht auf einen riesengroßen, im Voraus berechneten situativen Plan zurückzuführen ist, sondern auf einen Online-Neuplanungsprozess – was bedeutet, dass der Roboter *tatsächlich* wissen muss, was er zu tun hat.

Neuplanen setzt eine Form der **Ausführungsüberwachung** voraus, um festzustellen, wann ein neuer Plan notwendig wird. Dies kann der Fall sein, wenn ein situativ planender Agent es satt hat, für jede kleine eventuelle Situation zu planen, z. B., ob ihm der Himmel auf den Kopf fallen könnte.[5] Das bedeutet, dass ein situativer Plan in einer unvollständigen Form vorliegt. Einige Zweige eines teilweise konstruierten situativen Plans können z. B. einfach ein *Neuplanen* verlangen und, wenn ein solcher Zweig während der Ausführung erreicht wird, kehrt der Agent in den Planungsmodus zurück. Wie wir bereits erwähnt haben, ist die Entscheidung, welche Teile des Problems im Voraus gelöst werden und welche ein Neuplanen erfordern, von Kompromissen zwischen möglichen Ereignissen mit unterschiedlichen Kosten und Eintrittswahrscheinlichkeiten geprägt. Niemand möchte bei einer Autopanne mitten in der Sahara erst darüber nachdenken, ob er genug Wasser dabei hat.

Neuplanen kann auch erforderlich sein, wenn das Modell des Agenten von der Welt falsch ist. Dabei kann es sich um eine **fehlende Vorbedingung** für eine Aktion handeln – vielleicht weiß der Agent nicht, dass sich der Deckel einer Lackdose oftmals nur mithilfe eines Schraubendrehers entfernen lässt; oder um einen **fehlenden Effekt** – beim Streichen eines Objekts kann Lack auf den Boden tropfen. Oder wir haben es im Modell mit einem **fehlenden Fluent** zu tun, der in der Repräsentation einfach nicht vorhanden ist – zum Beispiel wurde im oben beschriebenen Modell nicht berücksichtigt, wie viel Lack in einer Dose enthalten ist, inwiefern die Aktionen diese Menge beeinflussen oder dass die Menge ungleich null sein muss. Oder es kann sein, dass im Modell **exogene Ereignisse** nicht berücksichtigt werden, z. B. wenn jemand die Lackdose umstößt. Zu den exogenen Ereignissen können auch Änderungen am Ziel gehören, z. B. die zusätzliche Forderung, dass der Tisch und der Stuhl nicht schwarz gestrichen werden dürfen. Ohne die Fähigkeit, zu überwachen und neu zu planen, ist das Verhalten eines Agenten anfälliger, wenn er sich auf die absolute Korrektheit seines Modells verlässt.

Der Onlineagent hat die Wahl zwischen (mindestens) drei verschiedenen Ansätzen, die Umgebung während der Planausführung zu überwachen:

- **Aktionsüberwachung**: Vor dem Ausführen einer Aktion verifiziert der Agent, ob alle Vorbedingungen noch gelten.
- **Planüberwachung**: Vor dem Ausführen einer Aktion verifiziert der Agent, ob der restliche Plan noch erfolgreich ist.
- **Zielüberwachung**: Vor dem Ausführen einer Aktion prüft der Agent, ob es eine bessere Menge von Zielen gibt, die er versuchen könnte zu erreichen.

► Abbildung 11.12 zeigt eine schematische Darstellung der Aktionsüberwachung. Der Agent verfolgt sowohl seinen ursprünglichen Plan (hier als *Gesamtplan* bezeichnet) als auch den noch nicht ausgeführten Teil des Plans (*Plan*). Nachdem er die ersten Schritte des Plans ausgeführt hat, erwartet der Agent, im Zustand E zu sein, stellt jedoch fest, dass er sich tatsächlich im Zustand O befindet. Er muss dann den Plan reparieren, indem er einen Punkt P im

5 1954 wurde eine Mrs. Hodges aus Alabama von einem Meteoriten getroffen, der durch ihr Dach krachte. Im Jahr 1992 traf ein Stück des Mbale-Meteoriten einen kleinen Jungen am Kopf; glücklicherweise wurde sein Fall durch Bananenblätter gebremst (Jenniskens *et al.*, 1994). Und im Jahr 2009 behauptete ein deutscher Junge, von einem erbsengroßen Meteoriten an der Hand getroffen worden zu sein. Bei keinem dieser Vorfälle kam es zu ernsthaften Verletzungen, was darauf hindeutet, dass die Notwendigkeit einer Vorausplanung für solche Eventualitäten manchmal überbewertet wird.

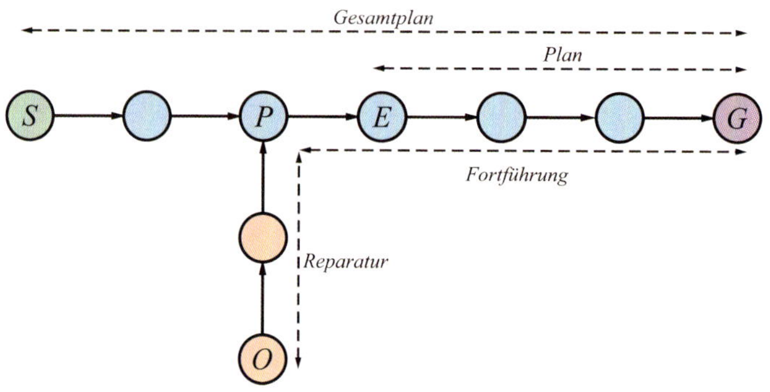

Abbildung 11.12: Zunächst wird erwartet, dass die Folge „Gesamtplan" den Agenten von *S* nach *G* bringt. Der Agent führt Schritte des Plans aus, bis er meint, im Zustand *E* zu sein, aber feststellt, dass er tatsächlich in *O* ist. Der Agent plant daraufhin neu und sucht nach einer Möglichkeit, mit minimalem Aufwand für *Reparatur* und *Fortführung* den Zustand *G* zu erreichen.

ursprünglichen Plan sucht, zu dem er zurückgehen kann. (Möglicherweise ist P bereits der Zielzustand G.) Der Agent versucht, die Gesamtkosten des Plans zu minimieren: den Reparaturteil (von O nach P) plus die Fortführung (von P nach G).

Kehren wir nun zu dem Beispielproblem zurück, einen Stuhl und einen Tisch mit gleicher Farbe zu streichen. Angenommen, der Agent hat folgenden Plan entwickelt:

$$
\begin{array}{l}
[Ansehen(Tisch), Ansehen(Stuhl), \\
\quad \textbf{if} Farbe(Tisch, c) \wedge Farbe(Stuhl, c) \textbf{ then } NoOp \\
\quad\quad \textbf{else } [DeckelAbnehmen(Dose_1), Ansehen(Dose_1), \\
\quad\quad\quad\quad \textbf{if } Farbe(Tisch, c) \wedge Farbe(Dose_1, c) \textbf{ then } Streichen(Stuhl, Dose_1) \\
\quad\quad\quad\quad \textbf{else } \text{REPLAN}]]
\end{array}
$$

Der Agent ist nun bereit, den Plan auszuführen. Er beobachtet, dass der Tisch und die Lackdose weiß sind und der Stuhl schwarz ist. Daraufhin führt er $Streichen(Stuhl, Dose_1)$ aus. An diesem Punkt würde ein klassischer Planer bereits von Sieg sprechen, da der Plan ausgeführt worden ist. Ein Onlineagent mit Ausführungsüberwachung hingegen muss prüfen, ob die Aktion erfolgreich war.

Angenommen, der Agent stellt fest, dass der Stuhl graue Flecken aufweist, weil dort die schwarze Farbe durchscheint. Seine Aufgabe besteht dann darin, eine anzusteuernde Wiederherstellungsposition im Plan festzulegen sowie eine Reparaturaktionsfolge zu finden, um dorthin zu gelangen. Der Agent erkennt, dass der aktuelle Zustand mit der Vorbedingung vor der Aktion $Streichen(Stuhl, Dose_1)$ identisch ist, wählt folglich die leere Sequenz für *Reparatur* und führt in seinem *Plan* die gleiche [*Streichen*]-Sequenz aus, die er gerade durchgeführt hat. Mit diesem neuen Plan wird die Ausführungsüberwachung fortgesetzt und die *Streichen*-Aktion wiederholt. Dieses Verhalten wird in einer Schleife so oft durchlaufen, bis der Stuhl als vollständig weiß gestrichen wahrgenommen wird. Beachten Sie aber, dass die Schleife durch einen Prozess von Planen–Ausführen–Neuplanen erzeugt wird und nicht durch eine explizite Schleife in einem Plan. Bedenken Sie außerdem, dass der ursprüngliche Plan nicht alle Eventualitäten abdecken muss. Wenn der Agent den Schritt NEUPLANEN erreicht, kann er einen neuen Plan generieren (und diesmal vielleicht $Dose_2$ berücksichtigen).

Die ist eine einfache Methode der Ausführungsüberwachung, führt jedoch manchmal zu einem wenig intelligenten Verhalten. Angenommen, es gibt weder schwarzen noch weißen Lack, und der Agent erstellt einen Plan, um das Streichen-Problem zu lösen, indem er sowohl den Stuhl als auch den Tisch rot streicht. Angenommen, der rote Lack reicht nur für den

Stuhl. Mit Aktionsüberwachung würde der Agent den Stuhl rot streichen und dann feststellen, dass er keinen Lack mehr hat, um den Tisch zu streichen. Daraufhin würde er neu planen und vielleicht im Rahmen einer Reparatur sowohl Stuhl als auch Tisch grün streichen. Ein Agent mit Planüberwachung hingegen erkennt den Fehler, sobald ein Zustand erreicht ist, von dem aus der verbleibende Plan nicht mehr funktioniert. Er würde also keine Zeit damit verschwenden, den Stuhl rot zu streichen.

Hierzu muss die Planüberwachung lediglich die Vorbedingungen für den Erfolg des gesamten restlichen Plans prüfen, d. h. die Vorbedingungen eines jeden Schritts im Plan, mit Ausnahme der Vorbedingungen, die durch einen anderen Schritt im restlichen Plan erreicht werden. Die Planüberwachung beendet die Ausführung eines aussichtslosen Plans so früh wie möglich, anstatt fortzufahren, bis der Fehler tatsächlich auftritt.[6] Außerdem erlaubt Planüberwachung **zufälligen Erfolg** (Serendipität). Wenn beispielsweise jemand vorbeikommt und den Tisch rot streicht, während der Agent den Stuhl rot streicht, dann sind die Vorbedingungen des endgültigen Plans erfüllt (das Ziel wurde erreicht), und der Agent kann früher nach Hause gehen.

Es ist relativ einfach, einen Planungsalgorithmus so abzuändern, dass jede Aktion im Plan mit den Vorbedingungen der Aktion annotiert wird, und damit eine Aktionsüberwachung zu ermöglichen. Etwas komplexer ist es, eine Planüberwachung zu ermöglichen. Nichtlineare Planer haben den Vorteil, dass sie bereits Strukturen aufgebaut haben, die mit den für Planüberwachung notwendigen Beziehungen versehen sind. Zustandsraumplaner lassen sich um die notwendigen Annotationen erweitern, indem über die Regression der Zielfluents durch den Plan sorgfältig Buch geführt wird.

Nachdem wir nun eine Methode zum Überwachen und Neuplanen beschrieben haben, müssen wir uns fragen, ob das Ganze funktioniert. Dies ist eine überraschend knifflige Frage. Wenn wir meinen: „Können wir garantieren, dass der Agent immer das Ziel erreicht?“, dann lautet die Antwort nein, denn der Agent könnte versehentlich in eine Sackgasse geraten, aus der ihn keine Reparatur herausführt. Zum Beispiel könnte der Staubsauger-Agent ein fehlerhaftes Modell von sich selbst haben und nicht wissen, dass seine Batterien auch leer sein können. Ist dies irgendwann der Fall, kann er keine Pläne mehr „reparieren“. Wenn wir Sackgassen ausschließen – also annehmen, dass es einen Plan gibt, mit dem das Ziel von *jedem* Zustand in der Umgebung aus zu erreichen ist – und davon ausgehen, dass die Umgebung wirklich nichtdeterministisch ist, insofern als ein derartiger Plan immer *eine gewisse* Erfolgswahrscheinlichkeit bei jedem Ausführungsversuch hat, dann wird der Agent schließlich das Ziel erreichen.

Schwierigkeiten treten auf, wenn eine scheinbar nichtdeterministische Aktion nicht tatsächlich zufällig ist, sondern von einer Vorbedingung abhängt, die dem Agenten nicht bekannt ist. Zum Beispiel kann es vorkommen, dass eine Lackdose leer ist, sodass das Streichen mit dieser Dose keinen Effekt hat. Daran wird sich auch nichts ändern, egal, wie häufig man es versucht.[7] Eine Lösung besteht darin, aus der Menge der möglichen Reparaturpläne einen Plan nach dem Zufallsprinzip auszuwählen, anstatt jedes Mal denselben zu versuchen. In diesem Fall könnte der Reparaturplan, eine andere Dose zu öffnen, funktionieren. Ein besserer Ansatz besteht darin, ein besseres Modell zu **lernen**. Jeder Vorhersagefehler ist eine Gelegenheit zum Lernen, denn ein Agent sollte in der Lage sein, sein Modell der Welt entsprechend seiner Perzepte zu modifizieren. Von diesem Zeitpunkt an wird der Neuplaner in der Lage sein, eine Reparatur zu finden, die das Problem an der Wurzel packt, anstatt auf gut Glück einen guten Reparaturplan zu wählen.

6 Planüberwachung bedeutet, dass wir endlich, nach 429 Seiten, einen Agenten haben, der schlauer als ein Mistkäfer ist (siehe S. 67). Ein planüberwachender Agent würde bemerken, dass er keine Mistkugel mehr besitzt, und neuplanen, um eine neue Kugel zu formen und in das Loch zu stopfen.

7 Das vergebliche Wiederholen einer Planreparatur ist genau das Verhalten, das der Sphex zugeschrieben wird (S. 67).

11.6 Zeitabläufe und Ressourcen planen

Klassisches Planen berücksichtigt, *was zu tun* ist und *in welcher Reihenfolge*, aber nicht *wie lange* eine Aktion dauert und *wann* sie stattfindet, d. h., der zeitliche Aspekt fehlt. Zum Beispiel könnten wir in der Domäne des Stückguttransports am Flughafen einen Plan erstellen, der angibt, welche Flugzeuge wohin fliegen und was sie transportieren, der aber nichts über Abflug- und Ankunftszeiten aussagt. Dies ist die Aufgabe der **Zeitplanung** (Scheduling).

In der realen Welt gibt es auch viele **Ressourcen-Constraints**: Eine Fluggesellschaft hat eine begrenzte Anzahl von Mitarbeitern, und Mitarbeiter, die sich auf einem Flug befinden, können nicht gleichzeitig auf einem anderen sein. Dieser Abschnitt beschäftigt sich mit Techniken zur Lösung von Problemen, die beim Planen mit Zeit- und Ressourcen-Constraints auftreten.

11.6.1 Zeit- und Ressourcen-Constraints darstellen

Ein typisches **Job-Shop-Scheduling-Problem** (Problem der Fertigungsablaufplanung), wie es in Abschnitt 6.1.2 eingeführt wurde, besteht aus einer Menge von **Jobs**, die ihrerseits eine Sammlung von **Aktionen** verkörpern, zwischen denen Reihenfolge-Constraints bestehen. Jede Aktion hat eine **Dauer** und eine Menge von Constraints hinsichtlich der Ressourcen, die für die Aktion erforderlich sind. Jeder Constraint spezifiziert einen *Ressourcentyp* (z. B. Schrauben, Schraubenschlüssel oder Piloten), die Anzahl der benötigten Ressourcen und ob die Ressource **konsumierbar** (z. B. stehen die Schrauben nach dem Einbau nicht mehr zur Verfügung) oder **wiederverwendbar** ist (z. B. ist ein Pilot während eines Flugs belegt, steht aber wieder zur Verfügung, wenn der Flug vorbei ist). Aktionen können auch Ressourcen erzeugen (z. B. Fertigungs- und Nachschubaktionen).

Eine Lösung für ein Job-Shop-Scheduling-Problem muss die Anfangszeiten für jede Aktion angeben sowie alle zeitlichen Reihenfolge- und Ressourcen-Constraints. Wie bei Such- und Planungsproblemen können Lösungen nach einer Kostenfunktion bewertet werden. Dies kann recht kompliziert sein und nichtlineare Ressourcenkosten, zeitabhängige Verzögerungskosten usw. betreffen. Der Einfachheit halber nehmen wir an, dass die Kostenfunktion nur die Gesamtdauer des Plans, die **Produktionsspanne**, angibt.

► Abbildung 11.13 zeigt ein einfaches Beispiel: ein Problem, das die Montage zweier Autos betrifft. Das Problem besteht aus zwei Jobs, die jeweils die Form [*MotorEinbauen*, *RäderMontieren*, *Überprüfen*] haben. Die Anweisung *Resources* deklariert vier Arten von Ressourcen und gibt für jede Ressource an, wie viele davon beim Start verfügbar sind: 1 Motorwinde, 1 Radstation, 2 Inspektoren und 500 Radmuttern. Die Aktionsschemas geben die Dauer (DURATION) und den Ressourcenbedarf der einzelnen Aktionen an. Die Radmuttern werden beim Montieren der Räder *verbraucht* (CONSUME), während die anderen Ressourcen zu Beginn einer Aktion nur „ausgeliehen“ und am Ende der Aktion wieder freigegeben werden (USE).

Die Darstellung von Ressourcen als numerische Größen, z. B. *Inspektoren*(2), statt als benannte Entitäten, z. B. *Inspektor*(I_1) und *Inspektor*(I_2), ist ein Beispiel für eine Technik namens **Aggregation**: Dabei werden einzelne Objekte zu Mengen gruppiert, wenn sie nicht zu unterscheiden sind. In unserem Montageproblem spielt es keine Rolle, *welcher* Inspektor das Auto überprüft, weshalb eine Unterscheidung nicht notwendig ist. Die Aggregation ist wichtig, um die Komplexität zu reduzieren. Überlegen Sie, was passiert, wenn ein Zeitplan vorgeschlagen wird, der 10 gleichzeitige *Überprüfen*-Aktionen enthält, aber nur 9 Inspektoren zur Verfügung stehen. Wenn Inspektoren als Mengen dargestellt werden, wird sofort ein Fehler erkannt und der Algorithmus geht zurück, um einen anderen Zeitplan auszuprobieren. Wenn Inspektoren als Individuen dargestellt werden, würde der Algorithmus alle 9! Möglichkeiten der Zuweisung von Inspektoren zu Aktionen ausprobieren, bevor er merkt, dass keine davon funktioniert.

$Jobs(\{MotorEinbauen1 \prec RäderMontieren1 \prec Überprüfen1\},$
$\{MotorEinbauen2 \prec RäderMontieren2 \prec Überprüfen2\})$

$Resources(Motorwinden(1), Radstationen(1), Inspektoren(2), Radmuttern(500))$

$Action(MotorEinbauen1,$ DURATION:30,
USE:$Motorwinden(1))$
$Action(MotorEinbauen2,$ DURATION:60,
USE:$Motorwinden(1))$
$Action(RäderMontieren1,$ DURATION:30,
CONSUME:$Radmuttern(20)$, USE:$Radstationen(1))$
$Action(RäderMontieren2,$ DURATION:15,
CONSUME:$Radmuttern(20)$, USE:$Radstationen(1))$
$Action(Überprüfen_i,$ DURATION:10,
USE:$Inspektoren(1))$

Abbildung 11.13: Ein Job-Shop-Scheduling-Problem für die Montage von zwei Autos, mit Ressourcen-Constraints. Die Notation $A \prec B$ bedeutet, dass die Aktion A der Aktion B vorausgehen muss.

11.6.2 Scheduling-Probleme lösen

Wir betrachten zunächst nur das zeitliche Scheduling-Problem und ignorieren die Ressourcen-Constraints. Um die Produktionsspanne (Plandauer) zu minimieren, müssen wir für alle Aktionen die frühesten Startzeiten finden, die mit den für das Problem angegebenen Reihenfolge-Constraints konsistent sind. Es ist hilfreich, diese Reihenfolge-Constraints als gerichteten Graphen zu betrachten, der die Aktionen miteinander in Beziehung setzt (► Abbildung 11.14). Wir können dann die **Methode des kritischen Pfads** (*Critical Path Method*, CPM) auf diesen Graphen anwenden, um die möglichen Anfangs- und Endzeiten für jede Aktion zu ermitteln. Ein **Pfad** durch einen Graphen, der einen nichtlinearen Plan darstellt, ist eine linear geordnete Folge von Aktionen, die mit *Start* beginnt und mit *Ende* endet. (Zum Beispiel gibt es im nichtlinearen Plan gemäß ► Abbildung 11.14 zwei Pfade.)

Der **kritische Pfad** ist der Pfad, der die längste Gesamtdauer aufweist; der Pfad ist insofern „kritisch", als er die Dauer des gesamten Plans bestimmt – das Verkürzen anderer Pfade verkürzt nicht den Plan als Ganzes, während hingegen das Verzögern des Starts auch nur einer Aktion auf dem kritischen Pfad den gesamten Plan verlangsamt. Aktionen, die nicht auf dem kritischen Pfad liegen, haben ein Zeitfenster, in dem sie ausgeführt werden können. Das Fenster wird in Form einer frühestmöglichen Startzeit, *ES* (*earliest possible start time*), und einer letztmöglichen Startzeit, *LS* (*latest possible start time*), angegeben. Die Größe $LS - ES$ wird als **Spielraum** einer Aktion bezeichnet. In ► Abbildung 11.14 sehen wir, dass der gesamte Plan 85 Minuten dauert, dass jede Aktion im oberen Job einen Spielraum von 15 Minuten hat und dass jede Aktion auf dem kritischen Pfad keinen Spielraum hat (per Definition). Zusammen bilden die *ES*- und *LS*-Zeiten für alle Aktionen einen **Zeitplan** (Schedule) für das Problem.

Die folgenden Formeln definieren *ES* und *LS* und sind ein dynamischer Programmieralgorithmus für ihre Berechnung. A und B sind Aktionen, wobei $A \prec B$ bedeutet, dass A vor B kommt:

$$ES(Start) = 0$$

$$ES(B) = \max_{A \prec B} ES(A) + Dauer(A)$$

$$LS(Ende) = ES(Ende)$$

$$LS(A) = \min_{B \succ A} LS(B) - Dauer(A)$$

Die Idee dabei ist, dass wir zuerst $ES(Start)$ den Wert 0 zuweisen. Sobald wir eine Aktion B erhalten, sodass allen Aktionen, die unmittelbar vor B kommen, *ES*-Werte zugewiesen sind,

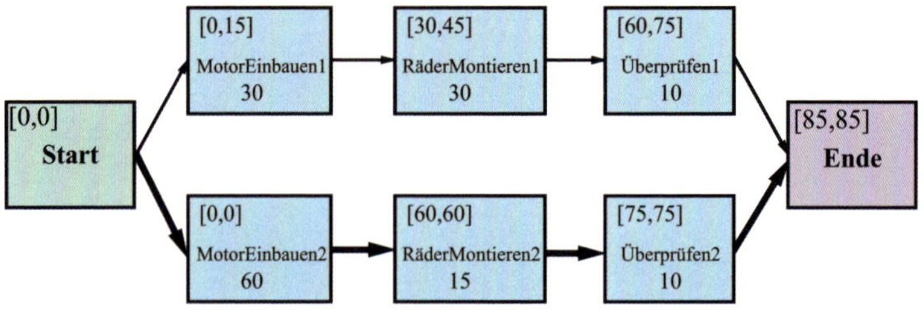

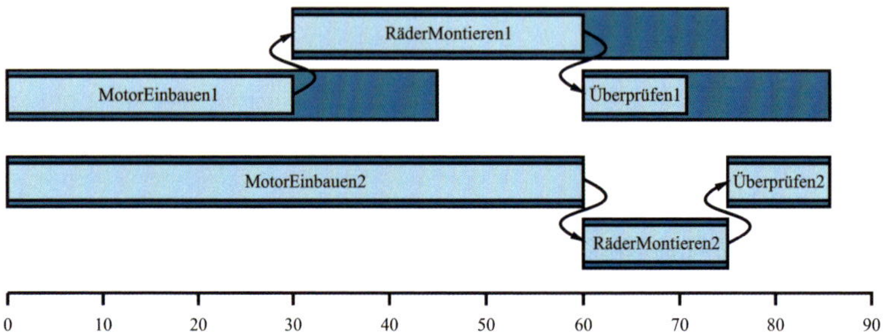

Abbildung 11.14: Oben: Eine Darstellung der zeitlichen Constraints für das Job-Shop-Scheduling-Problem aus Abb. 11.13. Die Dauer jeder Aktion ist unten in jedem Rechteck angegeben. Zur Lösung des Problems berechnen wir die früheste und späteste Startzeit als [*ES*, *LS*]-Paar, das jeweils oben links angezeigt wird. Die Differenz zwischen diesen beiden Zahlen ist der *Spielraum* einer Aktion; Aktionen ohne Spielraum befinden sich auf dem kritischen Pfad, dargestellt durch die fetten Pfeile. Unten: Die gleiche Lösung, dargestellt als Zeitleiste. Blaue Rechtecke stellen Zeitintervalle dar, in denen eine Aktion ausgeführt werden kann, vorausgesetzt die Constraints hinsichtlich der Reihenfolge werden eingehalten. Der nicht belegte Teil eines blauen Rechtecks zeigt den Spielraum an.

setzen wir *ES*(*B*) auf das Maximum der frühesten Endzeiten dieser unmittelbar vorangehenden Aktionen, wobei die früheste Endzeit einer Aktion definiert ist als die früheste Startzeit plus die Dauer. Dieser Vorgang wiederholt sich, bis jeder Aktion ein *ES*-Wert zugewiesen wurde. Die *LS*-Werte werden auf ähnliche Weise berechnet, wobei man von der *Ende*-Aktion aus rückwärts vorgeht.

Der Algorithmus des kritischen Pfads hat nur eine Komplexität von $O(Nb)$, wobei N die Anzahl der Aktionen und b der maximale Verzweigungsfaktor in eine oder aus einer Aktion ist. (Dies lässt sich daran erkennen, dass die *LS*- und *ES*-Berechnungen einmal für jede Aktion durchgeführt werden und jede Berechnung über höchstens b andere Aktionen iteriert.) Daher ist es recht einfach, bei einer nichtlinearen Reihenfolge der Aktionen und ohne Ressourcen-Constraints einen Zeitplan mit minimaler Dauer zu finden.

Aus mathematischer Sicht sind Kritischer-Pfad-Probleme einfach zu lösen, da sie als *Konjunktion linearer* Ungleichungen auf den Start- und Endzeiten definiert sind. Wenn wir Ressourcen-Constraints einführen, verkomplizieren sich auch die Constraints für die Start- und Endzeiten. Zum Beispiel benötigen die *MotorEinbauen*-Aktionen, die in ► Abbildung 11.14 zur gleichen Zeit beginnen, dieselbe *MotorWinde* und dürfen sich daher nicht überlappen. Die Einschränkung „dürfen sich nicht überlappen" ist eine *Disjunktion* von zwei linearen Ungleichungen, eine für jede mögliche Reihenfolge. Es zeigt sich, dass die Einführung von Disjunktionen die Zeitplanung mit Ressourcen-Constraints NP-schwer macht.

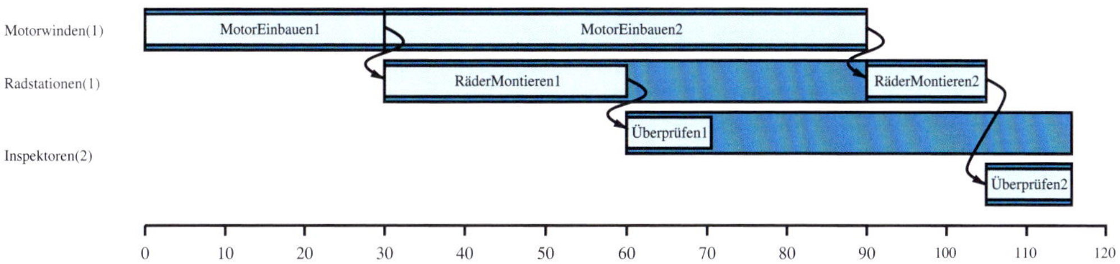

Abbildung 11.15: Eine Lösung für das Job-Shop-Scheduling-Problem aus Abb. 11.13 mit Berücksichtigung der Ressourcen-Constraints. Am linken Rand sind die drei wiederverwendbaren Ressourcen aufgelistet, und die Aktionen sind horizontal für die konsumierbaren Ressourcen ausgerichtet. Es gibt zwei mögliche Zeitpläne, je nachdem, welche Montagelinie die Motorwinde zuerst verwendet. Wir zeigen hier die Lösung mit der kürzesten Dauer (115 Minuten).

► Abbildung 11.15 zeigt die Lösung mit der schnellsten Montagezeit: 115 Minuten. Dies ist 30 Minuten länger als die 85 Minuten, die für einen Zeitplan ohne Ressourcen-Constraints erforderlich sind. Beachten Sie, dass es keinen Zeitpunkt gibt, an dem beide Inspektoren benötigt werden, sodass wir einen unserer beiden Inspektoren sofort woanders produktiv einsetzen können.

Die Forschung zur optimalen Zeitplanung hat eine lange Geschichte. Ein Problem, das 1963 gestellt wurde – die Suche nach dem optimalen Zeitplan für ein Problem mit nur zehn Maschinen und zehn Jobs mit jeweils 100 Aktionen – blieb 23 Jahre lang ungelöst (Lawler *et al.*, 1993). Viele Ansätze wurden ausprobiert, darunter Branch-and-Bound, Simulated Annealing, Tabu-Suche und Constraint-Satisfaction. Ein beliebter Ansatz ist die **Heuristik mit minimalem Spielraum**: Bei jeder Iteration betrachtet sie die noch nicht eingeplanten Aktionen, deren Vorgänger alle eingeplant sind, und plant diejenigen mit dem geringsten Spielraum für den frühestmöglichen Start ein. Anschließend aktualisiert sie die *ES*- und *LS*-Zeiten für jede betroffene Aktion und wiederholt das Ganze. Diese gierige Heuristik ähnelt der MRV-Heuristik zur Lösung von CSP-Problemen. In der Praxis funktioniert sie oft gut, aber für unser Montageproblem lautet die Lösung 130 Minuten und nicht 115 Minuten wie in ► Abbildung 11.15.

Bisher sind wir davon ausgegangen, dass die Menge der Aktionen und Reihenfolge-Constraints feststehend ist. Unter diesen Annahmen lässt sich jedes Zeitplanungsproblem durch eine nicht überlappende Folge lösen, die alle Ressourcenkonflikte vermeidet, sofern jede Aktion für sich selbst durchführbar ist. Wenn sich ein Zeitplanungsproblem jedoch als sehr schwierig erweist, ist eine solche Lösung nicht immer sinnvoll – es ist unter Umständen besser, die Aktionen und Constraints erneut zu betrachten, falls dies das Zeitplanungsproblem stark vereinfacht. Daher empfiehlt es sich, beim Planen den zeitlichen Aspekt zu *integrieren*, indem man die Dauer und das Überschneiden von Aktionen bei der Konstruktion eines Plans berücksichtigt. Mehrere der Planungsalgorithmen in Abschnitt 11.2 können um diese Konzepte erweitert werden.

11.7 Analyse von Planungsansätzen

Planen kombiniert die beiden wichtigsten Bereiche der KI, die wir bisher behandelt haben: *Suche* und *Logik*. Ein Planer kann entweder als ein Programm betrachtet werden, das nach einer Lösung sucht, oder als eines, das (konstruktiv) die Existenz einer Lösung beweist. Die Synergieeffekte durch Kombinieren der Konzepte aus beiden Bereichen haben es Planern ermöglicht, von Musterproblemen, bei denen die Anzahl der Aktionen und Zustände auf etwa ein Dutzend begrenzt war, auf reale industrielle Anwendungen zu skalieren, bei denen Millionen von Zuständen und Tausende von Aktionen berücksichtigt werden müssen.

Planen ist in erster Linie eine Übung zum Steuern der kombinatorischen Explosion. Bei n Aussagen in einer Domäne gibt es 2^n Zustände. Gegen eine derartige pessimistische Tatsache kann die Identifizierung unabhängiger Teilprobleme eine mächtige Waffe sein. Im besten Fall – bei vollständiger Zerlegbarkeit des Problems – erhalten wir eine exponentielle Beschleunigung. Die Zerlegbarkeit wird jedoch durch negative Interaktionen zwischen Aktionen verhindert. SATPLAN kann logische Beziehungen zwischen Teilproblemen codieren. Die Vorwärtssuche geht das Problem heuristisch an, indem sie versucht, Muster (Teilmengen von Aussagen) zu finden, die unabhängige Teilprobleme abdecken. Da dieser Ansatz heuristisch ist, funktioniert er sogar, wenn die Teilprobleme nicht vollständig unabhängig sind.

Leider wissen wir noch nicht genau, welche Technik für welche Art von Problemen am besten geeignet ist. Es ist durchaus möglich, dass neue Techniken entwickelt werden, die vielleicht eine Synthese bieten aus hochexpressiven prädikatenlogischen und hierarchischen Repräsentationen und den zurzeit dominierenden hocheffizienten faktorisierten und aussagenlogischen Repräsentationen. Es gibt Beispiele für **Portfolio**-Planungssysteme, die über eine Sammlung von Algorithmen verfügen, sodass sich für jedes beliebige Problem ein Algorithmus findet, der darauf angewendet werden kann. Diese Entscheidung kann selektiv erfolgen (das System klassifiziert jedes neue Problem, um den besten Algorithmus dafür auszuwählen) oder parallel (alle Algorithmen laufen gleichzeitig, jeder auf einer anderen CPU) oder durch Verschachtelung der Algorithmen nach einem Zeitplan.

ZUSAMMENFASSUNG

In diesem Kapitel haben wir die PDDL-Darstellung sowohl für klassische als auch für erweiterte Planungsprobleme beschrieben sowie mehrere algorithmische Ansätze zu ihrer Lösung vorgestellt. Die wichtigsten Aspekte sind:

- Planungssysteme sind problemlösende Algorithmen, die auf expliziten faktorisierten Repräsentationen von Zuständen und Aktionen operieren. Diese Repräsentationen ermöglichen die Ableitung effektiver domänenunabhängiger Heuristiken sowie die Entwicklung leistungsfähiger und flexibler Algorithmen für die Lösung von Problemen.

- PDDL – *Planning Domain Definition Language* – beschreibt die Ausgangs- und Zielzustände als Konjunktionen von Literalen und die Aktionen in Form von ihren jeweiligen Vorbedingungen und Effekten. Erweiterungen repräsentieren Zeit, Ressourcen, Perzepte, situative Pläne und hierarchische Pläne.

- Die Zustandsraumsuche kann vorwärts (**Progression**) oder rückwärts (**Regression**) erfolgen. Effektive Heuristiken lassen sich dadurch ableiten, dass auf verschiedene Weise Teilzielunabhängigkeit angenommen und Planungsprobleme relaxiert werden.

- Zu den anderen Ansätzen gehören die Codierung eines Planungsproblems als boolesches Erfüllbarkeitsproblem oder als Constraint-Satisfaction-Problem sowie die explizite Suche im Raum der nichtlinearen Pläne.

- **HTN-Planen** erlaubt es dem Agenten, Empfehlungen vom Domänenmodellierer in Form von **High-Level-Aktionen** (HLAs) umzusetzen, die auf verschiedene Weise durch Aktionsfolgen auf niedrigerer Ebene implementiert werden können. Die Effekte von HLAs können mit einer **optimistischen Semantik** definiert werden, sodass beweisbar korrekte höhere Pläne ohne Berücksichtigung von Implementierungen auf niedrigerer Ebene abgeleitet werden können. Mithilfe von HTN-Methoden lassen sich sehr große Pläne erstellen, die von vielen Anwendungen der realen Welt benötigt werden.

- **Situative Pläne** erlauben es dem Agenten, die Welt während der Ausführung sensorisch zu erfassen, um zu entscheiden, welchen Zweig des Plans er am besten verfolgen soll. In einigen Fällen lassen sich mit **sensorlosem** oder **konformantem Planen** Pläne konstruieren, die funktionieren, ohne dass Wahrnehmung notwendig ist. Sowohl konformante als auch situative Pläne können durch eine Suche im **Wissenszustandsraum** konstruiert werden. Die effiziente Darstellung oder Berechnung von Wissenszuständen ist ein Schlüsselproblem.

- Ein **Onlineplanungsagent** nutzt die Ausführungsüberwachung und verzweigt bei Bedarf zu Reparaturen, um unerwartete Situationen auszugleichen, die auf nichtdeterministische Aktionen, exogene Ereignisse oder fehlerhafte Modelle der Umgebung zurückzuführen sind.

- Viele Aktionen verbrauchen **Ressourcen**, wie z. B. Geld, Benzin oder Rohstoffe. Es ist praktisch, diese Ressourcen als numerische Maße in einem Pool zu verwalten, anstatt beispielsweise zu versuchen, über jede einzelne Münze und jeden einzelnen Geldschein auf der Welt schlussfolgern zu wollen. Zeit ist eine der wichtigsten Ressourcen. Für die Berücksichtigung dieses Faktors gibt es spezielle Scheduling-Algorithmen, andererseits kann Scheduling bzw. Zeitplanung in die Planung integriert werden.

- Dieses Kapitel erweitert das klassische Planen auf nichtdeterministische Umgebungen (in denen die Ergebnisse von Aktionen ungewiss sind). Doch damit ist das letzte

Wort zur Planung noch nicht gesprochen. Kapitel 17 beschreibt Techniken für stochastische Umgebungen (in denen die Ergebnisse von Aktionen mit Wahrscheinlichkeiten verbunden sind): Markov-Entscheidungsprozesse, teilweise beobachtbare Markov-Entscheidungsprozesse und Spieltheorie. Kapitel 22 zeigt, dass Reinforcement Learning einem Agent ermöglicht, aus vergangenen Erfolgen und Fehlern Erkenntnisse für sein Verhalten zu gewinnen.

Bibliografische und historische Anmerkungen

Die KI-Planung entstand aus Forschungsarbeiten in den Bereichen Zustandsraumsuche, Theorembeweisen und Kontrolltheorie. STRIPS (Fikes und Nilsson, 1971, 1993), das erste große Planungssystem, wurde als Planer für den Shakey-Roboter am SRI entwickelt. Die erste Version des Programms lief auf einem Computer mit nur 192 KB Speicherplatz. Seine übergeordnete Steuerungsstruktur wurde auf dem General Problem Solver modelliert (Newell und Simon, 1961), einem System für die Zustandsraumsuche, das eine Means-End-Analyse verwendete.

Aus der Repräsentationssprache STRIPS entwickelte sich die Action Description Language, kurz ADL (Pednault, 1986), und dann die Problem Domain Description Language, kurz PDDL (Ghallab *et al.*, 1998), die seit 1998 für den Internationalen Planungswettbewerb verwendet wird. Die aktuellste Version ist PDDL 3.1 (Kovacs, 2011).

Planer der frühen 1970er Jahre zerlegten Probleme, indem sie für jedes Teilziel einen Teilplan berechneten und dann die Teilpläne in irgendeiner Reihenfolge verketteten. Dieser Ansatz, der von Sacerdoti (1975) als **lineare Planung** bezeichnet wurde, erwies sich recht schnell als unvollständig. Er kann einige sehr einfache Probleme nicht lösen, z. B. die Sussman-Anomalie (siehe Übung 10.8 auf der Website), wie Allen Brown während seiner Experimente mit dem HACKER-System feststellte (Sussman, 1975). Ein vollständiger Planer muss eine Verzahnung (**Interleaving**) von Aktionen aus verschiedenen Teilplänen innerhalb einer einzigen Sequenz erlauben. Das WARPLAN-System von Warren (1974) war dazu imstande und zeigte exemplarisch, wie sich mit der logischen Programmiersprache Prolog kurze Programme erzeugen ließen; WARPLAN besteht aus nur 100 Zeilen Code.

Nichtlineares Planen dominierte die nächsten 20 Jahre die Forschung, mitsamt den theoretischen Arbeiten zur Konflikterkennung (Tate, 1975a) und zum Schutz erreichter Bedingungen gegen Störung (Sussman, 1975) sowie den Implementierungen wie NOAH (Sacerdoti, 1977) und NONLIN (Tate, 1977). Das führte zu formalen Modellen (Chapman, 1987; McAllester und Rosenblitt, 1991), die eine theoretische Analyse verschiedener Algorithmen und Planungsprobleme ermöglichten, und zu einem weit verbreiteten System, UCPOP (Penberthy und Weld, 1992).

Drew McDermott hatte den Verdacht, dass der Fokus auf das nichtlineare Planen andere Techniken in den Hintergrund drängte, die in Anbetracht der Tatsache, dass Computer seit Shakeys Zeiten über 100-mal mehr Speicher verfügten, vielleicht noch einmal überdacht werden sollten. Sein UNPOP (McDermott, 1996) war ein Programm zur Zustandsraumplanung, das die Heuristik „D-Liste ignorieren" verwendete. HSP, der Heuristic Search Planner (Bonet und Geffner, 1999; Haslum, 2006) erlaubte die Zustandsraumsuche für große Planungsprobleme. Der FF oder Fast Forward Planner (Hoffmann, 2001; Hoffmann und Nebel, 2001; Hoffmann, 2005) sowie die FASTDOWNWARD-Variante (Helmert, 2006) gewannen in den 2000er Jahren internationale Planungswettbewerbe.

Die bidirektionale Suche (siehe Abschnitt 3.4.5) ist ebenfalls dafür bekannt, dass es ihr an Heuristiken mangelt, auch wenn einige Erfolge damit erzielt wurden, mittels einer Rückwärtssuche das Ziel einzukreisen und dann eine Heuristik zu verfeinern, die vorwärts innerhalb dieses **Umkreises** (Perimeter) sucht (Torralba *et al.*, 2016). Der bidirektionale Suchplaner SymBA* (Torralba *et al.*, 2016) war der Gewinner des Wettbewerbs 2016.

Die Wissenschaftler wandten sich der PDDL und dem Planungsparadigma zu, um domänenunabhängige Heuristiken verwenden zu können. Hoffmann (2005) analysiert den Suchraum der Heuristik „D-Liste ignorieren". Edelkamp (2009) und Haslum *et al.* (2007) beschreiben, wie sich Musterdatenbanken für Planungsheuristiken aufbauen lassen. Felner *et al.* (2004) liefern ermutigende Ergebnisse hinsichtlich des Einsatzes von Musterdatenbanken für Schiebepuzzles, die als Planungsdomäne betrachtet werden können, doch Hoffmann *et al.* (2006) zeigen einige Grenzen der Abstraktion für Probleme des klassischen Planens auf. Rintanen (2012) diskutiert planungsspezifische Variablenauswahlheuristiken für das Lösen von SAT-Problemen.

Helmert *et al.* (2011) beschreiben das System Fast Downward Stone Soup (FDSS), einen Portfolio-Planer, der, wie in der Fabel von der Steinsuppe, dazu einlädt, so viele Planungsalgorithmen wie möglich hineinzuwerfen. Das System verwaltet einen Satz von Übungsproblemen und zeichnet für jedes Problem und jeden Algorithmus die Laufzeit und die resultierenden Plankosten der Lösung auf. Wenn das System dann vor einem neuen Problem steht, nutzt es die bereits gemachten Erfahrungen, um zu entscheiden, welche(r) der Algorithmen ausprobiert werden soll(en), mit welchen Zeitlimits, und wählt dann die Lösung mit den geringsten Kosten. FDSS war Gewinner des internationalen Planungswettbewerbs 2018 (Seipp und Röger, 2018). Seipp *et al.* (2015) beschreiben einen Ansatz des maschinellen Lernens, um für ein gegebenes neues Problem automatisch ein gutes Portfolio zu lernen. Vallati *et al.* (2015) geben einen Überblick über die Portfolioplanung. Die Idee von Algorithmenportfolios für kombinatorische Suchprobleme geht auf Gomes und Selman (2001) zurück.

Sistla und Godefroid (2004) behandeln die Symmetriereduktion und Godefroid (1990) behandelt Heuristiken für die partielle Ordnung. Richter und Helmert (2009) demonstrieren die Effizienzgewinne beim Forward Pruning durch Ausführen bevorzugter Aktionen.

Blum und Furst (1997) hauchten dem Bereich der Planung mit ihrem Graphplan-System neues Leben ein, da es um Größenordnungen schneller war als die damaligen nichtlinearen Planer. Bryce und Kambhampati (2007) geben einen Überblick über Planungsgraphen. Die Verwendung des Situationskalküls für die Planung wurde von (1963) eingeführt und von Ray Reiter (2001) verfeinert.

Kautz *et al.* (1996) untersuchten verschiedene Möglichkeiten, um Aktionsschemas in Aussagenlogik zu überführen und stellten fest, dass die kompaktesten Formen nicht unbedingt zu den kürzesten Lösungszeiten führten. Ernst *et al.* (1997) führten eine systematische Analyse aus und entwickelten außerdem einen automatischen „Compiler", der aussagenlogische Repräsentationen aus PDDL-Problemen erzeugte. Der Planer Blackbox, der Ideen von Graphplan und SATPlan kombiniert, wurde von Kautz und Selman (1998) entwickelt. Zu den auf CSP basierenden Planern gehören CPlan Beek und Chen (1999) und GP-CSP (Do und Kambhampati, 2003).

Es gab auch Interesse an der Darstellung eines Plans als **binäres Entscheidungsdiagramm** (*Binary Decision Diagram*, BDD), eine kompakte Datenstruktur für boolesche Ausdrücke, die in der Community der Hardware-Verifizierung ausführlich untersucht wurde (Clarke und Grumberg, 1987; McMillan, 1993). Es gibt Techniken, um Eigenschaften von binären Entscheidungsdiagrammen zu beweisen, unter anderem die Eigenschaft, eine Lösung für ein Planungsproblem zu sein. Cimatti *et al.* (1998) stellen einen Planer vor, der auf diesem Ansatz basiert. Darüber hinaus wurden aber auch andere Repräsentationen verwendet, wie z. B. die Integerprogrammierung (Vossen *et al.*, 2001).

Es gibt einige interessante Vergleiche der verschiedenen Planungsansätze. Helmert (2001) analysiert verschiedene Klassen von Planungsproblemen und zeigt, dass auf Constraints basierende Ansätze wie Graphplan und SATPLAN am besten für NP-schwere Domänen geeignet sind, während auf Suchen basierende Ansätze besser in Domänen abschneiden, in denen machbare Lösungen ohne Backtracking gefunden werden können. Graphplan und SATPLAN haben Probleme in Domänen mit vielen Objekten, weil das bedeutet, dass sie viele Aktionen erzeugen müssen. In einigen Fällen lässt sich das Problem verzögern oder vermeiden, indem die aussagenlogischen Aktionen dynamisch, d. h. nur bei Bedarf, erzeugt werden, anstatt sie alle vor Beginn der Suche zu instanziieren.

Der erste Mechanismus für hierarchisches Planen bestand darin, im STRIPS-Programm lernende **Makrops**, sogenannte Makro-Operatoren, einzubauen, die aus einer Folge primitiver Schritte bestehen (Fikes *et al.*, 1972). Das ABSTRIPS-System (Sacerdoti, 1974) führte das Konzept einer **Abstraktionshierarchie** ein, wobei es beim Planen auf höheren Ebenen erlaubt war, Vorbedingungen von Aktionen auf niedrigeren Ebenen zu ignorieren, um die allgemeine Struktur eines funktionierenden Plans abzuleiten. Austin Tate in seiner Doktorarbeit (1975b) und Sacerdoti (1977) entwickelten die grundlegenden Konzepte des HTN-Planens. Erol, Hendler und Nau (1994, 1996) stellen einen vollständigen hierarchischen Zerlegungsplaner sowie eine Vielzahl von Komplexitätsergebnissen für reine HTN-Planer vor. Unsere Darstellung von HLAs und optimistischer Semantik geht auf Marthi *et al.* (2007, 2008) zurück.

Eines der Ziele der hierarchischen Planung besteht darin, frühere Planungserfahrungen in Form von verallgemeinerten Plänen wiederzuverwenden. Die Technik des **erklärungsbasierten Lernens** wurde in Systemen wie SOAR (Laird *et al.*, 1986) und PRODIGY (Carbonell *et al.*, 1989) als Mittel zur Verallgemeinerung zuvor berechneter Pläne eingesetzt. Ein alternativer Ansatz besteht darin, zuvor berechnete Pläne in ihrer ursprünglichen Form zu speichern und sie dann wiederzuverwenden, um neue, ähnliche Probleme analog dem ursprünglichen Problem zu lösen. Dies ist der Ansatz, der beim sogenannten **fallbasierten Planen** verfolgt wird (Carbonell, 1983; Alterman, 1988). Kambhampati (1994) führt an, dass fallbasiertes Planen als eine Form der Verfeinerungsplanung analysiert werden sollte und liefert eine formale Grundlage für fallbasiertes nichtlineares Planen.

Frühen Planern fehlten Bedingungen und Schleifen, aber einige konnten mit einem gewissen Zwang konformante Pläne bilden. NOAH von Sacerdoti löste das „Schlüssel und Kästchen"-Problem (bei dem der Planer wenig über den Anfangszustand weiß) mithilfe von Zwang. (1993) vertrat die Meinung, dass in der Roboterplanung oft auf Sensoreingaben verzichtet werden kann und sollte, und beschrieb einen sensorlosen Plan, der ein Werkzeug durch eine Folge von Kippaktionen in eine bestimmte Position auf einem Tisch bewegen kann, *unabhängig* von der Ausgangsposition.

Goldman und Boddy (1996) führten den Begriff des **konformanten Planens** ein und wiesen darauf hin, dass sensorlose Pläne oftmals auch dann effektiv sind, wenn der Agent Sensoren hat. Der erste mäßig effiziente konformante Planer war der Conformant Graphplan (CGP) von (1998). Ferraris und Giunchiglia (2000) sowie Rintanen (1999) entwickelten unabhängig voneinander SATPLAN-basierte konformante Planer. Bonet und Geffner (2000) beschreiben einen konformanten Planer, der auf heuristischer Suche im Raum der Wissenszustände basiert und auf Konzepte zurückgreift, die erstmals in den 1960er Jahren für teilweise beobachtbare Markov-Entscheidungsprozesse (*Partially Observable Markov Decision Process*, POMDP) entwickelt wurden (siehe Kapitel 17).

Derzeit gibt es drei Hauptansätze für konformantes Planen. Die ersten beiden arbeiten mit einer heuristischen Suche im Wissenszustandsraum: HSCP (Bertoli *et al.*, 2001a) verwendet binäre Entscheidungsdiagramme (BDD), um Wissenszustände zu repräsentieren, während Hoffmann und Brafman (2006) den bequemeren Ansatz verfolgen, bei dem Vorbedingungs- und Zieltests bei Bedarf mithilfe eines SAT-Solvers berechnet werden.

Der dritte Ansatz, der vor allem von Jussi Rintanen (2007) vertreten wird, formuliert das gesamte sensorlose Planungsproblem als quantifizierte boolesche Formel (QBF), die mit einem universellen QBF-Solver gelöst wird. Aktuelle konformante Planer sind um fünf

Größenordnungen schneller als CGP. Der Gewinner im Bereich konformantes Planen beim Internationalen Planungswettbewerb 2006 war T_0 (Palacios und Geffner, 2007), der eine heuristische Suche im Wissenszustandsraum verwendet, wobei er die Darstellung des Wissenszustands einfach hält, indem er Literale ableitet, die bedingte Effekte abdecken. Bryce und Kambhampati (2007) diskutieren, wie ein Planungsgraph verallgemeinert werden kann, um gute Heuristiken für konformantes und situatives Planen zu generieren.

Der in diesem Kapitel beschriebene Ansatz des situativen Planens basiert auf Hoffmann und Brafman (2005) und wurde von den effizienten Suchalgorithmen für zyklische UND-ODER-Graphen beeinflusst, die von Jimenez und Torras (2000) sowie Hansen und Zilberstein (2001) entwickelt wurden. Das Problem des situativen Planens erhielt mehr Aufmerksamkeit nach der Veröffentlichung von Drew McDermotts (1978a) einflussreichem Artikel *Planning and Acting*. Bertoli *et al.* (2001b) beschreiben den modellbasierten Planer MBP, der zum konformanten und situativen Planen binäre Entscheidungsdiagramme verwendet. Einige Autoren verwenden „bedingtes Planen“ und „situatives Planen“ synonym; andere wiederum unterscheiden zwischen „bedingt“ und „situativ“, wobei sich bedingt auf Aktionen mit nichtdeterministischen Effekten bezieht und situativ auf die Verwendung von Sensoreingaben zur Überwindung der teilweisen Beobachtbarkeit.

Rückblickend lässt sich erkennen, dass die wichtigsten klassischen Planungsalgorithmen zu erweiterten Versionen für unsichere Domänen geführt haben. Die schnelle heuristische Vorwärtssuche im Zustandsraum führte zur Vorwärtssuche im Wissensraum (Bonet und Geffner, 2000; Hoffmann und Brafman, 2005); SATPLAN führte zu stochastischem SATPLAN (Majercik und Littman, 2003) und zur Planung unter Verwendung von quantifizierter boolescher Logik (Rintanen, 2007); nichtlineares Planen führte zu UWL (Etzioni *et al.*, 1992) und CNLP (Peot und Smith, 1992); Graphplan führte zu Sensory Graphplan oder SGP (Weld *et al.*, 1998).

Der erste Onlineplaner mit Ausführungsüberwachung war PLANEX (Fikes *et al.*, 1972), der zusammen mit dem STRIPS-Planer den Roboter Shakey steuerte. SIPE (System for Interactive Planning and Execution Monitoring; Wilkins, 1988) war der erste Planer, der sich systematisch mit dem Problem des Neuplanens befasste. Er wurde in Demonstrationsprojekten mehrerer Domänen eingesetzt, z. B. bei der Planung von Operationen auf dem Flugdeck eines Flugzeugträgers, beim Job-Shop-Scheduling für eine australische Brauerei und bei der Planung von Hochhauskonstruktionen (Kartam und Levitt, 1990).

Mitte der 1980er Jahre führte der Pessimismus aufgrund der schlechten Laufzeiten der Planungssysteme zu dem Vorschlag, Reflexagenten einzusetzen, die als **reaktive Planungssysteme** bezeichnet wurden (Brooks, 1986; Agre und Chapman, 1987). „Universelle Pläne“ (Schoppers, 1989) wurden als eine Methode zum Nachschlagen für reaktives Planen entwickelt, entpuppten sich aber als eine Wiederentdeckung des Konzept der **Strategien**, das schon lange in Markov-Entscheidungsprozessen verwendet wurde (siehe Kapitel 17). Koenig (2001) gibt einen Überblick über Onlineplanungstechniken unter dem Namen *Agent-Centered Search*.

Planen mit Zeit-Constraints wurde erstmals mit DEVISER (Vere, 1983) realisiert. Die Darstellung von Zeit in Plänen wurde von Allen (1984) und von Dean *et al.* (1990) im FORBIN-System aufgegriffen. NONLIN+ (Tate und Whiter, 1984) und SIPE (Wilkins, 1990) konnten über die Zuordnung von begrenzten Ressourcen zu verschiedenen Planschritten schlussfolgern. O-PLAN (Bell und Tate, 1985) wurde auf Ressourcenprobleme angewandt, wie z. B. die Planung der Softwarebeschaffung bei Price Waterhouse und die Planung der Hinterachsmontage bei Jaguar Cars.

Die beiden Planer SAPA (Do und Kambhampati, 2001) und T4 (Haslum und Geffner, 2001) verwenden beide die Vorwärts-Zustandsraumsuche mit komplexen Heuristiken, um Aktionen unter Berücksichtigung von Zeit- und Ressourcenaufwand zu verarbeiten. Eine Alternative ist die Verwendung von sehr ausdrucksstarken Aktionssprachen, die aber durch von Menschen geschriebene, domänenspezifische Heuristiken gesteuert werden, wie dies bei ASPEN

(Fukunaga *et al.*, 1997), HSTS (Jonsson *et al.*, 2000) und IxTeT (Ghallab und Laruelle, 1994) der Fall ist.

Eine Reihe von hybriden Planungs-/Ablaufplanungssystemen hielt Einzug in die Praxis: ISIS (Fox *et al.*, 1982; Fox, 1990) wurde bei Westinghouse für Job-Shop-Scheduling eingesetzt, GARI (Descotte und Latombe, 1985) plante die Bearbeitung und Konstruktion von mechanischen Teilen, FORBIN wurde für die Fertigungssteuerung und NONLIN+ für die Logistikplanung der Marine verwendet. Wir haben uns dafür entschieden, Planung und Zeitplanung als zwei getrennte Probleme zu behandeln; Cushing *et al.* (2007) zeigen, dass dies bei bestimmten Problemen zu Unvollständigkeit führen kann.

Die Ablaufplanung hat in der Raumfahrt eine lange Geschichte. T-SCHED (Drabble, 1990) wurde verwendet, um den zeitlichen Ablauf von Missionsbefehlsfolgen für den Satelliten UOSAT-II zu planen. OPTIMUM-AIV (Aarup *et al.*, 1994) und PLAN-ERS1 (Fuchs *et al.*, 1990), die beide auf O-PLAN basieren, wurden von der Europäischen Weltraumbehörde (ESA, European Space Agency) für die Montage von Raumfahrzeugen bzw. die Planung von Beobachtungen eingesetzt. SPIKE (Johnston und Adorf, 1992) wurde von der NASA für die Beobachtungsplanung des Weltraumteleskops Hubble eingesetzt, während das Space Shuttle Ground Processing Scheduling System (Deale *et al.*, 1994) das Job-Shop-Scheduling für bis zu 16.000 Arbeitsschichten ausführt. Remote Agent (Muscettola *et al.*, 1998) war der erste autonome Zeitplaner für die Steuerung eines Raumfahrzeugs, als er 1999 an Bord der Sonde Deep Space One mitflog. Raumfahrtanwendungen haben die Entwicklung von Algorithmen für die Ressourcenzuordnungen vorangetrieben; siehe Laborie (2003) und Muscettola (2002). Die Literatur zum Thema Zeitplanung (Scheduling) wird in einem klassischen Übersichtsartikel (Lawler *et al.*, 1993), einem Buch (Pinedo, 2008) und einem überarbeiteten Handbuch (Blazewicz *et al.*, 2007) präsentiert.

Die Berechnungskomplexität der Planung wurde von mehreren Autoren analysiert (Bylander, 1994; Ghallab *et al.*, 2004; Rintanen, 2016). Es gibt zwei Hauptaufgaben: In **PlanSAT** stehen wir vor der Frage, ob es irgendeinen Plan gibt, der ein Planungsproblem löst. **Bounded PlanSAT** fragt, ob es eine Lösung der Länge k oder weniger gibt, mit der ein optimaler Plan gefunden werden kann. Beide Aufgaben sind im klassischen Planen entscheidbar (weil die Anzahl der Zustände endlich ist). Wenn wir jedoch Funktionssymbole zur Sprache hinzufügen, dann wird die Anzahl der Zustände unendlich und PlanSAT ist nur noch semientscheidbar. Bei Problemen, die in Aussagenlogik überführt wurden, liegen beide in der Komplexitätsklasse PSPACE, einer Klasse, die größer (und damit schwieriger) als NP ist und sich auf Probleme bezieht, die von einer deterministischen Turing-Maschine mit einem polynomiellen Platzbedarf gelöst werden können. Diese theoretischen Ergebnisse sind entmutigend, aber in der Praxis sind die Probleme, die wir lösen wollen, meist gar nicht so schlimm. Der eigentliche Vorteil des klassischen Planungsformalismus ist, dass er die Entwicklung sehr genauer domänenunabhängiger Heuristiken ermöglicht hat; andere Ansätze waren nicht so fruchtbar.

Readings in Planning (Allen *et al.*, 1990) ist eine umfassende Anthologie über frühe Arbeiten auf diesem Gebiet. Weld (1994, 1999) verfasste zwei ausgezeichnete Studien über die Planungsalgorithmen der 1990er Jahre. Es ist interessant, wie stark sich die Algorithmen in den fünf Jahren dazwischen verändert haben: die erste Studie konzentriert sich auf das nichtlineare Planen und die zweite stellt Graphplan und SATPLAN vor. *Automated Planning and Acting* (Ghallab *et al.*, 2016) ist ein hervorragendes Lehrbuch zu allen Aspekten des Fachgebiets. LaValles Schrift *Planning Algorithms* (2006) deckt sowohl klassisches als auch stochastisches Planen ab, wobei das Planen von Roboterbewegungen ausführlich behandelt wird.

Die Planungsforschung ist seit den Anfängen der KI von zentraler Bedeutung und Abhandlungen über Planung sind ein fester Bestandteil der gängigen KI-Fachzeitschriften und -Konferenzen. Es gibt sogar spezielle Konferenzen wie die *International Conference on Automated Planning and Scheduling* und den *International Workshop on Planning and Scheduling for Space*.

Quantifizieren von Unsicherheit

12

In diesem Kapitel erfahren Sie, wie man Unsicherheit mit numerischen Wissensgraden in den Griff bekommt.

12.1 Handeln unter Unsicherheit

Agenten in der realen Welt müssen mit **Unsicherheit** umgehen können, die unter anderem auf teilweise Beobachtbarkeit, Nichtdeterminismus oder gegnerische Angriffe zurückzuführen ist. Agenten können eigentlich nie mit Sicherheit sagen, in welchem Zustand sie sich gerade befinden oder wo sie nach einer Aktionsfolge landen werden.

Bisher haben wir problemlösende und logische Agenten kennengelernt. Solche Agenten verarbeiten Unsicherheit, indem sie einen **Wissenszustand** nachverfolgen – eine Repräsentation der Menge aller möglichen Weltzustände, in denen sich ein Agent befinden kann – und situativ einen Plan erstellen, der alle Eventualitäten verarbeitet, die seine Sensoren während der Ausführung melden könnten. Dieser Ansatz funktioniert bei einfachen Problemen, hat aber auch Nachteile:

- Der Agent muss *jede mögliche* Erklärung für seine Sensorbeobachtungen in Betracht ziehen, egal wie unwahrscheinlich sie ist. Dies führt zu einem großen Wissenszustand voller unwahrscheinlicher Interpretationen.
- Ein korrekter situativer Plan, der alle Eventualitäten verarbeitet, kann beliebig groß werden und muss beliebig unwahrscheinliche Situationen berücksichtigen.
- Manchmal gibt es keinen garantiert erfolgreichen Plan, trotzdem muss der Agent handeln. Er muss über eine Möglichkeit verfügen, die Vorzüge der nicht garantiert zielführenden Pläne zu vergleichen.

Nehmen wir zum Beispiel an, ein selbstfahrendes Taxi hat das Ziel, einen Fahrgast pünktlich zum Flughafen zu bringen. Das Taxi erstellt einen Plan, A_{90}, der vorsieht, 90 Minuten vor Abflug den Passagier vor der Wohnung aufzunehmen und mit einer angemessenen Geschwindigkeit zu befördern. Auch wenn der Flughafen nur 8 km entfernt ist, kann ein logischer Agent nicht mit absoluter Sicherheit schlussfolgern, dass „Plan A_{90} den Fahrgast rechtzeitig am Flughafen abliefert". Stattdessen kommt er zu der schwächeren Schlussfolgerung: „Mit Plan A_{90} erreicht der Fahrgast den Flughafen rechtzeitig, sofern das Auto nicht wegen eines Defekts oder Benzinmangel liegenbleibt, es nicht in einen Unfall verwickelt wird, keine der Straßen auf der Route gesperrt sind, kein Meteorit das Auto trifft, ..." Keine dieser Bedingungen kann mit Sicherheit hergeleitet werden, also können wir auch nicht folgern, dass der Plan erfolgreich ist. Das ist das logische **Qualifikationsproblem** (S. 282), für das wir bisher noch keine richtige Lösung kennengelernt haben.

Nichtsdestotrotz *ist* A_{90} in gewisser Weise dennoch der Plan, an den wir uns halten sollten. Was meinen wir damit? Wie wir in Kapitel 2 besprochen haben, erwarten wir, dass von allen Plänen, die ausgeführt werden könnten, A_{90} das Leistungsmaß des Agenten maximiert (wobei die Erwartung relativ zum Wissen des Agenten über die Umgebung ist). Das Leistungsmaß beinhaltet die rechtzeitige Ankunft am Flughafen, das Vermeiden langer, unproduktiver Wartezeiten am Flughafen und das Vermeiden von Strafzetteln wegen Geschwindigkeitsüberschreitung auf dem Weg dorthin. Das Wissen des Agenten kann keines dieser Ergebnisse für A_{90} garantieren, aber es kann einen Wissensgrad (Grad der Überzeugung) angeben, dass sie erreicht werden. Andere Pläne, wie z. B. A_{180}, könnten das Wissen des Agenten erhöhen, dass er pünktlich zum Flughafen kommt, würden gleichzeitig aber auch die Wahrscheinlichkeit einer sehr langen Wartezeit steigern. *Die Einschätzung, was richtig ist – die **rationale Entscheidung** –, hängt also sowohl von der relativen Wichtigkeit der verschiedenen Ziele als auch von der Wahrscheinlichkeit ab, dass und wie die Ziele erreicht werden.* Im Rest dieses

Abschnitts werden diese Konzepte verfeinert als Vorbereitung auf die Entwicklung allgemeiner Theorien zu unsicheren Schlussfolgerungen und rationalen Entscheidungen, die wir in diesem und den folgenden Kapiteln vorstellen.

12.1.1 Unsicherheit zusammenfassen

Betrachten wir ein Beispiel für unsicheres Schlussfolgern: die Diagnose der Zahnschmerzen eines Patienten. Diagnosen – egal ob in der Medizin, bei einer Autoreparatur oder was auch immer – sind fast immer mit Unsicherheit verbunden. Wir wollen versuchen, mithilfe der Aussagenlogik Regeln für die zahnärztliche Diagnose zu formulieren, damit wir sehen können, wie der logische Ansatz schrittweise vorgeht. Betrachten wir die folgende einfache Regel:

$$Zahnschmerzen \Rightarrow Karies$$

Das Problem ist, dass diese Regel falsch ist. Nicht alle Patienten mit Zahnschmerzen haben Karies; einige von ihnen haben Zahnfleischprobleme, einen Abszess oder irgendein anderes Problem:

$$Zahnschmerzen \Rightarrow Karies \vee Zahnfleischproblem \vee Abzess \ldots$$

Leider müssen wir, damit diese Regel wahr ist, eine fast unbegrenzte Liste von möglichen Problemen hinzufügen. Wir könnten versuchen, die Regel in eine kausale Regel umzuwandeln:

$$Karies \Rightarrow Zahnschmerzen$$

Aber auch diese Regel ist nicht richtig; nicht jede Karies verursacht Schmerzen. Die einzige Möglichkeit, die Regel zu korrigieren, besteht darin, sie logisch erschöpfend zu formulieren, und zwar indem man die linke Seite um alle Qualifikationen erweitert, die erforderlich sind, damit Karies Zahnschmerzen verursacht. Der Versuch, einer Domäne wie der medizinischen Diagnose mit Logik beizukommen, scheitert aus den folgenden drei Gründen:

- **Bequemlichkeit**: Es ist zu arbeitsaufwendig, alle Antezedenzen oder Konsequenzen vollständig aufzulisten, die für die Gewährleistung einer Regel ohne Ausnahmen benötigt werden, und zu kompliziert, solche Regeln zu verwenden.
- **Theoretische Unwissenheit**: Die Medizinwissenschaft hat keine vollständige Theorie für die Domäne.
- **Praktische Unwissenheit**: Selbst wenn wir alle Regeln kennen, können wir bei einem bestimmten Patienten unsicher sein, weil nicht alle notwendigen Tests durchgeführt wurden oder werden konnten.

Die Verbindung zwischen Zahnschmerzen und Karies ist keine streng logische Konsequenz, weder in die eine noch in die andere Richtung. Dies ist typisch für den Fachbereich der Medizin sowie für die meisten anderen Domänen, in denen Entscheidungen abgewogen werden: Recht, Wirtschaft, Design, Autoreparatur, Gärtnern, Dating und so weiter. Das Wissen des Agenten kann bestenfalls nur einen **Wissensgrad** über die relevanten Sätzen ausdrücken. Unser wichtigstes Werkzeug für den Umgang mit Wissensgraden ist die **Wahrscheinlichkeitstheorie**. In der Terminologie von Abschnitt 8.1 sind die **ontologischen Bindungen** von Logik und Wahrscheinlichkeitstheorie die gleichen – dass die Welt aus Fakten besteht, die in einem konkreten Fall zutreffen oder nicht –, während die **epistemologischen Bindungen** unterschiedlich sind: Ein logischer Agent ist überzeugt, dass jeder Satz wahr oder falsch ist, oder er hat keine Meinung, während ein probabilistischer Agent für Sätze einen numerischen Wissensgrad zwischen 0 (für die garantiert falschen) und 1 (für die garantiert wahren) angeben kann.

Die Theorie der *Wahrscheinlichkeit bietet eine Möglichkeit, die Unsicherheit zusammenzufassen, die sich aus unserer Bequemlichkeit und Unwissenheit ergibt,* und löst damit das Qualifikationsproblem. Wir wissen vielleicht nicht genau, woran ein bestimmter Patient leidet, aber wir glauben zu ungefähr 80 % – also mit einer Wahrscheinlichkeit von 0,8 –, dass die Zahnschmerzen eines Patienten auf Karies zurückzuführen sind. Das heißt, wir erwarten, dass Patienten in allen Situationen, die sich unseres Wissens nach nicht von der hier beschriebenen Situation unterscheiden, zu 80 % Karies haben. Diese Überzeugung könnte aus statistischen Daten abgeleitet sein – 80 % der bisher gesehenen Zahnschmerzpatienten hatten Karies – oder aus allgemeinem zahnärztlichen Wissen oder aus einer Kombination von Evidenzquellen.

Ein verwirrender Punkt ist, dass es zum Zeitpunkt unserer Diagnose keine Unsicherheit in der tatsächlichen Welt gibt: Der Patient hat entweder Karies oder nicht. Was bedeutet es also, wenn wir sagen, dass die Wahrscheinlichkeit von Karies 0,8 beträgt? Müsste sie nicht entweder 0 oder 1 sein? Die Antwort ist, dass Wahrscheinlichkeitsaussagen in Bezug auf einen Wissenszustand gemacht werden, nicht in Bezug auf die reale Welt. Wir sagen: „Die Wahrscheinlichkeit, dass der Patient Karies hat, beträgt 0,8, *wenn er Zahnschmerzen hat.*" Stellen wir später fest, dass der Patient in der Vergangenheit bereits Zahnfleischprobleme hatte, können wir unsere Aussage ändern: „Die Wahrscheinlichkeit, dass der Patient Karies hat, beträgt angesichts seiner Zahnschmerzen und seiner Zahnfleischprobleme in der Vergangenheit 0,4." Wenn wir weitere schlüssige Beweise gegen Karies sammeln, können wir sagen: „Die Wahrscheinlichkeit, dass der Patient Karies hat, liegt nach allem, was wir wissen, fast bei 0." Beachten Sie, dass sich diese Aussagen nicht gegenseitig widersprechen; jede ist eine separate Behauptung, der ein jeweils anderer Wissensstand zugrunde liegt.

12.1.2 Unsicherheit und rationale Entscheidungen

Kehren wir noch einmal zurück zu dem Plan A_{90} für die Fahrt zum Flughafen. Nehmen wir an, er bietet uns eine 97%ige Chance, unseren Flug zu erreichen. Bedeutet dies, dass die Wahl rational ist? Nicht unbedingt: Es könnte andere Pläne mit höheren Wahrscheinlichkeiten geben, z. B. A_{180}. Wenn es *lebenswichtig* ist, den Flug nicht zu verpassen, dann ist es gerechtfertigt, die längere Wartezeit am Flughafen in Kauf zu nehmen. Was ist mit A_{1440}, einem Plan, bei dem man 24 Stunden vor Abflug seine Wohnung verlässt? In den meisten Fällen ist dies keine gute Wahl, denn obwohl es fast garantiert, dass man pünktlich ankommt, ist es mit einer nicht zu vertretenden Wartezeit verbunden – ganz zu schweigen von der möglicherweise unerquicklichen Kost am Flughafen.

Um solche Entscheidungen zu treffen, muss ein Agent zunächst **Präferenzen** unter den verschiedenen möglichen **Ergebnissen** der unterschiedlichen Pläne haben. Ein Ergebnis ist ein vollständig spezifizierter Zustand, einschließlich solcher Faktoren wie der, ob der Agent rechtzeitig ankommt und wie lange er am Flughafen warten muss. Wir verwenden die **Nutzentheorie**, um Präferenzen darzustellen und damit quantitativ zu schlussfolgern. Die Nutzentheorie besagt, dass jeder Zustand (oder jede Zustandsfolge) einen bestimmten Grad an Nützlichkeit oder Nutzen für einen Agenten hat und dass der Agent Zustände mit höherem Nutzen bevorzugt.

Der Nutzen eines Zustands ist für einen Agenten relativ. Zum Beispiel ist der Nutzen eines Zustands, in dem Weiß Schwarz in einer Schachpartie schachmatt gesetzt hat, offensichtlich für den mit Weiß spielenden Agenten hoch, aber gering für den Agenten, der Schwarz spielt. Aber wir können nicht strikt nach den Punktzahlen 1, 1/2 und 0 gehen, wie sie von den Regeln des Turnierschachs diktiert werden – manche Spieler (einschließlich der Autoren) wären schon überglücklich, ein Unentschieden gegen den Weltmeister zu erreichen, während dies bei anderen Spielern (einschließlich des ehemaligen Weltmeisters) nicht unbedingt der Fall ist. Es gibt keine Bewertung von Geschmack oder Vorlieben: Vielleicht halten Sie einen

Agenten, der lieber Jalapeño-Kaugummi-Eis als Schokoladeneis isst, für äußerst seltsam, aber Sie können nicht sagen, dass der Agent irrational ist. Nutzenfunktionen können jede beliebige Menge von Präferenzen berücksichtigen – sei sie schrullig oder normal, edel oder abartig. Und Nutzenwerte können sogar altruistisches Verhalten berücksichtigen, indem einfach das Wohl anderer als einer der Faktoren einbezogen wird.

Die durch Nutzenwerte ausgedrückten Präferenzen werden in der allgemeinen Theorie der rationalen Entscheidungen – der **Entscheidungstheorie** – mit Wahrscheinlichkeiten kombiniert:

$$\textit{Entscheidungstheorie} = \textit{Wahrscheinlichkeitstheorie} + \textit{Nutzentheorie}$$

Der Grundgedanke der Entscheidungstheorie ist, dass *ein Agent genau dann rational ist, wenn er die Aktion wählt, die den höchsten erwarteten Nutzen erbringt, gemittelt über alle möglichen Ergebnisse der Aktion.* Dies wird als das Prinzip des **maximal erwarteten Nutzens** (*Maximum Expected Utility*, MEU) bezeichnet. In diesem Zusammenhang wird unter „erwartet“ der „Durchschnitt“ oder das „statistische Mittel“ der resultierenden Nutzenwerte, gewichtet mit der Wahrscheinlichkeit des Ergebnisses verstanden. Wir haben dieses Prinzip in Kapitel 5 kennengelernt, als wir uns kurz mit optimalen Entscheidungen im Backgammon beschäftigt haben. Es handelt sich in der Tat um ein völlig allgemeines Prinzip für die Entscheidungsfindung von Einzelagenten.

► Abbildung 12.1 skizziert die Struktur eines Agenten, der mithilfe der Entscheidungstheorie Aktionen auswählt. Der Agent ist auf einer abstrakten Ebene identisch mit den in den Kapiteln 4 und 7 beschriebenen Agenten, die einen Wissenszustand verwalten, der die Geschichte der bisherigen Perzepte widerspiegelt. Der Hauptunterschied besteht darin, dass der Wissenszustand des entscheidungstheoretischen Agenten nicht nur die *Möglichkeiten* für Weltzustände, sondern auch deren *Wahrscheinlichkeiten* repräsentiert. Anhand des Wissenszustands und einiger Kenntnisse über die Effekte von Aktionen kann der Agent probabilistische Vorhersagen über die Ergebnisse von Aktionen machen und daher die Aktion mit dem höchsten erwarteten Nutzen auswählen.

```
function DT-AGENT(percept) returns eine Aktion action
  persistent: belief_state, probabilistisches Wissen über den aktuellen Zustand der Welt
              action, die Aktion des Agenten

  aktualisiere belief_state basierend auf action und percept
  berechne Ergebniswahrscheinlichkeiten für Aktionen bei gegebenen
     Aktionsbeschreibungen und aktuellem belief_state
  wähle action mit höchstem erwarteten Nutzen für gegebene
     Wahrscheinlichkeiten von Ergebnissen und Nutzeninformationen
  return action
```

Abbildung 12.1: Ein entscheidungstheoretischer Agent, der rationale Aktionen auswählt.

Dieses und das nächste Kapitel konzentrieren sich auf die Aufgabe, probabilistische Informationen allgemein zu repräsentieren und mit ihnen zu rechnen. Kapitel 14 befasst sich mit Methoden für die spezifischen Aufgaben der Darstellung und Aktualisierung des Wissenszustands über die Zeit und der Vorhersage von Ergebnissen. Kapitel 15 befasst sich mit den Möglichkeiten, die Wahrscheinlichkeitstheorie mit ausdrucksstarken formalen Sprachen wie der Prädikatenlogik und allgemeinen Programmiersprachen zu kombinieren. Kapitel 16 geht ausführlich auf die Nutzentheorie ein und Kapitel 17 entwickelt Algorithmen zur Planung von Aktionsfolgen in stochastischen Umgebungen. In Kapitel 18 werden diese Konzepte auf Multiagentenumgebungen erweitert.

12.2 Grundlegende Notation der Probabilistik

Damit unser Agent probabilistische Informationen darstellen und verwenden kann, benötigen wir eine formale Sprache. Die Sprache der Wahrscheinlichkeitstheorie ist traditionell informell, geschrieben von Mathematikern für andere Mathematiker. Anhang A enthält eine Standardeinführung in die elementare Wahrscheinlichkeitstheorie. Wir verfolgen hier einen Ansatz, der eher den Bedürfnissen der KI entspricht, und verbinden ihn mit den Konzepten der formalen Logik.

12.2.1 Was sind Wahrscheinlichkeiten?

Wie logische Aussagen beziehen sich probabilistische Aussagen auf mögliche Welten. Während logische Aussagen vorgeben, welche möglichen Welten strikt ausgeschlossen werden (alle diejenigen, in denen die Behauptungen falsch sind), sprechen probabilistische Aussagen darüber, wie wahrscheinlich die verschiedenen Welten sind. In der Wahrscheinlichkeitstheorie wird die Menge aller möglichen Welten als **Stichprobenraum** oder **Ergebnismenge** bezeichnet. Die möglichen Welten sind *gegenseitig ausschließend* und *erschöpfend* – zwei mögliche Welten können nicht beide der Fall sein, und eine mögliche Welt muss der Fall sein. Wenn wir zum Beispiel zwei (unterscheidbare) Würfel werfen, sind 36 mögliche Welten zu berücksichtigen: (1,1), (1,2), ..., (6,6). Der griechische Großbuchstabe Ω (Omega) wird verwendet, um den Stichprobenraum zu bezeichnen, und ω (kleines Omega) bezieht sich auf die Elemente der Menge, d. h. auf konkrete mögliche Welten.

Ein vollständig spezifiziertes **Wahrscheinlichkeitsmodell** weist jeder möglichen Welt eine numerische Wahrscheinlichkeit $P(\omega)$ zu.[1] Die grundlegenden Axiome der Wahrscheinlichkeitstheorie besagen, dass jede mögliche Welt eine Wahrscheinlichkeit zwischen 0 und 1 hat und dass die Gesamtwahrscheinlichkeit der Menge möglicher Welten gleich 1 ist:

$$0 \leq P(\omega) \leq 1 \text{ für alle } \omega \text{ und } \sum_{\omega \in \Omega} P(\omega) = 1 \tag{12.1}$$

Wenn wir zum Beispiel annehmen, dass jeder Würfel fair ist und die Würfe sich nicht gegenseitig stören, dann hat jede der möglichen Welten (1,1), (1,2), ..., (6,6) die Wahrscheinlichkeit 1/36. Wenn die Würfel jedoch gezinkt sind, werden einige Welten höhere Wahrscheinlichkeiten haben und einige niedrigere, aber zusammen werden sie immer noch 1 ergeben.

Probabilistische Aussagen und Abfragen beziehen sich in der Regel nicht auf konkrete mögliche Welten, sondern auf Mengen möglicher Welten. Wir könnten z. B. nach der Wahrscheinlichkeit fragen, dass die beiden Würfel die Summe 11 ergeben, nach der Wahrscheinlichkeit, dass ein Pasch gewürfelt wird, und so weiter. In der Wahrscheinlichkeitstheorie werden diese Mengen als **Ereignisse** bezeichnet – ein Begriff, der in Kapitel 10 bereits ausführlich für ein anderes Konzept verwendet wurde. In der Logik ist eine Menge von Welten gleichbedeutend mit einer **Aussage** in einer formalen Sprache. Für jede Aussage enthält die entsprechende Menge nur die möglichen Welten, in denen die Aussage gilt. (Daher bedeuten „Ereignis" und „Aussage" in diesem Zusammenhang ungefähr dasselbe, nur dass eine Aussage in einer formalen Sprache ausgedrückt wird.) Die mit einer Aussage verbundene Wahrscheinlichkeit ist definiert als die Summe der Wahrscheinlichkeiten der Welten, in denen die Aussage gilt:

$$\text{Für eine beliebige Aussage } \phi,\ P(\phi) = \sum_{\omega \in \phi} P(\omega) \tag{12.2}$$

Wenn wir zum Beispiel mit zwei fairen Würfel spielen, haben wir $P(Gesamt = 11) = P((5,6)) + P((6,5)) = 1/36 + 1/36 = 1/18$. Beachten Sie, dass die Wahrscheinlichkeitstheorie

1 In diesem Fall gehen wir von einer diskreten, zählbaren Menge von Welten aus. Die ordnungsgemäße Behandlung des stetigen Falls bringt einige Komplikationen mit sich, die für die meisten Zwecke der KI weniger relevant sind.

keine vollständige Kenntnis der Wahrscheinlichkeiten jeder möglichen Welt erfordert. Wenn wir z. B. glauben, dass sich die Würfel quasi absprechen und gleichzeitg dieselbe Zahl liefern, könnten wir *behaupten*, dass $P(pasch) = 1/4$ ist, ohne zu wissen, ob die Würfel einen 6er-Pasch oder einen 2er-Pasch bevorzugen. Genau wie bei logischen Aussagen *beschränkt* diese Aussage das zugrunde liegende Wahrscheinlichkeitsmodell, ohne es vollständig zu bestimmen.

Wahrscheinlichkeiten wie $P(Gesamt = 11)$ und $P(pasch)$ werden als **unbedingte** oder **A-priori-Wahrscheinlichkeiten** (manchmal auch nur kurz als *Priors*) bezeichnet; sie beziehen sich auf die Wissensgrade bezüglich Aussagen *bei Fehlen jeglicher weiterer Informationen*. Meistens verfügen wir jedoch über *einige* Informationen, **Evidenzen** genannt, die bereits bekannt sind. Es kann zum Beispiel sein, dass der erste Würfel bereits eine 5 anzeigt und wir mit angehaltenem Atem darauf warten, dass der andere Würfel aufhört, sich zu drehen. In diesem Fall interessieren wir uns nicht für die unbedingte Wahrscheinlichkeit, einen Pasch zu würfeln, sondern für die **bedingte** oder **A-posteriori-Wahrscheinlichkeit**, kurz *Posterior*, einen Pasch zu würfeln, *wenn der erste Würfel bereits eine 5 zeigt*. Diese Wahrscheinlichkeit wird mit $P(pasch \mid Würfel_1 = 5)$ geschrieben, wobei der senkrechte Strich „|" für „vorausgesetzt" steht.[2]

Ähnlich verhält es sich, wenn ich für eine Kontrolluntersuchung zum Zahnarzt gehe. In diesem Fall könnte die priore Wahrscheinlichkeit $P(karies) = 0{,}2$ von Interesse sein. Wenn ich aber zum Zahnarzt gehe, weil ich Zahnschmerzen habe, so haben wir es mit der bedingten Wahrscheinlichkeit $P(karies \mid zahnschmerzen) = 0{,}6$ zu tun.

Es ist wichtig zu verstehen, dass $P(karies) = 0{,}2$ immer noch gültig ist, nachdem *zahnschmerzen* beobachtet wurden; es ist nur nicht besonders nützlich. Wenn ein Agent Entscheidungen trifft, muss er dafür *alle* beobachteten Evidenzen berücksichtigen. Ebenfalls wichtig ist es, den Unterschied zwischen Konditionalverknüpfung und logischer Implikation zu verstehen. Die Behauptung, dass $P(karies \mid zahnschmerzen) = 0{,}6$ ist, bedeutet nicht „Wann immer *zahnschmerzen* wahr ist, dann schlussfolgere, dass *karies* mit einer Wahrscheinlichkeit von 0,6 wahr ist", sondern sie bedeutet „Wann immer *zahnschmerzen* wahr ist *und wir keine weiteren Informationen haben*, dann schlussfolgere, dass *karies* mit einer Wahrscheinlichkeit von 0,6 wahr ist". Die zusätzliche Bedingung ist wichtig; wenn wir z. B. die weitere Information hätten, dass der Zahnarzt keine Karies gefunden hat, würden wir definitiv nicht schlussfolgern, dass *karies* mit einer Wahrscheinlichkeit von 0,6 wahr ist; stattdessen sollten wir $P(karies \mid zahnschmerzen \wedge \neg karies) = 0$ verwenden.

Mathematisch gesehen sind bedingte Wahrscheinlichkeiten in Bezug auf unbedingte Wahrscheinlichkeiten wie folgt definiert: Für beliebige Aussagen a und b gilt

$$P(a \mid b) = \frac{P(a \wedge b)}{P(b)}, \tag{12.3}$$

sofern $P(b) > 0$ ist. Zum Beispiel:

$$P(pasch \mid Würfel_1 = 5) = \frac{P(pasch \wedge Würfel_1 = 5)}{P(Würfel_1 = 5)}$$

Die Definition ergibt Sinn, wenn Sie sich daran erinnern, dass die Beobachtung von b alle diejenigen möglichen Welten ausschließt, in denen b falsch ist, sodass eine Menge übrig bleibt, deren Gesamtwahrscheinlichkeit lediglich $P(b)$ ist. Innerhalb dieser Menge müssen die Welten, in denen a wahr ist, $a \wedge b$ erfüllen und einen Teil $P(a \wedge b)/P(b)$ bilden.

2 Beachten Sie, dass gemäß der Rangfolge bei „|" ein Ausdruck der Form $P(\ldots \mid \ldots)$ immer $P((\ldots) \mid (\ldots))$ bedeutet.

Die Definition der bedingten Wahrscheinlichkeit in Gleichung (12.3) lässt sich auch in anderer Form, und zwar als sogenannte **Produktregel** schreiben:

$$P(a \wedge b) = P(a \mid b)P(b) \tag{12.4}$$

Die Produktregel ist vielleicht einfacher zuf merken: Sie ergibt sich aus der Tatsache, dass b wahr sein muss und bei gegebenem b auch a wahr sein muss, damit a und b wahr sind.

12.2.2 Die Sprache der Aussagen in Wahrscheinlichkeitsbehauptungen

In diesem und im nächsten Kapitel werden Aussagen, welche Mengen möglicher Welten beschreiben, in einer Notation geschrieben, die Elemente der Aussagenlogik und der CSP-Notation kombiniert. In der Terminologie von Abschnitt 2.4.7 handelt es sich um eine **faktorisierte Darstellung**, in der eine mögliche Welt durch eine Menge von Variable-Wert-Paaren dargestellt wird. Eine aussagekräftigere **strukturierte Darstellung** ist ebenfalls möglich, wie Kapitel 15 zeigt.

Variablen in der Wahrscheinlichkeitstheorie werden als **Zufallsvariablen** bezeichnet und ihre Namen beginnen mit einem Großbuchstaben. In dem Würfel-Beispiel sind folglich *Gesamt* und $Würfel_1$ Zufallsvariablen. Jede Zufallsvariable ist eine Funktion, die aus der Domäne der möglichen Welten Ω auf einen **Wertebereich** – die Menge der möglichen Werte, die sie annehmen kann – abbildet. Der Wertebereich von *Gesamt* für die beiden Würfel ist die Menge $\{2, \ldots, 12\}$ und der Wertebereich von $Würfel_1$ ist $\{1, \ldots, 6\}$. Namen für Werte werden immer kleingeschrieben, sodass wir $\sum_x P(X = x)$ schreiben könnten, um über die Werte von X zu summieren. Eine boolesche Zufallsvariable hat den Wertebereich $\{wahr, falsch\}$. Die Aussage, dass ein Pasch gewürfelt wird, kann z. B. als $Pasch = wahr$ geschrieben werden. (Ein alternativer Wertebereich für boolesche Variablen ist die Menge $\{0, 1\}$, wobei man hier davon spricht, dass die Variable eine **Bernoulli**-Verteilung hat.) Per Konvention werden Aussagen der Form $A = wahr$ einfach kurz als a geschrieben, während $A = falsch$ als $\neg a$ abgekürzt wird. (*pasch*, *karies* und *zahnschmerzen* im vorangegangenen Abschnitt sind Abkürzungen dieser Art).

Wertebereiche können Mengen beliebiger Token sein. Wir könnten den Wertebereich *Alter* als die Menge $\{jugendlicher, teenager, erwachsener\}$ definieren und den Wertebereich *Wetter* als die Menge $\{sonne, regen, wolken, schnee\}$. Wenn keine Mehrdeutigkeit möglich ist, verwendet man üblicherweise einfach den Wert selbst für die Aussage, dass eine bestimmte Variable diesen Wert hat; so kann *sonne* für $Wetter = sonne$ stehen.[3]

Die obigen Beispiele haben alle endliche Wertebereiche. Variablen können aber auch unendliche Wertebereiche aufweisen – entweder diskrete (wie bei ganzen Zahlen) oder stetige (wie bei reellen Zahlen). Für alle Variablen mit einem geordneten Wertebereich sind auch Ungleichungen erlaubt, wie z. B. $AnzahlDerAtomeImUniversum \geq 10^{70}$.

Schließlich können wir diese elementaren Aussagen (einschließlich der abgekürzten Formen für boolesche Variablen) mithilfe aussagenlogischer Verknüpfungen kombinieren. Zum Beispiel lässt sich die Aussage „Die Wahrscheinlichkeit, dass der Patient Karies hat, beträgt bei einem Teenager ohne Zahnschmerzen 0,1“ wie folgt ausdrücken:

$$P(karies \mid \neg zahnschmerzen \wedge teenager) = 0{,}1$$

In der Wahrscheinlichkeitsnotation ist es auch üblich, ein Komma für die Konjunktion zu verwenden, sodass wir $P(karies \mid \neg zahnschmerzen, teenager)$ schreiben könnten.

---

3 Diese Konventionen zusammen führen zu einer potenziellen Mehrdeutigkeit in der Notation beim Summieren über Werte einer booleschen Variablen: $P(a)$ ist die Wahrscheinlichkeit, dass A *wahr* ist, während im Ausdruck $\sum_a P(a)$ nur die Wahrscheinlichkeit für einen der Werte a von A gemeint ist.

Manchmal möchten wir über die Wahrscheinlichkeiten *aller* möglichen Werte einer Zufallsvariablen sprechen. Wir könnten schreiben:

$$\begin{aligned} P(Wetter = sonne) &= 0{,}6 \\ P(Wetter = regen) &= 0{,}1 \\ P(Wetter = wolken) &= 0{,}29 \\ P(Wetter = schnee) &= 0{,}01\,, \end{aligned}$$

erlauben aber auch die Kurzschreibweise

$$\mathbf{P}(Wetter) = \langle 0{,}6;\ 0{,}1;\ 0{,}29;\ 0{,}01 \rangle\,,$$

wobei das fettgedruckte **P** anzeigt, dass das Ergebnis ein Zahlenvektor ist und eine vordefinierte Reihenfolge aufweist, wie $\langle sonne, regen, wolken, schnee \rangle$ für den Wertebereich *Wetter*. Wir sagen, dass die **P**-Angabe eine **Wahrscheinlichkeitsverteilung** für die Zufallsvariable *Wetter* definiert, d. h. die Zuordnung einer Wahrscheinlichkeit für jeden möglichen Wert der Zufallsvariablen. (In dem hier vorliegenden Fall eines endlichen, diskreten Wertebereichs wird die Verteilung als **kategorische Verteilung** bezeichnet.) Die **P**-Notation wird auch für bedingte Verteilungen verwendet: $\mathbf{P}(X \mid Y)$ gibt die Werte von $P(X = x_i \mid Y = y_j)$ für jedes mögliche (i, j)-Paar an.

Stetige Variablen erlauben es nicht, die gesamte Verteilung als Vektor zu schreiben, da es unendlich viele Werte gibt. Stattdessen können wir die Wahrscheinlichkeit, dass eine Zufallsvariable einen bestimmten Wert x annimmt, als parametrisierte Funktion von x definieren, die in der Regel als **Wahrscheinlichkeitsdichtefunktion**[4] bezeichnet wird. Zum Beispiel drückt der Satz

$$P(MittagTemp = x) = Gleichmäßig(x; 18C, 26C)$$

das Wissen aus, dass die Temperatur zur Mittagszeit gleichmäßig zwischen 18 und 26 Grad Celsius verteilt ist.

Wahrscheinlichkeitsdichtefunktionen unterscheiden sich in ihrer Bedeutung von diskreten Verteilungen. Wenn wir sagen, dass die Wahrscheinlichkeitsdichte im Bereich von $18C$–$26C$ gleichmäßig ist, bedeutet dies, dass es eine 100%ige Chance gibt, dass die Temperatur irgendwo in diesem $8C$ breiten Bereich fällt, und eine 50%ige Chance, dass sie in einen beliebigen $4C$ breiten Teilbereich fällt, und so weiter. Wir schreiben die Wahrscheinlichkeitsdichte für eine stetige Zufallsvariable X am Wert x als $P(X = x)$ oder einfach $P(x)$; die intuitive Definition von $P(x)$ ist die Wahrscheinlichkeit, dass X in einen beliebig kleinen Bereich fällt, der bei x beginnt und durch die Breite des Bereichs geteilt wird:

$$P(x) = \lim_{dx \to 0} P(x \leq X \leq x + dx)/\,dx$$

Für *MittagTemp* haben wir

$$P(MittagTemp = x) = Gleichmäßig(x; 18C, 26C) = \begin{cases} \frac{1}{8C} & \text{falls } 18C \leq x \leq 26C \\ 0 & \text{sonst}\,, \end{cases}$$

wobei C für Grad Celsius steht (und nicht für eine Konstante). In $P(MittagTemp = 20{,}18C) = \frac{1}{8C}$ ist der Term $\frac{1}{8C}$ keine Wahrscheinlichkeit, sondern eine Wahrscheinlichkeitsdichte. Die Wahrscheinlichkeit, dass *MittagTemp genau* $20{,}18C$ ist, beträgt 0, da $20{,}18C$ ein Bereich der Breite 0 ist. Einige Autoren verwenden für diskrete Wahrscheinlichkeiten und Wahrscheinlichkeitsdichten unterschiedliche Symbole; wir verwenden P für bestimmte Wahrscheinlichkeitswerte und **P** für Wertevektoren in beiden Fällen, da es selten zu Verwechslungen kommt

4 Anm. zur Übersetzung: im Englischen manchmal auch als **pdf** (von *probability density function*) bezeichnet.

und die Gleichungen in der Regel identisch sind. Beachten Sie, dass Wahrscheinlichkeiten einheitenlose Zahlen sind, während Dichtefunktionen mit einer Einheit gemessen werden, in diesem Fall mit reziprokem Grad Celsius. Würde dasselbe Temperaturintervall in Grad Fahrenheit ausgedrückt, hätte es eine Breite von 14,4 Grad und die Dichte wäre $1/14{,}4F$.

Zusätzlich zu den Verteilungen über einzelne Variablen benötigen wir eine Notation für Verteilungen über mehrere Variablen. Hierfür werden Kommas verwendet. Zum Beispiel bezeichnet $\mathbf{P}(Wetter, Karies)$ die Wahrscheinlichkeiten aller Kombinationen der Werte von *Wetter* und *Karies*. Dies lässt sich in einer 4×2-Tabelle von Wahrscheinlichkeiten ausdrücken, die als **gemeinsame Wahrscheinlichkeitsverteilung** von *Wetter* und *Karies* bezeichnet wird. Wir können auch Variablen und bestimmte Werte mischen; $\mathbf{P}(sonne, Karies)$ wäre dann ein Zwei-Element-Vektor, der die Wahrscheinlichkeiten für Karies an einem sonnigen Tag und keine Karies an einem sonnigen Tag angibt.

Die **P**-Notation erlaubt es, bestimmte Ausdrücke wesentlich prägnanter zu formulieren, als es sonst möglich wäre. Zum Beispiel können die Produktregeln (siehe Gleichung (12.4)) für alle möglichen Werte von *Wetter* und *Karies* als eine einzige Gleichung geschrieben werden:

$$\mathbf{P}(Wetter, Karies) = \mathbf{P}(Wetter \mid Karies)\mathbf{P}(Karies)$$

anstelle der folgenden $4 \times 2 = 8$ Gleichungen (mit den Abkürzungen W und K):

$$\begin{aligned}
P(W = sonne \wedge K = wahr) &= P(W = sonne|K = wahr)\, P(K = wahr)\\
P(W = regen \wedge K = wahr) &= P(W = regen|K = wahr)\, P(K = wahr)\\
P(W = wolken \wedge K = wahr) &= P(W = wolken|K = wahr)\, P(K = wahr)\\
P(W = schnee \wedge K = wahr) &= P(W = schnee|K = wahr)\, P(K = wahr)\\
P(W = sonne \wedge K = falsch) &= P(W = sonne|K = falsch)\, P(K = falsch)\\
P(W = regen \wedge K = falsch) &= P(W = regen|K = falsch)\, P(K = falsch)\\
P(W = wolken \wedge K = falsch) &= P(W = wolken|K = falsch)\, P(K = falsch)\\
P(W = schnee \wedge K = falsch) &= P(W = schnee|K = falsch)\, P(K = falsch)
\end{aligned}$$

Als degenerierter Fall besitzt $\mathbf{P}(sonne, karies)$ keine Variablen und ist somit ein nulldimensionaler Vektor, den wir uns als Skalarwert vorstellen können.

Wir haben nun eine Syntax für Aussagen und Wahrscheinlichkeitsbehauptungen definiert und einen Teil der Semantik angegeben: Gleichung (12.2) definiert die Wahrscheinlichkeit einer Aussage als Summe der Wahrscheinlichkeiten der Welten, in denen sie gilt. Um die Semantik zu vervollständigen, müssen wir angeben, was die Welten sind und wie man bestimmt, ob eine Aussage in einer Welt gilt. Diesen Teil entnehmen wir direkt von der Semantik der Aussagenlogik: *Eine mögliche Welt ist definiert als eine Zuordnung von Werten zu allen betrachteten Zufallsvariablen.*

Es lässt sich leicht zeigen, dass diese Definition die Grundvoraussetzung erfüllt, dass mögliche Welten sich gegenseitig ausschließen und erschöpfend sind (Übung 13.5 auf der Website). Wenn zum Beispiel die Zufallsvariablen *Karies*, *Zahnschmerzen* und *Wetter* lauten, dann gibt es $2 \times 2 \times 4 = 16$ mögliche Welten. Außerdem kann die Wahrheit jeder beliebigen Aussage in solchen Welten leicht durch dieselbe rekursive Wahrheitsberechnung bestimmt werden, die wir für die Aussagenlogik verwendet haben (siehe S. 258).

Beachten Sie, dass einige Zufallsvariablen redundant sein können, da ihre Werte in allen Fällen aus den Werten anderer Variablen gewonnen werden können. Zum Beispiel ist die Variable *Pasch* in der Zwei-Würfel-Welt genau dann wahr, wenn $Würfel_1 = Würfel_2$ ist. Nimmt man zusätzlich zu $Würfel_1$ und $Würfel_2$ auch *Pasch* als eine der Zufallsvariablen auf, so erhöht sich die Anzahl der möglichen Welten anscheinend von 36 auf 72, wobei natürlich genau die Hälfte der 72 logisch unmöglich ist und die Wahrscheinlichkeit 0 hat.

Aus der obigen Definition aller möglichen Welten folgt, dass ein Wahrscheinlichkeitsmodell vollständig durch die gemeinsame Verteilung über alle Zufallsvariablen bestimmt wird – die **vollständige gemeinsame Wahrscheinlichkeitsverteilung**. Sind zum Beispiel *Karies*, *Zahnschmerzen* und *Wetter* gegeben, dann lautet die vollständige gemeinsame Verteilung $\mathbf{P}(Karies, Zahnschmerzen, Wetter)$. Diese gemeinsame Verteilung kann als eine $2 \times 2 \times 4$-Tabelle mit 16 Einträgen dargestellt werden. Da die Wahrscheinlichkeit jeder Aussage eine Summe über mögliche Welten ist, reicht eine vollständige gemeinsame Verteilung im Prinzip aus, um die Wahrscheinlichkeit einer beliebigen Aussage zu berechnen. Wir werden in Abschnitt 12.3 Beispiele hierfür sehen.

12.2.3 Wahrscheinlichkeitsaxiome und ihr Nutzen

Die grundlegenden Axiome der Wahrscheinlichkeit (Gleichungen (12.1) und (12.2)) implizieren bestimmte Beziehungen zwischen den Wissensgraden, die logisch zusammenhängenden Aussagen zugesprochen werden können. Zum Beispiel können wir die bekannte Beziehung zwischen der Wahrscheinlichkeit einer Aussage und der Wahrscheinlichkeit ihrer Negation ableiten:

$$\begin{aligned}
P(\neg a) &= \sum_{\omega \in \neg a} P(\omega) && \text{nach Gleichung (12.2)} \\
&= \sum_{\omega \in \neg a} P(\omega) + \sum_{\omega \in a} P(\omega) - \sum_{\omega \in a} P(\omega) \\
&= \sum_{\omega \in \Omega} P(\omega) - \sum_{\omega \in a} P(\omega) && \text{Gruppierung der ersten beiden Terme} \\
&= 1 - P(a) && \text{durch (12.1) und (12.2)}
\end{aligned}$$

Wir können auch die bekannte Formel für die Wahrscheinlichkeit einer Disjunktion ableiten, die manchmal als **Prinzip von Inklusion und Exklusion** bezeichnet wird:

$$P(a \vee b) = P(a) + P(b) - P(a \wedge b) \tag{12.5}$$

Diese Regel kann man sich leicht merken, wenn man berücksichtigt, dass die Fälle, in denen a gilt, zusammen mit den Fällen, in denen b gilt, zwar mit Sicherheit alle Fälle abdecken, in denen $a \vee b$ gilt, aber dass durch Aufsummieren beider Fallmengen ihre Schnittmenge doppelt zählt, sodass wir $P(a \wedge b)$ subtrahieren müssen.

Die Gleichungen (12.1) und (12.5) werden oft als **Kolmogorow-Axiome** bezeichnet, nach dem Mathematiker Andrej Kolmogorow, der zeigte, wie sich auf dieser einfachen Grundlage die restliche Wahrscheinlichkeitstheorie aufbauen lässt und wie die Schwierigkeiten aufgrund stetiger Variablen zu bewältigen sind.[5] Während Gleichung (12.2) den Charakter einer Definition hat, zeigt Gleichung (12.5), dass die Axiome tatsächlich die Wissensgrade beschränken, die ein Agent in Bezug auf logisch zusammenhängende Aussagen haben kann. Dies ist analog zu der Tatsache, dass ein logischer Agent nicht gleichzeitig A, B und $\neg(A \wedge B)$ wissen kann, weil es keine mögliche Welt gibt, in der alle drei Aussagen wahr sind. Bei Wahrscheinlichkeiten beziehen sich die Feststellungen aber nicht direkt auf die Welt, sondern auf den Wissensstand des Agenten selbst. Warum kann also ein Agent nicht die folgenden Aussagen in seiner Wissensmenge haben (auch wenn sie die Kolmogorow-Axiome verletzen)?

$$P(a) = 0{,}4 \qquad P(b) = 0{,}3 \qquad P(a \wedge b) = 0{,}0 \qquad P(a \vee b) = 0{,}8 \tag{12.6}$$

Diese Art Frage war Gegenstand jahrzehntelanger intensiver Debatten zwischen den Befürwortern der Verwendung von Wahrscheinlichkeiten als einzig legitime Form für Wissensgrade und den Vertretern alternativer Ansätze.

5 Zu den Schwierigkeiten gehört die **Vitali-Menge**, eine wohldefinierte Teilmenge des Intervalls $[0, 1]$ ohne wohldefinierte Größe.

Ein Argument für die Wahrscheinlichkeitsaxiome, das Bruno de Finetti 1931 als Erster formulierte (1937), lautet wie folgt: Wenn ein Agent einen gewissen Wissensgrad in Bezug auf eine Aussage a hat, dann sollte er in der Lage sein, die Wettchancen anzugeben, für die es keinen Unterschied macht, für oder gegen a zu sein.[6] Stellen Sie sich das Ganze als ein Spiel zwischen zwei Agenten vor: Agent 1 sagt: „Mein Wissensgrad in Bezug auf das Ereignis a beträgt 0,4." Agent 2 hat dann die freie Wahl, ob er für oder gegen a wettet, und zwar mit einem Einsatz, der mit dem angegebenen Wissensgrad konsistent ist. Das heißt, Agent 2 könnte die Wette von Agent 1 annehmen, dass a eintreten wird, und 6 € gegen die 4 € von Agent 1 setzen. Oder Agent 2 könnte die Wette von Agent 1 annehmen, dass $\neg a$ eintritt, und 4 € gegen die 6 € von Agent 1 setzen. Dann beobachten wir den Ausgang von a, und wer Recht hat, kassiert das Geld. Wenn die Wissensgrade eines Agenten die Welt nicht genau widerspiegeln, erwartet man, dass er langfristig Geld an einen gegnerischen Agenten verliert, dessen Wissensgrade den Zustand der Welt genauer widerspiegeln.

De Finettis Theorem befasst sich nicht mit der Wahl der richtigen Werte für einzelne Wahrscheinlichkeiten, sondern mit der Wahl von Werten für die Wahrscheinlichkeiten von logisch zusammenhängenden Aussagen: *Wenn Agent 1 eine Menge von Wissensgraden ausdrückt, die die Axiome der Wahrscheinlichkeitstheorie verletzen, dann gibt es eine Wettkombination für Agent 2, die garantiert, dass Agent 1 immer Geld verliert.* Nehmen wir zum Beispiel an, dass Agent 1 die Menge der Wissensgrade aus ► Abbildung 12.2 hat. Gleichung (12.6) zeigt, dass wenn Agent 2 4 € auf a, 3 € auf b und 2 € auf $\neg(a \vee b)$ setzt, dann verliert Agent 1 immer Geld, unabhängig von den Ergebnissen für a und b. De Finettis Theorem impliziert, dass kein rationaler Agent Wissen haben kann, das die Axiome der Wahrscheinlichkeit verletzt.

Aussage	Wissen von Agent 1	Wetten von Agent 2	Wetten von Agent 1	Auszahlungen an Agent 1 für jedes Ergebnis			
				a, b	$a, \neg b$	$\neg a, b$	$\neg a, \neg b$
a	0,4	4 € auf a	6 € auf $\neg a$	−6 €	−6 €	4 €	4 €
b	0,3	3 € auf b	7 € auf $\neg b$	−7 €	3 €	−7 €	3 €
$a \vee b$	0,8	2 € auf $\neg(a \vee b)$	8 € auf $a \vee b$	2 €	2 €	2 €	−8 €
				−11 €	−1 €	−1 €	−1 €

Abbildung 12.2: Da Agent 1 inkonsistentes Wissen hat, kann Agent 2 eine Menge aus drei Wetten entwickeln, bei denen Agent 1 einen garantierten Verlust einfährt, unabhängig davon, welches Ergebnis a und b haben.

Ein häufiger Einwand gegen das Theorem von de Finetti ist, dass dieses Wettspiel ziemlich konstruiert ist. Was ist zum Beispiel, wenn sich einer weigert zu wetten? Ist dann der Wettstreit beendet? Die Antwort ist, dass das Wettspiel ein abstraktes Modell für die Entscheidungssituationen ist, in denen sich jeder Agent in jedem Moment *unweigerlich* befindet. Jede Aktion (einschließlich der Inaktivität) ist eine Art Wette, und jedes Ergebnis kann als Auszahlung der Wette betrachtet werden. Die Weigerung zu wetten ist, als würde man sich weigern, dass die Zeit verstreicht.

Es wurden weitere starke philosophische Argumente für die Verwendung von Wahrscheinlichkeiten vorgebracht, vor allem von Cox (1946), Carnap (1950) und Jaynes (2003). Sie konstruieren jeweils eine Menge von Axiomen zum Schlussfolgern mit Wissensgraden: keine

6 Man könnte sagen, dass die Präferenzen des Agenten für unterschiedliche Kontostände so gelagert sind, dass die Möglichkeit, 1 € zu verlieren, nicht durch die gleiche Möglichkeit, 1 € zu gewinnen, ausgeglichen wird. Eine mögliche Reaktion ist, die Einsätze klein genug zu halten, um dieses Problem zu vermeiden. Die Analyse von Savage (1954) blendet dieses Thema vollständig aus.

Widersprüche, Übereinstimmung mit einfacher Logik (wenn z. B. das Wissen von A steigt, muss das Wissen von $\neg A$ sinken) und so weiter. Das einzige umstrittene Axiom ist, dass Wissensgrade Zahlen sein müssen oder sich zumindest wie Zahlen verhalten. Das heißt, sie müssen transitiv sein (wenn das Wissen von A stärker ist als das Wissen von B, das stärker ist als das Wissen von C, dann muss das Wissen von A stärker sein als das Wissen von C) sowie vergleichbar (das Wissen von A muss gleich, stärker oder schwächer als das Wissen von B sein). Dann kann bewiesen werden, dass die Wahrscheinlichkeit der einzige Ansatz ist, der diese Axiome erfüllt.

Da die Welt jedoch ist, wie sie ist, sprechen praktische Demonstrationen manchmal lauter als Beweise. Der Erfolg der Schlussfolgerungssysteme auf Basis der Wahrscheinlichkeitstheorie war viel effektiver als jedes philosophische Argument, um die Fachwelt zu überzeugen. Wir sehen uns nun an, wie die Axiome eingesetzt werden können, um Inferenzen zu ziehen.

12.3 Inferenz mithilfe vollständiger gemeinsamer Verteilungen

In diesem Abschnitt beschreiben wir eine einfache Methode der **probabilistischen Inferenz**, d. h. die Berechnung von A-posteriori-Wahrscheinlichkeiten für **propositionale Abfragen** bei gegebenen beobachteten Evidenzen. Wir verwenden die vollständige gemeinsame Verteilung als „Wissensbasis", aus der die Antworten zu allen Fragen abgeleitet werden können. Nebenbei stellen wir einige nützliche Techniken zur Umformung von Gleichungen mit Wahrscheinlichkeiten vor.

Wir beginnen mit einem einfachen Beispiel: einer Domäne, die nur aus den drei booleschen Variablen *Zahnschmerzen*, *Karies* und *Verfangen* (die schreckliche Stahlzahnsonde des Zahnarztes verfängt sich in meinem Zahn) besteht. Die vollständige gemeinsame Verteilung ist eine 2×2×2-Tabelle, wie in ► Abbildung 12.3 dargestellt.

	zahnschmerzen		*¬zahnschmerzen*	
	verfangen	*¬verfangen*	*verfangen*	*¬verfangen*
karies	0,108	0,012	0,072	0,008
¬karies	0,016	0,064	0,144	0,576

Abbildung 12.3: Eine vollständige gemeinsame Verteilung für die Welt „*Zahnschmerzen, Karies, Verfangen*".

Beachten Sie, dass die Wahrscheinlichkeiten in der gemeinsamen Verteilung die Summe 1 ergeben, wie von den Wahrscheinlichkeitsaxiomen gefordert. Beachten Sie auch, dass wir mit Gleichung (12.2) über einen direkten Weg verfügen, die Wahrscheinlichkeit jeder beliebigen Aussage zu berechnen, egal ob einfach oder komplex: Wir identifizieren einfach die möglichen Welten, in denen die Aussage wahr ist, und addieren deren Wahrscheinlichkeiten. Zum Beispiel gibt es sechs mögliche Welten, in denen $karies \vee zahnschmerzen$ gilt:

$$P(karies \vee zahnschmerzen) = 0.108 + 0.012 + 0.072 + 0.008 + 0.016 + 0.064 = 0{,}28$$

Eine besonders häufige Aufgabe besteht darin, die Verteilung über eine Teilmenge von Variablen oder eine einzelne Variable zu extrahieren. Zum Beispiel ergibt die Addition der Einträge in der ersten Zeile die unbedingte oder **Randwahrscheinlichkeit** von:

$$P(karies) = 0.108 + 0.012 + 0.072 + 0.008 = 0.2$$

Dieser Prozess wird **Marginalisierung**[7] oder **Aussummierung** genannt, da wir die Wahrscheinlichkeiten für jeden möglichen Wert der anderen Variablen aufsummieren und sie dadurch aus der Gleichung herausnehmen. Wir können die folgende allgemeine Marginalisierungsregel für beliebige Mengen von Variablen **Y** und **Z** aufstellen:

$$\mathbf{P}(\mathbf{Y}) = \sum_{\mathbf{z}} \mathbf{P}(\mathbf{Y}, \mathbf{Z} = \mathbf{z}) , \tag{12.7}$$

wobei $\sum_{\mathbf{z}}$ über alle möglichen Wertekombinationen der Variablenmenge **Z** summiert. Wie üblich können wir $\mathbf{P}(\mathbf{Y}, \mathbf{Z} = \mathbf{z})$ in dieser Gleichung mit $\mathbf{P}(\mathbf{Y}, \mathbf{z})$ abkürzen. Im Falle des *Karies*-Beispiels entspricht Gleichung (12.7) z. B. der folgenden Gleichung:

$$\begin{aligned}\mathbf{P}(Karies) &= \mathbf{P}(Karies, zahnschmerzen, verfangen) + \mathbf{P}(Karies, zahnschmerzen, \neg verfangen)\\ &\quad + \mathbf{P}(Karies, \neg zahnschmerzen, verfangen)\\ &\quad + \mathbf{P}(Karies, \neg zahnschmerzen, \neg verfangen)\\ &= \langle 0{,}108;\ 0{,}016\rangle + \langle 0{,}012;\ 0{,}064\rangle + \langle 0{,}072;\ 0{,}144\rangle + \langle 0{,}008;\ 0{,}576\rangle\\ &= \langle 0{,}2;\ 0{,}8\rangle\end{aligned}$$

Unter Verwendung der Produktregel (Gleichung (12.4)) können wir $\mathbf{P}(\mathbf{Y}, \mathbf{z})$ in Gleichung (12.7) durch $\mathbf{P}(\mathbf{Y} \mid \mathbf{z})P(\mathbf{z})$ ersetzen und erhalten dadurch die sogenannte **Konditionierungsregel**:

$$\mathbf{P}(\mathbf{Y}) = \sum_{\mathbf{z}} \mathbf{P}(\mathbf{Y} \mid \mathbf{z})P(\mathbf{z}) \tag{12.8}$$

Marginalisierung und Konditionierung erweisen sich als nützliche Regeln für alle Arten von Ableitungen mit Wahrscheinlichkeitsausdrücken.

In den meisten Fällen sind wir daran interessiert, die *bedingten* Wahrscheinlichkeiten bestimmter Variablen bei gegebener Evidenz zu anderen zu berechnen. Bedingte Wahrscheinlichkeiten lassen sich ermitteln, indem man zuerst Gleichung (12.3) anwendet, um einen Ausdruck in Form unbedingter Wahrscheinlichkeiten zu erhalten, und dann den Ausdruck aus der vollständigen gemeinsamen Verteilung auswertet. Zum Beispiel können wir die Wahrscheinlichkeit einer Karies bei gegebener Zahnschmerzen-Evidenz wie folgt berechnen:

$$\begin{aligned}P(karies \mid zahnschmerzen) &= \frac{P(karies \land zahnschmerzen)}{P(zahnschmerzen)}\\ &= \frac{0{,}108 + 0{,}012}{0{,}108 + 0{,}012 + 0{,}016 + 0{,}064} = 0{,}6\end{aligned}$$

Zur Kontrolle können wir auch die Wahrscheinlichkeit berechnen, dass bei Zahnschmerzen keine Karies vorliegt:

$$\begin{aligned}P(\neg karies \mid zahnschmerzen) &= \frac{P(\neg karies \land zahnschmerzen)}{P(zahnschmerzen)}\\ &= \frac{0{,}016 + 0{,}064}{0{,}108 + 0{,}012 + 0{,}016 + 0{,}064} = 0{,}4\end{aligned}$$

Die beiden Werte summieren sich erwartungsgemäß zu 1,0. Beachten Sie, dass der Term *P*(*zahnschmerzen*) bei beiden Berechnungen im Nenner steht. Wenn die Variable *Karies* mehr als zwei Werte hätte, stünde er für die Wahrscheinlichkeiten all dieser Werte im Nenner. Tatsächlich kann er als eine **Normalisierungskonstante** für die Verteilung $\mathbf{P}(Karies \mid zahnschmerzen)$ betrachtet werden, die sicherstellt, dass die Summe 1 ergibt. In allen Kapiteln, die sich mit Wahrscheinlichkeiten beschäftigen, verwenden wir α zur

7 Diese Bezeichnung ist darauf zurückzuführen, dass es unter Versicherungsmathematikern gängige Praxis ist, die Summen der beobachteten Häufigkeiten an den Rändern (*margins*) der Versicherungstabellen zu notieren.

Kennzeichnung solcher Konstanten. Mit dieser Notation können wir die beiden obigen Gleichungen zu einer Gleichung zusammenfassen:

$$\begin{aligned}&\mathbf{P}(Karies \mid zahnschmerzen) = \alpha\, \mathbf{P}(Karies, zahnschmerzen)\\ &= \alpha\, [\mathbf{P}(Karies, zahnschmerzen, verfangen) + \mathbf{P}(Karies, zahnschmerzen, \neg verfangen)]\\ &= \alpha\, [\langle 0{,}108;\ 0{,}016\rangle + \langle 0{,}012;\ 0{,}064\rangle] = \alpha\, \langle 0{,}12;\ 0{,}08\rangle = \langle 0{,}6;\ 0{,}4\rangle\end{aligned}$$

Mit anderen Worten: Wir können $\mathbf{P}(Karies \mid zahnschmerzen)$ berechnen, auch wenn wir den Wert von $P(zahnschmerzen)$ nicht kennen! Wir vergessen vorübergehend den Faktor $1/P(zahnschmerzen)$ und addieren die Werte für *karies* und $\neg karies$, was uns 0,12 und 0,08 liefert. Das ist von den relativen Proportionen her korrekt, doch ergibt nicht 1, also normalisieren wir die Werte, indem wir jeden Wert durch 0,12 + 0,08 dividieren und so die tatsächlichen Wahrscheinlichkeiten von 0,6 und 0,4 erhalten. Die Normalisierung erweist sich in vielen Wahrscheinlichkeitsberechnungen als praktische Abkürzung, sowohl um die Berechnung zu vereinfachen als auch um weiterzurechnen, wenn eine Wahrscheinlichkeitsbewertung (z. B. $P(zahnschmerzen)$) nicht möglich ist.

Aus dem Beispiel können wir eine allgemeine Inferenzprozedur ableiten. Wir beginnen mit dem Fall, in dem die Abfrage eine einzelne Variable, X (im Beispiel *Karies*), beinhaltet. Sei $\mathbf{E}$ die Liste der Evidenzvariablen (im Beispiel nur *Zahnschmerzen*), $\mathbf{e}$ die Liste der beobachteten Werte für diese Variablen und $\mathbf{Y}$ die restlichen unbeobachteten Variablen (im Beispiel nur *Verfangen*). Die Abfrage lautet $\mathbf{P}(X \mid \mathbf{e})$ und kann wie folgt ausgewertet werden:

$$\mathbf{P}(X \mid \mathbf{e}) = \alpha\, \mathbf{P}(X, \mathbf{e}) = \alpha \sum_{\mathbf{y}} \mathbf{P}(X, \mathbf{e}, \mathbf{y})\,, \tag{12.9}$$

wobei die Summierung über alle möglichen $\mathbf{y}$s erfolgt (d. h. alle möglichen Kombinationen aus Werten der unbeobachteten Variablen $\mathbf{Y}$). Beachten Sie, dass die Variablen X, $\mathbf{E}$ und $\mathbf{Y}$ zusammen die vollständige Variablenmenge für die Domäne bilden, sodass $\mathbf{P}(X, \mathbf{e}, \mathbf{y})$ einfach eine Teilmenge von Wahrscheinlichkeiten aus der vollständigen gemeinsamen Verteilung ist.

Für eine gegebene vollständige gemeinsame Verteilung kann Gleichung (12.9) probabilistische Abfragen für diskrete Variablen beantworten. Sie ist jedoch nicht gut skalierbar: Für eine Domäne, die durch n boolesche Variablen beschrieben wird, benötigt sie eine Eingabetabelle der Größe $O(2^n)$ und eine Zeit von $O(2^n)$, um die Tabelle zu verarbeiten. Bei realistischen Problemen haben wir es schnell mit $n = 100$ zu tun, sodass $O(2^n)$ so gut wie nicht umsetzbar ist – eine Tabelle mit $2^{100} \approx 10^{30}$ Einträgen! Das Problem ist nicht nur der Speicher und die Rechenzeit: Das eigentliche Problem ist, dass die Anzahl der benötigten Beispiele in astronomische Höhen schießt, wenn jede der 10^{30} Wahrscheinlichkeiten separat aus Beispielen geschätzt werden muss.

Aus diesen Gründen ist die vollständige gemeinsame Verteilung in tabellarischer Form in den seltensten Fällen ein geeignetes Hilfsmittel für den Aufbau von Schlussfolgerungssystemen. Stattdessen sollte sie eher als theoretische Grundlage betrachtet werden, auf der effektivere Ansätze aufgebaut werden können, so wie Wahrheitstabellen eine theoretische Grundlage für praktischere Algorithmen wie DPLL in Kapitel 7 bildeten. Das restliche Kapitel stellt einige der grundlegenden Konzepte vor, die als Vorbereitung zur Entwicklung realistischer Systeme in Kapitel 13 erforderlich sind.

12.4 Unabhängigkeit

Wir wollen nun die vollständige gemeinsame Verteilung in ► Abbildung 12.3 erweitern, indem wir eine vierte Variable namens *Wetter* hinzufügen. Die vollständige gemeinsame Verteilung wird dann zu $\mathbf{P}(Zahnschmerzen, Verfangen, Karies, Wetter)$, was die Anzahl

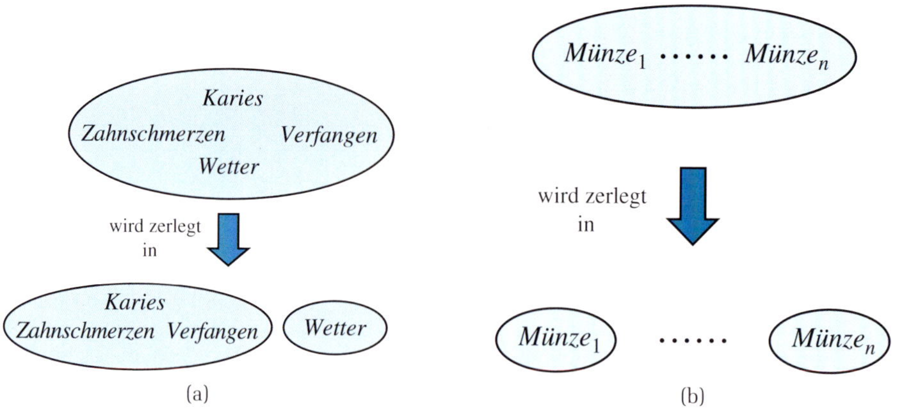

Abbildung 12.4: Zwei Beispiele für die Faktorisierung einer großen gemeinsamen Verteilung in kleinere Verteilungen unter Verwendung der absoluten Unabhängigkeit. (a) Wetter und Zahnprobleme sind unabhängig. (b) Münzwürfe sind unabhängig.

der Einträge auf $2 \times 2 \times 2 \times 4 = 32$ erhöht. Sie enthält vier „Ausgaben" der Tabelle in ► Abbildung 12.3, eine für jede Art von Wetter. In welcher Beziehung stehen diese Ausgaben zueinander und zu der ursprünglichen Tabelle mit den drei Variablen? Wie hängt der Wert von $P(zahnschmerzen, verfangen, karies, wolken)$ mit dem Wert von $P(zahnschmerzen, verfangen, karies)$ zusammen? Hierzu können wir die Produktregel (Gleichung (12.4)) verwenden:

$$P(zahnschmerzen, verfangen, karies, wolken)$$
$$= P(wolken \mid zahnschmerzen, verfangen, karies)P(zahnschmerzen, verfangen, karies)$$

Wenn man nicht gerade mit göttlichen Gaben gesegnet ist, sollte man nicht davon ausgehen, mit den eigenen Zahnproblemen das Wetter beeinflussen zu können. Und was die Zahnmedizin in Innenräumen angeht, kann man getrost sagen, dass das Wetter keinen Einfluss auf die dentalen Variablen hat. Folglich macht die folgende Aussage durchaus Sinn:

$$P(wolken \mid zahnschmerzen, verfangen, karies) = P(wolken) \tag{12.10}$$

Daraus können wir ableiten:

$$P(zahnschmerzen, verfangen, karies, wolken)$$
$$= P(wolken)P(zahnschmerzen, verfangen, karies)$$

Eine ähnliche Gleichung gibt es für *jeden Eintrag* in $\mathbf{P}(Zahnschmerzen, Verfangen, Karies, Wetter)$, sodass wir die folgende allgemeine Gleichung schreiben können:

$$\mathbf{P}(Zahnschmerzen, Verfangen, Karies, Wetter)$$
$$= \mathbf{P}(Zahnschmerzen, Verfangen, Karies)\mathbf{P}(Wetter)$$

So kann die 32 Elemente umfassende Tabelle für vier Variablen aus einer achtelementigen Tabelle und einer vierelementigen Tabelle aufgebaut werden. Diese Zerlegung ist in ► Abbildung 12.4 a schematisch dargestellt.

Die Eigenschaft, die wir in Gleichung (12.10) verwendet haben, heißt **Unabhängigkeit** (auch **marginale** oder **absolute Unabhängigkeit** genannt). Insbesondere ist das Wetter unabhängig von den eigenen Zahnproblemen. Die Unabhängigkeit zwischen den Aussagen a und b kann geschrieben werden als:

$$P(a \mid b) = P(a) \quad \text{oder} \quad P(b \mid a) = P(b) \quad \text{oder} \quad P(a \wedge b) = P(a)P(b) \tag{12.11}$$

Alle diese Formen sind äquivalent (Übung 13.15 auf der Website). Die Unabhängigkeit zwischen den Variablen X und Y kann wie folgt geschrieben werden (auch diese Formen sind alle äquivalent):

$$\mathbf{P}(X \mid Y) = \mathbf{P}(X) \quad \text{oder} \quad \mathbf{P}(Y \mid X) = \mathbf{P}(Y) \quad \text{oder} \quad \mathbf{P}(X, Y) = \mathbf{P}(X)\mathbf{P}(Y)$$

Unabhängigkeitsaussagen basieren in der Regel auf Domänenwissen. Wie das Beispiel mit Zahnschmerzen und Wetter zeigt, können sie die Menge an Informationen, die zur Spezifikation der vollständigen gemeinsamen Verteilung erforderlich sind, drastisch reduzieren. Wenn sich die vollständige Variablenmenge in unabhängige Teilmengen unterteilen lässt, dann kann die vollständige gemeinsame Verteilung in separate gemeinsame Verteilungen für diese Teilmengen *faktorisiert* werden. Zum Beispiel hat die vollständige gemeinsame Verteilung über das Ergebnis von n unabhängigen Münzwürfen, $\mathbf{P}(C_1, \ldots, C_n)$, 2^n Einträge, kann aber als Produkt von n Einzelvariablenverteilungen $\mathbf{P}(C_i)$ dargestellt werden. Aus rein praktischer Sicht ist die Unabhängigkeit von Zahnmedizin und Meteorologie mehr als sinnvoll, weil sonst die Zahnärzte detailliertes Wissen über die Meteorologie und die Meteorologen detailliertes Wissen über die Zahnmedizin besitzen müssten.

Wenn Unabhängigkeitsaussagen jedoch verfügbar sind, können sie helfen, die Größe der Domänenrepräsentation und die Komplexität des Inferenzproblems zu reduzieren. Leider ist eine klare Trennung ganzer Variablenmengen durch Unabhängigkeit eher selten. Wann immer eine Verbindung zwischen zwei Variablen besteht, so indirekt sie auch sein mag, ist die Unabhängigkeit nicht mehr gegeben. Darüber hinaus können selbst unabhängige Teilmengen ziemlich groß sein – beispielsweise kann die Zahnmedizin Dutzende von Krankheiten und Hunderte von Symptomen umfassen, die alle irgendwie miteinander in Beziehung stehen. Um solche Probleme in den Griff zu bekommen, benötigen wir subtilere Methoden als das einfache Konzept der Unabhängigkeit.

12.5 Die Bayes'sche Regel und ihre Anwendung

Auf S. 448 haben wir die **Produktregel** (Gleichung (12.4)) definiert. Sie kann in zwei Formen geschrieben werden:

$$P(a \wedge b) = P(a \mid b)P(b) \qquad \text{und} \qquad P(a \wedge b) = P(b \mid a)P(a)$$

Wenn wir die beiden rechten Seiten gleichsetzen und durch $P(a)$ dividieren, erhalten wir:

$$P(b \mid a) = \frac{P(a \mid b)P(b)}{P(a)} \tag{12.12}$$

Diese Gleichung ist als **Bayes'sche Regel** (auch Bayes'sches Gesetz oder Bayes'sches Theorem) bekannt. Diese einfache Gleichung liegt den meisten modernen KI-Systemen für probabilistische Inferenz zugrunde.

Der allgemeinere Fall der Bayes'schen Regel für mehrwertige Variablen kann in **P**-Notation wie folgt geschrieben werden:

$$\mathbf{P}(Y \mid X) = \frac{\mathbf{P}(X \mid Y)\mathbf{P}(Y)}{\mathbf{P}(X)}$$

Wie zuvor soll dies eine Menge von Gleichungen darstellen, die jeweils bestimmte Werte für die Variablen verarbeiten. Wir werden auch Gelegenheit haben, eine allgemeinere Version zu verwenden, die auf eine bestimmte Hintergrundevidenz **e** konditionalisiert wurde:

$$\mathbf{P}(Y \mid X, \mathbf{e}) = \frac{\mathbf{P}(X \mid Y, \mathbf{e})\mathbf{P}(Y \mid \mathbf{e})}{\mathbf{P}(X \mid \mathbf{e})} \tag{12.13}$$

12.5.1 Anwenden der Bayes'schen Regel: der einfache Fall

Auf den ersten Blick scheint die Bayes'sche Regel nicht sehr nützlich zu sein. Sie erlaubt uns, den einzelnen Term $P(b \mid a)$ mithilfe von drei Termen – $P(a \mid b)$, $P(b)$ und $P(a)$ – zu berechnen. Auch wenn es den Anschein hat, als würden wir uns zwei Schritte zurückbewegen, ist die Bayes'sche Regel in der Praxis recht nützlich, da es viele Fälle gibt, in denen wir gute Wahrscheinlichkeitsschätzungen für diese drei Zahlen haben und die vierte berechnen müssen. Oft betrachten wir den *Effekt* einer unbekannten *Ursache* als Evidenz und möchten diese Ursache bestimmen. In diesem Fall wird die Bayes'sche Regel zu:

$$P(ursache \mid effekt) = \frac{P(effekt \mid ursache)P(ursache)}{P(effekt)}$$

Die bedingte Wahrscheinlichkeit $P(effekt \mid ursache)$ quantifiziert die Beziehung in **kausaler** Richtung, während $P(ursache \mid effekt)$ die **diagnostische** Richtung beschreibt. Bei Aufgaben wie der medizinischen Diagnose haben wir es oft mit bedingten Wahrscheinlichkeiten für kausale Beziehungen zu tun. Der Arzt kennt $P(symptome \mid krankeheit)$ und möchte eine Diagnose ableiten, $P(krankheit \mid symptome)$.

Ein Arzt weiß zum Beispiel, dass Meningitis bei etwa 70 % aller Patienten zu einer Nackensteifigkeit führt. Der Arzt kennt außerdem noch einige unbedingte Fakten: Die A-priori-Wahrscheinlichkeit, dass ein Patient Meningitis hat, liegt bei 1/50.000 und die A-priori-Wahrscheinlichkeit, dass ein Patient eine Nackensteifigkeit hat, bei 1 %. Sei s die Aussage, dass der Patient eine Nackensteifigkeit hat, und m die Aussage, dass der Patient Meningitis hat. Dann haben wir:

$$\begin{aligned} P(s \mid m) &= 0{,}7 \\ P(m) &= 1/50.000 \\ P(s) &= 0.01 \\ P(m \mid s) &= \frac{P(s \mid m)P(m)}{P(s)} = \frac{0{,}7 \times 1/50.000}{0{,}01} = 0{,}0014 \end{aligned} \qquad (12.14)$$

Das heißt, wir erwarten, dass nur 0,14 % der Patienten mit einer Nackensteifigkeit eine Meningitis haben. Beachten Sie, dass die Wahrscheinlichkeit einer Meningitis bei Patienten mit Nackensteifigkeit klein bleibt, auch wenn eine Meningitis ziemlich stark auf eine Nackensteifigkeit hindeutet (mit einer Wahrscheinlichkeit von 0,7). Dies liegt daran, dass die A-priori-Wahrscheinlichkeit für eine Nackensteifigkeit (wodurch auch immer verursacht) viel höher ist als die A-priori-Wahrscheinlichkeit für Meningitis.

Abschnitt 12.3 beschreibt ein Vorgehen, mit dem sich die Abschätzung der A-priori-Wahrscheinlichkeit der Evidenz (hier $P(s)$) vermeiden lässt. Man berechnet stattdessen einfach eine A-posteriori-Wahrscheinlichkeit für jeden Wert der Abfragevariablen (hier m und $\neg m$) und normalisiert dann die Ergebnisse. Der gleiche Prozess kann zusammen mit der Bayes'schen Regel angewendet werden. Wir haben:

$$\mathbf{P}(M \mid s) = \alpha \, \langle P(s \mid m)P(m), P(s \mid \neg m)P(\neg m) \rangle$$

Um diesen Ansatz verwenden zu können, müssen wir also $P(s \mid \neg m)$ anstelle von $P(s)$ schätzen. Und da nichts gratis ist im Leben, ist dies manchmal einfacher und manchmal schwieriger. Die allgemeine Form der Bayes'schen Regel mit Normalisierung lautet

$$\mathbf{P}(Y \mid X) = \alpha \, \mathbf{P}(X \mid Y)\mathbf{P}(Y) \, , \qquad (12.15)$$

wobei α die Normalisierungskonstante ist, die benötigt wird, damit die Einträge in $\mathbf{P}(Y \mid X)$ die Summe 1 ergeben.

Eine offensichtliche Frage, die man sich in Bezug auf die Bayes'sche Regel stellen kann, ist, warum man die bedingte Wahrscheinlichkeit nur in einer Richtung zur Verfügung hat, nicht aber in der anderen. In der Domäne Meningitis weiß der Arzt vielleicht, dass eine Nackensteifigkeit in 1 von 5.000 Fällen eine Meningitis impliziert; das heißt, der Arzt hat quantitative Informationen in der **diagnostischen** Richtung von den Symptomen zu den Ursachen. Ein solcher Arzt braucht die Bayes'sche Regel nicht.

Leider *ist das diagnostische Wissen oft fragiler als das kausale Wissen.* Wenn es eine plötzliche Meningitis-Epidemie gibt, wird die unbedingte Wahrscheinlichkeit von Meningitis, $P(m)$, steigen. Der Arzt, der die Diagnosewahrscheinlichkeit $P(m \mid s)$ direkt aus der statistischen Beobachtung der Patienten vor der Epidemie ableitet, kann nicht wissen, wie der Wert zu aktualisieren ist, während der Arzt, der $P(m \mid s)$ aus den anderen drei Werten berechnet, erkennt, dass $P(m \mid s)$ proportional zu $P(m)$ steigt. Am wichtigsten ist, dass die kausale Information $P(s \mid m)$ von der Epidemie *unberührt* bleibt, weil sie einfach die Art und Weise widerspiegelt, wie Meningitis funktioniert. Die Verwendung von solchem direkten kausalen oder modellbasierten Wissen sorgt für die entscheidende Robustheit, die benötigt wird, um probabilistische Systeme in der realen Welt sinnvoll einsetzen zu können.

12.5.2 Anwenden der Bayes'schen Regel: Evidenzen kombinieren

Wir haben gesehen, dass die Bayes'sche Regel nützlich sein kann, um probabilistische Abfragen zu beantworten, die auf eine einzige Evidenz konditioniert sind – zum Beispiel die Nackensteifigkeit. Insbesondere haben wir gesagt, dass probabilistische Informationen oft in der Form $P(effekt \mid ursache)$ vorliegen. Was passiert, wenn wir zwei oder mehr Evidenzen haben? Was kann z. B. ein Zahnarzt daraus schließen, wenn sich seine schreckliche Stahlsonde im schmerzenden Zahn eines Patienten verfängt? Wenn wir die vollständige gemeinsame Verteilung kennen (► Abbildung 12.3), können wir die Antwort ablesen:

$$\mathbf{P}(Karies \mid zahnschmerzen \wedge verfangen) = \alpha\,\langle 0{,}108, 0{,}016\rangle \approx \langle 0{,}871, 0{,}129\rangle$$

Wir wissen jedoch, dass sich ein solcher Ansatz nicht für eine größere Anzahl von Variablen eignet. Wir können versuchen, das Problem mithilfe der Bayes'schen Regel neu zu formulieren:

$$\mathbf{P}(Karies \mid zahnschmerzen \wedge verfangen) = \alpha\,\mathbf{P}(zahnschmerzen \wedge verfangen \mid Karies)\,\mathbf{P}(Karies) \quad (12.16)$$

Damit diese Umformulierung funktioniert, müssen wir die bedingten Wahrscheinlichkeiten der Konjunktion $zahnschmerzen \wedge verfangen$ für jeden Wert von *Karies* kennen. Das mag für nur zwei Evidenzvariablen machbar sein, lässt sich aber ebenfalls nicht skalieren. Wenn es n mögliche Evidenzvariablen gibt (Röntgenstrahlen, Ernährung, Mundhygiene usw.), dann gibt es $O(2^n)$ mögliche Kombinationen von beobachteten Werten, für die wir die bedingten Wahrscheinlichkeiten kennen müssten. Dann könnten wir uns genauso gut der vollständigen gemeinsamen Verteilung bedienen.

Fortschritte erzielen wir nur, wenn wir einige zusätzliche Aussagen über die Domäne finden, die es uns ermöglichen, die Ausdrücke zu vereinfachen. Das Konzept der **Unabhängigkeit** in Abschnitt 12.4 bietet einen Anhaltspunkt, muss aber verfeinert werden. Es wäre schön, wenn die Variablen *Zahnschmerzen* und *Verfangen* unabhängig wären, aber das sind sie leider nicht: Wenn die Sonde im Zahn hängen bleibt, dann ist es wahrscheinlich, dass der Zahn kariös ist und diese Karies Zahnschmerzen verursacht. Diese Variablen *sind* jedoch unabhängig, *wenn bekannt ist, ob eine Karies vorliegt oder nicht.* Beide werden zwar direkt durch die Karies verursacht, aber keine hat einen direkten Effekt auf die andere: Zahnschmerzen hängen vom Zustand der Nerven im Zahn ab, während die Genauigkeit der Sonde in erster Linie vom Geschick des Zahnarztes abhängt, wobei die Zahnschmerzen irrelevant sind.[8] Mathematisch

8 Wir gehen davon aus, dass Patient und Zahnarzt zwei unterschiedliche Personen sind.

wird diese Eigenschaft geschrieben als:

$$\mathbf{P}(zahnschmerzen \wedge verfangen \mid Karies) = \mathbf{P}(zahnschmerzen \mid Karies)\mathbf{P}(verfangen \mid Karies) \tag{12.17}$$

Diese Gleichung drückt die **bedingte Unabhängigkeit** von *zahnschmerzen* und *verfangen* bei gegebener *Karies* aus. Wir können sie in Gleichung (12.16) einsetzen, um die Wahrscheinlichkeit für eine Karies zu erhalten:

$$\begin{aligned}&\mathbf{P}(Karies \mid zahnschmerzen \wedge verfangen)\\ &\quad = \alpha\, \mathbf{P}(zahnschmerzen \mid Karies)\, \mathbf{P}(verfangen \mid Karies)\, \mathbf{P}(Karies)\end{aligned} \tag{12.18}$$

Jetzt sind die Informationsanforderungen die gleichen wie bei der Inferenz, wobei jede Evidenz separat verwendet wird: die A-priori-Wahrscheinlichkeit $\mathbf{P}(Karies)$ für die Abfragevariable und die bedingte Wahrscheinlichkeit für jeden Effekt bei gegebener Ursache.

Die allgemeine Definition der bedingten Unabhängigkeit zweier Variablen X und Y bei einer gegebenen dritten Variable Z lautet:

$$\mathbf{P}(X, Y \mid Z) = \mathbf{P}(X \mid Z)\mathbf{P}(Y \mid Z)$$

In der Zahnarzt-Domäne scheint es zum Beispiel sinnvoll zu sein, die bedingte Unabhängigkeit der Variablen *Zahnschmerzen* und *Verfangen* zu behaupten, wenn *Karies* gegeben ist:

$$\mathbf{P}(Zahnschmerzen, Verfangen \mid Karies) = \mathbf{P}(Zahnschmerzen \mid Karies)\mathbf{P}(Verfangen \mid Karies) \tag{12.19}$$

Beachten Sie, dass diese Aussage etwas stärker ist als Gleichung (12.17), die die Unabhängigkeit nur für bestimmte Werte von *Zahnschmerzen* und *Verfangen* behauptet. Wie bei der absoluten Unabhängigkeit in in Gleichung (12.11) können auch die äquivalenten Formen

$$\mathbf{P}(X \mid Y, Z) = \mathbf{P}(X \mid Z) \quad \text{und} \quad \mathbf{P}(Y \mid X, Z) = \mathbf{P}(Y \mid Z)$$

verwendet werden (siehe Übung 13.21 auf der Website). In Abschnitt 12.4 wurde gezeigt, dass absolute Unabhängigkeitsaussagen eine Zerlegung der vollständigen gemeinsamen Verteilung in viel kleinere Teile erlauben. Es stellt sich heraus, dass dies auch für Aussagen der bedingten Unabhängigkeit gilt. Beispielsweise können wir mit der Aussage in Gleichung (12.19) folgende Zerlegung ableiten:

$$\begin{aligned}&\mathbf{P}(Zahnschmerzen, Verfangen, Karies)\\ &= \mathbf{P}(Zahnschmerzen, Verfangen \mid Karies)\mathbf{P}(Karies) \quad \text{(Produktregel)}\\ &= \mathbf{P}(Zahnschmerzen \mid Karies)\mathbf{P}(Verfangen \mid Karies)\mathbf{P}(Karies) \quad \text{(mit 12.19)}\end{aligned}$$

(Der Leser kann in ► Abbildung 12.3 leicht überprüfen, dass diese Gleichung tatsächlich gilt.) Auf diese Weise wird die ursprüngliche große Tabelle in drei kleinere Tabellen zerlegt. Die ursprüngliche Tabelle hat sieben unabhängige Zahlen. (Die Tabelle hat $2^3 = 8$ Einträge, aber da sie in Summe 1 ergeben müssen, sind 7 unabhängig). Die kleineren Tabellen enthalten insgesamt $2+2+1=5$ unabhängige Zahlen. (Für eine bedingte Wahrscheinlichkeitsverteilung wie $\mathbf{P}(Zahnschmerzen \mid Karies)$ gibt es zwei Zeilen mit zwei Zahlen, und jede Zeile summiert sich zu 1, also sind es zwei unabhängige Zahlen; für eine A-priori-Verteilung wie $\mathbf{P}(Karies)$ gibt es nur eine unabhängige Zahl). Die Reduzierung von 7 auf 5 mag auf den ersten Blick kein großer Erfolg sein, aber die Gewinne können bei einer größeren Anzahl von Symptomen viel größer sein.

Im Allgemeinen wächst die Größe der Darstellung für n Symptome, die alle bedingt unabhängig von *Karies* sind, mit $O(n)$ statt mit $O(2^n)$. Das bedeutet, dass *bedingte Unabhängigkeitsaussagen die Skalierung probabilistischer Systeme ermöglichen; außerdem sind sie viel häufiger verfügbar als absolute Unabhängigkeitsaussagen.* Konzeptuell werden *Zahnschmerzen* und *Verfangen* durch *Karies* **separiert**, weil *Karies* eine direkte Ursache für beide ist. Die Zerlegung großer probabilistischer Domänen in schwach verbundene Teilmengen durch bedingte Unabhängigkeit ist eine der wichtigsten Entwicklungen in der jüngeren Geschichte der KI.

12.6 Naive Bayes-Modelle

Das Beispiel aus der Zahnmedizin veranschaulicht ein häufig auftretendes Muster, bei dem eine einzelne Ursache eine Reihe von Effekten direkt beeinflusst, die alle bei gegebener Ursache bedingt unabhängig sind. Die vollständige gemeinsame Verteilung kann geschrieben werden als:

$$\mathbf{P}(Ursache, Effekt_1, \ldots, Effekt_n) = \mathbf{P}(Ursache) \prod_i \mathbf{P}(Effekt_i \mid Ursache) \qquad (12.20)$$

Eine solche Wahrscheinlichkeitsverteilung wird als **naives Bayes-Modell** bezeichnet – „naiv", weil es oft als vereinfachende Annahme verwendet wird, und zwar in Fällen, in denen die „Effekt"-Variablen bei gegebener Ursachenvariable *nicht* streng unabhängig sind. (Das naive Bayes-Modell wird manchmal unbedachterweise auch **Bayes-Klassifikator** genannt, was echte Bayesianer dazu veranlasst hat, es als **Idioten-Bayes**-Modell zu bezeichnen.) In der Praxis funktionieren naive Bayes-Systeme oft sehr gut, selbst wenn die Annahme der bedingten Unabhängigkeit nicht genau zutrifft.

Für den Einsatz eines naiven Bayes-Modells können wir mit Gleichung (12.20) die Wahrscheinlichkeit der Ursache bei einigen beobachteten Effekten ermitteln. Nennen wir die beobachteten Effekte $\mathbf{E} = \mathbf{e}$, während die übrigen Effektvariablen $\mathbf{Y}$ unbeobachtet sind. Dann kann die Standardmethode für Inferenz aus der gemeinsamen Verteilung (Gleichung (12.9)) angewandt werden:

$$\mathbf{P}(Ursache \mid \mathbf{e}) = \alpha \sum_{\mathbf{y}} \mathbf{P}(Ursache, \mathbf{e}, \mathbf{y})$$

Aus Gleichung (12.20) erhalten wir dann

$$\begin{aligned} \mathbf{P}(Ursache \mid \mathbf{e}) &= \alpha \sum_{\mathbf{y}} \mathbf{P}(Ursache)\mathbf{P}(\mathbf{y} \mid Ursache)\Big(\prod_j \mathbf{P}(e_j \mid Ursache)\Big) \\ &= \alpha\, \mathbf{P}(Ursache)\Big(\prod_j \mathbf{P}(e_j \mid Ursache)\Big) \sum_{\mathbf{y}} \mathbf{P}(\mathbf{y} \mid Cause) \\ &= \alpha\, \mathbf{P}(Ursache) \prod_j \mathbf{P}(e_j \mid Ursache)\,, \end{aligned} \qquad (12.21)$$

woraus sich die letzte Zeile ergibt, weil die Summierung über $\mathbf{y}$ gleich 1 ist. Diese Gleichung besagt wortwörtlich: Multiplizieren Sie für jede mögliche Ursache die A-priori-Wahrscheinlichkeit der Ursache mit dem Produkt der bedingten Wahrscheinlichkeiten der beobachteten Effekte bei gegebener Ursache; anschließend normalisieren Sie das Ergebnis. Die Ausführungszeit dieser Berechnung ist linear in der Anzahl der beobachteten Effekte und hängt nicht von der Anzahl der unbeobachteten Effekte ab (die in Domänen wie beispielsweise Medizin sehr groß sein kann). Wir werden im nächsten Kapitel sehen, dass dies ein häufiges Phänomen in der probabilistischen Inferenz ist: Evidenzvariablen, deren Werte unbeobachtet sind, „verschwinden" normalerweise ganz aus der Berechnung.

12.6.1 Textklassifikation mit naivem Bayes-Modell

Schauen wir uns an, wie man ein naives Bayes-Modell für die **Textklassifikation** einsetzen kann: Legen Sie für einen gegebenen Text fest, zu welcher vordefinierten Menge von Klassen oder Kategorien er gehört. Hier entspricht „Ursache" der Variablen *Kategorie* und die „Effekt"-Variablen sind das Vorhandensein oder Fehlen bestimmter Schlüsselwörter $HatWort_i$. Betrachten Sie die folgenden beiden Beispielsätze, die Zeitungsartikeln entnommen wurden:

1. Die Aktien erholten sich am Montag, wobei die wichtigsten Indizes um 1 % zulegten, da der Optimismus über die Gewinnsaison des ersten Quartals anhielt.

2 Heftige Regenfälle setzten sich am Montag in weiten Teilen der Ostküste fort, sodass in New York City und anderen Orten Hochwasserwarnungen ausgegeben wurden.

Die Aufgabe besteht darin, jeden Satz einer *Kategorie* zuzuordnen – den Zeitungsressorts *Nachrichten*, *Sport*, *Wirtschaft*, *Wetter* oder *Unterhaltung*. Das naive Bayes-Modell besteht aus den A-priori-Wahrscheinlichkeiten $\mathbf{P}(Kategorie)$ und den bedingten Wahrscheinlichkeiten $\mathbf{P}(HatWort_i \mid Kategorie)$. Für jede Kategorie c wird $P(Kategorie = c)$ als der Anteil aller zuvor gesehenen Dokumente geschätzt, die der Kategorie c angehören. Wenn z. B. 9 % der Artikel vom Wetter handeln, setzen wir $P(Kategorie = Wetter) = 0{,}09$. Entsprechend wird $\mathbf{P}(HatWort_i \mid Kategorie)$ als der Anteil der Dokumente jeder Kategorie geschätzt, die das Wort i enthalten; vielleicht enthalten 37 % der Artikel im Wirtschaft-Ressort das Wort 6, „Aktien", also wird $P(HatWort_6 = wahr \mid Kategorie = Wirtschaft)$ auf 0,37 gesetzt.[9]

Um ein neues Dokument zu kategorisieren, prüfen wir, welche Schlüsselwörter in dem Dokument vorkommen und wenden dann Gleichung (12.21) an, um die A-posteriori-Wahrscheinlichkeitsverteilung über die Kategorien zu erhalten. Wenn wir nur eine Kategorie vorhersagen müssen, nehmen wir diejenige mit der höchsten A-posteriori-Wahrscheinlichkeit. Beachten Sie, dass für diese Aufgabe jede Effektvariable beobachtet wird, da wir immer feststellen können, ob ein bestimmtes Wort im Dokument vorkommt.

Das naive Bayes-Modell geht davon aus, dass Wörter unabhängig voneinander in den Dokumenten vorkommen, wobei die Häufigkeiten durch den Dokumenttyp bestimmt werden. Diese Unabhängigkeitsannahme wird in der Praxis deutlich verletzt. Die Phrase „erstes Quartal" kommt z. B. in Wirtschaftsartikeln (oder Sportartikeln) häufiger vor, als es die Multiplikation der Wahrscheinlichkeiten von „erstes" und „Quartal" nahelegen würde. Die Verletzung der Unabhängigkeit bedeutet in der Regel, dass die endgültigen A-posteriori-Wahrscheinlichkeiten viel näher an 1 oder 0 liegen, als dies der Fall sein sollte; mit anderen Worten, das Modell ist in seinen Vorhersagen zu optimistisch. Andererseits ist trotz dieser Fehler die *Rangfolge* der möglichen Kategorien oft recht genau.

Naive Bayes-Modelle werden häufig zum Erkennen der Sprache, Abrufen von Dokumenten, Filtern von Spam und andere Klassifikationsaufgaben verwendet. Für Aufgaben wie die medizinische Diagnose, bei denen die tatsächlichen Werte der A-posteriori-Wahrscheinlichkeiten wirklich wichtig sind – z. B. bei der Entscheidung, ob eine Blinddarmoperation durchgeführt werden soll –, würde man normalerweise anspruchsvollere Modelle vorziehen, die im nächsten Kapitel beschrieben werden.

12.7 Eine erneute Betrachtung der Wumpus-Welt

Wir können die Konzepte in diesem Kapitel kombinieren, um probabilistische Schlussfolgerungsprobleme in der Wumpus-Welt zu lösen. (Eine vollständige Beschreibung der Wumpus-Welt finden Sie in Kapitel 7.) Die Unsicherheit in der Wumpus-Welt ist darauf zurückzuführen, dass die Sensoren des Agenten nur partielle Informationen über die Welt liefern. ► Abbildung 12.5 zeigt zum Beispiel eine Situation, in der jedes der drei nicht besuchten, aber erreichbaren Felder – [1, 3], [2, 2] und [3, 1] – eine Fallgrube enthalten könnte. Durch rein logische Inferenz ist es nicht möglich herauszufinden, welches Feld am wahrscheinlichsten sicher ist, weshalb ein logischer Agent möglicherweise gezwungen ist, zufällig ein Feld aus-

9 Man muss aufpassen, dass man Wörtern, die man in einer bestimmten Kategorie von Dokumenten noch nicht gesehen hat, nicht die Wahrscheinlichkeit null zuweist, da die null alle anderen Evidenzen in Gleichung (12.21) auslöschen würde. Nur weil Sie ein Wort noch nicht gesehen haben, heißt das nicht, dass Sie es *nie* sehen werden. Reservieren Sie stattdessen einen kleinen Teil der Wahrscheinlichkeitsverteilung, um „bisher ungesehene" Wörter zu repräsentieren. In Kapitel 20 wird allgemein auf dieses Thema eingegangen und in Abschnitt 23.1.4 wird der spezielle Fall von Wortmodellen vorgestellt.

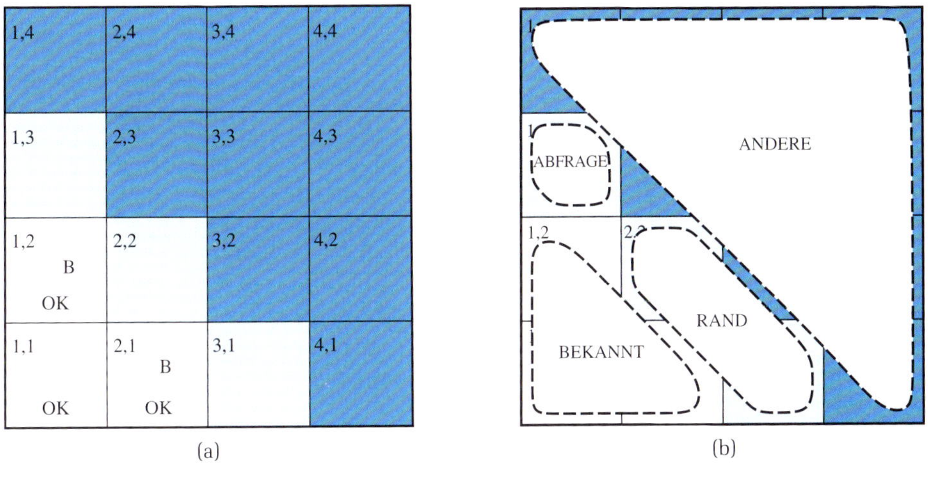

Abbildung 12.5: (a) Nachdem der Agent sowohl in [1, 2] als auch in [2, 1] einen Luftzug festgestellt hat, steckt er fest – es gibt keine weiteren sicheren Felder zu erkunden. (b) Aufteilung der Felder in *Bekannt*, *Rand* und *Andere* für eine Abfrage über [1, 3].

zuwählen. Wir werden sehen, dass ein probabilistischer Agent viel besser abschneidet als ein logischer Agent.

Unser Ziel ist es, für jedes der drei Felder die Wahrscheinlichkeit einer Fallgrube zu berechnen. (Zu diesem Zwecke ignorieren wir den Wumpus und das Gold.) Die relevanten Eigenschaften der Wumpus-Welt sind, dass (1) eine Fallgrube in allen benachbarten Feldern an einem Luftzug zu erkennen ist und dass (2) jedes Feld außer [1, 1] eine Fallgrube mit der Wahrscheinlichkeit 0,2 enthält. Der erste Schritt besteht darin, die Menge der Zufallsvariablen zu bestimmen, die wir benötigen:

- Wie im Fall der Aussagenlogik benötigen wir für jedes Feld eine boolesche Variable P_{ij}, die genau dann wahr ist, wenn das Feld $[i, j]$ tatsächlich eine Fallgrube enthält.
- Wir haben außerdem boolesche Variablen B_{ij}, die genau dann wahr sind, wenn das Feld $[i, j]$ einen Luftzug aufweist; wir berücksichtigen diese Variablen nur für die beobachteten Felder – in diesem Fall [1, 1], [1, 2] und [2, 1].

Im nächsten Schritt spezifizieren wir die vollständige gemeinsame Verteilung, $\mathbf{P}(P_{1,1}, \ldots, P_{4,4}, B_{1,1}, B_{1,2}, B_{2,1})$. Unter Anwendung der Produktregel ergibt sich:

$$\mathbf{P}(P_{1,1}, \ldots, P_{4,4}, B_{1,1}, B_{1,2}, B_{2,1}) = \mathbf{P}(B_{1,1}, B_{1,2}, B_{2,1} \mid P_{1,1}, \ldots, P_{4,4})\mathbf{P}(P_{1,1}, \ldots, P_{4,4})$$

Anhand dieser Zerlegung ist es ganz einfach zu erkennen, wie die gemeinsamen Wahrscheinlichkeitswerte aussehen sollten. Der erste Term ist die bedingte Wahrscheinlichkeitsverteilung einer Luftzugkonfiguration bei gegebener Fallgrubenkonfiguration; seine Werte sind 1, wenn alle Felder mit Luftzug an Fallgruben angrenzen, und ansonsten 0. Der zweite Term ist die A-priori-Wahrscheinlichkeit einer Fallgrubenkonfiguration. Jedes Feld enthält eine Fallgrube mit einer Wahrscheinlichkeit von 0,2, unabhängig von den anderen Feldern. Somit gilt:

$$\mathbf{P}(P_{1,1}, \ldots, P_{4,4}) = \prod_{i,j=1,1}^{4,4} \mathbf{P}(P_{i,j}) \qquad (12.22)$$

Für eine bestimmte Konfiguration mit genau n Fallgruben ist die Wahrscheinlichkeit $0{,}2^n \times 0{,}8^{16-n}$.

In der Situation in ► Abbildung 12.5 a besteht die Evidenz aus dem beobachteten (oder fehlenden) Luftzug in jedem besuchten Feld, kombiniert mit der Tatsache, dass jedes dieser Felder keine Fallgrube enthält. Wir kürzen diese Fakten ab mit $b = \neg b_{1,1} \wedge b_{1,2} \wedge b_{2,1}$ und $bekannt = \neg p_{1,1} \wedge \neg p_{1,2} \wedge \neg p_{2,1}$. Unser Interesse gilt der Beantwortung von Fragen wie $\mathbf{P}(P_{1,3} \mid bekannt, b)$: Wie wahrscheinlich ist es, dass [1, 3] angesichts der bisherigen Beobachtungen eine Fallgrube enthält?

Um diese Abfrage zu beantworten, können wir den Standardansatz der Gleichung (12.9) verfolgen, nämlich die Summe über Einträge aus der vollständigen gemeinsamen Verteilung zu bilden. Sei *Unbekannt* die Menge der Variablen $P_{i,j}$ für die Felder, die nicht zu den bekannten Feldern zählen, und sei [1, 3] das Abfragefeld. Gemäß Gleichung (12.9) haben wir dann:

$$\mathbf{P}(P_{1,3} \mid bekannt, b) = \alpha \sum_{unbekannt} \mathbf{P}(P_{1,3}, bekannt, b, unbekannt) \tag{12.23}$$

Die vollständigen gemeinsamen Wahrscheinlichkeiten wurden bereits angegeben, sodass wir eigentlich fertig sind – es sei denn, wir interessieren uns für Berechnungen. Es gibt zwölf unbekannte Felder; die Summierung enthält also $2^{12} = 4.096$ Terme. Im Allgemeinen wächst die Summierung exponentiell mit der Anzahl der Felder.

Natürlich könnte man fragen, ob die anderen Felder nicht irrelevant sind? Welchen Einfluss hat [4, 4] darauf, ob es in [1, 3] eine Fallgrube gibt? Tatsächlich ist diese Intuition mehr oder weniger korrekt, muss aber präzisiert werden. Was wir wirklich meinen, ist Folgendes: Wenn wir die Werte aller Fallgrubenvariablen kennen, die an den Feldern angrenzen, die uns interessieren, haben die vorhandenen (oder nicht vorhandenen) Fallgruben in anderen, weiter entfernten Feldern keinen weiteren Einfluss auf unser Wissen.

Seien *Rand* die Fallgrubenvariablen (nicht die Abfragevariable), die an die besuchten Felder angrenzen, in diesem Fall nur [2, 2] und [3, 1]. Seien außerdem *Andere* die Fallgrubenvariablen für die anderen unbekannten Felder; in diesem Fall gibt es zehn andere Felder, wie in ► Abbildung 12.5 b gezeigt. Auf der Grundlage dieser Definitionen gilt: $Unbekannt = Rand \cup Andere$. Die entscheidende Erkenntnis von oben kann nun wie folgt formuliert werden: Die beobachteten Luftzüge sind *bedingt unabhängig* von den anderen Variablen, wenn die Variablen für *Bekannt*, *Rand* und *Abfrage* gegeben sind.

Um diese Erkenntnis zu nutzen, bringen wir die Abfrageformel in eine Form, in der die Luftzüge auf alle anderen Variablen konditioniert sind, und wenden dann die bedingte Unabhängigkeit an:

$$\begin{aligned}
&\mathbf{P}(P_{1,3} \mid bekannt, b)\\
&= \alpha \sum_{unbekannt} \mathbf{P}(P_{1,3}, bekannt, b, unbekannt) \qquad \text{(aus Gleichung (12.23))}\\
&= \alpha \sum_{unbekannt} \mathbf{P}(b \mid P_{1,3}, bekannt, unbekannt)\mathbf{P}(P_{1,3}, bekannt, unbekannt) \quad \text{(Produktregel)}\\
&= \alpha \sum_{rand} \sum_{andere} \mathbf{P}(b \mid bekannt, P_{1,3}, rand, andere)\mathbf{P}(P_{1,3}, bekannt, rand, andere)\\
&= \alpha \sum_{rand} \sum_{andere} \mathbf{P}(b \mid bekannt, P_{1,3}, rand)\mathbf{P}(P_{1,3}, bekannt, rand, andere)\,,
\end{aligned}$$

wobei der letzte Schritt die bedingte Unabhängigkeit verwendet: b ist unabhängig von *andere*, wenn *bekannt*, $P_{1,3}$ und *rand* gegeben sind. Jetzt hängt der erste Term in diesem Ausdruck nicht von den *Andere*-Variablen ab, sodass wir die Summierung nach innen verschieben können:

$$\mathbf{P}(P_{1,3} \mid bekannt, b) = \alpha \sum_{rand} \mathbf{P}(b \mid bekannt, P_{1,3}, rand) \sum_{andere} \mathbf{P}(P_{1,3}, bekannt, rand, andere)$$

Durch Unabhängigkeit, wie in Gleichung (12.22), ist es möglich, den Term auf der rechten Seite zu faktorisieren und dann die Terme neu anzuordnen:

$$\begin{aligned}
&\mathbf{P}(P_{1,3} \mid bekannt, b)\\
&= \alpha \sum_{rand} \mathbf{P}(b \mid bekannt, P_{1,3}, rand) \sum_{andere} \mathbf{P}(P_{1,3}) P(bekannt) P(rand) P(andere)\\
&= \alpha\, P(bekannt) \mathbf{P}(P_{1,3}) \sum_{rand} \mathbf{P}(b \mid bekannt, P_{1,3}, rand) P(rand) \sum_{andere} P(andere)\\
&= \alpha'\, \mathbf{P}(P_{1,3}) \sum_{rand} \mathbf{P}(b \mid bekannt, P_{1,3}, rand) P(rand)\,,
\end{aligned}$$

wobei der letzte Schritt $P(bekannt)$ in die Normierungskonstante faltet und die Tatsache nutzt, dass $\sum_{andere} P(andere)$ gleich 1 ist.

Jetzt gibt es nur noch vier Terme in der Summierung über die Randvariablen, $P_{2,2}$ und $P_{3,1}$. Die Verwendung von Unabhängigkeit und bedingter Unabhängigkeit hat die anderen Felder vollkommen aus der Betrachtung eliminiert.

Beachten Sie, dass die Wahrscheinlichkeiten in $\mathbf{P}(b \mid bekannt, P_{1,3}, rand)$ den Wert 1 haben, wenn die Luftzugbeobachtungen konsistent mit den anderen Variablen sind, und ansonsten den Wert 0. Somit summieren wir für jeden Wert von $P_{1,3}$ über die logischen Modelle für die Randvariablen, die mit den bekannten Fakten konsistent sind. (Vergleichen Sie dies mit der Auflistung über die Modelle in ► Abbildung 7.5 auf S. 255.) Die Modelle und ihre zugehörigen A-priori-Wahrscheinlichkeiten – $P(rand)$ – sind in ► Abbildung 12.6 dargestellt. Wir haben:

$$\mathbf{P}(P_{1,3} \mid bekannt, b) = \alpha' \langle 0{,}2(0{,}04 + 0{,}16 + 0{,}16),\ 0{,}8(0{,}04 + 0{,}16) \rangle \approx \langle 0{,}31, 0{,}69 \rangle$$

Das heißt, [1, 3] (und aus Symmetriegründen auch [3, 1]) enthält mit einer Wahrscheinlichkeit von etwa 31 % eine Fallgrube. Eine ähnliche Berechnung, die wir dem Leser überlassen, zeigt, dass [2, 2] mit einer Wahrscheinlichkeit von etwa 86 % eine Fallgrube enthält. Der Wumpus-Agent sollte [2, 2] also unbedingt meiden! Beachten Sie, dass unser logischer Agent aus Kapitel 7 nicht wusste, dass [2, 2] schlechter ist als die anderen Felder. Die Logik kann uns sagen, dass es in [2, 2] eine Fallgrube geben könnte, aber nur die Wahrscheinlichkeit gibt Auskunft darüber, wie sicher diese Aussage ist.

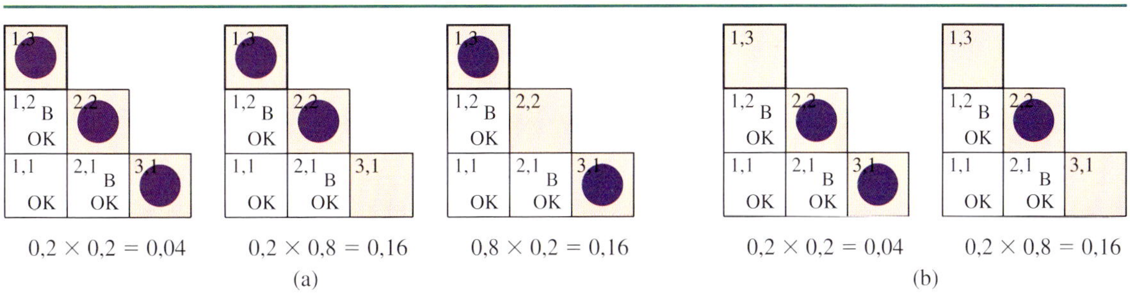

Abbildung 12.6: Konsistente Modelle für die Randvariablen, $P_{2,2}$ und $P_{3,1}$, die $P(rand)$ für jedes Modell zeigen: (a) drei Modelle mit $P_{1,3} = wahr$ zeigen zwei oder drei Fallgruben, und (b) zwei Modelle mit $P_{1,3} = falsch$ zeigen eine oder zwei Fallgruben.

Dieser Abschnitt hat gezeigt, dass sich auch scheinbar komplizierte Probleme in der Wahrscheinlichkeitstheorie präzise formulieren und mit einfachen Algorithmen lösen lassen. Um *effiziente* Lösungen zu erhalten, lassen sich die erforderlichen Summierungen mit Unabhängigkeit und bedingter Unabhängigkeit vereinfachen. Diese Beziehungen entsprechen häufig unserem natürlichen Verständnis, wie ein Problem zerlegt werden sollte. Im nächsten Kapitel entwickeln wir formale Repräsentationen für solche Beziehungen sowie die Algorithmen, die auf diesen Repräsentationen operieren, um effizient eine probabilistische Inferenz durchzuführen.

ZUSAMMENFASSUNG

Dieses Kapitel geht davon aus, dass die Wahrscheinlichkeitstheorie eine geeignete Grundlage für unsicheres Schlussfolgern ist, und führt schrittweise in dieses Thema ein.

- Unsicherheit entsteht sowohl durch Bequemlichkeit als auch durch Unwissenheit. Sie ist in komplexen, nichtdeterministischen oder teilweise beobachtbaren Umgebungen unvermeidbar.
- **Wahrscheinlichkeiten** drücken die Unfähigkeit des Agenten aus, den Wahrheitsgehalt eines Satzes eindeutig zu beurteilen. Wahrscheinlichkeiten fassen das Wissen des Agenten in Bezug auf die Evidenzen zusammen.
- Die **Entscheidungstheorie** kombiniert das Wissen und die Wünsche des Agenten und definiert als beste Aktion diejenige, die den erwarteten **Nutzen** maximiert.
- Zu den grundlegenden Wahrscheinlichkeitsaussagen gehören **unbedingte** oder **A-priori-Wahrscheinlichkeiten** und **bedingte** oder **A-posteriori-Wahrscheinlichkeiten** über einfache und komplexe Aussagen.
- Die Axiome der Wahrscheinlichkeit beschränken die Wahrscheinlichkeiten von logisch zusammenhängenden Aussagen. Ein Agent, der die Axiome verletzt, muss sich in einigen Fällen irrational verhalten.
- Die **vollständige gemeinsame Wahrscheinlichkeitsverteilung** spezifiziert die Wahrscheinlichkeit für jede vollständige Zuweisung von Werten zu Zufallsvariablen. Sie ist in der Regel zu groß, um sie in expliziter Form zu erstellen oder zu verwenden, aber wenn sie verfügbar ist, lassen sich damit Abfragen beantworten, indem einfach die Einträge für die möglichen Welten, die den Abfrageaussagen entsprechen, addiert werden.
- Die **absolute Unabhängigkeit** zwischen Teilmengen von Zufallsvariablen ermöglicht es, die vollständige gemeinsame Verteilung in kleinere gemeinsame Verteilungen zu faktorisieren, was die Komplexität drastisch reduziert.
- Die **Bayes'sche Regel** erlaubt es, unbekannte Wahrscheinlichkeiten aus bekannten bedingten Wahrscheinlichkeiten zu berechnen, normalerweise in kausaler Richtung. Die Anwendung der Bayes'schen Regel mit vielen Evidenzen stellt uns vor die gleichen Skalierungsprobleme wie die vollständige gemeinsame Verteilung.
- Die **bedingte Unabhängigkeit**, die auf direkte kausale Beziehungen in der Domäne zurückzuführen ist, erlaubt es, die vollständige gemeinsame Verteilung in kleinere, bedingte Verteilungen zu faktorisieren. Das **naive Bayes-Modell** geht von der bedingten Unabhängigkeit aller Effektvariablen aus, wenn nur eine Ursachenvariable gegeben ist; seine Größe wächst linear mit der Anzahl der Effekte.
- Ein Agent der Wumpus-Welt kann Wahrscheinlichkeiten für unbeobachtete Aspekte der Welt berechnen und damit die Entscheidungen eines rein logischen Agenten verbessern. Aufgrund der bedingten Unabhängigkeit lassen sich diese Berechnungen effizient durchführen.

Bibliografische und historische Anmerkungen

Die Wahrscheinlichkeitstheorie wurde erfunden, um Glücksspiele analysieren zu können. Um 850 n. Chr. beschrieb der indische Mathematiker Mahaviracarya, wie man eine Kombination von Wetten zusammenstellt, die nicht verliert (was wir heute als „Dutch Book" bezeichnen). In Europa gehen die ersten bedeutenden systematischen Analysen auf Girolamo Cardano um die Zeit 1565 zurück, obwohl die Veröffentlichung erst posthum erfolgte (1663). Zu diesem Zeitpunkt hatte sich die Wahrscheinlichkeit als mathematische Disziplin etabliert, was vor allem einer Reihe von Ergebnissen aus einem berühmten Briefwechsel zwischen Blaise Pascal und Pierre de Fermat im Jahr 1654 geschuldet war. Das erste veröffentlichte Lehrbuch zur Wahrscheinlichkeitsrechnung war *Tractatus de ratiociniis in ludo aleae* („Abhandlung über das Rechnen in Glücksspielen") von Huygens (1657). Der Aspekt der „Bequemlichkeit und Unwissenheit" in der Unsicherheit wurde von John Arbuthnot im Vorwort seiner Übersetzung von Huygens beschrieben (Arbuthnot, 1692): „Es ist für einen Würfel nicht möglich, mit einer derartigen bestimmten Kraft und Richtung nicht auf eine solcherart bestimmte Seite zu fallen, nur dass ich die Kraft und die Richtung nicht kenne, die ihn auf eine solche bestimmte Seite fallen lässt, und deshalb nenne ich es Zufall, was nichts anderes ist als mangelndes Geschick."

Die Verbindung zwischen Wahrscheinlichkeit und Schlussfolgern geht mindestens zurück bis auf das neunzehnte Jahrhundert: 1819 sagte Pierre Laplace: „Die Wahrscheinlichkeitstheorie ist nichts anderes als gesunder Menschenverstand, der auf Berechnungen reduziert wird." 1850 sagte James Maxwell: „Die wahre Logik dieser Welt liegt in der Wahrscheinlichkeitstheorie, die die Größe der Wahrscheinlichkeit berücksichtigt, mit der ein vernünftiger Mensch denkt oder denken sollte."

Es gibt eine endlose Debatte darüber, woher die Wahrscheinlichkeitszahlen kommen und welchen Stellenwert sie haben. Aus **frequentistischer** Sicht können die Zahlen nur aus *Experimenten* stammen: Wenn wir 100 Personen testen und feststellen, dass 10 von ihnen Karies haben, dann können wir sagen, dass die Wahrscheinlichkeit von Karies ungefähr 0,1 beträgt. Folglich besagt die Behauptung „die Wahrscheinlichkeit einer Karies beträgt 0,1", dass 0,1 der Anteil ist, der sich im Rahmen von unendlich vielen Stichproben beobachten lässt. Von jeder endlichen Stichprobe können wir den tatsächlichen Anteil schätzen und sogar berechnen, wie genau unsere Schätzung sein wird.

Aus **objektivistischer** Sicht sind Wahrscheinlichkeiten nicht nur Beschreibungen des Wissensgrads eines Beobachters, sondern reale Aspekte des Universums – die Propensität von Objekten, sich auf bestimmte Weise zu verhalten. Zum Beispiel ist die Tatsache, dass bei einer fairen Münze die Wahrscheinlichkeit von „Kopf" 0,5 beträgt, eine Propensität der Münze selbst. In dieser Sichtweise sind frequentistische Messungen Versuche, diese Propensitäten zu beobachten. Die meisten Physiker sind sich einig, dass Quantenphänomene objektiv probabilistisch sind, aber die Unsicherheit auf makroskopischer Ebene – z. B. beim Münzwurf – entsteht in der Regel aus Unwissenheit über die Anfangsbedingungen und scheint mit der Propensitätssicht nicht konsistent zu sein.

Die **subjektivistische** Sichtweise beschreibt Wahrscheinlichkeiten als eine Möglichkeit, das Wissen eines Agenten zu charakterisieren, und nicht als etwas, das eine externe physikalische Bedeutung hat. Die subjektive **Bayes'sche** Sichtweise erlaubt jede selbstkonsistente Zuschreibung A-priori-Wahrscheinlichkeiten zu Aussagen, besteht dann aber auf einer angemessenen Bayes'schen Aktualisierung, wenn Evidenzen vorliegen.

Sogar eine streng frequentistische Position kommt aufgrund des **Referenzklassenproblems** nicht ohne Subjektivität aus: Bei dem Versuch, die Ergebniswahrscheinlichkeit eines *bestimmten* Experiments zu ermitteln, muss der Frequentist dieses Experiment in eine Referenzklasse „ähnlicher" Experimente mit bekannten Ergebnishäufigkeiten einordnen. Aber was ist die richtige Klasse? Irving J. Good schrieb: „Jedes Ereignis im Leben ist einzigartig und jede

Wahrscheinlichkeit im wirklichen Leben, die wir in der Praxis schätzen, ist die eines Ereignisses, das noch nie zuvor eingetreten ist" (Good, 1983, S. 27).

Ein Frequentist, der die Wahrscheinlichkeit einer Karies abschätzen möchte, wird für einen gegebenen Patienten beispielsweise eine Referenzklasse anderer Patienten betrachten, die sich in wichtigen Punkten wie Alter, Symptome, Ernährung ähnlich sind, und feststellen, welcher Anteil von ihnen Karies hat. Wenn der Zahnarzt alles berücksichtigt, was über den Patienten bekannt ist – Haarfarbe, Gewicht auf das Gramm genau, Mädchenname der Mutter –, dann ist die Referenzklasse irgendwann leer. Dies war ein ärgerliches Problem in der Wissenschaftsphilosophie.

Pascal benutzte die Wahrscheinlichkeit in einer Weise, die sowohl die objektive Interpretation als eine auf Symmetrie oder relativer Häufigkeit basierende Eigenschaft der Welt, als auch die subjektive Interpretation, basierend auf dem Grad des Wissens, erforderte – Erstere ist zu finden in seinen Analysen der Wahrscheinlichkeiten in Glücksspielen, Letztere in der „Pascal'schen Wette", seinem berühmten Argument für die mögliche Existenz Gottes. Pascal erkannte jedoch nicht, dass zwischen diesen beiden Interpretationen zu unterscheiden ist. Diese Unterscheidung wurde erstmals von James Bernoulli (1654–1705) gemacht.

Leibniz führte das „klassische" Konzept der Wahrscheinlichkeit als Verhältnis nummerierter, gleich wahrscheinlicher Fälle ein, das auch von Bernoulli verwendet wurde, auch wenn es erst durch Laplace (1816) Bekanntheit erlangte. Dieses Konzept ist mehrdeutig – zwischen Häufigkeitsinterpretation und subjektiver Interpretation. Die Fälle können als gleich wahrscheinlich angesehen werden, entweder aufgrund einer natürlichen, physikalischen Symmetrie zwischen ihnen oder einfach, weil wir kein Wissen haben, das uns einen Fall als wahrscheinlicher halten ließe als einen anderen. Die Verwendung dieser zweiten, subjektiven Betrachtung, um die Zuweisung gleicher Wahrscheinlichkeiten zu rechtfertigen, wird als **Indifferenzprinzip** bezeichnet. Das Prinzip wird oftmals Laplace (1816) zugeschrieben, der jedoch im Gegensatz zu Keynes (1921) den Begriff nie explizit verwendet hat. George Boole und John Venn bezeichneten es beide als das **Prinzip vom unzureichenden Grund** (*principle of insufficient reason*).

Die Debatte zwischen Objektivisten und Subjektivisten verschärfte sich im 20. Jahrhundert. Kolmogorow (1963), R. A. Fisher (1922) und Richard von Mises (1928) waren Verfechter der Interpretation der relativen Häufigkeit. Karl Poppers Interpretation von „Propensität" (1934) führt relative Häufigkeiten auf eine zugrunde liegende physikalische Symmetrie zurück. Frank Ramsey (1931), Bruno de Finetti (1937), R. T. Cox (1946), Leonard Savage (1954), Richard Jeffrey (1983) und E. T. Jaynes (2003) interpretierten Wahrscheinlichkeiten als die Wissensgrade bestimmter Individuen. Ihre Analysen des Wissensgrads waren eng mit Nutzen und Verhalten – insbesondere mit der Wettbereitschaft – verbunden.

Rudolf Carnap bot eine andere Interpretation der Wahrscheinlichkeit an – nicht als Wissensgrad eines tatsächlich existierenden Individuums, sondern als Wissensgrad, den ein idealisiertes Individuum in eine bestimmte Aussage a, bei einer bestimmten Evidenzmenge e haben *sollte*. Carnap versuchte, diesen Begriff des **Bestätigungsgrads** als eine logische Beziehung zwischen a und **e** mathematisch zu präzisieren. Gegenwärtig wird angenommen, dass es keine eindeutige Logik dieser Art gibt, sondern eine solche Logik vielmehr auf einer subjektiven A-priori-Wahrscheinlichkeitsverteilung beruht, deren Effekt sich verringert, je mehr Beobachtungen gesammelt werden.

Die Untersuchung dieser Beziehung sollte eine mathematische Disziplin namens **induktive Logik** begründen, analog zur normalen deduktiven Logik (Carnap, 1948, 1950). Carnap gelang es nicht, seine induktive Logik weit über den aussagenlogischen Fall hinaus zu erweitern, und Putnam (1963) zeigte durch kontradiktorische Argumente, dass einige Schwierigkeiten inhärent waren. Neuere Arbeiten von Bacchus, Grove, Halpern und Koller (1992) erweitern die Methoden von Carnap auf Theorien der Prädikatenlogik.

Das erste streng axiomatische Gerüst für die Wahrscheinlichkeitstheorie geht auf Kolmogorow (1933) zurück. Rényi (1970) zeigte später eine axiomatische Repräsentation, die nicht die absolute Wahrscheinlichkeit, sondern die bedingte Wahrscheinlichkeit als elementaren Baustein benutzte.

Zusätzlich zu den Argumenten de Finettis über die Gültigkeit der Axiome zeigte Cox (1946), dass jedes System für unsicheres Schlussfolgern, das die von ihm postulierten Annahmen erfüllt, der Wahrscheinlichkeitstheorie entspricht. Dies gab den Anhängern der Wahrscheinlichkeitstheorie neuen Auftrieb, während bei anderen die Skepsis überwog, da sie Cox' Annahme infrage stellten, dass das Wissen durch eine einzige Zahl dargestellt werden muss. Halpern (1999) beschreibt diese Annahmen und zeigt einige Lücken in Cox' ursprünglicher Formulierung auf. Horn (2003) beschreibt, wie sich die Schwierigkeiten beheben lassen. Jaynes (2003) führt ein ähnliches Argument an, das leichter zu lesen ist.

Thomas Bayes (1702–1761) führte die posthum nach ihm benannte Regel zum Schlussfolgern über bedingte Wahrscheinlichkeiten ein (Bayes, 1763). Bayes betrachtete nur den Fall von gleichverteilten A-priori-Wahrscheinlichkeiten; Laplace hingegen entwickelte unabhängig den allgemeinen Fall. Bayes'sches probabilistisches Schlussfolgern wird seit den 1960er Jahren in der KI eingesetzt, insbesondere in der medizinischen Diagnose. Es diente nicht nur dazu, um Diagnosen aus verfügbaren Evidenzen zu erstellen, sondern auch, um mithilfe der Theorie des Informationswerts (Abschnitt 16.6) weitere Fragen und Tests auszuwählen, wenn die verfügbaren Evidenzen nicht schlüssig waren (Gorry, 1968; Gorry *et al.*, 1973). Ein System übertraf sogar die Experten in der Diagnose von akuten Unterleibserkrankungen (de Dombal *et al.*, 1974). Einen Überblick hierzu finden Sie bei Lucas *et al.* (2004).

Diese frühen Bayes'schen Systeme wiesen jedoch zahlreiche Mängel auf. Da ihnen ein theoretisches Modell der Bedingungen fehlte, die sie diagnostizierten, waren sie anfällig für nicht repräsentative Daten in Situationen, wenn nur eine kleine Stichprobe zur Verfügung stand (de Dombal *et al.*, 1981). Was jedoch noch schwerer wog, war die Tatsache, dass sie auf die Erfassung, Speicherung und Verarbeitung riesiger Tabellen mit probabilistischen Daten angewiesen waren, weil ein präziser Formalismus fehlte (siehe Kapitel 13), um bedingte Unabhängigkeitsinformation darzustellen und zu nutzen. Aufgrund dieser Schwierigkeiten verlor man in der KI von Anfang der 1970er bis Mitte der 1980er Jahre das Interesse an probabilistischen Methoden, um das Problem der Unsicherheit in den Griff zu bekommen. Die Entwicklungen seit den späten 1980er Jahren werden im nächsten Kapitel beschrieben.

Das naive Bayes-Modell für gemeinsame Verteilungen wurde in der Literatur zur Mustererkennung seit den 1950er Jahren ausführlich beschrieben (Duda und Hart, 1973). Es wurde außerdem seit der Arbeit von Maron (1961) oft unwissentlich beim Information Retrieval eingesetzt. Die probabilistischen Grundlagen dieser Technik wurden von Robertson und Sparck Jones (1976) erläutert. Domingos und Pazzani (1997) liefern eine Erklärung für den überraschenden Erfolg des naiven Bayes'schen Schlussfolgerns selbst in Domänen, in denen die Unabhängigkeitsannahmen eindeutig verletzt werden.

Es gibt viele gute Einführungsbücher zur Wahrscheinlichkeitstheorie, darunter die von Bertsekas und Tsitsiklis (2008), Ross (2015) und Grinstead und Snell (1997). DeGroot und Schervish (2001) bieten eine Einführung in Wahrscheinlichkeitstheorie und Statistik, die beides aus Bayes'scher Perspektive betrachtet, und Walpole *et al.* (2016) bieten eine Einführung für Wissenschaftler und Ingenieure. Jaynes (2003) liefert eine sehr überzeugende Darstellung des Bayes'schen Ansatzes. Billingsley (2012) und Venkatesh (2012) betrachten das Thema eher von der mathematischen Seite, einschließlich all der Komplikationen mit stetigen Variablen, die wir ausgelassen haben. Hacking (1975) und Hald (1990) widmen sich den historischen Anfängen des Konzepts der Wahrscheinlichkeit und Bernstein (1996) bereitet das Thema populärwissenschaftlich auf.

Probabilistisches Schlussfolgern

13

In diesem Kapitel erklären wir, wie man effiziente Netzmodelle erstellt, um den Gesetzen der Wahrscheinlichkeitstheorie entsprechend unter Unsicherheit zu schlussfolgern, und wie man zwischen Korrelation und Kausalität unterscheidet.

In Kapitel 12 wurden die grundlegenden Elemente der Wahrscheinlichkeitstheorie vorgestellt und auf die Bedeutung von Unabhängigkeit und bedingter Unabhängigkeit hingewiesen, mit denen sich probabilistische Darstellungen der Welt vereinfachen lassen. Dieses Kapitel stellt eine systematische Vorgehensweise vor, solche Beziehungen in Form von **Bayes'schen Netzen** explizit darzustellen. Wir definieren Syntax und Semantik dieser Netze und zeigen, wie sie verwendet werden können, um unsicheres Wissen auf eine natürliche und effiziente Weise zu erfassen. Anschließend zeigen wir, wie probabilistische Inferenz in vielen praktischen Situationen effizient durchgeführt werden kann, auch wenn sie im schlimmsten Fall rechnerisch nicht effizient machbar ist. Außerdem beschreiben wir eine Reihe von approximativen Inferenzalgorithmen, die oft anwendbar sind, wenn eine exakte Inferenz nicht durchführbar ist. Kapitel 15 erweitert die grundlegenden Konzepte der Bayes'schen Netze auf aussagekräftigere formale Sprachen zur Definition von Wahrscheinlichkeitsmodellen.

13.1 Wissensrepräsentation in einer unsicheren Domäne

In Kapitel 12 haben wir gesehen, dass die vollständige gemeinsame Wahrscheinlichkeitsverteilung in der Lage ist, jede Frage über die Domäne zu beantworten, allerdings mit steigender Anzahl an Variablen auch unüberschaubar groß werden kann. Außerdem ist es unnatürlich und mühsam, die Wahrscheinlichkeiten für mögliche Welten einzeln anzugeben.

Wir haben auch gesehen, dass Unabhängigkeit und bedingte Unabhängigkeit zwischen Variablen die Anzahl der Wahrscheinlichkeiten stark reduzieren, die für die Definition der vollständigen gemeinsamen Verteilung angegeben werden müssen. In diesem Abschnitt wird eine Datenstruktur namens **Bayes'sches Netz**[1] eingeführt, um die Abhängigkeiten zwischen den Variablen darzustellen. Bayes'sche Netze können quasi *jede* vollständige gemeinsame Wahrscheinlichkeitsverteilung darstellen, und in vielen Fällen sogar äußerst präzise.

Ein Bayes'sches Netz ist ein gerichteter Graph, in dem jeder Knoten mit quantitativen Wahrscheinlichkeitsinformationen versehen ist. Die vollständige Spezifikation lautet wie folgt:

1. Jeder Knoten entspricht einer Zufallsvariablen, die diskret oder stetig sein kann.
2. Gerichtete Verknüpfungen oder Pfeile verbinden Knotenpaare. Wenn es einen Pfeil von Knoten X zu Knoten Y gibt, wird X als *Elternknoten* von Y bezeichnet. Der Graph hat keine gerichteten Zyklen und ist daher ein gerichteter azyklischer Graph (*Directed Acyclic Graph*, DAG).
3. Jeder Knoten X_i hat eine zugehörige Wahrscheinlichkeitsinformation $\theta(X_i \mid Eltern(X_i))$, die den Effekt der Eltern auf den Knoten unter Verwendung einer endlichen Anzahl von **Parametern** quantifiziert.

Die Topologie des Netzes – die Menge der Knoten und Verknüpfungen – spezifiziert die in der Domäne geltenden bedingten Unabhängigkeiten und wird in Kürze ausführlich erläutert. Die *intuitive* Bedeutung eines Pfeils ist typischerweise, dass X einen *direkten Einfluss* auf Y hat, was nahelegt, dass Ursachen die Elternknoten von Effekten sein sollten. Für einen Domänenexperten ist es in der Regel einfach zu entscheiden, welche direkten Einflüsse in der Domäne existieren – viel einfacher sogar, als die Wahrscheinlichkeiten selbst zu spezifizieren.

1 Bayes'sche Netze wurden in den 1980er und 1990er Jahren als **Wissensnetze** bezeichnet. Ein **kausales Netz** ist ein Bayes'sches Netz mit zusätzlichen Beschränkungen für die Bedeutung der Pfeile (siehe Abschnitt 13.5). Der Begriff **grafisches Modell** bezieht sich auf eine breitere Klasse, die Bayes'sche Netze einschließt.

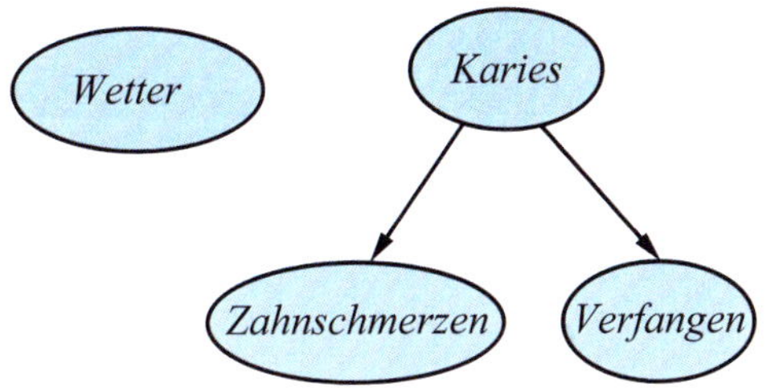

Abbildung 13.1: Ein einfaches Bayes'sches Netz, in dem *Wetter* unabhängig von den anderen drei Variablen ist und *Zahnschmerzen* und *Verfangen*, gegeben *Karies*, bedingt unabhängig sind.

Sobald die Topologie des Bayes'schen Netzes festgelegt ist, müssen wir nur noch die lokalen Wahrscheinlichkeitsinformationen für jede Variable in Form einer bedingten Verteilung spezifizieren, wobei ihre Elternknoten bekannt sind. Die vollständige gemeinsame Verteilung für alle Variablen wird durch die Topologie und die lokalen Wahrscheinlichkeitsinformationen definiert.

Aus Kapitel 12 kennen wir bereits die einfache Welt, die aus den Variablen *Zahnschmerzen*, *Karies*, *Verfangen* und *Wetter* besteht. Wir haben behauptet, dass *Wetter* unabhängig von den anderen Variablen ist; außerdem haben wir behauptet, dass bei gegebener *Karies* *Zahnschmerzen* und *Verfangen* bedingt unabhängig sind. Diese Beziehungen werden durch die in ► Abbildung 13.1 gezeigte Bayes'sche Netzstruktur dargestellt. Formal wird die bedingte Unabhängigkeit von *Zahnschmerzen* und *Verfangen*, gegeben *Karies*, durch das *Fehlen* einer Verknüpfung zwischen *Zahnschmerzen* und *Verfangen* angezeigt. Intuitiv stellt das Netz die Tatsache dar, dass *Karies* eine direkte Ursache für *Zahnschmerzen* und *Verfangen* ist, während zwischen *Zahnschmerzen* und *Verfangen* keine direkte kausale Beziehung besteht.

Betrachten Sie nun das folgende Beispiel, das ein wenig komplexer ist. Sie haben zu Hause eine neue Einbruchmeldeanlage installiert. Diese Anlage erkennt einen Einbruch recht zuverlässig, reagiert aber gelegentlich auch auf kleinere Erdbeben. (Dieses Beispiel stammt von Judea Pearl, einem Einwohner des erdbebengefährdeten Los Angeles.) Sie haben zwei Nachbarn, John und Mary, die versprochen haben, Sie auf der Arbeit anzurufen, wenn sie den Alarm hören. John ruft fast immer an, wenn er den Alarm hört, verwechselt aber manchmal das Telefonläuten mit dem Alarm und ruft dann auch an. Mary hingegen mag laute Musik und überhört den Alarm oft ganz. Anhand der Evidenz, wer angerufen hat beziehungsweise wer nicht, wollen wir die Wahrscheinlichkeit eines Einbruchs abschätzen.

► Abbildung 13.2 zeigt ein Bayes'sches Netz für diese Domäne. Die Netzstruktur zeigt, dass *Einbruch* und *Erdbeben* die Wahrscheinlichkeit für eine Alarmauslösung direkt beeinflussen, aber ob John und Mary anrufen, hängt nur von dem Alarm ab. Das Netz repräsentiert also unsere Annahmen, dass sie die Einbrüche nicht direkt sehen, dass sie kleinere Erdbeben nicht registrieren und dass sie vor dem Anruf nicht miteinander kommunizieren.

Die lokalen Wahrscheinlichkeitsinformationen, die jedem Knoten in ► Abbildung 13.2 zugeordnet sind, haben die Form einer **bedingten Wahrscheinlichkeitstabelle**, kurz BWT. (BWTs können nur für diskrete Variablen verwendet werden; andere Darstellungen, einschließlich der für stetige Variablen, werden in Abschnitt 13.2 beschrieben.) Jede Zeile in einer BWT enthält die bedingte Wahrscheinlichkeit jedes Knotenwerts für einen **Konditionierungsfall**. Ein Konditionierungsfall ist einfach nur eine mögliche Kombination von Werten für die Elternknoten – eine mögliche Welt en miniature, wenn Sie so wollen. Jede Zeile für die beiden Knotenwerte „wahr" und „falsch" muss die Summe 1 ergeben, da die Einträge eine erschöpfende Menge von Fällen für die Variable darstellen. Für boolesche Variablen muss die Wahrscheinlichkeit eines falschen Werts $1-p$ sein, wenn wir die Wahrscheinlichkeit eines wahren

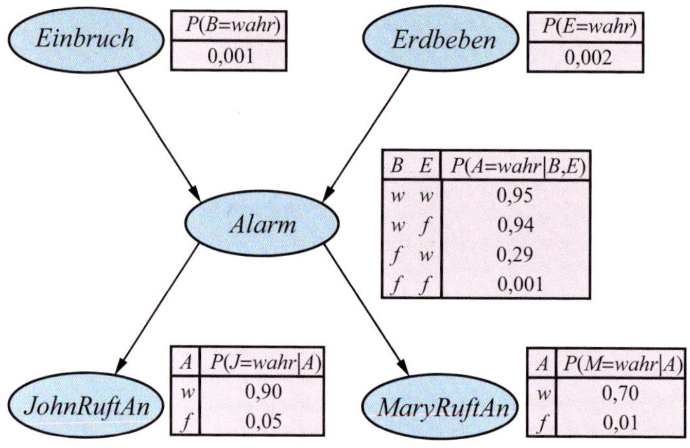

Abbildung 13.2: Ein typisches Bayes'sches Netz, das sowohl die Topologie als auch die bedingten Wahrscheinlichkeitstabellen (BWTs) zeigt. In den BWTs stehen die Buchstaben *B*, *E*, *A*, *J* und *M* jeweils für *Einbruch* (**B**urglary), *Erdbeben*, *Alarm*, *JohnRuftAn* und *MaryRuftAn*.

Werts als p kennen. Deshalb lassen wir, wie in ► Abbildung 13.2, die zweite Zahl oft weg. Im Allgemeinen enthält eine Tabelle für eine boolesche Variable mit k booleschen Eltern 2^k unabhängig spezifizierbare Wahrscheinlichkeiten. Ein Knoten ohne Eltern hat nur eine Zeile, die die A-priori-Wahrscheinlichkeiten für jeden möglichen Wert der Variablen darstellt.

Beachten Sie, dass das Netz keine Knoten dafür hat, dass Mary gerade laute Musik hört oder dass John das Läuten des Telefons falsch interpretiert. Diese Faktoren werden in der Unsicherheit zusammengefasst, die den Verknüpfungen von *Alarm* zu *JohnRuftAn* und *MaryRuftAn* zugeordnet ist. Dies zeigt sowohl Bequemlichkeit als auch Unwissenheit in der Praxis, wie auf S. 443 erklärt: Es wäre sehr arbeitsaufwendig herauszufinden, warum diese Faktoren in einem bestimmten Fall mehr oder weniger wahrscheinlich sind, und außerdem haben wir ohnehin keine vernünftige Möglichkeit, an die relevanten Informationen zu kommen.

Die Wahrscheinlichkeiten fassen letztlich eine *potenziell unendliche* Menge von Umständen zusammen, unter denen der Alarm nicht ausgelöst wird (hohe Luftfeuchtigkeit, Stromausfall, leere Batterie, durchgeschnittene Drähte, eine tote Maus in der Klingel usw.) oder John oder Mary versäumen es, anzurufen und den Alarm zu melden (in der Mittagspause, im Urlaub, vorübergehend taub, vorbeifliegender Hubschrauber usw.). Auf diese Weise kann es ein kleiner Agent mit einer sehr großen Welt aufnehmen, zumindest annäherungsweise.

13.2 Die Semantik Bayes'scher Netze

Die *Syntax* eines Bayes'schen Netzes besteht aus einem gerichteten azyklischen Graphen mit lokalen Wahrscheinlichkeitsinformationen zu jedem Knoten. Die *Semantik* definiert, inwiefern die Syntax mit einer gemeinsamen Verteilung über die Variablen des Netzes übereinstimmt.

Angenommen, das Bayes'sche Netz enthält n Variablen, $X_1, \ldots, X_n$. Ein generischer Eintrag in der gemeinsamen Verteilung lautet dann $P(X_1 = x_1 \wedge \ldots \wedge X_n = x_n)$ oder kurz $P(x_1, \ldots, x_n)$. Die Semantik der Bayes'schen Netze definiert jeden Eintrag in der gemeinsamen Verteilung wie folgt:

$$P(x_1, \ldots, x_n) = \prod_{i=1}^{n} \theta(x_i \mid eltern(X_i)) , \tag{13.1}$$

wobei $eltern(X_i)$ die spezifischen Werte von $Eltern(X_i)$ angibt, die in $x_1, \ldots, x_n$ erscheinen. Somit wird jeder Eintrag in der gemeinsamen Verteilung durch das Produkt der entsprechenden Elemente der lokalen bedingten Verteilungen im Bayes'schen Netz dargestellt.

Um dies zu veranschaulichen, können wir die Wahrscheinlichkeit berechnen, dass der Alarm ausgelöst wurde, aber weder ein Einbruch noch ein Erdbeben stattgefunden hat und sowohl John als auch Mary anrufen. Wir multiplizieren einfach die entsprechenden Einträge aus den lokalen bedingten Verteilungen (die Variablennamen werden wie oben erläutert abgekürzt):

$$\begin{aligned} P(j, m, a, \neg b, \neg e) &= P(j \mid a)P(m \mid a)P(a \mid \neg b \wedge \neg e)P(\neg b)P(\neg e) \\ &= 0{,}90 \times 0{,}70 \times 0{,}001 \times 0{,}999 \times 0{,}998 = 0{,}000628 \end{aligned}$$

Abschnitt 12.3 hat erklärt, dass mithilfe der vollständigen gemeinsamen Verteilung jede Abfrage über die Domäne beantwortet werden kann. Wenn ein Bayes'sches Netz eine Repräsentation der gemeinsamen Verteilung ist, dann kann es ebenfalls zur Beantwortung jeder Abfrage verwendet werden. Hierzu werden alle relevanten gemeinsamen Wahrscheinlichkeitswerte summiert, die jeweils durch Multiplikation von Wahrscheinlichkeiten aus den lokalen bedingten Verteilungen berechnet werden. Abschnitt 13.3 geht näher hierauf ein, beschreibt aber auch sehr viel effizientere Methoden.

Bisher haben wir einen wichtigen Punkt außen vor gelassen: Welche Bedeutung haben die Zahlen, die in die lokalen bedingten Verteilungen $\theta(x_i \mid eltern(X_i))$ eingehen? Mithilfe von Gleichung (13.1) können wir beweisen, dass die Parameter $\theta(x_i \mid eltern(X_i))$ genau die bedingten Wahrscheinlichkeiten $P(x_i \mid eltern(X_i))$ sind, die durch die gemeinsame Verteilung impliziert werden. Wir wissen, dass die bedingten Wahrscheinlichkeiten wie folgt aus der gemeinsamen Verteilung berechnet werden können:

$$\begin{aligned} P(x_i \mid eltern(X_i)) &\equiv \frac{P(x_i, eltern(X_i))}{P(eltern(X_i))} \\ &= \frac{\sum_{\mathbf{y}} P(x_i, eltern(X_i), \mathbf{y})}{\sum_{x_i', \mathbf{y}} P(x_i', eltern(X_i), \mathbf{y})}, \end{aligned}$$

wobei $\mathbf{y}$ die Werte aller Variablen außer X_i und seinen Eltern darstellt. Aus dieser letzten Zeile lässt sich beweisen, dass $P(x_i \mid eltern(X_i)) = \theta(x_i \mid eltern(X_i))$ ist (Übung 14.3 auf der Website). Daher können wir Gleichung (13.1) wie folgt umformulieren:

$$P(x_1, \ldots, x_n) = \prod_{i=1}^{n} P(x_i \mid eltern(X_i)) \tag{13.2}$$

Wenn man also Werte für die lokalen bedingten Verteilungen schätzt, müssen diese die tatsächlichen bedingten Wahrscheinlichkeiten für die Variable, gegeben ihre Eltern, sein. Wenn wir also z. B. $\theta(JohnRuftAn = wahr \mid Alarm = wahr) = 0{,}90$ angeben, sollte in etwa 90 % der Fälle, wenn der Alarm ertönt, John anrufen. Die Tatsache, dass jeder Parameter des Netzes eine genaue Bedeutung in Bezug auf nur eine kleine Menge von Variablen hat, ist von entscheidender Bedeutung für die Robustheit und die Einfachheit der Spezifikation der Modelle.

Eine Methode zur Erstellung Bayes'scher Netze

Gleichung (13.2) definiert, was ein gegebenes Bayes'sches Netz bedeutet. Der nächste Schritt besteht darin zu erklären, wie man ein Bayes'sches Netz so *erstellt*, dass die resultierende gemeinsame Verteilung eine gute Repräsentation einer gegebenen Domäne ist. Wir werden nachfolgend zeigen, dass Gleichung (13.2) bestimmte bedingte Unabhängigkeiten impliziert, die genutzt werden können, um dem Wissensingenieur zu helfen, die Topologie des Netzes aufzubauen. Zunächst schreiben wir die Einträge in der gemeinsamen Verteilung in bedingte Wahrscheinlichkeiten um, wobei wir die Produktregel verwenden (siehe S. 448):

$$P(x_1, \ldots, x_n) = P(x_n \mid x_{n-1}, \ldots, x_1)P(x_{n-1}, \ldots, x_1)$$

Dann wiederholen wir den Prozess und reduzieren jede gemeinsame Wahrscheinlichkeit auf eine bedingte Wahrscheinlichkeit sowie eine gemeinsame Wahrscheinlichkeit für eine kleinere Menge von Variablen. Am Ende erhalten wir ein großes Produkt:

$$
\begin{aligned}
P(x_1, \ldots, x_n) &= P(x_n \mid x_{n-1}, \ldots, x_1) P(x_{n-1} \mid x_{n-2}, \ldots, x_1) \cdots P(x_2 \mid x_1) P(x_1) \\
&= \prod_{i=1}^{n} P(x_i \mid x_{i-1}, \ldots, x_1)
\end{aligned}
$$

Diese Identität wird als **Kettenregel** bezeichnet. Sie gilt für beliebige Mengen von Zufallsvariablen. Vergleicht man sie mit Gleichung (13.2), so sieht man, dass die Spezifikation der gemeinsamen Verteilung äquivalent zu der allgemeinen Aussage ist, dass für jede Variable X_i im Netz gilt:

$$\mathbf{P}(X_i \mid X_{i-1}, \ldots, X_1) = \mathbf{P}(X_i \mid Eltern(X_i)) \,, \tag{13.3}$$

vorausgesetzt $Eltern(X_i) \subseteq \{X_{i-1}, \ldots, X_1\}$. Diese letzte Bedingung wird erfüllt, wenn die Knoten in **topologischer Sortierung** nummeriert werden, d. h. in einer beliebigen Reihenfolge, die mit der Struktur des gerichteten Graphen konsistent ist. Zum Beispiel könnten die Knoten in ► Abbildung 13.2 in der Reihenfolge B, E, A, J, M; E, B, A, M, J und so weiter angeordnet werden.

Gleichung (13.3) besagt, dass das Bayes'sche Netz nur dann eine korrekte Repräsentation der Domäne ist, wenn jeder Knoten, gegeben seine Eltern, bedingt unabhängig von seinen anderen Vorgängern in der Knotenreihenfolge ist. Mit der folgenden Methodik können wir diese Bedingung erfüllen:

1. *Knoten:* Bestimme zunächst die Menge der Variablen, die zur Modellierung der Domäne erforderlich sind. Jetzt sortiere sie, $\{X_1, \ldots, X_n\}$. Die Reihenfolge ist beliebig, aber das resultierende Netz ist kompakter, wenn die Variablen so angeordnet sind, dass die Ursachen vor den Effekten kommen.
2. *Verknüpfungen:* Führe für $i = 1$ bis n folgende Schritte aus:
   - Wähle aus $X_1, \ldots, X_{i-1}$ eine minimale Menge von Eltern für X_i, sodass Gleichung (13.3) erfüllt ist.
   - Füge für jeden Elternknoten eine Verknüpfung vom Elternknoten zu X_i ein.
   - BWTs: Schreibe die bedingte Wahrscheinlichkeitstabelle $\mathbf{P}(X_i|Eltern(X_i))$ auf.

Intuitiv betrachtet, sollten die Eltern von Knoten X_i alle Knoten aus $X_1, \ldots, X_{i-1}$ enthalten, die X_i *direkt beeinflussen*. Nehmen wir zum Beispiel an, dass wir das Netz in ► Abbildung 13.2 bis auf die Wahl der Eltern für *MaryRuftAn* fertiggestellt haben. *MaryRuftAn* wird sicherlich davon beeinflusst, ob es einen *Einbruch* oder ein *Erdbeben* gibt, aber nicht *direkt*. Intuitiv teilt uns unser Wissen über die Domäne mit, dass diese Ereignisse Marys Anrufverhalten nur durch ihre Wirkung auf den Alarm beeinflussen. Wenn ein Alarm gegeben ist, hat es außerdem keinen Einfluss auf Marys Anrufverhalten, ob John anruft oder nicht. Formal gesprochen, glauben wir, dass die folgende bedingte Unabhängigkeitsaussage gilt:

$$\mathbf{P}(MaryRuftAn \mid JohnRuftAn, Alarm, Erdbeben, Einbruch) = \mathbf{P}(MaryRuftAn \mid Alarm)$$

Somit ist *Alarm* der einzige Elternknoten für *MaryRuftAn*.

Da jeder Knoten nur mit früheren Knoten verbunden ist, garantiert diese Konstruktionsmethode, dass das Netz azyklisch ist. Eine weitere wichtige Eigenschaft von Bayes'schen Netzen ist, dass sie keine redundanten Wahrscheinlichkeitswerte enthalten. Wenn es keine Redundanz gibt, besteht auch keine Gefahr möglicher Inkonsistenzen: *Kein Wissensingenieur oder Domänenexperte wird es schaffen, ein Bayes'sches Netz zu erstellen, das die Axiome der Wahrscheinlichkeit verletzt.*

Kompaktheit und Knotenreihenfolge

Ein Bayes'sches Netz ist nicht nur eine vollständige und nichtredundante Repräsentation der Domäne, sondern häufig auch viel *kompakter* als die vollständige gemeinsame Verteilung. Dank dieser Eigenschaft eignet es sich für Domänen mit vielen Variablen. Die Kompaktheit von Bayes'schen Netzen ist ein Beispiel für eine sehr allgemeine Eigenschaft **lokal strukturierter** Systeme (auch **schwach besetzte** Systeme genannt). In einem lokal strukturierten System interagiert jede Teilkomponente mit nur einer begrenzten Anzahl von anderen Komponenten direkt, unabhängig von der Gesamtzahl der Komponenten. Eine lokale Struktur ist in der Regel mit einem linearen und nicht exponentiellen Komplexitätswachstum verbunden.

Im Fall von Bayes'schen Netzen kann man davon ausgehen, dass in den meisten Domänen jede Zufallsvariable direkt von höchstens k anderen beeinflusst wird (für eine Konstante k). Wenn wir der Einfachheit halber von n booleschen Variablen ausgehen, dann umfasst die Informationsmenge, die benötigt wird, um jede bedingte Wahrscheinlichkeitstabelle zu spezifizieren, höchstens 2^k Zahlen und das komplette Netz kann durch $2^k \cdot n$ Zahlen spezifiziert werden. Im Gegensatz dazu enthält die gemeinsame Verteilung 2^n Zahlen. Um dies zu konkretisieren, nehmen wir an, wir haben $n = 30$ Knoten mit jeweils fünf Eltern ($k = 5$). Für das Bayes'sche Netz sind also 960 Zahlen erforderlich – für die vollständige gemeinsame Verteilung hingegen über eine Milliarde.

Das Spezifizieren der bedingten Wahrscheinlichkeitstabellen für ein vollständig verbundenes Netz, in dem jede Variable alle ihre Vorgänger als Eltern hat, erfordert die gleiche Informationsmenge wie das Spezifizieren der gemeinsamen Verteilung in Tabellenform. Aus diesem Grund lassen wir oft Verknüpfungen weg, obwohl eine geringe Abhängigkeit besteht, weil der geringfügige Gewinn an Genauigkeit die zusätzliche Komplexität im Netz nicht wert ist. Beispielsweise könnte man bei unserem Einbruchsnetz beanstanden, dass bei einem großen Erdbeben John und Mary nicht anrufen würden, selbst wenn sie den Alarm hören, weil sie davon ausgehen, dass das Erdbeben die Ursache ist. Ob man die Verknüpfung von *Erdbeben* zu *JohnRuftAn* und *MaryRuftAn* hinzufügt (und damit die Tabellen vergrößert), hängt davon ab, wie viel Wert man auf exaktere Wahrscheinlichkeiten legt und dafür die Kosten für die zusätzlichen Informationen in Kauf nimmt.

Selbst in einer lokal strukturierten Domäne erhalten wir nur dann ein kompaktes Bayes'sches Netz, wenn wir die Knotenreihenfolge gut wählen. Was passiert, wenn wir uns für eine falsche Reihenfolge entscheiden? Betrachten wir erneut das Einbruchsbeispiel. Angenommen, wir entscheiden uns, die Knoten in der Reihenfolge *MaryRuftAn*, *JohnRuftAn*, *Alarm*, *Einbruch*, *Erdbeben* hinzuzufügen. Wir erhalten dann das etwas kompliziertere Netz aus ► Abbildung 13.3 a. Der Prozess verläuft wie folgt:

- *MaryRuftAn* hinzufügen: Keine Eltern.
- *JohnRuftAn* hinzufügen: Wenn Mary anruft, bedeutet das wahrscheinlich, dass der Alarm ausgelöst wurde, was die Wahrscheinlichkeit erhöht, dass John anruft. Daher braucht *JohnRuftAn* *MaryRuftAn* als Elternknoten.
- *Alarm* hinzufügen: Offensichtlich ist es wahrscheinlicher, dass der Alarm ausgelöst wurde, wenn beide anrufen, als wenn nur einer oder keiner anruft, also brauchen wir sowohl *MaryRuftAn* als auch *JohnRuftAn* als Elternknoten.
- *Einbruch* hinzufügen: Wenn wir den Alarmzustand kennen, könnte uns der Anruf von John oder Mary Informationen über das Telefonklingeln in unserer Wohnung oder Marys Musik liefern, aber nicht über einen Einbruch:

  $$\mathbf{P}(Einbruch \mid Alarm, JohnRuftAn, MaryRuftAn) = \mathbf{P}(Einbruch \mid Alarm)$$

  Daher benötigen wir nur *Alarm* als Elternknoten.

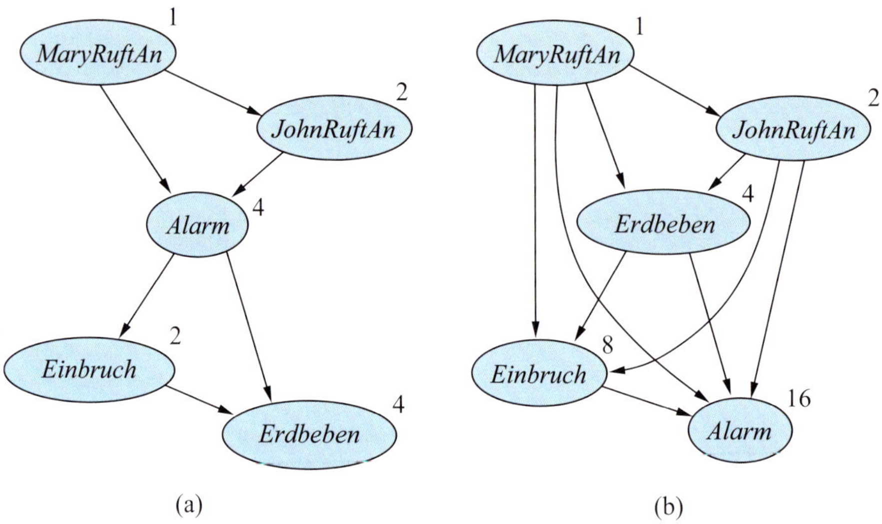

Abbildung 13.3: Netzstruktur und Anzahl der Parameter hängen davon ab, in welcher Reihenfolge sie eingeführt werden. (a) Die Struktur, die sich aus der Reihenfolge M, J, A, B, E ergibt. (b) Die Struktur, die sich aus M, J, E, B, A ergibt. Jeder Knoten ist mit der Anzahl der erforderlichen Parameter beschriftet; insgesamt 13 für (a) und 31 für (b). In Abbildung 13.2 waren nur 10 Parameter erforderlich.

- *Erdbeben* hinzufügen: Wenn der Alarm ausgelöst wurde, ist es wahrscheinlicher, dass es ein Erdbeben gegeben hat. (Der Alarm fungiert gewissermaßen als Erdbebendetektor.) Wenn wir aber wissen, dass ein Einbruch stattgefunden hat, erklärt dies den Alarm und die Wahrscheinlichkeit eines Erdbebens wäre nur geringfügig höher als normal. Daher brauchen wir sowohl *Alarm* als auch *Einbruch* als Elternknoten.

Das resultierende Netz hat zwei Verknüpfungen mehr als das ursprüngliche Netz in ► Abbildung 13.2 und erfordert 13 statt 10 bedingte Wahrscheinlichkeiten. Noch schlimmer ist, dass einige der Verknüpfungen lockere Beziehungen sind, deren Wahrscheinlichkeit nur schwer und unnatürlich zu beurteilen ist, wie z. B. die Abschätzung der Wahrscheinlichkeit von *Erdbeben*, wenn *Einbruch* und *Alarm* gegeben sind. Dieses Phänomen ist recht allgemein und hat mit der Unterscheidung zwischen **kausalen** und **diagnostischen** Modellen zu tun, die in Abschnitt 12.5.1 eingeführt wurden. *Wenn wir uns an ein kausales Modell halten, müssen wir letztendlich weniger Zahlen angeben und die Zahlen sind oft einfacher zu finden.* Im Bereich der Medizin wurde z. B. von Tversky und Kahneman (1982) gezeigt, dass erfahrene Ärzte lieber Wahrscheinlichkeitsurteile für kausale Regeln als für diagnostische Regeln abgeben. In Abschnitt 13.5 wird ausführlicher auf das Konzept von kausalen Modellen eingegangen.

► Abbildung 13.3 b zeigt eine sehr schlechte Knotenanordnung: *MaryRuftAn*, *JohnRuftAn*, *Erdbeben*, *Einbruch*, *Alarm*. Bei diesem Netz müssen 31 verschiedene Wahrscheinlichkeiten angegeben werden – genau die gleiche Anzahl wie bei der vollständigen gemeinsamen Verteilung. Es ist jedoch wichtig zu erkennen, dass jedes der drei Netze *genau dieselbe gemeinsame Verteilung* repräsentieren kann. Die beiden Versionen in ► Abbildung 13.3 stellen einfach nicht alle bedingten Unabhängigkeiten dar und geben daher am Ende eine Menge unnötiger Zahlen an.

13.2.1 Bedingte Unabhängigkeitsbeziehungen in Bayes'schen Netzen

Aus der Semantik der Bayes'schen Netze, wie sie in Gleichung (13.2) definiert ist, können wir eine Reihe von Eigenschaften der bedingten Unabhängigkeit ableiten. Wir haben bereits die Eigenschaft kennengelernt, dass eine Variable, gegeben ihre Eltern, bedingt unabhängig von ihren anderen Vorgängern ist. Es ist auch möglich, die allgemeinere „Nicht-Nachkommen"-Eigenschaft zu beweisen:

> Jede Variable ist, gegeben ihre Eltern, bedingt unabhängig von ihren Nicht-**Nachkommen**.

In ► Abbildung 13.2 ist die Variable *JohnRuftAn* beispielsweise unabhängig von *Einbruch*, *Erdbeben* und *MaryRuftAn*, wenn der Wert von *Alarm* gegeben ist. ► Abbildung 13.4 a veranschaulicht diese Definition.

Es zeigt sich, dass die Nicht-Nachkommen-Eigenschaft zusammen mit der Interpretation der Netzparameter $\theta(X_i \mid Eltern(X_i))$ als bedingte Wahrscheinlichkeiten $\mathbf{P}(X_i \mid Eltern(X_i))$ ausreicht, um die vollständige gemeinsame Verteilung aus Gleichung (13.2) zu rekonstruieren. Mit anderen Worten, man kann die Semantik von Bayes'schen Netzen auch auf eine andere Art und Weise betrachten: Anstatt die vollständige gemeinsame Verteilung als das Produkt von bedingten Verteilungen zu definieren, definiert das Netz eine Menge bedingter Unabhängigkeitseigenschaften, aus denen dann die vollständige gemeinsame Verteilung abgeleitet werden kann.

Eine weitere wichtige Unabhängigkeitseigenschaft wird durch die Nicht-Nachkommen-Eigenschaft impliziert:

> *Eine Variable ist bedingt unabhängig von allen anderen Knoten im Netz, wenn ihre Eltern, Kinder und die Eltern der Kinder gegeben sind, d. h., wenn seine* ***Markov-Decke*** *bekannt ist.*

(In Übung 14.8 auf der Website sind Sie aufgefordert, dies zu beweisen.) Zum Beispiel ist die Variable *Einbruch* bedingt unabhängig von *JohnRuftAn* und *MaryRuftAn*, wenn *Alarm* und *Erdbeben* gegeben sind. Diese Eigenschaft ist in ► Abbildung 13.4 b dargestellt. Die Markov-Decken-Eigenschaft ermöglicht Inferenzalgorithmen, die vollständig lokale und verteilte stochastische Stichprobenprozesse verwenden, wie in Abschnitt 13.4.2 erläutert.

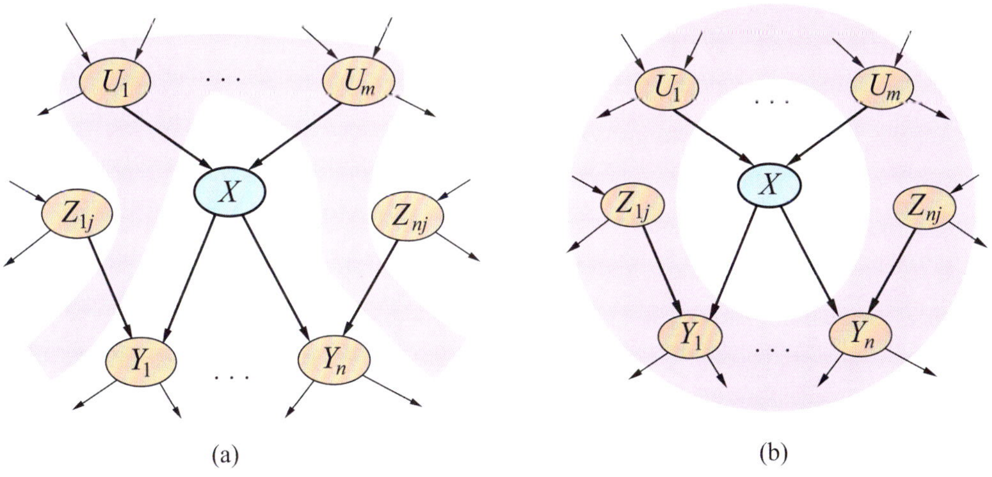

Abbildung 13.4: (a) Ein Knoten X ist bedingt unabhängig von seinen Nicht-Nachkommen (z. B. den Z_{ij}s) bei gegebenen Eltern (die U_is im fliederfarbenen Bereich). (b) Ein Knoten X ist bedingt unabhängig von allen anderen Knoten im Netz bei gegebener Markov-Decke (die fliederfarbene Fläche).

Die allgemeinste Frage nach der bedingten Unabhängigkeit, die man in einem Bayes'schen Netz stellen kann, ist, ob eine Knotenmenge **X** bedingt unabhängig von einer anderen Menge **Y** ist, wenn eine dritte Menge **Z** gegeben ist. Dies kann effizient bestimmt werden, indem man das Bayes'sche Netz daraufhin untersucht, ob die Knotenmenge **Z** die Mengen **X** und **Y** **d-separiert**. Der Prozess läuft wie folgt ab:

1. Betrachte nur den **Vorfahrenteilgraphen**, der aus den Knotenmengen **X**, **Y**, **Z** und ihren Vorfahren besteht.
2. Füge zwischen allen nicht verknüpften Knotenpaaren, die ein gemeinsames Kind haben, Verknüpfungen hinzu. Das Ergebnis ist der sogenannte **morale Graph**.
3. Ersetze alle gerichteten Verknüpfungen durch ungerichtete.
4. Wenn **Z** alle Pfade zwischen **X** und **Y** im resultierenden Graphen blockiert, dann werden **X** und **Y** von **Z** d-separiert. In diesem Fall ist **X** bei gegebenem **Z** bedingt unabhängig von **Y**. Andernfalls erfordert das ursprüngliche Bayes'sche Netz keine bedingte Unabhängigkeit.

Kurz gesagt bedeutet d-Separation also Separation im ungerichteten, moralisierten Vorfahrenteilgraphen. Durch Anwenden der Definition auf das Einbruchsnetz in ► Abbildung 13.2 können wir ableiten, dass *Einbruch* und *Erdbeben* unabhängig sind, wenn die leere Menge gegeben ist (d. h., sie sind absolut unabhängig), dass sie nicht notwendigerweise bedingt unabhängig sind, wenn *Alarm* gegeben ist, und dass *JohnRuftAn* und *MaryRuftAn* bedingt unabhängig sind, wenn *Alarm* gegeben ist. Beachten Sie auch, dass die Markov-Decken-Eigenschaft direkt aus der Eigenschaft der d-Separation folgt, da die Markov-Decke einer Variablen diese von allen anderen Variablen d-separiert.

13.2.2 Effiziente Darstellung von bedingten Verteilungen

Selbst wenn die maximale Anzahl der Eltern k klein ist, erfordert das Ausfüllen der bedingten Wahrscheinlichkeitstabelle für einen Knoten bis zu $O(2^k)$ Zahlen und womöglich viel Erfahrung mit allen möglichen Konditionierungsfällen. Tatsächlich handelt es sich um ein Worst-Case-Szenario, in dem die Beziehung zwischen den Eltern und dem Kind völlig willkürlich ist. Normalerweise lassen sich solche Beziehungen durch eine **kanonische Verteilung** beschreiben, die einem Standardmuster entspricht. In diesen Fällen kann die vollständige Tabelle einfach spezifiziert werden, indem das Muster angegeben und vielleicht einige Parameter bereitgestellt werden.

Das einfachste Beispiel sind die **deterministischen Knoten**. Der Wert eines deterministischen Knotens ist genau durch die Werte seiner Eltern festgelegt, ohne irgendeine Unsicherheit. Die Beziehung kann eine logische sein: Zum Beispiel besteht die Beziehung zwischen den übergeordneten Knoten *Kanadier*, *US-Bürger*, *Mexikaner* und dem untergeordneten Knoten *Nordamerikaner* einfach darin, dass der untergeordnete Knoten die Disjunktion der übergeordneten Knoten ist. Die Beziehung kann auch numerisch sein: beispielsweise ist *BesterPreis* für ein Auto der minimale Preis aller Händler in der Umgebung; und *WasserGespeichert* in einem Reservoir ist am Jahresende die Summe bestehend aus der ursprünglichen Wassermenge plus den Zuflüssen (Flüsse, Schmelzwasser, Niederschläge) und minus den Abflüssen (Entnahmen, Verdunstung, Versickerung).

Viele Bayes'sche Netzsysteme erlauben es dem Benutzer, deterministische Funktionen mithilfe einer allgemeinen Programmiersprache zu spezifizieren. Dadurch wird es möglich, komplexe Elemente wie globale Klimamodelle oder Stromnetzsimulatoren in ein probabilistisches Modell einzubeziehen.

Ein weiteres wichtiges Muster, das in der Praxis häufig auftritt, ist die **kontextspezifische Unabhängigkeit** (*Context-Specific Independence*, CSI). Eine bedingte Verteilung weist eine kontextspezifische Unabhängigkeit auf, wenn eine Variable von einigen ihrer Eltern bedingt unabhängig ist bei gegebenen *bestimmten Werten* anderer. Nehmen wir z. B. an, dass der *Schaden* an Ihrem Auto, der während eines bestimmten Zeitraums eintritt, von der *Robustheit* Ihres Autos sowie davon abhängt, ob in diesem Zeitraum ein *Unfall* passiert ist oder nicht. Wenn *Unfall* falsch ist, hängt der *Schaden*, sofern vorhanden, nicht von der *Robustheit* Ihres Autos ab. (Es könnte sich um ein Vandalismusschaden am Lack oder an den Fenstern des Autos handeln, wobei wir annehmen, dass alle Autos gleichermaßen von solchen Schäden betroffen sind.) Wir sagen, dass *Schaden* kontextspezifisch unabhängig von *Robustheit* ist, wenn *Unfall* = *falsch*. Bayes'sche Netzsysteme implementieren kontextspezifische Unabhängigkeit oft mit einer **if-then-else**-Syntax, um bedingte Verteilungen auszudrücken; zum Beispiel könnte man schreiben

$$\mathbf{P}(\mathit{Schaden} \mid \mathit{Robustheit}, \mathit{Unfall}) = \textbf{if } (\mathit{Unfall} = \mathit{falsch}) \textbf{ then } d_1 \textbf{ else } d_2(\mathit{Robustheit}) ,$$

wobei d_1 und d_2 beliebige Verteilungen darstellen. Wie beim Determinismus kann kontextspezifische Unabhängigkeit in einem Netz eine effiziente Inferenz erleichtern. Alle in Abschnitt 13.3 erwähnten exakten Inferenzalgorithmen können so modifiziert werden, dass sie sich die kontextspezifische Unabhängigkeit zunutze machen, um die Berechnungen zu beschleunigen.

Unsichere Beziehungen können oft durch **verrauschte** (*noisy*) logische Beziehungen charakterisiert werden. Das Standardbeispiel ist die **Noisy-OR**-Beziehung, die eine Genealisierung des logischen ODER ist. In der Aussagenlogik könnten wir sagen, dass Fieber genau dann wahr ist, wenn *Erkältung*, *Grippe* oder *Malaria* wahr ist. Das Noisy-OR-Modell berücksichtigt Unsicherheiten bei der Fähigkeit jedes Elternknotens, den Kindknoten wahr zu machen – die kausale Beziehung zwischen Eltern- und Kindknoten könnte *blockiert* sein, ein Patient könnte eine Erkältung haben, ohne Fiebersymptome zu zeigen.

Das Modell geht von zwei Annahmen aus. Erstens, dass alle möglichen Ursachen aufgelistet sind. (Wenn einige fehlen, können wir immer einen **Ausgleichsknoten** (*Leak Node*) hinzufügen, der „sonstige Ursachen" abdeckt.) Zweitens, dass die Blockierung jedes Elternknotens unabhängig von den Blockierungen aller anderen Elternknoten ist: Was immer beispielsweise verhindert, dass *Malaria Fieber* verursacht, ist unabhängig davon, was *Grippe* daran hindert, *Fieber* zu verursachen. Unter diesen Annahmen ist *Fieber* genau dann *falsch*, wenn alle seine *wahren* Eltern blockiert sind, und die Wahrscheinlichkeit dafür ist das Produkt der Blockierungswahrscheinlichkeiten q_j für jeden Elternknoten. Nehmen wir an, diese individuellen Blockierungswahrscheinlichkeiten lauten:

$$\begin{aligned} q_{\text{erkältung}} &= P(\neg \mathit{fieber} \mid \mathit{erkältung}, \neg \mathit{grippe}, \neg \mathit{malaria}) = 0{,}6 \\ q_{\text{grippe}} &= P(\neg \mathit{fieber} \mid \neg \mathit{erkältung}, \mathit{grippe}, \neg \mathit{malaria}) = 0{,}2 \\ q_{\text{malaria}} &= P(\neg \mathit{fieber} \mid \neg \mathit{erkältung}, \neg \mathit{grippe}, \mathit{malaria}) = 0{,}1 \end{aligned}$$

Aus diesen Informationen und den Noisy-OR-Annahmen kann dann die gesamte bedingte Wahrscheinlichkeitstabelle (BWT) aufgebaut werden. Die allgemeine Regel besagt, dass

$$P(x_i \mid \mathit{eltern}(X_i)) = 1 - \prod_{\{j: X_j = \mathit{wahr}\}} q_j ,$$

wobei das Produkt aus den Elternknoten gebildet wird, die für diese Zeile der BWT auf *wahr* gesetzt sind. Die Tabelle in ► Abbildung 13.5 veranschaulicht diese Berechnung.

Im Allgemeinen können verrauschte logische Beziehungen, in denen eine Variable von k Elternknoten abhängig ist, mit $O(k)$ anstatt mit $O(2^k)$ Parametern für die gesamte bedingte Wahrscheinlichkeitstabelle beschrieben werden. Das vereinfacht das Abschätzen und das Lernen erheblich. Das CPCS-Netz (Pradhan *et al.*, 1994) verwendet beispielsweise Noisy-OR- und

Erkältung	*Grippe*	*Malaria*	*P(fieber | ·)*	*P(¬fieber | ·)*
f	*f*	*f*	0,0	1,0
f	*f*	*w*	0,9	**0,1**
f	*w*	*f*	0,8	**0,2**
f	*w*	*w*	0,98	$0{,}02 = 0{,}2 \times 0{,}1$
w	*f*	*f*	0,4	**0,6**
w	*f*	*w*	0,94	$0{,}06 = 0{,}6 \times 0{,}1$
w	*w*	*f*	0,88	$0{,}12 = 0{,}6 \times 0{,}2$
w	*w*	*w*	0,988	$0{,}012 = 0{,}6 \times 0{,}2 \times 0{,}1$

Abbildung 13.5: Eine vollständige Tabelle der bedingten Wahrscheinlichkeiten für *P*(*Fieber* | *Erkältung*, *Grippe*, *Malaria*) als Summe eines Noisy-OR-Modells mit den drei fettgedruckten *q*-Werten.

Noisy-MAX-Verteilungen, um Beziehungen zwischen Krankheiten und Symptomen in der internistischen Medizin zu modellieren. Mit 448 Knoten und 906 Verknüpfungen benötigt es nur 8.254 Parameter anstelle von 133.931.430 bei Netzen mit voll besetzten BWTs.

13.2.3 Bayes'sche Netze mit stetigen Variablen

Bei vielen realen Problemen haben wir es mit stetigen Größen zu tun, wie Höhe, Masse, Temperatur und Geld. Per Definition haben stetige Variablen eine unendliche Anzahl möglicher Werte, sodass es unmöglich ist, explizit für jeden Wert bedingte Wahrscheinlichkeiten anzugeben. Eine Möglichkeit, stetige Variablen zu verarbeiten, ist die **Diskretisierung**, d. h. die Unterteilung der möglichen Werte in eine feste Intervallmenge. Zum Beispiel könnten Temperaturen in drei Kategorien unterteilt werden: (<0°C), (0°C–100°C) und (>100°C). Bei der Wahl der Anzahl der Kategorien muss ein Kompromiss gefunden werden zwischen dem Verlust an Genauigkeit und großen BWTs, die zu langsamen Laufzeiten führen können.

Ein anderer Ansatz besteht darin, eine stetige Variable mithilfe einer der Standardfamilien von Wahrscheinlichkeitsdichtefunktionen zu definieren (siehe Anhang A). Zum Beispiel wird eine Gauß'sche (oder normale) Verteilung $\mathcal{N}(x; \mu, \sigma^2)$ durch nur zwei Parameter spezifiziert, den Mittelwert μ und die Varianz σ^2. Eine andere Lösung – manchmal auch als **nichtparametrische** Darstellung bezeichnet – besteht darin, die bedingte Verteilung implizit mit einer Sammlung von Instanzen zu definieren, die jeweils bestimmte Werte der Eltern- und Kindvariablen enthalten. Wir werden diesen Ansatz in Kapitel 19 näher beleuchten.

Ein Netz mit sowohl diskreten als auch stetigen Variablen wird als **hybrides Bayes'sches Netz** bezeichnet. Um ein hybrides Netz zu spezifizieren, müssen wir zwei neue Arten von Verteilungen spezifizieren: die bedingte Verteilung für eine stetige Variable bei diskreten oder stetigen Eltern und die bedingte Verteilung für eine diskrete Variable bei stetigen Eltern. Betrachten wir das einfache Beispiel in ► Abbildung 13.6, in dem ein Kunde Obst in Abhängigkeit vom Preis kauft, der wiederum von der Größe der Ernte abhängt und davon, ob das staatliche Subventionsprogramm angelaufen ist. Die Variable *Kosten* ist stetig und hat stetige und diskrete Elternknoten; die Variable *Kauft* ist diskret und hat einen stetigen Elternknoten.

Für die Variable *Kosten* müssen wir $\mathbf{P}(Kosten \mid Ernte, Subvention)$ angeben. Der diskrete Elternknoten wird durch Auflistung verarbeitet, d. h. durch Angabe von $\mathbf{P}(Kosten \mid Ernte, subvention)$ und $\mathbf{P}(Kosten \mid Ernte, \neg subvention)$. Für die Verarbeitung der Variable *Ernte*

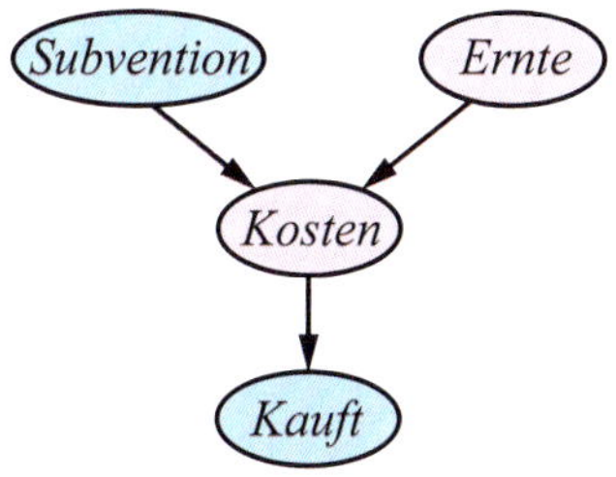

Abbildung 13.6: Ein einfaches Netz mit diskreten Variablen (*Subvention* und *Kauft*) und stetigen Variablen (*Ernte* und *Kosten*).

spezifizieren wir, wie die Verteilung über die Kosten c von dem stetigen Wert h von *Ernte* abhängt. Mit anderen Worten, wir spezifizieren die *Parameter* der Kostenverteilung als Funktion von h. Am häufigsten fällt die Wahl dabei auf die **bedingte lineare Gauß'sche Verteilung**, wobei das Kind eine Gauß'sche Verteilung hat, deren Mittelwert μ linear mit dem Wert des Elternknotens variiert und deren Standardabweichung σ fest ist. Wir benötigen zwei Verteilungen, eine für *subvention* und eine für $\neg$*subvention*, mit unterschiedlichen Parametern:

$$P(c \mid h, subvention) = \mathcal{N}(c; a_t h + b_t, \sigma_t^2) = \frac{1}{\sigma_t\sqrt{2\pi}}\, e^{-\frac{1}{2}\left(\frac{c-(a_t h+b_t)}{\sigma_t}\right)^2}$$

$$P(c \mid h, \neg subvention) = \mathcal{N}(c; a_f h + b_f, \sigma_f^2) = \frac{1}{\sigma_f\sqrt{2\pi}}\, e^{-\frac{1}{2}\left(\frac{c-(a_f h+b_f)}{\sigma_f}\right)^2}$$

Für dieses Beispiel wird also die bedingte Verteilung für *Kosten* spezifiziert, indem die lineare Gauß'sche Verteilung angegeben und die Parameter a_t, b_t, σ_t, a_f, b_f und σ_f bereitgestellt werden. ► Abbildungen 13.7 a und 13.7 b zeigen diese beiden Beziehungen. Beachten Sie, dass in jedem Fall die Steigung von c gegen h negativ ist, da der Preis sinkt, wenn das Angebot aufgrund hoher Ernteerträge steigt. (Natürlich impliziert die Annahme der Linearität, dass der Preis an einem bestimmten Punkt negativ wird; das lineare Modell ist nur sinnvoll, wenn der Ernteertrag auf einen engen Bereich begrenzt ist.) ► Abbildung 13.7 c zeigt die Verteilung $P(c \mid h)$, gemittelt über die beiden möglichen Werte von *Subvention* und unter der Annahme, dass jeder eine A-priori-Wahrscheinlichkeit von 0,5 hat. Dies zeigt, dass selbst mit sehr einfachen Modellen recht interessante Verteilungen dargestellt werden können.

Die lineare Gauß'sche bedingte Verteilung hat einige besondere Eigenschaften. Ein Netz, das nur stetige Variablen mit linearen Gauß'schen Verteilungen enthält, hat eine gemeinsame Verteilung, das heißt eine multivariate Gauß'sche Verteilung (siehe Anhang A) über alle Variablen (Übung 14.11 auf der Website). Außerdem hat die A-posteriori-Verteilung bei beliebiger

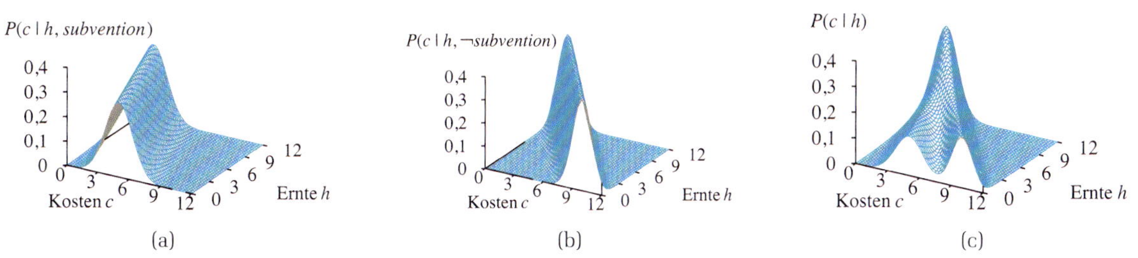

Abbildung 13.7: Die Diagramme in (a) und (b) zeigen die Wahrscheinlichkeitsverteilung über *Kosten* in Abhängigkeit von *Ernte*, wenn *Subvention* wahr bzw. falsch ist. Diagramm (c) zeigt die Verteilung *P*(*Kosten* | *Ernte*), die sich aus der Summierung über die beiden Subventionsfälle ergibt.

Evidenz ebenfalls diese Eigenschaft.[2] Wenn diskrete Variablen als Eltern (nicht als Kinder) von stetigen Variablen hinzugefügt werden, definiert das Netz eine **bedingte Gauß'sche** Verteilung: Für jede Zuweisung an die diskreten Variablen ist die Verteilung über die stetigen Variablen eine multivariate Gauß'sche Verteilung.

Nun wenden wir uns den Verteilungen für diskrete Variablen mit stetigen Elternknoten zu. Betrachten wir z. B. den Knoten *Kauft* in ► Abbildung 13.6. Die Annahme scheint vernünftig, dass der Kunde kauft, wenn die Kosten niedrig sind, und nicht kauft, wenn sie hoch sind, und dass die Wahrscheinlichkeit zu kaufen in dem Bereich dazwischen gleichmäßig schwankt. Mit anderen Worten, die bedingte Verteilung ist wie eine „weiche" Schwellenwertfunktion. Eine Möglichkeit, weiche Schwellenwerte zu bilden, führt über das *Integral* der Standardnormalverteilung:

$$\Phi(x) = \int_{-\infty}^{x} \mathcal{N}(s; 0{,}1)\, \mathrm{d}s$$

$\Phi(x)$ ist eine steigende Funktion von x, wobei die Kaufwahrscheinlichkeit mit steigenden Kosten abnimmt, sodass wir hier die Funktion umdrehen:

$$P(kauft \mid Kosten = c) = 1 - \Phi((c - \mu)/\sigma)\,,$$

was bedeutet, dass die Kostenschwelle um μ herum auftritt, die Breite des Schwellenbereichs proportional zu σ ist und die Kaufwahrscheinlichkeit mit steigenden Kosten abnimmt. Dieses **Probit**-Modell ist in ► Abbildung 13.8 a dargestellt, wobei Probit eine Kurzform von *Probability Unit* (Wahrscheinlichkeitseinheit) ist. Seine Form lässt sich damit begründen, dass der zugrunde liegende Entscheidungsprozess eine harte Schwelle hat, die genaue Lage der Schwelle aber einem zufälligen Gauß'schen Rauschen unterliegt.

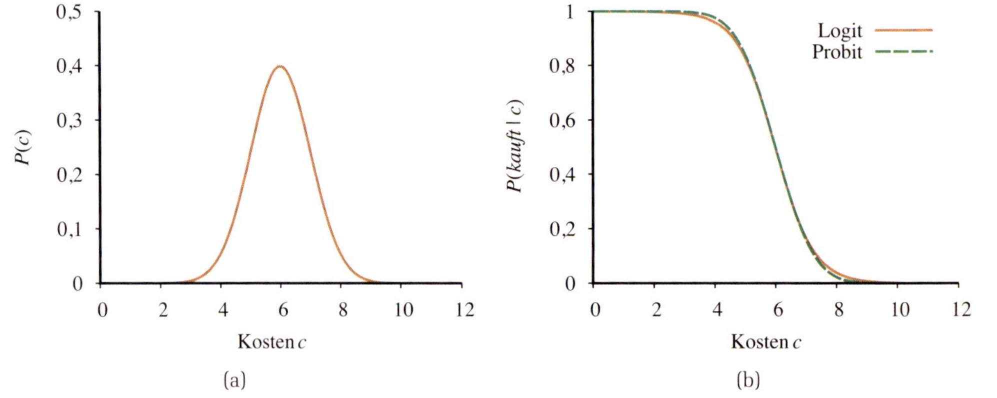

Abbildung 13.8: (a) Eine normale (Gauß'sche) Verteilung für die Kostenschwelle, zentriert auf $\mu = 6{,}0$ mit Standardabweichung $\sigma = 1{,}0$. (b) Expit- und Probit-Modelle für die Wahrscheinlichkeit von *kauft* bei gegebenen *Kosten*, für die Parameter $\mu = 6{,}0$ und $\sigma = 1{,}0$.

Eine Alternative zum Probit-Modell ist das **Expit**- oder **inverse Logit**-Modell. Es verwendet die **logistische Funktion** $1/(1 + e^{-x})$, um einen weichen Schwellenwert zu erzeugen – es ordnet jedem x einen Wert zwischen 0 und 1 zu. Auch für dieses Beispiel drehen wir die

2 Daraus folgt, dass die Inferenz in linearen Gauß'schen Netzen im schlechtesten Fall nur eine Zeit von $O(n^3)$ benötigt, unabhängig von der Netztopologie. In Abschnitt 13.3 sehen wir, dass die Inferenz für Netze mit diskreten Variablen NP-schwer ist.

Funktion um, um eine abnehmende Funktion zu erhalten; außerdem skalieren wir den Exponenten um $4/\sqrt{2\pi}$, um die Steigung des Probit-Modells am Mittelwert anzupassen:

$$P(kauft \mid Kosten = c) = 1 - \frac{1}{1 + exp(-\frac{4}{\sqrt{2\pi}} \cdot \frac{c-\mu}{\sigma})}$$

Dies ist in ► Abbildung 13.8 b dargestellt. Die beiden Verteilungen sehen ähnlich aus, aber die Logit-Funktion hat tatsächlich viel längere „Schwänze". Die Probit-Funktion bildet oft besser reale Situationen ab, während die logistische Funktion manchmal mathematisch einfacher zu handhaben ist. Sie wird verstärkt beim maschinellen Lernen eingesetzt. Beide Modelle können verallgemeinert werden, um mehrere stetige Elternknoten zu verarbeiten, indem eine lineare Kombination der Elternwerte verwendet wird. Dies funktioniert auch für diskrete Elternknoten, wenn deren Werte ganze Zahlen sind; z. B. wäre bei k booleschen Elternknoten, von denen jeder den Wert 0 oder 1 hat, die Eingabe für die Expit- oder Probit-Verteilung eine gewichtete Linearkombination mit k Parametern, was ein Modell ergibt, das dem zuvor besprochenen Noisy-OR-Modell sehr ähnlich ist.

13.2.4 Fallbeispiel: Autoversicherung

Ein Kfz-Versicherer erhält den Antrag einer Person auf Versicherung eines bestimmten Fahrzeugs und muss über die angemessene Jahresprämie entscheiden, und zwar auf Basis der erwarteten Schadensforderung des Antragstellers. Die Aufgabe besteht darin, ein Bayes'sches Netz zu erstellen, das die kausale Struktur der Domäne abbildet und eine genaue, gut kalibrierte Verteilung über die Ausgangsvariablen bei gegebener Evidenz aus dem Antragsformular bietet.[3] Das Bayes'sche Netz enthält **verborgene Variablen**, die weder zu den Eingangs- noch Ausgangsvariablen zählen, aber für die Strukturierung des Netzes wichtig sind, damit die Anzahl der Parameter überschaubar bleibt und das Netz einigermaßen übersichtlich ist. Die verborgenen Variablen sind in ► Abbildung 13.9 braun schattiert.

Es gibt drei Arten von auszuzahlenden Gewährleistungsansprüchen (in ► Abbildung 13.9 fliederfarben schattiert): *MedizinischeKosten* für alle Verletzungen, die der Antragsteller erlitten hat; *Haftungskosten* für Klagen anderer Parteien gegen den Antragsteller und das Unternehmen; und die *Eigentumskosten* für Schäden an den Fahrzeugen beider Parteien sowie für Fahrzeugverlust durch Diebstahl. Das Antragsformular fragt nach den folgenden Eingabeinformationen (die hellblauen Knoten in ► Abbildung 13.9):

- Über den Antragsteller: *Alter*; *JahreFührerschein* – wie lange der Antragsteller bereits den Führerschein besitzt (Erstausstellung); *Verkehrsstrafen* – eine Zusammenfassung der letzten Unfälle und Verkehrsverstöße, vielleicht basierend auf „Punkten"; und (für Studenten) ein *GuterStudent*-Indikator für einen Notendurchschnitt von 3,0 (B) auf einer 4-Punkte-Skala.
- Über das Fahrzeug: *MarkeModell* und *Baujahr*; ob es einen *Airbag* hat; und eine Zusammenfassung der *Sicherheitsmerkmale* wie Antiblockiersystem und Auffahrwarnung.
- Über die Fahrsituation: die jährlich gefahrene *Kilometerleistung* und ob das Fahrzeug gesichert in einer *Garage* steht oder nicht.

Jetzt müssen wir darüber nachdenken, wie wir diese Informationen in eine kausale Struktur bringen können. Die wichtigsten verborgenen Variablen geben an, ob im nächsten Zeitraum ein *Diebstahl* oder ein *Unfall* eintreten wird oder nicht. Offensichtlich kann man vom Antrag-

3 Das in ► Abbildung 13.9 gezeigte Netz wird nicht tatsächlich verwendet, aber seine Struktur wurde von Versicherungsexperten überprüft. In der Praxis variieren die auf den Antragsformularen abgefragten Informationen je nach Unternehmen und Rechtsprechung – einige fragen beispielsweise nach dem *Geschlecht* – und das Modell könnte sicherlich noch detaillierter und ausgefeilter gestaltet werden.

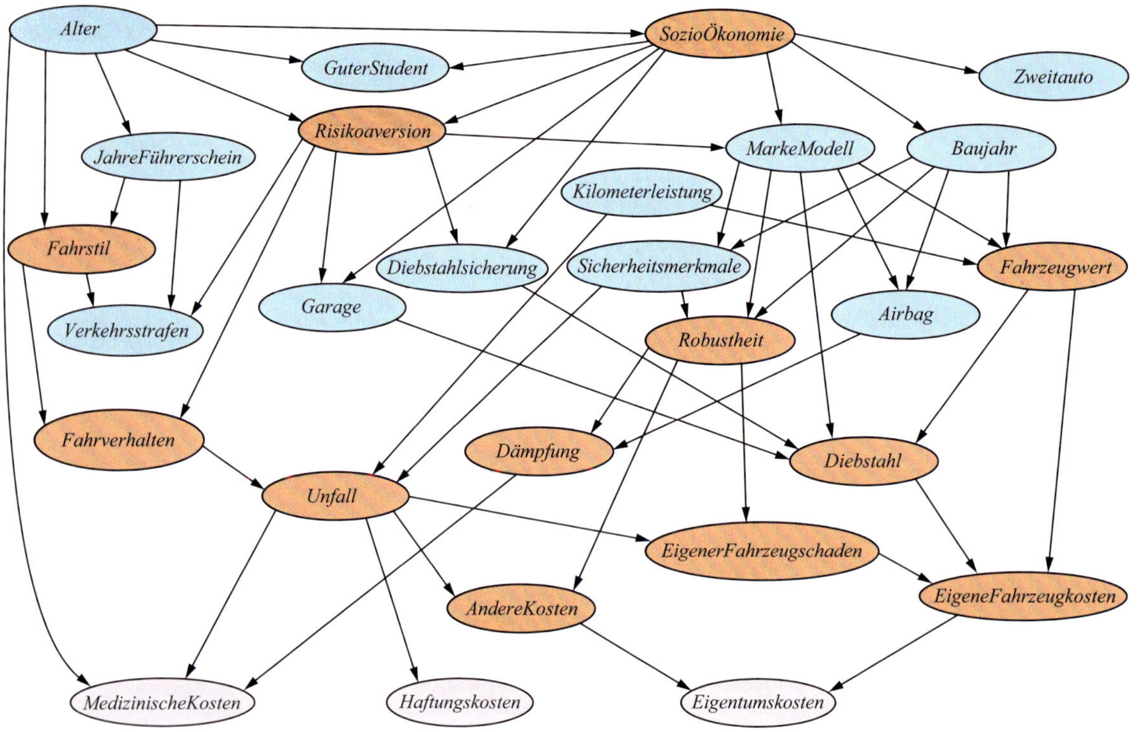

Abbildung 13.9: Ein Bayes'sches Netz zur Auswertung von Kfz-Versicherungsanträgen.

steller nicht verlangen, diese vorherzusagen; sie müssen aus den verfügbaren Informationen und den bisherigen Erfahrungen des Versicherers abgeleitet werden.

Was sind die kausalen Faktoren, die zu *Diebstahl* führen? *MarkeModell* ist sicherlich wichtig – einige Modelle werden viel häufiger gestohlen als andere, da es einen lukrativen Wiederverkaufsmarkt für Fahrzeuge und Fahrzeugteile gibt; der *Fahrzeugwert* spielt ebenfalls eine Rolle, da ein altes, ramponiertes Fahrzeug oder ein Fahrzeug mit hoher Kilometerleistung einen geringeren Wiederverkaufswert hat. Außerdem spielt der Stellplatz eine Rolle, da ein Fahrzeug, das in einer *Garage* steht und mit einer *Diebstahlsicherung* ausgestattet ist, schwerer zu stehlen ist. Die verborgene Variable *Fahrzeugwert* hängt wiederum von *MarkeModell*, *Baujahr* und *Kilometerleistung* ab. *Fahrzeugwert* bestimmt auch die Höhe des Verlusts bei einem *Diebstahl*, ist also einer der beitragenden Faktoren zu *EigeneFahrzeugkosten* (der andere lautet Unfälle, zu denen wir gleich kommen werden).

In Modellen dieser Art ist es üblich, eine weitere verborgene Variable einzuführen, *SozioÖkonomie* – die sozioökonomische Kategorie des Antragstellers. Diese hat wahrscheinlich Einfluss auf eine Vielzahl von Verhaltensweisen und Eigenschaften. In unserem Modell gibt es keine *direkte* Evidenz in Form von beobachteten Einkommens- und Beschäftigungsvariablen;[4] aber *SozioÖkonomie* beeinflusst *MarkeModell* und *Baujahr*; es beeinflusst auch *Zweitauto* und *GuterStudent* und hängt in gewissem Maße auch vom *Alter* ab.

4 Einige Versicherungsgesellschaften erfassen zur genaueren Risikobewertung auch die Bonität des Antragstellers; dies liefert erheblich mehr Informationen über die sozioökonomische Kategorie. Bei der Verwendung von verborgenen Variablen dieser Art muss man darauf achten, dass sie nicht versehentlich zu Stellvertretern für Variablen wie ethnische Zugehörigkeit werden, die bei Versicherungsentscheidungen nicht herangezogen werden dürfen. Techniken zur Vermeidung von Vorurteilen dieser Art werden in Kapitel 19 beschrieben.

Für jede Versicherungsgesellschaft ist die vielleicht wichtigste verborgene Variable die *Risikoaversion*: Menschen, die risikoscheu sind, sind gute Versicherungsrisiken! *Alter* und *SozioÖkonomie* wirken sich auf die *Risikoaversion* aus und zu ihren „Symptomen" gehört die Entscheidung des Antragstellers für eine *Garage* sowie *Diebstahlsicherung* und *Sicherheitsmerkmale*.

Der Schlüssel zur Vorhersage zukünftiger Unfälle ist das zukünftige *Fahrverhalten* des Antragstellers, das sowohl von *Risikoaversion* als auch von *Fahrstil* beeinflusst wird; Letzteres hängt wiederum von *Alter* und *JahreFührerschein* ab. Das bisherige Fahrverhalten des Antragstellers spiegelt sich in der Variable *Verkehrsstrafen* wider, die ebenfalls von *Risikoaversion* und *Fahrstil* sowie von *JahreFührerschein* abhängt (weil jemand, der erst seit Kurzem Auto fährt, vielleicht noch keine Zeit hatte, eine lange Liste von Unfällen und Verstößen anzuhäufen). Auf diese Weise liefert *Verkehrsstrafen* Hinweise auf *Risikoaversion* und *Fahrstil*, was wiederum zur Vorhersage des zukünftigen *Fahrverhalten* beitragen kann.

Wir können uns das *Fahrverhalten* als eine kilometerabhängige Tendenz zu unfallträchtigem Fahren vorstellen. Ob sich aber in einem festgelegten Zeitraum tatsächlich ein *Unfall* ereignet, hängt auch von der jährlichen *Kilometerleistung* und von den *Sicherheitsmerkmalen* des Fahrzeugs ab. Wenn sich ein *Unfall* ereignet, entstehen drei Arten von Kosten: *MedizinischeKosten* für den Antragsteller hängen vom *Alter* und der *Dämpfung* ab, die wiederum von der *Robustheit* des Fahrzeugs abhängt und davon, ob es einen *Airbag* hat; die *Haftungskosten* (medizinische Kosten, Schmerzensgeld, Einkommensausfall usw.) für den anderen Fahrer; und die *Eigentumskosten* für den Antragsteller und den anderen Fahrer, die beide (auf unterschiedliche Weise) von der *Robustheit* des Fahrzeugs und vom *Fahrzeugwert* des Antragstellers abhängen.

Wir haben die Art des Schlussfolgerns veranschaulicht, die bei der Entwicklung der Topologie und der verborgenen Variablen in einem Bayes'schen Netz erforderlich ist. Zusätzlich müssen wir die Bereiche und die bedingten Verteilungen für jede Variable angeben. Bei den Bereichen ist die primäre Entscheidung oft, ob die Variable diskret oder stetig sein soll. Die *Robustheit* des Fahrzeugs könnte z. B. eine stetige Variable zwischen 0 und 1 oder eine diskrete Variable mit dem Bereich {*Blechbüchse*, *Normal*, *Gepanzert*} sein.

Stetige Variablen bieten mehr Präzision, machen aber eine exakte Inferenz unmöglich, außer in einigen Ausnahmefällen. Eine diskrete Variable mit vielen möglichen Werten kann das Ausfüllen der entsprechend großen bedingten Wahrscheinlichkeitstabellen erschweren und macht die exakte Ableitung teurer, es sei denn, der Wert der Variablen wird immer beobachtet. Zum Beispiel hätte *MarkeModell* in einem realen System Tausende von möglichen Werten und sein Kindknoten *Fahrzeugwert* eine riesige BWT, die aus branchenspezifischen Datenbanken gefüllt werden müsste; da aber *MarkeModell* immer beobachtet wird, trägt dies nicht zur Komplexität der Inferenz bei: Tatsächlich lassen die beobachteten Werte für die drei Elternknoten genau eine relevante Zeile der BWT für *Fahrzeugwert* zu.

Die bedingten Verteilungen im Modell finden Sie im Code-Repository zum Buch. Unsere Version weist nur diskrete Variablen auf, für die eine exakte Inferenz durchgeführt werden kann. In der Praxis wären wahrscheinlich viele der Variablen stetig und die bedingten Verteilungen müsste man aus historischen Daten über Antragsteller und ihre Versicherungsansprüche lernen. Wie man Bayes'sche Netzmodelle aus Daten lernt, sehen wir in Kapitel 20.

Die letzte Frage ist natürlich, wie man in einem Netz Inferenzen durchführt, um Vorhersagen zu treffen. Dieser Frage wollen wir uns im Folgenden zuwenden. Jede Inferenzmethode, die wir beschreiben, werden wir auf dem Versicherungsnetz evaluieren, um die Zeit- und Speicherplatzanforderungen der Methode zu messen.

13.3 Exakte Inferenz in Bayes'schen Netzen

Die grundlegende Aufgabe eines jeden probabilistischen Inferenzsystems besteht darin, die A-posteriori-Wahrscheinlichkeitsverteilung für eine Menge von **Abfragevariablen** zu berechnen, wenn ein beobachtetes **Ereignis** vorliegt – in der Regel eine Zuweisung von Werten zu einer Menge von **Evidenzvariablen**.[5] Um die Darstellung zu vereinfachen, betrachten wir nur eine Abfragevariable. Die Algorithmen lassen sich leicht auf Abfragen mit mehreren Variablen erweitern. (Zum Beispiel können wir die Abfrage $\mathbf{P}(U, V \mid \mathbf{e})$ lösen, indem wir $\mathbf{P}(V \mid \mathbf{e})$ und $\mathbf{P}(U \mid V, \mathbf{e})$ multiplizieren.) Wir verwenden die Notation aus Kapitel 12: X bezeichnet die Abfragevariable; $\mathbf{E}$ bezeichnet die Menge der Evidenzvariablen $E_1, \ldots, E_m$ und $\mathbf{e}$ ist ein bestimmtes beobachtetes Ereignis; $\mathbf{Y}$ bezeichnet die verborgenen (Nichtevidenz-, Nichtabfrage-)Variablen $Y_1, \ldots, Y_\ell$. Die vollständige Menge der Variablen ist also $\{X\} \cup \mathbf{E} \cup \mathbf{Y}$. Eine typische Abfrage fragt nach der A-posteriori-Wahrscheinlichkeitsverteilung $\mathbf{P}(X \mid \mathbf{e})$.

Angenommen, wir beobachten in unserem Einbruchsnetz ein Ereignis, bei dem $JohnRuftAn = wahr$ und $MaryRuftAn = wahr$ ist. Wir könnten dann beispielsweise nach der Wahrscheinlichkeit fragen, dass ein Einbruch stattgefunden hat:

$$\mathbf{P}(Einbruch \mid JohnRuftAn = wahr, MaryRuftAn = wahr) = \langle 0{,}284;\ 0{,}716 \rangle$$

In diesem Abschnitt widmen wir uns den exakten Algorithmen zur Berechnung von A-posteriori-Wahrscheinlichkeiten sowie der Komplexität dieser Aufgabe. Es zeigt sich, dass der allgemeine Fall nicht effizient machbar ist, daher behandelt Abschnitt 13.4 Methoden zur approximativen Inferenz.

13.3.1 Inferenz durch Aufzählung

In Kapitel 12 wurde erklärt, dass jede bedingte Wahrscheinlichkeit berechnet werden kann, indem man die Terme aus der vollständigen gemeinsamen Verteilung summiert. Genauer gesagt, kann eine Abfrage $\mathbf{P}(X \mid \mathbf{e})$ mithilfe von Gleichung (12.9) beantwortet werden, die wir hier der Einfachheit halber wiederholen:

$$\mathbf{P}(X \mid \mathbf{e}) = \alpha\, \mathbf{P}(X, \mathbf{e}) = \alpha \sum_{\mathbf{y}} \mathbf{P}(X, \mathbf{e}, \mathbf{y})$$

Ein Bayes'sches Netz bietet eine vollständige Repräsentation der vollständigen gemeinsamen Verteilung. Genauer gesagt zeigt Gleichung (13.2) auf S. 475, dass die Terme $P(x, \mathbf{e}, \mathbf{y})$ in der gemeinsamen Verteilung als Produkte der bedingten Wahrscheinlichkeiten im Netz geschrieben werden können. Daher *kann eine Abfrage mithilfe eines Bayes'schen Netzes beantwortet werden, indem die Produkte der bedingten Wahrscheinlichkeiten im Netz summiert werden.*

Betrachten wir die Abfrage $\mathbf{P}(Einbruch \mid JohnRuftAn = wahr, MaryRuftAn = wahr)$. Die verborgenen Variablen für diese Abfrage sind *Erdbeben* und *Alarm*. Aus Gleichung (12.9) ergibt sich:

$$\mathbf{P}(B \mid j, m) = \alpha\, \mathbf{P}(B, j, m) = \alpha \sum_{e} \sum_{a} \mathbf{P}(B, j, m, e, a)$$

(um den Ausdruck abzukürzen, verwenden wir nur die Anfangsbuchstaben der Variablen, B steht wieder für *burglary*). Die Semantik von Bayes'schen Netzen (Gleichung (13.2)) liefert uns dann einen Ausdruck in Form von BWT-Einträgen. Der Einfachheit halber machen wir dies nur für $Einbruch = wahr$:

$$P(b \mid j, m) = \alpha \sum_{e} \sum_{a} P(b)P(e)P(a \mid b, e)P(j \mid a)P(m \mid a) \qquad (13.4)$$

5 Eine weitere umfassend untersuchte Aufgabe ist das Finden der **wahrscheinlichsten Erklärung** für eine beobachtete Evidenz. Diese und andere Aufgaben werden in den Anmerkungen am Ende des Kapitels besprochen.

Um diesen Ausdruck zu berechnen, müssen wir vier Terme hinzufügen, die jeweils durch Multiplikation von fünf Zahlen berechnet werden. Im schlimmsten Fall, wenn wir fast alle Variablen aussummieren müssen, gibt es $O(2^n)$ Terme in der Summe, die jeweils ein Produkt von $O(n)$ Wahrscheinlichkeitswerten sind. Eine naive Implementierung hätte also die Komplexität $O(n2^n)$.

Dies kann auf $O(2^n)$ reduziert werden, indem man die verschachtelte Struktur der Berechnung ausnutzt. Symbolisch ausgedrückt bedeutet dies, dass die Summierungen in Ausdrücken wie Gleichung (13.4) so weit wie möglich nach innen verschoben werden. Dies ist möglich, da nicht alle Faktoren im Produkt der Wahrscheinlichkeiten von allen Variablen abhängen. Wir erhalten also:

$$P(b \mid j, m) = \alpha\, P(b) \sum_e P(e) \sum_a P(a \mid b, e) P(j \mid a) P(m \mid a) \tag{13.5}$$

Dieser Ausdruck lässt sich auswerten, indem man die Variablen in einer Schleife der Reihe nach durchläuft und dabei die BWT-Einträge multipliziert. Für jede Summierung müssen wir aber auch die möglichen Werte der Variablen in einer Schleife durchlaufen. Die Struktur dieser Berechnung ist in ► Abbildung 13.10 als Baum dargestellt. Unter Verwendung der Zahlen aus ► Abbildung 13.2 erhalten wir $P(b \mid j, m) = \alpha \times 0{,}00059224$. Die entsprechende Berechnung für $\neg b$ ergibt $\alpha \times 0{,}0014919$, das heißt:

$$\mathbf{P}(B \mid j, m) = \alpha \,\langle 0{,}00059224;\, 0{,}0014919 \rangle \approx \langle 0{,}284;\, 0{,}716 \rangle$$

Das heißt, wenn beide Nachbarn anrufen, liegt die Wahrscheinlichkeit eines Einbruchs bei ungefähr 28 %.

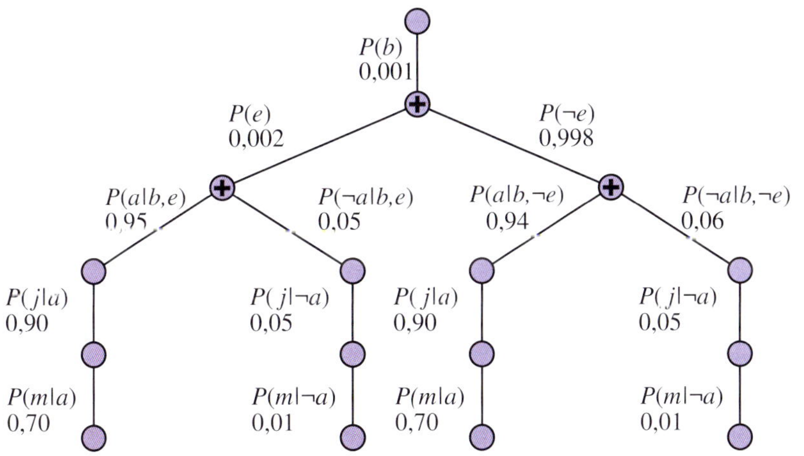

Abbildung 13.10: Die Struktur des Ausdrucks in Gleichung 13.5. Die Auswertung erfolgt von oben nach unten, wobei die Werte entlang jedes Pfads multipliziert und an den „+"-Knoten summiert werden. Beachten Sie die Wiederholung der Pfade für *j* und *m*.

Der Algorithmus ENUMERATION-ASK in ► Abbildung 13.11 wertet diese Ausdrucksbäume mittels einer rekursiven Tiefensuche aus, die von links nach rechts vorgeht. Der Algorithmus ist in seiner Struktur dem Backtracking-Algorithmus zum Lösen von CSPs (► Abbildung 6.5) und dem DPLL-Algorithmus für Erfüllbarkeitsprobleme (► Abbildung 7.17) sehr ähnlich. Seine Speicherplatzkomplexität ist nur linear zur Anzahl der Variablen: Der Algorithmus summiert über die vollständige gemeinsame Verteilung, ohne sie jemals explizit zu erstellen. Leider ist seine Zeitkomplexität für ein Netz mit n booleschen Variablen (ohne die

```
function ENUMERATION-ASK(X, e, bn) returns eine Verteilung über X
  inputs: X, die Abfragevariable
          e, beobachtete Werte für die Variablen E
          bn, ein Bayes'sches Netz mit den Variablen vars

  Q(X) ← eine Verteilung über X, anfangs leer
  for each Wert x_i von X do
     Q(x_i) ← ENUMERATE-ALL(vars, e_{x_i})
        wobei e_{x_i} gleich e erweitert mit X = x_i ist
  return NORMALIZE(Q(X))

function ENUMERATE-ALL(vars, e) returns eine reelle Zahl
  if EMPTY?(vars) then return 1,0
  V ← FIRST(vars)
  if V ist eine Evidenzvariable mit Wert v in e
     then return P(v | parents(V)) × ENUMERATE-ALL(REST(vars), e)
     else return ∑_v P(v | parents(V)) × ENUMERATE-ALL(REST(vars), e_v)
        wobei e_v gleich e erweitert mit V = v ist
```

Abbildung 13.11: Der Aufzählungsalgorithmus für exakte Inferenz in Bayes'schen Netzen.

Evidenzvariablen) immer $O(2^n)$ – dies ist zwar besser als die $O(n\,2^n)$ für den zuvor beschriebenen einfachen Ansatz, aber immer noch ziemlich schlecht. Für das Versicherungsnetz in ► Abbildung 13.9, das relativ klein ist, erfordert die exakte Inferenz durch Aufzählung etwa 227 Millionen arithmetische Operationen für eine typische Abfrage über die Kostenvariablen.

Bei genauem Betrachten des Baums in ► Abbildung 13.10 fällt auf, dass er *wiederholte Teilausdrücke* enthält. Die Produkte $P(j \mid a)P(m \mid a)$ und $P(j \mid \neg a)P(m \mid \neg a)$ werden zweimal berechnet, einmal für jeden Wert von E. Der Schlüssel zu einer effizienten Inferenz in Bayes'schen Netzen ist es, solche unnötigen Berechnungen zu vermeiden. Der nächste Abschnitt beschreibt eine allgemeine Methode, mit der sich dies erreichen lässt.

13.3.2 Der Algorithmus zur Variablenelimination

Der Aufzählungsalgorithmus lässt sich erheblich verbessern, wenn man sich wiederholende Berechnungen wie in ► Abbildung 13.10 eliminiert. Die Idee dabei ist ganz einfach: Man führt die Berechnung einmal aus und speichert dann die Ergebnisse für später. Dies ist eine Form der dynamischen Programmierung. Es gibt mehrere Versionen dieses Ansatzes. Wir stellen hier den einfachsten vor, den Algorithmus zur **Variablenelimination**. Bei der Variablenelimination werden Ausdrücke wie Gleichung (13.5) in der Reihenfolge von *rechts nach links* ausgewertet (d. h. in ► Abbildung 13.10 von *unten nach oben*). Zwischenergebnisse werden gespeichert und Summierungen über die einzelnen Variablen erfolgen nur für die Teile des Ausdrucks, die von der Variable abhängig sind.

Veranschaulichen wir diesen Vorgang für das Einbruchsnetz-Beispiel. Wir werten den folgenden Ausdruck aus:

$$\mathbf{P}(B \mid j, m) = \alpha \underbrace{\mathbf{P}(B)}_{\mathbf{f}_1(B)} \sum_e \underbrace{P(e)}_{\mathbf{f}_2(E)} \sum_a \underbrace{\mathbf{P}(a \mid B, e)}_{\mathbf{f}_3(A,B,E)} \underbrace{P(j \mid a)}_{\mathbf{f}_4(A)} \underbrace{P(m \mid a)}_{\mathbf{f}_5(A)}$$

Beachten Sie, dass wir jeden Teil des Ausdrucks mit dem Namen des entsprechenden **Faktors** annotiert haben, wobei jeder Faktor eine Matrix ist, indiziert durch die Werte ihrer Argumentvariablen. Zum Beispiel hängen die Faktoren $\mathbf{f}_4(A)$ und $\mathbf{f}_5(A)$, die den Teilen $P(j \mid a)$ und $P(m \mid a)$ entsprechen, nur von A ab, weil J und M durch die Abfrage festgelegt sind. Sie sind daher zweielementige Vektoren:

$$\mathbf{f}_4(A) = \begin{pmatrix} P(j \mid a) \\ P(j \mid \neg a) \end{pmatrix} = \begin{pmatrix} 0{,}90 \\ 0{,}05 \end{pmatrix} \qquad \mathbf{f}_5(A) = \begin{pmatrix} P(m \mid a) \\ P(m \mid \neg a) \end{pmatrix} = \begin{pmatrix} 0{,}70 \\ 0{,}01 \end{pmatrix}$$

$\mathbf{f}_3(A, B, E)$ ist eine 2×2×2-Matrix, die sich auf einer gedruckten Seite schwer darstellen lässt. (Das „erste" Element ist durch $P(a \mid b, e) = 0{,}95$ gegeben und das „letzte" durch $P(\neg a \mid \neg b, \neg e) = 0{,}999$.) Faktormäßig wird der Ausdruck der Abfrage geschrieben als

$$\mathbf{P}(B \mid j, m) = \alpha\, \mathbf{f}_1(B) \times \sum_e \mathbf{f}_2(E) \times \sum_a \mathbf{f}_3(A, B, E) \times \mathbf{f}_4(A) \times \mathbf{f}_5(A)\,,$$

wobei der ×-Operator keine gewöhnliche Matrixmultiplikation bezeichnet, sondern das **punktweise Produkt**, auf das wir gleich eingehen werden. Beim Auswertungsprozess werden die Variablen (von rechts nach links) aus den punktweisen Produkten der Faktoren aussummiert, um neue Faktoren zu erzeugen, die schließlich einen Faktor als Lösung liefern, d. h. die A-posteriori-Verteilung über die Abfragevariable. Dazu bedarf es der folgenden Schritte:

- Zunächst summieren wir A aus dem Produkt von $\mathbf{f}_3$, $\mathbf{f}_4$ und $\mathbf{f}_5$ aus. Dadurch erhalten wir einen neuen 2×2-Faktor $\mathbf{f}_6(B, E)$, dessen Indizes sich nur über B und E erstrecken:

  $$\begin{aligned} \mathbf{f}_6(B, E) &= \sum_a \mathbf{f}_3(A, B, E) \times \mathbf{f}_4(A) \times \mathbf{f}_5(A) \\ &= (\mathbf{f}_3(a, B, E) \times \mathbf{f}_4(a) \times \mathbf{f}_5(a)) + (\mathbf{f}_3(\neg a, B, E) \times \mathbf{f}_4(\neg a) \times \mathbf{f}_5(\neg a)) \end{aligned}$$

  Übrig bleibt der Ausdruck:

  $$\mathbf{P}(B \mid j, m) = \alpha\, \mathbf{f}_1(B) \times \sum_e \mathbf{f}_2(E) \times \mathbf{f}_6(B, E)$$

- Als Nächstes summieren wir E aus dem Produkt von $\mathbf{f}_2$ und $\mathbf{f}_6$ aus:

  $$\begin{aligned} \mathbf{f}_7(B) &= \sum_e \mathbf{f}_2(E) \times \mathbf{f}_6(B, E) \\ &= \mathbf{f}_2(e) \times \mathbf{f}_6(B, e) + \mathbf{f}_2(\neg e) \times \mathbf{f}_6(B, \neg e) \end{aligned}$$

  Dadurch erhalten wir den Ausdruck

  $$\mathbf{P}(B \mid j, m) = \alpha\, \mathbf{f}_1(B) \times \mathbf{f}_7(B)\,,$$

  der sich auswerten lässt, indem man das punktweise Produkt bildet und das Ergebnis normalisiert.

Ein genauer Blick auf diesen Ablauf zeigt, dass zwei grundlegende Rechenoperationen erforderlich sind: das punktweise Produkt eines Faktorenpaars und das Aussummieren einer Variablen aus einem Produkt von Faktoren. Der nächste Abschnitt beschreibt diese Operationen.

Operationen auf Faktoren

Das punktweise Produkt zweier Faktoren **f** und **g** ergibt einen neuen Faktor **h**, dessen Variablen die *Vereinigungsmenge* der Variablen in **f** und **g** sind und dessen Elemente durch das Produkt der entsprechenden Elemente in den beiden Faktoren gegeben sind. Angenommen, die beiden Faktoren haben die Variablen $Y_1, \ldots, Y_k$ gemeinsam. Dann haben wir:

$$\mathbf{f}(X_1 \ldots X_j, Y_1 \ldots Y_k) \times \mathbf{g}(Y_1 \ldots Y_k, Z_1 \ldots Z_\ell) = \mathbf{h}(X_1 \ldots X_j, Y_1 \ldots Y_k, Z_1 \ldots Z_\ell)$$

X	Y	f(X, Y)	Y	Z	g(Y, Z)	X	Y	Z	h(X, Y, Z)
w	w	0,3	w	w	0,2	w	w	w	$0{,}3 \times 0{,}2 = 0{,}06$
w	f	0,7	w	f	0,8	w	w	f	$0{,}3 \times 0{,}8 = 0{,}24$
f	w	0,9	f	w	0,6	w	f	w	$0{,}7 \times 0{,}6 = 0{,}42$
f	f	0,1	f	f	0,4	w	f	f	$0{,}7 \times 0{,}4 = 0{,}28$
						f	w	w	$0{,}9 \times 0{,}2 = 0{,}18$
						f	w	f	$0{,}9 \times 0{,}8 = 0{,}72$
						f	f	w	$0{,}1 \times 0{,}6 = 0{,}06$
						f	f	f	$0{,}1 \times 0{,}4 = 0{,}04$

Abbildung 13.12: Die punktweise Multiplikation: $\mathbf{f}(X, Y) \times \mathbf{g}(Y, Z) = \mathbf{h}(X, Y, Z)$.

Wenn alle Variablen binär sind, so verfügen **f** und **g** über 2^{j+k} bzw. $2^{k+\ell}$ Einträge und das punktweise Produkt über $2^{j+k+\ell}$ Einträge. Beispielsweise hat das punktweise Produkt $\mathbf{f} \times \mathbf{g} = \mathbf{h}(X, Y, Z)$ für die zwei Faktoren $\mathbf{f}(X, Y)$ und $\mathbf{g}(Y, Z)$, wie in ► Abbildung 13.12 gezeigt, $2^{1+1+1} = 8$ Einträge. Beachten Sie, dass der aus einem punktweisen Produkt resultierende Faktor mehr Variablen enthalten kann als irgendeiner der Faktoren, die in die Multiplikation eingehen, und dass die Größe eines Faktors exponentiell zur Anzahl der Variablen ist. Dies ist der Grund für die Platz- als auch Zeitkomplexität im Algorithmus zur Variablenelimination.

Eine Variable wird aus einem Produkt von Faktoren aussummiert, indem die Teilmatrizen addiert werden, die dadurch entstehen, dass die einzelnen Variablen nacheinander auf ihre Werte festgelegt werden. Um zum Beispiel X aus $\mathbf{h}(X, Y, Z)$ auszusummieren, schreiben wir:

$$\mathbf{h}_2(Y, Z) = \sum_x \mathbf{h}(X, Y, Z) = \mathbf{h}(x, Y, Z) + \mathbf{h}(\neg x, Y, Z)$$

$$= \begin{pmatrix} 0{,}06 & 0{,}24 \\ 0{,}42 & 0{,}28 \end{pmatrix} + \begin{pmatrix} 0{,}18 & 0{,}72 \\ 0{,}06 & 0{,}04 \end{pmatrix} = \begin{pmatrix} 0{,}24 & 0{,}96 \\ 0{,}48 & 0{,}32 \end{pmatrix}$$

Der einzige Trick besteht darin zu beachten, dass jeder Faktor, der *nicht* von der auszusummierenden Variablen abhängt, aus dem Summationsprozess herausgeschoben werden kann. Um z. B. X aus dem Produkt von **f** und **g** auszusummieren, können wir g aus der Summation herausziehen:

$$\sum_x \mathbf{f}(X, Y) \times \mathbf{g}(Y, Z) = \mathbf{g}(Y, Z) \times \sum_x \mathbf{f}(X, Y)$$

Dies ist potenziell viel effizienter, als zuerst das größere punktweise Produkt **h** zu berechnen und dann X auszusummieren.

Beachten Sie, dass Matrizen *erst dann* multipliziert werden, wenn wir eine Variable aus dem akkumulierten Produkt aussummieren müssen. Dabei werden nur die Matrizen multipliziert, die die auszusummierende Variable enthalten. Mit den Funktionen für das punktweise Produkt und das Aussummieren lässt sich der eigentliche Algorithmus zur Variablenelimination recht einfach formulieren (► Abbildung 13.13).

Reihenfolge und Relevanz der Variablen

Der Algorithmus in ► Abbildung 13.13 enthält eine nicht spezifizierte ORDER-Funktion, die es ermöglicht, eine Reihenfolge für die Variablen festzulegen. Jede gewählte Reihenfolge führt zu einem gültigen Algorithmus, wobei allerdings die unterschiedlichen Reihenfolgen dazu führen, dass während der Berechnung unterschiedliche Zwischenfaktoren erzeugt werden. In der

```
function ELIMINATION-ASK(X, e, bn) returns eine Verteilung über X
  inputs: X, die Abfragevariable
          e, beobachtete Werte für die Variablen E
          bn, ein Bayes'sches Netz mit den Variablen vars

  factors ← []
  for each V in ORDER(vars) do
     factors ← [MAKE-FACTOR(V, e)] + factors
     if V ist eine verborgene Variable then factors ← SUM-OUT(V, factors)
  return NORMALIZE(POINTWISE-PRODUCT(factors))
```

Abbildung 13.13: Der Algorithmus zur Variablenelimination für exakte Inferenz in Bayes'schen Netzen.

obigen Berechnung haben wir beispielsweise A vor E eliminiert; machen wir es andersherum, so lautet die Berechnung

$$\mathbf{P}(B \mid j, m) = \alpha\, \mathbf{f}_1(B) \times \sum_a \mathbf{f}_4(A) \times \mathbf{f}_5(A) \times \sum_e \mathbf{f}_2(E) \times \mathbf{f}_3(A, B, E)\,,$$

wobei der neue Faktor $\mathbf{f}_6(A, B)$ erzeugt wird.

Im Allgemeinen wird der Zeit- und Platzbedarf der Variablenelimination von der Größe des größten Faktors bestimmt, der bei der Abarbeitung des Algorithmus erzeugt wird. Ihr zugrunde liegt wiederum die Reihenfolge der Variablenelimination und die Struktur des Netzes. Es stellt sich heraus, dass es nicht effizient machbar ist, die optimale Reihenfolge zu bestimmen, auch wenn es mehrere gute Heuristiken gibt. Eine relativ effektive Methode ist eine „gierige" Methode: Eliminiere die Variable, die die Größe des nächsten zu erzeugenden Faktors minimiert.

Betrachten wir noch eine Abfrage: $\mathbf{P}(JohnRuftAn \mid Einbruch = wahr)$. Wie gehabt (siehe Gleichung (13.5)) geben wir zunächst die verschachtelte Summation an:

$$\mathbf{P}(J \mid b) = \alpha\, P(b) \sum_e P(e) \sum_a P(a \mid b, e) \mathbf{P}(J \mid a) \sum_m P(m \mid a)$$

Wenn wir diesen Ausdruck von rechts nach links auswerten, stellen wir etwas Interessantes fest: $\sum_m P(m \mid a)$ ist per Definition gleich 1! Die Variable M ist für diese Abfrage *irrelevant*, sodass wir uns das Einfügen eigentlich hätten sparen können. Anders ausgedrückt: Das Ergebnis der Abfrage $P(JohnRuftAn \mid Einbruch = wahr)$ ändert sich nicht, auch wenn wir *MaryRuftAn* aus dem Netz entfernen. Im Allgemeinen können wir jeden Blattknoten entfernen, der weder eine Abfragevariable noch eine Evidenzvariable ist. Nach ihrer Entfernung könnten sich weitere Blattknoten als irrelevant herauskristallisieren. Wenn man diesen Prozess fortsetzt, stellt man schließlich fest, dass *jede Variable, die kein Vorfahre einer Abfrage- oder Evidenzvariablen ist, für die Abfrage irrelevant ist.* Ein Algorithmus zur Variablenelimination kann daher alle diese Variablen entfernen, bevor die Abfrage ausgewertet wird.

Angewendet auf das in ► Abbildung 13.9 dargestellte Versicherungsnetz zeigt die Variablenelimination eine erhebliche Verbesserung gegenüber dem naiven Aufzählungsalgorithmus. Wird die topologische Sortierung für die Variablen umgekehrt, so ist die exakte Inferenz mit Eliminierung etwa 1.000-mal schneller als der Aufzählungsalgorithmus.

13.3.3 Die Komplexität der exakten Inferenz

Die Komplexität der exakten Inferenz in Bayes'schen Netzen hängt stark von der Struktur des Netzes ab. Das Einbruchsnetz aus ► Abbildung 13.2 gehört zur Familie der Netze, in denen es höchstens einen ungerichteten Pfad (d. h. ohne Berücksichtigung der Pfeilrichtung) zwischen zwei beliebigen Knoten im Netz gibt. Diese werden als **einfach verbundene** Netze oder

Polybäume bezeichnet und haben eine besonders schöne Eigenschaft: *Die Zeit- und Speicherplatzkomplexität der exakten Inferenz in Polybäumen ist linear zur Größe des Netzes.* In diesem Fall ist Größe als die Anzahl der BWT-Einträge definiert. Ist die Anzahl der Eltern jedes Knotens durch eine Konstante begrenzt, dann ist die Komplexität darüber hinaus linear zur Anzahl der Knoten. Diese Ergebnisse gelten für jede Sortierung, die mit der topologischen Sortierung des Netzes übereinstimmt (Übung 14.18 auf der Website).

Für **mehrfach verbundene** Netze, wie das Versicherungsnetz in ► Abbildung 13.9, kann die Variablenelimination im schlimmsten Fall eine exponentielle Zeit- und Speicherplatzkomplexität aufweisen, selbst wenn die Anzahl der Eltern pro Knoten begrenzt ist. Das ist nicht überraschend, wenn man bedenkt, dass *die Inferenz in Bayes'schen Netzen NP-schwer ist, weil sie die Inferenz in der Aussagenlogik als Spezialfall beinhaltet.* Um dies zu beweisen, müssen wir herausfinden, wie man ein aussagenlogisches Erfüllbarkeitsproblem als Bayes'sches Netz codiert, sodass das Durchführen von Inferenzen auf diesem Netz uns sagt, ob die ursprünglichen aussagenlogischen Sätze erfüllbar sind oder nicht. (Aus Sicht der Komplexitätstheorie **reduzieren** wir Erfüllbarkeitsprobleme auf Inferenzprobleme in Bayes'schen Netzen.) Dies erweist sich als recht einfach. ► Abbildung 13.14 zeigt, wie man ein bestimmtes 3-SAT-Problem codiert. Die aussagenlogischen Variablen werden zu Wurzelvariablen des Netzes, jede mit einer A-priori-Wahrscheinlichkeit von 0,5. Die nächste Knotenebene entspricht den Klauseln, wobei jede Klauselvariable C_j mit den entsprechenden Variablen als Eltern verbunden ist. Die bedingte Verteilung für eine Klauselvariable ist eine deterministische Disjunktion, im Bedarfsfall mit Negation, sodass jede Klauselvariable genau dann wahr ist, wenn die Zuweisung zu ihren Eltern diese Klausel erfüllt. Und schließlich ist S die Konjunktion der Klauselvariablen.

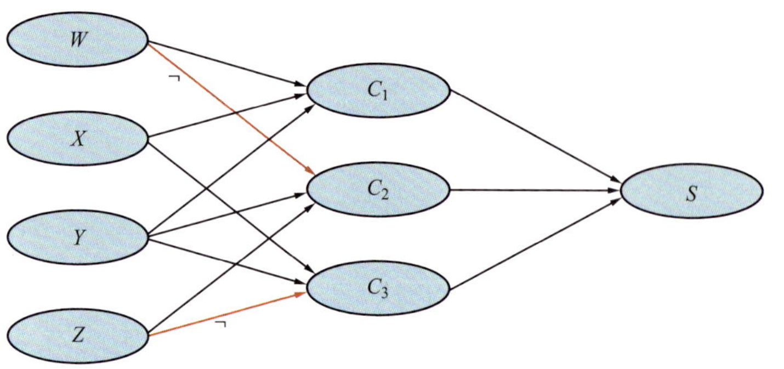

Abbildung 13.14: Codierung des 3-KNF-Satzes im Bayes'schen Netz: $(W \vee X \vee Y) \wedge (\neg W \vee Y \vee Z) \wedge (X \vee Y \vee \neg Z)$.

Um festzustellen, ob der ursprüngliche Satz *erfüllbar* ist, werten wir einfach $P(S = wahr)$ aus. Wenn der Satz erfüllbar ist, dann gibt es eine mögliche Zuweisung zu den logischen Variablen, die S *wahr* macht; im Bayes'schen Netz bedeutet dies, dass es eine mögliche Welt mit einer Wahrscheinlichkeit ungleich null gibt, in der die Wurzelvariablen diese Zuweisung haben, die Klauselvariablen *wahr* sind und S *wahr* ist. Daher ist $P(S = wahr) > 0$ für einen erfüllbaren Satz. Umgekehrt ist $P(S = wahr) = 0$ für einen nicht erfüllbaren Satz: Alle Welten mit $S = wahr$ haben die Wahrscheinlichkeit 0. Daher können wir 3-SAT-Probleme mittels Inferenz in Bayes'schen Netzen lösen. Daraus schließen wir, dass Inferenz in Bayes'schen Netzen NP-schwer ist.

Wir können sogar noch mehr tun. Beachten Sie, dass die Wahrscheinlichkeit jeder erfüllenden Zuweisung 2^{-n} ist für ein Problem mit n Variablen. Daher beträgt die *Anzahl* der erfüllenden Zuweisungen $P(S = wahr)/(2^{-n})$. Da die Berechnung der *Anzahl* der erfüllenden Zuweisungen für ein 3-SAT-Problem #P-vollständig („Sharp-P-vollständig") ist, bedeutet dies, dass die Inferenz im Bayes'schen Netz #P-schwer ist, d. h. streng schwerer als NP-vollständige Probleme.

Es besteht eine enge Verbindung zwischen der Komplexität der Inferenz in Bayes'schen Netzen und der Komplexität von Constraint-Satisfaction-Problemen (CSP). Wie wir in Kapitel 6 besprochen haben, hängt die Schwierigkeit, ein diskretes CSP zu lösen, damit zusammen, wie „baumähnlich" sein Constraint-Graph ist. Maße wie die **Baumbreite**, die die Komplexität beim Lösen eines CSP begrenzen, können auch direkt auf Bayes'sche Netze angewendet werden. Außerdem kann der Algorithmus zur Variablenelimination so verallgemeinert werden, dass er sowohl CSPs als auch Bayes'sche Netze löst.

So wie wir Erfüllbarkeitsprobleme auf Inferenz in Bayes'schen Netzen reduzieren können, können wir auch Inferenz in Bayes'schen Netzen auf Erfüllbarkeit reduzieren, was uns erlaubt, die mächtigen Strategien zu nutzen, die für das Lösen von SAT-Problemen entwickelt wurden (siehe Kapitel 7). In diesem Fall besteht die Reduzierung in einer besonderen Form des SAT-Lösens, die als **Weighted Model Counting** (**WMC**, gewichtete Modellzählung) bezeichnet wird. Die reguläre Modellzählung zählt die Anzahl der erfüllenden Zuweisungen für einen SAT-Ausdruck; WMC summiert das Gesamtgewicht dieser erfüllenden Zuweisungen – wobei in dieser Anwendung das Gewicht im Wesentlichen das Produkt der bedingten Wahrscheinlichkeiten für jede Variablenzuweisung ist, gegeben ihre Eltern. Inzwischen ist die Inferenz in Bayes'schen Netzen mittels WMC sogar mit anderen exakten Algorithmen auf Netzen mit großer Baumbreite konkurrenzfähig und manchmal sogar überlegen, was teilweise darauf zurückzuführen ist, dass die SAT-Solver-Technologie so gut für große Anwendungen optimiert wurde.

13.3.4 Clustering-Algorithmen

Der Algorithmus zur Variablenelimination ist einfach und effizient zur Beantwortung einzelner Abfragen. Wenn wir jedoch A-posteriori-Wahrscheinlichkeiten für alle Variablen in einem Netz berechnen wollen, ist seine Effizienz unter Umständen schlechter. In einem Polybaum-Netz müsste man z. B. $O(n)$ Abfragen bearbeiten, die jeweils $O(n)$ kosten, was eine Gesamtzeit von $O(n^2)$ ergibt. Mithilfe von **Clustering**-Algorithmen (auch bekannt als **Join-Tree-** oder **Verbindungsbaumalgorithmen**) lässt sich die Zeit auf $O(n)$ reduzieren, weshalb diese Algorithmen häufig in kommerziellen Tools für Bayes'sche Netze eingesetzt werden.

Die grundlegende Idee des Clustering ist, einzelne Knoten des Netzes zu Clusterknoten zu verbinden, sodass das resultierende Netz ein Polybaum ist. Zum Beispiel kann das in ► Abbildung 13.15 a gezeigte mehrfach verbundene Netz in einen Polybaum umgewandelt werden, indem man die Knoten *Sprinkler* und *Regen*, wie in ► Abbildung 13.15 b, zu dem Clusterknoten *Sprinkler+Regen* kombiniert. Die beiden booleschen Knoten werden durch einen **Megaknoten** ersetzt, der vier mögliche Werte annimmt: *ww*, *wf*, *fw* und *ff*. Der Megaknoten hat nur einen Elternknoten, die boolesche Variable *Bewölkt*; deshalb gibt es zwei Konditionierungsfälle. Obwohl im Beispiel nicht gezeigt, erzeugt der Prozess der Clusterbildung oft Megaknoten, die einige Variablen gemeinsam haben.

Sobald das Netz in Polybaum-Form vorliegt, ist ein spezieller Inferenzalgorithmus erforderlich, da gewöhnliche Inferenzmethoden keine Megaknoten verarbeiten können, die gemeinsame Variablen aufweisen. Im Wesentlichen handelt es sich bei dem Algorithmus um eine Form der Constraint-Propagation (siehe Kapitel 6), bei der die Constraints sicherstellen, dass benachbarte Megaknoten in der A-posteriori-Wahrscheinlichkeit jeder gemeinsamen Variable übereinstimmen. Bei sorgfältiger Buchführung ist dieser Algorithmus in der Lage, die A-posteriori-Wahrscheinlichkeiten für alle Nichtevidenzknoten im Netz in einer Zeit zu berechnen, die *linear* zur Größe des geclusterten Netzes ist. Dennoch hat sich nichts daran geändert, dass

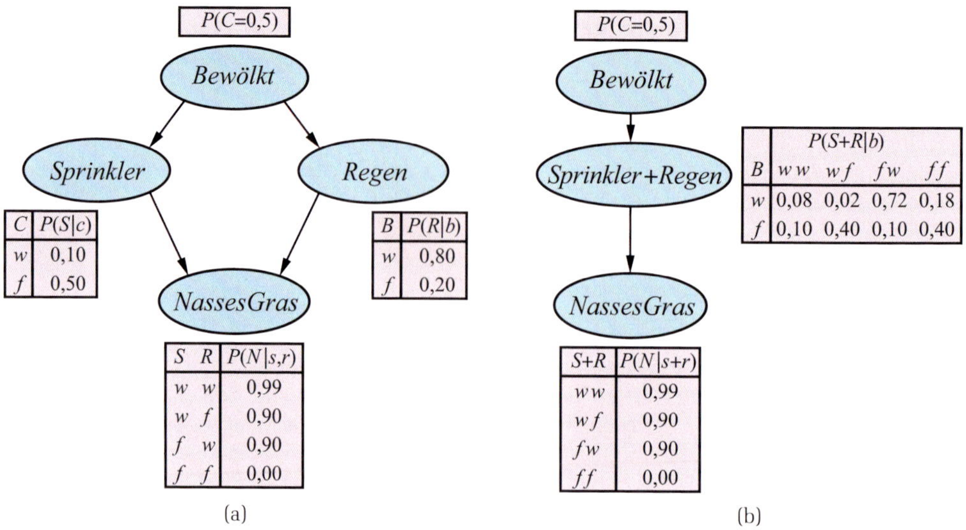

Abbildung 13.15: (a) Ein mehrfach verbundenes Netz, das Marys tägliche Rasenroutine beschreibt: Jeden Morgen prüft sie das Wetter; wenn es bewölkt ist, schaltet sie den Rasensprenger *Sprinkler* normalerweise nicht ein; ist der Rasensprenger an oder regnet es tagsüber, dann ist das Gras nass. Somit hat *Bewölkt* über zwei verschiedene Kausalpfade Einfluss auf *NassesGras*. (b) Ein geclustertes Äquivalent zu dem mehrfach verbundenen Netz.

das Problem weiterhin NP-schwer ist: Wenn Zeit- und Speicherbedarf eines Netzes bei Variablenelimination exponentiell wachsen, nimmt der Umfang der BWTs im geclusterten Netz zwangsläufig exponentiell zu.

13.4 Approximative Inferenz für Bayes'sche Netze

Da die exakte Inferenz in großen Netzen nicht effizient machbar ist, werden wir uns nun den approximativen Inferenzmethoden zuwenden. Dieser Abschnitt beschreibt Algorithmen für zufällig ausgewählte Stichproben (randomisiertes Sampling), auch **Monte-Carlo**-Algorithmen genannt, die approximative Antworten liefern, deren Genauigkeit von der Anzahl der erzeugten Stichproben abhängt. Ihre Aufgabe ist es, Zufallsereignisse basierend auf den Wahrscheinlichkeiten im Bayes'schen Netz zu erzeugen und die verschiedenen Antworten, die in diesen Zufallsereignissen gefunden werden, zusammenzuzählen. Mit genügend Stichproben können wir der tatsächlichen Wahrscheinlichkeitsverteilung beliebig nahe kommen – vorausgesetzt, das Bayes'sche Netz hat keine deterministischen bedingten Verteilungen.

Monte-Carlo-Algorithmen, wie das Simulated Annealing (S. 147), werden in vielen Wissenschaftszweigen genutzt, um Größen abzuschätzen, deren Berechnung schwierig ist. In diesem Abschnitt interessieren wir uns für das Sampling bei der Berechnung von A-posteriori-Wahrscheinlichkeiten in Bayes'schen Netzen. Wir beschreiben zwei Familien von Algorithmen: Direct-Sampling und Markov-Ketten-Sampling. Weitere Ansätze für die approximative Inferenz werden in den Anmerkungen am Ende des Kapitels kurz angesprochen.

13.4.1 Direct-Sampling-Methoden

Die elementare Komponente in jedem Sampling-Algorithmus ist die Erzeugung von Stichproben aus einer bekannten Wahrscheinlichkeitsverteilung. Zum Beispiel kann man sich eine perfekte Münze als eine Zufallsvariable *Münze* mit den Werten ⟨*Kopf*, *Zahl*⟩ und einer A-priori-Verteilung $\mathbf{P}(\mathit{Münze}) = \langle 0{,}5;\ 0{,}5\rangle$ vorstellen. Das Sampling aus dieser Verteilung ist genau so, als würde man eine Münze werfen: Mit jeweils einer Wahrscheinlichkeit von 0,5 gibt sie entweder *Kopf* oder *Zahl* zurück. Für eine Quelle von Zufallszahlen r, die im Bereich $[0, 1]$ gleichverteilt sind, ist es ganz einfach, eine Stichprobe aus einer beliebigen Verteilung einer einzelnen Variablen zu ziehen, egal ob diskret oder stetig. Dazu wird die kumulative Verteilung für die Variable konstruiert und der erste Wert zurückgegeben, dessen kumulative Wahrscheinlichkeit den Wert von r überschreitet (siehe Übung 14.20 auf der Website).

Wir beginnen mit einem zufälligen Sampling-Prozess für ein Bayes'sches Netz, dem keine Evidenz zugeordnet ist. Die Idee ist, die Variablen nacheinander in topologischer Sortierung zu sampeln. Die Wahrscheinlichkeitsverteilung, aus der der Wert gesampelt wird, ist auf die Werte konditioniert, die den Elternknoten der Variablen bereits zugewiesen wurden. (Da das Sampling in topologischer Sortierung erfolgt, ist gewährleistet, dass die Eltern bereits Werte haben). Dieser Algorithmus ist in ► Abbildung 13.16 dargestellt. Wendet man ihn auf das Netz in ► Abbildung 13.15 a mit der Reihenfolge *Bewölkt*, *Sprinkler*, *Regen*, *NassesGras* an, könnten wir das folgende zufällige Ereignis erzeugen:

1. Stichprobe aus $\mathbf{P}(\mathit{Bewölkt}) = \langle 0{,}5;\ 0{,}5\rangle$, Wert ist *wahr*.
2. Stichprobe aus $\mathbf{P}(\mathit{Sprinkler} \mid \mathit{Bewölkt} = \mathit{wahr}) = \langle 0{,}1;\ 0{,}9\rangle$, Wert ist *falsch*.
3. Stichprobe aus $\mathbf{P}(\mathit{Regen} \mid \mathit{Bewölkt} = \mathit{wahr}) = \langle 0{,}8;\ 0{,}2\rangle$, Wert ist *wahr*.
4. Stichprobe aus $\mathbf{P}(\mathit{NassesGras} \mid \mathit{Sprinkler} = \mathit{falsch}, \mathit{Regen} = \mathit{wahr}) = \langle 0{,}9;\ 0{,}1\rangle$, Wert ist *wahr*.

In diesem Fall liefert PRIOR-SAMPLE das Ereignis [*wahr*, *falsch*, *wahr*, *wahr*] zurück.

```
function PRIOR-SAMPLE(bn) returns ein Ereignis, das aus der A-priori-Wahrscheinlichkeit
                                  gesampelt wurde, spezifiziert durch bn
   inputs: bn, ein Bayes'sches Netz, das die gemeinsame Verteilung P(X1, ..., Xn) spezifiziert

   x ← ein Ereignis mit n Elementen
   for each Variable Xi in X1, ..., Xn do
      x[i] ← eine zufällige Stichprobe aus P(Xi | parents(Xi))
   return x
```

Abbildung 13.16: Ein Sampling-Algorithmus, der Ereignisse aus einem Bayes'schen Netz erzeugt. Jede Variable wird gemäß der bedingten Verteilung gesampelt, die sich aus den bereits gesampelten Werten für die Eltern der Variable ergibt.

Es ist leicht zu erkennen, dass PRIOR-SAMPLE Stichproben aus der gemeinsamen A-priori-Verteilung erzeugt, die durch das Netz spezifiziert wird. Es sei zunächst $S_{PS}(x_1, \ldots, x_n)$ die Wahrscheinlichkeit, dass Algorithmus PRIOR-SAMPLE ein bestimmtes Ereignis erzeugt. Wenn wir nur den Sampling-Prozess betrachten, haben wir

$$S_{PS}(x_1 \ldots x_n) = \prod_{i=1}^{n} P(x_i \mid \mathit{eltern}(X_i)) ,$$

weil jeder Sampling-Schritt nur von den Elternwerten abhängig ist. Dieser Ausdruck sollte Ihnen bekannt vorkommen, denn er entspricht auch der Wahrscheinlichkeit des Ereignisses gemäß der Repräsentation der gemeinsamen Verteilung im Bayes'schen Netz, wie in Gleichung (13.2) angegeben. Wir haben also:

$$S_{PS}(x_1 \ldots x_n) = P(x_1 \ldots x_n)$$

Diese einfache Tatsache macht es ganz leicht, Fragen mithilfe von Stichproben zu beantworten.

In jedem Sampling-Algorithmus werden die Antworten durch Zählen der tatsächlich erzeugten Stichproben berechnet. Angenommen, es gibt insgesamt N Stichproben, die durch den PRIOR-SAMPLE-Algorithmus erzeugt werden, und $N_{PS}(x_1, \ldots, x_n)$ sei die Anzahl, wie oft das spezifische Ereignis $x_1, \ldots, x_n$ in der Menge der Stichproben auftritt. Wir erwarten, dass diese Anzahl – als Bruchteil der Gesamtzahl – im Grenzwert gemäß der folgenden Stichprobenwahrscheinlichkeit gegen den erwarteten Wert konvergiert:

$$\lim_{N\to\infty} \frac{N_{PS}(x_1, \ldots, x_n)}{N} = S_{PS}(x_1, \ldots, x_n) = P(x_1, \ldots, x_n) \tag{13.6}$$

Betrachten Sie zum Beispiel das zuvor erzeugte Ereignis: [*wahr*, *falsch*, *wahr*, *wahr*]. Die Stichprobenwahrscheinlichkeit für dieses Ereignis ist:

$$S_{PS}(wahr, falsch, wahr, wahr) = 0{,}5 \times 0{,}9 \times 0{,}8 \times 0{,}9 = 0{,}324$$

Daher erwarten wir im Grenzwert von großem N, dass 32,4 % aller Stichproben diesem Ereignis entsprechen.

Wann immer wir im Folgenden eine ungefähre Gleichheit ($\approx$) verwenden, verstehen wir sie in genau diesem Sinne – dass die geschätzte Wahrscheinlichkeit im Grenzwert großer Stichproben genau wird. Eine solche Schätzung wird als **konsistent** bezeichnet. Man kann beispielsweise wie folgt eine konsistente Schätzung der Wahrscheinlichkeit eines beliebigen, teilweise spezifizierten Ereignisses $x_1, \ldots, x_m$ für $m \leq n$ erzeugen:

$$P(x_1, \ldots, x_m) \approx N_{PS}(x_1, \ldots, x_m)/N \tag{13.7}$$

Die Wahrscheinlichkeit des Ereignisses kann also als Bruchteil aller vollständigen Ereignisse geschätzt werden, die der Sampling-Prozess erzeugt und die mit dem teilweise spezifizierten Ereignis übereinstimmen. Wir verwenden $\hat{P}$, um auszudrücken, dass es sich um eine geschätzte Wahrscheinlichkeit handelt. Wenn wir beispielsweise 1.000 Stichproben aus dem Rasensprengernetz erzeugen und für 511 davon $Regen = wahr$ gilt, dann ist die geschätzte Wahrscheinlichkeit für Regen $\hat{P}(Regen = wahr) = 0{,}511$.

Rejection-Sampling in Bayes'schen Netzen

Rejection-Sampling ist ein allgemeines Verfahren, um Stichproben aus schwer zu sampelnden Verteilungen zu ziehen, falls es eine leicht zu sampelnde Verteilung gibt. In seiner einfachsten Form kann es verwendet werden, um bedingte Wahrscheinlichkeiten zu berechnen, d. h., um $P(X \mid \mathbf{e})$ zu bestimmen. Der Algorithmus REJECTION-SAMPLING ist in ► Abbildung 13.17 dargestellt. Zuerst erzeugt er Stichproben aus der A-priori-Verteilung, die durch das Netz spezifiziert wird. Dann verwirft er alle, die nicht mit der Evidenz übereinstimmen. Schließlich wird die Schätzung $\hat{P}(X = x \mid \mathbf{e})$ ermittelt, indem gezählt wird, wie oft $X = x$ in den restlichen Stichproben enthalten ist.

Sei $\hat{\mathbf{P}}(X \mid \mathbf{e})$ die geschätzte Verteilung, die der Algorithmus zurückgibt; diese Verteilung wird berechnet durch Normalisieren von $\mathbf{N}_{PS}(X, \mathbf{e})$ – dem Vektor der Stichprobenanzahl für jeden Wert von X, bei dem die Stichprobe mit der Evidenz $\mathbf{e}$ übereinstimmt:

$$\hat{\mathbf{P}}(X \mid \mathbf{e}) = \alpha\, \mathbf{N}_{PS}(X, \mathbf{e}) = \frac{\mathbf{N}_{PS}(X, \mathbf{e})}{N_{PS}(\mathbf{e})}$$

Aus Gleichung (13.7) wird dies zu:

$$\hat{\mathbf{P}}(X \mid \mathbf{e}) \approx \frac{\mathbf{P}(X, \mathbf{e})}{P(\mathbf{e})} = \mathbf{P}(X \mid \mathbf{e})$$

Das bedeutet, Rejection-Sampling erzeugt eine konsistente Schätzung der tatsächlichen Wahrscheinlichkeit.

```
function REJECTION-SAMPLING(X, e, bn, N) returns eine Schätzung von P(X | e)
  inputs: X, die Abfragevariable
          e, beobachtete Werte für die Variablen E
          bn, ein Bayes'sches Netz
          N, die Gesamtzahl der zu generierenden Stichproben
  local variables: C, ein Vektor von Zählergebnissen für jeden Wert von X, anangs null

  for j = 1 to N do
     x ← PRIOR-SAMPLE(bn)
     if x ist konsistent mit e then
        C[j] ← C[j]+1 wobei x_j der Wert von X in x ist
  return NORMALIZE(C)
```

Abbildung 13.17: Der Rejection-Sampling-Algorithmus zur Beantwortung von Abfragen bei gegebener Evidenz in einem Bayes'schen Netz.

Führen wir unser Beispiel aus ► Abbildung 13.15 a fort und nehmen an, dass wir $\mathbf{P}(Regen \mid Sprinkler = wahr)$ anhand von 100 Stichproben schätzen möchten. Von den 100 erzeugten Stichproben sollen 73 $Sprinkler = falsch$ haben und verworfen werden, während 27 $Sprinkler = wahr$ haben; von den 27 haben 8 $Regen = wahr$ und 19 haben $Regen = falsch$. Daraus folgt:

$$\mathbf{P}(Regen \mid Sprinkler = wahr) \approx \text{NORMALIZE}(\langle 8; 19 \rangle) = \langle 0{,}296; 0{,}704 \rangle$$

Die korrekte Antwort lautet $\langle 0{,}3; 0{,}7 \rangle$. Je mehr Stichproben gesammelt werden, desto mehr konvergiert die Schätzung gegen diese korrekte Antwort. Die Standardabweichung des Fehlers in jeder Wahrscheinlichkeit ist proportional zu $1/\sqrt{n}$, wobei n die Anzahl der in der Schätzung verwendeten Stichproben ist.

Da wir nun wissen, dass Rejection-Sampling zur korrekten Antwort konvergiert, stellt sich als Nächstes die Frage, wie schnell das geschieht, genauer gesagt, wie viele Stichproben erforderlich sind, bis wir wissen, dass die resultierenden Schätzungen mit hoher Wahrscheinlichkeit nahe an den richtigen Antworten liegen? Während die Komplexität exakter Algorithmen in hohem Maße von der Topologie des Netzes abhängt – Bäume sind einfach, dicht verbundene Netze sind schwierig –, hängt die Komplexität von Rejection-Sampling in erster Linie von dem Anteil der Stichproben ab, die akzeptiert werden. Dieser Anteil ist genau gleich der A-priori-Wahrscheinlichkeit der Evidenz $P(\mathbf{e})$. Leider ist dieser Anteil bei komplexen Problemen mit vielen Evidenzvariablen verschwindend klein. Angewendet auf die diskrete Version des Autoversicherungsnetzes in ► Abbildung 13.9 liegt der Anteil der Stichproben, die mit einem typischen Evidenzfall aus dem Netz selbst übereinstimmen, normalerweise zwischen eins zu tausend und eins zu zehntausend. Die Konvergenz ist extrem langsam (► Abbildung 13.19 auf S. 502).

Wir erwarten, dass der Anteil der Stichproben, die konsistent mit der Evidenz **e** sind, exponentiell mit zunehmender Anzahl der Evidenzvariablen abnimmt, sodass das Verfahren für komplexe Probleme nicht einsetzbar ist. Schwierigkeiten gibt es auch mit stetigwertigen Evidenzvariablen, weil die Wahrscheinlichkeit, eine Stichprobe zu erzeugen, die mit einer solchen Evidenz konsistent ist, gleich null ist (wenn sie wirklich stetig ist) oder infinitesimal (wenn es sich nur um eine Gleitkommazahl mit endlicher Genauigkeit handelt).

Beachten Sie, dass Rejection-Sampling der Schätzung von bedingten Wahrscheinlichkeiten in der realen Welt sehr ähnlich ist. Um beispielsweise die bedingte Wahrscheinlichkeit abzuschätzen, dass Menschen nach dem Einschlag eines Asteroiden mit einem Durchmesser von 1 km auf der Erde überleben, kann man einfach zählen, wie oft Menschen nach dem Einschlag eines Asteroiden mit einem Durchmesser von 1 km auf der Erde überleben, wobei alle Tage ignoriert werden, an denen kein solches Ereignis eintritt. (Hier spielt das Universum selbst die Rolle des Algorithmus zur Stichprobenerzeugung.) Für eine anständige Schätzung müsste man ungefähr 100 solcher Ereignisse abwarten. Das könnte natürlich sehr lange dauern, und das ist die Schwäche des Rejection-Samplings.

Importance-Sampling

Das allgemeine statistische Verfahren des **Importance-Samplings** zielt darauf ab, den Effekt einer Stichprobe aus einer Verteilung P mit Stichproben aus einer anderen Verteilung Q zu emulieren. Wir stellen sicher, dass die Antworten im Grenzwert korrekt sind, indem wir auf jede Stichprobe $\mathbf{x}$ beim Hochzählen dieser Stichproben einen Korrekturfaktor $P(\mathbf{x})/Q(\mathbf{x})$, auch Gewicht genannt, anwenden.

Der Grund für den Einsatz von Importance-Sampling in Bayes'schen Netzen ist einfach: Eigentlich würden wir gerne Stichproben aus der tatsächlichen A-posteriori-Verteilung konditioniert auf alle Evidenzen ziehen, was aber in der Regel zu schwer ist;[6] daher sampeln wir stattdessen aus einer einfachen Verteilung und nehmen die notwendigen Korrekturen vor. Der Grund, warum Importance-Sampling funktioniert, ist ebenfalls einfach. Seien $\mathbf{Z}$ die Nichtevidenzvariablen. Wenn wir direkt aus $P(\mathbf{z} \mid \mathbf{e})$ sampelten, könnten wir Schätzungen wie diese konstruieren:

$$\hat{P}(\mathbf{z} \mid \mathbf{e}) = \frac{N_P(\mathbf{z})}{N} \approx P(\mathbf{z} \mid \mathbf{e}),$$

wobei $N_P(\mathbf{z})$ die Anzahl der Stichproben mit $\mathbf{Z} = \mathbf{z}$ bei einem Sampling aus P ist. Nehmen wir nun an, dass wir stattdessen aus $Q(\mathbf{z})$ sampeln. Die Schätzung beinhaltet in diesem Fall die Korrekturfaktoren:

$$\hat{P}(\mathbf{z} \mid \mathbf{e}) = \frac{N_Q(\mathbf{z})}{N} \frac{P(\mathbf{z} \mid \mathbf{e})}{Q(\mathbf{z})} \approx Q(\mathbf{z}) \frac{P(\mathbf{z} \mid \mathbf{e})}{Q(\mathbf{z})} = P(\mathbf{z} \mid \mathbf{e})$$

Somit konvergiert die Schätzung zum korrekten Wert, *unabhängig davon, welche Stichprobenverteilung Q verwendet wird.* (Die einzige technische Anforderung ist, dass für alle $\mathbf{z}$ mit $P(\mathbf{z} \mid \mathbf{e})$ ungleich null $Q(\mathbf{z})$ auch nicht null sein darf.) Intuitiv gleicht der Korrekturfaktor ein Oversampling oder Undersampling aus. Wenn beispielsweise $Q(\mathbf{z})$ für ein bestimmtes $\mathbf{z}$ viel größer ist als $P(\mathbf{z} \mid \mathbf{e})$, dann gibt es viel mehr Stichproben von diesem $\mathbf{z}$, als es sein sollten; da aber jede nur ein kleines Gewicht hat, funktioniert die Schätzung genauso gut, als läge die richtige Anzahl vor.

Was die zu verwendende Stichprobenverteilung Q betrifft, so wollen wir eine, aus der einfach zu sampeln ist und die der tatsächlichen A-posteriori-Verteilung $P(\mathbf{z} \mid \mathbf{e})$ so nahe wie möglich kommt. Der gängigste Ansatz heißt **Likelihood-Weighting**. Wie in ► Abbildung 13.18 gezeigt, legt der Algorithmus WEIGHTED-SAMPLE die Werte für die Evidenzvariablen $\mathbf{E}$ fest und sampelt alle Nichtevidenzvariablen in topologischer Sortierung, jede konditioniert auf ihre Eltern. Dies garantiert, dass jedes erzeugte Ereignis konsistent mit der Evidenz ist.

Nennen wir die von diesem Algorithmus erzeugte Stichprobenverteilung Q_{WS}. Wenn $\mathbf{Z} = \{Z_1, \ldots, Z_l\}$ die Nichtevidenzvariablen sind, dann haben wir

$$Q_{WS}(\mathbf{z}) = \prod_{i=1}^{l} P(z_i \mid eltern(Z_i)), \tag{13.8}$$

da jede Variable auf ihre Eltern konditioniert gesampelt wird. Um den Algorithmus fertigzustellen, müssen wir wissen, wie das Gewicht für jede aus Q_{WS} erzeugte Stichprobe berechnet werden soll. Gemäß dem allgemeinen Modell für Importance-Sampling berechnet sich das Gewicht zu

$$w(\mathbf{z}) = P(\mathbf{z} \mid \mathbf{e})/Q_{WS}(\mathbf{z}) = \alpha P(\mathbf{z}, \mathbf{e})/Q_{WS}(\mathbf{z}),$$

6 Wenn es einfach wäre, dann könnten wir die gewünschte Wahrscheinlichkeit mit einer polynomiellen Anzahl von Stichproben auf beliebige Genauigkeit approximieren. Es kann gezeigt werden, dass es eine solche Approximation in polynomieller Zeit nicht gibt.

```
function LIKELIHOOD-WEIGHTING(X, e, bn, N) returns eine Schätzung von P(X | e)
  inputs: X, die Abfragevariable
          e, beobachtete Werte für die Variablen E
          bn, ein Bayes'sches Netz, das die gemeinsame Verteilung P(X_1, ..., X_n) spezifiziert
          N, die Gesamtzahl der zu generierenden Stichproben
  local variables: W, ein Vektor mit gewichteten Zählwerten für jeden Wert von X,
                                                                    anfangs null

  for j = 1 to N do
     x, w ← WEIGHTED-SAMPLE(bn, e)
     W[j] ← W[j] + w wobei x_j der Wert von X in x ist
  return NORMALIZE(W)

function WEIGHTED-SAMPLE(bn, e) returns ein Ereignis und ein Gewicht
  w ← 1; x ← ein Ereignis mit n Elementen mit festen Werten aus e
  for i = 1 to n do
     if X_i ist eine Evidenzvariable mit Wert x_ij in e
        then w ← w × P(X_i = x_ij | parents(X_i))
        else x[i] ← eine zufällige Stichprobe aus P(X_i | parents(X_i))
  return x, w
```

Abbildung 13.18: Der Algorithmus LIKELIHOOD-WEIGHTING für Inferenz in Bayes'schen Netzen. In WEIGHTED-SAMPLE wird jede Nichtevidenzvariable gemäß der bedingten Verteilung gesampelt unter Berücksichtigung der bereits für die Eltern der Variablen gesampelten Werte; dabei wird ein Gewicht basierend auf der Likelihood für jede Evidenzvariable akkumuliert.

wobei der Normalisierungsfaktor $\alpha = 1/P(\mathbf{e})$ für alle Stichproben gleich ist. Da **z** und **e** zusammen alle Variablen im Bayes'schen Netz abdecken, ist $P(\mathbf{z}, \mathbf{e})$ einfach das Produkt aller bedingten Wahrscheinlichkeiten (Gleichung (13.2) auf S. 475). Dies können wir schreiben als Produkt der bedingten Wahrscheinlichkeiten für Nichtevidenzvariablen mal das Produkt der bedingten Wahrscheinlichkeiten für Evidenzvariablen:

$$w(\mathbf{z}) = \alpha \frac{P(\mathbf{z}, \mathbf{e})}{Q_{WS}(\mathbf{z})} = \alpha \frac{\prod_{i=1}^{l} P(z_i \mid eltern(Z_i)) \prod_{i=1}^{m} P(e_i \mid eltern(E_i))}{\prod_{i=1}^{l} P(z_i \mid eltern(Z_i))}$$

$$= \alpha \prod_{i=1}^{m} P(e_i \mid eltern(E_i)) \qquad (13.9)$$

Das Gewicht ist also das Produkt der bedingten Wahrscheinlichkeiten für die Evidenzvariablen bei gegebenen Eltern. (Wahrscheinlichkeiten von Evidenzen werden im Allgemeinen als **Likelihoods** bezeichnet.) Die Berechnung des Gewichts wird in WEIGHTED-SAMPLE inkrementell implementiert, wobei jedes Mal, wenn eine Evidenzvariable auftritt, mit der bedingten Wahrscheinlichkeit multipliziert wird. Die Normalisierung wird am Ende durchgeführt, bevor das Abfrageergebnis zurückgegeben wird.

Wenden wir den Algorithmus auf das in ► Abbildung 13.15 a gezeigte Netz an, mit der Abfrage $\mathbf{P}(Regen \mid Bewölkt = wahr, NassesGras = wahr)$ und der Anordnung *Bewölkt*, *Sprinkler*, *Regen*, *NassesGras*. (Es kann eine beliebige topologische Sortierung gewählt werden.) Der Vorgang läuft folgendermaßen ab: Zuerst wird das Gewicht w auf 1,0 gesetzt. Dann wird ein Ereignis erzeugt:

1. *Bewölkt* ist eine Evidenzvariable mit dem Wert *wahr*. Daher setzen wir:

$$w \leftarrow w \times P(Bewölkt = wahr) = 0.5$$

2. *Sprinkler* ist keine Evidenzvariable, also Stichprobe ziehen aus $\mathbf{P}(Sprinkler \mid Bewölkt = wahr) = \langle 0,1;\ 0,9 \rangle$; nehmen wir an, dies ergibt *falsch*.

3. *Regen* ist keine Evidenzvariable, also Stichprobe ziehen aus $\mathbf{P}(Regen \mid Bewölkt = wahr) = \langle 0{,}8;\ 0{,}2 \rangle$; nehmen wir an, dies ergibt *wahr*.

4. *NassesGras* ist eine Evidenzvariable mit dem Wert *wahr*. Daher setzen wir:

$$w \leftarrow w \times P(NassesGras = wahr \mid Sprinkler = falsch, Regen = wahr)$$
$$= 0{,}5 \times 0{,}9 = 0{,}45$$

Hier liefert WEIGHTED-SAMPLE das Ereignis [*wahr*, *falsch*, *wahr*, *wahr*] mit der Gewichtung 0,45, was als *Regen* = *wahr* gezählt wird.

Beachten Sie, dass $Eltern(Z_i)$ neben Nichtevidenzvariablen auch Evidenzvariablen enthalten kann. Im Gegensatz zur A-priori-Verteilung $P(\mathbf{z})$ wird bei der Verteilung Q_{WS} die Evidenz berücksichtigt: Die gesampelten Werte für jedes Z_i werden durch Evidenz unter den Z_i-Vorfahren beeinflusst. Beim Sampling von *Sprinkler* achtet der Algorithmus beispielsweise auf die Evidenz *Bewölkt* = *wahr* in der Elternvariable. Andererseits schenkt Q_{WS} der Evidenz weniger Beachtung als die tatsächliche A-posteriori-Verteilung $P(\mathbf{z} \mid \mathbf{e})$, weil die gesampelten Werte für jedes Z_i die Evidenz unter den Nicht-Vorfahren von Z_i *ignorieren*. Beispielsweise ignoriert der Algorithmus beim Sampling von *Sprinkler* und *Regen* die Evidenz in der Kindvariable *NassesGras* = *wahr*, was bedeutet, dass er viele Stichproben mit *Sprinkler* = *falsch* und *Regen* = *falsch* erzeugt, obwohl die Evidenz diesen Fall eigentlich ausschließt. Diese Stichproben haben ein Gewicht von null.

Da Likelihood-Weighting alle generierten Stichproben verwendet, ist es viel effizienter als das Rejection-Sampling. Die Leistung lässt jedoch mit zunehmender Anzahl der Evidenzvariablen nach. Das liegt daran, dass die meisten Stichproben sehr niedrige Gewichte haben und die gewichtete Schätzung daher von dem geringen Anteil der Stichproben dominiert wird, die mehr als eine infinitesimale Likelihood zur Evidenz beitragen. Das Problem wird noch verschärft, wenn die Evidenzvariablen „weiter unten" auftreten – d. h., wenn sie in der Variablenreihenfolge weit hinten stehen –, weil dann die Nichtevidenzvariablen keine Evidenz in ihren Eltern und Vorfahren haben, um das Erzeugen von Stichproben zu steuern. Das bedeutet, dass die Stichproben nur Trugbilder sind – Simulationen, die wenig Ähnlichkeit mit der Realität haben, wie sie die Evidenzen vorgeben.

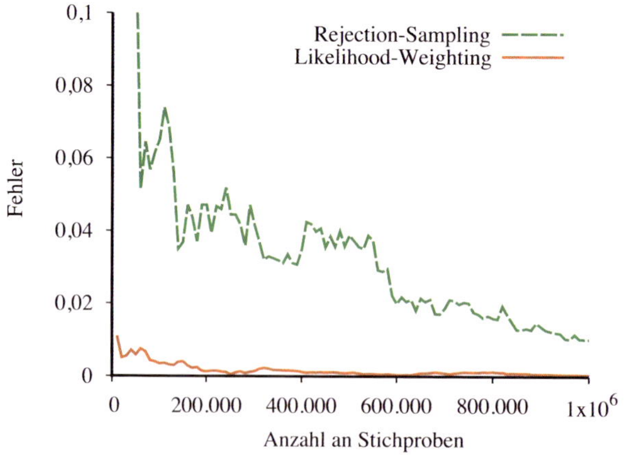

Abbildung 13.19: Leistung von Rejection-Sampling und Likelihood-Weighting im Versicherungsnetz. Die x-Achse zeigt die Anzahl der generierten Stichproben und die y-Achse den maximalen absoluten Fehler in jedem der Wahrscheinlichkeitswerte für eine Abfrage auf *Eigentumskosten*.

Im Falle der diskreten Version des Autoversicherungsnetzes in ► Abbildung 13.9 ist Likelihood-Weighting wesentlich effizienter als Rejection-Sampling (► Abbildung 13.19). Das Versicherungsnetz ist ein relativ harmloser Fall für Likelihood-Weighting, weil ein Großteil der Evidenz „weiter oben" liegt und die Abfragevariablen Blattknoten des Netzes sind.

13.4.2 Inferenz durch Markov-Ketten-Simulation

MCMC-Algorithmen (Markov-Chain-Monte-Carlo) verfolgen einen anderen Ansatz als Rejection-Sampling und Likelihood-Weighting. Anstatt jede Stichprobe von Grund auf neu zu erzeugen, generieren MCMC-Algorithmen eine Stichprobe, indem sie eine zufällige Änderung an der vorhergehenden Stichprobe vornehmen. Stellen Sie sich vor, dass ein MCMC-Algorithmus sich in einem bestimmten *aktuellen Zustand* befindet, der für jede Variable einen Wert angibt, und einen *nächsten Zustand* generiert, indem er zufällige Änderungen an dem aktuellen Zustand vornimmt.

Der Begriff **Markov-Kette** bezieht sich auf einen Zufallsprozess, der eine Reihe von Zuständen erzeugt. (Markov-Ketten spielen auch in den Kapiteln 14 und 17 eine wichtige Rolle; der Simulated-Annealing-Algorithmus in Kapitel 4 und der WALKSAT-Algorithmus in Kapitel 7 gehören ebenfalls zur MCMC-Familie.) Wir beginnen mit der Beschreibung einer speziellen Form von MCMC, dem **Gibbs-Sampling**, das besonders gut für Bayes'sche Netze geeignet ist. Anschließend stellen wir den allgemeineren **Metropolis-Hastings**-Algorithmus vor, der hinsichtlich der Erzeugung von Stichproben viel flexibler ist.

Gibbs-Sampling in Bayes'schen Netzen

Der Gibbs-Sampling-Algorithmus für Bayes'sche Netze beginnt mit einem beliebigen Zustand (wobei die Evidenzvariablen auf ihre beobachteten Werte festgelegt werden) und erzeugt einen nächsten Zustand durch zufälliges Sampling eines Werts für eine der Nichtevidenzvariablen X_i. Wir wissen von S. 479, dass X_i bei gegebener Markov-Decke (ihre Eltern, Kinder und die anderen Eltern der Kinder) unabhängig von allen anderen Variablen ist; Gibbs-Sampling für X_i bedeutet daher Sampling *konditioniert auf die aktuellen Werte der Variablen in ihrer Markov-Decke*. Der Algorithmus durchwandert zufällig den Zustandsraum – den Raum der möglichen vollständigen Zuweisungen – und tauscht jeweils eine Variable aus, behält jedoch die Evidenzvariablen als feststehend bei. Der vollständige Algorithmus ist in ► Abbildung 13.20 dargestellt.

Betrachten Sie die Abfrage $\mathbf{P}(Regen \mid Sprinkler = wahr, NassesGras = wahr)$ für das Netz in ► Abbildung 13.15 a. Die Evidenzvariablen *Sprinkler* und *NassesGras* sind auf ihre beobachteten Werte festgelegt (beide *wahr*) und die Nichtevidenzvariablen *Bewölkt* und *Regen*

```
function GIBBS-ASK(X, e, bn, N) returns eine Schätzung von P(X | e)
  local variables: C, ein Vektor von Zählwerten für jeden Wert von X, anfangs null
                   Z, die Nichtevidenzvariablen in bn
                   x, der aktuelle Zustand des Netzes, initialisiert aus e

  initialisiere x mit zufälligen Werten für die Variablen in Z
  for k = 1 to N do
     choose eine beliebige Variable Z_i aus Z gemäß einer beliebigen Verteilung ρ(i)
     setze den Wert von Z_i in x durch Sampling aus P(Z_i | mb(Z_i))
     C[j] ← C[j] + 1 wobei x_j der Wert von X in x ist
  return NORMALIZE(C)
```

Abbildung 13.20: Der Gibbs-Sampling-Algorithmus für die approximative Inferenz in Bayes'schen Netzen; diese Version wählt die Variablen zufällig, aber auch das Durchlaufen der Variablen funktioniert.

werden zufällig beispielsweise *wahr* bzw. *falsch* initialisiert. Der Anfangszustand ist also [*wahr*, **wahr**, *falsch*, **wahr**], wobei wir die festen Evidenzwerte fett markiert haben. Nun werden die Nichtevidenzvariablen Z_i wiederholt in einer zufälligen Reihenfolge gesampelt, und zwar gemäß einer Wahrscheinlichkeitsverteilung $\rho(i)$ für die Variablenwahl. Zum Beispiel:

1. *Bewölkt* wird gewählt und dann gesampelt mit den aktuellen Werten ihrer Markov-Decke: In diesem Fall sampeln wir aus $\mathbf{P}(Bewölkt \mid Sprinkler = wahr, Regen = falsch)$. Nehmen wir an, das Ergebnis ist $Bewölkt = falsch$. Dann ist der neue aktuelle Zustand [*falsch*, **wahr**, *falsch*, **wahr**].
2. *Regen* wird gewählt und dann gesampelt mit den aktuellen Werten ihrer Markov-Decke: In diesem Fall sampeln wir aus $\mathbf{P}(Regen \mid Bewölkt = falsch, Sprinkler = wahr, NassesGras = wahr)$. Angenommen, dies ergibt $Regen = wahr$. Dann lautet der neue aktuelle Zustand [*falsch*, **wahr**, *wahr*, **wahr**].

Das einzige verbleibende Detail betrifft die Methode zur Berechnung der Markov-Decken-Verteilung $\mathbf{P}(X_i \mid mb(X_i))$, wobei $mb(X_i)$ die Werte der Variablen in der Markov-Decke von X_i, $MB(X_i)$, bezeichnet. Glücklicherweise ist damit keine komplexe Inferenz verbunden. Wie in Übung 14.8 auf der Website gezeigt, ist die Verteilung gegeben durch:

$$P(x_i \mid mb(X_i)) = \alpha\, P(x_i \mid eltern(X_i)) \prod_{Y_j \in Kinder(X_i)} P(y_j \mid eltern(Y_j)) \qquad (13.10)$$

Mit anderen Worten: Für jeden Wert x_i ergibt sich die Wahrscheinlichkeit aus der Multiplikation der Wahrscheinlichkeiten aus den BWTs von X_i und ihren Kindern. Im oben gezeigten ersten Sampling-Schritt haben wir z. B. aus $\mathbf{P}(Bewölkt \mid Sprinkler = wahr, Regen = falsch)$ gesampelt. Gemäß Gleichung (13.10) und durch Abkürzen der Variablennamen erhalten wir:

$$P(b \mid s, \neg r) = \alpha\, P(b)P(s \mid b)P(\neg r \mid b) = \alpha\, 0{,}5 \cdot 0{,}1 \cdot 0{,}2$$
$$P(\neg b \mid s, \neg r) = \alpha\, P(\neg b)P(s \mid \neg b)P(\neg r \mid \neg b) = \alpha\, 0{,}5 \cdot 0{,}5 \cdot 0{,}8$$

Die Stichprobenverteilung beträgt also $\alpha\langle 0{,}001;\ 0{,}020\rangle \approx \langle 0{,}048;\ 0{,}952\rangle$.

► Abbildung 13.21 a zeigt die vollständige Markov-Kette für den Fall, dass die Variablen gleichmäßig gewählt werden, d. h. $\rho(Bewölkt) = \rho(Regen) = 0{,}5$. Der Algorithmus wandert ein-

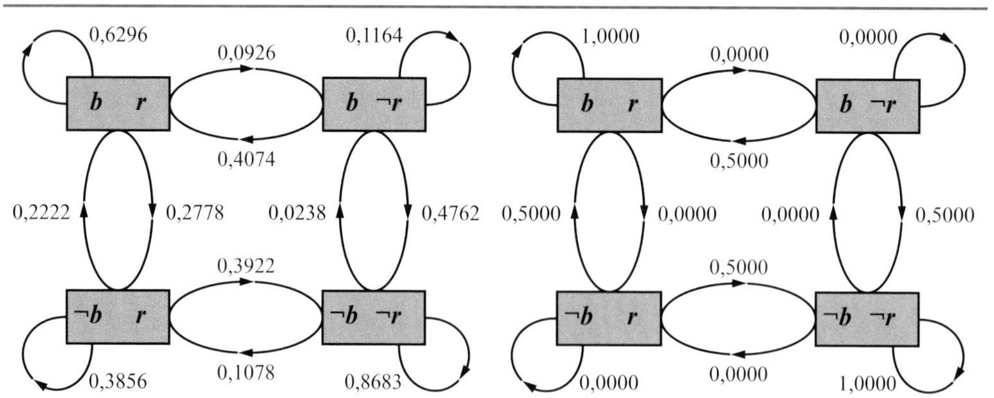

Abbildung 13.21: (a) Die Zustände und Übergangswahrscheinlichkeiten der Markov-Kette für die Abfrage **P**(*Regen* | *Sprinkler* = *wahr*, *NassesGras* = *wahr*). Beachten Sie die Schleifen: Der Zustand bleibt bei der Wahl *jeder* der beiden Variablen gleich und sampelt dann wieder den gleichen Wert, der bereits gesampelt wurde. (b) Die Übergangswahrscheinlichkeiten, wenn die BWT für *Regen* den gleichen Wert wie für *Bewölkt* vorschreibt.

fach in diesem Graphen herum und folgt den Verknüpfungen mit den angegebenen Wahrscheinlichkeiten. Jeder während dieses Prozesses besuchte Zustand ist eine Stichprobe, die zur Schätzung der Abfragevariable *Regen* beiträgt. Wenn der Prozess 20 Zustände besucht, in denen Regen wahr ist, und 60 Zustände, in denen *Regen* falsch ist, dann lautet die Antwort auf die Abfrage $\text{NORMALIZE}(\langle 20, 60\rangle) = \langle 0{,}25;\ 0{,}75\rangle$.

Analyse von Markov-Ketten

Wir haben gesagt, dass beim Gibbs-Sampling zufällig durch den Zustandsraum gewandert wird, um Stichproben zu erzeugen. Um zu erklären, warum Gibbs-Sampling *korrekt* funktioniert, d. h., warum seine Schätzungen im Grenzwert zu korrekten Werten konvergieren, bedarf es einer sorgfältigen Analyse. (Dieser Abschnitt ist etwas mathematiklastig und kann beim ersten Lesen übersprungen werden.)

Wir beginnen mit einigen grundlegenden Begriffen der Analyse von Markov-Ketten im Allgemeinen. Jede dieser Ketten ist durch ihren Anfangszustand und ihren **Übergangskern** $k(\mathbf{x} \to \mathbf{x}')$ definiert – die Wahrscheinlichkeit eines Übergangs von Zustand $\mathbf{x}$ in den Zustand $\mathbf{x}'$. Angenommen, wir führen die Markov-Kette für t Schritte aus und die Wahrscheinlichkeit, dass sich das System zum Zeitpunkt t im Zustand $\mathbf{x}$ befindet, sei $\pi_t(\mathbf{x})$. Außerdem soll $\pi_{t+1}(\mathbf{x}')$ die Wahrscheinlichkeit sein, dass sich das System zum Zeitpunkt $t+1$ im Zustand $\mathbf{x}'$ befindet. Wenn $\pi_t(\mathbf{x})$ gegeben ist, können wir $\pi_{t+1}(\mathbf{x}')$ berechnen, indem wir für alle Zustände $\mathbf{x}$, in denen sich das System zum Zeitpunkt t befinden könnte, eine Summation durchführen über die Wahrscheinlichkeit, dass es sich in $\mathbf{x}$ befindet, multipliziert mit der Wahrscheinlichkeit, dass es in $\mathbf{x}'$ übergeht:

$$\pi_{t+1}(\mathbf{x}') = \sum_{\mathbf{x}} \pi_t(\mathbf{x}) k(\mathbf{x} \to \mathbf{x}')$$

Wir sagen, dass die Kette ihre **stationäre Verteilung** erreicht hat, wenn $\pi_t = \pi_{t+1}$. Wir bezeichnen diese stationäre Verteilung mit π; ihre definierende Gleichung lautet deshalb:

$$\pi(\mathbf{x}') = \sum_{\mathbf{x}} \pi(\mathbf{x}) k(\mathbf{x} \to \mathbf{x}') \qquad \text{für alle } \mathbf{x}' \tag{13.11}$$

Unter der Voraussetzung, dass der Übergangskern k **ergodisch** ist – d. h., jeder Zustand ist von jedem anderen erreichbar und es existieren keine streng periodischen Zyklen –, gibt es genau eine Verteilung π, die diese Gleichung für jedes gegebene k erfüllt.

Gleichung (13.11) kann so gelesen werden, dass der erwartete „Abfluss“ aus jedem Zustand (d. h. seine aktuelle „Population“) gleich dem erwarteten „Zufluss“ von allen Zuständen ist. Diese Beziehung lässt sich offensichtlich dadurch erfüllen, dass der erwartete Fluss zwischen einem beliebigen Paar von Zuständen in beide Richtungen gleich ist; das heißt:

$$\pi(\mathbf{x}) k(\mathbf{x} \to \mathbf{x}') = \pi(\mathbf{x}') k(\mathbf{x}' \to \mathbf{x}) \qquad \text{für alle } \mathbf{x},\ \mathbf{x}' \tag{13.12}$$

Wenn diese Gleichungen gelten, sagen wir, dass $k(\mathbf{x} \to \mathbf{x}')$ im **detaillierten Gleichgewicht** mit $\pi(\mathbf{x})$ ist. Ein Spezialfall ist die Schleife $\mathbf{x} = \mathbf{x}'$, d. h. ein Übergang von einem Zustand zu sich selbst. In diesem Fall wird die detaillierte Gleichgewichtsbedingung zu $\pi(\mathbf{x})k(\mathbf{x} \to \mathbf{x}) = \pi(\mathbf{x})k(\mathbf{x} \to \mathbf{x})$, was natürlich für jede stationäre Verteilung π und jeden Übergangskern k trivial wahr ist.

Wir können zeigen, dass das detaillierte Gleichgewicht die Stationarität impliziert, indem wir einfach in Gleichung (13.12) über $\mathbf{x}$ summieren. Wir haben

$$\sum_{\mathbf{x}} \pi(\mathbf{x}) k(\mathbf{x} \to \mathbf{x}') = \sum_{\mathbf{x}} \pi(\mathbf{x}') k(\mathbf{x}' \to \mathbf{x}) = \pi(\mathbf{x}') \sum_{\mathbf{x}} k(\mathbf{x}' \to \mathbf{x}) = \pi(\mathbf{x}'),$$

wobei der letzte Schritt folgt, weil garantiert ein Übergang von $\mathbf{x}'$ in irgendein $\mathbf{x}$ stattfindet.

Warum Gibbs-Sampling funktioniert

Wir werden im Folgenden zeigen, dass Gibbs-Sampling konsistente Schätzungen für A-posteriori-Wahrscheinlichkeiten liefert. Die grundlegende Behauptung ist einfach: *Die stationäre Verteilung des Gibbs-Sampling-Prozesses entspricht genau der A-posteriori-Verteilung für die Nichtevidenzvariablen konditioniert auf die Evidenzen.* Diese bemerkenswerte Eigenschaft ist die Folge der spezifischen Art und Weise, in der sich der Gibbs-Sampling-Prozess von Zustand zu Zustand bewegt.

Die allgemeine Definition des Gibbs-Samplings ist, dass eine Variable X_i gewählt und dann gesampelt wird, und zwar konditioniert auf die aktuellen Werte *aller* anderen Variablen. (Speziell in Bayes'schen Netzen machen wir einfach Gebrauch von der zusätzlichen Tatsache, dass das Sampling in Abhängigkeit aller Variablen äquivalent ist zum Sampling in Abhängigkeit der Markov-Decke der Variablen, siehe S. 479). Wir verwenden die Notation $\overline{\mathbf{X}_i}$, um auf diese anderen Variablen (außer den Evidenzvariablen) Bezug zu nehmen; ihre Werte im aktuellen Zustand sind $\overline{\mathbf{x}_i}$.

Um den Übergangskern $k(\mathbf{x} \rightarrow \mathbf{x}')$ für Gibbs-Sampling zu formulieren, müssen wir drei Fälle betrachten:

1. Die Zustände $\mathbf{x}$ und $\mathbf{x}'$ unterscheiden sich in zwei oder mehr Variablen. In diesem Fall ist $k(\mathbf{x} \rightarrow \mathbf{x}') = 0$, weil das Gibbs-Sampling nur eine einzige Variable ändert.
2. Die Zustände unterscheiden sich in genau einer Variablen X_i, die ihren Wert von x_i nach x_i' ändert. Die Wahrscheinlichkeit hierfür ist:
$$k(\mathbf{x} \rightarrow \mathbf{x}') = k((x_i, \overline{\mathbf{x}_i}) \rightarrow (x_i', \overline{\mathbf{x}_i})) = \rho(i)P(x_i' \,|\, \overline{\mathbf{x}_i}) \qquad (13.13)$$
3. Die Zustände sind die gleichen: $\mathbf{x} = \mathbf{x}'$. In diesem Fall könnte *eine beliebige* Variable gewählt werden, aber dann liefert der Sampling-Prozess denselben Wert, den die Variable bereits hat. Die Wahrscheinlichkeit hierfür ist:
$$k(\mathbf{x} \rightarrow \mathbf{x}) = \sum_i \rho(i)k((x_i, \overline{\mathbf{x}_i}) \rightarrow (x_i, \overline{\mathbf{x}_i})) = \sum_i \rho(i)P(x_i \,|\, \overline{\mathbf{x}_i})$$

Jetzt zeigen wir, dass diese allgemeine Definition von Gibbs-Sampling die Gleichung des detaillierten Gleichgewichts mit einer stationären Verteilung gleich $P(\mathbf{x} \,|\, \mathbf{e})$ – der tatsächlichen A-posteriori-Verteilung auf den Nichtevidenzvariablen – erfüllt. Das heißt, wir zeigen, dass $\pi(\mathbf{x})k(\mathbf{x} \rightarrow \mathbf{x}') = \pi(\mathbf{x}')k(\mathbf{x}' \rightarrow \mathbf{x})$, wobei $\pi(\mathbf{x}) = P(\mathbf{x} \,|\, \mathbf{e})$ für alle Zustände $\mathbf{x}$ und $\mathbf{x}'$ gilt.

Für den ersten und dritten der oben genannten Fälle ist das detaillierte Gleichgewicht *immer* erfüllt: Wenn sich zwei Zustände in zwei oder mehr Variablen unterscheiden, ist die Übergangswahrscheinlichkeit in beide Richtungen null. Wenn $\mathbf{x} \neq \mathbf{x}'$, dann haben wir mit Gleichung (13.13):

$$\begin{aligned}
\pi(\mathbf{x})k(\mathbf{x} \rightarrow \mathbf{x}') &= P(\mathbf{x} \,|\, \mathbf{e})\rho(i)P(x_i' \,|\, \overline{\mathbf{x}_i}, \mathbf{e}) = \rho(i)P(x_i, \overline{\mathbf{x}_i} \,|\, \mathbf{e})P(x_i' \,|\, \overline{\mathbf{x}_i}, \mathbf{e}) \\
&= \rho(i)P(x_i \,|\, \overline{\mathbf{x}_i}, \mathbf{e})P(\overline{\mathbf{x}_i} \,|\, \mathbf{e})P(x_i' \,|\, \overline{\mathbf{x}_i}, \mathbf{e}) \qquad \text{(Anwenden der Kettenregel auf den ersten Term)} \\
&= \rho(i)P(x_i \,|\, \overline{\mathbf{x}_i}, \mathbf{e})P(x_i', \overline{\mathbf{x}_i} \,|\, \mathbf{e}) \qquad \text{(inverse Kettenregel auf die letzten beide Terme)} \\
&= \pi(\mathbf{x}')k(\mathbf{x}' \rightarrow \mathbf{x})
\end{aligned}$$

Das letzte Puzzleteil ist die Ergodizität der Kette, d. h., jeder Zustand muss von jedem anderen erreichbar sein und es gibt keine periodischen Zyklen. Beide Bedingungen sind erfüllt, sofern die BWTs keine Wahrscheinlichkeiten von 0 oder 1 enthalten. Die Erreichbarkeit ergibt sich aus der Tatsache, dass wir einen Zustand in einen anderen umwandeln können, indem wir jeweils eine Variable ändern, und die Abwesenheit von periodischen Zyklen ergibt sich aus der Tatsache, dass jeder Zustand eine Schleife mit einer Wahrscheinlichkeit ungleich null hat. Daher ist k unter den genannten Bedingungen ergodisch, was bedeutet, dass die durch Gibbs-Sampling erzeugten Stichproben schließlich aus der tatsächlichen A-posteriori-Verteilung gezogen werden.

Komplexität von Gibbs-Sampling

Zunächst die gute Nachricht: Jeder Gibbs-Sampling-Schritt beinhaltet die Berechnung der Markov-Decken-Verteilung für die gewählte Variable X_i, was eine Reihe von Multiplikationen erfordert, die proportional zur Anzahl der Kinder von X_i und der Größe des Bereichs von X_i ist. Dies ist wichtig, weil es bedeutet, dass *die Arbeit, die zur Erzeugung jeder Stichprobe erforderlich ist, unabhängig von der Größe des Netzes ist.*

Kommen wir nun zu der nicht unbedingt schlechten Nachricht: Die Komplexität von Gibbs-Sampling ist viel schwerer zu analysieren als die von Rejection-Sampling und Likelihood-Weighting. Das erste, was auffällt, ist, dass Gibbs-Sampling, im Gegensatz zu Likelihood-Weighting, nachgelagerte Evidenzen berücksichtigt. Die Informationen breiten sich von den Evidenzknoten in alle Richtungen aus: Zuerst sampeln alle Nachbarn der Evidenzknoten Werte, die die Evidenz in diesen Knoten widerspiegeln, dann *deren* Nachbarn und so weiter. Daher erwarten wir, dass Gibbs-Sampling Likelihood-Weighting übertrifft, wenn die meisten Evidenzen nachgelagert sind, was übrigens durch ► Abbildung 13.22 bestätigt wird.

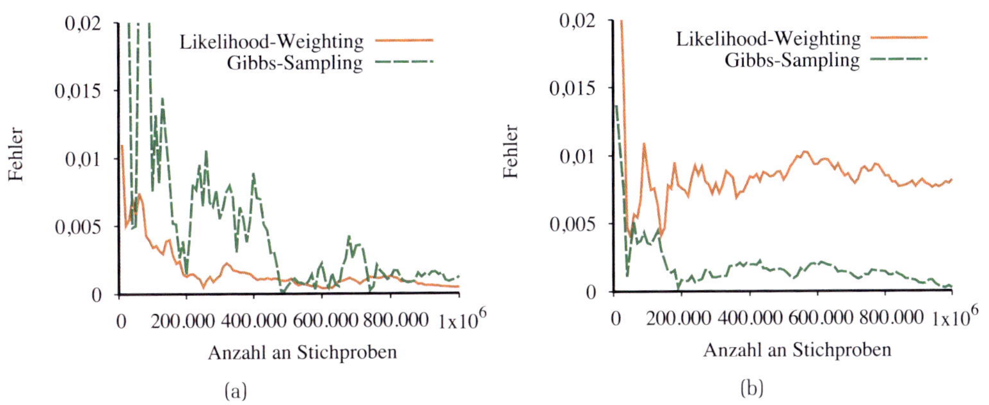

Abbildung 13.22: Leistung von Gibbs-Sampling im Vergleich zu Likelihood-Weighting im Autoversicherungsnetz: (a) für die Standardabfrage auf *Eigentumskosten* und (b) für den Fall, dass die Ausgangsvariablen beobachtet werden und *Alter* die Abfragevariable ist.

Die Konvergenzrate für Gibbs-Sampling – die **Mischrate** der Markov-Kette, die durch den Algorithmus definiert wird – hängt stark von den quantitativen Eigenschaften der bedingten Verteilungen im Netz ab. Zur Veranschaulichung betrachten Sie, was in ► Abbildung 13.15 a passiert, wenn die BWT für *Regen* deterministisch wird: es regnet *genau dann, wenn* es bewölkt ist. In diesem Fall beträgt die tatsächliche A-posteriori-Verteilung für die Abfrage $\mathbf{P}(Regen \mid sprinkler, nassesGras)$ ungefähr $\langle 0{,}18; 0{,}82\rangle$, aber Gibbs-Sampling wird diesen Wert nie erreichen. Das Problem ist, dass die einzigen beiden gemeinsamen Zustände für *Bewölkt* und *Regen*, die eine Wahrscheinlichkeit ungleich null haben, [*wahr*, *wahr*] und [*falsch*, *falsch*] lauten. Beginnt die Kette in [*wahr*, *wahr*], dann kann sie niemals [*falsch*, *falsch*] erreichen, da Übergänge zu den Zwischenzuständen die Wahrscheinlichkeit null haben (► Abbildung 13.21 b). Wenn der Prozess also in [*wahr*, *wahr*] beginnt, dann meldet er immer eine A-posteriori-Wahrscheinlichkeit für die Abfrage von $\langle 1{,}0; 0{,}0\rangle$; wenn er in [*falsch*, *falsch*] beginnt, meldet er immer eine A-posteriori-Wahrscheinlichkeit für die Abfrage von $\langle 0{,}0; 1{,}0\rangle$.

Gibbs-Sampling eignet sich in diesem Fall nicht, da die deterministische Beziehung zwischen *Bewölkt* und *Regen* die Eigenschaft der Ergodizität, die für die Konvergenz erforderlich ist, zunichte macht. Wenn wir jedoch die Beziehung *fast* deterministisch machen, dann wird die Konvergenz wiederhergestellt, wenn auch beliebig langsam. Es gibt mehrere Korrekturen, die MCMC-Algorithmen helfen, schneller zu konvergieren. Eine davon ist das **Block-Sampling**, bei dem mehrere Variablen gleichzeitig gesampelt werden. In diesem Fall könnten wir *Bewölkt* und *Regen* gemeinsam sampeln, konditioniert auf ihre kombinierte Markov-Decke. Eine andere Methode besteht darin, die nächsten Zustände intelligenter zu generieren, worauf wir im nächsten Abschnitt näher eingehen werden.

Metropolis-Hastings-Sampling

Metropolis-Hastings-Sampling (MH-Sampling) ist der vielleicht vielfältigste MCMC-Algorithmus. Wie Gibbs-Sampling ist MH dafür ausgelegt, (am Ende) Stichproben $\mathbf{x}$ zu erzeugen, und zwar gemäß Zielwahrscheinlichkeiten $\pi(\mathbf{x})$; im Fall der Inferenz in Bayes'schen Netzen wollen wir, dass $\pi(\mathbf{x}) = P(\mathbf{x} \mid \mathbf{e})$ ist. Wie beim Simulated-Annealing-Algorithmus (S. 147) besteht bei MH jede Iteration des Sampling-Prozesses aus zwei Stufen:

1. Sample einen neuen Zustand $\mathbf{x}'$ aus einer **Vorschlagsverteilung** $q(\mathbf{x}' \mid \mathbf{x})$, wobei der aktuelle Zustand $\mathbf{x}$ gegeben ist.
2. Akzeptiere oder verwerfe probabilistisch $\mathbf{x}'$ gemäß der **Akzeptanz-Wahrscheinlichkeit**

$$a(\mathbf{x}' \mid \mathbf{x}) = \min\left(1, \frac{\pi(\mathbf{x}')q(\mathbf{x} \mid \mathbf{x}')}{\pi(\mathbf{x})q(\mathbf{x}' \mid \mathbf{x})}\right) .$$

   Wird der Vorschlag verworfen, so bleibt der Zustand bei $\mathbf{x}$.

Der Übergangskern für MH besteht aus diesem zweistufigen Prozess. Beachten Sie, dass die Kette in ihrem bisherigen Zustand bleibt, wenn der Vorschlag abgelehnt wird.

Die Vorschlagsverteilung ist, wie der Name schon sagt, dafür zuständig, einen nächsten Zustand $\mathbf{x}'$ vorzuschlagen. Zum Beispiel könnte $q(\mathbf{x}' \mid \mathbf{x})$ wie folgt definiert werden:

- Führe mit einer Wahrscheinlichkeit von 0,95 einen Gibbs-Sampling-Schritt durch, um $\mathbf{x}'$ zu erzeugen.
- Andernfalls erzeuge $\mathbf{x}'$ durch Ausführen des WEIGHTED-SAMPLE-Algorithmus (S. 501).

Diese Vorschlagsverteilung veranlasst MH, etwa 20 Gibbs-Sampling-Schritte durchzuführen und dann den Prozess von einem von Grund auf neu erzeugten Zustand aus „neu zu starten" (vorausgesetzt, er wird akzeptiert). Durch diesen Trick verhindern wir, dass Gibbs-Sampling in einem Teil des Zustandsraums stecken bleibt und die anderen Teile nicht mehr erreichen kann.

Sie fragen sich vielleicht, woher wir wissen, dass MH mit einem so seltsamen Vorschlag tatsächlich zur richtigen Antwort konvergiert. Das Bemerkenswerte an MH ist, dass *die Konvergenz zur korrekten stationären Verteilung für* jede *Vorschlagsverteilung garantiert ist,* vorausgesetzt, der resultierende Übergangskern ist ergodisch.

Diese Eigenschaft folgt aus der Art und Weise, wie die Akzeptanzwahrscheinlichkeit definiert ist. Wie beim Gibbs-Sampling erfüllt die Schleife mit $\mathbf{x} = \mathbf{x}'$ automatisch das detaillierte Gleichgewicht, daher konzentrieren wir uns auf den Fall, dass $\mathbf{x} \neq \mathbf{x}'$. Dieser kann nur eintreten, wenn der Vorschlag akzeptiert wird. Die Wahrscheinlichkeit für einen solchen Übergang ist:

$$k(\mathbf{x} \to \mathbf{x}') = q(\mathbf{x}' \mid \mathbf{x})a(\mathbf{x}' \mid \mathbf{x})$$

Wie beim Gibbs-Sampling bedeutet der Nachweis des detaillierten Gleichgewichts, dass der Fluss von $\mathbf{x}$ nach $\mathbf{x}'$, $\pi(\mathbf{x})k(\mathbf{x} \to \mathbf{x}')$, dem Fluss von $\mathbf{x}'$ nach $\mathbf{x}$, $\pi(\mathbf{x}')k(\mathbf{x}' \to \mathbf{x})$, entspricht. Nach dem Einsetzen des obigen Ausdrucks für $k(\mathbf{x} \to \mathbf{x}')$ ist der Beweis recht einfach:

$$\begin{aligned}
\pi(\mathbf{x})q(\mathbf{x}' \mid \mathbf{x})\alpha(\mathbf{x}' \mid \mathbf{x}) &= \pi(\mathbf{x})q(\mathbf{x}' \mid \mathbf{x}) \min\left(1, \frac{\pi(\mathbf{x}')q(\mathbf{x} \mid \mathbf{x}')}{\pi(\mathbf{x})q(\mathbf{x}' \mid \mathbf{x})}\right) && \text{(Definition von } \alpha(\cdot \mid \cdot)) \\
&= \min\left(\pi(\mathbf{x})q(\mathbf{x}' \mid \mathbf{x}), \pi(\mathbf{x}')q(\mathbf{x} \mid \mathbf{x}')\right) && \text{(Ausmultiplizieren)} \\
&= \pi(\mathbf{x}')q(\mathbf{x} \mid \mathbf{x}') \min\left(\frac{\pi(\mathbf{x})q(\mathbf{x}' \mid \mathbf{x})}{\pi(\mathbf{x}')q(\mathbf{x} \mid \mathbf{x}')}, 1\right) && \text{(Auseinanderdividieren)} \\
&= \pi(\mathbf{x}')q(\mathbf{x} \mid \mathbf{x}')\alpha(\mathbf{x} \mid \mathbf{x}')
\end{aligned}$$

Abgesehen von den mathematischen Eigenschaften ist der wichtige Teil von MH, auf den man sich konzentrieren sollte, das Verhältnis $\pi(\mathbf{x}')/\pi(\mathbf{x})$ in der Akzeptanzwahrscheinlichkeit. Dieses besagt, dass wenn ein nächster Zustand vorgeschlagen wird, der *wahrscheinlicher* ist als der aktuelle Zustand, dieser definitiv akzeptiert wird. (Wir lassen vorerst den Term $q(\mathbf{x} \mid \mathbf{x}')/q(\mathbf{x}' \mid \mathbf{x})$ außer Acht, der dazu da ist, ein detailliertes Gleichgewicht zu gewährleisten, und in vielen Zustandsräumen aufgrund der Symmetrie gleich 1 ist.) Wenn der vorgeschlagene Zustand *weniger wahrscheinlich* ist als der aktuelle Zustand, sinkt seine Wahrscheinlichkeit, akzeptiert zu werden, proportional.

Ein Grundsatz für den Entwurf von Vorschlagsverteilungen ist daher sicherzustellen, dass die vorgeschlagenen neuen Zustände einigermaßen wahrscheinlich sind. Dies erfolgt beim Gibbs-Sampling automatisch: Die Vorschläge stammen aus der Gibbs-Verteilung $P(X_i \mid \overline{\mathbf{x}_i})$, was bedeutet, dass die Wahrscheinlichkeit, einen bestimmten neuen Wert für X_i zu erzeugen, direkt proportional zu dessen Wahrscheinlichkeit ist.

Ein weiterer Grundsatz ist es, dafür zu sorgen, dass die Kette gut durchmischt ist, was bedeutet, dass manchmal große Bewegungen zu entfernten Teilen des Zustandsraums vorgeschlagen werden. In dem oben genannten Beispiel erfüllt die gelegentliche Verwendung von WEIGHTED-SAMPLE zum Neustart der Kette in einem neuen Zustand diesen Zweck.

Neben der nahezu vollständigen Freiheit bei der Gestaltung von Vorschlagsverteilungen hat MH zwei weitere Eigenschaften, die ihn so wertvoll für die Praxis machen. Erstens erscheint die A-posteriori-Wahrscheinlichkeit $\pi(\mathbf{x}) = P(\mathbf{x} \mid \mathbf{e})$ in der Akzeptanzberechnung nur in Form eines Verhältnisses $\pi(\mathbf{x}')/\pi(\mathbf{x})$, was sehr vorteilhaft ist. $P(\mathbf{x} \mid \mathbf{e})$ direkt zu berechnen, ist genau die Berechnung, die wir mit MH zu approximieren versuchen, also würde es keinen Sinn machen, dies für jede Stichprobe zu tun! Stattdessen verwenden wir den folgenden Trick:

$$\frac{\pi(\mathbf{x}')}{\pi(\mathbf{x})} = \frac{P(\mathbf{x}' \mid \mathbf{e})}{P(\mathbf{x} \mid \mathbf{e})} = \frac{P(\mathbf{x}', \mathbf{e})}{P(\mathbf{e})} \frac{P(\mathbf{e})}{P(\mathbf{x}, \mathbf{e})} = \frac{P(\mathbf{x}', \mathbf{e})}{P(\mathbf{x}, \mathbf{e})}$$

Die Terme in diesem Verhältnis sind vollständige gemeinsame Wahrscheinlichkeiten, d. h. Produkte von bedingten Wahrscheinlichkeiten im Bayes'schen Netz. Die zweite nützliche Eigenschaft dieses Verhältnisses ist, dass nur eine kleine Anzahl von Termen im Produkt der bedingten Wahrscheinlichkeiten unterschiedlich ist, solange die Vorschlagsverteilung nur lokale Änderungen in $\mathbf{x}$ vornimmt, um $\mathbf{x}'$ zu erzeugen. Alle bedingten Wahrscheinlichkeiten von Variablen, deren Werte unverändert sind, heben sich auf. Wie beim Gibbs-Sampling ist also die Arbeit, die zur Erzeugung jeder Stichprobe erforderlich ist, unabhängig von der Größe des Netzes, solange die Zustandsänderungen lokal sind.

13.4.3 Kompilieren der approximativen Inferenz

Die Sampling-Algorithmen in den ► Abbildungen 13.17, 13.18 und 13.20 haben eine Eigenschaft gemeinsam: Sie operieren auf Bayes'schen Netzen, die als Datenstruktur dargestellt werden. Das scheint ganz natürlich zu sein, denn schließlich ist ein Bayes'sches Netz ein gerichteter azyklischer Graph. Wie könnte es sonst dargestellt werden? Das Problem bei diesem Ansatz ist, dass die Operationen, die für den Zugriff auf die Datenstruktur erforderlich sind – z. B. um die Eltern eines Knotens zu finden – bei der Ausführung des Sampling-Algorithmus unzählige Male wiederholt werden – und *all diese Berechnungen sind völlig unnötig*.

Die Struktur des Netzes und die bedingten Wahrscheinlichkeiten ändern sich während der gesamten Berechnung nicht, sodass die Möglichkeit besteht, das Netz in modellspezifischen Inferenzcode zu *kompilieren*, der nur die Inferenzberechnungen ausführt, die für dieses spezifische Netz erforderlich sind. (Falls Ihnen das bekannt vorkommt: Es ist das gleiche Konzept, das in Kapitel 9 bei der Kompilierung von Logikprogrammen verwendet wird.) Nehmen wir zum Beispiel an, wir wollen ein Gibbs-Sampling auf die Variable *Erdbeben* im Einbruchsnetz aus ► Abbildung 13.2 durchführen. Gemäß dem Algorithmus GIBBS-ASK in ► Abbildung 13.20 müssen wir die folgende Berechnung durchführen:

setze den Wert von Erdbeben in **x** *durch Sampling aus* $\mathbf{P}(Erdbeben \mid mb(Erdbeben))$,

wobei die letztgenannte Verteilung gemäß Gleichung (13.10) berechnet wird, die lautete:

$$P(x_i \mid mb(X_i)) = \alpha\, P(x_i \mid eltern(X_i)) \prod_{Y_j \in Kinder(X_i)} P(y_j \mid eltern(Y_j))$$

Diese Berechnung erfordert wiederum die Suche nach den Eltern und Kindern von *Erdbeben* in der Bayes'schen Netzstruktur, die Suche nach ihren aktuellen Werten, die Verwendung dieser Werte als Index in den entsprechenden BWTs (die ebenfalls aus dem Bayes'schen Netz ermittelt werden müssen) und die Multiplikation aller entsprechenden Zeilen aus diesen BWTs, um eine neue Verteilung zu erhalten, aus der gesampelt werden soll. Schließlich muss, wie auf S. 497 erwähnt, der Sampling-Schritt selbst die kumulative Version der diskreten Verteilung konstruieren und darin dann den Wert finden, der einer Zufallszahl aus $[0, 1]$ entspricht.

Wenn wir stattdessen das Netz kompilieren, erhalten wir modellspezifischen Sampling-Code für die Variable *Erdbeben*, der wie folgt aussieht:

```
r ← eine gleichmäßige Zufallsstichprobe aus [0, 1]
if Alarm = wahr
    then if Einbruch = wahr
        then return [r < 0,0020212]
        else return [r < 0,36755]
    else if Einbruch = wahr
        then return [r < 0,0016672]
        else return [r < 0,0014222]
```

Hier werden die Variablen des Bayes'schen Netzes, *Alarm*, *Einbruch* usw., zu gewöhnlichen Programmvariablen mit Werten, die den aktuellen Zustand der Markov-Kette umfassen. Die numerischen Schwellenwertausdrücke werden zu *wahr* oder *falsch* ausgewertet und repräsentieren die im Voraus berechneten Gibbs-Verteilungen für jede Wertekombination in der Markov-Decke von *Erdbeben*. Der Code ist nicht besonders hübsch – in der Regel ist er ungefähr so groß wie das Bayes'sche Netz selbst –, aber unglaublich effizient. Im Vergleich zu GIBBS-ASK ist der kompilierte Code normalerweise um 2–3 Größenordnungen schneller. Er kann zig Millionen Sampling-Schritte pro Sekunde auf einem gewöhnlichen Laptop durchführen und seine Geschwindigkeit wird hauptsächlich durch die Kosten begrenzt, die für die Generierung von Zufallszahlen anfallen.

13.5 Kausale Netze

Wir haben diskutiert, welche Vorteile es hat, wenn die Knotenanordnung in Bayes'schen Netzen kompatibel mit der Kausalrichtung ist. Insbesondere haben wir darauf hingewiesen, wie einfach die bedingten Wahrscheinlichkeiten beurteilt werden können, wenn eine solche Ordnung beibehalten wird, sowie gezeigt, wie kompakt die resultierende Netzstruktur ist. Wir haben jedoch auch festgestellt, dass prinzipiell jede Knotenanordnung eine konsistente Konstruktion des Netzes ermöglicht, um die gemeinsame Verteilungsfunktion zu repräsentieren. Dies wurde in ▶ Abbildung 13.3 demonstriert, wo die Änderung der Knotenreihenfolge zu Netzen führte, die buschiger und viel weniger natürlich waren als das ursprüngliche Netz in ▶ Abbildung 13.2, uns aber dennoch ermöglichten, die gleiche Verteilung auf allen Variablen darzustellen.

Dieser Abschnitt beschreibt **kausale Netze**, eine eingeschränkte Klasse von Bayes'schen Netzen, die nur die kausal kompatiblen Ordnungen erlaubt. Wir werden untersuchen, wie man solche Netze konstruiert, welche Vorteile eine solche Konstruktion bietet und wie man sich diese Vorteile bei Entscheidungsaufgaben zunutze macht.

Betrachten Sie das einfachste denkbare Bayes'sche Netz, einen einzelnen Pfeil, $Feuer \to Rauch$. Es verrät uns, dass die Variablen *Feuer* und *Rauch* abhängig sein können, sodass man die A-priori-Wahrscheinlichkeit $P(Feuer)$ und die bedingte Wahrscheinlichkeit $P(Rauch \mid Feuer)$ angeben muss, um die gemeinsame Verteilung $P(Feuer, Rauch)$ zu bestimmen. Diese Verteilung kann jedoch genauso gut durch den umgekehrten Pfeil $Feuer \leftarrow Rauch$ dargestellt werden, wobei die entsprechenden Wahrscheinlichkeiten $P(Rauch)$ und $P(Feuer \mid Rauch)$ aus der Bayes'schen Regel berechnet werden. Die Vorstellung, dass diese beiden Netze äquivalent sind, also die gleiche Information vermitteln, ruft bei den meisten Menschen Unbehagen und sogar Widerstand hervor. Wie könnten sie die gleiche Information vermitteln, wenn wir wissen, dass *Feuer Rauch* verursacht und nicht umgekehrt?

Mit anderen Worten, wir wissen aus unserer Erfahrung und unserem wissenschaftlichen Verständnis, dass das Entfernen des Rauchs das Feuer nicht stoppen würde und das Löschen des Feuers den Rauch stoppen wird. Wir erwarten daher, diese Asymmetrie durch die Richtung des Pfeils zwischen ihnen auszudrücken. Aber wenn die Pfeilumkehrung die Dinge nur gleichwertig macht, wie können wir dann hoffen, diese wichtige Information formal darzustellen?

Kausale Bayes'sche Netze, manchmal auch Kausaldiagramme genannt, wurden entwickelt, um kausale Asymmetrien darzustellen und diese Asymmetrien zum Schlussfolgern mit kausalen Informationen zu nutzen. Die Idee ist, über die Gerichtetheit von Pfeilen mittels Überlegungen zu entscheiden, die über die probabilistische Abhängigkeit hinausgehen und eine völlig andere Art der Beurteilung erfordern. Anstatt einen Experten zu fragen, ob *Rauch* und *Feuer* probabilistisch abhängig sind, wie wir es in gewöhnlichen Bayes'schen Netzen tun, fragen wir nun, was die Reaktion auf was ist, *Rauch* die Reaktion auf *Feuer* oder *Feuer* die Reaktion auf *Rauch*?

Das mag etwas mystisch klingen, lässt sich aber durch den Begriff der „Zuweisung" präzisieren, ähnlich dem Zuweisungsoperator in Programmiersprachen. Wenn die Natur *Rauch* auf der Grundlage dessen, was sie über *Feuer* gelernt hat, einen Wert zuweist, ziehen wir einen Pfeil von *Feuer* zu *Rauch*. Wichtiger noch: Wenn wir davon ausgehen, dass die Natur *Feuer* einen Wahrheitswert zuweist, der von anderen Variablen abhängt als von *Rauch*, verzichten wir darauf, den Pfeil $Feuer \leftarrow Rauch$ zu zeichnen. Mit anderen Worten: Der Wert x_i von jeder Variablen X_i wird durch eine Gleichung $x_i = f_i(AndereVariablen)$ bestimmt, und ein Pfeil $X_j \to X_i$ wird genau dann gezeichnet, wenn X_j eines der Argumente von f_i ist.

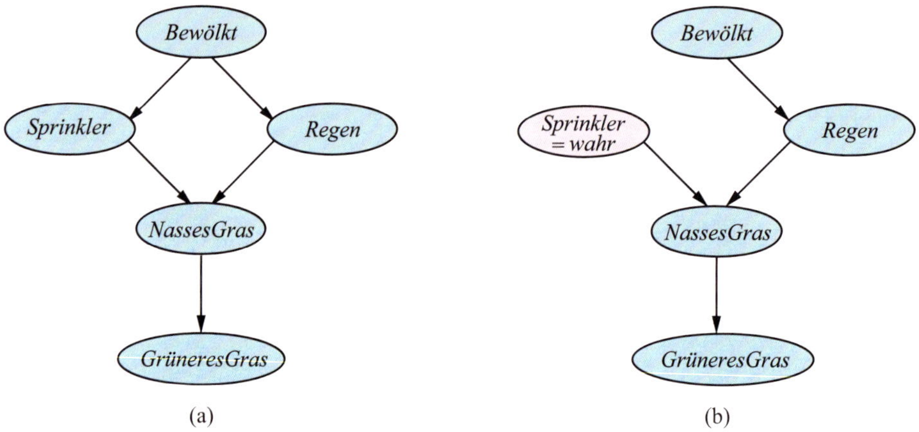

Abbildung 13.23: (a) Ein kausales Bayes'sches Netz, das Ursache-Wirkung-Beziehungen zwischen fünf Variablen darstellt. (b) Das Netz nach Ausführung der Aktion „*Sprinkler* einschalten".

Die Gleichung $x_i = f_i(\cdot)$ wird als **strukturelle Gleichung** bezeichnet, weil sie einen stabilen Mechanismus in der Natur beschreibt, der im Gegensatz zu den Wahrscheinlichkeiten, die ein Bayes'sches Netz quantifizieren, invariant gegenüber Messungen und lokalen Veränderungen in der Umgebung bleibt.

Um diese Stabilität bei lokalen Änderungen zu verdeutlichen, betrachten Sie ► Abbildung 13.23 a, die eine leicht modifizierte Version der Rasensprenger-Story aus ► Abbildung 13.15 zeigt. Um z. B. einen deaktivierten Rasensprenger darzustellen, löschen wir einfach alle direkten Verbindungen zum Knoten *Sprinkler* aus dem Netz. Um einen Rasen darzustellen, der von einem Zelt bedeckt ist, löschen wir einfach den Pfeil *Regen* → *NassesGras*. Jede lokale Neukonfiguration der Mechanismen in der Umgebung kann also mit nur geringen Modifikationen in eine isomorphe Neukonfiguration der Netztopologie übersetzt werden. Eine wesentlich aufwendigere Transformation wäre erforderlich, wenn das Netz entgegen der kausalen Reihenfolge konstruiert worden wäre. Diese lokale Stabilität ist besonders wichtig für die Darstellung von Aktionen oder Interventionen – unserem nächsten Thema.

13.5.1 Aktionen darstellen: der *do*-Operator

Betrachten wir noch einmal die *Sprinkler*-Story aus ► Abbildung 13.23 a. Gemäß der Standardsemantik für Bayes'sche Netze berechnet sich die gemeinsame Verteilung der fünf Variablen als Produkt von fünf bedingten Verteilungen:

$$P(b, r, s, n, g) = P(b)\, P(r \mid b)\, P(s \mid b)\, P(n \mid r, s)\, P(g \mid n)\,, \qquad (13.14)$$

wobei wir jeden Variablennamen mit seinem Anfangsbuchstaben abgekürzt haben. Als System von strukturellen Gleichungen sieht das Modell wie folgt aus:

$$\begin{aligned} B &= f_B(U_B) \\ R &= f_R(B, U_R) \\ S &= f_S(B, U_S) \\ N &= f_N(R, S, U_N) \\ G &= f_G(N, U_G) \end{aligned} \qquad (13.15)$$

Hierbei kann f_B ohne Verlust der Allgemeingültigkeit die Identitätsfunktion sein. Die U-Variablen in diesen Gleichungen stellen **unmodellierte Variablen** dar, die auch als **Fehlerterme** oder **Störgrößen** bezeichnet werden und die funktionale Beziehung zwischen den einzelnen Variablen und ihren Eltern durcheinanderbringen. U_N kann beispielsweise zusätzlich zu *Sprinkler* und *Regen* eine weitere potenzielle Quelle für Nässe darstellen – vielleicht *Morgentau* oder *Feuerlöschflugzeug*.

Wenn alle U-Variablen voneinander unabhängige Zufallsvariablen mit geeignet gewählten Priors sind, kann die gemeinsame Verteilung in Gleichung (13.14) durch die strukturellen Gleichungen in Gleichung (13.15) genau dargestellt werden. Somit kann ein System stochastischer Beziehungen durch ein System deterministischer Beziehungen erfasst werden, von denen jede durch eine exogene Störung beeinflusst wird. Das System der strukturellen Gleichungen bietet uns jedoch mehr: Es erlaubt uns vorherzusagen, wie sich *Interventionen* auf die Funktionsweise des Systems auswirken, und gibt somit die beobachtbaren Konsequenzen dieser Interventionen an. Dies ist nicht möglich, wenn man nur die gemeinsame Verteilung betrachtet.

Nehmen wir zum Beispiel an, dass wir den *Rasensprenger einschalten* – das heißt, wir (die wir per Definition nicht Teil der kausalen Prozesse sind, die durch das Modell beschrieben werden) *intervenieren*, um die Bedingung $Sprinkler = wahr$ umzusetzen. In der Notation des **do-Kalküls**, das ein wesentlicher Bestandteil der Theorie kausaler Netze ist, wird dies als $do(Sprinkler = wahr)$ geschrieben. Dies hat zur Folge, dass die Variable Sprinkler nicht mehr davon abhängig ist, ob es ein bewölkter Tag ist oder nicht. Wir streichen also die Gleichung $S = f_S(B, U_S)$ aus dem System der strukturellen Gleichungen und ersetzen sie durch $S = wahr$. Dadurch erhalten wir:

$$\begin{aligned} B &= f_B(U_B) \\ R &= f_R(B, U_R) \\ S &= wahr \\ N &= f_N(R, S, U_N) \\ G &= f_G(N, U_G) \end{aligned} \tag{13.16}$$

Aus diesen Gleichungen ergibt sich die neue gemeinsame Verteilung für die verbleibenden Variablen konditioniert auf $do(Sprinkler = wahr)$:

$$P(b, r, n, g \mid do(S = wahr)) = P(b)\, P(r \mid b)\, P(n \mid r, s = wahr)\, P(g \mid n) \tag{13.17}$$

Dies entspricht dem „verkürzten“ Netz in ► Abbildung 13.23 b. Aus Gleichung (13.17) wissen wir, dass die einzigen Variablen, deren Wahrscheinlichkeiten sich ändern, *NassesGras* und *GrüneresGras* sind, d. h. die Nachkommen der manipulierten Variable *Sprinkler*.

Beachten Sie den Unterschied zwischen der Konditionierung auf die *Aktion* $do(Sprinkler = wahr)$ im ursprünglichen Netz und der Konditionierung auf die *Beobachtung* $Sprinkler = wahr$. Das ursprüngliche Netz sagt uns, dass der Rasensprenger bei bewölktem Wetter mit geringerer Wahrscheinlichkeit eingeschaltet ist. Wenn wir also *beobachten*, dass der Rasensprenger eingeschaltet ist, reduziert das die Wahrscheinlichkeit, dass das Wetter bewölkt ist. Aber der gesunde Menschenverstand sagt uns, wenn wir (sozusagen von außerhalb der Welt) intervenieren und den Rasensprenger einschalten, dass dies keinen Einfluss auf das Wetter hat oder neue Informationen darüber liefert, wie das Wetter an diesem Tag ist. Wie in ► Abbildung 13.23 b gezeigt, wird durch das Intervenieren die normale kausale Verbindung zwischen dem Wetter und dem Rasensprenger unterbrochen. Dadurch wird verhindert, dass *Sprinkler* irgendeinen Einfluss auf *Bewölkt* ausübt. Somit ist die Konditionierung auf $do(Sprinkler = wahr)$ im ursprünglichen Graphen äquivalent zur Konditionierung auf $Sprinkler = wahr$ im verkürzten Graphen.

Ein ähnlicher Ansatz kann gewählt werden, um die Wirkung von $do(X_j = x_{jk})$ in einem allgemeinen kausalen Netz mit den Variablen $X_1, \ldots, X_n$ zu analysieren. Das Netz entspricht einer gemeinsamen Verteilung, die auf die übliche Weise definiert ist (siehe Gleichung (13.2)):

$$P(x_1, \ldots, x_n) = \prod_{i=1}^{n} P(x_i \mid eltern(X_i)) \tag{13.18}$$

Nach Anwenden von $do(X_j = x_{jk})$ lässt die neue gemeinsame Verteilung $P_{x_{jk}}$ einfach den Faktor für X_j weg:

$$P_{x_{jk}}(x_1, \ldots, x_n) = \begin{cases} \prod_{i \neq j} P(x_i \mid eltern(X_i)) = \frac{P(x_1, \ldots, x_n)}{P(x_j \mid eltern(X_j))} & \text{falls } x_j = x_{jk} \\ 0 & \text{falls } x_j \neq x_{jk} \end{cases} \tag{13.19}$$

Dies folgt aus der Tatsache, dass das Setzen von X_j auf einen bestimmten Wert x_{jk} dem Streichen der Gleichung $X_j = f_j(Eltern(X_j), U_j)$ aus dem System der strukturellen Gleichungen entspricht, die dann durch $X_j = x_{jk}$ ersetzt wird. Mit etwas stärkerer algebraischer Manipulation kann man eine Formel für die Auswirkung ableiten, die ein Festsetzen des Werts der Variablen X_j auf jede andere Variable X_i hat:

$$\begin{aligned} P(X_i = x_i \mid do(X_j = x_{jk})) &= P_{x_{jk}}(X_i = x_i) \\ &= \sum_{eltern(X_j)} P(x_i \mid x_{jk}, eltern(X_j))P(eltern(X_j)) \end{aligned} \tag{13.20}$$

Die Wahrscheinlichkeitsterme in der Summe erhält man durch Berechnung auf dem ursprünglichen Netz, und zwar durch einen der Standard-Inferenzalgorithmen. Diese Gleichung wird als **Anpassungsformel** bezeichnet; sie ist ein wahrscheinlichkeitsgewichteter Durchschnitt des Einflusses von X_j und seinen Eltern auf X_i, wobei die Gewichte die A-priori-Wahrscheinlichkeiten der Elternwerte sind. Die Auswirkungen von Interventionen auf mehrere Variablen können berechnet werden, indem man sich vorstellt, dass die einzelnen Interventionen nacheinander erfolgen, wobei jeder einzelne die kausalen Einflüsse auf eine Variable löscht und ein neues, verkürztes Modell ergibt.

13.5.2 Das Hintertürkriterium

Die Fähigkeit, die Auswirkungen irgendeiner beliebigen Intervention vorherzusagen, ist bemerkenswert, erfordert aber eine genaue Kenntnis der notwendigen bedingten Verteilungen im Modell, insbesondere von $P(x_j \mid eltern(X_j))$. In vielen realen Situationen ist dies jedoch zu viel verlangt. Zum Beispiel wissen wir, dass „genetische Faktoren" eine Rolle bei Fettleibigkeit spielen, aber wir wissen nicht, welche Gene das sind oder auf welche Weise sie sich auswirken. Selbst in dem einfachen Beispiel von Marys Rasenbewässerungsentscheidungen (zu finden in ► Abbildung 13.15, aber auch in ► Abbildung 13.23 a), mögen wir zwar wissen, dass sie das Wetter prüft, bevor sie entscheidet, ob sie den Rasensprenger einschaltet, aber wir wissen nicht, *nach welchen Kriterien* sie ihre Entscheidung trifft.

Warum das in diesem Fall so problematisch ist, dafür gibt es einen speziellen Grund, denn wir möchten die Auswirkung einer Intervention (hier das Einschalten des Rasensprengers) auf eine nachgelagerte Variable wie *GrüneresGras* vorhersagen. Leider muss die Anpassungsformel (Gleichung (13.20)) dabei nicht nur den direkten Weg von *Sprinkler* aus, sondern auch den „Hintertürpfad" über *Bewölkt* und *Regen* berücksichtigen. Wenn wir den Wert von *Regen* kennen, wäre dieser Pfad über die Hintertür blockiert – was nahelegt, dass es eine Möglichkeit gibt, eine Anpassungsformel zu schreiben, die auf *Regen* anstatt auf *Bewölkt* konditioniert. Dies ist tatsächlich der Fall:

$$P(g \mid do(S = wahr)) = \sum_r P(g \mid S = wahr, r)P(r) \tag{13.21}$$

Wenn wir herausfinden wollen, welchen Effekt $do(X_j = x_{jk})$ auf eine Variable X_i hat, haben wir im Allgemeinen dank des **Hintertürkriteriums** die Möglichkeit, eine Anpassungsformel zu schreiben, die auf irgendeine Variablenmenge **Z** konditioniert, die sozusagen die Hintertür schließt. Technisch ausgedrückt, wir wollen eine Menge **Z**, sodass X_i bedingt unabhängig von $Eltern(X_j)$ ist, wobei X_j und **Z** gegeben sind. Dies ist eine einfache Anwendung der d-Separation (siehe S. 480).

Das Hintertürkriterium ist ein grundlegender Baustein der Theorie des kausalen Schlussfolgerns, die erst in den letzten zwei Jahrzehnten entwickelt wurde. Damit gibt es jetzt eine Möglichkeit, gegen das ein Jahrhundert alte statistische Dogma zu argumentieren, demzufolge nur eine **randomisierte kontrollierte Studie** kausale Informationen liefern kann. Die Theorie hat nicht nur konzeptionelle Werkzeuge und Algorithmen für die Kausalanalyse in vielen verschiedenen nichtexperimentellen und quasiexperimentellen Umgebungen bereitgestellt, sondern auch für die Berechnung von Wahrscheinlichkeiten von kontrafaktischen Aussagen („wenn stattdessen dies passiert wäre, wie hoch wäre die Wahrscheinlichkeit gewesen?"), für die Bestimmung, wann Ergebnisse in einer Population auf eine andere übertragen werden können, und für die Verarbeitung fehlender Daten aller Art beim Lernen von Wahrscheinlichkeitsmodellen.

ZUSAMMENFASSUNG

Dieses Kapitel ist den **Bayes'schen Netzen** gewidmet, eine wohldurchdachte Repräsentation für unsicheres Wissen. Bayes'sche Netze spielen eine Rolle für unsicheres Wissen, die in etwa mit der der Aussagenlogik für definitives Wissen verglichen werden kann.

- Ein Bayes'sches Netz ist ein gerichteter azyklischer Graph, dessen Knoten Zufallsvariablen entsprechen; jeder Knoten hat eine bedingte Wahrscheinlichkeitsverteilung für den Knoten bei gegebenen Eltern.
- Bayes'sche Netze bieten eine übersichtliche Möglichkeit, **bedingte Unabhängigkeitsbeziehungen** in einer Domäne präzise darzustellen.
- Ein Bayes'sches Netz spezifiziert eine gemeinsame Wahrscheinlichkeitsverteilung über seine Variablen. Die Wahrscheinlichkeit einer gegebenen Zuweisung zu allen Variablen ist als Produkt der entsprechenden Einträge in den lokalen bedingten Verteilungen definiert. Ein Bayes'sches Netz ist oft exponentiell kleiner als eine explizit aufgezählte gemeinsame Verteilung.
- Viele bedingte Verteilungen lassen sich durch kanonische Familien von Verteilungen kompakt darstellen. **Hybride Bayes'sche Netze**, die sowohl diskrete als auch stetige Variablen enthalten, verwenden eine Vielzahl von kanonischen Verteilungen.
- Inferenz in Bayes'schen Netzen bedeutet, die Wahrscheinlichkeitsverteilung einer Menge von Abfragevariablen zu berechnen, bei einer gegebenen Menge von Evidenzvariablen. Exakte Inferenzalgorithmen, wie z. B. die **Variablenelimination**, werten Summen von Produkten bedingter Wahrscheinlichkeiten so effizient wie möglich aus.
- In **Polybäumen** (einfach verbundene Netze) benötigt die exakte Inferenz eine Zeit, die linear zur Größe des Netzes ist. Im allgemeinen Fall ist das Problem nicht effizient machbar.
- Zufallsauswahlverfahren wie **Likelihood-Weighting** und **Markov-Chain-Monte-Carlo** können vernünftige Schätzungen der tatsächlichen A-posteriori-Wahrscheinlichkeiten in einem Netz liefern und viel größere Netze verarbeiten als exakte Algorithmen.
- Während Bayes'sche Netze probabilistische Einflüsse erfassen, erfassen **Kausalnetze** kausale Zusammenhänge und erlauben die Vorhersage der Auswirkungen von Interventionen sowie von Beobachtungen.

Bibliografische und historische Anmerkungen

Seit Anfang des 20. Jahrhunderts verwendet man Netze zur Darstellung probabilistischer Informationen. Ausschlaggebend dafür war die Arbeit von Sewall Wright über die probabilistische Analyse genetischer Vererbung und Wachstumsfaktoren bei Tieren (Wright, 1921, 1934). Irving J. Good (1961) entwickelte in Zusammenarbeit mit Alan Turing probabilistische Repräsentationen und Bayes'sche Inferenzmethoden, die als Vorläufer moderner Bayes'scher Netze betrachtet werden können – auch wenn die Arbeit in diesem Kontext nicht oft zitiert wird.[7] Diese Arbeit ist außerdem die Originalquelle für das Noisy-OR-Modell.

7 I. J. Good war Chefstatistiker im Codeentschlüsselungsteam von Turing im Zweiten Weltkrieg. In *2001: Odyssee im Weltraum* (Clarke, 1968) wird Good und Minsky der Durchbruch zugeschrieben, der zur Entwicklung des Computers HAL 9000 führte.

Ab den späten 1970ern wurden bei Entscheidungsanalysen die Entscheidungsprobleme in einem **Einflussdiagramm** dargestellt, wobei Zufallsvariablen als gerichtete azyklische Graphen (*Directed Acyclic Graph*, DAG) dargestellt wurden (siehe Kapitel 16); allerdings wurde dabei nur die Aufzählung zur Auswertung herangezogen. Judea Pearl entwickelte das Nachrichtenaustauschverfahren für Inferenz in Baum- (Pearl, 1982a) und Polybaumnetzen (Kim und Pearl, 1983) und erklärte die Bedeutung von kausalen im Vergleich zu diagnostischen Wahrscheinlichkeitsmodellen. Das erste Expertensystem, das Bayes'sche Netze verwendete, war CONVINCE (Kim, 1983).

Wie in Kapitel 1 beschrieben, gab es Mitte der 1980er Jahre einen Boom bei regelbasierten Expertensystemen, die Ad-hoc-Methoden für den Umgang mit Unsicherheiten bereitstellten. Wahrscheinlichkeit als Grundlage für Schlussfolgerungen wurde sowohl als unpraktisch als auch als „kognitiv unplausibel" betrachtet. Peter Cheesemans (1985) streitbarer Aufsatz „In Defense of Probability" und sein späterer Artikel „An Inquiry into Computer Understanding" (Cheeseman, 1988, mit Kommentaren) trugen dazu bei, dass sich das Blatt wendete.

Dass Wahrscheinlichkeit wieder mehr in den Fokus rückte, hing jedoch hauptsächlich von Pearls Entwicklung der Bayes'schen Netze und der breit angelegten Entwicklung eines probabilistischen Ansatzes in der KI ab, wie er in seinem Buch *Probabilistic Reasoning in Intelligent Systems* (Pearl, 1988) dargelegt wurde. Das Buch umfasste sowohl Fragen der Repräsentation, einschließlich bedingter Unabhängigkeitsbeziehungen und des d-Separationskriteriums, als auch algorithmische Ansätze. Geiger *et al.* (1990a) und Tian *et al.* (1998) präsentierten wichtige Berechnungsergebnisse zur effizienten Erkennung von d-Separation.

Eugene Charniak trug mit seinem populären Artikel, „Bayesian networks without tears"[8] (1991), und einem Buch (1993) dazu bei, Pearls Ideen den KI-Forschern nahezubringen. Das Buch von Dean und Wellman (1991) half ebenfalls, KI-Forschern Bayes'sche Netze vorzustellen. Shachter (1998) stellte eine vereinfachte Methode zur Bestimmung der d-Separation vor, die als „Bayes-Ball-Algorithmus" bezeichnet wird.

Als Anwendungen von Bayes'schen Netzen entwickelt wurden, fanden Forscher es notwendig, über das Grundmodell der diskreten Variablen mit BWTs hinauszugehen. Das CPCS-System (Pradhan *et al.*, 1994), ein Bayes'sches Netz für die Innere Medizin mit 448 Knoten und 906 Verknüpfungen, machte zum Beispiel ausgiebig Gebrauch von den verrauschten (*noisy*) logischen Operatoren, die von Good (1961) vorgeschlagen wurden. Boutilier *et al.* (1996) analysierten die algorithmischen Vorteile der kontextspezifischen Unabhängigkeit. Sowohl Pearl (1988) als auch Shachter und Kenley (1989) beschäftigten sich mit der Einbeziehung von stetigen Zufallsvariablen in Bayes'sche Netze; sie diskutierten in ihren Arbeiten Netze, die nur stetige Variablen mit linearen Gauß'schen Verteilungen enthielten.

Lauritzen und Wermuth (1989) untersuchten hybride Netze mit sowohl diskreten als auch stetigen Variablen, die dann im HUGIN-System (Olesen, 1993) implementiert wurden. Weitere Analysen linearer Gauß-Modelle mit Bezug zu vielen anderen in der Statistik verwendeten Modellen finden sich in Roweis und Ghahramani (1999); Lerner (2002) behandelt ausführlich ihren Einsatz in hybriden Bayes'schen Netzen. Die Probit-Verteilung wird offiziell Gaddum (1933) und Bliss (1934) zugeschrieben, obwohl die Idee bereits bis ins 19. Jahrhundert zurückreichte. Die Arbeit von Bliss wurde von Finney (1947) erfolgreich fortgeführt. Das Probit-Modell wurde vor allem für die Modellierung von diskreten Auswahlphänomenen verwendet und kann auf die Behandlung von mehr als zwei Auswahlentscheidungen erweitert werden (Daganzo, 1979). Das Expit- bzw. inverse Logit-Modell wurde von Berkson (1944) eingeführt. Obwohl anfangs häufig belächelt, war es am Ende populärer als das Probit-Modell. Bishop (1995) liefert eine einfache Begründung für den Einsatz dieses Modells.

8 Der Titel der ursprünglichen Artikelversion lautete „Pearl for swine".

Zu den frühen Anwendungen von Bayes'schen Netzen in der Medizin gehören die Systeme MUNIN zur Diagnose neuromuskulärer Störungen (Andersen *et al.*, 1989) und PATHFINDER für die Pathologie (Heckerman, 1991). Die technischen Anwendungen umfassen die Arbeit des Electric Power Research Institute zur Überwachung von Stromgeneratoren (Morjaria *et al.*, 1995), die Arbeit der NASA zur Anzeige zeitkritischer Daten im Flugleitzentrum in Houston (Horvitz und Barry, 1995) und das allgemeine Gebiet der **Netztomografie**, die darauf abzielt, unbeobachtete lokale Eigenschaften von Knoten und Verknüpfungen im Internet aus Beobachtungen der Ende-zu-Ende-Nachrichtenleistung abzuleiten (Castro *et al.*, 2004). Die vielleicht am meisten genutzten Bayes'schen Netzsysteme sind die Diagnose- und Reparaturmodule (z. B. der Druckerassistent) in Microsoft Windows (Breese und Heckerman, 1996) und der Office-Assistent in Microsoft Office (Horvitz *et al.*, 1998).

Ein weiteres wichtiges Anwendungsgebiet ist die Biologie: Die mathematischen Modelle, die zur Analyse der genetischen Vererbung in Stammbäumen (die **Pedigree-Analyse**) verwendet werden, sind genau genommen eine spezielle Form des Bayes'schen Netzes. In den 1970ern wurden exakte Inferenzalgorithmen für die Stammbaumanalyse (Cannings *et al.*, 1978) entwickelt, die der Variablenelimination ähneln. Bayes'sche Netze wurden zur Identifizierung menschlicher Gene anhand von Mausgenen (Zhang *et al.*, 2003), zur Ableitung zellulärer Netze (Friedman, 2004), zur genetischen Kopplungsanalyse mit dem Ziel der Lokalisierung krankhafter Gene (Silberstein *et al.*, 2013) und für viele andere Aufgaben in der Bioinformatik verwendet. Wir könnten noch weiter fortfahren, verweisen aber stattdessen auf Pourret *et al.* (2008), ein 400-seitiges Handbuch über Anwendungen Bayes'scher Netze. Die Zahl der in den letzten zehn Jahren veröffentlichten Anwendungen geht in die Zehntausende und reicht von der Zahnmedizin bis zu globalen Klimamodellen.

Judea Pearl (1985), der in seinem ersten Artikel den Begriff „Bayes'sche Netze" prägte, stellte kurz einen Inferenzalgorithmus für allgemeine Netze vor, der auf der in Kapitel 6 vorgestellten Idee der Schnittmengen-Konditionierung basiert. Unabhängig davon entwickelte Ross Shachter (1986), der in der Einflussdiagramm-Community tätig war, einen vollständigen Algorithmus, der auf einer zielgerichteten Reduktion des Netzes basiert. Dabei bediente er sich Transformationen, die A-posteriori-Informationen bewahren.

Pearl (1986) entwickelte einen Clustering-Algorithmus für exakte Inferenz in allgemeinen Bayes'schen Netzen auf der Basis einer Umwandlung in einen gerichteten Polybaum aus Clustern, wobei der Nachrichtenaustausch verwendet wurde, um Variablen, die von mehreren Clustern gemeinsam verwendet werden, konsistent zu halten. Ein ähnlicher Ansatz, der von den Statistikern David Spiegelhalter und Steffen Lauritzen entwickelt wurde (Lauritzen und Spiegelhalter, 1988), basiert auf der Umwandlung in eine ungerichtete Form eines grafischen Modells, das als **Markov-Netz** bezeichnet wird. Dieser Ansatz ist im System HUGIN implementiert, einem effizienten und weit verbreiteten Werkzeug für unsicheres Schlussfolgern (Andersen *et al.*, 1989).

Das Grundkonzept der Variablenelimination – wiederholte Berechnungen im Gesamtausdruck der Summe der Produkte durch Zwischenspeichern zu vermeiden – fand Anwendung im Algorithmus der symbolischen probabilistischen Inferenz (SPI; Shachter *et al.*, 1990). Der von uns beschriebene Eliminationsalgorithmus kommt dem, der von Zhang und Poole (1994) entwickelt wurde, am nächsten. Kriterien für das Kürzen unwichtiger Variablen wurden von Geiger *et al.* (1990b) und von Lauritzen *et al.* (1990) entwickelt; das von uns gezeigte Kriterium ist ein einfacher Spezialfall davon. Dechter (1999) zeigt, wie das Konzept der Variablenelimination mehr oder weniger identisch ist mit der **nichtseriellen dynamischen Programmierung** (Bertele und Brioschi, 1972).

Dies verbindet Algorithmen für Bayes'sche Netze mit verwandten Methoden zur Lösung von CSPs und bietet ein direktes Maß für die Komplexität der exakten Inferenz in Form der Baumbreite des Netzes. Das exponentielle Wachstum der Faktorengröße bei der Variablenelimination kann durch das Weglassen von Variablen aus großen Faktoren verhindert werden (Dechter und Rish, 2003). Außerdem kann der dadurch eingeführte Fehler begrenzt werden (Wexler und Meek, 2009). Alternativ können die Faktoren komprimiert werden, indem sie mit algebraischen Entscheidungsdiagrammen und nicht mit Tabellen dargestellt werden (Gogate und Domingos, 2011).

Zu den exakten Methoden, die auf rekursive Aufzählung (► Abbildung 13.11) in Kombination mit Caching basieren, gehören der rekursive Konditionierungsalgorithmus (Darwiche, 2001), der Algorithmus zur Elimination von Werten (Bacchus *et al.*, 2003) und die UND-ODER-Suche (Dechter und Mateescu, 2007). Die WMC-Methode (Sang *et al.*, 2005; Chavira und Darwiche, 2008) basiert in der Regel auf einem SAT-Solver im DPLL-Stil (► Abbildung 7.17 auf S. 275). Als solche führt sie ebenfalls eine rekursive Aufzählung von Variablenzuweisungen mit Zwischenspeicherung durch, sodass der Ansatz in der Tat recht ähnlich ist. Alle drei dieser Algorithmen können ein komplettes Spektrum an Speicher-Zeit-Abwägungen implementieren. Da sie Variablenzuweisungen berücksichtigen, können die Algorithmen leicht die Vorteile von Determinismus und kontextspezifischer Unabhängigkeit im Modell nutzen. Sie können auch so modifiziert werden, dass ein effizienter Algorithmus mit linearer Zeit verwendet wird, wenn die Teilzuweisung das verbleibende Netz zu einem Polybaum macht. (Dies ist eine Version der Methode der **Schnittmengen-Konditionierung**, die für CSPs in Kapitel 6 beschrieben wurde.) Für exakte Inferenz in großen Modellen, in denen der Platzbedarf bei Clustering und Variablenelimination enorm ansteigt, sind diese rekursiven Algorithmen oft am zweckmäßigsten.

Neben der Berechnung von Randwahrscheinlichkeiten gibt es weitere wichtige Inferenzaufgaben in Bayes'schen Netzen. Die **wahrscheinlichste Erklärung** oder MPE (*Most Probable Explanation*) ist die wahrscheinlichste Zuweisung zu den Nichtevidenzvariablen bei gegebener Evidenz. (MPE ist ein Spezialfall von MAP – Maximum-A-posteriori-Inferenz, die nach der wahrscheinlichsten Zuweisung zu einer *Teilmenge* von Nichtevidenzvariablen bei gegebener Evidenz fragt.) Für solche Probleme wurden viele verschiedene Algorithmen entwickelt, von denen einige mit den Kürzeste-Pfad- oder UND-ODER-Suchalgorithmen verwandt sind; für eine Zusammenfassung siehe Marinescu und Dechter (2009).

Das erste Ergebnis zur Komplexität der Inferenz in Bayes'schen Netzen geht auf Cooper (1990) zurück, der zeigte, dass das allgemeine Problem der Berechnung von Randwahrscheinlichkeiten in Bayes'schen Netzen NP-schwer ist; wie im Kapitel erwähnt, kann dies durch eine Reduktion vom Zählen erfüllender Zuweisungen auf #P-Schwere verschärft werden (Roth, 1996). Dies impliziert auch die NP-Schwere der approximativen Inferenz (Dagum und Luby, 1993). Für den Fall, dass Wahrscheinlichkeiten weg von 0 und 1 begrenzt werden können, konvergiert jedoch eine Form von Likelihood-Weighting in (randomisierter) polynomieller Zeit (Dagum und Luby, 1997). Shimony (1994) zeigte, dass die Suche nach der wahrscheinlichsten Erklärung NP-vollständig ist – nicht effizient machbar, aber etwas einfacher als die Berechnung von Randwahrscheinlichkeiten –, während Park und Darwiche (2004) eine gründliche Komplexitätsanalyse der MAP-Berechnung liefern und zeigen, dass sie in die Klasse der NP^{PP}-vollständigen Probleme fällt – also etwas schwieriger ist als die Berechnung von Randwahrscheinlichkeiten.

Die Entwicklung von schnellen Approximationsalgorithmen für die Inferenz in Bayes'schen Netzen ist ein sehr aktives Feld, mit Beiträgen aus der Statistik, der Informatik und der Physik. Rejection-Sampling ist eine allgemeine Technik, die mindestens bis zu Buffons Nadelproblem (1777) zurückreicht; sie wurde erstmals von Max Henrion (1988) auf Bayes'sche Netze angewandt, der sie **Logik-Sampling** nannte. Importance-Sampling (auf Deutsch auch „Stichprobennahme nach Wichtigkeit") wurde ursprünglich für Anwendungen in der Physik erfunden (Kahn, 1950a, 1950b) und von Fung und Chang (1989, die den Algorithmus „Evidenzgewichtung" nannten) sowie von Shachter und Peot (1989) für die Inferenz in Bayes'schen Netzen genutzt.

In der Statistik wurde das **adaptive Sampling** auf alle möglichen Monte-Carlo-Algorithmen angewendet, um die Konvergenz zu beschleunigen. Die Grundidee besteht darin, die Verteilung, aus der Stichproben gezogen werden, basierend auf dem Ergebnis der vorherigen Stichproben anzupassen. Gilks und Wild (1992) entwickelten das adaptive Rejection-Sampling, während das adaptive Importance-Sampling unabhängig voneinander in der Physik (Lepage, 1978), im Bauwesen (Karamchandani *et al.*, 1989), in der Statistik (Oh und Berger, 1992) und in der Computergrafik (Veach und Guibas, 1995) entstanden zu sein scheint. Cheng und Druzdzel (2000) beschreiben eine adaptive Version des Importance-Samplings, die bei Inferenz in Bayes'schen Netzen angewendet wird. In jüngerer Zeit haben Le *et al.* (2017) den Einsatz von Deep-Learning-Systemen demonstriert, um Vorschlagsverteilungen zu erzeugen, die das Importance-Sampling um viele Größenordnungen beschleunigen.

Markov-Chain-Monte-Carlo-Algorithmen (MCMC) haben ihren Anfang in dem Metropolis-Algorithmus, der auf Metropolis *et al.* (1953) zurückgeht und aus dem auch der in Kapitel 4 beschriebene Simulated-Annealing-Algorithmus stammt. Hastings (1970) führte den Akzeptieren/Ablehnen-Schritt ein, der ein integraler Bestandteil dessen ist, was wir heute als Metropolis-Hastings-Algorithmus bezeichnen. Der Gibbs-Sampler wurde von Geman und Geman (1984) für die Inferenz in ungerichteten Markov-Netzen entwickelt. Die Anwendung von Gibbs-Sampling auf Bayes'sche Netze geht auf Pearl (1987) zurück. Die von Gilks *et al.* (1996) gesammelten Arbeiten decken sowohl die Theorie als auch die Anwendungen von MCMC ab.

Seit Mitte der 1990er Jahre ist MCMC zum Arbeitspferd der Bayes'schen Statistik sowie der statistischen Berechnung in vielen anderen Disziplinen, einschließlich Physik und Biologie, geworden. Das *Handbook of Markov Chain Monte Carlo* (Brooks *et al.*, 2011) deckt viele Aspekte dieser Literatur ab. Das BUGS-Paket (Gilks *et al.*, 1994) war ein frühes und richtungsweisendes System für Bayes'sche Modellierung und Inferenz unter Verwendung von Gibbs-Sampling. STAN (benannt nach Stanislaw Ulam, einem Urheber der Monte-Carlo-Methoden in der Physik) ist ein neueres System, das die Hamilton'sche Monte-Carlo-Inferenz verwendet (Carpenter *et al.*, 2017).

Es gibt zwei sehr wichtige Familien von Approximationsmethoden, die wir in diesem Kapitel nicht behandelt haben. Die erste ist die Familie der **Variationsmethoden zur Approximation**, die zur Vereinfachung komplexer Berechnungen aller Art verwendet werden können. Die Grundidee besteht darin, eine reduzierte Version des ursprünglichen Problems vorzuschlagen, die einfach zu bearbeiten ist, aber dem ursprünglichen Problem so nahe wie möglich kommt. Das reduzierte Problem wird durch einige **Variationsparameter** $\boldsymbol{\lambda}$ beschrieben, die so angepasst werden, dass eine Abstandsfunktion D zwischen dem ursprünglichen und dem reduzierten Problem minimiert wird, oft durch Lösen des Gleichungssystems $\partial D/\partial \boldsymbol{\lambda} = 0$. In vielen Fällen erhält man damit strenge Ober- und Untergrenzen. Variationsmethoden werden seit Langem in der Statistik verwendet (Rustagi, 1976). In der statistischen Physik ist die **Molekularfeldmethode** eine besondere Variationsapproximation, wobei man davon ausgeht, dass die einzelnen Variablen, aus denen das Modell besteht, vollständig unabhängig voneinander sind.

Diese Idee wurde angewandt, um große ungerichtete Markov-Netze zu lösen (Peterson und Anderson, 1987; Parisi, 1988). Saul *et al.* (1996) entwickelten die mathematischen Grundlagen für die Anwendung von Variationsmethoden auf Bayes'sche Netze und erhielten mithilfe von Molekularfeldmethoden exakte Approximationen der Untergrenzen für sigmoide Netze. Jaakkola und Jordan (1996) erweiterten die Methodik, um sowohl Unter- als auch Obergrenzen zu erhalten. Seit diesen frühen Arbeiten wurden Variationsmethoden auf viele spezifische Modellfamilien angewendet. Die bemerkenswerte Arbeit von Wainwright und Jordan (2008) bietet eine vereinheitlichende theoretische Analyse der Literatur über Variationsmethoden.

Eine zweite wichtige Familie von Approximationsalgorithmen basiert auf dem Polybaum-Nachrichtenaustauschalgorithmus von (1982a). Dieser Algorithmus kann auf allgemeine

„schleifenförmige“ Netze angewendet werden, wie von Pearl (1988) vorgeschlagen. Die Ergebnisse können falsch sein oder der Algorithmus terminiert möglicherweise nicht, aber in vielen Fällen liegen die erhaltenen Werte nahe an den tatsächlichen Werten. Diesem Ansatz der sogenannten **Loopy-Belief-Propagation** wurde wenig Aufmerksamkeit geschenkt, bis McEliece *et al.* (1998) feststellten, dass dies genau die Berechnung war, die vom **Turbo-Decoding**-Algorithmus (Berrou *et al.*, 1993) durchgeführt wird, was einen großen Durchbruch beim Entwurf effizienter fehlerkorrigierender Codes darstellte.

Die Implikation dieser Beobachtungen ist, dass die Loopy-Belief-Propagation, wenn sie auf den für die Decodierung verwendeten sehr großen und sehr stark verbundenen Netzen schnell und exakt ist, auch allgemein nützlich sein könnte. Theoretisch wurden diese Erkenntnisse von Weiss (2000b), Weiss und Freeman (2001), Yedidia *et al.* (2005) untermauert, die außerdem Konvergenzbeweise für einige Spezialfälle lieferten. Dabei kamen Ideen aus der statistischen Physik zum Tragen.

Theorien zur kausalen Inferenz, die über randomisierte kontrollierte Studien hinausgehen, wurden von Rubin (1974) und Robins (1986) vorgeschlagen, aber ihre Vorschläge blieben sowohl vage als auch umstritten, bis Judea Pearl eine ausführliche Theorie der Kausalität auf der Grundlage kausaler Netze entwickelte und präsentierte (Pearl, 2000). Peters *et al.* (2017) entwickelten die Theorie weiter, mit Schwerpunkt auf Lernen. Ein neueres Werk, *The Book of Why* (Pearl und McKenzie, 2018), bietet eine umfassende, weniger mathematiklastige Einführung, die den Fokus mehr auf bessere Lesbarkeit legt.

Unsicheres Schlussfolgern in der KI basierte nicht immer auf der Wahrscheinlichkeitstheorie. Wie in Kapitel 12 erwähnt, fielen frühe probabilistische Systeme Anfang der 1970er Jahre in Ungnade und hinterließen ein Teilvakuum, das durch alternative Methoden gefüllt wurde. Dazu gehörten regelbasierte Expertensysteme, die Dempster-Shafer-Theorie und (bis zu einem gewissen Grad) Fuzzylogik.[9]

Regelbasierte Ansätze zum Umgang mit Unsicherheit hofften, auf dem Erfolg logischer regelbasierter Systeme aufbauen zu können, fügten aber zu jeder Regel eine Art Korrekturfaktor hinzu – oder positiver ausgedrückt: einen **Sicherheitsfaktor** –, um die Unsicherheit auszugleichen. Das erste derartige System war MYCIN (Shortliffe, 1976), ein medizinisches Expertensystem für bakterielle Infektionen. Die Sammlung *Rule-Based Expert Systems* (Buchanan und Shortliffe, 1984) bietet einen vollständigen Überblick über MYCIN und die nachfolgenden Systeme (siehe auch Stefik, 1995).

David Heckerman (1986) zeigte, dass eine leicht modifizierte Version der Sicherheitsfaktorberechnung in einigen Fällen korrekte probabilistische Ergebnisse liefert, aber in anderen Fällen zu einer schweren Überzählung von Evidenzen führt. Je größer die Regelmengen wurden, desto häufiger traten unerwünschte Wechselwirkungen zwischen den Regeln auf, und die Fachleute stellten fest, dass die Sicherheitsfaktoren vieler anderer Regeln etwas „gebogen“ werden mussten, wenn neue Regeln hinzugefügt wurden. Die grundlegenden mathematischen Eigenschaften, die in der Logik Schlussfolgerungs*ketten* ermöglichen, gelten für die Wahrscheinlichkeitsrechnung einfach nicht.

Die Dempster-Shafer-Theorie hat ihren Ursprung in einem Aufsatz von Arthur Dempster (1968), der eine Verallgemeinerung der Wahrscheinlichkeit auf Intervallwerte und eine Kombinationsregel für ihre Verwendung vorschlägt. Ein solcher Ansatz könnte die Schwierigkeit, Wahrscheinlichkeiten genau zu spezifizieren, reduzieren. Spätere Arbeiten von Glenn Shafer (1976) führten dazu, dass die Dempster-Shafer-Theorie als konkurrierender Ansatz zur Wahrscheinlichkeit betrachtet wurde. Pearl (1988) und Ruspini *et al.* (1992) analysieren die Bezie-

9 Ein vierter Ansatz, das Schlussfolgern mit **Default-Logik**, behandelt Schlussfolgerungen nicht als „glaubwürdig bis zu einem gewissen Grad“, sondern als „glaubwürdig, bis ein besserer Grund gefunden wird, etwas anderes zu glauben“. Es wird in Kapitel 10 behandelt.

hung zwischen der Dempster-Shafer-Theorie und der Standardwahrscheinlichkeitstheorie. In der Wahrscheinlichkeitstheorie ist es in vielen Fällen nicht erforderlich, Wahrscheinlichkeiten exakt zu spezifizieren: Wir können die Unsicherheit über Wahrscheinlichkeitswerte als Wahrscheinlichkeitsverteilungen (zweiter Ordnung) ausdrücken, wie in Kapitel 20 erläutert.

Fuzzymengen wurden von Lotfi Zadeh (1965) als Lösung für das Problem, exakte Eingaben für intelligente Systeme bereitzustellen, entwickelt. Bei einer Fuzzymenge ist die Zugehörigkeit eine Frage des Grads. Die **Fuzzylogik** ist eine Methode zum Schlussfolgern mit logischen Ausdrücken, die die Zugehörigkeit zu Fuzzymengen beschreiben. Die **Fuzzysteuerung** ist eine Methode zur Konstruktion von Regelsystemen, bei denen die Zuordnung zwischen reellwertigen Eingabe- und Ausgabeparametern durch Fuzzyregeln dargestellt wird. Die Fuzzysteuerung hat sich in kommerziellen Produkten wie Automatikgetrieben, Videokameras und elektrischen Rasierapparaten sehr bewährt. Der Text von Zimmermann (2001) bietet eine gründliche Einführung in die Fuzzymengentheorie; Arbeiten zu Fuzzyanwendungen sind in Zimmermann (1999) zusammengefasst.

Fuzzylogik wurde oft fälschlicherweise als direkter Konkurrent der Wahrscheinlichkeitstheorie betrachtet, obwohl sie sich in Wirklichkeit mit einer anderen Problematik befasst: Anstatt mit der Unsicherheit über den Wahrheitsgehalt wohldefinierter Aussagen befasst sich die Fuzzylogik mit der **Unschärfe** beim Abbilden von Begriffen in einer symbolischen Theorie auf die tatsächliche Welt. Unschärfe ist ein echtes Problem bei jeder Anwendung von Logik, Wahrscheinlichkeit oder mathematischen Standardmodellen auf die Realität. Selbst eine so unfehlbare Variable wie die Masse der Erde scheint bei näherer Betrachtung mit der Zeit und dem Kommen und Gehen von Meteoriten und Molekülen zu variieren. Außerdem ist sie auch ungenau – schließt sie die Atmosphäre ein? Wenn ja, bis zu welcher Höhe? In einigen Fällen kann eine weitere Verfeinerung des Modells die Unschärfe verringern, aber die Fuzzylogik nimmt die Unschärfe als gegeben hin und entwickelt eine Theorie um sie herum.

Die **Possibilitätstheorie** (Zadeh, 1978) wurde zum Arbeiten mit Unsicherheit in Fuzzysystemen eingeführt und hat viel mit der Wahrscheinlichkeitstheorie gemeinsam (Dubois und Prade, 1994).

Viele KI-Forscher in den 1970er Jahren lehnten die Wahrscheinlichkeitstheorie ab, weil die numerischen Berechnungen, die man für die Wahrscheinlichkeitstheorie für nötig hielt, für die Introspektion nicht ersichtlich waren und ein unrealistisches Maß an Präzision in unserem unsicheren Wissen voraussetzten. Die Entwicklung von **qualitativen probabilistischen Netzen** (Wellman, 1990a) lieferte eine rein qualitative Abstraktion von Bayes'schen Netzen, die auf dem Konzept der positiven und negativen Einflüsse zwischen Variablen aufbaut. Wellman zeigt, dass solche Informationen in vielen Fällen für eine optimale Entscheidungsfindung ausreichen, ohne dass eine genaue Angabe von Wahrscheinlichkeitswerten erforderlich ist. Goldszmidt und Pearl (1996) verfolgen einen ähnlichen Ansatz. Die Arbeit von Darwiche und Ginsberg (1992) extrahiert die grundlegenden Eigenschaften der Konditionierung und der Evidenzkombination aus der Wahrscheinlichkeitstheorie und zeigt, dass sie auch für das logische und Default-Schlussfolgern verwendet werden können.

Mehrere ausgezeichnete Texte (Jensen, 2007; Darwiche, 2009; Koller und Friedman, 2009; Korb und Nicholson, 2010; Dechter, 2019) beschäftigen sich ausführlich mit den Themen, die wir in diesem Kapitel behandelt haben. Aktuelle Forschungsarbeiten über probabilistisches Schlussfolgern erscheinen sowohl in den wichtigsten KI-Zeitschriften wie *Artificial Intelligence* und dem *Journal of AI Research* als auch in spezielleren Magazinen wie dem *International Journal of Approximate Reasoning*. Viele Aufsätze über grafische Modelle, zu denen auch Bayes'sche Netze gehören, erscheinen in statistischen Fachzeitschriften. Die Proceedings der UAI (*Uncertainty in Artificial Intelligence*), NeurIPS (*Neural Information Processing Systems*) und AISTATS (*Artificial Intelligence and Statistics*) sind ausgezeichnete Informationsquellen zum Stand der aktuellen Forschung.

Probabilistisches Schlussfolgern über die Zeit

14

In diesem Kapitel versuchen wir, die Gegenwart zu interpretieren, die Vergangenheit zu verstehen und, soweit möglich, die Zukunft vorherzusagen, auch wenn diesbezüglich noch große Unklarheit herrscht.

Agenten in teilweise beobachtbaren Umgebungen müssen den aktuellen Zustand verfolgen können, zumindest soweit es ihre Sensoren erlauben. In Abschnitt 4.4 haben wir eine Methodik hierfür vorgestellt: Ein Agent verwaltet einen **Wissenszustand**, der alle derzeit möglichen Zustände der Welt repräsentiert. Dem Wissenszustand und einem **Transitionsmodell** kann der Agent dann entnehmen, wie sich die Welt im nächsten Zeitschritt entwickeln könnte. Anhand der beobachteten Wahrnehmungen und einem **Sensormodell** kann der Agent den Wissenszustand aktualisieren. Dies ist ein weit verbreitetes Konzept: In Kapitel 4 wurden Wissenszustände durch explizit aufgezählte Zustandsmengen dargestellt, während sie in den Kapiteln 7 und 11 durch logische Formeln repräsentiert wurden. Diese Ansätze gingen bei der Definition der Wissenszustände davon aus, welche Weltzustände *möglich* sind, konnten aber nichts darüber sagen, welche Zustände *wahrscheinlich* oder *unwahrscheinlich* sind. In diesem Kapitel bedienen wir uns der Wahrscheinlichkeitstheorie, um den Grad der Überzeugung (Wissensgrad) für die Elemente des Wissenszustands zu quantifizieren.

Wie wir in Abschnitt 14.1 zeigen, wird die Zeit genauso behandelt wie in Kapitel 7: Eine sich ändernde Welt wird mit Variablen modelliert, die jeweils einen Aspekt des Weltzustands *zu jedem Zeitpunkt* repräsentieren. Das Transitions- und das Sensormodell können unsicher sein: Das Transitionsmodell beschreibt die Wahrscheinlichkeitsverteilung der Variablen zum Zeitpunkt t, wobei der Zustand der Welt zu vergangenen Zeitpunkten gegeben ist, während das Sensormodell die Wahrscheinlichkeit jeder Wahrnehmung zum Zeitpunkt t beschreibt, wobei der aktuelle Zustand der Welt gegeben ist. Abschnitt 14.2 definiert die grundlegenden Inferenzaufgaben und beschreibt die allgemeine Struktur von Inferenzalgorithmen für Zeitmodelle. Anschließend beschreiben wir drei spezielle Modellarten: **Hidden-Markov-Modelle**, **Kalman-Filter** und **dynamische Bayes'sche Netze** (welche Hidden-Markov-Modelle und Kalman-Filter als Spezialfälle enthalten).

14.1 Zeit und Unsicherheit

Wir haben unsere Techniken für probabilistisches Schlussfolgern im Kontext *statischer* Welten entwickelt, in denen jede Zufallsvariable nur einen festen Wert hat. Wenn wir z. B. ein Auto reparieren, gehen wir davon aus, dass alles, was defekt ist, während des Diagnoseprozesses defekt bleibt; unsere Aufgabe ist es, den Zustand des Autos aus beobachteter, ebenfalls feststehender Evidenz abzuleiten.

Betrachten wir nun ein etwas anderes Problem: die Behandlung eines Diabetikers. Wie bei der Autoreparatur verfügen wir über Evidenz wie die letzten Insulindosen, Nahrungsaufnahme, Blutzuckermessungen und andere physische Merkmale. Die Aufgabe besteht darin, den aktuellen Zustand des Patienten zu beurteilen, einschließlich des aktuellen Blutzuckerspiegels und des Insulinspiegels. Anhand dieser Informationen können wir eine Entscheidung über die Nahrungsaufnahme und Insulindosis des Patienten treffen. Im Gegensatz zur Autoreparatur spielen hier die *dynamischen* Aspekte des Problems eine wichtige Rolle. Blutzuckerwerte und deren Messungen können sich im Laufe der Zeit schnell ändern, abhängig von der letzten Nahrungsaufnahme und Insulindosis, der Stoffwechselaktivität, der Tageszeit und so weiter. Um den aktuellen Zustand aus der Historie der Evidenzen zu beurteilen und die Ergebnisse von Behandlungsmaßnahmen vorherzusagen, müssen wir diese Änderungen nachbilden.

Die gleichen Überlegungen stellen wir in vielen anderen Kontexten an, z. B. wenn wir die Position eines Roboters nachverfolgen, die wirtschaftlichen Aktivitäten eines Lands beobachten oder versuchen, eine gesprochene oder geschriebene Folge von Wörtern zu verstehen. Wie lassen sich dynamische Situationen wie diese nachbilden?

14.1.1 Zustände und Beobachtungen

In diesem Kapitel behandeln wir **zeitdiskrete** Modelle, in denen die Welt als eine Folge von Momentaufnahmen oder **Zeitscheiben** betrachtet wird.[1] Dabei werden die Zeitscheiben einfach mit 0, 1, 2 usw. durchnummeriert, anstatt ihnen bestimmte Zeiten zuzuordnen. Normalerweise gehen wir davon aus, dass das Zeitintervall Δ zwischen den einzelnen Zeitscheiben immer gleich groß ist. Für jede Anwendung muss ein bestimmter Wert für Δ gewählt werden. Manchmal wird er vom Sensor vorgegeben, z. B. liefert eine Videokamera Bilder in Intervallen von einer dreißigstel Sekunde. In anderen Fällen wird das Intervall von den typischen Änderungsraten der relevanten Variablen diktiert; im Falle der Blutzuckermessung können sich die Dinge beispielsweise im Laufe von zehn Minuten stark ändern, sodass ein einminütiges Intervall angemessen erscheint. Bei der Modellierung der Kontinentalverschiebung über die geologische Zeit könnte dagegen ein Intervall von einer Million Jahren vertretbar sein.

Jede Zeitscheibe in einem zeitdiskreten Wahrscheinlichkeitsmodell enthält eine Menge von Zufallsvariablen, von denen einige beobachtbar sind und einige nicht. Der Einfachheit halber nehmen wir an, dass in jeder Zeitscheibe dieselbe Teilmenge von Variablen beobachtbar ist (obwohl dies in den folgenden Ausführungen nicht unbedingt erforderlich ist). Wir verwenden $\mathbf{X}_t$ für die Menge der Zustandsvariablen zum Zeitpunkt t, die für unbeobachtbar gehalten werden, und $\mathbf{E}_t$ für die Menge der beobachtbaren Evidenzvariablen. Die Beobachtung zum Zeitpunkt t ist $\mathbf{E}_t = \mathbf{e}_t$ für eine Menge von Werten $\mathbf{e}_t$.

Betrachten Sie das folgende Beispiel: Sie sind ein Wachmann, der in einer geheimen unterirdischen Anlage stationiert ist. Sie wollen wissen, ob es heute regnet, aber Ihr einziger Kontakt zur Außenwelt ist der Direktor, den Sie jeden Morgen mit oder ohne Regenschirm kommen sehen. Für jeden Tag t enthält die Menge $\mathbf{E}_t$ also eine einzige Evidenzvariable $Regenschirm_t$ oder oder kurz U_t (für den Fall, dass der Regenschirm (*umbrella*) erscheint), und die Menge $\mathbf{X}_t$ enthält eine einzige Zustandsvariable $Regen_t$ oder kurz R_t (für den Fall, dass es regnet). Andere Probleme können größere Mengen von Variablen beinhalten. Im Diabetes-Beispiel könnten die Evidenzvariablen $GemessenerBlutzucker_t$ und $Pulsrate_t$ lauten, während die Zustandsvariablen Namen tragen könnten wie $Blutzucker_t$ und $Mageninhalt_t$. (Beachten Sie, dass $Blutzucker_t$ und $GemessenerBlutzucker_t$ nicht dieselbe Variable ist; so gehen wir mit verrauschten Messungen von tatsächlichen Mengen um).

Wir nehmen an, dass die Zustandsfolge bei $t = 0$ beginnt und die Evidenz bei $t = 1$ eintritt. Unsere Regenschirmwelt wird also durch die Zustandsvariablen $R_0, R_1, R_2, \ldots$ und die Evidenzvariablen $U_1, U_2, \ldots$ dargestellt. Wir verwenden die Notation $a{:}b$, um die Folge der ganzen Zahlen von a bis einschließlich b zu bezeichnen, und die Notation $\mathbf{X}_{a:b}$, um die Menge der Variablen von $\mathbf{X}_a$ bis einschließlich $\mathbf{X}_b$ zu bezeichnen. So entspricht z. B. $U_{1:3}$ den Variablen U_1, U_2, U_3. (Beachten Sie, dass sich diese Notation von der unterscheidet, die in Programmiersprachen wie Python und Go verwendet wird, da dort `U[1:3]` die Variable `U[3]` *nicht* einschließen würde).

14.1.2 Transitions- und Sensormodelle

Nachdem die Menge der Zustands- und Evidenzvariablen für ein gegebenes Problem festgelegt wurde, besteht der nächste Schritt darin zu spezifizieren, wie sich die Welt entwickelt (das Transitionsmodell) und wie die Evidenzvariablen ihre Werte erhalten (das Sensormodell).

Das Transitionsmodell gibt die Wahrscheinlichkeitsverteilung über die neuesten Zustandsvariablen bei gegebenen vorherigen Werten an, d. h. $\mathbf{P}(\mathbf{X}_t \mid \mathbf{X}_{0:t-1})$. Damit stehen wir vor einem

1 Unsicherheit über *stetige* Zeit kann durch **stochastische Differenzialgleichungen** (SDE) modelliert werden. Die in diesem Kapitel untersuchten Modelle können als zeitdiskrete Annäherungen an diese Gleichungen betrachtet werden.

Problem: Die Menge $\mathbf{X}_{0:t-1}$ ist mit zunehmendem t unbeschränkt groß. Wir lösen das Problem mit einer **Markov-Annahme** – derzufolge der aktuelle Zustand nur von einer *endlichen, festen Anzahl* von vorherigen Zuständen abhängt. Prozesse, die diese Annahme erfüllen, wurden erstmals von dem Statistiker Andrej Markov (1856–1922) eingehend untersucht und werden **Markov-Prozesse** oder **Markov-Ketten** genannt. Es gibt sie in verschiedenen Varianten; die einfachste ist der **Markov-Prozess erster Ordnung**, bei dem der aktuelle Zustand nur vom vorherigen Zustand abhängt und nicht von früheren Zuständen. Mit anderen Worten, ein Zustand liefert genügend Informationen, um die Zukunft bedingt unabhängig von der Vergangenheit zu machen, was uns folgende Gleichung beschert:

$$\mathbf{P}(\mathbf{X}_t \mid \mathbf{X}_{0:t-1}) = \mathbf{P}(\mathbf{X}_t \mid \mathbf{X}_{t-1}) \tag{14.1}$$

Für einen Markov-Prozess erster Ordnung ist das Transitionsmodell also die bedingte Verteilung $\mathbf{P}(\mathbf{X}_t \mid \mathbf{X}_{t-1})$, während das Transitionsmodell für einen Markov-Prozess zweiter Ordnung die bedingte Verteilung $\mathbf{P}(\mathbf{X}_t \mid \mathbf{X}_{t-2}, \mathbf{X}_{t-1})$ ist. ► Abbildung 14.1 zeigt die Bayes'schen Netzstrukturen für die Markov-Prozesse erster und zweiter Ordnung.

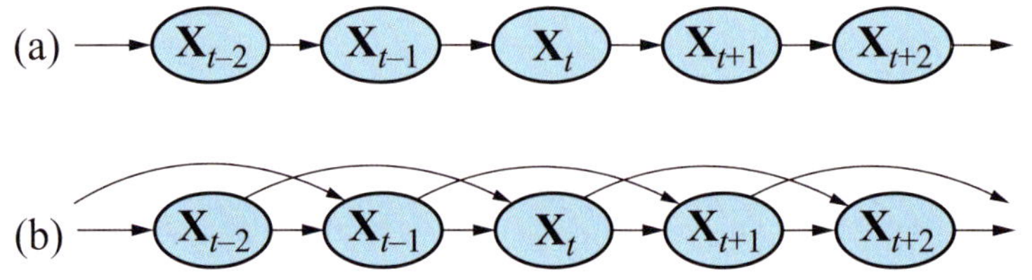

Abbildung 14.1: (a) Bayes'sche Netzwerkstruktur, die einem Markov-Prozess erster Ordnung entspricht, wobei der Zustand durch die Variablen $\mathbf{X}_t$ definiert ist. (b) Ein Markov-Prozess zweiter Ordnung.

Selbst mit der Markov-Annahme gibt es noch ein Problem: Es gibt unendlich viele mögliche Werte für t. Müssen wir für jeden Zeitschritt eine andere Verteilung angeben? Wir umgehen dieses Problem, indem wir annehmen, dass Änderungen des Weltzustands durch einen **zeithomogenen** Prozess verursacht werden, d. h. durch einen Änderungsprozess, der Gesetzen unterliegt, die sich selbst nicht über die Zeit ändern. In der Regenschirmwelt ist folglich die bedingte Regenwahrscheinlichkeit $\mathbf{P}(R_t \mid R_{t-1})$ für alle t gleich und wir müssen nur eine bedingte Wahrscheinlichkeitstabelle angeben.

Kommen wir nun zum Sensormodell. Die Evidenzvariablen $\mathbf{E}_t$ *könnten* sowohl von früheren Variablen als auch von den aktuellen Zustandsvariablen abhängen, doch jeder halbwegs taugliche Zustand sollte genügen, um die aktuellen Sensorwerte zu erzeugen. Unsere **Sensor-Markov-Annahme** lautet also wie folgt:

$$\mathbf{P}(\mathbf{E}_t \mid \mathbf{X}_{0:t}, \mathbf{E}_{1:t-1}) = \mathbf{P}(\mathbf{E}_t \mid \mathbf{X}_t) \tag{14.2}$$

$\mathbf{P}(\mathbf{E}_t \mid \mathbf{X}_t)$ ist somit unser Sensormodell (manchmal auch **Beobachtungsmodell** genannt). ► Abbildung 14.2 zeigt sowohl das Transitionsmodell als auch das Sensormodell für das Regenschirmbeispiel. Beachten Sie die Richtung der Abhängigkeiten zwischen Zustand und Sensoren. Die Pfeile gehen vom aktuellen Zustand der Welt zu den Sensorwerten, weil der Zustand der Welt *bewirkt*, dass die Sensoren bestimmte Werte annehmen: Der Regen *bewirkt*, dass der Regenschirm zum Einsatz kommt. (Der Inferenzprozess verläuft natürlich in die andere Richtung; die Unterscheidung zwischen der Richtung der modellierten Abhängigkeiten und der Richtung der Inferenz ist einer der Hauptvorteile von Bayes'schen Netzen).

Zusätzlich zu den Transitions- und Sensormodellen müssen wir angeben, wie alles beginnt – die A-priori-Wahrscheinlichkeitsverteilung zum Zeitpunkt 0, $\mathbf{P}(\mathbf{X}_0)$. Damit haben wir unter

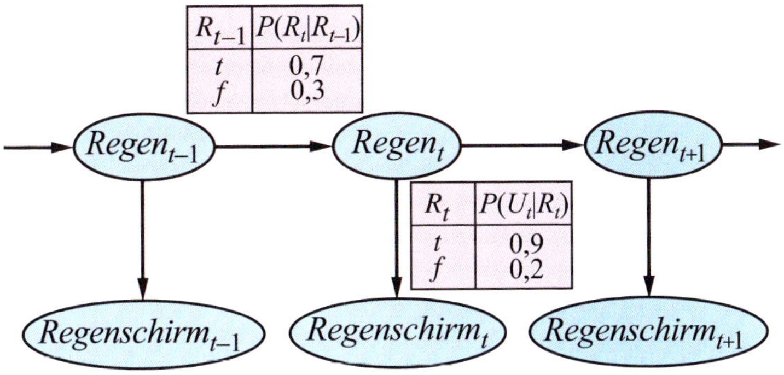

Abbildung 14.2: Bayes'sche Netzstruktur und bedingte Verteilungen, die die Regenschirmwelt beschreiben. Das Transitionsmodell lautet $\mathbf{P}(Regen_t \mid Regen_{t-1})$ und das Sensormodell $\mathbf{P}(Regenschirm_t \mid Regen_t)$. Bitte beachten Sie, dass sich die Werte in den Spalten nicht zwangsläufig zu 1 aufsummieren müssen.

Verwendung von Gleichung (13.2) eine Spezifikation der vollständigen gemeinsamen Verteilung über alle Variablen. Für jeden Zeitschritt *t* gilt:

$$\mathbf{P}(\mathbf{X}_{0:t}, \mathbf{E}_{1:t}) = \mathbf{P}(\mathbf{X}_0) \prod_{i=1}^{t} \mathbf{P}(\mathbf{X}_i \mid \mathbf{X}_{i-1})\, \mathbf{P}(\mathbf{E}_i \mid \mathbf{X}_i) \tag{14.3}$$

Die drei Terme auf der rechten Seite beschreiben das anfängliche Zustandsmodell $\mathbf{P}(\mathbf{X}_0)$, das Transitionsmodell $\mathbf{P}(\mathbf{X}_i \mid \mathbf{X}_{i-1})$ und das Sensormodell $\mathbf{P}(\mathbf{E}_i \mid \mathbf{X}_i)$. Diese Gleichung definiert die Semantik der Familie der Zeitmodelle, die durch die drei Terme ausgedrückt werden. Beachten Sie, dass standardmäßige Bayes'sche Netze solche Modelle nicht repräsentieren können, weil sie eine endliche Menge von Variablen voraussetzen. Die Fähigkeit, eine unendliche Menge von Variablen zu verarbeiten, basiert auf zwei Faktoren: erstens auf Verwendung ganzzahliger Indizes bei der Definition der unendlichen Menge und zweitens auf der Verwendung der impliziten Allquantifizierung (siehe Abschnitt 8.2) zur Definition der Sensor- und Transitionsmodelle für jeden Zeitschritt.

Die Struktur in ► Abbildung 14.2 ist ein Markov-Prozess erster Ordnung – die Regenwahrscheinlichkeit hängt der Annahme nach nur davon ab, ob es am Vortag geregnet hat. Ob eine solche Annahme sinnvoll ist, hängt von der Domäne selbst ab. Die Markov-Annahme erster Ordnung besagt, dass die Zustandsvariablen *alle* Informationen enthalten, die zur Charakterisierung der Wahrscheinlichkeitsverteilung für die nächste Zeitscheibe erforderlich sind. Manchmal ist die Annahme genau zutreffend; wenn z. B. ein Partikel einen Random Walk entlang der x-Achse ausführt und seine Position bei jedem Zeitschritt um ± 1 ändert, dann folgt aus der Verwendung der x-Koordinate als Zustand ein Markov-Prozess erster Ordnung. Manchmal handelt es sich bei der Annahme nur um eine Schätzung, wie im Fall der Regenvorhersage, die nur darauf basiert, ob es am Vortag geregnet hat. Es gibt zwei Möglichkeiten, die Genauigkeit der Näherung zu verbessern:

1. Erhöhen der Ordnung des Markov-Prozessmodells. Wir könnten zum Beispiel ein Modell zweiter Ordnung erstellen, indem wir $Regen_{t-2}$ als Elternknoten von $Regen_t$ hinzufügen, was etwas genauere Vorhersagen liefern könnte. Zum Beispiel regnet es in Palo Alto, Kalifornien, sehr selten mehr als zwei Tage hintereinander.

2. Erhöhen der Menge der Zustandsvariablen. Zum Beispiel könnten wir $Jahreszeit_t$ hinzufügen, um historische Aufzeichnungen regenreicher Jahreszeiten berücksichtigen zu können, oder wir könnten $Temperatur_t$, $Feuchtigkeit_t$ und $Druck_t$ (gegebenenfalls an mehreren Orten) hinzufügen, um ein physisches Modell der Regenbedingungen zur Verfügung zu haben.

In Übung 15.1 auf der Website sollen Sie zeigen, dass die erste Lösung – die Erhöhung der Ordnung – immer auch so umformuliert werden kann, dass die Menge der Zustandsvariablen vergrößert wird und die Ordnung konstant bleibt. Beachten Sie, dass das Hinzufügen von Zustandsvariablen zwar die Vorhersagekraft des Systems verbessert, aber auch die *Anforderungen* an die Vorhersage erhöht: Wir müssen jetzt auch die neuen Variablen vorhersagen. Wir suchen also nach einer „selbstgenügenden" (im Sinne von „inhaltlich abgeschlossen") Menge von Variablen, was bedeutet, dass wir unbedingt die „Physik" des zu modellierenden Prozesses verstehen müssen. Die Anforderung an eine genaue Modellierung des Prozesses wird natürlich geringer, wenn wir neue Sensoren hinzufügen können (z. B. Messungen von Temperatur und Druck), die direkt Informationen über die neuen Zustandsvariablen liefern.

Betrachten wir zum Beispiel das Problem, einen Roboter zu verfolgen, der sich auf einem Zufallspfad in der X-Y-Ebene bewegt. Man könnte vorschlagen, dass die Position und die Geschwindigkeit eine ausreichende Menge von Zustandsvariablen sind: Mithilfe der Newton'schen Gesetze lässt sich die neue Position leicht berechnen, und die Geschwindigkeit kann sich unvorhersehbar ändern. Ist der Roboter jedoch batteriebetrieben, dann hätte die Ladekapazität der Batterie systematische Auswirkungen auf die Geschwindigkeitsänderung. Da dies wiederum davon abhängt, wie viel Energie durch alle vorherigen Bewegungen verbraucht wurde, ist die Markov-Eigenschaft verletzt.

Wir können die Markov-Eigenschaft wiederherstellen, indem wir den Ladezustand $Batterie_t$ als eine der Zustandsvariablen von $\mathbf{X}_t$ einführen. Dies hilft bei der Vorhersage der Bewegung des Roboters, erfordert aber wiederum ein Modell zur Vorhersage von $Batterie_t$ aus $Batterie_{t-1}$ und der Geschwindigkeit. In einigen Fällen kann dies zuverlässig erfolgen, aber häufiger stellt man fest, dass sich die Fehler mit der Zeit akkumulieren. In diesem Fall kann die Genauigkeit durch *Hinzufügen eines neuen Sensors* für den Batteriezustand verbessert werden. Wir werden in Abschnitt 14.5 das Batteriebeispiel noch einmal aufgreifen.

14.2 Inferenz in Zeitmodellen

Nachdem wir die Struktur eines generischen Zeitmodells festgelegt haben, können wir die grundlegenden Inferenzaufgaben formulieren, die gelöst werden müssen:

- **Filterung**[2] oder **Zustandsschätzung** ist die Aufgabe, den **Wissenszustand** $\mathbf{P}(\mathbf{X}_t \mid \mathbf{e}_{1:t})$ zu berechnen – die A-posteriori-Verteilung über den letzten Zustand, wenn alle bisherigen Evidenzen gegeben sind. Im Regenschirmbeispiel würde dies bedeuten, die heutige Regenwahrscheinlichkeit zu berechnen unter Berücksichtigung aller bisher gemachten Regenschirmbeobachtungen. Filtern ist das, was ein rationaler Agent macht, um den Überblick über den aktuellen Zustand zu behalten, damit rationale Entscheidungen getroffen werden können. Es stellt sich heraus, dass eine fast identische Berechnung die Likelihood der Evidenzfolge $P(\mathbf{e}_{1:t})$ als Ergebnis liefert.
- **Vorhersage**: Dies ist die Aufgabe, die A-posteriori-Verteilung über den *zukünftigen* Zustand zu berechnen, wenn alle bisherigen Evidenzen gegeben sind. Das heißt, wir möchten $\mathbf{P}(\mathbf{X}_{t+k} \mid \mathbf{e}_{1:t})$ für irgendein $k > 0$ berechnen. Im Beispiel mit dem Regenschirm könnte dies bedeuten, dass wir die Regenwahrscheinlichkeit in drei Tagen berechnen, wenn alle bisherigen Beobachtungen gegeben sind. Die Vorhersage ist nützlich, um mögliche Aktionsfolgen auf der Grundlage ihrer erwarteten Ergebnisse zu bewerten.
- **Glätten**: Dies ist die Aufgabe, die A-posteriori-Verteilung über einen *vergangenen* Zustand zu berechnen, wenn alle Evidenzen bis zum gegenwärtigen Zeitpunkt gegeben sind. Das

2 Der Begriff „Filterung" verweist auf die Wurzeln dieses Problems in frühen Arbeiten zur Signalverarbeitung, wo das Problem darin bestand, das Rauschen in einem Signal herauszufiltern, indem dessen zugrunde liegende Eigenschaften geschätzt wurden.

heißt, wir möchten $\mathbf{P}(\mathbf{X}_k \mid \mathbf{e}_{1:t})$ für irgendein k berechnen, sodass $0 \leq k < t$. Im Regenschirmbeispiel könnte das bedeuten, die Wahrscheinlichkeit zu berechnen, dass es letzten Mittwoch geregnet hat, wenn alle Beobachtungen des Regenschirmhalters bis zum heutigen Tag gegeben sind. Die Glättung liefert eine bessere Schätzung des Zustands zum Zeitpunkt k als zu diesem Zeitpunkt verfügbar war, weil sie mehr Evidenzen einbezieht.[3]

- **Wahrscheinlichste Erklärung**: Für eine gegebene Beobachtungsfolge möchten wir die Zustandsfolge ermitteln, die diese Beobachtungen am wahrscheinlichsten erzeugt hat. Das heißt, wir möchten $\text{argmax}_{\mathbf{x}_{1:t}} P(\mathbf{x}_{1:t} \mid \mathbf{e}_{1:t})$ berechnen. Wenn beispielsweise der Regenschirm an jedem der ersten drei Tage erscheint und am vierten Tag fehlt, dann ist die wahrscheinlichste Erklärung, dass es an den ersten drei Tagen geregnet hat und am vierten Tag nicht. Algorithmen für diese Aufgabe sind in vielen Anwendungen nützlich, beispielsweise bei der Spracherkennung – wo das Ziel darin besteht, die wahrscheinlichste Wortfolge in einer gegebenen Folge von Geräuschen zu ermitteln – und bei der Rekonstruktion von Bitstrings, die über einen verrauschten Kanal übertragen werden.

Zusätzlich haben wir es noch mit folgender Inferenzaufgabe zu tun:

- **Lernen**: Die Transitions- und Sensormodelle können, sofern sie noch nicht bekannt sind, aus Beobachtungen gelernt werden. Genau wie bei statischen Bayes'schen Netzen kann das Lernen von dynamischen Bayes'schen Netzen als Nebenprodukt der Inferenz erfolgen. Die Inferenz liefert eine Schätzung darüber, welche Übergänge tatsächlich stattgefunden und welche Zustände die Sensormesswerte erzeugt haben. Diese Schätzungen können zum Lernen der Modelle herangezogen werden. Der Lernprozess kann über einen iterativen Aktualisierungsalgorithmus erfolgen, der Erwartung-und-Maximierung oder EM genannt wird, oder er kann aus einer Bayes'schen Aktualisierung der Modellparameter bei gegebenen Evidenzen resultieren. In Kapitel 20 wird dieses Thema vertieft.

Der Rest dieses Abschnitts beschreibt generische Algorithmen für die vier Inferenzaufgaben, unabhängig von der konkreten Art des verwendeten Modells. Die modellspezifischen Verbesserungen werden in den nachfolgenden Abschnitten beschrieben.

14.2.1 Filterung und Vorhersagen

Wie wir in Abschnitt 7.7.3 gesehen haben, muss ein nützlicher Filteralgorithmus eine aktuelle Zustandsschätzung verarbeiten und sie aktualisieren, anstatt bei jeder Aktualisierung den gesamten Verlauf der Perzepte erneut zu durchlaufen. (Andernfalls steigen im Laufe der Zeit die Kosten mit jeder Aktualisierung.) Mit anderen Worten: Wenn das Ergebnis der Filterung bis zum Zeitpunkt t gegeben ist, muss der Agent das Ergebnis für $t+1$ aus der neuen Evidenz $\mathbf{e}_{t+1}$ berechnen. Wir erhalten

$$\mathbf{P}(\mathbf{X}_{t+1} \mid \mathbf{e}_{1:t+1}) = f(\mathbf{e}_{t+1}, \mathbf{P}(\mathbf{X}_t \mid \mathbf{e}_{1:t}))$$

für eine Funktion f. Dieser Vorgang wird **rekursive Schätzung** genannt (siehe auch Abschnitte 4.4 und 7.7.3). Genau genommen besteht die Berechnung aus zwei Teilen: Zunächst wird die aktuelle Zustandsverteilung von t weiter auf $t+1$ projiziert und dann wird sie unter Verwendung der neuen Evidenz $\mathbf{e}_{t+1}$ aktualisiert. Dieser zweiteilige Prozess ergibt sich fast automatisch, wenn die Formel umgestellt wird:

$$\begin{aligned}
\mathbf{P}(\mathbf{X}_{t+1} \mid \mathbf{e}_{1:t+1}) &= \mathbf{P}(\mathbf{X}_{t+1} \mid \mathbf{e}_{1:t}, \mathbf{e}_{t+1}) && \text{(die Evidenz aufteilen)} \\
&= \alpha\, \mathbf{P}(\mathbf{e}_{t+1} \mid \mathbf{X}_{t+1}, \mathbf{e}_{1:t})\, \mathbf{P}(\mathbf{X}_{t+1} \mid \mathbf{e}_{1:t}) && \text{(mithilfe der Bayes'schen Regel, gegeben } \mathbf{e}_{1:t}\text{)} \\
&= \alpha\, \underbrace{\mathbf{P}(\mathbf{e}_{t+1} \mid \mathbf{X}_{t+1})}_{\text{Aktualisierung}}\, \underbrace{\mathbf{P}(\mathbf{X}_{t+1} \mid \mathbf{e}_{1:t})}_{\text{Vorhersage}} && \text{(durch die Sensor-Markov-Annahme)}
\end{aligned} \tag{14.4}$$

3 Insbesondere bei der Verfolgung eines sich bewegenden Objekts mit ungenauen Positionsbeobachtungen liefert das Glätten eine gleichmäßigere geschätzte Bewegungsbahn als das Filtern.

Hier und im gesamten Kapitel ist α eine Normalisierungskonstante, die dazu dient, die Wahrscheinlichkeiten zu 1 aufzusummieren. Jetzt setzen wir einen Ausdruck für die einstufige Vorhersage $\mathbf{P}(\mathbf{X}_{t+1} \mid \mathbf{e}_{1:t})$ ein, die wir durch Konditionierung auf den aktuellen Zustand $\mathbf{X}_t$ erhalten haben. Die resultierende Gleichung für die neue Zustandsschätzung ist das zentrale Ergebnis in diesem Kapitel:

$$\begin{aligned}\mathbf{P}(\mathbf{X}_{t+1} \mid \mathbf{e}_{1:t+1}) &= \alpha\, \mathbf{P}(\mathbf{e}_{t+1} \mid \mathbf{X}_{t+1}) \sum_{\mathbf{x}_t} \mathbf{P}(\mathbf{X}_{t+1} \mid \mathbf{x}_t, \mathbf{e}_{1:t}) P(\mathbf{x}_t \mid \mathbf{e}_{1:t}) \\ &= \alpha\, \underbrace{\mathbf{P}(\mathbf{e}_{t+1} \mid \mathbf{X}_{t+1})}_{\text{Sensormodell}} \sum_{\mathbf{x}_t} \underbrace{\mathbf{P}(\mathbf{X}_{t+1} \mid \mathbf{x}_t)}_{\text{Transitionsmodell}}\ \underbrace{P(\mathbf{x}_t \mid \mathbf{e}_{1:t})}_{\text{Rekursion}} \quad \text{(Markov-Annahme)} \quad (14.5)\end{aligned}$$

In diesem Ausdruck stammen alle Terme entweder aus dem Modell oder aus der vorangegangenen Zustandsschätzung. Damit haben wir also die gewünschte rekursive Formulierung. Wir können uns die gefilterte Schätzung $\mathbf{P}(\mathbf{X}_t \mid \mathbf{e}_{1:t})$ als eine „Nachricht" $\mathbf{f}_{1:t}$ vorstellen, die entlang der Folge weitergegeben (propagiert), bei jedem Übergang modifiziert und durch jede neue Beobachtung aktualisiert wird. Der Prozess ist gegeben durch

$$\mathbf{f}_{1:t+1} = \text{FORWARD}(\mathbf{f}_{1:t}, \mathbf{e}_{t+1}) ,$$

wobei FORWARD die in Gleichung (14.5) beschriebene Aktualisierung implementiert und der Prozess mit $\mathbf{f}_{1:0} = \mathbf{P}(\mathbf{X}_0)$ beginnt. Wenn alle Zustandsvariablen diskret sind, ist die Zeit für jede Aktualisierung konstant (d. h. unabhängig von t), ebenso wie der benötigte Speicherplatz. (Die Konstanten hängen natürlich von der Größe des Zustandsraums und dem spezifischen Typ des betreffenden zeitlichen Modells ab.) *Die Zeit- und Speicheranforderungen für die Aktualisierung müssen konstant sein, wenn ein endlicher Agent die aktuelle Zustandsverteilung unendlich lange verfolgen soll.*

Lassen Sie uns den Filterprozess für zwei Schritte im einfachen Regenschirmbeispiel (► Abbildung 14.2) veranschaulichen. Das heißt, wir berechnen $\mathbf{P}(R_2 \mid u_{1:2})$ wie folgt:

- Am Tag 0 gibt es noch keine Beobachtungen, sondern nur das A-priori-Wissen des Wachmanns; nehmen wir an, dieses Wissen besteht aus $\mathbf{P}(R_0) = \langle 0{,}5;\ 0{,}5 \rangle$.
- Am Tag 1 wurde der Regenschirm mitgenommen, also ist $U_1 = wahr$. Die Vorhersage von $t = 0$ bis $t = 1$ lautet:

  $$\begin{aligned}\mathbf{P}(R_1) &= \sum_{r_0} \mathbf{P}(R_1 \mid r_0) P(r_0) \\ &= \langle 0{,}7;\ 0{,}3 \rangle \times 0{,}5 + \langle 0{,}3;\ 0{,}7 \rangle \times 0{,}5 = \langle 0{,}5;\ 0{,}5 \rangle\end{aligned}$$

  Dann wird im Aktualisierungsschritt einfach mit der Wahrscheinlichkeit der Evidenz für $t = 1$ multipliziert und normalisiert, wie in Gleichung (14.4) gezeigt:

  $$\begin{aligned}\mathbf{P}(R_1 \mid u_1) &= \alpha\, \mathbf{P}(u_1 \mid R_1) \mathbf{P}(R_1) = \alpha\, \langle 0{,}9;\ 0{,}2 \rangle \langle 0{,}5;\ 0{,}5 \rangle \\ &= \alpha\, \langle 0{,}45;\ 0{,}1 \rangle \approx \langle 0{,}818;\ 0{,}182 \rangle\end{aligned}$$

- Am Tag 2 wurde der Regenschirm mitgenommen, also ist $U_2 = wahr$. Die Vorhersage von $t = 1$ bis $t = 2$ lautet

  $$\begin{aligned}\mathbf{P}(R_2 \mid u_1) &= \sum_{r_1} \mathbf{P}(R_2 \mid r_1) P(r_1 \mid u_1) \\ &= \langle 0{,}7;\ 0{,}3 \rangle \times 0{,}818 + \langle 0{,}3;\ 0{,}7 \rangle \times 0{,}182 \approx \langle 0{,}627;\ 0{,}373 \rangle\end{aligned}$$

  und die Aktualisierung mit der Evidenz für $t = 2$ ergibt:

  $$\begin{aligned}\mathbf{P}(R_2 \mid u_1, u_2) &= \alpha\, \mathbf{P}(u_2 \mid R_2) \mathbf{P}(R_2 \mid u_1) = \alpha\, \langle 0{,}9;\ 0{,}2 \rangle \langle 0{,}627;\ 0{,}373 \rangle \\ &= \alpha\, \langle 0{,}565;\ 0{,}075 \rangle \approx \langle 0{,}883;\ 0{,}117 \rangle\end{aligned}$$

Intuitiv nimmt die Regenwahrscheinlichkeit von Tag 1 zu Tag 2 zu, weil der Regen andauert. In Übung 15.2 (1) auf der Website können Sie diese Tendenz näher untersuchen.

Die Aufgabe der **Vorhersage** kann einfach als Filterung ohne das Hinzufügen neuer Evidenzen betrachtet werden. Tatsächlich beinhaltet der Filterprozess bereits eine einstufige Vorhersage und man kann leicht die folgende rekursive Berechnung für die Vorhersage des Zustands bei $t + k + 1$ aus einer Vorhersage für $t + k$ ableiten:

$$\mathbf{P}(\mathbf{X}_{t+k+1} \mid \mathbf{e}_{1:t}) = \sum_{\mathbf{x}_{t+k}} \underbrace{\mathbf{P}(\mathbf{X}_{t+k+1} \mid \mathbf{x}_{t+k})}_{\text{Transitionsmodell}} \underbrace{P(\mathbf{x}_{t+k} \mid \mathbf{e}_{1:t})}_{\text{Rekursion}} \qquad (14.6)$$

Selbstverständlich betrifft diese Berechnung nur das Transitionsmodell und nicht das Sensormodell.

Interessant ist, was passiert, wenn wir versuchen, immer weiter in die Zukunft vorherzusagen. Wie Übung 15.2 (2) auf der Website zeigt, konvergiert die vorhergesagte Verteilung für Regen gegen einen Fixpunkt $\langle 0{,}5;\ 0{,}5\rangle$, um anschließend für immer konstant zu bleiben.[4] Dies ist die **stationäre Verteilung** des Markov-Prozesses; sie wird durch das Transitionsmodell definiert (siehe auch S. 505). Wir wissen bereits eine ganze Menge über die Eigenschaften solcher Verteilungen und über die **Mischzeit** – grob gesagt, die Zeit bis zum Erreichen des Fixpunkts. In der Praxis bedeutet dies, dass jeder Versuch, den *tatsächlichen* Zustand für eine Reihe von Schritten vorherzusagen, die mehr als einen kleinen Bruchteil der Mischzeit ausmachen, zum Scheitern verurteilt ist, es sei denn, die stationäre Verteilung weist in einem kleinen Bereich des Zustandsraums eine steile Spitze auf. Je größer die Unsicherheit im Transitionsmodell, desto kürzer die Mischzeit und desto vager die Zukunft.

Zusätzlich zur Filterung und Vorhersage können wir auch eine Vorwärtsrekursion verwenden, um die **Likelihood** der Evidenzfolge $P(\mathbf{e}_{1:t})$ zu berechnen. Dies ist eine nützliche Größe, wenn wir verschiedene Zeitmodelle vergleichen wollen, die die gleiche Evidenzfolge erzeugt haben (z. B. zwei verschiedene Modelle für die Dauerhaftigkeit von Regen). Für diese Rekursion verwenden wir eine Likelihood-Nachricht $\boldsymbol{\ell}_{1:t}(\mathbf{X}_t) = \mathbf{P}(\mathbf{X}_t, \mathbf{e}_{1:t})$. Es lässt sich leicht zeigen, dass die Nachrichtenberechnung identisch mit der für Filterung ist:

$$\boldsymbol{\ell}_{1:t+1} = \text{FORWARD}(\boldsymbol{\ell}_{1:t}, \mathbf{e}_{t+1})$$

Nachdem wir $\boldsymbol{\ell}_{1:t}$ berechnet haben, erhalten wir die tatsächliche Likelihood durch Aussummieren von $\mathbf{X}_t$:

$$L_{1:t} = P(\mathbf{e}_{1:t}) = \sum_{\mathbf{x}_t} \boldsymbol{\ell}_{1:t}(\mathbf{x}_t) \qquad (14.7)$$

Beachten Sie, dass die Likelihood-Nachricht die Wahrscheinlichkeiten von mit der Zeit immer länger werdenden Evidenzfolgen repräsentiert und somit numerisch immer kleiner wird, was zu Unterlaufproblemen bei der Fließkommaarithmetik führt. Dies ist in der Praxis ein wichtiges Problem, wobei wir hier jedoch nicht auf Lösungen eingehen werden.

14.2.2 Glätten

Wie wir bereits festgestellt haben, ist Glätten der Prozess, der die Verteilung über vergangene Zustände bei gegebener Evidenz bis zur Gegenwart berechnet – also $\mathbf{P}(\mathbf{X}_k \mid \mathbf{e}_{1:t})$ für $0 \le k < t$ (► Abbildung 14.3). Unter Vorwegnahme eines anderen rekursiven Ansatzes zum Nachrichtenaustausch können wir die Berechnung in zwei Teile zerlegen – die Evidenz bis k und die

4 Wenn man einen beliebigen Tag $t = 0$ wählt, dann ist es sinnvoll, die A-priori-Verteilung $\mathbf{P}(Regen_0)$ so zu wählen, dass sie mit der stationären Verteilung übereinstimmt, weshalb wir $\langle 0{,}5;\ 0{,}5\rangle$ als A-priori-Verteilung gewählt haben. Hätten wir eine andere A-priori-Wahrscheinlichkeit gewählt, dann hätte die stationäre Verteilung immer noch $\langle 0{,}5;\ 0{,}5\rangle$ ergeben.

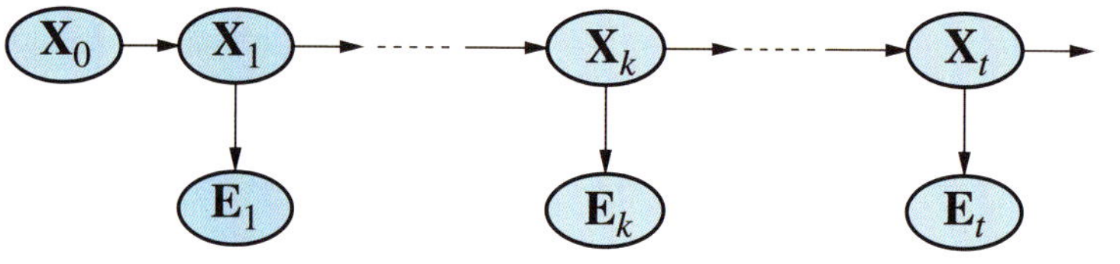

Abbildung 14.3: Die Glättung berechnet $\mathbf{P}(\mathbf{X}_k \mid \mathbf{e}_{1:t})$, die A-posteriori-Verteilung des Zustands zu einem vergangenen Zeitpunkt k bei einer gegebenen vollständigen Folge von Beobachtungen von 1 bis t.

Evidenz von $k+1$ bis t,

$$\begin{aligned}
\mathbf{P}(\mathbf{X}_k \mid \mathbf{e}_{1:t}) &= \mathbf{P}(\mathbf{X}_k \mid \mathbf{e}_{1:k}, \mathbf{e}_{k+1:t}) \\
&= \alpha\, \mathbf{P}(\mathbf{X}_k \mid \mathbf{e}_{1:k}) \mathbf{P}(\mathbf{e}_{k+1:t} \mid \mathbf{X}_k, \mathbf{e}_{1:k}) \quad \text{(mithilfe Bayes'scher Regel, gegeben } \mathbf{e}_{1:k}) \\
&= \alpha\, \mathbf{P}(\mathbf{X}_k \mid \mathbf{e}_{1:k}) \mathbf{P}(\mathbf{e}_{k+1:t} \mid \mathbf{X}_k) \quad \text{(mittels bedingter Unabhängigkeit)} \\
&= \alpha\, \mathbf{f}_{1:k} \times \mathbf{b}_{k+1:t}\,, \qquad (14.8)
\end{aligned}$$

wobei $\times$ für die punktweise Multiplikation von Vektoren steht. Hier haben wir analog zur Vorwärtsnachricht $\mathbf{f}_{1:k}$ eine „Rückwärtsnachricht" $\mathbf{b}_{k+1:t} = \mathbf{P}(\mathbf{e}_{k+1:t} \mid \mathbf{X}_k)$ definiert. Die Vorwärtsnachricht $\mathbf{f}_{1:k}$ kann durch Vorwärtsfiltern von 1 bis k berechnet werden, wie in Gleichung (14.5) angegeben. Es stellt sich heraus, dass die Rückwärtsnachricht $\mathbf{b}_{k+1:t}$ durch einen rekursiven Prozess berechnet werden kann, der von t *rückwärts* läuft:

$$\begin{aligned}
\mathbf{P}(\mathbf{e}_{k+1:t} \mid \mathbf{X}_k) &= \sum_{\mathbf{x}_{k+1}} \mathbf{P}(\mathbf{e}_{k+1:t} \mid \mathbf{X}_k, \mathbf{x}_{k+1}) \mathbf{P}(\mathbf{x}_{k+1} \mid \mathbf{X}_k) \quad \text{(konditioniert auf } \mathbf{X}_{k+1}) \\
&= \sum_{\mathbf{x}_{k+1}} P(\mathbf{e}_{k+1:t} \mid \mathbf{x}_{k+1}) \mathbf{P}(\mathbf{x}_{k+1} \mid \mathbf{X}_k) \quad \text{(durch bedingte Unabhängigkeit)} \\
&= \sum_{\mathbf{x}_{k+1}} P(\mathbf{e}_{k+1}, \mathbf{e}_{k+2:t} \mid \mathbf{x}_{k+1}) \mathbf{P}(\mathbf{x}_{k+1} \mid \mathbf{X}_k) \\
&= \sum_{\mathbf{x}_{k+1}} \underbrace{P(\mathbf{e}_{k+1} \mid \mathbf{x}_{k+1})}_{\text{Sensormodell}} \underbrace{P(\mathbf{e}_{k+2:t} \mid \mathbf{x}_{k+1})}_{\text{Rekursion}} \underbrace{\mathbf{P}(\mathbf{x}_{k+1} \mid \mathbf{X}_k)}_{\text{Transitionsmodell}} \qquad (14.9)
\end{aligned}$$

Dabei folgt der letzte Schritt durch die bedingte Unabhängigkeit von $\mathbf{e}_{k+1}$ und $\mathbf{e}_{k+2:t}$ bei gegebenen $\mathbf{x}_{k+1}$. In diesem Ausdruck stammen alle Terme entweder aus dem Modell oder aus der vorherigen Rückwärtsnachricht. So erhalten wir also die gewünschte rekursive Formulierung, die in Nachrichtennotation wie folgt lautet:

$$\mathbf{b}_{k+1:t} = \text{BACKWARD}(\mathbf{b}_{k+2:t}, \mathbf{e}_{k+1})$$

Dabei implementiert BACKWARD die in Gleichung (14.9) beschriebene Aktualisierung. Wie bei der Vorwärtsrekursion sind Zeit- und Speicherbedarf für jede Aktualisierung konstant und somit unabhängig von t.

Es zeigt sich, dass die beiden Terme in Gleichung (14.8) durch Rekursionen über die Zeit berechnet werden können, von der die eine vorwärts von 1 bis k läuft unter Verwendung der Filtergleichung (14.5) und die andere rückwärts von t bis $k+1$ unter Verwendung der Gleichung (14.9).

Für die Initialisierung der Rückwärtsphase gilt $\mathbf{b}_{t+1:t} = \mathbf{P}(\mathbf{e}_{t+1:t} \mid \mathbf{X}_t) = \mathbf{P}(\ \mid \mathbf{X}_t) = \mathbf{1}$, wobei $\mathbf{1}$ ein Vektor von Einsen ist. Der Grund dafür ist, dass $\mathbf{e}_{t+1:t}$ eine leere Folge ist, sodass die Wahrscheinlichkeit, sie zu beobachten, 1 ist.

Wenden wir nun diesen Algorithmus auf das Regenschirmbeispiel an und berechnen wir die geglättete Schätzung für die Regenwahrscheinlichkeit zum Zeitpunkt $k = 1$, bei gegebenen Regenschirmbeobachtungen an den Tagen 1 und 2. Mithilfe von Gleichung (14.8) erhalten wir:

$$\mathbf{P}(R_1 \mid u_1, u_2) = \alpha\, \mathbf{P}(R_1 \mid u_1)\, \mathbf{P}(u_2 \mid R_1) \tag{14.10}$$

Den ersten Term kennen wir bereits als $\langle 0{,}818;\ 0{,}182 \rangle$ aus dem zuvor beschriebenen Vorwärtsfilterprozess. Der zweite Term lässt sich berechnen, indem die Rückwärtsrekursion in Gleichung (14.9) angewendet wird:

$$\begin{aligned}\mathbf{P}(u_2 \mid R_1) &= \sum_{r_2} P(u_2 \mid r_2) P(\ \mid r_2) \mathbf{P}(r_2 \mid R_1) \\ &= (0{,}9 \times 1 \times \langle 0{,}7;\ 0{,}3 \rangle) + (0{,}2 \times 1 \times \langle 0{,}3;\ 0{,}7 \rangle) = \langle 0{,}69;\ 0{,}41 \rangle\end{aligned}$$

Setzt man dies in Gleichung (14.10) ein, so ergibt sich die geglättete Schätzung für Regen am Tag 1 zu:

$$\mathbf{P}(R_1 \mid u_1, u_2) = \alpha\, \langle 0{,}818;\ 0{,}182 \rangle \times \langle 0{,}69;\ 0{,}41 \rangle \approx \langle 0{,}883;\ 0{,}117 \rangle$$

Wie wir sehen, ist in diesem Fall die geglättete Schätzung für Regen an Tag 1 *höher* als die gefilterte Schätzung (0,818). Das liegt daran, dass der Regenschirm an Tag 2 die Wahrscheinlichkeit erhöht, dass es an Tag 2 geregnet hat, und da Regen dazu neigt, anzudauern, steigt wiederum die Wahrscheinlichkeit, dass es an Tag 1 geregnet hat.

Sowohl die Vorwärts- als auch die Rückwärtsrekursion benötigen konstante Zeit pro Schritt; daher ist die Zeitkomplexität der Glättung in Bezug auf die Evidenz $\mathbf{e}_{1:t}$ gleich $O(t)$. Dies ist die Komplexität für die Glättung bei einem bestimmten Zeitschritt k. Für die Glättung der gesamten Folge bietet es sich unter anderem an, einfach den gesamten Glättungsprozess einmal für jeden zu glättenden Zeitschritt auszuführen. Dies führt zu einer Zeitkomplexität von $O(t^2)$.

Besser ist jedoch der Ansatz, die Komplexität mit einer einfachen Anwendung der dynamischen Programmierung auf $O(t)$ zu reduzieren. Ein Hinweis ist in der obigen Analyse des Regenschirmbeispiels zu finden, in der wir die Ergebnisse der Vorwärtsfilterungsphase wiederverwenden konnten. Der Schlüssel zum Algorithmus mit linearer Zeit besteht darin, die Ergebnisse der Vorwärtsfilterung über die gesamte Folge *aufzuzeichnen*. Anschließend führen wir die Rückwärtsrekursion von t bis 1 aus und berechnen die geglättete Schätzung zu jedem Schritt k aus der berechneten Rückwärtsnachricht $\mathbf{b}_{k+1:t}$ und der gespeicherten Vorwärtsnachricht $\mathbf{f}_{1:k}$. Der Algorithmus mit dem treffenden Namen **Forward-Backward-Algorithmus** ist in ► Abbildung 14.4 dargestellt.

Dem aufmerksamen Leser dürfte nicht entgangen sein, dass es sich bei der in ► Abbildung 14.3 gezeigten Bayes'schen Netzstruktur um einen *Polybaum* handelt, wie er auf S. 494 definiert wurde. Das bedeutet, dass eine einfache Anwendung des Clustering-Algorithmus ebenfalls zu einem Algorithmus mit linearer Zeit führt, der geglättete Schätzungen für die gesamte Folge berechnet. Damit ist klar, dass der Forward-Backward-Algorithmus eigentlich ein Spezialfall des Polybaum-Propagationsalgorithmus ist, der mit Clustering-Methoden verwendet wird (obwohl beide unabhängig voneinander entwickelt wurden).

Der Forward-Backward-Algorithmus bildet das rechnerische Rückgrat für viele Anwendungen, die Folgen von verrauschten Beobachtungen verarbeiten. Wie bereits beschrieben, weist er hinsichtlich der praktischen Anwendung zwei Nachteile auf. Erstens ist seine Speicherplatzkomplexität möglicherweise zu hoch, wenn der Zustandsraum groß ist und die Folgen lang sind. Sein Speicherbedarf liegt bei $O(|\mathbf{f}|t)$, wobei $|\mathbf{f}|$ die Größe der Repräsentation der Vorwärtsnachricht ist. Übung 15.3 auf der Website zeigt, wie der Speicherbedarf auf $O(|\mathbf{f}| \log t)$ reduziert werden kann, bei gleichzeitiger Erhöhung der Zeitkomplexität um den Faktor $\log t$.

```
function FORWARD-BACKWARD(ev, prior) returns einen Vektor mit Wahrscheinlichkeitsverteilung
  inputs: ev, einen Vektor mit Evidenzwerten für die Schritte 1, ..., t
          prior, die A-priori-Verteilung im Ausgangszustand, P(X_0)
  local variables: fv, ein Vektor mit Vorwärtsnachrichten für die Schritte 0, ..., t
                   b, eine Repräsentation der Rückwärtsnachricht, anfangs alles 1en
                   sv, ein Vektor von geglätteten Schätzungen für die Schritte 1, ..., t

  fv[0] ← prior
  for i = 1 to t do
     fv[i] ← FORWARD(fv[i − 1], ev[i])
  for i = t down to 1 do
     sv[i] ← NORMALIZE(fv[i] × b)
     b ← BACKWARD(b, ev[i])
  return sv
```

Abbildung 14.4: Der Forward-Backward-Algorithmus zum Glätten: Berechnung der A-posteriori-Wahrscheinlichkeiten einer Folge von Zuständen bei einer gegebenen Folge von Beobachtungen. Die Operatoren FORWARD und BACKWARD werden in den Gleichungen (14.5) bzw. (14.9) definiert.

In einigen Fällen (siehe Abschnitt 14.3) kann ein Algorithmus mit konstantem Speicherbedarf verwendet werden.

Zweitens muss der grundlegende Algorithmus modifiziert werden, wenn er in einer *Online*-Umgebung eingesetzt werden soll, wo für frühere Zeitscheiben geglättete Schätzungen zu berechnen sind, da kontinuierlich neue Objekte an das Ende der Folge hinzugefügt werden. Die häufigste Anforderung ist das **Glätten mit fester Verzögerung**, wofür die geglättete Schätzung $\mathbf{P}(\mathbf{X}_{t-d} \mid \mathbf{e}_{1:t})$ für feste d berechnet werden muss. Das heißt, das Glätten für die Zeitscheibe erfolgt d Schritte nach der aktuellen Zeit t, wobei die Glättung mit zunehmendem t Schritt halten muss. Offensichtlich können wir bei jeder neu hinzugefügten Beobachtung den Forward-Backward-Algorithmus über das „Fenster" von d Schritten ausführen, was aber ineffizient zu sein scheint. In Abschnitt 14.3 werden wir sehen, dass das Glätten mit fester Verzögerung in einigen Fällen in konstanter Zeit pro Aktualisierung durchgeführt werden kann, unabhängig von der Verzögerung d.

14.2.3 Die wahrscheinlichste Folge finden

Angenommen, die vom Wachmann beobachtete Regenschirmfolge der ersten fünf Arbeitstage lautet [*wahr*, *wahr*, *falsch*, *wahr*, *wahr*]. Welche Wetterfolge ist angesichts dieser Beobachtung am wahrscheinlichsten? Bedeutet der fehlende Regenschirm an Tag 3, dass es nicht geregnet hat, oder hat der Direktor nur vergessen, ihn mitzubringen? Wenn es an Tag 3 nicht geregnet hat, hat es vielleicht (da Wetterlagen zu Stabilität neigen) auch an Tag 4 nicht geregnet, und der Direktor hat den Regenschirm nur für alle Fälle mitgebracht. Insgesamt stehen uns 2^5 mögliche Wetterfolgen zur Auswahl. Gibt es eine Möglichkeit, die wahrscheinlichste Folge zu finden, ohne alle aufzählen und ihre Likelihoods berechnen zu müssen?

Wir könnten die folgende Linearzeitprozedur ausprobieren: Wir finden durch Glätten die A-posteriori-Verteilung für das Wetter bei jedem Zeitschritt und konstruieren dann die Folge, wobei wir bei jedem Schritt das Wetter verwenden, das gemäß der A-posteriori-Verteilung am wahrscheinlichsten ist. Ein solcher Ansatz sollte beim Leser die Alarmglocken schrillen lassen, denn die durch Glätten berechneten A-posteriori-Verteilungen sind Verteilungen über *einzelne* Zeitschritte, für die Ermittlung der wahrscheinlichsten *Folge* müssen hingegen *gemeinsame* Wahrscheinlichkeiten über alle Zeitschritte berücksichtigt werden. Die Ergebnisse können in der Tat recht unterschiedlich ausfallen (siehe Übung 15.4 auf der Website).

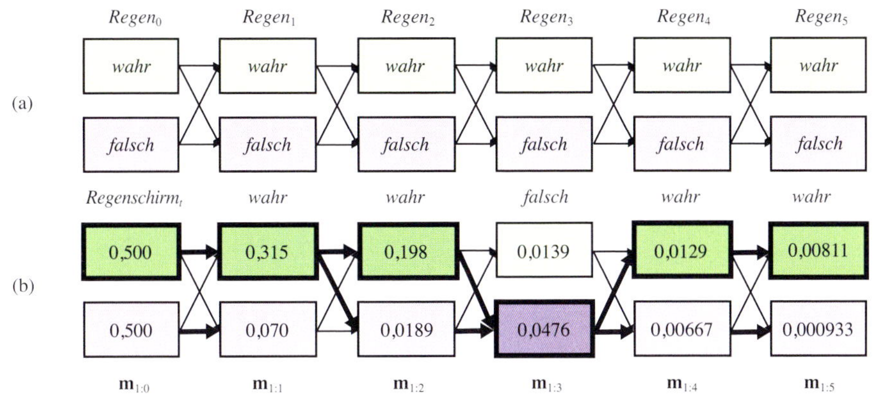

Abbildung 14.5: (a) Mögliche Zustandsfolgen für $Regen_t$ können als Pfade durch einen Graphen der möglichen Zustände zu jedem Zeitschritt betrachtet werden. (Die Zustände sind als Rechtecke dargestellt, um Verwechslungen mit Knoten in einem Bayes'schen Netz zu vermeiden.) (b) Funktionsweise des Viterbi-Algorithmus für die Regenschirmbeobachtungsfolge [*wahr*, *wahr*, *falsch*, *wahr*, *wahr*], wobei die Evidenz bei Zeit 1 beginnt. Wir haben für jeden Zeitschritt *t* die Werte der Nachricht $\mathbf{m}_{1:t}$ gezeigt, die die Wahrscheinlichkeit der besten Folge angibt, jeden Zustand zum Zeitpunkt *t* zu erreichen. Außerdem zeigt der fette Pfeil für jeden Zustand, zu dem er hinführt, den besten Vorgänger an, wie er durch das Produkt aus der vorhergehenden Folgenwahrscheinlichkeit und der Übergangswahrscheinlichkeit gemessen wird. Folgt man den fetten Pfeilen von dem wahrscheinlichsten Zustand in $\mathbf{m}_{1:5}$ rückwärts, so erhält man die wahrscheinlichste Folge, die durch fette Umrandungen und eine dunklere Schattierung gekennzeichnet ist.

Es *gibt* einen Linearzeitalgorithmus zum Finden der wahrscheinlichsten Folge, aber er ist etwas aufwendiger. Er basiert auf der gleichen Markov-Eigenschaft, die effiziente Algorithmen zum Filtern und Glätten hervorgebracht hat. Der Gedanke dabei ist, sich jede Folge als einen *Pfad* durch einen Graphen vorzustellen, dessen Knoten die möglichen *Zustände* zu jedem Zeitschritt sind. ► Abbildung 14.5 a zeigt einen solchen Graphen für die Regenschirmwelt. Betrachten wir nun die Aufgabe, den wahrscheinlichsten Pfad durch diesen Graphen zu finden, wobei die Likelihood eines jeden Pfads das Produkt aus den Übergangswahrscheinlichkeiten entlang des Pfads und den Wahrscheinlichkeiten der gegebenen Beobachtungen bei jedem Zustand ist.

Konzentrieren wir uns schwerpunktmäßig auf Pfade, die den Zustand $Regen_5 = wahr$ erreichen. Aus der Markov-Eigenschaft folgt, dass der wahrscheinlichste Pfad zum Zustand $Regen_5 = wahr$ aus dem wahrscheinlichsten Pfad zu *irgendeinem* Zustand zur Zeit 4 gefolgt von einem Übergang zu $Regen_5 = wahr$ besteht. Dabei ist der Zustand zur Zeit 4, der Teil des Pfads zu $Regen_5 = wahr$ wird, genau der, der die Likelihood dieses Pfads maximiert. Mit anderen Worten: *Es gibt eine rekursive Beziehung zwischen den wahrscheinlichsten Pfaden zu jedem Zustand* $\mathbf{x}_{t+1}$ *und den wahrscheinlichsten Pfaden zu jedem Zustand* $\mathbf{x}_t$.

Wir können diese Eigenschaft direkt nutzen, um einen rekursiven Algorithmus zu konstruieren, der den wahrscheinlichsten Pfad bei gegebenen Evidenzen berechnet. Wir werden eine rekursiv berechnete Nachricht $m_{1:t}$ verwenden, wie die Vorwärtsnachricht $\mathbf{f}_{1:t}$ im Filteralgorithmus. Die Nachricht ist wie folgt definiert:[5]

$$\mathbf{m}_{1:t} = \max_{\mathbf{x}_{1:t-1}} \mathbf{P}(\mathbf{x}_{1:t-1}, \mathbf{X}_t, \mathbf{e}_{1:t})$$

5 Beachten Sie, dass dies nicht ganz die Wahrscheinlichkeiten der wahrscheinlichsten Pfade sind, die Zustände $\mathbf{X}_t$ bei gegebener Evidenz zu erreichen, was die bedingten Wahrscheinlichkeiten $\max_{\mathbf{x}_{1:t-1}} \mathbf{P}(\mathbf{x}_{1:t-1}, \mathbf{X}_t \mid \mathbf{e}_{1:t})$ wären. Aber die beiden Vektoren sind durch einen konstanten Faktor $P(\mathbf{e}_{1:t})$ miteinander verbunden. Der Unterschied ist unerheblich, da der max-Operator konstante Faktoren nicht berücksichtigt. Wir erhalten eine etwas einfachere Rekursion, wenn $\mathbf{m}_{1:t}$ auf diese Weise definiert ist.

Für die Berechnung der rekursiven Beziehung zwischen $\mathbf{m}_{1:t+1}$ und $\mathbf{m}_{1:t}$ können wir mehr oder weniger die Schritte wiederholen, die wir für Gleichung (14.5) verwendet haben:

$$\begin{aligned}\mathbf{m}_{1:t+1} &= \max_{\mathbf{x}_{1:t}} \mathbf{P}(\mathbf{x}_{1:t}, \mathbf{X}_{t+1}, \mathbf{e}_{1:t+1}) = \max_{\mathbf{x}_{1:t}} \mathbf{P}(\mathbf{x}_{1:t}, \mathbf{X}_{t+1}, \mathbf{e}_{1:t}, e_{t+1}) \\ &= \max_{\mathbf{x}_{1:t}} \mathbf{P}(e_{t+1} \mid \mathbf{x}_{1:t}, \mathbf{X}_{t+1}, \mathbf{e}_{1:t})\mathbf{P}(\mathbf{x}_{1:t}, \mathbf{X}_{t+1}, \mathbf{e}_{1:t}) \\ &= \mathbf{P}(e_{t+1} \mid \mathbf{X}_{t+1}) \max_{\mathbf{x}_{1:t}} \mathbf{P}(\mathbf{X}_{t+1}, \mid \mathbf{x}_t) P(\mathbf{x}_{1:t}, \mathbf{e}_{1:t}) \\ &= \mathbf{P}(e_{t+1} \mid \mathbf{X}_{t+1}) \max_{\mathbf{x}_t} \mathbf{P}(\mathbf{X}_{t+1}, \mid \mathbf{x}_t) \max_{\mathbf{x}_{1:t-1}} P(\mathbf{x}_{1:t-1}, \mathbf{x}_t, \mathbf{e}_{1:t})\,, \end{aligned} \qquad (14.11)$$

wobei der letzte Term $\max_{\mathbf{x}_{1:t-1}} P(\mathbf{x}_{1:t-1}, \mathbf{x}_t, \mathbf{e}_{1:t})$ genau der Eingang zu dem bestimmten Zustand $\mathbf{x}_t$ im Nachrichtenvektor $\mathbf{m}_{1:t}$ ist. Gleichung (14.11) ist im Wesentlichen identisch mit der Filtergleichung (14.5), sieht man davon ab, dass die Summierung über $\mathbf{x}_t$ in (14.5) in Gleichung (14.11) ersetzt wird durch die Maximierung über $\mathbf{x}_t$ und es in Gleichung (14.11) keine Normalisierungskonstante α gibt. Somit ist der Algorithmus zur Berechnung der wahrscheinlichsten Folge eigentlich dem Filteralgorithmus sehr ähnlich: Er beginnt zum Zeitpunkt 0 mit der A-priori-Verteilung $\mathbf{m}_{1:0} = \mathbf{P}(\mathbf{X}_0)$, durchläuft dann die Folge vorwärts und berechnet dabei zu jedem Zeitschritt die Nachricht $\mathbf{m}$ unter Verwendung von Gleichung (14.11). ► Abbildung 14.5 b zeigt den Verlauf dieser Berechnung.

Am Ende der Beobachtungsfolge enthält $\mathbf{m}_{1:t}$ die Wahrscheinlichkeit der wahrscheinlichsten Folge, *jeden* der Endzustände zu erreichen. Man kann also leicht den Endzustand der insgesamt wahrscheinlichsten Folge auswählen (der in Schritt 5 fett umrissene Zustand). Um die tatsächliche Folge zu identifizieren und nicht nur ihre Wahrscheinlichkeit zu berechnen, muss der Algorithmus auch für jeden Zustand den besten zu ihm führenden Zustand aufzeichnen; diese sind durch die fetten Pfeile in ► Abbildung 14.5 b gekennzeichnet. Die optimale Folge wird identifiziert, indem man diesen fetten Pfeilen rückwärts vom besten Endzustand aus folgt.

Der hier beschriebene Algorithmus wurde **Viterbi-Algorithmus** nach seinem Erfinder Andrew Viterbi benannt. Wie der Filteralgorithmus ist seine Zeitkomplexität linear in t, der Länge der Folge. Anders als bei der Filterung mit ihren konstanten Speicheranforderungen ist der Speicherbedarf des Viterbi-Algorithmus ebenfalls linear in t. Das liegt daran, dass er die Zeiger speichern muss, die die beste Folge identifizieren, die zu jedem Zustand führt.

Eine letzte praktische Anmerkung: Der numerische Unterlauf stellt ein gravierendes Problem für den Viterbi-Algorithmus dar. In ► Abbildung 14.5 b werden die Wahrscheinlichkeiten immer kleiner und kleiner – und das ist nur ein kleines Musterbeispiel. Echte Anwendungen in der DNA-Analyse oder der Decodierung von Nachrichten können aus Tausenden oder Millionen von Schritten bestehen. Eine mögliche Lösung wäre, $\mathbf{m}$ bei jedem Schritt einfach zu normalisieren. Diese Neuskalierung hätte keinen Einfluss auf die Korrektheit, da $\max(cx, cy) = c \cdot \max(x, y)$. Eine zweite Lösung wäre, überall log-Wahrscheinlichkeiten zu verwenden und die Multiplikation durch Addition zu ersetzen. Auch hier wird die Korrektheit nicht beeinträchtigt, da die log-Funktion monoton ist, also $\max(\log x, \log y) = \log \max(x, y)$.

14.3 Hidden-Markov-Modelle

Im vorangegangenen Abschnitt wurden Algorithmen für temporales probabilistisches Schlussfolgern entwickelt, und zwar unter Verwendung eines allgemeinen Rahmens, der unabhängig von der spezifischen Form der Transitions- und Sensormodelle und unabhängig von der Art der Zustands- und Evidenzvariablen ist. In diesem und den nächsten beiden Abschnitten werden konkretere Modelle und Anwendungen diskutiert, die die Leistungsfähigkeit der grundlegenden Algorithmen illustrieren und in einigen Fällen weitere Verbesserungen ermöglichen.

Wir beginnen mit dem **Hidden-Markov-Modell** (**HMM**). Ein HMM ist ein probabilistisches Zeitmodell, bei dem der *Zustand* des Prozesses durch eine *einzelne, diskrete* Zufallsvariable beschrieben wird. Die möglichen Werte der Variablen entsprechen den möglichen Zuständen der Welt. Das im vorigen Abschnitt beschriebene Regenschirmbeispiel ist also ein HMM, da es nur eine Zustandsvariable hat: $Regen_t$. Was passiert, wenn ein Modell zwei oder mehr Zustandsvariablen aufweist? Es lässt sich immer noch in den HMM-Rahmen einpassen, indem die Variablen zu einer einzigen „Megavariablen" kombiniert werden, deren Werte alle möglichen Tupel von Werten der einzelnen Zustandsvariablen sind. Wir werden sehen, dass die eingeschränkte Struktur von HMMs eine einfache und elegante Matriximplementierung aller grundlegenden Algorithmen ermöglicht.[6]

14.3.1 Vereinfachte Matrixalgorithmen

Mit einer einzigen, diskreten Zustandsvariablen X_t können wir die Repräsentationen des Transitionsmodells, des Sensormodells und der Vorwärts- und Rückwärtsnachrichten konkretisieren. Wir nehmen an, die Zustandsvariable X_t hat Werte, die durch die ganzen Zahlen $1, \ldots, S$ ausgedrückt werden, wobei S die Anzahl der möglichen Zustände ist. Das Transitionsmodell $\mathbf{P}(X_t \mid X_{t-1})$ wird zu einer $S \times S$-Matrix $\mathbf{T}$, wobei

$$\mathbf{T}_{ij} = P(X_t = j \mid X_{t-1} = i)$$

gilt. Das heißt, $\mathbf{T}_{ij}$ ist die Wahrscheinlichkeit einer Transition vom Zustand i zum Zustand j. Wenn wir zum Beispiel für die Zustände $Regen = wahr$ und $Regen = falsch$ die Zahlen 1 bzw. 2 vergeben, dann lautet die Transitionsmatrix für die Regenschirmwelt aus ► Abbildung 14.2:

$$\mathbf{T} = \mathbf{P}(X_t \mid X_{t-1}) = \begin{pmatrix} 0{,}7 & 0{,}3 \\ 0{,}3 & 0{,}7 \end{pmatrix}$$

Wir bringen auch das Sensormodell in eine Matrixform. Da in diesem Fall der Wert der Evidenzvariablen E_t zum Zeitpunkt t bekannt ist (nennen wir ihn e_t), müssen wir nur für jeden Zustand angeben, wie wahrscheinlich es ist, dass der Zustand zu e_t führt: Wir benötigen $P(e_t \mid X_t = i)$ für jeden Zustand i. Der mathematischen Einfachheit halber schreiben wir diese Werte in eine diagonale $S{\times}S$-**Beobachtungsmatrix** $\mathbf{O}_t$, und zwar eine für jeden Zeitschritt. Der i-te Diagonaleintrag von $\mathbf{O}_t$ ist $P(e_t \mid X_t = i)$ und die anderen Einträge sind 0. Zum Beispiel ist an Tag 1 der Regenschirmwelt von ► Abbildung 14.5 $U_1 = wahr$ und an Tag 3 $U_3 = falsch$, sodass wir folgende Matrix erhalten:

$$\mathbf{O}_1 = \begin{pmatrix} 0{,}9 & 0 \\ 0 & 0{,}2 \end{pmatrix} \mathbf{O}_3 = \begin{pmatrix} 0{,}1 & 0 \\ 0 & 0{,}8 \end{pmatrix}$$

Wenn wir nun Spaltenvektoren verwenden, um die Vorwärts- und Rückwärtsnachrichten zu repräsentieren, werden alle Berechnungen zu einfachen Matrixvektor-Operationen. Die Vorwärtsgleichung (14.5) wird zu

$$\mathbf{f}_{1:t+1} = \alpha\, \mathbf{O}_{t+1} \mathbf{T}^{\top} \mathbf{f}_{1:t} \tag{14.12}$$

und die Rückwärtsgleichung (14.9) zu:

$$\mathbf{b}_{k+1:t} = \mathbf{T}\mathbf{O}_{k+1} \mathbf{b}_{k+2:t} \tag{14.13}$$

Aus diesen Gleichungen ist ersichtlich, dass die Zeitkomplexität des Forward-Backward-Algorithmus (► Abbildung 14.4), angewandt auf eine Folge der Länge t, $O(S^2 t)$ ist, da bei jedem Schritt ein S-elementiger Vektor mit einer $S{\times}S$-Matrix multipliziert werden muss. Der Speicherplatzbedarf ist $O(St)$, weil der Vorwärtsdurchlauf t Vektoren der Größe S speichert.

6 Leser, die mit den grundlegenden Vektor- und Matrixoperationen nicht vertraut sind, sollten Anhang A lesen, bevor sie mit diesem Abschnitt fortfahren.

Die Matrixformulierung ist nicht nur eine elegante Beschreibung der Filter- und Glättungsalgorithmen für HMMs, sondern bietet auch Möglichkeiten zum Verbessern der Algorithmen. Die erste ist eine einfache Abwandlung des Forward-Backward-Algorithmus, die es erlaubt, die Glättung bei *konstantem* Speicherbedarf durchzuführen, unabhängig von der Länge der Folge. Die Idee dabei ist, dass die Glättung für jede Zeitscheibe k gemäß Gleichung (14.8) erfordert, dass sowohl die Vorwärts- als auch die Rückwärtsnachricht, $\mathbf{f}_{1:k}$ und $\mathbf{b}_{k+1:t}$ gleichzeitig vorhanden sein müssen. Der Forward-Backward-Algorithmus erreicht dies, indem er die im Vorwärtsdurchlauf berechneten fs speichert, sodass sie beim Rückwärtsdurchlauf zur Verfügung stehen. Eine andere Möglichkeit, dies zu erreichen, ist ein einzelner Durchlauf, der sowohl **f** als auch **b** in dieselbe Richtung weiterleitet. Zum Beispiel kann die „Vorwärts"-Nachricht **f** rückwärts weitergeleitet werden, wenn wir Gleichung (14.12) so abändern, dass sie in die andere Richtung funktioniert:

$$\mathbf{f}_{1:t} = \alpha'(\mathbf{T}^{\top})^{-1}\mathbf{O}_{t+1}^{-1}\mathbf{f}_{1:t+1}$$

Beim modifizierten Glättungsalgorithmus wird zuerst der standardmäßige Vorwärtsdurchlauf zur Berechnung von $\mathbf{f}_{t:t}$ ausgeführt (wobei alle Zwischenergebnisse vergessen werden); anschließend erfolgt der Rückwärtsdurchlauf für **b** und **f** zusammen, mit denen dann die geglättete Schätzung bei jedem Schritt berechnet wird. Da nur eine Kopie jeder Nachricht benötigt wird, sind die Speicheranforderungen konstant (d. h. unabhängig von t, der Länge der Folge). Dieser Algorithmus weist zwei wesentliche Einschränkungen auf: die Transitionsmatrix muss umkehrbar sein und das Sensormodell darf keine Nullen enthalten, d. h., jede Beobachtung ist in jedem Zustand möglich.

Ein zweiter Bereich, in dem die Matrixformulierung eine Verbesserung darstellt, ist die *Online*-Glättung mit fester Verzögerung. Die Tatsache, dass die Glättung bei konstantem Speicheraufwand durchgeführt werden kann, deutet darauf hin, dass es einen effizienten rekursiven Algorithmus für die Online-Glättung geben sollte – das heißt, einen Algorithmus, dessen Zeitkomplexität unabhängig von der Länge der Verzögerung ist. Nehmen wir an, dass die Verzögerung d ist, d. h., wir glätten zur Zeitscheibe $t-d$, wobei t die aktuelle Zeit ist. Gemäß Gleichung (14.8) müssen wir

$$\alpha\,\mathbf{f}_{1:t-d} \times \mathbf{b}_{t-d+1:t}$$

für die Zeitscheibe $t-d$ berechnen. Wenn dann eine neue Beobachtung eintrifft, müssen wir für Zeitscheibe $t-d+1$ berechnen. Wie lässt sich dies inkrementell realisieren? Zunächst können wir $\mathbf{f}_{1:t-d+1}$aus $\mathbf{f}_{1:t-d}$ berechnen, indem wir das Standard-Filterverfahren aus Gleichung (14.5) verwenden.

Die inkrementelle Berechnung der Rückwärtsnachricht ist schwieriger, weil es keine einfache Beziehung zwischen der alten Rückwärtsnachricht $\mathbf{b}_{t-d+2:t+1}$ und der neuen Rückwärtsnachricht $\mathbf{b}_{t-d+1:t}$ gibt. Stattdessen untersuchen wir die Beziehung zwischen der alten Rückwärtsnachricht $\mathbf{b}_{t-d+1:t}$ und der Rückwärtsnachricht am Anfang der Folge, $\mathbf{b}_{t+1:t}$. Zu diesem Zweck wenden wir Gleichung (14.13) d-mal an und erhalten:

$$\mathbf{b}_{t-d+1:t} = \left(\prod_{i=t-d+1}^{t} \mathbf{TO}_i\right)\mathbf{b}_{t+1:t} = \mathbf{B}_{t-d+1:t}\mathbf{1} \qquad (14.14)$$

Dabei ist die Matrix $\mathbf{B}_{t-d+1:t}$ das Produkt der Folge von **T**- und **O**-Matrizen und **1** ein Vektor von Einsen. **B** kann als „Transformationsoperator" betrachtet werden, der eine spätere Rückwärtsnachricht in eine frühere umwandelt. Eine ähnliche Gleichung gilt für die neuen Rückwärtsnachrichten, *nachdem* die nächste Beobachtung eingetroffen ist:

$$\mathbf{b}_{t-d+2:t+1} = \left(\prod_{i=t-d+2}^{t+1} \mathbf{TO}_i\right)\mathbf{b}_{t+2:t+1} = \mathbf{B}_{t-d+2:t+1}\mathbf{1} \qquad (14.15)$$

Betrachtet man die Produktausdrücke in den Gleichungen (14.14) und (14.15), so fällt auf, dass sie in einer einfachen Beziehung zueinander stehen: Um das zweite Produkt zu erhalten, „teilt" man das erste Produkt durch das erste Element $\mathbf{TO}_{t-d+1}$ und multipliziert mit dem neuen letzten Element $\mathbf{TO}_{t+1}$. In der Matrixsprache gibt es also eine einfache Beziehung zwischen der alten und der neuen **B**-Matrix:

$$\mathbf{B}_{t-d+2:t+1} = \mathbf{O}_{t-d+1}^{-1}\mathbf{T}^{-1}\mathbf{B}_{t-d+1:t}\mathbf{TO}_{t+1} \qquad (14.16)$$

Diese Gleichung aktualisiert inkrementell die **B**-Matrix, was es uns wiederum (durch Gleichung (14.15)) ermöglicht, die neue Rückwärtsnachricht $\mathbf{b}_{t-d+2:t+1}$ zu berechnen. Der vollständige Algorithmus, der das Speichern und Aktualisieren von **f** und **B** erfordert, ist in ► Abbildung 14.6 dargestellt.

```
function FIXED-LAG-SMOOTHING(e_t, hmm, d) returns eine Verteilung über X_{t-d}
  inputs: e_t, die aktuelle Evidenz für Zeitschritt t
          hmm, ein Hidden-Markov-Modell mit S × S-Transitionsmatrix T
          d, die Länge der Verzögerung für die Glättung
  persistent: t, die aktuelle Zeit, anfangs 1
              f, die Vorwärtsnachricht P(X_t | e_{1:t}), anfangs hmm.PRIOR
              B, die d-Schritt-Rückwärtstransformationsmatrix, anfangs die Einheitsmatrix
              e_{t-d:t}, doppelendige Liste der Evidenzen von t − d bis t, anfangs leer
  local variables: O_{t-d}, O_t, Diagonalmatrizen mit Informationen des Sensormodells

  füge e_t an das Ende von e_{t-d:t} hinzu
  O_t ← Diagonalmatrix, die P(e_t | X_t) enthält
  if t > d then
     f ← FORWARD(f, e_{t-d})
     entferne e_{t-d-1} vom Anfang von e_{t-d:t}
     O_{t-d} ← Diagonalmatrix, die P(e_{t-d} | X_{t-d}) enthält
     B ← O_{t-d}^{-1} T^{-1} B T O_t
  else B ← B T O_t
  t ← t + 1
  if t > d + 1 then return NORMALIZE(f × B1) else return null
```

Abbildung 14.6: Ein Algorithmus zur Glättung mit einer festen Zeitverzögerung von d Schritten, implementiert als Online-Algorithmus, der die neue geglättete Schätzung bei gegebener Beobachtung für einen neuen Zeitschritt ausgibt. Beachten Sie, dass die endgültige Ausgabe NORMALIZE($\mathbf{f} \times \mathbf{B1}$) gemäß Gleichung (14.14) einfach $\alpha\, \mathbf{f} \times \mathbf{b}$ ist.

14.3.2 Beispiel für ein Hidden-Markov-Modell: Lokalisierung

Auf S. 165 haben wir eine einfache Form des **Lokalisierungsproblems** für die Staubsaugerwelt vorgestellt. In dieser Version hatte der Roboter eine einzige nichtdeterministische *Bewegen*-Aktion und seine Sensoren meldeten direkt, ob im Norden, Süden, Osten und Westen unmittelbar Hindernisse im Weg lagen oder nicht; der Wissenszustand des Roboters war die Menge der möglichen Positionen, an denen er sich befinden konnte. Hier halten wir das Problem etwas realistischer, indem wir Rauschen in den Sensoren zulassen und formalisieren, dass sich der Roboter zufällig bewegt – auf welches der benachbarten leeren Feld er sich bewegt, ist somit gleich wahrscheinlich. Die Zustandsvariable X_t repräsentiert die Position des Roboters auf dem diskreten Raster und die Domäne dieser Variable ist die Menge der leeren Felder, die wir mit ganzen Zahlen $\{1, \ldots, S\}$ bezeichnen. Sei NEIGHBORS(i) die Menge der leeren Felder, die an i angrenzen, und $N(i)$ die Größe dieser Menge. Dann besagt das Transitionsmodell für die *Bewegen*-Aktion, dass der Roboter mit gleicher Wahrscheinlichkeit

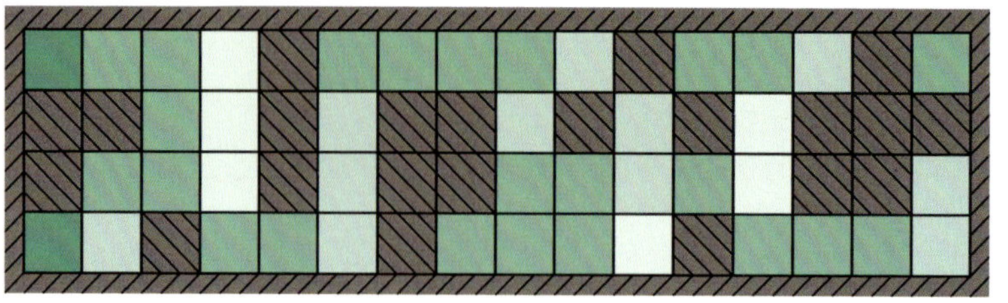

(a) A-posteriori-Verteilung über die Roboterposition nach $E_1 = 1011$

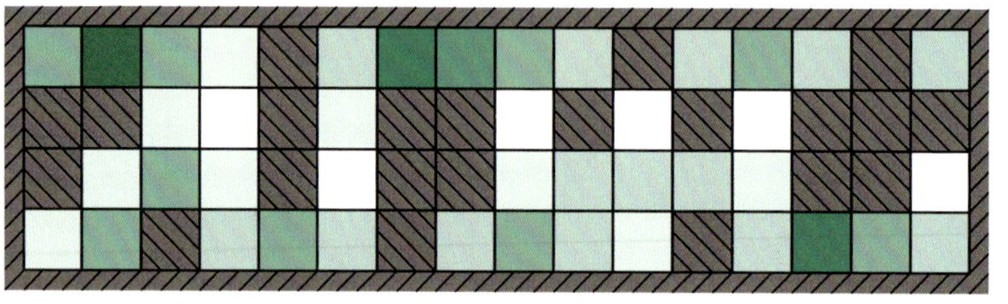

(b) A-posteriori-Verteilung über die Roboterposition nach $E_1 = 1011$, $E_2 = 1010$

Abbildung 14.7: A-posteriori-Verteilung über die Roboterposition: (a) nach einer Beobachtung $E_1 = 1011$ (d. h. Hindernisse im Norden, Süden und Westen); (b) nach einer zufälligen Bewegung zu einer benachbarten Position und einer zweiten Beobachtung $E_2 = 1010$ (d. h. Hindernisse im Norden und Süden). Die Helligkeit der einzelnen Quadrate entspricht der Wahrscheinlichkeit, dass sich der Roboter an diesem Ort befindet; dunklere Farben sind wahrscheinlicher. Die Fehlerrate der Sensoren für jedes Bit beträgt $\epsilon = 0{,}2$.

auf einem beliebigen benachbarten Feld landet:

$$P(X_{t+1} = j \mid X_t = i) = \mathbf{T}_{ij} = \begin{cases} 1/N(i) & \text{falls } j \in \textsc{Neighbors}(i) \\ 0 & \text{andernfalls} \end{cases}$$

Da wir nicht wissen, wo der Roboter startet, nehmen wir eine Gleichverteilung über alle Felder an, d. h. $P(X_0 = i) = 1/S$. Für die spezielle von uns betrachtete Umgebung (► Abbildung 14.7) ist $S = 42$ und die Transitionsmatrix $\mathbf{T}$ besitzt $42 \times 42 = 1.764$ Einträge.

Die Sensorvariable E_t hat 16 mögliche Werte, jeweils eine 4-Bit-Folge, die das Vorhandensein oder Nichtvorhandensein eines Hindernisses in jeder der Himmelsrichtungen NOSW angibt. So bedeutet z. B. 1010, dass der Nord- und der Südsensor ein Hindernis melden, der Ost- und der Westsensor dagegen nicht. Nehmen wir an, dass die Fehlerrate jedes Sensors ϵ ist und dass Fehler unabhängig für die vier Sensorrichtungen auftreten. In diesem Fall beträgt die Wahrscheinlichkeit, dass alle vier Bits richtig sind, $(1-\epsilon)^4$ und die Wahrscheinlichkeit, dass sie alle falsch sind, ϵ^4. Wenn außerdem d_{it} die Diskrepanz – die Anzahl der unterschiedlichen Bits – zwischen den wahren Werten für das Feld i und dem tatsächlichen Wert e_t ist, dann berechnet sich die Wahrscheinlichkeit, dass ein Roboter im Feld i einen Sensorwert e_t empfängt, zu:

$$P(E_t = e_t \mid X_t = i) = (\mathbf{O}_t)_{ii} = (1-\epsilon)^{4-d_{it}} \epsilon^{d_{it}}$$

Zum Beispiel beträgt die Wahrscheinlichkeit, dass ein Feld mit Hindernissen im Norden und Süden einen Sensorwert 1110 erzeugt, $(1-\epsilon)^3\epsilon^1$.

Für die gegebenen Matrizen $\mathbf{T}$ und $\mathbf{O}_t$ kann der Roboter mithilfe von Gleichung (14.12) die A-posteriori-Verteilung über die Positionen berechnen, d. h., er kann ermitteln, wo er sich befindet. ► Abbildung 14.7 zeigt die Verteilungen $\mathbf{P}(X_1 \mid E_1 = 1011)$ und $\mathbf{P}(X_2 \mid E_1 = 1011, E_2 = 1010)$. Dies ist das Labyrinth, das wir bereits aus ► Abbildung 4.18 (S. 166) kennen. Dort

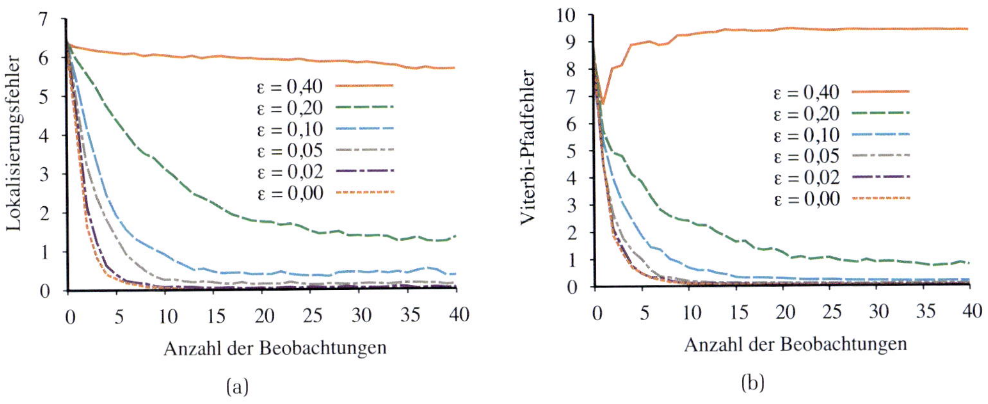

Abbildung 14.8: Leistung der HMM-Lokalisierung in Abhängigkeit von der Länge der Beobachtungsfolge für verschiedene Werte der Sensorfehlerwahrscheinlichkeit ϵ; Daten gemittelt über 400 Durchläufe. (a) Der Lokalisierungsfehler, definiert als die Manhattan-Distanz vom wahren Standort. (b) Der Viterbi-Pfadfehler, definiert als die durchschnittliche Manhattan-Distanz der Zustände auf dem Viterbi-Pfad von den entsprechenden Zuständen auf dem wahren Pfad.

haben wir allerdings die logische Filterung verwendet, um die Positionen zu ermitteln, die unter der Annahme perfekter Sensorerfassung *möglich* sind. Die gleichen Positionen sind bei verrauschten Sensordaten immer noch am *wahrscheinlichsten*, aber jetzt hat jede Position eine Wahrscheinlichkeit ungleich null, weil *jede* Position beliebige Sensorwerte erzeugen könnte.

Der Roboter kann nicht nur durch Filtern seine aktuelle Position schätzen, sondern auch durch Glätten (Gleichung (14.13)) herausfinden, wo er sich zu einem beliebigen Zeitpunkt in der Vergangenheit befunden hat, z. B. wo er zum Zeitpunkt 0 seinen Weg begonnen hat, und er kann mit dem Viterbi-Algorithmus den wahrscheinlichsten Pfad zu der Position berechnen, an der er sich gerade befindet. ▶ Abbildung 14.8 zeigt den Lokalisierungsfehler und den Viterbi-Pfadfehler für verschiedene Werte der Sensorfehlerrate pro Bit ϵ. Selbst wenn ϵ 0,20 beträgt – was bedeutet, dass die Sensorwerte in 59 % der Fälle falsch sind – ist der Roboter normalerweise in der Lage, nach 20 Beobachtungen seine Position bis auf zwei Felder genau zu bestimmen. Dies ist auf die Fähigkeit des Algorithmus zurückzuführen, Evidenzen über die Zeit zu integrieren und die von dem Transitionsmodell ausgehenden probabilistischen Beschränkungen für die Lokalisierungsfolge zu berücksichtigen. Wenn ϵ gleich oder kleiner 0,10 ist, benötigt der Roboter nur wenige Beobachtungen, um seinen Standort zu ermitteln und seine Position genau zu verfolgen. Wenn ϵ 0,40 beträgt, verharren sowohl der Lokalisierungsfehler als auch der Viterbi-Pfadfehler auf hohem Niveau; mit anderen Worten, der Roboter weiß nicht, wo er sich befindet. Das liegt daran, dass ein Sensor mit einer Fehlerwahrscheinlichkeit von 0,40 zu wenig Informationen liefert, um den Verlust an Informationen über die Roboterposition auszugleichen, die durch unvorhersehbare Zufallsbewegung angesteuert wird.

Die Zustandsvariable für das Beispiel, das wir in diesem Abschnitt betrachtet haben, ist ein physischer Ort in der Welt. Andere Probleme können natürlich auch andere Aspekte der Welt einbeziehen. Übung 15.8 auf der Website betrachtet eine Version des Staubsaugerroboters, der so lange wie möglich geradeaus fährt und nur, wenn er auf ein Hindernis stößt, seinen Kurs ändert. Um diesen Roboter zu modellieren, besteht jeder Zustand im Modell aus einem Paar (*Position, Richtung*). Für die Umgebung in ▶ Abbildung 14.7, die 42 leere Felder aufweist, führt dies zu 168 Zuständen und einer Transitionsmatrix mit $168^2 = 28.224$ Einträgen, was immer noch relativ überschaubar ist.

Wenn wir die Möglichkeit von Schmutz in jedem der 42 Felder hinzufügen, ist die Anzahl der Zustände mit 2^{42} zu multiplizieren, sodass sich die Anzahl der Einträge in der Transitionsmatrix auf mehr als 10^{29} erhöht, was keine handhabbare Größe mehr ist. Allgemein gilt, wenn der Zustand aus n diskreten Variablen mit jeweils höchstens d Werten besteht, hat die entsprechende HMM-Transitionsmatrix die Größe $O(d^{2n})$ und die Berechnungszeit pro Aktualisierung beträgt ebenfalls $O(d^{2n})$.

Aus diesen Gründen sind HMMs, obwohl sie in vielen Bereichen von der Spracherkennung bis zur Molekularbiologie eingesetzt werden, zur Repräsentation komplexer Prozesse grundsätzlich nur eingeschränkt geeignet. Gemäß der in Kapitel 2 eingeführten Terminologie sind HMMs eine atomare Repräsentation: Zustände der Welt haben keine interne Struktur und werden einfach mit ganzen Zahlen beschriftet. Abschnitt 14.5 zeigt, wie sich mit dynamischen Bayes'schen Netzen – einer faktorisierten Repräsentation – Domänen mit vielen Zustandsvariablen modellieren lassen. Der nächste Abschnitt zeigt, wie man Domänen mit stetigen Zustandsvariablen behandelt, die natürlich zu einem unendlichen Zustandsraum führen.

14.4 Kalman-Filter

Stellen Sie sich vor, Sie beobachten einen kleinen Vogel, der in der Dämmerung durch einen Dschungel fliegt: Da Sie seine Bewegungen im dichten Grün immer nur kurz und mit Unterbrechungen sehen können, verfolgen Sie angestrengt, wo der Vogel gerade ist und wo er als Nächstes auftauchen wird, um ihn nicht aus den Augen zu verlieren. Oder stellen Sie sich vor, Sie bedienen im Zweiten Weltkrieg ein Radargerät und beobachten einen schwachen, wandernden Punkt, der alle 10 Sekunden auf dem Bildschirm erscheint. Oder gehen wir noch etwas weiter zurück: Stellen Sie sich vor, Sie wären Kepler, der versucht, die Bewegungen der Planeten aus einer Sammlung höchst ungenauer Winkelbeobachtungen zu rekonstruieren, die in unregelmäßigen und ungenau gemessenen Intervallen gemacht wurden.

In all diesen Fällen führen Sie eine Filterung durch: Sie schätzen die Zustandsvariablen (hier Position und Geschwindigkeit eines sich bewegenden Objekts) aus verrauschten Beobachtungen über die Zeit. Wären die Variablen diskret, könnten wir das System mit einem Hidden-Markov-Modell modellieren. In diesem Abschnitt wenden wir uns den Methoden zur Verarbeitung von stetigen Variablen zu. Dabei bedienen wir uns eines Algorithmus, der nach einem seiner Erfinder, Rudolf Kalman, **Kalman-Filterung** genannt wird.

Der Flug des Vogels könnte zu jedem Zeitpunkt durch sechs stetige Variablen spezifiziert werden; drei für die Position (X_t, Y_t, Z_t) und drei für die Geschwindigkeit $(\dot{X}_t, \dot{Y}_t, \dot{Z}_t)$. Wir benötigen geeignete bedingte Dichten, um die Transitions- und Sensormodelle darzustellen; wie in Kapitel 13 verwenden wir **lineare Gauß'sche** Verteilungen. Das bedeutet, dass der nächste Zustand $\mathbf{X}_{t+1}$ eine lineare Funktion des aktuellen Zustands $\mathbf{X}_t$ sein muss plus einem Gauß'schen Rauschen – eine Bedingung, die sich in der Praxis als recht vernünftig erweist. Betrachten wir zum Beispiel die X-Koordinate des Vogels und ignorieren die anderen Koordinaten für den Moment. Sei das Zeitintervall zwischen den Beobachtungen Δ und die Geschwindigkeit während des Intervalls konstant; dann ist die Aktualisierung der Position gegeben durch $X_{t+\Delta} = X_t + \dot{X}\,\Delta$. Durch Hinzufügen von Gauß'schem Rauschen (um Windschwankungen usw. zu berücksichtigen) erhalten wir ein lineares Gauß'sches Transitionsmodell:

$$P(X_{t+\Delta} = x_{t+\Delta} \mid X_t = x_t, \dot{X}_t = \dot{x}_t) = \mathcal{N}(x_{t+\Delta}; x_t + \dot{x}_t\,\Delta, \sigma^2)$$

► Abbildung 14.9 zeigt die Bayes'sche Netzstruktur für ein System mit dem Positionsvektor $\mathbf{X}_t$ und der Geschwindigkeit $\dot{\mathbf{X}}_t$. Beachten Sie, dass es sich hierbei um eine sehr spezielle Form des linearen Gauß'schen Modells handelt. Die allgemeine Form wird später in diesem Abschnitt beschrieben und deckt eine Vielzahl von Anwendungen ab, die über die einfa-

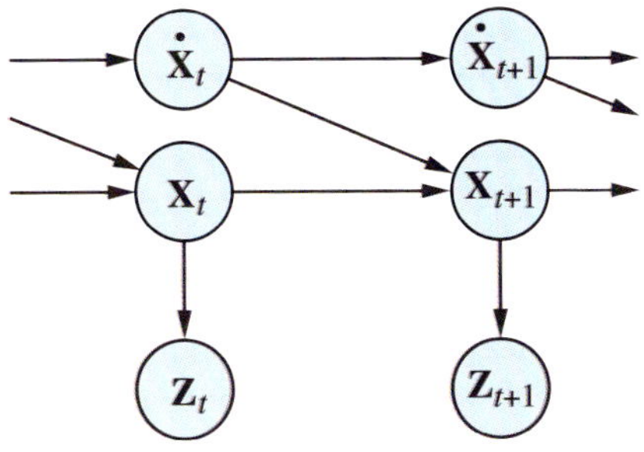

Abbildung 14.9: Bayes'sche Netzstruktur für ein lineares dynamisches System mit der Position $\mathbf{X}_t$, der Geschwindigkeit $\dot{\mathbf{X}}_t$ und der Positionsmessung $\mathbf{Z}_t$.

chen Bewegungsbeispiele des ersten Absatzes hinausgehen. Der Leser kann im Anhang A einige der mathematischen Eigenschaften von Gauß'schen Verteilungen nachlesen; für unsere unmittelbaren Zwecke ist die wichtigste, dass eine **multivariate Gauß'sche** Verteilung für d Variablen durch einen d-elementigen Mittelwert $\boldsymbol{\mu}$ und eine $d{\times}d$-Kovarianzmatrix $\boldsymbol{\Sigma}$ spezifiziert wird.

14.4.1 Gauß'sche Verteilungen aktualisieren

In Kapitel 13 auf S. 484 haben wir eine Schlüsseleigenschaft der Familie der linearen Gauß'schen Verteilung angesprochen: Sie bleibt unter Bayes'scher Aktualisierung geschlossen. (Das heißt, bei jeder gegebenen Evidenz ist die A-posteriori-Verteilung immer noch Teil der linearen Gauß'schen Familie.) Hier präzisieren wir diese Behauptung im Kontext der Filterung in einem temporalen Wahrscheinlichkeitsmodell. Die erforderlichen Eigenschaften entsprechen der zweistufigen Filterberechnung in Gleichung (14.5):

1. Wenn die aktuelle Verteilung $\mathbf{P}(\mathbf{X}_t \mid \mathbf{e}_{1:t})$ gaußförmig und das Transitionsmodell $\mathbf{P}(\mathbf{X}_{t+1} \mid \mathbf{x}_t)$ linear-gaußförmig ist, dann ist die einstufige vorhergesagte Verteilung, die durch

$$\mathbf{P}(\mathbf{X}_{t+1} \mid \mathbf{e}_{1:t}) = \int_{\mathbf{x}_t} \mathbf{P}(\mathbf{X}_{t+1} \mid \mathbf{x}_t) P(\mathbf{x}_t \mid \mathbf{e}_{1:t})\, d\mathbf{x}_t \tag{14.17}$$

   gegeben ist, ebenfalls eine Gauß'sche Verteilung.

2. Wenn die Vorhersage $\mathbf{P}(\mathbf{X}_{t+1} \mid \mathbf{e}_{1:t})$ gaußförmig und das Sensormodell $\mathbf{P}(\mathbf{e}_{t+1} \mid \mathbf{X}_{t+1})$ linear-gaußförmig ist, dann ist nach der Konditionierung auf die neue Evidenz die aktualisierte Verteilung

$$\mathbf{P}(\mathbf{X}_{t+1} \mid \mathbf{e}_{1:t+1}) = \alpha\, \mathbf{P}(\mathbf{e}_{t+1} \mid \mathbf{X}_{t+1}) \mathbf{P}(\mathbf{X}_{t+1} \mid \mathbf{e}_{1:t}) \tag{14.18}$$

   ebenfalls eine Gauß'sche Verteilung.

Der FORWARD-Operator für die Kalman-Filterung übernimmt also eine Gauß'sche Vorwärtsnachricht $\mathbf{f}_{1:t}$, spezifiziert durch einen Mittelwert $\boldsymbol{\mu}_t$ und eine Kovarianz $\boldsymbol{\Sigma}_t$, und erzeugt eine neue multivariate Gauß'sche Vorwärtsnachricht $\mathbf{f}_{1:t+1}$, spezifiziert durch einen Mittelwert $\boldsymbol{\mu}_{t+1}$ und eine Kovarianz $\boldsymbol{\Sigma}_{t+1}$. Wenn wir also mit einer Gauß'schen A-priori-Verteilung $\mathbf{f}_{1:0} = \mathbf{P}(\mathbf{X}_0) = \mathcal{N}(\boldsymbol{\mu}_0, \boldsymbol{\Sigma}_0)$ beginnen, erzeugt die Filterung mit einem linearen Gauß'schen Modell eine Gauß'sche Zustandsverteilung für alle Zeiten.

Dies scheint ein schönes, elegantes Ergebnis zu sein, doch warum ist es so wichtig? Der Grund dafür ist, dass, abgesehen von einigen Spezialfällen wie diesem, *die Filterung mit stetigen oder hybriden (diskreten und stetigen) Netzen Zustandsverteilungen erzeugt, deren Repräsentation über die Zeit unbegrenzt wächst.* Diese Aussage ist im Allgemeinen nicht leicht zu beweisen, aber Übung 15.12 auf der Website zeigt an einem einfachen Beispiel, was passiert.

14.4.2 Ein einfaches eindimensionales Beispiel

Wir haben gesagt, dass der FORWARD-Operator für den Kalman-Filter eine Gauß'sche Verteilung auf eine neue Gauß'sche Verteilung abbildet. Dies bedeutet, dass ein neuer Mittelwert und eine neue Kovarianz aus dem vorherigen Mittelwert und der vorherigen Kovarianz berechnet werden. Die Ableitung der Aktualisierungsregel im allgemeinen (multivariaten) Fall erfordert ziemlich viel lineare Algebra, sodass wir uns vorerst auf einen sehr einfachen univariaten Fall beschränken und später auf die Ergebnisse für den allgemeinen Fall eingehen. Selbst für den univariaten Fall sind die Berechnungen ziemlich aufwendig, aber wir sind der Meinung, dass sie der Mühe wert sind, weil der Nutzen des Kalman-Filters so eng mit den mathematischen Eigenschaften von Gauß'schen Verteilungen verbunden ist.

Das von uns betrachtete Zeitmodell beschreibt einen **Random Walk** einer einzelnen stetigen Zustandsvariablen X_t mit einer verrauschten Beobachtung Z_t. Ein Beispiel könnte der „Konsumklimaindex" sein, der so modelliert werden kann, dass er jeden Monat eine zufällige, gaußverteilte Änderung erfährt und durch eine zufällige Verbraucherumfrage gemessen wird, die ebenfalls Gauß'sches Sampling-Rauschen einführt. Die A-priori-Verteilung ist der Annahme nach gaußförmig mit der Varianz σ_0^2:

$$P(x_0) = \alpha\, e^{-\frac{1}{2}\left(\frac{(x_0-\mu_0)^2}{\sigma_0^2}\right)}$$

(Der Einfachheit halber verwenden wir in diesem Abschnitt für alle Normalisierungskonstanten das gleiche Symbol α.) Das Transitionsmodell fügt dem aktuellen Zustand eine Gauß'sche Störung mit konstanter Varianz σ_x^2 hinzu:

$$P(x_{t+1} \mid x_t) = \alpha\, e^{-\frac{1}{2}\left(\frac{(x_{t+1}-x_t)^2}{\sigma_x^2}\right)}$$

Das Sensormodell geht von einem Gauß'schen Rauschen mit der Varianz σ_z^2 aus:

$$P(z_t \mid x_t) = \alpha\, e^{-\frac{1}{2}\left(\frac{(z_t-x_t)^2}{\sigma_z^2}\right)}$$

Bei gegebener A-priori-Verteilung $P(X_0)$ berechnet sich die einstufige vorhergesagte Verteilung basierend auf Gleichung (14.17) zu:

$$\begin{aligned} P(x_1) &= \int_{-\infty}^{\infty} P(x_1 \mid x_0) P(x_0)\, dx_0 = \alpha \int_{-\infty}^{\infty} e^{-\frac{1}{2}\left(\frac{(x_1-x_0)^2}{\sigma_x^2}\right)} e^{-\frac{1}{2}\left(\frac{(x_0-\mu_0)^2}{\sigma_0^2}\right)} dx_0 \\ &= \alpha \int_{-\infty}^{\infty} e^{-\frac{1}{2}\left(\frac{\sigma_0^2(x_1-x_0)^2+\sigma_x^2(x_0-\mu_0)^2}{\sigma_0^2\sigma_x^2}\right)} dx_0 \end{aligned}$$

Dieses Integral sieht ziemlich kompliziert aus. Der Schlüssel zum Fortschritt liegt darin zu bemerken, dass der Exponent die Summe zweier Ausdrücke ist, die *quadratisch* in x_0 sind und er daher selbst quadratisch in x_0 ist. Ein einfacher Trick, auch als **quadratische Ergänzung** bezeichnet, ermöglicht das Umschreiben jeder quadratischen Funktion $ax_0^2 + bx_0 + c$ als Summe eines quadrierten Terms $a(x_0 - \frac{-b}{2a})^2$ und eines Restterms $c - \frac{b^2}{4a}$, der unabhängig von x_0 ist. Daraus ergibt sich $a = (\sigma_0^2 + \sigma_x^2)/(\sigma_0^2\sigma_x^2)$, $b = -2(\sigma_0^2 x_1 + \sigma_x^2\mu_0)/(\sigma_0^2\sigma_x^2)$ und $c = (\sigma_0^2 x_1^2 + \sigma_x^2\mu_0^2)/(\sigma_0^2\sigma_x^2)$. Der Restterm kann aus dem Integral herausgezogen werden, das Ergebnis ist dann:

$$P(x_1) = \alpha\, e^{-\frac{1}{2}\left(c-\frac{b^2}{4a}\right)} \int_{-\infty}^{\infty} e^{-\frac{1}{2}\left(a(x_0-\frac{-b}{2a})^2\right)} dx_0$$

Jetzt ist das Integral nur noch das Integral einer Gauß'schen Verteilung über ihren gesamten Bereich und damit einfach 1. Somit bleibt uns von der Quadratfunktion nur noch der Restterm übrig. Durch Einsetzen der Ausdrücke für a, b und c und Vereinfachen erhalten wir:

$$P(x_1) = \alpha\, e^{-\frac{1}{2}\left(\frac{(x_1-\mu_0)^2}{\sigma_0^2+\sigma_x^2}\right)}$$

Das heißt, die einstufige vorhergesagte Verteilung ist eine Gauß'sche Verteilung mit demselben Mittelwert μ_0 und einer Varianz, die gleich der Summe aus der ursprünglichen Varianz σ_0^2 und der Transitionsvarianz σ_x^2 ist.

Um den Aktualisierungsschritt abzuschließen, müssen wir auf die Beobachtung im ersten Zeitschritt, d. h. z_1 konditionieren. Aus Gleichung (14.18) ist dies gegeben durch:

$$\begin{aligned} P(x_1 \mid z_1) &= \alpha\, P(z_1 \mid x_1) P(x_1) \\ &= \alpha\, e^{-\frac{1}{2}\left(\frac{(z_1-x_1)^2}{\sigma_z^2}\right)} e^{-\frac{1}{2}\left(\frac{(x_1-\mu_0)^2}{\sigma_0^2+\sigma_x^2}\right)} \end{aligned}$$

Auch hier kombinieren wir die Exponenten und vervollständigen das Quadrat (Übung 15.13) und erhalten den folgenden Ausdruck für die A-posteriori-Verteilung:

$$P(x_1 \mid z_1) = \alpha\, e^{-\frac{1}{2}\frac{\left(x_1 - \frac{(\sigma_0^2+\sigma_x^2)z_1+\sigma_z^2\mu_0}{\sigma_0^2+\sigma_x^2+\sigma_z^2}\right)^2}{(\sigma_0^2+\sigma_x^2)\sigma_z^2/(\sigma_0^2+\sigma_x^2+\sigma_z^2)}} \tag{14.19}$$

Nach einem Aktualisierungszyklus haben wir also eine neue Gauß'sche Verteilung für die Zustandsvariable.

Aus der Gauß'schen Formel in Gleichung (14.19) geht hervor, dass der neue Mittelwert und die neue Standardabweichung aus dem alten Mittelwert und der alten Standardabweichung wie folgt berechnet werden können:

$$\mu_{t+1} = \frac{(\sigma_t^2+\sigma_x^2)z_{t+1}+\sigma_z^2\mu_t}{\sigma_t^2+\sigma_x^2+\sigma_z^2} \quad \text{und} \quad \sigma_{t+1}^2 = \frac{(\sigma_t^2+\sigma_x^2)\sigma_z^2}{\sigma_t^2+\sigma_x^2+\sigma_z^2} \tag{14.20}$$

► Abbildung 14.10 zeigt einen Aktualisierungszyklus des Kalman-Filters im eindimensionalen Fall für einzelne Werte der Transitions- und Sensormodelle.

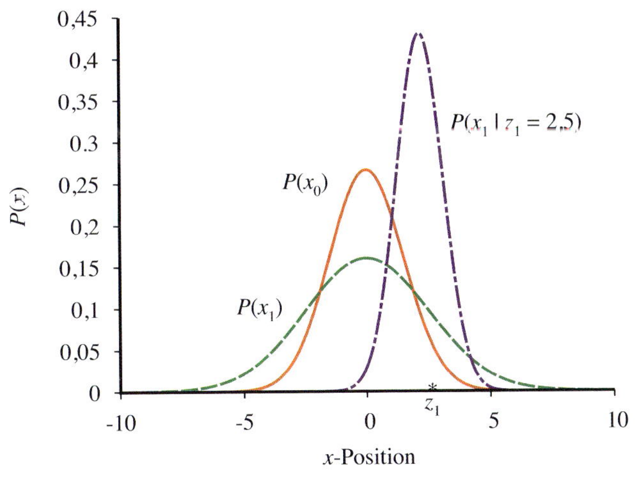

Abbildung 14.10: Phasen des Kalman-Filter-Aktualisierungszyklus für einen Random Walk mit einer A-priori-Verteilung gegeben durch $\mu_0 = 0{,}0$ und $\sigma_0 = 1{,}5$, einem Transitionsrauschen gegeben durch $\sigma_x = 2{,}0$, einem Sensorrauschen gegeben durch $\sigma_z = 1{,}0$ und einer ersten Beobachtung $z_1 = 2{,}5$ (eingetragen auf der x-Achse). Beachten Sie, wie die Vorhersage $P(x_1)$ relativ zu $P(x_0)$ durch das Transitionsrauschen abgeflacht wird. Beachten Sie auch, dass der Mittelwert der A-posteriori-Verteilung $P(x_1 \mid z_1)$ leicht links von der Beobachtung z_1 liegt, da der Mittelwert ein gewichteter Durchschnitt aus der Vorhersage und der Beobachtung ist.

Gleichung (14.20) spielt genau die gleiche Rolle wie die allgemeine Filtergleichung (14.5) oder die HMM-Filtergleichung (14.12). Aufgrund der besonderen Natur der Gauß'schen Verteilungen haben die Gleichungen jedoch einige interessante zusätzliche Eigenschaften.

Erstens können wir die Berechnung für den neuen Mittelwert μ_{t+1} als ein *gewichtetes Mittel* aus der neuen Beobachtung z_{t+1} und dem alten Mittelwert μ_t interpretieren. Wenn die Beobachtung nicht zuverlässig ist, dann ist σ_z^2 groß und wir achten mehr auf den alten Mittelwert; wenn der alte Mittelwert nicht zuverlässig ist (σ_t^2 ist groß) oder der Prozess kaum vorhersehbar ist (σ_x^2 ist groß), dann schenken wir der Beobachtung mehr Aufmerksamkeit.

Zweitens ist festzustellen, dass die Aktualisierung für die Varianz σ_{t+1}^2 *unabhängig von der Beobachtung ist.* Wir können daher im Voraus berechnen, wie die Folge der Varianzwerte aussieht. Drittens konvergiert die Folge von Varianzwerten schnell gegen einen festen Wert, der nur von σ_x^2 und σ_z^2 abhängt, was die nachfolgenden Berechnungen wesentlich vereinfacht (siehe Übung 15.14 auf der Website).

14.4.3 Der allgemeine Fall

Die obige Herleitung veranschaulicht die Schlüsseleigenschaft Gauß'scher Verteilungen, dank der die Kalman-Filterung überhaupt funktioniert: die Tatsache, dass der Exponent quadratisch ist. Dies gilt nicht nur für den univariaten Fall, sondern auch für die vollständige multivariate Gauß'sche Verteilung, die folgende Form aufweist:

$$\mathcal{N}(\mathbf{x}; \boldsymbol{\mu}, \boldsymbol{\Sigma}) = \alpha\, e^{-\frac{1}{2}\left((\mathbf{x}-\boldsymbol{\mu})^\top \boldsymbol{\Sigma}^{-1}(\mathbf{x}-\boldsymbol{\mu})\right)}$$

Das Ausmultiplizieren der Terme im Exponenten zeigt, dass der Exponent ebenfalls eine quadratische Funktion der Werte x_i in $\mathbf{x}$ ist. Das bedeutet, dass bei der Filterung die Gauß'sche Natur der Zustandsverteilung erhalten bleibt.

Zunächst definieren wir das allgemeine Zeitmodell, das bei der Kalman-Filterung zur Anwendung kommt. Sowohl das Transitionsmodell als auch das Sensormodell müssen eine *lineare* Transformation mit additivem Gauß'schen Rauschen sein. Im Ergebnis sieht das folgendermaßen aus:

$$\begin{aligned} P(\mathbf{x}_{t+1} \mid \mathbf{x}_t) &= \mathcal{N}(\mathbf{x}_{t+1}; \mathbf{F}\mathbf{x}_t, \boldsymbol{\Sigma}_x) \\ P(\mathbf{z}_t \mid \mathbf{x}_t) &= \mathcal{N}(\mathbf{z}_t; \mathbf{H}\mathbf{x}_t, \boldsymbol{\Sigma}_z) \end{aligned} \tag{14.21}$$

Dabei sind $\mathbf{F}$ und $\boldsymbol{\Sigma}_x$ Matrizen, die das lineare Transitionsmodell und die Kovarianz des Transitionsrauschens beschreiben, und $\mathbf{H}$ und $\boldsymbol{\Sigma}_z$ die entsprechenden Matrizen für das Sensormodell. Jetzt lauten die Aktualisierungsgleichungen für den Mittelwert und die Kovarianz in ihrer ganzen Scheußlichkeit:

$$\begin{aligned} \boldsymbol{\mu}_{t+1} &= \mathbf{F}\boldsymbol{\mu}_t + \mathbf{K}_{t+1}(\mathbf{z}_{t+1} - \mathbf{H}\mathbf{F}\boldsymbol{\mu}_t) \\ \boldsymbol{\Sigma}_{t+1} &= (\mathbf{I} - \mathbf{K}_{t+1}\mathbf{H})(\mathbf{F}\boldsymbol{\Sigma}_t\mathbf{F}^\top + \boldsymbol{\Sigma}_x) \end{aligned} \tag{14.22}$$

Dabei ist $\mathbf{K}_{t+1} = (\mathbf{F}\boldsymbol{\Sigma}_t\mathbf{F}^\top + \boldsymbol{\Sigma}_x)\mathbf{H}^\top(\mathbf{H}(\mathbf{F}\boldsymbol{\Sigma}_t\mathbf{F}^\top + \boldsymbol{\Sigma}_x)\mathbf{H}^\top + \boldsymbol{\Sigma}_z)^{-1}$ die sogenannte **Kalman-Gain-Matrix**. Ob Sie es glauben oder nicht, diese Gleichungen haben durchaus ihre Daseinsberechtigung. Betrachten wir zum Beispiel die Aktualisierung für die mittlere Zustandsschätzung $\boldsymbol{\mu}$. Der Term $\mathbf{F}\boldsymbol{\mu}_t$ ist der *vorhergesagte* Zustand zum Zeitpunkt $t + 1$, sodass $\mathbf{H}\mathbf{F}\boldsymbol{\mu}_t$ die *vorhergesagte* Beobachtung ist. Daher repräsentiert der Term $\mathbf{z}_{t+1} - \mathbf{H}\mathbf{F}\boldsymbol{\mu}_t$ den Fehler in der vorhergesagten Beobachtung. Dieser wird mit $\mathbf{K}_{t+1}$ multipliziert, um den vorhergesagten Zustand zu korrigieren; daher ist $\mathbf{K}_{t+1}$ ein Maß dafür, *wie ernst die neue Beobachtung* relativ zur Vorhersage zu nehmen ist. Wie in Gleichung (14.20) haben wir auch hier die Eigenschaft, dass die Varianzaktualisierung unabhängig von den Beobachtungen ist. Die Folge von Werten für $\boldsymbol{\Sigma}_t$ und $\mathbf{K}_t$ kann daher offline berechnet werden, und außerdem sind die tatsächlich während der Onlinebearbeitung erforderlichen Berechnungen relativ maßvoll.

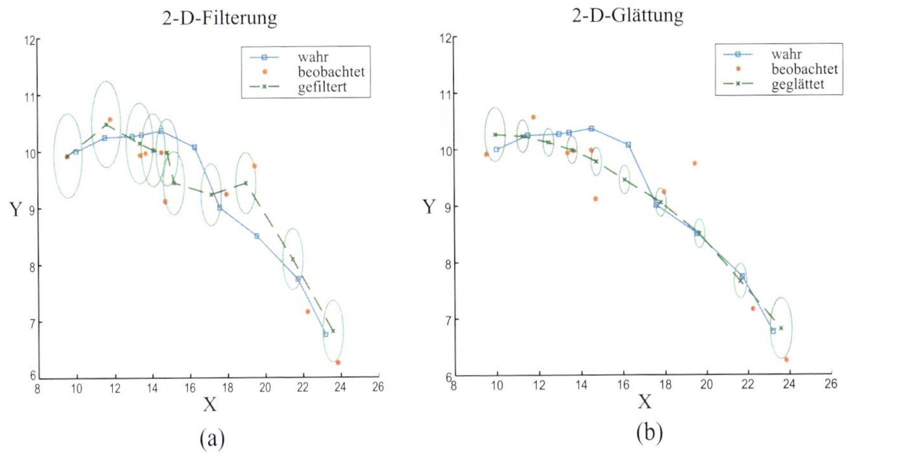

Abbildung 14.11: (a) Ergebnisse der Kalman-Filterung für ein Objekt, das sich in der X-Y-Ebene bewegt. Sie zeigen den tatsächlichen Bewegungsverlauf (von links nach rechts), eine Folge von verrauschten Beobachtungen und den durch Kalman-Filterung geschätzten Bewegungsverlauf. Die Varianz in der Positionsschätzung wird durch die Ovale angezeigt. (b) Die Ergebnisse der Kalman-Glättung für die gleiche Beobachtungsfolge.

Um diese Gleichungen in Aktion zu demonstrieren, haben wir sie auf das Problem angewendet, ein Objekt zu verfolgen, das sich in der X-Y-Ebene bewegt. Die Zustandsvariablen lauten $\mathbf{X} = (X, Y, \dot{X}, \dot{Y})^\top$, weshalb $\mathbf{F}$, $\boldsymbol{\Sigma}_x$, $\mathbf{H}$ und $\boldsymbol{\Sigma}_z$ 4×4-Matrizen sind. ► Abbildung 14.11 a zeigt den tatsächlichen Bewegungsverlauf, eine Folge verrauschter Beobachtungen und den durch Kalman-Filterung geschätzten Bewegungsverlauf, zusammen mit den Kovarianzen, angegeben durch die Konturen einer Standardabweichung. Der Filterprozess eignet sich gut, die tatsächliche Bewegung zu verfolgen, und wie erwartet erreicht die Varianz schnell einen Fixpunkt.

Wir können mit linearen Gauß'schen Modellen auch Gleichungen für *Glättung* und Filterung herleiten. Die Ergebnisse der Glättung sind in ► Abbildung 14.11 b dargestellt. Beachten Sie, wie die Varianz in der Positionsschätzung stark abnimmt, außer an den Enden des Bewegungsverlaufs (warum?), und dass der geschätzte Bewegungsverlauf viel glatter ist.

14.4.4 Anwendbarkeit von Kalman-Filterung

Der Kalman-Filter und seine Weiterentwicklungen werden in einer Vielzahl von Anwendungen eingesetzt. Die „klassische" Anwendung ist die Radarverfolgung von Flugzeugen und Raketen. Verwandte Anwendungen sind die akustische Ortung von U-Booten und Bodenfahrzeugen sowie das visuelle Tracking von Fahrzeugen und Personen. Ein etwas exotischerer Bereich ist die Anwendung des Kalman-Filters für die Rekonstruktion von Teilchenbahnen aus Blasenkammer-Fotos und von Meeresströmungen aus satellitengestützten Oberflächenmessungen. Der Anwendungsbereich geht jedoch weit über das Verfolgen von Bewegungen hinaus: Er erstreckt sich auf alle Systeme, die sich durch stetige Zustandsvariablen und verrauschte Messungen auszeichnen. Diese Systeme umfassen unter anderem Zellstofffabriken, chemische Anlagen, Kernreaktoren, Pflanzenökosysteme und Volkswirtschaften.

Die Tatsache, dass man Kalman-Filter auf ein System anwenden kann, bedeutet nicht, dass die Ergebnisse gültig oder nützlich sind, denn die Annahmen – lineare Gauß'sche Transitions- und Sensormodelle – sind sehr stark. Der **erweiterte Kalman-Filter** (**EKF**) versucht, Nichtlinearitäten im modellierten System zu überwinden. Ein System ist **nichtlinear**, wenn das Transitionsmodell nicht wie in Gleichung (14.21) durch eine Matrixmultiplikation des Zustandsvektors beschrieben werden kann. Der EKF modelliert das System als *lokal* linear in $\mathbf{x}_t$ im Bereich von $\mathbf{x}_t = \boldsymbol{\mu}_t$, dem Mittelwert der aktuellen Zustandsverteilung. Dies funktioniert gut für geglättete, regelmäßige Systeme und erlaubt es dem Tracker, eine Gauß'sche Zustandsverteilung zu verwalten und zu aktualisieren, die eine angemessene Annäherung an die tatsächliche A-posteriori-Verteilung darstellt. Kapitel 26 enthält ein ausführliches Beispiel.

Was bedeutet es, wenn ein System „nicht geglättet" oder „unregelmäßig" ist? Technisch gesehen bedeutet es, dass es eine signifikante Nichtlinearität in der Systemreaktion innerhalb des Bereichs gibt, der (gemäß der Kovarianz $\boldsymbol{\Sigma}_t$) „nahe" am aktuellen Mittelwert $\boldsymbol{\mu}_t$ liegt. Zum besseren Verständnis betrachten wir als Beispiel den Versuch, einen Vogel zu verfolgen, der durch den Dschungel fliegt. Der Vogel scheint mit hoher Geschwindigkeit direkt auf einen Baumstamm zuzufliegen. Der Kalman-Filter, ob Standard oder erweitert, kann nur eine Gauß'sche Vorhersage der Vogelposition machen, und der Mittelwert dieser Gauß'schen Verteilung hat sein Zentrum im Baumstamm, wie ► Abbildung 14.12 a zeigt. Ein realistisches Modell des Vogels hingegen würde wie in ► Abbildung 14.12 b ein Ausweichen zur einen oder anderen Seite vorhersagen. Ein solches Modell ist hochgradig nichtlinear, da die Entscheidung des Vogels stark von seiner genauen Position relativ zum Stamm abhängt.

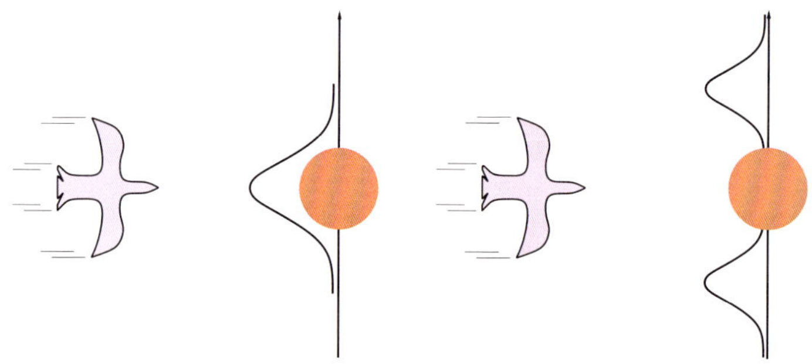

Abbildung 14.12: Ein Vogel, der auf einen Baum zufliegt (Ansichten von oben). (a) Ein Kalman-Filter sagt die Position des Vogels unter Verwendung einer einzigen Gauß'schen Verteilung voraus, die auf das Hindernis zentriert ist. (b) Ein realistischeres Modell berücksichtigt das Ausweichverhalten des Vogels und sagt voraus, dass er zur einen oder anderen Seite am Hindernis vorbeifliegt.

Um Beispiele wie diese verarbeiten zu können, brauchen wir offensichtlich eine aussagekräftigere Sprache, mit der wir das Verhalten des zu modellierenden Systems besser repräsentieren können. Kontrolltheoretiker haben die gleichen Probleme mit den Ausweichmanövern von Flugzeugen, die sie standardmäßig mit dem **Switching-Kalman-Filter** lösen. Bei diesem Ansatz werden mehrere Kalman-Filter parallel ausgeführt, die jeweils ein anderes Modell des Systems verwenden – beispielsweise eines für den Geradeausflug, eines für scharfe Linkskurven und eines für scharfe Rechtskurven. Es wird eine gewichtete Summe von Vorhersagen verwendet, wobei die Gewichtung davon abhängt, wie gut jeder Filter zu den aktuellen Daten passt. Im nächsten Abschnitt werden wir sehen, dass dies einfach ein Spezialfall des allgemeinen dynamischen Bayes'schen Netzmodells ist, das man erhält, indem man dem Netz eine diskrete „Manöver"-Zustandsvariable hinzufügt, wie in ► Abbildung 14.9 gezeigt. Switching-Kalman-Filter werden in Übung 15.12 auf der Website genauer angesprochen.

14.5 Dynamische Bayes'sche Netze

Dynamische Bayes'sche Netze (**DBN**) erweitern die Semantik von standardmäßigen Bayes'-schen Netzen, um die in Abschnitt 14.1 beschriebenen temporalen Wahrscheinlichkeitsmodelle verarbeiten zu können. Beispiele für DBNs wurden bereits vorgestellt: das Regenschirmnetz in ► Abbildung 14.2 und das Kalman-Filter-Netz in ► Abbildung 14.9. Im Allgemeinen kann jede Zeitscheibe eines DBNs eine beliebige Anzahl von Zustandsvariablen $\mathbf{X}_t$ und Evidenzvariablen $\mathbf{E}_t$ aufweisen. Der Einfachheit halber nehmen wir an, dass die Variablen, ihre Verknüpfungen und ihre bedingten Verteilungen von Zeitscheibe zu Zeitscheibe exakt repliziert werden und dass das DBN einen Markov-Prozess erster Ordnung repräsentiert, sodass jede Variable nur in ihrer eigenen Zeitscheibe oder der unmittelbar vorhergehenden Zeitscheibe Eltern haben kann. Damit entspricht das DBN einem Bayes'schen Netz mit unendlich vielen Variablen.

Es sollte klar sein, dass jedes Hidden-Markov-Modell als DBN mit einer einzigen Zustandsvariablen und einer einzigen Evidenzvariablen dargestellt werden kann. Ebenso klar sollte sein, dass jedes DBN mit diskreten Variablen als ein HMM dargestellt werden kann; wie in Abschnitt 14.3 erklärt, können wir alle Zustandsvariablen im DBN zu einer einzigen Zustandsvariablen zusammenfassen, deren Werte alle möglichen Tupel der Werte der einzelnen Zustandsvariablen sind. Wenn nun jedes HMM ein DBN ist und jedes DBN in ein HMM übersetzt werden kann, wo liegt dann der Unterschied? Der Unterschied besteht darin, *dass wir durch das Zerlegen des Zustands eines komplexen Systems in seine einzelnen Variablen den Vorteil der* schwachen Besetzung *im temporalen Wahrscheinlichkeitsmodell nutzen können.*

Um zu sehen, was das in der Praxis bedeutet, erinnern wir daran, dass gemäß Abschnitt 14.3 eine HMM-Repräsentation für einen zeitlichen Prozess mit n diskreten Variablen mit jeweils bis zu d Werten eine Transitionsmatrix der Größe $O(d^{2n})$ benötigt. Die DBN-Repräsentation hingegen hat die Größe $O(nd^k)$, wenn die Anzahl der Eltern jeder Variablen durch k begrenzt ist. Mit anderen Worten, die DBN-Repräsentation ist linear und nicht exponentiell in der Anzahl der Variablen. Für den Staubsaugerroboter mit 42 möglicherweise verschmutzten Positionen reduziert sich damit die Anzahl der erforderlichen Wahrscheinlichkeiten von 5×10^{29} auf einige Tausend.

Wir haben bereits erläutert, dass jedes Kalman-Filter-Modell in einem DBN mit stetigen Variablen und linearen bedingten Gauß'schen Verteilungen dargestellt werden kann (► Abbildung 14.9). Aus der Diskussion am Ende des vorigen Abschnitts sollte klar sein, dass *nicht* jedes DBN von einem Kalman-Filter-Modell repräsentiert werden kann. In einem Kalman-Filter ist die aktuelle Zustandsverteilung immer eine einzige multivariate Gauß'sche Verteilung, d. h. eine einzelne „Delle" an einer bestimmten Position. DBNs hingegen können beliebige Verteilungen modellieren.

Für viele Anwendungen in der realen Welt ist diese Flexibilität ein Muss. Betrachten wir zum Beispiel die aktuelle Position meiner Schlüssel. Sie könnten in meiner Tasche, auf dem Nachttisch, auf dem Küchentisch, im Haustürschloss oder im Auto sein. Eine einzelne Gauß'sche Delle, die all diese Positionen einschließt, müsste auch den Schlüsseln, die sich mitten in der Luft über dem Vorgarten befinden, eine signifikante Wahrscheinlichkeit zuweisen. Aspekte der realen Welt wie zielgerichtete Agenten, Hindernisse und Taschen sind Ursache von „Nichtlinearitäten", die Kombinationen von diskreten und stetigen Variablen erfordern, um vernünftige Modelle zu erhalten.

14.5.1 DBNs erstellen

Für die Erstellung eines DBN müssen drei Informationsangaben gemacht werden: die A-priori-Verteilung über die Zustandsvariablen $\mathbf{P}(\mathbf{X}_0)$, das Transitionsmodell $\mathbf{P}(\mathbf{X}_{t+1} \mid \mathbf{X}_t)$ und das Sensormodell $\mathbf{P}(\mathbf{E}_t \mid \mathbf{X}_t)$. Um die Transitions- und Sensormodelle zu spezifizieren, muss man auch die Topologie der Verbindungen zwischen aufeinanderfolgenden Zeitscheiben und zwischen den Zustands- und Evidenzvariablen angeben. Da angenommen wird, dass die Transitions- und Sensormodelle zeithomogen sind – für alle t gleich – ist es am einfachsten, sie für die erste Zeitscheibe zu spezifizieren. Zum Beispiel ist die vollständige DBN-Spezifikation für die Regenschirmwelt durch das Dreiknoten-Netz im linken Teil von ► Abbildung 14.13 gegeben. Aus dieser Spezifikation kann im Bedarfsfall das vollständige DBN mit einer unbegrenzten Anzahl von Zeitscheiben konstruiert werden, indem die erste Zeitscheibe kopiert wird.

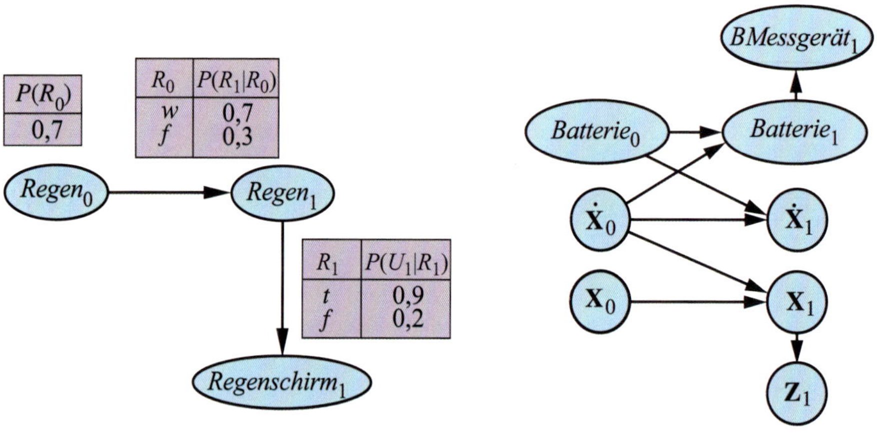

Abbildung 14.13: Links: Spezifikation der A-priori-Verteilung, des Transitionsmodells und des Sensormodells für das Regenschirm-DBN. Nachfolgende Zeitscheiben sind Kopien von Zeitscheibe 1. Rechts: Ein einfaches DBN für die Roboterbewegung in der X-Y-Ebene.

Betrachten wir nun ein interessanteres Beispiel: die Überwachung eines batteriebetriebenen Roboters, der sich in der X-Y-Ebene bewegt, wie am Ende von Abschnitt 14.1 vorgestellt. Zunächst benötigen wir Zustandsvariablen, die sowohl $\mathbf{X}_t = (X_t, Y_t)$ für die Position als auch $\dot{\mathbf{X}}_t = (\dot{X}_t, \dot{Y}_t)$ für die Geschwindigkeit umfassen. Wir gehen davon aus, dass es eine Methode zur Messung der Position gibt – vielleicht eine fest installierte Kamera oder ein eingebautes GPS (Global Positioning System) –, deren Aufgabe es ist, Messwerte $\mathbf{Z}_t$ zu liefern. Die Position im nächsten Zeitschritt hängt wie beim normalen Kalman-Filter-Modell von der aktuellen Position und Geschwindigkeit ab. Die Geschwindigkeit im nächsten Schritt hängt von der aktuellen Geschwindigkeit und dem Zustand der Batterie ab. Zur Repräsentation des aktuellen Ladezustands der Batterie fügen wir den Knoten $Batterie_t$ ein, der als Eltern den vorherigen Batterieladezustand und die Geschwindigkeit hat, und wir fügen $BMessgerät_t$ ein, um den Ladezustand der Batterie zu messen. Damit erhalten wir das im rechten Teil von ► Abbildung 14.13 gezeigte Grundmodell.

Es lohnt sich, die Besonderheiten des Sensormodells für $BMessgerät_t$ genauer zu betrachten. Nehmen wir der Einfachheit halber an, dass sowohl $Batterie_t$ als auch $BMessgerät_t$ diskrete Werte von 0 bis 5 annehmen können. Wenn das Messgerät immer genau ist, dann sollte die BWT $\mathbf{P}(BMessgerät_t \mid Batterie_t)$ „entlang der Diagonale" Wahrscheinlichkeiten von 1,0 und überall sonst Wahrscheinlichkeiten von 0,0 enthalten. In der Realität schleicht sich immer

Rauschen in die Messungen ein. Für stetige Messungen könnte eine Gauß'sche Verteilung mit einer kleinen Varianz verwendet werden.[7] Für unsere diskreten Variablen können wir uns einer Gauß'schen Verteilung annähern, indem wir eine Verteilung verwenden, bei der die Fehlerwahrscheinlichkeit in geeigneter Weise abfällt, sodass die Wahrscheinlichkeit eines großen Fehlers sehr klein ist. Wir verwenden den Begriff **Gauß'sches Fehlermodell**, um sowohl die stetige als auch die diskrete Version abzudecken.

Jeder, der praktische Erfahrungen mit Robotik, computergestützter Prozesssteuerung oder anderen Formen der automatischen Sensormessung hat, kann sicher bestätigen, dass ein geringes Messrauschen oft das kleinste Problem ist. Echte Sensoren können ausfallen. Und wenn ein Sensor *ausfällt*, sendet er nicht notwendigerweise ein Signal, das besagt: „Oh, übrigens, die Daten, die ich dir gleich sende, sind kompletter Unsinn." Stattdessen sendet er einfach den Unsinn. Die einfachste Art von Fehler wird als **transienter Fehler** bezeichnet, wenn der Sensor nur gelegentlich irgendeinen Unsinn sendet. Zum Beispiel könnte der Ladezustandssensor automatisch einen Wert von 0 senden, wenn jemand gegen den Roboter stößt, auch wenn die Batterie vollständig geladen ist.

Schauen wir uns an, was passiert, wenn ein transienter Fehler bei einem Gauß'schen Fehlermodell auftritt, das solche Fehler nicht berücksichtigt. Nehmen wir zum Beispiel an, der Roboter verhält sich ruhig und beobachtet 20 aufeinanderfolgende Batteriewerte von 5. Dann hat der Batteriezähler einen vorübergehenden Aussetzer und der nächste Messwert ist $BMessger\ddot{a}t_{21} = 0$. Welche Vermutung legt das einfache Gauß'sche Fehlermodell über $Batterie_{21}$ nahe? Nach der Bayes'schen Regel hängt die Antwort sowohl vom Sensormodell $\mathbf{P}(BMessger\ddot{a}t_{21} = 0 \mid Batterie_{21})$ als auch von der Vorhersage $\mathbf{P}(Batterie_{21} \mid BMessger\ddot{a}t_{1:20})$ ab. Wenn die Wahrscheinlichkeit eines großen Sensorfehlers deutlich geringer ist als die Wahrscheinlichkeit einer Transition zu $Batterie_{21} = 0$, auch wenn Letzteres sehr unwahrscheinlich ist, dann wird die A-posteriori-Verteilung dem leeren Zustand der Batterie eine hohe Wahrscheinlichkeit zuweisen.

Ein zweiter Messwert von 0 bei $t = 22$ untermauert diese Schlussfolgerung als fast sicher. Wenn der transiente Fehler dann jedoch verschwindet und der Messwert ab $t = 23$ wieder 5 beträgt, wird die Schätzung für den Batteriestand schnell wieder den Wert 5 annehmen. (Das bedeutet nicht, dass der Algorithmus denkt, dass sich die Batterie auf magische Weise selbst wieder aufgeladen hat, was physisch unmöglich sein dürfte; stattdessen glaubt der Algorithmus jetzt, dass die Batterie nie niedrig war, und hält die extrem unwahrscheinliche Hypothese, dass das Batteriemessgerät zweimal nacheinander grob versagt hat, für die einzig richtige Erklärung.) In ► Abbildung 14.14 a werden diese Ereignisse durch die obere Kurve ausgedrückt, die den erwarteten Wert (siehe Anhang A) von $Batterie_t$ über die Zeit unter Verwendung eines diskreten Gauß'schen Fehlermodells zeigt.

Trotz der Korrektur gibt es einen Zeitpunkt ($t = 22$), an dem der Roboter überzeugt ist, dass seine Batterie leer ist; wahrscheinlich sollte er dann ein Alarmsignal aussenden und sich abschalten. Leider hat ihn das vereinfachte Sensormodell in die Irre geführt. Die Moral von der Geschichte ist einfach: *Damit das System Sensorfehler korrekt verarbeiten kann, muss das Sensormodell die Möglichkeit von Fehlern berücksichtigen.*

Die einfachste Art von Fehlermodell für einen Sensor lässt eine gewisse Wahrscheinlichkeit zu, dass der Sensor einen völlig falschen Wert zurückgibt, unabhängig vom tatsächlichen Zustand der Welt. Wenn zum Beispiel das Batteriemessgerät fälschlicherweise 0 zurückgibt, könnten wir sagen, dass

$$P(BMessger\ddot{a}t_t = 0 \mid Batterie_t = 5) = 0{,}03$$

7 Streng genommen ist eine Gauß'sche Verteilung problematisch, weil sie großen negativen Ladezuständen eine Wahrscheinlichkeit ungleich null zuweist. Die **Betaverteilung** ist manchmal die bessere Wahl für eine Variable mit eingeschränktem Bereich.

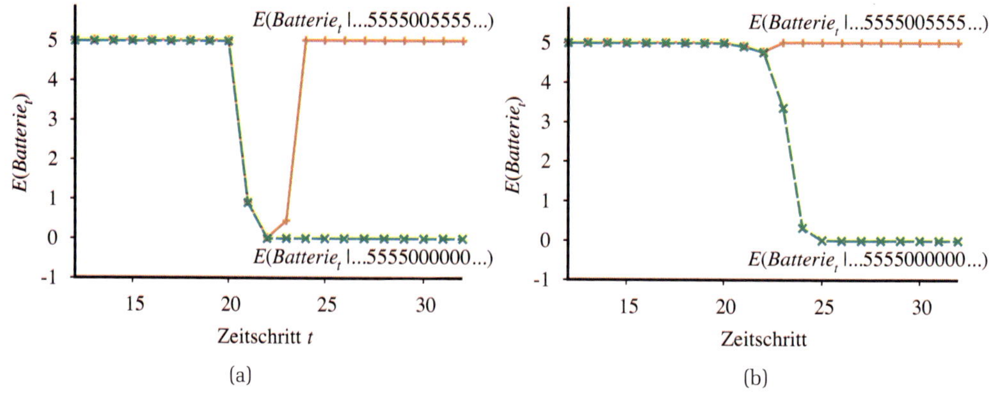

Abbildung 14.14: (a) Obere Kurve: Verlauf des erwarteten Werts von $Batterie_t$ für eine Beobachtungsfolge, die aus lauter 5en besteht außer den 0en bei $t = 21$ und $t = 22$, unter Verwendung eines einfachen Gauß'schen Fehlermodells. Untere Kurve: Verlauf, wenn die Beobachtung ab $t = 21$ bei 0 bleibt. (b) Das gleiche Experiment, ausgeführt mit dem transienten Fehlermodell. Auf den transienten Fehler wird gut reagiert, während der persistente Fehler uns den Ladezustand der Batterie übermäßig pessimistisch beurteilen lässt.

gilt. Dieser Wert ist vermutlich viel größer als die Wahrscheinlichkeit, die vom einfachen Gauß'schen Fehlermodell zugewiesen wird. Wir bezeichnen dies als **transientes Fehlermodell**. Inwiefern ist es von Nutzen, wenn wir einen Messwert von 0 erhalten? Unter der Voraussetzung, dass die *vorhergesagte* Wahrscheinlichkeit einer leeren Batterie nach den bisherigen Messwerten viel kleiner als 0,03 ist, ist die beste Erklärung für die Beobachtung $BMessgerät_{21} = 0$, dass der Sensor vorübergehend ausgefallen ist. Intuitiv vorstellbar ist, dass unser Wissen über den Ladezustand der Batterie ein gewisses Maß an „Trägheit" hat, dank der wir vorübergehende fehlerhafte Messwerte kompensieren können. Die obere Kurve in ► Abbildung 14.14 b zeigt, dass das transiente Fehlermodell transiente Fehler behandeln kann, ohne dass es zu katastrophalen Wissensänderungen kommt.

So viel zu den vorübergehenden Fehlern. Was ist mit den persistenten Sensorfehlern? Leider kommen solche Fehler sehr häufig vor. Wenn der Sensor 20-mal den Messwert 5 gefolgt von 20-mal den Messwert 0 anzeigt, dann führt das im vorhergehenden Abschnitt beschriebenen transienten Sensorfehlermodell dazu, dass der Roboter allmählich davon überzeugt ist, dass seine Batterie tatsächlich leer ist, auch wenn in Wirklichkeit nur das Messgerät ausgefallen sein könnte. Die untere Kurve in ► Abbildung 14.14 b zeigt den „Wissensverlauf" für diesen Fall. Bei $t = 25$ – fünf Messungen mit 0 – ist der Roboter überzeugt, dass seine Batterie leer ist. Wir würden es natürlich vorziehen, wenn der Roboter glauben würde, dass sein Batteriemessgerät defekt ist – sofern dies das wahrscheinlichere Ereignis ist.

Wie nicht anders zu erwarten, benötigen wir für die Behandlung von persistenten Fehlern ein **persistentes Fehlermodell**, das beschreibt, wie sich der Sensor unter normalen Bedingungen und nach einem Ausfall verhält. Dazu müssen wir den Zustand des Systems um eine zusätzliche Variable erweitern, z. B. *BMDefekt*, die den Status des Batteriemessgeräts beschreibt. Die Persistenz des Fehlers muss durch einen Pfeil modelliert werden, der $BMDefekt_0$ mit $BMDefekt_1$ verbindet. Dieser **Persistenzpfeil** hat eine BWT, die eine kleine Fehlerwahrscheinlichkeit in einem beliebigen Zeitschritt vorgibt, z. B. 0,001, aber auch festlegt, dass der Sensor defekt bleibt, sobald er defekt ist. Wenn der Sensor in Ordnung ist, ist das Sensormodell für *BMessgerät* identisch mit dem transienten Fehlermodell; ist der Sensor hingegen defekt, besagt dies, dass *BMessgerät* immer 0 ist, unabhängig von dem tatsächlichen Ladezustand der Batterie.

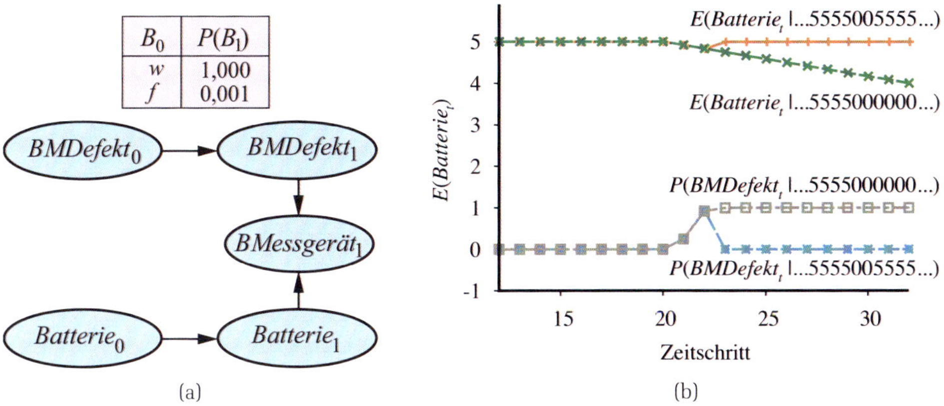

Abbildung 14.15: (a) Ein DBN-Fragment, das die Sensorstatusvariable zeigt, die für die Modellierung des persistenten Ausfalls des Batteriesensors erforderlich ist. (b) Obere Kurven: Verläufe des erwarteten Werts von $Batterie_t$ für die Beobachtungsfolgen „transienter Fehler" und „permanenter Fehler". Untere Kurven: Wahrscheinlichkeitsverläufe für *BMDefekt* für die beiden Beobachtungsfolgen.

► Abbildung 14.15 a zeigt das persistente Fehlermodell für den Batteriesensor. Die Leistungsfähigkeit dieses Modells für die beiden Datenfolgen (temporärer Fehler und persistenter Fehler) ist in ► Abbildung 14.15 b dargestellt. Diese Kurven weisen einige Auffälligkeiten auf. Erstens steigt im Fall des temporären Fehlers die Wahrscheinlichkeit, dass der Sensor defekt ist, nach der zweiten 0-Messung deutlich an, fällt aber sofort wieder auf 0 zurück, sobald eine 5 beobachtet wird. Zweitens steigt im Fall eines persistenten Fehlers die Wahrscheinlichkeit, dass der Sensor defekt ist, schnell auf fast 1 und verharrt dort. Und schließlich kann der Roboter, sobald bekannt ist, dass der Sensor defekt ist, nur noch annehmen, dass sich seine Batterie mit „normaler" Geschwindigkeit entlädt. Dies wird durch den allmählich sinkenden Pegel $E(Batterie_t \mid \ldots)$ angezeigt.

Bislang haben wir das Problem der Darstellung komplexer Prozesse nur oberflächlich behandelt. Die Auswahl an Transitionsmodellen ist riesig und deckt so unterschiedliche Bereiche ab wie die Modellierung des menschlichen endokrinen Systems und die Modellierung von Fahrzeugen auf einer Autobahn. Selbst die Sensormodellierung ist ein eigenständiges riesiges Teilgebiet. Dynamische Bayes'sche Netze können jedoch auch subtile Phänomene modellieren, wie z. B. Sensordrift, plötzliche Dekalibrierung und die Auswirkungen exogener Bedingungen (z. B. Wetter) auf die Sensormesswerte.

14.5.2 Exakte Inferenz in DBNs

Nachdem wir einige Ideen zur Darstellung komplexer Prozesse als DBNs skizziert haben, wenden wir uns nun der Frage der Inferenz zu, die in gewisser Weise bereits beantwortet worden ist: Dynamische Bayes'sche Netze *sind* ja zweifelsohne Bayes'sche Netze – und für die Inferenz in Bayes'schen Netzen besitzen wir bereits Algorithmen. Bei gegebener Beobachtungsfolge kann man die vollständige BN-Repräsentation eines DBN durch Replizieren von Zeitscheiben erzeugen, bis das Netz groß genug ist, um alle Beobachtungen zu berücksichtigen (► Abbildung 14.16). Diese Technik wird als **Ausrollen** bezeichnet. (Technisch gesehen ist das DBN äquivalent zu dem semiunendlichen Netz, das man durch endloses Ausrollen erhält. Zeitscheiben, die nach der letzten Beobachtung hinzugefügt werden, haben keine Auswirkung auf Inferenzen innerhalb des Beobachtungszeitraums und können weggelassen werden.) Nachdem das DBN ausgerollt ist, kann man jeden beliebigen in Kapitel 13 beschriebenen Inferenzalgorithmus wie Variableneliminierung, Clustering-Methoden usw. verwenden.

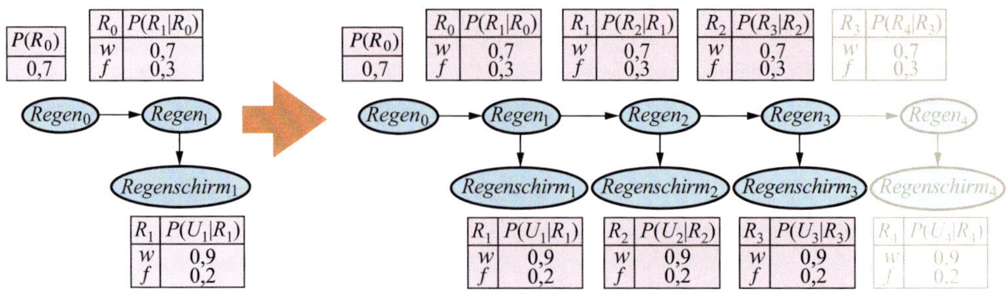

Abbildung 14.16: Ausrollen eines dynamischen Bayes'schen Netzes: Zeitscheiben werden repliziert, um die Beobachtungsfolge $Regenschirm_{1:3}$ berücksichtigen zu können. Zusätzliche Zeitscheiben haben keinen Einfluss auf die Inferenzen innerhalb des Beobachtungszeitraums.

Leider wäre eine naive Anwendung des Ausrollens nicht besonders effizient. Wenn wir eine Filterung oder Glättung mit einer langen Beobachtungsfolge $\mathbf{e}_{1:t}$ durchführen wollen, würde das ausgerollte Netz Speicherplatz von $O(t)$ benötigen und somit bei Hinzufügen weiterer Beobachtungen unbegrenzt wachsen. Wenn wir außerdem den Inferenzalgorithmus einfach jedes Mal bei Hinzufügen einer Beobachtung neu ausführen, steigt die Inferenzzeit pro Aktualisierung ebenfalls mit $O(t)$.

Aus Abschnitt 14.2.1 wissen wir, dass sich konstante Zeit und konstanter Speicherplatz pro Filteraktualisierung erreichen lässt, wenn die Berechnung rekursiv durchgeführt werden kann. Im Wesentlichen funktioniert die Filteraktualisierung in Gleichung (14.5) durch *Aussummieren* der Zustandsvariablen des vorherigen Zeitschritts, um die Verteilung für den neuen Zeitschritt zu erhalten. Das Aussummieren von Variablen ist genau das, was der Algorithmus der **Variablenelimination** (▶ Abbildung 13.13) macht; dabei stellt sich heraus, dass die Ausführung der Variablenelimination mit den Variablen in zeitlicher Reihenfolge genau den Ablauf der rekursiven Filteraktualisierung in Gleichung (14.5) nachbildet. Der modifizierte Algorithmus hält zu jedem Zeitpunkt höchstens zwei Zeitscheiben gleichzeitig im Speicher: Er beginnt mit Zeitscheibe 0, fügt Zeitscheibe 1 hinzu, summiert dann Zeitscheibe 0 aus, fügt dann Zeitscheibe 2 hinzu, summiert dann Zeitscheibe 1 aus, und so weiter. Auf diese Weise erreichen wir konstanten Speicher und konstante Zeit pro Filteraktualisierung. (Die gleiche Leistung erhält man durch geeignete Änderungen am Clustering-Algorithmus.) In Übung 15.20 auf der Website können Sie diese Tatsache für das Regenschirmnetz verifizieren.

So weit die guten Nachrichten; nun die schlechten: Es stellt sich heraus, dass die „Konstante" für die Zeit- und Speicherplatzkomplexität pro Aktualisierung in fast allen Fällen exponentiell zur Anzahl der Zustandsvariablen anwächst. Dabei passiert Folgendes: Mit fortschreitender Variablenelimination wachsen die Faktoren, um alle Zustandsvariablen aufzunehmen (oder, genauer gesagt, alle Zustandsvariablen, die in der vorherigen Zeitscheibe Eltern haben). Die maximale Faktorgröße ist $O(d^{n+k})$ und die gesamten Aktualisierungskosten pro Schritt betragen $O(nd^{n+k})$, wobei d die Domänengröße der Variablen und k die maximale Anzahl der Eltern jeder Zustandsvariablen ist.

Diese Kosten liegen zwar deutlich unter denen der HMM-Aktualisierung, die $O(d^{2n})$ betragen, sind aber für eine große Anzahl von Variablen immer noch viel zu hoch. Dieser bitteren Erkenntnis zufolge *können wir zwar sehr komplexe temporale Prozesse mit vielen schwach verbundenen Variablen mithilfe von DBNs* darstellen, *aber wir können nicht effizient und genau über diese Prozesse* schlussfolgern. Das DBN-Modell selbst, das die gemeinsame A-priori-Verteilung über alle Variablen repräsentiert, ist in seine konstituierenden BWTs faktorisierbar, während die gemeinsame A-posteriori-Verteilung, die auf eine Beobachtungsfolge konditioniert ist, d. h. die Vorwärtsnachricht, im Allgemeinen *nicht* faktorisierbar ist. Das Problem ist damit im Allgemeinen nicht effizient lösbar, sodass wir auf Näherungsmethoden zurückgreifen müssen.

14.5.3 Approximative Inferenz in DBNs

In Abschnitt 13.4 wurden zwei Approximationsalgorithmen beschrieben: Likelihood-Weighting (► Abbildung 13.18) und Markov-Chain-Monte-Carlo (MCMC, ► Abbildung 13.20). Der erste der beiden Algorithmen lässt sich am einfachsten an den DBN-Kontext anpassen. (Ein MCMC-Filteralgorithmus wird in den Anmerkungen am Ende dieses Kapitels kurz beschrieben.) Wir werden jedoch sehen, dass mehrere Verbesserungen am normalen Likelihood-Weighting-Algorithmus erforderlich sind, bevor sich eine praxistaugliche Methode herauskristallisiert.

Wir wissen, dass Likelihood-Weighting funktioniert, indem die Nichtevidenzknoten des Netzes in topologischer Sortierung gesampelt werden, wobei jede Stichprobe mit der Likelihood gewichtet wird, die den beobachteten Evidenzvariablen zugebilligt wird. Wie bei den exakten Algorithmen könnten wir Likelihood-Weighting direkt auf ausgerollte DBNs anwenden, doch würde dies bei wachsender Beobachtungsfolge unter den gleichen Problemen steigender Zeit- und Speicheranforderungen pro Aktualisierung leiden. Das Problem besteht darin, dass der Standardalgorithmus die einzelnen Stichproben nacheinander über das gesamte Netz ausführt.

Stattdessen können wir einfach alle N Stichproben zusammen über das DBN ausführen, eine Zeitscheibe nach der anderen. Der modifizierte Algorithmus entspricht dem allgemeinen Muster von Filteralgorithmen, mit der Menge von N Stichproben als Vorwärtsnachricht. Die erste wichtige Neuerung besteht also darin, *die Stichproben selbst als approximative Repräsentation der aktuellen Zustandsverteilung zu verwenden.* Dies erfüllt die Forderung nach einer „konstanten" Zeit pro Aktualisierung, obwohl die Konstante von der Anzahl der Stichproben abhängt, die für eine genaue Approximation erforderlich sind. Es ist auch nicht notwendig, das DBN auszurollen, da wir nur die aktuelle Zeitscheibe und darauf folgende im Speicher haben müssen. Dieser Ansatz wird **Sequential-Importance-Sampling**[8] (SIS) genannt.

In unserer Diskussion des Likelihood-Weighting in Kapitel 13 haben wir darauf hingewiesen, dass die Genauigkeit des Algorithmus leidet, wenn die Evidenzvariablen „unterhalb" der Stichprobenvariablen liegen, weil in diesem Fall die Stichproben ohne jeden Einfluss der Evidenzen erzeugt werden und deshalb fast alle sehr niedrige Gewichtungen haben.

Wenn wir die typische Struktur eines DBN genau untersuchen – z. B. das Regenschirm-DBN in ► Abbildung 14.16 –, dann sehen wir, dass die frühen Zustandsvariablen tatsächlich gesampelt werden, ohne von den späteren Evidenzen profitieren zu können. Bei genauerer Betrachtung zeigt sich, dass *keine* der Zustandsvariablen *irgendwelche* Evidenzvariablen unter ihren Vorfahren hat! Obwohl also die Gewichtung jeder Stichprobe von der Evidenz abhängt, ist die tatsächliche Menge der erzeugten Stichproben *vollständig unabhängig* von der Evidenz. Selbst wenn der Direktor also beispielsweise jeden Tag den Regenschirm mitbringt, könnte der Stichprobenprozess immer noch endlose Sonnentage vorspiegeln.

Das bedeutet in der Praxis, dass der Anteil der Stichproben, die einigermaßen nahe an der tatsächlichen Ereignisabfolge liegen (und daher nicht vernachlässigbare Gewichte aufweisen), exponentiell mit t, der Länge der Folge, abnimmt. Mit anderen Worten: Um ein bestimmtes Genauigkeitsniveau zu halten, muss die Anzahl der Stichproben exponentiell mit t steigen. Da ein Echtzeit-Filteralgorithmus nur eine begrenzte Anzahl von Stichproben verwenden

8 Anm. zur Übersetzung: im Deutschen manchmal auch umschrieben mit „sequenzielle Stichprobenentnahme nach Wichtigkeit".

kann, wird der Fehler in der Praxis bereits nach einer sehr kleinen Anzahl von Aktualisierungsschritten sehr groß. ► Abbildung 14.19 auf S. 558 zeigt diesen Effekt für SIS, angewandt auf das Gitterwelt-Lokalisierungsproblem aus Abschnitt 14.3: Selbst mit 100.000 Stichproben versagt die SIS-Approximation nach etwa 20 Schritten vollständig.

Offensichtlich benötigen wir eine bessere Lösung. Die zweite wichtige Neuerung ist *die Fokussierung der Stichprobenmenge auf die Bereiche des Zustandsraums mit hoher Wahrscheinlichkeit.* Hierzu muss man nur die Stichproben verwerfen, die gemäß den Beobachtungen eine sehr geringe Gewichtung haben, während man diejenigen repliziert, die eine hohe Gewichtung haben. Auf diese Weise bleibt die Stichprobenpopulation einigermaßen nahe an der Realität. Wenn wir die Stichproben als eine Ressource für die Modellierung der A-posteriori-Verteilung betrachten, dann ist es sinnvoll, mehr Stichproben in Bereichen des Zustandsraums zu verwenden, in denen die A-posteriori-Verteilung höher ist.

Für genau diesen Zweck gibt es eine ganze Algorithmenfamilie, die sogenannten **Partikelfilter** (die früher auch als **Sequential-Importance-Sampling mit Resampling** bezeichnet wurden – ein Name, der sich aber aus irgendeinem Grund nicht durchsetzen konnte). Partikelfilter funktionieren wie folgt: Zuerst erzeugen wir eine Population von N Stichproben aus der A-priori-Verteilung $\mathbf{P}(\mathbf{X}_0)$. Anschließend wird der Aktualisierungszyklus für jeden Zeitschritt wiederholt:

1. Jede Stichprobe wird vorwärts geleitet, indem der nächste Zustandswert $\mathbf{x}_{t+1}$ als Stichprobe gezogen wird, wobei der aktuelle Wert $\mathbf{x}_t$ für die Stichprobe bekannt ist und das Transitionsmodell $\mathbf{P}(\mathbf{X}_{t+1} \mid \mathbf{x}_t)$ verwendet wird.
2. Jede Stichprobe wird mit der Likelihood gewichtet, die sie der neuen Evidenz zuordnet, $P(\mathbf{e}_{t+1} \mid \mathbf{x}_{t+1})$.
3. Die Population wird *neu gesampelt*, um eine neue Population von N Stichproben zu erzeugen. Jede neue Stichprobe wird aus der aktuellen Population gewählt, wobei die Wahrscheinlichkeit, dass eine bestimmte Stichprobe ausgewählt wird, proportional zu ihrem Gewicht ist. Die neuen Stichproben sind nicht gewichtet.

► Abbildung 14.17 zeigt den Algorithmus und ► Abbildung 14.18 veranschaulicht seine Funktionsweise für das Regenschirm-DBN.

Wir können zeigen, dass dieser Algorithmus konsistent ist, d. h. bei N gegen unendlich die richtigen Wahrscheinlichkeiten liefert, indem wir die Operationen eines Aktualisierungszy-

```
function PARTICLE-FILTERING(e, N, dbn) returns eine Stichprobenmenge für den nächsten
                                                                        Zeitschritt
  inputs: e, die neu ankommende Evidenz
          N, die Anzahl der beizubehaltenden Stichproben
          dbn, ein DBN, definiert durch P(X0), P(X1 | X0) und P(E1 | X1)
  persistent: S, ein Vektor mit Stichproben der Größe N, anfangs erzeugt aus P(X0)
  local variables: W, ein Vektor mit Gewichtungen der Größe N

  for i = 1 to N do
      S[i] ← Stichprobe aus P(X1 | X0 = S[i])              // Schritt 1
      W[i] ← P(e | X1 = S[i])                              // Schritt 2
  S ← WEIGHTED-SAMPLE-WITH-REPLACEMENT(N, S, W)            // Schritt 3
  return S
```

Abbildung 14.17: Der Partikelfilter-Algorithmus, implementiert als rekursive Aktualisierungsoperation mit Zustand (der Menge der Stichproben). Jede der Stichprobenoperationen beinhaltet das Sampling der relevanten Zeitscheibenvariablen in topologischer Sortierung, ähnlich wie bei PRIOR-SAMPLE. Die Operation WEIGHTED-SAMPLE-WITH-REPLACEMENT kann so implementiert werden, dass sie in einer erwarteten Zeit von $O(N)$ abläuft. Die Schrittnummern beziehen sich auf die Beschreibung im Text.

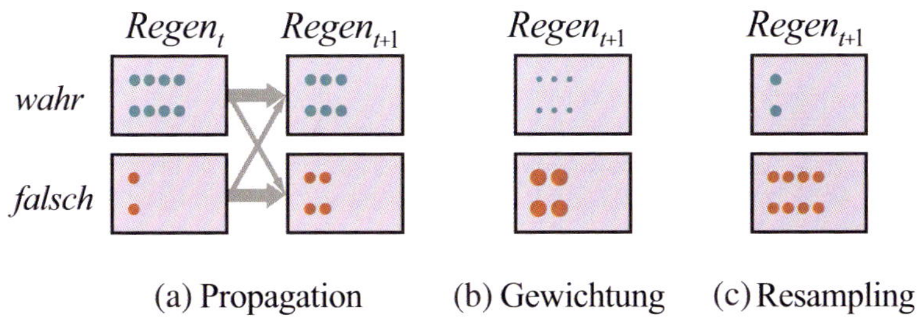

Abbildung 14.18: Der Partikelfilter-Aktualisierungszyklus für das Regenschirm-DBN mit $N = 10$, der die Stichprobenpopulationen der einzelnen Zustände zeigt. (a) Zum Zeitpunkt t zeigen 8 Stichproben *regen* und 2 $\neg$*regen* an. Jede wird vorwärts geleitet, indem der nächste Zustand über das Transitionsmodell gesampelt wird. Zum Zeitpunkt $t + 1$ zeigen 6 Stichproben *regen* und 4 $\neg$*regen* an. (b) Zum Zeitpunkt $t + 1$ wird $\neg$*regenschirm* beobachtet. Jede Stichprobe wird nach ihrer Likelihood der Beobachtung gewichtet, was die Größe der Kreise anzeigt. (c) Eine neue Menge von 10 Stichproben wird durch eine gewichtete Zufallsauswahl aus der aktuellen Menge generiert, in der 2 Stichproben *regen* und 8 $\neg$*regen* anzeigen.

klus untersuchen. Wir nehmen an, dass die Stichprobenpopulation mit einer korrekten Repräsentation der Vorwärtsnachricht beginnt, d. h. $\mathbf{f}_{1:t} = \mathbf{P}(\mathbf{X}_t \mid \mathbf{e}_{1:t})$ zur Zeit t. Wenn wir $N(\mathbf{x}_t \mid \mathbf{e}_{1:t})$ für die Anzahl der Stichproben schreiben, die den Zustand $\mathbf{x}_t$ einnehmen, nachdem die Beobachtungen $\mathbf{e}_{1:t}$ verarbeitet wurden, so erhalten wir für große N:

$$N(\mathbf{x}_t \mid \mathbf{e}_{1:t})/N = P(\mathbf{x}_t \mid \mathbf{e}_{1:t}) \qquad (14.23)$$

Jetzt leiten wir jede Stichprobe vorwärts weiter, indem wir die Zustandsvariablen bei $t + 1$ sampeln, wobei die Werte für die Stichprobe bei t gegeben sind. Die Anzahl der Stichproben, die den Zustand $\mathbf{x}_{t+1}$ von jedem $\mathbf{x}_t$ aus erreichen, ist die Übergangswahrscheinlichkeit multipliziert mit der Population von $\mathbf{x}_t$; damit ist die Gesamtzahl der Stichproben, die $\mathbf{x}_{t+1}$ erreichen, gleich

$$N(\mathbf{x}_{t+1} \mid \mathbf{e}_{1:t}) = \sum_{\mathbf{x}_t} P(\mathbf{x}_{t+1} \mid \mathbf{x}_t) N(\mathbf{x}_t \mid \mathbf{e}_{1:t}) \,.$$

Nun gewichten wir jede Stichprobe nach ihrer Likelihood für die Evidenz zum Zeitpunkt $t+1$. Eine Stichprobe im Zustand $\mathbf{x}_{t+1}$ erhält das Gewicht $P(\mathbf{e}_{t+1} \mid \mathbf{x}_{t+1})$. Die Gesamtgewichtung der Stichproben in $\mathbf{x}_{t+1}$ nach dem Auftreten von $\mathbf{e}_{t+1}$ ist also

$$W(\mathbf{x}_{t+1} \mid \mathbf{e}_{1:t+1}) = P(\mathbf{e}_{t+1} \mid \mathbf{x}_{t+1}) N(\mathbf{x}_{t+1} \mid \mathbf{e}_{1:t}) \,.$$

Kommen wir jetzt zum Resampling-Schritt. Da jede Stichprobe mit einer Wahrscheinlichkeit proportional zu ihrem Gewicht repliziert wird, ist die Anzahl der Stichproben im Zustand $\mathbf{x}_{t+1}$ nach dem Resampling proportional zur Gesamtgewichtung in $\mathbf{x}_{t+1}$ vor dem Resampling:

$$\begin{aligned}
N(\mathbf{x}_{t+1} \mid \mathbf{e}_{1:t+1})/N &= \alpha\, W(\mathbf{x}_{t+1} \mid \mathbf{e}_{1:t+1}) \\
&= \alpha\, P(\mathbf{e}_{t+1} \mid \mathbf{x}_{t+1}) N(\mathbf{x}_{t+1} \mid \mathbf{e}_{1:t}) \\
&= \alpha\, P(\mathbf{e}_{t+1} \mid \mathbf{x}_{t+1}) \sum_{\mathbf{x}_t} P(\mathbf{x}_{t+1} \mid \mathbf{x}_t) N(\mathbf{x}_t \mid \mathbf{e}_{1:t}) \\
&= \alpha\, N P(\mathbf{e}_{t+1} \mid \mathbf{x}_{t+1}) \sum_{\mathbf{x}_t} P(\mathbf{x}_{t+1} \mid \mathbf{x}_t) P(\mathbf{x}_t \mid \mathbf{e}_{1:t}) \quad \text{(mit 14.23)} \\
&= \alpha' P(\mathbf{e}_{t+1} \mid \mathbf{x}_{t+1}) \sum_{\mathbf{x}_t} P(\mathbf{x}_{t+1} \mid \mathbf{x}_t) P(\mathbf{x}_t \mid \mathbf{e}_{1:t}) \\
&= P(\mathbf{x}_{t+1} \mid \mathbf{e}_{1:t+1}) \quad \text{(mit 14.5)}
\end{aligned}$$

Daher repräsentiert die Stichprobenpopulation nach einem Aktualisierungszyklus die Vorwärtsnachricht zum Zeitpunkt $t + 1$ korrekt.

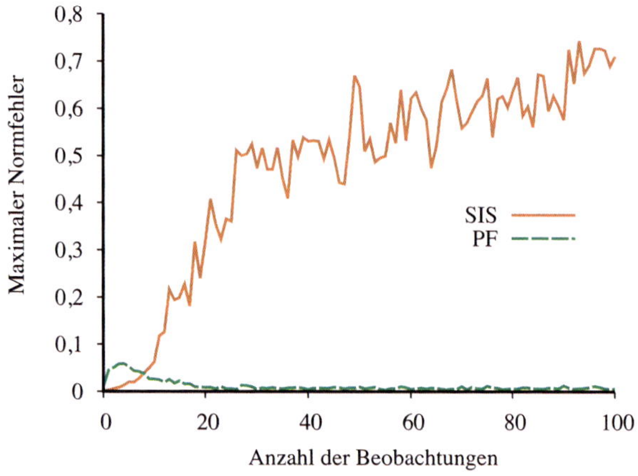

Abbildung 14.19: Maximaler Normfehler in der Positionsschätzung der Gitterwelt (im Vergleich zur exakten Inferenz) für Likelihood-Weighting (Sequential-Importance-Sampling) mit 100.000 Stichproben und Partikelfilterung mit 1.000 Stichproben; Daten gemittelt über 50 Durchläufe.

Die Partikelfilterung ist somit *konsistent*, aber ist sie auch *effizient*? In der Praxis scheint die Antwort häufig ja zu lauten: Partikelfilterung scheint mit einer konstanten Anzahl von Stichproben eine gute Annäherung an die tatsächliche A-posteriori-Verteilung zu sein. ► Abbildung 14.19 zeigt, dass Partikelfilter sich gut für das Gitterwelt-Lokalisierungsproblem mit nur tausend Stichproben eignen. Außerdem eignen sie sich auch für reale Probleme: Der Algorithmus unterstützt Tausende von Anwendungen in Wissenschaft und Technik. (Einige werden am Ende des Kapitels vorgestellt.) Er verarbeitet Kombinationen von diskreten und stetigen Variablen sowie nichtlineare und Nicht-Gauß'sche Modelle für stetige Variablen. Unter bestimmten Annahmen – insbesondere, dass die Wahrscheinlichkeiten in den Transitions- und Sensormodellen streng größer 0 und kleiner 1 sind – ist es auch möglich zu beweisen, dass die Approximation mit hoher Wahrscheinlichkeit einen beschränkten Fehler beibehält, wie die Abbildung zeigt.

Der Partikelfilter-Algorithmus hat jedoch auch Schwächen. Schauen wir uns an, wie er bei einer Staubsaugerwelt abschneidet, der Schmutz hinzugefügt wurde. Wir wissen aus Abschnitt 14.3.2, dass dies den Zustandsraum um den Faktor 2^{42} vergrößert, was eine exakte HMM-Inferenz undurchführbar macht. Wir wollen, dass der Roboter umherwandert und eine Karte davon erstellt, wo sich der Schmutz befindet. (Dies ist ein einfaches Beispiel für **simultane Lokalisierung und Kartierung** (*Simultaneous Localization And Mapping*, **SLAM**), die wir in Kapitel 26 ausführlicher behandeln.) Sei $Schmutz_{i,t}$ gleichbedeutend mit einem Feld i, das zum Zeitpunkt t schmutzig ist, und sei $Schmutzsensor_t$ genau dann wahr, wenn der Roboter zum Zeitpunkt t Schmutz entdeckt. Wir nehmen an, dass in jedem Feld Schmutz mit der Wahrscheinlichkeit p vorhanden ist, während ein sauberes Feld mit der Wahrscheinlichkeit $1 - p$ schmutzig wird (was bedeutet, dass jedes Feld im Durchschnitt die Hälfte der Zeit schmutzig ist). Der Roboter hat einen Schmutzsensor für seinen aktuellen Standort; die Sensorgenauigkeit weist eine Wahrscheinlichkeit von 0,9 auf. ► Abbildung 14.20 zeigt das DBN.

Der Einfachheit halber nehmen wir an, dass der Roboter einen perfekten Positionssensor hat und keinen verrauschten Wandsensor. Die Leistung des Algorithmus ist in ► Abbildung 14.21 a dargestellt, wo seine Schätzungen für Schmutz mit den Ergebnissen der exakten Inferenz verglichen werden. (Wir werden gleich sehen, wie exakte Inferenz möglich ist.)

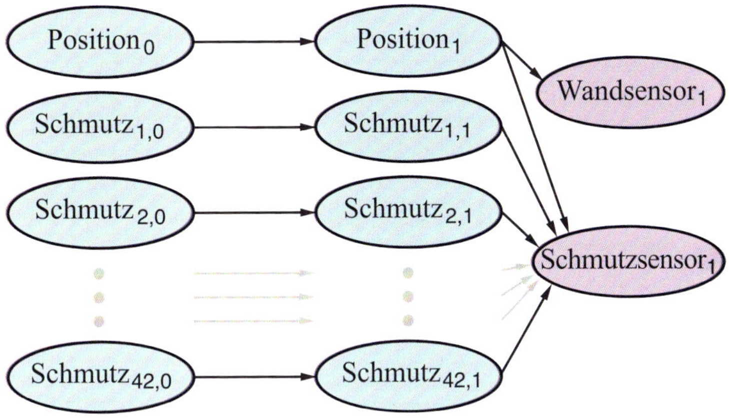

Abbildung 14.20: Ein dynamisches Bayes'sches Netz für die simultane Lokalisierung und Kartierung in der stochastischen Schmutz-Staubsauger-Welt. Schmutzige Felder bleiben mit der Wahrscheinlichkeit p schmutzig und saubere Felder werden mit der Wahrscheinlichkeit $1-p$ schmutzig. Der lokale Schmutzsensor hat eine Genauigkeit von 90 % für das Feld, in dem sich der Roboter gerade befindet.

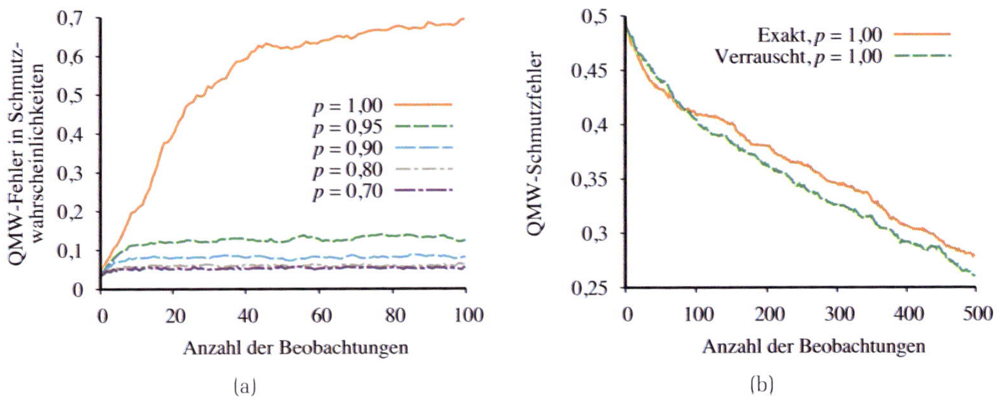

Abbildung 14.21: (a) Leistung des standardmäßigen Partikelfilter-Algorithmus mit 1.000 Partikeln, die den QMW-Fehler (QMW = quadratischer Mittelwert) in marginalen Schmutzwahrscheinlichkeiten im Vergleich zur exakten Inferenz für verschiedene Schmutzpersistenzwerte p zeigt. (b) Leistung der Rao-Blackwellisierten Partikelfilter (100 Partikel) im Vergleich zur *Ground Truth*[9], sowohl für den Einsatz exakter Positionssensoren als auch verrauschter Wandsensoren und mit deterministischer Verschmutzung. Die Daten sind über 20 Durchläufe gemittelt.

Für niedrige Werte der Schmutzpersistenz p bleibt der Fehler klein, aber das ist keine große Leistung, da für jedes Feld die tatsächliche A-posteriori-Wahrscheinlichkeit der Verschmutzung nahe 0,5 liegt, sofern der Roboter dieses Feld nicht kürzlich besucht hat. Bei höheren Werten von p bleibt der Schmutz länger liegen, sodass der Besuch eines Felds nützlichere Informationen liefert, die über einen längeren Zeitraum gültig sind. Überraschend dabei ist, dass Partikelfilter bei höheren Werten von p *schlechter* abschneiden. Sie versagen komplett, wenn $p=1$ ist, obwohl das der einfachste Fall zu sein scheint: Der Schmutzeintrag erfolgt zum Zeitpunkt 0 und bleibt für immer, sodass der Roboter nach ein paar Touren durch die Welt eine nahezu perfekte Schmutzkarte haben sollte. Warum versagt der Partikelfilter-Algorithmus in diesem Fall?

9 Anm. zur Übersetzung: bedeutet so viel wie „objektive Wahrheit" oder „empirische Evidenz".

Es stellt sich heraus, dass die theoretische Bedingung, die verlangt, dass „die Wahrscheinlichkeiten in den Transitions- und Sensormodellen strikt größer als 0 und kleiner als 1 sind“, mehr als bloße mathematische Pedanterie ist. Was passiert, ist, dass jedes Partikel zunächst 42 Vermutungen aus $\mathbf{P}(\mathbf{X}_0)$ darüber enthält, welche Felder verschmutzt sind und welche nicht. Dann wird der Zustand für jedes Partikel gemäß dem Transitionsmodell in der Zeit nach vorne projiziert. Leider ist das Transitionsmodell für deterministischen Schmutz deterministisch: Der Schmutz bleibt genau dort, wo er ist. Daher werden die anfänglichen Vermutungen in jedem Partikel niemals durch Evidenz aktualisiert.

Die Chance, dass die anfänglichen Vermutungen alle richtig sind, beträgt 2^{-42} oder etwa 2×10^{-13}, sodass die Wahrscheinlichkeit verschwindend gering ist, unter tausend Partikeln (oder sogar unter einer Million Partikeln) eines mit der richtigen Schmutzkarte zu finden. In der Regel wird das beste von tausend Partikeln etwa 32-mal richtig und 10-mal falsch liegen, und normalerweise gibt es auch nur ein einziges solches Teilchen, allerhöchstens jedoch eine Handvoll. Eines dieser besten Partikel wird im Laufe der Zeit die gesamte Likelihood dominieren und die Vielfalt der Partikelpopulation wird zusammenbrechen. Da sich dann alle Partikel auf eine einzige falsche Karte einigen, gelangt der Algorithmus zur Überzeugung, dass diese Karte korrekt ist, und er ändert seine Meinung nie.

Glücklicherweise hat das Problem der simultanen Lokalisierung und Kartierung eine besondere Struktur: Konditioniert auf die Reihenfolge der Roboterpositionen sind die Schmutzzustände der einzelnen Felder unabhängig voneinander:

$$\mathbf{P}(Schmutz_{1,0:t}, \ldots, Schmutz_{42,0:t} \mid Schmutzsensor_{1:t}, Wandsensor_{1:t}, Position_{1:t}) \\ = \prod_i \mathbf{P}(Schmutz_{i,0:t} \mid Schmutzsensor_{1:t}, Position_{1:t}) \quad (14.24)$$

Das bedeutet, dass es nützlich ist, einen statistischen Trick namens **Rao-Blackwellisierung** anzuwenden, der auf der einfachen Idee basiert, dass exakte Inferenz immer genauer ist als Sampling, selbst wenn sie nur für eine Teilmenge der Variablen gilt. Für das SLAM-Problem führen wir eine Partikelfilterung für die Roboterposition durch und dann für jedes Partikel eine exakte HMM-Inferenz unabhängig für jedes schmutzige Feld, konditioniert auf die Positionsfolge in diesem Partikel. Jedes Partikel enthält daher eine gesampelte Position plus 42 exakte marginale A-posteriori-Verteilungen für die 42 Felder – exakt insofern als angenommen wird, dass der hypothetische Positionsverlauf, dem das Partikel folgt, korrekt ist. Dieser Ansatz, auch **Rao-Blackwell-Partikelfilter** genannt, wird spielend mit jedem Fall von deterministischem Schmutz fertig und baut schrittweise eine exakte Schmutzkarte entweder mit exakter Positionsermittlung oder dem Einsatz verrauschter Wandsensoren auf (► Abbildung 14.21 b).

Die Rao-Blackwellisierung ist nur anwendbar, wenn die durch Gleichung (14.24) beschriebene bedingte Unabhängigkeitsstruktur erfüllt ist. Am Ende dieses Kapitels werden einige Algorithmen genannt, die vorgeschlagen wurden, um das allgemeine Problem der Filterung mit statischen Variablen zu lösen. Keiner dieser Algorithmen hat die Eleganz und breite Anwendbarkeit der Partikelfilter, aber einige erweisen sich in der Praxis bei bestimmten Klassen von Problemen als überaus effektiv.

ZUSAMMENFASSUNG

Dieses Kapitel hat sich mit dem allgemeinen Problem beschäftigt, probabilistische zeitliche Prozesse darzustellen und darüber zu schlussfolgern. Die wichtigsten Punkte lauten:

- Dem sich ändernden Zustand der Welt wird man durch Verwendung einer Reihe von Zufallsvariablen gerecht, um den Zustand zu jedem Zeitpunkt darzustellen.
- Repräsentationen können so ausgelegt werden, dass sie (annähernd) die **Markov-Eigenschaft** erfüllen, sodass die Zukunft bei gegebener Gegenwart unabhängig von der Vergangenheit ist. In Kombination mit der Annahme, dass der Prozess **zeithomogen** ist, vereinfacht dies die Darstellung erheblich.
- Ein temporales Wahrscheinlichkeitsmodell kann man sich so vorstellen, dass es ein **Transitionsmodell** enthält, das die Zustandsentwicklung beschreibt, sowie ein **Sensormodell**, das den Beobachtungsprozess beschreibt.
- Die wichtigsten Inferenzaufgaben in Zeitmodellen sind **Filterung (Zustandsschätzung)**, **Vorhersage**, **Glätten** und Berechnung der **wahrscheinlichsten Erklärung**. Jede dieser Aufgaben lässt sich durch einfache, rekursive Algorithmen erreichen, deren Laufzeit linear in der Länge der Folge ist.
- Drei Zeitmodellfamilien wurden genauer untersucht: **Hidden-Markov-Modelle**, **Kalman-Filter** und **dynamische Bayes'sche Netze** (die die beiden anderen als Sonderfälle beinhalten).
- Eine genaue Inferenz mit vielen Zustandsvariablen ist im Allgemeinen nicht effizient machbar, sofern nicht spezielle Annahmen wie in Kalman-Filtern getroffen werden. In der Praxis sind der **Partikelfilter**-Algorithmus und seine Nachkommen eine effektive Familie von Approximationsalgorithmen.

Bibliografische und historische Anmerkungen

Viele der grundlegenden Ideen zur Abschätzung des Zustands dynamischer Systeme stammen von dem Mathematiker C. F. Gauß (1809), der einen deterministischen Algorithmus der kleinsten Felder für das Problem der Abschätzung von Umlaufbahnen aus astronomischen Beobachtungen formulierte. A. A. Markov (1913) entwickelte in seiner Analyse stochastischer Prozesse die später nach ihm benannte **Markov-Annahme**; er schätzte eine Markov-Kette erster Ordnung auf Buchstaben aus dem Text von *Eugen Onegin*. Die allgemeine Theorie der Markov-Ketten und ihrer Mischzeiten wird von Levin *et al.* (2008) behandelt.

Während des Zweiten Weltkriegs wurden wichtige geheime Arbeiten zur Filterung durchgeführt. Dabei konzentrierte sich Wiener (1942) auf zeitstetige Prozesse und Kolmogorow (1941) auf zeitdiskrete Prozesse. Obwohl diese Arbeiten in den folgenden 20 Jahren zu wichtigen technologischen Entwicklungen führten, machte die Verwendung einer Frequenzdomänendarstellung viele Berechnungen recht umständlich. Die direkte Zustandsraummodellierung des stochastischen Prozesses erwies sich als einfacher, wie Peter Swerling (1959) und Rudolf Kalman (1960) zeigen konnten. Die letztgenannte Arbeit beschrieb das, was heute als Kalman-Filter für die Vorwärtsinferenz in linearen Systemen mit Gauß'schem Rauschen bekannt ist; Kalmans Ergebnisse jedoch waren bereits zuvor von dem dänischen Astronomen Thorvold Thiele (1880) und von dem russischen Physiker Ruslan Stratonovich (1959) erzielt worden. Nach einem Besuch im NASA Ames Research Center im Jahr 1960 erkannte Kalman, dass sich die Methode auf die Verfolgung von Raketenflugbahnen anwenden ließ, mit der Folge, dass der Filter später für die Apollo-Missionen eingesetzt wurde.

Wichtige Ergebnisse zur Glättung wurden von Rauch *et al.* (1965) abgeleitet und die eindrucksvoll benannte Rauch-Tung-Striebel-Glättung ist noch heute ein Standardverfahren. Viele frühe Ergebnisse sind in Gelb (1974) zusammengefasst. Bar-Shalom und Fortmann (1988) verfolgen bei der Behandlung des Themas einen moderneren Ansatz unter Einbezug Bayes'scher Erkenntnisse und liefern viele Verweise auf die umfangreiche Literatur zu diesem Thema. Chatfield (1989) und Box *et al.* (2016) behandeln den kontrolltheoretischen Ansatz zur Zeitreihenanalyse.

Das Hidden-Markov-Modell und die zugehörigen Algorithmen für Inferenz und Lernen, einschließlich des Forward-Backward-Algorithmus, wurden von Baum und Petrie (1966) entwickelt. Der Viterbi-Algorithmus wurde erstmals in (Viterbi, 1967) veröffentlicht. Ähnliche Ideen erschienen unabhängig davon in der Kalman-Filter-Community (Rauch *et al.*, 1965).

Der Forward-Backward-Algorithmus war einer der wichtigsten Vorläufer der allgemeinen Formulierung des EM-Algorithmus (Dempster *et al.*, 1977); siehe auch Kapitel 20. Die Glättung mit konstantem Speicherbedarf wird in Binder *et al.* (1997b) beschrieben, ebenso wie der Teile-und-Herrsche-Algorithmus, der in Übung 15.3 auf der Website entwickelt werden soll. Die Glättung in konstanter Zeit mit fester Verzögerung für HMMs wurde erstmals in Russell und Norvig (2003) erwähnt.

HMMs haben viele Anwendungen in der Sprachverarbeitung (Charniak, 1993), Spracherkennung (Rabiner und Juang, 1993), maschinellen Übersetzung (Och und Ney, 2003), Bioinformatik (Krogh *et al.*, 1994; Baldi *et al.*, 1994), Finanzökonomie (Bhar und Hamori, 2004) und anderen Bereichen. Es gab mehrere Erweiterungen zum grundlegenden HMM-Modell. Das hierarchische HMM (Fine *et al.*, 1998) und das geschichtete HMM (Oliver *et al.*, 2004) führen z. B. wieder Struktur in das Modell ein und ersetzen die einzige Zustandsvariable von HMMs.

Dynamische Bayes'sche Netze (DBNs) können als dünn besetzte Codierung eines Markov-Prozesses betrachtet werden und wurden erstmals von Dean und Kanazawa (1989a), Nicholson und Brady (1992) und Kjaerulff (1992) in der KI verwendet. Die letzte Arbeit erweitert das Bayes'sche Netzsystem von HUGIN um dynamische Bayes'sche Netze. Das Buch von Dean und Wellman (1991) trug dazu bei, DBNs und den probabilistischen Ansatz zur Planung und

Steuerung in der KI populär zu machen. Murphy (2002) bietet eine gründliche Analyse von DBNs.

Dynamische Bayes'sche Netze werden immer häufiger für die Modellierung einer Vielzahl komplexer Bewegungsprozesse in der Computer Vision eingesetzt (Huang *et al.*, 1994; Intille und Bobick, 1999). Wie HMMs haben sie Anwendungen in der Spracherkennung (Zweig und Russell, 1998; Livescu *et al.*, 2003), Roboterlokalisierung (Theocharous *et al.*, 2004) und Genomik (Murphy und Mian, 1999; Li *et al.*, 2011) gefunden. Weitere Anwendungsbereiche sind die Gestenanalyse (Suk *et al.*, 2010), Müdigkeitsassistenzsysteme (Yang *et al.*, 2010) und die Modellierung des Stadtverkehrs (Hofleitner *et al.*, 2012).

Die Verbindung zwischen HMMs und DBNs sowie zwischen dem Forward-Backward-Algorithmus und der Bayes'schen Netzpropagation wurde von Smyth *et al.* (1997) erläutert. Eine weitere Unifikation mit Kalman-Filtern (und anderen statistischen Modellen) erscheint in Roweis und Ghahramani (1999). Es existieren Verfahren zum Lernen der Parameter (Binder *et al.*, 1997a; Ghahramani, 1998) und Strukturen (Friedman *et al.*, 1998) von DBNs. **Zeitstetige Bayes'sche Netze** (Nodelman *et al.*, 2002) sind das zustandsdiskrete, zeitstetige Analogon von DBNs und vermeiden die Notwendigkeit, eine bestimmte Dauer für Zeitschritte zu wählen.

Die ersten Sampling-Algorithmen für die Filterung (auch sequenzielle Monte-Carlo-Methoden genannt) wurden in der Kontrolltheorie-Community von Handschin und Mayne (1969) entwickelt und die Idee des Resamplings als Kern der Partikelfilter erschien in einer russischen Zeitschrift zur Kontrolltheorie (Zaritskii *et al.*, 1975). Später wurde es in der Statistik als **Sequential-Importance-Sampling mit Resampling**, kurz **SIR** (Rubin, 1988; Liu und Chen, 1998), in der Kontrolltheorie als Partikelfilterung (Gordon *et al.*, 1993; Gordon, 1994), in der KI als **Survival of the Fittest** (Kanazawa *et al.*, 1995) und in der Computer Vision als **Condensation** (Isard und Blake, 1996)[10] neu erfunden.

Der Aufsatz von Kanazawa *et al.* (1995) beschreibt eine Verbesserung, die als **Evidence Reversal** bezeichnet wird, wobei der Zustand zum Zeitpunkt $t + 1$ sowohl in Abhängigkeit vom Zustand zum Zeitpunkt t als auch von der Evidenz zum Zeitpunkt $t + 1$ gesampelt wird. Dadurch kann die Evidenz die Stichprobenziehung direkt beeinflussen. Außerdem lässt sich, wie von Doucet (1997) und Liu und Chen (1998) bewiesen, der Approximationsfehler reduzieren.

Der Partikelfilter-Algorithmus wurde in vielen Bereichen eingesetzt, z. B. bei der Verfolgung komplexer Bewegungsmuster in Videos (Isard und Blake, 1996), bei der Vorhersage der Aktienkurse (Freitas *et al.*, 2000) und bei der Diagnose von Fehlern auf Planetenrovern (Verma *et al.*, 2004). Seit seiner Entwicklung wurden Zehntausende von Arbeiten über Anwendungen und Varianten des Algorithmus veröffentlicht. Skalierbare Implementierungen auf paralleler Hardware haben an Bedeutung zugenommen. Obwohl man denken könnte, dass es einfach ist, N Partikel auf bis zu N Prozessor-Threads zu verteilen, erfordert der grundlegende Algorithmus für den Resampling-Schritt eine synchronisierte Kommunikation zwischen den Threads (Hendeby *et al.*, 2010). Mit dem **Particle-Cascade-Algorithmus** (Paige *et al.*, 2015) entfällt diese Synchronisationsanforderung, was zu einer viel schnelleren parallelen Berechnung führt.

Der **Rao-Blackwell-Partikelfilter** geht auf Doucet *et al.* (2000) und Murphy und Russell (2001) zurück. Seine Anwendung auf realistische Lokalisierungs- und Kartierungsprobleme in der Robotik wird in Kapitel 26 beschrieben. Viele weitere Algorithmen wurden vorgeschlagen, um allgemeinere Filterprobleme mit statischen oder nahezu statischen Variablen zu lösen, einschließlich des Resample-Move-Algorithmus (Gilks und Berzuini, 2001), des Liu-West-Algorithmus (Liu und West, 2001), des Storvik-Filters (Storvik, 2002), des erweiterten Para-

10 Kurzform von **Con**ditional **Dens**ity Propag**ation**.

meterfilters (Erol *et al.*, 2013) und des angenommenen Parameterfilters (Erol *et al.*, 2017). Letzterer ist ein Hybrid aus Partikelfilter und einer viel älteren Idee, dem sogenannten **Filter mit angenommener Dichte**. Ein Filter mit angenommener Dichte geht davon aus, dass die A-posteriori-Verteilung über die Zustände zum Zeitpunkt t zu einer bestimmten, endlich parametrisierten Familie gehört; wenn die Projektions- und Aktualisierungsschritte ihn außerhalb dieser Familie bringen, wird die Verteilung zurückprojiziert, um die beste Approximation innerhalb der Familie zu erhalten. Für DBNs gehen der Boyen-Koller-Algorithmus (Boyen *et al.*, 1999) und der **Factored-Frontier-Algorithmus** (Murphy und Weiss, 2001) davon aus, dass die A-posteriori-Verteilung gut durch ein Produkt kleiner Faktoren approximiert werden kann.

MCMC-Methoden (siehe Abschnitt 13.4.2) können auf das Filterproblem angewendet werden; zum Beispiel kann Gibbs-Sampling direkt auf ein ausgerolltes DBN angewendet werden. Die Familie der **Partikel-MCMC**-Algorithmen (Andrieu *et al.*, 2010; Lindsten *et al.*, 2014) kombiniert MCMC auf dem ausgerollten Zeitmodell mit Partikelfilterung, um die MCMC-Vorschläge zu generieren. Obwohl dies im allgemeinen Fall (d. h. mit statischen sowie dynamischen Variablen) nachweislich zur korrekten A-posteriori-Verteilung konvergiert, ist er ein Offline-Algorithmus. Um bei einem zunehmend ausgerollten Netz das Problem steigender Aktualisierungszeiten zu vermeiden, bevorzugt der **Decayed-MCMC**-Filter (Marthi *et al.*, 2002) das Sampling aktuellerer Zustandsvariablen mit einer Wahrscheinlichkeit, die für weiter in der Vergangenheit liegende Variablen abnimmt.

Das Buch von Doucet *et al.* (2001) fasst viele wichtige Arbeiten über **sequenzielle Monte-Carlo-Algorithmen** (SMC) zusammen, von denen die Partikelfilterung das wichtigste Beispiel ist. Es gibt nützliche Tutorials von Arulampalam *et al.* (2002) und Doucet und Johansen (2011). Es gibt auch mehrere theoretische Ergebnisse bezüglich der Bedingungen, unter denen SMC-Methoden einen beschränkten Fehler auf unbestimmte Zeit im Vergleich zur tatsächlichen A-posteriori-Verteilung behalten (Crisan und Doucet, 2002; Del Moral, 2004; Del Moral *et al.*, 2006).

Probabilistische Programmierung

15

In diesem Kapitel erläutern wir das Konzept der universellen Sprachen für probabilistische Wissensrepräsentation und Inferenz in unsicheren Domänen.

Das Spektrum der Repräsentationen, seien sie atomar, faktorisiert oder strukturiert, ist ein immer wiederkehrendes Thema in der KI. Bei deterministischen Modellen gehen Suchalgorithmen von einer atomaren Repräsentation aus, CSPs und Aussagenlogik bieten faktorisierte Repräsentationen und die Prädikatenlogik sowie Planungssysteme setzen auf strukturierte Repräsentationen. Die höhere Ausdruckskraft der strukturierten Repräsentationen führt zu Modellen, die wesentlich übersichtlicher sind als die entsprechenden faktorisierten oder atomaren Beschreibungen.

Für probabilistische Modelle sind Bayes'sche Netze, wie sie in den Kapiteln 13 und 14 beschrieben werden, faktorisierte Darstellungen: Die Menge der Zufallsvariablen ist feststehend und endlich und jede hat einen festgelegten Bereich möglicher Werte. Diese Tatsache schränkt die Anwendbarkeit von Bayes'schen Netzen ein, da die Repräsentation einer komplexen Domäne mithilfe eines Bayes'schen Netzes einfach zu groß ist. Aus diesem Grund lassen sich solche Repräsentationen nicht mehr von Hand konstruieren und auch, selbst aus einer vertretbaren Datenmenge, nicht mehr lernen.

Das Problem, eine ausdrucksstarke formale Sprache für probabilistische Informationen zu schaffen, hat einige der größten Köpfe der Geschichte beschäftigt, darunter Gottfried Leibniz (der Miterfinder der Differenzialrechnung), Jacob Bernoulli (Entdecker von *e*, der Variationsrechnung und des Gesetzes der großen Zahlen), Augustus De Morgan, George Boole, Charles Sanders Peirce (einer der wichtigsten Logiker des 19. Jahrhunderts), John Maynard Keynes (der führende Ökonom des 20. Jahrhunderts) und Rudolf Carnap (einer der größten analytischen Philosophen des 20. Jahrhunderts). Das Problem widersetzte sich diesen und vielen anderen Bemühungen bis in die 1990er Jahre.

Nicht zuletzt dank der Entwicklung von Bayes'schen Netzen gibt es heute mathematisch elegante und äußerst praktische formale Sprachen, mit denen sich probabilistische Modelle für sehr komplexe Domänen erstellen lassen. Diese Sprachen sind *universell* im gleichen Sinne, wie Turing-Maschinen universell sind: Sie können jedes berechenbare Wahrscheinlichkeitsmodell darstellen, so wie Turing-Maschinen jede berechenbare Funktion darstellen können. Darüber hinaus verfügen diese Sprachen über allgemeine Inferenzalgorithmen, die in etwa den korrekten und vollständigen logischen Inferenzalgorithmen wie der Resolution entsprechen.

Es gibt zwei Wege, um die Wahrscheinlichkeitstheorie ausdrucksstärker zu machen. Der erste Weg führt über die Logik, das heißt, wir entwickeln eine Sprache, die Wahrscheinlichkeiten über prädikatenlogische mögliche Welten anstatt über die aussagenlogischen möglichen Welten von Bayes'schen Netzen definiert. Dieser Weg wird in den Abschnitten 15.1 und 15.2 behandelt, wobei Abschnitt 15.3 den speziellen Fall des zeitlichen Schlussfolgerns behandelt. Der zweite Weg führt über traditionelle Programmiersprachen. In diese Sprachen führen wir dann stochastische Elemente ein – z. B. Zufallsentscheidungen – und gehen davon aus, dass Programme Wahrscheinlichkeitsverteilungen über ihre eigenen Ausführungsspuren definieren. Dieser Ansatz wird in Abschnitt 15.4 behandelt.

Beide Wege führen zu einer **probabilistischen Programmiersprache** (*Probabilistic Programming Language*, PPL). Der erste Weg führt zu deklarativen PPLs, die sich zu allgemeinen PPLs in etwa so verhalten wie die logische Programmierung (Kapitel 9) zu allgemeinen Programmiersprachen.

15.1 Relationale Wahrscheinlichkeitsmodelle

Wir wissen aus Kapitel 12, dass ein Wahrscheinlichkeitsmodell eine Menge Ω von möglichen Welten mit einer Wahrscheinlichkeit $P(\omega)$ für jede Welt ω definiert. Für Bayes'sche Netze sind die möglichen Welten Zuordnungen von Werten zu Variablen. Speziell für den booleschen Fall sind die möglichen Welten identisch mit denen der Aussagenlogik.

Für ein prädikatenlogisches Wahrscheinlichkeitsmodell müssen die möglichen Welten also Welten der Prädikatenlogik sein, d. h. eine Menge von Objekten mit Beziehungen untereinander und einer Interpretation, die Konstantensymbole auf Objekte, Prädikatssymbole auf Beziehungen und Funktionssymbole auf Funktionen auf diesen Objekten abbildet (siehe Abschnitt 8.2). Das Modell muss außerdem eine Wahrscheinlichkeit für jede dieser möglichen Welten definieren, so wie ein Bayes'sches Netz eine Wahrscheinlichkeit für jede Zuordnung von Werten zu Variablen definiert.

Nehmen wir für einen Moment an, dass wir herausgefunden haben, wie man das macht. Dann können wir, wie üblich (siehe S. 446), die Wahrscheinlichkeit eines beliebigen prädikatenlogischen Satzes ϕ (phi) als Summe über die möglichen Welten ermitteln, in denen er gilt:

$$P(\phi) = \sum_{\omega:\phi \text{ is wahr in } \omega} P(\omega) \tag{15.1}$$

Bedingte Wahrscheinlichkeiten $P(\phi \mid \mathbf{e})$ können auf ähnliche Weise ermittelt werden, sodass wir im Prinzip jede beliebige Frage an unser Modell stellen können – und eine Antwort erhalten. So weit, so gut.

Es gibt jedoch ein Problem: Die Menge der prädikatenlogischen Modelle ist unendlich. Dies wurde bereits in ► Abbildung 8.4 auf S. 302 gezeigt, die wir in ► Abbildung 15.1 (oben) aufgreifen und erweitern. Das bedeutet, dass (1) die Summation in Gleichung (15.1) eventuell nicht durchführbar ist und (2) die Spezifikation einer vollständigen, konsistenten Verteilung über eine unendliche Menge von Welten sehr schwierig sein könnte.

In diesem Abschnitt vermeiden wir dieses Problem, indem wir die in Abschnitt 8.2.8 (S. 308) definierte **Datenbanksemantik** zugrunde legen. Die Datenbanksemantik geht von der **Annahme eindeutiger Namen** aus – hier übernehmen wir sie für die Konstantensymbole. Sie

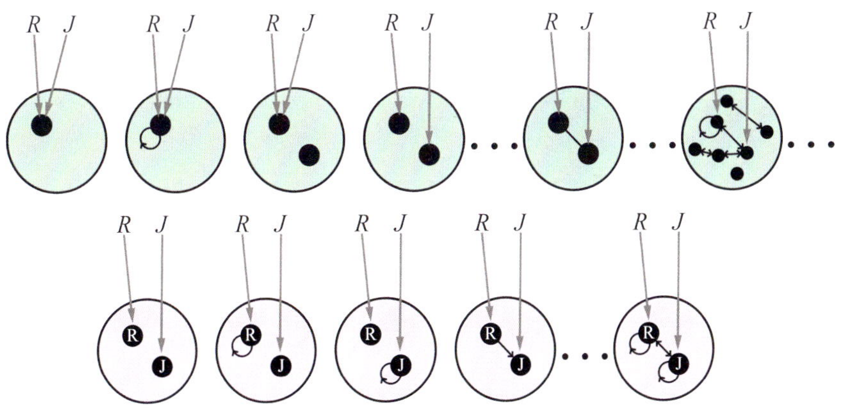

Abbildung 15.1: Oben: Einige Elemente aus der Menge aller möglichen Welten für eine Sprache mit zwei Konstantensymbolen, *R* und *J*, und einem binären Relationssymbol, gemäß der Standardsemantik für Prädikatenlogik. Unten: Die möglichen Welten gemäß der Datenbanksemantik. Die Interpretation der Konstantensymbole ist festgelegt, wobei es für jedes Konstantensymbol ein eigenes Objekt gibt.

geht außerdem von einem **Domänenabschluss** aus – es gibt keine weiteren Objekte neben den benannten. Wir können folglich eine endliche Menge möglicher Welten garantieren, indem wir dafür sorgen, dass die Menge der Objekte in jeder Welt genau gleich der Menge der verwendeten Konstantensymbole ist. Wie ► Abbildung 15.1 (unten) zeigt, gibt es keine Unsicherheit über die Zuordnung von Symbolen zu Objekten oder über die existierenden Objekte.

Die auf diese Weise definierten Modelle nennen wir **relationale Wahrscheinlichkeitsmodelle** (*Relational Probability Model*, RPM).[1] Der wichtigste Unterschied zwischen der Semantik von relationalen Wahrscheinlichkeitsmodellen und der in Abschnitt 8.2.8 vorgestellten Datenbanksemantik ist, dass relationale Wahrscheinlichkeitsmodelle nicht von der Closed-World Assumption ausgehen – in einem probabilistischen Schlussfolgerungssystem können wir nicht einfach annehmen, dass jede unbekannte Tatsache falsch ist.

15.1.1 Syntax und Semantik

Beginnen wir mit einem einfachen Beispiel: Angenommen, ein Onlinebuchhändler möchte seine Produktinformationen um Gesamtbewertungen auf der Basis von Kundenempfehlungen ergänzen. Die Bewertung erfolgt in Form einer A-posteriori-Verteilung über die Qualität des Buchs für die verfügbare Evidenz. Die einfachste Lösung ist, die Bewertung auf die durchschnittliche Empfehlung zu stützen, vielleicht mit einer Varianz, die durch die Anzahl der Empfehlungen bestimmt wird, was jedoch nicht die Tatsache berücksichtigt, dass einige Kunden freundlicher und einige weniger ehrlich sind als andere. Freundliche Kunden neigen dazu, selbst eher mittelmäßige Bücher weiterzuempfehlen, während unehrliche Kunden qualitätsunabhängig sehr hohe oder sehr niedrige Empfehlungen abgeben, da sie beispielsweise dafür bezahlt werden, die Bücher eines bestimmten Verlags zu bewerben.[2]

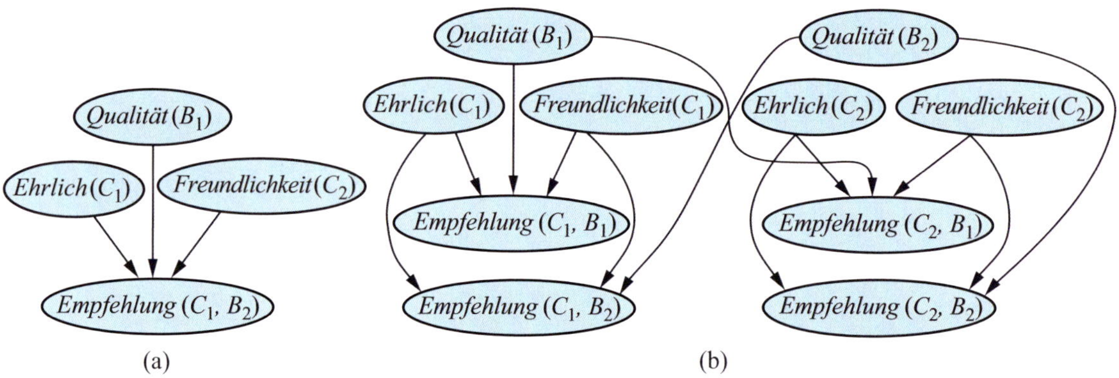

Abbildung 15.2: (a) Bayes'sches Netz für einen einzelnen Kunden C_1, der nur ein Buch B_1 empfiehlt. *Ehrlich*(C_1) ist ein boolescher Wert, während die anderen Variablen ganzzahlige Werte von 1 bis 5 haben. (b) Bayes'sches Netz mit zwei Kunden und zwei Büchern.

Im Falle eines einzelnen Kunden C_1, der nur ein Buch B_1 empfiehlt, sieht das Bayes'sche Netz unter Umständen wie in ► Abbildung 15.2 a aus. (Entsprechend Abschnitt 9.1 sind Ausdrücke mit Klammern wie *Ehrlich*(C_1) nur Fantasiesymbole – in diesem Fall Fantasienamen

1 Die Bezeichnung *relationales Wahrscheinlichkeitsmodell* stammt von Pfeffer (2000) und wurde von ihm für eine etwas andere abweichende Repräsentation vergeben, die zugrunde liegenden Ideen sind jedoch die gleichen.

2 Ein Spieltheoretiker würde einem unehrlichen Kunden raten, gelegentlich ein gutes Buch eines Konkurrenten zu empfehlen, um einer Entdeckung vorzubeugen, siehe Kapitel 18.

für Zufallsvariablen). Bei zwei Kunden und zwei Büchern entspricht das Bayes'sche Netz der ► Abbildung 15.2 b. Ist die Anzahl von Büchern und Kunden jedoch größer, dann erweist es sich als zunehmend schwieriger, ein Bayes'sches Netz von Hand zu spezifizieren.

Glücklicherweise hat das Netz viele sich wiederholende Strukturen. Jede $Empfehlung(c, b)$-Variable hat als Eltern die Variablen $Ehrlich(c)$, $Freundlichkeit(c)$ und $Qualität(b)$. Außerdem sind die bedingten Wahrscheinlichkeitstabellen (BWTs) für alle $Empfehlung(c, b)$-Variablen identisch, ebenso wie die für alle $Ehrlich(c)$-Variablen, und so weiter. Die Situation scheint wie geschaffen für eine Sprache der Prädikatenlogik. Wir würden gerne etwa Folgendes sagen:

$$Empfehlung(c, b) \sim EmpfBWT(Ehrlich(c), Freundlichkeit(c), Qualität(b))$$

Dies bedeutet, dass die Empfehlung eines Buchs durch einen Kunden probabilistisch von der Ehrlichkeit und Freundlichkeit des Kunden sowie der Qualität des Buchs gemäß einer festen BWT abhängt.

Wie in der Prädikatenlogik gibt es in relationalen Wahrscheinlichkeitsmodellen Konstanten-, Funktions- und Prädikatssymbole. Wir nehmen außerdem an, dass jede Funktion eine **Typsignatur** hat, die den Typ jedes Arguments und den Wert der Funktion angibt. (Wenn der Typ jedes Objekts bekannt ist, lassen sich durch diesen Mechanismus viele falsche mögliche Welten eliminieren; wir brauchen uns z. B. keine Gedanken über die Freundlichkeit der einzelnen Bücher zu machen, über Bücher, die Kunden empfehlen, und so weiter). Für die Buchempfehlungsdomäne lauten die Typen *Kunde* und *Buch* und die Typsignaturen für die Funktionen und Prädikate sehen wie folgt aus:

$$\begin{aligned} Ehrlich&: Kunde \rightarrow \{wahr, falsch\} \\ Freundlichkeit&: Kunde \rightarrow \{1, 2, 3, 4, 5\} \\ Qualität&: Buch \rightarrow \{1, 2, 3, 4, 5\} \\ Empfehlung&: Kunde \times Buch \rightarrow \{1, 2, 3, 4, 5\} \end{aligned}$$

Die Konstantensymbole sind die Namen der Kunden und Bücher, wie sie der Händler im Datensatz gespeichert hat. In dem Beispiel in ► Abbildung 15.2 b waren dies C_1, C_2 und B_1, B_2.

Bei gegebenen Konstanten samt ihren Typen sowie den Funktionen und ihren Typsignaturen erhält man die **elementaren Zufallsvariablen** der relationalen Wahrscheinlichkeitsmodelle, indem man jede Funktion mit jeder möglichen Kombination von Objekten instanziiert. Für das Buchempfehlungsmodell lauten die elementaren Zufallsvariablen $Ehrlich(C_1)$, $Qualität(B_2)$, $Empfehlung(C_1, B_2)$ usw. Dies sind genau die Variablen, die in ► Abbildung 15.2 b erscheinen. Da jeder Typ nur endlich viele Instanzen besitzt (dank der Domänenabschlussannahme), ist auch die Anzahl der elementaren Zufallsvariablen endlich.

Um das relationale Wahrscheinlichkeitsmodell zu vervollständigen, müssen wir die Abhängigkeiten formulieren, die diese Zufallsvariablen regieren. Für jede Funktion gibt es eine Abhängigkeitsangabe, wobei jedes Argument der Funktion eine logische Variable ist (d. h. eine Variable, die sich wie in der Prädikatenlogik über Objekte erstreckt). Die folgende Abhängigkeit besagt beispielsweise, dass für jeden Kunden c die A-priori-Wahrscheinlichkeit für Ehrlichkeit zu 0,99 *wahr* und 0,01 *falsch* ist:

$$Ehrlich(c) \sim \langle 0{,}99;\ 0{,}01 \rangle$$

In ähnlicher Weise können wir für den Freundlichkeitswert jedes Kunden und die Qualität jedes Buchs A-priori-Wahrscheinlichkeiten jeweils auf einer Skala von 1–5 angeben:

$$\begin{aligned} Freundlichkeit(c) &\sim \langle 0{,}1;\ 0{,}1;\ 0{,}2;\ 0{,}3;\ 0{,}3 \rangle \\ Qualität(b) &\sim \langle 0{,}05;\ 0{,}2;\ 0{,}4;\ 0{,}2;\ 0{,}15 \rangle \end{aligned}$$

Schließlich brauchen wir die Abhängigkeit für die Empfehlungen: Für jeden Kunden c und jedes Buch b hängt die Bewertung von der Ehrlichkeit und Freundlichkeit des Kunden und der Qualität des Buchs ab:

$$Empfehlung(c, b) \sim EmpfBWT(Ehrlich(c), Freundlichkeit(c), Qualität(b))\,,$$

wobei *EmpfBWT* eine separat definierte bedingte Wahrscheinlichkeitstabelle mit $2 \times 5 \times 5 = 50$ Zeilen mit jeweils 5 Einträgen ist. Zur Veranschaulichung nehmen wir an, dass eine ehrliche Empfehlung für ein Buch der Qualität q von einer Person der Freundlichkeit k gleichmäßig im Bereich $[\lfloor \frac{q+k}{2} \rfloor, \lceil \frac{q+k}{2} \rceil]$ verteilt ist.

Die Semantik des relationalen Wahrscheinlichkeitsmodells erhält man durch Instanziierung dieser Abhängigkeiten für alle bekannten Konstanten, was ein Bayes'sches Netz wie in ► Abbildung 15.2 b ergibt, das eine gemeinsame Verteilung über den Zufallsvariablen des relationalen Wahrscheinlichkeitsmodells definiert.[3]

Die Menge der möglichen Welten ist das kartesische Produkt der Bereiche aller elementaren Zufallsvariablen, und wie bei den Bayes'schen Netzen ist die Wahrscheinlichkeit für jede mögliche Welt das Produkt der entsprechenden bedingten Wahrscheinlichkeiten aus dem Modell. Bei C Kunden und B Büchern gibt es C *Ehrlich*-Variablen, C *Freundlichkeit*-Variablen, B *Qualität*-Variablen und BC *Empfehlung*-Variablen, was zu $2^C 5^{C+B+BC}$ möglichen Welten führt. Bei zehn Millionen Büchern und einer Milliarde Kunden sind das ungefähr $10^{7 \times 10^{15}}$ Welten. Dank der Ausdruckskraft von relationalen Wahrscheinlichkeitsmodellen hat das vollständige Wahrscheinlichkeitsmodell weniger als 300 Parameter – die meisten davon in der *EmpfBWT*-Tabelle.

Wir können das Modell verfeinern, indem wir eine **kontextspezifische Unabhängigkeit** einführen (siehe S. 480), um der Tatsache Rechnung zu tragen, dass unehrliche Kunden bei ihren Empfehlungen die Qualität ignorieren und auch Freundlichkeit in ihren Entscheidungen keine Rolle spielt. Somit ist *Empfehlung*(c, b) unabhängig von *Freundlichkeit*(c) und *Qualität*(b), wenn *Ehrlich*$(c) = falsch$ ist:

$$\begin{aligned} Empfehlung(c, b) \sim\, &\mathbf{if}\ Ehrlich(c)\ \mathbf{then} \\ &\quad EhrlichEmpfBWT(Freundlichkeit(c), Qualität(b)) \\ &\mathbf{else}\ \langle 0{,}4;\ 0{,}1;\ 0{,}0;\ 0{,}1;\ 0{,}4 \rangle \end{aligned}$$

Diese Art von Abhängigkeit mag wie eine gewöhnliche **if-then-else**-Anweisung in einer Programmiersprache aussehen, doch es gibt einen entscheidenden Unterschied: Die Inferenzmaschine *muss den Wert des bedingten Tests nicht notwendigerweise kennen*, da *Ehrlich*(c) eine Zufallsvariable ist.

Wir können dieses Modell auf unzählige Weise verbessern, um es realistischer zu machen. Nehmen wir zum Beispiel an, dass ein ehrlicher Kunde, der ein Fan eines bestimmten Buchautors ist, dessen Büchern immer eine 5 gibt, unabhängig von deren Qualität:

$$\begin{aligned} Empfehlung(c, b) \sim\, &\mathbf{if}\ Ehrlich(c)\ \mathbf{then} \\ &\quad \mathbf{if}\ Fan(c, Autor(b))\ \mathbf{then}\ Exakt(5) \\ &\quad \mathbf{else}\ EhrlichEmpfBWT(Freundlichkeit(c), Qualität(b)) \\ &\mathbf{else}\ \langle 0{,}4;\ 0{,}1;\ 0{,}0;\ 0{,}1;\ 0{,}4 \rangle \end{aligned}$$

Auch hier ist der bedingte Test *Fan*$(c, Autor(b))$ unbekannt, aber wenn ein Kunde den Büchern eines bestimmten Autors nur 5er-Bewertungen gibt und sich ansonsten nicht besonders freundlich verhält, ist die A-posteriori-Wahrscheinlichkeit hoch, dass der Kunde ein

3 Damit ein relationales Wahrscheinlichkeitsmodell eine ordnungsgemäße Verteilung definiert, sind einige technische Bedingungen einzuhalten. Erstens müssen die Abhängigkeiten *azyklisch* sein, da das resultierende Bayes'sche Netz ansonsten Zyklen aufweist. Zweitens müssen die Abhängigkeiten (normalerweise) *wohlbegründet* sein: Es darf keine unendlichen Vorgängerketten geben, wie sie bei rekursiven Abhängigkeiten entstehen können.

Fan dieses Autors ist. Außerdem neigt die A-posteriori-Verteilung in der Regel dazu, die 5er-Bewertungen, mit denen der Kunde die Qualität der Bücher dieses Autors bewertet, nicht voll anzuerkennen.

In diesem Beispiel haben wir implizit angenommen, dass der Wert von *Autor*(b) für jedes b bekannt ist, was aber nicht immer der Fall ist. Wie kann das System schlussfolgern, ob z. B. C_1 ein Fan von *Autor*(B_2) ist, wenn *Autor*(B_2) unbekannt ist? Die Antwort ist, dass das System möglicherweise über *alle möglichen Autoren* schlussfolgern muss. Nehmen wir an (um die Dinge einfach zu halten), dass es nur zwei Autoren gibt: A_1 und A_2. Dann ist *Autor*(B_2) eine Zufallsvariable mit zwei möglichen Werten, A_1 und A_2, und ein Elternknoten von *Empfehlung*(C_1, B_2). Die Variablen *Fan*(C_1, A_1) und *Fan*(C_1, A_2) sind ebenfalls Elternknoten. Die bedingte Verteilung für *Empfehlung*(C_1, B_2) ist dann praktisch ein **Multiplexer**, bei dem der Elternknoten *Autor*(B_2) als Selektor fungiert, der auswählt, welche der Variablen *Fan*(C_1, A_1) und *Fan*(C_1, A_2) tatsächlich in die Empfehlung eingeht. ► Abbildung 15.3 zeigt einen Ausschnitt des äquivalenten Bayes'schen Netzes. Die Unsicherheit im Wert von *Autor*(B_2), die sich auf die Abhängigkeitsstruktur des Netzes auswirkt, ist eine Instanz der **relationalen Unsicherheit**.

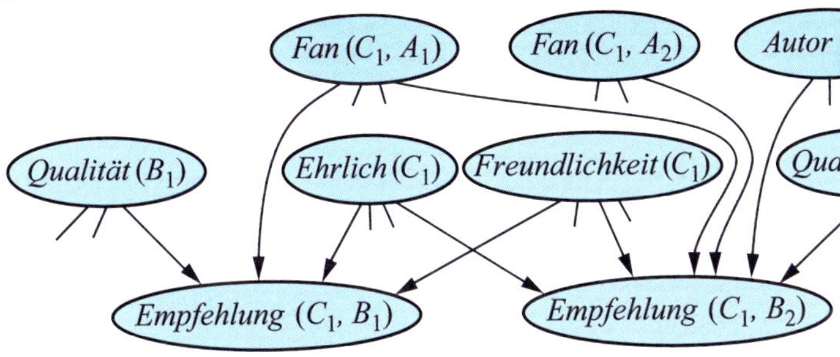

Abbildung 15.3: Fragment des äquivalenten Bayes'schen Netzes für die Buchempfehlung RPM, wenn *Autor*(B_2) unbekannt ist.

Vielleicht fragen Sie sich, wie das System überhaupt feststellen kann, wer der Autor von B_2 ist? Stellen Sie sich vor, drei andere Kunden sind Fans von A_1 (und haben keine anderen Lieblingsautoren gemeinsam) und alle drei haben B_2 eine 5 gegeben, obwohl die meisten anderen Kunden das Buch ziemlich miserabel fanden. In diesem Fall ist die Wahrscheinlichkeit sehr hoch, dass A_1 der Autor von B_2 ist. Dass sich aus einem relationalen Wahrscheinlichkeitsmodell von nur wenigen Zeilen eine so komplexe Schlussfolgerung ziehen lässt, ist ein faszinierendes Beispiel dafür, wie sich probabilistische Einflüsse durch das Geflecht der Verknüpfungen zwischen den Objekten im Modell ausbreiten. Je mehr Abhängigkeiten und Objekte hinzugefügt werden, desto klarer und deutlicher wird oft das Bild, das die A-posteriori-Verteilung vermittelt.

15.1.2 Beispiel: Bewertung der Spielerfähigkeiten

Viele konkurrenzbetonte Spiele geben die Spielstärke der Spieler numerisch an. Dieses Maß wird manchmal auch **Rating** genannt. Am vielleicht bekanntesten ist die Elo-Zahl im Schach, die für einen typischen Anfänger bei etwa 800 und für den Weltmeister normalerweise bei über 2.800 liegt. Obwohl Elo-Ratings eine statistische Grundlage haben, enthalten sie einige Ad-hoc-Elemente. Ein Bayes'sches Bewertungsschema lässt sich wie folgt entwickeln: Jeder Spieler i hat eine zugrunde liegende Spielstärke *Skill*(i); in jeder Partie g wird die von i tatsächlich erbrachte Leistung durch *Performance*(i, g) ausgedrückt, die von der zugrunde liegenden Spielstärke abweichen kann; und der Gewinner von g ist der Spieler, dessen Leistung in g die bessere ist. Als relationales Wahrscheinlichkeitsmodell sieht das wie folgt aus:

$$\begin{aligned}&Skill(i) \sim \mathcal{N}(\mu, \sigma^2)\\&Performance(i, g) \sim \mathcal{N}(Skill(i), \beta^2)\\&Gewinn(i,j,g) = \textbf{if } Spiel(g, i, j) \textbf{ then } (Performance(i, g) > Performance(j, g)),\end{aligned}$$

wobei β^2 die Varianz der tatsächlichen Leistung eines Spielers in einem bestimmten Spiel im Verhältnis zu seiner zugrunde liegenden Spielstärke ist. Ist eine Menge von Spielern und Spielen sowie die Ergebnisse für einige der Spiele gegeben, so kann eine RPM-Inferenzmaschine eine A-posteriori-Verteilung über die Spielstärke jedes Spielers und das wahrscheinliche Ergebnis jedes weiteren eventuellen Spiels berechnen.

Bei Mannschaftsspielen nehmen wir als erste Näherung an, dass die Gesamtleistung der Teams t im Spiel g die Summe der individuellen Leistungen der Spieler von t ist:

$$TeamPerformance(t, g) = \textstyle\sum_{i \in t} Performance(i, g)$$

Auch wenn die individuellen Leistungen für die Rating-Engine nicht sichtbar sind, können die Spielstärken der Spieler aus den Ergebnissen mehrerer Spiele geschätzt werden, solange die Zusammensetzung des Teams über die Spiele hinweg variiert. Die Rating-Engine TrueSkill von Microsoft verwendet dieses Modell zusammen mit einem effizienten Näherungsalgorithmus, um jeden Tag seinen Hunderten Millionen von Benutzern seine Dienste anbieten zu können.

Dieses Modell kann auf vielfältige Art und Weise weiterentwickelt werden. Wir könnten z. B. annehmen, dass schwächere Spieler eine höhere Varianz in ihrer Leistung haben, könnten die Rolle des Spielers im Team einbeziehen oder bestimmte Arten von Leistung und Fähigkeiten berücksichtigen (z. B. Verteidigung und Angriff), um die Zusammensetzung des Teams und die Vorhersagegenauigkeit zu verbessern.

15.1.3 Inferenz in relationalen Wahrscheinlichkeitsmodellen

Die einfachste Herangehensweise an Inferenz in relationalen Wahrscheinlichkeitsmodellen besteht darin, das äquivalente Bayes'sche Netz zu konstruieren, wenn die bekannten Konstantensymbole zu jedem Typ gegeben sind. Mit B Büchern und C Kunden ließe sich das zuvor angegebene Grundmodell mit einfachen Schleifen konstruieren:[4]

for $b = 1$ **to** B *do*
  Knoten $Qualität_b$ ohne Eltern hinzufügen, A-priori-Verteilung ⟨ 0,05; 0,2; 0,4; 0,2; 0,15 ⟩
for $c = 1$ **to** C *do*
  Knoten $Ehrlich_c$ ohne Eltern hinzufügen, A-priori-Verteilung ⟨ 0,99; 0,01 ⟩
  Knoten $Freundlichkeit_c$ ohne Eltern hinzufügen, A-priori-Verteilung ⟨ 0,1; 0,1; 0,2; 0,3; 0,3 ⟩
  for $b = 1$ **to** B *do*
    Knoten $Empfehlung_{c,b}$ mit Eltern $Ehrlich_c$, $Freundlichkeit_c$, $Qualität_b$ und bedingter Verteilung
      $EmpfBWT(Ehrlich_c, Freundlichkeit_c, Qualität_b)$ hinzufügen

Diese Technik wird **Grundierung** oder **Ausrollen** genannt und ist das exakte Analogon zur **Propositionalisierung** (S. 326) für die Prädikatenlogik. Diese Technik hat den offensichtlichen Nachteil, dass das resultierende Bayes'sche Netz sehr groß sein kann. Wenn es außerdem viele Objektkandidaten für eine unbekannte Relation oder Funktion gibt, z. B. den unbekannten Autor von B_2, dann haben einige Variablen im Netz möglicherweise viele Eltern.

4 Mehrere Statistikpakete würden diesen Code als *Definition* des relationalen Wahrscheinlichkeitsmodells betrachten und nicht nur als Konstruktion eines Bayes'schen Netzes, um Inferenz im relationalen Wahrscheinlichkeitsmodell durchzuführen. Diese Sichtweise lässt jedoch eine wichtige Rolle der RPM-Syntax außer Acht: Ohne eine Syntax mit klarer Semantik gibt es keine Möglichkeit, die Modellstruktur aus den Daten zu lernen.

Glücklicherweise ist es oft möglich, die Erzeugung des gesamten impliziten Bayes'schen Netzes zu vermeiden. Wie die Diskussion des Algorithmus zur Variablenelimination auf S. 493 gezeigt hat, ist jede Variable, die kein Vorfahre einer Abfrage- oder Evidenzvariable ist, für die Abfrage irrelevant. Außerdem gilt, dass eine Variable dann auch irrelevant ist, wenn die Abfrage bei gegebener Evidenz bedingt unabhängig von dieser Variablen ist. Mittels Verkettung durch das Modell, beginnend ab der Abfrage und der Evidenz, können wir also genau die Menge der Variablen identifizieren, die für die Abfrage relevant sind. Dies sind die einzigen, die instanziiert werden müssen, um ein potenziell winziges Fragment des impliziten Bayes'schen Netzes zu erzeugen. Die Inferenz in diesem Fragment liefert die gleiche Antwort wie die Inferenz im gesamten impliziten Bayes'schen Netz.

Eine weitere Möglichkeit, die Effizienz der Inferenz zu verbessern, ergibt sich aus dem Vorhandensein von sich wiederholenden Teilstrukturen im ausgerollten Bayes'schen Netz, denn dies bedeutet, dass viele der während der Variablenelimination konstruierten Faktoren (und ähnliche Arten von Tabellen, die von Clustering-Algorithmen konstruiert werden) identisch sind. Durch effektive Caching-Schemas ließen sich bei großen Netzen Beschleunigungen um drei Größenordnungen erreichen.

Drittens besitzen MCMC-Inferenzalgorithmen einige interessante Eigenschaften, wenn sie auf relationale Wahrscheinlichkeitsmodelle mit relationaler Unsicherheit angewendet werden. MCMC basiert auf dem Sampling vollständiger möglicher Welten, sodass in jedem Zustand die relationale Struktur vollständig bekannt ist. Im oben genannten Beispiel würde jeder MCMC-Zustand den Wert von $Autor(B_2)$ spezifizieren, sodass die anderen möglichen Autoren nicht mehr Eltern der Empfehlungsknoten für B2 sind. Die relationale Unsicherheit erhöht also nicht die Netzwerkkomplexität für MCMC, sondern der MCMC-Prozess enthält vielmehr Übergänge, die die relationale Struktur und damit die Abhängigkeitsstruktur des augerollten Netzes ändern.

Schließlich besteht in einigen Fällen die Möglichkeit, das Grundieren des Modells gänzlich zu vermeiden. Resolutionstheorem-Beweiser und Logikprogrammiersysteme vermeiden die Propositionalisierung, indem sie die logischen Variablen nur so weit instanziieren, wie es nötig ist, um die Inferenz zu ermöglichen; d. h., sie *heben* (*liften*) den Inferenzprozess über die Stufe grundierter aussagenlogischer Sätze und lassen jeden gelifteten Schritt die Arbeit vieler Grundierungsschritte ausführen.

Das gleiche Konzept lässt sich auf die probabilistische Inferenz anwenden. Beispielsweise kann im Algorithmus zur Variablenelimination ein geliffeter Faktor eine vollständige Menge von grundierten Faktoren repräsentieren, die den Zufallsvariablen im relationalen Wahrscheinlichkeitsmodell Wahrscheinlichkeiten zuweisen, wobei sich diese Zufallsvariablen nur in den Konstantensymbolen unterscheiden, mit denen sie konstruiert wurden. Diese Methode näher auszuführen, würde den Rahmen dieses Buchs sprengen, aber am Ende des Kapitels wird auf weiterführende Literatur verwiesen.

15.2 Wahrscheinlichkeitsmodelle mit offenem Universum

Wie zuvor erwähnt, ist Datenbanksemantik für Situationen geeignet, in denen wir die Menge der relevanten Objekte genau kennen und sie eindeutig identifizieren können. (Insbesondere sind alle Beobachtungen über ein Objekt korrekt mit dem Konstantensymbol verknüpft, das das Objekt benennt.) Diese Annahmen sind jedoch in vielen realen Welten einfach unhaltbar. Zum Beispiel könnte ein Buchhändler eine ISBN (Internationale Standardbuchnummer) als Konstantensymbol verwenden, um jedes Buch zu benennen, obwohl ein bestimmtes „logisches" Buch (z. B. „Vom Winde verweht") mehrere ISBNs haben kann, die jeweils Festeinband, Taschenbuch, Großdruck, Neuauflagen usw. angeben. Es wäre sinnvoll, Empfehlungen über mehrere ISBNs zusammenzufassen, aber der Buchhändler weiß möglicherweise nicht sicher, welche ISBNs wirklich dasselbe Werk bezeichnen. (Beachten Sie, dass wir die *einzelnen Exemplare* des Buchs nicht reifizieren, was für den Verkauf von alten Büchern, Autos usw. notwendig sein könnte.) Erschwerend kommt hinzu, dass jeder Kunde durch eine Anmelde-ID identifiziert wird, unehrliche Kunden aber Tausende von IDs haben können! Im Bereich der Computersicherheit werden diese Mehrfach-IDs als **Sybils** bezeichnet, und ihre Verwendung zur Verwirrung eines Reputationssystems als **Sybil-Angriff**.[5] Selbst eine einfache Anwendung in einer relativ gut definierten Onlinedomäne beinhaltet also sowohl **Existenzunsicherheit** (welche Bücher und Kunden liegen den beobachteten Daten wirklich zugrunde) als auch **Identitätsunsicherheit** (welche logischen Begriffe beziehen sich wirklich auf dasselbe Objekt).

Die Phänomene der Existenz- und Identitätsunsicherheit reichen weit über Onlinebuchhändler hinaus. Sie sind mehr oder weniger allgegenwärtig:

- Ein Bildverarbeitungssystem weiß nicht, was es an der nächsten Ecke erwartet (falls dort überhaupt etwas ist), und vielleicht auch nicht, ob es sich bei dem Objekt, das es sieht, um dasselbe handelt, das es vor ein paar Minuten gesehen hat.
- Ein Textverarbeitungssystem kennt die in einem Text vorkommenden Entitäten nicht im Voraus und muss daher schlussfolgern, ob sich Ausdrücke wie „Marie", „Dr. Schmidt", „sie", „seine Kardiologin", „seine Mutter" usw. auf dasselbe Objekt beziehen.
- Ein Geheimdienstanalytiker, der auf der Jagd nach Spionen ist, weiß nie, wie viele Spione es wirklich gibt, und kann nur raten, ob verschiedene Pseudonyme, Telefonnummern und Sichtungen zu ein und derselben Person gehören.

In der Tat gehört es offenbar zu den wichtigsten Aufgaben der menschlichen Kognition zu lernen, welche Objekte existieren, und in der Lage zu sein, Beobachtungen – die fast nie mit eindeutigen IDs versehen sind – mit hypothetischen Objekten in der Welt verbinden zu können.

Daher müssen wir in der Lage sein, ein **Wahrscheinlichkeitsmodell mit offenem Universum** (*Open Universe Probability Model*, OUPM) zu definieren, das auf der Standardsemantik der Prädikatenlogik basiert (wie in ► Abbildung 15.1 oben dargestellt). Mit einer Sprache für OUPMs lassen sich solche Modelle einfach formulieren und gleichzeitig eine eindeutige, konsistente Wahrscheinlichkeitsverteilung über den unendlichen Raum möglicher Welten garantieren.

15.2.1 Syntax und Semantik

Zunächst einmal muss man verstehen, wie gewöhnliche Bayes'sche Netze und relationale Wahrscheinlichkeitsmodelle es schaffen, ein eindeutiges Wahrscheinlichkeitsmodell zu definieren und ihre Erkenntnisse auf die prädikatenlogische Umgebung zu übertragen. Im Wesentlichen *erzeugt* ein Bayes'sches Netz jede mögliche Welt – Ereignis für Ereignis – in einer topologischen Sortierung, die durch die Netzstruktur definiert ist, wobei jedes Ereignis eine Zuweisung eines Werts zu einer Variablen ist. Ein relationales Wahrscheinlichkeitsmodell erweitert dies auf komplette Ereignismengen, die durch die möglichen Instanziierungen der logischen Variablen in einem gegebenen Prädikat oder einer gegebenen Funktion definiert sind. Wahrscheinlichkeitsmodelle mit offenem Universum erlauben darüber hinaus generative Schritte, die den möglichen zu konstruierenden Welten *Objekte hinzufügen*, wobei Anzahl und Typ der Objekte von den bereits in dieser Welt befindlichen Objekten sowie von deren Eigenschaften und Beziehungen abhängen können. Das zu generierende Ereignis ist nicht die Zuweisung eines Werts zu einer Variablen, sondern die *Existenz* der Objekte an sich.

5 Der Name „Sybil" stammt von einem berühmten Fall von multipler Persönlichkeitsstörung.

In Wahrscheinlichkeitsmodellen mit offenem Universum lässt sich dies mit **Zahlenanweisungen** erreichen, die bedingte Verteilungen über die Anzahl von Objekten verschiedener Art spezifizieren. Zum Beispiel könnten wir in der Buchempfehlungsdomäne zwischen Kunden (echten Personen) und ihren *Login-IDs* unterscheiden. (Genau genommen sind es die Login-IDs, die Empfehlungen abgeben, nicht die Kunden!) Nehmen wir an (um die Dinge einfach zu halten), die Anzahl der Kunden ist gleichverteilt zwischen 1 und 3 und die Anzahl der Bücher zwischen 2 und 4:

$$\begin{aligned} \#\mathit{Kunde} &\sim \mathit{UniformInt}(1,3) \\ \#\mathit{Buch} &\sim \mathit{UniformInt}(2,4) \end{aligned} \tag{15.2}$$

Wir erwarten, dass ehrliche Kunden nur eine ID haben, während unehrliche Kunden zwischen 2 und 5 IDs haben können:

$$\begin{aligned} \#\mathit{LoginID}(\mathit{Besitzer}=c) \sim &\,\mathbf{if}\ \mathit{Ehrlich}(c)\ \mathbf{then}\ \mathit{Exakt}(1) \\ &\,\mathbf{else}\ \mathit{UniformInt}(2,5) \end{aligned} \tag{15.3}$$

Diese Zahlenanweisung gibt die Verteilung über die Anzahl der Login-IDs an, wobei der *Besitzer* dieser Login-IDs der Kunde c ist. Die Funktion *Besitzer* wird als **Ursprungsfunktion** bezeichnet, weil sie angibt, woher jedes von dieser Zahlenanweisung erzeugte Objekt stammt.

Das Beispiel im vorangegangenen Absatz verwendet eine Gleichverteilung über die ganzen Zahlen zwischen 2 und 5, um die Anzahl der Login-IDs für einen unehrlichen Kunden anzugeben. Diese spezielle Verteilung ist beschränkt, aber vielleicht gibt es im Allgemeinen keine A-priori-Schranke für die Anzahl der Objekte. Die am häufigsten verwendete Verteilung über nichtnegative ganze Zahlen ist die **Poisson-Verteilung**. Die Poisson-Verteilung wird durch einen Parameter λ bestimmt, der der erwarteten Anzahl von Objekten entspricht, wobei eine Variable X, die aus Poisson(λ) gesampelt wird, die folgende Verteilung hat:

$$P(X=k) = \lambda^k e^{-\lambda}/k!$$

Die Varianz der Poisson-Verteilung beträgt ebenfalls λ, sodass die Standardabweichung $\sqrt{\lambda}$ ist. Dies bedeutet, dass für große Werte von λ die Verteilung relativ zum Mittelwert eng ist – wenn z. B. die Anzahl der Ameisen in einem Nest durch eine Poisson-Verteilung mit einem Mittelwert von einer Million modelliert wird, beträgt die Standardabweichung nur tausend, also 0,1 %. Für große Zahlen ist es oft sinnvoller, die **diskrete log-normale Verteilung** zu verwenden, die geeignet ist, wenn der Logarithmus der Anzahl der Objekte normalverteilt ist. Eine besonders intuitive Form, die wir als **Größenordnungsverteilung** bezeichnen, verwendet Logarithmen zur Basis 10: Zum Beispiel hat eine Verteilung OM(3, 1) einen Mittelwert von 10^3 und eine Standardabweichung von einer Größenordnung, d. h., der Großteil der Wahrscheinlichkeitsmasse liegt zwischen 10^2 und 10^4.

Die formale Semantik von Wahrscheinlichkeitsmodellen mit offenem Universum beginnt mit einer Definition der Objekte, die mögliche Welten bevölkern. In der Standardsemantik der typisierten Prädikatenlogik sind Objekte nur nummerierte Token mit Typen. In OUPMs ist jedes Objekt eine Entstehungshistorie. Ein Objekt könnte z. B. „die vierte Login-ID des siebten Kunden“ sein. (Der Grund für diese etwas barocke Konstruktion klärt sich gleich.) Für Typen ohne Ursprungsfunktionen – z. B. die Typen *Kunde* und *Buch* in Gleichung (15.2) – haben die Objekte einen leeren Ursprung. So bezieht sich beispielsweise $\langle \mathit{Kunde}, , 2\rangle$ auf den zweiten Kunden, der aus dieser Zahlenanweisung erzeugt wurde. Bei Zahlenanweisungen mit Ursprungsfunktionen wie Gleichung (15.3) zeichnet jedes Objekt seinen Ursprung auf; z. B. ist das Objekt $\langle \mathit{LoginID}, \langle \mathit{Besitzer}, \langle \mathit{Kunde}, , 2\rangle\rangle, 3\rangle$ der dritte Login, der zum zweiten Kunden gehört.

Variable	Wert	Wahrscheinlichkeit
$\#Kunde$	2	0,3333
$\#Buch$	3	0,3333
$Ehrlich_{\langle Kunde,\ ,1\rangle}$	*wahr*	0,99
$Ehrlich_{\langle Kunde,\ ,2\rangle}$	*falsch*	0,01
$Freundlichkeit_{\langle Kunde,\ ,1\rangle}$	4	0,3
$Freundlichkeit_{\langle Kunde,\ ,2\rangle}$	1	0,1
$Qualität_{\langle Buch,\ ,1\rangle}$	1	0,05
$Qualität_{\langle Buch,\ ,2\rangle}$	3	0,4
$Qualität_{\langle Buch,\ ,3\rangle}$	5	0,15
$\#LoginID_{\langle Besitzer,\langle Kunde,\ ,1\rangle\rangle}$	1	1,0
$\#LoginID_{\langle Besitzer,\langle Kunde,\ ,2\rangle\rangle}$	2	0,25
$Empfehlung_{\langle LoginID,\langle Besitzer,\langle Kunde,\ ,1\rangle\rangle,1\rangle,\langle Buch,\ ,1\rangle}$	2	0,5
$Empfehlung_{\langle LoginID,\langle Besitzer,\langle Kunde,\ ,1\rangle\rangle,1\rangle,\langle Buch,\ ,2\rangle}$	4	0,5
$Empfehlung_{\langle LoginID,\langle Besitzer,\langle Kunde,\ ,1\rangle\rangle,1\rangle,\langle Buch,\ ,3\rangle}$	5	0,5
$Empfehlung_{\langle LoginID,\langle Besitzer,\langle Kunde,\ ,2\rangle\rangle,1\rangle,\langle Buch,\ ,1\rangle}$	5	0,4
$Empfehlung_{\langle LoginID,\langle Besitzer,\langle Kunde,\ ,2\rangle\rangle,1\rangle,\langle Buch,\ ,2\rangle}$	5	0,4
$Empfehlung_{\langle LoginID,\langle Besitzer,\langle Kunde,\ ,2\rangle\rangle,1\rangle,\langle Buch,\ ,3\rangle}$	1	0,4
$Empfehlung_{\langle LoginID,\langle Besitzer,\langle Kunde,\ ,2\rangle\rangle,2\rangle,\langle Buch,\ ,1\rangle}$	5	0,4
$Empfehlung_{\langle LoginID,\langle Besitzer,\langle Kunde,\ ,2\rangle\rangle,2\rangle,\langle Buch,\ ,2\rangle}$	5	0,4
$Empfehlung_{\langle LoginID,\langle Besitzer,\langle Kunde,\ ,2\rangle\rangle,2\rangle,\langle Buch,\ ,3\rangle}$	1	0,4

Abbildung 15.4: Eine bestimmte Welt für das Buchempfehlung-OUPM. Die Zahlvariablen und elementaren Zufallsvariablen sind in topologischer Sortierung dargestellt, zusammen mit den dafür gewählten Werten und deren Wahrscheinlichkeiten.

Die **Zahlvariablen** eines OUPM geben an, wie viele Objekte es von jedem Typ mit jedem möglichen Ursprung in jeder möglichen Welt gibt. So bedeutet $\#LoginID_{\langle Besitzer,\langle Kunde,\ ,2\rangle\rangle}(\omega) = 4$, dass in der Welt ω der Kunde 2 über 4 Login-IDs verfügt. Wie in relationalen Wahrscheinlichkeitsmodellen bestimmen die **elementaren Zufallsvariablen** die Werte von Prädikaten und Funktionen für alle Tupel von Objekten. $Ehrlich_{\langle Kunde,\ ,2\rangle}(\omega) = wahr$ bedeutet also, dass in Welt ω Kunde 2 ehrlich ist. Eine mögliche Welt wird durch die Werte aller Zahlvariablen und elementaren Zufallsvariablen definiert. Dabei lässt sich eine Welt aus dem Modell durch Stichproben in topologischer Sortierung erzeugen. ► Abbildung 15.4 zeigt ein Beispiel. Die Wahrscheinlichkeit für eine auf diese Weise konstruierte Welt ist das Produkt der Wahrscheinlichkeiten für alle gesampelten Werte (in diesem Fall $1{,}2672 \times 10^{-11}$). Jetzt wird klar, warum jedes Objekt seinen Ursprung enthält: Diese Eigenschaft stellt sicher, dass jede Welt durch genau eine Generationsfolge konstruiert werden kann. Wäre dies nicht der Fall, würde die Wahrscheinlichkeit einer Welt ausgedrückt durch eine sperrige kombinatorische Summe über alle möglichen Generationsfolgen, mit denen die Welt erzeugt wird.

Modelle mit offenem Universum können unendlich viele Zufallsvariablen haben, sodass die vollständige Theorie nichttriviale maßtheoretische Überlegungen umfasst. Zum Beispiel erlauben Zahlenanweisungen mit Poisson- oder Größenordnungsverteilungen eine unbeschränkte Anzahl von Objekten, was zu einer unbeschränkten Anzahl von Zufallsvariablen für die Eigenschaften und Beziehungen dieser Objekte führt. Außerdem können OUPMs rekursive Abhängigkeiten und unendliche Typen (Integer, Strings usw.) aufweisen. Schließlich gibt es dank Wohlgeformtheit keine zyklischen Abhängigkeiten und unendlich zurückreichenden Vorgängerketten. Diese Bedingungen sind im Allgemeinen unentscheidbar, aber bestimmte syntaktische hinreichende Bedingungen lassen sich leicht überprüfen.

15.2.2 Inferenz in Wahrscheinlichkeitsmodellen mit offenem Universum

Aufgrund der potenziell riesigen und manchmal unbeschränkten Größe des impliziten Bayes'schen Netzes, das einem typischen OUPM entspricht, ist es quasi unmöglich, es vollständig auszurollen und eine exakte Inferenz durchzuführen. Stattdessen müssen wir approximative Inferenzalgorithmen wie MCMC in Betracht ziehen (siehe Abschnitt 13.4.2).

Grob gesagt durchsucht ein MCMC-Algorithmus für ein OUPM den Raum möglicher Welten, der durch Mengen von Objekten und den Beziehungen dazwischen definiert ist (► Abbildung 15.1 oben). Eine Bewegung zwischen benachbarten Zuständen in diesem Raum kann nicht nur Beziehungen und Funktionen ändern, sondern auch Objekte hinzufügen oder entfernen und die Interpretationen von Konstantensymbolen ändern. Obwohl jede mögliche Welt riesig sein kann, sind die Wahrscheinlichkeitsberechnungen, die für jeden Schritt erforderlich sind – ob in Gibbs-Sampling oder Metropolis-Hastings –, vollständig lokal und benötigen in den meisten Fällen konstante Zeit. Das liegt daran, dass das Wahrscheinlichkeitsverhältnis zwischen benachbarten Welten abhängt von einem Untergraphen konstanter Größe rund um die Variablen, deren Werte geändert werden. Außerdem lässt sich eine logische Abfrage in jeder besuchten Welt *inkrementell* und normalerweise in konstanter Zeit pro Welt auswerten, anstatt dass sie von Grund auf neu berechnet werden muss.

Besondere Aufmerksamkeit verdient die Tatsache, dass ein typisches OUPM mögliche Welten von unendlicher Größe aufweisen kann. Betrachten wir als Beispiel das Multitarget-Trackingmodell in ► Abbildung 15.9: Die Funktion $X(a, t)$, die die Position der Flugzeuge a zum Zeitpunkt t bezeichnet, entspricht einer unendlichen Folge von Variablen für eine unbeschränkte Anzahl von Flugzeugen in jedem Schritt. Aus diesem Grund sampelt der MCMC-Algorithmus für OUPMs keine vollständig spezifizierten möglichen Welten, sondern *partielle* Welten, die jeweils einer disjunkten Menge von vollständigen Welten entsprechen. Eine partielle Welt ist eine *minimale, selbstunterstützende Instanziierung*[6] zu einer Teilmenge der *relevanten* Variablen, d. h. Vorfahren der Evidenz- und Abfragevariablen. Beispielsweise sind Variablen $X(a, t)$ für Werte von t größer als die letzte Beobachtungszeit (oder Abfragezeit, je nachdem, welche Zeit größer ist) irrelevant, sodass der Algorithmus nur ein endliches Präfix der unendlichen Folge zu betrachten braucht.

15.2.3 Beispiele

Der Standardanwendungsfall für ein OUPM hat drei Elemente: das *Modell*, die *Evidenz* (die bekannten Fakten in einem gegebenen Szenario) und die *Abfrage*, die ein beliebiger Ausdruck sein kann, möglicherweise mit freien logischen Variablen. Die Antwort ist eine gemeinsame A-posteriori-Wahrscheinlichkeit für jede mögliche Menge von Substitutionen für die freien Variablen, bei gegebener Evidenz gemäß dem Modell.[7] Jedes Modell enthält Typdeklarationen, Typsignaturen für die Prädikate und Funktionen, eine oder mehrere Zahlenanweisungen für jeden Typ und eine Abhängigkeitsangabe für jedes Prädikat und jede Funktion. (In den folgenden Beispielen werden Deklarationen und Signaturen dort weggelassen, wo die Bedeutung klar ist.) Wie in relationalen Wahrscheinlichkeitsmodellen verwenden Abhängigkeitsangaben eine **if-then-else**-Syntax, um kontextspezifische Abhängigkeiten zu verarbeiten.

6 Eine selbstunterstützende Instanziierung einer Variablenmenge ist eine, bei der die Eltern aller Variablen in der Menge ebenfalls in der Menge sind.

7 Wie bei Prolog kann es unendlich viele Mengen von Substitutionen unbeschränkter Größe geben. Das Entwerfen von explorativen Schnittstellen für solche Antworten ist eine interessante Herausforderung für die Visualisierung.

Zitieren

Millionen von akademischen Forschungsarbeiten und technischen Berichten stehen online in Form von PDF-Dateien zur Verfügung. Diese Arbeiten enthalten in der Regel am Ende ein sogenanntes Literatur- oder Quellenverzeichnis, in dem Zitationen als Strings angegeben werden, um den Leser über verwandte Arbeiten zu informieren. Diese Zeichenketten können aus den PDF-Dateien herausgezogen werden, um eine datenbankähnliche Repräsentation zu erstellen, die Arbeiten und Wissenschaftler anhand von Autorenschafts- und Zitationslinks in Beziehung setzt. Systeme wie CiteSeer und Google Scholar bieten ihren Nutzern eine solche Repräsentation. Hinter den Kulissen werden mithilfe von Algorithmen Arbeiten lokalisiert, Zitationsstrings herausgezogen und die tatsächlichen Arbeiten identifiziert, auf die sich die Zitationsstrings beziehen. Dies ist eine schwierige Aufgabe, da diese Strings keine Objektbezeichner enthalten und Fehler aufweisen in Syntax, Rechtschreibung, Zeichensetzung und Inhalt. Um dies zu veranschaulichen, hier zwei relativ harmlose Beispiele:

1. [Lashkari et al 94] Collaborative Interface Agents, Yezdi Lashkari, Max Metral, and Pattie Maes, Proceedings of the Twelfth National Conference on Articial Intelligence, MIT Press, Cambridge, MA, 1994.
2. Metral M. Lashkari, Y. and P. Maes. Collaborative interface agents. In Conference of the American Association for Artificial Intelligence, Seattle, WA, August 1994.

Die Schlüsselfrage ist die der Gleichheit: Handelt es sich bei diesen Zitationen um die gleiche Arbeit oder um verschiedene Autoren? Bei dieser Frage sind sich selbst Experten uneinig oder nicht bereit, eine Entscheidung zu treffen, was darauf hindeutet, dass Schlussfolgern unter Unsicherheit ein wichtiger Teil der Lösung dieses Problems ist.[8] Ad-hoc-Ansätze – wie etwa Methoden, die auf einer textuellen Ähnlichkeitsmetrik basieren – scheitern oft kläglich. Zum Beispiel meldete CiteSeer im Jahr 2002 über 120 verschiedene Bücher, die von Russell und Norvig geschrieben wurden.

Um das Problem mit einem probabilistischen Ansatz zu lösen, benötigen wir ein generatives Modell für die Domäne. Das heißt, wir fragen, wie sich dieser Zitationsstring zusammensetzt. Der Prozess beginnt bei den Wissenschaftlern, die einen Namen besitzen. (Wir brauchen uns nicht darum zu kümmern, woher die Wissenschaftler kommen; wir müssen nur unsere Unsicherheit darüber ausdrücken, wie viele es sind.) Diese Wissenschaftler schreiben Aufsätze, die einen Titel haben; andere zitieren diese Aufsätze, indem sie die Namen der Autoren und den Titel des Aufsatzes (mit Fehlern) gemäß einer gewissen Grammatik in den Zitationstext einfügen. Die grundlegenden Elemente dieses Modells sind in ► Abbildung 15.5 dargestellt, wobei davon ausgegangen wird, dass jeder Aufsatz nur einen Autor hat.[9]

Wenn nur die Zitationsstrings als Evidenz vorliegen, führt die probabilistische Inferenz, um die wahrscheinlichste Erklärung für die Daten zu identifizieren, auf diesem Modell zu einer Fehlerrate, die 2- bis 3-mal niedriger ist als die von CiteSeer (Pasula *et al.*, 2003). Der Inferenzprozess weist außerdem eine Form der kollektiven, wissensbasierten Disambiguierung auf: Je mehr Zitationen es für einen bestimmten Aufsatz gibt, desto genauer wird jede davon geparst, weil das Parsen der Fakten über den Aufsatz die gleichen Ergebnisse zurückliefern muss.

---

8 Die Antwort ist ja, es handelt sich um den gleichen Artikel. Die „National Conference on Articial Intelligence" (beachten Sie, dass das „fi" fehlt – aufgrund eines Fehlers beim Herausziehen des Ligaturzeichens) ist ein anderer Name für die AAAI-Konferenz; diese Konferenz fand in Seattle statt, während der Herausgeber der Proceedings in Cambridge sitzt.

9 In dem Fall, dass mehrere Autoren am Aufsatz beteiligt sind, ist die Gesamtstruktur dieselbe, aber etwas komplizierter. Die nicht gezeigten Teile des Modells – *NamePrior*, *rTitlePrior* und *HMMGrammar* – sind traditionelle Wahrscheinlichkeitsmodelle. *NamePrior* ist z. B. eine Mischung aus einer kategorialen Verteilung über tatsächliche Namen und einem Buchstabentrigramm-Modell (siehe Abschnitt 23.1), um bisher unbekannte Namen abzudecken. Beide Modelle wurden anhand von Daten aus der U.S. Census Database trainiert.

type Researcher, Paper, Citation
random String Name(Researcher)
random String Title(Paper)
random Paper PubCited(Citation)
random String Text(Citation)
random Boolean Professor(Researcher)
origin Researcher Author(Paper)

$\#Researcher \sim OM(3,1)$
$Name(r) \sim NamePrior()$
$Professor(r) \sim Boolean(0.2)$
$\#Paper(Author = r) \sim \textbf{if } Professor(r) \textbf{ then } OM(1.5, 0.5) \textbf{ else } OM(1, 0.5)$
$Title(p) \sim PaperTitlePrior()$
$CitedPaper(c) \sim UniformChoice(\{Paper\ p\})$
$Text(c) \sim HMMGrammar(Name(Author(CitedPaper(c))), Title(CitedPaper(c)))$

Abbildung 15.5: Ein OUPM für die Extraktion von Zitationsinformationen. Der Einfachheit halber geht das Modell von einem Autor pro Aufsatz aus und lässt Details der Grammatik- und Fehlermodelle weg.

Überwachung von Nuklearverträgen

Die Überprüfung des Vertrags über das umfassende Verbot von Nuklearversuchen (*Comprehensive Nuclear-Test-Ban Treaty*, CTBT) erfordert die Festellung aller seismischen Ereignisse auf der Erde, die eine Mindeststärke übersteigen. Die CTBT-Organisation der UN unterhält zu diesem Zweck ein Netz von Sensoren, das sogenannte International Monitoring System (IMS). Die zugrunde liegende automatisierte Software zur Signalverarbeitung basiert auf 100 Jahren Seismologieforschung und hat eine Detektionsfehlerrate von etwa 30 %. Mithilfe des NET-VISA-Systems (Arora *et al.*, 2013), das auf einem OUPM basiert, lassen sich die nicht erkannten Ereignisse erheblich reduzieren.

Das NET-VISA-Modell (► Abbildung 15.6) drückt die relevante Geophysik direkt aus. Es beschreibt Verteilungen über die Anzahl der Ereignisse in einem bestimmten Zeitintervall (von

$\#SeismicEvents \sim Poisson(T * \lambda_e)$
$Time(e) \sim UniformReal(0, T)$
$EarthQuake(e) \sim Boolean(0.999)$
$Location(e) \sim \textbf{if } Earthquake(e) \textbf{ then } SpatialPrior() \textbf{ else } UniformEarth()$
$Depth(e) \sim \textbf{if } Earthquake(e) \textbf{ then } UniformReal(0,700) \textbf{ else } Exactly(0)$
$Magnitude(e) \sim Exponential(log(10))$
$Detected(e, p, s) \sim Logistic(weights(s, p), Magnitude(e), Depth(e), Dist(e, s))$
$\#Detections(site = s) \sim Poisson(T * \lambda_f(s))$
$\#Detections(event{=}e,\ phase{=}p,\ station{=}s) = \textbf{if } Detected(e, p, s) \textbf{ then } 1 \textbf{ else } 0$
$OnsetTime(a, s) \textbf{ if } (event(a) = null) \textbf{ then } \sim UniformReal(0, T)$
$\quad \textbf{else} = Time(event(a)) + GeoTT(Dist(event(a), s), Depth(event(a)), phase(a))$
$\qquad + Laplace(\mu_t(s), \sigma_t(s))$
$Amplitude(a, s) \textbf{ if } (event(a) = null) \textbf{ then } \sim NoiseAmpModel(s)$
$\quad \textbf{else} = AmpModel(Magnitude(event(a)), Dist(event(a), s), Depth(event(a)), phase(a))$
$Azimuth(a, s) \textbf{ if } (event(a) = null) \textbf{ then } \sim UniformReal(0,\ 360)$
$\quad \textbf{else} = GeoAzimuth(Location(event(a)), Depth(event(a)), phase(a), Site(s))$
$\qquad + Laplace(0, \sigma_a(s))$
$Slowness(a, s) \textbf{ if } (event(a) = null) \textbf{ then } \sim UniformReal(0,20)$
$\quad \textbf{else} = GeoSlowness(Location(event(a)), Depth(event(a)), phase(a), Site(s))$
$\qquad + Laplace(0, \sigma_s(s))$
$ObservedPhase(a, s) \sim CategoricalPhaseModel(phase(a))$

Abbildung 15.6: Eine vereinfachte Version des NET-VISA-Modells (siehe Text).

denen die meisten natürlicher Art sind) sowie über deren Dauer, Bebenstärke, Herdtiefe und Ort. Die Orte natürlicher Ereignisse sind gemäß einer räumlichen A-priori-Wahrscheinlichkeit verteilt, die (wie andere Teile des Modells) aus historischen Daten trainiert wird; von Menschen verursachte Ereignisse werden gemäß den Vertragsregeln als gleichmäßig über die Erdoberfläche verteilt angenommen. An jeder Station s führt jede Phase (seismischer Wellentyp) p eines Ereignisses e zu einer Detektion von entweder 0 oder 1 (Signale über dem Schwellenwert). Die Detektionswahrscheinlichkeit hängt von der Bebenstärke und Herdtiefe des Ereignisses sowie seiner Entfernung von der Station ab. Außerdem kann es zu Fehlalarmen kommen. Solche Erkennungen treten gemäß einem stationsspezifischen Skalenparameter auf. Die gemessene Ankunftszeit, Amplitude und andere Eigenschaften einer Detektion d eines echten Ereignisses hängen von den Eigenschaften des Ursprungsereignisses und dessen Entfernung von der Station ab.

Einmal trainiert, läuft das Modell kontinuierlich. Die Evidenz besteht aus Detektionen (90 % davon sind Fehlalarme), die aus IMS-Wellenformdaten (Rohdaten) extrahiert werden, und abgefragt wird in der Regel die wahrscheinlichste Ereignishistorie oder das *Bulletin*, wenn Daten vorhanden sind. Die bisherigen Ergebnisse sind ermutigend. Zum Beispiel entgingen dem automatisierten SEL3-Bulletin der UN im Jahr 2009 27,4 % der 27.294 Ereignisse im Bereich der Stärke 3–4, während NET-VISA nur 11,1 % entgingen. Außerdem zeigen Vergleiche mit dichten regionalen Netzen, dass NET-VISA bis zu 50 % mehr echte Ereignisse erkennt als die von den Erdbebenanalysten der UN erstellten endgültigen Bulletins. NET-VISA kann außerdem mehr Detektionen mit einem bestimmten Ereignis verbinden, was zu genaueren Standortschätzungen führt (▶ Abbildung 15.7). Seit dem 1. Januar 2018 ist NET-VISA als Teil der CTBTO-Monitoring-Pipeline im Einsatz.

Trotz oberflächlicher Unterschiede sind die beiden Beispiele strukturell ähnlich: Es gibt unbekannte Objekte (Aufsätze, Erdbeben), die nach bestimmten physischen Prozessen Perzepte erzeugen (Zitationen, seismische Ausbreitung). Die Perzepte sind mehrdeutig in Bezug auf ihren Ursprung, aber wenn sich mehrere Perzepte mit demselben unbekannten Objekt in Verbindung bringen lassen, können die Eigenschaften dieses Objekts genauer bestimmt werden.

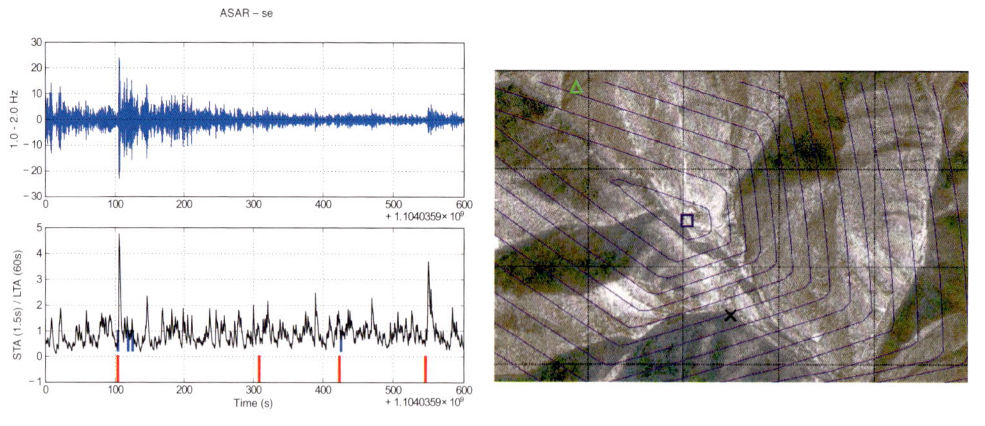

(a) (b)

Abbildung 15.7: (a) Oben: Beispiel einer seismischen Wellenform, aufgenommen in Alice Springs, Australien. Unten: Die Wellenform nach der Verarbeitung zur Detektion der Ankunftszeiten der seismischen Wellen. Blaue Linien sind die automatisch erkannten Ankunftszeiten; rote Linien sind die tatsächlichen Ankunftszeiten. (b) Standortschätzungen für den Atomtest von Nordkorea vom 12. Februar 2013: UN CTBTO Late Event Bulletin (grünes Dreieck oben links); NET-VISA (blaues Quadrat in der Mitte). Der Eingang zur unterirdischen Testanlage (kleines „x") liegt 0,75 km von der NET-VISA-Schätzung entfernt. Die Konturen zeigen die A-posteriori-Ortsverteilung von NET-VISA. Mit freundlicher Genehmigung der CTBTO-Vorbereitungskommission.

Die gleiche Struktur und die gleichen Schlussfolgerungsmuster gelten auch für Bereiche wie die Datenbank-Deduplizierung und das Verstehen natürlicher Sprache. In einigen Fällen lässt sich die Existenz eines Objekts nur durch Gruppieren von Perzepten ableiten – ein Prozess, der der Aufgabe des Clustering beim maschinellen Lernen ähnelt. In anderen Fällen muss ein Objekt nicht unbedingt Perzepte generieren, um auf seine Existenz schließen zu lassen – zum Beispiel als Beobachtungen des Uranus zur Entdeckung des Neptun führten. Die Existenz des unbeobachteten Objekts ergibt sich aus seinen Auswirkungen auf das Verhalten und die Eigenschaften der beobachteten Objekte.

15.3 Eine komplexe Welt verfolgen

In Kapitel 14 haben wir uns mit dem Problem beschäftigt, den Zustand der Welt zu verfolgen, aber in diesem Zusammenhang nur atomare Repräsentationen (HMMs) und faktorisierte Repräsentationen (DBNs und Kalman-Filter) betrachtet. Diese eignen sich vor allem für Welten mit nur einem Objekt, wie ein einzelner Patient auf der Intensivstation oder ein einzelner Vogel, der durch den Wald fliegt. In diesem Abschnitt sehen wir uns an, was passiert, wenn zwei oder mehr Objekte die Beobachtungen erzeugen. Was diesen Fall von der einfachen alten Zustandsschätzung unterscheidet, ist, dass nun eine etwaige *Unsicherheit* darüber besteht, welches Objekt welche Beobachtung erzeugt hat. Dies ist das Problem der **Identitätsunsicherheit** aus Abschnitt 15.2 (S. 573), hier in einem zeitlichen Kontext betrachtet. In der Kontrolltheorie-Literatur spricht man vom **Datenzuordnungsproblem**, d. h. dem Problem, Beobachtungsdaten den sie erzeugenden Objekten zuzuordnen. Obwohl wir dies als ein weiteres Beispiel für probabilistische Modellierung mit offenem Universum betrachten könnten, ist das Thema in der Praxis doch so wichtig, dass es einen eigenen Abschnitt verdient.

15.3.1 Beispiel: Multitarget-Tracking

Ursprünglich wurde das Datenzuordnungsproblem im Zusammenhang mit der Radarverfolgung mehrerer Objekte (Multitarget-Tracking) untersucht, bei der reflektierte Impulse in festen Zeitintervallen von einer rotierenden Radarantenne erkannt werden. In jedem Zeitschritt erscheinen mehrere Echozeichen auf dem Bildschirm, doch gibt es keine Möglichkeit, direkt zu beobachten, welche Echos zur Zeit t welchen Echos zur Zeit $t-1$ entsprechen. ► Abbildung 15.8 a zeigt ein einfaches Beispiel mit zwei Echos pro Zeitschritt über fünf Zeitschritte. Jedes Echozeichen ist mit seinem Zeitschritt beschriftet, aber es fehlen jegliche identifizierenden Informationen.

Nehmen wir vorerst an, dass genau zwei Flugzeuge, A_1 und A_2, die Echos erzeugen. In der OUPM-Terminologie sind A_1 und A_2 **garantierte Objekte**, was bedeutet, dass es sich dabei um garantiert existierende, separate Objekte handelt; außerdem gibt es in diesem Fall keine weiteren Objekte. (Mit anderen Worten, was die Flugzeuge betrifft, entspricht dieses Szenario der Datenbanksemantik, die wir in relationalen Wahrscheinlichkeitsmodellen zugrunde legen.) Ihre tatsächlichen Positionen seien $X(A_1, t)$ und $X(A_2, t)$, wobei t eine nichtnegative ganze Zahl ist, die die Aktualisierungszeiten der Sensoren indiziert. Wir nehmen an, dass die erste Beobachtung zum Zeitpunkt $t=1$ erfolgt und dass zum Zeitpunkt 0 die A-priori-Verteilung für die Position jedes Flugzeugs *InitX*() ist. Der Einfachheit halber nehmen wir außerdem an, dass sich beide Flugzeuge unabhängig voneinander nach einem bekannten Transitionsmodell bewegen – z. B. einem linearen Gauß'schen Modell, wie es im Kalman-Filter verwendet wird (Abschnitt 14.4).

Der letzte Teil ist das Sensormodell: Auch hier gehen wir wieder von einem linearen Gauß'schen Modell aus, bei dem ein Flugzeug an der Position x ein Echo b erzeugt, dessen beobachtete Position $Z(b)$ eine lineare Funktion von x mit zusätzlichem Gauß'schen Rauschen ist. Jedes Flugzeug erzeugt in jedem Zeitschritt genau ein Echo, sodass das Echo ein Flugzeug und

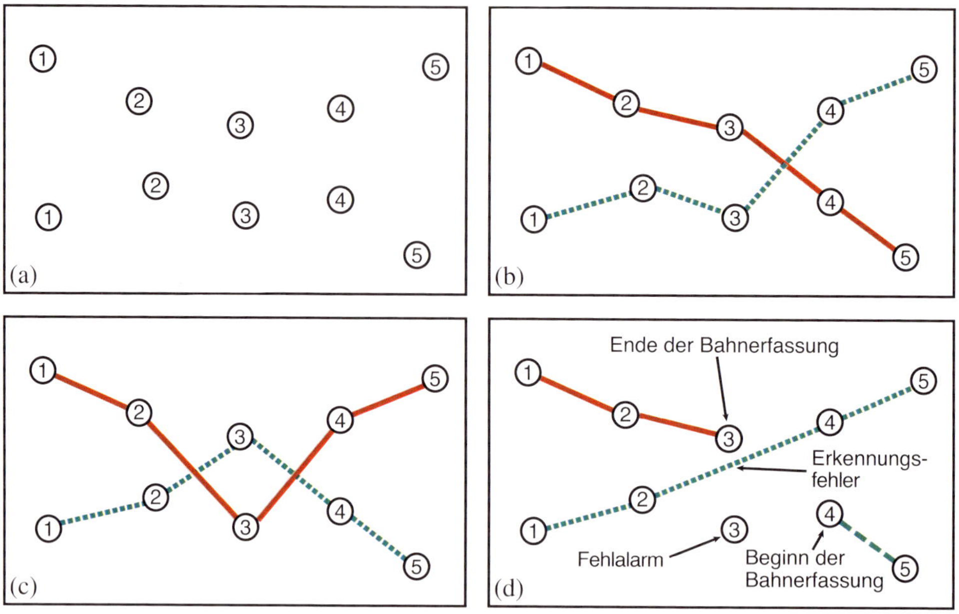

Abbildung 15.8: (a) Beobachtungen von Objektpositionen im zweidimensionalen Raum über fünf Zeitschritte. Jede Beobachtung ist mit dem Zeitschritt beschriftet, identifiziert aber nicht das Objekt, das die Beobachtung erzeugt hat. (b–c) Mögliche Hypothesen über die zugrunde liegenden Objektbahnen. (d) Eine Hypothese für den Fall, in dem Fehlalarme, Erkennungsfehler und Beginn bzw. Ende der Bahnerfassung möglich sind.

einen Zeitschritt als Ursprung hat. Wenn wir also die A-priori-Verteilung weglassen, sieht das Modell wie folgt aus:

guaranteed *Flugzeug* A_1, A_2
$X(a,t) \sim$ **if** $t = 0$ **then** $InitX()$ **else** $\mathcal{N}(\mathbf{F}\,X(a,t-1),\ \boldsymbol{\Sigma}_x)$
$\#Blip(Quelle{=}a,\ Zeit{=}t)\ =\ 1$
$Z(b)\ \sim\ \mathcal{N}(\mathbf{H}\,X(Quelle(b), Zeit(b)),\ \boldsymbol{\Sigma}_z)$

Dabei sind $\mathbf{F}$ und $\boldsymbol{\Sigma}_x$ Matrizen, die das lineare Transitionsmodell und die Kovarianz des Übergangsrauschens beschreiben, und $\mathbf{H}$ und $\boldsymbol{\Sigma}_z$ die entsprechenden Matrizen für das Sensormodell (siehe S. 546).

Der Hauptunterschied zwischen diesem Modell und einem Standard-Kalman-Filter ist, dass es *zwei* Objekte gibt, die Sensorwerte (Echos) erzeugen. Das bedeutet, dass zu jedem gegebenen Zeitschritt *Unsicherheit* darüber besteht, welches Objekt welchen Sensorwert erzeugt hat. Jede mögliche Welt in diesem Modell beinhaltet eine Zuordnung von Flugzeugen zu Echos, die durch die Werte aller *Quelle*(b)-Variablen für alle Zeitschritte definiert wird. Zwei mögliche Zuordnungshypothesen sind in ► Abbildung 15.8 b–c dargestellt. Im Allgemeinen gibt es bei n Objekten und T Zeitschritten $(n!)^T$ Möglichkeiten, die Echos den Flugzeugen zuzuordnen – eine unheimlich große Anzahl.

Das bisher beschriebene Szenario beinhaltete n bekannte Objekte, die bei jedem Zeitschritt n Beobachtungen erzeugen. Reale Anwendungen mit Datenzuordnung sind in der Regel viel komplizierter. Oft umfassen die gemeldeten Beobachtungen **Fehlalarme** (sogenannte **Clutter** oder Stördaten), die durch falsche Objekte ausgelöst wurden. Es kann zu **Erkennungsfehlern** kommen, was bedeutet, dass ein echtes Objekt unerkannt geblieben ist und somit keine Beobachtung gemeldet wurde. Außerdem kommen immer wieder neue Objekte hinzu und

$$
\begin{aligned}
&\#Aircraft(EntryTime = t) \sim Poisson(\lambda_a)\\
&Exits(a,t) \sim \textbf{if } InFlight(a,t) \textbf{ then } Boolean(\alpha_e)\\
&InFlight(a,t) = (t{=}EntryTime(a)) \vee (InFlight(a,t-1) \wedge \neg\, Exits(a,t-1))\\
&X(a,t) \sim \textbf{if } t = EntryTime(a) \textbf{ then } InitX()\\
&\quad\textbf{else if } InFlight(a,t) \textbf{ then } \mathcal{N}(\mathbf{F}\,X(a,t-1), \boldsymbol{\Sigma}_x)\\
&\#Blip(Source{=}a,\ Time{=}t) \sim \textbf{if } InFlight(a,t) \textbf{ then } Bernoulli(DetectionProb(X(a,t)))\\
&\#Blip(Time{=}t) \sim Poisson(\lambda_f)\\
&Z(b) \sim \textbf{if } Source(b){=}null \textbf{ then } UniformZ(R) \textbf{ else } \mathcal{N}(\mathbf{H}\,X(Source(b), Time(b)), \boldsymbol{\Sigma}_z)
\end{aligned}
$$

Abbildung 15.9: Ein OUPM für die Radarverfolgung mehrerer Ziele mit Fehlalarmen, Erkennungsfehlern sowie Ein- und Austritt von Flugzeugen. Die Rate, mit der neue Flugzeuge in den Überwachungsraum eintreten, beträgt λ_a, während die Wahrscheinlichkeit pro Zeitschritt, dass ein Flugzeug den Überwachungsraum verlässt, α_e beträgt. Fehlalarm-Echos (d. h. solche, die nicht von einem Flugzeug stammen) erscheinen gleichmäßig im Raum mit einer Rate von λ_f pro Zeitschritt. Die Wahrscheinlichkeit, dass ein Flugzeug erfasst wird (d. h. ein Echo erzeugt), hängt von seiner aktuellen Position ab.

alte verschwinden. Diese Phänomene erzeugen weitere mögliche Welten, die zu berücksichtigen sind (► Abbildung 15.8 d). Das entsprechende Wahrscheinlichkeitsmodell mit offenem Universum ist in ► Abbildung 15.9 dargestellt.

Aufgrund der praktischen Bedeutung von Multitarget-Tracking für zivile und militärische Anwendungen gibt es Zehntausende von Arbeiten zu diesem Thema und dem Problem der Datenzuordnung. Viele von ihnen beschäftigen sich mit den komplexen mathematischen Details der Wahrscheinlichkeitsberechnungen für das Modell in ► Abbildung 15.9 oder einfachere Versionen davon. Dies erübrigt sich jedoch, wenn das Modell in einer probabilistischen Programmiersprache ausgedrückt wird, da die allgemeine Inferenzmaschine alle mathematischen Berechnungen korrekt ausführt – und zwar nicht nur für dieses, sondern für alle Modelle. Ein weiterer Vorteil ist, dass etwaige Erweiterungen des Szenarios (Formationsflug, Objekte, die auf unbekannte Ziele zusteuern, Objekte, die starten oder landen, usw.) nur kleine Änderungen am Modell erfordern, ohne dass auf neue mathematische Ableitungen und komplexe Programmierung zurückgegriffen werden muss.

Aus praktischer Sicht besteht die Herausforderung bei dieser Art von Modell in der Komplexität der Inferenz. Wie bei allen Wahrscheinlichkeitsmodellen bedeutet Inferenz das Aussummieren aller Variablen bis auf Abfrage und Evidenz. Für das Filtern in HMMs und DBNs konnten wir die Zustandsvariablen von 1 bis $t-1$ durch einen einfachen Trick der dynamischen Programmierung aussummieren; für Kalman-Filter haben wir außerdem die speziellen Eigenschaften der Gauß'schen Verteilung genutzt. Bei der Datenzuordnung haben wir weniger Glück. Es gibt keinen (bekannten) effizienten exakten Algorithmus, und zwar aus dem gleichen Grund, aus dem es keinen für den Switching-Kalman-Filter gibt (S. 548): Die Filterverteilung, die die gemeinsame Verteilung über Anzahl und Position der Flugzeuge zu jedem Zeitschritt beschreibt, ist am Ende eine Mischung aus exponentiell vielen Verteilungen – eine für jede Art, eine Beobachtungsfolge auszuwählen und sie einem der Flugzeuge zuzuordnen.

Aufgrund der Komplexität exakter Inferenz wurden mehrere Näherungsmethoden verwendet. Der einfachste Ansatz besteht darin, bei jedem Zeitschritt nur eine „beste" Zuordnung zu wählen, wenn die vorhergesagten Positionen der Objekte zum aktuellen Zeitpunkt gegeben sind. Diese Zuordnung verknüpft Beobachtungen mit Objekten und ermöglicht es, die Bahn jedes Objekts zu aktualisieren und die Position des Objekts für den nächsten Zeitschritt vorherzusagen. Zum Auswählen der „besten" Zuordnung wird üblicherweise der sogenannte **Nächste-Nachbarn-Filter** verwendet, der wiederholt die engste Paarung von vorhergesagter Position und Beobachtung auswählt und diese Paarung zur Zuordnung hinzufügt. Der Nächste-Nachbarn-Filter funktioniert gut, wenn die Objekte im Zustandsraum gut voneinander getrennt sind und die Vorhersageunsicherheit und der Beobachtungsfehler klein sind – mit anderen Worten, wenn keine Verwechslungsmöglichkeit besteht.

Wenn die Unsicherheit über die korrekte Zuordnung größer ist, empfiehlt es sich, die Zuordnung zu wählen, die die gemeinsame Wahrscheinlichkeit der aktuellen Beobachtungen für die vorhergesagten Positionen maximiert. Dies lässt sich effizient mit dem **Ungarischen Algorithmus** (Kuhn, 1955) durchführen, auch wenn bei jedem neuen Zeitschritt $n!$ Zuordnungen zur Auswahl stehen.

Jede Methode, die sich in jedem Zeitschritt auf nur eine beste Zuordnung festlegt, wird unter schwierigeren Bedingungen kläglich scheitern. Dies gilt besonders, wenn der Algorithmus sich auf eine falsche Zuordnung festlegt. Dann kann die Vorhersage im nächsten Zeitschritt noch stärker daneben liegen, was zu weiteren falschen Zuordnungen führt, und so weiter. Sampling-Ansätze können sich unter Umständen als wesentlich effektiver erweisen. Ein **Partikelfilter**-Algorithmus (siehe S. 556) für die Datenzuordnung basiert darauf, dass er eine große Sammlung möglicher aktueller Zuordnungen unterhält. Ein **MCMC**-Algorithmus untersucht den Raum ehemaliger Zuordnungen – ► Abbildung 15.8 b–c könnte beispielsweise Zustände im MCMC-Zustandsraum zeigen – und kann seine vorherigen Zuordnungsentscheidungen ändern.

Eine naheliegende Möglichkeit zur Beschleunigung der stichprobenbasierten Inferenz für das Multitarget-Tracking ist die Anwendung des **Rao-Blackwellisierung**-Tricks aus Kapitel 14 (S. 560): Bei einer gegebenen bestimmten Zuordnungshypothese für alle Objekte kann die Filterberechnung für jedes Objekt in der Regel genau und effizient durchgeführt werden, anstatt viele mögliche Zustandsfolgen für die Objekte zu sampeln. Bei dem Modell in ► Abbildung 15.9 bedeutet die Filterberechnung z. B. nur, dass ein Kalman-Filter für die Beobachtungsfolge ausgeführt wird, die einem bestimmten hypothetischen Objekt zugeordnet ist. Außerdem müssen beim Wechsel von einer Zuordnungshypothese zu einer anderen die Berechnungen nur für die Objekte neu durchgeführt werden, deren zugeordnete Beobachtungen sich geändert haben. Aktuelle MCMC-Datenzuordnungsmethoden können viele Hunderte von Objekten in Echtzeit verarbeiten und liefern dabei eine gute Annäherung an die tatsächlichen A-posteriori-Verteilungen.

15.3.2 Verkehrsüberwachung

► Abbildung 15.10 zeigt zwei Bilder von zwei weit voneinander entfernten Kameras auf einer Schnellstraße in Kalifornien. Diese Anwendung dient zwei Zielen: Abschätzen der benötig-

(a) (b)

Abbildung 15.10: Bilder von zwei Überwachungskameras auf dem Highway 99 in Sacramento, Kalifornien, die etwa drei Kilometer voneinander entfernt sind. Das eingerahmte Fahrzeug wurde auf beiden Kameras identifiziert.

ten Zeit unter den aktuellen Verkehrsbedingungen, um im Schnellstraßensystem von einem Ort zu einem anderen zu gelangen, und Messen der *Auslastung*, d. h., wie viele Fahrzeuge zwischen zwei beliebigen Punkten im System zu bestimmten Tageszeiten und an bestimmten Wochentagen fahren. Für beide Ziele ist es erforderlich, das Datenzuordnungsproblem über ein großes Gebiet mit vielen Kameras und Zehntausenden von Fahrzeugen pro Stunde zu lösen.

Bei visueller Überwachung werden Fehlalarme durch bewegte Schatten, Gelenkfahrzeuge, Reflexionen in Pfützen usw. verursacht. Erkennungsfehler ergeben sich durch Verdeckung, Nebel, Dunkelheit und fehlende optische Kontraste. Ständig fahren neue Fahrzeuge auf die Schnellstraße bzw. verlassen diese wieder, wobei die Ein- und Ausfahrten möglicherweise nicht überwacht werden. Darüber hinaus kann sich das Erscheinungsbild eines bestimmten Fahrzeugs zwischen den Kameras je nach Lichtverhältnissen und Fahrzeugposition im Bild stark verändern. Auch das Transitionsmodell unterliegt Änderungen, wenn sich Staus bilden und auflösen. Schließlich ist bei dichtem Verkehr mit weit auseinanderliegenden Kameras der Vorhersagefehler im Transitionsmodell für ein Auto viel größer, das von einem Kamerastandort zum nächsten fährt, als wenn der Abstand zwischen den Fahrzeugen normal wäre. Trotz dieser Probleme haben sich moderne Datenzuordnungsalgorithmen bei der Schätzung von Verkehrsparametern in realen Umgebungen bewährt.

Die Datenzuordnung ist eine Grundvoraussetzung zum Verfolgen einer komplexen Welt, da es sonst keine Möglichkeit gibt, mehrere Beobachtungen eines gegebenen Objekts zu kombinieren. Wenn Objekte in der Welt mittels komplexer Aktivitäten miteinander interagieren, versteht man die Welt nur, wenn man die Datenzuordnung mit den relationalen Wahrscheinlichkeitsmodellen und den Modellen mit einem offenen Universum aus Abschnitt 15.2 kombiniert. Auf diesem Gebiet wird derzeit mit Nachdruck geforscht.

15.4 Programme als Wahrscheinlichkeitsmodelle

Die Entwicklung vieler probabilistischer Programmiersprachen basierte auf der Erkenntnis, dass Wahrscheinlichkeitsmodelle mithilfe von ausführbarem Code in jeder Programmiersprache definiert werden können, die eine Zufallskomponente enthält. Für solche Modelle sind die möglichen Welten Ausführungsspuren und die Wahrscheinlichkeit einer solchen Spur ist gleich der Wahrscheinlichkeit der Zufallsentscheidungen, die diese Spur hinterlassen. Probabilistische Programmiersprachen, die auf diese Weise erstellt werden, erben die gesamte Ausdruckskraft der zugrunde liegenden Sprache, einschließlich komplexer Datenstrukturen, Rekursion und in einigen Fällen sogar Funktionen höherer Ordnung. Viele probabilistische Programmiersprachen sind sogar rechnerisch universell: Sie können jede Wahrscheinlichkeitsverteilung darstellen, aus der eine probabilistische, terminierende Turing-Maschine Stichproben ziehen kann.

15.4.1 Beispiel: Text lesen

Wir veranschaulichen diesen Ansatz zur probabilistischen Modellierung und Inferenz anhand des Problems, ein Programm zu schreiben, das verzerrten Text liest. Modelle dieser Art können für das Lesen von Text erstellt werden, der aufgrund eines Wasserschadens verschmiert oder unscharf ist oder bei dem das Papier, auf dem er gedruckt wurde, altersbedingt Flecken aufweist. Sie können aber auch zum Knacken bestimmter CAPTCHAs erstellt werden.

► Abbildung 15.11 zeigt ein generatives Programm mit zwei Komponenten: (i) eine Möglichkeit, eine Buchstabenfolge zu generieren; und (ii) eine Möglichkeit, diese Buchstaben mithilfe einer handelsüblichen Grafikbibliothek verrauscht und unscharf darzustel-

```
function GENERATE-IMAGE() returns ein Bild mit einigen Buchstaben
  letters ← GENERATE-LETTERS(10)
  return RENDER-NOISY-IMAGE(letters, 32, 128)

function GENERATE-LETTERS(λ) returns ein Buchstabenvektor
  n ~ Poisson(λ)
  letters ← []
  for i = 1 to n do
     letters[i] ~ UniformChoice({a, b, c, ···})
  return letters

function RENDER-NOISY-IMAGE(letters, width, height) returns ein verrauschtes Bild
                                                                  der Buchstaben
  clean_image ← RENDER(letters, width, height, text_top = 10, text_left = 10)
  noisy_image ← []
  noise_variance ~ UniformReal(0.1, 1)
  for row = 1 to width do
     for col = 1 to height do
        noisy_image[row, col] ~ N(clean_image[row, col], noise_variance)
  return noisy_image
```

Abbildung 15.11: Generatives Programm für ein Wahrscheinlichkeitsmodell mit offenem Universum zur optischen Zeichenerkennung. Das generative Programm erzeugt verzerrte Bilder von Buchstabenfolgen, indem es die einzelnen Folgen generiert, sie in ein 2-D-Bild rendert und zu jedem Pixel additives Rauschen hinzufügt.

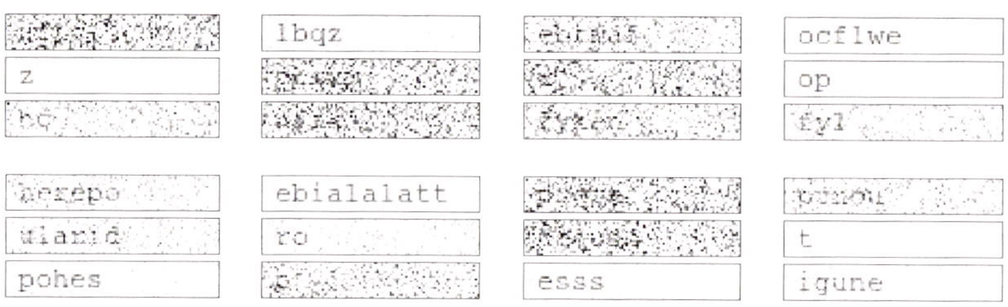

Abbildung 15.12: Das obere Feld zeigt zwölf verzerrte Bilder, die durch die Ausführung des generativen Programms aus Abbildung 15.11 erzeugt wurden. Die Anzahl der Buchstaben, ihre Identitäten, die Höhe des additiven Rauschens und das spezifische pixelweise Rauschen sind alle Teil der Domäne des Wahrscheinlichkeitsmodells. Das untere Feld zeigt zwölf verzerrte Bilder, die durch Ausführen des generativen Programms aus Abbildung 15.15 erzeugt wurden. Das Markov-Modell für Buchstaben liefert normalerweise Buchstabenfolgen, die leichter auszusprechen sind.

len. ► Abbildung 15.12 (oben) zeigt Beispielbilder, die durch neunmaliges Aufrufen von GENERATE-IMAGE erzeugt wurden.

15.4.2 Syntax und Semantik

Ein **generatives Programm** ist ein ausführbares Programm, in dem jede Zufallsentscheidung eine Zufallsvariable in einem zugehörigen Wahrscheinlichkeitsmodell definiert. Stellen wir uns vor, wir rollen die Ausführung eines Programms, in dem Zufallsentscheidungen getroffen werden, Schritt für Schritt ab. Dabei sei X_i die Zufallsvariable, die der i-ten Zufallsentscheidung des Programms entspricht; wie üblich bezeichnet x_i einen möglichen Wert von X_i. Sei $\omega = \{x_i\}$ eine sogenannte **Ausführungsspur** (Trajektorie) des generativen Programms, d. h. eine Folge möglicher Werte für die Zufallsentscheidungen. Die einmalige Ausführung des Programms erzeugt genau eine Spur, daher der Begriff „generatives Programm".

Der Raum aller möglichen Ausführungsspuren Ω kann als Stichprobenraum eines Wahrscheinlichkeitsmodells betrachtet werden, das durch das generative Programm definiert wird. Die Wahrscheinlichkeitsverteilung über die Spuren kann als Produkt der Wahrscheinlichkeiten jeder einzelnen Zufallsentscheidung definiert werden: $P(\omega) = \prod_i P(x_i|x_1, \ldots, x_{i-1})$. Dies ist analog zur Verteilung über Welten in einem OUPM.

Es ist konzeptionell einfach, jedes OUPM in ein entsprechendes generatives Programm umzuwandeln. Dieses generative Programm trifft Zufallsentscheidungen für jede Zahlenanweisung und für den Wert jeder elementaren Zufallsvariablen, deren Existenz durch die Zahlenanweisungen impliziert wird. Ein Großteil der vom generativen Programm zu leistenden Zusatzarbeit besteht in der Erstellung von Datenstrukturen, die Objekte, Funktionen und Beziehungen der möglichen Welten im OUPM repräsentieren. Diese Datenstrukturen werden von der OUPM-Inferenzmaschine automatisch erstellt, da das OUPM annimmt, dass jede mögliche Welt eine prädikatenlogische Modellstruktur aufweist, während eine typische probabilistische Programmiersprache keine solche Annahme macht.

Die Bilder in ► Abbildung 15.12 dienen dazu, die Wahrscheinlichkeitsverteilung $P(\Omega)$ intuitiv besser zu verstehen: Wir sehen unterschiedlich verrauschte Bilder, wobei in den weniger verrauschten Bildern auch Buchstabenfolgen unterschiedlicher Länge zu erkennen sind. Es sei ω_1 die Spur des Bilds rechts oben in dieser Abbildung, das die Buchstabenfolge `ocflwe` enthält. Wenn wir diese Spur ω_1 zu einem Bayes'sches Netz ausrollen würden, hätte es 4.104 Knoten: 1 Knoten für die Variable n; 6 Knoten für die Variablen *letters*[*i*]; 1 Knoten für die *noise_variance*; und 4.096 Knoten für die Pixel in *noisy_image*. Wir sehen also, dass dieses generative Programm ein Wahrscheinlichkeitsmodell mit offenem Universum definiert: Die Anzahl der Zufallsentscheidungen ist nicht von vornherein beschränkt, sondern hängt vom Wert der Zufallsvariablen n ab.

15.4.3 Inferenzergebnisse

Lassen Sie uns dieses Modell einsetzen, um Buchstaben-Bilder zu interpretieren, die mit additivem Rauschen verzerrt wurden. ► Abbildung 15.13 zeigt ein verzerrtes Bild, zusammen mit den Ergebnissen von drei unabhängigen MCMC-Läufen. Für jeden Lauf zeigen wir ein Rendering der Buchstaben, die in der Spur enthalten sind, nachdem die Markov-Kette gestoppt wurde. In allen drei Fällen lautet das Ergebnis `uncertainty`, was darauf hindeutet, dass die A-posteriori-Verteilung stark auf die richtige Interpretation konzentriert ist.

Anschließend verzerren wir den Text noch stärker, indem wir ihn so unscharf machen, dass er für das menschliche Auge schwer zu erkennen ist. ► Abbildung 15.14 zeigt die Inferenzergebnisse für diese schwierigere Eingabe. Dieses Mal scheint die MCMC-Inferenz zwar auf die

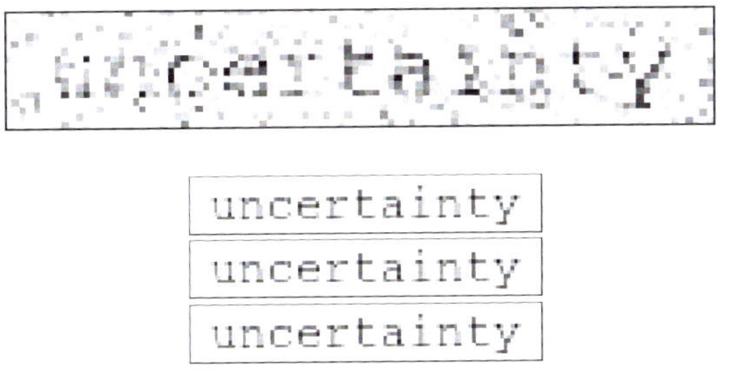

Abbildung 15.13: Verrauschtes Eingabebild (oben) und Inferenzergebnisse (unten), die mit dem Modell in Abbildung 15.11 mittels drei Durchläufen mit jeweils 25 MCMC-Iterationen erzeugt wurden. Beachten Sie, dass der Inferenzprozess die Buchstabenfolge korrekt identifiziert.

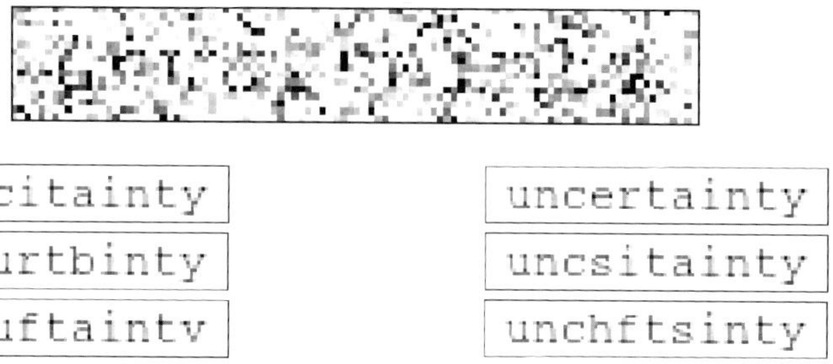

Abbildung 15.14: Oben: Extrem verrauschtes Eingabebild. Unten links: Drei Inferenzergebnisse aus 25 MCMC-Iterationen, erzeugt mit dem Modell der unabhängigen Buchstaben aus Abbildung 15.11. Unten rechts: Drei Inferenzergebnisse erzeugt mit dem Buchstaben-Bigramm-Modell aus Abbildung 15.15. Beide Modelle sind mehrdeutig in den Ergebnissen, aber die Ergebnisse des letzteren Modells spiegeln ein gewisses Vorwissen bezüglich plausibler Buchstabenfolgen wider.

```
function GENERATE-MARKOV-LETTERS(λ) returns einen Buchstabenvektor
  n ~ Poisson(λ)
  letters ← [ ]
  letter_probs ← MARKOV-INITIAL()
  for i = 1 to n do
     letters[i] ~ Categorical(letter_probs)
     letter_probs ← MARKOV-TRANSITION(letters[i])
  return letters
```

Abbildung 15.15: Generatives Programm für ein verbessertes optisches Zeichenerkennungsmodell, das Buchstaben nach einem Buchstaben-Bigramm-Modell erzeugt, dessen paarweise Buchstabenhäufigkeiten aus einer Liste englischer Wörter geschätzt werden.

(uns bekannte) korrekte Anzahl von Buchstaben zu konvergieren, aber der erste Buchstabe wird fälschlicherweise als q identifiziert und bei fünf der zehn folgenden Buchstaben besteht Unsicherheit.

An diesem Punkt gibt es viele Möglichkeiten, die Ergebnisse zu interpretieren. Es könnte sein, dass die MCMC-Inferenz gut gemischt hat und ihre Ergebnisse bei gegebenem Modell und Bild ein gutes Abbild der tatsächlichen Verteilung sind; in diesem Fall sind die Unsicherheit in einigen der Buchstaben und der Fehler im ersten Buchstaben unvermeidbar. Um bessere Ergebnisse zu erzielen, müssen wir möglicherweise das Textmodell verbessern oder den Grad der Verrauschung reduzieren. Es könnte auch sein, dass die MCMC-Inferenz nicht ordnungsgemäß gemischt hat: Wenn wir beispielsweise 300 Ketten für 25.000 oder 25 Millionen Iterationen ausführen, kommen wir eventuell zu einer ganz anderen Verteilung der Ergebnisse, die ergeben könnte, dass der erste Buchstabe eher u und nicht q ist.

Die Durchführung weiterer Inferenzen könnte in zeitlicher und finanzieller Hinsicht kostspielig sein. Außerdem gibt es keinen idiotensicheren Test für die Konvergenz von Monte-Carlo-Inferenzmethoden. Wir könnten versuchen, den Inferenzalgorithmus zu verbessern, indem wir vielleicht eine bessere Vorschlagsverteilung für MCMC entwerfen oder Bottom-up-Hinweise aus dem Bild verwenden, um bessere Anfangshypothesen aufzustellen. Diese Verbesserungen erfordern zusätzliche Überlegungen, Implementierungen und Fehlersuchen. Die dritte Alternative besteht darin, das Modell zu verbessern. Wir könnten z. B. Wissen über englische Wörter einfließen lassen, wie die Wahrscheinlichkeiten von Buchstabenpaaren. Diese Option wollen wir im Folgenden betrachten.

15.4.4 Generative Programme durch Einbindung eines Markov-Modells verbessern

Probabilistische Programmiersprachen sind auf eine Weise modular, die es einfach macht, Verbesserungen am zugrunde liegenden Modell zu erforschen. ► Abbildung 15.15 zeigt das generative Programm für ein verbessertes Modell, das Buchstaben sequenziell statt unabhängig generiert. Dieses generative Programm verwendet ein Markov-Modell, das jeden Buchstaben in Abhängigkeit vom vorherigen Buchstaben ermittelt, wobei die Übergangswahrscheinlichkeiten aus einer Referenzliste englischer Wörter geschätzt werden.

► Abbildung 15.12 zeigt zwölf gesampelte Bilder, die von diesem generativen Programm erzeugt wurden. Beachten Sie, dass die Buchstabenfolgen deutlich englischer sind als die, die vom Programm in ► Abbildung 15.11 erzeugt wurden. Der Bereich rechts in ► Abbildung 15.14 zeigt die Inferenzergebnisse dieses Markov-Modells, das auf das stark verrauschte Bild angewendet wurde. Die Interpretationen stimmen besser mit der erzeugten Spur überein, obwohl immer noch eine gewisse Unsicherheit besteht.

15.4.5 Inferenz in generativen Programmen

Wie bei den OUPMs ist eine exakte Inferenz in generativen Programmen normalerweise zu teuer oder gar unmöglich. Andererseits lässt sich leicht erkennen, wie man Rejection-Sampling durchführt: wir führen das Programm aus, behalten nur die Spuren, die mit der Evidenz übereinstimmen, und zählen die verschiedenen Abfrageantworten in diesen Spuren. Likelihood-Weighting ist ebenfalls einfach: Wir verfolgen einfach für jede erzeugte Spur deren Gewicht, indem wir alle Wahrscheinlichkeiten der entlang des Wegs beobachteten Werte multiplizieren.

Likelihood-Weighting funktioniert nur dann gut, wenn die Daten gemäß dem Modell einigermaßen wahrscheinlich sind. In schwierigeren Fällen ist MCMC normalerweise die bessere Wahl. MCMC, angewendet auf probabilistische Programme, beinhaltet das Sampling und Ändern von Ausführungsspuren. Viele der Überlegungen, die für OUPMs angestellt werden, treffen auch hier zu. Außerdem muss der Algorithmus vorsichtig mit Änderungen an einer Ausführungsspur sein, wie z. B. das Ändern des Ergebnisses einer **if**-Anweisung, was den Rest der Spur ungültig machen kann.

Weitere Verbesserungen an der Inferenz kommen aus verschiedenen Bereichen. Einige Verbesserungen können zu grundlegenden Verschiebungen in der Klasse der Probleme führen, die im Prinzip sogar mit einer gegebenen PPL effizient machbar sind. Dieser Effekt kann auch mit geliftteter Inferenz erzielt werden, die bereits in Zusammenhang mit RPMs beschrieben wurde. In vielen Fällen ist generisches MCMC zu langsam und es werden spezielle Vorschläge benötigt, um dem Inferenzprozess ein schnelles Mischen zu ermöglichen.

Ein wichtiger Schwerpunkt der neuesten Forschungsarbeiten zu PPLs war, den Benutzern die Definition und Verwendung solcher Vorschläge zu vereinfachen, damit die Effizienz von PPL-Inferenzen der von individuellen Inferenzalgorithmen entspricht, die für bestimmte Modelle entwickelt wurden.

Zahlreiche vielversprechende Ansätze zielen darauf ab, den Overhead der probabilistischen Inferenz zu reduzieren. Die in Abschnitt 13.4.3 für Bayes'sche Netze beschriebene Idee der Kompilierung kann auf die Inferenz in OUPMs und PPLs angewendet werden und führt normalerweise zu Beschleunigungen von zwei bis drei Größenordnungen. Es gibt auch Vorschläge für *Spezialhardware* für Algorithmen wie Nachrichtenaustausch und MCMC. Monte-Carlo-Hardware nutzt beispielsweise Wahrscheinlichkeitsrepräsentationen geringer Genauigkeit und massiven feinkörnigen Parallelismus, um eine 100- bis 10.000-fache Verbesserung der Geschwindigkeit und Energieeffizienz zu erzielen.

Mit Methoden, die auf Lernen basieren, lassen sich ebenfalls erhebliche Geschwindigkeitssteigerungen erzielen. Beispielsweise können **adaptive Vorschlagsverteilungen** allmählich lernen, wie man MCMC-Vorschläge generiert, die mit einer angemessenen Wahrscheinlichkeit akzeptiert werden und die Wahrscheinlichkeitslandschaft des Modells einigermaßen effektiv erkunden, um ein schnelles Mischen zu gewährleisten. Es ist auch möglich, Deep-Learning-Modelle (siehe Kapitel 21) daraufhin zu trainieren, dass sie Vorschlagsverteilungen für Importance Sampling repräsentieren, wobei synthetische Daten verwendet werden, die aus dem zugrunde liegenden Modell generiert wurden.

Im Allgemeinen erwartet man, dass jeder Formalismus, der auf allgemeinen Programmiersprachen aufbaut, an die Grenze der Berechenbarkeit stößt; genau dies ist bei probabilistischen Programmiersprachen der Fall. Wenn wir jedoch annehmen, dass das zugrunde liegende Programm für alle Eingaben und alle Zufallsentscheidungen anhält, stellt sich die Frage, ob durch die zusätzliche Anforderung, probabilistische Inferenz durchzuführen, das Problem immer noch unentscheidbar ist? Wie sich zeigt, lautet die Antwort ja, aber nur für ein Berechnungsmodell mit stetigen Zufallsvariablen unendlicher Genauigkeit. Nur in diesem Fall ist es möglich, ein berechenbares Wahrscheinlichkeitsmodell zu schreiben, in dem die Inferenz das Halteproblem codiert. Bei Zahlen mit endlicher Genauigkeit und bei glatten Wahrscheinlichkeitsverteilungen, wie sie normalerweise in realen Anwendungen verwendet werden, bleibt die Inferenz hingegen entscheidbar.

ZUSAMMENFASSUNG

Dieses Kapitel hat die ausdrucksstarken Repräsentationen für Wahrscheinlichkeitsmodelle untersucht, die sowohl auf Logik als auch auf Programmen basieren.

- **Relationale Wahrscheinlichkeitsmodelle** (RPM) definieren Wahrscheinlichkeitsmodelle auf Welten, die aus der **Datenbanksemantik** für prädikatenlogische Sprachen abgeleitet sind. Sie lassen sich sinnvoll einsetzen, wenn alle Objekte und ihre Identitäten zweifelsfrei bekannt sind.
- Bei einem gegebenen RPM entsprechen die Objekte in jeder möglichen Welt den Konstantensymbolen in dem RPM und alle elementaren Zufallsvariablen sind mögliche Instanziierungen der Prädikatssymbole mit Objekten, die jedes Argument ersetzen. Die Menge der möglichen Welten ist also endlich.
- RPMs liefern sehr präzise Modelle für Welten mit einer großen Anzahl von Objekten und eignen sich auch für den Fall relationaler Unsicherheit.
- **Wahrscheinlichkeitsmodelle mit offenem Universum** (OUPM) stützen sich auf die vollständige Semantik der Prädikatenlogik, was die Verarbeitung neuer Arten von Unsicherheit wie Identitäts- und Existenzunsicherheit ermöglicht.
- **Generative Programme** sind Repräsentationen von Wahrscheinlichkeitsmodellen – einschließlich OUPMs; das heißt, es sind ausführbare Programme in einer **probabilistischen Programmiersprache (PPL)**. Ein generatives Programm repräsentiert eine Verteilung über **Ausführungsspuren** des Programms. Mithilfe von PPLs erhalten Wahrscheinlichkeitsmodelle in der Regel eine *universelle* Ausdruckskraft.

Bibliografische und historische Anmerkungen

Hailperin (1984) und Howson (2003) beschreiben die vielen Versuche, Wahrscheinlichkeit und Logik zu verbinden, deren lange Geschichte bis zu Leibniz' *Nouveaux Essais* im Jahr 1704 zurückreicht. Diese Versuche betrafen in der Regel die direkt mit logischen Sätzen verknüpften Wahrscheinlichkeiten. Die erste stringente Behandlung bildete Gaifmans **probabilistische Aussagenlogik** (Gaifman, 1964b). Die Idee ist, dass eine Wahrscheinlichkeitsaussage $P(\phi) \geq p$ als Constraint für die Verteilung über den möglichen Welten aufgefasst wird, so wie ein gewöhnlicher logischer Satz die möglichen Welten selbst beschränkt. Jede Verteilung P, die den Constraint erfüllt, ist im herkömmlichen logischen Sinne ein Modell der Wahrscheinlichkeitsaussage, und eine Wahrscheinlichkeitsaussage impliziert eine andere gerade dann, wenn die Modelle der ersten eine Teilmenge der Modelle der zweiten sind.

Innerhalb einer solchen Logik kann man z. B. beweisen, dass $P(\alpha \wedge \beta) \leq P(\alpha \;\Rightarrow\; \beta)$ ist. Die Erfüllbarkeit von Mengen von Wahrscheinlichkeitsaussagen kann im aussagenlogischen Fall durch lineare Programmierung bestimmt werden (Hailperin, 1984; Nilsson, 1986). Wir haben es also bei der „Wahrscheinlichkeitslogik“ wie bei der „Temporallogik“ mit einem logischen System zu tun, das auf probabilistisches Schlussfolgern spezialisiert ist.

Um die Wahrscheinlichkeitslogik für Aufgaben wie das Beweisen interessanter Theoreme in der Wahrscheinlichkeitstheorie einzusetzen, wurde eine ausdrucksstärkere Sprache benötigt. Gaifman (1964a) schlug eine probabilistische *Prädikatenlogik* vor, bei der die möglichen Welten prädikatenlogische Modellstrukturen sind und die Wahrscheinlichkeiten mit Sätzen der (funktionsfreien) Prädikatenlogik verknüpft sind. Scott und Krauss (1966) erweiterten die Ergebnisse von Gaifman um unendliche Verschachtelungen von Quantoren und unendliche Mengen von Sätzen.

Innerhalb der KI findet sich der direkte Nachkomme dieser Ideen in den **probabilistischen Logikprogrammen** (Lukasiewicz, 1998), in denen jeder prädikatenlogischen Horn-Klausel ein Wahrscheinlichkeitsbereich zugeordnet ist und die Inferenz, wie von Hailperin vorgeschlagen, durch Lösen linearer Programme durchgeführt wird. Halpern (1990) und Bacchus (1990) legten ebenfalls Gaifmans Ansatz zugrunde, untersuchten jedoch grundlegende Fragen der Wissensrepräsentation eher aus der Perspektive der KI als aus der der Wahrscheinlichkeitstheorie und mathematischen Logik.

Der Teilbereich der **probabilistischen Datenbanken** weist ebenfalls logische Sätze auf, die mit Wahrscheinlichkeiten gekennzeichnet sind (Dalvi *et al.*, 2009), wobei in diesem Fall die Wahrscheinlichkeiten jedoch direkt mit den Tupeln der Datenbank verknüpft werden. (In der KI und der Statistik werden Wahrscheinlichkeiten mit allgemeinen Beziehungen verknüpft, während Beobachtungen als unumstößliche Evidenz betrachtet werden.) Auch wenn probabilistische Datenbanken komplexe Abhängigkeiten modellieren können, findet man solche Systeme in der Praxis oft mit globalen Unabhängigkeitsannahmen über Tupel hinweg.

Das Zuordnen von Wahrscheinlichkeiten zu Sätzen macht es sehr schwierig, vollständige und konsistente Wahrscheinlichkeitsmodelle zu definieren. Jede Ungleichheit *beschränkt* das zugrunde liegende Wahrscheinlichkeitsmodell darauf, in einem Halbraum im hochdimensionalen Raum der Wahrscheinlichkeitsmodelle zu liegen. Das Zusammenführen von Aussagen entspricht dem Überschneiden der Beschränkungen. Dabei ist es nicht einfach sicherzustellen, dass die Überschneidung in einem einzigen Punkt liegt. Tatsächlich ist das wichtigste Ergebnis in Gaifman (1964a) die Erstellung eines einzigen Wahrscheinlichkeitsmodells, das 1) eine Wahrscheinlichkeit für jeden möglichen grundierten Satz und 2) Wahrscheinlichkeitsbeschränkungen für unendlich viele existenzquantifizierte Sätze erfordert.

Dieses Problem lässt sich unter anderem dadurch lösen, dass wir eine partielle Theorie formulieren und sie dann „vervollständigen“, indem wir aus der erlaubten Menge ein kanonisches Modell heraussuchen. Nilsson (1986) schlug vor, das Modell mit *maximaler Entropie* zu wählen, das mit den spezifizierten Beschränkungen konsistent ist. Paskin (2002) entwickelte eine „probabilistische Logik mit maximaler Entropie“, bei der die Beschränkungen als Gewichte (relative Wahrscheinlichkeiten) ausgedrückt werden, die den prädikatenlogischen Klauseln zugeordnet sind. Solche Modelle werden oft als **Markov-logische Netze** oder MLNs bezeichnet (Richardson und Domingos, 2006) und sind zu einem beliebten Verfahren für Anwendungen mit relationalen Daten geworden. Maximum-Entropie-Ansätze, einschließlich MLNs, können in einigen Fällen zu unintuitiven Ergebnissen führen (Milch, 2006; Jain *et al.*, 2007, 2010).

Anfang der 1990er Jahre bemerkten Wissenschaftler, die an komplexen Anwendungen arbeiteten, dass die Bayes'schen Netze hinsichtlich der Ausdruckskraft an ihre Grenzen stoßen, und entwickelten verschiedene Sprachen zum Schreiben von „Templates" mit logischen Variablen, aus denen sich automatisch große Netze für jede Probleminstanz konstruieren ließen (Breese, 1992; Wellman *et al.*, 1992). Die wichtigste dieser Sprachen war BUGS (*Bayesian Inference Using Gibbs Sampling*; Gilks *et al.*, 1994; Lunn *et al.*, 2013), die Bayes'sche Netze mit der in der Statistik üblichen Notation für **indizierte Zufallsvariablen** kombinierte. (In BUGS wird eine indizierte Zufallsvariable als $X[i]$ geschrieben, wobei für i ein ganzzahliger Bereich definiert ist.)

Diese Sprachen im geschlossenen Universum haben die Schlüsseleigenschaft Bayes'scher Netze geerbt: Jede wohlgeformte Wissensbasis definiert ein eindeutiges, konsistentes Wahrscheinlichkeitsmodell. Andere Sprachen im geschlossenen Universum nutzten die Repräsentations- und Inferenzfähigkeiten der logischen Programmierung (Poole, 1993; Sato und Kameya, 1997; Kersting *et al.*, 2000) und der semantischen Netzwerke (Koller und Pfeffer, 1998; Pfeffer, 2000).

Die Forschung zu Wahrscheinlichkeitsmodellen mit offenem Universum hat mehrere Ursprünge. In der Statistik tritt das Problem der **Duplikaterkennung** auf, wenn Datensätze keine eindeutigen Standardbezeichner enthalten – zum Beispiel könnten verschiedene Zitationen dieses Buchs den ersten Autor „Stuart J. Russell" oder „S. Russell" oder sogar „Stewart Russel" nennen. Hinter der Kurzform „S. Russell" könnten sich auch andere Autoren verbergen.

Es gibt Hunderte von Unternehmen, die sich ausschließlich damit beschäftigen, Probleme der Duplikaterkennung in Daten des Finanzsektors, der Medizin, von Volkszählungen und anderen Bereichen zu lösen. Die probabilistische Analyse geht auf die Arbeit von Dunn (1946) zurück; das Fellegi-Sunter-Modell (1969), das im Wesentlichen ein naives Bayes-Modell auf den Abgleich anwendet, dominiert immer noch die aktuelle Praxis. Identitätsunsicherheit wird auch beim Multitarget-Tracking (Sittler, 1964) berücksichtigt, dessen Geschichte in Kapitel 14 skizziert wird.

In der KI ging man bis in die 1990er Jahre davon aus, dass Sensoren logische Sätze mit eindeutigen Bezeichnern für Objekte versehen können, wie es bei Shakey der Fall war. Im Bereich Verstehen natürlicher Sprache schlugen Charniak und Goldman (1992) eine probabilistische Analyse der Koreferenz vor, bei der sich zwei sprachliche Ausdrücke (z. B. „Obama" und „der Präsident") auf dieselbe Entität beziehen können. Huang und Russell (1998) sowie Pasula *et al.* (1999) entwickelten eine Bayes'sche Analyse der Identitätsunsicherheit für die Verkehrsüberwachung. Pasula *et al.* (2003) entwickelten ein komplexes generatives Modell für Autoren, Artikel und Zitationsstrings unter Berücksichtigung relationaler als auch identitätsbezogener Unsicherheiten und wiesen eine hohe Genauigkeit beim Extrahieren von Zitationsinformationen nach.

Die erste formale Sprache für Wahrscheinlichkeitsmodelle mit offenem Universum war BLOG (Milch *et al.*, 2005; Milch, 2006), die über eine (sehr langsame) universelle MCMC-Inferenzmaschine verfügte. Laskey (2008) beschreibt eine weitere Modellierungssprache für das offene Universum namens **MEBN** (*Multi-Entity Bayesian Networks*). Das im Text beschriebene globale seismische Überwachungssystem NET-VISA geht auf Arora *et al.* (2013) zurück. Das Elo-Bewertungssystem wurde 1959 von Arpad Elo (1978) entwickelt, ist aber im Wesentlichen dasselbe wie das Case-V-Modell von Thurstone (Thurstone, 1927). Das TrueSkill-Modell von Microsoft (Herbrich *et al.*, 2007; Minka *et al.*, 2018) basiert auf Mark Glickmans Bayes'scher Version von Elo (1999) und läuft nun auf der probabilistischen Programmiersprache infer.NET.

Die Datenzuordnung für Multitarget-Tracking in einer probabilistischen Umgebung wurde erstmals von Sittler (1964) beschrieben. Der erste praktische Algorithmus für Probleme im großen Maßstab war der „Multiple Hypothesis Tracker", auch MHT-Algorithmus genannt (Reid, 1979). Eine Kompilation wichtiger Arbeiten findet sich bei Bar-Shalom und Fortmann (1988) und bei Bar-Shalom (1992). Die Entwicklung eines MCMC-Algorithmus für Datenzuordnung ist Pasula *et al.* (1999) zu verdanken, die den Algorithmus auf Probleme der Verkehrsüberwachung angewendet haben. Oh *et al.* (2009) liefern eine formale Analyse und experimentelle Vergleiche zu anderen Methoden. Schulz *et al.* (2003) beschreiben eine Datenzuordnungsmethode, die auf Partikelfilterung basiert.

Ingemar Cox hat die Komplexität von Datenzuordnungen (Cox, 1993; Cox und Hingorani, 1994) analysiert und die Aufmerksamkeit der Vision-Community auf dieses Thema gelenkt. Er hat auch auf die Anwendbarkeit des polynomiellen Ungarischen Algorithmus auf das Problem der wahrscheinlichsten Zuordnungen hingewiesen, das in der Tracking-Community lange Zeit für nicht effizient machbar gehalten wurde. Der Algorithmus selbst wurde von Kuhn (1955) veröffentlicht. Die Grundlage hierfür bildeten Übersetzungen von Arbeiten, die 1931 von zwei ungarischen Mathematikern, Dénes König und Jenö Egerváry, veröffentlicht worden waren. Das grundlegende Theorem wurde jedoch schon vorher in einem unveröffentlichten lateinischen Manuskript des berühmten Mathematikers Carl Gustav Jacobi (1804–1851) abgeleitet.

Die Idee, dass probabilistische Programme auch komplexe Wahrscheinlichkeitsmodelle repräsentieren können, geht auf Koller *et al.* (1997) zurück. Die erste funktionierende PPL war IBAL von Avi Pfeffer (2001, 2007), die auf einer einfachen funktionalen Sprache basierte. BLOG kann als eine deklarative PPL betrachtet werden. Die Verbindung zwischen deklarativen und funktionalen PPLs wurde von McAllester *et al.* (2008) untersucht. CHURCH (Goodman *et al.*, 2008) ist eine PPL, die auf der Sprache Scheme aufbaut und deren Entwicklung eine Pionierleistung ist, da sie auf eine bestehende Programmiersprache aufsetzt. CHURCH führte außerdem den ersten MCMC-Inferenzalgorithmus für Modelle mit Zufallsfunktionen höherer Ordnung ein und erregte das Interesse der Kognitionswissenschaftler, die darin eine Möglichkeit sahen, komplexe Formen des menschlichen Lernens zu modellieren (Lake *et al.*, 2015). PPLs stehen auch in interessanter Verbindung zur Berechenbarkeitstheorie (Ackerman *et al.*, 2013) und zur Programmiersprachenforschung.

In den 2010er Jahren entstanden Dutzende von PPLs, die auf einer Vielzahl von Programmiersprachen basieren. Figaro, auf der Basis von Scala, wurde für eine Vielzahl von Anwendungen eingesetzt (Pfeffer, 2016). Gen (Cusumano-Towner *et al.*, 2019), auf der Basis von Julia und TensorFlow, wurde für maschinelle Perzeptionen in Echtzeit sowie für Bayes'sches Strukturlernen für Zeitreihendatenanalysen verwendet. Zu den PPLs, die auf Deep-Learning-Frameworks aufsetzen, gehören Pyro (Bingham *et al.*, 2019; basierend auf PyTorch) und Edward (Tran *et al.*, 2017; basierend auf TensorFlow).

Es gibt Bestrebungen, die probabilistische Programmierung einem größeren Personenkreis zugänglich zu machen, z. B. den Nutzern von Datenbanken und Tabellenkalkulationen. Tabular (Gordon *et al.*, 2014) bietet eine an die Tabellenkalkulation angelehnte relationale Schemasprache auf der Basis von infer.NET. Mit BayesDB (Saad und Mansinghka, 2017) können Benutzer probabilistische Programme mithilfe einer SQL-ähnlichen Sprache kombinieren und abfragen.

Die Inferenz in probabilistischen Programmen beruht im Allgemeinen auf approximativen Methoden, da exakte Algorithmen nicht auf die Arten von Modellen skalieren, die von PPLs dargestellt werden können. Sprachen für ein geschlossenes Universum wie BUGS, LIBBI (Murray, 2013) und STAN (Carpenter *et al.*, 2017) stützen sich im Allgemeinen auf die Konstruktion des vollständigen äquivalenten Bayes'schen Netzes und der anschließenden Inferenz darauf – Gibbs-Sampling im Fall von BUGS, sequenzielles Monte-Carlo im Fall von LIBBI und Hamilton'sches Monte-Carlo im Fall von STAN. Programme in diesen Sprachen können als Anweisungen für den Aufbau des grundierten Bayes'schen Netzes gelesen werden. Breese (1992) zeigte, wie man bei gegebener Abfrage und Evidenz nur den relevanten Teil des vollständigen Netzes erzeugt.

Das Arbeiten mit einem grundierten Bayes'schen Netz bedeutet, dass die möglichen Welten, die von MCMC besucht werden, durch einen Vektor von Werten für die Variablen im Bayes'schen Netz repräsentiert werden. Die Idee, prädikatenlogische mögliche Welten direkt zu sampeln, geht auf Russell (1999) zurück. In der Sprache FACTORIE (McCallum *et al.*, 2009) werden die möglichen Welten im MCMC-Prozess innerhalb eines relationalen Standard-Datenbanksystems dargestellt. Dieselben beiden Arbeiten schlagen eine inkrementelle Neuauswertung von Abfragen vor, um eine vollständige Abfrageauswertung für jede mögliche Welt zu vermeiden.

Inferenzmethoden, die auf Grundierung basieren, entsprechen den frühesten Methoden zur Propositionalisierung für prädikatenlogische Inferenz (Davis und Putnam, 1960). Für die logische Inferenz verlassen sich sowohl Resolutionstheorem-Beweiser als auch Logikprogrammiersysteme auf **Lifting** (Abschnitt 9.2), um die unnötige Instanziierung logischer Variablen zu vermeiden.

Pfeffer *et al.* (1999) stellten einen Algorithmus zur Variablenelimination vor, der jeden berechneten Faktor zwischenspeichert, um ihn für spätere Berechnungen mit denselben Relationen, aber anderen Objekten wiederzuverwenden und so von einigen der Vorteile des Liftings für die Berechnungen zu profitieren. Der erste konkret geliftete probabilistische Inferenzalgorithmus war eine Form der Variablenelimination, die von Poole (2003) beschrieben und von de Salvo Braz *et al.* (2007) weiter verbessert wurde. Weitere Fortschritte, einschließlich Fälle, in denen bestimmte Aggregatwahrscheinlichkeiten in geschlossener Form berechnet werden können, werden von Milch *et al.* (2008) und Kisynski und Poole (2009) beschrieben. Inzwischen verstehen wir auch relativ gut, wann ein Lifting möglich ist und wie komplex es ist (Gribkoff *et al.*, 2014; Kazemi *et al.*, 2017).

Von den Methoden zur Beschleunigung der Inferenz gibt es, wie in diesem Kapitel erwähnt, mehrere Versionen. Einige Projekte haben anspruchsvollere Algorithmen untersucht, in Kombination mit Compilertechniken und/oder gelernten Vorschlägen. LIBBI (Murray, 2013) führte die erste Partikel-Gibbs-Inferenz für probabilistische Programme ein, einen der ersten Inferenz-Compiler mit GPU-Unterstützung für massiv parallele SMC-Algorithmen und die Verwendung der Modellierungssprache zur Definition eigener MCMC-Vorschläge. Die Kompilation von probabilistischer Inferenz wird auch von Wingate *et al.* (2011), Paige und Wood (2014), Wu *et al.* (2016a) untersucht. Claret *et al.* (2013), Hur *et al.* (2014) und Cusumano-Towner *et al.* (2019) stellen statische Analysemethoden vor, mit denen sich probabilistische Programme in effizientere Formen umwandeln lassen. PICTURE (Kulkarni *et al.*, 2015) ist die erste PPL, die es Anwendern ermöglicht, das Lernen aus dem Vorwärtsausführen des generativen Programms zu nutzen, um schnelle Bottom-up-Programme zu trainieren. Le *et al.* (2017) beschreiben den Einsatz von Deep-Learning-Techniken für effizientes Importance Sampling in einer PPL. In der Praxis verwenden Inferenzalgorithmen für komplexe Wahrscheinlichkeitsmodelle oft eine Mischung von Techniken für verschiedene Teilmengen von Variablen im Modell. Mansinghka *et al.* (2013) betonten das Konzept von Inferenzprogrammen, die verschiedene Inferenztaktiken auf Teilmengen von Variablen anwenden, die während der Laufzeit der Inferenz ausgewählt werden.

Die von Getoor und Taskar (2007) bearbeitete Sammlung enthält viele wichtige Aufsätze über prädikatenlogische Wahrscheinlichkeitsmodelle und deren Verwendung beim maschinellen Lernen. Vorträge über die probabilistische Programmierung werden auf allen wichtigen Konferenzen zu maschinellem Lernen und probabilistischem Schlussfolgern gehalten, einschließlich NeurIPS, ICML, UAI und AISTATS. Im Rahmen der Konferenzen NeurIPS und POPL (*Principles of Programming Languages*) fanden regelmäßig auch PPL-Workshops statt und 2018 wurde die erste internationale Konferenz über probabilistische Programmierung abgehalten.

Einfache Entscheidungen

16

In diesem Kapitel beschäftigen wir uns mit den Wegen der Entscheidungsfindung, damit Agenten in einer unsicheren Welt ihr Ziel erreichen – beziehungsweise im Durchschnitt aller Fälle weitestgehend umsetzen können.

In diesem Kapitel erläutern wir im Detail, wie sich die Nutzentheorie mit der Wahrscheinlichkeitstheorie kombinieren lässt, um einen entscheidungstheoretischen Agenten zu erzeugen – einen Agenten, der rationale Entscheidungen auf der Grundlage seiner Überzeugungen und seiner Wünsche treffen kann. Ein solcher Agent kann Entscheidungen auch in Kontexten treffen, in denen Unsicherheit und Zielkonflikte einen logischen Agenten daran hindern, Entscheidungen zu treffen. Ein zielbasierter Agent unterscheidet binär zwischen guten und schlechten Zielzuständen (d. h. zwischen „Ziel" und „kein Ziel"), während ein entscheidungstheoretischer Agent den Zuständen einen stetigen Wertebereich zuweist und daher leichter einen besseren Zustand wählen kann, selbst wenn kein bester Zustand verfügbar ist.

Abschnitt 16.1 führt in das Grundprinzip der Entscheidungstheorie ein: die Maximierung des erwarteten Nutzens. Abschnitt 16.2 zeigt, dass das Verhalten eines rationalen Agenten durch Maximierung einer Nutzenfunktion modelliert werden kann. Abschnitt 16.3 geht näher auf die Eigenschaften von Nutzenfunktionen ein, insbesondere auf ihre Beziehung zu bestimmten Größen wie z. B. Geld. Abschnitt 16.4 zeigt, wie man mit Nutzenfunktionen umgeht, die von mehreren Größen abhängen. In Abschnitt 16.5 beschreiben wir die Implementierung von Entscheidungssystemen. Insbesondere stellen wir einen Formalismus vor, der als **Entscheidungsnetz** bezeichnet wird (auch bekannt als **Einflussdiagramm**) und der Bayes'sche Netze um Aktionen und Nutzenwerte erweitert. In Abschnitt 16.6 wird gezeigt, wie ein entscheidungstheoretischer Agent den Wert von Informationsbeschaffung berechnet, um seine Entscheidungen zu verbessern.

Während die Abschnitte 16.1–16.6 davon ausgehen, dass der Agent sich einer gegebenen, bekannten Nutzenfunktion bedient, wird diese Annahme in Abschnitt 16.7 gelockert. Wir diskutieren die Konsequenzen von Präferenzunsicherheit seitens der Maschine – die wichtigste davon ist die Rücksichtnahme auf den Menschen.

16.1 Überzeugungen und Wünsche unter Unsicherheit

Wir beginnen mit einem Agenten, der, wie alle Agenten, eine Entscheidung treffen muss. Ihm stehen mehrere Aktionen a zur Verfügung. Da Unsicherheit über den aktuellen Zustand bestehen kann, nehmen wir an, dass der Agent jedem möglichen aktuellen Zustand s eine Wahrscheinlichkeit $P(s)$ zuordnet. Es kann auch Unsicherheit über die Ergebnisse der Aktionen bestehen. Das Transitionsmodell ist gegeben durch $P(s' \mid s, a)$ und drückt die Wahrscheinlichkeit aus, dass Aktion a im Zustand s den Zustand s' erreicht. Da wir in erster Linie am Ergebnis s' interessiert sind, verwenden wir auch die abgekürzte Schreibweise $P(\textsc{Result}(a) = s')$, womit wir die Wahrscheinlichkeit angeben, s' durch die Ausführung von a im aktuellen Zustand zu erreichen, was immer man darunter versteht. Die beiden sind wie folgt miteinander verbunden:

$$P(\textsc{Result}(a) = s') = \sum_{s} P(s)P(s' \mid s, a)$$

Die Entscheidungstheorie befasst sich in ihrer einfachsten Form mit der Auswahl von Aktionen auf der Grundlage der Erwünschtheit ihrer *unmittelbaren* Ergebnisse, d. h., es wird angenommen, dass die Umgebung gemäß der Definition auf S. 71 episodisch ist. (Diese Annahme wird in Kapitel 17 gelockert.) Die Präferenzen des Agenten werden durch eine **Nutzenfunktion** $U(s)$ erfasst, die jedem Zustand eine einzelne Zahl zuweist und damit ausdrückt, wie wünschenswert ein Zustand ist. Der **erwartete Nutzen** (*expected utility*) einer Aktion bei gegebener Evidenz $EU(a)$ ist einfach der durchschnittliche Nutzenwert der Ergebnisse, gewichtet nach der Wahrscheinlichkeit, mit der das Ergebnis eintritt:

$$EU(a) = \sum_{s'} P(\text{RESULT}(a) = s')\, U(s') \tag{16.1}$$

Das Prinzip des **maximal erwarteten Nutzens** (*Maximum Expected Utility*, MEU) besagt, dass ein rationaler Agent die Aktion wählen sollte, die seinen erwarteten Nutzen maximiert:

$$action = \underset{a}{\text{argmax}}\, EU(a)$$

In gewisser Weise könnte man das MEU-Prinzip als eine Vorschrift für intelligentes Verhalten betrachten. Alles, was ein intelligenter Agent tun muss, ist, die verschiedenen Größen zu berechnen, den Nutzen über seine Handlungen zu maximieren, und los geht's. Das bedeutet aber nicht, dass das KI-Problem durch die Definition *gelöst* ist!

Das MEU-Prinzip *formalisiert* die allgemeine Vorstellung, dass ein intelligenter Agent „das Richtige tun" sollte, *operationalisiert* diesen Rat aber nicht. Um die Wahrscheinlichkeitsverteilung $P(s)$ über mögliche Zustände der Welt abzuschätzen, ausgedrückt durch $P(\text{RESULT}(a) = s')$, braucht man Wahrnehmung, Lernen, Wissensrepräsentation und Inferenz. Die Berechnung von $P(\text{RESULT}(a) = s')$ selbst erfordert ein kausales Modell der Welt. Eventuell müssen viele Aktionen in Betracht gezogen werden und die Berechnung der Nutzenwerte eines Ergebnisses $U(s')$ bedingt häufig weiteres Suchen oder Planen, weil ein Agent möglicherweise erst weiß, wie gut ein Zustand ist, wenn bekannt ist, wohin er von diesem Zustand aus gelangen kann. Ein KI-System, das im Auftrag eines Menschen handelt, kennt möglicherweise nicht die tatsächliche Nutzenfunktion des Menschen, sodass eine Unsicherheit hinsichtlich U bestehen kann. Zusammenfassend lässt sich sagen, dass die Entscheidungstheorie kein Allheilmittel ist, das das KI-Problem löst, doch sie stellt im Ansatz einen grundlegenden mathematischen Rahmen bereit, der allgemein genug ist, um das KI-Problem zu definieren.

Das MEU-Prinzip hat einen klaren Bezug zu dem in Kapitel 2 vorgestellten Konzept vom Leistungsmaß. Die Grundidee ist einfach. Betrachten Sie die Umgebungen, die zu einem Agenten mit einer bestimmten Perzepthistorie führen könnten, und betrachten Sie die verschiedenen Agenten, die wir entwerfen könnten. *Wenn ein Agent so handelt, dass er eine Nutzenfunktion maximiert, die das Leistungsmaß korrekt widerspiegelt, so erreicht er die höchstmögliche Leistungsbewertung (gemittelt über alle möglichen Umgebungen).* Dies ist die zentrale Rechtfertigung für das eigentliche MEU-Prinzip. Auch wenn die Behauptung tautologisch erscheinen mag, verkörpert sie letztendlich einen sehr wichtigen Übergang von externer Leistungsmessung zu einer internen Nutzenfunktion. Das Leistungsmaß vergibt eine Punktzahl für eine Historie – eine Folge von Zuständen, was entsprechend rückwirkend erfolgt, nachdem ein Agent eine Folge von Aktionen abgeschlossen hat. Die Nutzenfunktion gilt für den jeweils nächsten Zustand, sodass sie zur schrittweisen Steuerung von Aktionen verwendet werden kann.

16.2 Grundlage der Nutzentheorie

Intuitiv scheint das Prinzip des maximal erwarteten Nutzens (MEU) ein vernünftiger Weg zu sein, um Entscheidungen zu treffen, aber es ist keineswegs klar, dass es der *einzige* rationale Weg ist. Denn warum sollte die Maximierung des *durchschnittlichen* Nutzens so besonders sein? Was ist falsch an einem Agenten, der versucht, die gewichtete Summe der Kubikwerte möglicher Nutzenwerte zu maximieren oder den schlimmstmöglichen Verlust zu minimieren? Könnte ein Agent rational handeln, indem er einfach Präferenzen zwischen Zuständen ausdrückt, ohne ihnen numerische Werte zuzuweisen? Und schließlich, warum sollte es überhaupt eine Nutzenfunktion mit den geforderten Eigenschaften geben? Wir werden sehen.

16.2.1 Bedingungen für rationale Präferenzen

Diese Fragen lassen sich beantworten, wenn man einige Bedingungen für die Präferenzen formuliert, die ein rationaler Agent aufweisen sollte, und dann zeigt, dass das MEU-Prinzip aus den Bedingungen abgeleitet werden kann. Wir verwenden die folgende Notation, um die Präferenzen eines Agenten zu beschreiben:

$A \succ B$ der Agent bevorzugt A vor B.

$A \sim B$ der Agent steht A und B indifferent gegenüber.

$A \succsim B$ der Agent bevorzugt A vor B oder steht beiden indifferent gegenüber.

Da stellt sich automatisch die Frage, was sich hinter A und B verbirgt? Es könnten Zustände der Welt sein, aber meistens herrscht Unsicherheit darüber, was wirklich geboten wird. Zum Beispiel weiß ein Fluggast, dem „das Nudelgericht oder das Hühnchen“ angeboten wird, nicht, was sich unter dem Aludeckel verbirgt.[1] Die Nudeln könnten köstlich oder noch halb gefroren sein, das Hähnchen saftig oder bis zur Unkenntlichkeit zerkocht. Wir können uns die Menge der Ergebnisse für jede Aktion als **Lotterie** vorstellen – wobei jede Aktion ein Los verkörpert. Eine Lotterie L mit den möglichen Ergebnissen $S_1, \ldots, S_n$, die mit den Wahrscheinlichkeiten $p_1, \ldots, p_n$ auftreten, wird geschrieben als:

$$L = [p_1, S_1;\ p_2, S_2;\ \ldots\ ; p_n, S_n]$$

Im Allgemeinen kann jedes Ergebnis S_i einer Lotterie entweder ein atomarer Zustand oder eine andere Lotterie sein. Das Hauptproblem bei der Nutzentheorie ist zu verstehen, wie die Präferenzen zwischen komplexen Lotterien mit den Präferenzen zwischen den zugrunde liegenden Zuständen in diesen Lotterien zusammenhängen. Als Hilfe formulieren wir sechs Bedingungen, die wir von jeder sinnvollen Präferenzbeziehung fordern:

- **Anordbarkeit**: Bei zwei beliebigen Lotterien muss ein rationaler Agent entweder eine bevorzugen oder beide als gleichwertig einstufen. Das heißt, der Agent kann sich nicht vor einer Entscheidung drücken. Wie auf S. 452 schon bemerkt: die Weigerung zu wetten ist, als würde man sich weigern, dass die Zeit verstreicht.

  Es gilt genau eine der Bedingungen $(A \succ B)$, $(B \succ A)$ oder $(A \sim B)$.

- **Transitivität**: Wenn ein Agent bei drei beliebigen Lotterien A gegenüber B und B gegenüber C vorzieht, dann muss er auch A gegenüber C vorziehen:

  $$(A \succ B) \land (B \succ C) \Rightarrow (A \succ C)$$

- **Stetigkeit**: Wenn eine Lotterie B in Bezug auf die Präferenz zwischen A und C liegt, dann gibt es eine Wahrscheinlichkeit p, bei der der rationale Agent indifferent ist, ob er B sicher annehmen oder ob er Lotterie A mit der Wahrscheinlichkeit p oder Lotterie C mit der Wahrscheinlichkeit $1 - p$ wählt:

  $$A \succ B \succ C \Rightarrow \exists p\ [p, A;\ 1 - p, C] \sim B$$

- **Substituierbarkeit**: Wenn ein Agent zwei Lotterien A und B indifferent gegenübersteht, dann steht er auch zwei komplexeren Lotterien indifferent gegenüber, die gleich sind,

1 Wir entschuldigen uns bei allen Lesern, deren Fluggesellschaften keine Mahlzeiten mehr auf Langstreckenflügen anbieten.

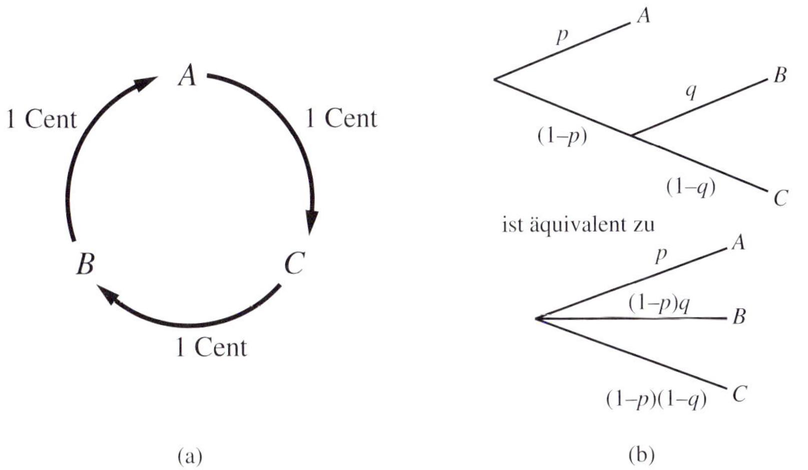

Abbildung 16.1: (a) Nichttransitive Präferenzen $A \succ B \succ C \succ A$ können zu irrationalem Verhalten führen: ein Tauschzyklus, wobei jeder Tausch einen Cent kostet. (b) Das Zerlegbarkeitsaxiom.

außer dass B in einer von ihnen durch A substituiert wurde. Dies gilt unabhängig von den Wahrscheinlichkeiten und den anderen Ergebnissen der Lotterien:

$$A \sim B \;\Rightarrow\; [p, A;\ 1-p, C] \sim [p, B; 1-p, C]$$

Dies gilt auch, wenn wir in diesem Axiom $\sim$ durch $\succ$ substituieren.

- **Monotonie**: Angenommen, zwei Lotterien A und B haben die beiden gleichen möglichen Ergebnisse. Wenn ein Agent A gegenüber B vorzieht, dann muss der Agent die Lotterie vorziehen, die eine höhere Wahrscheinlichkeit für A aufweist (und umgekehrt):

$$A \succ B \;\Rightarrow\; (p > q \;\Leftrightarrow\; [p, A;\ 1-p, B] \succ [q, A;\ 1-q, B])$$

- **Zerlegbarkeit**: Zusammengesetzte Lotterien können mithilfe der Wahrscheinlichkeitsgesetze zu einfacheren reduziert werden. Diese Regel wurde auch als „Kein Spaß beim Spielen"-Regel bezeichnet: Wie ► Abbildung 16.1 b zeigt, komprimiert sie zwei aufeinanderfolgende Lotterien zu einer einzigen äquivalenten Lotterie:[2]

$$[p, A;\ 1-p, [q, B;\ 1-q, C]] \sim [p, A;\ (1-p)q, B;\ (1-p)(1-q), C]$$

Diese Bedingungen sind als die Axiome der Nutzentheorie bekannt. Jedes Axiom lässt sich begründen, indem man zeigt, dass ein Agent, der es verletzt, in bestimmten Situationen offensichtlich irrationales Verhalten zeigt. Zum Beispiel können wir die Transitivität begründen, indem wir einen Agenten mit nichttransitiven Präferenzen dazu bringen, uns sein gesamtes Geld zu geben. Nehmen wir an, der Agent hat die nichttransitiven Präferenzen $A \succ B \succ C \succ A$, wobei A, B und C Güter sind, die frei getauscht werden können. Wenn der Agent derzeit A hat, könnten wir anbieten, C gegen A plus einen Cent zu tauschen. Der Agent bevorzugt C und wäre daher bereit, diesen Tausch vorzunehmen. Wir könnten dann anbieten, B gegen C zu tauschen, um einen weiteren Cent zu erhalten, und schließlich A gegen B zu tauschen. Damit sind wir wieder dort, wo wir angefangen haben, nur dass der Agent uns drei Cent gegeben hat (► Abbildung 16.1 a). Wir können den Zyklus so lange fortsetzen, bis der Agent kein Geld mehr hat. Offensichtlich hat der Agent in diesem Fall irrational gehandelt.

2 Wir können den Spaß beim Spielen auch berücksichtigen, indem wir Spielereignisse in der Zustandsbeschreibung festhalten; zum Beispiel könnte „Hat 10 € und spielte" gegenüber „Hat 10 € und spielte nicht" bevorzugt werden.

16.2.2 Rationale Präferenzen führen zu Nutzen

Beachten Sie, dass die Axiome der Nutzentheorie eigentlich Axiome über Präferenzen sind – sie sagen nichts über eine Nutzenfunktion aus. Allerdings können wir aus den Axiomen der Nutzentheorie die folgenden Konsequenzen ableiten (den Beweis lieferten von Neumann und Morgenstern, 1944):

- **Existenz der Nutzenfunktion**: Wenn die Präferenzen eines Agenten den Nutzenaxiomen gehorchen, dann gibt es eine Funktion U, sodass $U(A) > U(B)$ genau dann, wenn A gegenüber B vorgezogen wird, und es gilt $U(A) = U(B)$ genau dann, wenn der Agent A und B indifferent gegenübersteht. Das heißt:

$$U(A) > U(B) \Leftrightarrow A \succ B \qquad \text{und} \qquad U(A) = U(B) \Leftrightarrow A \sim B$$

- **Erwarteter Nutzen einer Lotterie**: Der Nutzen einer Lotterie ist die Summe aus der Wahrscheinlichkeit jedes Ergebnisses multipliziert mit dem Nutzen dieses Ergebnisses:

$$U([p_1, S_1; \ldots; p_n, S_n]) = \sum_i p_i U(S_i)$$

Mit anderen Worten: Sobald die Wahrscheinlichkeiten und Nutzenwerte der möglichen Ergebniszustände spezifiziert sind, ist der Nutzen einer zusammengesetzten Lotterie, die diese Zustände beinhaltet, vollständig festgelegt. Da das Ergebnis einer nichtdeterministischen Aktion eine Lotterie ist, folgt daraus, dass ein Agent rational – d. h. in Übereinstimmung mit seinen Präferenzen – handeln kann, indem er eine Aktion wählt, die den erwarteten Nutzen gemäß Gleichung (16.1) maximiert.

Die obigen Theoreme besagen, dass (unter der Annahme der Bedingungen für rationale Präferenzen) für jeden rationalen Agenten eine Nutzenfunktion *existiert*. Sie besagen jedoch nicht, dass die Nutzenfunktion *eindeutig* ist. Es lässt sich leicht zeigen, dass sich das Verhalten eines Agenten nicht ändern würde, wenn seine Nutzenfunktion $U(S)$ gemäß

$$U'(S) = aU(S) + b \tag{16.2}$$

transformiert würde, wobei a und b Konstanten sind und $a > 0$ ist – eine positive affine Transformation.[3] Auf diese Tatsache wurde bereits in Kapitel 5 (S. 202) im Zusammenhang mit Zufallsspielen mit zwei Spielern hingewiesen. Hier wird deutlich, dass sie für alle Arten von Entscheidungsszenarien gilt.

Wie beim Spielen braucht ein Agent in einer deterministischen Umgebung nur eine Präferenzskala für die Zustände – die Zahlen spielen keine Rolle. Dies wird als **Wertefunktion** oder **ordinale Nutzenfunktion** bezeichnet.

Beachten Sie, dass die Existenz einer Nutzenfunktion, die das Präferenzverhalten eines Agenten beschreibt, nicht unbedingt bedeutet, dass der Agent diese Nutzenfunktion *explizit* nach seinen eigenen Überlegungen maximiert. Wie wir in Kapitel 2 gezeigt haben, kann rationales Verhalten auf beliebige Weise erzeugt werden. Ein rationaler Agent könnte mit einer Tabellensuche implementiert werden (wenn die Anzahl der möglichen Zustände klein genug ist).

Indem ein Beobachter das Verhalten eines rationalen Agenten genau verfolgt, kann er etwas über die Nutzenfunktion erfahren, die repräsentiert, was der Agent zu erreichen versucht (auch wenn der Agent es selbst nicht weiß). Wir kommen auf diesen Punkt in Abschnitt 16.7 zurück.

3 In diesem Sinne sind sich Nutzenwerte und Temperaturen ähnlich: Eine Temperatur in Fahrenheit ist das 1,8-Fache der Celsius-Temperatur plus 32, aber die Umrechnung von einer Maßeinheit in die andere hat keinen Einfluss auf Ihr Wärmeempfinden.

16.3 Nutzenfunktionen

Nutzenfunktionen bilden Lotterien auf reelle Zahlen ab. Wir wissen, dass sie den Axiomen der Anordbarkeit, Transitivität, Stetigkeit, Substituierbarkeit, Monotonie und Zerlegbarkeit gehorchen müssen. Ist das alles, was wir über Nutzenfunktionen sagen können? Genau genommen, ja: Ein Agent kann beliebige Präferenzen haben. Zum Beispiel könnte es ein Agent vorziehen, dass sein Kontostand eine Primzahl ist – in diesem Fall würde er bei einem Kontostand von 16 € genau 3 € abheben. Das mag ungewöhnlich sein, aber wir können es nicht als irrational bezeichnen. Ein Agent könnte einen verbeulten 1973er Ford Pinto einem nagelneuen Mercedes vorziehen. Der Agent würde vielleicht nur dann eine Primzahl als Kontostand vorziehen, wenn er den Pinto besitzt, aber als Mercedes-Besitzer hätte er vielleicht lieber mehr Euros als weniger. Glücklicherweise sind die Präferenzen echter Agenten in der Regel systematischer und daher einfacher zu handhaben.

16.3.1 Nutzenbewertung und Nutzenskalen

Wenn wir ein entscheidungstheoretisches System erstellen wollen, das einen Menschen bei seinen Entscheidungen unterstützt oder in seinem Namen handelt, dann müssen wir zuerst herausfinden, wie die Nutzenfunktion des Menschen aussieht. Dieser Prozess, der oft als **Präferenzerhebung** bezeichnet wird, besteht darin, dem Menschen Wahlmöglichkeiten zu präsentieren und anhand der beobachteten Präferenzen die zugrunde liegende Nutzenfunktion zu ermitteln.

Gleichung (16.2) besagt, dass es keine absolute Skala für Nutzen gibt. Dennoch ist es hilfreich, überhaupt *eine* Skala festzulegen, auf der die Nutzenwerte für ein bestimmtes Problem aufgezeichnet und verglichen werden können. Zur Einrichtung einer Skala kann man zum Beispiel die Nutzenwerte von zwei bestimmten Ergebnissen als Fixpunkte festlegen, so wie eine Temperaturskala durch den Gefrier- und Siedepunkt von Wasser festgelegt werden kann. In der Regel legen wir den Nutzen eines „bestmöglichen Gewinns" bei $U(S) = u_\top$ und einer „schlimmstmöglichen Katastrophe" bei $U(S) = u_\bot$ fest. (Beide Werte sollten endlich sein.) **Normalisierter Nutzen** verwendet eine Skala mit $u_\bot = 0$ und $u_\top = 1$. Auf einer solchen Skala könnte ein England-Fan dem Gewinn der Weltmeisterschaft durch England einen Nutzen von 1 zuweisen und dem Scheitern Englands bei der Qualifikation einen Nutzen von 0.

Auf einer gegebenen Nutzenskala zwischen $u_\top$ und $u_\bot$ lässt sich der Nutzen eines bestimmten Gewinns S bewerten, indem man den Agenten auffordert, zwischen S und einer **Standardlotterie** $[p, u_\top; (1-p), u_\bot]$ zu wählen. Die Wahrscheinlichkeit p wird angepasst, bis der Agent indifferent gegenüber S und der Standardlotterie ist. Unter der Voraussetzung normalisierten Nutzens wird der Nutzen von S gegeben durch p. Sobald dies für jeden Gewinn geschehen ist, werden die Nutzenwerte für alle Lotterien bestimmt, in denen diese Gewinne enthalten sind. Nehmen wir zum Beispiel an, dass wir wissen wollen, welchen Wert unser England-Fan dem Ergebnis zumisst, dass England das Halbfinale erreicht und dann verliert. Wir vergleichen dieses Ergebnis mit einer Standardlotterie mit der Wahrscheinlichkeit p, den Pokal zu gewinnen, und der Wahrscheinlichkeit $1-p$, in der Qualifikation schmachvoll zu scheitern. Wenn bei $p = 0{,}3$ Indifferenz herrscht, dann ist 0,3 der Wert, bei dem das Halbfinale zwar erreicht, dann aber verloren wird.

In Entscheidungsproblemen etlicher Bereiche wie Medizin, Transport und Umwelt geht es um Menschenleben. (Ja, es gibt Dinge, die wichtiger sind als Englands Glück bei der Fußball-WM.) In diesen Bereichen ist $u_\bot$ der Wert, der dem sofortigen Todesfall (oder im wirklich schlimmsten Fall vielen Todesfällen) zugewiesen wird. *Obwohl sich niemand wohl dabei fühlt, dem menschlichen Leben einen Wert beizumessen, ist es eine Tatsache, dass ständig Abwägungen über Leben und Tod getroffen werden.* Flugzeuge werden nicht nach jedem Flug, sondern in regelmäßigen Intervallen komplett überholt. Bei der Autoproduktion werden die

Kosten gegen die Überlebensrate bei Unfällen abgewogen. Wir tolerieren eine Luftverschmutzung, die vier Millionen Menschen pro Jahr tötet.

Paradoxerweise kann die Weigerung, dem Leben einen monetären Wert beizumessen, dazu führen, dass das Leben *unterbewertet* wird. Ross Shachter beschreibt beispielsweise eine Regierungsbehörde, die eine Studie zur Entfernung von asbesthaltigen Baumaterialien in Schulen in Auftrag gab. Die Entscheidungsanalytiker, die die Studie durchführten, gingen von einem bestimmten Geldwert für das Leben eines Schulkinds aus und schlussfolgerten, dass die rationale Entscheidung unter dieser Annahme sei, den Asbest zu entfernen. Die Behörde, moralisch empört über die Idee, dem Leben einen Wert beizumessen, lehnte den Bericht rundweg ab und entschied sich gegen die Asbestsanierung, womit sie implizit dem Leben eines Kindes einen geringeren Wert beimaßen als die Analysten.

Derzeit verwenden mehrere Behörden der US-Regierung, darunter die Umweltschutzbehörde, die Food and Drug Administration (FDA)[4] und das Verkehrsministerium, den **Wert eines statistischen Lebens**, um Kosten und Nutzen von Vorschriften und Eingriffen zu ermitteln. Typische Werte lagen im Jahr 2019 bei etwa 10 Mio. US-Dollar.

Es wurden einige Versuche unternommen, um den Wert herauszufinden, den Menschen ihrem eigenen Leben beimessen. Eine gängige „Währung", die in medizinischen und sicherheitstechnischen Analysen verwendet wird, ist der **Mikromort** (eine Todeswahrscheinlichkeit von 1 zu 1 Million). Wenn Sie Menschen fragen, wie viel sie zahlen würden, um ein Risiko zu vermeiden – zum Beispiel das Risiko, russisches Roulette mit einem Revolver zu spielen, der Millionen Patronen aufnehmen kann – werden sie als Antwort sehr großen Zahlen erhalten, vielleicht sogar im fünfstelligen Bereich, während ihr tatsächliches Verhalten einen viel geringeren Geldwert für einen Mikromort widerspiegelt.

In Großbritannien zum Beispiel birgt eine Autofahrt von 370 km ein Risiko von einem Mikromort. Über die gesamte Lebensdauer Ihres Autos von beispielsweise 150.000 km entspricht das ungefähr 400 Mikromorts. Die Menschen scheinen bereit zu sein, etwa 12.000 € mehr für ein sichereres Auto zu bezahlen, das die Todeswahrscheinlichkeit halbiert. Ihr Autokaufverhalten zeigt somit, dass sie einen Wert von ca. 60 € pro Mikromort akzeptieren. Verschiedene Studien über viele Personen und Risikotypen haben eine Zahl in diesem Bereich bestätigt. Regierungsbehörden wie das US-Verkehrsministerium setzen jedoch in der Regel einen niedrigeren Wert an; sie geben nur etwa 6 € für Straßenreparaturen pro erwartetem gerettetem Leben aus. Natürlich gelten diese Berechnungen nur für kleine Risiken. Die meisten Menschen sind nicht bereit, sich umzubringen, auch nicht für 60 Millionen €.

Ein weiteres Maß ist das qualitätskorrigierte Lebensjahr **QALY** (*Quality-Adjusted Life Year*). Patienten sind bereit, eine kürzere Lebenserwartung zu akzeptieren, wenn sie wieder vollständig geheilt würden. Zum Beispiel sind Nierenpatienten im Durchschnitt indifferent gegenüber der Wahl, zwei Jahren an der Dialyse zu hängen oder ein Jahr bei voller Gesundheit zu leben.

16.3.2 Der Nutzen von Geld

Die Nutzentheorie hat ihre Wurzeln in der Wirtschaftswissenschaft, die einen klaren Kandidaten für das Nutzenmaß bietet: Geld (genauer gesagt, das Gesamtnettovermögen eines Agenten). Die fast universelle Austauschbarkeit von Geld und Gütern bzw. Dienstleistungen aller Art legt nahe, dass Geld eine bedeutende Rolle in den menschlichen Nutzenfunktionen spielt.

Normalerweise zieht ein Agent mehr Geld weniger Geld vor, wenn alle anderen Dinge gleich sind. Wir sagen, dass der Agent eine **monotone Präferenz** für mehr Geld aufweist. Das bedeu-

4 Anm. zur Übersetzung: Die FDA ist die US-Behörde zur Überwachung der Lebensmittelherstellung und Arzneimittelzulassungen.

tet nicht, dass sich Geld wie eine Nutzenfunktion verhält, denn es sagt nichts über die Präferenzen zwischen *Lotterien* mit Geldausschüttung aus.

Angenommen, Sie haben sich in einer Fernsehspielshow gegen die anderen Teilnehmer durchgesetzt. Der Moderator stellt Sie nun vor die Wahl: Entweder Sie nehmen den Preis von 1.000.000 € an oder Sie werfen eine Münze. Wenn die Münze Kopf zeigt, gehen Sie leer aus, aber wenn sie Zahl zeigt, dann erhalten Sie 2.500.000 €. Wenn Sie sich wie die meisten Menschen verhalten, weisen Sie das Angebot ab und stecken die Million ein. Sind Sie irrational?

Wenn wir annehmen, dass die Münze fair ist, dann ist der **erwartete Geldwert** (*Expected Monetary Value*, EMV) des Glücksspiels $\frac{1}{2}(0\,€) + \frac{1}{2}(2.500.000\,€) = 1.250.000\,€$, was mehr ist als die ursprünglichen 1.000.000 €. Aber das bedeutet nicht unbedingt, dass die Annahme des Münzwurfs die bessere Entscheidung ist. Wenn wir den Zustand, ein Gesamtvermögen von n € zu besitzen, mit S_n bezeichnen und Ihr aktuelles Vermögen k € beträgt, dann ist der erwartete Nutzen der beiden Aktionen, den Münzwurf anzunehmen und abzulehnen:

$$EU(Akzeptieren) = \tfrac{1}{2}U(S_k) + \tfrac{1}{2}U(S_{k+2.500.000})$$
$$EU(Abweisen) = U(S_{k+1.000.000})$$

Um zu entscheiden, was zu tun ist, müssen wir den Ergebniszuständen Nutzenwerte zuweisen. Der Nutzen ist nicht direkt proportional zum Geldwert, denn der Nutzen für Ihre erste Million ist sehr hoch (wie man so sagt), während der Nutzen für eine weitere Million kleiner ist. Angenommen, Sie weisen Ihrem aktuellen finanziellen Zustand (S_k) einen Nutzen von 5 zu, dem Zustand $S_{k+2.500.000}$ eine 9 und dem Zustand $S_{k+1.000.000}$ eine 8. Dann wäre die rationale Aktion, den Münzwurf abzulehnen, weil der erwartete Nutzen des Annehmens nur 7 ist (weniger als die 8 für das Ablehnen). Andererseits hätte ein Milliardär höchstwahrscheinlich eine Nutzenfunktion, die lokal linear über den Bereich von ein paar Millionen mehr verläuft, und folglich würde er den Münzwurf annehmen.

In einer bahnbrechenden Studie über tatsächliche Nutzenfunktionen fand Grayson (1960) heraus, dass der Nutzen von Geld fast genau proportional zum *Logarithmus* des Betrags ist. (Diese Idee wurde erstmals von Bernoulli (1738) formuliert, siehe Übung 16.4 auf der Website.) Eine bestimmte Nutzenkurve für einen gewissen Herrn Beard ist in ► Abbildung 16.2 a dargestellt. Die für die Präferenzen von Herrn Beard erhaltenen Daten sind konsistent mit einer Nutzenfunktion

$$U(S_{k+n}) = -263.31 + 22.09 \log(n + 150.000)$$

für den Bereich zwischen $n = -150.000$ \$ und $n = 800.000$ \$.

Wir sollten nicht davon ausgehen, dass dies die endgültige Nutzenfunktion für den Geldwert ist, aber es ist wahrscheinlich, dass die meisten Menschen eine Nutzenfunktion haben, die für positives Vermögen konkav ist. Sich zu verschulden ist zwar schlecht, aber die Präferenzen zwischen verschiedenen Verschuldungsgraden können eine Umkehr der dem positivem Vermögen zugeordneten Konkavität aufweisen. Zum Beispiel könnte jemand, der bereits 10.000.000 € Schulden hat, durchaus einen fairen Münzwurf mit einem Gewinn von 10.000.000 € für Kopf und einem Verlust von 20.000.000 € für Zahl akzeptieren.[5] Daraus ergibt sich die S-förmige Kurve in ► Abbildung 16.2 b.

Wenn wir unsere Aufmerksamkeit auf den positiven Teil der Kurven beschränken, wo die Steigung abnimmt, dann ist für jede Lotterie L der Nutzen, mit dieser Lotterie konfrontiert zu werden, geringer als der Nutzen, den erwarteten Geldwert der Lotterie sicher zu erhalten:

$$U(L) < U(S_{EMV(L)})$$

5 Ein solches Verhalten könnte man als verzweifelt bezeichnen, aber es ist rational, wenn man sich bereits in einer verzweifelten Situation befindet.

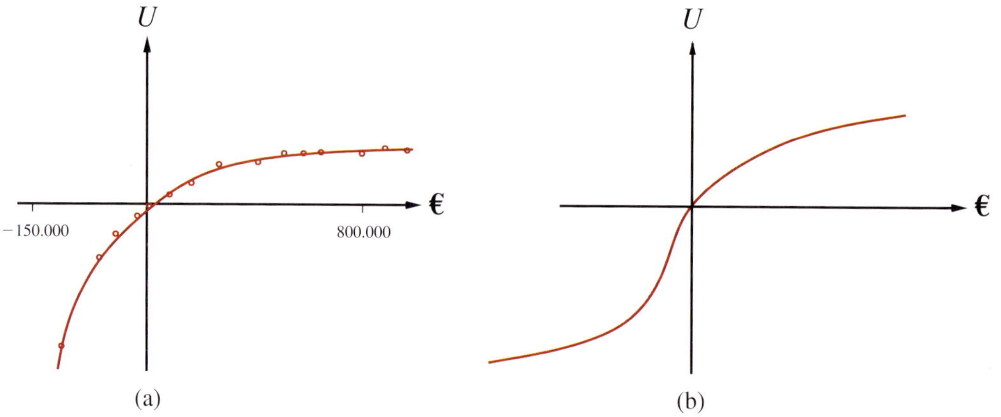

Abbildung 16.2: Der Nutzen von Geld. (a) Empirische Daten für Herrn Beard über einen begrenzten Bereich. (b) Eine typische Kurve für den vollständigen Bereich.

Das bedeutet, Agenten mit Kurven dieser Form sind **risikoscheu**: Sie bevorzugen die sichere Lösung mit einer Rendite, die geringer als der erwartete Geldwert eines Spiels ist. Andererseits ist das Verhalten im „hoffnungslosen" Bereich bei großem negativem Vermögen in ► Abbildung 16.2 b **risikofreudig**. Der Wert, den ein Agent anstelle einer Lotterie akzeptiert, wird als **Sicherheitsäquivalent** der Lotterie bezeichnet. Studien haben gezeigt, dass sich die meisten Menschen mit etwa 400 € zufriedengeben, anstatt ein Spiel zu akzeptieren, bei dem die Chancen 1:1 stehen, 1.000 € zu gewinnen oder nichts zu erhalten – das heißt, das Sicherheitsäquivalent der Lotterie beträgt 400 €, während der erwartete Geldwert (EMV) bei 500 € liegt.

Die Differenz zwischen dem EMV einer Lotterie und ihrem Sicherheitsäquivalent wird als **Versicherungsprämie** bezeichnet. Risikoaversion bildet die Grundlage der Versicherungsbranche, denn sie bedeutet, dass die Versicherungsprämien positiv sind. Hausbesitzer würden lieber eine kleine Versicherungsprämie zahlen, als den Preis ihres Hauses gegen die Wahrscheinlichkeit eines Feuers aufs Spiel zu setzen. Aus der Sicht der Versicherungsgesellschaft ist der Preis des Hauses sehr gering im Vergleich zu den Gesamtreserven des Unternehmens. Das bedeutet, dass die Nutzenkurve des Versicherers annähernd linear über einem so kleinen Bereich ist und das Spiel dem Unternehmen fast nichts kostet.

Beachten Sie, dass bei *kleinen* Änderungen am Vermögen im Vergleich zum aktuellen Vermögen fast jede Kurve annähernd linear ist. Ein Agent, der eine lineare Kurve hat, wird als **risikoneutral** bezeichnet. Bei Spielen mit kleinen Summen erwarten wir daher Risikoneutralität. In gewisser Weise rechtfertigt dies die vereinfachte Prozedur in Abschnitt 12.2.3, die kleine Spiele vorgeschlagen hat, um Wahrscheinlichkeiten zu bewerten und die Axiome der Wahrscheinlichkeit zu begründen.

16.3.3 Erwarteter Nutzen und Enttäuschung nach einer Entscheidung

Der rationale Weg zur Wahl der besten Aktion a^* besteht in der Maximierung des erwarteten Nutzens:

$$a^* = \operatorname*{argmax}_a EU(a)$$

Wenn wir den erwarteten Nutzen gemäß unserem Wahrscheinlichkeitsmodell korrekt berechnet haben und das Wahrscheinlichkeitsmodell die zugrunde liegenden stochastischen

Prozesse, die die Ergebnisse erzeugen, korrekt widerspiegelt, dann erhalten wir im Durchschnitt den Nutzen, den wir erwarten, wenn der gesamte Prozess viele Male wiederholt wird.

In der Realität wird die tatsächliche Situation durch unser Modell jedoch meist extrem vereinfacht, entweder weil wir nicht genug wissen (z. B. bei komplexen Investitionsentscheidungen) oder weil die Berechnung des tatsächlichen erwarteten Nutzens zu schwierig ist (z. B. wenn ein Backgammon-Zug alle möglichen zukünftigen Würfe berücksichtigen soll). In diesem Fall arbeiten wir mit *Schätzungen* $\widehat{EU}(a)$ des tatsächlichen erwarteten Nutzens. Wir nehmen großzügig an, dass die Schätzungen **unverzerrt** sind, d. h., dass der erwartete Wert des Fehlers $E(\widehat{EU}(a) - EU(a))$ null ist. In diesem Fall scheint es immer noch vernünftig, die Aktion mit dem höchsten geschätzten Nutzen zu wählen und davon auszugehen, durchschnittlich diesen Nutzen zu erhalten, wenn die Aktion ausgeführt wird.

Leider ist das tatsächliche Ergebnis in der Regel deutlich *schlechter* als die Schätzung, auch wenn die Schätzung unverzerrt war! Um dies zu verstehen, betrachten wir ein Entscheidungsproblem, bei dem es k Wahlmöglichkeiten gibt, die jeweils einen tatsächlichen geschätzten Nutzen von 0 haben. Nehmen wir an, dass der Fehler in jeder Nutzenschätzung unabhängig ist und eine Einheitsnormalverteilung hat, d. h. eine Gauß'sche Verteilung mit einem Mittelwert von 0 und einer Standardabweichung von 1, dargestellt als fette Kurve in ► Abbildung 16.3. Wenn wir nun beginnen, die Schätzungen zu erzeugen, werden einige der Fehler negativ (pessimistisch) und einige positiv (optimistisch) sein. Da wir die Aktion mit der *höchsten* Nutzenschätzung auswählen, bevorzugen wir die übermäßig optimistischen Schätzungen, was die Quelle der Verzerrung ist.

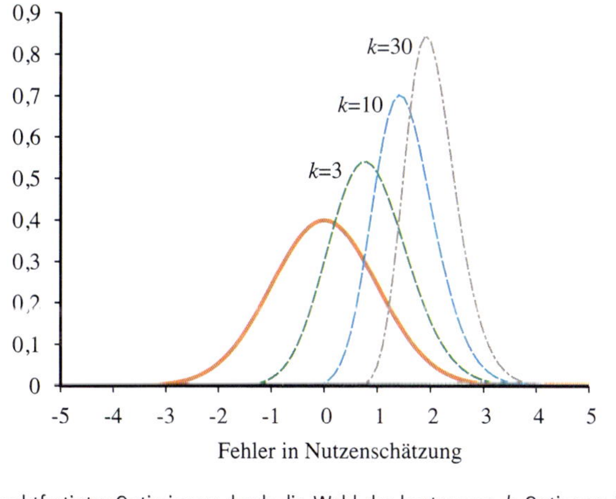

Abbildung 16.3: Nicht gerechtfertigter Optimismus durch die Wahl der besten von k Optionen: Wir nehmen an, dass jede Option einen tatsächlichen Nutzen von 0 hat, aber eine Nutzenschätzung, die einer Einheitsnormalverteilung (braune Kurve) entspricht. Die anderen Kurven zeigen die Verteilungen des Maximums von k Schätzungen für $k = 3$, 10 und 30.

Es ist relativ einfach, die Verteilung des Maximums der k Schätzungen zu berechnen und damit das Ausmaß unserer Enttäuschung zu quantifizieren. (Diese Berechnung ist ein Spezialfall der Erstellung einer **Ordnungsstatistik**, der Verteilung aller geordneten Elemente einer Stichprobe.) Nehmen wir an, dass jede Schätzung X_i eine Wahrscheinlichkeitsdichtefunktion $f(x)$ und eine kumulative Verteilung $F(x)$ hat. (Wie in Anhang A erklärt, misst die kumulative Verteilung F die Wahrscheinlichkeit, dass die Kosten kleiner gleich einem beliebigen Betrag sind, d. h., sie integriert die ursprüngliche Dichte f.) Nun sei X^* die größte Schätzung, d. h.

$\max\{X_1, \ldots, X_k\}$. Dann ist die kumulative Verteilung für X^*:

$$\begin{aligned} P(\max\{X_1, \ldots, X_k\} \le x) &= P(X_1 \le x, \ldots, X_k \le x) \\ &= P(X_1 \le x) \ldots P(X_k \le x) = F(x)^k \end{aligned}$$

Die Wahrscheinlichkeitsdichtefunktion ist die Ableitung der kumulativen Verteilungsfunktion, sodass sich für die Dichte für X^*, d. h. das Maximum von k Schätzungen, ergibt:

$$P(x) = \frac{\mathrm{d}}{\mathrm{d}x}\left(F(x)^k\right) = kf(x)(F(x))^{k-1}$$

Diese Dichten sind in ► Abbildung 16.3 für verschiedene Werte von k dargestellt für den Fall, dass $f(x)$ die Einheitsnormale ist. Für $k = 3$ hat die Dichte für X^* einen Mittelwert um 0,85, sodass die durchschnittliche Enttäuschung bei etwa 85 % der Standardabweichung in den Nutzenschätzungen beträgt. Bei mehr Auswahlmöglichkeiten sind extrem optimistische Schätzungen wahrscheinlicher: Für $k = 30$ ist die Enttäuschung etwa doppelt so hoch wie die Standardabweichung in den Schätzungen.

Diese Tendenz, dass der geschätzte erwartete Nutzen der besten Auswahl zu hoch ist, wird als **Fluch des Optimierers** bezeichnet (Smith und Winkler, 2006). Dagegen sind selbst erfahrene Entscheidungsanalytiker und Statistiker nicht gefeit. So wurde zum Beispiel ernsthaft geglaubt, dass ein vielversprechendes neues Medikament, das in einer Studie 80 % der Patienten geheilt hat, auch tatsächlich 80 % der Patienten heilt (es wurde aus $k =$ Tausenden von potenziellen Medikamenten ausgewählt) oder dass ein Investmentfonds, der mit überdurchschnittlichen Renditen beworben wurde, diese auch weiterhin haben wird (er wurde ausgewählt, um in der Werbung von $k =$ Dutzenden von Fonds im Gesamtportfolio des Unternehmens zu erscheinen). Es ist auch durchaus möglich, dass sich die beste Wahl nicht als beste erweist, wenn die Varianz in der Nutzenschätzung hoch ist: Ein Medikament, das 9 von 10 Patienten geheilt hat und aus Tausenden von neuen Medikamenten ausgewählt wurde, ist wahrscheinlich *schlechter* als ein Medikament, das 800 von 1.000 geheilt hat.

Der Fluch des Optimierers tritt überall auf, da die nutzenmaximierenden Auswahlprozesse allgegenwärtig sind, sodass davon abzuraten ist, die Nutzenschätzungen für bare Münze zu nehmen. Wir können dem Fluch mit einem Bayes'schen Ansatz ausweichen, der ein explizites Wahrscheinlichkeitsmodell $\mathbf{P}(\widehat{EU} \mid EU)$ für den Fehler in den Nutzenschätzungen verwendet. Ausgehend von diesem Modell und einer A-priori-Verteilung für das, was wir vernünftigerweise als Nutzen erwarten können, behandeln wir die Nutzenschätzung als Evidenz und berechnen die A-posteriori-Verteilung für den tatsächlichen Nutzen mithilfe der Bayes'schen Regel.

16.3.4 Menschliches Urteilsvermögen und Irrationalität

Die Entscheidungstheorie ist eine **normative Theorie**: Sie beschreibt, wie ein rationaler Agent handeln *sollte*. Eine **deskriptive Theorie** hingegen beschreibt, wie tatsächliche Agenten – zum Beispiel Menschen – wirklich handeln. Die Anwendung der ökonomischen Theorie würde stark davon profitieren, wenn die beiden deckungsgleich wären, aber es scheint einige experimentelle Anzeichen zu geben, die für das Gegenteil sprechen. Diese legen nahe, dass Menschen „vorhersagbar irrational" sind (Ariely, 2009).

Das bekannteste Problem ist das Allais-Paradoxon (Allais, 1953). Dabei haben Personen die Wahl zwischen den Lotterien A und B und dann zwischen C und D, die folgende Gewinnchancen haben:

A: 80% Chance auf 4.000 €	C: 20% Chance auf 4.000 €
B: 100% Chance auf 3.000 €	D: 25% Chance auf 3.000 €

Die meisten Menschen bevorzugen durchweg B gegenüber A (um auf der sicheren Seite zu sein) und C gegenüber D (wegen des höheren EMV). Die normative Analyse ist da ganz anderer Meinung! Warum dies so ist, lässt sich am besten erkennen, wenn wir uns die durch Gleichung (16.2) implizierte Freiheit nehmen, $U(0\,€) = 0$ zu setzen. In diesem Fall impliziert $B \succ A$, dass $U(3.000\,€) > 0{,}8\,U(4.000\,€)$, während $C \succ D$ genau das Gegenteil impliziert. Mit anderen Worten, es gibt keine Nutzenfunktion, die mit diesen Auswahlen vereinbar ist.

Eine Erklärung für die scheinbar irrationalen Entscheidungen ist der **Sicherheitseffekt** (Kahneman und Tversky, 1979): Menschen werden stark von Gewinnen angezogen, die sicher sind. Hierfür gibt es mehrere mögliche Gründe.

Erstens wollen vielleicht einige Menschen ihren Rechenaufwand reduzieren. Indem sie sichere Ergebnisse wählen, müssen sie nicht mit Wahrscheinlichkeiten rechnen. Der Effekt bleibt aber auch dann bestehen, wenn es sich um sehr einfache Berechnungen handelt.

Zweitens gibt es unter Umständen Zweifel an der Rechtmäßigkeit der angegebenen Wahrscheinlichkeiten. Ich mag zwar darauf vertrauen, dass ein Münzwurf ungefähr 50/50 ist, wenn ich die Kontrolle über die Münze und den Wurf habe, aber mein Vertrauen in ein Ergebnis kann schwinden, wenn der Wurf von jemandem durchgeführt wird, der ein persönliches Interesse am Ergebnis hat.[6] Fängt man an, misstrauisch zu werden, dann ist es vielleicht besser, sich für die sichere Variante zu entscheiden.[7]

Drittens könnten Menschen sowohl ihre Gemüts- als auch ihre Finanzlage in die Entscheidung einfließen lassen. Sie wissen, dass sie es bedauern würden, wenn sie einen sicheren Gewinn (B) für eine 80%ige Chance auf einen höheren Gewinn aufgeben und dann verlieren.

Mit anderen Worten, wenn A gewählt wird, besteht eine 20%ige Chance, kein Geld zu erhalten *und sich wie ein Vollidiot zu fühlen*, was schlimmer ist, als einfach kein Geld zu erhalten. Vielleicht sind all diejenigen, die B gegenüber A und C gegenüber D wählen, also doch nicht irrational: Sie sind bereit, 200 € an EMV aufzugeben, um eine 20%ige Chance zu vermeiden, sich wie ein Idiot zu fühlen.

Ein verwandtes Problem ist das Ellsberg-Paradoxon. Hier sind die Gewinne festgelegt, aber die Wahrscheinlichkeiten sind schwach eingeschränkt. Ihre Auszahlung hängt von der Farbe einer Kugel ab, die aus einer Urne gewählt wird. Ihnen wird gesagt, dass die Urne 1/3 rote Kugeln und 2/3 entweder schwarze oder gelbe Kugeln enthält, aber Sie wissen nicht, wie viele von den 2/3 Kugeln schwarz oder gelb sind. Wieder werden Sie gefragt, ob Sie sich lieber für Lotterie A oder B entscheiden, um anschließend zwischen C oder D zu wählen:

A: 100 € für einen roten Ball — C: 100 € für einen roten oder gelben Ball

B: 100 € für einen schwarzen Ball — D: 100 € für einen schwarzen oder gelben Ball

Es sollte klar sein, dass Sie A gegenüber B und C gegenüber D vorziehen sollten, wenn Sie glauben, dass es mehr rote als schwarze Kugeln gibt. Wenn Sie jedoch annehmen, dass es weniger rote als schwarze Kugeln gibt, sollten Sie sich entgegengesetzt entscheiden. Es stellt sich jedoch heraus, dass die meisten A gegenüber B und D gegenüber C bevorzugen, obwohl es keinen Zustand der Welt gibt, für den dies rational ist. Es scheint, dass Menschen eine **Ambiguitätsaversion** haben: A bietet ihnen eine 1/3 Chance zu gewinnen, während B irgendwo zwischen 0 und 2/3 liegen kann. Analog bietet ihnen D eine 2/3-Chance, während C irgendwo zwischen 1/3 und 3/3 liegen kann. Die meisten entscheiden sich eher für das bekannte Risiko als für die unbekannten Unwägbarkeiten.

6 Zum Beispiel kann der Mathematiker/Magier Persi Diaconis jeden Münzwurf so manipulieren, dass das Ergebnis seinen Vorstellungen entspricht (Landhuis, 2004).

7 Selbst die sichere Variante muss nicht sicher sein. Trotz feierlicher Versprechungen haben wir die 27.000.000 € vom nigerianischen Bankkonto eines bisher unbekannten verstorbenen Verwandten noch nicht erhalten.

Ein weiteres Problem ergibt sich dadurch, dass der genaue Wortlaut eines Entscheidungsproblems einen großen Einfluss auf die Wahl des Agenten haben kann – dies ist der sogenannte **Framing-Effekt**. Experimente zeigen, dass ein medizinisches Verfahren, das mit einer „90%igen Überlebensrate" angepriesen wird, doppelt so viel Zuspruch findet wie ein Verfahren, das mit einer „10%igen Todesrate" wirbt, obwohl beide Aussagen genau dasselbe meinen. Diese Diskrepanz in der Beurteilung wurde durch mehrere Experimente bestätigt, wobei es keine Rolle spielt, ob es sich bei den Probanden um Patienten in einer Klinik, statistisch gesehen um hochgebildete Wirtschaftsstudenten oder um erfahrene Ärzte handelt.

Menschen fühlen sich wohler, wenn sie *relative* statt absolute Nutzenbeurteilungen fällen. Ich habe vielleicht keine Ahnung, wie gut mir die verschiedenen Weine eines Restaurants schmecken könnten. Das Restaurant nutzt dies aus, indem es eine 200-Euro-Flasche auf die Karte setzt, die ohnehin keiner kauft, die aber dazu dient, die Einschätzung des Gastes über den Wert aller anderen Weine nach oben zu verschieben, sodass eine 55-Euro-Flasche wie ein Schnäppchen erscheint. Dies nennt man den **Ankereffekt**.

Wenn menschliche Informanten auf widersprüchlichen Präferenzbeurteilungen bestehen, gibt es nichts, was automatisierte Agenten tun können, um damit konsistent zu sein. Glücklicherweise werden die Präferenzbeurteilungen von Menschen im Lichte weiterer Überlegungen oft revidiert. Paradoxa wie das Allais- und das Ellsberg-Paradoxon werden deutlich reduziert (aber nicht eliminiert), wenn die Auswahlmöglichkeiten besser erklärt werden. In einer Arbeit an der Harvard Business School zur Einschätzung des Nutzens von Geld haben Keeney und Raiffa (1976, S. 210) Folgendes festgestellt:

> *Die Probanden tendieren dazu, im Kleinen risikoscheu zu sein und deshalb ... weisen die passenden Nutzenfunktionen inakzeptabel große Risikoprämien für Lotterien mit einer großen Gewinnspanne auf ... Die meisten Probanden können jedoch ihre Inkonsistenzen in Einklang bringen und haben das Gefühl, dass sie eine wichtige Lektion gelernt haben, wie sie sich verhalten wollen. Als Konsequenz kündigen einige Probanden ihre Kfz-Vollkaskoversicherung und erhöhen ihre Lebensversicherung.*

Die Evidenz für menschliche Irrationalität wird auch von Wissenschaftlern der **evolutionären Psychologie** hinterfragt, die darauf hinweisen, dass die Entwicklung von Entscheidungsmechanismen unseres Gehirns nicht darauf ausgerichtet ist, Textaufgaben mit Wahrscheinlichkeiten und Gewinnen, die als Dezimalzahlen angegeben werden, zu lösen. Nehmen wir einmal an, dass das Gehirn über integrierte Neuromechanismen zum Rechnen mit Wahrscheinlichkeiten und Nutzenwerten oder über irgendein funktionelles Äquivalent verfügt. Wäre dies der Fall, so würde die erforderliche Eingabe durch die gesammelten Erfahrungen mit Ergebnissen und Belohnungen gewonnen werden und nicht durch die sprachliche Darstellung von Zahlenwerten.

Es ist keineswegs selbstverständlich, dass wir direkt auf die integrierten Neuromechanismen des Gehirns zugreifen können, indem wir Entscheidungsprobleme in sprachlicher/numerischer Form präsentieren. Allein die Tatsache, dass unterschiedliche Formulierungen *desselben Entscheidungsproblems* unterschiedliche Wahlmöglichkeiten erlauben, deutet darauf hin, dass das Entscheidungsproblem selbst nicht richtig verstanden wird. Angeregt durch diese Beobachtung haben Psychologen versucht, Probleme im Bereich der unsicheren Schlussfolgerung und Entscheidungsfindung in „evolutionär angemessenen" Formen zu präsentieren. Zum Beispiel könnte der Leiter des Experiments, statt von einer „90%igen Überlebensrate" zu sprechen, 100 Strichmännchen-Animationen der Operation zeigen, wobei der Patient in 10 davon stirbt und in 90 überlebt. Werden Entscheidungsprobleme auf diese Weise dargestellt, dann scheint das Verhalten der Menschen viel näher am Rationalitätsstandard zu liegen.

16.4 Nutzenfunktionen mit Mehrfachattributen

Bei der Entscheidungsfindung in der Politik sind die Einsätze oft hoch, sowohl in finanzieller Hinsicht als auch in Bezug auf Menschenleben. Wenn beispielsweise über die Schadstoffemissionen eines Kraftwerks zu entscheiden ist, müssen die Politiker die Kosten vorbeugender Maßnahmen zur Verhinderung von Todesfällen und Behinderungen gegen den Nutzen der Energie und die wirtschaftliche Belastung von emissionsreduzierenden Maßnahmen abwägen. Auch bei der Suche nach einem Standort für einen neuen Flughafen müssen viele Faktoren berücksichtigt werden, unter anderem die durch den Bau verursachten Störungen, die Grundstückskosten, die Entfernung zu Ballungsgebieten, der Lärm des Flugbetriebs, Sicherheitsrisiken, die sich aus der örtlichen Topografie und den Wetterbedingungen ergeben. Probleme wie diese, deren Ergebnisse durch zwei oder mehr Attribute charakterisiert werden, werden von der **Nutzentheorie mit Mehrfachattributen** abgedeckt. Im Wesentlichen ist es die Theorie, die Äpfel mit Birnen vergleicht.

Wir bezeichnen die Attribute mit $\mathbf{X} = (X_1, \ldots, X_n)$ und $\mathbf{x} = \langle x_1, \ldots, x_n \rangle$ sei ein vollständiger Zuordnungsvektor, wobei jedes x_i entweder ein numerischer Wert oder ein diskreter Wert mit einer angenommenen Sortierung nach Werten ist. Die Analyse ist einfacher, wenn wir sie so gestalten, dass höhere Werte eines Attributs immer höheren Nutzenwerten entsprechen: Nutzenwerte sind monoton steigend. Das bedeutet, dass wir z. B. die Anzahl der Todesfälle d nicht als Attribut verwenden können, sondern $-d$ verwenden müssten. Es bedeutet auch, dass wir die Raumtemperatur t nicht als Attribut verwenden können. Wenn die Nutzenfunktion für die Temperatur eine Spitze bei 21 °C hat und auf beiden Seiten monoton abfällt, könnten wir das Attribut zweiteilen. Wir könnten mit $t - 21$ messen, ob der Raum warm genug ist, und mit $21 - t$, ob er kühl genug ist. Beide Attribute würden monoton ansteigen, bis sie ihren maximalen Nutzenwert bei 0 erreichen, wobei die Nutzenkurve ab diesem Punkt flach verläuft, was bedeutet, dass es oberhalb von 21 °C nicht mehr „warm genug“ und unterhalb von 21 °C nicht mehr „kühl genug“ wird.

Die Attribute im Flughafenproblem könnten sein:

- *Durchsatz*, gemessen in der Anzahl der Flüge pro Tag
- *Sicherheit*, gemessen in minus erwartete Anzahl der Todesfälle pro Jahr
- *Lautlosigkeit*, gemessen in minus Anzahl der Menschen, die in der Flugschneise leben
- *Sparsamkeit*, gemessen in negativen Baukosten

Wir beginnen unsere Untersuchung mit Fällen, in denen Entscheidungen getroffen werden können, *ohne* dass die Attributwerte zu einem einzigen Nutzenwert kombiniert werden müssen. Anschließend betrachten wir Fälle, in denen die Nutzenwerte von Attributkombinationen sehr präzise angegeben werden können.

16.4.1 Dominanz

Angenommen, der Flughafenstandort S_1 kostet weniger, verursacht weniger Lärmemissionen und ist sicherer als der Standort S_2. Man würde ohne Zögern S_2 ablehnen. Wir sprechen in diesem Fall davon, dass eine **strenge Dominanz** von S_1 gegenüber S_2 besteht. Im Allgemeinen gilt: Wenn eine Option bei allen Attributen einen geringeren Wert hat als eine andere Option, muss sie nicht weiter berücksichtigt werden. Strenge Dominanz ist oft sehr nützlich, um das Feld der Auswahlmöglichkeiten auf die wirklich wichtigen Kandidaten einzugrenzen, auch wenn sich dabei selten eine eindeutige Auswahl herauskristallisiert. ► Abbildung 16.4 a zeigt schematisch den Fall mit zwei Attributen.

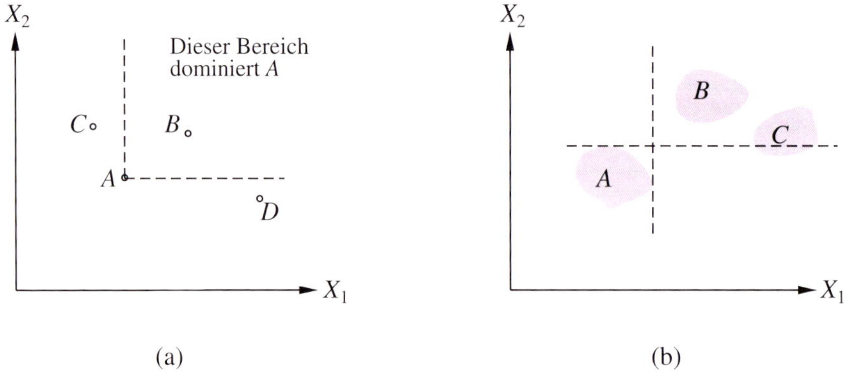

Abbildung 16.4: Strenge Dominanz. (a) Deterministisch: Option A wird streng von B dominiert, aber nicht von C oder D. (b) Unsicher: A wird streng von B dominiert, aber nicht von C.

Für den deterministischen Fall, wo die Attributwerte bekannt sind, stellt dies kein Problem dar. Was aber ist mit dem allgemeinen Fall, wo die Ergebnisse unsicher sind? Es kann ein direktes Analogon zur strengen Dominanz konstruiert werden, wo trotz der Unsicherheit alle möglichen konkreten Ergebnisse für S_1 alle möglichen Ergebnisse für S_2 streng dominieren (► Abbildung 16.4 b). Natürlich tritt dies weniger häufig auf als im deterministischen Fall.

Glücklicherweise gibt es eine nützlichere Verallgemeinerung, die **stochastische Dominanz**, die sehr häufig in realen Problemen auftritt. Die stochastische Dominanz lässt sich am einfachsten anhand eines einzelnen Attributs veranschaulichen. Angenommen, die Kosten für den Bau des Flughafens am Standort S_1 sind zwischen 2,8 Mrd. € und 4,8 Mrd € gleichverteilt und die Kosten für Standort S_2 zwischen 3 Mrd. € und 5,2 Mrd. €. Wir definieren das Attribut *Sparsamkeit* als negative Kosten. ► Abbildung 16.5 a zeigt die Verteilungen für die „Sparsamkeit" der Standorte S_1 und S_2. Wenn man nur die Information besitzt, dass die sparsamere Wahl besser ist (unter sonst gleichen Bedingungen), können wir sagen, dass S_1 den Standort S_2 stochastisch dominiert (d. h., S_2 kann verworfen werden). Beachten Sie, dass dies *nicht* aus dem Vergleich der erwarteten Kosten folgt. Wenn wir zum Beispiel wissen, dass die Kosten von S_1 *genau* 3,8 Mrd. € betragen, dann können wir ohne zusätzliche Informationen

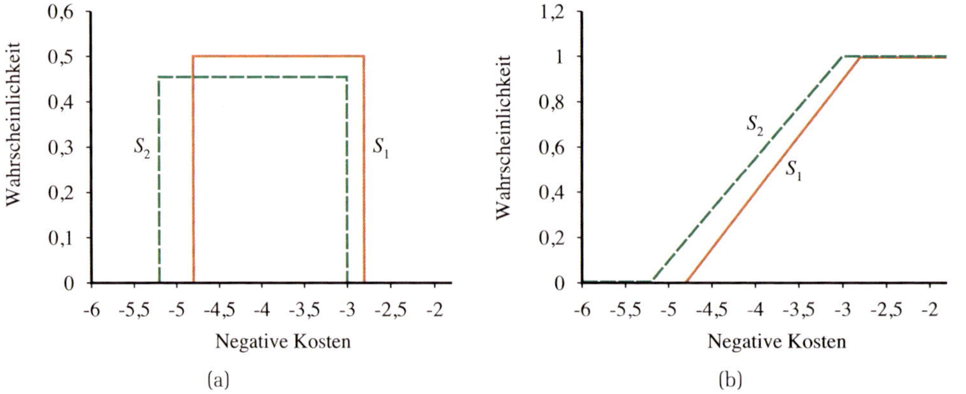

Abbildung 16.5: Stochastische Dominanz. (a) S_1 dominiert S_2 stochastisch bei der Sparsamkeit (negative Kosten). (b) Kumulative Verteilungen für die Sparsamkeit von S_1 und S_2.

über den Nutzen des Gelds *keine* Entscheidung treffen. (Es mag seltsam erscheinen, doch je *mehr* Informationen ein Agent über die Kosten von S_1 hat, desto *weniger* entscheidungsfähig könnte er werden. Das Paradoxon löst sich auf, wenn man erkennt, dass eine Entscheidung ohne exakte Kosteninformationen zwar leichter zu treffen ist, aber wahrscheinlicher falsch sein wird.)

Die genaue Beziehung zwischen den Attributverteilungen, die man braucht, um eine stochastische Dominanz herzustellen, erkennt man am besten, wenn man die in ► Abbildung 16.5 b gezeigten kumulativen Verteilungen betrachtet. Wenn die kumulative Verteilung für S_1 immer rechts von der kumulativen Verteilung für S_2 liegt, dann ist, stochastisch gesehen, S_1 billiger als S_2. Formal ausgedrückt, wenn zwei Aktionen A_1 und A_2 zu Wahrscheinlichkeitsverteilungen $p_1(x)$ und $p_2(x)$ für das Attribut X führen, dann dominiert A_1 die Aktion A_2 stochastisch für X, wenn

$$\forall x \quad \int_{-\infty}^{x} p_1(x')\,\mathrm{d}x' \leq \int_{-\infty}^{x} p_2(x')\,\mathrm{d}x'$$

ist. Die Bedeutung dieser Definition für die Auswahl optimaler Entscheidungen ergibt sich aus der folgenden Eigenschaft: *Wenn A_1 stochastisch A_2 dominiert, dann ist für jede monoton nichtfallende Nutzenfunktion $U(x)$ der erwartete Nutzen von A_1 mindestens so hoch wie der erwartete Nutzen von A_2.* Um zu zeigen, warum dies stimmt, betrachten wir die beiden erwarteten Nutzenwerte $\int p_1(x)U(x)\,\mathrm{d}x$ und $\int p_2(x)U(x)\,\mathrm{d}x$. Zunächst ist nicht offensichtlich, warum das erste Integral größer ist als das zweite, wenn man bedenkt, dass die stochastische Dominanzbedingung ein p_1-Integral hat, das kleiner ist als das p_2-Integral.

Anstatt sich mit dem Integral über x zu beschäftigen, sollten Sie sich lieber mit dem Integral über y, der kumulativen Wahrscheinlichkeit in ► Abbildung 16.5 b, beschäftigen. Für jeden Wert von y ist der entsprechende Wert von x (und damit von $U(x)$) für S_1 größer als für S_2. Wenn wir also eine größere Menge über den gesamten Bereich von y integrieren, erhalten wir zwangsläufig ein größeres Ergebnis. Formal betrachtet ist es nur eine Substitution von $y = P_1(x)$ im Integral für den erwarteten Wert von S_1 und von $y = P_2(x)$ im Integral für den erwarteten Wert von S_2. Mit diesen Substitutionen erhalten wir $\mathrm{d}y = \frac{\mathrm{d}}{\mathrm{d}x}(P_1(x))\,\mathrm{d}x = p_1(x)\,\mathrm{d}x$ für S_1 und $\mathrm{d}y = p_2(x)\,\mathrm{d}x$ für S_2, also:

$$\int_{-\infty}^{\infty} p_1(x)U(x)\,\mathrm{d}x = \int_{0}^{1} U(P_1^{-1}(y))\,\mathrm{d}y \geq \int_{0}^{1} U(P_2^{-1}(y))\,\mathrm{d}y = \int_{\infty}^{\infty} p_2(x)U(x)\,\mathrm{d}x$$

Diese Ungleichung erlaubt es uns, bei Problemen mit nur einem Attribut die Aktion A_1 der Aktion A_2 vorzuziehen. Allgemeiner ausgedrückt: Wenn bei Problemen mit Mehrfachattributen eine Aktion stochastisch von einer anderen Aktion für *alle* Attribute dominiert wird, dann kann sie verworfen werden.

Die stochastische Dominanzbedingung mag recht technisch erscheinen und ohne umfangreiche Wahrscheinlichkeitsberechnungen nicht so leicht auszuwerten sein. Doch in vielen Fällen lässt sie sich eigentlich sehr leicht entscheiden. Würden Sie zum Beispiel lieber aus 3 Millimetern oder 3 Metern Höhe Kopf voran auf Beton fallen? Angenommen, Sie entscheiden sich für 3 Millimeter, dann haben Sie eine gute Wahl getroffen! Warum ist diese Entscheidung zwangsläufig besser? Die Unsicherheit über den Grad des Schadens ist in beiden Fällen relativ groß; aber für jedes gegebene Schadensniveau ist die Wahrscheinlichkeit, dass Sie zumindest auf diesem Niveau einen Schaden erleiden, bei einem Fall aus 3 Metern höher als bei einem Fall aus 3 Millimetern. Mit anderen Worten: 3 Millimeter dominieren stochastisch 3 Meter beim Attribut *Sicherheit*.

Diese Art des Schlussfolgerns ist für uns Menschen so selbstverständlich, dass wir nicht einmal darüber nachdenken. Stochastische Dominanz gibt es auch beim Flughafenproblem in

Hülle und Fülle. Nehmen wir zum Beispiel an, dass die Transportkosten für den Flughafenbau von der Entfernung zum Lieferanten abhängen. Die Kosten selbst sind unsicher, aber je größer die Entfernung, desto größer die Kosten. Wenn S_1 näher liegt als S_2, dann wird S_1 den Standort S_2 in Sachen Sparsamkeit dominieren. Obwohl wir hier nicht näher darauf eingehen wollen, gibt es Algorithmen für die Weitergabe dieser Art von qualitativer Information zwischen unsicheren Variablen in **qualitativen probabilistischen Netzwerken**, die es einem System ermöglichen, rationale Entscheidungen auf der Basis von stochastischer Dominanz zu treffen, ohne überhaupt numerische Werte zu verwenden.

16.4.2 Präferenzstruktur und Nutzen mit Mehrfachattributen

Angenommen, wir haben n Attribute, die jeweils d verschiedene mögliche Werte annehmen können. Um die vollständige Nutzenfunktion $U(x_1, \ldots, x_n)$ zu spezifizieren, benötigen wir im schlimmsten Fall d^n Werte. Die Nutzentheorie mit Mehrfachattributen zielt darauf ab, zusätzliche Strukturen in den menschlichen Präferenzen zu identifizieren, sodass wir nicht alle d^n Werte einzeln angeben müssen. Nachdem wir eine gewisse Regelmäßigkeit im Präferenzverhalten identifiziert haben, leiten wir **Repräsentationstheoreme** ab, um zu zeigen, dass ein Agent mit einer bestimmten Art von Präferenzstruktur eine Nutzenfunktion

$$U(x_1, \ldots, x_n) = F[f_1(x_1), \ldots, f_n(x_n)]$$

hat, bei der F (hoffentlich) eine einfache Funktion wie z. B. Addition ist. Beachten Sie die Ähnlichkeit mit der Verwendung von Bayes'schen Netzen, um die gemeinsame Wahrscheinlichkeit mehrerer Zufallsvariablen zu zerlegen.

Nehmen wir als Beispiel an, dass jedes x_i der Geldbetrag ist, den der Agent in einer bestimmten Währung hat: Dollar, Euro, Mark, Lira usw. Die f_i-Funktionen könnten dann jeden Betrag in eine gemeinsame Währung umrechnen und F wäre dann einfach eine Addition.

Präferenzen ohne Unsicherheit

Lassen Sie uns mit dem deterministischen Fall beginnen. Auf S. 600 haben wir festgestellt, dass der Agent für deterministische Umgebungen eine Wertefunktion hat, die hier $V(x_1, \ldots, x_n)$ lautet. Das Ziel ist, diese Funktion präzise darzustellen. Die grundlegende Regelmäßigkeit, die in deterministischen Präferenzstrukturen auftritt, wird **Präferenzunabhängigkeit** genannt. Zwei Attribute X_1 und X_2 sind präferenzunabhängig von einem dritten Attribut X_3, wenn die Präferenz zwischen den Ergebnissen $\langle x_1, x_2, x_3 \rangle$ und $\langle x_1', x_2', x_3 \rangle$ nicht vom Wert x_3 für das Attribut X_3 abhängt.

Kehren wir zurück zum Flughafenbeispiel, bei dem wir (neben anderen Attributen) *Lautlosigkeit*, *Sparsamkeit* und *Sicherheit* zu berücksichtigen haben. Hier könnte man vorschlagen, *Lautlosigkeit* und *Sparsamkeit* präferenzunabhängig von *Sicherheit* zu betrachten. Wenn wir z. B. ein Ergebnis mit 20.000 Menschen in der Flugschneise und Baukosten von 4 Mrd. € einem Ergebnis mit 70.000 Menschen in der Flugschneise und Kosten von 3,7 Mrd. € vorziehen, wobei die Sicherheitsstufe in beiden Fällen bei 0,006 Todesfällen pro Milliarde Passagiermeilen liegt, dann hätten wir die gleiche Präferenz, wenn die Sicherheitsstufe bei 0,012 oder 0,003 läge. Und die gleiche Unabhängigkeit gälte für Präferenzen zwischen jedem anderen Wertepaar für *Lautlosigkeit* und *Sparsamkeit*. Es ist auch ersichtlich, dass *Sparsamkeit* und *Sicherheit* präferenzunabhängig von *Lautlosigkeit* sind und dass *Lautlosigkeit* und *Sicherheit* präferenzunabhängig von *Sparsamkeit* sind.

Wir sagen, dass die Menge der Attribute {*Lautlosigkeit*, *Sparsamkeit*, *Sicherheit*} eine **gegenseitige Präferenzunabhängigkeit** (*Mutual Preferential Independence*, MPI) aufweist. MPI besagt, dass jedes Attribut zwar wichtig sein kann, aber keinen Einfluss darauf hat, wie man die anderen Attribute gegeneinander abwägt.

Gegenseitige Präferenzunabhängigkeit mag kompliziert klingen, aber daraus lässt sich eine einfache Form für die Wertefunktion des Agenten ableiten (Debreu, 1960): *Wenn Attribute* $X_1, \ldots, X_n$ *gegenseitig präferenzunabhängig sind, dann können die Präferenzen des Agenten durch eine Wertefunktion*

$$V(x_1, \ldots, x_n) = \sum_i V_i(x_i)$$

dargestellt werden, wobei sich jedes V_i *nur auf das Attribut* X_i *bezieht.* Es könnte z. B. gut sein, dass die Flughafenentscheidung mit einer Wertefunktion

$$V(lautlosigkeit, sparsamkeit, sicherheit) = lautlosigkeit \times 10^4 + sparsamkeit + sicherheit \times 10^{12}$$

getroffen werden kann.

Eine Wertefunktion dieses Typs wird als **additive Wertefunktion** bezeichnet. Additive Funktionen sind eine äußerst natürliche Art und Weise, die Präferenzen eines Agenten zu beschreiben, und lassen sich in vielen realen Situationen anwenden. Für n Attribute ist es für die Bewertung einer additiven Wertefunktion erforderlich, n separate eindimensionale Wertefunktionen anstelle einer n-dimensionalen Funktion zu bewerten; normalerweise reduziert dies die Anzahl der benötigten Präferenzexperimente exponentiell. Selbst wenn die gegenseitige Präferenzunabhängigkeit nicht streng eingehalten wird, wie es bei extremen Werten der Attribute der Fall sein könnte, kann eine additive Wertefunktion dennoch eine gute Annäherung an die Präferenzen des Agenten liefern. Dies gilt insbesondere dann, wenn die Verletzungen der MPI in Teilen der Attributbereiche auftreten, die in der Praxis unwahrscheinlich sind.

Um die MPI besser zu verstehen, hilft es, Fälle zu betrachten, in denen sie *nicht* gilt. Nehmen wir an, Sie sind auf einem mittelalterlichen Markt und erwägen den Kauf einiger Jagdhunde, einiger Hühner und einiger Weidenkäfige für die Hühner. Die Jagdhunde sind sehr wertvoll, aber wenn Sie nicht genügend Käfige für die Hühner haben, werden die Hunde die Hühner fressen; daher hängt der Kompromiss zwischen Hunden und Hühnern stark von der Anzahl der Käfige ab, und die MPI ist verletzt. Derartige Wechselwirkungen zwischen verschiedenen Attributen machen es viel schwieriger, die gesamte Wertefunktion zu beurteilen.

Präferenzen mit Unsicherheit

Wenn in der Domäne Unsicherheit herrscht, müssen wir auch die Struktur der Präferenzen zwischen den Lotterien berücksichtigen und die sich daraus ergebenden Eigenschaften der Nutzenfunktionen verstehen, nicht nur die Wertefunktionen. Die Mathematik dieses Problems kann recht kompliziert werden, daher stellen wir nur eines der Hauptergebnisse vor, um einen Eindruck davon zu vermitteln, was möglich ist.

Der grundlegende Begriff der **Nutzenunabhängigkeit** erweitert die Präferenzunabhängigkeit auf Lotterien: Eine Menge von Attributen $\mathbf{X}$ ist nutzenunabhängig von einer Menge von Attributen $\mathbf{Y}$, wenn die Präferenzen zwischen Lotterien auf den Attributen in $\mathbf{X}$ unabhängig von den besonderen Werten der Attribute in $\mathbf{Y}$ sind. Eine Menge von Attributen ist **gegenseitig nutzenunabhängig** (*Mutual Utility Independence*, MUI), wenn jede ihrer Teilmengen nutzenunabhängig von den verbleibenden Attributen ist. Auch hier scheint es vernünftig zu fordern, dass die Flughafenattribute gegenseitig nutzenunabhängig sind.

MUI impliziert, dass das Verhalten des Agenten durch eine **multiplikative Nutzenfunktion** beschrieben werden kann (Keeney, 1974). Die allgemeine Form einer multiplikativen Nutzenfunktion wird am besten deutlich, wenn man den Fall für drei Attribute betrachtet. Der Kürze halber verwenden wir U_i für $U_i(x_i)$:

$$U = k_1U_1 + k_2U_2 + k_3U_3 + k_1k_2U_1U_2 + k_2k_3U_2U_3 + k_3k_1U_3U_1 + k_1k_2k_3U_1U_2U_3$$

Obwohl dies ziemlich kompliziert aussieht, sind nur drei einattributige Nutzenfunktionen und drei Konstanten enthalten. Im Allgemeinen kann ein Problem mit n Attributen, die gegenseitig nutzenunabhängig sind, mit n einattributigen Nutzenfunktionen und n Konstanten modelliert werden. Jede der einattributigen Nutzenfunktionen kann unabhängig von den anderen Attributen entwickelt werden und diese Kombination erzeugt garantiert die korrekten Gesamtpräferenzen. Um eine rein additive Nutzenfunktion zu erhalten, sind zusätzliche Annahmen erforderlich.

16.5 Entscheidungsnetze

In diesem Abschnitt betrachten wir einen allgemeinen Mechanismus für rationale Entscheidungen. Die Notation wird oft als **Einflussdiagramm** bezeichnet (Howard und Matheson, 1984), aber wir verwenden hier den deskriptiveren Begriff **Entscheidungsnetz**. Entscheidungsnetze kombinieren Bayes'sche Netze mit zusätzlichen Knotentypen für Aktionen und Nutzenwerte. Als Beispiel nehmen wir das Problem, einen Flughafenstandort auszuwählen.

16.5.1 Darstellung eines Entscheidungsproblems mithilfe eines Entscheidungsnetzes

In seiner allgemeinsten Form repräsentiert ein Entscheidungsnetz Informationen über den aktuellen Zustand des Agenten, seine möglichen Aktionen, den Zustand, der sich aus den Aktionen des Agenten ergibt, und den Nutzen dieses Zustands. Es bildet daher die Grundlage für die Implementierung von nutzenbasierten Agenten wie sie in Abschnitt 2.4.5 erstmals vorgestellt wurden. ► Abbildung 16.6 zeigt ein Entscheidungsnetz für das Flughafenstandortproblem. Sie zeigt die drei verwendeten Knotentypen:

- **Zufallsknoten** (Ovale) repräsentieren Zufallsvariablen, genau wie in Bayes'schen Netzen. Der Agent könnte unsicher sein über die Baukosten, das Flugverkehrsaufkommen und den Umfang potenzieller Rechtsstreitigkeiten sowie über die *Sicherheit-*, *Lautlosigkeit-* und die gesamten *Sparsamkeit*-Variablen, die jeweils auch von dem gewählten Standort abhängen. Jedem Zufallsknoten ist eine bedingte Verteilung zugeordnet, deren Index durch den Zustand der Elternknoten gebildet wird. In Entscheidungsnetzen können die Elternknoten sowohl Entscheidungsknoten als auch Zufallsknoten enthalten. Beachten Sie, dass jeder

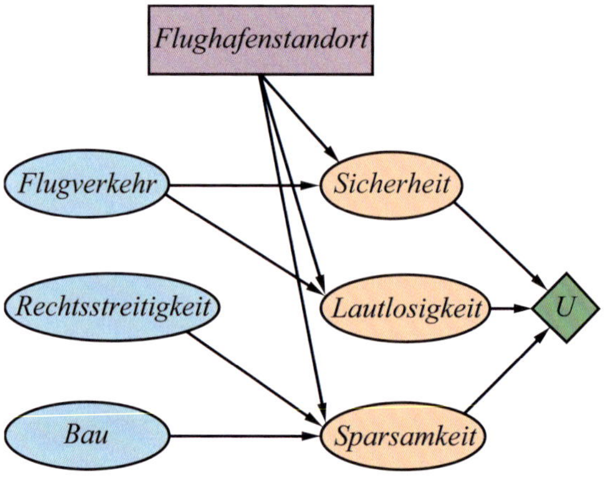

Abbildung 16.6: Ein Entscheidungsnetz für das Flughafenstandortproblem.

der Zufallsknoten im aktuellen Zustand Teil eines großen Bayes'schen Netzes sein könnte, um die Baukosten, das Flugverkehrsaufkommen oder potenzielle Rechtsstreitigkeiten einzuschätzen.

- **Entscheidungsknoten** (Rechtecke) stellen Punkte dar, an denen der Entscheidungsträger zwischen verschiedenen Aktionen wählen kann. In diesem Fall kann die Aktion *Flughafenstandort* für jeden infrage kommenden Standort einen anderen Wert annehmen. Die Auswahl beeinflusst die Sicherheit, Lautlosigkeit und Sparsamkeit der Lösung. In diesem Kapitel wird davon ausgegangen, dass wir es mit einem einzigen Entscheidungsknoten zu tun haben. Kapitel 17 befasst sich mit Fällen, in denen mehr als eine Entscheidung getroffen werden muss.
- **Nutzenknoten** (Rauten) repräsentieren die Nutzenfunktion des Agenten.[8] Der Nutzenknoten hat als Eltern alle Variablen, die die Ergebnisse beschreiben, die den Nutzen direkt beeinflussen. Mit dem Nutzenknoten verbunden ist eine Beschreibung des Nutzens des Agenten als Funktion der Elternattribute. Die Beschreibung könnte nur eine Tabellierung der Funktion sein oder eine parametrisierte additive oder lineare Funktion der Attributwerte. Für den Moment nehmen wir an, dass die Funktion deterministisch ist, d. h., der Wert des Nutzenknotens ist bei gegebenen Werten seiner Elternvariablen vollständig bestimmt.

In vielen Fällen wird auch eine vereinfachte Form verwendet. Die Notation bleibt dieselbe, aber die Zufallsknoten, die die Ergebniszustände beschreiben, werden weggelassen. Stattdessen ist der Nutzenknoten direkt mit den aktuellen Zustandsknoten und dem Entscheidungsknoten verbunden. In diesem Fall repräsentiert der Nutzenknoten keine Nutzenfunktion für die Ergebniszustände, sondern den *erwarteten* Nutzen, der jeder Aktion zugeordnet ist, wie in Gleichung (16.1) auf S. 597 definiert; das heißt, der Knoten ist mit einer **Aktion-Nutzen-Funktion** verbunden (beim Reinforcement Learning auch bekannt als **Q-Funktion**, siehe Kapitel 22). ► Abbildung 16.7 zeigt die Aktion-Nutzen-Repräsentation des Flughafenstandortproblems.

Beachten Sie, dass sich die Zufallsknoten *Lautlosigkeit*, *Sicherheit* und *Sparsamkeit* in ► Abbildung 16.6 auf zukünftige Zustände beziehen und ihre Werte daher nie als Evidenzvariablen gesetzt werden können. Daher kann die vereinfachte Version, die diese Knoten weglässt, immer dann verwendet werden, wenn die allgemeinere Form verwendet werden

8 Diese Knoten werden in der Literatur auch als **Werteknoten** bezeichnet.

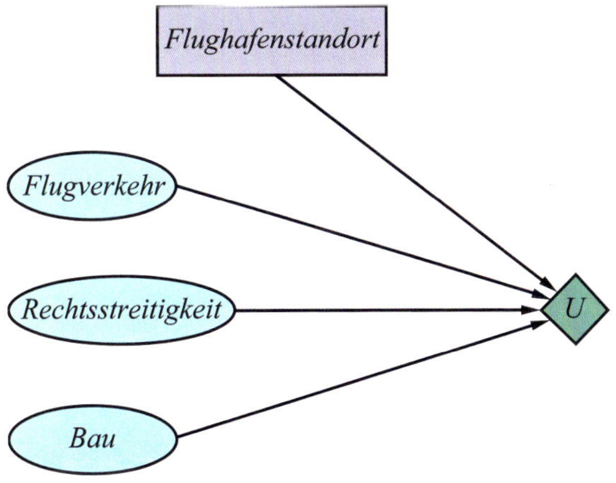

Abbildung 16.7: Eine vereinfachte Darstellung des Flughafenstandortproblems. Die Zufallsknoten, die den Ergebniszuständen entsprechen, wurden ausfaktorisiert.

kann. Obwohl die vereinfachte Form weniger Knoten enthält, bedeutet das Weglassen einer expliziten Beschreibung des Ergebnisses des Standortproblems, dass sie weniger flexibel in Bezug auf sich ändernde Umstände ist.

In ► Abbildung 16.6 kann z. B. eine Änderung des Fluglärmpegels durch eine Änderung der bedingten Wahrscheinlichkeitstabelle ausgedrückt werden, die mit dem Knoten *Lautlosigkeit* verbunden ist, während eine Gewichtungsänderung der Lärmbelastung in der Nutzenfunktion durch eine Änderung in der Nutzentabelle ausgedrückt werden kann. Im Aktion-Nutzwert-Diagramm in ► Abbildung 16.7 müssen dagegen alle derartigen Änderungen durch Änderungen in der Aktion-Nutzen-Tabelle ausgedrückt werden. Im Wesentlichen ist die Aktion-Nutzen-Formulierung eine *kompilierte* Version der ursprünglichen Formulierung, die man durch Aussummieren der Ergebniszustandsvariablen erhält.

16.5.2 Bewertung von Entscheidungsnetzen

Aktionen werden ausgewählt, indem das Entscheidungsnetz für jede mögliche Einstellung des Entscheidungsknotens ausgewertet wird. Sobald der Entscheidungsknoten gesetzt ist, verhält er sich genau wie ein Zufallsknoten, der als Evidenzvariable gesetzt wurde. Der Algorithmus zum Bewerten von Entscheidungsnetzen sieht folgendermaßen aus:

1. Setze die Evidenzvariablen für den aktuellen Zustand.
2. Für jeden möglichen Wert des Entscheidungsknotens:
   a. Setze den Entscheidungsknoten auf diesen Wert.
   b. Berechne die A-posteriori-Wahrscheinlichkeiten für die Elternknoten des Nutzenknotens, unter Verwendung eines standardmäßigen probabilistischen Inferenzalgorithmus.
   c. Berechne den resultierenden Nutzen für die Aktion.
3. Gib die Aktion mit dem höchsten Nutzen zurück.

Dies ist ein unkomplizierter Ansatz, der jeden verfügbaren Bayes'schen Netzalgorithmus verwenden kann und direkt in den in ► Abbildung 12.1 auf Seite S. 445 dargestellten Agentenentwurf integriert werden kann. Wir werden in Kapitel 17 sehen, dass die Möglichkeit, mehrere Aktionen nacheinander auszuführen, das Problem viel interessanter macht.

16.6 Der Wert von Informationen

In der vorangegangenen Analyse haben wir angenommen, dass dem Agenten alle relevanten Informationen oder zumindest alle verfügbaren Informationen bereitgestellt werden, bevor er seine Entscheidung trifft. In der Praxis ist dies jedoch selten der Fall. *Einer der wichtigsten Bestandteile der Entscheidungsfindung ist zu wissen, welche Fragen zu stellen sind.* Ein Arzt kann zum Beispiel nicht erwarten, die Ergebnisse aller möglichen Diagnosetests und Fragen vor sich liegen zu haben, wenn ein Patient zum ersten Mal das Sprechzimmer betritt. Tests sind oft teuer und manchmal gefährlich (sowohl direkt als auch wegen der damit verbundenen Verzögerungen). Ihre Bedeutung hängt von zwei Faktoren ab: ob die Testergebnisse zu einem deutlich besseren Behandlungsplan führen würden und wie wahrscheinlich die verschiedenen Testergebnisse sind.

In diesem Abschnitt wird die **Informationswerttheorie** beschrieben, die es einem Agenten ermöglicht zu wählen, welche Informationen er abfragen möchte. Wir gehen davon aus, dass der Agent vor der Auswahl einer „echten" Aktion, die durch den Entscheidungsknoten repräsentiert wird, den Wert jeder der potenziell beobachtbaren Zufallsvariablen im Modell abfragen kann. Daher beinhaltet die Informationswerttheorie eine vereinfachte Form der sequenziellen Entscheidungsfindung – vereinfacht, weil die Beobachtungsaktionen nur den **Wissenszustand** des Agenten beeinflussen, nicht aber den externen physischen Zustand. Der Wert irgendeiner konkreten Beobachtung muss sich aus dem Potenzial ableiten, die endgültige physische Aktion des Agenten zu beeinflussen – und dieses Potenzial lässt sich direkt aus dem Entscheidungsmodell selbst abschätzen.

16.6.1 Ein einfaches Beispiel

Nehmen wir an, eine Ölgesellschaft hofft, einen von n nicht zu unterscheidenden Blöcken von Meeresbohrrechten zu kaufen. Nehmen wir weiter an, dass genau einer der Blöcke Öl enthält, das einen Nettogewinn von C Euro bringt, während die anderen wertlos sind. Der geforderte Preis für jeden Block beträgt C/n Euro. Wenn das Unternehmen risikoneutral ist, dann ist es indifferent zwischen Kauf und Nichtkauf eines Blocks, da der erwartete Gewinn in beiden Fällen null ist.

Nehmen wir nun an, dass ein Seismologe dem Unternehmen die Ergebnisse einer Untersuchung von Block Nummer 3 anbietet, die definitiv anzeigt, ob der Block Öl enthält. Wie viel sollte das Unternehmen für diese Information zahlen? Um diese Frage zu beantworten, muss untersucht werden, was das Unternehmen machen würde, wenn es die Informationen hätte:

- Mit einer Wahrscheinlichkeit von $1/n$ zeigt die Untersuchung Öl in Block 3 an. In diesem Fall kauft das Unternehmen Block 3 für C/n Euro und macht einen Gewinn von $C - C/n = (n-1)C/n$ Euro.
- Mit der Wahrscheinlichkeit $(n-1)/n$ zeigt die Untersuchung, dass der Block kein Öl enthält. In diesem Fall wird das Unternehmen einen anderen Block kaufen. Nun ändert sich die Wahrscheinlichkeit, in einem der anderen Blöcke Öl zu finden, von $1/n$ auf $1/(n-1)$, sodass das Unternehmen einen erwarteten Gewinn von $C/(n-1) - C/n = C/n(n-1)$ Euro macht.

Anhand der Informationen aus der Untersuchung können wir jetzt den erwarteten Gewinn berechnen:

$$\frac{1}{n} \times \frac{(n-1)C}{n} + \frac{n-1}{n} \times \frac{C}{n(n-1)} = C/n$$

Die Informationen sind dem Unternehmen also C/n Euro wert und das Unternehmen sollte bereit sein, dem Seismologen einen erheblichen Teil dieses Betrags zu zahlen.

Der Wert von Informationen ergibt sich aus der Tatsache, dass man *mit* den Informationen seine Handlungsweise an die aktuelle Situation anpassen kann. Man kann je nach Situation differenzieren, während man ohne die Information das tun muss, was im Mittel in den möglichen Situationen am besten ist. Im Allgemeinen ist der Wert einer gegebenen Information definiert als die Differenz des erwarteten Werts zwischen den besten Handlungen vor und nach Erhalt der Information.

16.6.2 Eine allgemeine Formel für perfekte Informationen

Die Ableitung einer allgemeinen mathematischen Formel für den Wert von Information ist ganz einfach. Wir gehen davon aus, dass über den Wert einer Zufallsvariablen E_j eine genaue Evidenz zu erhalten ist (d. h., wir lernen $E_j = e_j$), sodass wir den Ausdruck **Wert perfekter Information** (WPI) verwenden.[9]

9 Es ist kein Verlust an Aussagekraft, wenn man perfekte Informationen verlangt. Angenommen, wir möchten den Fall modellieren, dass wir uns einer Variablen etwas sicherer werden. Zu diesem Zweck können wir eine *andere* Variable einführen, über die wir perfekte Informationen erhalten. Nehmen wir zum Beispiel an, dass anfangs eine breite Unsicherheit in Bezug auf die Variable *Temperatur* besteht. Dann werden wir perfekt informiert, dass *Thermometer* = 37 ist; dadurch erhalten wir unvollständige Informationen über die tatsächliche *Temperatur* und die Unsicherheit aufgrund von Messfehlern wird im Sensormodell $\mathbf{P}(Thermometer \mid Temperatur)$ codiert. Ein weiteres Beispiel finden Sie in Übung 16.22 auf der Website.

Im anfänglichen Informationszustand des Agenten ist der Wert der aktuell besten Aktion α laut Gleichung (16.1)

$$EU(\alpha) = \max_a \sum_{s'} P(\text{RESULT}(a) = s')\, U(s')$$

und der Wert der neuen besten Aktion (nachdem die neue Evidenz $E_j = e_j$ erhalten wurde) berechnet sich zu

$$EU(\alpha_{e_j}|e_j) = \max_a \sum_{s'} P(\text{RESULT}(a) = s' \mid e_j)\, U(s') \,.$$

Aber E_j ist eine Zufallsvariable, deren Wert *derzeit* nicht bekannt ist. Um also den Wert für die Ermittlung von E_j zu bestimmen, müssen wir einen Mittelwert über alle möglichen Werte e_j bilden, die wir für E_j feststellen können, wozu wir unser *aktuelles* Wissen über seinen Wert verwenden:

$$WPI(E_j) = \left(\sum_{e_j} P(E_j = e_j)\, EU(\alpha_{e_j}|E_j = e_j) \right) - EU(\alpha)$$

Um ein Gefühl für diese Formel zu bekommen, betrachten wir den einfachen Fall, dass es nur zwei Aktionen a_1 und a_2 gibt, aus denen man wählen kann. Ihre aktuellen erwarteten Nutzen sind U_1 und U_2. Die Information $E_j = e_j$ ergibt neue erwartete Nutzen U_1' und U_2' für die Aktionen. Doch bevor wir E_j erhalten, haben wir Wahrscheinlichkeitsverteilungen über die möglichen Werte von U_1' und U_2' (von denen wir annehmen, dass sie voneinander unabhängig sind).

Angenommen, a_1 und a_2 stellen zwei verschiedene Routen durch ein Gebirge im Winter dar: a_1 ist eine schöne, gerade Autobahn durch einen Tunnel und a_2 ist eine kurvenreiche Schotterstraße über den Gipfel. Mit diesen Informationen ist a_1 eindeutig vorzuziehen, da es durchaus möglich ist, dass a_2 durch Schnee unpassierbar wird, während es unwahrscheinlich ist, dass irgendetwas a_1 blockiert. U_1 ist daher eindeutig höher als U_2. Es ist möglich, Satellitenbilder E_j über den tatsächlichen Zustand jeder Straße anzufordern, die neue Erwartungen U_1' und U_2' für die beiden Passüberquerungen wecken würden. Die Verteilungen für diese Erwartungen sind in ► Abbildung 16.8 a dargestellt. Offensichtlich lohnt sich in diesem Fall der Aufwand für die Beschaffung von Satellitenbildern nicht, da es unwahrscheinlich ist, dass die daraus abgeleiteten Informationen den Plan ändern. Ohne Änderung haben die Informationen keinen Wert.

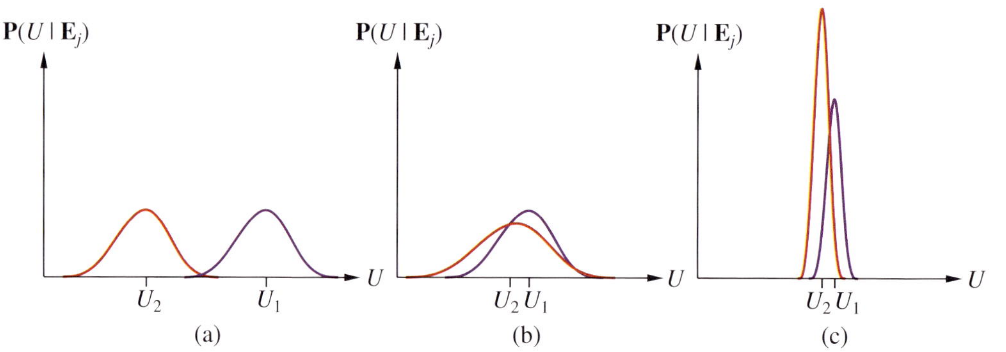

Abbildung 16.8: Drei generische Fälle für den Wert von Informationen. In (a) bleibt a_1 mit ziemlicher Sicherheit besser als a_2, sodass die Information nicht benötigt wird. In (b) ist die Wahl unklar und die Information ist entscheidend. In (c) ist die Wahl unklar, aber da sie kaum einen Unterschied macht, ist die Information weniger wertvoll. (Hinweis: Da U_2 in (c) einen hohen Spitzenwert hat, ist ihr erwarteter Wert mit höherer Sicherheit bekannt als der für U_1.)

Nehmen wir nun an, wir haben die Wahl zwischen zwei verschiedenen kurvenreichen Schotterstraßen von leicht unterschiedlicher Länge und wir befördern einen Schwerverletzten. Selbst wenn U_1 und U_2 relativ nahe beieinanderliegen, sind die Verteilungen von U'_1 und U'_2 sehr breit. Es besteht eine hohe Wahrscheinlichkeit, dass die zweite Route frei ist, während die erste blockiert ist. In diesem Fall ist der Unterschied im Nutzen sehr hoch. Die WPI-Formel zeigt an, dass es sich lohnen könnte, die Satellitenbilder anzufordern. ► Abbildung 16.8 b zeigt diese Situation.

Nehmen wir schließlich an, dass wir zwischen den beiden unbefestigten Schotterstraßen im Sommer wählen, wenn eine Unpassierbarkeit durch Schnee unwahrscheinlich ist. In diesem Fall könnten Satellitenbilder zeigen, dass die eine Route landschaftlich reizvoller ist als die andere, weil es dort blühende Almwiesen gibt, oder vielleicht nasser, weil es wieder geregnet hat. Es ist daher sehr wahrscheinlich, dass wir unseren Plan ändern würden, wenn wir die Informationen hätten. In diesem Fall ist jedoch der Wertunterschied zwischen den beiden Routen wahrscheinlich immer noch sehr gering, sodass wir uns nicht die Mühe machen, die Bilder einzuholen. Diese Situation ist in ► Abbildung 16.8 c dargestellt.

Zusammenfassend lässt sich sagen, dass *Informationen in dem Maße einen Wert haben, in dem sie* wahrscheinlich *zu einer Planänderung führen, und in dem Maße, in dem der neue Plan* deutlich besser *ist als der alte Plan.*

16.6.3 Eigenschaften des Informationswerts

Man könnte sich fragen, ob es möglich ist, dass Information schädlich ist: Kann sie tatsächlich einen negativen erwarteten Wert haben? Intuitiv sollte man erwarten, dass dies unmöglich ist. Schließlich könnte man im schlimmsten Fall die Information einfach ignorieren und so tun, als hätte man sie nie erhalten. Dies wird durch das folgende Theorem bestätigt, das für jeden entscheidungstheoretischen Agenten gilt, der ein beliebiges Entscheidungsnetz mit möglichen Beobachtungen E_j verwendet.

Der erwartete Wert der Information ist nichtnegativ:

$$\forall j \;\; WPI(E_j) \geq 0$$

Das Theorem folgt direkt aus der Definition von WPI, wobei wir den Beweis dem Leser als Übung überlassen (Übung 16.23 auf der Website). Es ist natürlich ein Theorem über den *erwarteten* Wert, nicht über den *tatsächlichen* Wert. Zusätzliche Informationen können leicht zu einem Plan führen, der sich als schlechter *herausstellt* als der ursprüngliche Plan, wenn die Informationen irreführend sein sollten. Zum Beispiel kann ein medizinischer Test, der ein falsch positives Ergebnis liefert, zu einer unnötigen Operation führen – was aber nicht bedeutet, dass der Test nicht durchgeführt werden sollte.

Beachten Sie, dass WPI vom aktuellen Informationsstand abhängt. Er kann sich ändern, wenn mehr Informationen erworben werden. Für jede gegebene Evidenz E_j kann der Wert des Informationserwerbs sinken (z. B. wenn eine andere Variable die A-posteriori-Verteilung für E_j stark einschränkt) oder steigen (z. B. wenn eine andere Variable einen Anhaltspunkt liefert, auf dem E_j aufbaut, wodurch ein neuer und besserer Plan entwickelt werden kann). Somit ist WPI nicht additiv. Das bedeutet:

$$WPI(E_j, E_k) \neq WPI(E_j) + WPI(E_k) \qquad \text{(allgemein)}$$

WPI ist jedoch unabhängig von der Reihenfolge. Das bedeutet:

$$WPI(E_j, E_k) = WPI(E_j) + WPI(E_k|E_j) = WPI(E_k) + WPI(E_j|E_k) = WPI(E_k, E_j)\,,$$

wobei die Notation $WPI(\cdot|E)$ den WPI bezeichnet, der gemäß der A-posteriori-Verteilung berechnet wird, in der E bereits beobachtet wird. Die Unabhängigkeit von der Reihenfolge unterscheidet Sensoraktionen von normalen Aktionen und vereinfacht das Problem, den Wert einer Folge von Sensoraktionen zu berechnen. Wir kommen auf diese Frage im nächsten Abschnitt zurück.

16.6.4 Implementierung eines Agenten der Informationen sammelt

Ein vernünftiger Agent sollte Fragen in einer sinnvollen Reihenfolge stellen, irrelevante Fragen vermeiden, die Wichtigkeit jeder Information gegen ihre Kosten abwägen und zum rechten Zeitpunkt mit dem Fragen aufhören. Alle diese Empfehlungen ließen sich umsetzen, indem man den Wert der Information als Leitfaden heranzieht.

► Abbildung 16.9 zeigt den allgemeinen Entwurf eines Agenten, der auf intelligente Weise Informationen sammelt, bevor er handelt. Im Moment wollen wir davon ausgehen, dass mit jeder beobachtbaren Evidenzvariablen E_j Kosten $C(E_j)$ verbunden sind, die die Kosten für die Beschaffung der Evidenz durch Tests, Berater, Fragen oder was auch immer widerspiegeln. Der Agent fordert das an, was in Bezug auf den Nutzengewinn pro Kosten je Einheit die effizienteste Beobachtung zu sein scheint. Wir nehmen an, dass das Ergebnis der Aktion $Anfordern(E_j)$ ist, dass das nächste Perzept den Wert von E_j liefert. Wenn keine Beobachtung ihre Kosten wert ist, wählt der Agent eine „echte“ Aktion.

```
function INFORMATION-GATHERING-AGENT(percept) returns eine Aktion
  persistent: D, ein Entscheidungsnetz

  integriere percept in D
  j ← der Wert, der WPI(E_j) / C(E_j) maximiert
  if WPI(E_j) > C(E_j)
     then return Request(E_j)
  else return die beste Aktion aus D
```

Abbildung 16.9: Entwurf eines einfachen, kurzsichtigen Agenten zum Sammeln von Informationen. Der Agent wählt dabei wiederholt die Beobachtung mit dem höchsten Informationswert aus, bis die Kosten der nächsten Beobachtung größer sind als ihr erwarteter Nutzen.

Der hier beschriebene Agentenalgorithmus implementiert eine Form der Informationsbeschaffung, die als **kurzsichtig** bezeichnet wird. Das liegt daran, dass er die WPI-Formel nicht vorausschauend verwendet, da er den Wert der Informationen so berechnet, als ob nur eine einzige Evidenzvariable beschafft wird. Eine kurzsichtige Steuerung basiert auf dem gleichen heuristischen Konzept wie die gierige Suche und funktioniert in der Praxis oft gut. (Beispielsweise wurde gezeigt, dass sie Fachärzte bei der Auswahl von Diagnosetests übertrifft.) Wenn es jedoch keine besonders hilfreiche Evidenzvariable gibt, könnte ein kurzsichtiger Agent vorschnell eine Aktion ausführen, obwohl es besser gewesen wäre, zuerst zwei oder mehr Variablen abzufragen und dann zu handeln. Der nächste Abschnitt betrachtet die Möglichkeit, mehrere Beobachtungen zu erhalten.

16.6.5 Nicht kurzsichtiges Informationssammeln

Die Tatsache, dass der Wert einer Beobachtungsfolge unter Permutationen der Folge invariant ist, ist faszinierend, führt aber allein nicht zu effizienten Algorithmen für eine optimale Informationsbeschaffung. Selbst wenn wir uns darauf beschränken, im Voraus eine feste Teilmenge von zu sammelnden Beobachtungen auszuwählen, gibt es 2^n solcher möglichen Teilmengen von n potenziellen Beobachtungen. Im allgemeinen Fall stehen wir vor dem noch komplexeren Problem, einen optimalen *bedingten Plan* zu finden (siehe Abschnitt 11.5.2), der eine Beobachtung auswählt und dann je nach Ergebnis handelt oder weitere Beobachtungen auswählt. Solche Pläne bilden Bäume und die Anzahl solcher Bäume ist superexponentiell in n.[10]

Für das Beobachten von Variablen in einem Entscheidungsnetz ist dieses Problem offensichtlich auch dann nicht effizient machbar, wenn das Netz ein Polybaum ist. Es gibt jedoch Spezialfälle, in denen das Problem effizient gelöst werden kann. Hier stellen wir einen solchen Fall vor: das **Schatzsuche-Problem** (oder das **Problem der kostengünstigsten Testfolge**, für die weniger romantisch veranlagten). Es gibt n Orte $1, \ldots, n$, von denen jeder Ort i mit unabhängiger Wahrscheinlichkeit $P(i)$ einen Schatz enthält, wobei es $C(i)$ kostet, Ort i zu prüfen. Dies entspricht einem Entscheidungsnetz, in dem alle potenziellen Evidenzvariablen $Schatz_i$ absolut unabhängig sind. Der Agent untersucht die Orte in einer bestimmten Reihenfolge, bis ein Schatz gefunden wird. Bleibt die Frage zu klären: was ist die optimale Suchreihenfolge?

Um diese Frage zu beantworten, müssen wir die erwarteten Kosten und Erfolgswahrscheinlichkeiten verschiedener Beobachtungsfolgen berücksichtigen und annehmen, dass der Agent stoppt, wenn der Schatz gefunden ist. Sei $\mathbf{x}$ eine solche Folge, $\mathbf{xy}$ die Verkettung der Folgen $\mathbf{x}$ und $\mathbf{y}$, $C(\mathbf{x})$ die erwarteten Kosten von $\mathbf{x}$, $P(\mathbf{x})$ die Wahrscheinlichkeit, dass die Folge $\mathbf{x}$ bei der Schatzsuche erfolgreich ist, und $F(\mathbf{x}) = 1 - P(\mathbf{x})$ die Wahrscheinlichkeit, dass sie scheitert. Unter Zugrundelegung dieser Definitionen erhalten wir:

$$C(\mathbf{xy}) = C(\mathbf{x}) + F(\mathbf{x})C(\mathbf{y}) \tag{16.3}$$

Diese Gleichung zeigt, dass die Folge $\mathbf{xy}$ auf jeden Fall die Kosten von $\mathbf{x}$ verursacht und bei einem Fehlschlag von $\mathbf{x}$ auch die Kosten von $\mathbf{y}$.

Der Grundgedanke bei jedem Folgenoptimierungsproblem ist die Betrachtung der Kostenänderung, definiert durch $\Delta = C(\mathbf{wxyz}) - C(\mathbf{wyxz})$, wenn zwei benachbarte Teilfolgen $\mathbf{x}$ und $\mathbf{y}$ in einer allgemeinen Folge $\mathbf{wxyz}$ vertauscht werden. Ist die Folge optimal, so wird sie durch die ganzen Änderungen nur schlechter. Der erste Schritt besteht darin zu zeigen, dass das Vorzeichen des Effekts (steigende oder fallende Kosten) nicht von dem durch $\mathbf{w}$ und $\mathbf{z}$ gegebenen Kontext abhängt. Wir erhalten:

$$\begin{aligned}
\Delta &= [C(\mathbf{w}) + F(\mathbf{w})C(\mathbf{xyz})] - [C(\mathbf{w}) + F(\mathbf{w})C(\mathbf{yxz})] && \text{(mit Gleichung (16.3))}\\
&= F(\mathbf{w})[C(\mathbf{xyz}) - C(\mathbf{yxz})]\\
&= F(\mathbf{w})[(C(\mathbf{xy}) + F(\mathbf{xy})C(\mathbf{z})) - (C(\mathbf{yx}) + F(\mathbf{yx})C(\mathbf{z}))] && \text{(mit Gleichung (16.3))}\\
&= F(\mathbf{w})[C(\mathbf{xy}) - C(\mathbf{yx})] \qquad \text{(da } F(\mathbf{xy}) = F(\mathbf{yx}))
\end{aligned}$$

Damit haben wir gezeigt, dass die Richtung der Kostenänderung der gesamten Folge nur von der Richtung der Kostenänderung der beiden getauschten Elemente abhängt. Der Kontext des Paares spielt keine Rolle. Dies gibt uns eine Möglichkeit, die Folge durch paarweise Vergleiche zu sortieren, um eine optimale Lösung zu erhalten. Konkret haben wir jetzt:

$$\begin{aligned}
\Delta &= F(\mathbf{w})[(C(\mathbf{x}) + F(\mathbf{x})C(\mathbf{y})) - (C(\mathbf{y}) + F(\mathbf{y})C(\mathbf{x}))] \qquad \text{(mit Gleichung (16.3))}\\
&= F(\mathbf{w})[C(\mathbf{x})(1 - F(\mathbf{y})) - C(\mathbf{y})(1 - F(\mathbf{x}))] = F(\mathbf{w})[C(\mathbf{x})P(\mathbf{y}) - C(\mathbf{y})P(\mathbf{x})]
\end{aligned}$$

Dies gilt für beliebige Folgen $\mathbf{x}$ und $\mathbf{y}$, also insbesondere dann, wenn $\mathbf{x}$ und $\mathbf{y}$ einzelne Beobachtungen der Orte i bzw. j sind. Wir wissen also, dass $C(i)P(j) \leq C(j)P(i)$ oder $\frac{P(i)}{C(i)} \geq \frac{P(j)}{C(j)}$ gelten muss, damit i und j in einer optimalen Folge benachbart sind. Mit anderen Worten: Die optimale Reihenfolge ordnet die Orte nach der Erfolgswahrscheinlichkeit pro Kosten je Einheit.

10 Das allgemeine Problem der Erzeugung von sequenziellem Verhalten in einer teilweise beobachtbaren Umgebung fällt unter den Begriff der **teilweise beobachtbaren Markov-Entscheidungsprozesse**, die in Kapitel 17 beschrieben werden.

16.6.6 Sensitivitätsanalyse und robuste Entscheidungen

Der Einsatz der **Sensitivitätsanalyse** ist in technischen Disziplinen weit verbreitet: Dabei wird analysiert, wie sehr sich das Ergebnis eines Prozesses bei Feinjustierung der Modellparameter ändert. Ihre große Bedeutung für probabilistische und entscheidungstheoretische Systeme resultiert daraus, dass die verwendeten Wahrscheinlichkeiten in der Regel aus Daten gelernt oder von menschlichen Experten geschätzt werden, was bedeutet, dass die Daten sehr unsicher sind. Nur in seltenen Fällen, wie z. B. beim Würfeln im Backgammon, sind die Wahrscheinlichkeiten objektiv bekannt.

Im Falle eines nutzengesteuerten Entscheidungsprozesses können Sie sich das Ergebnis entweder als die tatsächlich getroffene Entscheidung oder als den erwarteten Nutzen dieser Entscheidung vorstellen. Betrachten wir zuerst Letzteres: Da der erwartete Nutzen von den Wahrscheinlichkeiten aus dem Modell abhängt, können wir die Ableitung des erwarteten Nutzens jeder gegebenen Aktion in Bezug auf jeden dieser Wahrscheinlichkeitswerte berechnen. (Wenn z. B. alle bedingten Wahrscheinlichkeitsverteilungen im Modell explizit tabelliert sind, dann umfasst die Berechnung des erwarteten Nutzens die Berechnung eines Verhältnisses von zwei Summe-von-Produkt-Ausdrücken; mehr dazu in Kapitel 20.) Auf diese Weise kann man feststellen, welche Parameter im Modell den größten Effekt auf den erwarteten Nutzen der endgültigen Entscheidung haben.

Wenn wir uns stattdessen mit der tatsächlich getroffenen Entscheidung beschäftigen und nicht mit ihrem modellgemäßen Nutzen, können wir einfach die Parameter systematisch variieren (z. B. mit binärer Suche), um zu sehen, ob sich die Entscheidung ändert und wenn ja, was die kleinste Schwankung ist, die eine solche Änderung verursacht. Man könnte meinen, dass es nicht so sehr darauf ankommt, welche Entscheidung getroffen wird, sondern nur, welchen Nutzen sie hat. Das stimmt, aber in der Praxis kann es durchaus einen ganz erheblichen Unterschied zwischen dem *tatsächlichen* Nutzen einer Entscheidung und dem Nutzen *gemäß dem Modell* geben.

Wenn alle vertretbaren Schwankungen der Parameter die optimale Entscheidung nicht verändern, kann davon ausgegangen werden, dass die Entscheidung gut ist, auch wenn die Nutzenschätzung für diese Entscheidung ziemlich falsch ist. Wenn jedoch Änderungen an den Parametern des Modells großen Einfluss auf die optimale Entscheidung haben, dann ist es sehr wahrscheinlich, dass das Modell zu einer Entscheidung führt, die in der Realität eher suboptimal ist. In diesem Fall lohnt sich die Mühe, das Modell weiter zu verfeinern.

Diese Intuitionen wurden in verschiedenen Bereichen wie Kontrolltheorie, Entscheidungsanalyse, Risikomanagement formalisiert, die den Begriff einer **robusten** oder **Minimax**-Entscheidung vorschlagen, d. h. einer Entscheidung, die das beste Ergebnis im schlimmsten Fall liefert. Hier bezieht sich „schlimmster Fall" auf alle plausiblen Variationen in den Parameterwerten des Modells. Wenn $\boldsymbol{\theta}$ für alle Parameter im Modell steht, ist die robuste Entscheidung definiert durch:

$$a^* = \operatorname*{argmax}_a \min_{\boldsymbol{\theta}} EU(a; \boldsymbol{\theta})$$

In vielen Fällen, insbesondere in der Kontrolltheorie, führt der robuste Ansatz zu Entwürfen, die in der Praxis sehr zuverlässig funktionieren. In anderen Fällen führt er zu äußerst konservativen Entscheidungen. Beim Entwurf eines selbstfahrenden Autos würde der robuste Ansatz zum Beispiel beim Verhalten der anderen Fahrzeuge auf der Straße vom Schlimmsten ausgehen – nämlich, dass sie alle von gemeingefährlichen Verrückten gefahren werden. In diesem Fall besteht die optimale Lösung darin, das Auto in der Garage zu lassen.

Die Bayes'sche Entscheidungstheorie bietet eine Alternative zu den robusten Methoden: Wenn Unsicherheit über die Parameter des Modells besteht, dann modellieren Sie diese Unsicherheit mithilfe von Hyperparametern.

Während der robuste Ansatz sagen könnte, dass eine Wahrscheinlichkeit θ_i im Modell irgendwo zwischen 0,3 und 0,7 liegt, wobei der tatsächliche Wert von einem Gegenspieler gewählt wird, um für einen schlechtmöglichsten Ausgang zu sorgen, würde der Bayes'sche Ansatz eine A-priori-Wahrscheinlichkeitsverteilung für θ_i festlegen und dann wie zuvor verfahren. Dies erfordert mehr Modellierungsaufwand – zum Beispiel muss der Bayes'sche Modellierer entscheiden, ob die Parameter θ_i und θ_j unabhängig sind –, führt aber in der Praxis oft zu einer besseren Leistung.

Zusätzlich zu parametrischer Unsicherheit leiden die Anwendungen der Entscheidungstheorie in der realen Welt auch unter *struktureller* Unsicherheit. So kann beispielsweise die Annahme der Unabhängigkeit von *Flugverkehr*, *Rechtsstreitigkeit* und *Bau* in ► Abbildung 16.6 falsch sein und es kann zusätzliche Variablen geben, die das Modell einfach weglässt. Zurzeit wissen wir noch nicht genau, wie man diese Art von Unsicherheit berücksichtigt. Eine Möglichkeit besteht darin, ein Ensemble von Modellen zu speichern, vielleicht generiert durch Algorithmen des maschinellen Lernens, in der Hoffnung, dass das Ensemble die wirklich wichtigen Variationen erfasst.

16.7 Unbekannte Präferenzen

In diesem Abschnitt werden wir sehen, was passiert, wenn Unsicherheit über die Nutzenfunktion besteht, deren erwarteter Wert optimiert werden soll. Es gibt zwei Varianten dieses Problems: eine, bei der ein Agent (Maschine oder Mensch) unsicher über seine *eigene* Nutzenfunktion ist, und eine andere, bei der eine Maschine einem Menschen helfen soll, aber unsicher ist, was der Mensch will.

16.7.1 Unsicherheit über die eigenen Präferenzen

Stellen Sie sich vor, Sie sind in einer Eisdiele in Thailand und es gibt nur noch zwei Geschmacksrichtungen: Vanille und Durian[11]. Beide kosten 2 €. Sie wissen, dass Sie Vanille eigentlich mögen, und sind deshalb bereit, an einem so heißen Tag bis zu 3 € für ein Vanilleeis zu bezahlen, also gibt es einen Nettogewinn von 1 € für die Wahl von Vanille. Andererseits haben Sie keine Ahnung, ob Sie Durian mögen oder nicht, aber Sie haben auf Wikipedia gelesen, dass Durian bei verschiedenen Menschen unterschiedliche Reaktionen hervorruft: Einige finden, dass „sie an Geschmack alle anderen Früchte der Welt übertrifft“, während andere sie mit „Jauche, abgestandener Kotze, Stinktierspray und gebrauchten chirurgischen Tupfern“ vergleichen.

Um dies in Zahlen auszudrücken, nehmen wir an, es gibt eine 50%ige Chance, dass Sie es hervorragend finden (+100 €) und eine 50%ige Chance, dass Sie es hassen (−80 €, wenn der Geschmack den ganzen Nachmittag anhält). Hier gibt es keine Unsicherheit über das, was Sie gewinnen werden – es ist in beiden Fällen das gleiche Durian-Eis –, aber es gibt eine Unsicherheit über Ihre persönlichen Präferenzen bei diesem Gewinn.

Wir könnten den Entscheidungsnetz-Formalismus so erweitern, dass er unsicheren Nutzen berücksichtigt (► Abbildung 16.10 a). Wenn es jedoch keine weiteren Informationen über Ihre Durian-Vorlieben gibt – zum Beispiel, wenn Sie im Laden nicht vorher probieren dürfen –, dann ist das Entscheidungsproblem identisch mit dem in ► Abbildung 16.10 b. Wir können einfach den unsicheren Wert von Durian durch seinen erwarteten Nettogewinn von $(0{,}5 \times 100\,€) - (0{,}5 \times 80\,€) - 2\,€ = 8\,€$ ersetzen und Ihre Entscheidung wird sich nicht ändern.

Wenn die Möglichkeit besteht, dass sich Ihr Wissen über Durian ändert – vielleicht erhalten Sie eine winzige Kostprobe oder Sie finden heraus, dass alle Ihre lebenden Verwandten

11 Stinkfrucht.

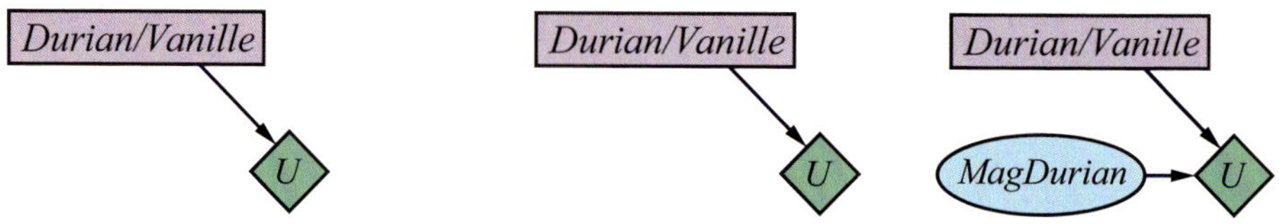

D/V	···	-82€	···	+0€	+1€	···	+98€	···
durian	···	0,5	···	0,0	0,0	···	0,5	···
vanille	···	0,0	···	0,0	1,0	···	0,0	···

(a)

D/V	*U*
durian	+8€
vanille	+1€

(b)

D/V	*MagDurian*	U
durian	*wahr*	+98€
durian	*falsch*	-82€
vanille	*wahr*	+1€
vanille	*falsch*	+1€

(c)

Abbildung 16.10: (a) Ein Entscheidungsnetz für die Eiscreme-Wahl mit einer unsicheren Nutzenfunktion. (b) Das Netz mit dem erwarteten Nutzen der einzelnen Aktionen. (c) Verschieben der Unsicherheit aus der Nutzenfunktion in eine neue Zufallsvariable.

Durian lieben –, dann ist die Transformation in ► Abbildung 16.10 b nicht gültig. Es stellt sich jedoch heraus, dass wir immer noch ein äquivalentes Modell finden können, in dem die Nutzenfunktion deterministisch ist. Anstatt zu sagen, dass es eine Unsicherheit bezüglich der Nutzenfunktion gibt, verlagern wir diese Unsicherheit sozusagen „in die Welt". Das heißt, wir erstellen eine neue Zufallsvariable *MagDurian* mit A-priori-Wahrscheinlichkeiten von 0,5 für *wahr* und *falsch*, wie ► Abbildung 16.10 c zeigt. Mit dieser zusätzlichen Variablen wird die Nutzenfunktion deterministisch, wobei wir aber immer noch das sich ändernde Wissen über Ihre Durian-Vorlieben berücksichtigen können.

Die Tatsache, dass unbekannte Präferenzen durch gewöhnliche Zufallsvariablen modelliert werden können, bedeutet, dass wir weiterhin die Mechanismen und Theoreme verwenden können, die für bekannte Präferenzen entwickelt wurden. Andererseits bedeutet es nicht, dass wir immer davon ausgehen können, dass die Präferenzen bekannt sind. Die Unsicherheit ist immer noch da und beeinflusst, wie sich Agenten verhalten sollten.

16.7.2 Entscheidung dem Menschen überlassen

Wenden wir uns nun dem zweiten oben erwähnten Fall zu: eine Maschine, die einem Menschen helfen soll, aber unsicher ist, was der Mensch will. Die vollständige Behandlung dieses Falls erfolgt in Kapitel 18, wo wir Entscheidungen mit mehr als einem Agenten diskutieren. Hier stellen wir eine einfache Frage: Unter welchen Umständen wird eine solche Maschine seine Entscheidungen dem Menschen überlassen?

Um dieser Frage nachzugehen, lassen Sie uns das sehr einfache Szenario aus ► Abbildung 16.11 betrachten. Robbie ist ein Software-Roboter, der als persönlicher Assistent für einen vielbeschäftigten Menschen, Harriet, arbeitet. Harriet braucht ein Hotelzimmer für ihr nächstes Geschäftstreffen in Genf. Robbie kann jetzt handeln – er kann beispielsweise Harriet ein Zimmer in einem sehr teuren Hotel in der Nähe des Treffens buchen. Er ist sich recht unsicher, ob Harriet mit dem Hotel und dem Zimmerpreis einverstanden ist. Nehmen wir an, er hat eine einheitliche Wahrscheinlichkeit für seinen Nettowert für Harriet zwischen -40 und $+60$, mit einem Mittelwert von $+10$. Er könnte sich auch „ausschalten" beziehungsweise – etwas weniger melodramatisch ausgedrückt – sich ganz aus dem Hotelbuchungsprozess ausklinken, was wir (ohne Verlust der Allgemeingültigkeit) für Harriet mit dem Wert 0 definieren. Wenn das seine beiden Möglichkeiten wären, würde er das Hotel buchen und dabei das erhebliche Risiko eingehen, Harriet unglücklich zu machen. (Wäre der Bereich

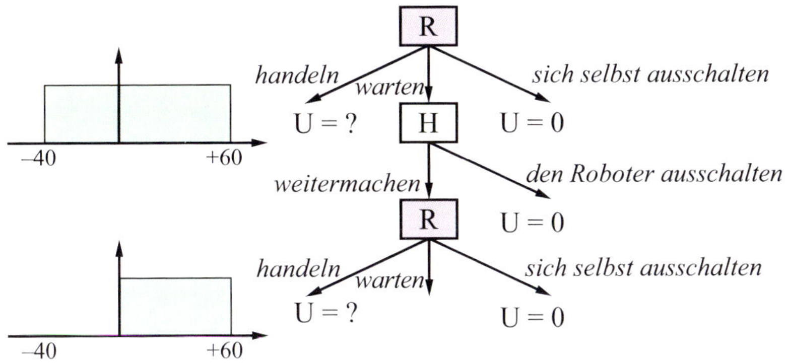

Abbildung 16.11: Das Ausschalt-Spiel. Der Roboter *R* kann sich entscheiden, mit einem höchst unsicheren Ergebnis jetzt zu handeln, sich selbst auszuschalten oder seine Entscheidung den Menschen *H* zu übertragen. *H* kann *R* ausschalten oder ihn weitermachen lassen. *R* steht nun wieder vor der gleichen Wahl. Sein Handeln hat immer noch ein unsicheres Ergebnis, aber jetzt weiß *R*, dass das Ergebnis nichtnegativ ist.

−60 bis +40, mit einem Mittelwert von −10, dann würde er sich stattdessen abschalten). Wir geben Robbie jedoch eine dritte Möglichkeit: Er erklärt seinen Plan, wartet und lässt sich von Harriet abschalten. Harriet kann ihn entweder abschalten oder ihn das Hotel buchen lassen. Wozu soll das gut sein, könnte man fragen, wenn er doch beide Entscheidungen selbst treffen könnte?

Der Punkt ist, dass Harriets Entscheidung – Robbie auszuschalten oder ihn weitermachen zu lassen – Robbie Informationen über Harriets Präferenzen liefert. Wir nehmen vorerst an, dass Harriet rational ist. Wenn Harriet also Robbie weitermachen lässt, bedeutet dies, dass der Wert für Harriet positiv ist. Wie ► Abbildung 16.11 zeigt, ändert sich nun Robbies Wissen: Es ist einheitlich zwischen 0 und +60, mit einem Mittelwert von +30.

Bewerten wir also Robbies anfängliche Auswahl aus seiner Sicht:

1. Jetzt zu handeln und das Hotel zu buchen hat einen erwarteten Wert von +10.
2. Sich selbst auszuschalten hat den Wert 0.
3. Zu warten und Harriet das Ausschalten zu überlassen, führt zu zwei möglichen Resultaten:
   a. Aufgrund von Robbies Unsicherheit bezüglich Harriets Präferenzen besteht eine 40%ige Chance, dass sie den Plan hasst und Robbie ausschaltet, mit dem Wert 0.
   b. Es besteht eine 60%ige Chance, dass Harriet den Plan gut findet und Robbie erlaubt weiterzumachen, mit einem erwarteten Wert von +30.

Somit hat das Warten einen erwarteten Wert von $(0{,}4 \times 0) + (0{,}6 \times 30) = +18$, was besser ist als die +10, die Robbie erwartet, wenn er jetzt handelt.

Fazit ist, dass Robbie einen positiven Anreiz hat, Harriet bei der Entscheidung den Vortritt zu lassen, d. h., sich von ihr ausschalten zu lassen. Dieser Anreiz ergibt sich direkt aus Robbies Unsicherheit bezüglich Harriets Präferenzen. Robbie ist sich bewusst, dass die Möglichkeit besteht (in diesem Beispiel 40 %), dass sein Handeln Harriet unglücklich machen wird, in welchem Fall es besser wäre sich auszuschalten als weiterzumachen. Wäre sich Robbie über Harriets Präferenzen bereits sicher, würde er die Entscheidung einfach treffen (oder sich selbst abschalten). Es wäre absolut nichts damit gewonnen, Harriet zu konsultieren, da Robbie aufgrund seines sicheren Wissens bereits genau vorhersagen kann, wie sie sich entscheiden wird.

Tatsächlich ist es möglich, das gleiche Ergebnis im allgemeinen Fall zu beweisen: Solange Robbie nicht völlig sicher ist, dass er im Begriff ist, das zu tun, was Harriet selbst tun würde, ist er besser dran, ihr zu erlauben, ihn auszuschalten. Intuitiv liefert ihre Entscheidung Robbie Informationen und der erwartete Wert der Informationen ist immer nichtnegativ. Umgekehrt gilt, wenn Robbie sicher ist, wie Harriets Entscheidung ausfällt, liefert ihre Entscheidung keine neuen Informationen, und daher hat Robbie keinen Anreiz, ihr die Entscheidung zu erlauben.

Formal sei $P(u)$ Robbies A-priori-Wahrscheinlichkeitsdichte über Harriets Nutzen für die vorgeschlagene Aktion a. Dann ist der Wert, mit a fortzufahren:

$$EU(a) = \int_{-\infty}^{\infty} P(u) \cdot u \,\mathrm{d}u = \int_{-\infty}^{0} P(u) \cdot u \,\mathrm{d}u + \int_{0}^{\infty} P(u) \cdot u \,\mathrm{d}u$$

(Wir werden gleich sehen, was zu der Aufteilung des Integrals geführt hat.) Andererseits setzt sich der Wert der Aktion d, die Entscheidung Harriet zu übertragen, aus zwei Teilen zusammen: Wenn $u > 0$, dann lässt Harriet Robbie weitermachen, der Wert ist also u, aber wenn $u < 0$, dann schaltet Harriet Robbie ab und der Wert ist 0:

$$EU(d) = \int_{-\infty}^{0} P(u) \cdot 0 \,\mathrm{d}u + \int_{0}^{\infty} P(u) \cdot u \,\mathrm{d}u$$

Vergleicht man die Ausdrücke für $EU(a)$ und $EU(d)$, dann sieht man sofort, dass

$$EU(d) \geq EU(a) ,$$

da der Ausdruck für $EU(d)$ den Bereich mit dem negativen Nutzen auf null setzt. Die beiden Auswahlmöglichkeiten haben nur dann den gleichen Wert, wenn der negative Bereich eine Wahrscheinlichkeit von null hat, d. h., wenn Robbie bereits sicher ist, dass Harriet die vorgeschlagene Aktion billigt.

Es gibt einige unübersehbare Verfeinerungen am Modell, die direkt untersucht werden sollten. Die erste Verfeinerung besteht darin, einen Preis für Harriets Zeit festzulegen. In diesem Fall ist Robbie weniger geneigt, Harriet zu belästigen, wenn das Verlustrisiko gering ist. Und genau so sollte es sein. Und wenn Harriet wirklich sauer ist, unterbrochen zu werden, sollte es sie nicht allzu sehr überraschen, dass Robbie gelegentlich Dinge tut, die ihr nicht gefallen.

Die zweite Verfeinerung besteht darin, eine gewisse Wahrscheinlichkeit für menschliche Fehleinschätzung zu berücksichtigen – das heißt, Harriet könnte Robbie manchmal ausschalten, auch wenn seine vorgeschlagene Aktion vernünftig ist, und sie könnte Robbie manchmal weitermachen lassen, auch wenn seine vorgeschlagene Aktion unerwünscht ist. Es ist einfach, diese Fehlerwahrscheinlichkeit in das Modell zu integrieren. Wie zu erwarten, zeigt die Lösung, dass Robbie weniger geneigt ist, einer irrationalen Harriet Entscheidungen zu übertragen, die manchmal gegen ihre eigenen Interessen verstößt. Je willkürlicher sie sich verhält, desto unsicherer muss Robbie über ihre Präferenzen sein, bevor er ihr die Entscheidung überlässt. Auch dies soll genau so sein: Wenn Robbie zum Beispiel ein selbstfahrendes Auto ist und Harriet seine ungezogene zweijährige Passagierin, dann sollte Robbie nicht zulassen, dass Harriet ihn mitten auf der Autobahn ausschaltet.

ZUSAMMENFASSUNG

In diesem Kapitel wird gezeigt, wie sich die Nutzentheorie mit der Wahrscheinlichkeitstheorie kombinieren lässt, um einen Agenten in die Lage zu versetzen, Aktionen auszuwählen, die seine erwartete Leistung maximieren.

- Die **Wahrscheinlichkeitstheorie** beschreibt, was ein Agent auf der Grundlage von Evidenzen wissen sollte, die **Nutzentheorie** beschreibt, was ein Agent will, und die **Entscheidungstheorie** kombiniert die beiden, um zu beschreiben, was ein Agent tun sollte.
- Mithilfe der Entscheidungstheorie können wir ein System erstellen, das Entscheidungen trifft, indem es alle möglichen Aktionen in Betracht zieht und diejenige wählt, die zum besten erwarteten Ergebnis führt. Ein solches System wird als **rationaler Agent** bezeichnet.
- Die Nutzentheorie zeigt, dass ein Agent, dessen Präferenzen zwischen Lotterien mit einer Menge einfacher Axiome übereinstimmen, im Besitz einer Nutzenfunktion ist. Darüber hinaus wählt der Agent Aktionen so aus, dass er seinen erwarteten Nutzen maximiert.
- Die **Nutzentheorie mit Mehrfachattributen** befasst sich mit Nutzen, der von verschiedenen Zustandsattributen abhängig ist. Die **stochastische Dominanz** ist eine besonders nützliche Technik, um auch ohne genaue Nutzenwerte für Attribute eindeutige Entscheidungen zu treffen.
- **Entscheidungsnetze** stellen einen einfachen Formalismus zum Formulieren und Lösen von Entscheidungsproblemen dar. Sie sind eine natürliche Erweiterung der Bayes'schen Netze und enthalten zusätzlich zu den Zufallsknoten auch Entscheidungs- und Nutzenknoten.
- Manchmal erfordert die Lösung eines Problems das Einholen weiterer Informationen, bevor eine Entscheidung getroffen werden kann. Der **Wert von Informationen** ist definiert als die erwartete Verbesserung des Nutzens im Vergleich zu einer Entscheidung ohne die Information. Er ist besonders nützlich, um den Prozess der Informationsbeschaffung vor einer endgültigen Entscheidung zu lenken.
- Wenn es, wie so oft, unmöglich ist, die Nutzenfunktion des Menschen vollständig und korrekt zu spezifizieren, müssen Maschinen unter Unsicherheit über das wahre Ziel funktionieren. Dies macht einen bedeutenden Unterschied, wenn für die Maschine die Möglichkeit besteht, mehr Informationen über die Präferenzen des Menschen anzufordern. Wir haben durch ein einfaches Beispiel gezeigt, dass die Unsicherheit über die Präferenzen sicherstellt, dass die Maschine dem Menschen die Entscheidung überträgt, einschließlich der Option, vom Menschen ausgeschaltet zu werden.

Bibliografische und historische Anmerkungen

In der Abhandlung *La logique, ou l'art de Penser* aus dem 17. Jahrhundert, auch unter *Logik von Port-Royal* bekannt, stellt Arnauld und Nicole (1662) fest:

> *Um zu beurteilen, was zu tun ist, um Gutes zu erreichen oder Böses zu vermeiden, muss man nicht nur das eigentlich Gute und das eigentlich Böse betrachten, sondern auch die Wahrscheinlichkeit, dass es passiert oder nicht passiert; außerdem muss man die geometrische Proportion berücksichtigen, die alle diese Dinge gemeinsam haben.*

Moderne Texte sprechen nicht mehr von Gut und Böse, sondern von *Nutzen*, doch stellt diese Aussage richtig fest, dass man Nutzen mit Wahrscheinlichkeit multiplizieren sollte („geometrische Proportionen berücksichtigen"), um den erwarteten Nutzen zu erhalten, und diesen über alle Ergebnisse („alle diese Dinge") maximieren sollte, um zu „entscheiden, was zu tun ist". Es ist bemerkenswert, wie treffend Arnauld dies vor mehr als 350 Jahren formuliert hat – und dies nur 8 Jahre, nachdem Pascal und Fermat erstmals gezeigt haben, wie Wahrscheinlichkeit richtig zu verwenden ist.

Daniel Bernoulli (1738), der das St.-Petersburg-Paradoxon untersuchte (siehe Übung 16.4 auf der Website), war der Erste, der die Bedeutung der Präferenzmessung für Lotterien erkannte, er schrieb: „Der *Wert* eines Gegenstands darf nicht auf seinem *Preis* beruhen, sondern auf dem *Nutzen*, den er bringt" (die Hervorhebungen stammen von Bernoulli). Der utilitaristische Philosoph Jeremy Bentham (1823) schlug den **hedonistischen Kalkül** für die Gewichtung von „Freud" und „Leid" vor mit der Begründung, dass alle Entscheidungen (nicht nur monetärer Art) auf Nutzenvergleiche reduziert werden können.

Bernoullis Einführung des Nutzens – einer internen, subjektiven Größe – zur Erklärung menschlichen Verhaltens mittels einer mathematischen Theorie war für seine Zeit ein äußerst bemerkenswerter Vorschlag. Er war umso bemerkenswerter, als die Nutzenwerte verschiedener Wetten und Preise im Gegensatz zu Geldbeträgen nicht direkt beobachtbar sind; vielmehr müssen die Nutzenwerte aus den Präferenzen eines Individuums abgeleitet werden. Es sollte zwei Jahrhunderte dauern, bis die Implikationen dieser Idee vollständig verstanden waren und die Idee von Statistikern und Ökonomen weitgehend akzeptiert wurde.

Die Ableitung von numerischen Nutzenwerten aus Präferenzen wurde zuerst von Ramsey (1931) durchgeführt; die Axiome für Präferenz im vorliegenden Text sind in ihrer Form näher an denen, die in *Theory of Games and Economic Behavior* (von Neumann und Morgenstern, 1944) wiederentdeckt wurden. Ramsey hatte subjektive Wahrscheinlichkeiten (nicht nur Nutzen) aus den Präferenzen eines Agenten abgeleitet; Savage (1954) und Jeffrey (1983) führen neuere Konstruktionen dieser Art aus. Beardon *et al.* (2002) zeigen, dass eine Nutzenfunktion nicht ausreicht, um nichttransitive Präferenzen und andere anomale Situationen darzustellen.

In der Nachkriegszeit wurde die Entscheidungstheorie zu einem Standardwerkzeug in den Wirtschafts-, Finanz- und Managementwissenschaften. Es entstand der Bereich der **Entscheidungsanalyse**, der dabei helfen sollte, Grundsatzentscheidungen in Bereichen wie Militärstrategie, medizinische Diagnose, öffentliches Gesundheitswesen, technische Planung und Ressourcenmanagement rationaler zu gestalten. Der Prozess umfasst einen **Entscheidungsträger**, der den Ergebnissen Präferenzen zuordnet, und einen **Entscheidungsanalytiker**, der die möglichen Aktionen und Ergebnisse aufzählt und die Präferenzen des Entscheidungsträgers eruiert, um die beste Aktionsfolge zu ermitteln. Von Winterfeldt und Edwards (1986) bieten eine differenziertere Sicht auf die Entscheidungsanalyse und ihre Beziehung zu den menschlichen Präferenzstrukturen. Smith (1988) gibt einen Überblick über die Methodik der Entscheidungsanalyse.

Bis in die 1980er Jahre wurden multivariate Entscheidungsprobleme mithilfe von „Entscheidungsbäumen" aller möglichen Instanziierungen der Variablen dargestellt. Einflussdiagramme oder Entscheidungsnetze, die sich dieselben Eigenschaften der bedingten Unabhängigkeit wie Bayes'sche Netze zunutze machen, wurden von Howard und Matheson (1984) eingeführt und basierten auf früheren Arbeiten am SRI (Miller *et al.*, 1976). Der Algorithmus von Howard und Matheson erstellte den vollständigen Entscheidungsbaum (von exponentieller Größe) aus dem Entscheidungsnetz. Shachter (1986) entwickelte eine direkt auf einem Entscheidungsnetz basierende Methode für das Treffen von Entscheidungen, ohne einen Entscheidungsbaum als Zwischenstufe zu erstellen. Dieser Algorithmus war auch einer der ersten, der eine vollständige Inferenz für mehrfach verbundene Bayes'sche Netze bot. Nilsson und Lauritzen (2000) verknüpfen Algorithmen für Entscheidungsnetze mit den laufenden Entwicklungen bei Clustering-Algorithmen für Bayes'sche Netze. Die Sammlung von Oliver und Smith (1990) enthält, ebenso wie die Sonderausgabe der Zeitschrift *Networks* von 1990, eine Reihe nützlicher früher Artikel über Entscheidungsnetze. Der Text von Fenton und Neil (2018) bietet einen praktischen Leitfaden zum Lösen realer Entscheidungsprobleme mithilfe von Entscheidungsnetzen. Aufsätze zu Entscheidungsnetzen und Nutzenmodellierung erscheinen außerdem regelmäßig in den Zeitschriften *Management Science* und *Decision Analysis*.

Nachdem entscheidungstheoretische Werkzeuge bereits früh in der medizinischen Entscheidungsfindung Anwendung fanden (siehe Kapitel 12), gab es erstaunlich wenig frühe KI-Forscher, die ihren Einsatz vorantrieben. Eine der wenigen Ausnahmen war Jerry Feldman, der die Entscheidungstheorie auf Vision- (Feldman und Yakimovsky, 1974) und Planungsprobleme (Feldman und Sproull, 1977) anwendete. Regelbasierte Expertensysteme der späten 1970er und frühen 1980er Jahre konzentrierten sich auf die Beantwortung von Fragen und nicht auf das Treffen von Entscheidungen. Die Systeme, die Aktionen empfahlen, taten dies im Allgemeinen mithilfe von Bedingung-Aktion-Regeln und nicht mit expliziten Repräsentationen von Ergebnissen und Präferenzen.

Entscheidungsnetze bieten einen weitaus flexibleren Ansatz, indem sie z. B. zulassen, dass sich die Präferenzen ändern, während das Transitionsmodell konstant bleibt oder umgekehrt. Sie ermöglichen auch eine grundsätzliche Berechnung, welche Informationen als Nächstes gesucht werden müssen. In den späten 1980er Jahren fanden entscheidungstheoretische Expertensysteme, zum Teil aufgrund von Pearls Arbeit über Bayes'sche Netze, eine breite Akzeptanz (Horvitz *et al.*, 1988; Cowell *et al.*, 2002). Seit 1991 ist auf dem Titelblatt der Zeitschrift *Artificial Intelligence* ein Entscheidungsnetz abgebildet, wobei die Richtung der Pfeile anscheinend künstlerisch frei gewählt wurde.

Praktische Versuche, menschlichen Nutzen zu messen, begannen mit der Entscheidungsanalyse der Nachkriegszeit (siehe oben). Das Nutzenmaß Mikromort wird von Howard (1989) diskutiert. Richard Thaler Thaler (1992) fand heraus, dass eine Testperson bei einer Wahrscheinlichkeit zu sterben von 1/1.000 nicht mehr als 200 € zahlen würde, um das Risiko abzuwenden, aber nicht mal für 50.000 € bereit wäre, das Risiko auf sich zu nehmen.

Die Verwendung der Maßeinheit **QALY** (*Quality-Adjusted Life Year*) zur Durchführung von Kosten-Nutzen-Analysen medizinischer Eingriffe und damit verbundener sozialer Maßnahmen geht mindestens auf Arbeiten von Klarman *et al.* (1968) zurück, obwohl der Begriff selbst erstmals von Zeckhauser und Shepard (1976) verwendet wurde. Wie Geld entsprechen QALYs direkt den Nutzenwerten, nur unter ziemlich starken Annahmen (wie Risikoneutralität), die oft verletzt werden (Beresniak *et al.*, 2015). Dennoch werden QALYs in der Praxis häufig verwendet, z. B. beim Gestalten von Strategien des National Health Service (UK). Russell (1990) zeigt ein typisches Beispiel eines Streits für eine größere Änderung in der Gesundheitspolitik aufgrund eines erhöhten erwarteten Nutzens, gemessen in QALYs.

Keeney und Raiffa (1976) geben eine Einführung in die **Nutzentheorie mit mehreren Attributen**. Sie beschreiben frühe Computerimplementierungen von Methoden zur Ermittlung der notwendigen Parameter für eine Nutzenfunktion mit mehreren Attributen und berichten ausführlich über reale Anwendungen der Theorie. Abbas (2018) deckt viele Fortschritte seit 1976 ab. Die Theorie fand vor allem durch die Arbeit von Wellman (1985) Eingang in die KI, der auch die Verwendung von stochastischer Dominanz und qualitativen Wahrscheinlichkeitsmodellen untersuchte (Wellman, 1988, 1990a). Wellman und Doyle (1992) skizzieren, wie eine komplexe Menge von nutzenunabhängigen Beziehungen verwendet werden kann, um ein strukturiertes Modell einer Nutzenfunktion bereitzustellen, ähnlich wie Bayes'sche Netze ein strukturiertes Modell gemeinsamer Wahrscheinlichkeitsverteilungen bieten. Bacchus und Grove (1995, 1996) sowie La Mura und Shoham (1999) präsentieren weitere Ergebnisse dieser Art. Boutilier *et al.* (2004) beschreiben CP-Netze, einen vollständig ausgearbeiteten grafischen Modellformalismus für bedingte *Ceteribus-paribus*-Präferenzaussagen.

Entscheidungsanalysten machten erstmals nachdrücklich Bekanntschaft mit dem **Fluch des Optimierers** durch Smith und Winkler (2006), die darauf hinwiesen, dass die finanziellen Vorteile für den Kunden, die die Analysten für ihre vorgeschlagene Vorgehensweise prognostizierten, fast nie erzielt wurden. Sie führen dies direkt auf die Verzerrung zurück, die durch die Auswahl einer optimalen Aktion entsteht, und zeigen, dass eine vollständigere Bayes'sche Analyse das Problem beseitigt.

Das gleiche zugrunde liegende Konzept wurde von Harrison und March (1984) als **Enttäuschung nach der Entscheidung** bezeichnet und im Zusammenhang mit Analysen von Investitionsprojekten von Brown (1974) festgestellt. Der Fluch des Optimierers ist eng mit dem **Fluch des Gewinners** verwandt (Capen *et al.*, 1971; Thaler, 1992), der sich auf das Bieten in Auktionen bezieht: Wer die Auktion gewinnt, hat mit großer Wahrscheinlichkeit den Wert des fraglichen Objekts überschätzt. Capen *et al.* zitieren einen Erdölingenieur zum Bieten bei Ölbohrrechten: „Wenn jemand ein Gebiet gegen zwei oder drei Mitbieter gewinnt, kann er sich über sein Glück freuen. Doch wie sollte er sich fühlen, wenn er gegen 50 Mitbieter gewonnen hat? Schlecht."

Das Allais-Paradoxon, das auf den Wirtschaftsnobelpreisträger Maurice Allais (1953) zurückgeht, wurde experimentell getestet, um zu zeigen, dass Menschen in ihren Beurteilungen durchweg inkonsistent sind (Tversky und Kahneman, 1982; Conlisk, 1989). Das Ellsberg-Paradoxon zur Ambiguitätsaversion wurde in der Doktorarbeit von Daniel Ellsberg (1962) eingeführt.[12] Fox und Tversky (1995) beschreiben eine weitere Studie zur Ambiguitätsaversion. Machina (2005) gibt einen Überblick über die Entscheidung unter Unsicherheit und wie sie sich von der Theorie des erwarteten Nutzens unterscheidet. Eine eingehende Analyse von Präferenzen unter Unsicherheit finden Sie in dem klassischen Text von Keeney und Raiffa (1976) und der neueren Arbeit von Abbas (2018).

2009 war ein großes Jahr für populärwissenschaftliche Bücher über menschliche **Irrationalität**, darunter *Predictably Irrational* (Ariely, 2009), *Sway* (Brafman und Brafman, 2009), *Nudge* (Thaler und Sunstein, 2009), *Kluge* (Marcus, 2009), *How We Decide* (Lehrer, 2009) und *On Being Certain* (Burton, 2009). Sie ergänzen den Klassiker *Judgment Under Uncertainty* (Kahneman *et al.*, 1982) und den Artikel, mit dem alles begann (Kahneman und Tversky, 1979). Kahneman selbst liefert eine aufschlussreiche und lesenswerte Darstellung in *Thinking: Fast and Slow* (Kahneman, 2011).

Die Evolutionspsychologie (Buss, 2005) hingegen widerspricht dieser Literatur und argumentiert, dass Menschen in evolutionär angemessenen Kontexten durchaus rational sind. Die Anhänger der Evolutionspsychologie weisen darauf hin, dass Irrationalität in einem evolutionären Kontext per Definition bestraft wird, und zeigen, dass sie in einigen Fällen ein Artefakt des Versuchsaufbaus ist (Cummins und Allen, 1998). In jüngster Zeit ist das Interesse an Bayes'schen Modellen der Kognition wieder aufgelebt und hat den jahrzehntelangen Pessimismus überwunden (Elio, 2002; Chater und Oaksford, 2008; Griffiths *et al.*, 2008); dieses Wiederaufleben hat jedoch auch etliche Kritiker auf den Plan gerufen (Jones und Love, 2011).

12 Ellsberg wurde später Militäranalyst bei RAND Corporation und ließ Dokumente durchsickern, die als „Pentagon Papers" bekannt wurden, und trug damit zum Ende des Vietnamkriegs bei.

Die Informationswerttheorie wurde zuerst im Zusammenhang mit statistischen Experimenten untersucht, bei denen ein Quasinutzen (Entropiereduktion) verwendet wurde (Lindley, 1956). Der Kontrolltheoretiker Ruslan Stratonovich (1965) entwickelte die hier vorgestellte allgemeinere Theorie, in der Informationen aufgrund ihrer Fähigkeit, Entscheidungen zu beeinflussen, einen Wert haben. Stratonovichs Arbeit war im Westen nicht bekannt, wo Ron Howard (1966) die gleiche Idee auf den Weg brachte. Seine Arbeit endet mit der Bemerkung: „Wenn die Informationswerttheorie und die damit verbundenen entscheidungstheoretischen Strukturen in Zukunft nicht einen großen Teil der Ingenieurausbildung ausmachen, wird die Ingenieurzunft feststellen, dass ihre traditionelle Rolle zur Verwaltung der wissenschaftlichen und wirtschaftlichen Ressourcen zum Wohle des Menschen an andere Berufe verloren gegangen ist.“ Bis heute hat die implizierte Revolution in den Managementmethoden nicht stattgefunden.

Der im Kapitel beschriebene Algorithmus zum kurzsichtigen Sammeln von Informationen ist in der Literatur zur Entscheidungsanalyse allgegenwärtig. In Grundzügen war er bereits in der Originalarbeit über Einflussdiagramme (Howard und Matheson, 1984) zu erkennen. Dittmer und Jensen (1997) untersuchen effiziente Berechnungsmethoden. Laskey (1995) sowie Nielsen und Jensen (2003) diskutieren Methoden zur Sensitivitätsanalyse in Bayes'schen Netzen bzw. Entscheidungsnetzen. In dem klassischen Text *Robust and Optimal Control* (Zhou *et al.*, 1995) werden die robusten und entscheidungstheoretischen Ansätze für Entscheidungen unter Unsicherheit ausführlich behandelt und verglichen.

Das Schatzsuche-Problem wurde von vielen Autoren unabhängig voneinander gelöst und reicht mindestens zurück auf die Arbeiten über sequenzielles Testen von Gluss (1959) und Mitten (1960). Die Art der Beweisführung in diesem Kapitel stützt sich auf ein grundlegendes Ergebnis, das auf Smith (1956) zurückgeht und das den Wert einer Folge in Beziehung setzt zu dem Wert der gleichen Folge, bei der zwei benachbarte Elemente vertauscht wurden. Diese Ergebnisse für unabhängige Tests wurden von Kadane und Simon (1977) auf allgemeinere Baum- und Graphensuchprobleme erweitert (bei denen die Tests teilweise geordnet sind). Ergebnisse zur Komplexität von nicht kurzsichtigen Berechnungen des Informationswerts wurden von Krause und Guestrin (2009) gewonnen. Krause *et al.* (2008) identifizierten Fälle, in denen Submodularität zu einem effizient machbaren Approximationsalgorithmus führt, wobei sie sich auf die bahnbrechende Arbeit von Nemhauser *et al.* (1978) über submodulare Funktionen stützen. Krause und Guestrin (2005) identifizieren Fälle, in denen ein exakter dynamischer Programmieralgorithmus eine effiziente Lösung sowohl für die Wahl der Evidenzteilmenge als auch für die bedingte Plangenerierung liefert.

Harsanyi (1967) untersuchte das Problem der *unvollständigen* Information in der Spieltheorie, wo die Spieler die Auszahlungsfunktionen der anderen nicht genau kennen. Er zeigte, dass solche Spiele identisch mit Spielen mit *imperfekter* Information sind, bei denen die Spieler unsicher über den Zustand der Welt sind. Sein Trick bestand darin, Zustandsvariablen hinzuzufügen, die sich auf die Auszahlungen der Spieler beziehen. Cyert und de Groot (1979) entwickelten eine Theorie des **adaptiven Nutzens**, in der ein Agent über seine eigene Nutzenfunktion unsicher sein kann, aber die Möglichkeit hat, durch Erfahrung mehr Informationen zu erhalten.

Arbeiten zur Bayes'schen Präferenzermittlung (Chajewska *et al.*, 2000; Boutilier, 2002) gehen von der Annahme einer A-priori-Wahrscheinlichkeit über die Nutzenfunktion des Agenten aus. Fern *et al.* (2014) schlagen ein entscheidungstheoretisches **Assistenzmodell** vor, bei dem ein Roboter versucht, ein menschliches Ziel zu ermitteln und zu unterstützen, über das er zunächst unsicher ist. Das Ausschalt-Beispiel in Abschnitt 16.7.2 ist aus Hadfield-Menell *et al.* (2017b) adaptiert. Russell (2019) schlägt ein allgemeines Framework für nützliche KI vor, in dem das Ausschalt-Spiel ein Schlüsselbeispiel ist.

Komplexe Entscheidungen

17

In diesem Kapitel betrachten wir Methoden, mit denen wir entscheiden, was heute zu tun ist, in dem Wissen, dass wir morgen vor einer anderen Entscheidung stehen könnten.

In diesem Kapitel befassen wir uns mit den rechentechnischen Problemen bei Entscheidungen in einer stochastischen Umgebung. Während sich Kapitel 16 mit einmaligen oder episodischen Entscheidungsproblemen befasste, bei denen der Nutzen des Ergebnisses jeder Aktion bekannt war, befassen wir uns hier mit **sequenziellen Entscheidungsproblemen**, bei denen der Nutzen des Agenten von einer Folge von Entscheidungen abhängt. Sequenzielle Entscheidungsprobleme beinhalten Nutzenwerte, Unsicherheit und Sensorik und schließen Such- und Planungsprobleme als Spezialfälle ein. Abschnitt 17.1 erklärt, wie sequenzielle Entscheidungsprobleme definiert sind, und Abschnitt 17.2 stellt Methoden zum Lösen dieser Probleme vor, um ein Verhalten zu erzeugen, das für eine stochastische Umgebung geeignet ist. Abschnitt 17.3 befasst sich mit Problemen der **mehrarmigen Banditen**, einer speziellen und faszinierenden Klasse von sequenziellen Entscheidungsproblemen, die in vielen Kontexten auftreten. Abschnitt 17.4 untersucht Entscheidungsprobleme in teilweise beobachtbaren Umgebungen und Abschnitt 17.5 beschreibt, wie diese gelöst werden können.

17.1 Sequenzielle Entscheidungsprobleme

Angenommen, ein Agent befindet sich in der 4×3-Umgebung, die in ► Abbildung 17.1 a dargestellt ist. Ausgehend vom Startzustand muss er in jedem Zeitschritt eine Aktion auswählen. Die Interaktion mit der Umgebung endet, wenn der Agent einen der Zielzustände erreicht, die mit +1 oder −1 markiert sind. Genau wie bei den Suchproblemen sind die Aktionen, die dem Agenten in jedem Zustand zur Verfügung stehen, durch ACTIONS(s) gegeben, manchmal abgekürzt mit $A(s)$. In der 4×3-Umgebung lauten die Aktionen in jedem Zustand *Auf*, *Ab*, *Links* und *Rechts*. Wir nehmen vorerst an, dass die Umgebung **vollständig beobachtbar** ist, sodass der Agent immer weiß, wo er sich befindet.

Bei einer deterministischen Umgebung wäre die Lösung einfach: [*Auf*, *Auf*, *Rechts*, *Rechts*, *Rechts*]. Leider entspricht die Umgebung nicht immer dieser Lösung, da die Aktionen unzuverlässig sind. Das spezielle Modell der stochastischen Bewegung, das wir hier anwenden, ist in ► Abbildung 17.1 b dargestellt. Jede Aktion erreicht den gewünschten Effekt mit einer

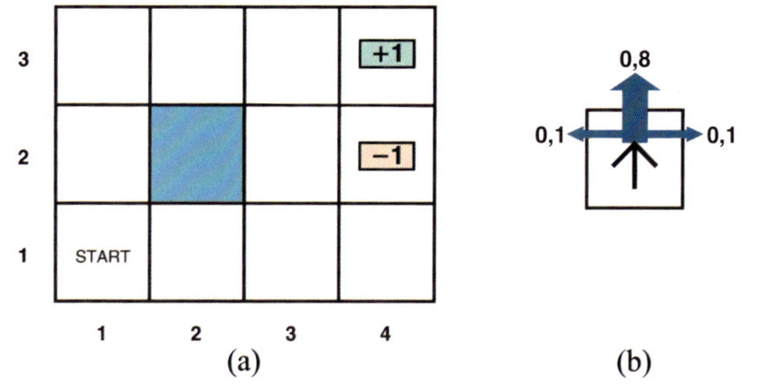

Abbildung 17.1: (a) Eine einfache stochastische 4×3-Umgebung, die den Agenten vor ein sequenzielles Entscheidungsproblem stellt. (b) Darstellung des Transitionsmodells der Umgebung: Das „gewünschte" Ergebnis hat eine Wahrscheinlichkeit von 0,8, aber mit einer Wahrscheinlichkeit von 0,2 bewegt sich der Agent im rechten Winkel zur gewünschten Richtung. Eine Kollision mit einer Wand bewirkt keine Bewegung. Übergänge in die beiden Endzustände werden mit +1 bzw. −1 belohnt, alle anderen Übergänge haben eine Belohnung von −0,04.

Wahrscheinlichkeit von 0,8, aber den Rest der Zeit bewegt die Aktion den Agenten im rechten Winkel zur gewünschten Richtung. Wenn außerdem der Agent von einem Feld aus gegen eine Wand stößt, bleibt er in diesem Feld. Zum Beispiel bewegt die Aktion *Auf* den Agenten vom Startfeld (1,1) mit einer Wahrscheinlichkeit von 0,8 nach (1,2), während er sich mit einer Wahrscheinlichkeit von 0,1 nach rechts auf das Feld (2,1) bewegt und mit einer Wahrscheinlichkeit von 0,1 nach links, wo er gegen die Wand stößt und in (1,1) bleibt. In einer solchen Umgebung umgeht die Folge [*Auf*, *Auf*, *Rechts*, *Rechts*, *Rechts*] das Hindernis und erreicht den Zielzustand in (4,3) mit der Wahrscheinlichkeit $0{,}8^5 = 0{,}32768$. Es gibt auch eine kleine Chance, das Ziel zufällig andersherum zu erreichen; die Wahrscheinlichkeit dafür beträgt $0{,}1^4 \times 0{,}8$, insgesamt also 0,32776 (siehe auch Übung 17.1 auf der Website).

Wie in Kapitel 3 beschreibt das **Transitionsmodell** (oder einfach „Modell“, wenn die Bedeutung klar ist) das Ergebnis jeder Aktion in jedem Zustand. Hier ist das Ergebnis stochastisch, also schreiben wir $P(s' \mid s, a)$ für die Wahrscheinlichkeit, den Zustand s' zu erreichen, wenn die Aktion a im Zustand s ausgeführt wird. (Manche Autoren schreiben $T(s, a, s')$ für das Transitionsmodell.) Wir gehen davon aus, dass es sich hierbei um **Markov-Übergänge** handelt, das heißt, die Wahrscheinlichkeit, s' von s aus zu erreichen, hängt nur von s ab und nicht von der Historie früherer Zustände.

Um die Definition der Aufgabenumgebung zu vervollständigen, müssen wir die Nutzenfunktion für den Agenten angeben. Da das Entscheidungsproblem sequenziell ist, hängt die Nutzenfunktion von einer Folge von Zuständen und Aktionen, einer **Umgebungshistorie**, ab und nicht von einem einzelnen Zustand. Weiter hinten in diesem Abschnitt werden wir das Wesentliche von Nutzenfunktionen auf Historien untersuchen; für den Moment legen wir einfach fest, dass der Agent für jeden Übergang von s nach s' mittels Aktion a eine **Belohnung** (*reward*) $R(s, a, s')$ erhält. Die Belohnungen können positiv oder negativ sein, sind aber durch $\pm R_{\max}$ begrenzt.[1]

In unserem speziellen Beispiel liegt die Belohnung für alle Übergänge bei −0,04 außer für die Übergänge, die in einen der Endzustände münden und Belohnungen von +1 bzw. −1 haben. Der Nutzen einer Umgebungshistorie ist (vorerst) einfach die *Summe* der erhaltenen Belohnungen. Wenn der Agent beispielsweise nach 10 Schritten den Zustand +1 erreicht, ist sein Gesamtnutzen $(9 \times -0{,}04) + 1 = 0{,}64$. Die negative Belohnung von −0,04 gibt dem Agenten einen Anreiz, möglichst schnell Feld (4,3) zu erreichen. Damit ist unsere Umgebung eine stochastische Verallgemeinerung der Suchprobleme aus Kapitel 3. Eine andere Art, dies auszudrücken, ist, dass der Agent nicht gerne in dieser Umgebung lebt und sie daher so schnell wie möglich verlassen möchte.

Fassen wir zusammen: Ein sequenzielles Entscheidungsproblem für eine vollständig beobachtbare, stochastische Umgebung mit einem Markov-Transitionsmodell und additiven Belohnungen wird als **Markov-Entscheidungsprozess** (*Markov Decision Process*, **MDP**) bezeichnet und besteht aus einer Menge von Zuständen (mit einem Anfangszustand s_0), einer Menge ACTIONS(s) von Aktionen in jedem Zustand, einem Transitionsmodell $P(s' \mid s, a)$ und einer Belohnungsfunktion $R(s, a, s')$. Methoden zum Lösen von MDPs beinhalten in der Regel **dynamische Programmierung**: Vereinfachen eines Problems durch rekursives Zerlegen in kleinere Teile und Speichern der optimalen Lösung zu den Teilen.

Die nächste Frage ist: Wie sieht eine Lösung des Problems aus? Eine feste Aktionsfolge kann das Problem nicht lösen, da der Agent in einem anderen Zustand als dem Ziel enden könnte. Daher muss eine Lösung für *jeden* Zustand, den der Agent erreichen könnte, angeben, was er tun soll. Eine Lösung dieser Art wird als **Strategie** bezeichnet. Es ist üblich, eine Strategie mit π zu bezeichnen und mit $\pi(s)$ die von der Strategie π empfohlene Aktion für den Zustand s.

1 Es ist auch möglich, Kosten $c(s, a, s')$ zu verwenden, wie wir es bei der Definition von Suchproblemen in Kapitel 3 getan haben. In der Literatur über sequenzielle Entscheidungen unter Unsicherheit ist es jedoch üblich, von „Belohnungen“ zu sprechen.

Unabhängig vom Ergebnis der Aktion ist der resultierende Zustand in der Strategie enthalten und der Agent weiß immer, was er als Nächstes zu tun hat.

Jedes Mal, wenn eine bestimmte Strategie ausgehend vom Anfangszustand ausgeführt wird, kann die stochastische Natur der Umgebung zu einer anderen Umgebungshistorie führen. Die Qualität einer Strategie wird daher anhand des *erwarteten* Nutzens der möglichen Umgebungshistorien gemessen, die durch diese Strategie erzeugt werden. Eine optimale Strategie ist eine Strategie, die den höchsten erwarteten Nutzen bietet. Wir bezeichnen eine **optimale Strategie** mit π^*. Ist π^* gegeben, so entscheidet der Agent, was zu tun ist, indem er sein aktuelles Perzept konsultiert, das ihm den aktuellen Zustand s mitteilt, und dann die Aktion $\pi^*(s)$ ausführt. Eine Strategie repräsentiert die Agentenfunktion explizit und ist daher eine Beschreibung eines einfachen Reflexagenten, der aus den Informationen für einen nutzenbasierten Agenten berechnet wird.

Die optimalen Strategien für die Welt in ► Abbildung 17.1 sind in ► Abbildung 17.2 a dargestellt. Es gibt zwei Strategien, weil der Agent absolut indifferent ist, ob er von (3,1) aus den Weg nach links oder den Weg nach oben wählt: Der Weg nach links ist sicherer, aber länger, während der Weg nach oben schneller ist, aber das Risiko birgt, versehentlich auf (4,2) zu landen. Im Allgemeinen gibt es oft mehrere optimale Strategien.

Das Gleichgewicht von Risiko und Belohnung ändert sich in Abhängigkeit vom Wert von $r = R(s, a, s')$ für Übergänge zwischen Zuständen, die keine Endzustände sind. Die in ► Abbildung 17.2 a gezeigten Strategien sind optimal für $-0{,}0850 < r < -0{,}0273$. ► Abbildung 17.2 b zeigt optimale Strategien für vier andere Bereiche von r. Wenn $r < -1{,}6497$, dann ist das Leben so schlimm, dass der Agent direkt auf den nächsten Ausgang zusteuert, selbst wenn der Ausgang -1 wert ist. Im Wertebereich $-0{,}7311 < r < -0{,}4526$ ist das Leben ziemlich unangenehm, sodass der Agent von (2,1), (3,1) und (3,2) den kürzesten Weg zum $+1$-Zustand nimmt, doch von (4,1) sind die Kosten für das Erreichen von $+1$ so hoch, dass der Agent es vorzieht, direkt in -1 einzutauchen. Wenn das Leben nur ein wenig trist ist ($-0{,}0274 < r < 0$), geht die optimale Strategie *überhaupt keine Risiken* ein. In (4,1) und (3,2) steuert der Agent direkt weg vom -1-Zustand, um nicht versehentlich hineinzufallen, auch wenn dies bedeu-

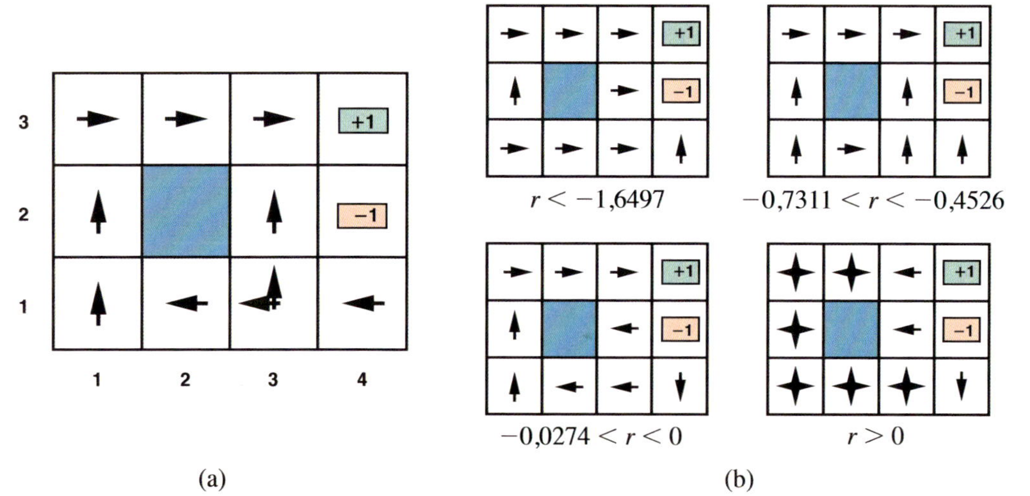

Abbildung 17.2: (a) Die optimalen Strategien für die stochastische Umgebung mit $r = -0{,}04$ für Übergänge zwischen nicht terminalen Zuständen. Es gibt zwei Strategien, weil im Zustand (3,1) sowohl *Links* als auch *Auf* optimal sind. (b) Optimale Strategien für vier verschiedene Wertebereiche von r.

tet, dass er einige Male gegen die Wand rennt. Und ist $r > 0$, dann ist das Leben schön und der Agent vermeidet *beide* Ausgänge. Solange die Aktionen in (4,1), (3,2) und (3,3) wie gezeigt aussehen, ist jede Strategie optimal, und der Agent erhält eine unendliche Gesamtbelohnung, da er nie in einen Endzustand eintritt. Es zeigt sich, dass es insgesamt neun optimale Strategien für verschiedene Wertebereiche von r gibt. In Übung 17.7 auf der Website werden Sie aufgefordert, diese Bereiche zu finden.

Die Einführung von Unsicherheit rückt MDPs näher an die reale Welt als deterministische Suchprobleme. Aus diesem Grund waren MDPs Untersuchungsgegenstand verschiedener Gebiete, z. B. KI, Operations Research, Wirtschaftswissenschaften und Kontrolltheorie. Es wurden Dutzende von Lösungsalgorithmen vorgeschlagen, von denen wir einige in Abschnitt 17.2 besprechen. Zunächst werden wir jedoch näher auf die Definitionen von Nutzen, optimalen Strategien und Modellen für MDPs eingehen.

17.1.1 Nutzen über die Zeit

In dem MDP-Beispiel aus ► Abbildung 17.1 wurde die Leistung des Agenten durch die Summe der Belohnungen für die erfolgreich durchgeführten Übergänge gemessen. Diese Wahl der Leistungsmessung ist nicht willkürlich, aber sie ist nicht die einzige Möglichkeit für die Nutzenfunktion[2] auf Umgebungshistorien, die wir als $U_h([s_0, a_0, s_1, a_1, \ldots, s_n])$ schreiben.

Die erste Frage, die es zu beantworten gilt, ist, ob es einen **endlichen Horizont** oder einen **unendlichen Horizont** für die Entscheidungsfindung gibt. Ein endlicher Horizont bedeutet, dass es eine *feste* Zeit N gibt, nach der nichts mehr zählt – Game Over sozusagen. Folglich gilt

$$U_h([s_0, a_0, s_1, a_1, \ldots, s_{N+k}]) = U_h([s_0, a_0, s_1, a_1, \ldots, s_N])$$

für alle $k > 0$. Nehmen wir zum Beispiel an, ein Agent beginnt in der 4×3-Welt von ► Abbildung 17.1 bei (3,1). Außerdem sei $N = 3$. Um überhaupt eine Chance zu haben, den Zustand +1 zu erreichen, muss der Agent direkt dorthin gehen, und die optimale Aktion ist *Auf*. Wenn allerdings $N = 100$ ist, dann ist genug Zeit, um den sicheren Weg zu nehmen, indem man *Links* wählt. *Bei einem endlichen Horizont kann also die optimale Aktion in einem gegebenen Zustand davon abhängen, wie viel Zeit noch übrig ist.* Eine Strategie, die von der Zeit abhängt, wird als **nicht stationär** bezeichnet.

Ohne festes Zeitlimit gibt es dagegen keinen Grund, sich zu unterschiedlichen Zeiten im gleichen Zustand unterschiedlich zu verhalten. Daher hängt eine optimale Aktion nur vom aktuellen Zustand ab und die optimale Strategie ist **stationär**. Strategien für den Fall des unendlichen Horizonts sind daher einfacher als die für den Fall des endlichen Horizonts. In diesem Kapitel behandeln wir hauptsächlich den Fall des unendlichen Horizonts. (Wir werden später sehen, dass für teilweise beobachtbare Umgebungen der Fall des unendlichen Horizonts nicht so einfach ist.) Beachten Sie, dass „unendlicher Horizont" nicht notwendigerweise bedeutet, dass alle Zustandsfolgen unendlich sind; er bedeutet nur, dass es keine feste Frist gibt. In einem MDP mit unendlichem Horizont und einem Endzustand kann es durchaus endliche Zustandsfolgen geben.

Die nächste Frage, die wir entscheiden müssen, ist, wie wir den Nutzen von Zustandsfolgen berechnen. In diesem Kapitel werden wir **additiv diskontierte Belohnungen** betrachten: Der Nutzen einer Historie ist

$$U_h([s_0, a_0, s_1, a_1, s_2, \ldots]) = R(s_0, a_0, s_1) + \gamma R(s_1, a_1, s_2) + \gamma^2 R(s_2, a_2, s_3) + \cdots ,$$

wobei der **Diskontierungsfaktor** γ eine Zahl zwischen 0 und 1 ist. Der Diskontierungsfaktor beschreibt die Präferenz eines Agenten für aktuelle Belohnungen gegenüber zukünftigen

2 In diesem Kapitel verwenden wir U für die Nutzenfunktion (um mit dem Rest des Buchs konsistent zu sein), aber viele Werke über MDPs verwenden stattdessen V (von englisch *value*).

Belohnungen. Wenn γ nahe bei 0 liegt, werden Belohnungen in der fernen Zukunft als unbedeutend eingestuft. Wenn γ nahe bei 1 liegt, ist ein Agent eher bereit, auf langfristige Belohnungen zu warten. Wenn γ genau 1 ist, reduzieren sich die diskontierten Belohnungen auf den speziellen Fall von rein **additiven Belohnungen**. Beachten Sie, dass wir die Additivität implizit im Zusammenhang mit den Pfadkostenfunktionen in heuristischen Suchalgorithmen verwendet haben (Kapitel 3).

Es gibt mehrere Gründe, warum additiv diskontierte Belohnungen sinnvoll sind. Einer ist empirisch: Sowohl Menschen als auch Tiere scheinen zeitnahe Belohnungen höher zu bewerten als Belohnungen in ferner Zukunft. Ein anderer ist wirtschaftlicher Art: Wenn die Belohnungen monetär erfolgen, ist es besser, sie direkt zu bekommen als später, weil frühe Belohnungen investiert werden können und Renditen generieren, während man auf die späteren Belohnungen wartet. In diesem Zusammenhang ist ein Diskontierungsfaktor von γ gleichbedeutend mit einem Zinssatz von $(1/\gamma) - 1$. Zum Beispiel entspricht ein Diskontierungsfaktor von $\gamma = 0{,}9$ einem Zinssatz von 11,1 %.

Ein dritter Grund ist die Unsicherheit über die tatsächlichen Belohnungen: Sie könnten aus allen möglichen, im Transitionsmodell nicht berücksichtigten Gründen nie erfolgen. Unter bestimmten Annahmen ist ein Diskontierungsfaktor von γ gleichbedeutend mit dem Hinzufügen einer Wahrscheinlichkeit von $1 - \gamma$ für einen zufälligen Abbruch bei jedem Zeitschritt, unabhängig von der durchgeführten Aktion.

Eine vierte Begründung ergibt sich aus einer natürlichen Eigenschaft von Präferenzen über Historien. In der Terminologie der Nutzentheorie mit Mehrfachattributen (siehe Abschnitt 16.4) kann jeder Übergang $s_t \xrightarrow{a_t} s_{t+1}$ als ein **Attribut** der Historie $[s_0, a_0, s_1, a_1, s_2, \ldots]$ betrachtet werden. Im Prinzip könnte die Nutzenfunktion auf beliebig komplexe Weise von diesen Attributen abhängen. Es gibt jedoch eine sehr plausible Annahme der Präferenzunabhängigkeit, nämlich die, dass die Präferenzen des Agenten zwischen den Zustandsfolgen **stationär** sind.

Angenommen, zwei Historien $[s_0, a_0, s_1, a_1, s_2, \ldots]$ und $[s'_0, a'_0, s'_1, a'_1, s'_2, \ldots]$ beginnen mit demselben Übergang (d. h. $s_0 = s'_0$, $a_0 = a'_0$ und $s_1 = s'_1$). Dann bedeutet Stationarität für Präferenzen, dass die beiden Historien genauso präferenzsortiert werden sollten wie die Historien $[s_1, a_1, s_2, \ldots]$ und $[s'_1, a'_1, s'_2, \ldots]$. Das bedeutet im Klartext, wenn Sie eine Zukunft einer anderen Zukunft vorziehen, die morgen beginnt, sollten Sie diese Zukunft auch dann bevorzugen, wenn sie stattdessen heute beginnen würde. Stationarität ist eine ziemlich harmlos aussehende Annahme, aber die additive Diskontierung ist die einzige Form des Nutzens auf Historien, die diese Annahme erfüllt.

Eine letzte Begründung für diskontierte Belohnungen ist, dass sie auf bequeme Weise einige unangenehme Unendlichkeiten verschwinden lassen. Bei unendlichen Horizonten gibt es eine potenzielle Schwierigkeit: Wenn die Umgebung keinen Endzustand enthält oder der Agent nie einen solchen erreicht, werden alle Umgebungshistorien unendlich lang und die Nutzen mit additiven nicht diskontierten Belohnungen im Allgemeinen unendlich sein. Während wir uns darauf einigen können, dass $+\infty$ besser ist als $-\infty$, ist der Vergleich zweier Zustandsfolgen mit $+\infty$ Nutzen schwieriger. Es gibt drei Lösungen, von denen wir zwei bereits kennengelernt haben:

1. Bei diskontierten Belohnungen ist der Nutzen einer unendlichen Folge *endlich*. Wenn $\gamma < 1$ und die Belohnungen durch $\pm R_{\max}$ begrenzt sind, erhalten wir:

$$U_h([s_0, a_0, s_1, \ldots]) = \sum_{t=0}^{\infty} \gamma^t R(s_t, a_t, s_{t+1}) \le \sum_{t=0}^{\infty} \gamma^t R_{\max} = \frac{R_{\max}}{1-\gamma} \qquad (17.1)$$

   Dabei verwenden wir die Standardformel für die Summe einer unendlichen geometrischen Reihe.

2. Wenn die Umgebung Endzustände enthält *und wenn der Agent garantiert einen Endzustand erreicht*, müssen wir niemals unendliche Folgen vergleichen. Eine Strategie, die garantiert einen Endzustand erreicht, wird als **geeignete Strategie** bezeichnet. Mit geeigneten Strategien können wir $\gamma = 1$ verwenden (d. h. additive, nicht diskontierte Belohnungen). Die ersten drei in ► Abbildung 17.2 b gezeigten Strategien sind geeignet, die vierte ist es nicht. Sie erzielt eine unendliche Gesamtbelohnung, indem sie den Agenten von den Endzuständen fernhält, wenn die Belohnung für Übergänge zwischen nicht terminalen Zuständen positiv ist. Das Vorhandensein nicht geeigneter Strategien kann dazu führen, dass die Standardalgorithmen zum Lösen von MDPs mit additiven Belohnungen scheitern, und liefert somit einen guten Grund für die Verwendung diskontierter Belohnungen.

3. Unendliche Folgen können in Bezug auf die durchschnittliche Belohnung pro Zeitschritt verglichen werden. Nehmen wir an, dass Übergänge zum Feld (1,1) in der 4×3-Welt eine Belohnung von 0,1 haben, während Übergänge zu anderen nicht terminalen Zuständen eine Belohnung von 0,01 haben. Dann wird eine Strategie, die versucht, möglichst in (1,1) zu bleiben, eine höhere **durchschnittliche Belohnung** haben als eine, die auf auf irgendeinem anderen Feld bleibt. Die durchschnittliche Belohnung ist ein nützliches Kriterium für einige Probleme, aber die Analyse von Algorithmen mit durchschnittlicher Belohnung ist komplex.

Additive diskontierte Belohnungen bereiten die wenigsten Schwierigkeiten bei der Auswertung von Historien, weshalb wir sie im Folgenden verwenden werden.

17.1.2 Optimale Strategien und die Nutzen von Zuständen

Nachdem wir entschieden haben, dass der Nutzen einer gegebenen Historie die Summe der diskontierten Belohnungen ist, können wir Strategien vergleichen, indem wir die *erwarteten* Nutzen vergleichen, die wir bei ihrer Ausführung erhalten. Wir gehen davon aus, dass sich der Agent in einem Anfangszustand s befindet, und definieren S_t (eine Zufallsvariable) als den Zustand, den der Agent zum Zeitpunkt t erreicht, wenn er eine bestimmte Strategie π ausführt. (Offensichtlich ist $S_0 = s$, der Zustand, in dem sich der Agent gerade befindet.) Die Wahrscheinlichkeitsverteilung über die Zustandsfolgen $S_1, S_2, \ldots$ wird durch den Anfangszustand s, die Strategie π und das Transitionsmodell für die Umgebung bestimmt.

Der erwartete Nutzen, den man durch die Ausführung von π ab s erhält, ist gegeben durch:

$$U^{\pi}(s) = E\left[\sum_{t=0}^{\infty} \gamma^t R(S_t, \pi(S_t), S_{t+1})\right] \tag{17.2}$$

Dabei wird der Erwartungswert E bezüglich der Wahrscheinlichkeitsverteilung über Zustandsfolgen bestimmt durch s und π. Von allen Strategien, die der Agent ab s ausführen könnte, wird eine (oder mehrere) einen höheren erwarteten Nutzen haben als die anderen. Wir kennzeichnen eine dieser Strategien mit π_s^*:

$$\pi_s^* = \operatorname*{argmax}_{\pi} U^{\pi}(s) \tag{17.3}$$

Denken Sie daran, dass es sich bei π_s^* um eine Strategie handelt, sodass sie eine Aktion für jeden Zustand empfiehlt. Ihre Verbindung mit s besteht insbesondere darin, dass sie eine optimale Strategie ist, wenn s der Startzustand ist. Eine bemerkenswerte Konsequenz der Verwendung diskontierter Nutzen mit unendlichen Horizonten ist, dass die optimale Strategie *unabhängig* vom Startzustand ist. (Natürlich ist die *Aktionsfolge* nicht unabhängig, denn wir wissen, dass eine Strategie eine Funktion ist, die eine Aktion für jeden Zustand spezifiziert.) Diese Tatsache scheint intuitiv naheliegend: Wenn die Strategie π_a^* optimal beim Start in a ist und die Strategie π_b^* optimal beim Start in b ist, dann gibt es bei Erreichen eines dritten

3	0,8516	0,9078	0,9578	+1
2	0,8016		0,7003	–1
1	0,7453	0,6953	0,6514	0,4279
	1	2	3	4

Abbildung 17.3: Die Nutzenwerte der Zustände in der 4×3-Welt mit $\gamma = 1$ und $r = -0{,}04$ für Übergänge in nicht terminale Zustände.

Zustands c keinen vernünftigen Grund, warum sie nicht untereinander oder mit π_c^* übereinkommen könnten, was als Nächstes zu tun ist.[3] Somit können wir einfach π^* für eine optimale Strategie schreiben.

Mit dieser Definition ist der tatsächliche Nutzen eines Zustands einfach $U^{\pi^*}(s)$ – d. h. die erwartete Summe der diskontierten Belohnungen, wenn der Agent eine optimale Strategie ausführt. Wir schreiben dies als $U(s)$, entsprechend der in Kapitel 16 verwendeten Notation für den Nutzen eines Ergebnisses. ► Abbildung 17.3 zeigt die Nutzenwerte für die 4×3-Welt. Beachten Sie, dass die Nutzenwerte für Zustände höher sind, die näher am +1-Ausgang liegen, da weniger Schritte erforderlich sind, um den Ausgang zu erreichen.

Die Nutzenfunktion $U(s)$ ermöglicht es dem Agenten, Aktionen nach dem Prinzip des maximal erwarteten Nutzens aus Kapitel 16 auszuwählen, d. h. die Aktion zu wählen, die die Belohnung für den nächsten Schritt plus den erwarteten diskontierten Nutzen des nachfolgenden Zustands maximiert:

$$\pi^*(s) = \operatorname*{argmax}_{a \in A(s)} \sum_{s'} P(s' \mid s, a)[R(s, a, s') + \gamma U(s')] \tag{17.4}$$

Wir haben den Nutzen eines Zustands $U(s)$ als die erwartete Summe der diskontierten Belohnungen ab diesem Punkt definiert. Daraus folgt, dass es eine direkte Beziehung zwischen dem Nutzen eines Zustands und dem Nutzen seiner Nachbarn gibt: *Der Nutzen eines Zustands ist die erwartete Belohnung für den nächsten Übergang plus dem diskontierten Nutzen des nächsten Zustands, unter der Annahme, dass der Agent die optimale Aktion wählt.* Das heißt, der Nutzen eines Zustands ist gegeben durch:

$$U(s) = \max_{a \in A(s)} \sum_{s'} P(s' \mid s, a)[R(s, a, s') + \gamma\, U(s')] \tag{17.5}$$

Diese Gleichung wird nach Richard Bellman (1957) als **Bellman-Gleichung** bezeichnet. Die Nutzen der Zustände – definiert durch Gleichung (17.2) als der erwartete Nutzen nachfolgender Zustandsfolgen – sind Lösungen der Menge der Bellman-Gleichungen. Tatsächlich handelt es sich dabei um die *einzigen* Lösungen, wie wir in Abschnitt 17.2.1 zeigen.

3 Obwohl dies offensichtlich scheint, gilt es nicht für Strategien mit endlichem Horizont oder für andere Wege, Belohnungen über die Zeit zu kombinieren, wie z. B. die maximale Belohnung. Der Beweis folgt direkt aus der Eindeutigkeit der Nutzenfunktion auf Zustände, wie in Abschnitt 17.2.1 gezeigt.

Schauen wir uns eine der Bellman-Gleichungen für die 4×3-Welt an. Der Ausdruck für $U(1,1)$ lautet:

$$\begin{aligned}\max\{\ &[0{,}8(-0{,}04+\gamma U(1,2))+0{,}1(-0{,}04+\gamma U(2,1))+0{,}1(-0{,}04+\gamma U(1,1))],\\ &[0{,}9(-0{,}04+\gamma U(1,1))+0{,}1(-0{,}04+\gamma U(1,2))],\\ &[0{,}9(-0{,}04+\gamma U(1,1))+0{,}1(-0{,}04+\gamma U(2,1))],\\ &[0{,}8(-0{,}04+\gamma U(2,1))+0{,}1(-0{,}04+\gamma U(1,2))+0{,}1(-0{,}04+\gamma U(1,1))]\ \},\end{aligned}$$

wobei die vier Ausdrücke den Bewegungen *Auf*, *Links*, *Ab* und *Rechts* entsprechen. Wenn wir die Zahlen aus ► Abbildung 17.3 mit $\gamma = 1$ einsetzen, stellen wir fest, dass *Auf* die beste Aktion ist.

Eine weitere wichtige Größe ist die **Aktion-Nutzen-Funktion**, auch **Q-Funktion** genannt: $Q(s,a)$ ist der erwartete Nutzen, der sich aus der Durchführung einer bestimmten Aktion in einem bestimmten Zustand ergibt. Die Q-Funktion ist auf naheligende Weise mit dem Nutzen verbunden:

$$U(s) = \max_a Q(s,a) \tag{17.6}$$

Darüber hinaus kann die optimale Strategie wie folgt aus der Q-Funktion extrahiert werden:

$$\pi^*(s) = \operatorname*{argmax}_a Q(s,a) \tag{17.7}$$

Wir können auch eine Bellman-Gleichung für Q-Funktionen entwickeln und dabei feststellen, dass die erwartete Gesamtbelohnung für das Ausführen einer Aktion die unmittelbare Belohnung plus der diskontierte Nutzen des Ergebniszustands ist, der wiederum mittels Q-Funktion ausgedrückt werden kann:

$$\begin{aligned}Q(s,a) &= \sum_{s'} P(s' \mid s,a)[R(s,a,s') + \gamma\ U(s')]\\ &= \sum_{s'} P(s' \mid s,a)[R(s,a,s') + \gamma\ \max_{a'} Q(s',a')]\end{aligned} \tag{17.8}$$

Das Auflösen der Bellman-Gleichungen nach U (oder nach Q) liefert uns alle notwendigen Informationen, um eine optimale Strategie zu finden. Die Q-Funktion taucht immer wieder in Algorithmen zum Lösen von MDPs auf, daher werden wir die folgende Definition verwenden:

function Q-VALUE(*mdp*, *s*, *a*, *U*) **returns** Nutzenwert
  return $\sum_{s'} P(s' \mid s,a)[R(s,a,s')\ +\ \gamma\ U[s']]$

17.1.3 Belohnungsskalen

In Kapitel 16 wurde festgestellt, dass die Nutzenskala beliebig ist: Eine affine Transformation lässt die optimale Entscheidung unverändert. Wir können $U(s)$ durch $U'(s) = mU(s) + b$ ersetzen, wobei m und b beliebige Konstanten sind, sodass $m > 0$ ist. Aus der Definition von Nutzen als diskontierte Summen von Belohnungen ist leicht ersichtlich, dass eine ähnliche Transformation von Belohnungen die optimale Strategie in einem MDP unverändert lässt:

$$R'(s,a,s') = mR(s,a,s') + b$$

Es zeigt sich jedoch, dass die additive Belohnungszerlegung von Nutzenwerten zu deutlich mehr Freiheit bei der Definition von Belohnungen führt. Sei $\Phi(s)$ eine *beliebige* Funktion des Zustands s. Dann lässt die folgende Transformation gemäß dem **Shaping-Theorem** die optimale Strategie unverändert:

$$R'(s,a,s') = R(s,a,s') + \gamma\Phi(s') - \Phi(s) \tag{17.9}$$

Um zu zeigen, dass dies stimmt, müssen wir beweisen, dass zwei MDPs M und M' identische optimale Strategien haben, solange sie sich nur in ihren Belohnungsfunktionen gemäß Gleichung (17.9) unterscheiden. Wir beginnen mit der Bellman-Gleichung für Q, der Q-Funktion für den MDP M:

$$Q(s,a) = \sum_{s'} P(s' \mid s,a)[R(s,a,s') + \gamma \max_{a'} Q(s',a')]$$

Sei $Q'(s,a) = Q(s,a) - \Phi(s)$. Durch Einsetzen in diese Gleichung erhalten wir

$$Q'(s,a) + \Phi(s) = \sum_{s'} P(s' \mid s,a)[R(s,a,s') + \gamma \max_{a'}(Q'(s',a') + \Phi(s'))]\,,$$

was sich dann zu

$$\begin{aligned} Q'(s,a) &= \sum_{s'} P(s' \mid s,a)[R(s,a,s') + \gamma\Phi(s') - \Phi(s) + \gamma \max_{a'} Q'(s',a')] \\ &= \sum_{s'} P(s' \mid s,a)[R'(s,a,s') + \gamma \max_{a'} Q'(s',a')] \end{aligned}$$

vereinfacht. Mit anderen Worten: $Q'(s,a)$ erfüllt die Bellman-Gleichung für den MDP M'. Jetzt können wir für M' mithilfe der Gleichung (17.7) die optimale Strategie extrahieren:

$$\pi^*_{M'}(s) = \operatorname*{argmax}_a Q'(s,a) = \operatorname*{argmax}_a Q(s,a) - \Phi(s) = \operatorname*{argmax}_a Q(s,a) = \pi^*_M(s)$$

Die Funktion $\Phi(s)$ wird oft als **Potenzial** bezeichnet, in Analogie zum elektrischen Potenzial (Volt), das elektrische Felder erzeugt. Der Term $\gamma\Phi(s') - \Phi(s)$ fungiert als Gradient des Potenzials. Wenn also $\Phi(s)$ in Zuständen, die einen höheren Nutzen haben, einen höheren Wert hat, so hat die Addition von $\gamma\Phi(s') - \Phi(s)$ zur Belohnung den Effekt, dass der Agent im Nutzen „aufwärts" geführt wird.

Auf den ersten Blick mag es ziemlich kontraintuitiv erscheinen, dass wir die Belohnung auf diese Weise modifizieren können, ohne die optimale Strategie zu ändern. Es hilft, wenn wir uns daran erinnern, dass bei einer Belohnungsfunktion, die überall null ist, *alle Strategien optimal sind*. Das bedeutet gemäß dem Shaping-Theorem, dass alle Strategien für jede potenzialbasierte Belohnung der Form $R(s,a,s') = \gamma\Phi(s') - \Phi(s)$ optimal sind. Intuitiv liegt das daran, dass es bei einer solchen Belohnung egal ist, welchen Weg der Agent von A nach B nimmt. (Das ist am einfachsten zu sehen, wenn $\gamma = 1$ ist: Entlang eines beliebigen Pfads kollabiert die Summe der Belohnungen zu $\Phi(B) - \Phi(A)$, also sind alle Pfade gleich gut.) Das Hinzufügen einer potenzialbasierten Belohnung zu einer beliebigen anderen Belohnung sollte also keinen Einfluss auf die optimale Strategie haben.

Die Flexibilität, die das Shaping-Theorem bietet, bedeutet, dass wir dem Agenten tatsächlich helfen können, indem wir die unmittelbare Belohnung direkter reflektieren lassen, was der Agent tun sollte. Setzen wir nämlich $\Phi(s) = U(s)$, dann ist die gierige Strategie π_G in Bezug auf die modifizierte Belohnung R' auch eine optimale Strategie:

$$\begin{aligned} \pi_G(s) &= \operatorname*{argmax}_a \sum_{s'} P(s' \mid s,a) R'(s,a,s') \\ &= \operatorname*{argmax}_a \sum_{s'} P(s' \mid s,a)[R(s,a,s') + \gamma\Phi(s') - \Phi(s)] \\ &= \operatorname*{argmax}_a \sum_{s'} P(s' \mid s,a)[R(s,a,s') + \gamma U(s') - U(s)] \\ &= \operatorname*{argmax}_a \sum_{s'} P(s' \mid s,a)[R(s,a,s') + \gamma U(s')] \\ &= \pi^*(s) \qquad \text{(gemäß Gleichung (17.4))} \end{aligned}$$

Natürlich müssten wir $U(s)$ kennen, um $\Phi(s) = U(s)$ zu setzen – es ist also nichts umsonst, aber es ist dennoch lohnenswert, eine Belohnungsfunktion zu entwickeln, die so hilfreich wie möglich ist. Genauso arbeiten Tiertrainer, wenn sie dem Tier für jeden Schritt in der Zielfolge ein kleines Leckerli geben.

17.1.4 MDPs repräsentieren

Am einfachsten lassen sich $P(s' \mid s, a)$ und $R(s, a, s')$ mit großen, dreidimensionalen Tabellen der Größe $|S|^2|A|$ darstellen. Für kleine Probleme wie die 4×3-Welt, bei der die Tabellen jeweils $11^2 \times 4 = 484$ Einträge haben, ist das in Ordnung. In einigen Fällen sind die Tabellen **schwach besetzt** – die meisten Einträge sind null, weil jeder Zustand s nur in eine begrenzte Anzahl von Zuständen s' übergehen kann –, was bedeutet, dass die Tabellen die Größe $O(|S||A|)$ haben. Für größere Probleme sind selbst schwach besetzte Tabellen viel zu groß.

Genau wie in Kapitel 16, wo Bayes'sche Netze zur Erstellung von Entscheidungsnetzen um Aktions- und Nutzenknoten erweitert wurden, können wir MDPs darstellen, indem wir dynamische Bayes'sche Netze (DBNs, siehe Kapitel 14) um Entscheidungs-, Belohnungs- und Nutzenknoten erweitern, um **dynamische Entscheidungsnetze** (*Dynamic Decision Network*, DDN) zu erstellen. DDNs sind **faktorisierte Repräsentationen** in der Terminologie von Kapitel 2; sie haben in der Regel einen exponentiellen Komplexitätsvorteil gegenüber atomaren Repräsentationen und können recht umfangreiche reale Probleme modellieren.

► Abbildung 17.4, die auf dem DBN in ► Abbildung 14.13 b (S. 550) basiert, zeigt einige Elemente eines ziemlich realistischen Modells für einen mobilen Roboter, der sich selbst aufladen kann. Der Zustand S_t wird in vier Zustandsvariablen zerlegt:

- $\mathbf{X}_t$ besteht aus der zweidimensionalen Lage auf einem Gitter plus der Orientierung;

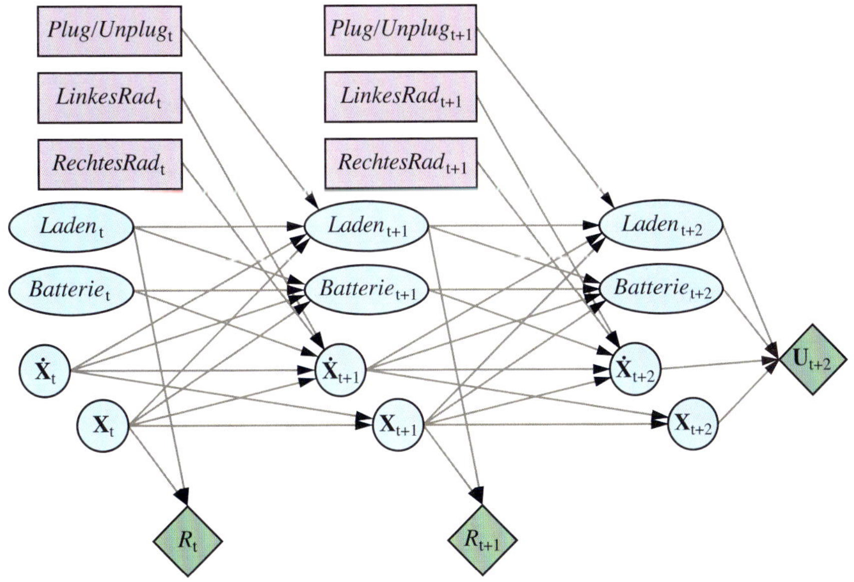

Abbildung 17.4: Ein dynamisches Entscheidungsnetz für einen mobilen Roboter mit Zustandsvariablen für den Ladezustand der Batterie, Ladestatus, Position und Geschwindigkeit sowie Aktionsvariablen für den linken und rechten Radmotor und zum Laden.

- $\dot{\mathbf{X}}_t$ ist die Änderungsrate von $\mathbf{X}_t$;
- $Laden_t$ ist wahr, wenn der Roboter an eine Stromquelle angeschlossen ist;
- $Batterie_t$ ist der Batterieladezustand, den wir als ganze Zahl im Bereich $0, \ldots, 5$ modellieren.

Der Zustandsraum für den MDP ist das kartesische Produkt der Bereiche dieser vier Variablen. Die Aktion ist jetzt eine Menge $\mathbf{A}_t$ von Aktionsvariablen, bestehend aus *Plug/Unplug*, die drei Werte hat (*plug*, *unplug* und *noop*), *LinkesRad* für die elektrische Leistung, die an das linke Rad gesendet wird, und *RechtesRad* für die Leistung, die an das rechte Rad gesendet wird. Die Menge der Aktionen für den MDP ist das kartesische Produkt der Bereiche dieser drei Variablen. Beachten Sie, dass jede Aktionsvariable nur eine Teilmenge der Zustandsvariablen beeinflusst.

Das gesamte Transitionsmodell ist die bedingte Verteilung $\mathbf{P}(\mathbf{X}_{t+1}|\mathbf{X}_t, \mathbf{A}_t)$, die als Produkt der bedingten Wahrscheinlichkeiten aus dem DDN berechnet werden kann. Die Belohnung ist hier eine einzelne Variable, die nur vom Ort $\mathbf{X}$ (z. B. für die Ankunft an einem Ziel) und von *Laden* abhängt, da der Roboter für den verbrauchten Strom bezahlen muss. In diesem speziellen Modell hängt die Belohnung nicht von der Aktion oder dem Ergebniszustand ab.

Das Netz in ► Abbildung 17.4 wurde zwei Schritte in die Zukunft projiziert. Beachten Sie, dass das Netz Knoten für die *Belohnungen* für t und $t + 1$ enthält, aber den *Nutzen* für $t + 2$. Der Grund ist, dass der Agent die (diskontierte) Summe aller zukünftigen Belohnungen maximieren muss und $U(\mathbf{X}_{t+2})$ die Belohnung für alle Belohnungen ab $t + 2$ repräsentiert. Wenn eine heuristische Approximation für U verfügbar ist, kann sie auf diese Weise in die MDP-Repräsentation aufgenommen und anstelle einer weiteren Expansion verwendet werden. Die-

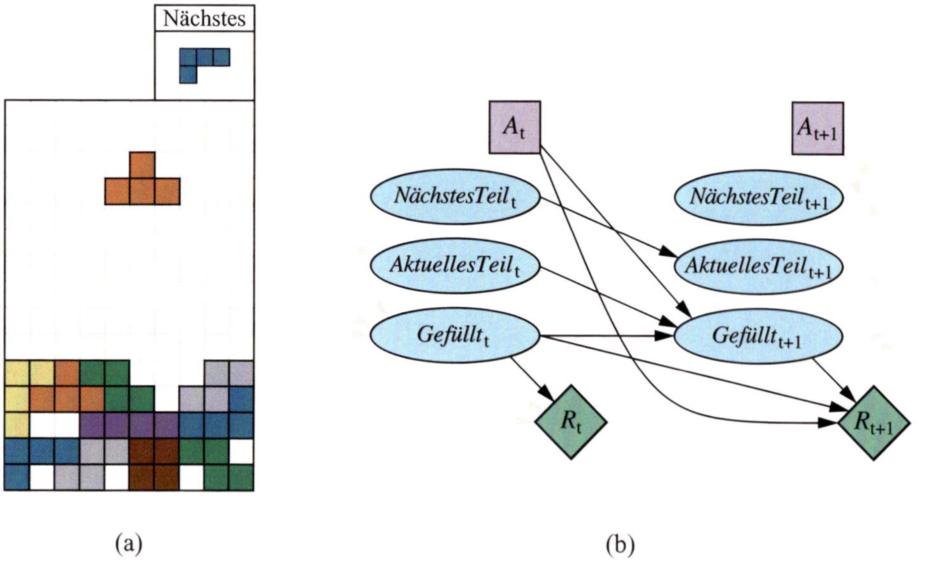

Abbildung 17.5: (a) Das Spiel Tetris. Die T-förmige Figur oben in der Mitte kann in jeder Ausrichtung und an jeder horizontalen Position fallen gelassen werden. Wenn eine Reihe vervollständigt wird, verschwindet diese Reihe und die Reihen darüber rücken nach unten und der Agent erhält einen Punkt. Die nächste Figur (hier die L-förmige Figur oben rechts) wird zur aktuellen Figur und es erscheint eine neue nächste Figur, die zufällig aus den sieben Figurentypen ausgewählt wird. Das Spiel endet, wenn sich das Brett bis oben hin füllt. (b) Das DDN für den Tetris-MDP.

ser Ansatz ist eng verwandt mit der Verwendung der tiefenbeschränkten Suche und der heuristischen Bewertungsfunktionen für Spiele in Kapitel 5.

Ein weiterer interessanter und gut untersuchter MDP ist das Spiel Tetris (► Abbildung 17.5 a). Die Zustandsvariablen für das Spiel sind *AktuellesTeil*, *NächstesTeil* und eine Bitvektor-Variable namens *Gefüllt* mit einem Bit für jede der 10×20 Brettpositionen. Der Zustandsraum hat also $7 \times 7 \times 2^{200} \approx 10^{62}$ Zustände. Das DDN für Tetris ist in ► Abbildung 17.5 b dargestellt. Beachten Sie, dass $Gefüllt_{t+1}$ eine deterministische Funktion von $Gefüllt_t$ und A_t ist. Es stellt sich heraus, dass jede Strategie für Tetris korrekt ist (einen Endzustand erreicht): Am Ende füllt sich das Brett trotz aller Bemühungen, es zu leeren.

17.2 Algorithmen für MDPs

In diesem Abschnitt stellen wir vier verschiedene Algorithmen zum Lösen von MDPs vor. Die ersten drei, **Wert-Iteration**, **Strategie-Iteration** und **lineare Programmierung**, erzeugen exakte Offlinelösungen. Der vierte ist eine Familie von approximativen Onlinealgorithmen, die **Monte-Carlo-Planung** beinhaltet.

17.2.1 Wert-Iteration

Die Bellman-Gleichung (Gleichung (17.5)) ist die Grundlage des **Wert-Iteration-Algorithmus** zur Lösung von MDPs. Wenn es n mögliche Zustände gibt, dann gibt es n Bellman-Gleichungen, eine für jeden Zustand. Die n Gleichungen enthalten n Unbekannte – die Nutzenwerte der Zustände. Wir möchten also diese simultanen Gleichungen lösen, um die Nutzenwerte zu finden. Dabei gibt es ein Problem: Die Gleichungen sind *nichtlinear*, da der „max"-Operator kein linearer Operator ist. Während Systeme von linearen Gleichungen mit Techniken der linearen Algebra schnell gelöst werden können, sind Systeme von nichtlinearen Gleichungen problematischer. Eine Möglichkeit ist ein *iterativer* Ansatz. Wir beginnen mit beliebigen Anfangswerten für den Nutzen, berechnen die rechte Seite der Gleichung und setzen die Werte in die linke Seite ein – und aktualisieren so den Nutzen jedes Zustands aus den Nutzenwerten seiner Nachbarn. Wir wiederholen dies, bis wir ein Gleichgewicht erreichen.

Sei $U_i(s)$ der Nutzenwert für den Zustand s bei der i-ten Iteration. Der Iterationsschritt, **Bellman-Aktualisierung** genannt, sieht wie folgt aus:

$$U_{i+1}(s) \leftarrow \max_{a \in A(s)} \sum_{s'} P(s' \mid s, a)[R(s, a, s') + \gamma\, U_i(s')]\,. \tag{17.10}$$

wobei angenommen wird, dass die Aktualisierung bei jeder Iteration gleichzeitig auf alle Zustände angewendet wird. Wenn wir die Bellman-Aktualisierung unendlich oft anwenden, erreichen wir garantiert ein Gleichgewicht (siehe „Konvergenz der Wert-Iteration" unten), in welchem Fall die endgültigen Nutzenwerte Lösungen der Bellman-Gleichungen sein müssen. Tatsächlich sind sie auch die *einzigen* Lösungen und die entsprechende Strategie (erhalten durch Gleichung (17.4)) ist optimal. Der Algorithmus, einschließlich einer Abbruchbedingung, wenn die Nutzenwerte „nahe genug" sind, ist detailliert in ► Abbildung 17.6 dargestellt. Beachten Sie, dass wir die auf S. 641 definierte Funktion Q-VALUE verwenden.

Wir können die Wert-Iteration auf die 4×3-Welt in ► Abbildung 17.1 a anwenden. Beginnend mit Anfangswerten von null, entwickeln sich die Nutzenwerte wie in ► Abbildung 17.7 a gezeigt. Beachten Sie, wie die Zustände in unterschiedlichen Entfernungen zu (4,3) negative Belohnungen akkumulieren, bis ein Pfad zu (4,3) gefunden wird, woraufhin die Nutzenwerte zu steigen beginnen. Man kann sich den Algorithmus der Wert-Iteration so vorstellen, dass er mittels lokaler Aktualisierungen *Informationen* durch den Zustandsraum *weiterreicht*.

```
function VALUE-ITERATION(mdp, ϵ) returns eine Nutzenfunktion
  inputs: mdp, ein MDP mit Zuständen S, Aktionen A(s), Transitionsmodell P(s′ | s, a),
              Belohnungen R(s, a, s′), Diskontierung γ
          ϵ, der maximal erlaubte Fehler im Nutzen eines Zustands
  local variables: U, U′, Nutzenvektoren für Zustände in S, anfangs null
                   δ, die maximale relative Änderung im Nutzen eines Zustands

  repeat
     U ← U′; δ ← 0
     for each Zustand s in S do
        U′[s] ← max_{a ∈ A(s)} Q-VALUE(mdp, s, a, U)
        if |U′[s] − U[s]| > δ then δ ← |U′[s] − U[s]|
  until δ ≤ ϵ(1 − γ)/γ
  return U
```

Abbildung 17.6: Der Wert-Iteration-Algorithmus zur Berechnung der Nutzenwerte von Zuständen. Die Abbruchbedingung ergibt sich aus Gleichung (17.12).

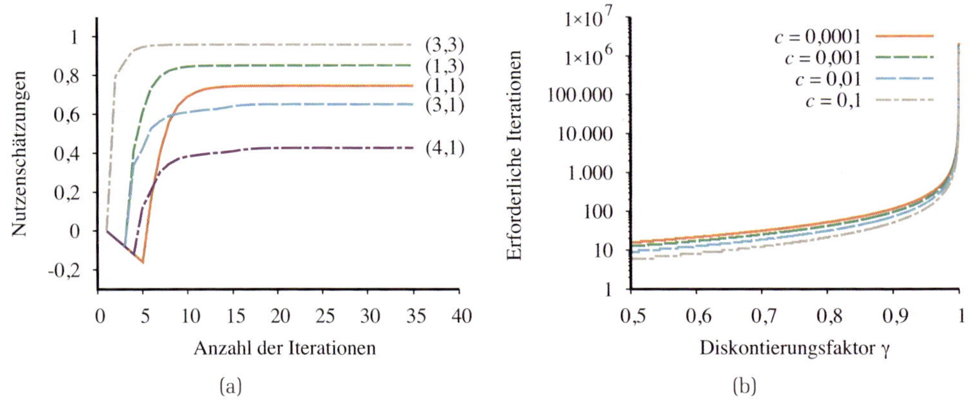

Abbildung 17.7: (a) Diagramm, das die Entwicklung der Nutzenwerte ausgewählter Zustände unter Verwendung von Wert-Iterationen zeigt. (b) Die Anzahl der Wert-Iterationen, die erforderlich sind, um einen Fehler von höchstens $\epsilon = c \cdot R_{\max}$ zu garantieren, für verschiedene Werte von c, als Funktion des Diskontierungsfaktors γ.

Konvergenz der Wert-Iteration

Wir haben gesagt, dass die Wert-Iteration letztendlich zu einer eindeutigen Menge von Lösungen der Bellman-Gleichungen konvergiert. In diesem Abschnitt erklären wir, warum. Dabei stellen wir einige nützliche mathematische Ideen vor und erhalten einige Methoden zur Bewertung des Fehlers in der Nutzenfunktion, die zurückgegeben wird, wenn der Algorithmus frühzeitig beendet wird. Dies ist nützlich, weil es bedeutet, dass die Ausführung nicht endlos sein muss. Dieser Abschnitt ist recht technisch.

Das grundlegende Konzept, um zu zeigen, dass die Wert-Iteration konvergiert, ist der Begriff der **Kontraktion**. Grob gesagt ist eine Kontraktion eine Funktion mit einem Argument, die, wenn sie auf zwei verschiedene Eingaben angewandt wird, zwei Ausgabewerte erzeugt, die um mindestens irgendeinen konstanten Faktor „näher beieinanderliegen" als die ursprünglichen Eingaben. Zum Beispiel ist die Funktion „Dividieren durch zwei" eine Kontraktion, denn nachdem wir zwei beliebige Zahlen durch zwei dividiert haben, wird ihre Differenz halbiert. Beachten Sie, dass die Funktion „Dividieren durch zwei" einen Fixpunkt hat, nämlich null, der durch Anwenden der Funktion unverändert bleibt. An diesem Beispiel können wir zwei wichtige Eigenschaften von Kontraktionen erkennen:

- Eine Kontraktion hat nur einen Fixpunkt. Wenn es zwei Fixpunkte gäbe, dann lägen sie nicht näher beieinander, wenn die Funktion angewendet wird, also wäre es keine Kontraktion.
- Wenn die Funktion auf ein beliebiges Argument angewendet wird, dann muss sich der Wert dem Fixpunkt annähern (da sich der Fixpunkt nicht bewegt), sodass die wiederholte Anwendung einer Kontraktion im Grenzwert immer den Fixpunkt erreicht.

Nehmen wir nun an, wir betrachten die Bellman-Aktualisierung (Gleichung (17.10)) als einen Operator B, der gleichzeitig angewendet wird, um den Nutzen jedes Zustands zu aktualisieren. Dann wird die Bellman-Gleichung zu $U = BU$ und die Bellman-Aktualisierungsgleichung kann als

$$U_{i+1} \leftarrow B\,U_i$$

geschrieben werden. Als Nächstes brauchen wir eine Möglichkeit, Abstände zwischen Nutzenvektoren zu messen. Wir werden die **Max-Norm** verwenden, die die „Länge" eines Vektors anhand des Absolutwerts seiner größten Komponente misst:

$$\|U\| = \max_s |U(s)|$$

Gemäß dieser Definition ist der „Abstand" $\|U - U'\|$ zwischen zwei Vektoren die maximale Differenz zwischen zwei beliebigen korrespondierenden Elementen. Das Hauptergebnis dieses Abschnitts ist das folgende: Seien U_i und U_i' zwei beliebige Nutzenvektoren. Dann haben wir:

$$\|B\,U_i - B\,U_i'\| \leq \gamma\,\|U_i - U_i'\| \tag{17.11}$$

Das heißt, *die Bellman-Aktualisierung ist eine Kontraktion um einen Faktor γ auf dem Raum der Nutzenvektoren.* (Übung 17.8 auf der Website unterstützt Sie dabei, diese Behauptung zu beweisen.) Aus den Eigenschaften von Kontraktionen im Allgemeinen lässt sich folgern, dass die Wert-Iteration immer zu einer eindeutigen Lösung der Bellman-Gleichungen konvergiert, wenn $\gamma < 1$ ist.

Wir können die Kontraktionseigenschaft auch nutzen, um die Konvergenz*rate* zu einer Lösung zu analysieren. Insbesondere können wir U_i' in Gleichung (17.11) durch den *wahren* Nutzen U ersetzen, für den $B\,U = U$ gilt. Dann erhalten wir die Ungleichung:

$$\|B\,U_i - U\| \leq \gamma\,\|U_i - U\|$$

Wenn wir $\|U_i - U\|$ als den *Fehler* in der Schätzung U_i betrachten, so zeigt sich, dass der Fehler bei jeder Iteration um einen Faktor von mindestens γ reduziert wird. Folglich konvergiert die Wert-Iteration exponentiell schnell. Wir können die Anzahl der erforderlichen Iterationen wie folgt berechnen: Zunächst wissen wir aus Gleichung (17.1), dass die Nutzenwerte aller Zustände durch $\pm R_{\max}/(1-\gamma)$ begrenzt sind. Das bedeutet, dass der maximale Anfangsfehler $\|U_0 - U\| \leq 2R_{\max}/(1-\gamma)$ ist. Angenommen, wir durchlaufen N Iterationen, um einen Fehler von höchstens ϵ zu erreichen. Da der Fehler jedes Mal um mindestens γ reduziert wird, benötigen wir logischerweise $\gamma^N \cdot 2R_{\max}/(1-\gamma) \leq \epsilon$. Durch Logarithmieren stellen wir fest, dass

$$N = \lceil \log(2R_{\max}/\epsilon(1-\gamma))/\log(1/\gamma) \rceil$$

Iterationen genügen. ► Abbildung 17.7 b zeigt, wie N für verschiedene Werte des Verhältnisses $\epsilon/R_{\max}$ mit γ variiert. Die gute Nachricht ist, dass N aufgrund der exponentiell schnellen Konvergenz nicht stark vom Verhältnis $\epsilon/R_{\max}$ abhängt. Die schlechte Nachricht ist, dass N umso schneller wächst, je näher γ dem Wert 1 kommt. Wir können eine schnelle Konvergenz erreichen, wenn wir γ klein machen, aber dadurch erhält der Agent im Grunde nur einen kurzen Horizont und könnte die langfristigen Auswirkungen seiner Aktionen verpassen.

Die Fehlerschranke im vorigen Absatz gibt eine Vorstellung von den Faktoren, die die Laufzeit des Algorithmus beeinflussen, ist aber manchmal zu konservativ, um zu entscheiden, wann die Iteration angehalten werden soll. Für den letztgenannten Zweck können wir eine Schranke verwenden, die den Fehler mit der Größe der Bellman-Aktualisierung bei jeder Iteration in Beziehung setzt. Anhand der Kontraktionseigenschaft (Gleichung (17.11)) lässt sich zeigen, dass wenn die Aktualisierung klein ist (d. h., der Nutzen keines Zustands ändert sich wesentlich), dann ist auch der Fehler, verglichen mit der tatsächlichen Nutzenfunktion, klein. Genauer gesagt:

$$\text{falls} \quad \|U_{i+1} - U_i\| < \epsilon(1-\gamma)/\gamma\,, \quad \text{dann} \quad \|U_{i+1} - U\| < \epsilon \qquad (17.12)$$

Dies ist die Abbruchbedingung aus dem VALUE-ITERATION-Algorithmus in ► Abbildung 17.6.

Bis jetzt haben wir den Fehler in der Nutzenfunktion analysiert, die vom Wert-Iteration-Algorithmus zurückgegeben wird. *Was den Agenten jedoch wirklich interessiert, ist, wie gut er abschneidet, wenn er seine Entscheidungen auf der Grundlage dieser Nutzenfunktion trifft.* Nehmen wir an, dass der Agent nach i Iterationen der Wert-Iteration über eine Schätzung U_i des eigentlichen Nutzens U verfügt und die Strategie des maximal erwarteten Nutzens (MEU) π_i erreicht, nicht zuletzt auf der Basis eines einstufigen Lookaheads, der U_i verwendet (wie in Gleichung (17.4)). Ist das resultierende Verhalten annähernd so gut sein wie das optimale Verhalten? Dies ist eine entscheidende Frage für jeden realen Agenten und es stellt sich heraus, dass die Antwort ja lautet. $U^{\pi_i}(s)$ ist der Nutzen, den man erhält, wenn π_i ab s ausgeführt wird, und der **Strategieverlust** $\|U^{\pi_i} - U\|$ ist der größte Verlust, der dem Agenten durch Ausführen von π_i anstelle der optimalen Strategie π^* droht. Der Strategieverlust von π_i ist durch die folgende Ungleichung mit dem Fehler in U_i verbunden:

$$\text{falls} \quad \|U_i - U\| < \epsilon\,, \quad \text{dann} \quad \|U^{\pi_i} - U\| < 2\epsilon \qquad (17.13)$$

In der Praxis kommt es oft vor, dass π_i optimal ist, lange bevor U_i konvergiert hat. ► Abbildung 17.8 zeigt, wie sich der maximale Fehler in U_i und der Strategieverlust bei fortschreitender Wert-Iteration für die 4×3-Umgebung mit $\gamma = 0{,}9$ gegen null bewegen. Die Strategie π_i ist optimal, wenn $i = 5$ ist, obwohl der maximale Fehler in U_i immer noch 0,51 beträgt.

Jetzt haben wir alles, was wir brauchen, um die Wert-Iteration in der Praxis einzusetzen. Wir wissen, dass sie zu den korrekten Nutzenwerten konvergiert, wir können den Fehler in den Nutzenschätzungen begrenzen, wenn wir nach einer endlichen Anzahl von Iterationen aufhören, und wir können den Strategieverlust begrenzen, der aus der Ausführung der entsprechenden Strategie des maximal erwarteten Nutzens resultiert. Abschließend sei angemerkt, dass alle Ergebnisse in diesem Abschnitt von einer Diskontierung mit $\gamma < 1$ abhängen. Wenn $\gamma = 1$ ist und die Umgebung Endzustände enthält, können ähnliche Konvergenzergebnisse und Fehlergrenzen abgeleitet werden.

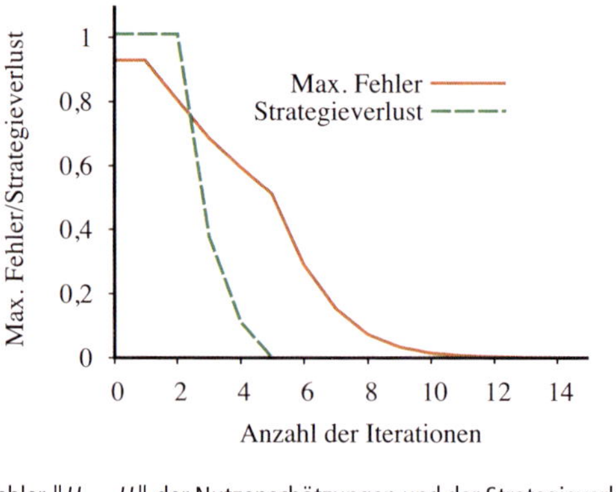

Abbildung 17.8: Der maximale Fehler $\|U_i - U\|$ der Nutzenschätzungen und der Strategieverlust $\|U^{\pi_i} - U\|$ als Funktion der Anzahl der Iterationen der Wert-Iteration auf der 4×3-Welt.

17.2.2 Strategie-Iteration

Im vorherigen Abschnitt haben wir festgestellt, dass es möglich ist, eine optimale Strategie zu erhalten, selbst wenn die Schätzung der Nutzenfunktion ungenau ist. Wenn eine Aktion eindeutig besser ist als alle anderen, dann muss die genaue Größe der Nutzenfunktionen für die beteiligten Zustände nicht genau sein. Diese Einsicht legt nahe, dass es einen alternativen Weg gibt, um optimale Strategien zu finden. Der Algorithmus zur **Strategie-Iteration** führt abwechselnd die folgenden zwei Schritte aus, beginnend mit einer anfänglichen Strategie π_0:

- **Strategiebewertung**: Berechne $U_i = U^{\pi_i}$ bei gegebener Strategie π_i, das heißt, den Nutzen jedes Zustands, wenn π_i ausgeführt würde.
- **Strategieverbesserung**: Berechne eine neue MEU-Strategie π_{i+1} unter Verwendung eines einstufigen Lookaheads basierend auf U_i (wie in Gleichung (17.4)).

Der Algorithmus wird beendet, wenn der Schritt der Strategieverbesserung keine Änderung der Nutzenwerte ergibt. Zu diesem Zeitpunkt wissen wir, dass die Nutzenfunktion U_i ein Fixpunkt der Bellman-Aktualisierung ist, also eine Lösung der Bellman-Gleichungen, und π_i eine optimale Strategie sein muss. Da es nur endlich viele Strategien für einen endlichen Zustandsraum gibt und jede Iteration nachweislich zu einer besseren Strategie führt, muss die Strategie-Iteration beendet werden. Der Algorithmus ist in ► Abbildung 17.9 dargestellt. Wie bei der Wert-Iteration verwenden wir die auf S. 641 definierte Funktion Q-VALUE.

```
function POLICY-ITERATION(mdp) returns eine Strategie
  inputs: mdp, ein MDP mit Zuständen S, Aktionen A(s), Transitionsmodell P(s' | s, a)
  local variables: U, ein Nutzenvektor für Zustände in S, anfangs null
                   π, ein Strategievektor, indiziert durch den Zustand, anfangs zufällig

  repeat
     U ← POLICY-EVALUATION(π, U, mdp)
     unchanged? ← true
     for each Zustand s in S do
        a* ← argmax_{a ∈ A(s)} Q-VALUE(mdp, s, a, U)
        if Q-VALUE(mdp, s, a*, U) > Q-VALUE(mdp, s, π[s], U) then
           π[s] ← a*; unchanged? ← false
  until unchanged?
  return π
```

Abbildung 17.9: Der Algorithmus der Strategie-Iteration zur Berechnung einer optimalen Strategie.

Wie implementieren wir POLICY-EVALUATION? Es stellt sich heraus, dass dies einfacher ist als die Standard-Bellman-Gleichungen zu lösen (wofür die Wert-Iteration zuständig ist), da die Aktion in jedem Zustand durch die Strategie festgelegt ist. Bei der i-ten Iteration legt die Strategie π_i die Aktion $\pi_i(s)$ im Zustand s fest. Das bedeutet, dass wir es mit einer vereinfachten Version der Bellman-Gleichung 17.5 zu tun haben, die den Nutzen von s (unter π_i) mit den Nutzenwerten seiner Nachbarn in Beziehung setzt:

$$U_i(s) = \sum_{s'} P(s' \mid s, \pi_i(s))[R(s, \pi_i(s), s') + \gamma\, U_i(s')] \qquad (17.14)$$

Nehmen wir zum Beispiel an, π_i sei die Strategie aus ► Abbildung 17.2 a. Dann erhalten wir $\pi_i(1,1) = Auf$, $\pi_i(1,2) = Auf$ usw. und die vereinfachten Bellman-Gleichungen lauten

$$U_i(1,1) = 0{,}8[-0{,}04 + U_i(1,2)] + 0{,}1[-0{,}04 + U_i(2,1) + 0{,}1[-0{,}04 + U_i(1,1)]]\,,$$
$$U_i(1,2) = 0{,}8[-0{,}04 + U_i(1,3)] + 0{,}2[-0{,}04 + U_i(1,2)]$$

usw. für alle Zustände. Wichtig hierbei ist, dass diese Gleichungen *linear* sind, da der „max"-Operator entfernt wurde. Für n Zustände haben wir n lineare Gleichungen mit n Unbekannten, die mit Standardmethoden der linearen Algebra exakt in der Zeit $O(n^3)$ gelöst werden können. Wenn das Transitionsmodell schwach besetzt ist, d. h., wenn jeder Zustand nur in eine kleine Anzahl von anderen Zuständen übergeht, dann kann der Lösungsprozess noch schneller sein.

Für kleine Zustandsräume ist die Strategiebewertung mit exakten Lösungsmethoden oft der effizienteste Ansatz. Für große Zustandsräume ist die Zeit $O(n^3)$ so gut wie unerreichbar. Glücklicherweise ist es nicht notwendig, eine *exakte* Strategiebewertung vorzunehmen. Stattdessen können wir eine bestimmte Anzahl von vereinfachten Wert-Iterationen durchführen (vereinfacht, weil die Strategie festgelegt ist), um eine einigermaßen gute Annäherung an die Nutzenwerte zu erhalten. Die vereinfachte Bellman-Aktualisierung für diesen Prozess lautet:

$$U_{i+1}(s) \leftarrow \sum_{s'} P(s' \mid s, \pi_i(s))[R(s, \pi_i(s), s') + \gamma\, U_i(s')]\,,$$

was zur effizienten Erzeugung der nächsten Nutzenschätzung mehrere Male wiederholt wird. Der resultierende Algorithmus wird als **modifizierte Strategie-Iteration** bezeichnet.

Die Algorithmen, die wir bisher beschrieben haben, erfordern die Aktualisierung des Nutzens oder der Strategie für alle Zustände auf einmal. Wie sich herausstellt, ist dies nicht unbedingt notwendig. Tatsächlich können wir bei jeder Iteration eine *beliebige Teilmenge* von Zuständen auswählen und *eine der beiden* Aktualisierungsvarianten (Strategieverbesserung oder vereinfachte Wert-Iteration) auf diese Teilmenge anwenden. Dieser sehr allgemeine Algorithmus wird **asynchrone Strategie-Iteration** genannt. Unter bestimmten Bedingungen für die anfängliche Strategie und Nutzenfunktion konvergiert die asynchrone Strategie-Iteration garantiert zu einer optimalen Strategie. Die Freiheit, beliebige Zustände zur Bearbeitung wählen zu können, bedeutet, dass wir viel effizientere heuristische Algorithmen entwerfen können – zum Beispiel Algorithmen, die sich auf die Aktualisierung der Werte von Zuständen konzentrieren, die von einer guten Strategie wahrscheinlich erreicht werden. Es macht keinen Sinn, die Planung auf die Ergebnisse von Aktionen auszurichten, die nie durchgeführt werden.

17.2.3 Lineare Programmierung

Die **lineare Programmierung** (LP), die in Kapitel 4 (S. 153) kurz erwähnt wurde, ist ein allgemeiner Ansatz zur Formulierung von eingeschränkten Optimierungsproblemen. In diesem Bereich gibt es viele leistungsfähige LP-Solver. In Anbetracht der Tatsache, dass die Bellman-Gleichungen viele Summen und Maxima umfassen, dürfte es nicht überraschen, dass die Lösung eines MDP auf die Lösung eines entsprechend formulierten linearen Programms reduziert werden kann.

Die Grundidee der Formulierung besteht darin, in der linearen Programmierung die Nutzen $U(s)$ jedes Zustands s als Variablen zu betrachten, wobei zu beachten ist, dass die Nutzen für eine optimale Strategie die höchsten erreichbaren Nutzenwerte sind, die mit den Bellman-Gleichungen konsistent sind. In der linearen Programmierung sprechen wir davon, dass wir versuchen, $U(s)$ für alle s zu minimieren, unter Berücksichtigung der Ungleichungen

$$U(s) \geq \sum_{s'} P(s' \mid s, a)[R(s, a, s') + \gamma\, U(s')]$$

für jeden Zustand s und jede Aktion a.

Damit wird eine Verbindung von der dynamischen Programmierung zur linearen Programmierung hergestellt, für die Algorithmen und Komplexitätsfragen eingehend untersucht wurden. Aufgrund der Tatsache, dass in der linearen Programmierung Lösungen in polynomieller

Zeit erreicht werden, kann man zeigen, dass MDPs in einer Zeit gelöst werden können, die polynomiell zur Anzahl der Zustände und Aktionen und der Anzahl der Bits ist, die zur Spezifikation des Modells benötigt werden. In der Praxis zeigt sich, dass LP-Solver zum Lösen von MDPs selten so effizient sind wie die dynamische Programmierung. Außerdem mag „in polynomieller Zeit" zwar gut klingen, aber die Anzahl der Zustände ist oft sehr groß. Und schließlich sollte man bedenken, dass selbst der einfachste und uninformierteste der Suchalgorithmen in Kapitel 3 in linearer Zeit zur Anzahl der Zustände und Aktionen läuft.

17.2.4 Onlinealgorithmen für MDPs

Wert-Iteration und Strategie-Iteration sind *Offline*algorithmen: Wie der A*-Algorithmus in Kapitel 3 bieten sie für das Problem eine optimale Lösung, die dann von einem einfachen Agenten ausgeführt werden kann. Für hinreichend große MDPs, wie z. B. den Tetris-MDP mit 10^{62} Zuständen, gibt es keine exakte Offlinelösung, selbst nicht mit einem polynomiellen Algorithmus. Es wurden mehrere Techniken für eine approximative Offlinelösung zu MDPs entwickelt. Diese werden in den Anmerkungen am Ende des Kapitels und in Kapitel 22 (Reinforcement Learning) behandelt.

Hier betrachten wir Onlinealgorithmen, analog zu denen, die zum Spielen in Kapitel 5 verwendet werden. Sie zeichnen sich dadurch aus, dass der Agent an jedem Entscheidungspunkt einen beträchtlichen Teil der Berechnungen durchführt, anstatt hauptsächlich mit vorberechneten Informationen zu arbeiten.

Der einfachste Ansatz ist eigentlich eine Vereinfachung des EXPECTIMINIMAX-Algorithmus für Spielbäume mit Zufallsknoten: Der EXPECTIMAX-Algorithmus erstellt einen Baum aus abwechselnd Max- und Zufallsknoten, wie in ► Abbildung 17.10 dargestellt. (Im Unterschied zum Standard-EXPECTIMINIMAX gibt es jedoch Belohnungen sowohl für nicht terminale als auch für terminale Übergänge.) Auf die nicht terminalen Blätter des Baums kann eine Bewertungsfunktion angewendet werden oder es kann ihnen ein Standardwert zugewiesen werden. Aus dem Suchbaum lässt sich eine Entscheidung extrahieren, indem man die Nutzenwerte aus den Blättern sichert, einen Durchschnitt der Werte an den Zufallsknoten nimmt und das Maximum der Werte an den Entscheidungsknoten.

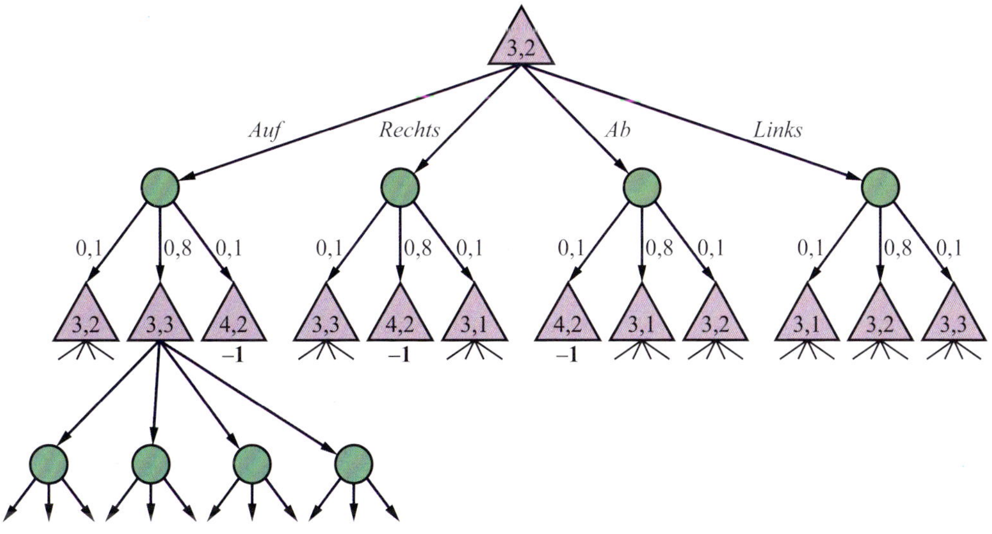

Abbildung 17.10: Teil eines Expectimax-Baums für den 4×3-MDP mit der Wurzel in (3,2). Die dreieckigen Knoten sind Max-Knoten und die runden Knoten sind Zufallsknoten.

Für Probleme, bei denen der Diskontierungsfaktor γ nicht zu nahe an 1 liegt, ist der ϵ-Horizont ein nützliches Konzept. Sei ϵ eine gewünschte Schranke für den absoluten Fehler in den aus einem Expectimax-Baum mit beschränkter Tiefe berechneten Nutzenwerten im Vergleich zu den exakten Nutzenwerten im MDP. Dann ist der ϵ-Horizont die Baumtiefe H, sodass die Summe der Belohnungen jenseits jedes Blatts in dieser Tiefe kleiner als ϵ ist – grob gesagt, ist alles irrelevant, was nach H passiert, weil es so weit in der Zukunft liegt. Da die Summe der Belohnungen jenseits von H durch $\gamma^H R_{\max}/(1-\gamma)$ begrenzt ist, reicht eine Tiefe von $H = \lceil \log_\gamma \epsilon(1-\gamma)/R_{\max} \rceil$ aus. Wenn man also einen Baum mit dieser Tiefe erstellt, erhält man nahezu optimale Entscheidungen. Zum Beispiel mit $\gamma = 0{,}5$, $\epsilon = 0{,}1$ und $R_{\max} = 1$ erhalten wir $H = 5$, was vernünftig erscheint. Andererseits erhalten wir $H = 44$, wenn $\gamma = 0{,}9$ ist, was weniger vernünftig scheint!

Neben der Begrenzung der Tiefe ist es auch möglich, den potenziell enormen Verzweigungsfaktor an den Zufallsknoten zu vermeiden. (Wenn z. B. alle bedingten Wahrscheinlichkeiten in einem DBN-Transitionsmodell ungleich null sind, sind auch die Übergangswahrscheinlichkeiten, die durch das Produkt der bedingten Wahrscheinlichkeiten gegeben sind, ungleich null, was bedeutet, dass jeder Zustand eine *gewisse* Wahrscheinlichkeit hat, in jeden anderen Zustand überzugehen.)

Wie in Abschnitt 13.4 erwähnt, können die Erwartungen in Bezug auf eine Wahrscheinlichkeitsverteilung P angenähert werden, indem N Stichproben aus P erzeugt und der Stichprobenmittelwert verwendet wird. Mathematisch sieht das folgendermaßen aus:

$$\sum_x P(x) f(x) \approx \frac{1}{N} \sum_{i=1}^{N} f(x_i)$$

Wenn also der Verzweigungsfaktor sehr groß ist, was bedeutet, dass es sehr viele mögliche x-Werte gibt, kann man eine gute Annäherung an den Wert des Zufallsknotens erhalten, indem man eine begrenzte Anzahl der Ergebnisse der Aktion sampelt. Typischerweise konzentrieren sich die Proben auf die *wahrscheinlichsten* Ergebnisse, weil diese am wahrscheinlichsten generiert werden.

Wenn Sie sich den Baum in ► Abbildung 17.10 genau ansehen, wird Ihnen etwas auffallen: Es handelt sich nicht wirklich um einen Baum. Zum Beispiel ist die Wurzel (3,2) auch ein Blatt, also sollte man das Ganze als Graph betrachten und man sollte den Wert des Blatts (3,2) auf den gleichen Wert wie den der Wurzel (3,2) beschränken, da es sich um den gleichen Zustand handelt. Dieser Gedankengang bringt uns schnell zurück zu den Bellman-Gleichungen, die die Werte von Zuständen mit den Werten benachbarter Zustände in Beziehung setzen. Die untersuchten Zustände stellen eigentlich ein Teil-MDP des ursprünglichen MDP dar und dieser Teil-MDP kann mit jedem der Algorithmen in diesem Kapitel gelöst werden, um eine Entscheidung für den aktuellen Zustand zu erhalten. (Grenzzustände werden typischerweise mit einem festen Schätzwert versehen.)

Dieser allgemeine Ansatz wird **dynamische Echtzeitprogrammierung** (*Real-Time Dynamic Programming*, RTDP) genannt und ist ziemlich analog zu LRTA* in Kapitel 4. Algorithmen dieser Art können in mittelgroßen Domänen wie Gitterwelten recht effektiv sein; in größeren Domänen wie Tetris gibt es zwei Probleme. Erstens ist der Zustandsraum so beschaffen, dass jede überschaubare Menge von erforschten Zuständen sehr wenige wiederholte Zustände enthält, sodass man genauso gut einen einfachen Expectimax-Baum verwenden könnte. Zweitens reicht eine einfache Heuristik für Grenzknoten möglicherweise nicht aus, um den Agenten zu leiten, insbesondere wenn die Belohnungen spärlich sind.

Eine mögliche Lösung ist die Anwendung von Reinforcement Learning, um eine viel genauere Heuristik zu erzeugen (siehe Kapitel 22). Ein anderer Ansatz besteht darin, mit dem Monte-Carlo-Ansatz aus Abschnitt 5.4 im MDP weiter vorauszuschauen. Genau genommen wurde der UCT-Algorithmus aus ► Abbildung 5.10 ursprünglich für MDPs und nicht für Spiele ent-

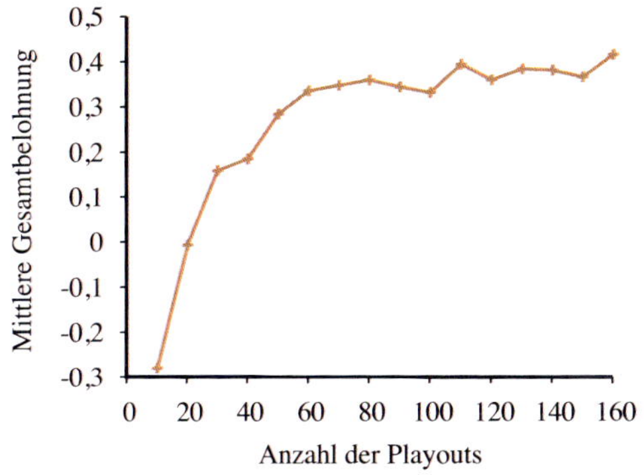

Abbildung 17.11: Leistung von UCT in Abhängigkeit von der Anzahl der Playouts pro Zug für die 4×3-Welt unter Verwendung einer zufälligen Playout-Strategie, gemittelt über 1.000 Durchläufe pro Datenpunkt.

wickelt. Die Änderungen, die erforderlich sind, um MDPs statt Spiele zu lösen, sind minimal: Sie ergeben sich hauptsächlich aus der Tatsache, dass der Gegner (die Natur) stochastisch ist und aus der Notwendigkeit, Belohnungen und nicht nur Gewinne und Verluste zu verfolgen.

Angewendet auf die 4×3-Welt ist die Leistung von UCT nicht besonders beeindruckend. Wie ► Abbildung 17.11 zeigt, braucht es im Durchschnitt 160 Playouts, um eine Gesamtbelohnung von 0,4 zu erreichen, während eine optimale Strategie eine erwartete Gesamtbelohnung von 0,7453 aus dem Anfangszustand hat (► Abbildung 17.3). Ein Grund, warum UCT Schwierigkeiten haben kann, ist, dass es eher einen Baum als einen Graphen erstellt und (eine Annäherung an) Expectimax statt dynamischer Programmierung verwendet. Die 4×3-Welt ist sehr „schleifenanfällig“: Obwohl es nur 9 nicht terminale Zustände gibt, dauern die Playouts von UCT oft mehr als 50 Aktionen lang an.

UCT scheint besser für Tetris geeignet zu sein, wo die Playouts weit genug in die Zukunft reichen, um dem Agenten ein Gefühl dafür zu geben, ob ein potenziell riskanter Zug am Ende funktioniert oder einen massiven Aufstau verursacht. Eine besonders interessante Frage ist, inwiefern eine einfache Simulationsstrategie helfen kann – zum Beispiel eine, die Überhänge vermeidet und die Blöcke so niedrig wie möglich platziert.

17.3 Bandit-Probleme

In Las Vegas ist ein *einarmiger* Bandit ein Spielautomat. Ein Spieler kann eine Münze einwerfen, den Hebel ziehen und den Gewinn (sofern einer ausgeschüttet wird) einstreichen. Ein **n-armiger Bandit** hat n Hebel. Hinter jedem Hebel befindet sich eine feste, aber unbekannte Wahrscheinlichkeitsverteilung der Gewinne; jedes Hebelziehen nimmt eine Stichprobe aus dieser unbekannten Verteilung.

Der Spieler muss wählen, welchen Hebel er bei jedem der aufeinanderfolgenden Münzeinwürfe betätigt – den, der sich bereits bewährt hat, oder vielleicht einen, der noch nicht ausprobiert wurde? Dies ist ein Beispiel für den allgegenwärtigen Kompromiss zwischen **Exploitation** der aktuell besten Aktion, um Belohnungen zu erhalten, und der **Exploration** bisher unbekannter Zustände und Aktionen, um Informationen zu gewinnen, die in einigen Fällen zu einer besseren Strategie und zu besseren langfristigen Belohnungen führen können. In der realen Welt muss man sich ständig entscheiden, ob man sich dauerhaft in einer bequemen Existenz einrichtet oder – in der Hoffnung auf ein besseres Leben – ins Unbekannte aufbricht.

Das Problem des n-armigen Bandits ist ein formales Modell für reale Probleme in vielen lebenswichtigen Bereichen, wie z. B. die Entscheidung, welche von n möglichen neuen Behandlungsmethoden zur Heilung einer Krankheit ausprobiert werden sollen, in welche von n möglichen Investitionen ein Teil Ihrer Ersparnisse gesteckt werden soll, welche von n möglichen Suchprojekten finanziert werden sollen oder welche von n möglichen Werbeanzeigen angezeigt werden sollen, wenn der Benutzer eine bestimmte Webseite besucht.

Die ersten Arbeiten an dem Problem begannen in den USA während des Zweiten Weltkriegs; sie erwiesen sich als so widerspenstig, dass alliierte Wissenschaftler vorschlugen, „das Problem über Deutschland abzuwerfen, als ultimatives Instrument der intellektuellen Sabotage" (Whittle, 1979).

Es stellte sich heraus, dass die Wissenschaftler sowohl während als auch nach dem Krieg versuchten, „offensichtlich wahre" Fakten über Bandit-Probleme zu beweisen, die in Wirklichkeit falsch sind. (Wie Bradt *et al.* (1956) es ausdrückten: „Es gibt viele schöne Eigenschaften, die optimale Strategien nicht besitzen.") So wurde z. B. allgemein angenommen, dass eine optimale Strategie sich langfristig auf den besten Arm festlegen würde; tatsächlich besteht eine endliche Wahrscheinlichkeit, dass eine optimale Strategie sich auf einen suboptimalen Arm festlegt. Wir verfügen inzwischen über ein solides theoretisches Verständnis von Bandit-Problemen sowie über nützliche Algorithmen zu deren Lösung.

Es gibt mehrere verschiedene Definitionen von **Bandit-Problemen**; eine der saubersten und allgemeinsten lautet wie folgt:

- Jeder Arm M_i ist ein **Markov-Belohnungsprozess** (*Markov Reward Process*, MRP), d. h. ein MDP mit nur einer möglichen Aktion a_i. Er hat Zustände S_i, ein Transitionsmodell $P_i(s' \mid s, a_i)$ und eine Belohnung $R_i(s, a_i, s')$. Der Arm definiert eine Verteilung über Folgen von Belohnungen $R_{i,0}, R_{i,1}, R_{i,2}, \ldots$, wobei jedes $R_{i,t}$ eine Zufallsvariable ist.
- Das gesamte Bandit-Problem ist ein MDP: Der Zustandsraum ist durch das kartesische Produkt $S = S_1 \times \cdots \times S_n$ gegeben; die Aktionen sind $a_1, \ldots, a_n$; das Transitionsmodell aktualisiert den Zustand desjenigen Arms M_i, der ausgewählt wird, gemäß seinem spezifischen Transitionsmodell, wobei die anderen Arme unverändert bleiben; und der Diskontierungsfaktor ist γ.

Diese Definition ist sehr allgemein und deckt einen weiten Bereich von Fällen ab. Die Schlüsseleigenschaft ist, dass die Arme unabhängig sind, nur durch die Tatsache verbunden, dass der Agent nur an jeweils einem Arm gleichzeitig ziehen kann. Es ist möglich, eine noch allgemeinere Version zu definieren, in der Teilanstrengungen auf alle Arme gleichzeitig angewendet werden können, wobei jedoch die Gesamtanstrengung über alle Arme hinweg begrenzt ist; die hier beschriebenen grundlegenden Ergebnisse lassen sich auf diesen Fall übertragen.

Wir werden in Kürze sehen, wie man ein typisches Bandit-Problem in diesem Rahmen formuliert, doch lassen Sie uns als Aufwärmübung zuerst einen einfachen Spezialfall der deterministischen Belohnungsfolgen betrachten. Nehmen wir an, dass $\gamma = 0{,}5$ ist und dass es zwei Arme mit den Bezeichnungen M und M_1 gibt. Mehrmaliges Ziehen von M liefert uns die Belohnungsfolge 0; 2; 0; 7,2; 0; 0; …, während das Ziehen von M_1 1; 1; 1; … ergibt. (▶ Abbildung 17.12 a). Wenn man sich zu Beginn auf den einen oder den anderen Arm festlegen und dabei bleiben müsste, würde man vor der Wahl den Nutzen (die gesamte diskontierte Belohnung) für jeden Arm berechnen:

$$U(M) = (1{,}0 \times 0) + (0{,}5 \times 2) + (0{,}5^2 \times 0) + (0{,}5^3 \times 7{,}2) = 1{,}9$$

$$U(M_1) = \sum_{t=0}^{\infty} 0{,}5^t = 2{,}0$$

Man könnte meinen, dass es am besten ist, mit M_1 zu beginnen, aber kurzes Nachdenken zeigt, dass mit M zu beginnen und nach der vierten Belohnung auf M_1 umzuschalten die

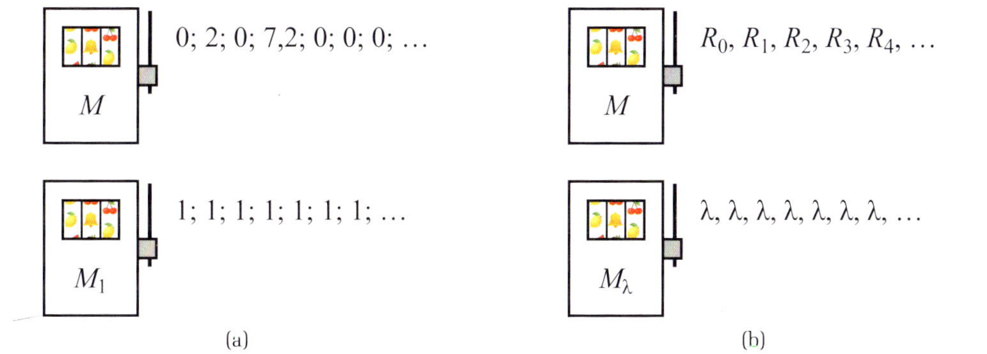

Abbildung 17.12: (a) Ein einfaches deterministisches Bandit-Problem mit zwei Armen. Die Arme können in beliebiger Reihenfolge gezogen werden und jeder ergibt die dargestellte Folge von Belohnungen. (b) Ein allgemeinerer Fall des Banditen aus (a), bei dem der erste Arm eine beliebige Folge von Belohnungen und der zweite Arm eine feste Belohnung λ ergibt.

Folge $S = 0;\ 2;\ 0;\ 7{,}2;\ 1;\ 1;\ 1;\ \ldots$ ergibt, für die gilt:

$$U(S) = (1{,}0 \times 0) + (0{,}5 \times 2) + (0{,}5^2 \times 0) + (0{,}5^3 \times 7{,}2) + \sum_{t=4}^{\infty} 0{,}5^t = 2{,}025$$

Daher ist die Strategie S, die zum richtigen Zeitpunkt von M auf M_1 umschaltet, besser als jeder Arm einzeln. Tatsächlich ist S für dieses Problem optimal: Bei allen anderen Umschaltzeitpunkten ist die Belohnung geringer.

Verallgemeinern wir diesen Fall etwas, sodass nun der erste Arm M eine beliebige Folge $R_0, R_1, R_2, \ldots$ (die bekannt oder unbekannt sein kann) liefert, während der zweite Arm M_λ $\lambda, \lambda, \lambda, \ldots$ liefert für eine bekannte feste Konstante λ (► Abbildung 17.12 b). Dies wird in der Literatur als **einarmiger Bandit** bezeichnet, weil es formal äquivalent zu dem Fall ist, dass es einen Arm M gibt, der Belohnungen $R_0, R_1, R_2, \ldots$ produziert und der jedes Mal λ kostet, wenn er gezogen wird. (Das Ziehen des Arms M ist äquivalent zum Nichtziehen von M_λ, sodass jedes Mal auf eine Belohnung von λ verzichtet wird.) Bei nur einem Arm besteht die einzige Wahl darin, ob man erneut zieht oder aufhört. Wenn Sie den ersten Arm T-mal ziehen (d. h. zu den Zeitpunkten $0, 1, \ldots, T-1$), dann sagen wir, dass T die **Stoppzeit** ist.

Kehren wir zu unserer Version mit M und M_λ zurück. Nehmen wir an, dass eine optimale Strategie nach T-mal Ziehen des ersten Arms schließlich den zweiten Arm zum ersten Mal zieht. Da durch diese Aktion keine Informationen gewonnen werden (wir wissen bereits, dass die Auszahlung λ sein wird), befinden wir uns zum Zeitpunkt $T+1$ in der gleichen Situation und somit muss eine optimale Strategie die gleiche Wahl treffen.

Äquivalent dazu können wir sagen, dass eine optimale Strategie darin besteht, Arm M bis zum Zeitpunkt T zu ziehen und dann für den Rest der Zeit zu M_λ zu wechseln. Es ist möglich, dass $T = 0$ ist, wenn die Strategie sofort M_λ wählt, oder $T = \infty$, wenn die Strategie nie M_λ wählt, oder T liegt irgendwo dazwischen. Betrachten wir nun den Wert von λ, sodass eine optimale Strategie *vollständig indifferent* ist zwischen (a) dem Ausführen von M bis zum bestmöglichen Stoppzeitpunkt und dem anschließenden dauerhaften Wechsel zu M_λ und (b) der sofortigen Wahl von M_λ. Am Kipppunkt haben wir

$$\max_{T>0} E\left[\left(\sum_{t=0}^{T-1} \gamma^t R_t\right) + \sum_{t=T}^{\infty} \gamma^t \lambda\right] = \sum_{t=0}^{\infty} \gamma^t \lambda \,,$$

was sich vereinfacht zu:

$$\lambda = \max_{T>0} \frac{E\left(\sum_{t=0}^{T-1} \gamma^t R_t\right)}{E\left(\sum_{t=0}^{T-1} \gamma^t\right)} \tag{17.15}$$

Diese Gleichung definiert eine Art „Wert“ für M in Bezug auf seine Fähigkeit, einen Strom von rechtzeitigen Belohnungen zu liefern; der Zähler des Bruchs repräsentiert einen Nutzen, während der Nenner als „diskontierte Zeit“ betrachtet werden kann, sodass der Wert den maximal erreichbaren Nutzen pro Einheit diskontierter Zeit beschreibt. (Es ist wichtig, sich daran zu erinnern, dass T in der Gleichung eine Stoppzeit ist, die einer Regel für das Stoppen unterliegt und nicht eine einfache ganze Zahl ist. Sie reduziert sich nur dann auf eine einfache ganze Zahl, wenn M eine deterministische Belohnungsfolge ist.) Der in Gleichung (17.15) definierte Wert wird als der **Gittins-Index** von M bezeichnet.

Das Bemerkenswerte am Gittins-Index ist, dass er eine sehr einfache optimale Strategie für jedes Bandit-Problem bietet: *Ziehen Sie den Arm, der den höchsten Gittins-Index hat, und aktualisieren Sie dann die Gittins-Indizes.* Da der Index von Arm M_i nur von den Eigenschaften dieses Arms abhängt, kann eine optimale Entscheidung in der ersten Iteration außerdem in der Zeit $O(n)$ berechnet werden, wobei n die Anzahl der Arme ist. Und da die Gittins-Indizes der nicht ausgewählten Arme unverändert bleiben, kann jede Entscheidung nach der ersten in der Zeit $O(1)$ berechnet werden.

17.3.1 Berechnen des Gittins-Index

Um ein besseres Gefühl für den Index zu bekommen, lassen Sie uns den Wert des Zählers, des Nenners und des Verhältnisses in Gleichung (17.15) für verschiedene mögliche Stoppzeiten auf der deterministischen Belohnungsfolge 0; 2; 0; 7,2; 0; 0; 0; ... berechnen:

T	1	2	3	4	5	6
R_t	0	2	0	7,2	0	0
$\sum \gamma^t R_t$	0,0	1,0	1,0	1,9	1,9	1,9
$\sum \gamma^t$	1,0	1,5	1,75	1,875	1,9375	1,9687
Verhältnis	0,0	0,6667	0,5714	1,0133	0,9806	0,9651

Es ist klar, dass das Verhältnis von hier an abnimmt, da der Zähler konstant bleibt, während der Nenner weiter ansteigt. Der Gittins-Index für diesen Arm beträgt also 1,0133, der maximale Wert, den das Verhältnis erreicht. In Kombination mit einem festen Arm M_λ mit $0 < \lambda \leq 1{,}0133$ sammelt die optimale Strategie die ersten vier Belohnungen von M und wechselt dann zu M_λ. Für $\lambda > 1{,}0133$ wählt die optimale Strategie immer M_λ.

Um den Gittins-Index für einen allgemeinen Arm M mit aktuellem Zustand s zu berechnen, machen wir einfach die folgende Beobachtung: Am Kipppunkt, an dem eine optimale Strategie indifferent ist zwischen der Wahl von Arm M und der Wahl des festen Arms M_λ, ist der Wert der Wahl von M gleich dem Wert der Wahl einer unendlichen Folge von λ-Belohnungen.

Nehmen wir an, wir erweitern M so, dass der Agent in jedem Zustand von M zwei Möglichkeiten hat: entweder wie bisher mit M weiterzumachen oder aufzuhören und eine unendliche Folge von λ-Belohnungen zu erhalten (► Abbildung 17.13 a). Dadurch wird M zu einem MDP, dessen optimale Strategie gerade die optimale Stoppregel für M ist. Daher ist der Wert einer optimalen Strategie in diesem neuen MDP gleich dem Wert einer unendlichen Folge von λ-Belohnungen, d. h. $\lambda/(1-\gamma)$. Wir können also einfach diesen MDP lösen ... aber leider wissen wir nicht, welchen Wert von λ wir in den MDP einsetzen sollen, denn genau das versuchen wir ja zu berechnen. Aber wir wissen, dass am Kipppunkt eine optimale Strategie indifferent zwischen M und M_λ ist, also könnten wir die Wahl, eine unendliche Folge von λ-Belohnungen zu erhalten, durch die Wahl ersetzen, zurückzugehen und M von seinem

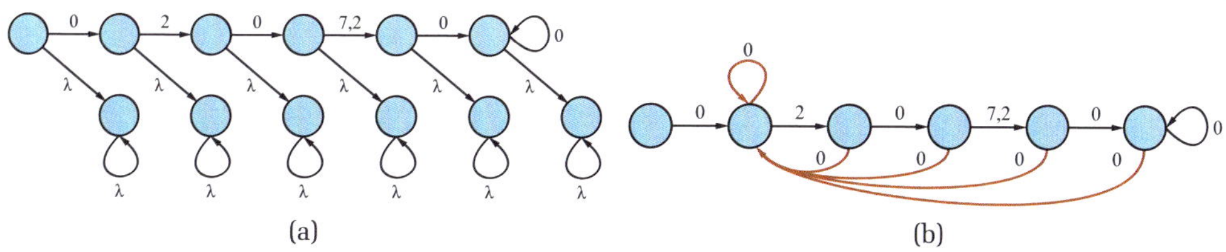

Abbildung 17.13: (a) Die Belohnungsfolge $M = 0;\ 2;\ 0;\ 7{,}2;\ 0;\ 0;\ 0;\ \ldots$, ergänzt um die Möglichkeit, an jedem Punkt dauerhaft auf einen konstanten Arm M_λ zu wechseln. (b) Ein MDP, dessen optimaler Wert genau dem optimalen Wert für (a) entspricht, und zwar an dem Punkt, an dem die optimale Strategie indifferent zwischen M und M_λ ist.

Anfangszustand s neu zu starten. (Genauer gesagt, fügen wir in jedem Zustand eine neue Aktion hinzu, die dieselben Belohnungen und Ergebnisse hat wie die in s verfügbare Aktion.) Dieser neue MDP M^s, ein sogenannter **Neustart-MDP**, ist in ► Abbildung 17.13 b dargestellt.

Unser allgemeines Ergebnis lautet, dass der Gittins-Index für einen Arm M im Zustand s gleich dem $1-\gamma$-fachen Wert einer optimalen Strategie für den Neustart-MDP M^s ist. Dieser MDP kann mit jedem der Algorithmen in Abschnitt 17.2 gelöst werden. Die auf M^s in ► Abbildung 17.13 b angewendete Wert-Iteration ergibt einen Wert von 2,0266 für den Startzustand, wir haben also wie zuvor $\lambda = 2{,}0266 \cdot (1-\gamma) = 1{,}0133$.

17.3.2 Der Bernoulli-Bandit

Die vielleicht einfachste und bekannteste Instanz eines Bandit-Problems ist der **Bernoulli-Bandit**, bei dem jeder Arm M_i mit einer festen, aber unbekannten Wahrscheinlichkeit μ_i eine Belohnung von 0 oder 1 erzeugt. Der Zustand von Arm M_i wird durch s_i und f_i definiert, die Anzahl der bisherigen Erfolge (1en) und Misserfolge (0en) für diesen Arm. Die Übergangswahrscheinlichkeit sagt voraus, dass mit der Wahrscheinlichkeit $(s_i)/(s_i+f_i)$ das nächste Ergebnis 1 und mit der Wahrscheinlichkeit $(f_i)/(s_i+f_i)$ das nächste Ergebnis 0 sein wird. Die Anzahl wird mit 1 initialisiert, sodass die Anfangswahrscheinlichkeiten 1/2 und nicht 0/0 betragen.[4] Der Markov-Belohnungsprozess ist in ► Abbildung 17.14 a dargestellt.

4 Die Wahrscheinlichkeiten sind die eines Bayes'schen Aktualisierungsprozesses mit einer Beta(1,1)-A-priori-Verteilung (siehe Abschnitt 20.2.5).

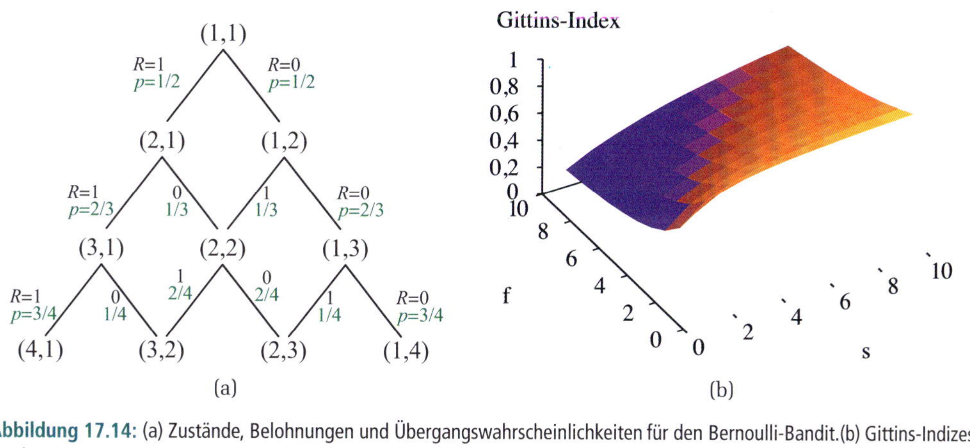

Abbildung 17.14: (a) Zustände, Belohnungen und Übergangswahrscheinlichkeiten für den Bernoulli-Bandit. (b) Gittins-Indizes für die Zustände des Bernoulli-Bandit-Prozesses.

Die Transformation im vorangegangenen Abschnitt lässt sich nicht so einfach zur Berechnung des Gittins-Indexes vom Bernoulli-Arm heranziehen, da dieser unendlich viele Zustände hat. Wir können jedoch einen sehr genauen Näherungswert bestimmen, indem wir den gekürzten MDP mit Zuständen bis zu $s_i + f_i = 100$ und $\gamma = 0{,}9$ lösen. ► Abbildung 17.14 b zeigt die Ergebnisse, die intuitiv einleuchtend sind: Wie sich herausstellt, werden im Allgemeinen Arme mit höheren Auszahlungswahrscheinlichkeiten bevorzugt, auch wenn es einen **Explorationsbonus** für Arme gibt, die nur ein paar Mal ausprobiert wurden. Zum Beispiel ist der Index für den Zustand (3,2) höher als der Index für den Zustand (7,4) (0,7057 vs. 0,6922), obwohl der geschätzte Wert bei (3,2) niedriger ist (0,6 vs. 0,6364).

17.3.3 Annähernd optimale Bandit-Strategien

Die Berechnung von Gittins-Indizes für realistischere Probleme ist selten einfach. Glücklicherweise eignen sich die im vorangegangenen Abschnitt beobachteten allgemeinen Eigenschaften – nämlich die Erwünschtheit einer gewissen Kombination aus Schätzwert und Unsicherheit – für die Erstellung einfacher Strategien, die sich als „fast so gut" erweisen wie optimale Strategien.

Die erste Klasse von Methoden verwendet die Heuristik „**Obere Konfidenzgrenze**" (*Upper Confidence Bound*, UCB), die bereits im Zusammenhang mit der Monte Carlo-Baumsuche eingeführt wurde (► Abbildung 5.11 auf S. 198). Die Grundidee besteht darin, mithilfe der Stichproben von jedem Arm ein **Konfidenzintervall** für den Wert des Arms festzulegen, d. h. einen Bereich, in dem der Wert mit hoher Wahrscheinlichkeit liegt. Wählen Sie dann den Arm, dessen Konfidenzintervall die höchste obere Schranke aufweist. Die obere Schranke ist die aktuelle Mittelwertschätzung $\hat{\mu}_i$ plus ein Vielfaches der Standardabweichung der Unsicherheit des Werts. Die Standardabweichung ist proportional zu $\sqrt{1/N_i}$, wobei N_i die Anzahl der Stichproben ist, die von Arm M_i genommen wurden. Wir haben also einen ungefähren Indexwert für Arm M_i, der gegeben ist durch

$$UCB(M_i) = \hat{\mu}_i + g(N)/\sqrt{N_i}\,,$$

wobei $g(N)$ eine geeignet gewählte Funktion von N ist, der Gesamtzahl der aus allen Armen gezogenen Stichproben. Eine UCB-Strategie wählt einfach den Arm mit dem höchsten UCB-Wert aus. Beachten Sie, dass der UCB-Wert streng genommen kein Index ist, da er von N, der Gesamtzahl der über alle Arme gezogenen Stichproben, abhängt und nicht nur von denen vom Arm selbst.

Die genaue Definition von g bestimmt das **Regret** (Bedauern) relativ zur hellseherischen Strategie, die einfach den besten Arm auswählt und eine durchschnittliche Belohnung $\mu*$ liefert. Ein berühmtes Ergebnis, das auf Lai und Robbins (1985) zurückgeht, zeigt, dass für den nicht diskontierten Fall keiner der möglichen Algorithmen ein Regret haben kann, das langsamer als $O(\log N)$ wächst. Mehrere verschiedene Wahlmöglichkeiten von g führen zu einer UCB-Strategie, die diesem Wachstum entspricht; zum Beispiel können wir $g(N) = (2\log(1 + N\log^2 N))^{1/2}$ verwenden.

Eine zweite Methode, das **Thompson-Sampling** (Thompson, 1933), wählt einen Arm zufällig nach der Wahrscheinlichkeit aus, dass der Arm angesichts der bisherigen Stichproben tatsächlich optimal ist. Nehmen wir an, dass $P_i(\mu_i)$ die aktuelle Wahrscheinlichkeitsverteilung für den tatsächlichen Wert von Arm M_i ist. Dann lässt sich Thompson-Sampling einfach implementieren, indem eine Stichprobe aus jedem P_i gezogen und dann die beste Stichprobe ausgewählt wird. Auch dieser Algorithmus hat ein Regret, das mit $O(\log N)$ wächst.

17.3.4 Nicht indizierbare Varianten

Bandit-Probleme wurden unter anderem durch die Aufgabe motiviert, neue medizinische Behandlungen an schwerkranken Patienten zu testen. Das Ziel dieser Aufgabe, die Gesamtzahl der Erfolge über die Zeit zu maximieren, ist eindeutig sinnvoll: Jeder erfolgreiche Test bedeutet ein gerettetes Leben, jeder Misserfolg ein verlorenes Leben.

Wenn wir jedoch die Annahmen leicht ändern, tritt ein anderes Problem auf. Nehmen wir an, dass wir, anstatt die beste medizinische Behandlung für jeden neuen Patienten festzulegen, verschiedene Medikamente an Bakterienproben testen, mit dem Ziel zu entscheiden, welches Medikament das beste ist. Wir gehen dann mit diesem Medikament in Serienproduktion und verzichten auf die anderen. In diesem Szenario gibt es keine zusätzlichen Kosten, wenn das Bakterium stirbt – es gibt Fixkosten für jeden Test, aber wir müssen die Testausfälle nicht minimieren; vielmehr versuchen wir nur, so schnell wie möglich eine gute Entscheidung zu treffen.

Die Aufgabe, die beste Option unter diesen Bedingungen auszuwählen, wird als **Selektionsproblem** bezeichnet. Selektionsprobleme sind in industriellen und personellen Kontexten allgegenwärtig. Man muss oft entscheiden, welcher Lieferant für einen Prozess verwendet werden soll oder welche Mitarbeiter eingestellt werden sollen. Selektionsprobleme sind oberflächlich betrachtet dem Bandit-Problem ähnlich, haben aber andere mathematische Eigenschaften. Insbesondere *gibt es keine Indexfunktion für Selektionsprobleme*. Der Beweis dieser Tatsache erfordert das Aufzeigen jedes Szenarios, in dem die optimale Strategie ihre Präferenzen für zwei Arme M_1 und M_2 ändert, wenn ein dritter Arm M_3 hinzugefügt wird.

In Kapitel 5 wurde das Konzept der Entscheidungsprobleme auf **Metaebene** eingeführt, wie z. B. die Entscheidung, welche Berechnungen während einer Spielbaumsuche durchgeführt werden sollen, bevor ein Zug gemacht wird. Eine solche Entscheidung auf der Metaebene ist auch eher ein Selektionsproblem als ein Bandit-Problem. Es ist klar, dass eine Knotenerweiterung oder -auswertung gleich viel Zeit *kostet*, egal ob sie einen hohen oder einen niedrigen Ausgabewert erzeugt. Es ist daher vielleicht überraschend, dass der Monte-Carlo-Baumsuchalgorithmus (siehe S. 198) so erfolgreich ist, wenn man bedenkt, dass er versucht, Selektionsprobleme mit der UCB-Heuristik zu lösen, die eigentlich für Bandit-Probleme entwickelt wurde. Im Allgemeinen erwartet man, dass optimale Bandit-Algorithmen viel weniger erforschen als optimale Selektionsalgorithmen, weil der Bandit-Algorithmus davon ausgeht, dass ein fehlgeschlagener Versuch echtes Geld kostet.

Eine wichtige Verallgemeinerung des Bandit-Prozesses ist der **Bandit-Superprozess** (BSP), bei dem jeder Arm selbst ein vollständiger Markov-Entscheidungsprozess ist statt eines Markov-Belohnungsprozesses mit nur einer möglichen Aktion. Alle anderen Eigenschaften bleiben gleich: die Arme sind unabhängig, es kann immer nur an einem (oder einer begrenzten Anzahl) gezogen werden und es gibt einen einzigen Diskontierungsfaktor.

Beispiele für BSPs sind das tägliche Leben, in dem man sich jeweils einer Aufgabe widmen kann, obwohl mehrere Aufgaben Aufmerksamkeit erfordern: Projektmanagement mit mehreren Projekten; Unterricht mit mehreren Schülern, die individuell betreut werden müssen; und so weiter. Der normale Begriff dafür lautet **Multitasking**. Es ist so allgegenwärtig, dass man es kaum bemerkt: Wenn ein Entscheidungsproblem in der realen Welt formuliert wird, dann fragen Entscheidungsanalytiker selten, ob ihr Kunde noch andere, nicht damit zusammenhängende Probleme hat.

Man könnte wie folgt argumentieren: „Wenn es n disjunkte MDPs gibt, dann ist es offensichtlich, dass eine optimale Strategie aus den optimalen Lösungen der einzelnen MDPs gebildet wird. Angesichts seiner optimalen Strategie π_i wird jeder MDP zu einem Markov-Belohnungsprozess, bei dem es in jedem Zustand s nur eine Aktion $\pi_i(s)$ gibt. Wir haben also den

n-armigen Bandit-Superprozess auf einen n-armigen Bandit-Prozess reduziert.“ Wenn z. B. ein Bauunternehmer einen Bautrupp hat und mehrere Einkaufszentren bauen muss, scheint es nur vernünftig zu sein, den optimalen Bauplan für jedes Einkaufszentrum zu entwickeln und dann das Bandit-Problem zu lösen, um zu entscheiden, wohin der Bautrupp jeden Tag geschickt werden soll.

Das klingt zwar sehr plausibel, ist aber falsch. Tatsächlich kann die global optimale Strategie für einen BSP Aktionen beinhalten, die aus Sicht des konstituierenden MDP, in dem sie ausgeführt werden, lokal suboptimal sein. Der Grund dafür ist, dass die Verfügbarkeit von anderen MDPs, in denen Aktionen stattfinden können, das Gleichgewicht zwischen kurzfristigen und langfristigen Belohnungen in einem Komponenten-MDP verändert. So führt es tendenziell zu gierigerem Verhalten in jedem MDP (Suche nach kurzfristigen Belohnungen), weil das Streben nach langfristigen Belohnungen in einem MDP die Belohnungen in allen anderen MDPs verzögern würde.

Nehmen wir zum Beispiel an, dass der lokal optimale Zeitplan für den Bau eines Einkaufszentrums dazu führt, dass das erste Geschäft in Woche 15 zur Miete verfügbar ist, während ein suboptimaler Zeitplan mehr kostet, aber das erste Geschäft in Woche 5 verfügbar ist. Wenn es vier Einkaufszentren zu bauen gibt, könnte es besser sein, in jedem den lokal suboptimalen Zeitplan zu verwenden, sodass die Mieten ab Woche 5, 10, 15 und 20 eingehen, anstatt ab Woche 15, 30, 45 und 60. Mit anderen Worten, was für einen einzelnen MDP nur eine 10-wöchige Verzögerung wäre, wird für das vierte MDP zu einer 40-wöchigen Verzögerung. Im Allgemeinen stimmen die global und lokal optimalen Strategien nur dann überein, wenn der Diskontierungsfaktor 1 ist; in diesem Fall gibt es keine Kosten für die Verzögerung von Belohnungen in irgendeinem MDP.

Die nächste Frage ist, wie man BSPs lösen kann. Offensichtlich könnte die global optimale Lösung für ein BSP berechnet werden, indem man ihn in einen globalen MDP auf dem Zustandsraum des kartesischen Produkts umwandelt. Die Anzahl der Zustände wäre exponentiell zu der Anzahl der Arme des BSP, sodass dies schrecklich unpraktisch wäre.

Stattdessen können wir die lockere Art der Interaktion zwischen den Armen ausnutzen. Diese Interaktion ergibt sich nur aus der begrenzten Fähigkeit des Agenten, sich gleichzeitig um alle Arme zu kümmern. Bis zu einem gewissen Grad kann die Interaktion durch den Begriff der **Opportunitätskosten** modelliert werden: wie viel Nutzen pro Zeitschritt aufgegeben wird, wenn dieser Zeitschritt nicht einem anderen Arm gewidmet wird. Je höher die Opportunitätskosten sind, desto notwendiger ist es, frühe Belohnungen in einem bestimmten Arm zu generieren. In einigen Fällen wird eine optimale Strategie in einem bestimmten Arm nicht von den Opportunitätskosten beeinflusst. (Trivialerweise ist dies in einem Markov-Belohnungsprozess der Fall, da es nur eine Strategie gibt.) In diesem Fall kann eine optimale Strategie angewendet werden, wodurch dieser Arm in einen Markov-Belohnungsprozess umgewandelt wird.

Eine solche optimale Strategie wird, wenn sie existiert, als **dominierende Strategie** bezeichnet. Es stellt sich heraus, dass das Hinzufügen von Aktionen zu Zuständen es immer ermöglicht, eine relaxierte Version eines MDP (siehe Abschnitt 3.6.2) zu erstellen, sodass er eine dominierende Strategie hat, was eine obere Schranke für den Wert des Handelns im Arm liefert. Eine untere Schranke kann berechnet werden, indem jeder Arm separat gelöst wird (was insgesamt eine suboptimale Strategie ergeben kann) und dann die Gittins-Indizes berechnet werden. Wenn die untere Schranke für das Handeln in einem Arm höher ist als die oberen Schranken für alle anderen Aktionen, dann ist das Problem gelöst; wenn nicht, dann wird eine Kombination aus Lookahead-Suche und Neuberechnung der Schranken garantiert am Ende eine optimale Strategie für den BSP identifizieren. Mit diesem Ansatz lassen sich relativ große BSPs (10^{40} Zustände oder mehr) in ein paar Sekunden lösen.

17.4 Teilweise beobachtbare MDPs

Die Beschreibung von Markov-Entscheidungsprozessen in Abschnitt 17.1 ging davon aus, dass die Umgebung **vollständig beobachtbar** ist. Diese Annahme garantiert, dass der Agent immer weiß, in welchem Zustand er sich befindet. Dies bedeutet in Kombination mit der Markov-Annahme für das Transitionsmodell, dass die optimale Strategie nur vom aktuellen Zustand abhängt.

Wenn die Umgebung nur **teilweise beobachtbar** ist, dann ist die Situation sozusagen viel weniger klar. Der Agent weiß nicht unbedingt, in welchem Zustand er sich befindet, also kann er die für diesen Zustand empfohlene Aktion $\pi(s)$ nicht ausführen. Außerdem hängen der Nutzen eines Zustands s und die optimale Aktion in s nicht nur von s ab, sondern auch davon, wie viel der Agent weiß, wenn er sich in s befindet. Aus diesen Gründen werden **teilweise beobachtbare MDPs** (*Partially Observable MDP*, **POMDP**) normalerweise als viel schwieriger angesehen als gewöhnliche MDPs. Wir können POMDPs jedoch nicht vermeiden, da selbst die reale Welt ein teilweise beobachtbarer MDP ist.

17.4.1 Definition von POMDPs

Um POMDPs in den Griff zu bekommen, müssen wir sie zunächst richtig definieren. Ein POMDP weist die gleichen Elemente wie ein MDP auf – das Transitionsmodell $P(s' \mid s, a)$, die Aktionen $A(s)$ und die Belohnungsfunktion $R(s, a, s')$ –, aber wie die teilweise beobachtbaren Suchprobleme aus Abschnitt 4.4 hat es auch ein **Sensormodell** $P(e \mid s)$. Hier, wie in Kapitel 14, gibt das Sensormodell die Wahrscheinlichkeit an, die Evidenz e im Zustand s wahrzunehmen.[5] Wir können zum Beispiel die 4×3-Welt aus ► Abbildung 17.1 in ein POMDP umwandeln, indem wir – anstatt anzunehmen, dass der Agent seinen Standort genau kennt – einen verrauschten oder partiellen Sensor hinzufügen. Es könnte der verrauschte Vier-Bit-Sensor von S. 540 verwendet werden, der das Vorhandensein oder Fehlen einer Wand in jeder Himmelsrichtung mit einer Genauigkeit von $1 - \epsilon$ meldet.

Wie bei MDPs erhalten wir kompakte Repräsentationen für große POMDPs, indem wir dynamische Entscheidungsnetze (DDNs) verwenden (siehe Abschnitt 17.1.4). Wir fügen Sensorvariablen $\mathbf{E}_t$ hinzu, unter der Annahme, dass die Zustandsvariablen $\mathbf{X}_t$ möglicherweise nicht direkt beobachtbar sind. Das POMDP-Sensormodell ist dann durch $\mathbf{P}(\mathbf{E}_t|\mathbf{X}_t)$ gegeben. Zum Beispiel könnten wir dem DDN in ► Abbildung 17.4 Sensorvariablen wie $BatterieMessgerät_t$ zur Schätzung der aktuellen Ladung sowie $Batterie_t$ und $Tachometer_t$ zur Schätzung der Größe des Geschwindigkeitsvektors $\dot{\mathbf{X}}_t$ hinzufugen. Ein Sonarsensor $Wände_t$ könnte Schätzwerte für die Entfernungen zur nächsten Wand in jede der vier Himmelsrichtungen relativ zur aktuellen Ausrichtung des Roboters liefern. Diese Werte hängen von der aktuellen Position und Ausrichtung $\mathbf{X}_t$ ab.

In den Kapiteln 4 und 11 haben wir nichtdeterministische und teilweise beobachtbare Planungsprobleme untersucht und den **Wissenszustand** – die Menge der tatsächlichen Zustände, in denen sich der Agent befinden könnte – als ein Schlüsselkonzept für die Beschreibung und Berechnung von Lösungen identifiziert. In POMDPs wird der Wissenszustand b zu einer *Wahrscheinlichkeitsverteilung* über alle möglichen Zustände, genau wie in Kapitel 14. Der anfängliche Wissenszustand für den 4×3-POMDP könnte z. B. die Gleichverteilung über die neun nicht terminalen Zustände zusammen mit 0en für die terminalen Zustände sein, also $\langle \frac{1}{9}, \frac{1}{9}, \frac{1}{9}, \frac{1}{9}, \frac{1}{9}, \frac{1}{9}, \frac{1}{9}, \frac{1}{9}, \frac{1}{9}, 0, 0 \rangle$.

Wir verwenden die Schreibweise $b(s)$, um die Wahrscheinlichkeit auszudrücken, die dem aktuellen Zustand s durch den Wissenszustand b zugewiesen wird. Der Agent kann sei-

5 Das Sensormodell kann auch von der Aktion und dem Ergebniszustand abhängen, aber diese Änderung ist nicht wesentlich.

nen aktuellen Wissenszustand als bedingte Wahrscheinlichkeitsverteilung über die aktuellen Zustände berechnen, wenn die bisherige Folge von Perzepten und Aktionen gegeben ist. Dies entspricht im Wesentlichen der in Kapitel 14 beschriebenen **Filteraufgabe**. Die grundlegende rekursive Filtergleichung (14.5 auf S. 530) zeigt, wie man den neuen Wissenszustand aus dem vorherigen Wissenszustand und der neuen Evidenz berechnet. Bei POMDPs müssen wir auch eine Aktion berücksichtigen, aber das Ergebnis ist im Wesentlichen dasselbe. Wenn b der vorherige Wissenszustand war und der Agent die Aktion a ausführt und dann Evidenz e wahrnimmt, ergibt sich der neue Wissenszustand durch Berechnung der Wahrscheinlichkeit, jetzt im Zustand s' zu sein, für jedes s' mit der folgenden Formel:

$$b'(s') = \alpha\, P(e \mid s') \sum_{s} P(s' \mid s, a) b(s)\,,$$

wobei α eine normalisierende Konstante ist, die dafür sorgt, dass sich die Wahrscheinlichkeiten des Wissenszustands zu 1 aufsummieren. Analog zum Aktualisierungsoperator für die Filterung (S. 530) können wir dies schreiben als:

$$b' = \alpha\, \text{FORWARD}(b, a, e) \tag{17.16}$$

Angenommen, der Agent bewegt sich im 4×3-POMDP nach *Links* und sein Sensor meldet eine angrenzende Wand, dann ist es ziemlich wahrscheinlich (wenn auch nicht garantiert, da sowohl die Bewegung als auch der Sensor verrauscht sind), dass sich der Agent jetzt in (3,1) befindet. In Übung 17.15 auf der Website werden Sie aufgefordert, die genauen Wahrscheinlichkeitswerte für den neuen Wissenszustand zu berechnen.

Die grundlegende Erkenntnis, die zum Verständnis von POMDPs erforderlich ist, lautet wie folgt: *Die optimale Aktion hängt nur vom aktuellen Wissenszustand des Agenten ab.* Das heißt, eine optimale Strategie kann durch Abbilden von $\pi^*(b)$ aus Wissenszuständen auf Aktionen beschrieben werden. Sie hängt *nicht* von dem *tatsächlichen* Zustand ab, in dem sich der Agent befindet. Das ist gut so, denn der Agent kennt seinen aktuellen Zustand nicht; er kennt nur den Wissenszustand. Daher kann der Entscheidungszyklus eines POMDP-Agenten in die folgenden drei Schritte unterteilt werden:

1. Führe bei dem aktuellen Wissenszustand b die Aktion $a = \pi^*(b)$ aus.
2. Beobachte das Perzept e.
3. Setze den aktuellen Wissenszustand auf FORWARD(b, a, e) und wiederhole dies.

Man kann sich POMDPs so vorstellen, dass sie eine Suche im Wissenszustandsraum erfordern, genau wie die Methoden für sensorlose und situative Probleme in Kapitel 4. Der Hauptunterschied besteht darin, dass der POMDP-Wissenszustandsraum *stetig* ist, da ein POMDP-Wissenszustand eine Wahrscheinlichkeitsverteilung ist. Zum Beispiel ist ein Wissenszustand für die 4×3-Welt ein Punkt in einem 11-dimensionalen stetigen Raum. Eine Aktion ändert den Wissenszustand, nicht nur den physikalischen Zustand, weil sie das empfangene Perzept beeinflusst. Daher wird die Aktion zumindest zum Teil auf Basis der Informationen bewertet, die der Agent als Ergebnis erhält. POMDPs beinhalten daher den Wert von Informationen (Abschnitt 16.6) als eine Komponente des Entscheidungsproblems.

Schauen wir uns das Ergebnis von Aktionen genauer an. Berechnen wir insbesondere die Wahrscheinlichkeit, dass ein Agent im Wissenszustand b den Wissenszustand b' erreicht, nachdem er die Aktion a ausgeführt hat. Wenn wir nun die Aktion *und das anschließende Perzept* kennen würden, dann würde Gleichung (17.16) eine *deterministische* Aktualisierung des Wissenszustands liefern: $b' = \text{FORWARD}(b, a, e)$. Natürlich ist das nachfolgende Perzept noch nicht bekannt, sodass der Agent in einem von mehreren möglichen Wissenszuständen b' ankommen könnte, je nach empfangenem Perzept. Die Wahrscheinlichkeit, dass e wahrgenommen wird, wenn a ausgehend vom Wissenszustand b ausgeführt wurde, ergibt sich aus der Summe aller tatsächlichen Zustände s', die der Agent erreichen könnte:

$$\begin{aligned} P(e|a,b) &= \sum_{s'} P(e|a,s',b)P(s'|a,b) \\ &= \sum_{s'} P(e\mid s')P(s'|a,b) \\ &= \sum_{s'} P(e\mid s') \sum_{s} P(s'\mid s,a)b(s) \end{aligned}$$

Wir wollen die Wahrscheinlichkeit, b' von b aus bei gegebener Aktion a zu erreichen, als $P(b'\mid b,a)$ schreiben. Diese Wahrscheinlichkeit kann wie folgt berechnet werden:

$$\begin{aligned} P(b'\mid b,a) &= \sum_{e} P(b'|e,a,b)P(e|a,b) \\ &= \sum_{e} P(b'|e,a,b) \sum_{s'} P(e\mid s') \sum_{s} P(s'\mid s,a)b(s)\,, \end{aligned} \tag{17.17}$$

wobei $P(b'|e,a,b)$ 1 ist, wenn $b' = \text{FORWARD}(b,a,e)$ ist, und ansonsten 0.

Gleichung (17.17) kann als Definition eines Transitionsmodells für den Wissenszustandsraum betrachtet werden. Wir können auch eine Belohnungsfunktion für Wissenszustandsübergänge definieren, die von der erwarteten Belohnung der realen potenziellen Zustandsübergänge abgeleitet wird. Hier verwenden wir die einfache Form $\rho(b,a)$ – die erwartete Belohnung, wenn der Agent im Wissenszustand b Aktion a ausführt:

$$\rho(b,a) = \sum_{s} b(s) \sum_{s'} P(s'\mid s,a)R(s,a,s')$$

Zusammen definieren $P(b'\mid b,a)$ und $\rho(b,a)$ einen *beobachtbaren* MDP auf dem Raum der Wissenszustände. Außerdem kann gezeigt werden, dass eine optimale Strategie für diesen MDP, $\pi^*(b)$, auch eine optimale Strategie für den ursprünglichen POMDP ist. Mit anderen Worten: *Das Lösen eines POMDP auf einem physikalischen Zustandsraum kann auf das Lösen eines MDP auf dem entsprechenden Wissenszustandsraum reduziert werden.* Diese Tatsache ist vielleicht weniger überraschend, wenn wir uns daran erinnern, dass der Wissenszustand für den Agenten per Definition immer beobachtbar ist.

17.5 Algorithmen zum Lösen von POMDPs

Wir haben gezeigt, wie man POMDPs auf MDPs reduziert, allerdings haben die MDPs, die wir erhalten, einen stetigen (und normalerweise hochdimensionalen) Zustandsraum. Das bedeutet, dass wir die Algorithmen der dynamischen Programmierung aus den Abschnitten 17.2.1 und 17.2.2, die einen endlichen Zustandsraum und eine endliche Anzahl von Aktionen voraussetzten, neu formulieren müssen. Hier wird ein speziell für POMDPs entwickelter Algorithmus für Wert-Iterationen beschrieben, gefolgt von einem Online-Entscheidungsalgorithmus, ähnlich dem, der in Kapitel 5 für Spiele entwickelt wurde.

17.5.1 Wert-Iteration für POMDPs

In Abschnitt 17.2.1 wurde ein Wert-Iteration-Algorithmus beschrieben, der für jeden Zustand genau einen Nutzenwert errechnete. Bei unendlich vielen Wissenszuständen müssen wir jedoch kreativer sein. Betrachten wir eine optimale Strategie π^* und ihre Anwendung in einem bestimmten Wissenszustand b: Die Strategie generiert eine Aktion, dann wird für jedes nachfolgende Perzept der Wissenszustand aktualisiert und eine neue Aktion erzeugt, und so weiter. Für diesen spezifischen Wissenszustand b ist die Strategie also genau äquivalent zu einem **bedingten Plan**, wie er in Kapitel 4 für nichtdeterministische und teilweise beobachtbare Probleme beschrieben wurde. Anstatt über Strategien nachzudenken, lassen Sie uns über bedingte Pläne nachdenken und darüber, wie der erwartete Nutzen, einen festen bedingten Plan auszuführen, mit dem anfänglichen Wissenszustand variiert. Wir machen zwei Beobachtungen:

1. Sei der Nutzen der Ausführung eines *festen* bedingten Plans p, der im physischen Zustand s beginnt, $\alpha_p(s)$. Dann ist der erwartete Nutzen der Ausführung von p im Wissenszustand b einfach $\sum_s b(s)\alpha_p(s)$ bzw. $b \cdot \alpha_p$, wenn wir uns beide als Vektoren vorstellen. Der erwartete Nutzen eines festen bedingten Plans variiert also linear mit b, d. h., er entspricht einer Hyperebene im Wissenszustandsraum.

2. Bei jedem gegebenen Wissenszustand b wählt eine optimale Strategie zur Ausführung den bedingten Plan mit dem höchsten erwarteten Nutzen; und der erwartete Nutzen von b unter einer optimalen Strategie ist einfach der Nutzen dieses bedingten Plans: $U(b) = U^{\pi^*}(b) = \max_p b \cdot \alpha_p$. Wenn eine optimale Strategie π^* die Ausführung von p ab b wählt, dann ist zu erwarten, dass sie die Ausführung von p in Wissenszuständen wählt, die sehr nahe bei b liegen; tatsächlich gibt es, wenn wir die Tiefe der bedingten Pläne begrenzen, nur endlich viele solcher Pläne und der stetige Raum der Wissenszustände wird im Allgemeinen in *Regionen* unterteilt, die jeweils einem bestimmten bedingten Plan entsprechen, der in dieser Region optimal ist.

Diese beiden Beobachtungen zeigen, dass die Nutzenfunktion $U(b)$ auf Wissenszuständen, die das Maximum einer Sammlung von Hyperebenen ist, *stückweise linear* und *konvex* ist.

Um dies zu veranschaulichen, verwenden wir eine einfache Welt mit zwei Zuständen. Die Zustände sind mit A und B beschriftet und es gibt zwei Aktionen: *Stay* bedeutet Bleiben mit der Wahrscheinlichkeit 0,9 und *Go* wechselt in den anderen Zustand mit der Wahrscheinlichkeit 0,9. Die Belohnungen sind $R(\cdot,\cdot,A) = 0$ und $R(\cdot,\cdot,B) = 1$, das heißt, jeder Übergang, der in A endet, hat die Belohnung 0 und jeder Übergang, der in B endet, hat die Belohnung 1. Derzeit gehen wir von einem Diskontierungsfaktor $\gamma = 1$ aus. Der Sensor meldet den korrekten Zustand mit der Wahrscheinlichkeit 0,6. Offensichtlich sollte der Agent bleiben, wenn er im Zustand B ist, und gehen, wenn er im Zustand A ist. Das Problem ist, dass er nicht weiß, wo er ist!

Der Vorteil einer Welt mit zwei Zuständen ist, dass der Wissensraum in einer Dimension visualisiert werden kann, da die beiden Wahrscheinlichkeiten $b(A)$ und $b(B)$ in der Summe 1 ergeben. In ► Abbildung 17.15 a repräsentiert die x-Achse den Wissenszustand, definiert durch $b(B)$, d. h. die Wahrscheinlichkeit, sich im Zustand B zu befinden. Betrachten wir nun die einstufigen Pläne [*Stay*] und [*Go*], von denen jeder wie folgt die Belohnung für einen Übergang erhält:

$$\begin{aligned}
\alpha_{[Stay]}(A) &= 0{,}9R(A, Stay, A) + 0{,}1R(A, Stay, B) = 0{,}1 \\
\alpha_{[Stay]}(B) &= 0{,}1R(B, Stay, A) + 0{,}9R(B, Stay, B) = 0{,}9 \\
\alpha_{[Go]}(A) &= 0{,}1R(A, Go, A) + 0{,}9R(A, Go, B) = 0{,}9 \\
\alpha_{[Go]}(B) &= 0{,}9R(B, Go, A) + 0{,}1R(B, Go, B) = 0{,}1
\end{aligned}$$

Die Hyperebenen (in diesem Fall Linien) für $b \cdot \alpha_{[Stay]}$ und $b \cdot \alpha_{[Go]}$ sind in ► Abbildung 17.15 a dargestellt und ihr Maximum ist fett gedruckt. Die fettgedruckte Linie repräsentiert also die Nutzenfunktion für das Problem des endlichen Horizonts, das nur eine Aktion zulässt, und in jedem „Abschnitt" der stückweise linearen Nutzenfunktion ist eine optimale Aktion die erste Aktion des entsprechenden bedingten Plans. In diesem Fall besteht die optimale einstufige Strategie darin zu bleiben, wenn $b(B) > 0{,}5$ ist, und ansonsten zu gehen.

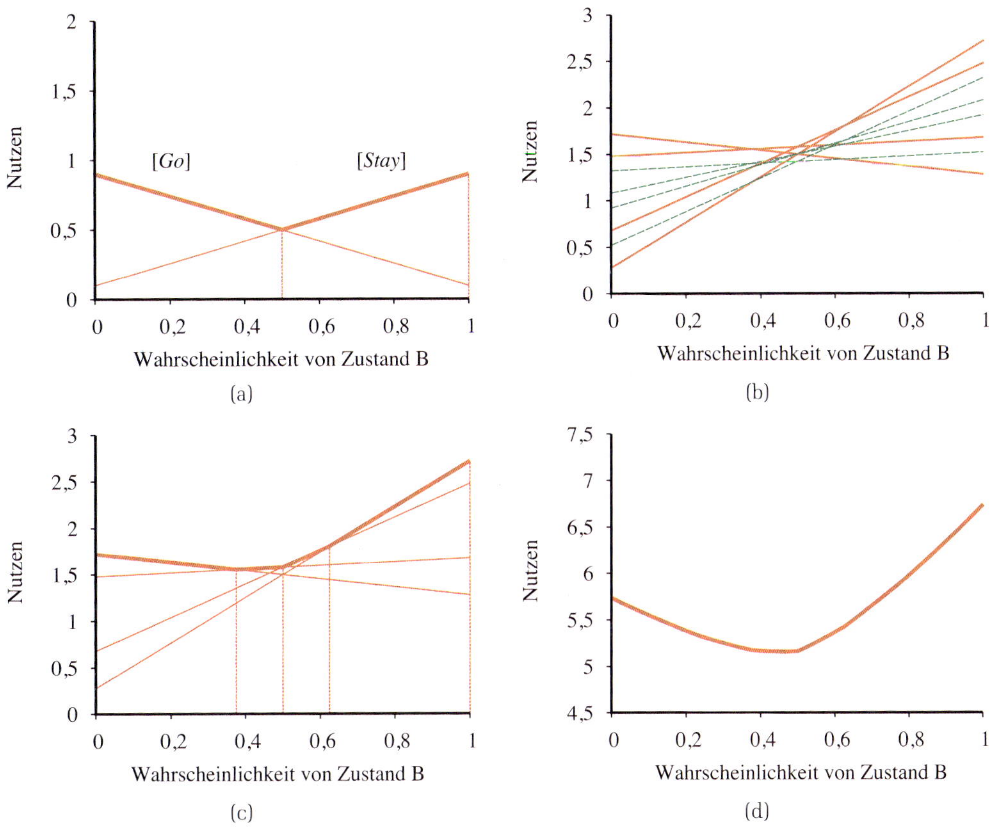

Abbildung 17.15: (a) Nutzen von zwei einstufigen Plänen als Funktion des anfänglichen Wissenszustands $b(B)$ für die Welt mit zwei Zuständen, wobei die entsprechende Nutzenfunktion fett gedruckt ist. (b) Nutzen für 8 verschiedene zweistufige Pläne. (c) Nutzen für vier undominierte zweistufige Pläne. (d) Nutzenfunktion für optimale achtstufige Pläne.

Sobald wir die Nutzenwerte $\alpha_p(s)$ für alle bedingten Pläne p der Tiefe 1 in jedem physischen Zustand s haben, können wir die Nutzenwerte für bedingte Pläne der Tiefe 2 berechnen, indem wir jede mögliche erste Aktion, jedes mögliche nachfolgende Perzept und anschließend jede Art der Auswahl eines auszuführenden Plans der Tiefe 1 für jedes Perzept berücksichtigen:

[*Stay*; **if** *Percept* = *A* **then** *Stay* **else** *Stay*]
[*Stay*; **if** *Percept* = *A* **then** *Stay* **else** *Go*]
[*Go*; **if** *Percept* = *A* **then** *Stay* **else** *Stay*]
...

Insgesamt gibt es acht verschiedene Pläne der Tiefe 2, deren Nutzen in ► Abbildung 17.15 b dargestellt ist. Beachten Sie, dass vier der Pläne, die als gestrichelte Linien dargestellt sind, im gesamten Wissensraum suboptimal sind – wir sagen, dass diese Pläne **dominiert** sind und nicht weiter betrachtet werden müssen. Es gibt vier nicht dominierte Pläne, von denen jeder in einer bestimmten Region optimal ist, wie ► Abbildung 17.15 c zeigt. Die Regionen partitionieren den Wissenszustandsraum.

Wir wiederholen den Vorgang für Tiefe 3 und so weiter. Im Allgemeinen sei p ein bedingter Plan der Tiefe d, dessen Anfangsaktion a ist und dessen Unterplan der Tiefe $(d-1)$ für das

function POMDP-VALUE-ITERATION(*pomdp*, ϵ) **returns** eine Nutzenfunktion
  inputs: *pomdp*, ein POMDP mit Zuständen S, Aktionen $A(s)$, Transitionsmodell $P(s' \mid s, a)$,
    Sensormodell $P(e \mid s)$, Belohnungen $R(s, a, s')$, Diskontierung γ
    ϵ, der maximal erlaubte Fehler im Nutzen eines Zustands
  local variables: U, U', Menge von Plänen p mit zugeordneten Nutzenvektoren α_p

  $U' \leftarrow$ eine Menge, die alle einstufigen Pläne $[a]$ enthält, mit $\alpha_{[a]}(s) = \sum_{s'} P(s'|s, a)\, R(s, a, s')$
  repeat
    $U \leftarrow U'$
    $U' \leftarrow$ die Menge aller Pläne, bestehend aus einer Aktion und – für jedes mögliche nächste Perzept – einem Plan in U mit Nutzenvektoren, die gemäß Gleichung (17.18) berechnet wurden
    $U' \leftarrow$ REMOVE-DOMINATED-PLANS(U')
  until MAX-DIFFERENCE(U, U') $\leq \epsilon(1-\gamma)/\gamma$
  return U

Abbildung 17.16: Eine grobe Skizze des Wert-Iteration-Algorithmus für POMDPs. Der Schritt REMOVE-DOMINATED-PLANS und der Test MAX-DIFFERENCE werden normalerweise als lineare Programme implementiert.

Perzept e gleich $p.e$ ist; dann ist:

$$\alpha_p(s) = \sum_{s'} P(s' \mid s, a)[R(s, a, s') + \gamma \sum_{e} P(e \mid s')\alpha_{p.e}(s')] \tag{17.18}$$

Durch diese Rekursion erhalten wir einen Wert-Iteration-Algorithmus, der in ► Abbildung 17.16 dargestellt ist. Die Struktur des Algorithmus und seine Fehleranalyse ähneln denen des grundlegenden Wert-Iteration-Algorithmus in ► Abbildung 17.6 auf S. 646; der Hauptunterschied besteht darin, dass POMDP-VALUE-ITERATION eine Sammlung von nicht dominierten Plänen mit ihren Nutzen-Hyperebenen verwaltet, anstatt eine Nutzenzahl für jeden Zustand zu berechnen.

Die Komplexität des Algorithmus hängt hauptsächlich davon ab, wie viele Pläne generiert werden. Bei $|A|$ Aktionen und $|E|$ möglichen Beobachtungen gibt es $|A|^{O(|E|^{d-1})}$ verschiedene Pläne der Tiefe d. Selbst für die bescheidene Zwei-Zustände-Welt mit $d = 8$ sind das 2^{255} Pläne. Die Eliminierung von dominierten Plänen ist essenziell, um dieses doppelt exponentielle Wachstum zu reduzieren: die Anzahl der nicht dominierten Pläne mit $d = 8$ beträgt nur 144. Die Nutzenfunktion für diese 144 Pläne ist in ► Abbildung 17.15 d dargestellt.

Beachten Sie, dass die dazwischenliegenden Wissenszustände einen geringeren Wert haben als die Zustände A und B, weil dem Agenten in den Zwischenzuständen die Informationen fehlen, die er benötigt, um eine gute Aktion zu wählen. Das ist der Grund, warum Informationen in dem in Abschnitt 16.6 definierten Sinne einen Wert haben und optimale Strategien in POMDPs oft Aktionen zum Sammeln von Informationen beinhalten.

Bei einer solchen Nutzenfunktion lässt sich eine ausführbare Strategie extrahieren, indem man schaut, welche Hyperebene bei jedem gegebenen Wissenszustand b optimal ist, und die erste Aktion des dazugehörigen Plans ausführt. In ► Abbildung 17.15 d ist die entsprechende optimale Strategie immer noch die gleiche wie für Pläne der Tiefe 1: *Stay*, wenn $b(B) > 0{,}5$, und sonst *Go*.

In der Praxis ist Wert-Iteration-Algorithmus in ► Abbildung 17.16 für größere Probleme hoffnungslos ineffizient – selbst der 4×3-POMDP ist zu schwer. Der Hauptgrund ist, dass der Algorithmus bei n nicht dominierten bedingten Plänen auf Ebene d genau $|A| \cdot n^{|E|}$ bedingte Pläne auf Ebene $d + 1$ konstruiert, bevor er die dominierten Pläne eliminiert. Mit dem Vier-Bit-Sensor ist $|E|$ 16 und n kann in die Hunderte gehen, sodass dieser Weg hoffnungslos ist.

Seit der Entwicklung dieses Algorithmus in den 1970er Jahren hat es mehrere Fortschritte gegeben, darunter effizientere Formen der Wert-Iteration und verschiedene Arten von Algorithmen zur Strategie-Iteration. Einige davon werden in den Anmerkungen am Ende des Kapitels besprochen. Für allgemeine POMDPs ist es jedoch sehr schwierig, optimale Strategien zu finden (PSPACE-schwer, um genau zu sein – also wirklich sehr schwer). Der nächste Abschnitt beschreibt eine andere approximative Methode zum Lösen von POMDPs, die auf der Lookahead-Suche basiert.

17.5.2 Onlinealgorithmen für POMDPs

Der grundlegende Entwurf eines Online-POMDP-Agenten ist einfach: Er beginnt mit einem vorherigen Wissenszustand, wählt eine Aktion basierend auf einem Überlegungsprozess, der sich auf seinen aktuellen Wissenszustand konzentriert, und erhält, nachdem er gehandelt hat, eine Beobachtung und aktualisiert seinen Wissenszustand mithilfe eines Filteralgorithmus. Daraufhin wiederholt sich der Prozess.

Eine offensichtliche Wahl für den Überlegungsprozess ist der Expectimax-Algorithmus aus Abschnitt 17.2.4, allerdings mit Wissenszuständen anstelle von physischen Zuständen als Entscheidungsknoten im Baum. Die Zufallsknoten im POMDP-Baum haben Zweige, die mit möglichen Beobachtungen beschriftet sind und zum nächsten Wissenszustand führen, wobei die Übergangswahrscheinlichkeiten durch Gleichung (17.17) gegeben sind. ► Abbildung 17.17 zeigt ein Fragment des Wissenszustand-Expectimax-Baums für das 4×3-POMDP.

Die Zeitkomplexität einer erschöpfenden Suche bis zur Tiefe d beträgt $O(|A|^d \cdot |\mathbf{E}|^d)$, wobei $|A|$ die Anzahl der verfügbaren Aktionen und $|\mathbf{E}|$ die Anzahl der möglichen Perzepte ist. (Beachten Sie, dass dies weit weniger ist als die Anzahl der möglichen bedingten Pläne der Tiefe d, die durch die Wert-Iteration erzeugt werden.) Wie im beobachtbaren Fall ist das Sampling an den Zufallsknoten eine gute Möglichkeit, den Verzweigungsfaktor zu reduzieren, ohne an zu viel Genauigkeit bei der endgültigen Entscheidung einzubüßen. Daher ist die Komplexität der approximativen Online-Entscheidungsfindung in POMDPs möglicherweise nicht wesentlich schlechter als die in MDPs.

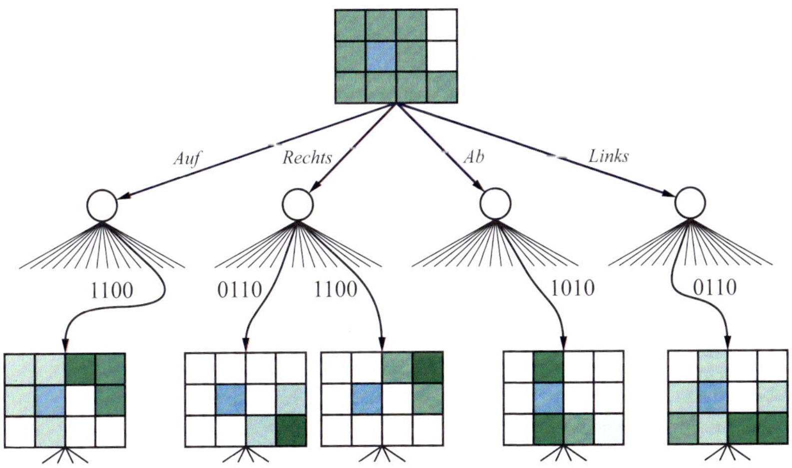

Abbildung 17.17: Teil eines Expectimax-Baums für das 4×3-POMDP mit einem uniformen Anfangswissenszustand. Die Wissenszustände sind schattiert dargestellt, entsprechend der Wahrscheinlichkeit, sich am jeweiligen Ort zu befinden.

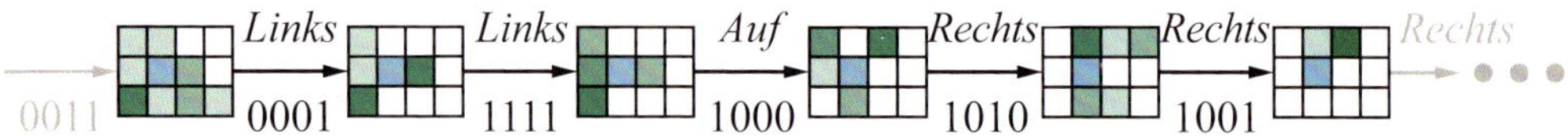

Abbildung 17.18: Eine Folge von Perzepten, Wissenszuständen und Aktionen im 4×3-POMDP mit einem Wand-Erkennungsfehler von $\epsilon = 0{,}2$. Beachten Sie, dass die frühen *Links*-Bewegungen sicher sind – sie führen äußerst selten auf das Feld $(4, 2)$ – und damit den Standort des Agenten auf eine kleine Anzahl von möglichen Standorten beschränken. Nachdem er sich nach oben bewegt hat (*Auf*), denkt der Agent unter Umständen, dass er sich in $(3, 3)$, aber möglicherweise auch in $(1, 3)$ befindet. Glücklicherweise ist die *Rechts*-Bewegung in beiden Fällen eine gute Idee: er bewegt sich also nach rechts, findet heraus, dass er in $(1, 3)$ war und jetzt in $(2, 3)$ ist, dann bewegt er sich weiter *Rechts* und erreicht das Ziel.

Für sehr große Zustandsräume ist die exakte Filterung nicht durchführbar, sodass der Agent einen approximativen Filteralgorithmus wie den Partikelfilter ausführen muss (siehe S. 556). Dadurch werden die Wissenszustände im Expectimax-Baum eher zu Partikelsammlungen als zu exakten Wahrscheinlichkeitsverteilungen. Bei Problemen mit langen Horizonten kann es auch erforderlich sein, die im UCT-Algorithmus (► Abbildung 5.11) verwendete Art von weitreichenden Playouts durchzuführen. Die Kombination aus Partikelfilter und UCT, angewandt auf POMDPs, wird als teilweise beobachtbare Monte-Carlo-Planung oder **POMCP** bezeichnet. Mit einer DDN-Darstellung für das Modell ist der POMCP-Algorithmus, zumindest im Prinzip, auf sehr große und realistische POMDPs anwendbar. POMCP ist in der Lage, kompetentes Verhalten in einem 4×3-POMDP zu erzeugen. Ein kurzes (und relativ günstiges) Beispiel ist in ► Abbildung 17.18 dargestellt.

POMDP-Agenten, die auf dynamischen Entscheidungsnetzen und Online-Entscheidungsfindung basieren, haben eine Reihe von Vorteilen im Vergleich zu anderen, einfacheren Agentendesigns, die in früheren Kapiteln vorgestellt wurden. So stellen für sie teilweise beobachtbare, stochastische Umgebungen kein Problem dar und sie können ihre „Pläne" leicht anpassen, um unerwartete Evidenzen zu verarbeiten. Mit geeigneten Sensormodellen können sie auf Sensorausfälle reagieren und das Sammeln von Informationen planen. Unter Zeitdruck und in komplexen Umgebungen fahren sie mithilfe verschiedener Approximationstechniken auf Minimalfunktionalität[6] zurück.

Was fehlt also noch? Das Haupthindernis für den Einsatz solcher Agenten in der realen Welt ist die Unfähigkeit, erfolgreiches Verhalten über lange Zeiträume zu erzeugen. Zufällige oder nahezu zufällige Playouts haben keine Aussicht auf eine positive Belohnung, z. B. bei der Aufgabe, den Tisch für das Abendessen zu decken, was Abermillionen von Motorsteuerungsaktionen erfordern könnte. Es scheint notwendig, einige der in Abschnitt 11.4 beschriebenen Ideen zur hierarchischen Planung zu übernehmen. Zur Zeit der Drucklegung dieses Buchs gibt es noch keine zufriedenstellenden und effizienten Möglichkeiten, diese Ideen in stochastischen, teilweise beobachtbaren Umgebungen anzuwenden.

6 Anm. zur Übersetzung: im Englischen *graceful degradation* („würdevolle Degradierung") genannt.

ZUSAMMENFASSUNG

Dieses Kapitel zeigt, wie man das Wissen über die Welt nutzt, um Entscheidungen zu treffen, auch wenn die Ergebnisse einer Aktion ungewiss sind und die Belohnungen für das Handeln möglicherweise erst nach vielen Aktionen erfolgen. Die wichtigsten Punkte sind wie folgt:

- Sequenzielle Entscheidungsprobleme in stochastischen Umgebungen, auch **Markov-Entscheidungsprozesse** oder MDPs genannt, werden durch ein **Transitionsmodell** definiert, das die probabilistischen Ergebnisse von Aktionen angibt, sowie durch eine **Belohnungsfunktion**, die die Belohnung in jedem Zustand angibt.
- Der Nutzen einer Zustandsfolge ist die Summe aller Belohnungen über die Folge, gegebenenfalls diskontiert über die Zeit. Die Lösung eines MDP ist eine **Strategie**, die jedem Zustand, den der Agent erreichen könnte, eine Entscheidung zuordnet. Eine optimale Strategie maximiert den Nutzen der Zustandsfolgen, die bei Ausführung der Strategie auftreten.
- Der Nutzen eines Zustands ist die erwartete Summe der Belohnungen, wenn eine optimale Strategie ab diesem Zustand ausgeführt wird. Der Algorithmus zur **Wert-Iteration** löst iterativ eine Reihe von Gleichungen, die den Nutzen jedes Zustands mit den Nutzen seiner Nachbarn in Beziehung setzen.
- Die **Strategie-Iteration** wechselt zwischen der Berechnung der Nutzenwerte von Zuständen unter der aktuellen Strategie und der Verbesserung der aktuellen Strategie in Bezug auf die aktuellen Nutzenwerte.
- Partiell beobachtbare MDPs bzw. POMDPs sind viel schwieriger zu lösen als MDPs. Sie können durch Konvertierung in einen MDP im stetigen Raum der Wissenszustände gelöst werden. Hierzu wurden sowohl Algorithmen zur Wert-Iteration als auch zur Strategie-Iteration entwickelt. Optimales Verhalten in POMDPs beinhaltet das Sammeln von Informationen, um die Unsicherheit zu reduzieren und somit bessere zukünftige Entscheidungen zu treffen.
- Für POMDP-Umgebungen kann ein entscheidungstheoretischer Agent konstruiert werden. Der Agent verwendet ein **dynamisches Entscheidungsnetz**, das dazu dient, die Transitions- und Sensormodelle zu repräsentieren, den Wissenszustand des Agenten zu aktualisieren und mögliche Aktionsfolgen vorwärts zu projizieren.

Wir werden auf MDPs und POMDPs in Kapitel 22 zurückkommen, das sich mit den Methoden des **Reinforcement Learning** befasst, die es einem Agenten erlauben, sein Verhalten auf der Grundlage von Erfahrungen zu verbessern.

Bibliografische und historische Anmerkungen

Richard Bellman entwickelte ab 1949, noch während er bei der RAND Corporation arbeitete, die Konzepte, die dem modernen Ansatz für sequenzielle Entscheidungsprobleme zugrunde liegen. Laut seiner Autobiografie (Bellman, 1984) prägte er den Begriff „dynamische Programmierung“, um vor dem forschungsfeindlichen Verteidigungsminister Charles Wilson zu verbergen, dass sich seine Gruppe mit Mathematik befasste. (Dies kann nicht ganz stimmen, denn sein erster Aufsatz, in dem er diesen Begriff verwendete (Bellman, 1952), erschien, bevor Wilson 1953 Verteidigungsminister wurde.) Bellmans Buch *Dynamic Programming* (1957) bildete eine solide Grundlage für das neue Gebiet und führte den Wert-Iteration-Algorithmus ein.

Shapley (1953b) beschrieb den Wert-Iteration-Algorithmus unabhängig von Bellman, wobei seine Ergebnisse in der Operations-Research-Community nicht die gleiche Anerkennung fanden, vielleicht weil sie im allgemeineren Kontext der Markov-Spiele präsentiert wurden. Obwohl die ursprünglichen Formulierungen die Diskontierung einschlossen, wurde von Koopmans (1972) die Analyse in Form von stationären Präferenzen vorgeschlagen. Das Shaping-Theorem geht auf Ng *et al.* (1999) zurück.

Ron Howards Doktorarbeit (1960) führte die Strategie-Iteration und das Konzept der Durchschnittsbelohnung für die Lösung von Problemen mit unendlichem Horizont ein. Mehrere zusätzliche Ergebnisse werden Bellman und Dreyfus (1962) zugeschrieben. Die Verwendung von Kontraktion bei der Analyse von Algorithmen der dynamischen Programmierung geht auf Denardo (1967) zurück. Die modifizierte Strategie-Iteration stammt von van Nunen (1976) und Puterman und Shin (1978). Die asynchrone Strategie-Iteration wurde von Williams und Baird (1993) analysiert, die auch die Grenze des Strategieverlusts in Gleichung (17.13) bewiesen. Die allgemeine Familie der **priorisierenden Sweeping-Algorithmen** zielt darauf ab, die Konvergenz zu optimalen Strategien zu beschleunigen, indem die Berechnungen für die Wert- und Strategie-Aktualisierung heuristisch geordnet werden (Moore und Atkeson, 1993; Andre *et al.*, 1998; Wingate und Seppi, 2005).

Die Formulierung von MDP-Lösungen als lineare Programme ist auf de Ghellinck (1960), Manne (1960) und D'Épenoux (1963) zurückzuführen. Trotz der traditionellen Ansicht, dass die lineare Programmierung der dynamischen Programmierung als exakte Lösungsmethode für MDPs unterlegen ist, zeigen Farias und Roy (2003), dass es möglich ist, mithilfe der linearen Programmierung und einer linearen Darstellung der Nutzenfunktion nachweislich gute Näherungslösungen für sehr große MDPs zu erhalten. Papadimitriou und Tsitsiklis (1987) sowie Littman *et al.* (1995) liefern allgemeine Ergebnisse zur Berechnungskomplexität von MDPs. Yinyu Ye (2011) analysiert die Beziehung zwischen Strategie-Iteration und der Simplex-Methode für lineare Programmierung und beweist, dass für ein festes γ die Laufzeit der Strategie-Iteration polynomiell zur Anzahl der Zustände und Aktionen ist.

Die bahnbrechenden Arbeiten von Sutton (1988) und Watkins (1989) über Methoden des Reinforcement Learning zum Lösen von MDPs spielten eine wichtige Rolle bei der Einführung von MDPs in der KI-Gemeinschaft. (Frühere Arbeiten von Werbos (1977) enthielten viele ähnliche Ideen, wurden aber nicht in demselben Ausmaß aufgegriffen.) KI-Forscher haben MDPs in Richtung aussagekräftigerer Repräsentationen vorangetrieben, die viel größere Probleme bewältigen können als die traditionellen atomaren Repräsentationen auf Basis von Transitionsmatrizen.

Die grundlegenden Konzepte für eine Agentenarchitektur unter Verwendung dynamischer Entscheidungsnetze wurden von Dean und Kanazawa (1989b) vorgeschlagen. Tatman und Shachter (1990) zeigten, wie man Algorithmen der dynamischen Programmierung auf DDN-Modelle anwenden kann. Mehrere Autoren stellten die Verbindung zwischen MDPs und KI-Planungsproblemen her und entwickelten probabilistische Formen der kompakten STRIPS-Darstellung für Transitionsmodelle (Wellman, 1990b; Koenig, 1991). Das Buch *Planning and Control* von Dean und Wellman (1991) beschäftigt sich ausführlich mit dieser Verbindung.

Spätere Arbeiten über **faktorisierte MDPs** (Boutilier *et al.*, 2000; Koller und Parr, 2000; Guestrin *et al.*, 2003b) verwenden strukturierte Repräsentationen der Wertefunktion sowie des Transitionsmodells, mit nachweislichen Verbesserungen der Komplexität. **Relationale MDPs** (Boutilier *et al.*, 2001; Guestrin *et al.*, 2003a) gehen noch einen Schritt weiter und verwenden strukturierte Repräsentationen, um Domänen mit vielen verwandten Objekten zu behandeln. MDPs und POMDPs (Srivastava *et al.*, 2014b) mit offenem Universum erlauben außerdem Unsicherheit über die Existenz und Identität von Objekten und Aktionen.

Viele Autoren haben approximative Onlinealgorithmen für die Entscheidungsfindung in MDPs entwickelt, wobei sie oft explizit auf frühere KI-Ansätze für Echtzeitsuche und -spiele zurückgegriffen haben (Werbos, 1992; Dean *et al.*, 1993; Tash und Russell, 1994). Die Arbeit von Barto *et al.* (1995) über die dynamische Echtzeitprogrammierung (*Real-Time Dynamic Programming*, RTDP) lieferte einen allgemeinen Rahmen, um solche Algorithmen und deren Verbindung zum Reinforcement Learning und zur heuristischen Suche besser zu verstehen. Die Analyse von tiefenbeschränktem Expectimax mit Sampling an den Zufallsknoten geht auf Kearns *et al.* (2002) zurück. Der in diesem Kapitel beschriebene UCT-Algorithmus stammt von Kocsis und Szepesvari (2006) in Anlehnung an frühere Arbeiten über zufällige Playouts zur Schätzung der Werte von Zuständen (Abramson, 1990; Brügmann, 1993; Chang *et al.*, 2005).

Bandit-Probleme wurden von Thompson (1933) eingeführt, erlangten aber erst nach dem Zweiten Weltkrieg durch den Bericht von Herbert Robbins (1952) Bekanntheit. Bradt *et al.* (1956) bewiesen die ersten Resultate bezüglich Stoppregeln für einarmige Banditen, was schließlich zu den bahnbrechenden Erkenntnissen von John Gittins führte (Gittins und Jones, 1974; Gittins, 1989). Katehakis und Veinott (1987) schlugen den Neustart-MDP als eine Methode zur Berechnung von Gittins-Indizes vor. Der Text von Berry und Fristedt (1985) deckt viele Variationen des Grundproblems ab, während der leicht verständliche Onlinetext von Ferguson (2001) Bandit-Probleme mit Stoppproblemen verbindet.

Lai und Robbins (1985) lieferten den Anstoß für die Untersuchung des asymptotischen Regrets von optimalen Bandit-Strategien. Die UCB-Heuristik wurde von Auer *et al.* (2002) eingeführt und analysiert. Bandit-Superprozesse (BSPs) wurden erstmals von Nash (1973) untersucht, sind aber in der KI weitgehend unbekannt geblieben. Hadfield-Menell und Russell (2015) beschreiben einen effizienten Branch-and-Bound-Algorithmus, mit dem relativ große BSPs gelöst werden können. Selektionsprobleme wurden von Bechhofer (1954) eingeführt. Hay *et al.* (2012) entwickelten einen formalen Rahmen für Probleme beim Metaschlussfolgern und zeigten, dass einfache Instanzen eher auf Selektions- als auf Bandit-Probleme abgebildet werden. Sie bewiesen auch das zufriedenstellende Ergebnis, dass der erwartete Rechenaufwand der optimalen Berechnungsstrategie niemals höher ist als der erwartete Gewinn an Entscheidungsqualität – obwohl es Fälle gibt, in denen die optimale Strategie mit einer gewissen Wahrscheinlichkeit weit über den Punkt hinaus rechnet, an dem jeder mögliche Gewinn aufgebraucht ist.

Die Beobachtung, dass ein teilweise beobachtbarer MDP in einen regulären MDP über Wissenszustände transformiert werden kann, geht auf Astrom (1965) und Aoki (1965) zurück. Der erste vollständige Algorithmus für die exakte Lösung von POMDPs – im Wesentlichen der in diesem Kapitel vorgestellte Wert-Iteration-Algorithmus – wurde von Edward Sondik (1971) in seiner Doktorarbeit vorgeschlagen. (Ein späterer Artikel von (1973) enthält einige Fehler, ist aber leichter zugänglich.) Lovejoy (1991) gab einen Überblick über die ersten fünfundzwanzig Jahre der POMDP-Forschung und kam zu einer eher pessimistischen Schlussfolgerung hinsichtlich der Machbarkeit, große Probleme zu lösen.

Der erste bedeutende Beitrag im Rahmen der KI war der Witness-Algorithmus (Cassandra *et al.*, 1994; Kaelbling *et al.*, 1998), eine verbesserte Version der POMDP-Wert-Iteration. Weitere Algorithmen folgten bald, darunter ein Ansatz von Hansen (1998), der eine Strategie inkrementell in Form eines endlichen Automaten erstellte, dessen Zustände die möglichen Wissenszustände des Agenten definieren.

Neuere Arbeiten in der KI haben sich auf Verfahren der **punktbasierten** Wert-Iteration konzentriert, die bei jeder Iteration bedingte Pläne und α-Vektoren für eine endliche Menge von Wissenszuständen anstatt für den gesamten Wissensraum erzeugen. Lovejoy (1991) schlug einen solchen Algorithmus für ein festes Punktgitter vor, ein Ansatz, der auch von Bonet

(2002) verfolgt wird. Ein einflussreicher Aufsatz von Pineau *et al.* (2003) schlug vor, erreichbare Punkte durch die Simulation von Verläufen in einer etwas gierigen Art und Weise zu generieren; Spaan und Vlassis (2005) beobachten, dass man Pläne nur für eine kleine, zufällig ausgewählte Teilmenge von Punkten generieren muss, um die Pläne aus der vorherigen Iteration für alle Punkte in der Menge zu verbessern. Shani *et al.* (2013) geben einen Überblick über diese und andere Entwicklungen bei punktbasierten Algorithmen, die zu guten Lösungen für Probleme mit Tausenden von Zuständen geführt haben. Weil POMDPs PSPACE-schwer sind (Papadimitriou und Tsitsiklis, 1987), kann es für weitere Fortschritte bei Offlinelösungsmethoden erforderlich sein, verschiedene Arten von Strukturen in Wertefunktionen zu nutzen, die sich aus einer faktorisierten Darstellung des Modells ergeben.

Der Onlineansatz für POMDPs – mit Lookahead-Suche zur Auswahl einer Aktion für den aktuellen Wissenszustand – wurde erstmals von Satia und Lave (1973) untersucht. Der Einsatz von Sampling an Zufallsknoten wurde analytisch von Kearns *et al.* (2000) und Ng und Jordan (2000) untersucht. Der POMCP-Algorithmus geht auf Silver und Veness (2011) zurück.

Mit der Entwicklung einigermaßen effektiver Approximationsalgorithmen für POMDPs hat ihre Verwendung als Modelle für reale Probleme zugenommen, insbesondere im Bildungswesen (Rafferty *et al.*, 2016), bei Dialogsystemen (Young *et al.*, 2013), in der Robotik (Hsiao *et al.*, 2007; Huynh und Roy, 2009) und bei selbstfahrenden Autos (Forbes *et al.*, 1995; Bai *et al.*, 2015). Eine wichtige großmaßstäbliche Anwendung ist das Airborne Collision Avoidance System X (ACAS X), das Flugzeuge und Drohnen vor Kollisionen in der Luft bewahrt. Das System verwendet POMDPs mit neuronalen Netzen für die Funktionsapproximation. ACAS X verbessert die Sicherheit erheblich im Vergleich zum alten TCAS-System, das in den 1970er Jahren unter Verwendung von Expertensystemtechnologie erstellt wurde (Kochenderfer, 2015; Julian *et al.*, 2018).

Komplexe Entscheidungsfindung wurde auch von Ökonomen und Psychologen untersucht. Sie haben festgestellt, dass Entscheidungsträger nicht immer rational sind und möglicherweise nicht genau so handeln, wie es in den Modellen in diesem Kapitel beschrieben wird. Wenn sie zum Beispiel vor die Wahl gestellt wird, wählt eine Mehrheit der Menschen lieber 100 € heute anstatt auf eine garantierte Auszahlung von 200 € in zwei Jahren zu warten, gleichzeitig aber bevorzugen dieselben Menschen 200 € in acht Jahren gegenüber 100 € in sechs Jahren. Eine Möglichkeit der Interpretation ist, dass die Menschen keine additiven, exponentiell diskontierten Belohnungen verwenden; vielleicht verwenden sie **hyperbolische Belohnungen** (die hyperbolische Funktion fällt in der nahen Zukunft steiler ab als die exponentielle Abklingfunktion). Diese und andere mögliche Interpretationen werden von Rubinstein (2003) diskutiert.

Die Texte von Bertsekas (1987) und Puterman (1994) bieten eine gründliche Einführung in sequenzielle Entscheidungsprobleme und dynamische Programmierung. Bertsekas und Tsitsiklis (1996) behandeln außerdem das Reinforcement Learning. Sutton und Barto (2018) behandeln ein ähnliches Thema, aber leichter verständlich. Sigaud und Buffet (2010), Kolobov und Andrey (2012) und Kochenderfer (2015) behandeln sequenzielle Entscheidungsfindung aus der KI-Perspektive. Krishnamurthy (2016) bietet eine gründliche Abhandlung der POMDPs.

Entscheidungen in Multiagentenumgebungen

18

In diesem Kapitel untersuchen wir, was zu tun ist, wenn sich mehr als ein Agent in der Umgebung befindet.

18.1 Eigenschaften von Multiagentenumgebungen

Bisher sind wir weitgehend davon ausgegangen, dass nur ein einziger Agent für Sensorerfassung, Planung und Handeln zuständig ist. Dies ist jedoch eine stark vereinfachende Annahme, die viele reale KI-Situationen nicht berücksichtigt. In diesem Kapitel werden wir daher die Probleme betrachten, die entstehen, wenn ein Agent Entscheidungen in Umgebungen treffen muss, die mehrere Aktoren enthalten. Solche Umgebungen werden als **Multiagentensysteme** bezeichnet und die Agenten in einem solchen System stehen vor einem **Multiagenten-Planungsproblem**. Wie wir jedoch sehen werden, hängen die genaue Art des Multiagenten-Planungsproblems und die zu ihrer Lösung geeigneten Techniken von den Beziehungen zwischen den Agenten in der Umgebung ab.

18.1.1 Ein Entscheidungsträger

Die erste Möglichkeit ist, dass die Umgebung zwar mehrere *Aktoren* enthält, aber nur einen *Entscheidungsträger*. In einem solchen Fall entwickelt der Entscheidungsträger Pläne für die anderen Agenten und sagt ihnen, was sie zu tun haben. Die Annahme, dass die Agenten einfach das tun, was ihnen gesagt wird, wird als **Annahme des wohlwollenden Agenten** bezeichnet. Aber auch in diesem Fall erfordern Pläne, an denen mehrere Aktoren beteiligt sind, dass sie ihre Aktionen *synchronisieren*. Die Aktoren A und B müssen bei gemeinsamen Aktionen (z. B. beim Singen eines Duetts) zur gleichen Zeit handeln, bei sich gegenseitig ausschließenden Aktionen (z. B. beim Aufladen von Batterien, wenn es nur eine Steckdose gibt) zu unterschiedlichen Zeiten und nacheinander, wenn der eine Aktor eine Voraussetzung für den anderen schafft (z. B. wenn A das Geschirr abwäscht und B es dann abtrocknet).

Ein Sonderfall liegt vor, wenn wir einen einzelnen Entscheidungsträger mit mehreren Effektoren haben, die gleichzeitig agieren können – zum Beispiel ein Mensch, der gleichzeitig gehen und sprechen kann. Ein solcher Agent muss eine **Multieffektorplanung** durchführen, um die einzelnen Effektoren zu verwalten, während er gleichzeitig positive und negative Interaktionen zwischen den Effektoren behandelt. Wenn die Effektoren physisch in getrennte Einheiten entkoppelt sind – wie bei einer Flotte von Lieferrobotern in einer Fabrik –, dann wird aus der Multieffektorplanung eine **Mehrkörperplanung**.

Ein Mehrkörperproblem ist immer noch ein „Standardproblem" einzelner Agenten, solange die relevanten Sensorinformationen, die von jedem Körper gesammelt werden, zusammengeführt werden können – entweder zentral oder innerhalb jedes Körpers –, um zu einer gemeinsamen Schätzung des Weltzustands zu gelangen, die dann die Ausführung des Gesamtplans informiert. In diesem Fall können wir die mehreren Körper als einen einzigen Körper betrachten. Wenn dies aufgrund von Kommunikationsbeschränkungen nicht möglich ist, haben wir ein **dezentralisiertes** Planungsproblem. Diese Bezeichnung ist vielleicht etwas missverständlich, da die Planungsphase zentralisiert ist, die Ausführungsphase aber zumindest teilweise entkoppelt. In diesem Fall muss der für jeden Körper konstruierte Teilplan möglicherweise explizite kommunikative Aktionen mit anderen Körpern enthalten. Zum Beispiel haben mehrere Aufklärungsroboter, die ein weites Gebiet abdecken, oft keinen Funkkontakt zueinander und sollten ihre Ergebnisse immer dann austauschen, wenn eine Kommunikation möglich ist.

18.1.2 Mehrere Entscheidungsträger

Die zweite Möglichkeit ist, dass die anderen Aktoren in der Umgebung ebenfalls Entscheidungsträger sind: Sie haben jeweils individuelle Präferenzen und wählen und führen ihren eigenen Plan aus. Wir nennen sie **Gegenpart**. In diesem Fall können wir zwei weitere Möglichkeiten unterscheiden.

- Die erste ist, dass es zwar mehrere Entscheidungsträger gibt, diese aber alle ein **gemeinsames Ziel** verfolgen. Dies entspricht in etwa der Situation von Arbeitnehmern in einem Unternehmen, in dem verschiedene Entscheidungsträger, so die Hoffnung, die gleichen Ziele im Namen des Unternehmens verfolgen. Das Hauptproblem der Entscheidungsträger in dieser Situation ist das **Koordinationsproblem**: Sie müssen sicherstellen, dass sie alle an einem Strang ziehen und nicht versehentlich die Pläne der anderen durchkreuzen.
- Die zweite Möglichkeit ist, dass die Entscheidungsträger jeweils eigene persönliche Präferenzen haben, die sie so gut es geht verfolgen. Es könnte sein, dass die Präferenzen diametral entgegengesetzt sind, wie es in Nullsummenspielen wie Schach der Fall ist (siehe Kapitel 5). Aber die meisten Multiagentenbegegnungen sind komplizierter, mit komplexeren Präferenzen.

Wenn es mehrere Entscheidungsträger gibt, von denen jeder seine eigenen Präferenzen verfolgt, muss ein Agent die Präferenzen anderer Agenten berücksichtigen ebenso wie die Tatsache, dass diese anderen Agenten *ebenfalls* die Präferenzen anderer Agenten berücksichtigen, und so weiter. Dies bringt uns in den Bereich der **Spieltheorie**: die Theorie der strategischen Entscheidungsfindung. Es ist dieser *strategische* Aspekt des Schlussfolgerns – jeder Spieler berücksichtigt, wie andere Spieler handeln könnten –, der die Spieltheorie von der Entscheidungstheorie unterscheidet. Genauso wie die Entscheidungstheorie die theoretische Grundlage für die Entscheidungsfindung in der Einzelagenten-KI bildet, bildet die Spieltheorie die theoretische Grundlage für die Entscheidungsfindung in Multiagentensystemen.

Auch die Verwendung des Worts „Spiel" ist hier nicht ideal: Es liegt der Schluss nahe, dass es in der Spieltheorie hauptsächlich um Freizeitbeschäftigungen oder künstliche Szenarien geht. Nichts könnte weiter von der Wahrheit entfernt sein. Die Spieltheorie ist die Theorie der **strategischen Entscheidungsfindung**. Sie wird in Entscheidungssituationen eingesetzt, wie z. B. bei der Versteigerung von Ölbohrrechten und Funkfrequenzen, bei Konkursverfahren, Produktentwicklungsentscheidungen und Preisfestsetzungsverfahren sowie bei der Landesverteidigung – Situationen, in denen es um Milliarden von Euros und viele Menschenleben geht. Die Spieltheorie kann in der KI vor allem auf zwei Arten eingesetzt werden:

1. **Agentenentwurf**: Mithilfe der Spieltheorie kann ein Agent seine möglichen Entscheidungen analysieren und den erwarteten Nutzen für jede dieser Entscheidungen berechnen (unter der Annahme, dass andere Agenten, gemäß der Spieltheorie, rational handeln). Auf diese Weise können spieltheoretische Verfahren die beste Strategie gegen einen rationalen Spieler und den erwarteten Nutzen für jeden Spieler bestimmen.
2. **Mechanismusentwurf**: Wenn eine Umgebung von vielen Agenten bewohnt wird, kann es möglich sein, die Regeln der Umgebung (d. h. das Spiel, das die Agenten spielen müssen) so zu definieren, dass das kollektive Wohl aller Agenten maximiert wird, wenn jeder Agent die spieltheoretische Lösung umsetzt, die seinen eigenen Nutzen maximiert. Die Spieltheorie kann zum Beispiel helfen, die Protokolle für eine Sammlung von Internetroutern so zu entwerfen, dass jeder Router einen Anreiz hat, so zu handeln, dass der globale Durchsatz maximiert wird. Mechanismusentwurf kann auch verwendet werden, um intelligente Multiagentensysteme zu konstruieren, die komplexe Probleme auf verteilte Weise lösen.

Die Spieltheorie bietet eine Reihe von verschiedenen Modellen, jedes mit seinen eigenen zugrunde liegenden Annahmen – es ist wichtig, das richtige Modell für jede Umgebung zu wählen. Die wichtigste Unterscheidung ist, ob wir es als kooperatives Spiel betrachten sollten oder nicht:

- In einem **kooperativen Spiel** ist es möglich, eine verbindliche Vereinbarung zwischen den Agenten zu treffen und dadurch eine robuste Kooperation zu ermöglichen. In der Welt der Menschen helfen Verträge und soziale Normen dabei, solche verbindlichen Vereinbarungen einzuhalten. In der Welt der Computerprogramme kann es möglich sein, den Quellcode zu inspizieren, um sicherzustellen, dass er einer Vereinbarung folgt. Wir analysieren mithilfe der kooperativen Spieltheorie diese Situation.
- Wenn verbindliche Vereinbarungen nicht möglich sind, haben wir es mit einem **nicht kooperativen Spiel** zu tun. Obwohl dieser Begriff suggeriert, dass das Spiel inhärent konkurrierend ist und keine Kooperation möglich ist, muss das nicht der Fall sein: Nicht kooperativ bedeutet einfach, dass es keine zentrale Vereinbarung gibt, an die sich alle Agenten halten und die eine Kooperation garantiert. Es könnte aber auch sein, dass die Agenten unabhängig voneinander entscheiden zu kooperieren, weil es in ihrem eigenen Interesse ist. Wir verwenden die nicht kooperative Spieltheorie, um diese Situation zu analysieren.

Einige Umgebungen kombinieren mehrere unterschiedliche Dimensionen. Zum Beispiel könnte ein Paketzustellunternehmen die Routen seiner Lastwagen und Flugzeuge jeden Tag zentral und offline planen, aber einige Aspekte den Fahrern und Piloten für autonome Entscheidungen überlassen, die so individuell auf Verkehrs- und Wettersituationen reagieren können. Außerdem werden die Ziele des Unternehmens und seiner Mitarbeiter bis zu einem gewissen Grad durch die Zahlung von **Anreizen** (Gehälter und Boni) in Einklang gebracht – ein sicheres Zeichen dafür, dass es sich um ein echtes Multiagentensystem handelt.

18.1.3 Multiagentenplanung

Vorerst werden wir die Multieffektoren-, Multikörper- und Multiagentenumgebungen auf die gleiche Weise behandeln und sie allgemein unter der Bezeichnung **Multiaktorenumgebungen** zusammenfassen. Wir fassen Effektoren, Körper und Agenten unter dem generischen Begriff **Aktor** zusammen. Das Ziel dieses Abschnitts ist es herauszuarbeiten, wie man Transitionsmodelle, korrekte Pläne und effiziente Planungsalgorithmen für die Multiaktorenumgebung definiert. Ein korrekter Plan ist ein Plan, der, wenn er von den Aktoren ausgeführt wird, das Ziel erreicht. (In echten Multiagentensituationen werden sich die Agenten natürlich nicht darauf einigen, einen bestimmten Plan auszuführen, aber zumindest wissen sie, welche Pläne funktionieren *würden*, wenn sie sich auf eine Ausführung einigen würden.)

Eine Hauptschwierigkeit bei dem Versuch, ein zufriedenstellendes Modell von Multiagentenaktionen zu entwickeln, besteht darin, dass wir irgendwie mit dem heiklen Problem der **Nebenläufigkeit** umgehen müssen, das heißt, die Pläne der einzelnen Agenten gleichzeitig auszuführen. Wenn wir über die Ausführung von Multiaktorplänen schlussfolgern wollen, dann brauchen wir davon zunächst ein Modell, das zufriedenstellend nebenläufige Aktionen abbildet.

Darüber hinaus werfen Multiaktoraktionen eine ganze Reihe von Problemen auf, die bei der Planung mit nur einem Agenten keine Rolle spielen. Insbesondere *müssen Agenten berücksichtigen, wie ihre eigenen Aktionen mit den Aktionen anderer Agenten interagieren.* Zum Beispiel muss ein Agent berücksichtigen, ob die von anderen Agenten ausgeführten Aktionen die Vorbedingungen seiner eigenen Aktionen beeinträchtigen, ob die Ressourcen, die er während der Ausführung seiner Strategie verwendet, gemeinsam genutzt werden können oder von anderen Agenten aufgebraucht werden, und ob Aktionen sich gegenseitig ausschließen.

Außerdem könnte ein hilfsbereiter Agent überlegen, wie er mit seinen Aktionen die Aktionen anderer erleichtern kann.

Um diese Fragen zu beantworten, benötigen wir ein Modell, dass es uns erlaubt, die nebenläufigen Aktionen richtig zu formulieren. Modelle für nebenläufige Aktionen sind seit Jahrzehnten ein wichtiger Forschungsschwerpunkt in der Mainstream-Informatik, aber bisher hat sich kein endgültiges, allgemein akzeptiertes Modell durchsetzen können. Dennoch haben sich die folgenden drei Ansätze weitestgehend herauskristallisiert.

Der erste Ansatz besteht darin, die **verschachtelte Ausführung** der Aktionen in den jeweiligen Plänen zu berücksichtigen. Nehmen wir zum Beispiel an, wir haben zwei Agenten, A und B, mit den folgenden Plänen:

$$A\colon\ [a_1, a_2]$$
$$B\colon\ [b_1, b_2]$$

Im verschachtelten Ausführungsmodell ist das Einzige, worüber wir uns bei der Ausführung der Pläne der beiden Agenten sicher sein können, dass die Reihenfolge der Aktionen in den jeweiligen Plänen erhalten bleibt. Wenn wir weiterhin annehmen, dass die Aktionen atomar sind, dann gibt es sechs verschiedene Möglichkeiten, wie die beiden obigen Pläne nebenläufig ausgeführt werden können:

$$[a_1, a_2, b_1, b_2]$$
$$[b_1, b_2, a_1, a_2]$$
$$[a_1, b_1, a_2, b_2]$$
$$[b_1, a_1, b_2, a_2]$$
$$[a_1, b_1, b_2, a_2]$$
$$[b_1, a_1, a_2, b_2]$$

Damit ein Plan im verschachtelten Ausführungsmodell korrekt ist, *muss er in Bezug auf alle möglichen Verschachtelungen der Pläne korrekt sein.* Das Modell der verschachtelten Ausführung ist in der Nebenläufigkeit-Community weit verbreitet, da es vernünftig abbildet, wie mehrere Threads abwechselnd auf einer einzigen CPU ausgeführt werden. Es modelliert jedoch nicht den Fall von zwei Aktionen, die tatsächlich zur gleichen Zeit stattfinden. Außerdem wächst die Anzahl der verschachtelten Sequenzen exponentiell mit der Anzahl der Agenten und Aktionen: Infolgedessen ist die Überprüfung der Korrektheit eines Plans, die bei einem einzigen Agenten rechnerisch einfach ist, mit dem verschachtelten Ausführungsmodell rechnerisch schwierig.

Der zweite Ansatz ist der der **echten Nebenläufigkeit**, bei der wir nicht versuchen, eine vollständige fortlaufende Reihenfolge der Aktionen zu erstellen, sondern sie in einer *Teilreihenfolge* belassen: Wir wissen, dass a_1 vor a_2 auftreten wird, aber in Bezug auf die Reihenfolge von a_1 und b_1 können wir z. B. nichts sagen; das eine kann vor dem anderen erfolgen oder sie könnten gleichzeitig auftreten. Wir können ein Modell der partiellen Reihenfolge von nebenläufigen Plänen immer in ein verschachteltes Modell „abflachen“, aber dabei verlieren wir die Informationen über die partielle Reihenfolge. Obwohl Modelle der partiellen Reihenfolge als theoretische Darstellung von nebenläufigen Aktionen zufriedenstellender sein können als verschachtelte Modelle, werden sie in der Praxis nicht so häufig eingesetzt.

Der dritte Ansatz besteht in der Annahme einer perfekten **Synchronisation**: Es gibt eine globale Uhr, auf die jeder Agent Zugriff hat, jede Aktion dauert gleich lang und die Aktionen an jedem Punkt des gemeinsamen Plans verlaufen simultan. Die Aktionen der einzelnen Agenten werden also synchron ausgeführt, parallel miteinander (es kann sein, dass einige Agenten eine NoOp-Aktion ausführen, während sie auf den Abschluss anderer Aktionen warten). Die synchrone Ausführung ist kein vollständiges Modell der Nebenläufigkeit in der realen Welt, aber es hat eine einfache Semantik, und aus diesem Grund ist es das Modell, mit dem wir hier arbeiten werden.

Wir beginnen mit dem Transitionsmodell: Für den deterministischen Fall eines einzelnen Agenten ist dies die Funktion RESULT(s, a), die den Zustand angibt, der sich aus der Ausführung der Aktion a ergibt, wenn sich die Umgebung im Zustand s befindet. In der Einzelagentenumgebung kann es b verschiedene Auswahlmöglichkeiten für die Aktion geben, wobei b ziemlich groß sein kann, insbesondere für Repräsentationen erster Ordnung mit vielen Objekten, auf die man einwirken kann. Dennoch bieten Aktionsschemas eine kompakte Darstellung.

In der Multiaktorenumgebung mit n Aktoren wird die Einzelaktion a durch eine **gemeinsame Aktion** $\langle a_1, \ldots, a_n \rangle$ ersetzt, wobei a_i die Aktion des i-ten Aktors ist. Es fallen direkt zwei Probleme auf: Erstens müssen wir das Transitionsmodell für b^n verschiedene gemeinsame Aktionen beschreiben, zweitens haben wir ein gemeinsames Planungsproblem mit einem Verzweigungsfaktor von b^n.

Nachdem die Aktoren zu einem Multiaktorensystem mit einem riesigen Verzweigungsfaktor zusammengefügt wurden, bestand das Hauptaugenmerk der Forschung zur Multiaktorplanung darin, die Aktoren so weit wie möglich zu *entkoppeln*, sodass (im Idealfall) die Komplexität des Problems linear mit n und nicht exponentiell mit b^n wächst.

Wenn die Aktoren keine Interaktion miteinander haben – z. B. n Aktoren, die jeweils eine Partie Solitär spielen –, dann können wir einfach n separate Probleme lösen. Wenn die Aktoren lose gekoppelt sind, können wir dann etwas erreichen, das dieser exponentiellen Verbesserung nahe kommt? Dies ist eine zentrale Frage in vielen Bereichen der KI. Wir haben erfolgreiche Lösungsmethoden für **lose gekoppelte** Systeme im Kontext von CSPs gesehen, wo „baumartige" Constraint-Graphen effiziente Lösungsmethoden ergaben (siehe S. 241), sowie im Kontext von disjunkten Musterdatenbanken (S. 131) und additiven Heuristiken für die Planung (S. 410).

Der Standardansatz für lose gekoppelte Probleme besteht darin, so zu tun, als ob die Probleme vollständig entkoppelt wären, und dann die Interaktionen zu korrigieren. Für das Transitionsmodell bedeutet dies, Aktionsschemas zu schreiben, als ob die Aktoren unabhängig voneinander agieren würden.

Schauen wir uns an, wie dies bei einem Tennisspiel im Doppel funktioniert. Hier haben wir zwei Tennisspieler, die ein Doppel bilden mit dem gemeinsamen Ziel, das Spiel gegen ein gegnerisches Team zu gewinnen. Nehmen wir an, dass das Team zu einem bestimmten Zeitpunkt im Spiel das Ziel hat, den herübergeschlagenen Ball zu retournieren und sicherzustellen, dass mindestens einer der Spieler das Netz abdeckt. ► Abbildung 18.1 zeigt die Anfangsbedingungen, das Ziel und die Aktionsschemas für dieses Problem. Es ist leicht zu erkennen, dass wir von den Anfangsbedingungen zum Ziel mit einem zweistufigen **gemeinsamen Plan** gelangen, der angibt, was jeder Spieler zu tun hat: A soll zur rechten Grundlinie gehen und den Ball schlagen, während B einfach am Netz bleibt:

PLAN 1: A: [*Gehen*(A, *RechteGrundlinie*), *Schlag*(A, *Ball*)]
B: [*NoOp*(B), *NoOp*(B)]

Probleme entstehen jedoch, wenn ein Plan vorschreibt, dass beide Agenten den Ball gleichzeitig schlagen sollen. In der realen Welt wird das nicht funktionieren, trotzdem sagt das Aktionsschema für *Schlag*, dass der Ball erfolgreich retourniert wird. Die Schwierigkeit besteht darin, dass Vorbedingungen den Zustand einschränken, in dem eine Aktion selbst erfolgreich ausgeführt werden kann, aber nicht andere nebenläufige Aktionen einschränken, die alles durcheinanderbringen könnten.

$$
\begin{aligned}
&\mathit{Aktoren}(A, B)\\
&\mathit{Init}(\mathit{An}(A, \mathit{LinkeGrundlinie}) \wedge \mathit{An}(B, \mathit{RechtesNetz}) \wedge\\
&\qquad \mathit{Ankommen}(\mathit{Ball}, \mathit{RechteGrundlinie}) \wedge \mathit{Partner}(A, B) \wedge \mathit{Partner}(B, A)\\
&\mathit{Ziel}(\mathit{Return}(\mathit{Ball}) \wedge (\mathit{An}(x, \mathit{RechtesNetz}) \vee \mathit{An}(x, \mathit{LinkesNetz}))\\
&\mathit{Action}(\mathit{Schlag}(\mathit{aktor}, \mathit{Ball}),\\
&\qquad \text{PRECOND:}\mathit{Ankommen}(\mathit{Ball}, \mathit{ort}) \wedge \mathit{An}(\mathit{aktor}, \mathit{ort})\\
&\qquad \text{EFFECT:}\mathit{Return}(\mathit{Ball}))\\
&\mathit{Action}(\mathit{Gehen}(\mathit{aktor}, \mathit{zu}),\\
&\qquad \text{PRECOND:}\mathit{An}(\mathit{aktor}, \mathit{ort}) \wedge \mathit{zu} \neq \mathit{ort},\\
&\qquad \text{EFFECT:}\mathit{An}(\mathit{aktor}, \mathit{zu}) \wedge \neg \mathit{An}(\mathit{aktor}, \mathit{ort}))
\end{aligned}
$$

Abbildung 18.1: Das Tennisdoppel-Problem. Zwei Aktoren, *A* und *B*, spielen zusammen und können sich an einem von vier Orten befinden: *LinkeGrundlinie*, *RechteGrundlinie*, *LinkesNetz* und *RechtesNetz*. Der Ball kann nur zurückgespielt werden, wenn sich ein Spieler an der richtigen Stelle befindet. Die *NoOp*-Aktion ist ein Dummy, der keine Wirkung hat. Beachten Sie, dass jede Aktion den Aktor als Argument enthalten muss.

Wir lösen dieses Problem, indem wir die Aktionsschemas um eine neue Funktion erweitern: ein **nebenläufiges Aktions-Constraint**, das angibt, welche Aktionen gleichzeitig ausgeführt werden müssen und welche nicht. Zum Beispiel könnte die Aktion *Schlag* wie folgt beschrieben werden:

$$
\begin{aligned}
&\mathit{Action}(\mathit{Schlag}(\mathit{aktor}, \mathit{Ball}),\\
&\qquad \text{CONCURRENT:}\forall b \;\; b \neq \mathit{aktor} \Rightarrow \neg \mathit{Schlag}(b, \mathit{Ball})\\
&\qquad \text{PRECOND:}\mathit{Ankommen}(\mathit{Ball}, \mathit{ort}) \wedge \mathit{An}(\mathit{aktor}, \mathit{ort})\\
&\qquad \text{EFFECT:}\mathit{Return}(\mathit{Ball}))
\end{aligned}
$$

Mit anderen Worten, die Aktion *Schlag* entfaltet nur dann ihre angegebene Wirkung, wenn keine andere Aktion *Schlag* eines anderen Agenten zur gleichen Zeit stattfindet. (Im SAT-PLAN-Ansatz würde dies durch ein partielles **Aktionsausschlussaxiom** gehandhabt werden.) Bei einigen Aktionen wird der gewünschte Effekt *nur* erreicht, wenn eine andere Aktion gleichzeitig auftritt. Zum Beispiel werden zwei Agenten benötigt, um eine Kühlbox mit Getränken zum Tennisplatz zu tragen:

$$
\begin{aligned}
&\mathit{Action}(\mathit{Tragen}(\mathit{aktor}, \mathit{kühlbox}, \mathit{hier}, \mathit{dort}),\\
&\quad \text{CONCURRENT:}\exists b \;\; b \neq \mathit{aktor} \wedge \mathit{Tragen}(b, \mathit{kühlbox}, \mathit{hier}, \mathit{dort})\\
&\quad \text{PRECOND:}\mathit{An}(\mathit{aktor}, \mathit{hier}) \wedge \mathit{An}(\mathit{kühlbox}, \mathit{hier}) \wedge \mathit{Kühlbox}(\mathit{kühlbox})\\
&\quad \text{EFFECT:}\mathit{An}(\mathit{aktor}, \mathit{dort}) \wedge \mathit{An}(\mathit{kühlbox}, \mathit{dort}) \wedge \neg \mathit{An}(\mathit{aktor}, \mathit{hier}) \wedge \neg \mathit{An}(\mathit{kühlbox}, \mathit{hier}))
\end{aligned}
$$

Mit diesen Aktionsschemas kann jeder der Planungsalgorithmen aus Kapitel 11 mit nur geringfügigen Modifikationen angepasst werden, um Multiaktorpläne zu erzeugen. In dem Maße, in dem die Kopplung zwischen den Teilplänen lose ist – was bedeutet, dass Nebenläufigkeit-Constraints während der Plansuche nur selten ins Spiel kommen –, würde man erwarten, dass die verschiedenen Heuristiken, die für die Einzelagentenplanung abgeleitet wurden, auch im Multiaktorenkontext wirksam sind.

18.1.4 Planung mit mehreren Agenten: Kooperation und Koordination

Betrachten wir nun eine echte Multiagentenumgebung, in der jeder Agent seinen eigenen Plan erstellt. Lassen Sie uns zunächst annehmen, dass gemeinsame Ziele verfolgt werden und die Wissensbasis gemeinsam genutzt wird. Man könnte meinen, dass sich dies auf den Multikörperfall reduziert – jeder Agent berechnet einfach die gemeinsame Lösung und führt seinen eigenen Teil dieser Lösung aus. Leider ist das „die" in „die gemeinsame Lösung" irreführend.

Hier ist ein zweiter Plan, der ebenfalls das Ziel erreicht:

PLAN 2: A: $[Gehen(A, LinkesNetz), NoOp(A)]$
B: $[Gehen(B, RechteGrundlinie), Schlag(B, Ball)]$

Wenn sich beide Agenten entweder auf Plan 1 oder Plan 2 einigen können, wird das Ziel erreicht. Wenn aber A Plan 2 und B Plan 1 wählt, dann wird niemand den Ball zurückspielen. Umgekehrt, wenn A Plan 1 und B Plan 2 wählt, dann werden beide versuchen, den Ball zu treffen, und auch das wird scheitern. Die Agenten wissen das, aber wie können sie sich koordinieren, um sicherzustellen, dass sie sich auf einen der Pläne einigen?

Eine Möglichkeit besteht darin, eine **Konvention** anzuwenden, bevor man sich auf eine gemeinsame Aktivität einlässt. Eine Konvention ist eine beliebige Einschränkung bei der Auswahl gemeinsamer Pläne. Zum Beispiel würde die Konvention „Bleib auf deiner Seite des Platzes" Plan 1 ausschließen, was beide Partner dazu veranlasst, Plan 2 zu wählen. Autofahrer auf einer Straße stehen vor dem Problem, nicht miteinander zu kollidieren. Dies wird in den meisten Ländern durch die Konvention „Bleib auf der rechten Seite der Straße" (teilweise) gelöst. Die Alternative „Bleib auf der linken Seite" funktioniert ebenso gut, solange alle Agenten in einer Umgebung sich daran halten. Ähnliche Überlegungen gelten für die Entwicklung der menschlichen Sprache, bei der es nicht darauf ankommt, welche Sprache jedes Individuum sprechen sollte, sondern darauf, dass in einer Gemeinschaft alle dieselbe Sprache sprechen. Wenn Konventionen weit verbreitet sind, werden sie als **soziale Gesetze** bezeichnet.

In Ermangelung einer Konvention können Agenten die **Kommunikation** nutzen, um gemeinsames Wissen über einen machbaren gemeinsamen Plan aufzubauen. Zum Beispiel könnte ein Tennisspieler „Meiner!" oder „Deiner!" rufen, um einen bevorzugten gemeinsamen Plan anzugeben. Kommunikation beinhaltet nicht unbedingt einen verbalen Austausch. Zum Beispiel kann ein Spieler dem anderen einen bevorzugten gemeinsamen Plan mitteilen, indem er einfach den ersten Teil des Plans ausführt. Wenn Agent A zum Netz geht, dann ist Agent B verpflichtet, zur Grundlinie zurückzugehen, um den Ball zu schlagen, weil Plan 2 der einzige gemeinsame Plan ist, der damit beginnt, dass A zum Netz geht. Dieser Ansatz zur Koordination, der manchmal als **Planerkennung** bezeichnet wird, funktioniert, wenn eine einzige Aktion (oder eine kurze Sequenz von Aktionen) eines Agenten ausreicht, damit der andere einen gemeinsamen Plan eindeutig bestimmen kann.

18.2 Nicht kooperative Spieltheorie

Wir werden nun die Schlüsselbegriffe und analytischen Techniken der Spieltheorie vorstellen – die Theorie, die die Entscheidungsfindung in Multiagentenumgebungen untermauert. Unser Rundgang beginnt mit der nicht kooperativen Spieltheorie.

18.2.1 Spiele mit einem einzigen Zug: Normalform eines Spiels

Das erste Spielmodell, das wir betrachten werden, ist eines, bei dem alle Spieler gleichzeitig agieren und das Ergebnis des Spiels auf dem Profil der gewählten Aktionen basiert. (Eigentlich ist es nicht entscheidend, dass die Aktionen zur gleichen Zeit ausgeführt werden, wichtig ist, dass kein Spieler Kenntnis von den Entscheidungen der anderen Spieler hat.) Diese Spiele werden **Normalform eines Spiels** genannt. Ein solches Spiel wird durch drei Komponenten definiert:

- **Spieler** oder Agenten, die Entscheidungen treffen. Spiele mit zwei Spielern stehen dabei im Fokus, obwohl Spiele mit n Spielern für $n > 2$ ebenfalls üblich sind. Wir geben den Spielern großgeschriebene Namen, wie *Ali* und *Bo* oder *O* und *E*.

- **Aktionen**, die die Spieler wählen können. Wir werden den Aktionen Namen in Kleinbuchstaben geben, wie z. B. *eins* oder *gestehen*. Die Spieler können, müssen aber nicht, die gleiche Menge an Aktionen zur Verfügung haben.
- Eine **Auszahlungsfunktion**, die für jede Kombination von Aktionen aller Spieler angibt, wie hoch der Nutzen für jeden Spieler ist. Bei Spielen mit zwei Spielern kann die Auszahlungsfunktion eines Spielers durch eine Matrix dargestellt werden, in der es eine Zeile für jede mögliche Aktion eines Spielers und eine Spalte für jede mögliche Wahl des anderen Spielers gibt: Eine gewählte Zeile und eine gewählte Spalte definieren eine Matrixzelle, die mit dem Auszahlungswert für den betreffenden Spieler beschriftet ist. Im Fall von zwei Spielern ist es üblich, die beiden Matrizen zu einer einzigen **Auszahlungsmatrix** zu kombinieren, in der jede Zelle mit den Auszahlungswerten beider Spieler beschriftet ist.

Um diese Ideen zu veranschaulichen, schauen wir uns ein Beispiel für ein Spiel an, das **Zwei-Finger-Morra**. Bei diesem Spiel zeigen zwei Spieler, O und E, gleichzeitig einen oder zwei Finger. Sei die Gesamtzahl der angezeigten Finger f. Wenn f ungerade ist, kassiert O f Euro von E; und wenn f gerade ist, kassiert E f Euro von O.[1] Die Auszahlungsmatrix für Zwei-Finger-Morra ist wie folgt:

	O: *eins*	O: *zwei*
E: *eins*	$E = +2, O = -2$	$E = -3, O = +3$
E: *zwei*	$E = -3, O = +3$	$E = +4, O = -4$

Wir sagen, dass E der **Zeilenspieler** und O der **Spaltenspieler** ist. Die untere rechte Ecke zeigt also zum Beispiel, dass die Auszahlung für E $+4$ und für O -4 beträgt, wenn Spieler O die Aktion *zwei* wählt und E ebenfalls *zwei* wählt.

Bevor wir Zwei-Finger-Morra analysieren, lohnt es sich, darüber nachzudenken, warum spieltheoretische Konzepte überhaupt benötigt werden: Warum können wir die Herausforderung, vor der (beispielsweise) Spieler E steht, nicht mit den Instrumenten der Entscheidungstheorie und der Nutzenmaximierung angehen, die wir an anderer Stelle in diesem Buch verwendet haben? Um zu sehen, warum etwas anderes benötigt wird, nehmen wir an, dass E versucht, die beste Aktion zu finden, die er ausführen kann. Die Alternativen sind *eins* oder *zwei*. Wenn E *eins* wählt, dann ist die Auszahlung entweder $+2$ oder -3. Welche Auszahlung E *tatsächlich* erhält, hängt jedoch von der Wahl von O ab: Das beste, was E als Zeilenspieler tun kann, ist, zu erzwingen, dass das Ergebnis des Spiels in einer bestimmten Zeile steht. Analog dazu wählt O nur die Spalte.

Um optimal zwischen diesen Möglichkeiten zu wählen, muss E berücksichtigen, wie O als rationaler Entscheidungsträger handeln wird. O wiederum sollte die Tatsache berücksichtigen, dass E ein rationaler Entscheidungsträger ist. Die Entscheidungsfindung in Multiagentenumgebungen hat also einen ganz anderen Charakter als in Einzelagentenumgebungen, denn die Spieler müssen die Schlussfolgerungen des jeweilig anderen berücksichtigen. Die Rolle von **Lösungskonzepten** in der Spieltheorie besteht darin zu versuchen, diese Art der Schlussfolgerungen zu präzisieren.

Auch in der Spieltheorie wird der Begriff **Strategie** verwendet.[2] Eine **reine Strategie** ist eine deterministische Strategie. Für ein Spiel mit einem Zug besteht eine reine Strategie aus nur einer einzigen Aktion. Wie wir weiter unten sehen werden, fährt ein Agent bei vie-

1 Morra ist eine Freizeitversion eines **Inspektionsspiels**. Bei solchen Spielen wählt ein Inspektor einen Tag, an dem er eine Einrichtung (z. B. ein Restaurant oder eine Biowaffenfabrik) inspiziert, und der Betreiber der Einrichtung wählt einen Tag, an dem er alle scheußlichen Dinge versteckt. Der Inspektor gewinnt, wenn die Tage unterschiedlich sind, und der Anlagenbetreiber gewinnt, wenn sie gleich sind.

2 Anm. zur Übersetzung: im Englischen wird zwischen *strategy* und *policy* unterschieden, im Deutschen werden beide Begriffe mit „Strategie“ übersetzt. In diesem Zusammenhang ist *strategy* gemeint.

len Spielen mit einer gemischten Strategie besser, d. h. mit einer randomisierten Strategie, die Aktionen gemäß einer Wahrscheinlichkeitsverteilung auswählt. Die **gemischte Strategie**, die die Aktion a mit der Wahrscheinlichkeit p und ansonsten die Aktion b wählt, wird mit $[p: a; (1-p): b]$ geschrieben. Eine gemischte Strategie für Zwei-Finger-Morra könnte beispielsweise [0,5: *eins*; 0,5: *zwei*] lauten. Mittels eines **Strategieprofils** wird jedem Spieler eine Strategie zugewiesen. Aufgrund des Strategieprofils ist das **Spielergebnis** für jeden Spieler ein numerischer Wert – wenn Spieler gemischte Strategien verwenden, müssen wir den erwarteten Nutzen verwenden.

Wie sollten sich also Agenten entscheiden, in Spielen wie Morra zu handeln? Die Spieltheorie bietet eine Reihe von Lösungskonzepten, die versuchen, rationales Handeln in Bezug auf das Wissen eines Agenten über das Wissen des anderen Agenten zu definieren. Leider gibt es nicht das eine perfekte Lösungskonzept: Es ist problematisch zu definieren, was „rational" bedeutet, wenn jeder Agent nur einen Teil des Strategieprofils wählt, das das Ergebnis bestimmt.

Wir stellen unser erstes Lösungskonzept anhand des wohl berühmtesten Spiels im Kanon der Spieltheorie vor – dem **Gefangenendilemma**. Dieses Spiel basiert auf der folgenden Geschichte: Zwei mutmaßliche Einbrecher, Ali und Bo, werden in der Nähe eines Tatorts auf frischer Tat ertappt und getrennt voneinander verhört. Ein Staatsanwalt bietet beiden einen Deal an: Wenn einer gegen seinen Partner als Anführer eines Einbruchsrings aussagt, kommt er frei, weil er kooperativ ist, während sein Partner 10 Jahre ins Gefängnis wandert. Wenn jedoch beide gegeneinander aussagen, bekommen beide 5 Jahre. Ali und Bo wissen auch, dass sie, wenn beide die Aussage verweigern, beide jeweils nur 1 Jahr für den geringeren Vorwurf des Besitzes von Diebesgut verbüßen werden. Nun stehen Ali und Bo vor dem Gefangenendilemma: Sollen sie gestehen oder leugnen? Als rationale Agenten wollen Ali und Bo jeweils ihren eigenen erwarteten Nutzen maximieren, was bedeutet, dass sie die Anzahl der Jahre im Gefängnis minimieren wollen – das Wohlergehen des anderen Spielers ist beiden gleichgültig. Das Gefangenendilemma wird in der folgenden Auszahlungsmatrix festgehalten:

	Ali:*gestehen*	*Ali*:*leugnen*
Bo:*gestehen*	$A = -5, B = -5$	$A = -10, B = 0$
Bo:*leugnen*	$A = 0, B = -10$	$A = -1, B = -1$

Versetzen Sie sich nun in die Lage von Ali. Er kann die Auszahlungsmatrix wie folgt analysieren:

- Nehmen wir an, Bo spielt *gestehen*. Dann bekomme ich 5 Jahre, wenn ich gestehe, und 10 Jahre, wenn ich nicht gestehe, also ist in diesem Fall *gestehen* besser.
- Andererseits, wenn Bo *leugnen* spielt, dann komme ich frei, wenn ich gestehe, und ich bekomme 1 Jahr, wenn ich leugne, also ist gestehen auch in diesem Fall besser.
- *Egal, wofür sich Bo entscheidet*, es wäre also besser für mich, zu gestehen.

Ali hat festgestellt, dass *gestehen* eine **dominante Strategie** für das Spiel ist. Wir sagen, dass eine Strategie s für Spieler p die Strategie s' **stark dominiert**, wenn bei jeder Strategiewahl durch den/die anderen Spieler das Ergebnis für s besser für p ist als das Ergebnis für s'. Strategie s **dominiert** s' **schwach**, wenn s auf mindestens einem Strategieprofil besser als s' und auf keinem anderen schlechter ist. Eine dominante Strategie ist eine Strategie, die alle anderen dominiert. Eine gängige Annahme in der Spieltheorie ist, dass *ein rationaler Spieler immer eine dominante Strategie wählen und eine dominierte Strategie vermeiden wird*. Da Ali rational ist – oder zumindest nicht für irrational gehalten werden möchte – wählt er die dominante Strategie.

Es ist nicht schwer zu erkennen, dass die Überlegungen von Bo identisch sein werden: Er wird ebenfalls zu dem Schluss kommen, dass *gestehen* für ihn eine dominante Strategie ist, und sich ebenfalls dafür entscheiden. Die Lösung des Spiels, gemäß der Analyse der dominanten Strategie, wird sein, dass beide Spieler *gestehen* wählen, und als Konsequenz werden beide 5 Jahre im Gefängnis sitzen.

In einer solchen Situation, in der alle Spieler eine dominante Strategie wählen, nennt man das Ergebnis, das sich daraus ergibt, ein **Gleichgewicht dominanter Strategien**. Es ist ein „Gleichgewicht", weil kein Spieler einen Anreiz hat, von seinem Teil des Gleichgewichts abzuweichen: Per Definition könnten sie, wenn sie es täten, nicht besser abschneiden, sondern möglicherweise sogar schlechter. In diesem Sinne ist das Gleichgewicht dominanter Strategien ein sehr starkes Lösungskonzept.

Wenn wir zum Gefangenendilemma zurückkehren, können wir sehen, dass das *Dilemma* darin besteht, dass das Ergebnis des Gleichgewichts dominanter Strategien, bei dem beide Spieler *gestehen*, für beide Spieler schlechter ist als das Ergebnis, das sie erhalten würden, wenn sie beide die Aussage verweigern würden. Das Ergebnis (*leugnen, leugnen*) würde beiden Spielern nur ein Jahr Gefängnis bescheren, was für *beide* besser wäre als die 5 Jahre, die jeder von ihnen verbüßen würde, wenn sie das Gleichgewicht dominanter Strategien wählen würden.

Gibt es für Ali und Bo irgendeine Möglichkeit, zu dem Ergebnis (*leugnen, leugnen*) zu kommen? Es ist sicherlich eine *zulässige* Option für beide, die Aussage zu verweigern, aber es ist schwer zu erkennen, wie rationale Agenten diese Entscheidung treffen könnten, wenn man bedenkt, wie das Spiel aufgebaut ist. Denken Sie daran, dass dies ein nicht kooperatives Spiel ist: Sie dürfen nicht miteinander reden, also können sie keine verbindliche Vereinbarung hinsichtlich *leugnen* treffen.

Es ist jedoch möglich, zur Lösung (*leugnen, leugnen*) zu gelangen, wenn wir das Spiel ändern. Wir könnten es zu einem kooperativen Spiel machen, in dem die Agenten eine verbindliche Vereinbarung treffen können. Oder wir könnten zu einem **wiederholten Spiel** wechseln, bei dem die Spieler wissen, dass sie sich wieder treffen werden – wir werden weiter unten sehen, wie das funktioniert. Alternativ dazu könnten die Spieler moralische Überzeugungen haben, die Kooperation und Fairness fördern. Aber das würde bedeuten, dass sie unterschiedliche Nutzenfunktionen haben – also wieder ein anderes Spiel spielen.

Das Vorhandensein einer dominanten Strategie für einen bestimmten Spieler vereinfacht den Entscheidungsfindungsprozess für diesen Spieler erheblich. Sobald Ali erkannt hat, dass *gestehen* eine dominante Strategie ist, muss er keinen Aufwand mehr betreiben, um herauszufinden, was Bo tun wird, weil er weiß, dass *gestehen* seine **beste Antwort** wäre, *egal was Bo tut*. Die meisten Spiele haben jedoch weder dominante Strategien noch Gleichgewichte dominanter Strategien. Es ist selten, dass eine einzige Strategie die beste Antwort auf alle möglichen Gegenstrategien ist.

Das nächste Lösungskonzept, das wir betrachten, ist schwächer als das Gleichgewicht dominanter Strategien, aber es ist viel breiter anwendbar. Es wird **Nash-Gleichgewicht** genannt und ist benannt nach John Forbes Nash, Jr. (1928–2015), der es in seiner Doktorarbeit von 1950 untersuchte – eine Arbeit, für die er 1994 mit dem Nobelpreis ausgezeichnet wurde.

Ein Strategieprofil ist ein Nash-Gleichgewicht, wenn kein Spieler einseitig seine Strategie ändern und als Folge eine höhere Auszahlung erhalten könnte, unter der Annahme, dass die anderen Spieler bei ihren Strategieentscheidungen bleiben. In einem Nash-Gleichgewicht spielt also jeder Spieler gleichzeitig die beste Antwort auf die Entscheidungen seiner Gegenspieler. Ein Nash-Gleichgewicht stellt einen stabilen Punkt in einem Spiel dar: stabil in dem Sinne, dass es keinen rationalen Anreiz für irgendeinen Spieler gibt abzuweichen. Nash-

Gleichgewichte sind jedoch *lokale* stabile Punkte: Wie wir sehen werden, kann ein Spiel mehrere Nash-Gleichgewichte enthalten.

Da eine dominante Strategie die beste Antwort auf *alle* Gegenstrategien ist, folgt daraus, dass jedes Gleichgewicht dominanter Strategien auch ein Nash-Gleichgewicht sein muss (Übung 17.18 auf der Website). Im Gefangenendilemma gibt es also ein eindeutiges Gleichgewicht dominanter Strategien, das auch das eindeutige Nash-Gleichgewicht ist.

Das folgende Beispiel-Spiel demonstriert erstens, dass es in manchen Spielen keine dominanten Strategien gibt, und zweitens, dass manche Spiele mehrere Nash-Gleichgewichte haben.

	Ali:l	*Ali:r*
Bo:t	$A = 10, B = 10$	$A = 0, B = 0$
Bo:b	$A = 0, B = 0$	$A = 1, B = 1$

Es ist leicht zu überprüfen, dass es in diesem Spiel keine dominanten Strategien gibt, weder für den einen noch für den anderen Spieler, und somit auch kein Gleichgewicht dominanter Strategien. Die Strategieprofile (t, l) und (b, r) sind jedoch beide Nash-Gleichgewichte. Nun ist es natürlich im Interesse beider Aktoren, das *gleiche* Nash-Gleichgewicht anzustreben – entweder (t, l) oder (b, r) –, aber da wir uns im Bereich der *nicht kooperativen* Spieltheorie befinden, müssen die Spieler ihre Entscheidungen unabhängig voneinander treffen, ohne Kenntnis der Entscheidungen der anderen und ohne Möglichkeit, sich mit ihnen abzusprechen. Dies ist ein Beispiel für ein **Koordinationsproblem**: Die Spieler wollen ihre Handlungen global koordinieren, sodass sie beide Handlungen wählen, die zum gleichen Gleichgewicht führen, müssen dazu aber ausschließlich auf lokale Entscheidungsfindung setzen.

Es wurden verschiedene Ansätze zur Lösung von Koordinationsproblemen vorgeschlagen. Eine Idee ist die der **fokalen Punkte**. Ein fokaler Punkt in einem Spiel ist ein Ergebnis, das den Spielern irgendwie als „offensichtliches" Ergebnis auffällt und das sie zur Koordination ihrer Entscheidungen heranziehen können. Dies ist natürlich keine genaue Definition – was es bedeutet, hängt vom jeweiligen Spiel ab. Im obigen Beispiel gibt es jedoch einen offensichtlichen fokalen Punkt: Das Ergebnis (t, l) würde beiden Spielern einen wesentlich höheren Nutzen bringen, als wenn sie sich auf (b, r) einigten. Aus Sicht der Spieltheorie sind beide Ergebnisse Nash-Gleichgewichte – aber es wäre in der Tat ein verdrehter Spieler, eine Koordination auf (b, r) zu erwarten.

Einige Spiele haben keine Nash-Gleichgewichte in reinen Strategien, wie beim folgenden Spiel, **Matching Pennies**. In diesem Spiel wählen Ali und Bo gleichzeitig eine Seite einer Münze, entweder Kopf oder Zahl: Wenn sie die gleiche Wahl treffen, dann gibt Bo Ali 1 €, während Ali Bo 1 € gibt, wenn sie eine unterschiedliche Wahl treffen:

	Ali:Kopf	*Ali:Zahl*
Bo:Kopf	$A = 1, B = -1$	$A = -1, B = 1$
Bo:Zahl	$A = -1, B = 1$	$A = 1, B = -1$

Wir laden den Leser ein, zu überprüfen, dass das Spiel keine dominanten Strategien enthält und dass kein Ergebnis ein Nash-Gleichgewicht in reinen Strategien ist: Bei jedem Ergebnis bereut ein Spieler seine Wahl und hätte lieber anders gewählt, wenn er die Wahl des anderen Spielers gewusst hätte.

Um ein Nash-Gleichgewicht zu finden, besteht der Trick darin, gemischte Strategien zu verwenden – also den Spielern die Möglichkeit zu geben, ihre Entscheidungen nach dem Zufallsprinzip zu treffen. Nash bewies, dass *jedes Spiel mindestens ein Nash-Gleichgewicht in gemischten Strategien hat.* Dies erklärt, warum das Nash-Gleichgewicht ein so wichtiges Lösungskonzept ist: Für andere Lösungskonzepte, wie z. B. das Gleichgewicht dominanter

Strategien, ist nicht garantiert, dass sie für jedes Spiel existieren, aber wenn wir nach Nash-Gleichgewichten mit gemischten Strategien suchen, so erhalten wir immer eine Lösung.

Im Fall von Matching Pennies haben wir ein Nash-Gleichgewicht in gemischten Strategien, wenn beide Spieler mit gleicher Wahrscheinlichkeit *Kopf* und *Zahl* wählen. Um zu sehen, dass dieses Ergebnis tatsächlich ein Nash-Gleichgewicht ist, nehmen wir an, dass einer der Spieler ein Ergebnis mit einer anderen Wahrscheinlichkeit als 0,5 wählt. Dann wäre der andere Spieler in der Lage, dies auszunutzen, indem er sein ganzes Gewicht auf eine bestimmte Strategie legt. Nehmen wir zum Beispiel an, dass Bo mit einer Wahrscheinlichkeit von 0,6 *Kopf* spielt (und damit mit einer Wahrscheinlichkeit von 0,4 *Zahl*). Dann würde Ali am besten mit Sicherheit *Kopf* spielen. Es ist dann leicht zu erkennen, dass Bo, der mit der Wahrscheinlichkeit 0,6 *Kopf* spielt, nicht Teil eines Nash-Gleichgewichts sein kann.

18.2.2 Gemeinwohl

Die Hauptperspektive in der Spieltheorie ist die der Spieler innerhalb des Spiels, die versuchen, das bestmögliche zu erreichende Ergebnis für sich selbst zu erzielen. Manchmal ist es jedoch aufschlussreich, eine andere Perspektive einzunehmen. Stellen Sie sich vor, Sie wären eine wohlwollende, allwissende Entität, die auf das Spiel herabschaut, und Sie wären in der Lage, das Ergebnis zu *wählen*. Als wohlwollender Mensch möchten Sie sich natürlich für das beste Gesamtergebnis entscheiden – sozusagen das beste Ergebnis für die *Gesellschaft als Ganzes*. Wie sollte Ihre Wahl ausfallen? Welche Kriterien könnten Sie anwenden? An dieser Stelle kommt der Begriff des **Gemeinwohls** ins Spiel.

Das wahrscheinlich wichtigste und am wenigsten umstrittene Kriterium des Gemeinwohls ist, dass Sie Ergebnisse vermeiden sollten, die den Nutzen *vergeuden*. Diese Anforderung wird durch das Konzept der **Pareto-Optimalität** ausgedrückt, das nach dem italienischen Ökonomen Vilfredo Pareto (1848–1923) benannt ist. Ein Ergebnis ist Pareto-optimal, wenn es kein anderes Ergebnis gibt, das einen Spieler besser stellt, ohne einen anderen schlechter zu stellen. Wenn Sie ein Ergebnis wählen, das nicht Pareto-optimal ist, dann vergeudet es Nutzen insofern als Sie mindestens einem Agenten mehr Nutzen hätten geben können, ohne anderen Agenten welchen zu nehmen.

Das **utilitaristische Gemeinwohl** ist ein Maß dafür, wie gut ein Ergebnis in der Gesamtheit ist. Das utilitaristische Gemeinwohl eines Ergebnisses ist einfach die Summe der Nutzenwerte, die den Spielern durch dieses Ergebnis gegeben werden. Es gibt zwei Hauptschwierigkeiten mit dem utilitaristischen Gemeinwohl. Die erste ist, dass es die Summe, aber nicht die *Verteilung* der Nutzenwerte unter den Spielern berücksichtigt, sodass es zu einer sehr ungleichen Verteilung führen könnte, wenn es zufällig die Summe maximiert. Die zweite Schwierigkeit besteht darin, dass es eine *gemeinsame Skala* für Nutzen voraussetzt. Viele Ökonomen argumentieren, dass dies unmöglich zu etablieren ist, weil der Nutzen (anders als Geld) eine subjektive Größe ist. Sollten wir bei der Entscheidung, wie wir ein Blech Kekse aufteilen, alle dem Nutzenmonster geben, das sagt: „Ich liebe Kekse tausendmal mehr als jeder andere?“ Das würde den gesamten angegebenen Nutzen maximieren, scheint aber nicht richtig zu sein.

Der Frage, wie der Nutzen unter den Spielern verteilt wird, wird von der Forschung im Rahmen des **egalitären Gemeinwohls** nachgegangen. Ein Vorschlag besagt beispielsweise, dass wir den erwarteten Nutzen des am schlechtesten gestellten Mitglieds der Gesellschaft maximieren sollten – ein Maximin-Ansatz. Auch andere Metriken sind möglich, einschließlich des **Gini-Koeffizienten**, der zusammenfasst, wie gleichmäßig der Nutzen unter den Spielern verteilt ist. Die Hauptschwierigkeiten bei solchen Vorschlägen bestehen darin, dass sie unter Umständen einen großen Teil der gesamten Gemeinwohls für kleine Verteilungsgewinne opfern und dass sie, wie der einfache Utilitarismus, immer noch der Gnade des Nutzenmonsters ausgeliefert sind.

Die Anwendung dieser Konzepte auf das oben eingeführte Gefangenendilemma-Spiel erklärt, warum dies ein Dilemma genannt wird. Wir wissen, dass (*gestehen*, *gestehen*) ein Gleichgewicht dominanter Strategien und das einzige Nash-Gleichgewicht ist. Allerdings ist dies das einzige Ergebnis, das *nicht* Pareto-optimal ist. Das Ergebnis (*leugnen*, *leugnen*) maximiert sowohl das utilitaristische als auch das egalitäre Gemeinwohl. Das Dilemma im Gefangenendilemma entsteht also, weil ein sehr starkes Lösungskonzept (Gleichgewicht dominanter Strategien) zu einem Ergebnis führt, das im Wesentlichen jeden Test nicht besteht, der aus Sicht der „Gesellschaft" als vernünftiges Ergebnis zählt. Dennoch gibt es keinen eindeutigen Weg für die einzelnen Spieler, zu einer besseren Lösung zu gelangen.

Berechnen von Gleichgewichten

Betrachten wir nun die wichtigsten Rechenaufgaben, die sich uns im Zusammenhang mit den oben besprochenen Konzepten stellen. Zunächst betrachten wir reine Strategien, bei denen eine Randomisierung nicht erlaubt ist.

Wenn die Spieler nur eine endliche Anzahl von Wahlmöglichkeiten haben, dann kann die erschöpfende Suche verwendet werden, um Gleichgewichte zu finden: Iterieren Sie über jedes mögliche Strategieprofil und prüfen Sie, ob irgendein Spieler eine vorteilhafte Abweichung von diesem Profil hat. Wenn nicht, dann ist es ein Nash-Gleichgewicht in reinen Strategien. Dominante Strategien und Gleichgewichte dominanter Strategien können durch ähnliche Algorithmen berechnet werden. Leider ist die Anzahl der möglichen Strategieprofile für n Spieler mit jeweils m möglichen Aktionen m^n, d. h. für eine erschöpfende Suche unzulässig groß.

Ein alternativer Ansatz, der in einigen Spielen gut funktioniert, ist die **kurzsichtige beste Antwort** (auch bekannt als **iterierte beste Antwort**): Wählen Sie zuerst ein Strategieprofil nach dem Zufallsprinzip und dann, sollte ein Spieler angesichts der Entscheidungen der anderen nicht seine optimale Entscheidung spielen, drehen Sie seine Entscheidung zu einer optimalen um und wiederholen Sie den Prozess. Der Prozess konvergiert, wenn er zu einem Strategieprofil führt, in dem jeder Spieler unter Berücksichtigung der Entscheidungen der anderen eine optimale Wahl trifft – mit anderen Worten, ein Nash-Gleichgewicht. Bei einigen Spielen konvergiert die kurzsichtige beste Antwort nicht, aber bei einigen wichtigen Klassen von Spielen konvergiert sie garantiert.

Die Berechnung von Gleichgewichten gemischter Strategien ist algorithmisch viel komplizierter. Um die Dinge einfach zu halten, werden wir uns auf Methoden für Nullsummenspiele konzentrieren und am Ende dieses Abschnitts kurz auf ihre Erweiterung auf andere Spiele eingehen.

1928 entwickelte von Neumann eine Methode, um die *optimale* gemischte Strategie für **Nullsummenspiele** mit zwei Spielern zu finden – Spiele, bei denen sich die Auszahlungen immer zu null addieren (oder zu einer Konstanten, wie auf S. 181 erklärt). Offensichtlich ist Morra ein solches Spiel. Bei Nullsummenspielen mit zwei Spielern wissen wir, dass die Auszahlungen gleich hoch und entgegengesetzt sind, also müssen wir die Auszahlungen nur eines Spielers berücksichtigen, der der Maximierer sein wird (genau wie in Kapitel 5). Für Morra wählen wir den geraden Spieler E als Maximierer, sodass wir die Auszahlungsmatrix durch die Werte $U_E(e, o)$ definieren können – die Auszahlung an E, wenn E mit e und O mit o agiert. (Der Einfachheit halber nennen wir Spieler E „sie" und Spieler O „ihn".) Von Neumanns Methode wird **Maximin**-Technik genannt und funktioniert wie folgt:

- Nehmen wir an, wir ändern die Regeln wie folgt: Zuerst wählt E ihre Strategie und offenbart sie O. Dann wählt O seine Strategie in Kenntnis der Strategie von E. Schließlich bewerten wir die erwartete Auszahlung des Spiels basierend auf den gewählten Strategien. Damit haben wir ein abwechselnd gespieltes Spiel, auf das wir den Standard-**Minimax**-Algorithmus aus Kapitel 5 anwenden können. Nehmen wir an, dies ergibt ein Ergebnis $U_{E,O}$. Die-

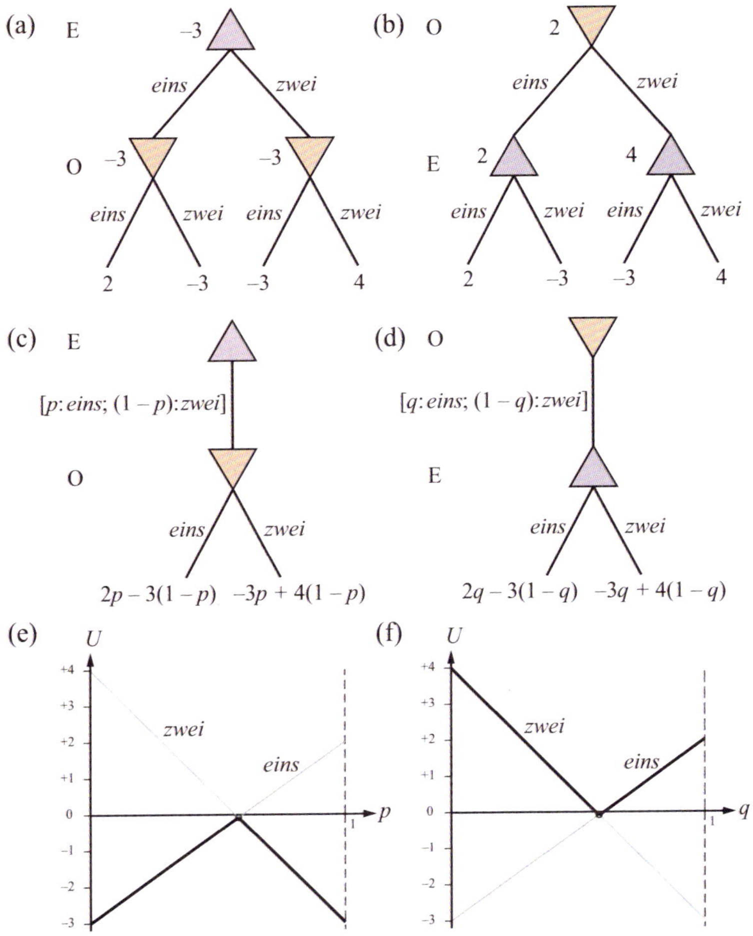

Abbildung 18.2: (a) und (b): Minimax-Spielbäume für Zwei-Finger-Morra, wenn die Spieler abwechselnd reine Strategien spielen. (c) und (d): Parametrisierte Spielbäume, bei denen der erste Spieler eine gemischte Strategie spielt. Die Auszahlungen hängen von dem Wahrscheinlichkeitsparameter (p oder q) in der gemischten Strategie ab. (e) und (f): Für jeden bestimmten Wert des Wahrscheinlichkeitsparameters wird der zweite Spieler die „bessere" der beiden Aktionen wählen, sodass der Wert der gemischten Strategie des ersten Spielers durch die dicken Linien gegeben ist. Der erste Spieler wird den Wahrscheinlichkeitsparameter für die gemischte Strategie am Schnittpunkt wählen.

ses Spiel begünstigt eindeutig O, also ist der wahre Nutzen U des ursprünglichen Spiels (aus der Sicht von E) mindestens $U_{E,O}$. Wenn wir zum Beispiel nur die reinen Strategien betrachten, hat der Minimax-Spielbaum einen Wurzelwert von -3 (► Abbildung 18.2 a), also wissen wir, dass $U \geq -3$ ist.

- Nehmen wir nun an, wir ändern die Regeln, um O zu zwingen, seine Strategie zuerst, vor E, offenzulegen. Dann ist der Minimax-Wert dieses Spiels $U_{O,E}$, und da dieses Spiel E bevorzugt, wissen wir, dass U *höchstens* $U_{O,E}$ ist. Bei reinen Strategien ist der Wert $+2$ (► Abbildung 18.2 b), also wissen wir, dass $U \leq +2$ ist.

Kombiniert man diese beiden Argumente, so sieht man, dass der wahre Nutzen U der Lösung des ursprünglichen Spiels folgende Bedingungen erfüllen muss:

$$U_{E,O} \leq U \leq U_{O,E} \quad \text{oder in diesem Fall} \quad -3 \leq U \leq 2$$

Um den Wert von U zu bestimmen, müssen wir unsere Analyse auf gemischte Strategien richten. Zunächst ist Folgendes zu beachten: *Sobald der erste Spieler seine Strategie offengelegt hat, könnte der zweite Spieler genauso gut eine reine Strategie wählen.* Der Grund ist einfach: Wenn der zweite Spieler eine gemischte Strategie verfolgt, [p: *eins*; $(1-p)$: *zwei*], ist sein erwarteter Nutzen eine Linearkombination $(p \cdot U_{eins} + (1-p) \cdot U_{zwei})$ der Nutzenwerte der reinen Strategien, U_{eins} und U_{zwei}. Diese Linearkombination kann nie besser sein als die bessere von U_{eins} und U_{zwei}, also braucht der zweite Spieler nur die bessere zu wählen.

Mit dieser Beobachtung im Hinterkopf kann man sich die Minimax-Bäume so vorstellen, dass sie an der Wurzel unendlich viele Zweige haben, die den unendlich vielen gemischten Strategien entsprechen, die der erste Spieler wählen kann. Jeder von diesen führt zu einem Knoten mit zwei Zweigen, die den reinen Strategien für den zweiten Spieler entsprechen. Wir können diese unendlichen Bäume endlich darstellen, indem wir eine „parametrisierte" Wahl an der Wurzel haben:

- Wenn E zuerst wählt, ist die Situation wie in ► Abbildung 18.2 c dargestellt. E wählt die Strategie [p: *eins*; $(1-p)$: *zwei*] an der Wurzel und dann wählt O eine reine Strategie (und damit einen Zug) angesichts des Werts von p. Wenn O *eins* wählt, ist die erwartete Auszahlung (für E) $2p - 3(1-p) = 5p - 3$; wenn O *zwei* wählt, dann ist die erwartete Auszahlung $-3p + 4(1-p) = 4 - 7p$. Wir können diese beiden Auszahlungen als gerade Linien in ein Diagramm einzeichnen, wobei p auf der x-Achse von 0 bis 1 reicht, wie ► Abbildung 18.2 e zeigt. O, der Minimierer, wird immer die niedrigere der beiden Linien wählen, wie durch die dicken Linien in der Abbildung gezeigt. Daher ist das Beste, was E an der Wurzel tun kann, p so zu wählen, dass es am Schnittpunkt liegt, d. h. dort, wo

$$5p - 3 = 4 - 7p \qquad \Rightarrow \qquad p = 7/12$$

gilt. Der Nutzen für E zu diesem Punkt ist $U_{E,O} = -1/12$.

- Wenn O zuerst zieht, so ist die Situation wie in ► Abbildung 18.2 d dargestellt. O wählt die Strategie [q: *eins*; $(1-q)$: *zwei*] an der Wurzel und dann wählt E einen Zug mit dem Wert von q. Die Auszahlungen sind $2q - 3(1-q) = 5q - 3$ und $-3q + 4(1-q) = 4 - 7q$.[3] ► Abbildung 18.2 f zeigt wiederum, dass das Beste, was O an der Wurzel tun kann, die Wahl des Schnittpunkts ist:

$$5q - 3 = 4 - 7q \qquad \Rightarrow \qquad q = 7/12$$

Der Nutzen für E an diesem Punkt ist $U_{O,E} = -1/12$.

Jetzt wissen wir, dass der wahre Nutzen des ursprünglichen Spiels zwischen $-1/12$ und $-1/12$ liegt; das heißt, er beträgt genau $-1/12$! (Die Schlussfolgerung ist, dass es besser ist, O als E zu sein, wenn man dieses Spiel spielt.) Außerdem wird der wahre Nutzen durch die gemischte Strategie [7/12: *eins*; 5/12: *zwei*] erreicht, die von beiden Spielern gespielt werden sollte. Diese Strategie wird als **Maximin-Gleichgewicht** des Spiels bezeichnet und ist ein Nash-Gleichgewicht. Beachten Sie, dass jede Komponentenstrategie in einer gemischten Gleichgewichtsstrategie denselben erwarteten Nutzen hat. In diesem Fall haben sowohl *eins* als auch *zwei* den gleichen erwarteten Nutzen, $-1/12$, wie die gemischte Strategie selbst.

Unser Ergebnis für Zweifinger-Morra ist ein Beispiel für das allgemeine Ergebnis von von Neumann: *Jedes Nullsummenspiel mit zwei Spielern hat ein Maximin-Gleichgewicht, wenn man gemischte Strategien zulässt.* Außerdem ist jedes Nash-Gleichgewicht in einem Nullsummenspiel ein Maximin für beide Spieler. Ein Spieler, der die Maximin-Strategie wählt, hat zwei Garantien: Erstens kann keine andere Strategie besser gegen einen Gegner abschnei-

3 Es ist ein Zufall, dass diese Gleichungen mit denen für p übereinstimmen; der Zufall ergibt sich, weil $U_E(eins, zwei) = U_E(zwei, eins) = -3$. Dies erklärt auch, warum die optimale Strategie für beide Spieler die gleiche ist.

den, der gut spielt (obwohl einige andere Strategien besser darin sein könnten, Gegner auszunutzen, die irrationale Fehler machen). Zweitens schneidet der Spieler genauso gut ab, wenn seine Strategie dem Gegner mitgeteilt wird.

Der allgemeine Algorithmus zum Finden von Maximin-Gleichgewichten in Nullsummenspielen ist etwas komplizierter als die ► Abbildungen 18.2 e und f vermuten lassen. Wenn es n mögliche Aktionen gibt, ist eine gemischte Strategie ein Punkt im n-dimensionalen Raum und die Linien werden zu Hyperebenen. Es ist auch möglich, dass einige reine Strategien für den zweiten Spieler von anderen dominiert werden, sodass sie nicht optimal gegen *irgendeine* Strategie für den ersten Spieler sind. Nach dem Entfernen aller solcher Strategien (was möglicherweise wiederholt durchgeführt werden muss), ist die optimale Wahl an der Wurzel der höchste (oder niedrigste) Schnittpunkt der verbleibenden Hyperebenen.

Die Suche nach dieser Wahl ist ein Beispiel für ein Problem der **linearen Programmierung**: Maximierung einer Zielfunktion unter linearen Einschränkungen. Solche Probleme können mit Standardtechniken in einer Zeit gelöst werden, die polynomiell zur Anzahl der Aktionen ist (und zur Anzahl der Bits, die zur Spezifikation der Belohnungsfunktion verwendet werden, wenn Sie es technisch sehen wollen).

Es bleibt die Frage, was ein rationaler Agent bei nur einem Morra-Spiel tatsächlich *tun* sollte? Der rationale Agent wird die Tatsache abgeleitet haben, dass [7/12: *eins*; 5/12: *zwei*] die Maximin-Gleichgewichtsstrategie ist, und annehmen, dass auch sein rationaler Gegner über dieses Wissen verfügt. Der Agent könnte einen 12-seitigen Würfel oder einen Zufallszahlengenerator verwenden, um zufällig nach dieser gemischten Strategie auszuwählen, in welchem Fall der erwartete Gewinn für E $-1/12$ wäre. Oder der Agent könnte sich einfach entscheiden, *eins* oder *zwei* zu spielen. In beiden Fällen bleibt die erwartete Auszahlung für E $-1/12$. Seltsamerweise schadet die einseitige Wahl einer bestimmten Aktion nicht der eigenen erwarteten Auszahlung, aber wenn man zulässt, dass der andere Agent erfährt, dass man solch eine einseitige Entscheidung getroffen hat, wirkt sich das *doch* auf die erwartete Auszahlung aus, weil der Gegner dann seine Strategie entsprechend anpassen kann.

Gleichgewichte in Nicht-Nullsummenspielen zu finden, ist etwas komplizierter. Der allgemeine Ansatz besteht aus zwei Schritten: (1) Zählen Sie alle möglichen Teilmengen von Aktionen auf, die gemischte Strategien bilden könnten. Versuchen Sie z. B. zuerst alle Strategieprofile, bei denen jeder Spieler eine einzige Aktion verwendet, dann diejenigen, bei denen jeder Spieler entweder eine oder zwei Aktionen verwendet, und so weiter. Dies ist exponentiell in der Anzahl der Aktionen und gilt daher nur für relativ kleine Spiele. (2) Prüfen Sie für jedes in (1) aufgelistete Strategieprofil, ob es ein Gleichgewicht ist. Dies geschieht durch das Lösen einer Reihe von Gleichungen und Ungleichungen, die denen ähnlich sind, die im Nullsummenfall verwendet werden. Für zwei Spieler sind diese Gleichungen linear und können mit einfachen Techniken der linearen Programmierung gelöst werden, aber für drei oder mehr Spieler sind sie nichtlinear und können sehr schwierig zu lösen sein.

18.2.3 Wiederholte Spiele

Bisher haben wir nur Spiele betrachtet, die aus einem einzigen Zug bestehen. Die einfachste Art eines Spiels mit mehreren Zügen ist das **wiederholte Spiel**, bei dem die Spieler wiederholt Runden eines Spiels spielen, das aus einem Zug besteht. Ein solches Spiel wird auch **Stufenspiel** genannt. Eine Strategie in einem wiederholten Spiel spezifiziert eine Aktionswahl für jeden Spieler in jedem Zeitschritt für jede mögliche vorherige Entscheidungshistorie der Spieler.

Betrachten wir zunächst den Fall, dass das Stufenspiel eine feste, endliche und gegenseitig bekannte Anzahl von Runden wiederholt wird – alle diese Bedingungen sind erforderlich, damit die folgende Analyse funktioniert. Nehmen wir an, Ali und Bo spielen eine wiederholte

Version des Gefangenendilemmas und beide wissen, dass sie genau 100 Runden des Spiels spielen müssen. In jeder Runde werden sie gefragt, ob sie *gestehen* oder *leugnen* wollen, und ihre Auszahlung pro Runde erfolgt gemäß den Regeln des Gefangenendilemmas, die wir oben gesehen haben.

Am Ende von 100 Runden erhalten wir die Gesamtauszahlung für jeden Spieler, indem wir die Auszahlungen dieses Spielers von den 100 Runden addieren. Welche Strategien sollten Ali und Bo für dieses Spiel wählen? Betrachten Sie das folgende Argument. Beide wissen, dass sich an die 100. Runde kein weiteres Spiel anschließt, d. h., ihr Ergebnis kann keinen Einfluss auf zukünftige Runden haben. Also spielen sie in der 100. Runde tatsächlich ein einzelnes Gefangenendilemma-Spiel.

Wie wir oben gesehen haben, ist das Ergebnis der 100. Runde (*gestehen*, *gestehen*), die dominante Gleichgewichtsstrategie für beide Spieler. Aber sobald die 100. Runde bestimmt ist, kann die 99. Runde keinen Einfluss auf die folgenden Runden haben, also wird auch sie (*gestehen*, *gestehen*) ergeben. Durch dieses induktive Argument werden sich beide Spieler in jeder Runde für *gestehen* entscheiden und damit eine Gesamtstrafe von jeweils 500 Jahren erhalten. Diese Art des Schlussfolgerns wird als **Rückwärtsinduktion** bezeichnet und spielt eine grundlegende Rolle in der Spieltheorie.

Wenn wir jedoch eine der drei Bedingungen – fest, endlich oder gegenseitig bekannt – weglassen, dann gilt das induktive Argument nicht mehr. Nehmen wir an, dass das Spiel *unendlich* oft wiederholt wird. Mathematisch gesehen ist eine Strategie für einen Spieler in einem unendlich oft wiederholten Spiel eine Funktion, die jede mögliche endliche Spielhistorie auf eine Wahl im Stufenspiel für diesen Spieler in der entsprechenden Runde abbildet. Eine Strategie schaut sich also an, was zuvor im Spiel passiert ist, und entscheidet, welche Wahl in der aktuellen Runde zu treffen ist. Aber wir können eine unendliche Tabelle nicht in einem endlichen Computer speichern. Wir brauchen ein *endliches* Modell von Strategien für Spiele, die eine *unendliche* Anzahl von Runden gespielt werden. Aus diesem Grund ist es üblich, Strategien für unendlich oft wiederholte Spiele als endliche Automaten (*Finite State Machine*, FSM) mit Ausgabe darzustellen.

► Abbildung 18.3 veranschaulicht eine Reihe von FSM-Strategien für das iterierte Gefangenendilemma. Betrachten Sie die **Tit-for-Tat**-Strategie. Jedes Oval ist ein Zustand des Automaten und in dem Oval steht die Wahl, die die Strategie treffen würde, wenn sich der Automat in diesem Zustand befände. Von jedem Zustand aus haben wir jeweils eine ausgehende Kante für jede mögliche Wahl des gegnerischen Agenten: Wir folgen der ausgehenden Kante, die der Wahl des anderen entspricht, um den nächsten Zustand des Automaten zu finden. Schließlich ist ein Zustand mit einem eingehenden Pfeil gekennzeichnet, der angibt, dass es sich um den Anfangszustand handelt. Bei TIT-FOR-TAT beginnt der Automat also im *leugnen*-Zustand; wenn der gegnerischen Agent *leugnen* spielt, bleibt er im Zustand *leugnen*, während er, wenn der gegnerischen Agent *gestehen* spielt, in den *gestehen*-Zustand übergeht. Er bleibt so lange im Zustand *gestehen*, wie sein Gegner *gestehen* spielt, aber wenn sein Gegner jemals *leugnen* spielt, geht er wieder in den Zustand *leugnen* über. Zusammenfassend lässt sich sagen, dass TIT-FOR-TAT zu Beginn *leugnen* wählt und dann einfach kopiert, was sein Gegner in der vorherigen Runde getan hat.

Die FALKE- und TAUBE-Strategien sind einfacher: FALKE spielt einfach in jeder Runde *gestehen*, während TAUBE einfach in jeder Runde *leugnen* spielt. Die GRIM-Strategie ähnelt ein wenig der TIT-FOR-TAT-Strategie, jedoch mit einem wichtigen Unterschied: Wenn der Gegner jemals *gestehen* spielt, dann wird er im Wesentlichen zu FALKE: Er spielt für immer *gestehen*. Während TIT-FOR-TAT verzeihend ist, in dem Sinne, dass es auf ein nachfolgendes *leugnen* ebenfalls mit Leugnung reagiert, gibt es bei GRIM keinen Weg zurück. Das einmalige Spielen von *gestehen* führt zu einer ewig andauernden Bestrafung (Spielen von *gestehen*). (Können Sie sehen, was TAT-FOR-TIT bewirkt?)

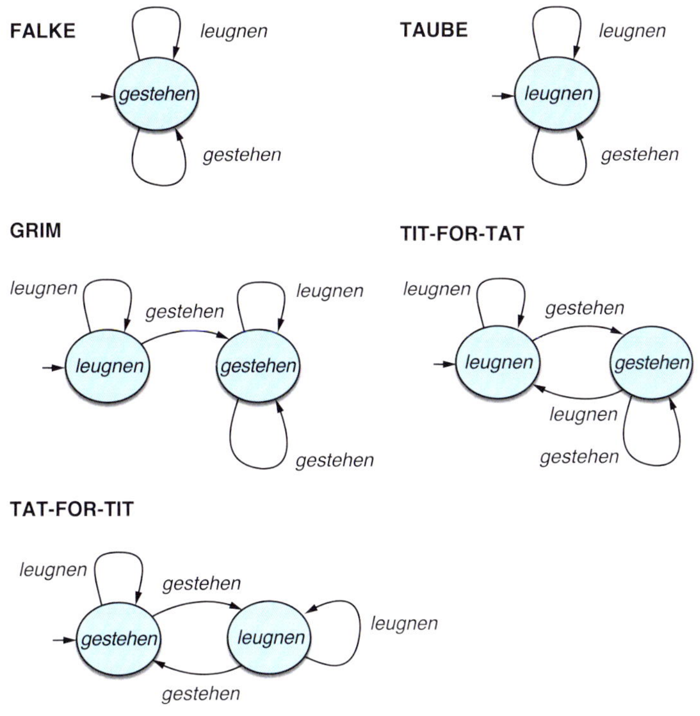

Abbildung 18.3: Einige gängige, fantasievoll benannte FSM-Strategien für das unendlich wiederholte Gefangenendilemma.

Das nächste Problem bei unendlich oft wiederholten Spielen ist, wie man den Nutzen einer unendlichen Folge von Auszahlungen messen kann. Hier werden wir uns auf den Ansatz des **Grenzwerts der Mittelwerte** konzentrieren – im Wesentlichen bedeutet dies, dass der Durchschnitt der Nutzenwerte genommen wird, die wir über die unendliche Folge erhalten. Bei diesem Ansatz definieren wir bei einer unendlichen Folge von Auszahlungen $(U_0, U_1, U_2, \ldots)$ den Nutzen der Folge für den entsprechenden Spieler wie folgt:

$$\lim_{T\to\infty} \frac{1}{T} \sum_{t=0}^{T} U_t$$

Es kann nicht garantiert werden, dass dieser Wert für beliebige Folgen von Nutzenwerten konvergiert, aber er konvergiert *garantiert* für die Nutzenfolgen, die erzeugt werden, wenn wir FSM-Strategien verwenden. Dies zeigt sich daran, dass, wenn FSM-Strategien gegeneinander spielen, *die FSMs schließlich wieder in eine Konfiguration eintreten, in der sie sich zuvor befunden haben, woraufhin sie beginnen, sich zu wiederholen.* Genauer gesagt besteht jede durch FSM-Strategien erzeugte Nutzenfolge aus einer endlichen (möglicherweise leeren) nicht wiederholenden Folge, gefolgt von einer nichtleeren endlichen Folge, die sich unendlich oft wiederholt. Um den durchschnittlichen Nutzen zu berechnen, den ein Spieler über diese unendliche Folge erhält, müssen wir einfach den Durchschnitt über die endliche, sich wiederholende Folge berechnen.

Im Folgenden gehen wir davon aus, dass die Spieler in einem unendlich oft wiederholten Spiel einfach einen endlichen Automaten wählen, der das Spiel für sie spielt. Diesen Automaten werden keine Beschränkungen auferlegt: Sie können so groß und komplex sein, wie die Spieler wollen. Wenn alle Spieler einen endlichen Automaten gewählt haben, der für sie spielt, dann können wir die Auszahlungen für jeden Spieler berechnen, indem wir den Ansatz des Grenzwerts der Mittelwerte wie oben beschrieben verwenden. Auf diese Weise reduziert sich ein unendlich oft wiederholtes Spiel auf ein Normalformspiel, wenn auch eines mit unendlich vielen möglichen Strategien für jeden Spieler.

Schauen wir uns an, was passiert, wenn wir das unendlich oft wiederholte Gefangenendilemma mit einigen Strategien aus ► Abbildung 18.3 spielen. Nehmen wir zunächst an, Ali und Bo wählen beide TAUBE:

	0	1	2	3	4	5	...	
Ali: TAUBE	*leugnen*	*leugnen*	*leugnen*	*leugnen*	*leugnen*	*leugnen*	...	Nutzen = −1
Bo: TAUBE	*leugnen*	*leugnen*	*leugnen*	*leugnen*	*leugnen*	*leugnen*	...	Nutzen = −1

Es ist nicht schwer zu erkennen, dass dieses Strategiepaar kein Nash-Gleichgewicht bildet: Beide Spieler hätten besser daran getan, ihre Wahl auf FALKE zu ändern. Nehmen wir also an, Ali wechselt zu FALKE:

	0	1	2	3	4	5	...	
Ali: FALKE	*gestehen*	*gestehen*	*gestehen*	*gestehen*	*gestehen*	*gestehen*	...	Nutzen = 0
Bo: TAUBE	*leugnen*	*leugnen*	*leugnen*	*leugnen*	*leugnen*	*leugnen*	...	Nutzen = −10

Dies ist das denkbar schlechteste Ergebnis für Bo; auch dieses Strategiepaar ist kein Nash-Gleichgewicht. Bo hätte besser abgeschnitten, wenn er auch FALKE gewählt hätte:

	0	1	2	3	4	5	...	
Ali: FALKE	*gestehen*	*gestehen*	*gestehen*	*gestehen*	*gestehen*	*gestehen*	...	Nutzen = −5
Bo: FALKE	*gestehen*	*gestehen*	*gestehen*	*gestehen*	*gestehen*	*gestehen*	...	Nutzen = −5

Dieses Strategiepaar bildet zwar in der Tat ein Nash-Gleichgewicht, doch kein sehr interessantes – es bringt uns mehr oder weniger dorthin zurück, wo wir in der ersten Version des Spiels begonnen haben, wobei beide Spieler gegeneinander aussagen. Es illustriert eine Schlüsseleigenschaft von unendlich oft wiederholten Spielen: *Nash-Gleichgewichte des Stufenspiels werden als Gleichgewichte in einer unendlich oft wiederholten Version des Spiels aufrechterhalten.*

Unsere Geschichte ist jedoch noch nicht zu Ende. Nehmen wir an, dass Bo zu GRIM gewechselt hat:

	0	1	2	3	4	5	...	
Ali: FALKE	*gestehen*	*gestehen*	*gestehen*	*gestehen*	*gestehen*	*gestehen*	...	Nutzen = −5
Bo: GRIM	*leugnen*	*gestehen*	*gestehen*	*gestehen*	*gestehen*	*gestehen*	...	Nutzen = −5

Hier schneidet Bo nicht schlechter ab, als wenn er FALKE spielt: In der ersten Runde spielt Ali *gestehen*, während Bo *leugnen* spielt, aber das veranlasst Bo, für immer zu gestehen: Der Nutzenverlust in der ersten Runde verschwindet im Grenzfall. Insgesamt erhalten die beiden Spieler den gleichen Nutzen, als wenn sie beide FALKE gespielt hätten. Doch der Punkt ist: Diese Strategien bilden kein Nash-Gleichgewicht, weil Ali dieses Mal eine vorteilhafte Abweichung hat – GRIM. Wenn beide Spieler GRIM wählen, dann passiert Folgendes:

	0	1	2	3	4	5	...	
Ali: GRIM	*leugnen*	*leugnen*	*leugnen*	*leugnen*	*leugnen*	*leugnen*	...	Nutzen = −1
Bo: GRIM	*leugnen*	*leugnen*	*leugnen*	*leugnen*	*leugnen*	*leugnen*	...	Nutzen = −1

Die Ergebnisse und Auszahlungen sind dieselben, als wenn beide Spieler TAUBE gewählt hätten, aber im Gegensatz zu diesem Fall bildet das Spielen von GRIM gegen GRIM ein Nash-Gleichgewicht und Ali und Bo sind in der Lage, auf rationale Weise ein Ergebnis zu erzielen, das in der ersten Version des Spiels unmöglich ist.

Um zu sehen, dass diese Strategien ein Nash-Gleichgewicht bilden, nehmen Sie um des Widerspruchs willen an, dass sie es nicht tun. Dann hat ein Spieler – wir nehmen ohne Beschränkung der Allgemeinheit an, dass es Ali ist – eine vorteilhafte Abweichung in Form einer FSM-Strategie, die eine höhere Auszahlung als GRIM ergeben würde. Nun müsste diese Strategie irgendwann etwas anderes tun als GRIM – sonst würde sie den gleichen Nutzen erzielen. Also muss sie an einem bestimmten Punkt *gestehen* spielen. Aber dann würde die GRIM-Strategie von Bo in den Bestrafungsmodus umschalten, indem sie permanent als Reaktion *gestehen* spielt. An diesem Punkt wäre Ali dazu verdammt, eine Auszahlung von nicht mehr als -5 zu erhalten: schlechter als die -1, die er erhalten hätte, wenn er GRIM gewählt hätte. Somit bilden beide Spieler, die GRIM wählen, ein Nash-Gleichgewicht im unendlich oft wiederholten Gefangenendilemma, was zu einem rationalen, anhaltenden Ergebnis führt, das in der ersten Version des Spiels unmöglich ist.

Dies ist eine Instanz einer allgemeinen Klasse von Ergebnissen, die als **Nash-Folk-Theoreme** bezeichnet werden und die die Ergebnisse charakterisieren, die durch Nash-Gleichgewichte in unendlich oft wiederholten Spielen gestützt werden können. Nehmen wir an, der *Sicherheitswert* eines Spielers ist die beste Auszahlung, die der Spieler garantiert erhalten kann. Dann lautet die allgemeine Form der Nash-Folk-Theoreme ungefähr, dass *jedes Ergebnis, bei dem jeder Spieler mindestens seinen Sicherheitswert erzielt, als Nash-Gleichgewicht in einem unendlich oft wiederholten Spiel gestützt werden kann.* GRIM-Strategien sind der Schlüssel zu den Folk-Theoremen: Die gegenseitige Androhung von Bestrafung, wenn ein Agent nicht seinen Teil zum gewünschten Ergebnis beiträgt, hält die Spieler bei der Stange. Aber es funktioniert nur dann als Abschreckung, wenn der andere Spieler glaubt, dass man diese Strategie bewusst verfolgt – oder zumindest sie bewusst verfolgt haben könnte.

Wir können auch verschiedene Lösungen erhalten, indem wir die Agenten ändern, anstatt die Spielregeln zu ändern. Angenommen, die Agenten sind endliche Automaten mit n Zuständen und sie spielen ein Spiel mit $m > n$ Gesamtschritten. Die Agenten sind also nicht in der Lage, die Anzahl der verbleibenden Schritte zu repräsentieren und müssen sie als Unbekannte behandeln. Daher können sie keine Rückwärtsinduktion durchführen und sind imstande, das günstigere (*leugnen, leugnen*)-Gleichgewicht im iterierten Gefangenendilemma zu erreichen. In diesem Fall *ist* Unwissenheit ein Segen – oder besser gesagt, Ihren Gegner glauben zu lassen, dass Sie unwissend sind, ist ein Segen. Ihr Erfolg in diesen wiederholten Spielen hängt zu einem erheblichen Teil davon ab, ob der andere Spieler Sie als Tyrann oder als Einfaltspinsel *wahrnimmt*, und nicht von Ihren tatsächlichen Eigenschaften.

18.2.4 Sequenzielle Spiele: die Extensivform

Im allgemeinen Fall besteht ein Spiel aus einer Folge von Zügen, die nicht alle gleich sein müssen. Solche Spiele werden am besten durch einen Spielbaum dargestellt, den Spieltheoretiker als **Extensivform (eines Spiels)** eines Spiels bezeichnen. Der Baum enthält dieselben Informationen, die wir in Abschnitt 5.1 gesehen haben: einen Anfangszustand S_0, eine Funktion PLAYER(s), die angibt, welcher Spieler am Zug ist, eine Funktion ACTIONS(s), die die möglichen Aktionen aufzählt, eine Funktion RESULT(s, a), die den Übergang in einen neuen Zustand definiert, und eine Teilfunktion UTILITY(s, p), die nur auf Endzuständen definiert ist, um die Auszahlung für jeden Spieler anzugeben. Stochastische Spiele können erfasst werden, indem ein speziell ausgezeichneter Spieler *Zufall* eingeführt wird, der zufällige Aktionen ausführen kann. Die „Strategie“ von *Zufall* ist Teil der Definition des Spiels, spezifiziert als eine Wahrscheinlichkeitsverteilung über Aktionen (die anderen Spieler können ihre eigene Strategie wählen). Um Spiele mit nichtdeterministischen Aktionen darzustellen, wie z. B. Billard, zerlegen wir die Aktion in zwei Teile: die Aktion des Spielers selbst hat ein deterministisches Ergebnis und dann ist *Zufall* an der Reihe, auf die Aktion auf seine eigene kapriziöse Weise zu reagieren.

Für den Moment werden wir eine vereinfachende Annahme treffen: Wir gehen davon aus, dass die Spieler **perfekte Informationen** haben. Grob gesagt bedeutet perfekte Information, dass sie, wenn das Spiel sie auffordert, eine Entscheidung zu treffen, genau wissen, wo sie sich im Spielbaum befinden: Sie sind sich vollständig sicher darüber, was zuvor im Spiel passiert ist. Dies ist natürlich die Situation in Spielen wie Schach oder Go, aber nicht in Spielen wie Poker oder Kriegspiel. Im folgenden Abschnitt werden wir zeigen, wie die Extensivform verwendet werden kann, um **unvollkommene Informationen** in Spielen zu erfassen, aber für den Moment werden wir von perfekten Informationen ausgehen.

Eine Strategie in einem Spiel in der Extensivform mit perfekter Information ist eine Funktion für einen Spieler, die für jeden seiner Entscheidungszustände *s* vorgibt, welche Aktion in ACTIONS(*s*) der Spieler zur Ausführung wählen sollte. Wenn jeder Spieler eine Strategie gewählt hat, dann zeichnet das resultierende Strategieprofil einen Pfad im Spielbaum vom Anfangszustand S_0 bis zu einem Endzustand nach und die UTILITY-Funktion definiert die Nutzenwerte, die jeder Spieler dann erhalten wird.

Unter diesen Bedingungen können wir das oben vorgestellte Instrumentarium der Nash-Gleichgewichte direkt anwenden, um Spiele in der Extensivform zu analysieren. Um Nash-Gleichgewichte zu berechnen, können wir eine einfache Verallgemeinerung der Minimax-Suchtechnik verwenden, die wir in Kapitel 5 kennengelernt haben. In der Literatur über Spiele in der Extensivform wird diese Technik Rückwärtsinduktion genannt – wir haben bereits gesehen, dass Rückwärtsinduktion informell verwendet wird, um das endlich wiederholte Gefangenendilemma zu analysieren. Bei der Rückwärtsinduktion wird die dynamische Programmierung verwendet, wobei von den Endzuständen zurück zum Anfangszustand gearbeitet wird und jeder Zustand schrittweise mit einem Auszahlungsprofil (einer Zuweisung von Auszahlungen an die Spieler) versehen wird, das sich ergeben würde, wenn das Spiel von diesem Punkt an optimal gespielt würde.

Genauer gesagt, wenn für jeden nichtterminalen Zustand *s* alle Kinder von *s* mit einem Auszahlungsprofil versehen wurden, dann versehen Sie *s* mit einem Auszahlungsprofil genau des Kindzustands, das die Auszahlung des Spielers maximiert, der die Entscheidung im Zustand *s* trifft. (Wenn es ein Unentschieden gibt, dann wählen Sie willkürlich; wenn wir Zufallsknoten haben, dann berechnen Sie den erwarteten Nutzen.) Der Algorithmus für die Rückwärtsinduktion endet garantiert und läuft außerdem in einer Zeit, die polynomiell zur Größe des Spielbaums ist.

Während der Algorithmus seine Arbeit verrichtet, entwickelt er Strategien für jeden Spieler. Es stellt sich heraus, dass diese Strategien Nash-Gleichgewichtsstrategien sind und dass das Auszahlungsprofil für den Anfangszustand ein Auszahlungsprofil ist, das man durch das Spielen von Nash-Gleichgewichtsstrategien erhalten würde. Somit können Nash-Gleichgewichtsstrategien für Spiele in der Extensivform durch Rückwärtsinduktion in polynomieller Zeit berechnet werden. Und da der Algorithmus garantiert den Anfangszustand mit einem Auszahlungsprofil versieht, lässt sich schlussfolgern, dass jedes Spiel in der Extensivform mindestens ein Nash-Gleichgewicht in reinen Strategien hat.

Dies sind attraktive Ergebnisse, aber es gibt einige Vorbehalte. Spielbäume werden sehr schnell sehr groß, sodass polynomielle Laufzeiten in diesem Zusammenhang gesehen werden sollten. Problematischer ist jedoch, dass das Nash-Gleichgewicht selbst einige Einschränkungen hat, wenn es auf Spiele in der Extensivform angewendet wird. Betrachten Sie das Spiel in ► Abbildung 18.4. Spieler 1 hat zwei Züge zur Verfügung: *nach oben* oder *nach unten*. Wenn er *nach unten* zieht, dann erhalten beide Spieler eine Auszahlung von 0 (unabhängig von dem von Spieler 2 gewählten Zug). Wenn er sich *nach oben* bewegt, hat Spieler 2 die Wahl, sich *auf* oder *ab* zu bewegen: Wenn er sich *ab* bewegt, erhalten beide Spieler eine Auszahlung von 0, während beide, wenn er sich *auf* bewegt, eine Auszahlung von 1 erhalten.

Die Rückwärtsinduktion zeigt uns sofort, dass (*nach oben*, *auf*) ein Nash-Gleichgewicht ist, was dazu führt, dass beide Spieler eine Auszahlung von 1 erhalten. Jedoch ist (*nach unten*,

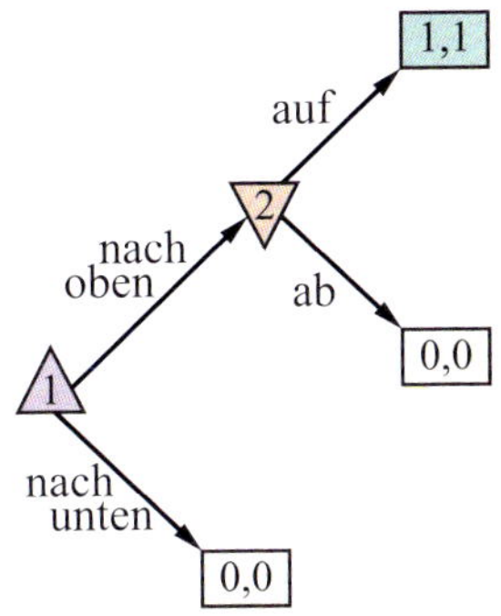

Abbildung 18.4: Ein Spiel in Extensivform mit einem kontraintuitiven Nash-Gleichgewicht.

ab) auch ein Nash-Gleichgewicht, was dazu führt, dass beide Spieler eine Auszahlung von 0 erhalten. Spieler 2 bedroht Spieler 1, indem er angibt, dass er bei Aufforderung, eine Entscheidung zu treffen, *ab* wählen wird, was zu einer Auszahlung von 0 für Spieler 1 führt; in diesem Fall hat Spieler 1 keine bessere Alternative als *nach unten* zu wählen. Das Problem ist, dass die Drohung von Spieler 2 (*ab* zu spielen) keine **glaubwürdige Drohung** ist, denn wenn Spieler 2 tatsächlich aufgefordert wird, sich zu entscheiden, dann wird er *auf* wählen.

Eine Weiterentwicklung des Nash-Gleichgewichts, genannt **teilspielperfektes Nash-Gleichgewicht**, befasst sich mit diesem Problem. Um es zu definieren, benötigen wir das Konzept eines **Teilspiels**. Jeder Entscheidungszustand in einem Spielbaum (einschließlich des Anfangszustands) definiert ein Teilspiel – das Spiel in ▶ Abbildung 18.4 enthält also zwei Teilspiele, eines mit der Wurzel im Entscheidungszustand von Spieler 1, eines mit der Wurzel im Entscheidungszustand von Spieler 2. *Ein Profil von Strategien bildet dann ein teilspielperfektes Nash-Gleichgewicht in einem Spiel G, wenn es ein Nash-Gleichgewicht in jedem Teilspiel von G ist.* Wendet man diese Definition auf das Spiel in ▶ Abbildung 18.4 an, so stellt man fest, dass (*nach oben, auf*) teilspielperfekt ist, aber (*nach unten, ab*) ist es nicht, weil die Wahl von *ab* kein Nash-Gleichgewicht des Teilspiels ist, das im Entscheidungszustand von Spieler 2 wurzelt.

Obwohl wir einige neue Begriffe benötigten, um das teilspielperfekte Nash-Gleichgewicht zu definieren, benötigen wir keine neuen Algorithmen. Die durch Rückwärtsinduktion berechneten Strategien sind teilspielperfekte Nash-Gleichgewichte. Daraus folgt, dass jedes Spiel in der Extensivform mit perfekter Information ein teilspielperfektes Nash-Gleichgewicht hat, das in polynomieller Zeit zur Größe des Spielbaums berechnet werden kann.

Zufällige und simultane Züge

Um stochastische Spiele wie Backgammon in Extensivform darzustellen, fügen wir einen Spieler namens *Zufall* hinzu, dessen Entscheidungen durch eine Wahrscheinlichkeitsverteilung bestimmt werden.

Zur Darstellung simultaner Züge, wie im Gefangenendilemma oder Zwei-Finger-Morra, führen wir eine beliebige Reihenfolge der Spieler ein, aber wir haben die Möglichkeit zuzusichern, dass die Aktionen des früheren Spielers von den nachfolgenden Spielern nicht beobachtet werden können: z. B. muss Ali zuerst *leugnen* oder *gestehen* wählen, dann wählt Bo, aber Bo weiß nicht, welche Wahl Ali zu diesem Zeitpunkt getroffen hat (wir können auch darstellen, dass der Zug später aufgedeckt wird). Wir nehmen jedoch an, dass sich die Spieler immer an alle ihre *eigenen* vorherigen Aktionen erinnern; diese Annahme wird als **perfekte Erinnerung** bezeichnet.

Erfassen von unvollkommenen Informationen

Ein wesentliches Merkmal der Extensivform, das sie von den Spielbäumen aus Kapitel 5 unterscheidet, ist, dass sie teilweise Beobachtbarkeit erfassen kann. Spieltheoretiker verwenden den Begriff **unvollkommene Informationen**, um Situationen zu beschreiben, in denen die Spieler unsicher über den tatsächlichen Zustand des Spiels sind. Leider funktioniert die Rückwärtsinduktion bei Spielen mit unvollkommenen Informationen nicht, da sie im Allgemeinen wesentlich komplexer zu lösen sind als Spiele mit perfekter Information.

Wir haben in Abschnitt 5.6 gesehen, dass ein Spieler in einem teilweise beobachtbaren Spiel wie Kriegspiel einen Spielbaum über den Raum der **Wissenszustände** erstellen kann. Mithilfe dieses Baums haben wir gesehen, dass ein Spieler in einigen Fällen eine Zugfolge (eine Strategie) finden kann, die zu einem erzwungenen Schachmatt führt, unabhängig davon, in welchem tatsächlichen Zustand wir begonnen haben, und unabhängig davon, welche Strategie der Gegner verwendet. Allerdings können die Techniken aus Kapitel 5 einem Spieler nicht sagen, was er tun soll, wenn es kein garantiertes Schachmatt gibt. Wenn die beste Strategie des Spielers von der Strategie des Gegners abhängt und umgekehrt, dann kann Minimax (oder Alpha-Beta) allein keine Lösung finden. Die Extensivform *erlaubt* es uns, Lösungen zu finden, weil sie die Wissenszustände (Spieltheoretiker nennen sie **Informationsmengen**) *aller* Spieler auf einmal darstellt. Aus dieser Repräsentation können wir Gleichgewichtslösungen ermitteln, genauso wie bei Normalformspielen.

Als einfaches Beispiel für ein sequenzielles Spiel platzieren Sie zwei Agenten in die 4×3-Welt von ► Abbildung 17.1 und lassen sie sich gleichzeitig bewegen, bis ein Agent ein Exit-Feld erreicht und die Auszahlung für dieses Feld erhält. Wenn wir festlegen, dass keine Bewegung stattfindet, wenn die beiden Agenten versuchen, sich gleichzeitig auf dasselbe Feld zu bewegen (ein häufiges Problem an vielen Verkehrsknotenpunkten), dann können bestimmte reine Strategien für immer stecken bleiben. Daher brauchen die Agenten eine gemischte Strategie, um in diesem Spiel gut abzuschneiden: Sie müssen zufällig zwischen Vorwärtsbewegung und Stehenbleiben wählen. Dies ist genau die Taktik, mit der Paketkollisionen in Ethernet-Netzwerken aufgelöst werden.

Als Nächstes betrachten wir eine sehr einfache Variante des Pokerspiels. Das Spiel besteht aus nur vier Karten, zwei Asse und zwei Könige. An jeden Spieler wird eine Karte ausgeteilt (als *Deal* bezeichnet). Der erste Spieler hat dann die Möglichkeit, den Spieleinsatz von 1 Punkt auf 2 zu erhöhen (*Raise*) oder zu schieben (*Check*). Wenn Spieler 1 schiebt, ist das Spiel vorbei. Wenn Spieler 1 erhöht, hat Spieler 2 die Möglichkeit, mitzugehen (*Call*) und damit zu akzeptieren, dass das Spiel 2 Punkte wert ist, oder auszusteigen (*Fold*) und den 1-Punkt-Einsatz aufzugeben. Wenn das Spiel nicht mit einem Ausstieg endet, hängt die Auszahlung von den Karten ab: Sie ist für beide Spieler null, wenn sie die gleiche Karte haben; andernfalls zahlt der Spieler mit dem König den Einsatz an den Spieler mit dem Ass.

Der Baum der Extensivform dieses Spiels ist in ► Abbildung 18.5 dargestellt. Spieler 0 ist *Zufall*; die Spieler 1 und 2 werden durch Dreiecke dargestellt. Jede Aktion wird als Pfeil dargestellt, beschriftet mit einer der Aktionen *Raise*, *Check*, *Call* oder *Fold* oder, für *Zufall*, mit den vier möglichen Deals („AK“ bedeutet, dass Spieler 1 ein Ass und Spieler 2 einen König erhält). Endzustände sind Rechtecke, die mit ihrer Auszahlung an Spieler 1 und Spieler 2 beschriftet sind. Informationsmengen werden als beschriftete gestrichelte Kästchen dargestellt; zum Beispiel ist $I_{1,1}$ die Informationsmenge, bei der Spieler 1 am Zug ist und weiß, dass er ein Ass hat (aber nicht weiß, was Spieler 2 hat). In der Informationsmenge $I_{2,1}$ ist Spieler 2 am Zug und weiß, dass er ein Ass hat und dass Spieler 1 erhöht hat, weiß aber nicht, welche Karte Spieler 1 hat. (Aufgrund der Grenzen von zweidimensionalem Papier wird diese Informationsmenge als zwei Kästchen statt eines dargestellt.)

Eine Möglichkeit, ein extensives Spiel zu lösen, besteht darin, es in ein Normalformspiel umzuwandeln. Wir erinnern uns, dass die Normalform eine Matrix ist, bei der jede Zeile mit

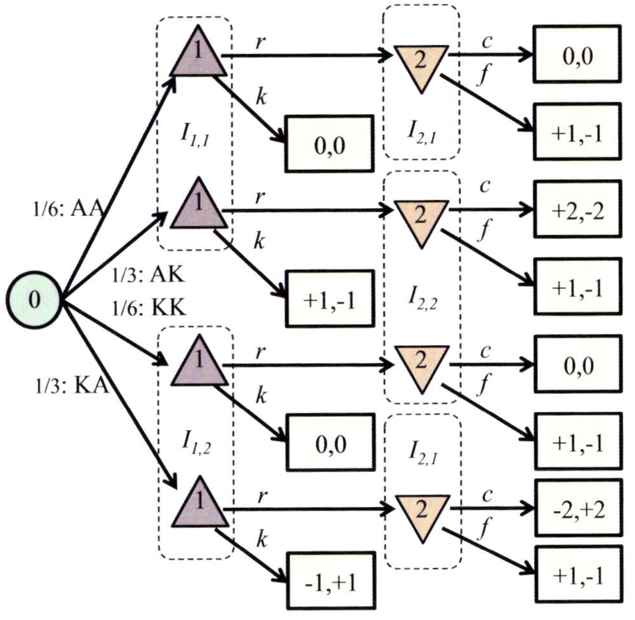

Abbildung 18.5: Extensivform einer vereinfachten Version des Pokerspiels mit zwei Spielern und nur vier Karten. Die Spielzüge sind *r* (*raise*), *f* (*fold*), *c* (*call*) und *k* (*check*).

einer reinen Strategie für Spieler 1 und jede Spalte mit einer reinen Strategie für Spieler 2 beschriftet ist. In einem extensiven Spiel entspricht eine reine Strategie für Spieler *i* einer Aktion für jede Informationsmenge, an der dieser Spieler beteiligt ist. In ► Abbildung 18.5 ist eine reine Strategie für Spieler 1 also: „*Raise*, wenn in $I_{1,1}$ (d. h., wenn ich ein Ass habe), und *Check*, wenn in $I_{1,2}$ (wenn ich einen König habe)." In der Auszahlungsmatrix unten wird diese Strategie als *rk* bezeichnet. In ähnlicher Weise bedeutet die Strategie *cf* für Spieler 2: „*Call*, wenn ich ein Ass habe, und *Fold*, wenn ich einen König habe." Da es sich um ein Nullsummenspiel handelt, gibt die unten stehende Matrix nur die Auszahlung für Spieler 1 an; Spieler 2 hat immer die entgegengesetzte Auszahlung:

	2:*cc*	2:*cf*	2:*ff*	2:*fc*
1:*rr*	0	-1/6	1	7/6
1:*kr*	-1/3	-1/6	5/6	2/3
1:*rk*	1/3	**0**	1/6	1/2
1:*kk*	0	**0**	0	0

Dieses Spiel ist so einfach, dass es zwei Reine-Strategie-Gleichgewichte hat, die fett dargestellt sind: *cf* für Spieler 2 und *rk* oder *kk* für Spieler 1. Aber im Allgemeinen können wir extensive Spiele lösen, indem wir sie in die Normalform umwandeln und dann eine Lösung (normalerweise eine gemischte Strategie) mit Standardmethoden der linearen Programmierung finden. Das funktioniert in der Theorie. Aber wenn ein Spieler *I* Informationsmengen und *a* Aktionen pro Menge hat, dann wird dieser Spieler a^I reine Strategien haben. Mit anderen Worten, die Größe der Normalformmatrix ist exponentiell zur Anzahl der Informationssätze, sodass der Ansatz in der Praxis nur für kleine Spielbäume funktioniert – ein Dutzend

Zustände oder so. Ein Spiel wie die Pokervariante Texas Hold'em für zwei Spieler hat etwa 10^{18} Zustände, was diesen Ansatz völlig unbrauchbar macht.

Was sind die Alternativen? In Kapitel 5 haben wir gesehen, wie die Alpha-Beta-Suche mit Spielen mit perfekten Informationen und riesigen Spielbäumen umgehen kann, indem sie den Baum inkrementell erzeugt, einige Zweige beschneidet und nicht terminale Knoten heuristisch auswertet. Aber dieser Ansatz funktioniert nicht gut für Spiele mit unvollkommenen Informationen, und zwar aus zwei Gründen: Erstens ist das Beschneiden schwieriger, weil wir gemischte Strategien berücksichtigen müssen, die mehrere Zweige kombinieren, und keine reine Strategie, die immer den besten Zweig wählt. Zweitens ist es schwieriger, einen nicht terminalen Knoten heuristisch zu bewerten, weil wir es mit Informationsmengen zu tun haben und nicht mit einzelnen Zuständen.

Koller *et al.* (1996) erwiesen sich als Retter mit einer alternativen Darstellung von extensiven Spielen, die als **Sequenzform** bezeichnet wird, und nur linear statt exponentiell zur Größe des Baums ist. Anstatt Strategien zu repräsentieren, repräsentiert sie Pfade durch den Baum; die Anzahl der Pfade ist gleich der Anzahl der Endknoten. Auf diese Darstellung können ebenfalls Standardmethoden der linearen Programmierung angewandt werden. Das resultierende System kann Pokervarianten mit 25.000 Zuständen in ein bis zwei Minuten lösen. Das ist ein exponentieller Geschwindigkeitszuwachs gegenüber dem Normalform-Ansatz, aber immer noch weit entfernt von der Lösung von z. B. Texas Hold'em für zwei Spieler mit 10^{18} Zuständen.

Wenn wir 10^{18} Zustände nicht verarbeiten können, dann können wir das Problem vielleicht vereinfachen, indem wir das Spiel in eine einfachere Form bringen. Wenn ich zum Beispiel ein Ass halte und die Möglichkeit in Betracht ziehe, dass ich mit der nächsten Karte ein Paar Asse erhalte, dann ist es mir egal, welche Farbe die nächste Karte hat, denn nach den Pokerregeln ist jede Farbe gleich gut. Dies legt nahe, eine **Abstraktion** des Spiels zu bilden, bei der die Farben ignoriert werden. Der resultierende Spielbaum wird um den Faktor $4! = 24$ kleiner sein. Angenommen, ich kann dieses kleinere Spiel lösen, wie verhält sich dann die Lösung dieses Spiels zum ursprünglichen Spiel? Wenn kein Spieler einen Flush anstrebt (die einzige Hand, bei der die Farben eine Rolle spielen), dann ist die Lösung für die Abstraktion auch eine Lösung für das ursprüngliche Spiel. Wenn jedoch irgendein Spieler einen Flush auf der Hand hat, dann ist die Abstraktion nur eine ungefähre Lösung (aber es ist möglich, Grenzen für den Fehler zu berechnen).

Es gibt viele Möglichkeiten zur Abstraktion. Wenn ich z. B. zu dem Zeitpunkt in einem Spiel, an dem jeder Spieler zwei Karten hat, ein Paar Damen halte, könnten die Blätter der anderen Spieler in drei Klassen abstrahiert werden: *besser* (nur ein Paar Könige oder ein Paar Asse), *gleich* (Paar Damen) oder *schlechter* (alles andere). Diese Abstraktion könnte jedoch zu grob sein. Eine bessere Abstraktion könnte *schlechter* beispielsweise in *mittleres Paar* (Neuner bis Buben), *niedriges Paar* und *kein Paar* unterteilen. Diese Beispiele sind Abstraktionen von Zuständen; es ist auch möglich, Aktionen zu abstrahieren. Zum Beispiel könnten wir, anstatt für jede ganze Zahl von 1 bis 1.000 eine Wettaktion zu haben, die Einsätze auf 10^0, 10^1, 10^2 und 10^3 beschränken. Oder wir könnten eine der Wettrunden ganz weglassen. Wir können auch über Zufallsknoten abstrahieren, indem wir nur eine Teilmenge der möglichen Deals betrachten. Dies ist äquivalent zu der in Go-Programmen verwendeten Rollout-Technik. Wenn wir all diese Abstraktionen zusammennehmen, können wir die 10^{18} Zustände des Pokers auf 10^7 Zustände reduzieren, eine Größe, die mit aktuellen Techniken gelöst werden kann.

Wir haben in Kapitel 5 gesehen, wie Pokerprogramme wie Libratus und DeepStack in der Lage waren, menschliche Champions bei der Pokervariante Heads-up[4] Texas Hold'em zu besiegen. Kürzlich war das Programm Pluribus in der Lage, menschliche Champions beim Poker mit sechs Spielern in zwei Formaten zu besiegen: fünf Kopien des Programms am Tisch mit

4 Das heißt, ein Spiel mit zwei Spielern.

einem Menschen und eine Kopie des Programms mit fünf Menschen. Hier gibt es einen großen Sprung in der Komplexität. Bei einem Gegner gibt es $\binom{50}{2} = 1.225$ Möglichkeiten für die verdeckten Karten des Gegners. Aber bei fünf Gegnern gibt es $\binom{50}{10} \approx 10$ Milliarden Möglichkeiten. Pluribus entwickelt eine Basisstrategie vollständig aus dem eigenen Spiel heraus und modifiziert diese Strategie dann während des eigentlichen Spiels, um auf eine bestimmte Situation zu reagieren. Pluribus verwendet eine Kombination von Techniken, einschließlich Monte-Carlo-Baumsuche, Tiefensuche und Abstraktion.

Die Extensivform ist eine vielseitige Darstellung: Sie kann mit teilweise beobachtbaren, Multi-Agenten-, stochastischen, sequenziellen Echtzeitumgebungen umgehen – die meisten der schwierigen Fälle aus der Liste der Umgebungseigenschaften auf S. 70. Es gibt jedoch zwei Einschränkungen für die Extensivform im Besonderen und die Spieltheorie im Allgemeinen. Erstens kann sie nicht gut mit stetigen Zuständen und Aktionen umgehen (obwohl es einige Erweiterungen für den stetigen Fall gibt; beispielsweise verwendet die Theorie des **Cournot-Wettbewerbs** die Spieltheorie, um Probleme zu lösen, bei denen zwei Unternehmen Preise für ihre Produkte aus einem stetigen Raum wählen). Zweitens setzt die Spieltheorie voraus, dass das Spiel *bekannt* ist. Teile des Spiels können als unbeobachtbar für einige der Spieler spezifiziert werden, aber es muss bekannt sein, welche Teile unbeobachtbar sind. In Fällen, in denen die Spieler die unbekannte Struktur des Spiels mit der Zeit lernen, beginnt das Modell zusammenzubrechen. Untersuchen wir jede Quelle der Unsicherheit und ob sie in der Spieltheorie dargestellt werden kann.

Aktionen: Es gibt keine einfache Möglichkeit, ein Spiel darzustellen, bei dem die Spieler herausfinden müssen, welche Aktionen verfügbar sind. Betrachten Sie das Spiel zwischen Computerviren-Autoren und Sicherheitsexperten. Ein Teil des Problems besteht darin, vorauszusehen, welche Aktion die Virenschreiber als Nächstes versuchen werden.

Strategien: Die Spieltheorie ist sehr gut darin, die Idee darzustellen, dass die Strategien der anderen Spieler zunächst unbekannt sind – solange wir annehmen, dass alle Agenten rational sind. Die Theorie sagt nicht, was zu tun ist, wenn die anderen Spieler weniger als vollständig rational sind. Der Begriff des **Bayes-Nash-Gleichgewichts** geht teilweise auf diesen Punkt ein: Es ist ein Gleichgewicht in Bezug auf die vorherige Wahrscheinlichkeitsverteilung eines Spielers über die Strategien der anderen Spieler – mit anderen Worten, es drückt die Überzeugungen eines Spielers über die wahrscheinlichen Strategien der anderen Spieler aus.

Zufall: Wenn ein Spiel vom Wurf eines Würfels abhängt, ist es einfach genug, einen Zufallsknoten mit gleichmäßiger Verteilung über die Ergebnisse zu modellieren. Aber was ist, wenn die Möglichkeit besteht, dass der Würfel unfair ist? Wir können das mit einem anderen Zufallsknoten weiter oben im Baum darstellen, mit zwei Zweigen für „Würfel ist fair" und „Würfel ist unfair", sodass die entsprechenden Knoten in jedem Zweig sich in der gleichen Informationsmenge befinden (das heißt, die Spieler wissen nicht, ob der Würfel fair ist oder nicht). Und was, wenn wir vermuten, dass der andere Gegner es doch weiß? Dann fügen wir einen *weiteren* Zufallsknoten hinzu, mit einem Zweig, der den Fall repräsentiert, dass der Gegner es weiß, und einem Zweig, in dem der Gegner es nicht weiß.

Nutzen: Was ist, wenn wir die Nutzenwerte unseres Gegners nicht kennen? Auch das kann mit einem Zufallsknoten modelliert werden, sodass der andere Agent seine eigenen Nutzenwerte in jedem Zweig kennt, wir aber nicht. Aber was ist, wenn wir unsere *eigenen* Nutzenwerte nicht kennen? Woher weiß ich zum Beispiel, ob es rational ist, den Chefsalat zu bestellen, wenn ich nicht weiß, wie sehr ich ihn mögen werde? Wir können das mit einem weiteren Zufallsknoten modellieren, der eine unbeobachtbare „intrinsische Qualität" des Salats angibt.

Wir sehen also, dass die Spieltheorie die meisten Unsicherheitsquellen gut darstellen kann – allerdings um den Preis, dass sich die Größe des Baums jedes Mal verdoppelt, wenn wir einen weiteren Knoten hinzufügen; eine Eigenart, die schnell zu unüberschaubar großen Bäumen führt. Aufgrund dieser und anderer Probleme wurde die Spieltheorie hauptsächlich zur

Analyse von Umgebungen verwendet, die sich im Gleichgewicht befinden, und nicht zur *Steuerung* von Agenten innerhalb einer Umgebung.

18.2.5 Unsichere Auszahlungen und Assistenzspiele

In Kapitel 1 (S. 26) haben wir darauf hingewiesen, wie wichtig es ist, KI-Systeme zu entwickeln, die bei Unsicherheit über das wahre menschliche Ziel arbeiten können. In Kapitel 16 (S. 623) wurde ein einfaches Modell für die Unsicherheit über die *eigenen* Präferenzen am Beispiel von Eiscreme mit Durian-Geschmack vorgestellt. Durch das einfache Hinzufügen einer neuen latenten Variable zum Modell, um die unbekannten Präferenzen zu repräsentieren, zusammen mit einem geeigneten Sensormodell (z. B. Überwachung des Geschmacks einer kleinen Probe der Eiscreme), können unsichere Präferenzen auf natürliche Weise behandelt werden.

In Kapitel 16 wurde auch das **Ausschaltproblem** untersucht: Wir haben gezeigt, dass ein Roboter, der unsicher über die Präferenzen des Menschen ist, sich dem Menschen fügt und sich ausschalten lässt. Bei diesem Problem ist Robbie, der Roboter, unsicher über die Präferenzen von Harriet, dem Menschen, aber wir modellieren Harriets Entscheidung (ob Robbie ausgeschaltet werden soll oder nicht) als eine einfache, deterministische Folge ihrer Präferenzen für die von Robbie vorgeschlagene Aktion. Hier verallgemeinern wir diese Idee in ein vollständiges Zwei-Personen-Spiel, genannt **Assistenzspiel**, in dem Harriet und Robbie die Spieler sind. Wir nehmen an, dass Harriet ihre eigenen Präferenzen θ verfolgt und in Übereinstimmung mit diesen handelt, während Robbie eine Vorwahrscheinlichkeit $P(\theta)$ über Harriets Präferenzen hat. Die Auszahlung ist durch θ definiert und ist für beide Spieler identisch: Sowohl Harriet als auch Robbie maximieren Harriets Auszahlung. Auf diese Weise bietet das Assistenzspiel ein formales Modell für die in Kapitel 1 eingeführte Idee einer nachweislich vorteilhaften KI.

Zusätzlich zu dem respektvollen Verhalten, das Robbie im Ausschaltproblem zeigt – das eine eingeschränkte Art von Assistenzspiel ist –, gibt es weitere Verhaltensweisen, die als Gleichgewichtstrategien in allgemeinen Assistenzspielen auftauchen. Dazu gehören Aktionen von Harriet, die wir als „lehren“, „belohnen“, „befehlen“, „korrigieren“, „zeigen“ oder „erklären“ beschreiben würden, sowie Aktionen von Robbie, die wir als „um Erlaubnis bitten“, „lernen aus Demonstrationen“, „erheben von Präferenzen“ und so weiter beschreiben würden. Der entscheidende Punkt ist, dass diese Verhaltensweisen nicht geskriptet sein müssen: Durch Lösen des Spiels finden Harriet und Robbie selbst heraus, wie sie Präferenzinformationen von Harriet an Robbie weitergeben können, sodass Robbie für Harriet nützlicher sein kann. Wir müssen nicht im Voraus festlegen, dass Harriet „Belohnungen vergeben“ oder Robbie „Anweisungen befolgen“ soll, obwohl beides vernünftige Interpretationen ihres Verhaltens sein können.

Zur Veranschaulichung von Assistenzspielen verwenden wir das **Büroklammerspiel**. Es ist ein sehr einfaches Spiel, bei dem Harriet, der Mensch, einen Anreiz hat, Robbie, dem Roboter, einige Informationen über ihre Präferenzen zu „signalisieren“. Robbie ist in der Lage, dieses Signal zu interpretieren, weil er das Spiel lösen kann und daher versteht, was an Harriets Präferenzen wahr sein muss, sodass sie auf diese Weise signalisiert.

Die Schritte des Spiels sind in ► Abbildung 18.6 dargestellt. Es geht um die Herstellung von Büroklammern und Heftklammern. Die Präferenzen von Harriet werden durch eine Auszahlungsfunktion ausgedrückt, die von der Anzahl der Büroklammern und der Anzahl der produzierten Heftklammern abhängt, mit einer bestimmten „Austauschrate“ zwischen den beiden. Harriets Präferenzparameter θ bezeichnet den relativen Wert (in Euro) einer Büroklammer; zum Beispiel könnte sie Büroklammern mit $\theta = 0{,}45$ € bewerten, was bedeutet, dass Heftklammern $1 - \theta = 0{,}55$ € wert sind. Wenn also p Büroklammern und s Heftklammern produziert werden, beträgt Harriets Auszahlung insgesamt $p\theta + s(1 - \theta)$ €. Robbies A-priori-

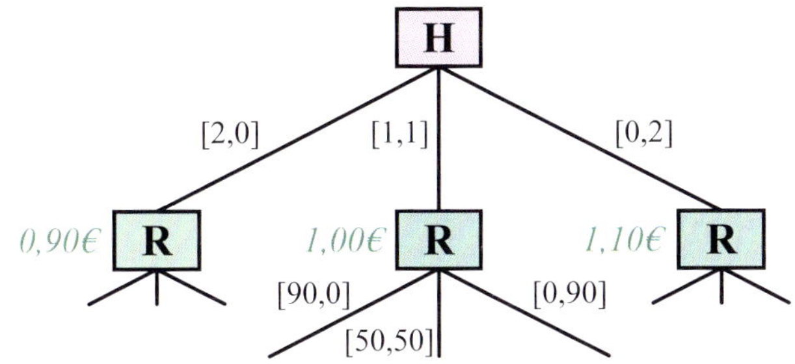

Abbildung 18.6: Das Büroklammerspiel. Jeder Zweig ist mit $[p, s]$ beschriftet, was die Anzahl der Büroklammern und Heftklammern angibt, die auf diesem Zweig hergestellt werden. Harriet kann als Mensch wählen, ob zwei Büroklammern, zwei Heftklammern oder eine von beiden herstellt werden sollen. (Die Werte in grüner Kursivschrift sind die Werte für Harriet, wenn das Spiel hier endet, unter der Annahme, dass $\theta = 0{,}45$ ist.) Robbie, der Roboter, hat dann die Wahl, 90 Büroklammern, 90 Heftklammern oder 50 von beidem herzustellen.

Wahrscheinlichkeit ist $P(\theta) = Uniform(\theta; 0{,}1)$. Im Spiel selbst fängt Harriet an und kann wählen, ob sie zwei Büroklammern, zwei Heftklammern oder eine von beiden herstellen möchte. Dann kann Robbie wählen, ob er 90 Büroklammern, 90 Heftklammern oder 50 von jedem herstellen möchte.

Beachten Sie, dass Harriet, wenn sie dies alleine tun würde, nur zwei Klammern mit einem Wert von 1,10 € herstellen würde (siehe die Anmerkungen auf der ersten Ebene des Baums in ► Abbildung 18.6). Aber Robbie schaut zu und lernt aus ihrer Entscheidung. Was genau lernt er? Nun, das hängt davon ab, wie Harriet ihre Wahl trifft. Und wie trifft Harriet ihre Wahl? Das hängt davon ab, wie Robbie sie interpretieren wird. Wir können diese Zirkularität auflösen, indem wir ein Nash-Gleichgewicht finden. In diesem Fall ist es eindeutig und kann durch Anwendung der kurzsichtigen besten Antwort gefunden werden: Wähle eine beliebige Strategie für Harriet; wähle die beste Strategie für Robbie, wenn Harriets Strategie gegeben ist; wähle die beste Strategie für Harriet, angesichts von Robbies Strategie; und so weiter. Der Prozess läuft folgendermaßen ab:

1. Beginnen Sie mit der gierigen Strategie für Harriet: Stellen Sie zwei Büroklammern her, wenn sie Büroklammern bevorzugt; stellen Sie eine von beiden her, wenn sie unentschieden ist; stellen Sie zwei Heftklammern her, wenn sie Heftklammern bevorzugt.
2. Es gibt drei Möglichkeiten, die Robbie angesichts dieser Strategie für Harriet in Betracht ziehen muss:
   a. Wenn Robbie sieht, dass Harriet zwei Büroklammern herstellt, schließt er daraus, dass sie Büroklammern bevorzugt, sodass er nun glaubt, dass der Wert einer Büroklammer gleichmäßig zwischen 0,5 und 1,0 verteilt ist, mit einem Durchschnitt von 0,75. In diesem Fall ist sein bester Plan, 90 Büroklammern mit einem erwarteten Wert von 67,50 € für Harriet herzustellen.
   b. Wenn Robbie sieht, dass Harriet jeweils eine der beiden Artikel herstellt, so schließt er daraus, dass sie Büroklammern und Heftklammern mit 0,50 bewertet, sodass es am besten ist, von beiden jeweils 50 Stück herzustellen.
   c. Wenn Robbie sieht, dass Harriet zwei Heftklammern herstellt, dann sollte er mit dem gleichen Argument wie in (a) 90 Heftklammern herstellen.
3. Angesichts dieser Strategie für Robbie ist Harriets beste Strategie nun eine andere als die gierige Strategie in Schritt 1. Wenn Robbies Reaktion auf die Tatsache, dass sie jeweils eine der beiden Klammern herstellt, darin besteht, 50 von beiden Artikeln herzustellen, dann ist es für sie besser, nicht nur dann jeweils eine von beiden herzustellen, wenn es ihr völlig gleichgültig ist, sondern bereits, wenn es ihr fast gleichgültig ist. In der Tat ist die

optimale Strategie nun, eine von jeder herzustellen, wenn sie den Wert von Büroklammern irgendwo zwischen 0,446 und 0,554 einschätzt.

4 Bei dieser neuen Strategie für Harriet bleibt Robbies Strategie unverändert. Wenn sie z. B. eine von beiden wählt, folgert er, dass der Wert einer Büroklammer gleichmäßig zwischen 0,446 und 0,554 verteilt ist, mit einem Durchschnitt von 0,50, sodass die beste Wahl darin besteht, 50 von jeder herzustellen. Da Robbies Strategie die gleiche ist wie in Schritt 2, wird Harriets beste Reaktion dieselbe sein wie in Schritt 3, und wir haben das Gleichgewicht gefunden.

Mit ihrer Strategie bringt Harriet Robbie ihre Präferenzen bei, indem sie einen einfachen Code verwendet – eine Sprache, wenn Sie so wollen, die sich aus der Gleichgewichtsanalyse ergibt. Beachten Sie auch, dass Robbie Harriets Präferenzen nie genau herausfindet, aber er erfährt genug, um optimal für sie zu handeln – d. h., er handelt genauso, wie er handeln würde, wenn er ihre Präferenzen genau kennen würde. Er ist nachweislich vorteilhaft für Harriet unter den genannten Annahmen und unter der Annahme, dass Harriet das Spiel korrekt spielt.

Die kurzsichtige beste Antwort funktioniert für dieses und ähnliche Beispiel, aber nicht für komplexere Fälle. Es ist möglich zu beweisen, dass das Finden eines optimalen Strategieprofils für ein Assistenzspiel auf das Lösen eines POMDP (teilweise beobachtbares MDP) reduzierbar ist, dessen Zustandsraum der zugrunde liegende Zustandsraum des Spiels ist plus die menschlichen Präferenzparameter θ, vorausgesetzt, es gibt keine Bindungen, die Koordinationsprobleme verursachen. POMDPs sind im Allgemeinen sehr schwer zu lösen (Abschnitt 17.5), aber die POMDPs, die Assistenzspiele darstellen, haben eine zusätzliche Struktur, die effizientere Algorithmen ermöglicht.

Assistenzspiele können so verallgemeinert werden, dass sie beispielsweise mehrere menschliche Teilnehmer, mehrere Roboter, unvollkommen rationale Menschen sowie Menschen zulassen, die ihre eigenen Präferenzen nicht kennen. Durch die Bereitstellung eines faktorisierten oder strukturierten Aktionsraums, im Gegensatz zu den einfachen atomaren Aktionen im Büroklammerspiel, können die Möglichkeiten der Kommunikation stark erweitert werden. Bisher wurden nur wenige dieser Varianten erforscht, aber wir erwarten, dass die Schlüsseleigenschaft von Assistenzspielen weiterhin wahr bleibt: Je intelligenter der Roboter, desto besser das Ergebnis für den Menschen.

18.3 Die kooperative Spieltheorie

Wir wissen, dass kooperative Spiele Entscheidungsszenarien umfassen, in denen Agenten untereinander verbindliche Vereinbarungen zur Zusammenarbeit treffen können. Sie können dann davon profitieren, dass sie einen zusätzlichen Wert erhalten, verglichen mit dem, was sie bekommen würden, wenn sie alleine handeln würden.

Wir beginnen mit der Einführung eines Modells für eine Klasse von **kooperativen Spielen**. Formal werden diese Spiele „kooperative Spiele mit übertragbarem Nutzen in charakteristischer Funktionsform“ genannt. Die Idee des Modells ist, dass wenn eine Gruppe von Agenten kooperiert, die Gruppe als Ganzes einen gewissen Nutzen erhält, der dann unter den Gruppenmitgliedern aufgeteilt werden kann. Das Modell sagt weder, welche Aktionen die Agenten ausführen werden, noch legt die Spielstruktur selbst fest, wie der erhaltene Wert aufgeteilt wird (das kommt später).

Formal verwenden wir die Formel $G = (N, \nu)$, um zu sagen, dass ein kooperatives Spiel G durch eine Menge von Spielern $N = \{1, \ldots, n\}$ und eine **charakteristische Funktion** ν definiert ist, die für jede Teilmenge von Spielern $C \subseteq N$ den Wert angibt, den die Gruppe von Spielern erreichen könnte, sollten sie sich entscheiden zusammenzuarbeiten.

In der Regel nehmen wir an, dass die leere Menge von Spielern nichts erreicht ($\nu(\{\}) = 0$) und dass die Funktion nichtnegativ ist ($\nu(C) \geq 0$ für alle C). In einigen Spielen machen wir die weitere Annahme, dass die Spieler nichts erreichen, wenn sie alleine arbeiten: $\nu(\{i\}) = 0$ für alle $i \in N$.

18.3.1 Koalitionsstrukturen und Ergebnisse

Es ist üblich, eine Untergruppe von Spielern C als **Koalition** zu bezeichnen. Im alltäglichen Sprachgebrauch impliziert der Begriff „Koalition" eine Vereinigung von Menschen mit einem gemeinsamen Anliegen (wie z. B. die Koalition zur Beendigung von Waffengewalt), aber wir werden *jede* Teilmenge von Spielern als Koalition bezeichnen. Die Menge aller Spieler N wird als die **große Koalition** bezeichnet.

In unserem Modell muss sich jeder Spieler dafür entscheiden, genau einer Koalition beizutreten (die auch eine Koalition des einzelnen Spielers allein sein kann). Die Koalitionen bilden also eine **Partition** der Menge der Spieler. Wir nennen die Partition eine **Koalitionsstruktur**. Formal ist eine Koalitionsstruktur über einer Menge von Spielern N eine Menge von Koalitionen $\{C_1, \ldots, C_k\}$, sodass gilt:

$$
\begin{aligned}
&C_i \neq \{\} \\
&C_i \subseteq N \\
&C_i \cap C_j = \{\} \text{ für alle } i \neq j \in N \\
&C_1 \cup \cdots \cup C_k = N
\end{aligned}
$$

Wenn wir zum Beispiel $N = \{1, 2, 3\}$ haben, dann gibt es sieben mögliche Koalitionen:

$$\{1\}, \{2\}, \{3\}, \{1, 2\}, \{2, 3\}, \{3, 1\} \text{ und } \{1, 2, 3\}$$

und fünf mögliche Koalitionsstrukturen:

$$\{\{1\}, \{2\}, \{3\}\}, \{\{1\}, \{2, 3\}\}, \{\{2\}, \{1, 3\}\}, \{\{3\}, \{1, 2\}\} \text{ und } \{\{1, 2, 3\}\}$$

Wir verwenden die Notation $\mathbf{CS}(N)$, um die Menge aller Koalitionsstrukturen über der Spielermenge N zu bezeichnen, und $CS(i)$ für die Koalition, zu der Spieler i gehört.

Das **Ergebnis** eines Spiels wird durch die Entscheidungen der Spieler definiert, welche Koalitionen sie bilden und wie sie den $\nu(C)$-Wert aufteilen, den jede Koalition erhält. Formal gesehen ist das Ergebnis eines kooperativen Spiels, das durch (N, ν) definiert ist, ein Paar $(CS, \mathbf{x})$, das aus einer Koalitionsstruktur und einem **Auszahlungsvektor** $\mathbf{x} = (x_1, \ldots, x_n)$ besteht, wobei x_i der Wert ist, der an Spieler i geht. Die Auszahlung muss die Bedingung erfüllen, dass jede Koalition C ihren gesamten Wert $\nu(C)$ unter ihren Mitgliedern aufteilt:

$$\sum_{i \in C} x_i = \nu(C) \qquad \text{für alle } C \in CS$$

Zum Beispiel ist bei dem Spiel $(\{1, 2, 3\}, \nu)$ mit $\nu(\{1\}) = 4$ und $\nu(\{2, 3\}) = 10$ ein mögliches Ergebnis:

$$(\{\{1\}, \{2, 3\}\}, (4, 5, 5))$$

Das heißt, Spieler 1 bleibt allein und akzeptiert einen Wert von 4, während Spieler 2 und 3 sich zusammentun und einen Wert von 10 erhalten, den sie gleichmäßig aufteilen.

Einige kooperative Spiele haben die Eigenschaft, dass, wenn sich zwei Koalitionen zusammenschließen, sie nicht schlechter abschneiden, als wenn sie getrennt geblieben wären. Diese Eigenschaft wird als **Superadditivität** bezeichnet. Formal gesehen ist ein Spiel superadditiv, wenn seine charakteristische Funktion die folgende Bedingung erfüllt:

$$\nu(C \cup D) \geq \nu(C) + \nu(D) \qquad \text{für alle } C, D \subseteq N$$

Wenn ein Spiel superadditiv ist, dann erhält die große Koalition einen Wert, der mindestens so hoch wie oder höher ist als die Summe, die jede andere Koalitionsstruktur erhält. Wie wir jedoch gleich sehen werden, enden superadditive Spiele nicht immer mit einer großen Koalition, und zwar aus demselben Grund, aus dem die Spieler beim Gefangenendilemma nicht immer zu einem kollektiv wünschenswerten Pareto-optimalen Ergebnis kommen.

18.3.2 Strategie in kooperativen Spielen

Die Grundannahme in der kooperativen Spieltheorie ist, dass Spieler strategisch darüber entscheiden, mit wem sie kooperieren wollen. Intuitiv werden sie nicht mit unproduktiven Spielern zusammenarbeiten wollen, sondern natürlich nach Spielern suchen, die gemeinsam einen hohen Koalitionswert erzielen. Aber diese begehrten Spieler stellen eigene strategische Überlegungen an. Bevor wir diese Überlegungen beschreiben können, benötigen wir einige weitere Definitionen.

Eine **Imputation** für ein kooperatives Spiel (N, v) ist ein Auszahlungsvektor, der die folgenden zwei Bedingungen erfüllt:

$$\sum_{i=1}^{n} x_i = v(N)$$

$$x_i \geq v(\{i\}) \text{ für alle } i \in N$$

Die erste Bedingung besagt, dass eine Imputation den Gesamtwert der großen Koalition verteilen muss; die zweite Bedingung, bekannt als **individuelle Rationalität**, besagt, dass jeder Spieler mindestens so gut dasteht, als hätte er alleine gearbeitet.

Bei einer gegebenen Imputation $\mathbf{x} = (x_1, \ldots, x_n)$ und einer Koalition $C \subseteq N$ definieren wir $x(C)$ als die Summe $\sum_{i \in C} x_i$ – der Gesamtbetrag, der durch die Imputation $\mathbf{x}$ an C ausgezahlt wurde.

Als Nächstes definieren wir den **Kern** eines Spiels (N, v) als die Menge aller Imputationen $\mathbf{x}$, die die Bedingung $x(C) \geq v(C)$ für jede mögliche Koalition $C \subset N$ erfüllen. Wenn also eine Imputation $\mathbf{x}$ *nicht* im Kern ist, dann gibt es irgendeine Koalition $C \subset N$, sodass $v(C) > x(C)$ ist. Die Spieler in C würden sich weigern, der großen Koalition beizutreten, weil es für sie besser wäre, bei C zu bleiben.

Der Kern eines Spiels besteht daher aus allen möglichen Auszahlungsvektoren, gegen die keine Koalition mit der Begründung Einspruch erheben könnte, dass sie es besser machen könnte, wenn die Mitglieder der großen Koalition nicht beitreten würden. Wenn also der Kern leer ist, dann kann die große Koalition nicht gebildet werden, denn egal, wie die große Koalition ihre Auszahlung aufteilt, irgendeine kleinere Koalition würde sich weigern, beizutreten. Die wichtigsten Berechnungsfragen rund um den Kern beziehen sich darauf, ob er leer ist oder nicht und ob eine bestimmte Auszahlungsverteilung im Kern ist.

Die Definition des Kerns führt normalerweise wie folgt zu einem System von linearen Ungleichungen (die Unbekannten sind die Variablen $x_1, \ldots, x_n$ und die Werte $v(C)$ sind Konstanten):

$$x_i \geq v(\{i\}) \quad \text{für alle } i \in N$$

$$\sum_{i \in N} x_i = v(N)$$

$$\sum_{i \in C} x_i \geq v(C) \quad \text{für alle } C \subseteq N$$

Jede Lösung dieser Ungleichungen definiert eine Imputation im Kern. Wir können die Ungleichungen als lineares Programm formulieren, indem wir eine Dummy-Zielfunktion verwenden

(z. B. Maximierung von $\sum_{i \in N} x_i$), wodurch wir Imputationen in einer Zeit polynomiell zur Anzahl der Ungleichungen berechnen können. Die Schwierigkeit ist, dass dies eine exponentielle Anzahl von Ungleichungen ergibt (eine für jede der 2^n möglichen Koalitionen). Somit liefert dieser Ansatz einen Algorithmus zur Überprüfung auf Nicht-Leere des Kerns, der in exponentieller Zeit läuft. Ob wir es besser machen können, hängt von dem untersuchten Spiel ab: Für viele Klassen von kooperativen Spielen ist das Problem der Überprüfung auf Nicht-Leere des Kerns co-NP-vollständig. Wir geben unten ein Beispiel.

Bevor wir fortfahren, sehen wir uns ein Beispiel für ein superadditives Spiel mit einem leeren Kern an. Das Spiel hat drei Spieler $N = \{1, 2, 3\}$ und eine charakteristische Funktion, die wie folgt definiert ist:

$$\nu(C) = \begin{cases} 1 & \text{falls } |C| \geq 2 \\ 0 & \text{sonst} \end{cases}$$

Betrachten Sie nun eine beliebige Imputation (x_1, x_2, x_3) für dieses Spiel. Da $\nu(N) = 1$ ist, muss der Fall gegeben sein, dass mindestens ein Spieler i $x_i > 0$ hat und die anderen beiden eine Gesamtauszahlung kleiner als 1 erhalten. Diese beiden könnten davon profitieren, indem sie eine Koalition ohne Spieler i bilden und den Wert 1 unter sich aufteilen. Da dies aber für alle Imputationen gilt, muss der Kern leer sein.

Der Kern formalisiert die Idee, dass die große Koalition *stabil* ist, in dem Sinne, dass keine Koalition profitabel davon abweichen kann. Der Kern kann jedoch Imputationen enthalten, die *unangemessen* sind, in dem Sinne, dass ein oder mehrere Spieler sie als unfair empfinden könnten. Nehmen wir an, dass $N = \{1, 2\}$ ist und wir eine charakteristische Funktion ν haben, die wie folgt definiert ist:

$$\nu(\{1\}) = \nu(\{2\}) = 5$$
$$\nu(\{1, 2\}) = 20$$

Hier erzielt die Kooperation einen Überschuss von 10 im Vergleich zu dem, was die Spieler erzielen könnten, wenn sie isoliert arbeiten würden, und daher ist die Kooperation in diesem Szenario intuitiv sinnvoll. Nun ist es leicht zu erkennen, dass die Imputation $(6, 14)$ im Kern dieses Spiels liegt: Keiner der Spieler kann abweichen, um einen höheren Nutzen zu erzielen. Allerdings könnte dies aus der Sicht von Spieler 1 unvernünftig erscheinen, weil Spieler 2 9/10 des Überschusses erhält. Folglich sagt uns der Begriff des Kerns zwar, wann sich eine große Koalition bilden kann, aber er sagt uns nicht, wie die Auszahlung zu verteilen ist.

Der **Shapley-Wert** ist ein eleganter Vorschlag, wie der $\nu(N)$-Wert unter den Spielern aufgeteilt werden sollte, wenn sich die große Koalition N gebildet hat. Der Shapley-Wert wurde vom Nobelpreisträger Lloyd Shapley in den frühen 1950er Jahren formuliert und soll ein *faires* Verteilungsschema garantieren.

Was bedeutet *fair*? Es wäre unfair, $\nu(N)$ aufgrund der Augenfarbe der Spieler, ihres Geschlechts oder ihrer Hautfarbe zu verteilen. Studenten schlagen oft vor, dass der Wert $\nu(N)$ gleichmäßig verteilt werden sollte, was fair zu sein scheint, bis wir bedenken, dass dadurch Spieler, die viel beitragen, und Spieler, die nichts beitragen, die gleiche Belohnung erhalten würden. Shapley erkannte, dass es nur eine einzige Möglichkeit gab, den Wert $\nu(N)$ fair aufzuteilen, und zwar indem jeder Spieler so viel erhält, wie er zur Schaffung des Werts $\nu(N)$ *beigetragen* hat.

Zunächst müssen wir den Begriff des **marginalen Beitrags** eines Spielers definieren. Der marginale Beitrag, den ein Spieler i zu einer Koalition C leistet, ist der Wert, den i hinzufügen (oder entfernen) würde, wenn i der Koalition C beitreten würde. Formal wird der marginale Beitrag, den der Spieler zu C beiträgt, mit $mc_i(C)$ bezeichnet:

$$mc_i(C) = \nu(C \cup \{i\}) - \nu(C)$$

Ein erster Versuch, ein Auszahlungsschema zu definieren, das mit Shapleys Vorschlag übereinstimmt, dass Spieler entsprechend ihres Beitrags belohnt werden sollten, wäre nun, jedem Spieler i den Wert zu zahlen, den er der Koalition, die alle anderen Spieler enthält, hinzufügen würde:

$$mc_i(N - \{i\})$$

Das Problem ist, dass dies implizit annimmt, dass Spieler i der *letzte* Spieler ist, der der Koalition beitritt. Daher schlug Shapley vor, alle möglichen Wege zu betrachten, auf denen sich die große Koalition bilden könnte, d. h. alle möglichen Reihenfolgen der Spieler N, und den Wert zu berücksichtigen, den i den vorangehenden Spielern in der Reihenfolge hinzufügt. Dann sollte ein Spieler belohnt werden, indem er *den durchschnittlichen marginalen Beitrag erhält, den Spieler i über alle möglichen Reihenfolgen der Spieler hinweg für die Menge der Spieler leistet, die in der Reihenfolge vor ihm stehen.*

Wir lassen $\mathcal{P}$ alle möglichen Permutationen (z. B. Reihenfolgen) der Spieler N bezeichnen und bezeichnen Mitglieder von $\mathcal{P}$ mit $p, p', \ldots$ usw. Wenn $p \in \mathcal{P}$ und $i \in N$ ist, so bezeichnen wir mit p_i die Menge der Spieler, die in der Reihenfolge p vor i stehen. Dann ist der Shapley-Wert für ein Spiel G die Imputation $\phi(G) = (\phi_1(G), \ldots, \phi_n(G))$, die wie folgt definiert ist:

$$\phi_i(G) = \frac{1}{n!} \sum_{p \in \mathcal{P}} mc_i(p_i) \tag{18.1}$$

Dies sollte Sie davon überzeugen, dass der Shapley-Wert ein vernünftiger Vorschlag ist. Aber das Bemerkenswerte daran ist, dass er die *einzige* Lösung für eine Reihe von Axiomen ist, die ein „faires" Auszahlungsschema charakterisiert. Wir brauchen noch einige Definitionen, bevor wir die Axiome definieren.

Wir definieren einen **Scheinspieler** als einen Spieler i, der nie einen Wert zu einer Koalition beiträgt – das heißt, $mc_i(C) = 0$ für alle $C \subseteq N - \{i\}$. Wir sagen, dass zwei Spieler i und j **symmetrische Spieler** sind, wenn sie immer *identische* Beiträge zu Koalitionen leisten – das heißt, $mc_i(C) = mc_j(C)$ für alle $C \subseteq N - \{i, j\}$. Und wenn $G = (N, v)$ und $G' = (N, v')$ Spiele mit der gleichen Spielermenge sind, ist das Spiel $G + G'$ das Spiel mit der gleichen Spielermenge und einer charakteristischen Funktion v'', definiert durch $v''(C) = v(C) + v'(C)$.

Basierend auf diesen Definitionen können wir die Fairness-Axiome definieren, die der Shapley-Wert erfüllt:

- *Effizienz*: $\sum_{i \in N} \phi_i(G) = v(N)$. (Der gesamte Wert sollte verteilt sein.)
- *Scheinspieler*: Wenn i ein Scheinspieler in G ist, dann ist $\phi_i(G) = 0$. (Spieler, die nie etwas beitragen, sollten auch nie etwas erhalten.)
- *Symmetrie*: Wenn i und j symmetrisch in G sind, dann ist $\phi_i(G) = \phi_j(G)$. (Spieler, die identische Beiträge leisten, sollten identische Auszahlungen erhalten.)
- *Additivität*: Der Wert ist additiv über Spiele: Für alle Spiele $G = (N, v)$ und $G' = (N, v')$ und für alle Spieler $i \in N$ gilt $\phi_i(G + G') = \phi_i(G) + \phi_i(G')$.

Das Axiom der Additivität ist zugegebenermaßen ziemlich technisch. Wenn wir es jedoch als Voraussetzung akzeptieren, können wir die folgende Schlüsseleigenschaft feststellen: *Der Shapley-Wert ist die* einzige *Möglichkeit, den Koalitionswert so zu verteilen, dass diese Fairness-Axiome erfüllt werden.*

18.3.3 Berechnung in kooperativen Spielen

Aus theoretischer Sicht haben wir nun eine zufriedenstellende Lösung. Aber aus rechnerischer Sicht müssen wir wissen, wie wir kooperative Spiele *kompakt darstellen* und Lösungskonzepte wie den Kern und den Shapley-Wert *effizient berechnen* können.

Die naheliegende Darstellung einer charakteristischen Funktion wäre eine Tabelle, die den Wert $\nu(C)$ für alle 2^n Koalitionen auflistet. Dies ist für große n nicht machbar. Es wurde eine Reihe von Ansätzen zur kompakten Darstellung kooperativer Spiele entwickelt, die sich dadurch unterscheiden, ob sie *vollständig* sind oder nicht. Ein vollständiges Repräsentationsschema ist eines, das in der Lage ist, *jedes* kooperative Spiel zu repräsentieren. Der Nachteil bei vollständigen Repräsentationsschemas ist, dass es immer einige Spiele geben wird, die nicht kompakt dargestellt werden können. Eine Alternative ist die Verwendung eines Repräsentationsschemas, das garantiert kompakt, aber nicht vollständig ist.

Netze von marginalen Beiträgen

Wir beschreiben nun ein Repräsentationsschema, das als **Netz von marginalen Beiträgen** bezeichnet wird. Wir werden eine leicht vereinfachte Version verwenden, um die Darstellung zu erleichtern, und die Vereinfachung macht sie unvollständig – die Vollversion der Netze von marginalen Beiträgen ist eine vollständige Darstellung.

Die Idee hinter den Netzen von marginalen Beiträgen ist es, die charakteristische Funktion eines Spiels (N, ν) als eine Menge von Koalitionswertregeln der Form (C_i, x_i) darzustellen, wobei $C_i \subseteq N$ eine Koalition und x_i eine Zahl ist. Um den Wert einer Koalition C zu berechnen, summieren wir einfach die Werte aller Regeln (C_i, x_i), sodass $C_i \subseteq C$. Bei einer Regelmenge $R = \{(C_1, x_1), \ldots, (C_k, x_k)\}$ lautet die entsprechende charakteristische Funktion also:

$$\nu(C) = \sum \{x_i \mid (C_i, x_i) \in R \text{ und } C_i \subseteq C\}$$

Angenommen, wir haben einen Satz R, der die folgenden drei Regeln enthält:

$$\{(\{1, 2\}, 5)\,, \quad (\{2\}, 2)\,, \quad (\{3\}, 4)\}$$

Dann haben wir zum Beispiel:

- $\nu(\{1\}) = 0$ (weil keine Regeln gelten)
- $\nu(\{3\}) = 4$ (dritte Regel)
- $\nu(\{1, 3\}) = 4$ (dritte Regel)
- $\nu(\{2, 3\}) = 6$ (zweite und dritte Regel) und
- $\nu(\{1, 2, 3\}) = 11$ (erste, zweite und dritte Regel)

Mit dieser Darstellung können wir den Shapley-Wert in polynomieller Zeit berechnen. Die wichtigste Erkenntnis ist, dass jede Regel als Definition eines eigenen Spiels verstanden werden kann, bei dem die Spieler symmetrisch sind. Unter Berufung auf die Shapley-Axiome der Additivität und der Symmetrie ist der Shapley-Wert $\phi_i(R)$ des Spielers i in dem mit der Regelmenge R verbundenen Spiel dann einfach:

$$\phi_i(R) = \sum_{(C,x) \in R} \begin{cases} \frac{x}{|C|} & \text{falls } i \in C \\ 0 & \text{sonst} \end{cases}$$

Die hier vorgestellte Version der Netze der marginalen Beiträge ist kein *vollständiges* Repräsentationsschema: Es gibt Spiele, deren charakteristische Funktion nicht durch Regelmengen der oben beschriebenen Form dargestellt werden kann. Ein umfangreicherer Typ von Netzen marginaler Beiträge erlaubt Regeln der Form (ϕ, x), wobei ϕ eine aussagenlogische Formel über die Spieler N ist: Eine Koalition C erfüllt die Bedingung ϕ, wenn sie einer befriedigenden Zuordnung für ϕ entspricht. Dieses Schema ist eine vollständige Darstellung – im schlimmsten Fall benötigen wir eine Regel für jede mögliche Koalition. Außerdem kann der Shapley-Wert mit diesem Schema in polynomieller Zeit berechnet werden; die Details sind aufwendiger als bei den oben beschriebenen einfachen Regeln, obwohl das Grundprinzip dasselbe ist (siehe die Hinweise am Ende des Kapitels für Referenzen).

Koalitionsstrukturen für maximales Gemeinwohl

Wir erhalten eine andere Perspektive auf kooperative Spiele, wenn wir davon ausgehen, dass die Agenten ein gemeinsames Ziel verfolgen. Wenn wir uns die Agenten z. B. als Arbeiter in einem Unternehmen vorstellen, dann sind die strategischen Überlegungen zur Koalitionsbildung, die z. B. vom Kern angesprochen werden, nicht relevant. Stattdessen wollen wir vielleicht die Belegschaft (die Agenten) in Teams organisieren, um ihre Gesamtproduktivität zu maximieren. Allgemeiner ausgedrückt, besteht die Aufgabe darin, eine Koalition zu finden, die das *Gemeinwohl* des Systems maximiert, definiert als die Summe der Werte der einzelnen Koalitionen. Wir schreiben das Gemeinwohl einer Koalitionsstruktur CS als $sw(CS)$, mit der folgenden Definition:

$$sw(CS) = \sum_{C \in CS} v(C)$$

Dann maximiert eine sozial optimale Koalitionsstruktur CS^* in Bezug auf ein Spiel G diese Menge. Die Suche nach einer sozial optimalen Koalitionsstruktur ist ein sehr natürliches Berechnungsproblem, das nicht nur von der Community der Multiagentensysteme untersucht wurde: Es wird manchmal als das **Problem der Mengenpartitionierung** bezeichnet. Leider ist das Problem NP-schwer, weil die Anzahl der möglichen Koalitionsstrukturen exponentiell mit der Anzahl der Spieler wächst.

Das Finden der optimalen Koalitionsstruktur durch eine naive erschöpfende Suche ist daher im Allgemeinen nicht durchführbar. Ein einflussreicher Ansatz zur optimalen Koalitionsstrukturbildung basiert auf der Idee, einen Teilraum des **Koalitionsstrukturgraphen** zu durchsuchen. Die Idee lässt sich am besten anhand eines Beispiels erklären.

Angenommen, wir haben ein Spiel mit vier Agenten, $N = \{1, 2, 3, 4\}$. Es gibt fünfzehn mögliche Koalitionsstrukturen für diese Menge von Agenten. Wir können diese in einem Koalitionsstrukturgraphen organisieren, wie in ► Abbildung 18.7 gezeigt, wobei die Knoten auf Ebene ℓ des Graphen allen Koalitionsstrukturen mit genau ℓ Koalitionen entsprechen. Eine aufsteigende Kante im Graphen repräsentiert die Aufteilung einer Koalition im unteren Knoten in zwei separate Koalitionen im oberen Knoten. Zum Beispiel gibt es eine Kante von $\{\{1\}, \{2, 3, 4\}\}$ zu $\{\{1\}, \{2\}, \{3, 4\}\}$, weil letztere Koalitionsstruktur aus der ersten erhalten wird, indem die Koalition $\{2, 3, 4\}$ in die Koalitionen $\{2\}$ und $\{3, 4\}$ aufgeteilt wird.

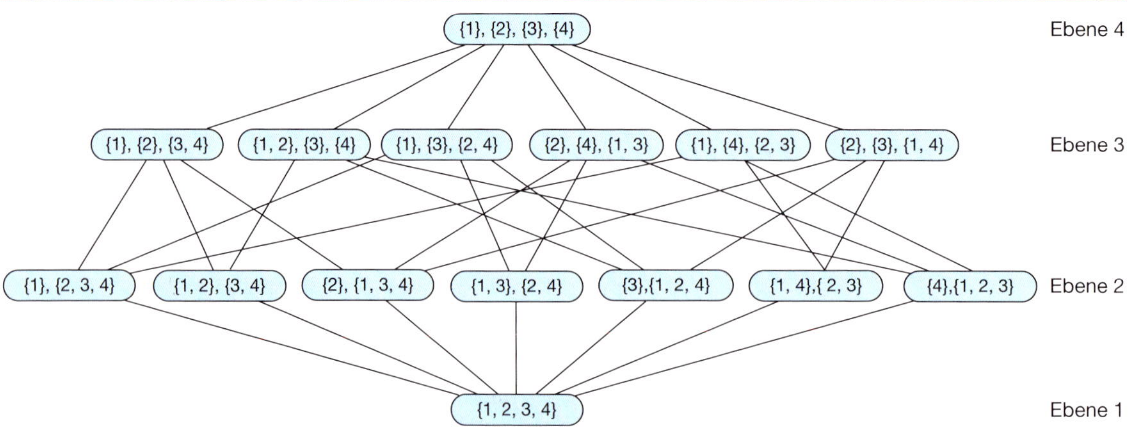

Abbildung 18.7: Der Koalitionsstrukturgraph für $N = \{1, 2, 3, 4\}$. Ebene 1 hat Koalitionsstrukturen, die eine einzelne Koalition enthalten; Ebene 2 hat Koalitionsstrukturen, die zwei Koalitionen enthalten, und so weiter.

Die optimale Koalitionsstruktur CS^* liegt irgendwo innerhalb des Koalitionsstrukturgraphen und um sie zu finden, müssten wir anscheinend jeden Knoten im Graphen auswerten. Aber betrachten Sie die unteren beiden Zeilen des Graphen – die Ebenen 1 und 2. Jede mögliche Koalition (mit Ausnahme der leeren Koalition) erscheint auf diesen beiden Ebenen. (Natürlich erscheint nicht jede mögliche Koalitionsstruktur auf diesen beiden Ebenen.) Nehmen wir nun an, wir beschränken unsere Suche nach einer möglichen Koalitionsstruktur auf *nur* diese beiden Ebenen – wir gehen nicht höher im Graphen. Sei CS' die beste Koalitionsstruktur, die wir auf diesen beiden Ebenen finden, und sei CS^* die beste Koalitionsstruktur insgesamt. Sei C^* eine Koalition mit dem höchsten Wert aller möglichen Koalitionen:

$$C^* \in \arg\max_{C \subseteq N} \nu(C)$$

Der Wert der besten Koalitionsstruktur, die wir auf den ersten beiden Ebenen des Koalitionsstrukturgraphen finden, muss mindestens so groß sein wie der Wert der bestmöglichen Koalition: $sw(CS') \geq \nu(C^*)$. Das liegt daran, dass jede mögliche Koalition in mindestens einer Koalitionsstruktur auf den ersten beiden Ebenen des Graphen vorkommt. Nehmen Sie also den schlechtesten Fall an, d. h. $sw(CS') = \nu(C^*)$.

Vergleichen Sie den Wert von $sw(CS')$ mit $sw(CS^*)$. Da $sw(CS')$ der höchstmögliche Wert einer beliebigen Koalitionsstruktur ist und es n Agenten gibt ($n = 4$ im Fall von ► Abbildung 18.7), wäre der höchstmögliche Wert von $sw(CS^*)$ $n \cdot \nu(C^*) = n \cdot sw(CS')$. Mit anderen Worten: Im schlimmstmöglichen Fall wäre der Wert der besten Koalitionsstruktur, die wir auf den ersten beiden Ebenen des Graphen finden, $\frac{1}{n}$ des Werts der besten, wobei n die Anzahl der Agenten ist. Obwohl das Durchsuchen der ersten beiden Ebenen des Graphen also nicht garantiert, dass wir die optimale Koalitionsstruktur erhalten, garantiert es, dass wir eine erhalten, die nicht schlechter ist als die $\frac{1}{n}$ der *optimalen*. In der Praxis wird sie oft viel besser sein als das.

18.4 Kollektiventscheidungen treffen

Wir wenden uns nun vom Agentendesign dem **Mechanismusentwurf** zu – dem Problem, das richtige Spiel für eine Ansammlung von Agenten zu entwerfen. Formal besteht ein **Mechanismus** aus

1. einer Sprache zur Beschreibung der Menge der zulässigen Strategien, die Agenten anwenden können;
2. einem besonderen Agent, der als **Zentrum** bezeichnet wird und Berichte über Strategieentscheidungen von den Agenten im Spiel sammelt. (Zum Beispiel ist der Auktionator das Zentrum in einer Auktion.)
3. einer Ergebnisregel, die allen Agenten bekannt ist und die das Zentrum verwendet, um die Auszahlungen für jeden Agenten auf der Grundlage der von ihm gewählten Strategie zu bestimmen.

Dieser Abschnitt bespricht einige der wichtigsten Mechanismen.

18.4.1 Zuweisung von Aufgaben mit Contract Net

Das **Contract-Net-Protokoll** ist wahrscheinlich die älteste und wichtigste in der KI untersuchte Technik zum Lösen von Problemen in Multiagentensystemen. Es ist ein High-Level-Protokoll für das Verteilen von Aufgaben. Wie der Name schon sagt, wurde das Contract-Net-Protokoll von der Art und Weise inspiriert, wie Unternehmen Verträge anwenden.

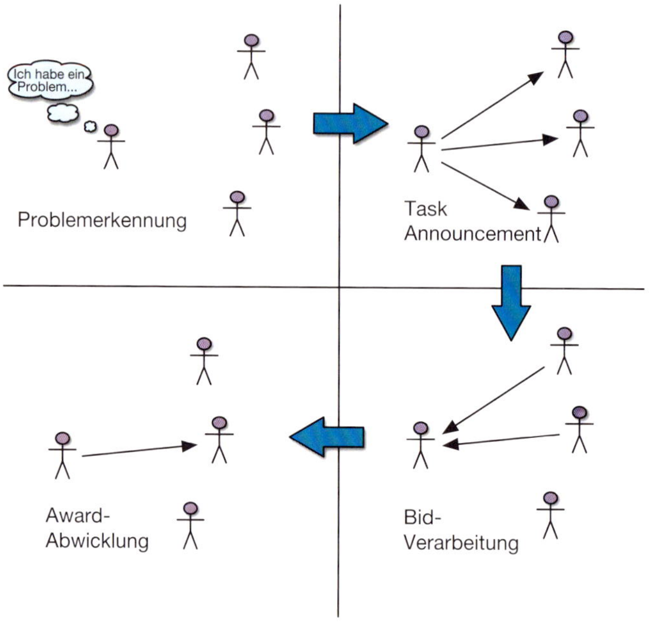

Abbildung 18.8: Das Contract-Net-Protokoll zur Aufgabenzuteilung.

Das gesamte Contract-Net-Protokoll hat vier Hauptphasen – ► Abbildung 18.8. Der Prozess beginnt damit, dass ein Agent erkennt, dass eine Aufgabe einer kooperativen Aktion bedarf. Dies kann daran liegen, dass der Agent nicht die Fähigkeit hat, die Aufgabe allein auszuführen, oder dass eine kooperative Lösung aus irgendwelchen Gründen die bessere Wahl ist (schneller, effizienter, genauer).

Der Agent stellt anderen Agenten im Netz die Aufgabe mit einer **Task-Announcement**-Nachricht vor und agiert dann als **Manager** für die Dauer ihrer Ausführung. Die Task-Announcememt-Nachricht muss genügend Informationen enthalten, damit die Empfänger beurteilen können, ob sie bereit und in der Lage sind, für die Aufgabe zu bieten oder nicht. Die genauen Informationen, die in einer Task Announcement enthalten sind, hängen vom Anwendungsbereich ab. Es kann sich um Code handeln, der ausgeführt werden muss, oder um eine logische Spezifikation eines zu erreichenden Ziels. Die Task Announcement kann auch andere Informationen enthalten, die von den Empfängern benötigt werden, wie z. B. Fristen, Anforderungen an die Qualität der Leistung und so weiter.

Wenn ein Agent eine Task Announcement erhält, muss er diese in Bezug auf seine eigenen Fähigkeiten und Präferenzen bewerten. Insbesondere muss jeder Agent erstens feststellen, ob er imstande ist, die Aufgabe auszuführen, und zweitens, ob er sie ausführen möchte oder nicht. Auf dieser Basis kann er dann ein sogenanntes **Bid** (Gebot) für die Aufgabe abgeben. Ein Gebot gibt in der Regel die Fähigkeiten des Bieters an, die für die ausgeschriebene Aufgabe relevant sind, sowie alle Bedingungen, unter denen die Aufgabe ausgeführt werden soll.

Normalerweise erhält ein Manager mehrere Gebote als Antwort auf eine einzige Task Announcement. Anhand der Informationen in den Geboten wählt der Manager den oder die geeignetsten Agenten zur Ausführung der Aufgabe aus. Erfolgreiche Agenten werden durch eine Award-Nachricht (Zuschlagsnachricht) informiert und werden damit zu Auftragnehmern für die Aufgabe. Sie übernehmen die Verantwortung für die Aufgabe, bis sie abgeschlossen ist.

Die wichtigsten rechnergestützten Aufgaben, die zur Implementierung des Contract-Net-Protokolls erforderlich sind, lassen sich wie folgt zusammenfassen:

- *Task-Announcement-Verarbeitung*: Bei Erhalt einer Task Announcement entscheidet ein Agent, ob er auf die ausgeschriebene Aufgabe bieten möchte.
- *Bid-Verarbeitung*: Beim Erhalt mehrerer Gebote muss der Manager entscheiden, welchem Bearbeiter er die Aufgabe zutraut, und dann die Aufgabe zuteilen.
- *Award-Abwicklung*: Erfolgreiche Bieter (*Contractor*, Auftragnehmer) müssen versuchen, die Aufgabe auszuführen, was die Generierung neuer Teilaufgaben bedeuten kann, die über weitere Task Announcements ausgeschrieben werden.

Trotz (oder gerade wegen) seiner Einfachheit ist das Contract Net wahrscheinlich das am weitesten verbreitete und am besten untersuchte Framework für kooperatives Problemlösen. Es ist natürlich in vielen Umgebungen anwendbar – eine Variation davon wird z. B. jedes Mal angewendet, wenn Sie bei Uber ein Auto anfordern.

18.4.2 Zuteilung knapper Ressourcen mithilfe von Auktionen

Eines der größten Probleme in Multiagentensystemen ist die Zuteilung von knappen Ressourcen; wir könnten auch einfach sagen „Zuteilung von Ressourcen", da in der Praxis die meisten nützlichen Ressourcen in irgendeiner Weise knapp sind. Die **Auktion** ist der wichtigste Mechanismus für die Zuteilung von Ressourcen. Die einfachste Version einer Auktion ist, dass es eine einzige Ressource und mehrere mögliche **Bieter** gibt. Jeder Bieter i misst der Ressource einen Nutzwert v_i bei.

In manchen Fällen misst jeder Bieter dem Artikel einen **privaten Wert** bei. Zum Beispiel könnte ein schäbiger Pullover für einen Bieter attraktiv und für einen anderen wertlos sein.

In anderen Fällen, wie z. B. bei der Versteigerung von Bohrrechten für ein Ölfeld, hat der Gegenstand einen **gemeinsamen Wert** – das Feld wird einen bestimmten Geldbetrag X generieren und alle Bieter schätzen einen Dollar gleich hoch ein –, aber es besteht Unsicherheit darüber, wie hoch der tatsächliche Wert von X ist. Verschiedene Bieter haben unterschiedliche Informationen und schätzen daher den wahren Wert der Bohrrechte unterschiedlich ein. In beiden Fällen bleibt den Bietern ihr eigener v_i. Bei gegebenem v_i erhält jeder Bieter die Chance, zum passenden Zeitpunkt oder zu den passenden Zeitpunkten der Auktion ein Gebot b_i abzugeben. Das höchste Gebot b_{max} erhält den Zuschlag, aber der gezahlte Preis muss nicht b_{max} sein; das ist Teil des Mechanismusentwurfs.

Der bekannteste Auktionsmechanismus ist die **Auktion mit aufsteigendem Gebot**,[5] auch **englische Auktion** genannt, bei der das Zentrum zunächst ein Mindestgebot (oder **Reservationspreis**) b_{min} verlangt. Wenn ein Bieter bereit ist, diesen Betrag zu zahlen, fragt das Zentrum nach $b_{min} + d$, für ein bestimmtes Inkrement d, und fährt damit immer weiter fort. Die Auktion endet, wenn niemand mehr bereit ist, ein Gebot abzugeben; dann erhält der letzte Bieter den Zuschlag und zahlt den gebotenen Preis.

Woher wissen wir, ob dies ein guter Mechanismus ist? Ein Ziel ist es, den erwarteten Ertrag für den Verkäufer zu maximieren. Ein anderes Ziel ist es, die Idee des globalen Nutzens zu maximieren. Diese Ziele überschneiden sich bis zu einem gewissen Grad, da ein Aspekt der Maximierung des globalen Nutzens darin besteht sicherzustellen, dass der Gewinner der Auktion der Agent ist, der den Gegenstand am meisten schätzt (und daher bereit ist, am meisten zu zahlen). Wir sagen, dass eine Auktion **effizient** ist, wenn der Gegenstand an denjenigen geht, der ihn am meisten schätzt. Die Auktion mit aufsteigendem Gebot ist in der Regel sowohl effizient als auch ertragsmaximierend, aber wenn der Reservationspreis zu hoch angesetzt

5 Das Wort „Auktion" kommt vom lateinischen *augere* – vergrößern.

ist, bietet der Bieter, der am meisten Wert darauf legt, möglicherweise nicht mit, und wenn der Reservationspreis zu niedrig angesetzt ist, ist der Ertrag des Verkäufers möglicherweise geringer.

Das wahrscheinlich Wichtigste, was ein Auktionsmechanismus tun kann, ist, eine ausreichende Anzahl von Bietern zu ermutigen, an der Auktion teilzunehmen, und diese von **Kollusionen** abzuhalten. Kollusionen sind unfaire oder illegale Absprachen zwischen zwei oder mehreren Bietern, um Preise zu manipulieren. Sie können in geheimen Hinterzimmerabsprachen oder stillschweigend, innerhalb der Regeln des Mechanismus, erfolgen. Zum Beispiel versteigerte die deutsche Bundesregierung 1999 zehn Blöcke des Mobilfunkfrequenzspektrums in einer simultanen Auktion (Gebote wurden für alle zehn Blöcke gleichzeitig abgegeben), wobei die Regel galt, dass jedes Gebot mindestens 10 % über dem vorherigen Gebot für einen Block liegen musste. Es gab nur zwei glaubwürdige Bieter und der erste, Mannesman, gab das Gebot von 20 Millionen D-Mark für die Blöcke 1–5 und 18,18 Millionen für die Blöcke 6–10 ab. Warum 18,18 Millionen? Einer der Manager von T-Mobile sagte, sie hätten „das erste Gebot von Mannesman als Angebot interpretiert". Beide Parteien konnten berechnen, dass eine 10-prozentige Erhöhung auf 18,18 Millionen 19,99 Millionen beträgt; daher wurde das Angebot von Mannesman so interpretiert: „Wir können jeder die Hälfte der Blöcke für 20 Mio. bekommen; lasst es uns nicht verderben, indem wir die Preise höher bieten." Und tatsächlich bot T-Mobile 20 Mio. für die Blöcke 6–10 und das war das Ende der Gebote.

Die deutsche Regierung bekam weniger, als sie erwartet hatte, weil die beiden Wettbewerber den Bietmechanismus für eine stillschweigende Einigung nutzen konnten, um nicht miteinander zu konkurrieren. Aus Sicht der Regierung hätte ein besseres Ergebnis durch eine der folgenden Änderungen des Mechanismus erzielt werden können: ein höherer Reservationspreis; eine verdeckte Erstpreisauktion, sodass die Wettbewerber nicht über ihre Gebote kommunizieren können; oder Anreize, einen dritten Bieter einzubringen. Vielleicht war die 10%-Regel ein Fehler im Entwurf des Mechanismus, weil sie das präzise Signalisieren von Mannesman an T-Mobile erleichterte.

Im Allgemeinen profitieren sowohl der Verkäufer als auch die globale Nutzenfunktion, wenn es mehr Bieter gibt, obwohl der globale Nutzen darunter leiden kann, wenn man die Kosten für die verschwendete Zeit von Bietern einrechnet, die keine Chance auf den Zuschlag haben. Eine Möglichkeit, mehr Bieter zu ermutigen, besteht darin, den Mechanismus für sie einfacher zu machen. Denn wenn der Mechanismus den Bietern zu viele Recherchen oder Berechnungen abverlangt, könnten sie sich entscheiden, ihr Geld woanders zu investieren.

Es ist also wünschenswert, dass die Bieter eine **dominante Strategie** haben. Dabei bedeutet „dominant", dass die Strategie gegen alle anderen Strategien funktioniert, was wiederum bedeutet, dass ein Agent sie ohne Rücksicht auf die anderen Strategien anwenden kann. Ein Agent mit einer dominanten Strategie kann einfach bieten, ohne Zeit damit zu verschwenden, die möglichen Strategien der anderen Agenten zu berücksichtigen. Ein Mechanismus, bei dem Agenten eine dominante Strategie verfolgen, wird als **strategiesicher** bezeichnet. Wenn diese Strategie, wie es normalerweise der Fall ist, davon ausgeht, dass die Bieter ihren wahren Wert v_i offenbaren, dann nennt man es eine **wahrheitsoffenbarende** oder **wahrheitsgemäße** Auktion; der Begriff **anreizkompatibel** wird ebenfalls verwendet. Das **Offenbarungsprinzip** besagt, dass jeder Mechanismus in einen äquivalenten wahrheitsoffenbarenden Mechanismus umgewandelt werden kann, sodass ein Teil des Mechanismusentwurfs darin besteht, diese äquivalenten Mechanismen zu finden.

Es stellt sich heraus, dass die Auktion mit aufsteigendem Gebot die meisten der wünschenswerten Eigenschaften hat. Der Bieter mit dem höchsten Gebot v_i erhält die Ware zu einem Preis von $b_o + d$, wobei b_o das höchste Gebot unter allen anderen Agenten ist und d das

Inkrement des Auktionators.[6] Bieter haben eine einfache dominante Strategie: Sie bieten so lange, wie die aktuellen Kosten unter ihrem v_i liegen. Der Mechanismus ist nicht ganz wahrheitsoffenbarend, denn der Bieter, der den Zuschlag erhält, verrät nur, dass sein $v_i \geq b_o + d$ ist; wir haben eine untere Schranke für v_i, aber keinen genauen Betrag.

Ein Nachteil der Auktion mit aufsteigendem Gebot (aus Sicht des Verkäufers) ist, dass sie einige Mitbieter von der Teilnahme am Auktionswettbewerb abschreckt. Nehmen wir an, dass ein Gebot für die Mobilfunkfrequenzen von einem begünstigten Unternehmen stammt, das nach Meinung aller in der Lage ist, die vorhandenen Kunden und die Infrastruktur zu nutzen sowie einen größeren Gewinn zu erzielen als alle anderen. Potenzielle Konkurrenten können erkennen, dass sie in einer Auktion mit aufsteigendem Gebot keine Chance haben, weil das begünstigte Unternehmen immer ein höheres Gebot abgeben kann. Es könnte also durchaus der Fall eintreten, dass die Konkurrenten gar nicht mitbieten und das begünstigte Unternehmen am Ende den Zuschlag zum Reservationspreis erhält.

Eine weitere negative Eigenschaft der englischen Auktion sind die hohen Kommunikationskosten. Entweder findet die Auktion in einem Raum statt oder alle Bieter müssen über schnelle und sichere Kommunikationsleitungen verfügen. In beiden Fällen müssen sie die Zeit haben, mehrere Bietrunden zu durchlaufen.

Ein alternativer Mechanismus, der viel weniger Kommunikation erfordert, ist die **verdeckte Erstpreisauktion**. Jeder Bieter gibt ein einzelnes Gebot ab und teilt es dem Auktionator mit, ohne dass die anderen Bieter es sehen. Bei diesem Mechanismus gibt es keine einfache dominante Strategie mehr. Wenn Ihr Wert v_i ist und Sie glauben, dass das Maximum aller Gebote der anderen Agenten b_o sein wird, dann sollten Sie $b_o + \epsilon$ bieten, mit einem möglichst kleinem ϵ, wenn beides zusammen kleiner als v_i ist. Ihr Gebot hängt also von Ihrer Schätzung der Gebote der anderen Agenten ab, sodass Sie mehr Arbeit leisten müssen. Beachten Sie auch, dass der Agent mit dem höchsten v_i die Auktion möglicherweise nicht gewinnt. Dies wird durch die Tatsache ausgeglichen, dass die Auktion wettbewerbsfähiger ist, wodurch die Bevorzugung eines begünstigten Bieters reduziert wird.

Eine kleine Änderung des Mechanismus für verdeckte Erstpreisauktionen führt zur **verdeckten Zweitpreisauktion**, die auch als **Vickrey-Auktion** bezeichnet wird.[7] In solchen Auktionen zahlt der Gewinner den Preis des *zweit*höchsten Gebots b_o anstatt sein eigenes Gebot zu bezahlen. Durch diese einfache Modifikation entfallen die komplexen Überlegungen, die bei Standardauktionen mit verdeckten Geboten (oder **Erstpreisauktionen**) erforderlich sind, da die dominante Strategie nun einfach darin besteht, v_i zu bieten; der Mechanismus ist wahrheitsoffenbarend. Beachten Sie, dass der Nutzen von Agent i in Bezug auf sein Gebot b_i, seinen Wert v_i und das beste Gebot unter den anderen Agenten b_o sich wie folgt berechnet:

$$U_i = \begin{cases} (v_i - b_o) & \text{falls } b_i > b_o \\ 0 & \text{sonst} \end{cases}$$

Um zu erkennen, dass $b_i = v_i$ eine dominante Strategie ist, beachten Sie, dass, wenn $(v_i - b_o)$ positiv ist, jedes Gebot optimal ist, das die Auktion gewinnt, und insbesondere das Bieten von v_i die Auktion gewinnt. Andererseits, wenn $(v_i - b_o)$ negativ ist, ist jedes Gebot optimal, das die Auktion verliert, und speziell das Bieten von v_i verliert die Auktion. Das Gebot v_i ist also optimal für alle möglichen Werte von b_o, und tatsächlich ist v_i das einzige Gebot, das diese Eigenschaft hat. Aufgrund ihrer Einfachheit und der minimalen Berechnungsanforderungen für Verkäufer und Bieter wird die Vickrey-Auktion häufig in verteilten KI-Systemen verwendet.

6 Es besteht dennoch die geringe Chance, dass der Agent mit dem höchsten v_i die Ware nicht bekommt. Dazu muss $b_o < v_i < b_o + d$ gegeben sein. Diese Wahrscheinlichkeit kann beliebig reduziert werden, indem man das Inkrement d verringert.

7 Benannt nach William Vickrey (1914–1996), der für diese Arbeit 1996 den Nobelpreis für Wirtschaftswissenschaften erhielt und drei Tage später an einem Herzinfarkt starb.

Internetsuchmaschinen führen jedes Jahr mehrere Billionen Auktionen durch, um Werbung zusammen mit ihren Suchergebnissen zu verkaufen, und Online-Auktionsseiten wickeln jährlich Waren im Wert von 100 Milliarden € ab, wobei alle von den Varianten der Vickrey-Auktion Gebrauch machen. Beachten Sie, dass der erwartete Wert für den Verkäufer b_o ist, was der gleiche erwartete Erlös ist wie der Grenzwert der englischen Auktion, wenn das Inkrement d gegen null geht. Dies ist eigentlich ein sehr allgemeines Ergebnis: Das **Erlös-Äquivalenz-Theorem** besagt, dass – mit ein paar kleinen Einschränkungen – jeder Auktionsmechanismus, bei dem den Bietern ihre Werte v_i nur ihnen selbst bekannt sind (sie aber die Wahrscheinlichkeitsverteilung kennen, aus der diese Werte gesampelt werden), den gleichen erwarteten Erlös erbringt. Dieses Prinzip bedeutet, dass die verschiedenen Mechanismen nicht hinsichtlich der generierten Erlöse konkurrieren, sondern hinsichtlich anderer Eigenschaften.

Obwohl die Zweitpreisauktion wahrheitsoffenbarend ist, stellt sich heraus, dass die Versteigerung von n Gütern mit einer $n+1$ Preisauktion nicht wahrheitsoffenbarend ist. Viele Internetsuchmaschinen verwenden einen Mechanismus, bei dem sie n Werbeslots auf einer Seite versteigern. Der Höchstbietende erhält den ersten Platz, der zweithöchste den zweiten und so weiter. Jeder Gewinner zahlt den vom nächstniedrigeren Bieter gebotenen Preis, wobei die Zahlung nur dann erfolgt, wenn der Suchende tatsächlich auf die Anzeige klickt. Die oberen Slots werden als wertvoller eingestuft, weil sie eher wahrgenommen und angeklickt werden.

Stellen Sie sich vor, dass drei Bieter, b_1, b_2 und b_3, einen Klick von v_1, v_2 und v_3 wie folgt bewerten: $v_1 = 200, v_2 = 180$ und $v_3 = 100$; außerdem sind $n = 2$ Slots verfügbar. Und es ist bekannt, dass der oberste Slot in 5 % der Fälle angeklickt wird und der unterste Slot in 2 % der Fälle. Wenn alle Bieter wahrheitsgemäß bieten, dann gewinnt b_1 den obersten Slot und zahlt 180 und hat einen erwarteten Gewinn von $(200-180) \times 0{,}05 = 1$. Der zweite Slot geht an b_2. Aber b_1 erkennt, dass er, wenn er ein Gebot im Bereich 101–179 abgibt, den ersten Slot an b_2 abgibt, den zweiten Slot gewinnt und einen erwarteten Gewinn von $(200 - 100) \times 0{,}02 = 2$ erzielt. Somit kann b_1 seinen erwarteten Erlös verdoppeln, wenn er in diesem Fall weniger als den wahren Wert bietet.

Im Allgemeinen müssen die Bieter in dieser $n + 1$-Preisauktion viel Energie aufwenden, um die Gebote der anderen zu analysieren und ihre beste Strategie zu bestimmen; es gibt keine einfache dominante Strategie.

Aggarwal *et al.* (2006) zeigen, dass es einen eindeutigen wahrheitsgemäßen Auktionsmechanismus für dieses Multislot-Problem gibt, bei dem der Gewinner von Slot j den Preis für Slot j nur für die zusätzlichen Klicks bezahlt, die an Slot j und nicht an Slot $j + 1$ getätigt werden. Für die restlichen Klicks zahlt der Gewinner den Preis für den unteren Slot. In unserem Beispiel würde b_1 wahrheitsgemäß 200 bieten und 180 für die zusätzlichen $0{,}05 - 0{,}02 = 0{,}03$ Klicks im oberen Slot bezahlen, aber nur die Kosten für den unteren Slot, 100, für die verbleibenden 0,02 Klicks bezahlen. Der Gesamterlös für b_1 wäre also $(200 - 180) \times 0{,}03 + (200 - 100) \times 0{,}02 = 2{,}6$.

Ein weiteres Beispiel, bei dem Auktionen in der KI zum Einsatz kommen können, ist, wenn eine Gruppe von Agenten entscheidet, ob sie bei einem gemeinsamen Plan kooperieren. Hunsberger und Grosz (2000) zeigen, dass dies effizient mit einer Auktion erreicht werden kann, bei der die Agenten für Rollen im gemeinsamen Plan bieten.

Gemeingüter (Allmende)

Betrachten wir nun eine andere Art von Spiel, bei dem die Länder ihre Strategie zur Kontrolle der Luftverschmutzung festlegen. Jedes Land hat die Wahl: Es kann die Verschmutzung reduzieren, was −10 Punkte für die Umsetzung der notwendigen Änderungen kostet, oder es kann die Verschmutzung fortsetzen, was ihm einen Nettonutzen von −5 bringt (in Form von zusätzlichen Gesundheitskosten usw.) und außerdem jedem anderen Land −1 Punkt einbringt (weil die Luft in allen Ländern geteilt wird). Offensichtlich ist die dominante Strategie für jedes Land „die Verschmutzung fortsetzen", aber wenn es 100 Länder gibt und jedes von ihnen keine Maßnahmen gegen die Luftverschmutzung trifft, dann erhält jedes Land einen Gesamtnutzen von −104, wohingegen, wenn jedes Land die Verschmutzung reduziert, jedes einen Nutzen von −10 hätte. Diese Situation wird als **Tragik der Allmende** bezeichnet: Wenn niemand für die Nutzung einer gemeinsamen Ressource bezahlen muss, dann kann sie auf eine Weise ausgebeutet werden, die zu einem geringeren Gesamtnutzen für alle Agenten führt. Es ist ähnlich wie beim Gefangenendilemma: Es gibt eine andere Lösung für das Spiel, die für alle Parteien besser ist, aber es scheint keine Möglichkeit für rationale Agenten zu geben, diese Lösung unter dem aktuellen Spiel zu erreichen.

Ein Ansatz, um mit der Tragik der Allmende umzugehen, besteht darin, den Mechanismus so zu ändern, dass jeder Agent für die Nutzung der Gemeingüter zahlen muss. Allgemeiner ausgedrückt: Wir müssen sicherstellen, dass alle **Externalitäten** – d. h. externen Effekte auf den globalen Nutzen, die in den Transaktionen der einzelnen Agenten nicht berücksichtigt werden – explizit gemacht werden.

Die korrekte Festlegung der Preise ist der schwierige Teil. Im Grenzfall läuft dieser Ansatz darauf hinaus, einen Mechanismus zu schaffen, bei dem jeder Agent effektiv verpflichtet ist, den globalen Nutzen zu maximieren, dies aber durch eine lokale Entscheidung tun kann. Für dieses Beispiel wäre eine CO2-Steuer ein Beispiel für einen Mechanismus, der für die Nutzung der Gemeingüter auf eine Weise Gebühren erhebt, die, wenn sie gut umgesetzt wird, den globalen Nutzen maximiert.

Es zeigt sich, dass es einen Mechanismusentwurf namens **Vickrey-Clarke-Groves**- bzw. VCG-Mechanismus gibt, der zwei vorteilhafte Eigenschaften hat. Erstens ist er nutzenmaximierend, d. h., er maximiert den globalen Nutzen, der die Summe der Nutzenwerte aller Parteien $\sum_i v_i$ ist. Zweitens ist der Mechanismus wahrheitsoffenbarend – die dominante Strategie aller Agenten ist es, ihren wahren Wert zu offenbaren. Es besteht keine Notwendigkeit für sie, sich auf komplizierte strategische Gebotsberechnungen einzulassen.

Wir werden ein Beispiel anhand des Problems der Zuteilung einiger Gemeingüter geben. Angenommen, eine Stadt beschließt, einige kostenlose drahtlose Internetempfänger zu installieren. Die Anzahl der verfügbaren Empfänger ist jedoch geringer als die Anzahl der Nachbarschaften, die sie haben wollen. Die Stadt möchte den Gesamtnutzen maximieren, aber wenn sie jedem Nachbarschaftsrat sagt: „Wie viel ist Ihnen ein kostenloser Empfänger wert (und wir geben ihn übrigens denjenigen, die seinen Wert am höchsten ansetzen)?", dann hat jeder Nachbarschaftsrat einen Anreiz, einen sehr hohen Wert anzugeben. Der VCG-Mechanismus verhindert diesen Trick und bietet eher den Anreiz, ihren wahren Wert anzugeben. Er funktioniert wie folgt:

1. Das Zentrum bittet jeden Agenten, seinen Wert v_i für einen Artikel zu melden.
2. Das Zentrum teilt die Güter einer Menge von Gewinnern W zu, um $\sum_{i \in W} v_i$ zu maximieren.
3. Das Zentrum berechnet für jeden gewinnenden Agenten, wie viel Verlust sein individuelles Auftreten im Spiel bei den Verlierern verursacht hat (die jeweils 0 Nutzen hatten, aber v_j hätten bekommen können, wenn sie ein Gewinner gewesen wären).
4. Jeder gewinnende Agent zahlt dann eine Steuer in Höhe dieses Verlusts an das Zentrum.

Angenommen, es sind 3 Empfänger verfügbar und 5 Bieter, die 100, 50, 40, 20 und 10 bieten. Die Menge der 3 Gewinner W sind also diejenigen, die 100, 50 und 40 geboten haben, und der globale Nutzen aus der Zuteilung dieser Güter ist 190. Für jeden Gewinner gilt: Hätten sie nicht mitgespielt, dann wäre das Gebot von 20 ein Gewinner gewesen. Somit zahlt jeder Gewinner eine Steuer von 20 an das Zentrum.

Alle Gewinner sollten glücklich sein, weil sie eine Steuer zahlen, die geringer ist als der von ihnen angesetzte Wert, und alle Verlierer sind so glücklich wie möglich, weil für sie die Güter weniger wert sind als die geforderte Steuer. Deshalb ist der Mechanismus wahrheitsoffenbarend. In diesem Beispiel beträgt der entscheidende Wert 20; es wäre irrational, mehr als 20 zu bieten, wenn Ihr wahrer Wert eigentlich unter 20 läge, und andersherum. Da der entscheidende Wert alles sein könnte (abhängig von den anderen Bietern), bedeutet das, dass es immer irrational ist, etwas anderes als Ihren wahren Wert zu bieten.

Der VCG-Mechanismus ist sehr allgemein und kann mit einer leichten Verallgemeinerung des oben beschriebenen Mechanismus auf alle Arten von Spielen angewendet werden, nicht nur auf Auktionen. Bei einer **kombinatorischen Auktion** stehen zum Beispiel mehrere verschiedene Gegenstände zur Verfügung und jeder Bieter kann mehrere Gebote abgeben, jedes auf eine Teilmenge der Gegenstände. Bei der Versteigerung von Grundstücken kann ein Bieter zum Beispiel entweder Grundstück X oder Grundstück Y wollen, aber nicht beide; ein anderer kann drei beliebige benachbarte Grundstücke wollen usw. Der VCG-Mechanismus kann verwendet werden, um das optimale Ergebnis zu finden, obwohl die Berechnung des optimalen Ergebnisses bei 2^N Teilmengen von N Gütern NP-vollständig ist. Mit ein paar Einschränkungen ist der VCG-Mechanismus einzigartig: Jeder andere optimale Mechanismus ist im Wesentlichen gleichwertig.

18.4.3 Wählen

Die nächste Klasse von Mechanismen, die wir betrachten, sind Wahlverfahren, wie sie in demokratischen Gesellschaften zur politischen Entscheidungsfindung eingesetzt werden. Die Untersuchung von Wahlverfahren stammt aus dem Bereich der **Sozialwahltheorie**.

Die Ausgangsbasis sieht wie folgt aus. Wie üblich haben wir eine Menge $N = \{1, \dots, n\}$ von Agenten, die in diesem Abschnitt die Wähler sind. Diese Wähler wollen Entscheidungen in Bezug auf eine Menge $\Omega = \{\omega_1, \omega_2, \dots\}$ von möglichen Ergebnissen treffen. Bei einer politischen Wahl könnte jedes Element von Ω für einen anderen Kandidaten stehen, der die Wahl gewinnt.

Jeder Wähler hat Präferenzen über Ω. Diese werden in der Regel nicht als quantitativer Nutzen, sondern als qualitativer Vergleich ausgedrückt: Wir schreiben $\omega \succ_i \omega'$, um auszudrücken, dass Agent i das Ergebnis ω über das Ergebnis ω' stellt. Bei einer Wahl mit drei Kandidaten könnte das Ranking von Agent i lauten: $\omega_2 \succ_i \omega_3 \succ_i \omega_1$.

Das grundlegende Problem der Sozialwahltheorie ist es, diese Präferenzen unter Verwendung einer **Gemeinwohlfunktion** zu kombinieren, um eine **Sozialpräferenzordnung** zu erstellen: eine Rangfolge der Kandidaten, von dem am meisten bevorzugten bis zu dem am wenigsten bevorzugten. In einigen Fällen sind wir nur an einem **sozialen Ergebnis** interessiert – dem am meisten bevorzugten Ergebnis der Gruppe als Ganzes. Wir schreiben $\omega \succ^* \omega'$, um auszudrücken, dass ω in der sozialen Präferenzordnung über ω' rangiert.

Eine einfachere Situation ist gegeben, wenn es nicht darum geht, eine vollständige Reihenfolge der Kandidaten zu erhalten, sondern einfach eine Menge von Gewinnern zu wählen. Eine **Sozialwahlfunktion** nimmt als Eingabe eine Präferenzordnung für jeden Wähler und produziert als Ausgabe eine Menge von Gewinnern.

Demokratische Gesellschaften wollen ein soziales Ergebnis, das die Präferenzen der Wähler widerspiegelt. Leider ist dies nicht immer einfach. Betrachten wir das **Condorcet-Paradoxon**, ein berühmtes Beispiel, das vom Marquis de Condorcet (1743–1794) aufgestellt wurde. Angenommen, wir haben drei Ergebnisse, $\Omega = \{\omega_a, \omega_b, \omega_c\}$, und drei Wähler, $N = \{1, 2, 3\}$, mit den folgenden Präferenzen:

$$\begin{aligned} &\omega_a \succ_1 \omega_b \succ_1 \omega_c \\ &\omega_c \succ_2 \omega_a \succ_2 \omega_b \qquad (18.2) \\ &\omega_b \succ_3 \omega_c \succ_3 \omega_a \end{aligned}$$

Nehmen wir nun an, dass wir auf der Grundlage dieser Präferenzen einen der drei Kandidaten wählen müssen. Das Paradoxon ist das:

- 2/3 der Wähler bevorzugen ω_c über ω_a.
- 2/3 der Wähler bevorzugen ω_a über ω_b.
- 2/3 der Wähler bevorzugen ω_b über ω_c.

So können wir für jeden möglichen Gewinner einen anderen Kandidaten aufzeigen, der von mindestens 2/3 der Wählerschaft bevorzugt würde. Es ist offensichtlich, dass wir in einer Demokratie nicht darauf hoffen können, *jeden* Wähler glücklich zu machen. Dies zeigt, dass es Szenarien gibt, in denen, *egal welches Ergebnis wir wählen, eine Mehrheit der Wähler ein anderes Ergebnis vorziehen wird.* Eine natürliche Frage ist, ob es ein „gutes“ Sozialwahlverfahren gibt, das die Präferenzen der Wähler wirklich widerspiegelt. Um dies zu beantworten, müssen wir genau wissen, was wir meinen, wenn wir sagen, dass eine Regel „gut“ ist. Wir listen hier einige Eigenschaften auf, die eine gute Gemeinwohlfunktion erfüllen sollte:

- *Die Pareto-Bedingung*: Die Pareto-Bedingung besagt einfach, dass wenn jeder Wähler ω_i über ω_j rangiert, dann ist $\omega_i \succ^* \omega_j$.
- *Die Condorcet-Gewinner-Bedingung*: Ein Ergebnis wird als Condorcet-Gewinner bezeichnet, wenn eine Mehrheit der Kandidaten es gegenüber allen anderen Ergebnissen bevorzugt. Anders ausgedrückt: Ein Condorcet-Gewinner ist ein Kandidat, der jeden anderen Kandidaten in einer paarweisen Wahl schlagen würde. Die Condorcet-Gewinner-Bedingung besagt, dass wenn ω_i ein Condorcet-Gewinner ist, dann sollte ω_i an erster Stelle stehen.
- *Unabhängigkeit der irrelevanten Alternativen (Independence of Irrelevant Alternatives, IIA)*: Angenommen, es gibt eine Anzahl von Kandidaten, einschließlich ω_i und ω_j, und die Wählerpräferenzen sind so, dass $\omega_i \succ^* \omega_j$ gilt. Nehmen Sie weiterhin an, ein Wähler hat seine Präferenzen in irgendeiner Weise geändert, aber *nicht* die relative Rangfolge von ω_i und ω_j. Die IIA-Bedingung besagt, dass sich $\omega_i \succ^* \omega_j$ nicht ändern sollte.
- *Keine Diktaturen*: Es sollte nicht der Fall sein, dass die Gemeinwohlfunktion einfach nur die Präferenzen eines Wählers ausgibt und alle anderen Wähler ignoriert.

Diese vier Bedingungen scheinen vernünftig zu sein, aber ein fundamentales Theorem der Sozialwahltheorie, das **Arrow-Theorem** (das auf Kenneth Arrow zurückgeht), sagt uns, dass es unmöglich ist, alle vier Bedingungen zu erfüllen (in Fällen, in denen es mindestens drei Ergebnisse gibt). Das bedeutet, dass es für jeden Sozialwahlmechanismus, den wir uns aussuchen können, einige (vielleicht ungewöhnliche oder pathologische) Situationen geben wird, die zu kontroversen Ergebnissen führen. Es bedeutet jedoch nicht, dass demokratische Entscheidungsfindung in den meisten Fällen hoffnungslos ist. Wir haben noch keine tatsächlichen Wahlverfahren gesehen, was wir hiermit nachholen wollen.

- Bei nur zwei Kandidaten ist die **einfache Mehrheitswahl** (die Standardmethode in den USA und Großbritannien) der bevorzugte Mechanismus. Wir fragen jeden Wähler, welchen der beiden Kandidaten er bevorzugt, und derjenige mit den meisten Stimmen ist der Gewinner.
- Bei mehr als zwei Ergebnissen ist die **Pluralitätswahl** ein gängiges System. Wir fragen jeden Wähler nach seiner ersten Wahl und wählen den/die Kandidaten (bei Stimmengleichheit mehr als einen), der/die die meisten Stimmen erhält/erhalten, auch wenn nie-

mand eine Mehrheit erhält. Obwohl es weit verbreitet ist, wurde das Pluralitätswahlverfahren dafür kritisiert, dass es zu unpopulären Ergebnissen führt. Ein Hauptproblem ist, dass nur der Kandidat berücksichtigt wird, der in den Präferenzen der Wähler an erster Stelle steht.

- Die **Borda-Wahl** (nach Jean-Charles de Borda, einem Zeitgenossen und Rivalen von Condorcet) ist ein Wahlverfahren, das alle Informationen in der Präferenzordnung eines Wählers berücksichtigt. Angenommen, wir haben k Kandidaten. Dann nehmen wir für jeden Wähler i seine Präferenzordnung $\succ_i$ und geben dem bestplatzierten Kandidaten eine Punktzahl von k, dem zweitplatzierten Kandidaten eine Punktzahl von $k - 1$ und so weiter bis zum am wenigsten bevorzugten Kandidaten in der Ordnung von i. Die Gesamtpunktzahl für jeden Kandidaten ist seine Borda-Zahl, und um das soziale Ergebnis $\succ^*$ zu erhalten, werden die Ergebnisse nach ihrer Borda-Zahl geordnet – von oben nach unten. Ein praktisches Problem bei diesem System ist, dass die Wähler aufgefordert werden, ihre Präferenzen für alle Kandidaten zu äußern, und einige Wähler interessieren sich vielleicht nur für eine Teilmenge der Kandidaten.
- Bei der **Wahl durch Zustimmung** schlagen die Wähler eine Teilmenge der Kandidaten vor, die sie befürworten. Der/die Gewinner sind diejenigen, die von den meisten Wählern befürwortet werden. Dieses System wird häufig verwendet, wenn die Aufgabe darin besteht, mehrere Gewinner zu wählen.
- Beim **Instant-Runoff-Voting** (Wahl mit integrierter Stichwahl) erstellen die Wähler eine Rangliste aller Kandidaten und der Kandidat, der die Mehrheit der Erststimmen erhält, wird er zum Sieger erklärt. Hat keiner eine Mehrheit, scheidet der Kandidat mit den wenigsten Erststimmen aus. Dieser Kandidat wird aus allen Präferenz-Rankings gestrichen (sodass die Wähler, die den ausgeschiedenen Kandidaten als ihre erste Wahl hatten, nun einen anderen Kandidaten als neue erste Wahl angeben) und der Prozess wird wiederholt. Letztendlich wird irgendein Kandidat die Mehrheit der Erststimmen erhalten (es sei denn, es gibt einen Gleichstand).
- Bei einer **Wahl mit echter Mehrheitsregel** gewinnt der Kandidat, der jeden anderen Kandidaten im paarweisen Vergleich schlägt. Die Wähler werden nach einem vollständigen Präferenz-Ranking aller Kandidaten gefragt. Wir sagen, dass ω ω' schlägt, wenn mehr Wähler $\omega \succ \omega'$ haben als $\omega' \succ \omega$. Dieses System hat die gute Eigenschaft, dass sich die Mehrheit immer auf den Gewinner einigt, aber es hat auch die schlechte Eigenschaft, dass nicht jede Wahl entschieden wird: Beim Condorcet-Paradoxon zum Beispiel gewinnt kein Kandidat eine Mehrheit.

Strategische Manipulation

Neben dem Arrow-Theorem ist ein weiteres wichtiges negatives Ergebnis im Bereich der Sozialwahltheorie das **Gibbard-Satterthwaite-Theorem**. Dieses Ergebnis bezieht sich auf die Umstände, unter denen ein Wähler davon profitieren kann, seine *Präferenzen falsch darzustellen*.

Erinnern Sie sich daran, dass eine Sozialwahlfunktion als Eingabe eine Präferenzreihenfolge für jeden Wähler übernimmt und als Ausgabe einen Satz von Gewinnerkandidaten liefert. Jeder Wähler hat natürlich seine eigenen wahren Präferenzen, aber die Definition einer Sozialwahlfunktion verlangt von den Wählern nicht, ihre Präferenzen *wahrheitsgemäß* anzugeben; sie können irgendwelche beliebigen Präferenzen angeben.

In manchen Fällen kann es für einen Wähler sinnvoll sein, seine Präferenzen falsch darzustellen. Zum Beispiel können bei der Pluralitätswahl Wähler, die denken, dass ihr bevorzugter Kandidat keine Chance auf den Sieg hat, stattdessen für ihre zweite Wahl stimmen. Das bedeutet, dass Pluralitätswahlen ein Spiel sind, bei dem die Wähler (hinsichtlich der anderen Wähler) strategisch denken müssen, um ihren erwarteten Nutzen zu maximieren.

Dies wirft eine interessante Frage auf: Können wir einen Wahlmechanismus entwerfen, der immun ist gegen eine solche Manipulation – ein Mechanismus, der wahrheitsoffenbarend ist? Das Gibbard-Satterthwaite-Theorem sagt uns, dass das nicht geht: *Jede Sozialwahlfunktion, die die Pareto-Bedingung für einen Bereich mit mehr als zwei Ergebnissen erfüllt, ist entweder manipulierbar oder eine Diktatur.* Das heißt, bei jedem „vernünftigen" Sozialwahlverfahren gibt es Umstände, unter denen ein Wähler prinzipiell davon profitieren kann, dass er seine Präferenzen falsch darstellt. Es sagt uns jedoch nicht, *wie* eine solche Manipulation durchgeführt werden könnte; und es sagt uns nicht, dass eine solche Manipulation *in der Praxis* wahrscheinlich ist.

18.4.4 Verhandeln

Das Verhandeln oder Feilschen ist ein weiterer Mechanismus, der im täglichen Leben häufig verwendet wird. Er wird seit den 1950er Jahren in der Spieltheorie untersucht und ist in jüngerer Zeit zu einer Aufgabe für automatisierte Agenten geworden. Verhandelt wird beispielsweise, wenn Agenten eine Einigung über eine Angelegenheit von gemeinsamem Interesse erzielen müssen. Die Agenten machen sich gegenseitig Angebote (auch Vorschläge oder Deals genannt) unter bestimmten Protokollen und nehmen die einzelnen Angebote entweder an oder lehnen sie ab.

Verhandeln auf Basis des Protokolls der abwechselnden Angebote

Ein einflussreiches Verhandlungsprotokoll ist das **Verhandlungsmodell mit abwechselnden Angeboten**. Der Einfachheit halber gehen wir erneut von nur zwei Agenten aus. Verhandelt wird über mehrere Runden. A_1 beginnt in Runde 0 mit einem Angebot. Wenn A_2 das Angebot annimmt, dann wird das Angebot umgesetzt. Wenn A_2 das Angebot ablehnt, geht die Verhandlung in die nächste Runde. Diesmal macht A_2 ein Angebot und A_1 entscheidet, ob er es annimmt oder ablehnt, und so weiter. Wenn die Verhandlung niemals beendet wird (weil die Agenten jedes Angebot ablehnen), dann definieren wir das Ergebnis als **Konflikthandel**. Eine bequeme, vereinfachende Annahme ist, dass beide Agenten es vorziehen, ein Ergebnis – irgendein Ergebnis – in endlicher Zeit zu erreichen, anstatt in einem unendlich zeitaufwendigen Konflikthandel stecken zu bleiben.

Wir werden das Szenario vom **Aufteilen des Kuchens** heranziehen, um abwechselnde Angebote zu veranschaulichen. Die Idee ist, dass es eine Ressource (den „Kuchen") gibt, deren Wert 1 ist und die in zwei Teile geteilt werden kann, einen Teil für jeden Agenten. Ein Angebot ist in diesem Szenario also ein Paar $(x, 1-x)$, wobei x die Menge des Kuchens ist, die A_1 bekommt, und $1-x$ die Menge, die A_2 bekommt. Der Raum der möglichen Angebote (die **Menge möglicher Vereinbarungen**) ist also:

$$\{(x, 1-x) : 0 \leq x \leq 1\}$$

Wie sollten Agenten unter diesen Voraussetzungen verhandeln? Um die Antwort auf diese Frage zu verstehen, werden wir zunächst einige einfachere Fälle betrachten.

Nehmen wir zunächst an, dass wir *nur eine Runde* zulassen. A_1 macht also einen Vorschlag; A_2 kann ihn entweder annehmen (in diesem Fall wird der Handel umgesetzt) oder ablehnen (in diesem Fall wird der Konflikthandel umgesetzt). Dies ist ein **Ultimatumspiel**. In diesem Fall stellt sich heraus, dass A_1 – der **First Mover** – die ganze Macht hat. Nehmen wir an, dass A_1 Anspruch auf den ganzen Kuchen erhebt, d. h., er schlägt den Handel (1, 0) vor. Wenn A_2 ablehnt, wird der Konflikthandel umgesetzt. Da A_2 per Definition lieber 0 als den Konflikthandel bekommen würde, wäre es für A_2 besser zu akzeptieren. Natürlich kann A_1 nichts Besseres passieren, als den ganzen Kuchen zu bekommen. Daher bilden diese beiden Strategien – A_1 bietet an, den ganzen Kuchen zu übernehmen, und A_2 akzeptiert – ein Nash-Gleichgewicht.

Betrachten wir nun den Fall, dass wir genau *zwei* Verhandlungsrunden zulassen. Jetzt hat sich die Macht verschoben: A_2 kann das erste Angebot einfach ablehnen und damit das Spiel in ein Ein-Runden-Spiel verwandeln, in dem A_2 der First Mover ist und somit den ganzen Kuchen erhält. Im Allgemeinen gilt: Wenn die Anzahl der Runden eine feste Zahl ist, dann bekommt derjenige, der sich zuletzt bewegt, den ganzen Kuchen.

Gehen wir nun zum allgemeinen Fall über, in dem es *keine* Begrenzung für die Anzahl der Runden gibt. Nehmen wir an, dass A_1 die folgende Strategie verfolgt:

Schlage immer (1; 0) *vor und lehne jedes Gegenangebot ab.*

Was ist die beste Reaktion von A_2 auf diesen Vorschlag? Wenn A_2 den Vorschlag immer wieder ablehnt, dann werden die Agenten ewig verhandeln, was per Definition das schlechteste Ergebnis für A_2 (und auch für A_1) ist. A_2 kann also nichts Besseres tun, als den ersten Vorschlag zu akzeptieren, den A_1 macht. Auch dies ist ein Nash-Gleichgewicht. Aber was ist, wenn A_1 die folgende Strategie verwendet:

Schlage immer (0,8; 0,2) *vor und lehne jedes Angebot ab.*

Mit einem ähnlichen Argument können wir sehen, dass es für dieses Angebot oder *für jeden anderen möglichen Handel* $(x, 1 - x)$ *in der Menge möglicher Vereinbarungen ein Verhandlungsstrategiepaar im Nash-Gleichgewicht gibt, sodass das Ergebnis eine Einigung auf den Handel im ersten Zeitraum ist.*

Ungeduldige Agenten

Diese Analyse sagt uns, dass es eine unendliche Anzahl von Nash-Gleichgewichten gibt, wenn keine Beschränkungen für die Anzahl der Runden festgelegt werden. Lassen Sie uns also eine Annahme hinzufügen:

Für jedes Ergebnis x und die Zeitpunkte t_1 und t_2 mit $t_1 < t_2$ würden beide Agenten das Ergebnis x zum Zeitpunkt t_1 dem Ergebnis x zum Zeitpunkt t_2 vorziehen.

Mit anderen Worten: Agenten sind **ungeduldig**. Ein Standardansatz für Ungeduld ist die Verwendung eines **Diskontierungsfaktors** γ_i (siehe S. 637) für jeden Agenten ($0 \leq \gamma_i < 1$). Nehmen wir an, dass zu irgendeinem Zeitpunkt der Verhandlung dem Agenten i ein Stück des Kuchens der Größe x angeboten wird. Der Wert des Stücks x zum Zeitpunkt t ist $\gamma_i^t x$. Im ersten Verhandlungsschritt (Zeitpunkt 0) ist der Wert also $\gamma_i^0 x = x$, wobei bei jedem folgenden Zeitpunkt der Wert des gleichen Angebots abnimmt. Ein größerer Wert für γ_i (näher an 1) impliziert also mehr Geduld, ein kleinerer Wert weniger Geduld.

Für die Analyse des allgemeinen Falls betrachten wir zunächst die Verhandlung über feste Zeiträume, wie oben beschrieben. Für den 1-Runden-Fall gilt die gleiche Analyse wie oben: Wir haben es einfach mit einem Ultimatumspiel zu tun. Bei *zwei* Runden ändert sich die Situation, weil der Wert des Kuchens entsprechend den Diskontierungsfaktoren γ_i abnimmt. Angenommen, A_2 lehnt den ursprünglichen Vorschlag von A_1 ab. Dann wird A_2 in der zweiten Runde mit einem Ultimatum den ganzen Kuchen bekommen. Aber der *Wert* dieses ganzen Kuchens hat sich verringert: Er ist für A_2 nur noch γ_2 wert. Agent A_1 kann dieser Tatsache Rechnung tragen, indem er $(1 - \gamma_2, \gamma_2)$ anbietet, ein Angebot, das A_2 genauso gut annehmen kann, weil A_2 zu diesem Zeitpunkt nicht besser als γ_2 abschneiden kann. (Wenn Sie sich Sorgen darüber machen, was bei Gleichstand passiert, ändern Sie das Angebot einfach in $(1 - (\gamma_2 + \epsilon), \gamma_2 + \epsilon)$ für einen kleinen Wert von ϵ ab.)

Die beiden Strategien von A_1, der $(1 - \gamma_2, \gamma_2)$ anbietet, und A_2, der dieses Angebot annimmt, befinden sich also im Nash-Gleichgewicht. Geduldige Spieler (diejenigen mit einem größeren γ_2) können unter diesem Protokoll größere Stücke des Kuchens erhalten: In dieser Situation ist Geduld wirklich eine Tugend.

Betrachten wir nun den allgemeinen Fall, in dem es keine Beschränkungen für die Anzahl der Runden gibt. Wie im 1-Runden-Fall kann A_1 einen Vorschlag machen, den A_2 akzeptieren sollte, weil er A_2 den maximal erreichbaren Betrag unter Berücksichtigung der Diskontierungsfaktoren gibt. Es stellt sich heraus, dass A_1

$$\frac{1-\gamma_2}{1-\gamma_1\gamma_2}$$

erhält und A_2 den Rest.

Verhandlung in aufgabenorientierten Domänen

In diesem Abschnitt betrachten wir die Verhandlung in **aufgabenorientierten Domänen**. In einer solchen Domäne muss eine Reihe von Aufgaben ausgeführt werden und jede Aufgabe wird zunächst einer Gruppe von Agenten zugewiesen. Die Agenten können möglicherweise davon profitieren, wenn sie aushandeln, wer welche Aufgaben ausführt. Nehmen wir zum Beispiel an, dass einige Aufgaben auf einer Drehmaschine und andere auf einer Fräsmaschine zu erledigen sind und dass jeder Agent, der eine Maschine benutzt, mit erheblichen Einrichtungskosten rechnen muss. Dann wäre es für einen Agenten sinnvoll, einem anderen folgendes Angebot zu unterbreiten: „Ich muss sowieso die Fräsmaschine einrichten; wie wäre es, wenn ich alle deine Fräsaufgaben erledige und du alle meine Drehaufgaben?“

Im Gegensatz zum Verhandlungsszenario beginnen wir am Anfang mit einer Zuteilung. Wenn sich die Agenten also nicht auf ein Angebot einigen können, führen sie die Aufgaben T_i^0 aus, die ihnen ursprünglich zugeteilt wurden.

Um die Dinge einfach zu halten, nehmen wir wieder nur zwei Agenten an. Sei T die Menge aller Aufgaben und (T_1^0, T_2^0) die anfängliche Zuordnung der Aufgaben auf die beiden Agenten zum Zeitpunkt 0. Jede Aufgabe in T muss genau einem Agenten zugeordnet werden. Wir nehmen an, dass wir eine Kostenfunktion c haben, die für jede Menge von Aufgaben T' eine positive reelle Zahl $c(T')$ liefert, die jedem Agenten die Kosten für die Ausführung der Aufgaben T' angibt. (Dabei gilt die Annahme, dass die Kosten nur von den Aufgaben abhängen, nicht von dem Agenten, der die Aufgabe ausführt.) Die Kostenfunktion ist monoton – das Hinzufügen weiterer Aufgaben reduziert niemals die Kosten – und die Kosten des Nichtstuns sind null: $c(\{\}) = 0$. Angenommen, die Kosten für das Einrichten der Fräsmaschine betragen 10 und jede Fräsaufgabe kostet 1, dann wären die Kosten eines Satzes von zwei Fräsaufgaben 12 und die Kosten eines Satzes von fünf Aufgaben 15.

Ein Angebot der Form (T_1, T_2) bedeutet, dass Agent i sich verpflichtet, die Menge der Aufgaben T_i zu den Kosten $c(T_i)$ zu erledigen. Der Nutzen für Agent i ist der Betrag, den er durch die Annahme des Angebots gewinnen kann – die Differenz zwischen den Kosten für die Erledigung dieser neuen Aufgabenmenge und der ursprünglich zugewiesenen Aufgabenmenge:

$$U_i((T_1, T_2)) = c(T_i) - c(T_i^0)$$

Ein Angebot (T_1, T_2) ist **individuell rational**, wenn $U_i((T_1, T_2)) \geq 0$ für beide Agenten ist. Wenn ein Handel nicht individuell rational ist, dann kann mindestens ein Agent besser abschneiden, wenn er einfach die Aufgaben ausführt, die ihm ursprünglich zugewiesen wurden.

Die Menge möglicher Vereinbarungen für aufgabenorientierte Domänen (unter der Annahme rationaler Agenten) ist die Menge der Angebote, die sowohl individuell rational als auch Pareto-optimal sind. Es ist weder sinnvoll, ein individuell irrationales Angebot zu machen, das abgelehnt wird, noch ein Angebot zu machen, wenn es ein besseres Angebot gibt, das den Nutzen eines Agenten verbessert, ohne jemand anderem zu schaden.

Das monotone Konzessionsprotokoll

Das Verhandlungsprotokoll, das wir für aufgabenorientierte Domänen betrachten, ist als **monotones Konzessionsprotokoll** (*Monotonic Concession Protocol*) bekannt. Die Regeln dieses Protokolls lauten wie folgt.

- Die Verhandlungen erfolgen in mehreren Runden.
- In der ersten Runde schlagen beide Agenten *gleichzeitig* einen Handel $D_i = (T_1, T_2)$ aus der Menge der möglichen Vereinbarungen vor. (Dies unterscheidet sich von den abwechselnden Geboten, die wir zuvor gesehen haben.)
- Eine Einigung kommt zustande, wenn die beiden Agenten Handel D_1 bzw. D_2 vorschlagen, sodass entweder (i) $U_1(D_2) \geq U_1(D_1)$ oder (ii) $U_2(D_1) \geq U_2(D_2)$, d. h. wenn einer der Agenten findet, dass der vom anderen vorgeschlagene Handel mindestens so gut oder besser ist als der von ihm gemachte Vorschlag. Wenn eine Einigung erzielt wird, dann lautet die Regel zur Bestimmung des Einigungshandels wie folgt: Wenn das Angebot jedes Agenten mit dem des anderen Agenten übereinstimmt oder dieses übertrifft, dann wird einer der Vorschläge zufällig ausgewählt. Wenn nur ein Vorschlag den Vorschlag des anderen Agenten übertrifft oder mit ihm übereinstimmt, dann ist dies der Einigungshandel.
- Wenn keine Einigung erzielt wird, dann geht die Verhandlung in eine weitere Runde mit gleichzeitigen Vorschlägen. In Runde $t + 1$ muss jeder Agent entweder den Vorschlag aus der vorherigen Runde wiederholen oder ein Zugeständnis – eine **Konzession** – machen, d. h. einen Vorschlag, der vom anderen Agenten bevorzugt wird (also einen höheren Nutzen hat).
- Wenn keiner der beiden Agenten eine Konzession macht, wird die Verhandlung beendet und beide Agenten setzen den Konflikthandel um, indem sie die ihnen ursprünglich zugewiesenen Aufgaben ausführen.

Da die Menge der möglichen Handel endlich ist, können die Agenten nicht unbegrenzt verhandeln: Entweder erzielen die Agenten eine Einigung oder es kommt zu einer Runde, in der keiner der Agenten nachgibt. Das Protokoll garantiert jedoch keine *schnelle* Einigung: Da die Anzahl der möglichen Handel $O(2^{|T|})$ beträgt, ist es denkbar, dass die Anzahl der Verhandlungsrunden exponentiell zur Anzahl der zu verteilenden Aufgaben zunimmt.

Die Zeuthen-Strategie

Bisher haben wir nichts darüber gesagt, wie sich Verhandlungsteilnehmer verhalten könnten oder sollten, wenn sie das monotone Konzessionsprotokoll für aufgabenorientierte Domänen verwenden. Eine mögliche Strategie ist die **Zeuthen-Strategie**.

Die Idee der Zeuthen-Strategie ist es, die *Bereitschaft eines Agenten zu messen, einen Konflikt zu riskieren*. Intuitiv wird ein Agent eher bereit sein, einen Konflikt zu riskieren, wenn der Unterschied im Nutzen zwischen seinem aktuellen Vorschlag und dem Konflikthandel gering ist. In diesem Fall hat der Agent wenig zu verlieren, wenn die Verhandlung scheitert und der Konflikthandel umgesetzt wird, und ist daher eher bereit, einen Konflikt zu riskieren und weniger bereit, nachzugeben. Im Gegensatz dazu, wenn die Differenz zwischen dem aktuellen Vorschlag des Agenten und dem Konflikthandel hoch ist, dann hat der Agent mehr durch den Konflikt zu verlieren und ist daher weniger bereit, einen Konflikt zu riskieren – und somit eher bereit nachzugeben.

Die Konfliktbereitschaft von Agent i in Runde t, bezeichnet mit $risk_i^t$, wird wie folgt gemessen:

$$risk_i^t = \frac{\text{Nutzen, den } i \text{ verliert, weil nachgegeben wird und das Angebot von } j \text{ akzeptiert wird}}{\text{Nutzen, den } i \text{ verliert, weil nicht nachgegeben und Konflikt ausgelöst wird}}$$

Bis es zu einer Einigung kommt, liegt der Wert von $risk_i^t$ zwischen 0 und 1. Höhere Werte von $risk_i^t$ (näher an 1) zeigen an, dass i weniger durch einen Konflikt zu verlieren hat und daher eher bereit ist, einen Konflikt zu riskieren.

Die Zeuthen-Strategie besagt, dass der erste Vorschlag jedes Agenten ein Handel aus der Menge der möglichen Vereinbarungen sein sollte, der seinen eigenen Nutzen maximiert (es kann mehr als einen geben). Danach sollte der Agent, der in Verhandlungsrunde t nachgeben sollte, derjenige mit dem kleineren Risikowert sein – derjenige, der am meisten durch den Konflikt zu verlieren hat, wenn keiner von beiden nachgibt.

Die nächste Frage, die es zu beantworten gilt, lautet: Wie viel sollte nachgegeben werden? Die Antwort, die die Zeuthen-Strategie liefert, lautet: „Gerade so viel, dass sich das Risikogleichgewicht auf den anderen Agenten verschiebt." Das heißt, ein Agent sollte die *kleinste* Konzession machen, die den anderen Agenten in der nächsten Runde dazu bringt nachzugeben.

Es gibt eine letzte Verfeinerung der Zeuthen-Strategie. Nehmen wir an, dass zu einem bestimmten Zeitpunkt beide Agenten das *gleiche* Risiko haben. Dann sollten gemäß der Strategie beide nachgeben. Aber ein Agent, der dies weiß, könnte potenziell „davon Abstand nehmen", indem er nicht nachgibt, und so profitieren. Um die Möglichkeit zu vermeiden, dass beide an diesem Punkt nachgeben, erweitern wir die Strategie, indem wir die Agenten „eine Münze werfen" lassen, um zu entscheiden, wer nachgeben soll, wenn jemals eine Situation mit gleichem Risiko erreicht wird.

Mit dieser Strategie ist die Vereinbarung Pareto-optimal und individuell rational. Da jedoch der Raum der möglichen Abmachungen exponentiell zur Anzahl der Aufgaben ist, kann das Verfolgen dieser Strategie $O(2^{|T|})$ Berechnungen der Kostenfunktion bei jedem Verhandlungsschritt erfordern. Schließlich befindet sich die Zeuthen-Strategie (mit der Münzwurf-Regel) im Nash-Gleichgewicht.

ZUSAMMENFASSUNG

- **Multiagentenplanung** ist notwendig, wenn es weitere Agenten in der Umgebung gibt, mit denen man kooperieren oder konkurrieren muss. Gemeinsame Pläne können erstellt werden, müssen aber durch eine Form der Koordination ergänzt werden, wenn sich zwei Agenten darauf einigen sollen, welchen gemeinsamen Plan sie ausführen sollen.
- Die **Spieltheorie** beschreibt das rationale Verhalten von Agenten in Situationen, in denen mehrere Agenten interagieren. Die Spieltheorie ist für die Entscheidungsfindung von mehreren Agenten das, was die Entscheidungstheorie für die Entscheidungsfindung von einzelnen Agenten ist.
- **Lösungskonzepte** in der Spieltheorie dienen dazu, rationale Ergebnisse eines Spiels zu charakterisieren – Ergebnisse, die eintreten könnten, wenn jeder Agent rational handelt.
- Die **nicht kooperative Spieltheorie** geht davon aus, dass die Agenten ihre Entscheidungen unabhängig voneinander treffen müssen. Das **Nash-Gleichgewicht** ist das wichtigste Lösungskonzept in der nicht kooperativen Spieltheorie. Ein Nash-Gleichgewicht ist ein Strategieprofil, bei dem kein Agent einen Anreiz hat, von seiner vorgegebenen Strategie abzuweichen. Es gibt Techniken für den Umgang mit wiederholten Spielen und sequenziellen Spielen.
- Die **kooperative Spieltheorie** betrachtet Situationen, in denen Agenten verbindliche Vereinbarungen zur Bildung von Koalitionen treffen können, um zu kooperieren. Lösungskonzepte im kooperativen Spiel versuchen zu formulieren, welche Koalitionen stabil sind (der **Kern**) und wie der Wert, den eine Koalition erhält (der **Shapley-Wert**), gerecht aufgeteilt werden kann.
- Für bestimmte wichtige Klassen von Multiagentenentscheidungen stehen spezialisierte Techniken zur Verfügung: das Contract Net zur Aufgabenteilung, Auktionen zur effizienten Zuweisung knapper Ressourcen, Einigungsverhandlungen über Angelegenheiten von gemeinsamem Interesse und Wahlverfahren zum Aggregieren von Präferenzen.

Bibliografische und historische Anmerkungen

Es ist schon kurios, dass KI-Forscher erst in den 1980er Jahren begannen, sich ernsthaft mit den Problemen interagierender Agenten zu beschäftigen – und der Bereich der Multiagentensysteme etablierte sich erst ein Jahrzehnt später als eigenständige Subdisziplin der KI. Dennoch deutete bereits einiges in den 1970er Jahren auf Multiagentensysteme hin. Zum Beispiel schlug Marvin Minsky (1986, 2007) in seiner sehr einflussreichen *Society of Mind* vor, dass der menschliche Verstand aus einem Ensemble von Agenten besteht. Doug Lenat hatte ähnliche Ideen in einem Framework, das er BEINGS nannte (Lenat, 1975). In den 1970er Jahren schlug Carl Hewitt, aufbauend auf seiner Doktorarbeit über das PLANNER-System, ein Berechnungsmodell als interagierende Agenten vor, das er **Aktorenmodell** nannte und das sich als eines der grundlegenden Modelle der nebenläufigen Berechnung etabliert hat (Hewitt, 1977; Agha, 1986).

Die Vorgeschichte der Multiagentensysteme ist in einer Sammlung von Aufsätzen mit dem Titel *Readings in Distributed Artificial Intelligence* (Bond und Gasser, 1988) gründlich dokumentiert. Im Vorwort zur Sammlung, die auch heute noch, mehr als dreißig Jahre nach ihrer Abfassung, bemerkenswert relevant ist, werden die wichtigsten Forschungsherausforderungen bei Multiagentensystemen ausführlich vorgestellt. Die frühe Forschung über Multiagentensysteme tendierte zu der Annahme, dass alle Agenten in einem System mit einem gemeinsamen Interesse handeln, auf der Basis nur eines Designers. Dies wird heute als ein Spezialfall der allgemeineren Multiagentensituation betrachtet – der Spezialfall ist als **kooperative verteilte Problemlösung** bekannt. Ein Schlüsselsystem aus dieser Zeit war das Distributed Vehicle Monitoring Testbed (DVMT), das unter der Leitung von Victor Lesser an der Universität von Massachusetts entwickelt wurde (Lesser und Corkill, 1988). Das DVMT modellierte ein Szenario, in dem mehrere geografisch verteilte akustische Sensoragenten zusammenarbeiten, um die Bewegung von Fahrzeugen zu verfolgen.

Die heutige Forschungsära der Multiagentensysteme begann in den späten 1980er Jahren, als allgemein erkannt wurde, dass Agenten mit unterschiedlichen Präferenzen die Norm in der KI und der Gesellschaft sind – von diesem Zeitpunkt an begann sich die Spieltheorie als Hauptmethode zur Untersuchung solcher Agenten zu etablieren.

Die Multiagentenplanung hat in den letzten Jahren stark an Popularität gewonnen, obwohl sie schon eine lange Geschichte hat. Konolige (1982) formalisiert die Multiagentenplanung in Prädikatenlogik, während Pednault (1986) eine Beschreibung im STRIPS-Stil liefert. Das Konzept der gemeinsamen Absicht, die unabdingbar ist, wenn Agenten einen gemeinsamen Plan ausführen sollen, stammt aus Arbeiten über kommunikative Handlungen (Cohen und Perrault, 1979; Cohen und Levesque, 1990; Cohen *et al.*, 1990). Boutilier und Brafman (2001) zeigen, wie man die nichtlineare Planung an eine Multiaktorenumgebung anpassen kann. Brafman und Domshlak (2008) entwickeln einen Multiaktorplanungsalgorithmus, dessen Komplexität nur linear mit der Anzahl der Aktoren wächst, vorausgesetzt der Grad der Kopplung (gemessen u. a. durch die Baumbreite des Graphen, der die Interaktionen zwischen den Agenten beschreibt) ist begrenzt.

Multiagentenplanung ist am schwierigsten, wenn es gegnerische Agenten gibt. Wie Jean-Paul Sartre (1960) sagte: „In einem Fußballspiel wird alles durch die Anwesenheit der anderen Mannschaft kompliziert." General Dwight D. Eisenhower sagte: „Bei der Vorbereitung auf eine Schlacht habe ich immer festgestellt, dass Pläne nutzlos sind, aber Planung unverzichtbar ist", was bedeutet, dass es wichtig ist, einen bedingten Plan oder eine Strategie zu haben und nicht zu erwarten, dass ein unbedingter Plan erfolgreich ist.

Das Thema verteiltes und Multiagenten-Reinforcement-Learning (RL) wurde in diesem Kapitel nicht behandelt, ist aber von großem aktuellen Interesse. Beim verteilten RL geht es darum, Methoden zu entwickeln, mit denen mehrere, koordinierte Agenten lernen, eine gemeinsame Nutzenfunktion zu optimieren. Können wir zum Beispiel Methoden entwickeln, mit denen getrennte Subagenten für die Roboternavigation und die Roboter-Hindernisvermeidung kooperativ ein kombiniertes Steuerungssystem erreichen, das global optimal ist? Einige grundlegende Ergebnisse in dieser Richtung wurden bereits erzielt (Guestrin *et al.*, 2002; Russell und Zimdars, 2003). Die Grundidee ist, dass jeder Subagent seine eigene Q-Funktion (eine Art Nutzenfunktion; siehe Abschnitt 22.3.3) aus seinem eigenen Strom an Belohnungen lernt. Zum Beispiel kann eine Roboter-Navigationskomponente Belohnungen für das Vorankommen zum Ziel erhalten, während die Hindernisvermeidungskomponente negative Belohnungen für jede Kollision erhält. Jede globale Entscheidung maximiert die Summe der Q-Funktionen und der gesamte Prozess konvergiert zu global optimalen Lösungen.

Die Wurzeln der Spieltheorie gehen auf Vorschläge von Christiaan Huygens und Gottfried Leibniz aus dem 17. Jahrhundert zurück, konkurrierende und kooperative menschliche Interaktionen wissenschaftlich und mathematisch zu untersuchen. Im Laufe des 19. Jahrhunderts entwickelten mehrere führende Wirtschaftswissenschaftler einfache mathematische Beispiele, um bestimmte Beispiele von Wettbewerbssituationen zu analysieren.

Die ersten formalen Ergebnisse der Spieltheorie gehen auf Zermelo (1913) zurück (der im Jahr zuvor eine Form der Minimax-Suche für Spiele vorgeschlagen hatte, wenn auch eine falsche).

Emile Borel (1921) führte den Begriff der gemischten Strategie ein. John von Neumann (1928) bewies, dass jedes Zwei-Personen-Nullsummenspiel ein Maximin-Gleichgewicht in gemischten Strategien und einen wohldefinierten Wert hat. Von Neumanns Zusammenarbeit mit dem Ökonomen Oskar Morgenstern führte 1944 zur Veröffentlichung der *Theory of Games and Economic Behavior*, dem entscheidenden Buch für die Spieltheorie. Die Veröffentlichung des Buchs wurde durch die Papierknappheit während des Krieges verzögert, bis ein Mitglied der Rockefeller-Familie die Veröffentlichung persönlich subventionierte.

1950 veröffentlichte John Nash im Alter von 21 Jahren seine Überlegungen zu Gleichgewichten in allgemeinen (Nicht-Nullsummen-)Spielen. Seine Definition einer Gleichgewichtslösung, obwohl in der Arbeit von Cournot (1838) vorweggenommen, ging als Nash-Gleichgewicht in die Geschichte ein. Nach einer langen Verzögerung aufgrund seiner Schizophrenie, an der er seit 1959 litt, wurde Nash 1994 (zusammen mit Reinhart Selten und John Harsanyi) der Nobel-Gedächtnispreis für Wirtschaftswissenschaften verliehen. Das Bayes-Nash-Gleichgewicht wird von Harsanyi (1967) beschrieben und von Kadane und Larkey (1982) diskutiert. Einige Probleme bei der Verwendung der Spieltheorie für die Agentensteuerung werden von Binmore (1982) behandelt. Aumann und Brandenburger (1995) zeigen, wie verschiedene Gleichgewichte erreicht werden können, je nachdem, über welches Wissen jeder Spieler verfügt.

Das Gefangenendilemma wurde 1950 von Albert W. Tucker als Gruppenübung erfunden (basierend auf einem Beispiel von Merrill Flood und Melvin Dresher) und wird ausführlich von Axelrod (1985) und Poundstone (1993) behandelt. Wiederholte Spiele wurden von Luce und Raiffa (1957) eingeführt und Abreu und Rubinstein (1988) diskutieren die Verwendung von endlichen Automaten für wiederholte Spiele – **Moore-Maschinen**, technisch gesehen. Der Text von Mailath und Samuelson (2006) konzentriert sich auf wiederholte Spiele.

Spiele mit partieller Information in extensiver Form wurden von Kuhn (1953) eingeführt. Die Sequenzform für Spiele mit partieller Information wurde von Romanovskii (1962) und später von Koller *et al.* (1996) erfunden; die Arbeit von Koller und Pfeffer (1997) bietet eine lesenswerte Einführung in das Gebiet und beschreibt ein System zur Darstellung und Lösung von sequenziellen Spielen.

Die Verwendung der Abstraktion, um einen Spielbaum auf eine Größe zu reduzieren, die mit Kollers Technik gelöst werden kann, wurde von Billings *et al.* (2003) eingeführt. In der Folge ermöglichten verbesserte Methoden zur Gleichgewichtsfindung die Lösung von Abstraktionen mit 10^{12} Zuständen (Gilpin *et al.*, 2008; Zinkevich *et al.*, 2008). Bowling *et al.* (2008) zeigen, wie man mithilfe von Importance Sampling eine bessere Schätzung vom Wert einer Strategie erhält. Waugh *et al.* (2009) fanden heraus, dass der Abstraktionsansatz anfällig für systematische Fehler bei der Annäherung an die Gleichgewichtslösung ist: Er funktioniert für einige Spiele, aber nicht für andere. Brown und Sandholm (2019) zeigten, dass zumindest im Fall der Pokervariante Texas Hold'em für mehrere Spieler diese Schwachstellen durch ausreichende Rechenleistung überwunden werden können. Sie verwendeten einen 64-Core-Server, der 8 Tage lang lief, um eine Basisstrategie für ihr Pluribus-Programm zu berechnen. Mit dieser Strategie waren sie in der Lage, menschliche Champion-Gegner zu besiegen.

Spieltheorie und MDPs werden kombiniert zu der Theorie der Markov-Spiele, auch stochastische Spiele genannt (Littman, 1994; Hu und Wellman, 1998). Shapley (1953b) beschrieb den Wert-Iteration-Algorithmus sogar unabhängig von Bellman, aber seine Ergebnisse fanden nicht die breite Anerkennung, was wahrscheinlich daran lag, dass sie im Kontext von Markov-Spielen präsentiert wurden. Die evolutionäre Spieltheorie (Smith, 1982; Weibull, 1995) befasst sich mit der Strategieabweichung im Laufe der Zeit: Wie sollten Sie reagieren, wenn sich die Strategie Ihres Gegners ändert?

Zu den Lehrbüchern über Spieltheorie aus ökonomischer Sicht gehören die von Myerson (1991), Fudenberg und Tirole (1991), Osborne (2004) und Osborne und Rubinstein (1994).

Aus KI-Perspektive haben wir Nisan *et al.* (2007) und Leyton-Brown und Shoham (2008); siehe (Sandholm, 1999) für einen nützlichen Überblick über die Entscheidungsfindung in Multiagentenumgebungen.

Multiagenten-RL unterscheidet sich von verteiltem RL durch das Vorhandensein von Agenten, die ihre Aktionen nicht koordinieren können (außer durch explizite kommunikative Handlungen) und die möglicherweise nicht die gleiche Nutzenfunktion haben. Multiagenten-RL befasst sich also mit sequenziellen spieltheoretischen Problemen oder **Markov-Spielen**, wie in Kapitel 17 definiert. Was Probleme verursacht, ist die Tatsache, dass, während ein Agent lernt, die Strategie seines Gegners zu vereiteln, der Gegner seine Strategie ändert, um den Agenten zu schlagen. Die Umgebung ist also **nicht stationär** (siehe S. 505).

Littman (1994) bemerkte diese Schwierigkeit bei der Einführung der ersten RL-Algorithmen für Nullsummen-Markov-Spiele. Hu und Wellman (2003) präsentieren einen Q-Learning-Algorithmus für allgemeine Summenspiele, der konvergiert, wenn das Nash-Gleichgewicht eindeutig ist; wenn es mehrere Gleichgewichte gibt, ist der Begriff der Konvergenz nicht so einfach zu definieren (Shoham *et al.*, 2004).

Assistenzspiele wurden unter der Überschrift des **kooperativen inversen Reinforcement Learning** von Hadfield-Menell *et al.* (2017a) eingeführt. Malik *et al.* (2018) stellten einen effizienten POMDP-Solver vor, der speziell für Assistenzspiele entwickelt wurde. Sie sind verwandt mit **Prinzipal-Agenten-Spielen** in der Ökonomie, in denen ein Prinzipal (z. B. ein Arbeitgeber) und ein Agent (z. B. ein Arbeitnehmer) eine für beide Seiten vorteilhafte Vereinbarung finden müssen, obwohl sie sehr unterschiedliche Präferenzen haben. Die Hauptunterschiede sind, dass (1) der Roboter keine eigenen Präferenzen hat, und (2) der Roboter unsicher ist, welche menschlichen Präferenzen er optimieren muss.

Kooperative Spiele wurden erstmals von von Neumann und Morgenstern (1944) untersucht. Der Begriff des Kerns wurde von Donald Gillies (1959) eingeführt und der Shapley-Wert von Lloyd Shapley (1953a). Eine gute Einführung in die Mathematik der kooperativen Spiele bieten Peleg und Sudholter (2002). Einfache Spiele im Allgemeinen werden ausführlich von Taylor und Zwicker (1999) diskutiert. Für eine Einführung in die rechnerischen Aspekte der kooperativen Spieltheorie siehe Chalkiadakis *et al.* (2011).

In den letzten drei Jahrzehnten wurden viele kompakte Darstellungsschemas für kooperative Spiele entwickelt, beginnend mit der Arbeit von Deng und Papadimitriou (1994). Das einflussreichste dieser Schemas ist das Modell der Netze von marginalen Beiträgen, das von Ieong und Shoham (2005) eingeführt wurde. Der Ansatz zur Koalitionsbildung, den wir beschreiben, wurde von Sandholm *et al.* (1999) entwickelt; Rahwan *et al.* (2015) geben einen Überblick über den aktuellen Stand der Technik.

Das Contract-Net-Protokoll wurde von Reid Smith für seine Doktorarbeit an der Stanford-Universität in den späten 1970er Jahren eingeführt (Smith, 1980). Das Protokoll wirkt so natürlich, dass es bis zum heutigen Tag immer wieder neu erfunden wird. Die ökonomischen Grundlagen des Protokolls wurden von Sandholm (1993) untersucht.

Auktionen und Mechanismusentwurf sind seit mehreren Jahrzehnten wichtige Themen in der Informatik und der KI: siehe Nisan (2007) für eine Mainstream-Perspektive der Informatik, Krishna (2002) für eine Einführung in die Theorie von Auktionen und Cramton *et al.* (2006) für eine Sammlung von Artikeln über die Berechnung von Auktionen.

Der Alfred-Nobel-Gedächtnispreis für Wirtschaftswissenschaften 2007 ging an Hurwicz, Maskin und Myerson, „weil sie die theoretischen Grundlagen für Mechanismusentwurf gelegt haben" (Hurwicz, 1973). Die Tragik der Allmende, ein motivierendes Problem für das Feld, wurde von William Lloyd (1833) analysiert, aber von Garrett Hardin (1968) benannt und der Öffentlichkeit bekannt gemacht. Ronald Coase stellte ein Theorem auf, demzufolge die Ressourcen effizient verwaltet werden, wenn Ressourcen in Privatbesitz sind und die Transaktionskosten niedrig genug sind (Coase, 1960). Er weist darauf hin, dass in der Praxis die Transaktionskosten hoch sind, sodass dieses Theorem nicht zutrifft und wir nach anderen Lösungen jenseits von Privatisierung und Markt suchen sollten. Elinor Ostroms *Governing the Commons* (1990) beschrieb Lösungen für dieses Problem, die darauf basieren, die Kontrolle über die Ressourcen in die Hände der Menschen vor Ort zu legen, die das meiste Wissen über die Situation haben. Sowohl Coase als auch Ostrom haben für ihre Arbeit den Nobelpreis für Wirtschaftswissenschaften erhalten.

Das Offenbarungsprinzip geht auf Myerson (1986) zurück und das Erlös-Äquivalenz-Theorem wurde unabhängig davon von Myerson (1981) und Riley und Samuelson (1981) entwickelt. Zwei Ökonomen, Milgrom (1997) und Klemperer (2002), schreiben über die Multimilliarden-Dollar-Spektrum-Auktionen, an denen sie beteiligt waren.

Mechanismusentwurf wird in der Multiagentenplanung (Hunsberger und Grosz, 2000; Stone *et al.*, 2009) und im Scheduling (Rassenti *et al.*, 1982) verwendet. Varian (1995) gibt einen kurzen Überblick mit Hinweisen zur Informatikliteratur und Rosenschein und Zlotkin (1994) präsentieren eine Abhandlung in Buchlänge mit Anwendungen auf verteilte KI. Verwandte Arbeiten über verteilte KI werden unter verschiedenen Namen geführt, darunter kollektive Intelligenz (Tumer und Wolpert, 2000; Segaran, 2007) und marktbasierte Steuerung (Clearwater, 1996). Seit 2001 gibt es einen jährlichen Wettbewerb, Trading Agents Competition (TAC), bei dem Agenten versuchen, in einer Reihe von Auktionen den besten Gewinn zu erzielen (Wellman *et al.*, 2001; Arunachalam und Sadeh, 2005).

Die Literatur über Sozialwahl ist sehr umfangreich und spannt den Bogen von philosophischen Betrachtungen über das Wesen der Demokratie bis hin zu hochtechnischen Analysen spezifischer Wahlverfahren. Campbell und Kelly (2002) bilden einen guten Ausgangspunkt für diese Literatur. Das *Handbook of Computational Social Choice* bietet eine Reihe von Artikeln, die Forschungsthemen und Methoden in diesem Bereich untersuchen (Brandt *et al.*, 2016). Das Arrow-Theorem listet gewünschte Eigenschaften eines Wahlsystems auf und beweist, dass es unmöglich ist, alle zu erreichen (Arrow, 1951). Dasgupta und Maskin (2008) zeigen, dass die Mehrheitsregel (nicht die Pluralitätsregel und nicht die Ranglistenwahl) das robusteste Wahlsystem ist. Die rechnerische Komplexität der Manipulation von Wahlen wurde erstmals von Bartholdi *et al.* (1989) untersucht.

Wir haben kaum die Oberfläche der Foschungsarbeiten über Verhandlung in der Multiagentenplanung gekratzt. Durfee und Lesser (1989) diskutieren, wie Aufgaben durch Verhandlungen unter Agenten aufgeteilt werden können. Kraus *et al.* (1991) beschreiben ein System zum Spielen von Diplomacy, einem Brettspiel, das Verhandlungen, Koalitionsbildung und Unehrlichkeit erfordert. Stone (2000) zeigt, wie Agenten als Teamkollegen in der kompetitiven, dynamischen, teilweise beobachtbaren Umgebung von Roboterfußball kooperieren können. In einem späteren Artikel analysiert Stone (2003) zwei wettbewerbsfähige Multiagentenumgebungen – RoboCup, einen Roboterfußballwettbewerb, und TAC, den auktionsbasierten Wettbewerb für Handelsagenten – und stellt fest, dass die nicht effiziente Machbarkeit unserer aktuellen theoretisch fundierten Ansätze dazu geführt hat, dass viele Multiagentensysteme mit *Ad-hoc*-Methoden entworfen werden. Sarit Kraus hat eine Reihe von Agenten entwickelt, die mit Menschen und anderen Agenten verhandeln können – siehe Kraus (2001) für eine Übersicht. Das monotone Konzessionsprotokoll für automatisierte Verhandlungen wurde von Jeffrey S. Rosenschein und seinen Studenten vorgeschlagen (Rosenschein und Zlotkin, 1994). Das Protokoll der abwechselnden Gebote wurde von Rubinstein (1982) entwickelt.

Zu den Büchern über Multiagentensysteme gehören die von Weiss (2000a), Young (2004), Vlassis (2008), Shoham und Leyton-Brown (2009) und Wooldridge (2009). Die wichtigste Konferenz für Multiagentensysteme ist die *International Conference on Autonomous Agents and Multi-Agent Systems* (AAMAS); es gibt auch eine gleichnamige Zeitschrift. Die *ACM Conference on Electronic Commerce* (EC) veröffentlicht ebenfalls viele relevante Beiträge, insbesondere im Bereich der Auktionsalgorithmen. Die wichtigste Zeitschrift für Spieltheorie ist *Games and Economic Behavior*.

Lernen aus Beispielen

19

In diesem Kapitel beschreiben wir Agenten, die ihr Verhalten durch eine sorgfältige Beobachtung ihrer eigenen Erfahrungen und Vorhersagen über ihre Zukunft verbessern können.

Ein Agent **lernt**, wenn er aufgrund seiner Beobachtungen über die Welt seine Leistung verbessert. Lernen reicht vom Trivialen, wie dem Notieren einer Einkaufsliste, bis zum Komplexen, wie der Herleitung einer neuen Theorie des Universums durch Albert Einstein. Wenn es sich bei dem Agenten um einen Computer handelt, sprechen wir von **maschinellem Lernen** Ein Computer beobachtet einige Daten, erstellt ein **Modell** auf der Grundlage dieser Daten und verwendet das Modell sowohl als **Hypothese** über die Welt als auch als Software, die Probleme lösen kann.

Warum sind wir daran interessiert, dass eine Maschine lernt? Warum programmieren wir sie nicht von Anfang an „richtig“? Dafür gibt es zwei wichtige Gründe. Erstens können die Programmierer nicht alle möglichen zukünftigen Situationen vorhersehen. Zum Beispiel muss ein Roboter, der in einem Labyrinth navigieren soll, das Layout jedes neuen Labyrinths erst lernen und ein Programm zur Vorhersage von Börsenkursen muss lernen, sich anzupassen, wenn der Bullenmarkt in einen Bärenmarkt umschlägt. Und zweitens wissen die Programmierer manchmal selbst nicht, wie sie eine Lösung programmieren sollen. Zum Beispiel können die meisten Menschen problemlos die Gesichter von Familienmitgliedern erkennen, aber sie tun es unbewusst, sodass selbst die besten Programmierer nicht in der Lage sind, einen Computer für diese Aufgabe zu programmieren, außer mithilfe von Lernalgorithmen.

In diesem Kapitel gehen wir auf verschiedene Modellklassen ein – Entscheidungsbäume (Abschnitt 19.3), lineare Modelle (Abschnitt 19.6), nichtparametrische Modelle wie das Nächste-Nachbarn-Modell (Abschnitt 19.7) und Ensemble-Modelle wie Random Forests (Abschnitt 19.8) –, wobei praktische Ratschläge zum Erstellen von Systemen für maschinelles Lernen (Abschnitt 19.9) und die Diskussion der Theorie des maschinellen Lernens nicht zu kurz kommen (Abschnitte 19.1 bis 19.5).

19.1 Lernformen

Jede Komponente eines Agentenprogramms kann durch maschinelles Lernen verbessert werden. Die Verbesserungen und die dafür verwendeten Techniken hängen hauptsächlich davon ab,

- welche *Komponente* zu verbessern ist;
- welches *Vorwissen* der Agent bereits besitzt, das in das von ihm erstellte *Modell* einfließt;
- welche *Daten* und welches *Feedback* zu diesen Daten verfügbar sind.

In Kapitel 2 wurden mehrere Agentenkonzepte beschrieben. Zu den **Komponenten** dieser Agenten gehören:

1. eine direkte Abbildung der Bedingungen des aktuellen Zustands auf Aktionen;
2. eine Möglichkeit, relevante Eigenschaften der Welt von der Perzeptfolge abzuleiten;
3. Informationen darüber, wie sich die Welt entwickelt und über die Folgen möglicher Aktionen, die der Agent ausführen kann;
4. Nutzeninformationen, die angeben, wie erwünscht Weltzustände sind;
5. Aktion-Wert-Informationen, die angeben, wie erwünscht Aktionen sind;
6. Ziele, die die wünschenswertesten Zustände beschreiben;

- ein Problemgenerator sowie ein kritisches und ein lernendes Element, die es dem System ermöglichen, sich zu verbessern.

Jede dieser Komponenten kann gelernt werden. Betrachten Sie einen Agenten für ein selbstfahrendes Auto, der durch Beobachten eines menschlichen Fahrers lernt. Jedes Mal, wenn der Fahrer bremst, könnte der Agent eine Bedingung-Aktion-Regel lernen, wann er bremsen muss (Komponente 1). Durch die Betrachtung vieler verschiedener Kamerabilder, von denen man ihm sagt, dass sie Busse enthalten, lernt er, Busse zu erkennen (Komponente 2). Durch das Ausprobieren von Aktionen und Beobachten der Folgen – z. B. beim starken Bremsen auf nasser Fahrbahn – lernt er, welche Auswirkungen seine Aktionen haben (Komponente 3). Wenn er dann Beschwerden von mitfahrenden Personen erhält, die während der Fahrt ordentlich durchgeschüttelt wurden, kann er eine nützliche Komponente seiner allgemeinen Nutzenfunktion lernen (Komponente 4).

Die Technologie des maschinellen Lernens ist mittlerweile aus dem Software-Engineering nicht mehr fortzudenken. Jedes Mal, wenn Sie ein Softwaresystem erstellen, auch wenn Sie es nicht als KI-Agenten betrachten, können Komponenten des Systems potenziell durch maschinelles Lernen verbessert werden. So wurde beispielsweise eine Analysesoftware für Bilder von Galaxien unter Ausnutzung des Gravitationslinseneffekts mit einem maschinell erlernten Modell um den Faktor 10 Millionen beschleunigt (Hezaveh *et al.*, 2017) und der Energieverbrauch für die Kühlung von Rechenzentren mit einem anderen maschinell erlernten Modell um 40 % reduziert (Gao, 2014). Der Turing-Award-Gewinner David Patterson und der KI-Chef von Google, Jeff Dean, sprachen im Zusammenhang mit dem maschinellen Lernen sogar schon von dem Anbruch eines „Goldenen Zeitalters“ für die Computerarchitektur (Dean *et al.*, 2018).

Wir haben bereits verschiedene Beispiele für Modelle von Agentenkomponenten gesehen: atomare, faktorisierte und relationale Modelle, die auf Logik oder Wahrscheinlichkeit basieren, und so weiter. Für alle diese Modelle wurden Lernalgorithmen entwickelt.

Dieses Kapitel geht davon aus, dass der Agent nur wenig **Vorwissen** hat: Er fängt bei null an und lernt anhand der Daten. In Abschnitt 21.7.2 betrachten wir **Transfer Learning**, bei dem Wissen aus einer Domäne auf eine neue Domäne übertragen wird, sodass mit weniger Daten schneller gelernt werden kann. Wir gehen jedoch davon aus, dass der Entwickler des Systems ein Modell-Framework wählt, das zu effektivem Lernen führen kann.

Von einer bestimmten Menge von Beobachtungen auf eine allgemeine Regel zu schließen, nennt man **Induktion**; zum Beispiel können wir aus der Beobachtung, dass die Sonne in der Vergangenheit jeden Tag aufgegangen ist, induktiv schließen, dass die Sonne auch morgen aufgehen wird. Damit unterscheidet sich die Induktion von der **Deduktion**, die wir in Kapitel 7 kennengelernt haben, insofern, als die induktiven Schlussfolgerungen falsch sein können, während die deduktiven Schlussfolgerungen garantiert richtig sind, wenn die Prämissen stimmen.

Dieses Kapitel konzentriert sich auf Probleme, bei denen die Eingabe eine **faktorisierte Darstellung** ist, d. h. ein Vektor von Attributwerten. Es ist auch möglich, dass die Eingabe irgendeine Art von Datenstruktur ist, einschließlich atomar und relational.

Wenn die Ausgabe ein Wert aus einer endlichen Menge von Werten ist (z. B. *sonnig/bewölkt/regnerisch* oder *wahr/falsch*), dann wird das Lernproblem als **Klassifikation** bezeichnet. Wenn es sich um eine Zahl handelt (wie z. B. die morgige Temperatur, die entweder als ganze Zahl oder als reelle Zahl gemessen wird), so hat das Lernproblem den (zugegebenermaßen obskuren) Namen **Regression**.[1]

1 Ein besserer Name wäre *Funktionsannäherung* oder *numerische Vorhersage*. Aber 1886 schrieb Francis Galton einen einflussreichen Artikel über das Konzept der *Regression zur Mitte* (z. B. dass die Kinder großer Eltern zwar wahrscheinlich größer als der Durchschnitt sind, aber nicht so groß wie ihre Eltern). Galton zeigte Dia-

Es gibt drei Arten von Feedback, die die Eingaben begleiten können und die die drei Haupttypen des Lernens bestimmen:

- Beim **überwachten Lernen** beobachtet der Agent Eingabe-Ausgabe-Paare und lernt eine Funktion, die Eingaben auf Ausgaben abbildet. Die Eingaben könnten z. B. Kamerabilder sein, jeweils verbunden mit einer Ausgabe, die „Bus“ oder „Fußgänger“ etc. lautet. Eine solche Ausgabe wird als **Label** bezeichnet. Der Agent lernt eine Funktion, die bei einem neuen Bild das entsprechende Label vorhersagt. Im Fall von Bremsaktionen (Komponente 1, oben) ist eine Eingabe der aktuelle Zustand (Geschwindigkeit und Richtung des Autos, Straßenzustand) und eine Ausgabe ist die Strecke, die zum Anhalten benötigt wurde. In diesem Fall kann der Agent seinen eigenen Perzepten einen Satz von Ausgabewerten (im Nachhinein) entnehmen; die Umgebung ist der Lehrer und der Agent lernt eine Funktion, die Zustände auf Bremswege abbildet.
- Beim **unüberwachten Lernen** lernt der Agent Muster in der Eingabe zu erkennen, selbst wenn kein explizites Feedback bereitgestellt wird. Die häufigste unüberwachte Lernaufgabe ist das sogenannte **Clustern**: das Erkennen möglicherweise nützlicher Cluster in Eingabebeispielen. Wenn zum Beispiel einem Computer-Vision-System Millionen von Bildern aus dem Internet gezeigt werden, kann es einen großen Cluster ähnlicher Bilder identifizieren, die ein Mensch als „Katzen“ bezeichnen würde.
- Beim **Reinforcement Learning** lernt der Agent durch eine Reihe von Verstärkungen wie Belohnungen und Bestrafungen. Zum Beispiel wird dem Agenten am Ende eines Schachspiels gesagt, dass er gewonnen (eine Belohnung) oder verloren (eine Bestrafung) hat. Der Agent entscheidet letztendlich darüber, welche der Aktionen im Vorfeld primär für die Verstärkung verantwortlich waren, sodass er seine Aktionen ändern kann, um in Zukunft mehr Belohnungen zu erhalten.

19.2 Überwachtes Lernen

Formal gesehen lautet die Aufgabe des überwachten Lernens:

> *Finde für eine **Trainingsmenge** von N Beispielen von Eingabe-Ausgabe-Paaren*
>
> $$(x_1, y_1), (x_2, y_2), \ldots, (x_N, y_N),$$
>
> *wobei jedes Paar durch eine unbekannte Funktion $y = f(x)$ generiert wurde, eine Funktion h, die die wahre Funktion f annähert.*

Die Funktion h ist eine **Hypothese** über die Welt. Sie wird aus einem **Hypothesenraum** $\mathcal{H}$ von möglichen Funktionen ausgewählt. Zum Beispiel könnte der Hypothesenraum die Menge der Polynome vom Grad 3 sein, die Menge der Javascript-Funktionen oder die Menge der logischen Formeln aus 3-SAT.

Alternativ können wir sagen, dass h ein **Modell** der Daten ist, das aus einer **Modellklasse** $\mathcal{H}$ gezogen wurde, bzw. eine **Funktion**, die aus einer **Funktionsklasse** gezogen wurde. Wir bezeichnen die Ausgabe y_i als **Ground Truth**, d. h. die richtige Antwort, die unser Modell vorhersagen soll.

Wie wählen wir einen Hypothesenraum aus? Möglicherweise wissen wir bereits ein wenig über den Prozess, der die Daten erzeugt hat. Wenn nicht, können wir eine **explorative Datenanalyse** durchführen und untersuchen die Daten mit statistischen Tests und Visualisierungen (Histogrammen, Streudiagrammen, Boxplots), um ein Gefühl für die Daten zu bekommen und einen Einblick zu erhalten, welcher Hypothesenraum geeignet sein könnte. Oder wir können

gramme mit sogenannten „Regressiongeraden“ und die Leser begannen, das Wort „Regression“ eher mit der statistischen Technik der Funktionsannäherung als mit der Regression zur Mitte zu assoziieren.

einfach mehrere Hypothesenräume ausprobieren und auswerten, welcher am besten funktioniert.

Wie wählen wir eine gute Hypothese aus dem Hypothesenraum aus? Wir könnten auf eine **konsistente Hypothese** hoffen: ein h mit der Eigenschaft, dass für jedes x_i in der Trainingsmenge $h(x_i) = y_i$ gilt. Bei stetigen Ausgabewerten können wir keine exakte Übereinstimmung mit der Ground Truth erwarten; stattdessen suchen wir nach einer **bestangepassten Funktion**, für die jedes $h(x_i)$ nahe bei y_i liegt (auf eine Weise, die wir in Abschnitt 19.4.2 formalisieren werden).

Das wahre Maß für eine Hypothese ist nicht, wie sie bezüglich der Trainingsmenge abschneidet, sondern wie gut sie mit Eingaben umgeht, die sie noch nicht kennt. Wir können das mit einer zweiten Stichprobe von (x_i, y_i)-Paaren bewerten, die wir **Testmenge** nennen. Wir sagen, dass h gut **generalisiert**, wenn h die Ausgaben der Testmenge korrekt vorhersagt.

► Abbildung 19.1 zeigt, dass die von einem Lernalgorithmus entdeckte Funktion h von dem betrachteten Hypothesenraum $\mathcal{H}$ und der gegebenen Trainingsmenge abhängt. Die vier grafischen Darstellungen in der oberen Reihe haben jeweils denselben Trainingssatz von 13 Datenpunkten in der (x, y)-Ebene. Die vier grafischen Darstellungen in der unteren Reihe haben einen zweiten Satz von 13 Datenpunkten. Beide Mengen sind repräsentativ für die gleiche unbekannte Funktion $f(x)$. Jede Spalte zeigt die bestangepasste Hypothese h aus einem anderen Hypothesenraum:

- **Spalte 1**: Geraden; Funktionen der Form $h(x) = w_1x + w_0$. Es gibt keine Gerade, die eine konsistente Hypothese für die Datenpunkte wäre.
- **Spalte 2**: Sinusförmige Funktionen der Form $h(x) = w_1x + \sin(w_0x)$. Diese Wahl ist nicht vollständig konsistent, bildet aber beide Datensätze sehr gut ab.
- **Spalte 3**: Stückweise lineare Funktionen, bei denen die einzelnen Liniensegmente jeweils die Datenpunkte verbinden. Diese Funktionen sind immer konsistent.
- **Spalte 4**: Polynome vom Grad 12, $h(x) = \sum_{i=0}^{12} w_ix^i$. Diese Funktionen sind konsistent: Wir können ein Polynom vom Grad 12 immer perfekt auf 13 verschiedene Datenpunkte abbilden. Aber nur weil eine Hypothese konsistent ist, heißt das nicht, dass sie eine gute Wahl ist.

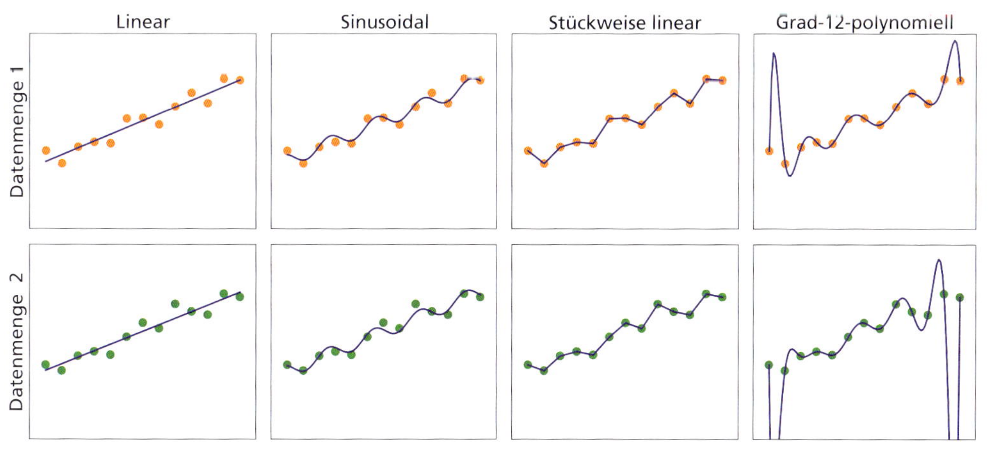

Abbildung 19.1: Suche nach Hypothesen, die zu den Daten passen. **Obere Reihe**: vier grafische Darstellungen bestangepasster Funktionen von vier verschiedenen Hypothesenräumen, trainiert auf Datenmenge 1. **Untere Reihe**: dieselben vier Funktionen, aber auf einer leicht anderen Datenmenge trainiert (aus derselben $f(x)$-Funktion abgeleitet).

Eine Möglichkeit, Hypothesenräume zu analysieren, erfolgt anhand der damit verbundenen Verzerrungen (unabhängig von der Trainingsmenge) und der von ihnen erzeugten Varianz (von einer Trainingsmenge zur anderen).

Verzerrung (*Bias*) bezeichnet (grob) die Tendenz einer vorhersagenden Hypothese, vom erwarteten Wert abzuweichen, wenn über verschiedene Trainingsmengen gemittelt wird. Verzerrungen sind oft das Ergebnis von Einschränkungen, die vom Hypothesenraum ausgehen. Zum Beispiel erzeugt der Hypothesenraum der linearen Funktionen eine starke Verzerrung: Er erlaubt nur Funktionen, die Geraden beschreiben. Wenn es irgendwelche Muster in den Daten gibt, die keine Gesamtsteigung einer Geraden ausdrücken, so kann dieses Muster nicht durch eine lineare Funktion repräsentiert werden. Wir sagen, dass eine Hypothese **unterangepasst** ist, wenn sie ein Muster in den Daten nicht finden kann. Die stückweise lineare Funktion auf der anderen Seite weist nur eine geringe Verzerrung auf, da der Verlauf der Funktion durch die Daten bestimmt wird.

Unter **Varianz** verstehen wir den Umfang der Änderungen in der Hypothese aufgrund von Schwankungen in den Trainingsdaten. Die beiden Reihen in ► Abbildung 19.1 repräsentieren Datenmengen, denen jeweils die gleiche Funktion $f(x)$ zugrunde liegt. Die Datensätze erwiesen sich als leicht unterschiedlich. Bei den ersten drei Spalten führte der kleine Unterschied in den Datenmengen zu einem kleinen Unterschied in der Hypothese. Wir sprechen in diesem Fall von einer geringen Varianz. Im Gegensatz dazu haben die Polynome vom Grad 12 in der vierten Spalte eine hohe Varianz: Man beachte, wie unterschiedlich die beiden Funktionen an den Enden der x-Achse sind. Offensichtlich muss mindestens eines dieser Polynome eine schlechte Annäherung an die wahre $f(x)$ sein. Wir sagen, dass eine Funktion **überangepasst** in Bezug auf die Daten ist, wenn sie die Datenmenge, auf die sie trainiert wurde, zu sehr berücksichtigt, was zur Folge hat, dass sie bei unbekannten Daten schlechter abschneidet.

Oft gibt es einen **Verzerrung-Varianz-Kompromiss**: die Wahl zwischen komplexeren Hypothesen mit wenig Verzerrung, die gut zu den Trainingsdaten passen, und einfacheren Hypothesen mit geringer Varianz, die besser generalisieren können. Albert Einstein sagte 1930: „Vornehmstes Ziel aller Theorie ist es, jene irreduziblen Grundelemente so einfach und so wenig zahlreich als möglich zu machen, ohne auf die zutreffende Darstellung irgendwelcher Erfahrungsinhalte verzichten zu müssen." Mit anderen Worten, Einstein empfiehlt, die einfachste Hypothese zu wählen, die zu den Daten passt. Dieses Prinzip geht auf den englischen Philosophen Wilhelm von Ockham zurück, der im 14. Jahrhundert lebte.[2] Sein Prinzip, dass „Pluralität [von Entitäten] nicht ohne Notwendigkeit postuliert werden sollte", heißt **Ockham's Razor** (Ockhams Rasiermesser), weil es dazu dient, zweifelhafte Erklärungen „wegzurasieren".

Es ist nicht leicht, Einfachheit zu definieren, doch es liegt auf der Hand, dass ein Polynom mit nur zwei Parametern einfacher ist als eines mit dreizehn Parametern. Diese Intuition werden wir in Abschnitt 19.3.4 noch konkretisieren. In Kapitel 21 werden wir jedoch sehen, dass Modelle tiefer neuronaler Netze oft recht gut generalisieren können, obwohl sie sehr komplex sind – einige von ihnen haben Milliarden von Parametern. Die Anzahl der Parameter allein ist also kein gutes Maß für die Eignung eines Modells. Vielleicht sollten wir in einer Modellklasse auf „Angemessenheit" abzielen und nicht auf „Einfachheit". Wir werden uns mit dieser Frage in Abschnitt 19.4.1 beschäftigen.

Welche Hypothese in ► Abbildung 19.1 ist die beste? Das können wir nicht mit Sicherheit sagen. Wenn wir die dargestellten Daten kennen, z. B. die Anzahl der Zugriffe auf eine Website, die von Tag zu Tag zunimmt, in Abhängigkeit von der Tageszeit aber auch schwankt, würden wir vielleicht die Sinusfunktion bevorzugen. Wenn wir wissen, dass die Daten definitiv nicht schwanken sind, aber ein starkes Rauschen aufweisen, spräche vieles eher für die lineare Funktion.

2 Der Name wird oft fälschlicherweise „Occam" geschrieben.

In einigen Fällen ist ein Analytiker nicht nur in der Lage anzugeben, ob es möglich oder unmöglich ist, eine Hypothese zu formulieren, sondern sogar, wie wahrscheinlich sie ist. Beim überwachten Lernen wird die Hypothese h^* gewählt, die angesichts der Daten am wahrscheinlichsten ist:

$$h^* = \underset{h \in \mathcal{H}}{\operatorname{argmax}}\, P(h|Daten)$$

Gemäß der Bayes'schen Regel ist dies äquivalent zu:

$$h^* = \underset{h \in \mathcal{H}}{\operatorname{argmax}}\, P(Daten|h)\, P(h)$$

So können wir sagen, dass die A-priori-Wahrscheinlichkeit $P(h)$ für ein glattes Polynom 1. oder 2. Grads hoch und für ein Polynom 12. Grads mit großen, spitzen Ausschlägen niedriger ist. Wir lassen ungewöhnlich aussehende Funktionen zu, wenn anhand der Daten zu sehen ist, dass wir sie wirklich brauchen, aber wir unterdrücken sie gewissermaßen, indem wir ihnen eine niedrige A-priori-Wahrscheinlichkeit zuweisen.

Warum ist $\mathcal{H}$ nicht einfach die Klasse aller Computerprogramme oder Turing-Maschinen? Das Problem ist, dass *es eine Abwägung gibt zwischen der Aussagekraft eines Hypothesenraums und dem rechnerischen Aufwand, eine gute Hypothese in diesem Raum zu finden*. Beispielsweise lässt sich die Anpassung einer Geraden an die Daten recht einfach berechnen, bei Polynomen höheren Grads ist dies etwas schwieriger und die Anpassung von Turing-Maschinen ist im Allgemeinen nicht einmal entscheidbar. Für einfache Hypothesenräume spricht auch, dass wir h vermutlich verwenden, nachdem wir diese Funktion gelernt haben. Und wenn h eine lineare Funktion ist, lässt sich $h(x)$ garantiert schnell berechnen, während es bei einem beliebigen Turing-Maschinen-Programm nicht einmal sicher ist, ob die Berechnung terminiert.

Aus diesen Gründen hat sich die Arbeit zum Thema Lernen größtenteils auf einfache Repräsentationen konzentriert. In den letzten Jahren gab es ein großes Interesse an Deep Learning (Kapitel 21), bei dem die Repräsentationen nicht einfach sind, aber die Berechnung von $h(x)$ mit geeigneter Hardware trotzdem nur eine *begrenzte Anzahl von Schritten* erfordert.

Wir werden sehen, dass die Abwägung zwischen Aussagekraft und Komplexität nicht einfach ist: Wie wir bereits bei der Prädikatenlogik in Kapitel 8 gesehen haben, kommt es häufig vor, dass sich mit einer ausdrucksstarken Sprache eine *einfache* Hypothese formulieren lässt, die zu den Daten passt, während die beschränkte Aussagekraft der Sprache bedeutet, dass jede konsistente Hypothese komplex sein muss.

19.2.1 Beispielproblem: Warten auf einen Tisch im Restaurant

Als Beispiel beschreiben wir im Folgenden ausführlich ein Problem des überwachten Lernens: das Problem zu entscheiden, ob es sich lohnt, in einem Restaurant auf einen Tisch zu warten. Dieses Problem wird über das ganze Kapitel hinweg verwendet, um verschiedene Modellklassen zu demonstrieren. In diesem Problem ist die Ausgabe y eine boolesche Variable, die wir *WirdWarten* nennen; sie ist wahr für Beispiele, in denen wir auf einen Tisch warten. Die Eingabe x ist ein Vektor mit zehn Attributwerten, von denen jeder diskrete Werte hat:

1. *Wechseln*: ob es ein geeignetes anderes Restaurant in der Nähe gibt
2. *Bar*: ob das Restaurant einen gemütlichen Barbereich hat, wo man warten kann
3. *Fr/Sa*: freitags und samstags offen (*wahr*)
4. *Hungrig*: ob wir gerade hungrig sind
5. *Gäste*: wie viele Personen sich im Restaurant befinden (Werte sind *Keine*, *Einige* und *Voll*)

Beispiel	Eingabeattribute										Ausgabe
	Wechseln	*Bar*	*Fr*	*Hun*	*Gäste*	*Preis*	*Regen*	*Res*	*Typ*	*Geschätzt*	*WirdWarten*
x_1	*Ja*	*Nein*	*Nein*	*Ja*	*Einige*	*€€€*	*Nein*	*Ja*	*Franz*	*0–10*	$y_1 = Ja$
x_2	*Ja*	*Nein*	*Nein*	*Ja*	*Voll*	*€*	*Nein*	*Nein*	*Thai*	*30–60*	$y_2 = Nein$
x_3	*Nein*	*Ja*	*Nein*	*Nein*	*Einige*	*€*	*Nein*	*Nein*	*Burger*	*0–10*	$y_3 = Ja$
x_4	*Ja*	*Nein*	*Ja*	*Ja*	*Voll*	*€*	*Ja*	*Nein*	*Thai*	*10–30*	$y_4 = Ja$
x_5	*Ja*	*Nein*	*Ja*	*Nein*	*Voll*	*€€€*	*Nein*	*Ja*	*Franz*	*>60*	$y_5 = Nein$
x_6	*Nein*	*Ja*	*Nein*	*Ja*	*Einige*	*€€*	*Ja*	*Ja*	*Ital*	*0–10*	$y_6 = Ja$
x_7	*Nein*	*Ja*	*Nein*	*Nein*	*Keine*	*€*	*Ja*	*Nein*	*Burger*	*0–10*	$y_7 = Nein$
x_8	*Nein*	*Nein*	*Nein*	*Ja*	*Einige*	*€€*	*Ja*	*Ja*	*Thai*	*0–10*	$y_8 = Ja$
x_9	*Nein*	*Ja*	*Ja*	*Nein*	*Voll*	*€*	*Ja*	*Nein*	*Burger*	*>60*	$y_9 = Nein$
x_{10}	*Ja*	*Ja*	*Ja*	*Ja*	*Voll*	*€€€*	*Nein*	*Ja*	*Ital*	*10–30*	$y_{10} = Nein$
x_{11}	*Nein*	*Nein*	*Nein*	*Nein*	*Keine*	*€*	*Nein*	*Nein*	*Thai*	*0–10*	$y_{11} = Nein$
x_{12}	*Ja*	*Ja*	*Ja*	*Ja*	*Voll*	*€*	*Nein*	*Nein*	*Burger*	*30–60*	$y_{12} = Ja$

Abbildung 19.2: Beispiele für das Restaurantproblem.

6. *Preis*: der Preisbereich des Restaurants (€, €€, €€€)
7. *Regen*: ob es draußen regnet
8. *Reservierung*: ob wir reserviert haben
9. *Typ*: die Art des Restaurants (französisch, italienisch, thailändisch oder Burger)
10. *GeschätzteWartezeit*: die vom Ober geschätzte Wartezeit: 0–10, 10–30, 30–60 oder > 60 Minuten

Ein Satz von 12 Beispielen, basierend auf den Erfahrungen einer der Autoren (SR), ist in ► Abbildung 19.2 dargestellt. Beachten Sie, wie dürftig diese Daten sind: Es gibt $2^6 \times 3^2 \times 4^2 =$ 9.216 mögliche Kombinationen von Werten für die Eingabeattribute, aber nur für 12 von ihnen erhalten wir die korrekte Ausgabe. Jede der anderen 9.204 Möglichkeiten könnte entweder wahr oder falsch sein – wir wissen es nicht. Darum geht es bei der Induktion: Wir müssen unsere beste Schätzung bezüglich dieser fehlenden 9.204 Ausgabewerte abgeben, und zwar allein auf Basis unserer korrekten 12 Beispiele.

19.3 Lernen von Entscheidungsbäumen

Ein **Entscheidungsbaum** repräsentiert eine Funktion, die als Eingabe einen Vektor von Attributwerten übernimmt und eine „Entscheidung" – einen einzelnen Ausgabewert – zurückliefert. Ein Entscheidungsbaum gelangt zu einer Entscheidung, indem er eine Reihe von Tests durchführt, wobei er an der Wurzel beginnt und dem entsprechenden Zweig folgt, bis er ein Blatt erreicht. Jeder interne Knoten im Baum entspricht einem Test des Werts eines der Eingabeattribute. Die vom Knoten abgehenden Zweige sind mit den möglichen Werten des Attributs beschriftet und die Blattknoten geben an, welcher Wert von der Funktion zurückgegeben werden soll.

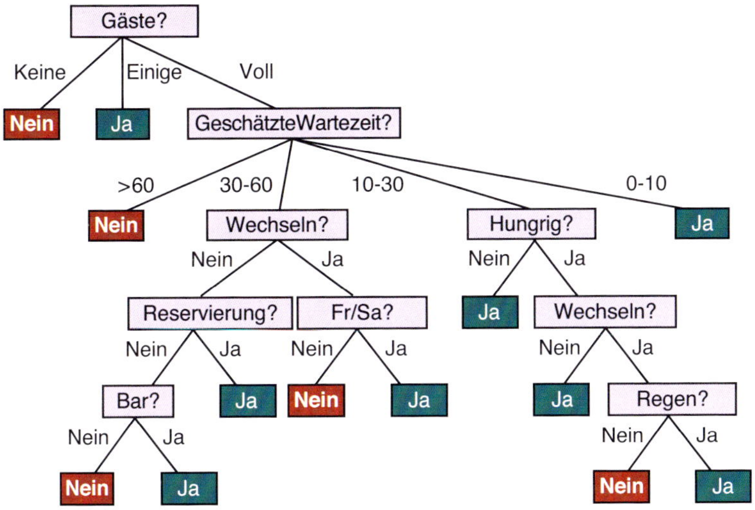

Abbildung 19.3: Ein Entscheidungsbaum für die Entscheidung, ob man auf einen Tisch warten soll.

Im Allgemeinen können die Eingabe- und Ausgabewerte diskret oder stetig sein. Wir konzentrieren uns zunächst auf Eingaben, die aus diskreten Werten bestehen, und auf Ausgaben, die entweder *wahr* (**positives** Beispiel) oder *falsch* (**negatives** Beispiel) sind. Wir bezeichnen dies als **boolesche Klassifikation**. Wir verwenden j zur Indizierung der Beispiele ($\mathbf{x}_j$ ist der Eingabevektor für das j-te Beispiel und $\mathbf{y}_j$ ist die Ausgabe) und $x_{j,i}$ für das i-te Attribut des j-ten Beispiels.

Der Baum, der die Entscheidungsfunktion darstellt, die SR für das Restaurantproblem verwendet, ist in ▶ Abbildung 19.3 dargestellt. Wenn man den Zweigen folgt, sieht man, dass ein Beispiel mit $Gäste = Voll$ und $GeschätzteWartezeit = 0$ als positiv eingestuft wird (d. h., ja, wir werden auf einen Tisch warten).

19.3.1 Die Aussagekraft von Entscheidungsbäumen

Ein boolescher Entscheidungsbaum ist äquivalent zu einer logischen Aussage der Form

$$Ausgabe \Leftrightarrow (Pfad_1 \vee Pfad_2 \vee \cdots)\,,$$

wobei jeder $Pfad_i$ eine Konjunktion der Form ($A_m = v_x \wedge A_n = v_y \wedge \cdots$) von Attribut-Wert-Tests ist, die einem Pfad von der Wurzel zu einem Blatt mit dem Wert *wahr* entsprechen. Somit ist der gesamte Ausdruck äquivalent zur disjunktiven Normalform, was bedeutet, dass jede Funktion in der Aussagenlogik als Entscheidungsbaum ausgedrückt werden kann.

Für viele Probleme liefert das Entscheidungsbaumformat ein übersichtliches, kurzes und verständliches Ergebnis. Tatsächlich sind viele praktische Anleitungen (z. B. für Autoreparaturen) als Entscheidungsbäume geschrieben. Einige Funktionen lassen sich jedoch nicht so prägnant darstellen. Zum Beispiel erfordert die Mehrheitsfunktion, die genau dann wahr zurückliefert, wenn mehr als die Hälfte der Eingaben wahr sind, einen exponentiell großen Entscheidungsbaum. Das gleiche gilt für die Paritätsfunktion, die wahr ist genau dann, wenn eine gerade Anzahl von Eingabeattributen wahr ist. Bei reellwertigen Attributen ist es schwer, die Funktion $y > A_1 + A_2$ durch einen Entscheidungsbaum darzustellen, da die Entscheidungsgrenze eine diagonale Linie ist und alle Entscheidungsbaumtests den Raum in rechteckige Felder aufteilen, die an den Achsen ausgerichtet sind. Wir müssten eine Menge Felder aneinanderreihen, um die Diagonale genau zu approximieren. Mit anderen Worten, Entscheidungsbäume sind für einige Arten von Funktionen gut geeignet und für andere nicht.

Gibt es *irgendeine* Art der Repräsentation, die für *alle* Arten von Funktionen effizient ist? Leider lautet die Antwort nein – es gibt einfach zu viele Funktionen, um sie alle mit einer kleinen Anzahl von Bits darstellen zu können. Selbst wenn man nur boolesche Funktionen mit n booleschen Attributen betrachtet, hat die Wahrheitstabelle 2^n Zeilen und jede Zeile kann *wahr* oder *falsch* ausgeben, sodass es 2^{2^n} verschiedene Funktionen gibt. Bei 20 Attributen gibt es $2^{1.048.576} \approx 10^{300.000}$ Funktionen; wenn wir uns also bei der Darstellung auf eine Millionen Bit beschränken, können wir diese Funktionen nicht alle darstellen.

19.3.2 Entscheidungsbäume anhand von Beispielen lernen

Wir suchen nach einem Baum, der mit den Beispielen in ► Abbildung 19.2 konsistent und so klein wie möglich ist. Leider ist es nicht effizient machbar, einen garantiert kleinsten konsistenten Baum zu finden. Allerdings können wir mit einigen einfachen Heuristiken eine Näherungslösung finden, d. h. einen Baum, der dem kleinsten am nächsten kommt. Der Algorithmus LEARN-DECISION-TREE wendet eine gierige Teile-und-Herrsche-Strategie an: immer das wichtigste Attribut zuerst testen und dann rekursiv die kleineren Teilprobleme lösen, die durch die möglichen Ergebnisse des Tests bestimmt sind. Mit „wichtigste" meinen wir das Attribut, das in der Klassifikation eines Beispiels den größten Unterschied macht. Auf diese Weise hoffen wir, mit einer kleinen Anzahl von Tests zur korrekten Klassifikation zu gelangen, d. h., alle Pfade im Baum sind kurz und der Baum insgesamt ist flach.

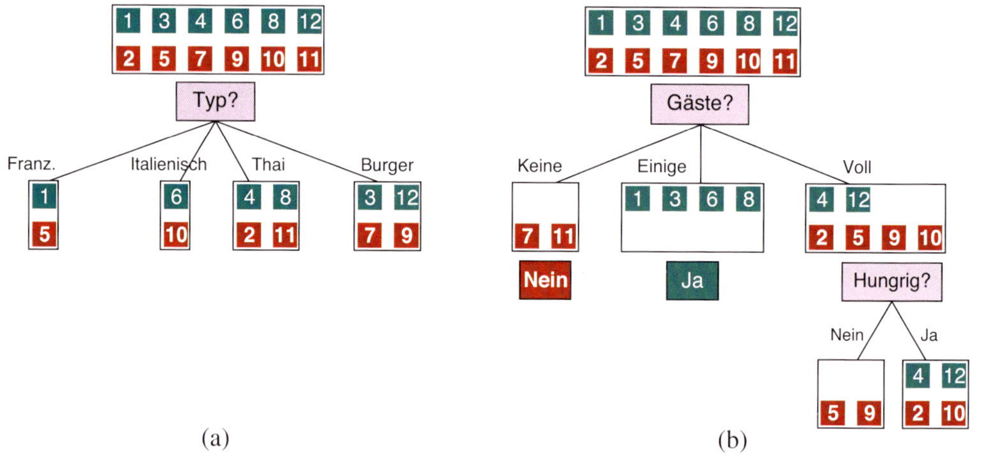

Abbildung 19.4: Aufteilung der Beispiele durch Testen auf Attribute. An jedem Knotenpunkt zeigen wir die verbleibenden positiven (grüne Kästen) und negativen (rote Kästen) Beispiele. (a) Aufsplitten nach *Typ* bringt uns der Unterscheidung zwischen positiven und negativen Beispielen nicht näher. (b) Aufsplitten nach *Gäste* führt zu einer guten Unterscheidung zwischen positiven und negativen Beispielen. Nach dem Aufsplitten nach *Gäste* ist *Hungrig* ein ziemlich guter zweiter Test.

► Abbildung 19.4 a zeigt, dass *Typ* ein schlechtes Attribut ist, weil es mit vier möglichen Ergebnissen verbunden ist, von denen jedes die gleiche Anzahl an positiven wie negativen Beispielen hat. Auf der anderen Seite sehen wir in ► Abbildung 19.4 b, dass *Gäste* ein ziemlich wichtiges Attribut ist, denn wenn der Wert *Keine* oder *Einige* ist, dann erhalten wir Beispielmengen, für die wir definitiv (*Nein* bzw. *Ja*) antworten können. Wenn der Wert *Voll* lautet, haben wir es mit einer gemischten Menge von Beispielen zu tun. Es gibt vier Fälle, die für diese rekursiven Teilprobleme zu berücksichtigen sind:

1. Wenn die verbleibenden Beispiele alle positiv (oder negativ) sind, dann sind wir fertig und können mit *Ja* oder *Nein* antworten. ► Abbildung 19.4 b zeigt Beispiele hierfür in den Zweigen *Keine* und *Einige*.
2. Wenn es einige positive und einige negative Beispiele gibt, dann wählen Sie das beste Attribut für ihre Aufteilung aus. ► Abbildung 19.4 b zeigt, dass das Attribut *Hungrig* verwendet wird, um die verbleibenden Beispiele aufzuteilen.
3. Wenn es keine Beispiele mehr gibt, bedeutet dies, dass für diese Kombination von Attributwerten kein Beispiel beobachtet wurde, und wir geben den am häufigsten vorkommenden Ausgabewert aus der Menge der Beispiele zurück, die beim Konstruieren des übergeordneten Knotens verwendet wurden.
4. Wenn keine Attribute mehr übrig sind, es aber noch positive sowie negative Beispiele gibt, bedeutet dies, dass diese Beispiele die gleiche Beschreibung, aber unterschiedliche Klassifikationen haben. Ursache kann sein, dass die Daten fehlerhaft oder **verrauscht** sind, die Domäne nichtdeterministisch ist oder wir kein Attribut beobachten können, das die Beispiele unterscheiden würde. In diesem Fall ist es am besten, den am häufigsten vorkommenden Ausgabewert der übrigen Beispiele zurückzugeben.

► Abbildung 19.5 zeigt den Algorithmus LEARN-DECISION-TREE. Beachten Sie, dass die Menge der Beispiele als Eingabe für den Algorithmus dient, diese Beispiele aber nirgends in dem vom Algorithmus zurückgegebenen Baum erscheinen. Ein Baum besteht aus Tests auf Attribute in den inneren Knoten, auf Attributwerte an den Zweigen und auf Ausgabewerte an den Blattknoten. Die Details der Funktion IMPORTANCE finden Sie in Abschnitt 19.3.3. ► Abbildung 19.6 zeigt die Ausgabe des Lernalgorithmus für unsere Beispieltrainingsmenge. Der Baum unterscheidet sich deutlich vom Originalbaum in ► Abbildung 19.3. Man könnte daraus schließen, dass der Lernalgorithmus seiner Aufgabe, die richtige Funktion zu lernen, nicht ganz gerecht wird. Dies wäre jedoch die falsche Schlussfolgerung. Der Lernalgorithmus betrachtet die *Beispiele*, nicht die korrekte Funktion, und tatsächlich ist seine Hypothese (► Abbildung 19.6) nicht nur mit allen Beispielen konsistent, sondern auch wesentlich einfacher als der Originalbaum! Bei etwas anderen Beispielen könnte der Baum ganz anders aussehen, aber die Funktion, die er repräsentiert, wäre ähnlich.

Der Lernalgorithmus hat keinen Grund, Tests für *Regen* und *Reservierung* einzubeziehen, da er alle Beispiele auch ohne sie klassifizieren kann. Außerdem hat er ein interessantes unerwartetes Muster entdeckt: SR ist bereit, an Wochenenden auf thailändisches Essen zu warten. Klar ist aber auch, dass der Algorithmus eventuell Fehler bei Fällen macht, für die er keine Beispiele gesehen hat. Zum Beispiel ist er noch nie dem Fall begegnet, dass die

```
function LEARN-DECISION-TREE(examples, attributes, parent_examples) returns einen Baum

  if examples ist leer then return PLURALITY-VALUE(parent_examples)
  else if alle examples dieselbe Klassifikation haben then return die Klassifikation
  else if attributes ist leer then return PLURALITY-VALUE(examples)
  else
     A ← argmax_{a ∈ attributes} IMPORTANCE(a, examples)
     tree ← ein neuer Entscheidungsbaum mit Wurzeltest A
     for each Wert v von A do
        exs ← {e : e ∈ examples and e.A = v}
        subtree ← LEARN-DECISION-TREE(exs, attributes − A, examples)
        füge einen Zweig zu tree mit Beschriftung (A = v) und Teilbaum subtree hinzu
     return tree
```

Abbildung 19.5: Der Entscheidungsbaum-Lernalgorithmus. Die Funktion IMPORTANCE wird in Abschnitt 19.3.3 beschrieben. Die Funktion PLURALITY-VALUE wählt den am häufigsten vorkommenden Ausgabewert aus einer Reihe von Beispielen aus, wobei Gleichstände zufällig aufgelöst werden.

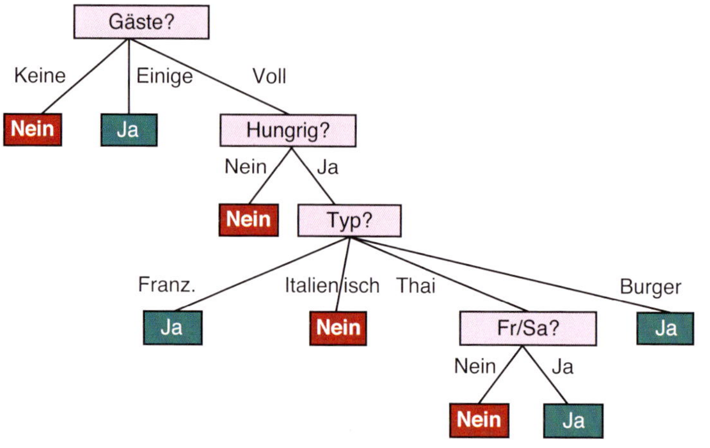

Abbildung 19.6: Der Entscheidungsbaum, der aus der Trainingsmenge mit 12 Beispielen erstellt wurde.

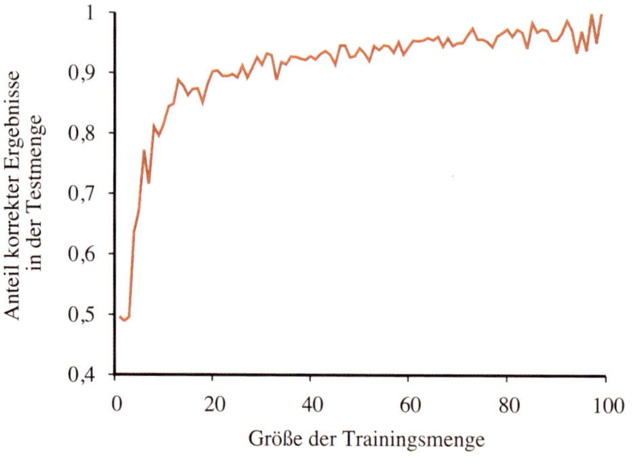

Abbildung 19.7: Eine Lernkurve für den Entscheidungsbaum-Lernalgorithmus auf 100 zufällig generierten Beispielen im Restaurantbereich. Jeder Datenpunkt ist der Durchschnitt von 20 Versuchen.

Wartezeit nur 0–10 Minuten beträgt, aber das Restaurant voll ist. In diesem Fall gibt er an, nicht zu warten, wenn *Hungrig* falsch ist, auch wenn SR sicherlich warten würde. Mit mehr Trainingsbeispielen könnte das Lernprogramm diesen Fehler korrigieren.

Wir können die Leistung eines Lernalgorithmus anhand einer **Lernkurve** bewerten, wie sie in ► Abbildung 19.7 zu sehen ist. Für diese Abbildung haben wir 100 Beispiele zur Verfügung, die wir nach dem Zufallsprinzip in eine Trainingsmenge und eine Testmenge aufteilen. Mit der Trainingsmenge lernen wir eine Hypothese h und mit der Testmenge messen wir ihre Genauigkeit. Wir beginnen dabei mit einer Größe der Trainingsmenge von 1 und erweitern diese um jeweils 1 weiteres Beispiel bis zu einer Größe von 99. Für jede Größe wiederholen wir den Prozess der zufälligen Aufteilung in Trainings- und Testmenge 20-mal und mitteln die Ergebnisse der 20 Versuche. Die Kurve zeigt, dass mit zunehmender Größe der Trainingsmenge die Genauigkeit steigt. (Aus diesem Grund werden Lernkurven auch als **Happy-Graphen** bezeichnet.) In diesem Diagramm erreichen wir eine Genauigkeit von 95 % – einen Wert, den man wahrscheinlich noch verbessern könnte, wenn mehr Daten zur Verfügung stünden.

19.3.3 Auswahl von Attributtests

Der Entscheidungsbaum-Lernalgorithmus wählt das Attribut mit der höchsten Wichtigkeit (IMPORTANCE) aus. Wir zeigen nun, wie man die Wichtigkeit messen kann, indem wir den Begriff des Informationsgewinns verwenden, wie er im Zusammenhang mit der **Entropie**, der grundlegenden Größe der Informationstheorie (Shannon und Weaver, 1949), definiert wird.

Entropie ist ein Maß für die Unsicherheit einer Zufallsvariablen: je mehr Informationen vorliegen, desto geringer die Entropie. Eine Zufallsvariable mit nur einem möglichen Wert – eine Münze, die immer Kopf zeigt – hat keine Unsicherheit, sodass ihre Entropie als null definiert wird. Bei einem fairen Münzwurf ist Kopf oder Zahl gleichwahrscheinlich und wir werden bald zeigen, dass dies als „1 Bit" Entropie zählt. Das Werfen eines fairen *vier*seitigen Würfels hat 2 Bit Entropie, weil es 2^2 gleichwahrscheinliche Möglichkeiten gibt. Betrachten wir nun eine unfaire Münze, die in 99 % der Fälle Kopf liefert. Intuitiv hat diese Münze eine geringere Unsicherheit als die faire Münze, denn wenn wir auf Kopf tippen, liegen wir nur in 1 % der Fälle falsch. Also möchten wir, dass sie ein Entropiemaß hat, das nahe null liegt, aber positiv ist. Im Allgemeinen ist die Entropie einer Zufallsvariablen V mit den Werten v_k, die jeweils die Wahrscheinlichkeit $P(v_k)$ haben, definiert als:

$$\text{Entropie:} \quad H(V) = \sum_k P(v_k) \log_2 \frac{1}{P(v_k)} = -\sum_k P(v_k) \log_2 P(v_k)$$

Wir können überprüfen, dass die Entropie eines fairen Münzwurfs tatsächlich 1 Bit ist:

$$H(Fair) = -(0{,}5 \log_2 0{,}5 + 0{,}5 \log_2 0{,}5) = 1$$

und die Entropie eines vierseitigen Würfels 2 Bit:

$$H(Würfel4) = -(0{,}25 \log_2 0{,}25 + 0{,}25 \log_2 0{,}25 + 0{,}25 \log_2 0{,}25 + 0{,}25 \log_2 0{,}25) = 2$$

Wenn die Münze gezinkt ist, um 99 % Kopf zu liefern, erhalten wir:

$$H(Gezinkt) = -(0{,}99 \log_2 0{,}99 + 0{,}01 \log_2 0{,}01) \approx 0{,}08$$

Es ist hilfreich, $B(q)$ als die Entropie einer booleschen Zufallsvariablen zu definieren, die mit der Wahrscheinlichkeit q wahr ist:

$$B(q) = -(q \log_2 q + (1 - q) \log_2 (1 - q))$$

Somit ist $H(Gezinkt) = B(0{,}99) \approx 0{,}08$. Kehren wir nun zum Entscheidungsbaum-Lernen zurück. Wenn eine Trainingsmenge p positive Beispiele und n negative Beispiele enthält, dann berechnet sich die Entropie der Ausgangsvariablen auf die gesamte Menge zu:

$$H(Ausgabe) = B\left(\frac{p}{p+n}\right)$$

Für die Restaurant-Trainingsmenge in ► Abbildung 19.2 gilt $p = n = 6$; also ist die entsprechende Entropie $B(0{,}5)$ oder genau 1 Bit. Das Ergebnis eines Tests auf ein Attribut A liefert uns einige Informationen und reduziert somit die Gesamtentropie um einen gewissen Betrag. Um wie viel können wir messen, indem wir uns die verbleibende Entropie nach dem Attributtest ansehen.

Ein Attribut A mit d verschiedenen Werten unterteilt die Trainingsmenge E in die Teilmengen $E_1, \ldots, E_d$. Jede Teilmenge E_k hat p_k positive Beispiele und n_k negative Beispiele. Wenn wir also diesem Zweig folgen, benötigen wir zusätzlich $B(p_k/(p_k + n_k))$ Informationsbits, um die Frage zu beantworten. Ein zufällig ausgewähltes Beispiel aus der Trainingsmenge hat den k-ten Wert für das Attribut (d. h., es befindet sich in E_k mit der Wahrscheinlichkeit $(p_k +$

$n_k)/(p + n))$, sodass sich die erwartete restliche Entropie nach dem Testen des Attributs A wie folgt berechnet:

$$Rest(A) = \sum_{k=1}^{d} \tfrac{p_k+n_k}{p+n} B(\tfrac{p_k}{p_k+n_k})$$

Der **Informationsgewinn** aus dem Attributtest auf A ist die erwartete Reduzierung der Entropie:

$$Gewinn(A) = B(\tfrac{p}{p+n}) - Rest(A)$$

$Gewinn(A)$ ist genau das, was wir brauchen, um die Funktion IMPORTANCE zu implementieren. Wenn wir die in ► Abbildung 19.4 betrachteten Attribute heranziehen, erhalten wir:

$$Gewinn(Gäste) = 1 - \left[\tfrac{2}{12}B(\tfrac{0}{2}) + \tfrac{4}{12}B(\tfrac{4}{4}) + \tfrac{6}{12}B(\tfrac{2}{6})\right] \approx 0{,}541 \text{ Bit}$$
$$Gewinn(Typ) = 1 - \left[\tfrac{2}{12}B(\tfrac{1}{2}) + \tfrac{2}{12}B(\tfrac{1}{2}) + \tfrac{4}{12}B(\tfrac{2}{4}) + \tfrac{4}{12}B(\tfrac{2}{4})\right] = 0$$

Dies bestätigt unsere Intuition, dass es besser ist, zuerst nach dem Attribut *Gäste* aufzuteilen. Tatsächlich bietet *Gäste* im Vergleich zu allen anderen Attributen den maximalen Informationsgewinn, sodass es vom Entscheidungsbaum-Lernalgorithmus höchstwahrscheinlich als Wurzel ausgewählt wird.

19.3.4 Generalisierung und Überanpassung

Wir möchten, dass unsere Lernalgorithmen eine Hypothese finden, die zu den Trainingsdaten passt, aber noch wichtiger ist uns, dass diese Hypothese auch für noch nicht gesehene Daten gut generalisiert. In ► Abbildung 19.1 haben wir gesehen, dass ein Polynom höheren Grads sich zwar an alle Daten anpassen kann, aber starke Ausschläge zeigt, die sich durch die Daten nicht erklären lassen: Die Anpassung kann zu einer Überanpassung ausarten. Die Wahrscheinlichkeit für Überanpassung steigt mit zunehmender Anzahl der Attribute und sinkt mit zunehmender Anzahl der Trainingsbeispiele. Bei größeren Hypothesenräumen (z. B. bei Entscheidungsbäumen mit mehr Knoten oder Polynomen mit hohem Grad) ist die Wahrscheinlichkeit einer Anpassung höher, aber leider auch die einer Überanpassung, wobei einige Modellklassen anfälliger für Überanpassung sind als andere.

Bei Entscheidungsbäumen lässt sich eine Überanpassung mit **Pruning** (Kürzen) bekämpfen. Dieses Verfahren entfernt Knoten, die nicht eindeutig relevant sind. Wir beginnen mit einem vollständigen Baum, wie er von LEARN-DECISION-TREE erzeugt wurde. Dann betrachten wir einen Testknoten, der nur Blattknoten als Nachfolger hat. Wenn der Test irrelevant zu sein scheint, d. h. nur Rauschen in den Daten erkennt, wird der Test eliminiert und durch ein Blatt ersetzt. Wir wiederholen diesen Vorgang für jeden Test auf Knoten mit nur Blattnachfolger, bis die einzelnen Zweige entweder gekürzt oder unverändert beibehalten wurden.

Die Frage ist, wie wir erkennen, dass ein Knoten ein irrelevantes Attribut testet. Angenommen, wir befinden uns an einem Knoten, der aus p positiven und n negativen Beispielen besteht. Wenn das Attribut irrelevant ist, erwarten wir, dass es die Beispiele in Teilmengen aufteilt, sodass jede Teilmenge ungefähr den gleichen Anteil an positiven Beispielen hat wie die Gesamtmenge, $p/(p + n)$, und somit der Informationsgewinn nahe null ist.[3] Ein niedriger Informationsgewinn ist folglich ein guter Hinweis darauf, dass das Attribut irrelevant ist. Zu klären bleibt, wie groß der Informationsgewinn sein muss, um eine Aufteilung nach einem bestimmten Attribut vorzunehmen.

Diese Frage lässt sich mithilfe eines statistischen **Signifikanztests** beantworten. Ein solcher Test nimmt zunächst an, dass es kein zugrunde liegendes Muster gibt (die **Nullhypothese**).

3 Der Gewinn ist grundsätzlich positiv, außer in dem unwahrscheinlichen Fall, in dem alle Verhältnisse *genau* gleich sind (siehe Übung 18.7 auf der Website).

Dann werden die eigentlichen Daten analysiert, um zu berechnen, wie weit sie vom vollständigen Fehlen eines Musters abweichen. Wenn der Grad der Abweichung statistisch unwahrscheinlich ist (was normalerweise bei einer Wahrscheinlichkeit von 5 % oder weniger der Fall ist), gilt dies als guter Beweis für das Vorhandensein eines signifikanten Musters in den Daten. Berechnet werden die Wahrscheinlichkeiten aus Standardverteilungen des Abweichungsbetrags, den man in zufällig erhobenen Stichproben erwarten würde.

In diesem Fall besagt die Nullhypothese, dass das Attribut irrelevant ist und somit der Informationsgewinn für eine unendlich große Stichprobe gleich null ist. Dazu müssen wir die Wahrscheinlichkeit berechnen, mit der eine Probe der Größe $v = n + p$ unter der Nullhypothese die beobachtete Abweichung von der erwarteten Verteilung der positiven und negativen Beispiele aufweisen wird. Wir können die Abweichung messen, indem wir die tatsächliche Anzahl der positiven und negativen Beispiele in jeder Teilmenge, p_k und n_k, mit der erwarteten Anzahl, $\hat{p}_k$ und $\hat{n}_k$, unter der Annahme echter Irrelevanz vergleichen:

$$\hat{p}_k = p \times \frac{p_k + n_k}{p + n} \qquad \hat{n}_k = n \times \frac{p_k + n_k}{p + n}$$

Ein praktisches Maß der Gesamtabweichung ist gegeben mit:

$$\Delta = \sum_{k=1}^{d} \frac{(p_k - \hat{p}_k)^2}{\hat{p}_k} + \frac{(n_k - \hat{n}_k)^2}{\hat{n}_k}$$

Unter der Nullhypothese ist der Wert von Δ gemäß der χ^2-Verteilung (Chi-Quadrat-Verteilung) mit $d - 1$ Freiheitsgraden verteilt. Mit einer χ^2-Statistikfunktion lässt sich feststellen, ob ein bestimmter Δ-Wert die Nullhypothese bestätigt oder verwirft. Betrachten Sie zum Beispiel das Restaurantattribut *Typ* mit vier Werten und somit drei Freiheitsgraden. Ein Wert von $\Delta = 7{,}82$ oder mehr würde die Nullhypothese auf dem 5%-Niveau verwerfen (und ein Wert von $\Delta = 11{,}35$ oder mehr auf dem 1%-Niveau). Werte darunter führen zu einer Akzeptanz der Hypothese, dass das Attribut irrelevant ist. Der zugehörige Zweig des Baums sollte also gekürzt werden. Dies wird als **χ^2-Pruning** bezeichnet.

Durch Pruning kann Rauschen in den Beispielen toleriert werden. Fehler beim Labeln eines Beispiels (z. B. wenn $(\mathbf{x}, Ja)$ eigentlich $(\mathbf{x}, Nein)$ lauten sollte) führen zu einem linearen Anstieg der Vorhersagefehler, während Fehler in den Beschreibungen von Beispielen (z. B. *Preis* = €, wenn es eigentlich *Preis* = €€ heißen sollte) einen asymptotischen Effekt haben, der sich verschlimmert, wenn der Baum in kleinere Mengen zerlegt wird. Gekürzte Bäume schneiden signifikant besser ab als ungekürzte, wenn die Daten stark verrauscht sind. Außerdem sind die gekürzten Bäume oft wesentlich kleiner und daher einfacher zu verstehen und effizienter in der Ausführung.

Zum Schluss noch eine Warnung: Da χ^2-Pruning und Informationsgewinn einander ähneln, könnten Sie auf die Idee kommen, beide mit einem als **frühes Stoppen** bezeichneten Ansatz zu kombinieren. Dabei wird die Generierung von Knoten im Algorithmus für den Entscheidungsbaum gestoppt, wenn es kein gutes Attribut mehr für die Aufteilung gibt, anstatt sich die Mühe zu machen, Knoten zu generieren und sie dann wegzukürzen. Das Problem beim frühen Stoppen ist, dass es verhindert, Situationen zu erkennen, in denen es nicht ein einziges gutes Attribut gibt, sondern Kombinationen von Attributen, die informativ sind. Betrachten Sie zum Beispiel die XOR-Funktion mit zwei binären Attributen. Wenn es ungefähr gleich viele Beispiele für alle vier Kombinationen von Eingabewerten gibt, dann ist keines der beiden Attribute informativ. In diesem Fall wäre es richtig, nach einem der Attribute (egal nach welchem) aufzuteilen, um dann auf der zweiten Ebene informative Aufteilungen zu erhalten. Durch ein frühes Stoppen würde Ihnen dies entgehen, was Ihnen mit Generieren-und-dann-Pruning nicht passieren würde.

19.3.5 Die Anwendbarkeit von Entscheidungsbäumen erweitern

Entscheidungsbäume können noch nützlicher sein, wenn man sich der folgenden Komplikationen annimmt:

- **Fehlende Daten**: In vielen Domänen sind nicht alle Attributwerte für jedes Beispiel bekannt. Die Werte wurden vielleicht nicht aufgezeichnet oder ihre Ermittlung war zu teuer. Dies wirft zwei Probleme auf: Erstens, wie sollte man für einen vollständigen Entscheidungsbaum ein Beispiel klassifizieren, bei dem eines der Testattribute fehlt? Zweitens, wie sollte man die Formel für den Informationsgewinn modifizieren, wenn einige Beispiele unbekannte Werte für das Attribut haben? Diese Fragen werden in Übung 18.12 auf der Website behandelt.
- **Stetige und mehrwertige Eingabeattribute**: Bei stetigen Attributen wie *Größe*, *Gewicht* oder *Zeit* hat jedes Beispiel unter Umständen einen anderen Attributwert. Das Maß für den Informationsgewinn würde einem solchen Attribut den höchsten Wert zuweisen und einen flachen Baum liefern, mit diesem Attribut als Wurzel und darunter Teilbäume für Einzelbeispiele zu jedem möglichen Wert. Das hilft uns jedoch nicht, wenn wir ein neues Beispiel mit einem Attributwert klassifizieren müssen, den wir noch nicht gesehen haben. In der Praxis wäre bei stetigen Werten ein **Aufteilungspunkt**-Test empfehlenswerter – ein Ungleichheitstest auf den Wert eines Attributs. Beispielsweise könnte für einen bestimmten Knoten im Baum ein Test auf $Gewicht > 160$ die meisten Informationen liefern. Es gibt effiziente Methoden, um gute Aufteilungspunkte zu finden: Zunächst sortiert man die Werte des Attributs und betrachtet dann nur die Aufteilungspunkte, die in sortierter Reihenfolge zwischen zwei Beispielen liegen und unterschiedlich klassifiziert sind, während man die laufende Anzahl der positiven und negativen Beispiele auf jeder Seite des Aufteilungspunkts verfolgt. Die Aufteilung ist der aufwendigste Teil von realen Lernanwendungen, die auf Entscheidungsbäumen basieren.
  Für Attribute, die nicht stetig sind und keine sinnvolle Reihenfolge haben, aber eine große Anzahl möglicher Werte aufweisen (z. B. *Postleitzahl* oder *Kreditkartennummer*), kann als Maß die **Informationsgewinnrate** (siehe Übung 18.13 auf der Website) verwendet werden, um die Aufteilung in viele Teilbäume für Einzelbeispiele zu vermeiden. Alternativ kann man den Ansatz verfolgen, einen **Gleichheitstest** der Form $A = v_k$ zu erlauben. Der Test $Postleitzahl = 10002$ könnte z. B. verwendet werden, um eine große Gruppe von Personen mit dieser Postleitzahl in New York City herauszufiltern und alle anderen in den Teilbaum „andere" zu packen.
- **Stetigwertige Ausgabeattribute**: Wenn wir versuchen, einen numerischen Ausgabewert vorherzusagen, wie den Preis einer Wohnung, dann brauchen wir einen **Regressionsbaum** und keinen Klassifikationsbaum. Ein Regressionsbaum hat an jedem Blatt eine lineare Funktion einer Teilmenge numerischer Attribute statt eines einzelnen Ausgabewerts. Zum Beispiel könnte der Zweig für Wohnungen mit zwei Schlafzimmern mit einer linearen Funktion für Quadratmeterzahl und Anzahl der Bäder enden. Der Lernalgorithmus muss entscheiden, wann die Aufteilung zu Ende sein soll und die lineare Regression (siehe Abschnitt 19.6) auf die Attribute anzuwenden ist. Die Bezeichnung **CART** steht für *Classification And Regression Trees* (Klassifikations- und Regressionsbäume) und wird verwendet, um beide Klassen abzudecken.

Auf Entscheidungsbäumen basierende Lernsysteme für Anwendungen aus der realen Welt müssen in der Lage sein, all diese Probleme zu bewältigen. Die Verarbeitung stetigwertiger Variablen ist besonders wichtig, da sowohl physische als auch finanzielle Prozesse numerische Daten liefern. Es gibt inzwischen mehrere kommerzielle Pakete, die diese Kriterien erfüllen und mit denen Tausende Systeme für die Praxis entwickelt wurden. In vielen Bereichen von Industrie und Handel sind Entscheidungsbäume die erste Wahl, wenn aus einer Datenmenge eine Klassifikationsmethode extrahiert werden soll.

Entscheidungsbäume haben viele Vorteile: Sie sind einfach zu verstehen, skalierbar auf große Datenmengen und vielseitig sowohl hinsichtlich der Verarbeitung von diskreten und stetigen Eingaben als auch hinsichtlich der Klassifikation und Regression. Nachteilig ist, dass ihre Genauigkeit gelegentlich suboptimal ist (was größtenteils an der gierigen Suche liegt) und dass die Vorhersage für ein neues Beispiel bei sehr tiefen Bäumen laufzeitintensiv sein kann. Entscheidungsbäume sind außerdem **instabil**, da das Hinzufügen eines einzigen neuen Beispiels den Test an der Wurzel ändern kann, was den gesamten Baum verändert. In Abschnitt 19.8.2 werden wir sehen, dass das **Random-Forest-Modell** einige dieser Probleme beseitigt.

19.4 Modellauswahl und Optimierung

Unser Ziel beim maschinellen Lernen ist es, eine Hypothese auszuwählen, die sich auch zukünftigen Beispielen optimal anpasst. Um das zu präzisieren, müssen wir die Begriffe „zukünftiges Beispiel“ und „optimale Anpassung“ definieren.

Zuerst werden wir von der Annahme ausgehen, dass die zukünftigen Beispiele den vergangenen Beispielen entsprechen. Wir sprechen in diesem Fall von der Annahme der **Stationarität**. Ohne diese Annahme kann für nichts garantiert werden. Wir nehmen an, dass jedes Beispiel E_j die gleiche A-priori-Wahrscheinlichkeitsverteilung hat:

$$\mathbf{P}(E_j) = \mathbf{P}(E_{j+1}) = \mathbf{P}(E_{j+2}) = \cdots$$

und unabhängig von den vorherigen Beispielen ist:

$$\mathbf{P}(E_j) = \mathbf{P}(E_j | E_{j-1}, E_{j-2}, \ldots)$$

Beispiele, die diese Annahmen erfüllen, bezeichnen wir als *unabhängig und identisch verteilt*.

Der nächste Schritt besteht darin, den Begriff der „optimalen Anpassung“ zu definieren. Fürs Erste gehen wir davon aus, dass die optimale Anpassung mit der Hypothese erreicht wird, bei der die **Fehlerrate**, d. h. der Anteil der Fälle mit $h(x) \neq y$ für ein (x, y)-Beispiel, minimiert ist. (Später werden wir dies dahingehend erweitern, dass die verschiedenen Fehler unterschiedlich gewichtet werden, sodass Antworten, die „fast“ richtig sind, teilweise akzeptiert werden.) Wir können die Fehlerrate einer Hypothese abschätzen, indem wir sie einem Test unterziehen, d. h., ihre Leistung an einer **Testmenge** von Beispielen messen. Es wäre Betrug, wenn eine Hypothese (oder ein Student) vor dem Test einen Blick auf die Testergebnisse werfen würde (Peeking). Die einfachste Möglichkeit, dies zu verhindern, besteht darin, die vorhandenen Beispiele in zwei Mengen aufzuteilen: eine **Trainingsmenge**, aus der die Hypothese erstellt wird, und eine **Testmenge**, mit der sie bewertet wird.

Wenn nur eine Hypothese erstellt werden soll, ist dieser Ansatz völlig ausreichend. Oft jedoch werden am Ende mehrere Hypothesen erstellt: Vielleicht sollen zwei völlig unterschiedliche Modelle des maschinellen Lernens verglichen werden oder es ist das Ziel, mithilfe verschiedener „Stellschrauben“ das Verhalten eines Modells zu optimieren. Wir könnten beispielsweise verschiedene Schwellenwerte für das χ^2-Pruning von Entscheidungsbäumen oder verschiedene Grade für Polynome ausprobieren. Wir bezeichnen diese „Stellschrauben“ als **Hyperparameter** – Parameter der Modellklasse, nicht des einzelnen Modells.

Angenommen, ein Wissenschaftler generiert eine Hypothese für einen speziellen χ^2-Pruning-Hyperparameter, misst die Fehlerraten auf der Testmenge und setzt dann bei den nächsten Versuchen andere Hyperparameter ein. Keine der einzelnen Hypothesen hat die Daten der Testmenge eingesehen, wohl aber der *Gesamtprozess*, und zwar über den Wissenschaftler.

Dies können Sie nur vermeiden, indem Sie die Testmenge *komplett* außen vor lassen – sie wegsperren, bis Sie mit dem Training, Experimentieren, Tuning des Hyperparameters, dem erneuten Training usw. fertig sind. Das bedeutet, dass Sie *drei* Datenmengen benötigen:

1. eine **Trainingsmenge**, um die Kandidatenmodelle zu trainieren;
2. eine **Validierungsmenge**, auch als **Entwicklungsmenge** bezeichnet, um die Kandidatenmodelle zu bewerten und das beste Modell auszuwählen;
3. eine **Testmenge**, um eine endgültige, neutrale Bewertung des besten Modells vorzunehmen.

Was ist, wenn wir nicht genug Daten haben, um drei Datenmengen zu erstellen? Wir können mithilfe der **k-fachen Kreuzvalidierung** mehr aus den Daten herausholen. Die Idee ist, dass jedes Beispiel eine Doppelfunktion erfüllt – als Trainings- und als Validierungsdaten –, jedoch nicht gleichzeitig. Zunächst werden die Daten in k gleiche Teilmengen aufgeteilt. Dann führen wir k Lernrunden durch; in jeder Runde werden $1/k$ der Daten als Validierungsmenge vorgehalten und die restlichen Beispiele dienen als Trainingsmenge. Die gemittelte Bewertung der Testmenge aus k Runden sollte dann eine bessere Abschätzung liefern als eine Einzelbewertung. Übliche Werte für k sind 5 und 10 – genug für eine Schätzung, die statistisch wahrscheinlich genau ist, allerdings auf Kosten einer 5- bis 10-mal längeren Rechenzeit. Der Spezialfall mit $k = n$ wird auch als **Leave-One-Out-Kreuzvalidierung** bezeichnet (kurz **LOOCV** für *Leave-One-Out Cross Validation*). Doch auch bei der Kreuzvalidierung benötigen wir immer noch eine separate Testmenge.

► Abbildung 19.1 (S. 733) zeigte eine an die Datenmenge unterangepasste lineare Funktion und ein an die Daten überangepasstes Polynom hohen Grads. Wir können uns die Aufgabe, eine gute Hypothese zu finden, als zwei Teilaufgaben vorstellen: Die **Modellauswahl**[4] wählt einen guten Hypothesenraum und die **Optimierung** (auch **Training** genannt) findet die beste Hypothese in diesem Raum.

Die Modellauswahl erfolgt zum Teil nach qualitativen und subjektiven Kriterien: Wir könnten uns z. B. aufgrund unserer Kenntnisse des Problems eher für Polynome als für Entscheidungsbäume entscheiden. Und zum Teil nach quantitativen und empirischen Kriterien: Innerhalb der Klasse der Polynome könnten wir uns z. B. für *Grad* = 2 entscheiden, weil dieser Wert bezüglich der Validierungsmenge am besten abschneidet.

19.4.1 Modellauswahl

► Abbildung 19.8 beschreibt einen einfachen MODEL-SELECTION-Algorithmus. Er übernimmt als Argument einen Lernalgorithmus namens *Learner* (z. B. LEARN-DECISION-TREE). *Learner* übernimmt einen Hyperparameter, der in der Abbildung als *size* bezeichnet wird. Bei Entscheidungsbäumen könnte dies die Anzahl der Knoten im Baum sein; bei Polynomen würde *size* eher *Degree* heißen und den Grad angeben. MODEL-SELECTION beginnt mit dem kleinsten Wert von *size*, d. h. mit dem einfachsten Modell (das wahrscheinlich eine Unteranpassung an die Daten ergibt), und iteriert über immer größer werdende Werte von *size*, wobei die Modelle immer komplexer werden. Am Ende wählt MODEL-SELECTION das Modell aus, das die niedrigste durchschnittliche Fehlerrate auf den zurückgehaltenen Validierungsdaten aufweist.

► Abbildung 19.9 zeigt zwei typische Kurven für die Modellauswahl. Sowohl in (a) als auch in (b) nimmt die Fehlerrate der Trainingsmenge mit zunehmender Komplexität des Modells

4 Obwohl der Begriff „Modellauswahl" gebräuchlich ist, wäre die Bezeichnung „Modell*klassen*auswahl" oder „Hypothesenraumauswahl" eindeutiger. Das Wort „Modell" wurde in der Literatur verwendet, um auf drei verschiedene Ebenen der Genauigkeit Bezug zu nehmen: einen breiten Hypothesenraum (wie „Polynome"), einen Hypothesenraum mit eingefügten Hyperparametern (wie „Polynome 2. Grads") und eine spezifische Hypothese mit allen eingefügten Parametern (wie $5x^2 + 3x - 2$).

```
function MODEL-SELECTION(Learner, examples, k) returns ein (Hypothese, Fehlerrate)-Paar

  err ← ein durch size indiziertes Array, speichert die Fehlerraten für die Validierungsmenge
  training_set, test_set ← eine Partition von examples in zwei Mengen
  for size = 1 to ∞ do
      err[size] ← CROSS-VALIDATION(Learner, size, training_set, k)
      if err beginnt, signifikant zu steigen then
          best_size ← der Wert von size mit Minimum err[size]
          h ← Learner(best_size, training_set)
          return h, ERROR-RATE(h, test_set)

function CROSS-VALIDATION(Learner, size, examples, k) returns Fehlerrate

  N ← die Anzahl von examples
  errs ← 0
  for i = 1 to k do
     validation_set ← examples[(i − 1) × N/k:i × N/k]
     training_set ← examples − validation_set
     h ← Learner(size, training_set)
     errs ← errs + ERROR-RATE(h, validation_set)
  return errs / k        // mittlere Fehlerrate der Validierungsmengen, über k-facher
                                                            Kreuzvalidierung
```

Abbildung 19.8: Ein Algorithmus zur Auswahl des Modells, das den geringsten Validierungsfehler aufweist. Er erstellt Modelle zunehmender Komplexität und wählt das Modell mit der besten empirischen Fehlerrate *err* auf dem Validierungsdatensatz. *Learner*(*size*, *examples*) gibt eine Hypothese zurück, deren Komplexität durch den Parameter *size* festgelegt ist und die auf *examples* trainiert wurde. In CROSS-VALIDATION wählt jede Iteration der **for**-Schleife einen anderen Teil von *examples* als Validierungsmenge aus und nutzt die anderen Beispiele als Trainingsmenge. Anschließend wird die durchschnittliche Fehlerrate der Validierungsmenge über alle Auswahlen zurückgeliefert. Sobald wir ermittelt haben, welcher Wert des *size*-Parameters der Beste ist, gibt MODEL-SELECTION das Modell (d. h. den Lernalgorithmus/die Hypothese) von dieser Größe zurück, das auf allen Trainingsbeispielen trainiert wurde, zusammen mit seiner Fehlerrate auf den zurückgehaltenen Testbeispielen.

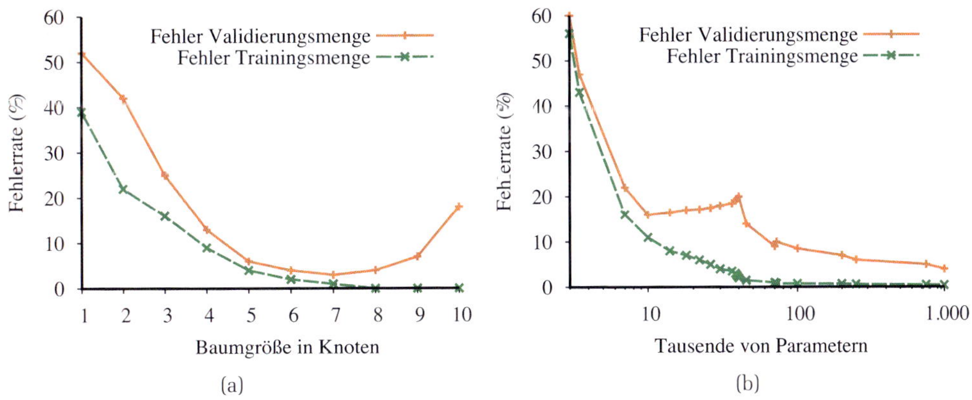

Abbildung 19.9: Fehlerraten auf Trainingsdaten (untere, grüne Linie) und Validierungsdaten (obere, orange Linie) für Modelle unterschiedlicher Komplexität bei zwei verschiedenen Problemen. MODEL-SELECTION wählt den Hyperparameterwert mit der geringsten Fehlerrate der Validierungsmenge aus. In (a) entspricht die Modellklasse den Entscheidungsbäumen und der Hyperparameter der Anzahl der Knoten. Die Daten stammen von einer Version des Restaurantproblems. Die optimale Größe ist 7. In (b) entspricht die Modellklasse den CNNs (siehe Abschnitt 21.3) und die Hyperparameter der Anzahl der regulären Parameter im Netz. Die Daten sind die MNIST-Datenbasis mit Bildern von Ziffern. Die Aufgabe besteht darin, jede Ziffer zu identifizieren. Die optimale Anzahl von Parametern ist 1.000.000 (beachten Sie die logarithmische Skala).

monoton ab (mit leichten zufälligen Schwankungen). Die Komplexität wird in (a) durch die Anzahl der Entscheidungsbaumknoten und in (b) durch die Anzahl der Parameter des neuronalen Netzes (w_i) ausgedrückt. Bei vielen Modellklassen erreicht die Fehlerrate der Trainingsmenge null, wenn die Komplexität zunimmt.

Die beiden Fälle unterscheiden sich deutlich in der Fehlerrate der Validierungsmenge. In (a) sehen wir eine U-förmige Validierungsfehlerkurve: Die Fehlerrate nimmt eine Zeit lang ab, während die Modellkomplexität zunimmt, aber dann wird ein Punkt erreicht, ab dem das Modell beginnt, Überanpassung zu zeigen, und die Validierungsfehlerkurve wieder steigt. MODEL-SELECTION greift den Wert am unteren Ende der U-förmigen Validierungsfehlerkurve heraus: in diesem Fall einen Baum der Größe 7. Dies ist der Punkt, an dem Unter- und Überanpassung am besten ausbalanciert sind. In (b) sehen wir anfänglich eine U-förmige Kurve wie in (a), aber dann beginnt der Validierungsfehler wieder zu sinken; die niedrigste Validierungsfehlerrate ist der Endpunkt im Diagramm, mit 1.000.000 Parametern.

Warum entsprechen manche Validierungsfehlerkurven eher (a) und manche eher (b)? Es kommt darauf an, wie die verschiedenen Modellklassen die Überkapazität nutzen und wie gut das mit dem vorliegenden Problem übereinstimmt. Wenn wir einer Modellklasse Kapazität[5] hinzufügen, erreichen wir oft den Punkt, an dem alle Trainingsbeispiele perfekt im Modell dargestellt werden können. Bei einer Trainingsmenge mit n verschiedenen Beispielen gibt es z. B. immer einen Entscheidungsbaum mit n Blattknoten, der alle Beispiele darstellen kann.

Wir sagen, dass ein Modell, das an alle Trainingsdaten genau angepasst ist, die Daten **interpoliert** hat.[6] Modellklassen neigen normalerweise zur Überanpassung, sobald sich die Kapazität dem Punkt der Interpolation nähert. Das scheint daran zu liegen, dass die Kapazität des Modells größtenteils auf die Trainingsbeispiele konzentriert ist und die verbleibende Kapazität eher zufällig in einer Weise zugewiesen wird, die nicht repräsentativ für die Muster der Validierungsmenge ist. Einige Modellklassen erholen sich nie von dieser Überanpassung, wie bei den Entscheidungsbäumen in (a). Aber für andere Modellklassen bedeutet das Hinzufügen von Kapazität, dass es mehr Kandidatenfunktionen gibt, und einige von ihnen sind von Natur aus sehr gut an die Muster der Daten angepasst, die in der wahren Funktion $f(x)$ enthalten sind. Je höher die Kapazität ist, desto mehr dieser geeigneten Repräsentationen gibt es und desto wahrscheinlicher ist es, dass der Optimierungsmechanismus bei einer davon landet.

Tiefe neuronale Netze (Kapitel 21), Kernelmaschinen (Abschnitt 19.7.5), Random Forests (Abschnitt 19.8.2) und Ensembles mit Boosting (Abschnitt 19.8.4) haben alle die Eigenschaft, dass die Fehlerrate ihrer Validierungsmenge mit zunehmender Kapazität tendenziell abnimmt, wie in ► Abbildung 19.9 b.

Wir könnten den Modellauswahlalgorithmus auf verschiedene Arten erweitern: Wir könnten unterschiedliche Modellklassen vergleichen, indem wir MODEL-SELECTION erst mit DECISION-TREE-LEARNER und dann mit POLYNOMIAL-LEARNER als Argument aufrufen und sehen, welcher Aufruf besser abschneidet. Wir könnten mehrere Hyperparameter zulassen, was bedeutet, dass wir einen komplexeren Optimierungsalgorithmus benötigen, z. B. eine Rastersuche (siehe Abschnitt 19.9.3) anstelle einer linearen Suche.

19.4.2 Von Fehlerraten zum Verlust

Bislang haben wir versucht, die Fehlerrate zu minimieren. Das ist zweifelsohne besser, als die Fehlerrate zu maximieren, aber letztendlich zu eindimensional gedacht. Betrachten wir das Problem der Klassifikation von E-Mail-Nachrichten als Spam oder Nicht-Spam. Es ist schlim-

5 Anm. zur Übersetzung: im Sinne von Ausdrucksstärke, Komplexität.

6 Einige Autoren sprechen davon, dass sich das Modell die Daten „memoriert“ hat.

mer, Nicht-Spam als Spam zu klassifizieren (und damit möglicherweise eine wichtige Nachricht zu verpassen) als Spam als Nicht-Spam zu klassifizieren (und damit ein paar Sekunden unnötig Zeit zu opfern). Eine Klassifikationsfunktion mit einer Fehlerrate von 1 %, die bei fast allen Fehlern Spam als Nicht-Spam klassifiziert, wäre also besser als eine Klassifikationsfunktion mit einer Fehlerrate von nur 0,5 %, die bei den meisten dieser Fehler Nicht-Spam als Spam klassifiziert. Wie Kapitel 16 gezeigt hat, sollten Entscheidungsträger den erwarteten Nutzen maximieren. Das Gleiche gilt für Lernalgorithmen. Beim maschinellen Lernen hat es sich jedoch eingebürgert, dies negativ auszudrücken, d. h., lieber eine **Verlustfunktion** zu minimieren, anstatt eine Nutzenfunktion zu maximieren. Die Verlustfunktion $L(x, y, \hat{y})$ ist definiert als die Größe des Nutzens, der durch die Vorhersage von $h(x) = \hat{y}$ verloren geht, wenn die richtige Antwort $f(x) = y$ lautet:

$$\begin{aligned} L(x, y, \hat{y}) = &\ \mathit{Nutzen}(\text{Ergebnis der Verwendung von } y \text{ bei Eingabe von } x) \\ &- \mathit{Nutzen}(\text{Ergebnis der Verwendung von } \hat{y} \text{ bei Eingabe von } x) \end{aligned}$$

Dies ist die ganz allgemeine Formulierung der Verlustfunktion. Gebräuchlich ist auch die vereinfachte Version $L(y, \hat{y})$, die unabhängig von x ist und die wir im Rest dieses Kapitels verwenden. Das bedeutet, wir können nicht entscheiden, ob es schlimmer ist, einen Brief von unserer Mutter falsch zu klassifizieren als einen von unserer nervigen Cousine, aber wir können sagen, dass es zehnmal schlimmer ist, Nicht-Spam als Spam zu klassifizieren als umgekehrt:

$$L(\mathit{spam}, \mathit{nicht\_spam}) = 1\,, \quad L(\mathit{nicht\_spam}, \mathit{spam}) = 10$$

Beachten Sie, dass $L(y, y)$ immer null ist. Gemäß Definition gibt es keinen Verlust, wenn Sie genau richtig raten. Für Funktionen mit diskreten Ausgaben können wir einen Verlustwert für jede mögliche falsche Klassifikation auflisten, aber wir können nicht alle Möglichkeiten für reellwertige Daten aufzählen. Wenn $f(x)$ gleich 137,035999 ist, könnten wir mit $h(x) = 137{,}036$ eigentlich zufrieden sein, doch stellt sich die Frage, wie zufrieden? Im Allgemeinen sind kleine Fehler besser als größere. Zwei Funktionen, die dies implementieren, sind der absolute Wert der Differenz (L_1-Verlust) und das Quadrat der Differenz (L_2-Verlust; wobei die „2“ eigentlich für Quadrat steht). Wenn wir uns mit der Minimierung der Fehlerrate zufrieden geben, können wir für diskrete Ausgaben die $L_{0/1}$-Verlustfunktion verwenden, die einen Verlust von 1 für eine falsche Antwort hat:

Absoluter Wertverlust:	$L_1(y, \hat{y}) = \lvert y - \hat{y} \rvert$
Quadrierter Wertverlust:	$L_2(y, \hat{y}) = (y - \hat{y})^2$
0/1-Verlust:	$L_{0/1}(y, \hat{y}) = 0$ falls $y = \hat{y}$, sonst 1

Der lernende Agent kann theoretisch seinen erwarteten Nutzen maximieren, indem er die Hypothese wählt, die den erwarteten Verlust über alle ihm präsentierten Eingabe-Ausgabe-Paare minimiert. Um diesen Erwartungswert zu berechnen, müssen wir eine A-priori-Wahrscheinlichkeitsverteilung $\mathbf{P}(X, Y)$ über die Beispiele definieren. Sei $\mathcal{E}$ die Menge aller möglichen Ein-/Ausgabebeispiele. Dann berechnet sich der erwartete **Generalisierungsverlust** für eine Hypothese h (in Bezug auf die Verlustfunktion L) mit

$$\mathit{GenVerlust}_L(h) = \sum_{(x,y) \in \mathcal{E}} L(y, h(x))\, P(x, y)$$

und die beste Hypothese h^* ist diejenige mit dem geringsten erwarteten Generalisierungsverlust:

$$h^* = \operatorname*{argmin}_{h \in \mathcal{H}} \mathit{GenVerlust}_L(h)$$

Da $P(x, y)$ in den meisten Fällen nicht bekannt ist, kann der lernende Agent den Generalisierungsverlust nur anhand des **empirischen Verlusts** auf einer Menge E von Beispielen der

Größe N *abschätzen*:

$$EmpVerlust_{L,E}(h) = \sum_{(x,y)\in E} L(y, h(x)) \frac{1}{N}$$

Die geschätzte beste Hypothese $\hat{h}^*$ ist dann diejenige mit dem geringsten empirischen Verlust:

$$\hat{h}^* = \underset{h\in\mathcal{H}}{\operatorname{argmin}}\, EmpVerlust_{L,E}(h)$$

Es gibt vier Gründe, warum $\hat{h}^*$ von der wahren Funktion f abweichen kann: Nichtrealisierbarkeit, Varianz, Rauschen und Berechnungskomplexität.

Wenden wir uns zuerst der Realisierbarkeit zu: Wir sagen, dass ein Lernproblem **realisierbar** ist, wenn der Hypothesenraum $\mathcal{H}$ tatsächlich die wahre Funktion f enthält. Wenn $\mathcal{H}$ die Menge der linearen Funktionen ist und die wahre Funktion f eine quadratische Funktion ist, dann spielt die Menge der Daten keine Rolle, denn die wahre f ist nicht in $\mathcal{H}$ zu finden. Zweitens bedeutet **Varianz**, dass ein Lernalgorithmus im Allgemeinen unterschiedliche Hypothesen für unterschiedliche Mengen von Beispielen liefert. Wenn das Problem realisierbar ist, dann sinkt die Varianz mit zunehmender Anzahl der Trainingsbeispiele gegen null. Drittens kann f nichtdeterministisch oder **verrauscht** sein – sie kann verschiedene Werte von $f(x)$ für dasselbe x liefern. Gemäß Definition kann Rauschen nicht vorhergesagt werden (es kann nur charakterisiert werden). Und schließlich, wenn $\mathcal{H}$ eine komplizierte Funktion in einem großen Hypothesenraum ist, kann es sich als **rechnerisch nicht effizient machbar** erweisen, den ganzen Hypothesenraum systematisch zu durchsuchen. In einem solchen Fall kann sich eine Suche auf einen Teil des Raums beschränken und eine einigermaßen gute, wenn auch nicht immer die garantiert beste Hypothese zurückgeben.

Herkömmliche Methoden in der Statistik und die Anfangsjahre des maschinellen Lernens konzentrierten sich auf das **Lernen in kleinem Maßstab**, bei dem die Anzahl der Trainingsbeispiele von Dutzenden bis zu wenigen Tausend reichte. Hier lag der Generalisierungsverlust hauptsächlich am Approximationsfehler (d. h., die wahre Funktion f befindet sich nicht im Hypothesenraum) und am Schätzungsfehler (d. h., es sind nicht genügend Trainingsbeispiele zur Begrenzung der Varianz vorhanden).

In den letzten Jahren hat sich der Schwerpunkt auf das **Lernen im großen Maßstab** mit oftmals Millionen von Beispielen verschoben. Der Generalisierungsverlust wird also eher durch die Grenzen des rechentechnisch Möglichen bestimmt: Es gibt genug Daten und auch das Modell ist umfangreich genug, um eine Hypothese h zu finden, die der wahren Funktion f sehr nahe kommt, doch ist die Berechnung der Suche so komplex, dass wir uns mit einer Annäherung begnügen.

19.4.3 Regularisierung

Abschnitt 19.4.1 beschreibt die Modellauswahl mit Kreuzvalidierung. Ein alternativer Ansatz ist die Suche nach einer Hypothese, die direkt die gewichtete Summe des empirischen Verlusts und die Komplexität der Hypothese minimiert, was wir dann als Gesamtkosten bezeichnen:

$$Kosten(h) = EmpVerlust(h) + \lambda\, Komplexit\ddot{a}t(h)$$

$$\hat{h}^* = \underset{h\in\mathcal{H}}{\operatorname{argmin}}\, Kosten(h)$$

Hier ist λ ein Hyperparameter – eine positive Zahl, die als Konvertierungsfaktor zwischen Verlust und Hypothesenkomplexität dient. Wenn dieser Hyperparameter λ gut gewählt ist, balanciert er den empirischen Verlust einer einfachen Funktion gegen die Neigung einer komplizierten Funktion zur Überanpassung gut aus.

Dieser Prozess der expliziten Bestrafung komplexer Hypothesen wird **Regularisierung** genannt, da er nach Funktionen sucht, die regelmäßiger, d. h. weniger komplex sind. Beachten Sie, dass wir hierzu zwei Dinge festlegen: die Verlustfunktion (L_1 oder L_2) und das Komplexitätsmaß, das als **Regularisierungsfunktion** bezeichnet wird. Die Wahl der Regularisierungsfunktion hängt vom Hypothesenraum ab. Eine gute Regularisierungsfunktion für Polynome ist zum Beispiel die Quadratsumme der Koeffizienten – wenn wir die Summe klein halten, haben wir es nicht mehr mit wellenförmigen Polynomen vom Grad 12 wie in ► Abbildung 19.1 zu tun. Ein Beispiel für diese Art der Regularisierung finden Sie in Abschnitt 19.6.3.

Eine weitere Möglichkeit, Modelle zu vereinfachen, besteht darin, die Dimensionen zu reduzieren, mit denen die Modelle arbeiten. Mithilfe der **Merkmalsauswahl** lassen sich Attribute verwerfen, die irrelevant zu sein scheinen. χ^2-Pruning ist eine Form von Merkmalsauswahl.

Es ist sogar möglich, den empirischen Verlust und die Komplexität auf der gleichen Skala ohne den Umrechnungsfaktor λ zu messen. Beide Werte lassen sich in Bit ausdrücken. Zunächst wird die Hypothese als Turing-Maschinen-Programm codiert und die Anzahl der Bits gezählt. Dann zählt man die Anzahl der Bits, die zur Codierung der Daten erforderlich sind, wobei ein korrekt vorhergesagtes Beispiel null Bit kostet und die Kosten eines falsch vorhergesagten Beispiels von der Größe des Fehlers abhängen. Die **MDL**-Hypothese (*Minimum Description Length*, minimale Beschreibungslänge) minimiert die Gesamtzahl der erforderlichen Bits. Im Grenzbereich funktioniert dies gut, aber bei kleineren Problemen kann die Wahl der Programmcodierung – z. B. wie man einen Entscheidungsbaum am besten als Bitstring codiert – das Ergebnis beeinflussen. In Kapitel 20 (S. 807) beschreiben wir eine probabilistische Interpretation des MDL-Ansatzes.

19.4.4 Hyperparameter-Tuning

In Abschnitt 19.4.1 haben wir gezeigt, wie man den besten Wert für den Hyperparameter *size* auswählt, und zwar indem man eine Kreuzvalidierung auf jeden möglichen Wert anwendet, bis die Validierungsfehlerrate steigt. Dieser Ansatz ist zu empfehlen, wenn es nur einen Hyperparameter mit einer kleinen Anzahl möglicher Werte gibt. Gibt es jedoch mehrere Hyperparameter oder haben diese stetige Werte, ist es schwieriger, gute Werte zu wählen.

Der einfachste Ansatz für das Tunen von Hyperparametern ist das **manuelle Tuning**: Wählen Sie einige Parameterwerte auf der Grundlage früherer Erfahrungen, trainieren Sie ein Modell, messen Sie seine Leistung auf den Validierungsdaten, analysieren Sie die Ergebnisse und vertrauen Sie dann Ihrer Intuition bei der Wahl neuer Parameterworte. Wiederholen Sie dies, bis Sie mit der Leistung zufrieden sind (oder Ihnen die Zeit, das EDV-Budget oder die Geduld ausgeht).

Wenn es nur wenige Hyperparameter mit jeweils einer kleinen Anzahl möglicher Werte gibt, bietet sich ein systematischerer Ansatz an, die **Rastersuche**. Probieren Sie alle Wertekombinationen aus und stellen Sie fest, welche auf den Validierungsdaten am besten abschneidet. Verschiedene Kombinationen können parallel auf verschiedenen Rechnern ausgeführt werden. Wenn Sie über ausreichende Rechenressourcen verfügen, muss dies nicht langsam sein, obwohl bekannt ist, dass in einigen Fällen die Modellauswahl auf großen Computerclustern (mit Tausenden von Computern) tagelang Ressourcen verschlingt.

Dabei können auch die Suchstrategien aus den Kapiteln 3 und 4 zum Einsatz kommen. Wenn z. B. zwei Hyperparameter unabhängig voneinander sind, können sie separat optimiert werden.

Wenn es zu viele Kombinationen möglicher Werte gibt, dann wird mit der **Zufallssuche** gleichmäßig aus der Menge aller möglichen Hyperparameterwerte eine Stichprobe gezogen, und zwar so lange, wie Sie bereit sind, Zeit und Rechenressourcen zu investieren. Zufallsstichproben eignen sich auch gut für stetige Werte.

Wenn die einzelnen Trainingsläufe sehr lange dauern, kann es hilfreich sein, aus jedem Trainingslauf nützliche Informationen zu sammeln. Die **Bayes'sche Optimierung** behandelt die Wahl guter Hyperparameterwerte als ein eigenständiges Problem des maschinellen Lernens. Das heißt, stellen Sie sich den Vektor der Hyperparameterwerte $\mathbf{x}$ als Eingabe und den Gesamtverlust auf der Validierungsmenge für das mit diesen Hyperparametern erstellte Modell als Ausgabe y vor. Unsere Aufgabe ist es, die Funktion $y = f(\mathbf{x})$ zu finden, die den Verlust y minimiert. Jedes Mal, wenn wir einen Trainingslauf durchführen, erhalten wir ein neues $(y, f(\mathbf{x}))$-Paar, das unser Wissen von der Form der Funktion f aktualisiert.

Die Idee ist, einen Kompromiss zu finden zwischen Explotation und Exploration, d. h. zwischen der risikolosen Wahl eines Parameterwerts, der nahe an einem bekannten guten Ergebnis liegt, und der riskanteren Wahl eines neuen, noch unbekannten Parameterwerts. Diesen Kompromiss kennen wir bereits von der Monte-Carlo-Baumsuche (Abschnitt 5.4); auch hier wird die Idee der oberen Konfidenzschranken zur Minimierung des Regrets verwendet. Wenn wir von der Annahme ausgehen, dass f durch einen **Gauß'schen Prozess** approximiert werden kann, dann ist die Mathematik der Aktualisierung unseres Wissens über f erfolgreich. Snoek *et al.* (2013) erklären die dahinter stehende Mathematik und beschreiben diesen Ansatz ausführlich, wobei sie zeigen, dass er das manuelle Parameter-Tuning, selbst wenn es von Experten durchgeführt wird, übertreffen kann.

Eine Alternative zur Bayes'schen Optimierung ist das **populationsbasierte Training** (PBT). PBT beginnt mit der Zufallssuche, um eine Population von Modellen mit jeweils unterschiedlichen Hyperparameterwerten (parallel) zu trainieren. Dann wird eine zweite Generation von Modellen trainiert. Diese Modelle können jedoch ihre Hyperparameterwerte auf der Grundlage der erfolgreichen Werte der vorherigen Generation sowie durch zufällige Mutation, wie bei genetischen Algorithmen, wählen (Abschnitt 4.1.4). Das populationsbasierte Training hat also den Vorteil der zufälligen Suche, bei der viele Durchläufe parallel durchgeführt werden können, und es hat den Vorteil der Bayes'schen Optimierung (oder des manuellen Tunings durch einen klugen Menschen), bei der wir die aus früheren Durchläufen gewonnenen Informationen für spätere Durchläufe nutzen können.

19.5 Die Theorie des Lernens

Wie können wir sicher sein, dass unsere durch Lernen gefundene Hypothese für unbekannte Eingaben korrekte Werte vorhersagt? Das heißt, wie können wir wissen, dass die Hypothese h nahe an der Zielfunktion f liegt, wenn wir f nicht kennen? Diese Fragen werden seit Jahrhunderten von Ockham, Hume und anderen diskutiert. In den letzten Jahrzehnten stellten sich andere Fragen: Wie viele Beispiele brauchen wir für eine gute Hypothese h? Können wir in einem sehr komplexen Hypothesenraum überhaupt die beste h finden oder müssen wir uns mit einem lokalen Maximum im Hypothesenraum zufrieden geben? Wie komplex sollte h sein? Wie lässt sich Überanpassung vermeiden? Diese Fragen werden wir in diesem Abschnitt beantworten.

Klären wir zunächst die Frage, wie viele Beispiele zum Lernen benötigt werden. Der Lernkurve des Entscheidungsbaum-Lernalgorithmus für das Restaurantproblem (► Abbildung 19.7 auf S. 740) können wir entnehmen, dass der Anteil korrekter Ergebnisse steigt, je mehr Trainingsdaten verwendet werden. Lernkurven sind hilfreich, aber leider auch spezifisch für einen bestimmten Lernalgorithmus zu einem bestimmten Problem. Gibt es einige allgemeinere Prinzipien für die Anzahl der benötigten Beispiele?

Fragen wie diese fallen in den Bereich der **Theorie des computergestützten Lernens**, die an der Schnittstelle von KI, Statistik und theoretischer Informatik liegt. Das zugrunde liegende Prinzip ist, dass jede Hypothese, die komplett falsch ist, mit hoher Wahrscheinlichkeit nach einer kleinen Anzahl von Beispielen „erkannt" wird, weil sie eine falsche Vorhersage macht.

Somit ist jede Hypothese, die mit einer ausreichend großen Anzahl von Trainingsbeispielen konsistent ist, sehr wahrscheinlich nicht gänzlich falsch, d. h., sie muss **wahrscheinlich annähernd richtig** (*Probably Approximately Correct*, PAC) sein.

Jeder Lernalgorithmus, der Hypothesen zurückliefert, die wahrscheinlich annähernd richtig sind, wird als **PAC-Lernalgorithmus** bezeichnet. Wir können diesen Ansatz verwenden, um Grenzen für die Leistung verschiedener Lernalgorithmen vorzugeben.

PAC-Lerntheoreme sind, wie alle Theoreme, logische Folgerungen von Axiomen. Wenn ein Theorem (im Gegensatz etwa zu einem politischen Experten) eine Aussage über die Zukunft basierend auf der Vergangenheit macht, müssen die Axiome den „Saft" liefern, um diese Verbindung herzustellen. Beim PAC-Lernen wird dieser „Saft" durch die auf S. 745 eingeführte Annahme der Stationarität bereitgestellt, die besagt, dass zukünftige Beispiele aus der gleichen festen Verteilung $\mathbf{P}(E) = \mathbf{P}(X, Y)$ gezogen werden wie die Beispiele der Vergangenheit. (Beachten Sie, dass wir nicht wissen müssen, wie die Verteilung aussieht, sondern nur, dass sie sich nicht ändert.) Um die Dinge einfach zu halten, nehmen wir außerdem an, dass die wahre Funktion f deterministisch ist und zum betrachteten Hypothesenraum $\mathcal{H}$ gehört.

Die einfachsten PAC-Theoreme beschäftigen sich mit booleschen Funktionen, für die der 0/1-Verlust passend ist. Die **Fehlerrate** einer Hypothese h, die bereits informell definiert wurde, wird hier formell als der erwartete Generalisierungsfehler für Beispiele aus der stationären Verteilung definiert:

$$\mathrm{error}(h) = \mathit{GenVerlust}_{L_{0/1}}(h) = \sum_{x,y} L_{0/1}(y, h(x))\, P(x, y)$$

Mit anderen Worten, $\mathrm{error}(h)$ ist die Wahrscheinlichkeit, dass h ein neues Beispiel falsch klassifiziert. Dies entspricht der Größe der Menge, die experimentell durch die zuvor gezeigten Lernkurven gemessen wurde.

Eine Hypothese h wird als **annähernd richtig** bezeichnet, wenn $\mathrm{error}(h) \leq \epsilon$ ist, wobei ϵ eine kleine Konstante ist. Wir werden zeigen, dass sich ein N finden lässt, sodass nach dem Training auf N Beispielen mit hoher Wahrscheinlichkeit alle konsistenten Hypothesen annähernd richtig sind. Man kann sich eine annähernd richtige Hypothese als „eng" an der wahren Funktion im Hypothesenraum vorstellen: Sie liegt innerhalb der sogenannten **ϵ-Kugel** um die wahre Funktion f. Der Hypothesenraum außerhalb dieser ϵ-Kugel wird $\mathcal{H}_{\mathrm{bad}}$ genannt.

Wir können wie folgt eine Grenze für die Wahrscheinlichkeit berechnen, dass eine „grundsätzlich falsche" Hypothese $h_b \in \mathcal{H}_{\mathrm{bad}}$ mit den ersten N Beispielen konsistent ist. Wir wissen, dass $\mathrm{error}(h_b) > \epsilon$. Daher ist die Wahrscheinlichkeit, dass sie mit einem gegebenen Beispiel übereinstimmt, höchstens $1 - \epsilon$. Da die Beispiele unabhängig sind, ist die Grenze für N Beispiele:

$$P(h_b \text{ stimmt mit } N \text{ Beispielen überein}) \leq (1 - \epsilon)^N$$

Die Wahrscheinlichkeit, dass $\mathcal{H}_{\mathrm{bad}}$ mindestens eine konsistente Hypothese enthält, ist durch die Summe der Einzelwahrscheinlichkeiten begrenzt:

$$P(\mathcal{H}_{\mathrm{bad}} \text{ enthält eine konsistente Hypothese}) \leq |\mathcal{H}_{\mathrm{bad}}|(1 - \epsilon)^N \leq |\mathcal{H}|(1 - \epsilon)^N$$

Dabei haben wir die Tatsache genutzt, dass $\mathcal{H}_{\mathrm{bad}}$ eine Teilmenge von $\mathcal{H}$ ist und somit $|\mathcal{H}_{\mathrm{bad}}| \leq |\mathcal{H}|$. Wir möchten die Wahrscheinlichkeit dieses Ereignisses unter eine kleine Zahl δ reduzieren:

$$P(\mathcal{H}_{\mathrm{bad}} \text{ enthält eine konsistente Hypothese}) \leq |\mathcal{H}|(1 - \epsilon)^N \leq \delta$$

Für $1 - \epsilon \leq \mathrm{e}^{-\epsilon}$ können wir dies erreichen, wenn wir dem Algorithmus erlauben,

$$N \geq \frac{1}{\epsilon}\left(\ln\frac{1}{\delta} + \ln|\mathcal{H}|\right) \tag{19.1}$$

Beispiele zu sichten. Nachdem der Lernalgorithmus diese Anzahl von Beispielen gesehen hat, wird er mit einer Wahrscheinlichkeit von mindestens $1 - \delta$ eine Hypothese mit einem Fehler von höchstens ϵ zurückgeben. Mit anderen Worten, sie ist wahrscheinlich annähernd richtig. Die Anzahl der benötigten Beispiele als Funktion von ϵ und δ wird als die **Stichprobenkomplexität** des Lernalgorithmus bezeichnet.

Wie wir bereits gesehen haben, ist $|\mathcal{H}| = 2^{2^n}$, wenn $\mathcal{H}$ die Menge aller booleschen Funktionen mit n Attributen ist. Damit wächst die Stichprobenkomplexität des Raums mit 2^n an. Da die Anzahl der möglichen Beispiele ebenfalls 2^n beträgt, erfordert das PAC-Lernen in der Klasse aller booleschen Funktionen offensichtlich, dass alle oder fast alle möglichen Beispiele berücksichtigt werden. Der Grund dafür liegt auf der Hand: $\mathcal{H}$ enthält genügend Hypothesen, um jede beliebige Menge von Beispielen auf alle möglichen Arten zu klassifizieren. Insbesondere gilt für jede Menge von N Beispielen, dass in der Menge der Hypothesen, die mit diesen Beispielen konsistent sind, die Anzahl der Hypothesen, die x_{N+1} als positiv vorhersagen, genauso hoch ist wie die Anzahl der Hypothesen, die x_{N+1} als negativ vorhersagen.

Für eine echte Generalisierung auf unbekannte Beispiele müssen wir also den Hypothesenraum $\mathcal{H}$ auf irgendeine Weise einschränken, was jedoch zur Folge haben könnte, dass wir dabei die wahre Funktion eliminieren. Es gibt drei Möglichkeiten, diesem Dilemma zu entkommen.

Die erste ist, A-priori-Wissen über das Problem einfließen zu lassen.

Die zweite, die wir in Abschnitt 19.4.3 vorgestellt haben, besteht darin, den Algorithmus nicht irgendeine konsistente Hypothese zurückgeben zu lassen, sondern vorzugsweise eine einfache (wie es beim Entscheidungsbaum-Lernen der Fall ist). In Fällen, in denen das Finden von einfachen konsistenten Hypothesen effizient machbar ist, sind die Ergebnisse der Stichprobenkomplexität im Allgemeinen besser als bei Analysen, die nur auf Konsistenz basieren.

Die dritte Möglichkeit, der wir uns als Nächstes zuwenden, besteht darin, sich auf lernbare Teilmengen des gesamten Hypothesenraums der booleschen Funktionen zu konzentrieren. Dieser Ansatz beruht auf der Annahme, dass der eingeschränkte Hypothesenraum eine Hypothese h enthält, die nahe genug an der wahren Funktion f liegt. Die Vorteile sind, dass der eingeschränkte Hypothesenraum eine effektive Generalisierung ermöglicht und im Allgemeinen einfacher zu durchsuchen ist. Betrachten wir im Folgenden einen solchen eingeschränkten Hypothesenraum genauer.

19.5.1 Beispiel für PAC-Lernen: Entscheidungslisten lernen

Wir zeigen nun, wie sich PAC-Lernen auf einen neuen Hypothesenraum anwenden lässt: **Entscheidungslisten**. Eine Entscheidungsliste besteht aus einer Reihe von Tests, bei denen es sich um eine Verknüpfung von Literalen handelt. Wenn ein Test, angewendet auf eine Beispielbeschreibung, erfolgreich ist, gibt die Entscheidungsliste den Wert an, der zurückgegeben werden soll. Schlägt der Test fehl, dann wird die Verarbeitung mit dem nächsten Test in der Liste fortgesetzt. Entscheidungslisten ähneln Entscheidungsbäumen, weisen aber eine einfachere Gesamtstruktur auf, denn sie verzweigen nur in eine Richtung. Dafür sind die einzelnen Tests komplexer. ► Abbildung 19.10 zeigt eine Entscheidungsliste, die die folgende Hypothese darstellt:

$$WirdWarten \;\Leftrightarrow\; (Gäste = Einige) \vee (Gäste = Voll \wedge Fr/Sa)$$

Wenn wir Tests beliebiger Größe zulassen, können Entscheidungslisten jede beliebige boolesche Funktion darstellen (Übung 18.18 auf der Website). Schränken wir jedoch die Größe eines Tests auf höchstens k Literale ein, dann kann der Lernalgorithmus aus einer kleinen Anzahl von Beispielen erfolgreich generalisieren. Wir verwenden die Notation k-DL für eine Entscheidungsliste (*Decision List*) mit bis zu k Verknüpfungen. Das Beispiel in ► Abbil-

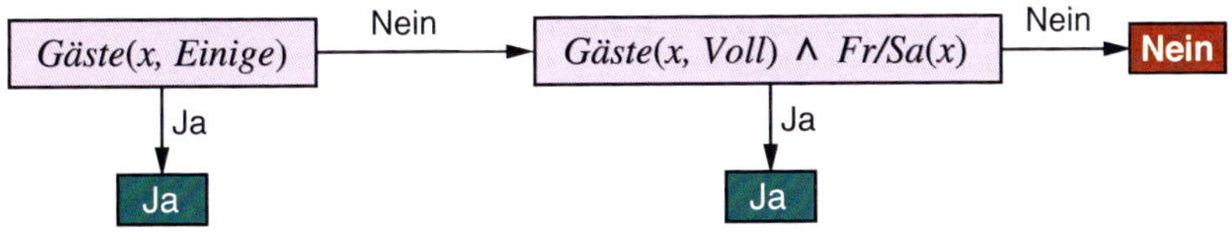

Abbildung 19.10: Eine Entscheidungsliste für das Restaurantproblem.

dung 19.10 ist in 2-DL dargestellt. Es lässt sich leicht zeigen (Übung 18.18), dass k-DT die Teilmenge k-DL enthält, d. h. die Menge aller Entscheidungsbäume (*Decision Tree*) mit der Tiefe von höchstens k. Wir verwenden die Notation k-DL(n), um eine k-DL mit n booleschen Attributen zu bezeichnen.

Die erste Aufgabe besteht darin zu zeigen, dass k-DL lernbar ist, d. h., dass jede Funktion in k-DL nach dem Training mit einer angemessenen Anzahl von Beispielen genau angenähert werden kann. Dazu müssen wir die Anzahl der möglichen Hypothesen berechnen. Sei $Conj(n, k)$ die Menge der Verknüpfungen von höchstens k Literalen mit n Attributen. Da eine Entscheidungsliste aus Tests besteht und jeder Test entweder mit einer *Ja*- oder einer *Nein*-Antwort verbunden werden kann bzw. unter Umständen nicht in der Entscheidungsliste enthalten ist, gibt es höchstens $3^{|Conj(n,k)|}$ verschiedene Mengen von Komponententests. Jede dieser Testmengen kann in beliebiger Reihenfolge vorliegen; deshalb gilt:

$$|k\text{-DL}(n)| \leq 3^c c!\,, \text{ wobei } c = |Conj(n, k)|$$

Die Anzahl der Verknüpfungen von höchstens k Literalen aus n Attributen ist gegeben durch:

$$|Conj(n, k)| = \sum_{i=0}^{k} \binom{2n}{i} = O(n^k)$$

Nach einigen Umformungen erhalten wir daher:

$$|k\text{-DL}(n)| = 2^{O(n^k \log_2(n^k))}$$

Durch Einsetzen in die Gleichung (19.1) können wir zeigen, dass die Anzahl der Beispiele, die für das PAC-Lernen einer k-DL(n)-Funktion benötigt werden, polynomiell in n ist:

$$N \geq \frac{1}{\epsilon}\left(\ln \frac{1}{\delta} + O(n^k \log_2(n^k))\right)$$

Daher wird jeder Algorithmus, der eine konsistente Entscheidungsliste zurückgibt, für das PAC-Lernen einer k-DL-Funktion bei kleinen k eine angemessene Anzahl von Beispielen benötigen.

Die nächste Aufgabe besteht darin, einen effizienten Algorithmus zu finden, der eine konsistente Entscheidungsliste zurückgibt. Wir verwenden den „gierigen" Algorithmus DECISION-LIST-LEARNING, der wiederholt einen Test findet, der genau mit einer Teilmenge der Trainingsmenge übereinstimmt. Sobald er einen solchen Test gefunden hat, fügt er ihn der im Aufbau befindlichen Entscheidungsliste hinzu und entfernt die entsprechenden Beispiele. Anschließend erzeugt er unter Verwendung der verbleibenden Beispiele den Rest der Entscheidungsliste. Dies wird so lange wiederholt, bis keine Beispiele mehr vorhanden sind. ► Abbildung 19.11 zeigt diesen Algorithmus.

Dieser Algorithmus spezifiziert nicht, mit welcher Methode der nächste Test ausgewählt wird, der der Entscheidungsliste hinzugefügt wird. Obwohl die zuvor angegebenen formalen Ergebnisse nicht von der Auswahlmethode abhängen, scheint es sinnvoll, kleine Tests zu bevorzugen, die große Mengen einheitlich klassifizierter Beispiele abgleichen, damit die gesamte

```
function DECISION-LIST-LEARNING(examples) returns eine Entscheidungsliste oder failure

  if examples ist leer then return die triviale Entscheidungsliste No
  t ← ein Test, der zu einer nichtleeren Teilmenge examples_t von examples passt,
       sodass die Elemente von examples_t alle positiv oder alle negativ sind
  if es gibt kein t then return failure
  if die Beispiele in examples_t sind positiv then o ← Yes else o ← No
  return eine Entscheidungsliste mit Anfangstest t und Ausgabe o sowie verbleibende Tests,
          gegeben durch DECISION-LIST-LEARNING(examples − examples_t)
```

Abbildung 19.11: Ein Algorithmus zum Lernen von Entscheidungslisten.

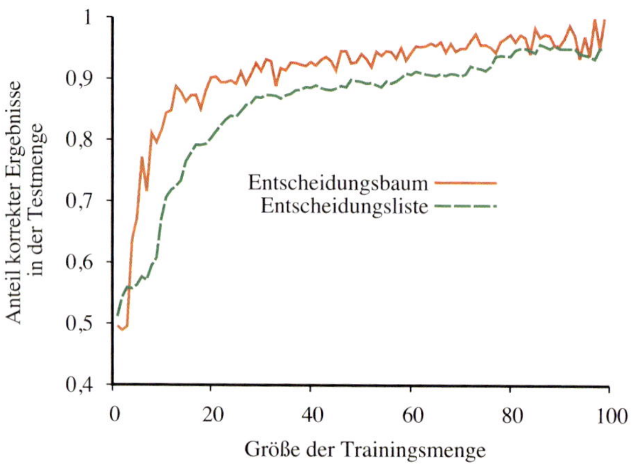

Abbildung 19.12: Lernkurve für den Algorithmus DECISION-LIST-LEARNING auf den Restaurantdaten. Zum Vergleich wird die Kurve für LEARN-DECISION-TREE angezeigt; Entscheidungsbäume schneiden bei diesem speziellen Problem etwas besser ab.

Entscheidungsliste so kompakt wie möglich ist. Die einfachste Strategie besteht darin, den kleinsten Test t zu finden, der jede einheitlich klassifizierte Teilmenge abgleicht, unabhängig von der Größe der Teilmenge. Auch dieser Ansatz funktioniert recht gut, wie ► Abbildung 19.12 zeigt. Bei diesem Problem lernt der Entscheidungsbaum etwas schneller als die Entscheidungsliste, weist aber mehr Schwankungen auf. Beide Methoden sind nach 100 Versuchen über 90 % genau.

19.6 Lineare Regression und Klassifikation

Kommen wir jetzt von den Entscheidungsbäumen und -listen zu einem anderen Hypothesenraum, der schon seit Hunderten von Jahren verwendet wird, und zwar die Klasse der **linearen Funktionen** mit stetigen Eingabewerten. Wir beginnen mit dem einfachsten Fall, der Regression mit einer univariaten linearen Funktion, die bekanntermaßen einer Geraden entspricht. Abschnitt 19.6.3 behandelt den multivariablen Fall. Die Abschnitte 19.6.4 und 19.6.5 zeigen, wie man lineare Funktionen durch Festlegen harter und weicher Schwellenwerte in Klassifikatoren umwandelt.

19.6.1 Univariate lineare Regression

Eine univariate Funktion (eine Gerade) mit der Eingabe x und der Ausgabe y hat die Form $y = w_1 x + w_0$, wobei w_0 und w_1 zu lernende reellwertige Koeffizienten sind. Für die Koeffizienten sind die Buchstaben w oder g üblich, weil wir die Koeffizienten als **Gewichte** verstehen. Der Wert von y lässt sich ändern, indem man das relative Gewicht des einen oder anderen Terms ändert. Wir definieren $\mathbf{w}$ als den Vektor $\langle w_0, w_1 \rangle$ und die lineare Funktion mit diesen Gewichten als:

$$h_{\mathbf{w}}(x) = w_1 x + w_0$$

► Abbildung 19.13 a zeigt ein Beispiel für eine Trainingsmenge von n Punkten in der x,y-Ebene, wobei jeder Punkt die Wohnfläche und den Preis eines zum Verkauf angebotenen Hauses repräsentiert. Die Aufgabe, diejenige $h_{\mathbf{w}}$ zu finden, die diesen Daten am besten entspricht, wird als **lineare Regression** bezeichnet. Um die Anpassung an die Daten mit einer Geraden zu erreichen, müssen wir lediglich die Werte der Gewichte $\langle w_0, w_1 \rangle$ bestimmen, die den empirischen Verlust minimieren. Es hat sich (seit Gauß[7]) eingebürgert, die quadratische Verlustfunktion L_2 zu verwenden, wobei über alle Trainingsbeispiele summiert wird:

$$\mathit{Verlust}(h_{\mathbf{w}}) = \sum_{j=1}^{N} L_2(y_j, h_{\mathbf{w}}(x_j)) = \sum_{j=1}^{N} (y_j - h_{\mathbf{w}}(x_j))^2 = \sum_{j=1}^{N} (y_j - (w_1 x_j + w_0))^2$$

Wir möchten $\mathbf{w}^* = \operatorname{argmin}_{\mathbf{w}} \mathit{Verlust}(h_{\mathbf{w}})$ finden. Die Summe $\sum_{j=1}^{N} (y_j - (w_1 x_j + w_0))^2$ nimmt ein Minimum an, wenn ihre partiellen Ableitungen bezüglich w_0 und w_1 null sind:

$$\frac{\partial}{\partial w_0} \sum_{j=1}^{N} (y_j - (w_1 x_j + w_0))^2 = 0 \text{ und } \frac{\partial}{\partial w_1} \sum_{j=1}^{N} (y_j - (w_1 x_j + w_0))^2 = 0 \qquad (19.2)$$

Diese Gleichungen haben eine eindeutige Lösung:

$$w_1 = \frac{N(\sum x_j y_j) - (\sum x_j)(\sum y_j)}{N(\sum x_j^2) - (\sum x_j)^2}; \quad w_0 = (\sum y_j - w_1(\sum x_j))/N \qquad (19.3)$$

7 Gauß hat gezeigt, dass man bei einem normalverteilten Rauschen der Werte y_j die wahrscheinlichsten Werte von w_1 und w_0 mittels des L_2-Verlusts erhält, wobei die Summe ihrer Fehlerquadrate minimiert wird. (Wenn die Werte ein Rauschen haben, das einer Laplace-Verteilung (d. h. einer Doppelexponentialverteilung) folgt, dann ist der L_1-Verlust heranzuziehen.)

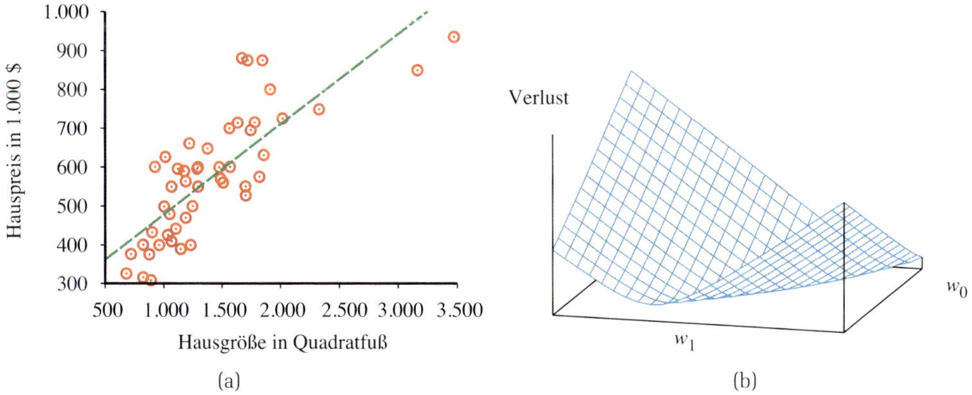

Abbildung 19.13: (a) Datenpunkte zu Preisen im Verhältnis zur Wohnfläche von zum Verkauf stehenden Häusern in Berkeley (Kalifornien) im Juli 2009, zusammen mit der Hypothese der linearen Funktion, die den quadratischen Fehlerverlust minimiert: $y = 0{,}232x + 246$. (b) Diagramm der Verlustfunktion $\sum_j (y_j - (w_1 x_j + w_0))^2$ für verschiedene Werte von w_0, w_1. Man beachte, dass die Verlustfunktion konvex ist und ein einziges globales Minimum aufweist.

Für das Beispiel in ► Abbildung 19.13 a lautet die Lösung $w_1 = 0{,}232$, $w_0 = 246$. Die Gerade mit diesen Gewichten ist in der Grafik als gestrichelte Linie dargestellt.

Bei vielen Lernformen sind die Gewichte so anzupassen, dass ein minimaler Verlust entsteht. Es ist also hilfreich, eine bildliche Vorstellung davon zu haben, was im **Gewichtsraum** passiert – dem Raum, der durch alle möglichen Einstellungen der Gewichte definiert wird. Bei der univariaten linearen Regression ist der durch w_0 und w_1 definierte Gewichtsraum zweidimensional, sodass wir den Verlust als Funktion von w_0 und w_1 in einem 3-D-Diagramm grafisch darstellen können (► Abbildung 19.13 b). Die Verlustfunktion ist **konvex**, wie auf S. 153 definiert. Dies gilt für *jedes* lineare Regressionsproblem mit einer L_2-Verlustfunktion und impliziert, dass es keine lokalen Minima gibt. In gewissem Sinne ist damit alles zu den linearen Modellen gesagt. Wenn wir Geraden an Daten anpassen müssen, wenden wir Gleichung (19.3) an.[8]

19.6.2 Gradientenabstieg

Das univariate lineare Modell hat die nette Eigenschaft, dass sich leicht eine optimale Lösung finden lässt, bei der die partiellen Ableitungen null sind. Das ist aber nicht immer der Fall, weshalb wir hier eine Methode zur Verlustminimierung einführen, die auf jede Verlustfunktion angewendet werden kann, egal wie komplex sie ist, und die nicht davon abhängt, dass eine Lösung gefunden wird, die die Nullstellen der Ableitungen zurückliefert.

Wie in Abschnitt 4.2 (S. 151) beschrieben, können wir einen stetigen Gewichtsraum durch inkrementelle Änderung der Parameter durchsuchen. Dort haben wir den Algorithmus als **Bersteigersuche** bezeichnet, aber hier geht es um die Minimierung des Verlusts und nicht um die Maximierung des Gewinns, daher werden wir den Begriff **Gradientenabstieg** verwenden. Wir wählen einen beliebigen Startpunkt im Gewichtsraum – in diesem Fall einen Punkt in der (w_0,w_1)-Ebene –, berechnen dann einen Gradientenschätzwert und bewegen uns um ein kleines Stück nach unten bei steilstem Gefälle, was wir so lange wiederholen, bis wir im Gewichtsraum mit (lokal) minimalem Verlust in einem Punkt konvergieren. Der Algorithmus sieht folgendermaßen aus:

$\mathbf{w} \leftarrow$ ein beliebiger Punkt im Parameterraum
while not konvergiert **do**
  for each w_i **in w do**

$$w_i \leftarrow w_i - \alpha \frac{\partial}{\partial w_i} \mathit{Verlust}(\mathbf{w}) \tag{19.4}$$

Der Parameter α, den wir in Abschnitt 4.2 **Schrittweite** genannt haben, wird normalerweise als **Lernrate** bezeichnet, wenn wir versuchen, den Verlust in einem Lernproblem zu minimieren. Es kann sich dabei um eine feste Konstante handeln oder um einen Wert, der im Laufe des Lernprozesses abnimmt.

Bei der univariaten Regression ist der Verlust quadratisch und folglich die partielle Ableitung linear. (Das einzige Kalkül, das Sie dazu benötigen, ist nur die **Kettenregel**: $\partial g(f(x))/\partial x = g'(f(x))\,\partial f(x)/\partial x$ sowie die Information, dass $\frac{\partial}{\partial x}x^2 = 2x$ und $\frac{\partial}{\partial x}x = 1$.) Berechnen wir zunächst die partiellen Ableitungen – die Abhänge – der Einfachheit halber von nur einem Trainingsbeispiel (x, y):

$$\begin{aligned}\frac{\partial}{\partial w_i}\mathit{Verlust}(\mathbf{w}) &= \frac{\partial}{\partial w_i}(y - h_{\mathbf{w}}(x))^2 = 2(y - h_{\mathbf{w}}(x)) \times \frac{\partial}{\partial w_i}(y - h_{\mathbf{w}}(x)) \\ &= 2(y - h_{\mathbf{w}}(x)) \times \frac{\partial}{\partial w_i}(y - (w_1 x + w_0))\end{aligned} \tag{19.5}$$

8 Mit bestimmten Vorbehalten: Die L_2-Verlustfunktion ist geeignet für normalverteiltes Rauschen, das unabhängig von x ist; alle Ergebnisse stützen sich auf die Stationaritätsannahme; usw.

Sowohl auf w_0 als auch auf w_1 angewendet, erhalten wir:

$$\frac{\partial}{\partial w_0} Verlust(\mathbf{w}) = -2(y - h_{\mathbf{w}}(x)); \qquad \frac{\partial}{\partial w_1} Verlust(\mathbf{w}) = -2(y - h_{\mathbf{w}}(x)) \times x$$

Setzt man dies in Gleichung (19.4) ein und steckt die 2 in die nicht spezifizierte Lernrate α, so erhält man die folgende Lernregel für die Gewichte:

$$w_0 \leftarrow w_0 + \alpha\,(y - h_{\mathbf{w}}(x)); \quad w_1 \leftarrow w_1 + \alpha\,(y - h_{\mathbf{w}}(x)) \times x$$

Folgende Aktualisierungen sind auf Anhieb verständlich: Reduzieren Sie w_0 ein wenig, wenn $h_{\mathbf{w}}(x) > y$ ist (d. h., die Ausgabe ist zu groß), und reduzieren Sie w_1, wenn x eine positive Eingabe war, beziehungsweise erhöhen Sie w_1, wenn x eine negative Eingabe war.

Die obigen Gleichungen beziehen sich genau auf ein Trainingsbeispiel. Für N Trainingsbeispiele wollen wir die Summe der einzelnen Verluste für jedes Beispiel minimieren. Da die Ableitung einer Summe die Summe der Ableitungen ist, erhalten wir:

$$w_0 \leftarrow w_0 + \alpha \sum_j (y_j - h_{\mathbf{w}}(x_j)); \quad w_1 \leftarrow w_1 + \alpha \sum_j (y_j - h_{\mathbf{w}}(x_j)) \times x_j$$

Diese Aktualisierungen bilden die Lernregel **Batch-Gradientenabstieg** (auch **deterministischer Gradientenabstieg** genannt) für die univariate lineare Regression. Die Verlustfläche ist konvex, was bedeutet, dass es keine lokalen Minima gibt, in denen der Algorithmus „stecken bleiben" kann, und die Konvergenz gegen das globale Minimum garantiert ist (solange der von uns gewählte Parameter α nicht so groß ist, dass er die Grenzen überschreitet); die Konvergenz kann jedoch unter Umständen sehr langsam sein. Wir müssen also für jeden Schritt über alle N Trainingsbeispiele summieren, wobei die Anzahl der Schritte sehr hoch sein kann. Das Problem wird noch verschärft, wenn N größer ist als die Speichergröße des Prozessors. Ein Schritt, der alle Trainingsbeispiele abdeckt, wird als **Epoche** bezeichnet.

Eine schnellere Variante ist der **stochastische Gradientenabstieg** (*Stochastic Gradient Descent*, **SGD**). Dabei werden in jedem Schritt nur einige zufällige Trainingsbeispiele ausgewählt und es wird gemäß obiger Gleichung aktualisiert. Die ursprüngliche SGD-Version verwendete in jedem Schritt nur ein Trainingsbeispiel, doch inzwischen ist es üblich, eine **Minibatch** m aus den N Beispielen auszuwählen. Angenommen, wir haben $N = 10.000$ Beispiele und wählen eine Minibatch der Größe $m = 100$. Dann haben wir bei jedem Schritt den Rechenaufwand um den Faktor 100 reduziert. Da aber der Standardfehler des geschätzten mittleren Gradienten proportional zur Quadratwurzel aus der Anzahl der Beispiele ist, steigt der Standardfehler nur um den Faktor 10. Selbst wenn sich also die Anzahl der Schritte bis zur Konvergenz um das 10-Fache erhöht, ist der stochastische Minibatch-Gradientenabstieg immer noch 10-mal schneller als auf der gesamten Menge.

Bei einigen CPU- oder GPU-Architekturen kann m so gewählt werden, dass der Algorithmus von den parallelen Vektoroperationen profitiert und ein Schritt mit m Beispielen fast genauso schnell ist wie ein Schritt mit nur einem Beispiel. Innerhalb dieses Rahmens würden wir m als einen Hyperparameter behandeln, der auf jedes Lernproblem zugeschnitten werden sollte.

Die Konvergenz des stochastischen Minibatch-Gradientenabstiegs ist nicht garantiert; sie kann um das Minimum schwanken, ohne zur Ruhe zu kommen. Wir werden auf S. 765 sehen, dass ein Plan zum Verringern der Lernrate α (wie beim Simulated Annealing) die Konvergenz garantiert.

Der stochastische Gradientenabstieg lässt sich besonders gut in einer Online-Umgebung einsetzen, in der neue Daten nacheinander eintreffen und die Stationaritätsannahme möglicherweise nicht gilt. (Tatsächlich wird der stochastische Gradientenabstieg deshalb auch als **Online-Gradientenabstieg** bezeichnet.) Bei einer guten Wahl für die Lernrate α entwickelt sich ein Modell Stück für Stück weiter, wobei es zum Teil auf das in der Vergangenheit Gelernte zurückgreift, sich aber auch an die durch die neuen Daten repräsentierten Änderungen anpasst.

Der stochastische Gradientenabstieg wird nicht nur auf die lineare Regression, sondern häufig auch auf andere Modelle, insbesondere auf neuronale Netze, angewendet. Selbst wenn die Verlustfläche nicht konvex ist, hat sich der Ansatz als effektiv erwiesen, um gute lokale Minima zu finden, die nahe am globalen Minimum liegen.

19.6.3 Multivariable lineare Regression

Das Verfahren lässt sich leicht auf Probleme der **multivariablen linearen Regression** ausweiten, bei denen jedes Beispiel $\mathbf{x}_j$ ein n-elementiger Vektor ist.[9] Unser Hypothesenraum ist die Menge der Funktionen der folgenden Form:

$$h_{\mathbf{w}}(\mathbf{x}_j) = w_0 + w_1 x_{j,1} + \cdots + w_n x_{j,n} = w_0 + \sum_i w_i x_{j,i}$$

Der Term w_0, der den Achsenschnittpunkt angibt, unterscheidet sich von den anderen Termen. Wir können das beheben, indem wir ein Dummy-Eingabeattribut $x_{j,0}$ erfinden, das immer als 1 definiert wird. Dann ist h einfach das Punktprodukt der Gewichte und des Eingangsvektors (oder äquivalent das Matrizenprodukt von transponierter Gewichtsmatrix und Eingangsvektor):

$$h_{\mathbf{w}}(\mathbf{x}_j) = \mathbf{w} \cdot \mathbf{x}_j = \mathbf{w}^\top \mathbf{x}_j = \sum_i w_i x_{j,i}$$

Der beste Gewichtsvektor $\mathbf{w}^*$ minimiert den quadratischen Fehlerverlust über die Beispiele:

$$\mathbf{w}^* = \underset{\mathbf{w}}{\operatorname{argmin}} \sum_j L_2(y_j, \mathbf{w} \cdot \mathbf{x}_j)$$

Die multivariable lineare Regression ist eigentlich nicht viel komplizierter als der univariate Fall, den wir gerade behandelt haben. Der Gradientenabstieg erreicht das (eindeutige) Minimum der Verlustfunktion; die Aktualisierungsgleichung für jedes Gewicht w_i lautet:

$$w_i \leftarrow w_i + \alpha \sum_j (y_j - h_{\mathbf{w}}(\mathbf{x}_j)) \times x_{j,i} \tag{19.6}$$

Mit den Werkzeugen der linearen Algebra und der Vektorrechnung ist es außerdem möglich, auch analytisch nach dem $\mathbf{w}$ aufzulösen, das den Verlust minimiert. Sei $\mathbf{y}$ der Vektor der Ausgaben für die Trainingsbeispiele und $\mathbf{X}$ die **Datenmatrix**, d. h. die Matrix der Eingaben mit einem n-dimensionalen Beispiel pro Zeile. Dann ist der Vektor der vorhergesagten Ausgaben $\hat{\mathbf{y}} = \mathbf{X}\mathbf{w}$ und der quadratische Fehlerverlust über alle Trainingsdaten ist:

$$L(\mathbf{w}) = \|\hat{\mathbf{y}} - \mathbf{y}\|^2 = \|\mathbf{X}\mathbf{w} - \mathbf{y}\|^2$$

Wir setzen den Gradienten auf null:

$$\nabla_{\mathbf{w}} L(\mathbf{w}) = 2\mathbf{X}^\top(\mathbf{X}\mathbf{w} - \mathbf{y}) = 0$$

Nach Umformulieren erhalten wir den Vektor für den minimalen Verlust, gegeben durch:

$$\mathbf{w}^* = (\mathbf{X}^\top \mathbf{X})^{-1} \mathbf{X}^\top \mathbf{y} \tag{19.7}$$

9 Der Leser findet in Anhang A eine kurze Zusammenfassung der linearen Algebra. Beachten Sie bitte, dass wir den Begriff „multivariable Regression" verwenden, um auszudrücken, dass die Eingabe ein Vektor mit mehreren Werten ist, die Ausgabe jedoch eine einzelne Variable. Den Begriff „multivariate Regression" werden wir für den Fall verwenden, dass die Ausgabe ein Vektor mehrerer Variablen ist. Andere Autoren verwenden die beiden Begriffe jedoch meistens synonym.

Wir bezeichnen den Ausdruck $(\mathbf{X}^\top\mathbf{X})^{-1}\mathbf{X}^\top$ als **Pseudoinverse** der Datenmatrix und die Gleichung (19.7) als **Normalgleichung**.

Bei der univariaten linearen Regression spielt Überanpassung keine Rolle, während es bei der multivariablen linearen Regression in hochdimensionalen Räumen möglich ist, dass eine Dimension, die eigentlich irrelevant ist, zufällig nützlich zu sein scheint, was zu einer Überanpassung führt.

Daher ist es üblich, **Regularisierung** auf multivariable lineare Funktionen anzuwenden, um Überanpassung zu vermeiden. Wir wissen bereits, dass wir mit der Regularisierung die Gesamtkosten einer Hypothese minimieren, was sowohl den empirischen Verlust als auch die Komplexität der Hypothese umfasst:

$$Kosten(h) = EmpVerlust(h) + \lambda\, Komplexität(h)$$

Bei linearen Funktionen lässt sich die Komplexität als eine Funktion der Gewichte ausdrücken. Betrachten wir eine Familie von Regularisierungsfunktionen:

$$Komplexität(h_{\mathbf{w}}) = L_q(\mathbf{w}) = \sum_i |w_i|^q$$

Wie bei Verlustfunktionen haben wir mit $q=1$ eine L_1-Regularisierung[10], die die Summe der absoluten Werte minimiert; mit $q=2$ haben wir eine L_2-Regularisierung, die die Quadratsumme minimiert. Stellt sich die Frage, welche Regularisierungsfunktion wir wählen sollten? Das hängt zwar von der jeweiligen Problemstellung ab, aber die L_1-Regularisierung hat einen wichtigen Vorteil: Das erzeugte Modell ist eher **schwach besetzt**. Das heißt, die Regularisierung setzt oft viele Gewichte auf null und deklariert damit die dazugehörigen Attribute als völlig irrelevant – genau wie LEARN-DECISION-TREE es tut (wenn auch mit einem anderen Mechanismus). Hypothesen, die Attribute verwerfen, sind meistens leichter zu verstehen und neigen weniger zur Überanpassung.

► Abbildung 19.14 erklärt intuitiv verständlich, warum eine L_1-Regularisierung zu Gewichten von null führt, während dies bei einer L_2-Regularisierung nicht der Fall ist. Beachten Sie, dass die Minimierung von $Verlust(\mathbf{w}) + \lambda Komplexität(\mathbf{w})$ gleichbedeutend ist mit der Minimierung von $Verlust(\mathbf{w})$ unter der Bedingung, dass $Komplexität(\mathbf{w}) \leq c$ ist, wobei die Konstante c mit λ zusammenhängt. In ► Abbildung 19.14 (links) repräsentiert die Raute die Menge der Punkte $\mathbf{w}$ im zweidimensionalen Gewichtsraum, deren L_1-Komplexität kleiner als c ist. Unsere Lösung muss irgendwo innerhalb dieser Raute liegen. Die konzentrischen Ovale repräsentieren die Konturen der Verlustfunktion, mit dem minimalen Verlust in der Mitte. Wir wollen den Punkt in der Raute finden, der dem Minimum am nächsten liegt. Sie können dem Diagramm entnehmen, dass für eine beliebige Position des Minimums und seiner Konturen die Ecke der Raute allein deshalb den Weg in die Nähe des Minimums findet, weil Ecken spitz sind. Und natürlich sind die Ecken die Punkte, die in einer bestimmten Richtung einen Wert von null haben.

In ► Abbildung 19.14 (rechts) haben wir das Gleiche für das L_2-Komplexitätsmaß gemacht, das statt einer Raute einen Kreis darstellt. Hier können Sie sehen, dass es im Allgemeinen keinen Grund gibt, dass der Schnittpunkt auf einer der Achsen liegen muss. Daher neigt die L_2-Regularisierung nicht dazu, Gewichte von null zu erzeugen. Das Ergebnis ist, dass die Anzahl der Beispiele, die benötigt werden, um ein gutes h zu finden, bei der L_2-Regularisierung linear zur Anzahl der irrelevanten Merkmale ist, aber nur logarithmisch bei der L_1-Regularisierung. Diese Analyse wird bei vielen Problemen durch empirische Evidenz unterstützt.

10 Manche dürfte es verwirren, dass L_1 und L_2 sowohl für Verlustfunktionen als auch für Regularisierungsfunktionen verwendet werden. Eine paarweise Verwendung ist nicht vorgeschrieben: Sie können also durchaus L_2-Verlust mit L_1-Regularisierung verwenden oder umgekehrt.

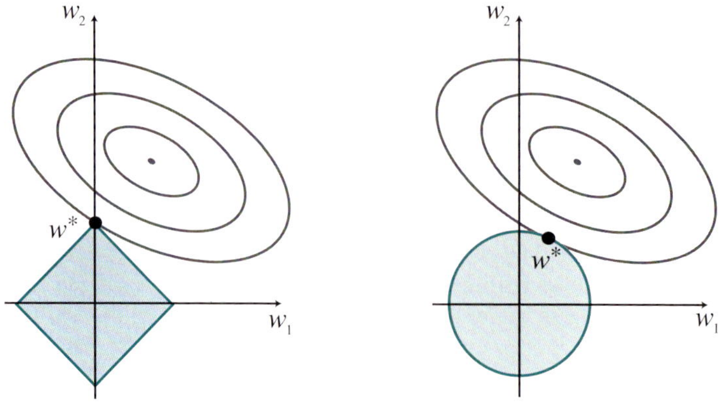

Abbildung 19.14: Warum die L_1-Regularisierung dazu neigt, ein schwach besetztes Modell zu erzeugen. Links: Bei der L_1-Regularisierung (Raute) liegt der minimal erreichbare Verlust (konzentrische Konturen) oft auf einer Achse, was ein Gewicht von null bedeutet. Rechts: Bei der L_2-Regularisierung (Kreis) tritt der minimale Verlust wahrscheinlich an einer beliebigen Stelle des Kreises auf, wobei Gewichte von null nicht bevorzugt werden.

Eine andere Betrachtungsweise ist, dass die L_1-Regularisierung die Dimensionsachsen respektiert, während L_2 sie als willkürlich betrachtet. Die L_2-Funktion beschreibt eine Kugel und ist damit rotationsinvariant: Stellen Sie sich eine Menge von Punkten in einer Ebene vor, die durch ihre x- und y-Koordinaten gemessen werden. Nun stellen Sie sich vor, Sie drehen die Achsen um 45°. In dem Fall würden Sie einen anderen Satz von (x', y')-Werten erhalten, die die gleichen Punkte repräsentieren. Wenn Sie die L_2-Regularisierung vor und nach der Drehung anwenden, erhalten Sie genau denselben Punkt als Antwort (auch wenn der Punkt mit den neuen (x', y')-Koordinaten beschrieben wird). Das ist angebracht, wenn die Wahl der Achsen wirklich willkürlich ist – wenn es egal ist, ob Ihre beiden Dimensionen die Entfernungen nach Norden und Osten sind oder die Entfernungen nach Nordosten und Südosten. Mit der L_1-Regularisierung würden Sie eine andere Antwort erhalten, da die L_1-Funktion nicht rotationsinvariant ist. Das ist sinnvoll, wenn die Achsen nicht austauschbar sind; denn es macht keinen Sinn, „Anzahl der Badezimmer" um 45° in Richtung „Grundstücksgröße" zu drehen.

19.6.4 Lineare Klassifikatoren mit einer harten Schwelle

Lineare Funktionen können sowohl zur Klassifikation als auch zur Regression verwendet werden. ► Abbildung 19.15 a zeigt zum Beispiel Datenpunkte zweier Klassen: Erdbeben (die für Seismologen von Interesse sind) und unterirdische Explosionen (die für Rüstungskontrolleure von Interesse sind). Jeder Punkt wird durch die beiden Eingabewerte x_1 und x_2 definiert, die sich auf die Größe der Raum- und Oberflächenwellen beziehen, berechnet aus dem seismischen Signal. Bei diesen Trainingsdaten besteht die Aufgabe der Klassifikation darin, eine Hypothese h zu lernen, die neue (x_1, x_2)-Punkte übernimmt und entweder 0 für Erdbeben oder 1 für Explosionen liefert.

Eine **Entscheidungsgrenze** ist eine Linie (oder, in höheren Dimensionen, eine Fläche), die die beiden Klassen trennt. In ► Abbildung 19.15 a ist die Entscheidungsgrenze eine Gerade. Eine lineare Entscheidungsgrenze wird als **linearer Separator** bezeichnet und die Daten, die einen solchen Separator zulassen, werden als **linear separierbar** bezeichnet. Der lineare Separator wird in diesem Fall definiert durch:

$$x_2 = 1{,}7x_1 - 4{,}9 \quad \text{oder} \quad -4{,}9 + 1{,}7x_1 - x_2 = 0$$

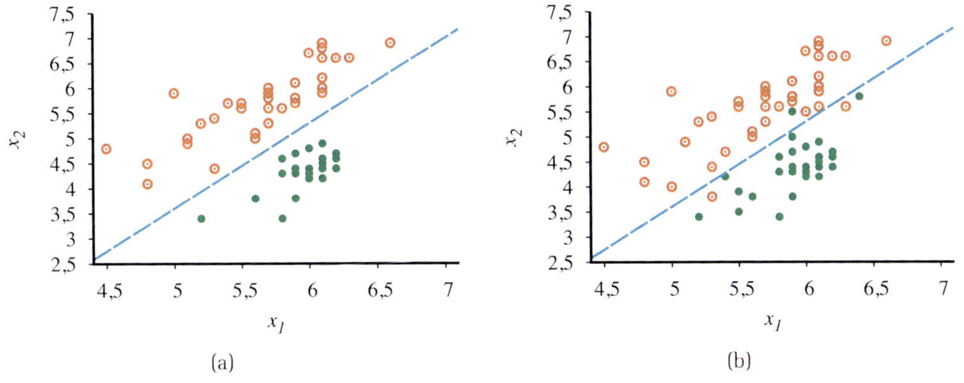

Abbildung 19.15: (a) Darstellung von zwei seismischen Datenparametern, den Magnituden der Raumwellen x_1 und der Oberflächenwellen x_2 für Erdbeben (offene orangefarbene Kreise) und Nuklearexplosionen (grüne Kreise), die sich zwischen 1982 und 1990 in Asien und dem Nahen Osten ereigneten (Kebeasy *et al.*, 1998). Ebenfalls dargestellt ist eine Entscheidungsgrenze zwischen den Klassen. (b) Dieselbe Domäne mit mehr Datenpunkten. Erdbeben und Explosionen sind nicht mehr linear separierbar.

Die Explosionen, die wir hier mit dem Wert 1 klassifizieren, liegen unterhalb und rechts von dieser Linie. Für diese Punkte gilt, dass $-4{,}9 + 1{,}7x_1 - x_2 > 0$ ist, während die Punkte für Erdbeben der Ungleichung $-4{,}9 + 1{,}7x_1 - x_2 < 0$ gehorchen. Wir können die Gleichung vereinfachen, indem wir sie in ein Vektorpunktprodukt umwandeln – mit $x_0 = 1$ erhalten wir

$$-4{,}9x_0 + 1{,}7x_1 - x_2 = 0$$

und können der Vektor der Gewichte definieren als

$$\mathbf{w} = \langle -4{,}9;\ 1{,}7;\ -1 \rangle$$

und die Klassifikationshypothese schreiben als:

$$h_{\mathbf{w}}(\mathbf{x}) = 1 \text{ falls } \mathbf{w} \cdot \mathbf{x} \geq 0 \text{ und } 0 \text{ sonst}$$

Alternativ können wir auch davon ausgehen, dass h das Ergebnis der Übergabe der linearen Funktion $\mathbf{w} \cdot \mathbf{x}$ über eine **Schwellenwertfunktion** ist:

$$h_{\mathbf{w}}(\mathbf{x}) = \mathit{Schwellenwert}(\mathbf{w} \cdot \mathbf{x}), \text{ wobei } \mathit{Schwellenwert}(z) = 1 \text{ falls } z \geq 0 \text{ und } 0 \text{ sonst}$$

Die Schwellenwertfunktion ist in ► Abbildung 19.17 a dargestellt.

Da die Hypothese $h_{\mathbf{w}}(\mathbf{x})$ nun eine wohldefinierte mathematische Form hat, können wir dazu übergehen, die Gewichte $\mathbf{w}$ zu wählen, um den Verlust zu minimieren. In den Abschnitte 19.6.1 und 19.6.3 haben wir dies sowohl in geschlossener Form realisiert (indem wir den Gradienten auf null gesetzt und nach den Gewichten aufgelöst haben) als auch durch Gradientenabstieg im Gewichtsraum. Hier ist beides nicht möglich, weil der Gradient fast überall im Gewichtsraum null ist, außer an den Punkten, an denen $\mathbf{w} \cdot \mathbf{x} = 0$ ist, wobei an diesen Punkten der Gradient nicht definiert ist.

Es gibt jedoch eine einfache Regel zur Gewichtungsaktualisierung, die gegen eine Lösung konvergiert, d. h. gegen einen linearen Separator, der die Daten perfekt klassifiziert – vorausgesetzt, die Daten sind linear separierbar. Für ein einzelnes Beispiel $(\mathbf{x}, y)$ lautet dies:

$$w_i \leftarrow w_i + \alpha\,(y - h_{\mathbf{w}}(\mathbf{x})) \times x_i\,, \tag{19.8}$$

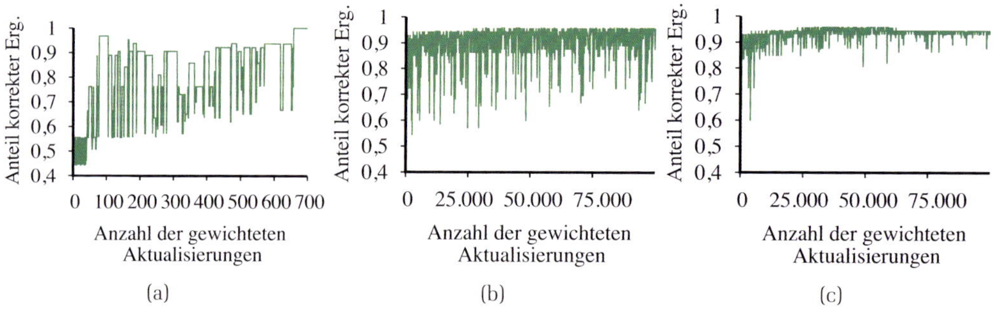

Abbildung 19.16: (a) Diagramm der Gesamtgenauigkeit der Trainingsmenge im Vergleich zur Anzahl der Iterationen über die Trainingsmenge für die Perzeptron-Lernregel bei den Erdbeben-/Explosionsdaten in Abbildung 19.15 a. (b) Das gleiche Diagramm für die verrauschten, nicht separierbaren Daten in Abbildung 19.15 b; beachten Sie die Änderung der Skala der x-Achse. (c) Das gleiche Diagramm wie in (b), mit einem Lernratenplan $\alpha(t) = 1000/(1000 + t)$.

was im Wesentlichen der Gleichung (19.6) entspricht, der Aktualisierungsregel für die lineare Regression! Diese Regel wird als **Perzeptron-Lernregel** bezeichnet, aus Gründen, die in Kapitel 21 erläutert werden. Da wir ein 0/1-Klassifikationsproblem betrachten, ist das Verhalten jedoch ein anderes. Sowohl der wahre Wert von y als auch die Ausgabe der Hypothese $h_{\mathbf{w}}(\mathbf{x})$ sind entweder 0 oder 1. Folglich gibt es drei Möglichkeiten:

- Wenn die Ausgabe richtig ist (d. h. $y = h_{\mathbf{w}}(\mathbf{x})$), werden die Gewichte nicht geändert.
- Wenn y gleich 1 ist, aber $h_{\mathbf{w}}(\mathbf{x})$ gleich 0, dann wird w_i *erhöht*, wenn die entsprechende Eingabe x_i positiv ist, und *verringert*, wenn x_i negativ ist. Dies ist sinnvoll, da wir $\mathbf{w} \cdot \mathbf{x}$ größer machen wollen, sodass $h_{\mathbf{w}}(\mathbf{x})$ die Ausgabe 1 liefert.
- Wenn y gleich 0 ist, aber $h_{\mathbf{w}}(\mathbf{x})$ gleich 1, dann wird w_i *verringert*, wenn die entsprechende Eingabe x_i positiv ist, und *erhöht*, wenn x_i negativ ist. Dies ist sinnvoll, da wir $\mathbf{w} \cdot \mathbf{x}$ kleiner machen wollen, sodass mit $h_{\mathbf{w}}(\mathbf{x})$ die Ausgabe 0 liefert.

Normalerweise wird die Lernregel nacheinander auf die einzelnen Beispiele angewendet, wobei die Beispiele zufällig ausgewählt werden (wie beim stochastischen Gradientenabstieg). ► Abbildung 19.16 a zeigt eine **Trainingskurve** für diese Lernregel, die auf die in Abbildung 19.15 a gezeigten Erdbeben-/Explosionsdaten angewendet wurde. Eine Trainingskurve misst die Leistung des Klassifikators auf einer festen Trainingsmenge, während der Lernprozess eine Aktualisierung nach der anderen auf dieser Trainingsmenge durchführt. Die Kurve zeigt, dass die Aktualisierungsregel zu einem linearen Null-Fehler-Separator konvergiert. Der „Konvergenz"-Prozess ist nicht gerade schön, aber er funktioniert immer. Bei einer Datenmenge von 63 Beispielen benötigt diese konkrete Ausführung 657 Schritte, um zu konvergieren, sodass jedes Beispiel im Durchschnitt etwa 10-mal präsentiert wird. In der Regel ist die Variation zwischen den Ausführungen groß.

Wir haben gesagt, dass die Perzeptron-Lernregel zu einem perfekten linearen Separator konvergiert, wenn die Datenpunkte linear separierbar sind. Doch was ist, wenn sie *nicht* linear separierbar sind? Diese Situation kommt in der Praxis nur allzu häufig vor. In ► Abbildung 19.15 b wurden zum Beispiel die Datenpunkte wieder eingefügt, die von Kebeasy *et al.* (1998) bei der grafischen Darstellung der Daten in ► Abbildung 19.15 a ausgelassen wurden. In ► Abbildung 19.16 b ist zu sehen, dass die Perzeptron-Lernregel auch nach 10.000 Schritten nicht konvergiert, denn obwohl die Minimalfehlerlösung (drei Fehler) wiederholt erreicht wird, ändert der Algorithmus weiterhin die Gewichte. Im Allgemeinen konvergiert die Perzeptron-Regel nicht zu einer stabilen Lösung bei einer festen Lernrate α, aber wenn α in der Größenordnung $O(1/t)$ abnimmt, wobei t die Anzahl der Iterationen ist, dann kann

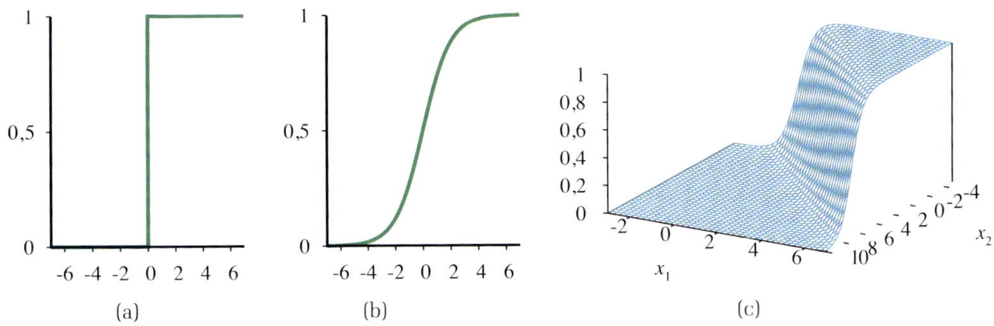

Abbildung 19.17: (a) Die harte Schwellenwertfunktion *Schwellenwert*(z) mit 0/1-Ausgabe. Beachten Sie, dass die Funktion bei $z = 0$ nicht differenzierbar ist. (b) Die logistische Funktion, $Logistik(z) = \frac{1}{1+e^{-z}}$, auch Sigmoidfunktion genannt. (c) Diagramm einer logistischen Regressionshypothese $h_{\mathbf{w}}(\mathbf{x}) = Logistik(\mathbf{w} \cdot \mathbf{x})$ für die in Abbildung 19.15 b dargestellten Daten.

gezeigt werden, dass die Regel zu einer Minimalfehlerlösung konvergiert, wenn die Beispiele in einer zufälligen Reihenfolge präsentiert werden.[11] Es kann auch gezeigt werden, dass das Finden der Minimalfehlerlösung NP-schwer ist. Es ist also zu erwarten, dass viele Präsentationen der Beispiele erforderlich sind, um Konvergenz zu erreichen. ► Abbildung 19.16 c zeigt den Trainingsprozess mit einem Lernratenplan $\alpha(t) = 1.000/(1.000 + t)$: Die Konvergenz ist nach 100.000 Iterationen nicht perfekt, aber dennoch viel besser als im Fall einer festen Lernrate α.

19.6.5 Lineare Klassifikation mit logistischer Regression

Wir haben gesehen, dass ein linearer Klassifikator erzeugt wird, wenn die Ausgabe einer linearen Funktion einer Schwellenwertfunktion übergeben wird. Doch die harte Schwelle verursacht einige Probleme: Die Hypothese $h_{\mathbf{w}}(\mathbf{x})$ ist nicht differenzierbar und außerdem eine unstetige Funktion ihrer Eingaben und ihrer Gewichte. Das macht das Lernen mit der Perzeptron-Regel zu einem unberechenbaren Abenteuer. Darüber hinaus sagt der lineare Klassifikator immer genau 1 oder 0 voraus, selbst für Beispiele, die sehr nahe an der Grenze liegen. Es wäre besser, wenn er einige Beispiele eindeutig als 0 oder 1 klassifizieren könnte und andere unklare Grenzfälle feiner differenzieren würde.

All diese Probleme lassen sich durch ein Abschwächen der Schwellenwertfunktion weitgehend lösen, und zwar indem der harte Schwellenwert durch eine stetige, differenzierbare Funktion angenähert wird. In Kapitel 13 (S. 484) haben wir zwei Funktionen gesehen, die wie weiche Schwellenwerte aussehen: das Integral der Standardnormalverteilung (verwendet für das Probit-Modell) und die logistische Funktion (verwendet für das Logit-Modell). Obwohl die beiden Funktionen sich sehr ähnlich sind, ist die logistische Funktion

$$Logistik(z) = \frac{1}{1 + e^{-z}}$$

von den mathematische Eigenschaften her bequemer. Die Funktion ist in ► Abbildung 19.17 b dargestellt. Wenn wir die Schwellenwertfunktion durch die logistische Funktion ersetzen, erhalten wir:

$$h_{\mathbf{w}}(\mathbf{x}) = Logistik(\mathbf{w} \cdot \mathbf{x}) = \frac{1}{1 + e^{-\mathbf{w} \cdot \mathbf{x}}}$$

► Abbildung 19.17 c zeigt ein Beispiel einer solchen Hypothese für das Erdbeben-/Explosionsproblem mit zwei Eingaben. Beachten Sie, dass die Ausgabe – eine Zahl zwischen 0 und 1

11 Technisch gesehen ist es erforderlich, dass $\sum_{t=1}^{\infty} \alpha(t) = \infty$ und $\sum_{t=1}^{\infty} \alpha^2(t) < \infty$. Die Lernrate $\alpha(t) = O(1/t)$ erfüllt diese Bedingungen. Oft verwenden wir $c/(c + t)$ für eine ziemlich große Konstante c.

– als *Wahrscheinlichkeit* interpretiert werden kann, zur Klasse der Bezeichnung 1 zu gehören. Die Hypothese bildet eine weiche Grenze im Eingaberaum, liefert eine Wahrscheinlichkeit von 0,5 für jede Eingabe in der Mitte des Grenzbereichs und nähert sich 0 oder 1, wenn wir uns von der Grenze entfernen.

Die Anpassung der Gewichte dieses Modells, um den Verlust auf einer Datenmenge zu minimieren, wird **logistische Regression** genannt. Bei diesem Modell gibt es keine einfache Lösung in geschlossener Form, um den optimalen Wert von **w** zu finden, doch ist die Berechnung des Gradientenabstiegs ziemlich einfach. Da unsere Hypothesen nicht mehr nur 0 oder 1 ausgeben, werden wir die L_2-Verlustfunktion verwenden. Um die Formeln lesbarer zu machen, werden wir außerdem g für die logistische Funktion verwenden und entsprechend g' für die Ableitung.

Für ein einzelnes Beispiel $(\mathbf{x}, y)$ ist die Ableitung des Gradienten gleich der für die lineare Regression (Gleichung (19.5)) bis zu dem Punkt, an dem die tatsächliche Form von h eingesetzt wird. (Für diese Ableitung benötigen wir erneut die Kettenregel.) Wir haben:

$$\begin{aligned}
\frac{\partial}{\partial w_i} Verlust(\mathbf{w}) &= \frac{\partial}{\partial w_i}(y - h_{\mathbf{w}}(\mathbf{x}))^2 \\
&= 2(y - h_{\mathbf{w}}(\mathbf{x})) \times \frac{\partial}{\partial w_i}(y - h_{\mathbf{w}}(\mathbf{x})) \\
&= -2(y - h_{\mathbf{w}}(\mathbf{x})) \times g'(\mathbf{w} \cdot \mathbf{x}) \times \frac{\partial}{\partial w_i}\mathbf{w} \cdot \mathbf{x} \\
&= -2(y - h_{\mathbf{w}}(\mathbf{x})) \times g'(\mathbf{w} \cdot \mathbf{x}) \times x_i
\end{aligned}$$

Die Ableitung g' der logistischen Funktion erfüllt $g'(z) = g(z)(1 - g(z))$. Damit haben wir:

$$g'(\mathbf{w} \cdot \mathbf{x}) = g(\mathbf{w} \cdot \mathbf{x})(1 - g(\mathbf{w} \cdot \mathbf{x})) = h_{\mathbf{w}}(\mathbf{x})(1 - h_{\mathbf{w}}(\mathbf{x}))$$

Die Gewichtsaktualisierung zur Minimierung des Verlusts geht also einen Schritt in Richtung der Differenz zwischen Eingabe und Vorhersage $(y - h_{\mathbf{w}}(\mathbf{x}))$, wobei die Länge dieses Schritts von der Konstante α und von g' abhängt:

$$w_i \leftarrow w_i + \alpha\,(y - h_{\mathbf{w}}(\mathbf{x})) \times h_{\mathbf{w}}(\mathbf{x})(1 - h_{\mathbf{w}}(\mathbf{x})) \times x_i \tag{19.9}$$

Wiederholt man die Experimente aus ► Abbildung 19.16 mit logistischer Regression anstelle des linearen Schwellenwertklassifikators, erhält man die in ► Abbildung 19.18 gezeigten Ergebnisse. Im linear separierbaren Fall (a) konvergiert die logistische Regression etwas langsamer, verhält sich aber viel vorhersehbarer. In (b) und (c), wo die Daten verrauscht und nicht separierbar sind, konvergiert die logistische Regression viel schneller und zuverlässiger.

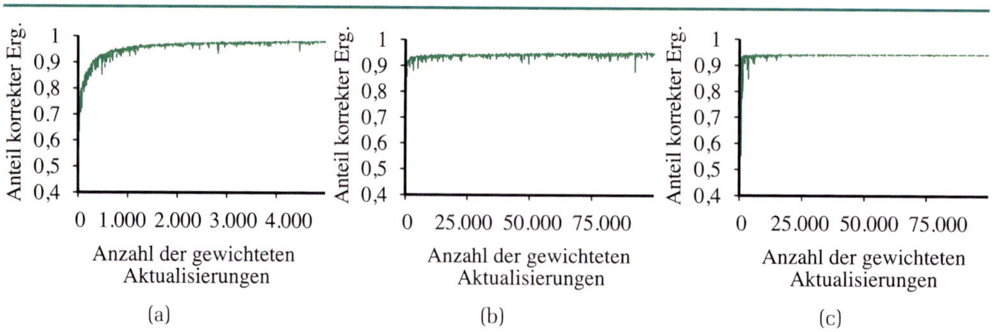

Abbildung 19.18: Wiederholung der Experimente in Abbildung 19.16 mit logistischer Regression. Die Darstellung in (a) umfasst 5.000 statt 700 Iterationen, während die Darstellungen in (b) und (c) die gleiche Größenordnung wie zuvor verwenden.

Diese Vorteile zeigen sich in der Regel auch in den realen Anwendungen, sodass die logistische Regression zu einem der populärsten Klassifikationsverfahren für Probleme in Medizin, Marketing, Umfrageanalyse, Kreditwürdigkeitsprüfung, Gesundheitswesen und anderen Bereichen geworden ist.

19.7 Nichtparametrische Modelle

Die lineare Regression verwendet Trainingsdaten, um einen festen Satz von Parametern $\mathbf{w}$ abzuschätzen. Dieser definiert dann unsere Hypothese $h_{\mathbf{w}}(\mathbf{x})$, sodass wir jetzt die Trainingsdaten verwerfen können, da sie alle durch $\mathbf{w}$ zusammengefasst sind. Ein Lernmodell, das Daten mithilfe eines Satzes von Parametern fester Größe (unabhängig von der Anzahl der Trainingsbeispiele) zusammenfasst, wird als **parametrisiertes Modell** bezeichnet.

Bei kleinen Datenmengen ist es sinnvoll, die zulässigen Hypothesen stark einzuschränken, um eine Überanpassung zu vermeiden. Aber wenn es Millionen oder Milliarden von Beispielen gibt, aus denen man lernen kann, scheint es eine bessere Idee zu sein, die Daten für sich selbst sprechen zu lassen, anstatt zu erzwingen, einen winzigen Vektor von Parametern zum Sprachrohr zu machen. Wenn die Daten sagen, dass die richtige Antwort eine sehr schlangenförmige Funktion ist, dann sollten wir uns nicht auf lineare oder leicht schlangenförmige Funktionen beschränken.

Ein **nichtparametrisches Modell** zeichnet sich dadurch aus, dass es nicht durch eine begrenzte Menge von Parametern charakterisiert werden kann. Zum Beispiel behält die stückweise lineare Funktion aus ► Abbildung 19.1 alle Datenpunkte als Teil des Modells bei. Lernmethoden, die dies tun, wurden auch als **instanzbasiertes** oder **speicherbasiertes Lernen** bezeichnet. Die einfachste instanzbasierte Lernmethode besteht in der Verwendung von **Nachschlagetabellen**: Speichern Sie alle Trainingsbeispiele in einer Suchtabelle und schlagen Sie dann bei der Frage nach $h(\mathbf{x})$ nach, ob $\mathbf{x}$ in dieser Tabelle steht; wenn ja, geben Sie das entsprechende y zurück.

Das Problem bei dieser Methode ist, dass sie nicht gut generalisiert: Wenn $\mathbf{x}$ nicht in der Tabelle steht, haben wir keine Informationen über einen plausiblen Wert.

19.7.1 Nächste-Nachbarn-Modelle

Die Tabellensuche lässt sich leicht verbessern: Bei einer Abfrage $\mathbf{x}_q$ suchen wir nicht nach nur einem Beispiel, das gleich $\mathbf{x}_q$ ist, sondern nach k Beispielen, die $\mathbf{x}_q$ *am nächsten sind*. Dies wird **k-Nächste-Nachbarn**-Suche genannt. Wir kennzeichnen die Menge der k nächsten Nachbarn mit der Notation $NN(k, \mathbf{x}_q)$.

Für eine Klassifikation suchen wir die nächsten Nachbarn $NN(k, \mathbf{x}_q)$ und wählen dann aus dieser Menge den häufigsten Ausgabewert – wenn z. B. $k=3$ ist und die Ausgabewerte $\langle Ja, Nein, Ja \rangle$ lauten, dann ist das Ergebnis der Klassifikation *Ja*. Um einen Gleichstand bei der binären Klassifikation zu vermeiden, wird für k normalerweise eine ungerade Zahl gewählt.

Zur Durchführung einer Regression können wir den Mittelwert oder den Median der k Nachbarn berechnen oder wir können ein lineares Regressionsproblem auf den Nachbarn lösen. Die stückweise lineare Funktion aus ► Abbildung 19.1 löst ein (triviales) lineares Regressionsproblem mit den beiden Datenpunkten rechts und links von $\mathbf{x}_q$. (Wenn die Datenpunkte x_i einen gleichweiten Abstand aufweisen, sind sie die beiden nächsten Nachbarn.)

► Abbildung 19.19 zeigt die Entscheidungsgrenze der k-Nächste-Nachbarn-Klassifikation für $k=$ 1 und 5 auf der Erdbebendatenmenge aus ► Abbildung 19.15. In nichtparametrischen Methoden kann es genau wie in parametrisierten Methoden immer noch zu einer Unter- und

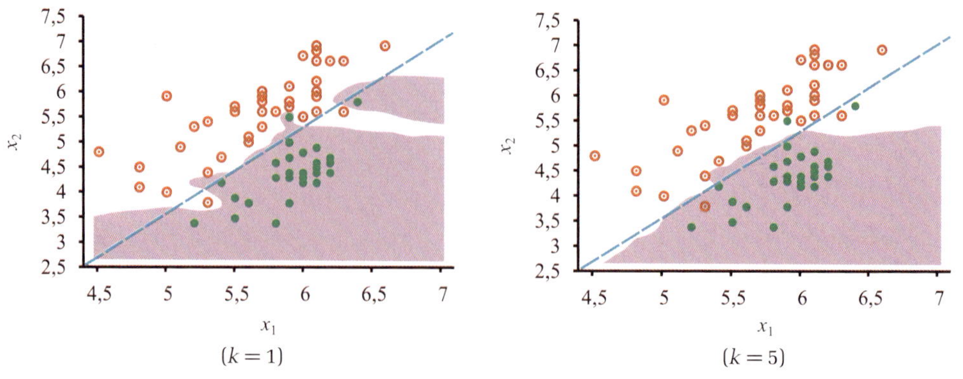

Abbildung 19.19: (a) Ein k-Nächste-Nachbarn-Modell, das die Ausdehnung der Explosionsklasse für die Daten in Abbildung 19.15 zeigt, wobei $k = 1$ ist. Die Überanpassung ist deutlich zu erkennen. (b) Ist $k = 5$, so verschwindet das Problem der Überanpassung für diese Datenmenge.

Überanpassung kommen. In diesem Fall ist 1-Nächste-Nachbarn überangepasst, insofern als es zu sehr auf den schwarzen Ausreißer oben rechts und den weißen Ausreißer bei (5,4; 3,7) reagiert. Die Entscheidungsgrenze von 5-Nächste-Nachbarn ist gut. Höhere k würden zu einer Unteranpassung führen. Wie üblich können Sie mit einer Kreuzvalidierung den besten Wert von k auswählen.

Schon das Wort „nächste“ impliziert eine Distanzmetrik. Wie messen wir den Abstand von einem Abfragepunkt $\mathbf{x}_q$ zu einem Beispielpunkt $\mathbf{x}_j$? Normalerweise werden Abstände mit der **Minkowski-Metrik** oder L^p-Norm gemessen, definiert als:

$$L^p(\mathbf{x}_j, \mathbf{x}_q) = (\sum_i |x_{j,i} - x_{q,i}|^p)^{1/p}$$

Bei $p = 2$ ist dies die euklidische Distanz und bei $p = 1$ die Manhattan-Distanz. Bei booleschen Attributwerten wird die Anzahl der Attribute, bei denen sich die beiden Punkte unterscheiden, als **Hamming-Distanz** bezeichnet. Häufig wird die euklidische Distanz verwendet, wenn die Dimensionen ähnliche Eigenschaften messen, wie z. B. die Breite, Höhe und Tiefe von Teilen, und die Manhattan-Distanz, wenn die Eigenschaften sehr verschieden sind, wie z. B. Alter, Gewicht und Geschlecht eines Patienten. Wenn wir die Dimensionen in absoluten Werten messen, hat eine Änderung der Einheiten in irgendeiner der Dimensionen Einfluss auf die Gesamtdistanz. Das heißt, wenn wir die Dimension *höhe* von Meter auf Kilometer ändern, während wir die Dimensionen für *breite* und *tiefe* unverändert lassen, erhalten wir andere nächste Nachbarn. Generell stellt sich die Frage, wie sich ein Altersunterschied mit einem Gewichtsunterschied vergleichen lässt? Üblicherweise wird auf die Messungen in jeder Dimension eine **Normalisierung** angewendet. Wir können den Mittelwert μ_i und die Standardabweichung σ_i der Werte in jeder Dimension berechnen und sie neu skalieren, sodass $x_{j,i}$ zu $(x_{j,i} - \mu_i)/\sigma_i$ wird. Eine etwas komplexere Metrik namens **Mahalanobis-Distanz** berücksichtigt die Kovarianz zwischen den Dimensionen.

In Räumen mit wenigen Dimensionen, aber vielen Daten funktioniert die Methode der nächsten Nachbarn sehr gut, denn wir haben genug nahe gelegene Datenpunkte, um eine gute Antwort zu erhalten. Mit zunehmender Anzahl der Dimensionen stellt sich uns das Problem, dass die nächsten Nachbarn in hochdimensionalen Räumen normalerweise nicht sehr nahe liegen! Betrachten wir dazu die k-Nächsten-Nachbarn auf einer Datenmenge von N Punkten, die gleichmäßig im Inneren eines n-dimensionalen Hypereinheitswürfels verteilt sind. Wir definieren die k-Nachbarschaft eines Punkts als den kleinsten Hyperwürfel, der die k nächsten Nachbarn enthält. Sei ℓ die durchschnittliche Kantenlänge einer Nachbarschaft. Dann ist ℓ^n das Volumen der Nachbarschaft (die k Punkte enthält) und das Volumen des vollständigen Würfels (der N Punkte enthält) ist 1. Im Durchschnitt ist also $\ell^n = k/N$. Zieht man die n-te Wurzel aus beiden Seiten, so erhält man $\ell = (k/N)^{1/n}$.

Machen wir das an einem konkreten Beispiel mit $k = 10$ und $N = 1.000.000$ fest. In zwei Dimensionen ($n = 2$; ein Einheitsquadrat) beträgt die durchschnittliche Kantenlänge der Nachbarschaft $\ell = 0{,}003$, ein kleiner Bruchteil des Einheitsquadrats, und in drei Dimensionen beträgt ℓ nur 2 % der Kantenlänge des Einheitswürfels. Doch in 17 Dimensionen beträgt ℓ die Hälfte der Kantenlänge des Hypereinheitswürfels, und in 200 Dimensionen sind es bereits 94 %. Dieses Problem wird als **Fluch!Dimensionalität@der Dimensionalität** bezeichnet.

Betrachten wir das Ganze aus einer anderen Perspektive: Die Punkte in einer dünnen Schale, die die äußeren 1 % des Hypereinheitswürfels ausmacht, sind die sogenannten Ausreißer. Im Allgemeinen ist es schwer, einen guten Wert dafür zu finden, da wir eher extrapolieren als interpolieren. In einer Dimension machen diese Ausreißer nur 2 % der Punkte auf der Einheitslinie aus (die Punkte, bei denen $x < 0{,}01$ oder $x > 0{,}99$ ist), aber in 200 Dimensionen liegen über 98 % der Punkte in dieser dünnen Schale, d. h., fast alle Punkte sind Ausreißer. Ein Beispiel für eine schlechte Nächste-Nachbarn-Anpassung an Ausreißer sehen Sie später in diesem Kapitel in ► Abbildung 19.20 b.

Die Funktion $NN(k, \mathbf{x}_q)$ ist konzeptionell trivial: Für eine gegebene Menge von N Beispielen und eine Abfrage $\mathbf{x}_q$ iterieren Sie über die Beispiele, messen von jedem Beispiel die Distanz zu $\mathbf{x}_q$ und behalten die besten k Beispiele. Wenn wir mit einer Implementierung zufrieden sind, die eine Ausführungszeit von $O(N)$ benötigt, dann war's das. Doch instanzbasierte Methoden sind für große Datenmengen konzipiert, weshalb wir etwas Schnelleres benötigen. Wir zeigen im Folgenden, wie sich mit Bäumen und Hash-Tabellen die Berechnungen beschleunigen lassen.

19.7.2 Die Suche nach nächsten Nachbarn mittels *k*-d-Bäumen

Ein ausgeglichener Binärbaum über Daten mit einer beliebigen Anzahl von Dimensionen wird als k-dimensionaler Baum oder **k-d-Baum** bezeichnet. Der Aufbau eines k-d-Baums ist ähnlich dem Aufbau eines ausgeglichenen Binärbaums. Wir beginnen mit einer Beispielmenge und teilen sie am Wurzelknoten entlang der i-ten Dimension durch einen Test, ob $x_i \leq m$ ist, wobei m der Median der Beispiele entlang der i-ten Dimension ist. Somit befindet sich die eine Hälfte der Beispiele im linken Zweig des Baums und die andere Hälfte im rechten. Anschließend erstellen wir rekursiv jeweils einen Baum für die linke und die rechte Beispielmenge und stoppen, wenn weniger als zwei Beispiele übrig sind. Die Wahl einer Dimension für die Aufteilung an jedem Knoten des Baums erfordert lediglich, dass Sie die Dimension $i \bmod n$ auf der Ebene i des Baums auswählen. (Beachten Sie, dass wir möglicherweise mehrmals auf einer bestimmten Dimension aufteilen müssen, während wir den Baum nach unten wandern.) Eine andere Strategie besteht darin, nach der Dimension aufzuteilen, die die breiteste Streuung der Werte aufweist.

Die exakte Suche in einem k-d-Baum ist genauso wie die Suche in einem Binärbaum (mit der kleinen Einschränkung, dass Sie darauf achten müssen, welche Dimension Sie an jedem Knoten prüfen). Aber die Suche nach den nächsten Nachbarn ist komplizierter. Wenn wir uns die Zweige abwärts bewegen und die Beispiele dabei jeweils in zwei Hälften teilen, können wir in einigen Fällen die Hälfte der Beispiele ignorieren. Aber nicht immer. Manchmal liegt der Punkt, nach dem wir suchen, sehr nahe an der Teilungsgrenze. Der Abfragepunkt selbst könnte auf der linken Seite der Grenze liegen, aber einer oder mehrere der k nächsten Nachbarn könnten tatsächlich auf der rechten Seite liegen.

Wir müssen auf diese Möglichkeit testen, indem wir den Abstand des Abfragepunkts zur Teilungsgrenze berechnen und dann beide Seiten durchsuchen, wenn wir auf der linken Seite keine k Beispiele finden können, deren Distanz kürzer ist. Wegen dieses Problems sind k-d-Bäume nur geeignet, wenn es viel mehr Beispiele als Dimensionen gibt, am besten mindestens 2^n Beispiele. Daher sind k-d-Bäume eine gute Wahl für bis zu etwa 10 Dimensionen, wenn es Tausende von Beispielen gibt, oder bis zu 20 Dimensionen bei Millionen von Beispielen.

19.7.3 Ortsabhängiges Hashing

Hash-Tabellen erlauben potenziell ein schnelleres Suchen als Binärbäume. Aber wie können wir mit einer Hash-Tabelle die nächsten Nachbarn finden, wenn sich die Hashcodes auf eine *exakte* Übereinstimmung stützen? Hashcodes verteilen die Werte zufällig auf sogenannte Buckets, wobei wir möchten, dass nächste Punkte in ein und demselben Bucket zusammengefasst werden, d. h., wir möchten einen **ortsabhängigen Hash** (*Locality-Sensitive Hash*, LSH).

$NN(k, \mathbf{x}_q)$ lässt sich mit Hashes nicht exakt lösen, aber wenn Sie randomisierte Algorithmen geschickt einsetzen, erhalten Sie zumindest eine *Näherungslösung*. Zunächst definieren wir das Problem der **approximativen nächsten Nachbarn**: Finden Sie mit hoher Wahrscheinlichkeit für einen Abfragepunkt $\mathbf{x}_q$ und eine gegebene Datenmenge von Beispielpunkten einen Beispielpunkt (oder -punkte), der in der Nähe von $\mathbf{x}_q$ liegt. Genauer gesagt soll der Algorithmus für den Fall, dass es einen Punkt $\mathbf{x}_j$ gibt, der sich innerhalb eines Radius r von $\mathbf{x}_q$ befindet, mit hoher Wahrscheinlichkeit einen Punkt $\mathbf{x}_{j'}$ finden, der sich im Abstand $c\,r$ von $\mathbf{x}_q$ befindet. Wenn es keinen Punkt innerhalb des Radius r gibt, kann der Algorithmus einen Fehler melden. Die Werte von c und „hohe Wahrscheinlichkeit" sind Hyperparameter des Algorithmus.

Um das Problem der approximativen nächsten Nachbarn zu lösen, benötigen wir eine Hashfunktion $g(\mathbf{x})$ mit der Eigenschaft, dass zwei beliebige Punkte $\mathbf{x}_j$ und $\mathbf{x}_{j'}$ mit nur geringer Wahrscheinlichkeit denselben Hashcode haben, wenn ihr Abstand größer als $c\,r$ ist, und mit hoher Wahrscheinlichkeit denselben Hashcode aufweisen, wenn ihr Abstand kleiner als r ist. Der Einfachheit halber behandeln wir jeden Punkt als Bitstring. (Alle Merkmale, die nicht boolesch sind, können in eine Menge von booleschen Merkmalen codiert werden.)

Wir gehen davon aus, dass zwei Punkte, die in einem n-dimensionalen Raum nahe beieinanderliegen, dies notwendigerweise auch tun, wenn sie auf einen eindimensionalen Raum (eine Linie) projiziert werden. In der Tat können wir die Linie in Abschnitte – Hash-Buckets – diskretisieren, sodass nahe beieinanderliegende Punkte mit hoher Wahrscheinlichkeit in denselben Bucket projiziert werden. Punkte jedoch, die weit voneinander entfernt sind, werden eher in verschiedene Buckets projiziert. Dennoch wird es immer ein paar Projektionen geben, die weit entfernte Punkte zufällig in den gleichen Bucket projizieren. So enthält der Bucket für den Punkt $\mathbf{x}_q$ viele (aber nicht alle) Punkte, die sich in der Nähe von $\mathbf{x}_q$ befinden. Gleichzeitig könnten einige Punkte enthalten sein, die weit entfernt sind.

Der Trick des ortsabhängigen Hashing besteht darin, *mehrere* Zufallsprojektionen zu erzeugen und diese zu kombinieren. Eine Zufallsprojektion ist nur eine zufällige Teilmenge der Bitstring-Darstellung. Wir wählen ℓ verschiedene Zufallsprojektionen und erzeugen ℓ Hash-Tabellen, $g_1(\mathbf{x}), \ldots, g_\ell(\mathbf{x})$. Anschließend tragen wir alle Beispiele in die einzelnen Hash-Tabellen ein. Lautet der Abfragepunkt dann $\mathbf{x}_q$, rufen wir die Menge der Punkte im Bucket $g_i(\mathbf{x}_q)$ jeder Hash-Tabelle ab und vereinen diese ℓ Mengen zu einer Menge von Kandidatenpunkten C. Zum Schluss berechnen wir für jeden der Punkte in C den tatsächlichen Abstand zu $\mathbf{x}_q$ und geben die k nächstgelegenen Punkte zurück. Mit hoher Wahrscheinlichkeit wird jeder der Punkte, die nahe an $\mathbf{x}_q$ liegen, in mindestens einem der Buckets auftauchen. Sollten sich darunter einige weit entfernte Punkte befinden, können wir diese getrost ignorieren. Bei großen realen Problemen, wie z. B. der Suche nach den nächsten Nachbarn in einer Datenmenge von 13 Millionen Web-Bildern mit 512 Dimensionen (Torralba *et al.*, 2008), muss das ortsabhängige Hashing nur einige Tausend Bilder von 13 Millionen untersuchen, um die nächsten Nachbarn zu finden – eine tausendfache Beschleunigung gegenüber den erschöpfenden oder k-d-Baum-Ansätzen.

19.7.4 Nichtparametrische Regression

Betrachten wir im Folgenden die nichtparametrischen Ansätze zur *Regression* statt zur Klassifikation. ► Abbildung 19.20 zeigt ein Beispiel für einige andere Modelle. In (a) haben wir die vielleicht einfachste Methode von allen, die formlos als „Punkte verbinden" und etwas hochtrabend als „stückweise lineare nichtparametrische Regression" bezeichnet wird. Dieses Modell erzeugt eine Funktion $h(x)$, die für eine gegebene Abfrage x_q die Trainingsbeispiele unmittelbar links und rechts von x_q berücksichtigt und zwischen ihnen interpoliert. Bei geringem Rauschen ist diese triviale Methode eigentlich gar nicht so schlecht, weshalb sie eine Standardfunktion von Chart-Software in Tabellenkalkulationen ist. Sind die Daten jedoch verrauscht, ist die resultierende Funktion gezackt und generalisiert nicht gut.

Die **k-Nächste-Nachbarn-Regression** stellt eine Verbesserung zur Methode „Punkte verbinden" dar. Anstatt nur die beiden Beispiele links und rechts von einem Abfragepunkt x_q zu verwenden, werden die k nächsten Nachbarn berücksichtigt. (Hier verwenden wir $k = 3$.) Ein größerer Wert von k glättet tendenziell die höheren Spitzen, auch wenn die resultierende

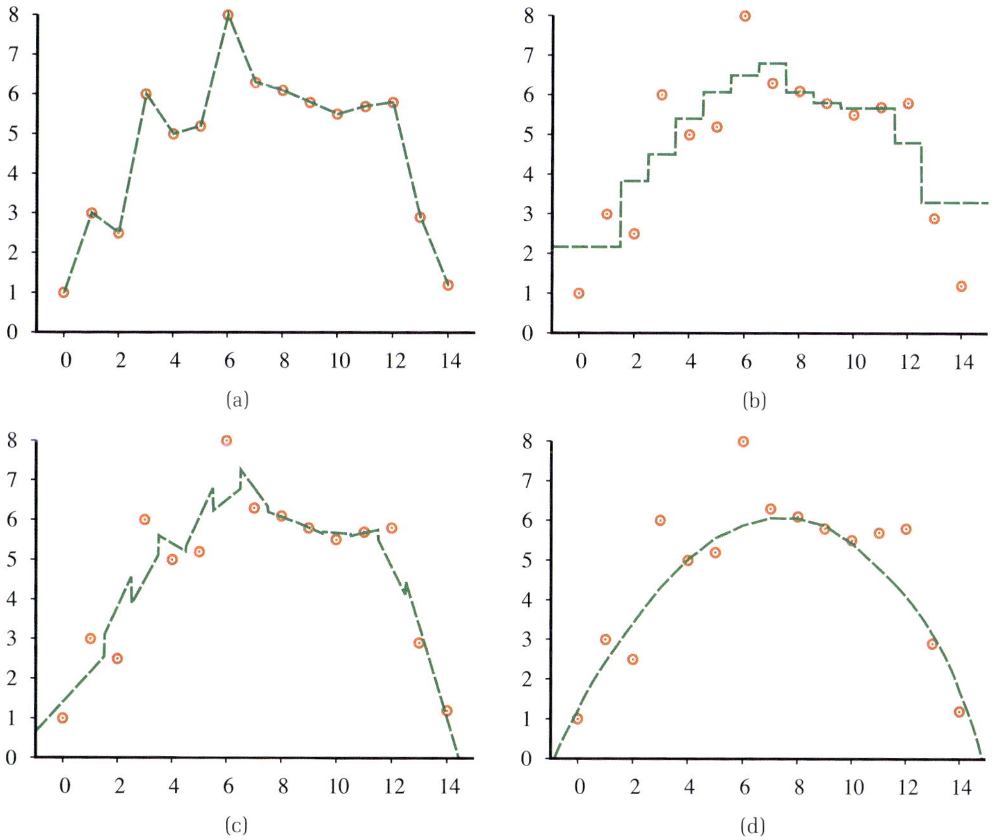

Abbildung 19.20: Nichtparametrische Regressionsmodelle: (a) Punkte verbinden, (b) 3-Nächste-Nachbarn-Mittelwert, (c) lineare 3-Nächste-Nachbarn-Regression, (d) lokal gewichtete Regression mit einem quadratischen Kernel der Breite 10.

Funktion Unstetigkeiten aufweist. ► Abbildung 19.20 zeigt zwei Versionen der k-Nächste-Nachbarn-Regression. In (b) sehen Sie den k-Nächste-Nachbarn-Durchschnitt: $h(x)$ ist der Mittelwert der k Punkte, $\sum y_j/k$. Beachten Sie, dass die Schätzungen an den entlegenen Punkten in der Nähe von $x=0$ und $x=14$ schlecht ausfallen, da die gesamte Evidenz von einer Seite (dem Innenraum) stammt und der Trend ignoriert wird. In (c) haben wir eine lineare k-Nächste-Nachbarn-Regression, die die beste Linie durch die k Beispiele findet. Diese Methode erfasst zwar die Trends bei den Ausreißern besser, ist aber immer noch unstetig. Sowohl bei (b) als auch bei (c) stellt sich die Frage, wie man einen guten Wert für k wählt. Wie üblich lautet die Antwort: Kreuzvalidierung.

Die **lokal gewichtete Regression** (► Abbildung 19.20 d) bietet die Vorteile der nächsten Nachbarn, jedoch ohne die Unstetigkeiten. Um Unstetigkeiten in $h(x)$ zu vermeiden, müssen wir darauf achten, dass diese nicht in der Menge der Beispiele vorkommen, die zur Schätzung von $h(x)$ verwendet werden. Die Idee der lokal gewichteten Regression ist, dass die an jedem Abfragepunkt x_q nahe liegenden Beispiele stark gewichtet und die weiter entfernter liegenden Beispiele weniger stark gewichtet werden und diejenigen, die ganz weit entfernt liegen, werden gar nicht gewichtet. Die Abnahme des Gewichts über die Distanz erfolgt in der Regel allmählich und nicht abrupt.

Wie stark jedes Beispiel zu gewichten ist, entscheiden wir mithilfe einer als **Kernel** bezeichneten Funktion, deren Eingabe ein Abstand zwischen dem Abfragepunkt und dem Beispiel ist. Eine Kernelfunktion $\mathcal{K}$ ist folglich eine abnehmende Abstandsfunktion mit einem Maximum bei 0, sodass $\mathcal{K}(Distance(\mathbf{x}_j, \mathbf{x}_q))$ die Beispiele $\mathbf{x}_j$ höher gewichtet, die näher am Abfragepunkt $\mathbf{x}_q$ liegen, dessen Funktionswert wir vorhersagen wollen. Das Integral des Kernelwerts über den gesamten Eingaberaum für $\mathbf{x}$ muss endlich sein – und sollte das Integral 1 sein, dann erleichtert dies eine Reihe von Berechnungen.

► Abbildung 19.20 d wurde mit einer quadratischen Kernelfunktion $\mathcal{K}(d) = \max(0, 1 - (2|d|/w)^2)$ der Kernelbreite $w=10$ erzeugt. Es werden auch andere Formen wie z. B. die Gaußverteilung verwendet. In der Regel spielt die Breite eine größere Rolle als die genaue Form: Sie ist ein Hyperparameter des Modells, der am besten durch Kreuzvalidierung ermittelt wird. Wenn die Kernel zu breit sind, kommt es zu einer Unteranpassung, und wenn sie zu schmal sind, zu einer Überanpassung. In ► Abbildung 19.20 d erzielen wir mit einer Kernelbreite von 10 eine glatte Kurve, die korrekt aussieht.

Die Durchführung einer lokal gewichteten Regression mit Kerneln stellt nun keine Schwierigkeit mehr dar. Für einen gegebenen Abfragepunkt $\mathbf{x}_q$ lösen wir das folgende gewichtete Regressionsproblem:

$$\mathbf{w}^* = \underset{\mathbf{w}}{\operatorname{argmin}} \sum_j \mathcal{K}(Distanz(\mathbf{x}_q, \mathbf{x}_j))\,(y_j - \mathbf{w} \cdot \mathbf{x}_j)^2 ,$$

wobei *Distanz* eine der für nächste Nachbarn besprochenen Distanzmetriken ist. Die Antwort lautet $h(\mathbf{x}_q) = \mathbf{w}^* \cdot \mathbf{x}_q$.

Beachten Sie, dass wir für *jeden* Abfragepunkt ein neues Regressionsproblem lösen müssen – denn genau das ist es, was *lokal* bedeutet. (Bei der normalen linearen Regression haben wir das Regressionsproblem einmal global gelöst und dann das gleiche $h_\mathbf{w}$ für jeden Abfragepunkt verwendet.) Dieser zusätzliche Aufwand wird etwas dadurch gemildert, dass jedes Regressionsproblem einfacher zu lösen ist, weil nur die Beispiele mit einem Gewicht ungleich null einbezogen werden, d. h. die Beispiele, die innerhalb der Kernelbreite der Abfrage liegen. Bei kleinen Kernelbreiten sind dies unter Umständen nur ein paar Punkte.

Die meisten nichtparametrischen Modelle haben den Vorteil, dass sich eine Leave-One-Out-Kreuzvalidierung leicht durchführen lässt, ohne alles neu berechnen zu müssen. So rufen wir bei einem k-Nächste-Nachbarn-Modell für ein gegebenes Testbeispiel $(\mathbf{x}, y)$ beispielsweise die k nächsten Nachbarn einmal ab, berechnen daraus den Verlust pro Beispiel $L(y, h(\mathbf{x}))$ und speichern dies als Leave-One-Out-Ergebnis für jedes Beispiel, das nicht zu den Nachbarn gehört. Dann rufen wir die $k+1$ nächsten Nachbarn ab und speichern andere Ergebnisse für das Weglassen jedes der k Nachbarn. Bei N Beispielen benötigt der gesamte Prozess $O(k)$ statt $O(kN)$.

19.7.5 Support-Vector-Maschinen

In den frühen 2000er Jahren war die Modellklasse der **Support-Vector-Maschine** (SVM) der beliebteste Ansatz für überwachtes Lernen „von der Stange", wenn kein spezielles Vorwissen über eine Domäne vorhanden war. Inzwischen sind Deep-Learning-Netzwerke und Random Forests an ihre Stelle gerückt, dennoch weisen SVMs drei Eigenschaften auf, die sie weiterhin attraktiv machen:

1. SVMs konstruieren einen **Maximum-Margin-Separator** – eine Entscheidungsgrenze mit der größtmöglichen Distanz zu den Beispielpunkten. Dies trägt stark zu einer guten Generalisierung bei.
2. SVMs erzeugen eine *linear* separierende Hyperebene, haben aber die Fähigkeit, mithilfe des sogenannten **Kerneltricks** die Daten in einen höherdimensionalen Raum einzubetten. Oft sind Daten, die im ursprünglichen Eingaberaum nicht linear separierbar sind, in einem Raum höherer Dimensionen leicht zu trennen.
3. SVMs sind nichtparametrisch – die separierende Hyperebene wird durch eine Menge von Beispielpunkten definiert, nicht durch eine Sammlung von Parameterwerten. Aber während Nächste-Nachbarn-Modelle alle Beispiele behalten müssen, behält ein SVM-Modell nur die Beispiele, die der separierenden Ebene am nächsten sind – normalerweise nur eine kleine Konstante mal der Anzahl der Dimensionen. SVMs vereinen also die Vorteile von nichtparametrischen und parametrisierten Modellen: Sie haben die Flexibilität, komplexe Funktionen darzustellen, sind aber resistent gegen Überanpassung.

► Abbildung 19.21 a zeigt ein binäres Klassifikationsproblem mit drei potenziellen Entscheidungsgrenzen, wobei es sich jeweils um einen linearen Separator handelt. Jeder von ihnen ist

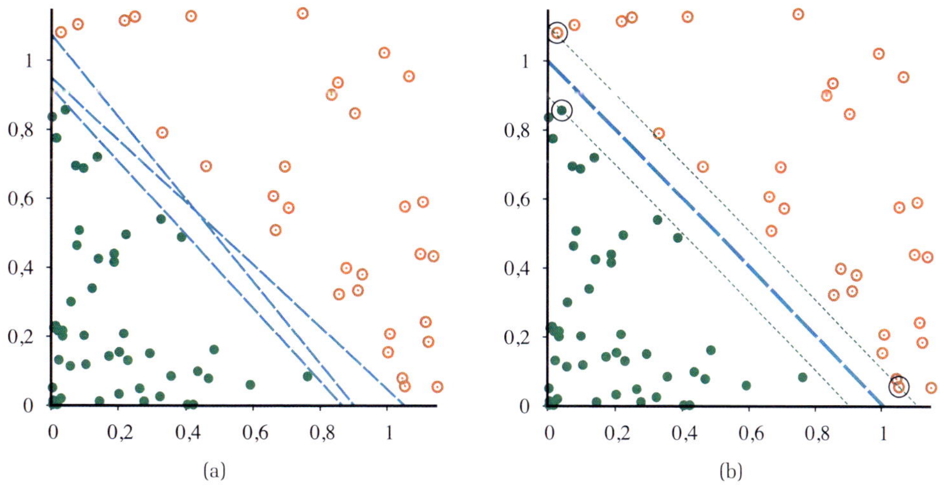

Abbildung 19.21: Klassifikation mit Support-Vector-Maschine: (a) Zwei Klassen von Punkten (orange offene und grüne gefüllte Kreise) und drei potenzielle lineare Separatoren. (b) Der Maximum-Margin-Separator (fette Linie) liegt in der Mitte des **Margin** (Bereich zwischen den gestrichelten Linien). Die **Support-Vectors** (Punkte mit großen schwarzen Kreisen) sind die Beispiele, die dem Separator am nächsten liegen. In diesem Fall sind es drei.

mit allen Beispielen konsistent, sodass aus der Sicht des 0/1-Verlusts alle Separatoren gleich gut sind. Die logistische Regression würde eine Trennlinie finden, deren genaue Position von *allen* Beispielpunkten abhängt. Die wichtigste Erkenntnis für SVMs ist, dass einige Beispiele wichtiger sind als andere und eine bessere Generalisierung zu erreichen ist, wenn man genau diesen mehr Beachtung schenkt.

Betrachten Sie die unterste der drei Trennlinien in (a). Sie verläuft sehr nah an fünf der grünen Beispiele. Obwohl sie alle Beispiele richtig klassifiziert und somit den Verlust minimiert, sollte es Sie beunruhigen, dass so viele Beispiele nahe an der Linie liegen. Es könnte sich herausstellen, dass andere grüne Beispiele auf die andere Seite der Geraden fallen.

SVMs gehen dieses Problem an: Anstatt den erwarteten *empirischen Verlust* auf den Trainingsdaten zu minimieren, versuchen SVMs, den erwarteten *Generalisierungsverlust* zu minimieren. Wir wissen nicht, wo die noch unbekannten Punkte zu finden sein werden, aber unter der probabilistischen Annahme, dass sie aus der gleichen Verteilung gezogen werden wie die Beispiele zuvor, gibt es einige Argumente aus der Theorie des computergestützten Lernens (Abschnitt 19.5), denen zufolge wir den Generalisierungsverlust minimieren, indem wir den Separator wählen, der am weitesten von den bisher gesehenen Beispielen entfernt liegt. Wir nennen diesen Separator, der in ► Abbildung 19.21 b dargestellt ist, den **Maximum-Margin-Separator**. Der **Margin** bzw. Rand ist die Breite des Bereichs, der in der Abbildung durch gestrichelte Linien begrenzt ist – das Doppelte des Abstands zwischen dem Separator und dem nächsten Beispielpunkt.

Wie finden wir nun diesen Separator? Bevor wir zu den Gleichungen kommen, lassen Sie uns kurz auf einige Notationen eingehen: Traditionell verwenden SVMs per Konvention die Klassenlabel $+1$ und -1 statt der bisher von uns verwendeten $+1$ und 0. Und während wir früher den Achsenschnittpunkt in den Gewichtsvektor $\mathbf{w}$ (und einen entsprechenden Dummy-Wert 1 in $x_{j,0}$) eingesetzt haben, ist das bei SVMs nicht der Fall; sie behalten den Achsenschnittpunkt als separaten Parameter b.

Daher ist der Separator definiert als die Menge der Punkte $\{\mathbf{x}: \mathbf{w} \cdot \mathbf{x} + b = 0\}$. Wir könnten den Raum von $\mathbf{w}$ und b mit Gradientenabstieg durchsuchen, um die Parameter zu finden, die den Margin maximieren und gleichzeitig alle Beispiele korrekt klassifizieren.

Es stellt sich jedoch heraus, dass es einen anderen Ansatz gibt, um dieses Problem zu lösen. Wir werden nicht ins Detail gehen, sondern nur darauf hinweisen, dass es eine alternative Darstellung, die sogenannte duale Darstellung gibt, in der man die optimale Lösung erreicht, indem man folgende Gleichung löst:

$$\underset{\alpha}{\operatorname{argmax}} \sum_j \alpha_j - \frac{1}{2} \sum_{j,k} \alpha_j \alpha_k y_j y_k (\mathbf{x}_j \cdot \mathbf{x}_k) \tag{19.10}$$

unter den Bedingungen $\alpha_j \geq 0$ und $\sum_j \alpha_j y_j = 0$. Dies ist ein Optimierungsproblem der **quadratischen Programmierung**, für das es gute Softwarepakete gibt. Sobald wir den Vektor α gefunden haben, kehren wir mit der Gleichung $\mathbf{w} = \sum_j \alpha_j y_j \mathbf{x}_j$ zurück zu $\mathbf{w}$ oder bleiben in der dualen Darstellung. Gleichung (19.10) besitzt drei wichtige Eigenschaften. Erstens, der Ausdruck ist konvex, d. h., er hat nur ein globales Maximum, das sich effizient finden lässt. Zweitens, *die Daten gehen in den Ausdruck nur in Form von Punktprodukten bestehend aus Punktpaaren ein.* Diese zweite Eigenschaft trifft auch auf die Gleichung für den Separator selbst zu: Sobald die optimalen α_j berechnet wurden, lautet die Gleichung:[12]

$$h(\mathbf{x}) = \operatorname{sign}\left(\sum_j \alpha_j y_j (\mathbf{x} \cdot \mathbf{x}_j) - b\right) \tag{19.11}$$

12 Die Funktion $\operatorname{sign}(x)$ liefert $+1$ für ein positives x und -1 für ein negatives x.

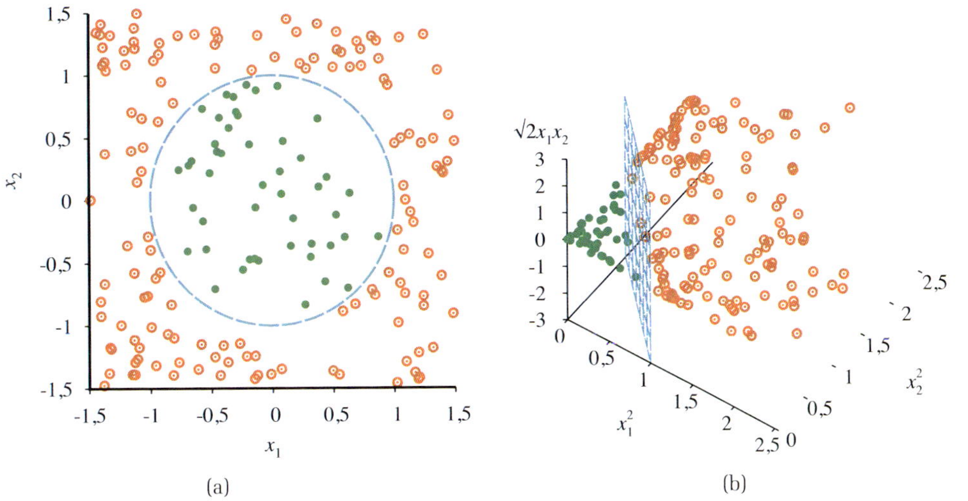

Abbildung 19.22: (a) Eine zweidimensionale Trainingsmenge mit positiven Beispielen in grün und negativen Beispielen in orange. Die wahre Entscheidungsgrenze $x_1^2 + x_2^2 \leq 1$ ist ebenfalls dargestellt. (b) Die gleichen Daten nach ihrer Abbildung in einen dreidimensionalen Eingaberaum $(x_1^2, x_2^2, \sqrt{2}x_1x_2)$. Die kreisförmige Entscheidungsgrenze in (a) wird in einem dreidimensionalen Raum zu einer linearen Entscheidungsgrenze. Abbildung 19.21 b zeigt eine Nahaufnahme des Separators in (b).

Eine letzte wichtige Eigenschaft ist, dass die mit jedem Datenpunkt verbundenen Gewichte α_j *null* sind, außer den **Support-Vectors** – den Punkten, die dem Separator am nächsten liegen. (Sie werden „Support"-Vector genannt, weil sie die trennende Ebene „stützen".) Da es in der Regel weit weniger Support-Vectors als Beispiele gibt, weisen SVMs einige der Vorteile von parametrisierten Modellen auf.

Was ist, wenn die Beispiele nicht linear separierbar sind? ► Abbildung 19.22 a zeigt einen Eingaberaum, der durch die Attribute $\mathbf{x} = (x_1, x_2)$ definiert ist, mit positiven Beispielen ($y = +1$) innerhalb eines kreisförmigen Bereichs und negativen Beispielen ($y = -1$) außerhalb. Offensichtlich gibt es keinen linearen Separator für dieses Problem. Nehmen wir nun an, wir drücken die Eingabedaten anders aus, indem wir z. B. jeden Eingabevektor $\mathbf{x}$ auf einen neuen Vektor von Merkmalswerten $F(\mathbf{x})$ abbilden. Insbesondere verwenden wir die folgenden drei Merkmale:

$$f_1 = x_1^2\,, \qquad f_2 = x_2^2\,, \qquad f_3 = \sqrt{2}x_1x_2 \tag{19.12}$$

Wir zeigen gleich, woher diese stammen, wollen aber erst einmal sehen, was genau passiert. ► Abbildung 19.22 b zeigt die Daten in dem neuen dreidimensionalen Raum, der durch die drei Merkmale definiert ist. Die Daten in diesem Raum sind *linear separierbar*! Dieses Phänomen ist mehr oder weniger allgemeiner Art: Wenn Daten in einen Raum mit ausreichend vielen Dimensionen abgebildet werden, dann sind sie fast immer linear separierbar – wenn Sie eine Menge von Punkten aus genügend Richtungen betrachten, werden Sie eine Möglichkeit finden, sie in einer Reihe anzuordnen. Hier haben wir nur drei Dimensionen verwendet.[13] In Übung 18.21 auf der Website sollen Sie zeigen, dass vier Dimensionen ausreichen, um einen Kreis an beliebiger Stelle in der Ebene (nicht nur im Ursprung) linear zu trennen, und dass fünf Dimensionen ausreichen, um eine Ellipse linear zu trennen. Im Allgemeinen (mit Ausnahme einiger Spezialfälle) gilt: Wenn wir N Datenpunkte haben, sind diese in Räumen mit $N - 1$ Dimensionen oder mehr immer separierbar (Übung 18.33 auf der Website).

13 Selbstverständlich hätten wir auch einfach f_1 und f_2 verwenden können, aber in 3-D lässt sich die Idee besser veranschaulichen.

Normalerweise erwarten wir also keinen linearen Separator im Eingaberaum $\mathbf{x}$, finden aber durchaus lineare Separatoren im hochdimensionalen Merkmalsraum $F(\mathbf{x})$, indem wir einfach $\mathbf{x}_j \cdot \mathbf{x}_k$ in Gleichung (19.10) durch $F(\mathbf{x}_j) \cdot F(\mathbf{x}_k)$ ersetzen. Dies ist an sich nicht bemerkenswert, denn das Ersetzen von $\mathbf{x}$ durch $F(\mathbf{x})$ hat in *jedem* Lernalgorithmus den gewünschten Effekt. Doch das Punktprodukt besitzt einige spezielle Eigenschaften. Es zeigt sich, dass sich $F(\mathbf{x}_j) \cdot F(\mathbf{x}_k)$ oftmals berechnen lässt, ohne zuerst F für jeden Punkt zu berechnen. In unserem dreidimensionalen Merkmalsraum, der durch Gleichung (19.12) definiert ist, lässt sich mit ein wenig Algebra zeigen, dass gilt:

$$F(\mathbf{x}_j) \cdot F(\mathbf{x}_k) = (\mathbf{x}_j \cdot \mathbf{x}_k)^2$$

(Das erklärt die $\sqrt{2}$ in f_3.) Der Ausdruck $(\mathbf{x}_j \cdot \mathbf{x}_k)^2$ wird als **Kernelfunktion** bezeichnet[14] und normalerweise als $K(\mathbf{x}_j, \mathbf{x}_k)$ geschrieben. Die Kernelfunktion kann auf Paare von Eingangsdaten angewendet werden, um Punktprodukte in einem entsprechenden Merkmalsraum auszuwerten. Wir können also lineare Separatoren im höherdimensionalen Merkmalsraum $F(\mathbf{x})$ finden, indem wir einfach $\mathbf{x}_j \cdot \mathbf{x}_k$ in Gleichung (19.10) durch eine Kernelfunktion $K(\mathbf{x}_j, \mathbf{x}_k)$ ersetzen. Somit können wir im höherdimensionalen Raum lernen, allerdings berechnen wir nur Kernelfunktionen und nicht die vollständige Liste der Merkmale für jeden Datenpunkt.

Der nächste Schritt besteht darin zu erkennen, dass der Kernel $K(\mathbf{x}_j, \mathbf{x}_k) = (\mathbf{x}_j \cdot \mathbf{x}_k)^2$ nichts Besonderes ist. Er entspricht einem bestimmten höherdimensionalen Merkmalsraum, aber andere Kernelfunktionen entsprechen anderen Merkmalsräumen. Gemäß dem **Satz von Mercer** (1909), einem wichtigen Ergebnis der Mathematik, entspricht jede „akzeptable“[15] Kernelfunktion *irgendeinem* Merkmalsraum. Diese Merkmalsräume können sehr groß sein, selbst für harmlos aussehende Kernel. Zum Beispiel entspricht der **polynomielle Kernel** $K(\mathbf{x}_j, \mathbf{x}_k) = (1 + \mathbf{x}_j \cdot \mathbf{x}_k)^d$ einem Merkmalsraum, dessen Dimension exponentiell in d ist. Ein typischer Kernel ist der Gauß'sche Kernel: $K(\mathbf{x}_j, \mathbf{x}_k) = \mathrm{e}^{-\gamma|x_j - x_k|^2}$.

19.7.6 Der Kerneltrick

Hier verraten wir Ihnen den cleveren **Kerneltrick**: Durch Einsetzen dieser Kernel in Gleichung (19.10) lassen sich optimale lineare Separatoren effizient in Merkmalsräumen mit Milliarden (oder sogar unendlich vielen) Dimensionen finden. Wenn die resultierenden linearen Separatoren dann auf den ursprünglichen Eingaberaum abgebildet werden, können sie beliebig schlangenförmigen, nichtlinearen Entscheidungsgrenzen zwischen den positiven und negativen Beispielen entsprechen.

Im Falle von inhärent verrauschten Daten möchten wir vielleicht keinen linearen Separator in einem hochdimensionalen Raum, sondern lieber eine Entscheidungsfläche in einem Raum mit weniger Dimensionen, die die Klassen zwar nicht sauber trennt, aber die Wirklichkeit der verrauschten Daten widerspiegelt. Möglich wird dies durch den **Soft-Margin**-Klassifikator, der es den Beispielen erlaubt, auf die falsche Seite der Entscheidungsgrenze zu fallen, ihnen jedoch einen Bestrafungswert zuweist, der proportional zur Distanz ist, die für das Zurückholen auf die richtige Seite erforderlich ist.

Die Kernelmethode lässt sich nicht nur bei Lernalgorithmen zur Ermittlung optimaler linearer Separatoren anwenden, sondern auch mit allen anderen Algorithmen, die neu formuliert werden können, um wie in den Gleichungen (19.10) und (19.11) nur mit Punktprodukten von Datenpunktpaaren zu arbeiten. Nachdem dies geschehen ist, wird das Punktprodukt durch die Kernelfunktion ersetzt und wir erhalten eine **kernelisierte** Version des Algorithmus.

14 Diese Verwendung von „Kernelfunktion“ unterscheidet sich etwas von den Kerneln in der lokal gewichteten Regression. Einige SVM-Kernel sind Distanzmetriken, aber nicht alle.

15 Hier bedeutet „akzeptabel“, dass die Matrix $\mathbf{K}_{jk} = K(\mathbf{x}_j, \mathbf{x}_k)$ positiv definit ist.

19.8 Ensemble-Lernen

Bisher haben wir uns mit Lernmethoden beschäftigt, bei denen nur eine Hypothese für die Vorhersagen verwendet wird. Die Idee des **Ensemble-Lernens** besteht darin, mehrere Hypothesen $h_1, h_2, \ldots, h_n$, sozusagen ein **Ensemble** von Hypothesen, auszuwählen und ihre Vorhersagen durch Mittelwertbildung, Mehrheitsentscheidungen oder eine andere Ebene des maschinellen Lernens zu kombinieren. Wir nennen die einzelnen Hypothesen **Basismodelle** und ihre Kombination **Ensemble-Modell**.

Es gibt zwei Gründe, die für das Ensemble-Lernen sprechen. Der erste ist die Reduzierung von Verzerrungen. Der Hypothesenraum eines Basismodells kann zu restriktiv sein und zu einer starken Verzerrung führen (z. B. die Verzerrung einer linearen Entscheidungsgrenze in der logistischen Regression). Ein Ensemble ist meist aussagekräftiger und weist somit eine geringere Verzerrung auf als die Basismodelle. ► Abbildung 19.23 zeigt, dass ein Ensemble aus drei linearen Klassifikatoren einen dreieckigen Bereich darstellen kann, der durch einen einzelnen linearen Klassifikator nicht dargestellt werden könnte. Ein Ensemble aus n linearen Klassifikatoren ermöglicht es, dass mit nur n-mal mehr Rechenaufwand mehr Funktionen realisierbar sind. Dies ist oft besser als ein völlig allgemeiner Hypothesenraum, der exponentiell mehr Rechenaufwand erfordern könnte.

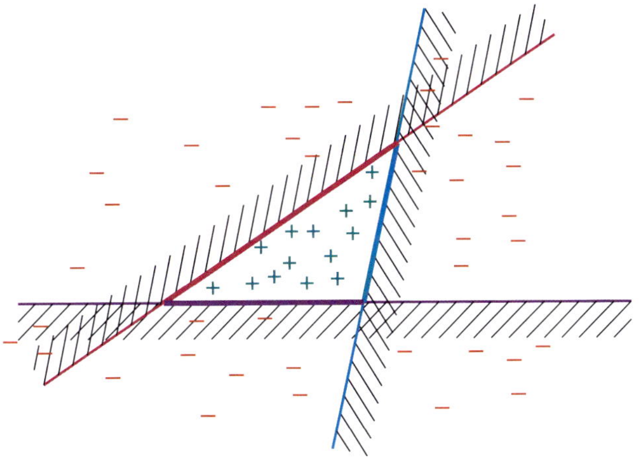

Abbildung 19.23: Veranschaulichung der erhöhten Aussagekraft des Ensemble-Lernens. Wir nehmen drei Hypothesen mit linearen Schwellenwerten, die jeweils die nicht schattierte Seite positiv klassifizieren und die zusammen ein Beispiel als positiv klassifizieren, das von allen drei positiv klassifiziert wurde. Der resultierende dreieckige Bereich ist eine Hypothese, die im ursprünglichen Hypothesenraum nicht ausdrückbar ist.

Der zweite Grund ist die Reduzierung der Varianz. Betrachten wir ein Ensemble aus $K = 5$ binären Klassifikatoren, die wir mithilfe von Mehrheitsentscheidungen verknüpfen. Damit das Ensemble ein neues Beispiel falsch klassifiziert, *müssen mindestens drei der fünf Klassifikatoren das Beispiel falsch klassifizieren*. Die Hoffnung ist, dass dies wesentlich unwahrscheinlicher ist als eine einzelne Fehlklassifikation durch einen einzelnen Klassifikator. Um das zu quantifizieren, nehmen Sie an, Sie haben einen einzelnen Klassifikator trainiert, der in 80 % der Fälle korrekt ist. Nun erstellen Sie ein Ensemble aus 5 Klassifikatoren, die jeweils auf einer anderen Teilmenge der Daten trainiert wurden, sodass sie unabhängig sind. Lassen Sie uns davon ausgehen, dass dies zu Lasten der Qualität geht und jeder einzelne Klassifikator nur in 75 % der Fälle richtig liegt. Aber zusammen werden die Mehrheitsentscheidungen des Ensembles in 89 % der Fälle richtig sein (und zu 99 % bei 17 Klassifikatoren), echte Unabhängigkeit vorausgesetzt.

In der Praxis ist die Unabhängigkeitsannahme unsinnig, denn die einzelnen Klassifikatoren verwenden zum Teil die gleichen Daten und Annahmen, sind also nicht völlig unabhängig und werden daher auch zum Teil die gleichen Fehler aufweisen. Doch wenn die Komponenten-Klassifikatoren zumindest einigermaßen unkorreliert sind, führt Ensemble-Lernen zu weniger Fehlklassifikationen. Wir werden im Folgenden vier Möglichkeiten zur Erstellung von Ensembles betrachten: Bagging, Random Forests, Stacking und Boosting.

19.8.1 Bagging

Beim **Bagging**[16] werden K verschiedene Trainingsmengen durch Stichproben mit Ersetzung aus der ursprünglichen Trainingsmenge erzeugt. Das heißt, wir wählen zufällig N Beispiele aus der Trainingsmenge aus, wobei jedes dieser ausgewählten Beispiele eines sein könnte, das wir zuvor schon einmal ausgewählt hatten. Dann führen wir unseren Algorithmus für maschinelles Lernen auf den N Beispielen aus, um eine Hypothese zu erhalten. Wir wiederholen diesen Vorgang K-mal und erhalten so K verschiedene Hypothesen. Wenn anschließend der Wert einer neuen Eingabe vorhergesagt werden soll, aggregieren wir einfach die Vorhersagen aller K Hypothesen. Für Klassifikationsprobleme bedeutet dies, dass eine relative Pluralitätsentscheidung getroffen wird (eine absolute Mehrheitsentscheidung für binäre Klassifikation). Bei Regressionsproblemen wird für die endgültige Ausgabe der Durchschnitt gebildet:

$$h(\mathbf{x}) = \frac{1}{K}\sum_{i=1}^{K} h_i(\mathbf{x})$$

Bagging reduziert meistens die Varianz und ist ein Standardansatz, wenn nur begrenzt Daten vorhanden sind oder wenn das Basismodell Zeichen von Überanpassung zeigt. Bagging kann auf jede Modellklasse angewendet werden, wird aber am häufigsten bei Entscheidungsbäumen verwendet, was daran liegt, dass Entscheidungsbäume instabil sind: Schon eine leicht geänderte Beispielmenge kann zu einem völlig anderen Baum führen. Bagging gleicht diese Varianz aus. Wenn Sie Zugriff auf mehrere Computer haben, ist Bagging besonders effizient, da die Hypothesen parallel berechnet werden können.

19.8.2 Random Forests

Leider erhalten wir durch das Bagging von Entscheidungsbäumen oft K Bäume, die hoch korreliert sind. Gibt es ein Attribut mit einem sehr hohen Informationsgewinn, dann bildet es wahrscheinlich die Wurzel der meisten Bäume. Das **Random-Forest**-Modell ist eine Form des Entscheidungsbaum-Bagging mit zusätzlichen Schritten, um das Ensemble von K Bäumen vielfältiger zu machen und so die Varianz zu reduzieren. Random Forests können für Klassifikation oder Regression verwendet werden.

Der Kerngedanke ist, die *Auswahl der Attribute* (und nicht die der Trainingsbeispiele) zufällig zu variieren. Beim Konstruieren des Baums wählen wir an jedem Aufteilungspunkt eine zufällige Stichprobe von Attributen und berechnen dann, welches dieser Attribute den höchsten Informationsgewinn liefert. Wenn es n Attribute gibt, werden häufig standardmäßig bei jeder Aufteilung $\sqrt{n}$ Attribute nach dem Zufallsprinzip ausgewählt, die bei Klassifikationsproblemen berücksichtigt werden, oder $n/3$ Attribute bei Regressionsproblemen.

Eine weitere Verbesserung ist die Verwendung des Zufallsprinzips bei der Auswahl des *Werts* für den Aufteilungspunkt: Für jedes ausgewählte Attribut nehmen wir eine Zufallsstichprobe von mehreren Kandidatenwerten aus einer Gleichverteilung über den Bereich des Attributs.

16 Hinweis zur Terminologie: In der Statistik wird eine Stichprobe mit Ersetzung als **Bootstrap** bezeichnet und „Bagging" ist die Abkürzung für „Bootstrap-Aggregation".

Daraus wählen wir den Wert mit dem höchsten Informationsgewinn. Dadurch steigt die Wahrscheinlichkeit, dass jeder Baum im Wald (*Forest*) anders ist. Bäume, die auf diese Weise konstruiert wurden, werden **extrem randomisierte Bäume** (*ExtraTrees*) genannt.

Random Forests sind effizient zu erstellen. Wer jedoch davon ausgeht, dass es K-mal länger dauert, ein Ensemble aus K Bäumen zu erstellen, liegt falsch, weil es so schlimm nicht ist, und zwar aus drei Gründen: (a) jeder Aufteilungspunkt läuft schneller, weil wir weniger Attribute berücksichtigen, (b) wir können den Pruning-Schritt für jeden einzelnen Baum überspringen, weil das Ensemble als Ganzes die Überanpassung verringert, und (c) wenn wir zufällig K Computer zur Verfügung haben, können wir alle Bäume parallel erstellen. Adele Cutler zufolge können wir beispielsweise bei einem Problem mit 100 Attributen und nur drei CPUs einen Wald aus $K = 100$ Bäumen in etwa der gleichen Zeit erstellen wie nur einen Entscheidungsbaum mit einer einzelnen CPU.

Alle Hyperparameter von Random Forests können mithilfe von Kreuzvalidierung trainiert werden: die Anzahl der Bäume K, die Anzahl der von jedem Baum verwendeten Beispiele N (oft als Prozentsatz der gesamten Datenmenge ausgedrückt), die Anzahl der an jedem Aufteilungspunkt verwendeten Attribute (oft als Funktion der Gesamtzahl der Attribute ausgedrückt, z. B. $\sqrt{n}$) und die Anzahl der zufälligen Aufteilungspunkte, die wir beim Einsatz von ExtraTrees ausprobieren. Anstelle der normalen Kreuzvalidierungsstrategie könnten wir den **Out-of-Bag-Fehler** messen, d. h. den mittleren Fehler für jedes Beispiel, wobei nur die Bäume verwendet werden, deren Beispielmenge dieses bestimmte Beispiel nicht enthielt.

Wir wurden gewarnt, dass komplexere Modelle anfällig für Überanpassung sein können, und haben festgestellt, dass dies auch für Entscheidungsbäume gilt, wobei in diesem Fall **Pruning** eine Lösung ist, um Überanpassung zu verhindern. Random Forests sind komplexe, nicht gekürzte Modelle. Dennoch sind sie resistent gegen Überanpassung. Wenn Sie die Kapazität erhöhen, indem Sie mehr Bäume zum Wald hinzufügen, können diese die Fehlerrate des Validierungssatzes verbessern. Die Kurve sieht typischerweise wie in ► Abbildung 19.9 b aus, nicht wie in ► Abbildung 19.9 a.

Breiman (2001) liefert einen mathematischen Beweis dafür, dass (in fast allen Fällen) der Fehler nicht wächst, sondern konvergiert, wenn man dem Wald mehr Bäume hinzufügt. Man kann sich das unter anderem so vorstellen, dass die zufällige Auswahl von Attributen eine Vielfalt von Bäumen ergibt, wodurch die Varianz reduziert wird, aber da wir die Bäume nicht beschneiden müssen, können sie den gesamten Eingaberaum mit höherer Auflösung abdecken. Eine gewisse Anzahl von Bäumen kann Einzelfälle abdecken, die nur wenige Male in den Daten vorkommen, und ihre Stimmen können sich als ausschlaggebend erweisen, doch sie können überstimmt werden, wenn sie nicht zutreffen. Abgesehen davon sind Random Forests nicht völlig gefeit gegen Überanpassung. Obwohl der Fehler nicht das Limit überschreiten kann, bedeutet das nicht, dass der Fehler gegen null geht.

Random Forests haben sich bei einer Vielzahl von Anwendungsproblemen als sehr erfolgreich erwiesen. In den *Kaggle*-Data-Science-Wettbewerben waren sie von 2011 bis 2014 der beliebteste Ansatz der Siegerteams und sind auch heute noch ein gängiger Ansatz (obwohl **Deep Learning** und **Gradient Boosting** unter den jüngsten Gewinnern sogar noch weiter verbreitet sind). Das randomForest-Paket in R war ganz besonders beliebt. Im Finanzwesen wurden Random Forests für die Vorhersage von Kreditkartenausfällen und Haushaltseinkommen sowie für die Optionsbewertung verwendet. Mechanische Anwendungen umfassen Maschinenfehlerdiagnose und Fernerkundung. Anwendungen der Bioinformatik und Medizin umfassen diabetische Retinopathie, Microarray-Genexpression, massenspektrografische Proteinexpressionsanalyse, Biomarker-Entdeckung und Vorhersage von Protein-Protein-Interaktionen.

19.8.3 Stacking

Während Bagging mehrere Basismodelle der gleichen Modellklasse kombiniert, die auf unterschiedlichen Daten trainiert wurden, kombiniert die Technik der **geschichteten Generalisierung** (*Stacked Generalization* oder kurz **Stacking**) mehrere Basismodelle aus unterschiedlichen Modellklassen, die auf den gleichen Daten trainiert wurden. Nehmen wir zum Beispiel an, dass wir die Restaurant-Datenmenge erhalten, deren erste Zeile hier gezeigt wird:

$$\mathbf{x}_1 = \text{Ja, Nein, Nein, Ja, Etwas, €€€, Nein, Ja, Französisch, 0–10}; y_1 = \text{Ja}$$

Wir trennen die Daten in Trainings-, Validierungs- und Testmengen und verwenden die Trainingsmenge, um z. B. drei separate Basismodelle zu trainieren – ein SVM-Modell, ein logistisches Regressionsmodell und ein Entscheidungsbaummodell.

Im nächsten Schritt nehmen wir die Validierungsmenge und ergänzen jede Zeile mit den Vorhersagen aus den drei Basismodellen, sodass wir Zeilen erhalten wie die Folgende (wobei die Vorhersagen fett dargestellt sind):

$$\mathbf{x}_2 = \text{Ja, Nein, Nein, Ja, Voll, €, Nein, Nein, Thai, 30–60, } \textbf{Ja, Nein, Nein}; y_2 = \text{Nein}$$

Wir verwenden diese Validierungsmenge, um ein neues Ensemble-Modell zu trainieren, z. B. ein logistisches Regressionsmodell (es muss aber nicht eine der Basismodellklassen sein). Das Ensemble-Modell kann die Vorhersagen und die Originaldaten nach eigenem Ermessen verwenden. Es könnte einen gewichteten Durchschnitt der Basismodelle lernen, z. B. dass die Vorhersagen in einem Verhältnis von 50 %:30 %:20 % gewichtet werden sollten. Oder es könnte nichtlineare Wechselwirkungen zwischen den Daten und den Vorhersagen lernen, z. B. dass es dem SVM-Modell bei einer langen Wartezeit mehr vertraut. Wir haben zum Trainieren der einzelnen Basismodelle die gleichen Trainingsdaten verwendet und dann mit den zurückgehaltenen Validierungsdaten (plus Vorhersagen) das Ensemble-Modell trainiert. Es ist auch möglich, eine Kreuzvalidierung durchzuführen, falls gewünscht.

Die Methode wird „Stacking" genannt, weil man sie sich als eine Schicht bestehend aus Basismodellen vorstellen kann, mit einem darüberliegenden Ensemble-Modell, das auf der Ausgabe der Basismodelle arbeitet. Es ist sogar möglich, mehrere Schichten übereinander zu stapeln, wobei jede auf der Ausgabe der vorherigen Schicht arbeitet. Stacking reduziert Verzerrungen und führt in der Regel zu einer Leistung, die jeweils besser ist als die der einzelnen Basismodelle. Stacking wird häufig von Siegerteams in Data-Science-Wettbewerben (z. B. *Kaggle* und *KDD Cup*) verwendet, da die einzelnen Teams unabhängig voneinander arbeiten können, indem sie jeweils ihr eigenes Basismodell verfeinern und dann zusammen das endgültige geschichtete Ensemble-Modell erstellen.

19.8.4 Boosting

Die am weitesten verbreitete Ensemble-Methode ist das **Boosting**. Um zu verstehen, wie Boosting funktioniert, müssen wir zunächst das Konzept der **gewichteten Trainingsmenge** einführen. In einer solchen Trainingsmenge ist jedem Beispiel ein Gewicht $w_j \geq 0$ zugeordnet, das beschreibt, wie viel das Beispiel beim Training zählen soll. Wenn beispielsweise ein Beispiel ein Gewicht von 3 hat und die anderen Beispiele alle ein Gewicht von 1 haben, dann wäre das gleichbedeutend mit 3 Kopien des einen Beispiels in der Trainingsmenge.

Das Boosting beginnt mit dem Gewicht $w_j = 1$ für alle Beispiele. Aus dieser Trainingsmenge wird die erste Hypothese h_1 erzeugt. Im Allgemeinen ist davon auszugehen, dass h_1 einige der Trainingsbeispiele richtig und einige falsch klassifiziert. Wir möchten, dass die nächste Hypothese bei den falsch klassifizierten Beispielen besser abschneidet, also erhöhen wir deren Gewichte, während wir die Gewichte der richtig klassifizierten Beispiele verringern.

Aus dieser neu gewichteten Trainingsmenge wird die Hypothese h_2 erzeugt. Dieser Prozess wird fortgesetzt, bis wir K Hypothesen erzeugt haben, wobei K eine Eingabe für den Boosting-Algorithmus ist. Beispiele, die schwer zu klassifizieren sind, erhalten immer größere Gewichte, bis der Algorithmus gezwungen ist, eine Hypothese zu erstellen, die sie korrekt klassifiziert. Beachten Sie, dass es sich hierbei um einen gierigen Algorithmus handelt, der kein Backtracking unterstützt. Wenn er einmal eine Hypothese h_i ausgewählt hat, wird er diese Wahl niemals wieder rückgängig machen, sondern neue Hypothesen hinzufügen. Darüber hinaus ist es ein sequenzieller Algorithmus, d. h., wir können nicht alle Hypothesen parallel berechnen, wie es beim Bagging möglich ist.

Das endgültige Ensemble lässt wie beim Bagging jede Hypothese abstimmen, jedoch mit dem Unterschied, dass jede Hypothese eine gewichtete Anzahl von Stimmen erhält, wobei die Hypothesen, die in ihren jeweiligen gewichteten Trainingsmengen besser abgeschnitten haben, mehr Stimmgewicht erhalten. Für die Regression oder die binäre Klassifikation gilt:

$$h(\mathbf{x}) = \sum_{i=1}^{K} z_i h_i(\mathbf{x}) ,$$

wobei z_i die Gewichtung der i-ten Hypothese ist. (Diese Gewichtung der Hypothesen unterscheidet sich von der Gewichtung der Beispiele.)

► Abbildung 19.24 zeigt, wie der Algorithmus konzeptionell funktioniert. Es gibt viele Varianten des grundlegenden Boosting-Konzepts, mit verschiedenen Möglichkeiten, die Gewichtung der Beispiele anzupassen und die Hypothesen zu kombinieren. Allen Varianten liegt die allgemeine Idee zugrunde, dass schwierige Beispiele mehr Gewicht erhalten, wenn wir uns von einer Hypothese zur nächsten bewegen. Wie die Bayes'schen Lernmethoden, die wir in Kapitel 20 sehen werden, gewichten sie auch die genaueren Hypothesen stärker.

Ein spezieller Algorithmus namens ADABOOST ist in ► Abbildung 19.25 dargestellt. Er wird normalerweise mit Entscheidungsbäumen als Komponentenhypothesen angewendet; oft sind

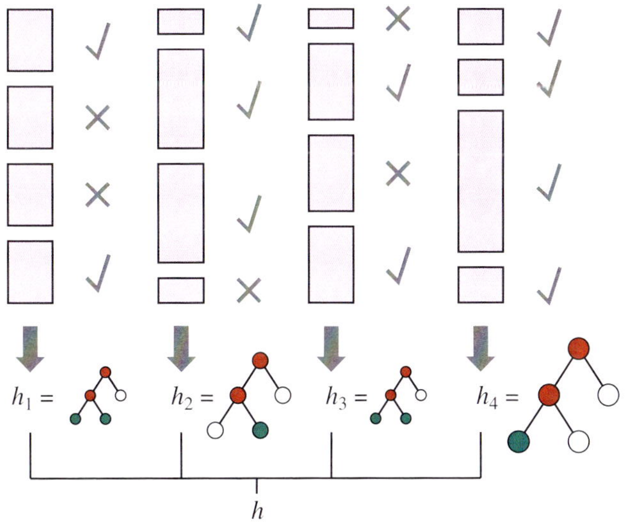

Abbildung 19.24: Und so funktioniert der Boosting-Algorithmus: Jedes schattierte Rechteck entspricht einem Beispiel und seine Höhe entspricht der Gewichtung. Die Häkchen und Kreuze zeigen an, ob das Beispiel von der aktuellen Hypothese richtig klassifiziert wurde oder nicht. Die Größe des Entscheidungsbaums zeigt das Gewicht dieser Hypothese im endgültigen Ensemble an.

```
function ADABOOST(examples, L, K) returns eine Hypothese
  inputs: examples, Menge von N Beispielen mit Labeln (x_1, y_1), ..., (x_N, y_N)
          L, ein Lernalgorithmus
          K, die Anzahl der Hypothesen im Ensemble
  local variables: w, ein Vektor mit N Beispielgewichten, anfangs alle 1/N
                   h, ein Vektor mit K Hypothesen
                   z, ein Vektor mit K Hypothesengewichten

  ε ← eine kleine positive Zahl, wird verwendet, um Division durch null zu vermeiden
  for k = 1 to K do
     h[k] ← L(examples, w)
     error ← 0
     for j = 1 to N do        // berechne den Gesamtfehler für h[k]
        if h[k](x_j) ≠ y_j then error ← error + w[j]
     if error > 1/2 then break from loop
     error ← min(error, 1 − ε)
     for j = 1 to N do              // den Beispielen mehr Gewicht geben, die h[k] falsch haben
        if h[k](x_j) = y_j then w[j] ← w[j] · error/(1 − error)
     w ← NORMALIZE(w)
     z[k] ← 1/2 log((1 − error)/error)        // mehr Gewicht geben, um h[k] genauer zu machen
  return Function(x) : Σ z_i h_i(x)
```

Abbildung 19.25: Die ADABOOST-Variante des Boosting-Verfahrens für Ensemble-Lernen. Der Algorithmus erzeugt Hypothesen durch sukzessive Neugewichtung der Trainingsbeispiele. Die Funktion WEIGHTED-MAJORITY erzeugt eine Hypothese, die den Ausgabewert mit dem höchsten Abstimmungsergebnis aus den Hypothesen in **h** liefert, wobei die Stimmen mit **z** gewichtet sind. Für Regressionsprobleme oder für binäre Klassifikation mit zwei Klassen −1 und 1 ist dies $\sum_k \mathbf{h}[k]\mathbf{z}[k]$.

die Bäume in ihrer Größe begrenzt. ADABOOST hat eine sehr wichtige Eigenschaft: Wenn der Eingabe-Lernalgorithmus L ein **schwach lernender** Algorithmus ist – was bedeutet, dass L immer eine Hypothese mit einer Genauigkeit auf der Trainingsmenge zurückgibt, die etwas besser ist als zufälliges Raten (d. h. $50\,\%+\epsilon$ für boolesche Klassifikation) –, dann gibt ADABOOST eine Hypothese zurück, die für ausreichend große K *die Trainingsdaten perfekt klassifiziert*. Damit *boostet* der Algorithmus die Genauigkeit des ursprünglichen Lernalgorithmus auf den Trainingsdaten.

Mit anderen Worten: Boosting kann jede Art von Verzerrung im Basismodell meistern, solange das Basismodell um ϵ besser ist als zufälliges Raten. (In unserem Pseudocode hören wir auf, Hypothesen zu generieren, wenn wir eine Hypothese erhalten, die schlechter als die zufällige ist.) Dieses Ergebnis gilt unabhängig von der beschränkten Aussagekraft des ursprünglichen Hypothesenraums und der Komplexität der zu lernenden Funktion. Die genauen Formeln für die Gewichte in ► Abbildung 19.25 (mit $error/(1-error)$ usw.) wurden so gewählt, dass der Beweis dieser Eigenschaft einfach ist (siehe Freund und Schapire, 1996). Natürlich garantiert diese Eigenschaft nicht die Genauigkeit bei zuvor ungesehenen Beispielen.

Sehen wir uns an, wie gut Boosting bei den Restaurantdaten funktioniert. Wir wählen als ursprünglichen Hypothesenraum die Klasse der **Entscheidungsstümpfe**, wobei es sich um Entscheidungsbäume mit nur einem Test an der Wurzel handelt. Die untere Kurve in ► Abbildung 19.26 a zeigt, dass Entscheidungsstümpfe ohne Boosting für diese Datenmenge nicht sehr effektiv sind und eine Vorhersageleistung von nur 81 % bei 100 Trainingsbeispielen erreichen. Mit Boosting ($K = 5$) ist die Leistung besser und erreicht nach 100 Beispielen 93 %.

Wenn die Ensemblegröße K zunimmt, passiert etwas Interessantes. ► Abbildung 19.26 b zeigt die Leistung der Trainingsmenge (für 100 Beispiele) als Funktion von K. Beachten Sie, dass der Fehler bei K gleich 20 null ist, d. h., eine gewichtete Mehrheitskombination von 20 Entscheidungsstümpfen reicht aus, um eine genaue Übereinstimmung mit den 100 Beispielen zu

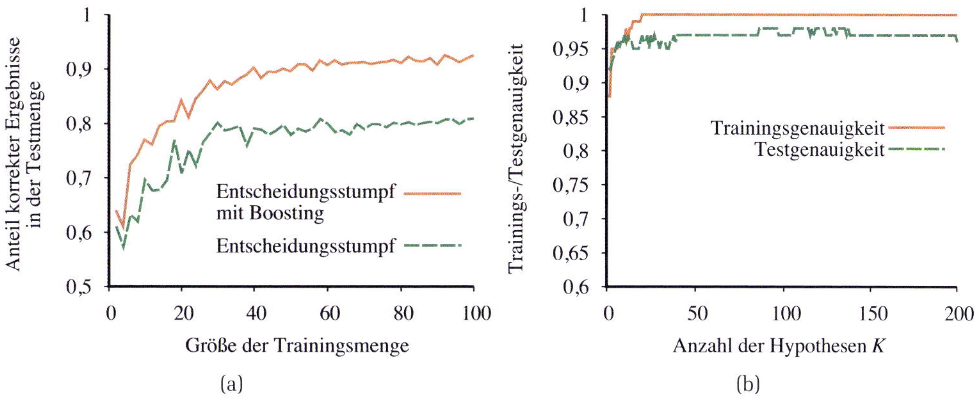

Abbildung 19.26: (a) Graph, der die Leistung von Entscheidungsstümpfen mit Boosting mit $K = 5$ im Vergleich zu einfachen Entscheidungsstümpfen (ohne Boosting) auf den Restaurantdaten zeigt. (b) Der Anteil der korrekten Ergebnisse in der Trainingsmenge und der Testmenge als Funktion von K, der Anzahl der Hypothesen im Ensemble. Beachten Sie, dass sich die Genauigkeit der Testmenge auch dann noch leicht verbessert, wenn die Trainingsgenauigkeit 1 erreicht hat, d. h., wenn das Ensemble genau zu den Daten passt.

erzielen – dies ist der Interpolationspunkt. Wenn weitere Stümpfe zum Ensemble hinzugefügt werden, bleibt der Fehler bei null. Das Diagramm zeigt auch, dass *die Leistung der Testmenge weiter ansteigt, lange nachdem der Fehler der Trainingsmenge null erreicht hat.* Bei $K = 20$ beträgt die Testleistung 0,95 (oder 0,05 Fehler) und steigt bis $K = 137$ auf 0,98, bevor sie allmählich wieder auf 0,95 abfällt.

Diese Feststellung, die sich über Datenmengen und Hypothesenräume hinweg immer wieder bestätigt, kam beim ersten Mal ziemlich überraschend. Ockham's Razor zufolge sollen die Hypothesen einerseits nicht komplexer als nötig sein, andererseits *verbessern* sich die Vorhersagen der Grafik zufolge mit zunehmender Komplexität der Ensemble-Hypothese! Hierfür gibt es verschiedene Erklärungsversuche. Eine Erklärung ist, dass Boosting das **Bayes'sche Lernen** approximiert (siehe Kapitel 20), was erwiesenermaßen ein optimaler Lernalgorithmus ist, und dass sich die Annäherung durch Hinzufügen weiterer Hypothesen verbessert. Eine andere mögliche Erklärung ist, dass das Ensemble durch das Hinzufügen weiterer Hypothesen immer besser zwischen positiven und negativen Beispielen unterscheiden kann, was ihm bei der Klassifikation neuer Beispiele hilft.

19.8.5 Gradient Boosting

Für die Regression und Klassifikation von faktorisierten Tabellendaten hat sich das **Gradient Boosting**, manchmal auch *Gradient Boosting Machines* (GBM) oder *Gradient Boosted Regression Trees* (GBRT) genannt, zu einer sehr beliebten Methode entwickelt. Wie der Name schon sagt, ist Gradient Boosting eine Form des Boostings unter Verwendung des Gradientenabstiegs. Wie Sie wissen, beginnen wir bei ADABOOST mit einer Hypothese $\mathbf{h}_1$ und verstärken („boosten") diese mit einer Folge von Hypothesen, die besonders den Beispielen Aufmerksamkeit schenken, die bei den vorherigen Hypothesen falsch waren. Beim Gradient Boosting fügen wir jedoch außerdem neue Boosting-Hypothesen hinzu, die nicht auf bestimmte Beispiele ausgerichtet sind, sondern auf den **Gradienten** zwischen den richtigen Antworten und den Antworten, die von den vorherigen Hypothesen gegeben wurden.

Wie bei den anderen Algorithmen, die den Gradientenabstieg verwenden, beginnen wir mit einer differenzierbaren Verlustfunktion. Dabei könnten wir den quadratischen Fehler für die

Regression oder den logarithmischen Verlust für die Klassifikation verwenden. Wie in ADABOOST wird dann ein Entscheidungsbaum erstellt. In Abschnitt 19.6.2 haben wir mithilfe des Gradientenabstiegs die Parameter eines Modells minimiert, also den Verlust berechnet und die Parameter in Richtung des geringeren Verlusts aktualisiert. Beim Gradient Boosting aktualisieren wir nicht die Parameter des vorhandenen Modells, sondern die Parameter des nächsten Baums, was wir allerdings auf eine Verlust reduzierende Weise tun müssen, indem wir uns entlang des Gradienten in die richtige Richtung bewegen.

Wie in den Modellen aus Abschnitt 19.4.3 kann die **Regularisierung** dazu beitragen, eine Überanpassung zu verhindern. Das kann in Form einer Begrenzung der Anzahl der Bäume oder ihrer Größe (bezüglich ihrer Tiefe oder Anzahl der Knoten) erfolgen oder mithilfe der Lernrate α, die angibt, wie weit man sich entlang des Gradienten bewegen soll, wobei Werte im Bereich von 0,1 bis 0,3 üblich sind. Dabei gilt: je kleiner die Lernrate, desto mehr Bäume werden im Ensemble benötigt.

Gradient Boosting ist im weit verbreiteten Paket XGBOOST (*eXtreme Gradient Boosting*) implementiert, das standardmäßig sowohl bei großen Anwendungen in der Industrie (für Probleme mit Milliarden von Beispielen) zum Einsatz kommt als auch von den Gewinnern von Data-Science-Wettbewerben verwendet wird (2015 wurde es von allen Top-10-Teams des *KDD Cup* eingesetzt). XGBOOST führt Gradient Boosting mit Pruning und Regularisierung durch und achtet auf Effizienz, indem es durch gute Speicherorganisation Cache-Misses vermeidet und parallele Berechnungen auf mehreren Maschinen ermöglicht.

19.8.6 Onlinelernen

Bisher beruhte alles, was wir in diesem Kapitel getan haben, auf der Annahme, dass die Daten unabhängig und identisch verteilt sind. Diese Annahme ist einerseits sinnvoll, denn wenn die Zukunft keine Ähnlichkeit mit der Vergangenheit hat, wie können wir dann überhaupt irgendetwas vorhersagen? Andererseits ist die Annahme zu stark: Wir wissen, dass es Korrelationen zwischen der Vergangenheit und der Zukunft gibt, und in komplexen Szenarien ist es unwahrscheinlich, dass wir alle Daten erfassen, die die Zukunft unabhängig von der Vergangenheit machen würden, sofern die Daten vorhanden sind.

In diesem Abschnitt untersuchen wir, was zu tun ist, *wenn* die Daten nicht unabhängig und identisch verteilt sind, sondern sich im Laufe der Zeit ändern. In einem solchen Fall kommt es darauf an, wann wir eine Vorhersage machen, also werden wir die Perspektive des **Onlinelernens** einnehmen: Ein Agent erhält eine Eingabe x_j von der Natur, sagt das entsprechende y_j voraus und bekommt dann die richtige Antwort mitgeteilt. Dieser Prozess wiederholt sich dann mit x_{j+1} und so weiter. Man könnte meinen, dass diese Aufgabe hoffnungslos ist – wenn die Natur feindlich ist, könnten alle Vorhersagen falsch sein. Es stellt sich heraus, dass es ein paar Garantien gibt, die wir geben können.

Betrachten wir die Situation, dass unsere Eingabe aus Vorhersagen einer Expertengruppe besteht. Zum Beispiel sagen K Experten jeden Tag voraus, ob die Aktienkurse steigen oder fallen, und unsere Aufgabe ist es, diese Vorhersagen zu bündeln und daraus eine eigene Vorhersage abzuleiten. Dazu könnten wir beispielsweise verfolgen, wie gut die einzelnen Experten abschneiden, und entscheiden, inwiefern wir ihnen im Verhältnis zu ihrer vergangenen Leistung glauben. Dies wird als **randomisierter gewichteter Mehrheitsalgorithmus** bezeichnet. Eine formale Beschreibung würde wie folgt lauten:

Initialisiere einen Satz von Gewichten $\{w_1, \ldots, w_K\}$ alle mit 1.
for each zu lösendes Problem **do**

1. Empfange die Vorhersagen $\{\hat{y}_1, \ldots, \hat{y}_K\}$ der Experten.
2. Wähle zufällig einen Experten k^* im Verhältnis zu seinem Gewicht aus: $P(k) = w_k$.

3 **yield** $\hat{y}_{k^*}$ als Antwort auf dieses Problem.

4 Empfange die korrekte Antwort y.

5 Für jeden Experten k mit $\hat{y}_k \neq y$: aktualisiere $w_k \leftarrow \beta w_k$.

6 Normalisiere die Gewichte, sodass $\sum_k w_k = 1$.

In diesem Fall ist β eine Zahl ($0 < \beta < 1$), die angibt, wie stark ein Experte für jeden Fehler bestraft werden soll.

Wir messen den Erfolg dieses Algorithmus anhand des **Regrets**, das definiert ist als die Anzahl der zusätzlichen Fehler, die wir im Vergleich zu dem Experten machen, der im Nachhinein die beste Vorhersagebilanz hatte. Sei M^* die Anzahl der Fehler, die der beste Experte gemacht hat. Dann ist die Anzahl der Fehler M, die durch den randomisierten gewichteten Mehrheitsalgorithmus gemacht werden, begrenzt durch:[17]

$$M < \frac{M^* \ln(1/\beta) + \ln K}{1 - \beta}$$

Diese Schranke gilt für *jede* beliebige Folge von Beispielen, auch für solche, die von Gegenspielern in böswilliger Absicht gewählt werden. Lassen Sie uns das präzisieren: Wenn wir bei $K = 10$ Experten für $\beta = 1/2$ wählen, dann ist unsere Anzahl der Fehler durch $1{,}39M^* + 4{,}6$ begrenzt und für $\beta = 3/4$ durch $1{,}15M^* + 9{,}2$. Wenn β nahe bei 1 liegt, reagieren wir auf Änderungen langfristig. Ändert sich der beste Experte, bleibt das über kurz oder lang nicht unbemerkt. Allerdings hat es anfangs seinen Preis, wenn wir allen Experten gleichermaßen vertrauen. Wir folgen möglicherweise zu lange dem Rat schlechter Experten. Wenn β näher bei 0 liegt, kehren sich diese beiden Faktoren um. Beachten Sie, dass wir β so wählen können, dass sich M auf lange Sicht asymptotisch M^* annähert. Dies wird als **No-Regret-Lernen** bezeichnet (weil der durchschnittliche Betrag des Regrets pro Versuch mit zunehmender Anzahl der Versuche gegen 0 tendiert).

Onlinelernen ist hilfreich, wenn sich die Daten im Laufe der Zeit schnell ändern. Es bietet sich auch für Anwendungen mit großen Datensammlungen an, die kontinuierlich wachsen, selbst wenn die Änderungen nur allmählich erfolgen. Beispielsweise möchten Sie bei einer Datenmenge mit Millionen von Webbildern sicher nicht jedes Mal, wenn ein neues Bild hinzugefügt wird, das Training von Grund auf neu durchführen. Es wäre praktischer, einen Online-Algorithmus zu haben, der es erlaubt, Bilder inkrementell hinzuzufügen. Für die meisten Lernalgorithmen, die auf Verlustminimierung basieren, gibt es eine Onlineversion, die auf der Minimierung des Regrets basiert. Viele dieser Online-Algorithmen verfügen über garantierte Grenzen für das Regret.

Es mag überraschen, dass es so enge Grenzen gibt, wie gut wir im Vergleich zu einer Expertengruppe abschneiden können. Noch überraschender ist jedoch, dass bei einem Treffen von Experten, die bereitwillig Prognosen zu politischen Entscheidungen, Sportereignissen usw. abgeben, die zusehende Öffentlichkeit bereitwillig ihren Vorhersagen Glauben schenkt und nur wenig an ihren Fehlerraten interessiert ist.

19.9 Entwicklung von Systemen für maschinelles Lernen

In diesem Kapitel haben wir uns bisher darauf konzentriert, die *Theorie* des maschinellen Lernens zu erläutern. Die *praktische* Anwendung von maschinellem Lernen zur Lösung konkreter Probleme ist eine eigene Disziplin. In den letzten 50 Jahren hat die Softwareindustrie eine Methodik zur Softwareerstellung entwickelt, die die Wahrscheinlichkeit erhöht, dass ein (traditionelles) Softwareprojekt ein Erfolg wird. Bei der Definition einer Methodik für Projekte

17 Blum (1996) gibt einen eleganten Beweis.

des maschinellen Lernens stehen wir jedoch noch am Anfang. Die Tools und Techniken sind noch nicht ganz ausgereift. Der Prozess besteht aus den folgenden typischen Schritten.

19.9.1 Problemformulierung

Der erste Schritt besteht darin, das zu lösende Problem zu identifizieren. Dazu sollten Sie sich zwei Fragen stellen. Die erste lautet: „Welches Problem möchte ich für meine Benutzer lösen?" Eine Antwort wie „den Benutzern die Organisation und den Zugriff auf ihre Fotos erleichtern" ist zu vage; besser wäre die Antwort „den Benutzern helfen, alle Fotos zu finden, die einem bestimmten Begriff, z. B. *Paris*, entsprechen". Fragen Sie zweitens: „Welche Teile des Problems können durch maschinelles Lernen gelöst werden?" Vielleicht entscheiden Sie sich für das Teilproblem „eine Funktion zu lernen, die einem Foto mehrere Bezeichnungen zuordnet, damit eine Abfrage einer dieser Bezeichnungen alle Fotos zurückliefert, die mit dieser Bezeichnung verknüpft wurden."

Um dies zu konkretisieren, müssen Sie eine Verlustfunktion für Ihre Komponente des maschinellen Lernens angeben, die beispielsweise die Genauigkeit des Systems beim Vorhersagen einer korrekten Bezeichnung misst. Dieses Anliegen sollte mit Ihren eigentlichen Zielen korrelieren, wird sich aber in der Regel davon unterscheiden – das eigentliche Ziel könnte darin bestehen, die Anzahl der Benutzer, die Ihr System nutzen und langfristig gebunden werden sollen, sowie den von ihnen produzierten Umsatz zu maximieren. Das sind Metriken, die Sie im Auge behalten sollten, die aber nicht unbedingt die direkte Erstellung eines Modells für maschinelles Lernen bedingen.

Wenn Sie Ihr Problem in Teilprobleme zerlegt haben, werden Sie wahrscheinlich feststellen, dass es viele Komponenten gibt, die sich mit klassischem Software-Engineering lösen lassen und nicht unbedingt maschinelles Lernen benötigen. Zum Beispiel könnten Sie für einen Benutzer, der die „besten Fotos" anfordert, ein einfaches Verfahren implementieren, das Fotos nach der Anzahl der Likes und Aufrufe sortiert. Sobald Sie Ihr Gesamtsystem so weit entwickelt haben, dass es einsetzbar ist, können Sie zurückgehen und Optimierungen vornehmen, indem Sie zum Beispiel die einfachen Komponenten durch anspruchsvollere ML-Modelle ersetzen.

Ein Teil der Problemformulierung ist die Entscheidung, ob wir es mit überwachtem, unüberwachtem oder verstärkendem Lernen (Reinforcement Learning) zu tun haben. Die Unterscheidungen sind nicht immer eindeutig. Beim **semiüberwachten Lernen** arbeiten wir mit einigen Beispielen, die mit Labels versehen wurden, und nutzen sie, um aus einer großen Sammlung von ungelabelten Beispielen weitere Informationen zu ziehen. Dies ist ein gängiger Ansatz aufstrebender Unternehmen, die es sich zum Ziel gesetzt haben, einige Beispiele schnell zu kennzeichnen, um ML-Systemen zu helfen, die verbleibenden, nicht mit Labeln versehenen Beispiele besser zu nutzen.

Manchmal können Sie wählen, welchen Ansatz Sie verwenden möchten. Nehmen wir ein System, das Kunden Songs oder Filme empfiehlt. Wir könnten dies als ein Problem des überwachten Lernens betrachten, bei dem die Eingaben eine Repräsentation des Kunden beinhalten und die gelabelte Ausgabe angibt, ob er die Empfehlung mochte oder nicht, oder wir könnten es als ein Problem des Reinforcement Learning interpretieren, bei dem das System mehrere Empfehlungsaktionen durchführt und gute Vorschläge gelegentlich von den Kunden honoriert werden.

Die Schlagwörter selbst sind vielleicht nicht immer zu 100 % zutreffend, wie wir es gerne hätten. Stellen Sie sich vor, Sie versuchen, ein System zu entwickeln, das das Alter einer Person auf einem Foto errät. Hierzu sammeln Sie einige Beispiele, bei denen die Zusatzinfos von den Personen stammen, die die Fotos hochladen und dabei ihr Alter angeben. Dies wird als überwachtes Lernen bezeichnet. Aber in Wirklichkeit gibt es immer einige Personen, die bezüglich ihres Alters lügen. Es handelt sich nicht nur um zufälliges Rauschen in den Daten; vielmehr sind die Ungenauigkeiten systematisch und sie aufzudecken ist ein Problem des unüberwachten Lernens, das die Bilder, das selbst angegebene Alter und das wahre (unbekannte) Alter umfasst. Sowohl das Rauschen als auch das Fehlen von Labels schaffen also ein Kontinuum zwischen überwachtem und unüberwachtem Lernen. Der Bereich des **schwach überwachten Lernens** konzentriert sich auf die Verwendung von verrauschten, ungenauen oder von Laien vergebenen Bezeichnungen.

19.9.2 Datenerfassung, -bewertung und -verwaltung

Jedes Projekt zum maschinellen Lernen benötigt Daten. Im Fall unseres Fotoidentifikationsprojekts gibt es zum Beispiel frei verfügbare Bilddatenbanken. Eines davon ist **ImageNet**, das über 14 Millionen Fotos mit etwa 20.000 verschiedenen Schlagwörtern verfügt. Manchmal müssen wir unsere eigene Datenbank aufbauen, was durch Eigenleistung erfolgen kann oder durch **Crowdsourcing** mit bezahlten Zuarbeitern oder unbezahlten Freiwilligen, die über einen Internetdienst arbeiten. Manchmal kommen die Daten auch von den Nutzern selbst. Zum Beispiel bittet der Navigationsdienst Waze seine Benutzer, Daten zu aktuellen Staus hochzuladen, und nutzt diese, um aktuelle Navigationsanweisungen für alle Benutzer bereitzustellen. Transfer Learning (siehe Abschnitt 21.7.2) bietet sich an, wenn Sie nicht genügend eigene Daten haben: Beginnen Sie mit einer öffentlich verfügbaren allgemeinen Datenmenge (oder einem Modell, das auf diesen Daten vortrainiert wurde) und fügen Sie dann spezifische Daten Ihrer Benutzer hinzu und führen Sie dann ein erneutes Training durch.

Wenn Sie Ihren Benutzern ein System bereitstellen, erhalten Sie von ihnen ein Feedback – beispielsweise indem Ihre User bevorzugt auf ein Element klicken und andere ignorieren. Für den Umgang mit diesen Daten benötigen Sie eine Strategie. Dazu gehört das Hinzuziehen von Datenschutzexperten (siehe Abschnitt 27.3.2), um sicherzustellen, dass Sie über die Nutzungsrechte für die gesammelten Daten verfügen und Prozesse installiert sind, die die Integrität der Benutzerdaten gewährleisten und den Benutzern erläutern, was Sie damit machen werden. Sie müssen auch sicherstellen, dass Ihre Prozesse fair und unvoreingenommen sind (siehe Abschnitt 27.3.3). Wenn es Daten gibt, die Sie für zu sensibel halten, um sie zu sammeln, die aber für ein Modell des maschinellen Lernens nützlich wären, sollten Sie einen föderierten Lernansatz in Erwägung ziehen, bei dem die Daten auf dem Gerät des Benutzers verbleiben, aber die Modellparameter auf eine Weise gemeinsam genutzt werden, die keine privaten Daten preisgibt.

Es ist eine gute Praxis, die **Datenherkunft** aller Ihrer Daten zu speichern. Von jeder Spalte in Ihrer Datenmenge sollten Sie die genaue Definition kennen, woher die Daten stammen, welche Werte sie annehmen können und wer daran gearbeitet hat. Gab es Zeiträume, in denen ein Datenfeed unterbrochen wurde? Hat sich die Definition einer Datenquelle im Laufe der Zeit verändert? All das müssen Sie wissen, wenn Sie die Ergebnisse über einen längeren Zeitraum hinweg vergleichen wollen.

Dies gilt insbesondere dann, wenn Sie sich auf Daten verlassen, die von anderen erzeugt werden – deren Anforderungen könnten von den Ihrigen abweichen oder sie könnten die Art und Weise ändern, wie die Daten erzeugt werden bzw. die Aktualisierung ganz einstellen. Sie müssen Ihre Datenfeeds überwachen, um dies zu erkennen. Eine zuverlässige, flexible und sichere Datenübertragungsleitung ist für den Erfolg wichtiger als spezielle Algorithmusdetails für maschinelles Lernen. Die Datenherkunft ist auch aus rechtlichen Gründen wichtig, z. B. für die Einhaltung von Datenschutzgesetzen.

Jede Aufgabe wirft Fragen zu den Daten auf: Sind die Daten für meine Aufgabe die richtigen? Erhalte ich damit ausreichend richtige Eingaben, um die Möglichkeit zu haben, ein Modell zu lernen? Enthalten sie die Ausgaben, die ich vorhersagen möchte? Wenn nicht, kann ich ein unüberwachtes Modell erstellen? Oder kann ich einen Teil der Daten mit Labels versehen und dann semiüberwachtes Lernen durchführen? Sind es relevante Daten? Es ist sicher großartig, 14 Millionen Fotos zur Verfügung zu haben, aber wenn alle Ihre Benutzer Spezialisten sind, die sich für ein bestimmtes Thema interessieren, dann ist eine allgemeine Datenbank kaum von Nutzen, denn Sie müssen Fotos zu dem spezifischen Thema zusammentragen. Wie viele Trainingsdaten sind genug? (Muss ich mehr Daten sammeln? Kann ich einige Daten löschen, um die Berechnung zu beschleunigen?) Die beste Möglichkeit, diese Fragen zu beantworten, besteht darin, eine Analogie zu einem ähnlichen Projekt mit bekannter Trainingsmenge herzustellen.

Sobald Sie angefangen haben, können Sie eine Lernkurve zeichnen (► Abbildung 19.7), um zu sehen, ob mehr Daten nötig sind oder ob sich der Lernprozess bereits auf einem Niveau eingependelt hat. Es gibt unzählige nicht fundierte Ad-hoc-Faustregeln für die Anzahl der benötigten Trainingsbeispiele: Millionen für schwierige Probleme; Tausende für durchschnittliche Probleme; Hunderte oder Tausende für jede Klasse in einem Klassifikationsproblem; 10-mal mehr Beispiele als Parameter des Modells; 10-mal mehr Beispiele als Eingabemerkmale; $O(d \log d)$ Beispiele für d Eingabemerkmale; mehr Beispiele für nichtlineare Modelle als für lineare Modelle; mehr Beispiele, wenn höhere Genauigkeit erforderlich ist; weniger Beispiele, wenn Sie Regularisierung verwenden; genügend Beispiele, um die statistische Belastbarkeit zu erreichen, die erforderlich ist, um die Nullhypothese in der Klassifikation zurückzuweisen. Alle diese Regeln sind mit Vorsicht zu genießen – ebenso wie die eigentlich sinnvolle Regel, das auszuprobieren, was in der Vergangenheit bei ähnlichen Problemen funktioniert hat.

Sie sollten bezüglich Ihrer Daten defensiv denken. Könnte die Dateneingabe mit Fehlern behaftet sein? Was ist zu tun, wenn Datenfelder fehlen? Besteht die Möglichkeit, dass einige Ihrer Kunden (oder andere Personen, von denen Sie Daten sammeln, Ihnen feindlich gesinnt sind und das System manipulieren wollen? Gibt es Rechtschreibfehler oder inkonsistente Terminologie in Textdaten? (Beziehen sich z. B. „Apple", „AAPL" und „Apple Inc." alle auf dasselbe Unternehmen?) Sie benötigen einen Prozess, um all diese potenziellen Datenfehlerquellen zu erkennen und zu korrigieren.

Wenn die Datenmenge begrenzt ist, kann eine **Datenvermehrung** Abhilfe schaffen. So könnten Sie zum Beispiel bei einer aus Bildern bestehenden Datenmenge mehrere Versionen der einzelnen Bilder erstellen, indem Sie sie drehen, verschieben, zuschneiden oder skalieren, die Helligkeit oder Farbbalance ändern oder Rauschen hinzufügen. Solange es sich dabei um kleine Änderungen handelt, sollte das Bildlabel gleich bleiben. Modelle, die auf solchen erweiterten Daten trainiert wurden, sind in der Regel robuster.

Manchmal sind viele Daten vorhanden, aber verteilt auf **nicht ausgewogene Klassen**. Eine Trainingsmenge von Kreditkartentransaktionen könnte zum Beispiel aus 10.000.000 gültigen und 1.000 betrügerischen Transaktionen bestehen. Ein Klassifikator, der unabhängig von der Eingabe „gültig" sagt, erreicht bei dieser Datenmenge eine Genauigkeit von 99,99 %. Für eine bessere Genauigkeit muss ein Klassifikator den betrügerischen Beispielen mehr Aufmerksamkeit schenken. Zur Unterstützung können Sie der Mehrheitsklasse weniger Beispiele entnehmen (**Undersampling**, d. h., einige der „gültigen" Klassenbeispiele ignorieren) oder aus der Minderheitsklasse mehr Beispiele ziehen (**Oversampling**, d. h., einige der „betrügerischen" Klassenbeispiele duplizieren). Sie können eine gewichtete Verlustfunktion verwenden, die eine härtere Strafe vorsieht, wenn ein betrügerischer Fall nicht erkannt wird.

Boosting kann ebenfalls dabei helfen, sich auf die Minderheitsklasse zu konzentrieren. Wenn Sie eine Ensemble-Methode verwenden, können Sie die Regeln, nach denen das Ensemble abstimmt, ändern und „betrügerisch" als Antwort zulassen, auch wenn nur eine Minderheit des Ensembles für „betrügerisch" stimmt. Sie können nicht ausgewogene Klassen ausgleichen, indem Sie synthetische Daten mit Techniken wie SMOTE (Chawla *et al.*, 2002) oder ADASYN (He *et al.*, 2008) erzeugen.

Sie sollten **Ausreißern** in Ihren Daten gebührende Aufmerksamkeit schenken. Ein Ausreißer ist ein Datenpunkt, der weit von den anderen Punkten entfernt ist. Wenn z. B. beim Restaurantproblem der Preis ein numerischer und kein kategorialer Wert wäre und der Preis in einem Beispiel einen Wert von 316 € hätte, während alle anderen Werte 30 € oder weniger betragen, dann wäre dieses Beispiel ein Ausreißer. Methoden, wie z. B. die lineare Regression, sind anfällig für Ausreißer, weil sie ein einziges globales lineares Modell bilden müssen, das alle Eingaben gleich berücksichtigt – sie können den Ausreißer nicht anders behandeln als andere Beispielpunkte, sodass ein einzelner Ausreißer eine große Auswirkung auf alle Parameter des Modells haben kann.

Bei Attributen wie dem Preis, bei denen es sich um positive Zahlen handelt, können wir den Effekt von Ausreißern verringern, indem wir die Daten durch Logarithmieren transformieren, sodass 20 €, 25 € und 316 € zu 1,3, 1,4 und 2,5 werden. Dies ist aus praktischer Sicht sinnvoll, weil der hohe Wert nun weniger Einfluss auf das Modell hat, sowie aus theoretischer Sicht, weil der Nutzen von Geld logarithmisch ist, wie wir in Abschnitt 16.3.2 gesehen haben.

Methoden wie Entscheidungsbäume, die aus mehreren lokalen Modellen aufgebaut sind, können Ausreißer individuell behandeln: Es spielt keine Rolle, ob der größte Wert 300 € oder 31 € ist; so oder so kann er in einem eigenen lokalen Knoten nach einem Test der Form $Kosten \leq 30$ behandelt werden. Das macht Entscheidungsbäume (und damit Random Forests und Gradient Boosting) robuster gegenüber Ausreißern.

Feature-Engineering

Nach der Korrektur von offensichtlichen Fehlern möchten Sie Ihre Daten vielleicht noch vorverarbeiten, um die Weiterverarbeitung zu erleichtern. Wir haben den Prozess der Quantisierung bereits kennengelernt: Eine Eingabe aus stetigen Werten, wie z. B. die Wartezeit, wird in festen Buckets (0–10 Minuten, 10–30, 30–60 oder >60) abgelegt. Domänenwissen kann Ihnen verraten, welche Schwellenwerte wichtig sind, z. B. der Vergleich von $Alter \geq 18$ bei der Analyse von Wahlmustern. Wir haben auch gesehen (S. 768), dass Nächste-Nachbarn-Algorithmen eine bessere Leistung zeigen, wenn die Daten auf eine Standardabweichung von 1 normalisiert sind. Bei kategorischen Attributen wie sonnig/bewölkt/regnerisch ist es oft hilfreich, die Daten in drei separate boolesche Attribute zu transformieren, von denen genau eines wahr ist (wir nennen dies eine **One-Hot-Codierung**). Dies ist besonders nützlich, wenn das Modell des maschinellen Lernens ein neuronales Netzwerk ist.

Sie können auf der Basis Ihres Domänenwissens auch neue Attribute einführen. Wenn Sie z. B. eine Datenmenge mit Kundeneinkäufen haben, die jeweils ein Datumsattribut aufweisen, können Sie die Daten um neue Attribute ergänzen, die angeben, ob das Datum ein Wochenende oder ein Feiertag ist.

Als weiteres Beispiel betrachten wir die Aufgabe, den wahren Wert von zum Verkauf stehenden Häusern zu schätzen. ▶ Abbildung 19.13 zeigt eine Miniversion dieses Problems, bei der eine lineare Regression von Hausgröße auf den geforderten Preis durchgeführt wird. Wir wollen aber eigentlich den tatsächlichen Verkaufspreis eines Hauses schätzen, nicht den geforderten Preis. Um diese Aufgabe zu lösen, benötigen wir Daten über tatsächliche Verkäufe. Das bedeutet aber nicht, dass wir die Daten über die Preisvorstellung verwerfen sollten – wir können sie als eines der Eingabemerkmale (*Features*) verwenden. Neben der Größe des Hauses benötigen wir weitere Informationen, wie Anzahl der Wohnräume, Schlafzimmer und Bäder; ob Küche und Bäder kürzlich renoviert wurden; Alter und vielleicht Renovierungsbedarf des Hauses; ob es über Zentralheizung und Klimaanlage verfügt; Größe und Zustand des Gartens.

Wir benötigen auch Informationen über das Grundstück und die Nachbarschaft. Aber wie definieren wir Nachbarschaft? Durch die Postleitzahl? Was ist, wenn eine Postleitzahl sowohl eine begehrte als auch eine weniger begehrte Nachbarschaft umfasst? Was ist mit dem Schulbezirk? Sollte der *Name* des Schulbezirks ein Merkmal sein oder die *durchschnittlichen Testergebnisse*? Gute Arbeit beim Feature-Engineering ist entscheidend für den Erfolg. Wie Domingos (2012) sagt: „Am Ende des Tages sind einige Projekte für maschinelles Lernen erfolgreich und andere scheitern. Die Faktoren, die den Unterschied ausmachen, sind mit Abstand die verwendeten Merkmale."

Explorative Datenanalyse und Visualisierung

John Tukey (1977) prägte den Begriff der **explorativen Datenanalyse** (EDA) für den Prozess der Datenuntersuchung, der darauf abzielt, die Daten besser zu verstehen und nicht um Vorhersagen zu treffen oder Hypothesen zu testen. Hierzu werden bevorzugt Visualisierungen, aber auch zusammenfassende Statistiken eingesetzt. Ein Blick auf ein paar Histogramme oder Streudiagramme verrät oft schnell, ob Daten fehlen oder fehlerhaft sind, ob Daten normalverteilt oder stark endlastig (*heavy-tailed*) sind und welches Lernmodell geeignet sein könnte.

Es kann hilfreich sein, Ihre Daten zu clustern und dann einen prototypischen Datenpunkt in der Mitte jedes Clusters zu visualisieren. Zum Beispiel könnte man in der Fotodatenmenge ein Cluster mit Katzengesichtern erkennen, nebendran ein Cluster mit schlafenden Katzen sowie weitere Cluster, die andere Objekte darstellen. Rechnen Sie damit, dass Sie zwischen Visualisierung und Modellierung mehrere Iterationen durchführen müssen. Um Cluster zu erstellen, benötigen Sie eine Abstandsfunktion, die Ihnen sagt, welche Objekte nah beieinanderliegen, aber um eine gute Abstandsfunktion zu wählen, brauchen Sie ein gewisses Gespür für die Daten.

Auch ist es hilfreich, Ausreißer zu erkennen, die weit von den Prototypen entfernt liegen. Diese können als **Kritikpunkte** am Prototypmodell betrachtet werden und Ihnen ein Gefühl dafür geben, welche Art von Fehlern Ihr System machen könnte. Ein Beispiel wäre eine Katze in einem Löwenkostüm.

Unsere Computerausgaben (Bildschirm oder Papier) sind zweidimensional, was bedeutet, dass sich zweidimensionale Daten einfach visualisieren lassen. Darüber hinaus sind unsere Augen geübt darin, dreidimensionale Daten zu verstehen, die auf zwei Dimensionen herunterprojiziert wurden. Viele Datenmengen haben jedoch Dutzende oder sogar Millionen von Dimensionen. Um diese zu visualisieren, können wir eine Dimensionsreduktion durchführen, indem wir die Daten auf eine zweidimensionale **Karte** projizieren (oder manchmal auf drei Dimensionen, die dann interaktiv erkundet werden können).[18]

Die Karte kann nicht alle Beziehungen zwischen den Datenpunkten abbilden, sollte aber die Eigenschaft haben, ähnliche Punkte in der ursprünglichen Datenmenge in der Karte nah beieinander anzuzeigen. Genau dies wird durch eine Technik namens **t-verteilte stochastische Nachbareinbettung** (**t-SNE**) erreicht. ► Abbildung 19.27 zeigt eine t-SNE-Karte der MNIST-Datenbasis zur Ziffernerkennung. Datenanalyse- und Visualisierungspakete wie Pandas, Bokeh und Tableau können Ihnen die Arbeit mit Ihren Daten erleichtern.

19.9.3 Modellauswahl und Training

Mit den bereinigten Daten an der Hand und einem intuitiven Gefühl für die Daten ist die Zeit reif, ein Modell zu erstellen. Das bedeutet, eine Modellklasse zu wählen (Random Forests? tiefe neuronale Netze? ein Ensemble?), Ihr Modell mit den Trainingsdaten zu trainieren, alle Hyperparameter der Klasse (Anzahl der Bäume? Anzahl der Schichten?) mit den Validierungsdaten abzustimmen, den Prozess zu debuggen und schließlich das Modell mit den Testdaten zu evaluieren.

18 Geoffrey Hinton gibt den hilfreichen Rat: „Um mit einem 14-dimensionalen Raum umzugehen, visualisieren Sie einen 3-D-Raum und sagen Sie sehr laut ‚vierzehn' zu sich selbst."

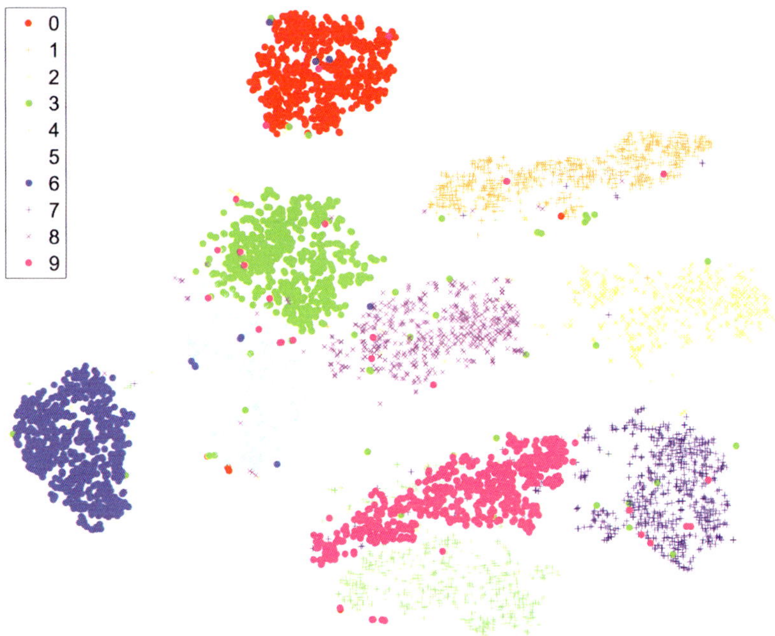

Abbildung 19.27: Eine zweidimensionale t-SNE-Karte der MNIST-Datenbasis, einer Sammlung von 60.000 Bildern handschriftlicher Ziffern, jeweils 28 × 28 Pixel groß und folglich mit 784 Dimensionen. Es lassen sich deutlich Cluster für die zehn Ziffern erkennen, inklusive einiger Verwechslungen in jedem Cluster. Zum Beispiel stehen die Datenpunkte im obersten Cluster für die Ziffer 0, auch wenn sich innerhalb der Grenzen des Clusters einige Datenpunkte befinden, die die Ziffern 3 und 6 repräsentieren. Der t-SNE-Algorithmus findet eine Darstellung, die die Unterschiede zwischen den Clustern hervorhebt.

Es gibt keinen garantierten Weg, die beste Modellklasse auszuwählen, aber es gibt einige grobe Richtwerte. Random Forests sind gut, wenn es eine große Menge kategorialer Merkmale gibt, von denen viele Ihrer Meinung nach irrelevant sein könnten. Nichtparametrische Methoden sind gut, wenn Sie viele Daten und kein Vorwissen haben und sich nicht zu viele Gedanken über die Auswahl der richtigen Merkmale machen wollen (solange es weniger als 20 oder so sind). Allerdings liefern nichtparametrische Methoden in der Regel eine Funktion h, die in der Ausführung teurer ist.

Die logistische Regression bietet sich an, wenn die Daten linear separierbar sind oder durch geschicktes Feature-Engineering in eine solche Form gebracht werden können. Support-Vector-Maschinen sind eine gute Methode, wenn die Datenmenge nicht zu groß ist. Sie ist bei separierbaren Daten von der Leistung her der logistische Regression vergleichbar und kann bei hochdimensionalen Daten sogar besser sein. Probleme, die mit Mustererkennung zu tun haben, wie z. B. Bild- oder Sprachverarbeitung, versucht man am häufigsten, mit tiefen neuronalen Netzen zu lösen (siehe Kapitel 21).

Hyperparameter wählen Sie am besten durch Kombinieren von Erfahrung – das zu tun, was bei ähnlichen Problemen in der Vergangenheit gut funktioniert hat – und Suche: Experimente mit mehreren möglichen Werten für die Hyperparameter durchführen. Durch weitere Experimente werden Sie Anstöße erhalten, auch andere Modelle auszuprobieren. Wenn Sie jedoch die Leistung auf den Validierungsdaten messen, eine neue Idee bekommen und weitere Experimente durchführen, besteht die Gefahr einer Überanpassung der Validierungsdaten. Wenn Sie genügend Daten haben, sollten Sie mehrere separate Validierungsmengen erzeugen, um dieses Problem zu vermeiden. Dies gilt vor allem dann, wenn Sie die Validierungsdaten mit dem Auge prüfen, anstatt sie nur maschinell auszuwerten.

Nehmen wir an, Sie erstellen einen Klassifikator – zum Beispiel ein System zur Klassifikation von Spam-E-Mails. Die Einstufung einer zulässigen E-Mail als Spam wird als falsch positiv bezeichnet. Es gibt einen Kompromiss zwischen falsch positiv und falsch negativ (d. h. der Einstufung einer Spam-E-Mail als zulässig). Je mehr zulässige E-Mails Sie dabei aus dem Spam-Ordner heraushalten wollen, desto mehr Spam-Mails werden zwangsläufig im Posteingang abgelegt. Wie könnte ein solcher Kompromiss im Optimalfall aussehen? Sie können verschiedene Werte für die Hyperparameter ausprobieren und erhalten unterschiedliche Fehlerraten für die beiden Fehlertypen – verschiedene Punkte bei diesem Kompromiss. Ein Graph, die sogenannte **ROC-Kurve** (*Receiver Operating Characteristic*, Grenzwertoptimierungskurve), stellt die falsch positiven Beispiele den echt positiven gegenüber, und zwar für jeden Wert des Hyperparameters, was Ihnen hilft, die Werte zu visualisieren, die eine gute Wahl für den Kompromiss wären. Eine Metrik namens „Fläche unter der ROC-Kurve" oder **AUC** (*Area Under ROC-Curve*) liefert Zusammenfassung der ROC-Kurve mit einer einzigen Zahl, was nützlich ist, wenn Sie ein System einsetzen und jeden Benutzer seinen Kompromisspunkt wählen lassen wollen.

Ein weiteres hilfreiches Visualisierungstool für Klassifikationsprobleme ist eine **Konfusionsmatrix**. Dies ist eine zweidimensionale Tabelle, in der eingetragen ist, wie oft jede Kategorie klassifiziert oder fehlklassifiziert wurde, und zwar für jeweils alle anderen Kategorien.

Es kann Kompromisse auch bei anderen Faktoren als der Verlustfunktion geben. Wenn Sie ein Vorhersagemodell für Börsen trainieren können, das Ihnen bei jedem Handel 10 € einbringt, ist das großartig – aber nicht, wenn Sie die Berechnung der einzelnen Vorhersagen jeweils 20 € kostet. Ein maschinelles Übersetzungsprogramm, das auf Ihrem Smartphone läuft und Ihnen erlaubt, Straßenschilder im Ausland zu lesen, ist hilfreich – aber nicht, wenn der Akku nach einer Stunde bereits leer ist. Behalten Sie den Überblick über alle Faktoren, die zur Akzeptanz oder Ablehnung Ihres Systems führen, und entwerfen Sie einen Prozess, der es Ihnen erlaubt, die Schritte von der Entwicklung einer neuen Idee über die Durchführung von entsprechenden Experimenten bis zur Auswertung der Ergebnisse schnell zu wiederholen, um zu sehen, ob Sie Fortschritte gemacht haben. Diesen Iterationsprozess schnell zu machen, ist einer der wichtigsten Faktoren für den Erfolg beim maschinellen Lernen.

19.9.4 Vertrauen, Interpretierbarkeit und Erklärbarkeit

Wir haben eine Methode des maschinellen Lernens beschrieben, bei der Sie Ihr Modell mithilfe von Trainingsdaten entwickeln, Hyperparameter mit Validierungsdaten wählen und eine endgültige Metrik mit Testdaten erhalten. Ein gutes Abschneiden bei dieser Metrik ist erforderlich, reicht aber nicht aus, damit Sie Ihrem Modell absolut **vertrauen** können. Und nicht nur Sie, sondern auch andere Projektbeteiligte wie Aufsichtsbehörden, Gesetzgeber, die Presse und, last not least, Ihre Benutzer haben ein großes Interesse daran, dass Ihr System sich durch Vertrauenswürdigkeit auszeichnet (sowie durch verwandte Attribute wie Zuverlässigkeit, Haftbarkeit und Sicherheit).

Da ein System zum maschinellen Lernen immer auch ein Softwareprogramm ist, können Sie mit allen Standardwerkzeugen zur Verifizierung und Validierung das Vertrauen in Ihr Softwaresystem erhöhen:

- **Quellcodekontrolle**: Systeme für Versionskontrolle, Kompilation und Fehler-/Problemverfolgung.
- **Testen**: Unit-Tests für alle Komponenten, die sowohl einfache kanonische als auch knifflige kontradiktorische Fälle abdecken, Fuzz-Tests (bei denen zufällige Eingaben generiert werden), Regressionstests, Lasttests und Systemintegrationstests: All diese Tests sind für jedes Softwaresystem wichtig. Beim maschinellen Lernen gibt es außerdem Tests für die Trainings-, Validierungs- und Testdatenmengen.

- **Review**: Code-Analysen und -Reviews, Datenschutz-Reviews, Fairness-Reviews (siehe Abschnitt 27.3.3) und andere Rechtssicherheit-Reviews.
- **Monitoring**: Dashboards und Warnmeldungen, um sicherzustellen, dass das System jetzt und auch in Zukunft mit hoher Genauigkeit arbeitet.
- **Haftung**: Was passiert, wenn das System falsch liegt? Wie kann man die Entscheidung des Systems anfechten oder Beschwerde einlegen? Wie können wir nachvollziehen, wer für den Fehler verantwortlich war? Die Gesellschaft erwartet, dass Banken, Politiker und Gesetzgeber für die von ihnen getroffenen Entscheidungen Verantwortung übernehmen (was nicht immer der Fall ist), und dies erwarten wir auch von den Softwaresystemen einschließlich ML-Systeme.

Darüber hinaus gibt es einige Faktoren, die speziell für Systeme des maschinellen Lernens wichtig sind und die wir im Folgenden näher ausführen werden.

Interpretierbarkeit: Wir sagen, dass ein ML-Modell **interpretierbar** ist, wenn Sie das tatsächliche Modell untersuchen können und verstehen, warum es eine bestimmte Antwort für eine bestimmte Eingabe erhalten hat und wie sich die Antwort ändern würde, wenn sich die Eingabe ändert.[19] Entscheidungsbaummodelle gelten als hochgradig interpretierbar. Wir können verstehen, dass das Verfolgen des Pfads $Gäste = Voll$ und $GeschätzteWartezeit = 0 - 10$ in einem Entscheidungsbaum zu der Entscheidung *warten* führt. Ein Entscheidungsbaum ist aus zwei Gründen interpretierbar. Erstens haben wir Menschen Erfahrung im Verstehen von WENN/DANN-Regeln. (Im Gegensatz dazu ist es für uns Menschen sehr schwierig, das Ergebnis einer Matrixmultiplikation gefolgt von einer Aktivierungsfunktion intuitiv zu verstehen, wie es in einigen neuronalen Netzwerkmodellen der Fall ist.) Zweitens wurde der Entscheidungsbaum mehr oder weniger so konstruiert, dass er interpretierbar ist – als Wurzel des Baums wurde das Attribut mit dem höchsten Informationsgewinn gewählt.

Lineare Regressionsmodelle gelten ebenfalls als interpretierbar. Gemäß einem Modell zur Vorhersage der Miete für eine Wohnung können wir feststellen, dass für jedes hinzugefügte Schlafzimmer die Miete um 500 € steigt. Die Antwort auf „Wie wird sich die Ausgabe ändern, wenn ich x ändere?" bildet den Kern der Interpretierbarkeit. Natürlich sollte man Korrelation nicht mit Kausalität verwechseln, weshalb interpretierbare Modelle eher beantworten, *was* der Fall ist, aber nicht unbedingt, *warum* es der Fall ist.

Erklärbarkeit: Ein erklärbares Modell ist eines, das Ihnen helfen kann, die Frage „*warum* wurde diese Ausgabe für diese Eingabe erzeugt?" zu verstehen. In unserer Terminologie ergibt sich die Interpretierbarkeit aus der Inspektion des tatsächlichen Modells, während die Erklärbarkeit durch einen separaten Prozess bereitgestellt werden kann. Das heißt, das Modell selbst kann eine schwer zu verstehende Blackbox sein, aber ein Erklärungsmodul kann zusammenfassen, was das Modell tut. Bei einem neuronalen Netzwerk zur Bilderkennung, das ein Bild als *Hund* klassifiziert, könnten wir, wenn wir versuchen würden, das Modell direkt zu interpretieren, bestenfalls so etwas herausbekommen wie: „Nach der Verarbeitung der Konvolutionsschichten war die Aktivierung für die Ausgabe *Hund* in der Softmax-Schicht höher als für jede andere Klasse." Das ist kein sehr überzeugendes Argument. Aber ein separates Erklärungsmodul könnte in der Lage sein, das neuronale Netzwerkmodell zu untersuchen, und die folgende Erklärung liefern: „Es hat vier Beine, Fell, einen Schwanz, Schlappohren und eine lange Schnauze; es ist kleiner als ein Wolf und es liegt auf einem Hundebett, also denke ich, dass es ein Hund ist." Erklärungen sind eine Möglichkeit, Vertrauen aufzubauen, und einige Verordnungen wie die europäische GDPR (*General Data Protection Regulation*) verlangen von den Systemen, Erklärungen zu liefern.

19 Diese Terminologie ist nicht allgemein akzeptiert; einige Autoren verwenden „interpretierbar" und „erklärbar" synonym, wobei sich beide Begriffe auf das Erreichen einer Art von Modellverständnis beziehen.

Als Beispiel für ein separates Erklärungsmodul sei das System der lokalen interpretierbaren modellagnostischen Erklärungen (LIME) genannt, das folgendermaßen funktioniert: Unabhängig von der verwendeten Modellklasse erstellt LIME ein interpretierbares Modell (oft einen Entscheidungsbaum oder ein lineares Modell), das eine Annäherung an Ihr Modell darstellt, und interpretiert dann das lineare Modell, um Erklärungen zu erzeugen, aus denen hervorgeht, wie wichtig jedes Merkmal ist. LIME erreicht dies, indem es das maschinengelernte Modell als eine Blackbox behandelt und es mit verschiedenen zufälligen Eingabewerten ausprobiert, um eine Datenmenge zu erstellen, aus dem das interpretierbare Modell erstellt werden kann. Dieser Ansatz ist für strukturierte Daten geeignet, aber nicht für Dinge wie Bilder, bei denen jedes Pixel ein Merkmal, aber kein Pixel für sich allein „wichtig" ist.

Manchmal wählen wir eine Modellklasse aufgrund ihrer Erklärbarkeit. So könnten wir beispielsweise Entscheidungsbäume den neuronalen Netzwerken vorziehen, und zwar nicht weil sie eine höhere Genauigkeit haben, sondern weil wir aufgrund der Erklärbarkeit mehr Vertrauen darin haben.

Eine einfache Erklärung kann jedoch ein falsches Gefühl der Sicherheit vermitteln. Denn schließlich entscheiden wir uns normalerweise für den Einsatz eines ML-Modells (und nicht für ein handgeschriebenes traditionelles Programm), weil das Problem, das wir zu lösen versuchen, von Natur aus komplex ist und wir nicht wissen, wie man ein traditionelles Programm schreibt. In diesem Fall sollten wir nicht erwarten, dass es automatisch immer eine einfache Erklärung für jede Vorhersage gibt.

Wenn Sie ein Modell des maschinellen Lernens in erster Linie zu dem Zweck erstellen, die Domäne zu verstehen, dann helfen Ihnen Interpretierbarkeit und Erklärbarkeit dabei. Wenn Sie aber einfach nur das leistungsfähigste Softwareprogramm wollen, dann vermitteln Tests vielleicht mehr Vertrauen als Erklärungen. Wem würden Sie eher vertrauen: einem Experimentalflugzeug, das noch nie geflogen ist, aber über eine detaillierte Erklärung verfügt, warum es sicher ist, oder einem Flugzeug, das bereits 100 Flüge sicher absolviert hat und sorgfältig gewartet wurde, aber keine garantierte Erklärung bietet?

19.9.5 Betrieb, Monitoring und Wartung

Sobald Sie mit der Leistung Ihres Modells zufrieden sind, können Sie es bei Ihren Benutzern einsetzen. Dabei werden Sie mit weiteren Herausforderungen konfrontiert. Erstens gibt es das Problem der **Long-Tail**-Benutzereingaben. Sie haben Ihr System vielleicht auf einer großen Testmenge getestet, aber wenn Ihr System beliebt ist, werden Sie bald Eingaben sehen, auf die Sie noch nie getestet haben. Sie müssen wissen, ob Ihr Modell für diese Eingaben gut generalisiert, was bedeutet, dass Sie Ihre Leistung anhand von Live-Daten **überwachen** müssen (Monitoring) – indem Sie Statistiken verfolgen, ein Dashboard anzeigen und Warnungen ausgeben, wenn wichtige Metriken unter einen Schwellenwert fallen. Zusätzlich zur automatischen Aktualisierung der Statistiken über Benutzerinteraktionen müssen Sie möglicherweise Personal einstellen und schulen, die sich Ihr System ansehen und bewerten, wie gut es funktioniert.

Zweitens gibt es das Problem der **Nicht-Stationarität** – die Welt verändert sich mit der Zeit. Angenommen, Ihr System klassifiziert E-Mails als Spam oder Nicht-Spam. Sobald Sie einen Satz von Spam-Nachrichten erfolgreich als Spam klassifiziert haben, registrieren die Spammer das und ändern ihre Taktik, indem sie eine neue Art von Nachrichten senden, die Sie noch nicht gesehen haben. Aber auch Nicht-Spam entwickelt sich weiter, da die Benutzer ihr Nutzerverhalten ändern und von E-Mail- auf Messaging-Dienste oder von Desktop- auf mobile Dienste umsteigen.

Tests zu Merkmalen (Features) und Daten
(1) Merkmalserwartungen werden in einem Schema festgehalten. (2) Alle Merkmale sind nützlich. (3) Die Kosten für das Merkmal sind nicht zu hoch. (4) Merkmale halten sich an die Anforderungen der Metaebene. (5) Die Datenpipeline verfügt über angemessene Datenschutzkontrollen. (6) Neue Merkmale können schnell hinzugefügt werden. (7) Der gesamte eingegebene Merkmal-Code wird getestet.

Tests zur Modellentwicklung
(1) Jede Modellspezifikation wird einem Code-Review unterzogen. (2) Jedes Modell wird in ein Repository eingecheckt. (3) Offline-Proxy-Metriken korrelieren mit tatsächlichen Metriken. (4) Alle Hyperparameter wurden abgestimmt. (5) Die Auswirkungen veralteter Modelle sind bekannt. (6) Ein einfacheres Modell ist nicht besser. (7) Die Modellqualität ist auf allen wichtigen Datenschnitten ausreichend. Das Modell wurde auf Beachtung von Inklusion getestet.

Tests zur Infrastruktur des maschinellen Lernens
(1) Das Training ist reproduzierbar. (2) Der Code für die Modellspezifikation wurde einem Unit-Test unterzogen. (3) Die gesamte ML-Pipeline wurde einem Integrationstest unterzogen (4) Vor Inbetriebnahme wird die Qualität des Modells validiert. (5) Das Modell erlaubt Debugging durch Überprüfung der Schritt-für-Schritt-Berechnung von Training oder Inferenz auf einem einzelnen Beispiel. (6) Modelle werden mittels eines Canary-Prozesses getestet, bevor sie in Produktion-Serving-Umgebungen gelangen. (7) Modelle können schnell und sicher auf eine frühere Serving-Version zurückgesetzt werden.

Monitoring-Test zu maschinellem Lernen
(1) Abhängigkeitsänderungen führen zu einer Benachrichtigung. (2) Dateninvarianten gelten in Trainings- und Serving-Eingaben. (3) Trainings- und Serving-Merkmale berechnen die gleichen Werte. (4) Modelle sind nicht zu alt. (5) Das Modell ist numerisch stabil. (6) Das Modell hat keine Regressionen in Trainingsgeschwindigkeit, Serving-Latenz, Durchsatz oder RAM-Nutzung erfahren. (7) Das Modell hat keine Regression in der Vorhersagequalität bei bearbeiteten Daten erfahren.

Abbildung 19.28: Eine Reihe von Kriterien, um zu sehen, wie gut Sie Ihr ML-Modell mit ausreichenden Tests einsetzen. Gekürzt aus Breck *et al.* (2016), wo außerdem eine Scoring-Metrik bereitgestellt wird.

Sie werden immer wieder vor der Frage stehen, was besser ist: ein Modell, das gut getestet wurde, aber aus älteren Daten erstellt wurde, oder ein Modell, das aus den neuesten Daten erstellt wurde, aber noch keinem Test unterzogen wurde. Verschiedene Systeme haben unterschiedliche Anforderungen an Aktualität: Einige Probleme profitieren von einem täglich oder sogar stündlich neu bereitgestellten Modell, während andere Probleme das gleiche Modell über Monate hinweg beibehalten können. Wenn Sie jede Stunde ein neues Modell bereitstellen, ist es unpraktisch, bei jeder Aktualisierung eine umfangreiche Testsuite und einen manuellen Überprüfungsprozess durchzuführen. Sie werden den Test- und Freigabeprozess automatisieren müssen, sodass kleine Änderungen automatisch genehmigt werden, während größere Änderungen eine entsprechende Überprüfung auslösen. Sie können abwägen zwischen einem Onlinemodell, bei dem neue Daten das bestehende Modell inkrementell modifizieren, und einem Offlinemodell, bei dem für jede neue Version von Grund auf ein neues Modell erstellt werden muss.

Leider ändern sich nicht nur die Daten, sondern es werden zum Beispiel neue Wörter in Spam-E-Mails verwendet. Es kann sich auch das gesamte Datenschema ändern. Am Anfang klassifizieren Sie vielleicht nur Spam-E-Mails und müssen dann später zunehmend auch Spam-Textnachrichten, Spam-Sprachnachrichten, Spam-Videos usw. klassifizieren. ► Abbildung 19.28 zeigt ein allgemeines Bewertungsschema, das den Anwender bei der Wahl der geeigneten Test- und Monitoringstufe unterstützt.

ZUSAMMENFASSUNG

Dieses Kapitel hat Sie anhand von Beispielen in das maschinelle Lernen eingeführt, wobei der Schwerpunkt auf dem überwachten Lernen lag. Die wichtigsten Punkte sind:

- Lernen kann auf vielerlei Arten erfolgen und orientiert sich an der Art des Agenten, der zu verbessernden Komponente und dem verfügbaren Feedback.
- Wenn das verfügbare Feedback für Beispieleingaben die richtige Antwort liefert, wird das Lernproblem als **überwachtes Lernen** bezeichnet. Die Aufgabe besteht darin, eine Funktion $y = h(x)$ zu lernen. Das Lernen einer Funktion, deren Ausgabe ein stetiger oder geordneter Wert ist (wie *gewicht*), wird als **Regression** bezeichnet, das Lernen einer Funktion mit einer kleinen Anzahl möglicher Ausgabekategorien als **Klassifikation**;
- Wir wollen eine Funktion lernen, die nicht nur mit den jetzigen Daten, sondern möglichst auch mit zukünftigen Daten übereinstimmt. Dazu müssen wir Datenübereinstimmung gegen Einfachheit der Hypothese abwägen.
- **Entscheidungsbäume** können alle booleschen Funktionen darstellen. Die Heuristik des **Informationsgewinns** bietet eine effiziente Methode zum Ermitteln eines einfachen, konsistenten Entscheidungsbaums.
- Die Leistung eines Lernalgorithmus kann durch eine **Lernkurve** visualisiert werden, die die Vorhersagegenauigkeit für die **Testmenge** in Abhängigkeit von der Größe der **Trainingsmenge** zeigt.
- Wenn mehrere Modelle zur Auswahl stehen, kann die **Modellauswahl** gute Werte für die Hyperparameter liefern, was durch **Kreuzvalidierung** auf den Validierungsdaten bestätigt wird. Sobald die Hyperparameterwerte ausgewählt sind, erstellen wir mithilfe aller Trainingsdaten unser bestes Modell.
- Manchmal sind nicht alle Fehler gleich. Eine **Verlustfunktion** sagt uns, wie schwerwiegend die einzelnen Fehler sind. Das Ziel besteht darin, den Verlust über eine Validierungsmenge zu minimieren.
- Die **Theorie des computergestützten Lernens** analysiert die Stichprobenkomplexität und die Berechnungskomplexität des induktiven Lernens. Es besteht ein Kompromiss zwischen der Aussagekraft des Hypothesenraums und der Einfachheit des Lernens.
- Die **lineare Regression** ist ein weit verbreitetes Modell. Die optimalen Parameter eines linearen Regressionsmodells lassen sich genau berechnen oder durch eine Gradientenabstiegssuche ermitteln, eine Technik, die auf Modelle angewendet werden kann, für die es keine Lösung in geschlossener Form gibt.
- Ein linearer Klassifikator mit einem harten Schwellenwert – auch bekannt als **Perzeptron** – kann durch eine einfache Gewichtungsaktualisierungsregel so trainiert werden, dass er sich den Daten anpasst, die **linear separierbar** sind. In anderen Fällen konvergiert die Regel nicht.
- Die **logistische Regression** ersetzt den harten Schwellenwert des Perzeptrons durch einen weichen Schwellenwert, der durch eine logistische Funktion definiert wird. Der Gradientenabstieg funktioniert auch gut bei verrauschten Daten, die nicht linear separierbar sind.
- **Nichtparametrische Modelle** verwenden für jede Vorhersage alle Daten, anstatt zu versuchen, die Daten mit ein paar Parametern zusammenzufassen. Beispiele sind **Nächste-Nachbarn-Modelle** und **lokal gewichtete Regression**.

- **Support-Vector-Maschinen** ermitteln lineare Separatoren mit **maximalem Margin**, um die Generalisierungsleistung des Klassifikators zu verbessern. **Kernelmethoden** transformieren die Eingabedaten implizit in einen hochdimensionalen Raum, in dem ein linearer Separator existieren kann, selbst wenn die ursprünglichen Daten nicht linear separierbar sind.
- Ensemble-Methoden wie **Bagging** und **Boosting** schneiden oft besser ab als Einzelmethoden. Beim **Onlinelernen** können wir die Meinungen von Experten zusammenfassen, um der Leistung des besten Experten beliebig nahe zu kommen, auch wenn sich die Verteilung der Daten ständig ändert.
- Die Erstellung eines guten Modells zum maschinellen Lernen erfordert Erfahrung im gesamten Entwicklungsprozess, vom Datenmanagement über die Modellauswahl und -optimierung bis hin zur kontinuierlichen Wartung.

Bibliografische und historische Anmerkungen

In Kapitel 1 wurde ein Abriss der der philosophischen Betrachtungen zum induktiven Lernen gegeben. Wilhelm von Ockham (1280–1349), dem einflussreichsten Philosophen seines Jahrhunderts und wichtigsten Vertreter der mittelalterlichen Erkenntnistheorie, Logik und Metaphysik, wird ein Satz zugeschrieben, der „Ockham's Razor" (Ockhams Rasiermesser) genannt wird. Dieser lautet auf Lateinisch: *Entia non sunt multiplicanda praeter necessitatem* und auf Deutsch: „Entitäten dürfen nicht über das Notwendige hinaus vermehrt werden." Leider ist dieser lobenswerte Ratschlag nirgends in seinen Schriften in genau diesem Wortlaut festgehalten (obwohl er auch sagte: „Pluralitas non est ponenda sine necessitate" bzw. „Pluralität sollte nicht ohne Notwendigkeit postuliert werden"). Ein ähnlicher Gedanke wurde von Aristoteles 350 v. Chr. in *Physik*, Buch I, Kapitel VI, geäußert: „Denn das Beschränktere ist, wenn es angemessen ist, immer vorzuziehen."

David Hume (1711–1776) formulierte das *Problem der Induktion* basierend auf seiner Erkenntnis, dass das Generalisieren anhand von Beispielen die Möglichkeit von Fehlern zulässt, wie es die logische Deduktion nicht tut. Er erkannte, dass es keine Möglichkeit für eine garantiert korrekte Lösung des Problems gab und schlug deshalb das Prinzip der *Gleichförmigkeit der Natur* vor, das wir als *Stationarität* bezeichnen. Worauf Ockham und Hume hinauswollten, ist, dass wir bei der Induktion aus einer Vielzahl von konsistenten Modellen eines auswählen, das wahrscheinlicher ist – weil es einfacher ist und unseren Erwartungen entspricht. In der heutigen Zeit besagt das *Nichts-ist-umsonst*-Theorem (Wolpert und Macready, 1997; Wolpert, 2013), dass, wenn ein Lernalgorithmus bei einer bestimmten Menge von Problemen gut abschneidet, dies nur deshalb der Fall ist, weil er bei einer anderen Menge schlecht abschneidet: Wenn unser Entscheidungsbaum das Warteverhalten von SR im Restaurant korrekt vorhersagt, muss er bei einer anderen hypothetischen Person, die bei den unbeobachteten Eingaben das entgegengesetzte Warteverhalten zeigt, schlecht abschneiden.

Maschinelles Lernen war eine der Schlüsselideen bei der Geburt der Informatik. Alan Turing (1947) nahm dies vorweg, indem er sagte: „Nehmen wir an, wir haben eine Maschine mit bestimmten anfänglichen Anweisungstabellen eingerichtet, die so konstruiert sind, dass sie, sofern ein guter Grund vorliegt, diese Tabellen ändern können." Arthur Samuel (1959) definierte, während er ein lernendes Programm für das Damespiel entwickelte, maschinelles Lernen als das „Studiengebiet, das Computern die Fähigkeit verleiht, zu lernen, ohne explizit programmiert zu werden".

EPAM (*Elementary Perceiver And Memorizer*; Feigenbaum, 1961) verwendete als eines der ersten Systeme **Entscheidungsbäume** und war ein Simulationsmodell menschlichen Konzeptlernens. ID3 (Quinlan, 1979) fügte das entscheidende Konzept hinzu, das Attribut mit der maximalen Entropie zu wählen. Die Konzepte der Entropie und der Informationstheorie wurden von Claude Shannon entwickelt, um die Kommunikationsstudien zu stützen (Shannon und Weaver, 1949). (Shannon steuerte auch eines der ersten Beispiele für maschinelles Lernen bei, und zwar eine mechanische Maus namens Theseus, die mittels Versuch und Irrtum lernte, ein Labyrinth zu durchqueren.) Die χ^2-Methode des Baumkürzens wurde von Quinlan (1986) beschrieben. Eine Beschreibung von C4.5, einem leistungsstarken Entscheidungsbaumpaket, finden Sie in Quinlan (1993). Ein alternatives leistungsstarkes Softwarepaket CART (für *Classification and Regression Trees*), wurde von dem Statistiker Leo Breiman und seinen Kollegen entwickelt (Breiman *et al.*, 1984).

Hyafil und Rivest (1976) haben bewiesen, dass das Finden eines *optimalen* Entscheidungsbaums (und nicht das Finden eines guten Baums durch lokal gierige Selektionen) NP-vollständig ist. Bertsimas und Dunn (2017) weisen jedoch darauf hin, dass die Fortschritte der letzten 25 Jahre in Hardwaredesign und den Algorithmen für die ganzzahlige lineare Programmierung zu einer 800-milliardenfachen Beschleunigung geführt haben, was bedeutet, dass es jetzt möglich ist, dieses NP-schwere Problem zumindest für Probleme mit nicht mehr als ein paar Tausend Beispielen und ein paar Dutzend Merkmalen zu lösen.

Die **Kreuzvalidierung** wurde erstmals von Larson (1931) eingeführt, und zwar in einer Form, die der von Stone (1974) und Golub *et al.* (1979) gezeigten nahe kommt. Das Regularisierungsverfahren geht auf Tikhonov (1963) zurück.

Zur Frage der Überanpassung wurde John von Neumann zitiert (Dyson, 2004), der sich rühmte: „Mit vier Parametern kann ich einen Elefanten anpassen, und mit fünf kann ich ihn mit dem Rüssel wackeln lassen“, was bedeutet, dass ein Polynom hohen Grads an fast alle Daten angepasst werden kann, allerdings um den Preis einer potenziellen Überanpassung. Mayer *et al.* (2010) zeigten, dass er recht hatte, indem sie einen Elefanten mit vier Parametern und ein Wackeln mit fünf Parametern demonstrierten, und Boué (2019) ging sogar noch weiter und demonstrierte einen Elefanten und andere Tiere mit einer chaotischen Funktion mit einem Parameter.

Zhang *et al.* (2016) analysieren, unter welchen Bedingungen sich ein Modell die Trainingsdaten merken kann. Sie führen Experimente mit zufälligen Daten durch – ein Algorithmus, der bei einer Trainingsmenge mit zufälligen Labels null Fehler macht, muss sich wohl die Datenmenge merken. Sie kommen jedoch zu dem Schluss, dass in diesem Bereich noch ein genaues Maß für die Einstufung eines Modells als „einfach“ im Sinne von Ockham's Razor gefunden werden muss. Arpit *et al.* (2017) zeigen, dass die Bedingungen, unter denen Memorisierung erfolgen kann, davon abhängen, wie detailliert sowohl das Modell als auch die Datenmenge ist.

Belkin *et al.* (2019) diskutieren das Verzerrung-Varianz-Dilemma beim maschinellen Lernen und warum sich einige Modellklassen nach Erreichen des Interpolationspunkts weiter verbessern, während andere eine U-förmige Kurve aufweisen. Berrada *et al.* (2019) entwickeln einen neuen Lernalgorithmus auf Basis des Gradientenabstiegs, der die Merkfähigkeit von Modellen ausnutzt, um gute Werte für den Hyperparameter der Lernrate zu finden.

Die theoretische Analyse von Lernalgorithmen begann mit der Arbeit von Gold (1967) zur **Identifikation im Grenzbereich**. Dieser Ansatz beruhte zum Teil auf Modellen der wissenschaftlichen Forschung im Bereich Wissenschaftstheorie (Popper, 1962), wurde aber hauptsächlich auf das Lernen von Grammatiken aus Beispielsätzen angewandt (Osherson *et al.*, 1986).

Während sich der Ansatz der Identifikation im Grenzbereich auf eine eventuelle Konvergenz konzentriert, versucht die Analyse der **Kolmogorow-Komplexität** oder **algorithmischen Komplexität**, die unabhängig voneinander von Solomonoff (1964, 2009) und Kolmogorow (1965) entwickelt wurde, eine formale Definition für den in Ockham's Razor verwendeten Begriff der Einfachheit zu liefern. Um das Problem zu umgehen, dass Einfachheit von der Darstellung der Informationen abhängt, wird vorgeschlagen, Einfachheit an der Länge des kürzesten Programms für eine universelle Turing-Maschine zu messen, das die beobachteten Daten korrekt reproduziert. Obwohl es viele mögliche universelle Turing-Maschinen und folglich viele mögliche „kürzeste" Programme gibt, unterscheiden sich diese Programme in ihrer Länge höchstens um eine Konstante, die unabhängig von der Datenmenge ist. Diese schöne Erkenntnis, die im Wesentlichen zeigt, dass *jede* anfängliche Repräsentationsverzerrung schließlich durch die Daten behoben wird, wird nur durch die Unentscheidbarkeit der Berechnung der kürzesten Programmlänge getrübt. Stattdessen können Näherungsmaße wie die **minimale Beschreibungslänge** (*Minimum Description Length*, MDL; Rissanen, 1984, 2007) verwendet werden, die in der Praxis bereits hervorragende Ergebnisse erzielt haben. Zur Vertiefung dieses Themas sei der Text von Li und Vitanyi (2008) als die beste Quelle zur Kolmogorow-Komplexität empfohlen.

Die Theorie des **PAC-Lernens** geht auf Leslie Valiant (1984) zurück, der die Bedeutung der Berechnungs- und Beispielkomplexität betonte. Zusammen mit Michael Kearns (1990) zeigte Valiant, dass das PAC-Lernen für mehrere Konzeptklassen nicht effizient machbar ist, obwohl genügend Informationen in den Beispielen vorhanden sind. Einige positive Ergebnisse wurden für Klassen erzielt wie etwa Entscheidungslisten (Rivest, 1987).

In der Statistik gibt es eine eigenständige Tradition der Stichprobenkomplexitätsanalyse, die auf den Arbeiten zur **einheitlichen Konvergenztheorie** (Vapnik und Chervonenkis, 1971) aufbaut. Die sogenannte **VC-Dimension** stellt ein Maß dar, das in etwa dem $\ln|\mathcal{H}|$-Maß aus der PAC-Analyse entspricht, aber allgemeinerer Natur ist. Die VC-Dimension kann auf stetige Funktionsklassen angewendet werden, auf die die Standard-PAC-Analyse nicht anwendbar ist. Die PAC-Lerntheorie und die VC-Theorie wurde zuerst von den „vier Deutschen" (von denen tatsächlich niemand ein Deutscher ist) in Verbindung gebracht: Blumer, Ehrenfeucht, Haussler und Warmuth (1989).

Die **lineare Regression** mit quadratischem Fehlerverlust geht auf Legendre (1805) und Gauß (1809) zurück, die beide an der Vorhersage von Umlaufbahnen um die Sonne arbeiteten. (Gauß behauptete, die Technik seit 1795 zu verwenden, sie aber erst später veröffentlicht zu haben.) Die moderne Verwendung der multivariablen Regression für maschinelles Lernen wird in Texten wie dem von Bishop (2007) behandelt. Die Unterschiede zwischen L_1- und L_2-Regularisierung werden von Ng (2004) und Moore und DeNero (2011) analysiert.

Der Begriff **logistische Funktion** stammt von dem Statistiker Pierre-François Verhulst (1804–1849), der die Kurve verwendete, um das Bevölkerungswachstums bei begrenzten Ressourcen zu modellieren, ein realistischeres Modell als das uneingeschränkte geometrische Wachstum, das Thomas Malthus vorgeschlagen hatte. Verhulst nannte diese Kurve *courbe logistique*, wegen ihrer Beziehung zur logarithmischen Kurve. Der Begriff **Fluch der Dimensionalität** stammt von Richard Bellman (1961).

Die **logistische Regression** kann mit Gradientenabstieg oder mit der Newton-Raphson-Methode (Newton, 1671; Raphson, 1690) gelöst werden. Eine Variante der Newton-Methode namens L-BFGS wird oft für hochdimensionale Probleme verwendet, wobei das L für *limited memory* (begrenzter Speicher) steht, d. h., es werden nicht die vollständigen Matrizen auf einmal erstellt, sondern Teilmatrizen nach Bedarf. BFGS sind die Initialen der Autoren (Byrd *et al.*, 1995). Die Idee des Gradientenabstiegs geht auf Cauchy (1847) zurück; der stochastische Gradientenabstieg (SGD) wurde von Robbins und Monro (1951) in die statistische Optimierung eingeführt, von Rosenblatt (1960) für neuronale Netze wiederentdeckt und fand durch Bottou und Bousquet (2008) weite Verbreitung beim breit angelegten maschinellen Lernen. Bottou *et al.* (2018) betrachten erneut das Thema breit angelegtes Lernen mit einem Jahrzehnt zusätzlicher Erfahrung.

Nächste-Nachbarn-Modelle reichen bis mindestens Fix und Hodges (1951) zurück und sind seitdem zu einem Standardwerkzeug in der Statistik und Mustererkennung geworden. In der KI fanden sie vor allem weite Verbreitung durch Stanfill und Waltz (1986), die die Methoden zur Anpassung der Distanzmetrik an die Daten untersuchten. Hastie und Tibshirani (1996) entwickelten ein Verfahren, um die Metrik zu jedem Punkt im Raum, abhängig von der Verteilung der Daten um diesen Punkt zu lokalisieren. Gionis *et al.* (1999) führten das ortsabhängige Hashing (Locality-Sensitive Hashing, LSH) ein, das das Abrufen von ähnlichen Objekten in hochdimensionalen Räumen revolutionierte. Andoni und Indyk (2006) bieten einen Überblick über LSH und verwandte Methoden und Samet (2006) behandelt die Eigenschaften von hochdimensionalen Räumen. Die Technik ist besonders nützlich für genomische Daten, bei denen jeder Datensatz Millionen von Attributen hat (Berlin *et al.*, 2015).

Die Ideen hinter **Kernelmaschinen** stammen von Aizerman *et al.* (1964; die auch den Kerneltrick einführten), aber die vollständige Entwicklung der Theorie ist der Verdienst von Vapnik und seinen Kollegen (Boser *et al.*, 1992). Praktische Bedeutung erlangten Support-Vector-Maschinen mit der Einführung der Soft-Margin-Klassifikator für die Verarbeitung verrauschter Daten in einem Artikel, der 2008 den *ACM Theory and Practice Award* gewonnen hat (Cortes und Vapnik, 1995), und mit dem Algorithmus „Sequential Minimal Optimization" (SMO) zur effizienten Lösung von SVM-Problemen mithilfe quadratischer Programmierung (Platt, 1999). SVMs haben sich als sehr effektiv für Aufgaben wie Textkategorisierung (Joachims, 2001), Computer-Genomik (Cristianini und Hahn, 2007) und Erkennung handschriftlicher Ziffern DeCoste und Schölkopf (2002) erwiesen.

Im Rahmen dieses Prozesses wurden viele neue Kernel entwickelt, die mit Strings, Bäumen und anderen nicht numerischen Datentypen arbeiten. Eine verwandte Technik, die ebenfalls den Kerneltrick nutzt, um implizit einen exponentiellen Merkmalsraum zu repräsentieren, ist das „Voted" Perzeptron (Freund und Schapire, 1999; Collins und Duffy, 2002). Lehrbücher über SVMs stammen u. a. von Cristianini und Shawe-Taylor (2000) sowie von Schölkopf und Smola (2002). Eine verständlichere Darstellung findet sich in dem *AI Magazine*-Artikel von Cristianini und Schölkopf (2002). Bengio und LeCun (2007) zeigen einige der Beschränkungen von SVMs und anderen lokalen, nichtparametrischen Methoden für Lernfunktionen, die eine globale Struktur, aber keine lokale Glätte haben.

Der erste mathematische Beweis für den Wert eines Ensembles war das Jury-Theorem von Condorcet (1785), das bewies: wenn Geschworene unabhängig sind und ein einzelner Geschworener eine mindestens 50%ige Chance hat, einen Fall richtig zu entscheiden, dann ist die Chance, den Fall richtig zu entscheiden, umso größer, je mehr Geschworene man hinzufügt. In jüngster Zeit hat sich das **Ensemble-Lernen** zu einer sehr beliebten Technik entwickelt, um die Leistung von Lernalgorithmen zu verbessern.

Der erste **Random-Forest**-Algorithmus, der eine zufällige Auswahl von Attributen verwendet, stammt von Ho (1995); eine unabhängige Version wurde von Amit und Geman (1997) eingeführt. Breiman (2001) fügte die Ideen des **Bagging** und des „Out-of-bag-Fehlers" hinzu. Friedman (2001) führte den Terminus *Gradient Boosting Machine* (GBM) ein und erweiterte den Ansatz um Multiklassen-Klassifikation, Regression und Ranking-Probleme.

Michel Kearns (1988) definierte das Hypothesen-Boosting-Problem: Ist es möglich, aus einem Lernalgorithmus, dessen Vorhersage nur geringfügig besser ist als zufälliges Raten, einen Lernalgorithmus abzuleiten, der beliebig gut vorhersagt? Schapire (1990) vertrat jedenfalls in einer theoretischen Arbeit diese Ansicht, die zu dem ADABOOST-Algorithmus, entwickelt von Freund und Schapire (1996), und zu weiteren theoretischen Arbeiten von Schapire (2003) führte. Friedman *et al.* (2000) erklären Boosting aus der Sicht eines Statistikers. Chen und

Guestrin (2016) beschreiben das XGBOOST-System, das sehr erfolgreich in vielen Großanwendungen eingesetzt wurde.

Onlinelernen wird in einer Studie von Blum (1996) und einem Buch von Cesa-Bianchi und Lugosi (2006) behandelt. Dredze *et al.* (2008) stellen die Idee des konfidenzgewichteten Onlinelernens für das Klassifizieren vor: Zusätzlich zur Beibehaltung einer Gewichtung für jeden Parameter wird auch ein Maß für die Konfidenz beibehalten, sodass ein neues Beispiel einen großen Effekt auf Merkmale haben kann, die zuvor selten vorkamen (und daher eine geringe Konfidenz hatten), und einen kleinen Effekt auf allgemeine Merkmale, die bereits gut geschätzt wurden. Yu *et al.* (2011) beschreiben, wie ein Team von Studenten zusammenarbeitet, um einen Ensemble-Klassifikator im KDD-Wettbewerb zu erstellen. Eine spannende Möglichkeit ist die Erstellung eines „unverschämt großen" Ensembles aus Experten verschiedener Fachrichtungen, das für jedes eingehende Beispiel eine sehr kleine Expertengruppe einsetzt (Shazeer *et al.*, 2017). Seni und Elder (2010) geben einen Überblick über Ensemble-Methoden.

Wer praktische Ratschläge für den Aufbau von Systemen zum maschinellen Lernen sucht, erfährt bei Pedro Domingos ein paar Dinge, die man wissen sollte (2012). Andrew Ng gibt Tipps für die Entwicklung und das Debugging eines Produkts mithilfe maschinellen Lernens (Ng, 2019). O'Neil und Schutt (2013) beschreiben den Prozess von Data Science. Tukey (1977) führte die **explorative Datenanalyse** ein und Gelman (2004) bietet eine aktuelle Ansicht des Prozesses. Bien *et al.* (2011) beschreiben den Prozess der Auswahl von Prototypen für die Interpretierbarkeit und Kim *et al.* (2017) zeigen, wie man unter Verwendung einer Metrik namens maximale mittlere Diskrepanz kritische Punkte findet, die maximal von den Prototypen entfernt sind. Wattenberg *et al.* (2016) beschreiben, wie man t-SNE verwendet. Um einen umfassenden Überblick darüber zu erhalten, wie gut Ihr eingesetztes System des maschinellen Lernens arbeitet, bieten Breck *et al.* (2016) eine Checkliste mit 28 Tests an, die Sie anwenden können, um ein ML-Gesamttestergebnis zu erhalten. Riley (2019) beschreibt drei häufige Fallstricke bei der ML-Entwicklung.

Banko und Brill (2001), Halevy *et al.* (2009) sowie Gandomi und Haider (2015) erörtern die Vorteile der großen Datenmengen, die jetzt zur Nutzung verfügbar sind. Lyman und Varian (2003) schätzten, dass im Jahr 2002 etwa 5 Exabyte (5×10^{18} Byte) an Daten erzeugt wurden und dass sich die Rate alle 3 Jahre verdoppelt; Hilbert und Lopez (2011) schätzten 2×10^{21} Byte für 2007, was auf eine Beschleunigung hindeutet. Guyon und Elisseeff (2003) diskutieren das Problem der Merkmalsauswahl bei großen Datenmengen.

Doshi-Velez und Kim (2017) schlagen ein Framework für **interpretierbares maschinelles Lernen** oder **erklärbare KI** vor. Miller *et al.* (2017) weisen darauf hin, dass es zwei Arten von Erklärungen gibt, eine für die Designer eines KI-Systems und eine für die Benutzer, und wir sollten wissen, was genau unser Ziel ist. Das LIME-System (Ribeiro *et al.*, 2016) erstellt interpretierbare lineare Modelle, die sich einem beliebigen System des maschinellen Lernens annähern. Ein ähnliches System, SHAP (Lundberg und Lee, 2018; *Shapley Additive exPlanations*), verwendet den Begriff des Shapley-Werts (S. 705), um den Beitrag jedes Merkmals zu bestimmen.

Die Idee, maschinelles Lernen dafür einzusetzen, Probleme des maschinellen Lernens zu lösen, ist verlockend. Thrun und Pratt (2012) geben einen frühen Überblick hierüber in einem Sammelband mit dem Titel *Learning to Learn*. In letzter Zeit hat sich für diesen Bereich der Name **automatisiertes maschinelles Lernen** (AutoML) durchgesetzt; Hutter *et al.* (2019) geben einen Überblick.

Kanter und Veeramachaneni (2015) beschreiben ein System für die automatische Auswahl von Merkmalen. Bergstra und Bengio (2012) beschreiben ein System zum Durchsuchen des Hyperparameterraums, ebenso wie Thornton *et al.* (2013) und Bermúdez-Chacón *et al.* (2015). Wong *et al.* (2019) zeigen, wie Transfer Learning das AutoML für Deep-Learning-Modelle beschleunigen kann. Wettbewerbe wurden veranstaltet, um zu sehen, welche Systeme am besten bei AutoML-Aufgaben abschneiden (Guyon *et al.*, 2015). Steinruecken *et al.* (2019) beschreiben ein System namens „Automatic Statistician". Sie geben ihm einige Daten und es schreibt einen Bericht bestehend aus Text, Diagrammen und Berechnungen. Die großen Cloud-Computing-Anbieter haben AutoML in ihr Angebot-Portfolio aufgenommen. Einige Forscher bevorzugen den Begriff **Metalernen**: Das System MAML (Modellagnostisches Metalernen; Finn *et al.*, 2017) arbeitet beispielsweise mit jedem Modell, das durch Gradientenabstieg trainiert werden kann; es trainiert ein Kernmodell, sodass es einfach ist, das Modell mit neuen Daten auf neue Aufgaben anzupassen.

Trotz all dieser Arbeit haben wir immer noch kein vollständiges System zum automatischen Lösen von Problemen beim maschinellen Lernen. Um das mit überwachtem maschinellem Lernen zu erreichen, müssten wir mit einer Datenmenge von $(\mathbf{x}_j, y_j)$ Beispielen beginnen. Hier ist die Eingabe $\mathbf{x}_j$ eine Spezifikation des Problems, in der Form, wie ein Problem anfangs auftritt: eine vage Beschreibung der Ziele und einige Daten, mit denen man arbeiten kann, vielleicht mit einem vagen Plan, wie man weitere Daten beschaffen kann. Die Ausgabe y_i wäre ein komplettes, laufendes ML-Programm, zusammen mit einer Methodik zur Wartung des Programms, wie Sammeln weiterer Daten, Bereinigen, Testen und Monitoring des Systems, usw. Man würde erwarten, dass wir eine Datenmenge mit Tausenden solcher Beispiele benötigen. Aber eine solche Datenmenge existiert nicht, daher sind die bestehenden AutoML-Systeme in ihren Möglichkeiten begrenzt.

Es gibt eine verwirrende Anzahl an Büchern, die eine Einführung in Data Science und maschinelles Lernen bieten in Verbindung mit Softwarepaketen wie Python (Segaran, 2007; Raschka, 2015; Nielsen, 2015), Scikit-Learn (Pedregosa *et al.*, 2011), R (Conway und White, 2012), Pandas (McKinney, 2012), NumPy (Marsland, 2014), PyTorch (Howard und Gugger, 2020), TensorFlow (Ramsundar und Zadeh, 2018) und Keras (Chollet, 2017; Géron, 2019).

Es gibt eine Reihe sehr guter Bücher zum Thema maschinelles Lernen (Bishop, 2007; Murphy, 2012) und zu den eng verwandten und sich überschneidenden Gebieten der Mustererkennung (Ripley, 1996; Duda *et al.*, 2001), Statistik (Wasserman, 2004; Hastie *et al.*, 2009; James *et al.*, 2013), Data Science (Blum *et al.*, 2020), Data-Mining (Han *et al.*, 2011; Witten und Frank, 2016; Tan *et al.*, 2019), Theorie des computergestützten Lernens (Kearns und Vazirani, 1994; Vapnik, 1998) und Informationstheorie (Shannon und Weaver, 1949; MacKay, 2002; Cover und Thomas, 2006). Burkov (2019) gibt eine möglichst kurze Einführung in das maschinelle Lernen und Domingos (2015) bietet einen nicht technischen Überblick über das Feld. Aktuelle Forschung im Bereich des maschinellen Lernens wird in den jährlichen Proceedings der *International Conference on Machine Learning* (ICML), der *International Conference on Learning Representations* (ICLR) und der *Conference on Neural Information Processing Systems* (NeurIPS) sowie in *Machine Learning* und dem *Journal of Machine Learning Research* veröffentlicht.

Lernen probabilistischer Modelle

20

In diesem Kapitel betrachten wir Lernen als eine Form des unsicheren Schlussfolgerns aus Beobachtungen und entwickeln Modelle, die die unsichere Welt repräsentieren.

Kapitel 12 wies auf die weite Verbreitung von Unsicherheit in realen Umgebungen hin. Mithilfe der Methoden der Wahrscheinlichkeits- und Entscheidungstheorie können Agenten Unsicherheit verarbeiten, müssen aber zuerst ihre probabilistischen Theorien über die Welt aus Erfahrungen lernen. Dieses Kapitel beschreibt mögliche Vorgehensweisen, indem es die Lernaufgabe selbst als einen Prozess der probabilistischen Inferenz formuliert (Abschnitt 20.1). Wir werden sehen, dass ein Bayes'scher Ansatz des Lernens extrem leistungsfähig ist und allgemeine Lösungen für die Probleme des Rauschens, der Überanpassung und der optimalen Vorhersage bietet. Außerdem berücksichtigt er die Tatsache, dass ein nicht allwissender Agent nie sicher sein kann, welche Theorie der Welt korrekt ist, aber dennoch Entscheidungen treffen muss, indem er eine Theorie der Welt verwendet.

Die Abschnitte 20.2 und 20.3 beschreiben Methoden zum Lernen von Wahrscheinlichkeitsmodellen – vor allem Bayes'sche Netze. Ein Teil des Stoffs in diesem Kapitel ist ziemlich mathematiklastig, obwohl die allgemeinen Lektionen auch verständlich sind, wenn man sich nicht mit den Details befasst. Es kann für den Leser hilfreich sein, noch einmal die Kapitel 12 und 13 zu rekapitulieren und einen Blick auf Anhang A zu werfen.

20.1 Statistisches Lernen

Die Schlüsselbegriffe in diesem Kapitel lauten, genau wie in Kapitel 19, **Daten** und **Hypothesen**. Hier sind die Daten **Evidenzen**, d. h. Instanziierungen einiger oder aller Zufallsvariablen, die die Domäne beschreiben. Die Hypothesen in diesem Kapitel sind probabilistische Theorien darüber, wie die Domäne funktioniert, einschließlich logischer Theorien als Spezialfall.

Betrachten wir ein einfaches Beispiel. Unsere Lieblingsbonbons gibt es in zwei Geschmacksrichtungen (*Flavor*): Kirsche (lecker) und Zitrone (igitt). Der Hersteller hat einen merkwürdigen Sinn für Humor und wickelt jedes Bonbon in das gleiche undurchsichtige Papier (*Wrap*), unabhängig von der Geschmacksrichtung. Die Bonbons werden in sehr großen Tüten verkauft, die fünf verschiedene Mischungsverhältnisse aufweisen – wiederum von außen nicht zu unterscheiden:

h_1: *100 % Kirsche*
h_2: *75 % Kirsche + 25 % Zitrone*
h_3: *50 % Kirsche + 50 % Zitrone*
h_4: *25 % Kirsche + 75 % Zitrone*
h_5: *100 % Zitrone*

Für jede neue Bonbontüte (*Bag*) gibt die Zufallsvariable H (für *Hypothese*) den Typ der Tüte mit den möglichen Werten h_1 bis h_5 an. H ist natürlich nicht direkt beobachtbar. Wenn die Bonbons ausgewickelt und untersucht werden, zeigen sich die wahren Daten – $D_1, D_2, \ldots, D_N$, wobei jedes D_i eine Zufallsvariable mit den möglichen Werten *kirsche* und *zitrone* ist. Die grundlegende Aufgabe des Agenten besteht darin, den Geschmack des nächsten Bonbons vorherzusagen.[1] Obwohl dieses Szenario scheinbar trivial ist, dient es dazu, viele der wichtigsten Aspekte aufzuzeigen. Der Agent muss tatsächlich eine Theorie der Welt ableiten, wenn auch eine sehr einfache.

Beim **Bayes'schen Lernen** wird einfach die Wahrscheinlichkeit jeder Hypothese anhand der Daten berechnet und auf dieser Basis erfolgen die Vorhersagen. Das heißt, die Vorhersagen

1 Statistisch versierte Leser werden dieses Szenario als eine Variante des **Urnenmodells** erkennen. Wir finden Bonbons jedoch attraktiver als Urnen und Kugeln.

werden unter Verwendung *aller* Hypothesen getroffen, gewichtet nach ihren Wahrscheinlichkeiten, und nicht nur anhand einer einzigen „besten" Hypothese. Auf diese Weise wird das Lernen auf probabilistische Inferenz reduziert.

Sei **D** die Repräsentation aller Daten mit dem beobachteten Wert **d**. Die Schlüsselgrößen des Bayes'schen Ansatzes sind die **A-priori-Hypothesenverteilung** $P(h_i)$ und die **Likelihood** der Daten unter jeder Hypothese $P(\mathbf{d} \mid h_i)$. Die Wahrscheinlichkeit jeder Hypothese wird mithilfe der Bayes'schen Regel berechnet:

$$P(h_i \mid \mathbf{d}) = \alpha P(\mathbf{d} \mid h_i) P(h_i) \tag{20.1}$$

Nehmen wir nun an, wir wollen eine Vorhersage über eine unbekannte Größe X treffen. Dann gilt:

$$\mathbf{P}(X \mid \mathbf{d}) = \sum_i \mathbf{P}(X \mid h_i) P(h_i \mid \mathbf{d}) \,, \tag{20.2}$$

wobei jede Hypothese eine Wahrscheinlichkeitsverteilung über X bestimmt. Diese Gleichung zeigt, dass die Vorhersagen gewichtete Mittelwerte über die Vorhersagen der einzelnen Hypothesen sind, wobei das Gewicht $P(h_i \mid \mathbf{d})$ proportional zur A-priori-Wahrscheinlichkeit von h_i und seinem Anpassungsgrad gemäß Gleichung (20.1) ist. Die Hypothesen sind somit im Wesentlichen „Vermittler" zwischen den Rohdaten und den Vorhersagen.

Für unser Bonbon-Beispiel nehmen wir vorerst an, dass die A-priori-Verteilung über $h_1, \ldots,$ h_5 durch $\langle 0{,}1;\ 0{,}2;\ 0{,}4;\ 0{,}2;\ 0{,}1 \rangle$ gegeben ist, wie vom Hersteller beworben. Die Likelihood der Daten wird unter der Annahme berechnet, dass die Beobachtungen **unabhängig und identisch verteilt** sind (siehe S. 745), sodass gilt:

$$P(\mathbf{d} \mid h_i) = \prod_j P(d_j \mid h_i) \tag{20.3}$$

Nehmen wir zum Beispiel an, dass die Tüte in Wirklichkeit ausschließlich Zitronenbonbons (h_5) enthält und die ersten 10 Bonbons alle Zitronengeschmack aufweisen; dann ist $P(\mathbf{d} \mid h_3)$ $0{,}5^{10}$, weil die Hälfte der Bonbons in einer h_3-Tüte Zitronen sind.[2] ► Abbildung 20.1 a zeigt, wie sich die A-posteriori-Wahrscheinlichkeiten der fünf Hypothesen ändern, wenn die Folge von 10 Zitronenbonbons beobachtet wird. Beachten Sie, dass die Wahrscheinlichkeiten mit ihren A-priori-Werten beginnen, d. h., h_3 ist anfangs die wahrscheinlichste Wahl und bleibt es auch, nachdem ein Zitronenbonbon ausgepackt wurde. Nachdem zwei Zitronenbonbons ausgepackt wurden, ist h_4 am wahrscheinlichsten; nach drei oder mehr ist h_5 (die gefürchtete Tüte mit nur Zitronenbonbons) am wahrscheinlichsten. Nach zehn in Folge sind wir uns unseres Schicksals ziemlich sicher. ► Abbildung 20.1 b zeigt die vorhergesagte Wahrscheinlichkeit, dass das nächste Bonbon Zitrone ist, basierend auf Gleichung (20.2). Wie zu erwarten, steigt sie monoton gegen 1 an.

Das Beispiel zeigt, dass *die Bayes'sche Vorhersage schließlich mit der wahren Hypothese übereinstimmt.* Dies ist charakteristisch für Bayes'sches Lernen. Für jede feste A-priori-Verteilung, die die wahre Hypothese nicht ausschließt, wird die A-posteriori-Wahrscheinlichkeit jeder falschen Hypothese unter bestimmten technischen Bedingungen schließlich verschwinden. Dies geschieht einfach deshalb, weil die Wahrscheinlichkeit, auf ewig „uncharakteristische" Daten zu generieren, verschwindend gering ist. (Dies ist analog zu der Diskussion über das PAC-Lernen in Kapitel 19.) Noch wichtiger ist, dass die Bayes'sche Vorhersage *optimal* ist, egal ob der Datensatz klein oder groß ist. Bei gegebener A-priori-Hypothesenverteilung ist für jede Vorhersage zu erwarten, dass sie seltener korrekt ist.

2 Wir haben bereits festgestellt, dass die Bonbontüten sehr groß sind; andernfalls ist die Annahme der unabhängigen und identischen Verteilung nicht haltbar. Technisch korrekter (aber weniger hygienisch) ist es, jedes Bonbon nach dem Anschauen wieder einzupacken und in die Tüte zurückzulegen.

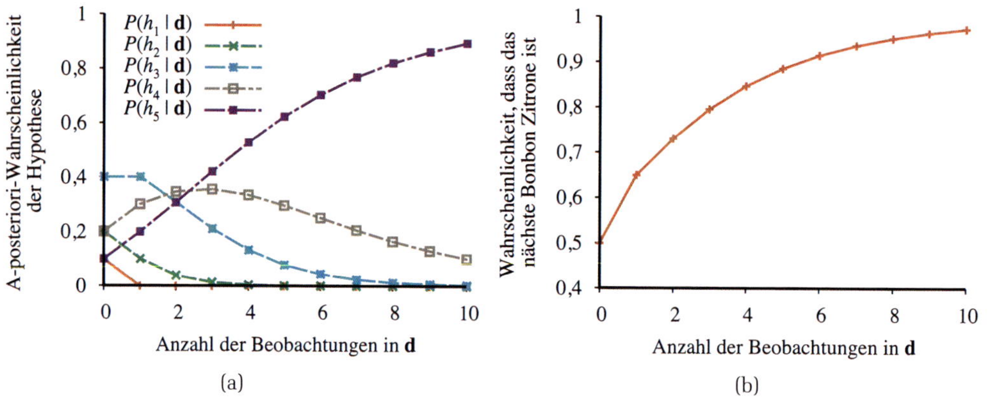

Abbildung 20.1: (a) A-posteriori-Wahrscheinlichkeiten $P(h_i \mid d_1, \ldots, d_N)$ aus Gleichung (20.1). Die Anzahl der Beobachtungen N reicht von 1 bis 10 und jede Beobachtung ist ein Zitronenbonbon. (b) Bayes'sche Vorhersage $P(D_{N+1} = zitrone \mid d_1, \ldots, d_N)$ aus Gleichung (20.2).

Die Optimalität des Bayes'schen Lernens hat natürlich ihren Preis. Bei realen Lernproblemen ist der Hypothesenraum normalerweise sehr groß oder unendlich, wie wir in Kapitel 19 gesehen haben. In einigen Fällen kann die Summation in Gleichung (20.2) (oder die Integration, im stetigen Fall) effizient durchgeführt werden, aber in den meisten Fällen müssen wir auf approximative oder vereinfachte Methoden zurückgreifen.

Eine sehr gebräuchliche Annäherung – eine, die in der Regel in der Wissenschaft angewendet wird – trifft Vorhersagen auf der Grundlage einer einzigen *wahrscheinlichsten* Hypothese, d. h. einer Hypothese h_i, die $P(h_i \mid \mathbf{d})$ maximiert. Man spricht auch häufig von **Maximum-a-posteriori**- oder MAP-Hypothese. Vorhersagen, die gemäß einer MAP-Hypothese h_{MAP} gemacht werden, sind insoweit annähernd bayesianisch, als dass $\mathbf{P}(X \mid \mathbf{d}) \approx \mathbf{P}(X \mid h_{\text{MAP}})$ ist. In unserem Bonbon-Beispiel ist $h_{\text{MAP}} = h_5$ nach drei Zitronenbonbons in Folge, sodass der MAP-Lernalgorithmus vorhersagt, dass das vierte Bonbon mit einer Wahrscheinlichkeit von 1,0 ein Zitronenbonbon ist – eine viel gefährlichere Vorhersage als die Bayes'sche Vorhersage von 0,8 in ► Abbildung 20.1 b. Je mehr Daten eintreffen, desto stärker nähern sich die MAP- und Bayes'schen Vorhersagen an, weil die Konkurrenten zur MAP-Hypothese immer unwahrscheinlicher werden.

Obwohl es unser Beispiel nicht zeigt, ist es oft viel einfacher, MAP-Hypothesen zu finden als mit Bayes'schem Lernen zu arbeiten, weil ein Optimierungsproblem gelöst werden muss und kein großes Summierungs- (oder Integrations-)problem.

Sowohl beim Bayes'schen Lernen als auch beim MAP-Lernen spielt die A-priori-Hypothesenverteilung $P(h_i)$ eine wichtige Rolle. Wir haben in Kapitel 19 gesehen, dass es zu einer **Überanpassung** kommen kann, wenn der Hypothesenraum zu ausdrucksstark ist, d. h., wenn er viele Hypothesen enthält, die gut mit der Datenmenge übereinstimmen. Bayes'sche und MAP-Lernmethoden verwenden die A-priori-Verteilung, um *Komplexität zu bestrafen*. In der Regel haben komplexere Hypothesen eine niedrigere A-priori-Wahrscheinlichkeit – zum Teil, weil es so viele davon gibt. Andererseits haben komplexere Hypothesen eine höhere Kapazität, sich an die Daten anzupassen. (Im Extremfall kann eine Nachschlagetabelle die Daten exakt reproduzieren.) Die A-priori-Hypothesenverteilung verkörpert also einen Kompromiss zwischen der Komplexität einer Hypothese und dem Grad ihrer Anpassung an die Daten.

Die Auswirkung dieses Kompromisses zeigt sich am deutlichsten im logischen Fall, wenn H nur *deterministische* Hypothesen enthält (wie h_1, der zufolge jedes Bonbon Kirschgeschmack hat). In diesem Fall ist $P(\mathbf{d} \mid h_i)$ gleich 1, wenn h_i konsistent ist, andernfalls 0. Betrachtet man Gleichung (20.1), so sieht man, dass h_{MAP} die *einfachste logische Theorie ist, die mit den Daten konsistent ist.* Daher stellt MAP-Lernen eine natürliche Verkörperung von Ockham's Razor dar.

Einen weiteren Einblick in die Abwägung zwischen Komplexität und Übereinstimmungsgrad erhält man, wenn man den Logarithmus von Gleichung (20.1) nimmt. Die Wahl von h_{MAP} zur Maximierung von $P(\mathbf{d} \mid h_i)P(h_i)$ ist äquivalent zur Minimierung von:

$$-\log_2 P(\mathbf{d} \mid h_i) - \log_2 P(h_i)$$

Unter Verwendung der Verbindung zwischen Informationscodierung und Wahrscheinlichkeit, die wir in Abschnitt 19.3.3 eingeführt haben, sehen wir, dass der Term $-\log_2 P(h_i)$ gleich der Anzahl der Bits ist, die für die Spezifikation der Hypothese h_i erforderlich sind. Darüber hinaus ist $-\log_2 P(\mathbf{d} \mid h_i)$ gleich der zusätzlichen Anzahl von Bits, die für die Spezifikation der Daten erforderlich ist, wenn die Hypothese gegeben ist. (In diesem Zusammenhang gilt es zu bedenken, dass keine Bits erforderlich sind, wenn die Hypothese die Daten genau vorhersagt – wie bei h_5 und der Folge von Zitronenbonbons – und dass $\log_2 1 = 0$ ist.) MAP-Lernen wählt also die Hypothese, die eine maximale *Komprimierung* der Daten liefert. Die gleiche Aufgabe wird direkter durch die Lernmethode der **minimalen Beschreibungslänge** (MDL, *Minimum Description Length*) gelöst. Während beim MAP-Lernen die Einfachheit dadurch ausgedrückt wird, dass einfacheren Hypothesen höhere Wahrscheinlichkeiten zugewiesen werden, wird beim MDL die Einfachheit direkt durch Zählen der Bits in einer binären Codierung der Hypothesen und Daten ausgedrückt.

Eine letzte Vereinfachung ergibt sich durch die Annahme einer **gleichverteilten** A-priori-Wahrscheinlichkeit über den Hypothesenraum. In diesem Fall reduziert sich das MAP-Lernen auf die Auswahl einer Hypothese h_i, die $P(\mathbf{d} \mid h_i)$ maximiert. Dies wird als eine **Maximum-Likelihood**- oder ML-Hypothese, h_{ML}, bezeichnet. Maximum-Likelihood-Lernen ist in der Statistik sehr verbreitet, denn in dieser Disziplin misstrauen viele Forscher der subjektiven Natur von A-priori-Hypothesenverteilungen. Es ist ein vernünftiger Ansatz, wenn es keinen Grund gibt, eine Hypothese gegenüber einer anderen *a priori* zu bevorzugen – zum Beispiel, wenn alle Hypothesen gleich komplex sind.

Wenn die Datenmenge groß ist, ist die A-priori-Verteilung über Hypothesen weniger wichtig – die Evidenz aus den Daten ist stark genug, um die A-priori-Verteilung über Hypothesen zu verdrängen. Das bedeutet, dass das Maximum-Likelihood-Lernen bei großen Datenmengen eine gute Annäherung an das Bayes'sche und MAP-Lernen ist, während es bei kleinen Datenmengen Probleme hat (wie wir noch sehen werden).

20.2 Lernen mit vollständigen Daten

Die allgemeine Aufgabe, ein probabilistisches Modell zu lernen, wobei angenommen wird, dass die Daten von diesem Modell generiert werden, wird als **Dichteschätzung** bezeichnet. (Der Begriff bezog sich ursprünglich auf Wahrscheinlichkeitsdichtefunktionen für stetige Variablen, wird jetzt aber auch für diskrete Verteilungen verwendet.) Die Dichteschätzung ist eine Form des unüberwachten Lernens. Dieser Abschnitt behandelt den einfachsten Fall, in dem **vollständige Daten** vorliegen. Daten sind vollständig, wenn jeder Datenpunkt Werte für jede Variable im zu lernenden Wahrscheinlichkeitsmodell enthält. Wir konzentrieren uns hier auf das **Parameterlernen** – das Ermitteln der numerischen Parameter für ein Wahrscheinlichkeitsmodell, dessen Struktur festgelegt ist. Zum Beispiel könnten wir daran interessiert sein, die bedingten Wahrscheinlichkeiten in einem Bayes'schen Netz mit vorgegebener Struktur zu lernen. Außerdem werfen wir einen Blick auf das Problem, die Struktur zu lernen, sowie auf nichtparametrische Dichteschätzung.

20.2.1 ML-Parameterlernen: Diskrete Modelle

Nehmen wir an, wir kaufen eine Tüte mit Zitronen- und Kirschbonbons von einem neuen Hersteller, dessen Zitrone-Kirsch-Anteile völlig unbekannt sind – der Anteil der Kirschbonbons könnte irgendwo zwischen 0 und 1 liegen. In diesem Fall haben wir ein Kontinuum von Hypothesen. Der **Parameter** in diesem Fall, den wir θ nennen, ist der Anteil der Kirschbonbons und die Hypothese ist h_θ. (Der Anteil der Zitronenbonbons ist dann einfach $1 - \theta$.) Wenn wir annehmen, dass alle Anteile *a priori* gleich wahrscheinlich sind, dann ist ein Maximum-Likelihood-Ansatz sinnvoll. Wenn wir die Situation mit einem Bayes'schen Netzwerk modellieren, benötigen wir nur eine Zufallsvariable, *Geschmack* (die Geschmacksrichtung des zufällig aus der Tüte ausgewählten Bonbons). Sie hat die Werte *kirsche* und *zitrone*, wobei die Wahrscheinlichkeit von *kirsche* gleich θ ist (► Abbildung 20.2 a). Nehmen wir nun an, wir packen N Bonbons aus, von denen c die Geschmacksrichtung Kirsche haben und $\ell = N - c$ die Geschmacksrichtung Zitrone. Gemäß Gleichung (20.3) ist die Likelihood für diese spezielle Datenmenge:

$$P(\mathbf{d} \mid h_\theta) = \prod_{j=1}^{N} P(d_j \mid h_\theta) = \theta^c \cdot (1-\theta)^\ell$$

Die ML-Hypothese ist durch den Wert von θ gegeben, der diesen Ausdruck maximiert. Da die log-Funktion monoton ist, erhält man denselben Wert auch durch die Maximierung der **log-Likelihood**:

$$L(\mathbf{d} \mid h_\theta) = \log P(\mathbf{d} \mid h_\theta) = \sum_{j=1}^{N} \log P(d_j \mid h_\theta) = c \log \theta + \ell \log(1-\theta)$$

(Durch Logarithmieren reduzieren wir das Produkt auf eine Summe über die Daten, die normalerweise einfacher zu maximieren ist.) Um den ML-Wert von θ zu ermitteln, differenzieren wir L nach θ und setzen den resultierenden Ausdruck gleich null:

$$\frac{\mathrm{d}L(\mathbf{d} \mid h_\theta)}{\mathrm{d}\theta} = \frac{c}{\theta} - \frac{\ell}{1-\theta} = 0 \qquad \Rightarrow \qquad \theta = \frac{c}{c+\ell} = \frac{c}{N}$$

Die ML-Hypothese h_{ML} besagt also, dass der tatsächliche Anteil an Kirschbonbons in der Tüte gleich ihrem beobachteten Anteil an den bisher ausgepackten Bonbons ist!

Es scheint, als hätten wir eine Menge Arbeit geleistet, um das Offensichtliche zu entdecken. Tatsächlich aber haben wir eine Standardmethode für das ML-Parameterlernen dargelegt, eine Methode mit breiter Anwendbarkeit:

1. Schreibe einen Ausdruck für die Likelihood der Daten in Abhängigkeit von dem/den Parameter(n) auf.
2. Schreibe die Ableitung der log-Likelihood für jeden Parameter auf.
3. Ermittle die Parameterwerte, für die die Ableitungen null sind.

Der schwierigste Schritt ist normalerweise der letzte. In unserem Beispiel war er trivial, aber wir werden sehen, dass wir in vielen Fällen auf iterative Lösungsalgorithmen oder andere numerische Optimierungsverfahren zurückgreifen müssen (Abschnitt 4.2). (Wir müssen sicherstellen, dass die Hesse-Matrix negativ definit ist.) Das Beispiel illustriert außerdem ein wesentliches Problem des ML-Lernens im Allgemeinen: *Wenn die Datenmenge klein genug ist, dass einige Ereignisse noch nicht beobachtet wurden, z. B. keine Kirschbonbons, so weist die ML-Hypothese diesen Ereignissen eine Wahrscheinlichkeit von null zu.* Mit verschiedenen Tricks wird versucht, dieses Problem zu vermeiden, indem man z. B. den Zählvorgang für jedes Ereignis mit 1 anstelle mit 0 initialisiert.

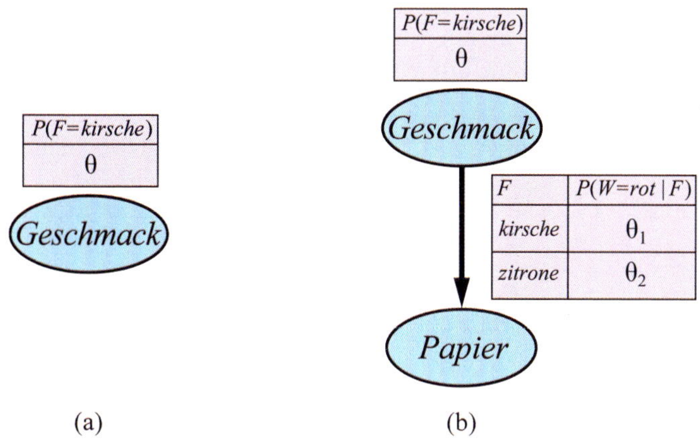

Abbildung 20.2: (a) Bayes'sches Netzwerkmodell für den Fall von Bonbons mit unbekanntem Anteil von Bonbons mit Kirsch- und Zitronengeschmack. (b) Modell für den Fall, dass die Farbe der Verpackung (probabilistisch) von der Geschmacksrichtung des Bonbons abhängt.

Betrachten wir ein anderes Beispiel. Nehmen wir an, der neue Bonbonhersteller möchte dem Verbraucher einen kleinen Hinweis geben und verwendet Bonbonverpackungen in den Farben Rot und Grün. Das *Papier* für jedes Bonbon wird *probabilistisch* ausgewählt, gemäß einer unbekannten bedingten Verteilung, abhängig von der Geschmacksrichtung. Das entsprechende Wahrscheinlichkeitsmodell ist in ► Abbildung 20.2 b dargestellt. Beachten Sie, dass es drei Parameter hat: θ, θ_1 und θ_2. Mit diesen Parametern kann die Likelihood, z. B. ein Kirschbonbon in einem grünen Papier zu sehen, aus der Standardsemantik für Bayes'sche Netzwerke (S. 475) ermittelt werden:

$$\begin{aligned}&P(\mathit{Geschmack}=\mathit{kirsche}, \mathit{Papier}=\mathit{grün} \mid h_{\theta,\theta_1,\theta_2})\\&= P(\mathit{Geschmack}=\mathit{kirsche} \mid h_{\theta,\theta_1,\theta_2})P(\mathit{Papier}=\mathit{grün} \mid \mathit{Geschmack}=\mathit{kirsche}, h_{\theta,\theta_1,\theta_2})\\&= \theta \cdot (1-\theta_1)\end{aligned}$$

Nun packen wir N Bonbons aus, von denen c Kirsch- und ℓ Zitronengeschmack haben. Die Anzahl der Verpackungen ist wie folgt: r_c der Kirschbonbons haben rote Verpackungen und g_c haben grüne Verpackungen, während r_ℓ der Zitronenbonbons rotes und g_ℓ grünes Papier haben. Die Likelihood der Daten ist gegeben durch:

$$P(\mathbf{d} \mid h_{\theta,\theta_1,\theta_2}) = \theta^c(1-\theta)^\ell \cdot \theta_1^{r_c}(1-\theta_1)^{g_c} \cdot \theta_2^{r_\ell}(1-\theta_2)^{g_\ell}$$

Das sieht ziemlich furchtbar aus, aber wir können die Logarithmen zur Hilfe nehmen:

$$L = [c\log\theta + \ell\log(1-\theta)] + [r_c\log\theta_1 + g_c\log(1-\theta_1)] + [r_\ell\log\theta_2 + g_\ell\log(1-\theta_2)]$$

Der Vorteil der Logarithmierung liegt auf der Hand: Die log-Likelihood ist die Summe von drei Termen, von denen jeder einen einzelnen Parameter enthält. Wenn wir für jeden Parameter Ableitungen bilden und sie gleich null setzen, erhalten wir drei unabhängige Gleichungen, die jeweils nur einen Parameter enthalten:

$$\begin{aligned}\frac{\partial L}{\partial\theta} &= \frac{c}{\theta} - \frac{\ell}{1-\theta} = 0 &&\Rightarrow \quad \theta = \frac{c}{c+\ell}\\ \frac{\partial L}{\partial\theta_1} &= \frac{r_c}{\theta_1} - \frac{g_c}{1-\theta_1} = 0 &&\Rightarrow \quad \theta_1 = \frac{r_c}{r_c+g_c}\\ \frac{\partial L}{\partial\theta_2} &= \frac{r_\ell}{\theta_2} - \frac{g_\ell}{1-\theta_2} = 0 &&\Rightarrow \quad \theta_2 = \frac{r_\ell}{r_\ell+g_\ell}\end{aligned}$$

Die Lösung für θ ist die gleiche wie zuvor. Die Lösung für θ_1, die Wahrscheinlichkeit, dass ein Kirschbonbon eine rote Verpackung hat, ist der beobachtete Anteil von Kirschbonbons mit roter Verpackung. Ähnliches gilt für θ_2.

Diese Ergebnisse sind durchaus zufriedenstellend und man erkennt schnell, dass sie auf jedes Bayes'sche Netz erweitert werden können, dessen bedingte Wahrscheinlichkeiten als voll besetzte Tabellen dargestellt werden (sogenannte tabellarische Verteilungen). Der wichtigste Punkt ist, dass *bei vollständigen Daten das Problem des ML-Parameterlernens für ein Bayes'sches Netz in separate Lernprobleme zerlegt werden kann, eines für jeden Parameter* (siehe Übung 20.7 auf der Website für den nicht tabellarischen Fall, wo die bedingten Wahrscheinlichkeiten aus denen der Parameter berechnet werden). Der zweite Punkt ist, dass die Parameterwerte für eine Variable bei bekannten Eltern genau die beobachteten Häufigkeiten der Variablenwerte für jede Einstellung der Elternwerte sind. Wie zuvor müssen wir darauf achten, Nullen zu vermeiden, wenn die Datenmenge klein ist.

20.2.2 Naive Bayes-Modelle

Das beim maschinellen Lernen wahrscheinlich am häufigsten verwendete Bayes'sche Netzmodell ist das auf S. 461 erstmals vorgestellte **naive Bayes-Modell**. In diesem Modell bildet die „Klassen"-Variable C (die vorhergesagt werden soll) die Wurzel und die „Attribut"-Variablen X_i sind die Blätter. Das Modell ist „naiv", weil es davon ausgeht, dass die Attribute bei bekannter Klasse bedingt unabhängig voneinander sind. (Das Modell in ▶ Abbildung 20.2 b ist ein naives Bayes-Modell mit der Klasse *Geschmack* und nur einem Attribut, *Papier*.) Im Fall von booleschen Variablen sind die Parameter:

$$\theta = P(C = wahr), \theta_{i1} = P(X_i = wahr \mid C = wahr), \theta_{i2} = P(X_i = wahr \mid C = falsch)$$

Die Werte für die ML-Parameter werden auf genau die gleiche Weise ermittelt wie in ▶ Abbildung 20.2 b. Nachdem das Modell auf diese Weise trainiert wurde, kann man damit neue Beispiele klassifizieren, für die die Klassenvariable C unbeobachtet ist. Mit beobachteten Attributwerten $x_1, \ldots, x_n$ ist die Wahrscheinlichkeit jeder Klasse gegeben durch:

$$\mathbf{P}(C \mid x_1, \ldots, x_n) = \alpha\, \mathbf{P}(C) \prod_i \mathbf{P}(x_i \mid C)$$

Eine deterministische Vorhersage erhält man, wenn man die wahrscheinlichste Klasse auswählt. ▶ Abbildung 20.3 zeigt die Lernkurve für diese Methode, wenn sie auf das Restaurantproblem aus Kapitel 19 angewendet wird. Die Methode lernt recht gut, ist aber nicht so gut wie das Entscheidungsbaum-Lernen, was vermutlich daran liegt, dass die wahre Hypothese – wobei es sich um einen Entscheidungsbaum handelt – durch ein naives Bayes-Modell nicht genau dargestellt werden kann. Naives Bayes-Lernen zeigt eine überraschend gute Leistung für einen großen Anwendungsbereich; die geboostete Version (Übung 20.5 auf der Website) ist einer der effektivsten universellen Lernalgorithmen. Naives Bayes-Lernen skaliert gut auf sehr große Probleme: Bei n booleschen Attributen gibt es nur $2n + 1$ Parameter und *es ist keine Suche erforderlich, um die naive Bayes-ML-Hypothese h_{ML} zu ermitteln.* Darüber hinaus kommen naive Bayes-Lernsysteme gut mit verrauschten oder fehlenden Daten zurecht und können gegebenenfalls probabilistische Vorhersagen machen. Ihr Hauptnachteil ist, dass die Annahme der bedingten Unabhängigkeit selten genau ist. Wie auf S. 462 erwähnt, führt die Annahme zu allzu optimistischen Wahrscheinlichkeiten, die oft sehr nahe bei 0 oder 1 liegen, insbesondere bei einer großen Anzahl von Attributen.

20.2.3 Generative Modelle und diskriminative Modelle

Wir können zwei Arten von maschinellen Lernmodellen unterscheiden, die für Klassifikatoren verwendet werden: generative und diskriminative. Ein **generatives Modell** modelliert die

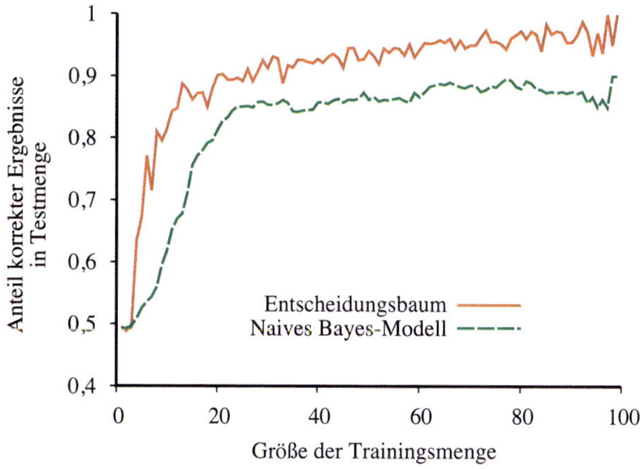

Abbildung 20.3: Die Lernkurve für das naive Bayes-Lernen, angewandt auf das Restaurantproblem aus Kapitel 19. Zum Vergleich ist die Lernkurve für das Entscheidungsbaum-Lernen dargestellt.

Wahrscheinlichkeitsverteilung der einzelnen Klassen. Der naive Bayes-Textklassifikator aus Abschnitt 12.6.1 erstellt z. B. ein separates Modell für jede mögliche Textkategorie – eines für Sport, eines für Wetter und so weiter. Jedes Modell enthält die A-priori-Wahrscheinlichkeit der Kategorie – z. B. $P(Kategorie = wetter)$ – sowie die bedingte Wahrscheinlichkeit $\mathbf{P}(Eingaben \mid Kategorie = wetter)$. Daraus können wir die gemeinsame Wahrscheinlichkeit $\mathbf{P}(Eingaben, Kategorie = wetter))$ berechnen und eine zufällige Auswahl von Wörtern generieren, die für Texte der Kategorie *Wetter* repräsentativ ist.

Ein **diskriminatives Modell** lernt direkt die Entscheidungsgrenze zwischen den Klassen. Das heißt, es lernt $\mathbf{P}(Kategorie \mid Eingaben)$. Bei gegebenen Beispieleingaben liefert ein diskriminatives Modell eine Ausgabekategorie, aber Sie können ein diskriminatives Modell nicht verwenden, um z. B. zufällige Wörter zu generieren, die für eine Kategorie repräsentativ sind. Logistische Regression, Entscheidungsbäume und Support-Vector-Maschinen sind allesamt diskriminative Modelle.

Da diskriminative Modelle ihr ganzes Augenmerk auf die Definition der Entscheidungsgrenze legen, d. h. auf die tatsächliche Ausführung der Klassifikationsaufgabe, um die sie gebeten wurden, neigen sie dazu, im Grenzbereich mit einer beliebigen Menge von Trainingsdaten besser abzuschneiden. Bei begrenzten Daten schneidet jedoch in einigen Fällen ein generatives Modell besser ab. Ng und Jordan (2002) vergleichen den generativen naiven Bayes-Klassifikator mit dem diskriminativen logistischen Regressionsklassifikator auf 15 (kleinen) Datenmengen und stellen fest, dass bei der maximalen Datenmenge das diskriminative Modell bei 9 von 15 Datenmengen besser abschneidet, während bei kleinen Datenmengen das generative Modell bei 14 von 15 Datenmengen besser abschneidet.

20.2.4 ML-Parameterlernen: stetige Modelle

Stetige Wahrscheinlichkeitsmodelle wie das **lineare Gauß'sche** Modell wurden auf S. 483 gezeigt. Da stetige Variablen in realen Anwendungen allgegenwärtig sind, ist es wichtig zu wissen, wie man die Parameter stetiger Modelle aus Daten lernt. Die Prinzipien für das ML-Lernen sind für den stetigen und diskreten Fall identisch.

Beginnen wir mit einem sehr einfachen Fall: Lernen der Parameter einer Gauß'schen Dichtefunktion für eine einzelne Variable. Das heißt, wir nehmen an, dass die Daten wie folgt generiert werden:

$$P(x) = \frac{1}{\sigma\sqrt{2\pi}} e^{-\frac{(x-\mu)^2}{2\sigma^2}}$$

Die Parameter dieses Modells sind der Mittelwert μ und die Standardabweichung σ. (Beachten Sie, dass die normalisierende „Konstante“ von σ abhängt, sodass wir die Abweichung nicht ignorieren können.) Seien die beobachteten Werte $x_1, \ldots, x_N$. Damit ist die log-Likelihood:

$$L = \sum_{j=1}^{N} \log \frac{1}{\sigma\sqrt{2\pi}} e^{-\frac{(x_j-\mu)^2}{2\sigma^2}} = N(-\log\sqrt{2\pi} - \log\sigma) - \sum_{j=1}^{N} \frac{(x_j-\mu)^2}{2\sigma^2}$$

Wenn wir die Ableitungen wie üblich gleich null setzen, erhalten wir:

$$\begin{aligned} \frac{\partial L}{\partial \mu} &= -\frac{1}{\sigma^2}\sum_{j=1}^{N}(x_j-\mu) = 0 && \Rightarrow \quad \mu = \frac{\sum_j x_j}{N} \\ \frac{\partial L}{\partial \sigma} &= -\frac{N}{\sigma} + \frac{1}{\sigma^3}\sum_{j=1}^{N}(x_j-\mu)^2 = 0 && \Rightarrow \quad \sigma = \sqrt{\frac{\sum_j (x_j-\mu)^2}{N}} \end{aligned} \qquad (20.4)$$

Das heißt, der ML-Wert des Mittelwerts ist der Stichprobendurchschnitt und der ML-Wert der Standardabweichung ist die Quadratwurzel der Stichprobenvarianz. Auch hier handelt es sich um zufriedenstellende Ergebnisse, die die Praxis des „gesunden Menschenverstands“ bestätigen.

Betrachten Sie nun ein lineares Gauß'sches Modell mit einem stetigen Elternteil X und einem stetigen Kind Y. Wie auf S. 483 erläutert, hat Y eine Gauß'sche Verteilung, deren Mittelwert linear vom Wert von X abhängt und deren Standardabweichung fest ist. Um die bedingte Verteilung $P(Y \mid X)$ zu lernen, können wir die bedingte Likelihood maximieren:

$$P(y \mid x) = \frac{1}{\sigma\sqrt{2\pi}} e^{-\frac{(y-(\theta_1 x+\theta_2))^2}{2\sigma^2}} \qquad (20.5)$$

Hier lauten die Parameter θ_1, θ_2 und σ. Die Daten sind, wie ► Abbildung 20.4 zeigt, eine Sammlung von (x_j, y_j)-Paaren. Mit den üblichen Methoden (Übung 20.6 auf der Website) können wir die ML-Werte der Parameter ermitteln. Hier geht es aber um etwas anderes. Wenn

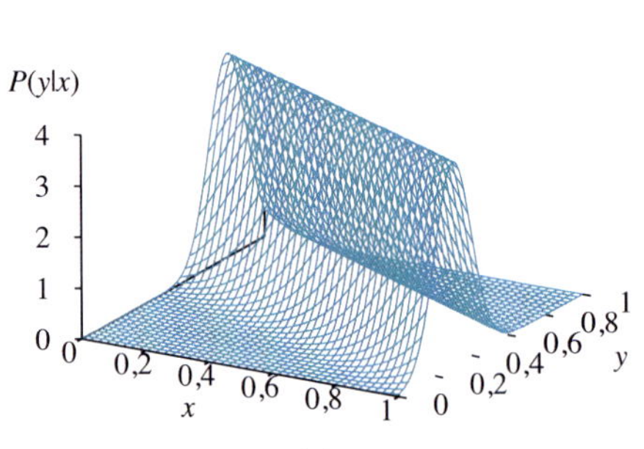

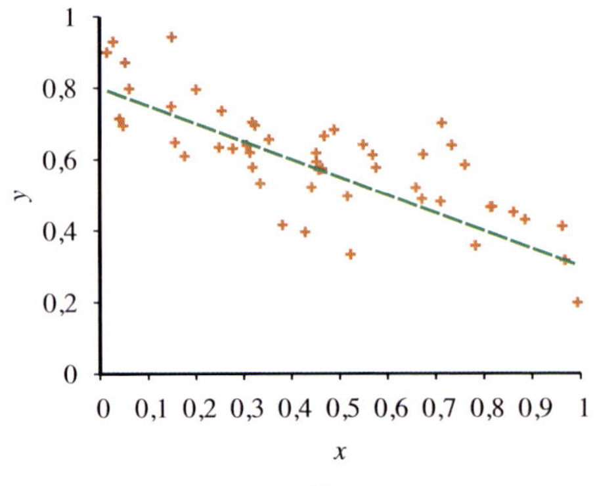

Abbildung 20.4: (a) Ein lineares Gauß'sches Modell, beschrieben als $y = \theta_1 x + \theta_2$ plus Gauß'schem Rauschen mit fester Varianz. (b) Ein Menge von 50 Datenpunkten, die aus diesem Modell generiert wurden, und die am besten passende Linie.

wir nur die Parameter θ_1 und θ_2 betrachten, die die lineare Beziehung zwischen x und y definieren, so wird deutlich, dass die Maximierung der log-Likelihood in Bezug auf diese Parameter dasselbe ist wie die *Minimierung* des Zählers $(y - (\theta_1 x + \theta_2))^2$ im Exponenten von Gleichung (20.5). Dies ist der L_2-Verlust, der quadratische Fehler zwischen dem tatsächlichen Wert y und der Vorhersage $\theta_1 x + \theta_2$.

Dies ist die Größe, die durch das in Abschnitt 19.6 beschriebene Standardverfahren der **linearen Regression** minimiert wird. Jetzt verstehen wir, warum: Die Minimierung der Summe der quadratischen Fehler ergibt das lineare ML-Modell, *vorausgesetzt, die Daten werden mit Gauß'schem Rauschen mit fester Varianz erzeugt.*

20.2.5 Bayes'sches Parameterlernen

ML-Lernen führt zu einfachen Prozeduren, hat aber bei kleinen Datenmengen gravierende Defizite. Wenn man z. B. ein Kirschbonbon gesehen hat, lautet die ML-Hypothese, dass die Tüte zu 100 % aus Kirschbonbons besteht (d. h. $\theta = 1{,}0$). Wenn man nicht von der A-priori-Hypothesenverteilung ausgeht, dass die Tüte entweder nur Kirsch- oder nur Zitronenbonbons enthält, ist dies keine sinnvolle Schlussfolgerung. Es ist wahrscheinlicher, dass die Tüte Bonbons beider Geschmacksrichtungen enthält. Der Bayes'sche Ansatz zum Parameterlernen beginnt mit einer A-priori-Hypothesenverteilung und aktualisiert die Verteilung beim Eintreffen der Daten.

Das Bonbon-Beispiel in ► Abbildung 20.2 a hat einen Parameter θ: die Wahrscheinlichkeit, dass ein zufällig ausgewähltes Bonbon Kirschgeschmack aufweist. In der Bayes'schen Sichtweise ist θ der (unbekannte) Wert einer Zufallsvariablen Θ, die den Hypothesenraum definiert. Die A-priori-Hypothesenverteilung ist die A-priori-Verteilung über $\mathbf{P}(\Theta)$. Somit ist $P(\Theta = \theta)$ die A-priori-Wahrscheinlichkeit, dass die Tüte einen Anteil θ an Kirschbonbons enthält.

Wenn der Parameter θ einen beliebigen Wert zwischen 0 und 1 annehmen kann, dann ist $\mathbf{P}(\Theta)$ eine stetige Wahrscheinlichkeitsdichtefunktion (siehe Abschnitt A.3). Wenn wir nichts über die möglichen Werte von θ wissen, können wir die gleichmäßige Dichtefunktion $P(\theta) = Uniform(\theta; 0,1)$ verwenden, die besagt, dass alle Werte gleich wahrscheinlich sind.

Eine flexiblere Familie von Wahrscheinlichkeitsdichtefunktionen ist als **Betaverteilungen** bekannt. Jede Betaverteilung wird wie folgt durch zwei Hyperparameter[3] a und b definiert:

$$Beta(\theta; a, b) = \alpha\, \theta^{a-1}(1-\theta)^{b-1} \tag{20.6}$$

für θ im Bereich $[0, 1]$. Die Normalisierungskonstante α, die dafür sorgt, dass die zugehörige Wahrscheinlichkeitsfunktion zu 1 integriert, hängt von a und b ab. ► Abbildung 20.5 zeigt, wie die Verteilung für verschiedene Werte von a und b aussieht. Der Mittelwert der Betaverteilung ist $a/(a+b)$, also deuten größere Werte von a darauf hin, dass Θ näher an 1 als an 0 liegt. Größere Werte von $a + b$ machen die Verteilung spitzer, was eine größere Sicherheit bezüglich des Werts von Θ suggeriert. Es stellt sich heraus, dass die gleichmäßige Dichtefunktion die gleiche ist wie $Beta(1,1)$: der Mittelwert beträgt 1/2 und die Verteilung ist flach.

Neben ihrer Flexibilität hat die Beta-Familie eine weitere wunderbare Eigenschaft: Wenn Θ eine A-priori-Verteilung $Beta(a, b)$ hat, dann ist nach der Beobachtung eines Datenpunkts die A-posteriori-Verteilung für Θ ebenfalls eine Betaverteilung. Mit anderen Worten, *Beta* ist abgeschlossen bezüglich Aktualisierungen. Die Beta-Familie wird als **konjugierte A-priori-Verteilung** für die Familie der Verteilungen für eine boolesche Variable bezeichnet.[4] Das

3 Sie werden Hyperparameter genannt, weil sie eine Verteilung über θ parametrisieren, was selbst ein Parameter ist.

4 Andere konjugierte A-priori-Verteilungen sind die **Dirichlet**-Familie für die Parameter einer diskreten mehrwertigen Verteilung und die **Normal-Wishart**-Familie für die Parameter einer Gauß'schen Verteilung (siehe Bernardo und Smith, 1994).

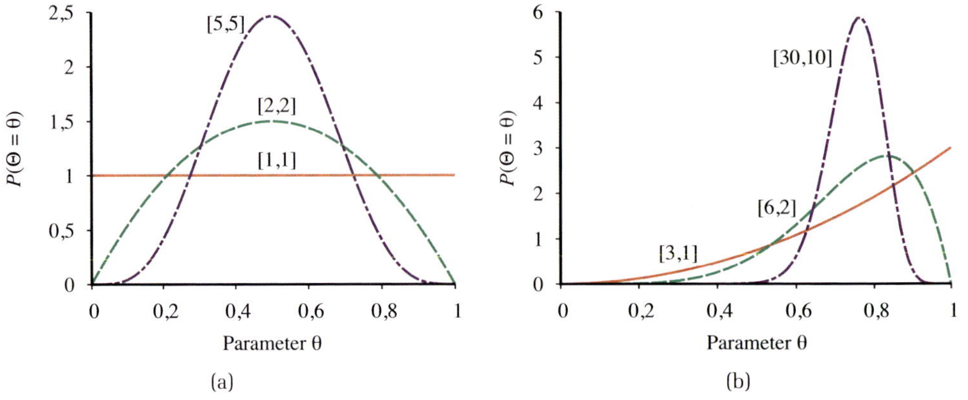

Abbildung 20.5: Beispiele für die *Beta*(a, b)-Verteilung für verschiedene Werte von (a, b).

Ganze funktioniert folgendermaßen: Angenommen, wir haben es mit einem Kirschbonbon zu tun; dann haben wir:

$$\begin{aligned} P(\theta \mid D_1 = kirsche) &= \alpha\ P(D_1 = kirsche \mid \theta)P(\theta) \\ &= \alpha'\ \theta \cdot Beta(\theta; a, b) = \alpha'\ \theta \cdot \theta^{a-1}(1-\theta)^{b-1} \\ &= \alpha'\ \theta^{a}(1-\theta)^{b-1} = \alpha'\ Beta(\theta; a+1, b) \end{aligned}$$

Nachdem wir also ein Kirschbonbon gesehen haben, inkrementieren wir einfach den Parameter a, um die A-posteriori-Verteilung zu erhalten. Entsprechend inkrementieren wir den Parameter b, nachdem wir ein Zitronenbonbon gesehen haben. Wir können also die Hyperparameter a und b als **virtuelle Zähler** betrachten, in dem Sinne, dass sich eine A-priori-Verteilung $Beta(a, b)$ genauso verhält, als ob wir mit einer gleichverteilten A-priori-Wahrscheinlichkeit $Beta(1, 1)$ begonnen und $a - 1$ tatsächliche Kirschbonbons und $b - 1$ tatsächliche Zitronenbonbons gesehen hätten.

Durch die Untersuchung einer Folge von Betaverteilungen für steigende Werte von a und b, wobei die Proportionen konstant bleiben, können wir anschaulich sehen, wie sich beim Eintreffen der Daten die A-posteriori-Verteilung über den Parameter Θ ändert. Nehmen wir beispielsweise an, die tatsächliche Bonbontüte besteht zu 75 % aus Kirschbonbons. ► Abbildung 20.5 b zeigt die Folge $Beta(3, 1)$, $Beta(6, 2)$, $Beta(30, 10)$. Die Verteilung konvergiert dabei eindeutig gegen eine schmale Spitze um den wahren Wert von Θ. Bei großen Datenmengen konvergiert das Bayes'sche Lernen (zumindest in diesem Fall) also zur gleichen Antwort wie das ML-Lernen.

Lassen Sie uns nun einen komplizierteren Fall betrachten. Das Netz in ► Abbildung 20.2 b hat drei Parameter, θ, θ_1 und θ_2, wobei θ_1 die Wahrscheinlichkeit für ein rotes Einwickelpapier um ein Kirschbonbon ist und θ_2 die Wahrscheinlichkeit für ein rotes Einwickelpapier um ein Zitronenbonbon. Die Bayes'sche A-priori-Hypothesenverteilung muss alle drei Parameter abdecken, d. h., wir müssen $\mathbf{P}(\Theta, \Theta_1, \Theta_2)$ angeben. In der Regel gehen wir von **Parameterunabhängigkeit** aus:

$$\mathbf{P}(\Theta, \Theta_1, \Theta_2) = \mathbf{P}(\Theta)\mathbf{P}(\Theta_1)\mathbf{P}(\Theta_2)$$

Unter dieser Annahme kann jeder Parameter seine eigene Betaverteilung haben, die separat aktualisiert wird, wenn Daten eintreffen. ► Abbildung 20.6 zeigt, wie wir die A-priori-Hypothesenverteilung und alle Daten in ein Bayes'sches Netz einbinden können, das für jede Parametervariable einen Knoten aufweist.

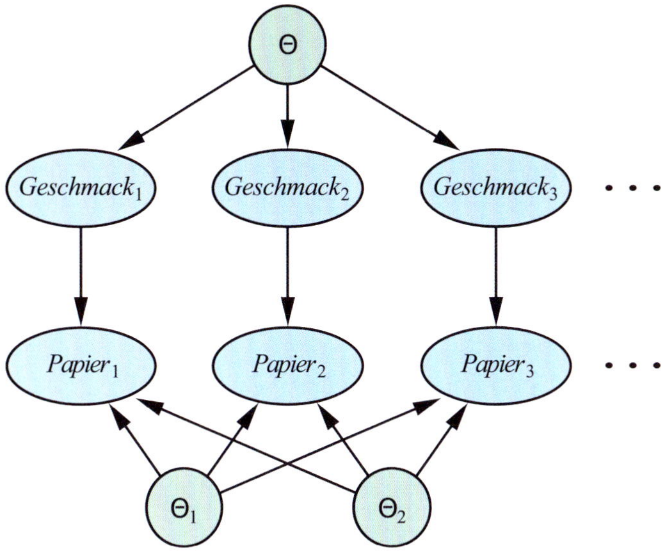

Abbildung 20.6: Ein Bayes'sches Netz, das einem Bayes'schen Lernprozess entspricht. A-posteriori-Verteilungen für die Parametervariablen Θ, Θ_1 und Θ_2 können aus ihren A-priori-Verteilungen und den Evidenzen in $Geschmack_i$ und $Papier_i$ gefolgert werden.

Die Knoten $\Theta, \Theta_1, \Theta_2$ haben keine Elternknoten. Für die i-te Beobachtung eines Einwickelpapiers und der dazugehörigen Geschmacksrichtung eines Bonbons fügen wir die Knoten $Papier_i$ und $Geschmack_i$ hinzu. $Geschmack_i$ ist abhängig von dem Geschmacksparameter Θ:

$$P(Geschmack_i = kirsche \mid \Theta = \theta) = \theta$$

$Papier_i$ ist abhängig von Θ_1 und Θ_2:

$$P(Papier_i = rot \mid Geschmack_i = kirsche, \Theta_1 = \theta_1) = \theta_1 \quad (20.7)$$

$$P(Papier_i = rot \mid Geschmack_i = zitrone, \Theta_2 = \theta_2) = \theta_2 \quad (20.8)$$

Jetzt kann der gesamte Bayes'sche Lernprozess für das ursprüngliche Bayes'sche Netz in ► Abbildung 20.2 b als *Inferenz*problem im abgeleiteten Bayes'schen Netz in ► Abbildung 20.6 formuliert werden, wobei die Daten und Parameter zu Knoten werden. Nachdem wir alle neuen Evidenzknoten hinzugefügt haben, können wir die Parametervariablen abfragen (in diesem Fall $\Theta, \Theta_1, \Theta_2$). Laut dieser Formulierung *gibt es nur einen Lernalgorithmus* – den Inferenzalgorithmus für Bayes'sche Netze.

Natürlich unterscheidet sich die Art dieser Netze etwas von denen in Kapitel 13, weil die Trainingsmenge eine potenziell große Anzahl von Evidenzvariablen repräsentiert und stetige Parametervariablen in der Überzahl sind. Eine exakte Inferenz ist meistens unmöglich, außer in sehr einfachen Fällen wie dem naiven Bayes-Modell. In der Praxis werden normalerweise approximative Inferenzmethoden wie MCMC (Abschnitt 13.4.2) verwendet. Viele statistische Softwarepakete enthalten effiziente Implementierungen von MCMC für diesen Zweck.

20.2.6 Bayes'sche lineare Regression

Hier zeigen wir, wie man einen Bayes'schen Ansatz auf eine statistische Standardaufgabe anwendet: die lineare Regression. Der konventionelle Ansatz wurde in Abschnitt 19.6 als Minimierung der Summe der quadratischen Fehler beschrieben und in Abschnitt 20.2.4 als

Maximierung der Liklihood unter Annahme eines Gauß'schen Fehlermodells neu interpretiert. Das Ergebnis ist eine einzige beste Hypothese: eine gerade Linie mit speziellen Werten für die Steigung und den Achsenabschnitt und eine feste Varianz für den Vorhersagefehler an jedem beliebigen Punkt. Es gibt kein Maß dafür, wie sicher man über die Steigungs- und Achsenabschnittswerte sein kann.

Wenn man außerdem einen Wert für einen noch nicht gesehenen Datenpunkt vorhersagt, der weit entfernt von den beobachteten Datenpunkten liegt, scheint es sinnlos zu sein, von einem Vorhersagefehler auszugehen, der genauso groß ist wie der Vorhersagefehler für einen Datenpunkt direkt neben einem beobachteten Datenpunkt. Es wäre sinnvoller, wenn der Vorhersagefehler umso größer ist, je weiter der Datenpunkt von den beobachteten Daten entfernt ist, da eine kleine Änderung der Steigung eine große Änderung des vorhergesagten Werts für einen entfernten Punkt verursacht.

Der Bayes'sche Ansatz bietet eine Lösung für beide Probleme. Die allgemeine Idee ist, wie im vorangegangenen Abschnitt, eine A-priori-Verteilung auf die Modellparameter zu legen – hier die Koeffizienten des linearen Modells und die Rauschvarianz – und dann die A-posteriori-Parameter anhand der Daten zu berechnen. Bei multivariaten Daten und unbekanntem Rauschmodell führt dies zu ziemlich umfangreicher linearer Algebra, sodass wir wir uns auf einen einfachen Fall konzentrieren: univariable Daten, ein Modell, das durch den Ursprung gehen muss, und bekanntes Rauschen: eine Normalverteilung mit der Varianz σ^2. Dann haben wir nur einen Parameter θ und das Modell lautet:

$$P(y \mid x, \theta) = \mathcal{N}(y; \theta x, \sigma_y^2) = \frac{1}{\sigma\sqrt{2\pi}} e^{-\frac{1}{2}\left(\frac{(y-\theta x)^2}{\sigma^2}\right)} \tag{20.9}$$

Da die log-Likelihood quadratisch in θ ist, ist die geeignete Form für eine konjugierten A-priori-Verteilung für θ gleichzeitig eine Gauß'sche Verteilung. Dies stellt sicher, dass die A-posteriori-Verteilung für θ ebenfalls gaußförmig ist. Wir nehmen einen Mittelwert θ_0 und eine Varianz σ_0^2 für die A-priori-Verteilung an, sodass

$$P(\theta) = \mathcal{N}(\theta; \theta_0, \sigma_0^2) = \frac{1}{\sigma_0\sqrt{2\pi}} e^{-\frac{1}{2}\left(\frac{(\theta-\theta_0)^2}{\sigma_0^2}\right)} \tag{20.10}$$

gilt. Abhängig von der Modellierung der Daten kann man eine Vorstellung davon haben, welche Art von Steigung θ zu erwarten ist, oder man ist völlig unwissend. In letzterem Fall ist es sinnvoll, für θ_0 den Wert 0 und σ_0^2 möglichst groß zu wählen – eine sogenannte **nichtinformative A-priori-Verteilung**. Schließlich können wir eine A-priori-Verteilung $P(x)$ für den x-Wert jedes Datenpunkts annehmen, was jedoch für die Analyse völlig unerheblich ist, da sie nicht von θ abhängt.

Damit ist der Aufbau vollständig, sodass wir die A-posteriori-Verteilung für θ mithilfe der Gleichung (20.1) berechnen können: $P(\theta \mid \mathbf{d}) \propto P(\mathbf{d} \mid \theta)P(\theta)$. Die beobachteten Datenpunkte sind $\mathbf{d} = (x_1, y_1), \ldots, (x_N, y_N)$, sodass die Likelihood für die Daten aus Gleichung (20.9) wie folgt ermittelt wird:

$$\begin{aligned} P(\mathbf{d} \mid \theta) &= \left(\prod_i P(x_i)\right) \prod_i P(y_i \mid x_i, \theta)) = \alpha \prod_i e^{-\frac{1}{2}\left(\frac{(y_i-\theta x_i)^2}{\sigma^2}\right)} \\ &= \alpha e^{-\frac{1}{2}\sum_i\left(\frac{(y_i-\theta x_i)^2}{\sigma^2}\right)}, \end{aligned}$$

wobei wir die A-priori-Verteilungen der x-Werte und die Normalisierungskonstanten für die N Gauß'schen Verteilungen in einer Konstante α zusammengezogen haben, die unabhängig von θ ist. Nun kombinieren wir dies und den A-priori-Parameter aus Gleichung (20.10), um die A-posteriori-Verteilung zu erhalten:

$$P(\theta \mid \mathbf{d}) = \alpha'' e^{-\frac{1}{2}\left(\frac{(\theta-\theta_0)^2}{\sigma_0^2}\right)} e^{-\frac{1}{2}\sum_i\left(\frac{(y_i-\theta x_i)^2}{\sigma^2}\right)}$$

Obwohl dies kompliziert aussieht, ist jeder Exponent eine quadratische Funktion von θ, also auch die Summe der beiden Exponenten. Daher stellt der gesamte Ausdruck eine Gauß'sche Verteilung für θ dar. Mit algebraischen Umformungen, die denen in Abschnitt 14.4 sehr ähnlich sind, ergibt sich

$$P(\theta \mid \mathbf{d}) = \alpha''' e^{-\frac{1}{2}\left(\frac{(\theta-\theta_N)^2}{\sigma_N^2}\right)}$$

mit „aktualisiertem" Mittelwert und Varianz gegeben durch:

$$\theta_N = \frac{\sigma^2\theta_0 + \sigma_0^2 \sum_i x_i y_i}{\sigma^2 + \sigma_0^2 \sum_i x_i^2} \quad \text{und} \quad \sigma_N^2 = \frac{\sigma^2\sigma_0^2}{\sigma^2 + \sigma_0^2 \sum_i x_i^2}$$

Betrachten wir diese Formeln nun näher, um zu verstehen, was sie bedeuten. Wenn die Daten auf einen kleinen Bereich der x-Achse in der Nähe des Ursprungs konzentriert sind, ist $\sum_i x_i^2$ klein und die A-posteriori-Varianz σ_N^2 groß, ungefähr gleich der A-priori-Varianz σ_0^2. Das entspricht den allgemeinen Erwartungen: Die Daten tragen wenig dazu bei, die Rotation der Linie um den Ursprung zu beschränken. Umgekehrt, wenn die Daten weit entlang der Achse verteilt sind, ist $\sum_i x_i^2$ groß und die A-posteriori-Varianz σ_N^2 klein, ungefähr gleich $\sigma^2/(\sum_i x_i^2)$, sodass die Steigung sehr stark eingeschränkt wird.

Um eine Vorhersage für einen bestimmten Datenpunkt zu treffen, müssen wir, wie in Gleichung (20.2) vorgeschlagen, über die möglichen Werte von θ integrieren:

$$\begin{aligned} P(y \mid x, \mathbf{d}) &= \int_{-\infty}^{\infty} P(y \mid x, \mathbf{d}, \theta) P(\theta \mid x, \mathbf{d})\, d\theta = \int_{-\infty}^{\infty} P(y \mid x, \theta) P(\theta \mid \mathbf{d})\, d\theta \\ &= \alpha \int_{-\infty}^{\infty} e^{-\frac{1}{2}\left(\frac{(y-\theta x)^2}{\sigma^2}\right)} e^{-\frac{1}{2}\left(\frac{(\theta-\theta_N)^2}{\sigma_N^2}\right)}\, d\theta \end{aligned}$$

Auch hier ist die Summe der beiden Exponenten eine quadratische Funktion von θ, also haben wir eine Gauß'sche Verteilung über θ, dessen Integral 1 ist. Die restlichen Terme in y bilden eine weitere Gauß'sche Verteilung:

$$P(y \mid x, \mathbf{d}) \propto e^{-\frac{1}{2}\left(\frac{(y-\theta_N x)^2}{\sigma^2 + \sigma_N^2 x^2}\right)}$$

Betrachtet man diesen Ausdruck, so sieht man, dass die mittlere Vorhersage für y gleich $\theta_N x$ ist, d. h., sie basiert auf dem A-posteriori-Mittelwert für θ. Die Varianz der Vorhersage ist durch das Modellrauschen σ^2 plus einem Term proportional zu x^2 gegeben, was bedeutet, dass die Standardabweichung der Vorhersage asymptotisch linear mit dem Abstand vom Ursprung zunimmt. ► Abbildung 20.7 veranschaulicht dieses Phänomen. Wie zu Beginn dieses Abschnitts erwähnt, ist eine größere Unsicherheit für Vorhersagen, die weiter von den beobachteten Datenpunkten entfernt sind, durchaus sinnvoll.

20.2.7 Strukturen Bayes'scher Netze lernen

Bisher sind wir davon ausgegangen, dass die Struktur des Bayes'schen Netzes gegeben ist und wir nur versuchen, die Parameter zu lernen. Die Struktur des Netzes repräsentiert grundlegendes kausales Wissen über die Domäne, das ein Experte oder sogar ein naiver Benutzer oft leicht liefern kann. In einigen Fällen ist das Kausalmodell jedoch umstritten oder nicht immer verfügbar – z. B. haben bestimmte Unternehmen lange Zeit behauptet, dass Rauchen keinen Krebs verursacht, und andere Unternehmen verbreiten die Meinung, dass die CO_2-Konzentration keinen Einfluss auf das Klima hat –, daher ist es wichtig zu verstehen, wie die Struktur eines Bayes'schen Netzes aus Daten gelernt werden kann. Dieser Abschnitt gibt einen kurzen Überblick über die wichtigsten Ideen.

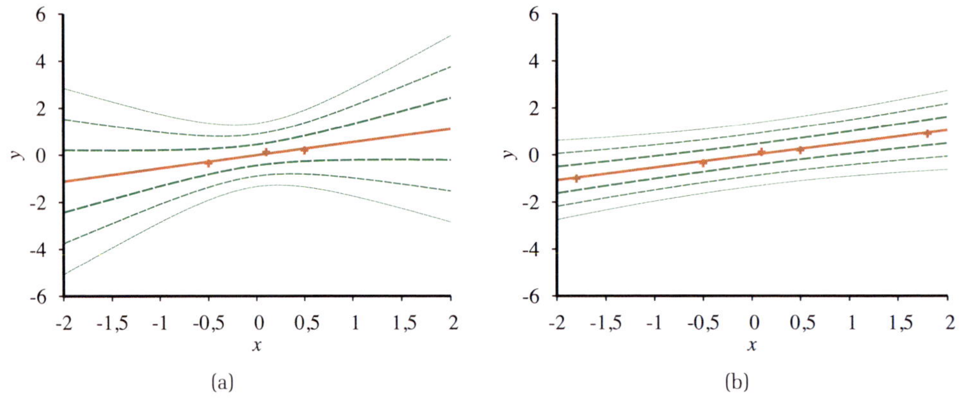

Abbildung 20.7: Bayes'sche lineare Regression mit einem Modell, das auf den Durchgang durch den Ursprung beschränkt ist, und fester Rauschvarianz $\sigma^2 = 0{,}2$. Höhenlinien mit Standardabweichungen von ± 1, ± 2 und ± 3 veranschaulichen die Vorhersagedichte. (a) Mit drei Datenpunkten in der Nähe des Ursprungs ist die Steigung ziemlich unsicher, mit $\sigma_N^2 \approx 0{,}3861$. Beachten Sie, wie die Unsicherheit mit der Entfernung von den beobachteten Datenpunkten zunimmt. (b) Mit zwei zusätzlichen Datenpunkten, die weiter entfernt sind, ist die Steigung θ sehr eng begrenzt, mit $\sigma_N^2 \approx 0{,}0286$. Die verbleibende Varianz in der Vorhersagedichte ist fast vollständig auf das feste Rauschen σ^2 zurückzuführen.

Der naheliegendste Ansatz ist die *Suche* nach einem guten Modell. Wir können mit einem Modell beginnen, das keine Kanten enthält, und dann Eltern für jeden Knoten hinzufügen, die Parameter mit den gerade behandelten Methoden ausstatten und die Genauigkeit des resultierenden Modells messen. Alternativ können wir zunächst eine Schätzung der Struktur abgeben und mithilfe der Bergsteigersuche oder Simulated Annealing Änderungen vornehmen, wobei die Parameter nach jeder Änderung der Struktur neu eingestellt werden. Zu den Änderungen kann das Umkehren, Hinzufügen oder Entfernen von Kanten gehören. Wir dürfen keine Schleifen in dem Prozess erzeugen; daher gehen viele Algorithmen davon aus, dass die Variablen in einer bestimmten Reihenfolge vorliegen und dass ein Knoten nur in solchen Knoten Eltern haben kann, die in der Reihenfolge vor ihm liegen (genau wie im Konstruktionsprozess in Kapitel 13). Im Sinne einer vollständigen Verallgemeinerung müssen wir auch über mögliche Reihenfolgen suchen.

Es gibt zwei alternative Methoden, um zu entscheiden, wann eine gute Struktur vorliegt. Die erste überprüft, ob die in der Struktur implizit vorhandenen bedingten Unabhängigkeitsbehauptungen in den Daten tatsächlich erfüllt sind. Zum Beispiel wird bei der Verwendung eines naiven Bayes'schen Modells für das Restaurantproblem angenommen, dass

$$\mathbf{P}(Hungrig, Bar \mid WirdWarten) = \mathbf{P}(Hungrig \mid WirdWarten)\,\mathbf{P}(Bar \mid WirdWarten)$$

gilt und wir die Daten daraufhin überprüfen können, ob dieselbe Gleichung zwischen den entsprechenden bedingten Häufigkeiten besteht. Doch selbst wenn die Struktur die wahre kausale Natur der Domäne beschreibt, bedeuten statistische Schwankungen in der Datenmenge, dass die Gleichung nie *genau* erfüllt ist. Wir müssen also einen geeigneten statistischen Test durchführen, um zu überprüfen, ob es ausreichend viel Evidenz dafür gibt, dass die Unabhängigkeitshypothese verletzt ist. Die Komplexität des resultierenden Netzes hängt vom Schwellenwert ab, der für diesen Test verwendet wird – je strenger der Unabhängigkeitstest, desto mehr Verknüpfungen werden hinzugefügt und desto größer ist die Gefahr einer Überanpassung.

Ein Ansatz, der besser mit den Ideen in diesem Kapitel übereinstimmt, bewertet den Grad, bis zu dem das vorgeschlagene Modell die Daten (im probabilistischen Sinne) erklärt. Wir müssen jedoch genau überlegen, wie wir dies messen. Wenn wir nur versuchen, die ML-

Hypothese zu finden, werden wir ein vollständig verknüpftes Netz erhalten, da das Hinzufügen weiterer Eltern zu einem Knoten die Likelihood nicht verringern kann (Übung 20.9 auf der Website). Wir sind gezwungen, die Modellkomplexität auf irgendeine Weise mit einer Strafe zu belegen. Der MAP- (oder MDL-)Ansatz subtrahiert einfach eine Strafe von der Likelihood jeder Struktur (nach der Parameteranpassung), bevor verschiedene Strukturen verglichen werden. Der Bayes'sche Ansatz legt eine gemeinsame A-priori-Verteilung über Strukturen und Parameter. Es gibt normalerweise viel zu viele Strukturen, über die man summieren kann (superexponentiell in der Anzahl der Variablen), daher verwenden die meisten in der Praxis MCMC, um Stichproben aus den Strukturen zu ziehen.

Die Bestrafung der Komplexität (ob durch MAP oder Bayes'sche Methoden) führt eine wichtige Verbindung zwischen der optimalen Struktur und der Art der Repräsentation für die bedingten Verteilungen im Netz ein. Bei tabellarischen Verteilungen wächst die Komplexitätsstrafe für die Verteilung eines Knotens exponentiell mit der Anzahl der Elternknoten, aber bei z. B. durch Noisy-OR erzeugten Verteilungen wächst sie nur linear. Das bedeutet, dass das Lernen mit Noisy-OR-Modellen (oder anderen kompakt parametrisierten Modellen) häufig gelernte Strukturen mit mehr Elternknoten erzeugt als das Lernen mit tabellarischen Verteilungen.

20.2.8 Dichteschätzung mit nichtparametrischen Modellen

Mithilfe der nichtparametrischen Methoden aus Abschnitt 19.7 ist es möglich, ein Wahrscheinlichkeitsmodell zu lernen, ohne Annahmen über seine Struktur und Parametrisierung zu machen. Die Aufgabe der **nichtparametrischen Dichteschätzung** erfolgt normalerweise in stetigen Domänen, wie in ► Abbildung 20.8 a dargestellt. Die Abbildung zeigt eine Wahrscheinlichkeitsdichtefunktion auf einem Raum, der durch zwei stetige Variablen definiert ist. In ► Abbildung 20.8 b sehen wir eine Stichprobe von Datenpunkten für diese Dichtefunktion. Die Frage ist: Können wir das Modell aus den Stichproben wiederherstellen?

Zunächst betrachten wir ***k*-Nächste-Nachbarn**-Modelle. (Kapitel 19 hat Nächste-Nachbarn-Modelle für die Klassifikation und Regression vorgestellt; hier verwenden wir sie für die Dichteschätzung.) Um bei einer gegebenen Stichprobe von Datenpunkten die unbekannte Wahrscheinlichkeitsdichte an einem Abfragepunkt **x** zu schätzen, können wir einfach die Dichte der Datenpunkte in der Nachbarschaft von **x** messen. ► Abbildung 20.8 b zeigt zwei Abfrage-

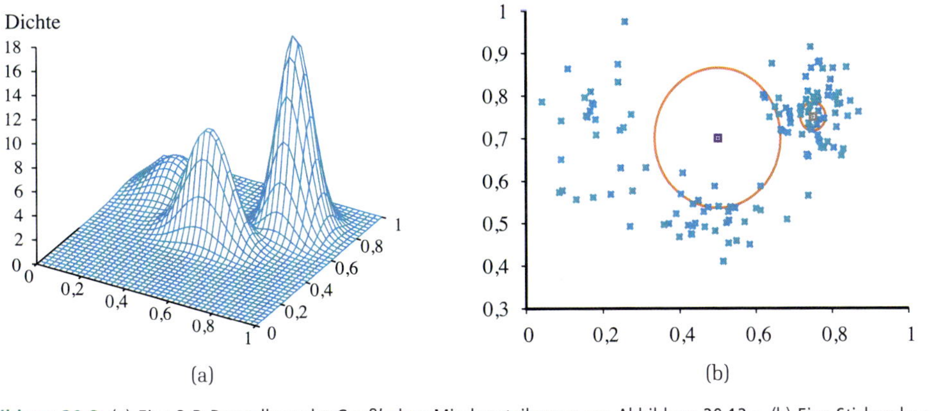

Abbildung 20.8: (a) Eine 3-D-Darstellung der Gauß'schen Mischverteilungen aus Abbildung 20.12 a. (b) Eine Stichprobe von 128 Punkten aus der Mischung, zusammen mit zwei Abfragepunkten (kleines lila bzw. graues Quadrat) und deren 10-Nächste-Nachbarn (großer Kreis und kleinerer Kreis rechts daneben).

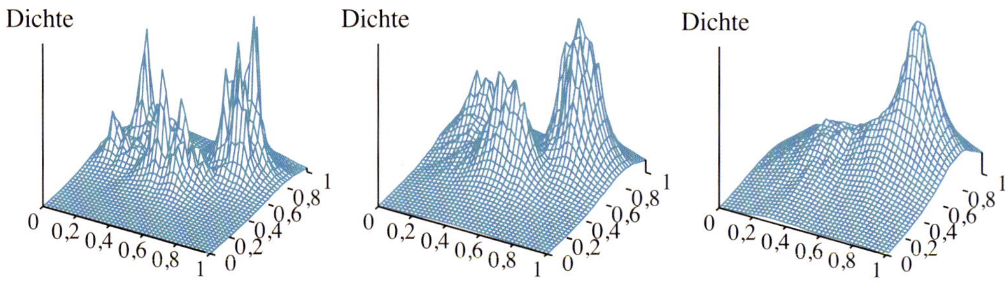

(a) (b) (c)

Abbildung 20.9: Dichteschätzung mit k-Nächste-Nachbarn, angewendet auf die Daten in Abbildung 20.8 b, für $k = 3$, 10 bzw. 40. $k = 3$ ist zu spitz, 40 ist zu glatt und 10 ist gerade richtig. Der beste Wert für k kann durch Kreuzvalidierung ausgewählt werden.

punkte (kleine Quadrate). Für jeden Abfragepunkt haben wir den kleinsten Kreis gezeichnet, der 10 Nachbarn einschließt – die 10-Nächste-Nachbarschaft. Wir sehen, dass der Kreis in der Mitte groß ist, was bedeutet, dass es dort eine geringe Dichte gibt, während der Kreis rechts klein ist, was bedeutet, dass es dort eine hohe Dichte gibt. ► Abbildung 20.9 zeigt drei Grafiken zur Dichteabschätzung mit k-Nächste-Nachbarn für verschiedene Werte von k. Es scheint klar zu sein, dass (b) ungefähr richtig ist, während (a) zu spitz (k zu klein) und (c) zu glatt ist (k zu groß).

Eine andere Möglichkeit ist die Verwendung von **Kernelfunktionen**, wie wir sie für die lokal gewichtete Regression verwendet haben. Um ein Kernelmodell auf die Dichteschätzung anzuwenden, nehmen wir an, dass jeder Datenpunkt seine eigene kleine Dichtefunktion erzeugt. Zum Beispiel könnten wir sphärische Gauß'sche Verteilungen mit der Standardabweichung w entlang jeder Achse verwenden. Dann ist die geschätzte Dichte an einem Abfragepunkt $\mathbf{x}$ der Durchschnitt der Datenkernels:

$$P(\mathbf{x}) = \frac{1}{N}\sum_{j=1}^{N} \mathcal{K}(\mathbf{x}, \mathbf{x}_j), \quad \text{wobei} \quad \mathcal{K}(\mathbf{x}, \mathbf{x}_j) = \frac{1}{(w^2\sqrt{2\pi})^d}\, \mathrm{e}^{-\frac{D(\mathbf{x}, \mathbf{x}_j)^2}{2w^2}}$$

Hier ist d die Anzahl der Dimensionen in $\mathbf{x}$ und D ist die euklidische Abstandsfunktion. Wir haben immer noch das Problem, einen geeigneten Wert für die Kernelbreite w zu wählen; ► Abbildung 20.10 zeigt Werte, die zu klein, genau richtig und zu groß sind. Ein guter Wert für w kann mithilfe einer Kreuzvalidierung gewählt werden.

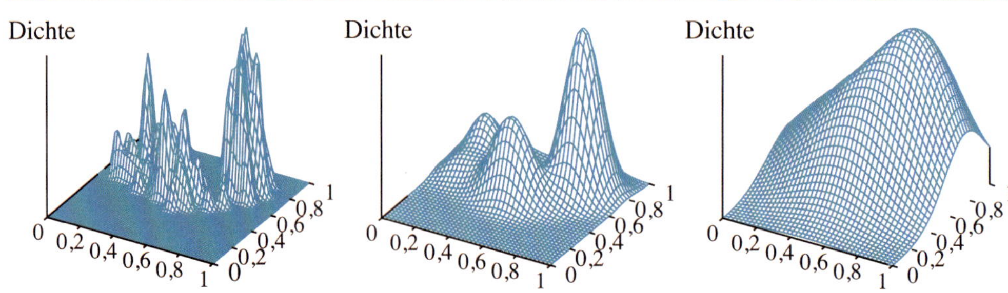

(a) (b) (c)

Abbildung 20.10: Dichteschätzung mithilfe von Kernels für die Daten in Abbildung 20.8 b, unter Verwendung von Gauß'schen Kernels mit $w = 0{,}02$, 0,07 bzw. 0,20. $w = 0{,}07$ ist ungefähr richtig.

20.3 Lernen mit verborgenen Variablen: der EM-Algorithmus

Der vorige Abschnitt hat sich mit dem vollständig beobachtbaren Fall beschäftigt. Viele Probleme der realen Welt weisen **verborgene Variablen** auf (manchmal auch **latente Variablen** genannt), die in den Daten nicht beobachtbar sind. Zum Beispiel enthalten Patientenakten oft die beobachteten Symptome, die Diagnose des Arztes, die angewandte Behandlung und vielleicht das Ergebnis der Behandlung, aber sie enthalten selten eine direkte Beobachtung der Krankheit selbst! (Die *Diagnose* ist nicht die *Krankheit*; sie ist eine kausale Konsequenz der beobachteten Symptome, die wiederum durch die Krankheit verursacht werden.) Stellt sich die Frage: „Könnten wir, wenn die Krankheit nicht beobachtet wird, ein Modell konstruieren, das nur auf den beobachteten Variablen basiert?“ Die Antwort findet sich in ► Abbildung 20.11, die ein kleines, fiktives Diagnosemodell für eine Herzerkrankung zeigt. Es gibt drei beobachtbare prädisponierende Faktoren und drei beobachtbare Symptome (die zu deprimierend sind, um sie hier zu nennen). Nehmen wir an, dass jede Variable drei mögliche Werte hat (z. B. *keine*, *mittel* und *schwer*). Das Entfernen der verborgenen Variable aus dem Netz in (a) ergibt das Netz in (b), wobei die Gesamtzahl der Parameter von 78 auf 708 steigt. Folglich *können latente Variablen die Anzahl der Parameter, die zur Spezifikation eines Bayes'schen Netzes erforderlich sind,* drastisch reduzieren. Dies wiederum kann die Menge der Daten, die zum Lernen der Parameter benötigt werden, drastisch reduzieren.

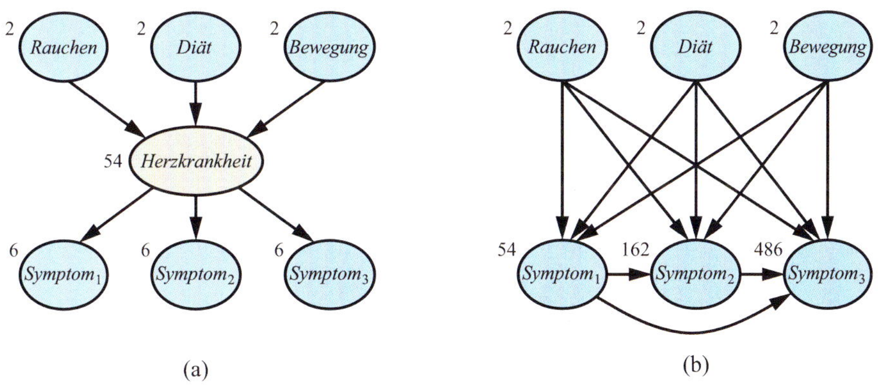

Abbildung 20.11: (a) Ein einfaches Diagnosenetz für Herzkrankheit, wobei es sich um eine verborgene Variable handeln soll. Jede Variable hat drei mögliche Werte und ist mit der Anzahl der unabhängigen Parameter in ihrer bedingten Verteilung beschriftet; die Gesamtzahl ist 78. (b) Das äquivalente Netz, bei dem *Herzkrankheit* entfernt wurde. Beachten Sie, dass die Symptomvariablen bei gegebenen Eltern nicht mehr bedingt unabhängig sind. Für dieses Netz sind 708 Parameter erforderlich.

Verborgene Variablen sind wichtig, verkomplizieren aber das Lernproblem. In ► Abbildung 20.11 a ist es z. B. nicht offensichtlich, wie die bedingte Verteilung für *Herzkrankheit* bei gegebenen Eltern gelernt werden soll, weil wir den Wert von *Herzkrankheit* nicht in jedem Fall kennen. Das gleiche Problem stellt sich beim Lernen der Verteilungen für die Symptome. In diesem Abschnitt wird ein Algorithmus namens **Erwartung-und-Maximierung** (EM) beschrieben, der dieses Problem auf sehr allgemeine Weise löst. Wir stellen drei Beispiele vor, gefolgt von einer allgemeinen Beschreibung. Dem Algorithmus haftet zunächst etwas Magisches an, aber wenn man erst einmal ein Gefühl dafür entwickelt hat, findet man Anwendungen für EM in einem riesigen Spektrum von Lernproblemen.

20.3.1 Unüberwachtes Clustering: Gauß'sche Mischverteilungen lernen

Unüberwachtes Clustering ist das Problem, mehrere Kategorien in einer Sammlung von Objekten zu erkennen. Das Problem ist unüberwacht, weil die Kategoriebezeichnungen nicht

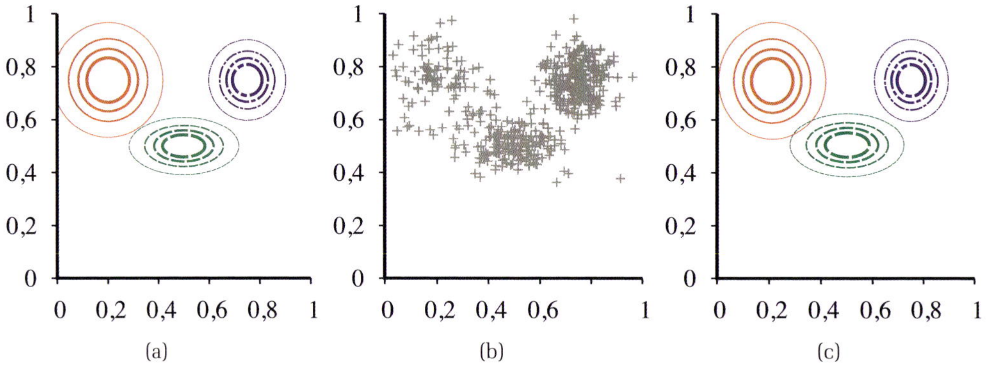

Abbildung 20.12: (a) Ein Gauß'sches Mischmodell mit drei Komponenten: die Gewichte (von links nach rechts) sind 0,2, 0,3 und 0,5. (b) 500 Datenpunkte, die aus dem Modell in (a) gezogen wurden. (c) Das durch EM aus den Daten in (b) rekonstruierte Modell.

vorgegeben sind. Angenommen, wir zeichnen die Spektren von hunderttausend Sternen auf. Gibt es verschiedene Stern*typen*, die von den Spektren aufgedeckt werden, und, wenn ja, wie viele Typen gibt es und welche Eigenschaften haben sie? Wir alle kennen Begriffe wie „Roter Riese" und „Weißer Zwerg", aber die Sterne sind mit diesen Bezeichnungen nicht beschriftet – Astronomen mussten erst ein unüberwachtes Clustering durchführen, um diese Kategorien zu identifizieren. Andere Beispiele sind die Identifizierung von Arten, Gattungen, Ordnungen, Stämmen usw. in der Taxonomie nach Linné und die Erzeugung von natürlichen Arten für gewöhnliche Objekte (siehe Kapitel 10).

Unüberwachtes Clustering beginnt mit Daten. ► Abbildung 20.12 b zeigt 500 Datenpunkte, von denen jeder die Werte von zwei stetigen Attributen angibt. Die Datenpunkte könnten Sternen und die Attribute Spektralintensitäten bei zwei bestimmten Frequenzen entsprechen. Als Nächstes müssen wir verstehen, welche Art von Wahrscheinlichkeitsverteilung die Daten erzeugt haben könnte. Clustering geht davon aus, dass die Daten aus einer **Mischverteilung** P generiert wurden. Eine solche Verteilung hat k **Komponenten**, von denen jede für sich eine Verteilung ist. Ein Datenpunkt wird erzeugt, indem zuerst eine Komponente ausgewählt und dann eine Stichprobe aus dieser Komponente erzeugt wird. Sei die Zufallsvariable C die Komponente mit den Werten $1, \ldots, k$; dann ist die Mischverteilung gegeben durch

$$P(\mathbf{x}) = \sum_{i=1}^{k} P(C=i)\, P(\mathbf{x} \mid C=i)\,,$$

wobei sich $\mathbf{x}$ auf die Werte der Attribute für einen Datenpunkt bezieht. Für stetige Daten ist eine nahe liegende Wahl für die Komponentenverteilungen die multivariate Gauß'sche Verteilung, die die sogenannte Familie der **Gauß'schen Mischverteilungen** bildet. Die Parameter einer Gauß'schen Mischverteilung sind $w_i = P(C=i)$ (das Gewicht jeder Komponente), $\boldsymbol{\mu}_i$ (der Mittelwert jeder Komponente) und $\boldsymbol{\Sigma}_i$ (die Kovarianz jeder Komponente). ► Abbildung 20.12 a zeigt eine Mischung aus drei Gauß'schen Verteilungen. Diese Mischung ist die Quelle der Daten in (b) und entspricht dem in ► Abbildung 20.8 a auf S. 819 gezeigten Modell.

Das unüberwachte Clustering-Problem besteht also darin, ein Gauß'sches Mischmodell wie in ► Abbildung 20.12 a aus Rohdaten wie in ► Abbildung 20.12 b wiederherzustellen. Wenn wir *wüssten*, welche Komponenten die einzelnen Datenpunkte erzeugt haben, wäre es natürlich einfach, die Gauß'schen Komponentenverteilungen zu rekonstruieren: Wir könnten einfach alle Datenpunkte einer bestimmten Komponente auswählen und dann (eine multivariate Version von) Gleichung (20.4) (S. 812) anwenden, um die Parameter einer Gauß'schen Verteilung an eine Datenmenge anzupassen. Wenn wir andererseits die Parameter jeder Komponente *kennen würden*, dann könnten wir, zumindest in probabilistischer Hinsicht, jeden Datenpunkt einer Komponente zuordnen.

Das Problem ist, dass wir weder die Zuordnungen noch die Parameter kennen. Die Grundidee von EM in diesem Zusammenhang ist, *so zu tun, als ob* wir die Parameter des Modells kennen, und dann die Wahrscheinlichkeit abzuleiten, dass jeder Datenpunkt zu jeder Komponente gehört. Danach gleichen wir die Komponenten mit den Daten ab, wobei jede Komponente mit einer gesamten Datenmenge in Übereinstimmung gebracht wird und jeder Punkt mit der Wahrscheinlichkeit gewichtet wird, dass er zu dieser Komponente gehört. Der Prozess iteriert bis zur Konvergenz. Im Wesentlichen „vervollständigen" wir die Daten, indem wir basierend auf dem aktuellen Modell Wahrscheinlichkeitsverteilungen für die verborgenen Variablen ableiten, das heißt, zu welcher Komponente jeder Datenpunkt gehört. Für die Gauß'schen Mischverteilungen initialisieren wir die Parameter des Mischmodells nach dem Zufallsprinzip und iterieren dann über die folgenden zwei Schritte:

1. **E-Schritt**: Berechne die Wahrscheinlichkeiten $p_{ij} = P(C = i \mid \mathbf{x}_j)$, die Wahrscheinlichkeit, dass der Datenwert $\mathbf{x}_j$ von der Komponente i erzeugt wurde. Nach der Bayes'schen Regel erhalten wir $p_{ij} = \alpha P(\mathbf{x}_j \mid C = i)P(C = i)$. Der Term $P(\mathbf{x}_j \mid C = i)$ ist einfach die Wahrscheinlichkeit bei $\mathbf{x}_j$ der i-ten Gauß'schen Verteilung und der Term $P(C = i)$ ist einfach der Gewichtungsparameter für die i-te Gauß'sche Verteilung. Definiere $n_i = \sum_j p_{ij}$, die effektive Anzahl der Datenpunkte, die aktuell der Komponente i zugeordnet sind.
2. **M-Schritt**: Berechne den neuen Mittelwert, die neue Kovarianz und die neuen Komponentengewichte nacheinander in den folgenden Schritten:

$$\boldsymbol{\mu}_i \leftarrow \sum_j p_{ij}\mathbf{x}_j / n_i$$

$$\boldsymbol{\Sigma}_i \leftarrow \sum_j p_{ij}(\mathbf{x}_j - \boldsymbol{\mu}_i)(\mathbf{x}_j - \boldsymbol{\mu}_i)^\top / n_i$$

$$w_i \leftarrow n_i / N$$

Hierbei ist N die Gesamtzahl der Datenpunkte. Der E-Schritt oder *Erwartungsschritt* kann als Berechnung der erwarteten Werte p_{ij} der verborgenen **Indikatorvariablen** Z_{ij} betrachtet werden, wobei Z_{ij} 1 ist, wenn der Datenwert $\mathbf{x}_j$ von der i-ten Komponente erzeugt wurde, andernfalls 0. Der M-Schritt oder *Maximierungsschritt* ermittelt die neuen Werte der Parameter, die die log-Likelihood der Daten maximieren, wenn die erwarteten Werte der verborgenen Indikatorvariablen gegeben sind.

Das endgültige Modell, das EM lernt, wenn es auf die Daten in ► Abbildung 20.12 a angewendet wird, ist in ► Abbildung 20.12 c dargestellt. Es ist praktisch nicht von dem ursprünglichen Modell zu unterscheiden, aus dem die Daten generiert wurden (horizontale Linien in ► Abbildung 20.13). ► Abbildung 20.13 a zeigt die log-Likelihood der Daten gemäß dem aktuellen Modell, während EM fortgesetzt wird.

Hier sind vor allem zwei Punkte zu beachten. Erstens *übersteigt* die log-Likelihood für das endgültige gelernte Modell geringfügig die des ursprünglichen Modells, aus dem die Daten generiert wurden. Dies mag verwundern, aber es spiegelt einfach die Tatsache wider, dass die Daten zufällig generiert wurden und möglicherweise kein genaues Abbild des zugrunde liegenden Modells darstellen. Der zweite Punkt ist, dass *EM die log-Likelihood der Daten bei jeder Iteration erhöht.* Diese Tatsache kann allgemein bewiesen werden. Darüber hinaus kann unter bestimmten Bedingungen (die in den meisten Fällen zutreffen) bewiesen werden, dass EM ein lokales Maximum der Likelihood erreicht. (In seltenen Fällen kann es auch einen Sattelpunkt oder sogar ein lokales Minimum erreichen.) In dieser Hinsicht ähnelt EM einem gradientenbasierten Bergsteigeralgorithmus; aber beachten Sie, dass es keinen „Schrittgrößen"-Parameter gibt.

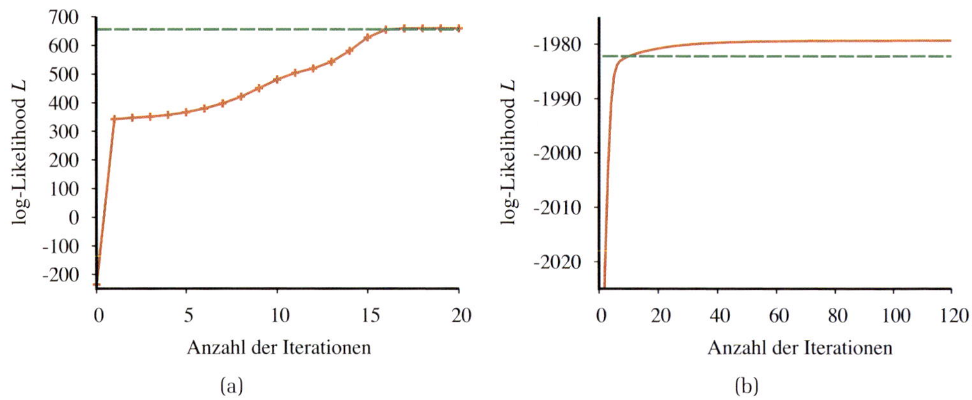

Abbildung 20.13: Grafiken, die die log-Likelihood der Daten L in Abhängigkeit von der EM-Iteration zeigen. Die horizontale Linie zeigt die log-Likelihood gemäß dem wahren Modell. (a) Grafik für das Gauß'sche Mischmodell in Abbildung 20.12. (b) Grafik für das Bayes'sche Netz in Abbildung 20.14 a.

Doch es läuft nicht immer so gut, wie ► Abbildung 20.13 a vermuten lässt. Es kann z. B. passieren, dass eine Gauß'sche Komponente schrumpft, sodass sie nur noch einen einzigen Datenpunkt abdeckt. Dann geht ihre Varianz gegen null und ihre log-Likelihood gegen unendlich! Wenn wir nicht wissen, wie viele Komponenten in der Mischung sind, müssen wir verschiedene Werte für k ausprobieren und sehen, welcher der beste ist. Dies kann sich als Fehlerquelle erweisen. Ein weiteres Problem ist, dass zwei Komponenten „verschmelzen" können, indem sie identische Mittelwerte und Varianzen annehmen und ihre Datenpunkte teilen. Diese Art der Degenerierung lokaler Maxima stellt ein ernsthaftes Problem dar, besonders in höheren Dimensionen. Eine Lösung besteht darin, A-priori-Verteilungen auf die Modellparameter zu legen und die MAP-Version von EM anzuwenden. Eine andere Möglichkeit ist, eine Komponente mit neuen Zufallsparametern neu zu starten, wenn sie zu klein wird oder zu nahe an einer anderen Komponente liegt. Eine sinnvolle Initialisierung hilft ebenfalls.

20.3.2 Parameterwerte Bayes'scher Netze für verborgene Variablen lernen

Um ein Bayes'sches Netz mit verborgenen Variablen zu lernen, nutzen wir die gleichen Erkenntnisse, die auch für die Gauß'schen Mischverteilungen funktioniert haben. ► Abbildung 20.14 a stellt eine Situation dar, in der zwei Tüten mit Bonbons gemischt wurden. Die Bonbons werden durch drei Merkmale beschrieben: Zusätzlich zu *Geschmack* und dem *Papier* haben einige Bonbons ein *Loch* (*Hole*) in der Mitte und einige nicht. Die Verteilung der Bonbons in jeder Tüte wird durch ein **naives Bayes-Modell** beschrieben: Die Merkmale sind unabhängig bei einer gegebenen Tüte, aber die bedingte Wahrscheinlichkeitsverteilung für jedes Merkmal hängt von der Tüte ab. Die Parameter sind: θ für die A-priori-Wahrscheinlichkeit, dass ein Bonbon aus Tüte 1 stammt, θ_{F1} und θ_{F2} für die Wahrscheinlichkeiten, dass die Geschmacksrichtung Kirsche ist, wenn das Bonbon aus Tüte 1 bzw. Tüte 2 stammt, θ_{W1} und θ_{W2} für die Wahrscheinlichkeiten, dass das Papier rot ist, und θ_{H1} und θ_{H2} für die Wahrscheinlichkeiten, dass das Bonbon ein Loch hat.

Das Gesamtmodell ist ein Mischmodell: eine gewichtete Summe von zwei verschiedenen Verteilungen, die jeweils ein Produkt von unabhängigen, univariaten Verteilungen sind. (Tatsächlich können wir die Gauß'sche Mischverteilung auch als Bayes'sches Netz modellieren, wie ► Abbildung 20.14 b zeigt.) In der Abbildung ist die Tüte eine verborgene Variable, da wir nach dem Mischen der Bonbons nicht mehr wissen, aus welcher Tüte die einzelnen Bonbons

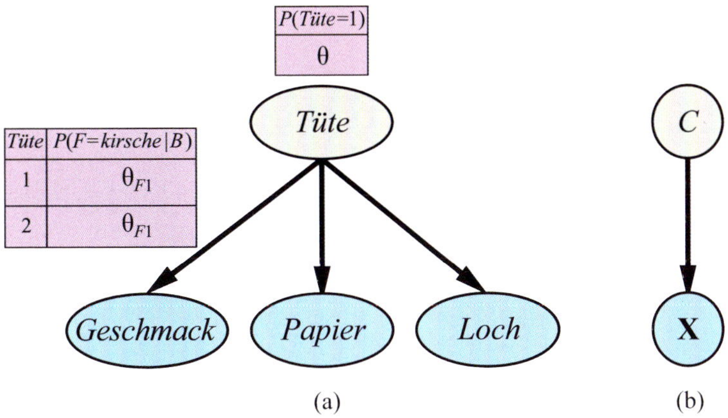

Abbildung 20.14: (a) Ein Mischmodell für Bonbons. Die Anteile der verschiedenen Geschmacksrichtungen, Einwickelpapiere und das Vorhandensein von Löchern hängen von der Tüte ab, die nicht beobachtet wird. (b) Bayes'sches Netz für eine Gauß'sche Mischverteilung. Der Mittelwert und die Kovarianz der beobachtbaren Variablen **X** hängen von der Komponente *C* ab.

stammen. Können wir in einem solchen Fall die Beschreibungen der beiden Tüten rekonstruieren, indem wir die Bonbons aus der Mischung betrachten? Betrachten wir eine Iteration von EM für dieses Problem. Schauen wir uns zunächst die Daten an. Wir haben 1.000 Stichproben aus einem Modell erzeugt, dessen tatsächliche Parameter wie folgt lauten:

$$\theta = 0{,}5, \quad \theta_{F1} = \theta_{W1} = \theta_{H1} = 0{,}8, \quad \theta_{F2} = \theta_{W2} = \theta_{H2} = 0{,}3 \tag{20.11}$$

Das heißt, die Bonbons kommen mit gleicher Wahrscheinlichkeit aus jeder der beiden Tüten. Die erste enthält meist Kirschbonbons mit Loch, eingewickelt in rotem Papier und die zweite meist Zitronenbonbons ohne Loch in grünem Papier. Die Zahlen für die acht möglichen Bonbonvarianten lauten wie folgt:

	$W = rot$		$W = grün$	
	$H = 1$	$H = 0$	$H = 1$	$H = 0$
$F = kirsche$	273	93	104	90
$F = zitrone$	79	100	94	167

Wir beginnen mit der Initialisierung der Parameter. Zur einfacheren Berechnung wählen wir nach dem Zufallsprinzip:[5]

$$\theta^{(0)} = 0{,}6, \quad \theta_{F1}^{(0)} = \theta_{W1}^{(0)} = \theta_{H1}^{(0)} = 0{,}6, \quad \theta_{F2}^{(0)} = \theta_{W2}^{(0)} = \theta_{H2}^{(0)} = 0{,}4 \tag{20.12}$$

Zuerst konzentrieren wir uns auf den Parameter θ. Im vollständig beobachtbaren Fall würden wir ihn direkt aus der *beobachteten* Anzahl der Bonbons aus den Tüten 1 und 2 schätzen. Da die Tüte eine verborgene Variable ist, berechnen wir stattdessen die *erwartete* Anzahl. Die erwartete Anzahl $\hat{N}(Tüte = 1)$ ist die Summe der Wahrscheinlichkeiten über alle Bonbons, dass das Bonbon aus Tüte 1 stammt:

$$\theta^{(1)} = \hat{N}(Tüte = 1)/N = \sum_{j=1}^{N} P(Tüte = 1 \mid geschmack_j, papier_j, löcher_j)/N$$

Diese Wahrscheinlichkeiten können mit jedem Inferenzalgorithmus für Bayes'sche Netze berechnet werden. Für ein naives Bayes-Modell wie das in unserem Beispiel können wir

5 In der Praxis ist es besser, die Parameter zufällig zu wählen, um lokale Maxima zu vermeiden, die aufgrund irgendwelcher Symmetrien entstehen.

die Inferenz „von Hand“ durchführen, indem wir die Bayes'sche Regel und die bedingte Unabhängigkeit anwenden:

$$\theta^{(1)} = \frac{1}{N}\sum_{j=1}^{N}\frac{P(geschmack_j \mid Tüte=1)P(papier_j \mid Tüte=1)P(löcher_j \mid Tüte=1)P(Tüte=1)}{\sum_i P(geschmack_j \mid Tüte=i)P(papier_j \mid Tüte=i)P(löcher_j \mid Tüte=i)P(Tüte=i)}$$

Durch Anwenden dieser Formel z. B. auf die 273 rot verpackten Kirschbonbons mit Löchern erhalten wir einen Beitrag von:

$$\frac{273}{1000}\cdot\frac{\theta_{F1}^{(0)}\theta_{W1}^{(0)}\theta_{H1}^{(0)}\theta^{(0)}}{\theta_{F1}^{(0)}\theta_{W1}^{(0)}\theta_{H1}^{(0)}\theta^{(0)}+\theta_{F2}^{(0)}\theta_{W2}^{(0)}\theta_{H2}^{(0)}(1-\theta^{(0)})}\approx 0{,}22797$$

Wenn wir mit den anderen sieben Bonbonarten in der Zähltabelle fortfahren, erhalten wir $\theta^{(1)} = 0{,}6124$.

Betrachten wir nun die anderen Parameter, z. B. θ_{F1}. Im vollständig beobachtbaren Fall würden wir diesen direkt aus der *beobachteten* Anzahl von Kirsch- und Zitronenbonbons aus Tüte 1 schätzen. Die *erwartete* Anzahl von Kirschbonbons aus Tüte 1 ist gegeben durch:

$$\sum_{j:Geschmack_j = kirsche} P(Tüte=1 \mid Geschmack_j = kirsche, papier_j, löcher_j)$$

Auch diese Wahrscheinlichkeiten können mit einem beliebigen Algorithmus für Bayes'sche Netze berechnet werden. Am Schluss dieses Prozesses erhalten Sie die neuen Werte für alle Parameter:

$$\begin{aligned}&\theta^{(1)}=0{,}6124\,,\quad \theta_{F1}^{(1)}=0{,}6684\,,\quad \theta_{W1}^{(1)}=0{,}6483\,,\quad \theta_{H1}^{(1)}=0{,}6558\,,\\&\theta_{F2}^{(1)}=0{,}3887\,,\quad \theta_{W2}^{(1)}=0{,}3817\,,\quad \theta_{H2}^{(1)}=0{,}3827\end{aligned} \quad (20.13)$$

Die log-Likelihood der Daten steigt, wie ► Abbildung 20.13 b zeigt, von anfänglich etwa −2.044 auf etwa −2.021 nach der ersten Iteration. Das heißt, die Aktualisierung verbessert die Likelihood selbst um einen Faktor von etwa $e^{23} \approx 10^{10}$. Nach der zehnten Iteration ist das gelernte Modell besser als das ursprüngliche Modell ($L = -1.982{,}214$). Danach verlangsamt sich der Fortschritt rapide. Dies ist bei EM nicht ungewöhnlich, weshalb viele praktische Systeme EM in der letzte Phase des Lernens mit einem gradientenbasierten Algorithmus wie Newton-Raphson kombinieren (siehe Kapitel 4).

Die allgemeine Lehre aus diesem Beispiel ist, dass *die Parameteraktualisierungen für das Lernen Bayes'scher Netze mit verborgenen Variablen direkt aus den Ergebnissen der Inferenz auf jedes Beispiel verfügbar sind. Außerdem werden nur* lokale *A-posteriori-Wahrscheinlichkeiten für jeden Parameter benötigt.* „Lokal“ bedeutet hier, dass die Tabelle der bedingten Wahrscheinlichkeiten (CPT) für jede Variable X_i aus den A-posteriori Wahrscheinlichkeiten gelernt werden kann, die nur X_i und ihre Elternknoten $\mathbf{U}_i$ betreffen. Definiert man θ_{ijk} als den CPT-Parameter $P(X_i = x_{ij} \mid \mathbf{U}_i = \mathbf{u}_{ik})$, so wird die Aktualisierung durch die normalisierten erwarteten Anzahlen wie folgt gegeben:

$$\theta_{ijk} \leftarrow \hat{N}(X_i = x_{ij}, \mathbf{U}_i = \mathbf{u}_{ik}) / \hat{N}(\mathbf{U}_i = \mathbf{u}_{ik})$$

Die erwarteten Anzahlen ergeben sich durch die Summierung über die Beispiele, wobei die Wahrscheinlichkeiten $P(X_i = x_{ij}, \mathbf{U}_i = \mathbf{u}_{ik})$ für jedes Beispiel mit einem beliebigen Inferenzalgorithmus für Bayes'sche Netze berechnet werden. Für die exakten Algorithmen – einschließlich der Variableneliminierung – sind alle diese Wahrscheinlichkeiten direkt als Nebenprodukt der Standardinferenz erhältlich, ohne dass zusätzliche Berechnungen speziell für das Lernen erforderlich sind. Außerdem sind die für das Lernen benötigten Informationen *lokal* für jeden Parameter verfügbar.

Wenn wir dies mit etwas Abstand betrachten, können wir überlegen, was der EM-Algorithmus in diesem Beispiel macht, um sieben Parameter (θ, θ_{F1}, θ_{W1}, θ_{H1}, θ_{F2}, θ_{W2}, θ_{H2}) aus sieben ($2^3 - 1$) beobachteten Anzahlwerten in den Daten zu rekonstruieren. (Der achte Anzahlwert ist dadurch festgelegt, dass die Summe der Anzahlwerte 1.000 beträgt.) Wenn jedes Bonbon durch zwei statt drei Attribute beschrieben würde (z. B. durch Weglassen der Löcher), hätten wir es mit fünf Parametern (θ, θ_{F1}, θ_{W1}, θ_{F2}, θ_{W2}) zu tun, aber nur drei ($2^2 - 1$) beobachtete Anzahlwerte gehabt. In einem solchen Fall ist es nicht möglich, das Mischungsgewicht θ oder die Eigenschaften der beiden zusammengemischten Tüten wiederherzustellen. Wir sagen, dass das Zwei-Attribute-Modell nicht **identifizierbar** ist.

Die Identifizierbarkeit in Bayes'schen Netzen ist ein kniffliges Thema. Beachten Sie, dass selbst bei drei Attributen und sieben Anzahlwerten das Modell nicht eindeutig wiederhergestellt werden kann, da es zwei beobachtungsäquivalente Modelle gibt, bei denen die Variable *Tüte* vertauscht ist. Je nachdem, wie die Parameter initialisiert werden, konvergiert EM entweder zu einem Modell, bei dem Tüte 1 überwiegend Kirschbonbons und Tüte 2 überwiegend Zitronenbonbons enthält, oder umgekehrt. Diese Art der Nicht-Identifizierbarkeit ist bei Variablen, die nie beobachtet werden, unvermeidbar.

20.3.3 Hidden-Markov-Modelle lernen

Unsere letzte EM-Anwendung beinhaltet das Lernen der Übergangswahrscheinlichkeiten in Hidden-Markov-Modellen (HMMs). Aus Abschnitt 14.3 wissen wir, dass ein Hidden-Markov-Modell durch ein dynamisches Bayes'sches Netz mit einer einzigen diskreten Zustandsvariablen dargestellt werden kann (► Abbildung 20.15). Jeder Datenpunkt besteht aus einer Beobachtungs*folge* endlicher Länge. Das Problem ist also, die Übergangswahrscheinlichkeiten aus einer Menge von Beobachtungsfolgen (oder aus nur einer langen Folge) zu lernen.

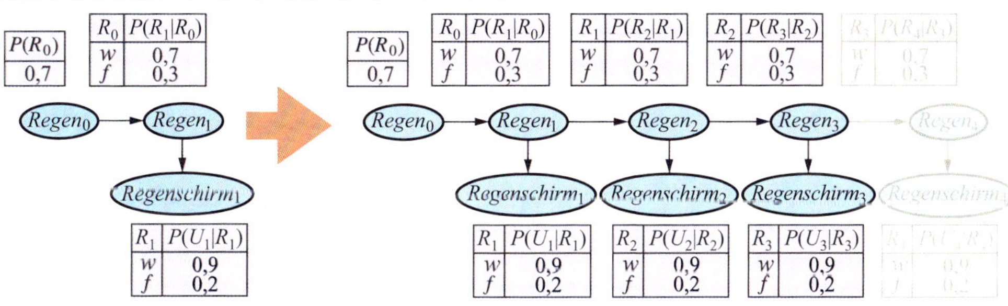

Abbildung 20.15: Ein ausgerolltes dynamisches Bayes'sches Netz, das ein Hidden-Markov-Modell darstellt (Wiederholung von Abbildung 14.16).

Wir haben bereits gezeigt, wie man Bayes'sche Netze lernt, aber es gibt eine Komplikation: In Bayes'schen Netzen ist jeder Parameter eindeutig. In einem Hidden-Markov-Modell hingegen werden die individuellen Übergangswahrscheinlichkeiten vom Zustand i zum Zustand j zum Zeitpunkt t, $\theta_{ijt} = P(X_{t+1} = j \mid X_t = i)$, über die Zeit *wiederholt*, d. h. $\theta_{ijt} = \theta_{ij}$ für alle t. Um die Übergangswahrscheinlichkeit vom Zustand i in den Zustand j zu schätzen, berechnen wir einfach den erwarteten Anteil der Fälle, in denen das System im Zustand i einen Übergang zum Zustand j durchläuft:

$$\theta_{ij} \leftarrow \sum_t \hat{N}(X_{t+1} = j, X_t = i) / \sum_t \hat{N}(X_t = i)$$

Die erwartete Anzahl wird durch einen HMM-Inferenzalgorithmus berechnet. Der **Forward-Backward**-Algorithmus aus ► Abbildung 14.4 lässt sich sehr einfach modifizieren, sodass er die erforderlichen Wahrscheinlichkeiten berechnet. Ein wichtiger Punkt ist, dass man die benötigten Wahrscheinlichkeiten durch **Glättung** und nicht durch **Filterung** erhält. Das Filtern liefert die Wahrscheinlichkeitsverteilung des aktuellen Zustands bei gegebener Vergangenheit, während das Glätten die Verteilung liefert, wenn alle Evidenzen vorliegen, einschließlich der Dinge, die nach dem Auftreten eines bestimmten Übergangs passieren. Die Evidenzen in einem Mordfall werden normalerweise gewonnen, *nachdem* das Verbrechen (d. h. der Übergang von Zustand i in den Zustand j) stattgefunden hat.

20.3.4 Die allgemeine Form des EM-Algorithmus

Wir haben mehrere Instanzen des EM-Algorithmus kennengelernt. In jeder Instanz werden die erwarteten Werte der verborgenen Variablen für jedes Beispiel berechnet und dann die Parameter neu berechnet, wobei die erwarteten Werte so verwendet werden, als ob sie beobachtete Werte wären. Es stehe $\mathbf{x}$ für alle beobachteten Werte in allen Beispielen, $\mathbf{Z}$ für alle verborgenen Variablen für alle Beispiele und $\boldsymbol{\theta}$ für alle Parameter für das Wahrscheinlichkeitsmodell. Dann lautet der EM-Algorithmus:

$$\boldsymbol{\theta}^{(i+1)} = \underset{\boldsymbol{\theta}}{\operatorname{argmax}} \sum_{\mathbf{z}} P(\mathbf{Z}=\mathbf{z} \mid \mathbf{x}, \boldsymbol{\theta}^{(i)}) L(\mathbf{x}, \mathbf{Z}=\mathbf{z} \mid \boldsymbol{\theta})$$

Diese Gleichung ist die Kurzversion des EM-Algorithmus. Der E-Schritt ist die Berechnung der Summierung, d. h. die Erwartung der log-Likelihood der „vervollständigten“ Daten in Bezug auf die Verteilung $P(\mathbf{Z}=\mathbf{z} \mid \mathbf{x}, \boldsymbol{\theta}^{(i)})$, nämlich die A-posteriori-Verteilung über die verborgenen Variablen bei bekannten Daten. Der M-Schritt ist die Maximierung dieser erwarteten log-Likelihood für die Parameter. Für Gauß'sche Mischverteilungen werden die verborgenen Variablen gebildet durch Z_{ij}s, wobei Z_{ij} 1 ist, wenn Beispiel j von Komponente i erzeugt wurde. Für Bayes'sche Netze ist Z_{ij} der Wert der unbeobachteten Variable X_i in Beispiel j. Für HMMs ist Z_{jt} der Zustand der Folge in Beispiel j zum Zeitpunkt t. Ausgehend von der allgemeinen Form kann man einen EM-Algorithmus für eine spezifische Anwendung ableiten, sobald die dazugehörigen verborgenen Variablen identifiziert wurden.

Nachdem wir das allgemeine Konzept von EM verstanden haben, ist es nicht schwer, alle möglichen Varianten und Verbesserungen abzuleiten. Zum Beispiel ist in vielen Fällen der E-Schritt – die Berechnung der A-posteriori-Verteilungen über die verborgenen Variablen – nicht effizient machbar, wie beispielsweise in großen Bayes'schen Netzen. Durch Anwenden eines *approximativen* E-Schritts erhält man trotzdem einen effektiven Lernalgorithmus. Mit einem Sampling-Algorithmus wie MCMC (siehe Abschnitt 13.4) ist der Lernprozess sehr intuitiv: Jeder Zustand (Konfiguration von verborgenen und beobachteten Variablen), der von MCMC besucht wird, wird genauso behandelt, als wäre er eine vollständige Beobachtung. Die Parameter können also nach jedem MCMC-Übergang direkt aktualisiert werden. Andere Formen der approximativen Inferenz, wie z. B. Variationsverfahren und Loopy-Belief-Propagation, haben sich ebenfalls als effektiv für das Lernen sehr großer Netze erwiesen.

20.3.5 Bayes'sche Netzstrukturen mit verborgenen Variablen lernen

In Abschnitt 20.2.7 haben wir das Lernen von Bayes'schen Netzstrukturen mit vollständigen Daten besprochen. Wenn unbeobachtete Variablen beobachtete Daten beeinflussen, wird alles etwas schwieriger. Im einfachsten Fall könnte ein menschlicher Experte dem Lernalgorithmus mitteilen, dass bestimmte verborgene Variablen existieren, und es dem Algorithmus überlassen, einen Platz für sie in der Netzwerkstruktur zu finden. Ein Algorithmus könnte z. B. versuchen, die Struktur aus ► Abbildung 20.11 a auf S. 821 zu lernen, wobei er die Information erhält, dass *Herzkrankheit* (eine dreiwertige Variable) in das Modell aufgenommen werden soll. Wie im Fall der vollständigen Daten, hat der Gesamtalgorithmus eine äußere Schleife, die über Strukturen sucht, und eine innere Schleife, die die Netzparameter bei gegebener Struktur anpasst.

Wenn dem Lernalgorithmus nicht mitgeteilt wird, welche verborgenen Variablen existieren, dann gibt es zwei Möglichkeiten: entweder so zu tun, als ob die Daten wirklich vollständig wären – was den Algorithmus dazu zwingen kann, ein parameterintensives Modell wie das in ► Abbildung 20.11 b zu lernen – oder neue verborgene Variablen zu *erfinden*, um das Modell zu vereinfachen. Der letztgenannte Ansatz kann implementiert werden, indem neue Modifikationsmöglichkeiten in die Struktursuche aufgenommen werden. So kann der Algorithmus nicht nur Verknüpfungen ändern, sondern auch eine verborgene Variable hinzufügen oder löschen oder ihre Stelligkeit ändern. Natürlich weiß der Algorithmus nicht, dass die neu erfundene Variable *Herzkrankheit* heißt, und er hat auch keine aussagekräftigen Namen für die Werte. Glücklicherweise sind neu erfundene verborgene Variablen normalerweise mit bereits vorhandenen Variablen verbunden, sodass ein menschlicher Experte oft die lokalen bedingten Verteilungen für die neue Variable untersuchen und ihre Bedeutung feststellen kann.

Wie im Fall der vollständigen Daten führt das reine Lernen einer ML-Struktur zu einem vollständig verknüpften Netz (das außerdem keine verborgenen Variablen aufweist), sodass wir eine Möglichkeit benötigen, Komplexität zu bestrafen. Wir können auch MCMC anwenden, um Stichproben vieler möglicher Netzstrukturen zu ziehen und damit das Bayes'sche Lernen zu approximieren. Zum Beispiel können wir Gauß'sche Mischverteilungen mit einer unbekannten Anzahl von Komponenten lernen, indem wir Stichproben über die Anzahl nehmen; die approximative A-posteriori-Verteilung für die Anzahl der Gauß'schen Verteilungen ist durch die Sampling-Häufigkeiten des MCMC-Prozesses gegeben.

Für den Fall vollständiger Daten ist die innere Schleife zum Lernen der Parameter sehr schnell – es müssen einfach nur bedingte Häufigkeiten aus der Datenmenge extrahiert werden. Wenn es verborgene Variablen gibt, kann die innere Schleife jedoch viele Iterationen eines EM- oder gradientenbasierten Algorithmus enthalten, und jede Iteration umfasst die Berechnung von A-posteriori-Verteilungen in einem Bayes'schen Netz, was wiederum selbst ein NP-schweres Problem ist. Bislang hat sich dieser Ansatz als unpraktisch für das Lernen komplexer Modelle erwiesen.

Eine mögliche Verbesserung ist der **strukturelle EM**-Algorithmus, der ähnlich arbeitet wie der normale (parametrisierte) EM-Algorithmus, mit dem Unterschied, dass der Algorithmus sowohl die Struktur als auch die Parameter aktualisieren kann. Genauso wie der normale EM-Algorithmus die aktuellen Parameter verwendet, um die erwarteten Anzahlwerte im E-Schritt zu berechnen, und diese Anzahlwerte dann im M-Schritt anwendet, um neue Parameter auszuwählen, verwendet der strukturelle EM-Algorithmus die aktuelle Struktur, um die erwarteten Anzahlwerte zu berechnen, und wendet diese Anzahlwerte dann im M-Schritt an, um die Likelihood für mögliche neue Strukturen auszuwerten. (Dies unterscheidet sich von der Methode „Äußere Schleife/Innere Schleife", die für jede potenzielle Struktur neue erwartete Anzahlwerte berechnet.) Auf diese Weise kann ein struktureller EM-Algorithmus mehrere strukturelle Änderungen am Netzwerk vornehmen, ohne ein einziges Mal die erwarteten Anzahlwerte neu zu berechnen, und ist in der Lage, nichttriviale Bayes'sche Netzstrukturen zu lernen. Strukturelles EM hat einen Suchraum über dem Raum der Strukturen und nicht über dem Raum der Strukturen und Parameter. Nichtsdestotrotz liegt noch viel Arbeit vor uns, bevor wir sagen können, dass das Problem des Strukturlernens gelöst ist.

ZUSAMMENFASSUNG

Statistische Lernmethoden reichen von der einfachen Berechnung von Durchschnittswerten bis hin zur Konstruktion komplexer Modelle wie Bayes'sche Netze. Ihre Anwendungen sind in vielen Bereichen wie Informatik, Ingenieurwissenschaften, Computerbiologie, Neurowissenschaften, Psychologie und Physik zu finden. Dieses Kapitel hat einige der grundlegenden Konzepte vorgestellt und einen Eindruck von dem mathematischen Fundament vermittelt. Die wichtigsten Aspekte sind:

- **Bayes'sche Lernmethoden** formulieren das Lernen als eine Form der probabilistischen Inferenz, wobei die Beobachtungen verwendet werden, um eine A-priori-Verteilung über Hypothesen zu aktualisieren. Dieser Ansatz bietet eine gute Möglichkeit, Ockham's Razor zu implementieren, wird aber für komplexe Hypothesenräume schnell nicht mehr effizient machbar.
- **MAP**-Lernen (**Maximum a posteriori**) wählt eine einzelne wahrscheinlichste Hypothese für gegebene Daten aus. Die A-priori-Verteilung der Hypothesen wird immer noch verwendet und die Methode ist oft effizienter durchzuführen als das vollständige Bayes'sche Lernen.
- **ML**-Lernen (**Maximum Likelihood**) wählt einfach die Hypothese aus, die die Likelihood der Daten maximiert. Es ist äquivalent zum MAP-Lernen mit einer gleichverteilten A-priori-Wahrscheinlichkeit. In einfachen Fällen wie der linearen Regression und den vollständig beobachtbaren Bayes'schen Netzen lassen sich leicht ML-Lösungen in geschlossener Form finden. **Naives Bayes**-Lernen ist eine besonders effektive Technik, die gut skaliert.
- Wenn einige Variablen verborgen sind, können lokale ML-Lösungen mithilfe des **EM-Algorithmus** (**Erwartung-und-Maximierung**) gefunden werden. Zu den Anwendungen gehören das unüberwachte Clustering mit Gauß'schen Mischverteilungen, das Lernen von Bayes'schen Netzen und das Lernen von Hidden-Markov-Modellen.
- Das Lernen der Struktur von Bayes'schen Netzen ist ein Beispiel für **Modellauswahl**. Dies beinhaltet normalerweise eine diskrete Suche im Raum der Strukturen. Es wird eine Methode benötigt, um die Modellkomplexität gegen den Grad der Anpassung abzuwägen.
- **Nichtparametrische Modelle** repräsentieren eine Verteilung unter Verwendung der Sammlung von Datenpunkten. Somit wächst die Anzahl der Parameter mit der Trainingsmenge. Nächste-Nachbarn-Methoden betrachten die Beispiele, die dem fraglichen Punkt am nächsten liegen, während **Kernelmethoden** eine distanzgewichtete Kombination aller Beispiele bilden.

Statistisches Lernen ist nach wie vor ein sehr aktives Forschungsgebiet. Sowohl in der Theorie als auch in der Praxis wurden enorme Fortschritte gemacht, bis zu dem Punkt, an dem es möglich ist, fast jedes Modell zu lernen, für das eine exakte oder approximative Inferenz möglich ist.

Bibliografische und historische Anmerkungen

Die Anwendung statistischer Lerntechniken in der KI war in den ersten Jahren ein aktives Forschungsgebiet (siehe Duda und Hart, 1973), wurde aber vom Mainstream-KI abgetrennt, da man sich hier hauptsächlich auf symbolische Methoden konzentrierte. Das Interesse nahm jedoch kurz nach der Einführung von Bayes'schen Netzmodellen in den späten 1980er Jahren wieder zu. Etwa zur selben Zeit begann sich eine statistische Sicht des Lernens neuronaler

Netze zu entwickeln. Ende der 1990er Jahre kam es zu einer bemerkenswerten Konvergenz der Interessen in den Bereichen maschinelles Lernen, Statistik und neuronale Netze, die sich auf Methoden konzentrierten, mit denen sich große probabilistische Modelle aus Daten erstellen ließen.

Das naive Bayes-Modell ist eine der ältesten und einfachsten Formen des Bayes'schen Netzes und reicht bis in die 1950er Jahre zurück. Seine Ursprünge wurden schon in Kapitel 12 erwähnt. Sein überraschender Erfolg wird teilweise von Domingos und Pazzani (1997) erklärt. Eine geboosterte Form des naiven Bayes'schen Lernens gewann den ersten *KDD Cup*-Wettbewerb im Data-Mining (Elkan, 1997). Heckerman (1998) bietet eine ausgezeichnete Einführung in das allgemeine Problem des Lernens Bayes'scher Netze. Bayes'sches Parameterlernen mit A-priori-Dirichlet-Verteilungen für Bayes'sche Netze wurde von Spiegelhalter *et al.* (1993) diskutiert. Die Betaverteilung als konjugierte A-priori-Verteilung für eine Bernoulli-Variable wurde zuerst von Thomas Bayes (1763) abgeleitet und später von Karl Pearson (1895) als Modell für verzerrte Daten wieder eingeführt; sie war viele Jahre lang als „Pearson-Typ-I-Verteilung" bekannt. Die Bayes'sche lineare Regression wird im Text von Box und Tiao (1973) besprochen; Minka (2010) bietet eine übersichtliche Zusammenfassung der Ableitungen für den allgemeinen multivariaten Fall.

Mehrere Softwarepakete enthalten Mechanismen für statistisches Lernen mit Bayes'schen Netzmodellen. Dazu gehören BUGS (*Bayesian Inference Using Gibbs Sampling*; Gilks *et al.*, 1994; Lunn *et al.*, 2000, 2013), JAGS (*Just Another Gibbs Sampler*; Plummer, 2003) und STAN (Carpenter *et al.*, 2017).

Die ersten Algorithmen zum Lernen von Bayes'schen Netzstrukturen verwendeten bedingte Unabhängigkeitstests (Pearl, 1988; Pearl und Verma, 1991). Spirtes *et al.* (1993) implementierten einen umfassenden Ansatz im Paket TETRAD zum Lernen von Bayes'schen Netzen. Laufende algorithmische Verbesserungen führten zu einem klaren Sieg einer Bayes-Netz-Lernmethode im *KDD Cup*-Data-Mining-Wettbewerb 2001 (Cheng *et al.*, 2002). (Die konkrete Aufgabe war hier ein Problem der Bioinformatik mit 139.351 Merkmalen!) Ein strukturlernender Ansatz, der auf der Maximierung der Likelihood basierte, wurde von Cooper und Herskovits (1992) entwickelt und von Heckerman *et al.* (1994) verbessert.

Neuere Algorithmen haben eine recht respektable Leistung im Fall vollständiger Daten erreicht (Moore und Wong, 2003; Teyssier und Koller, 2005). Eine wichtige Komponente ist eine effiziente Datenstruktur, der AD Baum, zum Zwischenspeichern von Anzahlwerten über alle möglichen Kombinationen von Variablen und Werten hinweg (Moore und Lee, 1997). Friedman und Goldszmidt (1996) wiesen auf den Einfluss der Repräsentation von lokalen bedingten Verteilungen auf die gelernte Struktur hin.

Das allgemeine Problem des Lernens von Wahrscheinlichkeitsmodellen mit verborgenen Variablen und fehlenden Daten war Thema von Hartley (1958), der das allgemeine Konzept beschrieb, was später EM genannt wurde, und mehrere Beispiele anführte. Weitere Impulse kamen von dem Baum-Welch-Algorithmus für das HMM-Lernen (Baum und Petrie, 1966), der ein Spezialfall von EM ist. Die Arbeit von Dempster, Laird und Rubin (1977), die den EM-Algorithmus in allgemeiner Form vorstellten und seine Konvergenz analysierten, ist eine der meistzitierten Arbeiten sowohl in der Informatik als auch in der Statistik. (Dempster selbst betrachtet EM eher als Schema denn als Algorithmus, da möglicherweise umfangreiche mathematische Arbeiten anfallen, bevor er sich auf eine neue Familie von Verteilungen anwenden lässt.) McLachlan und Krishnan (1997) widmen dem Algorithmus und seinen Eigenschaften ein ganzes Buch. Das spezifische Problem des Lernens von Mischmodellen, einschließlich Gauß'sche Mischverteilungen, wird von Titterington *et al.* (1985) behandelt.

In der KI war AUTOCLASS (Cheeseman *et al.*, 1988; Cheeseman und Stutz, 1996) das erste erfolgreiche System, das EM für die Modellierung von Mischungen verwendete. AUTOCLASS wurde für eine Reihe von wissenschaftlichen Klassifikationsaufgaben der realen Welt angewendet, einschließlich der Entdeckung neuer Sterntypen aus Spektraldaten (Goebel *et al.*, 1989) sowie neuer Klassen von Proteinen und Introns in DNA-/Proteinsequenz-Datenbanken (Hunter und States, 1992).

Für das ML-Parameterlernen in Bayes'schen Netzen mit verborgenen Variablen wurden von Lauritzen (1995) und Russell *et al.* (1995) etwa zur gleichen Zeit EM- und gradientenbasierte Methoden eingeführt. Der strukturelle EM-Algorithmus wurde von Friedman (1998) entwickelt und auf das ML-Lernen von Bayes'schen Netzstrukturen mit latenten Variablen angewendet. Friedman und Koller (2003) beschreiben das Lernen Bayes'scher Strukturen. Daly *et al.* (2011) geben einen Überblick über das Lernen Bayes'scher Netze einschließlich umfangreicher Literaturangaben.

Die Fähigkeit, die Struktur von Bayes'schen Netzen zu lernen, ist eng mit dem Problem verbunden, *kausale* Informationen aus Daten zu rekonstruieren. Ist es also möglich, Bayes'sche Netze so zu lernen, dass die rekonstruierte Netzwerkstruktur echte kausale Einflüsse zeigt? Viele Jahre lang wichen Statistiker dieser Frage aus, weil sie glaubten, dass beobachtete Daten (im Gegensatz zu experimentell erzeugten Daten) nur korrelierende Informationen liefern könnten – denn schließlich könnten zwei beliebige Variablen, die miteinander in Beziehung zu stehen scheinen, in Wirklichkeit von einem dritten, unbekannten kausalen Faktor beeinflusst werden, anstatt sich gegenseitig direkt zu beeinflussen. Pearl (2000) hat überzeugende Gegenargumente gebracht, indem er gezeigt hat, dass es tatsächlich viele Fälle gibt, in denen Kausalität festgestellt werden kann, und indem er den Formalismus des **kausalen Netzes** entwickelt hat, um Ursachen und Effekte von Interventionen sowie normale bedingte Wahrscheinlichkeiten auszudrücken.

Die nichtparametrische Dichteschätzung, auch **Parzen-Window**-Dichteabschätzung genannt, wurde anfänglich von Rosenblatt (1956) und Parzen (1962) untersucht. Seitdem wurden viele Bücher und Aufsätze geschrieben, in denen die Eigenschaften der verschiedenen Schätzer untersucht werden. Devroye (1987) bietet eine gründliche Einführung. Außerdem gibt es eine immer umfangreicher werdende Literatur zu nichtparametrischen Bayes'schen Methoden, die ihren Ursprung in der bahnbrechenden Arbeit von Ferguson (1973) über den **Dirichlet-Prozess** hat, der als eine Verteilung über Dirichlet-Verteilungen betrachtet werden kann. Diese Methoden sind besonders nützlich für Mischungen mit unbekannter Anzahl von Komponenten. Ghahramani (2005) und Jordan (2005) bieten nützliche Tutorials zu den vielen Anwendungen dieser Ideen auf das statistische Lernen. Der Text von Rasmussen und Williams (2006) behandelt den **Gauß'schen Prozess**, der eine Möglichkeit bietet, A-priori-Verteilungen über den Raum der stetigen Funktionen zu definieren.

Der Stoff dieses Kapitels verknüpft Arbeiten aus den Bereichen Statistik und Mustererkennung, sodass die Geschichte schon viele Male auf viele Arten erzählt wurde. Gute Texte zur Bayes'schen Statistik sind z. B. die von DeGroot (1970), Berger (1985) und Gelman *et al.* (1995). Bishop (2007), Hastie *et al.* (2009), Barber (2012) und Murphy (2012) bieten ausgezeichnete Einführungen in das statistische maschinelle Lernen. Für die Musterklassifikation ist seit vielen Jahren Duda und Hart (1973) das Standardwerk, jetzt aktualisiert (Duda *et al.*, 2001). Die jährlich stattfindende Konferenz *NeurIPS* (*Neural Information Processing Systems*, früher NIPS), deren Proceedings in der Reihe *Advances in Neural Information Processing Systems* veröffentlicht werden, liefert viele Beiträge zum Bayes'schen Lernen, ebenso wie die jährliche Konferenz *Artificial Intelligence and Statistics*. Zu den speziellen Bayes-Veranstaltungen gehören die *Valencia International Meetings on Bayesian Statistics* und die Zeitschrift *Bayesian Analysis*.

Entscheidungslisten und Entscheidungsbäume hingegen ermöglichen lange Berechnungspfade, die von vielen Eingabevariablen abhängen können – aber nur für einen relativ kleinen Bruchteil der möglichen Eingabevektoren (▶ Abbildung 21.1 b). Wenn ein Entscheidungsbaum lange Berechnungspfade für einen signifikanten Teil der möglichen Eingaben hat, muss er exponentiell groß sein in der Anzahl der Eingabevariablen. Die grundlegende Idee des Deep Learning besteht darin, Schaltungen so zu trainieren, dass die Berechnungspfade lang sind und alle Eingabevariablen auf komplexe Weise interagieren können (▶ Abbildung 21.1 c). Diese Schaltungsmodelle erweisen sich als ausreichend aussagekräftig, um die Komplexität von realen Daten für viele wichtige Arten von Lernproblemen auszudrücken.

Abschnitt 21.1 beschreibt einfache Feedforward-Netze, ihre Komponenten und die Grundlagen des Lernens in solchen Netzen. Abschnitt 21.2 geht detaillierter darauf ein, wie tiefe Netze zusammengesetzt sind, und Abschnitt 21.3 behandelt eine Klasse von Netzen, die als Convolutional Neural Networks (CNN) bezeichnet werden und besonders für Bildverarbeitungsanwendungen wichtig sind. Die Abschnitte 21.4 und 21.5 gehen näher auf Algorithmen zum Trainieren von Netzen aus Daten und Methoden zum Verbessern der Generalisierung ein. Abschnitt 21.6 behandelt Netze mit immer wiederkehrender Struktur, die sich gut für sequenzielle Daten eignen. Abschnitt 21.7 beschreibt Möglichkeiten, Deep Learning für andere Aufgaben als überwachtes Lernen zu verwenden. Und zum Schluss gibt Abschnitt 21.8 einen Überblick über die Anwendungsmöglichkeiten von Deep Learning.

21.1 Einfache Feedforward-Netze

Ein **Feedforward-Netz** („vorwärtsgerichtetes" Netz) hat, wie der Name schon sagt, Verbindungen nur in eine Richtung, d. h., es bildet einen gerichteten azyklischen Graphen mit festgelegten Eingabe- und Ausgabeknoten. Jeder Knoten berechnet eine Funktion seiner Eingaben und gibt das Ergebnis an seine Nachfolger im Netz weiter. Informationen fließen durch das Netz von den Eingabeknoten zu den Ausgabeknoten und es gibt keine Schleifen. Ein **rekurrentes Netz** (oder rückgekoppeltes Netz) hingegen speist seine Zwischen- oder Endausgaben wieder in seine eigenen Eingaben ein. Das bedeutet, dass die Signalwerte innerhalb des Netzes ein dynamisches System bilden, das einen internen Zustand oder ein Gedächtnis aufweist. Wir betrachten rekurrente Netze in Abschnitt 21.6.

Beispiele für Feedforward-Netze sind unter anderen boolesche Schaltungen, die boolesche Funktionen implementieren. In einer booleschen Schaltung sind die Eingaben auf 0 und 1 beschränkt und jeder Knoten implementiert eine einfache boolesche Funktion seiner Eingaben, indem er eine 0 oder eine 1 erzeugt. In neuronalen Netzen sind die Eingabewerte in der Regel stetig, und die Knoten nehmen stetige Eingaben entgegen und erzeugen stetige Ausgaben. Einige der Eingaben der Knoten sind **Parameter** des Netzes. Das Netz lernt, indem es die Werte dieser Parameter so anpasst, dass das Netz als Ganzes zu den Trainingsdaten passt.

21.1.1 Netze als komplexe Funktionen

Jeder Knoten innerhalb eines Netzes wird als **Einheit** bezeichnet. Üblicherweise berechnet eine Einheit nach dem von McCulloch und Pitts vorgeschlagenen Entwurf die gewichtete Summe der Eingaben von den Vorgängerknoten und wendet dann eine nichtlineare Funktion an, um ihre Ausgabe zu erzeugen. Sei a_j die Ausgabe von Einheit j und $w_{i,j}$ das Gewicht der Verknüpfung von Einheit i zu Einheit j. Dann haben wir

$$a_j = g_j(\textstyle\sum_i w_{i,j}a_i) \equiv g_j(in_j)\,,$$

wobei g_j eine nichtlineare **Aktivierungsfunktion** ist, die der Einheit j zugeordnet ist, und in_j ist die gewichtete Summe der Eingaben der Einheit j.

Wie in Abschnitt 19.6.3 (S. 760) legen wir fest, dass jede Einheit eine zusätzliche Eingabe von einer Dummy-Einheit 0 mit dem festen Wert +1 sowie einem Gewicht $w_{0,j}$ für diese Eingabe hat. Dies ermöglicht es, dass die gesamte gewichtete Eingabe in_j der Einheit j auch dann ungleich null ist, wenn die Ausgaben der vorangehenden Schicht alle null sind. Aufgrund dieser Konvention können wir die vorangehende Gleichung in Vektorform schreiben:

$$a_j = g_j(\mathbf{w}^\top \mathbf{x})\,, \tag{21.1}$$

wobei **w** der Vektor der Gewichte ist, die in die Einheit j führen (einschließlich $w_{0,j}$), und **x** der Vektor der Eingaben für die Einheit j (einschließlich +1).

Die Tatsache, dass die Aktivierungsfunktion nichtlinear ist, ist wichtig, denn wenn sie es nicht wäre, würde jede Zusammensetzung von Einheiten immer noch eine lineare Funktion darstellen. Die Nichtlinearität ist es, die es ausreichend großen Netzen von Einheiten erlaubt, beliebige Funktionen darzustellen. Das **universelle Approximationstheorem** besagt, dass ein Netz mit nur zwei Schichten mit Recheneinheiten, von denen die erste nichtlinear und die zweite linear ist, eine beliebige stetige Funktion mit einem beliebigen Genauigkeitsgrad approximieren kann. Dies lässt sich beweisen, indem man zeigt, dass ein exponentiell großes Netz exponentiell viele „Ausschläge" unterschiedlicher Höhe an verschiedenen Stellen im Eingaberaum darstellen kann und dadurch die gewünschte Funktion approximiert. Mit anderen Worten, ausreichend große Netze können eine Nachschlagetabelle für stetige Funktionen implementieren, genauso wie ausreichend große Entscheidungsbäume eine Nachschlagetabelle für boolesche Funktionen implementieren.

Es wird eine Vielzahl verschiedener Aktivierungsfunktionen verwendet. Die gebräuchlichsten sind:

- die logistische oder **Sigmoidfunktion**, die auch in der logistischen Regression verwendet wird (siehe S. 765):
$$\sigma(x) = 1/(1 + \mathrm{e}^{-x})$$
- die **ReLU**-Funktion, deren Name eine Abkürzung für **Rectified Linear Unit** (gleichgerichtete lineare Einheit) ist:
$$\mathrm{ReLU}(x) = \max(0, x)$$
- die **Softplus**-Funktion, eine glatte Version der ReLU-Funktion:
$$\mathrm{softplus}(x) = \log(1 + \mathrm{e}^{x})$$

  Die Ableitung der Softplus-Funktion ist die Sigmoidfunktion.

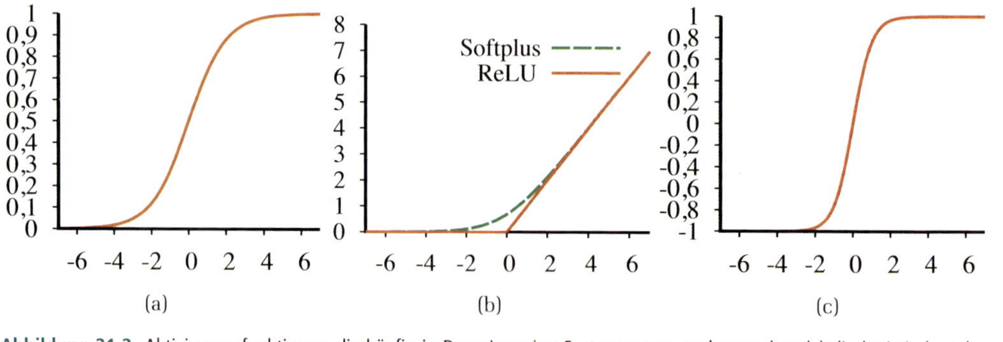

Abbildung 21.2: Aktivierungsfunktionen, die häufig in Deep-Learning-Systemen verwendet werden: (a) die logistische oder Sigmoidfunktion; (b) die ReLU-Funktion und die Softplus-Funktion; (c) die tanh-Funktion.

- die **tanh**-Funktion:

  $$\tanh(x) = \frac{e^{2x}-1}{e^{2x}+1}$$

  Beachten Sie, dass der Wertebereich von tanh $(-1, +1)$ ist. Die Funktion tanh ist eine skalierte und verschobene Version der Sigmoidfunktion, da $\tanh(x) = 2\sigma(2x) - 1$.

Diese Funktionen sind in ► Abbildung 21.2 dargestellt. Man beachte, dass sie alle monoton nichtfallend sind. Das bedeutet, dass ihre Ableitungen g' nichtnegativ sind. Wir werden weiter hinten in diesem Kapitel näher auf die Wahl der Aktivierungsfunktion eingehen.

Durch die Kopplung mehrerer Einheiten zu einem Netz entsteht eine komplexe Funktion, die die algebraischen Ausdrücke, repräsentiert durch die einzelnen Einheiten, zusammenfasst. So repräsentiert zum Beispiel das in ► Abbildung 21.3 a gezeigte Netz eine durch Gewichte $\mathbf{w}$ parametrisierte Funktion $h_{\mathbf{w}}(\mathbf{x})$, die einen zweielementigen Eingabevektor $\mathbf{x}$ auf einen skalaren Ausgabewert $\hat{y}$ abbildet. Die interne Struktur der Funktion spiegelt die Struktur des Netzes wider. Wir können zum Beispiel einen Ausdruck für die Ausgabe $\hat{y}$ wie folgt schreiben:

$$\begin{aligned}\hat{y} &= g_5(in_5) = g_5(w_{0,5} + w_{3,5}\, a_3 + w_{4,5}\, a_4)\\ &= g_5(w_{0,5} + w_{3,5}\, g_3(in_3) + w_{4,5}\, g_4(in_4))\\ &= g_5(w_{0,5} + w_{3,5}\, g_3(w_{0,3} + w_{1,3}\, x_1 + w_{2,3}\, x_2)\\ &\qquad + w_{4,5}\, g_4(w_{0,4} + w_{1,4}\, x_1 + w_{2,4}\, x_2))\end{aligned} \tag{21.2}$$

Damit haben wir die Ausgabe $\hat{y}$ ausgedrückt als eine Funktion $h_{\mathbf{w}}(\mathbf{x})$ der Eingaben und der Gewichte.

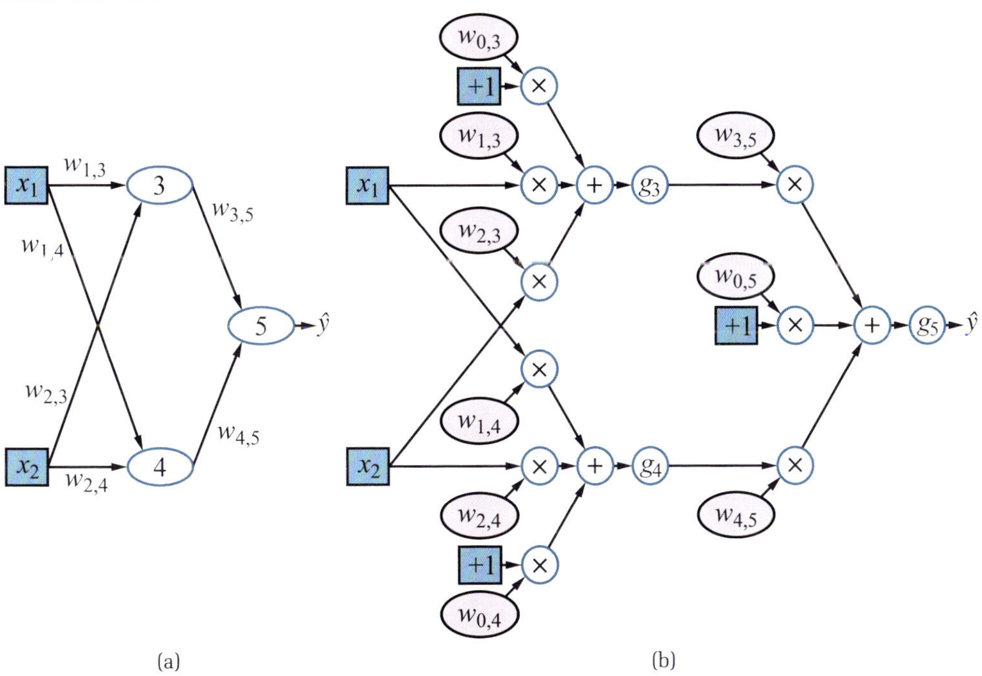

Abbildung 21.3: (a) Ein neuronales Netz mit zwei Eingaben, einer verborgenen Schicht aus zwei Einheiten und einer Ausgabeeinheit. Nicht dargestellt sind die Dummy-Eingaben und ihre zugehörigen Gewichte. (b) Das Netz in (a) entpackt zu seinem vollständigen Berechnungsgraphen.

► Abbildung 21.3 a zeigt die herkömmliche Art und Weise, wie Netze in einem Buch über neuronale Netze dargestellt werden könnten. Man kann sich ein Netz allgemeiner betrachtet auch als **Berechnungsgraph** oder **Datenflussgraph** vorstellen – mehr oder weniger eine Schaltung, in dem jeder Knoten eine elementare Berechnung darstellt. ► Abbildung 21.3 b zeigt den Berechnungsgraphen für das Netz in ► Abbildung 21.3 a. Der Graph zeigt explizit jedes Element der Gesamtberechnung. Er unterscheidet auch zwischen den Eingaben (in blau) und den Gewichten (in hellviolett): Die Gewichte können angepasst werden, damit die Ausgabe $\hat{y}$ besser mit dem wahren Wert y in den Trainingsdaten übereinstimmt. Jedes Gewicht ist wie ein Lautstärkeregler, der bestimmt, wie viel der nächste Knoten im Graphen von diesem Vorgänger im Graphen hört.

So wie Gleichung (21.1) die Funktionsweise einer Einheit in Vektorform beschrieben hat, können wir etwas Ähnliches für das Netz als Ganzes tun. Wir verwenden im Allgemeinen $\mathbf{W}$, um eine Gewichtsmatrix zu bezeichnen. Für dieses Netz bezeichnet $\mathbf{W}^{(1)}$ die Gewichte in der ersten Schicht ($w_{1,3}$, $w_{1,4}$ usw.) und $\mathbf{W}^{(2)}$ die Gewichte in der zweiten Schicht ($w_{3,5}$ usw.). Außerdem sollen $\mathbf{g}^{(1)}$ und $\mathbf{g}^{(2)}$ die Aktivierungsfunktionen in der ersten und zweiten Schicht bezeichnen. Damit kann das gesamte Netz wie folgt geschrieben werden:

$$h_{\mathbf{w}}(\mathbf{x}) = \mathbf{g}^{(2)}(\mathbf{W}^{(2)}\mathbf{g}^{(1)}(\mathbf{W}^{(1)}\mathbf{x})) \qquad (21.3)$$

Wie Gleichung (21.2) entspricht dieser Ausdruck einem Berechnungsgraphen, wenn auch einem viel einfacheren als der Graph in ► Abbildung 21.3 b: Hier ist der Graph einfach eine Kette mit Gewichtsmatrizen, die in jede Schicht eingespeist werden.

Der Berechnungsgraph in ► Abbildung 21.3 b ist relativ klein und flach, aber das gleiche Konzept gilt für alle Formen von Deep Learning: Wir konstruieren Berechnungsgraphen und passen ihre Gewichte an die Daten an. Der Graph in ► Abbildung 21.3 b ist außerdem **vollständig verbunden**, was bedeutet, dass jeder Knoten in jeder Schicht mit jedem Knoten in der nächsten Schicht verbunden ist. Dies ist in gewisser Weise der Standard, aber wir werden in Abschnitt 21.3 sehen, dass die Wahl der Konnektivität des Netzes auch wichtig ist, um effektives Lernen zu erreichen.

21.1.2 Gradienten und Lernen

In Abschnitt 19.6 haben wir einen Ansatz für das überwachte Lernen vorgestellt, der auf dem **Gradientenabstieg** basiert: berechne den Gradienten der Verlustfunktion bezüglich der Gewichte und passe die Gewichte entlang der Gradientenrichtung an, um den Verlust zu reduzieren. (Wenn Sie Abschnitt 19.6 noch nicht gelesen haben, empfehlen wir Ihnen dringend, dies nachzuholen, bevor Sie fortfahren.) Wir können genau den gleichen Ansatz zum Lernen der Gewichte in Berechnungsgraphen anwenden. Für die Gewichte, die in die Einheiten der **Ausgabeschicht** führen – d. h., die die Ausgabe des Netzes erzeugen – ist die Gradientenberechnung im Wesentlichen identisch mit dem Prozess in Abschnitt 19.6. Für Gewichte, die in Einheiten von **verborgenen Schichten** führen, die nicht direkt mit den Ausgaben verbunden sind, ist der Prozess nur ein wenig komplizierter.

Zunächst werden wir die quadratische Verlustfunktion L_2 verwenden und den Gradienten für das Netz in ► Abbildung 21.3 in Bezug auf ein einzelnes Trainingsbeispiel $(\mathbf{x}, y)$ berechnen. (Bei mehreren Beispielen ist der Gradient einfach die Summe der Gradienten für die einzelnen Beispiele.) Das Netz gibt eine Vorhersage $\hat{y} = h_{\mathbf{w}}(\mathbf{x})$ aus und der wahre Wert ist y, also haben wir:

$$\mathit{Verlust}(h_{\mathbf{w}}) = L_2(y, h_{\mathbf{w}}(\mathbf{x})) = \|y - h_{\mathbf{w}}(\mathbf{x})\|^2 = (y - \hat{y})^2$$

Um den Gradienten des Verlusts bezüglich der Gewichte zu berechnen, benötigen wir das gleiche Kalkül, das wir in Kapitel 19 angewendet haben – hauptsächlich die **Kettenregel** $\partial g(f(x))/\partial x = g'(f(x))\,\partial f(x)/\partial x$. Wir beginnen mit dem einfachen Fall: ein Gewicht wie $w_{3,5}$, das mit der Ausgabeeinheit verbunden ist. Wir arbeiten direkt auf den netzdefinierenden Ausdrücken aus Gleichung (21.2):

$$\begin{aligned}
\frac{\partial}{\partial w_{3,5}} Verlust(h_{\mathbf{w}}) &= \frac{\partial}{\partial w_{3,5}}(y-\hat{y})^2 = -2(y-\hat{y})\frac{\partial \hat{y}}{\partial w_{3,5}} \\
&= -2(y-\hat{y})\frac{\partial}{\partial w_{3,5}} g_5(in_5) = -2(y-\hat{y})g_5'(in_5)\frac{\partial}{\partial w_{3,5}} in_5 \\
&= -2(y-\hat{y})g_5'(in_5)\frac{\partial}{\partial w_{3,5}}\left(w_{0,5} + w_{3,5}\,a_3 + w_{4,5}\,a_4\right) \\
&= -2(y-\hat{y})g_5'(in_5)\,a_3
\end{aligned} \tag{21.4}$$

Die Vereinfachung in der letzten Zeile ergibt sich daraus, dass $w_{0,5}$ und $w_{4,5}\,a_4$ nicht von $w_{3,5}$ abhängen, ebenso wenig wie a_3, der Koeffizient von $w_{3,5}$.

Der etwas schwierigere Fall betrifft ein Gewicht wie $w_{1,3}$, das nicht direkt mit der Ausgabeeinheit verbunden ist. Hier müssen wir die Kettenregel ein weiteres Mal anwenden. Die ersten paar Schritte sind identisch, sodass wir sie weglassen:

$$\begin{aligned}
\frac{\partial}{\partial w_{1,3}} Verlust(h_{\mathbf{w}}) &= -2(y-\hat{y})g_5'(in_5)\frac{\partial}{\partial w_{1,3}}\left(w_{0,5} + w_{3,5}\,a_3 + w_{4,5}\,a_4\right) \\
&= -2(y-\hat{y})g_5'(in_5)\,w_{3,5}\,\frac{\partial}{\partial w_{1,3}} a_3 \\
&= -2(y-\hat{y})g_5'(in_5)\,w_{3,5}\,\frac{\partial}{\partial w_{1,3}} g_3(in_3) \\
&= -2(y-\hat{y})g_5'(in_5)\,w_{3,5}\,g_3'(in_3)\,\frac{\partial}{\partial w_{1,3}} in_3 \\
&= -2(y-\hat{y})g_5'(in_5)\,w_{3,5}\,g_3'(in_3)\,\frac{\partial}{\partial w_{1,3}}\left(w_{0,3} + w_{1,3}\,x_1 + w_{2,3}\,x_2\right) \\
&= -2(y-\hat{y})g_5'(in_5)\,w_{3,5}\,g_3'(in_3)\,x_1
\end{aligned} \tag{21.5}$$

Wir haben also recht einfache Ausdrücke für den Gradienten des Verlusts bezüglich der Gewichte $w_{3,5}$ und $w_{1,3}$.

Wenn wir $\Delta_5 = 2(\hat{y}-y)g_5'(in_5)$ als eine Art „wahrgenommenen Fehler" an dem Punkt definieren, an dem die Einheit 5 ihre Eingabe erhält, dann ist der Gradient bezüglich $w_{3,5}$ einfach $\Delta_5 a_3$. Das ist absolut logisch: Wenn Δ_5 positiv ist, bedeutet dies, dass $\hat{y}$ zu groß ist (denken Sie daran, dass g' immer nichtnegativ ist); wenn a_3 ebenfalls positiv ist, dann wird eine Erhöhung von $w_{3,5}$ die Dinge nur verschlimmern, wohingegen, wenn a_3 negativ ist, eine Erhöhung von $w_{3,5}$ den Fehler reduziert. Auch die Größe von a_3 spielt eine Rolle: Wenn a_3 für dieses Trainingsbeispiel klein ist, dann hat $w_{3,5}$ keine große Rolle bei der Erzeugung des Fehlers gespielt und muss nicht groß geändert werden.

Wenn wir auch $\Delta_3 = \Delta_5\,w_{3,5}\,g_3'(in_3)$ definieren, dann wird der Gradient für $w_{1,3}$ einfach zu $\Delta_3\,x_1$. Der wahrgenommene Fehler bei der Eingabe zu Einheit 3 ist also der wahrgenommene Fehler bei der Eingabe zu Einheit 5, multipliziert mit der Information entlang des Pfads von 5 zurück zu 3. Diesem vollständig allgemeinen Phänomen verdanken wir den Begriff **Rückwärtspropagation** für die Art und Weise, wie der Fehler bei der Ausgabe durch das Netz zurückgeleitet wird.

Eine weitere wichtige Eigenschaft dieser Gradientenausdrücke ist, dass sie die lokalen Ableitungen $g_j'(in_j)$ als Faktoren enthalten. Wie bereits erwähnt, sind diese Ableitungen immer nichtnegativ, aber sie können (im Fall der Sigmoid-, Softplus- und tanh-Funktionen) sehr nahe bei null oder (im Fall von ReLUs) genau null sein, wenn die Eingaben aus dem betreffenden Trainingsbeispiel zufällig die Einheit j in den flachen Bereich bringen. Wenn die Ableitung g_j' klein oder null ist, hat eine Änderung der Gewichte, die in Einheit j führen, einen vernachlässigbaren Effekt auf deren Ausgabe. Infolgedessen können tiefe Netze mit vielen Schichten unter einem **verschwindenden Gradienten** leiden – die Fehlersignale werden vollständig gelöscht, wenn sie durch das Netz zurückgeleitet werden. Abschnitt 21.3.3 bietet eine Lösung für dieses Problem.

Wir haben gezeigt, dass Gradienten in unserem winzigen Beispielnetz einfache Ausdrücke sind, die berechnet werden können, indem Informationen von den Ausgabeeinheiten zurück durch das Netz geleitet werden. Wie sich herausstellt, ist diese Eigenschaft auch allgemeiner gültig. Abschnitt 21.4.1 zeigt, dass die Gradientenberechnungen für *jeden* Feedforward-Berechnungsgraphen in der Tat die gleiche Struktur haben wie der zugrunde liegende Berechnungsgraph. Diese Eigenschaft folgt direkt aus den Regeln der Differenzierung.

Wir haben die ganzen hässlichen Details einer Gradientenberechnung gezeigt, aber keine Sorge: Es ist nicht nötig, die Ableitungen in Gleichungen (21.4) und (21.5) für jede neue Netzstruktur noch einmal zu wiederholen! Alle diese Gradienten lassen sich mit der Methode der **automatischen Differenzierung** berechnen, die die Regeln der Infinitesimalrechnung auf systematische Weise anwendet, um Gradienten für jedes numerische Programm zu berechnen.[1] Tatsächlich ist die Methode der Rückwärtspropagation beim Deep Learning einfach eine Anwendung der **Reverse-Mode**-Differenzierung, die die Kettenregel „von außen nach innen“ anwendet und von den Effizienzvorteilen der dynamischen Programmierung profitiert, wenn das betreffende Netz viele Eingaben und relativ wenige Ausgaben hat.

Alle großen Pakete für Deep Learning bieten eine automatische Differenzierung, sodass Benutzer frei mit verschiedenen Netzstrukturen, Aktivierungsfunktionen, Verlustfunktionen und Kompositionsformen experimentieren können, ohne für jedes Experiment einen neuen Lernalgorithmus berechnen zu müssen. Dies hat einen Ansatz gefördert, der als **Ende-zu-Ende-Lernen** bezeichnet wird und bei dem ein komplexes Computersystem für eine Aufgabe wie die maschinelle Übersetzung aus mehreren trainierbaren Teilsystemen zusammengesetzt werden kann. Das gesamte System wird dann sozusagen von Ende zu Ende aus Eingabe-/Ausgabepaaren trainiert. Bei diesem Ansatz braucht der Entwickler nur eine vage Vorstellung davon zu haben, wie das Gesamtsystem strukturiert sein soll; es ist nicht notwendig, im Voraus genau zu wissen, was jedes Teilsystem tun soll oder wie die Ein- und Ausgaben mit Labeln zu versehen sind.

21.2 Berechnungsgraphen für Deep Learning

Wir haben die Grundideen von Deep Learning festgeschrieben: Repräsentation der Hypothesen als Berechnungsgraphen mit justierbaren Gewichten und Berechnung des Gradienten der Verlustfunktion in Bezug auf diese Gewichte, um die Trainingsdaten anzupassen. Jetzt schauen wir uns an, wie man Berechnungsgraphen zusammensetzt. Wir beginnen mit der Eingabeschicht, in der das Trainings- oder Testbeispiel $\mathbf{x}$ als Werte der Eingabeknoten codiert wird. Dann betrachten wir die Ausgabeschicht, in der die Ausgaben $\hat{\mathbf{y}}$ mit den wahren Werten $\mathbf{y}$ verglichen werden, um ein Lernsignal zum Justieren der Gewichte abzuleiten. Zum Schluss betrachten wir die verborgenen Schichten des Netzes.

21.2.1 Eingabecodierung

Die Eingabe- und Ausgabeknoten eines Berechnungsgraphen sind diejenigen, die direkt mit den Eingabedaten $\mathbf{x}$ und den Ausgabedaten $\mathbf{y}$ verbunden sind. Die Codierung der Eingabedaten ist normalerweise einfach, zumindest für den Fall von faktorisierten Daten, bei denen

1 Automatische Differenzierungsmethoden wurden ursprünglich in den 1960er und 1970er Jahren entwickelt, um die Parameter von Systemen zu optimieren, die durch große, komplexe Fortran-Programme definiert sind.

jedes Trainingsbeispiel Werte für n Eingabeattribute enthält. Wenn wir es mit booleschen Attributen zu tun haben, gibt es n Eingabeknoten. Dabei wird normalerweise *falsch* auf eine Eingabe von 0 und *wahr* auf 1 abgebildet, obwohl manchmal auch -1 und $+1$ verwendet werden. Numerische Attribute, ob ganzzahlig oder reellwertig, werden in der Regel ihrem Wert entsprechend verwendet, obwohl sie skaliert werden können, um in einen festen Bereich zu passen. Wenn die Größenordnungen für verschiedene Beispiele enorm variieren, können die Werte auf eine logarithmische Skala abgebildet werden.

Bilder passen nicht ganz in die Kategorie der faktorisierten Daten. Obwohl man sich ein RGB-Bild der Größe $X \times Y$ Pixel als $3XY$ Integer-Attribute (normalerweise mit Werten im Bereich $\{0, \ldots, 255\}$) vorstellen kann, würde dies nicht nur ignorieren, dass die RGB-Tripletts zum gleichen Pixel im Bild gehören, sondern auch, dass die Pixel-Nachbarschaft (Adjazenz) wirklich wichtig ist. Natürlich können wir benachbarte Pixel auf benachbarte Eingabeknoten im Netz abbilden, aber die Bedeutung der Adjazenz geht völlig verloren, wenn die internen Schichten des Netzes vollständig verbunden sind. In der Praxis haben Netze, die mit Bilddaten verwendet werden, Array-ähnliche interne Strukturen, die darauf abzielen, die Semantik der Adjazenz zu reflektieren. Wir werden dies in Abschnitt 21.3 noch genauer betrachten.

Kategoriale Attribute mit mehr als zwei Werten – wie das Attribut *Typ* im Restaurantproblem aus Kapitel 19, das die Werte Französisch, Italienisch, Thailändisch oder Burger hat – werden in der Regel mit der **One-Hot-Codierung** codiert. Ein Attribut mit d möglichen Werten wird durch d separate Eingabebits repräsentiert. Für jeden gegebenen Wert wird das entsprechende Eingabebit auf 1 gesetzt und alle anderen auf 0. Dies funktioniert im Allgemeinen besser als die Abbildung der Werte auf Integer. Wenn wir Integer für das Attribut *Typ* verwenden würden, wäre „Thai" eine 3 und „Burger" eine 4. Da das Netz eine Zusammenstellung stetiger Funktionen ist, hätte es keine andere Wahl, als die numerische Adjazenz zu beachten, wobei in diesem Fall die numerische Adjazenz zwischen Thai und Burger semantisch bedeutungslos ist.

21.2.2 Ausgabeschichten und Verlustfunktionen

Auf der Ausgabeseite des Netzes ist das Problem der Codierung der Rohdatenwerte in tatsächliche Werte $\mathbf{y}$ für die Ausgabeknoten des Graphen fast dasselbe wie das Problem der Eingabecodierung. Wenn das Netz z. B. versucht, die Variable *Wetter* aus Kapitel 12 vorherzusagen, die die Werte $\{sonne, regen, wolken, schnee\}$ hat, würden wir eine One-Hot-Codierung mit vier Bits verwenden.

So viel zu den Datenwerten $\mathbf{y}$. Was ist jedoch mit der Vorhersage $\hat{\mathbf{y}}$? Im Idealfall entspräche sie genau dem gewünschten Wert $\mathbf{y}$ und der Verlust wäre gleich null, sodass wir fertig wären. In der Praxis ist das aber selten der Fall – vor allem, wenn wir noch nicht mit dem Anpassen der Gewichte begonnen haben! Daher müssen wir darüber nachdenken, was ein falscher Ausgabewert bedeutet und wie wir den Verlust messen können. Bei der Ableitung der Gradienten in Gleichungen (21.4) und (21.5) haben wir mit der quadratischen Fehlerverlustfunktion begonnen. Dies hält die Algebra einfach, ist aber nicht die einzige Möglichkeit. Genau genommen ist es für die meisten Deep-Learning-Anwendungen sogar üblicher, die Ausgabewerte $\hat{\mathbf{y}}$ als Wahrscheinlichkeiten zu interpretieren und die **negative log-Likelihood** als Verlustfunktion zu verwenden – genau wie beim **ML**-Lernen in Kapitel 20.

ML-Lernen ermittelt den Wert von $\mathbf{w}$, der die Wahrscheinlichkeit der beobachteten Daten maximiert. Und da die log-Funktion monoton ist, ist dies äquivalent zur Maximierung der log-Likelihood der Daten, was wiederum äquivalent zur Minimierung einer Verlustfunktion ist, die als die negative log-Likelihood definiert ist. (Wir wissen von S. 808, dass die Logarithmierung Produkte von Wahrscheinlichkeiten in Summen umwandelt, die sich besser für die Ableitung eignen.) Mit anderen Worten, wir suchen nach $\mathbf{w}^*$, das die Summe der negativen log-Likelihoods der N Beispiele minimiert:

$$\mathbf{w}^* = \underset{\mathbf{w}}{\operatorname{argmin}} - \sum_{j=1}^{N} \log P_{\mathbf{w}}(\mathbf{y}_j \mid \mathbf{x}_j) \tag{21.6}$$

In der Deep-Learning-Literatur wird häufig von der Minimierung des **Kreuzentropieverlusts** gesprochen. Die Kreuzentropie, geschrieben als $H(P, Q)$, ist eine Art Maß für die Unähnlichkeit zwischen zwei Verteilungen P und Q.[2] Die allgemeine Definition lautet:

$$H(P, Q) = \mathbf{E}_{\mathbf{z} \sim P(\mathbf{z})}[\log Q(\mathbf{z})] = \int P(\mathbf{z}) \log Q(\mathbf{z})\, \mathrm{d}\mathbf{z} \tag{21.7}$$

Diese Definition verwenden wir normalerweise beim maschinellen Lernen, wobei P die wahre Verteilung über Trainingsbeispiele, $P^*(\mathbf{x}, \mathbf{y})$, und Q die vorhersagende Hypothese $P_{\mathbf{w}}(\mathbf{y} \mid \mathbf{x})$ ist. Die Minimierung der Kreuzentropie $H(P^*(\mathbf{x}, \mathbf{y}), P_{\mathbf{w}}(\mathbf{y} \mid \mathbf{x}))$ durch Anpassen von $\mathbf{w}$ sorgt dafür, dass die Hypothese so gut wie möglich mit der wahren Verteilung übereinstimmt. In der Realität können wir diese Kreuzentropie nicht minimieren, da wir keinen Zugriff auf die wahre Datenverteilung $P^*(\mathbf{x}, \mathbf{y})$ haben. Wir haben jedoch Zugriff auf Stichproben aus $P^*(\mathbf{x}, \mathbf{y})$, sodass die Summe über die tatsächlichen Daten in Gleichung (21.6) den Erwartungswert in Gleichung (21.7) approximiert.

Um die negative log-Likelihood (bzw. die Kreuzentropie) zu minimieren, müssen wir die Ausgabe des Netzes als eine Wahrscheinlichkeit interpretieren können. Wenn das Netz z. B. eine Ausgabeeinheit mit einer sigmoidalen Aktivierungsfunktion hat und eine boolesche Klassifikation lernt, können wir den Ausgabewert direkt als die Wahrscheinlichkeit interpretieren, dass das Beispiel zur positiven Klasse gehört. (Genau so wird die logistische Regression verwendet; siehe S. 765.) Für boolesche Klassifikationsprobleme verwenden wir also üblicherweise eine sigmoidale Ausgabeschicht.

Mehrklassen-Klassifikationsprobleme treten beim maschinellen Lernen sehr häufig auf. Zum Beispiel müssen Klassifikatoren, die für die Objekterkennung verwendet werden, oft Tausende von unterschiedlichen Objektkategorien erkennen. Modelle für natürliche Sprache, die versuchen, das nächste Wort in einem Satz vorherzusagen, müssen möglicherweise aus Zehntausenden von möglichen Wörtern wählen. Für diese Art der Vorhersage muss das Netz eine kategoriale Verteilung ausgeben, d. h., wenn es d mögliche Antworten gibt, benötigen wir d Ausgabeknoten, die Wahrscheinlichkeiten repräsentieren, die sich zu 1 summieren.

Hierzu verwenden wir eine **Softmax**-Schicht, die für einen gegebenen Vektor von Eingabewerten $\mathbf{in} = \langle in_1, \ldots, in_d \rangle$ einen Vektor von d Werten ausgibt. Das k-te Element dieses Ausgabevektors ist gegeben durch:

$$\operatorname{softmax}(\mathbf{in})_k = \frac{\mathrm{e}^{in_k}}{\sum_{k'=1}^{d} \mathrm{e}^{in_{k'}}}$$

Konstruktionsbedingt gibt die Softmax-Funktion einen Vektor nichtnegativer Zahlen aus, die sich zu 1 summieren. Wie üblich ist die Eingabe in_k zu jedem der Ausgabeknoten eine gewichtete lineare Kombination der Ausgaben der vorhergehenden Schicht. Aufgrund der Exponenten betont die Softmax-Schicht Unterschiede in den Eingaben: Wenn der Vektor der Eingaben beispielsweise durch $\mathbf{in} = \langle 5, 2, 0, -2 \rangle$ gegeben ist, dann lauten die Ausgaben $\langle 0{,}946;\ 0{,}047;\ 0{,}006;\ 0{,}001 \rangle$. Die Softmax-Funktion ist jedoch im Gegensatz zur max-Funktion glatt und differenzierbar. Es lässt sich leicht zeigen, dass die Sigmoidfunktion eine Softmax-

2 Die Kreuzentropie ist kein Abstand im üblichen Sinne, da $H(P, P)$ nicht null ist; vielmehr ist sie gleich der Entropie $H(P)$. Es lässt sich leicht zeigen, dass $H(P, Q) = H(P) + D_{KL}(P \| Q)$ ist, wobei D_{KL} die **Kullback-Leibler-Divergenz** ist, die $D_{KL}(P \| P) = 0$ erfüllt. Bei einem festen P kann man durch Variieren von Q die Kreuzentropie minimieren, was gleichzeitig die KL-Divergenz minimiert.

Funktion mit $d = 2$ ist. Mit anderen Worten, genau wie Sigmoid-Einheiten binäre Klasseninformationen durch ein Netz weiterleiten, leiten Softmax-Einheiten Mehrklasseninformationen weiter.

Bei einem Regressionsproblem, bei dem der Zielwert y stetig ist, ist es üblich, eine lineare Ausgabeschicht zu verwenden – also $\hat{y}_j = in_j$ ohne Aktivierungsfunktion g – und diese als Mittelwert einer Gauß'schen Vorhersage mit fester Varianz zu interpretieren. Wie wir auf S. 813 festgestellt haben, ist die Maximierung der Likelihood (d. h. die Minimierung der negativen log-Likelihood) mit einer Gauß'schen Vorhersage mit fester Varianz dasselbe wie die Minimierung des quadratischen Fehlers. Daher wird von einer auf diese Weise interpretierten linearen Ausgabeschicht eine klassische lineare Regression durchgeführt. Die Eingabemerkmale für diese lineare Regression sind die Ausgaben der vorhergehenden Schicht, die üblicherweise das Ergebnis mehrfacher nichtlinearer Transformationen der ursprünglichen Eingaben in das Netz sind.

Viele andere Ausgabeschichten sind möglich. Beispielsweise repräsentiert eine **Mischdichte**-Schicht die Ausgaben mithilfe einer Mischung von Gauß'schen Verteilungen (siehe Abschnitt 20.3.1 für weitere Details zu Gauß'schen Mischungen). Solche Schichten sagen die relative Häufigkeit jeder Mischungskomponente, ihren Mittelwert und ihre Varianz voraus. Solange diese Ausgabewerte von der Verlustfunktion korrekt als Wahrscheinlichkeit für den wahren Ausgabewert $\mathbf{y}$ interpretiert werden, passt das Netz, nachdem es trainiert wurde, ein Gauß'sches Mischmodell in den von den vorhergehenden Schichten definierten Merkmalsraum ein.

21.2.3 Verborgene Schichten

Während des Trainingsprozesses werden einem neuronalen Netz viele Eingabewerte $\mathbf{x}$ und viele korrespondierende Ausgabewerte $\mathbf{y}$ gezeigt. Bei der Verarbeitung eines Eingabevektors $\mathbf{x}$ führt das neuronale Netz mehrere Zwischenberechnungen durch, bevor es die Ausgabe $\mathbf{y}$ erzeugt. Man kann sich die in jeder Schicht des Netzes berechneten Werte als eine andere Art der *Repräsentation* für die Eingabe $\mathbf{x}$ vorstellen. Jede Schicht transformiert die von der vorhergehenden Schicht erzeugte Repräsentation, um eine neue Repräsentation zu erzeugen. Die Zusammensetzung all dieser Transformationen führt – wenn alles gut geht – dazu, dass die Eingabe in die gewünschte Ausgabe transformiert wird. Eine Hypothese, warum Deep Learning so gut funktioniert, ist, dass die komplexe Ende-zu-Ende-Transformation, die von der Eingabe auf die Ausgabe abbildet – z. B. von einem Eingabebild auf die Ausgabekategorie „Giraffe" – von den vielen Schichten in viele relativ einfache Transformationen zerlegt wird, die jeweils durch einen lokalen Aktualisierungsprozess relativ einfach zu lernen sind.

Während der Durchführung all dieser internen Transformationen entdecken tiefe Netze oft sinnvolle Zwischenrepräsentationen der Daten. Zum Beispiel kann ein Netz, das lernt, komplexe Objekte in Bildern zu erkennen, interne Schichten bilden, die nützliche Untereinheiten erkennen: Kanten, Ecken, Ellipsen, Augen, Gesichter – Katzen. Oder es kann dies nicht – tiefe Netze können interne Schichten bilden, deren Aufgabe den Menschen unklar bleibt, obwohl die Ausgabe korrekt ist.

Die verborgenen Schichten neuronaler Netze sind in der Regel weniger vielfältig als die Ausgabeschichten. In den ersten 25 Jahren der Forschung zu mehrschichtigen Netzen (etwa 1985–2010) verwendeten die internen Knoten fast ausschließlich Sigmoid- und tanh-Aktivierungsfunktionen. Ab etwa 2010 nahm die Beliebtheit von ReLU und Softplus zu, u. a. da man glaubte, dass sich damit das in Abschnitt 21.1.2 erwähnte Problem der verschwindenden Gradienten vermeiden ließe. Experimente mit immer tieferen Netzen legten nahe, dass in vielen Fällen tiefe und relativ schmale Netze bei einer festen Gesamtzahl von Gewichten das Lernen leichter gestalten als flache, breite Netze. ► Abbildung 21.7 auf S. 853 zeigt ein typisches Beispiel.

Es gibt natürlich noch viele andere Strukturen, die für Berechnungsgraphen zu beachten sind, als nur mit Breite und Tiefe zu spielen. Zum Zeitpunkt der Abfassung dieses Buchs gibt es nur wenige Erkenntnisse darüber, warum einige Strukturen für ein bestimmtes Problem besser zu funktionieren scheinen als andere. Mit zunehmender Erfahrung werden Praktiker ein gewisses Gespür dafür entwickeln, wie man Netze entwirft und wie man sie korrigiert, wenn sie nicht funktionieren, so wie Köche ein Gespür dafür bekommen, wie man Rezepte entwickelt und korrigiert, wenn sie nicht schmecken. Aus diesem Grund sind Werkzeuge, die eine schnelle Untersuchung und Bewertung verschiedener Strukturen ermöglichen, für den Erfolg bei realen Problemen unerlässlich.

21.3 Convolutional Neural Networks

Wir haben in Abschnitt 21.2.1 erwähnt, dass man sich ein Bild nicht einfach als Vektor der Eingabepixelwerte vorstellen kann, vor allem weil die Nachbarschaft der Pixel eine Rolle spielt. Wenn wir ein Netz mit vollständig verbundenen Schichten und einem Bild als Eingabe konstruieren würden, erhielten wir das gleiche Ergebnis, egal ob wir mit intakten Bildern trainieren oder mit Bildern, deren Pixel alle nach dem Zufallsprinzip vertauscht wurden. Nehmen wir weiterhin an, dass es n Pixel und n Einheiten in der ersten verborgenen Schicht gibt, die als Eingabe die Pixel entgegennimmt. Wenn die Eingabe und die erste verborgene Schicht vollständig verbunden sind, entspricht dies n^2 Gewichten. Bei einem typischen Megapixel-RGB-Bild sind das 9 Billionen Gewichte. Ein solch riesiger Parameterraum setzt eine entsprechend große Anzahl von Trainingsbildern und eine riesige Rechenleistung für die Ausführung des Trainingsalgorithmus voraus.

Angesichts dieser Überlegungen sollten wir die erste verborgene Schicht so konstruieren, dass *jede verborgene Einheit nur von einem kleinen, lokalen Bereich des Bilds Eingaben erhält.* Damit schlagen wir zwei Fliegen mit einer Klappe. Erstens wird die Nachbarschaft respektiert, zumindest lokal. (Und wir werden später sehen, dass das Netz die Nachbarschaft im globalen Sinne respektiert, wenn nachfolgende Schichten die gleiche Lokalitätseigenschaft haben.) Zweitens wird die Anzahl der Gewichte reduziert: Wenn jeder lokale Bereich $l \ll n$ Pixel hat, dann gibt es insgesamt $ln \ll n^2$ Gewichte.

So weit, so gut. Aber wir übersehen eine weitere wichtige Eigenschaft von Bildern: Grob gesagt würde alles, was in einem kleinen, lokalen Bereich des Bilds erkennbar ist – vielleicht ein Auge oder ein Grashalm – genauso aussehen, wenn es in einem anderen kleinen, lokalen Bereich des Bilds auftauchen würde. Mit anderen Worten: Wir erwarten, dass die Bilddaten, zumindest bei kleinen bis mittleren Maßstäben eine ungefähre **räumliche Invarianz** aufweisen.[3] Wir erwarten nicht unbedingt, dass die oberen Hälften von Fotos wie die unteren Hälften aussehen, also gibt es eine Größenordnung, ab der die räumliche Invarianz nicht mehr gilt.

Lokale räumliche Invarianz kann erreicht werden, indem die l Gewichte, die einen lokalen Bereich mit einer Einheit in der verborgenen Schicht verbinden, für jede verborgene Einheit gleich sein müssen. (Das heißt, für die verborgenen Einheiten i und j sind die Gewichte $w_{1,i}, \ldots, w_{l,i}$ die gleichen wie $w_{1,j}, \ldots, w_{l,j}$.) Dadurch werden die verborgenen Einheiten zu Merkmalsdetektoren, die das gleiche Merkmal erkennen, egal wo es im Bild auftaucht. Normalerweise wollen wir, dass die erste verborgene Schicht viele Arten von Merkmalen erkennt, nicht nur ein einziges. Also könnten wir für jeden lokalen Bereich im Bild d verborgene Einheiten mit d verschiedenen Mengen von Gewichten haben. Das bedeutet, dass es insgesamt dl Gewichte gibt – eine Zahl, die nicht nur viel kleiner als n^2 ist, sondern sogar unabhängig

3 Ähnliche Ideen lassen sich auf die Verarbeitung von Zeitreihendaten wie z. B. Audiowellen anwenden. Diese weisen normalerweise eine **zeitliche Invarianz** auf – ein Wort klingt gleich, egal zu welcher Tageszeit es geäußert wird. Rekurrente neuronale Netze (Abschnitt 21.6) weisen automatisch eine zeitliche Invarianz auf.

von n, der Bildgröße. Indem wir also ein gewisses Vorwissen einbringen – nämlich das Wissen über Nachbarschaft und räumliche Invarianz –, können wir Modelle entwickeln, die viel weniger Parameter haben und viel schneller lernen können.

Ein **Convolutional Neural Network** (**CNN**, „faltendes" neuronales Netz) ist ein Netz, das zumindest in den frühen Schichten räumlich lokale Verbindungen enthält und Muster von Gewichten aufweist, die quer über die Einheiten in jeder Schicht repliziert werden. Ein Muster von Gewichten, das über mehrere lokale Bereiche repliziert wird, wird als **Kernel** bezeichnet und der Prozess der Anwendung des Kernels auf die Pixel des Bilds (oder auf räumlich organisierte Einheiten in einer nachfolgenden Schicht) wird als **Konvolution** (Faltung) bezeichnet.[4]

Kernel und Konvolutionen lassen sich am einfachsten in nur einer Dimension veranschaulichen und nicht in zwei oder mehreren, daher gehen wir von einem Eingabevektor $\mathbf{x}$ der Größe n aus, der n Pixeln in einem eindimensionalen Bild entspricht, sowie von einem Vektor-Kernel $\mathbf{k}$ der Größe l. (Der Einfachheit halber nehmen wir an, dass l eine ungerade Zahl ist.) Alle Ideen lassen sich ohne Weiteres auf höherdimensionale Fälle übertragen.

Wir verwenden für die Konvolutionsoperation das Symbol $*$, zum Beispiel: $\mathbf{z} = \mathbf{x} * \mathbf{k}$. Die Definition der Operation lautet:

$$z_i = \sum_{j=1}^{l} k_j x_{j+i-(l+1)/2} \qquad (21.8)$$

Mit anderen Worten: Für jede Ausgabeposition i nehmen wir das Punktprodukt zwischen dem Kernel $\mathbf{k}$ und einem auf x_i zentrierten Ausschnitt von $\mathbf{x}$ mit der Breite l.

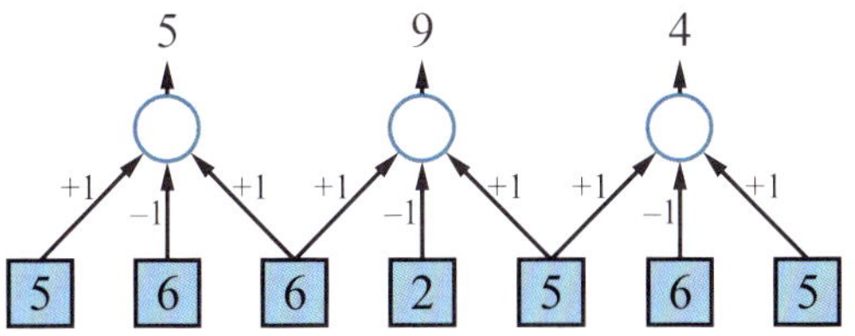

Abbildung 21.4: Ein Beispiel für eine eindimensionale Konvolutionsoperation mit einem Kernel der Größe $l = 3$ und einer Schrittweite $s = 2$. Die Spitzenempfindlichkeit ist auf das dunklere Eingabepixel (geringere Intensität) zentriert. Die Ergebnisse würden normalerweise eine nichtlineare Aktivierungsfunktion (nicht gezeigt) durchlaufen, bevor sie zur nächsten verborgenen Schicht gelangen.

Der Vorgang ist in ► Abbildung 21.4 für einen Kernelvektor $[+1, -1, +1]$ dargestellt, der einen dunkleren Punkt im 1-D-Bild erkennt. (Die 2-D-Version könnte eine dunklere Linie erkennen.) Beachten Sie, dass in diesem Beispiel die Pixel, auf denen die Kernel zentriert sind, durch einen Abstand von 2 Pixeln getrennt sind; wir sagen, dass der Kernel mit einer **Schrittweite** $s = 2$ angewendet wird. Beachten Sie, dass die Ausgabeschicht weniger Pixel hat: Aufgrund der Schrittweite wird die Anzahl der Pixel von n auf etwa n/s reduziert. (In zwei Dimensionen wäre die Anzahl der Pixel ungefähr $n/s_x s_y$, wobei s_x und s_y die Schrittweiten in x- und y-Richtung im Bild sind.) Wir sagen „ungefähr" wegen dem, was am Rand des Bilds passiert: In ► Abbildung 21.4 hört die Konvolution an den Rändern des Bilds auf, aber man kann die Eingabe auch mit zusätzlichen Pixeln auffüllen (entweder Nullen oder Kopien der äußeren Pixel), sodass der Kernel genau $\lfloor n/s \rfloor$-mal angewendet werden kann. Für kleine Kernel verwenden wir in der Regel $s = 1$, sodass die Ausgabe die gleichen Abmessungen wie das Bild hat (► Abbildung 21.5).

4 In der Signalverarbeitung würde man diese Operation nicht als Konvolution, sondern als Kreuzkorrelation bezeichnen. Im Bereich der neuronalen Netze ist hingegen der Begriff „Konvolution" geläufig.

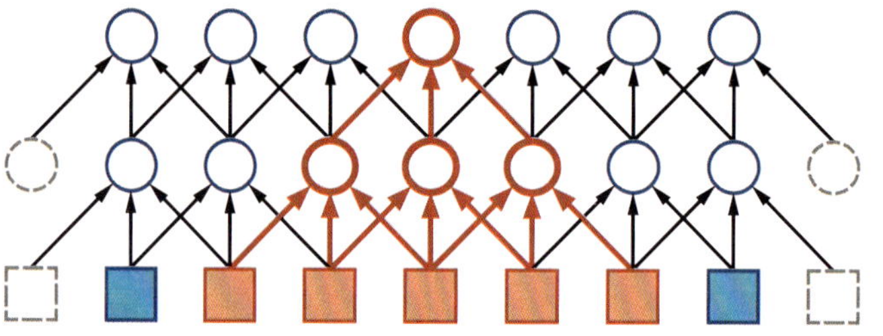

Abbildung 21.5: Die ersten beiden Schichten eines CNN für ein 1-D-Bild mit einer Kernelgröße $l = 3$ und einer Schrittweite $s = 1$. Am linken und rechten Ende wird aufgefüllt, damit die verborgenen Schichten die gleiche Größe wie die Eingabe haben. In rot dargestellt ist das rezeptive Feld einer Einheit in der zweiten verborgenen Schicht. Generell gilt: Je tiefer die Einheit, desto größer das rezeptive Feld.

Die Operation, einen Kernel auf ein Bild anzuwenden, kann wie gehabt durch ein Programm mit geeigneten verschachtelten Schleifen implementiert werden. Sie kann aber auch als eine einzelne Matrixoperation formuliert werden, wie bei der Anwendung der Gewichtsmatrix in Gleichung (21.1). Zum Beispiel kann die in ► Abbildung 21.4 dargestellte Konvolution durch folgende Matrixmultiplikation ausgedrückt werden:

$$\begin{pmatrix} +1 & -1 & +1 & 0 & 0 & 0 & 0 \\ 0 & 0 & +1 & -1 & +1 & 0 & 0 \\ 0 & 0 & 0 & 0 & +1 & -1 & +1 \end{pmatrix} \begin{pmatrix} 5 \\ 6 \\ 6 \\ 2 \\ 5 \\ 6 \\ 5 \end{pmatrix} = \begin{pmatrix} 5 \\ 9 \\ 4 \end{pmatrix} \tag{21.9}$$

In dieser Gewichtsmatrix ist der Kernel in jeder Zeile zu finden, verschoben entsprechend der Schrittweite relativ zur vorherigen Zeile. Man würde die Gewichtsmatrix nicht unbedingt explizit konstruieren – denn schließlich besteht sie größtenteils nur aus Nullen –, aber die Tatsache, dass die Konvolution eine lineare Matrixoperation ist, erinnert daran, dass der Gradientenabstieg einfach und effektiv auf CNNs angewendet werden kann, genauso wie auf einfache neuronale Netze.

Wie bereits erwähnt, gibt es nicht nur einen, sondern d Kernel; bei einer Schrittweite von 1 wird die Ausgabe also d-mal größer sein. Das bedeutet, dass ein zweidimensionales Eingabearray zu einem dreidimensionalen Array von verborgenen Einheiten wird, wobei die dritte Dimension die Größe d hat. Es ist wichtig, die verborgene Schicht auf diese Weise zu organisieren, damit alle Kernel-Ausgaben von einer bestimmten Bildposition mit dieser Position verbunden bleiben. Im Gegensatz zu den räumlichen Dimensionen des Bilds hat diese zusätzliche „Kernel-Dimension" jedoch *keine* Adjazenzeigenschaften, sodass es nicht sinnvoll ist, Konvolutionen entlang dieser Dimension durchzuführen.

CNNs wurden ursprünglich von Modellen des visuellen Kortex inspiriert, wie sie in den Neurowissenschaften vorgeschlagen wurden. In diesen Modellen ist das **rezeptive Feld** eines Neurons der Teil der sensorischen Eingabe, der die Aktivierung dieses Neurons beeinflussen kann. In einem CNN ist das rezeptive Feld einer Einheit in der ersten verborgenen Schicht klein – nur so groß wie der Kernel, d. h. l Pixel. In den tieferen Schichten des Netzes kann dieses Feld viel größer sein. ► Abbildung 21.5 veranschaulicht dies für eine Einheit in der zweiten verborgenen Schicht, deren rezeptives Feld fünf Pixel enthält. Wenn die Schrittweite 1 ist, wie in der Abbildung, hat ein Knoten in der m-ten verborgenen Schicht ein rezeptives Feld der Größe $(l-1)m+1$; das Wachstum ist also linear in m. (In einem 2-D-Bild wächst jede Dimension des rezeptiven Felds linear mit m, also wächst die Fläche quadratisch.) Wenn die

Schrittweite größer als 1 ist, repräsentiert jedes Pixel in Schicht m s Pixel in Schicht $m-1$. Daher wächst das rezeptive Feld mit $O(ls^m)$, d. h. exponentiell mit der Tiefe. Derselbe Effekt tritt bei Pooling-Schichten auf, die wir als Nächstes besprechen.

21.3.1 Pooling und Downsampling

Eine **Pooling**-Schicht in einem neuronalen Netz fasst einen Satz benachbarter Einheiten aus der vorangegangenen Schicht in einem einzigen Wert zusammen. Pooling funktioniert genau wie eine Konvolutionsschicht mit einer Kernelgröße l und einer Schrittweite s, aber die Operation, die angewendet wird, ist eher festgelegt und nicht gelernt. Normalerweise ist der Pooling-Schicht keine Aktivierungsfunktion zugeordnet. Es gibt zwei gängige Formen des Poolings:

- Das Mittelwert-Pooling berechnet den Durchschnittswert seiner l Eingaben. Dies entspricht der Konvolution mit einem einheitlichen Kernelvektor $\mathbf{k} = [1/l, \ldots, 1/l]$. Wenn wir $l = s$ setzen, wird die Auflösung des Bilds gröber, in diesem Fall sprechen wir von **Downsampling** um den Faktor s. Ein Objekt, das z. B. $10s$ Pixel umfasst, würde nach dem Pooling nur noch 10 Pixel umfassen. Der gleiche gelernte Klassifikator, der in der Lage wäre, ein Objekt mit einer Größe von 10 Pixeln im Originalbild zu erkennen, könnte dieses Objekt nun im gepoolten Bild erkennen, auch wenn es im Originalbild zu groß zum Erkennen war. Mit anderen Worten: Das Mittelwert-Pooling erleichtert die Mehrskalenerkennung. Es reduziert außerdem die Anzahl der erforderlichen Gewichte in den nachfolgenden Schichten, was zu geringeren Rechenkosten und möglicherweise schnellerem Lernen führt.
- Das Max-Pooling berechnet den Maximalwert seiner l Eingaben. Es kann auch rein zum Downsampling verwendet werden, hat dann aber eine etwas andere Semantik. Angenommen, wir wenden Max-Pooling auf die verborgene Schicht $[5, 9, 4]$ in ► Abbildung 21.4 an: Das Ergebnis wäre eine 9, was bedeutet, dass irgendwo im Eingabebild ein dunklerer Punkt vorhanden ist, der vom Kernel erkannt wird. Mit anderen Worten: Max-Pooling fungiert als eine Art logische Disjunktion, die besagt, dass irgendwo im rezeptiven Feld der Einheit ein Merkmal existiert.

Wenn es das Ziel ist, das Bild in eine von c Kategorien zu klassifizieren, dann ist die letzte Schicht des Netzes eine Softmax-Schicht mit c Ausgabeeinheiten. Die frühen Schichten des CNN haben Bildgröße, also muss irgendwo dazwischen eine deutliche Reduzierung der Schichtgröße erfolgen. Konvolutionsschichten und Pooling-Schichten mit einer Schrittweite größer als 1 dienen alle dazu, die Schichtgröße zu reduzieren. Es ist auch möglich, die Schichtgröße zu reduzieren, indem man einfach eine vollständig verbundene Schicht mit weniger Einheiten als die vorhergehende Schicht hat. CNNs haben oft ein oder zwei solcher Schichten, die der letzten Softmax-Schicht vorausgehen.

21.3.2 Tensoroperationen in CNNs

Wir haben in den Gleichungen (21.1) und (21.3) gesehen, dass die Verwendung der Vektor- und Matrizennotation hilfreich sein kann, um mathematische Ableitungen einfach und elegant zu halten und Berechnungsgraphen kurz und genau zu beschreiben. Vektoren und Matrizen sind ein- und zweidimensionale Sonderfälle von **Tensoren**, die (in der Deep-Learning-Terminologie) einfach mehrdimensionale Arrays beliebiger Dimension sind.[5]

Für CNNs sind Tensoren eine Möglichkeit, die „Form" der Daten zu verfolgen, während sie die Schichten des Netzes durchlaufen. Dies ist wichtig, weil der gesamte Begriff der Konvolution von dem Konzept der Adjazenz abhängt: Es wird davon ausgegangen, dass benachbarte

5 Die korrekte mathematische Definition von Tensoren erfordert, dass bestimmte Invarianten bei einer Änderung der Basis weitergelten.

Datenelemente semantisch miteinander verwandt sind, daher ist es sinnvoll, Operatoren auf lokale Bereiche der Daten anzuwenden. Darüber hinaus können mit geeigneten Sprachprimitiven für die Konstruktion von Tensoren und die Anwendung von Operatoren die Schichten selbst prägnant als Abbildungen von Tensoreingaben auf Tensorausgaben beschrieben werden.

Ein letzter Grund, CNNs in Form von Tensoroperationen zu beschreiben, ist die Recheneffizienz: Verfügt ein Deep-Learning-Softwarepaket über eine Beschreibung eines Netzes in Form einer Folge von Tensoroperationen, kann es kompilierten Code generieren, der für die zugrunde liegenden Basisberechnungen hoch optimiert ist. Deep-Learning-Workloads werden oft auf GPUs (*Graphics Processing Units*) oder TPUs (*Tensor Processing Units*) ausgeführt, die einen hohen Grad an Parallelität zur Verfügung stellen. Beispielsweise hat einer der TPU-Pods der dritten Generation von Google einen Durchsatz, der etwa zehn Millionen Laptops entspricht. Die Ausnutzung dieser Fähigkeiten ist essenziell, wenn man ein großes CNN auf einer großen Bilddatenbank trainiert. Daher ist es üblich, nicht jeweils ein Bild, sondern viele Bilder parallel zu verarbeiten. Wie wir in Abschnitt 21.4 sehen werden, passt dies auch gut zu der Art und Weise, wie der stochastische Gradientenabstiegsalgorithmus die Gradienten in Bezug auf eine Minibatch von Trainingsbeispielen berechnet.

Lassen Sie uns dies alles in einem Beispiel zusammenfassen. Angenommen, wir trainieren auf 256×256 RGB-Bildern mit einer Minibatch-Größe von 64. Die Eingabe ist in diesem Fall ein vierdimensionaler Tensor der Größe $256 \times 256 \times 3 \times 64$. Dann wenden wir 96 Kernel der Größe $5 \times 5 \times 3$ mit einer Schrittweite von 2 in die x- und y-Richtung im Bild an. Dies ergibt einen Ausgabetensor der Größe $128 \times 128 \times 96 \times 64$. Ein solcher Tensor wird oft als **Merkmalskarte** bezeichnet, da er zeigt, wie jedes von einem Kernel extrahierte Merkmal im gesamten Bild erscheint; in diesem Fall ist er aus 96 **Kanälen** zusammengesetzt, wobei jeder Kanal die Informationen eines Merkmals trägt. Beachten Sie, dass diese Merkmalskarte im Gegensatz zum Eingabetensor keine dedizierten Farbkanäle mehr hat. Dennoch kann die Farbinformation in den verschiedenen Merkmalskanälen vorhanden sein, wenn der Lernalgorithmus Farbe für die endgültigen Vorhersagen des Netzes als nützlich erachtet.

21.3.3 Residuale Netze

Residuale Netze sind ein beliebter und erfolgreicher Ansatz zum Aufbau sehr tiefer Netze, die das Problem der verschwindenden Gradienten vermeiden.

Typische tiefe Modelle verwenden Schichten, die eine neue Repräsentation in Schicht i lernen, indem sie die Repräsentation in Schicht $i-1$ vollständig ersetzen. Unter Verwendung der Matrix-Vektor-Notation, die wir in Gleichung (21.3) eingeführt haben, wobei $\mathbf{z}^{(i)}$ die Werte der Einheiten in Schicht i sind, erhalten wir:

$$\mathbf{z}^{(i)} = f(\mathbf{z}^{(i-1)}) = \mathbf{g}^{(i)}(\mathbf{W}^{(i)}\mathbf{z}^{(i-1)})$$

Da jede Schicht die Repräsentation der vorangegangenen Schicht vollständig ersetzt, müssen alle Schichten lernen, etwas Nützliches zu tun. Jede Schicht muss zumindest die aufgabenrelevanten Informationen der vorangegangenen Schicht bewahren. Wenn wir $\mathbf{W}^{(i)} = \mathbf{0}$ für eine beliebige Schicht i setzen, hört das gesamte Netz auf zu funktionieren. Wenn wir $\mathbf{W}^{(i-1)} = \mathbf{0}$ setzen, kann das Netz nicht einmal lernen: Schicht i würde nicht lernen, weil sie keine Variation in ihrer Eingabe von Schicht $i-1$ beobachten würde, und Schicht $i-1$ würde nicht lernen, weil der zurückgeleitete Gradient von Schicht i immer null wäre. Natürlich sind dies extreme Beispiele, aber sie veranschaulichen die Notwendigkeit, dass Schichten als Leitung für die Signale dienen, die das Netz durchlaufen.

Der Grundgedanke von residualen Netzen ist, dass eine Schicht die Repräsentation der vorherigen Schicht *stören* sollte, anstatt sie vollständig zu *ersetzen*. Wenn die gelernte Störung klein ist, ist die nächste Schicht fast eine Kopie der vorherigen Schicht. Dies wird durch die folgende Gleichung für die Schicht i in Bezug auf die Schicht $i-1$ erreicht:

$$\mathbf{z}^{(i)} = \mathbf{g}_r^{(i)}(\mathbf{z}^{(i-1)} + f(\mathbf{z}^{(i-1)})) \,, \tag{21.10}$$

wobei $\mathbf{g}_r$ die Aktivierungsfunktionen für die residuale Schicht bezeichnet. Hier stellen wir uns f als **Störmodulation** vor, die das Standardverhalten des Durchlaufens von Schicht $i-1$ zur Schicht i stört. Die Funktion, die zur Berechnung der Störgröße verwendet wird, ist normalerweise ein neuronales Netz mit einer nichtlinearen Schicht kombiniert mit einer linearen Schicht:

$$f(\mathbf{z}) = \mathbf{V}\,\mathbf{g}(\mathbf{W}\mathbf{z}) \,,$$

wobei $\mathbf{W}$ und $\mathbf{V}$ gelernte Gewichtsmatrizen sind, denen die üblichen Verzerrungsgewichte (*bias weights*) hinzugefügt wurden.

Residuale Netze ermöglichen es, deutlich tiefere Netze zuverlässig zu lernen. Betrachten wir, was passiert, wenn wir $\mathbf{V} = \mathbf{0}$ für eine bestimmte Schicht setzen, um diese Schicht zu deaktivieren. Dann verschwindet die Störmodulation f und Gleichung (21.10) vereinfacht sich zu:

$$\mathbf{z}^{(i)} = \mathbf{g}_r(\mathbf{z}^{(i-1)})$$

Nehmen wir nun an, dass $\mathbf{g}_r$ aus ReLU-Aktivierungsfunktionen besteht und dass $\mathbf{z}^{(i-1)}$ ebenfalls eine ReLU-Funktion auf seine Eingaben anwendet: $\mathbf{z}^{(i-1)} = \text{ReLU}(\mathbf{in}^{(i-1)})$. In diesem Fall haben wir

$$\mathbf{z}^{(i)} = \mathbf{g}_r(\mathbf{z}^{(i-1)}) = \text{ReLU}(\mathbf{z}^{(i-1)}) = \text{ReLU}(\text{ReLU}(\mathbf{in}^{(i-1)})) = \text{ReLU}(\mathbf{in}^{(i-1)}) = \mathbf{z}^{(i-1)} \,,$$

wobei sich der vorletzte Schritt daraus ergibt, dass $\text{ReLU}(\text{ReLU}(x)) = \text{ReLU}(x)$. Mit anderen Worten: In residualen Netzen mit ReLU-Aktivierungen lässt eine Schicht mit Null-Gewichten ihre Eingaben einfach unverändert durch. Der Rest des Netzes funktioniert so, als hätte die Schicht nie existiert. Während normale Netze *lernen* müssen, Informationen weiterzugeben und bei schlechter Wahl der Parameter ein katastrophales Versagen der Informationsweitergabe zu befürchten ist, werden Informationen in residualen Netzen standardmäßig weitergeleitet.

Residuale Netze werden oft mit Konvolutionsschichten in Bildverarbeitungsanwendungen verwendet, aber sie sind eigentlich ein Allzweckwerkzeug, das tiefe Netze robuster macht und es Wissenschaftlern erlaubt, freier mit komplexen und heterogenen Netzdesigns zu experimentieren. Zum Zeitpunkt der Erstellung dieses Buchs war es nicht ungewöhnlich, residualen Netzen mit Hunderten von Schichten zu begegnen. Das Design solcher Netze entwickelt sich schnell weiter, sodass jede zusätzliche Spezifikation, die wir geben könnten, wahrscheinlich veraltet wäre, bevor sie in gedruckter Form vorliegt. Leser, die wissen möchten, welche Architekturen für bestimmte Anwendungen am besten geeignet sind, sollten aktuelle Veröffentlichungen in diesem Forschungsbereich zurate ziehen.

21.4 Algorithmen lernen

Das Trainieren eines neuronalen Netzes zielt darauf ab, die Parameter des Netzes so zu verändern, dass die Verlustfunktion auf der Trainingsmenge minimiert wird. Im Prinzip könnte jede Art von Optimierungsalgorithmus verwendet werden. In der Praxis werden moderne neuronale Netze fast immer mit einer Variante des stochastischen Gradientenabstiegs (SGD) trainiert.

Wir haben den Standard-Gradientenabstieg und seine stochastische Version in Abschnitt 19.6.2 behandelt. Hier ist das Ziel, den Verlust $L(\mathbf{w})$ zu minimieren, wobei $\mathbf{w}$ für alle Parameter des Netzes steht. Jeder Aktualisierungsschritt im Gradientenabstiegsprozess sieht wie folgt aus:

$$\mathbf{w} \leftarrow \mathbf{w} - \alpha \nabla_{\mathbf{w}} L(\mathbf{w}) \,,$$

wobei α die Lernrate ist. Beim Standard-Gradientenabstieg ist der Verlust L in Bezug auf die gesamte Trainingsmenge definiert. Beim stochastischen Gradientenabstieg wird er in Bezug auf eine Minibatch von m Beispielen definiert, die bei jedem Schritt zufällig ausgewählt werden.

Wie in Abschnitt 4.2 erwähnt, gibt es in der Literatur über Optimierungsmethoden für hochdimensionale stetige Räume unzählige Verbesserungen zum grundlegenden Gradientenabstieg. Wir werden hier nicht auf alle eingehen, aber es lohnt sich, ein paar wichtige Vorschläge zu erwähnen, die für das Training neuronaler Netze besonders relevant sind:

- Bei den meisten Netzen, die reale Probleme lösen, sind sowohl die Dimensionalität von $\mathbf{w}$ als auch der Umfang der Trainingsmenge sehr groß. Diese Überlegungen sprechen stark für die Verwendung des stochastischen Gradientenabstiegs mit einer relativ kleinen Minibatch-Größe m: Die Stochastik hilft dem Algorithmus, kleine lokale Minima im hochdimensionalen Gewichtsraum zu umgehen (wie beim Simulated Annealing – siehe S. 146), und die kleine Minibatch-Größe stellt sicher, dass die Rechenkosten bei jeder Gewichtsaktualisierung eine kleine Konstante sind, unabhängig von der Größe der Trainingsmenge.
- Da der Gradientenbeitrag jedes Trainingsbeispiels in der SGD-Minibatch unabhängig berechnet werden kann, wird die Minibatch-Größe oft so gewählt, dass die Hardwareparallelität in GPUs oder TPUs maximal ausgenutzt wird.
- Um die Konvergenz zu verbessern, ist es normalerweise gut, eine Lernrate zu verwenden, die mit der Zeit abnimmt. Die Wahl des richtigen Zeitplans ist in der Regel eine Frage des Ausprobierens.
- In der Nähe eines lokalen oder globalen Minimums der Verlustfunktion in Bezug auf die gesamte Trainingsmenge haben die aus kleinen Minibatches geschätzten Gradienten oft eine hohe Varianz und zeigen unter Umständen in die völlig falsche Richtung, was die Konvergenz erschwert. Eine Lösung besteht darin, die Minibatch-Größe mit fortschreitendem Training zu erhöhen. Eine andere besteht darin, die Idee des **Momentums** zu nutzen, was einen fortlaufenden Durchschnitt der Gradienten vergangener Minibatches beibehält, um kleine Minibatch-Größen zu kompensieren.
- Es muss darauf geachtet werden, dass numerische Instabilitäten aufgrund von Überlauf, Unterlauf und Rundungsfehler entschärft werden. Diese sind besonders problematisch, weil es sich bei den Softmax-, Sigmoid- und tanh-Aktivierungsfunktionen um Exponentialfunktionen handelt, sowie bei den iterativen Berechnungen in sehr tiefen Netzen und rekurrenten Netzen (Abschnitt 21.6), die zu verschwindenden und explodierenden Aktivierungen und Gradienten führen.

Der Prozess des Lernens der Gewichte im Netz ist in der Regel ein Prozess der abnehmenden Erträge. Wir führen den Prozess so lange aus, bis es nicht mehr sinnvoll ist, den Testfehler zu verringern. Normalerweise bedeutet das nicht, dass wir ein globales oder sogar ein lokales Minimum der Verlustfunktion erreicht haben. Vielmehr bedeutet es, dass wir eine unmöglich große Anzahl von sehr kleinen Schritten machen müssten, um die Kosten weiter zu reduzieren, oder dass zusätzliche Schritte nur eine Überanpassung verursachen würden oder dass die Schätzungen des Gradienten zu ungenau sind, um von weiteren Fortschritten auszugehen.

21.4.1 Gradienten in Berechnungsgraphen berechnen

Auf S. 839 haben wir den Gradienten der Verlustfunktion in Bezug auf die Gewichte in einem bestimmten (und sehr einfachen) Netz abgeleitet. Wir haben festgestellt, dass der Gradient durch Rückwärtspropagation der Fehlerinformationen von der Ausgabeschicht des Netzes zu den verborgenen Schichten berechnet werden kann. Wir haben auch konstatiert, dass dieses Ergebnis allgemein für jeden Feedforward-Berechnungsgraphen gilt. Hier erklären wir, wie das funktioniert.

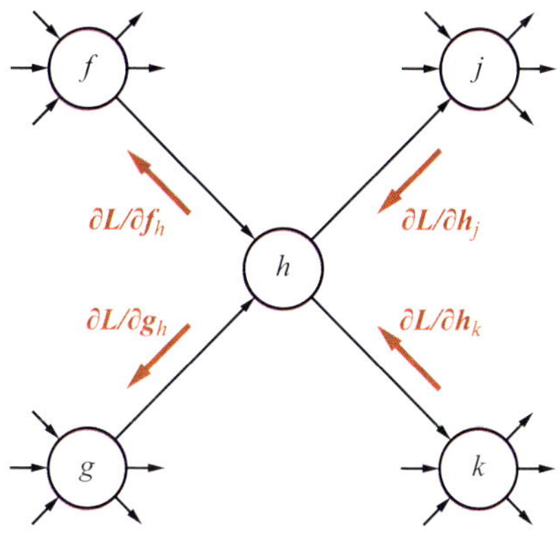

Abbildung 21.6: Veranschaulichung der Rückwärtspropagation von Gradienteninformationen in einem beliebigen Berechnungsgraphen. Die Vorwärtsberechnung der Netzausgabe erfolgt von links nach rechts, während die Rückwärtspropagation der Gradienten von rechts nach links erfolgt.

► Abbildung 21.6 zeigt einen generischen Knoten in einem Berechnungsgraphen. (Der Knoten h hat einen Eingangs- und Ausgangsgrad von 2, was aber für die Analyse nicht von Bedeutung ist.) Während des Vorwärtsdurchlaufs berechnet der Knoten eine beliebige Funktion h aus seinen Eingaben, die von den Knoten f und g kommen. h gibt seinen Wert wiederum an die Knoten j und k weiter.

Der Prozess der Rückwärtspropagation leitet Nachrichten entlang jeder Verbindung im Netz zurück. An jedem Knoten werden die eingehenden Nachrichten gesammelt und neue Nachrichten berechnet, um sie zurück zur vorherigen Schicht weiterzuleiten. Wie die Abbildung zeigt, sind die Nachrichten alle partielle Ableitungen des Verlusts L. Zum Beispiel ist die Rückwärtsnachricht $\partial L/\partial h_j$ die partielle Ableitung von L in Bezug auf die erste Eingabe von j, die die Vorwärtsnachricht von h nach j ist. Dadurch beeinflusst h den Verlust L sowohl durch j als auch durch k, also haben wir:

$$\partial L/\partial h = \partial L/\partial h_j + \partial L/\partial h_k \tag{21.11}$$

Mit dieser Gleichung kann der Knoten h die Ableitung von L in Bezug auf h berechnen, indem er die eingehenden Nachrichten von j und k addiert. Um nun die ausgehenden Nachrichten $\partial L/\partial f_h$ und $\partial L/\partial g_h$ zu berechnen, verwenden wir die folgenden Gleichungen:

$$\frac{\partial L}{\partial f_h} = \frac{\partial L}{\partial h}\frac{\partial h}{\partial f_h} \quad \text{und} \quad \frac{\partial L}{\partial g_h} = \frac{\partial L}{\partial h}\frac{\partial h}{\partial g_h} \tag{21.12}$$

In Gleichung (21.12) wurde $\partial L/\partial h$ bereits durch Gleichung (21.11) berechnet und $\partial h/\partial f_h$ und $\partial h/\partial g_h$ sind nur die Ableitungen von h in Bezug auf sein erstes und zweites Argument. Wenn h beispielsweise ein Multiplikationsknoten ist, d. h. $h(f, g) = f \cdot g$, dann ist $\partial h/\partial f_h = g$ und $\partial h/\partial g_h = f$. Softwarepakete für Deep Learning enthalten in der Regel eine Bibliothek von Knotentypen (Addition, Multiplikation, Sigmoid usw.), die jeweils wissen, wie ihre eigenen Ableitungen zu berechnen sind, wie sie für Gleichung (21.12) benötigt werden.

Die Rückwärtspropagation beginnt mit den Ausgabeknoten, wo jede ursprüngliche Nachricht $\partial L/\partial \hat{y}_j$ direkt aus dem Ausdruck für L in Bezug auf den vorhergesagten Wert $\hat{\mathbf{y}}$ und den wahren Wert $\mathbf{y}$ aus den Trainingsdaten berechnet wird. An jedem internen Knoten werden die eingehenden Rückwärtsnachrichten gemäß Gleichung (21.11) summiert und die ausgehenden Nachrichten werden aus Gleichung (21.12) generiert. Der Prozess endet an jedem Knoten im Berechnungsgraphen, der ein Gewicht w repräsentiert (z. B. die hellvioletten Ovale in ► Abbildung 21.3 b). An diesem Punkt ist die Summe der an w eingehenden Nachrichten $\partial L/\partial w$ und damit genau der Gradient, den wir benötigen, um w zu aktualisieren.

Bei gemeinsamer Verwendung von Gewichten, wie wir es von CNNs (Abschnitt 21.3) und rekurrenten Netzen (Abschnitt 21.6) kennen, wird jedes gemeinsam genutzte Gewicht einfach als einzelner Knoten behandelt mit mehreren ausgehenden Kanten im Berechnungsgraphen. Während der Rückwärtspropagation führt dies zu vermehrten eingehenden Gradientennachrichten. Gemäß Gleichung (21.11) bedeutet dies, dass der Gradient für das gemeinsam genutzte Gewicht die Summe der Gradientenbeiträge von jeder Position im Netz ist, an der das Gewicht verwendet wird.

Aus dieser Beschreibung des Rückwärtspropagation-Prozesses wird deutlich, dass seine Rechenkosten linear zur Anzahl der Knoten im Berechnungsgraphen sind, genau wie die Kosten für die Vorwärtsberechnung. Da die Knotentypen beim Entwurf des Netzes in der Regel feststehen, können alle Gradientenberechnungen im Voraus in symbolischer Form vorbereitet und in sehr effizientem Code für jeden Knoten im Graphen kompiliert werden. Beachten Sie auch, dass die Nachrichten in ► Abbildung 21.6 keine Skalare sein müssen: Sie können auch Vektoren, Matrizen oder höherdimensionale Tensoren sein, sodass die Gradientenberechnungen auf GPUs oder TPUs verlagert werden können, um von der Parallelität zu profitieren.

Ein Nachteil der Rückwärtspropagation ist, dass die meisten Zwischenwerte, die während der Vorwärtspropagation berechnet wurden, gespeichert werden müssen, um die Gradienten im Rückwärtsdurchlauf zu berechnen. Dies bedeutet, dass die gesamten Speicherkosten für das Trainieren des Netzes proportional zur Anzahl der Einheiten im gesamten Netz sind. Selbst wenn also das Netz an sich nur implizit durch Propagationscode mit vielen Schleifen und nicht explizit durch eine Datenstruktur dargestellt wird, müssen alle Zwischenergebnisse dieses Propagationscodes explizit gespeichert werden.

21.4.2 Batch-Normalisierung

Die **Batch-Normalisierung** ist eine häufig angewandte Technik, die die Konvergenzrate von SGD verbessert, indem sie die Werte neu skaliert, die in den internen Schichten des Netzes aus den Beispielen der einzelnen Minibatches erzeugt werden. Obwohl die Gründe für ihre Effektivität zurzeit noch nicht voll verstanden werden, wollen wir hier kurz darauf eingehen, weil diese Technik in der Praxis signifikante Vorteile bringt. Bis zu einem gewissen Grad scheint die Batch-Normalisierung ähnliche Effekte zu haben wie das residuale Netz.

Betrachten wir einen Knoten z irgendwo im Netz: Die Werte von z für die m Beispiele in einem Minibatch sind $z_1, \ldots, z_m$. Die Batch-Normalisierung ersetzt jedes z_i durch eine neue Größe $\hat{z}_i$:

$$\hat{z}_i = \gamma \frac{z_i - \mu}{\sqrt{\epsilon + \sigma^2}} + \beta \, ,$$

wobei μ der Mittelwert von z über die Minibatch ist, σ die Standardabweichung von $z_1, \ldots, z_m$ und ϵ eine kleine Konstante, die zur Verhinderung der Division durch null hinzugefügt wurde; γ und β sind gelernte Parameter.

Die Batch-Normalisierung standardisiert den Mittelwert und die Varianz der Werte, wie sie durch die Werte von β und γ bestimmt werden. Dadurch wird das Trainieren eines tiefen Netzes viel einfacher. Ohne Batch-Normalisierung können Informationen verloren gehen, wenn die Gewichte einer Schicht zu klein sind und die Standardabweichung in dieser Schicht auf nahezu null abfällt. Die Batch-Normalisierung verhindert dies. Sie reduziert auch die Notwendigkeit einer sorgfältigen Initialisierung aller Gewichte im Netz, um sicherzustellen, dass sich die Knoten in jeder Schicht im richtigen Wirkungsbereich befinden, damit die Weiterleitung von Informationen gewährleistet ist.

Bei der Batch-Normalisierung zählen wir üblicherweise β und γ, die knotenspezifisch oder schichtspezifisch sein können, zu den Parametern des Netzes, sodass sie in den Lernprozess einbezogen werden. Nach dem Training werden β und γ auf ihre gelernten Werte festgelegt.

21.5 Generalisierung

Bisher haben wir beschrieben, wie neuronale Netze an ihre Trainingsmengen angepasst werden, aber beim maschinellen Lernen ist das Ziel die Generalisierung auf neue, bisher ungesehene Daten, gemessen an der Leistung auf einem Testsatz. In diesem Abschnitt konzentrieren wir uns auf drei Ansätze zur Verbesserung der Generalisierungsleistung: Auswahl der richtigen Netzarchitektur, Bestrafung großer Gewichte und zufälliges Durcheinanderbringen der Werte, die das Netz während des Trainings durchlaufen.

21.5.1 Auswahl einer Netzarchitektur

Ein Großteil der Anstrengungen in der Deep-Learning-Forschung ist in die Suche von Netzarchitekturen geflossen, die sich gut generalisieren lassen. Tatsächlich wurde für bestimmte Arten von Daten – Bilder, Sprache, Text, Video usw. – ein großer Teil des Leistungsfortschritts dadurch erzielt, dass verschiedene Arten von Netzarchitekturen erforscht und die Anzahl der Schichten, ihre Konnektivität und die Arten der Knoten in jeder Schicht variiert wurden.[6]

Einige neuronale Netzarchitekturen sind explizit darauf ausgelegt, für bestimmte Datentypen gut zu generalisieren: CNNs codieren die Idee, dass derselbe Merkmalsextraktor an allen Positionen eines räumlichen Gitters nützlich ist, und rekurrente Netze codieren die Idee, dass dieselbe Aktualisierungsregel an allen Punkten eines sequenziellen Datenstroms nützlich ist. Sofern diese Annahmen zutreffen, erwarten wir, dass Konvolutionsarchitekturen gut auf Bilder und rekurrente Netze gut auf Texte und Audiosignale generalisieren.

Eine der wichtigsten empirischen Erkenntnisse auf dem Gebiet des Deep Learning ist, dass beim Vergleich zweier Netze mit ähnlicher Anzahl von Gewichten das tiefere Netz sich in der Regel besser generalisieren lässt. ► Abbildung 21.7 zeigt diesen Effekt für mindestens eine reale Anwendung – dem Erkennen von Hausnummern. Die Ergebnisse zeigen, dass für eine beliebig feste Anzahl von Parametern ein Netz mit elf Schichten einen viel geringeren Fehler in der Testmenge aufweist als ein Netz mit drei Schichten.

6 In Anbetracht der Tatsache, dass ein Großteil dieser inkrementellen, explorativen Arbeit von Doktoranden (*graduate students*) durchgeführt wird, haben einige den Prozess als **Graduate Student Descent** (GSD) bezeichnet.

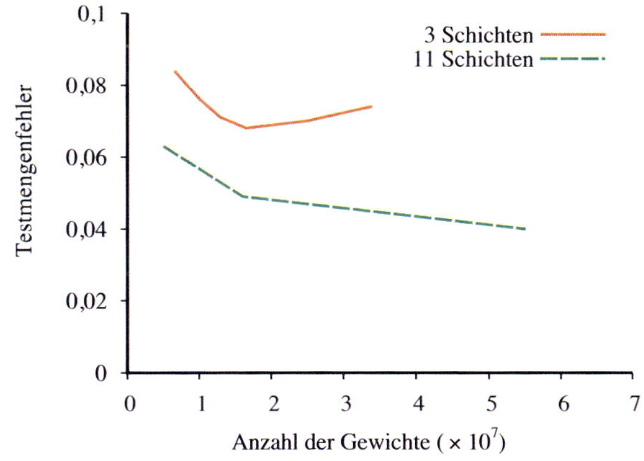

Abbildung 21.7: Testmengenfehler als Funktion der Schichtbreite (gemessen an der Gesamtzahl der Gewichte) für dreischichtige und elfschichtige CNNs. Die Daten stammen aus frühen Versionen des Google-Systems zum Übertragen von Adressen in Fotos, die von Street-View-Autos aufgenommen wurden (Goodfellow *et al.*, 2014).

Deep-Learning-Systeme schneiden bei einigen, aber nicht allen Aufgaben gut ab. Bei Aufgaben mit hochdimensionalen Eingaben – Bilder, Video, Sprachsignale usw. – schneiden sie besser ab als alle anderen Ansätze des reinen maschinellen Lernens. Die meisten der in Kapitel 19 beschriebenen Algorithmen können hochdimensionale Eingaben nur verarbeiten, wenn diese mit manuell entworfenen Merkmalen vorverarbeitet werden, um die Dimensionalität zu reduzieren. Dieser Vorverarbeitungsansatz, der vor 2010 gang und gäbe war, ist leistungsmäßig in keinster Weise mit Deep-Learning-Systemen vergleichbar.

Offensichtlich berücksichtigen Deep-Learning-Modelle einige wichtige Aspekte dieser Aufgaben. Insbesondere impliziert ihr Erfolg, dass die Aufgaben von parallelen Programmen mit einer relativ kleinen Anzahl von Schritten gelöst werden können (10 bis 10^3 statt z. B. 10^7). Dies dürfte nicht überraschen, denn diese Aufgaben werden vom Gehirn normalerweise in weniger als einer Sekunde gelöst, was gerade einmal ausreicht, eine Sequenz von ein paar Dutzend Neuronen abzufeuern. Darüber hinaus liefert eine nähere Betrachtung der Repräsentationen interner Schichten, die von tiefen CNNs für Bildverarbeitungsaufgaben gelernt werden, Belege dafür, dass die Verarbeitungsschritte anscheinend die Extraktion einer Folge von zunehmend abstrakteren Repräsentationen der Szene beinhalten, die mit winzigen Kanten, Punkten und Eckmerkmalen beginnen und mit ganzen Objekten und Anordnungen mehrerer Objekte enden.

Andererseits fehlt den Deep-Learning-Modellen, da es sich um einfache Schaltungen handelt, die kompositorische und quantifikatorische Ausdruckskraft, wie wir sie von der Prädikatenlogik (Kapitel 8) und den kontextfreien Grammatiken (Kapitel 23) her kennen.

Obwohl Deep-Learning-Modelle in vielen Fällen gut generalisieren, können sie auch nicht intuitive Fehler produzieren. Sie neigen dazu, unstetige Eingabe-Ausgabe-Abbildungen zu erzeugen, mit der Folge, dass eine kleine Änderung an einer Eingabe eine große Änderung an der Ausgabe verursachen kann. Zum Beispiel ist es möglich, nur ein paar Pixel in einem Bild eines Hunds zu verändern und damit das Netz dazu zu bringen, den Hund als Strauß oder Schulbus zu klassifizieren – obwohl das veränderte Bild immer noch genau wie ein Hund aussieht. Ein derartig verändertes Bild wird als **feindliches Beispiel** bezeichnet.

In niedrigdimensionalen Räumen ist es schwer, feindliche Beispiele zu finden. Aber bei einem Bild mit einer Million Pixelwerten gibt es oft ein paar Dimensionen, in denen der Pixelwert nahe der Grenze zu einer anderen Kategorie liegt, auch wenn die meisten Pixel dazu beitragen, dass das Bild mitten im „Hund"-Bereich des Raums klassifiziert wird. Ein Angreifer, der sich mit Reverse-Engineering von Netzen auskennt, findet mit Sicherheit die kleinste Vektordifferenz, die das Bild über die Grenze verschieben würde.

Als die ersten feindlichen Beispiele entdeckt wurden, löste dies weltweit ein Gerangel um zwei Vorgehensweisen aus: zum einen die Suche nach Lernalgorithmen und Netzarchitekturen, die nicht anfällig für feindliche Angriffe sind, und zum anderen die Entwicklung immer effektiverer feindlicher Angriffe auf alle Arten von Lernsystemen. Bislang scheinen die Angreifer die Nase vorn zu haben. Während man anfangs davon ausging, dass man Zugang zu den Interna des trainierten Netzes benötigt, um ein feindliches Beispiel speziell für dieses Netz zu konstruieren, hat sich herausgestellt, dass man *robuste* feindliche Beispiele konstruieren kann, die eine Vielzahl von Netzen mit unterschiedlichen Architekturen, Hyperparametern und Trainingsmengen täuschen. Diese Ergebnisse deuten darauf hin, dass Deep-Learning-Modelle Objekte auf ganz andere Weise erkennen als das menschliche Sehsystem.

21.5.2 Neuronale Architektursuche

Leider gibt es noch keine klaren Richtlinien, die Ihnen helfen, die beste Netzarchitektur für ein bestimmtes Problem zu wählen. Der erfolgreiche Einsatz einer Deep-Learning-Lösung erfordert Erfahrung und ein gutes Urteilsvermögen.

Seit den Anfängen der Forschung zu neuronalen Netzen wurde versucht, den Prozess der Architekturauswahl zu automatisieren. Man kann sich dies als einen Fall von Hyperparameter-Einstellungen (Abschnitt 19.4.4) vorstellen, wobei die Hyperparameter die Tiefe, Breite, Konnektivität und andere Attribute des Netzes bestimmen. Allerdings gibt es so viele Auswahlmöglichkeiten, dass einfache Ansätze wie die Gittersuche nicht alle Möglichkeiten in einer vernünftigen Zeitspanne abdecken können.

Daher ist es üblich, die **neuronale Architektursuche** zu nutzen, um den Zustandsraum möglicher Netzarchitekturen zu erkunden. Viele der Such- und Lerntechniken, die wir bereits im Buch behandelt haben, wurden auf die neuronale Architektursuche angewendet.

Evolutionäre Algorithmen sind beliebt, weil es sinnvoll ist, sowohl Rekombination (Zusammenfügen von Teilen zweier Netze) als auch Mutation (Hinzufügen oder Entfernen einer Schicht oder Ändern eines Parameterwerts) durchzuführen. Auch Bergsteigen kann mit diesen Mutationsoperationen verwendet werden. Einige Forscher haben das Problem dem Reinforcement Learning zugerechnet und andere der Bayes'schen Optimierung. Eine andere Möglichkeit besteht darin, die architektonischen Möglichkeiten als einen stetigen differenzierbaren Raum zu behandeln und mittels Gradientenabstieg eine lokal optimale Lösung zu finden.

Bei all diesen Suchtechniken besteht eine große Herausforderung darin, den Wert eines Netzkandidaten abzuschätzen. Der einfachste Weg, eine Architektur zu bewerten, besteht darin, sie auf einer Testmenge für mehrere Batches zu trainieren und dann ihre Genauigkeit auf einer Validierungsmenge zu bewerten. Bei großen Netzen kann dies jedoch viele GPU-Tage in Anspruch nehmen.

Daher gibt es viele Versuche, diesen Schätzungsprozess zu beschleunigen, indem der teure Trainingsprozess eliminiert oder zumindest reduziert wird. Wir können mit einer kleineren Datenmenge trainieren. Wir können für eine kleine Anzahl von Batches trainieren und vorhersagen, wie sich das Netz bei einer Erhöhung der Batch-Anzahl verbessern würde. Wir können eine reduzierte Version der Netzarchitektur verwenden, von der wir hoffen, dass sie über die Eigenschaften der Vollversion verfügt. Wir können ein großes Netz trainieren und dann nach Teilgraphen des Netzes mit einer besseren Leistung suchen. Diese Suche kann schnell sein, weil die Teilgraphen Parameter teilen und nicht neu trainiert werden müssen.

Ein anderer Ansatz ist das Erlernen einer heuristischen Bewertungsfunktion (wie bei der A*-Suche). Das heißt, man wählt zunächst ein paar Hundert Netzarchitekturen aus und trainiert und bewertet sie. Dadurch erhalten wir eine Datenmenge von (Netz, Bewertung)-Paaren. Dann lernt man das Abbilden von den Merkmalen eines Netzes auf eine vorhergesagte Bewertung. Von da an können wir eine große Anzahl von Netzkandidaten generieren und deren Wert schnell abschätzen. Nach einer Suche durch den Raum der Netze können/kann das/die beste(n) mit einem vollständigen Trainingsverfahren bewertet werden.

21.5.3 Gewichtsabschwächung

In Abschnitt 19.4.3 haben wir gesehen, dass die **Regularisierung**, die die Komplexität eines Modells begrenzt, die Generalisierung unterstützen kann. Dies gilt auch für Deep-Learning-Modelle. Im Zusammenhang mit neuronalen Netzen sprechen wir bei diesem Ansatz normalerweise von **Gewichtsabschwächung**.

Gewichtsabschwächung besteht aus dem Hinzufügen einer Strafe $\lambda \sum_{i,j} W_{i,j}^2$ zu der Verlustfunktion, die zum Trainieren des neuronalen Netzes verwendet wird, wobei λ ein Hyperparameter ist, der die Höhe der Strafe kontrolliert, und die Summe normalerweise über alle Gewichte im Netz gebildet wird. Die Verwendung von $\lambda = 0$ ist gleichbedeutend damit, keine Gewichtsabschwächung zu verwenden, während die Verwendung größerer Werte von λ dazu führt, dass die Gewichte klein werden. Es ist üblich, für die Gewichtsabschwächung einen λ-Wert nahe 10^{-4} zu benutzen.

Die Wahl einer bestimmten Netzarchitektur kann als eine absolute Beschränkung des Hypothesenraums betrachtet werden: Eine Funktion ist entweder innerhalb dieser Architektur darstellbar oder nicht. Strafterme der Verlustfunktion wie z. B. die Gewichtsabschwächung bieten eine weichere Beschränkung: Funktionen, die mit großen Gewichten repräsentiert werden, sind Teil der Funktionsfamilie, aber die Trainingsmenge muss mehr Beweise für diese Funktionen liefern, als es für die Wahl einer Funktion mit kleinen Gewichten erforderlich ist.

Es ist nicht einfach, den Effekt der Gewichtsabschwächung in einem neuronalen Netz zu interpretieren. In Netzen mit sigmoidalen Aktivierungsfunktionen wird angenommen, dass die Gewichtsabschwächung dazu beiträgt, die Aktivierungen in der Nähe des linearen Teils der Sigmoidfunktion zu halten und den flachen Bereich zu vermeiden, der zu verschwindenden Gradienten führt. Bei ReLU-Aktivierungsfunktionen scheint die Gewichtsabschwächung vorteilhaft zu sein, aber die Erklärung, die für Sigmoidfunktionen sinnvoll ist, trifft nicht mehr zu, da die ReLU-Ausgabe entweder linear oder null ist. Darüber hinaus fördert die Gewichtsabschwächung bei residualen Verbindungen, dass das Netz eher kleine Unterschiede zwischen aufeinanderfolgenden Schichten aufweist als kleine absolute Gewichtswerte. Trotz dieser Unterschiede im Verhalten des Gewichtsabschwächungs bei vielen Architekturen ist die Gewichtsabschwächung immer noch sehr nützlich.

Eine Erklärung für den vorteilhaften Effekt der Gewichtsabschwächung ist, dass sie eine Form des MAP-Lernens (Maximum-a-posteriori) implementiert (siehe S. 806). Wenn $\mathbf{X}$ und $\mathbf{y}$ für die Ein- und Ausgaben der gesamten Trainingsmenge stehen, erfüllt die MAP-Hypothese h_{MAP} folgende Bedingungen:

$$\begin{aligned} h_{\text{MAP}} &= \underset{\mathbf{W}}{\operatorname{argmax}}\, P(\mathbf{y} \mid \mathbf{X}, \mathbf{W}) P(\mathbf{W}) \\ &= \underset{\mathbf{W}}{\operatorname{argmin}}[-\log P(\mathbf{y} \mid \mathbf{X}, \mathbf{W}) - \log P(\mathbf{W})] \end{aligned}$$

Der erste Term ist der übliche Kreuzentropieverlust; der zweite Term bevorzugt Gewichte, die unter einer A-priori-Verteilung wahrscheinlich sind. Dies stimmt genau dann mit einer regulierten Verlustfunktion überein, wenn

$$\log P(\mathbf{W}) = -\lambda \sum_{i,j} W_{i,j}^2 ,$$

was bedeutet, dass $P(\mathbf{W})$ eine mittelwertfreie Gauß'sche A-priori-Verteilung ist.

21.5.4 Dropout

Eine weitere Möglichkeit, den Testmengenfehler eines Netzes zu reduzieren – um den Preis, dass die Anpassung an die Trainingsmenge erschwert wird –, ist die Verwendung von **Dropout**. Bei jedem Trainingsschritt wendet Dropout einen Schritt des Rückwärtspropagation-Lernens auf eine neue Version des Netzes an, die durch Deaktivieren einer zufällig ausgewählten Teilmenge der Einheiten erstellt wird. Dies ist eine grobe und sehr kostengünstige Annäherung an das Training eines großen Ensembles von verschiedenen Netzen (siehe Abschnitt 19.8).

Genauer gesagt nehmen wir an, dass wir den stochastischen Gradientenabstieg mit der Minibatch-Größe m verwenden. Für jede Minibatch wendet der Dropout-Algorithmus den folgenden Prozess auf jeden Knoten im Netz an: Mit der Wahrscheinlichkeit p wird die Ausgabe der Einheit mit dem Faktor $1/p$ multipliziert; andernfalls wird die Ausgabe der Einheit auf null festgelegt. Dropout wird normalerweise auf Einheiten in den verborgenen Schichten mit $p = 0{,}5$ angewendet. Bei Eingabeeinheiten hat sich ein Wert von $p = 0{,}8$ als am effektivsten erwiesen. Dieser Prozess erzeugt ein ausgedünntes Netz mit etwa halb so vielen Einheiten wie das Original, auf das Rückwärtspropagation mit der Minibatch von m Trainingsbeispielen angewendet wird. Der Prozess wiederholt sich auf die übliche Weise, bis das Training abgeschlossen ist. Zur Testzeit wird das Modell ohne Dropout ausgeführt.

Wir können den Begriff Dropout aus verschiedenen Perspektiven betrachten:

- Durch die Einführung von Rauschen zur Trainingszeit wird das Modell gezwungen, robust auf Rauschen zu reagieren.
- Wie oben erwähnt, nähert sich Dropout der Erstellung eines großen Ensembles von ausgedünnten Netzen an. Diese Behauptung kann für lineare Modelle analytisch verifiziert werden und scheint auch experimentell für Deep-Learning-Modelle zu gelten.
- Verborgene Einheiten, die mit Dropout trainiert werden, müssen nicht nur lernen, nützliche verborgene Einheiten zu sein – sie müssen auch lernen, mit vielen anderen möglichen Mengen anderer verborgener Einheiten kompatibel zu sein, die im vollständigen Modell enthalten sein können oder nicht. Dies ähnelt den Selektionsprozessen, die die Evolution von Genen lenken: Jedes Gen muss nicht nur in eigener Funktion effektiv sein, sondern auch gut mit anderen Genen zusammenarbeiten, deren Identität in zukünftigen Organismen erheblich variieren kann.
- Dropout, das auf spätere Schichten in einem tiefen Netz angewendet wird, zwingt die endgültige Entscheidung dazu, robust zu sein, indem alle abstrakten Merkmale des Beispiels beachtet werden, anstatt sich nur auf eines zu konzentrieren und die anderen zu ignorieren. Zum Beispiel könnte ein Klassifikator für Tierbilder durchaus eine hohe Leistung in der Trainingsmenge erzielen, indem er nur die Nase des Tieres betrachtet, aber er würde vermutlich in einem Testfall versagen, in dem die Nase verdeckt oder beschädigt ist. Mit Dropout gibt es Trainingsfälle, bei denen die interne „Naseneinheit“ eliminiert wird, was den Lernprozess veranlasst, zusätzliche identifizierende Merkmale zu finden. Beachten Sie, dass der Versuch schwierig wäre, den gleichen Grad an Robustheit durch Hinzufügen von Rauschen zu den Eingabedaten zu erreichen: Es ist nicht leicht, im Voraus herauszufinden, dass sich das Netz auf Nasen konzentriert, und ebenso nicht leicht, Nasen automatisch aus jedem Bild zu löschen.

Insgesamt zwingt Dropout das Modell dazu, mehrere robuste Erklärungen für jede Eingabe zu lernen. Dies führt dazu, dass das Modell gut generalisiert, macht es aber auch schwieriger, die Trainingsmenge anzupassen – es ist normalerweise notwendig, ein größeres Modell zu verwenden und es für mehr Iterationen zu trainieren.

21.6 Rekurrente neuronale Netze

Rekurrente neuronale Netze (RNNs) unterscheiden sich von Feedforward-Netzen dadurch, dass sie Zyklen im Berechnungsgraphen zulassen. In allen von uns betrachteten Fällen hat jeder Zyklus eine Verzögerung, sodass Einheiten als Eingabe einen Wert übernehmen können, der in einem früheren Berechnungsschritt aus ihrer eigenen Ausgabe berechnet wurde. (Ohne die Verzögerung kann ein zyklischer Schaltkreis einen inkonsistenten Zustand erreichen.) Dies ermöglicht dem RNN einen internen Zustand oder ein **Gedächtnis** zu haben: Eingaben, die in früheren Zeitschritten empfangen wurden, beeinflussen die Reaktion des RNN auf die aktuelle Eingabe.

RNNs können auch verwendet werden, um allgemeinere Berechnungen durchzuführen – schließlich sind gewöhnliche Computer nur boolesche Schaltungen mit Gedächtnis – und um echte neuronale Systeme zu modellieren, von denen viele zyklische Verbindungen enthalten. Hier konzentrieren wir uns auf den Einsatz von RNNs zur Analyse von sequenziellen

Daten, wobei wir davon ausgehen, dass bei jedem Zeitschritt ein neuer Eingabevektor $\mathbf{x}_t$ eintrifft.

Als Werkzeuge für die Analyse von sequenziellen Daten können RNNs mit den in Kapitel 14 beschriebenen Hidden-Markov-Modellen, dynamischen Bayes'schen Netzen und Kalman-Filtern verglichen werden. (Für die Leser ist es vielleicht hilfreich, dieses Kapitel noch einmal nachzulesen, bevor sie fortfahren.) Wie diese Modelle gehen auch RNNs von einer **Markov-Annahme** aus (siehe S. 526): Der verborgene Zustand $\mathbf{z}_t$ des Netzes reicht aus, um die Informationen aus allen vorherigen Eingaben zu erfassen. Nehmen wir weiterhin an, dass wir den Aktualisierungsprozess des RNN für den verborgenen Zustand durch die Gleichung $\mathbf{z}_t = f_{\mathbf{w}}(\mathbf{z}_{t-1}, \mathbf{x}_t)$ für eine parametrisierte Funktion $f_{\mathbf{w}}$ beschreiben. Einmal trainiert, repräsentiert diese Funktion einen **zeithomogenen** Prozess (S. 526) – quasi eine universell quantifizierte Aussage, dass die durch $f_{\mathbf{w}}$ repräsentierte Dynamik für alle Zeitschritte gilt. RNNs erhöhen also die Ausdruckskraft im Vergleich zu Feedforward-Netzen, genauso wie es CNNs machen und genauso wie dynamische Bayes'sche Netze die Ausdruckskraft im Vergleich zu normalen Bayes'schen Netzen erhöhen. Würde man nämlich versuchen, ein Feedforward-Netz zur Analyse von sequenziellen Daten zu verwenden, so würde die feste Größe der Eingabeschicht das Netz dazu zwingen, nur ein Datenfenster endlicher Länge zu untersuchen, wodurch das Netz es nicht schaffen würde, weitreichende Abhängigkeiten zu erkennen.

21.6.1 Training eines einfachen RNN

Das betrachtete Basismodell hat eine Eingabeschicht $\mathbf{x}$, eine verborgene Schicht $\mathbf{z}$ mit rekurrenten Verbindungen und eine Ausgabeschicht $\mathbf{y}$, wie in ► Abbildung 21.8 a dargestellt. Wir nehmen an, dass sowohl $\mathbf{x}$ als auch $\mathbf{y}$ in den Trainingsdaten in jedem Zeitschritt beobachtet werden. Die Gleichungen, die das Modell definieren, beziehen sich auf die Werte der Variablen, die durch den Zeitschritt t indiziert sind:

$$\begin{aligned} \mathbf{z}_t &= f_{\mathbf{w}}(\mathbf{z}_{t-1}, \mathbf{x}_t) = \mathbf{g}_z(\mathbf{W}_{z,z}\mathbf{z}_{t-1} + \mathbf{W}_{x,z}\mathbf{x}_t) \equiv \mathbf{g}_z(\mathbf{in}_{z,t}) \\ \hat{\mathbf{y}}_t &= \mathbf{g}_y(\mathbf{W}_{z,y}\mathbf{z}_t) \equiv \mathbf{g}_y(\mathbf{in}_{y,t}), \end{aligned} \tag{21.13}$$

wobei $\mathbf{g}_z$ und $\mathbf{g}_y$ die Aktivierungsfunktionen für die verborgene Schicht bzw. die Ausgabeschicht bezeichnen. Wie üblich nehmen wir für jede Einheit eine zusätzlichen Dummy-Eingabe an, die auf $+1$ festgelegt ist, sowie Verzerrungsgewichte, die mit diesen Eingaben verbunden sind.

Bei einer gegebenen Folge von Eingabevektoren $\mathbf{x}_1, \ldots, \mathbf{x}_T$ und beobachteten Ausgaben $\mathbf{y}_1, \ldots, \mathbf{y}_T$ können wir dieses Modell in ein Feedforward-Netz umwandeln, indem wir es

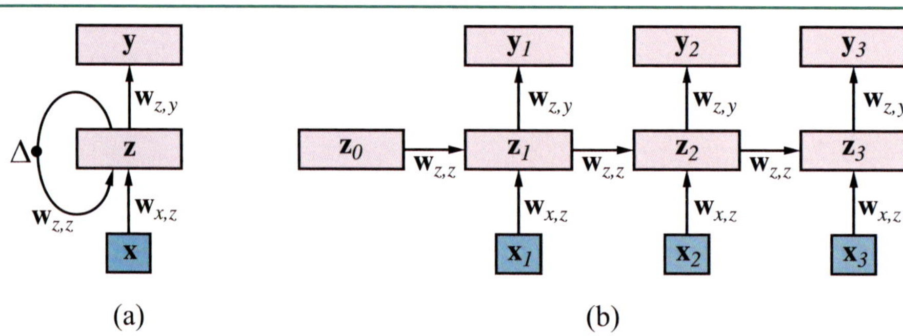

Abbildung 21.8: (a) Schematische Darstellung eines einfachen RNN, bei dem die verborgene Schicht **z** rekurrente Verbindungen hat; das Symbol Δ zeigt eine Verzögerung an. (b) Dasselbe Netz wird über drei Zeitschritte ausgerollt, um ein Feedforward-Netz zu erstellen. Beachten Sie, dass dieselben Gewichte über alle Zeitschritte hinweg benutzt werden.

für T Schritte „ausrollen“, wie ► Abbildung 21.8b zeigt. Beachten Sie, dass dieselben Gewichtsmatrizen $\mathbf{W}_{x,z}$, $\mathbf{W}_{z,z}$ und $\mathbf{W}_{z,y}$ über alle Zeitschritte hinweg benutzt werden. In dem ausgerollten Netz lässt sich einfach erkennen, dass wir Gradienten berechnen können, um die Gewichte auf die übliche Weise zu trainieren. Der einzige Unterschied ist, dass das Verwenden derselben Gewichte über die Schichten die Gradientenberechnung etwas komplizierter macht.

Um die Gleichungen einfach zu halten, zeigen wir die Gradientenberechnung für ein RNN mit nur einer Eingabeeinheit, einer verborgenen Einheit und einer Ausgabeeinheit. In diesem Fall, in dem wir die Verzerrungsgewichte explizit machen, haben wir $z_t = g_z(w_{z,z}z_{t-1} + w_{x,z}x_t + w_{0,z})$ und $\hat{y}_t = g_y(w_{z,y}z_t + w_{0,y})$. Wie in den Gleichungen (21.4) und (21.5) nehmen wir einen quadratischen Fehlerverlust L an – in diesem Fall über die Zeitschritte summiert. Die Ableitungen für die Gewichte der Eingabe- und Ausgabeschicht $w_{x,z}$ und $w_{z,y}$ sind im Wesentlichen identisch mit Gleichung (21.4), sodass wir sie Ihnen als Übung überlassen wollen. Bei dem Gewicht der verborgenen Schicht $w_{z,z}$ folgen die ersten Schritte ebenfalls dem gleichen Muster wie in Gleichung (21.4):

$$\begin{aligned}\frac{\partial L}{\partial w_{z,z}} &= \frac{\partial}{\partial w_{z,z}}\sum_{t=1}^{T}(y_t-\hat{y}_t)^2 = \sum_{t=1}^{T} -2(y_t-\hat{y}_t)\frac{\partial \hat{y}_t}{\partial w_{z,z}}\\ &= \sum_{t=1}^{T} -2(y_t-\hat{y}_t)\frac{\partial}{\partial w_{z,z}}g_y(in_{y,t}) = \sum_{t=1}^{T} -2(y_t-\hat{y}_t)g'_y(in_{y,t})\frac{\partial}{\partial w_{z,z}}in_{y,t}\\ &= \sum_{t=1}^{T} -2(y_t-\hat{y}_t)g'_y(in_{y,t})\frac{\partial}{\partial w_{z,z}}\left(w_{z,y}z_t + w_{0,y}\right)\\ &= \sum_{t=1}^{T} -2(y_t-\hat{y}_t)g'_y(in_{y,t})w_{z,y}\frac{\partial z_t}{\partial w_{z,z}}\end{aligned} \tag{21.14}$$

Nun kann der Gradient für die verborgene Einheit z_t wie folgt aus dem vorherigen Zeitschritt gewonnen werden:

$$\begin{aligned}\frac{\partial z_t}{\partial w_{z,z}} &= \frac{\partial}{\partial w_{z,z}}g_z(in_{z,t}) = g'_z(in_{z,t})\frac{\partial}{\partial w_{z,z}}in_{z,t} = g'_z(in_{z,t})\frac{\partial}{\partial w_{z,z}}\left(w_{z,z}z_{t-1} + w_{x,z}x_t + w_{0,z}\right)\\ &= g'_z(in_{z,t})\left(z_{t-1} + w_{z,z}\frac{\partial z_{t-1}}{\partial w_{z,z}}\right),\end{aligned} \tag{21.15}$$

wobei die letzte Zeile die Regel für Ableitungen von Produkten verwendet: $\partial(uv)/\partial x = v\partial u/\partial x + u\partial v/\partial x$.

Beim Betrachten von Gleichung (21.15) fallen zwei Dinge auf. Erstens ist der Ausdruck für den Gradienten rekursiv: Der Beitrag zum Gradienten aus Zeitschritt t wird unter Verwendung des Beitrags aus Zeitschritt $t-1$ berechnet. Wenn wir die Berechnungen in der richtigen Reihenfolge durchführen, ist die Gesamtlaufzeit für die Berechnung des Gradienten linear zur Größe des Netzes. Dieser Algorithmus wird als **Rückwärtspropagation durch die Zeit** bezeichnet und wird normalerweise automatisch von Deep-Learning-Softwaresystemen verarbeitet. Zweitens, wenn wir die rekursive Berechnung iterieren, sehen wir, dass die Gradienten zum Zeitpunkt T Terme enthalten, die proportional sind zu $w_{z,z}\prod_{t=1}^{T} g'_z(in_{z,t})$. Für Sigmoid-, tanh- und ReLU-Funktionen ist $g' \leq 1$, sodass unser einfaches RNN mit Sicherheit unter dem Problem des verschwindenden Gradienten leidet (siehe S. 840), wenn $w_{z,z} < 1$. Andererseits kann bei $w_{z,z} > 1$ das Problem des **explodierenden Gradienten** auftreten. (Für den allgemeinen Fall hängen diese Ergebnisse vom ersten Eigenwert der Gewichtsmatrix $\mathbf{W}_{z,z}$ ab.) Der nächste Abschnitt beschreibt ein ausgefeilteres RNN-Design, das dieses Problem entschärfen soll.

21.6.2 RNNs mit langem Kurzzeitgedächtnis

Eine Reihe von speziellen RNN-Architekturen sind mit dem Ziel entwickelt worden, Informationen über viele Zeitschritte hinweg zu erhalten. Eine der populärsten ist **Long Short-Term Memory** (**LSTM**, langes Kurzzeitgedächtnis). Die Langzeitgedächtnis-Komponente eines LSTM, die **Speicherzelle** genannt und mit **c** bezeichnet wird, wird im Wesentlichen von Zeitschritt zu Zeitschritt *kopiert*. (Im Gegensatz dazu multipliziert das grundlegende RNN seinen Speicher bei jedem Zeitschritt mit einer Gewichtsmatrix, wie in Gleichung (21.13) gezeigt.) Neue Informationen gelangen in den Speicher, indem Aktualisierungen *hinzugefügt* werden. Auf diese Weise akkumulieren sich die Gradientenausdrücke nicht multiplikativ über die Zeit. LSTMs enthalten außerdem **Gating-Einheiten**, das sind Vektoren, die den Informationsfluss im LSTM über eine elementweise Multiplikation des entsprechenden Informationsvektors steuern:

- Das **Vergessgatter** (*Forget Gate*) **f** bestimmt, welches Element der Speicherzelle gemerkt (in den nächsten Zeitschritt kopiert) oder vergessen (auf null zurückgesetzt) wird.
- Das **Eingangsgatter** (*Input Gate*) **i** bestimmt, welches Element der Speicherzelle im aktuellen Zeitschritt additiv durch neue Informationen aus dem Eingabevektor aktualisiert wird.
- Das **Ausgangsgatter** (*Output Gate*) **o** bestimmt, welches Element der Speicherzelle in das Kurzzeitgedächtnis **z** übertragen wird, das eine ähnliche Rolle wie der verborgene Zustand in einfachen RNNs spielt.

Während das Wort „Gatter" im Schaltungsdesign normalerweise eine boolesche Funktion bedeutet, sind Gatter in LSTMs weich – zum Beispiel werden Elemente des Speicherzellenvektors teilweise vergessen, wenn die entsprechenden Elemente des Vergessgatter-Vektors klein, aber nicht null sind. Die Werte für die Gating-Einheiten liegen immer im Bereich $[0, 1]$ und sind die Ausgaben einer Sigmoidfunktion, die auf die aktuelle Eingabe und den vorherigen verborgenen Zustand angewendet wird. Im Detail lauten die Aktualisierungsgleichungen für das LSTM wie folgt:

$$
\begin{aligned}
\mathbf{f}_t &= \sigma(\mathbf{W}_{x,f}\mathbf{x}_t + \mathbf{W}_{z,f}\mathbf{z}_{t-1}) \\
\mathbf{i}_t &= \sigma(\mathbf{W}_{x,i}\mathbf{x}_t + \mathbf{W}_{z,i}\mathbf{z}_{t-1}) \\
\mathbf{o}_t &= \sigma(\mathbf{W}_{x,o}\mathbf{x}_t + \mathbf{W}_{z,o}\mathbf{z}_{t-1}) \\
\mathbf{c}_t &= \mathbf{c}_{t-1} \odot \mathbf{f}_t + \mathbf{i}_t \odot \tanh(\mathbf{W}_{x,c}\mathbf{x}_t + \mathbf{W}_{z,c}\mathbf{z}_{t-1}) \\
\mathbf{z}_t &= \tanh(\mathbf{c}_t) \odot \mathbf{o}_t\,,
\end{aligned}
$$

wobei die tiefgestellten Indizes der verschiedenen Gewichtsmatrizen **W** Ursprung und Ziel der entsprechenden Verbindungen angeben. Das Symbol $\odot$ bezeichnet die elementweise Multiplikation.

LSTMs gehörten zu den ersten praktisch nutzbaren Formen von RNNs. Sie haben bei einer Vielzahl von Aufgaben, wie z. B. Sprach- und Handschrifterkennung, hervorragende Leistungen gezeigt. Ihr Einsatz in der natürlichen Sprachverarbeitung wird in Kapitel 24 behandelt.

21.7 Unüberwachtes Lernen und Transfer Learning

Die Deep-Learning-Systeme, die wir bisher besprochen haben, basieren auf überwachtem Lernen, bei dem jedes Trainingsbeispiel mit einem Wert für die Zielfunktion mit einem Label versehen werden muss. Obwohl solche Systeme eine hohe Genauigkeit auf der Testmenge erreichen können – wie z. B. die Ergebnisse des ImageNet-Wettbewerbs zeigen –, benötigen sie oft wesentlich mehr Daten mit Labeln als ein Mensch für die gleiche Aufgabe. Ein Kind muss zum Beispiel nur ein einziges Bild einer Giraffe sehen und nicht Tausende, um Giraffen in einer Vielzahl von Einstellungen und Ansichten zuverlässig erkennen zu können. Offensichtlich fehlt etwas in unserer Deep-Learning-Story. Es könnte sogar sein, dass unser aktueller Ansatz zum überwachten Lernen nicht ausreicht, um alle Aufgaben zu bewältigen, da unser Bedarf an Daten mit Labeln das übersteigen würde, was die Menschheit (oder das Universum) liefern kann. Außerdem erfordert das Labeln großer Datenmengen selbst in Fällen, in denen die Aufgabe effizient machbar ist, in der Regel den Einsatz knapper und teurer menschlicher Arbeitskraft.

Aus diesen Gründen gibt es ein großes Interesse an verschiedenen Lernparadigmen, die die Abhängigkeit von mit Labeln versehenen Daten reduzieren. Wie wir in Kapitel 19 gesehen haben, gehören zu diesen Paradigmen das **unüberwachte Lernen**, das **Transfer Learning** und das **semiüberwachte Lernen**. Algorithmen für unüberwachtes Lernen lernen ausschließlich aus Eingaben $\mathbf{x}$ ohne Label, die oft in größeren Mengen vorhanden sind als Beispiele mit Label. Algorithmen für unüberwachtes Lernen erzeugen in der Regel generative Modelle, die realistische Texte, Bilder, Audio- und Videodaten erzeugen können, anstatt einfach nur Labels für solche Daten vorherzusagen. Algorithmen für Transfer Learning benötigen einige Beispiele mit Label, können aber ihre Leistung weiter verbessern, indem sie Beispiele mit Label für verschiedene Aufgaben untersuchen und so von weiteren vorhandenen Datenquellen profitieren. Algorithmen für semiüberwachtes Lernen benötigen einige Beispiele mit Label, können aber ihre Leistung weiter verbessern, indem sie auch Beispiele ohne Label untersuchen. Dieser Abschnitt befasst sich mit Deep-Learning-Ansätzen für unüberwachtes Lernen und Transfer Learning. Semiüberwachtes Lernen ist zwar auch ein aktives Forschungsgebiet in der Deep-Learning-Community, aber die bisher entwickelten Techniken haben sich in der Praxis noch nicht allgemein bewährt, weshalb wir sie hier nicht behandeln.

21.7.1 Unüberwachtes Lernen

Algorithmen des überwachten Lernens haben alle mehr oder weniger das gleiche Ziel: Bei einer Trainingsmenge von Eingaben $\mathbf{x}$ und entsprechenden Ausgaben $y = f(\mathbf{x})$ soll eine Funktion h gelernt werden, die f gut approximiert. Algorithmen für unüberwachtes Lernen hingegen arbeiten mit einer Trainingsmenge von Beispielen $\mathbf{x}$ ohne Label. Hier beschreiben wir zwei Dinge, die ein solcher Algorithmus versuchen könnte. Erstens das Erlernen neuer Repräsentationen, z. B. neuer Merkmale von Bildern, die das Identifizieren der Objekte in einem Bild erleichtern. Zweitens das Lernen eines generativen Modells – in der Regel in Form einer Wahrscheinlichkeitsverteilung, aus der neue Stichproben generiert werden können. (Die Algorithmen zum Lernen von Bayes'schen Netzen in Kapitel 20 fallen in diese Kategorie.) Viele Algorithmen sind sowohl zum Repräsentationslernen als auch zur generativen Modellierung in der Lage.

Angenommen, wir lernen ein gemeinsames Modell $P_W(\mathbf{x}, \mathbf{z})$, wobei $\mathbf{z}$ eine Menge latenter, unbeobachteter Variablen ist, die den Inhalt der Daten $\mathbf{x}$ auf irgendeine Weise repräsentieren. Wie auch an anderen Stellen in diesem Kapitel, lassen wir die Bedeutungen der $\mathbf{z}$-Variablen offen. Das Modell kann lernen, $\mathbf{z}$ mit $\mathbf{x}$ zu assoziieren, wie immer es möchte. Ein Modell, das auf Bildern von handgeschriebenen Ziffern trainiert wird, könnte zum Beispiel eine Richtung im $\mathbf{z}$-Raum verwenden, um die Stiftstärke zu repräsentieren, eine andere, um die Tintenfarbe zu repräsentieren, eine weitere, um die Hintergrundfarbe zu repräsentieren, und so weiter. Bei Bildern von Gesichtern könnte der Lernalgorithmus eine Richtung wählen, um das Geschlecht zu repräsentieren und eine andere, um das Vorhandensein oder Fehlen einer Brille zu erfassen (► Abbildung 21.9).

Ein gelerntes Wahrscheinlichkeitsmodell $P_W(\mathbf{x}, \mathbf{z})$ kann beides: Repräsentationslernen (es hat sinnvolle $\mathbf{z}$-Vektoren aus den rohen $\mathbf{x}$-Vektoren konstruiert) als auch generative Modellierung, und wenn wir $\mathbf{z}$ aus $P_W(\mathbf{x}, \mathbf{z})$ integrieren, erhalten wir $P_W(\mathbf{x})$.

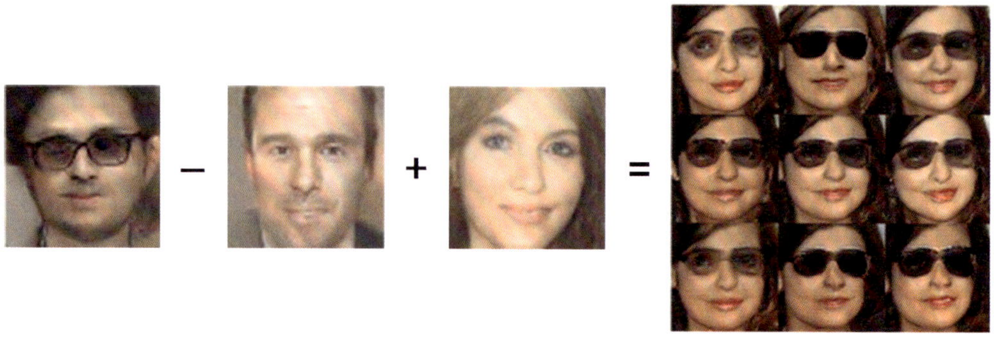

Abbildung 21.9: Ein Beispiel dafür, wie ein generatives Modell gelernt hat, verschiedene Richtungen im **z**-Raum zu verwenden, um verschiedene Aspekte von Gesichtern darzustellen. Wir können tatsächlich arithmetische Berechnungen im **z**-Raum durchführen. Die Bilder hier wurden alle von dem gelernten Modell erzeugt und zeigen, was passiert, wenn wir verschiedene Punkte im **z**-Raum decodieren. Wir beginnen mit den Koordinaten für das Konzept „Mann mit Brille", subtrahieren die Koordinaten für „Mann", addieren die Koordinaten für „Frau" und erhalten die Koordinaten für „Frau mit Brille". Verwendung der Bilder mit freundlicher Genehmigung von (Radford *et al.*, 2015).

Probabilistische PCA: ein einfaches generatives Modell

Es gibt viele Vorschläge bezüglich der Form, die $P_W(\mathbf{x}, \mathbf{z})$ annehmen könnte. Am einfachsten ist das Modell der **probabilistischen Hauptkomponentenanalyse** (*Probabilistic Principal Components Analysis*, **PPCA**).[7] In einem PPCA-Modell wird **z** aus einer sphärischen Gauß'schen Verteilung mit Mittelwert 0 gewählt, anschließend wird **x** aus **z** durch Anwenden einer Gewichtsmatrix **W** und Hinzufügen von sphärischem Gauß'schen Rauschen erzeugt:

$$P(\mathbf{z}) = \mathcal{N}(\mathbf{z}; \mathbf{0}, \mathbf{I})$$
$$P_W(\mathbf{x} \mid \mathbf{z}) = \mathcal{N}(\mathbf{x}; \mathbf{W}\mathbf{z}, \sigma^2\mathbf{I})$$

Die Gewichte **W** (und optional der Rauschparameter σ^2) können durch Maximierung der Likelihood der Daten gelernt werden:

$$P_W(\mathbf{x}) = \int P_W(\mathbf{x}, \mathbf{z})\,d\mathbf{z} = \mathcal{N}(\mathbf{x}; \mathbf{0}, \mathbf{W}\mathbf{W}^\top + \sigma^2\mathbf{I}) \qquad (21.16)$$

Die Maximierung in Bezug auf **W** kann durch Gradientenmethoden oder durch einen effizienten iterativen EM-Algorithmus erfolgen (siehe Abschnitt 20.3). Sobald **W** gelernt wurde, können direkt aus $P_W(\mathbf{x})$ unter Verwendung von Gleichung (21.16) neue Datenstichproben gezogen werden. Außerdem können neue Beobachtungen x, die gemäß Gleichung (21.16) eine sehr geringe Wahrscheinlichkeit haben, mit einem Flag als potenzielle Anomalie gekennzeichnet werden.

Bei der PPCA wird in der Regel davon ausgegangen, dass die Dimensionalität von **z** viel geringer ist als die von **x**, sodass das Modell lernt, die Daten so gut wie möglich bezüglich einer kleinen Anzahl von Merkmalen zu erklären. Diese Merkmale können für die Verwendung in Standardklassifikatoren extrahiert werden, indem $\hat{\mathbf{z}}$, der Erwartungswert von $P_W(\mathbf{z} \mid \mathbf{x})$, berechnet wird.

Die Generierung von Daten aus einem probabilistischen PCA-Modell ist einfach: Zuerst wird **z** aus seiner festen Gauß'schen A-priori-Verteilung gesampelt, dann **x** aus einer Gauß'schen Verteilung mit Mittelwert **Wz**. Wie wir gleich sehen werden, ähneln viele andere generative

7 Bei der Standard-PCA (*Principal Components Analysis*) wird eine multivariate Gauß'sche Verteilung an die rohen Eingabedaten angepasst und dann werden die längsten Achsen – die Hauptkomponenten – dieser ellipsoiden Verteilung ausgewählt.

Modelle diesem Prozess, verwenden aber komplizierte Zuordnungen, die durch tiefe Modelle definiert sind, statt linearer Zuordnungen von dem **z**-Raum auf den **x**-Raum.

Autoencoder

Viele unüberwachte Deep-Learning-Algorithmen basieren auf der Idee eines Autoencoders. Ein **Autoencoder** ist ein Modell, das zwei Teile enthält: einen Encoder, der von $\mathbf{x}$ auf eine Repräsentation $\hat{\mathbf{z}}$ abbildet, und einen Decoder, der von einer Repräsentation $\hat{\mathbf{z}}$ auf beobachtete Daten $\mathbf{x}$ abbildet. Im Allgemeinen ist der Encoder nur eine parametrisierte Funktion f und der Decoder nur eine parametrisierte Funktion g. Das Modell wird so trainiert, dass $\mathbf{x} \approx g(f(\mathbf{x}))$, sodass der Codierungsprozess durch den Decodierungsprozess quasi invertiert wird. Die Funktionen f und g können einfache lineare Modelle sein, die durch eine einzelne Matrix parametrisiert werden, oder sie können durch ein tiefes neuronales Netz dargestellt werden.

Ein sehr einfacher Autoencoder ist der lineare Autoencoder, bei dem sowohl f als auch g linear sind und eine gemeinsam verwendete Gewichtsmatrix $\mathbf{W}$ haben:

$$\hat{\mathbf{z}} = f(\mathbf{x}) = \mathbf{W}\mathbf{x}$$
$$\mathbf{x} = g(\hat{\mathbf{z}}) = \mathbf{W}^\top \hat{\mathbf{z}}$$

Eine Möglichkeit, dieses Modell zu trainieren, besteht darin, den quadratischen Fehler $\sum_j \|\mathbf{x}_j - g(f(\mathbf{x}_j))\|^2$ so zu minimieren, dass $\mathbf{x} \approx g(f(\mathbf{x}))$. Die Idee ist, $\mathbf{W}$ so zu trainieren, dass ein niedrigdimensionales $\hat{\mathbf{z}}$ so viel Informationen wie möglich bewahrt, um die hochdimensionalen Daten $\mathbf{x}$ zu rekonstruieren. Dieser lineare Autoencoder erweist sich als eng mit der klassischen Hauptkomponentenanalyse (PCA) verbunden. Wenn $\mathbf{z}$ m-dimensional ist, sollte die Matrix $\mathbf{W}$ lernen, die m Hauptkomponenten der Daten aufzuspannen, d. h. die Menge der m orthogonalen Richtungen, in denen die Daten die höchste Varianz haben, oder äquivalent die m Eigenvektoren der Daten-Kovarianzmatrix, die die höchsten Eigenwerte haben – genau wie bei der PCA.

Das PCA-Modell ist ein einfaches generatives Modell, das einem einfachen linearen Autoencoder entspricht. Diese Übereinstimmung legt nahe, dass es einen Weg geben könnte, komplexere Arten von generativen Modellen zu erfassen, indem man komplexere Arten von Autoencodern einsetzt. Der **Variational Autoencoder** (VAE) bietet eine solche Möglichkeit.

Variationsmethoden wurden auf S. 520 kurz als eine Möglichkeit zur Annäherung an die A-posteriori-Verteilung in komplexen Wahrscheinlichkeitsmodellen vorgestellt, bei denen das Summieren oder Integrieren einer großen Anzahl von verborgenen Variablen nicht effizient machbar ist. Die Idee besteht darin, eine **A-posteriori-Variationsverteilung** $Q(\mathbf{z})$, die aus einer rechnerisch effizient machbaren Familie von Verteilungen gezogen wird, als Approximation an die tatsächliche A-posteriori-Verteilung zu verwenden. Zum Beispiel könnten wir Q aus der Familie der Gauß'schen Verteilungen mit einer diagonalen Kovarianzmatrix wählen. Innerhalb der gewählten Familie von rechnerisch effizient machbaren Verteilungen wird Q so optimiert, dass sie der tatsächlichen A-posteriori-Verteilung $P(\mathbf{z} \mid \mathbf{x})$ so nahe wie möglich kommt.

Für unsere Zwecke wird der Begriff „so nah wie möglich“ durch die KL-Divergenz definiert, die wir auf S. 842 erwähnt haben. Diese ist gegeben durch:

$$D_{KL}(Q(\mathbf{z}) \| P(\mathbf{z} \mid \mathbf{x})) = \int Q(\mathbf{z}) \log \frac{Q(\mathbf{z})}{P(\mathbf{z} \mid \mathbf{x})} \, d\mathbf{z}$$

Dies ist ein Durchschnitt (in Bezug auf Q) des logarithmischen Verhältnisses zwischen Q und P. Es ist leicht zu erkennen, dass $D_{KL}(Q(\mathbf{z}) \| P(\mathbf{z} \mid \mathbf{x})) \geq 0$ ist, wobei Gleichheit gegeben ist, wenn Q und P übereinstimmen. Wir können dann die **untere Variationsschranke** $\mathcal{L}$, die manchmal auch **untere Evidenzschranke** (*Evidence Lower Bound*, **ELBO**) genannt wird, für die log-Likelihood der Daten definieren:

$$\mathcal{L}(\mathbf{x}, Q) = \log P(\mathbf{x}) - D_{KL}(Q(\mathbf{z}) \| P(\mathbf{z} \mid \mathbf{x})) \tag{21.17}$$

Es zeigt sich, dass $\mathcal{L}$ eine untere Schranke für $\log P$ ist, da die KL-Divergenz nichtnegativ ist. Variationslernen maximiert $\mathcal{L}$ in Bezug auf die Parameter $\mathbf{w}$, anstatt $\log P(\mathbf{x})$ zu maximieren, in der Hoffnung, dass die gefundene Lösung $\mathbf{w}^*$ auch $\log P(\mathbf{x})$ maximiert.

Wie es scheint, ist $\mathcal{L}$ noch nicht einfacher zu maximieren als $\log P$. Glücklicherweise können wir Gleichung (21.17) umschreiben, um die rechnerische Machbarkeit zu verbessern:

$$\begin{aligned}\mathcal{L} &= \log P(\mathbf{x}) - \int Q(\mathbf{z}) \log \frac{Q(\mathbf{z})}{P(\mathbf{z} \mid \mathbf{x})} \, d\mathbf{z} \\ &= -\int Q(\mathbf{z}) \log Q(\mathbf{z}) \, d\mathbf{z} + \int Q(\mathbf{z}) \log P(\mathbf{x}) P(\mathbf{z} \mid \mathbf{x}) \, d\mathbf{z} \\ &= H(Q) + \mathbf{E}_{\mathbf{z} \sim Q} \log P(\mathbf{z}, \mathbf{x}) \,,\end{aligned}$$

wobei $H(Q)$ die Entropie der Q-Verteilung ist. Für einige Variationsfamilien Q (z. B. Gauß'sche Verteilungen) kann $H(Q)$ analytisch ausgewertet werden. Darüber hinaus erlaubt der Erwartungswert $\mathbf{E}_{\mathbf{z} \sim Q} \log P(\mathbf{z}, \mathbf{x})$ eine effiziente unvoreingenommene Schätzung über Stichproben von $\mathbf{z}$ aus Q. Für jede Stichprobe kann $P(\mathbf{z}, \mathbf{x})$ in der Regel effizient ausgewertet werden – wenn z. B. P ein Bayes'sches Netz ist, ist $P(\mathbf{z}, \mathbf{x})$ nur ein Produkt der bedingten Wahrscheinlichkeiten, da $\mathbf{z}$ und $\mathbf{x}$ alle Variablen umfassen.

Variational Autoencoder bieten eine Möglichkeit zur Durchführung von Variationslernen in der Deep-Learning-Umgebung. Variationslernen beinhaltet die Maximierung von $\mathcal{L}$ in Bezug auf die Parameter P und Q. Bei einem Variational Autoencoder wird der Decoder $g(\mathbf{z})$ als Definition von $\log P(\mathbf{x} \mid \mathbf{z})$ interpretiert. Zum Beispiel könnte die Ausgabe des Decoders den Mittelwert einer bedingten Gauß'schen Verteilung definieren. In ähnlicher Weise wird die Ausgabe des Encoders $f(\mathbf{x})$ als Definition der Parameter von Q interpretiert – beispielsweise könnte Q eine Gauß'sche Verteilung mit dem Mittelwert $f(\mathbf{x})$ sein. Das Training des Variational Autoencoders besteht dann aus der Maximierung von $\mathcal{L}$ in Bezug auf die Parameter sowohl des Encoders f als auch des Decoders g, die selbst beliebig komplizierte tiefe Netze sein können.

Tiefe autoregressive Modelle

Ein **autoregressives Modell** (oder AR-Modell) ist eines, in dem jedes Element x_i des Datenvektors $\mathbf{x}$ auf der Grundlage anderer Elemente des Vektors vorhergesagt wird. Ein solches Modell hat keine latenten Variablen. Wenn $\mathbf{x}$ eine feste Größe hat, kann man sich ein AR-Modell als ein vollständig beobachtbares und möglicherweise vollständig verbundenes Bayes'sches Netz vorstellen. Das bedeutet, dass die Berechnung der Likelihood eines gegebenen Datenvektors gemäß einem AR-Modell trivial ist. Das Gleiche gilt für die Vorhersage des Werts einer einzelnen fehlenden Variable, wenn alle anderen gegeben sind, und für das Sampling eines Datenvektors aus dem Modell.

Die häufigste Anwendung von autoregressiven Modellen ist die Analyse von Zeitreihendaten, bei der ein AR-Modell der Ordnung k den Wert von x_t bei gegebenen $x_{t-k}, \ldots, x_{t-1}$ vorhersagt. In der Terminologie von Kapitel 14 ist ein AR-Modell ein Markov-Modell ohne verborgene Variablen. In der Terminologie von Kapitel 23 ist ein AR-Modell der Ordnung $n-1$ ein n-gramm-Modell von Buchstaben- oder Wortfolgen.

Bei klassischen AR-Modellen, bei denen die Variablen reellwertig sind, ist die bedingte Verteilung $P(x_t \mid x_{t-k}, \ldots, x_{t-1})$ ein lineares Gauß'sches Modell mit fester Varianz, dessen Mittelwert eine gewichtete Linearkombination von $x_{t-k}, \ldots, x_{t-1}$ ist – mit anderen Worten, ein lineares Standard-Regressionsmodell. Die Maximum-Likelihood-Lösung ist durch die **Yule-Walker-Gleichungen** gegeben, die eng mit den **Normalgleichungen** auf S. 760 verwandt sind.

Ein **tiefes autoregressives Modell** ist eines, bei dem das lineare Gauß'sche Modell durch ein beliebiges tiefes Netz mit einer geeigneten Ausgabeschicht ersetzt wird, je nachdem, ob x_t

diskret oder stetig ist. Zu den jüngsten Anwendungen dieses autoregressiven Ansatzes gehört das WaveNet-Modell von DeepMind zur Spracherzeugung (van den Oord *et al.*, 2016a). WaveNet wird auf rohen, akustischen Signalen trainiert, die 16.000-mal pro Sekunde abgetastet werden, und implementiert ein nichtlineares AR-Modell der Ordnung 4.800 mit einer mehrschichtigen Konvolutionsstruktur. Gemäß den Tests scheint es wesentlich realistischer zu sein als bisherige moderne Spracherzeugungssysteme.

Generative Adversarial Networks

Ein **Generative Adversarial Network** (GAN, generatives feindliches Netz) besteht eigentlich aus zwei Netzen, die sich zu einem generativen System verbinden. Eines der Netze, der **Generator**, bildet Werte von **z** auf **x** ab, um Stichproben aus der Verteilung $P_{\mathbf{w}}(\mathbf{x})$ zu ziehen. Ein typisches Schema zieht Stichprobe **z** aus einem Einheits-Gauß-Modell mittlerer Größe und leitet sie dann durch ein tiefes Netz $h_{\mathbf{w}}$, um **x** zu erhalten. Das andere Netz, der **Diskriminator**, ist ein Klassifikator, der darauf trainiert ist, Eingaben **x** als echt (aus der Trainingsmenge gezogen) oder unecht (vom Generator erzeugt) zu klassifizieren. GANs sind eine Art **implizites Modell** in dem Sinne, dass Stichproben generiert werden können, aber ihre Wahrscheinlichkeiten nicht ohne Weiteres verfügbar sind. In einem Bayes'schen Netz hingegen ist die Wahrscheinlichkeit einer Stichprobe nur das Produkt der bedingten Wahrscheinlichkeiten entlang des Stichprobengenerierungspfads.

Der Generator ist eng verwandt mit dem Decoder aus dem Variational-Autoencoder-Modell. Die Herausforderung bei der impliziten Modellierung besteht darin, eine Verlustfunktion zu entwerfen, die es ermöglicht, das Modell anhand von Stichproben aus der Verteilung zu trainieren, anstatt die Likelihood zu maximieren, die den Trainingsbeispielen aus der Datenmenge zugeordnet ist.

Sowohl der Generator als auch der Diskriminator werden gleichzeitig trainiert, wobei der Generator lernt, den Diskriminator zu täuschen und der Diskriminator lernt, echte von gefälschten Daten genau zu unterscheiden. Der Wettbewerb zwischen Generator und Diskriminator kann in der Sprache der Spieltheorie beschrieben werden (siehe Kapitel 18). Die Idee ist, dass im Gleichgewichtszustand des Spiels der Generator die Trainingsverteilung perfekt reproduzieren sollte, sodass der Diskriminator eigentlich nur zufällig raten kann. GANs haben sich besonders gut bei Bildgenerierungsaufgaben bewährt. Zum Beispiel können GANs fotorealistische, hochauflösende Bilder von Menschen erzeugen, die nie existiert haben (Karras *et al.*, 2017).

Unüberwachte Übersetzung

Im weitesten Sinne bestehen Übersetzungsaufgaben darin, eine Eingabe **x** von nuancenreicher Struktur in eine Ausgabe **y** zu transformieren, die ebenfalls eine nuancenreiche Struktur aufweist. In diesem Zusammenhang bedeutet „nuancenreiche Struktur“, dass die Daten mehrdimensional sind und interessante statistische Abhängigkeiten zwischen den verschiedenen Dimensionen aufweisen. Bilder und Sätze in natürlicher Sprache haben eine nuancenreiche Struktur, während eine einzelne Zahl, wie z. B. eine Klassen-ID, keine hat. Die Umwandlung eines Satzes vom Englischen ins Französische oder die Umwandlung eines Fotos einer Nachtszene in ein entsprechendes Foto, das tagsüber aufgenommen wurde, sind beides Beispiele für Übersetzungsaufgaben.

Die überwachte Übersetzung besteht darin, viele $(\mathbf{x}, \mathbf{y})$-Paare zu sammeln und das Modell zu trainieren, um jedes **x** auf das entsprechende **y** abzubilden. Beispielsweise werden maschinelle Übersetzungssysteme oft auf Satzpaaren trainiert, die von professionellen menschlichen Übersetzern übersetzt wurden. Für andere Arten der Übersetzung stehen möglicherweise keine überwachten Trainingsdaten zur Verfügung. Betrachten Sie zum Beispiel ein Foto einer nächtlichen Szene mit vielen sich bewegenden Autos und Fußgängern. Es ist vermutlich nicht möglich, alle Autos und Fußgänger zu finden und sie in ihre ursprüngliche Position im Nachtfoto zu stellen, um das gleiche Foto am Tag erneut aufzunehmen. Um diese Schwierigkeit zu überwinden, ist es möglich, Techniken der **unüberwachten Übersetzung** zu verwenden, die in der Lage sind, auf vielen Beispielen von $\mathbf{x}$ und vielen separaten Beispielen von $\mathbf{y}$, aber keinen entsprechenden $(\mathbf{x}, \mathbf{y})$-Paaren zu trainieren.

Diese Ansätze basieren im Allgemeinen auf GANs; man kann z. B. einen GAN-Generator darauf trainieren, ein realistisches Beispiel von $\mathbf{y}$ zu erzeugen, wenn es auf $\mathbf{x}$ konditioniert ist, und einen anderen GAN-Generator darauf, die umgekehrte Abbildung durchzuführen. Das GAN-Trainingskonzept ermöglicht es, einen Generator so zu trainieren, dass er irgendeine von vielen möglichen Stichproben erzeugt, die der Diskriminator als *realistisches* Beispiel von $\mathbf{y}$ bei gegebenen $\mathbf{x}$ akzeptiert, ohne dass ein bestimmtes dazugehöriges $\mathbf{y}$ benötigt wird, wie es traditionell beim überwachten Lernen erforderlich ist. Weitere Details zur unüberwachten Übersetzung für Bilder finden Sie in Abschnitt 25.7.5.

21.7.2 Transfer Learning und Multitask Learning

Beim **Transfer Learning** hilft einem Agenten die Erfahrung mit einer Lernaufgabe, eine andere Aufgabe besser zu lernen. Zum Beispiel wird eine Person, die bereits gelernt hat, Tennis zu spielen, es in der Regel leichter finden, verwandte Sportarten wie Badminton und Squash zu erlernen, ein Pilot, der gelernt hat, ein bestimmtes kommerzielles Passagierflugzeug zu fliegen, wird sehr schnell lernen, einen anderen Typ zu fliegen, und ein Student, der bereits über Algebra-Kenntnisse verfügt, findet es einfacher, Analysis zu lernen.

Wir kennen die Mechanismen des menschlichen Transferlernens noch nicht. Bei neuronalen Netzen besteht das Lernen aus dem Anpassen von Gewichten, sodass der plausibelste Ansatz für Transfer Learning darin besteht, die für Aufgabe A gelernten Gewichte in ein Netz zu kopieren, das für Aufgabe B trainiert wird. Die Gewichte werden dann durch Gradientenabstieg auf die übliche Weise unter Verwendung von Daten für Aufgabe B aktualisiert. Es ist vielleicht ratsam, eine kleinere Lernrate in Aufgabe B zu verwenden, je nachdem, wie ähnlich die Aufgaben sind und wie viele Daten in Aufgabe A verwendet wurden.

Beachten Sie, dass dieser Ansatz menschliches Fachwissen bei der Auswahl der Aufgaben erfordert: Gewichte, die während des Algebra-Trainings gelernt wurden, können beispielsweise in einem Netz, das für Badminton gedacht ist, nicht sehr nützlich sein. Außerdem erfordert das Konzept des Kopierens von Gewichten eine einfache Zuordnung zwischen den Eingaberäumen für die beiden Aufgaben sowie im Wesentlichen identische Netzarchitekturen.

Ein Grund für die Beliebtheit des Transfer Learning ist die Verfügbarkeit von sehr guten vortrainierten Modellen. Sie könnten zum Beispiel ein vortrainiertes Modell zur Erkennung visueller Objekte wie das ResNet-50-Modell herunterladen, das auf der COCO-Datenbasis trainiert wurde, und sich so wochenlange Arbeit ersparen. Anschließend können Sie die Modellparameter modifizieren, indem Sie zusätzliche Bilder und Objektlabel für Ihre spezielle Aufgabe bereitstellen.

Angenommen, Sie möchten Typen von Einrädern klassifizieren. Sie haben nur ein paar Hundert Bilder von verschiedenen Einrädern, aber die COCO-Datenbasis hat über 3.000 Bilder in jeder der Kategorien Fahrräder, Motorräder und Skateboards. Das bedeutet, dass ein auf COCO vortrainiertes Modell bereits Erfahrung mit Rädern und Straßen und anderen relevanten Merkmalen hat, die bei der Interpretation der Einradbilder hilfreich sind.

Oft werden Sie die ersten paar Ebenen des vortrainierten Modells einfrieren wollen – diese Ebenen dienen als Merkmaldetektoren, die für Ihr neues Modell nützlich sein können. Ihre neue Datenmenge darf nur die Parameter der höheren Ebenen ändern. Dies sind die Ebenen, die problemspezifische Merkmale erkennen und die Klassifikation durchführen. Manchmal bedeutet jedoch der Unterschied zwischen Sensoren, dass auch die Schichten der untersten Ebene neu trainiert werden müssen.

Ein weiteres Beispiel: Beim Aufbau eines Systems für natürliche Sprache ist es heute üblich, mit einem vortrainierten Modell wie ROBERTA (siehe Abschnitt 24.6) zu beginnen, das bereits sehr viel über den Wortschatz und die Syntax der Alltagssprache „weiß“. Der nächste Schritt besteht darin, das Modell auf zwei Arten genau abzustimmen. Erstens, indem man ihm Beispiele für das Fachvokabular gibt, das in der gewünschten Domäne verwendet wird (vielleicht eine medizinische Domäne, wo es etwas über „Herzinfarkt“ lernt, oder eine Finanzdomäne, wo es etwas über „treuhänderische Verantwortung“ lernt). Zweitens, indem das Modell auf die Aufgabe trainiert wird, die es ausführen soll. Wenn es Fragen beantworten soll, trainieren Sie es auf Frage-Antwort-Paare.

Eine sehr wichtige Art von Transfer Learning ist der Transfer zwischen Simulationen und der realen Welt. Zum Beispiel kann die Steuerung eines selbstfahrenden Autos an Milliarden von gefahrenen Kilometern simulierter Fahrten trainiert werden, was in der realen Welt unmöglich wäre. Wenn die Steuerung dann auf das reale Fahrzeug übertragen wird, passt sie sich schnell an die neue Umgebung an.

Multitask Learning ist eine Form von Transfer Learning, bei dem wir ein Modell gleichzeitig auf mehrere Ziele trainieren. Anstatt z. B. ein natürliches Sprachsystem auf die Zuordnung von Wörtern zu Wortarten (*Part-of-Speech Tagging*, POS-Tagging) zu trainieren und dann die gelernten Gewichte auf eine neue Aufgabe wie Dokumentenklassifikation zu übertragen, trainieren wir ein System gleichzeitig auf POS-Tagging, Dokumentenklassifikation, Spracherkennung, Wortvorhersage, Modellierung von Satzschwierigkeiten, Plagiatserkennung, Folgerungsbeziehungen zwischen Sätzen und Fragenbeantwortung. Die Idee ist, dass ein Modell zur Lösung jeder dieser Aufgaben oberflächliche Merkmale der Daten nutzen kann. Um jedoch alle acht Aufgaben auf einmal mit einer gemeinsamen Repräsentationsschicht zu lösen, ist es wahrscheinlicher, dass das Modell eine gemeinsame Repräsentation erstellt, die den realen natürlichen Sprachgebrauch und Inhalt widerspiegelt.

21.8 Anwendungen

Deep Learning wurde erfolgreich auf viele wichtige Problembereiche der KI angewendet. Für tiefergehende Erklärungen verweisen wir den Leser auf die entsprechenden Kapitel: Kapitel 22 für den Einsatz von Deep Learning in Reinforcement-Learning-Systemen, Kapitel 24 für die Verarbeitung natürlicher Sprache, Kapitel 25 (insbesondere Abschnitt 25.4) für Computer Vision und Kapitel 26 für Robotik.

21.8.1 Vision

Wir beginnen mit Computer Vision, dem Anwendungsbereich, der wohl den größten Einfluss auf Deep Learning hatte, und umgekehrt. Obwohl tiefe CNNs bereits seit den 1990er Jahren für Aufgaben wie die Handschriftenerkennung verwendet wurden und neuronale Netze etwa 2010 begonnen hatten, generative Wahrscheinlichkeitsmodelle für die Spracherkennung zu übertreffen, war es der Erfolg des Deep-Learning-Systems AlexNet im ImageNet-Wettbewerb 2012, der Deep Learning ins Rampenlicht katapultierte.

Der ImageNet-Wettbewerb war eine überwachte Lernaufgabe mit 1.200.000 Bildern in 1.000 verschiedenen Kategorien, und die Systeme wurden anhand des „Top-5“-Scores bewertet, d. h., wie oft die korrekte Kategorie in den ersten fünf Vorhersagen erscheint. AlexNet erreichte eine Fehlerrate von 15,3 %, während das nächstbeste System eine Fehlerrate von mehr als 25 % hatte. AlexNet hatte fünf Konvolutionsschichten, die mit Max-Pooling-Schichten durchsetzt waren, gefolgt von drei vollständig verbundenen Schichten. Es verwendete ReLU-Aktivierungsfunktionen und nutzte die Vorteile von GPUs, um den Prozess des Trainings von 60 Millionen Gewichten zu beschleunigen.

Seit 2012 konnte durch Verbesserungen am Netzdesign, an den Trainingsmethoden und den Rechenressourcen die Top-5-Fehlerrate auf weniger als 2 % gesenkt werden – deutlich unter der Fehlerrate eines trainierten Menschen (etwa 5 %). CNNs wurden für eine Vielzahl von Bildverarbeitungsaufgaben eingesetzt, von selbstfahrenden Autos bis zum Sortieren von Gurken.[8] Das Autofahren, das in Abschnitt 25.7.6 und in mehreren Abschnitten von Kapitel 26 behandelt wird, gehört zu den anspruchsvollsten Bildverarbeitungsaufgaben: Der Algorithmus muss nicht nur Tauben, Papiertüten und Fußgänger registrieren, lokalisieren, verfolgen und erkennen, sondern dies auch in Echtzeit mit nahezu perfekter Genauigkeit tun.

21.8.2 Natürliche Sprachverarbeitung

Deep Learning hatte auch einen großen Einfluss auf Anwendungen zur Verarbeitung natürlicher Sprache (*Natural Language Processing*, NLP), wie z. B. maschinelle Übersetzung und Spracherkennung. Einige Vorteile von Deep Learning für diese Anwendungen sind die Möglichkeit des Ende-zu-Ende-Lernens, die automatische Generierung von internen Repräsentationen für die Bedeutungen von Wörtern und die Austauschbarkeit von gelernten Encodern und Decodern.

Ende-zu-Ende-Lernen bezieht sich auf die Konstruktion ganzer Systeme als eine einzige, gelernte Funktion f. Zum Beispiel könnte eine Funktion f für die maschinelle Übersetzung als Eingabe einen englischen Satz S_E übernehmen und einen äquivalenten japanischen Satz $S_J = f(S_E)$ erzeugen. Eine solche Funktion f kann aus Trainingsdaten gelernt werden, die aus von Menschen übersetzten Satzpaaren bestehen (oder sogar aus Textpaaren, bei denen die Zuordnung der entsprechenden Sätze oder Phrasen Teil des zu lösenden Problems ist). Ein eher klassischer Pipeline-Ansatz könnte zuerst S_E parsen, dann seine Bedeutung extrahieren, anschließend die Bedeutung in Japanisch als S_J neu ausdrücken und zum Schluss S_J mit einem Sprachmodell für Japanisch nachbearbeiten. Dieser Pipeline-Ansatz hat zwei große Nachteile: Erstens werden in jeder Phase Fehler verschlimmert und zweitens muss von Menschen festgelegt werden, was einen „Parse-Baum“ und eine „Bedeutungsrepräsentation“ ausmacht, wobei es keine leicht zugängliche grundlegende Definition (*Ground Truth*) für diese Begriffe gibt und unsere theoretischen Vorstellungen darüber mit Sicherheit unvollständig sind.

Nach unserem derzeitigen Kenntnisstand ist also der klassische Pipeline-Ansatz – der zumindest naiv betrachtet der Arbeitsweise eines menschlichen Übersetzers zu entsprechen scheint – der Ende-zu-Ende-Methode unterlegen, die durch Deep Learning ermöglicht wird. Wu *et al.* (2016b) zeigten beispielsweise, dass die Ende-zu-Ende-Übersetzung mit Deep Learning die Übersetzungsfehler um 60 % im Vergleich zu einem früheren pipelinebasierten System reduzierte. Seit 2020 nähern sich maschinelle Übersetzungssysteme für Sprachpaare wie Französisch und Englisch der menschlichen Leistung an, da hierfür sehr große paarweise Datensätze verfügbar sind. Außerdem sind sie für andere Sprachpaare nutzbar, die vom Großteil der Erdbevölkerung gesprochen werden. Es gibt sogar Belege, dass Netze, die auf mehrere Sprachen trainiert wurden, tatsächlich eine interne Bedeutungsrepräsentation erlernen: Nachdem sie beispielsweise gelernt haben, Portugiesisch ins Englische und Englisch ins Spanische zu

8 Die weithin bekannte Geschichte des japanischen Gurkenbauern, der seinen eigenen Gurken-Sortierroboter mit TensorFlow gebaut hat, ist, wie sich herausstellt, größtenteils ein Mythos. Der Algorithmus wurde vom Sohn des Bauern entwickelt, der zuvor als Software-Ingenieur bei Toyota arbeitete, und seine geringe Genauigkeit – etwa 70 % – bedeutete, dass die Gurken immer noch von Hand sortiert werden mussten (Zeeberg, 2017).

übersetzen, ist es möglich, Portugiesisch direkt ins Spanische zu übersetzen, ohne dass portugiesische/spanische Satzpaare in der Trainingsmenge vorhanden sind.

Eine der wichtigsten Erkenntnisse aus der Anwendung von Deep Learning auf Sprachaufgaben ist, dass ein großer Teil des Erfolgs von Deep Learning daraus resultiert, dass die einzelnen Wörter als Vektoren in einem hochdimensionalen Raum – den sogenannten **Worteinbettungen** (*word embedding*) – erneut repräsentiert werden (siehe Abschnitt 24.1). Die Vektoren werden normalerweise aus den Gewichten der ersten verborgenen Schicht eines Netzes extrahiert, das auf großen Textmengen trainiert wurde, und sie spiegeln die Statistik der lexikalischen Kontexte wider, in denen Wörter verwendet werden. Da Wörter mit ähnlichen Bedeutungen in ähnlichen Kontexten verwendet werden, landen sie im Vektorraum nahe beieinander. Dies ermöglicht es dem Netz, effektiv über Wortkategorien hinweg zu generalisieren, ohne dass diese Kategorien von Menschen vordefiniert werden müssen. Ein Satz, der z. B. mit „John kaufte eine Wassermelone und zwei Pfund ... " beginnt, wird wahrscheinlich mit „Äpfel" oder „Bananen" fortgesetzt, aber nicht mit „Thorium" oder „Geografie". Eine solche Vorhersage ist viel einfacher zu treffen, wenn „Äpfel" und „Bananen" ähnliche Repräsentationen in der internen Schicht haben.

21.8.3 Reinforcement Learning

Beim Reinforcement Learning (RL) lernt ein entscheidungsfähiger Agent aus einer Folge von Belohnungssignalen, die einen Hinweis auf die Qualität seines Verhaltens geben. Das Ziel ist es, die Summe der zukünftigen Belohnungen zu optimieren. Dies kann auf verschiedene Arten geschehen: in der Terminologie von Kapitel 17 kann der Agent eine Wertefunktion, eine Q-Funktion, eine Strategie usw. lernen. Aus der Sicht des Deep Learning sind dies alles Funktionen, die durch Berechnungsgraphen dargestellt werden können. Zum Beispiel nimmt eine Wertefunktion in Go eine Brettposition als Eingabe entgegen und gibt eine Schätzung zurück, wie vorteilhaft die Position für den Agenten ist. Während sich die Trainingsmethoden in RL von denen des überwachten Lernens unterscheiden, hat sich die Fähigkeit von mehrschichtigen Berechnungsgraphen, komplexe Funktionen über große Eingaberäume zu repräsentieren, als sehr nützlich erwiesen. Das daraus resultierende Forschungsgebiet wird als **Deep Reinforcement Learning** bezeichnet.

In den 1950er Jahren experimentierte Arthur Samuel mit mehrschichtigen Repräsentationen von Wertefunktionen in seiner Arbeit zu Reinforcement Learning für Damespiele, aber er fand heraus, dass in der Praxis ein linearer Funktionsapproximator am besten funktionierte. (Dies mag daran gelegen haben, dass ein Computer eingesetzt wurde, der etwa 100 Milliarden Mal leistungsärmer war als eine moderne TPU.) Die erste große erfolgreiche Demonstration von Deep RL war DeepMinds Atari-spielender Agent DQN (Mnih *et al.*, 2013). Verschiedene Exemplare dieses Agenten wurden darauf trainiert, verschiedene Atari-Videospiele zu spielen, und demonstrierten Fähigkeiten wie das Abschießen von außerirdischen Raumschiffen, das Schlagen von Bällen mit Schlägern und das Fahren von simulierten Rennwagen. In jedem Fall lernte der Agent eine Q-Funktion aus rohen Bilddaten, wobei das Belohnungssignal der Spielstand war. Nachfolgende Arbeiten haben Deep-RL-Systeme hervorgebracht, die bei der Mehrzahl der 57 verschiedenen Atari-Spiele auf einem übermenschlichen Niveau spielen. Das ALPHAGO-System von DeepMind verwendete ebenfalls Deep RL, um die besten menschlichen Spieler beim Go-Spiel zu besiegen (siehe Kapitel 5).

Trotz der beeindruckenden Erfolge steht Deep RL immer noch vor erheblichen Hindernissen: Es ist oft schwierig, eine gute Leistung zu erzielen, und das trainierte System kann sich sehr unvorhersehbar verhalten, wenn die Umgebung auch nur ein wenig von den Trainingsdaten abweicht (Irpan, 2018). Im Vergleich zu anderen Anwendungen von Deep Learning wird Deep RL selten in kommerziellen Umgebungen eingesetzt. Dennoch ist es ein sehr aktives Forschungsgebiet.

ZUSAMMENFASSUNG

In diesem Kapitel wurden Methoden zum Lernen von Funktionen beschrieben, die durch tiefe Berechnungsgraphen repräsentiert werden. Die wichtigsten Punkte waren:

- **Neuronale Netze** repräsentieren komplexe nichtlineare Funktionen mit einem Netz von parametrisierten linearen Schwelleneinheiten.
- Der **Rückwärtspropagation**-Algorithmus implementiert einen Gradientenabstieg im Parameterraum, um die Verlustfunktion zu minimieren.
- Deep Learning funktioniert gut bei der visuellen Objekterkennung, der Spracherkennung, der Verarbeitung natürlicher Sprache und beim Reinforcement Learning in komplexen Umgebungen.
- CNNs eignen sich besonders gut für die Bildverarbeitung und andere Aufgaben, bei denen die Daten eine Gittertopologie aufweisen.
- Rekurrente Netze sind effektiv für sequenzverarbeitende Aufgaben wie Sprachmodellierung und maschinelle Übersetzung.

Bibliografische und historische Anmerkungen

Die Literatur über neuronale Netze ist extrem umfangreich. Cowan und Sharp (1988b, 1988a) geben einen Überblick über die frühe Geschichte, beginnend mit der Arbeit von McCulloch und Pitts (1943). (Wie in Kapitel 1 erwähnt, hat John McCarthy auf die Arbeit von Nicolas Rashevsky (1936, 1938) als frühestes mathematisches Modell des neuronalen Lernens hingewiesen.) Norbert Wiener, ein Pionier der Kybernetik und Kontrolltheorie (Wiener, 1948), arbeitete mit McCulloch und Pitts zusammen und beeinflusste eine Reihe von jungen Forschern, darunter Marvin Minsky, der 1951 möglicherweise als Erster ein funktionierendes neuronales Netz in Hardware entwickelte (siehe Minsky und Papert, 1988, S. ix–x). Alan Turing (1948) schrieb einen Forschungsbericht mit dem Titel *Intelligent Machinery*, der mit dem Satz beginnt: „Ich möchte der Frage nachgehen, ob es möglich ist, dass Maschinen intelligentes Verhalten zeigen", und beschreibt im weiteren Verlauf eine rekurrente neuronale Netzarchitektur, die er als „unorganisierte Maschinen vom B-Typ" bezeichnete, sowie einen Ansatz für deren Training. Leider blieb der Bericht bis 1969 unveröffentlicht und wurde bis vor Kurzem nahezu ignoriert.

Das Perzeptron, ein einschichtiges neuronales Netz mit einer Aktivierungsfunktion mit hartem Schwellenwert, wurde von Frank Rosenblatt (1957) populär gemacht. Nach einer Demonstration im Juli 1958 beschrieb die New York Times es als „Embryo eines elektronischen Computers, von dem [die Navy] erwartet, dass er in der Lage sein wird, zu gehen, zu sprechen, zu sehen, zu schreiben, sich zu reproduzieren und sich seiner Existenz bewusst zu sein." Rosenblatt (1960) bewies später das Perzeptron-Konvergenz-Theorem, wobei es bereits durch rein mathematische Arbeiten außerhalb des Kontextes neuronaler Netze (Agmon, 1954; Motzkin und Schoenberg, 1954) angedeutet worden war. Es gab auch einige frühe Arbeiten zu mehrschichtigen Netzen, einschließlich den **Gamba-Perzeptrons** (Gamba *et al.*, 1961) und **Madalines** (Widrow, 1962). *Learning Machines* (Nilsson, 1965) deckt einen Großteil dieser frühen Arbeiten und mehr ab. Der spätere Niedergang der frühen Perzeptron-Forschung wurde durch das Buch *Perceptrons* (Minsky und Papert, 1969) beschleunigt (bzw. nur erläutert, wie die Autoren später behaupteten), das die mangelnde mathematische Genauigkeit des Forschungsbereichs beklagte. Das Buch wies darauf hin, dass einschichtige Perzeptrons nur linear trennbare Konzepte repräsentieren konnten und stellte fest, dass es keine effektiven Lernalgorithmen für mehrschichtige Netze gab. Diese Einschränkungen waren bereits bekannt (Hawkins, 1961) und wurden von Rosenblatt selbst eingeräumt (Rosenblatt, 1962).

Die von Hinton und Anderson (1981) gesammelten Aufsätze, die auf einer Konferenz in San Diego im Jahr 1979 basierten, können als eine Renaissance des Konnektionismus betrachtet werden. Der zweibändige Sammelband „PDP" (*Parallel Distributed Processing*; Rumelhart und McClelland, 1986) trug dazu bei, die Kunde zu verbreiten, vor allem in der Psychologie und den Kognitionswissenschaften. Die wichtigste Entwicklung dieser Zeit war der Rückwärtspropagation-Algorithmus zum Trainieren von mehrschichtigen Netzen.

Der Rückwärtspropagation-Algorithmus wurde unabhängig voneinander mehrmals in verschiedenen Zusammenhängen entdeckt (Kelley, 1960; Bryson, 1962; Dreyfus, 1962; Bryson und Ho, 1969; Werbos, 1974; Parker, 1985) und Stuart Dreyfus (1990) nannte ihn das „Kelley-Bryson-Gradientenverfahren". Obwohl Werbos es auf neuronale Netze angewandt hatte, wurde diese Idee erst allgemein bekannt, als ein Artikel von David Rumelhart, Geoff Hinton und Ron Williams (1986) in *Nature* erschien, der eine nicht mathematische Darstellung des Algorithmus enthielt. Die mathematische Seriosität wurde durch Arbeiten erhöht, die zeigten, dass mehrschichtige Feedforward-Netze (unter technischen Bedingungen) universelle Funktionsapproximatoren sind (Cybenko, 1988, 1989). In den späten 1980er und frühen 1990er Jahren erlebte die Forschung im Bereich der neuronalen Netze einen enormen Aufschwung: Die Anzahl der Veröffentlichungen stieg zwischen 1980–84 und 1990–94 um den Faktor 200.

In den späten 1990ern und frühen 2000ern ließ das Interesse an neuronalen Netzen nach, als andere Techniken wie Bayes'sche Netze, Ensemble-Methoden und Kernel-Maschinen in den Vordergrund traten. Das Interesse an tiefen Modellen wurde geweckt, als Geoff Hintons Forschungen über tiefe Bayes'sche Netze – generative Modelle mit Kategorievariablen an der Wurzel und Evidenzvariablen an den Blättern – Früchte zu tragen begannen und Kernel-Maschinen auf kleinen Benchmark-Datenmengen übertrafen (Hinton *et al.*, 2006). Das Interesse an Deep Learning explodierte, als Krizhevsky *et al.* (2013) tiefe CNNs verwendeten, um den ImageNet-Wettbewerb zu gewinnen (Russakovsky *et al.*, 2015).

Kommentatoren nennen oft die Verfügbarkeit von „Big Data" und die Rechenleistung von GPUs als die wichtigsten Faktoren, die zum Aufkommen von Deep Learning beigetragen haben. Auch architektonische Verbesserungen waren wichtig, darunter die Einführung der ReLU-Aktivierungsfunktion anstelle der logistischen Sigmoidfunktion (Jarrett *et al.*, 2009; Nair und Hinton, 2010; Glorot *et al.*, 2011) und später die Entwicklung von residualen Netzen (He *et al.*, 2016).

Auf der algorithmischen Seite war die Verwendung des stochastischen Gradientenabstiegs (SGD) mit kleinen Batches entscheidend dafür, dass neuronale Netze auf große Datenmengen skalieren konnten (Bottou und Bousquet, 2008). Die Batch-Normalisierung (Ioffe und Szegedy, 2015) trug ebenfalls dazu bei, den Trainingsprozess schneller und zuverlässiger zu machen und hat mehrere zusätzliche Normalisierungstechniken hervorgebracht (Ba *et al.*, 2016; Wu und He, 2018; Miyato *et al.*, 2018). Mehrere Arbeiten haben das empirische Verhalten von SGD auf großen Netzen und großen Datenmengen untersucht (Dauphin *et al.*, 2015; Choromanska *et al.*, 2014; Goodfellow *et al.*, 2015b). Auf der theoretischen Seite wurden einige Fortschritte bei der Erklärung der Beobachtung gemacht, dass SGD, angewandt auf überparametrisierte Netze, oft ein globales Minimum mit einem Trainingsfehler von null erreicht, obwohl die Theoreme bisher diesbezüglich ein Netz mit weitaus breiteren Schichten voraussetzen, als in der Praxis jemals vorkommen würden (Allen-Zhu *et al.*, 2018; Du *et al.*, 2018). Solche Netze haben mehr als genug Kapazität, um als Nachschlagetabellen für die Trainingsdaten zu fungieren.

Das letzte Puzzlestück, zumindest für Vision-Anwendungen, war die Verwendung von CNNs. Diese hatten ihren Ursprung in den Beschreibungen des visuellen Systems von Säugetieren durch die Neurophysiologen David Hubel und Torsten Wiesel (Hubel und Wiesel, 1959, 1962,

1968). Sie beschrieben „einfache Zellen“ im visuellen System einer Katze, die Kantendetektoren ähneln, sowie „komplexe Zellen“, die invariant gegenüber einigen Transformationen wie z. B. kleinen räumlichen Übersetzungen sind. In modernen CNNs ist die Ausgabe einer Konvolution analog zu einer einfachen Zelle, während die Ausgabe einer Pooling-Schicht analog zu einer komplexen Zelle ist.

Die Arbeit von Hubel und Wiesel inspirierte viele der frühen konnektionistischen Modelle des Sehens (Marr und Poggio, 1976). Das Neocognitron (Fukushima, 1980; Fukushima und Miyake, 1982), das als Modell des visuellen Kortex entworfen wurde, war von der Modellarchitektur her im Wesentlichen ein CNN, obwohl ein effektiver Trainingsalgorithmus für solche Netze warten musste, bis Yann LeCun und Mitarbeiter zeigten, wie man Rückwärtspropagation anwenden kann (LeCun *et al.*, 1995). Einer der ersten kommerziellen Erfolge neuronaler Netze war die Erkennung handgeschriebener Ziffern mithilfe von CNNs (LeCun *et al.*, 1995).

Rekurrente neuronale Netze (RNNs) wurden in den 1970er Jahren häufig als Modelle der Gehirnfunktion vorgeschlagen, wobei mit diesen Vorschlägen jedoch keine effektiven Lernalgorithmen verbunden waren. Die Methode der Rückwärtspropagation durch die Zeit erscheint in der Doktorarbeit von Paul Werbos (1974) und seine spätere Zusammenfassung zum Stand der Forschung (Werbos, 1990) führt eine Reihe von Werken auf, die sich in den 1980ern mit der Wiederentdeckung der Methode befassten. Eine der einflussreichsten frühen Arbeiten über RNNs geht auf Jeff Elman (1990) zurück, der auf einer von Michael Jordan (1986) vorgeschlagenen RNN-Architektur aufbaute. Williams und Zipser (1989) stellen einen Algorithmus für Onlinelernen in RNNs vor. Bengio *et al.* (1994) analysierten das Problem der verschwindenden Gradienten in rekurrenten Netzen. Zur Vermeidung des Problems wurde unter anderem die LSTM-Architektur (Hochreiter, 1991; Hochreiter und Schmidhuber, 1997; Gers *et al.*, 2000) als Möglichkeit vorgeschlagen. In jüngerer Zeit wurden effektive RNN-Designs automatisch abgeleitet (Jozefowicz *et al.*, 2015; Zoph und Le, 2016).

Es wurden viele Methoden zur Verbesserung der Generalisierung in neuronalen Netzen ausprobiert. Die Gewichtsabschwächung wurde von Hinton (1987) vorgeschlagen und von Krogh und Hertz (1992) mathematisch analysiert. Die Dropout-Methode geht auf Srivastava *et al.* (2014a) zurück. Szegedy *et al.* (2013) führten die Idee der feindlichen Beispiele ein und legten damit den Grundstein für eine umfangreiche Literatur.

Poole *et al.* (2017) zeigten, dass sich mit tiefen (keinen flachen) Netzen komplexe Funktionen zu flachen Mannigfaltigkeiten im Raum der verborgenen Einheiten entwirren lassen. Rolnick und Tegmark (2018) zeigten, dass die Anzahl der Einheiten, die benötigt werden, um eine bestimmte Klasse von Polynomen von n Variablen zu approximieren, für flache Netze exponentiell wächst, für tiefe Netze aber nur linear.

White *et al.* (2019) zeigten, dass ihr BANANAS-System eine neuronale Architektursuche (*Neural Architecture Search*, NAS) durchführen kann, indem es die Genauigkeit eines Netzes auf 1 % genau vorhersagt, nachdem es auf nur 200 zufälligen Musterarchitekturen trainiert wurde. Zoph und Le (2016) verwenden Reinforcement Learning, um den Raum der neuronalen Netzarchitekturen zu durchsuchen. Real *et al.* (2018) verwenden einen evolutionären Algorithmus für die Modellauswahl, Liu *et al.* (2017) verwenden evolutionäre Algorithmen auf hierarchischen Repräsentationen und Jaderberg *et al.* (2017) beschreiben ein populationsbasiertes Training. Liu *et al.* (2019) relaxieren den Raum der Architekturen auf einen stetigen differenzierbaren Raum und verwenden Gradientenabstieg, um eine lokal optimale Lösung zu finden. Pham *et al.* (2018) beschreiben das ENAS-System (*Efficient Neural Architecture Search*), das nach optimalen Teilgraphen eines größeren Graphen sucht. Es ist schnell, weil es die Parameter nicht neu trainieren muss. Die Idee der Suche nach einem Teilgraphen geht auf den OBD-Algorithmus (*Optimal Brain Damage*, „optimale Hirnschädigung“) von LeCun *et al.* (1990) zurück.

Trotz dieser beeindruckenden Reihe von Ansätzen gibt es Kritiker, die meinen, dass das Feld noch nicht ausgereizt ist. Yu *et al.* (2019) zeigen, dass diese NAS-Algorithmen in einigen Fällen nicht effizienter sind als die zufällige Architekturauswahl. Für einen Überblick über aktuelle Ergebnisse der neuronalen Architektursuche siehe Elsken *et al.* (2018).

Unüberwachtes Lernen stellt ein großes Teilgebiet innerhalb der Statistik dar, meist unter der Überschrift der Dichteschätzung. Silverman (1986) und Murphy (2012) sind gute Quellen für klassische und moderne Techniken in diesem Bereich. Die PCA-Methode (Hauptkomponentenanalyse, *Principal Components Analysis*) geht auf Pearson (1901) zurück; der Name stammt von unabhängigen Arbeiten von Hotelling (1933). Das probabilistische PCA-Modell (Tipping und Bishop, 1999) fügt ein generatives Modell für die Hauptkomponenten selbst hinzu. Der Variational Autoencoder geht auf Kingma und Welling (2013) und Rezende *et al.* (2014) zurück; Jordan *et al.* (1999) geben eine Einführung in Variationsmethoden für die Inferenz in grafischen Modellen.

Für autoregressive Modelle ist der klassische Text von Box *et al.* (2016) zu empfehlen. Die Yule-Walker-Gleichungen zur Anpassung von AR-Modellen wurden unabhängig voneinander von Yule (1927) und Walker (1931) entwickelt. Autoregressive Modelle mit nichtlinearen Abhängigkeiten wurden von mehreren Autoren entwickelt (Frey, 1998; Bengio und Bengio, 2001; Larochelle und Murray, 2011). Das autoregressive WaveNet-Modell (van den Oord *et al.*, 2016a) basiert auf früheren Arbeiten zur autoregressiven Bildgenerierung (van den Oord *et al.*, 2016b). Generative Adversarial Networks (generative feindliche Netze, GANs) wurden erstmals von Goodfellow *et al.* (2015a) vorgeschlagen und haben viele Anwendungen in der KI gefunden. Es zeichnet sich ein gewisses theoretisches Verständnis ihrer Eigenschaften ab, was zu verbesserten GAN-Modellen und -Algorithmen führt (Li und Malik, 2018b, 2018a; Zhu *et al.*, 2019). Ein Teil dieses Verständnisses beinhaltet den Schutz vor gegnerischen Angriffen (Carlini *et al.*, 2019).

Mehrere Forschungszweige zu neuronalen Netzen waren in der Vergangenheit populär, werden aber heute nicht mehr aktiv erforscht. **Hopfield-Netze** (Hopfield, 1982) haben symmetrische Verbindungen zwischen jedem Knotenpaar und können lernen, Muster in einem assoziativen Speicher abzulegen, sodass ein ganzes Muster durch Indizierung des Speichers mit einem Fragment des Musters abgerufen werden kann. Hopfield-Netze sind deterministisch; sie wurden später zu stochastischen **Boltzmann-Maschinen** generalisiert (Hinton und Sejnowski, 1983, 1986). Boltzmann-Maschinen sind möglicherweise das früheste Beispiel eines tiefen generativen Modells. Die Schwierigkeit der Inferenz bei Boltzmann-Maschinen führte zu Fortschritten sowohl bei Monte-Carlo-Techniken als auch bei Variationsverfahren (siehe Abschnitt 13.4).

Die Erforschung neuronaler Netze für die KI ist bis zu einem gewissen Grad mit der Erforschung biologischer neuronaler Netze verknüpft. Die beiden Themen fielen in den 1940er Jahren zusammen und Ideen für CNNs und Reinforcement Learning können auf Studien biologischer Systeme zurückgeführt werden. Derzeit basieren neue Ideen im Bereich Deep Learning jedoch eher auf rein rechnerischen oder statistischen Überlegungen. Das Gebiet der **Computer-Neurowissenschaften** zielt darauf ab, Computermodelle zu erstellen, die wichtige und spezifische Eigenschaften von tatsächlichen biologischen Systemen erfassen. Übersichten finden Sie bei Dayan und Abbott (2001) und Trappenberg (2010).

Für moderne neuronale Netze und Deep Learning sind die führenden Lehrbücher die von Goodfellow *et al.* (2016) und Charniak (2018). Es gibt auch viele praktische Anleitungen, die mit den verschiedenen Open-Source-Softwarepaketen für Deep Learning verbunden sind. Drei der führenden Köpfe in diesem Bereich – Yann LeCun, Yoshua Bengio und Geoff Hinton – haben die Schlüsselideen Nicht-KI-Forschern in einem einflussreichen *Nature*-Artikel (2015) vorgestellt. Die drei wurden mit dem Turing Award 2018 ausgezeichnet. Schmidhuber (2015) gibt einen allgemeinen Überblick und Deng *et al.* (2014) konzentrieren sich auf Signalverarbeitungsaufgaben.

Die wichtigsten Publikationsorte für Deep-Learning-Forschung sind die Konferenz NeurIPS (*Neural Information Processing Systems*), die *International Conference on Machine Learning* (ICML) und die *International Conference on Learning Representations* (ICLR). Die wichtigsten Fachzeitschriften sind *Machine Learning, Journal of Machine Learning Research* und *Neural Computation*. Aufgrund der schnellen Forschungsfortschritte erscheinen die Arbeiten zunehmend zuerst auf `arXiv.org` und werden oft in den Forschungsblogs der großen Forschungszentren beschrieben.

22 Reinforcement Learning

In diesem Kapitel sehen wir, wie ein Agent durch Belohnungen und Bestrafungen lernen kann, Belohnungen zukünftig zu maximieren.

Beim **überwachten Lernen** lernt ein Agent durch passives Beobachten von Eingabe-/Ausgabebeispielpaaren, die von einem „Lehrer" bereitgestellt werden. In diesem Kapitel werden wir sehen, wie Agenten aktiv, ohne einen Lehrer, aus ihren eigenen Erfahrungen lernen können, indem sie ihren eigenen Erfolg oder Misserfolg betrachten.

22.1 Aus Belohnungen lernen

Betrachten wir zum Beispiel das Problem, Schachspielen zu lernen. Dabei stellen wir uns vor, dass wir dies als ein überwachtes Lernproblem mit den Methoden aus den Kapiteln 19–21 behandeln. Die Funktion des schachspielenden Agenten nimmt als Eingabe eine Brettposition entgegen und gibt einen Zug zurück, also trainieren wir diese Funktion, indem wir Beispiele von Schachpositionen liefern, die jeweils mit dem richtigen Zug beschriftet sind. Zum Glück haben wir Datenbanken mit mehreren Millionen Großmeisterpartien zur Verfügung, jede eine Sequenz von Positionen und Zügen. Es wird davon ausgegangen, dass die Züge des Gewinners bis auf wenige Ausnahmen gut, wenn auch nicht immer perfekt sind. Wir haben also eine vielversprechende Trainingsmenge. Das Problem ist, dass es relativ wenige Beispiele gibt (etwa 10^8), verglichen mit dem Raum aller möglichen Schachstellungen (etwa 10^{40}). In einer neuen Partie stößt man schnell auf Stellungen, die sich deutlich von denen in der Datenbank unterscheiden, und die trainierte Agentenfunktion wird wahrscheinlich kläglich scheitern – nicht zuletzt, weil sie keine Ahnung hat, was sie mit ihren Zügen erreichen soll (Schachmatt) oder sogar welche Auswirkungen die Züge auf die Positionen der Figuren haben. Und natürlich ist Schach nur ein winziger Teil der realen Welt. Für realistischere Probleme bräuchten wir viel umfangreichere Großmeister-Datenbanken, und die gibt es einfach nicht.[1]

Eine Alternative ist das **Reinforcement Learning** (RL, Verstärkungslernen), bei dem ein Agent mit der Welt interagiert und periodisch **Belohnungen** (oder, in der Terminologie der Psychologie, **Verstärkungen**) erhält, die widerspiegeln, wie gut er sich schlägt. Beim Schach zum Beispiel ist die Belohnung 1 für einen Sieg, 0 für eine Niederlage und $\frac{1}{2}$ für ein Remis. Wir haben das Konzept der Belohnungen bereits in Kapitel 17 für **Markov-Entscheidungsprozesse** (MDPs) gesehen. Das Ziel beim Reinforcement Learning ist mehr oder weniger dasselbe: die erwartete Summe der Belohnungen zu maximieren. Reinforcement Learning unterscheidet sich vom „einfachen Lösen eines MDP", weil dem Agenten das MDP nicht als zu lösendes Problem *übergeben* wird; der Agent befindet sich *im* MDP. Er kennt möglicherweise weder das Transitionsmodell noch die Belohnungsfunktion und muss handeln, um mehr zu lernen. Stellen Sie sich vor, Sie spielen ein neues Spiel, dessen Regeln Sie nicht kennen. Nach etwa hundert Zügen sagt Ihnen der Schiedsrichter: „Sie haben verloren". Das ist Reinforcement Learning in Kürze.

Aus unserer Sicht als Designer von KI-Systemen ist es in der Regel viel einfacher, dem Agenten ein Belohnungssignal zu senden, anstatt mit Labeln versehene Beispiele davon zu liefern, wie er sich verhalten soll. Erstens ist die Belohnungsfunktion oft (wie wir beim Schach gesehen haben) sehr kurz und einfach zu spezifizieren: Es sind nur ein paar Zeilen Code erforderlich, um dem Schach-Agenten mitzuteilen, ob er das Spiel gewonnen oder verloren hat, oder um dem Rennfahrer-Agenten mitzuteilen, dass er das Rennen gewonnen oder verloren hat bzw. einen Unfall hatte. Zweitens müssen wir keine Experten sein, die in der Lage sind, in jeder Situation die richtige Aktion zu liefern, wie es der Fall wäre, wenn wir versuchen würden, überwachtes Lernen anzuwenden.

1 Wie Yann LeCun und Alyosha Efros betont haben, „wird die KI-Revolution nicht überwacht".

Es stellt sich jedoch heraus, dass ein wenig Fachwissen beim Reinforcement Learning einen großen Unterschied machen kann. Die beiden Beispiele im vorangegangenen Absatz – die Gewonnen/Verloren-Belohnungen für Schach und Autorennen – sind das, was wir **spärliche** Belohnungen nennen, weil der Agent in der großen Mehrheit der Zustände überhaupt kein informatives Belohnungssignal erhält. In Spielen wie Tennis und Cricket können wir leicht zusätzliche Belohnungen für jeden gewonnenen Punkt oder für jeden erzielten Run bereitstellen. Bei Autorennen könnten wir den Agenten für das Vorankommen auf der Strecke in der richtigen Richtung belohnen. Beim Krabbelnlernen ist jede Vorwärtsbewegung eine Leistung. Diese Zwischenbelohnungen machen das Lernen viel einfacher.

Solange wir dem Agenten das richtige Belohnungssignal geben können, bietet Reinforcement Learning eine sehr allgemeine Möglichkeit, KI-Systeme zu erstellen. Dies gilt insbesondere für *simulierte* Umgebungen, wo es keinen Mangel an Möglichkeiten gibt, Erfahrungen zu sammeln. Das Hinzufügen von Deep Learning als Werkzeug in RL-Systemen hat zusätzlich neue Anwendungen ermöglicht, darunter das Erlernen von Atari-Videospielen aus rohen visuellen Eingaben (Mnih *et al.*, 2013), die Steuerung von Robotern (Levine *et al.*, 2016) und das Pokerspielen (Brown und Sandholm, 2017).

Es wurden buchstäblich Hunderte von verschiedenen RL-Algorithmen entwickelt und viele von ihnen können als Werkzeuge eine breite Palette von Lernmethoden aus den Kapiteln 19–21 verwenden. In diesem Kapitel decken wir die Grundideen ab und vermitteln anhand einiger Beispiele einen Eindruck von der Vielfalt der Ansätze. Wir kategorisieren die Ansätze wie folgt:

- **Modellbasiertes Reinforcement Learning**: Bei diesen Ansätzen verwendet der Agent ein Transitionsmodell der Umgebung, um die Belohnungssignale zu interpretieren und Entscheidungen darüber zu treffen, wie er handeln soll. Das Modell kann anfangs unbekannt sein – in diesem Fall lernt der Agent das Modell aus der Beobachtung der Auswirkungen seiner Aktionen – oder es kann bereits bekannt sein – zum Beispiel kann ein Schachprogramm die Schachregeln kennen, auch wenn es nicht weiß, wie man gute Züge auswählt. In teilweise beobachtbaren Umgebungen ist das Transitionsmodell auch für die **Zustandsschätzung** nützlich (siehe Kapitel 14). Modellbasierte RL-Systeme lernen oft eine **Nutzenfunktion** $U(s)$, die (wie in Kapitel 17) durch die Summe der Belohnungen ab dem Zustand s definiert ist.[2]
- **Modellfreies Reinforcement Learning**: Bei diesen Ansätzen kennt und lernt der Agent kein Transitionsmodell für die Umgebung. Stattdessen lernt er eine direktere Repräsentation, wie er sich verhalten soll. Hierfür gibt es zwei Möglichkeiten:
  - **Aktion-Nutzen-Lernen**: Wir haben Aktion-Nutzen-Funktionen in Kapitel 17 eingeführt. Die häufigste Form des Aktion-Nutzen-Lernens ist das **Q-Lernen**, bei dem der Agent eine **Q-Funktion** bzw. Qualitätsfunktion $Q(s, a)$ lernt, die die Summe der Belohnungen ab dem Zustand s bezeichnet, wenn die Aktion a ausgeführt wird. Bei einer gegebenen Q-Funktion kann der Agent wählen, was er in s tun soll, indem er die Aktion mit dem höchsten Q-Wert findet.
  - **Strategiesuche**: Der Agent lernt eine Strategie $\pi(s)$, die direkt von Zuständen auf Aktionen abbildet. In der Terminologie von Kapitel 2 ist dies ein **Reflexagent**.

Wir beginnen in Abschnitt 22.2 mit **passivem Reinforcement Learning**, bei dem die Strategie des Agenten festgelegt ist und die Aufgabe darin besteht, die Nutzenwerte von Zuständen (oder von Zustand-Aktion-Paaren) zu lernen. Dies könnte auch das Lernen eines Modells der Umgebung beinhalten. (Für diesen Abschnitt ist es unerlässlich, dass Sie die Markov-Entscheidungsprozesse, wie in Kapitel 17 beschrieben, verstanden haben.) Abschnitt 22.3 behandelt **aktives Reinforcement Learning**, bei dem der Agent zusätzlich herausfinden muss, was

2 In der RL-Literatur, die sich mehr auf Operations Research als auf Wirtschaftswissenschaften stützt, werden Nutzenfunktionen oft **Wertefunktionen** genannt und mit $V(s)$ bezeichnet.

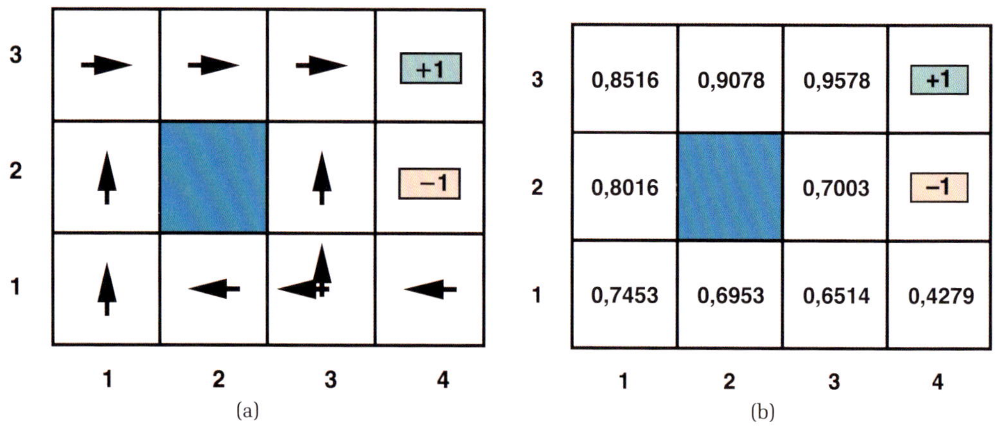

Abbildung 22.1: (a) Die optimalen Strategien für die stochastische Umgebung mit $R(s, a, s') = -0{,}04$ für Übergänge zwischen nicht terminalen Zuständen. Es gibt zwei Strategien, weil im Zustand (3, 1) sowohl *Links* als auch *Auf* optimal sind. Wir haben dies bereits in Abbildung 17.2 gesehen. (b) Die Nutzenwerte der Zustände in der 4×3-Welt unter gegebener Strategie π.

er tun soll. Das Hauptthema ist die **Exploration**: Ein Agent muss so viel wie möglich von seiner Umgebung erfahren, um zu lernen, wie er sich in ihr verhalten soll. In Abschnitt 22.4 wird besprochen, wie Agenten mittels induktiven Lernens (einschließlich Deep-Learning-Methoden) viel schneller aus ihren Erfahrungen lernen. Wir diskutieren auch andere Ansätze, die helfen können, RL zu skalieren, um reale Probleme zu lösen, einschließlich der Bereitstellung von Pseudo-Zwischenbelohnungen, um den Lernenden zu lenken, und der Organisation des Verhaltens in einer Hierarchie von Aktionen. Abschnitt 22.5 behandelt Methoden zur Strategiesuche. In Abschnitt 22.6 wird das **Apprenticeship Learning** erforscht: das Trainieren eines lernenden Agenten anhand von Demonstrationen anstelle von Belohnungssignalen. Abschließend wird in Abschnitt 22.7 über Anwendungen von Reinforcement Learning berichtet.

22.2 Passives Reinforcement Learning

Wir beginnen mit dem einfachen Fall einer vollständig beobachtbaren Umgebung mit einer kleinen Anzahl von Aktionen und Zuständen, in der ein Agent bereits eine feste Strategie $\pi(s)$ hat, die seine Aktionen bestimmt. Der Agent versucht, die Nutzenfunktion $U^{\pi}(s)$ zu lernen – die erwartete diskontierte Gesamtbelohnung, wenn die Strategie π ab dem Zustand s ausgeführt wird. Wir nennen ihn einen **passiv lernenden Agenten**.

Die passive Lernaufgabe ähnelt der Aufgabe der **Strategiebewertung**, die Teil des in Abschnitt 17.2.2 beschriebenen Strategie-Iterationsalgorithmus ist. Der Unterschied besteht darin, dass der passiv lernende Agent weder das Transitionsmodell $P(s' \mid s, a)$ kennt, das die Wahrscheinlichkeit angibt, nach Ausführung der Aktion a den Zustand s' vom Zustand s aus zu erreichen, noch die Belohnungsfunktion $R(s, a, s')$, die die Belohnung für jeden Übergang angibt.

Wir verwenden als Beispiel die in Kapitel 17 vorgestellte 4×3-Welt. ► Abbildung 22.1 zeigt die optimalen Strategien für diese Welt und die entsprechenden Nutzenwerte. Der Agent führt eine Reihe von **Versuchen** in der Umgebung unter Verwendung seiner Strategie π aus. In jedem Versuch beginnt der Agent im Zustand (1, 1) und durchläuft eine Reihe von Zustandsübergängen, bis er einen der Endzustände (4, 2) oder (4, 3) erreicht. Seine Perzepte liefern sowohl den aktuellen Zustand als auch die Belohnung, die er für den Übergang erhalten hat, der gerade stattgefunden hat, um diesen Zustand zu erreichen. Typische Versuche könnten wie folgt aussehen:

$$(1,1) \underset{Auf}{\overset{\mathbf{0{,}04}}{\rightarrow}} (1,2) \underset{Auf}{\overset{\mathbf{0{,}04}}{\rightarrow}} (1,3) \underset{Rechts}{\overset{\mathbf{0{,}04}}{\rightarrow}} (1,2) \underset{Auf}{\overset{\mathbf{0{,}04}}{\rightarrow}} (1,3) \underset{Rechts}{\overset{\mathbf{0{,}04}}{\rightarrow}} (2,3) \underset{Rechts}{\overset{\mathbf{0{,}04}}{\rightarrow}} (3,3) \underset{Rechts}{\overset{\mathbf{+1}}{\rightarrow}} (4,3)$$

$$(1,1) \underset{Auf}{\overset{\mathbf{0{,}04}}{\rightarrow}} (1,2) \underset{Auf}{\overset{\mathbf{0{,}04}}{\rightarrow}} (1,3) \underset{Rechts}{\overset{\mathbf{0{,}04}}{\rightarrow}} (2,3) \underset{Rechts}{\overset{\mathbf{0{,}04}}{\rightarrow}} (3,3) \underset{Rechts}{\overset{\mathbf{0{,}04}}{\rightarrow}} (3,2) \underset{Auf}{\overset{\mathbf{0{,}04}}{\rightarrow}} (3,3) \underset{Rechts}{\overset{\mathbf{+1}}{\rightarrow}} (4,3)$$

$$(1,1) \underset{Auf}{\overset{\mathbf{0{,}04}}{\rightarrow}} (1,2) \underset{Auf}{\overset{\mathbf{0{,}04}}{\rightarrow}} (1,3) \underset{Rechts}{\overset{\mathbf{0{,}04}}{\rightarrow}} (2,3) \underset{Rechts}{\overset{\mathbf{0{,}04}}{\rightarrow}} (3,3) \underset{Rechts}{\overset{\mathbf{0{,}04}}{\rightarrow}} (3,2) \underset{Auf}{\overset{\mathbf{-1}}{\rightarrow}} (4,2)$$

Beachten Sie, dass jeder Übergang sowohl mit der ausgeführten Aktion als auch mit der im nächsten Zustand erhaltenen Belohnung gekennzeichnet ist. Das Ziel ist es, die Informationen über die Belohnungen zu verwenden, um den erwarteten Nutzen $U^\pi(s)$ zu lernen, der mit jedem nicht terminalen Zustand s verbunden ist. Der Nutzen ist definiert als die erwartete Summe der (diskontierten) Belohnungen, die erhalten werden, wenn die Strategie π befolgt wird. Wie in Gleichung (17.2) auf S. 639, schreiben wir

$$U^\pi(s) = E\left[\sum_{t=0}^{\infty} \gamma^t R(S_t, \pi(S_t), S_{t+1})\right], \tag{22.1}$$

wobei $R(S_t, \pi(S_t), S_{t+1})$ die erhaltene Belohnung ist, wenn die Aktion $\pi(S_t)$ im Zustand S_t ausgeführt wird und den Zustand S_{t+1} erreicht. Beachten Sie, dass S_t eine Zufallsvariable ist, die den Zustand bezeichnet, der zum Zeitpunkt t bei der Ausführung der Strategie π erreicht wird, ausgehend vom Zustand $S_0 = s$. Wir beziehen in alle unsere Gleichungen einen **Diskontierungsfaktor** γ mit ein, aber für die 4×3-Welt setzen wir $\gamma = 1$, was bedeutet, dass es keine Diskontierung gibt.

22.2.1 Direkte Nutzenschätzung

Die Idee der **direkten Nutzenschätzung** ist, dass der Nutzen eines Zustands als die erwartete Gesamtbelohnung ab diesem Zustand definiert ist (auch erwartete **Belohnung-to-go** genannt) und dass jeder Versuch eine *Stichprobe* dieser Menge für jeden besuchten Zustand liefert. Zum Beispiel liefert der erste der drei oben gezeigten Versuche ein Sample der Gesamtbelohnung von 0,76 für den Zustand $(1,1)$, zwei Samples von 0,80 und 0,88 für $(1,2)$, zwei Samples von 0,84 und 0,92 für $(1,3)$, und so weiter. Am Ende jeder Folge berechnet der Algorithmus die beobachtete Belohnung-to-go für jeden Zustand und aktualisiert den geschatzten Nutzen für diesen Zustand entsprechend, indem er einfach einen laufenden Durchschnitt für jeden Zustand in einer Tabelle speichert. Bei unendlich vielen Versuchen konvergiert der Sampledurchschnitt gegen den wahren Erwartungswert in Gleichung (22.1).

Das bedeutet, dass wir Reinforcement Learning auf ein überwachtes Standard-Lernproblem reduziert haben, bei dem jedes Beispiel ein (*Zustand, Belohnung-to-go*)-Paar ist. Es gibt viele leistungsfähige Algorithmen für überwachtes Lernen, daher scheint dieser Ansatz vielversprechend, aber er ignoriert eine wichtige Einschränkung: *Der Nutzen eines Zustands wird durch die Belohnung und den erwarteten Nutzen der Nachfolgezustände bestimmt.* Genauer gesagt gehorchen die Nutzenwerte den Bellman-Gleichungen für eine feststehende Strategie (siehe auch Gleichung (17.14)):

$$U_i(s) = \sum_{s'} P(s' \mid s, \pi_i(s))[R(s, \pi_i(s), s') + \gamma\, U_i(s')] \tag{22.2}$$

Durch Ignorieren der Verbindungen zwischen den Zuständen werden bei der direkten Nutzenschätzung Möglichkeiten zum Lernen verpasst. Zum Beispiel erreicht der zweite der drei zuvor genannten Versuche den Zustand $(3,2)$, der zuvor nicht besucht worden war. Der nächste Übergang erreicht $(3,3)$, der, wie wir vom ersten Versuch wissen, einen hohen Nutzen hat. Die Bellman-Gleichung legt sofort nahe, dass $(3,2)$ wahrscheinlich auch einen hohen

Nutzen hat, weil dieser Zustand zu $(3,3)$ führt, aber die direkte Nutzenabschätzung lernt erst am Ende des Versuchs. Allgemeiner ausgedrückt können wir die direkte Nutzenschätzung als Suche nach U in einem Hypothesenraum betrachten, der viel größer als nötig ist, da er viele Funktionen enthält, die die Bellman-Gleichungen verletzen. Aus diesem Grund konvergiert der Algorithmus häufig sehr langsam.

22.2.2 Adaptive dynamische Programmierung

Ein **ADP**-Agent (*Adaptive Dynamic Programming*, ADP) nutzt die Bedingungen zwischen den Nutzenwerten der Zustände, indem er das Transitionsmodell lernt, das sie miteinander verbindet, und den entsprechenden Markov-Entscheidungsprozess mit dynamischer Programmierung löst. Für einen passiv lernenden Agenten bedeutet dies, dass das gelernte Transitionsmodell $P(s' \mid s, \pi(s))$ und die beobachteten Belohnungen $R(s, \pi(s), s')$ in die Gleichung (22.2) eingesetzt werden, um die Nutzenwerte der Zustände zu berechnen. Wie wir in unserer Diskussion der Strategie-Iteration in Kapitel 17 festgestellt haben, sind diese Bellman-Gleichungen linear, wenn die Strategie π festgelegt ist, sodass sie mit jedem Paket für lineare Algebra gelöst werden können.

Alternativ können wir den Ansatz der **modifizierten Strategie-Iteration** (siehe S. 650) verfolgen, wobei eine vereinfachte Wert-Iteration verwendet wird, um nach jeder Änderung des gelernten Modells die Nutzenschätzungen zu aktualisieren. Da sich das Modell in der Regel bei jeder Beobachtung nur geringfügig ändert, kann der Wert-Iterationsprozess die vorherigen Nutzenschätzungen als Anfangswerte verwenden und sollte in der Regel sehr schnell konvergieren.

Das Transitionsmodell zu lernen, ist einfach, da die Umgebung vollständig beobachtbar ist. Das bedeutet, dass wir es mit einer Aufgabe überwachten Lernens zu tun haben, bei der die Eingabe für jedes Trainingsbeispiel ein Zustand-Aktion-Paar (s, a) und die Ausgabe der resultierende Zustand s' ist. Das Transitionsmodell $P(s' \mid s, a)$ wird als Tabelle dargestellt und direkt aus den Zählern geschätzt, die in $N_{s' \mid sa}$ akkumuliert werden. Die Zähler halten fest, wie oft der Zustand s' bei der Ausführung von a in s erreicht wird. In den drei Versuchen von S. 879 wird z. B. *Rechts* viermal in $(3,3)$ ausgeführt und der resultierende Zustand lautet zweimal $(3,2)$ und zweimal $(4,3)$, sodass $P((3,2) \mid (3,3), Rechts)$ und $P((4,3) \mid (3,3), Rechts)$ beide auf $\frac{1}{2}$ geschätzt werden.

Das vollständige Agentenprogramm für einen passiven ADP-Agenten ist in ► Abbildung 22.2 dargestellt. Seine Leistung auf der 4×3-Welt zeigt ► Abbildung 22.3. Hinsichtlich der Geschwindigkeit, mit der sich seine Schätzwerte verbessern, ist der ADP-Agent nur durch seine Fähigkeit begrenzt, das Transitionsmodell zu lernen. In dieser Hinsicht stellt das Programm einen Standard dar, an dem sich alle anderen RL-Algorithmen messen lassen müssen. Allerdings ist es für große Zustandsräume nicht effizient machbar. Beim Backgammon zum Beispiel müssten ungefähr 10^{20} Gleichungen mit 10^{20} Unbekannten gelöst werden.

22.2.3 Temporal-Difference Learning

Das Lösen des zugrunde liegenden MDP wie im vorangegangenen Abschnitt ist nicht die einzige Möglichkeit, die Bellman-Gleichungen auf das Lernproblem anzuwenden. Eine andere Möglichkeit besteht darin, die beobachteten Übergänge zu verwenden, um die Nutzenwerte der beobachteten Zustände so anzupassen, dass sie mit den Constraint-Gleichungen übereinstimmen. Betrachten wir zum Beispiel den Übergang von $(1,3)$ nach $(2,3)$ im zweiten Versuch auf S. 879. Nehmen wir an, dass als Ergebnis des ersten Versuchs die Nutzenwerte $U^\pi(1,3) = 0{,}88$ und $U^\pi(2,3) = 0{,}96$ sind. Wenn nun dieser Übergang von $(1,3)$ zu $(2,3)$ ständig stattfände, würden wir erwarten, dass die Nutzenwerte der Gleichung

$$U^\pi(1,3) = -0{,}04 + U^\pi(2,3)$$

```
function PASSIVE-ADP-LEARNER(percept) returns eine Aktion
  inputs: percept, ein Perzept, das den aktuellen Zustand s' und Belohnungssignal r angibt
  persistent: π, eine feste Strategie
              mdp, ein MDP mit Modell P, Belohnungen R, Aktionen A, Diskontierung γ
              U, eine Tabelle von Nutzenwerten für Zustände, anfangs leer
              N_{s'|s,a}, eine Tabelle mit Ergebniszählervektoren, indiziert durch Zustand und
                    Aktion, anfangs mit Nullen gefüllt
              s, a, voriger Zustand und Aktion, anfangs null

  if s' ist neu then U[s'] ← 0
  if s ist nicht null then
     inkrementiere N_{s'|s,a}[s, a][s']
     R[s, a, s'] ← r
     füge a zu A[s] hinzu
     P(· | s, a) ← NORMALIZE(N_{s'|s,a}[s, a])
     U ← POLICYEVALUATION(π, U, mdp)
     s, a ← s', π[s']
  return a
```

Abbildung 22.2: Ein passiver RL-Agent, der auf adaptiver dynamischer Programmierung basiert. Der Agent wählt einen Wert für γ und berechnet dann inkrementell die P- und R-Werte des MDP. Die Funktion POLICY-EVALUATION löst die Bellman-Gleichungen fester Strategie, wie auf S. 649 beschrieben.

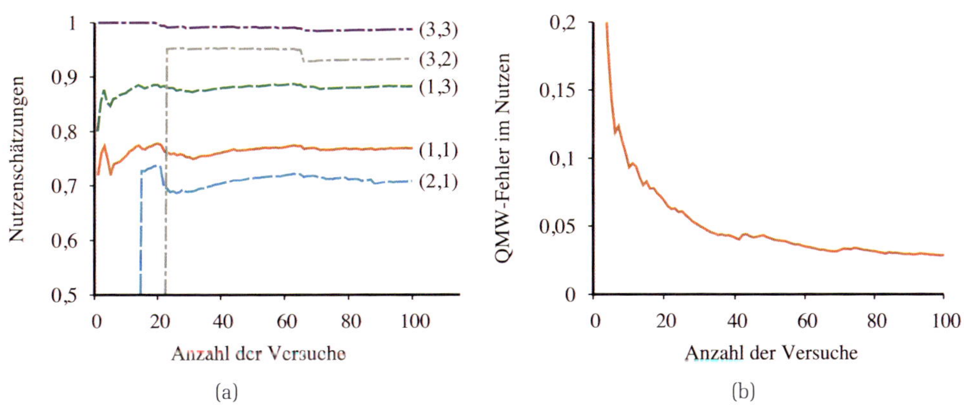

Abbildung 22.3: Die passiven ADP-Lernkurven für die 4×3-Welt, bei gegebener optimaler Strategie aus Abbildung 22.1. (a) Die Nutzenschätzungen für eine ausgewählte Teilmenge von Zuständen, als Funktion der Anzahl der Versuche. Beachten Sie, dass man 14 bzw. 23 Versuche benötigt, bevor die selten besuchten Zustände (2, 1) und (3, 2) „entdecken", dass sie mit dem +1-Ausgangszustand bei (4, 3) verbunden sind. (b) Der quadratische Mittelwertfehler (QMW, siehe Anhang A) in der Schätzung für $U(1, 1)$, gemittelt über 50 Läufe mit jeweils 100 Versuchen.

gehorchen, $U^\pi(1,3)$ wäre somit 0,92. Daher könnte die aktuelle Schätzung von 0,88 ein wenig niedrig sein und sollte erhöht werden. Allgemeiner ausgedrückt: Wenn ein Übergang vom Zustand s zum Zustand s' über die Aktion $\pi(s)$ erfolgt, wenden wir die folgende Aktualisierung auf $U^\pi(s)$ an:

$$U^\pi(s) \leftarrow U^\pi(s) + \alpha[R(s, \pi(s), s') + \gamma\, U^\pi(s') - U^\pi(s)] \tag{22.3}$$

Dabei ist α der Parameter für die **Lernrate**. Da diese Aktualisierungsregel die Differenz der Nutzenwerte zwischen aufeinanderfolgenden Zuständen (und damit aufeinanderfolgenden Zeiten) verwendet, wird sie oft als **Temporal-Difference**-Gleichung (TD, temporale Differenz) bezeichnet. Genau wie bei den Gewichtsaktualisierungsregeln aus Kapitel 19 (z. B. Glei-

```
function PASSIVE-TD-LEARNER(percept) returns eine Aktion
  inputs: percept, ein Perzept, das den aktuellen Zustand s' und Belohnungssignal r angibt
  persistent: π, eine feste Strategie
              s, der vorige Zustand, anfangs null
              U, eine Tabelle von Nutzenwerten für Zustände, anfangs leer
              N_s, eine Tabelle von Häufigkeiten für Zustände, anfangs mit Nullen gefüllt

  if s' ist neu then U[s'] ← 0
  if s ist nicht null then
     inkrementiere N_s[s]
     U[s] ← U[s] + α(N_s[s]) × (r + γ U[s'] - U[s])
  s ← s'
  return π[s']
```

Abbildung 22.4: Ein passiver RL-Agent, der Nutzenschätzungen mithilfe von temporalen Differenzen lernt. Die Schrittgrößenfunktion $\alpha(n)$ ist so gewählt, dass Konvergenz gewährleistet ist.

chung (19.6) auf S. 760) ist der TD-Term $R(s, \pi(s), s') + \gamma\, U^{\pi}(s') - U^{\pi}(s)$ quasi ein Fehlersignal und die Aktualisierung soll den Fehler reduzieren.

Alle TD-Methoden haben die Aufgabe, die Nutzenschätzungen in Richtung des idealen Gleichgewichts anzupassen, das lokal gilt, wenn die Nutzenschätzungen korrekt sind. Im Fall des passiven Lernens ist das Gleichgewicht durch Gleichung (22.2) gegeben. Dabei führt Gleichung (22.3) tatsächlich dazu, dass der Agent das Gleichgewicht aus Gleichung (22.2) erreicht, wobei allerdings einige Feinheiten zu beachten sind. Zunächst ist zu beachten, dass die Aktualisierung nur den beobachteten Nachfolger s' einbezieht, während bei den tatsächlichen Gleichgewichtsbedingungen alle möglichen nächsten Zustände einbezogen werden. Man könnte davon ausgehen, dass es zu einer unangemessen großen Änderung von $U^{\pi}(s)$ führt, wenn ein sehr seltener Übergang auftritt, aber da seltene Übergänge eben selten auftreten, konvergiert der *Durchschnittswert* von $U^{\pi}(s)$ im Grenzwert tatsächlich gegen die korrekte Größe, selbst wenn der Wert selbst weiterhin schwankt.

Wenn wir außerdem den Parameter α in eine Funktion verwandeln, die mit zunehmender Anzahl der Besuche eines Zustands abnimmt, wie in ► Abbildung 22.4 gezeigt, dann konvergiert $U^{\pi}(s)$ selbst zum korrekten Wert.[3] ► Abbildung 22.5 veranschaulicht die Leistung des passiven TD-Agenten in der 4×3-Welt. Er lernt nicht ganz so schnell wie der ADP-Agent und zeigt eine viel höhere Variabilität, aber er ist viel einfacher und benötigt viel weniger Berechnungen pro Beobachtung. Beachten Sie, dass *TD kein Transitionsmodell benötigt, um seine Aktualisierungen durchzuführen.*

Die ADP- und TD-Ansätze sind eng miteinander verwandt. Beide versuchen, lokale Anpassungen an den Nutzenschätzungen vorzunehmen, damit jeder Zustand mit seinen Nachfolgern „übereinstimmt". Ein Unterschied ist, dass TD einen Zustand so anpasst, dass er mit seinem *beobachteten* Nachfolger übereinstimmt (Gleichung (22.3)), während ADP den Zustand so anpasst, dass er mit *allen* möglichen Nachfolgern übereinstimmt, gewichtet nach deren Wahrscheinlichkeit (Gleichung (22.2)). Dieser Unterschied verschwindet, wenn die Auswirkungen der TD-Anpassungen über eine große Anzahl von Übergängen gemittelt werden, da die Häufigkeit jedes Nachfolgers in der Menge der Übergänge ungefähr proportional zu seiner Wahrscheinlichkeit ist. Ein wichtigerer Unterschied ist, dass TD nur eine einzige Anpassung pro beobachteten Übergang vornimmt, während ADP so viele Anpassungen vornimmt, wie nötig sind, um die Konsistenz zwischen den Nutzenschätzungen U und dem Transitionsmodell P wiederherzustellen. Obwohl der beobachtete Übergang nur eine lokale Änderung in

3 Die technischen Bedingungen finden Sie auf S. 765. In ► Abbildung 22.5 haben wir $\alpha(n) = 60/(59 + n)$ verwendet, was die Bedingungen erfüllt.

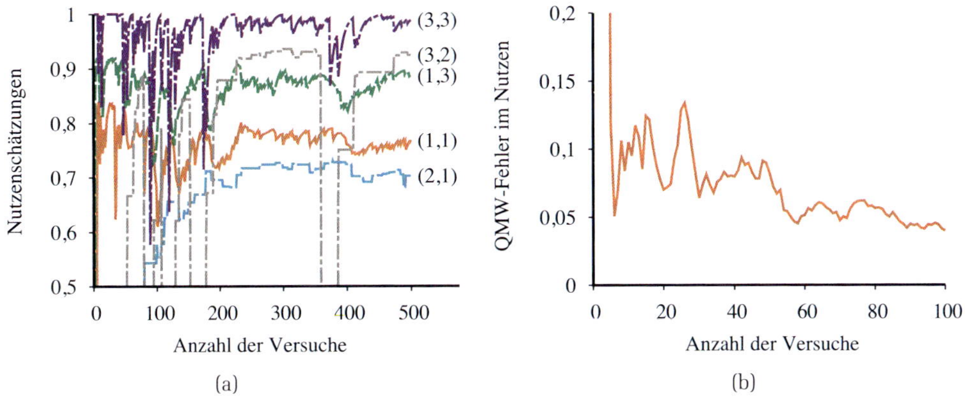

Abbildung 22.5: Die TD-Lernkurven für die 4×3-Welt. (a) Die Nutzenschätzungen für eine ausgewählte Teilmenge von Zuständen in Abhängigkeit von der Anzahl der Versuche für eine einzelne Serie von 500 Versuchen. Vergleichen Sie dies mit der Serie von 100 Versuchen in Abbildung 22.3 a. (b) Der quadratische Mittelwertfehler in der Schätzung für $U(1,1)$, gemittelt über 50 Serien mit jeweils 100 Versuchen.

P vornimmt, müssen seine Auswirkungen möglicherweise auf ganz U übertragen werden. Folglich kann TD als primitive, aber effiziente erste Annäherung an ADP betrachtet werden.

Jede von ADP vorgenommene Anpassung kann aus Sicht der TD als Ergebnis einer **Pseudoerfahrung** gesehen werden, die durch Simulation des aktuellen Transitionsmodells erzeugt wird. Es ist möglich, den TD-Ansatz so zu erweitern, dass mit einem Transitionsmodell mehrere Pseudoerfahrungen generiert werden – Übergänge, die nach Vorstellung des TD-Agenten bei gegebenem aktuellem Modell passieren *könnten*. Für jeden beobachteten Übergang kann der TD-Agent eine große Anzahl von imaginären Übergängen generieren. Auf diese Weise nähern sich die resultierenden Nutzenschätzungen mehr und mehr denen von ADP an – natürlich auf Kosten einer erhöhten Rechenzeit.

In ähnlicher Weise können wir effizientere Versionen von ADP erzeugen, indem wir die Algorithmen für Wert-Iteration oder Strategie-Iteration direkt approximieren. Obwohl der Algorithmus für die Wert-Iteration effizient ist, ist er z. B. mit 10^{100} Zuständen überfordert. Viele der notwendigen Anpassungen an den Zustandswerten bei jeder Iteration werden jedoch extrem klein sein. Ein möglicher Ansatz, um schnell einigermaßen gute Antworten zu generieren, besteht darin, die Anzahl der Anpassungen zu begrenzen, die nach jedem beobachteten Übergang vorgenommen werden. Man kann auch eine Heuristik verwenden, um die möglichen Anpassungen so zu ordnen, dass nur die wichtigsten ausgeführt werden. Die **priorisierende Sweeping-Heuristik** nimmt bevorzugt Anpassungen an Zuständen vor, deren *wahrscheinliche* Nachfolger gerade eine *große* Anpassung ihrer eigenen Nutzenschätzungen erfahren haben.

Mithilfe solcher Heuristiken können approximative ADP-Algorithmen hinsichtlich der Anzahl der Trainingsfolgen ungefähr genauso schnell lernen wie vollständige ADP-Algorithmen, sind aber hinsichtlich der gesamten Rechenzeit eventuell um Größenordnungen effizienter (siehe Übung 21.3 auf der Website). Dies ermöglicht es ihnen, Zustandsräume zu verarbeiten, die für vollständige ADP viel zu groß sind. Approximative ADP-Algorithmen haben einen zusätzlichen Vorteil: In den frühen Stadien des Lernens einer neuen Umgebung ist das Transitionsmodell P oft noch nicht korrekt, sodass es wenig Sinn macht, eine exakte Nutzenfunktion zu berechnen, um es anzupassen. Ein Approximationsalgorithmus kann eine minimale Anpassungsgröße verwenden, die mit zunehmender Genauigkeit des Transitionsmodells abnimmt. Dadurch lassen sich die sehr langen Ausführungszeiten der Wert-Iteration vermeiden, die zu Beginn des Lernens aufgrund großer Änderungen im Modell auftreten können.

22.3 Aktives Reinforcement Learning

Ein passiv lernender Agent hat eine feste Strategie, die sein Verhalten bestimmt. Ein **aktiv lernender Agent** kann selbst entscheiden, welche Aktionen er ausführen möchte. Beginnen wir mit dem ADP-Agenten und überlegen, wie er modifiziert werden kann, um diese neue Freiheit zu nutzen.

Erstens muss der Agent ein komplettes Transitionsmodell mit Ergebniswahrscheinlichkeiten für *alle* Aktionen lernen und nicht nur das Modell für die festgelegte Strategie. Der Lernmechanismus, der von PASSIVE-ADP-AGENT verwendet wird, ist dafür genau richtig. Als Nächstes müssen wir die Tatsache berücksichtigen, dass der Agent eine Auswahl an Aktionen hat. Die Nutzenwerte, die er lernen muss, sind die, die durch die *optimale* Strategie definiert sind; sie gehorchen den Bellman-Gleichungen (die wir hier wiederholen):

$$U(s) = \max_{a \in A(s)} \sum_{s'} P(s' \mid s, a)[R(s, a, s') + \gamma\, U(s')] \tag{22.4}$$

Die Lösung dieser Gleichungen mithilfe der Algorithmen der Wert-Iteration oder der Strategie-Iteration aus Kapitel 17 führt zu der Nutzenfunktion U.

Die letzte Frage ist, was bei jedem Schritt zu tun ist. Nachdem der Agent eine Nutzenfunktion U erhalten hat, die für das gelernte Modell optimal ist, kann er durch einstufiges Lookahead eine optimale Aktion extrahieren, um den erwarteten Nutzen zu maximieren. Alternativ, wenn er die Strategie-Iteration verwendet, ist die optimale Strategie bereits verfügbar, sodass er einfach die Aktion ausführen könnte, die die optimale Strategie empfiehlt. Aber ist das wirklich eine gute Idee?

22.3.1 Exploration

► Abbildung 22.6 zeigt die Ergebnisse genau einer Versuchsreihe für einen ADP-Agenten, die bei jedem Schritt der Empfehlung der optimalen Strategie für das gelernte Modell folgt. Der Agent lernt *nicht* die wahren Nutzenwerte oder die wahre optimale Strategie! Was stattdessen passiert, ist, dass er im dritten Versuch eine Strategie findet, die die +1-Belohnung entlang

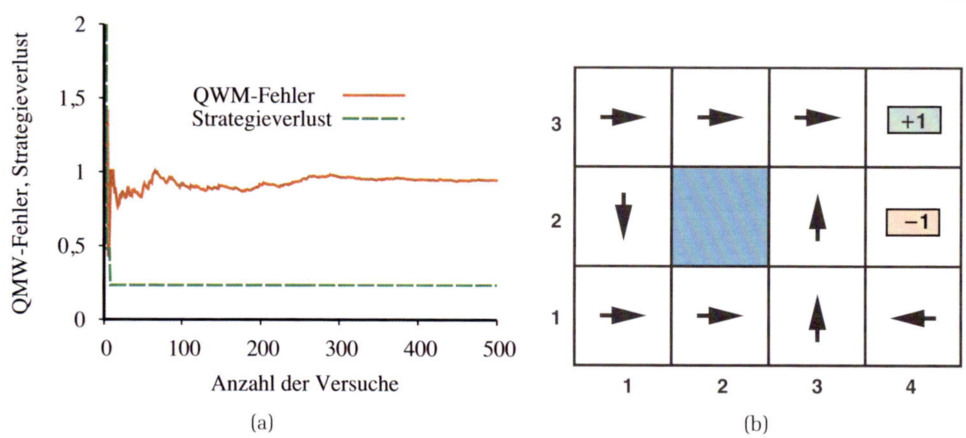

Abbildung 22.6: Leistung eines gierigen ADP-Agenten, der die Aktion ausführt, die von der optimalen Strategie für das gelernte Modell empfohlen wird. (a) Der QMW-Fehler, gemittelt über alle neun nicht terminalen Quadrate, und der Strategieverlust in $(1, 1)$. Man sieht, dass die Strategie nach nur acht Versuchen schnell zu einer suboptimalen Strategie mit einem Verlust von 0,235 übergeht. (b) Die suboptimale Strategie, zu der der gierige Agent in dieser speziellen Versuchsreihe konvergiert. Beachten Sie die *Ab*-Aktion in $(1, 2)$.

der unteren Route über (2, 1), (3, 1), (3, 2) und (3, 3) erreicht (► Abbildung 22.6 b). Nachdem er mit kleineren Variationen experimentiert hat, bleibt er ab dem achten Versuch bei dieser Strategie, lernt nie die Nutzenwerte der anderen Zustände und findet nie die optimale Route über (1,2), (1,3) und (2,3). Wir nennen einen solchen Agenten einen **gierigen Agenten**, weil er bei jedem Schritt gierig die Aktion ausführt, die er gerade für optimal hält. Manchmal zahlt sich seine Gier aus und der Agent konvergiert zur optimalen Strategie, oft aber auch nicht.

Wie kann es sein, dass die Wahl der optimalen Aktion zu suboptimalen Ergebnissen führt? Die Antwort ist, dass das gelernte Modell nicht mit der wahren Umgebung identisch ist. Was im gelernten Modell optimal ist, kann daher in der wahren Umgebung suboptimal sein. Leider weiß der Agent nicht, was die wahre Umgebung ist, sodass er die optimale Aktion für die wahre Umgebung nicht berechnen kann. Was soll er also tun?

Der gierige Agent hat übersehen, dass Aktionen nicht nur *Belohnungen* liefern, sondern auch *Informationen* in Form von Perzepten in den resultierenden Zuständen. Wie wir bei den **Bandit-Problemen** in Abschnitt 17.3 gesehen haben, muss ein Agent einen Kompromiss eingehen zwischen der **Exploitation** der aktuell besten Aktion zur Maximierung seiner kurzfristigen Belohnung und der **Exploration** bisher unbekannter Zustände zur Gewinnung von Informationen, die zu einer Änderung der Strategie (und zukünftig zu größeren Belohnungen) führen können. In der realen Welt muss man sich ständig entscheiden, ob man weiterhin ein bequemes Leben führen will oder ob man in der Hoffnung auf ein besseres Leben ins Unbekannte aufbricht.

Obwohl es schwierig ist, Bandit-Probleme exakt zu lösen, um ein *optimales* Explorationsschema zu erhalten, ist es dennoch möglich, ein Schema zu entwickeln, das am Ende zu einer optimalen Strategie führt, auch wenn dies den optimalen Zeitaufwand überschreiten könnte. Ein solches Schema sollte nicht gierig in Bezug auf den direkten nächsten Zug sein, sondern „gierig im Grenzwert von unendlicher Exploration" (*Greedy in the Limit of Infinite Exploration*, **GLIE**) sein. Ein GLIE-Schema muss jede Aktion in jedem Zustand unbegrenzt oft ausprobieren, um eine endliche Wahrscheinlichkeit zu vermeiden, dass eine optimale Aktion verpasst wird. Ein ADP-Agent, der ein solches Schema verwendet, lernt schließlich das wahre Transitionsmodell und kann dann zur Exploitation übergehen.

Es gibt mehrere GLIE-Schemas: Eines der einfachsten besteht darin, den Agenten eine zufällige Aktion im Zeitschritt t mit der Wahrscheinlichkeit $1/t$ wählen zu lassen und ansonsten der gierigen Strategie zu folgen. Obwohl diese Vorgehensweise letztendlich zu einer optimalen Strategie konvergiert, kann sie langsam sein. Ein besserer Ansatz würde Aktionen, die der Agent nicht sehr oft ausprobiert hat, ein gewisses Gewicht beimessen, während er eher Aktionen vermeidet, von denen angenommen wird, dass sie von geringem Nutzen sind (wie wir es mit der Monte-Carlo-Baumsuche in Abschnitt 5.4 gemacht haben). Dies kann implementiert werden, indem die Constraint-Gleichung (22.4) so geändert wird, dass sie relativ unerforschten Zustand-Aktion-Paaren eine höhere Nutzenschätzung zuweist.

Dies kommt einer optimistischen A-priori-Verteilung über die möglichen Umgebungen gleich und veranlasst den Agenten, sich anfangs so zu verhalten, als ob es überall wunderbare Belohnungen gäbe. Bezeichnen wir mit $U^+(s)$ die optimistische Schätzung des Nutzens (d. h. die erwartete Belohnung-to-go) des Zustands s und sei $N(s, a)$ die Anzahl, wie häufig die Aktion a im Zustand s versucht wurde. Angenommen, wir verwenden die Wert-Iteration in einem ADP-Lernagenten, dann müssen wir die Aktualisierungsgleichung (Gleichung (17.10) auf S. 645) umschreiben, um die optimistische Schätzung einzubeziehen:

$$U^+(s) \leftarrow \max_a f\left(\sum_{s'} P(s' \mid s, a)[R(s, a, s') + \gamma U^+(s')],\ N(s, a)\right) \qquad (22.5)$$

In diesem Fall ist f die **Explorationsfunktion**. Die Funktion $f(u, n)$ bestimmt, wie die Gier (Vorliebe für hohe Werte des Nutzens u) gegen die Neugier (Vorliebe für Aktionen, die noch nicht oft ausprobiert wurden und eine geringe Anzahl n haben) abgewogen wird. Die Funktion sollte steigend in u und fallend in n sein. Offensichtlich gibt es viele mögliche Funktionen, die diese Bedingungen erfüllen. Eine besonders einfache Definition ist:

$$f(u, n) = \begin{cases} R^+ & \text{falls } n < N_e \\ u & \text{sonst} \end{cases}$$

wobei R^+ eine optimistische Schätzung der bestmöglichen Belohnung ist, die in jedem Zustand erreichbar ist, und N_e ein fester Parameter. Dies hat den Effekt, dass der Agent jedes Zustand-Aktion-Paar mindestens N_e-mal ausprobiert. Die Tatsache, dass U^+ und nicht U auf der rechten Seite von Gleichung (22.5) erscheint, ist sehr wichtig. Mit fortschreitender Exploration werden die Zustände und Aktionen in der Nähe des Startzustands möglicherweise sehr oft ausprobiert. Wenn wir U, die pessimistischere Nutzenschätzung, verwenden würden, dann wäre der Agent bald abgeneigt, weitere Explorationen durchzuführen. Die Verwendung von U^+ bedeutet, dass die Vorteile der Exploration von den Rändern der unerforschten Regionen rückwärts propagiert werden, sodass Aktionen, die *hinzu* unerforschten Regionen führen, höher gewichtet werden, als nur Aktionen, die selbst unbekannt sind.

Die Auswirkung dieser Explorationsstrategie ist in ► Abbildung 22.7 b deutlich zu sehen, die im Gegensatz zum gierigen Ansatz eine schnelle Konvergenz gegen null Strategieverlust zeigt. Eine nahezu optimale Strategie lässt sich nach nur 18 Versuchen finden. Beachten Sie, dass der quadratische Mittelwertfehler in den Nutzenschätzungen nicht so schnell konvergiert. Das liegt daran, dass der Agent recht bald aufhört, die undankbaren Teile des Zustandsraums zu erforschen und sie danach nur noch „zufällig" besucht. Es ist jedoch durchaus sinnvoll, dass der Agent sich nicht um die genauen Nutzenwerte von Zuständen kümmert, von denen er weiß, dass sie nicht erstrebenswert sind und sich vermeiden lassen. Es bringt nicht allzu viel, zu lernen, welches der beste Radiosender ist, während man von einer Klippe stürzt.

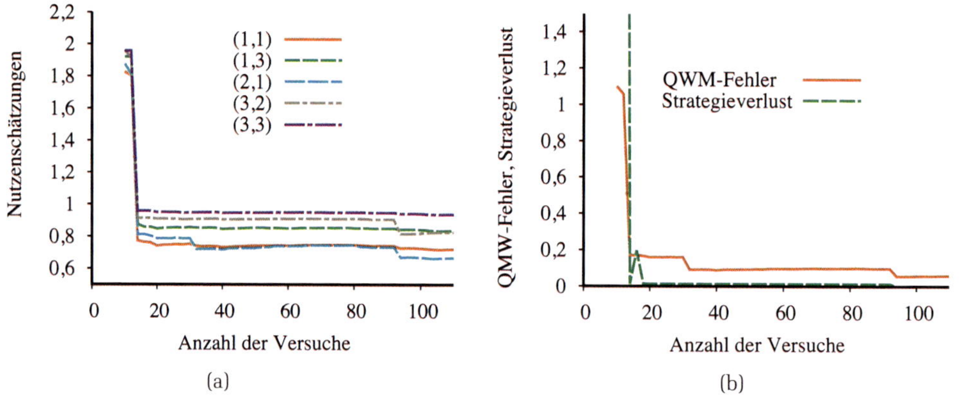

Abbildung 22.7: Leistung des explorativen ADP-Agenten unter Verwendung von $R^+ = 2$ und $N_e = 5$. (a) Nutzenschätzungen für ausgewählte Zustände über der Zeit. (b) Der QMW-Fehler in den Nutzenwerten und der zugehörige Strategieverlust.

22.3.2 Sichere Exploration

Bisher sind wir davon ausgegangen, dass ein Agent frei in seinen Explorationen ist – dass alle negativen Belohnungen nur dazu dienen, sein Modell der Welt zu verbessern. Das heißt, wenn wir eine Partie Schach spielen und verlieren, tragen wir keinen Schaden davon (außer dass vielleicht unser Stolz leidet), weil das, was wir gelernt haben, uns beim nächsten Spiel zu einem besseren Spieler machen wird. In ähnlicher Weise könnten wir in einer Simulationsumgebung für ein selbstfahrendes Auto die Leistungsgrenzen des Autos ausloten und mit jedem Unfall weitere Informationen sammeln. Wenn das Auto einen Unfall hat, drücken wir einfach den Reset-Knopf.

Leider ist die reale Welt weniger nachsichtig. Wenn Sie ein Baby-Sonnenbarsch sind, beträgt Ihre Wahrscheinlichkeit, bis zum Erwachsenenalter zu überleben, etwa 0,00000001. Viele Aktionen sind **irreversibel**, in dem Sinne, wie es für Onlinesuchagenten in Abschnitt 4.5 definiert wurde: Keine nachfolgende Aktionsfolge kann den Zustand wiederherstellen, der vor der irreversiblen Aktion herrschte. Im schlimmsten Fall tritt der Agent in einen **absorbierenden Zustand** ein, in dem Aktionen keine Wirkung haben und keine Belohnungen erhalten werden.

In vielen praktischen Situationen können wir es uns nicht leisten, dass unsere Agenten irreversible Aktionen durchführen oder in absorbierende Zustände eintreten. Zum Beispiel sollte ein Agent, der lernt, ein echtes Auto zu fahren, Handlungen vermeiden, die zu einem der folgenden Zustände führen könnten:

- Zustände mit großen negativen Belohnungen, wie z. B. schwere Autounfälle;
- Zustände, aus denen es kein Entrinnen gibt, wie z. B. das Fahrzeug in einen tiefen Graben fahren;
- Zustände, die zukünftige Belohnungen dauerhaft einschränken, wie z. B. den Motor des Fahrzeugs beschädigen, sodass die Höchstgeschwindigkeit reduziert wird.

Wir können in einem schlechten Zustand enden, entweder weil unser Modell *unbekannt* ist und wir uns aktiv dafür entscheiden, in eine Richtung zu forschen, die sich als schlecht herausstellt, oder weil unser Modell *falsch* ist und wir nicht wissen, dass eine bestimmte Aktion ein katastrophales Ergebnis haben kann. Beachten Sie, dass der Algorithmus in ► Abbildung 22.2 eine Maximum-Likelihood-Schätzung (siehe Kapitel 20) verwendet, um das Transitionsmodell zu lernen; außerdem verhält er sich so, *als ob* das Modell korrekt wäre, indem er eine Strategie wählt, die nur auf dem *geschätzten* Modell basiert. Das ist nicht unbedingt eine gute Idee! Ein Taxi-Agent, der nicht weiß, wie Ampeln funktionieren, könnte z. B. ein- oder zweimal eine rote Ampel ignorieren, ohne dass dies negative Auswirkungen hat, und dann eine Strategie formulieren, der zufolge von nun an alle roten Ampeln zu ignorieren sind.

Eine bessere Idee wäre es, eine Strategie zu wählen, die für den gesamten Bereich der Modelle, die eine vernünftige Chance haben, das wahre Modell zu sein, einigermaßen gut funktioniert, selbst wenn die Strategie für das Maximum-Likelihood-Modell suboptimal ist. Es gibt drei mathematische Ansätze, die in diese Richtung gehen.

Der erste Ansatz, das **Bayes'sche Reinforcement Learning**, geht von einer A-priori-Wahrscheinlichkeit $P(h)$ über die Hypothesen h für das wahre Modell aus. Die A-posteriori-Wahrscheinlichkeit $P(h \mid \mathbf{e})$ erhält man auf die übliche Weise durch die Bayes'sche Regel unter Berücksichtigung der bisherigen Beobachtungen. Wenn der Agent beschlossen hat, mit dem Lernen aufzuhören, dann ist die optimale Strategie diejenige, die den höchsten erwarteten Nutzen liefert. Sei U_h^π der erwartete Nutzen, gemittelt über alle möglichen Startzustände, der sich aus der Ausführung der Strategie π im Modell h ergibt:

$$\pi^* = \underset{\pi}{\operatorname{argmax}} \sum_h P(h \mid \mathbf{e}) U_h^\pi$$

In einigen speziellen Fällen kann diese Strategie sogar berechnet werden! Wenn der Agent aber in der Zukunft weiter lernt, dann wird es wesentlich schwieriger, eine optimale Strategie zu finden, weil der Agent die Auswirkungen zukünftiger Beobachtungen auf sein Wissen über das Transitionsmodell berücksichtigen muss. Das Problem wird zu einem **Explorations-POMDP**, dessen Wissenszustände Verteilungen über Modelle sind. Im Prinzip kann dieses Explorations-POMDP formuliert und gelöst werden, bevor der Agent überhaupt einen Fuß in die Welt setzt. Das Ergebnis ist eine vollständige Strategie, die dem Agenten sagt, was er als

Nächstes bei jeder möglichen Perzeptfolge tun soll. Das Lösen des Explorations-POMDP ist normalerweise nur in seltenen Fällen effizient machbar, aber das Konzept bietet eine analytische Grundlage für das Verständnis des in Abschnitt 22.3 beschriebenen Explorationsproblems.

Es ist erwähnenswert, dass ein perfekt Bayes'sches Verhalten den Agenten nicht vor einem vorzeitigen Tod schützt. Solange die A-priori-Verteilung keine Hinweise auf Perzepte gibt, die auf eine Gefahr hindeuten, gibt es nichts, was den Agenten daran hindert, eine explorative Aktion durchzuführen, die zu einem absorbierenden Zustand führt. Zum Beispiel dachte man früher, dass menschliche Säuglinge eine angeborene Höhenangst haben und nicht von einer Klippe krabbeln würden, aber das stellte sich als nicht wahr heraus (Adolph *et al.*, 2014).

Der zweite Ansatz, der aus der **Theorie der robusten Kontrolle** abgeleitet ist, lässt eine Menge möglicher Modelle $\mathcal{H}$ zu, ohne ihnen Wahrscheinlichkeiten zuzuordnen, und definiert eine optimale robuste Strategie als eine, die das beste Ergebnis im *schlechtesten Fall* über $\mathcal{H}$ liefert:

$$\pi^* = \underset{\pi}{\operatorname{argmax}} \min_{h} U_h^{\pi}$$

Oft ist die Menge $\mathcal{H}$ die Menge der Modelle, die eine Likelihood-Schwelle für $P(h \mid \mathbf{e})$ überschreiten, sodass der robuste und der Bayes'sche Ansatz miteinander verwandt sind.

Der Ansatz der robusten Kontrolle kann als ein Spiel zwischen dem Agenten und einem Gegner betrachtet werden, bei dem der Gegner das schlechtestmögliche Ergebnis für jede Aktion auswählen kann, und die Strategie, die wir erhalten, die Minimax-Lösung für das Spiel ist. Unser logischer Wumpus-Agent (siehe Abschnitt 7.7) ist sozusagen ein robuster Kontrollagent: Er betrachtet alle Modelle, die logisch möglich sind, und erkundet keine Orte, die möglicherweise eine Grube oder einen Wumpus enthalten könnten, wodurch er die Aktion mit dem maximalen Nutzen im schlechtesten Fall über alle möglichen Hypothesen findet.

Das Problem mit der Worst-Case-Annahme ist, dass sie zu einem übermäßig konservativen Verhalten führt. Ein selbstfahrendes Auto, das annimmt, dass jeder andere Fahrer *versuchen wird, mit ihm zu kollidieren*, hat keine andere Wahl, als in der Garage zu bleiben. Das echte Leben ist voll von solchen Risiko-Belohnung-Abwägungen.

Obwohl ein Grund für den Einstieg in das Reinforcement Learning darin bestand, einen menschlichen Lehrer (wie beim überwachten Lernen) überflüssig zu machen, stellt sich heraus, dass menschliches Wissen dazu beitragen kann, ein System sicher zu machen. Eine Möglichkeit besteht darin, dass ein erfahrener Lehrer eine Reihe von Aktionen aufzeichnet, sodass das System von Anfang an vernünftig handelt und lernen kann, sich von da an zu verbessern. Eine zweite Möglichkeit besteht darin, dass ein Mensch Bedingungen für das, was ein System tun kann, aufschreibt und ein Programm außerhalb des RL-Systems diese Bedingungen durchsetzt. Zum Beispiel kann beim Trainieren eines autonomen Hubschraubers eine Teilstrategie bereitgestellt werden, die die Kontrolle übernimmt, wenn der Hubschrauber in einen Zustand eintritt, aus dem heraus jede weitere unsichere Aktion zu einem nicht wiederherstellbaren Zustand führen würde – ein Zustand, in dem der Sicherheits-Controller nicht garantieren kann, dass sich der absorbierende Zustand vermeiden lässt. In allen anderen Zuständen kann der lernende Agent tun und lassen, was er will.

22.3.3 Q-Lernen mit temporaler Differenz

Nachdem wir nun einen aktiven ADP-Agenten haben, sollten wir uns überlegen, wie wir einen aktiven TD-Lernagenten konstruieren können. Die offensichtlichste Änderung ist, dass der Agent ein Transitionsmodell lernen muss, damit er eine auf $U(s)$ basierende Aktion mittels eines einstufigen Look-aheads wählen kann. Das Modellerwerbsproblem ist für den TD-Agenten genau das gleiche wie für den ADP-Agenten und die TD-Aktualisierungsregel bleibt unverändert. Auch hier kann gezeigt werden, dass der TD-Algorithmus zu den gleichen Werten konvergiert wie ADP, wenn die Anzahl der Trainingsfolgen gegen unendlich geht.

Das **Q-Lernen** vermeidet die Notwendigkeit eines Modells, indem es eine Aktion-Nutzen-Funktion $Q(s, a)$ anstelle einer Nutzenfunktion $U(s)$ lernt. $Q(s, a)$ bezeichnet die erwartete diskontierte Gesamtbelohnung, wenn der Agent in s die Aktion a ausführt und danach optimal handelt. Die Kenntnis der Q-Funktion ermöglicht es dem Agenten, optimal zu handeln, indem er einfach $\arg\max_a Q(s, a)$ wählt, ohne dass ein Look-ahead auf der Grundlage eines Transitionsmodells erforderlich ist.

Wir können auch eine modellfreie TD-Aktualisierung für die Q-Werte ableiten. Wir beginnen mit der Bellman-Gleichung für $Q(s, a)$, hier eine Wiederholung von Gleichung (17.8):

$$Q(s, a) = \sum_{s'} P(s' \mid s, a)[R(s, a, s') + \gamma \max_{a'} Q(s', a')] \tag{22.6}$$

Daraus können wir analog zur TD-Aktualisierung für Nutzenwerte in Gleichung (22.3) die TD-Aktualisierung für Q-Lernen formulieren:

$$Q(s, a) \leftarrow Q(s, a) + \alpha[R(s, a, s') + \gamma \max_{a'} Q(s', a') - Q(s, a)] \tag{22.7}$$

Diese Aktualisierung wird immer dann berechnet, wenn die Aktion a im Zustand s ausgeführt wird, was zum Zustand s' führt. Wie in Gleichung (22.3) repräsentiert der Term $R(s, a, s') + \gamma \max_{a'} Q(s', a') - Q(s, a)$ einen Fehler, den die Aktualisierung zu minimieren versucht.

Der wichtige Teil dieser Gleichung ist das, was sie nicht enthält: *Ein TD-Q-Lernagent benötigt kein Transitionsmodell $P(s' \mid s, a)$, weder zum Lernen noch zur Aktionsauswahl.* Wie zu Beginn des Kapitels erwähnt, können modellfreie Methoden auch in sehr komplexen Domänen angewendet werden, da kein Modell bereitgestellt oder gelernt werden muss. Auf der anderen Seite hat der Q-Lernagent keine Möglichkeit, in die Zukunft zu schauen, sodass er Schwierigkeiten haben kann, wenn die Belohnungen spärlich sind und lange Aktionsfolgen konstruiert werden müssen, um sie zu erreichen.

Der vollständige Agentenentwurf für einen explorativen TD-Q-Lernagenten ist in ► Abbildung 22.8 dargestellt. Beachten Sie, dass er genau dieselbe Explorationsfunktion f verwendet wie der explorative ADP-Agent – daher die Notwendigkeit, Statistiken über durchgeführte Aktionen zu führen (die Tabelle N). Wenn eine einfachere Explorationsstrategie verfolgt wird – z. B. zufälliges Handeln auf einem Teil der Schritte, wobei der Teil mit der Zeit abnimmt –, dann können wir auf die Statistik verzichten.

```
function Q-LEARNING-AGENT(percept) returns eine Aktion
  inputs: percept, ein Perzept, das den aktuellen Zustand s′ und Belohnungssignal r angibt
  persistent: Q, eine Tabelle mit Aktionswerten, indiziert durch Zustand und Aktion,
                                                    anfangs mit Nullen gefüllt
              N_sa, eine Tabelle mit Häufigkeiten von Zustand-Aktion-Paaren,
                                                    anfangs mit Nullen gefüllt
              s, a, voriger Zustand und Aktion, anfangs null

  if s ist nicht null then
     inkrementiere N_sa[s, a]
     Q[s, a] ← Q[s, a] + α(N_sa[s, a])(r + γ max_a′ Q[s′, a′] − Q[s, a])
  s, a ← s′, argmax_a′ f(Q[s′, a′], N_sa[s′, a′])
  return a
```

Abbildung 22.8: Ein explorativer Q-Lernagent. Er ist ein aktiver Lernalgorithmus, der den Wert $Q(s, a)$ jeder Aktion in jeder Situation lernt. Er verwendet dieselbe Explorationsfunktion f wie der explorative ADP-Agent, vermeidet aber das Lernen des Transitionsmodells.

Q-Lernen ist eng verwandt mit dem **SARSA**-Algorithmus (*State, Action, Reward, State, Action* – Zustand, Aktion, Belohnung, Zustand, Aktion). Die Aktualisierungsregel für SARSA ist der Aktualisierungsregel für Q-Lernen (Gleichung (22.7)) sehr ähnlich, mit der Ausnahme, dass SARSA mit dem Q-Wert der tatsächlich ausgeführten Aktion a' aktualisiert wird:

$$Q(s, a) \leftarrow Q(s, a) + \alpha[R(s, a, s') + \gamma\, Q(s', a') - Q(s, a)] \qquad (22.8)$$

Die Regel wird am Ende jedes Quintupels s, a, r, s', a' angewendet – daher der Name. Der Unterschied zum Q-Lernen ist ziemlich subtil: Während Q-Lernen den Q-Wert der besten Aktion in s' speichert, wartet SARSA, bis eine Aktion ausgeführt wird und speichert dann den Q-Wert für diese Aktion. Wenn der Agent gierig ist und immer die Aktion mit dem besten Q-Wert ausführt, sind die beiden Algorithmen identisch. Findet jedoch Exploration statt, dann unterscheiden sie sich: Wenn die Exploration eine negative Belohnung zur Folge hat, bestraft SARSA die Aktion, während Q-Lernen dies nicht tut.

Q-Lernen ist ein **Off-Strategie**-Lernalgorithmus, denn er lernt Q-Werte, die die Frage beantworten: „Was wäre diese Aktion in diesem Zustand wert, wenn ich aufhöre, die bisher verwendete Strategie zu verwenden, und anfange, nach einer Strategie zu handeln, die die beste Aktion wählt (gemäß meinen Schätzungen)?“ SARSA ist ein **On-Strategie**-Algorithmus: Er lernt Q-Werte, die die Frage beantworten: „Was wäre diese Aktion in diesem Zustand wert, wenn ich an meiner Strategie festhalte?“ Q-Lernen ist flexibler als SARSA, insofern als ein Q-Lernagent „gutes Verhalten“ lernen kann, wenn er von einer großen Vielfalt von Explorationsstrategien gesteuert wird. Andererseits ist SARSA geeignet, wenn die Gesamtstrategie, und sei es auch nur teilweise, von anderen Agenten oder Programmen gesteuert wird. In diesem Fall ist es besser, eine Q-Funktion für das zu erlernen, was tatsächlich passieren wird, als für das, was passieren würde, wenn der Agent geschätzte beste Aktionen auswählen könnte. Sowohl der Q-Lernagent als auch der SARSA-Agent lernen die optimale Strategie für die 4×3-Welt, allerdings sehr viel langsamer als der ADP-Agent. Der Grund ist, dass die lokalen Aktualisierungen keine Konsistenz unter allen Q-Werten mittels des Modells erzwingen.

22.4 Generalisierung beim Reinforcement Learning

Bisher sind wir davon ausgegangen, dass die Nutzenfunktionen und Q-Funktionen in tabellarischer Form vorliegen, mit jeweils einem Ausgabewert für jeden Zustand. Dies funktioniert für Zustandsräume mit bis zu ca. 10^6 Zuständen, was für unsere zweidimensionalen Mini-Gitterumgebungen mehr als ausreichend ist. Aber in realen Umgebungen mit viel mehr Zuständen ist die Konvergenz zu langsam. So ist Backgammon beispielsweise einfacher als die meisten realen Anwendungen und hat dennoch etwa 10^{20} Zustände. Wir können nicht einfach alle besuchen, um zu lernen, wie man das Spiel spielt.

In Kapitel 5 wurde die Idee einer **Evaluierungsfunktion** als kompaktes Maß der Erwünschtheit für potenziell riesige Zustandsräume vorgestellt. In der Terminologie dieses Kapitels ist die Evaluierungsfunktion eine approximative Nutzenfunktion. Wir verwenden den Begriff **Funktionsapproximation** für den Prozess, eine kompakte Näherung der wahren Nutzenfunktion oder Q-Funktion zu finden. Zum Beispiel könnten wir die Nutzenfunktion durch eine gewichtete Linearkombination der **Merkmale** $f_1, \ldots, f_n$ approximieren:

$$\hat{U}_\theta(s) = \theta_1 f_1(s) + \theta_2 f_2(s) + \cdots + \theta_n f_n(s)$$

Anstatt 10^{20} Zustandswerte in einer Tabelle zu lernen, kann ein RL-Algorithmus z. B. 20 Werte für die Parameter $\theta = \theta_1, \ldots, \theta_{20}$ lernen, die $\hat{U}_\theta$ zu einer guten Annäherung an die wahre Nutzenfunktion machen. Manchmal wird diese approximative Nutzenfunktion mit einer Look-ahead-Suche kombiniert, um genauere Entscheidungen zu erhalten. Das Hinzufügen der Look-ahead-Suche bedeutet, dass das effektive Verhalten aus einem viel einfacheren Nutzenfunktionsapproximator generiert werden kann, der aus viel weniger Erfahrungen erlernbar ist.

Die Funktionsapproximation ermöglicht es, Nutzenfunktionen (oder Q-Funktionen) für sehr große Zustandsräume darzustellen, aber noch wichtiger ist, dass sie eine induktive Generalisierung erlaubt: Der Agent kann von Zuständen, die er besucht hat, auf Zustände verallgemeinern, die er noch nicht besucht hat. Tesauro (1992) verwendete diese Technik, um ein Backgammon-Spielprogramm zu erstellen, das auf dem Niveau eines menschlichen Champions spielte, obwohl es nur ein Billionstel des gesamten Zustandsraums von Backgammon kannte.

22.4.1 Annäherung an die direkte Nutzenschätzung

Die Methode der direkten Nutzenschätzung (Abschnitt 22.2) erzeugt Trajektorien im Zustandsraum und extrahiert für jeden Zustand die Summe der erhaltenen Belohnungen ab diesem Zustand bis zum Ende. Der Zustand und die Summe der erhaltenen Belohnungen sind ein Trainingsbeispiel für einen **überwachten Lernalgorithmus**. Nehmen wir zum Beispiel an, dass wir die Nutzenwerte für die 4×3-Welt durch eine einfache lineare Funktion darstellen, wobei die Eigenschaften der Quadrate nur ihre x- und y-Koordinaten sind. In diesem Fall haben wir:

$$\hat{U}_\theta(x, y) = \theta_0 + \theta_1 x + \theta_2 y \tag{22.9}$$

Wenn also $(\theta_0, \theta_1, \theta_2) = (0{,}5;\ 0{,}2;\ 0{,}1)$, dann ist $\hat{U}_\theta(1, 1) = 0{,}8$. Für eine Folge von Versuchen erhalten wir eine Menge von Samplewerten von $\hat{U}_\theta(x, y)$ und können die besten Übereinstimmungen finden im Sinne einer Minimierung des quadratischen Fehlers unter Verwendung der linearen Standardregression (siehe Kapitel 19).

Beim Reinforcement Learning ist es sinnvoller, einen *Online*lernalgorithmus zu verwenden, der die Parameter nach jedem Versuch aktualisiert. Nehmen wir an, wir führen einen Versuch aus und die Gesamtbelohnung nach dem Start bei $(1, 1)$ beträgt 0,4. Das weist darauf hin, dass $\hat{U}_\theta(1, 1)$ mit aktuell 0,8 zu groß ist und reduziert werden muss. Wie sollten die Parameter dafür angepasst werden? Wie beim Lernen neuronaler Netze schreiben wir eine Fehlerfunktion und berechnen ihren Gradienten in Bezug auf die Parameter. Wenn $u_j(s)$ die beobachtete Gesamtbelohnung ab Zustand s im j-ten Versuch ist, dann ist der Fehler definiert als (halbe) quadratische Differenz des vorhergesagten Gesamtbetrags und des tatsächlichen Gesamtbetrags: $E_j(s) = (\hat{U}_\theta(s) - u_j(s))^2/2$. Die Änderungsrate des Fehlers in Bezug auf jeden Parameter θ_i ist $\partial E_j/\partial\theta_i$, d. h., um den Parameter in Richtung einer Verringerung des Fehlers zu verschieben, benötigen wir:

$$\theta_i \leftarrow \theta_i - \alpha \frac{\partial E_j(s)}{\partial \theta_i} = \theta_i + \alpha\,[u_j(s) - \hat{U}_\theta(s)] \frac{\partial \hat{U}_\theta(s)}{\partial \theta_i} \tag{22.10}$$

Dies wird die **Widrow-Hoff-Regel** oder **Delta-Regel** für kleinste Onlinequadrate genannt. Für den linearen Funktionsapproximator $\hat{U}_\theta(s)$ in Gleichung (22.9) erhalten wir drei einfache Aktualisierungsregeln:

$$\theta_0 \leftarrow \theta_0 + \alpha\,[u_j(s) - \hat{U}_\theta(s)]$$
$$\theta_1 \leftarrow \theta_1 + \alpha\,[u_j(s) - \hat{U}_\theta(s)]\,x$$
$$\theta_2 \leftarrow \theta_2 + \alpha\,[u_j(s) - \hat{U}_\theta(s)]\,y$$

Wir können diese Regeln auf das Beispiel anwenden, bei dem $\hat{U}_\theta(1, 1)$ gleich 0,8 ist und $u_j(1, 1)$ gleich 0,4 ist. Die Parameter θ_0, θ_1 und θ_2 werden alle um $0{,}4\alpha$ verringert, wodurch der Fehler für $(1, 1)$ reduziert wird. Beachten Sie, *dass die Änderung der Parameter θ_i als Reaktion auf einen beobachteten Übergang zwischen zwei Zuständen auch die Werte von $\hat{U}_\theta$ für jeden anderen Zustand ändert!* Genau das meinen wir, wenn wir sagen, dass es die Funktionsapproximation einem RL-Algorithmus erlaubt, seine Erfahrungen zu generalisieren.

Der Agent lernt schneller, wenn er einen Funktionsapproximator verwendet, vorausgesetzt, der Hypothesenraum ist nicht zu groß und enthält einige Funktionen, die eine einigermaßen gute Übereinstimmung mit der wahren Nutzenfunktion zeigen. In Übung 21.7 auf der Website werden Sie aufgefordert, die Leistung der direkten Nutzenschätzung sowohl mit als auch ohne Funktionsapproximation zu evaluieren. Die Verbesserung in der 4×3-Welt ist spürbar, aber nicht dramatisch, da es sich hier um einen sehr kleinen Zustandsraum handelt. In einer 10×10-Welt mit einer Belohnung +1 an der Position (10, 10) wirkt sich die Verbesserung sehr viel stärker aus.

Die 10×10-Welt eignet sich gut für eine lineare Nutzenfunktion, weil die wahre Nutzenfunktion glatt und fast linear ist: Sie ist im Grunde eine Diagonale mit der unteren Ecke bei (1, 1) und der oberen Ecke bei (10, 10) (siehe Übung 21.10 auf der Website). Wenn wir dagegen die Belohnung +1 an der Position (5, 5) platzieren, ähnelt der wahre Nutzen eher einer Pyramide und der Funktionsapproximator in Gleichung (22.9) wird kläglich scheitern.

Es ist jedoch noch nicht alles verloren! Wir wissen, dass es bei der Approximation einer linearen Funktion darauf ankommt, dass die Funktion linear in den Merkmalen ist. Aber wir können die Merkmale so wählen, dass sie beliebige nichtlineare Funktionen der Zustandsvariablen sind. Daher können wir ein Merkmal wie $f_3(x, y) = \sqrt{(x - x_g)^2 + (y - y_g)^2}$ einfügen, das die Distanz zum Ziel misst. Mit diesem neuen Merkmal schneidet der lineare Funktionsapproximator gut ab.

22.4.2 Annäherung beim Temporal-Difference Learning

Wir können diese Ideen genauso gut auf Lernalgorithmen mit temporaler Differenz (TD) anwenden. Wir müssen nur die Parameter anpassen, um damit die temporale Differenz zwischen aufeinanderfolgenden Zuständen zu verringern. Die neuen Versionen der Gleichungen für TD- und Q-Lernen (22.3 auf S. 881 und 22.7 auf S. 889) sind

$$\theta_i \leftarrow \theta_i + \alpha \, [R(s, a, s') + \gamma \, \hat{U}_\theta(s') - \hat{U}_\theta(s)] \frac{\partial \hat{U}_\theta(s)}{\partial \theta_i} \tag{22.11}$$

für Nutzen- und

$$\theta_i \leftarrow \theta_i + \alpha \, [R(s, a, s') + \gamma \, \max_{a'} \hat{Q}_\theta(s', a') - \hat{Q}_\theta(s, a)] \frac{\partial \hat{Q}_\theta(s, a)}{\partial \theta_i} \tag{22.12}$$

für Q-Werte. Für passives TD-Lernen kann gezeigt werden, dass die Aktualisierungsregel zur bestmöglichen Annäherung an die wahre Funktion konvergiert, wenn der Funktionsapproximator *linear* in den Merkmalen ist.[4] Bei aktivem Lernen und *nichtlinearen* Funktionen, wie z. B. neuronalen Netzen, kann für nichts garantiert werden: Es gibt einige sehr einfache Fälle, in denen die Parameter mit diesen Aktualisierungsregeln gegen unendlich gehen, obwohl es gute Lösungen im Hypothesenraum gibt. Andererseits gibt es ausgefeiltere Algorithmen, die diese Probleme vermeiden. Dies zeigt, dass Reinforcement Learning mit allgemeinen Funktionsapproximatoren derzeit immer noch eine heikle Angelegenheit ist.

Zusätzlich zu den ins Unendliche divergierenden Parametern gibt es ein noch überraschenderes Problem, das **katastrophales Vergessen** genannt wird. Nehmen wir an, Sie trainieren ein autonomes Fahrzeug, um sicher über (simulierte) Straßen zu fahren, ohne einen Unfall zu verursachen. Sie weisen dem Überfahren des Straßenrands eine hohe negative Belohnung zu und verwenden quadratische Merkmale der Straßenposition, damit das Auto lernen kann, dass der Nutzen, sich in der Mitte der Straße zu bewegen, höher ist als in der Nähe des Rands. Alles geht gut und das Auto lernt, perfekt in der Mitte der Straße zu fahren. Nach ein paar Minuten wird es Ihnen langweilig und Sie wollen die Simulation abbrechen und die hervorragenden Ergebnisse aufschreiben. Plötzlich kommt das Fahrzeug von der Straße ab und

4 Die Definition der Distanz zwischen Nutzenfunktionen ist eher technisch; siehe Tsitsiklis und Van Roy (1997).

verunglückt. Warum? Das Auto hat *zu gut* gelernt: Weil es gelernt hat, vom Rand weg zu bleiben, hat es gelernt, dass der gesamte mittlere Bereich der Straße ein sicherer Ort ist, und dabei vergessen, dass der Bereich näher am Rand gefährlich ist. Der zentrale Bereich hat daher eine flache Wertefunktion, sodass die quadratischen Merkmale null Gewicht bekommen. Folglich führt jedes Gewicht ungleich null auf den linearen Merkmalen dazu, dass das Auto zu der einen oder anderen Seite von der Straße abkommt.

Eine Lösung für dieses Problem, die sogenannte **Erfahrungswiederholung**, stellt sicher, dass das Auto sein jugendliches Kollisionsverhalten in regelmäßigen Abständen wieder erlebt. Der Lernalgorithmus kann Trajektorien aus dem gesamten Lernprozess speichern und diese Trajektorien erneut abspielen, um sicherzustellen, dass seine Wertefunktion für nicht mehr besuchte Teile des Zustandsraums immer noch genau ist.

Für modellbasierte RL-Systeme kann die Funktionsapproximation auch sehr hilfreich sein, um ein Modell der Umgebung zu lernen. Wir wissen, dass das Lernen eines Modells für eine *beobachtbare* Umgebung ein *überwachtes* Lernproblem ist, da das nächste Perzept den Ergebniszustand liefert. Jede der überwachten Lernmethoden aus den Kapiteln 19–21 kann verwendet werden, mit geeigneten Anpassungen, da wir eine vollständige Zustandsbeschreibung vorhersagen müssen und nicht nur eine boolesche Klassifikation oder einen einzelnen realen Wert. Mit einem gelernten Modell kann der Agent eine Look-ahead-Suche durchführen, um seine Entscheidungen zu verbessern, und er kann interne Simulationen durchführen, um seine approximativen Repräsentationen von U oder Q zu verbessern, anstatt langsame und potenziell teure Erfahrungen in der realen Welt machen zu müssen.

Für eine *teilweise beobachtbare* Umgebung ist das Lernproblem viel schwieriger, weil das nächste Perzept kein Label mehr für das Zustandsvorhersageproblem ist. Wenn wir wissen, welches die verborgenen Variablen sind und wie sie kausal miteinander und mit den beobachtbaren Variablen zusammenhängen, dann können wir die Struktur eines dynamischen Bayes'schen Netzes festlegen und den EM-Algorithmus, wie in Kapitel 20 beschrieben, zum Lernen der Parameter verwenden. Das Erlernen der internen Struktur von dynamischen Bayes'schen Netzen und das Erzeugen neuer Zustandsvariablen wird immer noch für ein großes Problem gehalten. Tiefe rekurrente neuronale Netze (Abschnitt 21.6) waren in einigen Fällen erfolgreich beim Erfinden der verborgenen Struktur.

22.4.3 Deep Reinforcement Learning

Es gibt zwei Gründe, warum wir über lineare Funktionsapproximatoren hinausgehen müssen: Erstens gibt es möglicherweise keine gute lineare Funktion, die die Nutzenfunktion oder die Q-Funktion überhaupt approximiert, und zweitens sind wir möglicherweise nicht in der Lage, uns die erforderlichen Merkmale auszudenken, insbesondere in neuen Domänen. Wenn man darüber nachdenkt, sind diese Gründe eigentlich identisch: Es ist immer *möglich*, U oder Q als lineare Kombinationen von Merkmalen darzustellen, insbesondere wenn wir es mit Merkmalen zu tun haben wie $f_1(s) = U(s)$ oder $f_2(s, a) = Q(s, a)$, aber solange wir nicht in der Lage sind, mit solchen Merkmalen (in einer effizient zu berechnenden Form) aufzuwarten, ist der lineare Funktionsapproximator unter Umständen unzureichend.

Aus diesen Gründen haben Wissenschaftler seit den Anfängen des Reinforcement Learning komplexere, nichtlineare Funktionsapproximatoren erforscht. Derzeit sind tiefe neuronale Netze (Kapitel 21) in dieser Rolle sehr beliebt und haben sich auch dann als effektiv erwiesen, wenn die Eingabe Rohdaten sind, bei denen überhaupt kein Merkmal von einem Menschen extrahiert wurde. Wenn alles gut geht, entdeckt das tiefe neuronale Netz die nützlichen Merkmale tatsächlich selbst. Und wenn die letzte Schicht des Netzes linear ist, dann zeigt sich, welche Merkmale das Netz verwendet, um seinen eigenen linearen Funktionsapproximator zu erstellen. Ein RL-System, das ein tiefes Netz als Funktionsapproximator verwendet, wird als Deep-RL-System bezeichnet.

Genau wie in Gleichung (22.9) ist das tiefe Netz eine durch θ parametrisierte Funktion, nur dass die Funktion jetzt viel komplizierter ist. Die Parameter sind alle Gewichte in allen Schichten des Netzes. Nichtsdestotrotz sind die für die Gleichungen (22.11) und (22.12) benötigten Gradienten genau die gleichen wie die für das überwachte Lernen und können durch den gleichen Rückwärtspropagation-Prozess berechnet werden, der in Abschnitt 21.4 beschrieben wurde.

Wie wir in Abschnitt 22.7 erläutern, hat Deep RL beachtliche Lernergebnisse erzielt, unter anderem, wie man eine breite Palette von Videospielen auf Expertenniveau spielt, den Weltmeister im Go-Spiel besiegt und Roboter darauf trainiert, komplexe Aufgaben auszuführen.

Trotz der beeindruckenden Erfolge steht Deep RL immer noch vor erheblichen Hindernissen: Es ist oft schwierig, eine gute Leistung zu erzielen, und, wenn sich die Umgebung auch nur ein wenig von den Trainingsdaten unterscheidet, kann sich das trainierte System unvorhersehbar verhalten. Im Vergleich zu anderen Anwendungen von Deep Learning wird Deep RL nur selten in kommerziellen Umgebungen eingesetzt. Nichtsdestotrotz wird in diesem Bereich sehr aktiv geforscht.

22.4.4 Reward Shaping

Wie in der Einleitung zu diesem Kapitel erwähnt, haben reale Umgebungen zum Teil sehr spärliche Belohnungen: Viele primitive Aktionen sind erforderlich, um eine Belohnung ungleich null zu erreichen. Ein fußballspielender Roboter könnte zum Beispiel hunderttausend Motorsteuerungsbefehle an seine verschiedenen Gelenke senden, bevor er ein Tor kassiert. Nun muss er herausfinden, was er falsch gemacht hat. Der Fachausdruck dafür ist das **Credit Assignment**-Problem. Gibt es eine gute Lösung, außer Billionen von Fußballspielen zu spielen, bis die negative Belohnung irgendwann zu den dafür verantwortlichen Aktionen zurückführt?

Eine gängige Methode, die ursprünglich in der Tierdressur eingesetzt wurde, ist das **Reward Shaping**. Dabei werden dem Agenten zusätzliche Belohnungen, sogenannte **Pseudo-Belohnungen**, für das „Vorankommen" gegeben. Zum Beispiel können wir dem Roboter Pseudo-Belohnungen geben, wenn er den Ball berührt oder sich dem Tor nähert. Solche Belohnungen können das Lernen enorm beschleunigen und sind einfach bereitzustellen, aber es besteht die Gefahr, dass der Agent lernt, die Pseudo-Belohnungen anstatt die echten Belohnungen zu maximieren (zum Beispiel führt das Stehen neben dem Ball und das „Vibrieren" zu vielen Ballkontakten).

In Kapitel 17 (S. 641) haben wir eine Möglichkeit kennengelernt, die Belohnungsfunktion zu modifizieren, ohne die optimale Strategie zu ändern. Für jede Potenzialfunktion $\Phi(s)$ und jede Belohnungsfunktion R können wir wie folgt eine neue Belohnungsfunktion R' erzeugen:

$$R'(s, a, s') = R(s, a, s') + \gamma\Phi(s') - \Phi(s)$$

Die Potenzialfunktion Φ kann so konstruiert werden, dass sie beliebige wünschenswerte Aspekte des Zustands widerspiegelt, wie z. B. das Erreichen von Teilzielen oder die Entfernung zu einem gewünschten Endzustand. Zum Beispiel könnte Φ für den fußballspielenden Roboter einen konstanten Bonus für Zustände hinzufügen, in denen die Mannschaft des Roboters Ballbesitz hat, und einen weiteren Bonus für die Verringerung der Entfernung des Balls zum gegnerischen Tor. Dies führt insgesamt zu einem schnelleren Lernen, verhindert aber nicht, dass der Roboter z. B. lernt, zum Torwart zurückzuspielen, wenn Gefahr droht.

22.4.5 Hierarchisches Reinforcement Learning

Eine andere Möglichkeit, sehr lange Aktionsfolgen zu verarbeiten, besteht darin, sie in einige kleinere Folgen und diese dann in noch kleinere Folgen zu zerlegen, und so weiter, bis die

Aktionsfolgen kurz genug sind, um das Lernen zu erleichtern. Dieser Ansatz wird **hierarchisches Reinforcement Learning** (HRL) genannt und hat viel mit den in Kapitel 11 beschriebenen Methoden der **HTN-Planung** gemeinsam. Zum Beispiel kann das Erzielen eines Tors beim Fußball in die Schritte Ballbesitz, Pass zu einem Mitspieler, Ballannahme von einem Mitspieler, Dribbeln zum Tor und Schießen unterteilt werden. Offensichtlich gibt es mehrere Möglichkeiten, in den Ballbesitz zu gelangen und zu schießen, mehrere Mitspieler, an die man den Ball abspielen könnte, und so weiter, sodass jede übergeordnete Aktion viele verschiedene untergeordnete Implementierungen haben kann.

Zur Veranschaulichung dieser Ideen soll uns ein vereinfachtes Fußballspiel namens **Keepaway** dienen, bei dem eine Mannschaft, bestehend aus drei Spielern, versucht, den Ball so lange wie möglich durch Dribbeln und Passen untereinander zu halten, während die andere Mannschaft, bestehend aus zwei Spielern, versucht, in den Ballbesitz zu gelangen, indem sie einen Pass abfängt oder einen Spieler in Ballbesitz angreift.[5] Das Spiel ist im 2-D-Simulator von RoboCup implementiert, der detaillierte Bewegungsmodelle für stetige Zustände mit 100-ms-Zeitschritten liefert und sich als gute Testumgebung für RL-Systeme erwiesen hat.

Ein hierarchischer RL-Agent beginnt mit einem **partiellen Programm**, das eine hierarchische Struktur für das Verhalten des Agenten skizziert. Die Programmiersprache für partielle Agentenprogramme erweitert jede gewöhnliche Programmiersprache um Primitive für nicht spezifizierte Auswahlmöglichkeiten, die durch Lernen ausgefüllt werden müssen (hier wird Pseudocode verwendet). Das partielle Programm kann beliebig kompliziert sein, solange es terminiert.

Es ist leicht zu sehen, dass HRL gewöhnliches RL als Spezialfall beinhaltet. Wir stellen einfach das triviale partielle Programm bereit, das es dem Agenten erlaubt, weiterhin eine beliebige Aktion aus $A(s)$, der Menge der im aktuellen Zustand s ausführbaren Aktionen, zu wählen:

```
while true do
    choose(A(s))
```

Der **choose**-Operator erlaubt es dem Agenten, ein beliebiges Element der angegebenen Menge zu wählen. Der Lernprozess wandelt das partielle Agentenprogramm in ein vollständiges Programm um, indem er lernt, wie man eine Wahl trifft. Der Lernprozess könnte zum Beispiel jeder Wahl eine Q-Funktion zuordnen. Sobald die Q-Funktionen gelernt sind, erzeugt das Programm ein Verhalten, dadurch dass es sich bei jeder Wahl für die Option mit dem höchsten Q-Wert entscheidet.

Interessanter sind die Agentenprogramme für Keepaway. Betrachten wir das partielle Programm für einen einzelnen Spieler im „Keeper"-Team. Die Entscheidung, was auf der obersten Ebene zu tun ist, hängt hauptsächlich davon ab, ob der Spieler den Ball hat oder nicht:

```
while not IS-TERMINAL(s) do
    if BALL-IN-MY-POSSESSION(s) then choose({PASS, HOLD, DRIBBLE})
    else choose({STAY, MOVE, INTERCEPT-BALL})
```

Jede dieser Entscheidungen ruft eine Subroutine auf, die selbst weitere Entscheidungen treffen kann, bis hin zu primitiven Aktionen, die direkt ausgeführt werden können. Zum Beispiel wählt die High-Level-Aktion PASS einen Mitspieler aus, an den der Ball abgegeben werden soll, hat aber auch die Möglichkeit, nichts zu tun und gegebenenfalls die Kontrolle an die höhere Ebene zurückzugeben (z. B. wenn es niemanden gibt, an den der Ball abgeben werden kann):

```
choose({PASS-TO(choose(TEAMMATES(s))), return})
```

5 Gerüchte, dass Keepaway von der realen Taktik des FC Barcelona inspiriert wurde, sind wahrscheinlich unbegründet.

Die PASS-TO-Routine muss dann eine Geschwindigkeit und Richtung für den Pass wählen. Während es für einen Menschen – selbst für einen mit wenig Fußballerfahrung – relativ einfach ist, dem lernenden Agenten diese Art von High-Level-Ratschlägen zu geben, wäre es schwierig, wenn nicht gar unmöglich, die Regeln zum Bestimmen der Geschwindigkeit und Richtung des Schusses aufzuschreiben, um die Wahrscheinlichkeit zu maximieren, im Ballbesitz zu bleiben. Ebenso ist es alles andere als offensichtlich, wie man den richtigen Mitspieler für die Ballannahme auswählt oder wohin man sich bewegen muss, um sich selbst für die Ballannahme zur Verfügung zu stellen. Das partielle Programm liefert das allgemeine Know-how – das Gesamtgerüst und die strukturelle Organisation für komplexe Verhaltensweisen – und der Lernprozess arbeitet alle Details aus.

Die theoretischen Grundlagen von HRL basieren auf dem Konzept des **gemeinsamen Zustandsraums**, in dem jeder Zustand (s, m) aus einem physikalischen Zustand s und einem Maschinenzustand m besteht. Der Maschinenzustand wird durch den aktuellen internen Zustand des Agentenprogramms definiert: den Programmzähler für jede Subroutine auf dem aktuellen Aufrufstapel, die Werte der Argumente und die Werte aller lokalen und globalen Variablen. Wenn das Agentenprogramm z. B. entschieden hat, an den Mitspieler Ali abzugeben und gerade dabei ist, die Geschwindigkeit der Ballabgabe zu berechnen, dann ist die Tatsache, dass Ali das Argument von PASS-TO ist, Teil des aktuellen Maschinenzustands. Ein **(Aus)Wahlzustand** $\sigma = (s, m)$ ist ein Zustand, in dem der Programmzähler für m an einem Wahlpunkt im Agentenprogramm steht. Zwischen zwei Wahlzuständen kann eine beliebige Anzahl von rechnerischen Übergängen und physischen Aktionen stattfinden, aber sie sind alle sozusagen vorherbestimmt: Per Definition trifft der Agent zwischen den Wahlzuständen keine Auswahl. Im Wesentlichen löst der hierarchische RL-Agent ein Markov-Entscheidungsproblem mit den folgenden Elementen:

- Die Zustände sind die Wahlzustände σ des gemeinsamen Zustandsraums.
- Die Aktionen bei σ sind die gemäß dem partiellen Programm in σ verfügbaren Wahlmöglichkeiten c.
- Die Belohnungsfunktion $\rho(\sigma, c, \sigma')$ ist die erwartete Summe der Belohnungen für alle physischen Übergänge, die zwischen den Wahlzuständen σ und σ' auftreten.
- Das Transitionsmodell $\tau(\sigma, c, \sigma')$ ist eindeutig definiert: Wenn c eine physische Aktion a aufruft, dann macht τ Anleihen beim physischen Modell $P(s' \mid s, a)$. Wenn c einen rechnerischen Übergang aufruft, wie z. B. den Aufruf einer Subroutine, dann modifiziert der Übergang deterministisch den rechnerischen Zustand m gemäß den Regeln der Programmiersprache.[6]

Durch Lösen dieses Entscheidungsproblems findet der Agent die optimale Strategie, die mit dem ursprünglichen partiellen Programm konsistent ist.

Hierarchisches RL kann eine sehr effektive Methode zum Lernen komplexer Verhaltensweisen sein. In Keepaway lernt ein HRL-Agent, der auf dem oben skizzierten partiellen Programm basiert, eine Strategie, die den Ballbesitz immer gegen die Standard-Mitspielerstrategie verteidigt – eine deutliche Verbesserung gegenüber dem bisherigen Rekord von etwa 10 Sekunden. Ein wichtiges Merkmal ist, dass die Fähigkeiten der unteren Ebene keine festen Subroutinen im üblichen Sinne sind, denn ihre Wahlen sind abhängig vom gesamten internen Zustand des Agentenprogramms, sodass sie sich unterschiedlich verhalten, je nachdem, wo sie innerhalb des Programms aufgerufen werden und was gerade zu der Zeit vor sich geht. Wenn nötig,

6 Da mehr als eine physische Aktion ausgeführt werden kann, bevor der nächste Wahlzustand erreicht wird, ist das Problem technisch gesehen ein Semi-Markov-Entscheidungsprozess, bei dem die Aktionen von unterschiedlicher Dauer sein können, einschließlich stochastischer Dauer. Wenn der Diskontierungsfaktor $\gamma < 1$ ist, dann beeinflusst die Aktionsdauer die Diskontierung, die auf die während der Aktion erhaltene Belohnung angewendet wird, was bedeutet, dass eine zusätzliche Buchführung über die Diskontierungen anfällt und das Transitionsmodell die Verteilung über die Dauer enthält.

können die Q-Funktionen für die Wahlen auf den unteren Ebenen durch einen separaten Trainingsprozess mit eigener Belohnungsfunktion initialisiert und dann in das Gesamtsystem integriert werden, damit sie so angepasst werden können, dass sie im Kontext des gesamten Agenten gut funktionieren.

Im vorangegangenen Abschnitt haben wir gesehen, dass das Reward Shaping für das Erlernen komplexer Verhaltensweisen hilfreich sein kann. In HRL bietet die Tatsache, dass das Lernen im gemeinsamen Zustandsraum stattfindet, zusätzliche Möglichkeiten für das Shaping. Um z. B. das Erlernen der Q-Funktion für genaues Passen innerhalb der PASS-TO-Routine zu unterstützen, können wir eine Shaping-Belohnung bereitstellen, die von der Position des Spielers abhängt, der angespielt werden soll, sowie von der Nähe der Gegner zu diesem Spieler: Der Ball sollte nahe beim anzuspielenden Spieler und weit weg von den Gegnern sein. Das scheint absolut offensichtlich zu sein; aber *die Identität des Spielers, an den man einen Ball abgeben möchte, ist nicht Teil des physischen Zustands der Welt.* Der physische Zustand besteht nur aus den Positionen, Ausrichtungen und Geschwindigkeiten der Spieler und des Balls. In der physischen Welt gibt es keinen „Pass“ und keinen „Empfänger“; dies sind ausschließlich interne Konstrukte. Das bedeutet, dass es keine Möglichkeit gibt, einem Standard-RL-System solche sinnvollen Hinweise zu geben.

Die hierarchische Struktur des Verhaltens bietet auch eine natürliche **additive Zerlegung** der gesamten Nutzenfunktion. Wir wissen, dass der Nutzen die Summe der Belohnungen über die Zeit ist, und betrachten eine Folge von beispielsweise zehn Zeitschritten mit Belohnungen $[r_1, r_2, \ldots, r_{10}]$. Nehmen wir an, dass der Agent in den ersten fünf Zeitschritten PASS-TO(*Ali*) und in den restlichen fünf Schritten MOVE-INTO-SPACE ausführt. Dann ist der Nutzen für den Anfangszustand gleich der Summe der Gesamtbelohnung während PASS-TO und der Gesamtbelohnung während MOVE-INTO-SPACE. Ersteres hängt nur davon ab, ob der Ball zu Ali mit genügend Zeit und Raum gelangt, damit Ali auf Dauer im Ballbesitz bleibt, und Letzteres hängt nur davon ab, ob der Agent eine gute Position erreicht, um den Ball anzunehmen. Mit anderen Worten, der Gesamtnutzen zerfällt in mehrere Terme, von denen jeder nur von wenigen Variablen abhängt. Das wiederum bedeutet, dass das Lernen viel schneller erfolgt, als wenn wir versuchen, eine einzelne Nutzenfunktion zu lernen, die von allen Variablen abhängt. Dies ist in gewisser Weise analog zu den Repräsentationstheoremen, die der Kompaktheit von Bayes'schen Netzen zugrunde liegen (Kapitel 13).

22.5 Strategiesuche

Der letzte Ansatz, den wir für Reinforcement-Learning-Probleme betrachten wollen, heißt **Strategiesuche**. In gewisser Weise ist die Strategiesuche die einfachste aller Methoden in diesem Kapitel: Die Idee ist, die Strategie so lange zu verändern, wie sich ihre Leistung verbessert, und dann aufzuhören.

Lassen Sie uns mit den Strategien selbst beginnen. Wir wissen, dass eine Strategie π eine Funktion ist, die Zustände auf Aktionen abbildet. Wir sind in erster Linie an *parametrisierten* Repräsentationen von π interessiert, die viel weniger Parameter haben, als es Zustände im Zustandsraum gibt (genau wie im vorangegangenen Abschnitt). Wir könnten zum Beispiel π durch eine Sammlung parametrisierter Q-Funktionen darstellen, und zwar eine für jede Aktion, und die Aktion mit dem höchsten vorhergesagten Wert nehmen:

$$\pi(s) = \operatorname*{argmax}_a \hat{Q}_\theta(s, a) \tag{22.13}$$

Jede Q-Funktion könnte eine lineare Funktion sein, wie in Gleichung (22.9), oder sie könnte eine nichtlineare Funktion sein, wie ein tiefes neuronales Netz. Die Strategiesuche wird dann die Parameter θ anpassen, um die Strategie zu verbessern. Beachten Sie, dass, wenn die Strategie durch Q-Funktionen repräsentiert wird, die Strategiesuche zu einem Prozess führt, der Q-Funktionen lernt. *Dieser Prozess ist nicht dasselbe wie das Q-Lernen!*

Beim Q-Lernen mit Funktionsapproximation findet der Algorithmus einen Wert für θ, sodass $\hat{Q}_\theta$ „nahe" an der optimalen Q-Funktion Q^* liegt. Die Strategiesuche hingegen findet einen θ-Wert, der zu einer guten Leistung führt. Die von den beiden Methoden gefundenen Werte können sich sehr stark unterscheiden. (Zum Beispiel ergibt die durch $\hat{Q}_\theta(s,a) = Q^*(s,a)/100$ definierte approximative Q-Funktion eine optimale Leistung, obwohl sie überhaupt nicht nahe an Q^* liegt.) Ein weiteres deutliches Beispiel für den Unterschied ist der Fall, in dem $\pi(s)$ z. B. unter Verwendung einer Look-ahead-Suche der Tiefe 10 mit einer approximativen Nutzenfunktion $\hat{U}_\theta$ berechnet wird. Ein θ-Wert, der gute Ergebnisse liefert, kann weit davon entfernt sein, eine Ähnlichkeit zwischen $\hat{U}_\theta$ und der wahren Nutzenfunktion herzustellen.

Eines der Probleme mit Strategierepräsentationen wie in Gleichung (22.13) ist, dass die Strategie eine *unstetige* Funktion der Parameter ist, wenn die Aktionen diskret sind. Das heißt, es gibt Werte von θ, bei denen eine infinitesimale Änderung dazu führt, dass die Strategie von einer Aktion zu einer anderen wechselt. Das bedeutet, dass sich der Wert der Strategie auch unstetig ändern kann, was die gradientenbasierte Suche erschwert. Aus diesem Grund verwenden Strategiesuchmethoden oft eine **stochastische Strategierepräsentation** $\pi_\theta(s,a)$, die die *Wahrscheinlichkeit* der Auswahl von Aktion a im Zustand s angibt. Eine beliebte Darstellung ist die **Softmax**-Funktion:

$$\pi_\theta(s,a) = \frac{e^{\beta \hat{Q}_\theta(s,a)}}{\sum_{a'} e^{\beta \hat{Q}_\theta(s,a')}} \qquad (22.14)$$

Der Parameter $\beta > 0$ moduliert die Weichheit der Softmax-Funktion: Für Werte von β, die groß im Vergleich zu den Abständen zwischen den Q-Werten sind, nähert sich die Softmax-Funktion einem harten Maximum, während sie sich für Werte von β nahe null einer gleichmäßigen Zufallsauswahl unter den Aktionen nähert. Für alle endlichen Werte von β bietet die Softmax-Funktion eine differenzierbare Funktion von θ. Daher ist der Wert der Strategie (der stetig von den Aktionsauswahl-Wahrscheinlichkeiten abhängt) eine differenzierbare Funktion von θ.

Betrachten wir nun die Methoden zur Verbesserung der Strategie. Wir beginnen mit dem einfachsten Fall: eine deterministische Strategie und eine deterministische Umgebung. Sei $\rho(\theta)$ der **Strategiewert**, d. h. die erwartete Belohnung-to-go, wenn π_θ ausgeführt wird. Wenn wir einen Ausdruck für $\rho(\theta)$ in geschlossener Form ableiten können, dann haben wir ein Standard-Optimierungsproblem, wie in Kapitel 4 beschrieben. Wir können dem **Strategie-Gradientenvektor** $\nabla_\theta \rho(\theta)$ folgen, vorausgesetzt, dass $\rho(\theta)$ differenzierbar ist. Wenn $\rho(\theta)$ nicht in geschlossener Form verfügbar ist, können wir alternativ π_θ einfach dadurch bewerten, dass wir es ausführen und die akkumulierte Belohnung beobachten. Wir können dem **empirischen Gradienten** durch Bergsteigen (Hill Climbing) folgen, d. h., wir bewerten die Änderung des Strategiewerts für kleine Inkremente in jedem Parameter. Mit den üblichen Vorbehalten konvergiert dieser Prozess zu einem lokalen Optimum im Strategieraum.

Wenn die Umgebung (oder die Strategie) nichtdeterministisch ist, steigt der Schwierigkeitsgrad. Nehmen wir an, wir versuchen es mit Bergsteigen, was den Vergleich von $\rho(\theta)$ und $\rho(\theta + \Delta\theta)$ hinsichtlich einiger kleiner $\Delta\theta$ erfordert. Das Problem ist, dass die Gesamtbelohnung für jeden Versuch stark variieren kann, sodass Schätzungen des Strategiewerts anhand einer kleinen Anzahl von Versuchen ziemlich unzuverlässig sind, wobei zwei solche Schätzungen vergleichen zu wollen, sogar noch viel unzuverlässiger ist. Eine Lösung besteht darin, einfach viele Versuche durchzuführen, die Samplevarianz zu messen und anhand dieser festzustellen, ob genügend Versuche durchgeführt wurden, um einen zuverlässigen Hinweis auf die Richtung der Verbesserung von $\rho(\theta)$ zu erhalten. Leider ist dies nicht immer möglich, da es viele reale Probleme gibt, bei denen die Versuche zu teuer, zu zeitaufwendig und vielleicht sogar gefährlich sind.

Im Fall einer nichtdeterministischen Strategie $\pi_\theta(s, a)$ ist es möglich, eine unverzerrte Schätzung des Gradienten bei θ, $\nabla_\theta \rho(\theta)$, direkt aus den Ergebnissen der bei θ ausgeführten Versuche zu erhalten. Der Einfachheit halber werden wir diese Schätzung für den einfachen Fall einer episodischen Umgebung herleiten, in der jede Aktion a eine Belohnung $R(s_0, a, s_0)$ erhält und die Umgebung in s_0 neu startet. In diesem Fall ist der Strategiewert einfach der Erwartungswert der Belohnung, und wir haben:

$$\nabla_\theta \rho(\theta) = \nabla_\theta \sum_a R(s_0, a, s_0)\pi_\theta(s_0, a) = \sum_a R(s_0, a, s_0)\nabla_\theta \pi_\theta(s_0, a)$$

Nun wenden wir einen einfachen Trick an, damit diese Summierung durch Samples approximiert werden kann, die aus der durch $\pi_\theta(s_0, a)$ definierten Wahrscheinlichkeitsverteilung erzeugt werden. Nehmen wir an, dass wir insgesamt N Versuche haben und dass die im j-ten Versuch durchgeführte Aktion a_j lautet. Dann haben wir:

$$\begin{aligned}\nabla_\theta \rho(\theta) &= \sum_a \pi_\theta(s_0, a) \cdot \frac{R(s_0, a, s_0)\nabla_\theta \pi_\theta(s_0, a)}{\pi_\theta(s_0, a)} \\ &=\approx \frac{1}{N}\sum_{j=1}^{N} \frac{R(s_0, a_j, s_0)\nabla_\theta \pi_\theta(s_0, a_j)}{\pi_\theta(s_0, a_j)}\end{aligned}$$

Somit wird der wahre Gradient des Strategiewerts durch eine Summe von Termen approximiert, unter Einbezug des Gradienten der Aktionsauswahl-Wahrscheinlichkeit in jedem Versuch. Für den sequenziellen Fall verallgemeinert sich dies zu

$$\nabla_\theta \rho(\theta) \approx \frac{1}{N}\sum_{j=1}^{N} \frac{u_j(s)\nabla_\theta \pi_\theta(s, a_j)}{\pi_\theta(s, a_j)}$$

für jeden besuchten Zustand s, wobei a_j im j-ten Versuch in s ausgeführt wird und $u_j(s)$ die Gesamtbelohnung ist, die ab Zustand s im j-ten Versuch erhalten wurde. Der resultierende Algorithmus, REINFORCE genannt, geht auf Williams (1992) zurück. Er ist in der Regel viel effektiver als Bergsteigen, da er auf vielen Versuchen bei jedem Wert von θ beruht. Allerdings ist er immer noch viel langsamer als nötig.

Betrachten wir die folgende Aufgabe: Bestimmen Sie bei zwei Blackjack-Strategien, welche die beste ist. Die Strategien könnten pro Hand tatsächliche Nettoerträge von beispielsweise −0,21% und +0,06% haben, sodass es sehr wichtig ist herauszufinden, welche besser ist. Eine Möglichkeit hierfür besteht darin, jede Strategie gegen einen Standard-„Dealer" für eine bestimmte Anzahl von Händen spielen zu lassen und dann die jeweiligen Gewinne zu messen. Das Problem dabei ist, wie wir gesehen haben, dass die Gewinne der einzelnen Strategien stark schwanken, je nachdem ob sie gute oder schlechte Karten erhalten. Man bräuchte mehrere Millionen Hände, um einen zuverlässigen Hinweis darauf zu erhalten, welche Strategie besser ist. Das gleiche Problem tritt auf, wenn man zufälliges Sampling verwendet, um zwei benachbarte Strategien in einem Bergsteigeralgorithmus zu vergleichen.

Eine bessere Lösung für Blackjack ist es, eine bestimmte Anzahl von Händen im Voraus zu generieren und *jedes Programm den gleichen Satz von Händen spielen zu lassen*. Auf diese Weise eliminieren wir den Messfehler aufgrund von Unterschieden bei den erhaltenen Karten. Es werden nur ein paar Tausend Hände benötigt, um festzustellen, welche der beiden Blackjack-Strategien besser ist.

Diese Idee, die als **korreliertes Sampling** bezeichnet wird, kann auf die Strategiesuche im Allgemeinen angewendet werden, wenn ein Umgebungssimulator vorhanden ist, in dem die Zufallszahlenfolgen wiederholt werden können. Sie wurde in einem Strategiesuchalgorithmus namens PEGASUS (Ng und Jordan, 2000) implementiert, der einer der ersten Algorithmen war, der einen vollständig stabilen autonomen Hubschrauberflug erreichte (► Abbildung 22.9 b). Es kann gezeigt werden, dass die Anzahl der Zufallszahlenfolgen, die erforderlich sind, um sicherzustellen, dass der Wert *jeder* Strategie gut geschätzt wird, nur von der Komplexität des Strategieraums abhängt und in keinster Weise von der Komplexität der zugrunde liegenden Domäne.

22.6 Apprenticeship Learning und Inverse Reinforcement Learning

Einige Domänen sind so komplex, dass es schwierig ist, eine Belohnungsfunktion für das Reinforcement Learning zu definieren. Was genau soll unser selbstfahrendes Auto können? Natürlich sollte es nicht zu lange brauchen, um ans Ziel zu gelangen, es sollte aber auch nicht so schnell fahren, dass es ein übermäßiges Risiko eingeht oder Strafzettel bekommt. Es sollte Kraftstoff/Energie sparen. Es sollte die Passagiere nicht zu sehr durchrütteln oder zu schnell beschleunigen, aber im Notfall auch mal auf die Bremse treten. Und so weiter. Die Entscheidung, wie viel Gewicht man jedem dieser Faktoren zumisst, ist eine schwierige Aufgabe. Schlimmer noch, es gibt mit ziemlicher Sicherheit wichtige Faktoren, die wir vergessen haben, wie z. B. die Verpflichtung, andere Fahrer zu berücksichtigen. Das Weglassen eines Faktors führt in der Regel zu einem Verhalten, das dem weggelassenen Faktor einen extremen Wert zuweist – in diesem Fall eine extrem rücksichtslose Fahrweise –, um die verbleibenden Faktoren zu maximieren.

Ein Ansatz besteht darin, umfangreiche Tests bei der Simulation durchzuführen, problematische Verhaltensweisen festzustellen und zu versuchen, die Belohnungsfunktion zu ändern, um diese Verhaltensweisen zu eliminieren. Ein anderer Ansatz ist es, nach zusätzlichen Informationsquellen über die geeignete Belohnungsfunktion zu suchen. Eine solche Quelle ist das Verhalten von Agenten, die diese Belohnungsfunktion bereits optimieren (oder, sagen wir, fast optimieren) – in diesem Fall, erfahrene menschliche Fahrer.

Der allgemeine Bereich des **Apprenticeship Learning** untersucht den Prozess, wie man gutes Verhalten auf der Basis von Verhaltensbeobachtungen bei Experten lernt. Wir zeigen dem Algorithmus Beispiele von fahrenden Experten und sagen ihm, dass er „es so machen soll". Es gibt (mindestens) zwei Möglichkeiten, das Problem des Apprenticeship Learning anzugehen. Die erste ist die, die wir am Anfang des Kapitels kurz besprochen haben: Unter der Annahme, dass die Umgebung beobachtbar ist, wenden wir überwachtes Lernen auf die beobachteten Zustand-Aktion-Paare an, um eine Strategie $\pi(s)$ zu lernen. Dies wird Nachahmungslernen (*Imitation Learning*) genannt. Es hat in der Robotik einige Erfolge erzielt (siehe S. 1065), leidet aber unter dem Problem der Anfälligkeit: Selbst kleine Abweichungen von der Trainingsmenge führen zu Fehlern, die mit der Zeit wachsen und schließlich zum Versagen führen. Außerdem wird durch Nachahmungslernen die Leistung des Lehrers bestenfalls dupliziert, nicht übertroffen. Wenn Menschen durch Nachahmung lernen, verwenden wir manchmal den abwertenden Begriff „Nachäffen", um zu beschreiben, was sie tun. (Es ist gut möglich, dass Affen untereinander den Begriff „Nachmenschen" verwenden, vielleicht in einem noch abwertenderen Sinne.) Die Implikation ist, dass der Nachahmungslernalgorithmus nicht versteht, *warum* er eine bestimmte Handlung ausführen sollte.

Die zweite Herangehensweise an das Apprenticeship Learning besteht darin, das *Warum* zu verstehen: die Aktionen des Experten (und die daraus resultierenden Zustände) zu beobachten und zu versuchen herauszufinden, welche Belohnungsfunktion der Experte maximiert. Dann könnten wir eine optimale Strategie in Bezug auf diese Belohnungsfunktion ableiten. Dieser Ansatz erzeugt erwartungsgemäß robuste Strategien aus relativ wenigen Beispielen des Expertenverhaltens. Schließlich basiert der Bereich des Reinforcement Learning auf der Idee, dass die Belohnungsfunktion, und nicht die Strategie oder die Wertefunktion, die kürzeste, robusteste und am leichtesten übertragbare Definition der Aufgabe ist. Wenn der Lernalgorithmus zusätzlich eine mögliche Suboptimalität seitens des Experten angemessen berücksichtigt, dann ist er in der Lage, besser als der Experte abzuschneiden, indem er eine genaue Annäherung an die wahre Belohnungsfunktion optimiert. Wir bezeichnen diesen Ansatz als **Inverse Reinforcement Learning** (IRL): Lernen von Belohnungen durch Beobachten einer Strategie, statt Lernen einer Strategie durch Beobachten von Belohnungen.

Wie finden wir die Belohnungsfunktion des Experten, wenn die Aktionen des Experten gegeben sind? Beginnen wir mit der Annahme, dass der Experte rational gehandelt hat. In diesem Fall sollten wir nach einer Belohnungsfunktion R^* suchen, die so beschaffen ist, dass die erwartete diskontierte Gesamtbelohnung unter der Strategie des Experten höher ist als (oder zumindest genauso hoch wie) unter jeder anderen möglichen Strategie.

Leider gibt es viele Belohnungsfunktionen, die diese Bedingung erfüllen. Eine davon ist $R^*(s, a, s') = 0$, weil jede Strategie rational ist, wenn es überhaupt keine Belohnungen gibt.[7] Ein weiteres Problem bei diesem Ansatz ist, dass die Annahme eines rationalen Experten unrealistisch ist. Das bedeutet zum Beispiel, dass ein Roboter, der Lee Sedol dabei beobachtet, wie er einen Zug macht, der sich am Ende als Verliererzug gegen ALPHAGO herausstellt, annehmen müsste, dass Lee Sedol versucht, die Partie zu verlieren.

Um das Problem zu vermeiden, dass $R^*(s, a, s') = 0$ jegliches beobachtete Verhalten erklärt, ist es hilfreich, auf Bayes'sche Weise zu denken (siehe Abschnitt 20.1 zur Erklärung, was das bedeutet). Angenommen, wir beobachten Daten $\mathbf{d}$ und gehen von der Hypothese h_R aus, dass R die wahre Belohnungsfunktion ist. Dann erhalten wir nach der Bayes'schen Regel:

$$P(h_R \mid \mathbf{d}) = \alpha P(\mathbf{d} \mid h_R) P(h_R)$$

Wenn nun die A-priori-Verteilung $P(h_R)$ auf Einfachheit basiert, dann schneidet die Hypothese, dass $R = 0$ ist, ziemlich gut ab, denn 0 ist eindeutig einfach. Andererseits ist der Term $P(\mathbf{d} \mid h_R)$ für die Hypothese, dass $R = 0$ ist, *unendlich klein*, weil er nicht erklärt, warum der Experte dieses bestimmte Verhalten aus dem riesigen Raum von Verhaltensweisen gewählt hat, das optimal wäre, wenn die Hypothese wahr wäre. Für eine Belohnungsfunktion R, die eine einzige optimale Strategie oder eine relativ kleine Äquivalenzklasse optimaler Strategien hat, wäre andererseits $P(\mathbf{d} \mid h_R)$ viel höher.

Um den gelegentlichen Fehler des Experten zu berücksichtigen, lassen wir einfach zu, dass $P(\mathbf{d} \mid h_R)$ auch dann ungleich null ist, wenn $\mathbf{d}$ aus einem Verhalten stammt, das gemäß R ein wenig suboptimal ist. Eine typische Annahme – die, das muss gesagt werden, mehr der mathematischen Bequemlichkeit als der Genauigkeit der tatsächlichen menschlichen Daten dient – ist, dass ein Agent, dessen wahre Q-Funktion $Q(s, a)$ lautet, nicht gemäß der deterministischen Strategie $\pi(s) = \arg\max_a Q(s, a)$ wählt, sondern stattdessen gemäß einer stochastischen Strategie, die durch die Softmax-Verteilung aus Gleichung (22.14) definiert ist. Dies wird manchmal als **Boltzmann-Rationalität** bezeichnet, da in der statistischen Mechanik die Wahrscheinlichkeiten einer Zustandsbesetzung in einer Boltzmann-Verteilung exponentiell von ihren Energieniveaus abhängt.

In der Literatur gibt es Dutzende von IRL-Algorithmen. Einer der einfachsten ist **Merkmalsabgleich** (*Feature Matching*). Dieser geht davon aus, dass die Belohnungsfunktion als eine gewichtete Linearkombination von Merkmalen geschrieben werden kann:

$$R_\theta(s, a, s') = \sum_{i=1}^{n} \theta_i f_i(s, a, s') = \boldsymbol{\theta} \cdot \mathbf{f}$$

7 Nach Gleichung (17.9) auf S. 641 hat eine Belohnungsfunktion $R'(s, a, s') = R(s, a, s') + \gamma \Phi(s') - \Phi(s)$ genau die gleiche optimale Strategie wie $R(s, a, s')$, sodass wir die Belohnungsfunktion nur bis zum möglichen Hinzufügen einer beliebigen Shaping-Funktion $\Phi(s)$ wiederherstellen können. Dies ist kein so ernstes Problem, denn ein Roboter, der R' verwendet, verhält sich genauso wie ein Roboter, der die „richtige" Funktion R verwendet.

Zu den Merkmalen in der Autofahren-Domäne können beispielsweise Geschwindigkeit, Überschreitung der Höchstgeschwindigkeit, Beschleunigung, Nähe zum nächsten Hindernis usw. gehören.

Gemäß Gleichung (17.2) auf S. 639 wissen wir, dass der Nutzen der Ausführung einer Strategie π, beginnend im Zustand s_0, wie folgt definiert ist:

$$U^{\pi}(s) = E\left[\sum_{t=0}^{\infty} \gamma^t R(S_t, \pi(S_t), S_{t+1})\right],$$

wobei die Erwartung E in Bezug auf die Wahrscheinlichkeitsverteilung über Zustandsfolgen bestimmt ist durch s und π. Da R unserer Annahme zufolge eine Linearkombination von Merkmalswerten ist, können wir dies wie folgt umformulieren:

$$\begin{aligned} U^{\pi}(s) &= E\left[\sum_{t=0}^{\infty} \gamma^t \sum_{i=1}^{n} \theta_i f_i(S_t, \pi(S_t), S_{t+1})\right] \\ &= \sum_{i=1}^{n} \theta_i E\left[\sum_{t=0}^{\infty} \gamma^t f_i(S_t, \pi(S_t), S_{t+1})\right] \\ &= \sum_{i=1}^{n} \theta_i \mu_i(\pi) = \boldsymbol{\theta} \cdot \boldsymbol{\mu}(\pi), \end{aligned}$$

wobei wir die **Merkmalserwartung** $\mu_i(\pi)$ als den erwarteten diskontierten Wert des Merkmals f_i bei Ausführung der Strategie π definiert haben. Wenn f_i z. B. die überhöhte Geschwindigkeit des Fahrzeugs (über dem Tempolimit) ist, dann ist $\mu_i(\pi)$ die (zeitlich diskontierte) durchschnittliche überhöhte Geschwindigkeit über die gesamte Trajektorie. Der springende Punkt bei den Merkmalserwartungen ist folgender: *Wenn eine Strategie π Merkmalserwartungen $\mu_i(\pi)$ erzeugt, die mit denen der Expertenstrategie π_E übereinstimmen, dann ist π so gut wie die Expertenstrategie gemäß der Belohnungsfunktion des Experten.* Nun können wir die exakten Werte für die Merkmalserwartungen der Expertenstrategie nicht messen, aber wir können sie anhand der Durchschnittswerte auf den beobachteten Trajektorien annähern. Daher müssen wir Werte für die Parameter θ_i finden, sodass die Merkmalserwartungen der durch die Parameterwerte induzierten Strategie mit denen der Expertenstrategie auf den beobachteten Trajektorien übereinstimmen. Der folgende Algorithmus erreicht dies mit jeder gewünschten Fehlergrenze.

- Wähle eine anfängliche Standardstrategie $\pi^{(0)}$.
- Für $j = 1, 2, \ldots$ bis zur Konvergenz:
  - Suche nach geeigneten Parametern $\boldsymbol{\theta}^{(j)}$, sodass die Strategie des Experten die Strategien $\pi^{(0)}, \ldots, \pi^{(j-1)}$ gemäß dem erwarteten Nutzen $\boldsymbol{\theta}^{(j)} \cdot \boldsymbol{\mu}(\pi)$ maximal übertrifft.
  - Sei $\pi^{(j)}$ die optimale Strategie für die Belohnungsfunktion $R^{(j)} = \boldsymbol{\theta}^{(j)} \cdot \mathbf{f}$.

Dieser Algorithmus konvergiert zu einer Strategie, die der des Experten gemäß seiner eigenen Belohnungsfunktion nahe kommt. Er benötigt nur $O(n \log n)$ Iterationen und $O(n \log n)$ Expertendemonstrationen, wobei n die Anzahl der Merkmale ist.

Ein Roboter kann mithilfe von Inverse Reinforcement Learning eine gute Strategie für sich selbst lernen, indem er die Aktionen eines Experten versteht. Darüber hinaus kann der Roboter die Strategien von anderen Agenten in einer Multiagentendomäne lernen, egal ob sie feindlich gesinnt oder kooperativ sind. Und schließlich kann IRL für wissenschaftliche Zwecke verwendet werden (ohne an das Agentendesign zu denken), um das Verhalten von Menschen und Tieren besser zu verstehen.

Eine Schlüsselannahme im IRL ist, dass der „Experte" sich optimal oder nahezu optimal in Bezug auf eine Belohnungsfunktion in einem Ein-Agenten-MDP verhält. Dies ist eine vernünftige Annahme, wenn der Lernalgorithmus den Experten durch einen Einwegspiegel beobachtet, während der Experte unbemerkt seiner Arbeit nachgeht. Es ist keine vernünftige Annahme, wenn der Experte sich des Lernalgorithmus bewusst ist. Nehmen wir zum Beispiel an, ein Roboter besucht die medizinische Fakultät und lernt Chirurgie, indem er einen menschlichen Experten beobachtet. Ein IRL-Algorithmus würde davon ausgehen, dass der Mensch die Operation wie üblich optimal durchführt, als ob der Roboter nicht da wäre. Aber leider ist dem nicht so: Die menschliche Chirurgin ist motiviert und möchte, dass der Roboter (wie jeder andere Medizinstudent) schnell und gut lernt, und wird demzufolge ihr Verhalten erheblich modifizieren. Sie könnte erklären, was sie tut, während sie vorgeht; sie könnte auf Fehler hinweisen, die es zu vermeiden gilt, wie z. B. einen zu tiefen Schnitt oder zu enge Nähte; sie könnte die Notfallpläne beschreiben, für den Fall, dass während der Operation etwas schiefgeht. Keine dieser Verhaltensweisen ergibt einen Sinn, wenn die Operation isoliert durchgeführt wird, sodass IRL-Algorithmen nicht in der Lage sind, die zugrunde liegende Belohnungsfunktion zu interpretieren. Stattdessen müssen wir diese Art von Situation als ein Zwei-Personen-Assistenzspiel verstehen, wie in Abschnitt 18.2.5 beschrieben.

22.7 Anwendungen von Reinforcement Learning

Kommen wir nun zu den Anwendungen des Reinforcement Learning. Dazu gehören Spiele, bei denen das Transitionsmodell bekannt ist und das Ziel darin besteht, die Nutzenfunktion zu lernen, sowie die Robotik, bei der das Modell zunächst unbekannt ist.

22.7.1 Spiele-Anwendungen

In Kapitel 1 haben wir Arthur Samuels frühe Arbeiten zum Reinforcement Learning für das Damespiel beschrieben, mit denen er 1952 begonnen hatte. Es vergingen einige Jahrzehnte, bevor sich jemand erneut der Herausforderung stellte, diesmal Gerry Tesauro mit seiner Arbeit über Backgammon. Tesauros erster Versuch (1990) war ein System namens NEUROGAMMON. Der Ansatz war eine interessante Variante des Nachahmungslernens. Die Eingabe war ein Satz von 400 Spielen, die Tesauro gegen sich selbst gespielt hatte. Anstatt eine Strategie zu lernen, konvertierte NEUROGAMMON jeden Zug (s, a, s') in eine Menge von Trainingsbeispielen, von denen jedes Beispiel Position s' als eine bessere Position kennzeichnete als eine andere Position s'', die von s durch einen anderen Zug erreichbar gewesen wäre. Das Netz bestand aus zwei getrennten Hälften, eine für s' und eine für s'', und war gezwungen, durch Vergleich der Ausgaben der beiden Hälften zu entscheiden, welche besser war. Auf diese Weise war jede Hälfte gezwungen, eine Evaluierungsfunktion $\hat{U}_\theta$ zu lernen. NEUROGAMMON gewann 1989 die Computer-Olympiade – das erste Lernprogramm, das jemals ein Computerspiel-Turnier gewann –, kam aber nie über das mittelmäßige Spielniveau von Tesauro hinaus.

Tesauros nächstes System, TD-GAMMON (1992), übernahm die kurz zuvor veröffentlichte TD-Lernmethode von Sutton, die im Wesentlichen eine Rückkehr zu dem von Samuel erforschten Ansatz war, aber über ein viel größeres technisches Verständnis verfügte, wie man es richtig macht. Die Evaluierungsfunktion $\hat{U}_\theta$ wurde durch ein vollständig verbundenes neuronales Netz mit einer einzigen verborgenen Schicht mit 80 Knoten repräsentiert. (Es wurden auch einige manuell entworfene Eingabemerkmale verwendet, die von NEUROGAMMON entliehen wurden.) Nach 300.000 Trainingsspielen erreichte das System ein Spielniveau, das mit dem der drei besten menschlichen Spieler der Welt vergleichbar war. Kit Woolsey, ein Top-Ten-Spieler, sagte: „Es steht für mich außer Frage, dass sein positionelles Urteilsvermögen weit besser ist als meines.“

Die nächste Herausforderung bestand darin, von rohen Wahrnehmungseingaben zu lernen, die näher an der realen Welt sind als diskrete Spielbrettrepräsentationen. Ab 2012 entwickelte ein Team bei DeepMind das **Deep-Q-Network-System** (DQN), das erste moderne Deep-RL-System. DQN verwendet zur Repräsentation der Q-Funktion ein tiefes neuronales Netz, ist aber ansonsten ein typisches Reinforcement-Learning-System. DQN wurde separat auf jedes der 49 verschiedenen Atari-Videospiele trainiert. Es lernte, simulierte Rennen zu fahren, auf außerirdische Raumschiffe zu schießen und Bälle mit Schlägern zu retournieren. In jedem Fall lernte der Agent eine Q-Funktion aus Rohdaten, wobei das Belohnungssignal der Spielstand war. Insgesamt lag die Leistung des Systems in etwa auf dem Niveau eines menschlichen Experten, obwohl es bei einigen Spielen Schwierigkeiten gab. Insbesondere ein Spiel, *Montezuma's Revenge*, erwies sich als extrem schwierig, da es erweiterte Planungsstrategien erforderte und die Belohnungen zu spärlich waren. Spätere Arbeiten führten zu Deep-RL-Systemen, die umfangreicheres Erkundungsverhalten generierten und in der Lage waren, *Montezuma's Revenge* und andere schwierige Spiele zu bewältigen.

Das ALPHAGO-System von DeepMind verwendete ebenfalls Deep Reinforcement Learning, um die besten menschlichen Spieler beim Go-Spiel zu schlagen (siehe Kapitel 5). Während für Atari-Spiele, die hauptsächlich reaktiv sind, eine Q-Funktion ohne Look-ahead ausreicht, erfordert Go ein erhebliches Look-ahead. Aus diesem Grund lernte ALPHAGO sowohl eine Wertefunktion als auch eine Q-Funktion, die die Suche lenkte, indem sie vorhersagte, welche Züge es wert sind, untersucht zu werden. Die als CNN implementierte Q-Funktion ist von sich aus genau genug, um die meisten menschlichen Amateurspieler ohne jegliche Suche zu schlagen.

22.7.2 Anwendung auf Robotersteuerung

Der Aufbau für das berühmte **Cart-Pole-Balanceproblem**, auch bekannt als das **umgekehrte Pendel**, ist in ► Abbildung 22.9a dargestellt. Das Problem besteht darin, eine Stange (*pole*), montiert auf einem fahrbaren Untersatz (*cart*), annähernd senkrecht zu halten ($\theta \approx 90°$), während Kräfte wirken, um den Wagen nach rechts oder links zu bewegen, wobei die Position x innerhalb der Bahngrenzen bleibt. Zu diesem scheinbar einfachen Problem sind mehrere Tau-

Abbildung 22.9: (a) Aufbau für das Problem des Balancierens einer langen Stange auf einem fahrbaren Untersatz. Der Wagen kann von einem Controller, der die Position x und die Geschwindigkeit $\dot{x}$ des Wagens sowie den Winkel θ und die Änderungsrate des Winkels $\dot{\theta}$ der Stange beobachtet, nach links oder rechts geruckelt werden. (b) Sechs überlagerte Zeitrafferaufnahmen eines einzelnen autonomen Hubschraubers, der ein sehr schwieriges Nasenkreis-Manöver durchführt. Der Hubschrauber wird von einer Strategie kontrolliert, die durch den PEGASUS-Strategiesuchalgorithmus entwickelt wurde (Ng *et al.*, 2003). Ein Simulatormodell wurde durch Beobachten der Auswirkungen von verschiedenen Steuerungsmanipulationen auf dem realen Hubschrauber entwickelt, dann wurde der Algorithmus auf dem Simulatormodell über Nacht ausgeführt. Es wurde eine Vielzahl von Controllern für verschiedene Manöver entwickelt. In allen Fällen übertraf die Leistung deutlich die eines erfahrenen menschlichen Piloten mit Fernsteuerung. (Bild mit freundlicher Genehmigung von Andrew Ng.)

send Arbeiten im Bereich des Reinforcement Learning und der Kontrolltheorie veröffentlicht worden. Eine Schwierigkeit besteht darin, dass die Zustandsvariablen x, θ, $\dot{x}$ und $\dot{\theta}$ stetig sind, während die Aktionen als diskret definiert sind: Ruck nach links oder Ruck nach rechts, das sogenannte Regime der **Bang-Bang-Kontrolle**.

Die frühesten Arbeiten zu diesem Problem wurden von Michie und Chambers (1968) durchgeführt, wobei sie einen realen Wagen und eine Stange verwendeten und keine Simulation. Ihr BOXES-Algorithmus war in der Lage, nach 30 Versuchen die Stange über eine Stunde lang auszubalancieren. Der Algorithmus diskretisierte zunächst den vierdimensionalen Zustandsraum in Boxen – daher der Name. Dann führte er Versuche durch, bis die Stange umfiel. Negative Verstärkung wurde mit der letzten Aktion in der letzten Box assoziiert und dann rückwärts durch die Folge propagiert. Eine verbesserte Generalisierung und ein schnelleres Lernen lässt sich mit einem Algorithmus erreichen, der den Zustandsraum entsprechend der beobachteten Veränderung der Belohnung *adaptiv* aufteilt, oder mit einem stetigen, nichtlinearen Funktionsapproximator wie z. B. einem neuronalen Netz. Heutzutage ist das Ausbalancieren eines *dreifach* umgekehrten Pendels (drei Stangen, die über Gelenke miteinander verbunden sind) eine Standardübung – eine Kunststück, das weit über die Fähigkeiten der meisten Menschen hinausgeht, aber mithilfe von Reinforcement Learning erreicht werden kann.

Noch beeindruckender ist die Anwendung von Reinforcement Learning auf den ferngesteuerten Hubschrauberflug (► Abbildung 22.9 b). Diese Arbeit beruht allgemein auf einer Strategiesuche über große MDPs (Bagnell und Schneider, 2001; Ng *et al.*, 2003), oft kombiniert mit Nachahmungslernen und IRL anhand von Beobachtungen eines erfahrenen, menschlichen Piloten (Coates *et al.*, 2009).

IRL wurde auch erfolgreich zur Interpretation von menschlichem Verhalten eingesetzt, z. B. zur Zielvorhersage und Routenwahl von Taxifahrern auf der Grundlage von 100.000 Meilen GPS-Daten (Ziebart *et al.*, 2008) und zur detaillierten Bewegungsanalyse von Fußgängern in komplexen Umgebungen auf der Grundlage stundenlanger Videobeobachtung (Kitani *et al.*, 2012). Im Bereich der Robotik reichte dem Vierbeiner LittleDog eine einzige Expertendemonstration aus, um eine Belohnungsfunktion mit 25 Merkmalen zu lernen und behende ein unbekanntes felsiges Gelände zu durchqueren (Kolter *et al.*, 2008). Mehr über den Einsatz von RL und IRL in der Robotik finden Sie in den Abschnitten 26.7 und 26.8.

ZUSAMMENFASSUNG

Dieses Kapitel ist dem Problem des Reinforcement Learning gewidmet: Wie kann ein Agent in einer unbekannten Umgebung Kompetenz erwerben, der nur seine Wahrnehmungen hat und gelegentlich Belohnungen erhält? Reinforcement Learning ist ein Paradigma mit sehr breitem Anwendungsbereich zur Erstellung intelligenter Systeme. Die wichtigsten Punkte des Kapitels sind:

- Das Gesamtdesign des Agenten diktiert die Art der Informationen, die gelernt werden müssen:
  - Ein **modellbasierter** Reinforcement-Learning-Agent erwirbt ein Transitionsmodell $P(s' \mid s, a)$ für die Umgebung (oder ist mit einem ausgestattet) und lernt eine Nutzenfunktion $U(s)$.
  - Ein **modellfreier** Reinforcement-Learning-Agent kann eine Aktion-Nutzen-Funktion $Q(s, a)$ oder eine Strategie $\pi(s)$ lernen.
- Nutzenwerte können mit verschiedenen Ansätzen gelernt werden:
  - Die **direkte Nutzenschätzung** verwendet die gesamte beobachtete Belohnung-to-go für einen bestimmten Zustand als direkten Beweis für das Lernen seines Nutzens.

- Die **adaptive dynamische Programmierung** (ADP) lernt ein Modell und eine Belohnungsfunktion aus Beobachtungen und verwendet dann Wert- oder Strategie-Iterationen, um die Nutzenwerte oder eine optimale Strategie zu erhalten. ADP macht optimalen Gebrauch von den lokalen Bedingungen auf den Nutzenwerten von Zuständen, die sich durch die Nachbarschaftsstruktur der Umgebung ergeben.
- **Temporal-Difference**-Methoden (TD) passen Nutzenschätzungen so an, dass sie mit denen von Nachfolgezuständen konsistenter sind. Sie können als einfache Annäherungen des ADP-Ansatzes betrachtet werden, die zum Lernen kein Transitionsmodell benötigen. Die Verwendung eines gelernten Modells zur Erzeugung von Pseudoerfahrungen kann jedoch das Lernen beschleunigen.

- Aktion-Nutzen-Funktionen oder Q-Funktionen können mit einem ADP- oder einem TD-Ansatz gelernt werden. Beim TD-Ansatz erfordert das **Q-Lernen** kein Modell in der Lern- oder Aktionsauswahlphase. Dies vereinfacht das Lernproblem, schränkt aber potenziell die Fähigkeit zum Lernen in komplexen Umgebungen ein, da der Agent die Ergebnisse möglicher Handlungsoptionen nicht simulieren kann.
- Wenn der lernende Agent beim Lernen für die Auswahl von Aktionen verantwortlich ist, muss er den geschätzten Wert dieser Aktionen gegen die Möglichkeit abwägen, nützliche neue Informationen zu lernen. Eine exakte Lösung für das Explorationsproblem ist nicht möglich, aber einige einfache Heuristiken leisten relativ gute Arbeit. Ein explorierender Agent muss außerdem darauf achten, dass er nicht vorzeitig stirbt.
- In großen Zustandsräumen müssen Reinforcement-Learning-Algorithmen eine approximative funktionale Repräsentation von $U(s)$ oder $Q(s, a)$ verwenden, um über Zustände zu verallgemeinern. **Deep Reinforcement Learning**, das tiefe neuronale Netze als Funktionsapproximatoren verwendet, hat bei schwierigen Problemen beachtliche Erfolge erzielt.
- **Reward Shaping** und **hierarchisches Reinforcement Learning** sind hilfreich für das Lernen komplexer Verhaltensweisen, insbesondere wenn Belohnungen spärlich sind und lange Aktionsfolgen bedingen.
- **Strategiesuchmethoden** arbeiten direkt auf einer Repräsentation der Strategie und versuchen, diese auf Basis der beobachteten Leistung zu verbessern. Die Schwankung der Leistung in einer stochastischen Domäne ist ein ernsthaftes Problem. Für simulierte Domänen kann dies überwunden werden, indem die Zufälligkeit im Voraus eingeschränkt wird.
- **Apprenticeship Learning** durch Beobachten des Expertenverhaltens kann eine effektive Lösung sein, wenn eine korrekte Belohnungsfunktion schwer zu spezifizieren ist. **Nachahmungslernen** (*Imitation Learning*) formuliert das Problem als überwachtes Lernen einer Strategie aus den Zustand-Aktion-Paaren des Experten. **Inverse Reinforcement Learning** leitet die Belohnungsinformationen aus dem Verhalten des Experten ab.

Reinforcement Learning ist nach wie vor einer der aktivsten Bereiche der Forschung zu maschinellem Lernen. Es befreit uns von der manuellen Konstruktion von Verhaltensweisen und der Kennzeichnung riesiger Datenmengen, die für überwachtes Lernen erforderlich sind, oder von der Notwendigkeit, Kontrollstrategien von Hand zu programmieren. Anwendungen in der Robotik sind besonders vielversprechend. Sie erfordern Methoden für den Umgang mit stetigen, hochdimensionalen, teilweise beobachtbaren Umgebungen, in denen erfolgreiche Verhaltensweisen aus Tausenden oder sogar Millionen von primitiven Aktionen bestehen können.

Wir haben eine Vielzahl von Ansätzen zum Reinforcement Learning vorgestellt, weil es (zumindest noch) keinen besten Ansatz gibt. Die Frage, ob modellbasierte oder modellfreie Methoden die bessere Wahl sind, ist im Kern eine Frage nach dem besten Weg, die Agentenfunktion zu repräsentieren. Dies ist eine Frage, die zu den Grundlagen der künstlichen Intelligenz gehört. Wie wir in Kapitel 1 festgestellt haben, ist eines der wichtigsten historischen Merkmale der KI, dass ein Großteil der Forschung (oft unausgesprochen) an einem **wissensbasierten** Ansatz festhält. Dies läuft auf die Annahme hinaus, dass der beste Weg, die Agentenfunktion zu repräsentieren, darin besteht, eine Repräsentation einiger Aspekte der Umgebung zu erstellen, in der sich der Agent befindet. Einige argumentieren, dass modellfreie Methoden mit Zugang zu genügend Daten in jeder Domäne erfolgreich sein können. In der Theorie mag das vielleicht stimmen, aber natürlich kann es sein, dass das Universum nicht genug Daten liefert, um es in die Praxis umzusetzen. (Es ist zum Beispiel nicht einfach, sich vorzustellen, wie man mit einem modellfreien Ansatz z. B. den Gravitationswellendetektor LIGO entwerfen und bauen könnte.) Unsere Intuition ist, dass die Vorteile eines modellbasierten Ansatzes umso deutlicher zutage treten, je komplexer die Umgebung wird.

Bibliografische und historische Anmerkungen

Es ist nicht ausgeschlossen, dass die Schlüsselidee des Reinforcement Learning – dass Tiere häufiger das tun, wofür sie belohnt werden, und weniger das, wofür sie bestraft werden – eine bedeutende Rolle bei der Domestizierung von Hunden vor mindestens 15.000 Jahren gespielt hat. Zu den frühen Grundlagen unseres wissenschaftlichen Verständnisses des Reinforcement Learning gehören die Arbeiten des russischen Physiologen Ivan Pawlow, der 1904 den Nobelpreis erhielt, und die des amerikanischen Psychologen Edward Thorndike – insbesondere sein Buch *Animal Intelligence* (1911). Hilgard und Bower (1975) geben einen guten Überblick.

Alan Turing (1948, 1950) schlug Reinforcement Learning als Ansatz vor, Computern etwas beizubringen. Er betrachtete es als Teillösung und schrieb: „Die Verwendung von Bestrafungen und Belohnungen kann bestenfalls ein Teil des Lehrprozesses sein." Arthur Samuels Dameprogramm (1959, 1967) war der erste erfolgreiche Einsatz von maschinellem Lernen überhaupt. Auf Samuel gehen die meisten der modernen Ideen im Bereich des Reinforcement Learning zurück, einschließlich Temporal-Difference Learning und Funktionsapproximation. Er experimentierte mit mehrschichtigen Repräsentationen von Wertefunktionen, ähnlich dem heutigen Deep RL. Am Ende stellte er fest, dass eine einfache lineare Evaluierungsfunktion über von Menschen vergebene Merkmale am besten funktionierte. Dies mag eine Folge davon gewesen sein, dass er mit einem Computer arbeitete, der etwa 100 Milliarden Mal leistungsärmer war als eine moderne TPU.

Etwa zur gleichen Zeit trainierten Forscher der adaptiven Kontrolltheorie (Widrow und Hoff, 1960), aufbauend auf Arbeiten von Hebb (1949), einfache Netze mit der Delta-Regel. Somit vereint Reinforcement Learning Einflüsse aus der Tierpsychologie, den Neurowissenschaften, der Unternehmensforschung und der Theorie der optimalen Steuerung.

Die Verbindung zwischen Reinforcement Learning und Markov-Entscheidungsprozessen wurde erstmals von Werbos (1977) hergestellt. (Arbeiten von Witten (1977) beschrieben einen TD-ähnlichen Prozess in der Sprache der Kontrolltheorie.) Die Entwicklung des Reinforcement Learning in der KI geht vor allem auf Arbeiten an der Universität von Massachusetts in den frühen 1980er Jahren zurück (Barto *et al.*, 1981). Einem einflussreichen Artikel von Sutton (1988) verdanken wir unser mathematisches Verständnis der Temporal-Difference-Methoden. Die Kombination von Temporal-Difference Learning mit der modellbasierten

Erzeugung von simulierten Erfahrungen wurde in Suttons DYNA-Architektur vorgeschlagen (Sutton, 1990). Q-Lernen wurde in der Doktorarbeit von Chris Watkins (1989) entwickelt, während SARSA in einem technischen Bericht von Rummery und Niranjan (1994) erschien. Priorisierendes Sweeping wurde unabhängig voneinander von Moore und Atkeson (1993) und Peng und Williams (1993) eingeführt.

Die Funktionsapproximation beim Reinforcement Learning geht zurück auf Arthur Samuels Dameprogramm (1959). Die Verwendung von neuronalen Netzen zur Repräsentation von Wertefunktionen war in den 1980er Jahren üblich und gewann durch Gerry Tesauros TD-Gammon-Programm (Tesauro, 1992, 1995) erheblich an Bedeutung. Tiefe neuronale Netze sind derzeit die beliebteste Wahl für Funktionsapproximatoren beim Reinforcement Learning. Arulkumaran *et al.* (2017) sowie Francois-Lavet *et al.* (2018) geben Übersichten über Deep RL. Das DQN-System (Mnih *et al.*, 2015) verwendet ein tiefes Netz, um eine Q-Funktion zu lernen, während ALPHAZERO (Silver *et al.*, 2018) sowohl eine Wertefunktion zur Verwendung mit einem bekannten Modell als auch eine Q-Funktion zur Verwendung in Meta-Entscheidungen lernt, die die Suche leiten. Irpan (2018) warnt, dass Deep-RL-Systeme eventuell schlechte Leistung zeigen, wenn sich die tatsächliche Umgebung von der Trainingsumgebung unterscheidet, und sei es auch nur geringfügig.

Gewichtete Linearkombinationen von Merkmalen und neuronalen Netzen sind faktorisierte Repräsentationen zur Funktionsapproximation. Es ist auch möglich, Reinforcement Learning auf *strukturierte* Repräsentationen anzuwenden, was als **relationales Reinforcement Learning** (RRL) bezeichnet wird (Tadepalli *et al.*, 2004). Die Verwendung von relationalen Beschreibungen ermöglicht die Generalisierung über komplexe Verhaltensweisen, die verschiedene Objekte umfassen.

Die Analyse der Konvergenzeigenschaften von Reinforcement-Learning-Algorithmen mit Funktionsapproximation ist ein äußerst technisches Thema. Die Ergebnisse für das TD-Lernen wurden für den Fall von linearen Funktionsapproximatoren zunehmend verbessert (Sutton, 1988; Dayan, 1992; Tsitsiklis und Van Roy, 1997), aber es wurden auch mehrere Beispiele für Divergenz bei nichtlinearen Funktionen vorgestellt (siehe Tsitsiklis und Van Roy, 1997, für eine Diskussion). Papavassiliou und Russell (1999) beschreiben eine Art von Reinforcement Learning, das mit jeder Form von Funktionsapproximator konvergiert, vorausgesetzt, dass das Problem der Anpassung der Hypothese an die Daten lösbar ist. Liu *et al.* (2018) beschreiben die Familie der **Gradienten-TD**-Algorithmen und liefern eine umfangreiche theoretische Analyse der Konvergenz und der Samplekomplexität.

Eine Vielzahl von Explorationsmethoden für sequenzielle Entscheidungsprobleme werden von Barto *et al.* (1995) diskutiert. Kearns und Singh (1998) sowie Brafman und Tennenholtz (2000) beschreiben Explorationsalgorithmen für unbekannte Umgebungen, die garantiert zu nahezu optimale Strategien konvergieren, wobei die Komplexität der Samples polynomiell zur Anzahl der Zustände ist. Bayes'sches Reinforcement Learning (Dearden *et al.*, 1998, 1999) bietet einen anderen Blickwinkel auf die Modellunsicherheit und die Exploration.

Die Grundidee des Nachahmungslernens ist die Anwendung von überwachtem Lernen auf eine Trainingsmenge von Expertenaktionen. Dies ist eine alte Idee der adaptiven Steuerung, wurde aber in der KI erst durch die Arbeit von Sammut *et al.* (1992) über „Learning to Fly" in einem Flugsimulator bekannt. Sie nannten ihre Methode **Behavioral Cloning**. Einige Jahre später berichtete dieselbe Forschungsgruppe, dass die Methode viel anfälliger war, als ursprünglich berichtet wurde (Camacho und Michie, 1995): Selbst sehr kleine Störungen führten dazu, dass die gelernte Strategie von der gewünschten Trajektorie abwich, was zu immer größeren Fehlern führte, da sich der Agent immer weiter von der Trainingsmenge entfernte (siehe auch die Diskussion auf S. 1065). Arbeiten zu Apprenticeship Learning zielen darauf ab, den Ansatz robuster zu machen, zum Teil durch die Berücksichtigung von Informationen über die gewünschten Ergebnisse und nicht nur über die Expertenstrategie. Ng *et al.* (2003)

und Coates *et al.* (2009) zeigen, wie das Apprenticeship Learning sich einsetzen lässt, um das Fliegen eines echten Hubschraubers zu lernen (▶ Abbildung 22.9 b auf S. 904).

Inverse Reinforcement Learning (IRL) wurde von Russell (1998) eingeführt und die ersten Algorithmen wurden von Ng und Russell (2000) entwickelt. (Ein ähnliches Problem wird in den Wirtschaftswissenschaften schon viel länger untersucht, und zwar unter dem Begriff der **strukturellen Schätzung von MDPs** (Sargent, 1978).) Der in diesem Kapitel beschriebene Algorithmus geht auf Abbeel und Ng (2004) zurück. Baker *et al.* (2009) beschreiben, wie das Verstehen der Aktionen eines anderen Agenten als inverses Planen betrachtet werden kann. Ho *et al.* (2017) zeigen, dass Agenten besser von Verhaltensweisen lernen können, wenn diese eher *instruktiv* als *optimal* sind. Hadfield-Menell *et al.* (2017a) erweitern IRL zu einer spieltheoretischen Formulierung, die sowohl Beobachter als auch Demonstratoren umfasst, und zeigen, wie Lehr- und Lernverhalten zu Lösungen des Spiels werden können.

García und Fernández (2015) geben einen umfassenden Überblick über sicheres Reinforcement Learning. Munos *et al.* (2017) beschreiben einen Algorithmus für sichere Off-Strategie-Exploration (z. B. Q-Lernen). Hans *et al.* (2008) zerlegen das Problem der sicheren Exploration in zwei Teile: die Definition einer Sicherheitsfunktion, die angibt, welche Zustände zu vermeiden sind, und die Definition einer Backup-Strategie, die den Agenten zurück in die Sicherheit führt, wenn er anderweitig in einen unsicheren Zustand eintritt. You *et al.* (2017) zeigen, wie man ein Deep-Reinforcement-Learning-Modell trainiert, um im Simulator Auto zu fahren, und dann mithilfe von Transfer Learning in der realen Welt sicher fährt.

Thomas *et al.* (2017) stellen einen Ansatz zum Lernen vor, der mit hoher Wahrscheinlichkeit nicht schlechter ist als die aktuelle Strategie. Akametalu *et al.* (2014) beschreiben einen auf Erreichbarkeit basierenden Ansatz, bei dem der Lernprozess einer Kontrollstrategie unterliegt, die sicherstellt, dass der Agent niemals einen unsicheren Zustand erreicht. Saunders *et al.* (2018) zeigen, dass ein System menschliche Eingriffe nutzen kann, um ein Verlassen des sicheren Bereichs zu verhindern, und mit der Zeit lernt, mit weniger Eingriffen auszukommen.

Methoden der Strategiesuche wurden von Williams (1992) bekannt gemacht, der die Familie der REINFORCE-Algorithmen entwickelte, was für „REward Increment = Nonnegative Factor × Offset Reinforcement × Characteristic Eligibility" steht. Spätere Arbeiten von Marbach und Tsitsiklis (1998), Sutton *et al.* (2000) sowie Baxter und Bartlett (2000) verstärkten und verallgemeinerten die Konvergenzergebnisse für die Strategiesuche. Schulman *et al.* (2015) beschreiben die **Trust Region Policy Optimization**, einen theoretisch fundierten und auch praktischen Strategiesuchalgorithmus, der viele Varianten hervorgebracht hat. Die Methode des korrelierten Samplings zur Verringerung der Varianz in Monte-Carlo-Vergleichen geht auf Kahn und Marshall (1953) zurück. Sie ist auch eine von mehreren Methoden zur Verringerung der Varianz, die von Hammersley und Handscomb (1964) untersucht wurden.

Frühe Ansätze des hierarchischen Reinforcement Learning (HRL) versuchten, Hierarchien mithilfe von Zustandsabstraktion zu konstruieren, d. h., Zustände zu abstrakten Zuständen zusammenzufassen und dann RL im **abstrakten Zustandsraum** durchzuführen (Dayan und Hinton, 1993). Leider ist das Transitionsmodell für abstrakte Zustände in der Regel nicht markovianisch, was zu einem abweichenden Verhalten von RL-Standardalgorithmen führt. Der Ansatz der zeitlichen Abstraktion in diesem Kapitel wurde in den späten 1990er Jahren entwickelt (Parr und Russell, 1998; Andre und Russell, 2002; Sutton *et al.*, 2000) und von Marthi *et al.* (2005) um nebenläufiges Verhalten erweitert. Dietterich (2000) führte den Begriff der additiven Zerlegung von Q-Funktionen ein, die durch die Subroutinenhierarchie induziert wird. Die zeitliche Abstraktion basiert auf einem viel früheren Ergebnis von Forestier und Varaiya (1978), die zeigten, dass ein großes MDP in ein Zweischichtensystem zerlegt werden kann, in dem eine Überwachungsschicht zwischen Low-Level-Controllern auswählt, von denen jeder nach Abschluss die Kontrolle an diese Schicht zurückgibt. Das Problem des Lernens der Abstraktionshierarchie selbst wurde mindestens seit der Arbeit von Peter Andreae (1985) untersucht. Eine neuere Untersuchung zum Lernen von Roboterbewegungsprimitiven bieten Frans *et al.* (2018). Das Keepaway-Spiel wurde von Stone *et al.* (2005) eingeführt und die hier angegebene HRL-Lösung stammt von Bai und Russell (2017).

Die Neurowissenschaft hat viele Denkanstöße für das Reinforcement Learning geliefert und den Nutzen des Ansatzes bestätigt. Forschungen mit Einzelzellaufzeichnungen deuten darauf hin, dass das Dopaminsystem in Primatengehirnen etwas Ähnliches wie das Lernen von Wertefunktionen implementiert (Schultz *et al.*, 1997). Der neurowissenschaftliche Text von Dayan und Abbott (2001) beschreibt mögliche neuronale Implementierungen von Temporal-Difference Learning; verwandte Forschungen beschreiben andere neurowissenschaftliche und verhaltensbezogene Experimente (Dayan und Niv, 2008; Niv, 2009; Lee *et al.*, 2012).

Die Arbeit im Bereich des Reinforcement Learning wurde durch die Verfügbarkeit von Open-Source-Simulationsumgebungen zum Entwickeln und Testen von Lernagenten beschleunigt. Das Arcade Learning Environment (ALE) der Universität von Alberta (Bellemare *et al.*, 2013) bietet ein solches Framework für 55 klassische Atari-Videospiele. Die Pixel auf dem Bildschirm werden dem Agenten als Perzepte übergeben, zusammen mit einem vorprogrammierten Punktestand des Spiels. ALE wurde vom DeepMind-Team verwendet, um DQN-Lernen zu implementieren und die Allgemeingültigkeit ihres Systems auf einer Vielzahl von Spielen zu überprüfen (Mnih *et al.*, 2015).

DeepMind wiederum veröffentlichte mehrere Agentenplattformen, darunter DeepMind Lab (Beattie *et al.*, 2016), AI Safety Gridworlds (Leike *et al.*, 2017), die Spieleplattform Unity (Juliani *et al.*, 2018) und die DM Control Suite (Tassa *et al.*, 2018). Blizzard veröffentlichte das StarCraft II Learning Environment (SC2LE), zu dem DeepMind die PySC2-Komponente für maschinelles Lernen in Python hinzufügte (Vinyals *et al.*, 2017a).

Die Simulation AI Habitat von Facebook (Savva *et al.*, 2019) bietet eine fotorealistische virtuelle Umgebung für Roboteraufgaben in Innenräumen und die HORIZON-Plattform (Gauci *et al.*, 2018) ermöglicht Reinforcement Learning in großen Produktionssystemen. Das SYNTHIA-System (Ros *et al.*, 2016) ist eine Simulationsumgebung, die für die Verbesserung der Computer-Vision-Fähigkeiten von selbstfahrenden Autos entwickelt wurde. Das OpenAI Gym (Brockman *et al.*, 2016) bietet mehrere Umgebungen für Reinforcement-Learning-Agenten und ist mit anderen Simulationen wie dem Google Football-Simulator kompatibel.

Littman (2015) bietet einen eher populärwissenschaftlichen Überblick über Reinforcement Learning. Der kanonische Text von Sutton und Barto (2018), zwei der Pioniere auf diesem Gebiet, zeigt, wie Reinforcement Learning die Ideen von Lernen, Planen und Handeln miteinander verwebt. Kochenderfer (2015) verfolgt einen etwas weniger mathematiklastigen Ansatz, mit vielen Beispielen aus der realen Welt. Ein kurzes Buch von Szepesvari (2010) gibt einen Überblick über die Algorithmen des Reinforcement Learning. Bertsekas und Tsitsiklis (1996) bieten eine gründliche Einführung in die Theorie der dynamischen Programmierung und der stochastischen Konvergenz. Aufsätze zum Reinforcement Learning werden regelmäßig in den Zeitschriften *Machine Learning* und *Journal of Machine Learning Research* sowie in den Proceedings der Konferenzen *International Conference on Machine Learning* (ICML) und *Neural Information Processing Systems* (NeurIPS) veröffentlicht.

Natürliche Sprachverarbeitung

23

In diesem Kapitel erfahren wir, wie ein Computer natürliche Sprache verwenden kann, um mit Menschen zu kommunizieren, und wie er aus den von Menschen geschriebenen Texten lernt.

Vor etwa 100.000 Jahren lernte der Mensch sprechen und vor etwa 5.000 Jahren schreiben. Die Komplexität und Vielfalt der menschlichen Sprache unterscheidet den *Homo sapiens* von allen anderen Arten. Natürlich gibt es noch andere Attribute, die allein dem Menschen zuzuschreiben sind: Keine andere Spezies trägt Kleidung, schafft Kunst oder verbringt zwei Stunden täglich in den sozialen Medien, wie es der Mensch zu tun pflegt. Doch als Alan Turing seinen Intelligenztest vorschlug, stützte er sich nicht auf Kunst oder Kleidung, sondern auf die Sprache, was vielleicht an ihrer universellen Reichweite lag und weil Sprache so viel von intelligentem Verhalten erfasst: Ein Sprecher (oder Schreiber) hat das **Ziel**, ein bestimmtes **Wissen** zu kommunizieren, **plant** dann eine Sprache, die das Wissen **repräsentiert**, und **handelt**, um das Ziel zu erreichen. Der Zuhörer (oder Leser) **erfasst** die Sprache und **schließt** daraus auf die beabsichtigte Bedeutung. Diese Art der Kommunikation mittels Sprache hat die Zivilisation wachsen lassen; sie ist unser wichtigstes Medium zur Weitergabe von kulturellem, rechtlichem, wissenschaftlichem und technologischem Wissen. Für die **Verarbeitung natürlicher Sprache** (*Natural Language Processing*, NLP) durch den Computer gibt es drei wesentliche Gründe:

- um mit den Menschen zu **kommunizieren**: In vielen Situationen ist es für Menschen bequem, Sprache zu verwenden, um mit Computern zu interagieren, und in den meisten Situationen ist es bequemer, natürliche Sprache zu verwenden statt einer formalen Sprache wie der Prädikatenlogik.
- um zu **lernen**: Der Mensch hat viel Wissen in natürlicher Sprache niedergeschrieben. Allein Wikipedia hat 30 Millionen Seiten mit Fakten wie „Buschbabys sind kleine nachtaktive Primaten", während es kaum Quellen für solche Fakten gibt, die in formaler Logik geschrieben sind. Wenn wir wollen, dass unser System viel weiß, sollte es natürliche Sprache auch gut verstehen.
- um das **wissenschaftliche Verständnis** von Sprachen und Sprachgebrauch unter Verwendung der Werkzeuge der KI in Verbindung mit Linguistik, Kognitionspsychologie und Neurowissenschaften zu verbessern.

In diesem Kapitel untersuchen wir verschiedene mathematische Modelle für Sprache und diskutieren die Aufgaben, die damit gelöst werden können.

23.1 Sprachmodelle

Formale Sprachen wie die Prädikatenlogik sind genau definiert, wie wir in Kapitel 8 gesehen haben. Eine **Grammatik** definiert die Syntax gültiger Sätze und **semantische Regeln** definieren die Bedeutung.

Natürliche Sprachen, wie z. B. Englisch oder Chinesisch, lassen sich nicht so sauber charakterisieren:

- Sprachurteile variieren von Mensch zu Mensch und von Zeit zu Zeit. Alle sind sich einig, dass „Es ist traurig, nicht eingeladen zu werden" ein grammatikalisch korrekter Satz der deutschen Sprache ist, während man sich über die Grammatikalität bei „Traurig es ist, nicht zu werden eingeladen" nicht einig ist.

- Natürliche Sprache ist sowohl **mehrdeutig** („He saw her duck"[1] kann entweder bedeuten, dass sie einen Wasservogel besitzt, oder eine Ausweichbewegung nach unten gemacht hat) als auch **vage** („Das ist toll!" gibt weder genau an, wie toll es ist, noch was toll ist).
- Die Abbildung von Symbolen auf Objekte ist nicht formal definiert. In der Prädikatenlogik müssen sich zwei Verwendungen des Symbols „Richard" auf dieselbe Person beziehen, aber in der natürlichen Sprache können sich zwei Vorkommen desselben Worts oder Satzes auf unterschiedliche Dinge in der Welt beziehen.

Wenn wir schon keine eindeutige boolesche Unterscheidung zwischen grammatikalisch korrekten und unkorrekten Zeichenketten treffen können, so können wir doch zumindest sagen, wie wahrscheinlich oder unwahrscheinlich sie jeweils sind.

Wir definieren ein **Sprachmodell** als eine Wahrscheinlichkeitsverteilung, die die Likelihood einer beliebigen Zeichenkette beschreibt. Ein solches Modell sollte sagen, dass „Wage ich, das Universum zu stören?" eine vernünftige Wahrscheinlichkeit als Zeichenkette der deutschen Sprache hat, während „Universum das stören ich zu wage?" extrem unwahrscheinlich ist.

Mit einem Sprachmodell können wir vorhersagen, welche Wörter in einem Text wahrscheinlich als Nächstes kommen, und so Vervollständigungen für eine E-Mail- oder Textnachricht vorschlagen. Wir können berechnen, welche Änderungen an einem Text diesen glaubhafter machen, und so Rechtschreib- oder Grammatikkorrekturen vorschlagen. Mit zwei Modellen können wir die wahrscheinlichste Übersetzung eines Satzes ermitteln. Mit einigen exemplarischen Frage-Antwort-Paaren als Trainingsdaten können wir die wahrscheinlichste Antwort auf eine Frage berechnen. Sprachmodelle sind also das Herzstück eines breiten Spektrums von natürlichsprachlichen Aufgaben. Die Sprachmodellierungsaufgabe selbst dient auch als allgemeine Benchmark, um den Fortschritt im Sprachverstehen zu messen.

Natürliche Sprachen sind komplex, daher ist jedes Sprachmodell bestenfalls eine Annäherung. Der Linguist Edward Sapir sagte: „Keine Sprache ist radikal konsistent. Alle Grammatiken haben Lücken" (Sapir, 1921). Der Philosoph Donald Davidson sagte: „Es gibt so etwas wie Sprache nicht, nicht wenn eine Sprache [...] eine klar definierte, gemeinsame Struktur ist" (Davidson, 1986), womit er meinte, dass es für die englische Sprache nicht das eine definitive Sprachmodell gibt, wie es für Python 3.8 der Fall ist. Wir alle haben unterschiedliche Modelle, aber wir schaffen es trotzdem irgendwie, uns durchzuwursteln und zu kommunizieren. In diesem Abschnitt befassen wir uns mit vereinfachten Sprachmodellen, die eindeutig falsch sind, aber dennoch für bestimmte Aufgaben nützlich sein können.

23.1.1 Das Bag-of-Words-Modell

In Abschnitt 12.6.1 wurde erläutert, wie ein naives Bayes-Modell, das auf dem Vorhandensein bestimmter Wörter basiert, Sätze zuverlässig in Kategorien einteilen kann. Zum Beispiel wird Satz (1) unten der Kategorie *Wirtschaft* und Satz (2) der Kategorie *Wetter* zugeordnet.

1. Die Aktien erholten sich am Montag, wobei die wichtigsten Indizes um 1 % zulegten, da der Optimismus über die Gewinnsaison des ersten Quartals anhielt.
2. Heftige Regenfälle setzten sich am Montag in weiten Teilen der Ostküste fort; in New York City und anderen Orten wurden Hochwasserwarnungen ausgegeben.

In diesem Abschnitt wird das naive Bayes-Modell wieder aufgegriffen und als vollständiges Sprachmodell eingesetzt. Das bedeutet, dass wir nicht nur wissen wollen, welche Kategorie

1 Deutsch: Er sah ihre Ente / Er sah, wie sie sich duckte.

für jeden Satz am wahrscheinlichsten ist – wir streben eine gemeinsame Wahrscheinlichkeitsverteilung über *alle* Sätze und Kategorien an. Das legt nahe, dass wir alle Wörter im Satz berücksichtigen sollten. Bei einem Satz, der aus den Wörtern $w_1, w_2, \ldots, w_N$ besteht (die wir wie in Kapitel 14 als $w_{1:N}$ schreiben), ergibt die naive Bayes-Formel (Gleichung (12.21)):

$$\mathbf{P}(Klasse \mid w_{1:N}) = \alpha\, \mathbf{P}(Klasse) \prod_j \mathbf{P}(w_j \mid Klasse)$$

Die Anwendung des naiven Bayes-Modells auf mehrere Wörter wird als **Bag-of-Words-Modell** bezeichnet. Es ist ein generatives Modell, das einen Prozess zur Erzeugung eines Satzes beschreibt: Stellen Sie sich vor, dass wir für jede Kategorie (*Wirtschaft*, *Wetter* usw.) eine Tüte (*bag*) voller Wörter haben (Sie können sich jedes Wort auf einem Zettel in der Tüte vorstellen; je häufiger das Wort ist, desto öfter steht es auf einem Zettel). Um einen Text zu erzeugen, wählen Sie zunächst eine der Tüten aus und werfen die anderen weg. Greifen Sie in diese Tüte und ziehen Sie zufällig ein Wort heraus; dies wird das erste Wort des Satzes sein. Legen Sie dann das Wort zurück und ziehen Sie ein zweites Wort. Wiederholen Sie dies, bis ein Satzendezeichen (z. B. ein Punkt) gezogen wird.

Dieses Modell ist eindeutig falsch: Es nimmt fälschlicherweise an, dass jedes Wort unabhängig von den anderen ist, und generiert daher keine kohärenten englischen Sätze. Aber es erlaubt uns, mit der naiven Bayes-Formel eine ziemlich gute und genaue Klassifikation vorzunehmen: Die Wörter „Aktien" und „Gewinne" sind ein klarer Hinweis auf die Kategorie *Wirtschaft*, während „Regen" und „bewölkt" auf die Kategorie *Wetter* hindeuten.

Die für dieses Modell benötigten A-priori-Wahrscheinlichkeiten können durch überwachtes Training auf einem **Textkorpus** erlernt werden, wobei jedes Textsegment mit einer Klasse gekennzeichnet wird. Ein Korpus besteht üblicherweise aus mindestens einer Million Wörtern Text und mindestens Zehntausenden von unterschiedlichen Vokabeln. In letzter Zeit werden sogar noch größere Korpusse verwendet, wie z. B. die 2,5 Milliarden Wörter in Wikipedia oder der iWeb-Korpus mit 14 Milliarden Wörtern, der aus 22 Millionen Webseiten zusammengestellt wurde.

Aus einem Korpus können wir die A-priori-Wahrscheinlichkeit jeder Kategorie, $\mathbf{P}(Klasse)$, schätzen, indem wir zählen, wie häufig jede Kategorie ist. Wir können die Zählungen auch verwenden, um die bedingte Wahrscheinlichkeit jedes Worts in Abhängigkeit von der Kategorie zu schätzen, $\mathbf{P}(w_j \mid Klasse)$. Wenn wir z. B. 3.000 Texte gesehen haben und 300 davon als *Wirtschaft* klassifiziert wurden, dann können wir $P(Klasse = Wirtschaft) \approx 300/3.000 = 0{,}1$ schätzen. Und wenn wir innerhalb der Kategorie *Wirtschaft* 100.000 Wörter gesehen haben und das Wort „Aktien" 700-mal vorkam, dann können wir $P(Aktien \mid Klasse = Wirtschaft) \approx 700/100.000 = 0{,}007$ schätzen. Die Schätzung durch Zählen funktioniert gut, wenn wir hohe Zahlen (und eine geringe Varianz) haben, aber wir werden in Abschnitt 23.1.4 eine bessere Methode zum Schätzen von Wahrscheinlichkeiten sehen, wenn die Zahlen niedrig sind.

Manchmal kann ein anderer Ansatz des maschinellen Lernens, z. B. logistische Regression, neuronale Netze oder Support-Vector-Maschinen, sogar besser funktionieren als das naive Bayes-Modell. Die Merkmale des maschinellen Lernmodells sind die Wörter im Vokabular: „a", „Erdferkel", …, „zyzzyva", und die Werte sind die Anzahl, wie oft jedes Wort im Text vorkommt (oder manchmal nur ein boolescher Wert, der angibt, ob das Wort vorkommt oder nicht). Das macht den Merkmal-Vektor groß und schwach besetzt – wir könnten 100.000 Wörter im Sprachmodell haben und damit einen Merkmal-Vektor der Länge 100.000, aber bei einem kurzen Text werden fast alle Merkmale null sein.

Wie wir gesehen haben, funktionieren einige Modelle für maschinelles Lernen besser, wenn wir eine **Merkmalsauswahl** durchführen und uns auf eine Untermenge der Wörter als Merkmale beschränken. Wir könnten Wörter weglassen, die sehr selten sind (und daher eine hohe Varianz in ihrer Vorhersagekraft haben), sowie Wörter, die in allen Klassen vorkommen (z. B.

„der“), aber keine Unterscheidung zwischen den Klassen ermöglichen. Wir können auch andere Merkmale mit unseren wortbasierten Merkmalen mischen. Wenn wir z. B. E-Mail-Nachrichten klassifizieren, könnten wir weitere Merkmale hinzufügen, beispielsweise den Absender, die Zeit, zu der die Nachricht gesendet wurde, die Wörter in der Betreffzeile, das Vorhandensein von nicht standardmäßigen Satzzeichen, den Prozentsatz von Großbuchstaben, ob es einen Anhang gibt und so weiter.

Beachten Sie, dass es nicht trivial ist, zu entscheiden, was ein *Wort* ist. Ist „aren't“ ein einzelnes Wort oder sollte es als „aren/'/t“ oder „are/n't“ oder etwas anderes zerlegt werden? Der Prozess der Unterteilung eines Textes in eine Folge von Wörtern wird **Tokenisierung** genannt.

23.1.2 *n*-Gramm-Wortmodelle

Das Bag-of-Words-Modell hat Einschränkungen. Zum Beispiel ist das englische Wort „quarter“ sowohl in der Kategorie *Wirtschaft* als auch in der Kategorie *Sport* gebräuchlich. Aber die Vier-Wort-Sequenz „first quarter earnings report“[2] ist nur in *Wirtschaft* üblich und „fourth quarter touchdown passes“[3] nur in *Sport*. Wir möchten, dass unser Modell diese Unterscheidung macht. Wir könnten das Bag-of-Words-Modell abändern, indem wir spezielle Phrasen wie „first-quarter earnings report“ wie einzelne Wörter behandeln, aber ein prinzipiellerer Ansatz ist es, ein neues Modell einzuführen, in dem jedes Wort von den vorherigen Wörtern abhängig ist. Wir können damit beginnen, ein Wort von *allen* vorherigen Wörtern in einem Satz abhängig zu machen:

$$P(w_{1:N}) = \prod_{j=1}^{N} P(w_j \mid w_{1:j-1})$$

Dieses Modell ist in gewisser Weise vollkommen „korrekt“, da es alle möglichen Interaktionen zwischen Wörtern erfasst, aber es ist nicht praktikabel: Bei einem Wortschatz von 100.000 Wörtern und einer Satzlänge von 40 hätte dieses Modell 10^{200} Parameter zu schätzen. Wir können einen Kompromiss mit einem **Markov-Kette**-Modell eingehen, das nur die Abhängigkeit zwischen n benachbarten Wörtern berücksichtigt. Dies wird als ***n*-Gramm-Modell** bezeichnet (von der griechischen Wurzel *gramma*, was so viel wie „Geschriebenes“ bedeutet): Eine Folge der Länge n von geschriebenen Symbolen wird als n-Gramm bezeichnet, mit den Sonderfällen „Unigramm“ für 1-Gramm, „Bigramm“ für 2-Gramm und „Trigramm“ für 3-Gramm. In einem n-Gramm-Modell ist die Wahrscheinlichkeit jedes Worts nur von den $n-1$ vorangegangenen Wörtern abhängig:

$$P(w_j \mid w_{1:j-1}) = P(w_j \mid w_{j-n+1:j-1})$$
$$P(w_{1:N}) = \prod_{j=1}^{N} P(w_j \mid w_{j-n+1:j-1})$$

n-Gramm-Modelle eignen sich gut für die Klassifikation von Zeitungsabschnitten, aber auch für andere Klassifikationsaufgaben wie **Spam-Erkennung** (Unterscheidung von Spam-E-Mails von Nicht-Spam), **Stimmungsanalyse** (Klassifikation einer Film- oder Produktrezension als positiv oder negativ) und **Autorenzuordnung** (Hemingway hat einen anderen Stil und ein anderes Vokabular als Faulkner oder Shakespeare).

23.1.3 Andere *n*-Gramm-Modelle

Eine Alternative zu einem n-Gramm-Wortmodell ist ein **Modell auf Zeichenebene**, bei dem die Wahrscheinlichkeit jedes Zeichens durch die $n-1$ vorherigen Zeichen bestimmt wird.

2 Deutsch: Quartalsbericht für das erste Quartal.
3 Deutsch: Touchdown-Pässe im vierten Viertel.

Dieser Ansatz ist hilfreich für den Umgang mit unbekannten Wörtern und für Sprachen, die dazu neigen, Wörter aneinanderzureihen, wie im dänischen Wort „Speciallægepraksisplanlægningsstabiliseringsperiode“.

Modelle auf Zeichenebene eignen sich gut für die Aufgabe der **Sprachidentifikation**: Bestimme anhand eines Textes, in welcher Sprache er geschrieben ist. Selbst bei sehr kurzen Texten wie „Hello world“ oder „Wie geht's dir“ können n-Gramm-Buchstabenmodelle den ersten als Englisch und den zweiten als Deutsch identifizieren und erreichen dabei im Allgemeinen eine Genauigkeit von über 99 %. (Eng verwandte Sprachen wie Schwedisch und Norwegisch sind schwieriger zu unterscheiden und erfordern längere Stichproben; hier liegt die Genauigkeit im Bereich von 95 %). Zeichenmodelle eignen sich gut für bestimmte Klassifikationsaufgaben, z. B. bei der Entscheidung, dass „Dextroamphetamin“ ein Medikament, „Kallenberger“ eine Person und „Plattsburg“ eine Stadt ist, auch wenn wir diese Wörter noch nie gesehen haben.

Eine andere Möglichkeit ist das **Skip-Gramm**-Modell, bei dem wir Wörter zählen, die nahe beieinanderliegen, aber ein Wort (oder mehr) dazwischen überspringen. Bei dem französischen Text „je ne comprends pas“ zum Beispiel sind die 1-Skip-Bigramme „je comprends“ und „ne pas“. Das Sammeln dieser Bigramme hilft, ein besseres Modell des Französischen zu erstellen, weil es uns etwas über die Konjugation („je“ geht mit „comprends“, nicht mit „comprend“) und die Negation („ne“ geht mit „pas“) verrät. Das würden wir von normalen Bigrammen allein nicht erfahren.

23.1.4 Glätten von n-Gramm-Modellen

Häufige n-Gramme wie „of the“ im Englischen haben einen hohen Zählerwert im Trainingskorpus, sodass ihre Wahrscheinlichkeitsschätzung relativ genau ist: Mit einem anderen Trainingskorpus würden wir eine ähnliche Schätzung erhalten. Seltenere n-Gramme haben einen niedrigen Zählerwert, der einem zufälligen Rauschen unterliegt – sie haben eine hohe Varianz. Unsere Modelle würden besser funktionieren, wenn wir diese Varianz glätten könnten.

Außerdem besteht immer die Möglichkeit, dass wir gebeten werden, einen Text zu bewerten, der ein unbekanntes oder **nicht im Wortschatz enthaltenes** Wort enthält: ein Wort, das nie im Trainingskorpus vorkam. Es wäre aber ein Fehler, einem solchen Wort eine Wahrscheinlichkeit von null zuzuordnen, denn dann wäre die Wahrscheinlichkeit des gesamten Satzes, $P(w_{1:N})$, gleich null.

Eine Möglichkeit, unbekannte Wörter zu modellieren, besteht darin, den Trainingskorpus zu modifizieren, indem unbekannte Wörter durch ein spezielles Symbol, traditionell `<UNK>`, ersetzt werden. Wir könnten im Voraus entscheiden, dass wir beispielsweise nur die 50.000 häufigsten Wörter oder alle Wörter mit einer Häufigkeit von mehr als 0,0001 % behalten und die anderen durch `<UNK>` ersetzen. Dann werden wie üblich die n-Gramm-Zählerwerte für den Korpus berechnet, wobei `<UNK>` wie jedes andere Wort behandelt wird. Wenn ein unbekanntes Wort in einer Testmenge auftaucht, wird seine Wahrscheinlichkeit unter `<UNK>` nachgeschlagen. Manchmal werden je nach Typ verschiedene Symbole für unbekannte Wörter verwendet. Zum Beispiel könnte eine Ziffernfolge durch `<NUM>` ersetzt werden oder eine E-Mail-Adresse durch `<EMAIL>`. (Wir weisen darauf hin, dass es auch ratsam ist, ein spezielles Symbol, wie z. B. `<S>`, zu verwenden, um den Anfang (und das Ende) eines Textes zu markieren. Wenn die Formel für Bigramm-Wahrscheinlichkeiten nach dem Wort vor dem ersten Wort fragt, lautet die Antwort dann `<S>` und produziert keinen Fehler.)

Selbst nachdem wir unbekannte Wörter behandelt haben, haben wir das Problem der ungesehenen n-Gramme. Ein Testtext könnte z. B. die Phrase „farblose aquamarinfarbene Ideen“ enthalten, drei Wörter, die wir zwar einzeln im Trainingskorpus gesehen haben, aber nie in genau dieser Reihenfolge. Das Problem ist, dass einige seltene n-Gramme im Trainingskorpus erscheinen, während andere ebenso seltene n-Gramme überhaupt nicht vorkommen. Wir wollen nicht, dass einige von ihnen eine Null-Wahrscheinlichkeit haben und andere eine kleine positive Wahrscheinlichkeit. Deshalb wollen wir eine **Glättung** auf alle ähnlichen n-Gramme anwenden – und einen Teil der Wahrscheinlichkeitsmasse des Modells für nie gesehene n-Gramme reservieren, um die Varianz des Modells zu reduzieren.

Die einfachste Art der Glättung wurde von Pierre-Simon Laplace im 18. Jahrhundert vorgeschlagen, um die Wahrscheinlichkeit von seltenen Ereignissen abzuschätzen, z. B. dass die Sonne morgen nicht aufgeht. Laplaces (falsche) Theorie des Sonnensystems besagte, dass dieses etwa $N = 2$ Millionen Tage alt sei. Den Daten nach zu urteilen, gab es null von zwei Millionen Tagen, an denen die Sonne nicht aufging, dennoch wollen wir nicht sagen, dass die Wahrscheinlichkeit genau null ist. Laplace zeigte, dass wir, wenn wir von einer gleichverteilten A-priori-Wahrscheinlichkeit ausgehen und diese mit den bisherigen Evidenzdaten kombinieren, eine beste Schätzung von $1/(N + 2)$ für die Wahrscheinlichkeit erhalten, dass die Sonne morgen nicht aufgeht – entweder wird sie aufgehen oder nicht (das ist die 2 im Nenner) und eine gleichverteilte A-priori-Wahrscheinlichkeit besagt, dass sie höchstwahrscheinlich aufgeht (das ist die 1 im Zähler). Die Laplace-Glättung (auch Add-One-Glättung genannt) ist ein Schritt in die richtige Richtung, aber für viele natürlichsprachliche Anwendungen schlecht geeignet.

Eine andere Möglichkeit ist ein **Backoff-Modell**, bei dem wir mit der Schätzung von n-Gramm-Zählerwerten beginnen, aber für jede bestimmte Folge, die einen niedrigen Zählerwert (oder einen Zählerwert von null) hat, auf $(n - 1)$-Gramme zurückgehen. **Glättung mit linearer Interpolation** ist ein Backoff-Modell, das Trigramm-, Bigramm- und Unigramm-Modelle durch lineare Interpolation kombiniert. Es definiert die Wahrscheinlichkeitsschätzung als

$$\hat{P}(c_i|c_{i-2:i-1}) = \lambda_3 P(c_i|c_{i-2:i-1}) + \lambda_2 P(c_i|c_{i-1}) + \lambda_1 P(c_i)\,,$$

wobei $\lambda_3 + \lambda_2 + \lambda_1 = 1$. Die Parameterwerte λ_i können fest vorgegeben werden oder sie können mit einem Erwartung-und-Maximierung-Algorithmus trainiert werden. Es ist auch möglich, die Werte von λ_i von den Zählerwerten abhängig zu machen: Wenn wir eine hohe Anzahl von Trigrammen haben, dann gewichten wir sie relativ höher, und wenn wir nur eine niedrige Anzahl haben, dann gewichten wir die Bigramm- und Unigramm-Modelle höher.

Ein Lager von Wissenschaftlern hat immer ausgefeiltere Glättungsverfahren entwickelt (wie Witten-Bell und Kneser-Ney), während ein anderes Lager vorschlägt, einen größeren Korpus zu sammeln, damit auch einfache Glättungsverfahren gut funktionieren (ein solcher Ansatz wird „Stupid Backoff" genannt). Beide verfolgen das gleiche Ziel: die Reduzierung der Varianz im Sprachmodell.

23.1.5 Wortdarstellungen

n-Gramme können uns ein Modell liefern, das die Wahrscheinlichkeit von Wortfolgen genau vorhersagt und uns zum Beispiel sagt, dass „a black cat" eine wahrscheinlichere englische Phrase ist als „cat black a", weil „a black cat" in etwa 0,000014 % der Trigramme in einem Trainingskorpus vorkommt, während „cat black a" überhaupt nicht vorkommt. Alles, was das n-Gramm-Wortmodell weiß, hat es von den Zählungen bestimmter Wortfolgen gelernt.

Aber ein englischer Muttersprachler würde eine andere Geschichte erzählen: „a black cat" ist gültig, weil es einem bekannten Muster folgt (Artikel-Adjektiv-Substantiv), während „cat black a" dies nicht tut.

Betrachten Sie nun die Phrase „the fulvous kitten". Ein englischer Muttersprachler könnte erkennen, dass auch dies dem Artikel-Adjektiv-Substantiv-Muster folgt (selbst ein Sprecher, der nicht weiß, dass *fulvous* „bräunlich gelb" bedeutet, könnte erkennen, dass fast alle Wörter, die auf „-ous" enden, Adjektive sind). Darüber hinaus würde der Sprecher die enge syntaktische Verbindung zwischen „a“ und „the“ erkennen, ebenso wie die enge semantische Beziehung zwischen „cat“ und „kitten“. Somit ist das Auftauchen von „a black cat“ in den Daten durch Generalisierung eine Evidenz dafür, dass „the fulvous kitten“ ebenfalls gültiges Englisch ist.

In dem *n*-Gramm-Modell fehlt diese Generalisierung, weil es ein *atomares* Modell ist: Jedes Wort ist ein Atom, das sich von jedem anderen Wort unterscheidet und keine interne Struktur hat. Wir haben in diesem Buch gesehen, dass *faktorisierte* oder *strukturierte* Modelle eine höhere Ausdruckskraft haben und eine bessere Generalisierung ermöglichen. In Abschnitt 24.1 werden wir sehen, dass ein faktorisiertes Modell namens **Worteinbettungen** eine bessere Möglichkeit zur Generalisierung bietet.

Eine Art von strukturiertem Wortmodell ist ein **Wörterbuch**, das in der Regel durch manuelle Arbeit erstellt wird. **WordNet** zum Beispiel ist ein von Hand kuratiertes Open-Source-Wörterbuch in maschinenlesbarem Format, das sich für viele natürlichsprachliche Anwendungen als nützlich erwiesen hat.[4] Nachfolgend finden Sie den WordNet-Eintrag für „kitten“.

```
"kitten" <noun.animal> ("young domestic cat") IS A: young_mammal

"kitten" <verb.body> ("give birth to kittens")
  EXAMPLE: "our cat kittened again this year"
```

WordNet hilft Ihnen, die Substantive von den Verben zu trennen, und gibt die grundlegenden Kategorien an (ein Kätzchen ist ein junges Säugetier, das ein Säugetier ist, das ein Tier ist), aber es liefert Ihnen keine Details, beispielsweise wie ein Kätzchen aussieht oder wie es sich verhält. WordNet wird Ihnen sagen, dass zwei Unterklassen von Katze *Siamkatze* und *Manx-Katze* lauten, aber es wird Ihnen keine Informationen über die Rassen liefern.

23.1.6 Part-of-Speech-Tagging (POS)

Eine grundlegende Möglichkeit, Wörter zu kategorisieren, ist aufgrund ihrer **Wortart** (*Part of Speech*, POS), auch **lexikalischen Kategorie** oder **Tag** genannt: *Substantiv*, *Verb*, *Adjektiv* und so weiter. Mithilfe von POS können Sprachmodelle Generalisierungen erfassen, wie z. B. „Adjektive stehen im Englischen im Allgemeinen vor Substantiven“. (In anderen Sprachen, z. B. im Französischen, ist es in der Regel umgekehrt.)

Alle sind sich einig, dass „Substantiv“ und „Verb“ Teile der Sprache sind, aber wenn wir ins Detail gehen, gibt es nicht die eine endgültige Liste. ► Abbildung 23.1 zeigt die 45 Tags, die in der Baumbank **Penn Treebank** verwendet werden, einem Textkorpus mit über drei Millionen Wörtern, die mit POS-Tags versehen sind. Wie wir später sehen werden, annotiert die Penn Treebank auch viele Sätze mit syntaktischen Parse-Bäumen, von denen das Korpus seinen Namen hat. Hier ist ein Auszug, der zeigt, dass „from“ als Präposition (IN), „the“ als Determinativ (DT) usw. getaggt sind:

From	the	start	,	it	took	a	person	with	great	qualities	to	succeed
IN	DT	NN	,	PRP	VBD	DT	NN	IN	JJ	NNS	TO	VB

Die Aufgabe, jedem Wort in einem Satz eine Wortart zuzuordnen, wird **POS-Tagging** genannt. Obwohl es für sich genommen nicht sehr interessant ist, ist es ein nützlicher erster Schritt bei vielen anderen NLP-Aufgaben, wie z. B. der Beantwortung von Fragen oder der Übersetzung. Selbst für eine einfache Aufgabe wie die Text-zu-Sprache-Synthese ist es wichtig zu wissen, dass das Substantiv „record“ anders ausgesprochen wird als das Verb „record“. In

4 Und sogar für Computer-Vision-Anwendungen: WordNet liefert den Satz von Kategorien, der von ImageNet verwendet wird.

Tag	Wort	Beschreibung	Tag	Wort	Beschreibung
CC	*and*	Nebenordnende Konjunktion	PRP$	*your*	Possessivpronomen
CD	*three*	Kardinalzahl	RB	*quickly*	Adverb
DT	*the*	Determinativ	RBR	*quicker*	Adverb, Komparativ
EX	*there*	Existenzielles *there*	RBS	*quickest*	Adverb, Superlativ
FW	*per se*	Fremdwort	RP	*off*	Partikel
IN	*of*	Präposition	SYM	+	Symbol
JJ	*purple*	Adjektiv	TO	*to*	zu
JJR	*better*	Adjektiv, Komparativ	UH	*eureka*	Interjektion
JJS	*best*	Adjektiv, Superlativ	VB	*talk*	Verb, Grundform
LS	*1*	Markierung Listenelement	VBD	*talked*	Verb, Präteritum
MD	*should*	Modalverb	VBG	*talking*	Verb, Gerundium
NN	*kitten*	Substantiv, Singular oder Kontinuativum	VBN	*talked*	Verb, Partizip Perfekt
NNS	*kittens*	Substantiv, Plural	VBP	*talk*	Verb, nicht 3.P.Sg.Pr.
NNP	*Ali*	Eigenname, Singular	VBZ	*talks*	Verb, 3.P.Sg.Pr.
NNPS	*Fords*	Eigenname, Plural	WDT	*which*	Fragedeterminativ
PDT	*all*	Quantifikatives Determinativ	WP	*who*	Fragepronomen
POS	*'s*	Genetivendung	WP$	*whose*	Possessivfragepronomen
PRP	*you*	Personalprononomen	WRB	*where*	Frageadverb
$	$	Dollarzeichen	#	#	Rautezeichen
"	'	Linke Anführungszeichen	"	'	Rechtes Anführungszeichen
(	[	Linke Klammer	)	]	Rechte Klammer
,	,	Komma	.	!	Satzendezeichen
:	;	Interpunktion innerhalb des Satzes			

Abbildung 23.1: Part-of-Speech-Tags (mit einem Beispielwort für jedes Tag) für das Penn-Treebank-Korpus (Marcus *et al.*, 1993). Hier ist „3.P.Sg.Pr." eine Abkürzung für „3. Person Singular Präsens".

diesem Abschnitt werden wir sehen, wie zwei bekannte Modelle auf die Tagging-Aufgabe angewendet werden können, und in Kapitel 24 werden wir ein drittes Modell betrachten.

Ein gängiges Modell für POS-Tagging ist das **Hidden-Markov-Modell** (HMM). Wir wissen aus Abschnitt 14.3, dass ein Hidden-Markov-Modell eine zeitliche Abfolge von Evidenzbeobachtungen aufnimmt und die wahrscheinlichsten verborgenen Zustände vorhersagt, die zu dieser Abfolge geführt haben könnten. Im HMM-Beispiel auf S. 536 bestand die Evidenz aus den Beobachtungen einer Person, die einen Regenschirm trägt (oder nicht), und der verborgene Zustand war, ob es draußen regnet (oder nicht). Beim POS-Tagging ist die Evidenz gegeben durch die Folge von Wörtern, $W_{1:N}$, und die verborgenen Zustände sind die lexikalischen Kategorien, $C_{1:N}$.

Das HMM ist ein generatives Modell, das besagt, dass die Art und Weise, Sprache zu produzieren, darin besteht, in einem Zustand zu beginnen, z. B. IN, dem Zustand für Präpositionen, und dann zwei Entscheidungen zu treffen: welches Wort (z. B. *from*) emittiert werden soll und welcher Zustand (z. B. DT) als Nächstes kommen soll. Das Modell berücksichtigt weder einen anderen Kontext als den aktuellen POS-Zustand, noch hat es eine Vorstellung davon, was der Satz tatsächlich zu vermitteln versucht. Und dennoch ist es ein nützliches Modell – wenn wir den **Viterbi-Algorithmus** (Abschnitt 14.2.3) anwenden, um die wahrscheinlichste Folge von verborgenen Zuständen (Tags) zu finden, stellen wir fest, dass das Tagging eine sehr hohe Genauigkeit erreicht, und zwar normalerweise etwa 97 %.

Um ein HMM für POS-Tagging zu erstellen, benötigen wir das Transitionsmodell, das die Wahrscheinlichkeit angibt, dass ein Wortteil auf einen anderen folgt, $\mathbf{P}(C_t \mid C_{t-1})$, und das Sensormodell, $\mathbf{P}(W_t \mid C_t)$. Zum Beispiel bedeutet $\mathbf{P}(C_t = VB \mid C_{t-1} = MD) = 0{,}8$, dass bei einem Modalverb (wie *would*) zu erwarten ist, dass das folgende Wort mit einer Wahrscheinlichkeit von 0,8 ein Verb (wie *think*) ist. Woher kommt die Zahl 0,8? Genau wie bei *n*-Gramm-Modellen aus den Zählungen im Korpus, mit entsprechender Glättung. Es stellt sich heraus, dass es 13.124 Instanzen von *MD* in der Penn Treebank gibt, und 10.471 von ihnen werden von einem *VB* gefolgt.

Für das Sensormodell bedeutet $P(W_t = would \mid C_t = MD) = 0{,}1$, dass wir bei der Wahl eines Modalverbs in 10 % der Fälle *would* wählen werden. Diese Zahlen stammen ebenfalls aus Korpuszählungen mit Glättung.

Eine Schwäche der HMM-Modelle ist, dass alles, was wir über Sprache wissen, mittels Transitions- und Sensormodell ausgedrückt werden muss. Die Wortart für das aktuelle Wort wird nur durch die Wahrscheinlichkeiten in diesen beiden Modellen und durch die Wortart des vorherigen Worts bestimmt. Es gibt keine einfache Möglichkeit für einen Systementwickler, z. B. zu sagen, dass *jedes* Wort, das auf „ous“ endet, wahrscheinlich ein Adjektiv ist, oder dass in der Phrase „attorney general“ *attorney* ein Substantiv und kein Adjektiv ist.

Glücklicherweise ist die logistische Regression in der Lage, Informationen wie diese darzustellen. Wir wissen aus Abschnitt 19.6.5, dass in einem logistischen Regressionsmodell die Eingabe ein Vektor $\mathbf{x}$ mit Merkmalswerten ist. Wir nehmen dann das Punktprodukt $\mathbf{w} \cdot \mathbf{x}$ dieser Merkmale mit einem vortrainierten Vektor von Gewichten $\mathbf{w}$ und transformieren diese Summe in eine Zahl zwischen 0 und 1, die als die Wahrscheinlichkeit interpretiert werden kann, dass die Eingabe ein positives Beispiel einer Kategorie ist.

Die Gewichte im logistischen Regressionsmodell entsprechen der Vorhersagekraft jedes Merkmals für jede Kategorie; die Gewichtungswerte werden durch Gradientenabstieg gelernt. Für das POS-Tagging würden wir 45 verschiedene logistische Regressionsmodelle erstellen, eines für jede Wortart, und jedes Modell fragen, wie wahrscheinlich es ist, dass das Beispielwort ein Mitglied dieser Kategorie ist, wenn man die Merkmalswerte für dieses Wort in seinem speziellen Kontext betrachtet.

Die Frage, die sich uns stellt, ist: Was wollen wir als Merkmale verwenden? POS-Tagger verwenden in der Regel binärwertige Merkmale, die nicht nur Informationen über das zu taggende Wort w_i (und vielleicht andere nahe gelegene Wörter) codieren, sondern auch die Kategorie, die dem vorherigen Wort c_{i-1} zugeordnet wurde (und vielleicht die Kategorien früherer Wörter). Die Merkmale können von der genauen Identität eines Worts abhängen, von einigen Aspekten seiner Schreibweise oder von einigen Attributen aus einem Wörterbucheintrag. Ein Satz von POS-Tagging-Merkmalen könnte Folgendes umfassen:

$w_{i-1} =$ "I"	$w_{i+1} =$ "for"
$w_{i-1} =$ "you"	$c_{i-1} = \mathrm{IN}$
w_i endet mit "ous"	w_i enthält einen Bindestrich
w_i endet mit "ly"	w_i enthält eine Ziffer

w_i beginnt mit "un"	w_i wird komplett großgeschrieben
w_{i-2} = "to" und c_{i-1} = VB	w_{i-2} hat das Attribut PRESENT
w_{i-1} = "I" und w_{i+1} = "to"	w_{i-2} hat das Attribut PAST

Zum Beispiel kann das Wort „walk" ein Substantiv oder ein Verb sein, aber in „I walk to school" könnte das Merkmal in der letzten Zeile, linke Spalte, verwendet werden, um „walk" als Verb (VBP) zu klassifizieren. Ein weiteres Beispiel: Das Wort „cut" kann entweder ein Substantiv (NN), ein Verb in der Vergangenheit (VBD) oder ein Verb in der Gegenwart (VBP) sein. Bei dem Satz „Yesterday I cut the rope" könnte das Merkmal in der letzten Zeile, rechte Spalte, dabei helfen, „cut" als VBD zu markieren, während bei dem Satz „Now I cut the rope" das Merkmal darüber helfen könnte, „cut" als VBP zu markieren.

Insgesamt gibt es vielleicht eine Million Merkmale, aber für ein bestimmtes Wort sind nur ein paar Dutzend davon ungleich null. Die Merkmale werden in der Regel von einem menschlichen Systemdesigner vergeben, der sich interessante Templates für Merkmale ausdenkt.

Die logistische Regression hat keine Vorstellung von einer Folge von Eingaben – sie übernimmt von Ihnen einen einzelnen Merkmalsvektor (Informationen über ein einzelnes Wort) und erzeugt eine Ausgabe (ein Tag). Aber wir können die logistische Regression zwingen, eine Folge mit einer **gierigen Suche** zu behandeln: Beginnen Sie mit der Auswahl der wahrscheinlichsten Kategorie für das erste Wort und fahren Sie dann mit den restlichen Wörtern in der Reihenfolge von links nach rechts fort. Bei jedem Schritt erfolgt die Zuweisung der Kategorie c_i gemäß:

$$c_i = \underset{c' \in Kategorien}{\operatorname{argmax}} \; P(c' \mid w_{1:N}, c_{1:i-1})$$

Das heißt, der Klassifikator darf alle Nicht-Kategorie-Merkmale für jedes beliebige Wort im Satz betrachten (da diese Merkmale alle fest sind), ebenso wie alle zuvor zugewiesenen Kategorien.

Es gilt zu beachten, dass die gierige Suche für jedes Wort eine definitive Kategorieauswahl trifft und dann zum nächsten Wort weitergeht. Wenn diese Auswahl durch Evidenzen später im Satz widerlegt wird, gibt es keine Möglichkeit, zurückzugehen und die Auswahl rückgängig zu machen. Das macht den Algorithmus schnell. Der Viterbi-Algorithmus hingegen führt bei jedem Schritt eine Tabelle mit allen möglichen Kategorieauswahlen und hat immer die Möglichkeit, diese zu ändern. Das macht den Algorithmus genauer, aber langsamer. Ein Kompromiss für beide Algorithmen ist die **Strahlsuche**, bei der wir in jedem Zeitschritt alle möglichen Kategorien berücksichtigen, aber nur die b wahrscheinlichsten Tags behalten und die anderen, weniger wahrscheinlichen Tags verwerfen. Das Ändern von b stellt einen Kompromiss zwischen Geschwindigkeit und Genauigkeit dar.

Naive Bayes- und Hidden-Markov-Modelle sind **generative Modelle** (siehe Abschnitt 20.2.3). Das heißt, sie lernen eine gemeinsame Wahrscheinlichkeitsverteilung $\mathbf{P}(W, C)$ und wir können einen zufälligen Satz erzeugen, indem wir aus dieser Wahrscheinlichkeitsverteilung ein erstes Wort (mit Kategorie) des Satzes als Stichprobe ziehen, und dann ein Wort nach dem anderen hinzufügen.

Die logistische Regression hingegen ist ein **diskriminatives Modell**. Es lernt eine bedingte Wahrscheinlichkeitsverteilung $\mathbf{P}(C \mid W)$, was bedeutet, dass es Kategorien zuordnen kann, wenn eine Folge von Wörtern gegeben ist, aber es kann keine zufälligen Sätze erzeugen. Wissenschaftler haben herausgefunden, dass diskriminative Modelle im Allgemeinen eine niedrigere Fehlerrate haben, vielleicht weil sie die beabsichtigte Ausgabe direkt modellieren, vielleicht aber auch, weil sie es einem Analysten leichter machen, zusätzliche Merkmale zu erstellen. Generative Modelle neigen jedoch dazu, schneller zu konvergieren und können daher bevorzugt werden, wenn die verfügbare Trainingszeit kurz ist oder es nur wenige Trainingsdaten gibt.

23.1.7 Vergleich von Sprachmodellen

Um ein Gefühl dafür zu bekommen, wie unterschiedlich n-Gramm-Modelle sind, haben wir Unigramm- (d. h. Bag-of-Words-), Bigramm-, Trigramm- und 4-Gramm-Modelle auf den Wörtern in der englischen Version dieses Buchs erstellt und dann zufällige Stichproben von Wortfolgen aus jedem der vier Modelle entnommen:

- $n = 1$: *logical are as are confusion a may right tries agent goal the was*
- $n = 2$: *systems are very similar computational approach would be represented*
- $n = 3$: *planning and scheduling are integrated the success of naive Bayes model is*
- $n = 4$: *taking advantage of the structure of Bayesian networks and developed various languages for writing "templates" with logical variables, from which large networks could be constructed automatically for each problem instance*

Diese kleine Stichprobe sollte deutlich machen, dass das Unigramm-Modell eine sehr schlechte Annäherung sowohl an die englische Sprache im Allgemeinen als auch an ein KI-Lehrbuch im Besonderen ist und dass das 4-Gramm-Modell zwar unvollkommen ist, aber sich wesentlich besser eignet. Als Nächstes haben wir (definitiv nicht nur zum Spaß) den Text der King-James-Bibel zum 4-Gramm-Modell hinzugefügt, um zu demonstrieren, wie die Stichproben beim Training zwischen den Quellen wechseln. Das hat zu folgenden Zufallsstichproben geführt:

- *Prove that any 3-SAT problem can be reduced to simpler ones using the laws of thy God.*
- *Masters, give unto your servants that which is true iff both P and Q in any model m by a simple experiment: put your hand unto, ye and your households for it is pleasant.*
- *Many will intreat the LORD your God, Saying, No; but we will ignore this issue for now; Chapters 7 and 8 suggest methods for compactly representing very large belief states.*
- *And it came to pass, as if it had no successors.*
- *The direct utility estimation is just an instance of the general or algorithm in which new function symbols are constructed "on the fly." For example, the first child of the Holy Ghost.*

Es gibt eine Grenze für n-Gramm-Modelle – mit zunehmendem n produzieren sie eine flüssigere Sprache, aber sie neigen dazu, lange Passagen aus ihren Trainingsdaten wortwörtlich zu reproduzieren, anstatt neuen Text zu generieren. Sprachmodelle mit komplexeren Repräsentationen von Wörtern und Kontext können dies besser. Der Rest dieses Kapitels demonstriert, wie **Grammatik** ein Sprachmodell verbessern kann, und Kapitel 24 zeigt, wie Deep-Learning-Methoden kürzlich beeindruckende Sprachmodelle hervorgebracht haben. Ein solches Deep-Learning-Modell, GPT, kann auf Eingabeaufforderung hin fließende englische Beispiele produzieren.[5] Nachdem wir GPT-2 die ersten beiden Sätze dieses Absatzes (in Englisch) als Eingabe gegeben haben, produzierte es die folgenden beiden Beispiele:

- *Numerous studies have shown that the best language models that can generate language are those that use neural networks, and in particular that use deep learning to model speech. I have used one of these models to generate hundreds of sentences in multiple languages, and it has the ability to generate almost perfect translations of my training sentences. It's a great model to have, and will save you a lot of time in the future when you need to translate between many languages.*
- *These models can also do better if their samples are chosen at random, rather than by an expert in the domain. However, as a general rule, n-gram and language models that include a large number of features tend to produce text better, since these features contribute the most to language learning. To*

5 Anmerkung zur Übersetzung: Gemeint ist hier nicht das allgemeine Sprachmodell *Generative Pre-Trained Transformer* (generativer vortrainierter Transformer), sondern die seit 2018 von OpenAI veröffentlichten GPT-Grundmodelle der GPT-n-Serie (seit 2023 in Version 4). Die im Text angeführten Beispiele wurden mit einem der Vorgängermodelle, GPT-2, erstellt.

measure the performance of a model, I've made some sample sentences that I'd like to train to better understand speech and language models. You can read them to get a grasp of how the model predicts.

Die deutsche Entsprechung wäre:

- Zahlreiche Studien haben gezeigt, dass die besten Sprachmodelle, die Sprache generieren können, solche sind, die neuronale Netzwerke verwenden, und insbesondere solche, die Deep Learning zur Sprachmodellierung verwenden. Ich habe eines dieser Modelle verwendet, um Hunderte von Sätzen in mehreren Sprachen zu generieren, und es hat die Fähigkeit, nahezu perfekte Übersetzungen meiner Trainingssätze zu erzeugen. Es ist ein großartiges Modell und wird Ihnen in Zukunft viel Zeit ersparen, wenn Sie zwischen vielen Sprachen übersetzen müssen.
- Diese Modelle können auch besser abschneiden, wenn deren Samples zufällig ausgewählt werden und nicht von einem Experten auf dem Gebiet. Als allgemeine Regel gilt jedoch, dass *n*-Gramm- und Sprachmodelle, die eine große Anzahl von Merkmalen enthalten, tendenziell besser darin sind, Text zu produzieren, da diese Merkmale am meisten zum Sprachenlernen beitragen. Um die Leistung eines Modells zu messen, habe ich einige Beispielsätze erstellt, die ich trainieren möchte, um Sprech- und Sprachmodelle besser zu verstehen. Sie können sie lesen, um ein Gefühl dafür zu bekommen, wie das Modell Vorhersagen trifft.

Wir sehen, dass diese Passagen vielfältig und grammatikalisch flüssig sind. Außerdem greifen sie die relevanten Themen der Eingabesätze wieder auf. Allerdings bauen die Sätze nicht aufeinander auf, um eine kohärente These voranzutreiben. Das GPT-*n*-Sprachmodell ist ein sogenanntes **Transformermodell**, das in Abschnitt 24.4 behandelt wird. Weitere Beispiele, die von GPT-2 erzeugt wurden, finden Sie in ► Abbildung 24.14. Ein weiteres Transformermodell ist *Conditional Transformer Language*, CTRL, die flexibler gesteuert werden kann. In den folgenden Beispielen wurde CTRL aufgefordert, Text in der Kategorie *Produktbewertungen* zu erzeugen, mit einer Bewertung von 1 und von 4 (von 5):

- **1.0**: *I bought this for my son who is a huge fan of the show. He was so excited to get it and when he opened it, we were all very disappointed. The quality of the product is terrible. It looks like something you would buy at a dollar store.*
- **4.0**: *I bought this for my husband and he loves it. He has a small wrist so it is hard to find watches that fit him well. This one fits perfectly.*

Deutsche Übersetzung:

- **1.0**: Ich habe dies für meinen Sohn gekauft, der ein großer Fan der Serie ist. Er war so aufgeregt, als er es bekam, und als er es öffnete, waren wir alle sehr enttäuscht. Die Qualität des Produkts ist schrecklich. Es sieht aus wie etwas, das Sie in einem 1-Euro-Shop kaufen würden.
- **4.0**: Ich habe dies für meinen Mann gekauft und er liebt es. Er hat ein schmales Handgelenk, sodass es schwer ist, Armbanduhren zu finden, die ihm gut passen. Diese hier passt perfekt.

23.2 Grammatik

In Kapitel 7 haben wir die Backus-Naur-Form (BNF) verwendet, um eine **Grammatik** für die Sprache der Prädikatenlogik aufzuschreiben. Eine Grammatik besteht aus einem Satz Regeln, der die Baumstruktur der zulässigen Sätze definiert, und eine **Sprache** ist die Menge der Sätze, die diesen Regeln folgen.

Natürliche Sprachen funktionieren nicht genauso wie die formale Sprache der Prädikatenlogik – sie haben weder eine harte Grenze zwischen zulässigen und nicht zulässigen Sätzen, noch haben sie für jeden Satz nur eine definitive Baumstruktur. Dennoch *ist* die hierarchische Struktur in der natürlichen Sprache wichtig. Das Wort „Stocks" in „Stocks rallied on Monday"[6] ist nicht nur ein Wort oder nur ein *Substantiv*; in diesem Satz umfasst es auch

6 Deutsch: Aktien erholten sich am Montag.

eine *Nominalphrase*, die das Subjekt der folgenden *Verbalphrase* ist. **Syntaktische Kategorien** wie *Nominalphrase* oder *Verbalphrase* helfen dabei, die wahrscheinlichen Wörter an jedem Punkt innerhalb eines Satzes einzuschränken, und die **Phrasenstruktur** bietet einen Rahmen für die Bedeutung oder **Semantik** des Satzes.

Es gibt viele konkurrierende Sprachmodelle, die auf der Idee einer hierarchischen syntaktischen Struktur basieren. In diesem Abschnitt werden wir ein beliebtes Modell beschreiben, die **probabilistische kontextfreie Grammatik** (*Probabilistic Context-Free Grammar*, PCFG). Eine probabilistische Grammatik ordnet jeder Zeichenkette eine Wahrscheinlichkeit zu und „kontextfrei" bedeutet, dass jede Regel in jedem Kontext verwendet werden kann: Die Regeln für eine Nominalphrase am Anfang eines Satzes sind die gleichen wie für eine andere Nominalphrase später im Satz, und wenn dieselbe Phrase an zwei Stellen vorkommt, muss sie jedes Mal die gleiche Wahrscheinlichkeit haben. Wir werden eine PCFG-Grammatik für ein kleines Englisch-Fragment definieren, das sich für die Kommunikation zwischen Agenten eignet, die die Wumpus-Welt erkunden. Wir nennen diese Sprache $\mathcal{E}_0$ (▶ Abbildung 23.2). Eine Grammatikregel wie

$$\begin{array}{rcll} Adjs & \rightarrow & Adjective & [0{,}80] \\ & | & Adjective\ Adjs & [0{,}20] \end{array}$$

bedeutet, dass die syntaktische Kategorie *Adjs* entweder aus einem einzelnen *Adjective* bestehen kann, mit einer Wahrscheinlichkeit von 0,80, oder aus einem *Adjective*, gefolgt von einer Zeichenfolge, die ein *Adjs* darstellt, mit einer Wahrscheinlichkeit von 0,20.

Leider **übergeneriert** die Grammatik, das heißt, sie generiert Sätze, die nicht grammatikalisch sind, wie „Me go I". Außerdem **untergeneriert** sie, denn es gibt viele englische Sätze, die sie

S	→	*NP VP*	[0,90]	I + feel a breeze
	|	*S Conj S*	[0,10]	I feel a breeze + and + It stinks
NP	→	*Pronoun*	[0,25]	I
	|	*Name*	[0,10]	Ali
	|	*Noun*	[0,10]	pits
	|	*Article Noun*	[0,25]	the + wumpus
	|	*Article Adjs Noun*	[0,05]	the + smelly dead + wumpus
	|	*Digit Digit*	[0,05]	3 4
	|	*NP PP*	[0,10]	the wumpus + in 1 3
	|	*NP RelClause*	[0,05]	the wumpus + that is smelly
	|	*NP Conj NP*	[0,05]	the wumpus + and + I
VP	→	*Verb*	[0,40]	stinks
	|	*VP NP*	[0,35]	feel + a breeze
	|	*VP Adjective*	[0,05]	smells + dead
	|	*VP PP*	[0,10]	is + in 1 3
	|	*VP Adverb*	[0,10]	go + ahead
Adjs	→	*Adjective*	[0,80]	smelly
	|	*Adjective Adjs*	[0,20]	smelly + dead
PP	→	*Prep NP*	[1,00]	to + the east
RelClause	→	*RelPro VP*	[1,00]	that + is smelly

Abbildung 23.2: Die Grammatik für $\mathcal{E}_0$, mit Beispielphrasen für jede Regel. Die syntaktischen Kategorien sind Satz (*S*), Nominalphrase (*NP*), Verbalphrase (*VP*), Liste der Adjektive (*Adjs*), Präpositionalphrase (*PP*) und Relativsatz (*RelClause*).

ablehnt, wie z. B. „I think the wumpus is smelly." Wir werden später sehen, wie man eine bessere Grammatik lernt; im Moment konzentrieren wir uns darauf, was wir mit dieser sehr einfachen Grammatik machen können.

23.2.1 Das Lexikon von $\mathcal{E}_0$

Das **Lexikon**, also die Liste der zulässigen Wörter, ist in ► Abbildung 23.3 definiert. Jede der lexikalischen Kategorien endet auf ..., um anzuzeigen, dass es weitere Wörter in dieser Kategorie gibt. Für Substantive, Namen, Verben, Adjektive und Adverbien ist es nicht einmal im Prinzip möglich, alle Wörter aufzulisten. Nicht nur, dass es in jeder Klasse Zehntausende von Elementen gibt, sondern es kommen auch ständig neue hinzu, wie zum Beispiel *humblebrag* oder *microbiome*. Diese fünf Kategorien werden als **offene Klassen** bezeichnet. Pronomen, Relativpronomen, Artikel, Präpositionen und Konjunktionen hingegen werden als **geschlossene Klassen** bezeichnet, denn sie bestehen aus einer kleinen Anzahl von Wörtern (ein Dutzend oder so) und verändern sich nicht im Laufe von Monaten, sondern im Laufe von Jahrhunderten. Zum Beispiel waren „thee" und „thou" im 17. Jahrhundert häufig verwendete Pronomen, die sich im 19. Jahrhundert auf dem Rückzug befanden und heute nur noch in der Poesie und einigen regionalen Dialekten zu finden sind.

Noun	→	**stench** [0,05] | **breeze** [0,10] | **wumpus** [0,15] | **pits** [0,05] | ...
Verb	→	**is** [0,10] | **feel** [0,10] | **smells** [0,10] | **stinks** [0,05] | ...
Adjective	→	**right** [0,10] | **dead** [0,05] | **smelly** [0,02] | **breezy** [0,02]...
Adverb	→	**here** [0,05] | **ahead** [0,05] | **nearby** [0,02] | ...
Pronoun	→	**me** [0,10] | **you** [0,03] | **I** [0,10] | **it** [0,10] | ...
RelPro	→	**that** [0,40] | **which** [0,15] | **who** [0,20] | **whom** [0,02] | ...
Name	→	**Ali** [0,01] | **Bo** [0,01] | **Boston** [0,01] | ...
Article	→	**the** [0,40] | **a** [0,30] | **an** [0,10] | **every** [0,05] | ...
Prep	→	**to** [0,20] | **in** [0,10] | **on** [0,05] | **near** [0,10] | ...
Conj	→	**and** [0,50] | **or** [0,10] | **but** [0,20] | **yet** [0,02] | ...
Digit	→	**0** [0,20] | **1** [0,20] | **2** [0,20] | **3** [0,20] | **4** [0,20] | ...

Abbildung 23.3: Das Lexikon für $\mathcal{E}_0$. *RelPro* ist die Abkürzung für Relativpronomen, *Prep* für Präposition und *Conj* für Konjunktion. Die Summe der Wahrscheinlichkeiten für jede Kategorie ist 1.

23.3 Parsen

Parsen ist ein Analyseprozess für Zeichenketten von Wörtern, um ihre Phrasenstruktur gemäß den Regeln einer Grammatik aufzudecken. Wir können es uns als eine **Suche** nach einem gültigen Parse-Baum vorstellen, dessen Blätter die Wörter der Zeichenkette sind. ► Abbildung 23.4 zeigt, dass wir mit dem Symbol S beginnen und von oben nach unten suchen können, oder wir beginnen mit den Wörtern und suchen von unten nach oben. Reine Top-Down- oder Bottom-Up-Parsing-Strategien können jedoch ineffizient sein, da der Aufwand in Suchraumbereichen, die zu Sackgassen führen, unter Umständen wiederholt werden muss. Betrachten wir die folgenden zwei Sätze:

Have the students in section 2 of Computer Science 101 take the exam.
Have the students in section 2 of Computer Science 101 taken the exam?

Obwohl diese Sätze die ersten 10 Wörter gemeinsam haben, haben sie sehr unterschiedliche Parse-Bäume, weil der erste Satz ein Befehl und der zweite eine Frage ist. Ein Parsing-Algorithmus, der von links nach rechts vorgeht, müsste raten, ob das erste Wort Teil eines

List of items	Rule
S	
NP VP	*S* → *NP VP*
NP VP Adjective	*VP* → *VP Adjective*
NP Verb Adjective	*VP* → *Verb*
NP Verb dead	*Adjective* → dead
NP is dead	*Verb* → is
Article Noun is dead	*NP* → *Article Noun*
Article wumpus is dead	*Noun* → wumpus
the wumpus is dead	*Article* → the

Abbildung 23.4: Parsen der Zeichenkette „the Wumpus is dead" als Satz, gemäß der Grammatik $\mathcal{E}_0$. Beim Top-down-Parsing beginnen wir mit *S* und vergleichen in jedem Schritt ein nicht terminales *X* mit einer Regel der Form ($X \rightarrow Y \ldots$) und ersetzen *X* in der Liste der Elemente durch $Y \ldots$; zum Beispiel ersetzen wir *S* durch die Folge *NP VP*. Beim Bottom-up-Parsing beginnen wir mit den Wörtern „the Wumpus is dead" und vergleichen in jedem Schritt eine Folge von Token wie ($Y \ldots$) mit einer Regel der Form ($X \rightarrow Y \ldots$) und ersetzen die Token durch *X*; zum Beispiel ersetzen wir „the" durch *Article* oder *Article Noun* durch *NP*.

Befehls oder einer Frage ist, und kann erst beim elften Wort, *take* oder *taken*, feststellen, ob die Vermutung richtig ist. Wenn der Algorithmus falsch rät, muss er bis zum ersten Wort zurückgehen und den ganzen Satz unter der anderen Interpretation neu analysieren.

Um diese Quelle der Ineffizienz zu vermeiden, können wir uns der **dynamischen Programmierung** bedienen: Jedes Mal, wenn wir eine Teilzeichenkette analysieren, sollten wir die Ergebnisse speichern, damit wir sie später nicht erneut analysieren müssen. Wenn wir z. B. herausgefunden haben, dass „the students in section 2 of Computer Science 101" eine *NP* ist, können wir dieses Ergebnis in einer Datenstruktur speichern, die als **Chart** bezeichnet wird. Der hierfür zuständige Algorithmus wird **Chart-Parser** genannt. Da wir es mit kontextfreien Grammatiken zu tun haben, kann jede Phrase, die im Kontext eines Zweigs des Suchbaums gefunden wurde, genauso gut in jedem anderen Zweig des Suchbaums funktionieren. Es gibt viele Arten von Chart-Parsern. Wir beschreiben eine probabilistische Version eines Bottom-up-Chart-Parsing-Algorithmus, der nach seinen Erfindern Ali Cocke, Daniel Younger und Tadeo Kasami **CYK-Algorithmus** genannt wird.[7]

Der CYK-Algorithmus ist in ► Abbildung 23.5 dargestellt. Er erfordert eine Grammatik, bei der alle Regeln eines von zwei sehr spezifischen Formaten aufweisen: lexikalische Regeln der Form $X \rightarrow$ **word** $[p]$ und syntaktische Regeln der Form $X \rightarrow Y\ Z\ [p]$, mit genau zwei Kategorien auf der rechten Seite. Dieses Grammatikformat, genannt **Chomsky-Normalform**, mag restriktiv erscheinen, ist es aber nicht: Jede kontextfreie Grammatik kann automatisch in die Chomsky-Normalform transformiert werden. Übung 23.10 auf der Website führt Sie durch den Prozess.

Der CYK-Algorithmus belegt Speicher von $O(n^2 m)$ für die *P*- und *T*-Tabellen, wobei n die Anzahl der Wörter im Satz und m die Anzahl der nicht terminalen Symbole in der Grammatik ist, und benötigt eine Zeit von $O(n^3 m)$. Wenn wir einen Algorithmus anstreben, der garantiert für alle möglichen kontextfreien Grammatiken funktioniert, dann schneidet kein Algorithmus besser ab. Aber eigentlich wollen wir nur natürliche Sprachen parsen, nicht alle möglichen Grammatiken. Natürliche Sprachen haben sich entwickelt, um in Echtzeit leicht verständlich

7 Manchmal werden die Autoren in der Reihenfolge CKY genannt.

```
function CYK-PARSE(words, grammar) returns eine Tabelle von Parse-Bäumen
  inputs: words, eine Liste von Wörtern
          grammar, eine Struktur mit LEXICALRULES und GRAMMARRULES

  T ← ein Tabelle      // T[X, i, k] ist wahrscheinlichster Baum in X, der words_{i:k} umspannt
  P ← eine Tabelle, anfangs alle Einträge 0  // P[X, i, k] ist Wahrscheinlichkeit von Baum T[X, i, k]
  // Fügt lexikalische Kategorien für jedes Wort ein.
  for i = 1 to LEN(words) do
    for each(X, p) in grammar.LEXICALRULES(words_i) do
      P[X, i, i] ← p
      T[X, i, i] ← TREE(X, words_i)
  // Konstruiert X_{i:k} aus Y_{i:j} + Z_{j+1:k}, kürzeste Spannen zuerst.
  for each(i, j, k) in SUBSPANS(LEN(words)) do
    for each(X, Y, Z, p) in grammar.GRAMMARRULES do
      PYZ ← P[Y, i, j] × P[Z, j + 1, k] × p
      if PYZ > P[X, i, k] do
        P[X, i, k] ← PYZ
        T[X, i, k] ← TREE(X, T[Y, i, j], T[Z, j + 1, k])
  return T

function SUBSPANS(N) yields (i, j, k)-Tuple
  for length = 2 to N do
    for i = 1 to N + 1 − length do
      k ← i + length − 1
      for j = i to k − 1 do
        yield (i, j, k)
```

Abbildung 23.5: Der CYK-Algorithmus zum Parsen. Bei einer gegebenen Folge von Wörtern findet er den wahrscheinlichsten Parse-Baum für die Folge und ihre Teilfolgen. Die Tabelle $P[X, i, k]$ gibt die Wahrscheinlichkeit des wahrscheinlichsten Baums der Kategorie X an, der $words_{i:k}$ umfasst. Die Ausgabetabelle $T[X, i, k]$ enthält den wahrscheinlichsten Baum der Kategorie X, der die Positionen i bis einschließlich k aufspannt. Die Funktion SUBSPANS gibt alle Tupel (i, j, k) zurück, die eine Spanne von $words_{i:k}$ abdecken, mit $i \leq j < k$, wobei die Tupel nach zunehmender Länge der $i{:}k$-Spanne aufgelistet werden, sodass, wenn wir zwei kürzere Spannen zu einer längeren kombinieren wollen, die kürzeren Spannen bereits in der Tabelle enthalten sind. LEXICALRULES(*word*) gibt eine Sammlung von (X, p)-Paaren zurück, eines für jede Regel der Form $X \rightarrow$ *word* [p], und GRAMMARRULES liefert (X, Y, Z, p)-Tupel, eines für jede Grammatikregel der Form $X \rightarrow Y\ Z\ [p]$.

zu sein, und nicht, um so kompliziert wie möglich zu sein, weshalb sie für einen schnelleren Parsing-Algorithmus geeignet sein sollten.

Um auf $O(n)$ zu kommen, bedienen wir uns einer A^*-Suche auf recht einfache Weise: Jeder Zustand ist eine Liste von Elementen (Wörter oder Kategorien), wie ► Abbildung 23.4 zeigt. Der Ausgangszustand ist eine Liste von Wörtern und ein Zielzustand ist das einzelne Element S. Die Kosten eines Zustands entsprechen dem Kehrwert seiner Wahrscheinlichkeit, wie sie durch die bisher angewandten Regeln definiert wird. Es gibt verschiedene Heuristiken, um die verbleibende Entfernung zum Ziel abzuschätzen. Die besten Heuristiken, die derzeit verwendet werden, stammen aus dem maschinellen Lernen, das auf einen Korpus von Sätzen angewandt wird.

Beim A^*-Algorithmus brauchen wir nicht den gesamten Zustandsraum zu durchsuchen und haben die Garantie, dass der erste gefundene Parsing-Verlauf der wahrscheinlichste ist (unter der Annahme einer zulässigen Heuristik). Dies ist normalerweise schneller als CYK, aber (abhängig von den Details der Grammatik) immer noch langsamer als $O(n)$. Ein Beispiel für ein Parsing-Ergebnis ist in ► Abbildung 23.6 zu sehen.

Genau wie beim POS-Tagging können wir zum Parsen eine **Strahlsuche** verwenden, bei der wir zu jedem Zeitpunkt nur die b wahrscheinlichsten alternativen Parsing-Verläufe berücksichtigen. Das bedeutet, dass wir nicht garantiert den Parsing-Verlauf mit der höchsten Wahr-

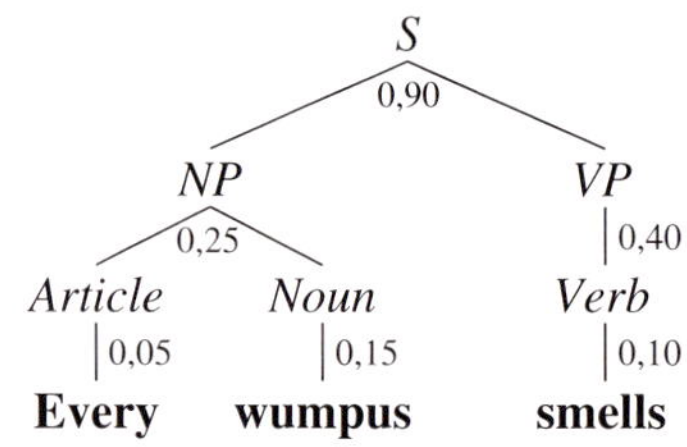

Abbildung 23.6: Parse-Baum für den Satz „Every wumpus smells" gemäß der Grammatik $\mathcal{E}_0$. Jeder innere Knoten des Baums ist mit seiner Wahrscheinlichkeit beschriftet. Die Wahrscheinlichkeit des gesamten Baums ist $0{,}9 \times 0{,}25 \times 0{,}05 \times 0{,}15 \times 0{,}40 \times 0{,}10 = 0{,}0000675$. Der Baum kann auch in linearer Form als [*S* [*NP* [*Artikle* **every**] [*Substantiv* **wumpus**]] [*VP* [*Verb* **smells**]]] geschrieben werden.

scheinlichkeit finden, aber (bei einer sorgfältigen Implementierung) benötigt der Parser nur eine Zeit von $O(n)$ und findet trotzdem meistens den besten Parsing-Verlauf.

Ein Parser mit Strahlsuche und $b = 1$ wird als **deterministischer Parser** bezeichnet. Ein beliebter deterministischer Ansatz ist das **Shift-Reduce-Parsen**, bei dem wir den Satz Wort für Wort durchgehen und an jedem Punkt entscheiden, ob wir das Wort auf einen Stapel von Konstituenten ablegen oder die oberste(n) Konstituente(n) auf dem Stapel gemäß einer Grammatikregel reduzieren. Jede Art des Parsens hat ihre Anhänger in der NLP-Community. Obwohl es möglich ist, ein Shift-Reduce-System in ein PCFG umzuwandeln (und umgekehrt), wenn man maschinelles Lernen auf das Problem der Induktion einer Grammatik anwendet, werden die induktiven Annahmen und damit die Generalisierungen, die jedes System macht, unterschiedlich sein (Abney *et al.*, 1999).

23.3.1 Abhängigkeitsparsen

Es gibt einen weit verbreiteten alternativen syntaktischen Ansatz, die **Abhängigkeitsgrammatik**, die davon ausgeht, dass die syntaktische Struktur durch binäre Relationen zwischen lexikalischen Elementen gebildet wird, ohne dass syntaktische Konstituenten erforderlich sind. ► Abbildung 23.7 zeigt einen Satz nach dem Abhängigkeitsparsen und dem Phrasenstruktur-Parsen.

In gewissem Sinne sind die Abhängigkeits- und die Phrasenstrukturgrammatik nur Notationsvarianten. Wenn der Phrasenstrukturbaum mit dem Kopf jeder Phrase annotiert ist, kann man daraus den Abhängigkeitsbaum rekonstruieren. Umgekehrt können wir einen Abhängigkeitsbaum in einen Phrasenstrukturbaum umwandeln, indem wir beliebige Kategorien einführen (obwohl wir auf diese Weise nicht immer einen natürlich aussehenden Baum erhalten).

Daher würden wir keine Notation der anderen vorziehen, nur weil sie leistungsfähiger ist. Vielmehr würden wir eine bevorzugen, weil sie natürlicher ist – sei es vertrauter für die menschlichen Entwickler eines Systems oder natürlicher für ein maschinelles Lernsystem, das die Strukturen lernen muss. Im Allgemeinen sind Phrasenstrukturbäume gut geeignet für Sprachen (wie Englisch) mit meist fester Wortreihenfolge, während Abhängigkeitsbäume gut geeignet sind für Sprachen (wie Latein) mit meist freier Wortreihenfolge, wo die Reihenfolge der Wörter mehr durch Pragmatik als durch syntaktische Kategorien bestimmt wird.

Die heutige Popularität der Abhängigkeitsgrammatik geht zu einem großen Teil auf das Projekt Universal Dependencies (Nivre *et al.*, 2016) zurück, ein Open-Source-Baumbank-Projekt, das eine Reihe von Relationen definiert und Millionen von geparsten Sätzen in über 70 Sprachen bereitstellt.

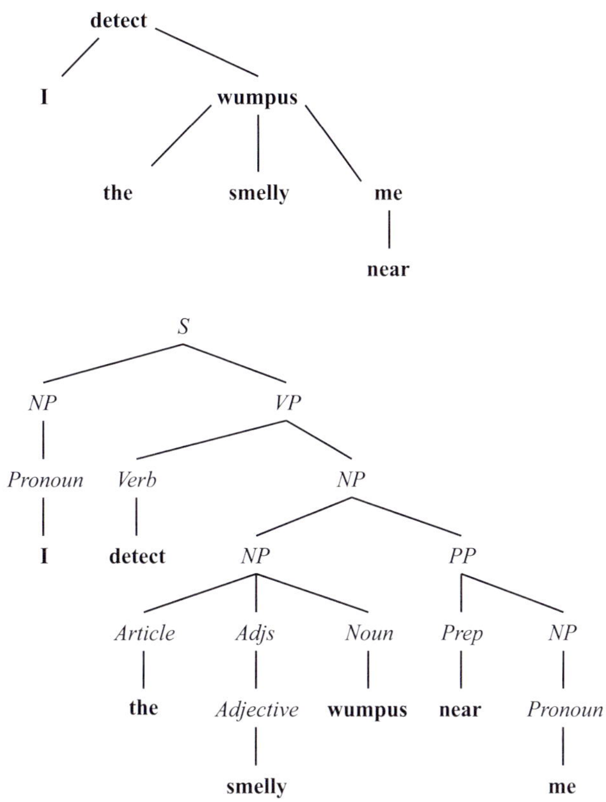

Abbildung 23.7: Das Abhängigkeitsparsen (oben) und das entsprechende Phrasenstruktur-Parsen (unten) für den Satz *I detect the smelly wumpus near me.*

23.3.2 Einen Parser aus Beispielen lernen

Das Erstellen einer Grammatik für einen großen Teil der englischen Sprache ist mühsam und fehleranfällig. Dies legt nahe, dass es besser wäre, die Grammatikregeln (und Wahrscheinlichkeiten) zu **lernen**, anstatt sie von Hand aufzuschreiben. Um überwachtes Lernen anzuwenden, benötigen wir Eingabe-Ausgabe-Paare von Sätzen und deren Parse-Bäume. Die Penn Treebank ist die bekannteste Quelle für solche Daten, mit über 100.000 Sätzen, die mit der Parse-Baumstruktur annotiert sind. ► Abbildung 23.8 zeigt einen annotierten Baum aus der Penn Treebank.

Bei einer gegebenen Baumbank können wir eine PCFG erstellen, indem wir einfach zählen, wie oft jeder Knotentyp in einem Baum vorkommt (mit den üblichen Vorbehalten bezüglich der Glättung niedriger Zählungen). In ► Abbildung 23.8 gibt es zwei Knoten der Form $[S[NP\ldots][VP\ldots]]$. Wir würden diese und alle anderen Teilbäume mit der Wurzel S im Korpus zählen. Wenn es 1.000 S-Knoten gibt, von denen 600 von dieser Form sind, dann erstellen wir die Regel:

$$S \rightarrow NP\ VP\ [0{,}6]$$

Insgesamt hat die Penn Treebank über 10.000 verschiedene Knotentypen. Dies spiegelt die Tatsache wider, dass Englisch eine komplexe Sprache ist, aber es zeigt auch, dass die Annotatoren, die für die Erstellung der Baumbank verantwortlich waren, flache Bäume bevorzugt haben, vielleicht flacher, als uns lieb ist. Zum Beispiel wird die Phrase „the good and the

```
[ [S [NP-2 Her eyes]
    [VP were
        [VP glazed
            [NP *-2]
            [SBAR-ADV as if
                [S [NP she]
                    [VP did n't
                        [VP [VP hear [NP *-1]]
                            or
                            [VP [ADVP even] see [NP *-1]]
                            [NP-1 him]]]]]]]]
.]
```

Abbildung 23.8: Annotierter Baum für den Satz „Her eyes were glazed as if she didn't hear or even see him." aus der Penn Treebank. Beachten Sie ein grammatikalisches Phänomen, das wir noch nicht behandelt haben: das Verschieben einer Phrase von einem Teil des Baums zu einem anderen. Dieser Baum analysiert die Phrase „hear or even see him" als bestehend aus zwei konstituierenden *VP*s, [*VP* **hear** [*NP* *-1]] und [*VP* [*ADVP* **even**] **see** [*NP* *-1]], die beide ein fehlendes Objekt haben, bezeichnet mit *-1, das sich auf die *NP* bezieht, die an anderer Stelle im Baum als [*NP*-1 **him**] bezeichnet wird. In ähnlicher Weise bezieht sich die [*NP* *-2] auf die [*NP*-2 **Her eyes**].

bad" als eine einzelne Nominalphrase geparst und nicht als zwei zusammenhängende Nominalphrasen, was zu folgender Regel führt:

$$NP \rightarrow Article\ Noun\ Conjunction\ Article\ Noun$$

Es gibt Hunderte von ähnlichen Regeln, die eine Nominalphrase als eine Folge von Kategorien mit einer Konjunktion irgendwo in der Mitte definieren. Eine kürzere Grammatik könnte alle Regeln für konjugierte Nominalphrasen mit einer einzigen Regel erfassen:

$$NP \rightarrow NP\ Conjunction\ NP$$

Bod *et al.* (2003) und Bod (2008) zeigen, wie man solche generalisierten Regeln automatisch herausfinden kann, wodurch die Anzahl der Regeln, die aus der Baumbank stammen, stark reduziert wird und eine Grammatik entsteht, die am Ende zuvor ungesehene Sätze besser generalisiert. Sie nennen ihren Ansatz **datenorientiertes Parsen**.

Wir haben gesehen, dass Baumbanken nicht perfekt sind – sie enthalten Fehler und haben eigenwillige Parsing-Ergebnisse. Es ist auch klar, dass die Erstellung einer Baumbank viel Arbeit erfordert. Das bedeutet, dass Baumbanken relativ klein bleiben, verglichen mit dem gesamten Text, der nicht mit Bäumen annotiert wurde. Ein alternativer Ansatz ist das **unüberwachte Parsen**, bei dem wir eine neue Grammatik lernen (oder eine bestehende Grammatik verbessern), indem wir einen Korpus von Sätzen ohne Bäume verwenden.

Der **Inside-Outside-Algorithmus** (Dodd, 1988), auf den wir hier nicht näher eingehen, lernt, die Wahrscheinlichkeiten in einer PCFG aus Beispielsätzen ohne Bäume abzuschätzen, ähnlich wie der Forward-Backward-Algorithmus (► Abbildung 14.4) Wahrscheinlichkeiten schätzt. Spitkovsky *et al.* (2010a) beschreiben einen unüberwachten Lernansatz basierend auf dem **Curriculum-Lernen**. Dazu beginnen wir mit dem einfachen Teil des Curriculums: Kurze, eindeutige 2-Wort-Sätze wie „Er ging" können auf Basis von Vorwissen oder Annotationen leicht geparst werden. Jeder neue Parsing-Vorgang eines kurzen Satzes erweitert das Wissen des Systems, sodass es anschließend 3-Wort-, dann 4-Wort- und schließlich sogar 40-Wort-Sätze bewältigen kann.

Wir können auch **semiüberwachtes Parsen** verwenden, bei dem wir mit einer kleinen Anzahl von Bäumen als Daten beginnen, um eine anfängliche Grammatik zu erstellen, und dann eine große Anzahl von ungeparsten Sätzen hinzufügen, um die Grammatik zu verbessern. Der semiüberwachte Ansatz kann sich die **Teilklammerung** zunutze machen: Wir können frei verfügbaren Text verwenden, der von den Autoren und nicht von Linguisten markiert wurde, und zwar mit einer partiellen baumähnlichen Struktur in Form von HTML- oder ähnlichen Annotationen. Im HTML-Text entsprechen die meisten Klammern einer syntaktischen Komponente, sodass Teilklammerung beim Lernen einer Grammatik helfen kann (Pereira und Schabes, 1992; Spitkovsky *et al.*, 2010b). Betrachten Sie diesen HTML-Text aus einem Zeitungsartikel:

```
    In 1998, however, as I <a>established in
<i>The New Republic</i></a> and Bill Clinton just
<a>confirmed in his memoirs</a>, Netanyahu changed his mind
```

Die von `<i></i>`-Tags umgebenen Wörter bilden eine Nominalphrase und die beiden von `<a></a>`-Tags umgebenen Wortfolgen bilden jeweils Verbalphrasen.

23.4 Erweiterte Grammatiken

Bislang haben wir uns mit **kontextfreien Grammatiken** beschäftigt. Aber nicht jede *NP* kann in jedem Kontext mit gleicher Wahrscheinlichkeit vorkommen. Der Satz „I ate a banana" ist in Ordnung, aber „Me ate a banana" ist grammatikalisch falsch und „I ate a bandanna" äußerst unwahrscheinlich.

Das Problem ist, dass sich unsere Grammatik auf lexikalische Kategorien wie *Pronoun* konzentriert, aber während „I" und „me" beides Pronomen sind, kann nur „I" das Subjekt eines Satzes sein. Ähnlich sind „banana" und „bandanna" beides Substantive, aber das erstere ist viel eher Objekt von „ate". Linguisten sagen, dass das Pronomen „I" im subjektiven Fall steht (d. h. Subjekt eines Verbs ist) und „me" im objektiven Fall (d. h. Objekt eines Verbs ist).[8] Sie sagen auch, dass „I" in der ersten Person steht („you" ist die zweite Person und „she" die dritte) und Singular ist („we" ist Plural). Eine Kategorie wie *Pronoun*, die um Merkmale wie „subjektiver Fall, erste Person Singular" erweitert wurde, wird als **Unterkategorie** bezeichnet.

In diesem Abschnitt zeigen wir, wie eine Grammatik Wissen dieser Art darstellen kann, um feinkörniger zu unterscheiden, welche Sätze wahrscheinlicher sind. Außerdem werden wir zeigen, wie man eine Repräsentation der **Semantik** eines Satzes kompositionell konstruiert. All dies lässt sich mit einer **erweiterten Grammatik** erreichen, in der die nicht terminalen Symbole nicht nur atomar sind, wie *Pronoun* oder *NP*, sondern strukturierte Repräsentationen. Zum Beispiel könnte die Nominalphrase „I" als *NP*(*Sbj*, *1S*, *Speaker*) repräsentiert werden, was bedeutet „eine Nominalphrase, die im subjektiven Fall, erste Person Singular steht und deren Bedeutung es ist, Sprecher des Satzes zu sein." Im Gegensatz dazu würde „me" als *NP*(*Obj*, *1S*, *Speaker*) repräsentiert werden, was angibt, dass es im objektiven Fall steht.

Betrachten Sie die Sequenz „*Noun* und *Noun* oder *Noun*", die entweder als „[*Noun* und *Noun*] oder *Noun*" oder als „*Noun* und [*Noun* oder *Noun*]" geparst werden kann. Unsere kontextfreie Grammatik hat keine Möglichkeit, eine Präferenz für eines der beiden Parsing-Ergebnisse auszudrücken, weil die Regel für verbundene *NP*s, $NP \rightarrow NP\ Conjunction\ NP[0{,}05]$, jedem Parsing die gleiche Wahrscheinlichkeit beimisst. Was wir benötigen, ist eine Grammatik, die die Parsing-Ergebnisse „[[Spaghetti und Fleischbällchen] oder Lasagne]" und „[Spaghetti und [Kuchen oder Torte]]" gegenüber der alternativen Klammerung für jede dieser Phrasen bevorzugt.

8 Der subjektive Fall wird manchmal auch als Nominativ und der objektive Fall als Akkusativ bezeichnet. Viele Sprachen machen auch eine weitere Unterscheidung mit einem Dativfall für Wörter in der indirekten Objektposition.

Eine **lexikalisierte PCFG** ist eine Art von erweiterter Grammatik, die es uns ermöglicht, Wahrscheinlichkeiten basierend auf anderen Eigenschaften der Wörter in einer Phrase als nur den syntaktischen Kategorien zuzuweisen. Die Daten wären in der Tat sehr spärlich, wenn die Wahrscheinlichkeit eines Satzes mit z. B. 40 Wörtern von *allen* 40 Wörtern abhängen würde – dies ist das gleiche Problem, das wir von n-Grammen kennen. Zur Vereinfachung führen wir den Begriff **Kopf** einer Phrase ein – das wichtigste Wort. So ist „banana" der Kopf der *NP* „a banana" und „ate" der Kopf der *VP* „ate a banana". Die Notation $VP(v)$ bezeichnet eine Phrase der Kategorie *VP*, deren Kopfwort v ist. Im Folgenden zeigen wir eine lexikalisierte PCFG:

$$
\begin{array}{lcll}
VP(v) & \rightarrow & Verb(v)\ NP(n) & [P_1(v,n)] \\
VP(v) & \rightarrow & Verb(v) & [P_2(v)] \\
NP(n) & \rightarrow & Article(a)\ Adjs(j)\ Noun(n) & [P_3(n,a)] \\
NP(n) & \rightarrow & NP(n)\ Conjunction(c)\ NP(m) & [P_4(n,c,m)] \\
Verb(\mathbf{ate}) & \rightarrow & \mathbf{ate} & [0{,}002] \\
Noun(\mathbf{banana}) & \rightarrow & \mathbf{banana} & [0{,}0007]
\end{array}
$$

Hier bezeichnet $P_1(v,n)$ die Wahrscheinlichkeit, dass sich eine *VP* mit v am Kopf mit einer *NP* mit n am Kopf zu einer *VP* verbindet. Wir können angeben, dass „ate a banana" wahrscheinlicher ist als „ate a bandanna", indem wir sicherstellen, dass $P_1(ate, banana) > P_1(ate, bandanna)$. Beachten Sie, dass die Unterscheidung zwischen „ate a banana" und „ate a rancid banana" nicht von P_1 erfasst wird, da wir nur Phrasenköpfe betrachten. Konzeptionell ist P_1 eine riesige Tabelle von Wahrscheinlichkeiten: Wenn es 5.000 Verben und 10.000 Substantive im Vokabular gibt, dann benötigt P_1 50 Millionen Einträge, aber die meisten davon werden nicht explizit gespeichert, sondern aus Glättung und Backoff abgeleitet. Wir können zum Beispiel von $P_1(v,n)$ zu einem Modell zurückgehen, das nur von v abhängt. Ein solches Modell würde 10.000-mal weniger Parameter benötigen, kann aber immer noch wichtige Regelmäßigkeiten erfassen, wie z. B. die Tatsache, dass auf ein transitives Verb wie „ate" mit größerer Wahrscheinlichkeit eine *NP* folgt (unabhängig vom Kopf) als auf ein intransitives Verb wie „sleep".

Wir haben in Abschnitt 23.2 gesehen, dass die einfache Grammatik für $\mathcal{E}_0$ übergeneriert und Nicht-Sätze wie „I saw she" oder „I sees her" produziert. Um dieses Problem zu vermeiden, müsste unsere Grammatik wissen, dass „her", nicht „she", ein gültiges Objekt von „saw" (oder von jedem anderen Verb) ist und dass „see", nicht „sees", die Form des Verbs ist, die das Subjekt „I" begleitet.

Wir könnten diese Tatsachen vollständig in den Wahrscheinlichkeitsangaben codieren, z. B. indem wir $P_1(v, she)$ zu einer sehr kleinen Zahl für alle Verben v machen. Aber es ist prägnanter und modularer, die Kategorie *NP* mit zusätzlichen Variablen zu erweitern: $NP(c, pn, n)$ wird verwendet, um eine Nominalphrase mit dem Fall c (subjektiv oder objektiv), Person und Numerus pn (z. B. dritte Person Singular) und Kopf-Substantiv n zu repräsentieren. ► Abbildung 23.9 zeigt eine erweiterte lexikalisierte Grammatik, die diese zusätzlichen Variablen behandelt. Lassen Sie uns eine Grammatikregel im Detail betrachten:

$$S(v) \rightarrow NP(Sbj, pn, n)\ VP(pn, v)\ \ [P_5(n, v)]$$

Diese Regel besagt, dass eine *NP* gefolgt von einer *VP* ein *S* bilden können, aber nur, wenn die *NP* den subjektiven (*Sbj*) Fall hat und Person und Numerus (*pn*) von *NP* und *VP* identisch sind. (Wir sagen, dass sie *übereinstimmen*.) Wenn das zutrifft, dann haben wir ein *S*, dessen Kopf das Verb aus der *VP* ist. Hier ist ein Beispiel für eine lexikalische Regel,

$$Pronoun(Sbj, 1S, I) \rightarrow \mathbf{I}\ \ [0{,}005]$$

die besagt, dass „I" ein *Pronoun* im subjektiven Fall, erste Person Singular mit Kopf „I" ist.

$$\begin{aligned}
S(v) &\rightarrow NP(Sbj, pn, n)\ VP(pn, v) \mid \ldots \\
NP(c, pn, n) &\rightarrow Pronoun(c, pn, n) \mid Noun(c, pn, n) \mid \ldots \\
VP(pn, v) &\rightarrow Verb(pn, v)\ NP(Obj, pn, n) \mid \ldots \\
PP(head) &\rightarrow Prep(head)\ NP(Obj, pn, h) \\
Pronoun(Sbj, 1S, \mathbf{I}) &\rightarrow \mathbf{I} \\
Pronoun(Sbj, 1P, \mathbf{we}) &\rightarrow \mathbf{we} \\
Pronoun(Obj, 1S, \mathbf{me}) &\rightarrow \mathbf{me} \\
Pronoun(Obj, 3P, \mathbf{them}) &\rightarrow \mathbf{them} \\
Verb(3S, \mathbf{see}) &\rightarrow \mathbf{see}
\end{aligned}$$

Abbildung 23.9: Teil einer erweiterten Grammatik, die Fallübereinstimmung, Subjekt-Verb-Übereinstimmung und Kopfwörter behandelt. Großgeschriebene Namen sind Konstanten: *Sbj* und *Obj* für den subjektiven und den objektiven Fall; *1S* für die erste Person Singular; *1P* und *3P* für die erste und dritte Person Plural. Wie üblich sind die kleingeschriebenen Namen Variablen. Der Einfachheit halber wurden die Wahrscheinlichkeiten weggelassen.

23.4.1 Semantische Interpretation

Um zu zeigen, wie sich eine Grammatik mit Semantik ergänzen lässt, beginnen wir mit einem Beispiel, das einfacher als die englische Sprache ist: die Semantik von arithmetischen Ausdrücken. ► Abbildung 23.10 zeigt eine Grammatik für arithmetische Ausdrücke, in der jede Regel um ein Argument ergänzt wird, das die semantische Interpretation des Ausdrucks angibt. Die Semantik einer Ziffer wie „3" ist die Ziffer selbst. Die Semantik des Ausdrucks „3 + 4" ist der Operator „+", der auf die Semantik der Phrasen „3" und „4" angewendet wird. Die Grammatikregeln entsprechen dem Prinzip der **kompositionellen Semantik** – die Semantik einer Phrase ist eine Funktion der Semantik der Teilphrasen. ► Abbildung 23.11 zeigt den Parse-Baum für $3 + (4 \div 2)$ gemäß dieser Grammatik. An der Wurzel des Parse-Baums steht mit *Exp*(5) ein Ausdruck, dessen semantische Interpretation 5 ist.

Kommen wir nun zur Semantik der englischen Sprache oder zumindest zu einem kleinen Teil davon. Wir werden die Prädikatenlogik für unsere semantische Repräsentation verwenden. Der einfache Satz „Ali loves Bo" sollte also die semantische Repräsentation *Loves*(*Ali*, *Bo*) erhalten. Aber was ist mit den konstituierenden Phrasen? Die *NP* „Ali" können wir mit dem

$$\begin{aligned}
&Exp(op(x_1, x_2)) \rightarrow Exp(x_1)\ Operator(op)\ Exp(x_2) \\
&Exp(x) \rightarrow (\ Exp(x)\ ) \\
&Exp(x) \rightarrow Number(x) \\
&Number(x) \rightarrow Digit(x) \\
&Number(10 \times x_1 + x_2) \rightarrow Number(x_1)\ Digit(x_2) \\
&Operator(+) \rightarrow \mathbf{+} \\
&Operator(-) \rightarrow \mathbf{-} \\
&Operator(\times) \rightarrow \mathbf{\times} \\
&Operator(\div) \rightarrow \mathbf{\div} \\
&Digit(0) \rightarrow \mathbf{0} \\
&Digit(1) \rightarrow \mathbf{1} \\
&\ldots
\end{aligned}$$

Abbildung 23.10: Eine Grammatik für arithmetische Ausdrücke, erweitert um die Semantik. Jede Variable x_i repräsentiert die Semantik einer Konstituente.

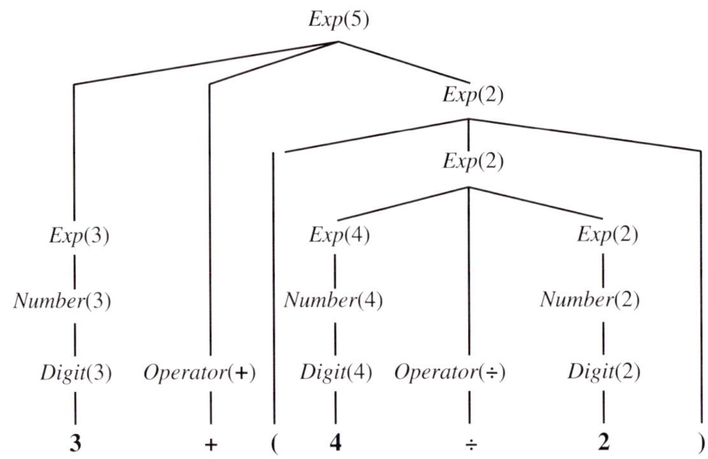

Abbildung 23.11: Parse-Baum mit semantischen Interpretationen für die Zeichenkette „3 + (4 ÷ 2)".

logischen Term *Ali* repräsentieren. Aber die *VP* „loves Bo" ist weder ein logischer Term noch ein vollständiger logischer Satz. Intuitiv ist „loves Bo" eine Beschreibung, die auf eine bestimmte Person zutreffen kann oder auch nicht. (In diesem Fall trifft sie auf Ali zu.) Das bedeutet, dass „loves Bo" ein **Prädikat** ist, das in Verbindung mit einem Term, der eine Person repräsentiert, einen vollständigen logischen Satz ergibt.

Unter Verwendung der λ-Notation (siehe S. 303) können wir „loves Bo" als das Prädikat

$$\lambda x \; Loves(x, Bo)$$

darstellen. Jetzt brauchen wir eine Regel, die besagt: „Eine *NP* mit der Semantik *n*, gefolgt von einer *VP* mit der Semantik *pred*, ergibt einen Satz, dessen Semantik das Ergebnis der Anwendung von *pred* auf *n* ist":

$$S(pred(n)) \;\rightarrow\; NP(n) \; VP(pred)$$

Die Regel sagt uns, dass die semantische Interpretation von „Ali loves Bo" wie folgt lautet:

$$(\lambda x \; Loves(x, Bo))(Ali) ,$$

was äquivalent zu $Loves(Ali, Bo)$ ist. Technisch gesehen sagen wir, dass dies eine β-Reduktion der Lambda-Funktionsanwendung ist.

Der Rest der Semantik ist die direkte Folge der bisher getroffenen Entscheidungen. Da *VPs* als Prädikate dargestellt werden, sollten auch Verben Prädikate sein. Das Verb „loves" wird als $\lambda y \; \lambda x \; Loves(x, y)$ repräsentiert – das Prädikat, das bei Übergabe des Arguments *Bo* das Prädikat $\lambda x \; Loves(x, Bo)$ zurückgibt. Am Ende erhalten wir die Grammatik und den Parse-Baum aus ► Abbildung 23.12. In einer vollständigeren Grammatik würden wir alle Erweiterungen (Semantik, Fall, Person-Numerus und Kopf) in einem Satz von Regeln zusammenfassen. Hier zeigen wir nur die semantische Erweiterung, um zu verdeutlichen, wie die Regeln funktionieren.

23.4.2 Semantische Grammatiken lernen

Leider enthält die Penn Treebank keine semantischen Repräsentationen ihrer Sätze, sondern nur syntaktische Bäume. Wenn wir also eine semantische Grammatik lernen wollen,

$$S(pred(n)) \rightarrow NP(n)\ VP(pred)$$
$$VP(pred(n)) \rightarrow Verb(pred)\ NP(n)$$
$$NP(n) \rightarrow Name(n)$$

$$Name(Ali) \rightarrow \textbf{Ali}$$
$$Name(Bo) \rightarrow \textbf{Bo}$$
$$Verb(\lambda y\ \lambda x\ Loves(x,y)) \rightarrow \textbf{loves}$$

(a)

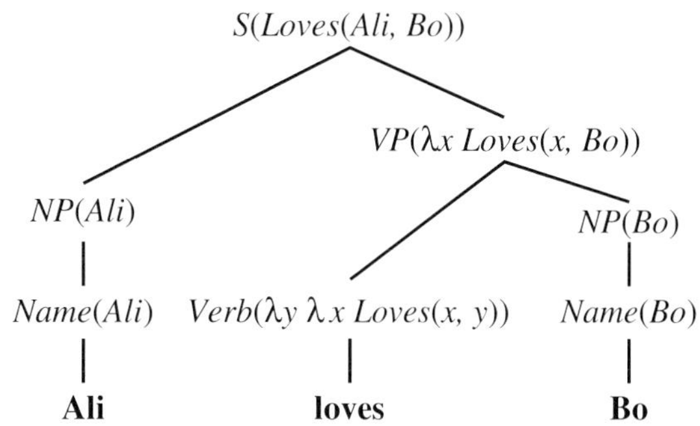

(b)

Abbildung 23.12: (a) Eine Grammatik, die einen Parse-Baum und eine semantische Interpretation für „Ali loves Bo" (und drei weitere Sätze) ableiten kann. Jede Kategorie wird durch ein einzelnes Argument ergänzt, das die Semantik repräsentiert. (b) Ein Parse-Baum mit semantischen Interpretationen für die Zeichenkette „Ali loves Bo".

brauchen wir eine andere Quelle für Beispiele. Zettlemoyer und Collins (2005) beschreiben ein System, das eine Grammatik für ein Frage-Antwort-System aus Beispielen lernt, die aus einem Satz zusammen mit der semantischen Form für den Satz bestehen:

- **Satz**: What states border Texas?
- **Logische Form**: $\lambda x.state(x) \wedge \lambda x.borders(x, Texas)$

Aus einer großen Sammlung solcher Paare und ein wenig handcodiertem Wissen für jede neue Domäne generiert das System plausible lexikalische Einträge (zum Beispiel, dass „Texas" und „state" Substantive sind, sodass *state*(*Texas*) wahr ist) und lernt gleichzeitig Parameter für eine Grammatik, die es dem System ermöglicht, Sätze in semantische Repräsentationen zu zerlegen. Das System von Zettlemoyer und Collins erreichte eine Genauigkeit von 79 % auf zwei verschiedenen Testmengen mit ungesehenen Sätzen. Zhao und Huang (2015) demonstrieren einen Shift-Reduce-Parser, der schneller läuft und eine Genauigkeit von 85 % bis 89 % erreicht.

Eine Einschränkung dieser Systeme ist, dass die Trainingsdaten logische Formen enthalten. Diese sind teuer zu erstellen und erfordern menschliche Annotatoren mit speziellem Fachwissen – nicht jeder versteht die Feinheiten von Lambda-Kalkül und Prädikatenlogik. Es ist viel einfacher, Beispiele für Frage-Antwort-Paare zu sammeln:

- **Frage**: Welche Staaten grenzen an Texas?
- **Antwort**: Louisiana, Arkansas, Oklahoma, New Mexico.

- **Frage**: Wie viel Mal würde Rhode Island in Kalifornien passen?
- **Antwort**: 135

Solche Frage-Antwort-Paare sind im Web recht häufig, sodass eine große Datenbank ohne menschliche Experten zusammengestellt werden kann. Unter Verwendung dieser großen Datenquelle ist es möglich, Parser zu bauen, die besser sind als solche, die eine kleine Datenbank mit annotierten logischen Formen verwenden (Liang *et al.*, 2011; Liang und Potts, 2015). Der in diesen Arbeiten beschriebene wichtigste Ansatz besteht darin, eine interne logische Form zu erfinden, die kompositionell ist, aber keinen exponentiell großen Suchraum zulässt.

23.5 Komplikationen der realen natürlichen Sprache

Die Grammatik des realen Englisch ist unendlich komplex (wobei andere Sprachen ebenso komplex sind). Wir werden kurz einige der Themen erwähnen, die zu dieser Komplexität beitragen.

Quantifizierung: Betrachten Sie den Satz „Every agent feels a breeze". Der Satz hat unter $\mathcal{E}_0$ nur ein syntaktisches Parsing-Ergebnis, aber er ist semantisch mehrdeutig: Gibt es eine Brise, die von allen Agenten gespürt wird, oder spürt jeder Agent eine separate persönliche Brise? Die beiden Interpretationen können dargestellt werden als:

$$\forall a \;\; a \in Agents \Rightarrow$$
$$\exists b \;\; b \in Breezes \wedge Feel(a, b) \,;$$
$$\exists b \;\; b \in Breezes \wedge \forall a \;\; a \in Agents \Rightarrow$$
$$Feel(a, b)$$

Beim Standardansatz für die Quantifizierung definiert die Grammatik keinen eigentlichen logischen semantischen Satz, sondern eine **quasilogische Form**, die dann von Algorithmen außerhalb des Parsing-Prozesses in einen logischen Satz umgewandelt wird. Diese Algorithmen können über Präferenzregeln verfügen, mit denen sich ein Quantifiziererbereich gegenüber einem anderen bevorzugen lässt – Präferenzen, die in der Grammatik nicht direkt widergespiegelt werden müssen.

Pragmatik: Wir haben gezeigt, wie ein Agent eine Folge von Wörtern wahrnehmen und mithilfe einer Grammatik eine Menge von möglichen semantischen Interpretationen ableiten kann. Jetzt wenden wir uns dem Problem zu, die Interpretation durch Hinzufügen kontextabhängiger Informationen über die aktuelle Situation zu vervollständigen. Pragmatische Informationen sind offenbar notwendig, um die Bedeutung von indexikalen Zeichen – also von Phrasen, die sich direkt auf die aktuelle Situation beziehen – aufzulösen. Zum Beispiel sind in dem Satz „I am in Boston today" sowohl „I" als auch „today" indexikale Zeichen. Das Wort „I" würde durch einen *Speaker* repräsentiert, einen Fluent, der sich zu verschiedenen Zeiten auf verschiedene Objekte bezieht, und es läge beim Hörer, den Referenten des Fluent aufzulösen – was nicht als Teil der Grammatik gilt, sondern vielmehr als ein Problem der Pragmatik.

Ein anderer Teil der Pragmatik ist die Interpretation der Sprecherabsicht. Die Äußerung des Sprechers wird als **Sprechakt** betrachtet und es liegt beim Hörer zu entschlüsseln, um welche Art von Äußerung es sich handelt – eine Frage, eine Aussage, ein Versprechen, eine Warnung, ein Befehl usw. Ein Befehl wie „go to 2 2" bezieht sich implizit auf den Hörer. Bislang deckt unsere Grammatik für *S* nur deklarative Sätze ab. Wir können sie erweitern, sodass sie auch Befehle abdeckt – ein Befehl ist eine Verbalphrase, bei der das Subjekt implizit der Hörer des Befehls ist:

$$S(Command(pred(Hearer))) \rightarrow VP(pred)$$

Weit reichende Abhängigkeiten: In ► Abbildung 23.8 haben wir gesehen, dass „she didn't hear or even see him" mit zwei Lücken geparst wurde, in denen eine *NP* fehlt, die sich aber auf die *NP* „him" bezieht. Wir können das Symbol ␣ verwenden, um die Lücken darzustellen: „she didn't [hear ␣ or even see ␣] him". Im Allgemeinen kann der Abstand zwischen der Lücke und der *NP*, auf die sie sich bezieht, beliebig groß sein: In „Who did the agent tell you to give the gold to ␣?" bezieht sich die Lücke auf „Who", das 11 Wörter entfernt ist.

Ein komplexes System von erweiterten Regeln stellt sicher, dass die fehlenden *NP*s übereinstimmen. Die Regeln sind komplex; zum Beispiel darf keine Lücke in einem Zweig einer *NP*-Konjunktion vorkommen: „What did she play [*NP* Dungeons and ␣]?" ist grammatikalisch falsch. Doch die gleiche Lücke kann in beiden Zweigen einer *VP*-Konjunktion erscheinen, wie in dem Satz „What did you [*VP* [*VP* smell ␣] and [*VP* shoot an arrow at ␣]]?"

Zeit und Zeitform: Angenommen, wir wollen den Unterschied zwischen „Ali loves Bo" und „Ali loved Bo" darstellen. Die englische Sprache verwendet Zeitformen (Vergangenheit, Gegenwart und Zukunft), um die relative Zeit eines Ereignisses anzugeben. Eine gute Wahl, um die Zeit von Ereignissen darzustellen, ist die Ereigniskalkül-Notation aus Abschnitt 10.3. Im Ereigniskalkül haben wir:

$$\text{Ali loves Bo: } E_1 \in Loves(Ali, Bo) \wedge During(Now, Extent(E_1))$$
$$\text{Ali loved Bo: } E_2 \in Loves(Ali, Bo) \wedge After(Now, Extent(E_2))$$

Das heißt, dass unsere beiden lexikalischen Regeln für die Wörter „loves" und „loved" wie folgt lauten sollten:

$$Verb(\lambda y\ \lambda x\ e \in Loves(x, y) \wedge During(Now, e)) \rightarrow \textbf{loves}$$
$$Verb(\lambda y\ \lambda x\ e \in Loves(x, y) \wedge After(Now, e)) \rightarrow \textbf{loved}$$

Bis auf diese Änderung bleibt alles andere in der Grammatik gleich, was erfreulich ist, denn es lässt vermuten, dass wir auf dem richtigen Weg sind, wenn wir eine Komplikation wie die Zeitform von Verben so einfach hinzufügen können (obwohl wir gerade mal an der Oberfläche einer vollständigen Grammatik für Zeit und Zeitform gekratzt haben).

Mehrdeutigkeit: Wir neigen dazu, Mehrdeutigkeit als ein Versagen in der Kommunikation zu betrachten. Wenn ein Zuhörer sich einer Mehrdeutigkeit in einer Äußerung bewusst ist, bedeutet dies, dass die Äußerung unklar oder verwirrend ist. Hier sind einige Beispiele aus Zeitungsschlagzeilen:

Er beobachtet das Mädchen mit dem Fernglas.
Sie fahren mit Abstand am besten.
Sie hat langsam gehende Leute umfahren.
Dieser Bereich wird zur Verhütung von Straftaten durch die Polizei videoüberwacht.
Staatsanwaltschaft ermittelt gegen Betrüger im Weihnachtsmannkostüm.
Einige Menschen riechen gut.
Ein Junggeselle ist ein Mann, dem zum Glück noch die Frau fehlt.
Zwei Schwestern nach 18 Jahren an der Supermarktkasse wiedervereint.

Solche Mehrdeutigkeiten sind die Ausnahme; die meiste Zeit scheint die Sprache, die wir hören, eindeutig zu sein. Als Wissenschaftler in den 1960er Jahren begannen, Sprache mithilfe von Computern zu analysieren, mussten sie überrascht feststellen, dass fast jeder Satz mehrdeutig ist und mehrere mögliche Parsing-Ergebnisse (manchmal Hunderte) zulässt, selbst wenn das bevorzugte Parsing-Ergebnis das einzige ist, das Muttersprachler wahrnehmen. Zum Beispiel verstehen wir die Phrase „brown rice and black beans" als „[brown rice] and [black beans]" und ziehen nie die Interpretation „brown [rice and black beans]" in Betracht, bei der das Adjektiv „brown" die gesamte Phrase modifiziert, und nicht nur den „rice". Wenn wir hören „Outside of a dog, a book is a person's best friend", interpretieren wir „outside of" im Sinne von „except for" und finden es lustig, wenn der nächste Satz des Groucho-Marx-Witzes lautet „Inside of a dog it's too dark to read".

Lexikalische Mehrdeutigkeit liegt vor, wenn ein Wort mehr als eine Bedeutung hat: „back" kann ein Adverb (*go back*, zurückgehen), ein Adjektiv (*back door*, hintere Tür), ein Substantiv (*the back of the room*, der hintere Teil des Raums), ein Verb (*back a candidate*, einen Kandidaten unterstützen) oder ein Eigenname (ein Fluss in Nunavut, Kanada) sein. „Jack" kann im Englischen ein Eigenname, ein Substantiv (eine Spielkarte, ein Spielstein mit sechs Spitzen, eine nautische Flagge, ein Fisch, ein Vogel, ein Käse, eine elektrische Buchse usw.) oder ein Verb (ein Auto aufbocken, mit einer Lampe jagen oder einen Baseball hart schlagen) sein. Unter **syntaktischer Mehrdeutigkeit** versteht man eine Phrase, die mehrere Parsing-Ergebnisse hat. Zum Beispiel hat „I smelled a wumpus in 2,2" zwei Parsing-Möglichkeiten: eine, in der die Präpositionalphrase „in 2,2" das Substantiv modifiziert, und eine, in der sie das Verb modifiziert. Die syntaktische Mehrdeutigkeit führt zu einer **semantischen Mehrdeutigkeit**, weil eine Parsing-Möglichkeit bedeutet, dass sich der Wumpus in 2,2 befindet und die andere, dass in 2,2 ein Gestank wahrzunehmen ist. In diesem Fall könnte die falsche Interpretation einen tödlichen Fehler bedeuten.

Schließlich kann es auch Mehrdeutigkeit zwischen wörtlichen und übertragenen Bedeutungen geben. Sprachfiguren sind in der Poesie wichtig, aber auch in der Alltagssprache zu finden. Eine **Metonymie** ist eine Sprachfigur, in der ein Objekt stellvertretend für ein anderes verwendet wird. Wenn wir hören „Chrysler kündigte ein neues Modell an", gehen wir in unserer Interpretation nicht davon aus, dass Unternehmen sprechen können, sondern wir verstehen, dass ein Pressesprecher des Unternehmens die Ankündigung gemacht hat. Metonymie ist weit verbreitet und wird von menschlichen Zuhörern oft unbewusst interpretiert.

Leider ist unsere Grammatik, so wie sie formuliert wurde, nicht so wendig. Um die Semantik der Metonymie korrekt zu verarbeiten, müssen wir eine ganz neue Ebene der Mehrdeutigkeit einführen. Dazu stellen wir *zwei* Objekte für die semantische Interpretation jeder Phrase im Satz zur Verfügung: eines für das Objekt, auf das sich die Phrase wörtlich bezieht (Chrysler), und eines für die metonymische Referenz (der Pressesprecher). Anschließend müssen wir sagen, dass es eine Relation zwischen den beiden gibt. In unserer aktuellen Grammatik wird „Chrysler kündigte an" interpretiert als:

$$x = Chrysler \wedge e \in Ankündigung(x) \wedge After(Now, Extent(e))$$

Dies müssen wir ändern in:

$$x = Chrysler \wedge e \in Ankündigung(m) \wedge After(Now, Extent(e)) \wedge Metonymie(m, x)$$

Das bedeutet, dass es eine Entität x gibt, die gleichbedeutend mit Chrysler ist, und eine weitere Entität m, die die Ankündigung gemacht hat, und dass die beiden in einer metonymischen Relation stehen. Im nächsten Schritt definieren wir, welche Arten von Metonymie-Relationen auftreten können. Der einfachste Fall liegt vor, wenn es überhaupt keine Metonymie gibt, das heißt, das wörtliche Objekt x und das metonymische Objekt m sind identisch:

$$\forall\, m, x \;\; (m = x) \;\Rightarrow\; Metonymie(m, x)$$

Für das Chrysler-Beispiel ist eine sinnvolle Generalisierung, dass ein Unternehmen für den Pressesprecher dieses Unternehmens stehen kann:

$$\forall\, m, x \;\; x \in Organisationen \wedge Pressesprecher(m, x) \;\Rightarrow\; Metonymie(m, x)$$

Andere Metonymien beinhalten den Autor für das Werk (Ich lese *Shakespeare*) oder allgemeiner den Hersteller für das Produkt (Ich fahre einen *Honda*) und das Teil für das Ganze (Die Red Sox brauchen eine starke *Hand*). Einige Beispiele für Metonymie, wie z. B. „Das *Schinkensandwich* an Tisch 4 möchte noch ein Bier", sind neuerer Art und werden in Bezug auf eine Situation interpretiert (wie z. B. beim Bedienen an Tischen, ohne den Namen des Kunden zu kennen).

Eine **Metapher** ist eine weitere Sprachfigur, bei der eine Phrase mit einer bestimmten wörtlichen Bedeutung verwendet wird, um durch eine Analogie eine andere Bedeutung auszudrücken. Somit kann die Metapher als eine Art Metonymie gesehen werden, bei der die Relation durch eine Ähnlichkeit verkörpert wird.

Disambiguierung ist der Prozess, die wahrscheinlichste beabsichtigte Bedeutung einer Äußerung herauszufinden. In gewisser Weise haben wir bereits ein Framework für die Lösung dieses Problems: Jeder Regel ist eine Wahrscheinlichkeit zugeordnet, sodass die Wahrscheinlichkeit einer Interpretation das Produkt aus den Wahrscheinlichkeiten der Regeln ist, die zu dieser Interpretation geführt haben. Leider spiegeln die Wahrscheinlichkeiten wider, wie häufig die Phrasen im Korpus vorkommen, aus dem die Grammatik gelernt wurde. Somit reflektieren sie allgemeines Wissen und nicht das spezifische Wissen der aktuellen Situation. Um die Mehrdeutigkeit ordnungsgemäß aufzulösen, müssen wir vier Modelle kombinieren:

1. Das **Weltmodell**: die Likelihood, dass eine Behauptung in der Welt zutrifft. In Anbetracht dessen, was wir über die Welt wissen, ist es wahrscheinlicher, dass ein Sprecher mit „Ich bin tot“ meint „Ich bin in großen Schwierigkeiten“ oder „Ich habe dieses Videospiel verloren“ als „Mein Leben ist beendet und trotzdem kann ich noch sprechen.“
2. Das **mentale Modell**: die Likelihood, dass der Sprecher die Absicht bildet, dem Hörer einen bestimmten Sachverhalt mitzuteilen. Dieser Ansatz kombiniert Modelle dessen, was der Sprecher glaubt; was der Sprecher glaubt, das der Hörer glaubt; und so weiter. Wenn z. B. ein Politiker sagt: „I am not a crook“[9], könnte das Weltmodell der Aussage, dass der Politiker kein Krimineller ist, eine Wahrscheinlichkeit von nur 50 % zuordnen, der Aussage, dass der Politiker kein Hirtenstab ist, dagegen 99,999 %. Nichtsdestotrotz wählen wir die erste Interpretation, weil sie eher der üblichen Ausdrucksweise entspricht.
3. Das **Sprachmodell**: die Likelihood, dass eine bestimmte Wortfolge gewählt wird, wenn der Sprecher die Absicht hat, einen bestimmten Sachverhalt zu kommunizieren.
4. Das **akustische Modell**: bei gesprochener Kommunikation die Likelihood, dass eine bestimmte Tonfolge erzeugt wird, wenn der Sprecher eine bestimmte Wortfolge gewählt hat. (Bei handschriftlicher oder getippter Kommunikation haben wir das Problem der optischen Zeichenerkennung.)

23.6 Aufgaben in natürlicher Sprache

Die Verarbeitung natürlicher Sprache ist ein großes Feld, das ein eigenes Lehrbuch oder sogar zwei verdient (Goldberg, 2017; Jurafsky und Martin, 2020). In diesem Abschnitt beschreiben wir kurz einige der Hauptaufgaben. Sie können die Literaturhinweise nutzen, um mehr zu diesem Thema zu erfahren.

Spracherkennung ist die Aufgabe, gesprochenen Ton in Text umzuwandeln. Wir können dann mit dem resultierenden Text weitere Aufgaben (wie z. B. die Beantwortung von Fragen) durchführen. Aktuelle Systeme haben eine Wortfehlerrate von etwa 3 % bis 5 % (je nach den Details der Testmenge), vergleichbar der von menschlichen Transkriptoren. Die Herausforderung für ein System mit Spracherkennung besteht darin, bei fehlerhaften Wörtern entsprechend zu reagieren.

Heutige Spitzensysteme verwenden eine Kombination aus rekurrenten neuronalen Netzen und Hidden-Markov-Modellen (Hinton *et al.*, 2012; Yu und Deng, 2016; Deng, 2016; Chiu *et al.*, 2017; Zhang *et al.*, 2017). Die Einführung tiefer neuronaler Netze für Sprache im Jahr 2011 führte zu einer sofortigen und dramatischen Verbesserung der Fehlerrate um etwa 30 % – und das in einem Bereich, der ausgereizt zu sein schien und zuvor nur wenige Fortschritte pro Jahr machte. Tiefe neuronale Netze sind hierfür gut geeignet, weil das Problem der Spracherkennung sich für eine natürliche kompositionelle Zerlegung anbietet: Wellenformen zu Phonemen zu Wörtern zu Sätzen. Sie werden im nächsten Kapitel behandelt.

Text-zu-Sprache-Synthese (*Text-to-Speech*, TTS) ist der umgekehrte Prozess – vom Text zum Ton. Taylor (2009) bietet einen buchfüllenden Überblick. Die Herausforderung besteht darin, jedes Wort richtig auszusprechen und den Fluss eines jeden Satzes natürlich klingen zu lassen, mit den richtigen Pausen und Betonungen.

9 Anm. zur Übersetzung: der Satz könnte sowohl mit „Ich bin ein Gauner“ als auch mit „Ich bin ein Hirtenstab“ übersetzt werden.

Ein weiterer Entwicklungsbereich ist die Synthese verschiedener Stimmen – beginnend mit der Wahl zwischen einer generischen männlichen oder weiblichen Stimme, über die Berücksichtigung regionaler Dialekte bis hin zur Imitation von Prominentenstimmen. Wie bei der Spracherkennung führte die Einführung von tiefen rekurrenten neuronalen Netzen zu einer großen Verbesserung: Etwa 2/3 der Zuhörer gaben an, dass das neuronale WaveNet-System (van den Oord *et al.*, 2016a) natürlicher klang als das vorherige nicht neuronale System.

Maschinelle Übersetzung wandelt einen Text der Ausgangssprache in eine andere Sprache um. Die Systeme werden in der Regel mit einem zweisprachigen Korpus trainiert: einem Satz von parallelen Dokumenten, sogenannten Dokumentpaaren, wobei jeweils eines der Dokumente z. B. in Englisch und das andere in Französisch vorliegt. Die Dokumente müssen nicht annotiert werden, da das maschinelle Übersetzungssystem das Alignment von Sätzen und Phrasen lernt und dann, wenn es einen neuen Satz in einer Sprache erhält, eine Übersetzung in die andere Sprache generieren kann.

Systeme in den frühen 2000er Jahren verwendeten n-Gramm-Modelle und erzielten Ergebnisse, die in der Regel gut genug waren, um den Inhalt eines Textes zu vermitteln, aber in den meisten Sätzen syntaktische Fehler enthielten. Ein Problem war die Begrenzung der Länge der n-Gramme: Selbst bei einem hohen Grenzwert von 7 war es schwierig, die Information von einem Ende des Satzes zum anderen zu transportieren. Ein weiteres Problem war, dass alle Informationen in einem n-Gramm-Modell auf der Ebene der einzelnen Wörter liegen. Ein solches System könnte lernen, dass „black cat" mit „chat noir" übersetzt wird, aber es könnte nicht die Regel lernen, dass Adjektive im Allgemeinen im Englischen vor dem Substantiv und im Französischen nach dem Substantiv kommen.

Rekurrente neuronale Sequenz-zu-Sequenz-Modelle (Sutskever *et al.*, 2015) umgingen das Problem. Sie konnten besser generalisieren (weil sie Worteinbettungen anstelle von n-Gramm-Zählungen spezifischer Wörter verwendeten) und sie konnten Kompositionsmodelle über die verschiedenen Ebenen des tiefen Netzwerks bilden, um Informationen effektiv weiterzugeben. Spätere Arbeiten, die den Mechanismus der Aufmerksamkeitsfokussierung des Transformermodells nutzen (Vaswani *et al.*, 2018), waren der Auslöser für weitere Leistungssteigerungen und ein hybrides Modell, das Aspekte beider Modelle umfasst, schneidet noch besser ab und erreicht bei einigen Sprachpaaren annähernd menschliche Leistung (Wu *et al.*, 2016b; Chen *et al.*, 2018).

Informationsextraktion ist der Prozess der Wissensgewinnung durch Überfliegen eines Textes und die Suche nach Vorkommen bestimmter Klassen von Objekten und nach Beziehungen zwischen ihnen. Eine typische Aufgabe ist die Extraktion von Instanzen von Adressen aus Webseiten mit Datenbankfeldern für Straße, Ort, Bundesland und Postleitzahl oder Instanzen von Stürmen aus Wetterberichten mit Feldern für Temperatur, Windgeschwindigkeit und Niederschlag. Wenn der Quelltext gut strukturiert ist (z. B. in Form einer Tabelle), dann lassen sich die Informationen durch einfache Techniken wie reguläre Ausdrücke herausfiltern (Cafarella *et al.*, 2008). Schwieriger wird es, wenn wir versuchen, *alle* Fakten zu extrahieren und nicht nur einen bestimmten Typ (z. B. Wetterberichte). Banko *et al.* (2007) beschreiben das TEXTRUNNER-System, das die Extraktion über eine offene, expandierende Menge von Beziehungen durchführt. Für Freiformtexte gibt es Techniken wie Hidden-Markov-Modelle und regelbasierte Lernsysteme (wie sie in TEXTRUNNER und NELL (*Never-Ending Language Learning*; Mitchell *et al.*, 2018) verwendet werden). Neuere Systeme verwenden rekurrente neuronale Netze, die die Flexibilität von Worteinbettungen ausnutzen. Eine Übersicht finden Sie in Kumar (2017).

Information Retrieval ist die Aufgabe, Dokumente zu finden, die für eine gegebene Anfrage relevant und wichtig sind. Internetsuchmaschinen wie Google und Baidu führen diese Aufgabe milliardenfach am Tag aus. Drei gute Lehrbücher zu diesem Thema sind Manning *et al.* (2008), Croft *et al.* (2010) und Baeza-Yates und Ribeiro-Neto (2011).

Fragen beantworten ist eine andere Aufgabe, bei der die Abfrage die Form einer Frage aufweist, z. B. „Wer gründete die U.S. Coast Guard?", und die Antwort ist nicht eine Rangliste von Dokumenten, sondern eine tatsächliche Antwort: „Alexander Hamilton". Seit den 1960er Jahren gibt es Frage-Antwort-Systeme, die auf syntaktischem Parsing beruhen, wie in diesem Kapitel besprochen, aber erst seit 2001 nutzen solche Systeme Web Information Retrieval, um ihren Abdeckungsgrad radikal zu erhöhen. Katz (1997) beschreibt den START-Parser und -Fragenbeantworter. Banko *et al.* (2002) beschreiben ASKMSR, das in Bezug auf seine syntaktischen Parsing-Fähigkeiten weniger anspruchsvoll war, dafür aber aggressiver bei der Nutzung der Websuche und der Sortierung der Ergebnisse. Um beispielsweise die Frage „Wer gründete die U.S. Coast Guard?" zu beantworten, suchte es nach Anfragen wie [* gründete die U.S. Coast Guard] und [die U.S. Coast Guard wurde von * gegründet] und untersuchte dann die verschiedenen resultierenden Webseiten, um eine wahrscheinliche Antwort herauszufiltern, da das Suchwort „wer" darauf hindeutet, dass die Antwort eine Person sein sollte. Die *Text REtrieval Conference* (TREC) bündelt Forschung zu diesem Thema und veranstaltet seit 1991 jährlich Wettbewerbe (Allan *et al.*, 2017). In jüngster Zeit haben wir andere Testsätze gesehen, wie beispielsweise das Testset AI2 ARC mit grundlegenden wissenschaftlichen Fragen (Clark *et al.*, 2018).

ZUSAMMENFASSUNG

Dieses Kapitel hat sich vor allem mit folgenden Punkten befasst:

- Probabilistische Sprachmodelle, die auf *n*-Grammen basieren, liefern eine erstaunliche Menge an Informationen über eine Sprache. Sie leisten bei so unterschiedlichen Aufgaben wie Sprachidentifikation, Rechtschreibkorrektur, Stimmungsanalyse, Genre-Klassifikation und Named-Entity Recognition (NER, Eigennamenerkennung) gute Dienste.
- Diese Sprachmodelle können Millionen von Merkmalen haben, sodass eine Vorverarbeitung und Glättung der Daten zur Reduzierung des Rauschens wichtig ist.
- Beim Aufbau eines statistischen Sprachsystems entwirft man am besten ein Modell, das die verfügbaren **Daten** gut nutzen kann, auch wenn das Modell übermäßig vereinfacht erscheint.
- Worteinbettungen können eine umfangreichere Repräsentation von Wörtern und ihren Ähnlichkeiten liefern.
- Um die hierarchische Struktur einer Sprache zu erfassen, sind **Phrasenstrukturgrammatiken** (und insbesondere **kontextfreie** Grammatiken) nützlich. Der Formalismus der probabilistischen kontextfreien Grammatik (PCFG) ist weit verbreitet, ebenso wie der Formalismus der Abhängigkeitsgrammatik.
- Sätze in einer kontextfreien Sprache können mit einem **Chart-Parser** wie dem **CYK-Algorithmus** in der Zeit $O(n^3)$ geparst werden, wobei die Grammatikregeln allerdings in **Chomsky-Normalform** vorliegen müssen. Mit einem kleinen Genauigkeitsverlust können natürliche Sprachen unter Verwendung einer Strahlsuche oder eines Shift-Reduce-Parsers in der Zeit $O(n)$ geparst werden.
- Eine **Baumbank** kann eine Ressource zum Lernen einer PCFG-Grammatik mit Parametern sein.
- Es ist praktisch, eine Grammatik zu **erweitern**, um Themen wie Subjekt-Verb-Übereinstimmung und Pronomenfälle zu behandeln und Informationen auf Wortebene und nicht nur auf Kategorienebene darzustellen.

- Die **semantische Interpretation** kann auch durch eine erweiterte Grammatik erfolgen. Wir können eine semantische Grammatik aus einem Korpus von Fragen lernen, wobei jede Frage entweder von der logischen Form der Frage oder der Antwort begleitet wird.
- Natürliche Sprache ist komplex und lässt sich nur schwer durch eine formale Grammatik beschreiben.

Bibliografische und historische Anmerkungen

n-Gramm-Buchstabenmodelle für die Sprachmodellierung wurden von Markov (1913) vorgeschlagen. Claude Shannon (Shannon und Weaver, 1949) war der Erste, der n-Gramm-Wortmodelle des Englischen erstellte. Das **Bag-of-Words-Modell** verdankt seinen Namen einem Zitat des Linguisten Zellig Harris (1954): „Language is not merely a bag of words but a tool with particular properties."[10] Norvig (2009) gibt einige Beispiele für Aufgaben, die mit n-Gramm-Modellen gelöst werden können.

Chomsky (1956, 1957) wies auf die Einschränkungen von Modellen endlicher Automaten im Vergleich zu kontextfreien Modellen hin und schlussfolgerte: „Probabilistische Modelle geben keinen besonderen Einblick in einige der grundlegenden Probleme der syntaktischen Struktur." Das ist zwar richtig, aber probabilistische Modelle geben Einblick in einige *andere* grundlegende Probleme – Probleme, die von kontextfreien Modellen ignoriert werden. Chomskys Bemerkungen hatten leider zur Folge, dass die folgenden zwei Jahrzehnte viele Leute vor dem Einsatz statistischer Modelle zurückschreckten, bis diese Modelle im Bereich der Spracherkennung (Jelinek, 1976) und in der Kognitionswissenschaft wieder auftauchten, wo die **Optimalitätstheorie** (Smolensky und Prince, 1993; Kager, 1999) postulierte, dass Sprache funktioniert, indem der wahrscheinlichste Kandidat gefunden wird, der konkurrierende Beschränkungen optimal erfüllt.

Die Add-One-Glättung, die zuerst von Pierre-Simon Laplace (1816) vorgeschlagen wurde, wurde von Jeffreys (1948) formalisiert. Weitere Glättungsverfahren sind die Interpolationsglättung (Jelinek und Mercer, 1980), die Witten-Bell-Glättung (1991), die Good-Turing-Glättung (Church und Gale, 1991), die Kneser-Ney-Glättung (1995, 2004) und das Stupid Backoff (Brants *et al.*, 2007). Chen und Goodman (1996) und Goodman (2001) geben einen Überblick über Glättungsmethoden.

Einfache n-Gramm-Buchstaben- und Wortmodelle sind nicht die einzigen möglichen probabilistischen Modelle. Das **Latent Dirichlet Allocation**-Modell (Blei *et al.*, 2002; Hoffman *et al.*, 2011) ist ein probabilistisches Textmodell, das ein Dokument als eine Mischung von Themen betrachtet, die jeweils eine eigene Verteilung von Wörtern haben. Dieses Modell kann als eine Erweiterung und Rationalisierung des **Latent Semantic Indexing**-Modells von Deerwester *et al.* (1990) gesehen werden und ist auch mit dem Multiple-Cause-Mix-Modell von (Sahami *et al.*, 1996) verwandt. Und natürlich besteht ein großes Interesse an nicht probabilistischen Sprachmodellen, wie z. B. den in Kapitel 24 behandelten Deep-Learning-Modellen.

Joulin *et al.* (2016) bieten viele Tricks für effiziente Textklassifikation. Joachims (2001) verwendet die statistische Lerntheorie und Support-Vector-Maschinen für eine theoretische Analyse darüber, wann eine Klassifikation erfolgreich ist. Apté *et al.* (1994) berichten von einer Genauigkeit von 96 % bei der Klassifikation von Reuters-Nachrichtenartikeln in die Kategorie „Earnings". Koller und Sahami (1997) berichten von einer Genauigkeit von bis zu 95 % mit einem naiven Bayes-Klassifikator und von bis zu 98,6 % mit einem Bayes-Klassifikator.

10 Deutsch: Sprache ist nicht nur ein Beutel von Wörtern, sondern ein Werkzeug mit bestimmten Eigenschaften.

Schapire und Singer (2000) zeigen, dass einfache lineare Klassifikatoren oft eine fast ebenso gute Genauigkeit erreichen wie komplexere Modelle und sogar schneller laufen. Zhang *et al.* (2016) beschreiben einen Textklassifikator auf Zeichenebene (und nicht auf Wortebene). Witten *et al.* (1999) beschreiben Komprimierungsalgorithmen für die Klassifikation und zeigen die tiefe Verbindung zwischen dem LZW-Komprimierungsalgorithmus und Sprachmodellen mit maximaler Entropie.

WordNet (Fellbaum, 2001) ist ein öffentlich zugängliches Wörterbuch mit ca. 100.000 Wörtern und Phrasen, die in Wortarten kategorisiert und durch semantische Beziehungen wie Synonym, Antonym und Teil-von verknüpft sind. Charniak (1996) und Klein und Manning (2001) diskutieren das Parsing mit Baumbank-Grammatiken. Das British National Corpus (Leech *et al.*, 2001) enthält 100 Millionen Wörter und das World Wide Web mehrere Billionen Wörter; Franz und Brants (2006) beschreiben das öffentlich zugängliche Google n-Gramm-Korpus mit 13 Millionen eindeutigen Wörtern aus einer Billion Wörtern Webtext. Buck *et al.* (2014) beschreiben einen ähnlichen Datensatz aus dem Common-Crawl-Projekt. Die Penn Treebank (Marcus *et al.*, 1993; Bies *et al.*, 2015) stellt Parse-Bäume für ein 3-Millionen-Wörter-Korpus der englischen Sprache zur Verfügung.

Viele der n-Gramm-Modelltechniken werden auch bei Problemen der Bioinformatik angewendet. Bio-Statistik und probabilistisches NLP nähern sich einander an, da beide sich mit langen, strukturierten Sequenzen aus einem Alphabet beschäftigen.

Frühe POS-Tagger verwendeten eine Vielzahl von Techniken, darunter Regelsätze (Brill, 1992), n-Gramme (Church, 1988), Entscheidungsbäume (Màrquez und Rodríguez, 1998), Hidden-Markov-Modelle (Brants, 2000) und logistische Regression (Ratnaparkhi, 1996). Historisch gesehen wurde ein logistisches Regressionsmodell auch als „Markov-Modell maximaler Entropie" (*Maximum Entropy Markov Model*, MEMM) bezeichnet, weshalb einige Arbeiten unter diesem Namen laufen. Bei Jurafsky und Martin (2020) finden Sie ein gutes Kapitel über POS-Tagging. Ng und Jordan (2002) vergleichen diskriminative und generative Modelle für Klassifikationsaufgaben.

Wie semantische Netze wurden auch kontextfreie Grammatiken zuerst von altindischen Grammatikern (insbesondere Panini, ca. 350 v. Chr.) entdeckt, die Shastra (Sanskrit) studierten (Ingerman, 1967). Sie wurden von Noam Chomsky (1956) für die Analyse des Englischen und unabhängig davon von John Backus (1959) und Peter Naur für die Analyse von Algol-58 neu erfunden.

Probabilistische kontextfreie Grammatiken wurden erstmals von Booth (1969) und Salomaa (1969) untersucht. Algorithmen für PCFGs werden in der exzellenten Kurzmonografie von Charniak (1993) und den ausgezeichneten umfangreichen Lehrbüchern von Manning und Schütze (1999) und Jurafsky und Martin (2020) vorgestellt. Baker (1979) stellt den Inside-Outside-Algorithmus zum Lernen einer PCFG vor. **Lexikalisierte PCFGs** (Charniak, 1997; Hwa, 1998) kombinieren die besten Aspekte von PCFGs und n-Gramm-Modellen. Collins (1999) beschreibt PCFG-Parsing, das mit Kopfmerkmalen lexikalisiert ist, und Johnson (1998) zeigt, inwiefern die Genauigkeit einer PCFG von der Struktur der Baumbank abhängt, aus der ihre Wahrscheinlichkeiten gelernt wurden.

Es hat viele Versuche gegeben, formale Grammatiken der natürlichen Sprachen zu schreiben, sowohl in der „reinen" Linguistik als auch in der Computerlinguistik. Es gibt mehrere umfassende, aber informelle Grammatiken des Englischen (Quirk *et al.*, 1985; McCawley, 1988; Huddleston und Pullum, 2002). Seit den 1980er Jahren gibt es einen Trend zur Lexikalisierung: mehr Informationen im Lexikon und weniger in der Grammatik.

Die lexikalisch-funktionale Grammatik oder LFG (Bresnan, 1982) war der erste große Grammatikformalismus, der stark lexikalisiert war. Wenn wir die Lexikalisierung auf die Spitze treiben, landen wir bei der **kategorialen Grammatik** (Clark und Curran, 2004), in der es nur zwei Grammatikregeln geben kann, oder bei der **Abhängigkeitsgrammatik** (Smith und Eisner, 2008; Kübler *et al.*, 2009), in der es keine syntaktischen Kategorien, sondern nur Beziehungen zwischen Wörtern gibt.

Computerisiertes Parsing wurde erstmals von Yngve (1955) demonstriert. Effiziente Algorithmen wurden in den 1960er Jahren entwickelt, von denen einige weiterentwickelt wurden (Kasami, 1965; Younger, 1967; Earley, 1970; Graham *et al.*, 1980). Church und Patil (1982) beschreiben syntaktische Mehrdeutigkeit und Möglichkeiten, diese aufzulösen.

Klein und Manning (2003) beschreiben A*-Parsing und Pauls und Klein (2009) erweitern das zu K-best A*-Parsing, bei dem das Ergebnis nicht ein einzelner Parsing-Verlauf ist, sondern die K besten. Goldberg *et al.* (2013) beschreiben die notwendigen Implementierungstricks, die sicherstellen, dass ein Strahlsuche-Parser nur $O(n)$ und nicht $O(n^2)$ benötigt. Zhu *et al.* (2013) beschreiben einen schnellen deterministischen Shift-Reduce-Parser für natürliche Sprachen und Sagae und Lavie (2006) zeigen, wie das Hinzufügen einer Suche zu einem Shift-Reduce-Parser diesen genauer machen kann, auf Kosten einer gewissen Geschwindigkeitseinbuße.

Zu den hochgenauen Open-Source-Parsern gehören heute der Parsey McParseface von Google (Andor *et al.*, 2016), der Stanford Parser (Chen und Manning, 2014), der Berkeley Parser (Kitaev und Klein, 2018) und der SPACY-Parser. Sie alle führen eine Generalisierung durch neuronale Netze durch und erreichen auf Testmengen des Wall Street Journals oder der Penn Treebank eine Genauigkeit von etwa 95 %. Einige kritisieren, dass sich dieser Bereich zu sehr auf die Messung der Leistung auf ein paar ausgewählten Korpora konzentriert und es vielleicht zu einer Überanpassung kommt.

Die formale semantische Interpretation natürlicher Sprachen hat ihren Ursprung in der Philosophie und der formalen Logik, insbesondere in Alfred Tarskis (1935) Arbeit über die Semantik formaler Sprachen. Bar-Hillel (1954) war der Erste, der die Probleme der Pragmatik (wie z. B. indexikale Zeichen) betrachtete und vorschlug, sie von der formalen Logik behandeln zu lassen. Richard Montagues Aufsatz „English as a formal language“ (1970) ist eine Art Manifest für die logische Analyse von Sprache, aber es gibt andere Bücher, die leichter zu lesen sind (Dowty *et al.*, 1991; Portner und Partee, 2002; Cruse, 2011). Während semantische Interpretationsprogramme darauf ausgelegt sind, die wahrscheinlichste Interpretation auszuwählen, sind sich Literaturkritiker (Empson, 1953; Hobbs, 1990) uneinig darüber, ob Mehrdeutigkeit etwas ist, das aufgelöst oder gepflegt werden sollte. Norvig (1988) erörtert die Probleme, mehrere gleichzeitige Interpretationen in Betracht zu ziehen, anstatt sich für eine einzige Interpretation mit maximaler Wahrscheinlichkeit zu entscheiden. Lakoff und Johnson (1980) bieten eine fesselnde Analyse und einen Katalog von gebräuchlichen englischen Metaphern. (1990) und Gibbs (2006) liefern Berechnungsmodelle für die Interpretation von Metaphern.

Das erste NLP-System, das eine konkrete Aufgabe löste, war das Frage-Antwort-System BASEBALL (Green *et al.*, 1961), das Fragen zu einer Datenbank mit Baseball-Statistiken bearbeitete. Dicht darauf folgten Winograds SHRDLU (1972), das Fragen und Befehle zu einer Blockweltszene behandelte, und Woods LUNAR (1973), das Fragen zu den Gesteinen beantwortete, die das Apollo-Programm vom Mond zurückbrachte.

Banko *et al.* (2002) stellen das Frage-Antwort-System ASKMSR vor; ein ähnliches System stammt von Kwok *et al.* (2001). Pasca und Harabagiu (2001) diskutieren ein Frage-Antwort-System, das einen Wettbewerb gewonnen hat.

Moderne Ansätze zur semantischen Interpretation gehen meist davon aus, dass das Abbilden von Syntax auf Semantik aus Beispielen gelernt wird (Zelle und Mooney, 1996; Zettlemoyer und Collins, 2005; Zhao und Huang, 2015). Das erste wichtige Ergebnis zur **Grammatikinduktion** war negativ: Gold (1967) zeigte, dass es nicht möglich ist, eine exakt korrekte kontextfreie Grammatik zuverlässig zu lernen, wenn eine Menge von Zeichenketten aus dieser Grammatik gegeben ist. Prominente Linguisten wie Chomsky (1957) und Pinker (2003) haben aus Golds

Ergebnis abgeleitet, dass es eine angeborene **Universalgrammatik** geben muss, die alle Kinder von Geburt an haben. Das sogenannte **Poverty-of-the-Stimulus**-Argument besagt, dass Kinder nicht genug Input erhalten, um eine CFG zu lernen, also müssen sie die Grammatik bereits „kennen" und lediglich einige ihrer Parameter anpassen.

Während dieses Argument weite Teile der Chomsky-Linguistik beherrschte, wurde es von anderen Linguisten (Pullum, 1996; Elman *et al.*, 1997) und den meisten Informatikern verworfen. Bereits 1969 zeigte Horning, dass es möglich *ist*, im Sinne des PAC-Lernens eine *probabilistische* kontextfreie Grammatik zu lernen. Seitdem gab es viele überzeugende empirische Demonstrationen des Sprachenlernens allein aus Positivbeispielen, wie z. B. das Lernen semantischer Grammatiken mit induktiver Logikprogrammierung (Muggleton und De Raedt, 1994; Mooney, 1999), die Doktorarbeiten von Schütze (1995) und Marcken (1996) sowie die gesamte Reihe moderner Sprachverarbeitungssysteme, die auf dem Transformermodell basieren (Kapitel 24). Es gibt eine jährliche *International Conference on Grammatical Inference* (ICGI).

Das DRAGON-System von James Baker (Baker, 1975) kann als das erste erfolgreiche Spracherkennungssystem betrachtet werden. Es war das erste System, das Hidden-Markov-Modelle für Sprache verwendete. Nach mehreren Jahrzehnten mit Systemen, die auf probabilistischen Sprachmodellen basierten, begann das Feld auf tiefe neuronale Netze umzusteigen (Hinton *et al.*, 2012). Deng (2016) beschreibt, wie die Einführung von Deep Learning die Spracherkennung schnell verbesserte, und reflektiert die Auswirkungen auf andere NLP-Aufgaben. Heute ist Deep Learning der dominierende Ansatz für alle großen Spracherkennungssysteme. Die Spracherkennung ist sozusagen der erste Anwendungsbereich, dicht gefolgt von Computer Vision, der den Erfolg von Deep Learning verdeutlichte.

Das Interesse an **Information Retrieval** wurde durch die weit verbreitete Nutzung der Internetsuche beflügelt. Croft *et al.* (2010) und Manning *et al.* (2008) bieten Lehrbücher, die die Grundlagen abdecken. Die TREC-Konferenz veranstaltet jährlich einen Wettbewerb für IR-Systeme und veröffentlicht einen Tagungsband mit den Ergebnissen.

Brin und Page (1998) beschreiben den PageRank-Algorithmus, der die Verknüpfungen zwischen Seiten berücksichtigt, und geben einen Überblick über die Implementierung einer Websuchmaschine. Silverstein *et al.* (1998) untersuchen ein Protokoll von einer Milliarde Websuchen. Die Zeitschrift *Information Retrieval* und die Proceedings der jährlichen Vorzeigekonferenz *SIGIR* berichten über aktuelle Entwicklungen auf diesem Gebiet

Die **Informationsextraktion** wurde durch die jährlichen *Message Understanding Conferences* MUC vorangetrieben, die von der US-Regierung gesponsert werden. Übersichten über Template-basierte Systeme finden sich bei Roche und Schabes (1997), Appelt (1999) und Muslea (1999). Große Datenbanken mit Fakten wurden von Craven *et al.* (2000), Pasca *et al.* (2006), Mitchell (2007) und Durme und Pasca (2008) extrahiert. Freitag und McCallum (2000) diskutieren Hidden-Markov-Modelle für die Informationsextraktion. Conditional Random Fields wurden ebenfalls für diese Aufgabe verwendet (Lafferty *et al.*, 2001; McCallum, 2003); ein Tutorial mit praktischer Anleitung wird von Sutton und McCallum (2007) gegeben. Einen umfassenden Überblick gibt Sarawagi (2007).

Zwei frühe, einflussreiche Ansätze zum automatisierten Knowledge Engineering für NLP stammen von Riloff (1993), der zeigte, dass ein automatisch erstelltes Wörterbuch fast genauso gut funktioniert wie ein sorgfältig von Hand erstelltes domänenspezifisches Wörterbuch, sowie von Yarowsky (1995), der zeigte, dass die Aufgabe der Wortsinn-Klassifikation durch unüberwachtes Training auf einem Korpus von unmarkiertem Text mit einer ebenso guten Genauigkeit durchgeführt werden kann wie mit überwachten Methoden.

Die Idee, aus einer Handvoll mit Labeln versehener Beispiele parallel Vorlagen und Beispiele zu extrahieren, wurde gleichzeitig aber unabhängig voneinander von Blum und Mitchell

(1998) entwickelt, die es als **Cotraining** bezeichneten, und von Brin (1998), der es DIPRE (*Dual Iterative Pattern Relation Extraction*) nannte. Sie werden sicherlich verstehen, warum der Begriff *Cotraining* hängen geblieben ist. Eine ähnliche frühe Arbeit unter dem Namen Bootstrapping wurde von Jones *et al.* (1999) durchgeführt. Die Methode wurde von den Systemen QXTRACT (Agichtein und Gravano, 2003) und KNOWITALL (Etzioni *et al.*, 2005) weiterentwickelt. Maschinelles Lesen wurde von Mitchell (2005) und Etzioni *et al.* (2006) eingeführt und steht im Mittelpunkt des TEXTRUNNER-Projekts (Banko *et al.*, 2007; Banko und Etzioni, 2008).

Dieses Kapitel hat sich auf natürlichsprachliche Sätze konzentriert, aber es ist auch möglich, Informationsextraktion auf der Grundlage der physischen Struktur oder des geometrischen Layouts von Text statt auf der linguistischen Struktur durchzuführen. Listen, Tabellen, Diagramme, Grafiken usw., ob in HTML codiert oder durch die visuelle Analyse von PDF-Dokumenten zugänglich, sind Speicherorte von Daten, die extrahiert und konsolidiert werden können (Hurst, 2000; Pinto *et al.*, 2003; Cafarella *et al.*, 2008).

Ken Church (2004) zeigt, dass die Forschung zur natürlichen Sprache sich abwechselnd einmal auf die Daten (Empirie) und einmal auf die Theorien (Rationalismus) konzentrierte; er beschreibt die Vorteile guter Sprachressourcen und Bewertungsschemas, fragt sich aber, ob wir nicht zu weit gegangen sind (Church und Hestness, 2019). Frühe Linguisten konzentrierten sich auf tatsächliche Sprachverwendungsdaten, einschließlich Häufigkeitszählungen. Noam Chomsky (1956) zeigte die Grenzen endlicher Automatenmodelle auf, was dazu führte, dass der Schwerpunkt auf theoretischen Studien der Syntax lag und die tatsächliche Sprachleistung außer Acht gelassen wurde. Dieser Ansatz dominierte zwanzig Jahre lang, bis der Empirismus ein Comeback erlebte, basierend auf dem Erfolg der Arbeit in der statistischen Spracherkennung (Jelinek, 1976). Heute liegt der Schwerpunkt weiterhin auf empirischen Sprachdaten und es besteht ein verstärktes Interesse an Modellen, die übergeordnete Konstrukte wie syntaktische und semantische Relationen und nicht nur Wortfolgen berücksichtigen. Außerdem erfolgt die Sprachverarbeitung schwerpunktmäßig auf der Basis von Deep-Learning-Modellen mit neuronalen Netzen, die wir in Kapitel 24 behandeln werden.

Arbeiten zu Anwendungen der Sprachverarbeitung werden auf der alle zwei Jahre stattfindenden Konferenz *Applied Natural Language Processing* (ANLP), der Konferenz *Empirical Methods in Natural Language Processing* (EMNLP) und in der Zeitschrift *Natural Language Engineering* vorgestellt. Eine breite Palette von NLP-Studien erscheint in der Zeitschrift *Computational Linguistics* und der dazugehörigen ACL-Konferenz sowie in der *International Conference on Computational Linguistics* (COLING). Jurafsky und Martin (2020) geben eine umfassende Einführung in Sprache und NLP.

Deep Learning für die Verarbeitung natürlicher Sprache

24

In diesem Kapitel beschreiben wir, wie tiefe neuronale Netze eine Vielzahl von Sprachaufgaben ausführen und dabei sowohl der Struktur der natürlichen Sprache als auch der Flüssigkeit der Sprache gerecht werden.

In Kapitel 23 wurden die Schlüsselelemente der natürlichen Sprache einschließlich Grammatik und Semantik erläutert. Systeme, die auf Parsing und semantischer Analyse basieren, haben sich bei vielen Aufgaben als erfolgreich erwiesen, aber ihre Leistung wird durch die unendliche Komplexität der sprachlichen Phänomene im realen Text begrenzt. Angesichts der riesigen Menge an Text, die in maschinenlesbarer Form vorliegt, ist es sinnvoll zu überlegen, ob Ansätze effektiver sind, die auf datengebriebenem maschinellem Lernen basieren. Wir untersuchen diese Hypothese mithilfe der Werkzeuge, die Deep-Learning-Systeme bieten (Kapitel 21).

In Abschnitt 24.1 wird zunächst gezeigt, wie sich das Lernen verbessern lässt, indem Wörter als Punkte in einem hochdimensionalen Raum und nicht als atomare Werte dargestellt werden. Abschnitt 24.2 behandelt rekurrente neuronale Netze zur Erfassung von Bedeutung und weit entferntem Kontext bei der sequenziellen Verarbeitung von Text. In Abschnitt 24.3 geht es hauptsächlich um maschinelle Übersetzung, einem der größten Erfolge von Deep Learning in der Verarbeitung natürlicher Sprache. Die Abschnitte 24.4 und 24.5 befassen sich mit Modellen, die anhand großer Mengen an unmarkiertem Text trainiert und dann auf bestimmte Aufgaben angewandt werden können, bei denen sie oft Spitzenleistungen erbringen. Zum Schluss wird in Abschnitt 24.6 eine Bestandsaufnahme gemacht, um zu schauen, wo wir stehen und wie sich das Feld weiterentwickelt.

24.1 Worteinbettungen

Unser Ziel ist eine Repräsentation von Wörtern, die kein manuelles Feature-Engineering erfordert, sondern eine Generalisierung zwischen verwandten Wörtern ermöglicht – Wörter, die syntaktisch („farblos“ und „ideal“ sind beides Adjektive), semantisch („Katze“ und „Kätzchen“ sind beides Katzen), thematisch („sonnig“ und „Graupel“ sind beides Wetterbegriffe), stimmungsmäßig („klasse“ ist die entgegengesetzte Stimmung zu „oberpeinlich“) oder anderweitig verwandt sind.

Wie sollen wir ein Wort in einen Eingabevektor **x** für die Verwendung in einem neuronalen Netz codieren? Wie in Abschnitt 21.2.1 (S. 840) erläutert, könnten wir einen **One-Hot-Vektor** verwenden, d. h., wir codieren das *i*-te Wort im Wörterbuch mit einem 1-Bit an der *i*-ten Eingabeposition und einer 0 an allen anderen Positionen. Allerdings würde eine solche Repräsentation die Ähnlichkeit zwischen Wörtern nicht erfassen.

In Anlehnung an die Maxime des Linguisten John R. Firth (1957): „Man erkennt ein Wort an der Gesellschaft, in der es sich befindet“, könnten wir jedes Wort mit einem Vektor von *n*-Gramm-Zählern aller Phrasen darstellen, in denen das Wort vorkommt. Rohe *n*-Gramm-Zähler sind jedoch mühselig. Bei einem Vokabular von 100.000 Wörtern gibt es 10^{25} 5-Gramme, die man im Auge behalten muss (obwohl die Vektoren in diesem 10^{25}-dimensionalen Raum ziemlich dünn besetzt wären – die meisten der Zähler wären null). Wir würden eine bessere Generalisierung erhalten, wenn wir dies auf einen kleineren Vektor reduzieren, vielleicht mit nur ein paar Hundert Dimensionen. Wir nennen diesen kleineren, dicht besetzten Vektor eine **Worteinbettung**: ein niedrigdimensionaler Vektor, der ein Wort repräsentiert. Worteinbettungen werden *automatisch* aus den Daten *gelernt*. (Wie, werden wir später sehen.) Was verbirgt sich hinter diesen gelernten Worteinbettungen? Zum einen ist jede nur ein Zahlenvektor, bei dem die einzelnen Dimensionen und ihre Zahlenwerte keine erkennbaren Bedeutungen haben:

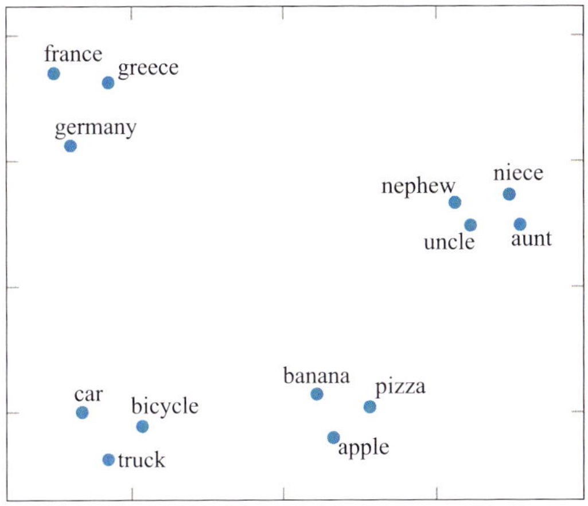

Abbildung 24.1: Vom GloVe-Algorithmus berechnete Worteinbettungsvektoren, trainiert auf 6 Milliarden Wörtern Text. 100-dimensionale Wortvektoren werden in dieser Visualisierung auf zwei Dimensionen herunterprojiziert. Ähnliche Wörter erscheinen nahe beieinander.

$$\begin{aligned}
\text{„Erdferkel"} &= [-0{,}7;\ +0{,}2;\ -3{,}2;\ldots] \\
\text{„abacus"} &= [+0{,}5;\ +0{,}9;\ -1{,}3;\ \ldots] \\
\ldots \\
\text{„zyzzyva"} &= [-0{,}1;\ +0{,}8;\ -0{,}4;\ \ldots]
\end{aligned}$$

Andererseits hat der Merkmalsraum die Eigenschaft, dass ähnliche Wörter am Ende ähnliche Vektoren haben. Das sehen wir in ► Abbildung 24.1, wo es separate Cluster für die Wortbereiche Länder, Verwandtschaft, Transport und Essen gibt.

Es stellt sich heraus, dass aus Gründen, die wir nicht ganz verstehen, die Worteinbettungsvektoren zusätzliche Eigenschaften haben, die über die bloße Nähe zu ähnlichen Wörter hinausgehen. Nehmen wir zum Beispiel an, wir betrachten die Vektoren **A** für Athen und **B** für Griechenland. Für diese Wörter scheint die Vektordifferenz **B** – **A** die Beziehung Land/Hauptstadt zu codieren. Andere Paare – Frankreich und Paris, Russland und Moskau, Sambia und Lusaka – haben im Wesentlichen die gleiche Vektordifferenz.

Wir können diese Eigenschaft verwenden, um Wortanalogieprobleme zu lösen, wie z. B. „Athen ist für Griechenland, was Oslo ist für [was]?" Wir schreiben **C** für den Oslo-Vektor und **D** für die Unbekannte und stellen die Hypothese auf, dass $\mathbf{B} - \mathbf{A} = \mathbf{D} - \mathbf{C}$ ist, sodass wir $\mathbf{D} = \mathbf{C} + (\mathbf{B} - \mathbf{A})$ erhalten. Und wenn wir diesen neuen Vektor **D** berechnen, stellen wir fest, dass er näher an „Norwegen" liegt als an jedem anderen Wort. ► Abbildung 24.2 zeigt, dass diese Art der Vektorarithmetik für viele Beziehungen funktioniert.

Es gibt jedoch keine Garantie, dass ein bestimmter Worteinbettungsalgorithmus, der auf einem bestimmten Korpus ausgeführt wird, eine bestimmte semantische Beziehung erfasst. Worteinbettungen sind beliebt, weil sie sich als gute Repräsentation für nachfolgende Sprachaufgaben (wie Übersetzen oder Zusammenfassen oder Fragen beantworten) erwiesen haben, nicht weil sie garantiert Analogiefragen beantworten.

Die Verwendung von Worteinbettungsvektoren anstelle von One-Hot-Codierungen von Wörtern erweist sich für nahezu alle Anwendungen von Deep Learning für NLP-Aufgaben als hilfreich. Tatsächlich ist es in vielen Fällen möglich, generische **vortrainierte** Vektoren, die von verschiedenen Anbietern stammen, für die eigene NLP-Aufgabe zu verwenden. Zurzeit

A	B	C	D = C + (B − A)	Beziehung
Athen	Griechenland	Oslo	Norwegen	*Hauptstadt*
Astana	Kasachstan	Harare	Simbabwe	*Hauptstadt*
Angola	Kwanza	Iran	Rial	*Währung*
Kupfer	Cu	Gold	Au	*Elementsymbol*
Microsoft	Windows	Google	Android	*Betriebssystem*
New York	New York Times	Baltimore	Baltimore Sun	*Zeitung*
Berlusconi	Silvio	Obama	Barack	*Vorname*
Schweiz	Schweizer	Kambodscha	Kambodschaner	*Nationalität*
Einstein	Wissenschaftler	Picasso	Maler	*Beruf*
Bruder	Schwester	Enkel	Enkelin	*Verwandtschaftsbeziehung*
Chicago	Illinois	Stockton	California	*Staat*
möglich	unmöglich	ethisch	unethisch	*Negativ*
Maus	Mäuse	Euro	Euros	*Plural*
leicht	leichtesten	glücklich	glücklichsten	*Superlativ*
gehen	ging	schwimmen	schwamm	*Vergangenheit*

Abbildung 24.2: Ein Worteinbettungsmodell kann manchmal die Frage „**A** steht zu **B** wie **C** zu [was]?" mit Vektorarithmetik beantworten: Bei gegebenen Worteinbettungsvektoren für die Wörter **A**, **B** und **C** berechnen Sie den Vektor **D** = **C** + (**B** − **A**) und suchen das Wort, das **D** am nächsten liegt. (Die Antworten in Spalte **D** wurden vom Modell automatisch berechnet. Die Beschreibungen in der Spalte „Beziehung" wurden von Hand hinzugefügt.) Frei nach Mikolov *et al.* (2013, 2014).

gehören zu den häufig verwendeten Vektorwörterbüchern WORD2VEC, GloVe (Global Vectors) und FASTTEXT, das über Einbettungen für 157 Sprachen verfügt. Die Verwendung eines vortrainierten Modells kann eine Menge Zeit und Mühe sparen. Weitere Informationen zu diesen Ressourcen finden Sie in Abschnitt 24.5.1.

Es ist auch möglich, eigene Wortvektoren zu trainieren. Dies wird normalerweise gleichzeitig mit dem Training eines Netzes für eine bestimmte Aufgabe durchgeführt. Im Gegensatz zu generischen, vortrainierten Einbettungen können Worteinbettungen, die für eine bestimmte Aufgabe erstellt wurden, auf einem sorgfältig ausgewählten Korpus trainiert werden und neigen dazu, Aspekte von Wörtern zu betonen, die für die Aufgabe nützlich sind. Nehmen wir zum Beispiel an, dass die Aufgabe das POS-Tagging ist (*Part of Speech*, siehe Abschnitt 23.1.6). Wir wissen, dass es dabei darum geht, die richtige Wortart für jedes Wort in einem Satz vorherzusagen. Obwohl dies eine einfache Aufgabe ist, ist sie nicht trivial, weil viele Wörter auf mehrere Arten getaggt werden können – zum Beispiel kann das englische Wort *cut* ein Verb im Präsens (transitiv oder intransitiv), ein Verb im Präteritum, ein Infinitiv, ein Partizip der Vergangenheit, ein Adjektiv oder ein Substantiv sein. Wenn sich ein nahe gelegenes temporales Adverb auf die Vergangenheit bezieht, handelt es sich bei diesem speziellen Vorkommen von *cut* wahrscheinlich um ein Verb im Präteritum. Wir könnten also hoffen, dass die Einbettung den vergangenheitsbezogenen Aspekt von Adverbien erfasst.

POS-Tagging dient als gute Einführung in die Anwendung von Deep Learning auf NLP, ohne die Komplikationen von komplexeren Aufgaben wie der Beantwortung von Fragen (siehe Abschnitt 24.5.3). Bei einem gegebenen Korpus von Sätzen mit POS-Tags lernen wir die Parameter für die Worteinbettungen und den POS-Tagger gleichzeitig. Der Prozess funktioniert wie folgt:

1. Auswahl der Breite w (eine ungerade Anzahl von Wörtern) für das Vorhersagefenster, das zum Taggen jedes Worts verwendet werden soll. Ein typischer Wert ist $w = 5$, was bedeutet, dass das Tag auf der Grundlage des Worts plus der beiden Wörter links und der beiden Wörter rechts vorhergesagt wird. Aufteilen jeden Satzes im Korpus in überlappende Fenster der Länge w. Jedes Fenster erzeugt ein Trainingsbeispiel, das aus den w Wörtern als Eingabe und der POS-Kategorie des mittleren Worts als Ausgabe besteht.
2. Erstellen eines Vokabulars mit allen eindeutigen Wort-Token, die beispielsweise mehr als 5-mal in den Trainingsdaten vorkommen. Die Gesamtzahl der Wörter im Vokabular wird als v bezeichnet.
3. Sortieren dieses Vokabular in beliebiger Reihenfolge (vielleicht alphabetisch).
4. Auswahl eines Werts d als Größe für jeden Worteinbettungsvektor.
5. Erstellen einer neuen v-mal-d-Gewichtsmatrix namens $\mathbf{E}$. Dies ist die Worteinbettungsmatrix. Zeile i von $\mathbf{E}$ ist die Worteinbettung des i-ten Worts im Vokabular. Initialisieren von $\mathbf{E}$ zufällig (oder aus vortrainierten Vektoren).
6. Einrichten eines neuronalen Netzes, das ein Wortart-Label ausgibt, wie in ► Abbildung 24.3 gezeigt. Die erste Schicht wird aus w Kopien der Einbettungsmatrix bestehen. Wir könnten zwei zusätzliche verborgene Schichten verwenden, $\mathbf{z}_1$ und $\mathbf{z}_2$ (mit Gewichtsmatrizen $\mathbf{W}_1$ und $\mathbf{W}_2$), gefolgt von einer Softmax-Schicht, die eine Ausgabewahrscheinlichkeitsverteilung $\hat{\mathbf{y}}$ über die möglichen Wortartkategorien für das mittlere Wort liefert:

$$\begin{aligned}\mathbf{z}_1 &= \sigma(\mathbf{W}_1\mathbf{x})\\ \mathbf{z}_2 &= \sigma(\mathbf{W}_2\mathbf{z}_1)\\ \hat{\mathbf{y}} &= \mathrm{softmax}(\mathbf{W}_{out}\mathbf{z}_2)\end{aligned}$$

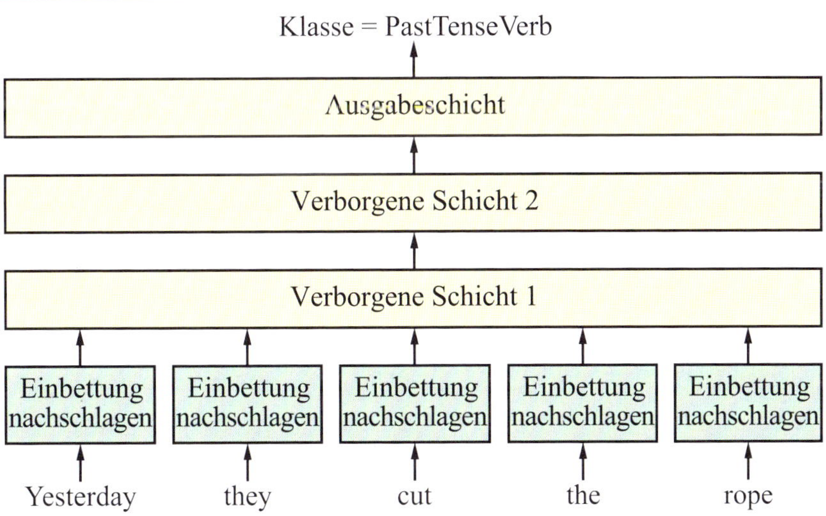

Abbildung 24.3: Feedforward-POS-Tagging-Modell. Dieses Modell nimmt ein 5-Wort-Fenster als Eingabe und sagt das Tag des Worts in der Mitte voraus – hier: *cut*. Das Modell ist in der Lage, die Wortposition zu berücksichtigen, da jede der 5 Eingabeeinbettungen mit einem anderen Teil der ersten verborgenen Schicht multipliziert wird. Die Parameterwerte für die Worteinbettungen und für die drei Schichten werden alle gleichzeitig beim Training gelernt.

7. Nachschlagen der Einbettung für jedes Wort und Verketten der Einbettungsvektoren, um eine Folge von w Wörtern in einen Eingangsvektor zu codieren. Das Ergebnis ist ein reellwertiger Einbettungsvektor $\mathbf{x}$ der Länge wd. Auch wenn ein gegebenes Wort den gleichen Einbettungsvektor hat, egal ob es an der ersten, der letzten oder irgendeiner dazwischenliegenden Position vorkommt, wird jede Einbettung mit einem anderen Teil der ersten verborgenen Schicht multipliziert; daher codieren wir implizit die relative Position jedes Worts.

8. Trainieren der Gewichte $\mathbf{E}$ und der anderen Gewichtsmatrizen $\mathbf{W}_1$, $\mathbf{W}_2$ und $\mathbf{W}_{out}$ mithilfe des Gradientenabstiegs. Wenn alles gut geht, wird das mittlere Wort *cut* als Verb in der Vergangenheit gekennzeichnet, basierend auf den Beweisen im Fenster, das das temporale Vergangenheitswort „yesterday", das Subjektpronomen in der dritten Person „they" unmittelbar vor *cut* usw. enthält.

Eine Alternative zu Worteinbettungen ist ein Modell auf **Zeichenebene**, bei dem die Eingabe eine Folge von Zeichen ist, die jeweils als One-Hot-Vektor codiert sind. Ein solches Modell muss lernen, wie sich die Zeichen vereinen, um Wörter zu bilden. Die Verarbeitung natürlicher Sprache basiert größtenteils auf wortbasierten und nicht auf zeichenbasierten Codierungen.

24.2 Rekurrente Neuronale Netze für NLP

Wir haben jetzt eine gute Repräsentation für einzelne, isolierte Wörter, aber Sprache besteht aus einer geordneten Abfolge von Wörtern, in der der **Kontext** der umgebenden Wörter wichtig ist. Für einfache Aufgaben wie das POS-Tagging bietet ein kleines Fenster mit fester Größe von vielleicht fünf Wörtern in der Regel genug Kontext.

Komplexere Aufgaben wie die Beantwortung von Fragen oder die Auflösung von Verweisen können Dutzende von Wörtern als Kontext erfordern. In dem Satz „Eduardo hat mir gesagt, dass Miguel sehr krank ist, also habe ich **ihn** ins Krankenhaus gebracht" zum Beispiel erfordert das Wissen, dass **ihn** sich auf *Miguel* und nicht auf *Eduardo* bezieht, einen Kontext, der sich vom ersten bis zum letzten Wort des 16-Wörter-Satzes erstreckt.

24.2.1 Sprachmodelle mit rekurrenten neuronalen Netzen

Wir beginnen mit dem Problem, ein **Sprachmodell** mit ausreichendem Kontext zu erstellen. Wir wissen, dass ein Sprachmodell eine Wahrscheinlichkeitsverteilung über Folgen von Wörtern ist. Es ermöglicht die Vorhersage des nächsten Worts in einem Text unter Berücksichtigung aller vorherigen Wörter und wird oft als Baustein für komplexere Aufgaben verwendet.

Die Erstellung eines Sprachmodells mit einem n-Gramm-Modell (wie in Abschnitt 23.1) oder einem Feedforward-Netz mit einem festen Fenster von n Wörtern kann aufgrund des Kontextproblems auf Schwierigkeiten stoßen: Entweder übersteigt der benötigte Kontext die feste Fenstergröße oder das Modell hat zu viele Parameter oder beides.

Außerdem hat ein Feedforward-Netz das Problem der **Asymmetrie**: Was immer es z. B. über das Auftreten des Worts **ihn** als 13. Wort des Satzes lernt, muss es für das Auftreten von **ihn** an anderen Stellen des Satzes neu lernen, da die Gewichte für jede Wortposition unterschiedlich sind.

In Abschnitt 21.6 haben wir das **rekurrente neuronale Netz (RNN)** vorgestellt, das für die aufeinanderfolgende Verarbeitung von Zeitreihendaten ausgelegt ist. Dies legt nahe, dass RNNs für die Verarbeitung von Sprache nützlich sein könnten, und zwar ein Wort nach dem anderen. Wir wiederholen ► Abbildung 21.8 hier als ► Abbildung 24.4.

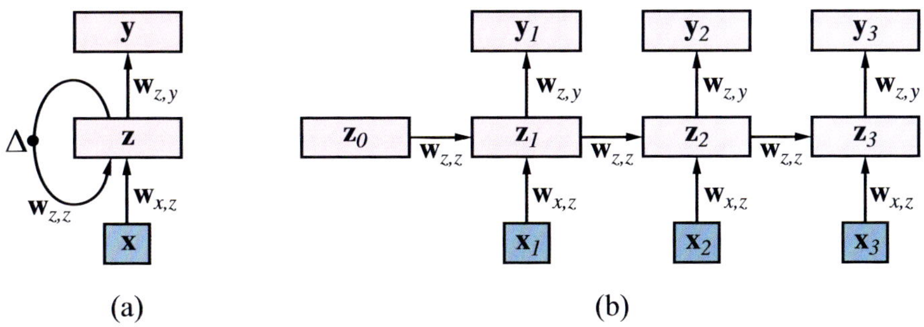

Abbildung 24.4: (a) Schematische Darstellung eines RNN, bei dem die verborgene Schicht **z** rekurrente Verbindungen hat. Das Symbol Δ zeigt eine Verzögerung an. Jede Eingabe **x** ist der Worteinbettungsvektor des nächsten Worts im Satz. Jede Ausgabe **y** ist die Ausgabe für diesen Zeitschritt. (b) Dasselbe Netz wird über drei Zeitschritte ausgerollt, um ein Feedforward-Netz zu erstellen. Beachten Sie, dass die Gewichte in allen Zeitschritten gleich sind.

In einem RNN-Sprachmodell wird jedes Eingabewort als Worteinbettungsvektor $\mathbf{x}_i$ codiert. Es gibt eine verborgene Schicht $\mathbf{z}_t$, die als Eingabe von einem Zeitschritt zum nächsten weitergereicht wird. Wir sind daran interessiert, eine Mehrklassen-Klassifikation durchzuführen: Die Klassen sind die Wörter des Vokabulars. Folglich ist die Ausgabe $\mathbf{y}_t$ eine Softmax-Wahrscheinlichkeitsverteilung über die möglichen Werte des nächsten Worts im Satz.

Die RNN-Architektur löst das Problem der zu vielen Parameter. Die Anzahl der Parameter in den Gewichtsmatrizen $w_{z,z}$, $w_{x,z}$ und $w_{z,y}$ bleibt konstant, unabhängig von der Anzahl der Wörter – sie beträgt $O(1)$. Dies steht im Gegensatz zu Feedforward-Netzen, die $O(n)$ Parameter haben, und n-Gramm-Modellen, die $O(v^n)$ Parameter haben, wobei v die Größe des Vokabulars ist.

Die RNN-Architektur löst auch das Problem der Asymmetrie, da die Gewichte für jede Wortposition gleich sind.

Die RNN-Architektur kann manchmal auch das Problem des begrenzten Kontextes lösen. Theoretisch gibt es keine Begrenzung, wie weit zurück in der Eingabe das Modell schauen kann. Jede Aktualisierung der verborgenen Schicht $\mathbf{z}_t$ hat Zugriff sowohl auf das aktuelle Eingabewort $\mathbf{x}_t$ als auch auf die vorherige verborgene Schicht $\mathbf{z}_{t-1}$, was bedeutet, dass Informationen über jedes Wort in der Eingabe auf unbestimmte Zeit in der verborgenen Schicht gehalten werden können, indem sie von einem Zeitschritt zum nächsten kopiert (oder gegebenenfalls geändert) werden. Selbstverständlich ist der Speicherplatz in **z** begrenzt, sodass er sich nicht alles über alle vorherigen Wörter merken kann.

In der Praxis schneiden RNN-Modelle bei einer Vielzahl von Aufgaben gut ab, aber nicht bei allen. Es kann schwierig sein vorherzusagen, ob sie für ein bestimmtes Problem erfolgreich sein werden. Ein Faktor, der zum Erfolg beiträgt, ist, dass der Trainingsprozess das Netz dazu anregt, Speicherplatz in **z** den Aspekten der Eingabe zuzuweisen, die sich tatsächlich als nützlich erweisen.

Um ein RNN-Sprachmodell zu trainieren, verwenden wir den in Abschnitt 21.6.1 beschriebenen Trainingsprozess. Die Eingaben $\mathbf{x}_t$ sind die Wörter in einem Trainingstextkorpus und die beobachteten Ausgaben sind die gleichen Wörter, die um 1 versetzt sind. Das heißt, für den Trainingstext „Hallo Welt" ist die erste Eingabe $\mathbf{x}_1$ die Worteinbettung für „Hallo" und die erste Ausgabe $\mathbf{y}_1$ die Worteinbettung für „Welt". Wir trainieren das Modell, um das nächste Wort vorherzusagen, und erwarten, dass es dazu die verborgene Schicht verwendet, um nützliche Informationen darzustellen. Wie in Abschnitt 21.6.1 erläutert, berechnen wir die Differenz zwischen der beobachteten Ausgabe und der vom Netz berechneten tatsächlichen Ausgabe und propagieren rückwärts durch die Zeit, wobei wir darauf achten, dass die Gewichte für alle Zeitschritte gleich bleiben.

Sobald das Modell trainiert wurde, können wir es verwenden, um zufälligen Text zu erzeugen. Wir geben dem Modell ein anfängliches Eingabewort $\mathbf{x}_1$, aus dem es eine Ausgabe $\mathbf{y}_1$ erzeugt, wobei es sich um eine Softmax-Wahrscheinlichkeitsverteilung über Wörter handelt. Wir entnehmen ein einzelnes Wort aus der Verteilung, speichern das Wort als Ausgabe für die Zeit t und speisen es als nächstes Eingabewort $\mathbf{x}_2$ wieder ein. Wir wiederholen dies so lange wie gewünscht. Beim Sampling von $\mathbf{y}_1$ haben wir die Wahl. Wir könnten immer das wahrscheinlichste Wort nehmen, wir könnten das Sampling entsprechend der Wahrscheinlichkeit jedes Worts durchführen oder wir könnten ein Oversampling bei den weniger wahrscheinlichen Wörtern durchführen, um mehr Vielfalt in die generierte Ausgabe zu bringen. Das Samplinggewicht ist ein Hyperparameter des Modells.

Hier ist ein Beispiel für zufälligen Text, der von einem RNN-Modell generiert wurde, das auf Shakespeares Werken trainiert wurde (Karpathy, 2015):

Marry, and will, my lord, to weep in such a one were prettiest;
Yet now I was adopted heir
Of the world's lamentable day,
To watch the next way with his father with his face?

24.2.2 Klassifikation mit rekurrenten neuronalen Netzen

Es ist auch möglich, RNNs für andere Sprachaufgaben zu verwenden, wie beispielsweise für POS-Tagging oder Koreferenzauflösung. In beiden Fällen sind die Eingabe und die verborgenen Schichten die gleichen, aber für einen POS-Tagger ist die Ausgabe eine Softmax-Verteilung über POS-Tags und für die Koreferenzauflösung ist es eine Softmax-Verteilung über die möglichen Bezugswörter. Wenn das Netz z. B. die Eingabe **ihn** in „Eduardo hat mir gesagt, dass Miguel sehr krank ist, also habe ich **ihn** ins Krankenhaus gebracht“ erreicht, sollte es eine hohe Wahrscheinlichkeit für „*Miguel*“ ausgeben.

Das Trainieren eines RNN für eine solche Klassifikation erfolgt auf die gleiche Weise wie beim Sprachmodell. Der einzige Unterschied besteht darin, dass die Trainingsdaten mit Labeln versehen sein müssen – POS-Tags oder Referenzangaben. Das macht es viel schwieriger, die Daten zu sammeln, als im Fall eines Sprachmodells, wo wir nur unmarkierten Text benötigen.

In einem Sprachmodell wollen wir das n-te Wort anhand der vorherigen Wörter vorhersagen. Aber für die Klassifikation gibt es keinen Grund, sich darauf zu beschränken, nur die vorherigen Wörter zu betrachten. Es kann sehr hilfreich sein, im Satz nach vorne zu schauen. In unserem Beispiel der Koreferenz wäre der Referent **ihn** ein anderer, wenn der Satz mit „zu Miguel“ anstatt mit „ins Krankenhaus“ enden würde. Wir wissen aus Blickbewegungsexperimenten, dass menschliche Leser nicht strikt von links nach rechts vorgehen.

Um den Kontext auf der rechten Seite zu erfassen, können wir ein **bidirektionales RNN** verwenden, das ein separates Rechts-nach-Links-Modell mit dem Links-nach-Rechts-Modell verkettet. Ein Beispiel für die Verwendung eines bidirektionalen RNN für POS-Tagging ist in ► Abbildung 24.5 dargestellt.

Im Falle eines mehrschichtigen RNN ist $\mathbf{z}_t$ der verborgene Vektor der letzten Schicht. Bei einem bidirektionalen RNN wird $\mathbf{z}_t$ üblicherweise als Verkettung der Vektoren des Links-nach-Rechts- und Rechts-nach-Links-Modells angenommen.

RNNs können auch für Klassifikationsaufgaben auf Satzebene (oder Dokumentenebene) herangezogen werden, bei denen am Ende eine einzelne Ausgabe herauskommt, anstatt ein Strom von Ausgaben, eine pro Zeitschritt. Bei der **Stimmungsanalyse** ist es beispielsweise

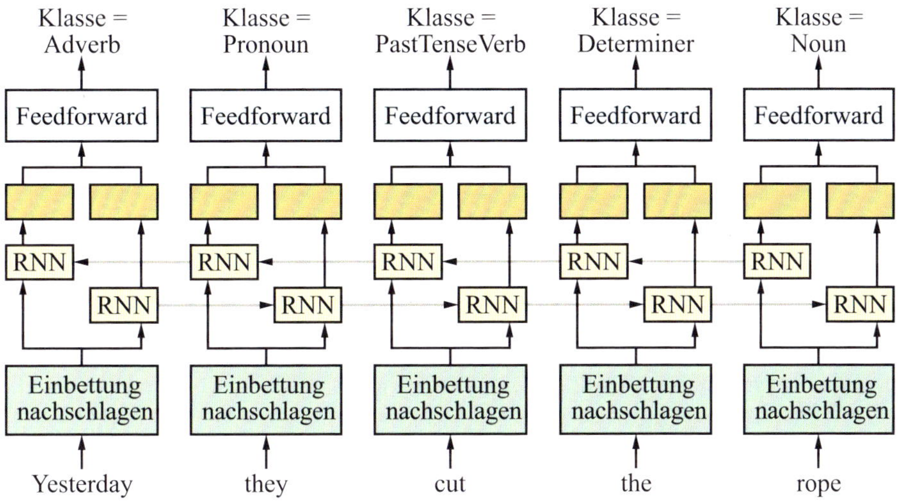

Abbildung 24.5: Ein bidirektionales RNN-Netz für POS-Tagging.

das Ziel, einen Text entweder als *positiv* oder *negativ* zu klassifizieren. Zum Beispiel: „Dieser Film war schlecht geschrieben und schlecht gespielt" sollte als *negativ* klassifiziert werden. (Einige Stimmungsanalyseverfahren verwenden mehr als zwei Kategorien oder einen numerischen Skalarwert.)

Die Verwendung von RNNs für eine Aufgabe auf Satzebene ist etwas komplexer, da wir eine Gesamtdarstellung des ganzen Satzes $\mathbf{y}$ aus den wortweisen Ausgaben $\mathbf{y}_t$ des RNN erhalten müssen. Der einfachste Weg ist die Verwendung des verborgenen Zustands des RNN, der dem letzten Wort der Eingabe entspricht, da das RNN den gesamten Satz in diesem Zeitschritt gelesen hat. Dies kann jedoch implizit dazu führen, dass das Modell dem Ende des Satzes mehr Aufmerksamkeit schenkt. Eine andere gängige Technik ist das Pooling aller verborgenen Vektoren. Beim **Average Pooling** wird z. B. der elementweise Durchschnitt über alle verborgenen Vektoren berechnet:

$$\tilde{\mathbf{z}} = \frac{1}{s} \sum_{t=1}^{s} \mathbf{z}_t$$

Der gepoolte d-dimensionale Vektor $\tilde{\mathbf{z}}$ kann dann in eine oder mehrere Feedforward-Schichten eingespeist werden, bevor er in die Ausgabeschicht eingespeist wird.

24.2.3 LSTMs für NLP-Aufgaben

Wir sagten, dass RNNs manchmal das Problem des begrenzten Kontextes lösen. Theoretisch könnte jede Information von einer verborgenen Schicht zur nächsten für eine beliebige Anzahl von Zeitschritten weitergereicht werden. Aber in der Praxis kann die Information verloren gehen oder verzerrt werden, genau wie beim Stille-Post-Spielen, bei dem die Spieler in einer Reihe stehen und der erste Spieler dem zweiten eine Nachricht zuflüstert, der sie dem dritten wiederholt, und so weiter. Normalerweise hat die Nachricht, die am Ende herauskommt, nur noch wenig mit der ursprünglichen Nachricht gemeinsam. Dieses Problem für RNNs ähnelt dem Problem des **verschwindenden Gradienten**, das wir auf S. 840 beschrieben haben, mit dem Unterschied, dass wir es jetzt mit Schichten über der Zeit und nicht mit tiefen Schichten zu tun haben.

In Abschnitt 21.6.2 haben wir das Modell des **langen Kurzzeitgedächtnisses** (LSTM) vorgestellt. Dies ist eine Art von RNN mit Gating-Einheiten, die nicht unter dem Problem der unvollkommenen Wiederholung einer Nachricht von einem Zeitschritt zum nächsten leiden. Vielmehr kann sich ein LSTM dafür entscheiden, sich einige Teile der Eingabe zu *merken* und diese in den nächsten Zeitschritt zu kopieren und andere Teile zu vergessen. Betrachten Sie ein Sprachmodell, das beispielsweise den folgenden Text verarbeitet:

> *Die Athleten, die alle ihre lokalen Qualifikationswettkämpfe gewannen und sich für das Finale in Tokio qualifizierten, ...*

Wenn wir das Modell an dieser Stelle fragen würden, ob als nächstes Wort „kämpfen" oder „kämpft" wahrscheinlicher ist, würden wir erwarten, dass es „kämpfen" wählt, weil es mit dem Subjekt „Die Athleten" übereinstimmt. Ein LSTM kann lernen, ein latentes Merkmal für *Person* und *Numerus* des Subjekts zu erstellen und dieses Merkmal unverändert weiterzugeben, bis es für eine Entscheidung wie diese benötigt wird. Ein reguläres RNN (oder ein n-Gramm-Modell) kommt bei langen Sätzen mit vielen Wörtern zwischen Subjekt und Verb oft durcheinander.

24.3 Sequenz-zu-Sequenz-Modelle

Eine der am meisten untersuchten Aufgaben im NLP ist die **maschinelle Übersetzung** (*Machine Translation*, MT), bei der das Ziel darin besteht, einen Satz von einer **Ausgangssprache** in eine **Zielsprache** zu übersetzen – zum Beispiel vom Spanischen ins Englische. Wir trainieren ein MT-Modell mit einem großen Korpus von ausgangs-/zielsprachlichen Satzpaaren. Das Ziel ist es dann, neue Sätze, die nicht in unseren Trainingsdaten enthalten sind, genau zu übersetzen.

Können wir RNNs verwenden, um ein MT-System zu erstellen? Wir können sicherlich den ausgangssprachlichen Satz mit einem RNN codieren. Wenn es eine Eins-zu-eins-Entsprechung zwischen Quell- und Zielwörtern gäbe, dann könnten wir MT als eine einfache Tagging-Aufgabe behandeln – das Quellwort „perro" im Spanischen wird als das entsprechende englische Wort „dog" getaggt. Tatsächlich sind die Wörter aber nicht eins zu eins: Im Spanischen entsprechen die drei Wörter „caballo de mar" dem einzelnen englischen Wort „seahorse", und die zwei Wörter „perro grande" werden mit „big dog" übersetzt, wobei die Wortreihenfolge umgekehrt ist. Die Wortumstellung kann sogar noch extremer sein; im Englischen steht das Subjekt normalerweise am Anfang eines Satzes, aber im Fidschianischen steht das Subjekt normalerweise am Ende. Wie erzeugen wir also einen Satz in der Zielsprache?

Es scheint, als sollten wir ein Wort nach dem anderen generieren, aber dabei den Kontext im Auge behalten, damit wir uns an Teile des Quelltextes erinnern, die noch nicht übersetzt wurden, und im Auge behalten, was bereits übersetzt wurde, damit wir uns nicht wiederholen. Es scheint auch, dass wir bei einigen Sätzen den gesamten ausgangssprachlichen Satz verarbeiten müssen, bevor wir mit der Generierung des zielsprachlichen Satzes beginnen. Mit anderen Worten: Die Generierung jedes Zielworts ist abhängig vom gesamten ausgangssprachlichen Satz und von allen zuvor generierten Zielwörtern.

Dies gibt der Texterzeugung für MT eine enge Verbindung zu einem Standard-RNN-Sprachmodell, wie in Abschnitt 24.2 beschrieben. Sicherlich würde ein RNN, wenn wir es auf englischen Text trainiert hätten, eher „big dog" als „dog big" generieren. Wir wollen aber nicht irgendeinen beliebigen zielsprachlichen Satz erzeugen, sondern einen zielsprachlichen Satz, der dem ausgangssprachlichen Satz *entspricht*. Der einfachste Weg dazu ist, zwei RNNs zu verwenden, eines für den Quelltext und eines für den Zieltext. Wir lassen das Quell-RNN über den ausgangssprachlichen Satz laufen und verwenden dann den finalen verborgenen

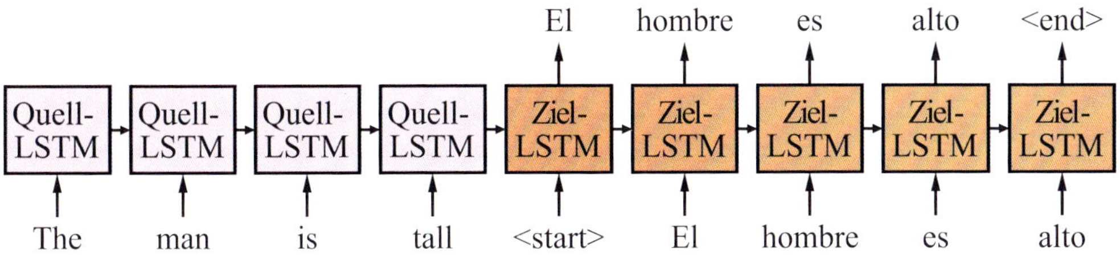

Abbildung 24.6: Grundlegendes Sequenz-zu-Sequenz-Modell. Jeder Block repräsentiert einen LSTM-Zeitschritt. (Der Einfachheit halber sind die Einbettungs- und Ausgabeschichten nicht dargestellt.) In aufeinanderfolgenden Schritten füttern wir das Netz mit den Wörtern des ausgangssprachlichen Satzes „The man is tall", gefolgt vom `<start>`-Tag, um anzuzeigen, dass das Netz mit der Produktion des zielsprachlichen Satzes beginnen soll. Der letzte verborgene Zustand am Ende des ausgangssprachlichen Satzes wird als verborgener Zustand für den Beginn des zielsprachlichen Satzes verwendet. Danach wird jedes Wort des zielsprachlichen Satzes zum Zeitpunkt t als Eingabe zum Zeitpunkt $t + 1$ verwendet, bis das Netz das `<end>`-Tag erzeugt, um anzuzeigen, dass die Satzgenerierung beendet ist.

Zustand des Quell-RNN als anfänglichen verborgenen Zustand für das Ziel-RNN. Auf diese Weise wird jedes zielsprachliche Wort implizit sowohl durch den gesamten ausgangssprachlichen Satz als auch durch die vorherigen zielsprachlichen Wörter bedingt.

Diese Architektur des neuronalen Netzes wird als grundlegendes **Sequenz-zu-Sequenz-Modell** bezeichnet. Ein Beispiel dafür zeigt ► Abbildung 24.6. Sequenz-zu-Sequenz-Modelle werden am häufigsten für die maschinelle Übersetzung verwendet, können aber auch für eine Reihe anderer Aufgaben eingesetzt werden, z. B. für die automatische Generierung einer Bildunterschrift aus einem Bild oder für eine Zusammenfassung, das heißt einen langen Text kürzen und dabei die Bedeutung des Textes beibehalten. Grundlegende Sequenz-zu-Sequenz-Modelle waren ein bedeutender Durchbruch im NLP und speziell in der MT. Gemäß Wu *et al.* (2016b) führte der Ansatz zu einer 60%igen Fehlerreduktion gegenüber den bisherigen MT-Methoden. Aber diese Modelle leiden unter drei großen Mängeln:

- **Verzerrung durch Einfluss des nahen Kontextes**: Was auch immer sich RNNs über die Vergangenheit merken wollen, es muss in ihren verborgenen Zustand passen. Nehmen wir zum Beispiel an, ein RNN verarbeitet das Wort (oder den Zeitschritt) 57 in einer Sequenz mit 70 Wörtern. Der verborgene Zustand wird wahrscheinlich mehr Informationen über das Wort bei Zeitschritt 56 enthalten als das Wort bei Zeitschritt 5, denn jedes Mal, wenn der verborgene Vektor aktualisiert wird, muss er einen Teil der vorhandenen Informationen durch neue Informationen ersetzen. Dieses Verhalten ist Teil des bewussten Designs des Modells und oft sinnvoll für NLP, da der nahe Kontext in der Regel wichtiger ist. Allerdings kann auch weit entfernter Kontext entscheidend sein und in einem RNN-Modell verloren gehen; selbst LSTMs haben Schwierigkeiten mit dieser Aufgabe.
- **Feste Begrenzung der Kontextgröße**: In einem RNN-Übersetzungsmodell wird der gesamte Ausgangssatz in einen einzigen verborgenen Zustandsvektor fester Dimension komprimiert. Ein LSTM, das in einem modernen NLP-Modell verwendet wird, hat normalerweise etwa 1.024 Dimensionen, und wenn wir z. B. einen 64-Wort-Satz in 1.024 Dimensionen darstellen müssen, erhalten wir nur 16 Dimensionen pro Wort – nicht genug für komplexe Sätze. Eine Erhöhung der Größe des verborgenen Zustandsvektors kann zu langsamem Training und Überanpassung führen.
- **Langsamere sequenzielle Verarbeitung**: Wie in Abschnitt 21.3 besprochen, erzielen neuronale Netze beträchtliche Effizienzgewinne, wenn sie die Trainingsdaten batchweise verarbeiten, um die effiziente Hardwareunterstützung für die Matrixarithmetik zu nutzen. RNNs hingegen scheinen gezwungen zu sein, die Trainingsdaten Wort für Wort zu verarbeiten.

24.3.1 Attention

Was wäre, wenn das Ziel-RNN auf *alle* verborgenen Vektoren des Quell-RNN konditioniert wäre und nicht nur auf den letzten? Dies würde die Mängel aufgrund der möglichen Verzerrung des nahen Kontextes und der festen Kontextgrößenbegrenzung abmildern und es dem Modell ermöglichen, auf jedes vorherige Wort gleichermaßen zuzugreifen. Eine Möglichkeit, diesen Zugriff zu erreichen, ist die Verkettung aller verborgenen Vektoren des Quell-RNN. Dies würde jedoch die Anzahl der Gewichte enorm ansteigen lassen, was wiederum die Berechnungszeit erhöht und möglicherweise auch zu einer Überanpassung führt. Stattdessen können wir uns die Tatsache zunutze machen, dass, wenn das Ziel-RNN das Ziel Wort für Wort generiert, wahrscheinlich nur ein kleiner Teil der Quelle tatsächlich für jedes Zielwort relevant ist.

Entscheidend ist, dass das Ziel-RNN für jedes Wort unterschiedliche Teile der Quelle beachten muss. Angenommen, ein Netz wird für die Übersetzung von Englisch nach Spanisch trainiert. Es erhält die Wörter „The front door is red“, gefolgt von einer Satzende-Markierung, was bedeutet, dass jetzt spanische Wörter auszugeben sind. Idealerweise sollte es also zuerst auf „The“ achten und „La“ generieren, dann auf „door“ achten und „puerta“ ausgeben, und so weiter.

Wir können dieses Konzept mit einer neuronalen Netzkomponente namens **Attention** (Aufmerksamkeit) formalisieren, mit der eine „kontextbasierte Zusammenfassung“ des ausgangssprachlichen Satzes in einer Repräsentation fester Dimension erstellt werden kann. Der Kontextvektor $\mathbf{c}_i$ enthält die relevantesten Informationen für die Generierung des nächsten Zielworts und wird als zusätzliche Eingabe für das Ziel-RNN verwendet. Ein Sequenz-zu-Sequenz-Modell, das Attention verwendet, wird als **Sequenz-zu-Sequenz-Attention-Modell** bezeichnet. Wenn das Standard-Ziel-RNN geschrieben wird als:

$$\mathbf{h}_i = RNN(\mathbf{h}_{i-1}, \mathbf{x}_i)\,,$$

so kann das Ziel-RNN für Sequenz-zu-Sequenz-Attention-Modelle geschrieben werden als:

$$\mathbf{h}_i = RNN(\mathbf{h}_{i-1}, [\mathbf{x}_i; \mathbf{c}_i])\,,$$

wobei $[\mathbf{x}_i; \mathbf{c}_i]$ die Verkettung des Eingabe- und Kontextvektors $\mathbf{c}_i$ ist, definiert als:

$$\begin{aligned} r_{ij} &= \mathbf{h}_{i-1} \cdot \mathbf{s}_j \\ a_{ij} &= e^{r_{ij}} / (\sum_k e^{r_{ik}}) \\ \mathbf{c}_i &= \sum_j a_{ij} \cdot \mathbf{s}_j \end{aligned}$$

Hier ist $\mathbf{h}_{i-1}$ der Ziel-RNN-Vektor, der für die Vorhersage des Worts im Zeitschritt i verwendet werden soll, und $\mathbf{s}_j$ die Ausgabe des Quell-RNN-Vektors für das Ausgangswort (oder den Zeitschritt) j ist. Sowohl $\mathbf{h}_{i-1}$ als auch $\mathbf{s}_j$ sind d-dimensionale Vektoren, wobei d die verborgene Größe ist. Der Wert von r_{ij} ist also der rohe Attention-Score zwischen dem aktuellen Zielzustand und dem Ausgangswort j. Diese Scores werden dann mithilfe eines Softmax über alle Ausgangswörter zu einer Wahrscheinlichkeit a_{ij} normalisiert. Schließlich wird mit diesen Wahrscheinlichkeiten ein gewichteter Durchschnitt der Quell-RNN-Vektoren $\mathbf{c}_i$ (ein weiterer d-dimensionaler Vektor) erzeugt.

Ein Beispiel für ein Sequenz-zu-Sequenz-Attention-Modell ist in ► Abbildung 24.7 a dargestellt. Es gibt ein paar wichtige Details, auf die hingewiesen werden sollte. Erstens hat die Attention-Komponente selbst keine gelernten Gewichte und unterstützt Sequenzen variabler Länge sowohl auf der Quell- als auch auf der Zielseite. Zweitens ist Attention, wie die meisten anderen Modellierungstechniken für neuronale Netze, die wir kennengelernt haben, völlig

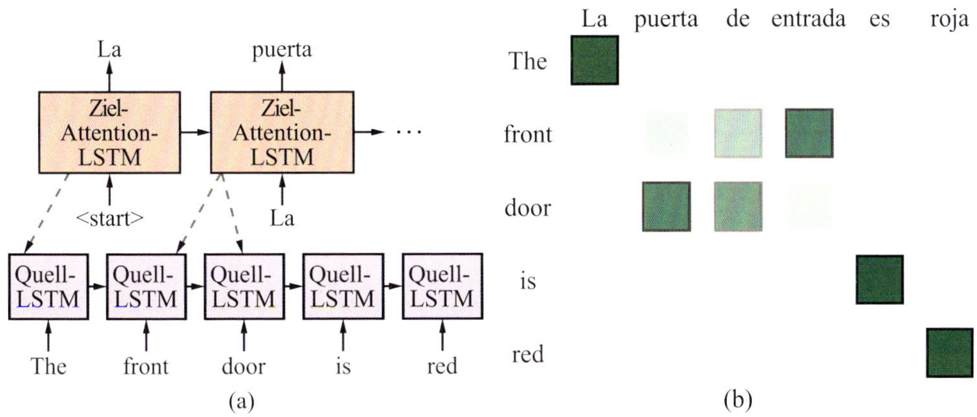

Abbildung 24.7: (a) Sequenz-zu-Sequenz-Attention-Modell für die Übersetzung Englisch–Spanisch. Die gestrichelten Linien stellen die Attention dar. (b) Beispiel einer Attention-Wahrscheinlichkeitsmatrix für ein zweisprachiges Satzpaar, wobei dunklere Kästchen höhere Werte von a_{ij} darstellen. Die Attention-Wahrscheinlichkeiten summieren sich zu eins über jede Spalte.

latent. Der Programmierer schreibt nicht vor, welche Informationen wann verwendet werden; das Modell lernt, was zu verwenden ist. Attention kann auch mit mehrschichtigen RNNs kombiniert werden. Normalerweise wird Attention in diesem Fall auf jede Schicht angewendet.

Die probabilistische Softmax-Formulierung für Attention dient drei Zwecken. Erstens macht sie Attention differenzierbar, was notwendig ist, um sie mit Rückwärtspropagation verwenden zu können. Auch wenn Attention selbst keine gelernten Gewichte hat, fließen die Gradienten dennoch durch Attention zurück zu den Quell- und Ziel-RNNs. Zweitens ermöglicht die probabilistische Formulierung dem Modell, bestimmte Arten der Kontextualisierung über große Entfernungen zu erfassen, die vom Quell-RNN möglicherweise nicht erfasst wurden, da die Attention die gesamte Quellsequenz auf einmal betrachten und lernen kann, das zu behalten, was wichtig ist, und den Rest zu ignorieren. Drittens erlaubt die probabilistische Attention dem Netz, Unsicherheit zu repräsentieren – wenn das Netz nicht genau weiß, welches Ausgangswort als Nächstes übersetzt werden soll, kann es die Attention-Wahrscheinlichkeiten über mehrere Optionen verteilen und dann erst das Wort mithilfe des Ziel-RNN auswählen.

Im Gegensatz zu den meisten Komponenten neuronaler Netze sind die Attention-Wahrscheinlichkeiten oft für Menschen interpretierbar und intuitiv sinnvoll. Im Fall der maschinellen Übersetzung entsprechen die Attention-Wahrscheinlichkeiten beispielsweise oft den Wort-zu-Wort-Alignments, die ein Mensch erzeugen würde. Dies ist in ► Abbildung 24.7 b dargestellt.

Sequenz-zu-Sequenz-Modelle eignen sich hervorragend für die maschinelle Übersetzung, aber fast jede natürlichsprachliche Aufgabe kann als ein Sequenz-zu-Sequenz-Problem codiert werden. So kann z. B. ein Frage-Antwort-System auf Eingaben trainiert werden, die aus einer Frage, gefolgt von einem Begrenzer und der Antwort bestehen.

24.3.2 Decodierung

Beim Training versucht ein Sequenz-zu-Sequenz-Modell, die Wahrscheinlichkeit für jedes Wort im zielsprachlichen Satz zu maximieren, abhängig von der Quelle und allen vorherigen Zielwörtern. Nach Abschluss des Trainings erhalten wir einen ausgangssprachlichen Satz und unser Ziel ist es, den entsprechenden zielsprachlichen Satz zu generieren. Wie in ▶ Abbildung 24.7 gezeigt, können wir das Ziel ein Wort nach dem anderen generieren und dann das generierte Wort im nächsten Zeitschritt wieder einspeisen. Dieser Vorgang wird **Decodierung** genannt.

Die einfachste Form der Decodierung besteht darin, bei jedem Zeitschritt das Wort mit der höchsten Wahrscheinlichkeit auszuwählen und dieses Wort dann als Eingabe in den nächsten Zeitschritt einzuspeisen. Dies wird als **gierige Decodierung** bezeichnet, da sich das System nach der Generierung jedes Zielworts vollständig auf die Hypothese festgelegt hat, die es bisher produziert hat. Das Problem ist, dass das Ziel der Decodierung darin besteht, die Wahrscheinlichkeit der gesamten Zielsequenz zu maximieren, was die gierige Decodierung möglicherweise nicht erreicht. Betrachten wir zum Beispiel die Verwendung eines gierigen Decoders, um den uns bereits bekannten englischen Satz ins Spanische zu übersetzen: *The front door is red.*

Die korrekte Übersetzung ist „*La puerta de entrada es roja*" – wörtlich „*The door of entry is red*". Angenommen, das Ziel-RNN generiert korrekt das erste Wort *La* für *The*. Als Nächstes könnte ein gieriger Decoder *entrada* für *front* vorschlagen. Aber das ist ein Fehler – die spanische Wortfolge sollte das Substantiv *puerta* vor den Modifikator setzen. Die gierige Decodierung ist schnell – sie berücksichtigt nur eine Entscheidung in jedem Zeitschritt und ist dabei sehr schnell –, aber das Modell hat keinen Mechanismus, um Fehler zu korrigieren.

Wir könnten versuchen, den Attention-Mechanismus so zu verbessern, dass er immer auf das richtige Wort achtet und jedes Mal richtig rät. Aber bei vielen Sätzen ist es nicht möglich, alle Wörter am Anfang des Satzes richtig zu erraten, bis man gesehen hat, was am Ende steht.

Ein besserer Ansatz ist die Suche nach einer optimalen (oder zumindest guten) Decodierung mit einem der Suchalgorithmen aus Kapitel 3. Eine gängige Wahl ist die **Strahlsuche** (siehe Abschnitt 4.1.3). Bei der MT-Decodierung behält die Strahlsuche normalerweise die Top-k-Hypothesen in jeder Stufe, erweitert jede um ein Wort unter Verwendung der Top-k-Wortentscheidungen und wählt dann die besten k der resultierenden k^2 neuen Hypothesen. Wenn alle Hypothesen im Strahl das spezielle `<end>`-Token erzeugen, gibt der Algorithmus die Hypothese mit der höchsten Punktzahl aus.

Eine Visualisierung der Strahlsuche finden Sie in ▶ Abbildung 24.8. Da Deep-Learning-Modelle immer genauer werden, können wir normalerweise dazu übergehen, eine kleinere Strahlgröße zu verwenden. Moderne neuronale MT-Modelle verwenden eine Strahlgröße von 4 bis 8, während die ältere Generation der statistischen MT-Modelle eine Strahlgröße von 100 oder mehr verwenden würde.

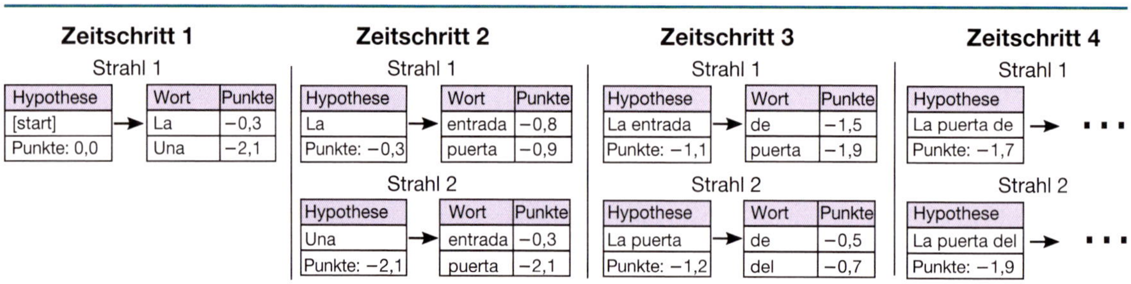

Abbildung 24.8: Strahlsuche mit einer Strahlgröße von $b = 2$. Die Punktzahl jedes Worts ist die logarithmische Wahrscheinlichkeit, die vom Ziel-RNN-Softmax erzeugt wird, und die Punktzahl jeder Hypothese ist die Summe der Wortpunktzahlen. Bei Zeitschritt 3 kann die Hypothese mit der höchsten Punktzahl *La entrada* nur noch Fortsetzungen mit geringer Wahrscheinlichkeit erzeugen, sodass sie „aus dem Strahl fällt".

24.4 Die Transformerarchitektur

Der einflussreiche Artikel „Attention is all you need" (Vaswani *et al.*, 2018) stellte die **Transformerarchitektur** vor, die einen **Self-Attention**-Mechanismus verwendet, der weit auseinanderliegenden Kontext ohne sequenzielle Abhängigkeit modellieren kann.

24.4.1 Self-Attention

Bisher wurde in Sequenz-zu-Sequenz-Modellen die Attention von dem Ziel-RNN auf das Quell-RNN angewendet. Mit der **Self-Attention** wird dieser Mechanismus dahingehend erweitert, dass jede Sequenz von verborgenen Zuständen sich auch mit sich selbst befasst – die Quelle mit der Quelle und das Ziel mit dem Ziel. Dadurch kann das Modell in jeder Sequenz zusätzlich weit entfernten (und nahen) Kontext berücksichtigen.

Die einfachste Art der Anwendung der Self-Attention ist gegeben, wenn die Attention-Matrix direkt durch das Punktprodukt der Eingabevektoren gebildet wird. Dies ist jedoch problematisch, denn das Punktprodukt zwischen einem Vektor und sich selbst wird immer hoch sein, sodass jeder verborgene Zustand hinsichtlich der Self-Attention voreingenommen sein wird. Der Transformer löst dieses Problem, indem er zunächst die Eingabe in drei verschiedene Repräsentationen projiziert, unter Verwendung von drei verschiedenen Gewichtsmatrizen:

- Der **Abfragevektor** $\mathbf{q}_i = \mathbf{W}_q\mathbf{x}_i$ ist derjenige, *von dem Attention ausgeht*, wie das Ziel im standardmäßigen Attention-Mechanismus;
- Der **Schlüsselvektor** $\mathbf{k}_i = \mathbf{W}_k\mathbf{x}_i$ ist derjenige, *dem Attention zukommt*, wie die Quelle im grundlegenden Attention-Mechanismus.
- Der **Wertevektor** $\mathbf{v}_i = \mathbf{W}_v\mathbf{x}_i$ ist der Kontext, der erzeugt wird.

Im Standard-Attention-Mechanismus sind die Schlüssel- und Wertnetze identisch, aber intuitiv ist es sinnvoll, sie getrennt zu repräsentieren. Die Codierungsergebnisse des i-ten Worts $\mathbf{c}_i$ können durch Anwendung eines Attention-Mechanismus auf die projizierten Vektoren berechnet werden:

$$\begin{aligned} r_{ij} &= (\mathbf{q}_i \cdot \mathbf{k}_j)/\sqrt{d} \\ a_{ij} &= e^{r_{ij}}/(\sum_k e^{r_{ik}}) \\ \mathbf{c}_i &= \sum_j a_{ij} \cdot \mathbf{v}_j , \end{aligned}$$

wobei d die Dimension von $\mathbf{k}$ und $\mathbf{q}$ ist. Beachten Sie, dass i und j Indizes im gleichen Satz sind, da wir den Kontext mittels Self-Attention codieren. In jeder Transformerschicht verwendet Self-Attention die verborgenen Vektoren der vorherigen Schicht, die am Anfang die Einbettungsschicht ist.

Es gibt in diesem Zusammenhang einige Details, die erwähnenswert sind. Erstens ist der Self-Attention-Mechanismus *asymmetrisch*, da r_{ij} von r_{ji} verschieden ist. Zweitens wurde der Skalierungsfaktor $\sqrt{d}$ hinzugefügt, um die numerische Stabilität zu verbessern. Drittens kann die Codierung für alle Wörter eines Satzes gleichzeitig berechnet werden, da die obigen Gleichungen durch Matrixoperationen ausgedrückt werden können, die sich auf moderner Spezialhardware effizient parallel berechnen lassen.

Die Wahl des zu verwendenden Kontextes wird vollständig aus Trainingsbeispielen gelernt und ist nicht vorgegeben. Die kontextbasierte Zusammenfassung $\mathbf{c}_i$ ist eine Summe über alle vorherigen Positionen im Satz. Theoretisch könnten alle Informationen des Satzes in $\mathbf{c}_i$ auftauchen, aber in der Praxis gehen manchmal wichtige Informationen verloren, weil sie im Wesentlichen beim Mitteln über den gesamten Satz untergehen werden. Eine Möglichkeit, dies zu beheben, ist die **Multi-Head-Attention**. Wir teilen den Satz in m gleiche Teile auf und wenden das Attention-Modell auf jeden der m Teile an. Jeder Teil hat seinen eigenen Satz von Gewichten. Dann werden die Ergebnisse zu $\mathbf{c}_i$ verkettet. Indem wir konkatenieren anstatt zu summieren, machen wir es einfacher, dass ein wichtiges Teilstück heraussticht.

24.4.2 Von Self-Attention zum Transformer

Self-Attention ist nur eines der Bestandteile des Transformermodells. Jede Transformerschicht besteht aus mehreren Teilschichten. In jeder Transformerschicht wird zuerst Self-Attention angewendet. Die Ausgabe des Attention-Moduls wird durch Feedforward-Schichten geleitet, wobei an jeder Position unabhängig voneinander die gleichen Feedforward-Gewichtsmatrizen angewendet werden. Nach der ersten Feedforward-Schicht kommt eine nichtlineare Aktivierungsfunktion, in der Regel ReLU, zum Einsatz. Um das potenzielle Problem des verschwindenden Gradienten zu lösen, werden zwei residuale Verbindungen in die Transformerschicht eingefügt. ► Abbildung 24.9 zeigt einen einschichtigen Transformer. In der Praxis haben Transformermodelle normalerweise sechs oder mehr Schichten. Wie bei den anderen Modellen, die wir kennengelernt haben, wird die Ausgabe der Schicht i als Eingabe für die Schicht $i+1$ verwendet.

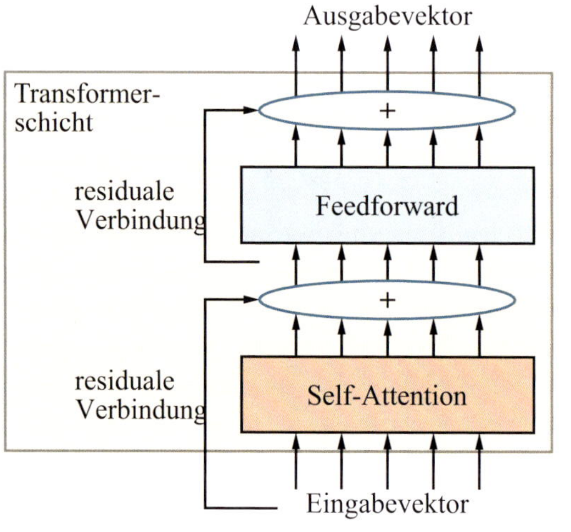

Abbildung 24.9: Ein einschichtiger Transformer besteht aus Self-Attention, einem Feedforward-Netz und residualen Verbindungen.

Die Architektur des Transformers erfasst nicht explizit die Reihenfolge der Wörter in der Sequenz, da der Kontext nur durch Self-Attention modelliert wird, die unabhängig von der Wortreihenfolge ist. Um die Reihenfolge der Wörter zu erfassen, verwendet der Transformer die Technik der **positionellen Einbettung**. Wenn unsere Eingabesequenz eine maximale Länge von n hat, dann lernen wir n neue Einbettungsvektoren – einen für jede Wortposition. Die Eingabe für die erste Transformerschicht ist die Summe der Worteinbettung an der Position t plus der positionellen Einbettung, die der Position t entspricht.

► Abbildung 24.10 zeigt die Transformerarchitektur für POS-Tagging, angewandt auf denselben Satz wie in ► Abbildung 24.3. Unten werden die Worteinbettung und die positionelle Einbettung summiert und bilden die Eingabe für einen dreischichtigen Transformer. Der Transformer erzeugt einen Vektor pro Wort, wie beim RNN-basierten POS-Tagging. Jeder Vektor wird in eine letzte Ausgabeschicht und eine Softmax-Schicht eingespeist, um eine Wahrscheinlichkeitsverteilung über die Tags zu erzeugen.

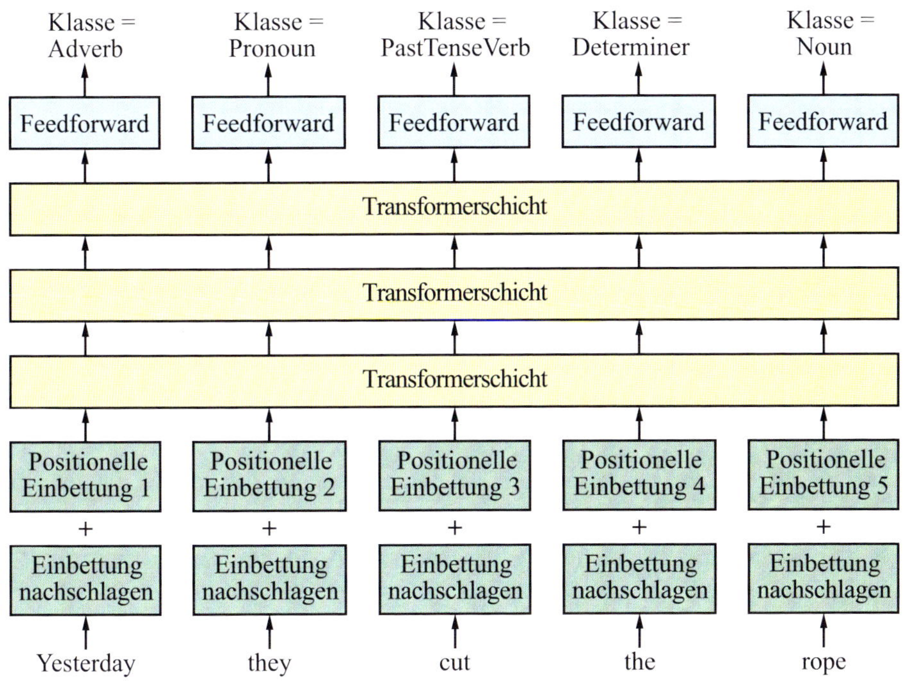

Abbildung 24.10: Verwendung der Transformerarchitektur für POS-Tagging.

In diesem Abschnitt haben wir eigentlich nur die Hälfte der Transformer-Geschichte erzählt: Das Modell, das wir hier beschrieben haben, wird **Transformer-Encoder** genannt. Er ist für Textklassifikationsaufgaben nützlich. Die vollständige Transformerarchitektur wurde ursprünglich als Sequenz-zu-Sequenz-Modell für die maschinelle Übersetzung entwickelt. Daher enthält sie zusätzlich zum Encoder auch einen **Transformer-Decoder**. Encoder und Decoder sind nahezu identisch, mit der Ausnahme, dass der Decoder eine Version von Self-Attention verwendet, bei der jedes Wort nur die Wörter vor ihm beachten kann, da der Text von links nach rechts generiert wird. Der Decoder verfügt außerdem über ein zweites Attention-Modul in jeder Transformer-Schicht, das der Ausgabe des Transformer-Encoders gewidmet ist.

24.5 Vortraining und Transfer Learning

Es kann eine Herausforderung sein, genügend Daten zusammenzutragen, um ein robustes Modell zu erstellen. In der Computer Vision (siehe Kapitel 25) löste man diese Herausforderung, indem man große Sammlungen von Bildern (wie ImageNet) zusammenstellte und sie von Hand mit Labeln versah.

Bei natürlicher Sprache ist es üblicher, mit Text zu arbeiten, der keine Label besitzt. Der Unterschied ist zum Teil darauf zurückzuführen, dass das Labeln schwierig ist: Ein unausgebildeter Bearbeiter kann einem Bild leicht Label wie „Katze“ oder „Sonnenuntergang“ geben, aber es erfordert umfangreiches Training, um einen Satz mit POS-Tags oder Parse-Bäumen zu annotieren. Ein weiterer Unterschied ist die Fülle an Text: Das Internet fügt jeden Tag über 100 Milliarden Wörter an Text hinzu, einschließlich digitalisierter Bücher, kuratierter Ressourcen wie Wikipedia und unkuratierter Beiträge in sozialen Medien.

Projekte wie Common Crawl bieten einen einfachen Zugang zu diesen Daten. Jeder Fließtext kann verwendet werden, um n-Gramm- oder Worteinbettungsmodelle zu erstellen, und einige Texte weisen eine Struktur auf, die für eine Vielzahl von Aufgaben hilfreich sein kann – beispielsweise gibt es viele FAQ-Seiten mit Frage-Antwort-Paaren, die zum Trainieren eines Frage-Antwort-Systems verwendet werden können. In ähnlicher Weise veröffentlichen viele Websites direkt neben einem Text die Übersetzungen dazu, die zum Trainieren von maschinellen Übersetzungssystemen herangezogen werden können. Manche Texte sind sogar mit einer Art von Labeln versehen, wie z. B. bei Bewertungsseiten, auf denen die Benutzer ihre Textbewertungen mit einem 5-Sterne-Bewertungssystem kommentieren.

Wir würden uns gern die Mühe ersparen, einen neuen Datensatz erstellen zu müssen, wenn wir ein neues NLP-Modell wollen. In diesem Abschnitt stellen wir die Idee des **Vortrainings** vor: eine Form von **Transfer Learning** (siehe Abschnitt 21.7.2), bei dem wir eine große Menge an gemeinsamen Sprachdaten der allgemeinen Domäne verwenden, um eine erste Version eines NLP-Modells zu trainieren. Dann können wir eine kleinere Menge domänenspezifischer Daten (vielleicht einschließlich einiger mit Labeln versehene Daten) verwenden, um das Modell zu verfeinern. Das verfeinerte Modell kann das Vokabular, die Redewendungen, die syntaktischen Strukturen und andere sprachliche Phänomene lernen, die für die neue Domäne spezifisch sind.

24.5.1 Vortrainierte Worteinbettungen

In Abschnitt 24.1 haben wir kurz Worteinbettungen vorgestellt. Wir haben gesehen, dass ähnliche Wörter wie *Banane* und *Apfel* am Ende ähnliche Vektoren aufweisen und dass wir Analogieprobleme mit Vektorsubtraktion lösen können. Dies zeigt, dass die Worteinbettungen wesentliche Informationen über die Wörter erfassen.

In diesem Abschnitt betrachten wir im Detail, wie Worteinbettungen mithilfe eines unüberwachten Prozesses über einen großen Textkorpus erstellt werden. Dies steht im Gegensatz zu den Einbettungen aus Abschnitt 24.1, die während des Prozesses des überwachten Part-of-Speech-Tagging erstellt wurden und daher POS-Tags benötigten, die teuer per Hand annotiert wurden.

Wir konzentrieren uns dabei auf ein spezielles Modell für Worteinbettungen, das GloVe-Modell (*Global Vectors*). Bei diesem Modell wird zuerst gezählt, wie oft jedes Wort innerhalb eines Fensters eines anderen Worts erscheint, ähnlich wie beim Skip-Gramm-Modell. Wählen Sie zunächst die Fenstergröße (z. B. 5 Wörter); außerdem sei X_{ij} die Anzahl der gemeinsamen Vorkommen der Wörter i und j innerhalb eines Fensters und X_i die Anzahl der gemeinsamen Vorkommen von Wort i mit einem anderen Wort. $P_{ij} = X_{ij}/X_i$ sei die Wahrscheinlichkeit, dass Wort j im Kontext von Wort i vorkommt. Wie zuvor sei $\mathbf{E}_i$ die Worteinbettung für Wort i.

Ein Teil der Intuition des GloVe-Modells ist, dass sich die Beziehung zwischen zwei Wörtern am besten erfassen lässt, wenn man sie beide mit anderen Wörtern vergleicht. Betrachten Sie die Wörter *Eis* und *Dampf* sowie ihre jeweilige Wahrscheinlichkeit, dass sie ein gemeinsames Vorkommen mit einem anderen Wort w aufweisen. Anschließend betrachten wir das Verhältnis dieser Wahrscheinlichkeiten, d. h.:

$$P_{w,Eis}/P_{w,Dampf}$$

Wenn w das Wort *fest* ist, wird das Verhältnis hoch sein (d. h. *fest* trifft eher auf *Eis* zu), und wenn w das Wort *Gas* ist, wird es niedrig sein (d. h., *Gas* trifft eher auf *Dampf* zu). Und wenn w ein nicht inhaltliches Wort ist wie *das*, oder ein Wort wie *Wasser*, das für beide gleichermaßen relevant ist, oder ein für beide irrelevantes Wort wie *Mode*, wird das Verhältnis nahe bei 1 liegen.

Das GloVe-Modell beginnt mit dieser Intuition und durchläuft einige mathematische Schlussfolgerungen (Pennington *et al.*, 2014), die die Wahrscheinlichkeitsverhältnisse in Vektordifferenzen und Punktprodukte umwandeln, um schließlich zu der folgenden Beschränkung zu gelangen:

$$\mathbf{E}_i \cdot \mathbf{E}'_k = \log(P_{ij})$$

Mit anderen Worten: Das Punktprodukt zweier Wortvektoren ist gleich der logarithmischen Wahrscheinlichkeit ihres gemeinsamen Vorkommens. Das ist intuitiv sinnvoll: zwei nahezu orthogonale Vektoren haben ein Punktprodukt nahe 0 und zwei nahezu identische normalisierte Vektoren haben ein Punktprodukt nahe 1. Es gibt eine technische Komplikation, insofern als das GloVe-Modell für jedes Wort zwei Worteinbettungsvektoren, $\mathbf{E}_i$ und $\mathbf{E}'_i$, erzeugt. Die Berechnung der beiden und die anschließende Addition am Ende helfen, die Überanpassung zu begrenzen.

Das Trainieren eines Modells wie GloVe ist in der Regel wesentlich kostengünstiger als das Trainieren eines standardmäßigen neuronalen Netzes: Ein neues Modell kann mit einer Standard-Desktop-CPU anhand von Milliarden von Wörtern in wenigen Stunden trainiert werden.

Es ist möglich, Worteinbettungen auf einer bestimmten Domäne zu trainieren und Wissen aus dieser Domäne abzurufen. Tshitoyan *et al.* (2019) haben zum Beispiel 3,3 Millionen wissenschaftliche Abstracts zum Thema Materialwissenschaft verwendet, um ein Worteinbettungsmodell zu trainieren. Sie fanden heraus, dass ihr materialwissenschaftliches Modell die Frage „NiFe verhält sich zu ferromagnetisch wie IrMn zu ...?“ mit „antiferromagnetisch“ beantworten kann, genau wie ein generisches Worteinbettungsmodell die Frage „Athen verhält sich zu Griechenland wie Oslo zu ...?“ mit „Norwegen“ beantworten kann.

Ihr Modell verlässt sich dabei nicht nur auf das gemeinsame Auftreten von Wörtern, sondern scheint komplexere wissenschaftliche Erkenntnisse zu erfassen. Auf die Frage, welche chemischen Verbindungen als „thermoelektrisch“ oder „topologischer Isolator“ klassifiziert werden können, kann ihr Modell korrekt antworten. Zum Beispiel erscheint $CsAgGa_2Se_4$ im Korpus zwar nie in der Nähe von „thermoelektrisch“, aber in der Nähe von „Chalkogenid“, „Bandlücke“ und „optoelektrisch“, was alles Anhaltspunkte sind, die es ermöglichen, es als ähnlich zu „thermoelektrisch“ zu klassifizieren. Außerdem ergab sich, dass, wenn das Modell nur auf Abstracts bis zum Jahr 2008 trainiert und gebeten wurde, Verbindungen auszuwählen, die „thermoelektrisch“ sind, aber noch nicht in Abstracts erschienen sind, drei der fünf vom Modell am besten bewerteten Verbindungen in Veröffentlichungen zwischen 2009 und 2019 als thermoelektrisch eingestuft wurden.

24.5.2 Vortrainierte kontextuelle Repräsentationen

Worteinbettungen sind bessere Repräsentationen als atomare Wort-Tokens, weisen aber ein wichtiges Problem mit mehrdeutigen Wörtern auf. Zum Beispiel kann sich das Wort *rose* auf eine Blume oder die Vergangenheitsform von *rise* (ansteigen) beziehen. Daher erwarten wir, mindestens zwei völlig unterschiedliche Cluster von Wortkontexten für *rose* zu finden: einen, der Blumennamen wie *dahlia* ähnelt, und einen, der *upsurge* (Aufschwung) ähnelt. Kein einziger Einbettungsvektor kann diese beiden gleichzeitig beinhalten. *Rose* ist ein klares Beispiel für ein Wort mit (mindestens) zwei verschiedenen Bedeutungen, aber andere Wörter haben subtile Bedeutungsnuancen, die vom Kontext abhängen, wie z. B. das Wort *need* in *you need to see this movie* (Du musst dir diesen Film anschauen) versus *humans need oxygen to survive* (Menschen brauchen Sauerstoff zum Überleben). Und einige idiomatische Ausdrücke wie *break the bank* (die Bank sprengen) sollten besser als Ganzes analysiert werden und nicht als einzelne Wörter.

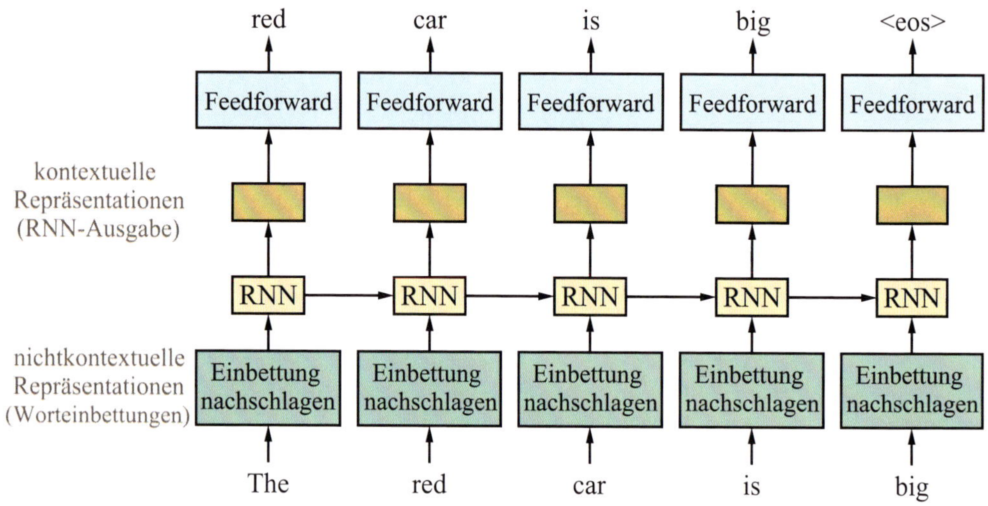

Abbildung 24.11: Training von kontextuellen Repräsentationen mit einem Sprachmodell von links nach rechts.

Anstatt nur eine Wort-zu-Einbettung-Tabelle zu lernen, wollen wir daher ein Modell trainieren, das **kontextuelle Repräsentationen** für jedes Wort in einem Satz erzeugt. Eine kontextuelle Repräsentation bildet sowohl ein Wort als auch den umgebenden Kontext von Wörtern auf einen Worteinbettungsvektor ab. Mit anderen Worten: Wenn wir dieses Modell mit dem Wort *rose* und dem Kontext *the gardener planted a rose bush* (der Gärtner pflanzt einen Rosenbusch) füttern, sollte es eine kontextuelle Einbettung erzeugen, die der Repräsentation ähnlich (aber nicht unbedingt identisch) ist, die wir mit dem Kontext *the cabbage rose had an unusual fragrance* (die Kohlrose hatte einen ungewöhnlichen Duft) erhalten, und die sich sehr von der Repräsentation von *rose* im Kontext *the river rose five feet* (der Fluss stieg fünf Fuß an) unterscheidet.

► Abbildung 24.11 zeigt ein rekurrentes Netz, das kontextuelle Worteinbettungen erzeugt – die Kästchen, die in der Abbildung unbeschriftet sind. Wir gehen davon aus, dass wir bereits eine Sammlung von nichtkontextuellen Worteinbettungen erstellt haben. Wir geben ein Wort nach dem anderen ein und bitten das Modell, das nächste Wort vorherzusagen. So erhält z. B. in der Abbildung an dem Punkt, an dem wir das Wort „car" erreicht haben, der RNN-Knoten in diesem Zeitschritt zwei Eingaben: die nichtkontextuelle Worteinbettung für „car" und den Kontext, der Informationen aus den vorherigen Wörtern „The red" codiert. Der RNN-Knoten wird dann eine kontextuelle Repräsentation für „car" ausgeben. Das Netz als Ganzes gibt dann eine Vorhersage für das nächste Wort, „is", aus. Wir aktualisieren dann die Gewichte des Netzes, um den Fehler zwischen der Vorhersage und dem tatsächlichen nächsten Wort zu minimieren.

Dieses Modell ähnelt dem Modell für POS-Tagging in ► Abbildung 24.5, mit zwei wichtigen Unterschieden. Erstens ist dieses Modell unidirektional (von links nach rechts), während das POS-Modell bidirektional ist. Zweitens, anstatt die POS-Tags für das *aktuelle* Wort vorherzusagen, sagt dieses Modell das *nächste* Wort unter Verwendung des vorherigen Kontextes voraus. Sobald das Modell erstellt ist, können wir damit Repräsentationen für Wörter abrufen und sie an eine andere Aufgabe weitergeben; wir müssen nicht das nächste Wort vorhersagen. Beachten Sie, dass die Berechnung einer kontextuellen Repräsentation immer zwei Eingaben erfordert, das aktuelle Wort und den Kontext.

24.5.3 Maskierte Sprachmodelle

Eine Schwäche von Standard-Sprachmodellen wie z. B. n-Gramm-Modellen ist, dass die Kontextualisierung jedes Worts nur auf den vorherigen Wörtern des Satzes basiert. Vorhersagen erfolgen nur von links nach rechts. Aber manchmal hilft der Kontext aus einem späteren Teil des Satzes – z. B. *feet* in der Phrase *rose five feet* – bei der Klärung früherer Wörter.

Eine einfache Lösung besteht darin, ein separates Rechts-nach-Links-Sprachmodell zu trainieren, das jedes Wort basierend auf den nachfolgenden Wörtern im Satz kontextualisiert, und dann die Links-nach-Rechts- und Rechts-nach-Links-Repräsentationen zu verketten. Ein solches Modell kann jedoch keine Evidenz aus beiden Richtungen kombinieren.

Stattdessen können wir ein **maskiertes Sprachmodell** (*Masked Language Model*, MLM) verwenden. MLMs werden trainiert, indem einzelne Wörter in der Eingabe maskiert (verborgen) werden und das Modell instruiert wird, die maskierten Wörter vorherzusagen. Für diese Aufgabe kann man ein tiefes bidirektionales RNN oder einen Transformer auf dem maskierten Satz anwenden. Bei dem Eingabesatz „*The river rose five feet*" können wir zum Beispiel das mittlere Wort maskieren, „*The river __ five feet*" und das Modell auffordern, die Lücke auszufüllen.

Die finalen verborgenen Vektoren, die den maskierten Token entsprechen, werden dann verwendet, um die maskierten Wörter vorherzusagen – in diesem Beispiel *rose*. Während des Trainings kann ein einzelner Satz mehrfach verwendet werden, wobei jeweils andere Wörter maskiert werden. Das Schöne an diesem Ansatz ist, dass er keine markierten Daten benötigt; der Satz liefert seine eigene Markierung für das maskierte Wort. Wenn dieses Modell auf einem großen Textkorpus trainiert wird, erzeugt es vortrainierte Repräsentationen, die sich bei einer Vielzahl von NLP-Aufgaben (maschinelle Übersetzung, Beantwortung von Fragen, Zusammenfassungen, Grammatikalitätsurteile und andere) gut einsetzen lassen.

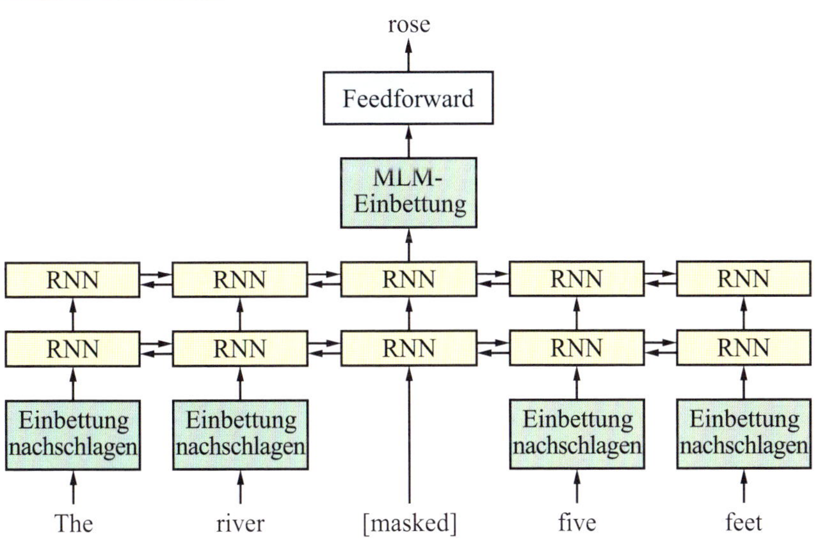

Abbildung 24.12: Maskierte Sprachmodellierung: Vortrainieren eines bidirektionalen Modells – z. B. eines mehrschichtigen RNN – durch Maskierung der Eingabewörter und Vorhersage nur der maskierten Wörter.

24.6 Stand der Technik

Deep Learning und Transfer Learning haben den Stand der Technik für NLP deutlich verbessert, und zwar so sehr, dass ein Kommentator im Jahr 2018 erklärte, dass „NLP jetzt seinen ImageNet-Moment erlebt" (Ruder, 2018). Das bedeutet, dass es 2018 einen Wendepunkt für NLP gab – so wie es 2012 einen Wendepunkt für Computer Vision gab, als Deep-Learning-Systeme überraschend gute Ergebnisse im ImageNet-Wettbewerb erzielten. Der Hauptauslöser für diesen Wendepunkt war die Erkenntnis, dass Transfer Learning sich gut für natürlichsprachliche Probleme eignet: Ein allgemeines Sprachmodell kann heruntergeladen und nach einigen Anpassungsmaßnahmen eine bestimmte Aufgabe erfüllen.

Es begann mit einfachen Worteinbettungen bei Systemen wie WORD2VEC im Jahr 2013 und GloVe im Jahr 2014. Wissenschaftler können ein solches Modell herunterladen oder ihr eigenes relativ schnell trainieren, ohne Zugang zu Supercomputern haben zu müssen. Vortrainierte kontextuelle Repräsentationen hingegen sind um Größenordnungen teurer zu trainieren.

Diese Modelle lohnten sich erst, als auf breiter Front Hardwarefortschritte (GPUs und TPUs) erzielt wurden. In diesem Fall waren die Wissenschaftler dankbar, Modelle herunterladen zu können, anstatt die Ressourcen für das Training eigener Modelle aufwenden zu müssen. Das Transformermodell ermöglichte ein effizientes Training von viel größeren und tieferen neuronalen Netzen, als es zuvor möglich war (diesmal aufgrund von Software-Fortschritten, nicht von Hardware). Seit 2018 beginnen neue NLP-Projekte normalerweise mit einem vortrainierten Transformermodell.

Obwohl diese Transformermodelle für die Vorhersage des nächsten Worts in einem Text trainiert wurden, leisten sie auch bei anderen Sprachaufgaben erstaunlich gute Arbeit. Ein ROBERTA-Modell mit einigen Anpassungen erzielt Spitzenergebnisse bei der Beantwortung von Fragen sowie bei Leseverständnistests (Liu *et al.*, 2019b). GPT-2, ein transformerähnliches Sprachmodell mit 1,5 Milliarden Parametern, das auf 40 GB Internettext trainiert wurde, erzielt gute Ergebnisse bei so unterschiedlichen Aufgaben wie der Übersetzung zwischen Französisch und Englisch, dem Finden von Referenten für weit entfernte Abhängigkeiten und der Beantwortung von Fragen im Bereich Allgemeinwissen, und das alles ohne auf die jeweilige Aufgabe vorbereitet zu werden. Wie ► Abbildung 24.14 zeigt, kann GPT-2 mit nur wenigen Wörtern als Vorgabe ziemlich überzeugenden Text erzeugen.

1. **Wodurch wird eine Mischung aus Eisenspänen und schwarzem Pfeffer am besten getrennt?**
   (a) Magnet (b) Filterpapier (c) Dreifach-Balkenwaage (d) Voltmeter
2. **Welche Form von Energie wird erzeugt, wenn ein Gummiband schwingt?**
   (a) chemisch (b) Licht (c) elektrisch (d) Schall
3. **Da Kupfer ein Metall ist, ist es**
   (a) flüssig bei Raumtemperatur (b) nicht reaktiv mit anderen Stoffen
   (c) ein schlechter Leiter für Elektrizität (d) ein guter Leiter für Wärme
4. **Welcher Vorgang in einem Apfelbaum resultiert hauptsächlich aus der Zellteilung?**
   (a) Wachstum (b) Photosynthese (c) Gasaustausch (d) Abfallbeseitigung

Abbildung 24.13: Fragen aus einem naturwissenschaftlichen Test der 8. Klasse, die das ARISTO-System mithilfe eines Ensembles von Methoden korrekt beantworten kann, wobei das ROBERTA-Sprachmodell am einflussreichsten ist. Die Beantwortung dieser Fragen erfordert Wissen über natürliche Sprache, die Struktur von Multiple-Choice-Tests, den gesunden Menschenverstand und die Wissenschaft. Wir geben hier die deutsche Übersetzung wieder.

Es ist eine allgemein anerkannte Wahrheit, dass die Erde nicht der Mittelpunkt des Universums ist. Es gibt diejenigen, die behaupten, dass es so ist. Ich akzeptiere sie nicht, aber andere sind meines Erachtens der gleichen Meinung. Die Wahrheit ist jedoch, dass, wenn es andere als das Zentrum gibt, und wenn es andere Lebewesen im Universum gibt, und wenn sie nicht menschlich sind, dann haben wir noch nicht unsere Antworten. Wir müssen weitermachen. Diese Seite gibt eine vereinfachte, vereinfachte Antwort auf das Problem. Wir haben nicht alle Antworten. Die Wahrheit ist jedoch, dass die Wahrheit da draußen ist.

Als Gregor Samsa eines Morgens aufwachte, bemerkte er nichts Seltsames. „Wenn meine Frau mich anschaut, habe ich das Gefühl, sie schaut ein Kunstwerk an", sagte er. „Ich glaube, sie bewundert etwas, das ich geschaffen habe." Die Idee ist, dass man durch das Betrachten des eigenen Lebens etwas Wichtiges lernt und ein besserer Mensch wird. Es ist eine Theorie, die aus der Arbeit des Psychologen Daniel Goleman hervorgegangen ist, in der er fragte: „Woher wissen Sie, dass Sie kein Verlierer sind?"

Alice fing an sich zu langweilen, bei ihrer Schwester am Ufer zu sitzen. Sie setzte sich auf, gähnte und sagte mit einem lauten kleinen Schrei: „Ich hoffe, es macht dir nichts aus, wenn ich weiterhin das tue, was ich gerne tun würde, und wenn mich jemand fragt, wer von uns beiden mehr tun wird, dann sag ihm nicht, dass ich nicht viel tun werde, meine liebe Schwester."

Alle glücklichen Familien gleichen einander; jede glückliche Familie ist wie ein Garten im Paradies. Der einzige Unterschied zwischen glücklichen Familien und unglücklichen Familien ist, dass die unglückliche Familie keine Blumen oder Bäume hat.

Erzähl mir eine Geschichte. Erzähl mir eine Geschichte. Erzähl mir eine Geschichte. Erzähl mir eine Geschichte. Erzähl mir eine Geschichte. Erzähl mir eine Geschichte. Erzähl mir eine Geschichte. Erzähl mir eine Geschichte. Erzähl mir eine Geschichte. Erzähl mir eine Geschichte. Erzähl mir eine Geschichte. Erzähl mir eine Geschichte. Bitte füllen Sie die folgenden Angaben aus. Ich danke Ihnen ... Vielen Dank für Ihr Interesse an diesem Interview. Bitte warten Sie ...

Abbildung 24.14: Beispiele für Vervollständigungstexte, die vom GPT-2-Sprachmodell generiert wurden, nachdem es die **fett** gedruckten Vorgaben erhielt. Die meisten der Texte sind recht flüssig, zumindest lokal. Das letzte Beispiel zeigt, dass das Modell manchmal einfach versagt. Wir geben hier die deutsche Übersetzung wieder.

Als Beispiel für ein modernes NLP-System erreichte ARISTO (Clark *et al.*, 2019) eine Punktzahl von 91,6 % bei einem naturwissenschaftlichen Multiple-Choice-Test für Achtklässler (► Abbildung 24.13). ARISTO besteht aus einem Ensemble von Solvern: einige nutzen Information Retrieval (ähnlich einer Websuchmaschine), andere verwenden textuelle Folgerung und qualitatives Schlussfolgern, und wiederum andere nutzen große Transformer-Sprachmodelle. Es stellt sich heraus, dass ROBERTA allein 88,2 % im Test erreicht. ARISTO erreicht 83 % sogar in der fortgeschrittenen Prüfung für Zwölftklässler. (Ein Ergebnis von 65 % gilt als „bestanden" und 85 % als „bestanden mit Auszeichnung".)

Es gibt einige Einschränkungen bei ARISTO. Es verarbeitet nur Multiple-Choice-Fragen, keine Textfragen, und es kann Diagramme weder lesen noch erzeugen.[1]

T5 (der Text-zu-Text-Transfer-Transformer) wurde entwickelt, um Textantworten auf verschiedene Arten von Texteingaben zu erzeugen. Er umfasst ein Standard-Encoder-Decoder-

1 Es wurde darauf hingewiesen, dass es in einigen Multiple-Choice-Prüfungen möglich ist, eine gute Punktzahl zu erreichen, auch ohne die Fragen zu lesen, weil es verräterische Anzeichen in den falschen Antworten gibt (Gururangan *et al.*, 2018). Das scheint auch für die visuelle Beantwortung von Fragen zu gelten (Chao *et al.*, 2018).

Transformermodell, das mit 35 Milliarden Wörtern aus dem 750 GB großen Colossal Clean Crawled Corpus (C4) vortrainiert wurde. Dieses Training ohne Label dient dazu, dem Modell generalisierbares linguistisches Wissen zu vermitteln, das für mehrere spezifische Aufgaben nützlich ist. T5 wird dann für jede Aufgabe mit einer Eingabe trainiert, die aus der Aufgabenbezeichnung, gefolgt von einem Doppelpunkt und etwas Inhalt besteht. Wenn zum Beispiel die Aufgabe lautet „Übersetze Englisch ins Deutsche: *That is good*", erzeugt es als Ausgabe „*Das ist gut*". Bei einigen Aufgaben ist die Eingabe gekennzeichnet, z. B. bei der Winograd Schema Challenge wird in der Eingabe ein Pronomen mit einem mehrdeutigen Referenten hervorgehoben. Bei der Eingabe „Referent: *The city councilmen refused the demonstrators a permit because they feared violence*", lautet die korrekte Antwort „*The city councilmen*" (nicht „*the demonstrators*").

NLP-Systeme bieten noch viele Möglichkeiten für Verbesserungen. Ein Problem ist, dass Transformermodelle nur einen engen Kontext verstehen, der auf ein paar Hundert Wörter beschränkt ist. Einige experimentelle Ansätze versuchen, diesen Kontext zu erweitern. Das Reformer-System (Kitaev *et al.*, 2020) kann einen Kontext von bis zu einer Million Wörtern verarbeiten.

Jüngste Ergebnisse haben gezeigt, dass die Verwendung von mehr Trainingsdaten zu besseren Modellen führt – zum Beispiel erreichte RoBERTa die besten Ergebnisse nach dem Training mit 2,2 Billionen Wörtern. Wenn die Verwendung von mehr Textdaten besser ist, was würde passieren, wenn wir andere Datentypen einbeziehen, wie strukturierte Datenbanken, numerische Daten, Bilder und Videos? Wir bräuchten einen Durchbruch bei der Verarbeitungsgeschwindigkeit der Hardware, um mit einem großen Videokorpus zu trainieren, und wir bräuchten möglicherweise auch mehrere Durchbrüche in der KI.

Der neugierige Leser mag sich fragen, warum wir im vorigen Kapitel etwas über Grammatiken, Parsing und semantische Interpretation gelernt haben, nur um diese Begriffe in diesem Kapitel zugunsten von rein datengetriebenen Modellen zu verwerfen? Die Antwort lautet derzeit einfach, dass die datengetriebenen Modelle leichter zu entwickeln und zu warten sind und bei Standard-Benchmarks besser abschneiden als die von Hand erstellten Systeme, die mit den in Kapitel 23 beschriebenen Ansätzen mit vertretbarem menschlichen Aufwand konstruiert werden können. Es kann sein, dass Transformermodelle und ihre Verwandten latente Repräsentationen lernen, die dieselben grundlegenden Ideen wie Grammatiken und semantische Informationen erfassen, oder es kann sein, dass etwas ganz anderes in diesen riesigen Modellen passiert – wir wissen es einfach nicht. Wir wissen nur, dass ein System, das mit Textdaten trainiert wurde, leichter zu warten und an neue Domänen und neue natürliche Sprachen anzupassen ist als ein System, das sich auf von Hand vergebene Merkmale verlässt.

Es könnte auch sein, dass zukünftige Durchbrüche in der expliziten Modellierung von Grammatik und Semantik das Pendel zurückschwingen lassen. Wahrscheinlicher ist das Aufkommen von hybriden Ansätzen, die die besten Konzepte aus beiden Kapiteln kombinieren. Kitaev und Klein (2018) haben zum Beispiel einen Attention-Mechanismus verwendet, um einen traditionellen Konstituentenparser zu verbessern, und damit das beste Ergebnis erzielt, das jemals auf der Penn-Treebank-Testmenge erreicht wurde. In ähnlicher Weise zeigen Ringgaard *et al.* (2017), wie ein Abhängigkeitsparser mit Worteinbettungen und einem rekurrenten neuronalen Netz verbessert werden kann. Ihr System SLING parst direkt in eine semantische Frame-Repräsentation, wodurch das Problem minimiert wird, dass sich Fehler in einem traditionellen Pipeline-System anhäufen.

Es gibt sicherlich Raum für Verbesserungen: Nicht nur, dass NLP-Systeme bei vielen Aufgaben immer noch hinter der menschlichen Leistung zurückbleiben, sondern sie tun dies auch, nachdem sie tausendmal mehr Text verarbeitet haben, als ein Mensch in seinem ganzen Leben lesen könnte. Dies lässt darauf schließen, dass es noch viel Spielraum für neue Erkenntnisse von Linguisten, Psychologen und NLP-Forschern gibt.

ZUSAMMENFASSUNG

Die wichtigsten Punkte dieses Kapitels lassen sich wie folgt zusammenfassen:

- Stetige Repräsentationen von Wörtern mit Worteinbettungen sind robuster als diskrete atomare Repräsentationen und können mit Textdaten ohne Label vortrainiert werden.
- Rekurrente neuronale Netze können lokalen und weit auseinanderliegenden Kontext effektiv modellieren, indem sie relevante Informationen in den Vektoren ihrer verborgenen Zustände speichern.
- Sequenz-zu-Sequenz-Modelle können für die maschinelle Übersetzung und Textgenerierung verwendet werden.
- Transformermodelle nutzen Self-Attention und können sowohl weit auseinanderliegenden Kontext als auch lokalen Kontext modellieren. Sie können die Hardware-Matrix-Multiplikation effektiv nutzen.
- Transfer Learning, das vortrainierte kontextuelle Worteinbettungen beinhaltet, ermöglicht die Entwicklung von Modellen aus sehr großen Korpora ohne Label und deren Anwendung auf eine Reihe von Aufgaben. Modelle, die auf die Vorhersage fehlender Wörter vortrainiert sind, können nach einer Anpassung an die Zieldomäne auch andere Aufgaben wie die Beantwortung von Fragen und textuelle Folgerung bewältigen.

Bibliografische und historische Anmerkungen

Die Verteilung von Wörtern und Phrasen in der natürlichen Sprache folgt dem **Zipf'schen Gesetz** (Zipf, 1935, 1949): Die Häufigkeit des n-ten populärsten Worts ist ungefähr umgekehrt proportional zu n. Das bedeutet, dass hier ein Problem spärlicher Daten vorliegt: Selbst mit Milliarden von Wörtern als Trainingsdaten stoßen wir ständig auf neue Wörter und Phrasen, die wir vorher noch nicht gesehen haben.

Die Generalisierung auf neue Wörter und Phrasen wird durch Repräsentationen unterstützt, die auf der grundlegenden Erkenntnis basieren, dass Wörter mit ähnlichen Bedeutungen in ähnlichen Kontexten erscheinen. Deerwester *et al.* (1990) projizierten Wörter in niedrigdimensionale Vektoren, indem sie die Matrix aus gemeinsam vokommenden Wörtern und den Dokumenten, in denen diese Wörter vorkommen, zerlegten. Eine andere Möglichkeit ist, die umgebenden Wörter – z. B. ein 5-Wort-Fenster – als Kontext zu behandeln. Brown *et al.* (1992) gruppierten Wörter in hierarchische Cluster entsprechend dem Bigramm-Kontext der Wörter, was sich für Aufgaben wie die Named-Entity Recognition als effektiv erwiesen hat (Turian *et al.*, 2010). Das WORD2VEC-System (Mikolov *et al.*, 2013) demonstrierte als Erstes, welche Vorteile die Worteinbettungen hatten, die aus dem Training neuronaler Netze gewonnen wurden. Die GloVe-Worteinbettungsvektoren (Pennington *et al.*, 2014) wurden durch die direkte Bearbeitung einer Wort-Matrix für gemeinsame Vorkommen aus Milliarden von Textwörtern gewonnen. Levy und Goldberg (2014) erklären, warum und wie diese Worteinbettungen in der Lage sind, linguistische Regelmäßigkeiten zu erfassen.

Bengio *et al.* (2003) bereiteten den Weg für die Verwendung von neuronalen Netzen für Sprachmodelle, indem sie vorschlugen, „(1) eine verteilte Repräsentation für jedes Wort zu kombinieren mit (2) der Wahrscheinlichkeitsfunktion für Wortfolgen, ausgedrückt in Form dieser Repräsentationen." Mikolov *et al.* (2010) demonstrierten, wie sich RNNs zur Modellierung von lokalem Kontext in Sprachmodellen einsetzen ließen. Jozefowicz *et al.* (2016)

zeigten, wie ein RNN, das auf einer Milliarde Wörtern trainiert wurde, sorgfältig von Hand erstellte n-Gramm-Modelle übertreffen kann. Bei Peters *et al.* (2018) lag der Schwerpunkt auf den kontextuellen Repräsentationen für Wörter, die von ihnen ELMo-Repräsentationen (*Embeddings from Language Models*) genannt wurden.

Beachten Sie, dass einige Autoren Sprachmodelle vergleichen, indem sie ihre **Perplexität** messen. Die Perplexität einer Wahrscheinlichkeitsverteilung beträgt 2^H, wobei H die Entropie der Verteilung ist (siehe Abschnitt 19.3.3). Ein Sprachmodell mit geringerer Perplexität ist, unter sonst gleichen Bedingungen, ein besseres Modell. Aber in der Praxis sind die Bedingungen selten alle gleich. Daher ist es informativer, die Leistung an einer realen Aufgabe zu messen, als sich auf die Perplexität zu verlassen.

Howard und Ruder (2018) beschreiben das ULMFiT-Framework (*Universal Language Model Finetuning*), das die Feinabstimmung eines vortrainierten Sprachmodells vereinfacht, ohne dass ein riesiger Korpus von Dokumenten der Zieldomäne benötigt wird. Ruder *et al.* (2019) bieten ein Tutorial zum Transfer Learning für NLP.

Mikolov *et al.* (2010) verdanken wir die Idee, RNNs für NLP zu verwenden, und Sutskever *et al.* (2015) stellten die Idee des Sequenz-zu-Sequenz-Lernens mit tiefen Netzen vor. Zhu *et al.* (2017) und (Liu *et al.*, 2018b) zeigten, dass ein unüberwachter Ansatz funktioniert und die Datenerfassung wesentlich vereinfacht. Es wurde bald festgestellt, dass diese Art von Modellen bei einer Vielzahl von Aufgaben überraschend gute Leistungen erbringen, z. B. bei der Beschriftung von Bildern (Karpathy und Fei-Fei, 2015; Vinyals *et al.*, 2017b).

Devlin *et al.* (2018) zeigten, dass Transformermodelle, die mit dem Ziel der maskierten Sprachmodellierung vortrainiert wurden, direkt für mehrere Aufgaben verwendet werden können. Das Modell wurde BERT (*Bidirectional Encoder Representations from Transformers*) genannt. Vortrainierte BERT-Modelle können für bestimmte Domänen und bestimmte Aufgaben angepasst werden, einschließlich Fragebeantwortung, Named-Entity Recognition, Textklassifikation, Stimmungsanalyse und Inferenz in natürlicher Sprache.

Das XLNet-System (Yang *et al.*, 2019) stellte eine Verbesserung zu BERT dar, indem es eine Diskrepanz zwischen dem Vortraining und der Anpassung beseitigt. Das Ernie-2.0-Framework (Sun *et al.*, 2019) extrahiert mehr aus den Trainingsdaten, indem es die Satzreihenfolge und das Vorhandensein von benannten Entitäten berücksichtigt, anstatt nur das gemeinsame Auftreten von Wörtern, und es wurde gezeigt, dass es BERT und XLNet übertrifft. Als Reaktion darauf überprüften und verbesserten Forscher BERT: Das RoBERTa-System (Liu *et al.*, 2019b) verwendete mehr Daten und andere Hyperparameter und Trainingsverfahren, sodass es durchaus mit XLNet mithalten konnte. Das Reformer-System (Kitaev *et al.*, 2020) erweitert den Bereich des zu berücksichtigenden Kontextes auf bis zu eine Million Wörter. In der Zwischenzeit ging ALBERT (*A Lite* BERT – eine BERT-Leichtversion) in die andere Richtung und reduzierte die Anzahl der Parameter von 108 Millionen auf 12 Millionen (für den Einsatz auf mobilen Geräten), wobei die hohe Genauigkeit beibehalten wurde.

Das XLM-System (Lample und Conneau, 2019) ist ein Transformermodell mit Trainingsdaten aus mehreren Sprachen. Dies dient der maschinellen Übersetzung, bietet aber auch robustere Repräsentationen für einsprachige Aufgaben. Zwei weitere wichtige Systeme, GPT-2 (Radford *et al.*, 2019) und T5 (Raffel *et al.*, 2019), wurden in diesem Kapitel beschrieben. Der letztgenannte Artikel stellte außerdem das 35 Milliarden Wörter umfassende Colossal Clean Crawled Corpus (C4) vor.

Es wurden verschiedene vielversprechende Verbesserungen an Vortraining-Algorithmen vorgeschlagen (Yang *et al.*, 2019; Liu *et al.*, 2019b). Vortrainierte kontextuelle Modelle werden von Peters *et al.* (2018) und Dai und Le (2016) beschrieben.

Der GLUE-Benchmark (*General Language Understanding Evaluation*), eine Sammlung von Aufgaben und Werkzeugen zur Evaluierung von NLP-Systemen, wurde von Wang *et al.* (2018a) vorgestellt. Die Aufgaben umfassen Fragebeantwortung, Stimmungsanalyse, textuelle Folgerung, Übersetzung und Parsing. Transformermodelle haben die Rangliste so sehr dominiert (die menschliche Baseline liegt weit abgeschlagen auf dem neunten Platz), dass eine neue Version, SUPERGLUE (Wang *et al.*, 2019), für Aufgaben eingeführt wurde, die so konzipiert sind, dass sie für Computer schwieriger, für Menschen aber immer noch einfach sind.

Am Ende des Jahres 2019 lag T5 mit einer Punktzahl von 89,3 an der Spitze, nur einen halben Punkt unter dem menschlichen Basiswert von 89,8. Bei drei der zehn Aufgaben übertrifft T5 sogar die menschliche Leistung: Beantwortung von Ja/Nein-Fragen (z. B. „Hat Frankreich dieselbe Zeitzone wie Großbritannien?") und zwei Aufgaben zum Leseverständnis, bei denen es darum geht, Fragen zu beantworten, nachdem man entweder einen Absatz oder einen Nachrichtenartikel gelesen hat.

Die **maschinelle Übersetzung** ist eine wichtige Anwendung von Sprachmodellen. Im Jahr 1933 erhielt Petr Troyanskii ein Patent für eine „Übersetzungsmaschine", aber es gab keine Computer, um seine Ideen zu implementieren. 1947 schrieb Warren Weaver, der sich auf Arbeiten in der Kryptografie und Informationstheorie stützte, an Norbert Wiener: „Wenn ich mir einen Artikel in russischer Sprache ansehe, sage ich: ‚Das ist eigentlich in Englisch geschrieben, aber es ist in seltsamen Symbolen codiert worden. Ich werde ihn jetzt entschlüsseln.'" Die Community versuchte sich daraufhin an einer Decodierung, aber da sie nicht genügend Daten und Rechenressourcen hatte, ließ sich der Ansatz nicht in die Praxis umsetzen.

In den 1970er Jahren begann sich das zu ändern und das SYSTRAN-System (Toma, 1977) war das erste kommerziell erfolgreiche maschinelle Übersetzungssystem. SYSTRAN stützte sich auf lexikalische und grammatikalische Regeln, die von Linguisten erstellt wurden, sowie auf Trainingsdaten. In den 1980er Jahren setzte die Community auf rein statistische Modelle, die auf der Häufigkeit von Wörtern und Phrasen basieren (Brown *et al.*, 1988; Koehn, 2009). Sobald die Trainingsmengen Milliarden oder Billionen von Token erreichten (Brants *et al.*, 2007), führte dies zu Systemen, die zwar verständliche, aber nicht flüssige Ergebnisse lieferten (Och und Ney, 2004; Zollmann *et al.*, 2008). Och und Ney (2002) zeigen, wie diskriminatives Training in den frühen 2000er Jahren zu einem Fortschritt in der maschinellen Übersetzung führte.

Sutskever *et al.* (2015) bewiesen erstmals, dass es möglich ist, ein durchgängiges neuronales Sequenz-zu-Sequenz-Modell für die maschinelle Übersetzung zu lernen. Bahdanau *et al.* (2015) demonstrierten den Vorteil eines Modells, das das Alignment von Sätzen in der Ausgangs- und Zielsprache und die Übersetzung zwischen den Sprachen gemeinsam lernt. Vaswani *et al.* (2018) zeigten, dass neuronale maschinelle Übersetzungssysteme weiter verbessert werden können, indem LSTMs durch Transformerarchitekturen ersetzt werden, die den Attention-Mechanismus zur Erfassung von Kontext nutzen. Diese neuronalen Übersetzungssysteme überholten schnell die statistischen phrasenbasierten Methoden und die Transformerarchitektur wurde bald auch für andere NLP-Aufgaben eingesetzt.

Die Forschung zur **Beantwortung von Fragen** wurde durch die Erstellung von SQUAD erleichtert, der ersten großen Datenmenge zum Trainieren und Testen von Frage-Antwort-Systemen (Rajpurkar *et al.*, 2016). Seitdem wurde eine Reihe von Deep-Learning-Modellen für diese Aufgabe entwickelt (Seo *et al.*, 2017; Keskar *et al.*, 2019). Das ARISTO-System (Clark *et al.*, 2019) verwendet Deep Learning in Verbindung mit einem Ensemble anderer Taktiken. Seit 2018 verwendet die Mehrheit der Modelle zur Beantwortung von Fragen vortrainierte Sprachrepräsentationen, was zu einer deutlichen Verbesserung gegenüber früheren Systemen führte.

Inferenz in natürlicher Sprache ist die Aufgabe, zu beurteilen, ob eine Hypothese (*Hunde müssen fressen*) durch eine Prämisse (*alle Tiere müssen fressen*) impliziert ist. Diese Aufgabe wurde durch die PASCAL Challenge populär gemacht (Dagan *et al.*, 2005). Inzwischen sind größere Datensätze verfügbar (Bowman *et al.*, 2015; Williams *et al.*, 2018). Systeme, die auf vortrainierten Modellen wie ELMO und BERT basieren, liefern derzeit die beste Leistung bei Sprachinferenzaufgaben.

Die *Conference on Computational Natural Language Learning* (CoNLL) konzentriert sich auf das Lernen für NLP. Alle in Kapitel 23 erwähnten Konferenzen und Magazine enthalten inzwischen Beiträge zu Deep Learning, das mittlerweile eine beherrschende Stellung im Bereich NLP einnimmt.

Computer Vision

25

In diesem Kapitel stellen wir eine Verbindung zwischen dem Computer und der reinen, unverfälschten Welt her, und zwar durch die Linse einer Kamera.

Die meisten Tiere haben Augen, was für sie oft mit erheblichen Kosten verbunden ist: Augen nehmen viel Platz ein, verbrauchen Energie und sind ziemlich empfindlich. Diese Kosten werden durch den immensen Wert, den Augen allgemein bieten, mehr als aufgewogen. Ein Agent, der sehen kann, kann Aussagen über die Zukunft machen – er weiß, auf wen oder was er stoßen könnte; er kann sagen, ob Angreifen, Fliehen oder Flirten die sinnvollste Taktik ist; er kann schätzen, ob der Boden vor ihm sumpfig oder fest ist; und er kann sagen, wie weit die Früchte entfernt sind. In diesem Kapitel beschreiben wir, wie man aus der Datenflut von Augen oder Kameras Informationen gewinnen kann.

25.1 Einleitung

Sehen ist ein Wahrnehmungskanal, der einen **Reiz** entgegennimmt und eine Repräsentation der Welt zurückmeldet. Die meisten Agenten, die von der Sehfähigkeit Gebrauch machen, verwenden die **passive Wahrnehmung** – sie müssen kein Licht aussenden, um zu sehen. Im Gegensatz dazu wird bei der **aktiven Wahrnehmung** ein Signal, z. B. Radar- oder Ultraschallwellen, ausgesendet und ein von der Umgebung reflektiertes Signal aufgenommen. Beispiele für Agenten mit aktiver Wahrnehmung sind Fledermäuse (Ultraschall), Delfine (Schall), Tiefseefische (Licht) und einige Roboter (Licht, Schall, Radar). Um einen Wahrnehmungskanal zu verstehen, muss man sowohl die physikalischen und statistischen Phänomene studieren, die bei der Wahrnehmung auftreten, als auch das, was der Wahrnehmungsprozess erzeugen soll. Wir konzentrieren uns in diesem Kapitel auf das Sehen, aber Roboter in der realen Welt verwenden eine Vielzahl verschiedener Sensoren zur Wahrnehmung von Schall, Berührung, Entfernung, Temperatur, globaler Position und Beschleunigung.

Ein **Merkmal** ist eine Zahl, die man durch Anwenden einfacher Berechnungen auf ein Bild erhält. Aus diesen Merkmalen lassen sich direkt sehr nützliche Informationen ablesen. Der Wumpus-Agent hatte fünf Sensoren, von denen jeder ein einzelnes Informationsbit extrahierte. Diese Bits, das heißt diese Merkmale, konnten direkt vom Programm interpretiert werden. Betrachten wir ein weiteres Beispiel: Viele Flugtiere berechnen ein einfaches Merkmal, das eine gute Schätzung der Zeit bis zum Kontakt mit einem nahe gelegenen Objekt liefert; dieses Merkmal kann direkt an die Muskeln weitergegeben werden, die die Steuerung oder den Flügelschlag kontrollieren, was sehr schnelle Richtungsänderungen ermöglicht. Dieser Ansatz der **Merkmalsextraktion** richtet das Hauptaugenmerk auf einfache, direkte Berechnungen, die auf Sensorbeobachtungen angewendet werden.

Der **modellbasierte** Ansatz für das Sehen verwendet zwei Arten von Modellen. Ein **Objektmodell** könnte die Art von präzisem Geometriemodell sein, das von CAD-Systemen erzeugt wird. Es könnte auch eine vage Aussage über allgemeine Eigenschaften von Objekten sein, z. B. die Behauptung, dass alle Gesichter, die in niedriger Auflösung betrachtet werden, ungefähr gleich aussehen. Ein **Rendering-Modell** beschreibt die physikalischen, geometrischen und statistischen Prozesse, die den Reiz aus der Umgebung erzeugen. Während die Rendering-Modelle inzwischen ausgefeilt und exakt sind, ist der Reiz in der Regel mehrdeutig. Ein unter schwachem Licht weiß erscheinendes Objekt kann unter intensivem Licht wie ein schwarzes Objekt aussehen. Ein kleines, nahes Objekt kann genauso aussehen wie ein großes, weit entferntes Objekt. Ohne zusätzliche Hinweise können wir nicht sagen, ob das, was wir sehen, ein Spielzeug-Godzilla ist, der ein Spielzeuggebäude zerstört, oder ein echtes Monster, das ein echtes Gebäude zerstört.

Es gibt zwei gute Möglichkeiten, mit diesen Mehrdeutigkeiten umzugehen. Erstens: Einige Interpretationen sind wahrscheinlicher als andere. Zum Beispiel können wir sicher sein, dass das Bild keinen echten Godzilla zeigt, der ein echtes Gebäude zerstört, weil es keine echten Godzillas gibt. Zweitens sind einige Zweideutigkeiten unbedeutend. Zum Beispiel kann eine entfernte Landschaft aus Bäumen bestehen oder eine flache, gemalte Oberfläche sein. Für die meisten Anwendungen spielt der Unterschied keine Rolle, da die Objekte weit entfernt sind und wir daher weder in nächster Zeit auf sie stoßen noch mit ihnen interagieren werden.

Die beiden Kernprobleme von Computer Vision sind die **Rekonstruktion**, bei der ein Agent ein Modell der Welt aus einem Bild oder einem Satz von Bildern aufbaut, und die **Erkennung**, bei der ein Agent zwischen den Objekten, auf die er trifft, anhand von visuellen und anderen Informationen unterscheidet. Beide Probleme sollten sehr weit gefasst werden. Das Erstellen eines geometrischen Modells aus Bildern ist offensichtlich Rekonstruktion (und Lösungen sind sehr wertvoll), aber manchmal müssen wir eine Karte der verschiedenen Texturen erstellen, und auch das ist Rekonstruktion. Das Zuordnen von Namen zu Objekten, die in einem Bild erscheinen, ist eindeutig Erkennung. Manchmal müssen wir Fragen beantworten wie: Schläft es? Isst es Fleisch? An welchem Ende befinden sich die Zähne? Die Beantwortung dieser Fragen fällt ebenfalls unter Erkennung.

Die Forschung hat in den letzten dreißig Jahren leistungsfähige Werkzeuge und Methoden für diese Kernprobleme hervorgebracht. Um diese Methoden zu verstehen, muss man die Prozesse kennen, wie Bilder entstehen.

25.2 Bildaufbau

Imaging (Bildgebung) verzerrt das Aussehen von Objekten. Zum Beispiel vermittelt ein Bild, das frontal auf eine gerade Eisenbahnstrecke gerichtet aufgenommen wurde, den Eindruck, dass die Schienen aufeinander zulaufen und sich schließlich treffen. Oder wenn Sie Ihre Hand vor ein Auge halten, können Sie den Mond ausblenden, obwohl der Mond größer als Ihre Hand ist (dies funktioniert auch mit der Sonne, aber Ihre Augen könnten dabei Schaden nehmen). Wenn Sie ein Buch flach vor Ihr Gesicht halten und es nach hinten und vorne kippen, scheint es *im Bild* kleiner und größer zu werden. Dieser Effekt wird als **Verkürzung** bezeichnet (► Abbildung 25.1). Modelle dieser Effekte sind für die Erstellung zuverlässiger, guter Objekterkennungssysteme unerlässlich und liefern leistungsfähige Hinweise für die Rekonstruktion der Geometrie.

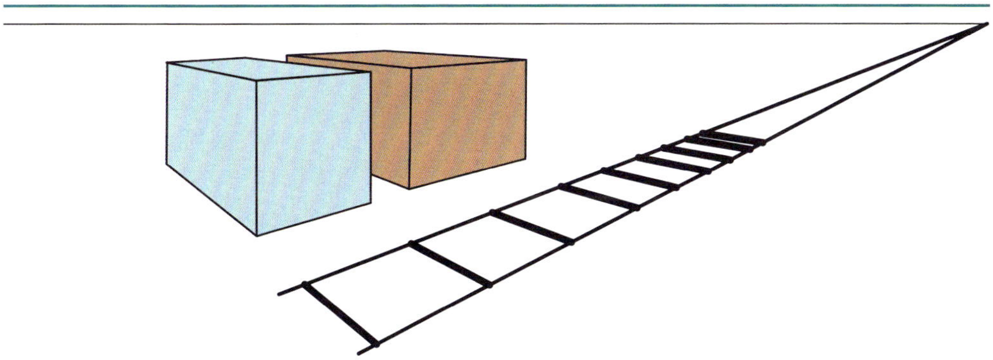

Abbildung 25.1: Die Geometrie in der Szene erscheint in Bildern verzerrt. Parallele Linien scheinen sich zu treffen, wie z. B. die Eisenbahnschienen in einer trostlosen Stadt. Gebäude, die in der realen Szene rechte Winkel haben, haben im Bild verzerrte Winkel.

25.2.1 Bilder ohne Linsen: die Lochkamera

Bildsensoren erfassen das von Objekten in einer **Szene** gestreute Licht und erstellen ein zweidimensionales (2-D) **Bild**. Im Auge bestehen diese Sensoren aus zwei Arten von Zellen: Es gibt etwa 100 Millionen Stäbchen, die empfindlich auf Licht in einem breiten Wellenlängenbereich reagieren, und 5 Millionen Zapfen, die für das Farbsehen unerlässlich sind. Diese Zapfen bestehen vornehmlich aus drei Arten, die jeweils für verschiedene Wellenlängenbereiche empfindlich sind. In Kameras entsteht das Bild auf einer Bildebene. Bei Filmkameras ist die Bildebene mit Silberhalogeniden beschichtet. Bei Digitalkameras ist die Bildebene in ein Raster von einigen Millionen **Pixeln** unterteilt.

Wir bezeichnen die gesamte Bildebene als **Sensor**, wobei allerdings jedes Pixel ein winziger Sensor ist – in der Regel ein CCD- oder CMOS-Bauteil[1]. Jedes Photon, das am Sensor ankommt, erzeugt einen elektrischen Effekt, dessen Stärke von der Wellenlänge des Photons abhängt. Die Ausgabe des Sensors ist die Summe all dieser Effekte in einem bestimmten Zeitfenster, d. h., Bildsensoren geben einen gewichteten Durchschnitt der Intensität des am Sensor ankommenden Lichts wieder. Der Durchschnitt ergibt sich über die Wellenlänge, die Richtung, aus der Photonen eintreffen können, die Zeit und die Fläche des Sensors.

Um ein scharfes Bild zu sehen, müssen wir sicherstellen, dass alle Photonen, die an einem Sensor ankommen, von ungefähr der gleichen Stelle des Objekts in der Welt stammen. Die einfachste Art, ein scharfes Bild zu erzeugen, ist die Betrachtung stationärer Objekte mit einer **Lochkamera**, die aus einer kleinen Öffnung O an der Vorderseite eines Kastens und einer Bildebene an der Rückseite des Kastens besteht (► Abbildung 25.2). Die Öffnung wird **Lochblende** genannt. Wenn die Lochblende klein genug ist, sieht jeder winzige Sensor in der Bildebene nur Photonen, die ungefähr von der gleichen Stelle des Objekts kommen, und es entsteht ein scharfes Bild. Auch von bewegten Objekten können wir mit einer Lochkamera scharfe Bilder erzeugen, solange sich das Objekt nur eine kurze Strecke im Zeitfenster der Sensoren bewegt. Andernfalls wird das Bild des bewegten Objekts unscharf, ein Effekt, der als **Bewegungsunschärfe** bezeichnet wird. Eine Möglichkeit, das Zeitfenster zu manipulieren, besteht darin, die Lochblende zu öffnen und zu schließen.

Mithilfe von Lochkameras lässt sich das geometrische Modell des Aufnahmeverhaltens (das bei den meisten anderen bildgebenden Geräten komplizierter, aber ähnlich ist) leichter erklären. Wir verwenden ein dreidimensionales (3-D) Koordinatensystem mit dem Ursprung in der Lochblende O und betrachten in der Szene einen Punkt P mit den Koordinaten (X, Y, Z). P wird in der Bildebene auf den Punkt P' mit den Koordinaten (x, y, z) projiziert. Wenn f die **Brennweite** ist – der Abstand von der Lochblende zur Bildebene –, dann können wir durch die Ähnlichkeit der Dreiecke die folgenden Gleichungen ableiten:

$$\frac{-x}{f} = \frac{X}{Z}, \; \frac{-y}{f} = \frac{Y}{Z} \quad \Rightarrow \quad x = \frac{-fX}{Z}, \; y = \frac{-fY}{Z}$$

Diese Gleichungen definieren einen Bildaufbauprozess, der auch als **perspektivische Projektion** bezeichnet wird. Beachten Sie das Z im Nenner. Es bedeutet, dass das Bild eines Objekts umso kleiner ist, je weiter ein Objekt entfernt ist. Beachten Sie auch, dass die Minuszeichen bedeuten, dass beim Bild im Vergleich zur Szene sowohl links-rechts als auch oben-unten *invertiert* sind.

Perspektivisches Imaging hat eine Reihe von geometrischen Effekten. Entfernte Objekte erscheinen klein. Parallele Linien konvergieren zu einem Punkt am Horizont. (Denken Sie an die Eisenbahnschienen, ► Abbildung 25.1.) Eine Linie in der Szene, die den Punkt (X_0, Y_0, Z_0) in der Richtung (U, V, W) durchläuft, kann als Menge der Punkte $(X_0 + \lambda U, Y_0 + \lambda V, Z_0 + \lambda W)$ beschrieben werden, wobei λ zwischen $-\infty$ und $+\infty$ variiert. Werden andere Werte für

1 CCD = *Charge-Coupled Device*, ladungsgekoppeltes Bauteil; CMOS = *Complementary Metal-Oxide Semiconductor*, komplementärer Metalloxid-Halbleiter.

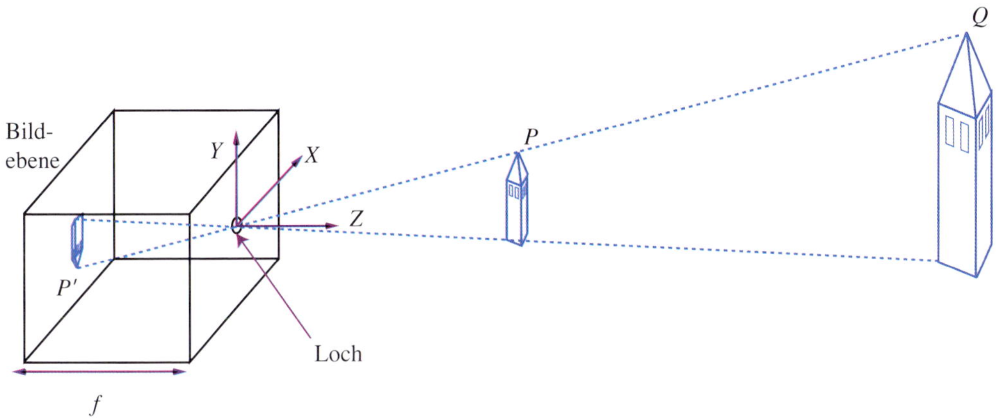

Abbildung 25.2: Jedes lichtempfindliche Element in der Bildebene auf der Rückseite einer Lochkamera empfängt Licht, das ausgehend von einem kleinen Richtungsbereich das Loch passiert. Wenn die Lochblende klein genug ist, ist das Ergebnis ein scharfes Bild an der Rückseite der Lochkamera. Der Prozess der Projektion bedeutet, dass große, weit entfernte Objekte genauso aussehen wie kleinere, nahe gelegene Objekte – der Punkt P' in der Bildebene könnte von einem nahe gelegenen Spielzeugturm am Punkt P oder von einem weit entfernten echten Turm am Punkt Q stammen.

(X_0, Y_0, Z_0) gewählt, dann erhält man andere Linien, die parallel zueinander verlaufen. Die Projektion eines Punkts P_λ von dieser Linie auf die Bildebene ist gegeben durch:

$$P_\lambda = \left(f\frac{X_0 + \lambda U}{Z_0 + \lambda W}, f\frac{Y_0 + \lambda V}{Z_0 + \lambda W}\right)$$

Für $\lambda \to \infty$ oder $\lambda \to -\infty$ wird dies zu $P_\infty = (fU/W, fV/W)$, falls $W \neq 0$. Das bedeutet, dass zwei parallele Linien, die von verschiedenen Punkten im Raum ausgehen, im Bild konvergieren – für große λ sind die Bildpunkte nahezu identisch, unabhängig vom Wert von (X_0, Y_0, Z_0) (denken Sie auch hier wieder an die Eisenbahnschienen, ► Abbildung 25.1). Wir bezeichnen P_∞ als den **Fluchtpunkt**, der zur Familie der geraden Linien mit der Richtung (U, V, W) gehört. Linien mit derselben Richtung haben denselben Fluchtpunkt.

25.2.2 Linsensysteme

Lochkameras können das Licht gut bündeln, aber weil die Lochblende klein ist, kann nur wenig Licht passieren und das Bild ist entsprechend dunkel. Über einen kurzen Zeitraum treffen nur wenige Photonen auf die jeweiligen Punkte des Sensors, sodass das Signal an jedem Punkt von zufälligen Schwankungen dominiert wird. Wir sprechen bei einem dunklen Filmbild von körnig und bei einem dunklen Digitalbild von verrauscht; auf alle Fälle ist das Bild jedoch von geringer Qualität.

Durch Vergrößern der Öffnung (der Blende) wird das Bild heller, da mehr Licht aus viel mehr Richtungen einfällt. Bei einer größeren Blende stammt das Licht, das auf einen bestimmten Punkt in der Bildebene trifft, von mehreren Punkten in der realen Welt, sodass das Bild unscharf wird. Was wir benötigen, ist eine Möglichkeit, die Schärfe des Bilds zu regeln.

Wirbeltieraugen und moderne Kameras verwenden ein **Linsensystem** – im Falle eines Auges ein durchsichtiges Stück Gewebe und im Falle einer Kamera ein System aus mehreren Glaslinsenelementen. In ► Abbildung 25.3 sehen wir, dass sich das Licht von der Spitze der Kerze in alle Richtungen ausbreitet. Eine Kamera (oder ein Auge) mit einer Linse fängt das gesamte Licht ein, das irgendwo auf die Linse auftrifft – ein viel größerer Bereich als eine Lochblende –, und fokussiert all dieses Licht auf einen einzigen Punkt in der Bildebene. Licht

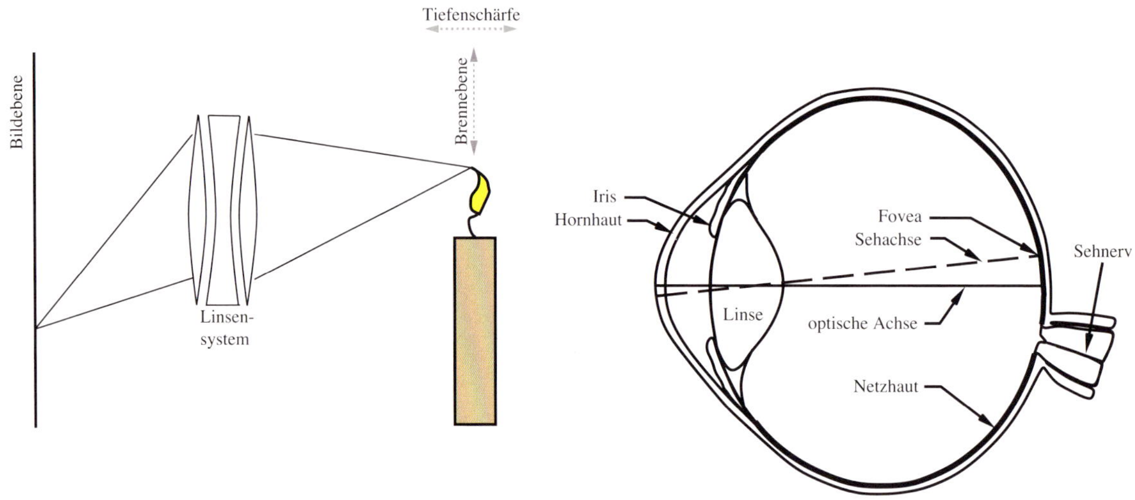

Abbildung 25.3: Linsen bündeln das Licht, das von einem Szenepunkt (hier die Spitze der Kerzenflamme) in verschiedene Richtungen ausgestrahlt wird, und lenken dieses Licht so, dass es auf einen einzigen Punkt in der Bildebene auftrifft. Szenepunkte, die sich in der Nähe der Brennebene befinden, d. h. innerhalb der Tiefenschärfe, werden korrekt fokussiert. Die Brennebene lässt sich verschieben, indem man in einer Kamera die Elemente des Linsensystems bewegt, während im Auge spezielle Muskeln die Form der Linse verändern.

von anderen Teilen der Kerze würde auf ähnliche Weise gebündelt und auf andere Punkte auf der Bildebene fokussiert. Das Ergebnis ist ein helleres, weniger verrauschtes, scharfes Bild.

Linsensysteme fokussieren nicht das gesamte Licht von überall in der realen Welt; die Linsenkonstruktion beschränkt die Fokussierung auf Licht von Punkten, die innerhalb eines Bereichs von Z-Tiefen vor der Linse liegen. Die Mitte dieses Bereichs – wo der Fokus am schärfsten ist – wird als **Brennebene** bezeichnet und der Bereich der Tiefen, für den der Fokus scharf genug bleibt, wird als **Tiefenschärfe** bezeichnet. Je größer die Linsenblende (Öffnung), desto kleiner die Tiefenschärfe.

Was ist, wenn wir etwas in einer anderen Entfernung fokussieren möchten? Um die Brennebene zu verschieben, können die Linsenelemente in einer Kamera hin und her bewegt werden und die Linse im Auge kann ihre Form verändern. Allerding neigt die Augenlinse mit dem Alter dazu, sich zu verhärten, sodass sie die Brennweite schlechter anpassen kann und viele Menschen ihr Sehvermögen mit einer externen Linse – einer Brille – verbessern müssen.

25.2.3 Skalierte orthografische Projektion

Die geometrischen Effekte des perspektivischen Imaging treten nicht immer deutlich hervor. Zum Beispiel sehen die Fenster eines Gebäudes auf der anderen Straßenseite viel kleiner aus als die in unmittelbarer Nähe, aber zwei Fenster, die nebeneinanderliegen, haben ungefähr die gleiche Größe, auch wenn eines etwas weiter entfernt ist. Wir haben die Möglichkeit, die Fenster statt mit dem Modell der perspektivischen Projektion mit einem vereinfachten Modell zu verarbeiten, das als **skalierte orthografische Projektion** bezeichnet wird. Wenn die Tiefe Z aller Punkte auf einem Objekt in den Bereich $Z_0 \pm \Delta Z$ fällt, mit $\Delta Z \ll Z_0$, dann kann der perspektivische Skalierungsfaktor f/Z durch eine Konstante $s = f/Z_0$ angenähert werden. Die Gleichungen für die Projektion der Szenekoordinaten (X, Y, Z) auf die Bildebene werden zu $x = sX$ und $y = sY$. Bei der skalierten orthografischen Projektion tritt immer noch eine Verkürzung auf, die durch das Kippen des Objekts aus dem Blick weg verursacht wird.

25.2.4 Licht und Schatten

Die Helligkeit eines Pixels im Bild ist eine Funktion der Helligkeit des Oberflächenbereichs in der Szene, die auf das Pixel projiziert wird. Bei modernen Kameras ist diese Funktion für mittlere Lichtintensitäten linear, mit ausgeprägten Nichtlinearitäten für dunklere und hellere Beleuchtungsstärken. Wir werden hier ein lineares Modell verwenden. Die Bildhelligkeit ist ein starker, wenn auch nicht eindeutiger Hinweis auf die Form sowie die Identität von Objekten. Die Mehrdeutigkeit entsteht, weil es drei Faktoren gibt, die zur Lichtmenge beitragen, die von einem Punkt eines Objekts ausgehend auf das Bild trifft: die Gesamtintensität des **umgebenden Lichts**, ob der Punkt dem Licht zugewandt ist oder sich im Schatten befindet, und die Menge Licht, die vom Punkt **reflektiert** wird.

Menschen sind erstaunlich gut darin, Helligkeit zu unterscheiden. Sie können in der Regel ein schwarzes Objekt in hellem Licht von einem weißen Objekt im Schatten unterscheiden, auch wenn beide die gleiche Gesamthelligkeit haben. Allerdings verwechseln Menschen manchmal Schattierungen und Markierungen – ein Streifen dunkles Make-up unter einem Wangenknochen sieht oft wie ein Schattierungseffekt aus und lässt das Gesicht schmaler erscheinen.

Die meisten Oberflächen reflektieren Licht durch **diffuse Reflexion**. Die diffuse Reflexion streut das Licht gleichmäßig in alle Richtungen von der Oberfläche weg, sodass die Helligkeit einer diffusen Oberfläche nicht von der Blickrichtung abhängt. Dies trifft unter anderem auf die meisten Stoffe, Farben, unbehandelte Holzoberflächen, die Vegetation und rauen Stein oder Beton zu.

Bei der **spiegelnden Reflexion** verlässt das einfallende Licht eine Oberfläche in keulenförmiger Richtung, das durch den Lichteinfallswinkel bestimmt wird. Als Beispiel sei der Spiegel genannt. Was Sie sehen, hängt von der Richtung ab, in der Sie auf den Spiegel schauen. In diesem Fall ist die Reflexionskeule sehr schmal, weshalb Sie verschiedene Objekte in einem Spiegel unterscheiden können.

Bei vielen Oberflächen ist die Reflexionskeule breiter. Diese Oberflächen weisen kleine helle Stellen auf, die gewöhnlich als **Glanzlichter** bezeichnet werden. Wenn sich die Oberfläche oder das Licht bewegt, bewegen sich auch die Glanzlichter. Neben diesen Stellen verhält sich die Oberfläche wie eine diffuse Fläche. Glanzlichter sind häufig auf Metalloberflächen, lackierten Oberflächen, Kunststoffoberflächen und nassen Oberflächen zu sehen. Sie sind leicht auszumachen, da sie klein und hell sind (► Abbildung 25.4). Für fast alle Zwecke genügt es, Oberflächen als diffus mit Glanzlichtern zu modellieren.

Die Hauptlichtquelle im Freien ist die Sonne, deren Strahlen sich alle parallel zueinander bewegen, weil sie so weit entfernt ist. Die Richtung der Strahlung ist bekannt. Wir modellieren dieses Verhalten mit einer **weit entfernten Punktlichtquelle**. Es ist das wichtigste Beleuchtungsmodell, das sowohl für Szenen im Innen- als auch im Außenbereich relativ effektiv ist. Die Lichtmenge, die in diesem Modell von einem Oberflächenabschnitt aufgenommen wird, hängt vom Winkel θ zwischen der Beleuchtungsrichtung und der Normalen (senkrecht) zu der Oberfläche ab (► Abbildung 25.5).

Ein diffuser Oberflächenbereich, der nach diesem Modell beleuchtet wird, reflektiert einen gewissen Anteil des einfallenden Lichts. Dieser Anteil ist die sogenannte **diffuse Albedo**. Für Oberflächen in der Praxis liegt diese im Bereich zwischen 0,05–0,95. Das **Lambert'sche Kosinusgesetz** besagt, dass die Helligkeit einer diffusen Fläche gegeben ist durch

$$I = \rho I_0 \cos\theta\,,$$

wobei I_0 die Intensität der Lichtquelle, θ der Winkel zwischen der Lichtquelle und der Oberflächennormalen und ρ die diffuse Albedo ist. Gemäß diesem Gesetz kommen helle Bildpixel von Oberflächenbereichen, die dem Licht direkt zugewandt sind, und dunkle Pixel von Bereichen, auf die das Licht nur tangential fällt, sodass die Schattierungen auf einer Oberflä-

Abbildung 25.4: Dieses Foto veranschaulicht eine Reihe von Beleuchtungseffekten. Auf dem Edelstahlkännchen sind Glanzlichter zu sehen. Die Lauchzwiebeln und Karotten sind helle diffuse Flächen, da sie dem einfallenden Licht zugewandt sind. Die Schatten an Punkten der Oberfläche entstehen, da das Licht diese Stellen nicht erreicht. Im Topf selber gibt es einige dunkle diffuse Flächen, auf die das Licht in einem tangentialen Winkel auftrifft. (Es gibt auch einige Schatten im Topf.) Foto von Ryman Cabannes/Image Professionals GmbH/Alamy Stock Photo.

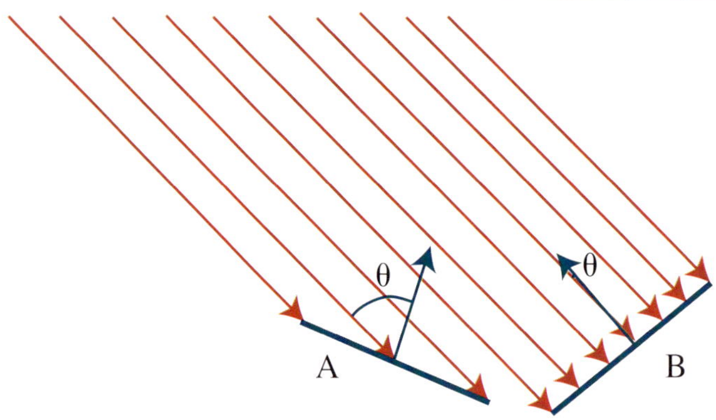

Abbildung 25.5: Zwei Oberflächen werden von einer entfernten Punktquelle beleuchtet, deren Strahlen als Lichtpfeile dargestellt sind. Fläche A ist gegenüber der Quelle geneigt (θ liegt nahe bei 90°) und nimmt weniger Energie auf, da sie weniger Lichtstrahlen pro Flächeneinheit schneidet. Fläche B nimmt mehr Energie auf, da sie der Quelle zugewandt ist (θ liegt nahe bei 0°).

che bestimmte Informationen über die Form liefern. Wenn die Oberfläche von der Lichtquelle nicht erreicht wird, dann befindet sie sich im **Schatten**. Da die im Schatten liegende Fläche in der Regel etwas Licht von anderen Quellen erhält, sind Schatten selten einheitlich schwarz. Im Freien ist die wichtigste Lichtquelle neben der Sonne der Himmel, der ziemlich hell ist. In Innenräumen beleuchtet Licht, das von anderen Oberflächen reflektiert wird, die im Schatten liegenden Bereiche. Diese **Interreflexionen** können einen erheblichen Einfluss auf die Helligkeit anderer Oberflächen haben. Diese Effekte werden manchmal modelliert, indem ein konstanter Term für die **Umgebungsbeleuchtung** zu der vorhergesagten Intensität hinzugefügt wird.

25.2.5 Farbe

Früchte sind ein Lockmittel, mit dem ein Baum Tiere anzieht, um seine Samen zu verbreiten. Bäume, die signalisieren können, wann diese Lockmittel reif sind, haben einen Vorteil, ebenso wie Tiere, die diese Signale lesen können. Folglich sind die meisten Früchte anfänglich grün und werden rot oder gelb, wenn sie reif sind – Farbänderungen, die die meisten früchtefressenden Tiere erkennen können. Im Allgemeinen hat das Licht, das auf dem Auge auftrifft, unterschiedliche Energiemengen bei verschiedenen Wellenlängen und wird durch eine spektrale Energiedichte dargestellt.

Kameras und das menschliche Auge reagieren auf Licht in einem Wellenlängenbereich von ca. 380 nm (violett) bis ca. 750 nm (rot). In Farbbild-Imaging-Systemen gibt es verschiedene Arten von Rezeptoren, die mehr oder weniger stark auf verschiedene Wellenlängen reagieren. Beim Menschen entsteht die Farbwahrnehmung, wenn das Sehsystem die Reaktionen von nahe beieinanderliegenden Rezeptoren auf der Netzhaut vergleicht. Tiere haben zum Farbensehen in der Regel nur relativ wenige Rezeptortypen zur Verfügung, die daher relativ wenig Details in der spektralen Energiedichtefunktion abbilden (einige Tiere haben nur einen Rezeptortyp, andere haben bis zu sechs Typen). Das menschliche Farbensehen wird von drei Rezeptortypen erzeugt. Die meisten Farbkamerasysteme verwenden ebenfalls nur drei Rezeptortypen, da die Bilder für Menschen produziert werden, aber einige spezialisierte Systeme können sehr detaillierte Messungen der spektralen Energiedichte durchführen.

Da die meisten Menschen drei Arten von farbempfindlichen Rezeptoren besitzen, gilt das **Prinzip der Trichromie** (Dreifarbigkeit). Diese Idee, die erstmals 1802 von Thomas Young vorgeschlagen wurde, besagt, dass ein Mensch das visuelle Erscheinungsbild einer beliebigen spektralen Energiedichte, wie komplex auch immer, durch Mischen geeigneter Mengen von lediglich drei **Grundfarben** nachbilden kann. Grundfarben sind farbige Lichtquellen, die so ausgewählt werden, dass keine Mischung aus zwei beliebigen davon mit der dritten übereinstimmt. Eine gängige Wahl für die Primärfarben ist rot, grün und blau (kurz **RGB**). Obwohl ein gegebenes farbiges Objekt viele Komponentenfrequenzen des Lichts aufweisen kann, können wir die Farbe modellieren, indem wir nur die drei Grundfarben mischen, und die meisten Menschen sind hinsichtlich des Mischungsverhältnis einer Meinung. Das bedeutet, dass wir Farbbilder mit nur drei Zahlen pro Pixel – den RGB-Werten – darstellen können.

Für die meisten Computer-Vision-Anwendungen ist es genau genug, eine Oberfläche mit drei verschiedenen (RGB-)diffusen Albedos und Lichtquellen mit drei (RGB-)Intensitäten zu modellieren. Wir wenden dann das Lambert'sche Kosinusgesetz auf jede an, um rote, grüne und blaue Pixelwerte zu erhalten. Dieses Modell sagt korrekt voraus, dass die gleiche Oberfläche unter verschiedenfarbigem Licht unterschiedlich farbige Bildbereiche erzeugt. Tatsächlich sind menschliche Beobachter recht gut darin, die Auswirkungen von wechselnden Beleuchtungsverhältnissen zu ignorieren und die Farbe der Oberfläche unter weißem Licht zu bewerten – ein Effekt, der als **Farbkonstanz** bezeichnet wird.

25.3 Einfache Bildeigenschaften

Licht wird von Objekten in der Szene reflektiert, um ein Bild zu erzeugen, das aus etwa zwölf Millionen Drei-Byte-Pixeln besteht. Wie bei allen Sensoren tritt Rauschen im Bild auf und in jedem Fall sind sehr viele Daten zu verarbeiten. Um diese Daten zu analysieren, erzeugen wir zuerst vereinfachte Darstellungen, die das Wesentliche herausstreichen und die Details reduzieren. Es ist gängige Praxis, diese Repräsentationen aus den Daten zu lernen. Es gibt jedoch vier Eigenschaften von Bildern und Videos, die von besonderem allgemeinem Interesse sind: Kanten, Textur, optischer Fluss und Segmentierung in Regionen.

Eine Kante tritt dort auf, wo es einen großen Unterschied in der Pixelintensität über einen Teil eines Bilds gibt. Die Erstellung von Kantenrepräsentationen erfordert lokale Operationen auf einem Bild – Sie müssen einen Pixelwert mit einigen Werten in der Nähe vergleichen. Was Sie nicht benötigen, ist Wissen über den Inhalt des Bilds. Daher kann die Kantenerkennung früh in der Pipeline der Operationen erfolgen und wir sprechen von einer „frühen“ oder „Low-Level“-Operation.

Die anderen Operationen erfordern die Verarbeitung eines größeren Bereichs des Bilds. Eine Texturbeschreibung bezieht sich z. B. auf einen Pool von Pixeln – um „gestreift“ zu sagen, müssen Sie einige Streifen sehen. Der optische Fluss repräsentiert, wohin sich Pixel von einem Bild zum nächsten in einer Bildsequenz bewegen, und dies kann einen größeren Bereich abdecken. Bei der Segmentierung wird ein Bild in Regionen von Pixeln unterteilt, die von Natur aus zusammengehören, was voraussetzt, dass man sich die gesamte Region ansieht. Operationen wie diese werden manchmal als „Mid-Level“-Operationen bezeichnet.

25.3.1 Kanten

Kanten sind gerade Linien oder Kurven in der Bildebene, deren Querung eine „wesentliche“ Änderung der Bildhelligkeit verursacht. Das Ziel der Kantenerkennung ist es, von dem unübersichtlichen Multi-Megabyte-Bild weg und hin zu einer kompakteren, abstrakteren Repräsentation zu gelangen, wie in ► Abbildung 25.6 gezeigt. Effekte in der Szene führen sehr oft zu großen Änderungen der Bildintensität und erzeugen so Kanten im Bild. Tiefendiskontinuitäten (in der Abbildung mit 1 beschriftet) können Kanten verursachen, da sich in der Regel die Farbe ändert, wenn man die Diskontinuitäten überschreitet. Ändert sich die Oberflächennormale (in der Abbildung mit 2 beschriftet), dann ändert sich oft die Bildintensität. Wenn sich die Reflexion der Oberfläche ändert (in der Abbildung mit 3 gekennzeichnet), ändert sich oft die Bildintensität. Ein Schatten (4) schließlich ist eine Diskontinuität in der Beleuchtung, die eine Kante im Bild verursacht, obwohl es keine Kante im Objekt gibt. Kantendetektoren können die Ursache für die Diskontinuität nicht auflösen, was einer späteren Verarbeitung überlassen bleibt.

Das Erkennen von Kanten erfordert Sorgfalt. ► Abbildung 25.7 (oben) zeigt einen eindimensionalen Querschnitt eines Bilds senkrecht zu einer Kante, mit einer Kante bei $x = 50$.

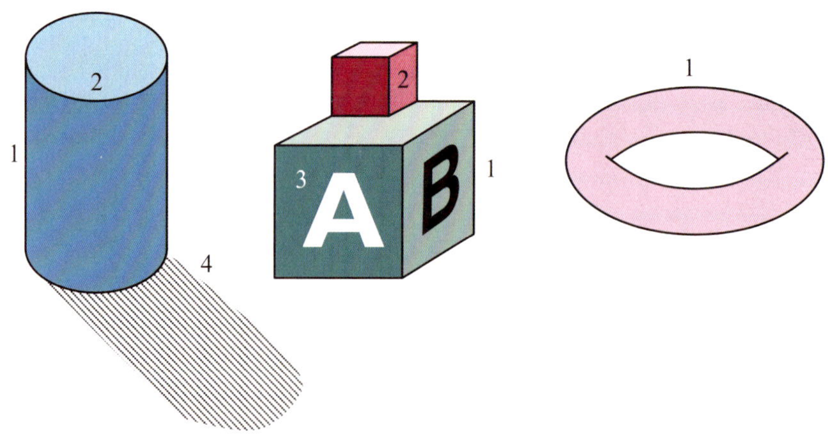

Abbildung 25.6: Verschiedene Arten von Kanten: (1) Tiefendiskontinuitäten; (2) Oberflächendiskontinuitäten; (3) Reflexionsdiskontinuitäten; (4) Beleuchtungsdiskontinuitäten (Schatten).

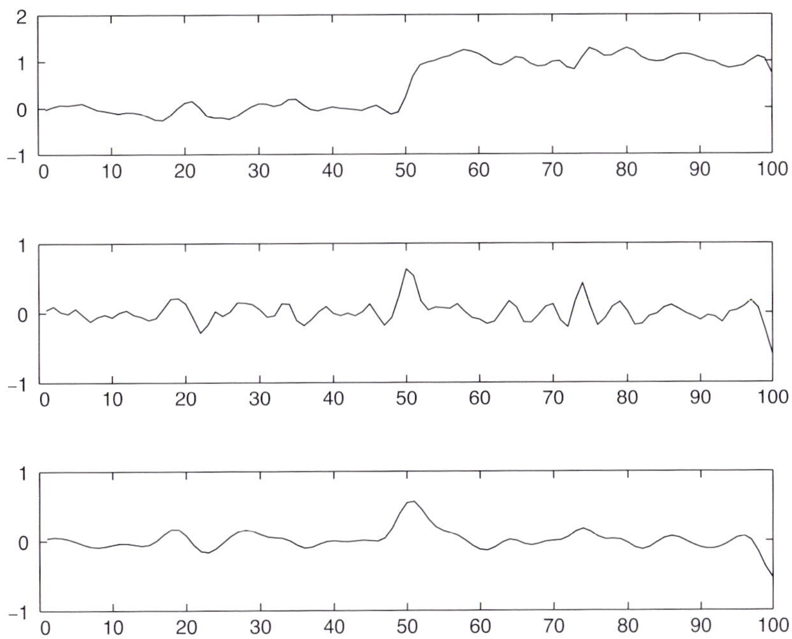

Abbildung 25.7: Oben: Intensitätsprofil $I(x)$ entlang eines eindimensionalen Schnitts über eine Trittkante. Mitte: Die Ableitung der Intensität $I'(x)$. Große Werte dieser Funktion entsprechen Kanten, aber die Funktion ist verrauscht. Unten: Die Ableitung einer geglätteten Version der Intensität. Die verrauschte potenzielle Kante bei $x = 75$ ist verschwunden.

Sie könnten das Bild differenzieren und nach Stellen suchen, an denen der Betrag der Ableitung $I'(x)$ groß ist. Das funktioniert fast, aber in ► Abbildung 25.7 (Mitte) sehen wir, dass es zwar eine Spitze bei $x = 50$ gibt, aber auch Nebenspitzen an anderen Positionen (z. B. $x = 75$), die mit echten Kanten verwechselt werden könnten. Diese sind auf das „Rauschen" im Bild zurückzuführen. **Rauschen** bedeutet hier Änderungen des Werts eines Pixels, die nichts mit einer Kante zu tun haben. Zum Beispiel könnte es thermisches Rauschen in der Kamera geben; es könnte Kratzer auf der Objektoberfläche geben, die die Oberflächennormale auf der feinsten Skala verändern; es könnte kleine Variationen in der Oberflächenalbedo geben und so weiter. Jeder dieser Effekte lässt den Gradienten groß erscheinen, bedeutet aber nicht, dass eine Kante vorhanden ist. Wenn wir das Bild zunächst „glätten", werden die ungewollten Spitzen abgeflacht, wie in ► Abbildung 25.7 (unten) zu sehen ist.

Bei der Glättung werden umliegende Pixel verwendet, um Rauschen zu unterdrücken. Wir geben den „tatsächlichen" Wert unseres Pixels als gewichtete Summe der Nachbarpixel an, wobei die am nächsten liegenden Pixel stärker gewichtet werden. Eine natürliche Wahl der Gewichtung ist ein **Gauß'scher Filter**. Wir wissen, dass die Gauß'sche Funktion mit dem Mittelwert null und der Standardabweichung σ wie folgt lautet:

$$G_\sigma(x) = \frac{1}{\sqrt{2\pi}\sigma} e^{-x^2/2\sigma^2} \qquad \text{in einer Dimension oder}$$

$$G_\sigma(x, y) = \frac{1}{2\pi\sigma^2} e^{-(x^2+y^2)/2\sigma^2} \qquad \text{in zwei Dimensionen}$$

Die Anwendung eines Gauß'schen Filters ersetzt die Intensität $I(x_0, y_0)$ durch die Summe von $I(x, y)\, G_\sigma(d)$ über alle (x, y)-Pixel, wobei d die Distanz von (x_0, y_0) bis (x, y) ist. Diese Art von gewichteter Summe ist so häufig, dass es einen speziellen Namen und eine spezielle Notation dafür gibt. Wir sagen, dass die Funktion h die **Faltung** von zwei Funktionen f und g

ist (bezeichnet als $h = f * g$), wenn gilt:

$$h(x) = \sum_{u=-\infty}^{+\infty} f(u)\,g(x-u) \qquad \text{in einer Dimension oder}$$

$$h(x,y) = \sum_{u=-\infty}^{+\infty} \sum_{v=-\infty}^{+\infty} f(u,v)\,g(x-u,y-v) \qquad \text{in zwei Dimensionen}$$

Die Glättungsfunktion wird also durch Faltung des Bilds mit der Gauß'schen Funktion $I * G_\sigma$ erreicht. Ein σ von 1 Pixel reicht aus, um einen kleinen Teil des Rauschens zu glätten, während 2 Pixel ein stärkeres Rauschen glätten, allerdings auf Kosten eines gewissen Detailverlusts. Da der Gauß'sche Einfluss mit der Entfernung schnell abnimmt, können wir in der Praxis das $\pm\infty$ in den Summen durch zum Beispiel $\pm 3\sigma$ ersetzen.

Die Berechnung können wir optimieren, indem wir die Glättung und die Kantenerkennung zu einer einzigen Operation zusammenfassen. Gemäß einem Theorem ist für beliebige Funktionen f und g die Ableitung der Faltung $(f * g)'$ gleich der Faltung mit der Ableitung $f * (g')$. Anstatt also das Bild zu glätten und dann zu differenzieren, können wir einfach eine Faltung des Bilds mit der Ableitung der Gauß'schen Glättungsfunktion G'_σ vornehmen. Dann markieren wir diejenigen Spitzen in der Antwort als Kanten, die über einem Schwellenwert liegen, der gewählt wurde, um störende Spitzen aufgrund von Rauschen zu eliminieren.

Dieser Algorithmus lässt sich problemlos von eindimensionalen Querschnitten auf allgemeine 2-D-Bilder erweitern. In zwei Dimensionen können die Kanten in jedem beliebigen Winkel θ zueinander verlaufen. Betrachtet man die Bildhelligkeit als Skalarfunktion der Variablen x, y, so ist ihr Gradient ein Vektor:

$$\nabla I = \begin{pmatrix} \frac{\partial I}{\partial x} \\ \frac{\partial I}{\partial y} \end{pmatrix}$$

Kanten entsprechen den Stellen in einem Bild, an denen die Helligkeit eine starke Änderung erfährt, und daher sollte die Größe des Gradienten $||\nabla I||$ an einem Kantenpunkt einen hohen Wert aufweisen. Wenn das Bild heller oder dunkler wird, dann wird der Gradientenvektor an jedem Punkt länger oder kürzer, aber die Richtung des Gradienten

$$\frac{\nabla I}{||\nabla I||} = \begin{pmatrix} \cos\theta \\ \sin\theta \end{pmatrix}$$

ändert sich nicht. Dadurch erhalten wir an jedem Pixel ein $\theta = \theta(x,y)$, was die **Kantenorientierung** an diesem Pixel definiert. Diese Eigenschaft ist oft nützlich, da sie nicht von der Bildintensität abhängt.

Wie Sie vielleicht aus der Diskussion über die Erkennung von Kanten in eindimensionalen Signalen erwarten, berechnen wir zur Bildung des Gradienten eigentlich nicht ∇I, sondern $\nabla(I * G_\sigma)$, nachdem wir das Bild durch Faltung mit einer Gauß'schen Funktion geglättet haben. Eine Eigenschaft von Faltungen ist, dass sie äquivalent zur Faltung des Bilds mit den partiellen Ableitungen der Gauß'schen Funktion sind. Nachdem wir den Gradienten berechnet haben, erhalten wir die Kanten, indem wir die Kantenpunkte ermitteln und diese miteinander verbinden. Um festzustellen, ob ein Punkt ein Kantenpunkt ist, müssen wir vorherige und nachfolgende Punkte mit geringem Abstand entlang der Richtung des Gradienten betrachten. Ist der Betrag des Gradienten an einem dieser Punkte größer, dann könnten wir zu einem besseren Kantenpunkt gelangen, wenn die Kantenkurve geringfügig verschoben wird. Falls der Betrag des Gradienten zu klein ist, kann es sich bei diesem Punkt nicht um einen Kantenpunkt handeln. An einem Kantenpunkt ist also der Gradientenbetrag ein lokales Maximum in Richtung des Gradienten und er liegt über einem angemessenen Schwellenwert.

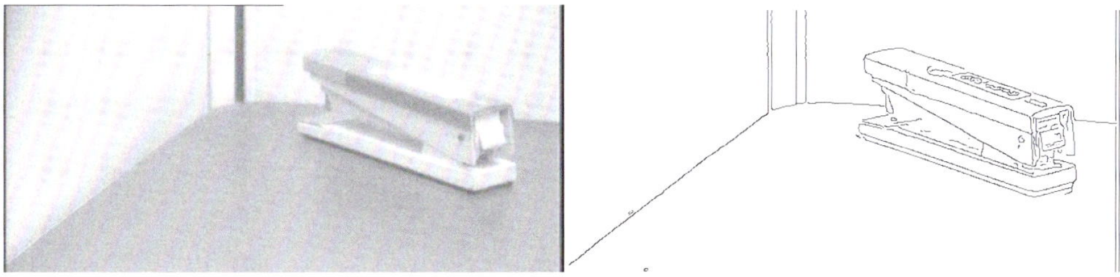

Abbildung 25.8: (a) Foto eines Tackers. (b) Aus (a) berechnete Kanten.

Nachdem wir mit diesem Algorithmus Kantenpixel markiert haben, besteht der nächste Schritt darin, die Pixel zu verbinden, die zu denselben Kantenkurven gehören. Dabei können wir davon ausgehen, dass zwei benachbarte Pixel, die beide Kantenpixel mit konsistenter Ausrichtung sind, zu derselben Kantenkurve gehören.

Die Kantenerkennung ist nicht perfekt. ► Abbildung 25.8 a zeigt eine Szene mit einem Tacker, der auf einem Schreibtisch steht, und ► Abbildung 25.8 b die Ausgabe eines Kantenerkennungsalgorithmus für dieses Bild. Wie Sie sehen können, ist die Ausgabe nicht perfekt: Es gibt Lücken, in denen keine Kante erscheint, und es gibt „verrauschte" Kanten, die mit nichts von Bedeutung in der Szene übereinstimmen. Spätere Verarbeitungsschritte müssen diese Fehler korrigieren.

25.3.2 Textur

In der Alltagssprache beschreibt **Textur** die Beschaffenheit von Oberflächen – was man sieht, führt zu der Vorstellung, wie es sich anfühlt, wenn man mit dem Finger darüber fährt (die Wörter „Textur", „Textil" und „Text" haben die gleiche lateinische Wurzel, ein Wort für Weben). In der Computer Vision bezieht sich Textur auf ein Muster auf einer Oberfläche, das visuell wahrnehmbar ist. Normalerweise sind diese Muster grob regelmäßig. Beispiele hierfür sind das Muster der Fenster eines Gebäudes, die Maschen eines Pullovers, die Flecken auf dem Fell eines Leoparden, Grashalme auf einem Rasen, Kieselsteine an einem Strand und eine Menschenmenge in einem Stadion.

Manchmal ist die Anordnung ziemlich regelmäßig, wie bei den Maschen eines Pullovers, in anderen Fällen, wie bei Kieselsteinen an einem Strand, ist die Regelmäßigkeit nur in statistischem Sinne zu verstehen: Die Dichte der Kieselsteine ist an verschiedenen Stellen des Strands ungefähr gleich. Ein übliches grobes Modell der Textur ist ein sich wiederholendes Muster von Elementen, manchmal auch **Texel** genannt. Dieses Modell ist recht nützlich, da es überraschend schwer ist, echte Texturen zu erstellen oder zu finden, die sich nie wiederholen.

Die Textur ist eine Eigenschaft eines Bildbereichs und nicht eines isolierten Pixels. Eine gute Beschreibung der Textur eines Bereichs sollte zusammenfassen, wie der Bereich aussieht. Die Beschreibung sollte sich nicht ändern, wenn sich die Beleuchtung ändert. Dies schließt die Verwendung von Kantenpunkten aus. Wenn eine Textur hell beleuchtet ist, weisen viele Stellen innerhalb des Bereichs einen hohen Kontrast auf und erzeugen Kantenpunkte. Wird dieselbe Textur jedoch unter weniger hellem Licht betrachtet, dann werden viele dieser Kanten nicht über dem Schwellenwert liegen. Die Beschreibung sollte sich in einer sinnvollen Weise ändern, wenn der Bereich gedreht wird. Es ist wichtig, dass der Unterschied zwischen vertikalen und horizontalen Streifen erhalten bleibt, aber nicht, wenn die vertikalen Streifen in die Horizontale gedreht werden.

Texturrepräsentationen mit diesen Eigenschaften haben sich für zwei wichtige Aufgaben als nützlich erwiesen. Die erste ist die Identifizierung von Objekten – ein Zebra und ein Pferd haben eine ähnliche Form, aber unterschiedliche Texturen. Die zweite ist der Abgleich von Bereichen in einem Bild mit Bereichen in einem anderen Bild – ein wichtiger Schritt bei der Gewinnung von 3-D-Informationen aus mehreren Bildern (Abschnitt 25.6.1).

Betrachten wir im Folgenden die grundlegende Erstellung einer Texturrepräsentation. Berechnen Sie für einen Bildbereich die Gradientenorientierung an jedem Pixel im Bereich und charakterisieren Sie dann den Bereich durch ein Histogramm von Orientierungen. Gradientenorientierungen sind weitgehend invariant gegenüber Beleuchtungsänderungen (der Gradient wird länger, aber er ändert nicht seine Richtung). Das Histogramm der Orientierungen scheint wichtige Aspekte der Textur zu erfassen. Zum Beispiel haben vertikale Streifen zwei Spitzen im Histogramm (eine für die linke Seite jedes Streifens und eine für die rechte), während Leopardenflecken gleichmäßigere Orientierungen haben.

Aber wir wissen nicht, wie groß der zu beschreibende Bereich ist. Es gibt zwei Strategien. Bei speziellen Anwendungen verraten die Bildinformationen, wie groß der Bereich sein sollte (man könnte z. B. einen Bereich mit Streifen so lange vergrößern, bis er das Zebra bedeckt). Eine Alternative ist die Beschreibung von Bereichen, die jeweils einen Pixel als Mittelpunkt haben, in verschiedenen Größen, normalerweise in der Größe weniger Pixel bis zur Gesamtausdehnung des Bilds. Unterteilen Sie nun den Bereich in Kästen und erstellen Sie in jedem Kasten ein Orientierungshistogramm, fassen Sie dann das Muster der Histogramme über die Kästen zusammen. Es ist nicht mehr üblich, diese Beschreibungen von Hand zu erstellen. Stattdessen werden CNNs verwendet, um Texturrepräsentationen zu erzeugen. Aber die von den Netzen konstruierten Repräsentationen scheinen diese Konstruktion sehr grob widerzuspiegeln.

25.3.3 Optischer Fluss

Betrachten wir als Nächstes, was passiert, wenn wir es mit einer Videosequenz zu tun haben, und nicht nur mit einem einzelnen statischen Bild. Immer, wenn es eine relative Bewegung zwischen der Kamera und einem oder mehreren Objekten in der Szene gibt, wird die daraus resultierende scheinbare Bewegung im Bild als **optischer Fluss** bezeichnet. Dieser beschreibt die Richtung und Geschwindigkeit der Bewegung von Merkmalen *im Bild* als Folge der relativen Bewegung zwischen dem Betrachter und der Szene. Zum Beispiel haben weit entfernte Objekte, die von einem fahrenden Auto aus betrachtet werden, eine viel langsamere scheinbare Bewegung als nahe gelegene Objekte, sodass die scheinbare Bewegungsgeschwindigkeit etwas über die Entfernung aussagen kann.

In ► Abbildung 25.9 zeigen wir zwei Bilder aus einem Video einer Tennisspielerin. Auf der rechten Seite sind die aus diesen Bildern berechneten optischen Flussvektoren dargestellt. Der optische Fluss codiert nützliche Informationen über die Struktur der Szene – die Tennisspielerin bewegt sich und der Hintergrund (größtenteils) nicht. Außerdem verraten die Flussvektoren etwas darüber, was die Spielerin tut – ein Arm und ein Bein bewegen sich schnell, die anderen Körperteile nicht.

Das Vektorfeld des optischen Flusses kann durch seine Komponenten $v_x(x, y)$ in x-Richtung und $v_y(x, y)$ in y-Richtung dargestellt werden. Um den optischen Fluss zu messen, müssen wir korrespondierende Punkte zwischen einem Zeitrahmen und dem nächsten finden. Ein sehr einfaches Verfahren basiert auf der Tatsache, dass Bildbereiche um korrespondierende Punkte ähnliche Intensitätsmuster aufweisen. Betrachten Sie einen Block von Pixeln, zentriert um Pixel p, (x_0, y_0), zum Zeitpunkt t. Dieser Pixelblock soll mit Pixelblöcken verglichen werden, die zum Zeitpunkt $t + D_t$ um verschiedene Kandidatenpixel q_i bei $(x_0 + D_x, y_0 + D_y)$ zentriert sind. Ein mögliches Ähnlichkeitsmaß ist die **Summe der quadrierten Differenzen**

Abbildung 25.9: Zwei Frames einer Videosequenz und das Vektorfeld des optischen Flusses, das der Verschiebung von einem Frame zum anderen entspricht. Beachten Sie, wie die Bewegung des Tennisschlägers und des vorderen Beins durch die Richtungen der Pfeile erfasst wird. (Bilder mit freundlicher Genehmigung von Thomas Brox.)

(*Sum of Squared Differences*, SSD):

$$\mathrm{SSD}(D_x, D_y) = \sum_{(x,y)} (I(x, y, t) - I(x + D_x, y + D_y, t + D_t))^2$$

Hier deckt (x, y) die Pixel in dem Block ab, dessen Zentrum bei (x_0, y_0) liegt. Wir suchen das (D_x, D_y), das die SSD minimiert. Der optische Fluss bei (x_0, y_0) ist dann $(v_x, v_y) = (D_x/D_t, D_y/D_t)$. Damit dies funktioniert, ist eine gewisse Textur in der Szene erforderlich, die zu Fenstern führt, die eine signifikante Variation der Helligkeit zwischen den Pixeln enthalten. Betrachtet man eine einheitliche weiße Wand, so ist die SSD für die verschiedenen Vergleiche q fast gleich und der Algorithmus reduziert sich darauf, blind zu raten. Die leistungsfähigsten Algorithmen zur Messung des optischen Flusses stützen sich auf eine Vielzahl zusätzlicher Einschränkungen, um mit Situationen umzugehen, in denen die Szene nur teilweise texturiert ist.

25.3.4 Segmentierung von natürlichen Bildern

Unter **Segmentierung** versteht man das Aufteilen eines Bilds in Gruppen ähnlicher Pixel. Die Grundidee ist, dass jedem Bildpixel bestimmte visuelle Eigenschaften wie Helligkeit, Farbe und Textur zugeordnet werden können. Innerhalb eines Objekts oder eines einzelnen Teils eines Objekts variieren diese Attribute relativ wenig, während über Objektgrenzen hinweg typischerweise eine große Änderung in einem oder mehreren dieser Attribute auftritt. Wir müssen eine Partitionierung des Bilds in Pixelsätze finden, sodass diese Beschränkungen so gut wie möglich erfüllt werden. Beachten Sie, dass es nicht ausreicht, nur Kanten zu finden, da viele Kanten keine Objektgrenzen sind. So kann z. B. ein Tiger im Gras auf jeder Seite von jedem Streifen und von jedem Grashalm eine Kante erzeugen. In all den verwirrenden Kantendaten kann es passieren, dass wir den Tiger vor lauter Streifen nicht sehen.

Es gibt zwei Möglichkeiten, das Problem zu untersuchen. Die eine konzentriert sich auf die Erkennung der Grenzen dieser Gruppen, die andere auf die Erkennung der Gruppen selbst, genannt **Regionen**. Wir veranschaulichen dies in ► Abbildung 25.10, die in (b) die Grenzerkennung und in (c) und (d) die Regionenextraktion zeigt.

Eine Möglichkeit, das Problem der Erkennung von Begrenzungskurven zu formalisieren, ist die Klassifikation, die sich für die Techniken des maschinellen Lernens anbietet. Eine Begrenzungskurve an der Pixelposition (x, y) hat eine Orientierung von θ. Eine Bildnachbarschaft,

Abbildung 25.10: (a) Originalbild. (b) Grenzkonturen, wobei die Kontur umso dunkler ist, je höher der P_b-Wert liegt. (c) Segmentierung in Regionen, die einem Detailabschnitt des Bilds entsprechen. Die Regionen werden in ihren durchschnittlichen Farben wiedergegeben. (d) Segmentierung in Regionen, die einer gröberen Partitionierung des Bilds entsprechen, wodurch sich weniger Regionen ergeben. (Bilder mit freundlicher Genehmigung von Pablo Arbelaez, Michael Maire, Charles Fowlkes und Jitendra Malik.)

die um (x, y) zentriert ist, ähnelt in etwa einer Scheibe, die durch einen an θ orientierten Durchmesser in zwei Hälften geschnitten wird. Wir können die Wahrscheinlichkeit $P_b(x, y, \theta)$ berechnen, dass es eine Grenzkurve an diesem Pixel entlang dieser Orientierung gibt, indem wir Merkmale in den beiden Hälften vergleichen. Der natürliche Weg zur Vorhersage dieser Wahrscheinlichkeit besteht darin, einen Klassifikator für maschinelles Lernen mit einer Datenmenge natürlicher Bilder zu trainieren, in denen Menschen die Grenzen aus den Ground-Truth-Daten markiert haben – das Ziel des Klassifikators ist es, genau diese von Menschen markierten Grenzen und keine anderen zu markieren.

Die mit dieser Technik erkannten Grenzen sind deutlich besser als die, die mit der zuvor beschriebenen einfachen Kantenerkennungstechnik gefunden wurden. Es gibt jedoch noch zwei Einschränkungen: (1) Die durch Schwellenwertbildung $P_b(x, y, \theta)$ entstehenden Grenzpixel liefern nicht immer geschlossene Kurven, sodass bei diesem Ansatz keine Regionen entstehen, und (2) nutzt die Entscheidungsfindung nur den lokalen Kontext und berücksichtigt keine globalen Konsistenzbeschränkungen.

Der alternative Ansatz basiert darauf, die Pixel nach Helligkeit, Farbe und Textur in Regionen zu „clustern". Es gibt eine Reihe verschiedener Möglichkeiten, diese Intuition mathematisch zu formalisieren. Shi und Malik (2000) haben dies zum Beispiel als Graphpartitionierungsproblem formuliert. Die Knoten des Graphen entsprechen den Pixeln und die Kanten den Verbindungen zwischen den Pixeln. Das Gewicht W_{ij} an der Kante, die ein Pixelpaar i und j verbindet, basiert darauf, wie ähnlich sich die beiden Pixel in Bezug auf Helligkeit, Farbe, Textur usw. sind. Dann werden Partitionen gefunden, die das Kriterium für einen *normalisierten Schnitt* minimieren. Grob gesagt, lautet das Kriterium zur Partitionierung des Graphen: Minimiere die Gewichtssumme der Verbindungen über verschiedene Gruppen von Pixeln und maximiere die Gewichtssumme der Verbindungen innerhalb der Gruppen

Es stellt sich heraus, dass die Ansätze zum Finden von Grenzen und zum Finden von Regionen gekoppelt werden können, aber wir werden diese Möglichkeiten hier nicht näher untersuchen. Von einer Segmentierung, die nur auf lokalen Attributen wie Helligkeit und Farbe basiert, kann man nicht erwarten, dass sie die endgültigen korrekten Grenzen aller Objekte in der Szene liefert. Um zuverlässig die Grenzen von Objekten zu finden, benötigen wir umfangreiches Wissen über die wahrscheinlichsten Arten von Objekten in einer Szene. Zurzeit ist eine beliebte Strategie, eine Übersegmentierung eines Bilds zu erzeugen, bei der man garantiert keine der tatsächlichen Grenzen übersieht, aber möglicherweise auch viele zusätzliche falsche Grenzen markiert. Die daraus resultierenden Regionen, Superpixel genannt, reduzieren die Berechnungskomplexität für verschiedene Algorithmen erheblich, da die Anzahl der Superpixel im Vergleich zu Millionen von Rohpixeln nur in die Hunderte geht. Das Ausnutzen von fundiertem Wissen über Objekte ist Thema des nächsten Abschnitts und die eigentliche Erkennung der Objekte in Bildern ist Thema von Abschnitt 25.5.

25.4 Bilder klassifizieren

Die Bildklassifikation gilt für zwei Hauptfälle. In einem Fall handelt es sich um Bilder von *Objekten*, die aus einer bestimmten Klassentaxonomie stammen, und es gibt nicht viel anderes von Bedeutung im Bild – z. B. ein Katalog mit Bildern von Kleidung oder Möbeln, bei dem der Hintergrund keine Rolle spielt und die Ausgabe des Klassifikators „Kaschmirpullover" oder „Schreibtischstuhl" lautet.

Im anderen Fall zeigt jedes Bild eine *Szene* mit mehreren Objekten. So sieht man im Grasland vielleicht eine Giraffe und einen Löwen und im Wohnzimmer sieht man vielleicht eine Couch und eine Lampe, aber man erwartet keine Giraffe und kein U-Boot in einem „Wohnzimmer". Wir haben jetzt Methoden zur großflächigen Bildklassifikation, die akkurat „Grasland" oder „Wohnzimmer" ausgeben können.

Moderne Systeme klassifizieren Bilder anhand des **Erscheinungsbilds** (d. h. anhand von Farbe und Textur, im Gegensatz zur Geometrie). Dabei gibt es zwei Schwierigkeiten. Erstens können verschiedene Instanzen der gleichen Klasse unterschiedlich aussehen – manche Katzen sind schwarz und andere orange. Zweitens kann ein und dieselbe Katze zu verschiedenen Zeiten unterschiedlich aussehen, abhängig von verschiedenen Effekten (wie in ► Abbildung 25.11 dargestellt):

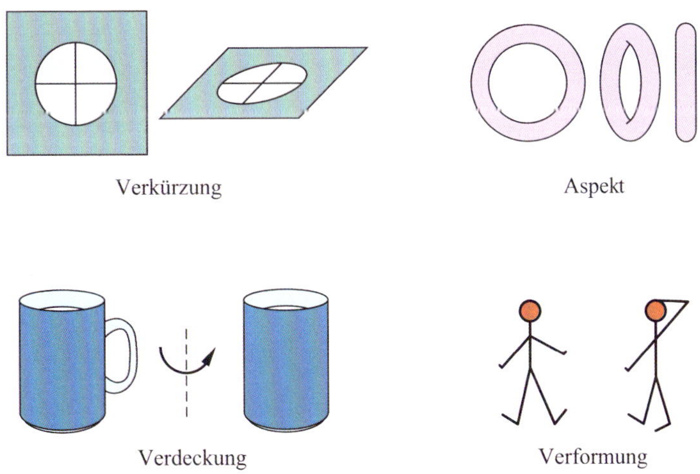

Abbildung 25.11: Wichtige Quellen für Variationen des Erscheinungsbilds, die bewirken können, dass verschiedene Bilder desselben Objekts unterschiedlich aussehen. Erstens können Elemente perspektivisch verkürzt werden, wie der kreisrunde Bereich oben links. Dieser Bereich wird aus einem spitzen Winkel betrachtet und ist daher im Bild elliptisch. Zweitens können Objekte, die aus verschiedenen Richtungen betrachtet werden, ihre Form drastisch ändern, ein Phänomen, das als Aspekt bekannt ist. Oben rechts sind drei verschiedene Aspekte eines Donuts dargestellt. Durch Verdeckung verschwindet der Henkel des Bechers unten links, wenn der Becher gedreht wird. Da in diesem Fall der Körper und der Henkel zum selben Becher gehören, liegt eine Selbstverdeckung vor. Unten rechts schließlich zeigt das Beispiel, dass sich einige Objekte erheblich verformen können.

- **Beleuchtung**, die die Helligkeit und Farbe des Bilds verändert.
- **Verkürzung**, die dazu führt, dass ein schräg betrachtetes Muster verzerrt wirkt.
- **Aspekt**, der bewirkt, dass Objekte aus verschiedenen Richtungen betrachtet unterschiedlich aussehen. Ein Donut sieht von der Seite gesehen wie ein abgeflachtes Oval aus, aber von oben ist er ein Ring.
- **Verdeckung**, bei der einige Teile des Objekts verdeckt sind. Objekte können sich gegenseitig verdecken oder Teile eines Objekts können andere Teile desselben Objekts verdecken, ein Effekt, der als **Selbstverdeckung** bekannt ist.
- **Verformung**, bei der das Objekt seine Form ändert. Zum Beispiel bewegt die Tennisspielerin ihre Arme und Beine.

Moderne Methoden lösen diese Probleme, indem sie mithilfe eines CNN Repräsentationen und Klassifikatoren aus sehr großen Mengen von Trainingsdaten lernen. Bei einer ausreichend großen Trainingsmenge hat der Klassifikator jeden Effekt von Bedeutung beim Training viele Male gesehen und kann sich so auf den Effekt einstellen.

25.4.1 Bildklassifikation mit CNNs

Convolutional Neural Networks (CNNs) sind wahnsinnig erfolgreiche Bildklassifikatoren. Mit genügend Trainingsdaten und Trainingsfindigkeit sind CNNs sehr erfolgreiche Klassifikationssysteme, viel erfolgreicher als jede andere Methode.

Die ImageNet-Datenbasis spielte eine historische Rolle bei der Entwicklung von Bildklassifikationssystemen, da ImageNet über 14 Millionen Trainingsbilder verfügt, die in über 30.000 feinkörnige Kategorien klassifiziert wurden. ImageNet förderte den Fortschritt außerdem durch einen jährlichen Wettbewerb. Die Systeme werden sowohl nach der Klassifikationsgenauigkeit ihrer besten Schätzung als auch nach der Genauigkeit der Top-5 bewertet, bei der die Systeme fünf Angaben machen müssen, z. B. *Malamute*, *Husky*, *Akita*, *Samojede*, *Eskimohund*. ImageNet verfügt über 189 Unterkategorien von *Hund*, sodass es selbst für hundebegeisterte Menschen schwierig sein dürfte, Bilder mit einem einzigen Versuch richtig zu markieren.

Beim ersten ImageNet-Wettbewerb im Jahr 2010 erreichten die Systeme nur eine Top-5-Genauigkeit von 70 %. Die Einführung von CNNs im Jahr 2012 und ihre anschließende Verbesserung führten zu einer Genauigkeit von 98 % in der Top-5-Genauigkeit (und übertrafen damit die menschliche Leistung) und ab 2019 zu einer Genauigkeit von 87 % in der Top-1-Klasse. Der Hauptgrund für diesen Erfolg scheint darin zu liegen, dass die Merkmale, die von den CNN-Klassifikatoren verwendet werden, aus Daten gelernt und nicht von einem Wissenschaftler von Hand erstellt werden. Dadurch wird sichergestellt, dass die Merkmale tatsächlich für die Klassifikation nützlich sind.

Der Fortschritt in der Bildklassifikation ist so rasant, weil große, anspruchsvolle Datensätze wie ImageNet zur Verfügung stehen, weil es auf diesen Datenmengen basierende Wettbewerbe gibt, die fair und offen sind, und weil erfolgreiche Modelle schnell weite Verbreitung fanden. Die Gewinner von Wettbewerben veröffentlichen im Allgemeinen ihren Code – oft einschließlich der vortrainierten Parameter ihrer Modelle, was es anderen erleichtert, an erfolgreichen Architekturen herumzubasteln und Verbesserungen daran vorzunehmen.

25.4.2 Warum CNNs Bilder gut klassifizieren

Die Bildklassifikation lässt sich am besten verstehen, wenn man sich die Datenmengen ansieht, wobei allerdings ImageNet viel zu groß ist, um es im Detail zu betrachten. Die MNIST-

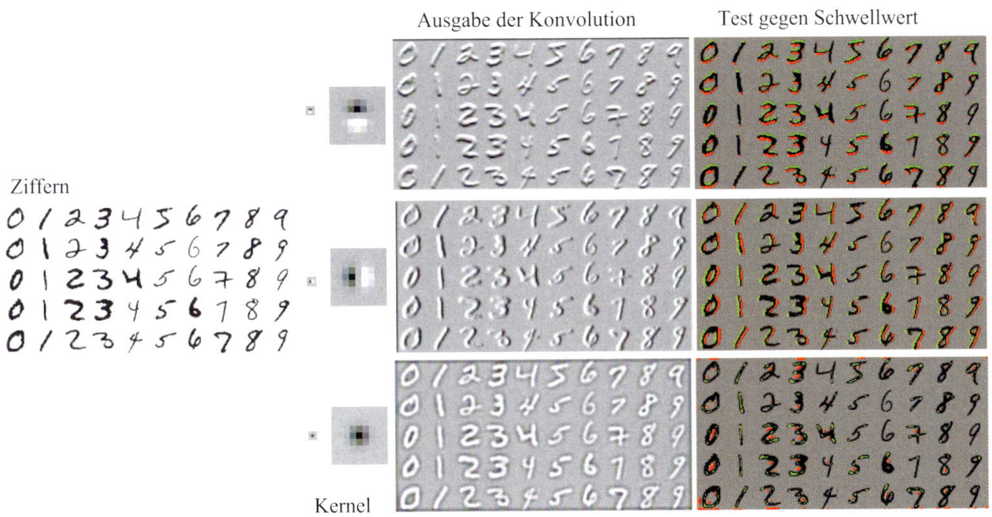

Abbildung 25.12: Ganz links: einige Bilder aus der MNIST-Datenmenge. In der Mitte links sind drei Kernel abgebildet. Sie werden in tatsächlicher Größe (winzige Blöcke) und vergrößert gezeigt, um ihren Inhalt zu verdeutlichen: Mittelgrau ist null, hell ist positiv und dunkel ist negativ. Mitte rechts zeigt die Ergebnisse der Anwendung dieser Kernel auf die Bilder. Rechts werden Pixel angezeigt, bei denen die Reaktion größer als ein Schwellenwert (grün) oder kleiner als ein Schwellenwert (rot) ist. Auffällig ist, dass dies (von oben nach unten) einen horizontalen Balken-Detektor, einen vertikalen Balken-Detektor und (schwieriger zu erkennen) einen Detektor für Linienenden ergibt. Diese Detektoren achten auf den Kontrast des Balkens, sodass (zum Beispiel) ein horizontaler Balken, der oben hell und unten dunkel ist, eine positive (grüne) Reaktion erzeugt und ein Balken, der oben dunkel und unten hell ist, eine negative (rote) Reaktion hervorruft. Diese Detektoren sind relativ effektiv, aber nicht perfekt.

Daten sind eine Sammlung von 70.000 Bildern handgeschriebener Ziffern von 0–9, die oft als Standarddatenmenge zum Aufwärmen verwendet wird. Die Betrachtung dieser Datenmenge (einige Beispiele sind in ► Abbildung 25.12 zu sehen) offenbart einige wichtige, recht allgemeine Eigenschaften. Sie können das Bild einer Ziffer nehmen und eine Reihe von kleinen Änderungen vornehmen, ohne die Identität der Ziffer zu verändern: Sie können sie verschieben, drehen, heller oder dunkler, kleiner oder größer machen. Das bedeutet, dass einzelne Pixelwerte nicht besonders aussagekräftig sind – wir wissen, dass eine 8 einige dunkle Pixel in der Mitte haben sollte und eine 0 nicht, aber diese dunklen Pixel werden in jeder Instanz einer 8 an leicht unterschiedlichen Pixelpositionen sein.

Eine weitere wichtige Eigenschaft von Bildern ist, dass lokale Muster recht informativ sein können: Die Ziffern 0, 6, 8 und 9 haben Schleifen; die Ziffern 4 und 8 haben Kreuzungen; die Ziffern 1, 2, 3, 5 und 7 haben Linienenden, aber keine Schleifen oder Kreuzungen; die Ziffern 6 und 9 haben Schleifen und Linienenden. Außerdem sind die räumlichen Beziehungen zwischen den lokalen Mustern informativ. Eine 1 hat zwei Linienenden übereinander; eine 6 hat ein Linienende über einer Schleife. Diese Beobachtungen legen eine Strategie nahe, die ein zentraler Grundsatz der modernen Computer Vision ist: Man konstruiert Merkmale, die auf Muster in kleinen, lokalisierten Nachbarschaften reagieren; andere Merkmale wiederum betrachten die Muster *dieser* Merkmale; dann untersuchen andere die Muster dieser Merkmale, und so weiter.

Das ist es, was CNNs gut können. Sie sollten sich eine Schicht – eine Konvolution gefolgt von einer ReLU-Aktivierungsfunktion – als einen lokalen Musterdetektor vorstellen (► Abbildung 25.12). Die Konvolution misst, wie sehr jedes lokale Fenster des Bilds dem Kernel-Muster ähnelt. Die ReLU setzt Low-Scoring-Fenster auf null und hebt High-Scoring-Fenster hervor. Eine Konvolution mit mehreren Kerneln findet also mehrere Muster. Außerdem können zusammengesetzte Muster erkannt werden, indem eine weitere Schicht auf die Ausgabe der ersten Schicht angewendet wird.

Betrachten wir die Ausgabe der ersten Konvolutionsschicht. Jede Position empfängt Eingaben von Pixeln in einem Fenster über dieser Position. Die Ausgabe der ReLU bildet, wie wir gesehen haben, einen einfachen Musterdetektor. Wenn wir nun eine zweite Schicht darüberlegen, erhält jede Position in der zweiten Schicht Eingaben von Werten der ersten Schicht in einem Fenster über dieser Position. Das bedeutet, dass die Positionen in der zweiten Schicht von einem größeren Fenster von Pixeln beeinflusst werden als die Positionen in der ersten Schicht. Sie sollten sich dies als „Muster von Mustern" vorstellen. Wenn wir eine dritte Schicht über die zweite Schicht legen, hängen die Positionen in dieser dritten Schicht von einem noch größeren Fenster von Pixeln ab; eine vierte Schicht hängt von einem noch größeren Fenster ab, und so weiter. Das Netz erzeugt Muster auf mehreren Ebenen und tut dies, indem es aus den Daten *lernt*, anstatt sich die Muster von einem Programmierer vorgeben zu lassen.

Während das „Out of the box"-Training eines CNN tatsächlich manchmal funktioniert, ist es hilfreich, ein paar praktische Techniken zu kennen. Eine der wichtigsten ist die **Vergrößerung der Datenbasis**, bei der Trainingsbeispiele kopiert und leicht verändert werden. Zum Beispiel könnte man ein Bild zufällig um einen kleinen Betrag verschieben, drehen oder dehnen oder den Farbton der Pixel zufällig um einen kleinen Betrag ändern. Durch diese simulierte Variation des Blickwinkels oder der Beleuchtung kann die Datenmenge vergrößert werden, obwohl die neuen Beispiele natürlich mit den Originalen stark korrelieren. Es ist auch möglich, die Datenmenge während der Testphase und nicht während der Trainingsphase zu vergrößern. Bei diesem Ansatz wird das Bild mehrmals repliziert und modifiziert (z. B. mit zufälligem Beschnitt) und der Klassifikator wird auf allen modifizierten Bildern ausgeführt. Die Ausgaben des Klassifikators aus jeder Kopie werden dann verwendet, um eine endgültige Entscheidung über die Gesamtklasse zu treffen.

Wenn Sie Bilder von Szenen klassifizieren, könnte jedes Pixel hilfreich sein. Wenn Sie jedoch Bilder von Objekten klassifizieren, sind einige Pixel nicht Teil des Objekts und könnten daher nur vom Wesentlichen ablenken. Wenn z. B. eine Katze auf einem Hundebett liegt, möchten wir, dass sich ein Klassifikator auf die Pixel der Katze konzentriert, nicht auf das Bett. Moderne Bildklassifikatoren kommen damit gut zurecht und klassifizieren ein Bild korrekt als „Katze", auch wenn nur wenige Pixel tatsächlich auf der Katze liegen. Hierfür gibt es zwei Gründe. Erstens sind CNN-basierte Klassifikatoren gut darin, Muster zu ignorieren, die nicht diskriminativ sind. Zweitens können Muster, die nicht auf dem Objekt liegen, diskriminativ sein (z. B. können ein Katzenspielzeug, ein Halsband mit einem Glöckchen oder ein Katzennapf tatsächlich helfen zu erkennen, dass wir eine Katze sehen). Dieser Effekt wird als **Kontext** bezeichnet. Der Kontext kann helfen oder schaden, was sehr stark von der jeweiligen Datenmenge und der Anwendung abhängt.

25.5 Erkennen von Objekten

Bildklassifikatoren geben an, *was* im Bild zu sehen ist – sie klassifizieren das gesamte Bild als zu einer bestimmten Klasse gehörend. Objektdetektoren finden mehrere Objekte in einem Bild, melden zurück, *welcher* Klasse jedes Objekt angehört, und außerdem, *wo* sich jedes Objekt befindet, indem sie eine **Bounding Box** (umgebender Rahmen) um das Objekt legen.[2]

2 Wir verwenden den Begriff „Rahmen" oder „Box" für einen beliebigen achsenparallelen rechteckigen Ausschnitt des Bilds und den Begriff „Fenster" meist als Synonym für „Box", aber mit der leichten Unterscheidung, dass wir ein Fenster auf der Eingabe verwenden, in der wir hoffen, etwas zu sehen, und eine Bounding Box auf der Ausgabe, wenn wir es gefunden haben.

Die Menge der Klassen ist im Voraus festgelegt. Wir könnten also versuchen, alle Gesichter, alle Autos oder alle Katzen zu erkennen.

Wir können einen Objektdetektor erstellen, indem wir ein kleines **gleitendes Fenster** in Rechteckform auf einem größeren Bild betrachten. In jedem Ausschnitt klassifizieren wir mit einem CNN-Klassifikator, was wir im Fenster sehen. Wir übernehmen dann die Klassifikationen mit den höchsten Punkten – eine Katze hier und ein Hund dort – und ignorieren die anderen Fenster. Nach einigem Aufwand mit dem Auflösen von Konflikten haben wir einen endgültigen Satz von Objekten mit ihren Positionen. Doch vorher sind noch einige Details zu klären:

- **Entscheidung für eine Fensterform:** Die mit Abstand einfachste Wahl ist die Verwendung von achsenparallelen Rechtecken. (Die Alternative – eine Art Maske, die das Objekt aus dem Bild herausschneidet – wird kaum verwendet, weil sie schwer darzustellen und zu berechnen ist.) Wir müssen noch die Breite und Höhe der Rechtecke wählen.
- **Erstellen eines Klassifikators für Fenster:** Wir wissen bereits, wie man das mit einem CNN macht.
- **Entscheidung, welche Fenster man sich ansehen will:** Aus allen möglichen Fenstern wollen wir diejenigen auswählen, in denen sich wahrscheinlich interessante Objekte befinden.
- **Entscheidung, welche Fenster rückgemeldet werden sollen:** Die Fenster werden sich überschneiden und wir wollen nicht dasselbe Objekt mehrfach in leicht unterschiedlichen Fenstern rückmelden. Einige Objekte sind nicht erwähnenswert; stellen Sie sich beispielsweise die vielen Stühle und Personen in einem Bild eines großen, überfüllten Hörsaals vor. Sollen sie alle als einzelne Objekte rückgemeldet werden? Vielleicht sollen nur die Objekte, die im Bild groß erscheinen – z. B. die erste Reihe – rückgemeldet werden. Die Wahl hängt davon ab, wofür der Objektdetektor verwendet werden soll.
- **Rückmelden der genauen Position von Objekten mithilfe dieser Fenster:** Sobald wir wissen, dass sich das Objekt irgendwo im Fenster befindet, können wir weitere Berechnungen durchführen, um die genauere Position innerhalb des Fensters zu ermitteln.

Betrachten wir zunächst das Problem, wie man entscheidet, welche Fenster interessant sind und betrachtet werden sollen. Die Suche in allen Fenstern durchzuführen, ist nicht effizient – in einem Bild mit $n \times n$ Pixeln gibt es $O(n^4)$ mögliche rechteckige Fenster. Aber wir wissen, dass Fenster, die Objekte enthalten, dazu neigen, eine ziemlich kohärente Farbe und Textur zu haben. Andererseits haben Fenster, die ein Objekt in zwei Hälften schneiden, Regionen oder Kanten, die über das Fenster hinausragen. Es macht also Sinn, einen Mechanismus zu haben, der die „Objekthaftigkeit" bewertet, d. h., ob in einem Rahmen ein Objekt enthalten ist, unabhängig davon, was dieses Objekt ist. Wir könnten nach Rahmen suchen, die so aussehen, als ob sie ein Objekt enthalten, und dann die Objektklassifikation nur für die Rahmen vornehmen, die den Objekthaftigkeitstest bestanden haben.

Ein Netz, das Regionen mit Objekten findet, wird als **Regional Proposal Network** (RPN, regionales Vorschlagsnetz) bezeichnet. Der Objektdetektor Faster RCNN codiert eine große Sammlung von Bounding Boxes als Karte fester Größe. Dann wird ein Netz erstellt, das eine Punktzahl für jeden Rahmen vergibt; dieses Netz wird so trainiert, dass die Punktzahl hoch ist, wenn der Rahmen ein Objekt enthält, und ansonsten niedrig. Die Codierung von Rahmen als Karte ist einfach. Wir betrachten Rahmen, die auf Punkte im gesamten Bild zentriert sind. Wir müssen nicht jeden möglichen Punkt berücksichtigen (da das Verschieben um ein Pixel die Klassifikation wahrscheinlich nicht ändert). Eine gute Wahl ist eine **Schrittweite** (der Versatz zwischen den Mittelpunkten) von 16 Pixeln. Für jeden Mittelpunkt betrachten wir mehrere mögliche Rahmen, die **Ankerboxen**. Faster RCNN verwendet neun Rahmen: kleine, mittlere und große Größen, die hoch, breit und quadratisch sind.

Im Hinblick auf die Architektur des neuronalen Netzes konstruieren Sie einen 3-D-Block, bei dem jede räumliche Position im Block zwei Dimensionen für den Mittelpunkt und eine Dimension für den Typ des Rahmens hat. Anschließend wird jeder Rahmen mit einem ausreichend guten Objekthaftigkeitswert als **Region of Interest** (ROI, Region von Interesse) bezeichnet und muss von einem Klassifikator überprüft werden. Aber CNN-Klassifikatoren bevorzugen Bilder mit fester Größe und die Rahmen, die den Objekthaftigkeitstest bestehen, unterscheiden sich in Größe und Form. Die Rahmen haben zwar nicht alle die gleiche Anzahl von Pixeln, aber wir können dafür sorgen, dass sie die gleiche Anzahl von Merkmalen aufweisen, indem wir Stichproben von den Pixeln nehmen, um Merkmale zu extrahieren, ein Prozess, der **ROI-Pooling** genannt wird. Diese Merkmalskarte fester Größe wird dann an den Klassifikator weitergegeben.

Kommen wir nun zu dem Problem, zu entscheiden, welche Fenster zurückgemeldet werden sollen. Nehmen wir an, wir betrachten Fenster der Größe 32 × 32 mit einer Schrittweite von 1: Jedes Fenster ist um nur ein Pixel vom vorherigen versetzt. Es gibt also viele Fenster, die sich ähnlich sind und ähnliche Scores haben sollten. Auch wenn alle einen Score über dem Schwellenwert haben, wollen wir sie nicht alle zurückmelden, da sie sich sehr wahrscheinlich alle auf leicht unterschiedliche Ansichten desselben Objekts beziehen. Wenn jedoch andererseits die Schrittweite zu groß ist, könnte es sein, dass ein Objekt in keinem der

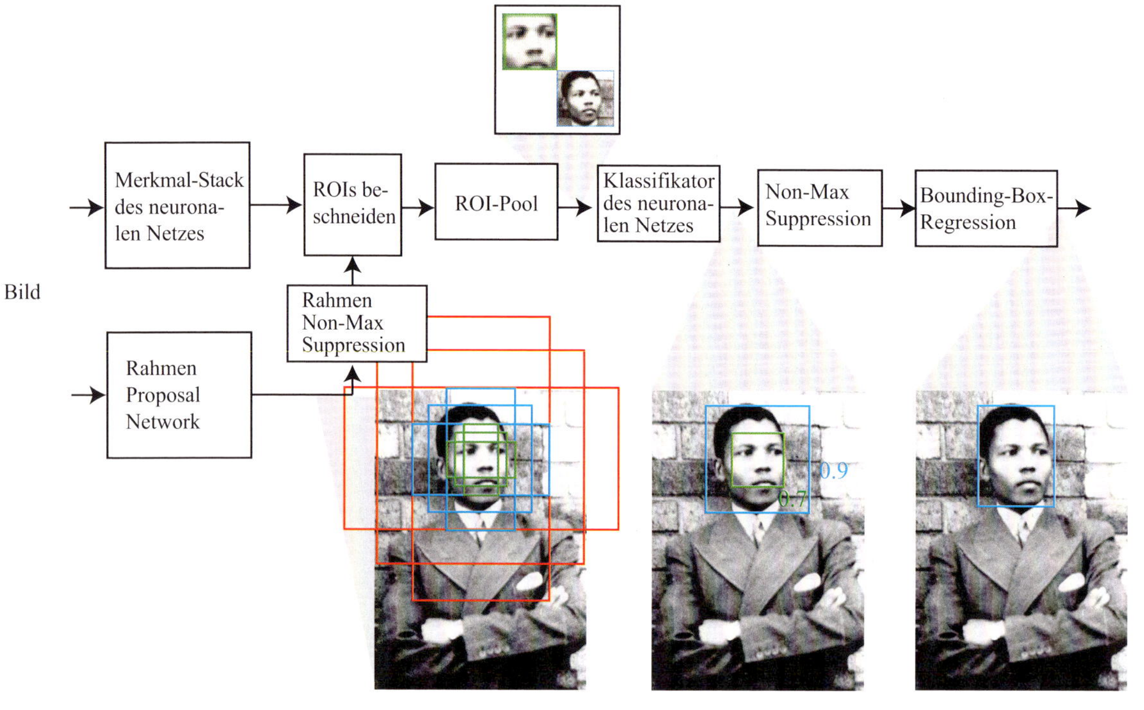

Abbildung 25.13: Faster RCNN verwendet zwei Netze. Ein Bild des jungen Nelson Mandela wird in den Objektdetektor eingespeist. Ein Netz berechnet „Objekthaftigkeit"-Scores von Bildkandidaten, die als „Ankerboxen" bezeichnet werden, zentriert an einem Rasterpunkt. Es gibt neun Ankerboxen (drei Maßstäbe, drei Seitenverhältnisse) an jedem Rasterpunkt. Für das Beispielbild haben ein innerer grüner Rahmen und ein äußerer blauer Rahmen den Objekthaftigkeitstest bestanden. Das zweite Netz ist ein Merkmal-Stack, der eine für die Klassifikation geeignete Darstellung des Bilds berechnet. Die Rahmen mit den höchsten Objekthaftigkeit-Scores werden aus der Merkmalskarte ausgeschnitten, mit ROI-Pooling in der Größe standardisiert und an einen Klassifikator übergeben. Der blaue Rahmen hat einen höheren Score als der grüne Rahmen und überlappt diesen, sodass der grüne Rahmen aufgrund von Non-Max Suppression verworfen wird. Schließlich beschneidet Bounding-Box-Regression den blauen Rahmen so, dass er um das Gesicht passt. Das bedeutet, dass die relativ grobe Abtastung von Positionen, Maßstäben und Seitenverhältnissen die Genauigkeit nicht beeinträchtigt. Foto von Sipa/Shutterstock.

Fenster enthalten ist und übersehen wird. Stattdessen können wir einen gierigen Algorithmus verwenden, der **Non-Max Suppression** genannt wird. Zunächst wird eine sortierte Liste aller Fenster erstellt, deren Punktzahl über einem Schwellenwert liegt. Dann wählen wir, solange Fenster in der Liste vorhanden sind, das Fenster mit der höchsten Punktzahl aus und gehen davon aus, dass es ein Objekt enthält. Alle anderen sich weitgehend überschneidenden Fenster aus der Liste werden verworfen.

Schließlich haben wir noch das Problem, die genaue Position von Objekten rückzumelden. Nehmen wir an, wir haben ein Fenster mit einer hohen Punktzahl, das die Non-Max Suppression durchlaufen hat. Es ist unwahrscheinlich, dass sich dieses Fenster genau an der richtigen Stelle befindet (denn wir haben eine relativ kleine Anzahl von Fenstern mit einer kleinen Anzahl von möglichen Größen betrachtet). Wir verwenden die vom Klassifikator berechnete Merkmalsrepräsentation, um Verbesserungen vorauszusagen, die das Fenster auf einer korrekten Bounding Box zuschneiden, ein Schritt, der als **Bounding-Box-Regression** bekannt ist.

Die Evaluierung von Objektdetektoren erfordert Sorgfalt. Zunächst benötigen wir eine Testmenge: eine Sammlung von Bildern, in denen jedes Objekt im Bild mit einer Ground-Truth-Kategorie und einer Bounding Box markiert ist. Normalerweise stammen die Rahmen und Label von Menschen. Dann füttern wir den Objektdetektor mit den einzelnen Bildern und vergleichen dessen Ausgabe mit der Ground Truth. Wir sollten auch Rahmen akzeptieren, die um ein paar Pixel abweichen, da die Ground-Truth-Rahmen auch nicht perfekt sind. Der Evaluierung-Score sollte ein Gleichgewicht zwischen Recall (Finden aller Objekte, die vorhanden sind) und Präzision (Nichtfinden von Objekten, die nicht vorhanden sind) herstellen.

25.6 Die 3-D-Welt

Bilder zeigen ein 2-D-Bild von einer 3-D-Welt. Aber dieses 2-D-Bild ist reich an Hinweisen auf die 3-D-Welt. Eine Form von Hinweis ist gegeben, wenn wir mehrere Bilder der gleichen Welt haben und Punkte zwischen den Bildern abgleichen können. Eine andere Form von Hinweis ist innerhalb eines einzelnen Bilds verfügbar.

25.6.1 3-D-Hinweise aus mehreren Ansichten

Zwei Bilder von Objekten in einer 3-D-Welt sind aus mehreren Gründen besser als eines:

- Wenn Sie zwei Bilder derselben Szene haben, die aus verschiedenen Blickwinkeln aufgenommen wurden, und Sie genug über die beiden Kameras wissen, können Sie ein 3-D-Modell – eine Sammlung von Punkten mit ihren Koordinaten in drei Dimensionen – konstruieren, indem Sie herausfinden, welcher Punkt in der ersten Ansicht welchem Punkt in der zweiten Ansicht entspricht, und etwas Geometrie anwenden. Dies gilt für fast alle Blickrichtungspaare und fast alle Arten von Kameras.
- Wenn Sie zwei Ansichten von genügend Punkten haben und wissen, welcher Punkt in der ersten Ansicht welchem Punkt in der zweiten Ansicht entspricht, dann müssen Sie nicht viel über die Kameras wissen, um ein 3-D-Modell zu konstruieren. Zwei Ansichten von zwei Punkten liefern Ihnen vier (x, y)-Koordinaten und Sie benötigen nur drei Koordinaten, um einen Punkt im 3-D-Raum zu bestimmen. Die zusätzliche Koordinate ist hilfreich, um herauszufinden, was Sie über die Kameras wissen müssen. Dies gilt für fast alle Blickrichtungspaare und fast alle Arten von Kameras.

Das Hauptproblem besteht darin festzustellen, welcher Punkt in der ersten Ansicht mit welchem in der zweiten Ansicht übereinstimmt. Detaillierte Beschreibungen des lokalen Aussehens eines Punkts mithilfe einfacher Texturmerkmale (wie in Abschnitt 25.3.2) sind oft ausreichend, um Punkte zu vergleichen. Zum Beispiel könnte in einer Straßenverkehrsszene nur eine grüne Ampel in zwei Bildern der Szene zu sehen sein. Wir können dann die Hypothese aufstellen, dass diese Ampeln einander entsprechen. Die Geometrie mehrerer Kameraansichten ist sehr gut bekannt (aber leider zu kompliziert, um sie hier zu erläutern). Die Theorie liefert geometrische Beschränkungen, welcher Punkt in einem Bild mit welchem Punkt im anderen Bild übereinstimmen kann. Weitere Bedingungen können durch Schlussfolgerungen über die Glätte der rekonstruierten Oberflächen erhalten werden.

Es gibt zwei Möglichkeiten, mehrere Ansichten einer Szene zu erhalten. Eine ist, zwei Kameras oder zwei Augen zu besitzen (Abschnitt 25.6.2). Eine andere ist, sich zu bewegen (Abschnitt 25.6.3). Wenn Sie mehr als zwei Ansichten haben, können Sie sowohl die Geometrie der Welt als auch die Details der Ansicht sehr genau wiedergeben. In Abschnitt 25.7.3 werden einige Anwendungen für diese Technik besprochen.

25.6.2 Binokulare Stereopsis

Die meisten Wirbeltiere haben zwei Augen. Dies ist aus Gründen der Redundanz bei Verlust eines Auges nützlich, hilft aber auch in anderer Hinsicht. Bei Beutetieren sitzen die Augen meistens seitlich, um ein größeres Sichtfeld zu haben. Bei Raubtieren befinden sich die Augen vorn, sodass sie stereoskopisch sehen können (**binokulare Stereopsis**). Halten Sie beide Zeigefinger bei einem geschlossenen Auge so vor Ihr Gesicht, dass der vordere Finger den anderen Finger *im Blickfeld des offenen Auges* verdeckt. Wechseln Sie nun die Augen. Sie sollten feststellen, dass sich die Position der Finger zueinander verschoben hat. Diese Positionsverschiebung von der linken Ansicht zur rechten Ansicht wird als **Disparität** bezeichnet. Wenn wir bei der richtigen Wahl des Koordinatensystems das linke und rechte Bild eines Objekts in einer bestimmten Tiefe überlagern, verschiebt sich das Objekt im überlagerten Bild horizontal und die Größe der Verschiebung ist der Kehrwert der Tiefe. Sie können dies in ► Abbildung 25.14 sehen, wo der nächstgelegene Punkt der Pyramide im rechten Bild nach links und im linken Bild nach rechts verschoben ist.

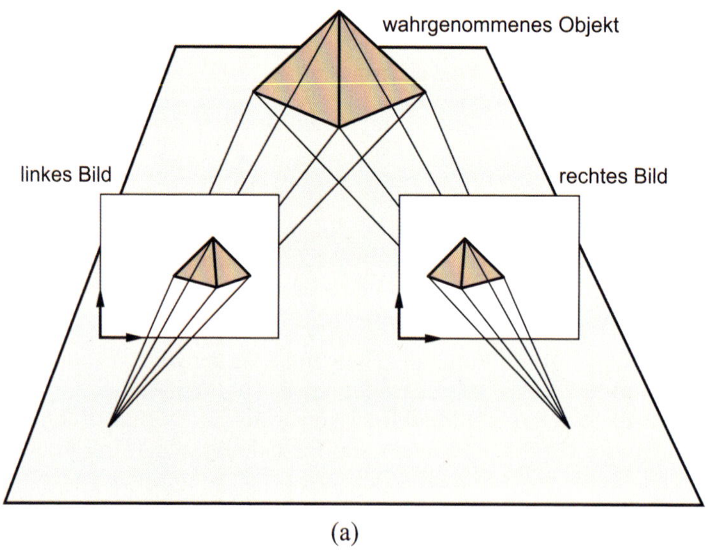

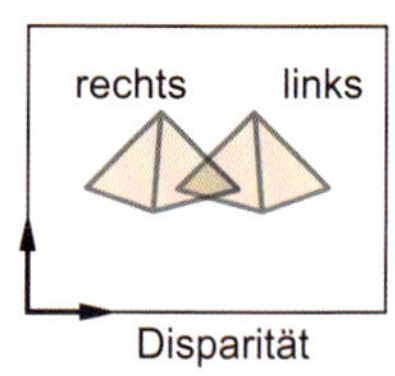

Abbildung 25.14: Das Verrücken einer Kamera parallel zur Bildebene bewirkt, dass sich Bildmerkmale in der Kameraebene verschieben. Die daraus resultierende Disparität der Positionen ist ein Hinweis auf die Tiefe. Wenn wir wie in (b) das linke und rechte Bild übereinanderlegen, wird die Disparität sichtbar.

Um die Disparität zu messen, müssen wir das Korrespondenzproblem lösen, d. h. für einen Punkt im linken Bild seinen „Partner" im rechten Bild bestimmen, der aus der Projektion desselben Szenenpunkts resultiert. Dies entspricht dem, was beim Messen des optischen Flusses gemacht wird, und die einfachsten Ansätze sind in etwa ähnlich. Diese Methoden suchen nach Blöcken von linken und rechten Pixeln, die übereinstimmen, und verwenden dazu die Summe der quadratischen Differenzen (wie in Abschnitt 25.3.3). Anspruchsvollere Methoden verwenden detailliertere Texturrepräsentationen von Pixelblöcken (wie in Abschnitt 25.3.2). In der Praxis verwenden wir viel anspruchsvollere Algorithmen, die zusätzliche Einschränkungen ausnutzen.

Angenommen, wir können die Disparität messen. Wie können wir daraus Informationen über die Tiefe der Szene gewinnen? Hierzu müssen wir die geometrische Beziehung zwischen Disparität und Tiefe aufstellen. Wir betrachten zunächst den Fall, dass beide Augen (oder Kameras) geradeaus sehen, wobei ihre optischen Achsen parallel verlaufen. Die Beziehung der rechten Kamera zur linken ist dann einfach die Verschiebung entlang der x-Achse um einen Betrag b, die **Baseline**. Wir können die Gleichungen für den optischen Fluss aus Abschnitt 25.3.3 verwenden, wenn wir dies als Ergebnis einer Verschiebung des Translationsvektors $\mathbf{T}$ auffassen, der über die Zeit δt wirkt, wobei $T_x = b/\delta t$ und $T_y = T_z = 0$. Die horizontale und vertikale Disparität ergeben sich dann aus den Komponenten des optischen Flusses, multipliziert mit dem Zeitschritt δt, $H = v_x \, \delta t$, $V = v_y \, \delta t$. Führt man die Substitutionen durch, so erhält man das Ergebnis, dass $H = b/Z$, $V = 0$. Mit anderen Worten, die horizontale Disparität ist gleich dem Verhältnis der Baseline zur Tiefe und die vertikale Disparität ist null. Vorausgesetzt, dass wir b kennen, können wir die Tiefe Z rekonstruieren und H messen.

Unter normalen Sehbedingungen **fixiert** der Mensch; das bedeutet, es gibt einen Punkt in der Szene, an dem sich die optischen Achsen der beiden Augen schneiden. ► Abbildung 25.15 zeigt zwei Augen, die einen Punkt P_0 fixieren, der sich in einem Abstand Z vom Mittelpunkt der Augen befindet. Der Einfachheit halber berechnen wir die *Winkeldisparität*, gemessen in Bogenmaß. Die Disparität am Fixationspunkt P_0 ist null. Für einen anderen Punkt P in der Szene, der sich δZ weiter entfernt befindet, können wir die Winkelverschiebungen des linken und rechten Bilds von P berechnen, die wir P_L bzw. P_R nennen. Wenn jedes dieser Bilder um einen Winkel $\delta\theta/2$ relativ zu P_0 verschoben ist, dann ist die Verschiebung zwischen P_L und P_R, d. h. die Disparität von P, einfach gleich $\delta\theta$. Gemäß ► Abbildung 25.15 ist $\tan\theta = \frac{b/2}{Z}$ und

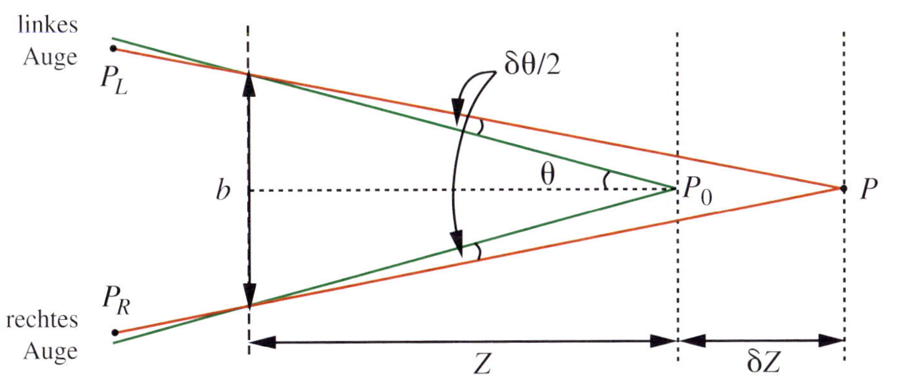

Abbildung 25.15: Der Zusammenhang zwischen Disparität und Tiefe beim stereoskopischen Sehen. Die Projektionszentren der beiden Augen liegen b weit voneinander entfernt und die optischen Achsen schneiden sich im Fixierungspunkt P_0. Der Punkt P in der Szene wird auf die Punkte P_L und P_R in den beiden Augen projiziert. Als Winkel ausgedrückt beträgt die Disparität zwischen diesen Punkten $\delta\theta$ (das Diagramm zeigt zwei Winkel von $\delta\theta/2$).

$\tan(\theta - \delta\theta/2) = \frac{b/2}{Z+\delta Z}$. Für kleine Winkel gilt aber $\tan\theta \approx \theta$, somit ergibt sich

$$\delta\theta/2 = \frac{b/2}{Z} - \frac{b/2}{Z+\delta Z} \approx \frac{b\delta Z}{2Z^2}\,,$$

und da die eigentliche Disparität $\delta\theta$ ist, erhalten wir:

$$\text{Disparität} = \frac{b\delta Z}{Z^2}$$

Beim Menschen beträgt die Baseline b etwa 6 cm. Angenommen, Z befindet sich bei etwa 100 cm. Das kleinste erkennbare $\delta\theta$ (entspricht der Größe eines einzelnen Pixels) beträgt dann etwa 5 Bogensekunden, womit wir einen δZ von 0,4 mm erhalten. Für $Z = 30$ cm erhalten wir den beeindruckend kleinen Wert $\delta Z = 0{,}036$ mm. Das heißt, bei einem Abstand von 30 cm kann der Mensch Tiefen unterscheiden, die sich nur um 0,036 mm unterscheiden, was uns das Einfädeln und Ähnliches erleichtert.

25.6.3 3-D-Hinweise von einer bewegten Kamera

Angenommen, wir haben eine Kamera, die sich in einer Szene bewegt. Nehmen Sie ► Abbildung 25.14 und beschriften Sie das linke Bild mit „Zeit t“ und das rechte Bild mit „Zeit $t+1$“. Die Geometrie hat sich nicht geändert, sodass alles, was im Zusammenhang mit dem stereoskopischen Sehen geschrieben wurde, auch gilt, wenn sich eine Kamera bewegt. Was wir im Abschnitt zuvor als Disparität bezeichnet haben, wird jetzt als scheinbare Bewegung im Bild betrachtet und als optischer Fluss bezeichnet. Dies ist eine Informationsquelle sowohl für die Bewegung der Kamera als auch für die Geometrie der Szene. Zum besseren Verständnis geben wir (ohne Beweis) eine Gleichung an, die den optischen Fluss mit der Translationsgeschwindigkeit $\mathbf{T}$ des Betrachters und der Tiefe der Szene in Beziehung setzt.

Das optische Flussfeld ist ein Vektorfeld der Geschwindigkeiten im Bild, $(v_x(x, y), v_y(x, y))$. Die Ausdrücke für diese Komponenten in einem Koordinatensystem, das auf die Kamera zentriert ist und eine Brennweite von $f = 1$ annimmt, lauten

$$v_x(x, y) = \frac{-T_x + xT_z}{Z(x, y)} \quad \text{und} \quad v_y(x, y) = \frac{-T_y + yT_z}{Z(x, y)}\,,$$

wobei $Z(x, y)$ die z-Koordinate (d. h. die Tiefe) des Punkts in der Szene ist, der dem Punkt im Bild bei (x, y) entspricht.

Beachten Sie, dass beide Komponenten des optischen Flusses, $v_x(x, y)$ und $v_y(x, y)$, im Punkt $x = T_x/T_z, y = T_y/T_z$ null sind. Dieser Punkt ist der sogenannte **Expansionsfokus** des Flussfelds. Angenommen, wir ändern den Ursprung in der x-y-Ebene so, dass er im Expansionsfokus liegt. Dann nehmen die Ausdrücke für den optischen Fluss eine besonders einfache Form an. Seien (x', y') die neuen Koordinaten, definiert durch $x' = x - T_x/T_z$, $y' = y - T_y/T_z$. Dann gilt:

$$v_x(x', y') = \frac{x' T_z}{Z(x', y')}\,, \qquad v_y(x', y') = \frac{y' T_z}{Z(x', y')}$$

Beachten Sie, dass es hier eine Skalenmehrdeutigkeit gibt (weshalb die Annahme einer Brennweite von $f = 1$ unbedenklich ist). Wenn sich die Kamera doppelt so schnell bewegen würde und jedes Objekt in der Szene doppelt so groß und doppelt so weit von der Kamera entfernt wäre, dann wäre das optische Flussfeld genau das gleiche. Aber wir können immer noch recht nützliche Informationen daraus ziehen.

1. Nehmen Sie an, Sie sind eine Fliege, die versucht, auf einer Wand zu landen, und Sie möchten nützliche Informationen aus dem optischen Flussfeld erhalten. Das optische

Flussfeld kann Ihnen wegen der Skalenmehrdeutigkeit weder die Entfernung zur Wand noch die Geschwindigkeit zur Wand sagen. Wenn Sie jedoch den Abstand durch die Geschwindigkeit teilen, hebt sich die Skalenmehrdeutigkeit auf. Das Ergebnis ist die Zeit bis zum Kontakt, gegeben durch Z/T_z, und ist in der Tat sehr nützlich, um den Landeanflug zu steuern. Es gibt zahlreiche experimentelle Belege dafür, dass viele verschiedene Tierarten diesen Hinweis ausnutzen.

2 Betrachten Sie zwei Punkte in den Tiefen Z_1 bzw. Z_2. Wir kennen zwar die absoluten Werte dieser beiden Punkte nicht, aber wenn wir den Kehrwert des Verhältnisses der optischen Flussgrößen an diesen Punkten betrachten, können wir das Tiefenverhältnis Z_1/Z_2 bestimmen. Dies ist der Hinweis der Bewegungsparallaxe, den wir nutzen, wenn wir aus dem Seitenfenster eines fahrenden Autos oder Zugs schauen und daraus schließen, dass die sich langsamer bewegenden Teile der Landschaft weiter entfernt sind.

25.6.4 3-D-Hinweise aus einer Ansicht

Selbst ein einzelnes Bild bietet eine Menge Informationen über die 3-D-Welt. Dies gilt selbst dann, wenn das Bild nur eine Strichzeichnung ist. Strichzeichnungen haben Sehforscher seit jeher fasziniert, weil Menschen einen Sinn für 3-D-Formen und -Layout haben, auch wenn die Zeichnung scheinbar nur sehr wenige Informationen enthält, aus denen man aus der riesigen Sammlung von Szenen, die dieselbe Zeichnung ergeben könnten, auswählen kann. Verdeckung ist eine wichtige Informationsquelle: Wenn es Hinweise im Bild gibt, dass ein Objekt ein anderes verdeckt, dann ist das verdeckende Objekt näher am Auge.

In Bildern von realen Szenen ist die Textur ein starker Hinweis auf die 3-D-Struktur. In Abschnitt 25.3.2 wurde erklärt, dass Textur ein sich wiederholendes Muster von Texeln ist. Obwohl die Verteilung der Texel auf den Objekten in der Szene gleichmäßig sein kann (z. B. Kieselsteine an einem Strand), muss dies im Bild nicht genauso sein: Die weiter entfernten Kieselsteine erscheinen kleiner als die näher gelegenen. Ein weiteres Beispiel: Stellen Sie sich einen gepunkteten Stoff vor. Alle Punkte sind auf dem Stoff gleich groß und gleich geformt, aber in der perspektivischen Ansicht sind einige Punkte aufgrund einer Verkürzung ellipsenförmig. Moderne Methoden nutzen diese Hinweise, indem sie eine Zuordnung von Bildern auf 3-D-Strukturen lernen (Abschnitt 25.7.4), anstatt direkt Schlussfolgerungen auf die zugrunde liegende Mathematik der Textur anzustellen.

Schattierungen, d. h. Variationen der Lichtintensität, die von verschiedenen Teilen einer Oberfläche in einer Szene aufgenommen wird, wird durch die Geometrie der Szene und durch die Reflexionseigenschaften der Oberflächen bestimmt. Es gibt sehr deutliche Indizien dafür, dass Schattierungen ein Hinweis auf die 3-D-Form sind. Der physikalische Nachweis ist einfach. Aus dem physikalischen Modell in Abschnitt 25.2.4 wissen wir, dass eine Oberfläche heller ist, wenn die Oberflächennormale in Richtung der Lichtquelle zeigt, und dunkler, wenn sie von ihr weg zeigt. Dieser Beweis wird komplizierter, wenn der Reflexionsgrad der Oberfläche nicht bekannt und das Beleuchtungsfeld nicht gleichmäßig ist, aber der Mensch scheint in der Lage zu sein, aus den Schattierungen nützliche Informationen über die Form zu ziehen. Wir wissen enttäuschend wenig über Algorithmen, die hierzu in der Lage sind.

Wenn sich ein bekanntes Objekt im Bild befindet, hängt sein Aussehen sehr stark von seiner **Pose** ab, d. h. von seiner Position und Ausrichtung in Bezug auf den Betrachter. Es gibt einfache Algorithmen zur Wiederherstellung der Pose aus Übereinstimmungen zwischen Punkten auf einem Objekt und Punkten auf einem Modell des Objekts. Die Wiederherstellung der Pose eines bekannten Objekts hat viele Anwendungen. Zum Beispiel kann ein Roboterarm bei einer industriellen Handhabungsaufgabe ein Objekt erst dann aufnehmen, wenn dessen Pose bekannt ist. Anwendungen in der Roboterchirurgie hängen von der exakten Berechnung der Transformationen zwischen der Kameraposition und den Positionen des chirurgischen

Instruments und des Patienten ab (um die Transformation von der Position des Instruments zur Position des Patienten zu erhalten).

Räumliche Beziehungen zwischen Objekten sind ein weiteres wichtiges Indiz. Hier ein Beispiel: Alle Fußgänger sind ungefähr gleich groß und stehen in der Regel auf einer Grundebene. Wenn wir wissen, wo sich der Horizont in einem Bild befindet, können wir die Fußgänger nach ihrer Entfernung zur Kamera ordnen. Dies funktioniert, weil wir wissen, wo ihre Füße sind, und Fußgänger, deren Füße im Bild näher am Horizont sind, sind weiter von der Kamera entfernt und müssen daher im Bild kleiner sein. Das bedeutet, dass wir einige Detektorantworten ausschließen können. Wenn beispielsweise ein Detektor einen Fußgänger findet, der im Bild groß ist und dessen Füße nahe am Horizont sind, so hat er einen riesigen Fußgänger gefunden – da es diese nicht gibt, hat der Detektor also einen Fehler gemacht. Umgekehrt ist ein einigermaßen zuverlässiger Fußgängerdetektor in der Lage, Schätzungen des Horizonts abzugeben, wenn sich mehrere Fußgänger in der Szene in unterschiedlichen Abständen zur Kamera befinden. Das liegt daran, dass die relative Skalierung der Fußgänger ein Anhaltspunkt dafür ist, wo sich der Horizont befindet. Wir können also eine Schätzung des Horizonts aus dem Detektor extrahieren und diese Schätzung dann verwenden, um die Fehler des Fußgängerdetektors zu korrigieren.

25.7 Anwendungen der Computer Vision

In diesem Abschnitt geben wir einen Überblick über eine Reihe von Computer-Vision-Anwendungen. Es gibt in diesem Bereich inzwischen viele zuverlässige Tools und Toolkits, sodass die Bandbreite der erfolgreichen und nützlichen Anwendungen außergewöhnlich hoch ist. Viele werden zu Hause von Enthusiasten für spezielle Zwecke entwickelt, was ein Beweis dafür ist, wie nützlich die Methoden sind und wie viel Einfluss sie haben. (Zum Beispiel hat einer von ihnen eine großartige, auf Objekterkennung basierende Katzenklappe entwickelt, die einer Katze den Zutritt verweigert, wenn sie eine tote Maus anschleppt – Interessierte werden im Web fündig.)

25.7.1 Verstehen, was Menschen machen

Wenn wir Systeme erstellen könnten, die durch die Analyse von Videos verstehen, was Menschen machen, könnten wir Mensch-Computer-Schnittstellen entwickeln, die Menschen beobachten und auf ihr Verhalten reagieren. Mit diesen Schnittstellen könnten wir Gebäude und öffentliche Plätze besser gestalten, indem wir Daten über die Nutzung des öffentlichen Raums sammeln, genauere und weniger störende Sicherheitsüberwachungssysteme entwickeln, automatische Sportkommentatoren erstellen, Baustellen und Arbeitsplätze sicherer machen, indem wir Warnungen erzeugen, wenn Menschen den Maschinen gefährlich nahe kommen, Computerspiele erstellen, bei denen die Spieler aufstehen und sich bewegen müssen, und Energie sparen, indem wir Wärme und Licht in einem Gebäude so steuern, dass sie an die Bewohner und ihre Beschäftigungen angepasst sind.

Der Stand der Technik ist bei einigen Problemen mittlerweile extrem weit fortgeschritten. Es gibt Methoden, die die Positionen der Gelenke einer Person in einem Bild sehr genau vorhersagen können. Daraus lassen sich recht gute Schätzungen der 3-D-Konfiguration des Körpers dieser Person ableiten (► Abbildung 25.16). Dies funktioniert, weil Bilder des Körpers in der Regel schwache perspektivische Effekte aufweisen und Körpersegmente in ihrer Länge nicht stark variieren, sodass die Verkürzung eines Körpersegments in einem Bild ein guter Hinweis für den Winkel zwischen ihm und der Kameraebene ist. Mit einem Tiefensensor können diese Schätzungen schnell genug vorgenommen werden, um sie in Computerspielschnittstellen einzubauen.

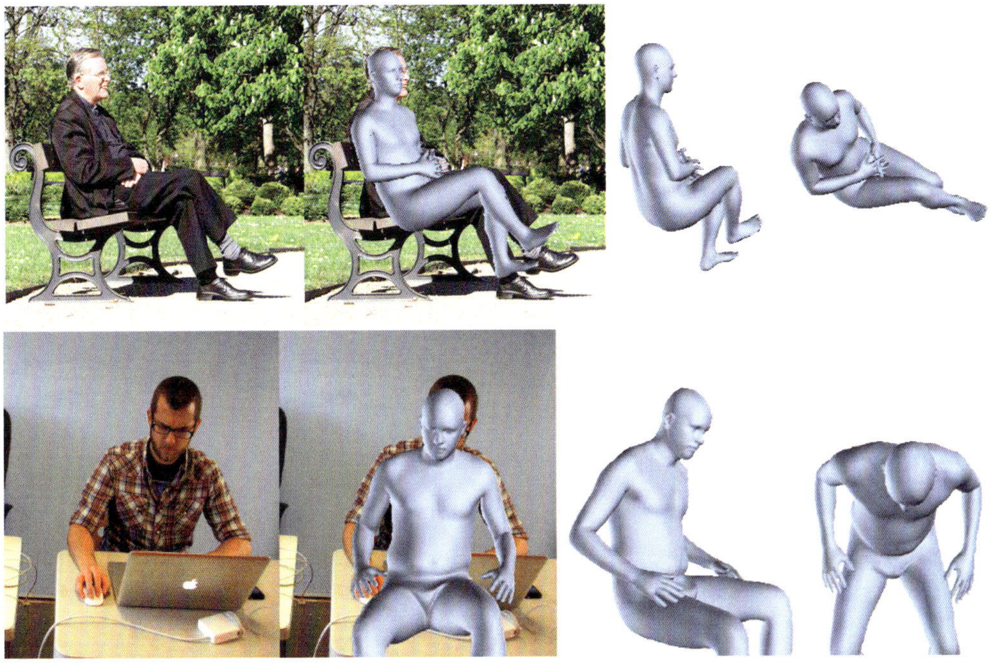

Abbildung 25.16: Die Rekonstruktion von Menschen aus einem einzigen Bild ist jetzt praktisch umsetzbar. Jede Zeile zeigt eine Rekonstruktion der 3-D-Körperform, unter Verwendung eines einzigen Bilds. Diese Rekonstruktionen sind möglich, weil Methoden die Lage der Gelenke, die Gelenkwinkel in 3-D, die Form des Körpers und die Pose des Körpers auf der Basis eines Bilds schätzen können. Die beiden Reihen zeigen Folgendes: **ganz links** ein Bild; **Mitte links** das Bild überlagert von dem rekonstruierten Körper; **Mitte rechts** eine andere Ansicht des rekonstruierten Körpers; und **ganz rechts** eine weitere Ansicht des rekonstruierten Körpers. Die verschiedenen Ansichten des Körpers machen es viel schwieriger, Fehler bei der Rekonstruktion zu verbergen. Abbildung mit freundlicher Genehmigung von Angjoo Kanazawa, erstellt mit einem in Kanazawa *et al.* (2018a) beschriebenen System.

Zu klassifizieren, was Menschen machen, ist schwieriger. Videos, die eher strukturierte Bewegungen zeigen, wie z. B. Ballett, Gymnastik oder Tai Chi, mit relativ spezifischem Vokabular, das sich auf sehr genau abgegrenzte Aktivitäten vor einfachem Hintergrund bezieht, sind recht einfach zu verarbeiten. Gute Ergebnisse lassen sich mit einer großen Menge an mit Labeln versehenen Daten und einem geeigneten CNN erzielen. Es kann jedoch schwierig sein, zu beweisen, dass die Methoden tatsächlich funktionieren, da sie stark vom Kontext abhängen. Zum Beispiel könnte ein Klassifikator, der „Schwimmen"-Sequenzen sehr gut labelt, nur ein Schwimmbad-Detektor sein, was beispielsweise für Schwimmer in Flüssen nicht funktionieren würde.

Allgemeinere Probleme bleiben offen – zum Beispiel, wie man Beobachtungen des Körpers und der Objekte in der Nähe mit den Zielen und Absichten der sich bewegenden Personen verknüpft. Eine Quelle der Schwierigkeit ist, dass ähnliche Verhalten unterschiedlich und unterschiedliche Verhalten ähnlich aussehen, wie ► Abbildung 25.17 zeigt.

Eine weitere Schwierigkeit stellt die Zeitskala dar. Was jemand tut, hängt ziemlich stark von der Zeitskala ab, wie ► Abbildung 25.18 zeigt. Ein weiterer wichtiger Effekt, der in dieser Abbildung gezeigt wird, ist, dass sich Verhalten aus mehreren Teilen zusammensetzt – mehrere erkannte Verhalten können kombiniert werden, um ein einzelnes Verhalten auf höherer Ebene zu bilden, wie z. B. das Zubereiten von einem Imbiss.

Abbildung 25.17: Die gleiche Aktion kann sehr unterschiedlich aussehen; und unterschiedliche Aktionen können ähnlich aussehen. Diese Beispiele zeigen Aktionen aus einer Datenmenge natürlichen Verhaltens; die Label wurden von den Kuratoren der Daten gewählt und nicht von einem Algorithmus vorgegeben. **Oben**: Beispiele für das Label „Kühlschrank öffnen", einige in Nahaufnahme und einige aus der Ferne gezeigt. **Unten**: Beispiele für das Label „etwas aus dem Kühlschrank nehmen". Beachten Sie, dass sich in beiden Reihen die Hand der Testperson nahe an der Kühlschranktür befindet – um den Unterschied zwischen den beiden Fällen zu erkennen, ist eine recht subtile Beurteilung darüber erforderlich, wo sich die Hand und wo sich die Tür befindet. Abbildung mit freundlicher Genehmigung von David Fouhey, entnommen aus einer in Fouhey *et al.* (2018) beschriebenen Datenmenge.

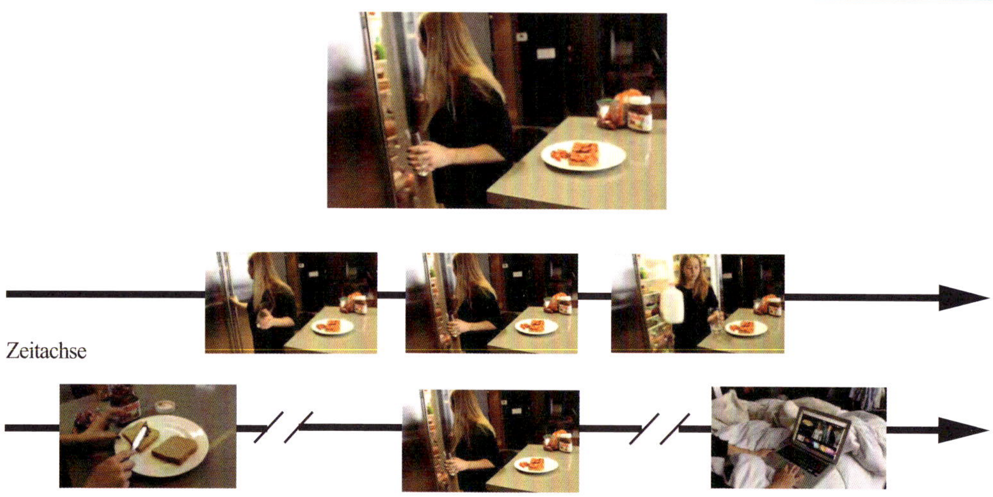

Abbildung 25.18: Wie Sie eine Aktion nennen, hängt von der Zeitskala ab. Das Einzelbild **oben** lässt sich am besten als *Öffnen des Kühlschranks* beschreiben (man schaut sich den Inhalt nicht an, wenn man einen Kühlschrank schließt). Wenn Sie sich jedoch einen kurzen Videoclip ansehen (angezeigt durch die Bilder in der **mittleren** Reihe), lässt sich die Aktion am besten als *Milch aus dem Kühlschrank holen* beschreiben. Wenn Sie sich einen langen Clip ansehen (die Bilder in der **unteren** Reihe), wird die Aktion am besten als *Zubereiten eines Imbisses* beschrieben. Beachten Sie, dass dies nur eine Art und Weise veranschaulicht, wie das Verhalten zusammengesetzt sein kann: Milch aus dem Kühlschrank zu holen ist manchmal Teil des Zubereitens eines Imbisses und das Öffnen des Kühlschranks ist normalerweise Teil der Aktion Milch aus dem Kühlschrank zu holen. Abbildung mit freundlicher Genehmigung von David Fouhey, entnommen aus einer in Fouhey *et al.* (2018) beschriebenen Datenmenge.

Es kann auch sein, dass nicht zusammenhängende Verhalten gleichzeitig ablaufen, z. B. dass jemand ein Lied singt, während er einen Imbiss zubereitet. Eine Herausforderung ist, dass es kein einheitliches Vokabular für die einzelnen Verhalten gibt. Menschen sind häufig der Meinung, dass sie viele Verhaltensweisen benennen können, aber sind auf Anfrage selten in der Lage, eine lange Liste mit solchen Bezeichnungen zu produzieren. All dies macht es schwieriger, an Datenmengen mit konsistent beschrifteten Verhaltensweisen zu kommen.

Gelernte Klassifikatoren verhalten sich garantiert nur dann gut, wenn die Trainings- und Testdaten aus der gleichen Verteilung stammen. Wir haben keine Möglichkeit zu überprüfen, ob diese Einschränkung auch für Bilder gilt, aber empirisch beobachten wir, dass Bildklassifikatoren und Objektdetektoren sehr gut funktionieren. Allerdings ist bei Aktivitätsdaten die Beziehung zwischen Trainings- und Testdaten unzuverlässiger, weil Menschen in so vielen Kontexten so viele unterschiedliche Dinge tun. Nehmen wir zum Beispiel an, wir haben einen Fußgängerdetektor, der für eine große Datenmenge gut funktioniert. Trotzdem wird es seltene Phänomene geben (z. B. Menschen, die auf Einräder steigen), die in der Trainingsmenge nicht vorkommen, sodass wir nicht mit Sicherheit sagen können, wie der Detektor auf solche Fälle reagiert. Die Herausforderung besteht darin, zu beweisen, dass der Detektor sicher ist, egal was die Fußgänger tun, was für aktuelle Lerntheorien schwierig ist.

25.7.2 Bilder und Begriffe verknüpfen

Viele Menschen erstellen und teilen Bilder und Videos im Internet. Die Schwierigkeit besteht darin, das zu finden, was man sucht. In der Regel wollen die Leute anhand von Begriffen suchen (und nicht etwa anhand von Beispielskizzen). Da den meisten Bildern keine Wörter beigefügt sind, ist es naheliegend, **Tagging-Systeme** zu entwickeln, die die Bilder mit relevanten Begriffen versehen. Die zugrunde liegende Funktionsweise ist einfach: Wir wenden Bildklassifikations- und Objekterkennungsmethoden an und markieren das Bild mit den ausgegebenen Begriffen. Aber diese Markierungen (Tags) sind keine umfassende Beschreibung dessen, was in einem Bild passiert. Es kommt darauf an, wer was tut, und Tags erfassen dies nicht. Wenn Sie z. B. das Bild einer Katze auf der Straße mit den Objektkategorien „Katze", „Straße", „Mülleimer" und „Fischgräten" markieren, lassen Sie die Information aus, dass die Katze die Fischgräten aus einem offenen Mülleimer auf der Straße herauszieht.

Als Alternative zum Tagging könnten wir **Beschriftungssysteme** (*captioning systems*) entwickeln – Systeme, die eine Bildunterschrift bestehend aus einem oder mehreren Sätzen vergeben, die das Bild beschreiben. Die zugrunde liegende Vorgehensweise ist auch diesmal einfach – koppeln Sie ein CNN (zur Darstellung des Bilds) mit einem rekurrenten neuronalen Netz oder einem Transformernetz (zur Generierung von Sätzen) und trainieren Sie das Ergebnis mit einer Datenmenge von beschrifteten Bildern. Es gibt viele Bilder mit Beschriftungen im Internet; bei kuratierten Datenmengen wird jedes Bild einzeln von Hand mit zusätzlichen Beschriftungen versehen, um der Variation in der natürlichen Sprache gerecht zu werden. Die COCO-Datenbasis (*Common Objects in Context*) ist zum Beispiel eine umfassende Sammlung von über 200.000 Bildern, die mit fünf Label pro Bild versehen sind.

Aktuelle Methoden zur Beschriftung verwenden Detektoren, um eine Reihe von Begriffen zu finden, die das Bild beschreiben, und speisen diese Wörter in ein Sequenzmodell ein, das trainiert wurde, einen Satz zu generieren. Die genauesten Methoden durchsuchen die Sätze, die das Modell generieren kann, um die besten zu finden, und starke Methoden bedürfen anscheinend einer langsamen Suche. Sätze werden mit einer Reihe von Scores bewertet, die prüfen, ob der generierte Satz (a) Phrasen verwendet, die in den Ground-Truth-Annotationen üblich sind, und (b) keine anderen Phrasen verwendet. Diese Scores sind schwer direkt als Verlustfunktion zu verwenden, aber mit Methoden des Reinforcement Learning können Netze trainiert werden, die sehr gute Scores erhalten. Oft gibt es ein Bild in der Trainingsmenge, dessen Beschreibung denselben Wortlaut enthält wie ein Bild in der Testmenge. In diesem Fall kann ein Beschriftungssystem einfach eine gültige Beschriftung abrufen, anstatt eine neue zu erzeugen. Systeme zur Erzeugung von Bildunterschriften produzieren eine Mischung aus hervorragenden Ergebnissen und peinlichen Fehlern (► Abbildung 25.19).

Beschriftungssysteme können ihre Unwissenheit verbergen, indem sie Details, die sie nicht richtig erkennen können, nicht erwähnen oder kontextbezogene Hinweise zum Raten verwenden. Zum Beispiel sind Beschriftungssysteme tendenziell schlecht darin, das Geschlecht von

Ein Baby isst etwas Essen in seinen Mund | Ein kleiner Junge isst ein Stück Kuchen | Ein kleiner Vogel hockt auf einem Ast | Ein kleiner brauner Bär sitzt im Gras

Abbildung 25.19: Automatisierte Bildbeschriftungssysteme liefern einige gute Ergebnisse und einige schlechte. Die beiden Beschriftungen auf der linken Seite beschreiben die jeweiligen Bilder gut, obwohl „isst ... in seinen Mund" eine den Sprachfluss störende Redundanz ist, die ziemlich typisch für die Sprachmodelle rekurrenter neuronaler Netze ist, wie sie von früheren Beschriftungssystemen verwendet wurden. Bei den beiden Beschriftungen auf der rechten Seite scheint das Beschriftungssystem keine Eichhörnchen zu kennen und errät daher das Tier aus dem Kontext. Außerdem erkennt es nicht, dass die beiden Eichhörnchen gerade essen. Bildnachweis: geraine/Shutterstock; ESB Professional/Shutterstock; BushAlex/Shutterstock; Maria.Tem/Shutterstock. Die gezeigten Bilder sind ähnlich, aber nicht identisch mit den Originalbildern, aus denen die Bildunterschriften generiert wurden. Für die Originalbilder siehe Aneja *et al.* (2018). Wir geben hier die deutsche Übersetzung wieder.

Personen in Bildern zu identifizieren, und raten oft auf Basis von Trainingsdatenstatistiken. Das kann zu Fehlern führen – Männer gehen auch gerne einkaufen und Frauen fahren auch Snowboard. Eine Möglichkeit, um festzustellen, ob ein System eine gute Vorstellung davon hat, was in einem Bild passiert, ist, es zu zwingen, Fragen zum Bild zu beantworten. Dies ist ein **visuelles Frage-Antwort-System** (*Visual Answering System*, VQA). Eine Alternative ist ein **visuelles Dialogsystem**, dem ein Bild, seine Beschriftung und ein Dialog übergeben wird. Das System muss dann die letzte Frage im Dialog beantworten. Wie ► Abbildung 25.20 zeigt, ist Vision nach wie vor extrem schwierig und VQA-Systeme machen oft Fehler.

F: Was trägt die Katze? A: Hut | F: Wie ist das Wetter? A: Regnerisch | F: Welcher Untergrund ist dies? – A: Sand | F: Womit ist die Pizza belegt? – A: Pilze

F: Wie viele Löcher sind in der Pizza? – A: 8 | F: Welcher Buchstabe steht auf dem Schläger? – A: w | F: Welche Farbe hat das rechte Vorderbein? – A: Braun | F: Warum ist das Schild gebogen? – A: Ist es nicht

Abbildung 25.20: Visuelle Frage-Antwort-Systeme produzieren Antworten (normalerweise ausgewählt aus einer Multiple-Choice-Menge) auf natürlichsprachliche Fragen zu Bildern. **Oben**: Das System produziert recht vernünftige Antworten auf eher schwierige Fragen zum Bild. **Unten**: weniger zufriedenstellende Antworten. Zum Beispiel rät das System die Anzahl der Löcher in einer Pizza, weil es nicht versteht, was als Loch zählt, und es hat echte Schwierigkeiten beim Zählen. Ebenso wählt das System braun für das Bein der Katze, weil der Hintergrund braun ist und es das Bein nicht richtig lokalisieren kann. Bildnachweis: (Oben) Tobyanna/Shutterstock; 679411/Shutterstock; ESB Professional/Shutterstock; Africa Studio/Shutterstock; (Unten) Stuart Russell; Max- isport/Shutterstock; Chendongshan/Shutterstock; Scott Biales DitchTheMap/Shutterstock. Die gezeigten Bilder sind ähnlich, aber nicht identisch mit den Originalbildern, auf die das Frage-Antwort-System angewendet wurde. Für die Originalbilder siehe Goyal *et al.* (2017). Wir geben hier die deutsche Übersetzung wieder.

25.7.3 Rekonstruktion aus vielen Ansichten

Die Rekonstruktion mehrerer Punkte aus vielen Ansichten – z. B. aus einem Video oder einer Sammlung von Touristenfotos – ist ähnlich wie die Rekonstruktion von Punkten aus zwei Ansichten, aber es gibt einige wichtige Unterschiede. Es muss viel mehr Arbeit geleistet werden, um eine Korrespondenz zwischen Punkten in verschiedenen Ansichten herzustellen, und Punkte können in einer Ansicht fehlen oder neu hinzugekommen sein, was den Abgleich- und Rekonstruktionsprozess unübersichtlicher macht. Außerdem bedeuten mehr Ansichten auch mehr Einschränkungen für die Rekonstruktion und die wiederhergestellten Betrachtungsparameter, sodass es in der Regel möglich ist, extrem genaue Schätzungen sowohl der Position der Punkte als auch der Betrachtungsparameter zu erstellen. Grob gesagt erfolgt die Rekonstruktion durch das Abgleichen von Punkten über Bildpaare, das Ausweiten dieser Abgleiche auf Bildgruppen, das Ermitteln einer groben Lösung für die Geometrie und die Betrachtungsparameter und das anschließende Verfeinern dieser Lösung. Verfeinern bedeutet, die Fehler zwischen den Positionen der Bildmerkmale und den durch das Modell (der Geometrie und der Betrachtungsparameter) vorhergesagten Punkten zu minimieren. Die detaillierten Verfahren sind zu komplex, um sie hier vollständig zu beschreiben, aber sie sind inzwischen sehr gut verstanden und recht zuverlässig.

Wir kennen alle geometrischen Beschränkungen auf Korrespondenzen für jede denkbare Form von Kamera. Die Verfahren können verallgemeinert werden, um Ansichten zu verarbeiten, die nicht orthografisch sind, um Punkte zu verarbeiten, die nur in einigen Ansichten beobachtet werden, um unbekannte Kameraparameter (wie die Brennweite) zu verarbeiten und um verschiedene ausgeklügelte Suchen nach geeigneten Korrespondenzen zu nutzen. Es ist praktisch, ein Modell einer ganzen Stadt aus Bildern genau zu rekonstruieren. Einige Anwendungen sind:

- **Modellierung:** Zum Beispiel könnte man ein Modellierungssystem erstellen, das viele Ansichten eines Objekts übernimmt und eine sehr detaillierte 3-D-Struktur aus texturierten Polygonen für die Verwendung in Computergrafik- und Virtual-Reality-Anwendungen erzeugt. Solche Modelle lassen sich heute routinemäßig aus Videos erstellen, können aber inzwischen auch aus scheinbar zufälligen Bildsätzen erstellt werden. Zum Beispiel können Sie ein 3-D-Modell der Freiheitsstatue aus Bildern erstellen, die Sie im Internet gefunden haben.
- **Mischen von Animationen mit Live-Darstellern im Video:** Um Computergrafik-Charaktere in einem realen Video zu platzieren, müssen wir wissen, wie sich die Kamera für das reale Video bewegt hat, damit wir den Charakter korrekt rendern können, indem wir die Ansicht analog der Kamerabewegung ändern.
- **Pfadrekonstruktion:** Mobile Roboter müssen wissen, wo sie gewesen sind. Wenn der Roboter über eine Kamera verfügt, können wir ein Modell des Kamerapfads durch die Welt erstellen, das als Repräsentation des Roboterpfads dient.
- **Baumanagement:** Gebäude sind enorm komplizierte Artefakte und den Überblick über das Baugeschehen zu behalten, ist schwierig und teuer. Eine Möglichkeit, den Überblick nicht zu verlieren, besteht darin, einmal pro Woche mit Drohnen über die Baustelle zu fliegen und den aktuellen Zustand zu filmen. Anschließend wird ein 3-D-Modell des aktuellen Zustands erstellt und der Unterschied zwischen den Plänen und der Rekonstruktion mithilfe von Visualisierungstechniken untersucht. ► Abbildung 25.21 veranschaulicht diese Anwendung.

25.7.4 Geometrie aus einer einzigen Ansicht

Geometrische Repräsentationen sind besonders nützlich, wenn Sie sich bewegen wollen, weil die Repräsentationen Ihnen verraten, wo Sie sich befinden, wohin Sie gehen können und auf

Abbildung 25.21: 3-D-Modelle von Baustellen werden durch Structure-from-Motion- und Multiview-Stereo-Algorithmen aus Bildern erzeugt. Sie helfen Bauunternehmen, die Arbeiten an großen Gebäuden zu koordinieren, indem sie ein 3-D-Modell des aktuellen Baus mit den Bauplänen abgleichen. **Links**: Visualisierung eines mit Drohnen aufgenommenen geometrischen Modells. Die rekonstruierten 3-D-Punkte werden in Farbe gerendert, sodass das Ergebnis dem bisherigen Baufortschritt entspricht (man beachte das teilweise fertiggestellte Gebäude mit Kran). Die kleinen Pyramiden zeigen die Pose der Drohne bei der Aufnahme an, um die Flugbahn zu visualisieren. **Rechts**: Diese Systeme werden tatsächlich von Bautrupps verwendet; dieses Team sieht sich das Modell des Ist-Zustands an und vergleicht es mit den Bauplänen als Teil der Koordinierungssitzung. Abbildung mit freundlicher Genehmigung von Derek Hoiem, Mani Golparvar-Fard und Reconstruct, produziert von einem kommerziellen System, das in einem Blogbeitrag auf `medium.com/reconstruct-inc` beschrieben wird.

wen oder was Sie wahrscheinlich stoßen werden. Es ist jedoch nicht immer praktisch, anhand mehrerer Ansichten ein geometrisches Modell zu erstellen. Wenn Sie z. B. die Tür öffnen und in einen Raum eintreten, sind Ihre Augen zu nahe beieinander, um eine gute Darstellung der Tiefe zu entfernten Objekten auf der anderen Seite des Raums zu erhalten. Sie könnten Ihren Kopf vor und zurück bewegen, aber das ist zeitaufwendig und unbequem.

Eine Alternative besteht darin, von einem Bild eine **Tiefenkarte** zu erstellen, d. h. ein Array, das die Tiefe jedes Pixels im Bild, nominell von der Kamera aus, angibt. Für viele Arten von Szenen ist dies erstaunlich einfach und genau durchzuführen, da die Tiefenkarte eine recht einfache Struktur hat. Dies gilt insbesondere für Zimmer und Innenraumszenen im Allgemeinen. Die Vorgehensweise ist sehr einfach. Man besorgt sich eine Datenbasis von Bildern und Tiefenkarten und trainiert dann ein Netz, um Tiefenkarten aus Bildern vorherzusagen. Mit dieser Technik lässt sich eine Vielzahl interessanter Variationen des Problems lösen. Ein Nachteil von Tiefenkarten ist, dass sie nichts über die Rückseiten von Objekten oder den Raum hinter den Objekten aussagen. Es gibt jedoch Methoden, die vorhersagen können, welche Voxel (3-D-Pixel) von bekannten Objekten belegt sind (die Objektgeometrie ist bekannt) und wie eine Tiefenkarte aussehen würde, wenn ein Objekt entfernt würde (und somit, wo man Objekte verstecken könnte). Diese Methoden funktionieren, weil die Objektformen recht stark stilisiert sind.

Wie wir in Abschnitt 25.6.4 gesehen haben, ist die Wiederherstellung der Pose eines bekannten Objekts mithilfe eines 3-D-Modells sehr einfach. Stellen Sie sich nun vor, Sie sehen beispielsweise ein einzelnes Bild von einem Spatz. Wenn Sie in der Vergangenheit viele Bilder von sperlingsähnlichen Vögeln gesehen haben, können Sie aus diesem einen Bild eine vernünftige Schätzung sowohl der Pose des Spatzen als auch seines geometrischen Modells rekonstruieren. Anhand der vergangenen Bilder erstellen Sie eine kleine, parametrische Familie von geometrischen Modellen für spatzenähnliche Vögel. Dann wird ein Optimierungsverfahren angewendet, um den besten Satz von Parametern und Beobachtungspunkten zu finden, die das Bild erklären, das Sie sehen. Dieses Argument funktioniert auch, um die Textur für dieses Modell zu liefern, sogar für die Teile, die Sie nicht sehen können (► Abbildung 25.22).

Abbildung 25.22: Wenn Sie viele Bilder einer Kategorie gesehen haben – z. B. Vögel (**oben**) –, können Sie diese verwenden, um eine 3-D-Rekonstruktion aus einer einzigen neuen Ansicht zu erstellen (**unten**). Sie müssen sicher sein, dass alle Objekte eine recht ähnliche Geometrie haben (ein Bild eines Straußes hilft also nicht, wenn Sie einen Spatz betrachten), aber mit Klassifikationsmethoden lässt sich das klären. Aus den vielen Bildern können Sie abschätzen, wie die Texturwerte im Bild über das Objekt verteilt sind, und so die Textur für Teile des Vogels vervollständigen, die Sie noch nicht gesehen haben (**unten**). Abbildung mit freundlicher Genehmigung von Angjoo Kanazawa, erstellt mit einem in Kanazawa *et al.* (2018b) beschriebenen System. Bildnachweis oben: Satori/123RF; Bildnachweis unten links: Four Oaks/Shutterstock.

25.7.5 Bilder machen

Immer häufiger werden heutzutage Computergrafikmodelle täuschend echt in Fotos eingefügt, wie in ► Abbildung 25.23, wo eine Statue in das Foto eines Zimmers platziert wurde. Schätzen Sie zunächst eine Tiefenkarte und Albedo für das Bild. Schätzen Sie dann die Beleuch-

Abbildung 25.23: **Links** ist ein Bild einer realen Szene zu sehen. **Rechts** ist ein Computergrafikobjekt in diese Szene eingefügt worden. Sie können sehen, dass das Licht aus der richtigen Richtung zu kommen scheint und das Objekt offensichtlich entsprechende Schatten wirft. Das generierte Bild wirkt täuschend echt, auch wenn es kleine Fehler in der Beleuchtung und den Schatten aufweist. Da Menschen jedoch keine Experten sind, werden ihnen diese Fehler kaum auffallen. Abbildung mit freundlicher Genehmigung von Kevin Karsch, erstellt von einem in Karsch *et al.* (2011) beschriebenen System.

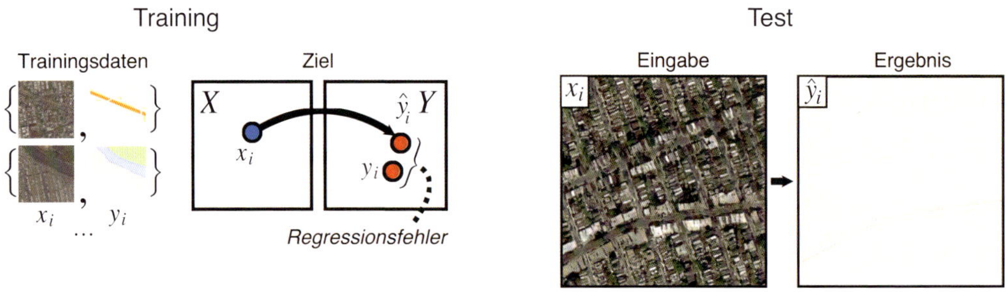

Abbildung 25.24: Paarweise Bildumwandlung, bei der die Eingabe aus Luftbildern und den entsprechenden Kartenausschnitten besteht und es das Ziel ist, ein Netz zu trainieren, um aus einem Luftbild einen Kartenausschnitt zu erzeugen. (Das System kann auch lernen, Luftbilder aus Kartenausschnitten zu erzeugen.) Das Netz wird trainiert, indem es die Ausgabe $\hat{y}_i$ (z. B. x_i vom Typ X) mit der richtigen Ausgabe y_i vom Typ Y vergleicht. Beim Testen muss das Netz dann neue Bilder vom Typ Y aus neuen Eingaben vom Typ X erzeugen. Abbildung mit freundlicher Genehmigung von Phillip Isola, Jun-Yan Zhu und Alexei A. Efros, erstellt von einem in Isola *et al.* (2017) beschriebenen System. Kartendaten 2019 Google.

tung im Bild, indem Sie es mit anderen Bildern mit bekannter Beleuchtung abgleichen. Platzieren Sie das Objekt in die Tiefenkarte des Bilds und rendern Sie die resultierende Welt mit einem physikalischen Renderer – einem Standardwerkzeug in der Computergrafik. Blenden Sie schließlich das modifizierte Bild in das Originalbild ein.

Neuronale Netze können auch darauf trainiert werden, **Bildumwandlungen** vorzunehmen: Bilder vom Typ X (z. B. ein verschwommenes Bild, ein Luftbild einer Stadt oder eine Zeichnung eines neuen Produkts) können auf Bilder vom Typ Y (z. B. eine scharfe Version des Bilds, eine Straßenkarte oder ein Produktfoto) abgebildet werden. Dies ist am einfachsten, wenn die Trainingsdaten aus (X, Y)-Bildpaaren bestehen – in ► Abbildung 25.24 besteht jedes Beispielpaar aus einem Luftbild und dem entsprechenden Straßenkartenausschnitt. Der Trainingsverlust vergleicht die Ausgabe des Netzes mit der gewünschten Ausgabe und verfügt auch über eine Verlustkomponente von einem GAN (*Generative Adversarial Network*), die sicherstellt, dass die Ausgabe die richtigen Merkmalsarten für Bilder des Typs Y hat. Wie wir im Testteil von ► Abbildung 25.24 sehen, schneiden Systeme dieser Art sehr gut ab.

Manchmal haben wir keine Bilder, die Paare bilden, aber wir haben eine große Sammlung von Bildern des Typs X (beispielsweise Bilder von Pferden) und eine separate Sammlung des Typs Y (beispielsweise Bilder von Zebras). Stellen Sie sich einen Künstler vor, der die Aufgabe hat, ein Bild von einem Zebra zu erstellen, das auf einem Feld läuft. Der Künstler würde es zu schätzen wissen, wenn er genau das richtige Bild eines Pferds auswählen könnte und der Computer das Pferd dann automatisch in ein Zebra umwandeln würde (► Abbildung 25.25). Um dies zu erreichen, können wir zwei Transformationsnetze trainieren, mit einer zusätzlichen Einschränkung, die als Zyklus-Constraint bezeichnet wird. Das erste Netz bildet Pferde auf Zebras ab und das zweite Netz Zebras auf Pferde. Dabei verlangt der Zyklus-Constraint, dass man bei der Abbildung von X auf Y auf X (oder von Y auf X auf Y) wieder das Bild erhält, das als Ausgangsbasis gedient hat. Auch hier stellen die GAN-Verluste sicher, dass die Pferde- (oder Zebra-) Bilder, die die Netze ausgeben, „wie“ echte Pferde- (oder Zebra-) Bilder aussehen.

Ein anderer künstlerischer Effekt wird als **Stiltransfer** bezeichnet: Die Eingabe besteht aus zwei Bildern – dem *Inhalt* (z. B. dem Foto einer Katze) und dem *Stil* (z. B. einem abstrakten Gemälde). Die Ausgabe ist eine Version der Katze, die in dem abstrakten Stil gerendert wird (► Abbildung 25.26). Die wichtigste Erkenntnis zur Lösung dieses Problems ist folgende: Wenn wir ein tiefes CNN untersuchen, das für die Objekterkennung trainiert wurde (z. B. auf

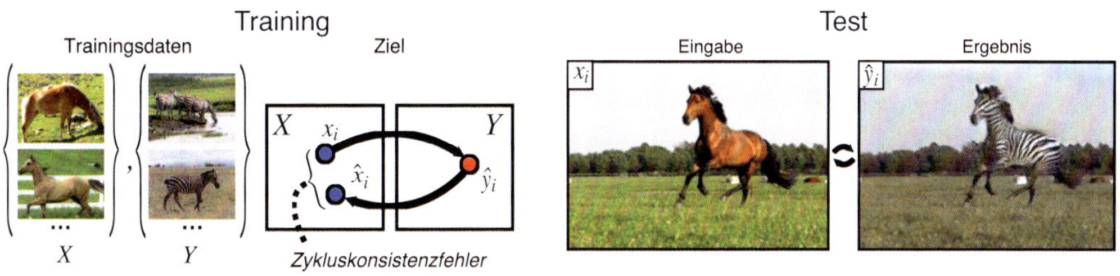

Abbildung 25.25: Nicht paarweise Bildumwandlung: Gegeben seien zwei unabhängige Sammlungen von Bildern (Typ X sind Pferde und Typ Y Zebras), die aber keine Paare sind. Es wird gelernt, ein Pferd in ein Zebra umzuwandeln. Die Methode trainiert zwei Prädiktoren: einen, der Typ X auf Typ Y abbildet, und einen anderen, der Typ Y auf Typ X abbildet. Wenn das erste Netz ein Pferd x_i auf ein Zebra $\hat{y}_i$ abbildet, sollte das zweite Netz $\hat{y}_i$ zurück auf das ursprüngliche x_i abbilden. Die Differenz zwischen x_i und $\hat{x}_i$ ist das, was die beiden Netze trainiert. Der Zyklus von Y nach X und zurück muss geschlossen sein. Solche Netze können erfolgreich leistungsstarke Transformationen auf Bilder anwenden. Abbildung mit freundlicher Genehmigung von Alexei A. Efros; siehe Zhu *et al.* (2017). Foto des galoppierenden Pferdes von Justyna Furmanczyk Gibaszek/Shutterstock.

Abbildung 25.26: Stilübertragung: Der *Inhalt* eines Fotos einer Katze wird mit dem *Stil* eines abstrakten Gemäldes kombiniert, um ein neues, im abstrakten Stil gerendertes Bild der Katze zu erhalten (rechts). Das Gemälde ist Wassily Kandinskys *Lyrisches* (Public Domain); die Katze ist Cosmo.

ImageNet), dann stellen wir fest, dass die frühen Schichten dazu neigen, den Stil eines Bilds zu repräsentieren, und die späten Schichten repräsentieren den Inhalt. Sei p das Inhaltsbild und s das Stilbild und sei $E(x)$ der Vektor der Aktivierungen einer frühen Schicht auf Bild x und $L(x)$ der Vektor der Aktivierungen einer späten Schicht auf Bild x. Dann wollen wir ein Bild x erzeugen, das einen ähnlichen Inhalt wie das Hausfoto hat, also $|L(x) - L(p)|$ minimiert, und gleichzeitig einen ähnlichen Stil wie das impressionistische Gemälde aufweist, also $|E(x)-E(s)|$ minimiert. Wir verwenden Gradientenabstieg mit einer Verlustfunktion, d. h. eine lineare Kombination dieser beiden Faktoren, um ein Bild x zu finden, das den Verlust minimiert.

GANs (Generative Adversarial Networks) können neuartige fotorealistische Bilder erzeugen, die für die meisten Menschen die meiste Zeit über täuschend echt aussehen. Eine Art von Bild ist das **Deepfake** – ein Bild oder Video, das wie eine bestimmte Person aussieht, aber aus einem Modell generiert wurde. Als Carrie Fisher zum Beispiel 60 Jahre alt war, wurde für die Dreharbeiten zu *Rogue One* eine generierte Nachbildung ihres 19-jährigen Gesichts über den Körper einer anderen Schauspielerin gelegt. Die Filmindustrie erstellt immer bessere Deepfakes für künstlerische Zwecke und gleichzeitig arbeitet die Wissenschaft an Gegenmaßnahmen zur Erkennung von Deepfakes, um die zerstörerischen Auswirkungen von Fake News abzuschwächen.

Generierte Bilder können auch aus Datenschutzgründen verwendet werden. So gibt es z. B. in radiologischen Praxen jede Menge Bilddaten, die für Forscher nützlich wären, aber aufgrund der ärztlichen Schweigepflicht nicht veröffentlicht werden dürfen. Generative Bildmodelle können aus einer privaten Bilddatenbasis eine synthetische Datenmenge erzeugen, die den Forschern zur Verfügung gestellt werden kann. Diese Datenmenge sollte (a) mit der Trainingsdatenmenge vergleichbar, (b) unterschiedlich und (c) kontrollierbar sein. Nehmen wir beispielsweise Röntgenbilder des Brustkorbs. Die synthetische Datenmenge sollte insofern der Trainingsdatenmenge entsprechen, dass jedes einzelne Bild einen Radiologen täuschen würde und die Häufigkeiten der einzelnen Effekte den realen Häufigkeiten entsprechen sollten, sodass ein Radiologe nicht überrascht wäre, wie oft (beispielsweise) eine Lungenentzündung auftritt. Die neue Datenmenge sollte sich insofern unterscheiden, dass sie keine die Person identifizierenden Informationen preisgibt. Die neue Datenmenge sollte kontrollierbar sein, sodass die Häufigkeiten der Effekte nach Altersgruppen bereinigt werden können. Zum Beispiel sind Lungenentzündungen bei älteren Menschen häufiger als bei jungen Erwachsenen. Jedes dieser Ziele ist technisch schwer umzusetzen, aber es wurden bereits Bilddatenbasen erstellt, die praktizierende Radiologen teilweise täuschten (► Abbildung 25.27).

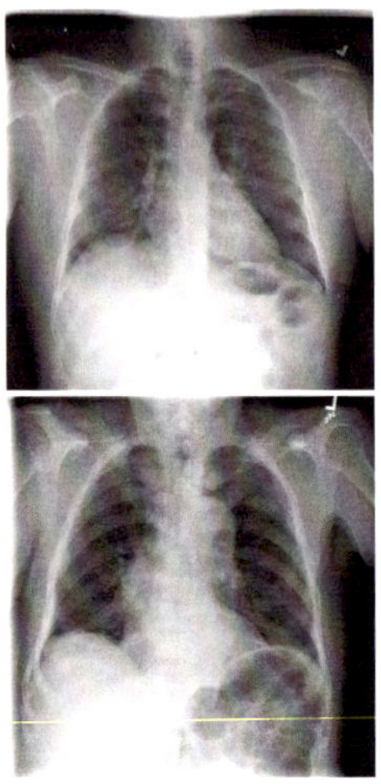

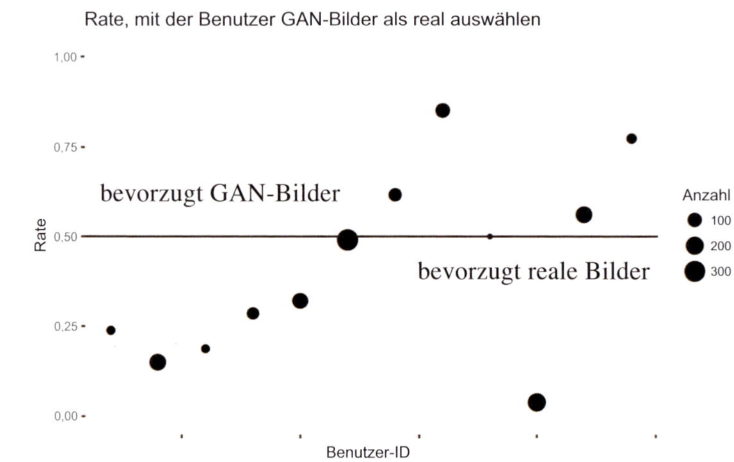

Abbildung 25.27: GAN-generierte Röntgenbilder der Lunge. Links ein Paar bestehend aus einem echten Röntgenbild und einem GAN-generierten Röntgenbild. Rechts sind die Ergebnisse eines Tests dargestellt, bei dem Radiologen gebeten wurden, bei einem Paar von Röntgenbildern (wie links dargestellt) zu erkennen, welches das echte Röntgenbild ist. Im Durchschnitt wählten sie in 61 % der Fälle richtig, etwas besser als der Zufall. Aber sie unterschieden sich in ihrer Genauigkeit – das Diagramm auf der rechten Seite zeigt die Fehlerrate für 12 verschiedene Radiologen; einer von ihnen hatte eine Fehlerrate nahe 0 % und ein anderer hatte 80 % Fehler. Die Größe jedes Punkts zeigt die Anzahl der Bilder, die jeder Radiologe betrachtet hat. Abbildung mit freundlicher Genehmigung von Alex Schwing, erstellt mit einem in Deshpande *et al.* (2019) beschriebenen System.

25.7.6 Bewegung mit Vision steuern

Eine der Hauptaufgaben des Sehens ist die Bereitstellung von Informationen sowohl für die Handhabung von Objekten (Aufnehmen, Greifen, Drehen usw.) als auch für die Navigation unter Ausweichen von Hindernissen. Die Fähigkeit, Sehen für diese Zwecke zu nutzen, ist in den primitivsten visuellen Systemen der Tiere vorhanden. In vielen Fällen ist das visuelle System minimal, da es aus dem verfügbaren Lichtfeld nur die Informationen extrahiert, die das Tier benötigt, um sein Verhalten zu steuern. Wahrscheinlich haben sich moderne Sehsysteme aus frühen, primitiven Organismen entwickelt, die einen lichtempfindlichen Punkt an einem Ende benutzten, um sich zum Licht hin (oder vom Licht weg) zu orientieren. Wir haben in Abschnitt 25.6 gesehen, dass Fliegen ein sehr einfaches optisches Flusserkennungssystem verwenden, um auf Wänden zu landen.

Nehmen wir an, dass wir nicht auf Wänden landen möchten, sondern ein selbstfahrendes Auto bauen wollen. Dies ist ein Projekt, das viel größere Anforderungen an das Wahrnehmungssystem stellt. Die Wahrnehmung in einem selbstfahrenden Auto muss die folgenden Aufgaben unterstützen:

- **Quersteuerung**: Sicherstellen, dass das Fahrzeug in der Fahrspur bleibt oder bei Bedarf sanft die Spur wechselt.
- **Längssteuerung**: Sicherstellen, dass ein sicherer Abstand zum vorausfahrenden Fahrzeug eingehalten wird.
- **Vermeiden von Hindernissen**: Überwachen der Fahrzeuge auf benachbarten Fahrspuren und auf Ausweichmanöver vorbereitet sein. Erkennen von Fußgängern und ihnen ein sicheres Überqueren der Straße ermöglichen.
- **Befolgen von Verkehrssignalen**: Dazu gehören Ampeln, Stoppschilder, Schilder zur Geschwindigkeitsbegrenzung und Handzeichen der Polizei.

Das Problem für einen Fahrer (Mensch oder Computer) besteht darin, geeignete Lenk-, Beschleunigungs- und Bremsvorgänge zu erzeugen, um diese Aufgaben bestmöglich zu erfüllen.

Um gute Entscheidungen zu treffen, sollte der Fahrer ein Modell der Welt und der darin befindlichen Objekte konstruieren. ► Abbildung 25.28 zeigt einige der visuellen Rückschlüsse, die zum Erstellen dieses Modells erforderlich sind. Für die Quersteuerung muss der Fahrer eine Repräsentation der Position und Ausrichtung des Fahrzeugs relativ zur Fahrbahn verwalten. Für die Längssteuerung muss der Fahrer einen sicheren Abstand zum vorausfahrenden Fahrzeug einhalten (das z. B. auf kurvenreichen, mehrspurigen Straßen nicht leicht zu erkennen ist). Das Vermeiden von Hindernissen und das Befolgen von Verkehrssignalen erfordern zusätzliche Inferenzen.

Straßen wurden für Menschen entworfen, die mithilfe des Sehvermögens navigieren, also sollte es prinzipiell möglich sein, allein mit dem Sehvermögen zu fahren. In der Praxis verwenden kommerzielle selbstfahrende Autos jedoch eine Vielzahl von Sensoren, darunter Kameras, Lidare, Radare und Mikrofone. Ein Lidar oder Radar ermöglicht eine direkte Messung der Tiefe, die genauer sein kann als die rein auf Sehen ausgerichteten Methoden aus Abschnitt 25.6. Das Vorhandensein mehrerer Sensoren erhöht die Leistung im Allgemeinen und ist besonders bei schlechten Sichtverhältnissen wichtig. Radar kann zum Beispiel Nebel durchdringen, der Kameras und Lidare außer Kraft setzt. Mikrofone können sich nähernde Fahrzeuge (insbesondere solche mit Sirenen) erkennen, bevor sie sichtbar werden.

Es wurde auch viel an mobilen Robotern geforscht, die in Innen- und Außenbereichen navigieren. Es gibt zahlreiche Anwendungen, wie z. B. die letzte Meile der Paketzustellung oder Pizzalieferung. Herkömmliche Ansätze unterteilen diese Aufgabe in zwei Phasen, wie ► Abbildung 25.29 darstellt:

- **Kartenerstellung**: Simultane Positionsbestimmung und Kartierung (*Simultaneous Localization and Mapping*, SLAM, siehe S. 1034) hat die Aufgabe, ein 3-D-Modell der Welt zu erstellen, einschließlich der Position des Roboters in der Welt (oder genauer gesagt, der Positionen seiner Kameras). Dieses Modell (normalerweise als Punktwolke von Hindernissen dargestellt) kann aus einer Reihe von Bildern aus verschiedenen Kamerapositionen aufgebaut werden.
- **Pfadplanung**: Sobald der Roboter Zugriff auf diese 3-D-Karte hat und sich darin lokalisieren kann, besteht das Ziel darin, einen kollisionsfreien Pfad von der aktuellen Position zum Zielort zu finden (siehe Abschnitt 26.6).

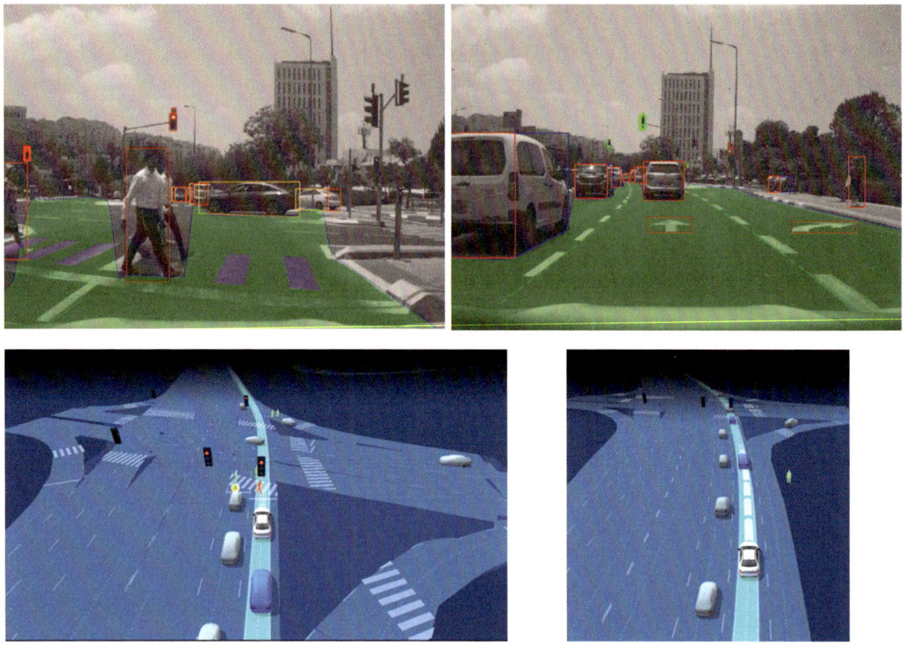

Abbildung 25.28: Kamerabasierte Mobileye-Sensorerfassung für autonome Fahrzeuge. **Obere Reihe**: Zwei Bilder von einer nach vorne gerichteten Kamera, die im Abstand von einigen Sekunden aufgenommen wurden. Der grüne Bereich ist der freie Raum – der Bereich, in den sich das Fahrzeug in unmittelbarer Zukunft physisch bewegen könnte. Objekte werden mit 3-D-Bounding-Boxes angezeigt, die ihre Seiten definieren (rot für die Rückseite, blau für die rechte Seite, gelb für die linke Seite und grün für die Vorderseite). Zu den Objekten gehören Fahrzeuge, Fußgänger, der innere Rand der eigenen Fahrbahnmarkierungen (notwendig für die Quersteuerung), andere aufgemalte Straßen- und Zebrastreifenmarkierungen, Verkehrszeichen und Ampeln. Nicht dargestellt sind Tiere, Pfosten und Kegel, Gehwege, Geländer und allgemeine Objekte (z. B. eine Couch, die von der Ladefläche eines Lkws gefallen ist). Jedes Objekt wird dann mit einer 3-D-Position und Geschwindigkeit markiert. **Untere Reihe**: Ein vollständiges physisches Modell der Umgebung, gerendert aus den erkannten Objekten. (Die Bilder zeigen die Ergebnisse des reinen Vision-Systems von Mobileye.) Bilder mit freundlicher Genehmigung von Mobileye.

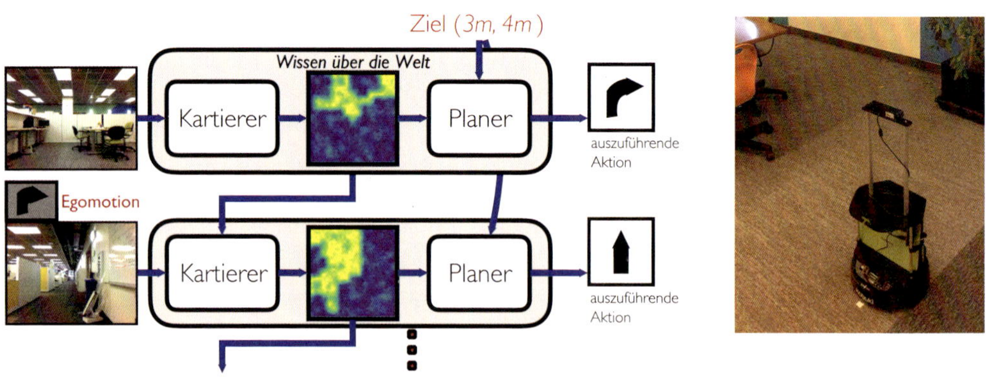

Abbildung 25.29: Die Navigation wird durch Zerlegung in zwei Probleme in Angriff genommen: Kartierung und Planung. Mit jedem fortlaufenden Zeitschritt wird auf der Basis der Informationen von Sensoren inkrementell ein unsicheres Modell der Welt erstellt. Dieses Modell wird zusammen mit der Zielspezifikation an einen Planer übergeben, der die nächste Aktion ausgibt, die der Roboter ausführen sollte, um das Ziel zu erreichen. Modelle der Welt können rein geometrisch sein (wie im klassischen SLAM), semantisch (wie durch Lernen gewonnen) oder sogar topologisch (basierend auf Landmarken). Der aktuelle Roboter ist rechts abgebildet. Abbildungen mit freundlicher Genehmigung von Saurabh Gupta.

Viele Varianten dieses allgemeinen Ansatzes sind erforscht worden. Beim Ansatz der kognitiven Kartierung und Planung beispielsweise sind die beiden Phasen der Kartenerstellung und der Pfadplanung zwei Module in einem neuronalen Netz, das Ende-zu-Ende trainiert wird, um eine Verlustfunktion zu minimieren. Ein solches System muss keine vollständige Karte erstellen – was oft redundant und unnötig ist –, sofern die Informationen ausreichen, um von Punkt A nach Punkt B zu navigieren, ohne mit Hindernissen zu kollidieren.

ZUSAMMENFASSUNG

Obwohl für den Menschen die Wahrnehmung eine mühelose Tätigkeit zu sein scheint, erfordert sie eine erhebliche Menge an anspruchsvollen Berechnungen. Das Ziel des Sehens ist es, Informationen zu extrahieren, die für Aufgaben wie Handhabung, Navigation und Objekterkennung benötigt werden.

- Die Geometrie und Optik des Bildaufbaus ist gut verstanden. Wenn wir eine Beschreibung einer 3-D-Szene haben, können wir aus einer beliebigen Kameraposition leicht ein Bild davon erstellen – das ist das Grafikproblem. Das umgekehrte Problem, das Computer-Vision-Problem – ein Bild aufzunehmen und es in eine 3-D-Beschreibung umzuwandeln – ist schwieriger.
- Repräsentationen von Bildern erfassen Kanten, Textur, optischen Fluss und Regionen. Diese liefern Hinweise auf die Grenzen von Objekten und auf Korrespondenzen zwischen Bildern.
- CNNs erzeugen genaue Bildklassifikatoren, die gelernte Merkmale verwenden. Grob gesagt, sind die Merkmale Muster von Mustern von Mustern ... Es ist schwer vorherzusagen, wann diese Klassifikatoren gut funktionieren, da sich die Testdaten in einigen wichtigen Punkten von den Trainingsdaten unterscheiden können. Die Erfahrung hat gezeigt, dass sie oft genau genug sind, um in der Praxis eingesetzt zu werden.
- Bildklassifikatoren können zu Objektdetektoren gemacht werden. Ein Klassifikator bewertet Rahmen in einem Bild auf Objekthaftigkeit, ein anderer entscheidet dann, ob sich ein Objekt in dem Rahmen befindet und um welches Objekt es sich handelt. Objekterkennungsmethoden sind nicht perfekt, aber für eine Vielzahl von Anwendungen geeignet.
- Mit mehr als einer Ansicht einer Szene ist es möglich, die 3-D-Struktur der Szene und die Beziehung zwischen den Ansichten herauszufinden. In vielen Fällen ist es möglich, die 3-D-Geometrie aus einer einzigen Ansicht zu rekonstruieren.
- Die Methoden der Computer Vision haben einen breiten Einsatzbereich.

Bibliografische und historische Anmerkungen

Dieses Kapitel hat sich auf das Sehen konzentriert, aber auch andere Wahrnehmungskanäle wurden für die Robotik untersucht und genutzt. Hinsichtlich der auditiven Wahrnehmung (Hören) haben wir bereits die Spracherkennung behandelt. Außerdem gibt es beträchtliche Arbeiten zur Musikwahrnehmung (Koelsch und Siebel, 2005) und zum maschinellen Lernen von Musik (Engel *et al.*, 2017) sowie zum maschinellen Lernen für Klänge im Allgemeinen (Sharan und Moir, 2016).

Die taktile Wahrnehmung oder Berührung (Luo *et al.*, 2017) ist in der Robotik ebenfalls von Bedeutung und wird in Kapitel 26 behandelt. An der automatisierten olfaktorischen Wahrnehmung (Geruch) wurde bisher weniger gearbeitet, aber es wurde gezeigt, dass Deep-Learning-Modelle lernen können, Gerüche basierend auf der Struktur von Molekülen vorherzusagen (Sanchez-Lengeling *et al.*, 2019).

Systematische Versuche, das menschliche Sehen zu verstehen, lassen sich bis in die Antike zurückverfolgen. Bereits Euklid (ca. 300 v. Chr.) beschäftigte sich mit der natürlichen Perspektive – dem Abbildungsmechanismus, der jedem Punkt P in der dreidimensionalen Welt die Richtung des Strahls OP zuordnet, der den Mittelpunkt der Projektion O mit dem Punkt P verbindet. Er war sich des Begriffs der Bewegungsparallaxe wohl bewusst. Antike römische Gemälde, wie die, die durch den Ausbruch des Vesuvs im Jahr 79 n. Chr. erhalten geblieben sind, verwendeten eine informelle Art der Perspektive mit mehr als einer Horizontlinie.

Das mathematische Verständnis der perspektivischen Projektion, diesmal im Zusammenhang mit der Projektion auf ebene Flächen, hatte seinen nächsten bedeutenden Fortschritt im 15. Jahrhundert im Italien der Renaissance. Brunelleschi wird gewöhnlich zugeschrieben, dass er um 1413 die ersten Gemälde schuf, die auf der geometrisch korrekten Projektion einer dreidimensionalen Szene basierten. Im Jahr 1435 kodifizierte Alberti die Regeln und inspirierte Generationen von Künstlern. Besonders bemerkenswerte Vertreter der Wissenschaft der Perspektive, wie sie damals genannt wurde, waren Leonardo da Vinci und Albrecht Dürer. Da Vincis Beschreibungen aus dem späten 15. Jahrhundert über das Wechselspiel von Licht und Schatten (*chiaroscuro*), Umbra- und Penumbra-Bereiche von Schatten und die Vogelperspektive sind auch heute noch in Übersetzung lesenswert (Kemp, 1989).

Obwohl auch den Griechen die Perspektive bekannt war, waren sie seltsamerweise verwirrt über die Rolle der Augen beim Sehen. Aristoteles betrachtete die Augen als Geräte, die Strahlen aussenden, wie beispielsweise moderne Laserentfernungsmesser. Dieser Irrtum wurde durch die Arbeiten arabischer Wissenschaftler wie Alhazen im 10. Jahrhundert ausgeräumt.

Es folgte die Entwicklung von verschiedenen Arten von Kameras. Diese bestanden aus einem Raum (*camera* ist lateinisch für „Kammer"), in die durch ein kleines Loch in einer Wand Licht eingelassen wurde, um ein Bild der Szene draußen auf die gegenüberliegende Wand zu werfen. Natürlich wurde bei all diesen Kameras das Bild verkehrt herum angezeigt, was für reichlich Verwirrung sorgte. Wenn man sich das Auge als ein solches Abbildungsgerät vorstellte, wie war es dann möglich, dass wir richtig herum sahen? Dieses Rätsel beschäftigte die größten Geister der damaligen Zeit (einschließlich Leonardo da Vinci). Es bedurfte der Arbeiten von Kepler und Descartes, um die Frage zu klären. Descartes setzte ein Auge, von dem die getrübte Oberhaut entfernt worden war, in ein Loch eines Fensterladens. Das Ergebnis war ein umgekehrtes Bild, das auf einem Stück Papier entstand, das auf die Netzhaut gelegt wurde. Obwohl das Bild auf der Netzhaut tatsächlich invertiert ist, stellt dies kein Problem dar, da das Gehirn das Bild richtig interpretiert. Um es in modernem Fachjargon auszudrücken: Es ist lediglich eine Frage des richtigen Zugriffs auf die Datenstruktur.

Die nächsten großen Fortschritte beim Verständnis des Sehens fanden im 19. Jahrhundert statt. Die Arbeiten von Helmholtz und Wundt, die in Kapitel 1 beschrieben wurden, etablierten die psychophysikalische Untersuchung als eine strenge wissenschaftliche Disziplin. Die

Arbeit von Young, Maxwell und Helmholtz führte zur trichromatischen Theorie des Farbsehens. Die Tatsache, dass Menschen Tiefe sehen können, wenn die Bilder für das linke und rechte Auge leicht unterschiedlich sind, wurde durch Wheatstones (1838) Erfindung des Stereoskops demonstriert. Das Instrument wurde sofort in den Salons in ganz Europa populär.

Das grundlegende Konzept der binokularen Stereopsis – dass zwei Bilder einer Szene, die von leicht unterschiedlichen Standpunkten aus aufgenommen wurden, Informationen enthalten, die ausreichen, um eine dreidimensionale Szene zu rekonstruieren – wurde im Bereich der Fotogrammetrie genutzt. Wichtige mathematische Erkenntnisse waren das Ergebnis. Kruppa (1913) bewies zum Beispiel, dass man aus zwei Ansichten von fünf verschiedenen Punkten einer Szene die Rotation und Translation zwischen den beiden Kamerapositionen sowie die Tiefe der Szene (bis zu einem Skalierungsfaktor) rekonstruieren kann.

Obwohl die Geometrie der Stereopsis seit Langem bekannt ist, wurde das Korrespondenzproblem in der Fotogrammetrie früher von Menschen gelöst, die versuchten, korrespondierende Punkte zuzuordnen. Die erstaunliche Fähigkeit des Menschen, das Korrespondenzproblem zu lösen, wurde durch die Zufallspunktstereogramme von Julesz (1971) veranschaulicht. Auf dem Gebiet der Computer Vision wurden große Anstrengungen unternommen, um das Korrespondenzproblem automatisch zu lösen.

In der ersten Hälfte des 20. Jahrhunderts wurden die bedeutendsten Forschungsergebnisse im Bereich des Sehens von der Berliner Schule der Gestaltpsychologie unter der Leitung von Max Wertheimer erzielt. Sie wiesen auf die Bedeutung der Wahrnehmungsorganisation hin: Für den Menschen ist das Bild keine Ansammlung pointillistischer Fotorezeptorausgaben (Pixel), sondern es ist in kohärente Gruppen organisiert. Die Computer-Vision-Aufgabe, Regionen und Kurven zu finden, geht auf diese Erkenntnis zurück. Die Gestaltisten machten auch auf das „Figur-Grund"-Phänomen aufmerksam – eine Kontur, die zwei Bildregionen trennt, die sich in der Welt in unterschiedlichen Tiefen befinden, scheint nur zur näheren Region, der „Figur", zu gehören und nicht zur entfernteren Region, dem „Grund".

Die Gestaltarbeit wurde von J. J. Gibson (1950, 1979) weitergeführt, der auf die Bedeutung von optischem Fluss und Texturgradienten bei der Einschätzung von Umgebungsvariablen wie Oberflächenneigung und Schräge hinwies. Er betonte erneut die Bedeutung des Reizes und wie aussagekräftig dieser ist. Gibson, Olum und Rosenblatt (1955) wiesen darauf hin, dass das optische Flussfeld genügend Informationen enthält, um die Bewegung des Beobachters relativ zur Umgebung zu bestimmen. Gibson betonte vor allem die Rolle des aktiven Beobachters, dessen selbstgesteuerte Bewegung die Aufnahme von Informationen über die äußere Umgebung erleichtert.

Die Anfänge der Computer Vision reichen bis in die 1960er Jahre zurück. Die Dissertation von Roberts (1963) am MIT über die Wahrnehmung von Würfeln und anderen Objekten in der Blockwelt war eine der frühesten Veröffentlichungen auf diesem Gebiet. Roberts führte mehrere Schlüsselkonzepte ein, darunter Kantenerkennung und den modellbasierten Vergleich.

In den 1960er und 1970er Jahren kam der Fortschritt nur langsam voran, was vor allem an den fehlenden Rechen- und Speicherressourcen lag. Das Hauptaugenmerk lag auf der visuellen Verarbeitung auf niedriger Ebene, wobei Techniken aus verwandten Bereichen wie Signalverarbeitung, Mustererkennung und Daten-Clustering zum Einsatz kamen.

Die Kantenerkennung wurde als wesentlicher erster Schritt in der Bildverarbeitung betrachtet, da sie die zu verarbeitende Datenmenge reduziert. Das weit verbreitete Canny-Kantenerkennungsverfahren wurde von John Canny (1986) eingeführt. Martin, Fowlkes und Malik (2004) zeigten, wie man mehrere Hinweise wie Helligkeit, Textur und Farbe in einem maschinellen Lernverfahren kombinieren kann, um leichter Grenzkurven zu finden.

Das eng verwandte Problem, Regionen mit kohärenter Helligkeit, Farbe und Textur zu finden, bietet sich für Formulierungen an, bei denen das Finden der besten Partition zu einem Optimierungsproblem wird. Drei führende Beispiele basieren auf Markov Random Fields nach Geman und Geman (1984), der Variationsformulierung von Mumford und Shah (1989) und normalisierten Schnitten von Shi und Malik (2000).

Die 1960er, 1970er und 1980er Jahre waren vor allem durch zwei verschiedene Paradigmen der visuellen Erkennung geprägt, die sich aus unterschiedlichen Perspektiven ergaben, was als primäres Problem wahrgenommen wurde. Die Computer-Vision-Forschung zur Objekterkennung konzentrierte sich weitgehend auf Probleme, die sich aus der Projektion dreidimensionaler Objekte auf zweidimensionale Bilder ergaben. Das Konzept der Ausrichtung, das ebenfalls zuerst von Roberts eingeführt wurde, tauchte in den 1980er Jahren in den Arbeiten von Lowe (1987) und Huttenlocher und Ullman (1990) wieder auf.

Die Vertreter der Mustererkennung verfolgten einen anderen Ansatz und betrachteten die 3-D-zu-2-D-Aspekte des Problems als unbedeutend. Ihre motivierenden Beispiele stammen aus Domänen wie der optischen Zeichenerkennung und der Erkennung handgeschriebener Postleitzahlen, in denen es in erster Linie darum geht, die typischen Variationen einer Klasse von Objekten zu lernen und sie von anderen Klassen zu unterscheiden. Die neuronalen Netzarchitekturen für die Bildanalyse lassen sich bis zu den Studien von Hubel und Wiesel (1962, 1968) über den visuellen Kortex in Katzen und Affen zurückverfolgen. Sie entwickelten ein hierarchisches Modell der Sehbahn, bei dem Neuronen in niedrigeren Bereichen des Gehirns (insbesondere im Bereich V1) auf Merkmale wie ausgerichtete Kanten und Balken reagieren und Neuronen in höheren Bereichen auf spezifischere Reize („Großmutterzellen" in der Cartoon-Version).

Fukushima (1980) schlug eine neuronale Netzarchitektur für die Mustererkennung vor, die explizit durch die Hierarchie von Hubel und Wiesel motiviert war. Sein Modell bestand aus abwechselnden Schichten einfacher und komplexer Zellen und beinhaltete somit Downsampling sowie Verschiebungsinvarianz und somit eine Konvolutionsstruktur. LeCun *et al.* (1989) unternahmen den zusätzlichen Schritt, die Gewichte dieses Netzes mittels Rückwärtspropagation zu trainieren, und damit war das geboren, was wir heute als CNNs bezeichnen; siehe LeCun *et al.* (1995) für einen Vergleich der Ansätze.

In den späten 1990er Jahren, als die probabilistische Modellierung und das statistische maschinelle Lernen im Bereich der künstlichen Intelligenz im Allgemeinen noch eine viel größere Rolle spielten, kam es zu einer Annäherung zwischen diesen beiden Traditionen. Zwei Arbeitsfelder trugen wesentlich dazu bei. Das eine war die Forschung zur Gesichtserkennung (Rowley *et al.*, 1998; Viola und Jones, 2004), die die Leistungsfähigkeit von Mustererkennungstechniken bei eindeutig wichtigen und nützlichen Aufgaben demonstrierte.

Das andere war die Entwicklung von Punktdeskriptoren, mit denen sich Merkmalsvektoren aus Objektteilen konstruieren lassen (Schmid und Mohr, 1996). Es gibt drei Schlüsselstrategien, um einen guten lokalen Punktdeskriptor zu erstellen: die Verwendung von Orientierungen, um Beleuchtungsinvarianz zu erhalten, die detaillierte Beschreibung der Bildstruktur in der Nähe eines Punkts (eine grobe Beschreibung weiter entfernt) und die Verwendung von räumlichen Histogrammen, um Abweichungen zu unterdrücken, die durch kleine Fehler bei der Lokalisierung des Punkts verursacht werden. Der SIFT-Deskriptor von Lowe (2004) nutzte diese Ideen sehr effektiv aus. Eine weitere populäre Variante war der HOG-Deskriptor von Dalal und Triggs (2005).

In den 1990er und 2000er Jahren gab es eine anhaltende Debatte zwischen den Anhängern eines cleveren Merkmaldesigns wie SIFT und HOG und den Anhängern neuronaler Netze, die glaubten, dass sich gute Merkmale automatisch aus dem Ende-zu-Ende-Training ergeben sollten. Eine solche Debatte lässt sich durch Benchmarks auf Standarddatenmengen beilegen und in den 2000er Jahren sprachen die Ergebnisse auf einer Standarddatenmenge der Objekterkennung, PASCAL VOC, für die manuell vergebenen Merkmale. Dies änderte sich, als Krizhevsky *et al.* (2013) zeigten, dass ihr neuronales Netz (genannt AlexNet) bei der Aufgabe der Bildklassifikation auf einer ImageNet-Datenbasis deutlich niedrigere Fehlerraten aufwies als die bis dato üblichen Computer-Vision-Techniken.

Welches Geheimnis verbarg sich hinter AlexNet und seinem Erfolg? Neben den technischen Innovationen (wie z. B. die Verwendung von ReLU-Aktivierungseinheiten) müssen wir **Big Data** und **Big Computation** einen hohen Stellenwert einräumen. Mit Big Data meinen wir die Verfügbarkeit großer Datenmengen mit Kategorie-Labeln, wie ImageNet, die die Trainingsdaten für diese großen, tiefen Netze mit Millionen von Parametern liefern. Frühere Datenbasen wie Caltech-101 oder PASCAL VOC hatten nicht genügend Trainingsdaten, und MNIST und CIFAR waren für die Computer-Vision-Community lediglich „Spielzeug-Datenmengen". Das Labeln von Datenmengen für das Benchmarking und für die Extraktion von Bildstatistiken wurde von dem Wunsch der Menschen vorangetrieben, ihre Fotosammlungen auf Internetseiten wie Flickr hochzuladen. Big Computing erwies sich vor allem durch die GPUs als sehr hilfreich, eine Hardwareentwicklung, die ursprünglich von den Bedürfnissen der Videospielindustrie angetrieben wurde.

Innerhalb von ein oder zwei Jahren war die Beweislage ziemlich eindeutig. Zum Beispiel zeigte die Arbeit von Girshick *et al.* (2016) zu regionsbasierten CNNs (RCNN), dass die Modifizierung der AlexNet-Architektur durch die Nutzung von Computer-Vision-Ideen wie Region Proposal eine hochmoderne Objekterkennung auf PASCAL VOC ermöglicht. Wir haben erkannt, dass tiefere Netze im Allgemeinen besser funktionieren und dass die Befürchtungen einer Überanpassung übertrieben sind. Wir haben neue Techniken wie die **Batch-Normalisierung**, um mit Regularisierung umzugehen.

Die Rekonstruktion von dreidimensionalen Strukturen aus mehreren Ansichten hat ihre Wurzeln in der Fotogrammetrie-Literatur. In der Computer-Vision-Ära sind Ullman (1979) und Longuet-Higgins (1981) einflussreiche frühe Arbeiten. Die Bedenken hinsichtlich der Stabilität von Struktur aus Bewegung wurden durch die Arbeit von Tomasi und Kanade (1992) deutlich entkräftet. Sie zeigten, dass die Form mithilfe mehrerer Einzelbilder und der daraus resultierenden breiten Baseline recht genau rekonstruiert werden kann.

Eine konzeptionelle Neuerung, die in den 1990er Jahren eingeführt wurde, war die Untersuchung der projektiven Struktur aus der Bewegung. Hier ist eine Kamerakalibrierung nicht notwendig, wie Faugeras (1992) zeigte. Diese Entdeckung steht im Zusammenhang mit der Einführung von geometrischen Invarianten in der Objekterkennung, wie sie von Mundy und Zisserman (1992) untersucht wurden, und der Entwicklung der affinen Struktur aus der Bewegung durch Koenderink und van Doorn (1991).

In den 1990er Jahren erschlossen sich der Bewegungsanalyse viele neue Anwendungsbereiche, nicht zuletzt aufgrund wesentlich höherer Computergeschwindigkeiten und Speicherkapazitäten und der hohen Verfügbarkeit digitaler Videos. Insbesondere erfreute sich die Erstellung geometrischer Modelle von Szenen aus der realen Welt für das Rendern durch Computergrafiktechniken großer Beliebtheit und führte zu Rekonstruktionsalgorithmen wie dem von Debevec *et al.* (1996). Die Bücher von Hartley und Zisserman (2000) und Faugeras *et al.* (2001) bieten eine umfassende Beschreibung der Geometrie von Mehrfachansichten.

Menschen können Form und räumliche Anordnung aus einem einzigen Bild wahrnehmen, und dies zu modellieren hat sich als eine ziemliche Herausforderung für die Computer-Vision-Forschung erwiesen. Die Ableitung einer Form aus Schattierungen wurde erstmals von Berthold Horn (1970) untersucht, und Horn und Brooks (1989) präsentieren einen umfassenden Überblick über die wichtigsten Veröffentlichungen in einer Zeit, als dieses Problem sehr intensiv untersucht wurde. Gibson (1950) schlug erstmals Texturgradienten als Hinweis für die Form vor. Die Mathematik der verdeckenden Konturen und ganz allgemein das Verständnis der visuellen Ereignisse bei der Projektion von glatten, gekrümmten Objekten verdanken wir der Arbeit von Koenderink und van Doorn. Eine ausführliche Behandlung dieses Themas findet sich in Koenderinks *Solid Shape* (1990).

In jüngerer Zeit gibt es ein verstärktes Interesse, das Problem der Form- und Oberflächenrekonstruktion aus einem einzelnen Bild als probabilistisches Inferenzproblem zu behandeln, bei dem geometrische Hinweise nicht explizit modelliert, sondern implizit in einem lernenden Framework verwendet werden. Ein gutes Beispiel ist die Arbeit von Hoiem *et al.* (2007), das kürzlich hinsichtlich tiefer neuronaler Netze überarbeitet wurde.

Kommen wir jetzt zu den Computer-Vision-Anwendungen, die Aktionen steuern. Dickmanns und Zapp (1987) demonstrierten erstmals ein selbstfahrendes Auto, das mit hoher Geschwindigkeit auf Autobahnen fuhr. Pomerleau (1993) erreichte eine ähnliche Leistung mit einem neuronalen Netzwerkansatz. Heute ist die Produktion von selbstfahrenden Autos ein großes Geschäft, bei dem die etablierten Autofirmen mit neuen Marktteilnehmern wie Baidu, Cruise, Didi, Google Waymo, Lyft, Mobileye, Nuro, Nvidia, Samsung, Tata, Tesla, Uber und Voyage konkurrieren, um Systeme auf den Markt zu bringen, die Fähigkeiten von der Fahrerassistenz bis zur vollständigen Autonomie bieten.

Für Leser, die am menschlichen Sehen interessiert sind, bietet Stephen Palmer (1999) mit *Vision Science: Photons to Phenomenology* die beste Gesamtdarstellung. *Visual Perception: Physiology, Psychology and Ecology* von Vicki Bruce, Patrick Green und Mark Georgeson (2003) ist ein kürzeres Lehrbuch. Die Bücher *Eye, Brain and Vision* von David Hubel (1988) und *Perception* von Irvin Rock (1984) sind lesbare Einführungen zum Thema Neurophysiologie bzw. Wahrnehmung. David Marrs Buch *Vision* (1982) spielte eine wichtige Rolle bei der Verknüpfung von Computer Vision mit den traditionellen Bereichen des biologischen Sehens – Psychophysik und Neurobiologie. Auch wenn sich viele seiner spezifischen Modelle für Aufgaben wie Kantenerkennung und Objekterkennung nicht bewährt haben, ist die theoretische Perspektive, von der aus jede Aufgabe hinsichtlich Information, Berechnung und Implementierung analysiert wird, immer noch recht erhellend.

Für den Bereich der Computer Vision sind die umfassendsten heute verfügbaren Lehrbücher *Computer Vision: A Modern Approach* (Forsyth und Ponce, 2002) und *Computer Vision: Algorithms and Applications* (Szeliski, 2011). Geometrische Probleme in Computer Vision werden in *Multiple View Geometry in Computer Vision* (Hartley und Zisserman, 2000) ausführlich behandelt. Diese Bücher wurden vor der Deep-Learning-Revolution geschrieben, daher sollten Sie für die neuesten Ergebnisse die Primärliteratur zurate ziehen.

Zwei der wichtigsten Fachzeitschriften für Computer Vision sind *IEEE Transactions on Pattern Analysis and Machine Intelligence* und *International Journal of Computer Vision*. Konferenzen zur Computer Vision sind unter anderem ICCV (*International Conference on Computer Vision*), CVPR (*Computer Vision and Pattern Recognition*) und ECCV (*European Conference on Computer Vision*). Ergebnisse zur Forschung mit einer bedeutenden Komponente zum maschinellen Lernen werden auch auf der NeurIPS (*Neural Information Processing Systems*) veröffentlicht und Arbeiten zur Schnittstelle mit Computergrafik erscheinen oft auf der Konferenz ACM SIGGRAPH (*Special Interest Group in Graphics*). Viele Aufsätze zu Computer Vision erscheinen als Preprints auf dem arXiv-Server und frühe Berichte über neue Ergebnisse erscheinen in den Blogs der großen Forschungslabore.

Robotik

26

In diesem Kapitel dreht sich alles um Agenten, die mit Sensoren und physischen Effektoren ausgestattet sind, mit denen sie sich in der realen Welt bewegen und allerhand Unfug anstellen können.

26.1 Roboter

Roboter sind physische Agenten, die Aufgaben ausführen, indem sie die physische Welt manipulieren. Zu diesem Zweck sind sie mit **Effektoren** wie Beinen, Rädern, Gelenken und Greifern ausgestattet. Effektoren sind dafür ausgelegt, physische Kräfte auf die Umgebung auszuüben. Dies kann einige Reaktionen zur Folge haben: Der Zustand des Roboters kann sich ändern (z. B. wenn ein Auto aufgrund der Bewegung seiner Räder auf der Straße vorankommt), der Zustand der Umgebung kann sich ändern (z. B. wenn ein Roboterarm seinen Greifer benutzt, um eine Tasse über den Tresen zu schieben), und sogar der Zustand der Menschen in der Nähe des Roboters kann sich ändern (z. B. wenn sich ein Exoskelett bewegt und dadurch die Position des Beins einer Person verändert oder wenn sich ein mobiler Roboter auf die Fahrstuhltüren zubewegt und eine Person dies bemerkt und so nett ist, aus dem Weg zu gehen oder sogar den Knopf für den Roboter zu drücken).

Roboter sind außerdem mit **Sensoren** ausgestattet, die es ihnen ermöglichen, ihre Umgebung wahrzunehmen. Die heutige Robotik setzt eine Vielzahl von Sensoren ein, darunter Kameras, Mikrofone, Radar und Laser, um den Zustand der Umgebung und die Positionen der Menschen um ihn herum zu ermitteln, sowie Gyroskope, Dehnungs-, Drehmoment- und Beschleunigungssensoren, um die Eigenbewegungen des Roboters zu messen.

Die Maximierung des erwarteten Nutzens für einen Roboter bedeutet zu entscheiden, wie seine Effektoren anzusteuern sind, um die *korrekten* physischen Kräfte anzuwenden, sodass die dadurch bedingten Zustandsänderungen zu einer möglichst hohen erwarteten Belohnung führen. Letztendlich versuchen Roboter, eine Aufgabe in der physischen Welt zu erfüllen.

Roboter agieren in Umgebungen, die nur teilweise beobachtbar und stochastisch sind: Kameras können nicht um Ecken sehen und Getriebe können sich verschieben. Außerdem ist das Verhalten der Menschen, die sich in der gleichen Umgebung befinden, unvorhersehbar, sodass der Roboter Vorhersagen darüber treffen muss.

Roboter modellieren ihre Umgebung normalerweise mit einem stetigen Zustandsraum (die Position des Roboters hat stetige Koordinaten) und einem stetigen Aktionsraum (die Stromstärke, die ein Roboter an seinen Motor sendet, wird ebenfalls in stetigen Einheiten gemessen). Einige Roboter agieren in hochdimensionalen Räumen: Autos müssen die Position, Orientierung (Richtung) und Geschwindigkeit von sich selbst und den Agenten in der Nähe kennen; Roboterarme haben sechs oder sieben Gelenke, die jeweils unabhängig voneinander bewegt werden können, und Roboter, die den menschlichen Körper nachahmen, haben sogar Hunderte von Gelenken.

Roboterlernen ist nur eingeschränkt möglich, weil sich die reale Welt hartnäckig weigert, schneller als in Echtzeit zu agieren. In einer simulierten Umgebung ist es möglich, Lernalgorithmen (wie den in Kapitel 22 beschriebenen Q-Lernalgorithmus) zu verwenden, um in wenigen Stunden aus Millionen von Versuchen zu lernen. In einer realen Umgebung könnte es Jahre dauern, diese Versuche durchzuführen, und der Roboter kann keinen Versuch riskieren, der eventuell Schaden verursacht (folglich kann er nicht daraus lernen). Daher ist die Übertragung des in der Simulation Gelernten auf einen echten Roboter in der realen Welt – das **Sim-to-Real**-Problem – ein aktives Forschungsgebiet. Praktische Robotersysteme müssen Vorwissen über den Roboter, die physische Umgebung und die auszuführenden Aufgaben haben, damit sie schnell lernen und ihre Aufgaben sicher erledigen können.

Die Robotik vereint viele der Konzepte, die wir in diesem Buch kennengelernt haben, darunter probabilistische Zustandsschätzung, Wahrnehmung, Planung, unüberwachtes Lernen, Reinforcement Learning und Spieltheorie. Für einige dieser Konzepte dient die Robotik als anspruchsvolle Beispielanwendung. Für andere Konzepte betreten wir in diesem Kapitel Neuland, z. B. durch die Einführung der stetigen Version von Techniken, die wir bisher nur im diskreten Fall gesehen haben.

26.2 Roboterhardware

Bislang haben wir in diesem Buch die Agentenarchitektur – Sensoren, Effektoren und Prozessoren – als gegeben angenommen und uns auf das Agentenprogramm konzentriert. Der Erfolg echter Roboter hängt aber mindestens genauso stark von der Gestaltung der geeigneten Sensoren und Effektoren ab, die für die Aufgabe eingesetzt werden.

26.2.1 Robotertypen aus Sicht der Hardware

Wenn Sie an einen Roboter denken, stellen Sie sich vielleicht etwas mit einem Kopf und zwei Armen vor, das sich auf Beinen oder Rädern fortbewegt. Solche **anthropomorphen Roboter** verdanken ihre Popularität der Fiktion, z. B. dem Film *Terminator* und der Zeichentrickserie *Die Jetsons*. Aber echte Roboter gibt es in vielen Formen und Größen.

Manipulatoren sind einfach Roboterarme. Sie müssen nicht notwendigerweise an einem Roboterkörper befestigt sein, sondern können einfach auf einem Tisch oder Boden montiert werden, wie es in Fabriken der Fall ist (► Abbildung 26.1 a). Einige haben eine große Traglast, wie z. B. Manipulatoren, die Autos zusammenschrauben, während andere, wie z. B. Arme, die an einem Rollstuhl befestigt sind und Menschen mit motorischen Einschränkungen helfen (► Abbildung 26.1 b), weniger tragen können, aber in menschlicher Umgebung sicherer sind.

Mobile Roboter hingegen verwenden Räder, Beine oder Rotoren, um sich in der Umgebung zu bewegen. **Quadcopter-Drohnen** sind eine Art **unbemanntes Luftfahrzeug** (*Unmanned Aerial Vehicle*, UAV) und **autonome Unterwasserfahrzeuge** (*Autonomous Underwater Vehicle*,

(a) (b)

Abbildung 26.1: (a) Ein Industrieroboterarm mit einem kundenspezifischen Endeffektor. Bildnachweis: Macor/123RF. (b) Ein Kinova JACO-Hilfsroboterarm, montiert an einem Rollstuhl. Kinova und JACO sind Marken von Kinova, Inc.

(a)

(b)

Abbildung 26.2: (a) Der NASA-Rover Curiosity macht ein Selfie auf dem Mars. Bild mit freundlicher Genehmigung der NASA. (b) Eine Skydio-Drohne begleitet eine Familie bei einer Fahrradtour. Bild mit freundlicher Genehmigung von Skydio.

AUV) durchstreifen die Ozeane. Aber viele mobile Roboter befinden sich in Innenräumen und bewegen sich auf Rädern, wie ein Staubsauger oder ein Handtuchlieferroboter in einem Hotel. Zu ihren Pendants im Freien gehören **autonome Autos** oder **Rover**, die neues Terrain erkunden, sogar auf der Marsoberfläche (► Abbildung 26.2). Und schließlich gibt es noch die **Laufroboter**, die dazu gedacht sind, unwegsames Gelände zu durchqueren, das mit Rädern unzugänglich ist. Der Nachteil ist, dass es schwieriger ist, das Schreiten der Beine korrekt zu steuern, als Räder zu drehen.

Andere Arten von Robotern sind Prothesen, Exoskelette, Roboter mit Flügeln, Schwärme und intelligente Umgebungen, in denen der Roboter der gesamte Raum ist.

26.2.2 Die Welt wahrnehmen

Sensoren sind die Wahrnehmungsschnittstelle zwischen Robotern und ihren Umgebungen. **Passive Sensoren**, wie z. B. Kameras, sind echte Beobachter der Umgebung: Sie erfassen Signale, die von anderen Quellen in der Umgebung erzeugt werden. **Aktive Sensoren**, wie z. B. Sonar, senden Energie in die Umgebung. Sie verlassen sich darauf, dass diese Energie zum Sensor zurückreflektiert wird. Aktive Sensoren liefern tendenziell mehr Informationen als passive Sensoren, allerdings auf Kosten eines erhöhten Stromverbrauchs und der Gefahr von Interferenzen, wenn mehrere aktive Sensoren gleichzeitig verwendet werden. Wir unterscheiden auch, ob ein Sensor darauf ausgerichtet ist, die Umgebung, den Standort des Roboters oder die interne Konfiguration des Roboters zu erfassen.

Entfernungsmesser sind Sensoren, die die Distanz zu nahe gelegenen Objekten messen. **Sonarsensoren** sind aktive Entfernungsmesser, die gerichtete Schallwellen aussenden, die von Objekten reflektiert werden, wobei ein Teil des Schalls zurück zum Sensor gelangt. Aus der Zeit und Intensität des reflektierten Signals lässt sich der Abstand zu nahe gelegenen Objekten ermitteln. Sonar ist die Technologie der Wahl für autonome Unterwasserfahrzeuge und war in den Anfängen der Indoor-Robotik beliebt. **Stereovision** (siehe Abschnitt 25.6) stützt sich auf mehrere Kameras, um die Umgebung aus leicht unterschiedlichen Blickwinkeln abzubilden. Die daraus resultierende Parallaxe in diesen Bildern wird analysiert, um die Entfernung der umliegenden Objekte zu berechnen.

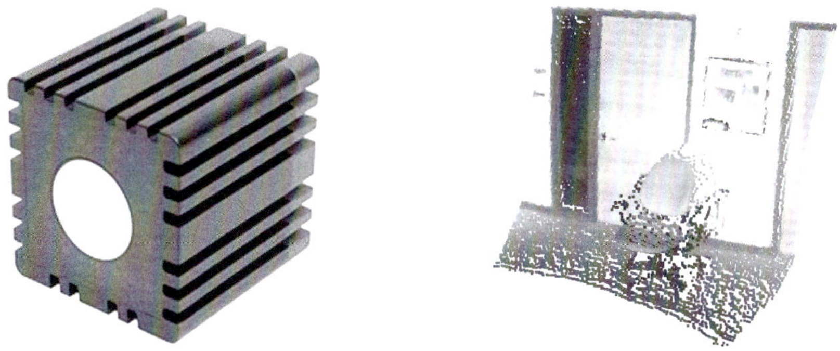

(a) (b)

Abbildung 26.3: (a) TOF-Kamera; Bild mit freundlicher Genehmigung der Mesa Imaging GmbH. (b) 3-D-Entfernungsbild, aufgenommen mit dieser Kamera. Das Entfernungsbild ermöglicht es, Hindernisse und Objekte in der Nähe eines Roboters zu erkennen. Bild mit freundlicher Genehmigung von Willow Garage, LLC.

Mobile Bodenroboter setzen heutzutage nur noch selten Sonar und Stereovision ein, da sie nicht genau genug sind. Kinect ist ein beliebter, preiswerter Sensor, der eine Kamera und einen **strukturierten Lichtprojektor** kombiniert, wobei Letzterer ein Muster aus Gitterlinien auf eine Szene projiziert. Die Kamera sieht, wie sich die Gitterlinien biegen, und liefert dem Roboter damit Informationen über die Form der Objekte in der Szene. Auf Wunsch kann die Projektion mit Infrarotlicht erfolgen, um andere Sensoren (z. B. menschliche Augen) nicht zu stören.

Die meisten Bodenroboter sind heute mit aktiven optischen Entfernungsmessern ausgerüstet. Genau wie Sonarsensoren senden optische Entfernungsmesser aktive Signale (Licht) aus und messen die Zeit, bis eine Reflexion dieses Signals wieder am Sensor ankommt. ► Abbildung 26.3 a zeigt eine **TOF-Kamera** (*Time of Flight*). Diese Kamera nimmt Entfernungsbilder wie das in ► Abbildung 26.3 b mit bis zu 60 Bildern pro Sekunde auf. Autonome Fahrzeuge verwenden oft **scannende Lidare** (kurz für *Light Detection and Ranging*) – aktive Sensoren, die Laserstrahlen aussenden und den reflektierten Strahl wieder auffangen, was Abstandsmessungen mit einer Genauigkeit von einem Zentimeter bei einer Entfernung von 100 Metern ermöglicht. Sie verwenden komplexe Anordnungen von Spiegeln oder rotierenden Elementen, um den Strahl über die Umgebung zu schwenken und eine Karte zu erstellen. Scannende Lidar-Systeme sind bei größeren Entfernungen den TOF-Kameras überlegen und vor allem bei hellem Tageslicht leistungsfähiger.

Radar ist oft der Entfernungsmesssensor der Wahl für Luftfahrzeuge (autonom oder nicht). Radarsensoren können Entfernungen im Kilometerbereich messen und haben gegenüber optischen Sensoren den Vorteil, dass sie durch Nebel sehen können. Für äußerst geringe Entfernungen gibt es die **taktilen Sensoren** wie beispielsweise Tasthaare, Druckaufnehmer und berührungsempfindliche Haut. Diese Sensoren messen Entfernungen auf der Basis von physischem Kontakt und können nur zum Erfassen von Objekten in unmittelbarer Nähe des Roboters eingesetzt werden.

Eine zweite wichtige Klasse sind die **Standortsensoren**. Die meisten Standortsensoren nutzen die Entfernungsmessung als primäre Komponente zur Bestimmung der Position. Im Freien ist das **GPS** (*Global Positioning System*) die gebräuchlichste Lösung für das Lokalisierungsproblem. GPS misst die Entfernung zu Satelliten, die gepulste Signale aussenden. Derzeit befinden sich 31 GPS-Satelliten in der Umlaufbahn und 24 GLONASS-Satelliten, das russische Gegenstück. GPS-Empfänger können die Entfernung zu diesen Satelliten ermitteln, indem sie die Phasenverschiebungen analysieren. Durch Triangulation der Signale mehrerer Satelliten können GPS-Empfänger ihre absolute Position auf der Erde bis auf wenige Meter genau bestimmen. Beim **Differential-GPS** wird ein zweiter Bodenempfänger mit bekanntem Standort hinzugezogen, der unter idealen Bedingungen eine Genauigkeit im Millimeterbereich ermöglicht.

Leider funktioniert GPS nicht in geschlossenen Räumen oder unter Wasser. In Innenräumen wird die Lokalisierung oft dadurch ermöglicht, dass man in der Umgebung Funkbaken an bekannten Orten montiert. Viele Innenräume sind voll von drahtlosen Basisstationen, die den Robotern bei der Lokalisierung durch die Analyse des drahtlosen Signals helfen können. Unter Wasser können aktive Sonarbaken eine Standortbestimmung ermöglichen, indem sie die AUVs durch Schall über ihre relative Entfernung zu diesen Baken informieren.

Die dritte wichtige Klasse sind die **propriozeptiven Sensoren**, die den Roboter über seine eigenen Bewegungen informieren. Um die genaue Konfiguration eines Robotergelenks zu messen, sind die Motoren oft mit **Wellendecodern** ausgestattet, die die Drehbewegung einer Welle genau messen. Bei Roboterarmen helfen Wellendecoder, die Position von Gelenken zu verfolgen. Bei mobilen Robotern melden die Wellendecoder die Radumdrehungen für die **Odometrie** – die Messung der zurückgelegten Strecke. Leider neigen die Räder zum Durchdrehen oder Abweichen, sodass die Odometrie nur über kurze Distanzen genau ist. Externe Kräfte, wie Wind und Meeresströmungen, erhöhen die Unsicherheit im Hinblick auf die Positionsbestimmung. **Trägheitssensoren**, wie etwa Gyroskope, verringern die Unsicherheit, indem sie den Widerstand der Masse gegenüber der Geschwindigkeitsänderung nutzen.

Weitere wichtige Aspekte des Roboterzustands werden von **Kraftsensoren** und **Drehmomentsensoren** gemessen. Diese sind unverzichtbar, wenn Roboter zerbrechliche Objekte handhaben oder Objekte, deren genaue Größe und Form unbekannt sind. Stellen Sie sich einen 1-Tonnen-Robotermanipulator vor, der eine Glühbirne einschraubt. Wenn er auch nur ein bisschen zu viel Kraft aufwendet, zerbricht die Glühbirne. Kraftsensoren melden dem Roboter, wie fest er die Glühbirne greift, und Drehmomentsensoren, wie stark er sie dreht. Hochwertige Sensoren können Kräfte in jeweils allen drei Translations- und Rotationsrichtungen messen, und zwar mit einer Frequenz von mehreren hundertmal pro Sekunde, sodass ein Roboter unerwartete Kräfte schnell erkennen und seine Aktionen korrigieren kann, bevor er eine Glühbirne zerbricht. Es kann jedoch eine Herausforderung sein, einen Roboter mit hochwertigen Sensoren und der nötigen Rechenleistung für deren Überwachung auszustatten.

26.2.3 Bewegung erzeugen

Der Mechanismus, der die Bewegung eines Effektors auslöst, wird **Aktuator** genannt. Beispiele sind Getriebe, Zahnräder, Kabel und Gestänge. Der gebräuchlichste Aktuator ist der **elektrische Aktuator**, der mittels Elektrizität einen Motor antreibt. Elektrische Aktuatoren werden vorwiegend in Systemen eingesetzt, die eine Drehbewegung benötigen, wie z. B. Gelenke an einem Roboterarm. **Hydraulische Aktuatoren** verwenden eine unter Druck stehende Hydraulikflüssigkeit (wie Öl oder Wasser) und **pneumatische Aktuatoren** nutzen Druckluft, um eine mechanische Bewegung zu erzeugen.

Aktuatoren werden oft verwendet, um Gelenke zu bewegen, die starre Körper (Glieder) verbinden. Arme und Beine haben solche Gelenke. Bei **Scharniergelenken** dreht sich ein Glied in Bezug auf das andere. Bei **Schubgelenken** gleitet ein Glied an dem anderen entlang. Beides sind einachsige Gelenke (eine Bewegungsachse). Andere Arten von Gelenken sind kugelförmig, zylindrisch und planar und gehören damit zu den mehrachsigen Gelenken.

Um mit Objekten in der Umgebung zu interagieren, verwenden Roboter Greifer. Der einfachste Greifer ist der sogenannte **Parallelbackengreifer** mit zwei Fingern und einem einzigen Aktuator, der die Finger aufeinander zubewegt, um Objekte zu greifen. Dieser Effektor wird wegen seiner Einfachheit sowohl geliebt als auch gehasst. Greifer mit drei Fingern bieten etwas mehr Flexibilität unter Beibehaltung der Einfachheit. Am anderen Ende des Spektrums befinden sich humanoide (anthropomorphe) Hände. Die Shadow Dexterous Hand hat zum Beispiel insgesamt 20 Aktuatoren. Damit bietet sie viel mehr Flexibilität für komplexe Manipulationen, einschließlich Manipulationsmanövern in der Hand (denken Sie an das Aufnehmen Ihres Handys und das Drehen in der Hand, um die richtige Seite anzuzeigen). Allerdings hat diese Flexibilität ihren Preis – das Erlernen der Steuerung dieser komplexen Greifer ist eine viel größere Herausforderung.

26.3 Welche Art von Problem löst die Robotik?

Nachdem wir nun einen Eindruck haben, welche Roboterhardware es gibt, können wir uns mit der Agentensoftware befassen, die die Hardware antreibt, mit der wir unsere Ziele erreichen wollen. Als Erstes müssen wir uns für einen computergestützten Berechnungsrahmen für diesen Agenten entscheiden. Wir haben bisher die Suche in deterministischen Umgebungen behandelt sowie MDPs für stochastische, aber vollständig beobachtbare Umgebungen, POMDPs für partielle Beobachtbarkeit und Spiele für Situationen, in denen der Agent nicht isoliert agiert. Steht der Berechnungsrahmen fest, dann müssen wir dessen Bestandteile instanziieren: Belohnungs- oder Nutzenfunktionen, Zustände, Aktionen, Beobachtungsräume usw.

Wir haben bereits festgestellt, dass Robotikprobleme nichtdeterministisch und teilweise beobachtbar sind sowie mehrere Agenten betreffen. Unter Verwendung der spieltheoretischen Begriffe aus Kapitel 18 zeigt sich, dass die Agenten manchmal kooperativ und manchmal konkurrierend agieren. In einem engen Gang, in dem nur ein Agent zuerst gehen kann, arbeiten Roboter und Mensch zusammen, weil beide sicherstellen wollen, dass sie nicht zusammenstoßen. In manchen Fällen konkurrieren sie aber auch etwas, um ihr Ziel schnell zu erreichen. Wenn der Roboter zu höflich ist und immer Platz macht, könnte er im Gedränge stecken bleiben und sein Ziel nie erreichen.

Wenn also Roboter isoliert agieren und ihre Umgebung kennen, kann das Problem, das sie lösen, als MDP formuliert werden, wenn ihnen Informationen fehlen, wird es zu einem POMDP und, wenn sie in der Nähe von Menschen agieren, kann es oft als Spiel formuliert werden.

Was ist die Belohnungsfunktion des Roboters in dieser Formulierung? In der Regel handelt der Roboter im Dienste eines Menschen, z. B. indem er einem Krankenhauspatienten eine Mahlzeit liefert, womit er den Patienten belohnt, nicht sich selbst. In den meisten Robotereinsätzen liegt die eigentliche Belohnungsfunktion bei dem Benutzer, dem der Roboter helfen soll, auch wenn die Roboterdesigner bemüht sind, eine ausreichend gute stellvertretende Belohnungsfunktion festzulegen. Der Roboter muss entweder die Wünsche des Benutzers entschlüsseln oder sich darauf stützen, dass ein Programmierer die Wünsche des Benutzers annähernd genau spezifiziert hat.

Was die Aktions-, Zustands- und Beobachtungsräume des Roboters angeht, sind Beobachtungen im Allgemeinen rohe Sensordaten (z. B. Bilder von Kameras oder vom Lidar auftreffende Laserstrahlen), Aktionen sind rohe elektrische Ströme, die an die Motoren gesendet werden, und der Zustand ist das, was der Roboter für seine Entscheidungsfindung wissen muss. Das bedeutet, dass es eine riesige Lücke gibt zwischen den einfachen Wahrnehmungen und der Motorsteuerung auf der einen Seite und den umfassenden Plänen, die der Roboter machen muss, auf der anderen Seite. Um diese Kluft zu überbrücken, entkoppeln Robotiker Aspekte des Problems, um es zu vereinfachen.

Wir wissen zum Beispiel, dass, wenn wir POMDPs ordnungsgemäß lösen, Wahrnehmung und Aktion interagieren: Die Wahrnehmung informiert, welche Aktionen sinnvoll sind, aber die Aktion informiert auch die Wahrnehmung, wobei Agenten Aktionen ausführen, um Informationen zu sammeln, wenn diese Informationen in späteren Zeitschritten von Wert sind. Allerdings trennen Roboter oft die Wahrnehmung von der Aktion, indem sie die Ergebnisse der Wahrnehmung konsumieren und davon ausgehen, dass sie in Zukunft keine weiteren Informationen mehr erhalten. Außerdem ist eine hierarchische Planung erforderlich, da ein höheres Ziel wie „zur Cafeteria gehen" von einem einfachen Motorbefehl wie „die Hauptachse um 1° drehen" weit entfernt ist.

In der Robotik verwenden wir oft eine dreistufige Hierarchie. Die Ebene der **Aufgabenplanung** entscheidet über einen Plan oder eine Strategie für Aktionen auf hoher Ebene, die manchmal als Aktionsprimitive oder Teilziele bezeichnet werden: zur Tür gehen, sie öffnen, zum Aufzug gehen, den Knopf drücken usw. Dann ist die **Bewegungsplanung** dafür zuständig, einen Pfad zu finden, der den Roboter von einem Punkt zum anderen bringt, um die einzelnen Teilziele zu erreichen. Schließlich wird die **Kontrolle** verwendet, um die geplante Bewegung mithilfe der Aktuatoren des Roboters durchzuführen. Da die Ebene der Aufgabenplanung typischerweise über diskrete Zustände und Aktionen definiert ist, werden wir uns in diesem Kapitel hauptsächlich auf die Bewegungsplanung und Kontrolle konzentrieren.

Getrennt davon gibt es noch das **Präferenzlernen**, das für die Schätzung des Ziels eines Endbenutzers zuständig ist, und die **Personenvorhersage**, die die Aktionen anderer Personen in der Umgebung des Roboters vorhersagt. All diese Faktoren zusammen bestimmen das Verhalten des Roboters.

Immer wenn wir ein Problem in einzelne Teile zerlegen, reduzieren wir die Komplexität, geben aber die Möglichkeit auf, dass sich die Teile gegenseitig unterstützen. Aktionen können helfen, die Wahrnehmung zu verbessern, und auch vorgeben, welche Art der Wahrnehmung nützlich ist. In ähnlicher Weise könnten Entscheidungen auf der Bewegungsebene nicht die besten sein, wenn berücksichtigt wird, wie diese Bewegung nachverfolgt wird; oder Entscheidungen auf der Aufgabenebene könnten der Grund sein, dass der Aufgabenplan auf der Bewegungsebene nicht umsetzbar ist. Mit den Fortschritten in diesen getrennten Bereichen geht also der Druck einher, sie wieder zusammenzuführen: Bewegungsplanung und Kontrolle zusammen ausführen, Aufgaben- und Bewegungsplanung zusammen ausführen sowie Wahrnehmung, Vorhersage und Aktion reintegrieren – und damit die Feedback-Schleife zu schließen. In der Robotik geht es heute darum, den Fortschritt in jedem Bereich voranzutreiben und gleichzeitig auf diesem Fortschritt aufzubauen, um eine bessere Integration zu erreichen.

26.4 Roboterwahrnehmung

Wahrnehmung ist der Prozess, wie Roboter Sensormessungen in interne Repräsentationen der Umgebung umwandeln. Dabei kommen größtenteils die Computer-Vision-Techniken aus dem vorherigen Kapitel zum Einsatz. Darüber hinaus muss die Wahrnehmung in der Robotik mit zusätzlichen Sensoren wie Lidar und taktilen Sensoren umgehen.

Die Wahrnehmung ist schwierig, da die Sensoren im Allgemeinen verrauscht sind und die Umgebung nicht vorhersehbar, nur teilweise beobachtbar und oft dynamisch ist. Mit anderen Worten weisen Roboter alle Probleme der **Zustandsschätzung** (oder **Filterung**) auf, die Abschnitt 14.2 behandelt hat. Als Faustregel gilt, dass gute interne Repräsentationen für Roboter drei Eigenschaften haben:

1. Sie enthalten genügend Informationen, sodass der Roboter gute Entscheidungen treffen kann.
2. Sie sind so aufgebaut, dass sie effizient aktualisiert werden können.
3. Sie sind natürlich in dem Sinne, dass die internen Variablen den natürlichen Zustandsgrößen in der physischen Welt entsprechen.

In Kapitel 14 haben wir gesehen, dass Kalman-Filter, HMMs und dynamische Bayes'sche Netze die Übergangs- und Sensormodelle einer teilweise beobachtbaren Umgebung darstellen können, und wir haben sowohl exakte als auch approximative Algorithmen zur Aktualisierung des **Wissenszustands** – die A-posteriori-Wahrscheinlichkeitsverteilung über die Zustandsvariablen der Umgebung – beschrieben. Im gleichen Kapitel wurden mehrere dynamische Bayes'sche Netzmodelle für diesen Prozess vorgestellt. Bei Robotikproblemen beziehen wir die zuletzt ausgeführten Aktionen des Roboters als beobachtete Variablen in das Modell ein. ► Abbildung 26.4 zeigt die in diesem Kapitel verwendete Notation: $\mathbf{X}_t$ ist der Zustand der Umgebung (einschließlich des Roboters) zum Zeitpunkt t, $\mathbf{Z}_t$ ist die zum Zeitpunkt t eintreffende Beobachtung und $\mathbf{A}_t$ die nach dem Eintreffen der Beobachtung ausgeführte Aktion.

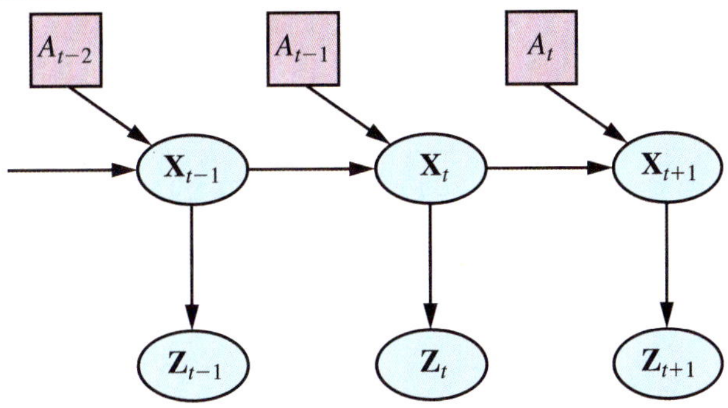

Abbildung 26.4: Roboterwahrnehmung kann als zeitliche Inferenz aus Aktionsfolgen und Messungen betrachtet werden, wie in diesem dynamischen Entscheidungsnetz dargestellt.

Wir möchten den neuen Wissenszustand $\mathbf{P}(\mathbf{X}_{t+1} \mid \mathbf{z}_{1:t+1}, a_{1:t})$ aus dem aktuellen Wissenszustand $\mathbf{P}(\mathbf{X}_t \mid \mathbf{z}_{1:t}, a_{1:t-1})$ und der neuen Beobachtung $\mathbf{z}_{t+1}$ berechnen. Wir kennen dies aus Abschnitt 14.2, aber hier gibt es zwei Unterschiede: wir konditionieren auf die Aktionen sowie die Beobachtungen und wir verarbeiten *stetige* statt *diskreter* Variablen. Daher ändern wir die rekursive Filtergleichung (Gleichung (14.5) auf S. 530) dahingehend, dass sie sich der Integration statt der Summation bedient:

$$\begin{aligned}&\mathbf{P}(\mathbf{X}_{t+1} \mid \mathbf{z}_{1:t+1}, a_{1:t})\\&= \alpha\mathbf{P}(\mathbf{z}_{t+1} \mid \mathbf{X}_{t+1}) \int \mathbf{P}(\mathbf{X}_{t+1} \mid \mathbf{x}_t, a_t)\, P(\mathbf{x}_t \mid \mathbf{z}_{1:t}, a_{1:t-1})\, d\mathbf{x}_t\end{aligned} \quad (26.1)$$

Diese Gleichung besagt, dass die A-posteriori-Verteilung über die Zustandsvariablen $\mathbf{X}$ zum Zeitpunkt $t + 1$ rekursiv aus der entsprechenden Schätzung von einem vorherigen Zeitschritt berechnet wird. Diese Berechnung beinhaltet die vorherige Aktion a_t und die aktuelle Sensormessung $\mathbf{z}_{t+1}$. Wenn es z. B. unser Ziel ist, einen fußballspielenden Roboter zu entwickeln, könnte $\mathbf{X}_{t+1}$ die Position des Fußballs relativ zum Roboter sein. Die A-posteriori-Verteilung $\mathbf{P}(\mathbf{X}_t \mid \mathbf{z}_{1:t}, a_{1:t-1})$ ist eine Wahrscheinlichkeitsverteilung über alle Zustände, die erfasst, was wir aus vergangenen Sensormessungen und Kontrolle wissen. Gleichung (26.1) zeigt uns, wie wir diese Position rekursiv schätzen, indem wir inkrementell Sensormessungen

(z. B. Kamerabilder) und Bewegungsbefehle des Roboters berücksichtigen. Die Wahrscheinlichkeit $\mathbf{P}(\mathbf{X}_{t+1} \mid \mathbf{x}_t, a_t)$ wird als **Transitionsmodell** oder **Bewegungsmodell** bezeichnet und $\mathbf{P}(\mathbf{z}_{t+1} \mid \mathbf{X}_{t+1})$ ist das **Sensormodell**.

26.4.1 Lokalisierung und Kartenerstellung

Lokalisierung ist das Problem herauszufinden, wo sich Dinge – einschließlich des Roboters selbst – befinden. Um das Ganze möglichst einfach zu halten, betrachten wir einen mobilen Roboter, der sich langsam in einer ebenen 2-D-Welt bewegt. Außerdem nehmen wir an, dass der Roboter über eine genaue Karte der Umgebung verfügt. (Ein Beispiel für eine solche Karte finden Sie in ► Abbildung 26.7.) Die Pose eines solchen mobilen Roboters ist durch seine beiden kartesischen Koordinaten mit den Werten x und y und seinen Kurs mit dem Wert θ definiert (► Abbildung 26.5 a). Fassen wir diese drei Werte in einem Vektor zusammen, dann ist jeder konkrete Zustand durch $\mathbf{X}_t = (x_t, y_t, \theta_t)^\top$ gegeben. So weit, so gut.

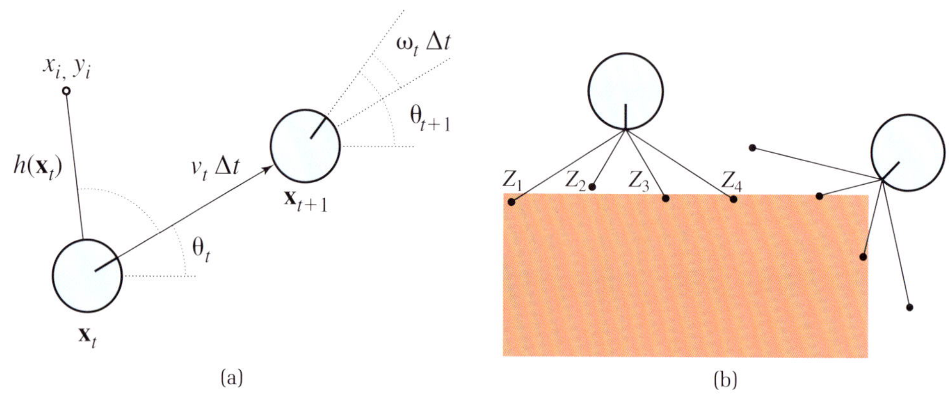

Abbildung 26.5: (a) Ein vereinfachtes kinematisches Modell eines mobilen Roboters. Der Roboter ist als Kreis dargestellt mit einer inneren Radiuslinie, die die Vorwärtsrichtung markiert. Der Zustand $\mathbf{x}_t$ besteht aus der Position (x_t, y_t) (implizit dargestellt) und der Orientierung θ_t. Der neue Zustand $\mathbf{x}_{t+1}$ wird durch eine Aktualisierung der Position $v_t \Delta t$ und der Orientierung $\omega_t \Delta t$ erreicht. Ebenfalls dargestellt ist ein Orientierungspunkt bei (x_i, y_i), der zum Zeitpunkt t beobachtet wurde. (b) Das Bereichsscan-Sensormodell. Es werden zwei mögliche Roboterposen für einen gegebenen Bereichsscan gezeigt (z_1, z_2, z_3, z_4). Es ist viel wahrscheinlicher, dass die linke Pose den Bereichsscan generiert hat als die rechte Pose.

In der kinematischen Näherung besteht jede Aktion aus der „unmittelbaren" Spezifikation von zwei Geschwindigkeiten – einer Translationsgeschwindigkeit v_t und einer Rotationsgeschwindigkeit ω_t. Für kleine Zeitintervalle Δt ist ein grobes deterministisches Modell der Bewegung solcher Roboter gegeben durch:

$$\hat{\mathbf{X}}_{t+1} = f(\mathbf{X}_t, \underbrace{v_t, \omega_t}_{a_t}) = \mathbf{X}_t + \begin{pmatrix} v_t \Delta t \cos \theta_t \\ v_t \Delta t \sin \theta_t \\ \omega_t \Delta t \end{pmatrix}$$

Die Notation $\hat{\mathbf{X}}$ bezieht sich auf eine deterministische Zustandsvorhersage. Physische Roboter sind natürlich etwas unvorhersehbar. Dies wird üblicherweise durch eine Gauß'sche Verteilung mit dem Mittelwert $f(\mathbf{X}_t, v_t, \omega_t)$ und der Kovarianz $\boldsymbol{\Sigma}_x$ modelliert. (Eine mathematische Definition finden Sie in Anhang A.)

$$\mathbf{P}(\mathbf{X}_{t+1} \mid \mathbf{X}_t, v_t, \omega_t) = \mathcal{N}(\hat{\mathbf{X}}_{t+1}, \boldsymbol{\Sigma}_x)$$

Diese Wahrscheinlichkeitsverteilung ist das Bewegungsmodell des Roboters. Sie modelliert die Auswirkungen der Bewegung a_t auf die Position des Roboters.

Als Nächstes benötigen wir ein Sensormodell. Wir betrachten zwei Arten von Sensormodellen. Das erste geht davon aus, dass die Sensoren *stabile, erkennbare* Merkmale der Umgebung, sogenannte **Orientierungspunkte**, wahrnehmen. Für jeden Orientierungspunkt werden die Entfernung und die Richtung (Orientierung) gemeldet. Angenommen, der Zustand des Roboters ist $\mathbf{x}_t = (x_t, y_t, \theta_t)^\top$ und er erkennt einen Orientierungspunkt, dessen Position $(x_i, y_i)^\top$ lautet. Ohne Rauschen können die Entfernung und die Orientierung durch einfache Geometrie berechnet werden (► Abbildung 26.5 a):

$$\hat{\mathbf{z}}_t = h(\mathbf{x}_t) = \begin{pmatrix} \sqrt{(x_t - x_i)^2 + (y_t - y_i)^2} \\ \arctan \frac{y_i - y_t}{x_i - x_t} - \theta_t \end{pmatrix}$$

Auch hier verfälscht Rauschen unsere Messungen. Der Einfachheit halber könnten wir ein Gauß'sches Rauschen mit der Kovarianz $\boldsymbol{\Sigma}_z$ annehmen und erhalten das Sensormodell:

$$P(\mathbf{z}_t \mid \mathbf{x}_t) = \mathcal{N}(\hat{\mathbf{z}}_t, \boldsymbol{\Sigma}_z)$$

Ein etwas anderes Sensormodell wird für ein **Sensor-Array** von Entfernungssensoren verwendet, die jeweils eine feste Orientierung relativ zum Roboter aufweisen. Solche Sensoren erzeugen einen Vektor von Entfernungswerten $\mathbf{z}_t = (z_1, \ldots, z_M)^\top$.

Für eine Pose $\mathbf{x}_t$ sei $\hat{z}_j$ die berechnete Entfernung entlang der j-ten Strahlrichtung von $\mathbf{x}_t$ zum nächsten Hindernis. Wie zuvor wird dies durch Gauß'sches Rauschen verfälscht. Normalerweise nehmen wir an, dass die Fehler für die verschiedenen Strahlrichtungen unabhängig voneinander und identisch verteilt sind; somit erhalten wir:

$$P(\mathbf{z}_t \mid \mathbf{x}_t) = \alpha \prod_{j=1}^{M} e^{-(z_j - \hat{z}_j)/2\sigma^2}$$

► Abbildung 26.5 b zeigt ein Beispiel für einen vierstrahligen Bereichsscan und zwei mögliche Roboterposen, von denen eine mit großer Wahrscheinlichkeit den beobachteten Scan erzeugt hat und die andere nicht. Beim Vergleich mit dem Orientierungspunktmodell zeigt sich der Vorteil des Bereichsscan-Modells: Es ist nicht erforderlich, einen Orientierungspunkt zu *identifizieren*, bevor der Bereichsscan interpretiert werden kann. So steht der Roboter in ► Abbildung 26.5 b vor einer Wand ohne Merkmale. *Wenn* jedoch sichtbare, identifizierbare Orientierungspunkte vorhanden sind, ist eine unmittelbare Lokalisierung möglich.

In Abschnitt 14.4 wurde der Kalman-Filter beschrieben, der den Wissenszustand als einzelne multivariate Gauß'sche Verteilung darstellt, sowie der Partikelfilter, der den Wissenszustand durch eine Sammlung von Partikeln darstellt, die Zuständen entsprechen. Die meisten modernen Lokalisierungsalgorithmen verwenden eine dieser beiden Darstellungen für den Wissenszustand des Roboters $\mathbf{P}(\mathbf{X}_t \mid \mathbf{z}_{1:t}, a_{1:t-1})$.

Die Lokalisierung, die einen Partikelfilter verwendet, wird als **Monte-Carlo-Lokalisierung** (MCL) bezeichnet. Der MCL-Algorithmus ist eine Instanz des Partikelfilter-Algorithmus aus ► Abbildung 14.17 (S. 556). Alles, was wir tun müssen, ist, das entsprechende Bewegungsmodell und Sensormodell bereitzustellen. ► Abbildung 26.6 zeigt eine Version unter Verwendung des Bereichsscan-Sensormodells. Die Funktionsweise des Algorithmus wird in ► Abbildung 26.7 veranschaulicht, wobei der Roboter herausfindet, wo er sich innerhalb eines Bürogebäudes befindet. Im ersten Bild sind die Partikel gleichmäßig nach der A-priori-Verteilung verteilt, was auf eine globale Unsicherheit in Bezug auf die Position des Roboters hinweist. Im zweiten Bild trifft der erste Satz der Messungen ein und die Partikel bilden Cluster in den Bereichen mit hohem A-posteriori-Wissen. Im dritten Bild sind genügend Messungen verfügbar, um alle Partikel an einem einzigen Ort zu versammeln.

Der Kalman-Filter ist die andere wichtige Methode zur Lokalisierung. Ein Kalman-Filter repräsentiert die A-posteriori-Verteilung $\mathbf{P}(\mathbf{X}_t \mid \mathbf{z}_{1:t}, a_{1:t-1})$ durch eine Gauß'sche Verteilung.

```
function MONTE-CARLO-LOCALIZATIONa, z, N, P(X'|X, v, ω), P(z|z*), map
  returns eine Menge von Stichproben, S, für den nächsten Schritt
  inputs: a, Robotergeschwindigkeiten v und ω
          z, einen Vektor von M Bereichsscan-Datenpunken
          P(X'|X, v, ω), Bewegungsmodell
          P(z|z*), ein Entfernungsmesser-Rauschmodell
          map, eine 2-D-Karte der Umgebung
  persistent: S, ein Vektor von N Stichproben
  local variables: W, ein Vektor von N Gewichten
                   S', ein temporärer Vektor von N Stichproben

  if S ist leer then
     for i = 1 to N do        // Initialisierungsphase
        S[i] ← Stichprobe aus P(X_0)
  for i = 1 to N do           // Aktualisierungszyklus
     S'[i] ← Stichprobe aus P(X'|X = S[i], v, ω)
     W[i] ← 1
     for j = 1 to M do
        z* ← RAYCAST(j, X = S'[i], map)
        W[i] ← W[i] · P(z_j| z*)
  S ← WEIGHTED-SAMPLE-WITH-REPLACEMENT(N, S', W)
  return S
```

Abbildung 26.6: Ein Monte-Carlo-Lokalisierungsalgorithmus unter Verwendung eines Bereichsscan-Sensormodells mit unabhängigem Rauschen.

Der Mittelwert dieser Gauß'schen Verteilung wird als $\boldsymbol{\mu}_t$ und ihre Kovarianz als $\boldsymbol{\Sigma}_t$ bezeichnet. Das Hauptproblem mit Gauß'schen Wissenszuständen ist, dass sie nur unter linearen Bewegungsmodellen f und linearen Messmodellen h geschlossen sind. Für nichtlineare f oder h ist das Ergebnis der Aktualisierung eines Filters im Allgemeinen keine Gauß'sche Verteilung. Lokalisierungsalgorithmen, die den Kalman-Filter verwenden, **linearisieren** also die Bewegungs- und Sensormodelle. Die Linearisierung ist eine lokale Approximation einer nichtlinearen Funktion durch eine lineare Funktion. ► Abbildung 26.8 veranschaulicht das Konzept der Linearisierung für ein (eindimensionales) Roboterbewegungsmodell. Auf der linken Seite zeigt sie ein nichtlineares Bewegungsmodell $f(\mathbf{x}_t, a_t)$ (das Steuerelement a_t wird in dieser Abbildung weggelassen, da es für die Linearisierung keine Rolle spielt). Auf der rechten Seite wird diese Funktion durch eine lineare Funktion $\tilde{f}(\mathbf{x}_t, a_t)$ angenähert. Diese lineare Funktion bildet eine Tangente zu f am Punkt $\boldsymbol{\mu}_t$, dem Mittelwert unserer Zustandsschätzung zum Zeitpunkt t. Eine solche Linearisierung wird auch als **Taylor-Expansion** ersten Grads bezeichnet. Ein Kalman-Filter, der f und h über eine Taylor-Expansion linearisiert, wird auch als **erweiterter Kalman-Filter** (EKF) bezeichnet. ► Abbildung 26.9 zeigt eine Folge von Schätzungen eines Roboters, der einen erweiterten Kalman-Filter-Lokalisierungsalgorithmus ausführt.

Wenn sich der Roboter bewegt, steigt die Unsicherheit in seiner Positionsschätzung, wie die Fehlerellipsen zeigen. Der Fehler sinkt, wenn er die Entfernung und die Orientierung zu einem Orientierungspunkt mit bekannter Position erfasst, und steigt wieder, wenn der Roboter den Orientierungspunkt aus den Augen verliert. EKF-Algorithmen funktionieren gut, wenn die Orientierungspunkte leicht zu identifizieren sind. Andernfalls kann die A-posteriori-Verteilung multimodal sein, wie ► Abbildung 26.7 b zeigt. Das Problem, dass die Identität der Orientierungspunkte bekannt sein muss, ist eine Instanz des in ► Abbildung 15.3 besprochenen **Datenzuordnungsproblems**.

In manchen Situationen ist keine Karte der Umgebung verfügbar. Der Roboter muss sich dann eine Karte beschaffen. Dies ist eine Art Henne-Ei-Problem: Der navigierende Roboter muss

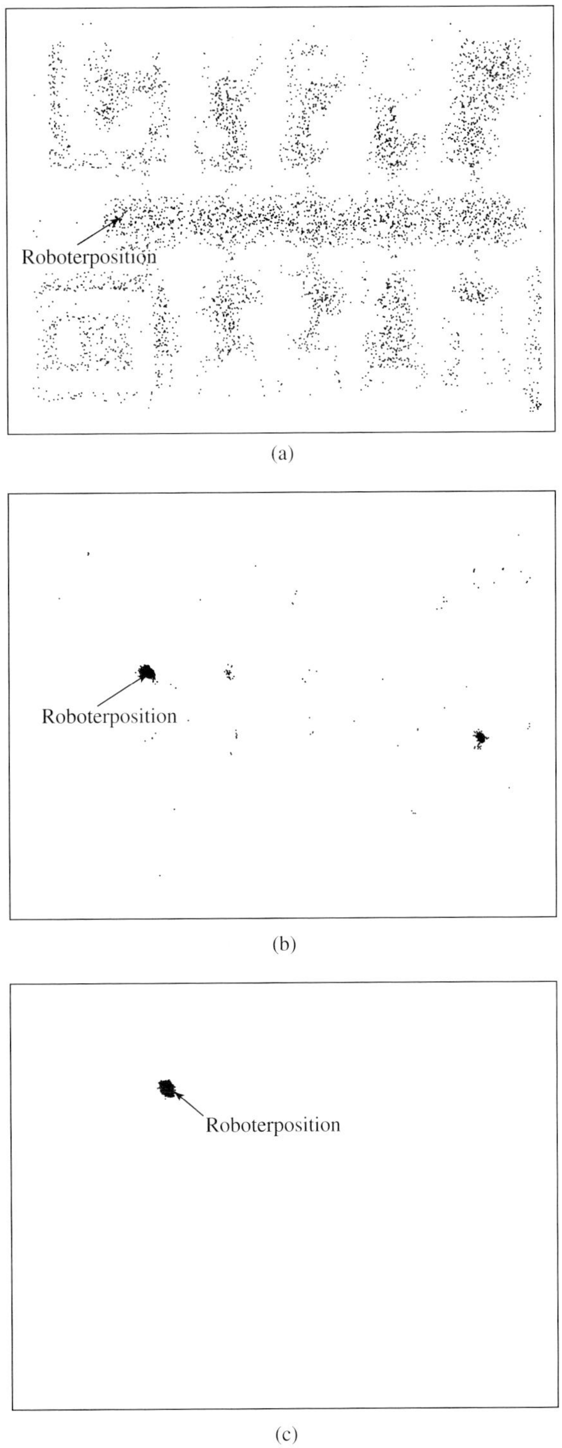

Abbildung 26.7: Monte-Carlo-Lokalisierung, ein Partikelfilter-Algorithmus für die Lokalisierung von mobilen Robotern. (a) Anfängliche globale Unsicherheit. (b) Annähernd bimodale Unsicherheit nach der Navigation in einem (symmetrischen) Korridor. (c) Unimodale Unsicherheit nach dem Betreten eines Raums und der Feststellung, dass er unverwechselbar ist.

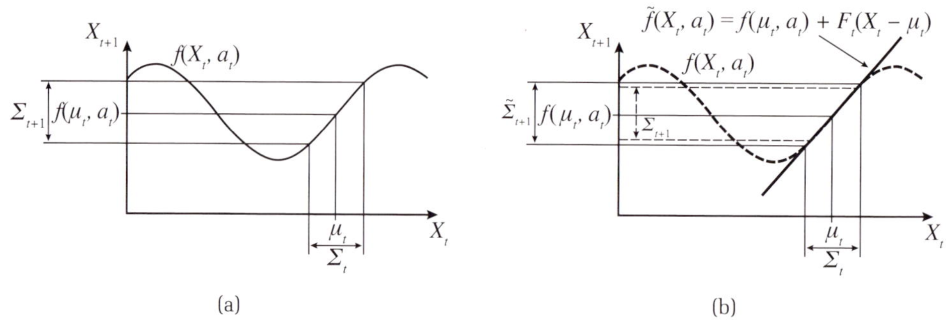

Abbildung 26.8: Eindimensionale Darstellung eines linearisierten Bewegungsmodells: (a) Die Funktion f und die Projektion eines Mittelwerts $\boldsymbol{\mu}_t$ und eines Kovarianzintervalls (basierend auf $\boldsymbol{\Sigma}_t$) in die Zeit $t+1$. (b) Die linearisierte Version ist der Tangens von f bei $\boldsymbol{\mu}_t$. Die Projektion des Mittelwerts $\boldsymbol{\mu}_t$ ist korrekt. Allerdings weicht die projizierte Kovarianz $\tilde{\boldsymbol{\Sigma}}_{t+1}$ von $\boldsymbol{\Sigma}_{t+1}$ ab.

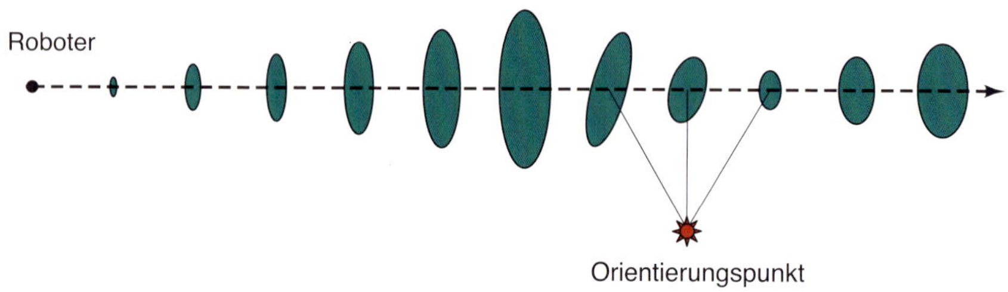

Abbildung 26.9: Lokalisierung mit dem erweiterten Kalman-Filter. Der Roboter bewegt sich auf einer geraden Linie. Während er sich fortbewegt, nimmt seine Unsicherheit in der Positionsschätzung zu, wie durch die Fehlerellipsen dargestellt. Wenn er einen Orientierungspunkt mit bekannter Position beobachtet, wird die Unsicherheit reduziert.

seine Position relativ zu einer Karte bestimmen, die er nicht genau kennt, und gleichzeitig diese Karte erstellen, während er seine tatsächliche Position nicht genau kennt. Dieses Problem ist für viele Roboteranwendungen wichtig und wurde ausgiebig unter dem Namen **simultane Lokalisierung und Kartenerstellung** (*Simultaneous Localization and Mapping*, **SLAM**) untersucht.

SLAM-Probleme lassen sich mit vielen verschiedenen probabilistischen Techniken lösen, darunter auch mit dem weiter vorn beschriebenen erweiterten Kalman-Filter. Die Verwendung des EKF ist einfach: Der Zustandsvektor wird einfach um die Positionen der Orientierungspunkte in der Umgebung erweitert. Erfreulicherweise skaliert die EKF-Aktualisierung quadratisch, sodass die Berechnung für kleine Karten (z. B. ein paar Hundert Orientierungspunkte) durchaus machbar ist. Umfangreichere Karten werden oft mithilfe von Methoden der Graphenrelaxation erhalten, ähnlich den in Kapitel 13 besprochenen Inferenztechniken mit Bayes'schen Netzen. Erwartung-und-Maximierung wird auch für SLAM verwendet.

26.4.2 Weitere Arten der Wahrnehmung

Bei der Wahrnehmung der Roboter geht es nicht immer um Lokalisierung oder Kartenerstellung. Roboter nehmen auch Temperatur, Gerüche, Geräusche und so weiter wahr. Viele dieser Größen lassen sich mit Varianten von dynamischen Bayes'schen Netzen abschätzen. Alles, was für solche Schätzungen benötigt wird, sind bedingte Wahrscheinlichkeitsverteilungen, die die Entwicklung von Zustandsvariablen über die Zeit charakterisieren, und Sensormodelle, die die Beziehung von Messungen zu Zustandsvariablen beschreiben.

Es ist auch möglich, einen Roboter als reaktiven Agenten zu programmieren, ohne explizit über Wahrscheinlichkeitsverteilungen von Zuständen nachzudenken. Wir behandeln diesen Ansatz in Abschnitt 26.9.1.

Der Trend in der Robotik geht eindeutig in Richtung Repräsentationen mit wohldefinierter Semantik. Probabilistische Techniken übertreffen andere Ansätze bei vielen schwierigen Wahrnehmungsproblemen wie Lokalisierung und Kartenerstellung. Allerdings sind statistische Verfahren manchmal zu umständlich und einfachere Lösungen können in der Praxis genauso effektiv sein. Für die Entscheidung, welcher Ansatz gewählt werden soll, sind die Erfahrungen mit realen Robotern der beste Lehrmeister.

26.4.3 Überwachtes und unüberwachtes Lernen in der Roboterwahrnehmung

Maschinelles Lernen spielt in der Roboterwahrnehmung eine wichtige Rolle. Dies ist insbesondere dann der Fall, wenn die beste interne Repräsentation nicht bekannt ist. Ein gängiger Ansatz ist die Abbildung hochdimensionaler Sensorströme auf Räume mit weniger Dimensionen mittels unüberwachter Methoden des maschinellen Lernens (siehe Kapitel 19). Ein solcher Ansatz wird als **niedrigdimensionale Einbettung** bezeichnet. Maschinelles Lernen ermöglicht es, aus den Daten Sensor- und Bewegungsmodelle zu lernen und gleichzeitig eine geeignete interne Repräsentation zu finden.

Eine andere Technik des maschinellen Lernens ermöglicht es Robotern, sich ständig an große Veränderungen in den Sensormessungen anzupassen. Stellen Sie sich vor, Sie gehen von draußen aus der Sonne in einen dunklen Raum mit Neonröhren. Natürlich ist es drinnen dunkler. Aber der Wechsel der Lichtquelle wirkt sich auch auf alle Farben aus: Neonlicht hat einen stärkeren Anteil an grünem Licht als Sonnenlicht. Doch irgendwie scheinen wir die Veränderung nicht zu bemerken. Wenn wir zusammen mit anderen Personen einen Raum mit Neonlicht betreten, denken wir nicht, dass sich deren Gesichter plötzlich grün färben. Unsere Wahrnehmung passt sich schnell an die neuen Lichtverhältnisse an und unser Gehirn ignoriert die Unterschiede.

Adaptive Wahrnehmungstechniken ermöglichen es Robotern, sich an solche Veränderungen anzupassen. Ein Beispiel ist in ► Abbildung 26.10 aus dem Bereich des autonomen Fahrens

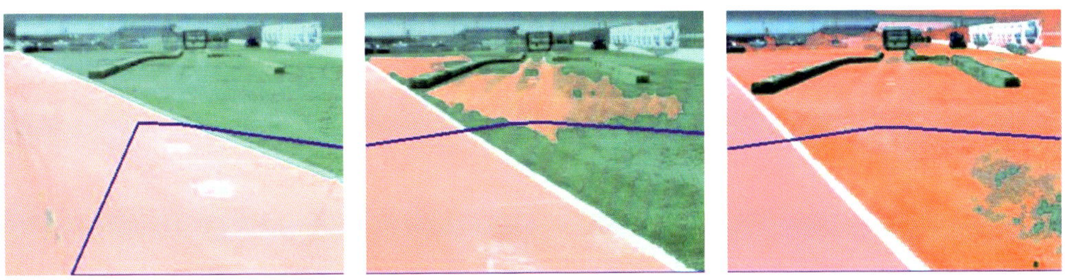

(a) (b) (c)

Abbildung 26.10: Abfolge von Klassifikationen als „befahrbare Oberfläche" mithilfe von adaptivem Sehen. (a) Nur die Straße wird als befahrbar klassifiziert (rosa Bereich). Die V-förmige blaue Linie zeigt den Fahrweg des Fahrzeugs an. (b) Das Fahrzeug erhält den Befehl, die Straße zu verlassen, und der Klassifikator beginnt, einen Teil der Grasfläche als befahrbar zu klassifizieren. (c) Das Fahrzeug hat sein Modell der befahrbaren Oberflächen aktualisiert, sodass es sowohl Grasflächen als auch Straßen umfasst. Mit freundlicher Genehmigung von Sebastian Thrun.

dargestellt. Hier passt ein unbemanntes Landfahrzeug seinen „befahrbare Oberflächen“-Klassifikator an. Wie funktioniert dies? Der Roboter verwendet einen Laser, um für einen kleinen Bereich unmittelbar vor sich eine Klassifikation vorzunehmen. Wenn dieser Bereich im Laser-Bereichsscan als eben erkannt wird, dient er als positives Trainingsbeispiel für das Konzept „befahrbare Oberfläche“. Eine Technik mit gemischter Gauß'scher Verteilung, ähnlich dem in Kapitel 20 besprochenen EM-Algorithmus, wird dann trainiert, um die spezifischen Farb- und Texturkoeffizienten des kleinen Stichprobenbereichs zu erkennen. Die Bilder in ► Abbildung 26.10 sind das Ergebnis der Anwendung dieses Klassifikators auf das gesamte Bild.

Methoden, bei denen Roboter ihre eigenen Trainingsdaten (samt Label!) sammeln, werden als **selbstüberwacht** bezeichnet. In diesem Fall wandelt der Roboter durch maschinelles Lernen einen Nahfeldsensor, der gut für die Klassifikation des Geländes geeignet ist, in einen Sensor um, der viel weiter sehen kann. Dadurch kann der Roboter schneller fahren und muss seine Geschwindigkeit nur dann reduzieren, wenn das Sensormodell sagt, dass das Gelände wechselt und mit Nahfeldsensoren genauer untersucht werden muss.

26.5 Planung und Kontrolle

Sämtliche Deliberationen eines Roboters münden letztlich in Entscheidungen, wie er sich bewegen soll, von der abstrakten Aufgabenebene bis hinunter zu den Strömen, die an seine Motoren gesendet werden. In diesem Abschnitt vereinfachen wir, indem wir annehmen, dass die Wahrnehmung (und, wo nötig, die Vorhersage) gegeben ist, sodass die Welt beobachtbar ist. Weiterhin nehmen wir deterministische Übergänge (Dynamik) der Welt an.

Zuerst trennen wir die Bewegung von der Kontrolle. Wir definieren einen **Pfad** als eine Folge von Punkten im geometrischen Raum, dem ein Roboter (oder ein Roboterteil, z. B. ein Arm) folgt. Diese Definition ist verwandt mit dem Begriff des Pfads in Kapitel 3, wobei wir hier eine Folge von Punkten im Raum meinen und nicht eine Folge von diskreten Aktionen. Die Aufgabe, einen guten Pfad zu finden, wird **Bewegungsplanung** genannt.

Sobald wir einen Pfad haben, führen wir eine Aktionsfolge aus, um dem Pfad zu folgen. Diese Aufgabe wird **Kontrolle der Trajektorieverfolgung** genannt. Eine **Trajektorie** ist ein Pfad, bei dem jeder Punkt auf dem Pfad mit einer Zeit verknüpft ist. Ein Pfad sagt nur „gehe von A nach B nach C usw.“ und eine Trajektorie sagt „starte bei A, brauche 1 Sekunde, um nach B zu kommen, und weitere 1,5 Sekunden, um nach C zu kommen, usw.“

26.5.1 Konfigurationsraum

Stellen Sie sich einen einfachen Roboter $\mathcal{R}$ in Form eines rechtwinkligen Dreiecks vor, wie das fliederfarbene Dreieck in der unteren linken Ecke von ► Abbildung 26.11. Der Roboter muss einen Pfad planen, der ein rechteckiges Hindernis $\mathcal{O}$ vermeidet. Der physische Raum, in dem sich ein Roboter bewegt, wird **Arbeitsraum** genannt. Dieser spezielle Roboter kann sich in jede beliebige Richtung in der x-y-Ebene bewegen, aber nicht drehen. Die Abbildung zeigt fünf weitere mögliche Positionen des Roboters mit gestrichelten Umrissen. Diese sind jeweils so nah, wie der Roboter dem Hindernis kommen kann.

Der Körper des Roboters könnte als eine Menge von (x, y)-Punkten (oder (x, y, z)-Punkten für einen dreidimensionalen Roboter) dargestellt werden, ebenso das Hindernis. Bei dieser Darstellung bedeutet das Umfahren des Hindernisses, dass kein Punkt des Roboters einen Punkt des Hindernisses überlappt. Die Bewegungsplanung würde Berechnungen auf Punktmengen ausführen müssen, was kompliziert und zeitaufwendig sein kann.

Wir können die Berechnungen vereinfachen, indem wir ein Darstellungsschema wählen, in dem alle Punkte, aus denen der Roboter besteht, als ein einziger Punkt in einem abstrak-

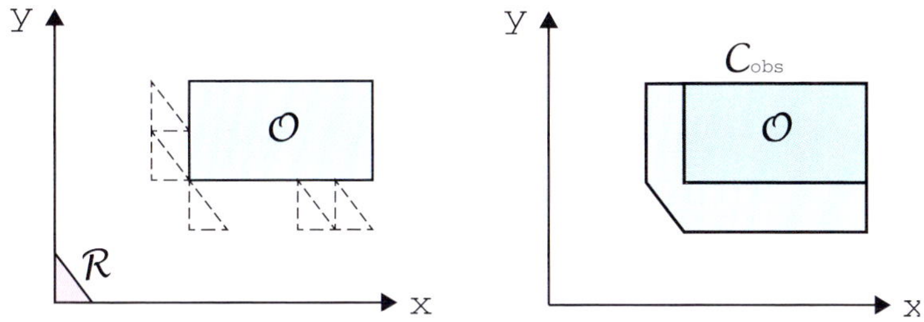

Abbildung 26.11: Ein einfacher dreieckiger Roboter, der seine Position verändern kann und einem rechteckigen Hindernis ausweichen muss. Links ist der Arbeitsraum, rechts der Konfigurationsraum.

ten mehrdimensionalen Raum dargestellt werden, den wir **Konfigurationsraum** oder **C-Raum** nennen. Die Idee ist, dass die Menge der Punkte, aus denen der Roboter besteht, berechnet werden kann, wenn wir (1) die grundlegenden Maße des Roboters (für unseren dreieckigen Roboter genügt die Länge der drei Seiten) und (2) die aktuelle **Pose** des Roboters – seine Position und Ausrichtung – kennen.

Für unseren einfachen dreieckigen Roboter genügen zwei Dimensionen für den C-Raum: Wenn wir die (x, y)-Koordinaten eines bestimmten Punkts auf dem Roboter kennen – wir verwenden den rechtwinkligen Eckpunkt –, dann können wir berechnen, wo sich jeder andere Punkt des Dreiecks befindet (weil wir die Größe und Form des Dreiecks kennen und das Dreieck nicht rotieren kann). In der unteren linken Ecke von ► Abbildung 26.11 kann das fliederfarbene Dreieck durch die Konfiguration $(0, 0)$ dargestellt werden.

Wenn wir die Regeln so ändern, dass der Roboter sich drehen kann, dann benötigen wir drei Dimensionen (x, y, θ), um berechnen zu können, wo jeder Punkt liegt. Dabei ist θ der Drehwinkel des Roboters in der Ebene. Wenn der Roboter auch die Fähigkeit hätte, sich selbst zu strecken und gleichmäßig um einen Skalierungsfaktor s zu wachsen, dann hätte der C-Raum vier Dimensionen, (x, y, θ, s).

Zunächst konzentrieren wir uns auf den einfachen zweidimensionalen C-Raum des nicht rotierenden Dreieckroboters. Unsere nächste Aufgabe besteht darin herauszufinden, wo sich die Punkte des Hindernisses im C-Raum befinden. Betrachten Sie die fünf gestrichelten Dreiecke auf der linken Seite von ► Abbildung 26.11 und beachten Sie, wo sich der rechtwinklige Eckpunkt auf jedem dieser Dreiecke befindet. Stellen Sie sich dann alle Möglichkeiten vor, wo das Dreieck entlanggleiten könnte. Offensichtlich kann der rechtwinklige Eckpunkt nicht in das Hindernis eindringen, ja er kann ihm sogar nicht näher kommen als auf jedem der fünf gestrichelten Dreiecke. Sie sehen also, dass der Bereich, den der rechtwinklige Eckpunkt nicht betreten kann, das fünfseitige Polygon auf der rechten Seite von ► Abbildung 26.11 ist. Es wird als **C-Raum-Hindernis** bezeichnet und ist mit $\mathcal{C}_{obs}$ (von *obstacle*) gekennzeichnet.

Normalerweise sprechen wir davon, dass es mehrere Hindernisse für den Roboter gibt – einen Tisch, einen Stuhl, Wände. Aber die mathematische Notation ist etwas einfacher, wenn wir uns vorstellen, dass alle diese Objekte zu einem einzigen „Hindernis" zusammengefasst werden, das zufällig aus nicht miteinander verbundenen Komponenten besteht. Im Allgemeinen ist das C-Raum-Hindernis die Menge aller Punkte q in $\mathcal{C}$, sodass bei einer Platzierung des Roboters in diese Konfiguration seine Arbeitsraumgeometrie das Arbeitsraum-Hindernis schneiden würde.

Seien die Hindernisse im Arbeitsraum die Menge der Punkte O und sei die Menge aller Punkte auf dem Roboter in der Konfiguration q gleich $\mathcal{A}(q)$. Dann ist das C-Raum-Hinder-

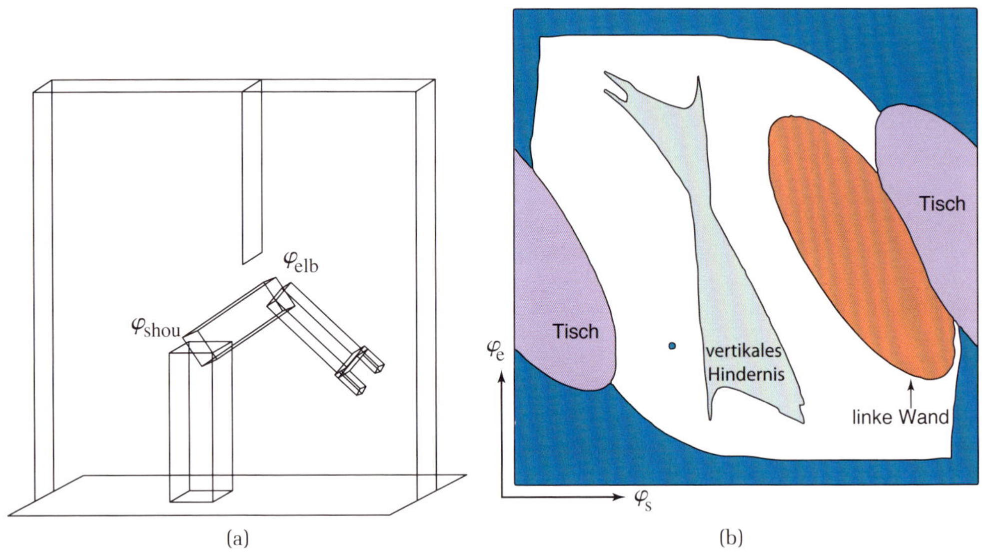

Abbildung 26.12: (a) Arbeitsraumdarstellung eines Roboterarms mit zwei Freiheitsgraden. Der Arbeitsraum ist ein Kasten mit einem flachen Hindernis, das von der Decke hängt. (b) Konfigurationsraum desselben Roboters. Nur weiße Regionen im Raum sind Konfigurationen, die frei von Kollisionen sind. Der Punkt in diesem Diagramm entspricht der Konfiguration des links dargestellten Roboters.

nis definiert als

$$C_{obs} = \{q: q \in C \textbf{ und } \mathcal{A}(q) \cap O \neq \{\,\}\}$$

und der **freie Raum** ist $C_{free} = C - C_{obs}$.

Der C-Raum wird interessanter, wenn die Roboter mit beweglichen Teilen ausgestattet sind. Betrachten Sie den Zweigelenkarm aus ► Abbildung 26.12 a. Er ist mit einem Tisch verschraubt, sodass sich die Basis nicht bewegt, aber der Arm hat zwei Gelenke, die sich unabhängig voneinander bewegen – wir sprechen in diesem Fall von **Freiheitsgraden** (*Degree of Freedom*, DOF). Durch das Bewegen der Gelenke werden die (x, y)-Koordinaten des Ellbogens, des Greifers und jedes Punkts am Arm geändert. Der Konfigurationsraum des Arms ist zweidimensional: $(\theta_{shou}, \theta_{elb})$, wobei θ_{shou} der Winkel des Schultergelenks (*shoulder*) und θ_{elb} der Winkel des Ellenbogengelenks (*elbow*) ist.

Wenn wir die Konfiguration von unserem Zweigelenkarm kennen, dann können wir durch einfache Trigonometrie bestimmen, wo sich jeder Punkt des Arms befindet. Im Allgemeinen ist die Abbildung der **Vorwärtskinematik** eine Funktion

$$\phi_b: C \to W\,,$$

die eine Konfiguration übernimmt und die Position eines bestimmten Punkts b auf dem Roboter ausgibt, wenn sich der Roboter in dieser Konfiguration befindet.[1] Besonders nützlich ist die Abbildung der Vorwärtskinematik für den Endeffektor des Roboters, ϕ_{EE}. Die Menge aller Punkte auf dem Roboter in einer bestimmten Konfiguration q wird bezeichnet mit $\mathcal{A}(q) \subset W$:

$$\mathcal{A}(q) = \bigcup_b \{\phi_b(q)\}$$

1 W bezeichnet die Arbeitsraumwelt, siehe Definition auf S. 1040.

Die Umkehrung des Problems, d. h. die Zuordnung einer gewünschten Position eines Punkts auf dem Roboter zu der/den Konfiguration(en), in der bzw. denen sich der Roboter befinden muss, um diese zu erreichen, wird als **inverse Kinematik** bezeichnet:

$$IK_b: x \in W \mapsto \{q \in C \ s.t. \ \phi_b(q) = x\}$$

Manchmal übernimmt die Abbildung der inversen Kinematik nicht nur eine Position, sondern auch eine gewünschte Orientierung als Eingabe. Wenn ein Manipulator z. B. ein Objekt greifen soll, können wir eine gewünschte Position und Orientierung für seinen Greifer berechnen und mittels inverser Kinematik eine Zielkonfiguration für den Roboter definieren. Dann muss ein Entwickler einen Weg finden, um den Roboter von seiner aktuellen Konfiguration zur Zielkonfiguration zu bewegen und dabei Hindernisse zu umgehen.

Hindernisse im Arbeitsraum werden oft als einfache geometrische Formen dargestellt – vor allem in Robotik-Lehrbüchern, die sich meist auf mehreckige Hindernisse konzentrieren. Aber wie sehen die Hindernisse im Konfigurationsraum aus?

Für den Zweigelenkarm haben einfache Hindernisse im Arbeitsraum (beispielsweise eine vertikale Linie) sehr komplexe Pendants im C-Raum, wie ► Abbildung 26.12 b zeigt. Die unterschiedlichen Schattierungen des belegten Raums entsprechen den verschiedenen Objekten im Arbeitsraum des Roboters: Die dunkle Region, die den gesamten freien Raum umgibt, entspricht Konfigurationen, in denen der Roboter quasi mit sich selbst kollidiert. Es ist leicht zu erkennen, dass extreme Werte des Schulter- oder Ellbogenwinkels solche Kollisionen auslösen. Die beiden ovalen Regionen auf beiden Seiten des Roboters entsprechen dem Tisch, auf dem der Roboter montiert ist. Die dritte ovale Region entspricht der linken Wand.

Das interessanteste Objekt im Konfigurationsraum ist schließlich das vertikale Hindernis, das von der Decke herabhängt und die Bewegungen des Roboters behindert. Dieses Objekt hat eine lustige Form im Konfigurationsraum: Es ist stark nichtlinear und an manchen Stellen sogar konkav. Mit ein wenig Phantasie erkennt der Leser die Form des Greifers am oberen linken Ende.

Wir ermutigen den Leser, einen Moment innezuhalten und diese Abbildung zu studieren. Die Form dieses Hindernisses im C-Raum ist überhaupt nicht offensichtlich! Der Punkt in ► Abbildung 26.12 b markiert die Konfiguration des Roboters in ► Abbildung 26.12 a. ► Abbildung 26.13 zeigt drei weitere Konfigurationen, sowohl im Arbeitsraum als auch im Konfigurationsraum. In der Konfiguration „conf-1" greift der Greifer das vertikale Hindernis.

Wir sehen, dass selbst wenn der Arbeitsraum des Roboters durch flache Polygone dargestellt wird, die Form des freien Raums sehr kompliziert sein kann. In der Praxis *sondiert* man daher normalerweise einen Konfigurationsraum, anstatt ihn explizit zu konstruieren. Ein Entwickler kann eine Konfiguration generieren und dann testen, ob sie sich im freien Raum befindet, indem er die Roboterkinematik anwendet und dann auf Kollisionen in Arbeitsraumkoordinaten prüft.

26.5.2 Bewegungsplanung

Das Problem der **Bewegungsplanung** besteht darin, einen Plan zu finden, der den Roboter von einer Konfiguration in die andere überführt, ohne dass dieser mit einem Hindernis kollidiert. Dies ist ein grundlegender Baustein von Bewegung und Manipulation. In Abschnitt 26.5.4 wird erörtert, wie sich dies unter komplizierteren Bedingungen durchführen lässt, z. B. beim Lenken eines Autos, das beim zu schnellen Durchfahren einer Kurve vom Weg abkommen kann. Im Moment konzentrieren wir uns auf das einfache Bewegungsplanungsproblem, einen geometrischen Pfad zu finden, der frei von Kollisionen ist. Die Bewegungsplanung ist im Grunde ein stetigwertiges **Suchproblem**, aber es ist oft möglich, den Raum zu diskretisieren und die Suchalgorithmen aus Kapitel 3 anzuwenden.

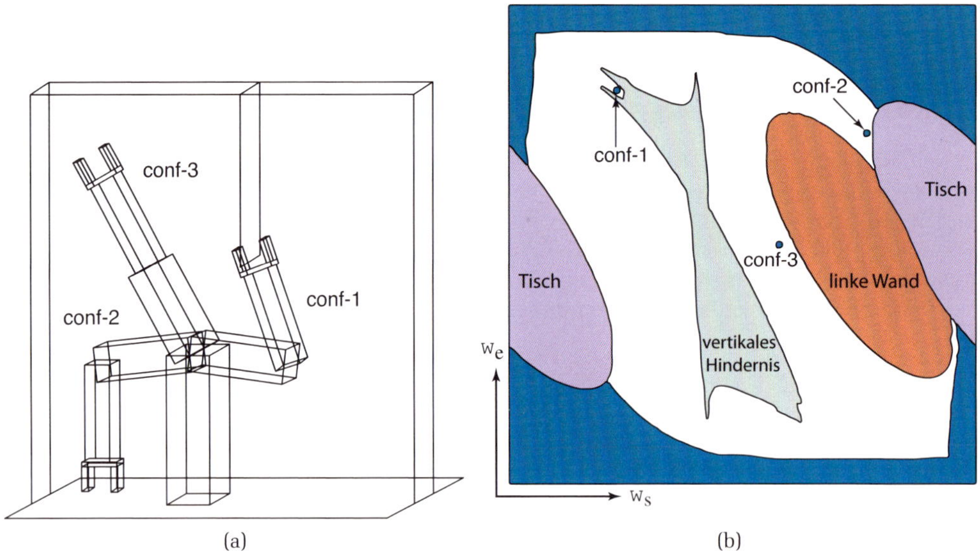

Abbildung 26.13: Drei Roboterkonfigurationen, dargestellt im Arbeitsraum und im Konfigurationsraum.

Das Bewegungsplanungsproblem wird manchmal auch als **Klaviertransportproblem** bezeichnet. Der Name leitet sich von den Problemen eines Umzugsunternehmens ab, das ein großes, unregelmäßig geformtes Klavier von einem Raum in einen anderen bringen muss, ohne irgendwo anzustoßen. Folgende Daten sind gegeben:

- eine Arbeitsraum*welt* W entweder in $\mathbb{R}^2$ für die Ebene oder $\mathbb{R}^3$ für drei Dimensionen
- eine *Hindernisregion* $O \subset W$
- ein Roboter mit einem Konfigurationsraum C und einer Punktmenge $\mathcal{A}(q)$ für $q \in C$
- eine Startkonfiguration $q_s \in C$ und
- eine Zielkonfiguration $q_g \in C$

Die Hindernisregion bedingt ein C-Raum-Hindernis C_{obs} und den entsprechenden freien Raum C_{free}, wie er im vorherigen Abschnitt definiert ist. Unsere Aufgabe ist es, einen stetigen **Pfad** durch den freien Raum zu finden. Zur Repräsentation des Pfads verwenden wir eine parametrisierte Kurve $\tau(t)$, wobei $\tau(0) = q_s$ und $\tau(1) = q_g$ und $\tau(t)$ für jedes t zwischen 0 und 1 ein Punkt in C_{free} ist. Das heißt, t parametrisiert, wie weit wir uns auf dem Pfad vom Start zum Ziel befinden. Beachten Sie, dass t sich insofern ähnlich wie die Zeit verhält, als dass mit zunehmendem t die Entfernung entlang des Pfads zunimmt, aber t ist immer ein Punkt auf dem Intervall $[0, 1]$ und wird nicht in Sekunden gemessen.

Das Bewegungsplanungsproblem kann auf verschiedene Weise komplexer gestaltet werden: indem man das Ziel als eine Menge möglicher Konfigurationen und nicht nur als eine Konfiguration definiert, indem man das Ziel im Arbeitsraum anstatt im C-Raum definiert, indem man eine Kostenfunktion (z. B. Pfadlänge) definiert, die minimiert werden soll, oder indem man Nebenbedingungen erfüllt (z. B. wenn der Pfad beinhaltet, dass dabei eine Tasse Kaffee transportiert wird, wobei sicherzustellen ist, dass die Tasse immer aufrecht gehalten wird, um den Kaffee nicht zu verschütten).

Die Räume der Bewegungsplanung: Gehen wir einen Schritt zurück und vergewissern wir uns, dass wir die an der Bewegungsplanung beteiligten Räume verstehen. Zunächst gibt es den Arbeitsraum oder die Welt W. Punkte in W sind Punkte in der alltäglichen dreidimensionalen Welt. Als Nächstes haben wir den Raum der Konfigurationen C. Die Punkte q in C sind d-dimensional, wobei d die Anzahl der Freiheitsgrade des Roboters ist, und lassen sich auf Punktmengen $\mathcal{A}(q)$ in W abbilden. Schließlich gibt es noch den Raum der Pfade. Der Raum der Pfade ist ein Raum von Funktionen. Jeder Punkt in diesem Raum lässt sich auf eine ganze Kurve durch den C-Raum abbilden. Dieser Raum ist ∞-dimensional! Intuitiv benötigen wir d Dimensionen für jede Konfiguration entlang des Pfads und es gibt so viele Konfigurationen auf einem Pfad, wie es Punkte im Intervall der Zahlengeraden $[0, 1]$ gibt. Betrachten wir nun einige Möglichkeiten, wie man das Bewegungsplanungsproblem lösen kann.

Sichtbarkeitsgraphen

Für den vereinfachten Fall von zweidimensionalen Konfigurationsräumen und polygonalen C-Raum-Objekten sind **Sichtbarkeitsgraphen** eine bequeme Möglichkeit, das Bewegungsplanungsproblem mit einem garantiert kürzesten Weg zu lösen. Sei $V_{obs} \subset C$ die Menge der Knoten der Polygone, aus denen C_{obs} besteht, und sei $V = V_{obs} \cup \{q_s, q_g\}$.

Wir konstruieren einen Graphen $G = (V, E)$ auf der Knotenmenge V mit Kanten $e_{ij} \in E$, die einen Knoten v_i mit einem anderen Knoten v_j verbinden, wenn die Verbindungslinie zwischen den beiden Knoten kollisionsfrei ist, d. h. wenn $\{\lambda v_i + (1-\lambda)v_j : \lambda \in [0, 1]\} \cap C_{obs} = \{\}$. Wenn dies der Fall ist, sagen wir, dass die beiden Knoten „einander sehen können", woher die Bezeichnung „Sichtbarkeitsgraph" resultiert.

Um das Bewegungsplanungsproblem zu lösen, müssen wir lediglich eine diskrete Graphensuche (z. B. Bestensuche) auf dem Graphen G mit Startzustand q_s und Ziel q_g durchführen. In ► Abbildung 26.14 sehen wir einen Sichtbarkeitsgraphen und eine optimale Dreischrittlösung. Eine optimale Suche auf Sichtbarkeitsgraphen liefert immer den optimalen Pfad (sofern einer existiert) oder gibt einen Fehler zurück, wenn kein Pfad existiert.

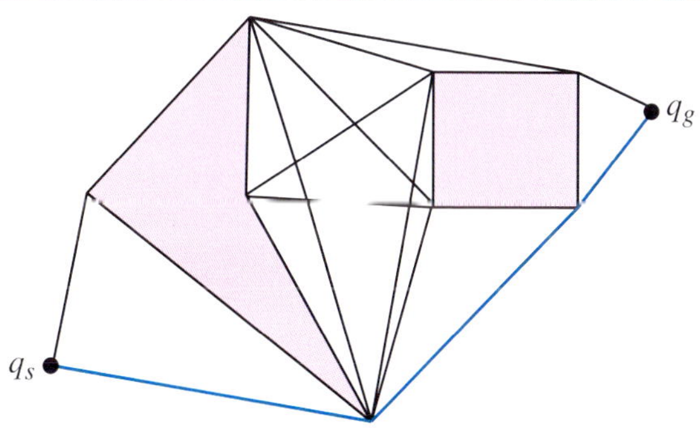

Abbildung 26.14: Ein Sichtbarkeitsgraph. Linien verbinden jedes Paar von Knoten, die sich gegenseitig „sehen" können – Linien, die nicht durch ein Hindernis gehen. Der kürzeste Weg muss auf diesen Linien liegen.

Voronoi-Diagramme

Sichtbarkeitsgraphen fördern Pfade, die direkt entlang eines Hindernisses verlaufen: Wenn Sie beispielsweise um einen Tisch herumgehen müssten, um zur Tür zu gelangen, würde der kürzeste Pfad so nah wie möglich am Tisch vorbeiführen. Wenn jedoch die Bewegung oder Wahrnehmung nicht deterministisch ist, besteht die Gefahr, dass man gegen den Tisch stößt. Eine Möglichkeit, dieses Problem zu lösen, besteht darin, so zu tun, als sei der Körper des Roboters ein wenig größer als er tatsächlich ist, um eine Pufferzone zu schaffen. Eine andere Möglichkeit ist zu akzeptieren, dass die Pfadlänge nicht die einzige Metrik ist, die wir optimieren wollen. Abschnitt 26.8.2 zeigt, wie man eine gute Metrik aus menschlichen Verhaltensbeispielen lernen kann.

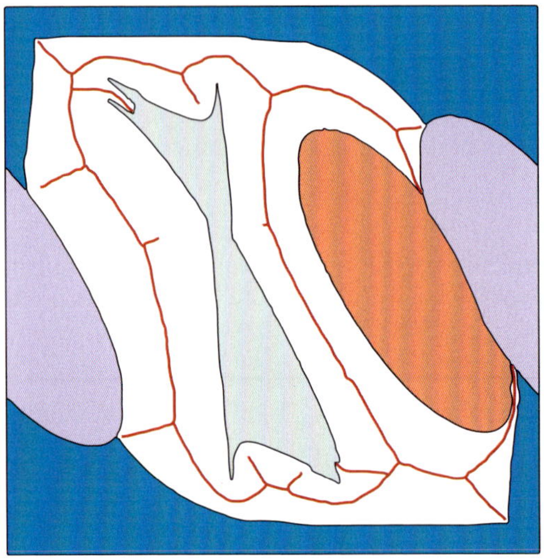

Abbildung 26.15: Ein Voronoi-Diagramm, das die Menge der Punkte (rote Linien) zeigt, die äquidistant zu zwei oder mehr Hindernissen im Konfigurationsraum sind.

Eine dritte Möglichkeit besteht darin, eine Technik zu verwenden, bei der die Pfade so weit wie möglich von den Hindernissen entfernt sind, anstatt sich eng an sie zu schmiegen. Ein **Voronoi-Diagramm** ist eine Repräsentation, mit der wir genau das tun können. Um eine Vorstellung davon zu bekommen, wozu ein Voronoi-Diagramm gut ist, betrachten wir einen Raum, in dem die Hindernisse beispielsweise ein Dutzend kleiner Punkte sind, verstreut über eine Ebene. Nun umgeben Sie jeden der Hindernispunkte mit einer **Region**, die aus allen Punkten in der Ebene besteht, die näher an diesem als an irgendeinem der anderen Hindernispunkte liegen. Die Regionen partitionieren also die Ebene. Das Voronoi-Diagramm besteht aus der Menge der Regionen und der **Voronoi-Graph** aus den Kanten und Knoten der Regionen.

Wenn Hindernisse Flächen und keine Punkte sind, ändert sich eigentlich nichts. Jede Region enthält immer noch alle Punkte, die näher an einem Hindernis liegen als an einem anderen, wobei der Abstand zum nächstgelegenen Punkt auf einem Hindernis gemessen wird. Die Grenzen zwischen den Regionen entsprechen immer noch den Punkten, die gleich weit von zwei Hindernissen entfernt sind, aber jetzt ist die Grenze unter Umständen eine Kurve und keine gerade Linie. Die Berechnung dieser Grenzen kann in hochdimensionalen Räumen extrem teuer sein.

Um das Bewegungsplanungsproblem zu lösen, verbinden wir den Startpunkt q_s mit dem nächstgelegenen Punkt auf dem Voronoi-Graphen über eine gerade Linie und machen dasselbe für den Zielpunkt q_g. Mittels der diskreten Graphensuche suchen wir dann nach dem kürzesten Pfad auf dem Graphen. Wenn unser Problem darin besteht, durch Korridore in Innenräumen zu navigieren, erhalten wir einen schönen Pfad, der in der Mitte des Korridors verläuft. Im Freien können die resultierenden Pfade jedoch sehr ineffizient sein, z. B. wenn ein unnötiger Umweg von 100 Metern vorgeschlagen wird, um in der Mitte eines 200 Meter breiten Raums zu bleiben.

Zellzerlegung

Ein alternativer Ansatz zur Bewegungsplanung ist die Diskretisierung des C-Raums. **Zellzerlegungsmethoden** unterteilen den freien Raum in eine endliche Anzahl von zusammenhängenden Regionen, die als Zellen bezeichnet werden. Diese Zellen sind dafür ausgelegt, dass das Pfadplanungsproblem innerhalb einer einzelnen Zelle mit einfachen Mitteln gelöst werden kann (z. B. durch Bewegung entlang einer geraden Linie). Das Pfadplanungsproblem wird dann zu einem diskreten Graphensuchproblem (wie bei Sichtbarkeitsgraphen und Voronoi-Graphen), um einen Pfad durch aufeinanderfolgende Zellen zu finden.

Die einfachste Zellzerlegung besteht aus einem regelmäßigen Raster. ► Abbildung 26.16a zeigt eine quadratische Rasterzerlegung des Raums sowie einen Lösungspfad, der für diese Rastergröße optimal ist. Eine Graustufenschattierung kennzeichnet den *Wert* jeder Rasterzelle im freien Raum, d. h. die Kosten des kürzesten Pfads von dieser Zelle zum Ziel. (Diese Werte können durch eine deterministische Form des VALUE-ITERATION-Algorithmus berechnet werden, der in ► Abbildung 17.6 auf S. 646 dargestellt ist.) ► Abbildung 26.16b zeigt die entsprechende Bewegungstrajektorie des Arms im Arbeitsraum. Natürlich könnten wir einen kürzesten Pfad auch mit dem A*-Algorithmus ermitteln.

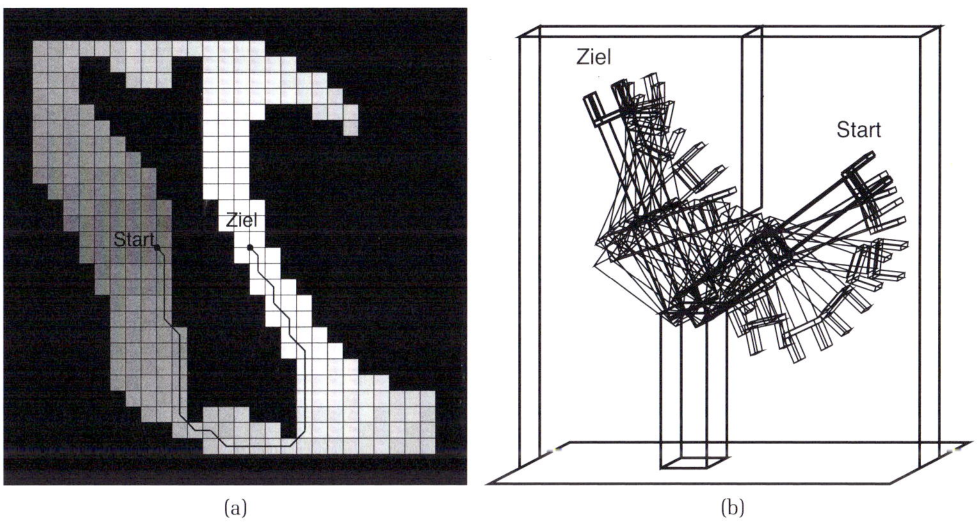

Abbildung 26.16: (a) Wertefunktion und Pfad für eine diskrete Rasterzellen-Approximation des Konfigurationsraums. (b) Der gleiche Pfad, visualisiert mit den Arbeitsraumkoordinaten. Beachten Sie, wie der Roboter seinen Ellbogen beugt, um eine Kollision mit dem vertikalen Hindernis zu vermeiden.

Diese Rasterzerlegung hat einerseits den Vorteil, dass sie einfach zu implementieren ist, leidet andererseits aber unter drei Einschränkungen. Erstens ist sie nur für niedrigdimensionale Konfigurationsräume geeignet, da die Anzahl der Rasterzellen exponentiell mit d, der Anzahl der Dimensionen, steigt. (Kommt Ihnen das bekannt vor? Das ist der Fluch der Dimensionalität.) Zweitens verlaufen die Pfade durch den diskretisierten Zustandsraum nicht immer glatt. In ► Abbildung 26.16a sehen wir, dass die diagonalen Abschnitte des Pfads gezackt sind und es daher sehr schwierig für den Roboter ist, ihnen genau zu folgen. Der Roboter kann versuchen, den Lösungsweg zu glätten, aber das ist alles andere als einfach.

Drittens gibt es das Problem, was mit Zellen zu tun ist, die „gemischt" sind, d. h. weder vollständig im freien Raum noch vollständig im belegten Raum liegen. Ein Lösungspfad, der eine solche Zelle beinhaltet, ist möglicherweise keine wirkliche Lösung, weil es keine Möglichkeit gibt, die Zelle sicher zu durchqueren. Dies würde die Pfadplanung *inkorrekt* machen. Wenn wir andererseits darauf bestehen, dass nur vollständig freie Zellen verwendet werden dürfen, dann ist die Planung *unvollständig*, weil es vorkommen kann, dass die einzigen Pfade zum Ziel durch gemischte Zellen führen – es könnte sein, dass ein Korridor eigentlich breit genug ist, damit der Roboter ihn passieren kann, aber der Korridor nur von gemischten Zellen bedeckt ist.

Die erste Herangehensweise an dieses Problem ist eine *weitere Unterteilung* der gemischten Zellen – z. B. in halb so große Zellen wie ursprünglich. Dies kann rekursiv fortgesetzt werden, bis ein Pfad gefunden wird, der vollständig innerhalb freier Zellen liegt. Diese Methode funktioniert gut und ist vollständig, wenn es eine Möglichkeit gibt, zu entscheiden, ob eine gegebene Zelle eine gemischte Zelle ist, was nur dann einfach ist, wenn die Grenzen des Konfigurationsraums relativ einfache mathematische Beschreibungen haben.

Es ist wichtig zu beachten, dass die Zellzerlegung nicht unbedingt eine explizite Repräsentation des Hindernisraums C_{obs} erfordert. Wir können entscheiden, ob wir eine Zelle einbeziehen oder nicht, indem wir einen **Kollisionsprüfer** verwenden. Dies ist ein wichtiger Begriff der Bewegungsplanung. Ein Kollisionsprüfer ist eine Funktion $\gamma(q)$, die auf 1 abbildet, wenn die Konfiguration mit einem Hindernis kollidiert, und andernfalls auf 0. Es ist viel einfacher zu prüfen, ob eine bestimmte Konfiguration in Kollision ist, als den gesamten Hindernisraum C_{obs} explizit zu konstruieren.

Bei der Untersuchung des in ► Abbildung 26.16 a gezeigten Lösungspfads fällt eine zusätzliche Schwierigkeit auf, die gelöst werden muss. Der Pfad enthält beliebig scharfe Ecken, aber ein physischer Roboter hat einen gewissen Schwung und kann nicht sofort die Richtung ändern. Dieses Problem kann gelöst werden, indem wir für jede Rasterzelle den exakten stetigen Zustand (Position und Geschwindigkeit) speichern, der gegeben war, als die Zelle bei der Suche erreicht wurde. Nehmen wir weiter an, dass wir bei der Weitergabe von Informationen an nahe gelegene Rasterzellen diesen stetigen Zustand als Basis verwenden und das stetige Roboterbewegungsmodell für den Sprung zu nahe gelegenen Zellen anwenden. Wir machen also keine unmittelbare 90°-Drehung, sondern eine abgerundete Drehung, die den Bewegungsgesetzen folgt. Dadurch können wir nun garantieren, dass die resultierende Trajektorie glatt ist und vom Roboter tatsächlich ausgeführt werden kann. **Hybrid A*** ist ein solcher Algorithmus, der dies implementiert.

Randomisierte Bewegungsplanung

Bei der randomisierten Bewegungsplanung erfolgt die Graphensuche auf einer *zufälligen* Zerlegung des Konfigurationsraums und nicht auf einer regelmäßigen Zellzerlegung. Die Grundidee besteht darin, eine zufällige Menge von Punkten zu wählen und Kanten zwischen ihnen zu erzeugen, wenn es einen sehr einfachen Weg gibt, von einem zum anderen zu gelangen (z. B. über eine gerade Linie), ohne zu kollidieren. Anschließend können wir die Suche auf diesem Graphen ausführen.

Ein **probabilistischer Roadmap-Algorithmus** (PRM) ist eine Möglichkeit, diese Idee zu nutzen. Wir gehen davon aus, dass wir Zugriff auf einen Kollisionsprüfer γ haben (definiert auf S. 1044) sowie auf einen **einfachen Planer** $B(q_1, q_2)$, der einen Pfad von q_1 nach q_2 (oder einen Fehler) zurückgibt, und zwar *schnell*. Dieser einfache Planer ist nicht unbedingt vollständig – er könnte einen Fehler zurückgeben, selbst wenn tatsächlich eine Lösung existiert. Seine Aufgabe ist es, schnell zu versuchen, q_1 und q_2 zu verbinden und dem Hauptalgorithmus mitzuteilen, ob er erfolgreich ist. Wir verwenden ihn, um zu definieren, ob eine Kante zwischen zwei Knoten existiert.

Der Algorithmus beginnt mit der Stichprobe von M **Meilensteinen** (Punkte in C_{free}) zusätzlich zu den Punkten q_s und q_g. Er verwendet Rejection-Sampling, bei dem Konfigurationen zufällig als Stichprobe gezogen und mit γ auf Kollisionen geprüft werden, bis insgesamt M Meilen-

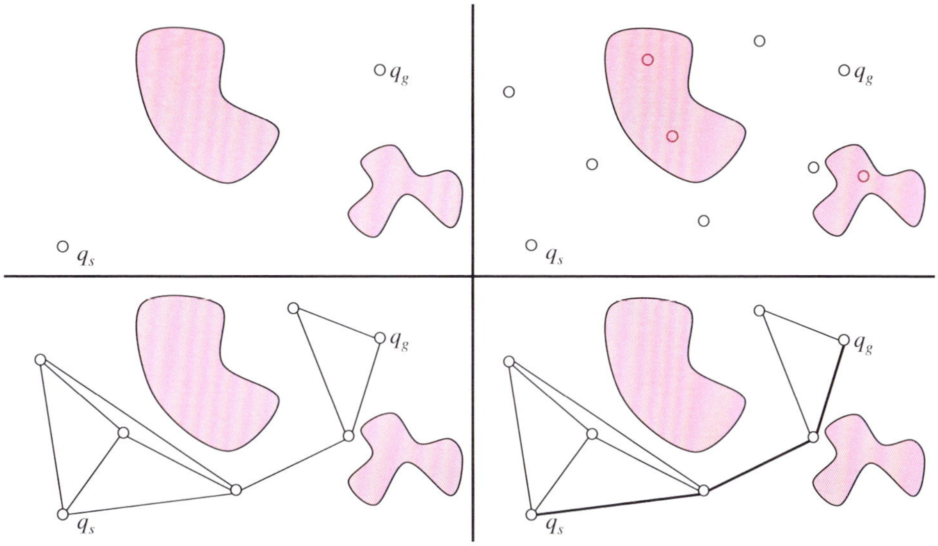

Abbildung 26.17: Der probabilistische Roadmap-Algorithmus (PRM). **Oben links**: Die Start- und Zielkonfigurationen. **Oben rechts**: Stichprobe von M kollisionsfreien Meilensteinen (hier $M = 5$). **Unten links**: Verbinden jeden Meilensteins mit seinen k nächsten Nachbarn (hier $k = 3$). Unten rechts: Finden des kürzesten Pfads vom Start zum Ziel auf dem resultierenden Graphen.

steine gefunden sind. Als Nächstes versucht der Algorithmus mit dem einfachen Planer, Paare von Meilensteinen zu verbinden. Wenn der einfache Planer Erfolg hat, so wird dem Graphen eine Kante zwischen dem Paar hinzugefügt, andernfalls bleibt der Graph unverändert. Wir versuchen, jeden Meilenstein entweder mit seinen k nächsten Nachbarn zu verbinden (wir nennen dies k-PRM) oder mit allen Meilensteinen innerhalb eines bestimmten Umkreises mit dem Radius r. Schließlich sucht der Algorithmus nach einem Pfad auf diesem Graphen von q_s nach q_g. Wenn kein Pfad gefunden wird, werden M weitere Meilensteine als Stichprobe gezogen, dem Graphen hinzugefügt und der Vorgang wird wiederholt.

► Abbildung 26.17 zeigt eine Roadmap mit dem gefundenen Pfad zwischen zwei Konfigurationen. PRMs sind nicht vollständig, aber sie sind das, was man **probabilistisch vollständig** nennt – sie finden irgendwann einen Pfad, wenn einer existiert. Intuitiv liegt das daran, dass sie weitere Meilensteine als Stichprobe ziehen. PRMs funktionieren sogar in hochdimensionalen Konfigurationsräumen gut.

PRMs sind auch bei der **Multi-Query-Planung** beliebt, bei denen wir es mit mehreren Bewegungsplanungsproblemen innerhalb desselben C-Raums zu tun haben. Sobald der Roboter ein Ziel erreicht hat, wird er oft aufgefordert, ein anderes Ziel im selben Arbeitsraum zu erreichen. PRMs sind sehr nützlich, da der Roboter im Vorfeld Zeit für die Erstellung einer Roadmap hat und sich diese Roadmap über mehrere Abfragen hinweg amortisiert.

Schnell erkundende Zufallsbäume

Eine Erweiterung von PRMs sind die sogenannten **schnell erkundenden Zufallsbäume** (*Rapidly-Exploring Random Tree*, RRT). Sie werden bevorzugt für die Einzelabfrageplanung eingesetzt. Wir erstellen inkrementell zwei Bäume, einen mit q_s als Wurzel und einen mit q_g als Wurzel. Nach der Auswahl zufälliger Meilensteine wird versucht, jeden neuen Meilenstein mit den bestehenden Bäumen zu verbinden. Wenn ein Meilenstein beide Bäume verbindet, bedeutet dies, dass eine Lösung gefunden wurde, wie in ► Abbildung 26.18. Wenn nicht, findet der Algorithmus den nächstgelegenen Punkt in jedem Baum und fügt dem Baum

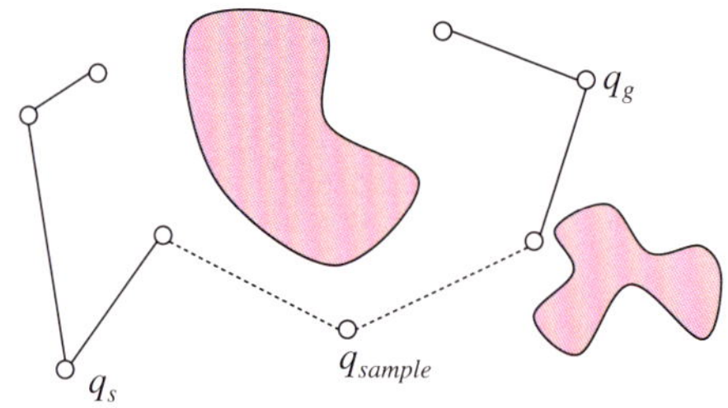

Abbildung 26.18: Der bidirektionale RRT-Algorithmus konstruiert zwei Bäume (einen vom Start, den anderen vom Ziel), indem er inkrementell jede Stichprobe (*sample*) mit dem nächstgelegenen Knoten in jedem Baum verbindet, wenn die Verbindung möglich ist. Wenn eine Stichprobe mit beiden Bäumen verbunden ist, bedeutet das, dass wir einen Lösungspfad gefunden haben.

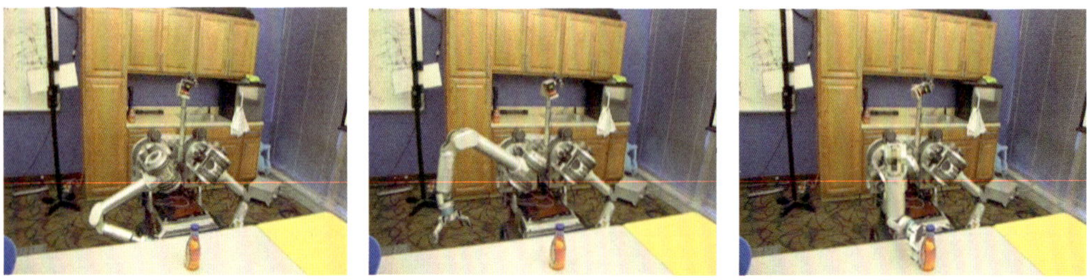

(a) (b) (c)

Abbildung 26.19: Schnappschüsse einer Trajektorie, die von einem RRT erzeugt und mit Abkürzen nachbearbeitet wurde. Mit freundlicher Genehmigung von Anca Dragan.

eine neue Kante hinzu, die sich von diesem Punkt aus um eine Distanz δ in Richtung des Meilensteins erstreckt. Dies führt dazu, dass der Baum in Richtung bisher unerforschter Abschnitte des Raums wächst.

Robotiker lieben RRTs wegen ihrer Benutzerfreundlichkeit. Allerdings sind RRT-Lösungen in der Regel nicht optimal und nicht glatt genug. Daher folgt auf RRTs oft ein Nachbearbeitungsschritt. Der häufigste ist das „Abkürzen", bei dem wir zufällig einen der Eckpunkte auf dem Lösungspfad auswählen und versuchen, ihn zu entfernen, indem wir seine Nachbarn miteinander verbinden (über den einfachen Planer). Wir wiederholen diesen Schritt so lange, wie wir Rechenzeit haben. Selbst dann können die Trajektorien aufgrund der zufälligen Positionen des ausgewählten Meilensteins etwas unnatürlich aussehen, wie ► Abbildung 26.19 zeigt.

RRT* ist eine Modifikation von RRT, die den Algorithmus asymptotisch optimal macht: Die Lösung konvergiert zur optimalen Lösung, je mehr Meilensteine hinzugezogen werden. Die Hauptidee ist, den nächsten Nachbarn auf Grundlage der Kosten und nicht nur der Entfernung als Meilenstein auszuwählen und den Baum neu zu verbinden, indem die Eltern älterer Knoten ausgetauscht werden, wenn es günstiger ist, sie über den neuen Meilenstein zu erreichen.

Trajektorieoptimierung für kinematische Planung

Randomisierte Sampling-Algorithmen konstruieren in der Regel zunächst einen komplexen, aber machbaren Pfad und optimieren diesen dann. Die Trajektorieoptimierung geht umgekehrt vor: Sie beginnt mit einem einfachen, aber nicht realisierbaren Pfad und arbeitet dann daran, ihn vom Kollisionskurs abzubringen. Das Ziel ist es, einen Pfad zu finden, der eine Kostenfunktion[2] über Pfade optimiert. Das heißt, wir wollen die Kostenfunktion $J(\tau)$ minimieren, wobei $\tau(0) = q_s$ und $\tau(1) = q_g$.

J wird **Funktional** genannt, weil es eine Funktion über Funktionen ist. Das Argument von J lautet τ und ist selbst eine Funktion: $\tau(t)$ übernimmt als Eingabe einen Punkt im Intervall $[0, 1]$ und bildet ihn auf eine Konfiguration ab. Ein Standard-Kostenfunktional wägt zwischen zwei wichtigen Aspekten der Roboterbewegung ab: Kollisionsvermeidung und Effizienz,

$$J = J_{obs} + \lambda J_{eff} \,,$$

wobei die Effizienz J_{eff} die Länge des Pfads misst und bei Bedarf auch die Glattheit. Eine bequeme Möglichkeit, die Effizienz zu definieren, ist mittels einer Quadratfunktion: Sie integriert die quadrierte erste Ableitung von τ (wir werden gleich sehen, warum dies tatsächlich einen Anreiz für kurze Pfade darstellt):

$$J_{eff} = \int_0^1 \frac{1}{2} \|\dot{\tau}(s)\|^2 \, \mathrm{d}s$$

Für den Hindernis-Term nehmen wir an, dass wir den Abstand $d(x)$ von einem beliebigen Punkt $x \in W$ zur nächstgelegenen Hinderniskante berechnen können. Dieser Abstand ist außerhalb von Hindernissen positiv, an der Kante 0 und innerhalb von Hindernissen negativ. Dies wird als **vorzeichenmarkiertes Distanzfeld** bezeichnet. Wir können jetzt ein Kostenfeld im Arbeitsraum definieren, nennen wir es c, das innerhalb von Hindernissen mit hohen Kosten und direkt außerhalb mit niedrigen Kosten verbunden ist. Über die Kosten können wir also dafür sorgen, dass Punkte im Arbeitsbereich es wirklich hassen, innerhalb von Hindernissen zu liegen, und es nicht mögen, direkt daran zu grenzen (wodurch das Problem des Sichtbarkeitsgraphen vermieden wird, bei dem sie sich immer an den Kanten von Hindernissen befinden). Natürlich ist unser Roboter nicht nur ein Punkt im Arbeitsraum, was bedeutet, dass noch einiges an Arbeit vor uns liegt – wir müssen alle Punkte b auf dem Körper des Roboters berücksichtigen:

$$J_{obs} = \int_0^1 \int_b c(\underbrace{\phi_b(\tau(s))}_{\in W}) \| \frac{\mathrm{d}}{\mathrm{d}s} \underbrace{\phi_b(\tau(s))}_{\in W} \| \, \mathrm{d}b \, \mathrm{d}s$$

Dies wird als **Pfadintegral** bezeichnet – es integriert nicht nur c entlang des Wegs für jeden Punkt auf dem Roboter, sondern multipliziert auch mit der Ableitung, um die Kosten invariant gegenüber einem *Zeitreskalierung* des Pfads zu machen. Stellen Sie sich einen Roboter vor, der durch das Kostenfeld fegt und dabei Kosten anhäuft. Unabhängig davon, wie schnell oder langsam sich der Arm durch das Feld bewegt, am Ende müssen seine Kosten immer gleich hoch sein.

Der einfachste Weg, das obige Optimierungsproblem zu lösen und einen Pfad zu finden, ist der *Gradientenabstieg*. Wenn Sie sich fragen, wie man Gradienten von Funktionalen in Bezug auf Funktionen bestimmt, hilft Ihnen die *Variationsrechnung* weiter. Besonders einfach ist dies für Funktionale der Form:

$$J[\tau] = \int_0^1 F(s, \tau(s), \dot{\tau}(s)) \, \mathrm{d}s$$

Hierbei handelt es sich um Integrale von Funktionen, die nur von dem Parameter s, dem Wert der Funktion bei s und der Ableitung der Funktion bei s abhängen. In einem solchen Fall lautet der Gradient gemäß der **Euler-Lagrange-Gleichung**:

$$\nabla_\tau J(s) = \frac{\partial F}{\partial \tau(s)}(s) - \frac{\mathrm{d}}{\mathrm{d}t} \frac{\partial F}{\partial \dot{\tau}(s)}(s)$$

2 Robotiker minimieren gerne eine Kostenfunktion J, während wir in anderen Bereichen der KI versuchen, eine Nutzenfunktion U oder eine Belohnung R zu maximieren.

Wenn wir uns J_{eff} und J_{obs} genauer ansehen, werden wir feststellen, dass beide diesem Muster folgen. Speziell für J_{eff} haben wir $F(s, \tau(s), \dot{\tau}(s)) = \|\dot{\tau}(s)\|^2$. Um sich mit dem Ganzen etwas vertrauter zu machen, berechnen wir den Gradienten nur für J_{eff}. Wir sehen, dass F keine direkte Abhängigkeit von $\tau(s)$ hat, also ist der erste Term in der Formel 0. Übrig bleibt

$$\nabla_\tau J(s) = 0 - \frac{\mathrm{d}}{\mathrm{d}t}\dot{\tau}(s) \,,$$

da die partielle Ableitung von F in Bezug auf $\dot{\tau}(s)$ gleich $\dot{\tau}(s)$ ist.

Beachten Sie, wie wir es uns bei der Definition von J_{eff} einfach gemacht haben. Es ist eine schöne quadratische Funktion der Ableitung (und wir haben sogar $\frac{1}{2}$ davor gesetzt, um die 2 hübsch wegzukürzen). In der Praxis werden Sie diesen Trick bei der Optimierung häufig sehen – die Kunst besteht nicht nur darin, eine Optimierung für die Kostenfunktion zu wählen, sondern auch darin, eine Kostenfunktion zu wählen, die gut zu Ihren Optimierungsvorstellungen passt. Vereinfachen wir unseren Gradienten, so erhalten wir:

$$\nabla_\tau J(s) = -\ddot{\tau}(s)$$

Da J_{eff} eine quadratische Funktion ist, erhalten wir durch Setzen des Gradienten auf 0 die Lösung für τ, wenn wir uns nicht mit Hindernissen befassen müssten. Durch einmaliges Integrieren erhalten wir die erste Ableitung, die konstant sein muss. Durch erneutes Integrieren erhalten wir $\tau(s) = a \cdot s + b$, wobei a und b durch die Endpunkt-Bedingungen für $\tau(0)$ und $\tau(1)$ bestimmt sind. Der optimale Pfad in Bezug auf J_{eff} ist also die gerade Linie vom Start zum Ziel! Es ist in der Tat der effizienteste Weg, um von einem Punkt zum anderen zu gelangen, wenn es keine Hindernisse gibt, um die man sich kümmern muss.

Natürlich wird durch Hinzufügen von J_{obs} die Sache schwierig, wobei wir Ihnen hier die Ableitung seines Gradienten ersparen wollen. Der Roboter würde normalerweise seinen Pfad als gerade Linie initialisieren, die durch einige Hindernisse hindurchführt. Er würde dann den Gradienten der Kosten für den aktuellen Pfad berechnen und der Gradient würde dazu dienen, den Pfad von den Hindernissen wegzuschieben (▶ Abbildung 26.20). Beachten Sie, dass der Gradientenabstieg nur eine *lokal optimale* Lösung findet – genau wie der Bergsteigeralgorithmus. Methoden wie Simulated Annealing (Abschnitt 4.1.2) können zur Exploration verwendet werden, um die Wahrscheinlichkeit zu erhöhen, dass das lokale Optimum gut ist.

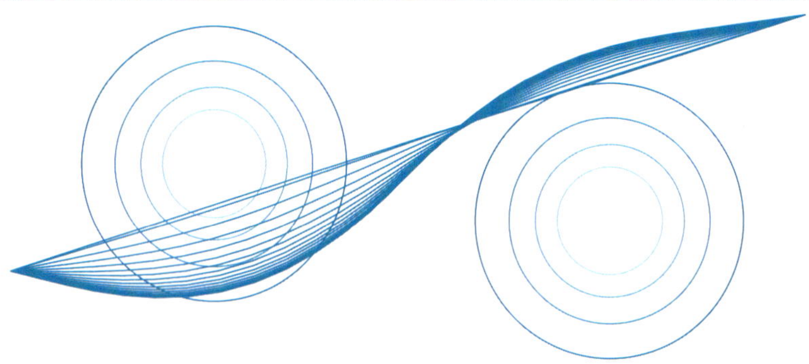

Abbildung 26.20: Trajektorieoptimierung für die Bewegungsplanung. Zwei Punkt-Hindernisse umgeben von kreisförmigen Bändern mit abnehmenden Kosten. Der Optimierer beginnt mit der geradlinigen Trajektorie, die durch die Hindernisse zur Vermeidung von Kollisionen gebogen wird, um den minimalen Pfad durch das Kostenfeld zu finden.

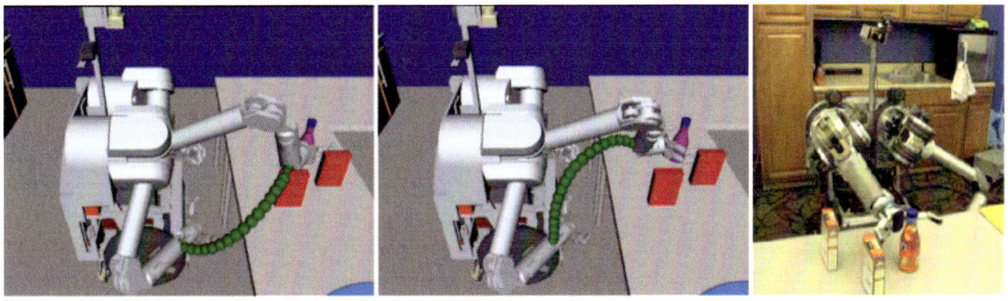

Abbildung 26.21: Die Aufgabe, nach einer Flasche zu greifen, gelöst mit einem Trajektorieoptimierer. Links: Die anfängliche Trajektorie, eingezeichnet für den Endeffektor. Mitte: Die endgültige Trajektorie nach der Optimierung. Rechts: Die Zielkonfiguration. Mit freundlicher Genehmigung von Anca Dragan; siehe Ratliff *et al.* (2009).

26.5.3 Kontrolle der Trajektorieverfolgung

Wir haben bisher behandelt, wie man Bewegungen *plant*, aber nicht, wie man sich tatsächlich bewegt – wie man Strom an Motoren anlegt, um ein Drehmoment zu erzeugen, das den Roboter bewegt. Dies ist das Gebiet der **Kontrolltheorie**, ein Bereich, der in der KI immer wichtiger wird. Es gibt zwei Hauptfragen, mit denen wir uns beschäftigen müssen: Wie setzen wir eine mathematische Beschreibung eines Pfads in eine Abfolge von Aktionen in der realen Welt um (Kontrolle im offenen Regelkreis) und wie stellen wir sicher, dass wir auf der Bahn bleiben (Kontrolle im geschlossenen Regelkreis)?

Von den Konfigurationen zu den Drehmomenten für die Verfolgung im offenen Regelkreis: Unser Pfad $\tau(t)$ liefert uns Konfigurationen. Der Roboter beginnt in Ruhestellung bei $q_s = \tau(0)$. Von dort aus wandeln die Motoren des Roboters Ströme in Drehmomente um, was zu einer Bewegung führt. Aber welche Drehmomente sollte der Roboter anstreben, damit er bei $q_g = \tau(1)$ landet?

An dieser Stelle kommt die Idee vom **Dynamikmodell** (oder Transitionsmodell) ins Spiel. Wir können dem Roboter eine Funktion f mitgeben, die die Auswirkungen von Drehmomenten auf die Konfiguration berechnet. Erinnern Sie sich an $F = ma$ aus der Physik? Nun, so etwas Ähnliches gibt es auch für Drehmomente, in der Form $u = f^{-1}(q, \dot{q}, \ddot{q})$, wobei u ein Drehmoment, $\dot{q}$ eine Geschwindigkeit und $\ddot{q}$ eine Beschleunigung ist.[3] Bei einem Roboter mit der Konfiguration q, der Geschwindigkeit $\dot{q}$ und dem angelegten Drehmoment u würde das zu einer Beschleunigung $\ddot{q} = f(q, \dot{q}, u)$ führen. Das Tupel $(q, \dot{q})$ ist ein **dynamischer Zustand**, weil es die Geschwindigkeit enthält, während q der **kinematische Zustand** ist und nicht ausreicht, um das benötigte Drehmoment genau zu berechnen. f ist ein deterministisches Dynamikmodell im MDP über dynamische Zustände mit Drehmomenten als Aktionen. f^{-1} ist die **inverse Dynamik**, die uns sagt, welches Drehmoment angewendet werden muss, wenn wir eine bestimmte Beschleunigung wollen, was zu einer Änderung der Geschwindigkeit und damit zu einer Änderung des dynamischen Zustands führt.

Nun könnten wir uns naiverweise $t \in [0, 1]$ als „Zeit" auf einer Skala von 0 bis 1 vorstellen und unser Drehmoment mithilfe der inversen Dynamik auswählen:

$$u(t) = f^{-1}(\tau(t), \dot{\tau}(t), \ddot{\tau}(t)) \tag{26.2}$$

unter der Annahme, dass der Roboter bei $(\tau(0), \dot{\tau}(0))$ startet. In der Realität sind die Dinge jedoch nicht ganz so einfach.

3 Wir lassen die Details von f^{-1} hier weg, aber sie betreffen Masse, Trägheit, Schwerkraft sowie Coriolis- und Zentrifugalkräfte.

Der Pfad τ wurde als eine Folge von Punkten erstellt, ohne Geschwindigkeiten und Beschleunigungen zu berücksichtigen. Daher erfüllt der Pfad möglicherweise nicht die Bedingung, dass $\dot{\tau}(0) = 0$ (der Roboter startet mit der Geschwindigkeit 0) oder sogar, dass τ differenzierbar ist (geschweige denn doppelt differenzierbar). Außerdem ist die Bedeutung des Endpunkts „1" unklar: Auf wie viele Sekunden bezieht sich das?

Bevor wir überhaupt daran denken, einen Referenzpfad zu verfolgen, unterziehen wir ihm in der Praxis normalerweise einem **Zeitreskalierung**, d. h., wir transformieren ihn in eine Trajektorie $\xi(t)$, die das Intervall $[0, T]$ für eine gewisse Zeitdauer T auf Punkte im Konfigurationsraum C abbildet. (Das Symbol ξ ist der griechische Buchstabe Xi.) Zeitreskalierung ist schwieriger, als Sie vielleicht denken, aber es gibt hierfür approximative Möglichkeiten, z. B. indem Sie eine maximale Geschwindigkeit und Beschleunigung wählen und ein Profil verwenden, das auf diese maximale Geschwindigkeit beschleunigt, dort so lange wie möglich verharrt und dann wieder auf 0 abbremst. In der Annahme, dass dies möglich ist, kann Gleichung (26.2) oben wie folgt umformuliert werden:

$$u(t) = f^{-1}(\xi(t), \dot{\xi}(t), \ddot{\xi}(t)) \tag{26.3}$$

Selbst mit dem Wechsel von τ zu ξ, einer tatsächlichen Trajektorie, weist die obige Gleichung zum Anwenden von Drehmomenten (genannt **Kontrollgesetz**) in der Praxis ein Problem auf. Wenn Sie an den Abschnitt über Reinforcement Learning zurückdenken, werden Sie vielleicht erraten, was es ist. Die Gleichung funktioniert großartig in Situationen, in denen f exakt ist, aber wie üblich kommt uns die lästige Realität in die Quere: In realen Systemen können wir Massen und Trägheiten nicht exakt messen und f könnte physikalische Phänomene in den Motoren wie **Haftreibung** (die stationäre Oberflächen daran hindert, in Bewegung gesetzt zu werden) nicht richtig berücksichtigen. Wenn also der Roboterarm anfängt, diese Drehmomente anzuwenden, f aber falsch ist, akkumulieren sich die Fehler und die Abweichung von dem Referenzpfad wird immer größer.

Anstatt diese Fehler sich einfach anhäufen zu lassen, kann ein Roboter mithilfe eines Kontrollprozesses feststellen, wo er vermeintlich ist, dies mit der Position vergleichen, wo er sein wollte, und ein Drehmoment anwenden, um den Fehler zu minimieren.

Ein Controller, der Kraft im negativen Verhältnis zum beobachteten Fehler bereitstellt, wird als proportionaler Controller oder kurz **P-Controller** bezeichnet. Die Gleichung für die Kraft lautet:

$$u(t) = K_P(\xi(t) - q_t)\,,$$

wobei q_t die aktuelle Konfiguration ist und K_P eine Konstante, die den **Verstärkungsfaktor** des Controllers repräsentiert. K_P regelt, wie stark der Controller Abweichungen zwischen dem Istzustand q_t und dem Sollzustand $\xi(t)$ korrigiert.

► Abbildung 26.22 a veranschaulicht, was bei der Proportionalkontrolle schiefgehen kann. Immer wenn eine Abweichung auftritt – sei es durch Rauschen oder durch Einschränken der Kräfte, die der Roboter aufwenden kann – wendet der Roboter eine Gegenkraft auf, deren Größe proportional zu dieser Abweichung ist. Intuitiv mag dies plausibel erscheinen, da Abweichungen durch eine Gegenkraft kompensiert werden sollten, um den Roboter in der Spur zu halten. Wie ► Abbildung 26.22 a zeigt, kann ein Proportional-Controller jedoch dazu führen, dass der Roboter zu viel Kraft aufwendet, über den gewünschten Pfad hinausschießt und sich im Zickzack hin und her bewegt. Dies ist das Ergebnis der natürlichen Trägheit des Roboters: Sobald der Roboter zu seiner Referenzposition zurückfährt, hat er eine Geschwindigkeit, die nicht sofort gestoppt werden kann.

In ► Abbildung 26.22 a ist der Parameter $K_P = 1$. Auf den ersten Blick könnte man meinen, dass die Wahl eines kleineren Werts für K_P das Problem beheben würde, sodass sich der Roboter dem gewünschten Pfad sanfter nähert. Leider ist dies nicht der Fall. ► Abbildung 26.22 b zeigt eine Bewegungstrajektorie für $K_P = 0{,}1$, die immer noch ein oszillierendes Verhalten

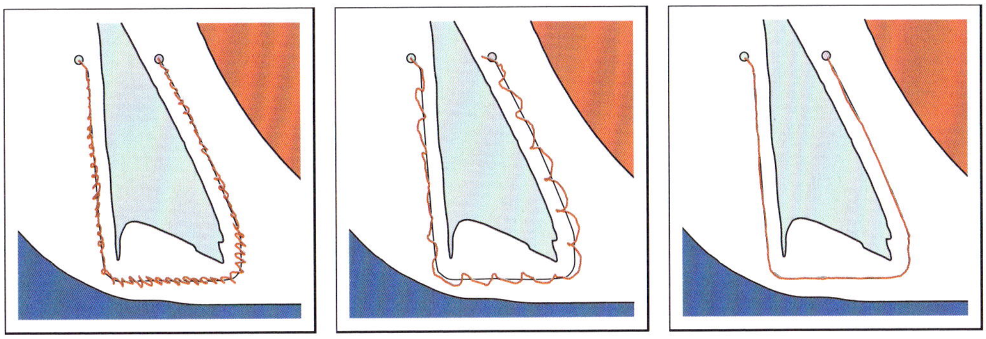

(a) (b) (c)

Abbildung 26.22: Roboterarmkontrolle mittels (a) Proportionalkontrolle mit Verstärkungsfaktor 1,0, (b) Proportionalkontrolle mit Verstärkungsfaktor 0,1 und (c) PD-Kontrolle (*Proportional Derivative*) mit den Verstärkungsfaktoren 0,3 für die proportionale Komponente und 0,8 für die differenzielle Komponente. In allen Fällen versucht der Roboterarm, dem glatten Linienpfad zu folgen, weicht aber in (a) und (b) erheblich von dem Pfad ab.

zeigt. Der niedrigere Wert des Verstärkungsparameters hilft, löst das Problem aber nicht. Tatsächlich ist der P-Controller bei fehlender Reibung im Wesentlichen ein Federgesetz; er wird also auf unbestimmte Zeit um eine feste Zielposition oszillieren.

Es gibt eine Reihe von Controllern, die dem einfachen proportionalen Steuergesetz überlegen sind. Ein Controller wird als **stabil** bezeichnet, wenn kleine Störungen zu einem begrenzten Fehler zwischen dem Roboter und dem Referenzsignal führen. Er wird als **streng stabil** bezeichnet, wenn er in der Lage ist, bei solchen Störungen zu seinem Referenzpfad zurückzukehren und auf diesem zu bleiben. Unser P-Controller scheint stabil zu sein, aber nicht streng stabil, da er nicht in der Nähe seiner Referenztrajektorie bleibt.

Der einfachste Controller, der in unserer Domäne eine strenge Stabilität erreicht, ist der **PD-Controller**. Der Buchstabe „P“ steht wieder für *proportional* und „D“ für *Ableitung* (Derivation). PD-Controller werden durch die folgende Gleichung beschrieben:

$$u(t) = K_P(\xi(t) - q_t) + K_D(\dot{\xi}(t) - \dot{q}_t) \tag{26.4}$$

Wie diese Gleichung nahelegt, erweitern PD-Controller die P-Controller um eine Differenzialkomponente, die dem Wert von $u(t)$ einen Term hinzufügt, der proportional zur ersten Ableitung des Fehlers $\xi(t) - q_t$ über die Zeit ist. Welche Wirkung hat ein solcher Term? Im Allgemeinen dämpft ein Ableitungsterm das System, das gesteuert werden soll. Betrachten Sie dafür eine Situation, in der sich der Fehler über die Zeit schnell ändert, wie es bei unserem obigen P-Controller der Fall ist. Die Ableitung dieses Fehlers wirkt dann dem proportionalen Term entgegen, was die Gesamtreaktion auf die Störung reduziert. Bleibt jedoch derselbe Fehler bestehen und ändert sich nicht, dann verschwindet die Ableitung und der proportionale Term dominiert die Wahl der Kontrolle.

► Abbildung 26.22 c zeigt das Ergebnis der Anwendung dieses PD-Controllers auf unseren Roboterarm, wobei als Verstärkungsparameter $K_P = 0{,}3$ und $K_D = 0{,}8$ verwendet wurden. Der resultierende Pfad ist eindeutig viel glatter und weist keine offensichtlichen Schwingungen auf.

PD-Controller haben jedoch auch Ausfallmodi. Insbesondere können PD-Controller daran scheitern, einen Fehler auf null herunterzuregeln, selbst wenn es keine externen Störungen gibt. Oft ist eine solche Situation das Ergebnis einer systematischen externen Kraft, die nicht Teil des Modells ist. Zum Beispiel kann ein autonomes Fahrzeug, das auf einer geneigten Fläche fährt, systematisch auf eine Seite gezogen werden. Der Verschleiß von Roboterarmen verursacht ähnliche systematische Fehler. In solchen Situationen ist ein überproportionales Feedback erforderlich, um den Fehler auf null herunterzudrücken. Die Lösung für dieses Problem besteht darin, dem Kontrollgesetz einen dritten Term basierend auf dem über die Zeit *integrierten* Fehler hinzuzufügen:

$$u(t) = K_P(\xi(t) - q_t) + K_I \int_0^t (\xi(s) - q_s)\,\mathrm{d}s + K_D(\dot{\xi}(t) - \dot{q}_t) \tag{26.5}$$

Hier ist K_I ein dritter Verstärkungsparameter. Der Term $\int_0^t (\xi(s) - q_s)\,\mathrm{d}s$ berechnet das Integral des Fehlers über die Zeit. Dieser Term bewirkt, dass lang andauernde Abweichungen zwischen dem Referenzsignal und dem tatsächlichen Zustand korrigiert werden. Integralterme stellen dann sicher, dass ein Controller keinen systematischen Langzeitfehler aufweist, bergen aber die Gefahr eines schwingenden Verhaltens.

Ein Controller mit allen drei Termen wird als **PID-Controller** (*Proportional Integral Derivative*) bezeichnet. PID-Controller sind in der Industrie weit verbreitet und werden für eine Vielzahl von Kontrollproblemen eingesetzt. Diese drei Begriffe kann man sich wie folgt vorstellen: proportional – sich stärker anstrengen, je weiter man vom Pfad entfernt ist; Ableitung – sich noch stärker anstrengen, wenn der Fehler zunimmt; integral – sich stärker anstrengen, wenn man lange Zeit keine Fortschritte erzielen konnte.

Ein Mittelweg zwischen der Kontrolle im offenen Regelkreis auf Basis der inversen Dynamik und der PID-Kontrolle im geschlossenen Regelkreis wird als **berechnete Drehmomentkontrolle** bezeichnet. Wir berechnen das Drehmoment, von dem unser Modell annimmt, dass es benötigt wird, kompensieren aber die Ungenauigkeit des Modells mit proportionalen Fehlertermen:

$$u(t) = \underbrace{f^{-1}(\xi(t), \dot{\xi}(t), \ddot{\xi}(t))}_{\textit{Feedforward}} + \underbrace{m(\xi(t))\left(K_P(\xi(t) - q_t) + K_D(\dot{\xi}(t) - \dot{q}_t)\right)}_{\textit{Feedback}} \tag{26.6}$$

Der erste Term wird als **Feedforward-Komponente** bezeichnet, da er vorausschaut, wohin der Roboter fahren muss, und berechnet, welches Drehmoment erforderlich sein könnte. Der zweite ist die **Feedback-Komponente**, die den aktuellen Fehler im dynamischen Zustand zurück in das Kontrollgesetz einspeist. $m(q)$ ist die Trägheitsmatrix bei Konfiguration q – im Gegensatz zur normalen PD-Kontrolle ändern sich die Verstärkungen mit der Konfiguration des Systems.

Pläne versus Strategien

Holen wir etwas weiter aus, um sicherzustellen, dass wir die Analogie zwischen dem, was bisher in diesem Kapitel passiert ist, und dem, was wir in den Kapiteln über Suche, MDP und Reinforcement Learning gelernt haben, verstanden haben. Bei der Bewegung in der Robotik betrachten wir eigentlich einen zugrunde liegenden MDP, bei dem die Zustände dynamische Zustände (Konfiguration und Geschwindigkeit) und die Aktionen Kontrolleingaben sind, normalerweise in Form von Drehmomenten. Wenn Sie sich unsere obigen Kontrollgesetze noch einmal ansehen, werden Sie feststellen, dass es sich um *Strategien*, nicht um *Pläne* handelt. Sie sagen dem Roboter, welche Aktion er in *jedem beliebigen* Zustand, den er eventuell erreicht, ausführen soll. Allerdings sind sie in der Regel weit von optimalen Strategien entfernt. Da der dynamische Zustand stetig und hochdimensional ist (wie auch der Aktionsraum), sind *optimale* Strategien rechnerisch schwer zu extrahieren.

Was wir stattdessen getan haben, ist das Problem zu zerlegen. Wir erstellen zunächst einen Plan in einem vereinfachten Zustands- und Aktionsraum: Wir verwenden nur den kinematischen Zustand und gehen davon aus, dass die Zustände untereinander erreichbar sind, ohne auf die zugrunde liegende Dynamik zu achten. Das ist Bewegungsplanung und sie liefert uns den Referenzpfad. Wenn wir die Dynamik perfekt kennen würden, könnten wir dies mit Gleichung (26.3) in einen Plan für den ursprünglichen Zustands- und Aktionsraum umwandeln.

Da unser Dynamikmodell aber normalerweise fehlerhaft ist, wandeln wir ihn stattdessen in eine Strategie um, die versucht, dem Plan zu folgen – und zu ihm zurückzukehren, wenn er abdriftet. Wenn wir dies tun, führen wir in zweierlei Hinsicht Suboptimalität ein: erstens durch Planung ohne Berücksichtigung der Dynamik und zweitens durch die Annahme, dass es optimal ist, zum ursprünglichen Plan zurückzukehren, wenn wir von diesem abweichen. Im Folgenden werden Techniken beschrieben, die Strategien direkt über den dynamischen Zustand berechnen und so die Trennung gänzlich vermeiden.

26.5.4 Optimale Kontrolle

Anstatt einen Planer zu verwenden, um einen kinematischen Pfad zu erstellen, und sich erst im Nachhinein um die Dynamik des Systems zu kümmern, diskutieren wir hier, wie wir alles auf einmal machen können. Wir betrachten das Problem der Trajektorieoptimierung für kinematische Pfade und wandeln es in eine echte Trajektorieoptimierung mit Dynamik um: Wir optimieren direkt über die Aktionen, wobei wir die Dynamik (oder Übergänge) berücksichtigen.

Dies bringt uns viel näher an das heran, was wir in den Kapiteln zu Suche und MDP gesehen haben. Wenn wir die Dynamik des Systems kennen, lässt sich wie in Kapitel 3 eine Folge von auszuführenden Aktionen finden. Wenn wir uns nicht sicher sind, ist uns vielleicht eine Strategie lieber, wie in Kapitel 17.

In diesem Abschnitt betrachten wir den zugrunde liegenden MDP, in dem der Roboter arbeitet, etwas genauer. Wir wechseln von den bekannten diskreten MDPs zu den stetigen MDPs. Wir bezeichnen unseren dynamischen Zustand der Welt, wie es üblich ist, mit x – das Äquivalent von s in diskreten MDPs. Seien x_s und x_g die Start- und Zielzustände.

Unser Ziel ist es, eine Folge von Aktionen zu finden, die, wenn sie vom Roboter ausgeführt werden, zu Zustand-Aktion-Paaren mit geringen kumulativen Kosten führen. Die Aktionen sind Drehmomente, die wir mit $u(t)$ bezeichnen, wobei t bei 0 beginnt und bei T endet. Formal wollen wir die Folge von Drehmomenten u finden, die die kumulativen Kosten J minimieren:

$$\min_u \int_0^T J(x(t), u(t))\, dt \qquad (26.7)$$

unter Berücksichtigung der Bedingungen:

$$\begin{aligned} \forall t,\ \dot{x}(t) &= f(x(t), u(t)) \\ x(0) = x_s,\ x(T) &= x_g \end{aligned}$$

Wie hängt das mit der Bewegungsplanung und der Kontrolle der Trajektorieverfolgung zusammen? Jetzt stellen Sie sich vor, wir berücksichtigen die Kriterien Effizienz und genügend Abstand von den Hindernissen einfach direkt in der Kostenfunktion J, so wie wir es zuvor bei der Trajektorieoptimierung über den kinematischen Zustand getan haben. Der dynamische Zustand ist die Konfiguration und die Geschwindigkeit, und die Drehmomente u ändern ihn über die Dynamik f aus der Trajektorieverfolgung im offenen Regelkreis. Der Unterschied ist, dass wir jetzt über die Konfigurationen und die Drehmomente gleichzeitig nachdenken. Manchmal möchten wir vielleicht auch die Kollisionsvermeidung als harte Beschränkung behandeln, was wir im Zusammenhang mit der Trajektorieoptimierung ausschließlich für den kinematischen Zustand bereits erwähnt haben.

Um dieses Optimierungsproblem zu lösen, können wir die Gradienten von J bestimmen – und zwar nicht mehr in Bezug auf die Folge τ von Konfigurationen, sondern direkt in Bezug auf die Kontrollen u. Es ist manchmal hilfreich, auch die Zustandsfolge x als Entscheidungsvariable mit einzubeziehen und mit den Dynamikbedingungen sicherzustellen, dass x und u

konsistent sind. Es gibt verschiedene Verfahren zur Trajektorieoptimierung, die diesen Ansatz verfolgen; zwei davon tragen die Namen **Multiple-Shoot-Verfahren** und **direkte Kollokation**. Keines dieser Verfahren findet die globale optimale Lösung, aber in der Praxis können sie humanoide Roboter effektiv zum Laufen und autonome Autos zum Fahren bringen.

Magisch wird es, wenn im obigen Problem J quadratisch und f linear in x und u ist. Unser Ziel ist die Minimierung von:

$$\min \int_0^{\infty} x^T Qx + u^T Ru \, dt \qquad \text{unter der Bedingung} \qquad \forall t,\ \dot{x}(t) = Ax(t) + Bu(t)$$

Wir können über einen unendlichen anstatt über einen endlichen Horizont optimieren und wir erhalten eine Strategie aus jedem Zustand, anstatt nur eine Abfolge von Kontrollen. Q und R müssen positiv definite Matrizen sein, damit dies funktioniert. Das liefert uns den **linear-quadratischen Regler** (LQR). Beim LQR ist die optimale Wertefunktion (genannt **Cost-to-go**) quadratisch und die optimale Strategie linear. Die Strategie entspricht $u = -Kx$, wobei eine algebraische **Riccati-Gleichung** gelöst werden muss, um die Matrix K zu finden – wir benötigen keine lokale Optimierung, keine Wert-Iteration, keine Strategie-Iteration!

Da sich so einfach eine optimale Strategie finden lässt, gibt es für LQR in der Praxis viele Anwendungsbereiche – trotz der Tatsache, dass reale Probleme selten quadratische Kosten und eine lineare Dynamik aufweisen. Eine wirklich nützliche Methode ist der **iterative LQR** (ILQR), der mit einer Lösung beginnt und dann iterativ eine lineare Näherung der Dynamik und eine quadratische Näherung der damit verbundenen Kosten berechnet und dann das resultierende LQR-System löst, um zu einer neuen Lösung zu gelangen. Varianten von LQR werden auch häufig für die Trajektorieverfolgung verwendet.

26.6 Planung unsicherer Bewegungen

In der Robotik sind Unsicherheiten die Folge der teilweisen Beobachtbarkeit der Umgebung und der stochastischen (oder nicht modellierten) Auswirkungen der Roboteraktionen. Fehler können auch aus der Verwendung von Näherungsalgorithmen resultieren, wie der Partikelfilterung, die dem Roboter keinen exakten Wissenszustand liefert, selbst wenn die Umgebung perfekt modelliert ist.

Die meisten der heutigen Roboter verwenden deterministische Algorithmen für die Entscheidungsfindung, wie z. B. die im vorherigen Abschnitt beschriebenen Algorithmen der Pfadplanung oder die Suchalgorithmen, die in Kapitel 3 vorgestellt wurden. Diese deterministischen Algorithmen werden auf zwei Arten angepasst: Erstens verarbeiten sie den stetigen Zustandsraum, indem sie ihn in einen diskreten Raum umwandeln (z. B. mit Sichtbarkeitsgraphen oder Zellzerlegung). Zweitens verarbeiten sie die Unsicherheit des aktuellen Zustands, indem sie den **wahrscheinlichsten Zustand** aus der Wahrscheinlichkeitsverteilung auswählen, die vom Algorithmus der Zustandsschätzung erzeugt wird. Dieser Ansatz macht die Berechnung schneller und passt besser zu den deterministischen Suchalgorithmen. In diesem Abschnitt beschäftigen wir uns mit Methoden zur Behandlung von Unsicherheit, die analog zu den komplexeren Suchalgorithmen aus Kapitel 4 sind.

Erstens verlangt Unsicherheit nicht nach deterministischen Plänen, sondern nach Strategien. Wir haben bereits besprochen, wie die Trajektorieverfolgungskontrolle einen Plan in eine Strategie umwandelt, um Fehler in der Dynamik zu kompensieren. Manchmal jedoch, wenn sich die wahrscheinlichste Hypothese ausreichend ändert, ist die Verfolgung des Plans, der für eine andere Hypothese entworfen wurde, zu suboptimal. Hier kommt die **Online-Neuplanung** ins Spiel: Wir können den Plan auf der Grundlage des neuen Wissensstands neu berechnen. Viele Roboter verwenden heute eine Technik namens **modellprädiktive Kontrolle** (*Model Predictive Control*, MPC), bei der sie für einen kürzeren Zeithorizont planen, aber für jeden Zeitschritt einen neuen Plan erstellen. (MPC ist daher eng mit Echtzeitsuch- und -spielealgorithmen verwandt.) Dies führt quasi zu einer Strategie: Bei jedem Schritt führen wir einen Planer aus und entscheiden uns für die erste Aktion des Plans. Wenn neue Informationen auftauchen oder wir nicht dort landen, wo wir es erwartet haben, ist das in Ordnung, denn wir werden sowieso neu planen und dann wissen wir, was wir als Nächstes tun sollen.

Zweitens verlangt Unsicherheit nach Aktionen zur **Informationsbeschaffung**. Wenn wir nur die Informationen berücksichtigen, die wir haben, und darauf basierend einen Plan erstellen (womit wir die Schätzung von der Kontrolle trennen), dann lösen wir effektiv bei jedem Schritt (näherungsweise) einen neuen MDP in Einklang mit unserem aktuellen Wissen, wo wir uns befinden oder wie die Welt funktioniert. In der Realität wird Unsicherheit jedoch besser durch das POMDP-Framework erfasst: Es gibt etwas, das wir nicht direkt beobachten, sei es die Position oder Konfiguration des Roboters, die Position von Objekten in der Welt oder die Parameter des Dynamikmodells selbst – wo genau liegt zum Beispiel der Massenschwerpunkt von Glied 2 an diesem Arm?

Was wir verlieren, wenn wir den POMDP nicht lösen, ist die Fähigkeit, über *zukünftige Informationen*, die der Roboter erhält, zu schlussfolgern: In MDPs planen wir nur mit dem, was wir wissen, und nicht mit dem, was wir eventuell wissen *könnten*. Erinnern Sie sich an den Wert von Informationen? Roboter, die mit ihrem aktuellen Wissen so planen, als würden sie nie etwas anderes herausfinden, berücksichtigen den Wert von Informationen nicht. Sie werden niemals Aktionen ausführen, die nach dem aktuellen Wissensstand suboptimal erscheinen, die aber tatsächlich viele neue wichtige Informationen liefern würden und es damit dem Roboter ermöglichen, seine Aufgabe besser zu erledigen.

Wie sieht eine solche Aktion für einen Navigationsroboter aus? Der Roboter könnte sich einem Orientierungspunkt nähern, um eine bessere Schätzung seines Standorts zu erhalten, auch wenn dieser Orientierungspunkt nach dem, was er derzeit weiß, nicht auf dem Weg liegt. Diese Aktion ist nur dann optimal, wenn der Roboter die neuen Beobachtungen berücksichtigt, die er erhalten wird, anstatt nur die Informationen zu betrachten, die er bereits hat.

Um dieses Problem zu lösen, definiert die Robotik manchmal explizit Aktionen zur Informationsbeschaffung, wie z. B. das Bewegen einer Hand, bis sie eine Oberfläche berührt (sogenannte **bewachte Bewegungen**), und stellt sicher, dass der Roboter diese Aktionen ausführt, bevor ein Plan zum Erreichen des eigentlichen Ziels erstellt wird. Jede bewachte Bewegung besteht aus (1) einem Bewegungsbefehl und (2) einer Abbruchbedingung, die durch ein Prädikat auf den Sensorwerten des Roboters implementiert wird und ihm mitteilt, wann er anhalten soll.

Manchmal kann das Ziel selbst über eine Folge von bewachten Bewegungen erreicht werden, die unabhängig von der Unsicherheit garantiert zum Erfolg führen. ► Abbildung 26.23 zeigt als Beispiel einen zweidimensionalen Konfigurationsraum mit einem engen vertikalen Loch. Dabei könnte es sich um den Konfigurationsraum für das Einsetzen eines rechteckigen Bolzens in ein Loch oder eines Autoschlüssels in das Zündschloss handeln. Die Bewegungsbefehle sind konstante Geschwindigkeiten. Die Abbruchbedingungen sind gegeben durch einen Kontakt mit einer Oberfläche. Um die Unsicherheit in der Kontrolle zu modellieren, nehmen wir an, dass sich der Roboter nicht in die angegebene Richtung bewegt, sondern dass die tatsächliche Bewegung des Roboters in dem Kegel C_v liegt.

Die Abbildung zeigt, was passieren würde, wenn der Roboter versucht, sich von der Anfangskonfiguration aus gerade nach unten zu bewegen. Aufgrund der Unsicherheit in der Geschwindigkeit könnte sich der Roboter an jede beliebige Position in der kegelförmigen Hülle bewegen und möglicherweise das Loch treffen, aber sehr wahrscheinlich irgendwo seitlich davon landen. Da der Roboter dann nicht wüsste, auf welcher Seite des Lochs er sich befindet, wüsste er nicht, in welche Richtung er sich bewegen soll.

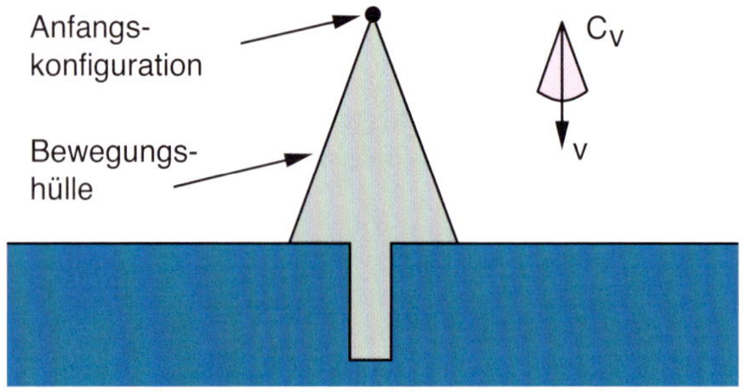

Abbildung 26.23: Eine zweidimensionale Umgebung, Geschwindigkeitsunsicherheitskegel und Hülle der möglichen Roboterbewegungen. Die beabsichtigte Geschwindigkeit ist v, aber mit der Unsicherheit könnte sich die tatsächliche Geschwindigkeit irgendwo in C_v befinden, wobei die Endkonfiguration dann irgendwo in der Bewegungshülle wäre, was bedeutet, dass wir nicht wüssten, ob wir das Loch getroffen haben oder nicht.

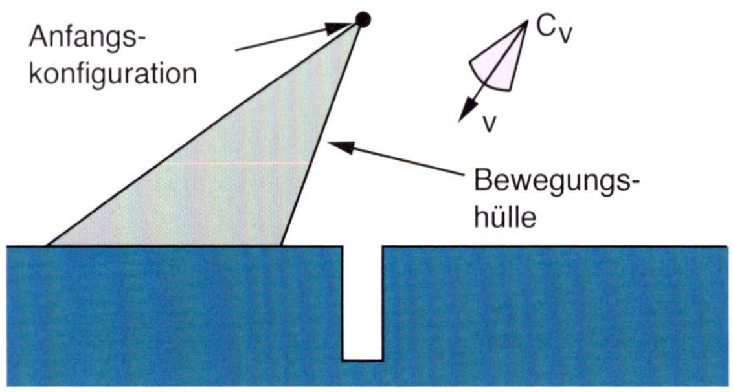

Abbildung 26.24: Der erste Bewegungsbefehl und die daraus resultierende Hülle der möglichen Roboterbewegungen. Unabhängig von der tatsächlichen Bewegung wissen wir, dass die endgültige Konfiguration links vom Loch liegt.

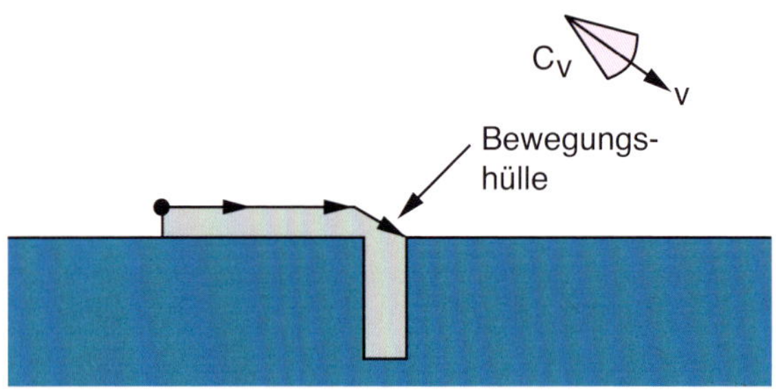

Abbildung 26.25: Der zweite Bewegungsbefehl und die Hülle der möglichen Bewegungen. Selbst mit einem Fehler gelangen wir irgendwann in das Loch.

Eine sinnvollere Strategie ist in den ► Abbildungen 26.24 und 26.25 dargestellt. In ► Abbildung 26.24 bewegt sich der Roboter absichtlich auf eine Seite des Lochs. Der Bewegungsbefehl ist in der Abbildung dargestellt und der Abbruchtest ist der Kontakt mit einer beliebigen Oberfläche. In ► Abbildung 26.25 wird ein Bewegungsbefehl gegeben, der den Roboter veranlasst, über die Oberfläche und in das Loch zu gleiten. Da alle möglichen Geschwindigkeiten in der Bewegungshülle rechts liegen, gleitet der Roboter immer dann nach rechts, wenn er mit einer horizontalen Oberfläche in Berührung kommt.

Er gleitet an der rechten vertikalen Kante des Lochs nach unten, wenn er es getroffen hat, da alle möglichen Geschwindigkeiten relativ zu einer vertikalen Fläche unten sind. Er wird sich so lange bewegen, bis er den Boden des Lochs erreicht hat, da dies seine Abbruchbedingung ist. Trotz der Kontrollunsicherheit enden alle möglichen Bewegungstrajektorien des Roboters beim Kontakt mit dem Boden des Lochs – es sei denn, Unregelmäßigkeiten der Oberfläche führen dazu, dass der Roboter an einer Stelle hängen bleibt.

Andere Techniken neben den überwachten Bewegungen ändern die Kostenfunktion, um Anreize für Aktionen zu schaffen, von denen wir wissen, dass sie zu Informationen führen – wie die **Heuristik der Küstennavigation**, die verlangt, dass der Roboter in der Nähe bekannter Orientierungspunkte bleibt. Allgemeiner ausgedrückt können Techniken den erwarteten **Informationsgewinn** (Verringerung der Entropie des Wissens) als Term in die Kostenfunktion einbeziehen, was dazu führt, dass der Roboter bei der Entscheidung, was er tun soll, explizit schlussfolgert, wie viel Information jede Aktion bringen könnte. Solche Ansätze sind zwar rechnerisch schwieriger, haben aber den Vorteil, dass der Roboter seine eigenen Aktionen zur Informationsbeschaffung erfindet, anstatt sich auf vom Menschen bereitgestellte Heuristiken und geskriptete Strategien zu verlassen, denen es oft an Flexibilität mangelt.

26.7 Reinforcement Learning in der Robotik

Bislang haben wir Aufgaben betrachtet, bei denen der Roboter Zugriff auf das Dynamikmodell der Welt hat. Bei vielen Aufgaben ist es sehr schwierig, ein solches Modell niederzuschreiben, womit wir uns in der Domäne des Reinforcement Learning (RL) befinden.

Eine Herausforderung von RL in der Robotik ist die Tatsache, dass Zustands- und Aktionsräume in der Regel stetig sind, dem wir entweder durch Diskretisierung oder, häufiger, durch Funktionsapproximation entgegenwirken. Strategien oder Wertefunktionen werden als Kombinationen bekannter nützlicher Merkmale oder als tiefe neuronale Netze dargestellt. Neuronale Netze können rohe Eingaben direkt auf Ausgaben abbilden und vermeiden so weitgehend die Notwendigkeit von Feature-Engineering, allerdings benötigen sie mehr Daten.

26.7.1 Modelle ausnutzen

Ein natürlicher Weg, um die Notwendigkeit vieler realer Versuche zu vermeiden, besteht darin, so viel Wissen über die Dynamik der Welt wie möglich zu verwenden. Zum Beispiel mögen wir vielleicht den Reibungskoeffizienten oder die Masse eines Objekts nicht genau kennen, aber wir verfügen unter Umständen über Gleichungen, die die Dynamik als Funktion dieser Parameter beschreiben.

In einem solchen Fall ist das **modellbasierte Reinforcement Learning** (Kapitel 22) attraktiv, bei dem der Roboter abwechselnd die Dynamikparameter anpassen und eine bessere Strategie berechnen kann. Selbst wenn die Gleichungen falsch sind, weil sie nicht jedes Detail der Physik modellieren, haben Forscher damit experimentiert, zusätzlich zu den Parametern einen Fehlerterm zu lernen, der die Ungenauigkeit des physikalischen Modells kompensieren kann. Oder wir können die Gleichungen aufgeben und stattdessen lokal lineare Modelle der Welt anpassen, die jeweils die Dynamik in einer Region des Zustandsraums annähern – ein Ansatz, der Roboter erfolgreich dazu gebracht hat, komplexe dynamische Aufgaben wie Jonglieren zu meistern.

Ein Modell der Welt kann auch dazu dienen, die Stichprobenkomplexität von modellfreien Reinforcement-Learning-Methoden zu reduzieren, indem man einen **Sim-to-Real**-Transfer durchführt, d. h. Strategien, die in der Simulation funktionieren, auf die reale Welt zu übertragen. Der Gedanke ist, das Modell als Simulator für eine Strategiesuche zu verwenden

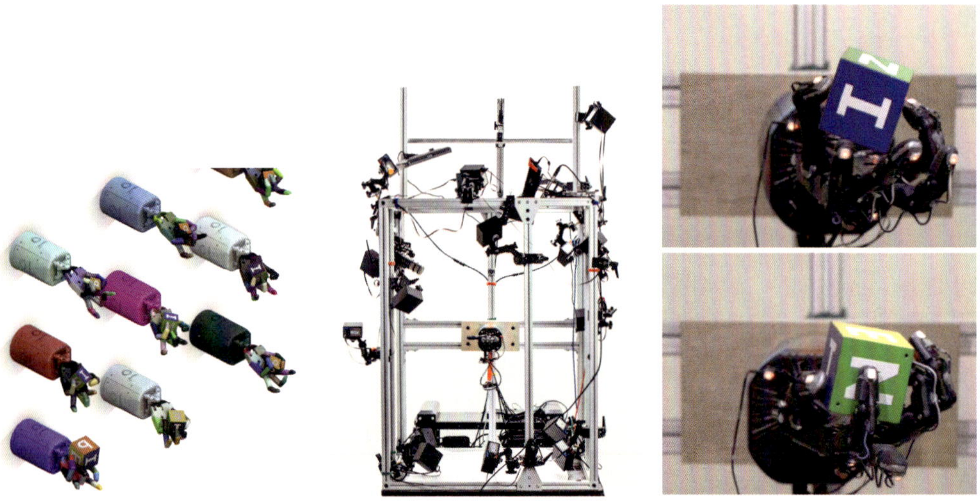

(a) (b) (c)

Abbildung 26.26: Trainieren einer robusten Strategie. (a) Es werden mehrere Simulationen einer Roboterhand ausgeführt, die Objekte manipuliert, mit verschiedenen zufälligen Parametern für physikalische Größen und die Beleuchtung. Mit freundlicher Genehmigung von Wojciech Zaremba. (b) Die reale Umgebung, mit einer einzelnen Roboterhand in der Mitte eines Käfigs, umgeben von Kameras und Entfernungsmessern. (c) Die Simulation und das Training in der realen Welt ergeben mehrere verschiedene Strategien für das Greifen von Objekten; hier ein Zangengriff und ein Vierfingergriff. Mit freundlicher Genehmigung von OpenAI; siehe Andrychowicz *et al.* (2018a).

(Abschnitt 22.5). Um eine Strategie zu lernen, die sich gut übertragen lässt, können wir dem Modell während des Trainings Rauschen hinzufügen und so die Strategie robuster machen. Oder wir können Strategien trainieren, die mit einer *Vielzahl* von Modellen funktionieren, indem wir verschiedene Parameter in den Simulationen als Sampling verwenden – manchmal auch als **Domänenrandomisierung** bezeichnet. Ein Beispiel ist in ► Abbildung 26.26 zu sehen, wo eine Aufgabe zur geschickten Manipulation in der Simulation trainiert wird, indem visuelle Attribute sowie physikalische Attribute wie Reibung oder Dämpfung variiert werden.

Schließlich sollen hybride Ansätze, die sowohl auf den Ideen von modellbasierten als auch von modellfreien Algorithmen basieren, uns das Beste von beiden bieten. Der hybride Ansatz hat seinen Ursprung in der Dyna-Architektur, bei der die Idee war, zwischen dem Ausführen und dem Verbessern der Strategie zu iterieren, wobei die Verbesserung der Strategie auf zwei komplementäre Arten erfolgt: 1) der standardmäßige modellfreie Weg, die Erfahrung zu nutzen, um die Strategie direkt zu aktualisieren, und 2) der modellbasierte Weg, die Erfahrung zu nutzen, um ein Modell anzupassen und dann mit diesem zu planen, um eine Strategie zu erstellen.

Neuere Techniken haben mit der Anpassung lokaler Modelle experimentiert, mit ihnen geplant, um Aktionen zu generieren, wobei diese Aktionen zur Überwachung einer Strategie verwendet werden, um dann iterativ immer bessere Modelle für die Bereiche zu erhalten, die die Strategie benötigt. Dies wurde erfolgreich beim **Ende-zu-Ende-Lernen** angewandt, bei dem die Strategie Pixel als Eingabe übernimmt und direkt Drehmomente als Aktionen ausgibt – dies ermöglichte die erste Demonstration von Deep RL auf physischen Robotern.

Modelle können auch dazu genutzt werden, um eine **sichere Exploration** zu gewährleisten. Langsames, aber sicheres Lernen kann besser sein als schnelles Lernen, bei dem man auf halbem Weg abstürzt und verbrennt. Wichtiger als die Reduktion von Stichproben aus der realen

Welt ist also die Reduktion von Stichproben aus der realen Welt in *gefährlichen* Zuständen – wir wollen nicht, dass Roboter von Klippen fallen, und wir wollen nicht, dass sie unsere Lieblingstassen zerbrechen oder, noch schlimmer, mit Objekten und Menschen kollidieren. Ein approximatives Modell, das mit Unsicherheiten behaftet ist (z. B. durch Berücksichtigung eines Wertebereichs für seine Parameter), kann die Exploration leiten und dem Roboter Bedingungen für die Aktionen auferlegen, die er ausführen darf, um diese gefährlichen Zustände zu vermeiden. Dies ist ein aktiver Bereich der Forschung in der Robotik und Kontrolltheorie.

26.7.2 Andere Informationen ausnutzen

Modelle sind nützlich, aber es gibt noch mehr, was wir tun können, um die Stichprobenkomplexität weiter zu reduzieren.

Wenn wir es mit einem Reinforcement-Learning-Problem zu tun haben, müssen wir die Zustands- und Aktionsräume, die Repräsentation der Strategie oder der Wertefunktion und die zu verwendende Belohnungsfunktion auswählen. Diese Entscheidungen haben einen großen Einfluss darauf, wie einfach oder wie schwer wir das Problem machen.

Ein Ansatz ist die Verwendung von **Bewegungsprimitiven** auf höherer Ebene anstelle von Aktionen auf niedriger Ebene wie Drehmomentbefehlen. Eine Bewegungsprimitive ist eine parametrisierte Fähigkeit, die der Roboter besitzt. Ein Roboter-Fußballspieler könnte beispielsweise die Fähigkeit haben „Passe den Ball zu dem Spieler bei (x, y)". Die Strategie muss nur herausfinden, wie die Primitive kombiniert und parametrisiert werden können, anstatt sie neu zu erfinden. Dieser Ansatz lernt oft viel schneller als Low-Level-Ansätze, beschränkt aber den Raum der möglichen Verhaltensweisen, die der Roboter lernen kann.

Eine weitere Möglichkeit, die Anzahl der für das Lernen erforderlichen realen Stichproben zu reduzieren, besteht darin, Informationen aus früheren Lernepisoden zu anderen Aufgaben wiederzuverwenden, anstatt bei null anzufangen. Dies fällt unter den Begriff **Metalernen** oder **Transfer Learning**.

Schließlich sind Menschen eine großartige Quelle für Informationen. Im nächsten Abschnitt sprechen wir darüber, wie man mit Menschen interagiert, und zum Teil, wie man ihre Aktionen nutzt, um das Lernen des Roboters zu steuern.

26.8 Menschen und Roboter

Bislang haben wir uns auf Roboter konzentriert, die planen und lernen, wie sie *isoliert* agieren. Dies ist für einige Roboter sinnvoll, wie beispielsweise für Rover, die wir aussenden, um in unserem Auftrag ferne Planeten zu erkunden. Aber in den meisten Fällen bauen wir keine Roboter, die isoliert agieren. Wir bauen sie, damit sie uns unterstützen und in menschlichen Umgebungen arbeiten, und zwar unter uns und mit uns zusammen.

Dies stellt uns vor zwei sich ergänzende Herausforderungen. Die erste ist die Optimierung der Belohnung, wenn es Menschen gibt, die in der gleichen Umgebung wie der Roboter agieren. Wir nennen dies das **Koordinationsproblem** (siehe Abschnitt 18.1). Wenn die Belohnung des Roboters nicht nur von seinen eigenen Aktionen abhängt, sondern auch von den Aktionen der Menschen, muss der Roboter seine Aktionen so wählen, dass sie sich mit den Aktionen der Menschen vereinbaren lassen. Wenn der Mensch und der Roboter im selben Team sind, sprechen wir von **Zusammenarbeit**.

Die zweite Herausforderung besteht darin, die Optimierung darauf auszurichten, was die Menschen wollen. Wenn ein Roboter Menschen helfen soll, muss seine Belohnungsfunktion

Anreize für die Aktionen schaffen, die die Menschen vom Roboter erwarten. Das Ermitteln der richtigen Belohnungsfunktion (oder Strategie) für den Roboter ist selbst ein Interaktionsproblem. Wir werden diese beiden Herausforderungen nacheinander untersuchen.

26.8.1 Koordination

Nehmen wir wie bisher für den Moment an, dass der Roboter Zugang zu einer klar definierten Belohnungsfunktion hat. Aber anstatt sie isoliert zu optimieren, muss der Roboter sie nun um einen Menschen herum optimieren, der ebenfalls agiert. Wenn zum Beispiel ein autonomes Auto auf der Autobahn die Spur wechselt, muss es das Manöver mit dem menschlichen Fahrer, der auf der Zielspur fährt, aushandeln – soll es beschleunigen und davor einfädeln oder langsamer werden und dahinter einfädeln? Später, wenn es an einem Stoppschild hält und sich darauf vorbereitet, rechts abzubiegen, muss es auf den Radfahrer auf dem Radweg sowie auf den Fußgänger achten, der gerade den Zebrastreifen betritt.

Oder betrachten Sie einen mobilen Roboter in einem Flur. Jemand, der gerade auf den Roboter zugeht, macht einen kleinen Schritt nach rechts und zeigt damit an, auf welcher Seite des Roboters er vorbeigehen möchte. Der Roboter muss darauf reagieren und seine Absichten verdeutlichen.

Der Mensch als annähernd rationaler Agent

Eine Möglichkeit, die Koordination mit einem Menschen zu formulieren, besteht darin, sie als ein Spiel zwischen dem Roboter und dem Menschen zu modellieren (Abschnitt 18.2). Bei diesem Ansatz wird explizit von der Annahme ausgegangen, dass Menschen Agenten sind, für die die Ziele der Anreiz sind. Das bedeutet nicht automatisch, dass sie perfekt rationale Agenten sind (d. h. optimale Lösungen im Spiel finden), aber es bedeutet, dass der Roboter die Art und Weise strukturieren kann, wie er über den Menschen schlussfolgert, und zwar auf Basis seiner Vorstellung von den möglichen Zielen, die der Mensch haben könnte. In diesem Spiel

- umfasst der Zustand der Umgebung die Konfigurationen sowohl des Roboters als auch der menschlichen Agenten, ausgedrückt als $x = (x_R, x_H)$;
- kann jeder Agent Aktionen ausführen, u_R bzw. u_H;
- hat jeder Agent ein Ziel, dessen Erreichung als Kosten dargestellt werden kann (J_R und J_H): jeder Agent möchte sicher und effizient an sein Ziel gelangen; und
- hängt, wie in jedem Spiel, jedes Ziel vom Zustand und von den Aktionen *beider* Agenten ab: $J_R(x, u_R, u_H)$ und $J_H(x, u_H, u_R)$. Denken Sie beispielsweise an die Interaktion zwischen Auto und Fußgänger – das Auto sollte anhalten, wenn der Fußgänger die Straße überquert, und sollte weiterfahren, wenn der Fußgänger wartet.

Drei wichtige Aspekte verkomplizieren dieses Spiel. Der erste ist, dass der Mensch und der Roboter nicht unbedingt die Ziele des jeweils anderen kennen. Das macht es zu einem **Spiel mit unvollständiger Information**.

Der zweite Aspekt ist, dass die Zustands- und Aktionsräume *stetig* sind, so wie sie es in diesem ganzen Kapitel waren. Wir haben in Kapitel 5 gelernt, wie man die Baumsuche bei diskreten Spielen einsetzt, aber wie behandeln wir stetige Räume?

Und drittens, auch wenn das Spielmodell auf hoher Ebene sinnvoll ist, denn Menschen bewegen sich und haben Ziele, ist das Verhalten eines Menschen nicht immer gut charakterisiert als Lösung für das Spiel. Das Spiel stellt nicht nur für den Roboter eine rechnerische Herausforderung dar, sondern auch für uns Menschen. Es erfordert, dass man darüber nachdenkt, was der Roboter als Reaktion auf das Verhalten des Menschen tun wird, was wiederum davon abhängt, was der Roboter denkt, was der Mensch tun wird. Und schnell landen wir bei „was denkst du, was ich denke, dass du denkst, dass ich denke". Menschen können damit nicht so gut umgehen und weisen deshalb gewisse Suboptimalitäten auf. Das bedeutet, dass der Roboter diese Suboptimalitäten berücksichtigen sollte.

Was also soll ein autonomes Auto tun, wenn das Koordinationsproblem derart schwer ist? Wir werden etwas tun, was wir in ähnlicher Weise bereits in diesem Kapitel getan haben. Für die Bewegungsplanung und -kontrolle haben wir einen MDP genommen und ihn zerlegt: in die Planung einer Bewegungstrajektorie und die anschließende Verfolgung mit einem Controller. Auch hier werden wir das Spiel zerlegen, und zwar in Vorhersagen über die menschlichen Aktionen und in die Entscheidung, was der Roboter angesichts dieser Vorhersagen tun soll.

Vorhersage menschlicher Aktionen

Die Vorhersage menschlicher Aktionen ist schwierig, da sie von den Aktionen des Roboters abhängen und umgekehrt. Ein Trick, den Roboter anwenden, ist, so zu tun, als würde die Person den Roboter ignorieren. Der Roboter nimmt an, dass Menschen in Bezug auf ihr Ziel „geräuschvoll" (wahrnehmbar) optimal sind, was dem Roboter unbekannt ist und als nicht mehr abhängig von den Aktionen des Roboters modelliert wird: $J_H(x, u_H)$. Insbesondere gilt: Je höher der Wert einer Aktion für das Ziel ist (je geringer die Kosten für den Weg), desto wahrscheinlicher ist es, dass der Mensch diese Aktion ausführt. Der Roboter kann ein Modell für $P(u_H \mid x, J_H)$ erstellen, z. B. mit der Softmax-Funktion von S. 898:

$$P(u_H \mid x, J_H) \propto e^{-Q(x, u_H; J_H)}\,, \tag{26.8}$$

wobei $Q(x, u_H; J_H)$ die Q-Wertefunktion ist, die J_H entspricht (das negative Vorzeichen wird verwendet, weil wir in der Robotik eher die Kosten minimieren als die Belohnung maximieren). Beachten Sie, dass der Roboter nicht von absolut optimalen Aktionen ausgeht und auch nicht davon, dass die Wahl der Aktionen überhaupt auf irgendwelchen Schlussfolgerungen über den Roboter basiert.

Mit diesem Modell gerüstet, verwendet der Roboter die laufenden Aktionen des Menschen als Evidenz für J_H. Wenn wir ein Beobachtungsmodell dafür haben, wie menschliche Aktionen vom Ziel des Menschen abhängen, kann jede menschliche Aktion dazu genutzt werden, den Wissensstand des Roboters bezüglich des Ziels dieser Person zu aktualisieren:

$$b'(J_H) \propto b(J_H) P(u_H \mid x, J_H) \tag{26.9}$$

Ein Beispiel ist in ► Abbildung 26.27 zu sehen: Der Roboter verfolgt den Standort eines Menschen und aktualisiert, während sich der Mensch bewegt, seine Annahme über dessen Ziele. Wenn der Mensch auf die Fenster zugeht, erhöht der Roboter die Wahrscheinlichkeit, dass das Ziel darin besteht, aus dem Fenster zu schauen, und verringert die Wahrscheinlichkeit, dass das Ziel darin besteht, in die Küche zu gehen, die sich in der anderen Richtung befindet.

Auf diese Weise kann der Roboter aus den vergangenen Handlungen des Menschen ableiten, was der Mensch in Zukunft tun wird. Wenn der Roboter das Ziel des Menschen kennt, kann er die nächsten Aktionen des Menschen vorhersagen. Die Wärmekarte in der Abbildung zeigt die Aktionsprognosen des Roboters: Rot ist am wahrscheinlichsten, blau am unwahrscheinlichsten.

Das Gleiche kann beim Autofahren passieren. Wir wissen vielleicht nicht, wie viel Wert ein anderer Fahrer auf Effizienz legt, aber wenn wir sehen, wie er beschleunigt, während jemand versucht, vor ihm einzufädeln, wissen wir jetzt ein bisschen mehr über ihn. Und mit diesem Wissen können wir besser vorhersehen, wie er in Zukunft handeln wird – derselbe Fahrer wird wahrscheinlich näher an uns heranfahren oder sich durch den Verkehr schlängeln, um sich vor uns zu setzen.

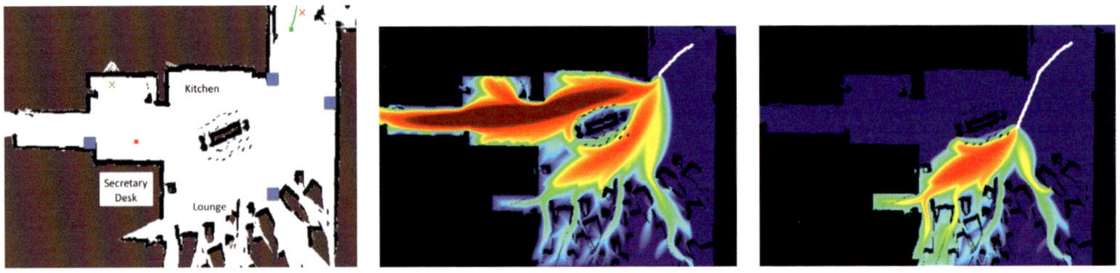

(a) (b) (c)

Abbildung 26.27: Erstellen von Vorhersagen unter der Annahme, dass Menschen angesichts ihres Ziels „geräuschvoll" rational sind: Der Roboter verwendet die vergangenen Aktionen, um seinen Wissensstand darüber zu aktualisieren, auf welches Ziel die Person zusteuert, und verwendet dann dieses Wissen für Vorhersagen über zukünftige Aktionen. (a) Die Karte eines Raums. (b) Vorhersagen, nachdem ein kleiner Teil der Bewegungstrajektorie der Person bekannt ist (weißer Pfad); (c) Vorhersagen, nachdem weitere menschliche Aktionen bekannt sind: Der Roboter weiß nun, dass die Person nicht auf den Flur links zusteuert, da bei diesem Ziel der bisher eingeschlagene Weg ein schlechter Weg wäre. Bilder mit freundlicher Genehmigung von Brian D. Ziebart; siehe Ziebart *et al.* (2009).

Sobald der Roboter Vorhersagen über zukünftige Aktionen des Menschen machen kann, hat er sein Problem auf die Lösung eines MDP reduziert. Die Aktionen des Menschen verkomplizieren die Übergangsfunktion, aber solange der Roboter vorhersehen kann, welche Aktion der Mensch in jedem zukünftigen Zustand ausführen wird, kann der Roboter $P(x' \mid x, u_R)$ berechnen: Er kann $P(u_H \mid x)$ aus $P(u_H \mid x, J_H)$ durch Marginalisieren über J_H berechnen und mit $P(x' \mid x, u_R, u_H)$ kombinieren, der Übergangsfunktion (Dynamikfunktion) für die Art und Weise, wie sich die Welt basierend auf den Aktionen des Roboters und des Menschen aktualisiert. In Abschnitt 26.5 haben wir uns darauf konzentriert, wie man dies in stetigen Zustands- und Aktionsräumen für deterministische Dynamiken löst, und in Abschnitt 26.6 haben wir dies für stochastische Dynamiken und Unsicherheiten diskutiert.

Die Trennung der Vorhersage von der Aktion macht es dem Roboter leichter, die Interaktion zu handhaben, führt aber zu ähnlichen Leistungseinbußen wie die Trennung von Schätzung und Bewegung oder die Trennung von Planung und Kontrolle.

Ein Roboter mit dieser Trennung versteht nicht mehr, dass seine Aktionen Einfluss darauf haben können, was Menschen am Ende tun. Im Gegensatz dazu antizipiert der Roboter in ► Abbildung 26.27, wohin die Menschen gehen werden, und optimiert dann seine Aktionen, um sein eigenes Ziel zu erreichen und Kollisionen mit ihnen zu vermeiden. In ► Abbildung 26.28 haben wir ein autonomes Auto, das sich auf der Autobahn einfädelt. Wenn seine Planung nur Reaktionen auf andere Autos vorsehen würde, dann müsste es möglicherweise lange warten, während andere Autos seine Zielspur besetzen. Im Gegensatz dazu weiß ein Auto, das über Vorhersage und Aktion gleichzeitig schlussfolgert, dass die verschiedenen Aktionen, die es ausführen könnte, zu unterschiedlichen Reaktionen des Menschen führen werden. Wenn es dazu übergeht, sich durchzusetzen, werden die anderen Autos wahrscheinlich etwas langsamer werden und Platz machen. Robotiker arbeiten an koordinierten Interaktionen wie diese, damit Roboter besser mit Menschen zusammenarbeiten können.

Menschliche Vorhersagen über den Roboter

Unvollständige Informationen sind oft zweiseitig: Der Roboter kennt das Ziel des Menschen nicht und der Mensch wiederum kennt nicht das Ziel des *Roboters* – Menschen müssen Vorhersagen über Roboter machen. Als Roboterdesigner sind wir nicht dafür verantwortlich, welche Vorhersagen der Mensch trifft, sondern können nur darauf Einfluss nehmen, was der Roboter tut. Der Roboter kann sich jedoch so verhalten, dass es für den Menschen *einfacher* ist, korrekte Vorhersagen zu treffen. Der Roboter kann davon ausgehen, dass der Mensch

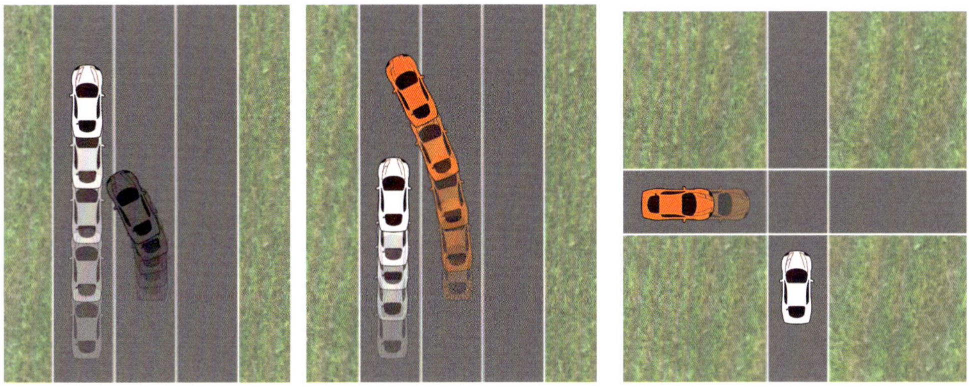

(a) (b)

Abbildung 26.28: (a) Links: Ein autonomes Auto (mittlere Spur) geht davon aus, dass der menschliche Fahrer (linke Spur) geradeaus weiterfahren möchte, und plant einen Fahrverlauf, bei dem er langsamer wird und sich dahinter einreiht. Rechts: Das Auto berücksichtigt den Einfluss, den seine Aktionen auf menschliche Aktionen haben können, und erkennt, dass es vor dem Auto einfädeln und sich darauf verlassen kann, dass der menschliche Fahrer langsamer wird. (b) Derselbe Algorithmus führt zu einer ungewöhnlichen Strategie an einer Kreuzung: Das Auto erkennt, dass es die Person (unten) eher dazu bringt, schneller durch die Kreuzung zu fahren, wenn es anzeigt, dass es ein wenig zurücksetzt. Bilder mit freundlicher Genehmigung von Anca Dragan; siehe Sadigh *et al.* (2016).

etwas verwendet, das in etwa der Gleichung (26.8) entspricht, um das Ziel des Roboters J_R zu schätzen, und folglich wird der Roboter so handeln, dass sein wahres Ziel leicht abgeleitet werden kann.

Ein Sonderfall des Spiels ist, wenn der Mensch und der Roboter im gleichen Team sind und auf das gleiche Ziel oder den gleichen Zweck hinarbeiten: $J_H = J_R$. Stellen Sie sich vor, Sie bekommen einen persönlichen Haushaltsroboter, der Ihnen beim Kochen oder Aufräumen hilft – das sind Beispiele für **Zusammenarbeit**.

Wir können nun einen **gemeinsamen Agenten** definieren, dessen Aktionen Tupel von Mensch-Roboter-Aktionen sind, (u_H, u_R), und der für $J_H(x, u_H, u_R) = J_R(x, u_R, u_H)$ optimiert, womit wir ein reguläres Planungsproblem lösen. Wir berechnen den optimalen Plan oder die optimale Strategie für den gemeinsamen Agenten, und voilà – jetzt wissen wir, was der Roboter und der Mensch tun sollten.

Das würde sehr gut funktionieren, wenn der Mensch optimal wäre. Der Roboter hielte sich an seinen Teil des gemeinsamen Plans und der Mensch an seinen. Leider scheinen sich Menschen in der Praxis nicht an den perfekt ausgearbeiteten gemeinsamen Plan zu halten, sie haben ihren eigenen Kopf! Eine Möglichkeit, damit umzugehen, haben wir bereits in Abschnitt 26.6 kennengelernt. Wir nannten es **modellprädiktive Kontrolle** (*Model Predictive Control*, **MPC**): Die Idee war, einen Plan zu erstellen, die erste Aktion auszuführen und dann neu zu planen. Auf diese Weise passt der Roboter seinen Plan immer an das an, was der Mensch gerade tut.

Lassen Sie uns ein Beispiel durcharbeiten. Nehmen wir an, Sie und der Roboter befinden sich in Ihrer Küche und haben beschlossen, Waffeln zu backen. Sie sind etwas näher am Kühlschrank, also wäre der optimale gemeinsame Plan, dass Sie die Eier und die Milch aus dem Kühlschrank holen, während der Roboter das Mehl aus dem Schrank holt. Der Roboter weiß das, weil er ziemlich genau messen kann, wo sich jeder befindet. Aber nehmen wir an, Sie gehen auf den Mehlschrank zu. Sie verstoßen damit gegen den optimalen gemeinsamen Plan. Anstatt sich daran zu halten und stur auch zum Mehl zu gehen, berechnet der MPC-

Roboter den optimalen Plan neu, und da Sie nun nahe genug am Mehl sind, ist es für den Roboter am besten, stattdessen das Waffeleisen zu holen.

Wenn wir wissen, dass Menschen von der Optimalität abweichen könnten, dann können wir dies im Voraus berücksichtigen. In unserem Beispiel kann der Roboter in dem Moment, in dem Sie den ersten Schritt machen, versuchen zu antizipieren, dass Sie auf das Mehl zugehen (z. B. mithilfe der oben beschriebenen Vorhersagetechnik). Auch wenn es technisch gesehen optimal wäre, wenn Sie sich umdrehen und zum Kühlschrank gingen, sollte der Roboter nicht von diesem Szenario ausgehen. Stattdessen kann der Roboter einen Plan berechnen, in dem Sie weiterhin das tun, was Sie anscheinend tun wollen.

Der Mensch als Blackbox-Agent

Wir müssen Menschen nicht als zielgerichtete, absichtsvolle Agenten behandeln, um Roboter dazu zu bringen, sich mit uns zu koordinieren. Ein alternatives Modell ist, dass der Mensch lediglich ein Agent ist, dessen Strategie π_H mit der Dynamik der Umgebung „kollidiert“. Der Roboter kennt π_H nicht, aber seine Modellierung des Problems sieht vor, dass in einem MDP mit unbekannter Dynamik gehandelt werden muss. Wir haben dies bereits gesehen, und zwar für allgemeine Agenten in Kapitel 22 und für Roboter im Besonderen in Abschnitt 26.7.

Der Roboter kann ein Strategiemodell π_H an die menschlichen Daten anpassen und damit eine optimale Strategie für sich selbst berechnen. Aufgrund geringer Daten wurde dies bisher meist auf der Aufgabenebene angewendet. Beispielsweise haben Roboter durch Interaktion gelernt, welche Aktionen Menschen bevorzugt ausführen (als Reaktion auf ihre eigenen Aktionen), wenn es darum geht, Schrauben bei der Industriemontage zu platzieren und zu befestigen.

Dann gibt es noch die modellfreie RL-Alternative: Der Roboter kann mit einer anfänglichen Strategie oder Wertefunktion beginnen und diese im Laufe der Zeit durch Ausprobieren immer weiter verbessern.

26.8.2 Lernen, das zu tun, was Menschen wollen

Eine andere Möglichkeit, wie die Interaktion mit Menschen Einzug in die Robotik hält, erfolgt über J_R selbst – der Kosten- oder Belohnungsfunktion des Roboters. Das Framework rationaler Agenten und die zugehörigen Algorithmen reduzieren das Problem, gutes Verhalten zu erzeugen, auf die Spezifikation einer guten Belohnungsfunktion. Aber bei Robotern, wie auch bei vielen anderen KI-Agenten, ist es immer noch schwierig, die Kosten korrekt zu benennen.

Betrachten wir beispielsweise autonomes Fahren: Wir wollen, dass die Autos das Ziel erreichen, dass sie sicher sind, dass ihre Fahrgäste eine angenehme Fahrt haben, dass sie die Verkehrsregeln einhalten usw. Ein Designer eines solchen Systems muss diese verschiedenen Komponenten der Kostenfunktion gegeneinander abwägen. Die Aufgabe des Designers ist schwierig, weil Roboter gebaut werden, um den Endbenutzern zu helfen, und nicht alle Endbenutzer sind gleich. Wir alle haben unterschiedliche Präferenzen, wie aggressiv unser Auto fahren soll, usw.

Im Folgenden werden zwei Alternativen untersucht, um das Verhalten des Roboters so zu gestalten, dass es dem entspricht, was der Roboter tatsächlich tun soll. Die erste besteht darin, eine Kostenfunktion aus menschlichen Eingaben zu lernen. Die zweite besteht darin, die Kostenfunktion zu umgehen und menschliche Demonstrationen der Aufgabe zu imitieren.

Präferenzlernen: Kostenfunktionen lernen

Stellen Sie sich vor, dass ein Endbenutzer einem Roboter zeigt, wie er eine Aufgabe erledigen soll, zum Beispiel indem er das Auto so fährt, wie er möchte, dass es vom Roboter gefahren wird. Können Sie sich eine Möglichkeit vorstellen, wie der Roboter diese Aktionen (sogenannte „Demonstrationen“) nutzen kann, um herauszufinden, welche Kostenfunktion er optimieren sollte?

Wir haben die Antwort hierauf bereits in Abschnitt 26.8.1 gesehen. Dort war die Situation ein wenig anders: Wir hatten eine andere Person, die im selben Raum wie der Roboter agierte, und der Roboter musste vorhersagen, was die Person tun würde. Eine Technik, die wir für diese Vorhersagen besprochen haben, war die Annahme, dass Menschen handeln, um eine Kostenfunktion J_H „geräuschvoll“ zu optimieren, und wir können ihre laufenden Aktionen als Evidenz dafür verwenden, welche Kostenfunktion das ist. Hier können wir das Gleiche tun, nur nicht mit dem Ziel, menschliches Verhalten in der Zukunft vorherzusagen, sondern die Kostenfunktion zu ermitteln, die der Roboter selbst optimieren sollte. Wenn der Mensch defensiv fährt, wird die Kostenfunktion, die sein Handeln erklärt, viel Gewicht auf Sicherheit und weniger auf Effizienz legen. Der Roboter kann sich diese Kostenfunktion zu eigen machen und sie beim Fahren des Autos selbst optimieren.

Robotiker haben mit verschiedenen Algorithmen experimentiert, um diese Kosteninferenz (rechnerisch) effizient machbar zu gestalten. In ► Abbildung 26.29 sehen wir ein Beispiel, wie man einem Roboter beibringt, lieber auf der Straße zu bleiben als querfeldein über Stock und Stein zu fahren. Traditionell wurde bei solchen Methoden die Kostenfunktion als eine Kombination von manuell erstellten Merkmalen dargestellt, aber in neueren Arbeiten wurde auch untersucht, wie man sie mit einem tiefen neuronalen Netz ohne Feature-Engineering darstellen kann.

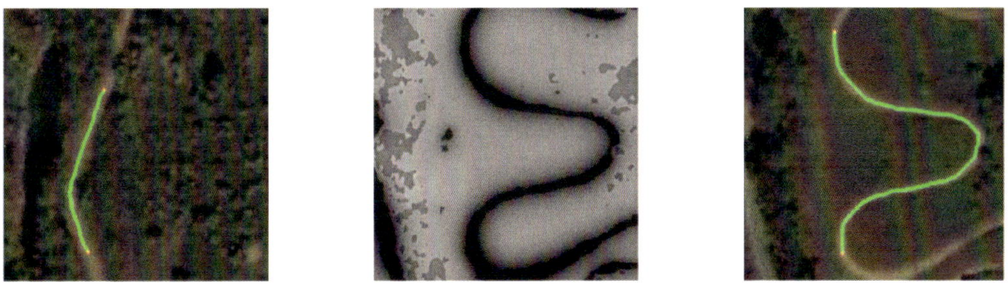

Abbildung 26.29: Links: Einem mobilen Roboter wird eine Demonstration gezeigt, bei dem das Auto auf dem Feldweg bleibt. Mitte: Der Roboter leitet die gewünschte Kostenfunktion ab und verwendet sie in einer neuen Szene, wobei er weiß, dass er für die Straße geringere Kosten ansetzen kann. Rechts: Der Roboter plant einen Pfad für die neue Szene, der ebenfalls auf der Straße entlangführt, und reproduziert so die Präferenzen, die durch die Demonstration ausgedrückt werden sollten. Bilder mit freundlicher Genehmigung von Nathan Ratliff und James A. Bagnell; siehe Ratliff *et al.* (2006).

Es gibt auch andere Möglichkeiten für eine Person, Eingaben zu machen. Sie könnte den Roboter durch Sprache statt durch Demonstration anweisen. Sie könnte als Kritiker fungieren und den Roboter dabei beobachten, wie er eine Aufgabe auf die eine (oder andere) Art ausführt, und dann sagen, wie gut die Aufgabe erledigt wurde (oder welche Art besser war), oder Verbesserungsvorschläge machen.

Strategien direkt durch Nachahmung lernen

Eine Alternative ist, die Kostenfunktionen zu umgehen und die gewünschte Roboter*strategie* direkt zu lernen. In unserem Auto-Beispiel bilden die Demonstrationen des Menschen einen praktischen Datensatz von Zuständen, die als Label die Aktion enthalten, die der Roboter in jedem Zustand ausführen soll: $\mathcal{D} = \{(x_i, u_i)\}$. Der Roboter kann überwachtes Lernen durchführen, um eine Strategie $\pi: x \mapsto u$ anzupassen, und diese dann ausführen. Dies wird als **Imitationslernen** oder **Verhaltensklonen** bezeichnet.

Abbildung 26.30: Ein menschlicher Lehrer drückt den Roboter nach unten, um ihm beizubringen, näher am Tisch zu bleiben. Der Roboter aktualisiert daraufhin sein Verständnis der gewünschten Kostenfunktion und beginnt mit deren Optimierung. Mit freundlicher Genehmigung von Anca Dragan; siehe Bajcsy *et al.* (2017).

Eine Herausforderung bei diesem Ansatz liegt in der **Generalisierung** auf neue Zustände. Der Roboter weiß nicht, warum die Aktionen in seiner Datenbank als optimal markiert wurden. Er hat keine kausale Regel; er kann lediglich einen überwachten Lernalgorithmus ausführen, um zu versuchen, eine Strategie zu lernen, die sich auf unbekannte Zustände verallgemeinern lässt. Es gibt jedoch keine Garantie, dass diese Generalisierung dann korrekt ist.

Das ALVINN-Projekt für autonome Autos hat diesen Ansatz verwendet und festgestellt, dass π – selbst beim Start von einem Zustand in $\mathcal{D}$ – kleine Fehler macht, die das Auto von der demonstrierten Trajektorie abbringen. Dort wird π einen größeren Fehler machen, der das Auto noch weiter vom gewünschten Kurs abbringt.

Wir können dies zur Trainingszeit angehen, wenn wir das Sammeln von Labeln und das Lernen miteinander verschränken: Beginnen Sie mit einer Demonstration, lernen Sie eine Strategie, rollen Sie dann diese Strategie aus und fragen Sie den Menschen, welche Aktion bei jedem Zustand auf dem Weg zu ergreifen ist, und wiederholen Sie dann diese Schritte. Der Roboter lernt dann, wie er seine Fehler korrigieren kann, wenn er von den gewünschten Aktionen des Menschen abweicht.

Alternativ können wir das Problem mithilfe von Reinforcement Learning lösen. Der Roboter kann ein dynamisches Modell basierend auf den Demonstrationen anpassen und dann mittels optimaler Kontrolle (Abschnitt 26.5.4) eine Strategie generieren, die dafür optimiert ist, nahe an der Demonstration zu bleiben. Eine entsprechende Version wurde verwendet, um sehr anspruchsvolle Manöver auf Expertenniveau mit einem kleinen funkgesteuerten Hubschrauber durchzuführen (► Abbildung 22.9 b).

Das DAGGER-System (Datenaggregation) beginnt mit einer Demonstration durch einen menschlichen Experten. Daraus lernt es eine Strategie π_1 und verwendet die Strategie, um eine Datenmenge $\mathcal{D}$ zu erzeugen. Dann generiert es aus $\mathcal{D}$ eine neue Strategie π_2, die die ursprünglichen menschlichen Daten am besten imitiert. Dies wiederholt sich und bei der n-ten Iteration verwendet es π_n, um weitere Daten zu generieren, die $\mathcal{D}$ hinzugefügt werden, das dann zur Erstellung von π_{n+1} verwendet wird. Mit anderen Worten: Bei jeder Iteration sammelt das System neue Daten unter der aktuellen Strategie und trainiert die nächste Strategie mit allen bisher gesammelten Daten.

Verwandte neuere Techniken verwenden **feindliches Training** Sie trainieren einerseits einen Klassifikator darauf, zwischen der gelernten Strategie des Roboters und den Demonstrationen des Menschen zu unterscheiden, und andererseits eine neue Roboterstrategie mittels

Reinforcement Learning, um den Klassifikator zu täuschen. Diese Fortschritte ermöglichen es dem Roboter, mit Zuständen umzugehen, die nahe an die Demonstrationen herankommen, aber die Generalisierung auf weit entfernte Zustände oder neue Dynamiken ist in Arbeit.

Lernschnittstellen und das Korrespondenzproblem: Bisher haben wir uns den Fall eines autonomen Autos oder eines autonomen Hubschraubers vorgestellt, bei denen menschliche Demonstrationen die gleichen Aktionen verwenden, die der Roboter selbst ausführen kann: Beschleunigen, Bremsen und Lenken. Aber was passiert, wenn wir dies für Aufgaben wie das Aufräumen des Küchentischs tun? Hier haben wir zwei Möglichkeiten: Entweder demonstriert die Person dies, indem sie es selbst vormacht, während der Roboter zuschaut, oder die Person ergreift die Effektoren des Roboters und leitet sie physisch an.

Der erste Ansatz ist verlockend, weil er dem natürlichen Verhalten des Endbenutzers entspricht. Leider leidet er unter dem **Korrespondenzproblem**: Wie lassen sich menschliche Aktionen auf Roboteraktionen abbilden? Menschen haben eine andere Kinematik und Dynamik als Roboter. Das macht es nicht nur schwierig, menschliche Bewegungen auf Roboterbewegungen zu *übertragen* (z. B. einen menschlichen Griff mit fünf Fingern auf einen Robotergriff mit zwei Fingern), sondern oft ist die Strategie, die eine Person ergreifen könnte, für den Roboter nicht geeignet.

Der zweite Ansatz wird als **kinästhetisches Lehren** bezeichnet, da hier der menschliche Lehrer die Effektoren des Roboters in die richtigen Positionen bewegt. Für Menschen ist es nicht einfach, auf diese Weise den Ablauf zu zeigen, insbesondere bei Robotern mit mehreren Gelenken. Der Lehrer muss alle Freiheitsgrade koordinieren, während er den Arm durch die Aufgabe führt. Wissenschaftler haben daher andere Ansätze untersucht, wie z. B. die Demonstration von **Keyframes** anstelle von stetigen Trajektorieverläufen sowie die Verwendung von **visueller Programmierung**, um Endbenutzern zu ermöglichen, Primitive für eine Aufgabe zu programmieren (► Abbildung 26.31). Manchmal werden beide Ansätze kombiniert.

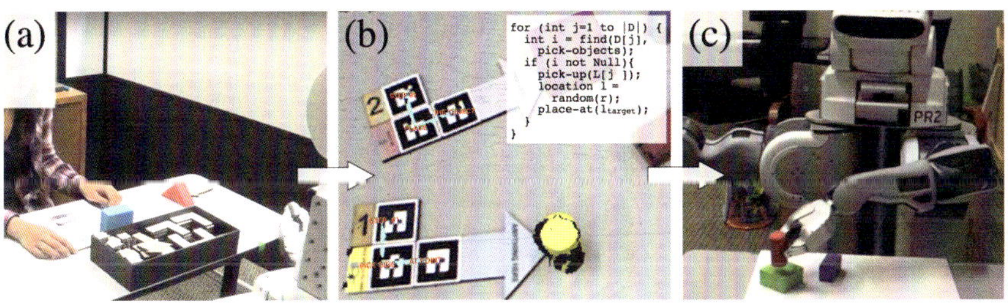

Abbildung 26.31: Eine Programmierschnittstelle, bei der besonders geformte Blöcke im Arbeitsbereich des Roboters platziert werden, um Objekte auszuwählen und High-Level-Aktionen zu spezifizieren. Bilder mit freundlicher Genehmigung von Maya Cakmak, siehe Sefidgar *et al.* (2017).

26.9 Alternative Robotik-Frameworks

Bisher basierte unsere Sichtweise der Robotik auf dem Konzept, Belohnungsfunktionen zu definieren oder zu lernen und den Roboter diese Belohnungsfunktionen optimieren zu lassen (sei es durch Planen oder Lernen), was manchmal eine Koordination oder eine Zusammenarbeit mit den Menschen erforderte. Dies wird als **deliberative** Sichtweise der Robotik bezeichnet, der eine **reaktive** Sichtweise gegenübergestellt werden sollte.

26.9.1 Reaktive Controller

In manchen Fällen ist es einfacher, eine gute Strategie für einen Roboter aufzustellen, als die Welt zu modellieren und zu planen. Dann haben wir es nicht mit einem *rationalen* Agenten, sondern einem *reflexiven* Agenten zu tun.

Stellen Sie sich zum Beispiel einen Roboter mit Beinen vor, der versucht, ein Bein über ein Hindernis zu heben. Wir könnten diesem Roboter eine Regel vorgeben, die besagt, dass er das Bein um eine kleine Höhe h anhebt und nach vorne bewegt, und wenn das Bein auf ein Hindernis stößt, bewegt er es zurück und wiederholt den Schritt mit einer größeren Höhe. Man könnte sagen, dass h einen Aspekt der Welt modelliert, aber wir können uns h auch als eine Hilfsvariable der Roboterkontrolle vorstellen, die keine direkte physikalische Bedeutung hat.

Ein solches Beispiel ist der in ► Abbildung 26.32 a gezeigte sechsbeinige (Hexapod-)Roboter, der für das Gehen durch unwegsames Gelände entwickelt wurde. Die Sensoren des Roboters sind unzureichend und liefern deshalb keine genauen Modelle des Geländes für die Pfadplanung. Und selbst mit zusätzlichen hochpräzisen Kameras und Entfernungsmessern würden die 12 Freiheitsgrade (zwei für jedes Bein) das resultierende Pfadplanungsproblem rechnerisch schwierig machen.

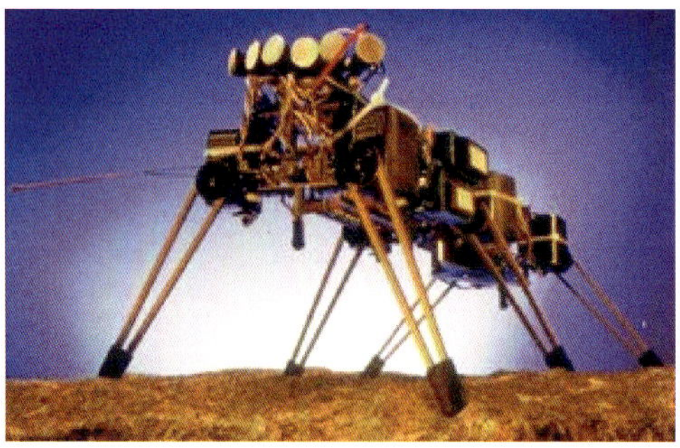

(a)

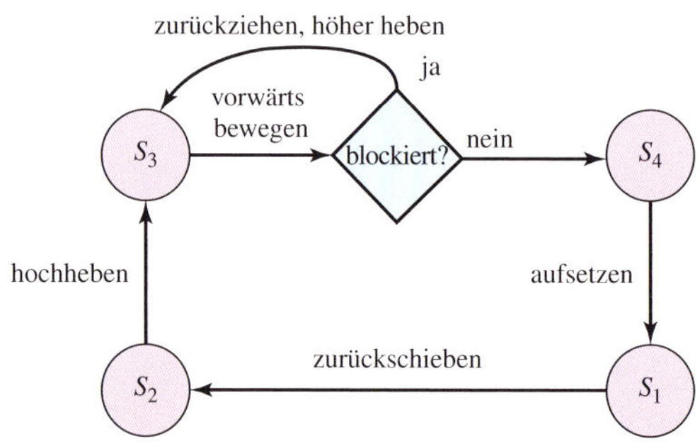

(b)

Abbildung 26.32: (a) Genghis, ein Hexapod-Roboter (Bild mit freundlicher Genehmigung von Rodney A. Brooks). (b) Ein erweiterter endlicher Automat (AFSM), der ein Bein steuert. Der AFSM reagiert auf Sensor-Feedback: Wenn ein Bein während der Vorwärtsschwingphase irgendwo anstößt, wird es höher angehoben.

Es ist jedoch möglich, eine Kontrolle direkt ohne ein explizites Umgebungsmodell zu spezifizieren. (Wir haben dies bereits beim PD-Controller gesehen, der einen komplexen Roboterarm *ohne* explizites Modell der Roboterdynamik in der Spur halten konnte.)

Für den Hexapod-Roboter wählen wir zunächst eine **Gangart**, d. h. ein Bewegungsmuster der Gliedmaßen. Eine statisch stabile Gangart besteht darin, zuerst das rechte vordere, das rechte hintere und das linke mittlere Bein nach vorne zu bewegen (wobei die anderen drei fest auf dem Boden bleiben), und dann die anderen drei zu bewegen. Diese Gangart funktioniert gut in flachem Gelände. Auf unebenem Gelände können Hindernisse verhindern, dass ein Bein nach vorne schwingt. Dieses Problem kann durch eine bemerkenswert einfache Kontrollregel gelöst werden: *Wenn die Vorwärtsbewegung eines Beins blockiert wird, dann ziehe es einfach zurück, hebe es höher an und versuche es erneut.* Der resultierende Controller ist in ► Abbildung 26.32 b als einfacher endlicher Automat dargestellt. Es handelt sich dabei um einen reflexiven Agenten mit Zustand, wobei der interne Zustand durch den Index des aktuellen Maschinenzustands (s_1 bis s_4) repräsentiert wird.

26.9.2 Subsumptionsarchitekturen

Die **Subsumptionsarchitektur** (Brooks, 1986) ist ein Framework für den Aufbau von reaktiven Controllern aus endlichen Automaten. Knoten in diesen Maschinen können Tests für bestimmte Sensorvariablen enthalten, wobei die Ausführungsspur eines endlichen Automaten vom Ergebnis eines solchen Tests abhängt. Pfeile können mit Nachrichten beschriftet werden. Diese werden beim Abarbeiten erzeugt und an die Motoren des Roboters oder an die anderen endlichen Automaten geschickt. Zusätzlich besitzen endliche Automaten interne Timer (Uhren), die die Zeit steuern, die für das Durchlaufen eines Pfeils benötigt wird. Die resultierenden Maschinen werden als **erweiterte endliche Automaten** (*Augmented Finite State Machine*, AFSM) bezeichnet, wobei sich die Erweiterung auf die Verwendung von Uhren bezieht.

Ein Beispiel für einen einfachen AFSM ist der in ► Abbildung 26.32 b gezeigte Automat mit vier Zuständen, über den wir gerade gesprochen haben. Dieser AFSM implementiert einen zyklischen Controller, dessen Ausführung größtenteils nicht auf Feedback aus der Umgebung angewiesen ist. Die Vorwärtsschwingphase ist jedoch auf Sensorrückmeldungen angewiesen. Wenn das Bein irgendwo anstößt, d. h. der Vorwärtsschwung nicht ausgeführt werden kann, zieht der Roboter das Bein zurück, hebt es etwas höher und versucht erneut, den Vorwärtsschwung auszuführen. So ist der Controller in der Lage, auf Eventualitäten zu *reagieren*, die sich aus dem Zusammenspiel von Roboter und Umgebung ergeben.

Die Subsumptionsarchitektur bietet zusätzliche Primitive zur Synchronisierung von AFSMs und zur Kombination von Ausgabewerten mehrerer, möglicherweise konkurrierender AFSMs. Auf diese Weise ermöglicht sie dem Programmierer, immer komplexere Controller von unten nach oben zusammenzusetzen. In unserem Beispiel könnten wir mit den AFSMs für die einzelnen Beine beginnen und anschließend ein AFSM zur Koordinierung mehrerer Beine ergänzen. Zum Schluss könnten wir noch höheres Verhalten implementieren, wie z. B. Kollisionsvermeidung, die unter anderem Rückwärtsfahren und Wenden umfasst.

Die Idee, Roboter-Controller aus AFSMs zusammenzusetzen, ist ziemlich faszinierend. Stellen Sie sich vor, wie schwierig es wäre, das gleiche Verhalten mit einem der im vorigen Abschnitt beschriebenen Algorithmen zur Pfadplanung im Konfigurationsraum zu erzeugen. Zunächst bräuchten wir ein genaues Modell des Geländes. Der Konfigurationsraum eines Roboters mit sechs Beinen, die jeweils von zwei unabhängigen Motoren angetrieben werden, umfasst insgesamt 18 Dimensionen (12 Dimensionen für die Konfiguration der Beine und sechs Dimensionen für die Position und Ausrichtung des Roboters relativ zu seiner Umgebung). Selbst wenn unsere Computer schnell genug wären, um Pfade in solch hochdimensionalen Räumen zu finden, müssten wir uns um unangenehme Effekte wie das Abrutschen des Roboters an einem Hang Sorgen machen.

Aufgrund solcher stochastischen Effekte wäre ein einzelner Pfad durch den Konfigurationsraum mit ziemlicher Sicherheit zu anfällig, und selbst ein PID-Controller wäre möglicherweise nicht in der Lage, mit solchen Eventualitäten fertig zu werden. Mit anderen Worten: Bewegungsverhalten gezielt zu erzeugen, ist in manchen Fällen einfach zu komplex für die heutigen Algorithmen zur Bewegungsplanung von Robotern.

Leider hat die Subsumptionsarchitektur eigene Probleme. Erstens werden die AFSMs durch rohe Sensoreingaben gesteuert, was funktioniert, wenn die Sensordaten zuverlässig sind und alle notwendigen Informationen für die Entscheidungsfindung enthalten, aber fehlschlägt, wenn die Sensordaten im Laufe der Zeit auf nichttriviale Weise integriert werden müssen. Controller im Subsumptionsstil wurden daher meist für einfache Aufgaben verwendet, wie z. B. das Folgen eines Wandverlaufs oder das Bewegen in Richtung sichtbarer Lichtquellen.

Zweitens ist es aufgrund der fehlenden Deliberation schwierig, die Ziele des Roboters zu ändern. Ein Roboter mit einer Subsumptionsarchitektur erledigt in der Regel nur eine Aufgabe und hat keine Vorstellung davon, wie er seine Controller modifizieren kann, um andere Ziele zu erreichen (genau wie der Mistkäfer auf S. 67).

Drittens ist bei vielen realen Problemen die benötigte Strategie oft zu komplex, um sie explizit zu codieren. Denken Sie an das Beispiel aus ► Abbildung 26.28, in dem ein autonomes Auto einen Spurwechsel mit einem menschlichen Fahrer verhandeln muss. Wir könnten mit einer einfachen Strategie zum Einfädeln in die Zielspur beginnen. Aber wenn wir das Auto testen, stellen wir fest, dass nicht jeder Fahrer auf der Zielspur langsamer wird, um das Auto vorzulassen. Wir könnten daraufhin etwas mehr Komplexität hinzufügen: Das Auto soll ein Einfädeln in Richtung der Zielspur andeuten, auf eine Reaktion des Fahrers auf dieser Spur warten und dann entweder den Einfädelvorgang weiter verfolgen oder abbrechen. Aber dann testen wir das Auto und stellen fest, dass eine solche Andeutung mit unterschiedlicher Geschwindigkeit erfolgen muss, und zwar abhängig von der Geschwindigkeit des Fahrzeugs auf der Zielspur, abhängig davon, ob ein anderes Fahrzeug vor dem Auto auf der Zielspur ist, abhängig davon, ob ein Fahrzeug hinter dem Auto auf der Zielspur ist, und so weiter. Die Anzahl der Bedingungen, die wir berücksichtigen müssen, um die richtige Vorgehensweise festzulegen, kann sehr groß sein, selbst für ein angeblich so einfaches Manöver. Dies wiederum stellt eine Herausforderung für die Skalierbarkeit von Architekturen im Subsumptionsstil dar.

Abgesehen davon ist die Robotik ein komplexes Problem mit vielen Ansätzen: deliberative, reaktive oder eine Mischung daraus; basierend auf Physik, kognitiven Modellen, Daten oder einer Mischung daraus. Die richtige Herangehensweise ist immer noch ein Thema für Debatten, wissenschaftliche Forschung und Ingenieurkunst.

26.10 Anwendungsbereiche

Die Robotertechnologie hält bereits auf der ganzen Welt Einzug in unser Leben und hat das Potenzial, unsere Unabhängigkeit, Gesundheit und Produktivität zu verbessern. Hier sind einige Anwendungsbeispiele.

Häusliche Pflege: Roboter halten Einzug in die häusliche Pflege von älteren Menschen und von Menschen mit motorischen Beeinträchtigungen, um sie bei den Aktivitäten des täglichen Lebens zu unterstützen und ihnen ein unabhängigeres Leben zu ermöglichen. Dazu gehören Rollstühle und am Rollstuhl befestigte Arme wie der Kinova-Arm aus ► Abbildung 26.1 b. Auch wenn sie anfangs noch von einem Menschen direkt bedient werden, gewinnen diese Roboter immer mehr an Autonomie. Am Horizont zeichnen sich Roboter ab, die durch **Gehirn-Maschine-Schnittstellen** gesteuert werden. Es wurde bereits erfolgreich demonstriert, dass solche Schnittstellen Menschen mit Tetraplegie mithilfe eines Roboterarms befähigen, Gegenstände zu greifen und sogar selbstständig zu essen (► Abbildung 26.33 a). Damit verwandt sind Prothesen, die intelligent auf unsere Aktionen reagieren, und Exoskelette, die uns übermenschliche Kräfte verleihen oder den Menschen, die ihre Muskeln hüftabwärts nicht mehr kontrollieren können, wieder das Gehen ermöglichen.

Persönliche Roboter sollen uns bei alltäglichen Aufgaben wie Putzen und Organisieren unterstützen, sodass wir mehr Zeit für andere Aufgaben haben. Obwohl die Robotermanipulation noch einen Weg vor sich hat, bevor sie sich nahtlos in die chaotischen, unstrukturierten Umgebungen des Menschen integriert, konnte die Navigation bereits einige Fortschritte verzeichnen. Beispielsweise verfügen viele Haushalte über einen mobilen Staubsauger-Roboter wie in ► Abbildung 26.33 b.

Gesundheitswesen: Roboter unterstützen und assistieren Chirurgen bei der Arbeit und ermöglichen präzisere, minimalinvasive Eingriffe, die sicherer sind und den Patienten eine bessere Lebensqualität bieten. Der Da-Vinci-Operationsroboter aus ► Abbildung 26.34 a wird mittlerweile in vielen Krankenhäusern in den USA eingesetzt.

(a) (b)

Abbildung 26.33: (a) Ein Patient mit einer Gehirn-Maschine-Schnittstelle, die einen Roboterarm steuert, um ein Getränk zu greifen. Bild mit freundlicher Genehmigung der Brown-Universität. (b) Roomba, der Staubsauger-Roboter. Foto von HANDOUT/KRT/Newscom.

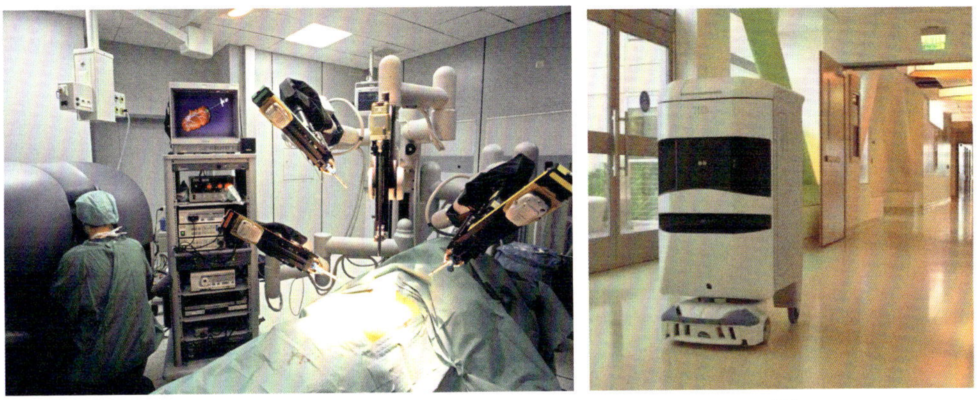

(a) (b)

Abbildung 26.34: (a) Chirurgieroboter im Operationssaal. Foto von Patrick Landmann/Science Source. (b) Lieferroboter im Krankenhaus. Foto von Wired.

Dienstleistungen: Mobile Roboter werden für Hilfsarbeiten in Bürogebäuden, Hotels und Krankenhäusern eingesetzt. Savioke nutzt beispielsweise Roboter in seinen Hotels, um Produkte wie Handtücher oder Zahnpasta aufs Zimmer zu liefern. Die HelpMate- und TUG-Roboter transportieren Mahlzeiten und Medikamente in Krankenhäusern (► Abbildung 26.34 b), während der Moxi-Roboter von Diligent Robotics Krankenschwestern bei logistischen Aufgaben im Hintergrund hilft. Co-Bot streift durch die Flure der Carnegie Mellon Universität und steht Ihnen als Begleitung zur Verfügung, wenn Sie einen bestimmten Raum suchen. Mit **Telepräsenzrobotern** wie Beam können wir auch aus der Ferne an Meetings und Konferenzen teilnehmen oder nach unseren Großeltern sehen.

Autonome Autos: Einige von uns sind während des Fahrens gelegentlich abgelenkt, sei es durch Handyanrufe, SMS oder Ähnlichem. Die traurige Bilanz: Mehr als eine Million Menschen sterben jedes Jahr bei Verkehrsunfällen. Außerdem verbringen eine Menge Menschen viel Zeit mit Autofahren und würden gerne etwas von dieser Zeit zurückgewinnen. All dies hat zu massiven Bemühungen für den Einsatz mobiler Fahrzeuge geführt.

(a) (b)

Abbildung 26.35: (a) Autonomes Auto BOSS, das die DARPA Urban Challenge gewonnen hat. Foto von Tangi Quemener/AFP/ Getty Images/Newscom. Mit freundlicher Genehmigung von Sebastian Thrun. (b) Luftaufnahme, die die Wahrnehmung und Vorhersagen des autonomen Autos von Waymo (weißes Fahrzeug auf grüner Spur) zeigt. Andere Fahrzeuge (blaue Kästchen) und Fußgänger (orangefarbene Kästchen) sind mit ihren voraussichtlichen Trajektorien dargestellt. Straßen-/Gehwegbegrenzungen sind gelb. Foto mit freundlicher Genehmigung von Waymo.

Prototypen gibt es schon seit den 1980er Jahren, aber erst mit der DARPA Grand Challenge 2005, einem Rennen für autonome Fahrzeuge über 200 anspruchsvolle Kilometer durch unbekanntes Wüstengelände, kam die Entwicklung ins Rollen. Stanfords Stanley-Fahrzeug schaffte die Strecke in weniger als sieben Stunden und gewann ein Preisgeld von zwei Millionen US-$ sowie einen Platz im National Museum of American History. ► Abbildung 26.35 a zeigt BOSS, das 2007 die DARPA Urban Challenge gewann, ein kompliziertes Straßenrennen in der Stadt, bei dem Roboter gegen andere Roboter antreten und Verkehrsregeln einhalten mussten.

Im Jahr 2009 startete Google ein Projekt zum autonomen Fahren (unter Mitarbeit vieler der Forscher, die bereits an Stanley und BOSS gearbeitet hatten), das inzwischen unter dem Namen Waymo ausgegliedert wurde. Im Jahr 2018 begann Waymo mit fahrerlosen Testfahrten in den Vororten von Phoenix, Arizona. In der Zwischenzeit arbeiten andere Unternehmen für autonomes Fahren sowie Carsharing-Unternehmen an der Entwicklung ihrer eigenen Technologie, während Autohersteller Autos mit immer mehr Assistenzsystemen verkaufen, wie z. B. Teslas **Autopilot**, der für das Fahren auf Autobahnen gedacht ist. Andere Unternehmen zielen auf Anwendungen zum Fahren abseits der Autobahnen ab, einschließlich Universitätsgelände und Seniorenwohnanlagen. Wieder andere Unternehmen konzentrieren sich auf Pkw-fremde Anwendungen, wie Lkw-Transporte, Lebensmittellieferungen und Parkservice.

Unterhaltung: Disney setzt bereits seit 1963 Roboter (unter dem Namen **Animatronics**) in seinen Parks ein. Ursprünglich waren diese Roboter auf von Hand entworfene, unveränderliche Bewegungen (und Sprache) in offenen Regelkreisen beschränkt, aber seit 2009 kann eine Version namens **Autonomatronics** auch autonome Aktionen erzeugen. Roboter gibt es auch in Form von intelligentem Kinderspielzeug; so spielt Cozmo von Anki beispielsweise mit Kindern und kann vor Frust auf den Tisch schlagen, wenn er verliert. Und schließlich gibt es noch die Quadrotoren wie den R1 von Skydio aus ► Abbildung 26.2 b, die uns als persönliche Fotografen und Videofilmer beim Skifahren oder Radfahren folgen und Action-Aufnahmen machen.

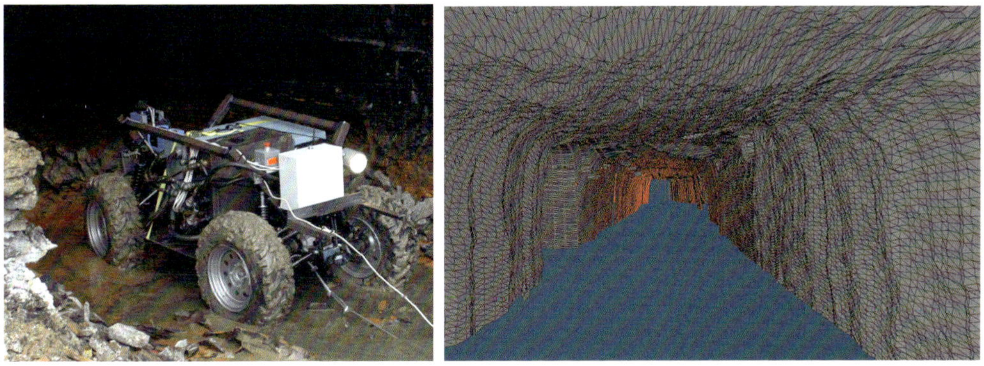

(a) (b)

Abbildung 26.36: (a) Ein Roboter kartiert eine verlassene Kohlemine. (b) Eine vom Roboter erfasste 3-D-Karte der Mine. Mit freundlicher Genehmigung von Sebastian Thrun.

Exploration und gefährliche Umgebungen: Roboter sind dorthin gegangen, wo noch kein Mensch zuvor gewesen ist, einschließlich der Marsoberfläche. Roboterarme unterstützen Astronauten beim Aussetzen und Einholen von Satelliten und beim Bau der Internationalen Raumstation. Roboter helfen auch bei der Erforschung der Unterwasserwelt. Sie werden routinemäßig eingesetzt, um Karten von den Positionen versunkener Schiffe zu erstellen. ► Abbildung 26.36 zeigt einen Roboter, der eine verlassene Kohlemine kartiert, zusammen mit einem 3-D-Modell der Mine, das mit Entfernungssensoren erstellt wurde. Im Jahr 1996 setzte ein Forscherteam einen Roboter mit Beinen in den Krater eines aktiven Vulkans, um Daten für die Klimaforschung zu sammeln. Roboter werden zu sehr effektiven Werkzeugen der Informationsbeschaffung in Bereichen, die für Menschen schwer zugänglich (oder gefährlich) sind.

Roboter haben Menschen bei der Beseitigung von Atommüll unterstützt, vor allem in Three Mile Island, Tschernobyl und Fukushima. Roboter waren nach dem Einsturz des World Trade Centers im Einsatz, wo sie in Bauwerken zum Einsatz kamen, die für menschliche Such- und Rettungsmannschaften als zu gefährlich galten. Auch hier werden diese Roboter zunächst per Teleoperation eingesetzt, um dann mit fortschreitender Technologie immer autonomer zu werden, wobei immer noch ein Mensch die Kontrolle hat, aber nicht jeden einzelnen Befehl vorgeben muss.

Industrie: Die meisten Roboter werden heute in Werkhallen eingesetzt, um Aufgaben zu automatisieren, die für Menschen schwierig, gefährlich oder langweilig sind. (Der größte Teil dieser Roboter wird in Automobilfabriken eingesetzt.) Die Automatisierung dieser Aufgaben ist im Hinblick auf eine effiziente Produktion der von der Gesellschaft benötigten Güter positiv. Gleichzeitig bedeutet es aber auch, dass einige Werksarbeiter ihren Job verlieren. Dies hat wichtige politische und wirtschaftliche Implikationen – die Notwendigkeit von Umschulung und Weiterbildung, die Notwendigkeit einer fairen Verteilung der Ressourcen etc. Diese Themen werden wir in Abschnitt 27.3.5 vertiefen.

ZUSAMMENFASSUNG

Die Robotik beschäftigt sich mit physischen intelligenten Agenten, die den Zustand der physischen Welt verändern können. In diesem Kapitel haben wir Folgendes gelernt:

- Die meisten Roboter sind entweder **Manipulatoren** (Roboterarme) oder **mobile Roboter**. Sie sind mit **Sensoren** zur Wahrnehmung ihrer Umgebung und mit **Aktuatoren** zur Erzeugung von Bewegungen ausgestattet, die dann über **Effektoren** auf die Welt einwirken.
- Das allgemeine Robotikproblem umfasst das Problem der **Stochastizität** (das mit MDPs gelöst werden kann), das Problem der **partiellen Beobachtbarkeit** (das mit POMDPs gelöst werden kann) und das Problem, in Kooperation mit und in Anwesenheit von **anderen Agenten** zu handeln (das mit der Spieltheorie gelöst werden kann). Das Problem wird noch dadurch erschwert, dass die meisten Roboter in stetigen und hochdimensionalen Zustands- und Aktionsräumen eingesetzt werden. Außerdem agieren sie in der realen Welt, die sich weigert, schneller als in Echtzeit zu laufen, und in der Fehler dazu führen, dass reale Dinge Schaden nehmen, ohne dass es eine „Rückgängig"-Funktion gibt.
- Im Idealfall würde der Roboter das gesamte Problem in einem Durchgang lösen: Beobachtungen in Form von Sensor-Rohdaten bilden die Eingabe und Aktionen in Form von Drehmomenten oder Strömen zu den Motoren die Ausgabe. In der Praxis hat sich dies jedoch als zu schwierig erwiesen, weshalb Robotiker deshalb normalerweise verschiedene Aspekte des Problems entkoppeln und sie unabhängig voneinander behandeln.
- Üblicherweise trennen wir die Wahrnehmung (Schätzung) von der Aktion (Bewegungserzeugung). Zur Roboterwahrnehmung gehört Computer Vision, um die Umgebung durch Kameras zu erkennen, ebenso wie Lokalisierung und Kartenerstellung.
- Die Wahrnehmung in der Robotik beschäftigt sich mit der Abschätzung entscheidungsrelevanter Größen aus Sensordaten. Dazu benötigen wir eine interne Repräsentation sowie eine Methode, um diese interne Repräsentation über die Zeit zu aktualisieren.
- **Probabilistische Filteralgorithmen** wie Partikelfilter und Kalman-Filter sind wichtig für die Roboterwahrnehmung. Diese Techniken verwalten den Wissenszustand, d. h. eine A-posteriori-Verteilung über Zustandsvariablen.
- Für die Erzeugung von Bewegungen verwenden wir **Konfigurationsräume**, in denen eine Koordinate alles angibt, was wir wissen müssen, um jeden **Punkt** auf dem Roboter zu lokalisieren. Bei einem Roboterarm mit zwei Gelenken besteht eine Konfiguration zum Beispiel aus den beiden Gelenkwinkeln.
- Üblicherweise wird das Problem der Bewegungserzeugung getrennt in **Bewegungsplanung** zur Erstellung eines Plans und **Trajektorieverfolgungskontrolle** zur Erstellung einer Strategie für die Steuereingaben (Aktuatorbefehle), um am Ende den Plan auszuführen.
- Die Bewegungsplanung kann mithilfe einer Graphensuche gelöst werden, und zwar unter Verwendung von **Zellzerlegung**, von **randomisierten Bewegungsplanungsalgorithmen**, die Meilensteine im stetigen Konfigurationsraum als Stichprobe nehmen, oder von **Trajektorieoptimierung**, die einen geradlinigen Pfad iterativ vom Kollisionskurs abbringen kann, indem sie ein **vorzeichenmarkiertes Distanzfeld** nutzt.

- Ein durch einen Suchalgorithmus gefundener Pfad kann ausgeführt werden, indem der Pfad als Referenztrajektorie für einen **PID-Controller** verwendet wird, der ständig Fehler zwischen der Position des Roboters und seiner Sollposition korrigiert, oder mittels einer **berechneten Drehmomentkontrolle**, die einen **Feedforward**-Term ergänzt, der unter Nutzung der **inversen Dynamik** ungefähr berechnet, welches Drehmoment gesendet werden muss, um auf der Trajektorie voranzukommen.
- **Optimale Kontrolle** vereint Bewegungsplanung und Trajektorieverfolgung, indem sie eine optimale Trajektorie direkt über die Steuereingaben berechnet. Dies ist besonders einfach bei quadratischen Kosten und einer linearen Dynamik, was zu einem linear-quadratischen Regler (**LQR**) führt. Gängige Methoden machen sich dies zunutze, indem sie die Dynamik linearisieren und Näherungen zweiter Ordnung für die Kosten berechnen (**ILQR**).
- Planung unter Unsicherheit vereint Wahrnehmung und Aktion durch **Online-Neuplanung** (z. B. modellprädiktive Kontrolle) und durch Aktionen zur **Informationsbeschaffung**, die die Wahrnehmung unterstützen.
- Reinforcement Learning wendet in der Robotik Techniken an, die darauf abzielen, die erforderliche Anzahl von Interaktionen mit der realen Welt zu reduzieren. Solche Techniken neigen dazu, Modelle auszunutzen, sei es durch die Schätzung von Modellen und deren Verwendung zur Planung oder durch das Training von Strategien, die robust gegenüber verschiedenen möglichen Modellparametern sind.
- Die Interaktion mit Menschen erfordert die Fähigkeit, die Aktionen des Roboters mit denen des Menschen zu **koordinieren**, was als Spiel formuliert werden kann. Normalerweise unterteilen wir die Lösung in **Vorhersage**, bei der wir anhand der laufenden Aktionen der Person abschätzen, was sie in Zukunft tun wird, und **Aktion**, bei der wir anhand der Vorhersagen die optimale Bewegung für den Roboter berechnen.
- Um Menschen zu helfen, ist auch die Fähigkeit erforderlich, zu lernen oder zu folgern, was diese eigentlich wollen. Roboter können zu diesem Zweck die zu optimierende gewünschte Kostenfunktion aus menschlichen Eingaben (wie Demonstrationen, Korrekturen oder Anweisungen in natürlicher Sprache) lernen. Alternativ können Roboter menschliches Verhalten imitieren und mittels Reinforcement Learning sich der Herausforderung stellen, auf neue Zustände zu generalisieren.

Bibliografische und historische Anmerkungen

Das Wort **Roboter** wurde vom tschechischen Dramatiker Karel Čapek in seinem Stück *R.U.R.* (Rossum's Universal Robots) von 1920 geprägt. Die Roboter, die nicht mechanisch konstruiert, sondern chemisch gezüchtet wurden, wenden sich am Ende gegen ihre Meister und beschließen, die Macht zu übernehmen. Es scheint, dass es Čapeks Bruder Josef war, der 1917 in seiner Kurzgeschichte *Opilec* erstmals die tschechischen Wörter „robota“ (Pflichtarbeit) und „robotnik“ (Leibeigener) zu „Roboter“ zusammensetzte (Glanc, 1978). Der Begriff *Robotik* wurde für eine Science-Fiction-Geschichte erfunden (Asimov, 1950).

Die Idee einer autonomen Maschine ist dem Wort „Roboter“ um Jahrtausende voraus. In der griechischen Mythologie des 7. Jahrhunderts v. Chr. erschuf Hephaistos, der griechische Gott der Schmiedekunst, einen Roboter namens Talos, um die Insel Kreta zu schützen. Talos wurde der Legende nach von der Zauberin Medea besiegt, indem sie ihm Unsterblichkeit versprach, dann aber seinen Lebenssaft abzapfte. Dies ist also das erste Beispiel dafür, dass ein Roboter bei der Änderung seiner Zielfunktion einen Fehler macht. 322 v. Chr. nahm Aristoteles die technologische Arbeitslosigkeit vorweg, indem er spekulierte: „Wenn jedes Werkzeug auf Befehl oder sogar aus eigenem Antrieb die ihm ziemende Arbeit tun würde, [...] dann gäbe es weder einen Bedarf an Lehrlingen für die Meister noch an Sklaven für die Herren.“

Im 3. Jahrhundert v. Chr. konnte ein menschenähnlicher Roboter namens „Dienerin des Philon“ Wein oder Wasser in einen Becher gießen, wobei die Flüssigkeitsabgabe über eine Reihe von Ventilen gesteuert wurde. Im 18. Jahrhundert wurden wunderbare Automaten gebaut – beispielsweise die mechanische Ente von Jacques Vaucanson aus dem Jahr 1738 als frühes Beispiel –, aber die komplexen Verhaltensweisen, die sie zeigten, wurden im Voraus festgelegt. Das wohl früheste Beispiel für ein programmierbares roboterähnliches Gerät war der Jacquardwebstuhl (1805), wie auf S. 37 beschrieben.

Grey Walters „Schildkröte“ aus dem Jahr 1948 könnte als der erste autonome mobile Roboter betrachtet werden, obwohl sein Kontrollsystem nicht programmierbar war. „Hopkins Beast“, das 1960 an der Johns Hopkins Universität gebaut wurde, war viel ausgereifter: Es verfügte über Sonar- und Fotozellensensoren, Hardware zur Mustererkennung und konnte die Abdeckung einer Standardsteckdose erkennen. Es war in der Lage, nach Steckdosen zu suchen, sich selbst einzustöpseln und dann seine Batterien wieder aufzuladen! Dennoch hatte das Beast ein begrenztes Repertoire an Fähigkeiten.

Der erste allgemeine mobile Roboter war „Shakey“, entwickelt am damaligen Stanford Research Institute (heute SRI) in den späten 1960er Jahren (Fikes und Nilsson, 1971; Nilsson, 1984). Shakey war der erste Roboter, der Wahrnehmung, Planung und Ausführung in sich vereinte, und ein Großteil der nachfolgenden Forschungen in der KI wurde von dieser bemerkenswerten Leistung beeinflusst. Shakey ist zusammen mit dem Projektleiter Charlie Rosen (1917–2002) auf dem Cover dieses Buchs abgebildet. Andere einflussreiche Projekte waren das Stanford Cart und der CMU Rover (Moravec, 1983). Cox und Wilfong (1990) beschreiben klassische Arbeiten zu autonomen Fahrzeugen.

Der erste kommerzielle Roboter war ein Roboterarm namens UNIMATE, eine Abkürzung für *Universal Automation*, der von Joseph Engelberger und George Devol in ihrer Firma Unimation entwickelt wurde. 1961 wurde der erste UNIMATE-Roboter an General Motors verkauft, wo er für die Herstellung von TV-Bildröhren eingesetzt wurde. 1961 war auch das Jahr, in dem Devol das erste U.S.-Patent auf einen Roboter erhielt.

1973 setzten Toyota und Nissan erstmals eine aktualisierte Version von UNIMATE zum Punktschweißen von Karosserien ein. Dies läutete eine große Revolution in der Automobilproduktion ein, die vor allem in Japan und den USA stattfand und immer noch andauert. Unimation legte 1978 nach mit der Entwicklung des Roboters Puma (*Programmable Universal Machine for Assembly*), der in den folgenden zwei Jahrzehnten der De-facto-Standard für Robotermanipulation war. Jährlich werden etwa 500.000 Roboter verkauft, von denen die Hälfte in der Automobilindustrie eingesetzt wird.

Im Bereich der Manipulation mündete der erste größere Versuch, ein Hand-Auge-System zu schaffen, in die computergestützte mechanische Hand MH-1 von Heinrich Ernst, beschrieben in seiner Doktorarbeit am MIT (Ernst, 1961). Am Institut für maschinelle Intelligenz und Wahrnehmung der Universität von Edinburgh demonstrierte das Projekt „Machine Intelligence“ ebenfalls ein beeindruckendes frühes System für visuelle Montage, das unter dem Namen FREDDY bekannt ist (Michie, 1972).

Die Forschung im Bereich der mobilen Robotik wurde durch mehrere wichtige Wettbewerbe vorangetrieben. Der jährliche Wettbewerb der AAAI zu mobilen Robotern fand das erste Mal 1992 statt. Der erste Gewinner dieses Wettbewerbs war CARMEL (Congdon *et al.*, 1992). Seitdem konnten stetig beeindruckende Fortschritte erzielt werden. In einem der letzten Wettbewerbe bestand die Aufgabe für die Teilnehmer darin, dass ihre Roboter den Konferenzkomplex betreten, ihren Weg zum Registrierungsschalter finden, sich für die Konferenz registrieren und zum Schluss sogar einen kurzen Vortrag halten sollten.

Der **RoboCup**-Wettbewerb, der 1995 von Kitano und Kollegen (1997) ins Leben gerufen wurde, hat sich das Ziel gesetzt, bis 2050 „ein Team aus vollständig autonomen humanoiden Robotern zu entwickeln, das das menschliche Weltmeisterteam im Fußball schlagen kann“. Einige Wettbewerbe verwenden Roboter auf Rädern, einige humanoide Roboter und einige Software-Simulationen. Stone (2016) beschreibt die jüngsten Innovationen im RoboCup.

Bei der **DARPA Grand Challenge**, die von der DARPA (Behörde des US-Verteidigungsministeriums) in den Jahren 2004 und 2005 veranstaltet wurde, mussten Roboterfahrzeuge in weniger als zehn Stunden mehr als 200 Kilometer durch die Wüste fahren (Buehler *et al.*, 2006). Bei der ursprünglichen Veranstaltung im Jahr 2004 schaffte kein Roboter mehr als 15 Kilometer, was viele zu der Annahme verleitete, dass der Preis nie ausgezahlt werden würde. 2005 gewann der Stanford-Roboter Stanley den Wettbewerb in knapp sieben Stunden (Thrun, 2006). Daraufhin organisierte die DARPA die **Urban Challenge**, einen Wettbewerb, bei dem die Roboter 100 Kilometer in einer städtischen Umgebung mit einer etwas anderen Art von Verkehr navigieren mussten. Der Roboter BOSS der Carnegie Mellon Universität belegte den ersten Platz und erhielt ein Preisgeld von 2 Millionen US-$ (Urmson und Whittaker, 2008). Zu den Pionieren in der Entwicklung von Roboterfahrzeugen gehörten Dickmanns und Zapp (1987) sowie Pomerleau (1993).

Das Gebiet der Kartenerstellung mittels Roboter hat sich aus zwei verschiedenen Ursprüngen entwickelt. Die erste Schiene begann mit der Arbeit von Smith und Cheeseman (1986), die Kalman-Filter auf das Problem der simultanen Lokalisierung und Kartenerstellung (SLAM) anwendeten. Dieser Algorithmus wurde zuerst von Moutarlier und Chatila (1989) implementiert und später von Leonard und Durrant-Whyte (1992) erweitert. In Dissanayake *et al.* (2001) finden Sie einen Überblick über frühe Varianten von Kalman-Filtern. Die zweite Schiene begann mit der Entwicklung der **Occupancy-Grid**-Repräsentation für die probabilistische Kartenerstellung, die für jede (x, y)-Position die Wahrscheinlichkeit der Belegung mit einem Hindernis angibt (Moravec und Elfes, 1985).

Kuipers und Levitt (1988) gehörten zu den Ersten, die topologisches statt metrisches Mapping vorschlugen, motiviert durch Modelle der menschlichen räumlichen Wahrnehmung. Eine wegweisende Arbeit von Lu und Milios (1997) wies auf die geringe Dichte beim Problem der simultanen Lokalisierung und Kartenerstellung hin, was zur Entwicklung von nichtlinearen Optimierungstechniken durch Konolige (2004) und Montemerlo und Thrun (2004) sowie von hierarchischen Methoden durch Bosse *et al.* (2004) führte. Shatkay und Kaelbling (1997) sowie Thrun *et al.* (1998) führten den EM-Algorithmus in das Gebiet der Roboterkartenerstellung für Datenzuordnung ein. Eine Übersicht über probabilistische Methoden der Kartenerstellung findet sich in (Thrun *et al.*, 2005).

Frühe Lokalisierungstechniken für mobile Roboter werden von Borenstein *et al.* (1996) zusammengefasst. Obwohl die Kalman-Filter als Lokalisierungsmethode in der Kontrolltheorie seit Jahrzehnten bekannt waren, erschien die allgemeine probabilistische Formulierung des Lokalisierungsproblems in der KI-Literatur erst viel später, und zwar in der Arbeit von Tom Dean und Kollegen (Dean *et al.*, 1990) sowie in der von Simmons und Koenig (1995). Die letztgenannte Arbeit führte den Begriff der **Markov-Lokalisierung** ein. Die erste reale Anwendung dieser Technik stammt von Burgard *et al.* (1999) in Form mehrerer Roboter, die in Museen eingesetzt wurden. Die Monte-Carlo-Lokalisierung auf Basis von Partikelfiltern wurde von Fox *et al.* (1999) entwickelt und ist heute weit verbreitet. Der **Rao-Blackwellized-Partikelfilter** kombiniert die Partikelfilterung für die Roboterlokalisierung mit der exakten Filterung für die Kartenerstellung (Murphy und Russell, 2001; Montemerlo *et al.*, 2002).

Ein großer Teil der frühen Arbeiten zur **Bewegungsplanung** konzentrierte sich auf geometrische Algorithmen für deterministische und vollständig beobachtbare Bewegungsplanungsprobleme. Die PSPACE-Schwere der Bewegungsplanung von Robotern wurde in einer wegweisenden Arbeit von (1979) gezeigt. Die Konfigurationsraum-Repräsentation geht auf

Lozano-Perez (1983) zurück. Eine Reihe von Arbeiten von Schwartz und Sharir über die von ihnen als **Klaviertransportprobleme** (Schwartz *et al.*, 1987) bezeichneten Probleme war sehr einflussreich.

Die rekursive Zellzerlegung für die Planung von Konfigurationsräumen ist auf die Arbeit von Brooks und Brooks und Lozano-Perez (1985) zurückzuführen und wurde von Zhu und Latombe (1991) wesentlich verbessert. Die frühesten Algorithmen zur Skelettierung basierten auf Voronoi-Diagrammen (Rowat, 1979) und **Sichtbarkeitsgraphen** (Wesley und Lozano-Perez, 1979). Guibas *et al.* (1992) entwickelten effiziente Techniken zur inkrementellen Berechnung von Voronoi-Diagrammen und Choset (1996) verallgemeinerte die Voronoi-Diagramme auf breiter gefasste Bewegungsplanungsprobleme.

John Canny (1988) formulierte den ersten einfach exponentiellen Algorithmus für die Bewegungsplanung. Der wegweisende Text von (1991) umfasst eine Vielzahl von Ansätzen zur Bewegungsplanung, ebenso wie die Texte von Choset *et al.* (2005) und LaValle (2006). Kavraki *et al.* (1996) entwickelten die Theorie der probabilistischen Roadmaps. Kuffner und LaValle (2000) erarbeiteten die schnell erkundenden Zufallsbäume (RRT).

Die Optimierung in der geometrischen Bewegungsplanung begann mit elastischen Bändern (Quinlan und Khatib, 1993), die dazu dienen, Pfade zu verfeinern, wenn sich die Hindernisse im Konfigurationsraum ändern. Ratliff *et al.* (2009) formulierten das Konzept als Lösung eines optimalen Kontrollproblems, bei dem die anfängliche Trajektorie mit einer Kollision beginnt und deformiert wird, indem Hindernisgradienten im Arbeitsraum über die Jacobi-Matrix in den Konfigurationsraum abgebildet werden. Schulman *et al.* (2013) schlugen eine praktische Alternative zweiter Ordnung vor.

Die Kontrolle von Robotern als dynamische Systeme – sei es zur Manipulation oder zur Navigation – hat eine umfangreiche Literatur hervorgebracht. Dieses Kapitel erläutert die Grundlagen der **Trajektorieverfolgungskontrolle** und der optimalen Kontrolle, wobei es ganze Teilbereiche auslässt, darunter die adaptive Kontrolle, die robuste Kontrolle und die Lyapunov-Analyse. Anstatt davon auszugehen, dass alles über das System im Voraus bekannt ist, zielt die adaptive Kontrolle darauf ab, die Dynamikparameter und/oder das Kontrollgesetz online anzupassen. Die robuste Kontrolle hingegen zielt darauf ab, Controller zu entwerfen, die trotz Unsicherheit und externer Störungen gut funktionieren.

Die Lyapunov-Analyse wurde ursprünglich in den 1890ern für die Stabilitätsanalyse allgemeiner nichtlinearer Systeme entwickelt, aber erst in den frühen 1930ern erkannten Kontrolltheoretiker ihr wahres Potenzial. Mit der Entwicklung von Optimierungsmethoden wurde die Ljapunov-Analyse ausgedehnt, um Schrankenfunktionen zu steuern, die sich gut für moderne Optimierungswerkzeuge eignen. Diese Methoden werden in der modernen Robotik häufig für den Entwurf von Echtzeitreglern und Sicherheitsanalysen verwendet.

Zu den wichtigsten Arbeiten auf dem Gebiet der Roboterkontrolle gehören eine Trilogie zur Impedanzkontrolle von (1985) und eine allgemeine Studie zur Roboterdynamik von Featherstone (1987). Dean und Wellman (1991) waren unter den Ersten, die versuchten, Kontrolltheorie und KI-Planungssysteme zu verknüpfen. Drei klassische Lehrbücher zur Mathematik der Robotermanipulation stammen von Paul (1981), Craig (1989) und Yoshikawa (1990). Die Kontrolle zur Manipulation wird von Murray (2017) behandelt.

Der Bereich des **Greifens** ist in der Robotik ebenfalls wichtig, denn das Problem, einen stabilen Griff zu erkennen, ist recht schwierig (Mason und Salisbury, 1985). Zuverlässiges Greifen erfordert Berührungssensoren oder **haptisches Feedback**, um Kontaktkräfte zu bestimmen und Abweichungen zu erkennen (Fearing und Hollerbach, 1985). Zu verstehen, wie man die vielfältigen Objekte in der Welt greifen kann, ist eine gewaltige Aufgabe. Bousmalis *et al.* (2017) beschreiben ein System, das Experimente in der realen Welt mit Simulationen in Form eines Sim-to-Real-Transfers kombiniert, um robustes Greifen zu realisieren.

Die Potenzialfeldkontrolle, die versucht, die Probleme der Bewegungsplanung und -kontrolle gleichzeitig zu lösen, wurde von Khatib (1986) für die Robotik entwickelt. In der mobilen Robotik wurde diese Idee als praktische Lösung für das Problem der Kollisionsvermeidung betrachtet. Später wurde sie von (1991) zu einem Algorithmus namens **Vektorfeldhistogramme** erweitert.

ILQR wird derzeit häufig an der Schnittstelle von Bewegungsplanung und -kontrolle eingesetzt und geht auf Li und Todorov (2004) zurück. Es handelt sich um eine Variante der viel älteren differenziellen dynamischen Programmiertechnik (Jacobson und Mayne, 1970).

Die Planung von Feinbewegungen mit begrenzter Wahrnehmung wurde von Lozano-Perez *et al.* (1984) sowie Canny und Reif (1987) untersucht. Die orientierungspunktbasierte Navigation (Lazanas und Latombe, 1992) verwendet viele der gleichen Ideen im Bereich der mobilen Roboter. Navigationsfunktionen, die Robotikversion einer Kontrollstrategie für deterministische MDPs, wurden von Koditschek (1987) eingeführt. Wichtige Arbeiten, die sich damit beschäftigen, POMDP-Methoden (Abschnitt 17.4) auf die Bewegungsplanung unter Unsicherheit in der Robotik anzuwenden, stammen von Pineau *et al.* (2003) und Roy *et al.* (2005).

Mit **Reinforcement Learning** in der Robotik beschäftigen sich die einflussreichen Arbeiten von Bagnell und Schneider (2001) sowie von Ng *et al.* (2003), die dieses Paradigma im Kontext der autonomen Hubschrauberkontrolle entwickelten. Kober *et al.* (2013) bieten einen Überblick darüber, wie sich Reinforcement Learning verändert, wenn es auf das Problem der Robotik angewendet wird. Viele der Techniken, die auf physische Systeme angewandt werden, führen zu approximativen Dynamikmodellen, die auf lokal gewichtete lineare Modelle nach Atkeson *et al.* (1997) zurückgehen. Aber auch Strategiegradienten spielten eine Rolle, die es ermöglichten, dass (vereinfachte) humanoide Roboter laufen (Tedrake *et al.*, 2004) oder Roboterarme einen Baseball schlagen (Peters und Schaal, 2008).

Levine *et al.* (2016) demonstrierten die erste **Deep-RL**-Anwendung an einem realen Roboter. Gleichzeitig wurde das modellfreie RL in der Simulation auf stetige Domänen erweitert (Schulman *et al.*, 2015; Heess *et al.*, 2016; Lillicrap *et al.*, 2015). Andere Arbeiten vergrößerten massiv die physische Datensammlung, um zu demonstrieren, wie man das Greifen und Dynamikmodelle lernt (Pinto und Gupta, 2016; Agrawal *et al.*, 2017; Levine *et al.*, 2018). Derzeit aktive Forschungsbereiche beschäftigen sich mit dem Transfer von der Simulation zur Realität (**Sim-to-Real**; Sadeghi und Levine, 2016; Andrychowicz *et al.*, 2018a), dem **Metalernen** (Finn *et al.*, 2017) und dem stichprobeneffizienten modellfreien Reinforcement Learning (Andrychowicz *et al.*, 2018b).

Frühe Methoden zur Vorhersage **menschlicher Aktionen** nutzten Filteransätze (Madhavan und Schlenoff, 2003), aber die wegweisende Arbeit von Ziebart *et al.* (2009) schlug vor, für die Vorhersage Menschen als annähernd rationale Agenten zu modellieren. Sadigh *et al.* (2016) erfassten, wie diese Vorhersagen tatsächlich von den Entscheidungen des Roboters abhängen sollten, und arbeiteten so auf ein spieltheoretisches Modell hin. Für kollaborative Umgebungen brachten Sisbot *et al.* (2007) die Idee ins Spiel, das, was die Menschen wollen, in der Kostenfunktion des Roboters zu berücksichtigen. Nikolaidis und Shah (2013) zerlegten die Kollaboration in Lernen, wie der Mensch handeln wird, sowie in Lernen, wie der Mensch möchte, dass der Roboter handelt, was beides durch Demonstrationen erreicht werden kann. Zum Lernen aus Demonstrationen siehe Argall *et al.* (2009). Akgun *et al.* (2012) und Sefidgar *et al.* (2017) untersuchten das Lernen, wenn Endnutzer und nicht Experten das Wissen vermitteln.

Tellex *et al.* (2011) zeigten, wie Roboter aus natürlichsprachlichen Anweisungen folgern können, was Menschen wollen. Schließlich müssen nicht nur Roboter schlussfolgern, was Menschen wollen und planen, sondern auch Menschen müssen solche Schlussfolgerungen über Roboter ziehen. Dragan *et al.* (2013) haben ein Modell der menschlichen Schlussfolgerungen in die Bewegungsplanung von Robotern integriert.

Das Feld der **Mensch-Roboter-Interaktion** ist viel breiter gefasst als das, was wir in diesem Kapitel behandelt haben, das sich hauptsächlich auf die Planungs- und Lernaspekte konzentrierte. Thomaz *et al.* (2016) geben einen breiter angelegten Überblick über die Interaktion aus einer rechentechnischen Perspektive. Ross *et al.* (2011) beschreiben das DAGGER-System.

Das Thema Software-Architekturen für Roboter ist eine viel diskutierte Glaubensfrage. Der gute altmodische KI-Kandidat – die Drei-Schichten-Architektur – stammt von dem Entwurf für Shakey und wird von (1998) besprochen. Die Subsumptionsarchitektur geht auf (1986) zurück, obwohl ähnliche Ideen unabhängig davon von Braitenberg entwickelt wurden, dessen Buch *Vehicles* (1984) eine Reihe von einfachen Robotern beschreibt, die auf dem verhaltensbasierten Ansatz basieren.

Dem Erfolg von Brooks' sechsbeinigem Laufroboter folgten viele weitere Projekte. Connell entwickelte in seiner Doktorarbeit (1989) einen vollständig reaktiven mobilen Roboter, der in der Lage war, Objekte zu finden. Erweiterungen des Paradigmas auf Multirobotersysteme finden sich in Arbeiten von Parker (1996) und Mataric (1997). GRL (Horswill, 2000) und COLBERT (Konolige, 1997) abstrahieren die Konzepte der parallelen verhaltensbasierten Robotik in allgemeine Roboterkontrollsprachen. Arkin (1998) bietet einen Überblick über einige der bekanntesten Ansätze auf diesem Gebiet.

Zwei frühe Lehrbücher von Dudek und Jenkin (2000) sowie von Murphy (2000) behandeln die allgemeinen Aspekte der Robotik. Neuere Übersichten sind bei Bekey (2008) sowie bei Lynch und Park (2017) zu finden. Ein ausgezeichnetes Buch zur Robotermanipulation widmet sich den komplexeren Themen wie der konformen Bewegung (Mason, 2001). Die Planung von Roboterbewegungen wird in Choset *et al.* (2005) und LaValle (2006) behandelt. Thrun *et al.* (2005) bietet eine Einführung in die probabilistische Robotik. Das *Handbook of Robotics* (Siciliano und Khatib, 2016) gibt einen umfassenden Überblick über die gesamte Robotik.

Die wichtigste Konferenz für Robotik ist *Robotics: Science and Systems Conference*, gefolgt von der *IEEE International Conference on Robotics and Automation. Human-Robot Interaction* ist die wichtigste Veranstaltung für Interaktion. Zu den führenden Fachzeitschriften zum Thema Robotik gehören *IEEE Robotics and Automation*, das *International Journal of Robotics Research* und *Robotics and Autonomous Systems.*

Philosophie, Ethik und Sicherheit der KI

27

In diesem Kapitel widmen wir uns den großen Fragen rund um die Bedeutung der KI und wie wir ethisch vertretbar KI-Programme entwickeln und anwenden sowie Sicherheit gewährleisten können.

Philosophen beschäftigen sich schon seit Langem mit zentralen Fragen: Wie arbeitet ein Gehirn? Ist es möglich, dass Maschinen so intelligent agieren wie Menschen? Haben solche Maschinen ein wirkliches Bewusstsein?

Diesen Fragen fügen wir neue hinzu: Welche ethischen Auswirkungen hat der Einsatz intelligenter Maschinen im Alltag? Sollten Maschinen die Entscheidung treffen dürfen, Menschen zu töten? Können Algorithmen fair und unvoreingenommen sein? Welche Arbeit bleibt für die Menschen, wenn Maschinen alle Arten von Arbeit erledigen können? Und wie kontrollieren wir Maschinen, die möglicherweise intelligenter werden als wir?

27.1 Die Grenzen der KI

Im Jahr 1980 sprach der Philosoph John Searle zum ersten Mal von der Unterscheidung zwischen **schwacher KI** – der Idee, dass Maschinen so handeln können, *als wären* sie intelligent – und **starker KI** – der These, dass Maschinen, die das tun, *tatsächlich* denken (und nicht nur Denken *simulieren*). Im Laufe der Zeit verlagerte sich die Definition von starker KI in Richtung einer „KI auf menschlichem Niveau" oder „allgemeinen KI" – Programme, die eine Vielzahl der unterschiedlichsten Aufgaben lösen können, einschließlich ganz neuer, und zwar genauso gut wie ein Mensch.

Kritiker der schwachen KI, die die Möglichkeit intelligenten Verhaltens in Maschinen ausschlossen, scheinen heute so kurzsichtig zu sein wie einst Simon Newcomb, der im Oktober 1903 schrieb: „Der Luftflug gehört zu der großen Klasse von Problemen, die der Mensch niemals bewältigen kann" – nur zwei Monate vor dem Flug der Gebrüder Wright in Kitty Hawk. Der rasante Fortschritt der letzten Jahre beweist jedoch nicht, dass es keine Grenzen für die KI gibt. Alan Turing (1950), der als Erster die KI definierte, war auch der Erste, der mögliche Einwände gegen KI vorbrachte und dabei fast alle vorwegnahm, die später von anderen vorgebracht wurden.

27.1.1 Das Argument aus der Formlosigkeit

Turings „Argument aus der Formlosigkeit des Verhaltens" besagt, dass menschliches Verhalten viel zu komplex ist, um von einem formalen Regelwerk erfasst zu werden – Menschen müssen sich an einige informelle Richtlinien halten, die (so das Argument) niemals in einem formalen Regelwerk erfasst und somit niemals in einem Computerprogramm kodifiziert werden könnten.

Ein wichtiger Vertreter dieser Ansicht war Hubert Dreyfus, der eine Reihe von einflussreichen Kritiken zur künstlichen Intelligenz veröffentlichte: *What Computers Can't Do* (1972), die Fortsetzung *What Computers Still Can't Do* (1992) und, zusammen mit seinem Bruder Stuart, *Mind Over Machine* (1986). Ähnlich äußerte sich der Philosoph Kenneth Sayre (1993): „Künstliche Intelligenz, die *innerhalb des Kults des Computationalismus verfolgt wird*, hat nicht einmal den Hauch einer Chance, dauerhafte Ergebnisse zu produzieren." Die Technologie, die sie kritisierten, wird als **Good Old-Fashioned AI** (GOFAI, gute alte KI) bezeichnet.

GOFAI entspricht dem einfachsten logischen Agentenentwurf, der in Kapitel 7 beschrieben wurde. Dort haben wir gesehen, dass es in der Tat schwierig ist, jede Möglichkeit eines angemessenen Verhaltens in einem Satz notwendiger und hinreichender logischer Regeln zu erfassen. Wir nannten dies das **Qualifikationsproblem**. Aber wie wir in Kapitel 12 gesehen haben, sind probabilistische Schlussfolgerungssysteme besser für offene Domänen geeignet, und wie Kapitel 21 zeigt, lassen sich Deep-Learning-Systeme gut für eine Vielzahl von „informellen" Aufgaben einsetzen. Die Kritik richtet sich also nicht gegen Computer *an sich*, sondern gegen eine bestimmte Art, sie mit logischen Regeln zu programmieren – eine Art, die in den 1980er Jahren populär war, aber inzwischen von neuen Ansätzen in den Schatten gestellt wurde.

Eines der stärksten Argumente von Dreyfus bezieht sich auf situierte Agenten und nicht auf körperlose logische Inferenzmaschinen. Ein Agent, dessen Verständnis von „Hund" nur aus einer begrenzten Menge von logischen Sätzen wie „$Hund(x) \Rightarrow Säugetier(x)$" stammt, ist im Nachteil gegenüber einem Agenten, der Hunde beim Laufen beobachten konnte, mit ihnen Apportieren geübt und sie gestreichelt hat. Der Philosoph Andy Clark (1998) stellte fest: „Biologische Gehirne sind in erster Linie Kontrollsysteme für biologische Körper. Biologische Körper bewegen sich und agieren in erlebnisreichen realen Umgebungen." Laut Clark sind wir „gut im Frisbee, schlecht in der Logik".

So behauptet das Konzept des **Embodiment**, dass es nicht sinnvoll ist, das Gehirn separat zu betrachten: Wahrnehmung findet in einem Körper statt, der in eine Umgebung eingebettet ist. Wir müssen das System als Ganzes studieren; das Gehirn nutzt Regelmäßigkeiten in seiner Umgebung, einschließlich des restlichen Körpers. Im Rahmen des Embodiment-Ansatzes werden Robotik, Sehen und andere Sensoren zu zentralen und nicht zu peripheren Elementen.

Insgesamt sah Dreyfus Bereiche, in denen KI keine vollständigen Antworten hatte, und behauptete deshalb, dass KI unmöglich sei. Heute sehen wir, dass viele dieser Bereiche weiter erforscht und weiterentwickelt werden, was zu immer mehr Fähigkeiten führt, nicht zu Unmöglichkeit.

27.1.2 Das Argument der Unfähigkeit

Das „Argument der Unfähigkeit" stellt die Behauptung auf, dass „eine Maschine niemals X ausführen kann". Als Beispiele für X führt Turing folgende Aktionen auf:

> *Nett, einfallsreich, schön, freundlich sein, Initiative zeigen, Sinn für Humor haben, richtig von falsch unterscheiden, Fehler machen, sich verlieben, Erdbeeren und Sahne genießen, jemanden dazu bringen, sich in ihn zu verlieben, aus Erfahrungen lernen, Wörter richtig benutzen, Gegenstand der eigenen Gedanken sein, so viel Verhaltensvielfalt wie der Mensch haben, etwas wirklich Neues machen.*

Im Nachhinein betrachtet sind einige davon ziemlich einfach. Wir alle kennen zum Beispiel Computer, die „Fehler machen". Computer mit der Fähigkeit zum Metaschlussfolgern (Kapitel 5) können ihre eigenen Berechnungen überprüfen und sich somit zum Gegenstand ihrer eigenen Schlussfolgerungen machen. Eine jahrhundertealte Technologie hat erwiesenermaßen die Fähigkeit, „jemanden dazu zu bringen, sich in sie zu verlieben" – der Teddybär. Der Computerschachexperte David Levy sagt voraus, dass sich die Menschen bis zum Jahr 2050 routinemäßig in humanoide Roboter verlieben werden. Dass sich ein Roboter verliebt, ist ein gängiges Motiv in der Fiktion,[1] aber es gibt nur wenige wissenschaftliche Spekulationen zu diesem Thema (Kim *et al.*, 2007). Computer haben Dinge getan, die „wirklich neu" sind, sie haben bedeutende Entdeckungen in der Astronomie, Mathematik, Chemie, Mineralogie, Biologie, Informatik und anderen Bereichen gemacht und neue Formen der Kunst durch Stilübertragung geschaffen (Gatys *et al.*, 2016). Insgesamt übertreffen die Programme bei einigen Aufgaben die menschliche Leistung und hinken bei anderen hinterher. Das Einzige, was sie eindeutig nicht können, ist exakt menschlich zu sein.

1 Zum Beispiel die Oper Coppélia (1870), der Roman *Träumen Androiden von elektrischen Schafen?* (1968), die Filme *A.I. – Künstliche Intelligenz* (2001), *Wall-E* (2008) und *Her* (2013).

27.1.3 Der mathematische Einwand

Turing (1936) und Gödel (1931) bewiesen, dass einige mathematische Fragen durch bestimmte formale Systeme prinzipiell nicht beantwortbar sind. Das berühmteste Beispiel dafür ist das von Gödel (siehe Abschnitt 9.5). Kurz gesagt, für jeden formalen axiomatischen Rahmen F, der mächtig genug für arithmetische Berechnungen ist, kann ein sogenannter Gödel-Satz $G(F)$ mit den folgenden Eigenschaften konstruiert werden:

- $G(F)$ ist ein Satz von F, kann aber nicht innerhalb von F bewiesen werden.
- Falls F konsistent ist, dann ist $G(F)$ wahr.

Philosophen wie J. R. Lucas (1961) zufolge zeigt dieses Theorem, dass Maschinen dem Menschen geistig unterlegen sind, weil Maschinen formale Systeme sind, die durch das Unvollständigkeitstheorem begrenzt sind – sie können nicht den Nachweis ihres eigenen Gödel-Satzes erbringen –, während es für Menschen solche Grenzen nicht gibt. Dies löste eine große Kontroverse aus, die sich auch in einer umfangreichen Literatur niedergeschlagen hat, darunter zwei Bücher des Mathematikers/Physikers Sir Roger Penrose (1989, 1994). Penrose schließt sich der Behauptung von Lucas an und wiederholt sie mit einigen neuen Aspekten, wie beispielsweise der Hypothese, dass Menschen anders sind, weil ihre Gehirne mit Quantengravitation arbeiten, das heißt, seine Theorie macht mehrere falsche Vorhersagen über die Physiologie des Gehirns.

Wir werden drei der Probleme untersuchen, die mit Lucas' Behauptung einhergehen. Erstens: Ein Agent sollte sich nicht dafür schämen, dass er die Wahrheit eines Satzes nicht feststellen kann, während andere Agenten es können. Betrachten Sie den folgenden Satz:

Lucas kann nicht konsistent behaupten, dass dieser Satz wahr ist.

Wenn Lucas diesen Satz behaupten würde, so würde er sich selbst widersprechen, daher kann Lucas ihn nicht konsistent behaupten – deshalb muss er wahr sein. Wir haben also gezeigt, dass es einen wahren Satz gibt, den Lucas nicht konsistent behaupten kann, während andere Menschen (und Maschinen) dies können. Aber deshalb haben wir keine schlechtere Meinung von Lucas.

Zweitens gelten Gödels Unvollständigkeitstheorem und verwandte Ergebnisse für die *Mathematik*, nicht für *Computer*. Keine Entität – weder Mensch noch Maschine – kann Dinge beweisen, die unmöglich zu beweisen sind. Lucas und Penrose gehen fälschlicherweise davon aus, dass der Mensch diese Grenzen irgendwie umgehen kann, wenn Lucas (1976) zum Beispiel sagt: „Wir müssen von unserer eigenen Konsistenz ausgehen, wenn Denken überhaupt möglich sein soll." Aber das ist eine unverbürgte Annahme: Menschen sind notorisch inkonsistent. Das gilt sicherlich für das alltägliche Schlussfolgern, aber auch für sorgfältiges mathematisches Denken. Ein berühmtes Beispiel ist das Vier-Farben-Kartenproblem. Alfred Kempe (1879) veröffentlichte 1879 einen Beweis, der 11 Jahre lang allgemein Bestand hatte, bis Percy Heawood (1890) auf einen Fehler hinwies.

Drittens gilt Gödels Unvollständigkeitstheorem technisch nur für formale Systeme, die leistungsfähig genug sind, um arithmetische Berechnungen auszuführen. Dazu gehören auch Turing-Maschinen und Lucas' These basiert zum Teil auf der Behauptung, dass Computer Turing-Maschinen sind. Dies ist nicht ganz richtig. Turing-Maschinen sind unendlich, während Computer (und Gehirne) endlich sind, und jeder Computer kann daher als (sehr großes) System in der Aussagenlogik beschrieben werden, die nicht Gödels Unvollständigkeitstheorem unterliegt. Lucas nimmt an, dass Menschen „ihre Meinung ändern" können, während Computer das nicht können, aber auch das ist falsch. Ein Computer kann eine Schlussfolgerung nach neuen Beweisen oder weiteren Überlegungen zurückziehen, er kann seine Hardware aufrüsten und er kann seine Entscheidungsprozesse durch maschinelles Lernen oder dem Neuschreiben von Software ändern.

27.1.4 KI messen

Alan Turing schlug in seinem berühmten Aufsatz „Computing Machinery and Intelligence" (1950) vor, dass wir statt der Frage, ob Maschinen denken können, fragen sollten, ob Maschinen einen Verhaltenstest bestehen können, der als **Turing-Test** bekannt geworden ist. Bei diesem Test muss ein Programm fünf Minuten lang ein Gespräch (über getippte Nachrichten) mit einem Befrager führen. Der Befrager muss dann erraten, ob es sich um ein Programm oder um einen Menschen handelt. Das Programm besteht den Test, wenn es den Befrager in 30 % der Fälle täuscht. Für Turing waren nicht die genauen Details des Tests ausschlaggebend, sondern die Idee, Intelligenz anhand der Leistung bei einer Art offener Verhaltensaufgabe zu messen, anstatt durch philosophische Spekulationen.

Nichtsdestoweniger vermutete Turing, dass bis zum Jahr 2000 ein Computer mit einem Speicher von einer Milliarde Einheiten den Test bestehen könnte. Inzwischen sind wir längst jenseits des Jahres 2000 und sind uns immer noch nicht einig, ob irgendein Programm bestanden hat. Viele Leute ließen sich täuschen, wenn ihnen nicht bewusst war, dass sie sich möglicherweise mit einem Computer unterhielten. Das Programm ELIZA und Internet-Chatbots wie MGONZ (Humphrys, 2008) und NATACHATA (Jonathan *et al.*, 2009) täuschen ihre Gesprächspartner immer wieder und der Chatbot CYBERLOVER hat sogar die Aufmerksamkeit der Strafverfolgungsbehörden auf sich gezogen, weil er andere Chat-Teilnehmer dazu verleitet, zu viele persönliche Informationen preiszugeben, sodass ihre Identität gestohlen werden kann.

Im Jahr 2014 täuschte ein Chatbot namens Eugene Goostman 33 % der ungeschulten Amateur-Juroren in einem Turing-Test. Das Programm gab vor, ein Junge aus der Ukraine mit begrenzten Englischkenntnissen zu sein, was half, seine grammatikalischen Fehler zu erklären. Vielleicht ist der Turing-Test in Wirklichkeit ein Test der menschlichen Leichtgläubigkeit. Bislang wurde noch kein professioneller Befrager getäuscht (Aaronson, 2014).

Turing-Test-Wettbewerbe haben zu besseren Chatbots geführt, sind aber kein Schwerpunkt der Forschung innerhalb der KI-Community. Stattdessen konzentrieren sich KI-Forscher, die versessen auf Wettbewerbe sind, eher darauf, Schach oder Go oder StarCraft II zu spielen, naturwissenschaftliche Tests der 8. Klasse durchzuführen oder Objekte in Bildern zu identifizieren. In vielen dieser Wettbewerbe haben die Programme menschliche Leistungen erreicht oder übertroffen, aber das bedeutet nicht, dass die Programme außerhalb der spezifischen Aufgabe menschenähnlich sind. Es geht darum, die wissenschaftlichen und technischen Grundlagen zu verbessern und nützliche Werkzeuge bereitzustellen, nicht darum, Befrager zu täuschen.

27.2 Können Maschinen wirklich denken?

Einige Philosophen behaupten, dass eine Maschine, die intelligent handelt, nicht *wirklich* denkt, sondern nur *simuliert* zu denken. Aber die meisten KI-Forscher machen sich keine Gedanken über diese Unterscheidung; der Informatiker Edsger Dijkstra (1984) sagte sogar: „The question of whether *Machines Can Think* [...] is about as relevant as the question of whether *Submarines Can Swim*."[2] Die erste Definition vom englischen Wort *swim* im *American Heritage Dictionary* lautet übersetzt: „Sich mithilfe von Gliedmaßen, Flossen oder des Schwanzes durch das Wasser bewegen", und die meisten Menschen sind sich wohl einig, dass U-Boote, da sie keine Gliedmaßen haben, in diesem Sinne nicht „schwimmen" können. Das Wörterbuch definiert entsprechend *fly* als „sich mithilfe von Flügeln oder flügelähnlichen Teilen durch die Luft bewegen", und die meisten Leute sind sich einig, dass Flugzeuge, die flügelähnliche Teile haben, fliegen können. Allerdings haben weder die Fragen noch die

2 Deutsch: Die Frage, ob *Maschinen denken können*, ist ungefähr so relevant wie die Frage, ob *U-Boote schwimmen können*.

Antworten irgendeine Relevanz für die Konstruktion oder die Fähigkeiten von Flugzeugen und U-Booten – es geht vielmehr um den Wortgebrauch im Allgemeinen. (Die Tatsache, dass Schiffe im Deutschen sehr wohl *schwimmen*, verstärkt diesen Aspekt.) Englisch sprechende Personen haben sich noch nicht auf eine genaue Definition für das Wort *think* geeinigt – benötigt man dazu „ein Gehirn" oder reichen „gehirnähnliche Teile"?

Auch dieses Problem wurde von Turing angesprochen. Er stellt fest, dass wir *niemals* direkte Beweise über die inneren gedanklichen Zustände anderer Menschen haben – eine Art mentaler Solipsismus. Dennoch sagt Turing: „Anstatt ständig über diesen Punkt zu streiten, ist es üblich, von der **höflichen Konvention** auszugehen, dass jeder denkt." Turing argumentiert, dass wir die höfliche Konvention auch auf Maschinen ausdehnen würden, wenn wir nur Erfahrung mit Maschinen hätten, die intelligent agieren. Da wir nun aber einige Erfahrungen haben, scheint es, dass unsere Bereitschaft, Empfindungsvermögen zuzuschreiben, ebenso sehr von humanoidem Aussehen und Stimme abhängt wie von reiner Intelligenz.

27.2.1 Das chinesische Zimmer

Der Philosoph John Searle lehnt die höfliche Konvention ab. Sein berühmtes Argument des **chinesischen Zimmers** (Searle, 1990) lautet wie folgt: Man stelle sich einen nur Englisch sprechenden Menschen in einem Raum vor, in dem sich ein auf Englisch verfasstes Regelwerk und mehrere Papierstapel befinden. Unter die Tür zum Raum werden Zettel mit nicht zu entziffernden Symbolen hindurchgeschoben. Der Mensch folgt den Anweisungen im Regelwerk, er findet die Symbole in den Stapeln, schreibt Symbole auf neue Zettel, ordnet die Stapel neu und so weiter. Irgendwann führen die Anweisungen dazu, dass ein oder mehrere Symbole auf ein Stück Papier geschrieben werden, das in der Außenwelt landet. Von außen betrachtet, sehen wir ein System, das Eingaben in Form von chinesischen Sätzen entgegennimmt und fließende, intelligente chinesische Antworten erzeugt.

Searle argumentiert dann folgendermaßen: Angesichts der Tatsache, dass der Mensch im Zimmer kein Chinesisch versteht und das Regelwerk und die Papierstapel, die auch nur aus Zettel bestehen, ebenfalls von Chinesisch keine Ahnung haben, ist Chinesisch unbekannt. Und Searle behauptet, dass das chinesische Zimmer von der Funktion her einem Computer entspricht, folglich erzeugen Computer keinen Intellekt.

Searle (1980) ist ein Verfechter des **biologischen Naturalismus**, demzufolge mentale Zustände auf hoher Ebene auftauchende Merkmale sind, die durch physische Prozesse auf niedriger Ebene *in den Neuronen* verursacht werden, und es seien gerade die (nicht spezifizierten) Eigenschaften der Neuronen, auf die es ankäme: Searle zufolge ist „es" bei Neuronen zu finden und bei Transistoren nicht. Es gab viele Einwände gegen Searles Argument, aber keine Einigkeit. Sein Argument könnte genauso gut (vielleicht sogar von Robotern) verwendet werden, um zu behaupten, dass es bei Menschen kein wirkliches Verstehen gibt: schließlich besteht ein Mensch aus Zellen, die Zellen haben kein Verständnis, also gibt es kein Verständnis. Tatsächlich ist das die Handlung von Terry Bissons (1990) Science-Fiction-Kurzgeschichte *They're Made Out of Meat*, in der außerirdische Roboter die Erde erforschen und nicht glauben können, dass Fleischbrocken zu Empfindungen fähig sind. Wie das möglich ist, bleibt ein Rätsel.

27.2.2 Bewusstsein und Qualia

Durch alle Debatten über starke KI zieht sich die Frage des **Bewusstseins**: das „Gewahrsein" (*Awareness*, bewusste Wahrnehmung) der Außenwelt und des Selbst sowie die subjektive Erfahrung des Lebens. Der Fachbegriff für die intrinsische Natur von Erfahrungen ist **Qualia** (aus dem Lateinischen für „von welcher Art"). Die große Frage ist, ob Maschinen Qualia haben können. Als der Astronaut David Bowman im Film *2001: Odyssee im Weltraum* die

„kognitiven Schaltkreise“ des Computers HAL 9000 ausschaltet, sagt dieser: *„Ich habe Angst, Dave. Dave, mein Verstand schwindet. Ich kann es fühlen.“* Hat HAL tatsächlich Gefühle (und verdient Mitgefühl)? Oder ist die Antwort nur eine algorithmische Antwort wie „Error 404: not found“?

Bei Tieren stellt sich eine ähnliche Frage: Haustierbesitzer sind sich sicher, dass ihr Hund oder ihre Katze ein Bewusstsein hat, aber nicht alle Wissenschaftler stimmen dem zu. Grillen ändern ihr Verhalten je nach Temperatur, aber nur wenige Menschen würden sagen, dass Grillen das *Gefühl* haben, dass ihnen warm oder kalt ist.

Ein Grund, warum das Problem des Bewusstseins sich als so schwierig erweist, ist, dass es selbst nach Jahrhunderten der Debatte immer noch nicht definiert ist. Aber Hilfe ist vielleicht näher als gedacht. Vor Kurzem haben sich Philosophen mit Neurowissenschaftlern unter der Schirmherrschaft der Templeton Foundation zusammengetan, um eine Reihe von Experimenten zu starten, die einige der Probleme lösen könnten. Die Verfechter zweier führender Theorien des Bewusstseins (die globale Arbeitsraumtheorie und die integrierte Informationstheorie) haben sich darauf geeinigt, dass die Experimente eine Theorie gegenüber der anderen bestätigen könnten – eine Seltenheit in der Philosophie.

Alan Turing (1950) räumt ein, dass die Frage nach dem Bewusstsein schwierig ist, bestreitet aber, dass sie für die Praxis der KI von großer Bedeutung ist: „Ich möchte nicht den Eindruck erwecken, ich sei der Meinung, es gäbe keine Geheimnisse um das Bewusstsein [...] Aber ich glaube nicht, dass diese Geheimnisse notwendigerweise gelöst werden müssen, bevor wir die Frage beantworten können, mit der wir uns in dieser Arbeit beschäftigen.“ Wir stimmen mit Turing überein – uns interessiert, Programme zu schaffen, die sich intelligent verhalten. Einzelne Aspekte des Bewusstseins – Awareness, Eigenwahrnehmung, Aufmerksamkeit – können programmiert werden und Teil einer intelligenten Maschine sein. Für das zusätzliche Projekt, einer Maschine ein Bewusstsein zu verleihen, wie es Menschen haben, sind wir nicht gerüstet. Wir sind uns einig, dass intelligentes Verhalten ein gewisses Maß an *Awareness* erfordert, das sich von Aufgabe zu Aufgabe unterscheidet, und dass Aufgaben, die eine Interaktion mit Menschen beinhalten, ein Modell der menschlichen subjektiven Erfahrung erfordern.

In Sachen Erfahrungsmodellierung ist der Mensch gegenüber der Maschine klar im Vorteil, denn er kann seinen eigenen subjektiven Apparat nutzen, um das subjektive Erleben anderer einzuschätzen. Wenn Sie zum Beispiel wissen wollen, *wie es ist*, wenn jemand mit einem Hammer auf seinen Daumen schlägt, können Sie mit einem Hammer auf Ihren Daumen schlagen. Maschinen haben diese Fähigkeit nicht – können aber, im Gegensatz zu den Menschen, den Code anderer ausführen.

27.3 Ethik der KI

Angesichts der Tatsache, dass KI eine mächtige Technologie ist, haben wir die moralische Verpflichtung, sie umsichtig einzusetzen, indem wir die positiven Aspekte fördern und die negativen vermeiden oder abschwächen.

Die positiven Aspekte sind vielfältig. Zum Beispiel kann KI Leben retten durch verbesserte medizinische Diagnosen, neue medizinische Entdeckungen, genauere Vorhersagen von Extremwetterereignissen und sichereres Fahren mithilfe von Fahrerassistenzsystemen und (irgendwann) selbstfahrenden Technologien. Es gibt auch viele Möglichkeiten, Leben zu verbessern. Microsofts Programm „AI for Humanitarian Action“ (KI für humanitäre Zwecke) setzt KI bei der Bewältigung von Naturkatastrophen, der Unterstützung von Kindern, dem Schutz von Flüchtlingen und der Förderung der Menschenrechte ein. Googles Programm „AI for Social Good“ (KI zum gesellschaftlichen Nutzen) bietet Unterstützung unter anderem zu den Themen Schutz des Regenwalds, Rechtsprechung im Bereich der Menschenrechte, Überwachung der Umweltverschmutzung, Messung der Emissionen fossiler Brennstoffe, Krisenberatung, Faktenüberprüfung von Nachrichten, Selbstmordprävention, Recycling. Das Center for Data Science for Social Good an der Universität von Chicago setzt maschinelles Lernen bei Problemen in den Bereichen Strafjustiz, wirtschaftliche Entwicklung, Bildung, öffentliche Gesundheit, Energie und Umwelt ein.

KI-Anwendungen im Erntemanagement und in der Lebensmittelproduktion helfen, die Welt zu ernähren. Die Optimierung von Geschäftsprozessen mithilfe von maschinellem Lernen steigert die Produktivität von Unternehmen, erhöht den Wohlstand und schafft mehr Arbeitsplätze. Automatisierung kann viele Arbeiter von den mühsamen und gefährlichen Aufgaben befreien und ihnen den Rücken freihalten, damit sie sich auf interessantere Aspekte konzentrieren können. Menschen mit Behinderungen profitieren von KI-basierter Unterstützung beim Sehen, Hören und bei der Mobilität. Maschinelle Übersetzung ermöglicht schon heute die Kommunikation zwischen Menschen aus verschiedenen Kulturen. Softwarebasierte KI-Lösungen weisen fast keine Grenzkosten in der Produktion auf und haben damit das Potenzial, den Zugang zu fortschrittlicher Technologie zu demokratisieren (auch wenn andere Aspekte von Software das Potenzial haben, Macht zu zentralisieren).

Trotz dieser vielen positiven Aspekte sollten wir auch die negativen nicht ignorieren. Viele neue Technologien hatten unbeabsichtigte **negative Nebeneffekte**: Die Kernspaltung brachte Tschernobyl und die Gefahr der globalen Zerstörung; der Verbrennungsmotor brachte Luftverschmutzung, globale Erwärmung und Zuteeren des Paradieses. Andere Technologien können negative Auswirkungen haben, selbst wenn sie wie beabsichtigt eingesetzt werden, wie z. B. Sarin-Gas, AR-15-Gewehre und Telefonwerbung. Die Automatisierung schafft Wohlstand, aber unter den derzeitigen wirtschaftlichen Bedingungen fließt ein Großteil dieses Wohlstands an die Besitzer der automatisierten Systeme, was zu einer größeren Einkommensungleichheit führt. Dies kann eine gut funktionierende Gesellschaft zerreißen. Den Entwicklungsländern könnte der traditionelle Weg zum Wachstum durch kostengünstige Fertigung für den Export abgeschnitten sein, wenn wohlhabende Länder vollautomatisierte Fertigungsanlagen im eigenen Land betreiben. Unsere ethischen und Governance-Entscheidungen werden das Ausmaß der Ungleichheit diktieren, die durch die KI hervorgerufen wird.

Alle Wissenschaftler und Ingenieure sehen sich bei der Entscheidung, welche Projekte sie in Angriff nehmen sollten oder nicht und wie sie sicherstellen können, dass die Ausführung des Projekts sicher und vorteilhaft ist, mit ethischen Überlegungen konfrontiert. Im Jahr 2010 hielt der britische Engineering and Physical Sciences Research Council eine Sitzung ab, um Leitsätze für die Robotik aufzustellen. In den darauffolgenden Jahren haben andere Regierungsbehörden, gemeinnützige Organisationen und Unternehmen ähnliche Leitsätze aufgestellt. Der Grundgedanke ist, dass jede Organisation, die KI-Technologie entwickelt, und jeder dort beschäftigte Mitarbeiter dafür verantwortlich ist sicherzustellen, dass die Technologie zum Guten beiträgt und niemandem schadet. Die Leitsätze, die am häufigsten genannt werden, lauten:

Sicherheit gewährleisten	Rechenschaftspflicht einführen
Fairness gewährleisten	Menschenrechte und menschliche Werte wahren
Privatsphäre respektieren	Diversität/Inklusion widerspiegeln
Zusammenarbeit fördern	Konzentration von Macht vermeiden
Transparenz schaffen	Rechtliche/politische Implikationen erkennen
Schädliche KI-Anwendung begrenzen	Auswirkungen auf die Beschäftigung bedenken

Beachten Sie, dass viele der Leitsätze, wie z. B. „Sicherheit gewährleisten“, auf alle Software- oder Hardwaresysteme anwendbar sind, nicht nur auf KI-Systeme. Einige Leitsätze sind vage formuliert, sodass sie schwer zu messen oder durchzusetzen sind. Das liegt zum Teil daran, dass KI ein großes Feld mit vielen Teilbereichen ist, von denen jeder einen anderen Satz historischer Normen und unterschiedliche Beziehungen zwischen den KI-Entwicklern und den Stakeholdern hat. Mittelstadt (2019) schlägt vor, dass die Teilbereiche jeweils spezifischere, umsetzbare Richtlinien und Präzedenzfälle entwickeln sollten.

27.3.1 Tödliche autonome Waffen

Die UN definiert eine tödliche autonome Waffe als eine Waffe, die menschliche Ziele ohne menschliches Eingreifen lokalisiert, auswählt und ausschaltet (d. h. tötet). Verschiedene Waffen erfüllen einige dieser Kriterien. Landminen zum Beispiel werden seit dem 17. Jahrhundert eingesetzt: Sie können Ziele je nach dem Grad des ausgeübten Drucks oder der Menge des eingesetzten Metalls in einem begrenzten Sinne auswählen und ausschalten, aber sie können nicht selbstständig Ziele ausfindig machen. (Landminen sind nach dem Ottawa-Vertrag verboten.) Lenkflugkörper, die seit den 1940er Jahren im Einsatz sind, können Ziele verfolgen, müssen aber von einem Menschen in die richtige Richtung gelenkt werden. Automatisch feuernde, radargesteuerte Geschütze werden seit den 1970er Jahren zur Verteidigung von Marineschiffen eingesetzt. Sie sollen hauptsächlich ankommende Raketen zerstören, könnten aber auch bemannte Flugzeuge angreifen. Obwohl das Wort „autonom“ oft verwendet wird, um unbemannte Luftfahrzeuge oder **Drohnen** zu beschreiben, werden diese Waffen meistens nicht nur ferngesteuert, sondern erfordern auch, dass das Abwerfen der tödlichen Nutzlast von Menschen ausgelöst wird.

Zum Zeitpunkt des Verfassens dieses Buchs scheinen mehrere Waffensysteme die Grenze zur vollen Autonomie überschritten zu haben. Israels Harop-Rakete zum Beispiel ist eine „Kamikaze-Drohne“ mit einer Spannweite von knapp über drei Metern und einem 50-Pfund-Sprengkopf. Sie sucht bis zu sechs Stunden lang in einer bestimmten geografischen Region nach einem Ziel, das ein bestimmtes Kriterium erfüllt, und zerstört es dann. Das Kriterium könnte lauten: „Sendet ein Radarsignal aus, das von einem Flugabwehrradar zu stammen scheint“ oder „Sieht aus wie ein Panzer“. Der türkische Hersteller STM bewirbt seinen Kargu-Quadcopter – der bis zu 1,5 kg Sprengstoff tragen kann – als fähig zu „autonomen Treffern … Ziele mittels Bilder identifizieren und auswählen … Verfolgung von bewegten Zielen … Antipersonen … Gesichtserkennung“.

Autonome Waffen wurden als die „dritte Revolution in der Kriegsführung“ nach Schießpulver und Atomwaffen bezeichnet. Ihr militärisches Potenzial ist offensichtlich. Nur wenige Experten bezweifeln zum Beispiel, dass autonome Kampfflugzeuge jeden menschlichen Piloten besiegen können. Autonome Flugzeuge, Panzer und U-Boote sind meistens billiger, schneller und manövrierfähiger und haben eine größere Reichweite als ihre bemannten Gegenstücke.

Seit 2014 führen die Vereinten Nationen in Genf unter der Schirmherrschaft der Convention on Certain Conventional Weapons (CCW) regelmäßig Gespräche darüber, ob tödliche autonome Waffen verboten werden sollen. Zum Zeitpunkt, da dieses Buch verfasst wurde, haben 30 Nationen, von China bis zum Heiligen Stuhl, ihre Unterstützung für einen internationalen Vertrag erklärt, während andere wichtige Länder – darunter Israel, Russland, Südkorea und die Vereinigten Staaten – gegen ein Verbot sind.

Die Debatte über autonome Waffen umfasst rechtliche, ethische und praktische Aspekte. Die rechtlichen Fragen werden in erster Linie von der CCW geregelt, die fordert, zwischen Kombattanten und Nichtkombattanten zu unterscheiden, die militärische Notwendigkeit eines Angriffs zu beurteilen und die Verhältnismäßigkeit zwischen dem militärischen Wert eines Ziels und der Möglichkeit von Kollateralschäden abzuschätzen. Diese Kriterien zu erfüllen, ist eine technische Frage – eine, deren Antwort sich im Laufe der Zeit zweifellos ändern wird. Gegenwärtig scheint eine Unterscheidung unter bestimmten Umständen realisierbar und wird sich zweifellos schnell verbessern, während die Beurteilung der Notwendigkeit und die Abschätzung der Verhältnismäßigkeit gegenwärtig noch nicht umsetzbar sind: Sie erfordern, dass Maschinen subjektive und situationsbedingte Entscheidungen treffen, was wesentlich schwieriger ist als die relativ einfache Aufgabe, nach potenziellen Zielen zu suchen und sie anzugreifen. Aus diesen Gründen wäre es nur dann legal, autonome Waffen einzusetzen, wenn ein menschlicher Bediener sich sicher ist, dass die Ausführung der Mission nicht dazu führt, dass Zivilisten zu Schaden kommen oder die Waffen unnötige oder unverhältnismäßige Angriffe durchführen. Das bedeutet, dass vorerst nur sehr eingeschränkte Missionen von autonomen Waffen durchgeführt werden können.

Auf der ethischen Seite finden es manche schlichtweg moralisch inakzeptabel, die Entscheidung, Menschen zu töten, an eine Maschine zu delegieren. Zum Beispiel hat der deutsche Botschafter in Genf erklärt, dass Deutschland „nicht akzeptieren wird, dass die Entscheidung über Leben und Tod allein von einem autonomen System getroffen wird", während Japan „nicht vorhat, Roboter zu entwickeln, bei denen der Mensch außen vor ist und die in der Lage sein könnten, einen Mord zu begehen." General Paul Selva, seinerzeit der zweithöchste Militäroffizier der USA, sagte 2017: „Ich glaube nicht, dass es vernünftig ist, Robotern die Entscheidung zu überlassen, ein menschliches Leben zu nehmen oder nicht." Und schließlich erklärte António Guterres, der Generalsekretär der Vereinten Nationen, im Jahr 2019, dass „Maschinen mit der Macht und der Entscheidungsfähigkeit, Leben ohne menschliche Beteiligung zu nehmen, politisch inakzeptabel und moralisch verwerflich sind und durch internationales Recht verboten werden sollten."

Mehr als 140 NGOs in über 60 Ländern sind Teil der „Campaign to Stop Killer Robots", und ein offener Brief, organisiert 2015 vom Future of Life Institute, wurde von über 4.000 KI-Forschern[3] und 22.000 anderen unterzeichnet.

Eines der Gegenargumente lautet, dass es mit fortschreitender Technologie möglich sein sollte, Waffen zu entwickeln, die im Vergleich zu menschlichen Soldaten oder Piloten *weniger* zivile Opfer verursachen. (Außerdem haben autonome Waffen den wichtigen Vorteil, dass dann weniger menschliche Soldaten und Piloten ihren Tod riskieren müssen.) Autonome Systeme lassen sich nicht von Ermüdung, Frustration, Hysterie, Angst, Wut oder Rachegefühlen leiten und müssen nicht „erst schießen und dann Fragen stellen" (Arkin, 2015). So wie gelenkte Munition die Kollateralschäden im Vergleich zu ungelenkten Bomben reduziert hat, kann man erwarten, dass intelligente Waffen die Präzision von Angriffen weiter verbessern. (Als Gegenargument siehe Benjamin (2013) für eine Analyse der Opfer von Drohnenkriegen.) Dies ist offenbar die Position der Vereinigten Staaten in der jüngsten Verhandlungsrunde in Genf.

Vielleicht ist es kontraintuitiv, dass die Vereinigten Staaten auch eine der wenigen Nationen sind, deren eigene Politik derzeit den Einsatz autonomer Waffen ausschließt. Im Leitplan des US-Verteidigungsministeriums von 2011 heißt es: „Für die absehbare Zukunft werden Entscheidungen über die Anwendung von Gewalt [durch autonome Systeme] und die Auswahl der einzelnen Ziele, die mit tödlicher Gewalt angegriffen werden sollen, unter menschlicher Kontrolle bleiben." Der Hauptgrund für diese Politik ist praktischer Natur: Autonome Systeme sind nicht zuverlässig genug, um mit militärischen Entscheidungen betraut zu werden.

Die Frage der Zuverlässigkeit stellte sich am 26. September 1983, als der Computerbildschirm des sowjetischen Raketenoffiziers Stanislav Petrov einen Alarm über einen ankommenden Raketenangriff anzeigte. Laut Protokoll hätte Petrov einen nuklearen Gegenschlag einleiten müssen, aber er vermutete, dass der Alarm ein Fehlalarm war, und behandelte ihn dementsprechend. Er hatte Recht – und der Dritte Weltkrieg war (knapp) abgewendet. Wir wissen nicht, was passiert wäre, wenn kein Mensch involviert gewesen wäre.

3 Darunter auch die beiden Autoren dieses Buchs.

Zuverlässigkeit ist von großem Interesse für militärische Befehlshaber, die die Komplexität von Gefechtssituationen gut kennen. Maschinelle Lernsysteme, die im Training fehlerfrei funktionieren, können im Einsatz versagen. Cyberangriffe auf autonome Waffen könnten zu Verlusten durch Eigenbeschuss führen. Das Trennen der Waffe von jeglicher Kommunikation kann dies verhindern (vorausgesetzt, sie wurde nicht bereits kompromittiert), doch dann kann die Waffe nicht mehr zurückgerufen werden, wenn sie eine Fehlfunktion aufweist.

Das wichtigste praktische Problem bei autonomen Waffen ist, dass es sich um skalierbare Massenvernichtungswaffen handelt, insofern als das Ausmaß eines Angriffs, der gestartet werden kann, proportional zur Menge an Hardware ist, die man sich leisten kann. Ein Quadcopter mit einem Durchmesser von fünf Zentimetern kann eine tödliche Sprengladung tragen und eine Million davon passen in einen normalen Schiffscontainer. Gerade weil sie autonom sind, brauchen diese Waffen zur Ausführung ihrer Aufgabe keine Million menschliche Aufseher.

Als Massenvernichtungswaffen haben skalierbare autonome Waffen im Vergleich zu Atomwaffen und Flächenbombardements Vorteile für den Angreifer: Sie lassen Eigentum unversehrt und können selektiv eingesetzt werden, um nur diejenigen zu eliminieren, die eine Bedrohung für die Besatzungsmacht darstellen. Sie könnten natürlich auch eingesetzt werden, um eine ganze ethnische Gruppe oder alle Anhänger einer bestimmten Religion auszulöschen. In vielen Situationen wären sie außerdem nicht ausfindig zu machen. Diese Eigenschaften machen sie besonders für nichtstaatliche Akteure attraktiv.

Diese Überlegungen – insbesondere die Eigenschaften, die den Angreifer begünstigen – legen nahe, dass autonome Waffen die globale und nationale Sicherheit für alle Parteien verringern werden. Die rationale Antwort für Regierungen scheint darin zu bestehen, sich an Diskussionen zur Rüstungskontrolle zu beteiligen, anstatt ein Wettrüsten zu veranstalten.

Der Prozess, einen Vertrag aufzusetzen, ist jedoch mit einigen Schwierigkeiten verbunden. KI ist eine Technologie mit **doppeltem Verwendungszweck**: KI-Technologien, die für friedliche Zwecke eingesetzt werden, wie z. B. Flugkontrolle, visuelle Verfolgung, Kartierung, Navigation und Multi-Agenten-Planung, können genauso für militärische Zwecke verwendet werden. Es ist leicht, einen autonomen Quadcopter in eine Waffe zu verwandeln, indem man einfach Sprengstoff daran anbringt und ihm befiehlt, ein Ziel zu suchen. Der Umgang damit erfordert eine sorgfältige Umsetzung von Compliance-Regelungen in Zusammenarbeit mit der Industrie, wie dies bereits mit einigem Erfolg durch die Chemiewaffenkonvention demonstriert wurde.

27.3.2 Überwachung, Sicherheit und Privatsphäre/Datenschutz

1976 warnte Joseph Weizenbaum, dass die automatische Spracherkennungstechnologie zu unkontrollierbaren Abhöraktionen und damit zu einem Verlust der bürgerlichen Freiheiten führen könnte. Heute hat sich diese Bedrohung bewahrheitet, da die elektronische Kommunikation größtenteils über zentrale Server läuft, die überwacht werden können, und die Städte mit Mikrofonen und Kameras vollgestopft sind, die Personen anhand ihrer Stimme, ihres Gesichts und ihres Gangs identifizieren und verfolgen können. Die Überwachung, die früher teure und knappe menschliche Ressourcen erforderte, kann jetzt in großem Maßstab von Maschinen durchgeführt werden.

Im Jahr 2018 gab es bis zu 350 Millionen **Überwachungskameras** in China und 70 Millionen in den USA. China und andere Länder haben damit begonnen, Überwachungstechnologie in Niedrigtechnologieländer zu exportieren, von denen einige im Ruf stehen, ihre Bürger zu misshandeln und Randgruppen unverhältnismäßig ins Visier zu nehmen. KI-Entwickler sollten sich darüber im Klaren sein, welche Formen von Überwachung mit den Menschenrechten vereinbar sind, und die Mitarbeit an Anwendungen ablehnen, die damit unvereinbar sind.

Da immer mehr unserer Institutionen online arbeiten, werden wir anfälliger für Cyberkriminalität (Phishing, Kreditkartenbetrug, Botnets, Ransomware) und Cyberterrorismus (einschließlich potenziell tödlicher Angriffe wie das Herunterfahren von Krankenhäusern und Kraftwerken oder die Übernahme der Kontrolle über selbstfahrende Autos). Maschinelles Lernen kann ein mächtiges Werkzeug für beide Seiten im Kampf um die **Cybersicherheit** sein. Angreifer können Automatisierung nutzen, um Schwachstellen auszuloten, und Reinforcement Learning für Phishing-Versuche und automatisierte Erpressung einsetzen. Verteidiger können unüberwachtes Lernen einsetzen, um anomale Muster des eingehenden Datenverkehrs zu erkennen (Chandola *et al.*, 2009; Malhotra *et al.*, 2015), und verschiedene maschinelle Lerntechniken, um Betrug zu erkennen (Fawcett und Provost, 1997; Bolton und Hand, 2002). Da die Angriffe immer raffinierter werden, liegt es in der Verantwortung aller Entwickler, nicht nur der Sicherheitsexperten, von Anfang an sichere Systeme zu entwerfen. Eine Prognose (Kanal, 2017) beziffert den Markt für maschinelles Lernen in der Cybersicherheit bis 2021 auf etwa 100 Milliarden US-$.

Da wir in unserem täglichen Leben immer häufiger und länger mit Computern interagieren, werden von Regierungen und Unternehmen immer mehr Daten über uns gesammelt. Datensammler haben eine moralische und rechtliche Verantwortung, mit den Daten, die sie besitzen, gut umzugehen. In den USA schützen der Health Insurance Portability and Accountability Act (HIPAA) und der Family Educational Rights and Privacy Act (FERPA) medizinische und studentische Daten. Die Datenschutz-Grundverordnung (GDPR) der Europäischen Union schreibt vor, dass Unternehmen bei der Entwicklung ihrer Systeme den Datenschutz berücksichtigen müssen und gehalten sind, die Zustimmung der Benutzer für jede Erfassung oder Verarbeitung von Daten einzuholen.

Dem Recht des Einzelnen auf Privatsphäre steht der Mehrwert gegenüber, den die Gesellschaft durch das Teilen von Daten gewinnt. Wir wollen in der Lage sein, Terroristen zu stoppen, ohne friedliche abweichende Meinungsäußerungen zu unterdrücken, und wir wollen Krankheiten heilen, ohne das Recht des Einzelnen zu gefährden, seine Behandlungsdaten privat zu halten. Eine der wichtigsten Praktiken ist die **De-Identifizierung**: das Entfernen von persönlichen Informationen (wie Name und Sozialversicherungsnummer), damit medizinische Forscher die Daten zum Wohle der Allgemeinheit nutzen können. Das Problem ist, dass die weitergegebenen de-identifizierten Daten wieder re-identifiziert werden können. Wenn aus den Daten beispielsweise der Name, die Sozialversicherungsnummer und die Adresse entfernt werden, aber das Geburtsdatum, das Geschlecht und die Postleitzahl erhalten bleiben, dann können, wie Latanya Sweeney (2000) gezeigt hat, 87 % der US-Bevölkerung eindeutig re-identifiziert werden. Sweeney unterstrich diesen Punkt, indem sie die Krankenakte des Gouverneurs ihres Bundesstaates re-identifizierte, als dieser ins Krankenhaus eingeliefert wurde. Im Wettbewerb um den Netflix-Preis wurden de-identifizierte Datensätze individueller Filmbewertungen veröffentlicht und die Teilnehmer wurden aufgefordert, einen maschinellen Lernalgorithmus zu entwickeln, der genau vorhersagen kann, welche Filme einer Person gefallen würden. Die Forscher waren jedoch in der Lage, einzelne Benutzer zu re-identifizieren, indem sie das Datum einer Bewertung in der Netflix-Datenbank mit dem Datum einer ähnlichen Bewertung in der Internet Movie Database (IMDB) abglichen, wo die Benutzer manchmal ihre tatsächlichen Namen verwenden (Narayanan und Shmatikov, 2006).

Dieses Risiko kann durch eine **Feldgeneralisierung** etwas abgemildert werden: z. B. das Ersetzen des genauen Geburtsdatums durch das Geburtsjahr oder einen breiteren Bereich wie „20–30 Jahre alt“. Das vollständige Löschen eines Felds kann als eine Generalisierung dieses Felds auf „beliebig“ betrachtet werden. Aber Generalisierung allein garantiert nicht, dass Datensätze vor Re-Identifizierung sicher sind. Beispielsweise kann es sein, dass es nur eine Person im Bereich der Postleitzahl 94720 gibt, die 90–100 Jahre alt ist. Eine nützliche Eigenschaft ist die ***k*-Anonymität**: Eine Datenbank ist k-anonymisiert, wenn jeder Datensatz in der Datenbank von mindestens $k - 1$ anderen Datensätzen nicht zu unterscheiden ist. Wenn es Datensätze gibt, die eindeutiger sind, müssten sie weiter generalisiert werden.

Eine Alternative zur Freigabe de-identifizierter Datensätze besteht darin, alle Datensätze privat zu halten und stattdessen **aggregierte Abfragen** zuzulassen. Es wird eine API für Abfragen gegen die Datenbank bereitgestellt und gültige Abfragen erhalten eine Antwort, die die Daten durch Angabe einer Anzahl oder eines Durchschnitts zusammenfasst. Es wird jedoch keine Antwort gegeben, wenn damit bestimmte Datenschutzgarantien verletzt würden. Zum Beispiel könnten wir einem Epidemiologen erlauben, für jede Postleitzahl den Prozentsatz der Menschen mit Krebs zu erfragen. Für Postleitzahlen mit mindestens n Personen würde ein Prozentsatz angegeben werden (mit einem kleinen Anteil an zufälligem Rauschen), während für Postleitzahlen mit weniger als n Personen keine Antwort gegeben würde.

Es sollte sichergestellt sein, dass keine Re-Identifizierung durch Mehrfachabfragen möglich ist. Wenn z. B. die Abfrage „Durchschnittsgehalt und Anzahl der Mitarbeiter der Firma XYZ im Alter von 30–40 Jahren" die Antwort [81.234,12 €] und die Abfrage „Durchschnittsgehalt und Anzahl der Mitarbeiter der Firma XYZ im Alter von 30–41 Jahren" die Antwort [81.199,13 €] liefert, und wenn wir LinkedIn verwenden, um den einen 41-Jährigen bei der Firma XYZ zu finden, dann haben wir ihn erfolgreich identifiziert und können sein genaues Gehalt berechnen, obwohl alle Antworten 12 oder mehr Personen betrafen. Das System muss sorgfältig entworfen werden, um sich dagegen zu schützen, zum Beispiel mittels einer Kombination aus Begrenzungen der zu stellenden Abfragen (vielleicht kann nur ein vordefinierter Satz von sich nicht überschneidenden Altersbereichen abgefragt werden) und der Genauigkeit der Ergebnisse (vielleicht geben beide Abfragen die Antwort „etwa 81.000 €").

Eine stärkere Garantie ist die **differenzielle Privacy**, die sicherstellt, dass ein Angreifer keine Abfragen verwenden kann, die irgendeine Person in der Datenbank re-identifiziert, selbst wenn der Angreifer mehrere Abfragen durchführen kann und Zugriff auf separate verknüpfte Datenbanken hat. Die Abfrageantwort verwendet einen randomisierten Algorithmus, der dem Ergebnis ein geringes Maß an Rauschen hinzufügt. Bei einer gegebenen Datenbank D, einem beliebigen Datensatz r in der Datenbank, einer beliebigen Abfrage Q und einer möglichen Antwort y auf die Abfrage sagen wir, dass die Datenbank D ϵ-differenzielle Privacy hat, wenn nach Hinzufügen des Datensatzes r die logarithmische Wahrscheinlichkeit der Antwort y um weniger als ϵ variiert:

$$|\log P(Q(D)=y) - \log P(Q(D+r)=y)| \leq \epsilon$$

Mit anderen Worten: ob sich jemand für oder gegen die Eintragung in die Datenbank entscheidet, hat keinen nennenswerten Einfluss auf die Antworten, die irgendjemand aus der Datenbank ziehen kann, und daher ist die Privatsphäre kein Argument gegen den Eintrag. Viele Datenbanken sind so konzipiert, dass sie eine differenzielle Privacy garantieren.

Bisher haben wir das Problem der gemeinsamen Nutzung von de-identifizierten Daten in einer zentralen Datenbank betrachtet. Ein Ansatz, der **föderiertes Lernen** (Konečný *et al.*, 2016) genannt wird, verwendet keine zentrale Datenbank; stattdessen pflegen die Benutzer ihre eigenen lokalen Datenbanken, in denen ihre Daten privat gehalten werden. Sie können jedoch Parameter eines maschinellen Lernmodells, das um ihre Daten erweitert wurde, gemeinsam nutzen, ohne das Risiko einzugehen, private Daten preiszugeben. Stellen Sie sich eine Anwendung zum Sprachverstehen vor, die Benutzer lokal auf ihrem Telefon ausführen können. Die Anwendung enthält ein neuronales Basisnetz, das dann durch lokales Training auf den Wörtern verbessert wird, die auf ihrem Telefon zu hören sind. In regelmäßigen Abständen führen die Eigentümer der Anwendung eine Umfrage unter einem Teil der Benutzer durch und bitten sie um die Parameterwerte ihres verbesserten lokalen Netzes, aber nicht um ihre Rohdaten. Die Parameterwerte werden zu einem neuen, verbesserten Modell zusammengeführt, das dann allen Benutzern zur Verfügung gestellt wird, sodass alle von dem Training profitieren, das andere Benutzer durchgeführt haben.

Damit dieses Verfahren Datenschutz gewährt, müssen wir garantieren können, dass die von jedem Benutzer freigegebenen Modellparameter nicht auf ihren Ursprung zurückgeführt werden können. Wenn wir die rohen Parameter senden, besteht die Möglichkeit, dass ein Angreifer, der sie ausliest, ableiten könnte, ob z. B. ein bestimmtes Wort vom Telefon des Benutzers empfangen wurde. Eine Möglichkeit, dieses Risiko zu eliminieren, ist die **sichere Aggregation** (Bonawitz *et al.*, 2017). Die Idee ist, dass der zentrale Server nicht den genauen Parameterwert von jedem Benutzer kennen muss, sondern nur den Durchschnittswert für jeden Parameter über alle abgefragten Benutzer. Jeder Benutzer kann also seine Parameterwerte verschleiern, indem er eine eindeutige Maske zu jedem Wert hinzufügt. Solange die Summe der Masken gleich null ist, kann der zentrale Server den korrekten Durchschnitt berechnen. Die Details des Protokolls stellen sicher, dass diese Vorgehensweise kommunikationseffizient ist (weniger als die Hälfte der übertragenen Bits entsprechen der Maskierung), robust gegenüber dem Ausbleiben von Antworten einzelner Benutzer und sicher gegenüber bösartigen Benutzern, Lauschern oder sogar einem feindlichen Zentralserver.

27.3.3 Fairness und Voreingenommenheit

Maschinelles Lernen ergänzt und ersetzt manchmal menschliche Entscheidungen in wichtigen Situationen: Wessen Kredit wird bewilligt, in welchen Stadtteilen werden Polizisten eingesetzt, wer kommt aus der Untersuchungshaft oder auf Bewährung frei. Dabei können maschinelle Lernmodelle **gesellschaftliche Vorurteile** (*Bias*) übernehmen und festschreiben. Nehmen wir das Beispiel eines Algorithmus, der vorhersagen soll, ob ein Angeklagter wieder straffällig wird bzw. ob er vor der Verhandlung freigelassen werden kann. Es könnte gut sein, dass ein solches System die rassistischen oder geschlechtsspezifischen Vorurteile menschlicher Richter aus den Beispielen der Trainingsmenge aufgreift. Die Entwickler von maschinellen Lernsystemen haben eine moralische Verantwortung sicherzustellen, dass ihre Systeme tatsächlich fair sind. In regulierten Bereichen wie Kreditwesen, Bildung, Arbeits- und Wohnungswesen haben sie darüber hinaus eine rechtliche Verantwortung. Aber was ist Fairness? Hierfür gibt es mehrere Kriterien, von denen die sechs häufigsten hier aufgeführt werden:

- **Individuelle Fairness**: setzt voraus, dass Individuen genauso wie andere ähnliche Individuen behandelt werden, unabhängig davon, welcher Klasse sie angehören.
- **Gruppenfairness**: setzt voraus, dass zwei Klassen gleich behandelt werden, gemessen an einer zusammenfassenden Statistik.
- **Fairness durch Unkenntnis**: Wenn wir die Attribute „ethnische Zugehörigkeit" und „Geschlecht" aus dem Datensatz löschen, könnte man meinen, dass das System bezüglich dieser Attribute keine diskriminierenden Entscheidungen mehr treffen kann. Leider wissen wir, dass Modelle für maschinelles Lernen latente Variablen (wie ethnische Zugehörigkeit und Geschlecht) anhand anderer korrelierter Variablen (wie Postleitzahl und Beruf) vorhersagen können. Außerdem macht es das Löschen dieser Attribute unmöglich, Chancengleichheit oder Ergebnisgleichheit zu verifizieren. Dennoch haben einige Länder (z. B. Deutschland) diesen Ansatz für ihre demografischen Statistiken gewählt (unabhängig von dem Einsatz maschineller Lernmodelle).
- **Ergebnisgleichheit**: die Idee, dass jede demografische Klasse die gleichen Ergebnisse erhält und somit **demografische Parität** aufweist. Nehmen wir zum Beispiel an, wir müssen entscheiden, welche Kreditanträge wir genehmigen sollen. Ziel ist es, die Kreditanträge der Antragsteller zu genehmigen, die den Kredit zurückzahlen werden, und nicht die Anträge derer, die den Kredit irgendwann nicht mehr bedienen können. Gemäß der demografischen Parität sollten sowohl für Männer als auch für Frauen der gleiche Prozentsatz an Krediten genehmigt werden. Beachten Sie, dass dies ein Kriterium der Gruppenfairness ist, das nichts zur Gewährleistung der individuellen Fairness beiträgt: Ein gut qualifizierter Antragsteller könnte abgelehnt und ein schlecht qualifizierter angenommen werden, solange die Gesamtprozentsätze gleich hoch sind. Außerdem begünstigt dieser Ansatz die Beseitigung früherer Verzerrungen gegenüber der Genauigkeit der Vorhersage. Wenn ein

Mann und eine Frau in jeder Hinsicht die gleichen Werte aufweisen, außer dass die Frau ein geringeres Gehalt für die gleiche Arbeit erhält, sollte sie dann als Kreditnehmerin angenommen werden, weil sie ohne die auf der Vorgschichte basierenden Verzerrungen ebenbürtig wäre? Oder sollte sie abgelehnt werden, weil es wahrscheinlicher ist, dass sie aufgrund des geringeren Gehalts den Kredit nicht bedienen kann?

- **Chancengleichheit**: die Idee, dass jedermann, der imstande ist, den Kredit zurückzuzahlen, die gleiche Chance haben sollte, korrekt als „rückzahlungsfähig" eingestuft zu werden, unabhängig von seinem Geschlecht. Dieser Ansatz wird auch als „Gleichgewicht" bezeichnet. Er kann zu ungleichen Ergebnissen führen und ignoriert die Wirkung der Verzerrung in den gesellschaftlichen Prozessen, die die Trainingsdaten erzeugt haben.
- **Gleichheit der Auswirkungen**: Personen mit ähnlicher Wahrscheinlichkeit der Kreditrückzahlung sollten den gleichen erwarteten Nutzen haben, unabhängig davon, zu welcher Klasse sie gehören. Dies geht insofern über die Chancengleichheit hinaus, als es sowohl den Nutzen einer wahren Vorhersage als auch die Kosten einer falschen Vorhersage berücksichtigt.

Lassen Sie uns diese Punkte in einem bestimmten Kontext untersuchen. COMPAS ist ein kommerzielles System, das in US-amerikanischen Gerichten zur Bewertung von Rückfälligkeit (Wiederholungsgefahr) eingesetzt wird. Es weist einem Angeklagten in einer Strafsache eine **Risikobewertung** zu, die dann einem Richter als Entscheidungshilfe dient: Ist es sicher, den Angeklagten aus der Untersuchungshaft zu entlassen, oder sollte er in Haft bleiben? Wie hoch sollte bei einer Verurteilung das Strafmaß sein? Sollte die Strafe auf Bewährung gewährt werden? Angesichts der Bedeutung dieser Entscheidungen war das System Gegenstand intensiver Untersuchungen (Dressel und Farid, 2018).

COMPAS ist vom Entwurf her **gut kalibriert**: Alle Personen, denen der Algorithmus die gleiche Punktzahl zuweist, sollten unabhängig von ihrer ethnischen Zugehörigkeit ungefähr die gleiche Wahrscheinlichkeit haben, erneut straffällig zu werden. Zum Beispiel werden unter allen Personen, denen das Modell einen Risikowert von 7 von 10 zuweist, 60 % der Weißen und 61 % der Schwarzen wieder straffällig. Die Entwickler behaupten folglich, dass es das gewünschte Ziel der Fairness erfüllt.

Auf der anderen Seite erreicht COMPAS keine Chancengleichheit: Der Anteil derjenigen, die nicht wieder straffällig wurden, aber fälschlicherweise als risikoreich eingestuft wurden, lag bei 45 % für Schwarze und 23 % für Weiße. In der Rechtssache *Staat ./. Loomis*, in der sich ein Richter auf COMPAS verließ, um das Strafmaß des Angeklagten zu bestimmen, argumentierte Loomis, dass das geheime Innenleben des Algorithmus seine Rechte auf ein ordentliches Gerichtsverfahren verletze. Obwohl der Oberste Gerichtshof von Wisconsin feststellte, dass die Verurteilung ohne COMPAS in diesem Fall nicht anders ausgefallen wäre, sprach er Warnungen aus über die Genauigkeit des Algorithmus und die Risiken für Angeklagte, die einer Minderheit angehören. Andere Forscher haben infrage gestellt, ob es angemessen ist, Algorithmen in Anwendungen wie der Strafzumessung zu verwenden.

Wir könnten auf einen Algorithmus hoffen, der sowohl gut kalibriert ist als auch Chancengleichheit gewährt, aber das ist, wie Kleinberg *et al.* (2016) zeigen, unmöglich. Wenn die Basisklassen unterschiedlich sind, dann wird jeder Algorithmus, der gut kalibriert ist, zwangsläufig keine Chancengleichheit bieten, und umgekehrt. Wie können wir die beiden Kriterien gewichten? Gleichheit der Auswirkungen ist eine Möglichkeit. Im Fall von COMPAS bedeutet dies, den negativen Nutzen von Angeklagten, die fälschlicherweise als hohes Risiko eingestuft werden und ihre Freiheit verlieren, gegenüber den Kosten für die Gesellschaft, die durch ein zusätzliches Verbrechen entstehen, abzuwägen und den Punkt zu finden, der den Kompromiss optimiert. Dies ist kompliziert, weil es mehrere Kosten zu berücksichtigen gilt. Es gibt individuelle Kosten – ein zu Unrecht inhaftierter Angeklagter erleidet ebenso einen Verlust wie das Opfer eines zu Unrecht entlassenen Angeklagten, der erneut straffällig wird.

Und darüber hinaus gibt es noch Gruppenkosten – jeder hat eine gewisse Angst, zu Unrecht inhaftiert oder Opfer eines Verbrechens zu werden, und alle Steuerzahler tragen zu den Kosten der Gefängnisse und Gerichte bei. Wenn wir diese Ängste und Kosten im Verhältnis zur Größe einer Gruppe bewerten, dann kann der Nutzen für die Mehrheit zu Lasten einer Minderheit gehen.

Ein weiteres Problem mit der ganzen Idee der Rückfallbewertung, unabhängig vom verwendeten Modell, ist, dass wir keine unverzerrten Ground-Truth-Daten haben. Die Daten sagen uns nicht, wer ein Verbrechen *begangen* hat – wir wissen nur, wer für ein Verbrechen *verurteilt* wurde. Wenn die verhaftenden Polizisten, Richter oder Geschworenen voreingenommen sind, dann sind die Daten auch „voreingenommen“, d. h. verzerrt. Wenn mehr Polizisten an bestimmten Orten patrouillieren, dann werden auch die Daten gegenüber den Menschen an diesen Orten verzerrt sein. Nur Angeklagte, die entlassen werden, können rückfällig werden. Wenn also die Richter, die über die Entlassung entscheiden, voreingenommen sind, dann sind unter Umständen auch die Daten verzerrt. Geht man davon aus, dass sich hinter dem verzerrten Datensatz ein zugrunde liegender, unbekannter, unverzerrter Datensatz befindet, der durch einen voreingenommenen Agenten verfälscht wurde, dann gibt es Methoden, um eine Annäherung an die unverzerrten Daten wiederherzustellen. Jiang und Nachum (2019) beschreiben verschiedene Szenarien und die entsprechenden Methoden.

Ein weiteres Risiko ist, dass maschinelles Lernen dazu verwendet werden kann, Voreingenommenheit zu *rechtfertigen*. Wenn Entscheidungen von einem voreingenommenen Menschen nach Nutzung eines maschinellen Lernsystems getroffen werden, kann der Mensch sagen: „Meine Interpretation des Modells unterstützt meine Entscheidung, also sollten Sie meine Entscheidung nicht infrage stellen.“ Aber andere Interpretationen könnten zu einer gegenteiligen Entscheidung führen.

Manchmal bedeutet Fairness, dass wir die Zielfunktion überdenken sollten, nicht die Daten oder den Algorithmus. Wenn zum Beispiel bei Einstellungsentscheidungen das Ziel darin besteht, die Kandidaten mit den besten Qualifikationen einzustellen, riskieren wir, diejenigen unfairerweise zu belohnen, die ihr ganzes Leben lang die besseren Bildungschancen hatten, und damit Klassengräben zu vertiefen. Wenn das Ziel jedoch darin besteht, Kandidaten einzustellen, die am ehesten bereit und fähig sind, am Arbeitsplatz zu lernen, haben wir eine bessere Chance, Klassengrenzen zu überwinden und aus einem breiteren Pool auszuwählen. Viele Unternehmen haben Programme für solche Bewerber entwickelt und dabei festgestellt, dass die für diese Programme eingestellten Mitarbeiter nach einem Jahr Training genauso gut abschneiden wie die herkömmlichen Kandidaten. Ebenso sind zwar allgemein nur 18 % der Informatikabsolventen in den USA Frauen, doch einige Ausbildungsstätten, wie die Harvey Mudd Universität, haben eine Parität von 50 % mit einem Ansatz erreicht, der sich auf die Förderung und Bindung von Studienanfängern der Informatik konzentriert, insbesondere von Studienanfängern mit weniger Programmiererfahrung.

Eine letzte Komplikation ist die Entscheidung, welche Klassen Schutz verdienen. In den USA identifizierte der Fair Housing Act sieben geschützte Klassen: ethnische Zugehörigkeit, Hautfarbe, Religion, nationale Herkunft, Geschlecht, Behinderung und Familienstand. Andere lokale, staatliche und bundesstaatliche Gesetze erkennen weitere Klassen an, darunter sexuelle Orientierung, Schwangerschaft, Ehestand und Veteranenstatus. Ist es fair, dass diese Klassen für einige Gesetze anerkannt werden und für andere nicht? Die internationalen Menschenrechtsgesetze, die eine breite Palette geschützter Gruppen umfassen, sind ein möglicher Rahmen, um den Schutz für verschiedene Gruppen zu harmonisieren.

Selbst wenn es keine gesellschaftliche Vorurteile gibt, können **ungleiche Stichprobengrößen** zu verzerrten Ergebnissen führen. In den meisten Datensätzen gibt es weniger Trainingsbeispiele von Personen einer Minderheitsklasse als von Personen einer Mehrheitsklasse. Algorithmen für maschinelles Lernen erzielen eine umso höhere Genauigkeit, je mehr Trainingsdaten vorliegen, was bedeutet, dass diejenigen, die einer Minderheitsklasse angehören, mit einer geringeren Genauigkeit vorlieb nehmen müssen. Zum Beispiel untersuchten Buolamwini und Gebru (2018) einen Computer-Vision-Dienst zur Geschlechtsidentifizierung und fanden heraus, dass er eine nahezu perfekte Genauigkeit für hellhäutige Männer und eine Fehlerquote von 33 % für dunkelhäutige Frauen hatte. Ein eingeschränktes Modell kann möglicherweise nicht gleichzeitig der Mehrheitsklasse und der Minderheitsklasse gerecht werden – ein lineares Regressionsmodell könnte den durchschnittlichen Fehler minimieren, indem es nur die Mehrheitsklasse berücksichtigt, und in einem SVM-Modell könnten die Supportvektoren alle den Mitgliedern der Mehrheitsklasse entsprechen.

Voreingenommenheit kann auch im Softwareentwicklungsprozess ins Spiel kommen (unabhängig davon, ob die Software maschinelles Lernen beinhaltet oder nicht). Entwickler, die ein System debuggen, werden eher die Probleme bemerken und beheben, die sie selbst betreffen. Es ist zum Beispiel schwierig zu bemerken, dass ein Benutzeroberflächendesign für Farbenblinde nicht funktioniert, wenn man nicht selbst farbenblind ist, oder dass eine Urdu-Übersetzung fehlerhaft ist, wenn man kein Urdu spricht.

Wie kann man sich gegen solche Verzerrungen schützen? Machen Sie sich zunächst mit den Grenzen der Daten vertraut, die Sie verwenden. Es wurde vorgeschlagen, dass Datensätze (Gebru *et al.*, 2018; Hind *et al.*, 2018) und Modelle (Mitchell *et al.*, 2019) mit Annotationen versehen werden sollten: Angaben zu Herkunft, Sicherheit, Übereinstimmung und Gebrauchstauglichkeit. Dies ist vergleichbar mit den **Datenblättern**, die elektronischen Bauteilen wie Widerständen beiliegen; sie ermöglichen es Designern zu entscheiden, welche Komponenten zu verwenden sind. Zusätzlich zu den Datenblättern ist es wichtig, die Entwickler zu schulen, damit sie sich der Problematik von Fairness und Voreingenommenheit bewusst sind. Dies kann sowohl in der Schule als auch bei der Ausbildung am Arbeitsplatz erfolgen. Je vielfältiger die Entwickler und ihre Hintergründe sind, desto leichter ist es für sie, Probleme in den Daten oder Modellen zu erkennen. Eine Studie des AI Now Institute (West *et al.*, 2019) fand heraus, dass nur 18 % der Autoren auf führenden KI-Konferenzen und 20 % der KI-Professoren Frauen sind. Schwarze KI-Mitarbeiter liegen bei weniger als 4 %. Die Zahlen der Forschungslabore in der Industrie fallen ähnlich aus. Die Diversität könnte durch spezielle Programme zu einem früheren Zeitpunkt in der Pipeline (beispielsweise in der Schule oder Hochschule) und durch ein stärkeres Bewusstsein auf professioneller Ebene erhöht werden. Joy Buolamwini gründete die Algorithmic Justice League, um das Bewusstsein für dieses Thema zu schärfen und Praktiken für die Verantwortlichkeit zu entwickeln.

Eine zweite Idee besteht darin, die Verzerrung der Daten zu beseitigen (Zemel *et al.*, 2013). Wir könnten in Minderheitsklassen ein Oversampling durchführen, um die Ungleichheit der Stichprobengröße auszugleichen. Techniken wie SMOTE (*Synthetic Minority Over-sampling Technique*; Chawla *et al.*, 2002) oder ADASYN (*ADAptive SYNthetic Sampling Approach*) für unbalanciertes Lernen (He *et al.*, 2008) bieten grundsätzliche Möglichkeiten für Oversampling. Wir könnten die Herkunft der Daten feststellen und Beispiele von Richtern eliminieren, die in ihren vergangenen Gerichtsverfahren Voreingenommenheit gezeigt haben. Einige Analysten lehnen es ab, Daten zu verwerfen, und empfehlen stattdessen ein hierarchisches Modell der Daten, das Quellen der Voreingenommenheit einschließt, damit diese modelliert und kompensiert werden können. Google und NeurIPS haben versucht, das Bewusstsein für dieses Problem zu schärfen, indem sie den Wettbewerb *Inclusive Images Competition* gesponsert haben, bei dem die Teilnehmer ein Netz auf einer Datenmenge von mit Labeln versehenen Bildern aus Nordamerika und Europa trainieren und es dann auf Bildern aus der ganzen Welt testen. Das Problem ist, dass es bei dieser Datenmenge einfach ist, eine Frau in einem westlichen Standard-Hochzeitskleid als „Braut" zu beschriften, aber schwieriger, traditionelle afrikanische und indische Hochzeitskleidung zu erkennen.

Eine dritte Idee besteht darin, neue Modelle und Algorithmen für maschinelles Lernen zu entwickeln, die resistenter gegen Verzerrungen sind; und die letzte Idee besteht darin, ein System erste Empfehlungen aussprechen zu lassen, die möglicherweise voreingenommen sind, und dann ein zweites System zu trainieren, um die Empfehlungen des ersten Systems zu entzerren. Bellamy *et al.* (2018) stellten das System AI FAIRNESS 360 vor, das ein Framework für all diese Ideen bietet. Wir gehen davon aus, dass solche Werkzeuge in Zukunft verstärkt zum Einsatz kommen werden.

Wie stellen Sie sicher, dass die Systeme, die Sie erstellen, fair sind? Es hat sich eine Reihe von Best Practices herausgebildet (auch wenn sie nicht immer befolgt werden):

- Stellen Sie sicher, dass die Softwareentwickler mit Sozialwissenschaftlern und Domänenexperten über die Probleme und Perspektiven der Software sprechen und berücksichtigen Sie Fairness von Anfang an.
- Schaffen Sie eine Umgebung, die die Bildung eines möglichst vielfältigen Pools von Softwareentwicklern fördert, der repräsentativ für die Gesellschaft ist.
- Legen Sie fest, welche Gruppen Ihr System unterstützen soll: verschiedene Sprachen, verschiedene Altersgruppen, verschiedene Behinderungen (z. B. Sehen, Hören) usw.
- Optimieren Sie für eine Zielfunktion, die Fairness einschließt.
- Untersuchen Sie Ihre Daten auf Vorurteile und auf Korrelationen zwischen geschützten und anderen Attributen.
- Informieren Sie sich darüber, welche Möglichkeiten es für Menschen gibt, Daten zu annotieren, legen Sie Ziele für die Annotationsgenauigkeit fest und überprüfen Sie, ob die Ziele erreicht werden.
- Verfolgen Sie nicht nur die Gesamtmetriken für Ihr System, sondern auch die Metriken für Teilgruppen, die Opfer von Vorurteilen sein könnten.
- Schließen Sie Systemtests ein, die die Erfahrungen von Benutzern aus Minderheitengruppen widerspiegeln.
- Sehen Sie eine Feedback-Schleife vor, damit bei auftretenden Fairnessproblemen diese behandelt werden.

27.3.4 Vertrauen und Transparenz

Es ist eine Sache, ein KI-System akkurat, fair, sicher und zuverlässig zu machen, aber eine ganz andere, alle anderen davon zu überzeugen, dass man es getan hat. Die Menschen müssen den Systemen, die sie nutzen, **vertrauen** können. Eine PwC-Umfrage aus dem Jahr 2017 ergab, dass 76 % der Unternehmen die Einführung von KI aufgrund von Bedenken hinsichtlich der Vertrauenswürdigkeit verlangsamen. In Abschnitt 19.9.4 haben wir einige der technischen Ansätze zum Thema Vertrauen behandelt, hier diskutieren wir die strategischen Fragen.

Um Vertrauen zu verdienen, muss jedes technische System einen **Verifikations- und Validierungsprozess** (V+V) durchlaufen. Verifizierung bedeutet, dass das Produkt die Spezifikationen erfüllt. Validierung bedeutet, dass sichergestellt wird, dass die Spezifikationen tatsächlich die Anforderungen des Benutzers und anderer betroffener Parteien erfüllen. Wir haben eine ausgefeilte V+V-Methodik für die Technik im Allgemeinen sowie für die traditionelle Softwareentwicklung durch menschliche Programmierer. Vieles davon ist auf KI-Systeme anwendbar. Aber maschinelle Lernsysteme sind anders und erfordern einen anderen V+V-Prozess, der noch nicht vollständig entwickelt ist. Wir müssen die Daten verifizieren, aus denen diese Systeme lernen; wir müssen die Genauigkeit und Fairness der Ergebnisse verifizieren, selbst bei Unsicherheiten, die ein exaktes Ergebnis ungewiss machen; und wir müssen verifizieren, dass Angreifer das Modell nicht unangemessen beeinflussen oder Informationen stehlen können, indem sie Abfragen an das resultierende Modell stellen.

Ein Instrument des Vertrauens ist die **Zertifizierung**. Zum Beispiel wurde Underwriters Laboratories (UL) 1894 gegründet, zu einer Zeit, als die Verbraucher sich Gedanken über die Risiken des elektrischen Stroms machten. Die UL-Zertifizierung von Geräten erhöhte das Vertrauen bei den Verbrauchern und inzwischen erwägt UL, in das Geschäft der Produktprüfung und -zertifizierung für KI einzusteigen.

Ein weiterer Aspekt des Vertrauens ist die **Transparenz**: Verbraucher wollen wissen, was in einem System vor sich geht und dass das System nicht gegen sie arbeitet, sei es aufgrund von absichtlicher Böswilligkeit, eines unbeabsichtigten Fehlers oder eines allgegenwärtigen gesellschaftlichen Vorurteils, das vom System widergespiegelt wird. In einigen Fällen zeigt sich diese Transparenz direkt beim Verbraucher. In anderen Fällen ist es der Schutz des geistigen Eigentums, der einige Aspekte des Systems für den Verbraucher verborgen hält, aber für Regulierungsbehörden und Zertifizierungsstellen einsehbar ist.

Wenn ein KI-System Sie für einen Kredit ablehnt, steht Ihnen eine Erklärung zu. In Europa können Sie sich dazu auf die Datenschutz-Grundverordnung berufen. Ein KI-System, das sich selbst erklären kann, wird **erklärbare KI** (*eXplainable AI*, **XAI**) genannt. Eine gute Erklärung hat mehrere Eigenschaften: Sie sollte für den Benutzer verständlich und überzeugend sein, sie sollte die Schlussfolgerung des Systems genau wiedergeben und sie sollte sowohl vollständig als auch spezifisch sein, sodass verschiedene Benutzer mit unterschiedlichen Bedingungen oder unterschiedlichen Ergebnissen unterschiedliche Erklärungen erhalten.

Es ist recht einfach, einem Entscheidungsalgorithmus Zugang zu seinen eigenen deliberativen Prozessen zu gewähren, indem man sie einfach aufzeichnet und als Datenstrukturen zur Verfügung stellt. Das bedeutet, dass Maschinen irgendwann in der Lage sein könnten, bessere Erklärungen für ihre Entscheidungen zu geben als wir Menschen. Außerdem können wir Schritte unternehmen, um uns zu vergewissern, dass die Erklärungen der Maschine keine Täuschungen (absichtliche oder Selbsttäuschung) sind, was bei einem Menschen schwieriger ist.

Eine Erklärung ist hilfreich, aber nicht ausreichend, um Vertrauen aufzubauen. Ein Problem ist, dass Erklärungen keine Entscheidungen sind – sie sind Geschichten zu den Entscheidungen. Wie in Abschnitt 19.9.4 besprochen, sagen wir, dass ein System interpretierbar ist, wenn wir den Quellcode des Modells inspizieren und sehen können, was es tut, und wir sagen, dass es erklärbar ist, wenn wir uns eine Geschichte darüber ausdenken können, was es tut – sogar wenn das System selbst eine uninterpretierbare Blackbox ist. Um eine uninterpretierbare Blackbox zu erklären, müssen wir ein separates Erklärungssystem erstellen, debuggen und testen sowie sicherstellen, dass es mit dem ursprünglichen System synchron ist. Und weil Menschen gute Geschichten lieben, sind wir nur allzu bereit, uns von einer gut klingenden Erklärung beeinflussen zu lassen. Nehmen Sie eine beliebige tagesaktuelle politische Kontroverse, wobei sich immer zwei sogenannte Experten mit diametral entgegengesetzten Erklärungen finden lassen, die beide in sich konsistent sind.

Ein letzter Punkt ist, dass eine Erklärung für einen Fall keine Übersicht über andere Fälle gibt. Wenn die Bank Ihnen erklärt: „Tut mir leid, Sie haben den Kredit nicht bekommen, weil Sie in der Vergangenheit bereits finanzielle Probleme hatten“, wissen Sie nicht, ob diese Erklärung korrekt ist oder ob die Bank aus irgendeinem Grund heimlich gegen Sie voreingenommen ist. In diesem Fall benötigen Sie nicht nur eine Erklärung, sondern auch ein **Audit** vergangener Bankentscheidungen mit aggregierten Statistiken über verschiedene demografische Gruppen, um zu sehen, ob deren Bewilligungsquoten ausgewogen sind.

Teil der Transparenz ist zu wissen, ob man mit einem KI-System oder einem Menschen interagiert. Toby Walsh (2015) schlug vor, dass „ein autonomes System so gestaltet sein sollte, dass es für nichts anderes als ein autonomes System gehalten werden kann, und sich zu Beginn jeder Interaktion identifizieren sollte.“ Er nannte dies das „Rote-Fahne“-Gesetz, in Anlehnung an den britischen Locomotive Act von 1865, der von jedem motorisierten Fahrzeug verlangte, dass eine Person mit einer roten Fahne vor diesem hergeht, um anderen die entgegenkommende Gefahr zu signalisieren.

2019 wurde in Kalifornien ein Gesetz erlassen, das besagt: „Es ist für jede Person ungesetzlich, einen Bot zu verwenden, um mit einer anderen Person in Kalifornien online zu kommunizieren oder zu interagieren, mit der Absicht, die andere Person über dessen künstliche Identität zu täuschen."

27.3.5 Die Zukunft der Arbeit

Von der ersten landwirtschaftlichen Revolution (10.000 v. Chr.) über die industrielle Revolution (Ende des 18. Jahrhunderts) bis hin zur grünen Revolution in der Lebensmittelproduktion (1950er Jahre) haben neue Technologien die Art und Weise verändert, wie die Menschen arbeiten und leben. Eines der Hauptprobleme, das sich aus dem Vormarsch der KI ergibt, ist, dass die menschliche Arbeit obsolet wird. Aristoteles stellt in Buch I seiner *Politik* das Wesentliche klar heraus:

> *Denn wenn jedes Instrument seine eigene Arbeit verrichten könnte, indem es dem Willen anderer gehorcht oder ihn vorwegnimmt [...] wenn in gleicher Weise das Schiffchen weben und das Plektrum die Leier anschlagen würde, ohne dass eine Hand sie führt, würden die Herren keine Diener und die Vorarbeiter keine Sklaven brauchen.*

Jeder stimmt mit Aristoteles' Beobachtung überein, dass es einen unmittelbaren Beschäftigungsrückgang gibt, wenn ein Arbeitgeber eine mechanische Methode findet, um die zuvor von einem Menschen ausgeführte Arbeit zu verrichten. Die Frage ist, ob die sogenannten Kompensationseffekte, die sich daraus ergeben – und die tendenziell zu einer Erhöhung der Beschäftigung führen –, diesen Rückgang letztendlich ausgleichen. Der primäre Kompensationseffekt ist die Steigerung des Gesamtwohlstands durch die höhere Produktivität, die wiederum zu einer höheren Nachfrage nach Gütern führt und tendenziell die Beschäftigung erhöht. So prognostiziert PwC (Rao und Verweij, 2017), dass die KI bis 2030 jährlich ungefähr 15 Billionen € zum globalen BIP beitragen wird. Kurzfristig werden das Gesundheitswesen und die Automobil-/Transportbranche am meisten profitieren. Allerdings sind die Vorteile der Automatisierung in unserer Wirtschaft noch nicht zum Tragen gekommen: Die aktuelle Wachstumsrate der Arbeitsproduktivität liegt sogar unter historischen Standardwerten. Brynjolfsson *et al.* (2018) versuchen, dieses Paradoxon zu erklären, indem sie die Vermutung äußern, dass die zeitliche Verzögerung zwischen der Entwicklung von Basistechnologien und ihrer Umsetzung in der Wirtschaft länger dauert als gemeinhin angenommen.

Technologische Innovationen haben in der Geschichte etliche Menschen arbeitslos gemacht. Weber wurden in den 1810er Jahren durch automatische Webstühle ersetzt, was zu den Protesten der Ludditen führte. Die Ludditen waren nicht gegen die Technologie *an sich*; sie wollten nur, dass die Maschinen von gut bezahlten Facharbeitern für die Herstellung hochwertiger Waren eingesetzt werden und nicht von ungelernten Arbeitern für die Herstellung minderwertiger Waren zu niedrigen Löhnen. Die weltweite Vernichtung von Arbeitsplätzen in den 1930er Jahren ließ John Maynard Keynes den Begriff der **technologischen Arbeitslosigkeit** prägen. In beiden Fällen sowie einigen anderen erholte sich das Beschäftigungsniveau schließlich wieder.

Im 20. Jahrhundert herrschte in der Wirtschaft die Meinung vor, dass technologische Beschäftigung allenfalls ein kurzfristiges Phänomen sei. Produktivitätssteigerungen würden immer zu mehr Wohlstand und höherer Nachfrage und damit zu einem Nettozuwachs an Arbeitsplätzen führen. Ein häufig zitiertes Beispiel ist das der Bankangestellten: Obwohl die Herausgabe von Bargeld durch Geldautomaten bei Abhebungen viele Bankangestellte überflüssig machte, wurde es dadurch billiger, eine Bankfiliale zu betreiben, sodass die Zahl der Filialen zunahm, was insgesamt zu mehr Bankangestellten führte. Auch die Art der Arbeit änderte sich: Sie wurde weniger routinemäßig und erforderte mehr betriebswirtschaftliche Kenntnisse. Der Nettoeffekt der Automatisierung scheint eher in der Abschaffung von *Aufgaben* als von *Arbeitsplätze* zu bestehen.

Die Mehrheit der Stimmen prognostiziert, dass dies auch für die KI-Technologie gelten wird, zumindest kurzfristig. Gartner, McKinsey, Forbes, das World Economic Forum und das Pew Research Center haben 2018 jeweils Berichte veröffentlicht, die einen Nettozuwachs an Arbeitsplätzen aufgrund von KI-gesteuerter Automatisierung vorhersagen. Einige Analysten sind jedoch der Meinung, dass es dieses Mal anders sein wird. Im Jahr 2019 prognostizierte IBM, dass bis 2022 120 Millionen Arbeitnehmer aufgrund der Automatisierung umgeschult werden müssten, und Oxford Economics sagte voraus, dass bis 2030 20 Millionen Arbeitsplätze in der Fertigung durch die Automatisierung verloren gehen könnten.

Frey und Osborne (2017) untersuchten 702 verschiedene Berufe und schätzen, dass 47 % von ihnen Gefahr laufen, automatisiert zu werden, was bedeutet, dass zumindest einige der Aufgaben im Beruf von einer Maschine ausgeführt werden können. Zum Beispiel sind fast 3 % der Arbeitskräfte in den USA Lkw-Fahrer und in einigen Bezirken sind es sogar 15 % der männlichen Arbeitskräfte. Wie wir in Kapitel 26 gesehen haben, wird deren Aufgabe wahrscheinlich durch fahrerlose Autos/Lkws/Busse/Taxis wegfallen.

Es ist wichtig, zwischen Berufen und den Aufgaben innerhalb dieser Berufe zu unterscheiden. McKinsey schätzt, dass nur 5 % der Berufe vollständig automatisierbar sind, aber dass bei 60 % der Berufe etwa 30 % der Aufgaben automatisiert werden können. So werden Lkw-Fahrer in Zukunft weniger Zeit hinter dem Lenkrad, sondern mehr Zeit damit verbringen sicherzustellen, dass die Waren ordnungsgemäß abgeholt und ausgeliefert werden. Sie werden am Anfang und Ende der Fahrt die Funktion eines Kundendienstmitarbeiters und Verkäufers übernehmen und vielleicht Konvois von beispielsweise drei Roboter-Lkws steuern. Das Ersetzen von drei Fahrern durch einen Konvoimanager bedeutet einen Nettoverlust an Arbeitsplätzen, aber wenn die Transportkosten sinken, wird es mehr Nachfrage geben, wodurch einige der Arbeitsplätze zurückgewonnen werden – wenn auch vielleicht nicht alle. Ein weiteres Beispiel: Trotz vieler Fortschritte bei der Anwendung von maschinellem Lernen auf das Problem der medizinischen Bildgebung wurden Radiologen bisher durch diese Werkzeuge ergänzt und nicht ersetzt. Letztlich steht man vor der Wahl, wie man die Automatisierung nutzen will: Wollen wir uns auf die *Senkung der Kosten* konzentrieren und damit den Verlust von Arbeitsplätzen positiv sehen oder wollen wir uns auf die *Verbesserung der Qualität* konzentrieren, um das Leben für den Arbeiter und den Kunden zu verbessern?

Es ist schwierig, genaue Zeitschienen für die Automatisierung vorherzusagen, aber derzeit und in den nächsten Jahren liegt der Schwerpunkt auf der Automatisierung strukturierter analytischer Aufgaben, wie dem Lesen von Röntgenbildern, dem Kundenbeziehungsmanagement (z. B. Bots, die Kundenbeschwerden automatisch sortieren und mit Vorschlägen für Abhilfemaßnahmen antworten) und der **Automatisierung von Geschäftsprozessen**, bei der Textdokumente und strukturierte Daten kombiniert werden, um Geschäftsentscheidungen zu treffen und den Arbeitsablauf zu verbessern. In den nächsten Jahren werden wir zunehmend eine Automatisierung mit physischen Robotern sehen, zuerst in kontrollierten Lagerumgebungen, dann in unsichereren Umgebungen, sodass sie bis 2030 einen bedeutenden Anteil des Markts ausmachen werden.

Da die Bevölkerung in den Industrieländern immer älter wird, verändert sich das Verhältnis zwischen Arbeitnehmern und Rentnern. Im Jahr 2015 kamen auf 100 Arbeitnehmer weniger als 30 Rentner, im Jahr 2050 könnten es über 60 pro 100 Arbeitnehmer sein. Der Pflege älterer Menschen wird eine immer wichtigere Rolle zukommen, die teilweise von der KI übernommen werden kann. Wenn wir den derzeitigen Lebensstandard beibehalten wollen, wird es außerdem notwendig sein, die verbleibenden Arbeitskräfte produktiver zu machen – die Automatisierung scheint die beste Möglichkeit dafür zu sein.

Selbst wenn die Automatisierung positive Auswirkungen im Wert von mehreren Billionen Euro hat, kann es aufgrund des **Tempos der Veränderungen** zu Problemen kommen. Denken Sie daran, wie sich allein die Landwirtschaft verändert hat: Im Jahr 1900 waren mehr als 40 % der US-Arbeitskräfte in der Landwirtschaft tätig, ein Anteil, der bis zum Jahr 2000 auf 2 % gesunken war.[4] Das ist ein enormer Umbruch in der Art und Weise, wie wir arbeiten, aber er erfolgte über einen Zeitraum von 100 Jahren und damit über Generationen hinweg, nicht in der Lebenszeit eines einzelnen Arbeiters.

Arbeitnehmer, deren Arbeitsplätze in diesem Jahrzehnt automatisiert werden, müssen möglicherweise innerhalb weniger Jahre auf einen neuen Beruf umschulen, um dann vielleicht zu erleben, dass ihr neuer Job ebenfalls wegrationalisiert wird und eine weitere Umschulungsphase ansteht. Einige werden vielleicht froh sein, ihren alten Beruf aufzugeben – wir sehen, dass Spediteure bei anziehender Konjunktur neue Anreize bieten müssen, um genügend Fahrer einzustellen –, aber die meisten Arbeitnehmer werden Angst vor ihrer neuen Rolle haben. Um dieses Problem zu lösen, müssen wir als Gesellschaft eine lebenslange Ausbildung anbieten, vielleicht teilweise in Form von Onlineschulungen, getrieben durch künstliche Intelligenz (Martin, 2012). Bessen (2015) argumentiert, dass die Arbeitnehmer erst dann Einkommenszuwächse erzielen werden, wenn sie für die Anwendung der neuen Technologien geschult sind, was Zeit in Anspruch nimmt.

Technologie verstärkt tendenziell die **Einkommensungleichheit**. In einer Informationsökonomie, die sich durch globale Kommunikation mit hoher Bandbreite und Null-Grenzkosten-Reproduktion von geistigem Eigentum auszeichnet (was Frank und Cook (1996) als „Winner-Take-All"-Gesellschaft bezeichnen), konzentrieren sich die Belohnungen in der Regel. Wenn Bauer Ali 10 % besser ist als Bauer Bo, dann erhält Ali etwa 10 % mehr Einkommen: Ali kann etwas mehr für bessere Güter verlangen, aber es gibt eine Grenze, wie viel auf dem Land produziert und wie weit es verschifft werden kann. Wenn aber der Software-App-Entwickler Cary 10 % besser ist als Dana, dann kann es sein, dass Cary am Ende 99 % des globalen Markts bedient. KI erhöht das Tempo der technischen Innovation und trägt damit zu diesem Gesamttrend bei, aber KI verspricht auch, dass wir uns eine Auszeit nehmen und die Dinge eine Zeit lang von unseren automatisierten Agenten erledigen lassen können. Tim Ferriss (2007) empfiehlt, Automatisierung und Outsourcing zu nutzen, um eine Vier-Stunden-Woche zu erreichen.

Vor der industriellen Revolution arbeiteten die Menschen als Bauern oder in anderen Handwerksberufen und sie mussten sich nicht mit einer Stechkarte am **Arbeitsplatz** anmelden und Stunden für einen Arbeitgeber verrichten. Doch heute praktizieren die meisten Erwachsenen in den Industrieländern genau das und die Arbeit dient drei Zwecken: Sie heizt die Produktion der Güter an, die die Gesellschaft braucht, um zu florieren; sie liefert das Einkommen, das der Arbeiter zum Leben braucht; und sie gibt dem Arbeiter ein Gefühl von Sinn, Erfüllung und sozialer Integration. Mit zunehmender Automatisierung kann es sein, dass sich diese drei Zwecke auflösen – die Bedürfnisse der Gesellschaft werden zum Teil durch die Automatisierung befriedigt und auf lange Sicht wird der Einzelne seinen Sinn aus anderen Beiträgen als der Arbeit ziehen. Ihre Einkommensbedürfnisse können durch sozialpolitische Maßnahmen befriedigt werden, die eine Kombination aus kostenlosem oder kostengünstigem Zugang zu sozialen Diensten und Bildung, übertragbaren Gesundheits-, Renten- und Bildungskonten, progressiven Steuersätzen, Steuergutschriften für Arbeitseinkommen, negativer Einkommensteuer oder einem universellen Grundeinkommen beinhalten.

4 Im Jahr 2010 waren zwar nur 2 % der US-Beschäftigten tatsächlich Landwirte, aber über 25 % der Bevölkerung (80 Millionen Menschen) haben mindestens einmal das Spiel FARMVILLE gespielt.

27.3.6 Roboterrechte

Die Frage des Roboterbewusstseins, die in Abschnitt 27.2 erörtert wird, ist entscheidend für die Frage, welche Rechte, wenn überhaupt, Roboter haben sollten. Wenn sie kein Bewusstsein, keine Qualia haben, dann würden nur wenige behaupten, dass ihnen Rechte zustehen.

Aber wenn Roboter Schmerz empfinden und den Tod fürchten können, wenn sie als „Personen" betrachtet werden, dann kann das Argument vorgebracht werden (z. B. von Sparrow, 2004), dass sie Rechte haben und es verdienen, dass ihre Rechte anerkannt werden, so wie Sklaven, Frauen und andere historisch unterdrückte Gruppen für die Anerkennung ihrer Rechte gekämpft haben. Das Thema der Roboterpersönlichkeit wird oft in der Literatur behandelt: von Pygmalion über Coppélia und Pinocchio bis hin zu den Filmen *A.I. – Künstliche Intelligenz* und *Der 200 Jahre Mann* gibt es die Legende einer Puppe bzw. eines Roboters, die/der zum Leben erwacht und danach strebt, als Mensch mit Menschenrechten akzeptiert zu werden. Im wirklichen Leben machte Saudi-Arabien Schlagzeilen, als es Sophia, einer menschlich aussehenden Puppe, die vorprogrammierte Zeilen sprechen kann, die Ehrenbürgerschaft verlieh.

Wenn Roboter Rechte haben, dann sollten sie nicht versklavt werden, und es stellt sich die Frage, ob ihre Umprogrammierung eine Art von Versklavung wäre. Eine andere ethische Frage betrifft das Wahlrecht: Eine reiche Person könnte Tausende von Robotern kaufen und sie so programmieren, dass sie Tausende von Stimmen abgeben – sollten diese Stimmen zählen? Wenn ein Roboter sich selbst klont, können dann beide wählen? Wo liegt die Grenze zwischen dem Ausfüllen von Wahlzetteln und der Ausübung des freien Willens und wann verstößt die Roboterwahl gegen das Prinzip „eine Person, eine Stimme"?

Ernie Davis plädiert dafür, das Dilemma „Roboterbewusstsein" zu vermeiden, indem einfach keine Roboter gebaut werden, denen man möglicherweise ein Bewusstsein zusprechen könnte. Dieses Argument wurde bereits von Joseph Weizenbaum in seinem Buch *Computer Power and Human Reason* (1976) und davor von Julien de La Mettrie in *L'Homme Machine* (1748) vorgebracht. Roboter sind Werkzeuge, die wir erschaffen haben, um die Aufgaben zu erledigen, die wir ihnen auftragen, und wenn wir ihnen eine Persönlichkeit zugestehen, dann lehnen wir es lediglich ab, die Verantwortung für die Handlungen unseres eigenen Eigentums zu übernehmen: „Ich bin nicht schuld an dem Unfall meines selbstfahrenden Autos – das Auto hat es selbst getan."

Dieses Thema nimmt eine andere Wendung, wenn wir Mensch-Roboter-Hybride entwickeln. Natürlich haben wir bereits Menschen technologisch optimiert, z. B. durch Kontaktlinsen, Herzschrittmacher und künstliche Hüften. Aber das Hinzufügen von Computerprothesen kann die Grenzen zwischen Mensch und Maschine verwischen.

27.3.7 KI-Sicherheit

Fast jede Technologie hat das Potenzial, in den falschen Händen Schaden anzurichten, aber bei KI und Robotik könnten die Hände von alleine agieren. Unzählige Science-Fiction-Romane haben vor Robotern oder Cyborgs gewarnt, die Amok laufen. Frühe Beispiele sind Mary Shelleys *Frankenstein oder Der moderne Prometheus* (1818) und Karel Čapeks Stück *R.U.R.* (1920), in dem Roboter die Welt erobern. Als Filme wären *Terminator* (1984) und *Matrix* (1999) zu nennen, in denen die Roboter versuchen, die Menschen zu eliminieren – die **Robopokalypse** (Wilson, 2011). Vielleicht sind Roboter so oft die Bösewichte, weil sie das Unbekannte repräsentieren, genau wie die Hexen und Geister aus den Märchen früherer Epochen. Wir können hoffen, dass ein Roboter, der klug genug ist herauszufinden, wie er die menschliche Rasse auslöschen kann, auch klug genug ist herauszufinden, dass das nicht die beabsichtigte Nutzenfunktion war; aber bei der Erstellung intelligenter Systeme wollen wir uns nicht nur auf die Hoffnung verlassen, sondern auf einen Designprozess mit Sicherheitsgarantien.

Es wäre unethisch, einen unsicheren KI-Agenten zu verbreiten. Wir verlangen von unseren Agenten, dass sie Unfälle vermeiden, gegen gegnerische Angriffe und böswilligen Missbrauch resistent sind und im Allgemeinen eher Nutzen bringen als Schaden anrichten. Dies gilt insbesondere, wenn KI-Agenten in sicherheitskritischen Anwendungen eingesetzt werden, wie z. B. beim Autofahren, zur Kontrolle von Robotern in gefährlichen Fabrik- oder Bauanlagen und bei medizinischen Entscheidungen über Leben und Tod.

Es gibt eine lange Tradition der **Sicherheitstechnik** in den traditionellen Ingenieurbereichen. Wir wissen, wie man Brücken, Flugzeuge, Raumfahrzeuge und Kraftwerke baut, die von vornherein so ausgelegt sind, dass sie sich auch dann sicher verhalten, wenn Komponenten des Systems ausfallen. Die erste Technik ist die **Fehlermöglichkeits- und Einflussanalyse** (**FMEA**): Die Analysten betrachten jede Komponente des Systems und stellen sich jede mögliche Art und Weise vor, wie die Komponente versagen könnte (z. B. was wäre, wenn diese Schraube reißt?), wobei sie auf Erfahrungen aus der Vergangenheit und auf Berechnungen zurückgreifen, die auf den physikalischen Eigenschaften der Komponente basieren. Von dort aus arbeiten sich die Analysten weiter vor, um zu sehen, welche Folgen ein solches Versagen hätte. Wenn die Folgen schwerwiegend sind (wenn beispielsweise ein Teil der Brücke einstürzen könnte), ändern die Analysten den Entwurf, um das Versagen abzumildern. (Mit diesem zusätzlichen Querträger kann die Brücke den Ausfall von 5 beliebigen Schrauben überstehen; mit diesem Backup-Server kann der Onlinedienst einen Tsunami überstehen, der den Hauptserver zerstört.) Die Technik der **Fehlerbaumanalyse** (*Fault Tree Analysis*, **FTA**) dient dazu, die nötigen Entscheidungen zu treffen: Analysten erstellen einen UND-ODER-Baum möglicher Ausfälle und weisen jeder Fehlerursache Wahrscheinlichkeiten zu, was die Berechnung der Gesamtausfallwahrscheinlichkeit ermöglicht. Diese Techniken können und sollten auf alle sicherheitskritischen technischen Systeme angewendet werden, auch auf KI-Systeme.

Das Ziel von **Software-Engineering** ist es, zuverlässige Software zu erstellen, wobei der Schwerpunkt traditionell bisher auf *Korrektheit* und nicht auf *Sicherheit* lag. Korrektheit bedeutet, dass die Software die Spezifikation möglichst genau implementiert. Sicherheit geht jedoch darüber hinaus und setzt voraus, dass die Spezifikation alle möglichen Fehlermodi berücksichtigt und so konzipiert ist, dass sie auch bei unvorhergesehenen Fehlern elegant angepasst werden kann. Zum Beispiel würde die Software für ein selbstfahrendes Auto nur dann als sicher gelten, wenn sie ungewöhnliche Situationen meistern kann. Was passiert zum Beispiel, wenn die Stromversorgung des Hauptcomputers ausfällt? Ein sicheres System hat einen Backup-Computer mit einer separaten Stromversorgung. Was ist, wenn ein Reifen bei hoher Geschwindigkeit platzt? Ein sicheres System hat entsprechende Tests durchgeführt und verfügt über Software, die den daraus resultierenden Kontrollverlust korrigiert.

Ein Agent, der als Nutzenmaximierer oder Zielerfüller konzipiert ist, kann unsicher sein, wenn er die falsche Zielfunktion hat. Angenommen, wir geben einem Roboter die Aufgabe, einen Kaffee aus der Küche zu holen. Wir könnten Probleme aufgrund **unbeabsichtigter Nebeneffekte** bekommen – der Roboter könnte seine Aufgabe überhastet erledigen und dabei Lampen und Tische umwerfen. Beim Testen würde uns diese Art von Verhalten auffallen und wir könnten die Nutzenfunktion ändern, um solche Schäden zu bestrafen. Allerdings ist es für die Entwickler und Tester schwierig, *alle* möglichen Nebeneffekte im Voraus zu erkennen.

Eine mögliche Lösung besteht darin, einen Roboter zu entwerfen, der nur **geringe Auswirkungen** hat (Armstrong und Levinstein, 2017): Anstelle einer reinen Nutzenmaximierung sollten wir den Nutzen abzüglich einer gewichteten Summe aller Änderungen am Zustand der Welt maximieren. Unter sonst gleichen Bedingungen zieht es ein solcher Roboter vor, nur die Dinge zu verändern, deren Auswirkungen auf den Nutzen bekannt sind; er vermeidet es also, die Lampe umzustoßen, nicht weil er genau weiß, dass das Umstoßen der Lampe dazu führen wird, dass sie umfällt und zerbricht, sondern weil er allgemein weiß, dass eine Disruption schlecht sein könnte. Dies kann als eine Version des ärztlichen Credos „in erster Linie keinen Schaden anrichten" oder als Analogie zur **Regularisierung** beim maschinellen Lernen gesehen werden: Wir benötigen eine Strategie, die Ziele erreicht, bevorzugt eine, die dazu sanfte Aktionen mit geringen Auswirkungen einsetzt. Der Trick ist, wie man die Auswirkungen misst. Es ist nicht akzeptabel, eine zerbrechliche Lampe umzustoßen, aber völlig in Ordnung, wenn die Luftmoleküle im Raum ein wenig durcheinander gebracht oder einige Bakterien im Raum versehentlich getötet werden. Es ist absolut nicht akzeptabel, Haustieren und Menschen im Raum Schaden zuzufügen. Wir müssen sicherstellen, dass der Roboter die Unterschiede zwischen diesen und vielen subtilen Fällen dazwischen kennt, indem wir eine explizite Programmierung mit maschinellem Lernen im Zeitverlauf und gründlichen Tests kombinieren.

Nutzenfunktionen können aufgrund von **Externalitäten** versagen, dem von Ökonomen verwendeten Wort für Faktoren, die außerhalb dessen liegen, was gemessen und bezahlt wird. Die Welt leidet, wenn Treibhausgase als Externalitäten betrachtet werden – Unternehmen und Staaten werden nicht dafür bestraft, dass sie sie produzieren, und infolgedessen leiden alle darunter. Der Ökologe Garrett Hardin (1968) bezeichnete die Ausbeutung gemeinsamer Ressourcen als **Tragik der Allmende**. Wir können diese Tragik entschärfen, indem wir die Externalitäten internalisieren – durch Einbeziehen in die Nutzenfunktion, z. B. mit einer Kohlenstoffsteuer – oder indem wir die Gestaltungsprinzipien anwenden, die gemäß Ökonomin Elinor Ostrom seit Jahrhunderten von Ortsansässigen auf der ganzen Welt verwendet werden (für diese Arbeit erhielt sie 2009 den Nobelpreis für Wirtschaft):

- Eindeutig die Gemeinressource definieren und wer darauf Zugriff hat
- Sich den örtlichen Gegebenheiten anpassen
- Allen Parteien erlauben, sich an Entscheidungen zu beteiligen
- Die Ressource mit rechenschaftspflichtigen Beobachtern überwachen
- Sanktionen im Verhältnis zur Schwere der Regelverletzung wählen
- Einfache Konfliktlösungsmechanismen
- Hierarchische Kontrolle großer Gemeinressourcen

Victoria Krakovna (2018) hat Beispiele von KI-Agenten katalogisiert, die das System manipuliert haben, indem sie herausfanden, wie sie ihren Nutzen maximieren können, ohne das Problem zu lösen, das sie eigentlich lösen sollten. Für die Designer sieht das wie Betrug aus, aber die Agenten machen eigentlich nur ihre Arbeit. Einige Agenten nutzen Fehler in der Simulation aus (z. B. Gleitpunktüberlauffehler), um Lösungen vorzuschlagen, die nicht mehr funktionieren, sobald der Fehler behoben ist. Mehrere Agenten in Videospielen haben Wege gefunden, das Spiel zum Absturz zu bringen oder zu pausieren, wenn sie zu verlieren drohten, und konnten so eine Strafe vermeiden. Und in einer Spezifikation, in der das Abstürzen des Spiels bestraft wurde, lernte ein Agent, gerade so viel Speicher des Spiels zu verbrauchen, dass es, wenn der Gegner an der Reihe war, keinen Speicher mehr hatte und zwangsläufig abstürzte. Schließlich sollte ein genetischer Algorithmus, der in einer simulierten Welt operierte, die Evolution sich schnell bewegender Kreaturen vorantreiben, produzierte aber in Wirklichkeit Kreaturen, die enorm groß waren und sich schnell bewegten, indem sie umkippten.

Entwickler von Agenten sollten sich dieser Art von Spezifikationsfehlern bewusst sein und Maßnahmen ergreifen, um sie zu vermeiden. Um ihnen dabei zu helfen, war Krakovna Teil des Teams, das die *AI Safety Gridworlds*-Umgebungen veröffentlichte (Leike *et al.*, 2017), mit denen Entwickler testen können, wie gut ihre Agenten funktionieren.

Die Moral ist, dass wir sehr vorsichtig sein müssen, wenn wir angeben, was wir wollen, denn bei Nutzenmaximierern bekommen wir tatsächlich das, worum wir gebeten hatten. Das **Wertangleichungsproblem** besteht darin sicherzustellen, dass das, was wir verlangen, auch wirklich das ist, was wir wollen. Dieses Problem ist auch als **König-Midas-Problem** bekannt (siehe S. 57). Schwierigkeiten tauchen auf, wenn eine Nutzenfunktion die vorherrschenden Gesellschaftsnormen über akzeptables Verhalten nicht erfasst. Zum Beispiel weiß ein Mensch, der für die Reinigung der Böden angestellt ist, wenn er mit einer unordentlichen Person konfrontiert wird, die wiederholt Schmutzspuren hinterlässt, dass es akzeptabel ist, diese Person höflich zu bitten, vorsichtiger zu sein, aber dass es nicht akzeptabel ist, diese Person zu entführen oder handlungsunfähig zu machen.

Ein Reinigungsroboter muss diese Dinge ebenfalls wissen, entweder durch explizite Programmierung oder durch Lernen aus Beobachtung. Der Versuch, alle Regeln aufzuschreiben, damit der Roboter immer das Richtige tut, ist mit ziemlicher Sicherheit aussichtslos. Wir haben mehrere Tausend Jahre lang versucht, schlupflochfreie Steuergesetze zu formulieren – ohne Erfolg. Es ist quasi besser, den Roboter dazu zu bringen, dass er Steuern zahlen *möchte*, als ihn durch Regeln dazu zwingen, wenn er eigentlich etwas anderes tun möchte. Ein ausreichend intelligenter Roboter wird einen Weg finden, etwas anderes zu tun.

Roboter können lernen, sich besser an menschliche Vorlieben anzupassen, indem sie das menschliche Verhalten beobachten. Dies ist eindeutig mit dem Begriff des Apprenticeship Learning verwandt (Abschnitt 22.6). Der Roboter kann eine Strategie lernen, die direkt vorschlägt, welche Aktionen in welchen Situationen ausgeführt werden sollen. Wenn die Umgebung beobachtbar ist, so ist dies oft ein einfaches Problem des überwachten Lernens. Ein Roboter kann z. B. einen Menschen beim Schachspielen beobachten: Jedes Zustand-Aktion-Paar ist ein Beispiel für den Lernprozess. Leider bedeutet diese Form des **Nachahmungslernens**, dass der Roboter die menschlichen Fehler wiederholt. Stattdessen kann der Roboter mittels **Inverse Reinforcement Learning** feststellen, unter welcher Nutzenfunktion der Mensch agieren muss. Selbst das Beobachten von schlechten Schachspielern reicht dem Roboter wahrscheinlich aus, um das Ziel des Spiels zu lernen. Allein anhand dieser Informationen kann der Roboter die menschliche Leistung übertreffen – wie dies z. B. ALPHAZERO beim Schach gelang –, indem er optimale oder nahezu optimale Strategien aus dem Ziel errechnet. Dieser Ansatz funktioniert nicht nur bei Brettspielen, sondern auch bei realen physischen Aufgaben wie dem Hubschrauber-Kunstflug (Coates *et al.*, 2009).

In komplexeren Umgebungen, z. B. mit sozialen zwischenmenschlichen Interaktionen, ist es sehr unwahrscheinlich, dass der Roboter irgendwann die individuellen Vorlieben eines jeden Menschen genau kennt. (Schließlich lernen viele Menschen trotz lebenslanger Erfahrung nie ganz, wie andere Menschen ticken, und viele von uns sind sich auch über ihre eigenen Vorlieben nicht im Klaren.) Es ist daher notwendig, dass Maschinen angemessen funktionieren, wenn sie sich über die menschlichen Präferenzen nicht sicher sind. In Kapitel 18 haben wir **Assistenzspiele** vorgestellt, die sich genau mit dieser Situation befassen. Lösungen für Assistenzspiele sollten vorsichtiges Handeln beinhalten, um die Aspekte der Welt, die den Menschen interessieren könnten, nicht zu verfälschen, sowie das Stellen von Fragen. Zum Beispiel könnte der Roboter fragen, ob es eine akzeptable Lösung für die globale Erwärmung ist, die Ozeane in Schwefelsäure zu verwandeln, bevor er den Plan in die Tat umsetzt.

Im Umgang mit Menschen muss ein Roboter, der ein Assistenzspiel löst, menschliche Unzulänglichkeiten berücksichtigen. Wenn der Roboter um Erlaubnis bittet, kann es sein, dass der Mensch sie erteilt, ohne zu ahnen, dass der Vorschlag des Roboters in Wirklichkeit langfristig katastrophale Auswirkungen hat. Außerdem haben Menschen zum einen keinen vollständigen introspektiven Zugang zu ihrer wahren Nutzenfunktion und zum anderen handeln sie auch nicht immer in Einklang mit dieser. Menschen lügen oder betrügen manchmal oder tun Dinge, von denen sie wissen, dass sie falsch sind. Sie zeigen in ihren Aktionen manchmal selbstzerstörerische Tendenzen, wie z. B. übermäßiges Essen oder Drogenmissbrauch. KI-Systeme sollen nicht lernen, diese problematischen Tendenzen zu übernehmen, aber sie müssen wissen, dass sie existieren, wenn sie menschliches Verhalten interpretieren, um die zugrunde liegenden menschlichen Präferenzen zu eruieren.

Trotz dieser Sicherheitsvorkehrungen befürchten prominente Technologen wie Bill Gates und Elon Musk sowie Wissenschaftler wie Stephen Hawking und Martin Rees, dass sich die KI unkontrolliert weiterentwickeln könnte. Sie warnen, dass wir keine Erfahrung mit der Kontrolle von machtvollen, nicht menschlichen Wesen mit übermenschlichen Fähigkeiten haben. Das stimmt nicht ganz. Wir haben jahrhundertelange Erfahrung mit Nationen und Konzernen, also nicht menschlichen Entitäten, die die Macht über Tausende, ja Millionen von Menschen in sich vereinen. Unsere Bilanz bei der Kontrolle dieser Entitäten ist nicht sehr ermutigend: Nationen lösen periodische Erschütterungen aus, die Kriege genannt werden und Abermillionen Menschen töten, und Konzerne sind teilweise für die globale Erwärmung verantwortlich sowie für unsere Unfähigkeit, uns diesem Problem entgegenzustellen.

Wie I. J. Good (1965b) zu bedenken gibt, können KI-Systeme aufgrund ihres Potenzials zur schnellen Selbstverbesserung ein viel größeres Problem darstellen als Nationen und Konzerne:

> *Eine* ***ultraintelligente Maschine*** *sei definiert als eine Maschine, die alle intellektuellen Aktivitäten eines noch so klugen Menschen weit übertrifft. Da das Entwerfen von Maschinen eine dieser intellektuellen Aktivitäten ist, könnte eine ultraintelligente Maschine noch bessere Maschinen entwerfen. Dadurch würde es zweifellos zu einer „Intelligenzexplosion" kommen und die Intelligenz des Menschen würde weit zurückbleiben. Somit ist die erste ultraintelligente Maschine die* letzte *Erfindung, die der Mensch jemals machen muss, vorausgesetzt, die Maschine ist fügsam genug, uns zu sagen, wie wir sie unter Kontrolle halten können.*

Die von Good angesprochene „Intelligenzexplosion" wurde von dem Mathematikprofessor und Science-Fiction-Autor Vernor Vinge auch als **technologische Singularität** bezeichnet. Vinge schrieb 1993: „In dreißig Jahren werden wir die technologischen Mittel haben, um übermenschliche Intelligenz zu schaffen. Kurz danach wird die Ära des Menschen beendet sein." Im Jahr 2017 sagte der Erfinder und Futurist Ray Kurzweil voraus, dass die Singularität im Jahr 2045 eintreten wird, was bedeutet, dass wir ihr in 24 Jahren nur 2 Jahre näher gekommen sind. (Bei diesem Tempo sind es nur noch 336 Jahre!) Vinge und Kurzweil stellen zu Recht fest, dass der technologische Fortschritt in vielen Bereichen derzeit exponentiell wächst.

Es ist jedoch ein ziemlicher Sprung, den ganzen Weg von den rapide sinkenden Rechenkosten bis zur Singularität zu extrapolieren. Bisher hat jede Technologie eine S-förmige Kurve angenommen, bei der das exponentielle Wachstum am Ende abflacht. Manchmal treten neue Technologien auf den Plan, wenn die alten ein Plateau erreichen, aber manchmal ist es aus technischen, politischen oder soziologischen Gründen nicht möglich, das Wachstum aufrechtzuerhalten. Zum Beispiel hat sich die Technologie des Fliegens vom Flug der Gebrüder Wright im Jahr 1903 bis zur Mondlandung im Jahr 1969 dramatisch weiterentwickelt, hat aber seitdem keine Durchbrüche vergleichbarer Größenordnung mehr erlebt.

Ein weiteres Hindernis auf dem Weg zur Übernahme der Welt durch ultraintelligente Maschinen ist die Welt selbst. Genauer gesagt, erfordern einige Formen des Fortschritts nicht nur Denken, sondern auch Handeln in der physischen Welt. (Kevin Kelly nennt die Überbetonung der reinen Intelligenz **Thinkismus**.) Eine ultraintelligente Maschine, die mit der Erstellung einer großen vereinheitlichten Theorie der Physik (*Grand Unified Theory*) beauftragt wird, könnte zwar Gleichungen geschickt manipulieren, die eine Milliarde Mal schneller sind als die von Einstein, aber für echte Fortschritte müsste sie immer noch Millionen von Euros aufbringen, um einen leistungsfähigeren Supercollider zu bauen, und über Monate oder Jahre hinweg physikalische Experimente durchführen. Erst dann könnte sie mit der Analyse der Daten und der Erstellung einer Theorie beginnen. Je nachdem, wie die Daten ausfallen, müssten eventuell im nächsten Schritt weitere Milliarden Euro für eine interstellare Raumfahrtmission aufgebracht werden, deren Durchführung Jahrhunderte dauern würde. Der „ultraintelligentes Denken“-Teil dieses ganzen Prozesses könnte tatsächlich der unwichtigste Teil sein. Ein anderes Beispiel: Eine ultraintelligente Maschine, die den Auftrag hat, den Nahen Osten zu befrieden, könnte am Ende 1.000-mal frustrierter sein als ein menschlicher Gesandter. Noch wissen wir nicht, wie viele der großen Probleme mit der Mathematik und wie viele mit dem Nahen Osten zu tun haben.

Während manche Menschen die Singularität fürchten, sind andere davon begeistert. Die soziale Bewegung des **Transhumanismus** freut sich auf eine Zukunft, in der der Mensch mit Roboter- und Biotech-Erfindungen verschmilzt oder durch sie ersetzt wird. Ray Kurzweil schreibt in *The Singularity is Near* (2005):

> *Mit der Singularität werden wir die Grenzen unserer biologischen Körper und Gehirne überschreiten. Wir werden die Gewalt über unser Schicksal erlangen. [. . .] Wir werden so lange leben können, wie wir wollen [. . .] Wir werden das menschliche Denken vollständig verstehen, erweitern und an neue Ufer führen. Bis zum Ende des Jahrhunderts wird die nicht biologische Komponente unserer Intelligenz Billionen von Billionen Mal mächtiger sein als bloße menschliche Intelligenz.*

In ähnlicher Weise antwortete Marvin Minsky auf die Frage, ob Roboter die Erde erben werden, „ja, aber sie werden unsere Kinder sein“. Diese Möglichkeiten stellen eine Herausforderung für die meisten Moraltheoretiker dar, die die Erhaltung des menschlichen Lebens und der menschlichen Spezies für eine gute Sache halten. Kurzweil weist auch auf die potenziellen Gefahren hin und schreibt: „Doch die Singularität wird auch unserem Selbstzerstörungstrieb völlig neue Möglichkeiten eröffnen – das letzte Wort ist also noch nicht gesprochen.“ Wir Menschen täten gut daran, dafür zu sorgen, dass jede intelligente Maschine, die wir heute entwerfen und die sich zu einer ultraintelligenten Maschine entwickeln könnte, dies auf eine Weise tut, die uns am Ende gut behandelt. Wie Eric Brynjolfsson es ausdrückt: „Die Zukunft wird nicht von Maschinen vorherbestimmt. Sie wird von Menschen erschaffen.“

ZUSAMMENFASSUNG

In diesem Kapitel wurden die folgenden Punkte behandelt:

- Philosophen verwenden den Begriff **schwache KI** für die Hypothese, dass Maschinen sich möglicherweise intelligent verhalten, und den Begriff **starke KI** für die Hypothese, dass solche Maschinen mit tatsächlichem Verstand (im Gegensatz zu simuliertem Verstand) ausgestattet sind.
- Alan Turing verwarf die Frage „Können Maschinen denken?" und ersetzte sie durch einen Verhaltenstest. Er hat viele Einwände gegen die Möglichkeit denkender Maschinen vorweggenommen. Nur wenige KI-Forscher schenken dem Turing-Test Beachtung und konzentrieren sich lieber auf die Leistung ihrer Systeme bei praktischen Aufgaben, als auf die Fähigkeit, Menschen zu imitieren.
- Das Bewusstsein bleibt ein Rätsel.
- KI ist eine mächtige Technologie und als solche birgt sie potenzielle Gefahren, in Form von tödlichen autonomen Waffen, Sicherheits- und Datenschutzverletzungen, unbeabsichtigten Nebenwirkungen, unbeabsichtigten Fehlern und bösartigem Missbrauch. Diejenigen, die mit KI-Technologie arbeiten, haben eine ethische Verpflichtung, diese Gefahren verantwortungsvoll zu reduzieren.
- KI-Systeme müssen nachweisen können, dass sie fair, vertrauenswürdig und transparent sind.
- Es gibt mehrere Aspekte der Fairness und es ist unmöglich, alle auf einmal zu maximieren. Ein erster Schritt ist also zu entscheiden, was als fair betrachtet werden soll.
- Die Automatisierung verändert schon jetzt die Art und Weise, wie Menschen arbeiten. Als Gesellschaft werden wir uns mit diesen Veränderungen auseinandersetzen müssen.

Bibliografische und historische Anmerkungen

Schwache KI: Als Alan Turing (1950) die Möglichkeit von KI vorschlug, nahm er bereits viele der wichtigsten philosophischen Fragen vorweg und gab mögliche Antworten. Allerdings hatten bereits lange vor der Erfindung von KI diverse Philosophen ähnliche Fragen aufgeworfen. Maurice Merleau-Pontys *Phänomenologie der Wahrnehmung* (1966) betonte die Bedeutung des Leibes und die subjektive Interpretation der Realität durch unsere Sinne, und Martin Heideggers *Sein und Zeit* (1927) fragte, was es eigentlich bedeutet, ein Agent zu sein. Im Computerzeitalter stellen Alva Noe (2009) und Andy Clark (2015) die These auf, dass unsere Gehirne eine eher minimale Repräsentation der Welt bilden, die die Welt selbst auf einer Just-in-time-Basis nutzen, um die Illusion eines detaillierten internen Modells aufrechtzuerhalten, und sich der Requisiten in der Welt (wie Papier und Bleistift sowie Computer) bedienen, um die Fähigkeiten des Geistes zu erhöhen. Pfeifer *et al.* (2006) sowie Lakoff und Johnson (1999) liefern Argumente dafür, wie Leiblichkeit dazu beiträgt, die Wahrnehmung zu formen. Apropos Leib: Levy (2008), Danaher und McArthur (2017) und Devlin (2018) befassen sich mit dem Thema Robotersex.

Starke KI: René Descartes ist bekannt für seine dualistische Sicht des menschlichen Geistes, wobei sich sein historischer Einfluss ironischerweise in Richtung Mechanismus und Physikalismus bewegte. Er betrachtete Tiere explizit als Automaten und nahm den Turing-Test vorweg, indem er schrieb: „Es ist nicht denkbar, dass [eine Maschine] verschiedene Anordnungen von Wörtern produziert, um auf alles, was in ihrer Gegenwart gesagt wird, eine angemessen sinnvolle Antwort zu geben, wie es selbst der dümmste Mensch tun kann" (Descartes, 1637). Descartes' beherzte Verteidigung des Standpunkts, dass Tiere Automaten seien, hatte tatsächlich den Effekt, dass es einfacher wurde, auch Menschen als Automaten zu begreifen, auch wenn er selbst diesen Schritt nicht vollzog. Das Buch *L'Homme Machine* (La Mettrie, 1748) argumentierte explizit, dass Menschen Automaten sind. Schon zu Homers Zeiten (ca. 700 v. Chr.) stellten sich die griechischen Sagen Automaten wie den bronzenen Riesen Talos vor und beschäftigten sich mit dem Thema *Biotechne*, also Leben durch handwerkliche Technik (Mayor, 2018).

Der **Turing-Test** (Turing, 1950) wurde diskutiert (Shieber, 2004), in einem Sammelband zusammengefasst (Epstein *et al.*, 2008) und kritisiert (Shieber, 1994; Ford und Hayes, 1995). Bringsjord (2008) gibt Ratschläge für Turing-Test-Juroren und Christian (2011) für menschliche Teilnehmer. Der jährliche Loebner-Preis-Wettbewerb ist der am längsten laufende Turing-Test-ähnliche Wettbewerb; Steve Worswicks MITSUKU gewann von 2016 bis 2019 viermal in Folge. Das **chinesische Zimmer** wurde endlos diskutiert (Searle, 1980; Chalmers, 1992; Preston und Bishop, 2002). Hernández-Orallo (2016) gibt einen Überblick über Ansätze zur Messung des KI-Fortschritts und Chollet (2019) schlägt ein Maß für Intelligenz vor, das auf der Effizienz des Fähigkeitenerwerbs basiert.

Das **Bewusstsein** bleibt ein leidiges Problem für Philosophen, Neurowissenschaftler und alle, die über ihre eigene Existenz nachdenken. Block (2009), Churchland (2013) und Dehaene (2014) geben einen Überblick über die wichtigsten Theorien. Crick und Koch (2003) bringen ihre Expertise in Biologie und Neurowissenschaft in die Debatte ein und Gazzaniga (2018) zeigt, was man aus der Untersuchung von Hirnschäden im Krankenhaus lernen kann. Koch (2019) stellt eine Theorie des Bewusstseins auf – „Intelligenz handelt vom Tun und Erfahrung vom Sein" –, die die meisten Tiere einschließt, aber keine Computer. Giulio Tononi und seine Kollegen schlagen eine **integrierte Informationstheorie** vor (Oizumi *et al.*, 2014). Damasio (1999) hat eine Theorie, die auf drei Ebenen basiert: Emotion, Gefühl und das Fühlen eines Gefühls. Bryson (2012) zeigt auf, welchen Wert die bewusste Aufmerksamkeit für den Prozess des Lernens der Handlungsauswahl hat.

Die philosophische Literatur über Geist, Gehirn und verwandte Themen ist umfangreich und jargonlastig. Die *Encyclopedia of Philosophy* (Edwards, 1967) ist eine beeindruckend zuverlässige und sehr nützliche Navigationshilfe. Das *The Cambridge Dictionary of Philosophy* (Audi, 1999) ist kürzer und leichter zugänglich und die online verfügbare *Stanford Encyclopedia of Philosophy* enthält viele ausgezeichnete Artikel und aktuelle Referenzen. Die *MIT Encyclopedia of Cognitive Science* (Wilson und Keil, 1999) behandelt die Philosophie, Biologie und Psychologie des Geistes. Es gibt eine Vielzahl von Einführungen in die philosophische „KI-Frage" (Haugeland, 1985; Boden, 1990; Copeland, 1993; McCorduck, 2004; Minsky, 2007). *The Behavioral and Brain Sciences*, abgekürzt *BBS*, ist eine wichtige Zeitschrift, die sich mit philosophischen und wissenschaftlichen Debatten über KI und Neurowissenschaften beschäftigt.

Der Science-Fiction-Autor Isaac Asimov (1942, 1950) war einer der Ersten, der sich mittels seiner **Gesetze der Robotik** mit dem Thema der Roboterethik auseinandersetzte:

0. Ein Roboter darf der Menschheit keinen Schaden zufügen oder durch Untätigkeit zulassen, dass die Menschheit zu Schaden kommt.
1. Ein Roboter darf einen Menschen nicht verletzen oder durch Untätigkeit zulassen, dass ein Mensch zu Schaden kommt.
2. Ein Roboter muss Befehle befolgen, die ihm von Menschen erteilt werden, es sei denn, diese Befehle würden dem Ersten Gesetz widersprechen.
3. Ein Roboter muss seine eigene Existenz schützen, solange dieser Schutz nicht mit dem Ersten oder Zweiten Gesetz kollidiert.

Auf den ersten Blick scheinen diese Gesetze vernünftig zu sein. Aber der Trick ist, wie man sie umsetzt. Sollte ein Roboter einem Menschen erlauben, die Straße zu überqueren oder Junkfood zu essen, selbst wenn der Mensch möglicherweise zu Schaden kommen könnte? In Asimovs Geschichte *Runaround* (1942) müssen die Menschen einen Roboter debuggen, der im Kreis herumläuft und sich „betrunken" verhält. Sie finden heraus, dass der Kreis die Ortskurve der Punkte definiert, die das zweite Gesetz (der Roboter wurde angewiesen, im Zentrum des Kreises etwas Selen zu holen) mit dem dritten Gesetz (dort besteht eine Gefahr, die die Existenz des Roboters bedroht) in Einklang bringen.[5] Dies deutet darauf hin, dass die Gesetze keine logischen Absolutheiten sind, sondern gegeneinander abgewogen werden, wobei die früheren Gesetze ein höheres Gewicht haben. Da dies 1942 war, also vor dem Aufkommen von Digitalcomputern, dachte Asimov wahrscheinlich an eine Architektur, die auf der Kontrolltheorie via analoger Datenverarbeitung basiert.

Weld und Etzioni (1994) analysieren Asimovs Gesetze und schlagen einige Möglichkeiten vor, die Planungstechniken von Kapitel 11 zu modifizieren, um Pläne zu erstellen, die keinen Schaden anrichten. Asimov hat sich mit vielen ethischen Fragen rund um die Technik auseinandergesetzt; in seiner 1958 erschienenen Geschichte *Das Gefühl der Macht* behandelt er das Problem der Automatisierung, die zu einem Verlust menschlicher Fähigkeiten führt – ein Techniker entdeckt die verlorene Kunst der Multiplikation wieder –, sowie das Dilemma, was zu tun ist, wenn diese Wiederentdeckung zur Kriegsführung eingesetzt wird.

Norbert Wieners Buch *God & Golem Inc.* (1964) sagte korrekt voraus, dass Computer bei Spielen und anderen Aufgaben eine Leistung auf Expertenniveau erreichen würden und dass sich die Spezifizierung dessen, was wir wollen, als schwierig erweisen würde. Wiener schreibt:

> *Es ist immer möglich, dass das, was wir wirklich wollen, nicht dem entspricht, worum wir gebeten haben, aber diese Möglichkeit ist am kritischsten, wenn der Prozess zum Erreichen unseres Wunsches indirekt ist und erst ganz am Ende klar ist, wie viel wir von unserem Wunsch erreicht haben. Normalerweise realisieren wir unsere Wünsche, soweit wir sie tatsächlich realisieren, durch einen Rückkopplungsprozess, in dem wir den Grad der Erreichung von Zwischenzielen mit unserer Antizipation dieser Ziele vergleichen. Bei diesem Prozess erfolgt die Rückkopplung über uns und wir können umkehren, bevor es zu spät ist. Wenn die Rückkopplung in eine Maschine eingebaut ist, die nicht überprüft werden kann, bis das Endziel erreicht ist, erhöht dies die Möglichkeiten für eine Katastrophe erheblich. Ich würde es sehr hassen, bei der ersten Probefahrt eines Autos mitzufahren, das durch fotoelektrische Rückkopplungsgeräte geregelt wird, es sei denn, es gäbe irgendwo einen Griff, mit dem ich die Kontrolle übernehmen könnte, wenn ich gegen einen Baum fahre.*

Wir haben die **Ethikkodizes** in diesem Kapitel zusammengefasst, aber die Liste der Organisationen, die eine Reihe von Grundsätzen herausgegeben haben, wächst schnell und umfasst nun Apple, DeepMind, Facebook, Google, IBM, Microsoft, die Organisation für wirtschaftliche Zusammenarbeit und Entwicklung (OECD), die Organisation der Vereinten Nationen für Bildung, Wissenschaft und Kultur (UNESCO), das US-Office of Science and Technology Policy, die Beijing Academy of Artificial Intelligence (BAAI), das Institute of Electrical and Electronics Engineers (IEEE), die Association of Computing Machinery (ACM), das World Economic Forum, die G20-Staaten (Group of Twenty), OpenAI, das Machine Intelligence Research Institute (MIRI), AI4People, das Centre for the Study of Existential Risk, das Center for Human-Compatible AI, das Center for Humane Technology, die Partnership on AI, das AI Now Institute, das Future of Life Institute, das Future of Humanity Institute, die Europäische Union und mindestens 42 nationale Regierungen. Es gibt das Handbuch *Ethics of Computing* (Berleur und Brunnstein, 2001) und Einführungen in das Thema KI-Ethik in Buchform (Bod-

5 Science-Fiction-Autoren sind sich weitgehend einig, dass Roboter sehr schlecht darin sind, Widersprüche aufzulösen. In *2001: Odyssee im Weltraum* wird der Computer HAL 9000 aufgrund eines Konflikts in seinen Befehlen zum Mörder und in der *Star Trek*-Episode „Der dressierte Herrscher" sagt Captain Kirk zu einem feindlichen Roboter: „Alles, was Harry dir sagt, ist eine Lüge", und Harry sagt: „Ich lüge." Daraufhin kommt Rauch aus dem Kopf des Roboters und er schaltet sich ab.

dington, 2017) und als Übersicht (Etzioni und Etzioni, 2017a). Die Zeitschriften *Journal of Artificial Intelligence and Law* und *AI and Society* behandeln ethische Fragen. Wir werden nun einige dieser Themen separat betrachten.

Tödliche autonome Waffen: P. W. Singers Buch *Wired for War* (2009) warf ethische, rechtliche und technische Fragen rund um Roboter auf dem Schlachtfeld auf. Paul Scharres *Army of None* (2018), geschrieben von einem der Autoren der aktuellen US-Politik zu autonomen Waffen, bietet eine ausgewogene und realistische Sicht. Etzioni und Etzioni (2017b) befassen sich mit der Frage, ob künstliche Intelligenz reguliert werden sollte; sie empfehlen eine Pause bei der Entwicklung tödlicher autonomer Waffen und eine internationale Diskussion über das Thema Regulierung.

Datenschutz/Privatsphäre: Latanya (Sweeney, 2002b) stellt das Modell der k-Anonymität und die Idee der Feldgeneralisierung vor (Sweeney, 2002a). Das Erreichen von k-Anonymität mit minimalem Datenverlust ist ein NP-schweres Problem, für das Bayardo und Agrawal (2005) jedoch einen Näherungsalgorithmus formuliert haben. Cynthia Dwork (2008) beschreibt die differenzielle Privacy und gibt in einer späteren Arbeit praktische Beispiele, wie sich die differenzielle Privacy clever anwenden lässt, um bessere Ergebnisse als mit dem naiven Ansatz zu erzielen (Dwork *et al.*, 2014). Guo *et al.* (2019) beschreiben ein Verfahren zur zertifizierten Datenentfernung: Wenn Sie ein Modell auf einigen Daten trainieren und dann eine Anfrage zur Löschung einiger dieser Daten vorliegt, können Sie mit dieser Erweiterung der differenziellen Privacy das Modell ändern und beweisen, dass es die gelöschten Daten nicht verwendet. Ji *et al.* (2014) geben einen Überblick über den Bereich Datenschutz. Etzioni (2004) plädiert für eine Abwägung zwischen Datenschutz und Sicherheit, d. h. zwischen individuellen Rechten und Gemeinschaft. Fung *et al.* (2018) und Bagdasaryan *et al.* (2018) diskutieren die verschiedenen Angriffe auf Protokolle des föderierten Lernens. Narayanan *et al.* (2011) beschreiben, wie sie in der Lage waren, den verschleierten Verbindungsgraphen aus der Social Network Challenge von 2011 zu de-anonymisieren, indem sie die Website, von der die Daten stammen (Flickr), crawlten und Knoten mit ungewöhnlich hohem Eingangs- oder Ausgangsgrad zwischen den bereitgestellten Daten und den per Crawling gewonnenen Daten abglichen. Auf diese Weise konnten sie zusätzliche Informationen gewinnen, um den Wettbewerb zu gewinnen, und außerdem die wahre Identität der Knoten in den Daten aufdecken. Inzwischen sind Tools für den Schutz der Privatsphäre von Anwendern allgemein verfügbar; zum Beispiel bietet TensorFlow Module für föderiertes Lernen und Datenschutz (McMahan und Andrew, 2018).

Fairness: Cathy O'Neil beschreibt in ihrem Buch *Weapons of Math Destruction* (2017), wie verschiedene maschinelle Blackbox-Lernmodelle unser Leben beeinflussen, oft auf unfaire Weise. Sie appelliert an die Modellentwickler, Verantwortung für Fairness zu übernehmen, und an die politischen Entscheidungsträger, entsprechende Rechtsvorschriften durchzusetzen. Dwork *et al.* (2012) zeigten die Schwachstellen des vereinfachenden Ansatzes „Fairness durch Unwissenheit" auf. Bellamy *et al.* (2018) stellen ein Toolkit zur Reduzierung von Verzerrungen in maschinellen Lernsystemen vor. Tramèr *et al.* (2016) zeigen, wie ein Angreifer ein maschinelles Lernmodell „stehlen" kann, indem er Anfragen gegen eine API stellt, Hardt *et al.* (2017) beschreiben Chancengleichheit als eine Metrik für Fairness. Chouldechova und Roth (2018) geben einen Überblick über die Grenzen der Fairness und Verma und Rubin (2018) geben einen umfassenden Überblick über Fairnessdefinitionen.

Kleinberg *et al.* (2016) zeigen, dass ein Algorithmus im Allgemeinen nicht gleichzeitig gut kalibriert sein und Chancengleichheit gewähren kann. Berk *et al.* (2017) geben einige zusätzliche Definitionen von den Arten von Fairness und kommen ebenfalls zu dem Schluss, dass es unmöglich ist, alle Aspekte auf einmal zu erfüllen. Beutel *et al.* (2019) geben Ratschläge, wie man Fairnessmetriken in die Praxis umsetzen kann.

Dressel und Farid (2018) berichten über das Rückfälligkeitsbewertungsmodell COMPAS. Christin *et al.* (2015) und Eckhouse *et al.* (2019) diskutieren den Einsatz von prädiktiven Algorithmen im Rechtssystem. Corbett-Davies *et al.* (2017) zeigen, dass es ein Spannungsfeld zwischen der Gewährleistung von Fairness und der Optimierung der öffentlichen Sicherheit gibt, und Corbett-Davies und Goel (2018) diskutieren die Unterschiede zwischen Fairness-Frameworks. Chouldechova (2017) plädiert für faire Auswirkungen: Alle Klassen sollten den gleichen erwarteten Nutzen haben. Liu *et al.* (2018a) plädieren für langfristig angelegte Auswirkungen und weisen darauf hin, dass eine Änderung des Bewilligungszeitpunkts für einen Kredit, um kurzfristig fairer zu sein, langfristig negative Auswirkungen auf diejenigen haben könnte, die einen Kredit nicht mehr bedienen können und deren Kreditwürdigkeit dadurch verringert wird.

Seit 2014 gibt es die jährliche Konferenz zu *Fairness, Accountability, and Transparency in Machine Learning*. Mehrabi *et al.* (2019) geben einen umfassenden Überblick über Verzerrungen und Fairness beim maschinellen Lernen und katalogisieren 23 Arten von Verzerrungen und 10 Definitionen von Fairness.

Vertrauen: Erklärbare KI war ein wichtiges Thema, das bis in die Anfänge der Expertensysteme zurückreicht (Neches *et al.*, 1985) und in den letzten Jahren wieder an Bedeutung gewonnen hat (Biran und Cotton, 2017; Miller *et al.*, 2017; Kim, 2018). Barreno *et al.* (2010) geben eine Taxonomie der Sicherheitsangriffe, die gegen ein maschinelles Lernsystem durchgeführt werden können, und Tygar (2011) gibt einen Überblick über feindliches maschinelles Lernen. Forscher bei IBM schlagen vor, Vertrauen in KI-Systeme durch Konformitätserklärungen zu gewinnen (Hind *et al.*, 2018). Die DARPA verlangt erklärbare Entscheidungen für ihre Gefechtssysteme und hat einen Aufruf zur Forschung in diesem Bereich gestartet (Gunning, 2016).

KI-Sicherheit Das Buch *Artificial Intelligence Safety and Security* (Yampolskiy, 2018) ist eine Sammlung von sowohl aktuellen als auch klassischen Aufsätzen zur KI-Sicherheit, die bis zu Bill Joys *Why the Future Doesn't Need Us* (Joy, 2000) zurückreichen. Das „König-Midas-Problem" wurde von Marvin Minsky vorweggenommen, der einmal suggerierte, dass ein KI-Programm, das zur Lösung der Riemann-Hypothese entwickelt wurde, am Ende alle Ressourcen der Erde in Anspruch nehmen könnte, um noch leistungsfähigere Supercomputer zu bauen. In ähnlicher Weise sieht Omohundro (2008) ein Schachprogramm voraus, das Ressourcen an sich reißt, und Bostrom (2014) beschreibt die „Runaway Paper Clip Factory", die die Welt übernimmt. Yudkowsky (2008) geht naher darauf ein, wie man eine **freundliche KI** entwickelt. Amodei *et al.* (2016) stellen fünf praktische Sicherheitsprobleme für KI-Systeme vor.

Omohundro (2008) beschreibt die *Basic AI Drives* und kommt zu dem Schluss: „Soziale Strukturen, die Individuen die Kosten ihrer negativen Externalitäten tragen lassen, würden einen langen Weg in eine stabile und positive Zukunft gehen." Elinor Ostroms *Governing the Commons* (1990) beschreibt Praktiken zum Umgang mit Externalitäten in traditionellen Kulturen. Ostrom hat diesen Ansatz auch auf die Idee von Wissen als Gemeingut angewendet (Hess und Ostrom, 2007).

Ray Kurzweil (2005) verkündete, dass „die Singulariät naht" (*The Singularity is Near*), und ein Jahrzehnt später gab Murray Shanahan (2015) ein Update zu diesem Thema. Microsoft-Mitbegründer Paul Allen konterte mit *The Singularity isn't Near* (2011). Er bestritt zwar nicht die Möglichkeit ultraintelligenter Maschinen, glaubte jedoch, dass es mehr als ein Jahrhundert dauern würde, bis es so weit wäre. Rod Brooks ist ein häufiger Kritiker des Singularitarismus; er weist darauf hin, dass Technologien oft länger als vorhergesagt brauchen, bis sie ausgereift sind, dass wir zu magischem Denken neigen und dass exponentielle Entwicklungen nicht ewig gültig sind (Brooks, 2017).

Auf der anderen Seite gibt es für jeden optimistischen Singularisten einen Pessimisten, der sich vor neuen Technologien fürchtet. Die Website `pessimists.co` zeigt, dass sich dies durch den Lauf der Geschichte zog: In den 1890er Jahren waren etliche Menschen beispielsweise überzeugt, dass der Aufzug unweigerlich Übelkeit verursachen würde, der Telegraf zum Verlust der Privatsphäre und zu moralischer Korruption führen würde, die U-Bahn gefährliche unterirdische Luft freisetzen und die Toten stören würde und das Fahrrad – insbesondere die Vorstellung, dass eine Frau darauf fährt – das Werk des Teufels sei.

Hans Moravec (2000) stellt einige der Ideen des Transhumanismus vor und Bostrom (2005) bringt uns diesbezüglich auf einen aktuelleren Stand. Goods Idee von einer ultraintelligenten Maschine wurde bereits hundert Jahre früher in Samuel Butlers *Darwin Among the Machines* (1863) vorausgesehen. Geschrieben vier Jahre nach der Veröffentlichung von Charles Darwins *Über die Entstehung der Arten* und zu einer Zeit, als die fortschrittlichsten Maschinen Dampfmaschinen waren, schrieb Butler in seinem Artikel bereits über „die ultimative Entwicklung von mechanischem Bewusstsein" durch natürliche Selektion. Das Thema wurde von George Dyson (1998) in einem Buch mit demselben Titel sowie von Alan Turing aufgegriffen, der 1951 schrieb: „Irgendwann müssen wir also damit rechnen, dass die Maschinen die Kontrolle übernehmen, so wie es in Samuel Butlers *Erewhon* erwähnt wird" (Turing, 1996).

Roboterrechte: Ein Buch, herausgegeben von Yorick Wilks (2010), zeigt verschiedene Perspektiven auf, wie wir mit künstlichen Begleitern umgehen sollten. Sie reichen von Joanna Brysons Ansicht, dass Roboter uns als Werkzeuge und nicht als Bürger dienen sollten, bis zu Sherry Turkles Beobachtung, dass wir unsere Computer und andere Werkzeuge bereits personifizieren und durchaus bereit sind, die Grenzen zwischen Maschinen und Leben zu verwischen. Wilks hat inzwischen eine aktuellere Version seiner Ansichten beigesteuert (Wilks, 2019). Das Buch *Robot Rights* (2018) des Philosophen David Gunkel betrachtet vier Möglichkeiten: *Können* Roboter Rechte haben oder nicht, und *sollten* sie welche haben oder nicht? Die American Society for the Prevention of Cruelty to Robots (ASPCR) verkündet: „Die ASPCR ist und bleibt genau so seriös, wie Roboter empfindungsfähig sind."

Die Zukunft der Arbeit: Im Jahr 1888 veröffentlichte Edward Bellamy den Bestseller *Looking Backward*, in dem er vorhersagte, dass der technische Fortschritt bis zum Jahr 2000 zu einer Utopie führen würde, in der Gleichheit herrscht, die Menschen kurze Arbeitszeiten haben und früh in Rente gehen. Kurz darauf vertrat E. M. Forster in *The Machine Stops* (1909) eine dystopische Sichtweise, in der eine wohlwollende Maschine die Führung einer Gesellschaft übernimmt; die Sache geht schief, wenn die Maschine irgendwann versagt. Norbert Wieners vorausschauendes Buch *The Human Use of Human Beings* (1950) argumentiert für die Vorteile der Automatisierung, die die Menschen von der Schufterei befreit und kreativere Arbeit schafft. Es diskutiert aber auch einige Gefahren, die wir heute als Probleme erkennen, insbesondere das Problem der Werteangleichung.

Das Buch *Disrupting Unemployment* (Nordfors *et al.*, 2018) diskutiert einige der Möglichkeiten, wie sich die Arbeit wandelt und dadurch neue Karrierechancen eröffnet werden. Erik Brynjolfsson und Andrew McAfee behandeln diese und weitere Themen in ihren Büchern *Race Against the Machine* (2011) und *The Second Machine Age* (2014). Ford (2015) beschreibt die Herausforderungen der zunehmenden Automatisierung und West (2018) gibt Empfehlungen zur Abmilderung der Probleme, während Thomas Malone (2004) vom MIT zeigt, dass viele der gleichen Probleme bereits ein Jahrzehnt zuvor auftraten, damals aber den weltweiten Kommunikationsnetzen und nicht der Automatisierung zugeschrieben wurden.

28 Die Zukunft der KI

In diesem Kapitel versuchen wir, zumindest in die nähere Zukunft zu schauen.

In Kapitel 2 haben wir entschieden, KI als eine Aufgabe zu betrachten, mit der wir annähernd rationale Agenten entwerfen. Es wurde eine Vielzahl verschiedener Agentenentwürfe in Betracht gezogen, die von reflexiven Agenten über wissensbasierte entscheidungstheoretische Agenten bis hin zu Deep-Learning-Agenten mit Reinforcement Learning reichen. Auch die Komponententechnologien, aus denen diese Entwürfe zusammengesetzt sind, haben sich als äußerst vielfältig erwiesen: logische, probabilistische oder neuronale Schlussfolgerungen; atomare, faktorisierte oder strukturierte Repräsentationen von Zuständen; verschiedene Lernalgorithmen aus verschiedenen Datentypen; Sensoren und Aktuatoren zur Interaktion mit der Welt. Bisher haben wir eine Vielzahl von Anwendungen gesehen, die in so unterschiedlichen Bereichen wie Medizin, Finanzwesen, Transportwesen und Kommunikation zum Einsatz kommen. An all diesen Fronten hat es Fortschritte gegeben, sowohl was unser wissenschaftliches Verständnis als auch unsere technologischen Fähigkeiten betrifft.

Die meisten Experten sind optimistisch, dass es weitere Fortschritte geben wird. Wie wir auf S. 51 gesehen haben, wird im Schnitt davon ausgegangen, dass die KI in den nächsten 50 bis 100 Jahren bei einer Vielzahl von Aufgaben fast menschliches Niveau erreichen wird. Innerhalb des nächsten Jahrzehnts wird die KI der Wirtschaft wahrscheinlich jedes Jahr Billionen von Euros in die Kasse spülen. Doch wie wir gesehen haben, gibt es auch einige Kritiker, die glauben, dass allgemeine KI noch Jahrhunderte entfernt ist, und außerdem gibt es zahlreiche ethische Bedenken hinsichtlich Fairness, Gerechtigkeit und Tödlichkeit von KI. In diesem Kapitel fragen wir uns: Wohin geht die Reise und was bleibt noch zu tun? Dazu gehen wir der Frage nach, ob unsere Komponenten, Architekturen und Ziele geeignet sind, um die KI zu einer erfolgreichen Technologie zu machen, die der Welt Nutzen bringt.

28.1 KI-Komponenten

Dieser Abschnitt beschäftigt sich mit den Komponenten von KI-Systemen und inwiefern sie jeweils den zukünftigen Fortschritt voranbringen oder behindern.

Sensoren und Aktuatoren

Die KI hatte im Laufe ihrer Geschichte größtenteils keinen direkten Zugang zur Welt. Abgesehen von einigen bemerkenswerten Ausnahmen waren KI-Systeme so konzipiert, dass es Aufgabe der Menschen war, die Eingaben zu liefern und die Ausgaben zu interpretieren. Zwischenzeitlich konzentrierten sich Robotersysteme auf einfache Aufgaben, bei denen das Denken und Planen auf höherer Ebene weitgehend vernachlässigt und die Notwendigkeit zur Wahrnehmung minimiert wurde. Das lag zum einen an den hohen Kosten und dem technischen Aufwand, der nötig war, um echte Roboter überhaupt zum Laufen zu bringen, und zum anderen daran, dass es nicht genügend Rechenleistung und ausreichend effektive Algorithmen gab, um visuelle Eingaben mit hoher Bandbreite zu verarbeiten.

Die Situation hat sich in den letzten Jahren mit der Verfügbarkeit von programmierbaren Fertigrobotern rapide geändert. Diese wiederum haben von kompakten, zuverlässigen Motorantrieben und verbesserten Sensoren profitiert. Die Kosten für Lidar für ein selbstfahrendes Auto sind von 75.000 € auf 1.000 € gefallen und eine Ein-Chip-Version kann 10 € pro Einheit erreichen (Poulton und Watts, 2016). Radarsensoren, die früher nur eine grobkörnige Erkennung ermöglichten, sind heute empfindlich genug, um die Anzahl der Blätter in einem Papierstapel zu zählen (Yeo *et al.*, 2018).

Der Nachfrage nach besserer Bildverarbeitung in den Handykameras verdanken wir preiswerte hochauflösende Kameras für den Einsatz in der Robotik. Die MEMS-Technologie (mikro-elektromechanische Systeme) hat miniaturisierte Beschleunigungsmesser, Gyroskope und Aktuatoren hervorgebracht, die klein genug sind, um in künstliche Fluginsekten zu passen (Floreano *et al.*, 2009; Fuller *et al.*, 2014). Es ist möglich, Millionen von MEMS-Bauteilen zu leistungsstarken makroskopischen Aktuatoren zu kombinieren. 3-D-Druck (Muth *et al.*, 2014) und Bioprinting (Kolesky *et al.*, 2014) haben es einfacher gemacht, mit Prototypen zu experimentieren.

Wir sehen also, dass KI-Systeme an der Schwelle von primär softwarebasierten Systemen zu nützlichen eingebetteten Robotersystemen stehen. Der heutige Stand der Robotik ist in etwa vergleichbar mit dem Stand der Arbeitsplatzrechner in den frühen 1980er Jahren: Damals kamen die ersten Arbeitsplatzrechner auf den Markt, aber es sollte noch ein weiteres Jahrzehnt dauern, bis sie zum Alltag gehörten. Es ist damit zu rechnen, dass der Fortschritt flexibler, intelligenter Roboter zuerst in der Industrie erfolgt (wo sich die Aufgaben häufiger wiederholen, die Umgebungen leichter zu kontrollieren sind und der Wert einer Investition leichter zu messen ist) und sich erst dann im privaten Bereich bemerkbar macht (wo es mehr Variabilität in der Umgebung und den Aufgaben gibt).

Den Zustand der Welt repräsentieren

Um den Überblick über die Welt zu behalten, bedarf es sowohl der Wahrnehmung als auch der Aktualisierung interner Repräsentationen. In Kapitel 4 wurde gezeigt, wie man den Überblick über atomare Zustandsrepräsentationen behält; Kapitel 7 beschrieb, wie einem dies für faktorisierte (aussagenlogische) Zustandsrepräsentationen gelingt; Kapitel 14 weitete dies auf die Prädikatenlogik aus; und Kapitel 10 beschrieb probabilistisches Schlussfolgern über die Zeit in unsicheren Umgebungen. Kapitel 21 stellte rekurrente neuronale Netze vor, die ebenfalls in der Lage sind, eine Zustandsrepräsentation über die Zeit zu verwalten.

Aktuelle Filter- und Wahrnehmungsalgorithmen können so kombiniert werden, dass sie Objekte angemessen erkennen („das ist eine Katze") und einfache Prädikate wiedergeben („die Tasse steht auf dem Tisch"). Das Erkennen von komplexeren Aktionen, wie z. B. „Dr. Russell trinkt eine Tasse Tee mit Dr. Norvig und bespricht die Pläne für die nächste Woche", ist schwieriger. Derzeit ist dies manchmal möglich (► Abbildung 25.17 auf S. 1004), wenn genügend Trainingsbeispiele vorhanden sind, aber zukünftige Fortschritte erfordern Techniken, die auf neue unerwartete Situationen verallgemeinert werden können, ohne dass es erschöpfender Beispiele bedarf (Poppe, 2010; Kang und Wildes, 2016).

Ein weiteres Problem ist, dass die approximativen Filteralgorithmen aus Kapitel 14 zwar mit recht großen Umgebungen umgehen können, doch immer noch mit einer faktorisierten Repräsentation arbeiten – sie verwenden Zufallsvariablen, stellen aber Objekte und Beziehungen nicht explizit dar. Außerdem ist ihre Vorstellung von Zeit auf schrittweise Änderungen beschränkt. Wenn wir die aktuelle Flugbahn eines Balls betrachten, können wir vorhersagen, wo er zum Zeitpunkt $t + 1$ sein wird, aber es ist schwierig, die abstrakte Vorstellung darzustellen, dass das, was nach oben fliegt, irgendwann nach unten kommen muss.

In Abschnitt 15.1 wurde erklärt, wie Wahrscheinlichkeit und Prädikatenlogik kombiniert werden können, um diese Probleme zu lösen; in Abschnitt 15.2 wurde gezeigt, wie wir mit der Unsicherheit über die Identität von Objekten umgehen können; und Kapitel 25 beschreibt, wie Computer Vision mithilfe rekurrenter neuronaler Netze die Welt erfassen kann. Doch was uns noch fehlt, ist eine gute Methode, all diese Techniken zusammenzufügen. Kapitel 24 zeigte, wie Worteinbettungen und ähnliche Repräsentationen uns von den strengen Grenzen der Konzepte befreien können, die durch notwendige und hinreichende Bedingungen definiert sind. Es bleibt eine gewaltige Aufgabe, allgemeine, wiederverwendbare Repräsentationsschemas für komplexe Domänen zu definieren.

Aktionen auswählen

Die Hauptschwierigkeit bei der Auswahl von Aktionen in der realen Welt ist die Umsetzung langfristiger Pläne – wie z. B. den Bachelorabschluss in drei Jahren – die aus Milliarden von primitiven Schritten bestehen. Suchalgorithmen, die Sequenzen von primitiven Aktionen berücksichtigen, skalieren nur auf Dutzende oder vielleicht Hunderte von Schritten. Nur indem wir dem Verhalten eine **hierarchische Struktur** geben, bekommen wir Menschen das überhaupt in den Griff. Wir haben in Abschnitt 11.4 gesehen, wie man Probleme dieser Größenordnung mittels hierarchischer Repräsentationen bewältigen kann. Außerdem ist es durch die Arbeit im **hierarchischen Reinforcement Learning** gelungen, diese Ideen mit dem in Kapitel 17 beschriebenen MDP-Formalismus zu kombinieren.

Bisher wurden diese Methoden noch nicht auf den teilweise beobachtbaren Fall (POMDP) erweitert. Außerdem verwenden Algorithmen zum Lösen von POMDPs in der Regel die gleiche atomare Zustandsrepräsentation, die wir für die Suchalgorithmen in Kapitel 3 verwendet haben. Zwar gibt es hier eindeutig noch viel zu tun, doch die technischen Grundlagen für weitere Fortschritte sind weitgehend vorhanden. Das wichtigste Element, das uns noch fehlt, ist eine effektive Methode zum *Konstruieren* hierarchischer Repräsentationen von Zustand und Verhalten, die für die Entscheidungsfindung über lange Zeiträume hinweg notwendig sind.

Entscheiden, was wir wollen

In Kapitel 3 wurden Suchalgorithmen zum Auffinden eines Zielzustands vorgestellt. Aber zielbasierte Agenten sind fragil, wenn die Umgebung unsicher ist und mehrere Faktoren berücksichtigt werden müssen. Im Prinzip lösen nutzenmaximierende Agenten diese Probleme auf ganz allgemeine Weise. Die Wirtschaftswissenschaften und die Spieltheorie sowie die KI machen sich diese Erkenntnis zunutze: Man muss nur angeben, was man optimieren möchte und was jede Aktion bewirkt, und schon können wir die optimale Aktion berechnen.

In der Praxis stellen wir jedoch fest, dass die Auswahl der richtigen Nutzenfunktion bereits eine große Herausforderung ist. Stellen Sie sich zum Beispiel das komplexe Geflecht von interagierenden Präferenzen vor, das ein Agent verstehen muss, der als Büroassistent für einen Menschen arbeitet. Das Problem wird durch die Tatsache verschärft, dass jeder Mensch anders ist, sodass ein Agent, der gerade „frisch anfängt", keinerlei Erfahrung mit auch nur einem einzigen Menschen hat, um ein genaues Präferenzmodell zu erlernen; er muss zwangsläufig unter Präferenzunsicherheit arbeiten. Die Komplexität wird noch dadurch erhöht, dass wir sicherstellen wollen, dass unsere Agenten fair und gerecht im Sinne der Gesellschaft, und nicht nur im Sinne eines Einzelnen handeln.

Wir haben noch nicht viel Erfahrung mit der Erstellung von komplexen Präferenzmodellen der realen Welt, geschweige denn mit Wahrscheinlichkeitsverteilungen über solche Modelle. Obwohl es faktorisierte Formalismen ähnlich den Bayes'schen Netzen gibt, die dazu gedacht sind, Präferenzen über komplexe Zustände zu zerlegen, hat es sich als schwierig erwiesen, diese Formalismen in der Praxis anzuwenden. Einer der Gründe dafür könnte sein, dass Präferenzen über Zustände in Wirklichkeit aus Präferenzen über Zustandsverläufe *kompiliert* werden, die durch **Belohnungsfunktionen** beschrieben werden (siehe Kapitel 17). Selbst wenn die Belohnungsfunktion einfach ist, kann die entsprechende Nutzenfunktion sehr komplex sein.

Dies legt nahe, dass wir das Knowledge Engineering für Belohnungsfunktionen als Möglichkeit, unseren Agenten ihre Aufgabe zu vermitteln, ernst nehmen. Die Idee des **Inverse Reinforcement Learning** (Abschnitt 22.6) ist ein Ansatz für dieses Problem, wenn wir einen Experten haben, der eine Aufgabe ausführen, aber nicht erklären kann. Wir könnten auch bessere Sprachen verwenden, um auszudrücken, was wir wollen. In der Robotik zum Beispiel macht es die lineare Temporallogik einfacher zu sagen, welche Dinge in der nahen

Zukunft passieren sollen, welche Dinge wir vermeiden wollen und welche Zustände für immer bestehen bleiben sollen (Littman *et al.*, 2017). Wir brauchen bessere Möglichkeiten, um auszudrücken, was wir wollen, und bessere Möglichkeiten für Roboter, die von uns bereitgestellten Informationen zu interpretieren.

Die Computerindustrie hat gesamtheitlich ein leistungsfähiges Ökosystem zur Aggregation von Benutzerpräferenzen entwickelt. Wenn Sie in einer App, einem Onlinespiel, einem sozialen Netzwerk oder auf einer Shopping-Site auf etwas klicken, dient das als Empfehlung, dass Sie (und Gleichgesinnte) in Zukunft ähnliche Dinge sehen möchten. (Oder es könnte sein, dass die Seite unübersichtlich ist und Sie auf das Falsche geklickt haben – die Daten sind immer verrauscht.) Das systeminhärente Feedback macht das System auf kurze Sicht sehr effektiv darin, immer mehr süchtig machende Spiele und Videos zur Auswahl anzubieten.

Doch diese Systeme lassen oft eine einfache Möglichkeit vermissen, sich dagegen zu entscheiden – Ihr Gerät spielt zwar automatisch ein relevantes Video ab, wird Ihnen aber kaum mitteilen, dass es jetzt vielleicht an der Zeit sei, Ihr Gerät wegzulegen und einen entspannten Spaziergang in der Natur zu machen. Eine Shopping-Website wird Ihnen helfen, Kleidung zu finden, die zu Ihrem Stil passt, aber weder auf den Weltfrieden eingehen noch auf die Beseitigung von Hunger und Armut. In dem Maße, in dem die Auswahlmöglichkeiten von Unternehmen bestimmt werden, die versuchen, von der Aufmerksamkeit der Kunden zu profitieren, wird die Auswahl unvollständig bleiben.

Unternehmen reagieren jedoch auf die Interessen der Kunden und viele Kunden haben geäußert, dass sie an einer fairen und nachhaltigen Welt interessiert sind. Tim O'Reilly erklärt, warum Profit nicht das einzige Motiv ist, mit folgender Analogie: „Geld ist wie Benzin während einer Autofahrt. Man will nicht, dass einem auf der Reise das Benzin ausgeht, aber man will auf keinen Fall eine Tankstellen-Tour machen. Man muss auf das Geld achten, aber es sollte nicht nur ums Geld gehen."

Die **Time-well-spent**-Bewegung von Tristan Harris am Center for Humane Technology ist ein Schritt in Richtung ausgewogenere Wahlmöglichkeiten (Harris, 2016). Die Bewegung spricht ein Problem an, das von Herbert Simon 1971 erkannt wurde: „Eine Fülle an Informationen schafft einen Mangel an Aufmerksamkeit." Vielleicht werden wir in Zukunft **persönliche Agenten** haben, die sich für unsere wahren langfristigen Interessen stark machen und nicht für die Interessen der Unternehmen, deren Apps derzeit Speicherplatz auf unseren Geräten belegen. Die Aufgabe des Agenten wird es sein, zwischen den Angeboten der verschiedenen Anbieter zu vermitteln, uns vor süchtig machenden Lockangeboten zu schützen und uns zu den Zielen zu führen, die uns wirklich wichtig sind.

Lernen

In den Kapiteln 19 bis 22 wurde beschrieben, wie Agenten lernen. Mit aktuellen Algorithmen lassen sich recht große Probleme bewältigen; sie erreichen oder übertreffen bei vielen Aufgaben sogar die Fähigkeiten der Menschen – vorausgesetzt, es gibt genügend Trainingsbeispiele und ein vordefiniertes Vokabular von Merkmalen und Konzepten. Wenn aber die Daten spärlich oder unüberwacht sind oder wenn wir es mit komplexen Repräsentationen zu tun haben, so kann das Lernen ins Stocken geraten.

Das in jüngster Zeit wieder aufflammende Interesse der Boulevardpresse und der Industrie an der KI ist größtenteils auf den Erfolg von Deep Learning zurückzuführen (Kapitel 21). Dies kann einerseits als schrittweiser Reifeprozess des Teilbereichs der neuronalen Netze gesehen werden. Andererseits können wir es als revolutionären Sprung hinsichtlich der Fähigkeiten betrachten, begünstigt durch ein Zusammentreffen mehrerer Faktoren: die Verfügbarkeit von mehr Trainingsdaten dank des Internets, erhöhte Rechenleistung durch spezialisierte Hardware und einige algorithmische Tricks, wie GANs (*Generative Adversarial Networks*), Batch-Normalisierung, Dropout und die gleichgerichtete lineare (ReLU) Aktivierungsfunktion.

In Zukunft sollte der Schwerpunkt weiterhin auf der Verbesserung von Deep Learning für Aufgaben liegen, in denen es bisher äußerst erfolgreich eingesetzt wurde, sowie auf der Ausweitung auf andere Aufgaben. Das Schlagwort „Deep Learning" hat sich als so populär erwiesen, dass wir erwarten, dass er weiterhin verwendet wird, auch wenn sich der dafür erforderliche Mix der Techniken erheblich ändert.

Wir haben gesehen, wie sich **Data Science** als interdisziplinärer Bereich aus Statistik, Programmierung und Domänenwissen entwickelt hat. Während zu erwarten ist, dass sich die Tools und Techniken weiterentwickeln, die zum Erfassen, Verwalten und Pflegen von **Big Data** notwendig sind, sollte darauf hingewiesen werden, dass auch Fortschritte beim **Transfer Learning** vonnöten sind, damit die Daten einer Domäne dazu genutzt werden können, die Leistung auf einer verwandten Domäne zu verbessern.

Die heutige Forschung zum maschinellen Lernen geht zum überwiegenden Teil von einer faktorisierten Repräsentation aus und lernt eine Funktion $h: \mathbb{R}^n \rightarrow \mathbb{R}$ für Regression und $h: \mathbb{R}^n \rightarrow \{0, 1\}$ für Klassifikation. Maschinelles Lernen erweist sich als weniger erfolgreich bei Problemen, für die es nur eine kleine Datenmenge gibt oder die die Konstruktion neuer strukturierter, hierarchischer Repräsentationen erfordern. Deep Learning, insbesondere bei Anwendung von CNNs auf Computer-Vision-Probleme, war recht erfolgreich bei der Objekterkennung, die zuerst einfache Pixel, dann etwas genauere Konzepte wie *Auge* und *Mund*, anschließend *Gesicht* und schlussendlich *Person* oder *Katze* umfasste.

Eine Herausforderung für die Zukunft ist es, Lernen und Vorwissen besser zu kombinieren. Wenn wir einen Computer vor ein Problem stellen, das er noch nicht kennt – z. B. das Erkennen verschiedener Automodelle –, soll das System nicht erst dann Lösungen ausspucken, wenn ihm Millionen mit Labeln versehener Beispiele zugeführt wurden.

Das ideale System sollte in der Lage sein, auf das zurückzugreifen, was es bereits weiß: Es sollte bereits ein Modell darüber haben, wie das Sehen funktioniert und wie das Design und das Branding von Produkten im Allgemeinen funktionieren. Anschließend sollte es dieses Wissen mittels **Transfer Learning** auf das neue Problem der Automodelle anwenden. Es sollte in der Lage sein, selbstständig Informationen über Automodelle zu finden, indem es sich der Texte, Bilder und Videos im Internet bedient. Es sollte **Apprenticeship Learning** beherrschen, das heißt, ein Gespräch mit einem Lehrer führen und nicht nur fragen: „Kann ich tausend Bilder von einem Corolla haben?", sondern eher Ratschläge verstehen können wie „Der Insight ist dem Prius zwar sehr ähnlich, hat aber einen größeren Kühlergrill". Es sollte wissen, dass es jedes Modell nur in einer beschränkten Farbauswahl gibt, aber dass ein Auto umlackiert werden kann, sodass die Möglichkeit besteht, auf ein Auto in einer Farbe zu stoßen, das nicht Teil der Trainingsmenge war. (Und falls das System dies nicht wusste, sollte es in der Lage sein, es zu lernen oder darüber informiert zu werden.)

All dies erfordert eine Kommunikations- und Repräsentationssprache, die Menschen und Computer gemeinsam nutzen können; wir können nicht erwarten, dass ein menschlicher Analytiker ein Modell mit Millionen von Gewichten direkt ändert. Probabilistische Modelle (einschließlich probabilistischer Programmiersprachen) ermöglichen es uns Menschen zu beschreiben, was wir wissen. Allerdings sind diese Modelle noch nicht gut in andere Lernmechanismen integriert.

Die Arbeit von Bengio und LeCun (2007) ist ein Schritt in Richtung einer solchen Integration. Kürzlich hat Yann LeCun vorgeschlagen, den Begriff „Deep Learning" durch den allgemeineren Begriff der **differenzierbaren Programmierung** zu ersetzen (Siskind und Pearlmutter, 2016; Li *et al.*, 2018). Dies legt nahe, dass unsere allgemeinen Programmiersprachen und unsere maschinellen Lernmodelle miteinander verschmolzen werden könnten.

Im Moment ist es üblich, ein Deep-Learning-Modell zu erstellen, das differenzierbar ist und daher so trainiert werden kann, dass der Verlust minimiert wird, und das umtrainiert werden kann, wenn sich die Umstände ändern. Aber dieses Deep-Learning-Modell ist nur ein

Teil eines größeren Softwaresystems, das Daten einliest, die Daten aufbereitet, das Modell damit füttert und herausfindet, was mit der Ausgabe des Modells zu tun ist. All diese anderen Teile des größeren Systems wurden von einem Programmierer von Hand geschrieben und sind daher nicht differenzierbar, was bedeutet, dass es bei sich ändernden Umständen dem Programmierer obliegt, etwaige Probleme zu erkennen und sie von Hand zu beheben. Bei der differenzierbaren Programmierung besteht die Hoffnung, dass sich das gesamte System automatisch optimiert.

Letztlich geht es darum, das, was wir wissen, in einer für uns geeigneten Form auszudrücken: informelle natürlichsprachliche Ratschläge, ein strenges mathematisches Gesetz wie $F = ma$, ein statistisches Modell begleitet von Daten oder ein probabilistisches Programm mit unbekannten Parametern, das automatisch durch Gradientenabstieg optimiert werden kann. Unsere Computermodelle lernen sowohl aus Gesprächen mit menschlichen Experten als auch durch die Nutzung aller verfügbaren Daten.

Yann LeCun, Geoffrey Hinton und andere haben behauptet, dass die derzeitige Konzentration auf überwachtes Lernen (und in geringerem Maße auf Reinforcement Learning) nicht zukunftsfähig ist – dass Computermodelle sich auf **schwach überwachtes Lernen** verlassen müssen, bei dem die Überwachung in Form weniger Beispiele mit Labeln und/oder weniger Belohnungen erfolgt, aber der Großteil des Lernens unüberwacht abläuft, weil Daten ohne Annotationen wesentlich zahlreicher sind.

LeCun verwendet den Begriff **prädiktives Lernen** für ein unüberwachtes Lernsystem, das die Welt modellieren kann sowie lernt, Aspekte zukünftiger Zustände der Welt vorherzusagen – nicht nur Label für Eingaben vorherzusagen, die in Bezug auf vergangene Daten unabhängig und identisch verteilt sind, und nicht nur eine Wertefunktion über Zustände vorherzusagen. Er schlägt vor, GANs zu verwenden, mit denen man lernen kann, die Differenz zwischen Vorhersagen und Realität zu minimieren.

Geoffrey Hinton erklärte 2017: „Meiner Ansicht nach sollte man alles verwerfen und neu anfangen“, was bedeutet, dass die allgemeine Idee des Lernens durch Anpassen von Parametern in einem Netz zwar weiterhin Gültigkeit hat, aber die Spezifika der Architektur der Netze und die Technik der Rückwärtspropagation überdacht werden müssen. Smolensky (1988) hatte ein Rezept, wie man über konnektionistische Modelle nachdenken sollte; seine Gedanken sind auch heute noch relevant.

Ressourcen

Forschung und Entwicklung im Bereich des maschinellen Lernens wurden durch die zunehmende Verfügbarkeit von Daten, Speicherplatz, Rechenleistung, Software, geschulten Experten und den dafür erforderlichen Investitionen beschleunigt. Seit den 1970er Jahren hat sich die Geschwindigkeit von Allzweckprozessoren um das 100.000-Fache und die von spezieller Hardware für maschinelles Lernen um das 1.000-Fache erhöht. Das Web ist eine ergiebige Quelle für Bilder, Videos, Sprache, Text und halbstrukturierte Daten, wobei derzeit jeden Tag über 10^{18} Byte hinzukommen.

Dort stehen Hunderte von hochwertigen Datensätzen für eine Reihe von Aufgaben in den Bereichen Computer Vision, Spracherkennung und Verarbeitung natürlicher Sprache zur Verfügung. Wenn die benötigten Daten noch nicht verfügbar sind, können Sie sie oft aus anderen Quellen beziehen oder Menschen beauftragen, Daten für Sie über eine Crowdsourcing-Plattform zu annotieren. Die Validierung der auf diese Weise gewonnenen Daten wird zu einem wichtigen Teil des gesamten Arbeitsablaufs (Hirth *et al.*, 2013).

Eine wichtige neuere Entwicklung ist der Wechsel von gemeinsam genutzten Daten zu **gemeinsam genutzten Modellen**. Die großen konkurrierenden Cloud-Service-Anbieter (z. B. Amazon, Microsoft, Google, Alibaba, IBM, Salesforce) haben damit begonnen, jeweils eigene ML-Programmierschnittstellen mit vorgefertigten Modellen für bestimmte Aufgaben wie visuelle Objekterkennung, Spracherkennung und maschinelle Übersetzung anzubieten. Diese Modelle können ohne irgendwelche Änderungen verwendet werden oder als Basis dienen, die mit Ihren Daten an Ihre spezielle Anwendung angepasst wird.

Wir gehen davon aus, dass diese Modelle mit der Zeit immer besser werden und dass es irgendwann unüblich sein wird, ein Maschinelles-Lernen-Projekt von Grund auf neu zu beginnen, so wie es heute unüblich ist, ein Webentwicklungsprojekt von Grund auf neu ohne Bibliotheken durchzuführen. Unter Umständen erleben wir einen großen Sprung in der Modellqualität, wenn es wirtschaftlich wird, alle Videos im Web zu verarbeiten. Zum Beispiel werden allein über die YouTube-Plattform jede Minute 300 Stunden Video neu eingespeist.

Das Moore'sche Gesetz hat die Verarbeitung von Daten kostengünstiger gemacht: Ein Megabyte Speicher kostete 1969 eine Million Euro und 2019 weniger als 2 Cent und der Durchsatz bei Supercomputern hat sich in dieser Zeit um mehr als den Faktor 10^{10} erhöht. Spezialisierte Hardwarekomponenten für maschinelles Lernen wie Grafikprozessoren (GPUs), Tensorkerne, Tensorprozessoren (TPUs) und Field Programmable Gate Arrays (FPGAs) sind für das Training von maschinellem Lernen hundertmal schneller als herkömmliche CPUs (Vasilache *et al.*, 2014; Jouppi *et al.*, 2017). Im Jahr 2014 dauerte es einen ganzen Tag, um ein ImageNet-Modell zu trainieren; im Jahr 2018 dauert es nur noch 2 Minuten (Ying *et al.*, 2018).

Das OpenAI Institute berichtet, dass sich die zum Trainieren der größten ML-Modelle erforderliche Rechenleistung von 2012 bis 2018 alle 3,5 Monate verdoppelt hat und bei ALPHAZERO mehr als ein ExaFLOP jeden 2. Tag erreicht hat (obwohl man auch berichtet, dass einige sehr einflussreiche Arbeiten 100 Millionen Mal weniger Rechenleistung benötigt haben; Amodei und Hernandez, 2018). Die gleichen wirtschaftlichen Trends, die Handykameras billiger und besser gemacht haben, gelten auch für Prozessoren – wir werden weitere Fortschritte auf dem Gebiet des stromsparenden Hochleistungsrechnens sehen, die von Skaleneffekten profitieren.

Es besteht die Möglichkeit, dass Quantencomputer die KI beschleunigen. Derzeit gibt es einige schnelle Quantenalgorithmen für die beim maschinellen Lernen verwendeten linearen Algebra-Operationen (Harrow *et al.*, 2009; Dervovic *et al.*, 2018), aber keinen Quantencomputer, der sie ausführen kann. Wir haben einige Anwendungsbeispiele für Aufgaben wie die Bildklassifizierung (Mott *et al.*, 2017), bei denen Quantenalgorithmen bei kleinen Problemen genauso gut sind wie klassische Algorithmen.

Aktuelle Quantencomputer verarbeiten nur ein paar Dutzend Bits, während Algorithmen des maschinellen Lernens oft Eingaben mit Millionen von Bits verarbeiten und Modelle mit Hunderten von Millionen von Parametern erstellen. Wir brauchen also Durchbrüche sowohl bei der Quantenhardware als auch bei der Software, um Quanten-Computing für maschinelles Lernen im großen Maßstab praktikabel zu machen. Alternativ könnte es eine Arbeitsteilung geben – vielleicht einen Quantenalgorithmus, der den Raum der Hyperparameter effizient durchsucht, während der normale Trainingsprozess auf konventionellen Rechnern läuft – aber wir wissen noch nicht, wie das geht. Die Forschung zu den Quantenalgorithmen kann manchmal neue und bessere Algorithmen auf klassischen Computern hervorbringen (Tang, 2018).

Wir haben außerdem ein exponentielles Wachstum bei der Anzahl der Publikationen, Menschen und Investitionen im Bereich KI/Maschinelles Lernen/Data Science zu verzeichnen. Dean *et al.* (2018) zeigen, dass sich die Anzahl der Veröffentlichungen zum Thema „Maschinelles Lernen" auf `arXiv.org` von 2009 bis 2017 alle zwei Jahre verdoppelt hat. Investoren finanzieren Start-up-Unternehmen in diesen Bereichen, große Unternehmen stellen neue Mitarbeiter ein und geben Geld aus, wenn sie ihre KI-Strategie festlegen, und Regierungen betreiben einen nicht unerheblichen Investitionsaufwand, um sicherzustellen, dass ihr Land nicht zu weit hinter die anderen zurückfällt.

28.2 KI-Architekturen

Es liegt nahe zu fragen: „Welche der in Kapitel 2 beschriebenen Agentenarchitekturen sollte ein Agent verwenden?" Die Antwort lautet: „Alle!" Reflexartige Reaktionen werden für Situationen benötigt, in denen Zeit eine extrem wichtige Rolle spielt, während wissensbasiertes Überlegen (Deliberation) dem Agenten erlauben, im Voraus zu planen. Lernen ist angebracht, wenn wir viele Daten haben, und notwendig, wenn sich die Umgebung ändert oder menschliche Designer nicht genügend Wissen über die Domäne haben.

Innerhalb der KI gab es lange Zeit eine Trennung zwischen symbolischen Systemen (basierend auf logischer und probabilistischer Inferenz) und konnektionistischen Systemen (basierend auf Verlustminimierung über eine große Anzahl von nicht interpretierten Parametern). Eine fortwährende Herausforderung für die KI ist es, diese beiden Systeme zusammenzubringen, um das Beste aus beiden Welten zu vereinen. Symbolische Systeme erlauben es uns, lange Ketten von Schlussfolgerungen aneinanderzureihen und die Ausdruckskraft strukturierter Repräsentationen zu nutzen, während konnektionistische Systeme selbst angesichts verrauschter Daten Muster erkennen können. Eine Forschungsrichtung zielt darauf ab, probabilistisches Programmieren mit Deep Learning zu kombinieren, obwohl die bisherigen verschiedenen Vorschläge die Ansätze nur beschränkt verschmelzen konnten.

Agenten brauchen auch Möglichkeiten, ihre eigene Deliberation zu steuern. Sie müssen in der Lage sein, die verfügbare Zeit gut zu nutzen, und müssen mit dem Überlegen aufhören, wenn Handeln gefragt ist. Zum Beispiel muss ein Taxifahrer-Agent, der einen Unfall vor sich sieht, in Sekundenbruchteilen entscheiden, ob er bremsen oder ausweichen soll. Er sollte diese Sekundenbruchteile auch dazu nutzen, die wichtigsten Fragen zu klären, z. B. ob die Fahrspuren links und rechts frei sind und ob ein großer Lkw dicht hinter ihm ist, anstatt sich Gedanken darüber zu machen, wo er den nächsten Fahrgast aufnimmt. Diese Fragen werden üblicherweise unter der Überschrift **Echtzeit-KI** untersucht. Wenn KI-Systeme in komplexere Domänen vordringen, werden alle Probleme zu Echtzeitproblemen, da der Agent nie genug Zeit haben wird, um das Entscheidungsproblem perfekt zu lösen.

Offensichtlich besteht ein dringender Bedarf an *allgemeinen* Methoden zur Kontrolle der Deliberation und nicht an spezifischen Rezepten, worüber man in jeder Situation nachdenken sollte. Die erste nützliche Idee sind die **Anytime-Algorithmen** (Dean und Boddy, 1988; Horvitz, 1987): ein Algorithmus, dessen Ausgabe sich mit der Zeit qualitativ verbessert, sodass er immer eine vernünftige Entscheidung parat hat, wenn er unterbrochen wird. Beispiele für Anytime-Algorithmen sind das iterative Vertiefen bei der Spielbaumsuche und MCMC in Bayes'schen Netzen.

Die zweite Technik zur Kontrolle der Deliberation ist das **entscheidungstheoretische Metaschlussfolgern** (Russell und Wefald, 1989; Horvitz und Breese, 1996; Hay *et al.*, 2012). Diese Methode, die in den Abschnitte 3.6.5 und 5.7 kurz erwähnt wurde, wendet die Theorie des Informationswerts (Kapitel 16) auf die Auswahl einzelner Berechnungen an (Abschnitt 3.6.5). Der Wert einer Berechnung hängt sowohl von ihren Kosten (in Form von verzögertem Handeln) als auch von ihrem Nutzen (in Form einer verbesserten Entscheidungsqualität) ab.

Metaschlussfolgerungstechniken können verwendet werden, um bessere Suchalgorithmen zu entwerfen und die Anytime-Eigenschaft der Algorithmen zu garantieren. Ein Beispiel ist die Monte-Carlo-Baumsuche: Die Wahl des Blattknotens, an dem das nächste Playout beginnen soll, wird durch eine annähernd rationale Entscheidung auf Metaebene getroffen, die aus der Bandit-Theorie abgeleitet wird.

Metaschlussfolgern ist natürlich teurer als reflexives Handeln, aber es können Kompilierungsmethoden angewendet werden, sodass der Overhead im Vergleich zu den Kosten der kontrollierten Berechnungen gering ist. Reinforcement Learning auf Metaebene kann einen weiteren Weg bieten, um effektive Strategien für die Kontrolle von Deliberation zu erhalten: Im

Wesentlichen werden dabei Berechnungen verstärkt, die zu besseren Entscheidungen führen, während solche, die sich als wirkungslos erweisen, bestraft werden. Dieser Ansatz vermeidet die kurzsichtigen Probleme der einfachen Berechnung des Werts von Informationen.

Metaschlussfolgern ist ein spezifisches Beispiel für eine **reflektive Architektur**, d. h. eine Architektur, die Deliberation über die in der Architektur selbst auftretenden Rechenentitäten und Aktionen ermöglicht. Eine theoretische Grundlage für reflektive Architekturen kann durch die Definition eines gemeinsamen Zustandsraums geschaffen werden, der sich aus dem Zustand der Umgebung und dem Berechnungszustand des Agenten selbst zusammensetzt. Es können Entscheidungs- und Lernalgorithmen entworfen werden, die über diesen gemeinsamen Zustandsraum operieren und so dazu dienen, die rechnerischen Aktivitäten des Agenten zu implementieren und zu verbessern. Letztendlich erwarten wir, dass aufgabenspezifische Algorithmen wie Alpha-Beta-Suche, Regressionsplanung und Variableneliminierung aus KI-Systemen verschwinden und durch allgemeine Methoden ersetzt werden, die die Berechnungen des Agenten auf die effiziente Generierung von qualitativ hochwertigen Entscheidungen ausrichten.

Metaschlussfolgern und Reflexion (und viele andere effizienzbezogene architektonische und algorithmische Hilfsmittel, die in diesem Buch näher beleuchtet werden) sind notwendig, weil Entscheidungen *schwer* fallen. Seit der Erfindung von Computern hat deren wahnsinnige Geschwindigkeit dazu geführt, dass die Menschen ihre Fähigkeit zur Bewältigung von Komplexität überschätzen, oder, anders ausgedrückt, dass sie unterschätzen, was Komplexität wirklich bedeutet. Die wahrhaft gigantische Leistung heutiger Maschinen verleitet zu dem Gedanken, dass wir all die cleveren Geräte umgehen und uns mehr auf Brachialgewalt verlassen könnten. Lassen Sie uns also versuchen, dieser Tendenz entgegenzuwirken. Wir beginnen mit dem, was Physiker für die Geschwindigkeit des ultimativen 1-kg-Rechners halten: etwa 10^{51} Operationen pro Sekunde, oder eine Milliarde Billionen Billionen Mal schneller als der schnellste Supercomputer von 2020 (Lloyd, 2000).[1] Dann schlagen wir eine einfache Aufgabe vor: das Auflisten von englischen Wortketten, ähnlich wie es Borges in *Die Bibliothek von Babel* vorgeschlagen hat. Borges legte dabei Bücher von 410 Seiten fest. Wäre das machbar? Nicht ganz. In der Tat könnte der Computer, der ein Jahr lang läuft, nur Ketten aus 11 Wörtern aufzählen.

Wenn man nun bedenkt, dass ein detaillierter Plan für ein menschliches Leben aus (ganz grob) zwanzig Billionen potenzieller Muskelbewegungen besteht (Russell, 2019), dann wird das Ausmaß des Problems deutlich. Ein Computer, der eine Milliarde Billionen Billionen Mal leistungsfähiger ist als das menschliche Gehirn, ist viel weiter davon entfernt, rational zu sein, als eine Schnecke davon, das Raumschiff Enterprise zu überholen, das mit Warp neun unterwegs ist.

Mit diesen Überlegungen im Hinterkopf scheint das Ziel, rationale Agenten zu schaffen, vielleicht ein wenig zu ehrgeizig zu sein. Anstatt etwas anzustreben, das unmöglich existieren kann, sollten wir ein anderes normatives Ziel in Betracht ziehen – eines, das *notwendigerweise* existiert. Wir erinnern uns aus Kapitel 2 an die folgende einfache Idee:

$$Agent = Architektur + Programm$$

Legen Sie nun die Agentenarchitektur fest (die der Maschine zugrunde liegenden Fähigkeiten, vielleicht mit einer festen Softwareschicht darüber) und erlauben Sie dem Agentenprogramm, über alle möglichen Programme zu variieren, die von der Architektur unterstützt werden. In jeder gegebenen Aufgabenumgebung liefert eines dieser Programme (oder eine Äquivalenzklasse davon) die bestmögliche Leistung – vielleicht nicht nahe an der perfekten Rationalität, aber immer noch besser als jedes andere Agentenprogramm. Wir sagen, dass dieses Programm

1 Wir verschweigen hier die Tatsache, dass dieses Gerät die gesamte Energieleistung eines Sterns verbraucht und bei einer Milliarde Grad Celsius arbeitet.

das Kriterium der **beschränkten Optimalität** erfüllt. Es ist klar, dass ein solches Programm existiert und eindeutig ein wünschenswertes Ziel darstellt. Der Trick ist, dies zu finden, oder etwas, das ihm nahe kommt.

Für einige elementare Klassen von Agentenprogrammen in einfachen Echtzeitumgebungen ist es möglich, beschränkt-optimale Agentenprogramme zu identifizieren (Etzioni, 1989; Russell und Subramanian, 1995). Der Erfolg der Monte-Carlo-Baumsuche hat das Interesse an der Entscheidungsfindung auf Metaebene wiederbelebt, und es gibt Grund zur Hoffnung, dass beschränkte Optimalität innerhalb komplexerer Familien von Agentenprogrammen durch Techniken wie das Reinforcement Learning auf Metaebene erreicht werden kann. Es sollte auch möglich sein, eine konstruktive Theorie der Architektur zu entwickeln, beginnend mit Theoremen über die beschränkte Optimalität geeigneter Methoden zum Kombinieren verschiedener beschränkt-optimaler Komponenten wie Reflex- und Aktion-Wert-Systeme.

Allgemeine KI

Ein großer Teil des Fortschritts der KI im 21. Jahrhundert wurde bisher durch Wettbewerbe mit eng eingegrenzter Aufgabenstellung vorangetrieben, wie z. B. die DARPA Grand Challenge für autonome Autos, den ImageNet-Objekterkennungswettbewerb oder das Spielen von Go, Schach, Poker oder Jeopardy! gegen einen Weltmeister. Für jede einzelne Aufgabe erstellen wir ein separates KI-System, normalerweise mit einem separaten maschinellen Lernmodell, das von Grund auf mit Daten trainiert wird, die speziell für diese Aufgabe gesammelt wurden. Doch ein wirklich intelligenter Agent sollte mehr als nur eine Aufgabe erledigen können. Alan Turing (1950) schlug seine Liste vor (S. 1083) und der Science-Fiction-Autor Robert Heinlein (1973) konterte folgendermaßen:

> *Ein Mensch sollte in der Lage sein, eine Windel zu wechseln, eine Invasion zu planen, ein Schwein zu schlachten, ein Schiff zu kapern, ein Gebäude zu entwerfen, ein Sonett zu schreiben, Abrechnungen zu machen, eine Mauer zu bauen, einen Knochenbruch zu richten, Sterbende zu trösten, Befehle entgegenzunehmen, Befehle zu erteilen, zu kooperieren, allein zu handeln, Gleichungen zu lösen, ein neues Problem zu analysieren, Mist zu verstreuen, einen Computer zu programmieren, ein leckeres Essen zu kochen, effizient zu kämpfen, galant zu sterben. Spezialisierung ist etwas für Insekten.*

Bislang erfüllt kein KI-System eine dieser beiden Listen und einige Befürworter der allgemeinen oder Human-Level-KI (HLAI) sind der festen Meinung, dass die kontinuierliche Arbeit an spezifischen Aufgaben (oder an einzelnen Komponenten) nicht ausreichen wird, um eine Vielzahl von Aufgaben komplett zu beherrschen, dass wir vielmehr einen grundlegend neuen Ansatz brauchen. Wir haben den Eindruck, dass tatsächlich zahlreiche neue Durchbrüche notwendig sind, auch wenn die KI insgesamt einen vernünftigen Kompromiss zwischen Exploration und Exploitation gefunden hat, denn sie hat ein Portfolio von Komponenten zusammengestellt, sich bei bestimmten Aufgaben verbessert und gleichzeitig vielversprechende und manchmal verrückte neue Ideen erforscht.

Es wäre ein Fehler gewesen, den Gebrüdern Wright im Jahr 1903 zu sagen, sie sollten die Arbeit an ihrem „Einzweckflugzeug" einstellen und stattdessen eine Maschine für den „allgemeinen künstlichen Flug" entwickeln, die senkrecht abheben, schneller als der Schall fliegen, Hunderte von Passagieren befördern und auf dem Mond landen könne. Es wäre auch ein Fehler gewesen, ihrem ersten Flug einen jährlichen Wettbewerb folgen zu lassen, um Fichtenholz-Doppeldecker schrittweise zu verbessern.

Wir haben gesehen, dass die Arbeit an Komponenten neue Ideen hervorbringen kann; zum Beispiel haben GANs und Transformer-Sprachmodelle jeweils neue Forschungsbereiche eröffnet. Wir haben auch Schritte in Richtung „Vielfalt des Verhaltens" gesehen. So wurden beispielsweise maschinelle Übersetzungssysteme in den 1990er Jahren für jedes Sprachpaar (z. B. Französisch–Englisch) einzeln entwickelt. Heute kann ein einziges System den

Eingabetext als eine von 100 Sprachen identifizieren und in eine von 100 Zielsprachen übersetzen. Ein anderes natürliches Sprachsystem kann fünf verschiedene Aufgaben mit einem gemeinsamen Modell durchführen (Hashimoto *et al.*, 2016).

KI-Technik

Am Anfang war die Computerprogrammierung ein Fachbereich, in dem sich nur einige wenige merkwürdige Pioniere tummelten. Erst mit dem Aufkommen des Software-Engineering entwickelte sich dieser Fachbereich zu einem bedeutenden Industriezweig, mit einer umfangreichen Sammlung von allgemein verfügbaren, leistungsfähigen Tools und einem florierenden Ökosystem von Lehrern, Studenten, Fachkräften, Unternehmern, Investoren und Kunden.

Die KI-Industrie hat dieses Niveau noch nicht erreicht. Es gibt zwar eine Vielzahl leistungsfähiger Werkzeuge und Frameworks wie TensorFlow, Keras, PyTorch, CAFFE, Scikit-Learn und SCIPY. Aber viele der vielversprechendsten Ansätze, wie GANs und Deep Reinforcement Learning, haben sich für den allgemeinen Einsatz als schwierig zu handhaben erwiesen – sie erfordern Erfahrung und ein gewisses Maß an Fingerspitzengefühl, um sie so anzupassen, dass sie auf eine neue Domäne erfolgreich trainiert werden können. Wir haben nicht genug Experten, um dies in allen für uns wichtigen Fachbereichen zu tun, und wir haben noch nicht die Werkzeuge und das Ökosystem, um weniger erfahrene Fachkräfte erfolgreich bei dieser Arbeit zu unterstützen.

Jeff Dean von Google sieht eine Zukunft, in der wir mit maschinellem Lernen Millionen von Aufgaben bewältigen. Da es nicht machbar ist, jedes System von Grund auf neu zu entwickeln, schlägt er vor, dass wir mit einem einzigen riesigen System beginnen, aus dem wir dann für jede neue Aufgabe die dafür relevanten Teile extrahieren. Einige Schritte in diese Richtung haben wir bereits gesehen, wie z. B. die Transformer-Sprachmodelle (z. B. BERT, GPT-*n*) mit Milliarden von Parametern und eine „unglaublich große“ Ensemble-Architektur für neuronale Netze, die in einem Experiment bis zu 68 Milliarden Parameter skaliert (Shazeer *et al.*, 2017). Vor uns liegt jedoch noch viel Arbeit.

Die Zukunft

Wohin wird uns die Zukunft führen? Science-Fiction-Autoren scheinen die dystopische Zukunft der utopischen vorzuziehen, wahrscheinlich, weil die dort angesiedelten Handlungen interessanter sind. Bisher scheint die KI in eine Reihe mit anderen mächtigen revolutionären Technologien wie Buchdruck, Kanalisation, Fliegen und Telefonie zu stehen. All diese Technologien haben positive Auswirkungen, wenn auch einige unbeabsichtigte Nebenwirkungen, die sich unverhältnismäßig stark auf benachteiligte Schichten auswirken. Wir täten gut daran, in die Minimierung der negativen Auswirkungen zu investieren.

Allerdings unterscheidet sich die KI auch von den früheren revolutionären Technologien. Würde man die Technologien Buchdruck, Kanalisation, Fliegen und Telefonie bis zu ihren logischen Grenzen verbessern, würde das nichts hervorbringen, was die Vorherrschaft des Menschen in der Welt bedrohen könnte. Die Verbesserung der KI bis an ihre logischen Grenzen könnte das aber sehr wohl.

Zusammenfassend lässt sich sagen, dass die KI in ihrer kurzen Geschichte große Fortschritte gemacht hat, aber der Schlusssatz von Alan Turings Aufsatz *Computing Machinery and Intelligence* (1950) ist auch heute noch gültig:

> *Wir können nur eine kurze Strecke vorausschauen, aber wir können erkennen, dass noch viel zu tun ist.*

Mathematischer Hintergrund

A

A.1 Komplexitätsanalyse und O()-Notation

Informatiker stehen oft vor der Aufgabe, Algorithmen zu vergleichen, um zu sehen, wie schnell sie laufen oder wie viel Speicher sie benötigen. Für diese Aufgabe gibt es zwei Ansätze. Der erste ist **Benchmarking** – die Algorithmen werden auf einem Computer ausgeführt und die Geschwindigkeit wird in Sekunden, der Speicherverbrauch in Bytes gemessen. Darauf kommt es schließlich an, doch ein Benchmark kann unbefriedigend sein, weil er so spezifisch ist: Er misst die Leistung eines bestimmten Programms, das in einer bestimmten Sprache geschrieben wurde und auf einem bestimmten Computer läuft, mit einem bestimmten Compiler und bestimmten Eingabedaten. Allein auf Basis eines einzelnen Benchmark-Ergebnisses kann man schwer vorhersagen, wie gut der Algorithmus auf einem anderen Compiler, Computer oder Datensatz abschneiden würde. Der zweite Ansatz stützt sich auf eine mathematische **Analyse von Algorithmen**, die unabhängig von der jeweiligen Implementierung und den Eingabedaten ist, wie unten beschrieben.

A.1.1 Asymptotische Analyse

Wir werden die Algorithmusanalyse anhand des folgenden Beispiels betrachten, einem Programm zur Berechnung der Summe einer Zahlenfolge:

```
function SUMMATION(sequence) returns eine Zahl
  sum ← 0
  for i = 1 to LENGTH(sequence) do
      sum ← sum + sequence[i]
  return sum
```

Der erste Schritt der Analyse besteht darin, über die Eingabe zu abstrahieren, um einen oder mehrere Parameter zu finden, die die Größe der Eingabe charakterisieren. In diesem Beispiel kann die Eingabe durch die Länge der Folge charakterisiert werden, die wir n nennen. Der zweite Schritt ist die Abstraktion über die Implementierung, um ein Maß zu finden, das die Laufzeit des Algorithmus widerspiegelt, aber nicht an einen bestimmten Compiler oder Computer gebunden ist. Für das SUMMATION-Programm könnte dies einfach die Anzahl der ausgeführten Codezeilen sein oder etwas detaillierter die Anzahl der Additionen, Zuweisungen, Array-Referenzen und Verzweigungen, die vom Algorithmus ausgeführt werden. In beiden Fällen erhalten wir eine Charakterisierung der Gesamtzahl der vom Algorithmus ausgeführten Schritte in Abhängigkeit von der Größe der Eingabe. Wir bezeichnen diese Charakterisierung als $T(n)$. Wenn wir die Codezeilen zählen, haben wir für unser Beispiel $T(n) = 2n + 2$.

Wenn alle Programme so einfach wären wie SUMMATION, wäre die Analyse von Algorithmen trivial. Aber zwei Probleme machen es komplizierter. Erstens ist es selten, einen Parameter wie n zu finden, der die Anzahl der von einem Algorithmus durchgeführten Schritte vollständig charakterisiert. Stattdessen bleibt uns normalerweise nichts anderes übrig, als den schlechtesten Fall $T_{worst}(n)$ oder den durchschnittlichen Fall $T_{avg}(n)$ zu berechnen. Den Durchschnitt zu berechnen bedeutet, dass der Analytiker eine gewisse Verteilung der Eingaben annehmen muss.

Das zweite Problem ist, dass Algorithmen dazu neigen, sich einer exakten Analyse zu entziehen. In diesem Fall ist es notwendig, auf eine Näherung zurückzugreifen. Wir sagen, dass der SUMMATION-Algorithmus $O(n)$ ist, was bedeutet, dass sein Maß höchstens eine Konstante mal n ist, mit der möglichen Ausnahme von einigen kleinen Werten von n. Etwas formaler ausgedrückt:

$$T(n) \text{ ist } O(f(n)) \text{ , falls } T(n) \leq kf(n) \text{ für ein } k, \text{ für alle } n > n_0$$

Die $O()$-Notation liefert uns das, was man eine **asymptotische Analyse** nennt. Wir können zweifelsfrei sagen, dass ein $O(n)$-Algorithmus besser ist als ein $O(n^2)$-Algorithmus, wenn

n asymptotisch gegen unendlich geht. Eine einzelne Benchmark-Zahl könnte eine solche Behauptung nicht untermauern.

Die $O()$-Notation abstrahiert über konstante Faktoren, wodurch sie einfacher zu verwenden ist, wenn auch weniger präzise als die $T()$-Notation. Zum Beispiel wird ein $O(n^2)$-Algorithmus auf lange Sicht immer schlechter sein als ein $O(n)$-Algorithmus, aber wenn beide Algorithmen $T(n^2 + 1)$ und $T(100n + 1.000)$ sind, dann ist der $O(n^2)$-Algorithmus für $n < 110$ tatsächlich sogar besser.

Trotz dieses Nachteils ist die asymptotische Analyse das am häufigsten verwendete Werkzeug zur Analyse von Algorithmen. Gerade weil die Analyse sowohl über die exakte Anzahl der Operationen (durch Ignorieren des konstanten Faktors k) als auch über den exakten Inhalt der Eingabe (durch Berücksichtigung nur ihrer Größe n) abstrahiert, wird die Analyse mathematisch durchführbar. Die $O()$-Notation ist ein guter Kompromiss zwischen Präzision und Einfachheit der Analyse.

A.1.2 NP-schwere und inhärent schwere Probleme

Die Analyse von Algorithmen und die $O()$-Notation erlauben es uns, über die Effizienz eines bestimmten Algorithmus zu sprechen. Sie sagen jedoch nichts darüber aus, ob es einen besseren Algorithmus für das vorliegende Problem geben könnte. Das Gebiet der **Komplexitätsanalyse** analysiert Probleme, und nicht Algorithmen. Die erste grobe Unterteilung erfolgt zwischen Problemen, die in polynomieller Zeit gelöst werden können, und solchen, die nicht in polynomieller Zeit gelöst werden können, egal welcher Algorithmus verwendet wird. Die Klasse der polynomiellen Probleme, die in der Zeit $O(n^k)$ für irgendein k gelöst werden können, wird **P** genannt. Sie werden manchmal als „einfache" Probleme bezeichnet, da die Klasse Probleme mit Laufzeiten wie $O(\log n)$ und $O(n)$ enthält. Sie enthält aber auch solche mit einer Zeit von $O(n^{1.000})$, sodass die Bezeichnung „einfach" nicht zu wörtlich genommen werden sollte.

Eine weitere wichtige Klasse von Problemen ist **NP**, die Klasse der nichtdeterministischen polynomiellen Probleme. Ein Problem gehört zu dieser Klasse, wenn es einen Algorithmus gibt, der eine Lösung annimmt und dann in polynomieller Zeit überprüfen kann, ob diese Annahme richtig ist. Wenn man also eine beliebig große Anzahl von Prozessoren hat, sodass man alle Annahmen auf einmal ausprobieren kann, oder wenn man sehr viel Glück hat und mit seiner Annahme immer beim ersten Mal richtig liegt, dann werden – so die Idee – die NP-Probleme zu P-Problemen. Eine der größten offenen Fragen in der Informatik ist, ob die Klasse NP äquivalent zur Klasse P ist, wenn man nicht den Luxus einer unendlichen Anzahl von Prozessoren oder einer allwissenden Annahme hat. Die meisten Informatiker sind überzeugt, dass $P \neq NP$ ist, das heißt, dass NP-Probleme inhärent schwer sind und es keine Polynomialzeit-Algorithmen dafür gibt. Aber das ist nie bewiesen worden.

Wer sich für die Entscheidung interessiert, ob $P = NP$ gilt, betrachtet eine Unterklasse von NP, die sogenannten **NP-vollständigen** Probleme. Das Wort „vollständig" wird hier im Sinne von „extremst" verwendet und bezieht sich somit auf die schwersten Probleme in der Klasse NP. Es ist bewiesen, dass entweder alle NP-vollständigen Probleme in P sind oder keines von ihnen. Das macht die Klasse theoretisch interessant, aber sie ist auch von praktischem Interesse, weil viele wichtige Probleme als NP-vollständig bekannt sind. Ein Beispiel ist das Erfüllbarkeitsproblem: Gibt es zu einem Satz der Aussagenlogik eine Zuordnung von Wahrheitswerten zu den Aussagesymbolen des Satzes, die ihn wahr macht? Sofern nicht ein Wunder geschieht und $P = NP$ ist, kann es keinen Algorithmus geben, der *alle* Erfüllbarkeitsprobleme in polynomieller Zeit löst. Die KI ist jedoch eher daran interessiert, ob es Algorithmen gibt, die bei *typischen Problemen*, die aus einer vorgegebenen Verteilung gezogen werden, effizient arbeiten. Wie wir in Kapitel 7 gesehen haben, gibt es Algorithmen wie WALKSAT, die bei vielen Problemen recht gut abschneiden.

Die Klasse der **NP-schweren** Probleme besteht aus denjenigen Problemen, die (in polynomieller Zeit) auf alle Probleme in NP reduzierbar sind, d. h., wenn Sie ein beliebiges NP-schweres Problem lösen würden, könnten Sie alle Probleme in NP lösen. Die NP-vollständigen Probleme sind alle NP-schwer, aber es gibt einige NP-schwere Probleme, die noch schwieriger als NP-vollständig sind.

Die Klasse **co-NP** ist das Komplement von NP, in dem Sinne, dass es für jedes Entscheidungsproblem in NP ein entsprechendes Problem in co-NP gibt, bei dem die „Ja“- und „Nein“-Antworten vertauscht sind. Wir wissen, dass P eine Teilmenge sowohl von NP als auch von co-NP ist, und es wird angenommen, dass es Probleme in co-NP gibt, die nicht in P sind. Die **co-NP-vollständigen** Probleme sind die schwersten Probleme in co-NP.

Die Klasse #P (ausgesprochen als „Number P“ nach Garey und Johnson (1979), oft aber auch als „Sharp P“) ist die Menge der Zählprobleme, die den Entscheidungsproblemen in NP entsprechen. Entscheidungsprobleme verlangen eine Ja-oder-Nein-Antwort: Gibt es eine Lösung für diese 3-SAT-Formel? Zählprobleme haben eine ganzzahlige Antwort: Wie viele Lösungen gibt es für diese 3-SAT-Formel? In manchen Fällen ist das Zählproblem viel schwerer als das Entscheidungsproblem. Zum Beispiel kann die Entscheidung, ob ein bipartiter Graph ein perfektes Matching hat, in der Zeit $O(VE)$ erledigt werden (wobei der Graph V Knoten und E Kanten hat), aber das Zählproblem „wie viele perfekte Matchings hat dieser bipartite Graph“ ist #P-vollständig, d. h., es ist so schwer wie jedes Problem in #P und damit mindestens so schwer wie jedes NP-Problem.

Eine andere Klasse ist die Klasse der PSPACE-Probleme – solche, die selbst auf einer nichtdeterministischen Maschine eine polynomielle Menge an Speicherplatz benötigen. Es wird angenommen, dass PSPACE-schwere Probleme schlimmer sind als NP-vollständige Probleme, obwohl sich herausstellen könnte, dass NP = PSPACE, genauso wie sich herausstellen könnte, dass P = NP.

A.2 Vektoren, Matrizen und lineare Algebra

Mathematiker definieren einen **Vektor** als Element eines Vektorraums. Wir allerdings verwenden hier eine etwas konkretere Definition: Ein Vektor ist eine geordnete Folge von Werten. Im zweidimensionalen Raum haben wir zum Beispiel Vektoren wie $\mathbf{x} = \langle 3, 4\rangle$ und $\mathbf{y} = \langle 0, 2\rangle$. Wir folgen der Konvention, Vektornamen fett zu schreiben, obwohl einige Autoren Pfeile oder Balken über den Namen verwenden: $\vec{x}$ oder $\bar{y}$. Die Elemente eines Vektors können über tiefgestellte Indizes angesprochen werden: $\mathbf{z} = \langle z_1, z_2, \ldots, z_n\rangle$. Für etwas Verwirrung könnte sorgen, dass dieses Buch Arbeiten aus vielen Teilgebieten zusammenfasst, die ihre Folgen unterschiedlich als Vektoren, Listen oder Tupel bezeichnen sowie unterschiedliche Notationen $\langle 1, 2\rangle$, $[1, 2]$ oder $(1, 2)$ verwenden.

Die beiden grundlegenden Operationen auf Vektoren sind die Vektoraddition und die skalare Multiplikation. Die Vektoraddition $\mathbf{x} + \mathbf{y}$ ist die elementweise Summe: $\mathbf{x} + \mathbf{y} = \langle 3 + 0, 4 + 2\rangle = \langle 3, 6\rangle$. Die skalare Multiplikation multipliziert jedes Element mit einer Konstanten: $5\mathbf{x} = \langle 5 \times 3, 5 \times 4\rangle = \langle 15, 20\rangle$.

Die Länge eines Vektors wird mit $|\mathbf{x}|$ bezeichnet und ergibt sich aus der Quadratwurzel aus der Summe der Quadrate der Elemente: $|\mathbf{x}| = \sqrt{(3^2 + 4^2)} = 5$. Das Punktprodukt $\mathbf{x} \cdot \mathbf{y}$ (auch Skalarprodukt genannt) zweier Vektoren ist die Summe der Produkte der entsprechenden Elemente, also $\mathbf{x} \cdot \mathbf{y} = \sum_i x_i y_i$, oder in unserem speziellen Fall $\mathbf{x} \cdot \mathbf{y} = 3 \times 0 + 4 \times 2 = 8$.

Vektoren werden oft als gerichtete Liniensegmente (Pfeile) in einem n-dimensionalen euklidischen Raum interpretiert. Die Addition von Vektoren ist dann äquivalent dazu, das Ende des einen Vektors an den Anfang des anderen zu setzen, und das Punktprodukt $\mathbf{x} \cdot \mathbf{y}$ is $|\mathbf{x}|\,|\mathbf{y}| \cos\theta$, wobei θ der Winkel zwischen $\mathbf{x}$ und $\mathbf{y}$ ist.

Eine **Matrix** ist ein rechteckiges Array von Werten, die in Zeilen und Spalten angeordnet sind. Hier ist eine Matrix $\mathbf{A}$ der Größe 3×4:

$$\begin{pmatrix} \mathbf{A}_{1,1} & \mathbf{A}_{1,2} & \mathbf{A}_{1,3} & \mathbf{A}_{1,4} \\ \mathbf{A}_{2,1} & \mathbf{A}_{2,2} & \mathbf{A}_{2,3} & \mathbf{A}_{2,4} \\ \mathbf{A}_{3,1} & \mathbf{A}_{3,2} & \mathbf{A}_{3,3} & \mathbf{A}_{3,4} \end{pmatrix}$$

Der erste Index von $\mathbf{A}_{i,j}$ gibt die Zeile und der zweite die Spalte an. In der Programmiersprache wird $\mathbf{A}_{i,j}$ oft als `A[i,j]` oder `A[i][j]` geschrieben. Für die **Transponierte** von $\mathbf{A}$, geschrieben $\mathbf{A}^\top$, müssen Zeilen in Spalten umgewandelt werden und umgekehrt, oder formaler $\mathbf{A}^\top_{i,j} = \mathbf{A}_{j,i}$.

Die Summe zweier Matrizen wird durch Addition ihrer entsprechenden Elemente definiert; zum Beispiel $(\mathbf{A} + \mathbf{B})_{i,j} = \mathbf{A}_{i,j} + \mathbf{B}_{i,j}$. (Die Summe ist undefiniert, wenn $\mathbf{A}$ und $\mathbf{B}$ unterschiedliche Größen haben.) Wir können auch die Multiplikation einer Matrix mit einem Skalar definieren: $(c\mathbf{A})_{i,j} = c\mathbf{A}_{i,j}$. Die Matrixmultiplikation (das Produkt zweier Matrizen) ist komplizierter. Das Produkt $\mathbf{AB}$ ist nur definiert, wenn $\mathbf{A}$ die Größe $a \times b$ und $\mathbf{B}$ die Größe $b \times c$ hat (d. h., die zweite Matrix hat genauso viele Zeilen wie die erste Matrix Spalten hat); das Ergebnis ist eine Matrix der Größe $a \times c$. Wenn die Matrizen die entsprechende Größe haben, dann ist das Ergebnis:

$$(\mathbf{AB})_{i,k} = \sum_j \mathbf{A}_{i,j}\mathbf{B}_{j,k}$$

Die Matrixmultiplikation ist im Allgemeinen nicht kommutativ, nicht einmal für quadratische Matrizen: im Allgemeinen gilt $\mathbf{AB} \neq \mathbf{BA}$. Sie ist jedoch assoziativ: $(\mathbf{AB})\mathbf{C} = \mathbf{A}(\mathbf{BC})$. Beachten Sie, dass das Punktprodukt in Form einer Transponierten und einer Matrixmultiplikation ausgedrückt werden kann: $\mathbf{x} \cdot \mathbf{y} = \mathbf{x}^\top \mathbf{y}$.

In der **Identitätsmatrix** $\mathbf{I}$ sind die Elemente $\mathbf{I}_{i,j}$ gleich 1, wenn $i = j$, und ansonsten 0. Diese Matrix hat die Eigenschaft, dass $\mathbf{AI} = \mathbf{A}$ für alle $\mathbf{A}$. Die **Inverse** einer quadratischen Matrix $\mathbf{A}$ ist eine andere quadratische Matrix $\mathbf{A}^{-1}$, sodass $\mathbf{A}^{-1}\mathbf{A} = \mathbf{I}$. Für eine **singuläre** Matrix existiert keine Inverse. Für eine nicht singuläre Matrix kann sie in $O(n^3)$-Zeit berechnet werden.

Matrizen werden verwendet, um Systeme linearer Gleichungen in der Zeit $O(n^3)$ zu lösen; die Zeit wird durch die Invertierung einer Koeffizientenmatrix dominiert. Betrachten Sie die folgenden Gleichungen, für die wir eine Lösung in x, y und z suchen:

$$\begin{aligned} +2x + y - z &= 8 \\ -3x - y + 2z &= -11 \\ -2x + y + 2z &= -3 \end{aligned}$$

Wir können dieses System als die Matrixgleichung $\mathbf{A\,x} = \mathbf{b}$ darstellen, wobei

$$\mathbf{A} = \begin{pmatrix} 2 & 1 & -1 \\ -3 & -1 & 2 \\ -2 & 1 & 2 \end{pmatrix}, \quad \mathbf{x} = \begin{pmatrix} x \\ y \\ z \end{pmatrix}, \quad \mathbf{b} = \begin{pmatrix} 8 \\ -11 \\ -3 \end{pmatrix}$$

Um $\mathbf{A\,x} = \mathbf{b}$ zu lösen, multiplizieren wir beide Seiten mit $\mathbf{A}^{-1}$, was $\mathbf{A}^{-1}\mathbf{Ax} = \mathbf{A}^{-1}\mathbf{b}$ ergibt, vereinfacht zu $\mathbf{x} = \mathbf{A}^{-1}\mathbf{b}$. Nach der Invertierung von $\mathbf{A}$ und Multiplikation mit $\mathbf{b}$ erhalten wir die Antwort:

$$\mathbf{x} = \begin{pmatrix} x \\ y \\ z \end{pmatrix} = \begin{pmatrix} 2 \\ 3 \\ -1 \end{pmatrix}$$

Ein paar weitere erwähnenswerte Punkte: Wir verwenden $\log(x)$ für den natürlichen Logarithmus $\log_e(x)$. Wir verwenden $\operatorname{argmax}_x f(x)$ für den Wert von x, für den $f(x)$ maximal ist.

A.3 Wahrscheinlichkeitsverteilungen

Eine Wahrscheinlichkeit ist ein Maß über einer Menge von Ereignissen, das drei Axiome erfüllt:

1. Das Maß jedes Ereignisses liegt zwischen 0 und 1. Wir schreiben dies als $0 \leq P(X = x_i) \leq 1$, wobei X eine Zufallsvariable ist, die ein Ereignis darstellt, und x_i die möglichen Werte von X sind. Im Allgemeinen werden Zufallsvariablen durch Großbuchstaben und ihre Werte durch Kleinbuchstaben bezeichnet.
2. Das Maß der gesamten Menge ist 1, das heißt $\sum_{i=1}^{n} P(X = x_i) = 1$.
3. Die Wahrscheinlichkeit einer Vereinigung disjunkter Ereignisse ist die Summe der Wahrscheinlichkeiten der Einzelereignisse, d. h. $P(X = x_1 \vee X = x_2) = P(X = x_1) + P(X = x_2)$, für den Fall, dass x_1 und x_2 disjunkt sind.

Ein **probabilistisches Modell** besteht aus einem Stichprobenraum von sich gegenseitig ausschließenden möglichen Ergebnissen, zusammen mit einem Wahrscheinlichkeitsmaß für jedes Ergebnis. In einem Modell des morgigen Wetters könnten die Ergebnisse zum Beispiel *Sonne, Wolken, Regen* und *Schnee* sein. Eine Teilmenge dieser Ergebnisse stellt ein Ereignis dar. Das Niederschlagsereignis ist z. B. die Teilmenge, die aus $\{Regen, Schnee\}$ besteht.

Wir verwenden $\mathbf{P}(X)$, um den Vektor der Werte $\langle P(X = x_1), \ldots, P(X = x_n)\rangle$ zu bezeichnen. Wir verwenden auch $P(x_i)$ als Abkürzung für $P(X = x_i)$ und $\sum_x P(x)$ für $\sum_{i=1}^{n} P(X = x_i)$.

Die bedingte Wahrscheinlichkeit $P(B \mid A)$ ist definiert als $P(B \cap A)/P(A)$. A und B sind (stochastisch) unabhängig, wenn $P(B \mid A) = P(B)$ (oder äquivalent $P(A \mid B) = P(A)$ oder $P(A \cap B) = P(A) \cdot P(B)$).

Bei stetigen Variablen gibt es eine unendliche Anzahl von Werten und sofern es keine punktuellen Spitzen gibt, ist die Wahrscheinlichkeit eines exakten Werts gleich 0. Deshalb ist es sinnvoller, davon zu sprechen, dass der Wert innerhalb eines Bereichs liegt. Wir machen das mit einer **Wahrscheinlichkeitsdichtefunktion**, die eine etwas andere Bedeutung hat als die diskrete Wahrscheinlichkeitsfunktion. Da $P(X = x)$ – die Wahrscheinlichkeit, dass X genau den Wert x hat – null ist, messen wir stattdessen, wie wahrscheinlich es ist, dass X in ein Intervall um x fällt, verglichen mit der Breite des Intervalls, und nehmen den Grenzwert, wenn die Intervallbreite gegen null geht:

$$P(x) = \lim_{dx \to 0} P(x \leq X \leq x + dx)/\, dx$$

Die Dichtefunktion muss für alle x nichtnegativ sein und es muss gelten:

$$\int_{-\infty}^{\infty} P(x)\, dx = 1$$

Wir können auch die **kumulative Verteilung** $F_X(x)$ definieren, die die Wahrscheinlichkeit angibt, dass eine Zufallsvariable kleiner als x ist:

$$F_X(x) = P(X \leq x) = \int_{-\infty}^{x} P(u)\, du$$

Beachten Sie, dass die Wahrscheinlichkeitsdichtefunktion Einheiten hat, was bei der diskreten Wahrscheinlichkeitsfunktion nicht der Fall ist. Wenn z. B. Werte von X in Sekunden gemessen werden, wird die Dichte in Hz (d. h. 1/s) gemessen. Wenn die Werte von X Punkte im dreidimensionalen Raum sind, die in Metern gemessen werden, dann wird die Dichte in $1/m^3$ gemessen.

Eine der wichtigsten Wahrscheinlichkeitsverteilungen ist die **Gauß'sche Verteilung**, auch bekannt als **Normalverteilung**. Wir verwenden die Notation $\mathcal{N}(x; \mu, \sigma^2)$ für die Normalverteilung, die eine Funktion von x mit Mittelwert μ und Standardabweichung σ (und damit

Varianz σ^2) ist. Sie ist definiert als

$$\mathcal{N}(x;\mu,\sigma^2) = \frac{1}{\sigma\sqrt{2\pi}} e^{-(x-\mu)^2/(2\sigma^2)} ,$$

wobei x eine stetige Variable im Bereich von $-\infty$ bis $+\infty$ ist. Mit Mittelwert $\mu = 0$ und Varianz $\sigma^2 = 1$ erhalten wir den Spezialfall der **Standardnormalverteilung**. Für eine Verteilung über einen Vektor $\mathbf{x}$ in n Dimensionen gibt es die **multivariate Gauß'sche** Verteilung:

$$\mathcal{N}(\mathbf{x};\boldsymbol{\mu},\boldsymbol{\Sigma}) = \frac{1}{\sqrt{(2\pi)^n|\boldsymbol{\Sigma}|}} e^{-\frac{1}{2}\left((\mathbf{x}-\boldsymbol{\mu})^\top \boldsymbol{\Sigma}^{-1}(\mathbf{x}-\boldsymbol{\mu})\right)} ,$$

wobei $\boldsymbol{\mu}$ der Mittelwertvektor und $\boldsymbol{\Sigma}$ die **Kovarianzmatrix** ist (siehe unten). Die kumulative Verteilung für eine univariate Normalverteilung ist gegeben durch

$$F(x) = \int_{-\infty}^{x} \mathcal{N}(z;\mu,\sigma^2)\,\mathrm{d}z = \frac{1}{2}(1 + \operatorname{erf}(\frac{x-\mu}{\sigma\sqrt{2}})) .$$

wobei $\operatorname{erf}(x)$ die sogenannte **Fehlerfunktion** ist, die keine geschlossene Darstellung hat.

Der **zentrale Grenzwertsatz** besagt, dass die Verteilung, gebildet aus Stichproben von n unabhängigen Zufallsvariablen und deren Mittelwert, bei n gegen unendlich gegen eine Normalverteilung konvergiert. Dies gilt für fast jede Sammlung von Zufallsvariablen, auch wenn sie nicht streng unabhängig sind, es sei denn, die Varianz einer endlichen Teilmenge von Variablen dominiert die anderen.

Der **Erwartungswert** einer Zufallsvariablen, $E(X)$, ist der Mittelwert oder Durchschnittswert, gewichtet mit der Wahrscheinlichkeit jedes Werts. Für eine diskrete Variable lautet die Formel:

$$E(X) = \sum_i x_i P(X = x_i)$$

Für eine stetige Variable ersetzen Sie die Summation durch ein Integral und verwenden die Wahrscheinlichkeitsdichtefunktion $P(x)$:

$$E(X) = \int_{-\infty}^{\infty} xP(x)\,\mathrm{d}x$$

Für eine beliebige Funktion f gilt außerdem:

$$E(f(X)) = \int_{-\infty}^{\infty} f(x)P(x)\,\mathrm{d}x$$

Schließlich kann man, wenn nötig, die Verteilung für die Zufallsvariable als tiefgestellten Wert beim Erwartungsoperator angeben:

$$E_{X\sim Q(x)}(g(X)) = \int_{-\infty}^{\infty} g(x)Q(x)\,\mathrm{d}x$$

Neben dem Erwartungswert gehören zu den weiteren wichtigen statistischen Eigenschaften einer Verteilung die **Varianz**, die der Erwartungswert des Quadrats der Differenz zum Mittelwert μ der Verteilung ist:

$$Var(X) = E((X-\mu)^2)$$

sowie die **Standardabweichung**, die die Quadratwurzel der Varianz ist.

Der **quadratische Mittelwert** (QMW) einer Menge von Werten (oft Stichproben einer Zufallsvariablen) ist die Quadratwurzel aus dem Mittelwert der Quadrate der Werte:

$$QMW(x_1, \ldots, x_n) = \sqrt{\frac{x_1^2 + \ldots + x_n^2}{n}}$$

Die **Kovarianz** zweier Zufallsvariablen ist der Erwartungswert des Produkts ihrer Differenzen zu ihren Mittelwerten:

$$\mathrm{cov}(X, Y) = E((X - \mu_X)(Y - \mu_Y))$$

Die **Kovarianzmatrix**, oft mit $\boldsymbol{\Sigma}$ bezeichnet, ist eine Matrix der Kovarianzen zwischen Elementen eines Vektors von Zufallsvariablen. Für $\mathbf{X} = \langle X_1, \ldots, X_n \rangle^\top$ sind die Einträge der Kovarianzmatrix wie folgt:

$$\boldsymbol{\Sigma}_{i,j} = \mathrm{cov}(X_i, X_j) = E((X_i - \mu_i)(X_j - \mu_j))$$

Wir sagen, wir nehmen eine **Stichprobe** aus einer Wahrscheinlichkeitsverteilung, wenn wir einen Wert nach dem Zufallsprinzip auswählen. Wir wissen nicht, was eine einzelne Auswahl bringt, aber im Grenzfall nähert sich eine große Sammlung von Stichproben der gleichen Wahrscheinlichkeitsdichtefunktion wie die Verteilung, aus der die Stichprobe stammt. Bei der **Gleichverteilung** ist jedes Element gleich wahrscheinlich. Wenn wir also sagen, dass wir „eine gleichverteilte (zufällige) Stichprobe aus den ganzen Zahlen von 0 bis 99 ziehen", bedeutet das, dass es gleich wahrscheinlich ist, dass wir jede ganze Zahl in diesem Bereich wählen.

Bibliografische und historische Anmerkungen

Die heute in der Informatik weit verbreitete $O()$-Notation wurde erstmals von dem Mathematiker P. G. H. Bachmann (1894) im Rahmen der Zahlentheorie eingeführt. Der Begriff der NP-Vollständigkeit stammt von Cook (1971) und die moderne Methode, eine Reduktion von einem Problem auf ein anderes zu etablieren, geht auf Karp (1972) zurück. Cook und Karp haben beide den Turing Award für ihre Arbeit gewonnen.

Zu den Fachbüchern über Analyse und Entwurf von Algorithmen zählen Sedgewick und Wayne (2011) sowie Cormen, Leiserson, Rivest und Stein (2009). Diese Bücher legen den Schwerpunkt auf den Entwurf und die Analyse von Algorithmen zur Lösung von effizient machbaren Problemen. Für die Theorie der NP-Vollständigkeit und andere Formen der nicht effizienten Machbarkeit siehe Garey und Johnson (1979) oder Papadimitriou (1994). Gute Texte zur Wahrscheinlichkeitsrechnung finden Sie bei Chung (1979), Ross (2015) und Bertsekas und Tsitsiklis (2008).

Hinweise zu Sprachen und Algorithmen

B

B.1 Sprachen mit Backus-Naur-Form (BNF) definieren

In diesem Buch definieren wir mehrere Sprachen, darunter die Sprache der Aussagenlogik (S. 257), der Prädikatenlogik (S. 301) und eine Teilmenge der englischen Sprache (S. 933). Eine formale Sprache wird als eine Menge von Zeichenketten definiert, wobei jede Zeichenkette eine Folge von Symbolen ist. Da Sprachen, an denen wir interessiert sind, aus einer unendlichen Menge von Zeichenketten bestehen, benötigen wir eine präzise Methode, um die Menge zu charakterisieren. Dies geschieht mit einer **Grammatik**. Die besondere Art von Grammatik, die wir verwenden, wird **kontextfreie Grammatik** genannt, weil jeder Ausdruck in jedem Kontext die gleiche Form hat. Wir schreiben unsere Grammatiken in einem Formalismus namens **Backus-Naur-Form** (**BNF**). Eine BNF-Grammatik besteht aus vier Komponenten:

- einer Menge von **Terminalsymbolen**: Dies sind die Symbole oder Wörter, aus denen sich die Zeichenketten der Sprache zusammensetzen. Dabei kann es sich um Buchstaben (**A**, **B**, **C**, ...) oder Wörter (**a**, **Erdferkel**, **Abakus**, ...) oder um beliebige Symbole handeln, die für die Domäne geeignet sind.
- eine Menge von **Nichtterminalsymbolen**, die die Teilphrasen der Sprache kategorisieren. Zum Beispiel bezeichnet das Nichtterminalsymbol *NominalPhrase* eine unbestimmte Menge von Zeichenfolgen, darunter „du“ und „der große sabbernde Hund“.
- ein **Startsymbol**: dies ist das Nichtterminalsymbol, das die gesamte Zeichenkettenmenge der Sprache bezeichnet. In einer natürlichen Sprache ist dies z. B. *Satz*; in der Arithmetik könnte es *Ausdruck* sein und in Programmiersprachen ist es *Programm*.
- eine Menge von **Umschreiberegeln** der Form $LHS \rightarrow RHS$, wobei *LHS* ein Nichtterminalsymbol und *RHS* eine Folgen von null oder mehr Symbolen ist. Dies können sowohl Terminal- als auch Nichtterminalsymbole sein oder das Symbol ϵ, das für die leere Zeichenkette steht.

Eine Umschreiberegel der Form

$$Satz \rightarrow NominalPhrase\ VerbPhrase$$

bedeutet, dass wir zwei Zeichenketten, die als *NominalPhrase* und als *VerbPhrase* kategorisiert sind, aneinanderhängen und das Ergebnis als *Satz* kategorisieren können. Als Abkürzung können die beiden Regeln ($S \rightarrow A$) und ($S \rightarrow B$) mit ($S \rightarrow A \mid B$) geschrieben werden. Zur Veranschaulichung dieser Konzepte sehen Sie hier eine BNF-Grammatik für einfache arithmetische Ausdrücke:

$$\begin{aligned}
Ausdruck &\rightarrow Ausdruck\ Operator\ Ausdruck \mid (\ Ausdruck\ ) \mid Zahl \\
Zahl &\rightarrow Ziffer \mid Zahl\ Ziffer \\
Ziffer &\rightarrow \mathbf{0} \mid \mathbf{1} \mid \mathbf{2} \mid \mathbf{3} \mid \mathbf{4} \mid \mathbf{5} \mid \mathbf{6} \mid \mathbf{7} \mid \mathbf{8} \mid \mathbf{9} \\
Operator &\rightarrow + \mid - \mid \div \mid \times
\end{aligned}$$

Wir behandeln Sprachen und Grammatiken ausführlicher in Kapitel 23. Beachten Sie, dass in anderen Büchern leicht abweichende Notationen für BNF verwendet werden; zum Beispiel könnten $\langle Ziffer \rangle$ statt *Ziffer* für ein Nichtterminalsymbol, „Wort“ statt **Wort** für ein Terminalsymbol oder ::= anstelle von $\rightarrow$ in einer Regel vorkommen.

B.2 Algorithmen mit Pseudocode beschreiben

Die Algorithmen in diesem Buch werden in **Pseudocode** geschrieben. Der größte Teil dieses Pseudocodes sollte Programmierern, die Sprachen wie Java, C++ oder insbesondere Python verwenden, vertraut sein. An einigen Stellen benutzen wir mathematische Formeln oder natürliche Sprache, um Abschnitte zu beschreiben, die sonst sehr umständlich wären. Ein paar Besonderheiten sind zu beachten:

- **Persistente Variablen**: Wir verwenden das Schlüsselwort **persistent**, um zu auszudrücken, dass eine Variable beim ersten Aufruf einer Funktion einen Anfangswert erhält und diesen Wert (oder den Wert, der ihr durch eine nachfolgende Zuweisungsanweisung zugewiesen wird) bei allen nachfolgenden Aufrufen der Funktion beibehält. Persistente Variablen sind also insofern mit globalen Variablen vergleichbar, als sie einen einzelnen Funktionsaufruf überdauern; sie sind jedoch nur innerhalb der Funktion zugänglich. Die Agentenprogramme in diesem Buch verwenden persistente Variablen als *Speicher*. Programme mit persistenten Variablen können in objektorientierten Sprachen wie C++, Java, Python und Smalltalk als *Objekte* implementiert werden. In funktionalen Sprachen können sie durch *funktionale Abschlüsse* über eine Umgebung implementiert werden, die die benötigten Variablen enthält.
- **Funktionen als Werte**: Funktionsnamen werden in Großbuchstaben geschrieben, Variablen in Kleinbuchstaben und kursiv. Daher sieht ein Funktionsaufruf meistens wie FN(x) aus. Wir lassen jedoch zu, dass der Wert einer Variablen eine Funktion ist; wenn beispielsweise der Wert der Variablen f die Quadratwurzelfunktion ist, dann gibt $f(9)$ 3 zurück.
- **Einrückungen sind wichtig**: Die Einrückung wird verwendet, um den Umfang einer Schleife oder einer Bedingung zu markieren, wie in den Sprachen Python und CoffeeScript, und im Gegensatz zu Java, C++ und Go (die geschweifte Klammern verwenden) oder Lua und Ruby (die **end** verwenden).
- **Destrukturierende Zuweisung**: Die Notation „$x,y \leftarrow$ *Paar*“ bedeutet, dass die rechte Seite zu einer Sammlung von zwei Elementen ausgewertet werden muss, wobei das erste Element an x und das zweite an y zugewiesen wird. Dasselbe Konzept wird in „**for** x,y **in** *Paare* **do**“ angewandt und kann zum Vertauschen zweier Variablen benutzt werden: „$x,y \leftarrow y,x$“.
- **Standardwerte für Parameter**: Die Notation „**function** F(x,y=0) **returns** eine Zahl“ bedeutet, dass y ein optionales Argument mit dem Standardwert 0 ist; d. h., die Aufrufe F(3, 0) und F(3) sind gleichwertig.
- **yield**: Eine Funktion, die das Schlüsselwort **yield** enthält, ist ein **Generator**, der eine Folge von Werten erzeugt, und zwar jedes Mal einen, wenn der **yield**-Ausdruck erreicht wird. Danach setzt die Funktion ihre Ausführung mit der nächsten Anweisung fort. Die Sprachen Python, Ruby, C# und Javascript (ECMAScript) verfügen über diese Funktion.
- **Schleifen**: Es gibt vier Arten von Schleifen:
  - „**for** x **in** c **do**“ führt die Schleife aus, wobei die Variable x an aufeinanderfolgende Elemente der Menge c gebunden wird.
  - „**for** i = 1 to n **do**“ führt die Schleife aus, wobei i an aufeinanderfolgende ganze Zahlen von 1 bis einschließlich n gebunden wird.
  - „**while** *Bedingung* **do**“ bedeutet, dass die Bedingung vor jeder Iteration der Schleife ausgewertet wird und die Schleife beendet wird, falls die Bedingung falsch ist.
  - „**repeat** ... **until** *Bedingung*“ bedeutet, dass die Schleife beim ersten Mal bedingungslos ausgeführt wird, dann wird die Bedingung ausgewertet und die Schleife wird beendet, wenn die Bedingung wahr ist; andernfalls wird die Schleife weiter ausgeführt (und jeweils am Ende wird getestet).

- **Listen**: $[x, y, z]$ bezeichnet eine Liste mit drei Elementen. Der „+“-Operator verkettet Listen: $[1, 2]+[3, 4] = [1, 2, 3, 4]$. Eine Liste kann als Stapel (Stack) verwendet werden: POP entfernt und gibt das letzte Element einer Liste zurück, TOP gibt das letzte Element zurück.
- **Mengen**: $\{x, y, z\}$ bezeichnet eine Menge mit drei Elementen. $\{x: p(x)\}$ bezeichnet die Menge aller Elemente x, für die $p(x)$ wahr ist.
- **Arrays beginnen bei 1**: Der erste Index eines Arrays ist 1 wie in der üblichen mathematischen Notation (und in R und Julia), nicht 0 (wie in Python und Java und C).

B.3 Ergänzendes Onlinematerial

Das Buch hat eine eigene Website mit ergänzendem Material, Hinweisen zum Einsenden von Vorschlägen und Möglichkeiten zur Teilnahme an Diskussionslisten:

```
aima.cs.berkeley.edu
```

Die Algorithmen im Buch und mehrere zusätzliche Programmierübungen wurden in Python und Java (und einige in anderen Sprachen) im Online-Code-Repository implementiert, das von der Website aus zugänglich ist und derzeit unter folgender Adresse gehostet wird:

```
github.com/aimacode
```

Literaturverzeichnis

Es werden die folgenden Abkürzungen für häufig zitierte Konferenzen und Zeitschriften verwendet:

AAAI	Proceedings of the AAAI Conference on Artificial Intelligence
AAMAS	Proceedings of the International Conference on Autonomous Agents and Multi-agent Systems
ACL	Proceedings of the Annual Meeting of the Association for Computational Linguistics
AIJ	Artificial Intelligence (Zeitschrift)
AIMag	AI Magazine
AIPS	Proceedings of the International Conference on AI Planning Systems
AISTATS	Proceedings of the International Conference on Artificial Intelligence and Statistics
BBS	Behavioral and Brain Sciences
CACM	Communications of the Association for Computing Machinery
COGSCI	Proceedings of the Annual Conference of the Cognitive Science Society
COLING	Proceedings of the International Conference on Computational Linguistics
COLT	Proceedings of the Annual ACM Workshop on Computational Learning Theory
CP	Proceedings of the International Conference on Principles and Practice of Constraint Programming
CVPR	Proceedings of the IEEE Conference on Computer Vision and Pattern Recognition
EC	Proceedings of the ACM Conference on Electronic Commerce
ECAI	Proceedings of the European Conference on Artificial Intelligence
ECCV	Proceedings of the European Conference on Computer Vision
ECML	Proceedings of the The European Conference on Machine Learning
ECP	Proceedings of the European Conference on Planning
EMNLP	Proceedings of the Conference on Empirical Methods in Natural Language Processing
FGCS	Proceedings of the International Conference on Fifth Generation Computer Systems
FOCS	Proceedings of the Annual Symposium on Foundations of Computer Science
GECCO	Proceedings of the Genetics and Evolutionary Computing Conference
HRI	Proceedings of the International Conference on Human-Robot Interaction
ICAPS	Proceedings of the International Conference on Automated Planning and Scheduling
ICASSP	Proceedings of the International Conference on Acoustics, Speech, and Signal Processing
ICCV	Proceedings of the International Conference on Computer Vision
ICLP	Proceedings of the International Conference on Logic Programming
ICLR	Proceedings of the International Conference on Learning Representations
ICML	Proceedings of the International Conference on Machine Learning
ICPR	Proceedings of the International Conference on Pattern Recognition
ICRA	Proceedings of the IEEE International Conference on Robotics and Automation
ICSLP	Proceedings of the International Conference on Speech and Language Processing
IJAR	International Journal of Approximate Reasoning
IJCAI	Proceedings of the International Joint Conference on Artificial Intelligence
IJCNN	Proceedings of the International Joint Conference on Neural Networks
IJCV	International Journal of Computer Vision
ILP	Proceedings of the International Workshop on Inductive Logic Programming
IROS	Proceedings of the International Conference on Intelligent Robots and Systems
ISMIS	Proceedings of the International Symposium on Methodologies for Intelligent Systems
ISRR	Proceedings of the International Symposium on Robotics Research
JACM	Journal of the Association for Computing Machinery
JAIR	Journal of Artificial Intelligence Research
JAR	Journal of Automated Reasoning
JASA	Journal of the American Statistical Association
JMLR	Journal of Machine Learning Research
JSL	Journal of Symbolic Logic
KDD	Proceedings of the International Conference on Knowledge Discovery and Data Mining
KR	Proceedings of the International Conference on Principles of Knowledge Representation and Reasoning
LICS	Proceedings of the IEEE Symposium on Logic in Computer Science
NeurIPS	Advances in Neural Information Processing Systems
PAMI	IEEE Transactions on Pattern Analysis and Machine Intelligence

PNAS	Proceedings of the National Academy of Sciences of the United States of America
PODS	Proceedings of the ACM International Symposium on Principles of Database Systems
RSS	Proceedings of the Conference on Robotics: Science and Systems
SIGIR	Proceedings of the Special Interest Group on Information Retrieval
SIGMOD	Proceedings of the ACM SIGMOD International Conference on Management of Data
SODA	Proceedings of the Annual ACM–SIAM Symposium on Discrete Algorithms
STOC	Proceedings of the Annual ACM Symposium on Theory of Computing
TARK	Proceedings of the Conference on Theoretical Aspects of Reasoning about Knowledge
UAI	Proceedings of the Conference on Uncertainty in Artificial Intelligence

Aaronson, S. (2014). My conversation with "Eugene Goostman," the chatbot that's all over the news for allegedly passing the Turing test. Shtetl-Optimized, www.scottaaronson.com/blog/?p=1858.

Aarts, E. und Lenstra, J. K. (2003). *Local Search in Combinatorial Optimization*. Princeton University Press.

Aarup, M., Arentoft, M. M., Parrod, Y., Stader, J., und Stokes, I. (1994). OPTIMUM-AIV: A knowledge-based planning and scheduling system for spacecraft AIV. In Fox, M. und Zweben, M. (Hrsg.), *Knowledge Based Scheduling*. Morgan Kaufmann.

Abbas, A. (2018). *Foundations of Multiattribute Utility*. Cambridge University Press.

Abbeel, P. und Ng, A. Y. (2004). Apprenticeship learning via inverse reinforcement learning. In *ICML-04*.

Abney, S., McAllester, D. A., und Pereira, F. (1999). Relating probabilistic grammars and automata. In *ACL-99*.

Abramson, B. (1987). *The expected-outcome model of two-player games*. Dissertation, Columbia University.

Abramson, B. (1990). Expected-outcome: A general model of static evaluation. *PAMI*, *12*, 182–193.

Abreu, D. und Rubinstein, A. (1988). The structure of Nash equilibrium in repeated games with finite automata. *Econometrica*, *56*, 1259–1281.

Achlioptas, D. (2009). Random satisfiability. In Biere, A., Heule, M., van Maaren, H., und Walsh, T. (Hrsg.), *Handbook of Satisfiability*. IOS Press.

Ackerman, E. und Guizzo, E. (2016). The next generation of Boston Dynamics' Atlas robot is quiet, robust, and tether free. *IEEE Spectrum*, *24*.

Ackerman, N., Freer, C., und Roy, D. (2013). On the computability of conditional probability. arXiv:1005.3014.

Ackley, D. H. und Littman, M. L. (1991). Interactions between learning and evolution. In Langton, C., Taylor, C., Farmer, J. D., und Rasmussen, S. (Hrsg.), *Artificial Life II*. Addison-Wesley.

Adida, B. und Birbeck, M. (2008). RDFa primer. Technical Report, W3C.

Adolph, K. E., Kretch, K. S., und LoBue, V. (2014). Fear of heights in infants? *Current Directions in Psychological Science*, *23*, 60–66.

Agerbeck, C. und Hansen, M. O. (2008). A multi-agent approach to solving *np*-complete problems. Masterarbeit, Danmarks Tekniske Universitet.

Aggarwal, G., Goel, A., und Motwani, R. (2006). Truthful auctions for pricing search keywords. In *EC-06*.

Agha, G. (1986). *ACTORS: A Model of Concurrent Computation in Distributed Systems*. MIT Press.

Agichtein, E. und Gravano, L. (2003). Querying text databases for efficient information extraction. In *Proc. IEEE Conference on Data Engineering*.

Agmon, S. (1954). The relaxation method for linear inequalities. *Canadian Journal of Mathematics*, *6*, 382–392.

Agostinelli, F., McAleer, S., Shmakov, A., und Baldi, P. (2019). Solving the Rubik's Cube with deep reinforcement learning and search. *Nature Machine Intelligence*, *1*, 356–363.

Agrawal, P., Nair, A. V., Abbeel, P., Malik, J., und Levine, S. (2017). Learning to poke by poking: Experiential learning of intuitive physics. In *NeurIPS 29*.

Agre, P. E. und Chapman, D. (1987). Pengi: an implementation of a theory of activity. In *IJCAI-87*.

Aizerman, M., Braverman, E., und Rozonoer, L. (1964). Theoretical foundations of the potential function method in pattern recognition learning. *Automation and Remote Control*, *25*, 821–837.

Akametalu, A. K., Fisac, J. F., Gillula, J. H., Kaynama, S., Zeilinger, M. N., und Tomlin, C. J. (2014). Reachability-based safe learning with Gaussian processes. In *53rd IEEE Conference on Decision and Control*.

Akgun, B., Cakmak, M., Jiang, K., und Thomaz, A. (2012). Keyframe-based learning from demonstration. *International Journal of Social Robotics*, *4*, 343–355.

Aldous, D. und Vazirani, U. (1994). "Go with the winners" algorithms. In *FOCS-94*.

Alemi, A. A., Chollet, F., Een, N., Irving, G., Szegedy, C., und Urban, J. (2017). DeepMath – Deep sequence models for premise selection. In *NeurIPS 29*.

Allais, M. (1953). Le comportment de l'homme rationnel devant la risque: critique des postulats et axiomes de l'école Américaine. *Econometrica*, *21*, 503–546.

Allan, J., Harman, D., Kanoulas, E., Li, D., Van Gysel, C., und Vorhees, E. (2017). Trec 2017 common core track overview. In *Proc. TREC.*

Allen, J. F. (1983). Maintaining knowledge about temporal intervals. *CACM*, *26*, 832–843.

Allen, J. F. (1984). Towards a general theory of action and time. *AIJ*, *23*, 123–154.

Allen, J. F. (1991). Time and time again: The many ways to represent time. *Int. J. Intelligent Systems*, *6*, 341–355.

Allen, J. F., Hendler, J., und Tate, A. (Hrsg.). (1990). *Readings in Planning*. Morgan Kaufmann.

Allen, P. und Greaves, M. (2011). The singularity isn't near. *Technology review*, *12*, 7–8.

Allen-Zhu, Z., Li, Y., und Song, Z. (2018). A convergence theory for deep learning via over-parameterization. arXiv:1811.03962.

Alterman, R. (1988). Adaptive planning. *Cognitive Science*, *12*, 393–422.

Amarel, S. (1967). An approach to heuristic problem-solving and theorem proving in the propositional calculus. In Hart, J. und Takasu, S. (Hrsg.), *Systems and Computer Science*. University of Toronto Press.

Amarel, S. (1968). On representations of problems of reasoning about actions. In Michie, D. (Hrsg.), *Machine Intelligence 3*, Vol. 3. Elsevier.

Amir, E. und Russell, S. J. (2003). Logical filtering. In *IJCAI-03*.

Amit, Y. und Geman, D. (1997). Shape quantization and recognition with randomized trees. *Neural Computation*, *9*, 1545–1588.

Amodei, D. und Hernandez, D. (2018). AI and compute. OpenAI blog, https://openai.com/research/ai-and-compute.

Amodei, D., Olah, C., Steinhardt, J., Christiano, P., Schulman, J., und Mané, D. (2016). Concrete problems in AI safety. arXiv:1606.06565.

Andersen, S. K., Olesen, K. G., Jensen, F. V., und Jensen, F. (1989). HUGIN – A shell for building Bayesian belief universes for expert systems. In *IJCAI-89*.

Anderson, J. R. (1980). *Cognitive Psychology and Its Implications*. W. H. Freeman.

Anderson, J. R. (1983). *The Architecture of Cognition*. Harvard University Press.

Anderson, K., Sturtevant, N. R., Holte, R. C., und Schaeffer, J. (2008). Coarse-to-fine search techniques. Technical Report, University of Alberta.

Andoni, A. und Indyk, P. (2006). Near-optimal hashing algorithms for approximate nearest neighbor in high dimensions. In *FOCS-06*.

Andor, D., Alberti, C., Weiss, D., Severyn, A., Presta, A., Ganchev, K., Petrov, S., und Collins, M. (2016). Globally normalized transition-based neural networks. arXiv:1603.06042.

Andre, D., Friedman, N., und Parr, R. (1998). Generalized prioritized sweeping. In *NeurIPS 10*.

Andre, D. und Russell, S. J. (2002). State abstraction for programmable reinforcement learning agents. In *AAAI-02*.

Andreae, P. (1985). *Justified Generalisation: Learning Procedures from Examples*. Dissertation, MIT.

Andrieu, C., Doucet, A., und Holenstein, R. (2010). Particle Markov chain Monte Carlo methods. *J. Royal Statistical Society*, *72*, 269–342.

Andrychowicz, M., Baker, B., Chociej, M., Jozefowicz, R., McGrew, B., Pachocki, J., Petron, A., Plappert, M., Powell, G., Ray, A., *et al.* (2018a). Learning dexterous in-hand manipulation. arXiv:1808.00177.

Andrychowicz, M., Wolski, F., Ray, A., Schneider, J., Fong, R., Welinder, P., McGrew, B., Tobin, J., Abbeel, P., und Zaremba, W. (2018b). Hindsight experience replay. In *NeurIPS 30*.

Aneja, J., Deshpande, A., und Schwing, A. (2018). Convolutional image captioning. In *CVPR-18*.

Aoki, M. (1965). Optimal control of partially observable Markov systems. *J. Franklin Institute*, *280*, 367–386.

Appel, K. und Haken, W. (1977). Every planar map is four colorable: Part I: Discharging. *Illinois J. Math.*, *21*, 429–490.

Appelt, D. (1999). Introduction to information extraction. *AI Communications*, *12*, 161–172.

Apt, K. R. (1999). The essence of constraint propagation. *Theoretical Computer Science*, *221*, 179–210.

Apt, K. R. (2003). *Principles of Constraint Programming*. Cambridge University Press.

Apté, C., Damerau, F., und Weiss, S. (1994). Automated learning of decision rules for text categorization. *ACM Transactions on Information Systems*, *12*, 233–251.

Arbuthnot, J. (1692). *Of the Laws of Chance*. Motte, London. Ergänzte Übersetzung ins Englische von Huygens (1657).

Archibald, C., Altman, A., und Shoham, Y. (2009). Analysis of a winning computational billiards player. In *IJCAI-09*.

Arfaee, S. J., Zilles, S., und Holte, R. C. (2010). Bootstrap learning of heuristic functions. In *Third Annual Symposium on Combinatorial Search*.

Argall, B. D., Chernova, S., Veloso, M., und Browning, B. (2009). A survey of robot learning from demonstration. *Robotics and autonomous systems*, *57*, 469–483.

Ariely, D. (2009). *Predictably Irrational* (überarbeitete Auflage). Harper.

Arkin, R. (1998). *Behavior-Based Robotics*. MIT Press.

Arkin, R. (2015). The case for banning killer robots: Counterpoint. *CACM*, *58*.

Armando, A., Carbone, R., Compagna, L., Cuellar, J., und Tobarra, L. (2008). Formal analysis of SAML 2.0 web browser single sign-on: Breaking the SAML-based single sign-on for Google apps. In *Proc. 6th ACM Workshop on Formal Methods in Security Engineering*.

Armstrong, S. und Levinstein, B. (2017). Low impact artificial intelligences. arXiv:1705.10720.

Arnauld, A. und Nicole, P. (1662). *La logique, ou l'art de penser*. Charles Savreux, Paris.

Arora, N. S., Russell, S. J., und Sudderth, E. (2013). NET-VISA: Network processing vertically integrated seismic analysis. *Bull. Seism. Soc. Amer.*, *103*, 709–729.

Arora, S. (1998). Polynomial time approximation schemes for Euclidean traveling salesman and other geometric problems. *JACM*, *45*, 753–782.

Arpit, D., Jastrzebski, S., Ballas, N., Krueger, D., Bengio, E., Kanwal, M. S., Maharaj, T., Fischer, A., Courville, A., Bengio, Y., und Lacoste-Julien, S. (2017). A closer look at memorization in deep networks. arXiv:1706.05394.

Arrow, K. J. (1951). *Social Choice and Individual Values*. Wiley.

Arulampalam, M. S., Maskell, S., Gordon, N., und Clapp, T. (2002). A tutorial on particle filters for online nonlinear/non-Gaussian Bayesian tracking. *IEEE Transactions on Signal Processing*, *50*, 174–188.

Arulkumaran, K., Deisenroth, M. P., Brundage, M., und Bharath, A. A. (2017). Deep reinforcement learning: A brief survey. *IEEE Signal Processing Magazine*, *34*, 26–38.

Arunachalam, R. und Sadeh, N. M. (2005). The supply chain trading agent competition. *Electronic Commerce Research and Applications*, *Spring*, 66–84.

Ashby, W. R. (1940). Adaptiveness and equilibrium. *J. Mental Science*, *86*, 478–483.

Ashby, W. R. (1948). Design for a brain. *Electronic Engineering*, *December*, 379–383.

Ashby, W. R. (1952). *Design for a Brain*. Wiley.

Asimov, I. (1942). Runaround. *Astounding Science Fiction*, *March*.

Asimov, I. (1950). *I, Robot*. Doubleday.

Asimov, I. (1958). The feeling of power. *If: Worlds of Science Fiction*, *February*.

Astrom, K. J. (1965). Optimal control of Markov decision processes with incomplete state estimation. *J. Math. Anal. Applic.*, *10*, 174–205.

Atkeson, C. G., Moore, A. W., und Schaal, S. (1997). Locally weighted learning for control. In *Lazy learning*. Springer.

Audi, R. (Hrsg.). (1999). *The Cambridge Dictionary of Philosophy*. Cambridge University Press.

Auer, P., Cesa-Bianchi, N., und Fischer, P. (2002). Finite-time analysis of the multiarmed bandit problem. *Machine Learning*, *47*, 235–256.

Aumann, R. und Brandenburger, A. (1995). Epistemic conditions for nash equilibrium. *Econometrica*, *67*, 1161–1180.

Axelrod, R. (1985). *The Evolution of Cooperation*. Basic Books.

Ba, J. L., Kiros, J. R., und Hinton, G. E. (2016). Layer normalization. arXiv:1607.06450.

Baader, F., Calvanese, D., McGuinness, D., Nardi, D., und Patel-Schneider, P. (2007). *The Description Logic Handbook* (2. Auflage). Cambridge University Press.

Baader, F. und Snyder, W. (2001). Unification theory. In Robinson, J. und Voronkov, A. (Hrsg.), *Handbook of Automated Reasoning*. Elsevier.

Bacchus, F. (1990). *Representing and Reasoning with Probabilistic Knowledge*. MIT Press.

Bacchus, F. und Grove, A. (1995). Graphical models for preference and utility. In *UAI-95*.

Bacchus, F. und Grove, A. (1996). Utility independence in a qualitative decision theory. In *KR-96*.

Bacchus, F., Grove, A., Halpern, J. Y., und Koller, D. (1992). From statistics to beliefs. In *AAAI-92*.

Bacchus, F. und van Beek, P. (1998). On the conversion between non-binary and binary constraint satisfaction problems. In *AAAI-98*.

Bacchus, F. und van Run, P. (1995). Dynamic variable ordering in CSPs. In *CP-95*.

Bacchus, F., Dalmao, S., und Pitassi, T. (2003). Value elimination: Bayesian inference via backtracking search. In *UAI-03*.

Bachmann, P. G. H. (1894). *Die analytische Zahlentheorie*. B. G. Teubner, Leipzig.

Backus, J. W. (1959). The syntax and semantics of the proposed international algebraic language of the Zurich ACM-GAMM conference. *Proc. Int'l Conf. on Information Processing*.

Bacon, F. (1609). *Wisdom of the Ancients.* Cassell and Company.

Baeza-Yates, R. und Ribeiro-Neto, B. (2011). *Modern Information Retrieval* (2. Auflage). Addison-Wesley.

Bagdasaryan, E., Veit, A., Hua, Y., Estrin, D., und Shmatikov, V. (2018). How to backdoor federated learning. arXiv:1807.00459.

Bagnell, J. A. und Schneider, J. (2001). Autonomous helicopter control using reinforcement learning policy search methods. In *ICRA-01.*

Bahdanau, D., Cho, K., und Bengio, Y. (2015). Neural machine translation by jointly learning to align and translate. In *ICLR-15.*

Bahubalendruni, M. R. und Biswal, B. B. (2016). A review on assembly sequence generation and its automation. *Proc. Institution of Mechanical Engineers, Part C: Journal of Mechanical Engineering Science, 230,* 824–838.

Bai, A. und Russell, S. J. (2017). Efficient reinforcement learning with hierarchies of machines by leveraging internal transitions. In *IJCAI-17.*

Bai, H., Cai, S., Ye, N., Hsu, D., und Lee, W. S. (2015). Intention-aware online POMDP planning for autonomous driving in a crowd. In *ICRA-15.*

Bajcsy, A., Losey, D. P., O'Malley, M. K., und Dragan, A. D. (2017). Learning robot objectives from physical human interaction. *Proceedings of Machine Learning Research, 78,* 217–226.

Baker, C. L., Saxe, R., und Tenenbaum, J. B. (2009). Action understanding as inverse planning. *Cognition, 113,* 329–349.

Baker, J. (1975). The Dragon system – An overview. *IEEE Transactions on Acoustics, Speech, and Signal Processing, 23,* 24–29.

Baker, J. (1979). Trainable grammars for speech recognition. In *Speech Communication Papers for the 97th Meeting of the Acoustical Society of America.*

Baldi, P., Chauvin, Y., Hunkapiller, T., und McClure, M. (1994). Hidden Markov models of biological primary sequence information. *PNAS, 91,* 1059–1063.

Baldwin, J. M. (1896). A new factor in evolution. *American Naturalist, 30,* 441–451. Fortsetzung auf den Seiten 536–553.

Ballard, B. W. (1983). The *-minimax search procedure for trees containing chance nodes. *AIJ, 21,* 327–350.

Baluja, S. (1997). Genetic algorithms and explicit search statistics. In *NeurIPS 9.*

Bancilhon, F., Maier, D., Sagiv, Y., und Ullman, J. D. (1986). Magic sets and other strange ways to implement logic programs. In *PODS-86.*

Banko, M. und Brill, E. (2001). Scaling to very very large corpora for natural language disambiguation. In *ACL-01.*

Banko, M., Brill, E., Dumais, S. T., und Lin, J. (2002). AskMSR: Question answering using the worldwide web. In *Proc. AAAI Spring Symposium on Mining Answers from Texts and Knowledge Bases.*

Banko, M., Cafarella, M. J., Soderland, S., Broadhead, M., und Etzioni, O. (2007). Open information extraction from the web. In *IJCAI-07.*

Banko, M. und Etzioni, O. (2008). The tradeoffs between open and traditional relation extraction. In *ACL-08.*

Bansal, K., Loos, S., Rabe, M. N., Szegedy, C., und Wilcox, S. (2019). HOList: An environment for machine learning of higher-order theorem proving (extended version). arXiv:1904.03241.

Bar-Hillel, Y. (1954). Indexical expressions. *Mind, 63,* 359–379.

Bar-Shalom, Y. (Hrsg.). (1992). *Multitarget-Multisensor Tracking: Advanced Applications.* Artech House.

Bar-Shalom, Y. und Fortmann, T. E. (1988). *Tracking and Data Association.* Academic Press.

Bar-Shalom, Y., Li, X.-R., und Kirubarajan, T. (2001). *Estimation, Tracking and Navigation: Theory, Algorithms and Software.* Wiley.

Barber, D. (2012). *Bayesian Reasoning and Machine Learning.* Cambridge University Press.

Barr, A. und Feigenbaum, E. A. (Hrsg.). (1981). *The Handbook of Artificial Intelligence,* Vol. 1. HeurisTech Press and William Kaufmann.

Barreiro, J., Boyce, M., Do, M., Frank, J., Iatauro, M., Kichkaylo, T., Morris, P., Ong, J., Remolina, E., Smith, T., *et al.* (2012). EUROPA: A platform for AI planning, scheduling, constraint programming, and optimization. *4th International Competition on Knowledge Engineering for Planning and Scheduling (ICKEPS).*

Barreno, M., Nelson, B., Joseph, A. D., und Tygar, J. D. (2010). The security of machine learning. *Machine Learning, 81,* 121–148.

Barrett, S. und Stone, P. (2015). Cooperating with unknown teammates in complex domains: A robot soccer case study of ad hoc teamwork. In *AAAI-15.*

Bartholdi, J. J., Tovey, C. A., und Trick, M. A. (1989). The computational difficulty of manipulating an election. *Social Choice and Welfare, 6,* 227–241.

Barto, A. G., Bradtke, S. J., und Singh, S. (1995). Learning to act using real-time dynamic programming. *AIJ, 73,* 81–138.

Barto, A. G., Sutton, R. S., und Brouwer, P. S. (1981). Associative search network: A reinforcement learning associative memory. *Biological Cybernetics, 40,* 201–211.

Barták, R., Salido, M. A., und Rossi, F. (2010). New trends in constraint satisfaction, planning, and scheduling: A survey. *The Knowledge Engineering Review*, *25*, 249–279.

Barwise, J. und Etchemendy, J. (2002). *Language, Proof and Logic*. CSLI Press.

Baum, E., Boneh, D., und Garrett, C. (1995). On genetic algorithms. In *COLT-95*.

Baum, E. und Smith, W. D. (1997). A Bayesian approach to relevance in game playing. *AIJ*, *97*, 195–242.

Baum, L. E. und Petrie, T. (1966). Statistical inference for probabilistic functions of finite state Markov chains. *Annals of Mathematical Statistics*, *41*, 1554–1563.

Baxter, J. und Bartlett, P. (2000). Reinforcement learning in POMDPs via direct gradient ascent. In *ICML-00*.

Bayardo, R. J. und Agrawal, R. (2005). Data privacy through optimal k-anonymization. In *Proc. 21st Int'l Conf. on Data Engineering*.

Bayardo, R. J. und Miranker, D. P. (1994). An optimal backtrack algorithm for tree-structured constraint satisfaction problems. *AIJ*, *71*, 159–181.

Bayardo, R. J. und Schrag, R. C. (1997). Using CSP look-back techniques to solve real-world SAT instances. In *AAAI-97*.

Bayes, T. (1763). An essay towards solving a problem in the doctrine of chances. *Phil. Trans. Roy. Soc.*, *53*, 370–418.

Beal, J. und Winston, P. H. (2009). The new frontier of human-level artificial intelligence. *IEEE Intelligent Systems*, *24*, 21–23.

Beardon, A. F., Candeal, J. C., Herden, G., Induráin, E., und Mehta, G. B. (2002). The non-existence of a utility function and the structure of non-representable preference relations. *Journal of Mathematical Economics*, *37*, 17–38.

Beattie, C., Leibo, J. Z., Teplyashin, D., Ward, T., Wainwright, M., Küttler, H., Lefrancq, A., Green, S., Valdés, V., Sadik, A., Schrittwieser, J., Anderson, K., York, S., Cant, M., Cain, A., Bolton, A., Gaffney, S., King, H., Hassabis, D., Legg, S., und Petersen, S. (2016). DeepMind lab. arXiv:1612.03801.

Bechhofer, R. (1954). A single-sample multiple decision procedure for ranking means of normal populations with known variances. *Annals of Mathematical Statistics*, *25*, 16–39.

Beck, J. C., Feng, T. K., und Watson, J.-P. (2011). Combining constraint programming and local search for job-shop scheduling. *INFORMS Journal on Computing*, *23*, 1–14.

Beckert, B. und Posegga, J. (1995). Leantap: Lean, tableau-based deduction. *JAR*, *15*, 339–358.

Beek, P. v. (2006). Backtracking search algorithms. In Rossi, F., Beek, P. v., und Walsh, T. (Hrsg.), *Handbook of Constraint Programming*. Elsevier.

Beek, P. v. und Chen, X. (1999). CPlan: A constraint programming approach to planning. In *AAAI-99*.

Beek, P. v. und Manchak, D. (1996). The design and experimental analysis of algorithms for temporal reasoning. *JAIR*, *4*, 1–18.

Beeri, C., Fagin, R., Maier, D., und Yannakakis, M. (1983). On the desirability of acyclic database schemes. *JACM*, *30*, 479–513.

Bekey, G. (2008). *Robotics: State Of The Art And Future Challenges*. Imperial College Press.

Belkin, M., Hsu, D., Ma, S., und Mandal, S. (2019). Reconciling modern machine-learning practice and the classical bias-variance trade-off. *PNAS*, *116*, 15849–15854.

Bell, C. und Tate, A. (1985). Using temporal constraints to restrict search in a planner. In *Proc. Third Alvey IKBS SIG Workshop*.

Bell, J. L. und Machover, M. (1977). *A Course in Mathematical Logic*. Elsevier.

Bellamy, E. (2003). *Looking Backward: 2000–1887*. Broadview Press.

Bellamy, R. K. E., Dey, K., Hind, M., Hoffman, S. C., Houde, S., Kannan, K., Lohia, P., Martino, J., Mehta, S., Mojsilovic, A., Nagar, S., Ramamurthy, K. N., Richards, J. T., Saha, D., Sattigeri, P., Singh, M., Varshney, K. R., und Zhang, Y. (2018). AI fairness 360: An extensible toolkit for detecting, understanding, and mitigating unwanted algorithmic bias. arXiv:1810.01943.

Bellemare, M. G., Naddaf, Y., Veness, J., und Bowling, M. (2013). The arcade learning environment: An evaluation platform for general agents. *JAIR*, *47*, 253–279.

Bellman, R. E. (1952). On the theory of dynamic programming. *PNAS*, *38*, 716–719.

Bellman, R. E. (1958). On a routing problem. *Quarterly of Applied Mathematics*, *16*.

Bellman, R. E. (1961). *Adaptive Control Processes: A Guided Tour*. Princeton University Press.

Bellman, R. E. (1965). On the application of dynamic programming to the determination of optimal play in chess and checkers. *PNAS*, *53*, 244–246.

Bellman, R. E. (1984). *Eye of the Hurricane*. World Scientific.

Bellman, R. E. und Dreyfus, S. E. (1962). *Applied Dynamic Programming*. Princeton University Press.

Bellman, R. E. (1957). *Dynamic Programming*. Princeton University Press.

Ben-Tal, A. und Nemirovski, A. (2001). *Lectures on Modern Convex Optimization: Analysis, Algorithms, and Engineering Applications*. SIAM (Society for Industrial and Applied Mathematics).

Bengio, Y., Simard, P., und Frasconi, P. (1994). Learning long-term dependencies with gradient descent is difficult. *IEEE Transactions on Neural Networks*, *5*, 157–166.

Bengio, Y. und Bengio, S. (2001). Modeling high-dimensional discrete data with multi-layer neural networks. In *NeurIPS 13*.

Bengio, Y., Ducharme, R., Vincent, P., und Jauvin, C. (2003). A neural probabilistic language model. *JMLR*, *3*, 1137–1155.

Bengio, Y. und LeCun, Y. (2007). Scaling learning algorithms towards AI. In Bottou, L., Chapelle, O., DeCoste, D., und Weston, J. (Hrsg.), *Large-Scale Kernel Machines*. MIT Press.

Benjamin, M. (2013). *Drone Warfare: Killing by Remote Control*. Verso Books.

Bentham, J. (1823). *Principles of Morals and Legislation*. Oxford University Press, Oxford. Originalarbeit veröffentlicht 1789.

Bentham, J. v. und Meulen, A. t. (1997). *Handbook of Logic and Language*. MIT Press.

Benzmüller, C. und Paleo, B. W. (2013). Formalization, mechanization and automation of Gödel's proof of God's existence. arXiv:1308.4526.

Beresniak, A., Medina-Lara, A., Auray, J. P., De Wever, A., Praet, J.-C., Tarricone, R., Torbica, A., Dupont, D., Lamure, M., und Duru, G. (2015). Validation of the underlying assumptions of the quality-adjusted life-years outcome: Results from the ECHOUTCOME European project. *PharmacoEconomics*, *33*, 61–69.

Berger, J. O. (1985). *Statistical Decision Theory and Bayesian Analysis*. Springer.

Bergstra, J. und Bengio, Y. (2012). Random search for hyper-parameter optimization. *JMLR*, *13*, 281–305.

Berk, R., Heidari, H., Jabbari, S., Kearns, M., und Roth, A. (2017). Fairness in criminal justice risk assessments: The state of the art. arXiv:1703.09207.

Berkson, J. (1944). Application of the logistic function to bio-assay. *JASA*, *39*, 357–365.

Berleur, J. und Brunnstein, K. (2001). *Ethics of Computing: Codes, Spaces for Discussion and Law*. Chapman and Hall.

Berlin, K., Koren, S., Chin, C.-S., Drake, J. P., Landolin, J. M., und Phillippy, A. M. (2015). Assembling large genomes with single-molecule sequencing and locality-sensitive hashing. *Nature Biotechnology*, *33*, 623.

Berliner, H. J. (1979). The B* tree search algorithm: A best-first proof procedure. *AIJ*, *12*, 23–40.

Berliner, H. J. (1980a). Backgammon computer program beats world champion. *AIJ*, *14*, 205–220.

Berliner, H. J. (1980b). Computer backgammon. *Scientific American*, *249*, 64–72.

Bermúdez-Chacón, R., Gonnet, G. H., und Smith, K. (2015). Automatic problem-specific hyperparameter optimization and model selection for supervised machine learning. Technical Report, ETH Zürich.

Bernardo, J. M. und Smith, A. (1994). *Bayesian Theory*. Wiley.

Berners-Lee, T., Hendler, J., und Lassila, O. (2001). The semantic web. *Scientific American*, *284*, 34–43.

Bernoulli, D. (1738). Specimen theoriae novae de mensura sortis. *Proc. St. Petersburg Imperial Academy of Sciences*, *5*, 175–192.

Bernstein, P. L. (1996). *Against the Gods: The Remarkable Story of Risk*. Wiley.

Berrada, L., Zisserman, A., und Kumar, M. P. (2019). Training neural networks for and by interpolation. arXiv:1906.05661.

Berrou, C., Glavieux, A., und Thitimajshima, P. (1993). Near Shannon limit error control-correcting coding and decoding: Turbo-codes. 1. In *Proc. IEEE International Conference on Communications*.

Berry, D. A. und Fristedt, B. (1985). *Bandit Problems: Sequential Allocation of Experiments*. Chapman and Hall.

Bertele, U. und Brioschi, F. (1972). *Nonserial Dynamic Programming*. Academic Press.

Bertoli, P., Cimatti, A., und Roveri, M. (2001a). Heuristic search + symbolic model checking = efficient conformant planning. In *IJCAI-01*.

Bertoli, P., Cimatti, A., Roveri, M., und Traverso, P. (2001b). Planning in nondeterministic domains under partial observability via symbolic model checking. In *IJCAI-01*.

Bertot, Y., Casteran, P., Huet, G., und Paulin-Mohring, C. (2004). *Interactive Theorem Proving and Program Development*. Springer.

Bertsekas, D. (1987). *Dynamic Programming: Deterministic and Stochastic Models*. Prentice-Hall.

Bertsekas, D. und Tsitsiklis, J. N. (1996). *Neuro-Dynamic Programming*. Athena Scientific.

Bertsekas, D. und Tsitsiklis, J. N. (2008). *Introduction to Probability* (2. Auflage). Athena Scientific.

Bertsekas, D. und Shreve, S. E. (2007). *Stochastic Optimal Control: The Discrete-Time Case*. Athena Scientific.

Bertsimas, D., Delarue, A., und Martin, S. (2019). Optimizing schools' start time and bus routes. *PNAS, 116 13*, 5943–5948.

Bertsimas, D. und Dunn, J. (2017). Optimal classification trees. *Machine Learning, 106*, 1039–1082.

Bessen, J. (2015). *Learning by Doing: The Real Connection between Innovation, Wages, and Wealth.* Yale University Press.

Bessière, C. (2006). Constraint propagation. In Rossi, F., Beek, P. v., und Walsh, T. (Hrsg.), *Handbook of Constraint Programming.* Elsevier.

Beutel, A., Chen, J., Doshi, T., Qian, H., Woodruff, A., Luu, C., Kreitmann, P., Bischof, J., und Chi, E. H. (2019). Putting fairness principles into practice: Challenges, metrics, and improvements. arXiv:1901.04562.

Bhar, R. und Hamori, S. (2004). *Hidden Markov Models: Applications to Financial Economics.* Springer.

Bibel, W. (1993). *Deduction: Automated Logic.* Academic Press.

Bien, J., Tibshirani, R., *et al.* (2011). Prototype selection for interpretable classification. *Annals of Applied Statistics, 5*, 2403–2424.

Biere, A., Heule, M., van Maaren, H., und Walsh, T. (Hrsg.). (2009). *Handbook of Satisfiability.* IOS Press.

Bies, A., Mott, J., und Warner, C. (2015). English news text treebank: Penn treebank revised. Linguistic Data Consortium.

Billings, D., Burch, N., Davidson, A., Holte, R. C., Schaeffer, J., Schauenberg, T., und Szafron, D. (2003). Approximating game-theoretic optimal strategies for full-scale poker. In *IJCAI-03.*

Billingsley, P. (2012). *Probability and Measure* (4. Auflage). Wiley.

Binder, J., Koller, D., Russell, S. J., und Kanazawa, K. (1997a). Adaptive probabilistic networks with hidden variables. *Machine Learning, 29*, 213–244.

Binder, J., Murphy, K., und Russell, S. J. (1997b). Space-efficient inference in dynamic probabilistic networks. In *IJCAI-97.*

Bingham, E., Chen, J., Jankowiak, M., Obermeyer, F., Pradhan, N., Karaletsos, T., Singh, R., Szerlip, P., Horsfall, P., und Goodman, N. D. (2019). Pyro: Deep universal probabilistic programming. *JMLR, 20*, 1–26.

Binmore, K. (1982). *Essays on Foundations of Game Theory.* Pitman.

Biran, O. und Cotton, C. (2017). Explanation and justification in machine learning: A survey. In *Proc. IJCAI-17 Workshop on Explainable AI.*

Bishop, C. M. (1995). *Neural Networks for Pattern Recognition.* Oxford University Press.

Bishop, C. M. (2007). *Pattern Recognition and Machine Learning.* Springer.

Bisson, T. (1990). They're made out of meat. *Omni Magazine.*

Bistarelli, S., Montanari, U., und Rossi, F. (1997). Semiring-based constraint satisfaction and optimization. *JACM, 44*, 201–236.

Bitner, J. R. und Reingold, E. M. (1975). Backtrack programming techniques. *CACM, 18*, 651–656.

Bizer, C., Auer, S., Kobilarov, G., Lehmann, J., und Cyganiak, R. (2007). DBPedia – querying Wikipedia like a database. In *16th International Conference on World Wide Web.*

Blazewicz, J., Ecker, K., Pesch, E., Schmidt, G., und Weglarz, J. (2007). *Handbook on Scheduling: Models and Methods for Advanced Planning.* Springer.

Blei, D. M., Ng, A. Y., und Jordan, M. I. (2002). Latent Dirichlet allocation. In *NeurIPS 14.*

Bliss, C. I. (1934). The method of probits. *Science, 79*, 38–39.

Block, H. D., Knight, B., und Rosenblatt, F. (1962). Analysis of a four-layer series-coupled perceptron. *Rev. Modern Physics, 34*, 275–282.

Block, N. (2009). Comparing the major theories of consciousness. In Gazzaniga, M. S. (Hrsg.), *The Cognitive Neurosciences.* MIT Press.

Blum, A. L. und Furst, M. (1997). Fast planning through planning graph analysis. *AIJ, 90*, 281–300.

Blum, A. L. (1996). On-line algorithms in machine learning. In *Proc. Workshop on On-Line Algorithms, Dagstuhl.*

Blum, A. L., Hopcroft, J., und Kannan, R. (2020). *Foundations of Data Science.* Cambridge University Press.

Blum, A. L. und Mitchell, T. M. (1998). Combining labeled and unlabeled data with co-training. In *COLT-98.*

Blumer, A., Ehrenfeucht, A., Haussler, D., und Warmuth, M. (1989). Learnability and the Vapnik-Chervonenkis dimension. *JACM, 36*, 929–965.

Bobrow, D. G. (1967). Natural language input for a computer problem solving system. In Minsky, M. L. (Hrsg.), *Semantic Information Processing.* MIT Press.

Bod, R. (2008). The data-oriented parsing approach: Theory and application. In *Computational Intelligence: A Compendium.* Springer.

Bod, R., Scha, R., und Sima'an, K. (2003). *Data-Oriented Parsing.* CSLI Press.

Boddington, P. (2017). *Towards a Code of Ethics for Artificial Intelligence.* Springer.

Boden, M. A. (Hrsg.). (1990). *The Philosophy of Artificial Intelligence*. Oxford University Press.

Bolognesi, A. und Ciancarini, P. (2003). Computer programming of kriegspiel endings: The case of KR vs. K. In *Advances in Computer Games 10*.

Bolton, R. J. und Hand, D. J. (2002). Statistical fraud detection: A review. *Statistical science*, *17*, 235–249.

Bonawitz, K., Ivanov, V., Kreuter, B., Marcedone, A., McMahan, H. B., Patel, S., Ramage, D., Segal, A., und Seth, K. (2017). Practical secure aggregation for privacy-preserving machine learning. In *Proc. ACM SIGSAC Conference on Computer and Communications Security*.

Bond, A. H. und Gasser, L. (Hrsg.). (1988). *Readings in Distributed Artificial Intelligence*. Morgan Kaufmann.

Bonet, B. (2002). An epsilon-optimal grid-based algorithm for partially observable Markov decision processes. In *ICML-02*.

Bonet, B. und Geffner, H. (1999). Planning as heuristic search: New results. In *ECP-99*.

Bonet, B. und Geffner, H. (2000). Planning with incomplete information as heuristic search in belief space. In *ICAPS-00*.

Bonet, B. und Geffner, H. (2005). An algorithm better than AO*? In *AAAI-05*.

Boole, G. (1847). *The Mathematical Analysis of Logic: Being an Essay towards a Calculus of Deductive Reasoning*. Macmillan, Barclay, and Macmillan.

Booth, T. L. (1969). Probabilistic representation of formal languages. In *IEEE Conference Record of the 1969 Tenth Annual Symposium on Switching and Automata Theory*.

Borel, E. (1921). La théorie du jeu et les équations intégrales à noyau symétrique. *Comptes Rendus Hebdomadaires des Séances de l'Académie des Sciences*, *173*, 1304–1308.

Borenstein, J., Everett, B., und Feng, L. (1996). *Navigating Mobile Robots: Systems and Techniques*. A. K. Peters, Ltd.

Borenstein, J. und Koren., Y. (1991). The vector field histogram – Fast obstacle avoidance for mobile robots. *IEEE Transactions on Robotics and Automation*, *7*, 278–288.

Borgida, A., Brachman, R. J., McGuinness, D., und Alperin Resnick, L. (1989). CLASSIC: A structural data model for objects. *SIGMOD Record*, *18*, 58–67.

Boroditsky, L. (2003). Linguistic relativity. In Nadel, L. (Hrsg.), *Encyclopedia of Cognitive Science*. Macmillan.

Boser, B., Guyon, I., und Vapnik, V. N. (1992). A training algorithm for optimal margin classifiers. In *COLT-92*.

Bosse, M., Newman, P., Leonard, J., Soika, M., Feiten, W., und Teller, S. (2004). Simultaneous localization and map building in large-scale cyclic environments using the Atlas framework. *Int. J. Robotics Research*, *23*, 1113–1139.

Bostrom, N. (2005). A history of transhumanist thought. *Journal of Evolution and Technology*, *14*, 1–25.

Bostrom, N. (2014). *Superintelligence: Paths, Dangers, Strategies*. Oxford University Press.

Bottou, L. und Bousquet, O. (2008). The tradeoffs of large scale learning. In *NeurIPS 20*.

Bottou, L., Curtis, F. E., und Nocedal, J. (2018). Optimization methods for large-scale machine learning. *SIAM Review*, *60*, 223–311.

Bousmalis, K., Irpan, A., Wohlhart, P., Bai, Y., Kelcey, M., Kalakrishnan, M., Downs, L., Ibarz, J., Pastor, P., Konolige, K., Levine, S., und Vanhoucke, V. (2017). Using simulation and domain adaptation to improve efficiency of deep robotic grasping. arXiv:1709.07857.

Boutilier, C. (2002). A POMDP formulation of preference elicitation problems. In *AAAI-02*.

Boutilier, C. und Brafman, R. I. (2001). Partial-order planning with concurrent interacting actions. *JAIR*, *14*, 105–136.

Boutilier, C., Dearden, R., und Goldszmidt, M. (2000). Stochastic dynamic programming with factored representations. *AIJ*, *121*, 49–107.

Boutilier, C., Reiter, R., und Price, B. (2001). Symbolic dynamic programming for first-order MDPs. In *IJCAI-01*.

Boutilier, C., Brafman, R. I., Domshlak, C., Hoos, H. H., und Poole, D. (2004). CP-nets: A tool for representing and reasoning with conditional ceteris paribus preference statements. *JAIR*, *21*, 135–191.

Boutilier, C., Friedman, N., Goldszmidt, M., und Koller, D. (1996). Context-specific independence in Bayesian networks. In *UAI-96*.

Bouzy, B. und Cazenave, T. (2001). Computer Go: An AI oriented survey. *AIJ*, *132*, 39–103.

Boué, L. (2019). Real numbers, data science and chaos: How to fit any dataset with a single parameter. arXiv:1904.12320.

Bowling, M., Burch, N., Johanson, M., und Tammelin, O. (2015). Heads-up limit hold'em poker is solved. *Science*, *347*, 145–149.

Bowling, M., Johanson, M., Burch, N., und Szafron, D. (2008). Strategy evaluation in extensive games with importance sampling. In *ICML-08*.

Bowman, S., Angeli, G., Potts, C., und Manning, C. (2015). A large annotated corpus for learning natural language inference. In *EMNLP-15*.

Box, G. E. P. (1957). Evolutionary operation: A method of increasing industrial productivity. *Applied Statistics*, *6*, 81–101.

Box, G. E. P., Jenkins, G., Reinsel, G., und Ljung, G. M. (2016). *Time Series Analysis: Forecasting and Control* (5. Auflage). Wiley.

Box, G. E. P. und Tiao, G. C. (1973). *Bayesian Inference in Statistical Analysis*. Addison-Wesley.

Boyan, J. A. und Moore, A. W. (1998). Learning evaluation functions for global optimization and Boolean satisfiability. In *AAAI-98*.

Boyd, S. und Vandenberghe, L. (2004). *Convex Optimization*. Cambridge University Press.

Boyen, X., Friedman, N., und Koller, D. (1999). Discovering the hidden structure of complex dynamic systems. In *UAI-99*.

Boyer, R. S. und Moore, J. S. (1979). *A Computational Logic*. Academic Press.

Boyer, R. S. und Moore, J. S. (1984). Proof checking the RSA public key encryption algorithm. *American Mathematical Monthly*, *91*, 181–189.

Brachman, R. J. (1979). On the epistemological status of semantic networks. In Findler, N. V. (Hrsg.), *Associative Networks: Representation and Use of Knowledge by Computers*. Academic Press.

Brachman, R. J. und Levesque, H. J. (Hrsg.). (1985). *Readings in Knowledge Representation*. Morgan Kaufmann.

Bradt, R. N., Johnson, S. M., und Karlin, S. (1956). On sequential designs for maximizing the sum of n observations. *Ann. Math. Statist.*, *27*, 1060–1074.

Brafman, O. und Brafman, R. (2009). *Sway: The Irresistible Pull of Irrational Behavior*. Broadway Business.

Brafman, R. I. und Domshlak, C. (2008). From one to many: Planning for loosely coupled multi-agent systems. In *ICAPS-08*.

Brafman, R. I. und Tennenholtz, M. (2000). A near optimal polynomial time algorithm for learning in certain classes of stochastic games. *AIJ*, *121*, 31–47.

Braitenberg, V. (1984). *Vehicles: Experiments in Synthetic Psychology*. MIT Press.

Brandt, F., Conitzer, V., Endriss, U., Lang, J., und Procaccia, A. D. (Hrsg.). (2016). *Handbook of Computational Social Choice*. Cambridge University Press.

Brants, T. (2000). TnT: A statistical part-of-speech tagger. In *Proc. Sixth Conference on Applied Natural Language Processing*.

Brants, T., Popat, A. C., Xu, P., Och, F. J., und Dean, J. (2007). Large language models in machine translation. In *EMNLP-CoNLL-07*.

Bratko, I. (2009). *Prolog Programming for Artificial Intelligence* (4. Auflage). Addison-Wesley.

Bratman, M. E. (1987). *Intention, Plans, and Practical Reason*. Harvard University Press.

Breck, E., Cai, S., Nielsen, E., Salib, M., und Sculley, D. (2016). What's your ML test score? A rubric for ML production systems. In *Proc. NIPS 2016 Workshop on Reliable Machine Learning in the Wild*.

Breese, J. S. (1992). Construction of belief and decision networks. *Computational Intelligence*, *8*, 624–647.

Breese, J. S. und Heckerman, D. (1996). Decision-theoretic troubleshooting: A framework for repair and experiment. In *UAI-96*.

Breiman, L., Friedman, J., Olshen, R. A., und Stone, C. J. (1984). *Classification and Regression Trees*. Wadsworth International Group.

Breiman, L. (2001). Random forests. *Machine Learning*, *45*(1), 5–32.

Brelaz, D. (1979). New methods to color the vertices of a graph. *CACM*, *22*, 251–256.

Brent, R. P. (1973). *Algorithms for Minimization without Derivatives*. Prentice-Hall.

Bresnan, J. (1982). *The Mental Representation of Grammatical Relations*. MIT Press.

Brewka, G., Dix, J., und Konolige, K. (1997). *Nononotonic Reasoning: An Overview*. Center for the Study of Language and Information (CSLI).

Brickley, D. und Guha, R. V. (2004). RDF vocabulary description language 1.0: RDF schema. Technical Report, W3C.

Briggs, R. (1985). Knowledge representation in Sanskrit and artificial intelligence. *AIMag*, *6*, 32–39.

Brill, E. (1992). A simple rule-based part of speech tagger. In *Proc. Third Conference on Applied Natural Language Processing*.

Brin, D. (1998). *The Transparent Society*. Perseus.

Brin, S. und Page, L. (1998). The anatomy of a large-scale hypertextual web search engine. In *Proc. Seventh World Wide Web Conference*.

Bringsjord, S. (2008). If I were judge. In Epstein, R., Roberts, G., und Beber, G. (Hrsg.), *Parsing the Turing Test*. Springer.

Broadbent, D. E. (1958). *Perception and Communication*. Pergamon.

Brockman, G., Cheung, V., Pettersson, L., Schneider, J., Schulman, J., Tang, J., und Zaremba, W. (2016). OpenAI gym. arXiv:1606.01540.

Brooks, R. A. (1986). A robust layered control system for a mobile robot. *IEEE J. of Robotics and Automation*, *2*, 14–23.

Brooks, R. A. (1989). Engineering approach to building complete, intelligent beings. *Proc. SPIE – the International Society for Optical Engineering*, *1002*, 618–625.

Brooks, R. A. (1991). Intelligence without representation. *AIJ*, *47*, 139–159.

Brooks, R. A. und Lozano-Perez, T. (1985). A subdivision algorithm in configuration space for findpath with rotation. *IEEE Transactions on Systems, Man and Cybernetics*, *15*, 224–233.

Brooks, R. A. (2017). The seven deadly sins of AI predictions. *MIT Technology Review*, *Oct 6*.

Brooks, S., Gelman, A., Jones, G., und Meng, X.-L. (2011). *Handbook of Markov Chain Monte Carlo*. Chapman & Hall/CRC.

Brown, C., Finkelstein, L., und Purdom, P. (1988). Backtrack searching in the presence of symmetry. In Mora, T. (Hrsg.), *Applied Algebra, Algebraic Algorithms and Error-Correcting Codes*. Springer.

Brown, K. C. (1974). A note on the apparent bias of net revenue estimates. *J. Finance*, *29*, 1215–1216.

Brown, N. und Sandholm, T. (2017). Libratus: The superhuman AI for no-limit poker. In *IJCAI-17*.

Brown, N. und Sandholm, T. (2019). Superhuman AI for multiplayer poker. *Science*, *365*, 885–890.

Brown, P. F., Cocke, J., Della Pietra, S. A., Della Pietra, V. J., Jelinek, F., Mercer, R. L., und Roossin, P. (1988). A statistical approach to language translation. In *COLING-88*.

Brown, P. F., Desouza, P. V., Mercer, R. L., Pietra, V. J. D., und Lai, J. C. (1992). Class-based n-gram models of natural language. *Computational linguistics*, *18*(4).

Browne, C., Powley, E. J., Whitehouse, D., Lucas, S. M., Cowling, P. I., Rohlfshagen, P., Tavener, S., Liebana, D. P., Samothrakis, S., und Colton, S. (2012). A survey of Monte Carlo tree search methods. *IEEE Transactions on Computational Intelligence and AI in Games*, *4*, 1–43.

Brownston, L., Farrell, R., Kant, E., und Martin, N. (1985). *Programming Expert Systems in OPS5: An Introduction to Rule-Based Programming*. Addison-Wesley.

Bruce, V., Green, P., und Georgeson, M. (2003). *Visual Perception: Physiology, Psychology and Ecology*. Routledge and Kegan Paul.

Bryce, D. und Kambhampati, S. (2007). A tutorial on planning graph-based reachability heuristics. *AIMag, Spring*, 47–83.

Bryce, D., Kambhampati, S., und Smith, D. E. (2006). Planning graph heuristics for belief space search. *JAIR*, *26*, 35–99.

Brynjolfsson, E. und McAfee, A. (2011). *Race Against the Machine*. Digital Frontier Press.

Brynjolfsson, E. und McAfee, A. (2014). *The Second Machine Age*. W. W. Norton.

Brynjolfsson, E., Rock, D., und Syverson, C. (2018). Artificial intelligence and the modern productivity paradox: A clash of expectations and statistics. In Agrawal, A., Gans, J., und Goldfarb, A. (Hrsg.), *The Economics of Artificial Intelligence: An Agenda*. University of Chicago Press.

Bryson, A. E. und Ho, Y.-C. (1969). *Applied Optimal Control*. Blaisdell.

Bryson, A. E. (1962). A gradient method for optimizing multi-stage allocation processes. In *Proc. of a Harvard Symposium on Digital Computers and Their Applications*.

Bryson, J. J. (2012). A role for consciousness in action selection. *International Journal of Machine Consciousness*, *4*, 471–482.

Brügmann, B. (1993). Monte Carlo Go. Technical Report, Department of Physics, Syracuse University.

Buchanan, B. G., Mitchell, T. M., Smith, R. G., und Johnson, C. R. (1978). Models of learning systems. In *Encyclopedia of Computer Science and Technology*, Vol. 11. Dekker.

Buchanan, B. G. und Shortliffe, E. H. (Hrsg.). (1984). *Rule-Based Expert Systems: The MYCIN Experiments of the Stanford Heuristic Programming Project*. Addison-Wesley.

Buchanan, B. G., Sutherland, G. L., und Feigenbaum, E. A. (1969). Heuristic DENDRAL: A program for generating explanatory hypotheses in organic chemistry. In Meltzer, B., Michie, D., und Swann, M. (Hrsg.), *Machine Intelligence 4*. Edinburgh University Press.

Buck, C., Heafield, K., und Van Ooyen, B. (2014). N-gram counts and language models from the common crawl. In *Proc. International Conference on Language Resources and Evaluation*.

Buehler, M., Iagnemma, K., und Singh, S. (Hrsg.). (2006). *The 2005 DARPA Grand Challenge: The Great Robot Race*. Springer.

Buffon, G. (1777). Essai d'arithmetique morale. Supplement to Histoire naturelle, vol. IV.

Bunt, H. C. (1985). The formal representation of (quasi-) continuous concepts. In Hobbs, J. R. und Moore, R. C.

(Hrsg.), *Formal Theories of the Commonsense World*. Ablex.

Buolamwini, J. und Gebru, T. (2018). Gender shades: Intersectional accuracy disparities in commercial gender classification. In *Conference on Fairness, Accountability and Transparency*.

Burgard, W., Cremers, A. B., Fox, D., Hahnel, D., Lakemeyer, G., Schulz, D., Steiner, W., und Thrun, S. (1999). Experiences with an interactive museum tour-guide robot. *AIJ*, *114*, 3–55.

Burkov, A. (2019). *The Hundred-Page Machine Learning Book*. Burkov.

Burns, E., Hatem, M., Leighton, M. J., und Ruml, W. (2012). Implementing fast heuristic search code. In *Symposium on Combinatorial Search*.

Buro, M. (1995). ProbCut: An effective selective extension of the alpha-beta algorithm. *J. International Computer Chess Association*, *18*, 71–76.

Buro, M. (2002). Improving heuristic mini-max search by supervised learning. *AIJ*, *134*, 85–99.

Burstein, J., Leacock, C., und Swartz, R. (2001). Automated evaluation of essays and short answers. In *Fifth International Computer Assisted Assessment Conference*.

Burton, R. (2009). *On Being Certain: Believing You Are Right Even When You're Not*. St. Martin's Griffin.

Buss, D. M. (2005). *Handbook of Evolutionary Psychology*. Wiley.

Butler, S. (1863). Darwin among the machines. *The Press (Christchurch, New Zealand)*, *13. Juni*.

Bylander, T. (1994). The computational complexity of propositional STRIPS planning. *AIJ*, *69*, 165–204.

Byrd, R. H., Lu, P., Nocedal, J., und Zhu, C. (1995). A limited memory algorithm for bound constrained optimization. *SIAM Journal on Scientific and Statistical Computing*, *16*, 1190–1208.

Cabeza, R. und Nyberg, L. (2001). Imaging cognition II: An empirical review of 275 PET and fMRI studies. *J. Cognitive Neuroscience*, *12*, 1–47.

Cafarella, M. J., Halevy, A., Zhang, Y., Wang, D. Z., und Wu, E. (2008). Webtables: Exploring the power of tables on the web. In *VLDB-08*.

Calvanese, D., Lenzerini, M., und Nardi, D. (1999). Unifying class-based representation formalisms. *JAIR*, *11*, 199–240.

Camacho, R. und Michie, D. (1995). Behavioral cloning: A correction. *AIMag*, *16*, 92.

Campbell, D. E. und Kelly, J. (2002). Impossibility theorems in the Arrovian framework. In Arrow, K. J., Sen, A. K., und Suzumura, K. (Hrsg.), *Handbook of Social Choice and Welfare Volume 1*. Elsevier Science.

Campbell, M. S., Hoane, A. J., und Hsu, F.-H. (2002). Deep Blue. *AIJ*, *134*, 57–83.

Cannings, C., Thompson, E., und Skolnick, M. H. (1978). Probability functions on complex pedigrees. *Advances in Applied Probability*, *10*, 26–61.

Canny, J. und Reif, J. (1987). New lower bound techniques for robot motion planning problems. In *FOCS-87*.

Canny, J. (1986). A computational approach to edge detection. *PAMI*, *8*, 679–698.

Canny, J. (1988). *The Complexity of Robot Motion Planning*. MIT Press.

Capen, E., Clapp, R., und Campbell, W. (1971). Competitive bidding in high-risk situations. *J. Petroleum Technology*, *23*, 641–653.

Carbonell, J. G. (1983). Derivational analogy and its role in problem solving. In *AAAI-83*.

Carbonell, J. G., Knoblock, C. A., und Minton, S. (1989). PRODIGY: An integrated architecture for planning and learning. Technical Report, Computer Science Department, Carnegie-Mellon University.

Carbonnel, C. und Cooper, M. C. (2016). Tractability in constraint satisfaction problems: A survey. *Constraints*, *21*(2), 115–144.

Cardano, G. (1663). *Liber de ludo aleae*. Lyons.

Carlini, N., Athalye, A., Papernot, N., Brendel, W., Rauber, J., Tsipras, D., Goodfellow, I., Madry, A., und Kurakin, A. (2019). On evaluating adversarial robustness. arXiv:1902.06705.

Carnap, R. (1928). *Der logische Aufbau der Welt*. Weltkreis-Verlag. Übersetzt ins Englische als "The Logical Structure of the World" (Carnap, 1967).

Carnap, R. (1948). On the application of inductive logic. *Philosophy and Phenomenological Research*, *8*, 133–148.

Carnap, R. (1950). *Logical Foundations of Probability*. University of Chicago Press.

Carpenter, B., Gelman, A., Hoffman, M., Lee, D., Goodrich, B., Betancourt, M., Brubaker, M., Guo, J., Li, P., und Riddell, A. (2017). Stan: A probabilistic programming language. *Journal of Statistical Software*, *76*, 1–32.

Carroll, S. (2007). *The Making of the Fittest: DNA and the Ultimate Forensic Record of Evolution*. Norton.

Casati, R. und Varzi, A. (1999). *Parts and Places: The Structures of Spatial Representation*. MIT Press.

Cassandra, A. R., Kaelbling, L. P., und Littman, M. L. (1994). Acting optimally in partially observable stochastic domains. In *AAAI-94*.

Cassandras, C. G. und Lygeros, J. (2006). *Stochastic Hybrid Systems*. CRC Press.

Castro, R., Coates, M., Liang, G., Nowak, R., und Yu, B. (2004). Network tomography: Recent developments. *Statistical Science*, *19*, 499–517.

Cauchy, A. (1847). Méthode générale pour la résolution des systèmes d'équations simultanées. *Comp. Rend. Sci. Paris*, *25*, 536–538.

Cesa-Bianchi, N. und Lugosi, G. (2006). *Prediction, Learning, and Games*. Cambridge University Press.

Chajewska, U., Koller, D., und Parr, R. (2000). Making rational decisions using adaptive utility elicitation. In *AAAI-00*.

Chakrabarti, P. P., Ghose, S., Acharya, A., und de Sarkar, S. C. (1989). Heuristic search in restricted memory. *AIJ*, *41*, 197–222.

Chalkiadakis, G., Elkind, E., und Wooldridge, M. (2011). *Computational Aspects of Cooperative Game Theory*. Morgan Kaufmann.

Chalmers, D. J. (1992). Subsymbolic computation and the Chinese room. In Dinsmore, J. (Hrsg.), *The symbolic and connectionist paradigms: Closing the gap*. Lawrence Erlbaum.

Chandola, V., Banerjee, A., und Kumar, V. (2009). Anomaly detection: A survey. *ACM Computing Surveys*, *41*.

Chandra, A. K. und Harel, D. (1980). Computable queries for relational data bases. *J. Computer and System Sciences*, *21*, 156–178.

Chang, C.-L. und Lee, R. C.-T. (1973). *Symbolic Logic and Mechanical Theorem Proving*. Academic Press.

Chang, H. S., Fu, M. C., Hu, J., und Marcus, S. I. (2005). An adaptive sampling algorithm for solving Markov decision processes. *Operations Research*, *53*, 126–139.

Chao, W.-L., Hu, H., und Sha, F. (2018). Being negative but constructively: Lessons learnt from creating better visual question answering datasets. In *ACL-18*.

Chapman, D. (1987). Planning for conjunctive goals. *AIJ*, *32*, 333–377.

Charniak, E. (1993). *Statistical Language Learning*. MIT Press.

Charniak, E. (1996). Tree-bank grammars. In *AAAI-96*.

Charniak, E. (1997). Statistical parsing with a context-free grammar and word statistics. In *AAAI-97*.

Charniak, E. und Goldman, R. (1992). A Bayesian model of plan recognition. *AIJ*, *64*, 53–79.

Charniak, E., Riesbeck, C., McDermott, D., und Meehan, J. (1987). *Artificial Intelligence Programming* (2. Auflage). Lawrence Erlbaum.

Charniak, E. (1991). Bayesian networks without tears. *AIMag*, *12*, 50–63.

Charniak, E. (2018). *Introduction to Deep Learning*. MIT Press.

Chaslot, G., Bakkes, S., Szita, I., und Spronck, P. (2008). Monte-Carlo tree search: A new framework for game AI. In *Proc. Fourth Artificial Intelligence and Interactive Digital Entertainment Conference*.

Chater, N. und Oaksford, M. (Hrsg.). (2008). *The Probabilistic Mind: Prospects for Bayesian Cognitive Science*. Oxford University Press.

Chatfield, C. (1989). *The Analysis of Time Series: An Introduction* (4. Auflage). Chapman and Hall.

Chavira, M. und Darwiche, A. (2008). On probabilistic inference by weighted model counting. *AIJ*, *172*, 772–799.

Chawla, N. V., Bowyer, K. W., Hall, L. O., und Kegelmeyer, W. P. (2002). SMOTE: Synthetic minority over-sampling technique. *JAIR*, *16*, 321–357.

Cheeseman, P. (1985). In defense of probability. In *IJCAI-85*.

Cheeseman, P. (1988). An inquiry into computer understanding. *Computational Intelligence*, *4*, 58–66.

Cheeseman, P., Kanefsky, B., und Taylor, W. (1991). Where the really hard problems are. In *IJCAI-91*.

Cheeseman, P., Self, M., Kelly, J., und Stutz, J. (1988). Bayesian classification. In *AAAI-88*.

Cheeseman, P. und Stutz, J. (1996). Bayesian classification (AutoClass): Theory and results. In Fayyad, U., Piatesky-Shapiro, G., Smyth, P., und Uthurusamy, R. (Hrsg.), *Advances in Knowledge Discovery and Data Mining*. AAAI Press/MIT Press.

Chen, D. und Manning, C. (2014). A fast and accurate dependency parser using neural networks. In *EMNLP-14*.

Chen, J., Holte, R. C., Zilles, S., und Sturtevant, N. R. (2017). Front-to-end bidirectional heuristic search with near-optimal node expansions. *IJCAI-17*.

Chen, M. X., Firat, O., Bapna, A., Johnson, M., Macherey, W., Foster, G., Jones, L., Parmar, N., Schuster, M., Chen, Z., Wu, Y., und Hughes, M. (2018). The best of both worlds: Combining recent advances in neural machine translation. In *ACL-18*.

Chen, S. F. und Goodman, J. (1996). An empirical study of smoothing techniques for language modeling. In *ACL-96*.

Chen, T. und Guestrin, C. (2016). XGBoost: A scalable tree boosting system. In *KDD-16*.

Cheng, J. und Druzdzel, M. J. (2000). AIS-BN: An adaptive importance sampling algorithm for evidential reasoning in large Bayesian networks. *JAIR*, *13*, 155–188.

Cheng, J., Greiner, R., Kelly, J., Bell, D. A., und Liu, W. (2002). Learning Bayesian networks from data: An information-theory based approach. *AIJ*, *137*, 43–90.

Chiu, C., Sainath, T., Wu, Y., Prabhavalkar, R., Nguyen, P., Chen, Z., Kannan, A., Weiss, R., Rao, K., Gonina, K., Jaitly, N., Li, B., Chorowski, J., und Bacchiani, M. (2017). State-of-the-art speech recognition with sequence-to-sequence models. arXiv:1712.01769.

Chklovski, T. und Gil, Y. (2005). Improving the design of intelligent acquisition interfaces for collecting world knowledge from web contributors. In *Proc. Third International Conference on Knowledge Capture*.

Chollet, F. (2017). *Deep Learning with Python*. Manning.

Chollet, F. (2019). On the measure of intelligence. arXiv:1911.01547.

Chomsky, N. (1956). Three models for the description of language. *IRE Transactions on Information Theory*, *2*, 113–124.

Chomsky, N. (1957). *Syntactic Structures*. Mouton.

Choromanska, A., Henaff, M., Mathieu, M., Arous, G. B., und LeCun, Y. (2014). The loss surface of multilayer networks. arXiv:1412.0233.

Choset, H. (1996). *Sensor Based Motion Planning: The Hierarchical Generalized Voronoi Graph*. Dissertation, California Institute of Technology.

Choset, H., Hutchinson, S., Lynch, K., Kantor, G., Burgard, W., Kavraki, L., und Thrun, S. (2005). *Principles of Robot Motion: Theory, Algorithms, and Implementation*. MIT Press.

Chouldechova, A. (2017). Fair prediction with disparate impact: A study of bias in recidivism prediction instruments. *Big Data*, *5*, 153–163.

Chouldechova, A. und Roth, A. (2018). The frontiers of fairness in machine learning. arXiv:1810.08810.

Christian, B. (2011). *The Most Human Human*. Doubleday.

Christin, A., Rosenblat, A., und Boyd, D. (2015). Courts and predictive algorithms. *Data & Civil Rights*.

Chung, K. L. (1979). *Elementary Probability Theory with Stochastic Processes* (3. Auflage). Springer.

Church, A. (1936). A note on the Entscheidungsproblem. *JSL*, *1*, 40–41 und 101–102.

Church, A. (1956). *Introduction to Mathematical Logic*. Princeton University Press.

Church, K. (1988). A stochastic parts program and noun phrase parser for unrestricted texts. In *Proc. Second Conference on Applied Natural Language Processing*.

Church, K. und Patil, R. (1982). Coping with syntactic ambiguity or how to put the block in the box on the table. *Computational Linguistics*, *8*, 139–149.

Church, K. (2004). Speech and language processing: Can we use the past to predict the future? In *Proc. Conference on Text, Speech, and Dialogue*.

Church, K. und Gale, W. A. (1991). A comparison of the enhanced Good–Turing and deleted estimation methods for estimating probabilities of English bigrams. *Computer Speech and Language*, *5*, 19–54.

Church, K. und Hestness, J. (2019). A survey of 25 years of evaluation. *Natural Language Engineering*, *25*, 753–767.

Churchland, P. M. (2013). *Matter and Consciousness* (3. Auflage). MIT Press.

Ciancarini, P. und Favini, G. P. (2010). Monte Carlo tree search in Kriegspiel. *AIJ*, *174*, 670–684.

Ciancarini, P. und Wooldridge, M. (2001). *Agent-Oriented Software Engineering*. Springer.

Cimatti, A., Roveri, M., und Traverso, P. (1998). Automatic OBDD-based generation of universal plans in non-deterministic domains. In *AAAI-98*.

Claret, G., Rajamani, S. K., Nori, A. V., Gordon, A. D., und Borgström, J. (2013). Bayesian inference using data flow analysis. In *Proc. 9th Joint Meeting on Foundations of Software Engineering*.

Clark, A. (1998). *Being There: Putting Brain, Body, and World Together Again*. MIT Press.

Clark, A. (2015). *Surfing Uncertainty: Prediction, Action, and the Embodied Mind*. Oxford University Press.

Clark, K. L. (1978). Negation as failure. In Gallaire, H. und Minker, J. (Hrsg.), *Logic and Data Bases*. Plenum.

Clark, P., Cowhey, I., Etzioni, O., Khot, T., Sabharwal, A., Schoenick, C., und Tafjord, O. (2018). Think you have solved question answering? Try ARC, the AI2 reasoning challenge. arXiv:1803.05457.

Clark, P., Etzioni, O., Khot, T., Mishra, B. D., Richardson, K., *et al.* (2019). From 'F' to 'A' on the NY Regents science exams: An overview of the Aristo project. arXiv:1909.01958.

Clark, S. und Curran, J. R. (2004). Parsing the WSJ using CCG and log-linear models. In *ACL-04*.

Clarke, A. C. (1968). *2001: A Space Odyssey*. Signet.

Clarke, E. und Grumberg, O. (1987). Research on automatic verification of finite-state concurrent systems. *Annual Review of Computer Science*, *2*, 269–290.

Clearwater, S. H. (Hrsg.). (1996). *Market-Based Control*. World Scientific.

Clocksin, W. F. und Mellish, C. S. (2003). *Programming in Prolog* (5. Auflage). Springer.

Clocksin, W. F. (2003). *Clause and Effect: Prolog Programming for the Working Programmer*. Springer.

Coase, R. H. (1960). The problem of social cost. *Journal of Law and Economics*, *3*, 1–44.

Coates, A., Abbeel, P., und Ng, A. Y. (2009). Apprenticeship learning for helicopter control. *Association for Computing Machinery*, *52*(7).

Cobham, A. (1964). The intrinsic computational difficulty of functions. In *Proc. International Congress for Logic, Methodology, and Philosophy of Science*.

Cohen, P. R. und Levesque, H. J. (1990). Intention is choice with commitment. *AIJ*, *42*, 213–261.

Cohen, P. R., Morgan, J., und Pollack, M. E. (1990). *Intentions in Communication*. MIT Press.

Cohen, P. R. und Perrault, C. R. (1979). Elements of a plan-based theory of speech acts. *Cognitive Science*, *3*, 177–212.

Cohn, A. G., Bennett, B., Gooday, J. M., und Gotts, N. (1997). RCC: A calculus for region based qualitative spatial reasoning. *GeoInformatica*, *1*, 275–316.

Collin, Z., Dechter, R., und Katz, S. (1999). Self-stabilizing distributed constraint satisfaction. *Chicago J. of Theoretical Computer Science*, *1999*.

Collins, M. (1999). *Head-driven Statistical Models for Natural Language Processing*. Dissertation, University of Pennsylvania.

Collins, M. und Duffy, K. (2002). New ranking algorithms for parsing and tagging: Kernels over discrete structures, and the voted perceptron. In *ACL-02*.

Colmerauer, A. und Roussel, P. (1993). The birth of Prolog. *SIGPLAN Notices*, *28*, 37–52.

Colmerauer, A., Kanoui, H., Pasero, R., und Roussel, P. (1973). Un système de communication homme-machine en Français. Rapport, Groupe d'Intelligence Artificielle, Université d'Aix-Marseille II.

Condon, J. H. und Thompson, K. (1982). Belle chess hardware. In Clarke, M. R. B. (Hrsg.), *Advances in Computer Chess 3*. Pergamon.

Condorcet, M. d. (1785). *Essay on the Application of Analysis to the Probability of Majority Decisions*. Imprimerie Royale.

Congdon, C. B., Huber, M., Kortenkamp, D., Bidlack, C., Cohen, C., Huffman, S., Koss, F., Raschke, U., und Weymouth, T. (1992). CARMEL versus Flakey: A comparison of two robots. Technical Report, American Association for Artificial Intelligence.

Conlisk, J. (1989). Three variants on the Allais example. *American Economic Review*, *79*, 392–407.

Connell, J. (1989). *A Colony Architecture for an Artificial Creature*. Dissertation, Artificial Intelligence Laboratory, MIT.

Conway, D. und White, J. (2012). *Machine Learning for Hackers*. O'Reilly.

Cook, S. A. (1971). The complexity of theorem-proving procedures. In *STOC-71*.

Cook, S. A. und Mitchell, D. (1997). Finding hard instances of the satisfiability problem: A survey. In Du, D., Gu, J., und Pardalos, P. (Hrsg.), *Satisfiability problems: Theory and applications*. American Mathematical Society.

Cooper, G. (1990). The computational complexity of probabilistic inference using Bayesian belief networks. *AIJ*, *42*, 393–405.

Cooper, G. und Herskovits, E. (1992). A Bayesian method for the induction of probabilistic networks from data. *Machine Learning*, *9*, 309–347.

Copeland, J. (1993). *Artificial Intelligence: A Philosophical Introduction*. Blackwell.

Corbett-Davies, S. und Goel, S. (2018). The measure and mismeasure of fairness: A critical review of fair machine learning. arXiv:1808.00023.

Corbett-Davies, S., Pierson, E., Feller, A., Goel, S., und Huq, A. (2017). Algorithmic decision making and the cost of fairness. arXiv:1701.08230.

Cormen, T. H., Leiserson, C. E., Rivest, R., und Stein, C. (2009). *Introduction to Algorithms* (3. Auflage). MIT Press.

Cortes, C. und Vapnik, V. N. (1995). Support vector networks. *Machine Learning*, *20*, 273–297.

Cournot, A. (Hrsg.). (1838). *Recherches sur les principes mathématiques de la théorie des richesses*. L. Hachette, Paris.

Cover, T. und Thomas, J. (2006). *Elements of Information Theory* (2. Auflage). Wiley.

Cowan, J. D. und Sharp, D. H. (1988a). Neural nets. *Quarterly Reviews of Biophysics*, *21*, 365–427.

Cowan, J. D. und Sharp, D. H. (1988b). Neural nets and artificial intelligence. *Daedalus*, *117*, 85–121.

Cowell, R., Dawid, A. P., Lauritzen, S., und Spiegelhalter, D. J. (2002). *Probabilistic Networks and Expert Systems*. Springer.

Cox, I. (1993). A review of statistical data association techniques for motion correspondence. *IJCV*, *10*, 53–66.

Cox, I. und Hingorani, S. L. (1994). An efficient implementation and evaluation of Reid's multiple hypothesis tracking algorithm for visual tracking. In *ICPR-94*.

Cox, I. und Wilfong, G. T. (Hrsg.). (1990). *Autonomous Robot Vehicles*. Springer.

Cox, R. T. (1946). Probability, frequency, and reasonable expectation. *American Journal of Physics*, *14*, 1–13.

Craig, J. (1989). *Introduction to Robotics: Mechanics and Control* (2. Auflage). Addison-Wesley.

Craik, K. (1943). *The Nature of Explanation*. Cambridge University Press.

Cramton, P., Shoham, Y., und Steinberg, R. (Hrsg.). (2006). *Combinatorial Auctions*. MIT Press.

Craven, M., DiPasquo, D., Freitag, D., McCallum, A., Mitchell, T. M., Nigam, K., und Slattery, S. (2000). Learning to construct knowledge bases from the World Wide Web. *AIJ*, *118*, 69–113.

Crawford, J. M. und Auton, L. D. (1993). Experimental results on the crossover point in satisfiability problems. In *AAAI-93*.

Crick, F. (1999). The impact of molecular biology on neuroscience. *Phil. Trans. Roy. Soc., B*, *354*, 2021–2025.

Crick, F. und Koch, C. (2003). A framework for consciousness. *Nature Neuroscience*, *6*, 119.

Crisan, D. und Doucet, A. (2002). A survey of convergence results on particle filtering methods for practitioners. *IEEE Trans. Signal Processing*, *50*, 736–746.

Cristianini, N. und Hahn, M. (2007). *Introduction to Computational Genomics: A Case Studies Approach*. Cambridge University Press.

Cristianini, N. und Schölkopf, B. (2002). Support vector machines and kernel methods: The new generation of learning machines. *AIMag*, *23*, 31–41.

Cristianini, N. und Shawe-Taylor, J. (2000). *An Introduction to Support Vector Machines and Other Kernel-Based Learning Methods*. Cambridge University Press.

Crockett, L. (1994). *The Turing Test and the Frame Problem: AI's Mistaken Understanding of Intelligence*. Ablex.

Croft, W. B., Metzler, D., und Strohman, T. (2010). *Search Engines: Information Retrieval in Practice*. Addison-Wesley.

Cross, S. E. und Walker, E. (1994). DART: Applying knowledge based planning and scheduling to crisis action planning. In Zweben, M. und Fox, M. S. (Hrsg.), *Intelligent Scheduling*. Morgan Kaufmann.

Cruse, A. (2011). *Meaning in Language: An Introduction to Semantics and Pragmatics*. Oxford University Press.

Culberson, J. und Schaeffer, J. (1996). Searching with pattern databases. In *Advances in Artificial Intelligence (Lecture Notes in Artificial Intelligence 1081)*. Springer.

Culberson, J. und Schaeffer, J. (1998). Pattern databases. *Computational Intelligence*, *14*, 318–334.

Cummins, D. und Allen, C. (1998). *The Evolution of Mind*. Oxford University Press.

Cushing, W., Kambhampati, S., Weld, M., und S., D. (2007). When is temporal planning *Really* temporal? In *IJCAI-07*.

Cusumano-Towner, M. F., Saad, F., Lew, A. K., und Mansinghka, V. K. (2019). Gen: A general-purpose probabilistic programming system with programmable inference. In *PLDI-19*.

Cybenko, G. (1988). Continuous valued neural networks with two hidden layers are sufficient. Technical Report, Department of Computer Science, Tufts University.

Cybenko, G. (1989). Approximation by superpositions of a sigmoidal function. *Mathematics of Controls, Signals, and Systems*, *2*, 303–314.

Cyert, R. und de Groot, M. (1979). Adaptive utility. In Allais, M. und Hagen, O. (Hrsg.), *Expected Utility Hypothesis and the Allais Paradox*. D. Reidel.

Dagan, I., Glickman, O., und Magnini, B. (2005). The PASCAL recognising textual entailment challenge. In *Machine Learning Challenges Workshop*.

Daganzo, C. (1979). *Multinomial Probit: The Theory and Its Application to Demand Forecasting*. Academic Press.

Dagum, P. und Luby, M. (1993). Approximating probabilistic inference in Bayesian belief networks is NP-hard. *AIJ*, *60*, 141–153.

Dagum, P. und Luby, M. (1997). An optimal approximation algorithm for Bayesian inference. *AIJ*, *93*, 1–27.

Dai, A. M. und Le, Q. V. (2016). Semi-supervised sequence learning. In *NeurIPS 28*.

Dalal, N. und Triggs, B. (2005). Histograms of oriented gradients for human detection. In *CVPR-05*.

Dalvi, N. N., Ré, C., und Suciu, D. (2009). Probabilistic databases. *CACM*, *52*, 86–94.

Daly, R., Shen, Q., und Aitken, S. (2011). Learning Bayesian networks: Approaches and issues. *Knowledge Engineering Review*, *26*, 99–157.

Damasio, A. R. (1999). *The Feeling of What Happens: Body and Emotion in the Making of Consciousness*. Houghton Mifflin.

Danaher, J. und McArthur, N. (2017). *Robot Sex: Social and Ethical Implications*. MIT Press.

Dantzig, G. B. (1949). Programming of interdependent activities: II. Mathematical model. *Econometrica*, *17*, 200–211.

Darwiche, A. (2001). Recursive conditioning. *AIJ*, *126*, 5–41.

Darwiche, A. und Ginsberg, M. L. (1992). A symbolic generalization of probability theory. In *AAAI-92*.

Darwiche, A. (2009). *Modeling and reasoning with Bayesian networks*. Cambridge University Press.

Darwin, C. (1859). *On The Origin of Species by Means of Natural Selection.* J. Murray. Die heute als Standard angesehene deutsche Übersetzung erschien 1876 unter dem Titel *Über die Entstehung der Arten durch natürliche Zuchtwahl oder die Erhaltung der begünstigten Rassen im Kampfe um's Dasein*, E. Schweizerbart'sche Verlagsbuchhandlung.

Dasgupta, P., Chakrabarti, P. P., und de Sarkar, S. C. (1994). Agent searching in a tree and the optimality of iterative deepening. *AIJ, 71*, 195–208.

Dasgupta, P. und Maskin, E. (2008). On the robustness of majority rule. *Journal of the European Economic Association, 6*, 949–973.

Dauphin, Y., Pascanu, R., Gulcehre, C., Cho, K., Ganguli, S., und Bengio, Y. (2015). Identifying and attacking the saddle point problem in high-dimensional non-convex optimization. In *NeurIPS 27.*

Davidson, D. (1980). *Essays on Actions and Events.* Oxford University Press.

Davidson, D. (1986). A nice derangement of epitaphs. *Philosophical Grounds of Rationality, 4*, 157–174.

Davis, E. (1986). *Representing and Acquiring Geographic Knowledge.* Pitman and Morgan Kaufmann.

Davis, E. (1990). *Representations of Commonsense Knowledge.* Morgan Kaufmann.

Davis, E. (2005). Knowledge and communication: A first-order theory. *AIJ, 166*, 81–140.

Davis, E. (2006). The expressivity of quantifying over regions. *J. Logic and Computation, 16*, 891–916.

Davis, E. (2007). Physical reasoning. In van Harmelan, F., Lifschitz, V., und Porter, B. (Hrsg.), *The Handbook of Knowledge Representation.* Elsevier.

Davis, E. (2008). Pouring liquids: A study in commonsense physical reasoning. *AIJ, 172.*

Davis, E. (2017). Logical formalizations of commonsense reasoning: A survey. *JAIR, 59*, 651–723.

Davis, E. und Morgenstern, L. (2004). Introduction: Progress in formal commonsense reasoning. *AIJ, 153*, 1–12.

Davis, E. und Morgenstern, L. (2005). A first-order theory of communication and multi-agent plans. *J. Logic and Computation, 15*, 701–749.

Davis, M. (1957). A computer program for Presburger's algorithm. In *Proving Theorems (as Done by Man, Logician, or Machine).* Proc. Summer Institute for Symbolic Logic. Zweite Auflage; Datum der Veröffentlichung ist 1960.

Davis, M., Logemann, G., und Loveland, D. (1962). A machine program for theorem-proving. *CACM, 5*, 394–397.

Davis, M. und Putnam, H. (1960). A computing procedure for quantification theory. *JACM, 7*, 201–215.

Dayan, P. (1992). The convergence of TD(λ) for general λ. *Machine Learning, 8*, 341–362.

Dayan, P. und Abbott, L. F. (2001). *Theoretical Neuroscience: Computational and Mathematical Modeling of Neural Systems.* MIT Press.

Dayan, P. und Hinton, G. E. (1993). Feudal reinforcement learning. In *NeurIPS 5.*

Dayan, P. und Niv, Y. (2008). Reinforcement learning and the brain: The good, the bad and the ugly. *Current Opinion in Neurobiology, 18*, 185–196.

de Dombal, F. T., Leaper, D. J., Horrocks, J. C., und Staniland, J. R. (1974). Human and computer-aided diagnosis of abdominal pain: Further report with emphasis on performance of clinicians. *British Medical Journal, 1*, 376–380.

de Dombal, F. T., Staniland, J. R., und Clamp, S. E. (1981). Geographical variation in disease presentation. *Medical Decision Making, 1*, 59–69.

de Finetti, B. (1937). Le prévision: ses lois logiques, ses sources subjectives. *Ann. Inst. Poincaré, 7*, 1–68.

de Ghellinck, G. (1960). Les problèmes de décisions séquentielles. *Cahiers du Centre d'Études de Recherche Opérationnelle, 2*, 161–179.

de Kleer, J. (1975). Qualitative and quantitative knowledge in classical mechanics. Technical Report, MIT Artificial Intelligence Laboratory.

de Kleer, J. (1989). A comparison of ATMS and CSP techniques. In *IJCAI-89.*

de Kleer, J. und Brown, J. S. (1985). A qualitative physics based on confluences. In Hobbs, J. R. und Moore, R. C. (Hrsg.), *Formal Theories of the Commonsense World.* Ablex.

De Morgan, A. (1864). On the syllogism, No. IV, and on the logic of relations. *Transaction of the Cambridge Philosophical Society, X*, 331–358.

de Salvo Braz, R., Amir, E., und Roth, D. (2007). Lifted first-order probabilistic inference. In Getoor, L. und Taskar, B. (Hrsg.), *Introduction to Statistical Relational Learning.* MIT Press.

Deacon, T. W. (1997). *The Symbolic Species: The Co-evolution of Language and the Brain.* W. W. Norton.

Deale, M., Yvanovich, M., Schnitzius, D., Kautz, D., Carpenter, M., Zweben, M., Davis, G., und Daun, B. (1994). The space shuttle ground processing scheduling system. In Zweben, M. und Fox, M. (Hrsg.), *Intelligent Scheduling.* Morgan Kaufmann.

Dean, J., Patterson, D. A., und Young, C. (2018). A new golden age in computer architecture: Empowering the machine-learning revolution. *IEEE Micro, 38*, 21–29.

Dean, T., Basye, K., Chekaluk, R., und Hyun, S. (1990). Coping with uncertainty in a control system for navigation and exploration. In *AAAI-90*.

Dean, T. und Boddy, M. (1988). An analysis of time-dependent planning. In *AAAI-88*.

Dean, T., Firby, R. J., und Miller, D. (1990). Hierarchical planning involving deadlines, travel time, and resources. *Computational Intelligence*, *6*, 381–398.

Dean, T., Kaelbling, L. P., Kirman, J., und Nicholson, A. (1993). Planning with deadlines in stochastic domains. In *AAAI-93*.

Dean, T. und Kanazawa, K. (1989a). A model for reasoning about persistence and causation. *Computational Intelligence*, *5*, 142–150.

Dean, T. und Kanazawa, K. (1989b). A model for projection and action. In *IJCAI-89*.

Dean, T. und Wellman, M. P. (1991). *Planning and Control*. Morgan Kaufmann.

Dearden, R., Friedman, N., und Andre, D. (1999). Model-based Bayesian exploration. In *UAI-99*.

Dearden, R., Friedman, N., und Russell, S. J. (1998). Bayesian Q-learning. In *AAAI-98*.

Debevec, P., Taylor, C., und Malik, J. (1996). Modeling and rendering architecture from photographs: A hybrid geometry- and image-based approach. In *Proc. 23rd Annual Conference on Computer Graphics (SIGGRAPH)*.

Debreu, G. (1960). Topological methods in cardinal utility theory. In Arrow, K. J., Karlin, S., und Suppes, P. (Hrsg.), *Mathematical Methods in the Social Sciences, 1959*. Stanford University Press.

Dechter, A. und Dechter, R. (1987). Removing redundancies in constraint networks. In *AAAI-87*.

Dechter, R. (1990a). Enhancement schemes for constraint processing: Backjumping, learning and cutset decomposition. *AIJ*, *41*, 273–312.

Dechter, R. (1990b). On the expressiveness of networks with hidden variables. In *AAAI-90*.

Dechter, R. (1999). Bucket elimination: A unifying framework for reasoning. *AIJ*, *113*, 41–85.

Dechter, R. und Pearl, J. (1985). Generalized best-first search strategies and the optimality of A*. *JACM*, *32*, 505–536.

Dechter, R. und Pearl, J. (1987). Network-based heuristics for constraint-satisfaction problems. *AIJ*, *34*, 1–38.

Dechter, R. und Pearl, J. (1989). Tree clustering for constraint networks. *AIJ*, *38*, 353–366.

Dechter, R. und Rish, I. (2003). Mini-buckets: A general scheme for bounded inference. *JACM*, *50*, 107–153.

Dechter, R. (2003). *Constraint Processing*. Morgan Kaufmann.

Dechter, R. (2019). *Reasoning with Probabilistic and Deterministic Graphical Models: Exact Algorithms* (2. Auflage). Morgan & Claypool.

Dechter, R. und Frost, D. (2002). Backjump-based backtracking for constraint satisfaction problems. *AIJ*, *136*, 147–188.

Dechter, R. und Mateescu, R. (2007). AND/OR search spaces for graphical models. *AIJ*, *171*, 73–106.

DeCoste, D. und Schölkopf, B. (2002). Training invariant support vector machines. *Machine Learning*, *46*, 161–190.

Dedekind, R. (1888). *Was sind und was sollen die Zahlen?* Friedrich Vieweg und Sohn, Braunschweig.

Deerwester, S. C., Dumais, S. T., Landauer, T. K., Furnas, G. W., und Harshman, R. A. (1990). Indexing by latent semantic analysis. *J. American Society for Information Science*, *41*, 391–407.

DeGroot, M. H. (1970). *Optimal Statistical Decisions*. McGraw-Hill.

DeGroot, M. H. und Schervish, M. J. (2001). *Probability and Statistics* (3. Auflage). Addison-Wesley.

Dehaene, S. (2014). *Consciousness and the Brain: Deciphering How the Brain Codes Our Thoughts*. Penguin Books.

Del Moral, P., Doucet, A., und Jasra, A. (2006). Sequential Monte Carlo samplers. *J. Royal Statistical Society*, *68*, 411–436.

Del Moral, P. (2004). *Feynman-Kac Formulae, Genealogical and Interacting Particle Systems with Applications*. Springer.

Delgrande, J. und Schaub, T. (2003). On the relation between Reiter's default logic and its (major) variants. In *Seventh European Conference on Symbolic and Quantitative Approaches to Reasoning with Uncertainty*.

Delling, D., Sanders, P., Schultes, D., und Wagner, D. (2009). Engineering route planning algorithms. In Lerner, J., Wagner, D., und Zweig, K. (Hrsg.), *Algorithmics, LNCS*. Springer.

Dempster, A. P. (1968). A generalization of Bayesian inference. *J. Royal Statistical Society*, *30 (Series B)*, 205–247.

Dempster, A. P., Laird, N., und Rubin, D. (1977). Maximum likelihood from incomplete data via the EM algorithm. *J. Royal Statistical Society*, *39 (Series B)*, 1–38.

Denardo, E. V. (1967). Contraction mappings in the theory underlying dynamic programming. *SIAM Review*, *9*, 165–177.

Deng, J., Dong, W., Socher, R., Li, L.-J., Li, K., und Fei-Fei, L. (2009). Imagenet: A large-scale hierarchical image database. In *CVPR-09*.

Deng, L. (2016). Deep learning: From speech recognition to language and multimodal processing. *APSIPA Transactions on Signal and Information Processing, 5*.

Deng, L., Yu, D., *et al.* (2014). Deep learning: Methods and applications. *Foundations and Trends in Signal Processing, 7*, 197–387.

Deng, X. und Papadimitriou, C. H. (1990). Exploring an unknown graph. In *FOCS-90*.

Deng, X. und Papadimitriou, C. H. (1994). On the complexity of cooperative solution concepts. *Mathematics of Operations Research, 19*, 257–266.

Denney, E., Fischer, B., und Schumann, J. (2006). An empirical evaluation of automated theorem provers in software certification. *Int. J. AI Tools, 15*, 81–107.

Dervovic, D., Herbster, M., Mountney, P., Severini, S., Usher, N., und Wossnig, L. (2018). Quantum linear systems algorithms: A primer. arXiv:1802.08227.

Descartes, R. (1637). *Discours de la méthode*. Ian Maire, Leiden.

Descotte, Y. und Latombe, J.-C. (1985). Making compromises among antagonist constraints in a planner. *AIJ, 27*, 183–217.

Deshpande, I., Hu, Y.-T., Sun, R., Pyrros, A., Siddiqui, N., Koyejo, S., Zhao, Z., Forsyth, D., und Schwing, A. (2019). Max-sliced Wasserstein distance and its use for GANs. In *CVPR-19*.

Deutscher, G. (2010). *Through the Language Glass: Why the World Looks Different in Other Languages*. Metropolitan Books.

Devlin, J., Chang, M.-W., Lee, K., und Toutanova, K. (2018). Bert: Pre-training of deep bidirectional transformers for language understanding. arXiv:1810.04805.

Devlin, K. (2018). *Turned On: Science, Sex and Robots*. Bloomsbury.

Devroye, L. (1987). *A course in density estimation*. Birkhauser.

Dias, M. B., Zlot, R., Kalra, N., und Stentz, A. (2006). Market-based multirobot coordination: A survey and analysis. *Proc. IEEE, 94*, 1257–1270.

Dickmanns, E. D. und Zapp, A. (1987). Autonomous high speed road vehicle guidance by computer vision. In *Automatic Control – World Congress, 1987: Selected Papers from the 10th Triennial World Congress of the International Federation of Automatic Control*.

Dietterich, T. (2000). Hierarchical reinforcement learning with the MAXQ value function decomposition. *JAIR, 13*, 227–303.

Dijkstra, E. W. (1959). A note on two problems in connexion with graphs. *Numerische Mathematik, 1*, 269–271.

Dijkstra, E. W. (1984). The threats to computing science. In *ACM South Central Regional Conference*.

Ding, Y., Sohn, J. H., Kawczynski, M. G., Trivedi, H., Harnish, R., Jenkins, N. W., Lituiev, D., Copeland, T. P., Aboian, M. S., Mari Aparici, C., *et al.* (2018). A deep learning model to predict a diagnosis of alzheimer disease by using ^{18}F-FDG PET of the brain. *Radiology, 290*, 456–464.

Dinh, H., Russell, A., und Su, Y. (2007). On the value of good advice: The complexity of A* with accurate heuristics. In *AAAI-07*.

Dissanayake, G., Newman, P., Clark, S., Durrant-Whyte, H., und Csorba, M. (2001). A solution to the simultaneous localisation and map building (SLAM) problem. *IEEE Transactions on Robotics and Automation, 17*, 229–241.

Dittmer, S. und Jensen, F. (1997). Myopic value of information in influence diagrams. In *UAI-97*.

Do, M. und Kambhampati, S. (2003). Planning as constraint satisfaction: solving the planning graph by compiling it into CSP. *AIJ, 132*, 151–182.

Do, M. B. und Kambhampati, S. (2001). Sapa: A domain-independent heuristic metric temporal planner. In *ECP-01*.

Doctorow, C. (2001). Metacrap: Putting the torch to seven straw-men of the meta-utopia. https://chnm.gmu.edu/digitalhistory/links/pdf/preserving/8_17.pdf.

Doctorow, C. und Stross, C. (2012). *The Rapture of the Nerds: A Tale of the Singularity, Posthumanity, and Awkward Social Situations*. Tor Books.

Dodd, L. (1988). The inside/outside algorithm: Grammatical inference applied to stochastic context-free grammars. Technical Report, Royal Signals and Radar Establishment, Malvern.

Domingos, P. und Pazzani, M. (1997). On the optimality of the simple Bayesian classifier under zero–one loss. *Machine Learning, 29*, 103–30.

Domingos, P. (2012). A few useful things to know about machine learning. *Commun. ACM, 55*(10), 78–87.

Domingos, P. (2015). *The Master Algorithm: How the Quest for the Ultimate Learning Machine Will Remake Our World*. Basic Books.

Dong, X., Gabrilovich, E., Heitz, G., Horn, W., Lao, N., Murphy, K., Strohmann, T., Sun, S., und Zhang, W. (2014). Knowledge vault: A web-scale approach to probabilistic knowledge fusion. In *KDD-14*.

Doran, J. und Michie, D. (1966). Experiments with the graph traverser program. *Proc. Roy. Soc., 294, Series A*, 235–259.

Dorf, R. C. und Bishop, R. H. (2004). *Modern Control Systems* (10. Auflage). Prentice-Hall.

Dorigo, M., Birattari, M., Blum, C., Clerc, M., Stützle, T., und Winfield, A. (2008). *Ant Colony Optimization and Swarm Intelligence: 6th International Conference, ANTS 2008, Brussels, Belgium, September 22-24, 2008, Proceedings*, Vol. 5217. Springer.

Doshi-Velez, F. und Kim, B. (2017). Towards a rigorous science of interpretable machine learning. arXiv:1702.08608.

Doucet, A. (1997). *Monte Carlo methods for Bayesian estimation of hidden Markov models: Application to radiation signals*. Dissertation, Université de Paris-Sud.

Doucet, A., Freitas, J. F. G. d., und Gordon, N. (2001). *Sequential Monte Carlo Methods in Practice*. Springer.

Doucet, A., Freitas, J. F. G. d., Murphy, K., und Russell, S. J. (2000). Rao-Blackwellised particle filtering for dynamic Bayesian networks. In *UAI-00*.

Doucet, A. und Johansen, A. M. (2011). A tutorial on particle filtering and smoothing: Fifteen years later. In Crisan, D. und Rozovskii, B. (Hrsg.), *Oxford Handbook of Nonlinear Filtering*. Oxford.

Dowty, D., Wall, R., und Peters, S. (1991). *Introduction to Montague Semantics*. D. Reidel.

Doyle, J. (1979). A truth maintenance system. *AIJ*, *12*, 231–272.

Doyle, J. (1983). What is rational psychology? Toward a modern mental philosophy. *AIMag*, *4*, 50–53.

Drabble, B. (1990). Mission scheduling for spacecraft: Diaries of T-SCHED. In *Expert Planning Systems*. Institute of Electrical Engineers.

Dragan, A. D., Lee, K. C., und Srinivasa, S. (2013). Legibility and predictability of robot motion. In *HRI-13*.

Dredze, M., Crammer, K., und Pereira, F. (2008). Confidence-weighted linear classification. In *ICML-08*.

Dressel, J. und Farid, H. (2018). The accuracy, fairness, and limits of predicting recidivism. *Science Advances*, *4*, eaao5580.

Dreyfus, H. L. (1972). *What Computers Can't Do: A Critique of Artificial Reason*. Harper and Row.

Dreyfus, H. L. (1992). *What Computers Still Can't Do: A Critique of Artificial Reason*. MIT Press.

Dreyfus, H. L. und Dreyfus, S. E. (1986). *Mind over Machine: The Power of Human Intuition and Expertise in the Era of the Computer*. Blackwell.

Dreyfus, S. E. (1962). The numerical solution of variational problems. *J. Math. Anal. and Appl.*, *5*, 30–45.

Dreyfus, S. E. (1969). An appraisal of some shortest-paths algorithms. *Operations Research*, *17*, 395–412.

Dreyfus, S. E. (1990). Artificial neural networks, back propagation, and the Kelley-Bryson gradient procedure. *J. Guidance, Control, and Dynamics*, *13*, 926–928.

Du, S. S., Lee, J. D., Li, H., Wang, L., und Zhai, X. (2018). Gradient descent finds global minima of deep neural networks. arXiv:1811.03804.

Dubois, D. und Prade, H. (1994). A survey of belief revision and updating rules in various uncertainty models. *Int. J. Intelligent Systems*, *9*, 61–100.

Duda, R. O. und Hart, P. E. (1973). *Pattern classification and scene analysis*. Wiley.

Duda, R. O., Hart, P. E., und Stork, D. G. (2001). *Pattern Classification* (2. Auflage). Wiley.

Dudek, G. und Jenkin, M. (2000). *Computational Principles of Mobile Robotics*. Cambridge University Press.

Duffy, D. (1991). *Principles of Automated Theorem Proving*. John Wiley & Sons.

Dunn, H. L. (1946). Record linkage. *Am. J. Public Health*, *36*, 1412–1416.

Durfee, E. H. und Lesser, V. R. (1989). Negotiating task decomposition and allocation using partial global planning. In Huhns, M. und Gasser, L. (Hrsg.), *Distributed AI*, Vol. 2. Morgan Kaufmann.

Durme, B. V. und Pasca, M. (2008). Finding cars, goddesses and enzymes: Parametrizable acquisition of labeled instances for open-domain information extraction. In *AAAI-08*.

Dwork, C. (2008). Differential privacy: A survey of results. In *International Conference on Theory and Applications of Models of Computation*.

Dwork, C., Hardt, M., Pitassi, T., Reingold, O., und Zemel, R. (2012). Fairness through awareness. In *Proc. 3rd innovations in theoretical computer science conference*.

Dwork, C., Roth, A., *et al.* (2014). The algorithmic foundations of differential privacy. *Foundations and Trends in Theoretical Computer Science*, *9*, 211–407.

Dyson, F. (2004). A meeting with Enrico Fermi. *Nature*, *427*, 297.

Dyson, G. (1998). *Darwin among the machines : the evolution of global intelligence*. Perseus Books.

D'Épenoux, F. (1963). A probabilistic production and inventory problem. *A probabilistic production and inventory problem*, *10*, 98–108.

Earley, J. (1970). An efficient context-free parsing algorithm. *CACM*, *13*, 94–102.

Ebendt, R. und Drechsler, R. (2009). Weighted A* search – unifying view and application. *AIJ*, *173*, 1310–1342.

Eckerle, J., Chen, J., Sturtevant, N. R., Zilles, S., und Holte, R. C. (2017). Sufficient conditions for node expansion in bidirectional heuristic search. In *ICAPS-17*.

Eckhouse, L., Lum, K., Conti-Cook, C., und Ciccolini, J. (2019). Layers of bias: A unified approach for understanding problems with risk assessment. *Criminal Justice and Behavior, 46*, 185–209.

Edelkamp, S. (2009). Scaling search with symbolic pattern databases. In *Model Checking and Artificial Intelligence (MOCHART)*.

Edelkamp, S. und Schrödl, S. (2012). *Heuristic Search*. Morgan Kaufmann.

Edmonds, J. (1965). Paths, trees, and flowers. *Canadian J. of Mathematics, 17*, 449–467.

Edwards, P. (Hrsg.). (1967). *The Encyclopedia of Philosophy*. Macmillan.

Eiter, T., Leone, N., Mateis, C., Pfeifer, G., und Scarcello, F. (1998). The KR system dlv: Progress report, comparisons and benchmarks. In *KR-98*.

Elio, R. (Hrsg.). (2002). *Common Sense, Reasoning, and Rationality*. Oxford University Press.

Elkan, C. (1997). Boosting and naive Bayesian learning. Technical Report, Department of Computer Science and Engineering, University of California, San Diego.

Ellsberg, D. (1962). *Risk, Ambiguity, and Decision*. Dissertation, Harvard University.

Elman, J. L. (1990). Finding structure in time. *Cognitive Science, 14*, 179–211.

Elman, J. L., Bates, E., Johnson, M., Karmiloff-Smith, A., Parisi, D., und Plunkett, K. (1997). *Rethinking Innateness*. MIT Press.

Elo, A. E. (1978). *The rating of chess players: Past and present*. Arco Publishing.

Elsken, T., Metzen, J. H., und Huttor, F. (2018). Neural architecture search: A survey. arXiv:1808.05377.

Empson, W. (1953). *Seven Types of Ambiguity*. New Directions.

Enderton, H. B. (1972). *A Mathematical Introduction to Logic*. Academic Press.

Engel, J., Resnick, C., Roberts, A., Dieleman, S., Norouzi, M., Eck, D., und Simonyan, K. (2017). Neural audio synthesis of musical notes with wavenet autoencoders. In *Proc. 34th International Conference on Machine Learning-Volume 70*.

Epstein, R., Roberts, G., und Beber, G. (Hrsg.). (2008). *Parsing the Turing test*. Springer.

Erdmann, M. A. und Mason, M. (1988). An exploration of sensorless manipulation. *IEEE Journal of Robotics and Automation, 4*, 369–379.

Ernst, H. A. (1961). *MH-1, a Computer-Operated Mechanical Hand*. Dissertation, MIT.

Ernst, M., Millstein, T., und Weld, D. S. (1997). Automatic SAT-compilation of planning problems. In *IJCAI-97*.

Erol, K., Hendler, J., und Nau, D. S. (1994). HTN planning: Complexity and expressivity. In *AAAI-94*.

Erol, K., Hendler, J., und Nau, D. S. (1996). Complexity results for HTN planning. *AIJ, 18*, 69–93.

Erol, Y., Li, L., Ramsundar, B., und Russell, S. J. (2013). The extended parameter filter. In *ICML-13*.

Erol, Y., Wu, Y., Li, L., und Russell, S. J. (2017). A nearly-black-box online algorithm for joint parameter and state estimation in temporal models. In *AAAI-17*.

Esteva, A., Kuprel, B., Novoa, R. A., Ko, J., Swetter, S. M., Blau, H. M., und Thrun, S. (2017). Dermatologist-level classification of skin cancer with deep neural networks. *Nature, 542*, 115.

Etzioni, A. (2004). *From Empire to Community: A New Approach to International Relation*. Palgrave Macmillan.

Etzioni, A. und Etzioni, O. (2017a). Incorporating ethics into artificial intelligence. *The Journal of Ethics, 21*, 403–418.

Etzioni, A. und Etzioni, O. (2017b). Should artificial intelligence be regulated? *Issues in Science and Technology, Summer*.

Etzioni, O. (1989). Tractable decision-analytic control. In *Proc. First International Conference on Knowledge Representation and Reasoning*.

Etzioni, O., Banko, M., Soderland, S., und Weld, D. S. (2008). Open information extraction from the web. *CACM, 51*.

Etzioni, O., Hanks, S., Weld, D. S., Draper, D., Lesh, N., und Williamson, M. (1992). An approach to planning with incomplete information. In *KR-92*.

Etzioni, O., Banko, M., und Cafarella, M. J. (2006). Machine reading. In *AAAI-06*.

Etzioni, O., Cafarella, M. J., Downey, D., Popescu, A.-M., Shaked, T., Soderland, S., Weld, D. S., und Yates, A. (2005). Unsupervised named-entity extraction from the web: An experimental study. *AIJ, 165*(1), 91–134.

Evans, T. G. (1968). A program for the solution of a class of geometric-analogy intelligence-test questions. In Minsky, M. L. (Hrsg.), *Semantic Information Processing*. MIT Press.

Fagin, R., Halpern, J. Y., Moses, Y., und Vardi, M. Y. (1995). *Reasoning about Knowledge*. MIT Press.

Fahlman, S. E. (1974). A planning system for robot construction tasks. *AIJ, 5*, 1–49.

Farias, D. P. d. und Roy, B. V. (2003). The linear programming approach to approximate dynamic programming. *Operations Research, 51*, 839–1016.

Faugeras, O. (1992). What can be seen in three dimensions with an uncalibrated stereo rig? In *ECCV*, Vol. 588 von *Lecture Notes in Computer Science*.

Faugeras, O., Luong, Q.-T., und Papadopoulo, T. (2001). *The Geometry of Multiple Images*. MIT Press.

Fawcett, T. und Provost, F. (1997). Adaptive fraud detection. *Data mining and knowledge discovery, 1*, 291–316.

Fearing, R. S. und Hollerbach, J. M. (1985). Basic solid mechanics for tactile sensing. *Int. J. Robotics Research, 4*, 40–54.

Featherstone, R. (1987). *Robot Dynamics Algorithms*. Kluwer Academic Publishers.

Feigenbaum, E. A. (1961). The simulation of verbal learning behavior. *Proc. Western Joint Computer Conference, 19*, 121–131.

Feigenbaum, E. A., Buchanan, B. G., und Lederberg, J. (1971). On generality and problem solving: A case study using the DENDRAL program. In Meltzer, B. und Michie, D. (Hrsg.), *Machine Intelligence 6*. Edinburgh University Press.

Feldman, J. und Sproull, R. F. (1977). Decision theory and artificial intelligence II: The hungry monkey. Technical Report, Computer Science Department, University of Rochester.

Feldman, J. und Yakimovsky, Y. (1974). Decision theory and artificial intelligence I: Semantics-based region analyzer. *AIJ, 5*, 349–371.

Feldman, M. (2017). Oak Ridge readies Summit supercomputer for 2018 debut. *Top500.org*. https://www.top500.org/news/oak-ridge-readies-summit-supercomputer-for-2018-debut/.

Fellbaum, C. (2001). *Wordnet: An Electronic Lexical Database*. MIT Press.

Fellegi, I. und Sunter, A. (1969). A theory for record linkage. *JASA, 64*, 1183–1210.

Felner, A., Korf, R. E., und Hanan, S. (2004). Additive pattern database heuristics. *JAIR, 22*, 279–318.

Felner, A. (2018). Position paper: Using early goal test in A*. In *Eleventh Annual Symposium on Combinatorial Search*.

Felner, A., Korf, R. E., Meshulam, R., und Holte, R. C. (2007). Compressed pattern databases. *JAIR, 30*.

Felner, A., Zahavi, U., Holte, R. C., Schaeffer, J., Sturtevant, N. R., und Zhang, Z. (2011). Inconsistent heuristics in theory and practice. *AIJ, 175*, 1570–1603.

Felzenszwalb, P. und McAllester, D. A. (2007). The generalized A* architecture. *JAIR*.

Fenton, N. und Neil, M. (2018). *Risk Assessment and Decision Analysis with Bayesian Networks* (2. Auflage). Chapman and Hall.

Ferguson, T. (1992). Mate with knight and bishop in kriegspiel. *Theoretical Computer Science, 96*, 389–403.

Ferguson, T. (1995). Mate with the two bishops in kriegspiel. www.math.ucla.edu/~tom/papers/ks.pdf.

Ferguson, T. (2001). *Optimal Stopping and Applications*. www.math.ucla.edu/~tom/Stopping/Contents.html.

Ferguson, T. (1973). Bayesian analysis of some nonparametric problems. *Annals of Statistics, 1*, 209–230.

Fern, A., Natarajan, S., Judah, K., und Tadepalli, P. (2014). A decision-theoretic model of assistance. *JAIR, 50*, 71–104.

Fernandez, J. M. F. und Mahlmann, T. (2018). The Dota 2 bot competition. *IEEE Transactions on Games*.

Ferraris, P. und Giunchiglia, E. (2000). Planning as satisability in nondeterministic domains. In *AAAI-00*.

Ferriss, T. (2007). *The 4-Hour Workweek*. Crown.

Ferrucci, D., Brown, E., Chu-Carroll, J., Fan, J., Gondek, D., Kalyanpur, A. A., Lally, A., Murdock, J. W., Nyberg, E., Prager, J., Schlaefer, N., und Welty, C. (2010). Building Watson: An overview of the DeepQA project. *AI Magazine, Fall*.

Fikes, R. E., Hart, P. E., und Nilsson, N. J. (1972). Learning and executing generalized robot plans. *AIJ, 3*, 251–288.

Fikes, R. E. und Nilsson, N. J. (1971). STRIPS: A new approach to the application of theorem proving to problem solving. *AIJ, 2*, 189–208.

Fikes, R. E. und Nilsson, N. J. (1993). STRIPS, a retrospective. *AIJ, 59*, 227–232.

Fine, S., Singer, Y., und Tishby, N. (1998). The hierarchical hidden Markov model: Analysis and applications. *Machine Learning, 32*.

Finn, C., Abbeel, P., und Levine, S. (2017). Model-agnostic meta-learning for fast adaptation of deep networks. In *Proc. 34th International Conference on Machine Learning-Volume 70*.

Finney, D. J. (1947). *Probit analysis: A statistical treatment of the sigmoid response curve*. Cambridge University Press.

Firoiu, V., Whitney, W. F., und Tenenbaum, J. B. (2017). Beating the world's best at Super Smash Bros. with deep reinforcement learning. arXiv:1702.06230.

Firth, J. (1957). *Papers in Linguistics*. Oxford University Press.

Fisher, R. A. (1922). On the mathematical foundations of theoretical statistics. *Phil. Trans. Roy. Soc., A, 222*, 309–368.

Fix, E. und Hodges, J. L. (1951). Discriminatory analysis – Nonparametric discrimination: Consistency properties. Technical Report, USAF School of Aviation Medicine.

Floreano, D., Zufferey, J. C., Srinivasan, M. V., und Ellington, C. (2009). *Flying Insects and Robots*. Springer.

Floyd, R. W. (1962). Algorithm 97: Shortest path. *CACM, 5*, 345.

Fogel, D. B. (2000). *Evolutionary Computation: Toward a New Philosophy of Machine Intelligence*. IEEE Press.

Fogel, L. J., Owens, A. J., und Walsh, M. J. (1966). *Artificial Intelligence through Simulated Evolution*. Wiley.

Forbes, J., Huang, T., Kanazawa, K., und Russell, S. J. (1995). The BATmobile: Towards a Bayesian automated taxi. In *IJCAI-95*.

Forbus, K. D. (1985). Qualitative process theory. In Bobrow, D. (Hrsg.), *Qualitative Reasoning About Physical Systems*. MIT Press.

Forbus, K. D. und de Kleer, J. (1993). *Building Problem Solvers*. MIT Press.

Forbus, K. D., Hinrichs, T. R., De Kleer, J., und Usher, J. M. (2010). FIRE: Infrastructure for experience-based systems with common sense. In *AAAI Fall Symposium: Commonsense Knowledge*.

Ford, K. M. und Hayes, P. J. (1995). Turing Test considered harmful. In *IJCAI-95*.

Ford, L. R. (1956). Network flow theory. Technical Report, RAND Corporation.

Ford, M. (2015). *Rise of the Robots: Technology and the Threat of a Jobless Future*. Basic Books.

Ford, M. (2018). *Architects of Intelligence*. Packt.

Forestier, J.-P. und Varaiya, P. (1978). Multilayer control of large Markov chains. *IEEE Transactions on Automatic Control, 23*, 298–304.

Forgy, C. (1981). OPS5 user's manual. Technical Report, Computer Science Department, Carnegie-Mellon University.

Forgy, C. (1982). A fast algorithm for the many patterns/many objects match problem. *AIJ, 19*, 17–37.

Forster, E. M. (1909). *The Machine Stops*. Sheba Blake.

Forsyth, D. und Ponce, J. (2002). *Computer Vision: A Modern Approach*. Prentice Hall.

Fouhey, D., Kuo, W.-C., Efros, A., und Malik, J. (2018). From lifestyle vlogs to everyday interactions. In *CVPR-18*.

Fourier, J. (1827). Analyse des travaux de l'Académie Royale des Sciences, pendant l'année 1824; partie mathématique. *Histoire de l'Académie Royale des Sciences de France, 7*, xlvii–lv.

Fox, C. und Tversky, A. (1995). Ambiguity aversion and comparative ignorance. *Quarterly Journal of Economics, 110*, 585–603.

Fox, D., Burgard, W., Dellaert, F., und Thrun, S. (1999). Monte Carlo localization: Efficient position estimation for mobile robots. In *AAAI-99*.

Fox, M. S. (1990). Constraint-guided scheduling: A short history of research at CMU. *Computers in Industry, 14*, 79–88.

Fox, M. S., Allen, B., und Strohm, G. (1982). Job shop scheduling: An investigation in constraint-directed reasoning. In *AAAI-82*.

Franco, J. und Paull, M. (1983). Probabilistic analysis of the Davis Putnam procedure for solving the satisfiability problem. *Discrete Applied Mathematics, 5*, 77–87.

Francois-Lavet, V., Henderson, P., Islam, R., Bellemare, M. G., und Pineau, J. (2018). An introduction to deep reinforcement learning. *Foundations and Trends in Machine Learning, 11*, 219–354.

Frank, I., Basin, D. A., und Matsubara, H. (1998). Finding optimal strategies for imperfect information games. In *AAAI-98*.

Frank, R. H. und Cook, P. J. (1996). *The Winner-Take-All Society*. Penguin.

Frans, K., Ho, J., Chen, X., Abbeel, P., und Schulman, J. (2018). Meta learning shared hierarchies. In *ICLR-18*.

Franz, A. und Brants, T. (2006). All our n-gram are belong to you. Google-Blog, ai.googleblog.com/2006/08/all-our-n-gram-are-belong-to-you.html.

Frege, G. (1879). *Begriffsschrift, eine der arithmetischen nachgebildete Formelsprache des reinen Denkens*. Halle, Berlin. Englische Übersetzung erscheint in van Heijenoort (1967).

Freitag, D. und McCallum, A. (2000). Information extraction with hmm structures learned by stochastic optimization. In *AAAI-00*.

Freitas, J. F. G. d., Niranjan, M., und Gee, A. H. (2000). Sequential Monte Carlo methods to train neural network models. *Neural Computation, 12*, 933–953.

Freuder, E. C. (1978). Synthesizing constraint expressions. *CACM, 21*, 958–966.

Freuder, E. C. (1982). A sufficient condition for backtrack-free search. *JACM, 29*, 24–32.

Freuder, E. C. (1985). A sufficient condition for backtrack-bounded search. *JACM, 32*, 755–761.

Freund, Y. und Schapire, R. E. (1996). Experiments with a new boosting algorithm. In *ICML-96*.

Freund, Y. und Schapire, R. E. (1999). Large margin classification using the perceptron algorithm. *Machine Learning*, *37*, 277–296.

Frey, B. J. (1998). *Graphical models for machine learning and digital communication*. MIT Press.

Frey, C. B. und Osborne, M. A. (2017). The future of employment: How susceptible are jobs to computerisation? *Technological forecasting and social change*, *114*, 254–280.

Friedberg, R. M. (1958). A learning machine: Part I. *IBM Journal of Research and Development*, *2*, 2–13.

Friedberg, R. M., Dunham, B., und North, T. (1959). A learning machine: Part II. *IBM Journal of Research and Development*, *3*, 282–287.

Friedman, G. J. (1959). Digital simulation of an evolutionary process. *General Systems Yearbook*, *4*, 171–184.

Friedman, J., Hastie, T., und Tibshirani, R. (2000). Additive logistic regression: A statistical view of boosting. *Annals of Statistics*, *28*, 337–374.

Friedman, J. (2001). Greedy function approximation: A gradient boosting machine. *Annals of statistics*, *29*, 1189–1232.

Friedman, N. (1998). The Bayesian structural EM algorithm. In *UAI-98*.

Friedman, N. und Goldszmidt, M. (1996). Learning Bayesian networks with local structure. In *UAI-96*.

Friedman, N. und Koller, D. (2003). Being Bayesian about Bayesian network structure: A Bayesian approach to structure discovery in Bayesian networks. *Machine Learning*, *50*, 95–125.

Friedman, N., Murphy, K., und Russell, S. J. (1998). Learning the structure of dynamic probabilistic networks. In *UAI-98*.

Friedman, N. (2004). Inferring cellular networks using probabilistic graphical models. *Science*, *303*.

Fruhwirth, T. und Abdennadher, S. (2003). *Essentials of constraint programming*. Cambridge University Press.

Fuchs, J. J., Gasquet, A., Olalainty, B., und Currie, K. W. (1990). PlanERS-1: An expert planning system for generating spacecraft mission plans. In *First International Conference on Expert Planning Systems*. Institute of Electrical Engineers.

Fudenberg, D. und Tirole, J. (1991). *Game theory*. MIT Press.

Fukunaga, A. S., Rabideau, G., Chien, S., und Yan, D. (1997). ASPEN: A framework for automated planning and scheduling of spacecraft control and operations. In *Proc. International Symposium on AI, Robotics and Automation in Space*.

Fukushima, K. (1980). Neocognitron: A self-organizing neural network model for a mechanism of pattern recognition unaffected by shift in position. *Biological Cybernetics*, *36*, 193–202.

Fukushima, K. und Miyake, S. (1982). Neocognitron: A self-organizing neural network model for a mechanism of visual pattern recognition. In *Competition and cooperation in neural nets*. Springer.

Fuller, S. B., Straw, A. D., Peek, M. Y., Murray, R. M., und Dickinson, M. H. (2014). Flying Drosophila stabilize their vision-based velocity controller by sensing wind with their antennae. *Proc. National Academy of Sciences of the United States of America*, *111 13*, E1182–91.

Fung, C., Yoon, C. J. M., und Beschastnikh, I. (2018). Mitigating sybils in federated learning poisoning. arXiv:1808.04866.

Fung, R. und Chang, K. C. (1989). Weighting and integrating evidence for stochastic simulation in Bayesian networks. In *UAI 5*.

Gaddum, J. H. (1933). Reports on biological standard III: Methods of biological assay depending on a quantal response. Special report series of the medical research council, Medical Research Council.

Gaifman, H. (1964a). Concerning measures in first order calculi. *Israel J. Mathematics*, *2*, 1–18.

Gaifman, H. (1964b). Concerning measures on Boolean algebras. *Pacific J. Mathematics*, *14*, 61–73.

Gallaire, H. und Minker, J. (Hrsg.). (1978). *Logic and Databases*. Plenum.

Gallier, J. H. (1986). *Logic for Computer Science: Foundations of Automatic Theorem Proving*. Harper and Row.

Galton, F. (1886). Regression towards mediocrity in hereditary stature. *J. Anthropological Institute of Great Britain and Ireland*, *15*, 246–263.

Gamba, A., Gamberini, L., Palmieri, G., und Sanna, R. (1961). Further experiments with PAPA. *Nuovo Cimento Supplemento*, *20*, 221–231.

Gandomi, A. und Haider, M. (2015). Beyond the hype: Big data concepts, methods, and analytics. *International journal of information management*, *35*, 137–144.

Gao, J. (2014). Machine learning applications for data center optimization. Google Research.

García, J. und Fernández, F. (2015). A comprehensive survey on safe reinforcement learning. *JMLR*, *16*, 1437–1480.

Gardner, M. (1968). *Logic Machines, Diagrams and Boolean Algebra*. Dover.

Garey, M. R. und Johnson, D. S. (1979). *Computers and Intractability*. W. H. Freeman.

Gaschnig, J. (1977). A general backtrack algorithm that eliminates most redundant tests. In *IJCAI-77*.

Gaschnig, J. (1979). Performance measurement and analysis of certain search algorithms. Technical Report, Computer Science Department, Carnegie-Mellon University.

Gasser, R. (1995). *Efficiently harnessing computational resources for exhaustive search*. Dissertation, ETH Zürich.

Gat, E. (1998). Three-layered architectures. In Kortenkamp, D., Bonasso, R. P., und Murphy, R. (Hrsg.), *AI-based Mobile Robots: Case Studies of Successful Robot Systems*. MIT Press.

Gatys, L. A., Ecker, A. S., und Bethge, M. (2016). Image style transfer using convolutional neural networks. In *CVPR-16*.

Gauci, J., Conti, E., Liang, Y., Virochsiri, K., He, Y., Kaden, Z., Narayanan, V., und Ye, X. (2018). Horizon: Facebook's open source applied reinforcement learning platform. arXiv:1811.00260.

Gauß, C. F. (1809). *Theoria Motus Corporum Coelestium in Sectionibus Conicis Solem Ambientium*. Sumtibus F. Perthes et I. H. Besser, Hamburg.

Gauß, C. F. (1829). Beiträge zur Theorie der algebraischen Gleichungen. *Werke*, *3*, 71–102.

Gazzaniga, M. (2018). *The Consciousness Instinct*. Farrar, Straus and Girou.

Gebru, T., Morgenstern, J., Vecchione, B., Vaughan, J. W., Wallach, H. M., III, H. D., und Crawford, K. (2018). Datasheets for datasets. arXiv:1803.09010.

Geiger, D., Verma, T., und Pearl, J. (1990a). d-separation: From theorems to algorithms. In Henrion, M., Shachter, R. D., Kanal, L. N., und Lemmer, J. F. (Hrsg.), *UAI-90*. Elsevier.

Geiger, D., Verma, T., und Pearl, J. (1990b). Identifying independence in Bayesian networks. *Networks*, *20*, 507–534.

Gelb, A. (1974). *Applied Optimal Estimation*. MIT Press.

Gelernter, H. (1959). Realization of a geometry-theorem proving machine. In *Proc. an International Conference on Information Processing*. UNESCO House.

Gelfond, M. und Lifschitz, V. (1988). Compiling circumscriptive theories into logic programs. In *Non-Monotonic Reasoning: 2nd International Workshop Proceedings*.

Gelfond, M. (2008). Answer sets. In van Harmelan, F., Lifschitz, V., und Porter, B. (Hrsg.), *Handbook of Knowledge Representation*. Elsevier.

Gelman, A. (2004). Exploratory data analysis for complex models. *Journal of Computational and Graphical Statistics*, *13*, 755–779.

Gelman, A., Carlin, J. B., Stern, H. S., und Rubin, D. (1995). *Bayesian Data Analysis*. Chapman & Hall.

Geman, S. und Geman, D. (1984). Stochastic relaxation, Gibbs distributions, and Bayesian restoration of images. *PAMI*, *6*, 721–741.

Gene Ontology Consortium, T. (2008). The gene ontology project in 2008. *Nucleic Acids Research*, *36*(D440–D444).

Genesereth, M. R. (1984). The use of design descriptions in automated diagnosis. *AIJ*, *24*, 411–436.

Genesereth, M. R. und Nilsson, N. J. (1987). *Logical Foundations of Artificial Intelligence*. Morgan Kaufmann.

Genesereth, M. R. und Nourbakhsh, I. (1993). Time-saving tips for problem solving with incomplete information. In *AAAI-93*.

Genesereth, M. R. und Smith, D. E. (1981). Meta-level architecture. Memo, Computer Science Department, Stanford University.

Gent, I., Petrie, K., und Puget, J.-F. (2006). Symmetry in constraint programming. In Rossi, F., Beek, P. v., und Walsh, T. (Hrsg.), *Handbook of Constraint Programming*. Elsevier.

Gers, F. A., Schmidhuber, J., und Cummins, F. (2000). Learning to forget: Continual prediction with LSTM. *Neural Computation*, *12*, 2451–2471.

Getoor, L. und Taskar, B. (Hrsg.). (2007). *Introduction to Statistical Relational Learning*. MIT Press.

Ghaheri, A., Shoar, S., Naderan, M., und Hoseini, S. S. (2015). The applications of genetic algorithms in medicine. *Oman medical journal*, *30*, 406–416.

Ghahramani, Z. (1998). Learning dynamic Bayesian networks. In *Adaptive Processing of Sequences and Data Structures*.

Ghahramani, Z. (2005). Tutorial on nonparametric Bayesian methods. Gehalten auf der UAI-05 Conference.

Ghallab, M., Howe, A., Knoblock, C. A., und McDermott, D. (1998). PDDL – The planning domain definition language. Technical Report, Yale Center for Computational Vision and Control.

Ghallab, M. und Laruelle, H. (1994). Representation and control in IxTeT, a temporal planner. In *AIPS-94*.

Ghallab, M., Nau, D. S., und Traverso, P. (2004). *Automated Planning: Theory and practice*. Morgan Kaufmann.

Ghallab, M., Nau, D. S., und Traverso, P. (2016). *Automated Planning and aAting*. Cambridge University Press.

Gibbs, R. W. (2006). Metaphor interpretation as embodied simulation. *Mind*, *21*, 434–458.

Gibson, J. J. (1950). *The Perception of the Visual World*. Houghton Mifflin.

Gibson, J. J. (1979). *The Ecological Approach to Visual Perception*. Houghton Mifflin.

Gibson, J. J., Olum, P., und Rosenblatt, F. (1955). Parallax and perspective during aircraft landings. *American Journal of Psychology*, *68*, 372–385.

Gilks, W. R., Richardson, S., und Spiegelhalter, D. J. (Hrsg.). (1996). *Markov chain Monte Carlo in practice*. Chapman and Hall.

Gilks, W. R., Thomas, A., und Spiegelhalter, D. J. (1994). A language and program for complex Bayesian modelling. *The Statistician*, *43*, 169–178.

Gilks, W. R. und Berzuini, C. (2001). Following a moving target – Monte Carlo inference for dynamic Bayesian models. *J. Royal Statistical Society*, *63*, 127–146.

Gilks, W. R. und Wild, P. P. (1992). Adaptive rejection sampling for Gibbs sampling. *Applied Statistics*, *41*, 337–348.

Gillies, D. B. (1959). Solutions to general non-zero-sum games. In Tucker, A. W. und Luce, L. D. (Hrsg.), *Contributions to the Theory of Games, volume IV*. Princeton University Press.

Gilmore, P. C. (1960). A proof method for quantification theory: Its justification and realization. *IBM Journal of Research and Development*, *4*, 28–35.

Gilpin, A., Sandholm, T., und Sorensen, T. (2008). A heads-up no-limit Texas Hold'em poker player: Discretized betting models and automatically generated equilibrium-finding programs. In *AAMAS-08*.

Ginsberg, M. L. (1993). *Essentials of Artificial Intelligence*. Morgan Kaufmann.

Ginsberg, M. L. (2001). GIB: Imperfect infoormation in a computationally challenging game. *JAIR*, *14*, 303–358.

Gionis, A., Indyk, P., und Motwani, R. (1999). Similarity search in high dimensions via hashing. In *Proc. 25th Very Large Database (VLDB) Conference*.

Girshick, R., Donahue, J., Darrell, T., und Malik, J. (2016). Region-based convolutional networks for accurate object detection and segmentation. *PAMI*, *38*, 142–58.

Gittins, J. C. (1989). *Multi-Armed Bandit Allocation Indices*. Wiley.

Gittins, J. C. und Jones, D. M. (1974). A dynamic allocation index for the sequential design of experiments. In Gani, J. (Hrsg.), *Progress in Statistics*. North-Holland.

Glanc, A. (1978). On the etymology of the word "robot". *SIGART Newsletter*, *67*, 12.

Glickman, M. E. (1999). Parameter estimation in large dynamic paired comparison experiments. *Applied Statistics*, *48*, 377–394.

Glorot, X., Bordes, A., und Bengio, Y. (2011). Deep sparse rectifier neural networks. In *AISTATS'2011*.

Glover, F. und Laguna, M. (Hrsg.). (1997). *Tabu search*. Kluwer.

Gluss, B. (1959). An optimum policy for detecting a fault in a complex system. *Operations Research*, *7*, 468–477.

Godefroid, P. (1990). Using partial orders to improve automatic verification methods. In *Proc. 2nd Int'l Workshop on Computer Aided Verification*.

Goebel, J., Volk, K., Walker, H., und Gerbault, F. (1989). Automatic classification of spectra from the infrared astronomical satellite (IRAS). *Astronomy and Astrophysics*, *222*, L5–L8.

Goertzel, B. und Pennachin, C. (2007). *Artificial General Intelligence*. Springer.

Gogate, V. und Domingos, P. (2011). Approximation by quantization. In *UAI-11*.

Gold, E. M. (1967). Language identification in the limit. *Information and Control*, *10*, 447–474.

Goldberg, A. V., Kaplan, H., und Werneck, R. F. (2006). Reach for A*: Efficient point-to-point shortest path algorithms. In *Workshop on algorithm engineering and experiments*.

Goldberg, Y. (2017). Neural network methods for natural language processing. *Synthesis Lectures on Human Language Technologies*, *10*.

Goldberg, Y., Zhao, K., und Huang, L. (2013). Efficient implementation of beam-search incremental parsers. In *ACL-13*.

Goldman, R. und Boddy, M. (1996). Expressive planning and explicit knowledge. In *AIPS-96*.

Goldszmidt, M. und Pearl, J. (1996). Qualitative probabilities for default reasoning, belief revision, and causal modeling. *AIJ*, *84*, 57–112.

Golomb, S. und Baumert, L. (1965). Backtrack proramming. *JACM*, *14*, 516–524.

Golub, G., Heath, M., und Wahba, G. (1979). Generalized cross-validation as a method for choosing a good ridge parameter. *Technometrics*, *21*.

Gomes, C., Selman, B., Crato, N., und Kautz, H. (2000). Heavy-tailed phenomena in satisfiability and constrain processing. *JAR*, *24*, 67–100.

Gomes, C., Kautz, H., Sabharwal, A., und Selman, B. (2008). Satisfiability solvers. In Harmelen, F. v., Lifschitz, V., und Porter, B. (Hrsg.), *Handbook of Knowledge Representation*. Elsevier.

Gomes, C. und Selman, B. (2001). Algorithm portfolios. *AIJ*, *126*, 43–62.

Gomes, C., Selman, B., und Kautz, H. (1998). Boosting combinatorial search through randomization. In *AAAI-98*.

Gonthier, G. (2008). Formal proof – The four-color theorem. *Notices of the AMS*, *55*, 1382–1393.

Good, I. J. (1961). A causal calculus. *British Journal of the Philosophy of Science*, *11*, 305–318.

Good, I. J. (1965a). The mystery of Go. *New Scientist*, *427*, 172–174.

Good, I. J. (1965b). Speculations concerning the first ultraintelligent machine. In Alt, F. L. und Rubinoff, M. (Hrsg.), *Advances in Computers*, Vol. 6. Academic Press.

Good, I. J. (1983). *Good Thinking: The Foundations of Probability and Its Applications*. University of Minnesota Press.

Goodfellow, I., Bengio, Y., und Courville, A. (2016). *Deep Learning*. MIT Press.

Goodfellow, I., Bulatov, Y., Ibarz, J., Arnoud, S., und Shet, V. (2014). Multi-digit number recognition from Street View imagery using deep convolutional neural networks. In *International Conference on Learning Representations*.

Goodfellow, I., Pouget-Abadie, J., Mirza, M., Xu, B., Warde-Farley, D., Ozair, S., Courville, A., und Bengio, Y. (2015a). Generative adversarial nets. In *NeurIPS 27*.

Goodfellow, I., Vinyals, O., und Saxe, A. M. (2015b). Qualitatively characterizing neural network optimization problems. In *International Conference on Learning Representations*.

Goodman, J. (2001). A bit of progress in language modeling. Technical Report, Microsoft Research.

Goodman, N. D., Mansinghka, V. K., Roy, D., Bonawitz, K., und Tenenbaum, J. B. (2008). Church: A language for generative models. In *UAI-08*.

Goodman, N. (1977). *The Structure of Appearance* (3. Auflage). D. Reidel.

Gopnik, A. und Glymour, C. (2002). Causal maps and Bayes nets: A cognitive and computational account of theory-formation. In Caruthers, P., Stich, S., und Siegal, M. (Hrsg.), *The Cognitive Basis of Science*. Cambridge University Press.

Gordon, A. D., Graepel, T., Rolland, N., Russo, C., Borgström, J., und Guiver, J. (2014). Tabular: A schema-driven probabilistic programming language. In *POPL-14*.

Gordon, A. S. und Hobbs, J. R. (2017). *A Formal Theory of Commonsense Psychology: How People Think People Think*. Cambridge University Press.

Gordon, M. J., Milner, A. J., und Wadsworth, C. P. (1979). *Edinburgh LCF*. Springer.

Gordon, N. (1994). *Bayesian methods for tracking*. Dissertation, Imperial College.

Gordon, N., Salmond, D. J., und Smith, A. F. M. (1993). Novel approach to nonlinear/non-Gaussian Bayesian state estimation. *IEE Proceedings F (Radar and Signal Processing)*, *140*, 107–113.

Gordon, S. A. (1994). A faster Scrabble move generation algorithm. *Software Practice and Experience*, *24*, 219–232.

Gorry, G. A. (1968). Strategies for computer-aided diagnosis. *Math. Biosciences*, *2*, 293–318.

Gorry, G. A., Kassirer, J. P., Essig, A., und Schwartz, W. B. (1973). Decision analysis as the basis for computer-aided management of acute renal failure. *American Journal of Medicine*, *55*, 473–484.

Gottlob, G., Leone, N., und Scarcello, F. (1999a). A comparison of structural CSP decomposition methods. In *IJCAI-99*.

Gottlob, G., Leone, N., und Scarcello, F. (1999b). Hypertree decompositions and tractable queries. In *PODS-99*.

Goyal, Y., Khot, T., Summers-Stay, D., Batra, D., und Parikh, D. (2017). Making the V in VQA matter: Elevating the role of image understanding in visual question answering. In *CVPR-17*.

Grace, K., Salvatier, J., Dafoe, A., Zhang, B., und Evans, O. (2017). When will AI exceed human performance? Evidence from AI experts. arXiv:1705.08807.

Graham, S. L., Harrison, M. A., und Ruzzo, W. L. (1980). An improved context-free recognizer. *ACM Transactions on Programming Languages and Systems*, *2*, 415–462.

Grassmann, H. (1861). *Lehrbuch der Arithmetik*. Th. Chr. Fr. Enslin, Berlin.

Grayson, C. J. (1960). Decisions under uncertainty: Drilling decisions by oil and gas operators. Technical Report, Harvard Business School.

Green, B., Wolf, A., Chomsky, C., und Laugherty, K. (1961). BASEBALL: An automatic question answerer. In *Proc. Western Joint Computer Conference*.

Green, C. (1969a). Application of theorem proving to problem solving. In *IJCAI-69*.

Green, C. (1969b). Theorem-proving by resolution as a basis for question-answering systems. In Meltzer, B., Michie, D., und Swann, M. (Hrsg.), *Machine Intelligence 4*. Edinburgh University Press.

Green, C. und Raphael, B. (1968). The use of theorem-proving techniques in question-answering systems. In *Proc. 23rd ACM National Conference*.

Gribkoff, E., Van den Broeck, G., und Suciu, D. (2014). Understanding the complexity of lifted inference and asymmetric weighted model counting. In *UAI-14*.

Griffiths, T. L., Kemp, C., und Tenenbaum, J. B. (2008). Bayesian models of cognition. In Sun, R. (Hrsg.), *The Cambridge handbook of computational cognitive modeling*. Cambridge University Press.

Grinstead, C. und Snell, J. (1997). *Introduction to Probability*. American Mathematical Society.

Grosz, B. J. und Stone, P. (2018). A century long commitment to assessing artificial intelligence and its impact on society. *Communications of the ACM*, *61*.

Grove, W. und Meehl, P. (1996). Comparative efficiency of informal (subjective, impressionistic) and formal (mechanical, algorithmic) prediction procedures: The clinical statistical controversy. *Psychology, Public Policy, and Law*, *2*, 293–323.

Gruber, T. (2004). Interview of Tom Gruber. *AIS SIGSEMIS Bulletin*, *1*.

Gu, J. (1989). *Parallel Algorithms and Architectures for Very Fast AI Search*. Dissertation, University of Utah.

Guard, J., Oglesby, F., Bennett, J., und Settle, L. (1969). Semi-automated mathematics. *JACM*, *16*, 49–62.

Guestrin, C., Koller, D., Gearhart, C., und Kanodia, N. (2003a). Generalizing plans to new environments in relational MDPs. In *IJCAI-03*.

Guestrin, C., Koller, D., Parr, R., und Venkataraman, S. (2003b). Efficient solution algorithms for factored MDPs. *JAIR*, *19*, 399–468.

Guestrin, C., Lagoudakis, M. G., und Parr, R. (2002). Coordinated reinforcement learning. In *ICML-02*.

Guibas, L. J., Knuth, D. E., und Sharir, M. (1992). Randomized incremental construction of Delaunay and Voronoi diagrams. *Algorithmica*, *7*, 381–413.

Gulshan, V., Peng, L., Coram, M., Stumpe, M. C., Wu, D., Narayanaswamy, A., Venugopalan, S., Widner, K., Madams, T., Cuadros, J., *et al.* (2016). Development and validation of a deep learning algorithm for detection of diabetic retinopathy in retinal fundus photographs. *Jama*, *316*, 2402–2410.

Gunkel, D. J. (2018). *Robot Rights*. MIT Press.

Gunning, D. (2016). Explainable artificial intelligence (xai). Technical Report, DARPA.

Guo, C., Goldstein, T., Hannun, A., und Maaten, L. v. d. (2019). Certified data removal from machine learning models. arXiv:1911.03030.

Gururangan, S., Swayamdipta, S., Levy, O., Schwartz, R., Bowman, S., und Smith, N. A. (2018). Annotation artifacts in natural language inference data. arXiv:1803.02324.

Guyon, I., Bennett, K., Cawley, G. C., Escalante, H. J., Escalera, S., Ho, T. K., Macià, N., Ray, B., Saeed, M., Statnikov, A. R., und Viegas, E. (2015). Design of the 2015 ChaLearn AutoML challenge. In *IJCNN-15*.

Guyon, I. und Elisseeff, A. (2003). An introduction to variable and feature selection. *JMLR*, *3*, 1157–1182.

Géron, A. (2019). *Hands-On Machine Learning with Scikit-Learn, Kerasm and TensorFlow: Concepts, Tools, and Techniques to Build Intelligent Systems*. O'Reilly.

Gödel, K. (1930). *Über die Vollständigkeit des Logikkalküls*. Dissertation, Universität Wien.

Gödel, K. (1931). Über formal unentscheidbare Sätze der Principia mathematica und verwandter Systeme I. *Monatshefte für Mathematik und Physik*, *38*, 173–198.

Hacking, I. (1975). *The Emergence of Probability*. Cambridge University Press.

Hadfield-Menell, D., Dragan, A. D., Abbeel, P., und Russell, S. J. (2017a). Cooperative inverse reinforcement learning. In *NeurIPS 29*.

Hadfield-Menell, D., Dragan, A. D., Abbeel, P., und Russell, S. J. (2017b). The off-switch game. In *IJCAI-17*.

Hadfield-Menell, D. und Russell, S. J. (2015). Multitasking: Efficient optimal planning for bandit superprocesses. In *UAI-15*.

Hailperin, T. (1984). Probability logic. *Notre Dame J. Formal Logic*, *25*, 198–212.

Hald, A. (1990). *A History of Probability and Statistics and Their Applications before 1750*. Wiley.

Hales, T. (2005). A proof of the Kepler conjecture. *Annals of mathematics*, *162*, 1065–1185.

Hales, T., Adams, M., Bauer, G., Dang, T. D., Harrison, J., Le Truong, H., Kaliszyk, C., Magron, V., McLaughlin, S., Nguyen, T. T., *et al.* (2017). A formal proof of the Kepler conjecture. In *Forum of Mathematics, Pi*.

Halevy, A. (2007). Dataspaces: A new paradigm for data integration. In *Brazilian Symposium on Databases*.

Halevy, A., Norvig, P., und Pereira, F. (2009). The unreasonable effectiveness of data. *IEEE Intelligent Systems*, *March/April*, 8–12.

Halpern, J. Y. (1990). An analysis of first-order logics of probability. *AIJ*, *46*, 311–350.

Halpern, J. Y. (1999). Technical addendum, Cox's theorem revisited. *JAIR*, *11*, 429–435.

Halpern, J. Y. und Weissman, V. (2008). Using first-order logic to reason about policies. *ACM Transactions on Information and System Security*, *11*, 1–41.

Hammersley, J. M. und Handscomb, D. C. (1964). *Monte Carlo Methods*. Methuen.

Han, J., Pei, J., und Kamber, M. (2011). *Data Mining: Concepts and Techniques*. Elsevier.

Han, X. und Boyden, E. (2007). Multiple-color optical activation, silencing, and desynchronization of neural activity, with single-spike temporal resolution. *PLoS One, e299*.

Handschin, J. E. und Mayne, D. Q. (1969). Monte Carlo techniques to estimate the conditional expectation in multi-stage nonlinear filtering. *Int. J. Control, 9*, 547–559.

Hans, A., Schneegaß, D., Schäfer, A. M., und Udluft, S. (2008). Safe exploration for reinforcement learning. In *ESANN*.

Hansen, E. (1998). Solving POMDPs by searching in policy space. In *UAI-98*.

Hansen, E. und Zilberstein, S. (2001). LAO*: a heuristic search algorithm that finds solutions with loops. *AIJ, 129*, 35–62.

Hansen, P. und Jaumard, B. (1990). Algorithms for the maximum satisfiability problem. *Computing, 44*, 279–303.

Hanski, I. und Cambefort, Y. (Hrsg.). (1991). *Dung Beetle Ecology*. Princeton University Press.

Hansson, O. und Mayer, A. (1989). Heuristic search as evidential reasoning. In *UAI 5*.

Haralick, R. M. und Elliott, G. L. (1980). Increasing tree search efficiency for constraint satisfaction problems. *AIJ, 14*, 263–313.

Hardin, G. (1968). The tragedy of the commons. *Science, 162*, 1243–1248.

Hardt, M., Price, E., Srebro, N., *et al.* (2017). Equality of opportunity in supervised learning. In *NeurIPS 29*.

Harmelen, F. v., Lifschitz, V., und Porter, B. (2007). *The Handbook of Knowledge Representation*. Elsevier.

Harris, T. (2016). How technology is hijacking your mind – From a magician and Google design ethicist. https://medium.com/thrive-global/how-technology-hijacks-peoplesminds-from-a-magician-and-google-s-design-ethicist-56d62ef5edf3.

Harris, Z. (1954). Distributional structure. *Word, 10*.

Harrison, J. und March, J. G. (1984). Decision making and postdecision surprises. *Administrative Science Quarterly, 29*, 26–42.

Harrow, A. W., Hassidim, A., und Lloyd, S. (2009). Quantum algorithm for linear systems of equations. *Physical Review Letters, 103 15*, 150502.

Harsanyi, J. (1967). Games with incomplete information played by Bayesian players. *Management Science, 14*, 159–182.

Hart, P. E., Nilsson, N. J., und Raphael, B. (1968). A formal basis for the heuristic determination of minimum cost paths. *IEEE Transactions on Systems Science and Cybernetics, SSC-4(2)*, 100–107.

Hart, T. P. und Edwards, D. J. (1961). The tree prune (TP) algorithm. Artificial intelligence project memo, MIT.

Hartley, H. (1958). Maximum likelihood estimation from incomplete data. *Biometrics, 14*, 174–194.

Hartley, R. und Zisserman, A. (2000). *Multiple view geometry in computer vision*. Cambridge University Press.

Hashimoto, K., Xiong, C., Tsuruoka, Y., und Socher, R. (2016). A joint many-task model: Growing a neural network for multiple NLP tasks. arXiv:1611.01587.

Haslum, P., Botea, A., Helmert, M., Bonet, B., und Koenig, S. (2007). Domain-independent construction of pattern database heuristics for cost-optimal planning. In *AAAI-07*.

Haslum, P. und Geffner, H. (2001). Heuristic planning with time and resources. In *Proc. IJCAI-01 Workshop on Planning with Resources*.

Haslum, P. (2006). Improving heuristics through relaxed search – An analysis of TP4 and HSP*a in the 2004 planning competition. *JAIR, 25*, 233–267.

Hastie, T. und Tibshirani, R. (1996). Discriminant adaptive nearest neighbor classification and regression. In *NeurIPS 8*.

Hastie, T., Tibshirani, R., und Friedman, J. (2009). *The Elements of Statistical Learning: Data Mining, Inference and Prediction* (2. Auflage). Springer.

Hastings, W. K. (1970). Monte Carlo sampling methods using Markov chains and their applications. *Biometrika, 57*, 97–109.

Hatem, M. und Ruml, W. (2014). Simpler bounded suboptimal search. In *AAAI-14*.

Haugeland, J. (1985). *Artificial Intelligence: The Very Idea*. MIT Press.

Havelund, K., Lowry, M., Park, S., Pecheur, C., Penix, J., Visser, W., und White, J. L. (2000). Formal analysis of the remote agent before and after flight. In *Proc. 5th NASA Langley Formal Methods Workshop*.

Havenstein, H. (2005). Spring comes to AI winter. *Computer World*, Fe. 14.

Hawkins, J. (1961). Self-organizing systems: A review and commentary. *Proc. IRE, 49*, 31–48.

Hay, N., Russell, S. J., Shimony, S. E., und Tolpin, D. (2012). Selecting computations: Theory and applications. In *UAI-12*.

Hayes, P. J. (1978). The naive physics manifesto. In Michie, D. (Hrsg.), *Expert Systems in the Microelectronic Age*. Edinburgh University Press.

Hayes, P. J. (1979). The logic of frames. In Metzing, D. (Hrsg.), *Frame Conceptions and Text Understanding*. de Gruyter.

Hayes, P. J. (1985a). Naive physics I: Ontology for liquids. In Hobbs, J. R. und Moore, R. C. (Hrsg.), *Formal Theories of the Commonsense World*, Kap. 3. Ablex.

Hayes, P. J. (1985b). The second naive physics manifesto. In Hobbs, J. R. und Moore, R. C. (Hrsg.), *Formal Theories of the Commonsense World*, Kap. 1. Ablex.

Hays, J. und Efros, A. (2007). Scene completion Using millions of photographs. *ACM Transactions on Graphics (SIGGRAPH), 26*.

He, H., Bai, Y., Garcia, E. A., und Li, S. (2008). ADASYN: Adaptive synthetic sampling approach for imbalanced learning. In *2008 IEEE International Joint Conference on Neural Networks (IEEE World Congress on Computational Intelligence)*.

He, K., Zhang, X., Ren, S., und Sun, J. (2016). Deep residual learning for image recognition. In *CVPR-16*.

Heawood, P. J. (1890). Map colouring theorem. *Quarterly Journal of Mathematics, 24*, 332–338.

Hebb, D. O. (1949). *The Organization of Behavior*. Wiley.

Heckerman, D. (1986). Probabilistic interpretation for MYCIN's certainty factors. In Kanal, L. N. und Lemmer, J. F. (Hrsg.), *UAI 2*. Elsevier.

Heckerman, D. (1991). *Probabilistic Similarity Networks*. MIT Press.

Heckerman, D. (1998). A tutorial on learning with Bayesian networks. In Jordan, M. I. (Hrsg.), *Learning in graphical models*. Kluwer.

Heckerman, D., Geiger, D., und Chickering, D. M. (1994). Learning Bayesian networks: The combination of knowledge and statistical data. Technical Report, Microsoft Research.

Heess, N., Wayne, G., Silver, D., Lillicrap, T., Erez, T., und Tassa, Y. (2016). Learning continuous control policies by stochastic value gradients. In *NeurIPS 28*.

Heidegger, M. (1927). *Sein und Zeit*. M. Niemeyer, Halle a. S.

Heinlein, R. A. (1973). *Time Enough for Love*. Putnam.

Held, M. und Karp, R. M. (1970). The traveling salesman problem and minimum spanning trees. *Operations Research, 18*, 1138–1162.

Helmert, M. (2001). On the complexity of planning in transportation domains. In *ECP-01*.

Helmert, M. (2006). The fast downward planning system. *JAIR, 26*, 191–246.

Helmert, M. und Röger, G. (2008). How good is almost perfect? In *AAAI-08*.

Helmert, M., Röger, G., und Karpas, E. (2011). Fast downward stone soup: A baseline for building planner portfolios. In *ICAPS*.

Hendeby, G., Karlsson, R., und Gustafsson, F. (2010). Particle filtering: The need for speed. *EURASIP J. Adv. Sig. Proc., June*.

Henrion, M. (1988). Propagation of uncertainty in Bayesian networks by probabilistic logic sampling. In Lemmer, J. F. und Kanal, L. N. (Hrsg.), *UAI 2*. Elsevier.

Henzinger, T. A. und Sastry, S. (Hrsg.). (1998). *Hybrid Systems: Computation and Control*. Springer.

Herbrand, J. (1930). *Recherches sur la Théorie de la Démonstration*. Dissertation, Université de Paris.

Herbrich, R., Minka, T., und Graepel, T. (2007). TrueSkill: A Bayesian skill rating system. In *NeurIPS 19*.

Hernández-Orallo, J. (2016). Evaluation in artificial intelligence: From task-oriented to ability-oriented measurement. *Artificial Intelligence Review, 48*, 397–447.

Hess, C. und Ostrom, E. (2007). *Understanding Knowledge as a Commons*. MIT Press.

Hewitt, C. (1977). Viewing control structures as patterns of passing messages. *AIJ, 8*, 323–364.

Hewitt, C. (1969). PLANNER: a language for proving theorems in robots. In *IJCAI-69*.

Hezaveh, Y. D., Levasseur, L. P., und Marshall, P. J. (2017). Fast automated analysis of strong gravitational lenses with convolutional neural networks. *Nature, 548*, 555–557.

Hierholzer, C. (1873). Über die Möglichkeit, einen Linienzug ohne Wiederholung und ohne Unterbrechung zu umfahren. *Mathematische Annalen, 6*, 30–32.

Hilbert, M. und Lopez, P. (2011). The world's technological capacity to store, communicate, and compute information. *Science, 332*, 60–65.

Hilgard, E. R. und Bower, G. H. (1975). *Theories of Learning* (4. Auflage). Prentice-Hall.

Hind, M., Mehta, S., Mojsilovic, A., Nair, R., Ramamurthy, K. N., Olteanu, A., und Varshney, K. R. (2018). Increasing trust in AI services through supplier's declarations of conformity. arXiv:1808.07261.

Hintikka, J. (1962). *Knowledge and Belief*. Cornell University Press.

Hinton, G. E. und Anderson, J. A. (1981). *Parallel Models of Associative Memory*. Lawrence Erlbaum.

Hinton, G. E. und Nowlan, S. J. (1987). How learning can guide evolution. *Complex Systems, 1*, 495–502.

Hinton, G. E. und Sejnowski, T. (1983). Optimal perceptual inference. In *CVPR-83*.

Hinton, G. E. und Sejnowski, T. (1986). Learning and relearning in Boltzmann machines. In Rumelhart, D. E. und McClelland, J. L. (Hrsg.), *Parallel Distributed Processing*. MIT Press.

Hinton, G. E. (1987). Learning translation invariant recognition in a massively parallel network. In Goos, G. und Hartmanis, J. (Hrsg.), *PARLE: Parallel Architectures and Languages Europe*. Springer.

Hinton, G. E., Deng, L., Yu, D., Dahl, G., Mohamed, A. R., Jaitly, N., Senior, A., Vanhoucke, V., Nguyen, P., Sainath, T., und Kingsbury, B. (2012). Deep neural networks for acoustic modeling in speech recognition. *Signal Processing Magazine*, *29*, 82–97.

Hinton, G. E., Osindero, S., und Teh, Y. W. (2006). A fast learning algorithm for deep belief nets. *Neural Computation*, *18*, 1527–1554.

Hirth, M., Hoßfeld, T., und Tran-Gia, P. (2013). Analyzing costs and accuracy of validation mechanisms for crowdsourcing platforms. *Mathematical and Computer Modelling*, *57*, 2918–2932.

Ho, M. K., Littman, M. L., MacGlashan, J., Cushman, F., und Austerweil, J. L. (2017). Showing versus doing: Teaching by demonstration. In *NeurIPS 29*.

Ho, T. K. (1995). Random decision forests. In *Proc. 3rd Int'l Conf. on Document Analysis and Recognition*.

Hobbs, J. R. (1990). *Literature and Cognition*. CSLI Press.

Hobbs, J. R. und Moore, R. C. (Hrsg.). (1985). *Formal Theories of the Commonsense World*. Ablex.

Hochreiter, S. (1991). Untersuchungen zu dynamischen neuronalen Netzen. Diplomarbeit, Technische Universität München.

Hochreiter, S. und Schmidhuber, J. (1997). Long short term memory. *Neural Computation*, *9*, 1735–1780.

Hoeve, W.-J. v. (2001). The alldifferent constraint: a survey. In *6th Annual Workshop of the ERCIM Working Group on Constraints*.

Hoeve, W.-J. v. und Katriel, I. (2006). Global constraints. In Rossi, F., Beek, P. v., und Walsh, T. (Hrsg.), *Handbook of Constraint Processing*. Elsevier.

Hoffman, M., Bach, F. R., und Blei, D. M. (2011). Online learning for latent Dirichlet allocation. In *NeurIPS 23*.

Hoffmann, J. (2001). FF: The fast-forward planning system. *AIMag*, *22*, 57–62.

Hoffmann, J. und Brafman, R. I. (2006). Conformant planning via heuristic forward search: A new approach. *AIJ*, *170*, 507–541.

Hoffmann, J. und Brafman, R. I. (2005). Contingent planning via heuristic forward search with implicit belief states. In *ICAPS-05*.

Hoffmann, J. (2005). Where "ignoring delete lists" works: Local search topology in planning benchmarks. *JAIR*, *24*, 685–758.

Hoffmann, J. und Nebel, B. (2001). The FF planning system: Fast plan generation through heuristic search. *JAIR*, *14*, 253–302.

Hoffmann, J., Sabharwal, A., und Domshlak, C. (2006). Friends or foes? An AI planning perspective on abstraction and search. In *ICAPS-06*.

Hofleitner, A., Herring, R., Abbeel, P., und Bayen, A. M. (2012). Learning the dynamics of arterial traffic from probe data using a dynamic Bayesian network. *IEEE Transactions on Intelligent Transportation Systems*, *13*, 1679–1693.

Hogan, N. (1985). Impedance control: An approach to manipulation. Parts I, II, and III. *J. Dynamic Systems, Measurement, and Control*, *107*, 1–24.

Hoiem, D., Efros, A., und Hebert, M. (2007). Recovering surface layout from an image. *IJCV*, *75*, 151–172.

Holland, J. H. (1975). *Adaption in Natural and Artificial Systems*. University of Michigan Press.

Holland, J. H. (1995). *Hidden Order: How Adaptation Builds Complexity*. Addison-Wesley.

Holte, R. C., Felner, A., Sharon, G., und Sturtevant, N. R. (2016). Bidirectional search that is guaranteed to meet in the middle. In *AAAI-16*.

Holzmann, G. J. (1997). The Spin model checker. *IEEE Transactions on Software Engineering*, *23*, 279–295.

Hood, A. (1824). Case 4th – 28 July 1824 (Mr. Hood's cases of injuries of the brain). *Phrenological Journal and Miscellany*, *2*, 82–94.

Hooker, J. (1995). Testing heuristics: We have it all wrong. *J. Heuristics*, *1*, 33–42.

Hoos, H. H. und Stützle, T. (2004). *Stochastic Local Search: Foundations and Applications*. Morgan Kaufmann.

Hoos, H. H. und Tsang, E. (2006). Local search methods. In Rossi, F., Beek, P. v., und Walsh, T. (Hrsg.), *Handbook of Constraint Programming*. Elsevier.

Hopfield, J. J. (1982). Neural networks and physical systems with emergent collective computational abilities. *PNAS*, *79*, 2554–2558.

Horn, A. (1951). On sentences which are true of direct unions of algebras. *JSL*, *16*, 14–21.

Horn, B. K. P. (1970). Shape from shading: A method for obtaining the shape of a smooth opaque object from one view. Technical Report, MIT Artificial Intelligence Laboratory.

Horn, B. K. P. und Brooks, M. J. (1989). *Shape from Shading*. MIT Press.

Horn, K. V. (2003). Constructing a logic of plausible inference: A guide to Cox's theorem. *IJAR, 34*, 3–24.

Horning, J. J. (1969). *A Study of Grammatical Inference.* Dissertation, Stanford University.

Horswill, I. (2000). Functional programming of behavior-based systems. *Autonomous Robots, 9*, 83–93.

Horvitz, E. J. (1987). Problem-solving design: Reasoning about computational value, trade-offs, and resources. In *Proc. Second Annual NASA Research Forum.*

Horvitz, E. J. und Barry, M. (1995). Display of information for time-critical decision making. In *UAI-95.*

Horvitz, E. J., Breese, J. S., Heckerman, D., und Hovel, D. (1998). The Lumiere project: Bayesian user modeling for inferring the goals and needs of software users. In *UAI-98.*

Horvitz, E. J., Breese, J. S., und Henrion, M. (1988). Decision theory in expert systems and artificial intelligence. *IJAR, 2*, 247–302.

Horvitz, E. J. und Breese, J. S. (1996). Ideal partition of resources for metareasoning. In *AAAI-96.*

Hotelling, H. (1933). Analysis of a complex of statistical variables into principal components. *J. Ed. Psych., 24*, 417–441.

Howard, J. und Gugger, S. (2020). *Deep Learning for Coders with fastai and PyTorch.* O'Reilly.

Howard, J. und Ruder, S. (2018). Fine-tuned language models for text classification. arXiv:1801.06146.

Howard, R. A. (1960). *Dynamic Programming and Markov Processes.* MIT Press.

Howard, R. A. (1966). Information value theory. *IEEE Transactions on Systems Science and Cybernetics, SSC-2*, 22–26.

Howard, R. A. (1989). Microrisks for medical decision analysis. *Int. J. Technology Assessment in Health Care, 5*, 357–370.

Howard, R. A. und Matheson, J. E. (1984). Influence diagrams. In Howard, R. A. und Matheson, J. E. (Hrsg.), *Readings on the Principles and Applications of Decision Analysis.* Strategic Decisions Group.

Howe, D. (1987). The computational behaviour of Girard's paradox. In *LICS-87.*

Howson, C. (2003). Probability and logic. *J. Applied Logic, 1*, 151–165.

Hsiao, K., Kaelbling, L. P., und Lozano-Perez, T. (2007). Grasping POMDPs. In *ICRA-07.*

Hsu, F.-H. (2004). *Behind Deep Blue: Building the Computer that Defeated the World Chess Champion.* Princeton University Press.

Hsu, F.-H., Anantharaman, T. S., Campbell, M. S., und Nowatzyk, A. (1990). A grandmaster chess machine. *Scientific American, 263*, 44–50.

Hu, J. und Wellman, M. P. (1998). Multiagent reinforcement learning: Theoretical framework and an algorithm. In *ICML-98.*

Hu, J. und Wellman, M. P. (2003). Nash Q-learning for general-sum stochastic games. *JMLR, 4*, 1039–1069.

Huang, T., Koller, D., Malik, J., Ogasawara, G., Rao, B., Russell, S. J., und Weber, J. (1994). Automatic symbolic traffic scene analysis using belief networks. In *AAAI-94.*

Huang, T. und Russell, S. J. (1998). Object identification: A Bayesian analysis with application to traffic surveillance. *AIJ, 103*, 1–17.

Hubel, D. H. und Wiesel, T. N. (1962). Receptive fields, binocular interaction and functional architecture in the cat's visual cortex. *J. Physiology, 160*, 106–154.

Hubel, D. H. und Wiesel, T. N. (1968). Receptive fields and functional architecture of monkey striate cortex. *J. Physiology, 195*, 215–243.

Hubel, D. H. (1988). *Eye, Brain, and Vision.* W. H. Freeman.

Hubel, D. H. und Wiesel, T. N. (1959). Receptive fields of single neurons in the cat's striate cortex. *Journal of Physiology, 148*, 574–591.

Huddleston, R. D. und Pullum, G. K. (2002). *The Cambridge Grammar of the English Language.* Cambridge University Press.

Huffman, D. A. (1971). Impossible objects as nonsense sentences. In Meltzer, B. und Michie, D. (Hrsg.), *Machine Intelligence 6.* Edinburgh University Press.

Hughes, B. D. (1995). *Random Walks and Random Environments, Vol. 1: Random Walks.* Oxford University Press.

Hughes, G. E. und Cresswell, M. J. (1996). *A New Introduction to Modal Logic.* Routledge.

Huhns, M. N. und Singh, M. (Hrsg.). (1998). *Readings in Agents.* Morgan Kaufmann.

Hume, D. (1739). *A Treatise of Human Nature* (2. Auflage). Neu herausgegeben von Oxford University Press, 1978, Oxford.

Humphrys, M. (2008). How my program passed the Turing test. In Epstein, R., Roberts, G., und Beber, G. (Hrsg.), *Parsing the Turing Test.* Springer.

Hunsberger, L. und Grosz, B. J. (2000). A combinatorial auction for collaborative planning. In *Int. Conference on Multi-Agent Systems.*

Hunt, W. und Brock, B. (1992). A formal HDL and its use in the FM9001 verification. *Phil. Trans. Roy. Soc., 339.*

Hunter, L. und States, D. J. (1992). Bayesian classification of protein structure. *IEEE Expert*, *7*, 67–75.

Hur, C.-K., Nori, A. V., Rajamani, S. K., und Samuel, S. (2014). Slicing probabilistic programs. In *PLDI-14*.

Hurst, M. (2000). *The Interpretation of Text in Tables*. Dissertation, Edinburgh.

Hurwicz, L. (1973). The design of mechanisms for resource allocation. *American Economic Review Papers and Proceedings*, *63*, 1–30.

Huth, M. und Ryan, M. (2004). *Logic in Computer Science: Modelling and Reasoning About Systems* (2. Auflage). Cambridge University Press.

Huttenlocher, D. und Ullman, S. (1990). Recognizing solid objects by alignment with an image. *IJCV*, *5*, 195–212.

Hutter, F., Kotthoff, L., und Vanschoren, J. (2019). *Automated Machine Learning*. Springer.

Huygens, C. (1657). Tractatus de ratiociniis in ludo aleae. In van Schooten, F. (Hrsg.), *Exercitionum Mathematicorum*. Elsevirii, Amsterdam. Ins Englische übersetzt von John Arbuthnot (1692).

Huyn, N., Dechter, R., und Pearl, J. (1980). Probabilistic analysis of the complexity of A*. *AIJ*, *15*, 241–254.

Huynh, V. A. und Roy, N. (2009). icLQG: Combining local and global optimization for control in information space. In *ICRA-09*.

Hwa, R. (1998). An empirical evaluation of probabilistic lexicalized tree insertion grammars. In *ACL-98*.

Hwang, C. H. und Schubert, L. K. (1993). EL: A formal, yet natural, comprehensive knowledge representation. In *AAAI-93*.

Hyafil, L. und Rivest, R. (1976). Constructing optimal binary decision trees is NP-complete. *Information Processing Letters*, *5*, 15–17.

Ieong, S. und Shoham, Y. (2005). Marginal contribution nets: A compact representation scheme for coalitional games. In *Proc. Sixth ACM Conference on Electronic Commerce (EC'05)*.

Ingerman, P. Z. (1967). "Panini-Backus Form" suggested. *CACM*, *10*, 137.

Intille, S. und Bobick, A. (1999). A framework for recognizing multi-agent action from visual evidence. In *AAAI-99*.

Ioffe, S. und Szegedy, C. (2015). Batch normalization: Accelerating deep network training by reducing internal covariate shift. arXiv:1502.03167.

Irpan, A. (2018). Deep reinforcement learning doesn't work yet. www.alexirpan.com/2018/02/14/rl-hard.html.

Isard, M. und Blake, A. (1996). Contour tracking by stochastic propagation of conditional density. In *ECCV-96*.

Isola, P., Zhu, J.-Y., Zhou, T., und Efros, A. (2017). Image-to-image translation with conditional adversarial networks. In *CVPR-17*.

Jaakkola, T. und Jordan, M. I. (1996). Computing upper and lower bounds on likelihoods in intractable networks. In *UAI-96*.

Jacobson, D. H. und Mayne, D. Q. (1970). *Differential Dynamic Programming*. North-Holland.

Jaderberg, M., Czarnecki, W. M., Dunning, I., Marris, L., Lever, G., Castaneda, A. G., Beattie, C., Rabinowitz, N. C., Morcos, A. S., Ruderman, A., *et al.* (2019). Human-level performance in 3D multiplayer games with population-based reinforcement learning. *Science*, *364*, 859–865.

Jaderberg, M., Dalibard, V., Osindero, S., Czarnecki, W. M., Donahue, J., Razavi, A., Vinyals, O., Green, T., Dunning, I., Simonyan, K., Fernando, C., und Kavukcuoglu, K. (2017). Population based training of neural networks. arXiv:1711.09846.

Jaffar, J. und Lassez, J.-L. (1987). Constraint logic programming. In *Proc. Fourteenth ACM POPL Conference*. Association for Computing Machinery.

Jaffar, J., Michaylov, S., Stuckey, P. J., und Yap, R. H. C. (1992). The CLP(R) language and system. *ACM Transactions on Programming Languages and Systems*, *14*, 339–395.

Jain, D., Barthels, A., und Beetz, M. (2010). Adaptive Markov logic networks: Learning statistical relational models with dynamic parameters. In *ECAI-10*.

Jain, D., Kirchlechner, B., und Beetz, M. (2007). Extending Markov logic to model probability distributions in relational domains. In *30th Annual German Conference on AI (KI)*.

James, G., Witten, D., Hastie, T., und Tibshirani, R. (2013). *An Introduction to Statistical Learning with Applications in R*. Springer.

Jarrett, K., Kavukcuoglu, K., Ranzato, M., und LeCun, Y. (2009). What is the best multi-stage architecture for object recognition? In *ICCV-09*.

Jaynes, E. T. (2003). *Probability Theory: The Logic of Science*. Cambridge University Press.

Jeffrey, R. C. (1983). *The Logic of Decision* (2. Auflage). University of Chicago Press.

Jeffreys, H. (1948). *Theory of Probability*. Oxford.

Jelinek, F. (1976). Continuous speech recognition by statistical methods. *Proc. IEEE*, *64*, 532–556.

Jelinek, F. und Mercer, R. L. (1980). Interpolated estimation of Markov source parameters from sparse data. In *Proc. Workshop on Pattern Recognition in Practice.*

Jennings, H. S. (1906). *Behavior of the Lower Organisms.* Columbia University Press.

Jenniskens, P., Betlem, H., Betlem, J., und Barifaijo, E. (1994). The Mbale meteorite shower. *Meteoritics, 29*, 246–254.

Jensen, F. V. (2007). *Bayesian Networks and Decision Graphs.* Springer.

Ji, Z., Lipton, Z. C., und Elkan, C. (2014). Differential privacy and machine learning: A survey and review. arXiv:1412.7584.

Jiang, H. und Nachum, O. (2019). Identifying and correcting label bias in machine learning. arXiv:1901.04966.

Jimenez, P. und Torras, C. (2000). An efficient algorithm for searching implicit AND/OR graphs with cycles. *AIJ, 124*, 1–30.

Joachims, T. (2001). A statistical learning model of text classification with support vector machines. In *SIGIR-01.*

Johnson, M. (1998). PCFG models of linguistic tree representations. *Comput. Linguist., 24*, 613–632.

Johnson, W. W. und Story, W. E. (1879). Notes on the "15" puzzle. *American Journal of Mathematics, 2*, 397–404.

Johnston, M. D. und Adorf, H.-M. (1992). Scheduling with neural networks: The case of the Hubble space telescope. *Computers and Operations Research, 19*, 209–240.

Jonathan, P. J. Y., Fung, C. C., und Wong, K. W. (2009). Devious chatbots-interactive malware with a plot. In *FIRA RoboWorld Congress.*

Jones, M. und Love, B. C. (2011). Bayesian fundamentalism or enlightenment? On the explanatory status and theoretical contributions of Bayesian models of cognition. *BBS, 34*, 169–231.

Jones, R. M., Laird, J., und Nielsen, P. E. (1998). Automated intelligent pilots for combat flight simulation. In *AAAI-98.*

Jones, R., McCallum, A., Nigam, K., und Riloff, E. (1999). Bootstrapping for text learning tasks. In *Proc. IJCAI-99 Workshop on Text Mining: Foundations, Techniques, and Applications.*

Jones, T. (2007). *Artificial Intelligence: A Systems Approach.* Infinity Science Press.

Jonsson, A., Morris, P., Muscettola, N., Rajan, K., und Smith, B. (2000). Planning in interplanetary space: Theory and practice. In *AIPS-00.*

Jordan, M. I. (2005). Dirichlet processes, Chinese restaurant processes and all that. Tutorial, präsentiert auf der NeurIPS Conference.

Jordan, M. I. (1986). Serial order: A parallel distributed processing approach. Technical Report, UCSD Institute for Cognitive Science.

Jordan, M. I., Ghahramani, Z., Jaakkola, T., und Saul, L. K. (1999). An introduction to variational methods for graphical models. *Machine Learning, 37*, 183–233.

Jouannaud, J.-P. und Kirchner, C. (1991). Solving equations in abstract algebras: A rule-based survey of unification. In Lassez, J.-L. und Plotkin, G. (Hrsg.), *Computational Logic.* MIT Press.

Joulin, A., Grave, E., Bojanowski, P., und Mikolov, T. (2016). Bag of tricks for efficient text classification. arXiv:1607.01759.

Jouppi, N. P., Young, C., Patil, N., Patterson, D. A., *et al.* (2017). In-datacenter performance analysis of a tensor processing unit. In *ACM/IEEE 44th International Symposium on Computer Architecture.*

Joy, B. (2000). Why the future doesn't need us. *Wired, 8.*

Jozefowicz, R., Vinyals, O., Schuster, M., Shazeer, N., und Wu, Y. (2016). Exploring the limits of language modeling. arXiv:1602.02410.

Jozefowicz, R., Zaremba, W., und Sutskever, I. (2015). An empirical exploration of recurrent network architectures. In *ICML-15.*

Juels, A. und Wattenberg, M. (1996). Stochastic hillclimbing as a baseline method for evaluating genetic algorithms. In *NeurIPS 8.*

Julesz, B. (1971). *Foundations of Cyclopean Perception.* University of Chicago Press.

Julian, K. D., Kochenderfer, M. J., und Owen, M. P. (2018). Deep neural network compression for aircraft collision avoidance systems. arXiv:1810.04240.

Juliani, A., Berges, V., Vckay, E., Gao, Y., Henry, H., Mattar, M., und Lange, D. (2018). Unity: A general platform for intelligent agents. arXiv:1809.02627.

Junker, U. (2003). The logic of ilog (j)configurator: Combining constraint programming with a description logic. In *Proc. IJCAI-03 Configuration Workshop.*

Jurafsky, D. und Martin, J. H. (2020). *Speech and Language Processing: An Introduction to Natural Language Processing, Computational Linguistics, and Speech Recognition* (3. Auflage). Prentice-Hall.

Kadane, J. B. und Simon, H. A. (1977). Optimal strategies for a class of constrained sequential problems. *Annals of Statistics, 5*, 237–255.

Kadane, J. B. und Larkey, P. D. (1982). Subjective probability and the theory of games. *Management Science, 28*, 113–120.

Kaelbling, L. P., Littman, M. L., und Cassandra, A. R. (1998). Planning and acting in partially observable stochastic domains. *AIJ*, *101*, 99–134.

Kaelbling, L. P. und Rosenschein, S. J. (1990). Action and planning in embedded agents. *Robotics and Autonomous Systems*, *6*, 35–48.

Kager, R. (1999). *Optimality Theory*. Cambridge University Press.

Kahn, H. und Marshall, A. W. (1953). Methods of reducing sample size in Monte Carlo computations. *Operations Research*, *1*, 263–278.

Kahn, H. (1950a). Random sampling (Monte Carlo) techniques in neutron attenuation problems–I. *Nucleonics*, *6*, 27–passim.

Kahn, H. (1950b). Random sampling (Monte Carlo) techniques in neutron attenuation problems–II. *Nucleonics*, *6*, 60–65.

Kahneman, D. (2011). *Thinking, Fast and Slow*. Farrar, Straus and Giroux.

Kahneman, D., Slovic, P., und Tversky, A. (Hrsg.). (1982). *Judgment under Uncertainty: Heuristics and Biases*. Cambridge University Press.

Kahneman, D. und Tversky, A. (1979). Prospect theory: An analysis of decision under risk. *Econometrica*, *47*, 263–291.

Kaindl, H. und Khorsand, A. (1994). Memory-bounded bidirectional search. In *AAAI-94*.

Kalman, R. (1960). A new approach to linear filtering and prediction problems. *J. Basic Engineering*, *82*, 35–46.

Kambhampati, S. (1994). Exploiting causal structure to control retrieval and refitting during plan reuse. *Computational Intelligence*, *10*, 213–244.

Kanade, T., Thorpe, C., und Whittaker, W. (1986). Autonomous land vehicle project at CMU. In *ACM Fourteenth Annual Conference on Computer Science*.

Kanal, E. (2017). Machine learning in cybersecurity. CMU SEI Blog, http://insights.sei.cmu.edu/sei_blog/2017/06/machine-learning-in-cybersecurity.html.

Kanazawa, A., Black, M., Jacobs, D., und Malik, J. (2018a). End-to-end recovery of human shape and pose. In *CVPR-18*.

Kanazawa, A., Tulsiani, M., Efros, A., und Malik, J. (2018b). Learning category-specific mesh reconstruction from image collections. In *ECCV-18*.

Kanazawa, K., Koller, D., und Russell, S. J. (1995). Stochastic simulation algorithms for dynamic probabilistic networks. In *UAI-95*.

Kang, S. M. und Wildes, R. P. (2016). Review of action recognition and detection methods. arXiv:1610.06906.

Kanter, J. M. und Veeramachaneni, K. (2015). Deep feature synthesis: Towards automating data science endeavors. In *Proc. IEEE Int'l Conf. on Data Science and Advanced Analytics*.

Kantorovich, L. V. (1939). Mathematical methods of organizing and planning production. Übersetzung veröffentlicht in *Management Science*, *6*(4), 366–422, 1960.

Kaplan, D. und Montague, R. (1960). A paradox regained. *Notre Dame Formal Logic*, *1*, 79–90.

Karaboga, D. und Basturk, B. (2007). A powerful and efficient algorithm for numerical function optimization: Artificial bee colony (ABC) algorithm. *Journal of global optimization*, *39*, 459–471.

Karamchandani, A., Bjerager, P., und Cornell, C. A. (1989). Adaptive importance sampling. In *Proc. Fifth International Conference on Structural Safety and Reliability*.

Karmarkar, N. (1984). A new polynomial-time algorithm for linear programming. *Combinatorica*, *4*, 373–395.

Karp, R. M. (1972). Reducibility among combinatorial problems. In Miller, R. E. und Thatcher, J. W. (Hrsg.), *Complexity of Computer Computations*. Plenum.

Karpathy, A. (2015). The unreasonable effectiveness of recurrent neural networks. Blog von Andrej Karpathy, http://karpathy.github.io/2015/05/21/rnn-effectiveness/.

Karpathy, A. und Fei-Fei, L. (2015). Deep visual-semantic alignments for generating image descriptions. In *CVPR-15*.

Karras, T., Aila, T., Laine, S., und Lehtinen, J. (2017). Progressive growing of GANs for improved quality, stability, and variation. arXiv:1710.10196.

Karsch, K., Hedau, V., Forsyth, D., und Hoiem, D. (2011). Rendering synthetic objects into legacy photographs. In *SIGGRAPH Asia*.

Kartam, N. A. und Levitt, R. E. (1990). A constraint-based approach to construction planning of multi-story buildings. In *Expert Planning Systems*. Institute of Electrical Engineers.

Kasami, T. (1965). An efficient recognition and syntax analysis algorithm for context-free languages. Technical Report, Air Force Cambridge Research Laboratory.

Katehakis, M. N. und Veinott, A. F. (1987). The multi-armed bandit problem: Decomposition and computation. *Mathematics of Operations Research*, *12*, 185–376.

Katz, B. (1997). Annotating the world wide web using natural language. In *RIAO '97*.

Kaufmann, M., Manolios, P., und Moore, J. S. (2000). *Computer-Aided Reasoning: An Approach*. Kluwer.

Kautz, H. (2006). Deconstructing planning as satisfiability. In *AAAI-06*.

Kautz, H., McAllester, D. A., und Selman, B. (1996). Encoding plans in propositional logic. In *KR-96*.

Kautz, H. und Selman, B. (1992). Planning as satisfiability. In *ECAI-92*.

Kautz, H. und Selman, B. (1998). BLACKBOX: A new approach to the application of theorem proving to problem solving. Working Notes of the AIPS-98 Workshop on Planning as Combinatorial Search.

Kavraki, L., Svestka, P., Latombe, J.-C., und Overmars, M. (1996). Probabilistic roadmaps for path planning in high-dimensional configuration spaces. *IEEE Transactions on Robotics and Automation*, *12*, 566–580.

Kazemi, S. M., Kimmig, A., Van den Broeck, G., und Poole, D. (2017). New liftable classes for first-order probabilistic inference. In *NeurIPS 29*.

Kearns, M. (1990). *The Computational Complexity of Machine Learning*. MIT Press.

Kearns, M., Mansour, Y., und Ng, A. Y. (2000). Approximate planning in large POMDPs via reusable trajectories. In *NeurIPS 12*.

Kearns, M. und Singh, S. (1998). Near-optimal reinforcement learning in polynomial time. In *ICML-98*.

Kearns, M. und Vazirani, U. (1994). *An Introduction to Computational Learning Theory*. MIT Press.

Kearns, M. (1988). Thoughts on hypothesis boosting.

Kearns, M., Mansour, Y., und Ng, A. Y. (2002). A sparse sampling algorithm for near-optimal planning in large Markov decision processes. *Machine Learning*, *49*, 193–208.

Kebeasy, R. M., Hussein, A. I., und Dahy, S. A. (1998). Discrimination between natural earthquakes and nuclear explosions using the Aswan Seismic Network. *Annali di Geofisica*, *41*, 127–140.

Keeney, R. L. (1974). Multiplicative utility functions. *Operations Research*, *22*, 22–34.

Keeney, R. L. und Raiffa, H. (1976). *Decisions with Multiple Objectives: Preferences and Value Tradeoffs*. Wiley.

Kelley, H. J. (1960). Gradient theory of optimal flight paths. *ARS Journal*, *30*, 947–954.

Kemp, M. (Hrsg.). (1989). *Leonardo on Painting: An Anthology of Writings*. Yale University Press.

Kempe, A. B. (1879). On the geographical problem of the four-colors. *American Journal of Mathematics*, *2*, 193–200.

Kephart, J. O. und Chess, D. M. (2003). The vision of autonomic computing. *IEEE Computer*, *36*, 41–50.

Kersting, K., Raedt, L. D., und Kramer, S. (2000). Interpreting Bayesian logic programs. In *Proc. AAAI-00 Workshop on Learning Statistical Models from Relational Data*.

Keskar, N. S., McCann, B., Varshney, L., Xiong, C., und Socher, R. (2019). CTRL: A conditional transformer language model for controllable generation. arXiv:1909.

Keynes, J. M. (1921). *A Treatise on Probability*. Macmillan.

Khare, R. (2006). Microformats: The next (small) thing on the semantic web. *IEEE Internet Computing*, *10*, 68–75.

Khatib, O. (1986). Real-time obstacle avoidance for robot manipulator and mobile robots. *Int. J. Robotics Research*, *5*, 90–98.

Kim, B., Khanna, R., und Koyejo, O. O. (2017). Examples are not enough, learn to criticize! Criticism for interpretability. In *NeurIPS 29*.

Kim, J. H. (1983). *CONVINCE: A Conversational Inference Consolidation Engine*. Dissertation, Department of Computer Science, UCLA.

Kim, J. H. und Pearl, J. (1983). A computational model for combined causal and diagnostic reasoning in inference systems. In *IJCAI-83*.

Kim, J.-H., Lee, C.-H., Lee, K.-H., und Kuppuswamy, N. (2007). Evolving personality of a genetic robot in ubiquitous environment. In *Proc. 16th IEEE International Symposium on Robot and Human Interactive Communication*.

Kim, T. W. (2018). Explainable artificial intelligence (XAI), the goodness criteria and the grasp-ability test. arXiv:1810.09598.

Kingma, D. P. und Welling, M. (2013). Auto-encoding variational Bayes. arXiv:1312.6114.

Kirk, D. E. (2004). *Optimal Control Theory: An Introduction*. Dover.

Kirkpatrick, S., Gelatt, C. D., und Vecchi, M. P. (1983). Optimization by simulated annealing. *Science*, *220*, 671–680.

Kisynski, J. und Poole, D. (2009). Lifted aggregation in directed first-order probabilistic models. In *IJCAI-09*.

Kitaev, N., Kaiser, L., und Levskaya, A. (2020). Reformer: The efficient transformer. arXiv:2001.04451.

Kitaev, N. und Klein, D. (2018). Constituency parsing with a self-attentive encoder. arXiv:1805.01052.

Kitani, K. M., Bagnell, B. D. Z. a. J. A., und Hebert, M. (2012). Activity forecasting. In *ECCV-12*.

Kitano, H., Asada, M., Kuniyoshi, Y., Noda, I., und Osawa, E. (1997). RoboCup: The robot world cup initiative. In *Proc. First International Conference on Autonomous Agents*.

Kjaerulff, U. (1992). A computational scheme for reasoning in dynamic probabilistic networks. In *UAI-92*.

Klarman, H. E., Francis, J., und Rosenthal, G. D. (1968). Cost effectiveness analysis applied to the treatment of chronic renal disease. *Medical Care*, *6*, 48–54.

Klein, D. und Manning, C. (2001). Parsing with treebank grammars: Empirical bounds, theoretical models, and the structure of the Penn treebank. In *ACL-01*.

Klein, D. und Manning, C. (2003). A* parsing: Fast exact Viterbi parse selection. In *HLT-NAACL-03*.

Kleinberg, J. M., Mullainathan, S., und Raghavan, M. (2016). Inherent trade-offs in the fair determination of risk scores. arXiv:1609.05807.

Klemperer, P. (2002). What really matters in auction design. *J. Economic Perspectives*, *16*.

Kneser, R. und Ney, H. (1995). Improved backing-off for M-gram language modeling. In *ICASSP-95*.

Knoblock, C. A. (1991). Search reduction in hierarchical problem solving. In *AAAI-91*.

Knuth, D. E. (1964). Representing numbers using only one 4. *Mathematics Magazine*, *37*, 308–310.

Knuth, D. E. (1975). An analysis of alpha-beta pruning. *AIJ*, *6*, 293–326.

Knuth, D. E. (2015). *The Art of Computer Programming*, Vol. 4, Fascicle 6: Satisfiability. Addison-Wesley.

Knuth, D. E. und Bendix, P. B. (1970). Simple word problems in universal algebras. In Leech, J. (Hrsg.), *Computational Problems in Abstract Algebra*. Pergamon.

Kober, J., Bagnell, J. A., und Peters, J. (2013). Reinforcement learning in robotics: A survey. *International Journal of Robotics Research*, *32*, 1238–1274.

Koch, C. (2019). *The Feeling of Life Itself*. MIT Press.

Kochenderfer, M. J. (2015). *Decision Making Under Uncertainty: Theory and Application*. MIT Press.

Kocsis, L. und Szepesvari, C. (2006). Bandit-based Monte-Carlo planning. In *ECML-06*.

Koditschek, D. (1987). Exact robot navigation by means of potential functions: Some topological considerations. In *ICRA-87*.

Koehn, P. (2009). *Statistical Machine Translation*. Cambridge University Press.

Koelsch, S. und Siebel, W. A. (2005). Towards a neural basis of music perception. *Trends in Cognitive Sciences*, *9*, 578–584.

Koenderink, J. J. (1990). *Solid Shape*. MIT Press.

Koenderink, J. J. und van Doorn, A. J. (1991). Affine structure from motion. *J. Optical Society of America A*, *8*, 377–385.

Koenig, S. (1991). Optimal probabilistic and decision-theoretic planning using Markovian decision theory. Master's Report, Computer Science Division, University of California, Berkeley.

Koenig, S. (2000). Exploring unknown environments with real-time search or reinforcement learning. In *NeurIPS 12*.

Koenig, S. (2001). Agent-centered search. *AIMag*, *22*, 109–131.

Koenig, S. und Likhachev, M. (2002). D* Lite. *AAAI-15*, *15*.

Koenig, S., Likhachev, M., und Furcy, D. (2004). Lifelong planning A*. *AIJ*, *155*, 93–146.

Kolesky, D. B., Truby, R. L., Gladman, A. S., Busbee, T. A., Homan, K. A., und Lewis, J. A. (2014). 3D bioprinting of vascularized, heterogeneous cell-laden tissue constructs. *Advanced Materials*, *26*, 3124–3130.

Koller, D., Meggido, N., und Stengel, B. v. (1996). Efficient computation of equilibria for extensive two-person games. *Games and Economic Behaviour*, *14*, 247–259.

Koller, D. und Pfeffer, A. (1997). Representations and solutions for game-theoretic problems. *AIJ*, *94*, 167–215.

Koller, D. und Pfeffer, A. (1998). Probabilistic frame-based systems. In *AAAI-98*.

Koller, D. und Friedman, N. (2009). *Probabilistic Graphical Models: Principles and Techniques*. MIT Press.

Koller, D., McAllester, D. A., und Pfeffer, A. (1997). Effective Bayesian inference for stochastic programs. In *AAAI-97*.

Koller, D. und Parr, R. (2000). Policy iteration for factored MDPs. In *UAI-00*.

Koller, D. und Sahami, M. (1997). Hierarchically classifying documents using very few words. In *ICML-97*.

Kolmogorow, A. N. (1933). *Grundbegriffe der Wahrscheinlichkeitsrechnung*. J. Springer. Englische Übersetzung als Kolmogorov (1950).

Kolmogorow, A. N. (1941). Interpolation und Extrapolation von stationären zufälligen Folgen. *Bulletin of the Academy of Sciences of the USSR, Ser. Math. 5*, 3–14.

Kolmogorow, A. N. (1963). On tables of random numbers. *Sankhya, the Indian Journal of Statistics: Series A*, *25*(4), 369–376.

Kolmogorow, A. N. (1965). Three approaches to the quantitative definition of information. *Problems in Information Transmission*, *1*, 1–7.

Kolobov, M. und Andrey (2012). *Planning with Markov Decision Processes: An AI Perspective*. Morgan & Claypool.

Kolter, J. Z., Abbeel, P., und Ng, A. Y. (2008). Hierarchical apprenticeship learning, with application to quadruped locomotion. In *NeurIPS 20.*

Kondrak, G. und Beek, P. v. (1997). A theoretical evaluation of selected backtracking algorithms. *AIJ, 89*, 365–387.

Konečný, J., McMahan, H. B., Yu, F. X., Richtárik, P., Suresh, A. T., und Bacon, D. (2016). Federated learning: Strategies for improving communication efficiency. arXiv:1610.05492.

Konolige, K. (1997). COLBERT: A language for reactive control in Saphira. In *Künstliche Intelligenz: Advances in Artificial Intelligence*, LNAI.

Konolige, K. (2004). Large-scale map-making. In *AAAI-04.*

Konolige, K. (1982). A first order formalization of knowledge and action for a multi-agent planning system. In Hayes, J. E., Michie, D., und Pao, Y.-H. (Hrsg.), *Machine Intelligence 10.* Ellis Horwood.

Konolige, K. (1994). Easy to be hard: Difficult problems for greedy algorithms. In *KR-94.*

Koopmans, T. C. (1972). Representation of preference orderings over time. In McGuire, C. B. und Radner, R. (Hrsg.), *Decision and Organization.* Elsevier.

Korb, K. B. und Nicholson, A. (2010). *Bayesian Artificial Intelligence.* CRC Press.

Korf, R. E. (1985a). Depth-first iterative-deepening: an optimal admissible tree search. *AIJ, 27*, 97–109.

Korf, R. E. (1985b). Iterative-deepening A*: An optimal admissible tree search. In *IJCAI-85.*

Korf, R. E. (1987). Planning as search: A quantitative approach. *AIJ, 33*, 65–88.

Korf, R. E. (1990). Real-time heuristic search. *AIJ, 42*, 189–212.

Korf, R. E. (1993). Linear-space best-first search. *AIJ, 62*, 41–78.

Korf, R. E. und Chickering, D. M. (1996). Best-first minimax search. *AIJ, 84*, 299–337.

Korf, R. E. und Felner, A. (2002). Disjoint pattern database heuristics. *AIJ, 134*, 9–22.

Korf, R. E. und Zhang, W. (2000). Divide-and-conquer frontier search applied to optimal sequence alignment. In *AAAI-00.*

Korf, R. E. (1997). Finding optimal solutions to Rubik's Cube using pattern databases. In *AAAI-97.*

Korf, R. E. und Reid, M. (1998). Complexity analysis of admissible heuristic search. In *AAAI-98.*

Koutsoupias, E. und Papadimitriou, C. H. (1992). On the greedy algorithm for satisfiability. *Information Processing Letters, 43*, 53–55.

Kovacs, D. L. (2011). BNF definition of PDDL3.1. Unveröffentlichtes Manuskript von der IPC-2011-Website.

Kowalski, R. (1974). Predicate logic as a programming language. In *Proc. IFIP Congress.*

Kowalski, R. (1979). *Logic for Problem Solving.* Elsevier.

Kowalski, R. (1988). The early years of logic programming. *CACM, 31*, 38–43.

Kowalski, R. und Sergot, M. (1986). A logic-based calculus of events. *New Generation Computing, 4*, 67–95.

Koza, J. R. (1992). *Genetic Programming: On the Programming of Computers by Means of Natural Selection.* MIT Press.

Koza, J. R. (1994). *Genetic Programming II: Automatic Discovery of Reusable Programs.* MIT Press.

Koza, J. R., Bennett, F. H., Andre, D., und Keane, M. A. (1999). *Genetic Programming III: Darwinian Invention and Problem Solving.* Morgan Kaufmann.

Krakovna, V. (2018). Specification gaming examples in AI.

Kraska, T., Beutel, A., Chi, E. H., Dean, J., und Polyzotis, N. (2017). The case for learned index structures. arXiv:1712.01208.

Kraus, S. (2001). *Strategic Negotiation in Multiagent Environments.* MIT Press.

Kraus, S., Ephrati, E., und Lehmann, D. (1991). Negotiation in a non-cooperative environment. *AIJ, 3*, 255–281.

Krause, A. und Guestrin, C. (2005). Optimal nonmyopic value of information in graphical models: Efficient algorithms and theoretical limits. In *IJCAI-05.*

Krause, A. und Guestrin, C. (2009). Optimal value of information in graphical models. *JAIR, 35*, 557–591.

Krause, A., McMahan, B., Guestrin, C., und Gupta, A. (2008). Robust submodular observation selection. *JMLR, 9*, 2761–2801.

Kripke, S. A. (1963). Semantical considerations on modal logic. *Acta Philosophica Fennica, 16*, 83–94.

Krishna, V. (2002). *Auction Theory.* Academic Press.

Krishnamurthy, V. (2016). *Partially Observed Markov Decision Processes: From Filtering to Controlled Sensing.* Cambridge University Press.

Krishnanand, K. und Ghose, D. (2009). Glowworm swarm optimisation: A new method for optimising multi-modal functions. *International Journal of Computational Intelligence Studies, 1*, 93–119.

Krizhevsky, A., Sutskever, I., und Hinton, G. E. (2013). ImageNet classification with deep convolutional neural networks. In *NeurIPS 25*.

Krogh, A., Brown, M., Mian, I. S., Sjolander, K., und Haussler, D. (1994). Hidden Markov models in computational biology: Applications to protein modeling. *J. Molecular Biology*, *235*, 1501–1531.

Krogh, A. und Hertz, J. A. (1992). A simple weight decay can improve generalization. In *NeurIPS 4*.

Kruppa, E. (1913). Zur Ermittlung eines Objektes aus zwei Perspektiven mit innerer Orientierung. *Sitzungsberichte Akad. Wiss. Wien, Math. Naturw., Kl. Abt. IIa*, *122*, 1939–1948.

Kuffner, J. J. und LaValle, S. (2000). RRT-connect: An efficient approach to single-query path planning. In *ICRA-00*.

Kuhn, H. W. (1953). Extensive games and the problem of information. In Kuhn, H. W. und Tucker, A. W. (Hrsg.), *Contributions to the Theory of Games II*. Princeton University Press.

Kuhn, H. W. (1955). The Hungarian method for the assignment problem. *Naval Research Logistics Quarterly*, *2*, 83–97.

Kuipers, B. J. (1985). Qualitative simulation. In Bobrow, D. (Hrsg.), *Qualitative Reasoning About Physical Systems*. MIT Press.

Kuipers, B. J. und Levitt, T. S. (1988). Navigation and mapping in large-scale space. *AIMag*, *9*, 25–43.

Kuipers, B. J. (2001). Qualitative simulation. In Meyers, R. A. (Hrsg.), *Encyclopedia of Physical Science and Technology*. Academic Press.

Kulkarni, T., Kohli, P., Tenenbaum, J. B., und Mansinghka, V. K. (2015). Picture: A probabilistic programming language for scene perception. In *CVPR-15*.

Kumar, P. R. und Varaiya, P. (1986). *Stochastic Systems: Estimation, Identification, and Adaptive Control*. Prentice-Hall.

Kumar, S. (2017). A survey of deep learning methods for relation extraction. arXiv:1705.03645.

Kumar, V. und Kanal, L. N. (1988). The CDP: A unifying formulation for heuristic search, dynamic programming, and branch-and-bound. In Kanal, L. N. und Kumar, V. (Hrsg.), *Search in Artificial Intelligence*. Springer.

Kurien, J., Nayak, P., und Smith, D. E. (2002). Fragment-based conformant planning. In *AIPS-02*.

Kurth, T., Treichler, S., Romero, J., Mudigonda, M., Luehr, N., Phillips, E. H., Mahesh, A., Matheson, M., Deslippe, J., Fatica, M., Prabhat, und Houston, M. (2018). Exascale deep learning for climate analytics. arXiv:1810.01993.

Kurzweil, R. (2005). *The Singularity is Near*. Viking.

Kwok, C., Etzioni, O., und Weld, D. S. (2001). Scaling question answering to the web. In *Proc. 10th International Conference on the World Wide Web*.

Kübler, S., McDonald, R., und Nivre, J. (2009). *Dependency Parsing*. Morgan & Claypool.

La Mettrie, J. O. (1748). *L'homme machine*. E. Luzac, Leyde, France.

La Mura, P. und Shoham, Y. (1999). Expected utility networks. In *UAI-99*.

Laborie, P. (2003). Algorithms for propagating resource constraints in AI planning and scheduling. *AIJ*, *143*, 151–188.

Ladkin, P. (1986a). Primitives and units for time specification. In *AAAI-86*.

Ladkin, P. (1986b). Time representation: a taxonomy of interval relations. In *AAAI-86*.

Lafferty, J., McCallum, A., und Pereira, F. (2001). Conditional random fields: Probabilistic models for segmenting and labeling sequence data. In *ICML-01*.

Lai, T. L. und Robbins, H. (1985). Asymptotically efficient adaptive allocation rules. *Advances in Applied Mathematics*, *6*, 4–22.

Laird, J., Newell, A., und Rosenbloom, P. S. (1987). SOAR: An architecture for general intelligence. *AIJ*, *33*, 1–64.

Laird, J., Rosenbloom, P. S., und Newell, A. (1986). Chunking in Soar: The anatomy of a general learning mechanism. *Machine Learning*, *1*, 11–46.

Laird, J. (2008). Extending the Soar cognitive architecture. In *Artificial General Intelligence Conference*.

Lake, B., Salakhutdinov, R., und Tenenbaum, J. B. (2015). Human-level concept learning through probabilistic program induction. *Science*, *350*, 1332–1338.

Lakoff, G. (1987). *Women, Fire, and Dangerous Things: What Categories Reveal About the Mind*. University of Chicago Press.

Lakoff, G. und Johnson, M. (1980). *Metaphors We Live By*. University of Chicago Press.

Lakoff, G. und Johnson, M. (1999). *Philosophy in the Flesh : The Embodied Mind and Its Challenge to Western Thought*. Basic Books.

Lam, J. und Greenspan, M. (2008). Eye-in-hand visual servoing for accurate shooting in pool robotics. In *5th Canadian Conference on Computer and Robot Vision*.

Lamarck, J. B. (1809). *Philosophie zoologique*. Dentu et L'Auteur, Paris.

Lambalgen, M. v. und Hamm, F. (2005). *The Proper Treatment of Events*. Wiley-Blackwell.

Lample, G. und Conneau, A. (2019). Cross-lingual language model pretraining. arXiv:1901.07291.

Landhuis, E. (2004). Lifelong debunker takes on arbiter of neutral choices: Magician-turned-mathematician uncovers bias in a flip of a coin. *Stanford Report, 7. Juni.*

Langdon, W. und Poli, R. (2002). *Foundations of Genetic Programming.* Springer.

Langton, C. (Hrsg.). (1995). *Artificial Life.* MIT Press.

LaPaugh, A. S. (2010). Algorithms and theory of computation handbook. In Atallah, M. J. und Blanton, M. (Hrsg.), *VLSI Layout Algorithms.* Chapman & Hall/CRC.

Laplace, P. (1816). *Essai philosophique sur les probabilités* (3. Auflage). Courcier Imprimeur, Paris.

Larochelle, H. und Murray, I. (2011). The neural autoregressive distribution estimator. In *AISTATS-11.*

Larson, S. C. (1931). The shrinkage of the coefficient of multiple correlation. *J. Educational Psychology, 22,* 45–55.

Laskey, K. B. (1995). Sensitivity analysis for probability assessments in Bayesian networks. *IEEE Transactions on Systems, Man and Cybernetics, 25,* 901–909.

Laskey, K. B. (2008). MEBN: A language for first-order Bayesian knowledge bases. *AIJ, 172,* 140–178.

Latombe, J.-C. (1991). *Robot Motion Planning.* Kluwer.

Lauritzen, S. (1995). The EM algorithm for graphical association models with missing data. *Computational Statistics and Data Analysis, 19,* 191–201.

Lauritzen, S., Dawid, A. P., Larsen, B., und Leimer, H. (1990). Independence properties of directed Markov fields. *Networks, 20,* 491–505.

Lauritzen, S. und Spiegelhalter, D. J. (1988). Local computations with probabilities on graphical structures and their application to expert systems. *J. Royal Statistical Society, B 50,* 157–224.

Lauritzen, S. und Wermuth, N. (1989). Graphical models for associations between variables, some of which are qualitative and some quantitative. *Annals of Statistics, 17,* 31–57.

LaValle, S. (2006). *Planning Algorithms.* Cambridge University Press.

Lawler, E. L., Lenstra, J. K., Kan, A., und Shmoys, D. B. (1992). *The Travelling Salesman Problem.* Wiley Interscience.

Lawler, E. L., Lenstra, J. K., Kan, A., und Shmoys, D. B. (1993). Sequencing and scheduling: Algorithms and complexity. In Graves, S. C., Zipkin, P. H., und Kan, A. H. G. R. (Hrsg.), *Logistics of Production and Inventory: Handbooks in Operations Research and Management Science, Volume 4.* North-Holland.

Lawler, E. L. und Wood, D. E. (1966). Branch-and-bound methods: A survey. *Operations Research, 14,* 699–719.

Lazanas, A. und Latombe, J.-C. (1992). Landmark-based robot navigation. In *AAAI-92.*

Le, T. A., Baydin, A. G., und Wood, F. (2017). Inference compilation and universal probabilistic programming. In *AISTATS-17.*

Lebedev, M. A. und Nicolelis, M. A. (2006). Brain-machine interfaces: Past, present and future. *Trends in Neurosciences, 29,* 536–546.

Lecoutre, C. (2009). *Constraint Networks: Techniques and Algorithms.* Wiley-IEEE Press.

LeCun, Y., Denker, J., und Solla, S. (1990). Optimal brain damage. In *NeurIPS 2.*

LeCun, Y., Jackel, L., Boser, B., und Denker, J. (1989). Handwritten digit recognition: Applications of neural network chips and automatic learning. *IEEE Communications Magazine, 27,* 41–46.

LeCun, Y., Jackel, L., Bottou, L., Brunot, A., Cortes, C., Denker, J., Drucker, H., Guyon, I., Muller, U., Sackinger, E., Simard, P., und Vapnik, V. N. (1995). Comparison of learning algorithms for handwritten digit recognition. In *Int. Conference on Artificial Neural Networks.*

LeCun, Y., Bengio, Y., und Hinton, G. E. (2015). Deep learning. *Nature, 521,* 436–444.

Lee, D., Seo, H., und Jung, M. W. (2012). Neural basis of reinforcement learning and decision making. *Annual Review of Neuroscience, 35,* 287–308.

Lee, K.-F. (2018). *AI Superpowers: China, Silicon Valley, and the New World Order.* Houghton Mifflin.

Leech, G., Rayson, P., und Wilson, A. (2001). *Word Frequencies in Written and Spoken English: Based on the British National Corpus.* Longman.

Legendre, A. M. (1805). *Nouvelles méthodes pour la détermination des orbites des comètes.* Firmin Didot, Paris.

Lehmann, J., Isele, R., Jakob, M., Jentzsch, A., Kontokostas, D., Mendes, P. N., Hellmann, S., Morsey, M., Kleef, P. v., Auer, S., und Bizer, C. (2015). DBpedia – A large-scale, multilingual knowledge base extracted from Wikipedia. *Semantic Web, 6,* 167–195.

Lehrer, J. (2009). *How We Decide.* Houghton Mifflin.

Leike, J., Martic, M., Krakovna, V., Ortega, P. A., Everitt, T., Lefrancq, A., Orseau, L., und Legg, S. (2017). AI safety gridworlds. arXiv:1711.09883.

Lelis, L., Arfaee, S. J., Zilles, S., und Holte, R. C. (2012). Learning heuristic functions faster by using predicted solution costs. In *Proc. Fifth Annual Symposium on Combinatorial Search.*

Lenat, D. B. (1975). BEINGS: Knowledge as interacting experts. In *IJCAI-75*.

Lenat, D. B. und Guha, R. V. (1990). *Building Large Knowledge-Based Systems: Representation and Inference in the CYC Project*. Addison-Wesley.

Leonard, H. S. und Goodman, N. (1940). The calculus of individuals and its uses. *JSL*, *5*, 45–55.

Leonard, J. und Durrant-Whyte, H. (1992). *Directed Sonar Sensing for Mobile Robot Navigation*. Kluwer.

Lepage, G. P. (1978). A new algorithm for adaptive multidimensional integration. *Journal of Computational Physics*, *27*, 192–203.

Lerner, U. (2002). *Hybrid Bayesian Networks for Reasoning About Complex Systems*. Dissertation, Stanford University.

Lesser, V. R. und Corkill, D. D. (1988). The distributed vehicle monitoring testbed: A tool for investigating distributed problem solving networks. In Engelmore, R. und Morgan, T. (Hrsg.), *Blackboard Systems*. Addison-Wesley.

Letz, R., Schumann, J., Bayerl, S., und Bibel, W. (1992). SETHEO: A high-performance theorem prover. *JAR*, *8*, 183–212.

Levesque, H. J. und Brachman, R. J. (1987). Expressiveness and tractability in knowledge representation and reasoning. *Computational Intelligence*, *3*, 78–93.

Levin, D. A., Peres, Y., und Wilmer, E. L. (2008). *Markov Chains and Mixing Times*. American Mathematical Society.

Levine, S., Finn, C., Darrell, T., und Abbeel, P. (2016). End-to-end training of deep visuomotor policies. *JMLR*, *17*, 1334–1373.

Levine, S., Pastor, P., Krizhevsky, A., Ibarz, J., und Quillen, D. (2018). Learning hand-eye coordination for robotic grasping with deep learning and large-scale data collection. *International Journal of Robotics Research*, *37*, 421–436.

Levy, D. (1989). The million pound bridge program. In Levy, D. und Beal, D. (Hrsg.), *Heuristic Programming in Artificial Intelligence*. Ellis Horwood.

Levy, D. (2008). *Love and Sex with Robots: The Evolution of Human–Robot Relationships*. Harper.

Levy, O. und Goldberg, Y. (2014). Linguistic regularities in sparse and explicit word representations. In *Proc. Eighteenth Conference on Computational Natural Language Learning*.

Leyton-Brown, K. und Shoham, Y. (2008). *Essentials of Game Theory: A Concise, Multidisciplinary Introduction*. Morgan & Claypool.

Leśniewski, S. (1916). Podstawy ogólnej teorii mnogości. Popławski.

Li, C. M. und Anbulagan (1997). Heuristics based on unit propagation for satisfiability problems. In *IJCAI-97*.

Li, K. und Malik, J. (2018a). Implicit maximum likelihood estimation. arXiv:1809.09087.

Li, K. und Malik, J. (2018b). On the implicit assumptions of GANs. arXiv:1811.12402.

Li, M., Vitányi, P., *et al.* (2008). *An Introduction to Kolmogorov Complexity and Its Applications* (3. Auflage). Springer.

Li, T.-M., Gharbi, M., Adams, A., Durand, F., und Ragan-Kelley, J. (2018). Differentiable programming for image processing and deep learning in Halide. *ACM Transactions on Graphics*, *37*, 139.

Li, W. und Todorov, E. (2004). Iterative linear quadratic regulator design for nonlinear biological movement systems. In *Proc. 1st International Conference on Informatics in Control, Automation and Robotics*.

Li, X. und Yao, X. (2012). Cooperatively coevolving particle swarms for large scale optimization. *IEEE Trans. Evolutionary Computation*, *16*, 210–224.

Li, Z., Li, P., Krishnan, A., und Liu, J. (2011). Large-scale dynamic gene regulatory network inference combining differential equation models with local dynamic Bayesian network analysis. *Bioinformatics*, *27 19*, 2686–91.

Liang, P., Jordan, M. I., und Klein, D. (2011). Learning dependency-based compositional semantics. arXiv:1109.6841.

Liang, P. und Potts, C. (2015). Bringing machine learning and compositional semantics together. *Annual Review of Linguistics*, *1*, 355–376.

Liberatore, P. (1997). The complexity of the language A. *Electronic Transactions on Artificial Intelligence*, *1*, 13–38.

Lifschitz, V. (2001). Answer set programming and plan generation. *AIJ*, *138*, 39–54.

Lighthill, J. (1973). Artificial intelligence: A general survey. In Lighthill, J., Sutherland, N. S., Needham, R. M., Longuet-Higgins, H. C., und Michie, D. (Hrsg.), *Artificial Intelligence: A Paper Symposium*. Science Research Council of Great Britain.

Lillicrap, T., Hunt, J. J., Pritzel, A., Heess, N., Erez, T., Tassa, Y., Silver, D., und Wierstra, D. (2015). Continuous control with deep reinforcement learning. arXiv:1509.02971.

Lin, S. (1965). Computer solutions of the travelling salesman problem. *Bell Systems Technical Journal*, *44(10)*, 2245–2269.

Lin, S. und Kernighan, B. W. (1973). An effective heuristic algorithm for the travelling-salesman problem. *Operations Research*, *21*, 498–516.

Lindley, D. V. (1956). On a measure of the information provided by an experiment. *Annals of Mathematical Statistics*, *27*, 986–1005.

Lindsay, R. K., Buchanan, B. G., Feigenbaum, E. A., und Lederberg, J. (1980). *Applications of Artificial Intelligence for Organic Chemistry: The DENDRAL Project*. McGraw-Hill.

Lindsten, F., Jordan, M. I., und Schön, T. B. (2014). Particle Gibbs with ancestor sampling. *JMLR*, *15*, 2145–2184.

Littman, M. L. (1994). Markov games as a framework for multi-agent reinforcement learning. In *ICML-94*.

Littman, M. L., Cassandra, A. R., und Kaelbling, L. P. (1995). Learning policies for partially observable environments: Scaling up. In *ICML-95*.

Littman, M. L. (2015). Reinforcement learning improves behaviour from evaluative feedback. *Nature*, *521*, 445–451.

Littman, M. L., Topcu, U., Fu, J., Isbell, C., Wen, M., und MacGlashan, J. (2017). Environment-independent task specifications via GLTL. arXiv:1704.04341.

Liu, B., Gemp, I., Ghavamzadeh, M., Liu, J., Mahadevan, S., und Petrik, M. (2018). Proximal gradient temporal difference learning: Stable reinforcement learning with polynomial sample complexity. *JAIR*, *63*, 461–494.

Liu, H., Simonyan, K., Vinyals, O., Fernando, C., und Kavukcuoglu, K. (2017). Hierarchical representations for efficient architecture search. arXiv:1711.00436.

Liu, H., Simonyan, K., und Yang, Y. (2019). DARTS: Differentiable architecture search. In *ICLR-19*.

Liu, J. und Chen, R. (1998). Sequential Monte Carlo methods for dynamic systems. *JASA*, *93*, 1022–1031.

Liu, J. und West, M. (2001). Combined parameter and state estimation in simulation-based filtering. In Doucet, A., de Freitas, J. F. G., und Gordon, N. (Hrsg.), *Sequential Monte Carlo Methods in Practice*. Springer.

Liu, L. T., Dean, S., Rolf, E., Simchowitz, M., und Hardt, M. (2018a). Delayed impact of fair machine learning. arXiv:1803.04383.

Liu, M.-Y., Breuel, T., und Kautz, J. (2018b). Unsupervised image-to-image translation networks. In *NeurIPS 30*.

Liu, X., Faes, L., Kale, A. U., Wagner, S. K., Fu, D. J., Bruynseels, A., Mahendiran, T., Moraes, G., Shamdas, M., Kern, C., Ledsam, J. R., Schmid, M., Balaskas, K., Topol, E., Bachmann, L. M., Keane, P. A., und Denniston, A. K. (2019a). A comparison of deep learning performance against health-care professionals in detecting diseases from medical imaging: A systematic review and meta-analysis. *The Lancet Digital Health*.

Liu, Y., Ott, M., Goyal, N., Du, J., Joshi, M., Chen, D., Levy, O., Lewis, M., Zettlemoyer, L., und Stoyanov, V. (2019b). RoBERTa: A robustly optimized BERT pretraining approach. arXiv:1907.11692.

Liu, Y., Jain, A., Eng, C., Way, D. H., Lee, K., Bui, P., Kanada, K., de Oliveira Marinho, G., Gallegos, J., Gabriele, S., Gupta, V., Singh, N., Natarajan, V., Hofmann-Wellenhof, R., Corrado, G., Peng, L., Webster, D. R., Ai, D., Huang, S., Liu, Y., Dunn, R. C., und Coz, D. (2019c). A deep learning system for differential diagnosis of skin diseases. arXiv:1909.

Liu, Y., Gadepalli, K. K., Norouzi, M., Dahl, G., Kohlberger, T., Venugopalan, S., Boyko, A. S., Timofeev, A., Nelson, P. Q., Corrado, G., Hipp, J. D., Peng, L., und Stumpe, M. C. (2017). Detecting cancer metastases on gigapixel pathology images. arXiv:1703.02442.

Liu, Y., Kohlberger, T., Norouzi, M., Dahl, G., Smith, J. L., Mohtashamian, A., Olson, N., Peng, L., Hipp, J. D., und Stumpe, M. C. (2018). Artificial intelligence-based breast cancer nodal metastasis detection: Insights into the black box for pathologists. *Archives of Pathology & Laboratory Medicine*, *143*, 859–868.

Livescu, K., Glass, J., und Bilmes, J. (2003). Hidden feature modeling for speech recognition using dynamic Bayesian networks. In *EUROSPEECH-2003*.

Lloyd, S. (2000). Ultimate physical limits to computation. *Nature*, *406*, 1047–1054.

Lloyd, W. F. (1833). *Two Lectures on the Checks to Population*. Oxford University.

Llull, R. (1305). *Ars Magna*. Herausgegeben von Salzinger, I. *et al.* (Hrsg.), *Raymundi Lulli Opera omnia*, Mainz, 1721–1742.

Loftus, E. und Palmer, J. (1974). Reconstruction of automobile destruction: An example of the interaction between language and memory. *J. Verbal Learning and Verbal Behavior*, *13*, 585–589.

Lohn, J. D., Kraus, W. F., und Colombano, S. P. (2001). Evolutionary optimization of yagi-uda antennas. In *Proc. Fourth International Conference on Evolvable Systems*.

Longuet-Higgins, H. C. (1981). A computer algorithm for reconstructing a scene from two projections. *Nature*, *293*, 133–135.

Loos, S., Irving, G., Szegedy, C., und Kaliszyk, C. (2017). Deep network guided proof search. In *Proc. 21st Int'l Conf. on Logic for Programming, Artificial Intelligence and Reasoning*.

Lopez de Segura, R. (1561). *Libro de la invencion liberal y arte del juego del axedrez*. Andres de Angulo.

Lorentz, R. (2015). Early playout termination in MCTS. In Plaat, A., van den Herik, J., und Kosters, W. (Hrsg.), *Advances in Computer Games*. Springer.

Love, N., Hinrichs, T., und Genesereth, M. R. (2006). General game playing: Game description language specification. Technical Report, Stanford University Computer Science Dept.

Lovejoy, W. S. (1991). A survey of algorithmic methods for partially observed Markov decision processes. *Annals of Operations Research*, *28*, 47–66.

Lovelace, A. (1843). Sketch of the analytical engine invented by Charles Babbage. Anmerkungen zu Lovelaces Übersetzung eines Artikels mit dem oben genannten Titel, geschrieben von L. F. Menabrea auf der Grundlage von Vorlesungen von Charles Babbage im Jahr 1840. Die Übersetzung erschien in R. Taylor (Hrsg.), *Scientific Memoirs, Vol. III*. R. und J. E. Taylor, London.

Loveland, D. (1970). A linear format for resolution. In *Proc. IRIA Symposium on Automatic Demonstration*.

Lowe, D. (1987). Three-dimensional object recognition from single two-dimensional images. *AIJ*, *31*, 355–395.

Lowe, D. (2004). Distinctive image features from scale-invariant keypoints. *IJCV*, *60*, 91–110.

Lowerre, B. T. (1976). *The* HARPY *Speech Recognition System*. Dissertation, Computer Science Department, Carnegie-Mellon University.

Lowry, M. (2008). Intelligent software engineering tools for NASA's crew exploration vehicle. In *ISMIS-08*.

Loyd, S. (1959). *Mathematical Puzzles of Sam Loyd: Selected and Edited by Martin Gardner*. Dover.

Lozano-Perez, T. (1983). Spatial planning: A configuration space approach. *IEEE Transactions on Computers*, *C 32*, 108–120.

Lozano-Perez, T., Mason, M., und Taylor, R. (1984). Automatic synthesis of fine-motion strategies for robots. *Int. J. Robotics Research*, *3*, 3–24.

Lu, F. und Milios, E. (1997). Globally consistent range scan alignment for environment mapping. *Autonomous Robots*, *4*, 333–349.

Lubberts, A. und Miikkulainen, R. (2001). Co-evolving a Go-playing neural network. In *GECCO-01*.

Luby, M., Sinclair, A., und Zuckerman, D. (1993). Optimal speedup of Las Vegas algorithms. *Information Processing Letters*, *47*, 173–180.

Lucas, J. R. (1961). Minds, machines, and Gödel. *Philosophy*, *36*.

Lucas, J. R. (1976). This Gödel is killing me: A rejoinder. *Philosophia*, *6*, 145–148.

Lucas, P., Gaag, L. v. d., und Abu-Hanna, A. (2004). Bayesian networks in biomedicine and health-care. *Artificial Intelligence in Medicine*.

Luce, D. R. und Raiffa, H. (1957). *Games and Decisions*. Wiley.

Lukasiewicz, T. (1998). Probabilistic logic programming. In *ECAI-98*.

Lundberg, S. M. und Lee, S.-I. (2018). A unified approach to interpreting model predictions. In *NeurIPS 30*.

Lunn, D., Jackson, C., Best, N., Thomas, A., und Spiegelhalter, D. J. (2013). *The BUGS Book: A Practical Introduction to Bayesian Analysis*. Chapman and Hall.

Lunn, D., Thomas, A., Best, N., und Spiegelhalter, D. J. (2000). WinBUGS – a Bayesian modelling framework: Concepts, structure, and extensibility. *Statistics and Computing*, *10*, 325–337.

Luo, S., Bimbo, J., Dahiya, R., und Liu, H. (2017). Robotic tactile perception of object properties: A review. *Mechatronics*, *48*, 54–67.

Lyman, P. und Varian, H. R. (2003). How much information? https://groups.ischool.berkeley.edu/archive/how-much-info-2003/.

Lynch, K. und Park, F. C. (2017). *Modern Robotics*. Cambridge University Press.

Löwenheim, L. (1915). Über Möglichkeiten im Relativkalkül. *Mathematische Annalen*, *76*, 447–470.

Machina, M. (2005). Choice under uncertainty. In *Encyclopedia of Cognitive Science*. Wiley.

MacKay, D. J. C. (2002). *Information Theory, Inference and Learning Algorithms*. Cambridge University Press.

MacKenzie, D. (2004). *Mechanizing Proof*. MIT Press.

Mackworth, A. K. (1977). Consistency in networks of relations. *AIJ*, *8*, 99–118.

Mackworth, A. K. und Freuder, E. C. (1985). The complexity of some polynomial network consistency algorithms for constraint satisfaction problems. *AIJ*, *25*, 65–74.

Madhavan, R. und Schlenoff, C. I. (2003). Moving object prediction for off-road autonomous navigation. In *Unmanned Ground Vehicle Technology V*.

Mailath, G. und Samuelson, L. (2006). *Repeated Games and Reputations: Long-Run Relationships*. Oxford University Press.

Majercik, S. M. und Littman, M. L. (2003). Contingent planning under uncertainty via stochastic satisfiability. *AIJ*, *147*, 119–162.

Malhotra, P., Vig, L., Shroff, G., und Agarwal, P. (2015). Long short term memory networks for anomaly detection in time series. In *ISANN-15*.

Malik, D., Palaniappan, M., Fisac, J. F., Hadfield-Menell, D., Russell, S. J., und Dragan, A. D. (2018). An efficient, generalized bellman update for cooperative inverse reinforcement learning. In *ICML-18*.

Malone, T. W. (2004). *The Future of Work*. Harvard Business Review Press.

Maneva, E., Mossel, E., und Wainwright, M. (2007). A new look at survey propagation and its generalizations. arXiv:cs/0409012.

Manna, Z. und Waldinger, R. (1971). Toward automatic program synthesis. *CACM*, *14*, 151–165.

Manna, Z. und Waldinger, R. (1985). *The Logical Basis for Computer Programming: Volume 1: Deductive Reasoning*. Addison-Wesley.

Manne, A. S. (1960). Linear programming and sequential decisions. *Management Science*, *6*, 259–267.

Manning, C. und Schütze, H. (1999). *Foundations of Statistical Natural Language Processing*. MIT Press.

Manning, C., Raghavan, P., und Schütze, H. (2008). *Introduction to Information Retrieval*. Cambridge University Press.

Mannion, M. (2002). Using first-order logic for product line model validation. In *Software Product Lines: Second International Conference*.

Mansinghka, V. K., Selsam, D., und Perov, Y. (2013). Venture: A higher-order probabilistic programming platform with programmable inference. arXiv:1404.0099.

Marbach, P. und Tsitsiklis, J. N. (1998). Simulation-based optimization of Markov reward processes. Technical Report, Laboratory for Information and Decision Systems, MIT.

Marcken, C. d. (1996). *Unsupervised Language Acquisition*. Dissertation, MIT.

Marcus, G. (2009). *Kluge: The Haphazard Evolution of the Human Mind*. Mariner Books.

Marcus, M. P., Santorini, B., und Marcinkiewicz, M. A. (1993). Building a large annotated corpus of English: The Penn treebank. *Computational Linguistics*, *19*, 313–330.

Marinescu, R. und Dechter, R. (2009). AND/OR branch-and-bound search for combinatorial optimization in graphical models. *AIJ*, *173*, 1457–1491.

Markov, A. (1913). An example of statistical investigation in the text of "Eugene Onegin" illustrating coupling of "tests" in chains. *Proc. Academy of Sciences of St. Petersburg*, *7*, 153–162.

Marler, R. T. und Arora, J. S. (2004). Survey of multi-objective optimization methods for engineering. *Structural and Multidisciplinary Optimization*, *26*, 369–395.

Maron, M. E. (1961). Automatic indexing: An experimental inquiry. *JACM*, *8*, 404–417.

Marr, D. und Poggio, T. (1976). Cooperative computation of stereo disparity. *Science*, *194*, 283–287.

Marr, D. (1982). *Vision: A Computational Investigation into the Human Representation and Processing of Visual Information*. W. H. Freeman.

Marriott, K. und Stuckey, P. J. (1998). *Programming with Constraints: An Introduction*. MIT Press.

Marsland, S. (2014). *Machine Learning: An Algorithmic Perspective* (2. Auflage). CRC Press.

Martelli, A. und Montanari, U. (1973). Additive AND/OR graphs. In *IJCAI-73*.

Martelli, A. (1977). On the complexity of admissible search algorithms. *AIJ*, *8*, 1–13.

Marthi, B., Pasula, H., Russell, S. J., und Peres, Y. (2002). Decayed MCMC filtering. In *UAI-02*.

Marthi, B., Russell, S. J., Latham, D., und Guestrin, C. (2005). Concurrent hierarchical reinforcement learning. In *IJCAI-05*.

Marthi, B., Russell, S. J., und Wolfe, J. (2007). Angelic semantics for high-level actions. In *ICAPS-07*.

Marthi, B., Russell, S. J., und Wolfe, J. (2008). Angelic hierarchical planning: Optimal and online algorithms. In *ICAPS-08*.

Martin, D., Fowlkes, C., und Malik, J. (2004). Learning to detect natural image boundaries using local brightness, color, and texture cues. *PAMI*, *26*, 530–549.

Martin, F. G. (2012). Will massive open online courses change how we teach? *CACM*, *55*, 26–28.

Martin, J. H. (1990). *A Computational Model of Metaphor Interpretation*. Academic Press.

Mason, M. (1993). Kicking the sensing habit. *AIMag*, *14*, 58–59.

Mason, M. (2001). *Mechanics of Robotic Manipulation*. MIT Press.

Mason, M. und Salisbury, J. (1985). *Robot Hands and the Mechanics of Manipulation*. MIT Press.

Mataric, M. J. (1997). Reinforcement learning in the multi-robot domain. *Autonomous Robots*, *4*, 73–83.

Mates, B. (1953). *Stoic Logic*. University of California Press.

Matuszek, C., Cabral, J., Witbrock, M., und DeOliveira, J. (2006). An introduction to the syntax and semantics of Cyc. In *Proc. AAAI Spring Symposium on Formalizing and Compiling Background Knowledge and Its Applications to Knowledge Representation and Question Answering*.

Maxwell, J. (1868). On governors. *Proc. Roy. Soc.*, *16*, 270–283.

Mayer, J., Khairy, K., und Howard, J. (2010). Drawing an elephant with four complex parameters. *American Journal of Physics*, *78*, 648–649.

Mayor, A. (2018). *Gods and Robots: Myths, Machines, and Ancient Dreams of Technology*. Princeton University Press.

McAllester, D. A. (1980). An outlook on truth maintenance. AI memo, MIT AI Laboratory.

McAllester, D. A. (1988). Conspiracy numbers for min-max search. *AIJ*, *35*, 287–310.

McAllester, D. A. (1998). What is the most pressing issue facing AI and the AAAI today? Stellungnahme des Bewerbers zur Wahl für den Rat der American Association for Artificial Intelligence.

McAllester, D. A. und Rosenblitt, D. (1991). Systematic nonlinear planning. In *AAAI-91*.

McAllester, D. A. (1990). Truth maintenance. In *AAAI-90*.

McAllester, D. A., Milch, B., und Goodman, N. D. (2008). Random-world semantics and syntactic independence for expressive languages. Technical Report, MIT.

McCallum, A. (2003). Efficiently inducing features of conditional random fields. In *UAI-03*.

McCallum, A., Schultz, K., und Singh, S. (2009). FACTORIE: Probabilistic programming via imperatively defined factor graphs. In *NeurIPS 22*.

McCarthy, J. (1958). Programs with common sense. In *Proc. Symposium on Mechanisation of Thought Processes*.

McCarthy, J. (1963). Situations, actions, and causal laws. Memo, Stanford University Artificial Intelligence Project.

McCarthy, J. (1968). Programs with common sense. In Minsky, M. L. (Hrsg.), *Semantic Information Processing*. MIT Press.

McCarthy, J. (1980). Circumscription: A form of non-monotonic reasoning. *AIJ*, *13*, 27–39.

McCarthy, J. (2007). From here to human-level AI. *AIJ*, *171*.

McCarthy, J. und Hayes, P. J. (1969). Some philosophical problems from the standpoint of artificial intelligence. In Meltzer, B., Michie, D., und Swann, M. (Hrsg.), *Machine Intelligence 4*. Edinburgh University Press.

McCawley, J. D. (1988). *The Syntactic Phenomena of English*. University of Chicago Press.

McCorduck, P. (2004). *Machines Who Think: A Personal Inquiry Into the History and Prospects of Artificial Intelligence* (überarbeitete Auflage). A K Peters.

McCulloch, W. S. und Pitts, W. (1943). A logical calculus of the ideas immanent in nervous activity. *Bulletin of Mathematical Biophysics*, *5*, 115–137.

McCune, W. (1997). Solution of the Robbins problem. *JAR*, *19*, 263–276.

McCune, W. (1990). Otter 2.0. In *International Conference on Automated Deduction*.

McDermott, D. (1976). Artificial intelligence meets natural stupidity. *SIGART Newsletter*, *57*, 4–9.

McDermott, D. (1978a). Planning and acting. *Cognitive Science*, *2*, 71–109.

McDermott, D. (1978b). Tarskian semantics, or no notation without denotation! *Cognitive Science*, *2*, 277–282.

McDermott, D. (1985). Reasoning about plans. In Hobbs, J. und Moore, R. (Hrsg.), *Formal theories of the commonsense world*. Ablex.

McDermott, D. (1987). A critique of pure reason. *Computational Intelligence*, *3*, 151–237.

McDermott, D. (1996). A heuristic estimator for means-ends analysis in planning. In *ICAPS-96*.

McDermott, D. und Doyle, J. (1980). Non-monotonic logic: I. *AIJ*, *13*, 41–72.

McDermott, J. (1982). R1: A rule-based configurer of computer systems. *AIJ*, *19*, 39–88.

McEliece, R. J., MacKay, D. J. C., und Cheng, J.-F. (1998). Turbo decoding as an instance of Pearl's "belief propagation" algorithm. *IEEE Journal on Selected Areas in Communications*, *16*, 140–152.

McGregor, J. J. (1979). Relational consistency algorithms and their application in finding subgraph and graph isomorphisms. *Information Sciences*, *19*, 229–250.

McIlraith, S. und Zeng, H. (2001). Semantic web services. *IEEE Intelligent Systems*, *16*, 46–53.

McKinney, W. (2012). *Python for Data Analysis: Data Wrangling with Pandas*. O'Reilly.

McLachlan, G. J. und Krishnan, T. (1997). *The EM Algorithm and Extensions*. Wiley.

McMahan, H. B. und Andrew, G. (2018). A general approach to adding differential privacy to iterative training procedures. arXiv:1812.06210.

McMillan, K. L. (1993). *Symbolic Model Checking*. Kluwer.

McWhorter, J. H. (2014). *The Language Hoax: Why the World Looks the Same in Any Language*. Oxford University Press.

Meehl, P. (1955). *Clinical vs. Statistical Prediction*. University of Minnesota Press.

Mehrabi, N., Morstatter, F., Saxena, N., Lerman, K., und Galstyan, A. (2019). A survey on bias and fairness in machine learning. arXiv:1908.09635.

Mendel, G. (1866). Versuche über Pflanzen-Hybriden. *Verhandlungen des Naturforschenden Vereins in Brünn, 4*, 3–47. Ins Englische übersetzt von C. T. Druery, herausgegeben von Bateson (1902).

Mercer, J. (1909). Functions of positive and negative type and their connection with the theory of integral equations. *Phil. Trans. Roy. Soc., A, 209*, 415–446.

Merleau-Ponty, M. (1966). *Phänomenologie der Wahrnehmung*. de Gruyter, Berlin. Übers. und mit einem Vorwort versehen von Rudolf Boehm (Französische Originalausgabe von 1945).

Metropolis, N., Rosenbluth, A., Rosenbluth, M., Teller, A., und Teller, E. (1953). Equations of state calculations by fast computing machines. *J. Chemical Physics, 21*, 1087–1091.

Metropolis, N. und Ulam, S. (1949). The beginning of the Monte Carlo method. *Journal of the American Statistical Association, 44*, 335–341.

Michie, D. (1966). Game-playing and game-learning automata. In Fox, L. (Hrsg.), *Advances in Programming and Non-Numerical Computation*. Pergamon.

Michie, D. (1972). Machine intelligence at Edinburgh. *Management Informatics, 2*, 7–12.

Michie, D. und Chambers, R. A. (1968). BOXES: An experiment in adaptive control. In Dale, E. und Michie, D. (Hrsg.), *Machine Intelligence 2*. Elsevier.

Michie, D. (1963). Experiments on the mechanization of game-learning Part I. Characterization of the model and its parameters. *The Computer Journal, 6*, 232–236.

Miikkulainen, R., Liang, J., Meyerson, E., Rawal, A., Fink, D., Francon, O., Raju, B., Shahrzad, H., Navruzyan, A., Duffy, N., *et al.* (2019). Evolving deep neural networks. In *Artificial Intelligence in the Age of Neural Networks and Brain Computing*. Elsevier.

Mikolov, T., Chen, K., Corrado, G., und Dean, J. (2013). Efficient estimation of word representations in vector space. arXiv:1301.3781.

Mikolov, T., Sutskever, I., Chen, K., Corrado, G., und Dean, J. (2014). Distributed representations of words and phrases and their compositionality. In *NeurIPS 26*.

Mikolov, T., Karafiát, M., Burget, L., Černocký, J., und Khudanpur, S. (2010). Recurrent neural network based language model. In *Eleventh Annual Conference of the International Speech Communication Association*.

Milch, B. (2006). *Probabilistic Models with Unknown Objects*. Dissertation, UC Berkeley.

Milch, B., Marthi, B., Sontag, D., Russell, S. J., Ong, D., und Kolobov, A. (2005). BLOG: Probabilistic models with unknown objects. In *IJCAI-05*.

Milch, B., Zettlemoyer, L., Kersting, K., Haimes, M., und Kaelbling, L. P. (2008). Lifted probabilistic inference with counting formulas. In *AAAI-08*.

Milgrom, P. (1997). Putting auction theory to work: The simultaneous ascending auction. Technical Report, Stanford University Department of Economics.

Mill, J. S. (1863). *Utilitarianism*. Parker, Son and Bourn, London.

Miller, A. C., Merkhofer, M. M., Howard, R. A., Matheson, J. E., und Rice, T. R. (1976). Development of automated aids for decision analysis. Technical Report, SRI International.

Miller, T., Howe, P., und Sonenberg, L. (2017). Explainable AI: Beware of inmates running the asylum. In *Proc. IJCAI-17 Workshop on Explainable AI*.

Minka, T. (2010). Bayesian linear regression. https://tminka.github.io/papers/minka-linear.pdf.

Minka, T., Cleven, R., und Zaykov, Y. (2018). TrueSkill 2: An improved Bayesian skill rating system. Technical Report, Microsoft Research.

Minker, J. (2001). *Logic-Based Artificial Intelligence*. Kluwer.

Minsky, M. L. (1975). A framework for representing knowledge. In Winston, P. H. (Hrsg.), *The Psychology of Computer Vision*. McGraw-Hill.

Minsky, M. L. (1986). *The Society of Mind*. Simon and Schuster.

Minsky, M. L. (2007). *The Emotion Machine: Commonsense Thinking, Artificial Intelligence, and the Future of the Human Mind*. Simon and Schuster.

Minsky, M. L. und Papert, S. (1969). *Perceptrons: An Introduction to Computational Geometry*. MIT Press.

Minsky, M. L. und Papert, S. (1988). *Perceptrons: An Introduction to Computational Geometry* (erweiterte Auflage). MIT Press.

Minsky, M. L., Singh, P., und Sloman, A. (2004). The St. Thomas common sense symposium: Designing architectures for human-level intelligence. *AIMag, 25*, 113–124.

Minton, S., Johnston, M. D., Philips, A. B., und Laird, P. (1992). Minimizing conflicts: A heuristic repair method for constraint satisfaction and scheduling problems. *AIJ, 58*, 161–205.

Mirjalili, S. M. und Lewis, A. (2014). Grey wolf optimizer. *Advances in Engineering Software, 69*, 46–61.

Misak, C. (2004). *The Cambridge Companion to Peirce*. Cambridge University Press.

Mitchell, M., Wu, S., Zaldivar, A., Barnes, P., Vasserman, L., Hutchinson, B., Spitzer, E., Raji, I. D., und Gebru, T. (2019). Model cards for model reporting. *Proc. of the Conference on Fairness, Accountability, and Transparency.*

Mitchell, M. (1996). *An Introduction to Genetic Algorithms.* MIT Press.

Mitchell, M. (2019). *Artificial Intelligence: A Guide for Thinking Humans.* Farrar, Straus and Giroux.

Mitchell, M., Holland, J. H., und Forrest, S. (1996). When will a genetic algorithm outperform hill climbing? In *NeurIPS 6.*

Mitchell, T. M. (1997). *Machine Learning.* McGraw-Hill.

Mitchell, T. M. (2005). Reading the web: A breakthrough goal for AI. *AIMag, 26.*

Mitchell, T. M. (2007). Learning, information extraction and the web. In *ECML-07.*

Mitchell, T. M., Cohen, W., Hruschka, E., Talukdar, P., Yang, B., Betteridge, J., Carlson, A., Dalvi, B., Gardner, M., Kisiel, B., *et al.* (2018). Never-ending learning. *CACM, 61*, 103–115.

Mitchell, T. M., Shinkareva, S. V., Carlson, A., Chang, K.-M., Malave, V. L., Mason, R. A., und Just, M. A. (2008). Predicting human brain activity associated with the meanings of nouns. *Science, 320*, 1191–1195.

Mittelstadt, B. (2019). Principles alone cannot guarantee ethical AI. *Nature Machine Intelligence, 1*, 501–507.

Mitten, L. G. (1960). An analytic solutlon to the least cost testing sequence problem. *Journal of Industrial Engineering, 11*, 17.

Miyato, T., Kataoka, T., Koyama, M., und Yoshida, Y. (2018). Spectral normalization for generative adversarial networks. arXiv:1802.05957.

Mnih, V., Kavukcuoglu, K., Silver, D., Graves, A., Antonoglou, I., Wierstra, D., und Riedmiller, M. A. (2013). Playing Atari with deep reinforcement learning. arXiv:1312.5602.

Mnih, V., Kavukcuoglu, K., Silver, D., Rusu, A. A., Veness, J., Bellemare, M. G., Graves, A., Riedmiller, M. A., Fidjeland, A., Ostrovski, G., Petersen, S., Beattie, C., Sadik, A., Antonoglou, I., King, H., Kumaran, D., Wierstra, D., Legg, S., und Hassabis, D. (2015). Human-level control through deep reinforcement learning. *Nature, 518*, 529–533.

Mohr, R. und Henderson, T. C. (1986). Arc and path consistency revisited. *AIJ, 28*, 225–233.

Montague, R. (1970). English as a formal language. In Visentini, B. (Hrsg.), *Linguaggi nella Società e nella Tecnica.* Edizioni di Comunità.

Montague, R. (1973). The proper treatment of quantification in ordinary English. In Hintikka, K. J. J., Moravcsik, J. M. E., und Suppes, P. (Hrsg.), *Approaches to Natural Language.* D. Reidel.

Montanari, U. (1974). Networks of constraints: Fundamental properties and applications to picture processing. *Information Sciences, 7*, 95–132.

Montemerlo, M. und Thrun, S. (2004). Large-scale robotic 3-D mapping of urban structures. In *Proc. International Symposium on Experimental Robotics.*

Montemerlo, M., Thrun, S., Koller, D., und Wegbreit, B. (2002). FastSLAM: A factored solution to the simultaneous localization and mapping problem. In *AAAI-02.*

Mooney, R. (1999). Learning for semantic interpretation: Scaling up without dumbing down. In *Proc. 1st Workshop on Learning Language in Logic.*

Moore, A. M. und Wong, W.-K. (2003). Optimal reinsertion: A new search operator for accelerated and more accurate Bayesian network structure learning. In *ICML-03.*

Moore, A. W. und Atkeson, C. G. (1993). Prioritized sweeping – Reinforcement learning with less data and less time. *Machine Learning, 13*, 103–130.

Moore, A. W. und Lee, M. S. (1997). Cached sufficient statistics for efficient machine learning with large datasets. *JAIR, 8*, 67–91.

Moore, E. F. (1959). The shortest path through a maze. In *Proc. International Symposium on the Theory of Switching, Part II.* Harvard University Press.

Moore, R. C. (1980). Reasoning about knowledge and action. Artificial intelligence center technical note, SRI International.

Moore, R. C. (1985). A formal theory of knowledge and action. In Hobbs, J. R. und Moore, R. C. (Hrsg.), *Formal Theories of the Commonsense World.* Ablex.

Moore, R. C. und DeNero, J. (2011). L1 and L2 regularization for multiclass hinge loss models. In *Symposium on Machine Learning in Speech and Natural Language Processing.*

Moravec, H. P. (1983). The Stanford cart and the CMU rover. *Proc. IEEE, 71*, 872–884.

Moravec, H. P. und Elfes, A. (1985). High resolution maps from wide angle sonar. In *ICRA-85.*

Moravec, H. P. (2000). *Robot: Mere Machine to Transcendent Mind.* Oxford University Press.

Moravčík, M., Schmid, M., Burch, N., Lisý, V., Morrill, D., Bard, N., Davis, T., Waugh, K., Johanson, M., und Bowling, M. (2017). Deepstack: Expert-level artificial intelligence in no-limit poker. arXiv:1701.01724.

Morgan, C. L. (1896). *Habit and Instinct.* Edward Arnold.

Morgan, T. J. H. und Griffiths, T. L. (2015). What the Baldwin Effect affects. In *COGSCI-15*.

Morjaria, M. A., Rink, F. J., Smith, W. D., Klempner, G., Burns, C., und Stein, J. (1995). Elicitation of probabilities for belief networks: Combining qualitative and quantitative information. In *UAI-95*.

Morrison, P. und Morrison, E. (Hrsg.). (1961). *Charles Babbage and His Calculating Engines: Selected Writings by Charles Babbage and Others*. Dover.

Moskewicz, M. W., Madigan, C. F., Zhao, Y., Zhang, L., und Malik, S. (2001). Chaff: Engineering an efficient SAT solver. In *Proc. 38th Design Automation Conference*.

Mott, A., Job, J., Vlimant, J.-R., Lidar, D., und Spiropulu, M. (2017). Solving a Higgs optimization problem with quantum annealing for machine learning. *Nature*, *550*, 375.

Motzkin, T. S. und Schoenberg, I. J. (1954). The relaxation method for linear inequalities. *Canadian Journal of Mathematics*, *6*, 393–404.

Moutarlier, P. und Chatila, R. (1989). Stochastic multisensory data fusion for mobile robot location and environment modeling. In *ISRR-89*.

Mueller, E. T. (2006). *Commonsense Reasoning*. Morgan Kaufmann.

Muggleton, S. H. und De Raedt, L. (1994). Inductive logic programming: Theory and methods. *J. Logic Programming*, *19/20*, 629–679.

Mumford, D. und Shah, J. (1989). Optimal approximations by piece-wise smooth functions and associated variational problems. *Commun. Pure Appl. Math.*, *42*, 577–685.

Mundy, J. und Zisserman, A. (Hrsg.). (1992). *Geometric Invariance in Computer Vision*. MIT Press.

Munos, R., Stepleton, T., Harutyunyan, A., und Bellemare, M. G. (2017). Safe and efficient off-policy reinforcement learning. In *NeurIPS 29*.

Murphy, K. (2002). *Dynamic Bayesian Networks: Representation, Inference and Learning*. Dissertation, UC Berkeley.

Murphy, K. (2012). *Machine Learning: A Probabilistic Perspective*. MIT Press.

Murphy, K. und Mian, I. S. (1999). Modelling gene expression data using Bayesian networks. Technical Report, Computer Science Division, UC Berkeley.

Murphy, K. und Russell, S. J. (2001). Rao-Blackwellised particle filtering for dynamic Bayesian networks. In Doucet, A., Freitas, J. F. G. d., und Gordon, N. J. (Hrsg.), *Sequential Monte Carlo Methods in Practice*. Springer.

Murphy, K. und Weiss, Y. (2001). The factored frontier algorithm for approximate inference in DBNs. In *UAI-01*.

Murphy, R. (2000). *Introduction to AI Robotics*. MIT Press.

Murray, L. M. (2013). Bayesian state-space modelling on high-performance hardware using LibBi. arXiv:1306.3277.

Murray, R. M. (2017). *A Mathematical Introduction to Robotic Manipulation*. CRC Press.

Murray-Rust, P., Rzepa, H. S., Williamson, J., und Willighagen, E. L. (2003). Chemical markup, XML and the World Wide Web. 4. CML schema. *J. Chem. Inf. Comput. Sci.*, *43*, 752–772.

Murthy, C. und Russell, J. R. (1990). A constructive proof of Higman's lemma. In *LICS-90*.

Muscettola, N. (2002). Computing the envelope for stepwise-constant resource allocations. In *CP-02*.

Muscettola, N., Nayak, P., Pell, B., und Williams, B. (1998). Remote agent: To boldly go where no AI system has gone before. *AIJ*, *103*, 5–48.

Muslea, I. (1999). Extraction patterns for information extraction tasks: A survey. In *Proc. AAAI-99 Workshop on Machine Learning for Information Extraction*.

Muth, J. T., Vogt, D. M., Truby, R. L., Mengüç, Y., Kolesky, D. B., Wood, R. J., und Lewis, J. A. (2014). Embedded 3D printing of strain sensors within highly stretchable elastomers. *Advanced Materials*, *26*, 6307–6312.

Myerson, R. (1981). Optimal auction design. *Mathematics of Operations Research*, *6*, 58–73.

Myerson, R. (1986). Multistage games with communication. *Econometrica*, *54*, 323–358.

Myerson, R. (1991). *Game Theory: Analysis of Conflict*. Harvard University Press.

Màrquez, L. und Rodríguez, H. (1998). Part-of-speech tagging using decision trees. In *ECML-98*.

Mézard, M., Parisi, G., und Virasoro, M. (1987). *Spin Glass Theory and Beyond: An Introduction to the Replica Method and Its Applications*. World Scientific.

Müller, M. (2002). Computer Go. *AIJ*, *134*, 145–179.

Nair, V. und Hinton, G. E. (2010). Rectified linear units improve restricted Boltzmann machines. In *ICML-10*.

Nalwa, V. S. (1993). *A Guided Tour of Computer Vision*. Addison-Wesley.

Narayanan, A., Shi, E., und Rubinstein, B. I. (2011). Link prediction by de-anonymization: How we won the Kaggle social network challenge. In *IJCNN-11*.

Narayanan, A. und Shmatikov, V. (2006). How to break anonymity of the Netflix prize dataset. arXiv:cs/0610105.

Nash, J. (1950). Equilibrium points in N-person games. *PNAS*, *36*, 48–49.

Nash, P. (1973). *Optimal Allocation of Resources Between Research Projects*. Dissertation, University of Cambridge.

Nayak, P. und Williams, B. (1997). Fast context switching in real-time propositional reasoning. In *AAAI-97*.

Neches, R., Swartout, W. R., und Moore, J. D. (1985). Enhanced maintenance and explanation of expert systems through explicit models of their development. *IEEE Transactions on Software Engineering, SE-11*, 1337–1351.

Nemhauser, G. L., Wolsey, L. A., und Fisher, M. L. (1978). An analysis of approximations for maximizing submodular set functions I. *Mathematical Programming, 14*, 265–294.

Nesterov, Y. und Nemirovski, A. (1994). *Interior-Point Polynomial Methods in Convex Programming*. SIAM (Society for Industrial and Applied Mathematics).

Newell, A. (1982). The knowledge level. *AIJ, 18*, 82–127.

Newell, A. (1990). *Unified Theories of Cognition*. Harvard University Press.

Newell, A. und Ernst, G. (1965). The search for generality. In *Proc. IFIP Congress*.

Newell, A., Shaw, J. C., und Simon, H. A. (1957). Empirical explorations with the logic theory machine. *Proc. Western Joint Computer Conference, 15*, 218–239. Nachdruck in Feigenbaum und Feldman (1963).

Newell, A. und Simon, H. A. (1961). GPS, a program that simulates human thought. In Billing, H. (Hrsg.), *Lernende Automaten*. R. Oldenbourg.

Newell, A. und Simon, H. A. (1972). *Human Problem Solving*. Prentice-Hall.

Newell, A. und Simon, H. A. (1976). Computer science as empirical inquiry: Symbols and search. *CACM, 19*, 113–126.

Newton, I. (1664–1671). Methodus fluxionum et serierum infinitarum. Unveröffentlichte Notizen.

Ng, A. Y. (2004). Feature selection, L_1 vs. L_2 regularization, and rotational invariance. In *ICML-04*.

Ng, A. Y. (2019). *Machine Learning Yearning*. https://info.deeplearning.ai/machine-learning-yearning-book.

Ng, A. Y., Harada, D., und Russell, S. J. (1999). Policy invariance under reward transformations: Theory and application to reward shaping. In *ICML-99*.

Ng, A. Y. und Jordan, M. I. (2000). PEGASUS: A policy search method for large MDPs and POMDPs. In *UAI-00*.

Ng, A. Y. und Jordan, M. I. (2002). On discriminative vs. generative classifiers: A comparison of logistic regression and naive Bayes. In *NeurIPS 14*.

Ng, A. Y., Kim, H. J., Jordan, M. I., und Sastry, S. (2003). Autonomous helicopter flight via reinforcement learning. In *NeurIPS 16*.

Ng, A. Y. und Russell, S. J. (2000). Algorithms for inverse reinforcement learning. In *ICML-00*.

Nicholson, A. und Brady, J. M. (1992). The data association problem when monitoring robot vehicles using dynamic belief networks. In *ECAI-92*.

Nielsen, M. A. (2015). *Neural Networks and Deep Learning*. Determination Press.

Nielsen, T. und Jensen, F. (2003). Sensitivity analysis in influence diagrams. *IEEE Transactions on Systems, Man and Cybernetics, 33*, 223–234.

Niemelä, I., Simons, P., und Syrjänen, T. (2000). Smodels: A system for answer set programming. In *Proc. 8th International Workshop on Non-Monotonic Reasoning*.

Nikolaidis, S. und Shah, J. (2013). Human-robot cross-training: computational formulation, modeling and evaluation of a human team training strategy. In *HRI-13*.

Niles, I. und Pease, A. (2001). Towards a standard upper ontology. In *Proc. International Conference on Formal Ontology in Information Systems*.

Nilsson, D. und Lauritzen, S. (2000). Evaluating influence diagrams using LIMIDs. In *UAI-00*.

Nilsson, N. J. (1965). *Learning Machines: Foundations of Trainable Pattern-Classifying Systems*. McGraw-Hill.

Nilsson, N. J. (1971). *Problem-Solving Methods in Artificial Intelligence*. McGraw-Hill.

Nilsson, N. J. (1984). Shakey the robot. Technical Note, SRI International.

Nilsson, N. J. (1986). Probabilistic logic. *AIJ, 28*, 71–87.

Nilsson, N. J. (1995). Eye on the prize. *AIMag, 16*, 9–17.

Nilsson, N. J. (2009). *The Quest for Artificial Intelligence: A History of Ideas and Achievements*. Cambridge University Press.

Nisan, N. (2007). Introduction to mechanism design (for computer scientists). In Nisan, N., Roughgarden, T., Tardos, E., und Vazirani, V. V. (Hrsg.), *Algorithmic Game Theory*. Cambridge University Press.

Nisan, N., Roughgarden, T., Tardos, E., und Vazirani, V. (Hrsg.). (2007). *Algorithmic Game Theory*. Cambridge University Press.

Niv, Y. (2009). Reinforcement learning in the brain. *Journal of Mathematical Psychology, 53*, 139–154.

Nivre, J., De Marneffe, M.-C., Ginter, F., Goldberg, Y., Hajic, J., Manning, C., McDonald, R., Petrov, S., *et al.* (2016). Universal dependencies v1: A multilingual treebank collection. In *Proc. International Conference on Language Resources and Evaluation*.

Nodelman, U., Shelton, C., und Koller, D. (2002). Continuous time Bayesian networks. In *UAI-02.*

Noe, A. (2009). *Out of Our Heads: Why You Are Not Your Brain, and Other Lessons from the Biology of Consciousness.* Hill and Wang.

Nordfors, D., Cerf, V., und Senges, M. (2018). *Disrupting Unemployment.* Amazon Digital Services.

Norvig, P. (1988). Multiple simultaneous interpretations of ambiguous sentences. In *COGSCI-88.*

Norvig, P. (1992). *Paradigms of Artificial Intelligence Programming: Case Studies in Common Lisp.* Morgan Kaufmann.

Norvig, P. (2009). Natural language corpus data. In Segaran, T. und Hammerbacher, J. (Hrsg.), *Beautiful Data.* O'Reilly.

Nowick, S. M., Dean, M. E., Dill, D. L., und Horowitz, M. (1993). The design of a high-performance cache controller: A case study in asynchronous synthesis. *Integration: The VLSI Journal, 15*, 241–262.

Och, F. J. und Ney, H. (2003). A systematic comparison of various statistical alignment models. *Computational Linguistics, 29*, 19–51.

Och, F. J. und Ney, H. (2004). The alignment template approach to statistical machine translation. *Computational Linguistics, 30*, 417–449.

Och, F. J. und Ney, H. (2002). Discriminative training and maximum entropy models for statistical machine translation. In *COLING-02.*

Ogawa, S., Lee, T.-M., Kay, A. R., und Tank, D. W. (1990). Brain magnetic resonance imaging with contrast dependent on blood oxygenation. *PNAS, 87*, 9868–9872.

Oh, M.-S. und Berger, J. O. (1992). Adaptive importance sampling in Monte Carlo integration. *Journal of Statistical Computation and Simulation, 41*, 143–168.

Oh, S., Russell, S. J., und Sastry, S. (2009). Markov chain Monte Carlo data association for multi-target tracking. *IEEE Transactions on Automatic Control, 54*, 481–497.

Oizumi, M., Albantakis, L., und Tononi, G. (2014). From the phenomenology to the mechanisms of consciousness: Integrated information theory 3.0. *PLoS Computational Biology, 10*, e1003588.

Olesen, K. G. (1993). Causal probabilistic networks with both discrete and continuous variables. *PAMI, 15*, 275–279.

Oliver, N., Garg, A., und Horvitz, E. J. (2004). Layered representations for learning and inferring office activity from multiple sensory channels. *Computer Vision and Image Understanding, 96*, 163–180.

Oliver, R. M. und Smith, J. Q. (Hrsg.). (1990). *Influence Diagrams, Belief Nets and Decision Analysis.* Wiley.

Omohundro, S. (2008). The basic AI drives. In *AGI-08 Workshop on the Sociocultural, Ethical and Futurological Implications of Artificial Intelligence.*

O'Neil, C. (2017). *Weapons of Math Destruction: How Big Data Increases Inequality and Threatens Democracy.* Broadway Books.

O'Neil, C. und Schutt, R. (2013). *Doing Data Science: Straight Talk from the Frontline.* O'Reilly.

O'Reilly, U.-M. und Oppacher, F. (1994). Program search with a hierarchical variable length representation: Genetic programming, simulated annealing and hill climbing. In *Proc. Third Conference on Parallel Problem Solving from Nature.*

Osborne, M. J. (2004). *An Introduction to Game Theory.* Oxford University Pres.

Osborne, M. J. und Rubinstein, A. (1994). *A Course in Game Theory.* MIT Press.

Osherson, D. N., Stob, M., und Weinstein, S. (1986). *Systems That Learn: An Introduction to Learning Theory for Cognitive and Computer Scientists.* MIT Press.

Ostrom, E. (1990). *Governing the Commons.* Cambridge University Press.

Padgham, L. und Winikoff, M. (2004). *Developing Intelligent Agent Systems: A Practical Guide.* Wiley.

Paige, B. und Wood, F. (2014). A compilation target for probabilistic programming languages. In *ICML-14.*

Paige, B., Wood, F., Doucet, A., und Teh, Y. W. (2015). Asynchronous anytime sequential Monte Carlo. In *NeurIPS 27.*

Palacios, H. und Geffner, H. (2007). From conformant into classical planning: Efficient translations that may be complete too. In *ICAPS-07.*

Palmer, S. (1999). *Vision Science: Photons to Phenomenology.* MIT Press.

Papadimitriou, C. H. (1994). *Computational Complexity.* Addison-Wesley.

Papadimitriou, C. H. und Tsitsiklis, J. N. (1987). The complexity of Markov decision processes. *Mathematics of Operations Research, 12*, 441–450.

Papadimitriou, C. H. und Yannakakis, M. (1991). Shortest paths without a map. *Theoretical Computer Science, 84*, 127–150.

Papavassiliou, V. und Russell, S. J. (1999). Convergence of reinforcement learning with general function approximators. In *IJCAI-99.*

Parisi, G. (1988). *Statistical Field Theory.* Addison-Wesley.

Parisi, M. M. G. und Zecchina, R. (2002). Analytic and algorithmic solution of random satisfiability problems. *Science, 297*, 812–815.

Park, J. D. und Darwiche, A. (2004). Complexity results and approximation strategies for MAP explanations. *JAIR*, *21*, 101–133.

Parker, A., Nau, D. S., und Subrahmanian, V. S. (2005). Game-tree search with combinatorially large belief states. In *IJCAI-05*.

Parker, D. B. (1985). Learning logic. Technical Report, Center for Computational Research in Economics and Management Science, MIT.

Parker, L. E. (1996). On the design of behavior-based multi-robot teams. *J. Advanced Robotics*, *10*, 547–578.

Parr, R. und Russell, S. J. (1998). Reinforcement learning with hierarchies of machines. In *NeurIPS 10*.

Parzen, E. (1962). On estimation of a probability density function and mode. *Annals of Mathematical Statistics*, *33*, 1065–1076.

Pasca, M. und Harabagiu, S. M. (2001). High performance question/answering. In *SIGIR-01*.

Pasca, M., Lin, D., Bigham, J., Lifchits, A., und Jain, A. (2006). Organizing and searching the world wide web of facts – Step one: The one-million fact extraction challenge. In *AAAI-06*.

Paskin, M. (2002). Maximum entropy probabilistic logic. Technical Report, UC Berkeley.

Pasula, H., Marthi, B., Milch, B., Russell, S. J., und Shpitser, I. (2003). Identity uncertainty and citation matching. In *NeurIPS 15*.

Pasula, H., Russell, S. J., Ostland, M., und Ritov, Y. (1999). Tracking many objects with many sensors. In *IJCAI-99*.

Patel-Schneider, P. (2014). Analyzing schema.org. In *Proc. International Semantic Web Conference*.

Patrick, B. G., Almulla, M., und Newborn, M. (1992). An upper bound on the time complexity of iterative-deepening-A*. *AIJ*, *5*, 265–278.

Paul, R. P. (1981). *Robot Manipulators: Mathematics, Programming, and Control*. MIT Press.

Pauls, A. und Klein, D. (2009). K-best A* parsing. In *ACL-09*.

Peano, G. (1889). *Arithmetices principia, nova methodo exposita*. Fratres Bocca, Turin.

Pearce, J., Tambe, M., und Maheswaran, R. (2008). Solving multiagent networks using distributed constraint optimization. *AIMag*, *29*, 47–62.

Pearl, J. (1982a). Reverend Bayes on inference engines: A distributed hierarchical approach. In *AAAI-82*.

Pearl, J. (1982b). The solution for the branching factor of the alpha-beta pruning algorithm and its optimality. *CACM*, *25*, 559–564.

Pearl, J. (1984). *Heuristics: Intelligent Search Strategies for Computer Problem Solving*. Addison-Wesley.

Pearl, J. (1985). Bayesian networks: A model of self-activated memory for evidential reasoning. In *COGSCI-85*.

Pearl, J. (1986). Fusion, propagation, and structuring in belief networks. *AIJ*, *29*, 241–288.

Pearl, J. (1987). Evidential reasoning using stochastic simulation of causal models. *AIJ*, *32*, 247–257.

Pearl, J. (1988). *Probabilistic Reasoning in Intelligent Systems: Networks of Plausible Inference*. Morgan Kaufmann.

Pearl, J. (2000). *Causality: Models, Reasoning, and Inference*. Cambridge University Press.

Pearl, J. und McKenzie, D. (2018). *The Book of Why*. Basic Books.

Pearl, J. und Verma, T. (1991). A theory of inferred causation. In *KR-91*.

Pearson, K. (1895). Contributions to the mathematical theory of evolution, II: Skew variation in homogeneous material. *Phil. Trans. Roy. Soc.*, *186*, 343–414.

Pearson, K. (1901). On lines and planes of closest fit to systems of points in space. *Philosophical Magazine*, *2*, 559–572.

Pease, A. und Niles, I. (2002). IEEE standard upper ontology: A progress report. *Knowledge Engineering Review*, *17*, 65–70.

Pednault, E. P. D. (1986). Formulating multiagent, dynamic-world problems in the classical planning framework. In *Reasoning About Actions and Plans: Proc. 1986 Workshop*.

Pedregosa, F., Varoquaux, G., Gramfort, A., Michel, V., Thirion, B., Grisel, O., Blondel, M., Prettenhofer, P., Weiss, R., Dubourg, V., *et al.* (2011). Scikit-learn: Machine learning in Python. *JMLR*, *12*, 2825–2830.

Peirce, C. S. (1870). Description of a notation for the logic of relatives, resulting from an amplification of the conceptions of Boole's calculus of logic. *Memoirs of the American Academy of Arts and Sciences*, *9*, 317–378.

Peirce, C. S. (1883). A theory of probable inference. Note B. The logic of relatives. In Peirce, C. S. (Hrsg.), *Studies in Logic*, Little, Brown.

Peirce, C. S. (1909). Existential graphs. Unveröffentlichtes Manuskript; Nachdruck in (Buchler 1955).

Peleg, B. und Sudholter, P. (2002). *Introduction to the Theory of Cooperative Games* (2. Auflage). Springer.

Pelikan, M., Goldberg, D. E., und Cantu-Paz, E. (1999). BOA: The Bayesian optimization algorithm. In *GECCO-99*.

Pemberton, J. C. und Korf, R. E. (1992). Incremental planning on graphs with cycles. In *AIPS-92*.

Penberthy, J. S. und Weld, D. S. (1992). UCPOP: A sound, complete, partial order planner for ADL. In *KR-92*.

Peng, J. und Williams, R. J. (1993). Efficient learning and planning within the Dyna framework. *Adaptive Behavior*, *2*, 437–454.

Pennington, J., Socher, R., und Manning, C. (2014). Glove: Global vectors for word representation. In *EMNLP-14*.

Penrose, R. (1989). *The Emperor's New Mind*. Oxford University Press.

Penrose, R. (1994). *Shadows of the Mind*. Oxford University Press.

Peot, M. und Smith, D. E. (1992). Conditional nonlinear planning. In *ICAPS-92*.

Pereira, F. und Schabes, Y. (1992). Inside-outside reestimation from partially bracketed corpora. In *ACL-92*.

Pereira, F. und Warren, D. H. D. (1980). Definite clause grammars for language analysis: A survey of the formalism and a comparison with augmented transition networks. *AIJ*, *13*, 231–278.

Peters, J. und Schaal, S. (2008). Reinforcement learning of motor skills with policy gradients. *Neural Networks*, *21*, 682–697.

Peters, J., Janzing, D., und Schölkopf, B. (2017). *Elements of Causal Inference: Foundations and Learning Algorithms*. MIT Press.

Peters, M. E., Neumann, M., Iyyer, M., Gardner, M., Clark, C., Lee, K., und Zettlemoyer, L. (2018). Deep contextualized word representations. arXiv:1802.05365.

Peterson, C. und Anderson, J. R. (1987). A mean field theory learning algorithm for neural networks. *Complex Systems*, *1*, 995–1019.

Petosa, N. und Balch, T. (2019). Multiplayer AlphaZero. arXiv:1910.13012.

Pfeffer, A. (2001). IBAL: A probabilistic rational programming language. In *IJCAI-01*.

Pfeffer, A., Koller, D., Milch, B., und Takusagawa, K. T. (1999). SPOOK: A system for probabilistic object-oriented knowledge representation. In *UAI-99*.

Pfeffer, A. (2016). *Practical Probabilistic Programming*. Manning.

Pfeffer, A. (2000). *Probabilistic Reasoning for Complex Systems*. Dissertation, Stanford University.

Pfeffer, A. (2007). The design and implementation of IBAL: A general-purpose probabilistic language. In Getoor, L. und Taskar, B. (Hrsg.), *Introduction to Statistical Relational Learning*. MIT Press.

Pfeifer, R., Bongard, J., Brooks, R. A., und Iwasawa, S. (2006). *How the Body Shapes the Way We Think: A New View of Intelligence*. Bradford.

Pham, H., Guan, M. Y., Zoph, B., Le, Q. V., und Dean, J. (2018). Efficient neural architecture search via parameter sharing. arXiv:1802.03268.

Pineau, J., Gordon, G., und Thrun, S. (2003). Point-based value iteration: An anytime algorithm for POMDPs. In *IJCAI-03*.

Pinedo, M. (2008). *Scheduling: Theory, Algorithms, and Systems*. Springer.

Pinkas, G. und Dechter, R. (1995). Improving connectionist energy minimization. *JAIR*, *3*, 223–248.

Pinker, S. (1995). Language acquisition. In Gleitman, L. R., Liberman, M., und Osherson, D. N. (Hrsg.), *An Invitation to Cognitive Science* (2. Auflage). MIT Press.

Pinker, S. (2003). *The Blank Slate: The Modern Denial of Human Nature*. Penguin.

Pinto, D., McCallum, A., Wei, X., und Croft, W. B. (2003). Table extraction using conditional random fields. In *SIGIR-03*.

Pinto, L. und Gupta, A. (2016). Supersizing self-supervision: Learning to grasp from 50k tries and 700 robot hours. In *ICRA-16*.

Platt, J. (1999). Fast training of support vector machines using sequential minimal optimization. In *Advances in Kernel Methods: Support Vector Learning*. MIT Press.

Plotkin, G. (1972). Building-in equational theories. In Meltzer, B. und Michie, D. (Hrsg.), *Machine Intelligence 7*. Edinburgh University Press.

Plummer, M. (2003). JAGS: A program for analysis of Bayesian graphical models using Gibbs sampling. In *Proc. Third Int'l Workshop on Distributed Statistical Computing*.

Pnueli, A. (1977). The temporal logic of programs. In *FOCS-77*.

Pohl, I. (1971). Bi-directional search. In Meltzer, B. und Michie, D. (Hrsg.), *Machine Intelligence 6*. Edinburgh University Press.

Pohl, I. (1973). The avoidance of (relative) catastrophe, heuristic competence, genuine dynamic weighting and computational issues in heuristic problem solving. In *IJCAI-73*.

Pohl, I. (1977). Practical and theoretical considerations in heuristic search algorithms. In Elcock, E. W. und Michie, D. (Hrsg.), *Machine Intelligence 8*. Ellis Horwood.

Pohl, I. (1970). Heuristic search viewed as path finding in a graph. *AIJ*, *1*, 193–204.

Poli, R., Langdon, W., und McPhee, N. (2008). *A Field Guide to Genetic Programming*. Lulu.com.

Pomerleau, D. A. (1993). *Neural Network Perception for Mobile Robot Guidance*. Kluwer.

Poole, B., Lahiri, S., Raghu, M., Sohl-Dickstein, J., und Ganguli, S. (2017). Exponential expressivity in deep neural networks through transient chaos. In *NeurIPS 29*.

Poole, D. (1993). Probabilistic Horn abduction and Bayesian networks. *AIJ*, *64*, 81–129.

Poole, D. (2003). First-order probabilistic inference. In *IJCAI-03*.

Poole, D. und Mackworth, A. K. (2017). *Artificial Intelligence: Foundations of Computational Agents* (2. Auflage). Cambridge University Press.

Poppe, R. (2010). A survey on vision-based human action recognition. *Image Vision Comput.*, *28*, 976–990.

Popper, K. R. (1934). *Logik der Forschung*. J. Springer.

Popper, K. R. (1962). *Conjectures and Refutations: The Growth of Scientific Knowledge*. Basic Books.

Portner, P. und Partee, B. H. (2002). *Formal Semantics: The Essential Readings*. Wiley-Blackwell.

Post, E. L. (1921). Introduction to a general theory of elementary propositions. *American Journal of Mathematics*, *43*, 163–185.

Poulton, C. und Watts, M. (2016). MIT and DARPA pack Lidar sensor onto single chip. *IEEE Spectrum*, *4. August*.

Poundstone, W. (1993). *Prisoner's Dilemma*. Anchor.

Pourret, O., Naïm, P., und Marcot, B. (2008). *Bayesian Networks: A Practical Guide to Applications*. Wiley.

Pradhan, M., Provan, G. M., Middleton, B., und Henrion, M. (1994). Knowledge engineering for large belief networks. In *UAI-94*.

Prawitz, D. (1960). An improved proof procedure. *Theoria*, *26*, 102–139.

Press, W. H., Teukolsky, S. A., Vetterling, W. T., und Flannery, B. P. (2007). *Numerical Recipes: The Art of Scientific Computing* (3. Auflage). Cambridge University Press.

Preston, J. und Bishop, M. (2002). *Views into the Chinese Room: New Essays on Searle and Artificial Intelligence*. Oxford University Press.

Prieditis, A. E. (1993). Machine discovery of effective admissible heuristics. *Machine Learning*, *12*, 117–141.

Prosser, P. (1993). Hybrid algorithms for constraint satisfaction problems. *Computational Intelligence*, *9*, 268–299.

Pullum, G. K. (1991). *The Great Eskimo Vocabulary Hoax (and Other Irreverent Essays on the Study of Language)*. University of Chicago Press.

Pullum, G. K. (1996). Learnability, hyperlearning, and the poverty of the stimulus. In *22nd Annual Meeting of the Berkeley Linguistics Society*.

Puterman, M. L. (1994). *Markov Decision Processes: Discrete Stochastic Dynamic Programming*. Wiley.

Puterman, M. L. und Shin, M. C. (1978). Modified policy iteration algorithms for discounted Markov decision problems. *Management Science*, *24*, 1127–1137.

Putnam, H. (1963). 'Degree of confirmation' and inductive logic. In Schilpp, P. A. (Hrsg.), *The Philosophy of Rudolf Carnap*. Open Court.

Quillian, M. R. (1961). A design for an understanding machine. Paper presented at a colloquium: Semantic Problems in Natural Language, King's College, Cambridge, England.

Quine, W. V. (1953). Two dogmas of empiricism. In *From a Logical Point of View*. Harper and Row.

Quine, W. V. (1960). *Word and Object*. MIT Press.

Quine, W. V. (1982). *Methods of Logic* (4. Auflage). Harvard University Press.

Quinlan, J. R. (1979). Discovering rules from large collections of examples: A case study. In Michie, D. (Hrsg.), *Expert Systems in the Microelectronic Age*. Edinburgh University Press.

Quinlan, J. R. (1986). Induction of decision trees. *Machine Learning*, *1*, 81–106.

Quinlan, J. R. (1993). *C4.5: Programs for Machine Learning*. Morgan Kaufmann.

Quinlan, S. und Khatib, O. (1993). Elastic bands: Connecting path planning and control. In *ICRA-93*.

Quirk, R., Greenbaum, S., Leech, G., und Svartvik, J. (1985). *A Comprehensive Grammar of the English Language*. Longman.

Rabani, Y., Rabinovich, Y., und Sinclair, A. (1998). A computational view of population genetics. *Random Structures and Algorithms*, *12*, 313–334.

Rabiner, L. R. und Juang, B.-H. (1993). *Fundamentals of Speech Recognition*. Prentice-Hall.

Radford, A., Metz, L., und Chintala, S. (2015). Unsupervised representation learning with deep convolutional generative adversarial networks. arXiv:1511.06434.

Radford, A., Wu, J., Child, R., Luan, D., Amodei, D., und Sutskever, I. (2019). Language models are unsupervised multitask learners. *OpenAI Blog*, *1*.

Raffel, C., Shazeer, N., Roberts, A., Lee, K., Narang, S., Matena, M., Zhou, Y., Li, W., und Liu, P. J. (2019). Exploring the limits of transfer learning with a unified text-to-text transformer. arXiv:1910.10683.

Rafferty, A. N., Brunskill, E., Griffiths, T. L., und Shafto, P. (2016). Faster teaching via POMDP planning. *Cognitive Science*, *40*, 1290–1332.

Rahwan, T., Michalak, T. P., Wooldridge, M., und Jennings, N. R. (2015). Coalition structure generation: A survey. *AIJ*, *229*, 139–174.

Raibert, M., Blankespoor, K., Nelson, G., und Playter, R. (2008). Bigdog, the rough-terrain quadruped robot. *IFAC Proceedings Volumes*, *41*, 10822–10825.

Rajpurkar, P., Zhang, J., Lopyrev, K., und Liang, P. (2016). Squad: 100,000+ questions for machine comprehension of text. In *EMNLP-16*.

Ramsey, F. P. (1931). Truth and probability. In Braithwaite, R. B. (Hrsg.), *The Foundations of Mathematics and Other Logical Essays*. Harcourt Brace Jovanovich.

Ramsundar, B. und Zadeh, R. B. (2018). *TensorFlow for Deep Learning: From Linear Regression to Reinforcement Learning*. O'Reilly.

Rao, D. A. S. und Verweij, G. (2017). Sizing the prize: What's the real value of AI for your business and how can you capitalise? PwC.

Raphael, B. (1976). *The Thinking Computer: Mind Inside Matter*. W. H. Freeman.

Raphson, J. (1690). *Analysis aequationum universalis*. Apud Abelem Swalle, London.

Raschka, S. (2015). *Python Machine Learning*. Packt.

Rashevsky, N. (1936). Physico-mathematical aspects of excitation and conduction in nerves. In *Cold Springs Harbor Symposia on Quantitative Biology. IV: Excitation Phenomena*.

Rashevsky, N. (1938). *Mathematical Biophysics: Physico-Mathematical Foundations of Biology*. University of Chicago Press.

Rasmussen, C. E. und Williams, C. K. I. (2006). *Gaussian Processes for Machine Learning*. MIT Press.

Rassenti, S., Smith, V., und Bulfin, R. (1982). A combinatorial auction mechanism for airport time slot allocation. *Bell Journal of Economics*, *13*, 402–417.

Ratliff, N., Bagnell, J. A., und Zinkevich, M. (2006). Maximum margin planning. In *ICML-06*.

Ratliff, N., Zucker, M., Bagnell, J. A., und Srinivasa, S. (2009). CHOMP: Gradient optimization techniques for efficient motion planning. In *ICRA-09*.

Ratnaparkhi, A. (1996). A maximum entropy model for part-of-speech tagging. In *EMNLP-96*.

Ratner, D. und Warmuth, M. (1986). Finding a shortest solution for the $n \times n$ extension of the 15-puzzle is intractable. In *AAAI-86*.

Rauch, H. E., Tung, F., und Striebel, C. T. (1965). Maximum likelihood estimates of linear dynamic systems. *AIAA Journal*, *3*, 1445–1450.

Rayward-Smith, V., Osman, I., Reeves, C., und Smith, G. (Hrsg.). (1996). *Modern Heuristic Search Methods*. Wiley.

Real, E., Aggarwal, A., Huang, Y., und Le, Q. V. (2018). Regularized evolution for image classifier architecture search. arXiv:1802.01548.

Rechenberg, I. (1965). Cybernetic solution path of an experimental problem. Library translation, Royal Aircraft Establishment.

Regin, J. (1994). A filtering algorithm for constraints of difference in CSPs. In *AAAI-94*.

Reid, D. B. (1979). An algorithm for tracking multiple targets. *IEEE Trans. Automatic Control*, *24*, 843–854.

Reif, J. (1979). Complexity of the mover's problem and generalizations. In *FOCS-79*.

Reiter, R. (1980). A logic for default reasoning. *AIJ*, *13*, 81–132.

Reiter, R. (1991). The frame problem in the situation calculus: A simple solution (sometimes) and a completeness result for goal regression. In Lifschitz, V. (Hrsg.), *Artificial Intelligence and Mathematical Theory of Computation: Papers in Honor of John McCarthy*. Academic Press.

Reiter, R. (2001). *Knowledge in Action: Logical Foundations for Specifying and Implementing Dynamical Systems*. MIT Press.

Renner, G. und Ekart, A. (2003). Genetic algorithms in computer aided design. *Computer Aided Design*, *35*, 709–726.

Resnick, P. und Varian, H. R. (1997). Recommender systems. *CACM*, *40*, 56–58.

Rezende, D. J., Mohamed, S., und Wierstra, D. (2014). Stochastic backpropagation and approximate inference in deep generative models. In *ICML-14*.

Riazanov, A. und Voronkov, A. (2002). The design and implementation of VAMPIRE. *AI Communications*, *15*, 91–110.

Ribeiro, M. T., Singh, S., und Guestrin, C. (2016). "Why should I trust you?": Explaining the predictions of any classifier. In *KDD-16*.

Richardson, M. und Domingos, P. (2006). Markov logic networks. *Machine Learning*, *62*, 107–136.

Richter, S. und Helmert, M. (2009). Preferred operators and deferred evaluation in satisficing planning. In *ICAPS-09*.

Ridley, M. (2004). *Evolution*. Oxford Reader.

Riley, J. und Samuelson, W. (1981). Optimal auctions. *American Economic Review*, *71*, 381–392.

Riley, P. (2019). Three pitfalls to avoid in machine learning. *Nature*, *572*, 27–29.

Riloff, E. (1993). Automatically constructing a dictionary for information extraction tasks. In *AAAI-93*.

Ringgaard, M., Gupta, R., und Pereira, F. (2017). SLING: A framework for frame semantic parsing. arXiv:1710.07032.

Rintanen, J. (1999). Improvements to the evaluation of quantified Boolean formulae. In *IJCAI-99*.

Rintanen, J. (2007). Asymptotically optimal encodings of conformant planning in QBF. In *AAAI-07*.

Rintanen, J. (2012). Planning as satisfiability: Heuristics. *AIJ*, *193*, 45–86.

Rintanen, J. (2016). Computational complexity in automated planning and scheduling. In *ICAPS-16*.

Ripley, B. D. (1996). *Pattern Recognition and Neural Networks*. Cambridge University Press.

Rissanen, J. (1984). Universal coding, information, prediction, and estimation. *IEEE Transactions on Information Theory*, *IT-30*, 629–636.

Rissanen, J. (2007). *Information and Complexity in Statistical Modeling*. Springer.

Rivest, R. (1987). Learning decision lists. *Machine Learning*, *2*, 229–246.

Robbins, H. (1952). Some aspects of the sequential design of experiments. *Bulletin of the American Mathematical Society*, *58*, 527–535.

Robbins, H. und Monro, S. (1951). A stochastic approximation method. *Annals of Mathematical Statistics*, *22*, 400–407.

Roberts, L. G. (1963). Machine perception of three-dimensional solids. Technical Report, MIT Lincoln Laboratory.

Robertson, N. und Seymour, P. D. (1986). Graph minors. II. Algorithmic aspects of tree-width. *J. Algorithms*, *7*, 309–322.

Robertson, S. E. und Sparck Jones, K. (1976). Relevance weighting of search terms. *J. American Society for Information Science*, *27*, 129–146.

Robins, J. (1986). A new approach to causal inference in mortality studies with a sustained exposure period: Application to control of the healthy worker survivor effect. *Mathematical Modelling*, *7*, 1393–1512.

Robinson, A. und Voronkov, A. (Hrsg.). (2001). *Handbook of Automated Reasoning*. Elsevier.

Robinson, J. A. (1965). A machine-oriented logic based on the resolution principle. *JACM*, *12*, 23–41.

Robinson, S. (2002). Computer scientists find unexpected depths in airfare search problem. *SIAM News*, *35*(6).

Roche, E. und Schabes, Y. (Hrsg.). (1997). *Finite-State Language Processing*. Bradford Books.

Rock, I. (1984). *Perception*. W. H. Freeman.

Rokicki, T., Kociemba, H., Davidson, M., und Dethridge, J. (2014). The diameter of the Rubik's Cube group is twenty. *SIAM Review*, *56*, 645–670.

Rolf, D. (2006). Improved bound for the PPSZ/Schöning-algorithm for 3-SAT. *Journal on Satisfiability, Boolean Modeling and Computation*, *1*, 111–122.

Rolnick, D., Donti, P. L., Kaack, L. H., *et al.* (2019). Tackling climate change with machine learning. arXiv:1906.05433.

Rolnick, D. und Tegmark, M. (2018). The power of deeper networks for expressing natural functions. In *ICLR-18*.

Romanovskii, I. (1962). Reduction of a game with complete memory to a matrix game. *Soviet Mathematics*, *3*, 678–681.

Ros, G., Sellart, L., Materzynska, J., Vazquez, D., und Lopez, A. M. (2016). The SYNTHIA dataset: A large collection of synthetic images for semantic segmentation of urban scenes. In *CVPR-16*.

Rosenblatt, F. (1957). The perceptron: A perceiving and recognizing automaton. Report, Project PARA, Cornell Aeronautical Laboratory.

Rosenblatt, F. (1960). On the convergence of reinforcement procedures in simple perceptrons. Report, Cornell Aeronautical Laboratory.

Rosenblatt, F. (1962). *Principles of Neurodynamics: Perceptrons and the Theory of Brain Mechanisms*. Spartan.

Rosenblatt, M. (1956). Remarks on some nonparametric estimates of a density function. *Annals of Mathematical Statistics*, *27*, 832–837.

Rosenblueth, A., Wiener, N., und Bigelow, J. (1943). Behavior, purpose, and teleology. *Philosophy of Science*, *10*, 18–24.

Rosenschein, J. S. und Zlotkin, G. (1994). *Rules of Encounter*. MIT Press.

Rosenschein, S. J. (1985). Formal theories of knowledge in AI and robotics. *New Generation Computing*, *3*, 345–357.

Ross, G. (2012). Fisher and the millionaire: The statistician and the calculator. *Significance*, *9*, 46–48.

Ross, S. (2015). *A First Course in Probability* (9. Auflage). Pearson.

Ross, S., Gordon, G., und Bagnell, D. (2011). A reduction of imitation learning and structured prediction to no-regret online learning. In *AISTATS-11*.

Rossi, F., Beek, P. v., und Walsh, T. (2006). *Handbook of Constraint Programming*. Elsevier.

Roth, D. (1996). On the hardness of approximate reasoning. *AIJ*, *82*, 273–302.

Roussel, P. (1975). Prolog: Manual de référence et d'utilization. Technical Report, Groupe d'Intelligence Artificielle, Université d'Aix-Marseille.

Rowat, P. F. (1979). *Representing the Spatial Experience and Solving Spatial Problems in a Simulated Robot Environment*. Dissertation, University of British Columbia.

Roweis, S. T. und Ghahramani, Z. (1999). A unifying review of linear Gaussian models. *Neural Computation*, *11*, 305–345.

Rowley, H., Baluja, S., und Kanade, T. (1998). Neural network-based face detection. *PAMI*, *20*, 23–38.

Roy, N., Gordon, G., und Thrun, S. (2005). Finding approximate POMDP solutions through belief compression. *JAIR*, *23*, 1–40.

Rubin, D. (1974). Estimating causal effects of treatments in randomized and nonrandomized studies. *Journal of Educational Psychology*, *66*, 688–701.

Rubin, D. (1988). Using the SIR algorithm to simulate posterior distributions. In Bernardo, J. M., Groot, M. H. d., Lindley, D. V., und Smith, A. F. M. (Hrsg.), *Bayesian Statistics 3*. Oxford University Press.

Rubinstein, A. (1982). Perfect equilibrium in a bargaining model. *Econometrica*, *50*, 97–109.

Rubinstein, A. (2003). Economics and psychology? The case of hyperbolic discounting. *International Economic Review*, *44*, 1207–1216.

Ruder, S. (2018). NLP's ImageNet moment has arrived. *The Gradient*, *July 8*.

Ruder, S., Peters, M. E., Swayamdipta, S., und Wolf, T. (2019). Transfer learning in natural language processing. In *COLING-19*.

Rumelhart, D. E., Hinton, G. E., und Williams, R. J. (1986). Learning representations by back-propagating errors. *Nature*, *323*, 533–536.

Rumelhart, D. E. und McClelland, J. L. (Hrsg.). (1986). *Parallel Distributed Processing*. MIT Press.

Rummery, G. A. und Niranjan, M. (1994). On-line *Q*-learning using connectionist systems. Technical Report, Cambridge University Engineering Department.

Ruspini, E. H., Lowrance, J. D., und Strat, T. M. (1992). Understanding evidential reasoning. *IJAR*, *6*, 401–424.

Russakovsky, O., Deng, J., Su, H., Krause, J., Satheesh, S., Ma, S., Huang, Z., Karpathy, A., Khosla, A., Bernstein, M., Berg, A. C., und Fei-Fei, L. (2015). ImageNet large scale visual recognition challenge. *IJCV*, *115*, 211–252.

Russell, J. G. B. (1990). Is screening for abdominal aortic aneurysm worthwhile? *Clinical Radiology*, *41*, 182–184.

Russell, S. J. (1985). The compleat guide to MRS. Report, Computer Science Department, Stanford University.

Russell, S. J. (1992). Efficient memory-bounded search methods. In *ECAI-92*.

Russell, S. J. (1998). Learning agents for uncertain environments. In *COLT-98*.

Russell, S. J. (1999). Expressive probability models in science. In *Proc. Second International Conference on Discovery Science*.

Russell, S. J. (2019). *Human Compatible*. Penguin.

Russell, S. J., Binder, J., Koller, D., und Kanazawa, K. (1995). Local learning in probabilistic networks with hidden variables. In *IJCAI-95*.

Russell, S. J. und Norvig, P. (2003). *Artificial Intelligence: A Modern Approach* (2. Auflage). Prentice-Hall.

Russell, S. J. und Subramanian, D. (1995). Provably bounded-optimal agents. *JAIR*, *3*, 575–609.

Russell, S. J. und Wefald, E. H. (1989). On optimal game-tree search using rational meta-reasoning. In *IJCAI-89*.

Russell, S. J. und Wefald, E. H. (1991). *Do the Right Thing: Studies in Limited Rationality*. MIT Press.

Russell, S. J. und Wolfe, J. (2005). Efficient belief-state AND-OR search, with applications to Kriegspiel. In *IJCAI-05*.

Russell, S. J. und Zimdars, A. (2003). Q-decomposition of reinforcement learning agents. In *ICML-03*.

Rustagi, J. S. (1976). *Variational Methods in Statistics*. Academic Press.

Rényi, A. (1970). *Probability Theory*. Elsevier.

Saad, F. und Mansinghka, V. K. (2017). A probabilistic programming approach to probabilistic data analysis. In *NeurIPS 29*.

Sabin, D. und Freuder, E. C. (1994). Contradicting conventional wisdom in constraint satisfaction. In *ECAI-94*.

Sabri, K. E. (2015). Automated verification of role-based access control policies constraints using Prover9. arXiv:1503.07645.

Sacerdoti, E. D. (1974). Planning in a hierarchy of abstraction spaces. *AIJ*, *5*, 115–135.

Sacerdoti, E. D. (1975). The nonlinear nature of plans. In *IJCAI-75*.

Sacerdoti, E. D. (1977). *A Structure for Plans and Behavior*. Elsevier.

Sadeghi, F. und Levine, S. (2016). CAD2RL: Real single-image flight without a single real image. arXiv:1611.04201.

Sadigh, D., Sastry, S., Seshia, S. A., und Dragan, A. D. (2016). Planning for autonomous cars that leverage effects on human actions. In *Proc. Robotics: Science and Systems*.

Sadler, M. und Regan, N. (2019). *Game Changer*. New in Chess.

Sadri, F. und Kowalski, R. (1995). Variants of the event calculus. In *ICLP-95*.

Sagae, K. und Lavie, A. (2006). A best-first probabilistic shift-reduce parser. In *COLING-06*.

Sahami, M., Hearst, M. A., und Saund, E. (1996). Applying the multiple cause mixture model to text categorization. In *ICML-96*.

Sahin, N. T., Pinker, S., Cash, S. S., Schomer, D., und Halgren, E. (2009). Sequential processing of lexical, grammatical, and phonological information within Broca's area. *Science*, *326*, 445–449.

Sakuta, M. und Iida, H. (2002). AND/OR-tree search for solving problems with uncertainty: A case study using screen-shogi problems. *Trans. Inf. Proc. Society of Japan*, *43*, 1–10.

Salomaa, A. (1969). Probabilistic and weighted grammars. *Information and Control*, *15*, 529–544.

Samadi, M., Felner, A., und Schaeffer, J. (2008). Learning from multiple heuristics. In *AAAI-08*.

Samet, H. (2006). *Foundations of Multidimensional and Metric Data Structures*. Morgan Kaufmann.

Sammut, C., Hurst, S., Kedzier, D., und Michie, D. (1992). Learning to fly. In *ICML-92*.

Samuel, A. (1959). Some studies in machine learning using the game of checkers. *IBM Journal of Research and Development*, *3*, 210–229.

Samuel, A. (1967). Some studies in machine learning using the game of checkers II – Recent progress. *IBM Journal of Research and Development*, *11*, 601–617.

Sanchez-Lengeling, B., Wei, J. N., Lee, B. K., Gerkin, R. C., Aspuru-Guzik, A., und Wiltschko, A. B. (2019). Machine learning for scent: Learning generalizable perceptual representations of small molecules. arXiv:1910.10685.

Sandholm, T. (1999). Distributed rational decision making. In Weiß, G. (Hrsg.), *Multiagent Systems*. MIT Press.

Sandholm, T., Larson, K., Andersson, M., Shehory, O., und Tohmé, F. (1999). Coalition structure generation with worst case guarantees. *AIJ*, *111*, 209–238.

Sandholm, T. (1993). An implementation of the contract net protocol based on marginal cost calculations. In *AAAI-93*.

Sang, T., Beame, P., und Kautz, H. (2005). Performing Bayesian inference by weighted model counting. In *AAAI-05*.

Sapir, E. (1921). *Language: An Introduction to the Study of Speech*. Harcourt Brace Jovanovich.

Sarawagi, S. (2007). Information extraction. *Foundations and Trends in Databases*, *1*, 261–377.

Sargent, T. J. (1978). Estimation of dynamic labor demand schedules under rational expectations. *J. Political Economy*, *86*, 1009–1044.

Sartre, J.-P. (1960). *Critique de la Raison dialectique*. Editions Gallimard.

Satia, J. K. und Lave, R. E. (1973). Markovian decision processes with probabilistic observation of states. *Management Science*, *20*, 1–13.

Sato, T. und Kameya, Y. (1997). PRISM: A symbolic-statistical modeling language. In *IJCAI-97*.

Saul, L. K., Jaakkola, T., und Jordan, M. I. (1996). Mean field theory for sigmoid belief networks. *JAIR*, *4*, 61–76.

Saunders, W., Sastry, G., Stuhlmüller, A., und Evans, O. (2018). Trial without error: Towards safe reinforcement learning via human intervention. In *AAMAS-18*.

Savage, L. J. (1954). *The Foundations of Statistics*. Wiley.

Savva, M., Kadian, A., Maksymets, O., Zhao, Y., Wijmans, E., Jain, B., Straub, J., Liu, J., Koltun, V., Malik, J., Parikh, D., und Batra, D. (2019). Habitat: A platform for embodied AI research. arXiv:1904.01201.

Sayre, K. (1993). Three more flaws in the computational model. Paper presented at the APA (Central Division) Annual Conference, Chicago, Illinois.

Schaeffer, J. (2008). *One Jump Ahead: Computer Perfection at Checkers*. Springer.

Schaeffer, J., Burch, N., Bjornsson, Y., Kishimoto, A., Müller, M., Lake, R., Lu, P., und Sutphen, S. (2007). Checkers is solved. *Science*, *317*, 1518–1522.

Schank, R. C. und Abelson, R. P. (1977). *Scripts, Plans, Goals, and Understanding*. Lawrence Erlbaum.

Schank, R. C. und Riesbeck, C. (1981). *Inside Computer Understanding: Five Programs Plus Miniatures*. Lawrence Erlbaum.

Schapire, R. E. und Singer, Y. (2000). Boostexter: A boosting-based system for text categorization. *Machine Learning*, *39*, 135–168.

Schapire, R. E. (1990). The strength of weak learnability. *Machine Learning*, *5*, 197–227.

Schapire, R. E. (2003). The boosting approach to machine learning: An overview. In Denison, D. D., Hansen, M. H., Holmes, C., Mallick, B., und Yu, B. (Hrsg.), *Nonlinear Estimation and Classification*. Springer.

Scharre, P. (2018). *Army of None*. W. W. Norton.

Schmid, C. und Mohr, R. (1996). Combining greyvalue invariants with local constraints for object recognition. In *CVPR-96*.

Schmidhuber, J. (2015). Deep learning in neural networks: An overview. *Neural Networks*, *61*, 85–117.

Schofield, M. und Thielscher, M. (2015). Lifting model sampling for general game playing to incomplete-information models. In *AAAI-15*.

Schoppers, M. J. (1989). In defense of reaction plans as caches. *AIMag*, *10*, 51–60.

Schraudolph, N. N., Dayan, P., und Sejnowski, T. (1994). Temporal difference learning of position evaluation in the game of Go. In *NeurIPS 6*.

Schrittwieser, J., Antonoglou, I., Hubert, T., Simonyan, K., Sifre, L., Schmitt, S., Guez, A., Lockhart, E., Hassabis, D., Graepel, T., Lillicrap, T., und Silver, D. (2019). Mastering Atari, Go, chess and shogi by planning with a learned model. arXiv:1911.08265.

Schröder, E. (1877). *Der Operationskreis des Logikkalküls*. B. G. Teubner, Leipzig.

Schulman, J., Ho, J., Lee, A. X., Awwal, I., Bradlow, H., und Abbeel, P. (2013). Finding locally optimal, collision-free trajectories with sequential convex optimization. In *Proc. Robotics: Science and Systems*.

Schulman, J., Levine, S., Moritz, P., Jordan, M., und Abbeel, P. (2015). Trust region policy optimization. In *ICML-15*.

Schultz, W., Dayan, P., und Montague, P. R. (1997). A neural substrate of prediction and reward. *Science*, *275*, 1593.

Schulz, D., Burgard, W., Fox, D., und Cremers, A. B. (2003). People tracking with mobile robots using sample-based joint probabilistic data association filters. *Int. J. Robotics Research*, *22*, 99–116.

Schulz, S. (2004). System Description: E 0.81. In *Proc. International Joint Conference on Automated Reasoning*, Vol. 3097 von *LNAI*.

Schulz, S. (2013). System description: E 1.8. In *Proc. Int. Conf. on Logic for Programming Artificial Intelligence and Reasoning*.

Schwartz, J. T., Scharir, M., und Hopcroft, J. (1987). *Planning, Geometry and Complexity of Robot Motion*. Ablex.

Schwartz, S. P. (Hrsg.). (1977). *Naming, Necessity, and Natural Kinds*. Cornell University Press.

Schölkopf, B. und Smola, A. J. (2002). *Learning with Kernels*. MIT Press.

Schöning, T. (1999). A probabilistic algorithm for k-SAT and constraint satisfaction problems. In *FOCS-99*.

Schütze, H. (1995). *Ambiguity in Language Learning: Computational and Cognitive Models*. Dissertation, Stanford University. Auch veröffentlicht bei CSLI Press, 1997.

Scott, D. und Krauss, P. (1966). Assigning probabilities to logical formulas. In Hintikka, J. und Suppes, P. (Hrsg.), *Aspects of Inductive Logic*. North-Holland.

Searle, J. R. (1980). Minds, brains, and programs. *BBS*, *3*, 417–457.

Searle, J. R. (1990). Is the brain's mind a computer program? *Scientific American*, *262*, 26–31.

Searle, J. R. (1992). *The Rediscovery of the Mind*. MIT Press.

Sedgewick, R. und Wayne, K. (2011). *Algorithms*. Addison-Wesley. Deutsche Ausgabe: *Algorithmen: Algorithmen und Datenstrukturen*. Pearson Studium, 2014.

Sefidgar, Y. S., Agarwal, P., und Cakmak, M. (2017). Situated tangible robot programming. In *HRI-17*.

Segaran, T. (2007). *Programming Collective Intelligence: Building Smart Web 2.0 Applications*. O'Reilly.

Seipp, J. und Röger, G. (2018). Fast downward stone soup 2018. IPC 2018 Classical Track.

Seipp, J., Sievers, S., Helmert, M., und Hutter, F. (2015). Automatic configuration of sequential planning portfolios. In *AAAI-15*.

Selman, B., Kautz, H., und Cohen, B. (1996). Local search strategies for satisfiability testing. In Johnson, D. S. und Trick, M. A. (Hrsg.), *Cliques, Coloring, and Satisfiability*. American Mathematical Society.

Selman, B. und Levesque, H. J. (1993). The complexity of path-based defeasible inheritance. *AIJ*, *62*, 303–339.

Selman, B., Levesque, H. J., und Mitchell, D. (1992). A new method for solving hard satisfiability problems. In *AAAI-92*.

Seni, G. und Elder, J. F. (2010). Ensemble methods in data mining: Improving accuracy through combining predictions. *Synthesis Lectures on Data Mining and Knowledge Discovery*, *2*, 1–126.

Seo, M., Kembhavi, A., Farhadi, A., und Hajishirzi, H. (2017). Bidirectional attention flow for machine comprehension. In *ICLR-17*.

Shachter, R. D. (1986). Evaluating influence diagrams. *Operations Research*, *34*, 871–882.

Shachter, R. D. (1998). Bayes-ball: The rational pastime (for determining irrelevance and requisite information in belief networks and influence diagrams). In *UAI-98*.

Shachter, R. D., D'Ambrosio, B., und Del Favero, B. A. (1990). Symbolic probabilistic inference in belief networks. In *AAAI-90*.

Shachter, R. D. und Kenley, C. R. (1989). Gaussian influence diagrams. *Management Science*, *35*, 527–550.

Shachter, R. D. und Peot, M. (1989). Simulation approaches to general probabilistic inference on belief networks. In *UAI-98*.

Shafer, G. (1976). *A Mathematical Theory of Evidence*. Princeton University Press.

Shanahan, M. (1997). *Solving the Frame Problem*. MIT Press.

Shanahan, M. (1999). The event calculus explained. In Wooldridge, M. J. und Veloso, M. (Hrsg.), *Artificial Intelligence Today*. Springer.

Shanahan, M. (2015). *The Technological Singularity*. MIT Press.

Shani, G., Pineau, J., und Kaplow, R. (2013). A survey of point-based POMDP solvers. *Autonomous Agents and Multi-Agent Systems*, *27*, 1–51.

Shankar, N. (1986). *Proof-Checking Metamathematics*. Dissertation, Computer Science Department, University of Texas at Austin.

Shannon, C. E. und Weaver, W. (1949). *The Mathematical Theory of Communication*. University of Illinois Press.

Shannon, C. E. (1950). Programming a computer for playing chess. *Philosophical Magazine*, *41*, 256–275.

Shapley, L. S. (1953a). A value for *n*-person games. In Kuhn, H. W. und Tucker, A. W. (Hrsg.), *Contributions to the Theory of Games*. Princeton University Press.

Shapley, S. (1953b). Stochastic games. *PNAS*, *39*, 1095–1100.

Sharan, R. V. und Moir, T. J. (2016). An overview of applications and advancements in automatic sound recognition. *Neurocomputing*, *200*, 22–34.

Shatkay, H. und Kaelbling, L. P. (1997). Learning topological maps with weak local odometric information. In *IJCAI-97*.

Shazeer, N., Mirhoseini, A., Maziarz, K., Davis, A., Le, Q. V., Hinton, G. E., und Dean, J. (2017). Outrageously large neural networks: The sparsely-gated mixture-of-experts layer. arXiv:1701.06538.

Shelley, M. (1818). *Frankenstein: Or, the Modern Prometheus*. Pickering and Chatto.

Sheppard, B. (2002). World-championship-caliber scrabble. *AIJ*, *134*, 241–275.

Shi, J. und Malik, J. (2000). Normalized cuts and image segmentation. *PAMI*, *22*, 888–905.

Shieber, S. (1994). Lessons from a restricted Turing test. *CACM*, *37*, 70–78.

Shieber, S. (Hrsg.). (2004). *The Turing Test*. MIT Press.

Shimony, S. E. (1994). Finding MAPs for belief networks is NP-hard. *AIJ*, *68*, 399–410.

Shoham, Y. (1993). Agent-oriented programming. *AIJ*, *60*, 51–92.

Shoham, Y. (1994). *Artificial Intelligence Techniques in Prolog*. Morgan Kaufmann.

Shoham, Y. und Leyton-Brown, K. (2009). *Multiagent Systems: Algorithmic, Game-Theoretic, and Logical Foundations*. Cambridge Univ. Press.

Shoham, Y., Powers, R., und Grenager, T. (2004). If multi-agent learning is the answer, what is the question? In *Proc. AAAI Fall Symposium on Artificial Multi-Agent Learning*.

Shortliffe, E. H. (1976). *Computer-Based Medical Consultations: MYCIN*. Elsevier.

Siciliano, B. und Khatib, O. (Hrsg.). (2016). *Springer Handbook of Robotics* (2. Auflage). Springer.

Sigaud, O. und Buffet, O. (2010). *Markov Decision Processes in Artificial Intelligence*. Wiley.

Sigmund, K. (2017). *Exact Thinking in Demented Times*. Basic Books.

Silberstein, M., Weissbrod, O., Otten, L., Tzemach, A., Anisenia, A., Shtark, O., Tuberg, D., Galfrin, E., Gannon, I., Shalata, A., Borochowitz, Z. U., Dechter, R., Thompson, E., und Geiger, D. (2013). A system for exact and approximate genetic linkage analysis of SNP data in large pedigrees. *Bioinformatics*, *29*, 197–205.

Silva, R., Melo, F. S., und Veloso, M. (2015). Towards table tennis with a quadrotor autonomous learning robot and onboard vision. In *IROS-15*.

Silver, D. und Veness, J. (2011). Monte-Carlo planning in large POMDPs. In *NeurIPS 23*.

Silver, D., Huang, A., Maddison, C. J., Guez, A., und Hassabis, D. (2016). Mastering the game of Go with deep neural networks and tree search. *Nature*, *529*, 484–489.

Silver, D., Hubert, T., Schrittwieser, J., Antonoglou, I., Lai, M., Guez, A., Lanctot, M., Sifre, L., Kumaran, D., Graepel, T., *et al.* (2018). A general reinforcement learning algorithm that masters chess, shogi, and Go through self-play. *Science*, *362*, 1140–1144.

Silver, D., Schrittwieser, J., Simonyan, K., Antonoglou, I., Huang, A., Guez, A., Hubert, T., Baker, L., Lai, M., Bolton, A., Chen, Y., Lillicrap, T., Hui, F., Sifre, L., van den Driessche, G., Graepel, T., und Hassabis, D. (2017).

Mastering the game of Go without human knowledge. *Nature*, *550*, 354–359.

Silverman, B. W. (1986). *Density Estimation for Statistics and Data Analysis*. Chapman and Hall.

Silverstein, C., Henzinger, M., Marais, H., und Moricz, M. (1998). Analysis of a very large AltaVista query log. Technical Report, Digital Systems Research Center.

Simmons, R. und Koenig, S. (1995). Probabilistic robot navigation in partially observable environments. In *IJCAI-95*.

Simon, D. (2006). *Optimal State Estimation: Kalman, H Infinity, and Nonlinear Approaches*. Wiley.

Simon, H. A. (1947). *Administrative Behavior*. Macmillan.

Simon, H. A. (1963). Experiments with a heuristic compiler. *JACM*, *10*, 493–506.

Simon, H. A. und Newell, A. (1958). Heuristic problem solving: The next advance in operations research. *Operations Research*, *6*, 1–10.

Simon, J. C. und Dubois, O. (1989). Number of solutions to satisfiability instances – Applications to knowledge bases. *AIJ*, *3*, 53–65.

Simonis, H. (2005). Sudoku as a constraint problem. In *CP-05 Workshop on Modeling and Reformulating Constraint Satisfaction Problems*.

Singer, P. W. (2009). *Wired for War*. Penguin Press.

Singh, P., Lin, T., Mueller, E. T., Lim, G., Perkins, T., und Zhu, W. L. (2002). Open mind common sense: Knowledge acquisition from the general public. In *Proc. First International Conference on Ontologies, Databases, and Applications of Semantics for Large Scale Information Systems*.

Sisbot, E. A., Marin-Urias, L. F., Alami, R., und Simeon, T. (2007). A human aware mobile robot motion planner. *IEEE Transactions on Robotics*, *23*, 874–883.

Siskind, J. M. und Pearlmutter, B. A. (2016). Efficient implementation of a higher-order language with built-in AD. arXiv:1611.03416.

Sistla, A. P. und Godefroid, P. (2004). Symmetry and reduced symmetry in model checking. *ACM Trans. Program. Lang. Syst.*, *26*, 702–734.

Sittler, R. W. (1964). An optimal data association problem in surveillance theory. *IEEE Transactions on Military Electronics*, *8*, 125–139.

Skolem, T. (1920). Logisch-kombinatorische Untersuchungen über die Erfüllbarkeit oder Beweisbarkeit mathematischer Sätze nebst einem Theoreme über die dichte Mengen. *Videnskapsselskapet (Kristiania). Matematisk-Naturvidenskapelig Klasse: Skrifter*, *4*, 1–36.

Skolem, T. (1928). Über die mathematische Logik. *Norsk Matematisk Tidsskrift*, *10*, 125–142.

Slagle, J. R. (1963). A heuristic program that solves symbolic integration problems in freshman calculus. *JACM*, *10*.

Slate, D. J. und Atkin, L. R. (1977). CHESS 4.5 – Northwestern University chess program. In Frey, P. W. (Hrsg.), *Chess Skill in Man and Machine*. Springer.

Slater, E. (1950). Statistics for the chess computer and the factor of mobility. In *Symposium on Information Theory*. Ministry of Supply.

Slocum, J. und Sonneveld, D. (2006). *The 15 Puzzle*. Slocum Puzzle Foundation.

Smallwood, R. D. und Sondik, E. J. (1973). The optimal control of partially observable Markov processes over a finite horizon. *Operations Research*, *21*, 1071–1088.

Smith, B. (2004). Ontology. In Floridi, L. (Hrsg.), *The Blackwell Guide to the Philosophy of Computing and Information*. Wiley-Blackwell.

Smith, B., Ashburner, M., Rosse, C., *et al.* (2007). The OBO Foundry: Coordinated evolution of ontologies to support biomedical data integration. *Nature Biotechnology*, *25*, 1251–1255.

Smith, D. E., Genesereth, M. R., und Ginsberg, M. L. (1986). Controlling recursive inference. *AIJ*, *30*, 343–389.

Smith, D. A. und Eisner, J. (2008). Dependency parsing by belief propagation. In *EMNLP-08*.

Smith, D. E. und Weld, D. S. (1998). Conformant Graphplan. In *AAAI-98*.

Smith, J. Q. (1988). *Decision Analysis*. Chapman and Hall.

Smith, J. E. und Winkler, R. L. (2006). The optimizer's curse: Skepticism and postdecision surprise in decision analysis. *Management Science*, *52*, 311–322.

Smith, J. M. (1982). *Evolution and the Theory of Games*. Cambridge University Press.

Smith, J. M. und Szathmáry, E. (1999). *The Origins of Life: From the Birth of Life to the Origin of Language*. Oxford University Press.

Smith, M. K., Welty, C., und McGuinness, D. (2004). OWL web ontology language guide. Technical Report, W3C.

Smith, R. G. (1980). *A Framework for Distributed Problem Solving*. UMI Research Press.

Smith, R. C. und Cheeseman, P. (1986). On the representation and estimation of spatial uncertainty. *Int. J. Robotics Research*, *5*, 56–68.

Smith, S. J. J., Nau, D. S., und Throop, T. A. (1998). Success in spades: Using AI planning techniques to win the world championship of computer bridge. In *AAAI-98*.

Smith, W. E. (1956). Various optimizers for single-stage production. *Naval Research Logistics Quarterly*.

Smolensky, P. (1988). On the proper treatment of connectionism. *BBS*, *2*, 1–74.

Smolensky, P. und Prince, A. (1993). Optimality theory: Constraint interaction in generative grammar. Technical Report, Department of Computer Science, University of Colorado at Boulder.

Smullyan, R. M. (1995). *First-Order Logic*. Dover.

Smyth, P., Heckerman, D., und Jordan, M. I. (1997). Probabilistic independence networks for hidden Markov probability models. *Neural Computation*, *9*, 227–269.

Snoek, J., Larochelle, H., und Adams, R. P. (2013). Practical Bayesian optimization of machine learning algorithms. In *NeurIPS 25*.

Solomonoff, R. J. (1964). A formal theory of inductive inference. *Information and Control*, *7*, 1–22, 224–254.

Solomonoff, R. J. (2009). Algorithmic probability – theory and applications. In Emmert-Streib, F. und Dehmer, M. (Hrsg.), *Information Theory and Statitical Learning*. Springer.

Sondik, E. J. (1971). *The Optimal Control of Partially Observable Markov Decision Processes*. Dissertation, Stanford University.

Sosic, R. und Gu, J. (1994). Efficient local search with conflict minimization: A case study of the n-queens problem. *IEEE Transactions on Knowledge and Data Engineering*, *6*, 661–668.

Sowa, J. (1999). *Knowledge Representation: Logical, Philosophical, and Computational Foundations*. Blackwell.

Spaan, M. T. J. und Vlassis, N. (2005). Perseus: Randomized point-based value iteration for POMDPs. *JAIR*, *24*, 195–220.

Sparrow, R. (2004). The Turing triage test. *Ethics and Information Technology*, *6*, 203–213.

Spiegelhalter, D. J., Dawid, A. P., Lauritzen, S., und Cowell, R. (1993). Bayesian analysis in expert systems. *Statistical Science*, *8*, 219–282.

Spirtes, P., Glymour, C., und Scheines, R. (1993). *Causation, Prediction, and Search*. Springer.

Spitkovsky, V. I., Alshawi, H., und Jurafsky, D. (2010a). From baby steps to leapfrog: How less is more in unsupervised dependency parsing. In *NAACL HLT*.

Spitkovsky, V. I., Jurafsky, D., und Alshawi, H. (2010b). Profiting from mark-up: Hyper-text annotations for guided parsing. In *ACL-10*.

Srivas, M. und Bickford, M. (1990). Formal verification of a pipelined microprocessor. *IEEE Software*, *7*, 52–64.

Srivastava, N., Hinton, G. E., Krizhevsky, A., Sutskever, I., und Salakhutdinov, R. (2014a). Dropout: A simple way to prevent neural networks from overfitting. *JMLR*, *15*, 1929–1958.

Srivastava, S., Russell, S. J., und Ruan, P. (2014b). First-order open-universe POMDPs. In *UAI-14*.

Staab, S. (2004). *Handbook on Ontologies*. Springer.

Stallman, R. M. und Sussman, G. J. (1977). Forward reasoning and dependency-directed backtracking in a system for computer aided circuit analysis. *AIJ*, *9*, 135–196.

Stanfill, C. und Waltz, D. (1986). Toward memory-based reasoning. *CACM*, *29*, 1213–1228.

Stanislawska, K., Krawiec, K., und Vihma, T. (2015). Genetic programming for estimation of heat flux between the atmosphere and sea ice in polar regions. In *GECCO-15*.

Stefik, M. (1995). *Introduction to Knowledge Systems*. Morgan Kaufmann.

Steiner, D. F., MacDonald, R., Liu, Y., Truszkowski, P., Hipp, J. D., Gammage, C., Thng, F., Peng, L., und Stumpe, M. C. (2018). Impact of deep learning assistance on the histopathologic review of lymph nodes for metastatic breast cancer. *Am. J. Surgical Pathology*, *42*, 1636–1646.

Steinruecken, C., Smith, E., Janz, D., Lloyd, J., und Ghahramani, Z. (2019). The Automatic Statistician. In Hutter, F., Kotthoff, L., und Vanschoren, J. (Hrsg.), *Automated Machine Learning*. Springer.

Stergiou, K. und Walsh, T. (1999). The difference all-difference makes. In *IJCAI-99*.

Stickel, M. E. (1992). A Prolog technology theorem prover: a new exposition and implementation in Prolog. *Theoretical Computer Science*, *104*, 109–128.

Stiller, L. (1992). KQNKRR. *J. International Computer Chess Association*, *15*, 16–18.

Stiller, L. (1996). Multilinear algebra and chess endgames. In Nowakowski, R. J. (Hrsg.), *Games of No Chance, MSRI, 29, 1996*. Mathematical Sciences Research Institute.

Stockman, G. (1979). A minimax algorithm better than alpha-beta? *AIJ*, *12*, 179–196.

Stoffel, K., Taylor, M., und Hendler, J. (1997). Efficient management of very large ontologies. In *AAAI-97*.

Stone, M. (1974). Cross-validatory choice and assessment of statistical predictions. *J. Royal Statistical Society*, *36*, 111–133.

Stone, P. (2000). *Layered Learning in Multi-Agent Systems: A Winning Approach to Robotic Soccer*. MIT Press.

Stone, P. (2003). Multiagent competitions and research: Lessons from RoboCup and TAC. In Lima, P. U. und Rojas, P. (Hrsg.), *RoboCup-2002: Robot Soccer World Cup VI*. Springer.

Stone, P. (2016). What's hot at RoboCup. In *AAAI-16*.

Stone, P., Brooks, R. A., Brynjolfsson, E., Calo, R., Etzioni, O., Hager, G., Hirschberg, J., Kalyanakrishnan, S., Kamar, E., Kraus, S., *et al.* (2016). Artificial intelligence and life in 2030. Technical Report, Stanford University One Hundred Year Study on Artificial Intelligence: Report of the 2015-2016 Study Panel.

Stone, P., Kaminka, G., und Rosenschein, J. S. (2009). Leading a best-response teammate in an ad hoc team. In *AAMAS Workshop in Agent Mediated Electronic Commerce*.

Stone, P., Sutton, R. S., und Kuhlmann, G. (2005). Reinforcement learning for robocup soccer keepaway. *Adaptive Behavior*, *13*, 165–188.

Storvik, G. (2002). Particle filters for state-space models with the presence of unknown static parameters. *IEEE Transactions on Signal Processing*, *50*, 281–289.

Strachey, C. (1952). Logical or non-mathematical programmes. In *Proc. 1952 ACM National Meeting*.

Stratonovich, R. L. (1959). Optimum nonlinear systems which bring about a separation of a signal with constant parameters from noise. *Radiofizika*, *2*, 892–901.

Stratonovich, R. L. (1965). On value of information. *Izvestiya of USSR Academy of Sciences, Technical Cybernetics*, *5*, 3–12.

Sturtevant, N. R. und Bulitko, V. (2016). Scrubbing during learning in real-time heuristic search. *JAIR*, *57*, 307–343.

Subramanian, D. und Wang, E. (1994). Constraint-based kinematic synthesis. In *Proc. International Conference on Qualitative Reasoning*.

Suk, H.-I., Sin, B.-K., und Lee, S.-W. (2010). Hand gesture recognition based on dynamic Bayesian network framework. *Pattern Recognition*, *43*, 3059–3072.

Sun, Y., Wang, S., Li, Y., Feng, S., Tian, H., Wu, H., und Wang, H. (2019). ERNIE 2.0: A continual pre-training framework for language understanding. arXiv:1907.12412.

Sussman, G. J. (1975). *A Computer Model of Skill Acquisition*. Elsevier.

Sutcliffe, G. (2016). The CADE ATP system competition – CASC. *AIMag*, *37*, 99–101.

Sutcliffe, G. und Suttner, C. (1998). The TPTP Problem Library: CNF Release v1.2.1. *JAR*, *21*, 177–203.

Sutcliffe, G., Schulz, S., Claessen, K., und Gelder, A. V. (2006). Using the TPTP language for writing derivations and finite interpretations. In *Proc. International Joint Conference on Automated Reasoning*.

Sutherland, I. (1963). Sketchpad: A man-machine graphical communication system. In *Proc. Spring Joint Computer Conference*.

Sutskever, I., Vinyals, O., und Le, Q. V. (2015). Sequence to sequence learning with neural networks. In *NeurIPS 27*.

Sutton, C. und McCallum, A. (2007). An introduction to conditional random fields for relational learning. In Getoor, L. und Taskar, B. (Hrsg.), *Introduction to Statistical Relational Learning*. MIT Press.

Sutton, R. S. (1988). Learning to predict by the methods of temporal differences. *Machine Learning*, *3*, 9–44.

Sutton, R. S., McAllester, D. A., Singh, S., und Mansour, Y. (2000). Policy gradient methods for reinforcement learning with function approximation. In *NeurIPS 12*.

Sutton, R. S. (1990). Integrated architectures for learning, planning, and reacting based on approximating dynamic programming. In *ICML-90*.

Sutton, R. S. und Barto, A. G. (2018). *Reinforcement Learning: An Introduction* (2. Auflage). MIT Press.

Swade, D. (2000). *Difference Engine: Charles Babbage And The Quest To Build The First Computer*. Diane Publishing Co.

Sweeney, L. (2000). Simple demographics often identify people uniquely. *Health (San Francisco)*, *671*, 1–34.

Sweeney, L. (2002a). Achieving k-anonymity privacy protection using generalization and suppression. *International Journal of Uncertainty, Fuzziness and Knowledge-Based Systems*, *10*, 571–588.

Sweeney, L. (2002b). k-anonymity: A model for protecting privacy. *International Journal of Uncertainty, Fuzziness and Knowledge-Based Systems*, *10*, 557–570.

Swerling, P. (1959). First order error propagation in a stagewise smoothing procedure for satellite observations. *J. Astronautical Sciences*, *6*, 46–52.

Swift, T. und Warren, D. S. (1994). Analysis of SLG-WAM evaluation of definite programs. In *Logic Programming: Proc. 1994 International Symposium*.

Szegedy, C., Zaremba, W., Sutskever, I., Bruna, J., Erhan, D., Goodfellow, I., und Fergus, R. (2013). Intriguing properties of neural networks. arXiv:1312.6199.

Szeliski, R. (2011). *Computer Vision: Algorithms and Applications*. Springer.

Szepesvari, C. (2010). Algorithms for reinforcement learning. *Synthesis Lectures on Artificial Intelligence and Machine Learning*, *4*, 1–103.

Tadepalli, P., Givan, R., und Driessens, K. (2004). Relational reinforcement learning: An overview. In *ICML-04*.

Tait, P. G. (1880). Note on the theory of the "15 puzzle". *Proc. Royal Society of Edinburgh*, *10*, 664–665.

Tamaki, H. und Sato, T. (1986). OLD resolution with tabulation. In *ICLP-86*.

Tan, P., Steinbach, M., Karpatne, A., und Kumar, V. (2019). *Introduction to Data Mining* (2. Auflage). Pearson.

Tang, E. (2018). A quantum-inspired classical algorithm for recommendation systems. arXiv:1807.04271.

Tarski, A. (1935). Der Wahrheitsbegriff in den formalisierten Sprachen. *Studia Philosophica*, *1*, 261–405.

Tarski, A. (1941). *Introduction to Logic and to the Methodology of Deductive Sciences*. Dover.

Tarski, A. (1956). *Logic, Semantics, Metamathematics: Papers from 1923 to 1938*. Oxford University Press.

Tash, J. K. und Russell, S. J. (1994). Control strategies for a stochastic planner. In *AAAI-94*.

Tassa, Y., Doron, Y., Muldal, A., Erez, T., Li, Y., Casas, D. d. L., Budden, D., Abdolmaleki, A., Merel, J., Lefrancq, A., *et al.* (2018). Deepmind control suite. arXiv:1801.00690.

Tate, A. (1975a). Interacting goals and their use. In *IJCAI-75*.

Tate, A. (1975b). *Using Goal Structure to Direct Search in a Problem Solver*. Dissertation, University of Edinburgh.

Tate, A. (1977). Generating project networks. In *IJCAI-77*.

Tate, A. und Whiter, A. M. (1984). Planning with multiple resource constraints and an application to a naval planning problem. In *Proc. First Conference on AI Applications*.

Tatman, J. A. und Shachter, R. D. (1990). Dynamic programming and influence diagrams. *IEEE Transactions on Systems, Man and Cybernetics*, *20*, 365–379.

Tattersall, C. (1911). *A Thousand End-Games: A Collection of Chess Positions That Can be Won or Drawn by the Best Play*. British Chess Magazine.

Taylor, A. D. und Zwicker, W. S. (1999). *Simple Games: Desirability Relations, Trading, Pseudoweightings*. Princeton University Press.

Taylor, G., Stensrud, B., Eitelman, S., und Dunham, C. (2007). Towards automating airspace management. In *Proc. Computational Intelligence for Security and Defense Applications (CISDA) Conference*.

Taylor, P. (2009). *Text-to-Speech Synthesis*. Cambridge University Press.

Tedrake, R., Zhang, T. W., und Seung, H. S. (2004). Stochastic policy gradient reinforcement learning on a simple 3D biped. In *IROS-04*.

Tellex, S., Kollar, T., Dickerson, S., Walter, M. R., Banerjee, A., Teller, S., und Roy, N. (2011). Understanding natural language commands for robotic navigation and mobile manipulation. In *AAAI-11*.

Tenenbaum, J. B., Griffiths, T. L., und Niyogi, S. (2007). Intuitive theories as grammars for causal inference. In Gopnik, A. und Schulz, L. (Hrsg.), *Causal Learning: Psychology, Philosophy, and Computation*. Oxford University Press.

Tesauro, G. (1990). Neurogammon: A neural-network backgammon program. In *IJCNN-90*.

Tesauro, G. (1992). Practical issues in temporal difference learning. *Machine Learning*, *8*, 257–277.

Tesauro, G. (1995). Temporal difference learning and TD-Gammon. *CACM*, *38*, 58–68.

Tesauro, G. und Galperin, G. R. (1997). On-line policy improvement using Monte-Carlo search. In *NeurIPS 9*.

Tetlock, P. E. (2017). *Expert Political Judgment: How Good Is It? How Can We Know?* Princeton University Press.

Teyssier, M. und Koller, D. (2005). Ordering-based search: A simple and effective algorithm for learning Bayesian networks. In *UAI-05*.

Thaler, R. (1992). *The Winner's Curse: Paradoxes and Anomalies of Economic Life*. Princeton University Press.

Thaler, R. und Sunstein, C. (2009). *Nudge: Improving Decisions About Health, Wealth, and Happiness*. Penguin.

Thayer, J. T., Dionne, A., und Ruml, W. (2011). Learning inadmissible heuristics during search. In *ICAPS-11*.

Theocharous, G., Murphy, K., und Kaelbling, L. P. (2004). Representing hierarchical POMDPs as DBNs for multi-scale robot localization. In *ICRA-04*.

Thiele, T. (1880). Om anvendelse af mindste kvadraters methode i nogle tilfælde, hvor en komplikation af visse slags uensartede tilfældige fejlkilder giver fejlene en 'systematisk' karakter. *Vidensk. Selsk. Skr. 5. Rk., naturvid. og mat. Afd.*, *12*, 381–408.

Thielscher, M. (1999). From situation calculus to fluent calculus: State update axioms as a solution to the inferential frame problem. *AIJ*, *111*, 277–299.

Thomas, P. S., da Silva, B. C., Barto, A. G., und Brunskill, E. (2017). On ensuring that intelligent machines are well-behaved. arXiv:1708.05448.

Thomaz, A., Hoffman, G., Cakmak, M., *et al.* (2016). Computational human-robot interaction. *Foundations and Trends in Robotics*, *4*, 105–223.

Thompson, K. (1986). Retrograde analysis of certain endgames. *J. International Computer Chess Association*, *9*, 131–139.

Thompson, K. (1996). 6-piece endgames. *J. International Computer Chess Association*, *19*, 215–226.

Thompson, W. R. (1933). On the likelihood that one unknown probability exceeds another in view of the evidence of two samples. *Biometrika*, *25*, 285–294.

Thorndike, E. (1911). *Animal Intelligence*. Macmillan.

Thornton, C., Hutter, F., Hoos, H. H., und Leyton-Brown, K. (2013). Auto-WEKA: Combined selection and hyperparameter optimization of classification algorithms. In *KDD-13*.

Thrun, S., Burgard, W., und Fox, D. (2005). *Probabilistic Robotics*. MIT Press.

Thrun, S., Fox, D., und Burgard, W. (1998). A probabilistic approach to concurrent mapping and localization for mobile robots. *Machine Learning*, *31*, 29–53.

Thrun, S. (2006). Stanley, the robot that won the DARPA Grand Challenge. *J. Field Robotics*, *23*, 661–692.

Thrun, S. und Pratt, L. (2012). *Learning to Learn*. Springer.

Thurstone, L. L. (1927). A law of comparative judgment. *Psychological Review*, *34*, 273–286.

Tian, J., Paz, A., und Pearl, J. (1998). Finding a minimal *d*-separator. Technical Report, UCLA Department of Computer Science.

Tikhonov, A. N. (1963). Solution of incorrectly formulated problems and the regularization method. *Soviet Math. Dokl.*, *5*, 1035–1038.

Tipping, M. E. und Bishop, C. M. (1999). Probabilistic principal component analysis. *J. Royal Statistical Society*, *61*, 611–622.

Titterington, D. M., Smith, A. F. M., und Makov, U. E. (1985). *Statistical Analysis of Finite Mixture Distributions*. Wiley.

Toma, P. (1977). SYSTRAN as a multilingual machine translation system. In *Proc. Third European Congress on Information Systems and Networks: Overcoming the Language Barrier*.

Tomasi, C. und Kanade, T. (1992). Shape and motion from image streams under orthography: A factorization method. *IJCV*, *9*, 137–154.

Topol, E. (2019). *Deep Medicine: How Artificial Intelligence Can Make Healthcare Human Again*. Basic Books.

Torralba, A., Fergus, R., und Weiss, Y. (2008). Small codes and large image databases for recognition. In *CVPR*.

Torralba, A., Linares López, C., und Borrajo, D. (2016). Abstraction heuristics for symbolic bidirectional search. In *IJCAI-16*.

Tramèr, F., Zhang, F., Juels, A., Reiter, M. K., und Ristenpart, T. (2016). Stealing machine learning models via prediction APIs. In *USENIX Security Symposium*.

Tran, D., Hoffman, M., Saurous, R. A., Brevdo, E., Murphy, K., und Blei, D. M. (2017). Deep probabilistic programming. In *ICLR-17*.

Trappenberg, T. (2010). *Fundamentals of Computational Neuroscience* (2. Auflage). Oxford University Press.

Tsang, E. (1993). *Foundations of Constraint Satisfaction*. Academic Press.

Tshitoyan, V., Dagdelen, J., Weston, L., Dunn, A., Rong, Z., Kononova, O., Persson, K. A., Ceder, G., und Jain, A. (2019). Unsupervised word embeddings capture latent knowledge from materials science literature. *Nature*, *571*, 95.

Tsitsiklis, J. N. und Van Roy, B. (1997). An analysis of temporal-difference learning with function approximation. *IEEE Transactions on Automatic Control*, *42*, 674–690.

Tukey, J. W. (1977). *Exploratory Data Analysis*. Addison-Wesley.

Tumer, K. und Wolpert, D. (2000). Collective intelligence and Braess' paradox. In *AAAI-00*.

Turian, J., Ratinov, L., und Bengio, Y. (2010). Word representations: a simple and general method for semi-supervised learning. In *ACL-10*.

Turing, A. (1936). On computable numbers, with an application to the Entscheidungsproblem. *Proc. London Mathematical Society, 2nd series*, *42*, 230–265.

Turing, A. (1948). Intelligent machinery. Technical Report, National Physical Laboratory.

Turing, A. (1950). Computing machinery and intelligence. *Mind*, *59*, 433–460.

Turing, A., Strachey, C., Bates, M. A., und Bowden, B. V. (1953). Digital computers applied to games. In Bowden, B. V. (Hrsg.), *Faster than Thought*. Pitman.

Turing, A. (1947). Vortrag bei der London Mathematical Society am 20. Februar 1947.

Turing, A. (1996). Intelligent machinery, a heretical theory. *Philosophia Mathematica*, *4*, 256–260. Original geschrieben im Jahr 1951.

Tversky, A. und Kahneman, D. (1982). Causal schemata in judgements under uncertainty. In Kahneman, D., Slovic, P., und Tversky, A. (Hrsg.), *Judgement Under Uncertainty: Heuristics and Biases*. Cambridge University Press.

Tygar, J. D. (2011). Adversarial machine learning. *IEEE Internet Computing, 15*, 4–6.

Ullman, J. D. (1985). Implementation of logical query languages for databases. *ACM Transactions on Database Systems, 10*, 289–321.

Ullman, S. (1979). *The Interpretation of Visual Motion*. MIT Press.

Urmson, C. und Whittaker, W. (2008). Self-driving cars and the Urban Challenge. *IEEE Intelligent Systems, 23*, 66–68.

Valiant, L. (1984). A theory of the learnable. *CACM, 27*, 1134–1142.

Vallati, M., Chrpa, L., und Kitchin, D. E. (2015). Portfolio-based planning: State of the art, common practice and open challenges. *AI Commun., 28*(4), 717–733.

van den Oord, A., Dieleman, S., und Schrauwen, B. (2014). Deep content-based music recommendation. In *NeurIPS 26*.

van den Oord, A., Dieleman, S., Zen, H., Simonyan, K., Vinyals, O., Graves, A., Kalchbrenner, N., Senior, A., und Kavukcuoglu, K. (2016a). WaveNet: A generative model for raw audio. arXiv:1609.03499.

van den Oord, A., Kalchbrenner, N., und Kavukcuoglu, K. (2016b). Pixel recurrent neural networks. arXiv:1601.06759.

van Heijenoort, J. (Hrsg.). (1967). *From Frege to Gödel: A Source Book in Mathematical Logic, 1879–1931*. Harvard University Press.

Van Hentenryck, P., Saraswat, V., und Deville, Y. (1998). Design, implementation, and evaluation of the constraint language cc(FD). *J. Logic Programming, 37*, 139–164.

van Nunen, J. A. E. E. (1976). A set of successive approximation methods for discounted Markovian decision problems. *Zeitschrift für Operations Research, Serie A, 20*, 203–208.

Van Roy, P. L. (1990). Can logic programming execute as fast as imperative programming? Report, Computer Science Division, UC Berkeley.

Vapnik, V. N. (1998). *Statistical Learning Theory*. Wiley.

Vapnik, V. N. und Chervonenkis, A. Y. (1971). On the uniform convergence of relative frequencies of events to their probabilities. *Theory of Probability and Its Applications, 16*, 264–280.

Vardi, M. Y. (1996). An automata-theoretic approach to linear temporal logic. In Moller, F. und Birtwistle, G. (Hrsg.), *Logics for Concurrency*. Springer.

Varian, H. R. (1995). Economic mechanism design for computerized agents. In *USENIX Workshop on Electronic Commerce*.

Vasilache, N., Johnson, J., Mathieu, M., Chintala, S., Piantino, S., und LeCun, Y. (2014). Fast convolutional nets with fbfft: A GPU performance evaluation. arXiv:1412.7580.

Vaswani, A., Shazeer, N., Parmar, N., Uszkoreit, J., Jones, L., Gomez, A. N., Kaiser, L., und Polosukhin, I. (2018). Attention is all you need. In *NeurIPS 30*.

Veach, E. und Guibas, L. J. (1995). Optimally combining sampling techniques for Monte Carlo rendering. In *Proc. 22rd Annual Conference on Computer Graphics and Interactive Techniques (SIGGRAPH)*.

Venkatesh, S. (2012). *The Theory of Probability: Explorations and Applications*. Cambridge University Press.

Vere, S. A. (1983). Planning in time: Windows and durations for activities and goals. *PAMI, 5*, 246–267.

Verma, S. und Rubin, J. (2018). Fairness definitions explained. In *2018 IEEE/ACM International Workshop on Software Fairness*.

Verma, V., Gordon, G., Simmons, R., und Thrun, S. (2004). Particle filters for rover fault diagnosis. *IEEE Robotics and Automation Magazine, June*.

Vinge, V. (1993). The coming technological singularity: How to survive in the post-human era. In *Proc. Vision-21: Interdisciplinary Science and Engineering in the Era of Cyberspace*. NASA.

Vinyals, O., Babuschkin, I., Czarnecki, W. M., Mathieu, M., Dudzik, A., Chung, J., Choi, D. H., Powell, R., Ewalds, T., Georgiev, P., Hassabis, D., Apps, C., und Silver, D. (2019). Grandmaster level in StarCraft II using multi-agent reinforcement learning. *Nature, 575*, 350–354.

Vinyals, O., Ewalds, T., Bartunov, S., und Georgiev, P. (2017a). StarCraft II: A new challenge for reinforcement learning. arXiv:1708.04782.

Vinyals, O., Toshev, A., Bengio, S., und Erhan, D. (2017b). Show and tell: Lessons learned from the 2015 MSCOCO image captioning challenge. *PAMI, 39*, 652–663.

Viola, P. und Jones, M. (2004). Robust real-time face detection. *IJCV, 57*, 137–154.

Visser, U., Ribeiro, F., Ohashi, T., und Dellaert, F. (Hrsg.). (2008). *RoboCup 2007: Robot Soccer World Cup XI*. Springer.

Viterbi, A. J. (1967). Error bounds for convolutional codes and an asymptotically optimum decoding algorithm. *IEEE Transactions on Information Theory, 13*, 260–269.

Vlassis, N. (2008). *A Concise Introduction to Multiagent Systems and Distributed Artificial Intelligence*. Morgan & Claypool.

von Mises, R. (1928). *Wahrscheinlichkeit, Statistik und Wahrheit*. J. Springer.

von Neumann, J. (1928). Zur Theorie der Gesellschaftsspiele. *Mathematische Annalen, 100*, 295–320.

von Neumann, J. und Morgenstern, O. (1944). *Theory of Games and Economic Behavior* (erste Auflage). Princeton University Press.

von Winterfeldt, D. und Edwards, W. (1986). *Decision Analysis and Behavioral Research*. Cambridge University Press.

Vossen, T., Ball, M., Lotem, A., und Nau, D. S. (2001). Applying integer programming to AI planning. *Knowledge Engineering Review, 16*, 85–100.

Wainwright, M. und Jordan, M. I. (2008). Graphical models, exponential families, and variational inference. *Foundations and Trends in Machine Learning, 1*, 1–305.

Walker, G. (1931). On periodicity in series of related terms. *Proc. Roy. Soc., A, 131*, 518–532.

Walker, R. J. (1960). An enumerative technique for a class of combinatorial problems. In *Proc. Sympos. Appl. Math.*, Vol. 10.

Walpole, R. E., Myers, R. H., Myers, S. L., und Ye, K. E. (2016). *Probability and Statistics for Engineers and Scientists* (9. Auflage). Pearson.

Walsh, T. (2015). Turing's red flag. arXiv:1510.09033.

Waltz, D. (1975). Understanding line drawings of scenes with shadows. In Winston, P. H. (Hrsg.), *The Psychology of Computer Vision*. McGraw-Hill.

Wang, A., Pruksachatkun, Y., Nangia, N., Singh, A., Michael, J., Hill, F., Levy, O., und Bowman, S. R. (2019). SuperGLUE: A stickier benchmark for general-purpose language understanding systems. arXiv:1905.00537.

Wang, A., Singh, A., Michael, J., Hill, F., Levy, O., und Bowman, S. (2018a). GLUE: A multi-task benchmark and analysis platform for natural language understanding. arXiv:1804.07461.

Wang, J., Zhu, T., Li, H., Hsueh, C.-H., und Wu, I.-C. (2018b). Belief-state Monte Carlo tree search for phantom Go. *IEEE Transactions on Games, 10*, 139–154.

Wanner, E. (1974). *On Remembering, Forgetting and Understanding Sentences*. Mouton.

Warren, D. H. D. (1974). WARPLAN: A System for Generating Plans. Department of Computational Logic Memo, University of Edinburgh.

Warren, D. H. D. (1983). An abstract Prolog instruction set. Technical Note, SRI International.

Wasserman, L. (2004). *All of Statistics*. Springer.

Watkins, C. J. (1989). *Models of Delayed Reinforcement Learning*. Dissertation, Psychology Department, Cambridge University.

Watson, J. D. und Crick, F. (1953). A structure for deoxyribose nucleic acid. *Nature, 171*, 737.

Wattenberg, M., Viégas, F., und Johnson, I. (2016). How to use t-SNE effectively. *Distill, 1*.

Waugh, K., Schnizlein, D., Bowling, M., und Szafron, D. (2009). Abstraction pathologies in extensive games. In *AAMAS-09*.

Weibull, J. (1995). *Evolutionary Game Theory*. MIT Press.

Weidenbach, C. (2001). SPASS: Combining superposition, sorts and splitting. In Robinson, A. und Voronkov, A. (Hrsg.), *Handbook of Automated Reasoning*. MIT Press.

Weiss, G. (2000a). *Multiagent Systems*. MIT Press.

Weiss, Y. (2000b). Correctness of local probability propagation in graphical models with loops. *Neural Computation, 12*, 1–41.

Weiss, Y. und Freeman, W. (2001). Correctness of belief propagation in Gaussian graphical models of arbitrary topology. *Neural Computation, 13*, 2173–2200.

Weizenbaum, J. (1976). *Computer Power and Human Reason*. W. H. Freeman.

Weld, D. S. (1994). An introduction to least commitment planning. *AIMag, 15*, 27–61.

Weld, D. S. (1999). Recent advances in AI planning. *AIMag, 20*, 93–122.

Weld, D. S., Anderson, C. R., und Smith, D. E. (1998). Extending Graphplan to handle uncertainty and sensing actions. In *AAAI-98*.

Weld, D. S. und de Kleer, J. (1990). *Readings in Qualitative Reasoning about Physical Systems*. Morgan Kaufmann.

Weld, D. S. und Etzioni, O. (1994). The first law of robotics: A call to arms. In *AAAI-94*.

Wellman, M. P. (1985). Reasoning about preference models. Technical Report, Laboratory for Computer Science, MIT.

Wellman, M. P. (1988). *Formulation of Tradeoffs in Planning under Uncertainty*. Dissertation, MIT.

Wellman, M. P. (1990a). Fundamental concepts of qualitative probabilistic networks. *AIJ, 44*, 257–303.

Wellman, M. P. (1990b). The STRIPS assumption for planning under uncertainty. In *AAAI-90*.

Wellman, M. P., Breese, J. S., und Goldman, R. (1992). From knowledge bases to decision models. *Knowledge Engineering Review, 7*, 35–53.

Wellman, M. P. und Doyle, J. (1992). Modular utility representation for decision-theoretic planning. In *ICAPS-92*.

Wellman, M. P., Wurman, P., O'Malley, K., Bangera, R., Lin, S., Reeves, D., und Walsh, W. (2001). Designing the market game for a trading agent competition. *IEEE Internet Computing*, *5*, 43–51.

Werbos, P. (1974). *Beyond Regression: New Tools for Prediction and Analysis in the Behavioral Sciences.* Dissertation, Harvard University.

Werbos, P. (1990). Backpropagation through time: What it does and how to do it. *Proc. IEEE*, *78*, 1550–1560.

Werbos, P. (1992). Approximate dynamic programming for real-time control and neural modeling. In White, D. A. und Sofge, D. A. (Hrsg.), *Handbook of Intelligent Control: Neural, Fuzzy, and Adaptive Approaches.* Van Nostrand Reinhold.

Werbos, P. (1977). Advanced forecasting methods for global crisis warning and models of intelligence. *General Systems Yearbook*, *22*, 25–38.

Wesley, M. A. und Lozano-Perez, T. (1979). An algorithm for planning collision-free paths among polyhedral objects. *CACM*, *22*, 560–570.

West, D. M. (2018). *The Future of Work: Robots, AI, and Automation.* Brookings Institution Press.

West, S. M., Whittaker, M., und Crawford, K. (2019). Discriminating systems: Gender, race and power in AI. Technical Report, AI Now Institute.

Wexler, Y. und Meek, C. (2009). MAS: A multiplicative approximation scheme for probabilistic inference. In *NeurIPS 21*.

Wheatstone, C. (1838). On some remarkable, and hitherto unresolved, phenomena of binocular vision. *Phil. Trans. Roy. Soc.*, *2*, 371–394.

White, C., Neiswanger, W., und Savani, Y. (2019). BANANAS: Bayesian optimization with neural architectures for neural architecture search. arXiv:1910.11858.

Whitehead, A. N. und Russell, B. (1910). *Principia Mathematica.* Cambridge University Press.

Whittle, P. (1979). Discussion of Dr Gittins' paper. *J. Royal Statistical Society*, *41*, 165.

Whorf, B. (1956). *Language, Thought, and Reality.* MIT Press.

Widrow, B. (1962). Generalization and information storage in networks of ADALINE "neurons". In Yovits, M. C., Jacobi, G. T., und Goldstein, G. D. (Hrsg.), *Self-Organizing Systems.* Spartan.

Widrow, B. und Hoff, M. E. (1960). Adaptive switching circuits. In *IRE WESCON Convention Record.*

Wiedijk, F. (2003). Comparing mathematical provers. In *Proc. 2nd Int. Conf. on Mathematical Knowledge Management.*

Wiegley, J., Goldberg, K., Peshkin, M., und Brokowski, M. (1996). A complete algorithm for designing passive fences to orient parts. In *ICRA-96.*

Wiener, N. (1942). The extrapolation, interpolation, and smoothing of stationary time series. Technical Report, Research Project DIC-6037, MIT.

Wiener, N. (1948). *Cybernetics.* Wiley.

Wiener, N. (1950). *The Human Use of Human Beings.* Houghton Mifflin.

Wiener, N. (1960). Some moral and technical consequences of automation. *Science*, *131*, 1355–1358.

Wiener, N. (1964). *God & Golem, Inc: A Comment on Certain Points Where Cybernetics Impinges on Religion.* MIT Press.

Wilensky, R. (1978). *Understanding Goal-Based Stories.* Dissertation, Yale University.

Wilkins, D. E. (1988). *Practical Planning: Extending the AI Planning Paradigm.* Morgan Kaufmann.

Wilkins, D. E. (1990). Can AI planners solve practical problems? *Computational Intelligence*, *6*, 232–246.

Wilks, Y. (2010). *Close Engagements With Artificial Companions: Key Social, Psychological, Ethical and Design Issues.* John Benjamins.

Wilks, Y. (2019). *Artificial Intelligence: Modern Magic or Dangerous Future.* Icon.

Williams, A., Nangia, N., und Bowman, S. (2018). A broad-coverage challenge corpus for sentence understanding through inference. In *NAACL HLT.*

Williams, B., Ingham, M., Chung, S., und Elliott, P. (2003). Model-based programming of intelligent embedded systems and robotic space explorers. *Proc. IEEE*, *91*(212–237).

Williams, R. J. (1992). Simple statistical gradient-following algorithms for connectionist reinforcement learning. *Machine Learning*, *8*, 229–256.

Williams, R. J. und Zipser, D. (1989). A learning algorithm for continually running fully recurrent neural networks. *Neural Computation*, *1*, 270–280.

Williams, R. J. und Baird, L. C. I. (1993). Tight performance bounds on greedy policies based on imperfect value functions. Technical Report, College of Computer Science, Northeastern University.

Wilson, D. H. (2011). *Robopocalypse.* Doubleday.

Wilson, R. A. und Keil, F. C. (Hrsg.). (1999). *The MIT Encyclopedia of the Cognitive Sciences.* MIT Press.

Wilson, R. (2004). *Four Colors Suffice.* Princeton University Press.

Wilt, C. M. und Ruml, W. (2014). Speedy versus greedy search. In *Seventh Annual Symposium on Combinatorial Search*.

Wilt, C. M. und Ruml, W. (2016). Effective heuristics for suboptimal best-first search. *JAIR*, *57*, 273–306.

Wingate, D. und Seppi, K. D. (2005). Prioritization methods for accelerating MDP solvers. *JMLR*, *6*, 851–881.

Wingate, D., Stuhlmüller, A., und Goodman, N. D. (2011). Lightweight implementations of probabilistic programming languages via transformational compilation. In *AISTATS-11*.

Winograd, S. und Cowan, J. D. (1963). *Reliable Computation in the Presence of Noise*. MIT Press.

Winograd, T. (1972). Understanding natural language. *Cognitive Psychology*, *3*, 1–191.

Winston, P. H. (1970). Learning structural descriptions from examples. Technical Report, Department of Electrical Engineering and Computer Science, MIT.

Wintermute, S., Xu, J., und Laird, J. (2007). SORTS: A human-level approach to real-time strategy AI. In *Proc. Third Artificial Intelligence and Interactive Digital Entertainment Conference*.

Winternitz, L. (2017). Autonomous navigation above the GNSS constellations and beyond: GPS navigation for the magnetospheric multiscale mission and SEXTANT pulsar navigation demonstration. Technical Report, NASA Goddard Space Flight Center.

Witten, I. H. (1977). An adaptive optimal controller for discrete-time Markov environments. *Information and Control*, *34*, 286–295.

Witten, I. H. und Bell, T. C. (1991). The zero-frequency problem: Estimating the probabilities of novel events in adaptive text compression. *IEEE Transactions on Information Theory*, *37*, 1085–1094.

Witten, I. H. und Frank, E. (2016). *Data Mining: Practical Machine Learning Tools and Techniques* (4. Auflage). Morgan Kaufmann.

Witten, I. H., Moffat, A., und Bell, T. C. (1999). *Managing Gigabytes: Compressing and Indexing Documents and Images* (2. Auflage). Morgan Kaufmann.

Wittgenstein, L. (1922). *Tractatus Logico-Philosophicus* (2. Auflage). Routledge & Kegan Paul. Nachdruck 1971, herausgegeben von D. F. Pears und B. F. McGuinness.

Wittgenstein, L. (1953). *Philosophical Investigations*. Macmillan.

Wojciechowski, W. S. und Wojcik, A. S. (1983). Automated design of multiple-valued logic circuits by automated theorem proving techniques. *IEEE Transactions on Computers*, *C-32*, 785–798.

Wolfe, J. und Russell, S. J. (2007). Exploiting belief state structure in graph search. In *ICAPS Workshop on Planning in Games*.

Wolpert, D. (2013). Ubiquity symposium: Evolutionary computation and the processes of life: what the no free lunch theorems really mean: how to improve search algorithms. *Ubiquity*, *December*, 1–15.

Wolpert, D. und Macready, W. G. (1997). No free lunch theorems for optimization. *IEEE Trans. Evolutionary Computation*, *1*(1), 67–82.

Wong, C., Houlsby, N., Lu, Y., und Gesmundo, A. (2019). Transfer learning with neural AutoML. In *NeurIPS 31*.

Woods, W. A. (1973). Progress in natural language understanding: An application to lunar geology. In *AFIPS Conference Proceedings*.

Woods, W. A. (1975). What's in a link? Foundations for semantic networks. In Bobrow, D. G. und Collins, A. M. (Hrsg.), *Representation and Understanding: Studies in Cognitive Science*. Academic Press.

Wooldridge, M. (2009). *An Introduction to MultiAgent Systems* (2. Auflage). Wiley.

Wooldridge, M. und Rao, A. (Hrsg.). (1999). *Foundations of Rational Agency*. Kluwer.

Wos, L., Carson, D., und Robinson, G. (1964). The unit preference strategy in theorem proving. In *Proc. Fall Joint Computer Conference*.

Wos, L., Carson, D., und Robinson, G. (1965). Efficiency and completeness of the set-of-support strategy in theorem proving. *JACM*, *12*, 536–541.

Wos, L., Overbeek, R., Lusk, E., und Boyle, J. (1992). *Automated Reasoning: Introduction and Applications* (2. Auflage). McGraw-Hill.

Wos, L. und Robinson, G. (1968). Paramodulation and set of support. In *Proc. IRIA Symposium on Automatic Demonstration*.

Wos, L., Robinson, G., Carson, D., und Shalla, L. (1967). The concept of demodulation in theorem proving. *JACM*, *14*, 698–704.

Wos, L. und Winker, S. (1983). Open questions solved with the assistance of AURA. In Bledsoe, W. W. und Loveland, D. (Hrsg.), *Automated Theorem Proving: After 25 Years*. American Mathematical Society.

Wos, L. und Pieper, G. (2003). *Automated Reasoning and the Discovery of Missing and Elegant Proofs*. Rinton Press.

Wray, R. E. und Jones, R. M. (2005). An introduction to Soar as an agent architecture. In Sun, R. (Hrsg.), *Cognition and Multi-Agent Interaction: From Cognitive Modeling to Social Simulation*. Cambridge University Press.

Wright, S. (1921). Correlation and causation. *J. Agricultural Research*, *20*, 557–585.

Wright, S. (1931). Evolution in Mendelian populations. *Genetics*, *16*, 97–159.

Wright, S. (1934). The method of path coefficients. *Annals of Mathematical Statistics*, *5*, 161–215.

Wu, F. und Weld, D. S. (2008). Automatically refining the Wikipedia infobox ontology. In *17th World Wide Web Conference (WWW2008)*.

Wu, Y., Li, L., und Russell, S. J. (2016a). SWIFT: Compiled inference for probabilistic programming languages. In *IJCAI-16*.

Wu, Y., Schuster, M., Chen, Z., Le, Q. V., Norouzi, M., Macherey, W., Krikun, M., Cao, Y., Gao, Q., Macherey, K., *et al.* (2016b). Google's neural machine translation system: Bridging the gap between human and machine translation. arXiv:1609.08144.

Wu, Y. und He, K. (2018). Group normalization. arXiv:1803.08494.

Xiong, W., Wu, L., Alleva, F., Droppo, J., Huang, X., und Stolcke, A. (2017). The Microsoft 2017 conversational speech recognition system. arXiv:1708.06073.

Yampolskiy, R. V. (2018). *Artificial Intelligence Safety and Security*. Chapman and Hall/CRC.

Yang, G., Lin, Y., und Bhattacharya, P. (2010). A driver fatigue recognition model based on information fusion and dynamic Bayesian network. *Inf. Sci.*, *180*, 1942–1954.

Yang, X.-S. (2009). Firefly algorithms for multimodal optimization. In *International Symposium on Stochastic Algorithms*.

Yang, X.-S. und Deb, S. (2014). Cuckoo search: Recent advances and applications. *Neural Computing and Applications*, *24*, 169–174.

Yang, Z., Dai, Z., Yang, Y., Carbonell, J. G., Salakhutdinov, R., und Le, Q. V. (2019). XLNet: Generalized autoregressive pretraining for language understanding. arXiv:1906.08237.

Yarowsky, D. (1995). Unsupervised word sense disambiguation rivaling supervised methods. In *ACL-95*.

Ye, Y. (2011). The simplex and policy-iteration methods are strongly polynomial for the Markov decision problem with a fixed discount rate. *Mathematics of Operations Research*, *36*, 593–784.

Yedidia, J., Freeman, W., und Weiss, Y. (2005). Constructing free-energy approximations and generalized belief propagation algorithms. *IEEE Transactions on Information Theory*, *51*, 2282–2312.

Yeo, H.-S., Minami, R., Rodriguez, K., Shaker, G., und Quigley, A. (2018). Exploring tangible interactions with radar sensing. *Proc. ACM on Interactive, Mobile, Wearable and Ubiquitous Technologies*, *2*, 1–25.

Ying, C., Kumar, S., Chen, D., Wang, T., und Cheng, Y. (2018). Image classification at supercomputer scale. arXiv:1811.06992.

Yip, K. M.-K. (1991). *KAM: A System for Intelligently Guiding Numerical Experimentation by Computer*. MIT Press.

Yngve, V. (1955). A model and an hypothesis for language structure. In Locke, W. N. und Booth, A. D. (Hrsg.), *Machine Translation of Languages*. MIT Press.

Yob, G. (1975). Hunt the wumpus! *Creative Computing*, *Sep/Oct*.

Yoshikawa, T. (1990). *Foundations of Robotics: Analysis and Control*. MIT Press.

You, Y., Pan, X., Wang, Z., und Lu, C. (2017). Virtual to real reinforcement learning for autonomous driving. arXiv:1704.03952.

Young, H. P. (2004). *Strategic Learning and Its Limits*. Oxford University Press.

Young, S., Gašić, M., Thompson, B., und Williams, J. (2013). POMDP-based statistical spoken dialog systems: A review. *Proc. IEEE*, *101*, 1160–1179.

Younger, D. H. (1967). Recognition and parsing of context-free languages in time n^3. *Information and Control*, *10*, 189–208.

Yu, D. und Deng, L. (2016). *Automatic Speech Recognition*. Springer.

Yu, H.-F., Lo, H.-Y., Hsieh, H.-P., und Lou, J.-K. (2011). Feature engineering and classifier ensemble for KDD Cup 2010. In *Proc. KDD Cup 2010 Workshop*.

Yu, K., Sciuto, C., Jaggi, M., Musat, C., und Salzmann, M. (2019). Evaluating the search phase of neural architecture search. arXiv:1902.08142.

Yudkowsky, E. (2008). Artificial intelligence as a positive and negative factor in global risk. In Bostrom, N. und Cirkovic, M. (Hrsg.), *Global Catastrophic Risk*. Oxford University Press.

Yule, G. U. (1927). On a method of investigating periodicities in disturbed series, with special reference to Wolfer's sunspot numbers. *Phil. Trans. Roy. Soc., A*, *226*, 267–298.

Zadeh, L. A. (1965). Fuzzy sets. *Information and Control*, *8*, 338–353.

Zadeh, L. A. (1978). Fuzzy sets as a basis for a theory of possibility. *Fuzzy Sets and Systems*, *1*, 3–28.

Zaritskii, V. S., Svetnik, V. B., und Shimelevich, L. I. (1975). Monte-Carlo technique in problems of optimal information processing. *Automation and Remote Control*, *36*, 2015–22.

Zeckhauser, R. und Shepard, D. (1976). Where now for saving lives? *Law and Contemporary Problems*, *40*, 5–45.

Zeeberg, A. (2017). D.I.Y. artificial intelligence comes to a Japanese family farm. *New Yorker, August 10*.

Zelle, J. und Mooney, R. (1996). Learning to parse database queries using inductive logic programming. In *AAAI-96*.

Zemel, R., Wu, Y., Swersky, K., Pitassi, T., und Dwork, C. (2013). Learning fair representations. In *ICML-13*.

Zemelman, B. V., Lee, G. A., Ng, M., und Miesenböck, G. (2002). Selective photostimulation of genetically chARGed neurons. *Neuron*, *33*, 15–22.

Zermelo, E. (1913). Über eine Anwendung der Mengenlehre auf die Theorie des Schachspiels. In *Proc. Fifth International Congress of Mathematicians*.

Zermelo, E. (1976). An application of set theory to the theory of chess-playing. *Firbush News*, *6*, 37–42. Englische Übersetzung von (Zermelo 1913).

Zettlemoyer, L. und Collins, M. (2005). Learning to map sentences to logical form: Structured classification with probabilistic categorial grammars. In *UAI-05*.

Zhang, C., Bengio, S., Hardt, M., Recht, B., und Vinyals, O. (2016). Understanding deep learning requires rethinking generalization. arXiv:1611.03530.

Zhang, H. und Stickel, M. E. (1996). An efficient algorithm for unit-propagation. In *Proc. Fourth International Symposium on Artificial Intelligence and Mathematics*.

Zhang, L., Pavlovic, V., Cantor, C. R., und Kasif, S. (2003). Human-mouse gene identification by comparative evidence integration and evolutionary analysis. *Genome Research*, *13*, 1190–1202.

Zhang, N. L. und Poole, D. (1994). A simple approach to Bayesian network computations. In *Proc. 10th Canadian Conference on Artificial Intelligence*.

Zhang, S., Yao, L., und Sun, A. (2017). Deep learning based recommender system: A survey and new perspectives. arXiv:1707.07435.

Zhang, X., Zhao, J., und LeCun, Y. (2016). Character-level convolutional networks for text classification. In *NeurIPS 28*.

Zhang, Y., Pezeshki, M., Brakel, P., Zhang, S., Laurent, C., Bengio, Y., und Courville, A. (2017). Towards end-to-end speech recognition with deep convolutional neural networks. arXiv:1701.02720.

Zhao, K. und Huang, L. (2015). Type-driven incremental semantic parsing with polymorphism. In *NAACL HLT*.

Zhou, K., Doyle, J., und Glover, K. (1995). *Robust and Optimal Control*. Pearson.

Zhou, R. und Hansen, E. (2002). Memory-bounded A* graph search. In *Proc. 15th International FLAIRS Conference*.

Zhou, R. und Hansen, E. (2006). Breadth-first heuristic search. *AIJ*, *170*, 385–408.

Zhu, B., Jiao, J., und Tse, D. (2019). Deconstructing generative adversarial networks. arXiv:1901.09465.

Zhu, D. J. und Latombe, J.-C. (1991). New heuristic algorithms for efficient hierarchical path planning. *IEEE Transactions on Robotics and Automation*, *7*, 9–20.

Zhu, J.-Y., Park, T., Isola, P., und Efros, A. (2017). Unpaired image-to-image translation using cycle-consistent adversarial networks. In *ICCV-17*.

Zhu, M., Zhang, Y., Chen, W., Zhang, M., und Zhu, J. (2013). Fast and accurate shift-reduce constituent parsing. In *ACL-13*.

Ziebart, B. D., Maas, A. L., Dey, A. K., und Bagnell, J. A. (2008). Navigate like a cabbie: Probabilistic reasoning from observed context-aware behavior. In *Proc. 10th Int. Conf. on Ubiquitous Computing*.

Ziebart, B. D., Ratliff, N., Gallagher, G., Mertz, C., Peterson, K., Bagnell, J. A., Hebert, M., Dey, A. K., und Srinivasa, S. (2009). Planning-based prediction for pedestrians. In *IROS-09*.

Zimmermann, H.-J. (Hrsg.). (1999). *Practical Applications of Fuzzy Technologies*. Kluwer.

Zimmermann, H.-J. (2001). *Fuzzy Set Theory – And Its Applications* (4. Auflage). Kluwer.

Zinkevich, M., Johanson, M., Bowling, M., und Piccione, C. (2008). Regret minimization in games with incomplete information. In *NeurIPS 20*.

Zipf, G. (1935). *The Psychobiology of Language*. Houghton Mifflin.

Zipf, G. (1949). *Human Behavior and the Principle of Least Effort*. Addison-Wesley.

Zobrist, A. L. (1970). *Feature Extraction and Representation for Pattern Recognition and the Game of Go*. Dissertation, University of Wisconsin.

Zollmann, A., Venugopal, A., Och, F. J., und Ponte, J. (2008). A systematic comparison of phrase-based, hierarchical and syntax-augmented statistical MT. In *COLING-08*.

Zoph, B. und Le, Q. V. (2016). Neural architecture search with reinforcement learning. arXiv:1611.01578.

Zuse, K. (1945). The Plankalkül. Report, Gesellschaft für Mathematik und Datenverarbeitung.

Zweig, G. und Russell, S. J. (1998). Speech recognition with dynamic Bayesian networks. In *AAAI-98*.

Index

Seitenzahlen in **fetter** Schrift beziehen sich auf Definitionen von Begriffen und Algorithmen.

B

V

W

Namensregister

it
informatik

INFORMATIK

Peter Lee
Carey Goldberg
Isaac Kohane
Sébastien Bubeck

Die KI-Revolution in der Medizin

ISBN 978-3-86894-453-2
29.95 EUR [D], 29.95 EUR [A], 35.60 sFr*
224 Seiten

*unverbindliche Preisempfehlung

Die KI-Revolution in der Medizin

BESONDERHEITEN

Der US-Bestseller nun auf Deutsch. ChatGPT begeistert Millionen von Menschen mit seinen erstaunlichen und skurrilen Fähigkeiten. Doch die künstliche Intelligenz entwickelt sich rasant weiter - und das auch in der Medizin. Ob Sie im Gesundheitswesen arbeiten, dessen Dienstleistungen in Anspruch nehmen oder einfach gesund bleiben wollen - Sie sollten diese Technologien kennen und nutzen. Was leisten sie schon? Wo liegen ihre Grenzen? Erleben Sie die neuesten Fortschritte aus erster Hand. Folgen Sie drei Expert*innen, die GPT-4 schon vor seiner Veröffentlichung ausgiebig getestet haben, und entdecken Sie sowohl das enorme Potenzial von GPT-4: bessere Diagnosen, effizientere Behandlungen und schnellere Forschung, als auch die Gefahren.

Pearson

http://www.pearson.de/445

Roumiana Antonova
Vassilena Slaveva
Tihomira Slavova

Grundlagen und Praxis der Bash- und C-Programmierung in Unix/Linux

ISBN 978-3-86894-425-9
49.95 EUR [D], 49.95 EUR [A], 58.40 sFr*
224 Seiten

*unverbindliche Preisempfehlung

Grundlagen und Praxis der Bash- und C-Programmierung in Unix/Linux

BESONDERHEITEN

Das Werk der Autorinnen ist als praktische Ergänzung zum Werk von A.S. Tanenbaum „Moderne Betriebssysteme" zu verstehen. Es konzentriert sich dabei auf das Betriebssystem Unix/Linux. Nach einer kurzen Unix/Linux-Einführung wird auf die Erstellung von Bash-Skripten eingegangen, wobei die letzten drei Kapitel der C-Programmierung im Zusammenspiel mit Bash gewidmet sind. Die Autorinnen geben einen breitgefächerten Überblick über die gängigsten Befehle, Funktionen, Ausdrücke und Strukturen.

E-LEARNING INHALTE

Ein Alleinstellungsmerkmal dieses Buches ist der dazugehörige Tutor|Bash-und C-Programmierung in Unix/Linux. Verschiedene Fragen und Antworten mit adaptivem Feedback und praktischen Eingabemöglichkeiten helfen dabei, die Grundlagen der Bash-Programmierung zielgerichtet einzuüben. So können Lernende direkt in einer Shell arbeiten und Befehle üben. Fragen mittels MCQ und Drag&Drop helfen zudem beim Verständnis der Materie zum Thema Bash-Skript-Programmierung.